혜택 2 독끝 NCS 전과목 무료 수강권 추가 제공!

강의를 더 듣고 싶다면 필독!
NCS 전영역 인기강의를 추가로 지원합니다.

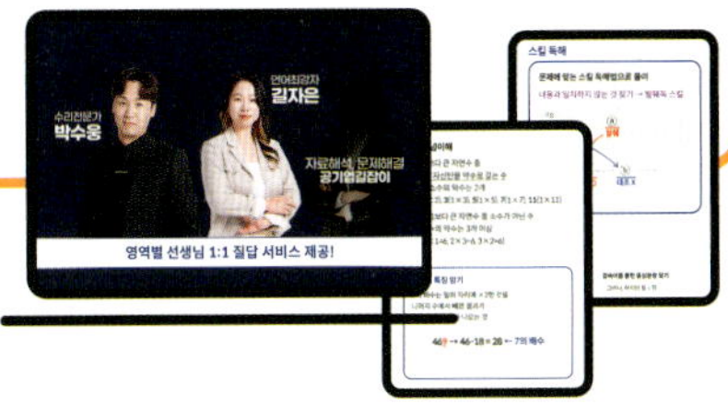

혜택 ❷ 받으러 가기

공기업 NCS 시험을 준비하는 모든 분들에게
반드시 필요한 기초 + 심화 강좌 모두, 1위 독끝 NCS가 무료로 배포합니다.

JN333627

혜택 3 독끝 NCS 온라인 무료스터디 제공!

독학이 힘든 분을 위해,
학습 동기부여 + 공부자극 스터디를 지원합니다.

NCS 기본(개념/유형) 익히기

STEP 1 NCS 통합 기본서

① NCS 영역별로 어떠한 유형의 문제들이 출제되는지 빠르게 1회독
② 필수 출제영역인 의사·수리·문제·자원관리 PSAT+모듈 위주로 선행학습
※ 틀린 문제도 이해가 안 가면 과감히 넘기기
※ 나머지 영역(정보/기술·조직이해·대인관계·자기개발·직업윤리 등)은 시험 1~2달 전 모듈형 학습

STEP 2 NCS 수리·기초수학

① 수포자를 위한 기초(중등) 수학 93개념
② 빠른 풀이를 위한 시간단축 팁+빈출 유형별 풀이팁
※ 실전에 강한 수리 전문가 〈박수웅〉 강사가 전달하는 수리 기초+실전팁!

스터디 종료 후 2~3주 기본서 회독 추가학습

NCS 실전 문제풀이 연습

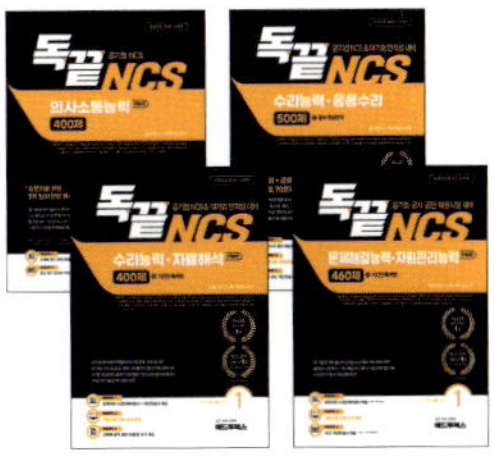

실전문제 풀이 일일 권장 학습량
- 의사소통 : 일 3~5문제
- 자료해석 : 일 5~10문제
- 응용수리 : 일 10~15문제
- 문제해결/자원관리: 일 5~7문제

스터디 종료 후 2~3개월 문풀+오답 회독 추가학습

학습습관 완성

혜택 ❸ 받으러 가기

공기업 NCS 4주 완성, 지금 바로 참여하세요!

N 지금 바로 검색창에서 "독끝 NCS"를 검색하세요!

독학으로 끝내는 시리즈

금융공기업 & 은행권 대비

독끝 금융 & 은행 NCS

피듈형 333제

PSAT + 금융특화 응용모듈 + 기출유형 13선

독끝

CONSTRUCTION & FEATURES

구성 및 활용

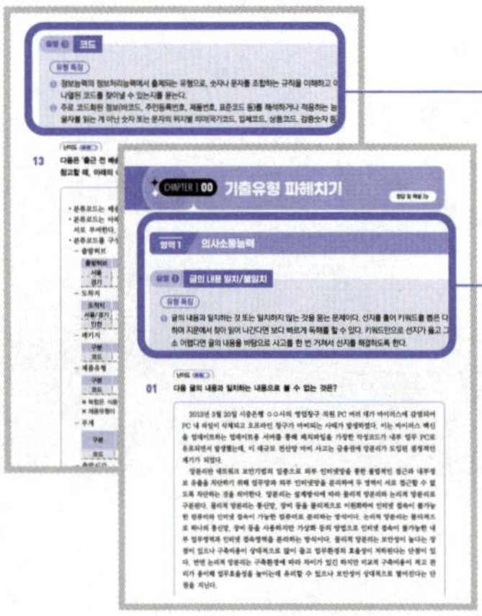

1 기출유형 파헤치기

- 주요 출제 영역의 **NCS 대표유형** 13가지를 엄선해 수록했습니다.
- 주요 **출제유형에 대한 특징**이 소개되어 효과적으로 문제를 해결하는 방법을 체화할 수 있습니다.

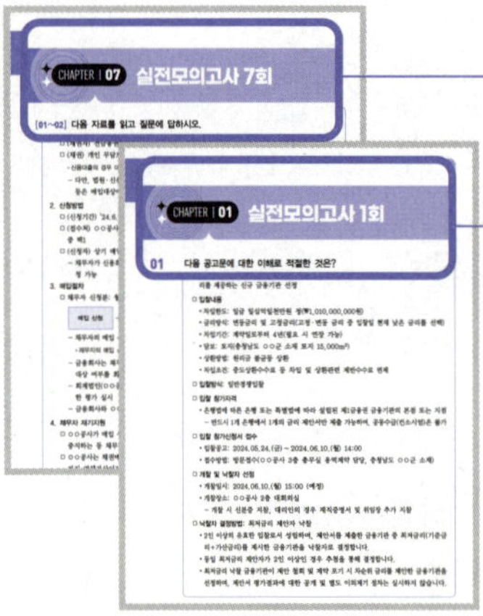

2 2가지 타입의 실전모의고사 8회분

- 실전모의고사 6회분(의/수/문/자/정)
  - **IBK기업은행, NH농협은행, 신협중앙회** 등을 대비하기 위해 구성한 모의고사입니다.
- 실전모의고사 2회분(의/수/문)
  - **신한은행, KB국민은행, 하나은행, MG새마을금고중앙회** 등을 대비하기 위해 구성한 모의고사입니다.

→ 회차별로 학습에 들어가기 전 정리된 표를 통해 보다 자세한 내용을 확인할 수 있습니다.

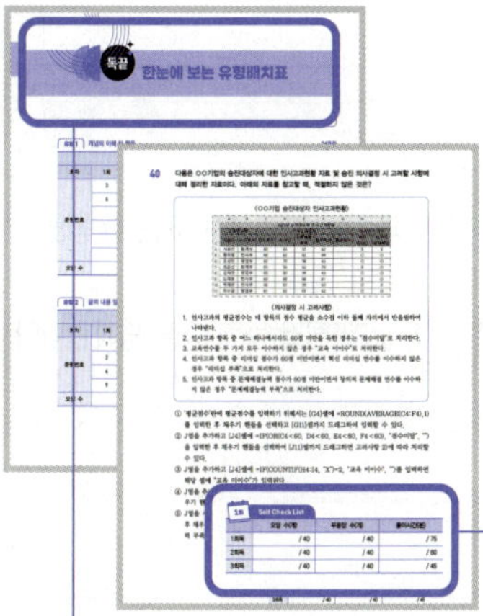

3 권장 풀이 시간에 맞춰서 푼 다음, 잊지 말고 Self Check!

- 회차별로 문제풀이 종료 후, 페이지 끝의 "Self Check List"를 기입하여, 내가 약한 부분이 무엇인지 꼭 확인해 보세요!
- "**무응답 수**"는 권장 풀이 시간 내 풀지 못한 문항 개수입니다.
- 체크 결과 오답 수가 어느 정도 줄었다면, 다음으로는 무응답 수를 최소화해야 합니다.

4 유형별 채점 & 문항배치표

- 모든 문제의 유형표를 제공하여 취약 유형을 파악하고 약점을 보완할 수 있습니다.

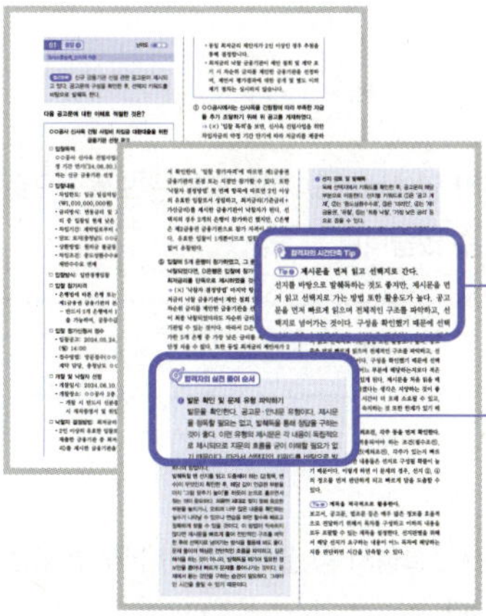

5 상세해설 & 합격자의 실전 풀이 순서 & 시간단축 Tip 활용!

- 초보자도 무조건 이해할 수 있도록 모든 문항에 걸쳐서 상세한 해설을 확인할 수 있습니다.
- 잘 풀리지 않는 문제는 "**합격자의 실전 풀이 순서**"를 통해 문제를 푸는 접근 방향을 학습할 수 있습니다.
- 막힌 문제더라도 "**합격자의 시간단축 Tip**"을 통해 더욱 빠르게 답을 찾는 연습을 할 수 있습니다.

독끝

GUIDE

금융 & 은행 NCS 알아보기

PSAT형, 모듈형, 피듈형(PSAT형+모듈형), 응용모듈 등은 공식 명칭은 아니지만, 기업별 NCS 문제의 유형·난이도·형태에 따라 수험생들 사이에서 널리 사용되는 용어입니다.

1 PSAT형

피셋(PSAT)형은 국가공무원 5급 · 7급 및 민간경력자 채용시험(민경채)의 PSAT과 유사하게 출제되는 유형을 말합니다.
모듈형이 개념 암기를 요구하는 것과 달리, 응시자의 논리적 사고력, 해석력, 추론 및 문제 해결 능력 등을 평가합니다. 따라서 다양한 유형과 난이도의 문제를 많이 풀어보는 연습이 중요합니다.
※ PSAT 영역: 언어논리, 자료해석, 상황판단

2 모듈형

모듈형은 개념 및 이론 등 지식에 기반하여 암기를 전제로 풀어야 하는 문제에 가깝습니다. NCS 주요 영역인 의사소통능력, 수리능력, 문제해결능력, 자원관리능력을 비롯하여 기술능력, 조직이해능력 등 기타 영역에서도 출제되며, 경우에 따라 정보능력 영역에서 엑셀 등 고난도 문제가 나오기도 합니다.

3 피듈형(PSAT형+모듈형)

피듈형은 'PSAT형+모듈형'을 혼합해 출제하는 유형입니다. 시험 영역에 따라 일부는 PSAT형, 일부는 모듈형으로 구성되며, 두 유형을 모두 꾸준히 학습해 온 수험생이라면 자연스럽게 대비할 수 있습니다.

4 금융특화 응용모듈

응용모듈은 개념을 암기해야만 풀 수 있는 문제에 가까운 모듈형과 달리, 공문서, 설명서 등 실무에서 마주할 수 있는 자료가 제시되고 이를 활용해 PSAT 방식으로 해결하는 문제 유형에 가깝습니다.
NCS 필기시험이 고도화되면서 출제 비중이 높아지고 있으며, 본 교재에서는 이를 '금융 및 은행권' 분야에 특화해 학습할 수 있도록 수록했습니다.

금융특화 응용모듈 예시

다음 자료를 참고하여 △△투자증권 골드바 상품에 대해 이해한 내용으로 적절한 것은?

〈△△투자증권 골드바 상품 안내〉

거래대상	개인(법인 및 대리인 거래불가, 미성년자 제외) 단, 미성년자는 법정대리인의 동의를 받으면 가능
판매형태	□□기업이 제조한 골드바를 △△투자증권이 (주)○○기업을 대행하여 판매
품질보증	(주)○○기업
골드바 종류	500g, 375g(100돈), 100g, 75g(20돈), 37.5g(10돈), 18.75g(5돈), 10g
매매종류	• 골드바 고객 매수 • 골드바 고객 매도(△△투자증권에서 판매한 골드바에 한해서 매도 가능)
거래방법	• 골드바 매수는 △△투자증권 전 영업점 및 모바일앱에서 가능합니다. • 골드바 매도는 △△투자증권 전 영업점에서 가능합니다. • 골드바 주문체결은 오전 11시, 오후 2시에 실행(30분 전까지 주문건에 한함)되며, 계좌에서 골드바 출금을 통해 거래가 확정됩니다. • 신청금액은 골드바 주문 시점과 체결 시점의 가격 차이로, 예상금액(주문 시점의 골드바 매매가격)의 105%로 계산됩니다. • 골드바 주문신청은 출금가능금액이 신청금액 이상이어야 가능합니다. • 골드바 주문체결 시 출금액은 체결 시점의 골드바 매매가격입니다. • 신청금액을 초과하여 가격이 확정되거나 확정가격 출금 시 잔고가 부족할 경우 자동으로 취소됩니다.
골드바 배송	골드바 주문 후 14영업일 이내 • 100g 이상은 고객님이 지정하신 일자에 영업점으로 배송 • 100g 미만은 신청한 곳으로 택배 배송

※ 거래기준가격
- 국제 금가격 및 환율을 이용하며, 금 1g당 원화가격으로 환산하여 계산함
- 기준가격(₩/g) = 국제 금 시세($/T.oz) ÷ 31(g/T.oz) × 매매기준환율(₩/$)

※ 매매가격
- 골드바 고객 매수 시 = 기준가격 × 골드바중량 × (1 + 마진율)
- 골드바 고객 매도 시 = 기준가격 × 골드바중량 × (1 − 마진율)

구분	500g	375g (100돈)	100g	75g (20돈)	37.5g (10돈)	18.75g (5돈)	10g
고객 매수	4%		5%		7%		
고객 매도	5%						

① △△투자증권에서 판매하는 골드바의 제조사와 품질보증사는 동일하다.
② 미성년자의 경우 법정대리인이 미성년자의 명의로 골드바를 매수할 수 있다.
③ 골드바 10g의 매수 주문 시점에 기준가격이 10만 원인 경우 신청금액은 105만 원이다.
④ 골드바를 영업점을 통해 수령하고자 하는 경우 골드바 매수 시 적용되는 마진율은 5% 이하이다.
⑤ △△투자증권 모바일 앱을 통해 오전 10시 20분경 매도 주문을 하였다면 주문체결은 오전 11시에 실행된다.

독끝

GUIDE

금융공기업 & 은행권 필기시험 출제경향

※ 2025년 상반기 기준

1 IBK기업은행

과목	출제범위	시험 문항 수	시험 시간
직업기초 (NCS)	의사소통능력, 수리능력, 문제해결능력, 자원관리능력, 조직이해능력, 정보능력	객관식 40문항	120분
직무수행	경제 · 경영 관련 직무상식, 시사	객관식 30문항 주관식 5문항	
	데이터베이스, 빅데이터, AI, 블록체인, 시사		
	전산학, 시사		

※ 배점(100점): 1.5점(직업기초), 1점(직무수행 객관식), 2점(직무수행 주관식)

2 NH농협은행 5급

과목	출제범위		시험 문항 수	시험 시간
직무능력 평가	공통	의사소통능력, 문제해결능력, 자원관리능력, 수리능력, 정보능력	객관식 60문항	85분
	카드 · 글로벌	조직이해능력		
	IT	기술능력		
논술평가	공통(전체)	약술: 농업 · 농촌 관련 시사 1문항	2문항 (약술 1문항, 논술 1문항)	50분
	카드 · 글로벌	논술: 금융(경제) · 디지털 주제 2문항 중 택 1		
	IT	논술: 디지털 · IT 주제 2문항 중 택 1		

3 신한은행

과목	출제범위	시험 문항 수	시험 시간
NCS/금융상식	의사소통능력, 수리능력, 문제해결능력, 금융상식(경제/경영)	70문항	90분
디지털 리터러시 평가	논리적 사고, 알고리즘 설계		

※ 신한은행에서 채용 시 진행하는 필기시험인 'SLT(Shinhan Literacy Test)'는 금융지식과 직무역량을 정량적으로 측정하고 기업이 원하는 인재인지를 평가함

※ 오답감점 존재

4 하나은행

과목	출제범위	시험 문항 수	시험 시간
NCS	의사소통능력, 수리능력, 문제해결능력	75문항	90분
디지털 상식	디지털 상식	5문항	

※ 온라인 필기시험 및 온라인 역량검사 진행, 응시 전 사전테스트 필수

※ 타행 대비 비교적 수리능력 문항 수가 많고 난도가 높은 편이며, 도표형에 비해 응용수리 비중과 난이도가 높음

5 KB국민은행

과목	출제범위	시험 문항 수	시험 시간
NCS 기반 직업기초능력	객관식: 의사소통능력, 문제해결능력, 수리능력	100문항	100분
직무심화지식	금융영업, 디지털 부문 활용능력		
상식	경제/금융/일반상식		

※ 직업기초능력: NCS 학습모듈 기준

※ 지문의 대부분이 당행 상품과 관련되어 출제됨

※ 2교시에 인성검사(30분), 3교시에 TOPCIT(30문항/30분)를 진행함

⑥ 신협중앙회

과목	출제범위		시험 문항 수	시험 시간
직무능력시험	공통	의사소통능력, 수리능력, 문제해결능력, 자원관리능력, 조직이해능력, 정보능력	객관식 60문항	70분
직무상식시험	일반직군	① 금융 · 경제 · 경영 또는 ② 법 · 행정 중 선택	객관식 40문항	40분
	IT직군	소프트웨어 설계 · 개발, 데이터베이스 구축, 프로그래밍 언어 활용, 정보시스템 구축 관리		
논술시험	일반직군	① 금융 · 경제 · 경영 또는 ② 법 · 행정 중 선택	서술식 1문항	60분

⑦ MG새마을금고중앙회

과목	출제범위		시험 문항 수	시험 시간
NCS 직업기초능력 /금융 · 경제 상식	NCS 직업기초능력	의사소통능력, 수리능력, 문제해결능력	100문항	120분
	금융 · 경제 상식			
직무전공	일반직	경영 · 경제 · 민법		
	IT직	전산이론		

※ 온라인으로 진행

독끝

STUDY PLAN

학습 플랜 & NCS 학습 커리큘럼

→ 독끝 금융 & 은행 NCS 피듈형 333제 8일 완성 학습 플랜

1일차	2일차	3일차	4일차
• 학습범위 기출유형 파헤치기 & 실전모의고사 1회(1~40번) 014~072p	• 학습범위 실전모의고사 2회(1~40번) 074~112p	• 학습범위 실전모의고사 3회(1~40번) 114~153p	• 학습범위 실전모의고사 4회(1~40번) 154~192p
• 난이도 구성 ●○○ 29문항 ●●○ 9문항 ●●● 2문항	• 난이도 구성 ●○○ 26문항 ●●○ 11문항 ●●● 3문항	• 난이도 구성 ●○○ 21문항 ●●○ 17문항 ●●● 2문항	• 난이도 구성 ●○○ 21문항 ●●○ 14문항 ●●● 5문항

5일차	6일차	7일차	8일차
• 학습범위 실전모의고사 5회(1~40번) 194~239p	• 학습범위 실전모의고사 6회(1~40번) 240~279p	• 학습범위 실전모의고사 7회(1~40번) 280~321p	• 학습범위 실전모의고사 8회(1~40번) 322~366p
• 난이도 구성 ●○○ 17문항 ●●○ 20문항 ●●● 3문항	• 난이도 구성 ●○○ 15문항 ●●○ 19문항 ●●● 6문항	• 난이도 구성 ●○○ 14문항 ●●○ 22문항 ●●● 4문항	• 난이도 구성 ●○○ 8문항 ●●○ 17문항 ●●● 15문항

STUDY PLAN

독끝 학습 플랜 & NCS 학습 커리큘럼

→ 독끝 금융 & 은행 NCS 피듈형 333제 13일 완성 학습 플랜

1일차	2일차	3일차	4일차	5일차
• 학습범위 기출유형 파헤치기 & 실전모의고사 1회 (1~40번) 014~072p • 난이도 구성 ●○○ 29문항 ●●○ 9문항 ●●● 2문항	• 학습범위 실전모의고사 2회 (1~40번) 074~112p • 난이도 구성 ●○○ 26문항 ●●○ 11문항 ●●● 3문항	• 학습범위 기출유형 파헤치기 & 실전모의고사 1~2회 틀린 문항 재복습 014~112p	• 학습범위 실전모의고사 3회 (1~40번) 114~153p • 난이도 구성 ●○○ 21문항 ●●○ 17문항 ●●● 2문항	• 학습범위 실전모의고사 4회 (1~40번) 154~192p • 난이도 구성 ●○○ 21문항 ●●○ 14문항 ●●● 5문항

6일차	7일차	8일차	9일차	10일차
• 학습범위 실전모의고사 3~4회 틀린 문항 재복습 114~192p	• 학습범위 실전모의고사 5회 (1~40번) 194~239p • 난이도 구성 ●○○ 17문항 ●●○ 20문항 ●●● 3문항	• 학습범위 실전모의고사 6회 (1~40번) 240~279p • 난이도 구성 ●○○ 15문항 ●●○ 19문항 ●●● 6문항	• 학습범위 실전모의고사 5~6회 틀린 문항 재복습 194~279p	• 학습범위 실전모의고사 7회 (1~40번) 280~321p • 난이도 구성 ●○○ 14문항 ●●○ 22문항 ●●● 4문항

11일차	12일차	13일차
• 학습범위 실전모의고사 8회 (1~40번) 322~366p • 난이도 구성 ●○○ 8문항 ●●○ 17문항 ●●● 15문항	• 학습범위 실전모의고사 7~8회 틀린 문항 재복습 280~366p	• 학습범위 [한눈에 보는 유형배치표]를 활용한 취약유형 파악 후 복습 368p

→ 독끝 NCS 대비 교재

NCS 주요 영역별로 집중해서 효과적으로 학습하길 원하는 수험생들은 독끝 NCS 교재로 대비해 보세요.

▲독끝 NCS 통합 기본서(PSAT형+모듈형+피듈형)

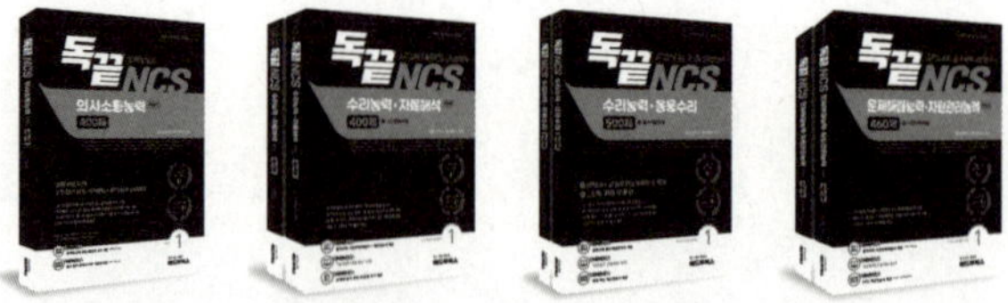

▲독끝 PSAT형 문제집(의사소통, 자료해석, 응용수리, 문제해결 · 자원관리능력)

독끝

GUIDE

취약유형 분석 가이드

모의고사는 단순히 점수를 확인하는 것을 넘어, 나의 강점과 약점을 파악하고 이를 보완하는 학습 과정이 중요합니다. 다음 Step 3단계를 따라가며 체계적으로 취약유형을 분석해 보세요.

Step ① 채점하기

실전모의고사 N회를 푼 직후 바로 채점하여 [해설편]의 모의고사별 정답표에서 틀린 문제번호의 '오답표기'란에 ✓표기로 체크하기!

정답 여부만 확인하기보다는 틀린 문제의 이유(계산 실수/개념 미흡/문제 유형 잘못 이해 등)도 간단히 기록하면 실수 패턴도 함께 확인할 수 있습니다.

오답표기	문제번호	영역	유형	난이도	정답
	01	의사소통능력	글의 내용 일치/불일치	★☆☆	③
✓	02		개념의 이해 및 활용	★☆☆	②
	03		논리적 추론	★★☆	①
	04		빈칸 삽입(어휘/개념어/접속사/문장)	★★☆	⑤
✓	05		맥락상 어울리지 않는 문장/문단 찾기	★★★	④

Step ② 취약유형 체크하기

앞서 체크한 오답표기 문항을 [기출유형+문항편] 368p의 "한눈에 보는 유형배치표"에서 유형별 실전모의고사 "1~8회" 항목의 각 문항번호에 사선(/) 또는 점(•)으로 살짝 체크하기!

목표는 '틀린 문제 개수' 자체가 아닌, '틀리는 경향'을 파악하는 것입니다.

유형 1 개념의 이해 및 활용 **24문항**

	모의고사							
회차	1회	2회	3회	4회	5회	6회	7회	8회
문항번호	3	1	4	4	4	2	2	3
	6		7	6	6	8	3	4
			9		7		6	6
					8		11	9
								10
								12
오답 수	/ 24							

Step ③ 취약유형 반복 학습하기

총 8회분의 실전모의고사 문제풀이를 모두 완료 후, 오답 수가 절반 이상인 취약유형을 중심으로 반복 학습을 하세요!

[기출유형+유형편] 368p의 "한눈에 보는 유형배치표"를 통해 빠르게 유형별 모의고사 문항을 확인할 수 있습니다.

취약유형 반복 학습을 할 때의 풀이시간은 문항별로 1분 이내에 해결하도록 연습해 보세요!

독끝

CONTENTS

차례

CHAPTER 0 기출유형 파헤치기

TYPE A 실전모의고사

TYPE B 실전모의고사

독끝

CHAPTER 00

기출유형 파헤치기

영역 ❶ 의사소통능력

영역 ❷ 수리능력

영역 ❸ 문제해결능력/자원관리능력

영역 ❹ 정보능력

영역 ❶ 의사소통능력

- 유형 1 글의 내용 일치/불일치
- 유형 2 논리적 추론

영역 ❷ 수리능력

- 유형 3 응용수리
- 유형 4 금융수리_환율 및 실용계산
- 유형 5 금융수리_원리합계
- 유형 6 자료해석_자료에 대한 진위 판단
- 유형 7 자료해석_자료계산

영역 ❸ 문제해결능력/자원관리능력

- 유형 8 논리퍼즐
- 유형 9 공고문/규정 이해
- 유형 10 수치 계산(비용, 시간)

영역 ❹ 정보능력

- 유형 11 엑셀
- 유형 12 IT 개념 활용
- 유형 13 코드

CHAPTER | 00 기출유형 파헤치기

정답 및 해설 2p

영역 1 의사소통능력

유형 ❶ 글의 내용 일치/불일치

유형 특징

❶ 글의 내용과 일치하는 것 또는 일치하지 않는 것을 묻는 문제이다. 선지를 훑어 키워드를 뽑은 다음 해당 키워드를 인지하며 지문에서 찾아 읽어 나간다면 보다 빠르게 독해를 할 수 있다. 키워드만으로 선지가 옳고 그른지를 판단하기가 다소 어렵다면 글의 내용을 바탕으로 사고를 한 번 거쳐서 선지를 해결하도록 한다.

❷ 지문의 일부분 또는 전체의 내용을 이해하고 있는지 묻는 유형이며, 일부분만 봐도 되는 유형인지 글 전체를 봐야 하는 유형인지를 판단한 후 일부분을 묻는다면 선지부터 읽으며 키워드를 찾아 발췌독하는 것이 효율적이고, 전체 내용에 대한 이해를 묻는다면 전체를 이해한 후 선지를 판단하는 것이 더 효율적일 수 있다.

난이도 ●●○

01 다음 글의 내용과 일치하는 내용으로 볼 수 없는 것은?

2013년 3월 20일 시중은행 ○○사의 영업창구 직원 PC 여러 대가 바이러스에 감염되어 PC 내 파일이 삭제되고 오프라인 창구가 마비되는 사태가 발생하였다. 이는 바이러스 백신을 업데이트하는 업데이트용 서버를 통해 패치파일을 가장한 악성코드가 내부 업무 PC로 유포되면서 발생했는데, 이 대규모 전산망 마비 사고는 금융권에 망분리가 도입된 결정적인 계기가 되었다.

망분리란 네트워크 보안기법의 일종으로 외부 인터넷망을 통한 불법적인 접근과 내부정보 유출을 차단하기 위해 업무망과 외부 인터넷망을 분리하여 두 영역이 서로 접근할 수 없도록 차단하는 것을 의미하며, 효과적인 망분리 환경이 구축되었다면 외부 해킹 공격을 통한 내부 침투를 막을 수 있다. 망분리는 설계방식에 따라 물리적 망분리와 논리적 망분리로 구분된다. 물리적 망분리는 통신망, 장비 등을 물리적으로 이원화하여 인터넷 접속이 불가능한 컴퓨터와 인터넷 접속이 가능한 컴퓨터로 분리하는 방식이다. 논리적 망분리는 물리적으로 하나의 통신망, 장비 등을 사용하지만 가상화 등의 방법으로 인터넷 접속이 불가능한 내부 업무영역과 인터넷 접속영역을 분리하는 방식이다. 물리적 망분리는 보안성이 높다는 장점이 있으나 구축비용이 상대적으로 많이 들고 업무환경의 효율성이 저하된다는 단점이 있다. 반면 논리적 망분리는 구축환경에 따라 차이가 있긴 하지만 비교적 구축비용이 적고 관리가 용이해 업무효율성을 높이는데 유리할 수 있으나 보안성이 상대적으로 떨어진다는 단점을 지닌다.

국내에서 금융회사에 대한 망분리 규제는 전자금융감독규정에 따라 이루어진다. 규정에 따르면 금융회사 또는 전자금융업자는 정보처리시스템 및 정보통신망 해킹 등과 같은 전자적 침해행위를 방지하기 위해 내부통신망과 연결된 내부 업무용시스템을 인터넷(무선통신망 포함) 등 외부통신망과 분리·차단해야 한다. 또 일부 예외적인 경우를 제외하고는 전산실 내에 위치한 정보처리시스템과 해당 정보처리시스템의 운영, 개발, 보안 목적으로 직접 접속하는 단말기에 대해서는 인터넷 등 외부통신망으로부터 물리적으로 분리해야 한다.

망분리 규제는 도입 이후 해킹 등으로부터 금융시스템을 안전하게 보호하는데 기여하였으나 망분리로 인해 금융회사 및 전자금융업자의 업무상 비효율이 클 뿐만 아니라 신기술 활용이 저해되고 연구·개발이 어려워 규제 개선요청이 지속적으로 제기되어 왔다. 또 일부 금융회사 등은 인터넷 등 외부 통신과 분리된 환경만을 구축해놓고 선진 보안체계 도입에 소홀하거나 규제 그늘에 숨어 변화하고 있는 IT 환경에 부합하는 보안조치를 적절히 갖추지 않는 등 오히려 금융권의 보안 발전이 저해되는 부작용 또한 존재하므로 금융위원회 등은 규제에 대해 샌드박스 활용 및 단계적인 개선을 추진할 방침이다.

① 지금까지 국내 금융권에는 원칙적으로 물리적 망분리가 의무화 되었다.
② 2대의 컴퓨터를 이용해서 망을 분리하는 방법은 물리적 망분리에 해당한다.
③ 망분리 규제 개선에 대한 움직임은 일부 금융회사들의 안이함에 경종을 울리는 의미도 담고 있다.
④ 가상화 등의 방법으로 망분리를 하는 설계방식은 구축비용이 상대적으로 많이 든다는 단점이 있다.
⑤ 효과적인 망분리 환경이 구축되었다면, 외부 해킹 공격으로 인터넷망이 완전 장악된 경우라도 내부업무시스템으로의 침투는 차단할 수 있다.

유형 ❷ 논리적 추론

유형 특징

❶ 지문의 내용을 바탕으로 추론한 내용이 옳은지 그른지를 판단하는 문제이다. 글의 내용 일치/불일치 유형과 유사하지만, 내용과의 일치 여부 포함 및 지문의 내용을 기반으로 사고할 수 있는 내용까지 묻는 문제이다.

❷ 글의 내용 일치/불일치 유형처럼 우선 선지의 키워드를 뽑아 발췌독한다. 이때 단순 발췌독만으로 문제가 풀리지 않아 정오 판단이 어려운 경우 선지가 해당하는 문단을 정독한 다음 선지 이해 및 추론을 통해 정오를 판단한다.

난이도 ●○○

02 다음은 ○○시 재산관리과의 성과관리(BSC)에 대해 작성한 자료의 일부이다. 자료를 참고할 때 적절하지 않은 추론을 모두 고르면?

○○시 재산관리과 성과관리(BSC) 성과지표 및 추진과제

1. 성과지표: 누락 공유재산 소유권 확보율

성과목표	자주재원 증대
설정사유	공유재산의 효율적 관리를 통한 경제적 부가가치를 창출하고 소극적 재산관리에서 탈피하여 재정 수입 증대를 유도함
목표	100%
목표수립 근거	최근 3년간 실적(건)평균 대비 5% 증가 설정
산출식	누락 공유재산 소유권 확보율=(B/A)×100 – A: 누락 공유재산 소유권 확보 목표 건수(최근 3년 실적(건)평균 대비 5% 증가 설정) – B: 누락 공유재산 소유권 확보 실적 건수 ※ 누락 공유재산의 소유권을 확보할수록 소유권 확보 대상인 누락 공유재산 규모는 감소하기 때문에 평균 대비 5% 수준 증가로 설정
실적추계	(아래 표)

구분	Y+3 목표	Y+2 목표	Y+1 목표	당기 목표	Y−1 실적	Y−2 실적	Y−3 실적
건수(건)					21	22	17
확보율(%)	100	100	100	100	100	100	95

2. 추진과제: 누락 공유재산의 소유권 확보 기반 마련

지표명	누락 공유재산 소유권 확보율
과제개요	실태조사, 심의회 개최, 관리계획 수립, 담당자 교육 등을 통해 누락 공유재산의 소유권 확보 기반을 마련하고자 함
추진계획	(　　　㉠　　　)

ㄱ. 누락 공유재산 소유권 확보율 성과지표에 있어 당기목표 실적건수는 20건이다.
ㄴ. 빈칸 ㉠에는 '공유재산 실무교육 등 담당자 역량 강화 추진'이 포함될 수 있다.
ㄷ. 성과지표는 누락 공유재산의 소유권 확보가 그 자체로 재정적 잠재력을 높일 수 있다는 점에 근거하여 설정되었을 것이다.
ㄹ. 누락 공유재산 소유권 확보율 산출식을 통해서는 목표 성취 여부를 명확하게 판단하기 어렵다.

① ㄱ, ㄴ　② ㄱ, ㄹ　③ ㄴ, ㄷ
④ ㄴ, ㄹ　⑤ ㄷ, ㄹ

유형 ③ 응용수리

유형 특징

① 수학적 지식(개념 · 원리 · 공식)을 활용한 문제로, 거리/속력/시간, 원가/정가/할인가, 최대공약수와 최소공배수, 수 · 과부족, 비와 비율, 일률, 농도, 방정식, 부등식, 경우의 수와 확률, 평균과 분산 등 다양한 유형으로 출제된다.

② 주로 출제되는 대표유형의 공식을 암기하고, 기초를 단단히 하면서 다양한 유형의 응용수리 문제를 모두 접해보면 필기 시험장에서 어떤 문제가 출제되더라도 어렵지 않게 해결할 수 있다.

난이도 ●●○

03 다음 〈조건〉의 상황을 보고 전 부장이 보유한 포트폴리오의 1년 후 기대수익률을 구하면? (단, 경제는 1년 단위로 호황 또는 불황 2가지 상태만 존재한다.)

• 조건 •

전 부장은 현재 주식과 채권으로만 구성된 포트폴리오를 보유하고 있다. 전 부장이 보유한 주식과 채권은 경제가 호황일 때와 불황일 때에 따라 1년 후 수익률이 달라진다. 전 부장이 보유한 주식과 채권의 비율 및 1년 후 수익률과 호황 또는 불황이 발생할 확률은 아래 〈표 1, 2, 3〉과 같다.

〈표 1〉 전 부장이 보유한 주식과 채권의 비율

주식	채권
60%	40%

〈표 2〉 전 부장이 보유한 주식과 채권의 1년 후 수익률

구분	주식의 1년 후 수익률	채권의 1년 후 수익률
향후 1년 동안 경제가 호황일 때	30%	0%
향후 1년 동안 경제가 불황일 때	−10%	10%

〈표 3〉 호황 또는 불황이 발생할 확률

향후 1년 동안 경제가 호황일 확률	향후 1년 동안 경제가 불황일 확률
80%	20%

① 14% ② 15% ③ 16%
④ 17% ⑤ 18%

유형 ❹ 금융수리_환율 및 실용계산

유형 특징

❶ 금융 성격이 묻어나는 응용수리 문제로, 일반 응용수리처럼 특별한 공식이 있진 않지만 주어진 자료 내 환율 정보, 계산식, 주석 등의 정보를 바탕으로 잘 이해하여 푸는 문제이다.

❷ 외화와 자국 화폐 교환 비율을 이해하고 있는지를 묻는 '환율' 관련 문제, 단위 환산, 할인 등 실제 생활 및 업무에 필요한 계산을 이해하고 적용할 수 있는지를 묻는 '실용계산' 문제 등이 있다.

난이도 ●●○

04 **이 대리는 원화 1,200만 원을 투자하려고 한다. 다음 〈조건〉의 두 투자안 A, B의 1년 후 결과에 서로 차이가 없게 되는 1년 후 원/달러 환율은? (단, 이 대리는 원화 1,200만 원 전액을 투자안 A 또는 투자안 B 둘 중 하나에만 투자할 예정이며, 수수료나 세금은 생각하지 않는다.)**

조건

- 투자안 A: 국내 금융 상품에 투자하며, 1년 후 수익률 8%를 기대할 수 있다.
- 투자안 B: 미국 금융 상품에 투자하며, 지금 원화를 달러화로 환전하여 투자한다. 달러화 기준으로 1년 후 수익률 20%를 기대할 수 있다. 1년 후에는 다시 달러화를 원화로 환전한다. 현재 원/달러 환율은 1,500원/달러다.

① 1,250원/달러　② 1,300원/달러　③ 1,350원/달러
④ 1,400원/달러　⑤ 1,450원/달러

유형 ⑤ 금융수리_원리합계

유형 특징

❶ 금융 성격이 묻어나는 응용수리 문제로, 예금, 적금, 상환, 대출 관련해서 금융 거래 시 중요한 개념을 묻거나 금융상품 자료를 참고하여 푸는 문제이다.

❷ 만기에 받는 금액, 예금/적금/상환/대출액, 원금(빌리거나 맡긴 돈)과 일정 기간 붙는 이자(이익)에 따른 총액 등을 계산하는 문제를 많이 풀어보는 것이 좋다.

❸ 원리합계 계산 시 단리(단순이자)와 복리(이자에 이자가 붙는 경우) 개념 차이를 알고, 개념 차이에 따른 이자 계산 주요 방법인 단리법과 복리법을 학습하고 관련 공식을 암기하도록 한다.

난이도 ●●○

05 **다음 〈조건〉은 A사원의 투자에 대한 내용이다. A사원이 마지막에 되찾는 원리금 합계는? (단, 세금은 고려하지 않으며, $1.03^{23}=2$로 계산한다.)**

조건

- A사원은 2025년 초 현재 5,000만 원을 보유하고 있다.
- 2025년 초부터 시작하여 22년 후인 2047년 초까지 매년 초마다 연이율 3%짜리 복리 금융상품에 1,200만 원을 투자한다.
- 2025년 초 현재 보유하고 있는 5,000만 원은 첫 금액을 납입할 때 함께 투입한다.
- 연이율 3%의 복리 이자는 매년 말에 붙는다.
- 2047년 초에 마지막으로 23번째 납입을 완료하고 1년을 더 기다려 2047년 말에 마지막 복리 이자가 붙은 후 그동안의 원금과 이자를 모두 되찾는다.

① 5억 1,200만 원　　② 5억 1,600만 원　　③ 5억 2,000만 원
④ 5억 2,400만 원　　⑤ 5억 2,800만 원

유형 ❻ 자료해석_자료에 대한 진위 판단

유형 특징

❶ 자료해석 유형은 표, 그래프, 보고서 등 다양한 형태의 수치 자료가 등장하고, 이를 바탕으로 선지의 정오를 판단하는 문제이다.

❷ 유형을 자료해석, 자료계산, 자료변환 등으로 세분화할 수 있는데, 가장 비중 있게 다뤄지는 자료해석 유형은 '계산을 필요'로 하는 진위 판단 문제와 '계산이 필요 없는' 진위 판단 유형이 있다.

❸ 단일 또는 복합 자료로 나오며, 복합 자료는 표와 표, 표와 그래프, 그래프와 그래프 등 다양한 조합으로 구성된다. 선지에서는 증감률 또는 변화율 등에 대한 내용이 주로 출제되므로 풀이 방법을 반드시 알고 있어야 하며, 대소 비교를 위한 계산 테크닉도 알고 있으면 시간 단축에 많은 도움이 된다. 또한, 표 내 행과 열, 그래프 내 축에서 구분하는 항목 등 비교 대상을 정확히 파악하여 선지의 정오를 판단하도록 한다.

난이도 ●●●

06 다음은 부양인구비와 고령화 지수에 관한 자료이다. 이에 대한 〈보기〉의 설명으로 옳은 것을 모두 고른 것은?

〈자료 1〉 부양인구비

(단위: 생산연령인구 1백명당)

구분	2020년	2021년	2022년	2023년	2024년
소년부양인구비	17	16	16	15	15
노인부양인구비	21	23	24	26	28

〈자료 2〉 고령화지수

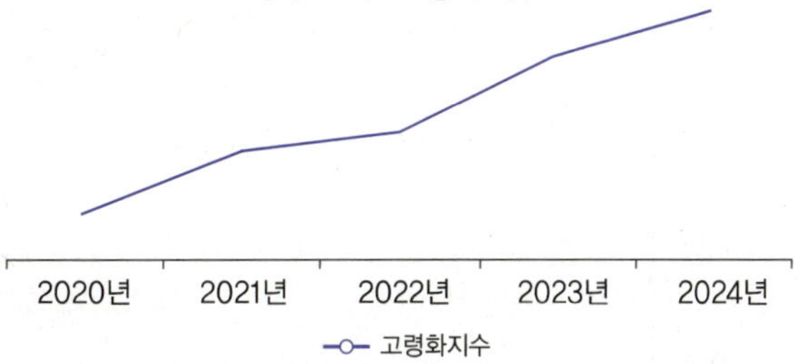

※ 부양인구비＝{(15세 미만 인구＋65세 이상 인구)÷(15~64세 인구)}×100
※ 소년부양인구비＝(15세 미만 인구÷15~64세 인구)×100
※ 노인부양인구비＝(65세 이상 인구÷15~64세 인구)×100
※ 고령화지수＝(65세 이상 인구÷15세 미만 인구)×100

보기

ㄱ. 부양인구비는 소년부양인구비와 노인부양인구비를 더한 값이다.
ㄴ. 부양인구비는 제시된 기간 동안 매년 증가하는 추세에 있다.
ㄷ. 2022년 고령화지수는 150이다.
ㄹ. 2024년 고령화지수는 190 이상이다.

① ㄱ, ㄴ　② ㄱ, ㄹ　③ ㄴ, ㄷ
④ ㄱ, ㄴ, ㄷ　⑤ ㄴ, ㄷ, ㄹ

유형 ⑦ 자료해석_자료계산

유형 특징

❶ 주어진 자료 내 빈칸을 두어 들어갈 값을 구하는 문제가 출제되기도 하고, 자료 안의 수치를 활용하여 계산하는 문제가 출제되기도 한다. 그 외에도 〈보기〉에 3~4가지 항목에 맞는 각각의 값을 구하여 대소 비교를 하는 문제가 나오기도 한다.

❷ 주어진 자료의 단위를 먼저 확인하고, 문제에서 물어보는 것과 이를 도출하기 위한 수식을 생각한다. 자료에 주석이나 예외사항 등이 주어지면 이를 활용하는 문제가 등장할 확률이 높으므로 항상 주석 등을 우선적으로 살펴보는 것이 좋다.

난이도 ●●○

07 **다음은 국내 여객수송량과 국내 공로 여행수송 분담률에 관한 자료이다. 국내 여객수송수단 중 항공의 여객수송 분담률이 가장 높은 해는?**

〈자료 1〉 국내 여객수송량

(단위: 백만 인)

구분	2017년	2018년	2019년	2020년	2021년
철도	1,332	1,533	1,649	1,123	1,360
지하철	3,613	3,796	3,740	2,610	2,676
해운	17	14	17	11	11
총수송량	33,300	33,600	34,000	29,000	34,000

〈자료 2〉 국내 공로 여객수송 분담률

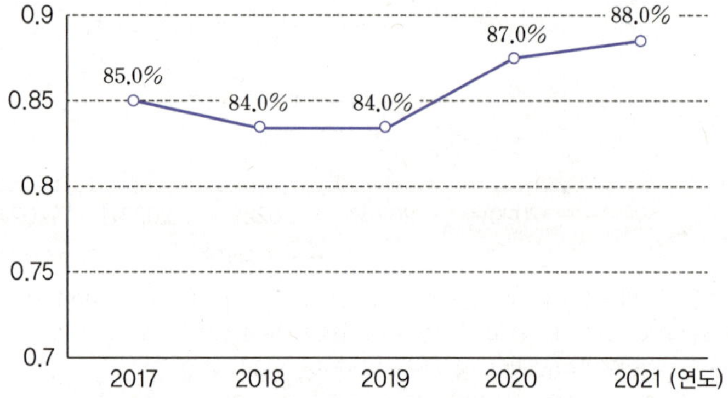

※ 국내 여객수송수단은 철도, 지하철, 공로, 해운, 항공으로 구분됨
※ 국내 여객수송수단 중 공로는 승용차, 버스(고속, 시내, 시외, 전세), 택시의 합을 의미함
※ 수송량이란 수송수단에 의해 운반되는 여객의 양을 말함
※ 수송 분담률이란 총수송량에서 수송수단별 수송량이 차지하는 비율을 말함

① 2017년 ② 2018년 ③ 2019년
④ 2020년 ⑤ 2021년

유형 8 논리퍼즐

유형 특징

❶ 논리퍼즐 유형은 제시된 여러 단서 정보, 조건 등을 논리적으로 연결하고 잘 활용하여 새로운 사실을 밝혀내는 유형의 문제이다. 주어진 상황(게임 등) 내 규칙을 이해하는 것이 중요하므로, 규칙들을 하나씩 적용하며 가능한 경우의 수를 좁혀나간다.

❷ 문제가 간단할수록 기호화하는 것이 좋으며, 기호화, 벤 다이어그램 외에도 표로 나타냄으로써 가능한 경우의 수를 시각화하거나 미지수를 활용해 정보를 빠르게 정리하는 것은 실수 방지뿐만 아니라 함정을 막아주는 역할을 한다.

난이도 ●●○

08 **다음은 온라인 게임 X의 규칙 및 A와 B의 게임 진행 결과에 대한 정보이다. 아래의 규칙 및 정보를 참고할 때, 추론한 내용으로 적절한 것은? (단, A와 B는 구슬이나 머징쿠폰, 포인트가 없는 상태에서 온라인 게임 X를 시작하였다.)**

〈온라인 게임 X 규칙〉

- X는 여러 개의 미니게임으로 구성되어 있으며, 각 게임에서 이길 경우 파란색의 베이스 구슬 또는 머징(merging)쿠폰 중 하나를 선택하여 획득한다. 머징이란, 재료 구슬을 모아 새로운 구슬을 만드는 것을 의미한다. 이때 재료 구슬은 머징과 함께 사라진다.
- 머징은 게임 진행 중 언제든지 가능하며, 머징 쿠폰과 필요한 재료 구슬을 모두 보유하고 있는 경우 실행할 수 있다. 어떤 구슬을 머징할 것인지는 사용자가 선택한다.
- 머징은 머징쿠폰 1장당 1회만 할 수 있으며, 머징을 완료하면 머징쿠폰 1장이 사라진다.
- 빨간색 구슬을 만들기 위한 재료 구슬은 파란색 베이스 구슬로, 파란색 베이스 구슬을 2개 모으면 1개의 빨간색 구슬로 머징할 수 있다. 검정색 구슬을 만들기 위한 재료 구슬은 빨간색 구슬로, 빨간색 구슬을 2개 모으면 1개의 검정색 구슬로 머징할 수 있다. 흰색 구슬을 만들기 위한 재료 구슬은 검정색 구슬로, 검정색 구슬을 2개 모으면 1개의 흰색 구슬로 머징할 수 있다.
- 모든 구슬은 사용자의 '덱'에 모인다.
- 미니게임에서 승리할 경우 게임 포인트 1포인트를 얻게 된다.
- 머징에 필요한 재료 구슬 1개에 사용되는 베이스 구슬의 개수 n에 따라 $2^n \times n$의 머징 포인트를 얻게 된다. (단, 베이스 구슬 자체를 사용하여 머징한 경우에는 n=1)
- 총 포인트는 게임 포인트와 머징 포인트를 합산한 값이다.

〈A와 B의 게임 진행 결과〉

- A와 B는 각각 30회의 미니게임을 완료했다. (서로 대결한 것은 아니며, 각자 다른 불특정 다수와 미니게임을 하였다.)
- A의 덱에는 현재 검정색 구슬 1개, 빨간색 구슬 4개, 파란색 구슬 1개가 남아있다.
- B의 덱에는 현재 검정색 구슬 2개, 빨간색 구슬 2개, 파란색 구슬 3개가 남아있다.
- A와 B 모두 획득한 머징쿠폰을 남김없이 사용했다.

① A가 미니게임에서 승리한 횟수는 13회이다.
② B가 미니게임에서 승리한 횟수는 A보다 2회 더 많다.
③ A의 머징 포인트는 16점이다.
④ B의 머징 포인트는 A의 머징 포인트보다 8점 더 높다.
⑤ B의 총 포인트는 A의 총 포인트보다 10점 더 높다.

유형 ❾&❿ **공고문/규정 이해 + 수치 계산(비용, 시간)**

유형 특징

❶ 문제해결능력/자원관리능력에서 출제되는 자료 제시형 문제는 보통 세트로 출제되는 경우가 많으며, 높은 난이도로 출제되는 경향이 있다. 두 능력을 혼합 · 복합적으로 연계하여 평가하는 문제가 많이 출제되는 편이다.

❷ 주요 유형으로 공고문/규정 이해, 수치 계산(비용, 시간), 상황제시 및 최적선택, 지문의 이해 및 활용, 적정 대상 선택, 경로 등이 있다.

❸ 문제해결능력은 다양한 상황에서 논리적 · 효율적 사고를 바탕으로 문제해결이 가능한지를 묻는 문제가 출제된다. 자원관리능력은 시간 · 인적 · 물적 자원 등의 효율적 배분 능력, 적절한 대안 선택 능력을 지니고 있는지 묻는 문제가 출제되며, 내용이 정형화되어 있지만 계산이 필요한 문제의 비중이 높은 편이다.

[09~10] 다음 자료를 읽고 질문에 답하시오.

〈○○증권 영업팀 성과급 체계〉

- 모든 성과급은 연간 기준으로 산출한다.
- 성과급은 기본 성과급과 실적 성과급으로 구분되며, 성과급은 기본 성과급과 실적 성과급을 합한 금액이다.
- 기본 성과급은 각 직원의 본봉을 12로 나눈 값에 인사고과 등급에 따른 비율을 곱하여 결정된다.
- 실적 성과급은 직급에 따른 연간 기본 실적을 달성해야 지급하며, 기본 실적 초과분의 50%에 0.01을 곱한 금액이다.

〈인사고과 등급에 따른 비율〉

탁월	우수	양호	보통	미흡
200%	150%	100%	50%	10%

〈직급별 연간 기본실적〉

부장	차장	과장	대리	사원
100억 원	80억 원	50억 원	10억 원	2억 원

〈영업팀 직원 A~H의 정보〉

직원	직급	본봉	인사고과 등급	연간 실적
A	부장	3억 6,000만 원	미흡	80억 원
B	부장	2억 1,000만 원	탁월	500억 원
C	차장	1억 5,000만 원	양호	100억 원
D	과장	1억 2,000만 원	우수	100억 원
E	과장	1억 800만 원	보통	50억 원
F	대리	8,000만 원	우수	40억 원
G	대리	7,200만 원	양호	20억 원
H	사원	5,400만 원	양호	5억 원

※ A~H의 연간 실적은 2024년 한 해 동안의 실적을 의미한다.

난이도 ●○○

09 **주어진 자료를 바탕으로 ○○증권 영업팀의 2024년 성과급을 지급하고자 한다. 주어진 자료에 대한 설명으로 옳지 않은 것은?**

① E와 H의 기본 성과급은 동일하다.
② 영업팀 직원 중 성과급이 가장 낮은 사람은 A다.
③ 대리 2명의 실적 성과급 차이는 1,000만 원이다.
④ 실적 성과급을 받지 못하는 영업팀 직원은 2명이다.
⑤ 영업팀 직원 8명의 연간 실적이 각각 20억 원씩 추가된다면 영업팀 직원 8명의 전체 성과급은 8,000만 원 증가한다.

난이도 ●○○

10 **D과장이 차장으로 승진하면서 본봉이 2,400만 원 높아졌다. 인사고과 등급이 '우수'로 동일할 때, 승진 전과 동일한 성과급을 받기 위해 달성해야 하는 연간 실적은?**

① 94억 원 ② 104억 원 ③ 114억 원
④ 124억 원 ⑤ 134억 원

유형 ⑪ 엑셀

유형 특징

❶ 정보능력의 컴퓨터활용능력에서 출제되는 유형으로, 스프레드시트 프로그램(엑셀 등)을 활용하여 데이터를 입력, 편집, 계산, 분석, 시각화하는 능력을 평가한다.

❷ 셀 서식(숫자, 날짜, 시간, 사용자 지정 형식 등)과 정렬, 필터, 조건부 서식 등의 기초 기능부터 함수(계산, 조건, 찾기/참조, 텍스트, 날짜/시간, 논리 등) 활용, 데이터 분석 및 처리(고급 필터, 정렬, 피벗 테이블 및 차트 등), 기본 및 응용 차트 시각화 등을 할 수 있는지를 묻는다.

난이도 ●●●

11 **○○기업에서는 고객의 개인정보보호를 더욱 강화하고 관리의 효율성을 높이기 위해 고객 주민등록번호의 마스킹 방법을 통일하고자 한다. 아래의 조건을 고려하여 raw 데이터의 C열에 마스킹 처리한 주민등록번호를 나타내고자 할 때, 적절하지 않은 것은?**

〈엑셀 함수 이용 조건〉

① LEFT 함수 또는 MID 함수를 이용할 것

- LEFT 함수: 선택한 문자열의 왼쪽에서부터 지정한 자릿수만큼의 문자를 반환하는 함수(단, '문자'에 숫자와 기호 -를 포함한다.)
  - 함수 구문: =LEFT(텍스트, [글자 수])
    (단, 텍스트는 추출하려는 문자가 들어 있는 텍스트 문자열)
- MID 함수: 선택한 문자열의 특정 위치부터 지정한 자릿수만큼의 문자를 반환하는 함수
  - 함수 구문: =MID(텍스트, 추출할 첫 문자의 위치, 반환할 문자의 개수)
    (단, 텍스트는 돌려줄 문자들이 포함된 문자열)

② REPT 함수를 이용하여 '-'를 제외한 일부 정보를 '*'로 마스킹할 것

- REPT 함수: 지정한 문자를 원하는 횟수만큼 반복하는 함수
  - 함수 구문: =REPT(텍스트, 반복할 횟수)
    (단, 텍스트는 반복하려는 텍스트)

③ 두 함수를 '&'로 연결하여 각 함수의 출력값들이 붙어서 출력되도록 할 것

〈고객정보 raw 데이터〉

	A	B
1	고객정보	
2	성명	주민등록번호
3	김철수	850101-1234567
4	이영희	920315-2345678
5	박민수	780522-1039482
6	정다은	990808-2234567
7	최준형	860412-1345678
8	윤서진	950625-2078945
9	강도윤	880930-1192837
10	배지훈	970101-2334567
11	오유리	910711-2567894
12	서지호	830504-1456789

㉠ 주민등록번호의 생년월일만 표시하기
㉡ 주민등록번호의 생년월일과 성별(뒷부분의 첫 자리)만 표시하기
㉢ 주민등록번호의 출생 월/일과 성별(뒷부분의 첫 자리)만 표시하기

① ㉠을 적용하기 위해 [C3]셀에 =LEFT(B3,7)&REPT("*",7)을 입력할 수 있다.
② ㉡을 적용하기 위해 [C9]셀에 =LEFT(B9,8)&REPT("**",3)을 입력할 수 있다.
③ ㉢을 적용하기 위해 [C11]셀에 ="**"&MID(B11,3,6)&REPT("**",3)을 입력할 수 있다.
④ [C7]셀에 =MID(B7,1,6)&"-"&REPT("*",7)을 입력하면 결괏값으로 '860412-*******'를 얻을 수 있다.
⑤ [C12]셀에 =REPT("*",2)&MID(B12,6,4)&LEFT(MID(B12,8,1),1)&REPT("*",6)을 입력하면 결괏값으로 '**0504-1******'를 얻을 수 있다.

유형 ⑫ IT 개념 활용

유형 특징

① 정보통신기술(IT)의 기본 개념을 이해하고, 이를 바탕으로 문제를 해결할 수 있는지를 보는 유형의 문제이다.
② 제시되는 자료의 내용이 유기적인 경우도 있지만, 자료의 구조가 분리된 상태에서 해결하는 문제도 출제되므로 많은 정보를 한꺼번에 기억해야 하는지, 선지별로 끊어서 정오 판단의 속도와 정확성을 높일 수 있는지 전략을 세워 풀도록 한다.
③ 모든 조건을 한 번에 인지하려고 하기보다는 필요한 조건만 발췌독하면서 접근하는 것도 하나의 방법이다. 단서를 유의해야 하며, 자료에서 예시를 줬다면 이는 지문에서 등장하는 IT 개념을 명확히 이해하고 적용할 수 있도록 돕는 역할을 하므로 적극적으로 활용한다.
④ 단일 문제보다는 세트 문제로 출제되는 경우가 상대적으로 많다.

난이도 ●●●

12 **○○연구소에서 개발한 데이터를 암호화하는 'Z-변환 시스템'은 특정한 명령어를 입력하면 변환이 이루어지는 시스템이며, 아래의 규칙을 따른다. 다음 중 명령어에 따라 바르게 변환되지 않은 것은?**

〈명령어〉

명령어	기능
Z-ENC(text, mode)	text를 지정된 mode에 따라 Z-변환
Z-DEC(text, mode)	text를 지정된 mode에 따라 원래대로 변환
Z-SWAP(text, A, B)	text 내 문자 A와 B를 서로 전부 교체
Z-DEL(text, char)	text에서 특정문자 char를 전부 제거
Z-REP(text, A, B)	text에서 문자 A를 B로 전부 변환

※ Z-변환 시스템의 원리
1) 알파벳 변환: A↔Z, B↔Y, C↔X, …, Y↔B, Z↔A
2) 숫자 변환: 0↔9, 1↔8, 2↔7, …, 9↔0
3) 공백과 기호: 변환 없이 그대로 유지함

〈변환 모드(mode)〉

모드(mode)	기능
BASIC	일반적인 Z-변환을 수행
SHIFT-N	알파벳을 N만큼 밀어 Z-변환을 수행. 숫자는 밀지 않음 예 SHIFT-3인 경우 A는 D로 보아 Z-변환 수행
REVERSE	문자열의 앞뒤를 뒤집어 Z-변환을 수행함

① Z-SWAP("BANANA!", "A", "N"): BNANAN!

② Z-ENC(Z-DEL("DILIGENT", "I"), BASIC): WOTVMG

③ Z-ENC(Z-REP("ILLUSION", "L", "C"), REVERSE): MLRHFXXR

④ Z-DEC(Z-SWAP("76 LMFGIVU", "V", "L"), REVERSE): FORTUNE 32

⑤ Z-ENC(Z-REP(Z-DEL("HARMONY123", "Y"), "R", "M"), SHIFT-4): OVJEHI876

유형 ⑬ **코드**

유형 특징

❶ 정보능력의 정보처리능력에서 출제되는 유형으로, 숫자나 문자를 조합하는 규칙을 이해하고 이를 바탕으로 올바르게 나열된 코드를 찾아낼 수 있는지를 묻는다.
❷ 주로 코드화된 정보(바코드, 주민등록번호, 제품번호, 표준코드 등)를 해석하거나 적용하는 능력을 평가하며, 단순히 글자를 읽는 게 아닌 숫자 또는 문자의 위치별 의미(국가코드, 업체코드, 상품코드, 검증숫자 등)를 이해하고 문제를 해결해야 한다.
❸ 대부분의 문제는 정보 해석 후 규칙 적용, 정답 도출의 흐름을 가진다.

난이도 ●●○

13 **다음은 '출근 전 배송' 서비스를 운영하는 ○○몰에서 관리하는 배송 분류코드체계이다. 자료를 참고할 때, 아래의 ○○몰을 통해 주문한 고객들의 배송에 관련된 정보로 적절하지 않은 것은?**

〈'출근 전 배송' 분류코드체계〉

- 분류코드는 배송 패키지당 1개씩 부여된다.
- 분류코드는 아래의 각 코드를 '출발허브-도착지-패키지-제품유형-무게-출발시간'의 순서로 부여한다.
- 분류코드를 구성하는 각 항목들의 코드는 다음과 같다.

– 출발허브

출발허브	코드	출발허브	코드	출발허브	코드	출발허브	코드
서울	A1	인천	B1	부산	D1	대구	E1
경기	A2	대전	C2	울산	D2	광주	F2

– 도착지

도착지	코드	도착지	코드	도착지	코드	도착지	코드
서울/경기	A3	대전/충청	C6	울산/경남	D8	광주/전라	F6
인천	B6	부산	D4	대구/경북	E5	강원	H4

– 패키지

구분	냉동	냉장	상온
코드	FL18	AT5	QP10

– 제품유형

구분	식품	가전제품	의약품	의류	화장품	복합
코드	001	101	202	303	404	909

※ 복합은 식품~화장품 중 둘 이상의 제품유형이 하나의 패키지에 함께 포장된 경우를 의미함
※ 제품유형이 같더라도 패키지가 다르다면 다른 제품유형으로 봄

– 무게

구분	0~1kg 미만	1~3kg 미만	3~5kg 미만	5~10kg 미만	10~20kg 미만	20kg 이상
코드	W1	W2	W3	W4	W5	W6

– 출발시간

구분	00:00~02:00 직전	02:00~04:00 직전	04:00~06:00 직전
코드	MD	DW	EM

• A씨는 주문 익일 새벽에 A2B6FL18001W2SR, B1B6QP10202W1EM 코드가 기재된 상품을 수령했다.
• B씨는 주문 익일 새벽에 D1D8QP10101W6EM, D2D8AT5001W3DW 코드가 기재된 상품을 수령했다.
• C씨는 주문 익일 새벽에 A2H4FL18001W1MD, A1H4QP10909W2DW 코드가 기재된 상품을 수령했다.

① A씨의 상품 수령지는 인천에 위치한다.
② A씨는 냉동식품 외에 의약품을 주문하였다.
③ B씨는 20kg 이상인 가전제품을 새벽 04:00~06:00 사이에 수령하였을 것이다.
④ B씨가 주문한 식품은 울산 허브에서 출발한다.
⑤ C씨가 주문한 제품의 유형은 최소 3가지이다.

독끝

CHAPTER 01

실전모의고사 1회

영역 ❶ 의사소통능력

영역 ❷ 수리능력

영역 ❸ 문제해결능력

영역 ❹ 자원관리능력

영역 ❺ 정보능력

모의고사 정보

실전모의고사 1회는 5개 영역으로 이루어진 TYPE A로, IBK기업은행, NH농협은행, 신협중앙회 등의 출제 영역을 바탕으로 40문항을 구성한 모의고사입니다.

영역		출제 영역 대비 기업	문항 수	난이도별 구성	유형
NCS 직업기초 능력평가	의사소통능력 수리능력 문제해결능력 자원관리능력 정보능력	IBK기업은행, NH농협은행, 신협중앙회 등	40문항	●○○ 29문항 ●●○ 9문항 ●●● 2문항	객관식

권장 풀이 시간

다음의 회독수별 권장 풀이 시간에 맞춰 문제 풀이한 다음 실전모의고사 1회 40번 끝의 [Self Check List]를 기입하여 부족한 부분을 파악하세요!

권장 풀이 시간		
1회독 ▶ 75분	2회독 ▶ 60분	3회독 ▶ 45분

CHAPTER 01 실전모의고사 1회

정답 및 해설 20p

01 다음 공고문에 대한 이해로 적절한 것은?

○○공사 신사옥 건립 사업비 차입금 대환대출을 위한 금융기관 선정 공고

□ 입찰목적

○○공사 신사옥 건립사업을 위한 차입자금의 약정 기간 만기('24.06.30.)에 따라 저금리를 제공하는 신규 금융기관 선정

□ 입찰내용

- 차입한도: 일금 일십억일천만원 정(₩1,010,000,000원)
- 금리방식: 변동금리 및 고정금리(고정·변동 금리 중 입찰일 현재 낮은 금리를 선택)
- 차입기간: 계약일로부터 4년(필요 시 연장 가능)
- 담보: 토지(충청남도 ○○군 소재 토지 15,000m^2)
- 상환방법: 원리금 불균등 상환
- 차입조건: 중도상환수수료 등 차입 및 상환관련 제반수수료 면제

□ 입찰방식: 일반경쟁입찰

□ 입찰 참가자격

- 은행법에 따른 은행 또는 특별법에 따라 설립된 제1금융권 금융기관의 본점 또는 지점
  - 반드시 1개 은행에서 1개의 금리 제안서만 제출 가능하며, 공동수급(컨소시엄)은 불가

□ 입찰 참가신청서 접수

- 입찰공고: 2024.05.24.(금) ~ 2024.06.10.(월) 14:00
- 접수방법: 방문접수(○○공사 3층 총무실 용역계약 담당, 충청남도 ○○군 소재)

□ 개찰 및 낙찰자 선정

- 개찰일시: 2024.06.10.(월) 15:00 (예정)
- 개찰장소: ○○공사 2층 대회의실
  - 개찰 시 신분증 지참, 대리인의 경우 재직증명서 및 위임장 추가 지참

□ 낙찰자 결정방법: 최저금리 제안자 낙찰

- 2인 이상의 유효한 입찰로서 성립하며, 제안서를 제출한 금융기관 중 최저금리(기준금리+가산금리)를 제시한 금융기관을 낙찰자로 결정합니다.
- 동일 최저금리 제안자가 2인 이상인 경우 추첨을 통해 결정합니다.
- 최저금리 낙찰 금융기관이 제안 철회 및 계약 포기 시 차순위 금리를 제안한 금융기관을 선정하며, 제안서 평가결과에 대한 공개 및 별도 이의제기 절차는 실시하지 않습니다.

① ㅇㅇ공사에서는 신사옥을 건립함에 따라 부족한 자금을 추가 조달하기 위해 위 공고를 게재하였다.

② 다른 조건은 모두 충족한 최종 낙찰 후보 두 군데 중 X은행의 중도상환수수료는 0.1%, Y은행의 중도상환수수료는 0.01%일 때, 최종 낙찰되는 곳은 Y은행일 것이다.

③ 대리인 신분으로 개찰에 참가하는 A은행의 충남지점 부지점장이 지참해야 할 서류는 금리제안서와 재직증명서 및 위임장이다.

④ 입찰에 참가한 은행은 총 2곳이며, 제1금융권인 B은행이 기준금리 3.12%, 가산금리 +0.4%p를, 제2금융권인 C은행은 기준금리 3.01%, 가산금리 +0.38%p를 제시한 경우 위 입찰은 유찰된다.

⑤ 입찰에 5개 은행이 참가하였고, 그 중 D은행이 최종 낙찰되었다면, D은행은 입찰에 참가한 5개 은행 중 최저금리를 단독으로 제시하였을 것이다.

[02~03] 다음 자료를 읽고 질문에 답하시오.

금융기관은 보유자산의 부실화 정도를 일정기간마다 평가하여 이에 대한 적정수준의 충당금을 적립하고 추가담보 징구, 채권의 조기회수 등 필요한 조치를 강구함으로써 불건전자산의 발생을 사전에 예방하고 정상화를 촉진함으로써 자산운용의 건전화를 도모해야 한다.

보유자산의 부실화는 자산의 수익성 악화, 자산의 고정화에 따른 유동성 문제를 일으키고 특히 예금수취기관인 상호저축은행에 있어서는 예금자들에 대한 지급불능사태 및 공적자금 투입과 같은 사회적 비용의 발생까지 초래하게 되는 바, 사전에 보유자산의 부실화 정도를 평가하고 적절한 대응을 하는 것은 중요한 의미를 갖는다.

금융기관의 보유자산 부실화 정도 평가는 자산건전성 분류에 의해 이루어지는데, 각 금융관련 법령에서는 금융기관의 건전한 경영 유도를 위해 자산건전성 분류 기준을 두고 있다. 「상호저축은행법」에서도 상호저축은행의 건전한 경영을 유도하고 금융사고를 예방하기 위해 자산건전성 분류 기준을 포함한 경영건전성 기준 제정권한을 금융위원회에 부여하고 있다. 이러한 자산건전성 분류는 상호저축은행의 건전경영을 위해 매우 중요하다.

「상호저축은행업감독규정」은 연체기간 및 부도여부 등에 따라, 여신에 대하여 '정상', '요주의', '고정', '회수의문', '추정손실' 5단계로 자산건전성을 분류하고 있으며, 각 분류단계별 정의를 다음과 같이 명시하고 있다.

구분	정의
정상	금융거래내용, 신용상태 및 경영내용 등을 고려할 때 채무상환능력이 양호한 거래처 및 1개월 미만의 연체여신을 보유하고 있으나 채무상환능력이 양호한 거래처에 대한 총여신
요주의	금융거래내용, 신용상태 및 경영내용 등을 고려할 때 여신 사후관리에 있어 통상 이상의 주의를 요하는 거래처에 대한 총여신
고정	금융거래내용, 신용상태 및 경영내용 등이 불량하여 구체적인 여신 회수조치나 관리방법의 강구 필요성이 있는 거래처에 대한 총여신 중 회수예상가액 해당 여신
회수의문	고정으로 분류된 거래처에 대한 총 여신액 중 손실 발생이 예상되나 현재 그 손실액을 확정할 수 없는 회수예상가액 초과여신
추정손실	고정으로 분류된 거래처에 대한 총 여신액 중 회수불능이 확실하여 손비처리가 불가피한 회수예상가액 초과여신

자산건전성 분류업무는 분류대상자산의 확정, 필요자료 수집, 건전성분류기준의 적용 및 회수예상가액의 산정 등으로 구분할 수 있다. 자산건전성 분류대상자산은 대출채권, 유가증권, 가지급금 및 미수금, 확정지급보증, 미수이자로 구분할 수 있으며, 대출채권(여신)의 건전성 분류가 가장 큰 비중을 차지한다.

여신에 대한 자산건전성 분류는 차주 단위의 총채권을 기준으로 분류하는 것을 원칙으로 하고 있다. 즉, 한 차주에 대해 복수의 여신이 있는 경우에 해당 차주는 동일한 신용위험을 보유하게 되며 이를 모든 여신에 반영하여야 하므로 자산건전성 분류는 동일해야 한다. 다만, 차주에 대한 신용위험과 별도로 담보 등에 의해 회수가능성이 결정되는 대출에 대해서는 차주 단위의 총채권과 구분하여 별도로 분류할 수 있다.

02 주어진 자료의 내용을 바르게 이해하지 못한 것은?

① 자산건전성 분류는 은행 보유자산의 건전성을 유지하기 위한 과정이다.
② 자산건전성 분류 시 고정, 회수의문, 추정손실은 여신의 회수가능성을 기준으로 구분한다.
③ 동일한 채무자에 대하여 다수의 대출채권이 있는 경우에는 취급건별로 건전성 분류를 달리 해야 한다.
④ 상호저축은행을 통한 5억 원의 대출 이외에 다른 금융거래가 없는 기업이 매월 원리금을 정상 상환하고 있다면 해당 대출채권에 대한 자산건전성 분류 결과는 '정상'일 것이다.
⑤ 자산건전성 분류대상자산 중 건전성 분류의 비중이 가장 큰 것은 대출채권이다.

03 주어진 자료를 참고하여 다음 사례에 대해 자산건전성 분류를 한 결과로 옳은 것은?

A저축은행은 갑의 유일한 재산인 부동산을 담보로 하여 10억 원을 대출하였으나 연체 등으로 2024년 2월 1일 담보 부동산의 경매를 신청하여 2024년 12월 20일 경매 낙찰을 받았는데 A저축은행의 배당액은 7억 원으로 결정되었으며 배당기일은 2025년 1월 3일이다. A저축은행은 2024년 12월 31일에 자산건전성 분류를 실시하였다. 단, 부동산은 경매 낙찰을 통한 회수만 가능하다.

① 총여신 10억 원 중 7억 원은 회수예상가액으로 보아 '고정'으로 분류하고, 회수예상가액을 초과하는 3억 원은 '추정손실'로 분류한다.
② 총여신 10억 원 중 3억 원은 회수예상가액으로 보아 '고정'으로 분류하고, 회수예상가액을 초과하는 7억 원은 '추정손실'로 분류한다.
③ 총여신 10억 원 중 7억 원은 회수예상가액으로 보아 '고정'으로 분류하고, 회수예상가액을 초과하는 3억 원에 대해서는 손실액을 확정할 수 없는 것으로 보아 '회수의문'으로 분류한다.
④ 총여신 10억 원 중 7억 원은 손실액을 확정할 수 없는 회수예상가액 초과여신으로 보아 '회수의문'으로 분류하고, 3억 원은 '추정손실'로 분류한다.
⑤ 총여신 10억 원 중 3억 원은 손실액을 확정할 수 없는 회수예상가액 초과여신으로 보아 '회수의문'으로 분류하고, 7억 원은 '추정손실'로 분류한다.

04 다음 모집공고에 대한 이해로 적절하지 않은 것은?

○○박물관 관장 모집공고

□ 공모직위 및 임기

1. 직위: 관장 1명
2. 임기: 임명일로부터 3년(직무수행 실적 등에 따라 1년 단위 연임 가능)

□ 자격요건

1. 포괄적 자격요건
   관련 분야의 전문지식과 경험이 풍부한 자, 비전제시 및 창의·실용 실천능력을 갖춘 자, 문제해결 및 기관 경영능력을 갖춘 자, 기타 직무수행에 적합한 자
2. 구체적 자격요건: 학력·경력·실적 기준 중 어느 하나에 해당하면 요건을 갖춘 것으로 봄

• 학력 기준

박사학위 소지자	산림자원 등 관련 분야에서 6년 이상 근무 또는 연구한 자로서 공무원 또는 민간 근무 경력이 10년 이상인 자
석사학위 이하 소지자	산림자원 등 관련 분야에서 6년 이상 근무 또는 연구한 자로서 공무원 또는 민간 근무 경력이 13년 이상인 자

• 경력 기준

공무원 경력자	– 산림자원 등 관련 분야에서 3년 이상 근무 또는 연구한 자로서 고위공무원단 또는 2급에 상당하는 직급 이상의 공무원으로 근무한 경력이 있는 자 – 산림자원 등 관련 분야에서 5년 이상 근무 또는 연구한 자로서 3급 또는 이에 상당하는 직급 이상의 공무원으로 근무한 경력이 있는 자
민간 경력자	– 산림자원 등 관련 분야에서 4년 이상 근무 또는 연구한 자로서 임원 또는 그에 상당하는 직위로 근무하였거나, 부장 또는 그에 상당하는 직위로 5년 이상 근무한 경력이 있는 자 – 산림자원 등 관련 분야에서 2년 이상 근무 또는 연구한 자로서 대학의 부교수 이상으로 근무한 경력이 있는 자

• 실적기준: 관련 분야에서 탁월한 업무실적 또는 수상경력 등이 있으며 직무수행요건에 부합하는 자

□ 심사방법

1. 서류심사: 제출서류를 기준으로 임원추천위원회에서 심사
2. 면접심사: 서류심사 합격자를 대상으로 임원추천위원회에서 심사

① 포괄적 자격요건은 구체적 자격요건에 비해 실제로 해당 자격을 갖추었는지를 평가하기 어려울 것이다.

② ○○박물관 관장으로 임명되는 경우 사실상 임기에 제한은 없다.

③ 산림환경학을 전공하고 해당 분야에 대해 7년간 연구를 수행하였고, 사설연구소인 ㅁㅁ산림연구소에서 3년간 근무한 박사학위소지자 A씨는 위 공고의 구체적 자격요건을 충족한다.

④ 산림청에서 6년간 4급 공무원으로 근무하다 산림정책과 과장(3급 상당)으로 승진하여 1년간 근무한 B씨는 위 공고의 구체적 자격요건을 충족한다.

⑤ 세계 친환경적 목재수확 우수사례발표에서 대상을 수상한 C씨의 실적을 높게 사 서류심사에 합격한 경우 C씨는 면접심사에 응시할 수 있을 것이다.

05 다음 글을 읽고, 2024년 12월 예금보험공사에 방문한 착오송금인이 작성한 '신청대상여부 체크리스트'를 참고했을 때, 공사 직원이 이 착오송금인에게 추가 안내를 하는 경우 가장 적절한 것은?

실수로 잘못 송금한 돈을 돌려받을 수 있을까? 계좌번호가 짧지 않은 탓에 누구나 송금하고자 하는 대상의 계좌번호를 잘못 입력하는 실수를 할 수 있다. 잘못 보낸 은행에 전화를 해보아도 수취인과 연락이 되지 않는다는 답변이 되돌아올 뿐이라면 예금보험공사의 착오송금반환지원제도를 활용할 수 있다.

반환지원절차는 다음과 같다. 먼저 착오송금인은 예금보험공사에 반환지원을 신청하여야 한다. 지원대상에 해당될 경우 예금보험공사는 착오송금인으로부터 부당이득반환채권을 매입한다. 예금보험공사는 금융회사, 통신사, 행정안전부 등을 통하여 착오송금 수취인의 연락처 및 주소를 확보한다. 그리고 확보된 연락처와 주소 정보를 토대로 착오송금 수취인에게 자진반환을 권유하여 회수한다. 만약 착오송금 수취인이 자진반환에 응하지 않을 경우 법원의 지급명령을 통해 회수를 진행한다. 회수가 완료되면, 회수액에서 회수에 소요된 비용을 차감한 후 잔액을 착오송금인에게 반환하게 된다.

잘못 이체한 날을 기준으로 신청가능 금액은 다음과 같다.

잘못 이체한 날	신청 가능 금액
2021.07.06.~2022.12.31.	5만 원 이상~1,000만 원 이하
2023.01.01.~	5만 원 이상~5,000만 원 이하

착오송금반환신청은 잘못 이체한 날로부터 1년 이내까지 신청이 가능하다. 그러나 착오송금 시 이용한 금융회사, 간편송금업체 등을 통해 먼저 반환을 요청해야 한다. 금융회사, 간편송금업체 등을 통해서도 돌려받지 못한 경우에 신청이 가능하다.

착오송금반환신청을 하였더라도 언제나 지원이 가능한 것은 아니다. 예금보험공사에서 지원하지 않는 대표적인 사례로는 잘못 보낸 계좌가 사기, 보이스피싱 등 범죄 이용(의심) 계좌인 경우, 잘못 보낸 계좌가 압류 등 법적제한계좌 또는 지급정지계좌인 경우, 잘못 보낸 계좌의 예금주가 사망했거나 출국하여 국내에 주소를 두고 있지 않은 경우, 잘못 보낸 계좌의 예금주(법인)가 휴·폐업한 경우 등이 있다.

〈신청대상여부 체크리스트〉

번호	신청 대상 확인 항목	해당여부
1	착오송금액이 5만 원 이상 5천만 원 이하입니까?	예
2	신청일이 착오송금일로부터 1년을 도과하였습니까?	예
3	금융회사를 통해 반환신청하였으나, 반환받지 못하였습니까?	예
4	연락불가, 반환거부 등으로 미반환 통보 받으셨습니까?	예
5	개인간 분쟁, 보이스피싱 등 사기에 따른 송금입니까?	아니요
6	잘못 보낸 계좌에 대해 진행 중인 법적 절차가 없습니까?	예

① 고객님, 지원요건을 모두 충족하셔서 착오송금반환신청을 위한 서류를 요청드릴 예정입니다. 안내받으신 서류를 모두 갖추어 제출해주시기 바랍니다.
② 고객님, 착오송금일이 2023년 1월 1일 이후인 경우에만 착오송금반환신청이 가능합니다.
③ 고객님, 금융회사를 통해 반환신청 요구를 하였음에도 미반환 통보를 받으신 경우 착오송금반환신청이 어렵습니다.
④ 고객님, 착오송금일이 오늘로부터 1년 이내인 경우에 한하여 착오송금반환신청이 가능합니다.
⑤ 고객님, 착오송금반환지원을 받으시려면 잘못 보낸 계좌가 법적제한계좌여야 합니다.

[06~07] 다음 자료를 읽고 질문에 답하시오.

우리나라는 1951년부터 한국은행에서 통화지표를 편제하고 있다. 2002년부터는 국제통화기금(IMF: International Monetary Fund)의 「통화금융통계매뉴얼」에 따라 M1(협의통화), M2(광의통화), Lf(금융기관유동성)를 매월 편제하고 있으며, 2006년 6월부터는 L(광의유동성)을 새로이 작성하여 발표하고 있다.

M1(협의통화)은 화폐의 지급결제수단으로서의 기능을 중시한 지표로서 시중에 유통되는 현금에다 예금취급기관의 결제성예금을 더한 것으로 정의된다. 현금은 교환의 직접 매개수단으로 사용되는 지폐와 동전을 말하며, 가장 유동성이 높은 금융자산이다. 유동성은 금융상품이 완전한 시장가치로 얼마나 빠른 시간 내에 교환될 수 있는지의 정도를 의미한다. 결제성예금은 수표발행, 자동이체서비스 등 입출금이 자유로워 현금에 견줄만한 유동성을 보유하고 있다. 여기에는 예금취급기관의 당좌예금, 보통예금 등 요구불예금과 저축예금, 시장금리부 수시입출식예금 등 수시입출식 예금이 포함된다.

M2(광의통화)는 M1보다 넓은 의미의 통화지표로서 M1에 예금취급기관의 각종 저축성예금, 시장형 금융상품, 실적배당형 금융상품, 금융채, 거주자외화예금 등을 더한 것이다. 다만, 유동성이 낮은 만기 2년 이상의 장기 금융상품은 제외된다. 단기 저축성예금, 시장형 금융상품 등은 거래보다 자산증식 등 저축의 주요 수단으로서 수시입출식예금에 비해 유동성이 상대적으로 떨어지지만 약간의 이자소득만 포기하면 언제든지 현금화가 가능하다.

한편 통화지표 중 포괄범위가 넓은 유동성지표는 화폐의 가치저장기능을 중시한 지표이며 Lf(금융기관유동성)와 L(광의유동성)이 있다. Lf는 광의통화(M2)에 예금취급기관의 만기 2년 이상 정기예적금, 금융채, 금전신탁 등과 생명보험사의 보험계약준비금, 증권금융회사의 예수금 등 유동성이 상대적으로 낮은 금융상품까지 포함한 것이다. L은 Lf보다 금융상품 포괄범위가 넓은 광의유동성 지표로서, Lf에 기업 및 정부 등이 발행하는 기업어음, 회사채, 국공채 등 유가증권이 포함된다.

통화지표는 금융상품의 종류, 통화 발행주체, 통화 보유주체 등 세 가지 요소에 의해 결정된다. 먼저 금융상품은 유동성과 가치저장의 기능 등에 초점을 맞추어 통화성(moneyness) 정도를 평가하여 통화지표에의 포함 여부가 결정된다. 가장 유동성이 높은 것은 현금이고, 다음으로는 요구불예금을 포함한 결제성 예금이다. 저축성예금은 가치저장 등을 목적으로 일정 기간 동안 자금을 금융기관에 예치해 놓은 것이기 때문에 유동성 정도가 현금이나 결제성예금보다 낮다.

통화 발행주체는 통화지표에 포함되는 금융상품을 발행한 주체로서, 일반적으로 예금취급을 통해 통화를 창출하는 기능이 있는 예금취급기관이 이에 해당된다. 우리나라의 예금취급기관은 중앙은행과 기타예금취급기관으로 구분되며, 기타예금취급기관에는 예금은행, 수출입은행, 종합금융회사, 자산운용회사, 신탁회사, 상호저축은행, 신용협동기구 등이 있다.

통화 보유주체에는 통상 예금취급기관과 중앙정부를 제외한 모든 거주자 단위가 포함된다. 즉, 가계, 공공 및 기타 비금융 기업, 예금취급기관을 제외한 기타 금융기관, 중앙정부 이외의 정부가 이에 해당한다. 중앙정부와 비거주자는 통화 보유주체에 해당하지 않으므로 이들이 보유한 금융상품은 통화에 포함되지 않는다. 이는 자금 조달 및 지출방식의 특이성 등으로 중앙정부의 예금이 민간 부문의 예금과 다른 방식으로 처리될 뿐만 아니라 거시경제에 미치는 영향에도 차이가 있기 때문이다. 다만, 현금은 그 양이 상대적으로 적고 중앙정부와 비거주자의 보유액을 측정하기가 쉽지 않다는 점을 고려하여 전액 거주자의 통화에 포함시키고 있다.

06 주어진 자료를 참고할 때, 통화지표의 관계에 대해 바르게 이해한 것을 모두 고르면?

ㄱ. M1은 M2보다 유동성이 낮은 금융상품만을 포함한다.
ㄴ. M1과 M2는 통화 발행주체를 기준으로 편제된 통화지표이다.
ㄷ. Lf는 M2를 포함하며, M2에서 제외된 금융상품 중 일부는 L에 포함된다.
ㄹ. L은 Lf보다 금융상품뿐만 아니라 통화 발행주체 측면에서도 포괄범위가 더 넓다.

① ㄱ, ㄴ ② ㄱ, ㄹ ③ ㄴ, ㄷ
④ ㄴ, ㄹ ⑤ ㄷ, ㄹ

07 다음은 위 자료의 보충 자료이다. 이를 참고할 때, 적절한 추론으로 볼 수 없는 것은?

중앙정부가 비록 통화보유자로 간주되지 않는다고 하더라도 통화는 중앙정부의 재정활동에 따라 민간으로부터 환수되기도 하고 민간에게 공급되기도 한다. 중앙정부가 세금을 거두면 민간이 보유했던 돈이 중앙은행에 설치된 정부의 예금계좌로 들어옴으로써 통화량이 줄어든다. 반대로 중앙정부가 공무원에게 급여를 주거나 건설업자에게 정부공사의 대금을 지급하면 최종적으로 그 돈이 한국은행의 정부예금계좌에서 민간 부문에 지급되므로 그만큼 통화량이 늘어난다. 그런데 이와 같은 중앙정부의 재정활동은 조세수입과 재정지출이 동시에 이루어지며 중앙정부 부문을 통한 통화공급은 정부의 재정활동의 결과인 재정수지에 따라 그 규모가 결정된다. 즉, 조세수입보다 재정지출이 많은 경우 중앙정부 부문으로부터 통화가 공급되며, 반대로 조세수입보다 재정지출이 적은 경우 중앙정부 부문을 통해 통화가 환수된다.

① 통화 보유주체에 해당하지 않는 경우라고 하더라도 통화 공급주체가 될 수 있다.
② 중앙정부가 국채를 발행하는 경우 L 지표가 증가할 것이다.
③ 중앙정부가 예금계좌의 조세수입을 종합금융기관을 통해 재투자하는 경우에는 통화지표에 포함될 수 있다.
④ 만약 중앙정부의 조세수입에 비해 민간 부문으로의 자금 공급이 많은 경우 M1 지표는 증가할 수 있다.
⑤ 만약 중앙정부가 세입과 지출을 일치시키는 균형재정 상태를 유지한다면 중앙정부는 통화에 중립적인 부문이 될 것이다.

08 ○○은행의 디지털혁신위원회에서는 다음과 같은 사항에 대해 의결한 후 내부 공고하였다. 의결안의 내용을 참고할 때, 빈칸 ㉠에 들어갈 내용으로 적절하지 않은 것은?

> **고객 서비스 개선을 위한 금융상품 상담 시스템 도입의 건**
>
> • 의결 주제: 고객 맞춤형 금융상품 상담 시스템 도입을 통한 서비스 개선
>
> • 논의 배경
>
> – 기존 상담 방식에서는 고객의 대기 시간이 길어지는 경우가 많아 고객 경험이 저하되고 고객 이탈률이 상승하는 문제가 발생하고 있음
>
> – 상품 다양화로 인해 상품 선택 시 피로감을 호소하는 고객이 증가하고 있어 고객의 니즈에 맞춘 맞춤형 상품 추천 기능의 도입 필요성이 있음
>
> – 최근 디지털 트렌드에 따라 다양한 금융 상품을 신속하게 분석하고 추천할 수 있는 AI 기반 상담 시스템 도입의 검토가 필요함
>
> • 의결 내용
>
> – AI 기반 금융상품 추천 시스템 도입: 고객 프로파일에 따라 맞춤형 상품을 자동으로 추천하는 시스템의 도입
>
> – 챗봇 이용시간 확대: 일반적인 금융 문의 및 계좌 관련 업무의 챗봇 시간을 24시간 확대하여 운영
>
> – 고객 만족도 조사 강화: 시스템 도입 이후 만족도를 지속적으로 조사해 개선점을 반영
>
> • 기대효과
>
> – 상담 대기 시간 감소 및 고객 만족도 증대
>
> – 고객 이탈률 감소 및 금융상품 가입률 증가
>
> – 서비스 혁신을 통한 고객 충성도 증대 및 금융 브랜드 이미지 개선
>
> • 차후 의결 안건
>
> (㉠)

① AI 시스템 도입에 필요한 예산 분석 및 기존의 고객 지원 시스템과의 연계 방안

② 서비스 도입 후 고객 반응 분석 및 조기 피드백 수집 체계 마련

③ 서비스 및 시스템의 변화에 따른 해당 업무 전담 인력에 대한 교육 계획

④ 고객의 상담 대기 시간을 줄이기 위한 고객 지원 인력 증원 방안

⑤ 고객의 개인정보 활용과 관련한 고객 데이터 보호 및 개인정보 관리 방안 마련

09 다음 글의 내용을 바르게 이해하지 못한 것은?

최근 미국 기준금리 인상의 정점을 예상한 개인투자자들의 미국 장기채·레버리지 ETF 등 고위험 상품 투자가 증가하고 있다. 해외 상장 ETF는 국내와 투자환경이 상이한 점이 있어 해외 상장 ETF 투자 시 유의사항을 충분히 숙지하는 것이 좋다.

먼저 해외 상장 ETF 투자 시 환율 변동 위험에 유의해야 한다. 해외 상장 ETF는 원화가 아닌 해당 국가의 통화로 환전해 거래하기 때문에 금융환경변화 등에 따른 환율 변동 영향을 받기 때문이다.

또 해외 상장 ETF 투자 시에는 국내와 과세 체계가 다르다는 점을 알고 있어야 한다. 해외 상장 ETF 투자에 따른 분배금은 은행 이자나 국내주식 배당금처럼 배당소득세 15.4%(지방세 포함)를 부과하며, 다른 금융소득과 합산해 2,000만 원 초과 시 종합소득세 신고 대상에 해당한다. 한편 해외 상장 ETF는 매매차익에 대해 연 250만 원 기본공제 후 초과분에 대해 양도소득세 22%(지방소득세 포함)를 부과하지만 국내 상장 해외 ETF는 배당소득세 15.4%를 부과하는 등 과세 체계에 차이가 있다.

가격 변동성과 관련하여도 차이가 있다. 국내 주식시장은 단기간 주가 급등락으로 인한 주식시장의 충격을 완화하고 투자자를 보호하기 위해 하루 동안 가격이 변동할 수 있는 폭을 제한하고 있다. 그러나 미국과 유럽 등은 주식시장 가격제한폭이 없어 다양한 시장 변수에 의해 가격 변동성이 크게 확대될 수 있다.

한편, 기준금리가 특정 방향으로 움직일 것을 예측하고 미국 장기국채 등 채권을 기초자산으로 하는 ETF(특히 레버리지 ETF)에 투자하는 경우, 이는 손실 확대로 이어질 수 있다. 시중금리가 상승하면 신규발행 채권의 금리가 높아짐에 따라 낮은 금리로 이미 발행된 채권의 인기가 상대적으로 떨어지게 되어 가격이 하락하기 때문이다. 또한 향후 기준금리가 낮아질 것으로 전망될 때에도 예상보다 금리변동이 천천히 이루어지게 되면, 투자자금이 장기간 묶일 수 있다.

특히 레버리지·인버스 ETF는 복리효과로 인해 장기투자에 적합하지 않다. 예를 들어, 1,000에서 시작한 기초지수가 T+1일에 10% 상승하여 1,100이 되었을 때, 2배 레버리지 ETF는 10%의 2배인 20%가 상승하여 1,200이 된다. 이후 T+2일에 기초지수가 1,100에서 9.09% 하락하여 1,000으로 돌아오면 레버리지 ETF는 9.09%의 2배인 18.18%만큼 하락하게 되고, 이때 기초지수는 원래 가격을 회복하지만 레버리지 ETF의 가격은 982로 크게 하락한다. 이 과정이 반복될수록 레버리지 ETF는 누적 손실이 더욱 증가하게 된다.

① 채권의 가격은 시중금리와 반대로 움직인다고 볼 수 있다.
② 레버리지 ETF는 보유기간이 길어질수록 ETF 누적수익률과 기초지수 누적수익률 간 차이가 발생한다.
③ 해외 상장 ETF 투자에서 손실이 발생하는 경우 가격의 하한에 대한 규제가 없어 더욱 큰 손실로 이어질 수 있다.
④ 해외 상장 ETF 거래를 통한 매매차익에 부과되는 세금을 고려한다면 국내 상장 해외 ETF에 투자하는 것이 세액 절감에 더 효과적이다.
⑤ 해외 상장 ETF의 주가 상승으로 매매수익이 발생하였더라도 해당 통화 가치 하락에 따른 환차손이 반영되면 최종적으로 손실이 발생할 수도 있다.

10 다음 〈조건〉과 같은 상황에서 A의 현재 나이를 올바르게 구한 것은?

조건

- A, B는 직장 입사 동기이며, 현재 다니는 직장에서만 계속 일해왔다.
- A는 B보다 나이가 4살 더 많다.
- 현재로부터 6년 전에는 A의 근속연수가 A 나이의 절반이었다.
- 현재로부터 13년 후에도 계속 직장을 다닌다면, B의 근속연수가 B 나이의 $\frac{2}{3}$가 된다.

① 56세 ② 57세 ③ 58세
④ 59세 ⑤ 60세

11 다음 〈조건〉과 같은 상황에서 A버스와 B버스가 종점에서 두 번째로 다시 만나는 시각은? (단, 처음에 출발할 때는 만난 것으로 생각하지 않는다.)

조건

- A버스와 B버스는 종점이 같으며, 종점에서 출발하여 각자의 노선을 돌고 종점으로 다시 돌아온다.
- A버스와 B버스가 종점에서 출발하여 각자의 노선을 돌고 종점으로 다시 돌아오는 데 걸리는 시간은 각각 45분, 60분이다.
- 두 버스 모두 종점에 도착하는 즉시 각자 자신의 노선으로 버스 운행을 재개한다.
- 두 버스 모두 09:00에 종점에서 동시에 처음으로 출발하였다.

① 14:00 ② 14:30 ③ 15:00
④ 15:30 ⑤ 16:00

[12~13] 다음 자료를 읽고 질문에 답하시오.

〈A과장의 미국 출장 소요경비 내역〉

항목	소요경비
차량 렌트비	520달러
숙박비	800달러
식비	250달러
기타	430달러

※ A과장은 출국일에 한화 300만 원을 전액 달러로 환전함

〈환율 정보〉

(단위: 원/달러)

구분	달러 사실 때	달러 파실 때
출국일	1,200	1,155
입국일	1,180	1,125

12 미국 출장을 갔던 A과장은 입국일에 출장 소요경비를 사용하고 남은 돈을 전액 한화로 환전할 예정이다. A과장이 환전 후 받을 금액을 올바르게 구한 것은?

① 450,000원 ② 562,500원 ③ 577,500원
④ 590,000원 ⑤ 600,000원

13 A과장은 입국 후 바로 은행에 가서 출장 경비로 사용하고 남은 금액을 환전했다. 그러나 예상했던 것과 달리 225,000원을 받아 곰곰이 생각해 보니 소요경비 내역에 차량 유류비가 누락된 것을 알았다. A과장이 미국 출장 중 사용한 자동차 유류비를 올바르게 구한 것은?

① 200달러 ② 250달러 ③ 300달러
④ 350달러 ⑤ 400달러

14 다음은 2019~2023년 임금근로자 고용형태별 사회보험 가입률과 근로자 수에 관한 자료이다. 이에 대한 설명으로 적절하지 않은 것은?

〈자료 1〉 임금근로자 고용형태별 사회보험 가입률

(단위: %)

구분		2019년	2020년	2021년	2022년	2023년
공적연금	임금근로자	69.5	69.8	68.6	70.0	69.7
	정규직	87.5	88.0	88.8	89.1	88.0
	비정규직	37.9	37.8	38.4	38.3	38.4
건강보험	임금근로자	75.7	76.8	(㉠)	78.4	78.9
	정규직	91.5	92.6	89.9	94.5	94.3
	비정규직	48.0	49.0	49.8	51.7	52.6
고용보험	임금근로자	71.8	73.5	75.6	77.9	78.0
	정규직	87.2	89.2	90.9	92.2	91.9
	비정규직	44.9	46.1	52.6	54.0	54.2

〈자료 2〉 임금근로자 고용형태별 근로자 수

(단위: 천 명)

구분	2019년	2020년	2021년	2022년	2023년
임금근로자	20,550	20,450	20,140	21,720	21,950
정규직	13,080	13,020	12,084	13,568	13,832
비정규직	7,470	7,430	8,056	8,152	8,118

① 임금근로자의 고용보험 가입률은 제시된 기간 동안 매년 증가하였다.

② 2019~2023년 중 정규직 근로자와 비정규직 근로자 수의 차이가 가장 작은 해는 2021년이다.

③ 2020년 정규직의 공적연금 가입자 수는 2023년 정규직의 공적연금 가입자 수보다 적다.

④ 빈칸 ㉠에 들어갈 값은 80 이상이다.

⑤ 2022년 고용보험에 가입한 근로자 수는 정규직과 비정규직 모두 전년 대비 증가하였다.

15 다음은 연도별 남성 외국인 입국 및 외국인 국제이동 현황에 관한 자료이다. 이에 대한 설명으로 적절하지 않은 것은?

〈자료 1〉 연도별 남성 외국인 입국 현황

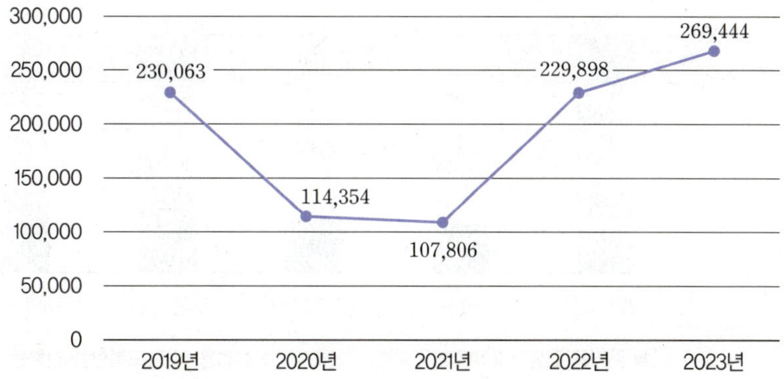

〈자료 2〉 연도별 외국인 국제이동 현황

(단위 : 명)

구분	2019년		2020년		2021년		2022년		2023년	
	총이동	순이동	총이동	순이동	총이동	순이동	총이동	순이동	총이동	순이동
합계	863,777	(　　)	594,735	-128,469	483,826	-42,684	657,519	168,377	798,868	160,668
남성	461,074	(　　)	314,352	-85,644	252,927	-37,315	361,205	98,591	438,162	100,726
여성	402,703	13,611	280,383	-42,825	230,899	-5,369	296,314	69,786	360,706	(　　)

※ 총이동＝입국자＋출국자

※ 순이동＝입국자－출국자

① 2023년에 여성 외국인 출국자 수는 여성 외국인 입국자 수보다 적다.

② 제시된 기간 중 남성 외국인 출국자 수가 가장 적은 해는 2022년이다.

③ 제시된 기간 중 전체 입국자 수보다 출국자 수가 더 많은 해는 3개년도이다.

④ 2020년부터 2022년까지 전체 출국자 수는 지속적으로 감소한다.

⑤ 2021년 외국인 여성 입국자 수는 112,765명이었다.

[16~18] 다음은 부동산 압류재산에 관한 자료이다. 이어지는 질문에 답하시오.

〈자료 1〉 부동산 압류재산 용도별 입찰건수

(단위: 건)

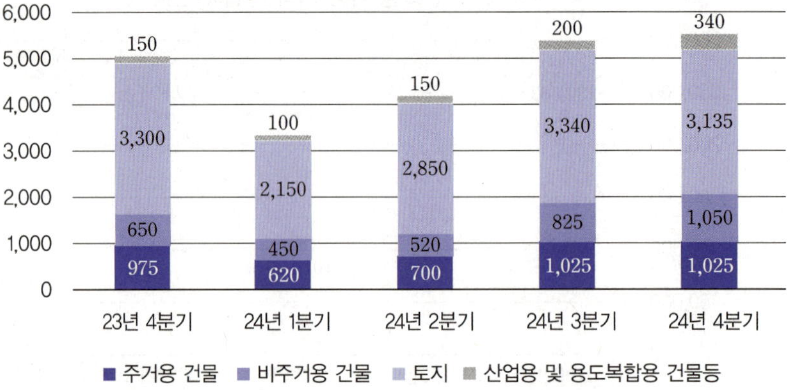

〈자료 2〉 부동산 압류재산 용도별 유찰률

(단위: %)

구분	23년 4분기	24년 1분기	24년 2분기	24년 3분기	24년 4분기
주거용 건물	64	55	66	68	60
비주거용 건물	76	68	75	84	88
토지	58	54	56	60	60
산업용 및 용도복합용 건물 등	78	66	80	78	80

〈자료 3〉 부동산 압류재산 용도별 입찰참가자 수

(단위: 명)

구분	23년 4분기	24년 1분기	24년 2분기	24년 3분기	24년 4분기
주거용 건물	895	653	629	1,056	925
비주거용 건물	195	230	169	207	186
토지	2,233	1,634	2,073	2,004	1,829
산업용 및 용도복합용 건물 등	78	58	42	75	111

※ 입찰건수: 공고 기준 입찰 물건의 건수(=낙찰건수+유찰건수)

※ 낙찰(유찰)건수: 낙찰(유찰)된 물건의 건수

※ 유찰률(%): $\frac{\text{유찰건수}}{\text{입찰건수}} \times 100$

※ 경쟁률: $\frac{\text{입찰참가자 수}}{\text{낙찰건수}}$: 1

16 주어진 자료를 바탕으로 할 때, 부동산 압류재산 중 비주거용 건물의 낙찰건수가 가장 많았던 시기로 옳은 것은?

① 23년 4분기　② 24년 1분기　③ 24년 2분기
④ 24년 3분기　⑤ 24년 4분기

17 주어진 자료에 대한 분석으로 적절하지 않은 것은?

① 24년 1분기에 부동산 압류재산 중 비주거용 건물의 경쟁률은 1.5:1을 초과한다.
② 24년 4분기에 부동산 압류재산 중 주거용 건물의 경쟁률은 전분기 대비 낮아졌다.
③ 24년 2분기에 부동산 압류재산 중 주거용 건물의 유찰건수는 낙찰건수의 2배 이상이다.
④ 24년 4분기에 부동산 압류재산 중 산업용 및 용도복합용 건물 등의 낙찰건수는 전년 동기 대비 100% 이상 증가하였다.
⑤ 제시된 기간 동안 부동산 압류재산 중 토지의 유찰건수는 24년 3분기를 제외하고는 모두 2,000건 미만이다.

18 다음은 위 자료의 24년 4분기에 대한 보충 자료이다. 이에 대한 해석으로 적절한 것은?

〈자료 4〉 24년 4분기 부동산 압류재산 입찰참가자·낙찰자 수

(단위: 명)

구분		입찰참가자 수	낙찰자 수
성별	남성	2,084	1,314
	여성	967	(㉠)
연령별	20대 이하	141	86
	30대	433	280
	40대	954	(㉡)
	50대	1,021	620
	60대	408	290
	70대 이상	94	82

※ 낙찰자 수: 공매 물건을 낙찰받은 참가자의 수로 낙찰자의 수와 낙찰건수는 일치함

① 빈칸 ㉠에 들어갈 값은 534이다.
② 빈칸 ㉡에 들어갈 값은 400이다.
③ 24년도 4분기에 토지를 제외한 부동산을 낙찰받은 남성의 수는 60명 이상이다.
④ 24년도 4분기 부동산 입찰참가자 중 낙찰자의 비중이 가장 높은 연령대는 60대이다.
⑤ 24년도 4분기 부동산 입찰참가자 중 낙찰자의 비중은 양성 모두에서 60%를 초과한다.

19 **다음은 A~E기업의 대출금리에 대한 내용이다. 이를 바탕으로 각 기업들에게 적용되는 대출금리에 대해 바르게 설명한 것은?**

- A기업에 적용되는 대출금리가 가장 높다.
- B기업과 D기업에 적용되는 대출금리는 같으며, 정수이다.
- C기업에 적용되는 대출금리는 E기업에 적용되는 대출금리보다 1%p 더 높다.
- A~E기업에 적용되는 대출금리의 평균은 5%이다.
- 모든 기업에 적용되는 대출금리는 평균 대출금리의 ±3%p이내다.
- 평균 대출금리에 가장 근접한 금리를 적용받는 기업은 C기업과 E기업이다.

① A기업에 적용되는 대출금리는 6%이다.
② B기업에 적용되는 대출금리는 4%이다.
③ C기업에 적용되는 대출금리는 5%이다.
④ D기업에 적용되는 대출금리는 E기업보다 높다.
⑤ E기업에 적용되는 대출금리가 가장 낮다.

20 다음은 ○○기업의 안전시설 A~D구역의 점검 업무방침 및 안전시설 점검 담당자의 교대 근무 원칙에 관한 정보이다. 아래의 내용을 참고하여 추론한 내용으로 적절한 것을 모두 고르면? (단, 2025년 3월 1일은 토요일이며 해당 날짜에 A구역은 점검하지 않는다.)

〈안전시설 점검 방침〉

- 평일뿐만 아니라 공휴일도 예외 없이 점검일 대상이 된다.
- A구역은 격일로 점검한다.
- B구역은 3일에 1회 점검한다.
- C구역은 격일로 점검하되, A구역의 점검일과 중복되지 않도록 한다.
- D구역은 1주에 1회만 점검하되, 하루에 2개 구역 이상의 점검이 예정된 날 및 C구역의 점검이 실시된 바로 다음 날을 피하여 실시한다.

〈안전시설 점검 담당자 교대제 근무 원칙〉

- 담당자 X와 Y 중 한 명이 그날에 점검이 필요한 모든 구역을 점검한다.
- 안전시설 점검 업무 담당자의 근무요일은 매주 변경한다.
- 1주는 월요일부터 일요일까지를 의미한다.
- 특정 주의 월요일, 수요일, 금요일, 일요일에 근무한 자는 해당 주의 차주에 화요일, 목요일, 토요일에 근무한다.
- 특정 주의 화요일, 목요일, 토요일에 근무한 자는 해당 주의 차주에 월요일, 수요일, 금요일, 일요일에 근무한다.

ㄱ. 2025년 3월의 첫 번째 월요일의 근무자가 X라면 C구역의 점검은 항상 X가 실시한다.
ㄴ. 2025년 3월 11일에 B구역을 점검했다면 3월 중 B구역 점검을 한 가장 이른 날은 3월 3일이다.
ㄷ. 2025년 3월 1일의 근무자가 Y라면 D구역의 점검은 항상 X가 실시한다.
ㄹ. 2025년 3월 3일에 B구역을 점검하지 않았다면 해당 주에 D구역의 점검을 실시할 수 있는 가장 늦은 날짜는 3월 9일이다.

① ㄱ, ㄴ　② ㄱ, ㄹ　③ ㄴ, ㄷ
④ ㄴ, ㄹ　⑤ ㄷ, ㄹ

[21~22] 다음은 K은행의 수신 관련 수수료 기준에 대한 자료 일부이다. 자료를 읽고 질문에 답하시오.

제2조(정의) 이 기준에서 사용하는 용어의 정의는 다음 각 호와 같다.

1. "제증명서"는 고객의 "수신관련 거래사실을 증명하는 서류(고객 요청에 의하여 수신계좌의 잔액이나 거래내역, 거래실적 등을 책임자가 확인하여 발급하는 서류)" 및 은행이 원본과 일치함을 확인한 "고객이 작성한 서류(고객이 수신거래를 위해 작성한 은행거래서 및 전표 등)"의 사본을 말한다.
2. "증서"는 고객의 수신거래 사실을 확인해주는 통장 및 예금증서 등을 말한다.
3. "교환결제전 현금화"는 「예금업무 취급세칙」 "타행발행 자기앞수표 즉시 지급"과 "타행발행 자기앞수표 교환결제전 조회필 입금거래"에 따른 업무처리를 말한다.
4. "주식(사채)납입금보관증명서발급"은 「주식(사채)납입금 수납대행 업무취급기준」에 따라 증명서를 발급하는 업무를 말한다.

제3조(수수료 종류, 금액 및 받는 기준) ① 수수료의 종류와 금액은 〈표 1〉에 따른다.

② 수수료를 받는 기준은 다음 각 호에 따른다.

1. "가계수표, 당좌수표, 약속어음용지 교부수수료"는 용지 교부 시 권당 기준으로 받는다. 다만, 1권 미만으로 나누어 교부할 때는 장당 금액으로 계산하여 받는다.
2. "제증명서 발급수수료"는 "제증명서" 종류와 관계없이 발급 건당 기준으로 계산하여 받는다. 다만, 동일한 "제증명서"를 추가 발급할 경우에는 추가된 1부 단위 기준으로 계산하여 받는다.
3. "증서 재발급수수료"는 고객의 귀책사유로 "증서"를 재발급할 때 계좌 단위로 계산하여 받는다.
4. "수탁어음 보관수수료"는 고객으로부터 어음의 수탁보관을 요청받아 입금할 때 장수 기준으로 계산하여 받는다.
5. "교환결제전 현금화수수료"는 타행발행 자기앞수표를 현금화할 때 장수 기준으로 계산하여 받는다.
6. "주식(사채)납입금보관증명서 발급수수료"는 주식(사채)납입금을 수납 보관할 때 건당 기준으로 받으며, 재발급 시에도 동일 금액을 받는다.

〈표 1〉 수신 관련 수수료 종류 및 금액

구분		수수료
1. 용지 교부수수료	가계수표	1권(20장)당 10,000원(1장당 500원)
	당좌수표	1권(10장)당 10,000원(1장당 500원)
	약속어음	1권(20장)당 10,000원(1장당 1,000원)
2. 제증명서 발급수수료	전산발급	1건당 2,000원
	수기발급	1건당 3,000원
3. 증서 재발급수수료		1계좌당 2,000원
4. 수탁어음 보관수수료		1장당 2,000원
5. 교환결제전 현금화수수료		1장당 1,000원
6. 주식(사채)납입금보관증명서 발급수수료		1건당 20,000원

※ 단, 제증명서의 경우 1부 추가 시마다 1,000원씩 추가 징수함

21 **주어진 자료를 바탕으로 할 때, K은행의 고객인 A~D의 사례 중 발생한 수수료가 적절하지 않은 사례를 모두 고른 것은?**

ㄱ. A는 K은행에서 당좌수표 1권, 가계수표 10장에 대한 용지를 교부받으며 15,000원의 수수료를 부담하였다.
ㄴ. B는 수신거래를 위해 작성한 은행거래서 사본 1부의 수기발급 및 B의 과실 없이 발급받지 못한 2개 계좌에 대한 예금증서를 K은행에 발급요청하였고, 이에 따라 수수료로 3,000원을 부담하였다.
ㄷ. C는 K은행에서 발행한 자기앞수표 6장을 현금화하기 위해 K은행을 방문하였고, 이에 따른 수수료로 6,000원을 부담하였다.
ㄹ. D는 K은행에 사채납입금을 수납 보관한 1건에 대하여 보관증명서를 발급받았으나 분실하여 재발급을 요청하였고, 이에 따라 D는 총 21,000원의 수수료를 부담하였다.

① ㄱ, ㄴ ② ㄱ, ㄷ ③ ㄴ, ㄷ
④ ㄴ, ㄹ ⑤ ㄷ, ㄹ

22 **다음은 위 K은행의 수신 관련 수수료 기준의 일부이다. 위 자료와 다음 자료를 참고할 때, 옳은 것은?**

제4조(수수료 면제 및 감면) ① 다음 각호에 해당하는 경우 제3조의 수수료를 면제할 수 있다.

1. 국가기관, 지방자치단체, 학교기관, 국립 또는 공공기관, 특별법에 의하여 설립된 법인체, 국제기관, 외국기관, 금융기관, 출자기업체 관리요강에 의하여 당행이 출자한 기업
2. 당행의 기금 및 단체(사내근로복지기금, 노동조합, 신협, 우리사주조합 등), 임직원 및 은행업무와 관련하여 당행이 부담하는 경우
3. 당행 퇴직직원 본인 및 배우자
4. 기타 영업점장이 필요하다고 인정하는 경우

② 제1항에 불구하고 수수료 면제 또는 감면에 대해 각 상품 및 〈표 2〉의 고객등급별 수수료 면제 혜택 등에서 별도로 정한 경우 그에 따른다.

③ 제1항에 의해 수수료를 면제할 때는 취급자가 해당 전표 또는 서식에 면제사유를 간략히 기재하여 팀장으로부터 결재를 받아야 한다. 단, 제1항 제4호에 의한 면제는 영업점장의 결재를 받아야 한다.

④ 수수료 면제·감면현황 관리를 위하여 '수신관련 수수료 거래(면제·감면)내역'을 매영업일 영업점장 결재를 받아 보관한다.

〈표 2〉 고객등급별 수수료 면제 혜택

고객등급	면제되는 수수료
A등급	인터넷, 텔레뱅킹 이체 수수료, 자기앞수표 발행 수수료
S등급	A등급 고객 혜택+증서 재발급수수료, 교환결제전 현금화수수료
VIP등급	S등급 고객 혜택+용지 교부수수료

① K은행이 출자한 기업은 언제나 수탁어음 보관수수료를 면제받는다.

② K은행의 노동조합이 수신거래 제증명서의 발급을 요청한 경우 수수료를 면제받기 위해서는 영업점장의 결재가 필요하다.

③ K은행의 임직원 또는 퇴직직원이 아닌 개인 고객이라 하더라도 VIP등급에 해당하는 고객이라면 증서 재발급수수료를 면제받을 수 있다.

④ 주식납입금보관증명서를 발급하는 K은행의 행원은 고객이 해당 수수료 감면 대상인 경우 먼저 수신 관련 수수료 거래(면제·감면)내역의 결재를 받아야 한다.

⑤ 영업점장이 수수료 면제가 필요하다고 인정하는 경우에 업무 취급자는 해당 전표에 수수료 면제사유를 기재할 필요가 없다.

23 **다음은 A~D은행에 대한 선호도 조사 결과에 관한 정보이다. 100명의 고객이 A~D은행에 대해 자신의 선호도에 따라 1~4순위로 응답하였으며, 서로 다른 은행을 동일한 순위에 응답한 사람은 없다고 할 때, 추론한 내용으로 적절하지 않은 것은? (단, 모든 은행의 각 순위에는 최소 5명의 고객이 응답하였다.)**

- A은행을 3순위로 선택한 사람은 1순위로 선택한 사람의 두 배이다.
- D은행을 4순위로 선택한 사람은 전체 응답자의 35%이다.
- B은행을 3순위나 4순위로 선택한 사람은 10명뿐이다.
- D은행을 1순위로 선택한 사람과 A은행을 1순위로 선택한 사람의 수는 같다.
- C은행을 2순위로 선택한 사람과 1순위로 선택한 사람의 수는 같다.
- D은행을 2순위로 선택한 사람은 B은행을 3순위로 선택한 사람의 4배이다.
- A은행을 4순위로 선택한 사람은 C은행을 4순위로 선택한 사람보다 30명 더 적었다.
- B은행을 1순위로 선택한 사람은 A은행과 D은행을 1순위로 선택한 사람 합의 두 배이다.

① B은행을 3순위로 선택한 사람은 5명이다.
② A은행을 4순위로 선택한 사람은 15명이다.
③ C은행을 3순위로 선택한 사람은 30명이다.
④ 1순위 선택자가 가장 많은 은행은 B은행이다.
⑤ D은행을 3순위로 선택한 사람은 30명이다.

24 **A~E팀의 석·박사 수는 다음 〈표〉와 같다. 〈조건〉을 참고하여 ㉠+㉡의 값을 고르면?**

〈표〉 팀별 석·박사 수

구분	석·박사 수	|편차|
A팀	2명	3
B팀	( )	(㉠)
C팀	7명	2
D팀	( )	(㉡)
E팀	( )	3
평균값	5명	( )
중앙값	7명	2

조건

- |편차|는 석·박사 수의 평균값에서 각 팀의 석·박사 수를 뺀 값의 절댓값이다.
- 중앙값은 A~E팀의 석·박사 수 또는 편차를 오름차순으로 나열했을 때, 정중앙인 세 번째에 있는 수이다.
- 예를 들어 (1, 3, 5, 7, 20)의 중앙값은 5이고, (5, 6, 3, 1, 3)의 중앙값은 3이다.

① 1　② 2　③ 3
④ 4　⑤ 5

[25~26] 다음 자료를 읽고 질문에 답하시오.

○○공사 여비규정

제2조(여비의 구분 및 계산) ① 여비는 여행목적에 따라 국내여비, 국외여비, 전근여비로 구분하고, 지출성격에 따라 일반여비(교통비, 일비, 숙박비, 식비), 이전비로 구분한다.

② 여비는 순로에 따라 계산한다. 다만, 용무의 형편 또는 기타 불가피한 사유로 인하여 순로에 따를 수 없는 경우에는 실로에 따라 계산한다.

③ 여행일수는 업무로 소요되는 일수에 의한다. 다만, 업무의 형편상 천재지변, 그 밖의 불가피한 사유로 당해 출장을 연장하고자 하는 경우 전결권자의 승인이 있을 때 이를 출장일수에 포함한다.

제3조(여비의 지급기준) ① 교통비는 철도운임, 선박운임, 항공운임, 자동차운임으로 구분하며, 다음 각호에서 정한 바에 따른다.

1. 철도운임: 〈별표 1〉의 기준표에 따라 실비지급
2. 선박운임: 〈별표 1〉의 기준표에 따라 실비지급
3. 자동차운임: 공사 차량 이외의 차량을 이용하여 공무로 여행하는 경우에는 〈별표 1〉의 기준표에 따라 출장정산을 완료한 후에 지급한다. 단, 차량 동승자가 있을 경우에는 차량 감가상각비 및 연비보전을 위해 연료비를 추가 지급할 수 있다.

② 일비 및 식비는 여행일수에 따라 정액 지급한다.

③ 숙박비는 국내·외를 불문하고 숙박하는 밤의 수를 기준으로 〈별표 1〉의 기준표의 한도 내에서 지급한다.

제4조(여비의 변경지급) 출장 중 신분이 변경된 경우에는 그 발령일로부터 변경된 신분에 따라 여비를 지급한다.

제8조(국내여비 지급기준) 국내출장과 국내전근의 여비는 제3조(여비의 지급기준) 및 〈별표 1〉의 국내여비기준표에 따른다.

제12조(근거리 출장) 근무지와 같은 시(특별시, 광역시 및 특별자치시를 포함한다)·군 및 섬 안에서의 출장이거나 근무지를 기점으로 여행거리(시·군청간의 최단거리를 기준으로 한다)가 편도 12km 미만인 경우 〈별표 1〉의 일비만 지급한다.

제22조(전근여비 지급기준) ① 전근의 명(3개월 이상의 파견을 포함한다)을 받아 신임지로 부임하는 자에게 전근무지로부터 실근무지까지의 소요일수에 따라 여비를 지급하며, 국내 전근의 경우 제8조의 규정을 적용한다. 다만, 신임지의 소재지가 전근무지와 동일 시·군 내의 경우이거나 실주거지가 변동되지 않은 경우에는 이전비를 지급하지 않는다.

② 국내 전근의 경우 소요일수는 1일로 한다.

③ 국내 전근자가 가족(직계존속, 배우자, 미혼자녀)을 동반하였을 경우에는 가족에 대하여 〈별표 1〉에 정한 여비를 다음 각호에 따라 지급한다.

1. 12세 이상의 가족에 대하여는 1인당 직원 직급과 동액의 교통비, 일비, 식비
2. 12세 미만의 가족에 대하여는 1인당 직원 직급의 5할에 해당하는 교통비, 일비, 식비

④ 이전비는 〈별표 2〉에 정한 기준에서 증빙서류에 따라 실비 지급한다.

〈별표 1〉 국내여비 기준표

(단위: 만 원)

<table>
<tr><th rowspan="2">구분</th><th colspan="3">교통비</th><th rowspan="2">일비</th><th colspan="2" rowspan="2">1일당 숙박비 한도</th><th rowspan="2">식비</th></tr>
<tr><th>철도·버스·선박 운임</th><th>항공 운임</th><th>자동차 운임*</th></tr>
<tr><td>임원 이상</td><td>특실</td><td>Business</td><td rowspan="3">연료비, 통행료</td><td rowspan="3">2.5</td><td colspan="2">실비</td><td rowspan="3">2.5</td></tr>
<tr><td>1급</td><td>특실</td><td>Economy</td><td rowspan="2">서울 10
광역시 8</td><td rowspan="2">기타 지역 7</td></tr>
<tr><td>2급 이하</td><td>일반실</td><td>Economy</td></tr>
</table>

※ 연료비 및 통행료는 실비 지급을 원칙으로 하되, 차량 동승자가 있을 때에는 동승자가 1인인 경우 연료비의 3%, 2인일 경우 5%, 3인 이상일 경우 10%를 가산하여 지급함

〈별표 2〉 국내이전비 기준표

지급기준	지급액
5톤 이하의 이사화물	이사화물 이전비의 실비
5톤을 초과하는 이사화물 (7.5톤 초과 시 7.5톤을 상한으로 함)	5톤 이하 이사화물 이전비의 실비에 5톤 초과 7.5톤 이하의 이사화물에 해당하는 이전비의 실비(사다리차 이용료 포함)의 50%를 더한 금액

25 **위 자료를 참고할 때, ○○공사 직원들의 출장업무와 관련하여 규정에 따라 적절하게 이해하지 못한 것은?**

① 서울에서 근무하는 1급 직원 A가 대전광역시에서 2박 3일 일정의 출장업무를 수행한 경우 교통비를 제외한 일반여비는 최대 31만 원이다.

② 광주에서 근무하는 2급 직원 B가 4박 5일 일정의 제주도 출장업무 수행 중 1급 직원으로 승진 발령을 받은 경우 교통편에 따라 여비에 변동이 있을 수 있다.

③ 인천에서 근무하는 3급 직원 C가 출장업무 수행을 위해 개인 차량을 이용하여 동승자 2인과 함께 인천 내 사업소로 이동하였고, 이때 통행료가 5,000원 발생했다면 여비 중 교통비는 5,250원이다.

④ 서울에서 근무하는 임원인 D는 개인 차량을 이용해 공무차 춘천시로 이동하던 중, 이동경로의 터널에서 예상치 못한 20중 추돌사고가 발생했다는 뉴스를 듣고 우회 이동한 결과 통행료 6,000원 및 연료비 8,000원이 추가 발생하였으나 모두 실비지급 받을 수 있다.

⑤ 임원 E 및 1급 직원 F가 철도편으로 동일한 출장업무를 수행하는 경우 일반여비의 차이는 숙박비에서만 발생할 것이다.

26 위 자료를 참고할 때, 다음의 사례에서 직원 X가 이사 당일에 대해 지급받게 되는 여비의 합계로 옳은 것은?

> ○○공사의 경기지역본부에서 재직 중이던 3급 직원 X는 최근 경남지역본부에서의 2년간의 전근명령에 따라 생활할 집을 구한 뒤 전입신고를 완료하였다. X는 경기도 부천에서 경남 진주까지 6톤 트럭 1대를 이용해 이사하였고 5톤까지는 150만 원, 추가 1톤에 대해서는 30만 원이 소요되었다. X는 비용에 대한 영수증을 수령했으며, 이사 당일 X와 X의 배우자, 9세 자녀는 기차 일반석(1석 20,000원)을 타고 진주로 이동했다.

① 1,825,000원　② 1,860,000원　③ 1,900,000원
④ 1,975,000원　⑤ 2,010,000원

27 다음은 ○○베이커리의 사장인 K씨의 사례이다. K씨가 L베이커리에 입장하기 위해 거쳐야 하는 점검 순서로 옳은 것은? (단, 매장 피크시간의 점검 소요 시간은 K씨가 매장에 도착한 시간을 기준으로 판단한다.)

K씨는 주변 인기 베이커리의 성공요인을 파악하기 위해 매주 여러 베이커리를 방문하여 음식의 맛과 인테리어 등을 분석하고 있다. 정오에 L베이커리에 방문한 K씨는 직원으로부터 손님이 많아 앱을 통해 대기 등록을 먼저 해야 한다는 안내를 받고 대기 등록을 하였는데, 90분 뒤에 입장 가능하며, 안내 시간을 초과하는 경우 입장이 불가하다는 알림을 받았다. 90분 동안 K씨는 근처 자신의 매장 분점들의 점검을 하기로 하였다. 매장 분점에 대한 정보는 다음과 같다.

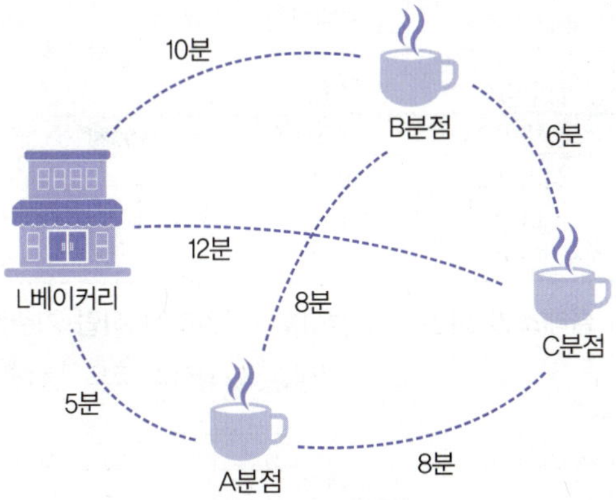

구분	매장 면적	매장 피크시간
A분점	100m^2	12:00~12:40
B분점	120m^2	11:40~12:05
C분점	80m^2	11:30~12:05

점검 시간은 매장 면적 40m^{2}당 8분이 소요되며, 면적이 늘어남에 따라 점검 시간도 비례하여 늘어난다. 매장 피크시간에 입장하면 평상시의 점검 시간의 1.5배가 소요된다. K씨는 매장간 이동 시간 및 점검 시간을 고려하여 대기 시간 동안 모든 매장의 점검을 완료하고자 한다. K씨는 정오에 바로 출발했다.

① A－B－C　② B－A－C　③ B－C－A
④ C－A－B　⑤ C－B－A

[28~29] 다음 자료를 읽고 질문에 답하시오.

〈○○항공 마일리지 적립 안내〉

1. ○○항공 탑승 시 구간별 마일리지 적립 기준치 (편도 기준)

국내선			미주		
구간		마일리지	구간		마일리지
김포, 인천	부산	210	인천	뉴욕	6,880
	제주	280		로스앤젤레스	6,000
김포	광주	170		샌프란시스코	5,640
	울산	200		시애틀	5,200
	대구	160		호놀룰루	4,560
동남아			중국/동북아		
구간		마일리지	구간		마일리지
인천	다낭	1,840	김포	베이징	570
	마닐라	1,630	인천	울란바토르	1,230
	방콕	2,290		베이징	570
	싱가포르	2,880		타이베이	910
부산	다낭	1,860	부산	베이징	765
	방콕	2,310		칭다오	520

2. ○○항공 탑승 시 클래스별 마일리지 적립률 (마일리지 적립 기준치=100%)

구분	클래스 및 클래스 코드		마일리지 적립률
국제선	퍼스트	F, A	150%
	비즈니스	C, D, J	125%
		I, R	100%
		P	75%
	이코노미	Y, B, M, H, E, T	100%
		G	80%
		N, S, Q	50%
국내선	퍼스트	C	125%
	비즈니스	U, P, R	100%
		Y, A, B	0%
	이코노미	M, H, E, Q, K, S	100%
		L, W, T	70%
		G, F, J, D, Z, O, X	0%

3. 마일리지 적립 시 유의사항
   - ○○항공 예약 및 발권 또는 탑승수속 시 ○○항공 회원번호를 알려주시면 탑승하여 출발한 날을 기준으로 익일 오전에 마일리지가 적립됩니다.(한국시각으로 계산)
   - 마일리지는 구입한 항공권을 기준으로 적립되며 배정받은 좌석에 의해 적립되지 않습니다.
   - 마일리지는 정가를 기준으로 적립되므로, 항공권 할인을 받더라도 마일리지 적립량은 할인 전과 동일합니다.
   - 50%를 초과하여 할인 구매한 항공권, 마일리지 적립불가 조건으로 판매된 항공권, 마일리지를 이용해 구입한 항공권(항공 요금의 일부만 마일리지로 결제한 경우도 포함)은 마일리지가 적립되지 않습니다.
   - 마일리지의 유효기간은 회원 등급이 클래식, 로열 등급인 경우 마일리지가 적립된 날이 포함된 해를 제외하고 10년째 되는 해의 12월 31일까지이며, 노블, 임페리얼 등급인 경우 12년째 되는 해의 12월 31일까지입니다.(한국시각으로 계산)

28 주어진 자료를 이해한 내용으로 적절한 것은?

① 국내선을 이용하여 가장 많은 마일리지를 적립받는 경우, 편도 기준으로 420마일리지를 적립받을 수 있다.

② ○○항공의 할인 기간에 정가의 70% 가격으로 '인천–시애틀' 왕복 항공권을 구매한 경우, 적립받을 수 있는 최소 마일리지는 5,200마일리지이다.

③ '인천–부산' 편도 항공권을 이코노미(Q) 클래스로 예약하였는데, 항공사에서 좌석 업그레이드 서비스를 제공해 비즈니스(A) 클래스로 탑승하게 된 경우 마일리지는 적립되지 않는다.

④ 2024년 12월 31일 오후 10시에 인천에서 출발하여 한국시각으로 2025년 1월 1일 새벽 4시에 방콕에 도착한 승객의 회원 등급이 클래식인 경우, 해당 항공편으로 인해 적립된 마일리지는 2034년 12월 31일까지 사용할 수 있다.

⑤ 한국에서 ○○항공을 이용해 다낭에 가는 경우 부산에서 출발하는 것이 인천에서 출발하는 것보다 항상 더 많은 마일리지가 적립된다.

29 주어진 자료를 참고할 때, 다음의 사례에서 A씨가 2025년 6월 21일까지 적립받을 수 있는 마일리지를 바르게 구한 것은?

> 사업가인 A씨는 ○○항공만을 이용하여 출장 스케줄을 마무리했다. A씨는 2025년 6월 2일 부산에서 베이징으로 출국한 뒤, 일정을 마친 후 다시 베이징에서 2025년 6월 7일 출발하여 인천에 도착했다. 그리고 2025년 6월 11일 인천에서 로스앤젤레스로 출국한 뒤, 일정을 마친 후 다시 로스앤젤레스에서 한국시간 기준 2025년 6월 19일 출발하여 인천에 도착했다. 마지막으로 6월 21일 인천에서 부산행 비행기를 탔다.
>
> 이러한 과정에서 A씨는 그동안 잦은 해외 일정으로 쌓인 마일리지를 사용할 요량으로, 부산–베이징 출국 항공편 결제 시 마일리지를 전액 사용하여 해당 항공 요금의 40%를 마일리지로 결제할 수 있었다. 그리고 그 후에 쌓이는 마일리지는 전부 사용하지 않았다. 한편 A씨는 한국–중국을 오가는 항공편은 이코노미(T) 클래스로, 한국–미국을 오가는 항공편은 비즈니스(J) 클래스로 항공권을 구매하였다. 국내선 항공편은 이코노미(T) 클래스를 구매하였다.

① 15,399　　② 15,570　　③ 15,765
④ 16,335　　⑤ 16,482

[30~31] **다음 자료를 읽고 질문에 답하시오.**

국가의 경제가 얼마나 잘 성장하였는지 알아보는 가장 대표적인 방법은 GDP 성장률을 측정하는 것이다. 국가의 GDP 성장률은 일반적으로 하나의 분기가 끝날 때마다 발표한다. 즉, 1년에 4번 발표를 하며 4분기 GDP 성장률을 발표할 때는 그 해 전체의 수치를 종합하여 전년 대비 연간 GDP 성장률을 함께 발표한다.

그런데 국가별로 분기 GDP 성장률을 발표하는 방식에 약간씩 차이가 있어 주의가 필요하다. 특히 주요국이라 할 수 있는 한국, 미국, 중국의 GDP 성장률 발표 방식이 모두 다르다. 우선 한국과 미국은 분기 GDP 성장률을 발표할 때 직전 분기 대비 얼마나 성장하였는지를 주요 지표로 발표한다. 이러한 비교 방식을 QoQ(Quarter-over-Quarter)라고 한다. 반면 중국은 분기 GDP 성장률을 발표할 때 전년 동기 대비 얼마나 성장하였는지를 주요 지표로 발표한다. 이러한 비교 방식을 YoY(Year-over-Year)라고 한다. 한국과 미국은 YoY를 참고 지표로만 발표하고, 반대로 중국은 QoQ를 참고 지표로 발표한다.

동일하게 QoQ 방식을 채택한 한국과 미국 사이에도 차이가 있다. 한국은 직전 분기 대비 GDP 증가율을 그대로 성장률로 발표하지만, 미국은 직전 분기 대비 GDP 증가율을 연율로 환산하는 과정을 거쳐 성장률을 발표한다. 연율은 해당 분기의 증가율로 1년(=4분기)간 동일하게 증가한다고 가정하여 산출하는 것으로, 가령 직전 분기 대비 GDP가 10% 증가하였다면 1.1을 네 제곱한 $1.1^4=1.4641$을 계산하여 분기 GDP 성장률이 46.41%라고 발표하는 식이다. 분기 성장률을 굳이 연율로 표시하는 이유는 연간 성장률과 똑같은 기준에서 비교할 수 있다는 장점이 있기 때문이다. 마치 만기가 3개월, 6개월, 2년인 정기예금의 금리를 모두 1년 기준 금리인 연율로 표시하는 것과 같은 이유이다.

중국의 경우 YoY 방식을 채택했으므로 연율로 환산하든 하지 않든 의미가 없다. 대신 연간 누적 성장률 YTD(Year To Date)라는 지표도 함께 발표한다. 이는 해당 연도 시작부터 현재 분기까지의 누적된 GDP 성장률로, 각 분기의 GDP를 합산하고 이를 전년 같은 기간의 합산 GDP와 비교하여 증가율을 계산해 산출한다. 한국과 미국은 연간 누적 성장률을 따로 발표하지 않는다.

이렇게 국가별로 발표하는 GDP 성장률에 차이가 있기 때문에 국가 간 GDP 성장률을 비교할 때는 발표된 수치를 그대로 비교해서는 안 되며, 동일한 방식과 기준으로 변환한 수치를 비교해야 한다.

〈표〉 한국, 미국, 중국의 2024~2025년 분기별 GDP 성장률

(단위: %)

국가	방식	2024년				2025년			
		1분기	2분기	3분기	4분기	1분기	2분기	3분기(e)	4분기(e)
한국	QoQ	1.9	−1.0	0.3	−0.2	0.4	0.5	−0.1	1.0
미국	QoQ	2.0	2.8	2.2	5.0	−1.6	−1.1	5.0	2.7
중국	YoY	5.0	4.6	5.8	4.8	3.8	5.3	5.8	3.0
	YTD	(㉠)	4.8	5.1	5.0	(㉡)	4.6	( )	4.5

※ 1) 한국의 수치는 연율로 환산하지 않은 값임
2) 미국의 수치는 연율로 환산한 값임
3) (e)가 붙은 분기의 수치는 예상치임

30 **주어진 자료에 대한 설명으로 옳은 것은?**

① 2024년 3분기에 미국의 GDP는 직전 분기보다 감소하였다.
② 한국과 미국은 GDP 성장률을 YoY 방식으로 발표하지 않는다.
③ 〈표〉의 ㉠에 들어갈 숫자는 ㉡에 들어갈 숫자보다 1.2 더 크다.
④ 2025년 4분기에 중국의 전년 동기 대비 GDP 예상 성장률은 한국의 3배다.
⑤ 2024년의 모든 분기에서 직전 분기 대비 GDP 성장률은 미국이 한국보다 높다.

31 **다음 〈보고서〉의 내용 중 주어진 자료를 바탕으로 판단하였을 때 옳지 않은 것만을 모두 고르면? (단, ㉠~㉢ 외의 〈보고서〉 내용은 모두 옳다고 가정한다.)**

보고서

중국의 성장 둔화세가 심상치 않다. 한때 연간 GDP 성장률이 두 자릿수를 기록했던 화려했던 고도 성장기를 지나, 이제 중국 당국은 연간 GDP 성장률 5%를 목표로 하고 있다. ㉠ 2024년의 전년 대비 연간 GDP 성장률은 가까스로 5% 목표를 달성하였지만, 2025년에는 목표치 5%에 미달할 것으로 전망되고 있다. 2025년 1분기에 전년 동기 대비 3.8% 성장이라는 다소 부진한 성적표를 받아 든 중국은 2분기에 5.3%를 기록하여 반등에 성공하였다. 이어서 ㉡ 3분기에는 전년 동기 대비 5.8% 성장하며 3분기에 연간 누적 성장률이 4.5%를 넘어설 것으로 예상되나, 4분기에 성장률이 급락하여 2025년의 전년 대비 연간 GDP 성장률은 4.5%에 머무를 것으로 점쳐진다. 이러한 성장률 부진은 미국도 피해갈 수 없는 것으로 보인다. 통상적으로 QoQ 방식으로 분기 성장률이 2분기 연속 역성장(=마이너스 성장)할 경우, 기술적인 경기 침체가 발생하였다고 판단한다. ㉢ 미국의 경우 2025년 1분기와 2분기 모두 전년 동기 대비 1% 이상 역성장하여 기술적인 경기 침체가 발생한 상태로 볼 수 있다.

① ㉠
② ㉡
③ ㉢
④ ㉠, ㉢
⑤ ㉡, ㉢

[32~34] 다음 자료를 읽고 질문에 답하시오.

펀드의 이름을 처음 접한 사람은 무슨 의미인지 쉽사리 이해가 가지 않는다. 그러나 펀드 이름에는 나름의 정형화된 규칙이 있어, 이것만 파악하고 있다면 펀드 이름만 봐도 어떤 특성을 갖는지 쉽게 알 수 있다. 펀드 이름은 다음과 같은 내용으로 구성되어 있으며, 띄어쓰기 없이 1부터 8까지 순서대로 모두 붙여 쓴다.

1. 운용회사	펀드를 운용하는 자산운용회사의 이름
2. 투자지역/섹터/전략	펀드의 투자전략을 압축해서 보여주는 펀드의 실질적인 이름. 이 부분을 통해 펀드의 브랜딩을 함. 투자지역(아시아 등)이나 국가의 이름으로 시작하며, 전 세계에 투자하는 경우 '글로벌'을 사용함. 섹터와 전략은 자유롭게 명명할 수 있음
3. 자산종류	펀드의 운용자금을 투자하는 자산의 종류 • 증권: 운용자금의 50% 초과를 주식, 채권, 파생상품 등 유가증권에 투자 • 부동산: 운용자금의 50% 초과를 부동산에 투자 • 특별자산: 운용자금의 50% 초과를 특별자산(원자재 등)에 투자 • 혼합자산: 운용자금의 50%를 초과하는 특정 자산이 없이 여러 자산에 자유롭게 분산하여 투자
4. 모자구분	• 모(母): 자펀드의 투자금을 모아 운용한 후 운용 수익을 자펀드에 분배함. 일반적인 투자자는 가입할 수 없으며, 여러 자펀드를 거느림 • 자(子): 일반적인 투자자가 가입하는 펀드이며, 1개의 모펀드가 존재함
5. 법적성격	펀드의 법적 성격. 일반적인 투자자가 가입하는 펀드는 '투자신탁'임
6. 호수	같은 운용회사에서 동일한 성격의 펀드가 다수 존재하게 될 경우의 혼선을 방지하고자, 만들어진 순서에 따라 '1호', '2호' 등의 호수가 붙음. 최초의 펀드는 '1호'부터 시작
7. 주운용자산	펀드 운용자산의 대표적 성격을 보여주는 표기이며, 괄호를 침 • (주식) 주식 및 주식 관련 파생상품에 60% 이상 투자 • (채권) 채권에 60% 이상 투자 • (주식혼합) 주식과 채권에 투자하되 주식투자비율 50% 초과 60% 미만 • (채권혼합) 주식과 채권에 투자하되 채권투자비율 50% 초과 60% 미만 ※ '-재간접'이라는 용어가 뒤에 붙는 펀드는 주식이나 채권에 직접 투자하는 것이 아니라 다른 펀드에 재투자하는 펀드를 뜻함
8. 비용구조	펀드의 비용구조(판매수수료+연간보수)를 보여주는 클래스 구분 • A: 가입 시점에 바로 판매수수료를 지불하는 클래스(선취). 연간보수가 C보다 낮아 장기투자에 유리함 • C: 판매수수료가 없음. 그러나 연간보수가 A보다 높아 단기투자에 유리함 ※ A 또는 C 뒤에 'e'가 붙으면 온라인에서 판매하는 펀드라는 의미이며, 온라인 펀드는 판매수수료와 연간보수 모두 'e'가 붙지 않은 오프라인 펀드보다 낮음

32 **주어진 자료를 읽고 추론한 내용으로 옳지 않은 것은?**

① 펀드의 브랜딩은 투자지역/섹터/전략 부분에서 형성된다.
② 비용구조가 A인 펀드의 연간보수는 비용구조가 Ce인 펀드보다 높다.
③ 일반적인 투자자가 가입하는 펀드의 이름에는 '자투자신탁'이 들어간다.
④ 어떤 운용회사가 처음 출시하는 성격의 펀드 이름에는 '1호'가 들어간다.
⑤ 이름에 '(채권)'이 들어간 펀드는 '(채권혼합)'이 들어간 펀드보다 채권투자비율이 높다.

33 **다음 〈보기〉와 같은 이름을 가진 펀드에 대한 설명으로 옳지 않은 것은?**

보기

○○○대만반도체밸류체인증권자투자신탁2호(주식-재간접)Ce

① 모펀드가 존재한다.
② 판매수수료가 없는 펀드다.
③ 대만 반도체 섹터에 투자하는 펀드다.
④ 같은 운용사에서 동일한 성격의 펀드를 출시한 적이 있다.
⑤ 주식 및 주식 관련 파생상품에 60% 이상 직접 투자하는 펀드다.

34 **다음 〈보기〉는 증권사 지점에 펀드 가입을 상담하러 내방한 고객 A와 증권사 직원 B의 대화이다. 대화를 읽고 B가 추천해야 하는 펀드의 이름으로 가장 적절한 것을 고르면?**

보기

- A: 펀드에 가입하고 싶어요. 요즘 미국 주식이 좋다는데 미국 주식에만 투자하는 펀드로요.
- B: 혹시 선호하시는 산업 섹터나 전략이 있으신가요?
- A: 산업은 잘 모르겠고, 미국 주식 중에서 안전한 여러 대형 기업에 분산해서 투자했으면 좋겠어요.
- B: 그러시군요. 주식에만 투자하시면 조금 위험할 수도 있으니 채권이 적절하게 섞인 펀드는 어떠신가요?
- A: 안전한 것도 좋지만 그래도 주식에 70% 이상 투자했으면 좋겠어요. 장기로 투자할 거니까 주식 위주로 가도 될 거 같아요. 온라인은 뭐가 뭔지 도통 모르겠으니까 여기서 가입하겠어요.

① □□□미국AI스타트업증권자투자신탁4호(주식)Ce
② ☆☆☆미국대형주분산증권자투자신탁99호(주식)A
③ ◇◇◇미국대형주분산증권자투자신탁24호(주식)Ae
④ ○○○글로벌대형주분산증권자투자신탁54호(주식)A
⑤ △△△글로벌헬스케어증권자투자신탁66호(주식혼합)C

[35~37] 다음 자료를 읽고 질문에 답하시오.

Playfair 암호는 1854년 영국의 과학자인 찰스 위트스톤(Charles Wheatstone)에 의해 고안된 고전 암호이다. 암호를 대중화시킨 것은 그의 친구인 리언 플레이페어(Lyon Playfair)였기 때문에 그의 이름을 따서 Playfair 암호라고 불린다. Playfair 암호는 고전 암호 중 독특한 다중문자 대체암호로, 두 글자를 한 쌍으로 처리하는 쌍자 암호(digraph cipher)의 선구적인 사례로 잘 알려져 있다. Playfair 암호는 단순한 대체 암호 방식인 단일문자 치환암호(한 번에 한 글자씩 암호화)와는 달리 두 글자(쌍자)를 단위로 암호화하는 방식이다. 이에 따라 더 복잡한 치환관계를 형성하게 된다.

Playfair 암호의 암호화 과정은 5×5의 키 매트릭스로 불리는 암호표를 생성하는 것으로부터 출발한다. 암호표를 생성하기 위해서는 먼저 송신자와 수신자 상호 간 공통으로 인지하는 영문 키워드를 설정해야 한다. 그리고 키워드를 5×5 키 매트릭스의 왼쪽에서 오른쪽으로, 위에서 아래로 채운다. 만일 키워드에 중복된 문자가 포함되어 있다면 그 문자는 한 번만 입력한다. 키워드에 포함된 문자를 모두 입력했다면, 키워드에 포함되지 않은 문자를 알파벳의 순서대로 채워 넣는다. 단, 알파벳 I와 J는 동일하게 취급한다. 키워드가 SECRET인 경우 다음과 같이 키 매트릭스가 생성된다.

S	E	C	R	T
A	B	D	F	G
H	I	K	L	M
N	O	P	Q	U
V	W	X	Y	Z

키 매트릭스가 준비되었다면 암호화할 평문을 준비한다. 그리고 평문을 두 문자씩 쌍으로 나눈다. 만일 문자 쌍을 이루는 두 문자가 동일한 경우 스페셜 레터 X를 중간에 삽입하여 혼란을 막고, 마지막 쌍이 한 문자만으로 구성되는 경우에도 마지막에 스페셜 레터 X를 삽입한다. 예를 들어 BALLOON의 경우 "BA", "LX", "LO", "ON"으로 나눌 수 있고, SKY의 경우 "SK", "YX"로 나눌 수 있다.

Playfair 암호는 이 문자 쌍과 키 매트릭스를 이용하여 암호화를 진행한다. 먼저 두 문자가 키 매트릭스의 같은 행에 있다면 각 문자의 오른쪽 문자를 선택하여 암호화하고, 두 문자가 같은 열에 있다면 각 문자의 아래쪽 문자를 선택하여 암호화한다. 즉, "ET"의 경우 "CS"로 암호화하고, "BI"의 경우 "IO"로 암호화한다. 만일 두 문자가 키 매트릭스의 서로 다른 행과 열에 있다면 두 문자가 이루는 사각형의 다른 두 모서리 중 같은 행에 있는 문자를 선택하여 암호화한다. 예를 들어 "FN"의 경우 ABDFLQPONH로 이루어진 사각형을 만들 수 있는데, 이때 문자 쌍의 각 문자가 속한 행의 가장 끝 문자를 선택하므로 "AQ"로 암호화하는 것이다. 만일 평문이 "ETBIFN"이었다면 암호문은 "CSIOAQ"일 것이다.

35 주어진 자료를 참고하여 Playfair 암호에 대해 이해한 내용으로 적절하지 않은 것은?

① 평문의 문자 수와 암호문의 문자 수가 항상 일치하는 것은 아니다.
② 보안을 위해서는 키 매트릭스를 생성하기 위한 키워드를 안전하게 공유해야 한다.
③ 평문이 홀수 개의 문자로 구성된 경우 문자 쌍 구분 시 반드시 스페셜 레터가 붙는다.
④ 평문 XXXYYX를 문자 쌍으로 구분할 경우 “XX”, “XX”, “XY”, “YX”로 나눌 수 있다.
⑤ 키워드가 CHARACTER인 경우 키 매트릭스의 가장 윗줄에는 C, H, A, R, E가 입력된다.

36 다음 화살표 왼쪽의 평문을 키워드 ‘SECRET’으로 생성한 키 매트릭스에 따라 암호화한 암호문으로 옳은 것을 모두 고르면?

ㄱ. JUDGE → MOFACW
ㄴ. SQUIRREL → RNOMCYTCYK
ㄷ. ANNOUNCE → HVOPNNRC
ㄹ. COMMODITY → EPKZIUBKRZ

① ㄱ, ㄷ　② ㄱ, ㄹ　③ ㄴ, ㄹ
④ ㄷ, ㄹ　⑤ ㄱ, ㄴ, ㄹ

37 주어진 자료를 참고할 때, 다음 조건에 따라 암호화된 암호문을 복호화하여 평문을 바르게 구한 것은?

- 키 매트릭스를 생성하기 위한 키워드는 TRANSACTION으로 한다.
- 생성된 키 매트릭스를 바탕으로 평문을 암호화한 결과 NRCLPQAV였다.
- 암호화 과정에서 스페셜 레터 X가 1회 삽입되었다.

① RETREAT　② ATTEMPT　③ UPSWING
④ INFUSION　⑤ SECTION

[38~39] 다음 자료를 읽고 질문에 답하시오.

〈○○인쇄소 인쇄도서 코드부여 규칙〉

1. 코드의 기본 구조

코드는 아래의 기본 구조에 따라 부여한다.

[출판사분류코드]-[도서분류코드]-[초판 발행년도]-[출간정보]-[도서 고유 식별번호]

① 출판사분류코드

인쇄 의뢰 출판사에 따라 아래의 코드 중 하나를 부여한다.

출판사분류	코드	출판사분류	코드
알파북스	A01	브로드뷰출판	B2D
한빛출판	HNB	햇살도서	S4N
그린월드	G3P	트루북스	TBP
스카이라인북스	SKY	클라우드북스	CLD
청광출판	BLU	강변출판	R1V

② 도서분류코드

인쇄 의뢰된 도서분류에 따라 아래의 코드 중 하나를 부여한다.

도서분류	코드	도서분류	코드	도서분류	코드
소설	NV	경제/경영	EB	과학	SC
시/에세이	PE	정치/사회	PS	컴퓨터/IT	CI
인문	HM	역사/문화	HC	청소년	YT
취미/실용/스포츠	HS	예술/대중문화	AP	외국어	FL
자기계발	SD	기술/공학	TE	요리/건강	CH

③ 초판 발행년도

처음 출간된 책을 초판이라고 하며, 초판 발행년도를 네 자리 숫자로 표현한다.

④ 출간정보

초판(첫 번째 판본) 및 개정판에 관한 정보와 인쇄 회차를 네 자리 숫자로 표현한다.

초판 1쇄의 경우 0101, 초판 2쇄의 경우 0102로 나타내고, 제2판(첫 번째 개정판) 1쇄의 경우 0201, 제2판 2쇄의 경우 0202로 나타낸다.

⑤ 도서 고유 식별번호

출판사별로 인쇄 의뢰된 도서마다 고유한 연속 번호를 세 자리 숫자로 표현한다. 예를 들어 알파북스에서 인쇄 의뢰된 4번째 도서의 경우 004로 부여한다.

2. 기타사항

① 출판사분류코드가 부여되지 않은 출판사의 경우 AAA의 코드를 부여한다.

② 도서분류체계에 포함되지 않는 도서분야의 경우 ZZ의 코드를 부여한다.

③ ①의 경우 도서 고유 식별번호는 AAA 코드를 기준으로 연속 번호를 세 자리 숫자로 표현한다.

38 다음은 ○○인쇄소에서 인쇄된 도서 A에 대해 부여한 코드이다. 아래 규칙을 통해 알 수 있는 내용으로 옳은 것을 모두 고르면?

S4N－PS－2021－0406－023

ㄱ. ○○인쇄소는 외부 출판사로부터 20회 이상 인쇄 의뢰를 받았을 것이다.
ㄴ. 도서 A는 햇살도서에서 출간한 23번째 도서이다.
ㄷ. 도서 A는 한국사와 관련된 책일 수도 있다.
ㄹ. 도서 A는 현재 세 번째 개정판으로, 6회째 인쇄되었다.

① ㄱ, ㄴ ② ㄱ, ㄹ ③ ㄴ, ㄷ
④ ㄷ, ㄹ ⑤ ㄱ, ㄴ, ㄹ

39 다음 〈자료 1〉은 ○○인쇄소에서 가장 최근에 새롭게 추가된 인쇄도서 코드 목록이며, 〈자료 2〉는 〈자료 1〉의 인쇄도서 코드 목록이 추가된 이후 2025년도에 ○○인쇄소가 새롭게 받은 인쇄 의뢰이다. 모든 의뢰를 수락한 경우 각 의뢰에 따라 새롭게 부여할 코드를 바르게 작성한 것은?

〈자료 1〉 인쇄도서 코드 목록

도서	부여코드
도서 W(제3판)	G3P-SD-2022-0302-011
도서 X	R1V-EB-2024-0103-002
도서 Y(제2판)	AAA-PE-2023-0210-013
도서 Z	HNB-FL-2025-0101-034

〈자료 2〉 2025년 이후 신규 인쇄 의뢰 목록

㉠ 한빛출판: 가장 최근 인쇄 의뢰한 도서의 추가 인쇄 의뢰
㉡ 링크북스: 유·아동용 교재의 초판 인쇄 의뢰
㉢ 그린월드: 인문 도서의 초판 인쇄 의뢰
㉣ 강변출판: 가장 최근 인쇄 의뢰한 도서의 개정판 인쇄 의뢰
㉤ 청람출판: 도서 Y(제2판)의 개정판 인쇄 의뢰

① ㉠의 의뢰에 따라 해당 도서에 코드를 부여하면 'HNB-FL-2025-0202-034'이다.
② ㉡의 의뢰에 따라 해당 도서에 코드를 부여하면 'AAA-ZZ-2025-0101-014'이다.
③ ㉢의 의뢰에 따라 해당 도서에 코드를 부여하면 'G3P-SD-2025-0101-012'이다.
④ ㉣의 의뢰에 따라 해당 도서에 코드를 부여하면 'R1V-EB-2025-0201-002'이다.
⑤ ㉤의 의뢰에 따라 해당 도서에 코드를 부여하면 'AAA-PE-2023-0310-013'이다.

40 다음은 ○○기업의 승진대상자에 대한 인사고과현황 자료 및 승진 의사결정 시 고려할 사항에 대해 정리한 자료이다. 아래의 자료를 참고할 때, 적절하지 않은 것은?

〈○○기업 승진대상자 인사고과현황〉

	A	B	C	D	E	F	G	H	I
1	2025년 승진대상자 인사고과현황								
2	고과대상자		인사고과결과					연수이수 여부	
3	대상자	소속부서	업무성과	리더십	문제해결 능력	업무혁신	평균점수	혁신 리더십	창의적 문제해결
4	서유진	회계부	60	64	67	62		X	X
5	정아영	인사부	68	62	63	69		O	O
6	조성민	영업부	62	70	58	63		O	O
7	최은선	회계부	61	58	63	70		X	O
8	김태연	영업부	65	60	59	63		O	O
9	심재운	인사부	63	68	68	61		X	O
10	박예린	인사부	66	61	59	63		O	X
11	최수경	영업부	61	63	61	62		O	O

〈의사결정 시 고려사항〉

1. 인사고과의 평균점수는 네 항목의 점수 평균을 소수점 이하 둘째 자리에서 반올림하여 나타낸다.
2. 인사고과 항목 중 어느 하나에서라도 60점 미만을 득한 경우는 "점수미달"로 처리한다.
3. 교육연수를 두 가지 모두 이수하지 않은 경우 "교육 미이수"로 처리한다.
4. 인사고과 항목 중 리더십 점수가 60점 미만이면서 혁신 리더십 연수를 이수하지 않은 경우 "리더십 부족"으로 처리한다.
5. 인사고과 항목 중 문제해결능력 점수가 60점 미만이면서 창의적 문제해결 연수를 이수하지 않은 경우 "문제해결능력 부족"으로 처리한다.

① '평균점수'란에 평균점수를 입력하기 위해서는 [G4]셀에 =ROUND(AVERAGE(C4:F4),1)를 입력한 후 채우기 핸들을 선택하고 [G11]셀까지 드래그하여 입력할 수 있다.

② J열을 추가하고 [J4]셀에 =IF(OR(C4<60, D4<60, E4<60, F4<60), "점수미달", "")을 입력한 후 채우기 핸들을 선택하여 [J11]셀까지 드래그하면 고려사항 2)에 따라 처리할 수 있다.

③ J열을 추가하고 [J4]셀에 =IF(COUNTIF(H4:I4, "X")=2, "교육 미이수", "")를 입력하면 해당 셀에 "교육 미이수"가 입력된다.

④ J열을 추가하고 [J4]셀에 =IF(AND(D4<60, H4="X"), "리더십 부족", "")를 입력한 후 채우기 핸들을 선택하여 [J11]셀까지 드래그하면 고려사항 4)에 따라 처리할 수 있다.

⑤ J열을 추가하고 [J4]셀에 =IF(OR(E4<60, I4="X"), "문제해결능력 부족", "")를 입력한 후 채우기 핸들을 선택하여 [J11]셀까지 드래그하면 고려사항 5)에 따라 처리할 수 있다.

1회 Self Check List

	오답 수(개)	무응답 수(개)	풀이시간(분)
1회독	/ 40	/ 40	/ 75
2회독	/ 40	/ 40	/ 60
3회독	/ 40	/ 40	/ 45

MEMO

독끝

CHAPTER 02

실전모의고사 2회

영역 ❶ 의사소통능력

영역 ❷ 수리능력

영역 ❸ 문제해결능력

영역 ❹ 자원관리능력

영역 ❺ 정보능력

모의고사 정보

실전모의고사 2회는 5개 영역으로 이루어진 TYPE A로, IBK기업은행, NH농협은행, 신협중앙회 등의 출제 영역을 바탕으로 40문항을 구성한 모의고사입니다.

영역		출제 영역 대비 기업	문항 수	난이도별 구성	유형
NCS 직업기초 능력평가	의사소통능력	IBK기업은행, NH농협은행, 신협중앙회 등	40문항	26문항 11문항 3문항	객관식
	수리능력				
	문제해결능력				
	자원관리능력				
	정보능력				

권장 풀이 시간

다음의 회독수별 권장 풀이 시간에 맞춰 문제 풀이한 다음 실전모의고사 2회 40번 끝의 [Self Check List]를 기입하여 부족한 부분을 파악하세요!

권장 풀이 시간		
1회독 ▶ 75분	2회독 ▶ 60분	3회독 ▶ 45분

실전모의고사 2회

정답 및 해설 080p

01 다음 안내를 바탕으로 아래 금융투자상품에 대해 잘못 판단한 것은?

고난도 금융투자상품에 대한 녹취·숙려제도 운영

1. 고난도 금융투자상품의 개념
   - 투자원금의 20%를 초과하는 손실이 날 수 있는 파생결합증권, 파생상품을 고난도 금융투자상품으로 정의한다.
2. 고난도 금융투자상품 판매과정에 대한 녹취 및 숙려기간 보장제도 도입
   - (녹취) 고난도 금융투자상품 판매 시 판매과정이 녹취되며, 투자자는 금융회사로부터 녹취파일을 제공받을 수 있다.
   - (숙려) 고난도 금융투자상품을 청약하는 경우 청약 여부를 다시 한 번 고려해 볼 수 있는 2영업일 이상의 숙려기간이 보장된다.
     - (숙려기간 중) 숙려기간 중 투자자는 금융회사로부터 투자 위험, 원금손실 가능성, 최대 원금손실 가능금액을 고지받게 된다. 숙려기간 동안 투자자는 신규 청약이 불가하다.
     - (숙려기간 후) 숙려기간이 지난 후 확정기간 동안 투자자가 서명, 기명날인, 녹취, 전자우편, 우편, ARS 등으로 청약의사를 다시 한 번 표현하는 경우에만 청약이 확정된다.
     - 청약 확정기간이 지난 후에도 투자자가 매매의사를 확정하지 않을 경우 청약은 집행되지 않으며, 투자금을 반환받게 된다.
   - (요약설명서) 그 밖에 고난도 금융투자상품 구입 시 해당 상품의 내용과 투자위험 등을 요약한 설명서가 제공된다.
3. 적용대상
   - 개인 일반투자자라면 나이, 청약 경험 유무와 관계없이 모두 숙려제도 대상이 된다. 전문투자자 및 법인은 숙려제도 대상에서 제외된다.

〈DLS(고난도 금융투자상품) 상품 청약 일정 안내〉

- 청약 모집기간: 5월 27일(목)~6월 3일(목) 오전 10시
- 숙려제도 대상자 청약 가능 기간: 5월 27일(목)~5월 28일(금)
- 숙려기간: 5월 31일(월)~6월 1일(화)

① 위 DLS 상품으로 원금 손실이 있는 경우 손실률은 투자원금의 20%를 넘을 수도 있다.

② 5월 28일에 위 DLS 상품을 청약한 개인 일반투자자는 청약 철회 의사가 없다면 늦어도 6월 1일까지는 청약을 확정하여야 한다.

③ 전문투자자가 아닌 ㅇㅇ기업의 대표 A씨가 자신의 명의로 위 상품에 투자하고자 하는 경우 숙려제도 대상이 된다.

④ 위 DLS 상품을 청약한 숙려대상 투자자가 청약을 철회하고자 하는 경우 상당기간 동안 아무런 의사표시를 하지 않으면 된다.

⑤ 법인의 경우 6월 2일에 위 DLS 상품을 청약할 수 있을 것이다.

02 **다음 글을 바탕으로 이해 및 추론한 내용으로 적절하지 않은 것은?**

기술금융이란 기술력이 우수한 중소기업에 대해 아이디어와 기술의 개발·사업화 등 기술혁신 전(全)과정에 필요한 자금을 지원하는 것을 의미한다. 즉, 신용등급과 담보가치가 부족하더라도 우수한 기술력을 보유한 혁신 중소기업들에게 기술금융을 통해 자금을 공급하는 제도이다. 일반 중소기업대출의 경우 평균금리 4.37%, 한도는 1.32억 원이지만 기술금융대출의 평균금리는 4.27%, 한도는 3.37억 원 정도이다. 기술신용대출의 진행절차는 다음과 같다.

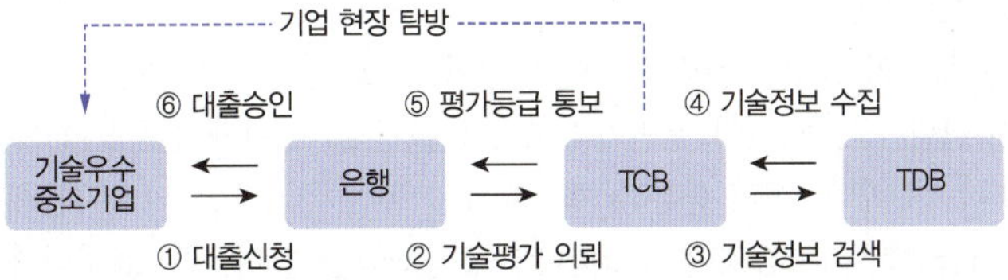

* TCB(Tech Credit Bureau): 기술신용평가기관
* TDB(Tech DataBase): 기술정보DB(한국신용정보원이 기술정보를 집중 관리하여 TDB 기능을 수행 중)

먼저 기술금융을 이용하고자 하는 중소기업에서는 은행 영업점 등을 방문하여 사전 상담을 진행해야 한다. 금융회사 담당자는 기술신용평가기관(TCB)에 해당 기업의 기술신용평가를 의뢰하고 기술신용평가기관(TCB)은 기술정보DB(TDB)를 바탕으로 기술경쟁력·시장성·사업성 등의 평가를 통해 기술신용등급을 산출하고 이를 금융회사에 제공한다. 금융회사는 기술신용평가결과와 자체 여신심사를 토대로 대출가능여부를 결정하게 된다.

기술금융은 전체 중소기업 대출 중 약 30%를 차지함으로써 기술력 있는 중소기업의 대표적인 자금조달 수단으로 자리매김하였다. 또 무형자산인 기술력을 평가해 자금을 지원함으로써 매출·담보 위주의 여신관행을 개선하는데도 크게 기여해왔다. 그러나 은행이 기술금융 실적을 높이기 위해 기술신용평가기관에 기술금융 대상이 아닌 비기술기업에 대해서도 평가를 의뢰하거나 평가등급을 사전에 문의하는 등으로 우월적 지위를 이용해 기술금융을 왜곡하고 있다는 비판도 있다.

① 기술금융대출을 이용하면 금리나 한도 측면에서 일반기업대출보다 유리한 조건으로 자금을 조달할 수 있을 것이다.

② 기술금융의 실효성을 높이기 위해서는 기술평가의 객관성 및 평가품질이 담보되어야 하므로 기술신용평가기관은 은행으로부터 독립성을 갖추고 있어야 할 것이다.

③ 은행이 비기술기업에 대한 기술평가를 의뢰하지 못하도록 기술기업의 분류를 구체화하고 기술금융대출에 대한 사후평가를 도입한다면 본래 취지에 따른 제도 운영이 강화될 것이다.

④ 기술신용평가기관의 기술평가 결과가 주로 낮은 신용등급인 기업들에 쏠림현상을 보이는 경우, 해당 평가기관이 평가기준을 적절히 적용하지 않았거나 평가의 공정성을 결여한 것으로 볼 수 있으므로 미흡 평가사에 대한 패널티를 통해 기술금융의 질적 성장을 유도해야 할 것이다.

⑤ 기술신용평가기관의 평가는 기업의 기술력과 사업성을 종합적으로 검토하여 기업의 미래 성장 가능성을 판단하는 중요한 지표가 되므로 평가기관의 역량 및 전문성에 대한 평가가 이루어진다면 기술신용평가를 내실화할 수 있을 것이다.

[03~04] 다음 자료를 읽고 질문에 답하시오.

채권수익률이란 채권에 투자해서 얻을 수 있는 투자수익률로 채권 발행주체의 원리금 상환능력 및 시장상황에 따라 다양하게 형성된다. 채권수익률은 시장상황에 따라 매일 변하는 반면, 표면금리는 회사가 채권을 발행할 때 미리 정해놓은 것으로 만기까지 변하지 않는 확정된 이자이다. 즉, 서로 다른 개념의 수익률이다. 주가처럼 매일 변동하는 채권수익률과 채권의 발행조건에 명시되어 있는 확정된 연이자인 표면금리를 이해하고 이 둘의 관계를 파악하는 것은 채권 이해에 매우 중요하며, 채권투자판단의 기준이 되는 개념이다.

표면금리는 채권의 발행조건에 명시된 확정이자율로 발행자가 액면가격에 대해 1년 동안 지급하는 이자율을 의미한다. 즉, 채권의 액면가격이 1만 원인데, 표면금리가 10%라면 1년에 1천 원의 표면이자가 발생한다는 뜻이다. 여러 종류의 채권이 1년 동안 지급하는 이자지급횟수가 서로 다르다 하더라도 1년 동안 지급하는 이자금액이 동일하다면 표면금리는 같다. 즉, 표면이지 1천 원을 1년에 1번 지급하거나 500원씩 1년에 2번 지급하거나, 1년 동안 지급하는 이자금액은 1천 원으로 동일하므로 표면금리는 10%로 같다.

채권수익률과 표면금리와의 관계에 대해서는 투자자가 얻게 될 실제 수익률인 채권수익률의 일부가 표면금리라고 볼 수도 있다. 즉, 채권수익률이 채권에 투자해서 실현할 수 있는 실질적인 수익률인 반면, 표면금리는 채권수익률을 실현하는 일부분이 된다. 채권수익률이 5%, 표면금리가 1%의 채권의 경우, 채권에 투자하면 연 5%의 수익률을 얻을 수 있다는 것을 의미하며 이를 실현하기 위해서 회사가 표면금리로 1%를 지급하고 나머지 4%는 투자자가 채권을 매수할 때 액면가격에서 차이만큼 할인해서 사게 되는 것이다. 예를 들어, 채권수익률 5%, 표면금리 1%, 만기 1년인 액면 1만 원짜리 채권의 만기에 받게 될 원리금은 원금 1만 원과 표면금리 1%에 따른 표면이자 100원을 합한 10,100원이 된다. 그런데, 이 채권의 채권수익률은 5%이므로 현재시점에서 이 채권을 사기 위해서는 만기시점의 원리금 10,100원을 (1+5%)로 할인해야 하므로 현재시점에서는 액면 1만 원짜리 채권을 채권가격 9,619원에 사게 된다. 이때 액면가격 1만 원과 현재시점의 채권가격과의 차이 381원은 약 4%로, 채권수익률 5%와 표면금리 1%의 차이와 같다.

투자자들 중에는 채권수익률이든 표면금리든 높은 것이 좋은 것이라는 생각을 가지는 사람도 있을 수 있다. 그러나 표면금리는 채권수익률을 실현하는 하나의 수단이며, 세금을 고려하지 않는다면 투자자가 추구하는 투자수익률을 실현하기 위해서 표면금리의 크기는 큰 의미가 없다. 중요한 것은 채권수익률의 크기가 미래에 실현하게 될 투자수익률이 된다는 것이다. 하지만 채권 관련 세금(현행 세법상 채권은 개인투자자의 경우 표면이자 수익에 대해서만 세금을 부과하고, 매매차익에 대해서는 비과세함)을 고려한다면 <u>상황은 달라질 수 있다</u>.

마지막으로, 채권수익률이 표면금리보다 높아 표면금리로는 채권수익률을 실현할 수 없어 액면가격보다 할인한 가격으로 채권을 발행하게 된 경우 이를 할인 발행채권이라 하고, 채권수익률이 표면금리와 같아 액면가격으로 발행하는 채권을 액면발행 채권이라고 한다. 표면금리가 채권수익률보다 높은 채권은 할증 발행되기도 한다. 우리나라의 경우 대부분의 회사채는 할인 발행되고 있다.

03 주어진 자료의 밑줄 친 부분에 대해 보충 설명하고자 할 때, 그 내용으로 가장 적절한 것은?

① 액면가격과 채권수익률은 동일하고 표면금리만 다른 두 채권이 있을 때, 세금은 표면금리로 얻은 부분에 대해서만 부과되기 때문에 세금을 고려한다면 표면금리가 더 낮은 채권이 유리할 수 있다.
② 액면가격과 채권수익률은 동일하고 표면금리만 다른 두 채권이 있을 때, 표면금리가 높을수록 채권의 매매차익이 늘어나 비과세 혜택이 더 커지므로 세금을 고려한다면 표면금리가 더 높은 채권이 유리할 수 있다.
③ 액면가격과 채권수익률은 동일하고 표면금리만 다른 두 채권이 있을 때, 표면금리가 낮은 채권은 부과되는 세액이 적지만, 매매차익에 대한 과세 부담이 증가하므로 순수익률을 고려하면 표면금리가 더 높은 채권이 유리할 수 있다.
④ 액면가격과 채권수익률은 동일하고 표면금리만 다른 두 채권이 있을 때, 표면금리가 높은 채권은 더 많은 이자수익을 제공하므로, 세금을 고려하더라도 세후 순수익률을 고려하면 표면금리가 더 높은 채권이 유리할 수 있다.
⑤ 액면가격과 채권수익률은 동일하고 표면금리만 다른 두 채권이 있을 때, 표면금리가 높은 채권일수록 연간 이자지급 횟수가 많아지므로 세금을 고려한다면 표면금리가 더 낮은 채권이 유리할 수 있다.

04 다음은 액면가격 10,000원, 만기 1년인 세 채권에 대한 정보이다. 채권을 판매 중인 ○○증권사 직원이 아래의 고객 질문에 대해 답변한 내용으로 적절하지 않은 것은?

〈채권A, 채권B, 채권C에 대한 정보〉

(세전기준)	채권A	채권B	채권C
표면금리	1%	3%	6%
채권(투자)수익률	6%	6%	6%

고객: 채권을 매수하고 싶은데 금리와 수익률의 차이가 뭔지 잘 모르겠습니다. 왜 수익률이 같은데 표면금리가 다른건가요?
답변: ㉠ <u>채권A~C를 통해 고객님께서 얻으실 수 있는 최종 세전 수익률은 모두 6%로 동일합니다</u>. 다만, 표면금리는 확정이자율로, 표면금리에 따라 1년 후의 원리금이 달라집니다.
고객: 표면금리가 가장 높은 채권C의 원리금이 가장 많다고 봐야겠네요.
답변: 네, 그렇습니다. ㉡ <u>채권C의 경우 표면금리 6%에 따라 1년 후의 원리금은 세전 10,600원으로, 원리금만 고려한다면 가장 많다고 볼 수 있습니다</u>.
고객: 그럼 당연히 채권C를 매수해야하는 것 아닌가요?
답변: ㉢ <u>표면금리가 낮은 채권은 채권수익률과 표면금리의 차이만큼 매수 시 액면가격보다 낮은 가격으로 매수하실 수 있습니다</u>. 채권B를 예로 들어보면, ㉣ <u>채권B의 경우 만기까지 보유 시 원리금은 10,300원이 됩니다</u>. 채권수익률은 채권C와 같지만, 원리금은 더 낮습니다. 따라서 채권B의 경우 원리금 10,300원이 연 6%의 수익률에 따른 결과가 되도록 액면가격에서 할인된 가격으로 채권을 매수하실 수 있습니다. ㉤ <u>이때의 할인가격은 10,600/(1+0.06)이 됩니다</u>.

① ㉠ ② ㉡ ③ ㉢ ④ ㉣ ⑤ ㉤

CHAPTER 2 실전모의고사 2회

[05~06] 다음 자료를 읽고 질문에 답하시오.

2021년 4세대 실손의료보험이 새롭게 출시되었다. 4세대 실손의료보험은 상품 출시 이후 가입자가 지속 증가하여 2023년 말 기준으로 가입건수는 376만 건으로 이는 전체 실손의료보험의 약 10.5% 수준에 해당한다.

4세대 실손의료보험은 상품구조를 급여와 비급여로 분류하여 각각의 손해율에 따라 보험료를 매년 조정한다. 계약구조로 보면 급여는 주계약이며 비급여는 특약에 해당한다. 전체 보험계약자의 보험료가 일률적으로 조정되는 급여와 달리 비급여의 경우 비급여 보험금과 연계하여 보험료가 차등적용(할인·할증)된다.

4세대 실손의료보험의 가입자는 보험료 갱신 전 1년간 수령한 비급여 보험금에 따라 5개의 구간(1등급~5등급)으로 구분된다. 비급여 보험금 수령액이 없는 경우 할인 대상이 되며, 비급여 보험금 수령액이 100만 원 미만인 경우 할인·할증이 적용되지 않는다. 반면 비급여 보험금 수령액이 100만 원 이상인 경우 비급여 보험료가 할증된다. 할증 대상자의 할증금액으로 할인 대상자의 보험료를 할인하며, 할인율은 약 5% 내외이다. 비급여 보험료 할인·할증등급은 1년간만 유지되며, 1년 후에는 직전 12월간 비급여 보험금에 따라 매년 원점에서 재산정된다.

구분	할인·할증률	직전 1년간 비급여 보험금 수령액
1등급(할인)	5% 내외	0원
2등급(유지)	–	100만 원 미만
3등급(할증)	+100%	100만 원 이상 150만 원 미만
4등급(할증)	+200%	150만 원 이상 300만 원 미만
5등급(할증)	+300%	300만 원 이상

아울러 의료취약계층의 의료 접근성이 제한되지 않도록 국민건강보험법상 산정특례대상질환 및 노인장기요양보험법상 장기요양등급 1·2등급 판정자에 대한 의료비는 비급여 보험료 할인·할증등급 산정 시 제외한다.

각 보험회사들은 소비자가 비급여 의료이용량을 합리적으로 관리하여 보험료 할증으로 인한 불편을 겪지 않도록 비급여 보험금 조회시스템을 구축 및 운영하고 있다. 4세대 실손의료보험 가입자는 개별 보험회사의 홈페이지 또는 앱을 통해 비급여 보험금 수령액, 보험료 할인·할증대상 여부, 다음 보험료 할증단계까지 남은 비급여 보험금, 할인·할증 제외 신청을 위한 필요서류 안내 등을 확인할 수 있다.

05 주어진 글을 읽고 판단한 내용으로 적절하지 않은 것은?

① 4세대 실손의료보험은 가입자 간 보험료 부담의 형평성을 제고하는 방식의 보험이다.
② 4세대 실손의료보험은 불필요한 비급여 의료이용을 억제하는 역할을 할 것이다.
③ 2년 연속 1등급 판정을 받은 고객의 비급여 보험금 할인율은 5%일 수 있다.
④ 4세대 실손의료보험에서 비급여 보험료는 개인화된 요금인 반면 급여 보험료는 집단에 대해 획일화된 방식의 요금이다.
⑤ 만일 4세대 실손의료보험에서 보험료의 할증을 적용받는 가입자의 비율이 높아진다면 1등급 가입자의 비급여 보험료의 할인율은 더 낮아질 것이다.

06 다음은 OO보험의 4세대 실손의료보험에 가입한 A씨의 문의내역이다. 이에 대해 OO보험사 직원의 답변 중 적절하지 않은 것은?

안녕하세요. 작년에 가입한 4세대 실손의료보험 갱신일이 내일이라고 문자가 와서 문의 남깁니다. 보험금 조회시스템 확인해보니 이렇게 뜨던데 제 보험료 이제 인상되는 건가요? 확인해보니까 비급여만 해도 보험료가 16,000원이나 되던데요. 보험료가 매년 오르면 병원은 어떻게 다니나요. 보험료 상한선이 있나요? 빠른 답변 부탁드립니다.

진료일자	진료기관	진료비(약제비) 내역			보험금 수령액	
		급여		비급여		
		공단부담금	본인부담금		급여	비급여
2024.1.10.	OO내과	16,100	6,900	-	-	-
2024.1.28.	ㅁㅁ정형외과	12,600	5,400	300,000	-	210,000
2024.3.12.	ㅁㅁ정형외과	10,500	4,500	300,000	-	210,000
2024.3.19.	ㅁㅁ정형외과	-	-	300,000	-	210,000
2024.5.4.	ㅁㅁ정형외과	-	-	300,000	-	210,000
2024.6.19.	△△피부과	88,200	37,800	-	27,800	-
2024.9.1.	ㅁㅁ정형외과	11,200	4,800	100,000	-	70,000
2024.9.10.	ㅁㅁ정형외과	10,500	4,500	100,000	-	70,000

작성일: 2024년 11월 15일

고객님 안녕하세요, ㅇㅇ보험의 CS 담당 김△△입니다. 저희 시스템을 통한 보험금 조회 결과, 보내주신 화면과 내역이 일치하는 것으로 확인됩니다. ㉠고객님께서는 갱신일 전 1년간 수령하신 비급여 보험금이 100만 원 미만으로 2등급에 해당됩니다. ㉡2등급에 해당할 경우 갱신 후 납부하실 비급여 보험료에는 변동이 없습니다. 다만, 비급여 보험금 수령액이 100만 원을 초과하실 경우에는 보험료가 할증됩니다. ㉢만일 2025년 연간 비급여 보험금 수령액이 100만 원 이상 150만 원 미만에 해당하실 경우 보험료는 32,000원으로 인상됩니다. ㉣아무리 많이 인상된다 하더라도 상한액은 64,000원으로 예상됩니다. ㉤앱을 이용하시면 더 많은 정보를 확인하실 수 있습니다. 감사합니다.

① ㉠ ② ㉡ ③ ㉢ ④ ㉣ ⑤ ㉤

[07~08] 다음 자료를 읽고 질문에 답하시오.

한 나라에서 각 산업이 생산활동을 하는 궁극적인 목적은 소비, 투자, 수출 등과 같은 최종수요를 충족시키는 데 있다. 따라서 소비, 투자, 수출 등 최종수요가 생산에 미치는 영향, 즉 최종수요의 생산유발효과를 파악하는 것은 중요한 분석 대상이다. 생산유발효과는 투입계수를 기초로 산출되는 생산유발계수에 의해 측정될 수 있다.

수출을 위한 자동차 1대의 생산유발효과를 살펴보자. 자동차 1대가 생산되기 위해서는 다음 그림에서 보는 것처럼 엔진, 타이어 등 수많은 중간재가 생산되어야 한다. 그리고 그 중간재들을 생산하는 데에는 철강제품, 고무, 타이어코드 등 또 다른 원재료의 생산이 필요하다. 이와 같이 자동차의 생산은 아무 관련이 없는 것처럼 보이는 산업의 생산활동에도 영향을 미치게 되는데 이러한 생산유발효과는 산업간 수급이 균형을 이룰 때까지 계속해서 나타난다.

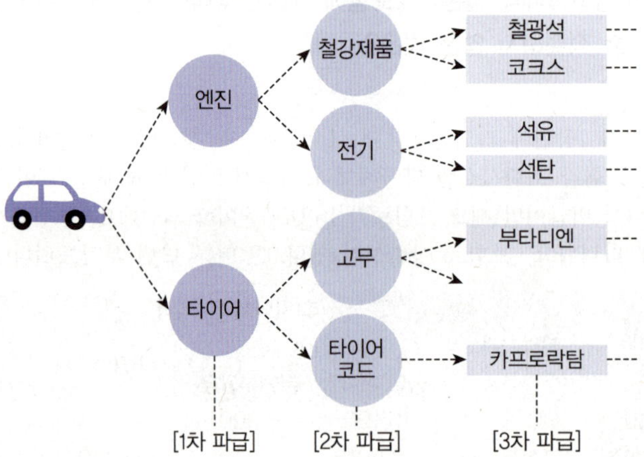

이와 같은 생산의 파급과정을 수치로 알아보자. 공산품 1단위를 수출하기 위해서는 공산품 1단위가 생산되어야 한다. 이때 각종 원재료 등 중간재가 투입되어야 하는데, 공산품 1단위의 생산을 위해서 중간재로 농림수산품 0.04단위, 광산품 0.06단위, 공산품 0.45단위, 서비스 0.15단위 등이 투입되어야 한다고 가정하자. 이 경우 공산품 1단위 생산을 위해 1차적으로 투입이 필요한 산출물은 모두 0.7단위가 되는데, 이것이 바로 공산품에 대한 수출수요 1단위의 증가가 모든 산업에 미치는 1차 생산파급효과이다.

1차 생산파급효과로 나타난 농림수산품 0.04단위, 광산품 0.06단위, 공산품 0.45단위, 서비스 0.15단위 등을 생산하기 위해 또 다시 0.446단위의 생산물이 투입된다고 가정하자. 0.446단위의 2차 생산파급효과는 농림수산품 0.04단위 생산을 위해 투입되는 생산물 0.010단위, 광산품 0.06단위 생산을 위해 투입되는 생산물 0.032단위, 공산품 0.45단위 생산을 위해 투입되는 생산물 0.334단위, 서비스 0.15단위 생산을 위해 투입되는 생산물 0.057단위 등을 모두 합한 것이다. 이와 같은 생산의 파급과정은 (　　　　㉠　　　　)

이들 생산파급효과를 모두 합하면 처음 발생한 공산품에 대한 수출수요 1단위의 생산유발효과, 즉 수출수요와 관련해서 유발된 총 산출액이 된다. 이처럼 어떤 상품에 대한 최종수요는 해당 상품의 생산뿐만 아니라 그 상품과 관련되는 모든 상품의 생산에까지 영향을 미치게 된다.

07 **주어진 글의 맥락을 고려할 때, 빈칸 ㉠에 들어갈 말로 가장 적절한 것은?**

① 2차 파급효과에서 종료되는 경우가 많다.
② 3차, 4차 등 최종 파급효과가 0이 될 때까지 무한히 계속된다.
③ 특정 산업 내에서만 지속되며, 다른 산업에까지 전이되지 않는다.
④ 3차 이상의 파급효과부터는 통계적으로 예측하기 어려워 경제적 의미를 상실한다.
⑤ 특정한 상품에 대한 최종수요가 증가할수록 파급효과가 나타나는 산업범위가 확장된다.

08 **다음은 생산파급효과에 대한 추가 자료이다. 위 자료와 다음 내용을 참고하여 추론한 내용으로 적절하지 않은 것을 모두 고르면?**

생산파급효과는 생산유발계수로 측정된다. 즉, 생산유발계수는 한 제품에 대한 최종수요가 한 단위 증가하였을 때 이를 충족시키기 위하여 해당 제품을 만드는 부문을 포함한 모든 부문에서 직·간접적으로 유발되는 산출액이다. 다음은 수요상품 한 단위당 생산유발계수를 나타낸 것이다.

수요상품 / 중간재	농림수산품	광산품	공산품	전력·가스·수도·폐기물	건설	서비스	기타	합계
농림수산품	1.09	0.02	0.05	0.02	0.02	0.02	0.03	1.25
광산품	0.06	1.05	0.15	0.40	0.07	0.04	0.06	1.83
공산품	0.70	0.48	2.10	0.51	0.86	0.40	0.68	5.73
전력·가스·수도·폐기물	0.04	0.06	0.07	1.19	0.04	0.04	0.07	1.51
건설	0.00	0.01	0.01	0.01	1.00	0.01	0.02	1.06
서비스	0.34	0.59	0.47	0.46	0.44	1.48	1.28	5.06
기타	0.01	0.00	0.00	0.00	0.00	0.00	1.02	1.03
합계	2.24	2.21	2.85	2.59	2.43	1.99	3.16	17.49

※ 단, 기타도 하나의 상품으로 간주한다.

ㄱ. 농림수산품에 대한 최종수요가 1단위 발생했을 때, 이를 충족하기 위해 직·간접적으로 유발되는 전체 생산은 1.25단위이다.
ㄴ. 제시된 수요상품에 대한 최종수요가 각각 1단위씩 증가하는 경우 가장 많은 생산수요 증가가 예상되는 중간재는 공산품이다.
ㄷ. 경제 전체에 가장 큰 생산파급효과를 유발하는 수요상품은 공산품이다.
ㄹ. 대체로 특정한 산업의 생산품에는 동일한 산업의 생산물이 중간재로 사용되지 않는 경향이 있음을 알 수 있다.

① ㄱ, ㄴ　　② ㄱ, ㄷ　　③ ㄱ, ㄹ
④ ㄴ, ㄷ　　⑤ ㄱ, ㄷ, ㄹ

09 다음 글에서 추론할 수 없는 것은?

실물자산토큰(RWA, Real World Asset)은 현실 세계에 존재하는 자산을 블록체인 기술로 디지털화하여 새로운 차원의 유동성과 효율성을 제공하는 혁신적 개념이다. RWA는 부동산, 귀금속, 예술품 등 전통적으로 유동성이 낮고 거래가 복잡했던 자산들을 토큰화함으로써 투자 접근성을 대폭 확대하고 자산 거래의 효율성을 높인다. 이때 토큰은 자산의 소유권을 나타내며, 토큰화(Tokenization)란 실물 자산의 소유권이나 권리를 분할하여 디지털 토큰으로 발행하는 과정이다. 디지털 토큰은 블록체인 네트워크 저장소에 보관된다.

RWA의 핵심은 스마트 계약(Smart Contract)과 분산 원장 기술(DLT)을 통해 자산 거래의 신뢰성과 투명성을 보장하는 것이다. 스마트 계약은 자산의 소유권을 분할하고, 거래 규칙을 자동화하며, 수익 배분까지 구현한다. 이를 통해 투자자는 소액으로도 고가의 자산에 접근할 수 있다. 예컨대, 수백억 원 규모의 상업용 부동산이 토큰화되어 1만 개의 디지털 토큰으로 나누어진다면, 투자자는 단 몇만 원으로도 해당 부동산의 일부를 소유하고, 이에 따른 임대 수익 또는 자산 가치 상승의 이익을 얻을 수 있다. 분산 원장 기술은 모든 거래 기록을 투명하고 불변하게 유지할 수 있는 기반 기술로, RWA의 소유권 및 거래 이력을 관리하는데 사용된다.

또 기존의 거래 방식에서 고가의 자산은 매매 시 복잡한 절차와 긴 거래 기간이 소요되며, 대규모 자본 없이 접근하기 어려웠다. 그러나 토큰화된 자산은 블록체인 네트워크를 통해 글로벌 시장에서 실시간 거래가 가능하고, 소유권 이전 또한 효율적으로 이루어질 수 있다. 이러한 디지털 자산은 탈중앙화 금융(DeFi) 생태계에서 담보 자산으로 활용되며 대출 등 다양한 금융 활동에 이용될 수 있다.

RWA는 자산 관리의 효율성도 크게 높인다. 블록체인에 기록된 거래 데이터는 자산의 소유권, 거래 내역, 배당 내역 등을 투명하게 관리할 수 있도록 하며, 사용자들은 복잡한 서류 작업이나 중개 과정을 거치지 않고 디지털 지갑을 통해 자산을 실시간으로 관리할 수 있다.

그러나 RWA에는 여러 가지 위험도 존재한다. 첫째, 법적 불확실성과 규제의 변화는 기존 금융 시스템과의 충돌 문제나 투자자 보호 문제 등을 일으킬 수 있다. 둘째, 블록체인 기술의 보안 문제와 시스템 장애는 자산 소유권이나 거래의 안정성을 위협할 수 있다. 셋째, 자산의 실질적 가치에 대한 평가의 어려움은 투자자들에게 예상치 못한 손실을 유발할 수 있으며, 토큰화된 자산의 시장은 아직 초기단계로, 활발히 거래되지 않아 유동성 부족 문제를 겪을 수 있다. 넷째, 시장에서 RWA에 대한 기존 금융기관과 투자자들의 반응이 긍정적이지 않다면 이를 널리 채택하기 어려울 수 있다.

① RWA는 투자자의 자산 거래 과정에 대한 신뢰를 높이는데 기여한다.

② RWA는 디지털 경제의 개방성을 전통 금융 자산에 접목하여 자산 거래와 관리의 패러다임을 변화시키고 있다.

③ 자산 토큰화는 소액 투자자가 이전에는 접근할 수 없었던 고부가가치 자산에 투자할 기회를 제공함으로써 자산의 민주화에 기여할 수 있다.

④ RWA는 전통 금융 시스템의 비효율성을 개선할 뿐만 아니라 토큰화된 자산이 적은 특정 자산 시장에서도 거래의 유동성을 높이는 혁신적인 이점을 제공한다.

⑤ RWA가 갖는 잠재적인 금융 포용성에도 불구하고 법적인 측면, 기술적인 제약, 소비자 신뢰와 인식 부족 등의 문제가 선결될 필요가 있는 등 여러 한계가 존재한다.

10 **다음 〈조건〉과 같은 상황에서 A가 시험에 합격하기 위해서 4영역에서 최소한 몇 문항을 맞혀야 하는지 고르면?**

조건

- A는 4개 영역으로 이루어진 시험에 응시하였다.
- 4개 영역은 1영역, 2영역, 3영역, 4영역이며 각각 100점 만점이다.
- 4개 영역의 평균 점수가 60점 이상이어야 합격한다.
- 1영역, 2영역, 3영역, 4영역의 문제 수는 각각 20문항, 10문항, 25문항, 40문항이다.
- 문항당 배점은 각 영역별로는 다르지만, 같은 영역 내에서는 동일하다.
- A는 1영역에서 12문항, 2영역에서 5문항, 3영역에서 10문항을 맞혔다.

① 35문항 ② 36문항 ③ 37문항
④ 38문항 ⑤ 39문항

11 **다음 〈조건〉과 같은 상황에서 X상품과 Y상품의 도매가 차이를 올바르게 구한 것은?**

조건

- X상품 1개와 Y상품 1개를 도매가로 구매하였으며, 도매가의 합은 120만 원이었다.
- 두 상품에 모두 40%의 마진을 붙여 판매가를 책정하였다.
- 두 상품이 팔리지 않자, X상품은 판매가에서 10만 원 할인하여 판매하였고, Y상품은 판매가에서 20%를 할인하여 판매하였다.
- 두 상품을 모두 할인가에 판매한 결과, 할인가로 달성한 수입에서 도매가를 차감한 이윤은 두 상품 합쳐 17만 원이었다.

① 30만 원 ② 35만 원 ③ 40만 원
④ 45만 원 ⑤ 50만 원

12 다음 〈조건〉은 A대리의 투자에 대한 내용이다. A대리가 목표를 달성하기 위해 매년 초마다 납입해야 하는 금액을 구하면? (단, 세금은 고려하지 않으며, $1.05^{14}=2$로 계산한다.)

조건

- A대리는 2025년 초부터 시작하여 13년 후인 2038년 초까지 매년 초마다 연이율 5%짜리 복리 금융상품에 일정 금액을 투자한다.
- 연이율 5%의 복리 이자는 매년 말에 붙는다.
- 2038년 초에 마지막으로 14번째 납입을 완료하고 1년을 더 기다려 2038년 말에 마지막 복리 이자가 붙은 후 그동안의 원금과 이자를 모두 되찾으려고 한다.
- 2038년 말에 되찾고자 하는 목표 원리금 합계는 1억 500만 원이다.

① 500만 원 ② 550만 원 ③ 600만 원
④ 650만 원 ⑤ 700만 원

13 다음 〈표〉는 날짜별 환율 테이블이다. 박 대리는 7월 14일에 50,000달러를 송금받은 후, 이 중 일부를 7월 15일에 원화로 환전하고 원화로 환전한 전액을 같은 날 다시 엔화로 환전하였다. 엔화로 환전하여 받은 돈이 500만 엔일 때, 7월 14일에 환전하지 않은 달러의 액수는?

〈표〉 날짜별 환율 테이블

날짜	통화	외환 사실 때	외환 파실 때
7월 14일	미국 USD	1,400원/달러	1,320원/달러
	일본 JPY 100	1,045원/100엔	1,005원/100엔
	유로 EUR	1,500원/유로	1,440원/유로
7월 15일	미국 USD	1,420원/달러	1,340원/달러
	일본 JPY 100	1,072원/100엔	1,032원/100엔
	유로 EUR	1,540원/유로	1,480원/유로

※ 단, 현금거래와 송금거래의 환율 차이는 없다고 가정한다.

① 7,000달러 ② 8,000달러 ③ 9,000달러
④ 10,000달러 ⑤ 11,000달러

14 다음은 2017~2022년 조세부담률 및 국민부담률과 경상GDP 및 국세수입액에 관한 자료이다. 이를 근거로 작성한 〈보고서〉의 내용 중 옳지 않은 것은?

〈자료 1〉 조세부담률 및 국민부담률

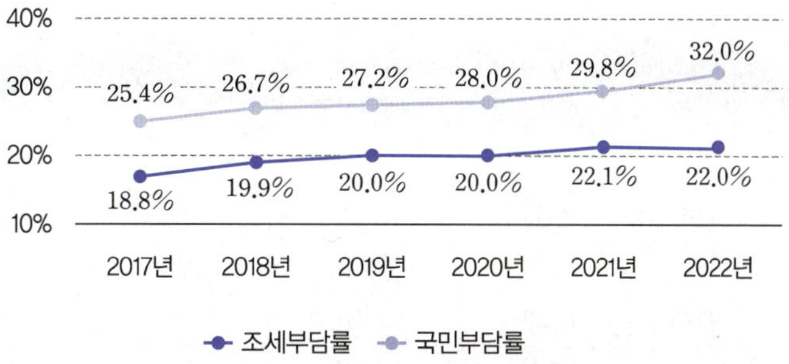

〈자료 2〉 경상GDP 및 국세수입액

(단위: 천억 원)

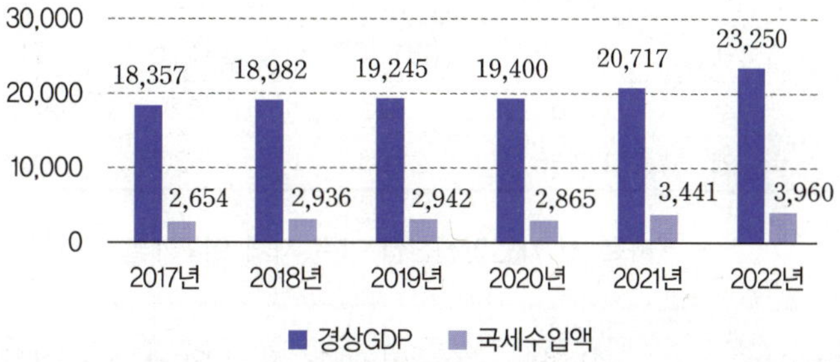

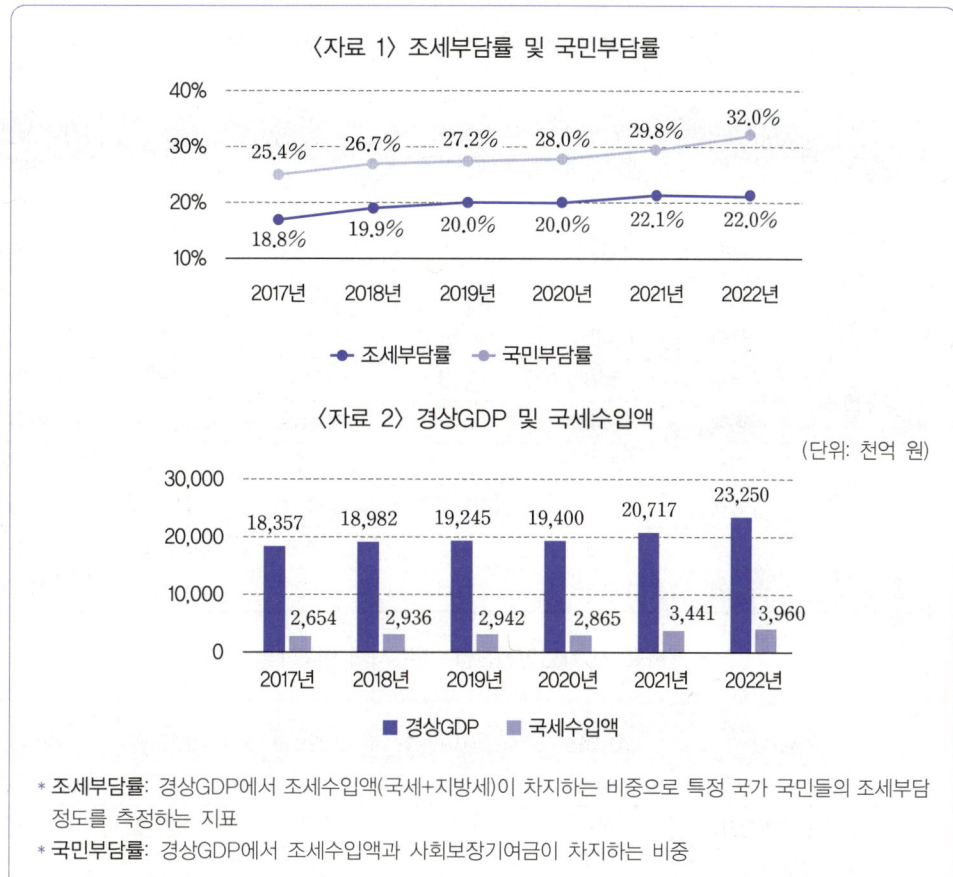

* **조세부담률**: 경상GDP에서 조세수입액(국세+지방세)이 차지하는 비중으로 특정 국가 국민들의 조세부담 정도를 측정하는 지표

* **국민부담률**: 경상GDP에서 조세수입액과 사회보장기여금이 차지하는 비중

보고서

㉠ 2017년부터 2022년까지 국민부담률은 매년 증가하였고, 조세부담률은 2021년까지 매년 증가하다가 2022년에 살짝 감소했다. 그러나 동기간 동안 OECD 회원국 38개국의 평균 조세부담률 및 국민부담률에 비해서는 낮은 수준으로 나타났다. ㉡ 제시된 기간 동안 조세수입액이 가장 많았던 해는 2022년이다. ㉢ 2022년의 지방세 수입액은 1,155천억 원이었다. 한편, 국민부담률은 2020년에 28%에 다다랐고, ㉣ 2020년의 사회보장기여금은 1,552천억 원이었다. ㉤ 사회보장기여금은 2017년을 제외하고는 모두 1,000천억 원을 초과했다.

① ㉠　② ㉡　③ ㉢　④ ㉣　⑤ ㉤

[15~17] 다음은 재난안전산업 관련 연구개발 실적, 자체 연구개발 건수, 지식재산권 누적 실적 현황에 관한 자료이다. 이어지는 질문에 답하시오.

〈자료 1〉 재난안전산업 관련 연구개발 실적

(단위: 건, 천만 원)

구분		자연재난 예방산업	사회재난 예방산업	재난 대응 산업	재난 복구 산업	기타 재난 관련 서비스업
2018년	건수	536	1,800	1,162	334	1,071
	금액	4,824	16,200	4,648	2,004	6,426
2019년	건수	427	1,218	290	215	903
	금액	6,405	14,616	2,900	2,365	16,254
2020년	건수	568	793	748	283	1,946
	금액	6,816	15,067	4,488	8,773	6,811
2021년	건수	245	1,563	510	252	548
	금액	3,920	181,308	39,270	21,924	29,592
2022년	건수	816	877	652	413	2,199
	금액	17,136	21,048	6,520	2,478	30,786

〈자료 2〉 재난안전산업 관련 자체 연구개발 건수

(단위: 건)

구분	2018년	2019년	2020년	2021년	2022년
자연재난 예방산업	434	415	540	144	396
사회재난 예방산업	1,413	1,051	700	1,420	835
재난 대응 산업	995	246	660	421	533
재난 복구 산업	174	208	150	208	332
기타 재난 관련 서비스업	771	761	1,875	275	1,845

〈자료 3〉 재난안전산업 관련 지식재산권 누적 실적 현황

(단위: 건)

구분	2018년	2019년	2020년	2021년	2022년
자연재난 예방산업	1,239	1,292	1,776	1,880	2,388
사회재난 예방산업	4,622	5,195	5,607	6,187	6,979
재난 대응 산업	2,259	2,337	2,502	2,644	3,059
재난 복구 산업	445	604	911	1,046	1,318
기타 재난 관련 서비스업	7,140	7,212	7,572	8,001	8,458
총계	15,705	16,640	18,368	19,758	22,202

* 재난안전산업 관련 연구개발은 정부지원 연구개발과 자체 연구개발로 분류됨
* 재난안전산업 관련 지식재산권 누적 실적은 고유개발 건수 및 외부 라이선스 도입 건수로 구성됨

15 주어진 〈자료 1〉을 바탕으로 하여 아래의 빈칸 ㉠과 ㉡에 들어갈 값의 합을 구한 것으로 옳은 것은?

> • 2021년 연구개발 건당 연구개발 금액이 가장 높은 산업의 연구개발 건당 금액은 (㉠)천만 원이다.
> • 제시된 기간 동안 재난 대응 산업의 연구개발 건당 연구개발 금액이 가장 낮은 해의 연구개발 건당 금액은 (㉡)천만 원이다.

① 91 ② 93 ③ 116
④ 120 ⑤ 122

16 다음 〈자료 4〉는 재난안전산업 관련 정부지원 연구개발 금액에 관한 자료이다. 〈자료 1〉~〈자료 4〉에 대한 설명으로 적절하지 않은 것은?

〈자료 4〉 재난안전산업 관련 정부지원 연구개발 금액

(단위: 천만 원)

구분	2018년	2019년	2020년	2021년	2022년
자연재난 예방산업	2,260	126	862	1,603	10,284
사회재난 예방산업	6,010	3,899	3,000	165,077	369
재난 대응 산업	1,941	523	896	36,797	2,240
재난 복구 산업	682	70	7,665	20,107	741
기타 재난 관련 서비스업	1,188	2,144	874	27,613	4,173

① 사회재난 예방산업의 자체 연구개발 금액은 제시된 기간 동안 매년 증가하였다.
② 2019년 재난 복구 산업의 정부지원 연구개발 1건당 평균 정부지원 연구개발 금액은 1억 원이다.
③ 자연재난 예방산업의 정부지원 연구개발 건수는 2022년에 2018년 대비 4배 이상 증가했다.
④ 2021년 기타 재난 관련 서비스업의 자체 연구개발 금액은 전년 대비 1/3에 불과하다.
⑤ 2020년 재난 대응 산업의 자체 연구개발 건수 대비 신규 지식재산권 건수의 비율은 25% 미만이다.

17 다음 〈자료 5〉는 재난안전산업 관련 연간 고유개발 지식재산권 현황에 관한 자료이다. 〈자료 3〉과 〈자료 5〉에 대한 설명으로 적절한 것은?

〈자료 5〉 재난안전산업 관련 연간 고유개발 지식재산권 현황

(단위: 건)

구분	2018년	2019년	2020년	2021년	2022년
자연재난 예방산업	144	46	481	104	220
사회재난 예방산업	280	572	383	502	663
재난 대응 산업	281	78	152	135	364
재난 복구 산업	4	113	226	135	206
기타 재난 관련 서비스업	45	72	360	429	457

① 2019~2022년 동안 기타 재난 관련 서비스업의 외부 라이선스 도입 건수는 0건이다.

② 2019~2022년 중 자연재난 예방산업 중 외부 라이선스 도입 건수가 고유개발 건수보다 많은 해는 없다.

③ 2019년 사회재난 예방산업의 외부 라이선스 도입 건수는 2건이다.

④ 2021년 외부 라이선스 도입 건수는 78건이다.

⑤ 2022년 재난 대응 산업의 고유개발 지식재산권 건수는 외부 라이선스 도입 건수의 7배 미만이다.

18 다음은 제품 X의 2025년 1~5월 판매량, 판매가격 및 비용구성에 관한 정보이다. 이에 대한 설명으로 적절하지 않은 것은?

〈제품 X의 2025년 1~5월 판매량, 판매가격 및 비용구성〉

(단위: 개, 원)

구분	판매량	단위당 변동비	고정비	판매가격
1월	4,000	9,000	72,000,000	25,000
2월	6,000	8,000	72,000,000	25,000
3월	3,500	10,000	72,000,000	25,000
4월	7,500	7,500	72,000,000	25,000
5월	9,000	7,000	72,000,000	25,000

※ 손익분기점(판매량, Q) $= \frac{\text{고정비}}{\text{판매가격} - \text{단위당 변동비}}$

※ 총이익 = (판매가격 − 단위당 변동비) × 판매량 − 고정비

※ 기대이익: 손익분기점을 초과한 판매량으로 얻을 수 있는 이익

※ 안전율(%) $= \frac{\text{실제 판매량} - \text{손익분기점 판매량}}{\text{실제 판매량}} \times 100$

① 판매량이 많아질수록 단위당 변동비는 줄어드는 경향이 있다.

② 제시된 기간 중 손익분기점을 넘긴 달은 세 달이다.

③ 2025년 5월의 기대이익은 1,800만 원이다.

④ 단위당 변동비가 줄어들수록 손익분기점은 낮아진다.

⑤ 안전율은 2025년 1월 대비 3월에 더 높다.

[19~20] 다음 자료를 읽고 질문에 답하시오.

단기수출보험(선적후) 안내

1. 제도 개요

단기수출보험이란 수출자가 수출대금 결제기간이 2년 이내인 수출계약을 체결하고 물품(용역 포함, 이하 동일)을 수출하였으나, 비상위험* 또는 신용위험*으로 인하여 수출대금을 회수하지 못하게 됨에 따라 입게 되는 손실을 보상하는 보험

* **비상위험**: 수입국의 전쟁, 내란, 환거래제한, 모라토리움 등으로 인해 수출대금을 회수하지 못할 위험
* **신용위험**: 수입자의 지급불능, 지급거절, 지급지체, 파산 등으로 수출대금을 회수하지 못할 위험

2. 대상거래: 결제기간 2년 이내의 일반수출, 위탁가공무역, 중계무역, 재판매 거래

구분	내용
일반수출	국내에서 생산·가공 또는 집하된 물품을 수출하는 거래
위탁가공무역	국내기업의 해외현지법인이 생산·가공한 물품 또는 국내기업이 위탁하여 외국에서 가공한 물품을 수출하는 거래
중계무역	수출을 목적으로 물품을 수입하여 국내에서 통관하지 않고 제3국으로 수출하는 거래
재판매	수출자가 해외지사 등(현지법인 포함)에 물품을 수출하고, 동 해외지사 등이 당해 물품을 현지 또는 제3국에 재판매하는 거래

3. 이용절차

□ 보험한도 책정 단계(수출 이행 전)

① 보험 이용 상담: 보험 이용 가능 여부, 절차 등 상담
② 신용조사 및 평가: ㅇㅇ공사에 수출자 및 수입자 신용평가 의뢰
③ 보험한도 신청(수출자 → ㅇㅇ공사): 수입자별 보험한도 신청
④ 보험한도 심사 및 책정(ㅇㅇ공사 → 수출자): 수출자 및 수입자 신용등급, 예상 거래규모, 결제조건 등을 고려하여 수입자별 보험한도 책정
⑤ 보험증권 발급

□ 보험관계 성립 단계(수출 이행 후)

⑥ 수출통지 및 보험계약 체결: 수출(선적) 후 10영업일 이내 수출통지 시 보험관계 성립
⑦ 보험료 납부 및 보험계약 체결 완료
 – 보험료 납부 기한: 수출일(선적) 익월 25일까지
⑧ 수출대금 결제통지: 수출자는 대금결제 시 ㅇㅇ공사에 결제통지

□ 대금 미결제 시 보상 절차

⑨ 사고발생 통지: 수출대금이 결제되지 않은 경우, 수출자는 결제기일로부터 1개월 이내에 사고발생의 통지 또는 결제기일 이전에 결제되지 않을 것이 확실시 될 경우 사고사유가 발생한 날을 안 날로부터 1개월 이내 사고발생의 통지
⑩ 사고조사(ㅇㅇ공사): 사고원인 및 수출자 약관 위반여부 판정을 위한 기초자료 수집
⑪ 보험금 청구 및 보험금 지급(수출자 ↔ ㅇㅇ공사)
 – 수출자의 약관상 귀책사항 해당 여부 심사 후 보험금 지급여부 결정
 – 보험금은 청구일로부터 2개월 이내 지급

19 **주어진 자료를 참고할 때, 단기수출보험에 대해 바르게 이해하지 못한 것을 모두 고르면?**

ㄱ. 보험을 이용하기 위해서는 수출자 뿐만 아니라 수입자에 대한 신용평가가 선행되어야 한다.
ㄴ. 국내 △△전자가 중국의 디스플레이 업체에 모니터 생산을 위탁하여 생산한 모니터를 미국으로 수출(대금 결제기간 1년)하기로 한 경우 단기수출보험의 대상거래에 해당한다.
ㄷ. 단기수출보험의 보험증권을 교부받은 A기업이 보험증권에 따른 수입자와의 거래를 이행하기 위해 3월 10일(목)에 선적한 경우 3월 20일 내에 ○○공사에 수출통지를 하지 않을 경우 보험관계가 성립하지 않는다.
ㄹ. 수출대금 결제기일 전이라도 수입국의 환거래제한 조치 등의 사유가 있어 대금이 결제되지 않을 것으로 예상되는 경우 수출자는 환거래제한 조치가 발령된 날로부터 1개월 이내에 사고발생을 통지하여야 한다.

① ㄱ, ㄷ ② ㄴ, ㄷ ③ ㄴ, ㄹ ④ ㄷ, ㄹ ⑤ ㄴ, ㄷ, ㄹ

20 **다음은 위 자료의 '수출자의 약관상 귀책사유'에 해당하는 내용의 일부이다. 자료를 바탕으로 사례에 대해 분석한 내용이 적절하지 않은 것은?**

• 보험사고발생건(사고통지한 건)의 최후 선적일로부터 소급하여 1년 이내의 기간 동안 결제기일이 도래한 거래 중 30일 이상 경과된 미회수채권이 있는 기간 동안 수출(연속수출)하여 발생한 손실은 수출자의 귀책사유로 보아 보상이 불가합니다.
– 즉, 수출자가 동일한 수입자에게 계속적으로 수출하는 경우, 이전 보험사고발생 선적건의 수출대금이 결제기일로부터 30일이 경과한 날까지 결제가 되지 않은 상태에서 추가적으로 수출한 거래에서 발생한 손실에 대해서는 보험금을 지급하지 않습니다.

수출자인 B기업은 일본 수입자인 C기업에 의류를 수출하기로 하고 ○○공사의 단기수출보험에 가입했다. 그런데, 거래계약 이후 수입자의 자금사정이 악화되어 아래와 같이 지급지체가 발생하였고 B기업은 24.09.25.에 ○○공사에 사고통지를 하였다.

구분	수출금액	선적일	결제기일	결제일	결제금액	미결제액
1	100,000$	24.02.07.	24.04.06.	24.09.20.	100,000$	–
2	200,000$	24.03.07.	24.05.06.	24.09.20.	100,000$	100,000$
3	240,000$	24.04.07.	24.06.06.	–	–	240,000$
4	150,000$	24.05.07.	24.07.06.	–	–	150,000$
5	270,000$	24.06.07.	24.08.06.	–	–	270,000$
계	960,000$	–	–	–	200,000$	760,000$

① B기업은 3번 거래에 대해서는 보상을 받을 수 있을 것이다.
② 4번 거래는 연속수출에 해당하여 보험금을 지급받을 수 없을 것이다.
③ 5번 거래는 연속수출에 해당하여 보험금을 지급받을 수 없을 것이다.
④ B기업이 보험금 지급 대상에 해당하는 거래에 대하여 미결제액의 전액지급 보상결정을 받은 경우 보상액의 합은 240,000$일 것이다.
⑤ 만일 수입자가 결제대금 지급을 30일 이상 지체하고 있다면 손실을 면하기 위해서는 수출자는 이후 선적을 유보해야 할 것이다.

[21~22] 다음 자료를 읽고 질문에 답하시오.

ㅇㅇ공사 직원근무평정규칙

제4조(평가의 구성) 평가는 업적평가, 역량평가, 가감점평가를 종합하여 실시한다.

제5조(평가의 배점 및 계산) 제4조의 규정에 의한 평가별 배점은 다음과 같다.

평가구분	평가별 만점(점)
업적평가	90
역량평가	10
가감점평가	−4~+1
종합평점	100(−4~+1)

제6조(업적평가의 구성 및 비중) 업적평가는 조직업적평가와 개인업적평가로 구분하며, 비중은 다음과 같다.

구분	조직업적평가	개인업적평가	계
보직자	50%	40%	90%
비보직자	40%	50%	

※ 평가비중은 각 평가별 100점 중 비중임

제7조(조직업적평가) 조직업적평가의 기준과 방법은 사장이 따로 정한다.

제8조(개인업적평가 방법) 평가대상기간이 종료된 후 피평가자는 평가대상기간 중의 자신의 업적으로 개인업적평가표에 작성하여 평가자에게 제출하여야 하며, 평가자는 자기평가를 참고하여 피평가자의 업적을 종합적으로 평가하여야 한다. 각 평가자별 평가는 직위에 따라 다음과 같이 반영한다.

평가자 / 피평가자		자기평가	상사평가		
			실장	본부장	원장
보직자	본부장	본인	−	−	100%
	실장	본인	−	70%	30%
비보직자		본인	70%	30%	−

※ 각 평가비중은 개인업적평가 내에서의 비중임

제9조(역량평가 방법) 역량평가는 다면평가로 실시한다.

제10조(가감점평가의 의의) 가감점평가라 함은 ㅇㅇ공사 직원으로서의 기본 복무자세 및 직원의 징계처분사항을 가감점으로 평가하는 것을 말한다.

제11조(징계감점) ① 직원이 징계처분을 받은 경우에는 다음 각 호와 같이 감점평가한다.

1. 정직: 3점
2. 감봉: 2점
3. 견책: 1점

② 제1항의 징계 감점 적용기간은 다음 각 호와 같으며, 처분일을 기준으로 기산한다. 동기간 동안 2회 이상의 징계를 받은 경우라도 3점을 초과하여 배점할 수 없다.

1. 정직: 3년
2, 감봉: 2년
3. 견책: 1년

21 **다음은 ○○공사 경영전략본부 기획예산실 직원들의 조직업적평가 및 개인업적평가 결과이다. 각 피평가자에 대한 업적평가 점수가 옳지 않은 것은?**

〈2025년 상반기 업적평가〉

이름	직위	조직업적 평가(점)	개인업적평가(점)			
			본인	실장	본부장	원장
A	경영전략본부장	90	80	–	–	90
B	기획예산실장	90	90	–	90	90
C	과장	100	80	90	80	–
D	대리	70	50	80	90	–
E	사원	80	100	80	70	–

① 업적평가 점수가 동점인 사람들이 있다.
② 업적평가 점수가 70점 미만인 사람은 한 명이다.
③ 업적평가 점수가 가장 높은 사람은 C과장이다.
④ E사원의 업적평가 점수는 D대리의 업적평가 점수보다 낮다.
⑤ 업적평가 점수가 80점 이상인 사람은 세 명이다.

22 **다음은 위 직원근무평정규칙의 추가 내용 및 ○○공사 직원 W~Z의 상반기 근무평정에 대한 정보이다. 위 자료 및 아래의 정보를 참고할 때, 승진서열명부에 작성된 직원의 순서를 바르게 나타낸 것은? (단, 직원 W~Z 중 가점 사항에 해당하는 이는 없는 것으로 가정한다.)**

제20조(승진서열명부) ① 승진서열명부는 직위별로 작성하여야 한다.
② 제1항의 승진서열명부 작성 시 환산점수가 높은 순으로 작성하며, 환산점수는 종합평점에 명부작성 기준일 현재 당해연도 40%, 전년도 30%, 전전년도 30%의 비율을 적용하여 합산한 값으로 한다.

〈직원근무평정표〉

이름	직위	종합평점(점)		2025년 6월 말일 기준 가감점평가 전 근무평정(점)
		2023년	2024년	
W	재무회계실장	60	70	78
X	대외협력실장	60	80	70
Y	인력양성실장	40	70	83
Z	ESG경영실장	80	50	84

〈내부징계 현황〉

징계대상	처분일	징계종류	징계사유
W	2022.7.2.	정직	겸업금지 위반
X	2023.5.21.	견책	품위유지의무 위반
Y	2023.9.15.	정직	직책완수 위반
Z	2024.2.8.	감봉	품위유지의무 위반

① X–W–Z–Y ② X–Z–Y–W ③ Y–W–X–Z
④ Z–W–X–Y ⑤ Z–X–W–Y

23 **다음 자료를 바탕으로 할 때, 타국 제도의 벤치마킹을 통한 우리나라 ISA 제도의 발전방향에 대해 논의한 내용으로 적절하지 않은 것은?**

우리나라는 국민의 자산형성을 지원하기 위해 2016년 다양한 금융상품에 투자하여 세제 혜택 등을 받을 수 있는 개인종합자산관리계좌(ISA) 제도를 도입하였으며, 이후 대상 및 혜택을 확대하는 방향으로 제도를 운영하고 있다.

현행 ISA의 가입 대상은 만 19세(근로소득자는 15세) 이상 국내 거주자로서, 가입자의 소득수준 등에 따라 일반형·서민형·농어민형으로 구분하여 세제혜택 수준을 차등적으로 적용하고 있다. ISA는 자산 운용방식에 따라 신탁형·일임형·투자중개형으로 구분하며, 1인당 1개의 계좌를 개설할 수 있으므로 가입자는 세 가지 유형 중 하나를 선택하여 운용할 수 있다.

구분	일임형	신탁형	투자중개형
편입자산	펀드(수익증권, ETF, 리츠) 등	펀드(수익증권, ETF, 리츠), RP, 예금 등	국내상장주식, 채권, RP, 펀드(수익증권, ETF, 리츠) 등
운용방식	금융사가 운용	가입자가 직접 운용	
가입기관	투자일임업자(은행, 증권사 등)	신탁업자(은행, 증권사 등)	투자중개업자(증권사 등)

납입 한도는 연간 2천만 원으로, 가입기간동안 손익을 통산한 순이익에 대해 일정 한도까지 비과세(한도 초과 소득에 대해서는 9.9%의 분리과세 적용)하며, 계약기간 종료 후 계좌 잔액의 전부 또는 일부를 연금계좌에 불입할 경우에는 추가적인 세제혜택이 적용된다. ISA는 3년의 의무가입기간이 존재하는데 의무가입기간 경과 전 납입원금을 초과하지 않는 범위 내에서 자유로운 중도인출을 허용하며, 계좌를 유지하고자 하는 경우 계약기간 만료일 전에 해당 계좌의 계약기간을 연장하여야 한다.

가입자 수는 도입 이후 2016년 239.1만 명에서 2024년 4월 기준 525.2만 명으로 증가하였으며 가입금액은 2016년 3.4조 원에서 2024년 4월 26.8조 원으로 확대되었고, 1인당 가입액은 평균 약 500만 원이다. 그러나 2024년 4월 기준 국내 ISA 가입률(가입자 수/전체 인구 수)는 약 10% 정도에 그치고 있다.

영국의 경우 국민의 저축과 투자를 장려하기 위해 1999년 기존 저축지원 프로그램을 통합한 ISA 제도를 도입하였는데, 이후 납입한도를 확대하고 다양한 유형의 ISA를 신설하여 운영하고 있다. 투자 유형에 따라 예금형(은행 예금 등), 증권형(주식, 신탁, 펀드, 회사채, 국채 등), 혁신금융형(대출, 크라우드 펀딩 채권 등), 노후자금마련형(주택구입과 노후 대비 등) 4가지 유형으로 분류하고, 투자 유형을 선택하여 연간 납입한도 내에서 복수의 계좌를 운영할 수도 있다. 가입 대상은 18세 이상의 거주자로, ISA에서 발생한 이자, 양도차익 등 운용소득에 대해 전액 비과세하고, 의무가입기간이 없으며 자유로운 입출금을 허용한다. 납입한도는 연간 20,000파운드(2024년 5월 기준 약 3,452만 원)로, 하나의 계좌에 최대 20,000파운드 또는 여러 계좌에 분할 납입이 가능하다. 또 영국은 부모세대가 자녀세대의 미래 자산형성을 지원할 수 있도록 주니어 ISA 제도를 운영하고 있으며, 자녀가 18세가 되면 주니어 ISA가 자동으로 일반 ISA로 전환되어 자산형성을 이어갈 수 있도록 지원한다. 2020~2021년 ISA 계좌를 보유한 사람은 약 2,222만 명으로 이는 2021년 영국인구의 약 33%에 해당하는 규모이다.

일본의 경우 금융투자를 통해 개인의 자산형성 및 가계 저축의 자본시장 유입을 촉진하기 위한 목적으로 2014년 NISA(Nippon ISA)를 도입하였다. NISA 가입 대상은 18세 이상 거주자로, 의무가입기간이 없고 중도인출이 가능하다. NISA는 투자 방식에 따라 계좌의 유형을 구분하고 있으며, 성장형 NISA(비과세 기간 영구화, 납입한도 2~3배 상향)와 적립형 NISA(장기 적립·분산 투자 중심)를 운영하고 있다. 연간 납입한도는 총 360만엔(2024년 5월 기준 약 3,153만 원)이며, 개인이 납입할 수 있는 전체 한도액은 1,800만엔으로 제한되어 있다. NISA에서 발생한 금융투자상품의 이자 및 양도·배당소득세를 전액 비과세하고 있으며 NISA가 현금 및 예금에 집중되어 있는 가계 금융자산을 금융투자상품으로 분산시키기 위한 목적으로 도입되었기 때문에 NISA를 통해 매입 가능한 상품을 국내외 상장주식, ETF, REITS, 공모투자신탁 등으로 한정하고 있다. NISA 도입 이후 가입자 수 및 투자금액은 지속적으로 증가하였으며, 2018년 적립형 NISA 신설 이후 20~30대를 중심으로 적립형 NISA 가입자가 증가하는 추세에 있다. 2024년 기준으로 NISA 가입률은 전체 인구 대비 16.6%에 해당한다.

① 영국의 경우 투자 유형의 다양화를 통해 ISA 제도의 활용도를 높이고, 생애주기에 걸친 자산형성이 가능하도록 지속적인 투자를 유도하고 있다고 볼 수 있다. 국내에서도 영국의 제도를 벤치마킹한다면 국민들의 금융상품 선택의 폭을 넓힐 수 있을 뿐만 아니라 비교적 장기적인 투자를 촉진함으로써 개개인의 노후 준비에 대한 부담 완화 수단으로 기능할 수도 있을 것이다.

② 일본의 경우 청년층의 투자여력 및 성향을 고려하여 목돈을 납입하지 않고도 매월 일정금액을 장기간 적립할 수 있는 방식의 ISA 제도를 운영하고 있다. 이러한 방식의 경우 청년층의 투자에 대한 진입 장벽을 낮추면서도 자산 축적을 지원할 수 있는 방식이 될 수 있으므로, 국내에서도 벤치마킹하여 젊은 청년층의 ISA 가입률을 제고할 수 있을 것이다.

③ 우리나라의 경우 ISA 계좌 개설 시 의무가입기간이 존재하고, 이 계약기간을 연장하지 않으면 계좌를 해지하거나 재개설해야 하므로 ISA를 통한 자금 운용의 연속성이 일본이나 영국에 비해 상대적으로 낮다고 볼 수 있다. 이는 ISA의 도입목적인 자산형성에 대해 가입자들이 단기적인 시각을 갖도록 할 수 있으므로 보다 유연한 접근이 필요할 것으로 보인다.

④ 영국 및 일본의 경우 ISA 납입한도액을 우리나라보다 더 낮은 수준으로 설정함으로써 가입자들에게 더 많은 투자 유인과 세제 혜택을 제공하고 있다. 그에 따라 이들 나라에서는 경제적 자산의 형성이 급격히 증가하고 있으며 국민의 가계 재정 안정에 긍정적 영향을 미치고 있다. 국내 ISA 제도 또한 납입한도의 조정을 통해 단기적으로는 가입률의 제고를 도모하고 장기적으로는 국민의 자산 축적을 장려할 수 있어야 할 것이다.

⑤ 비록 시점이 일치하지는 않지만 우리나라는 영국 및 일본에 비해 ISA 가입률이 낮은 수준이며, 이는 ISA 계좌를 통한 과세혜택 수준 등의 요인이 복합적으로 작용한 결과로 보아야 한다. 영국 및 일본은 ISA 계좌 내 이자·배당·양도소득에 대해 전액 비과세를 적용하지만 우리나라의 경우 일정 한도까지만 세제 혜택이 주어지고 한도 초과 소득에 대해서는 분리과세를 적용하고 있어 가입 유인이 상대적으로 작다고 볼 수 있다. 우리나라에서도 과세 혜택 수준의 재조정을 통해 가입자의 실질적인 이익을 증대시킨다면 가입률의 향상뿐만 아니라 제도의 실효성을 높일 수 있을 것이다.

[24~25] 다음 자료를 읽고 질문에 답하시오.

○○보험 항공기 및 수하물 지연비용보장 특별약관

제1조(보상하는 손해) ① 피보험자가 해외여행 중에 유료승객으로서 정기항공편을 이용하던 중에 아래의 보험사고가 발생한 경우 이로 인하여 입은 손해를 이 특별약관에 따라 보상하여 드립니다.

1. 연결항공편이 결항되었으며 출발예정시각으로부터 4시간 내에 피보험자에게 대체적인 항공운송수단이 제공되지 못할 경우
2. 항공편이 4시간 이상 지연, 취소되거나 또는 피보험자가 과적에 의해 탑승이 거부되어 출발예정시각으로부터 4시간 내에 대체적인 수단이 제공되지 못하는 경우
3. 피보험자의 수하물이 항공편의 예정된 도착시간으로부터 6시간 이후에 피보험자에게 도착하는 경우
4. 피보험자의 위탁수하물이 손실되거나 피보험자가 목적지에 도착한 후 24시간 내에 등록된 수하물이 피보험자에게 도착하지 못하는 경우

② 제1항의 보험사고로 인하여 보상하는 손해는 아래와 같습니다.

1. 제1항제1호 또는 제2호의 경우 출발 또는 결항된 항공편으로 인해 발생한 합리적으로 필요하며 유효한 아래의 비용
   가. 식사, 간식 또는 전화 통화
   나. 숙박비, 숙박시설에 대한 교통비, 수하물이 다른 항공편으로 출발한 경우 비상 의복 및 필수품의 구입비용 (단, 새롭게 추가된 숙박의 경우에 한함)
2. 제1항제3호의 경우 비상 의복과 필수품의 구입에 소요되는 비용
3. 제1항제4호의 경우 의복과 필수품 등에 대하여 피보험자가 예정된 도착지에 도착한 후 120시간 내에 발생한 비용 (단, 공항은 예정된 도착지에서 제외함)

③ 제2항에서 보상하는 손해는 피보험자와 동반하여 여행하는 다음의 가족을 위하여 지출한 비용도 포함됩니다.

1. 피보험자와 법률상 혼인관계에 있는 배우자
2. 피보험자와 생계를 같이하는 미혼자녀

제4조(보험금의 지급한도) 이 계약에서 보장하는 위험과 같은 위험을 보장하는 다른 계약이 체결되어 있고 각각의 계약에 대하여 다른 계약이 없는 것으로 하여 산출한 보장책임액의 합계액이 실제 보장되는 손해액을 초과했을 때, 회사는 이 계약에 따른 보장책임액의 위의 합계액에 대한 다음의 비율에 따라 보험금을 지급하여 드립니다.

$$\text{보험금}=\text{손해액}\times\frac{\text{이 계약의 보장책임액}}{\text{다른 계약이 없는 것으로 하여 각각 계산한 보장책임액의 합계액}}$$

24 **다음 중 위 특별약관에 따라 보상받을 수 있는 경우를 모두 고른 것은? (단, 모든 피보험자는 유료승객으로서 정기항공편을 이용한다.)**

> ㄱ. LA에서 도쿄를 경유하여 국내 귀국할 예정이었으나, LA에서 항공편이 1시간 지연되어 도쿄에서 연결항공편 탑승에 실패한 경우에 대체항공편을 기다리는 동안 발생한 숙박비 등의 비용
> ㄴ. 17시에 타이페이에 도착예정인 항공편의 수하물이 가오슝행 수하물과 바뀌어 당일 자정에 타이페이 공항에 도착한 경우 기후 차이로 인해 구입한 의복
> ㄷ. 파리행 항공편이 6시간 연착됨에 따라 당일 예정된 목적지의 호텔예약을 취소하여 미리 결제했던 숙박비를 환불받지 못하는 손해가 발생한 경우에 숙박비 손해에 대한 비용
> ㄹ. 바르셀로나 공항의 운송라인 모터제어장치의 고장으로 수하물이 지연되자 공항에서 머무는 숙소로 수하물을 배송해주기로 하였으나 피보험자가 숙소에 도착한지 36시간 후 수하물이 배송된 경우에 피보험자가 숙소 이동 전 공항에서 구매한 필수품 등의 비용

① ㄱ ② ㄴ ③ ㄱ, ㄷ
④ ㄴ, ㄷ ⑤ ㄱ, ㄴ, ㄹ

25 **다음은 발리로 가족여행을 떠난 A씨 가족의 사례이다. A씨는 출국 전 ○○보험사를 통해 위 특약에 가입하였고, 보험사고에 대해 보험금을 신청하고자 한다. 이때, ○○보험사에서 지급할 보험료로 옳은 것은?**

> A씨의 가족은 연말을 맞아 인도네시아 발리로 해외휴양을 떠나기로 하였다. 서울에 거주하는 A씨 부부는 지방근무로 광주에서 거주 중인 미혼자녀 B씨와 서울에서 만나 인천국제공항으로 함께 이동하였다. A씨 가족이 이용하는 항공편은 인천국제공항에서 싱가포르 창이공항을 경유하여 발리 덴파사르 공항에 도착하는 여정의 항공편이었는데, 싱가포르 창이공항에 도착하였을 때, 1시간 뒤 출발 예정이던 발리 덴파사르행 항공편이 기상악화로 인하여 결항되었다는 소식을 접했다. A씨 가족은 창이공항에서 9시간 대기하며 대체항공편을 기다렸고, 그동안 A씨는 34,000원, A씨의 배우자 및 B씨는 각각 32,000원의 식사를 하여 총 98,000원의 식사비 지출이 있었다.
> 한편, A씨는 귀국하여 위 ○○보험사의 항공기 및 수하물 지연비용보장 특별약관과 동일한 내용의 특약이 포함된 □□보험사의 해외여행자보험에도 가입했던 사실을 뒤늦게 깨닫고 양 보험사에 모두 보험금 지급을 청구하였다.

① 33,000원 ② 49,000원 ③ 66,000원
④ 98,000원 ⑤ 99,000원

[26~27] 다음 자료를 읽고 질문에 답하시오.

중소 금융권 이용 소상공인 이자 환급 안내

중소 금융권*은 높은 대출금리로 어려움을 겪는 소상공인들의 이자 부담을 덜어주기 위해 '중소 금융권 이자 환급'을 시행하고 있사오니 대상자는 신청하시기 바랍니다.

* 중소 금융권: 저축은행, 상호금융(농·수·신협, 산림조합, 새마을금고), 여전사(카드사, 캐피탈)

□ (대상) '24.12.31. 이전에 중소 금융권에서 사업자 대출을 받은 개인사업자 또는 법인소기업으로서 '5% 이상 7% 미만'의 금리를 적용받는 자
– 지원 대상에서 제외되는 업종: 부동산 임대·개발·공급업, 금융업

□ (지원 내용) 금융기관이 이자 환급을 신청한 차주에게 1년간 납입한 이자의 일부를 환급(1년 이상 이자를 납입한 차주에게 1년 치 지원금을 일시에 지급)

□ (지원 금액) 대출잔액×해당 금리 구간 지원 이자율

금리 구간(이상~미만)	지원 이자율
5.0~5.5%	0.5%
5.5~6.5%	(대출금리 – 5)%
6.5~7%	1.5%

※ 대출잔액과 적용 금리는 2024.12.31. 기준으로 판단하며, 최대 지원 가능 대출잔액은 1억 원

□ (이자 환급 절차) 신청이 접수되면 금융기관은 해당 차주가 이자를 1년 치(12회) 이상 납입했는지 확인한 후, 1년 치 이자가 모두 납입된 후 처음 도래하는 분기별 환급 기간에 환급 금액을 차주 명의의 원리금 자동이체 계좌에 입금

구분	신청 기간	납입 검증·확정 기간	환급 기간
1분기	'25.3.10.~3.24.	'25.3.25.~3.27.	'25.3.28.~4.4.
2분기	'25.4.1.~6.23.	'25.6.24.~6.26.	'25.6.27.~7.4.
3분기	'25.7.1.~9.22.	'25.9.23.~9.25.	'25.9.26.~10.2.
4분기	'25.10.1.~12.22.	'25.12.23.~12.26.	'25.12.29.~'26.1.5.

※ 신청 기간은 분기별 신청이 가능한 기간을 의미하며, 지원 대상에 해당하는 자가 연중 신청 기간 내 이자 환급 신청을 한 경우 대상 대출의 이자 납입 1년이 확인된 후 처음 도래하는 분기별 환급 기간에 환급이 이루어짐

□ (신청 채널 및 신청 시 제출 서류)

구분	개인사업자	법인소기업
제출기관	거래 금융기관 방문	
신청서 외 신청 시 필요한 제반 서류	신분증	신분증, 중소기업확인서(소기업), 사업자등록증(휴·폐업 시 휴·폐업 사실 증명원)

26 **주어진 자료에 대해 이해한 내용으로 적절하지 않은 것은?**

① 법인소기업을 운영하다 폐업한 경우라도 이자 환급 대상에 해당하는 경우에는 환급을 받을 수 있다.

② 이자 환급을 신청한 대상자가 수령 가능한 최대 이자 환급액은 150만 원이다.

③ 이자 환급 대상자가 6%의 금리로 받은 대출의 금리가 이자 환급 신청 기간 동안 5%로 떨어진 경우라도 적용되는 금리 기준은 6%이다.

④ 2024.5.20.에 이자 환급 대상 대출을 받은 개인사업자는 2025년 2분기 신청 기간에 신청해야만 이자 환급을 받을 수 있다.

⑤ 이자 환급 대상인 개인사업자가 환급 신청을 하기 위해서는 2종의 서류를 지참하여 직접 거래 금융기관에 방문해야 한다.

27 **다음은 중소 금융권에서 사업자 대출을 받은 이자환급 신청자 명단의 일부이다. 위 자료를 바탕으로 할 때, 이자 환급에 대한 판단으로 옳은 것은? (단, 모든 신청인은 대출 실행일이 포함된 월의 말일부터 매월 말일에 대출이자를 납부하며, 매월 연체 없이 모든 이자를 납부한 것으로 가정한다.)**

〈중소 금융권 이용 소상공인 이자 환급 신청 명단〉

신청인	대상자 구분	업종	대출실행일	대출금리	대출잔액
A	개인사업자	양돈업	2024.6.20.	5.2%	2억 원
B기업	법인소기업	부동산개발업	2024.10.15.	5.4%	1억 원
C기업	법인소기업	발효주 제조업	2024.3.8.	6.0%	1억 5천만 원
D	개인사업자	나무 제품 제조업	2025.1.3.	5.0%	9천만 원
E	개인사업자	기타 인쇄업	2024.4.11.	6.5%	1억 2천만 원
F기업	법인소기업	치과기공물 제조업	2024.12.12.	7.2%	1억 원
G	개인사업자	악기 소매업	2024.9.23.	6.3%	8천만 원

※ 각 신청인별 대출금리와 대출잔액은 대출실행일 이후 변동이 없었다고 가정한다.

① 위 신청인 중 지원 대상에 해당하는 신청은 모두 4건이다.

② A가 환급을 받는 경우 받을 수 있는 환급액은 100만 원이다.

③ 위 신청인 중 2025년 2분기가 되어야 환급을 받을 수 있는 신청은 모두 3건이다.

④ E가 환급을 받는 경우 지원 이자율은 0.5%이다.

⑤ G가 환급을 받는 경우 2026년에 환급을 받는 일은 없다.

28 해산물을 주로 취급하는 X업체는 최근 납품한 해산물에 식중독균이 검출되어 행정처분을 받았다. X업체를 통해 해산물을 납품받는 식당 A~E는 각각 메뉴 3개씩을 판매하는데, 이 중에는 해산물을 이용한 메뉴도 있고 그렇지 않은 메뉴도 있다. 식당 A~E가 판매하는 메뉴 중 해산물이 포함된 메뉴가 총 8개라고 할 때, 다음 중 적절하지 않은 추론은? (단, X업체를 통해 납품받은 해산물을 이용한 요리는 반드시 식중독 증상을 유발한다.)

> 손님1: A식당과 E식당에 다녀왔지만 식중독 증상은 나타나지 않았습니다.
> 손님2: B식당에서 메뉴 2개를 주문해서 지인과 나누어 먹었지만 아무도 식중독 증상이 나타나지 않았습니다.
> 손님3: D식당에서 메뉴를 3개 주문해서 함께 나누어 먹은 후 식중독 증상이 나타났습니다.
> 손님4: C식당에서 지인과 메뉴를 2개 주문해서 각자 먹었고 둘 다 식중독 증상이 나타났습니다.
> 손님5: A식당에서 메뉴 2개를 주문해서 지인과 각자 먹었는데, 지인만 식중독 증상이 나타났습니다.
> 손님6: E식당에서 지인과 메뉴 2개를 주문해서 각자 먹었고 둘 다 식중독 증상이 나타났습니다.
> 손님7: D식당에 다녀왔지만 식중독 증상은 나타나지 않았습니다.
> 손님8: 각 식당에서 해산물을 이용한 요리가 1개 이상 판매되고 있었습니다.

① B식당의 해산물 메뉴는 1개이다.
② E식당의 해산물 메뉴는 2개이다.
③ A식당의 해산물 메뉴가 1개라면 D식당의 해산물 메뉴는 2개이다.
④ C식당의 해산물 메뉴가 3개라면 D식당의 해산물 메뉴는 1개이다.
⑤ D식당의 해산물 메뉴가 2개라면 C식당의 해산물 메뉴는 2개이다.

29 **다음은 해외 인기 뮤지컬 '별이 지다'의 내한 공연과 관련된 정보이다. 내한 공연은 5월 1일부터 14일까지 총 14일간 매일 진행되며, 각 공연은 〈출연배우 공연 일정〉에 따라 출연배우들의 조합이 달라진다. 아래의 〈뮤지컬 관람 후기〉를 참고할 때, 추론한 내용으로 적절하지 않은 것은?**

〈출연진 정보〉

배역	화가	가수	예술후원가	시인
출연배우	A, B	C, D	E, F	G, H

〈출연배우 공연 일정〉

- 공연은 1일 1회 진행되며, 각 공연별로 한 명의 배우가 담당 배역을 연기합니다.
- '화가'역 배우는 격일로 공연합니다.
- '가수'역 배우는 3일을 기준으로 스케줄이 짜여집니다. 첫 3일에는 한 배우가 하루, 다른 배우가 이틀을 공연하며, 다음 3일에는 첫 3일에 하루를 공연한 배우가 이틀, 다른 배우가 하루를 공연합니다. 이를 반복하되, 마지막 이틀은 각 배우가 한 번씩 출연합니다.
- '예술후원가'역 배우는 한 배우가 2일 연속 공연한 후, 다른 배우가 2일 연속 공연하는 것을 반복합니다.
- '시인'역 배우는 뮤지컬 진행 기간 동안 두 배우가 각각 총 7일씩 공연합니다.

〈뮤지컬 관람 후기〉

가영: 5월 5일에 뮤지컬을 관람하였고, 궁금했던 배우 H와 C의 연기를 관람할 수 있어서 정말 좋았습니다.

나미: 5월 8일부터 D배우의 공연을 보기 위해 매일 출연진 스케줄을 확인했는데, 5월 11일이 되어서야 비로소 D배우가 출연한다고 하여 관람했고, 감동적이었습니다.

다정: H배우와 B배우가 함께 출연하는 뮤지컬을 관람하고 싶었지만 개인 일정상 불가능해 5월 11일에 뮤지컬을 관람했고, B배우의 연기가 정말 인상깊었습니다.

라온: 5월 3일에 뮤지컬 관람했고, 특히 F배우와 H배우의 연기가 기억에 남습니다.

마현: 5월 9일 이후의 뮤지컬 중 G배우가 출연하는 일정은 이틀밖에 없더군요. G배우가 마지막으로 출연하는 5월 13일에 겨우 일정을 조정해서 관람할 수 있었습니다.

① D배우는 5월 4일에 뮤지컬에 출연하였을 것이다.
② 5월 5일과 5월 9일의 출연 배우진은 동일하다.
③ 공연의 마지막 날 출연하는 '예술후원가'역 배우는 E이다.
④ 5월 2일에 C배우가 출연하였다면 배우 D와 E의 조합은 5월 1일에 최초이다.
⑤ 5월 1일에 '시인'역에 배우 H가 출연하였다면 5월 2일에는 배우 G가 출연하였을 것이다.

CHAPTER 2 실전모의고사 2회

[30~31] 다음 자료를 읽고 질문에 답하시오.

제1조(목적) 이 규정은 주식회사 ○○○○(이하 '회사'라 한다)의 조직 관리와 임·직원의 직무에 관해 필요한 사항을 규정함을 목적으로 한다.

제2조(용어의 정의) 이 규정에서 사용하는 용어의 정의는 다음 각 호와 같다.

1. '직책'이라 함은 일정한 직무권한과 책임이 부여된 지위를 말한다.
2. '직무'라 함은 직책 또는 직위에 부여된 일정한 범위의 업무를 말한다.
3. '직급'이라 함은 해당 직무수행능력을 갖춘 자에게 부여되는 자격을 말한다.
4. '직위'라 함은 직급에 부여된 지위(호칭)를 말한다.

제6조(부서의 장) 회사는 본부에 본부장, 실에 실장, 센터에 센터장, 소에 소장, 팀에 팀장을 둔다. 다만, 부서의 규모 및 성격 등에 따라 부서의 장 아래 사무국장, 파트장, 매니저, 반장을 둘 수 있다.

제12조(직급 및 직위) 직원은 직급에 따라 다음과 같이 직위를 부여받는다.

직급	1급	2급	3급	4급	5급	6급	7급	8급
직위	선임 부장	부장	차장	과장	대리	주임	사원	

제12조의2(직책) ① 회사의 직책은 본부장, 실장, 센터장, 소장, 팀장, 사무국장, 파트장, 매니저, 반장으로 하며, 직제의 순서는 동일한 순서로 한다.

② 본부장은 1급 이상, 실장, 센터장, 소장, 팀장, 사무국장은 2급 이상, 파트장, 매니저는 3급 이상, 반장은 4급 이상 직원 중에서 사장이 임명한다.

제14조(직무의 대행) ① 각 부서장의 사고 시에는 직제의 순서에 따라 같은 부서에서 가장 가까운 차하위 직책자를 직무대행자로 선임하여 그 직무를 대행하게 한다.

② '사고'라 함은 전보, 퇴직, 해임 또는 임기만료 등으로 후임자가 임명될 때까지 해당 직책이 공석인 경우와 휴가, 출장 또는 결원 보충이 없는 휴직 등으로 인하여 일시적으로 직무를 수행할 수 없는 경우를 말한다.

30 주어진 자료에 대한 해석으로 옳지 않은 것은?

① 사무국장은 부서의 장이 아니다.
② 차장 직위는 반장으로 임명될 수 있다.
③ 부장 직위는 본부장으로 임명될 수 없다.
④ 직급이 높아져도 직위는 변하지 않을 수 있다.
⑤ 실장이 휴가 중인 경우, 휴가는 사고가 아니므로 실장의 직무대행자를 선임할 필요가 없다.

31 다음 〈보기〉 중 직책 및 직위가 잘못 편성된 부서만을 모두 고르면?

보기

㉠

A본부	직책	본부장	사무국장	반장	-
	직위	선임부장	차장	과장	주임

㉡

B실	직책	실장	파트장	매니저	반장
	직위	부장	부장	차장	과장

㉢

C팀	직책	팀장	파트장	매니저	반장
	직위	부장	차장	과장	대리

① ㉠ ② ㉡ ③ ㉢
④ ㉠, ㉢ ⑤ ㉡, ㉢

[32~33] 다음 자료를 읽고 질문에 답하시오.

A와 B 두 사람은 '숫자야구'라는 게임을 하고 있다. 숫자야구의 게임 규칙은 다음과 같다.

규칙

- A가 자신이 생각한 세 자리 자연수를 적는다. B는 이 숫자를 보지 않은 상태에서 세 자리 자연수를 맞혀야 한다.
- 각 자리의 수는 1~9 중 하나이며, 중복된 숫자를 적을 수는 없다.
- B는 자신이 추측한 세 자리 자연수를 부르며, A는 이에 따른 대답을 해야 한다.
- A가 미리 적은 숫자가 아닐 경우, A는 아래와 같이 strike와 ball을 알려준다.
  - B가 부른 숫자 중 A가 적지 않은 숫자의 개수만큼 strike라 한다.
  - B가 부른 숫자 중 A가 적은 숫자에는 존재하지만 자릿수가 다른 숫자의 개수만큼 ball이라 한다.

〈A가 적은 숫자가 128일 때, B가 부른 숫자에 대한 A의 대답 예시〉

B가 부른 숫자	A의 대답
543	3 strike
279	2 strike 1 ball
162	1 strike 1 ball
821	2 ball

32 다음 〈보기〉 중 A의 대답으로 가능한 것만을 모두 고르면?

보기

㉠ 1 ball　㉡ 3 ball
㉢ 1 strike　㉣ 2 strike 2 ball

① ㉢　② ㉠, ㉡　③ ㉡, ㉢
④ ㉢, ㉣　⑤ ㉠, ㉡, ㉣

33 A가 숫자를 적은 후 B가 부른 숫자에 대한 A의 대답이 아래 〈조건〉과 같았다. 이때, A가 적은 숫자로 가능한 것은?

조건

- 159 → 2 strike 1 ball
- 417 → 3 strike
- 538 → 2 strike 1 ball
- 265 → 2 strike 1 ball

① 329　② 593　③ 693
④ 926　⑤ 928

[34~36] 다음 자료를 읽고 질문에 답하시오.

○○건강 홈페이지에서는 시스템의 주요 오류 상황에 대해 다음과 같은 HTTP 상태 코드를 정의하고 있다.

오류 상황	HTTP 상태 코드
회원 정보 없음	404 Not Found
계정 정보 불일치	401 Unauthorized
요청 오류	400 Bad Request
재고 부족	409 Conflict
권한 없음	403 Forbidden
필수값 유효성 검사 실패	422 Unprocessable

일반적으로 회원 정보가 없는 경우(404 Not Found)를 반환하는 경우의 파이썬 코드 일부를 예로 들면 다음과 같다. 먼저 클라이언트가 보낸 데이터를 읽어야 하며 코드는 아래와 같이 나타낼 수 있다.

```
data = request.json
username = data.get("username")
password = data.get("password")
```

클라이언트가 보낸 데이터는 request 객체를 통해 읽을 수 있다. username=data.get ("username")이란 사용자 입력 데이터에서 username 값을 가져온다는 의미이고, password=data.get ("password")란 사용자 입력 데이터에서 password 값을 가져온다는 의미이다. 이제 받은 데이터를 검증하는 코드를 작성한다. 예를 들어, 로그인 정보가 맞는지 확인하는 조건문을 작성한다.

```
if username not in users or users[username] != password:
    return jsonify({"error": "회원 정보가 없습니다."}), 404
return jsonify({"message": "로그인 성공"}), 200
```

users란 username을 키로, 해당하는 password를 값으로 하는 딕셔너리를 말한다. if는 조건문을 시작한다는 키워드로, 뒤에 이어지는 조건이 참일 경우 해당 코드 블록이 시작된다. not in은 값이 리스트나 딕셔너리에 없으면 참을 반환하는 연산자이다. 따라서 username not in users란 username이 users 딕셔너리 안에 존재하는지 확인하는 조건이다. users[username] != password에서 users[username]은 딕셔너리 users에서 username 이라는 키에 해당하는 값인 비밀번호를 반환하는 방법이며, !=는 두 값이 같지 않을 때 참을 반환하는 연산자이다. 따라서 두 번째 조건은 사용자가 입력한 password가 일치하는지 확인하는 조건이다. or 연산자는 두 가지 조건 중 하나라도 참이면 전체 조건이 참이 되는 논리연산자이다. 따라서 첫 번째 조건과 두 번째 조건 중 하나라도 참인 경우 전체 조건이 참이 된다. if 뒤의 조건이 참인 경우 해당 코드 블록의 jsonify() 안에 정의된 에러 메시지를 클라이언트에게 반환한다. 404란 HTTP 상태코드 404 Not Found를 반환한다는 의미이다. 한편, 조건이 거짓인 경우에는 if로 시작하는 해당 블록을 건너뛰고 그다음 코드를 실행하여 "로그인 성공" 메시지와 HTTP 상태 코드 200을 반환한다.

* jsonify란 파이썬 딕셔너리나 리스트 데이터를 json(서버에서 클라이언트로 데이터를 보낼 때 사용하는 양식)형식으로 변환하여 HTTP 응답으로 반환하는 함수를 말한다.

다음은 ○○건강 홈페이지 시스템에서 오류를 처리하는 코드의 일부이다. 여기서 users는 username을 키로, password를 값으로 하는 딕셔너리이며, inventory는 product(제품명)을 키로, 그 제품의 quantity(수량)를 값으로 하는 딕셔너리이다. (단, not은 논리 부정 연산자로, 값이 거짓이면 참을 반환하고 값이 참이면 거짓을 반환하며, 무응답(빈칸)의 경우 거짓으로 본다.)

```
data = request.json
username = data.get("username")
password = data.get("password")

if username not in users:
    return jsonify({"error": "등록된 아이디가 없습니다."}), 404
if users[username] != password:
    return jsonify({"error": "계정을 확인해주세요."}), ____㉠____

return jsonify({"message": "로그인 성공!"}), 200

product = data.get("product")
quantity = data.get("quantity")

if not product or not quantity:
    return jsonify({"error": "null"}), 422
if quantity <= 0:
    return jsonify({"error": "error"}), 400
if inventory[product] < quantity:
    return jsonify({"error": "stock error"}), 409

return jsonify({"message": "주문이 성공적으로 처리되었습니다."}), 200
```

34 **다음 중 사용자 로그인 처리와 관련된 추론으로 적절하지 않은 것은?**

① 밑줄 친 ㉠에 들어갈 내용은 401이다.
② 첫 번째 if로 시작하는 조건문이 거짓인 경우 “등록된 아이디가 없습니다.” 메시지가 뜬다.
③ 하나의 조건문이라도 참인 경우 “로그인 성공!” 메시지가 뜨지 않는다.
④ 두 번째 if 조건문이 참이 되기 위해서는 사용자가 입력한 password와 username에 저장된 password가 불일치해야 한다.
⑤ users 딕셔너리의 username에 ABC가 키로 존재하지 않는 경우, 아이디란에 ABC를 입력하면 404 에러 메시지가 뜬다.

35 **사용자가 “비타민C” 제품을 주문하면서 수량을 미지정한 경우 HTTP 상태코드로 옳은 것은?**

① 401 Unauthorized ② 404 Not Found ③ 400 Bad Request
④ 409 Conflict ⑤ 422 Unprocessable

36 **다음 중 사용자에게 “error” 텍스트가 포함된 에러 메시지가 실행되는 경우로 옳은 것은?**

① 사용자가 비밀번호를 잘못 입력한 경우
② 사용자가 주문할 제품을 선택하지 않은 경우
③ 사용자가 품절인 제품을 구매요청한 경우
④ 사용자가 비회원으로 제품을 구매요청한 경우
⑤ 사용자가 구매하려는 제품의 수량이 재고보다 적은 경우

[37~39] 다음 자료를 읽고 질문에 답하시오.

공개키 암호 기술은 비대칭 암호화 방식으로, 데이터의 암호화와 복호화에 서로 다른 두 개의 키를 사용한다. 이 기술은 오늘날 인터넷 보안의 핵심으로, 우리가 웹사이트에 로그인하거나 온라인 거래를 할 때에 사용되고 있다.

비대칭 암호화 방식에서는 공개키와 개인키 두 개의 키를 사용한다. 공개키는 누구나 볼 수 있도록 공개된 키로, 데이터를 암호화할 때 사용한다. 개인키는 데이터 소유자만 알고 있는 비밀키로, 암호화된 데이터를 복호화할 때 사용한다.

RSA(Rivest-Shamir-Adleman)란 공개키 암호화 알고리즘의 일종으로, 1977년 Ron Rivest, Adi Shamir, Leonard Adleman 세 명의 학자에 의해 개발되었다. RSA는 적당히 큰 소수 두 개를 곱하는 것은 쉽지만 이를 소인수분해하는 것은 계산적으로 매우 어렵다는 점에 착안하였다.

키 생성이란 공개키와 개인키를 연산하는 절차로, 생성 과정은 다음과 같다. 먼저, 두 개의 큰 소수 p와 q를 선택한 후 두 소수를 곱하여 n을 계산한다. 이때 두 소수는 서로 다른 숫자여야 하며 충분히 큰 숫자여야 한다. 만일 p가 947이고 q가 761인 경우 n=720,667로, 쉽게 계산이 가능하다. 하지만 720,667이라는 숫자를 통해 곱해진 두 소수를 구하는 것은 쉽지 않다. 이것이 RSA 암호화의 핵심 개념이다. 이때 n은 공개키와 개인키의 공통 요소이다. 이제 $\phi(n)=(p-1)(q-1)$로 표현하는 오일러 함수의 값과 서로소(두 수의 공약수가 1뿐인 관계)인 더 작은 정수 e를 선택한다. 이때 e는 공개키의 일부가 된다. 마지막으로 '$e \times d \equiv 1$ Mod* $\phi(n)$'*을 만족하는 정수 d를 계산한다. 이때 d는 개인키의 일부이다. 이에 따라 공개키는 (e, n)이 되고, 개인키는 (d, n)이 된다.

p=3, q=11인 경우를 예로 들어보자. 이때 n=33이고, $\phi(n)=20$이다. e는 3을 선택할 수 있다. 마지막으로 '$e \times d \equiv 1$ Mod $\phi(n)$'을 만족하는 d를 구하기 위해 각 값을 대입해 보면 $3 \times d \equiv 1$ Mod 20이고, 이를 만족하는 d=7이 된다. 따라서 공개키는 (3, 33), 개인키는 (7, 33)으로 나타낼 수 있다.

이제 메시지의 송신자는 공개키와 개인키 쌍을 생성한 뒤 공개키를 배포한다. 수신자는 송신자의 공개키를 이용하여 메시지를 암호화하고 수신자의 개인키로 암호문을 복호화하여 받은 메시지를 읽는다. 암호화 시에는 메시지 M을 $C=M^e$ Mod n으로 처리하여 암호문 C를 생성하고 복호화 시에는 암호문 C를 개인키 d를 사용하여 $M=C^d$ Mod n으로 처리하여 원래 메시지 M으로 복원한다.

* Mod란 modulo operation의 약자로, 한 수를 다른 수로 나누고 남은 나머지 값을 의미한다. 예를 들어 10 Mod 3 = 1로 나타낼 수 있으며, 이는 10을 3으로 나눈 나머지가 1이라는 의미이다. $a \equiv b$ Mod m이라는 식은 a를 m으로 나눈 나머지와 b를 m으로 나눈 나머지가 같다는 의미이다.

37 주어진 자료를 참고할 때, RSA에 대한 이해로 적절한 내용을 모두 고르면?

ㄱ. n은 공개적으로 알려져도 보안에는 문제가 없다.
ㄴ. p와 q의 크기가 클수록 공개키 e의 선택폭이 넓어진다.
ㄷ. $\phi(n)$의 값은 n을 알고 있다면 쉽게 계산할 수 있다.
ㄹ. p와 q의 값이 너무 작을 경우 그 값을 알아내기가 쉬울 것이다.

① ㄴ, ㄷ ② ㄴ, ㄹ ③ ㄷ, ㄹ
④ ㄱ, ㄴ, ㄹ ⑤ ㄴ, ㄷ, ㄹ

38 주어진 자료와 다음 내용을 참고하여 추론한 내용으로 옳지 않은 것은?

X와 Y는 RSA 암호화를 통해 메시지를 주고받고 있다.

$$p=5,\ q=7$$

위 내용은 X가 생성한 키 정보이다.

① $\phi(n)=24$이다.
② e=23은 유효한 공개키 값이다.
③ e=11일 때, 개인키는 d=11이다.
④ 공개키가 (5, 35)일 때 d=5가 개인키로 사용된다.
⑤ e=5이고, 메시지 M=2일 때, 암호문 C=35이다.

39 주어진 자료를 참고하여 다음 암호문을 복호화하여 원래의 메시지 M을 바르게 구한 것은?

X와 Y는 RSA 암호화를 통해 메시지를 주고받고 있다. X는 다음과 같은 키를 생성하여 메시지를 암호화했다.
– p=5, q=13
– 공개키 e=29
– 암호화된 메시지 C=3

① 36 ② 48 ③ 50
④ 58 ⑤ 65

40 다음 설명자료를 참고하여 아래의 사례에서 함수를 적용한 결과로 옳지 않은 것은?

COUPNUM 함수는 결산일과 만기일 사이의 이자 지급 횟수를 계산하는 함수입니다. COUPNUM 함수에 사용되는 인수는 COUPNUM(settlement, maturity, frequency, [basis])이며, 자세한 내용은 아래와 같습니다.

- 결산일(settlement): 유가증권의 결산일
- 만기일(maturity): 유가증권의 만기일
- 연간지급횟수(frequency): 연간 이자지급 횟수(1~4)
  - 값: 1(연간), 2(반년마다), 4(분기별)
- 일 수 기준(basis): 이자 계산 시 사용할 날짜 계산의 기준(한 달의 일수/연간 일수)
  - 값: 0 또는 생략[기본값](미국 기준 30/360), 1(실제/실제), 2(실제/360), 3(실제/365), 4(유럽 기준 30/360)

⚠ 주의사항

- settlement나 maturity가 유효한 날짜가 아니면 COUPNUM에서는 #VALUE! 오류 값이 반환됩니다.
- frequency가 1, 2, 4 이외의 수이면 COUPNUM에서는 #NUM! 오류 값이 반환됩니다.
- basis 〈 0 또는 basis 〉 4이면 COUPNUM에서는 #NUM! 오류 값이 반환됩니다.
- settlement ≥ maturity이면 COUPNUM에서는 #NUM! 오류 값이 반환됩니다.

K씨는 2021년부터 꾸준히 채권투자를 해오고 있다. K씨는 COUPNUM 함수를 이용하여 각 채권별 이자지급횟수를 계산하고자 아래와 같이 매수한 A~E 채권에 대한 정보를 정리하였다. 증권서를 확인해보니, 2022년 이전에 매수하여 결산한 채권은 모두 이자가 반년마다 지급되는 채권이었고, 2023년 이후에 매수하여 결산한 채권은 모두 이자가 분기별로 지급되는 채권이었다.

	A	B	C	D	E
1	구분	결산일	만기일	이자지급횟수	
2	A	2022-03-10	2023-06-30		
3	B	2021-05-16	2025-01-31		
4	C	2023-11-25	2023-10-31		
5	D	2024-01-01	2024-12-31		
6	E	2023-09-19	2027-06-31		
7					

① [D2]셀에 입력되어야 하는 함수는 =COUPNUM(B2, C2, 2)이다.
② [D3]셀에 =COUPNUM(B3, C3, 4, 0)이 입력된 경우 결괏값은 #NUM!이다.
③ [D4]셀에 =COUPNUM(B4, C4, 4, 0)이 입력된 경우 결괏값은 #NUM!이다.
④ [D5]셀에 =COUPNUM(B5, C5, 4, 0)이 입력된 경우 결괏값은 4이다.
⑤ [D6]셀에 =COUPNUM(B6, C6, 4, 0)이 입력된 경우 결괏값은 #VALUE!이다.

2회 Self Check List

	오답 수(개)	무응답 수(개)	풀이시간(분)
1회독	/ 40	/ 40	/ 75
2회독	/ 40	/ 40	/ 60
3회독	/ 40	/ 40	/ 45

MEMO

독끝

CHAPTER 03

실전모의고사 3회

영역 ❶ 의사소통능력

영역 ❷ 수리능력

영역 ❸ 문제해결능력

영역 ❹ 자원관리능력

영역 ❺ 정보능력

모의고사 정보

실전모의고사 3회는 5개 영역으로 이루어진 TYPE A로, IBK기업은행, NH농협은행, 신협중앙회 등의 출제 영역을 바탕으로 40문항을 구성한 모의고사입니다.

영역		출제 영역 대비 기업	문항 수	난이도별 구성	유형
NCS 직업기초 능력평가	의사소통능력	IBK기업은행, NH농협은행, 신협중앙회 등	40문항	●○○ 21문항 ●●○ 17문항 ●●● 2문항	객관식
	수리능력				
	문제해결능력				
	자원관리능력				
	정보능력				

권장 풀이 시간

다음의 회독수별 권장 풀이 시간에 맞춰 문제 풀이한 다음 실전모의고사 3회 40번 끝의 [Self Check List]를 기입하여 부족한 부분을 파악하세요!

권장 풀이 시간		
1회독 ▶ 75분	2회독 ▶ 60분	3회독 ▶ 45분

정답 및 해설 128p

01 다음 글을 읽고 이해한 내용으로 적절하지 않은 것은?

우리나라의 소비자물가조사는 1936년에 경성상공회의소에 의해 처음으로 실시되었다. 1945년 8월 하순부터는 이를 한국은행의 전신인 조선은행에서 인수하였으며, 1947년에는 「서울소매물가지수」를 1936년 기준 지수와 1945년 8월 기준 지수로 병행하여 작성·발표하였다. 1949년 4월에는 품목별 가중치를 처음으로 사용하여 1947년 기준의 「전국소매물가지수」를 발표하였다. 그 당시에는 상품만을 대상으로 편제한 지수였으며, 1955년 기준 「서울소비자물가지수」부터 서비스를 포함하는 소비자물가지수를 작성하기 시작하였다.

1965년부터는 전국의 주요 도시를 포함하는 「전도시소비자물가지수」를 경제기획원 조사통계국에서 작성하였으며, 1990년 12월부터는 경제기획원 조사통계국이 통계청으로 독립, 승격됨에 따라 통계청에서 소비자물가지수를 작성하여 공표하게 되었다.

소비자물가지수는 가구가 일상생활을 영위하는 데 사용하기 위해 취득 또는 구입하는 상품이나 서비스 가격의 평균적인 변동을 측정하는 지수로서 각종 상품과 서비스 가격의 변동을 종합적으로 나타낸다. 따라서 소비자물가지수는 가구에서의 소비 목적으로 구입하는 상품이나 서비스를 대상으로 그 가격 변동을 관찰하여 측정하므로 벌금 납부를 위한 지출액, 사업목적으로 구입하는 상품과 서비스 등은 소비자물가지수의 포괄범위에서 제외된다. 또한 소비자물가지수는 순수한 물가변동만을 측정하므로 소득수준의 증가에 따른 고급상품의 구입 등은 소비자물가지수에 반영되지 않는다.

소비자물가지수는 거시경제지표로서 가구부문 전체의 물가상승에 대한 평균적인 측정값을 제공하기 위하여 사용되기도 하고, 국민연금, 공무원연금 등의 사회보장수혜금과 임금을 조정하기 위해서도 사용된다. 또 우리나라의 주요 경제지표인 가계동향조사의 가계수지, 국민계정과 지역계정에서 가계의 최종소비지출, 소매판매액통계, 서비스업생산지수 등에서 현재의 금액을 과거 일정 시점 기준의 금액으로 환산하기 위한 디플레이터로 활용된다. 마지막으로, 경제 전 부문에 대한 총체적인 물가상승을 모니터링하는데 사용되기도 하고, 정부에서 공공요금을 조정하거나 재정 정책 및 통화정책, 무역정책 및 환율정책을 수립하고 평가하는 데 사용되기도 한다.

① 과거에는 은행에서 소비자물가조사를 실시하기도 하였다.

② 소비자물가지수에는 금융상품 등 자산투자를 위한 지출액은 포함되지 않을 것이다.

③ 소비자물가지수에는 가구원 수의 증가 등으로 인한 생활비의 추가지출이 반영될 것이다.

④ 「서울소비자물가지수」는 소비자물가지수에 편입되는 대상 항목이 「전국소매물가지수」에 비해 확대되었다.

⑤ 소비자물가지수는 가구부문 소비 물가의 평균적 변동을 측정할 뿐만 아니라 경제 전 부문의 전반적인 물가상승 측정지표가 된다.

02 다음 자료를 참고할 때, 아래 질의답변의 빈칸에 공통으로 들어갈 말로 가장 적절한 것은?

은퇴 시점에 따라 운용 가능한 타깃데이트펀드(TDF) 순자산이 15조 원을 돌파하며 급성장 중이다. TDF는 투자자 은퇴 시점을 '타깃데이트(목표 시점)'로 설정하고 연령대별로 맞춤형 자산관리를 해주는 펀드다. 퇴직연금, 개인연금 등 연금상품으로 운용된다. 젊은 시절에는 주식과 고수익 채권을 중심으로 자산 배분 전략을 펴 수익률을 높인다. 중장년 이후 은퇴 시기에 가까워지면 국채 비중을 높여 안정적인 수익을 추구하는 '글라이드 패스(Glide path)' 전략을 편다. 생애주기에 맞춰 주식, 채권 등 투자자산 비중을 알아서 조정해준다는 점이 주목받으며 큰 인기를 끌고 있다. 국내에서는 미국 증시를 중심으로 자산 배분 전략을 편 TDF가 대체로 좋은 성적을 냈다는 평가다.

TDF의 인기 비결 핵심은 '편리함'이다. TDF는 투자자가 설정한 은퇴 시점에 맞춰 자산 배분과 포트폴리오 조정이 자동적으로 이루어진다. TDF 상품에는 '2025', '2035', '2050' 등 네 자리 숫자가 붙는데 이것이 해당 상품의 타깃데이트이다.

예를 들어 60세에 은퇴할 계획이 있는 1980년생 직장인이라면 목표 시점은 1980에 60을 더한 '2040'이 된다. 이를 기준으로 자산을 축적해야 하는 시기에는 주식 등 위험자산 비중을 높게 가져가는 공격적인 투자로 수익률을 높이는데 주력한다. 은퇴 시점이 다가오면 채권같은 안전자산 비중을 높여 자산을 유지하는 데 힘을 쏟는다. 가입자는 처음 가입 당시 자신의 상황에 맞는 상품을 고르기만 하면 일일이 자산 포트폴리오를 조정해야 하는 번거로움을 덜 수 있다,

높은 수익률도 TDF 인기 요인 중 하나다. TDF는 글로벌 분산 투자로 하락장에서 손실폭을 최소화하면서 상승장에는 높은 수익을 낸다. 올 상반기 TDF 상품 평균 수익률은 13.6%로 퇴직연금 원리금 상품(4%)보다 월등히 높은 수익률을 냈다. 2018년 이후 연평균 수익률은 약 8%다.

고객: TDF 상품에 가입하고 싶은데, 상품이 너무 다양해서 어떤 기준으로 선택해야 할지 잘 모르겠습니다.

M증권사 직원: TDF는 나이가 들면서 위험자산인 주식 비중을 줄이는 '글라이드 패스'를 바탕으로 운용되는 펀드입니다. 따라서 가장 중요한 기준은 (　　)입니다. 하지만 같은 (　　)의 상품이라도 하더라도 글라이드 패스를 만드는 철학에 따라 주식 배분은 달라집니다.

① 수익률　② 운용사　③ 은퇴연도
④ 구성주식종목　⑤ 초기 주식비율

03 다음 글의 내용을 바르게 이해한 것은?

2019년 고위험 금융상품인 파생결합펀드(DLF) 불완전판매와 관련한 대규모 소비자 피해발생 등의 영향으로 금융소비자 보호 강화에 대한 사회적 공감대가 형성되면서 2021년 3월 25일부터 「금융소비자 보호에 관한 법률(이하 '금소법')」이 시행되었다.

금소법은 금융상품판매업자와 자문업자의 등록 및 영업행위 준수사항, 금융분쟁조정제도, 청약철회권 및 위법계약해지권 등 소비자 권리에 관한 사항을 규정하고 있다. 특히 금소법에서는 분쟁조정이 신청된 사건에 대하여 진행 중인 소송을 중지할 수 있는 소송중지제도, 소비자가 신청한 소액분쟁조정건에 대하여 분쟁조정 완료 시까지 금융회사의 소송제기를 금지하는 조정이탈금지제도를 마련하였다. 이외에도 금융상품판매업자등에 대한 금융 소비자의 자료열람요구권을 신설하고 금융상품 계약 체결 전 금융상품판매업자등의 상품설명의무 위반시 손해배상 입증책임을 금융상품판매업자등에게로 전환하는 등 금융소비자의 권리를 강화하였다.

금융분쟁조정제도란 금융소비자의 사후적 권익보호제도로서 금융소비자와 금융회사 등 이해관계인 사이에 금융업무 등과 관련하여 분쟁이 발생했을 때 금융감독원에 설치된 금융분쟁조정기구인 분쟁조정위원회가 분쟁을 조정함으로써 금융소비자의 피해를 구제하도록 마련된 제도이다.

금융소비자는 금융회사 등을 대상으로 분쟁이 발생하는 경우 조정신청의 원인 및 사실을 증명하는 자료 등을 기재한 분쟁조정신청서를 금융감독원에 제출하여 분쟁을 접수할 수 있다. 분쟁조정위원회는 안건이 회부된 날로부터 60일 이내에 이를 심의하여 조정결정을 하게 되며, 금융감독원장은 조정위원회의 조정안을 당사자에게 통보한다.

금소법 시행 이전에는 분쟁조정신청사건의 처리절차 진행 중에 금융회사가 소송을 제기하는 경우 조정절차가 중지되었던 것에 반해, 소송중지제도가 도입됨으로써 법원은 분쟁조정이 신청된 사건에 대하여 소송이 진행 중일 경우 조정이 있을 때까지 소송절차를 중지할 수 있게 되었다.

그리고 분쟁조정 과정에서 금융회사가 소송을 제기하여 조정을 회피하지 못하도록 일반 금융소비자가 신청한 소액(권리가액 2천만 원 이내) 분쟁사건의 조정절차가 개시된 경우에는 금융회사 등은 금융감독원으로부터 조정안을 제시받기 전까지 소송을 제기할 수 없다.

분쟁신청인과 관계 당사자는 조정안을 통보받은 후 수락여부를 결정할 수 있으며, 양 당사자가 모두 조정결정을 수락하는 경우에는 조정이 성립되고 재판상 화해와 동일한 효력을 가지게 되므로 다시 소송을 제기하여 다툴 수 없다. 또한 어느 일방이 조정결정 내용을 이행하지 않을 경우 별도의 소송절차 없이 조정서를 근거로 강제집행이 가능하다.

① 금융분쟁이 발생하여 조정신청이 접수되면 조정위원회는 안건 회부일로부터 60일 내에 심의하고, 조정위원회 위원장은 조정안을 당사자에게 통보하여야 한다.

② 금융소비자 보호에 관한 법률은 금융소비자의 권리를 사전적·사후적으로 보호하기 위한 근거로 작용한다.

③ 분쟁조정 절차를 거쳐 조정안을 통보받은 분쟁신청인이 조정결정을 수락하지 않더라도 다시 해당 분쟁에 대해 다시 소송을 제기하여 다툴 수 없다.

④ 금융소비자 보호에 관한 법률 시행 이후부터는 금융분쟁 사건에 대하여 소송의 제기와 분쟁조정의 신청이 함께 있는 경우 소송 절차가 우선한다.

⑤ 소비자가 권리가액 1,500만 원 상당의 소액 분쟁사건의 조정을 신청하였다면 조정절차의 개시여부와 무관하게 분쟁상대방인 금융회사 등은 소송을 제기할 수 없다.

04 다음 자료를 이해한 내용으로 적절하지 않은 것은?

㉠"투자를 통해 얻게 될 미래의 수익(FV)은 투자원금(PV)을 얼마의 수익률(R)로 얼마 동안(n) 운용하느냐에 따라 달라진다"는 투자 공식이 있다.

$$FV = PV \times (1+R)n$$

급여생활자가 별도의 재테크로 수입 외에 열심히 모아둔 종잣돈이 있다면 현재 수입의 한계를 극복하고 자산을 획기적으로 늘릴 수 있는 기회를 잡을 수 있다. 종잣돈을 만든 이후에는 복리효과를 기대하고 물가상승률 이상의 수익률을 기대해야 한다. 다만 기대수익이 크면 위험도 크므로 투자기간을 정하는 것이 필요하다. 이에 따라 기대수익, 위험, 투자기간 등을 알려주는 다음의 3가지 법칙을 알아둘 필요가 있다.

- 목표를 2배로 만들어주는 ㉡'72법칙'
  돈의 속성상 시간이 흐르면 물가상승 등으로 인해 가치가 떨어지므로 인플레이션을 이기기 위해서는 복리로 투자해야 한다. 복리로 투자해 목표를 2배로 만들어주는 '72법칙'이 있다. 이는 자신이 가진 돈을 몇 %의 수익률로, 얼마의 기간을 투자하면 2배로 만들 수 있는지 알려주는 법칙이다.
  원금이 2배가 되는 데 걸리는 기간(년)=72/(수익률×100)
  예를 들어 1천만 원의 돈을 수익률 8%의 복리로 투자하면 9(72/8)년 만에 원금의 2배인 2천만 원으로 만들 수 있다. 12%의 수익률이면 돈이 2배로 불어나는데 6(72/12)년이 걸린다. 즉, 돈을 벌고 싶으면 수익률을 높여야 하고, 가능한 길게 투자해야 한다.
- 기대수익을 갉아먹는 ㉢'−50+100법칙'
  높은 수익에는 항상 손실 위험이 도사리고 있다. '−50+100법칙'은 투자한 자본의 절반을 잃었을 때 본전으로 돌아오기 위해서는 돈을 2배로 불려야 하는 노력과 시간이 걸리고, 그동안에 기회손실이 너무 크다는 것을 의미한다. A주식에 1천만 원을 투자했는데 온갖 악재로 간신히 50%만 건졌다면 이때의 수익률은 -50%다. 남은 500만 원으로 아주 좋은 종목에 투자해서 50%의 수익률을 봤다고 하더라도 원금은 750만 원에 불과하다. 처음의 원금으로 만들고자 하면 무려 100%의 수익을 올려야만 한다.
- 투자수익을 결정하는 ㉣'80:20법칙'
  파레토 법칙처럼 투자수익의 80%는 20%의 투자상품에서 나온다고 할 수 있다. 주식 10종목을 투자했을 경우 2종목 정도만 수익을 내고 나머지는 수익이 없거나 손실이 발생할 수 있다는 것이다. 한마디로 이 법칙은 '전체결과의 80%는 전체원인의 20%에서 비롯된다'는 것이다. 따라서 최소의 노력으로 최대의 효과를 내려면 핵심원인인 20%에 집중해 80%의 최대결과를 내야 한다.

① ㉠은 투자원금이 중요하고, 투자원금이 적으면 장기간 투자하더라도 성과가 미미할 수 있음을 시사한다.
② ㉡을 통해 수익률이 2배로 높아진다면 원금이 2배로 늘어나는 데 걸리는 기간은 절반으로 단축된다는 점을 추론할 수 있다.
③ ㉡을 활용하여 5년을 들여 현재의 돈을 2배로 만들고자 할 때 필요한 이율을 구하면 14.4%이다.
④ ㉢은 금세기 최고의 투자자로 불리는 워런 버핏이 투자를 할 때 누차 강조했던 "첫째, 절대로 손해를 보지 말 것, 둘째, 이 원칙을 지킬 것"이라는 말과 일맥상통한다고 볼 수 있다.
⑤ ㉣은 전체 수익은 전체 투자처의 20%에서 창출되므로 다양한 투자분야에 분산투자하여 투자액의 20%로부터 얻는 수익을 극대화할 필요가 있다는 점을 강조한다.

[05~07] 다음 글을 읽고 질문에 답하시오.

(가) 채권은 '채무 증권'의 줄임말로, 쉽게 말해 '돈을 빌려주고 다시 받을 수 있는 권리증서'다. 예를 들어 A가 B에게 돈을 빌리면 A는 빌린 돈을 갚아야 할 의무가 생기고, 이때 A는 채무자, B는 채권자가 된다. 채권자는 돈을 돌려받을 권리, 즉 채권을 갖는다.

(나) 기업이 자금을 조달하려면 채권을 발행하면 된다. 예컨대 ○○기업이 자금이 필요하면 채권을 발행해 투자자에게 팔고 자금을 얻는다. 마찬가지로, 인천광역시가 돈이 필요하면 인천광역시 채권을, 정부가 필요하면 국채를 발행한다. 기업이 발행한 채권은 '회사채', 지방자치단체가 발행하면 '지방채', 공익법인이 발행한 채권은 '특수채'라 부르며, 정부가 발행한 채권은 '국채'다. 지방채와 특수채를 합쳐 '공채', 공채와 국채를 함께 묶어 '국공채'라고 한다. 채권을 가진 사람이 만기일에 채무자에게 채권을 제시하면 이자와 원금을 돌려받을 수 있다.

(다) 채권의 주요한 특징으로 주식처럼 시장에서 자유롭게 거래된다는 점을 들 수 있다. 예를 들어 100만 원을 빌려주고 만기 시 103만 원을 받을 수 있는 채권이 있다고 해보자. 만기까지 기다려 103만 원을 받을 수도 있겠지만, 만기 전에 100만 원과 103만 원 사이의 가격에 누군가에게 채권을 팔아 매매차익을 얻을 수도 있다. 채권을 산 사람은 만기까지 기다리면 103만 원을 받아 나름의 이익을 챙길 수 있다.

(라) 채권은 자유롭게 거래되므로 가격이 존재하며, 그 가격은 변동될 수 있다. 예를 들어보자. 2020년 8월에 발행된 A채권은 5년 만기이며, 10,000원짜리 채권을 사면 5년 후에 10,500원을 돌려준다(연간 단리 1%). 그런데 2년이 지난 2022년 8월에 금리가 인상되었고, 그 후에 발행된 같은 조건(금리 제외)의 B채권은 10,000원짜리 채권을 사면 5년 후 만기 때 11,500원을 돌려준다(연간 단리 3%). 2022년 8월 시점에서 A채권은 3년 뒤에 500원, 연간 약 167원의 이익이 발생하는 상품이고 B채권은 5년 뒤에 1,500원, 연간 300원의 이익이 발생하는 상품이므로 연간 발생하는 이익 기준으로 보았을 때 B채권이 더 매력적이다. A채권은 상대적으로 매력도가 떨어지므로 투자자들이 A채권을 찾지 않아 가격이 하락한다. 결국 A채권의 가격이 10,000원에서 9,600원까지 떨어지면 3년 뒤에 10,500원을 돌려받게 되면서 3년 동안 900원, 즉 연간 300원의 이익이 발생하는 상품이 되어 B채권과 매력도가 동등해진다. 금리 인상으로 인해 10,000원이었던 채권 가격이 9,600원 수준으로 낮아진 것이다. 이런 원리로 인해 채권의 가격이 변하며, 그 방향성은 금리와 반대다.

(마) 2024년 11월 기준 국채금리는 3%대 초반에 불과하지만 회사채는 6~10%의 금리를 주는 경우도 있다. 회사채의 금리가 더 높아 더 높은 수익률을 기대할 수 있음에도 국채에 투자하는 투자자가 있는 이유가 바로 '안정성'이다. 국채는 채무불이행 가능성이 0에 가깝지만, 회사채는 회사가 부도나면 돈을 돌려받을 수 없는 경우도 생길 수 있다. 높은 수익률에는 높은 위험이 따르는 법이다. 따라서 안정성을 중시하는 투자자는 국채에, 위험을 감수하더라도 수익성을 중시하는 투자자는 회사채에 투자하는 경향이 있다.

05 **주어진 글에 대한 이해로 옳지 않은 것은?**

① 채권은 발행 주체에 따라 구분이 된다.
② 채무자가 채권자에게 돈을 갚아야 한다.
③ 국공채에는 국채, 지방채, 특수채가 포함된다.
④ 채권이 발행된 후에 금리가 인상된다면, 기발행된 채권의 가격은 하락할 것이다.
⑤ 국채는 수익률과 안정성 두 가지 측면에서 회사채보다 우월하여 많은 투자자가 선호하는 상품이다.

06 **주어진 글의 흐름상 다음 〈보기〉의 문단을 삽입하기에 가장 적절한 위치는?**

보기

채권 가격이 변한다면 어떤 채권에 투자해야 안전할까? 바로 정부가 발행한 채권이다. 실제로 국채는 100% 상환된다고 보기 때문에 위험가중자산 지표가 0이다. 매우 안전하다는 뜻이다. 당연히 100% 갚을 채무자는 이자를 조금 주고도 채권을 발행할 수 있고, 갚을 가능성이 낮은 채무자는 상환 리스크가 높은 만큼 이자를 많이 주어야 채권을 발행할 수 있을 것이다. 그래서 대체로 국공채보다는 회사채의 금리가 높고, 회사채 중에서도 더 위험한 회사의 채권 금리가 더 높다.

① (가)와 (나) 사이
② (나)와 (다) 사이
③ (다)와 (라) 사이
④ (라)와 (마) 사이
⑤ (마) 다음

07 **다음 〈표〉에서 제시된 내용 외에 C채권과 D채권의 모든 조건이 동일할 때, C채권의 현재 가격으로 적절한 값은? (단, C채권과 D채권의 현재 가격 결정 원리는 주어진 글의 (라) 문단에서 소개한 내용과 동일하다고 가정한다.)**

〈표〉 C채권과 D채권의 정보

구분	현재 가격	만기일의 원리금	남은 만기
C채권	(　　)	12,000원	5년
D채권	10,000원	12,000원	10년

① 8,000원
② 9,000원
③ 10,000원
④ 11,000원
⑤ 12,000원

[08~09] 다음 자료를 읽고 질문에 답하시오.

금융은 가계·기업·정부의 경제 활동에 필수적인 '자본의 효율적 배분과 위험 관리'를 통해 경제의 중추적 역할을 수행한다. 개별 금융기관이나 금융 시스템의 불안정성은 심각한 경제적·사회적 파급 효과를 초래할 수 있는 만큼 이들의 건전성과 안정성 확보, 그리고 소비자 보호의 필요성 측면에서 국내에서도 다양한 규제가 도입되고 있다,

한편 금융의 기능과 역할이 갈수록 복잡해지고 확대됨에 따라 내부자 거래, 회계 부정, 자금 세탁, 불법 자금 거래, 금융 사기, 정보 유출 등 크고 작은 사건·사고가 끊이지 않고 있으며 위 규제 강화의 흐름 속에서 윤리의 역할도 지속적으로 강조되고 있다.

사람들 간의 행동을 규정하는 규칙의 체계인 윤리 문제를 다루기 위해서는 윤리적인 문제가 무엇인지 인식하고 그 결과를 적용시키는 과정이 중요한데, 특히 기업 윤리에서는 어떤 결론에 도달했는지뿐만 아니라 어떻게 그 결론에 도달했는지에 대한 추론 과정이 매우 중요하다. 윤리 철학은 이러한 추론 과정에서 옳고 그름을 판단하는 기준으로서 규범 접근법, 기술 접근법, 문화/제도적 관점 등을 제시한다.

규범 접근법은 철학의 윤리 이론에서 도출된 방법론으로, 윤리와 관련된 선택에 대해 주의 깊게 생각하고 윤리적으로 '옳은' 결정을 내리기 원하는 '양심적인 도덕 행위자'라면 어떤 결정을 내려야 할지 도움을 주는 의사 결정 도구를 제공한다. 규범 접근법은 결과론적 접근법, 의무론적 접근법, 덕윤리 중심 접근법 등으로 구분된다.

결과론적 접근법은 행위의 잘잘못을 그 행위가 초래하는 결과에 기초해서 판단하는 방법론을 말한다. 대표적인 결과주의 이론인 공리주의는 흔히 '최대 다수의 최대 행복 추구'로 잘 알려져 있으며, 실천적 측면에서 어떤 행동이 가능한 한 많은 사람에게 최대의 이익이 돌아가도록 해야 한다는 행위 지침으로서 간단명료하다는 장점이 있으나 사회적 이익의 총량 증대만 강조할 경우 목적이 수단을 정당화하거나, 비도덕적으로 보일 수 있는 많은 행위를 정당화하는 부작용도 존재한다.

의무론적 접근법은 행위의 결과와 무관하게 행위에 대한 도덕적 책무와 의무를 중시하는 방법론이다. 이 접근법은 보다 넓고 추상적이며 보편적인 윤리 원칙(정직함, 공정성, 정의 등)에 기초해 무엇이 옳은지 결정하는 방법론으로, 대표적으로 칸트주의가 있다. 칸트는 정언명령이라는 개념을 통해 어떤 조건이나 결과에 상관없이 행위 자체가 선하므로 절대적, 의무적으로 행할 것이 요구되는 법칙을 제시하였다. 이러한 접근법에서는 의무 사이에 대립이 있을 때 충돌을 어떻게 해소할 것인가 하는 문제가 발생할 수 있는데, 이는 윤리적 딜레마에 직면했을 때 어떤 의무·권리 또는 원칙이 우선하는지 결정하기가 어렵기 때문이다.

덕 윤리 중심 접근법은 철학자 아리스토텔레스에 의해 체계화된 방법론으로, 결정이나 행위 자체보다 행위자의 도덕적·성격적 특징, 즉 행위자의 올곧음을 중시하여 성품과 덕을 강조하며 좋은 사람이 되는 것을 목표로 하는 접근법이다. 이 관점은 높은 윤리적 행동 기준이 요구되는 전문가 집단에 특히 유용한 것으로 알려져 있으며, 일반적으로 널리 알려져 있는 '공개 규칙'의 기반이 된다. 공개 규칙은 "당신의 행동이 신문에 기사화된다면 당신은 어떻게 하겠는가"라는 질문을 통해 윤리적 판단을 내리도록 도와주는 방법론을 말한다. 이는 대부분의 상황에 적용되는 집단의 대응 기준이 있고, 그에 소속된 사람들은 직관적으로 그 기준이 무엇인지 알고 있다고 가정하는데, 특히 신속한 의사결정이 요구되는 상황에서 효과적인 방법론으로 널리 활용되고 있다.

08 주어진 자료를 바탕으로 하여 추론한 내용으로 적절하지 않은 것은?

① 국내에서 금융 관련 규제의 강화 및 금융기관과 금융인에게 엄중한 윤리적 기준이 강조되고 있는 것은 각종 금융 사건·사고가 신뢰를 기반으로 하는 금융에 대한 사회적 불신을 키울 수 있다는 점을 전제로 하여 사회적 요구가 반영된 결과로 볼 수 있다.

② 결과론적 접근법에서는 다수의 이익을 명분으로 소수 집단의 권리가 쉽게 희생될 수 있을 것이다.

③ 의무론적 접근법에서 정언 명령이 보편적인 도덕 법칙을 제시한다고 하더라도, 어떤 정언 명령이 우선 순위인지 결정하기 어려우므로 윤리적 딜레마를 해결하기 어려울 수 있다.

④ 공개 규칙은 개인의 판단을 넘어서서 보다 넓은 공동체의 기준에 기초하여 윤리적인 판단을 하도록 돕는 방법론으로 볼 수 있다.

⑤ 덕 윤리 중심 접근법은 윤리적인 의사판단에 규칙을 적용하여 그 규칙에 부합하는 행위를 옳은 행위로 본다는 점에서 행위의 옳고 그름에 대한 빠른 판단이 가능할 것이다.

09 주어진 자료의 내용을 다음의 사례에 적용하여 판단한 것으로 적절하지 않은 것을 모두 고르면?

> 2008년 미국의 서브프라임 모기지로 인해 발생한 금융위기는 저금리 상황에서 시중의 풍부한 유동성으로 부동산 가격이 상승한 가운데 기저에 잠재된 비윤리적 행위가 위기를 촉발했다는 지적이 제기되었다. 금융위기 당시 소득·직업·자산이 없어도 심사 과정에서 별다른 서류 없이 연봉만 밝히면 대출이 승인되는 닌자대출(NINJA loan; No Job or Asset loan)이 취급되었고, 월가 투자은행들은 위험한 모기지를 묶어 안전한 금융상품을 만들었다며 무분별하게 판매하기도 하였다. 신용평가사들 역시 MBS(Mortgage Backed Securities) 파생상품의 리스크를 철저히 평가하지 않고 과도한 신용등급을 부여하였다. 위기의 상황에서 탐욕스러운 금융회사에 대한 처벌은 제대로 이루어지지 않았고, 미국 납세자들의 공적자금을 지원받아 기사회생했다. 금융회사 및 연방은 이러한 조치가 공리주의적 관점에서 옳다고 주장하였다. 2008년 금융위기 이후 미국에서는 도드-프랭크법(Dodd-Frank Act)이 제정되는 등 금융에 더욱 엄격한 투명성과 책임을 요구하는 규제가 도입되었다.

ㄱ. 의무론적 접근법에 따라 윤리적 판단을 한다면 위험한 파생상품에 대한 책임감, 정직, 고객에 대한 투명성 등의 관점에서의 접근이 이루어질 것이다.
ㄴ. 덕 윤리 중심 접근법에 따른 윤리적 판단을 위해서는 위험한 모기지나 MBS가 다수의 이해관계자들에게 미칠 수 있는 잠재적 피해에 보다 주의를 집중하여야 할 것이다.
ㄷ. 금융위기 당시 금융회사에 지원된 공적자금이 공리주의적 관점에서 옳다는 주장에 대하여 결과적으로 금융위기의 책임은 금융회사가 아닌 공적자금을 지원해준 납세자에게 전가되었다는 점에서 더 많은 국민이 행복해지지 않았다는 점을 들어 반박할 수 있다.
ㄹ. 금융위기가 촉발될 시점에 파생상품의 오용 및 무자격자에 대한 부실한 대출 관행이 행해졌다는 점에서 금융회사들의 비윤리적인 행위에 대한 정부의 강력한 규제의 필요성을 도출할 수 있다.

① ㄴ　　② ㄹ　　③ ㄱ, ㄷ
④ ㄴ, ㄷ　　⑤ ㄴ, ㄹ

10 다음 〈조건〉과 같은 상황에서 A가 9월 한 달간 주말에 추가로 근무한 날은 며칠인지 고르면?

조건

- A는 9월 한 달간 프로젝트 마감을 위하여 주중과 주말을 합쳐 15일 동안 추가 근무를 하였다.
- 주중에 추가 근무한 경우 하루에 2시간, 주말에 추가 근무한 경우 하루에 6시간 근무하였다.
- 주중 추가 근무 수당은 시간당 2만 원, 주말 추가 근무 수당은 시간당 3만 원이다.
- 9월 한 달간 A가 받은 추가 근무 수당의 총합은 144만 원이었다.

① 5일 ② 6일 ③ 7일
④ 8일 ⑤ 9일

11 다음 〈조건〉과 같은 상황에서 A와 B가 함께 프로젝트를 진행할 경우 끝마치는 데 걸리는 기간은?

조건

- A 혼자 프로젝트를 진행할 경우 끝마치는 데 30일이 걸린다.
- B 혼자 프로젝트를 진행할 때는 A 혼자 진행할 때보다 2배 빠르게 진행한다.
- A와 B가 함께 프로젝트를 진행할 경우 시너지 효과로 인해 끝마치는 데 걸리는 시간이 20% 단축된다.

① 6일 ② 7일 ③ 8일
④ 9일 ⑤ 10일

12 1년 이자율이 4%인 복리 예금상품에 1,000만 원을 예치하였다. 1년 후에는 원금과 함께 이자를 돌려받는데, 이자소득세 15.4%는 세금으로 징수되고 나머지 이자만을 돌려받는다. 이때, 원금 대비 세후 이자 수익률은 얼마인가?

① 3.12%
② 3.384%
③ 3.514%
④ 3.74%
⑤ 3.924%

13 다음 〈표〉는 국가별 미국 달러 대비 통화 가치를 나타낸 자료다. 한화로 56만 원인 카메라의 가격을 각국의 통화로 변환했을 때, 올바르게 변환한 것을 〈보기〉에서 모두 고른 것은?

〈표〉 국가별 미국 달러 대비 통화 가치

국가	한국	중국	일본	베트남
환율	1,400원/달러	7.2위안/달러	150엔/달러	26,000동/달러

보기

㉠ 중국: 2,880위안
㉡ 일본: 50,000엔
㉢ 베트남: 1,040,000동
㉣ 미국: 400달러

① ㉠, ㉡
② ㉠, ㉢
③ ㉠, ㉣
④ ㉡, ㉣
⑤ ㉢, ㉣

[14~15] 다음은 2023년 만 15세 이상 연령대별 인구 및 경제활동참가율, 2020~2023년 연령대별 실업자 수에 관한 자료이다. 이어지는 질문에 답하시오.

〈자료 1〉 2023년 만 15세 이상 연령대별 인구 및 경제활동참가율

(단위: 천 명)

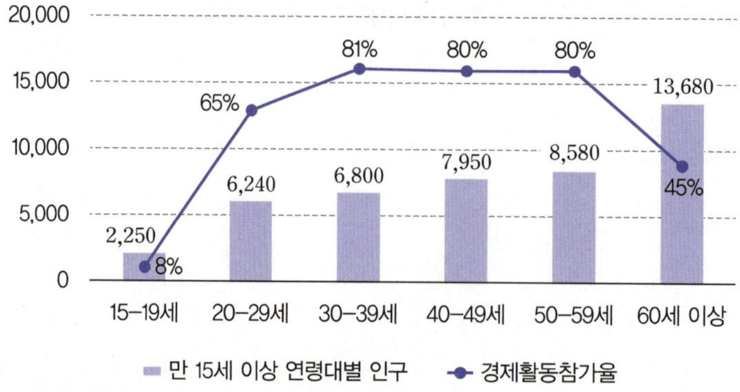

〈자료 2〉 연령대별 실업자 수

(단위: 천 명)

구분	2020년	2021년	2022년	2023년
15~19세	18	18	12	9
20~29세	360	315	260	264
30~39세	196	176	144	143
40~49세	164	156	130	159
50~59세	191	170	112	116
60세 이상	188	216	168	154

※ 경제활동참가율(%): $\frac{\text{경제활동인구}}{\text{만 15세 이상 인구}} \times 100$

※ 경제활동인구: 만 15세 이상 인구 중 취업자와 실업자

※ 고용률(%): $\frac{\text{취업자}}{\text{만 15세 이상 인구}} \times 100$

※ 실업률(%): $\frac{\text{실업자}}{\text{경제활동인구}} \times 100$

14 다음 중 〈자료 1〉, 〈자료 2〉에 대한 설명으로 적절하지 않은 것은?

① 2023년 40~49세 취업자는 6,201천 명이다.
② 2023년 15~19세의 실업률은 5%이다.
③ 2023년 20~29세의 고용률은 30~39세의 고용률보다 높다.
④ 제시된 연령대 중 2023년 경제활동인구가 가장 많은 연령대는 50~59세이다.
⑤ 2023년 60세 이상 취업자 수는 6,000천 명 이상이다.

15 다음 〈자료 3〉은 2021년과 2022년의 연령대별 실업률에 관한 자료이다. 〈자료 2〉, 〈자료 3〉에 대한 설명으로 적절하지 않은 것은?

〈자료 3〉 2021년 및 2022년의 연령대별 실업률

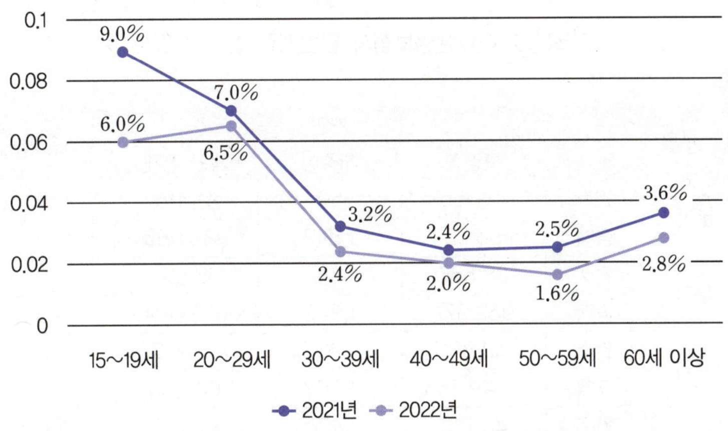

① 모든 연령대에서 2022년에 전년 대비 실업률이 감소하였다.
② 15~19세의 2020년 실업률이 2021년보다 높았다면 15~19세의 경제활동인구도 2020년이 2021년보다 많았을 것이다.
③ 2021년과 2022년의 40~49세 경제활동인구의 차이는 0명이다.
④ 2022년 20~29세의 경제활동참가율이 64%라면 해당연도 20~29세 인구는 6,250천 명이다.
⑤ 2021년 50~59세의 인구가 8,840천 명이라면, 해당연도 50~59세의 고용률은 75%이다.

[16~18] 다음은 ○○생명보험사의 보험료 수입과 신계약에 관한 자료이다. 이어지는 질문에 답하시오.

〈자료 1〉 ○○생명보험사 보험료 수입

(단위: 백만 원)

구분			'23년 2분기	'23년 3분기	'23년 4분기	'24년 1분기	'24년 2분기
일반계정	일반계정 전체		389,061	408,095	419,855	437,798	446,881
	개인		389,042	408,094	419,854	437,796	446,881
		보장성	374,377	393,175	407,217	425,926	433,999
		저축성	14,665	14,919	12,637	11,870	12,882
	단체		19	1	1	2	0
특별계정	특별계정 전체		63,661	81,034	194,894	59,300	84,856
	연금저축		81	84	105	79	70
	자산연계보험		192	168	204	1,217	174
	퇴직연금		9,706	28,676	143,698	8,015	36,040
	변액보험		53,682	52,106	50,887	49,989	48,572

〈자료 2〉 ○○생명보험사 일반계정 신계약 건수 및 금액

(단위: 건, 십만 원)

구분		개인			단체	합계
		보장성	저축성	개인 전체		
'23년 1분기	건수	41,366	50	41,416	0	41,416
	금액	986,223	1,842	988,065	0	988,065
'23년 2분기	건수	38,557	34	38,591	0	38,591
	금액	952,577	1,302	953,879	0	953,879
'23년 3분기	건수	43,881	26	43,907	0	43,907
	금액	1,039,255	1,282	1,040,537	0	1,040,537
'23년 4분기	건수	43,123	49	43,172	0	43,172
	금액	696,357	1,791	698,148	0	698,148
'24년 1분기	건수	54,409	62	54,471	0	54,471
	금액	1,067,841	735	1,068,576	0	1,068,576
'24년 2분기	건수	100,425	91	100,516	0	100,516
	금액	1,692,098	1,836	1,693,934	0	1,693,934

〈자료 3〉 ○○생명보험사 일반계정 누적 신계약률

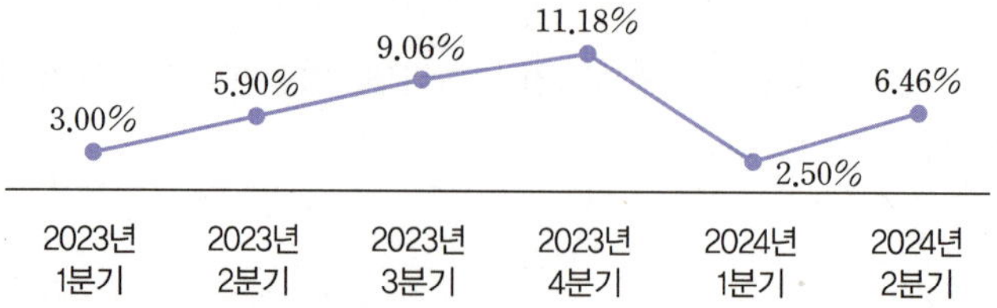

※ 신계약률(%) = 해당 분기 신계약액 ÷ 연초 보유 계약액 × 100

※ 누적신계약률(%) = 해당 연도 신계약률의 누적

16 **주어진 자료에 관한 설명으로 적절하지 않은 것은?**

① ㅇㅇ생명보험사 일반계정의 개인 저축성 보험을 통한 보험료 수입은 제시된 기간 동안 매분기 일반계정의 전체 개인 보험료 수입 중 5% 미만을 차지한다.

② 2023년 3분기부터 2024년 2분기까지 ㅇㅇ생명보험사의 특별계정에 속하는 보험 중 연금저축과 전분기 대비 보험료 수입의 증감 추세가 일치하는 보험은 없다.

③ ㅇㅇ생명보험사의 2024년 2분기 특별계정 전체의 보험료 수입은 전분기 대비 40% 이상 증가하였다.

④ ㅇㅇ생명보험사 일반계정의 개인보험의 신계약 건당 금액은 2023년 3분기보다 2024년 1분기가 더 크다.

⑤ 제시된 기간 중 ㅇㅇ생명보험사 일반계정의 개인보험의 신계약 금액이 가장 컸던 기간에 신계약 건수도 가장 많았다.

17 **신계약률 및 누적 신계약률에 관한 〈보기〉의 설명 중 옳은 것만을 모두 고른 것은?**

보기

ㄱ. ㅇㅇ생명보험사의 누적 신계약률은 매년 4분기에 가장 높을 것이다.
ㄴ. 2023년 ㅇㅇ생명보험사의 일반계정 연초 보유 계약액은 3조 2천억 원 이상이다.
ㄷ. 2023년 4분기 ㅇㅇ생명보험사의 일반계정 누적 신계약률은 12% 이상이다.
ㄹ. 2024년 ㅇㅇ생명보험사의 일반계정 연초 보유 계약액은 전년 대비 1조 원 이상 증가했다.

① ㄱ, ㄴ　　② ㄱ, ㄷ　　③ ㄴ, ㄹ
④ ㄷ, ㄹ　　⑤ ㄱ, ㄴ, ㄹ

18 다음 자료와 위 자료를 참고할 때, 다음 빈칸 ㉠과 ㉡에 들어갈 값을 바르게 나열한 것은?

〈자료 4〉 ○○생명보험사 특별계정 지급보험금

(단위: 백만 원)

구분	연금저축	자산연계보험	퇴직연금	변액보험	특별계정 전체
'23년 2분기	810	1,690	26,204	35,907	64,611
'23년 3분기	1,526	3,391	46,382	74,543	125,842
'23년 4분기	1,660	3,087	111,007	73,814	189,568
'24년 1분기	1,087	1,373	16,030	47,049	65,539
'24년 2분기	547	1,190	18,020	39,715	59,472

※ 보험금지급률(%) = 지급보험금÷보험료수입×100

- 2023년 2분기 연금저축의 보험금지급률은 (㉠)%이다.
- 2024년 1분기 대비 2024년 2분기 퇴직연금의 보험금지급률은 (㉡)%p 감소하였다.

	㉠	㉡
①	100	100
②	100	120
③	1,000	120
④	1,000	150
⑤	10,000	150

19 다음은 ○○기업 워크샵에서 진행된 게임 규칙에 대한 설명이다. 1팀과 2팀이 각각 100만 원, 30만 원의 상금을 받았다고 할 때, 아래의 게임 진행상황에 대해 판단한 내용으로 옳은 것을 모두 고르면?

〈게임 규칙〉

- 각 팀은 별도의 스크린을 통해 나타나는 ‘AI 손’과 ‘전략적 가위바위보’를 하며, 각 게임의 결과에 따라 디지털 돌림판이 돌아간다.
- 전략적 가위바위보는 AI 손과 각 팀별로 차출된 팀원 3명이 동시에 가위바위보를 하는 게임이며, 최대 상금을 획득하기 위한 전략적 판단을 통해 팀원들이 낸 패(가위, 바위, 보)들 중 최종선택 패를 결정한 뒤 다음 회 가위바위보를 진행한다.
- 가위바위보는 팀별로 총 7회 진행하는데, 팀원들끼리는 사전에 서로 어떤 패를 낼지 논의할 수 없으며, 팀원들은 각각 자신이 직전에 낸 패는 다시 낼 수 없다.

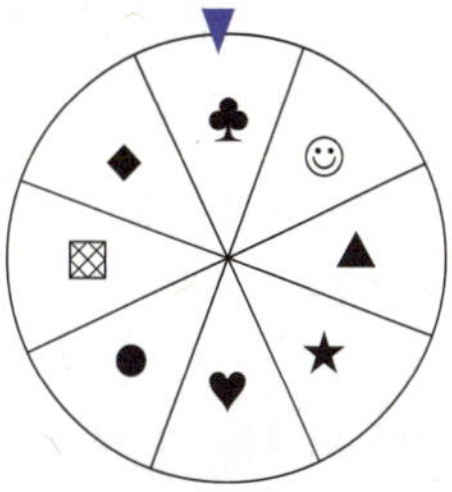

- AI 손과의 가위바위보 승부 결과에 따라 위의 디지털 돌림판이 돌아가는데, 각 팀의 최종선택에 따라 AI 손을 이긴다면, 이긴 횟수가 1회인 경우 돌림판 1칸, 이긴 횟수가 연속 2회인 경우 3칸, 이긴 횟수가 연속 3회인 경우 5칸이 돌아간다. AI 손과 비긴다면, −4칸이 돌아간다. AI 손에 진다면 돌림판은 돌아가지 않는다. 최초의 돌림판은 위와 같은 상태이며 ♣에서부터 시작한다. 돌림판은 항상 마지막 상태에서부터 시계방향으로 돌아간다.
- 돌림판이 돌아간 결과 ‘핀’이 가리키는 판에 나타난 모양을 해당 회의 모양으로 기록하고, 가위바위보에서 져서 돌림판이 돌아가지 않은 경우, 해당 회는 아무것도 기록되지 않는다.
- 7회 동안 같은 모양이 3회 이상 기록된 경우 각 팀에는 100만 원의 상금이 주어지고, 같은 모양이 2회 기록된 경우 30만 원의 상금이 주어진다.

구분	1팀(팀원 A~C)의 게임 진행상황					2(팀원 D~F)팀의 게임 진행상황				
	AI	A	B	C	최종선택	AI	D	E	F	최종선택
1회	바위	가위	가위	바위	바위	가위	보	가위	바위	바위
2회	바위	바위	보	보	바위	보	바위	보	보	보
3회	보	보	가위	가위	보	바위	가위	가위	가위	
4회	가위	가위	바위	바위	가위	가위	바위	보	바위	
5회	보	바위	가위	가위						

ㄱ. 1팀이 5회에서 바위를 선택한 경우 6회, 7회 모두 이기는 경우만 가능하다.
ㄴ. 1팀이 5회에서 가위를 선택한 경우 6회는 반드시 이겼어야 한다.
ㄷ. 2팀이 4회에서 보를 선택한 경우 5~7회 중 한 번은 비기는 경우만 가능하다.
ㄹ. 2팀이 4회에서 바위를 선택하고 5회에서 진 경우 6회, 7회 모두 비기는 경우만 가능하다.

① ㄱ, ㄴ　② ㄱ, ㄷ　③ ㄴ, ㄹ
④ ㄷ, ㄹ　⑤ ㄱ, ㄴ, ㄷ

20 **다음 내용 및 A~E의 진술을 참고할 때, 점주관리 업무의 관련자가 아닌 사람은?**

ㅇㅇ기업 영업3팀 직원들은 모든 업무 관련 파일을 클라우드 서버에 저장하고 있다. 클라우드 서버에 저장된 파일이라고 하더라도 해당 파일은 각 업무 관련자에게만 수정 권한이 주어진다. 영업3팀 팀원들은 2025년 3월 21일 오후 무렵 '점주 리스트' 파일의 많은 내용이 삭제된 채 저장되어 혼란에 빠졌다. 팀원들은 당일 회의 일정 및 참석에 대한 정보를 떠올리며 파일 내용의 삭제 경위를 추적하고 있다. 2025년 3월 21일에는 매장수익분석회의, 영업전략수립회의, 점주관리회의 총 3개의 회의가 각기 다른 시간대에 진행되었고, 점주관리회의에서 '점주 리스트' 파일을 사용하였다. 영업3팀 직원은 A~E 총 5명이며, 직원들은 모두 1개 이상의 회의에 참석하였다. 모든 회의에는 3인 이상이 참석하였으며 해당 업무 관련자는 모두 회의에 참가했다. 점주관리회의에는 업무 관련자 4명이 참여하였다. 단, 3월 21일에 진행된 모든 회의에 참가한 직원은 없는 것으로 밝혀졌다.

- A: 나는 영업전략수립회의에 참석하였고, 이 회의는 그 날 가장 이른 회의였다.
- B: 나와 D는 함께 2회 연속하여 회의에 참석하였다.
- C: 내가 참석한 회의에서 E와 만난 횟수는 1회이다.
- D: 내가 두 번째로 참석한 회의는 그 날 A와 함께 참석한 첫 회의였다.
- E: 나는 가장 마지막 순서의 회의에는 참석하지 않았다.

① A ② B ③ C
④ D ⑤ E

21 ○○기업의 직원 A~E는 12월 3일~7일 중 각각 서로 다른 날 외부 출장을 다녀왔다. 출장자에게는 총무팀에서 법인카드를 지급하는데, 연속되는 출장으로 인해 출장을 다녀온 직원이 다음 날 출장을 가는 직원에게 직접 법인카드를 전달했다. 총무팀에서는 법인카드의 행방을 찾고 있는데, 바쁜 일정으로 한 명이 착오하여 거짓을 말하게 되었다. 아래 진술 중 한 명의 진술이 거짓이라고 할 때, 거짓을 말한 사람은 누구인가?

- A: "저는 E에게 법인카드를 전달했습니다."
- B: "저는 A보다 먼저 출장을 다녀왔습니다."
- C: "저는 12월 7일에 출장을 다녀왔습니다."
- D: "저는 B에게 법인카드를 전달했습니다."
- E: "저는 C에게 법인카드를 전달했습니다."

① A ② B ③ C
④ D ⑤ E

CHAPTER 3 실전모의고사 3회

[22~23] 다음 자료를 읽고 질문에 답하시오.

기초생활수급자 및 장애인에게 유익한 금융상품 정보

1. 서민 나눔 특약을 통한 자동차보험료 할인혜택

자동차보험 피보험자가 기초생활수급자이거나, 중증장애인이면서 소득 및 자동차 배기량 등이 일정수준 이하인 경우 서민 나눔 특약에 가입하여 약 3.5~8.0%의 자동차보험료를 할인받을 수 있습니다.

※ 단, 보험회사별로 특약 운영 여부, 특약 명칭, 할인율 등은 상이함

• 특약 가입조건(보험회사 공통): 다음 각호에 해당하는 경우에 한하여 가입 가능

(1) 피보험자가 국민기초생활보장법에 의거한 기초생활수급자인 경우

(2) 피보험자 또는 동거가족(배우자, 부모 및 자녀)이 중증장애인(「장애인복지법」에 따른 장애인 등록증상 장애 정도)이면서 소득 및 자동차 요건 등을 충족하는 경우
(소득) 배우자 합산소득 연 4,000만 원 이하
(자동차) 배기량 2,000cc 이하 승용차이거나 1.5톤 이하 화물자동차이며 최초 등록일로부터 5년 이상 경과한 자동차

(3) 피보험자·배우자 합산소득이 연 4,000만 원 이하이고 장애인 운송용 휠체어 리프트나 슬로프가 설치된 차량이 자동차보험에 가입한 경우

(4) 만 30세 이상의 피보험자가 소득, 자동차 및 자녀 요건 등을 충족하는 경우
(소득) 배우자 합산소득 연 4,000만 원 이하
(자동차) 배기량 1,600cc 이하 승용차이거나 1.5톤 이하 화물자동차이며 최초 등록일로부터 5년 이상 경과한 자동차
(자녀) 만 20세 미만(※ 만 65세 이상이면서 배우자 합산소득 연 2,000만 원 이하인 경우는 자녀 요건 제외)

2. 장애인전용보험 전환을 통한 세액공제 혜택

피보험자가 장애인인 보장성보험은 '장애인 전용보험 전환 특약'에 가입하여 소득세법상 장애인전용보험으로 전환할 수 있으며 연말정산 시 일반 보장성보험 세액공제와는 별도로 장애인전용보험 공제한도 및 공제율을 적용받아 추가 세액공제가 가능합니다.

※ 장애인은 「장애인복지법」에 따른 장애인 및 「장애아동복지법」에 따른 발달 장애 아동, 「국가유공자법」에 의한 상이자 등을 말함

※ 장애인전용보험으로 전환하여도 보험료 및 보험가입금액 등 계약내용의 변경은 없음

〈보장성보험 세액공제 적용한도 및 세액공제율〉
- 일반 보장성보험: 100만 원 한도, 12%
- 장애인전용보험: 100만 원 한도, 16%

• 일반 보장성보험 및 장애인전용보험 모두 과세기간 중 보험료를 많이 납입하여도 최대 100만 원까지만 공제 대상으로 인정함

• 공제대상 보험료: 근로소득이 있는 거주자가 장애인을 피보험자 또는 수익자로 보험에 가입하여 실제 납입한 보험료

22 **주어진 자료를 참고할 때, 서민 나눔 특약에 가입한 사람의 사례로 적절한 것을 모두 고르면?**

ㄱ. ○○보험사에 화재보험과 자동차보험으로 각각 연 24만 원, 76만 원을 납부하고 있는 기초생활수급자 A씨는 7%의 할인율이 적용되는 ○○보험사의 서민 나눔 특약에 가입하여 7만 원의 할인혜택을 받았다.

ㄴ. 배우자와의 연 합산소득이 1,500만 원인 만 67세의 B씨는 최초 등록일로부터 10년이 경과한 1톤 화물차를 소유하고 있고 만 30세의 자녀와 함께 거주하고 있어 서민 나눔 특약의 가입조건을 충족하였다.

ㄷ. C씨의 차량에는 장애인 운송용 휠체어 리프트가 설치되어 있고 그와 배우자 합산소득은 연 3,700만 원으로, 서민 나눔 특약에 가입하여 C씨 배우자의 차량으로부터 자동차보험료 할인혜택을 받고 있다.

ㄹ. D씨는 최초 등록일로부터 7년이 경과한 배기량 1,800cc의 승용차를 소유하고 있고 배우자와의 합산소득이 연 3,200만 원으로, 중증장애인인 형제와 동거하고 있어 서민 나눔 특약을 통해 보험료 할인혜택을 받고 있다.

① ㄴ ② ㄱ, ㄹ ③ ㄴ, ㄷ
④ ㄱ, ㄷ, ㄹ ⑤ ㄴ, ㄷ, ㄹ

23 **주어진 자료를 참고할 때, 다음의 사례에서 Z씨가 2023년 연말정산과 2024년 연말정산에서 보장성보험에 대해 받은 세액공제 혜택의 차이는 얼마인가? (단, 과세기간은 매년 1월 1일부터 12월 31일까지로 본다.)**

Z씨는 장애인인 성인 자녀 Y씨를 피보험자로 한 생명보험 X를 5년째 유지해오고 있다. 2024년부터는 장애인 전용보험 전환 특약에 가입하여 해당 보험을 장애인전용보험으로 전환하면서 보장혜택을 약간 축소시켰다. 2023년까지 생명보험 X의 연납 보험료는 120만 원이었고 보장혜택을 줄임에 따라 2024년에 납부한 생명보험 X의 보험료는 90만 원이었다. 한편 Z씨는 매년 연말정산을 통해 보장성보험에 대해 세액공제 혜택을 받아오고 있다.

① 0원 ② 1만 6천 원 ③ 2만 4천 원
④ 4만 원 ⑤ 4만 8천 원

[24~26] 다음 자료를 읽고 질문에 답하시오.

2024년 반지하(지하층) 주택매입 공고(기존주택매입방식*)

공고일: 2024년 8월 26일

○○공사는 폭우에 따른 침수피해가 발생하는 재해취약가구의 주거 환경 개선 및 반지하(지하층)주택의 점진적 소멸 등을 위해 반지하(지하층) 주택매입(기존주택매입방식) 사업을 다음과 같이 공고합니다.

* **기존주택매입방식**: 반지하(지하층) 주택을 공사가 직접 매입하여 지상층은 매입임대주택으로 활용하고, 반지하(지하층)는 커뮤니티시설(주민공동시설 등)로 시설 개선하는 사업

- 신청대상: 주택 소유주
- 사업방식: 반지하(지하층)주택 매입 후 즉시 공급

1. 매입대상주택 요건

아래 기본요건(①~④)을 모두 충족하고, 사업목적에 적합한 주택을 건물 동(棟)별 일괄 또는 부분매입*합니다.

* **부분매입**: 반지하(지하층) 세대 포함 1개 동 전체 세대 중 1/2 이상 매입하는 방식

① (주택유형) 반지하(지하층)가 포함된 다가구, 다세대, 연립 주택

※ 다가구주택은 일괄 매입만 허용

② (유형별 면적기준) 전용 16m²~85m²(세대별 전용면적 85m² 이하)

전용면적 (주거면적)	(일반가구용) 전용 20m²~85m² (청년) 전용 16m²~60m², 투룸 이상 주택 (신혼·신생아) 전용 36m²~85m², 투룸 이상 주택

③ (건령기준) 공고일 기준 건물사용승인일 20년 이내인 주택

④ (지하층주택) 건축물대장상 반지하(지하층)의 주용도가 주택으로 등재되어 있는 주택

2. 매입절차 개요

신청접수 → 서류 심사 → 현장 실태조사 → 매입심의 → 감정평가 및 매입가격 결정 → 매입대상주택 통보 → 이주대책 신청 및 확정 → 매매계약 체결 → 이주대책시행, 거주자 퇴거 → 소유권이전 및 잔금지급 (신청접수부터 소유권 이전까지 4~6개월 소요)

24 다음은 기존주택매입 사업을 신청한 4개 주택의 구조를 나타낸 것으로, 각 주택의 소유주는 음영처리된 세대의 매도를 신청하고자 한다. 신청한 주택들은 모두 매입대상주택 기본요건을 갖추었다고 할 때, ○○공사에서 매입이 가능한 주택을 모두 고른 것은? (단, 세대 호수 앞에 'B'가 기재된 세대는 반지하(지하층) 세대를 의미한다.)

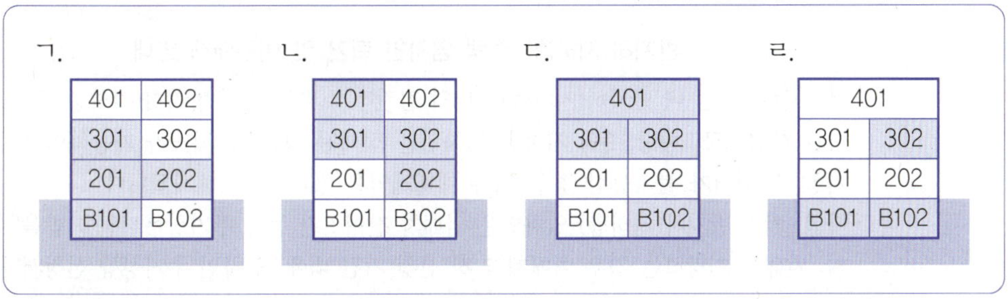

① ㄱ, ㄴ ② ㄱ, ㄷ ③ ㄴ, ㄷ
④ ㄴ, ㄹ ⑤ ㄷ, ㄹ

25 다음은 위 사업에 참여하고자 주택 매도를 신청한 주택들에 대한 정보이다. ○○공사에서는 신청 접수된 주택을 대상으로 서류심사 및 현장실태조사를 거쳐 입지여건, 주택면적, 방수 등을 종합 고려해 공급할 임대유형(일반가구용, 청년용, 신혼·신생아용)을 결정하고, 결정된 임대유형의 기준을 적용하여 최종 매입대상주택을 선정하게 된다. 아래의 정보를 참고할 때, 청년용 임대주택으로 선정될 수 있는 주택으로 옳은 것은?

구분	주택유형	세대별 전용면적	세대별 방 개수	건물사용승인일	가구 수		
					구분	전체	신청 세대 수
A주택	다세대	48m²	1	2004.11.26	지하층	4	3
					지상층	13	7
B주택	다가구	50m²	2	2010.03.07	지하층	2	2
					지상층	8	4
C주택	연립주택	55m²	3	2007.06.16	지하층	4	1
					지상층	11	5
D주택	다세대	45m²	2	2004.05.30	지하층	4	4
					지상층	9	5
E주택	연립주택	52m²	2	2009.07.24	지하층	6	4
					지상층	10	6

※ A~E주택의 반지하(지하층)의 건축물대장상 주용도는 '주택'이다.
※ A~E주택의 각 세대는 전용면적이 모두 동일하며, 세대별 방의 개수도 모두 동일하다.

① A주택 ② B주택 ③ C주택
④ D주택 ⑤ E주택

26 **◇◇빌라의 소유주는 위 공고에 따라 주택매도를 신청하였고, 매입대상 주택으로 선정되어 2024년 10월 8일에 주택매매계약을 체결하고자 한다. ◇◇빌라의 지하 1층 임차인 X와 지상 3층 임차인인 Y의 임대차 기간 종료일은 모두 2025년 6월 30일이라고 할 때, 다음의 추가 정보를 참고하여 이해한 내용으로 적절하지 않은 것은?**

반지하(지하층) 주택 임차인 퇴거 및 이주대책 안내

□ 본 사업은 도심 내 반지하(지하층)주택의 점진적 소멸을 위해 반지하(지하층)주택을 매입하는 사업으로, 해당 주택 지하층 임차인은 정해진 기한 내 퇴거가 가능하여야 합니다. 기한 내 퇴거가 불가능한 경우 해당 매매계약은 해지 또는 해제됩니다.

□ 다만, 기존 반지하(지하층) 임차인은 임대차 잔여기간 동안 주거상향지원을 받을 수 있으며, 지원을 희망하는 경우 매매계약 전 신청 기간 내에 "임차인 주거상향 신청서"를 제출해야 합니다.

※ 주거상향지원: 임대차 잔여기간동안 인근 ○○공사 매입임대주택으로 이주·거주지원 및 잔여기간 종료 후 자격 충족 시 ○○공사 매입임대 입주자로 전환

① X가 주거상향지원을 받고자 하는 경우 2024년 10월 8일 전 신청 기간 내에 신청서를 제출해야 한다.

② X가 주거상향지원을 희망하는 경우 인근 ○○공사 매입임대주택에서 2025년 6월 30일까지 거주할 수 있을 것이다.

③ Y는 2024년 10월 8일 전 퇴거하거나 사전 신청을 통해 주거상향지원을 받아야 한다.

④ 주거상향지원을 받은 세입자라도 반드시 ○○공사 매입임대 입주자로 전환되는 것은 아니다.

⑤ X가 주거상향지원을 희망하지 않는다면 ◇◇빌라의 소유권이전 등기 전에는 퇴거하여야 한다.

27 다음 자료를 참고할 때, 대출거래 사례로 적절하지 않은 것을 모두 고르면?

○○은행 대출상품 안내

- 상품명: 중고차 구매대출(중고차 구입자금 대출)
- 대출종류: 중고차 구입자금 대출
- 대출대상(다음 중 하나에 해당하는 경우)
  - 근로소득자(현직장 재직 6개월 이상)
  - 연소득 2,000만 원 이상인 고객
  - 공동명의인 경우 차량 소유 지분율 50% 이상의 주계약자
- 대출가능 차종
  - 가능차종: 승용차(소형, 경형, 중형, 대형), 승합(소형, 경형, 중형, 대형), 화물(소형, 경형, 중형 2.5톤 미만)
  - 불가차종: 화물(중형 2.5톤 초과, 대형), 특수(소형, 경형, 중형, 대형)

    ※ 다음 중 하나에 해당하는 경우 대출 불가
    - 자동차등록증상 최초등록일 기준 차량등록일이 15년 초과인 경우
    - 개인간 직거래 차량이거나 소유주가 불명확한 차량
- 대출한도: 최대 4,000만 원(차량가격 이내)
  - 개인의 신용, 상환능력 및 부채현황 등에 따라 은행 신용평가시스템에서 산출한 한도로 차등 적용합니다.
  - 만 25세 미만인 경우 차량매매가격의 80%까지만 대출이 가능합니다.
- 대출기간: 원(리)금균등분할상환: 1~5년
- 대출금리: 5%
- 상환방법
  - 원금균등분할상환: 대출금액을 대출기간 개월 수로 균등하게 나누어 산정한 분할상환금과 이자를 매월 납부합니다.
  - 원리금균등분할상환: 대출금액과 이자금액의 합계액을 개월 수로 균등하게 나누어 산정한 분할상환원리금을 매월 납부합니다.

ㄱ. 연소득 6,000만 원인 만 23세의 A씨는 중고 대형 승용차를 5,000만 원에 구매하기로 하고 ○○은행에 대출을 문의하였는데, 최대 4,000만 원까지 대출이 가능하다는 답변을 받았다.

ㄴ. B는 동업관계인 C와 공동명의로 중고 2톤 화물차를 7,000만 원에 구매하기로 하고 지분율을 4:6(B:C)로 설정한 뒤 ○○은행에 중고차 구매대출 신청을 하였으나 대출이 불가했다.

ㄷ. D는 자동차판매업자가 아닌 지인 E로부터 중고 경형 승합차를 4,000만 원에 구매하기로 하고 ○○은행에 대출문의를 했는데, D의 신용등급이 낮아 1,000만 원만 대출 가능하다는 답변을 받았다.

ㄹ. F는 ○○은행에서 중고차 구입자금으로 3,000만 원을 대출받으면서 상환방식으로 원금균등분할방식(5년)을 선택하여 매달 원금 525,000원을 상환하고 있다.

① ㄱ, ㄴ　　② ㄱ, ㄷ　　③ ㄴ, ㄹ
④ ㄷ, ㄹ　　⑤ ㄱ, ㄷ, ㄹ

28 다음 자료를 참고하여 아래의 ○○기업이 구매할 가습기의 총 금액을 바르게 계산한 것은?

가습기 구매 가이드

가습기는 크게 초음파식, 가열식, 초음파식과 가열식이 결합된 복합식, 기화식 4가지 방식으로 구분할 수 있다. 가습 방식에 따라 가습 원리가 다르므로 장·단점이 상이하다.

초음파식은 초음파 진동으로 물방울을 작게 쪼개어 튕겨내는 방식이며, 가열식은 물을 100℃로 끓여 이때 증발하는 수증기를 분사하는 방식, 초음파식과 가열식이 결합된 복합식은 물을 가열해 60~70℃ 정도로 따뜻해진 물을 초음파 진동으로 튕겨내는 방식이다. 기화식은 물에 젖어 있는 가습필터에 바람을 불어 자연 증발하는 수증기를 분사하는 방식을 말한다.

세균은 물이 있는 곳에서 쉽게 번식하므로 가습기의 수조 내 세균은 시간이 지날수록 빠르게 증가한다. 가습기에서 배출된 수분을 호흡기로 직접 흡입하기 때문에 다른 가전제품 대비 가습기는 특히 위생관리가 중요하다. 가습기에서 분사하는 물방울의 크기는 1~5㎛로, 세균 등(0.01~1.5㎛)보다 크다. 따라서 물방울에 세균이 포함될 수 있고, 물과 이물질이 결합된 입자는 폐까지 직접 도달이 가능한 미세입자이므로 천식이나 폐렴, 감기 등을 유발할 수 있다. 그러므로 이러한 방식의 가습을 할 경우에는 매일 가습기를 살균세척하고, 물 이외 첨가물을 사용하지 않는 등의 사용수칙을 준수하여야 한다. 한편 수증기는 100% 순수 수증기 입자로, 세균보다 100배 작아 수증기에는 세균이 결합될 수 없어 세균은 가습기의 수조 또는 필터에 그대로 남게 된다. 따라서 가습기를 사용할수록 수조 및 필터가 오염되어 냄새가 발생할 수 있고 위생상 좋지 않으므로 매일 물을 교체하며 간단히 헹구어야 하고, 주 1~2회 정도는 살균세척을 해주는 것이 좋다.

가습 방식에 따라 소음의 종류에도 차이가 있다. 물방울 자체를 분사하는 경우 상부에 맺힌 물방울이 수조로 떨어지며 빗방울이 떨어지는 것과 같은 소음이 발생하고, 물을 직접 가열하는 경우 약한 불에 물이 끓고 있는 것과 같이 '보글보글'하는 소음이 발생하는데, 물이 끓고 난 후의 소음은 확 줄어든다. 필터를 사용하는 경우에는 팬이 작동하기 때문에 선풍기나 공기청정기와 유사한 바람소리가 난다.

그 외에도 가습 방식에 따라 가습범위 및 전력 소비에도 차이가 존재한다. 가습범위는 가습기에서 방출되는 입자의 무게에 따라 달라진다. 입자가 작을수록 넓게 퍼져 가습범위가 비교적 넓은 편이라고 할 수 있다. 전력 소비의 경우 물을 가열하는 방식의 경우에는 소비전력이 200~300W 수준으로 가전제품 중에서도 높은 편에 속하며, 그 외 방식의 경우 20~40W정도이다.

마지막으로 가습기를 선택할 때에는 면적당 적정 가습량과 사용시간을 확인하여야 한다. 가습량(분무량)이란 1시간 동안 실내에 공급되는 수분의 양을 의미하는데, 사용 공간의 면적에 비해 가습량이 부족한 제품을 사용하면 가습 효과가 떨어지거나 거의 없을 수 있다. 사용환경에 따라 필요한 가습량은 달라질 수 있지만 대략 1평당 40~60ml를 필요 가습량으로 가정하면 편리하다. 사용시간은 수조용량에 따라 결정되는데, 수조용량이 클수록 물을 추가하지 않아도 오랜 시간 사용할 수 있다. 거의 모든 가습기는 수조용량에 해당하는 물을 완전하게 끝까지 사용하지 못하고 물을 남기게 된다(잔수용량). 따라서 수조용량에서 잔수용량을 뺀 용량을 가습량으로 나누어주면 대략적인 사용시간을 추산할 수 있다.

〈○○기업 실내 가습기 도입 추진내역〉

겨울철 ○○기업의 건조한 사무실 환경 개선을 위해 가습기 도입을 추진하며 다음과 같이 각 사무실별 가습기 도입 조건 및 선호도에 대해 조사하였습니다.

1. 701호 사무실
   - 사무실 면적: 69m²(21평)
   - 주요 의견: 외근 직원이 많은 관계로 가습기의 세척 등 위생이 까다롭지 않은 제품을 선호합니다. 또 잦은 외근으로 전자제품 전원 관리에 소홀할 수 있으므로 소비전력이 비교적 낮은 제품을 구매하면 좋을 것 같습니다.

2. 702호 사무실
   - 사무실 면적: 59m²(18평)
   - 소음: 사무실 면적이 좁고 고객 내방이 잦으므로 조용한 제품을 선호함
   - 주요 의견: 사무실이 건물의 가장자리에 위치하여 겨울철에는 특히 추운 편이므로 훈훈한 가습이 가능한 제품을 선호합니다.

3. 703호 사무실
   - 사무실 면적: 93m²(28평)
   - 주요 의견: 사무실 면적이 넓은 만큼 가습 범위가 넓은 제품을 선호합니다. 직원들이 거의 항상 내근하므로 사용시간은 7시간 이상인 제품이면 좋겠습니다.

사무실별 주요 의견을 반영하여 조건을 만족하며 사무실에 가장 적합한 가습기를 구매하되 사무실별 조건을 만족하는 제품이 복수인 경우 가격에 있어 가장 합리적인 제품을 선택할 예정입니다. 가습기가 2대 이상 필요한 사무실의 경우에는 사무실별 조건을 충족하며 전체 수량×금액이 가장 저렴한 제품을 복수 구매할 예정입니다.

〈가습기 제품 목록〉

제품	기화장치	가습량	수조용량	가격	기타
A	진동자	1,500ml/h	15.1L	14만 원	저소음 기능 탑재
B	진동자+가열단자	1,200ml/h	9.7L	19만 원	저소음 기능 탑재
C	교체식 필터	800ml/h	6.1L	18만 원	
D	내솥 통가열	800ml/h	4.1L	16만 원	저소음 기능 탑재
E	워셔블 필터	900ml/h	5.5L	15만 원	
F	내솥 통가열	500ml/h	3.6L	14만 원	저소음 기능 탑재

※ 제품 A~F의 잔수용량은 모두 100ml이다.

① 57만 원　② 62만 원　③ 67만 원
④ 69만 원　⑤ 73만 원

CHAPTER 3 실전모의고사 3회

[29~30] 다음은 금융형 준정부기관인 ○○공사의 임원보수규정의 일부이다. 자료를 보고 질문에 답하시오.

○○공사 임원보수규정

제1조(목적) 이 규정은 임원의 보수 및 퇴직금에 관한 사항을 규정함을 목적으로 한다.

제2조(정의) 이 규정에서 사용하는 용어의 뜻은 다음과 같다.

1. "기본연봉"이란 직위에 따른 급여의 연간 총액을 말한다.
2. "경영성과급"이란 개인 및 기관의 경영실적과 능력에 따라 지급되는 보수를 말한다.

제3조(적용범위) 임원에 대한 보수 및 퇴직금은 다른 법령과 공사의 정관 및 경영계약서에 따로 정한 것을 제외하고는 이 규정이 정하는 바에 의한다.

제4조(보수의 종류) 보수는 기본연봉과 경영성과급으로 구성되며 기본연봉은 다음과 같다.

구분		기본연봉
상임	사장	해당 연도 정무직 공무원(차관) 연봉의 150%
	감사	사장 기본연봉의 80%
	부사장	사장 기본연봉의 80%
	이사	사장 기본연봉의 70%
비상임	이사	26,400,000

제5조(경영성과급) ① 경영성과급은 정부가 정하는 성과급 한도 내에서 지급총액을 정하며, 임원별 지급률은 다음 각 호와 같다.

1. 사장, 감사, 부사장: 정부 경영실적평가결과에 따른 지급률
2. 상임이사: 상임이사 경영성과계약서의 경영성과계약 이행실적 평가결과를 기준으로 하여 사장이 결정

② 사장에게 지급되는 경영성과급은 기획재정부 「공기업·준정부기관 임원 보수지침」에 따라 중기성과급으로 운영하며 세부사항은 「공기업·준정부기관 임원 보수지침」에 따른다.

제6조(보수의 계산) ① 신규 선임된 임원 및 퇴임한 임원의 경우 선임일 및 퇴임일이 속하는 달에 대하여는 기본연봉을 12등분한 기본연봉 월액을 일할 계산하여 지급한다.

② 임원이 연도 중에 선임되는 경우 해당 연도 근무기간에 대한 경영성과급은 선임일자로부터 기산하여 일할 계산하여 지급한다.

③ 임원이 연도 중에 퇴임하는 경우 해당 연도 근무기간에 대한 경영성과급은 퇴임일까지 일할 계산하여 지급하며, 지급률은 해당 연도 근무기간에 대한 경영성과급 지급률로 한다.

④ 보수의 일할 계산시 1월은 30일을 기준으로 한다.

제7조(보수지급일) ① 기본연봉은 12등분하여 매월 21일에 정기적으로 지급한다. 다만, 지급일이 주말 또는 공휴일인 때에는 직전 영업일에 지급한다.

② 경영성과급은 제5조에 따른 지급률이 전부 확정되는 월의 급여지급일에 일시불로 지급하는 것을 원칙으로 한다.

③ 퇴임하는 임원의 퇴임 연도 및 전년도 근무기간에 대한 경영성과급이 확정되지 않은 경우, 제5조에 따른 지급률이 전부 확정되는 날로부터 15일 이내에 지급한다.

29 **주어진 자료를 바탕으로 ○○공사의 임원보수에 대해 알 수 있는 내용으로 옳지 않은 것은?**

① 임원이 받는 경영성과급에는 개인의 실적 및 역량이 반영될 수 있다.

② 2024년 7월의 보수가 목요일에 지급되었다면 8월의 보수 지급 요일은 금요일이다.

③ 2024년도 정무직 공무원(차관)의 연봉이 1억 4천만 원이라면 상임감사의 기본연봉은 1억 6,800만 원이다.

④ 2024년 9월 16일에 선임된 비상임이사 A의 9월 보수월액은 110만 원이다.

⑤ 2023년부터 2024년 4월 30일까지 근무 후 퇴임한 상임이사의 경우 2024년 경영성과급은 120일에 대해 정부 경영실적평가결과에 따른 지급률을 적용하여 계산한다.

CHAPTER 3 실전모의고사 3회

30 위 자료 및 다음 자료를 활용하여 추론한 내용으로 옳은 것은?

제9조(중기성과급) ① 공기업·준정부기관 기관장의 경우 중장기 경영성과 제고를 위해 경영평가 성과급을 3년에 걸쳐 분할하여 지급하는 중기성과급 제도를 운영한다. 다만, 퇴임일이 속하는 연도의 경영평가 성과급은 2년에 걸쳐 분할하여 지급한다.

제12조(준정부기관 기관장의 경영성과급) ① 준정부기관 기관장의 경영성과급은 경영실적평가 결과에 따라 지급하며, 평가대상연도 기본연봉의 100분의 60을 그 상한으로 한다.

* 중기성과급제 성과급 지급방법
경영성과급을 평가 대상이 되는 연도의 익년도부터 3년간 분할(1년차 50%, 2년차 30%, 3년차 20%)하여 지급한다. 다만, 퇴임일이 속하는 연도의 경영평가 결과에 따른 경영성과급은 2년간 분할(1년차 80%, 2년차 20%)하여 지급한다.

* 경영평가결과 및 경영성과급 지급률
경영평가 결과는 탁월(S), 우수(A), 양호(B), 보통(C), 미흡(D), 아주미흡(E)으로 구분되며 각 등급에 따라 경영성과급을 다음의 지급률에 따라 지급한다.

〈경영평가 성과급 지급률〉

구분	기관장(기본연봉 대비)				
준정부기관	S	A	B	C	D, E
	60%	50%	30%	20%	5%

〈○○공사의 최근 5년간 경영 현황〉

연도	사장	경영평가 결과	사장 기본연봉
2020	X	A	100,000,000
2021	X	S	110,000,000
2022	Y	A	120,000,000
2023	Y	B	125,000,000
2024	Y, Z	B	130,000,000

※ X의 재임기간: 2019.1.1.~2021.12.31., Y의 재임기간: 2022.1.1.~2024.6.30., Z의 재임기간: 2024.7.1.~

① 2021년에 X가 지급받게 되는 경영성과급은 2,500만 원이다.
② 2023년에 X가 지급받게 되는 경영성과급은 2,980만 원이다.
③ Y가 지급받게 되는 경영성과급은 2024년에 비해 2023년에 더 많다.
④ 2025년에 Y가 지급받게 되는 경영성과급 중 2024년도분 경영성과급은 1,560만 원이다.
⑤ 2026년에 사장으로 재임 중인 Z에게 지급되는 경영성과급 중 2024년도분은 같은 해 Y가 지급받게 되는 경영성과급과 같다.

31 A~D는 매일 ○○시 종합운동장에서 건강을 위해 걷기 모임을 갖는다. A~D가 어느 날 트랙을 3바퀴 돌았을 때의 정보가 아래와 같다고 할 때, 두 번째로 걷기를 종료한 사람의 총 걷기 시간으로 옳은 것은? (단, A~D는 모두 같은 지점에서 동시에 출발하였고, 각기 다른 속력으로 걷되 매 구간 자신만의 일정한 속력으로 걸으며 각각의 총 소요시간은 1시간 이내였다.)

〈○○시 종합운동장 트랙 정보〉

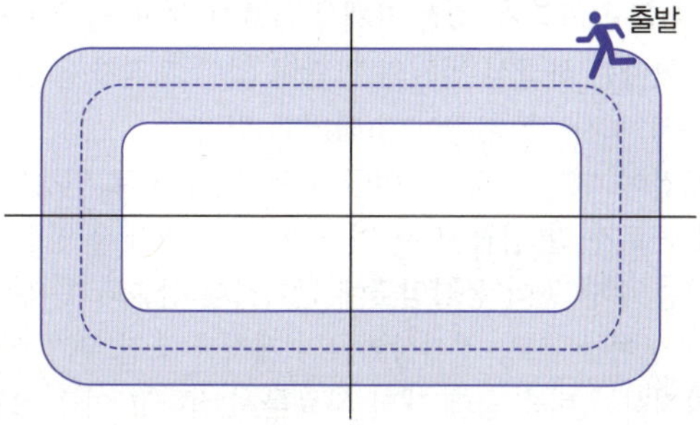

- 트랙 1바퀴는 1km이다.
- 트랙의 중심을 기준으로 4분할하여 출발지점부터 반시계 방향으로 각각 1/4, 2/4, 3/4, 4/4트랙이라 한다.

- A: 나는 트랙을 3바퀴 모두 걷는 데 45분이 소요되었고, 가장 늦게 도착하지 않았다.
- B: 나는 D를 앞질러서 D와 4/4트랙 통과를 같은 시간에 한 적이 있다.
- C: 내가 2바퀴째에 2/4트랙을 통과했을 때 시간은 같은 거리를 걸은 B보다 3분 늦었다.
- D: 가장 빨리 종료한 사람과 가장 늦게 종료한 사람의 소요 시간 차이는 30분이다.

① 30분 ② 36분 ③ 40분
④ 42분 ⑤ 45분

32 다음 자료에 대해 이해 또는 추론한 내용으로 적절하지 않은 것은?

재직자 조건부 정기상여금의 통상임금 산입 시 경제적 비용과 파급효과

□ 논의 배경

2013년 대법원 전원합의체 판결에 의하면 재직자 조건이 부가되어 특정 시점에 재직 중인 근로자에게만 지급하기로 정한 임금은 고정성이 결여되어 통상임금에 해당하지 않는다. 그러나 최근 재직자 조건 자체를 무효로 보고 재직자 조건이 부가된 상여금도 통상임금에 해당한다는 하급심 법원의 판단이 있어 재직자 조건부 정기상여금의 통상임금 산입 여부를 두고 노사 간 혼란이 초래되고 있다.

재직자 조건이 부가된 정기상여금이 통상임금으로 인정될 경우 경제 전체의 임금분포가 변화하여 근로자 간 임금 격차 변화 등 각종 경제적 영향을 초래한다. 시간외근로수당을 비롯한 각종 수당 등이 통상임금에 근거하여 산출되기 때문이다. 따라서 정기상여금 지급 여부, 정기상여금 규모, 정기상여금의 재직자 조건 부가 여부, 전체 임금 총액에서 정기상여금이 차지하는 비중 등에 대한 자료를 수집하고 이를 바탕으로 재직자 조건부 정기상여금의 통상임금 산입이 초래할 경제적 영향을 분석할 필요가 있다.

□ 분석 결과

1. 전체 임금근로자 임금 기초 통계 (단위: 천 원)

항목	29인 이하	30~299인	300인 이상
월 임금총액 평균	2,870	3,941	6,089
월 정액급여*	2,664(92.8%)	3,328(84.4%)	4,376(71.9%)
월 초과급여*	71(2.5%)	268(6.8%)	419(6.9%)
월 특별급여*	135(4.7%)	345(8.8%)	1,294(21.3%)

* 정액급여: 소정근로시간에 대하여 지급하기로 정하여진 기본급
* 초과급여: 시간외근로로 인하여 추가되는 급여 등
* 특별급여: 취업규칙 등에 지급조건, 금액, 지급시기가 정해져 있는 정기상여금 등

2. 재직자 조건부 정기상여금의 통상임금 산입 시 사업장 규모별 추가 지급 임금 규모 추정

구분	재직자 조건 부가율*	추계액(국내 기업 전체 기준)		비중(%)
		월 단위(백만 원)	연 단위(백만 원)	
29인 이하	18%	32,119	385,428	5.7%
30~299인	40%	263,694	3,164,328	46.6%
300인 이상	35.5%	269,926	3,239,112	47.7%
전체	26.7%	565,739	6,788,868	100%

※ 재직자 조건 부가율: 해당 규모 전체 기업 중 재직자 조건이 부가된 정기상여금을 지급하면서 이를 통상임금에 산입하지 않고 있는 기업의 비중을 의미함

3. 경제적 비용에 대한 해석

재직자 조건부 정기상여금이 통상임금에 산입될 경우 연간 6조 7,889억 원의 추가 인건비가 발생할 것으로 추정되며, 이 금액의 규모를 가늠하기 위해 우리나라 노동시장 관련 통계를 살펴보면 6조 7,889억 원은 2023년 기준 우리나라 전체 청년 실업자에게 1인당 연간 2,794만 원을 지원할 수 있는 금액으로 예상됨

① 사업장 규모가 커질수록 월평균 임금총액도 증가하며 동시에 월 임금총액 중 초과급여 및 특별급여가 차지하는 비중도 증가하였다.
② 재직자 조건부 정기상여금이 통상임금에 산입될 경우 월 임금총액에서 초과급여가 차지하는 비중은 줄어들 것이다.
③ 재직자 조건부 정기상여금이 통상임금에 산입될 경우 통상임금 추가 지급액은 사업장 규모가 클수록 클 것이다.
④ 재직자 조건부 정기상여금이 통상임금에 산입될 경우 30~299인 사업장의 연간 통상임금 추가 지급액은 3조 원이 넘을 것이다.
⑤ 재직자 조건부 정기상여금의 통상임금 산입 시 경제적 비용이 커진 원인 중 하나는 2013년 대법원 전원합의체 판결에 근거해 해당 정기상여금은 통상임금에 포함하지 않았기 때문으로도 볼 수 있다.

33 **○○기업 생산부의 박 대리는 생산된 각 부품의 품질 검사 업무를 담당하고 있다. 검사 방법으로는 기계를 이용한 자동 검사와 검사 담당자가 직접 검사하는 수동 검사가 있고, 품질 검사 담당자는 자동 검사와 수동 검사를 적절히 활용하여 업무를 수행한다. 다음은 박 대리가 검사해야 하는 부품 및 수량과 검사 소요 시간에 대한 정보이다. 다음의 정보를 바탕으로 할 때 주어진 부품의 검사를 마치는데 소요되는 최소시간으로 옳은 것은? (단, 제시되지 않은 다른 시간은 고려하지 않는다.)**

부품명	검사 수량	자동 검사			수동 검사
		기계 수량	단위투입량	검사 1회당 소요시간	
실린더	105개	2대	10개	7분 소요	부품 1개당 3분
베어링	140개	1대	20개	13분 소요	부품 1개당 4분

- 품질 검사 담당자는 실린더에 대한 품질 검사가 완료되면 베어링에 대한 품질 검사를 시작한다.
- 모든 자동 검사 기계는 검사 1회에 단위투입량만큼만 부품을 투입할 수 있으며, 매 검사 1회마다 부품을 투입하고 검사 프로세스를 설정하는데 추가로 2분이 소요된다. 검사 프로세스 설정은 기계별로 각각 이루어지며, 동시에 진행할 수 없다.
- 수동 검사를 하는 경우 부품 1개에 대한 검사는 중단 없이 연속적으로 행해져야 하고, 자동 검사의 기계 검사 프로세스 설정과 동시에 진행할 수 없다.

① 1시간 46분　　② 1시간 50분　　③ 2시간 15분
④ 2시간 24분　　⑤ 2시간 48분

[34~35] 다음 자료를 읽고 질문에 답하시오.

〈오피스 툴 '나이스웍' 자동 채번 이용 가이드〉

자동 채번이란 제품의 고유번호를 일정한 규칙에 따라 자동으로 생성하는 기능을 말합니다. 나이스웍에서 자동 채번 규칙을 이용하여 편리한 제품 관리를 경험해 보세요.

1. 제품군 유형 분류 및 코드 부여하기
   먼저 고유번호를 생성할 제품군을 분류하고 제품군별 코드를 부여합니다. 식품제조회사의 경우 과자, 껌, 초콜릿 등으로 제품군을 분류할 수 있습니다. 각 제품군에는 고유의 코드를 부여해야 합니다. 코드는 알파벳 또는 숫자로 구성해야 하며 최대 4개의 문자까지 사용할 수 있습니다. 과자, 껌, 초콜릿에 각각 AA, BB, CC와 같이 코드를 부여할 수 있습니다.
2. 프로젝트 생성 및 코드 부여하기
   프로젝트에 따라 생산된 제품을 관리할 수 있습니다. '프로젝트 생성'을 통해 프로젝트 이름과 간단한 설명을 기재하고, 프로젝트 코드를 부여합니다. 코드는 알파벳, 숫자, 특수문자로 구성할 수 있으며 최대 8개의 문자까지 사용할 수 있습니다.
3. 제품 등록하기
   고유번호를 생성할 제품(예 새우맛 과자)을 등록한 후 제품군 및 프로젝트(해당하는 경우)를 선택하고, 제품의 제조일자(Date) 등 기본사항을 기입합니다. 기타 항목(item)을 추가하는 경우 항목의 명칭 및 항목의 내용 모두 사용자화할 수 있습니다. 식품제조회사에서 과자의 용량을 항목으로 추가하는 경우 item1(용량)에는 180g, 300g 등을 입력하거나 값을 선택하도록 설정할 수 있습니다. item은 최대 5개까지 추가할 수 있습니다.
4. 채번 규칙 생성하기
   채번 규칙은 제품군별로 적용되며, 다음의 4가지 요소를 조합하여 만들 수 있습니다.
   ① Date: 날짜를 표현할 때 사용하는 요소입니다. 날짜는 다음의 규칙에 따라 표현합니다.

yyyy: 년도 MM: 월 dd: 일 hh: 시간 mm: 분 ss: 초

   만일 2025년 3월 2일을 Date 요소로 표현할 경우 {Date:yyMM} 입력 시 2503이 출력됩니다. {Date:yyyy-MM-dd} 입력 시 2025-03-02가 출력됩니다.
   ② Value: Value 요소는 그 값을 다양하게 사용할 수 있습니다. {Value:code}는 제품군 분류에 따라 생성한 코드를 출력합니다. {Value:project}는 생성된 프로젝트에 부여된 코드를 출력합니다. {Value:itemN}는 N번째 item에 부여된 값을 출력합니다.
   ③ Serial: Serial 요소는 개별 제품마다 자동으로 부여되는 일련번호를 의미합니다. {Serial:N}은 숫자를 1부터 순차적으로 부여하는 규칙이며, {Serial:A}는 알파벳을 A부터 순차적으로 부여하는 규칙입니다. 일련번호의 자릿수에 따라 N과 A의 개수를 조정합니다. 예를 들어 {Serial:NNN}은 001, 002, 003의 일련번호가 차례로 부여되며 {Serial:AAA}의 경우 AAA, AAB, AAC의 일련번호가 차례로 부여됩니다.
   ④ 문자열: { } 안에 입력한 문자열이 그대로 출력되며, 알파벳 또는 숫자만 입력할 수 있습니다. 최대 6개의 문자까지 입력이 가능합니다.
5. 채번 규칙 배열하기
   제품의 고유번호는 채번 규칙의 각 요소를 조합함으로써 생성할 수 있습니다. 각 요소의 사용/미사용, 순서, 표현 방식에 따라 생성되는 각 제품의 고유번호가 달라집니다. 채번 규칙의 각 요소는 { }로 표현되어야 하며, 요소와 요소 사이에 특수문자가 포함된 경우 특수문자가 그대로 출력됩니다.

34 다음 중 이용 가이드에 대한 이해로 적절한 것은?

① 채번 규칙 {Value:code}{Serial:AAA}로 생성된 고유번호가 KESAABC인 제품은 KESA 제품군의 29번째 제품이다.

② 'S-AR'은 제품군 분류 코드에는 사용할 수 없으나 프로젝트 코드 및 문자열 요소로는 사용할 수 있다.

③ 하나의 채번 규칙을 작성할 때 포함할 수 있는 요소의 개수는 최대 5개이다.

④ Serial 요소를 {Serial:AA}로 작성한 경우 일련번호를 부여할 수 있는 해당 제품군의 최대 제품 수량은 650개이다.

⑤ Date 요소의 출력값이 201212071116인 경우 작성된 규칙은 {Date:yyMMddhhmmss}이다.

35 다음은 에어컨 제조를 주력 사업으로 하는 ○○기업에서 '나이스웍'을 이용하여 각종 데이터를 입력한 자료의 일부이다. 담당자가 천장형 에어컨 제품군에 신제품을 등록하고 고유번호를 생성하고자 할 때, 채번 규칙이 바르게 작성된 것은? (단, 요소 사이에 구분할 수 있는 기호를 추가한다.)

- 제품군 유형: 스탠드형(AS), 천장형(AC), 벽걸이형(AW)
- 제품의 출시일: 출시년도, 월, 일
- 제품의 바디 색상(item1): 화이트(W), 베이지(B), 뮤트핑크(P), 그레이(G), 다크메탈(M)
- 제품의 등급(item2): 프리미엄(PM), 디럭스(DX), 스탠다드(SD)
- 제품의 사용 면적(item3): 18, 24, 30

* 제품의 고유번호에는 제품군 유형, 출시년월(출시년월 6자리), 사용 면적, 등급, 일련번호(네 자리 숫자)를 순서대로 포함시키고자 한다.

① {Value:code}－{Date:yyMM}－{Value:item3}－{Value:item2}－{Serial:NNNN}

② {Value:code}－{Date:yyyyMM}－{item3}－{item2}－{Serial:NNNN}

③ {Value:code}－{Date:yyyyMM}－{Value:item1}－{Value:item3}－{Serial:AAAA}

④ {AC}{Date:yyyyMM}{Value:item3}{Value:item2}{Serial:NNNN}

⑤ {AC}－{Date:yyyyMM}－{Value:item3}－{Value:item2}－{Serial:NNNN}

[36~38] 다음 자료를 읽고 질문에 답하시오.

데이터는 아날로그 데이터와 디지털 데이터로 구분되며, 신호의 형태 역시 아날로그 신호와 디지털 신호로 나뉜다. 데이터가 전송매체를 통해 상대방에게 전달되기 위해서는 전송매체의 신호 형태에 맞춰 전송신호로 변환시키는 과정이 필요한데, 이를 부호화(encoding)라고 한다. 데이터와 신호가 모두 아날로그와 디지털로 구분되므로 신호 변환의 유형은 네 가지로 나타날 수 있다. 그 중 디지털 데이터를 디지털 신호로 부호화하는 과정은 이진수(0과 1)로 표현되는 데이터를 전기적 신호인 전압으로 변환하는 것을 말한다. 디지털 신호는 불연속적인 전기적 신호인 전압으로 구성되며, 디지털 데이터의 각 비트는 전기적 신호인 전압을 통해 나타나게 된다.

이러한 부호화의 방식은 크게 단극형, 극형, 양극형으로 구분할 수 있다. 단극형(Unipolar) 부호화는 시간 축을 기준으로 양극이나 음극 중 하나의 전압 상태만을 사용하여 신호를 표현하는 방식이다. 예를 들어 입력 데이터 1의 표현을 위해서는 양전압이나 음전압 중 하나를 선택하여 사용하고, 0은 전압을 0V로 설정하는 방식이다.

극형(Polar) 부호화는 양극과 음극을 모두 사용하여 신호를 표현하는 방식이다. 여기에는 NRZ (Non-Return to Zero), RZ(Return to Zero), Biphase(Manchester) 등이 포함된다. NRZ 부호화는 입력 데이터인 2진수에 대해 두 개의 전압 레벨을 사용한다. 예를 들어, 데이터가 1인 경우 양극을, 0인 경우 음극을 대응시켜 사용하는 것이다. 이와 같이 기본적인 NRZ를 NRZ-L(NRZ-Level)이라고도 한다. NRZ-I(NRZ-Inverted)은 데이터 0과 1에 대응하는 전압 레벨이 존재하는 것이 아니라 데이터가 0일 때는 이전의 전압 레벨을 유지하고, 데이터가 1인 경우에는 그 비트의 시작점에서 극성을 반전시키는 방식이다. RZ(Retrun to Zero) 부호화는 양전압, 0, 음전압의 3개의 전압 레벨을 사용한다. 이 방식에서는 데이터를 신호로 변환할 때 각 비트의 중간점에서 항상 전압이 0으로 복귀하였다가 후에 데이터에 대응하는 전압 레벨의 상태로 변환된다. Biphase(Manchester) 부호화는 각 비트의 중간 지점에서 전압 레벨의 극성이 반전되는 방식이다. 예를 들어, 데이터 1을 표현하기 위해서는 전압 레벨을 음전압에서 양전압으로, 0을 표현하기 위해서는 전압 레벨을 양전압에서 음전압으로 상태가 변화하는 것이다.

양극형(Bipolar) 부호화에서는 양전압, 0, 음전압의 세 가지 전압 레벨을 사용한다. 이 방식에서는 데이터 0에 대해서는 0V를 유지하고, 1의 경우에는 양전압과 음전압을 교대로 표현한다.

36 아래의 데이터에 대한 부호화가 다음과 같다고 할 때, 부호화 방식으로 옳은 것은?

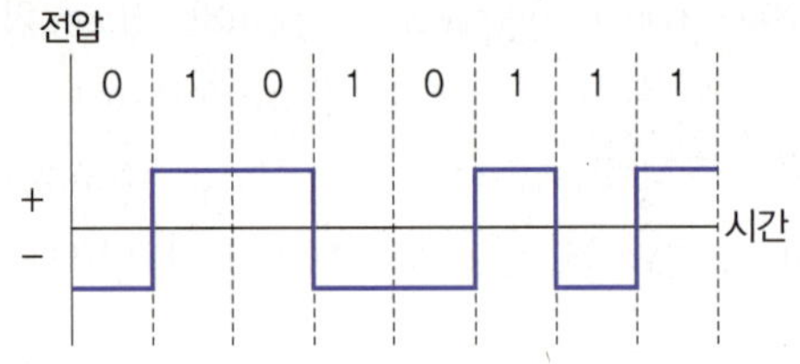

① NRZ-L　　② NRZ-I　　③ RZ
④ Unipolar　　⑤ Bipolar

37 2진수 데이터 '01101001'을 Biphase 방식으로 부호화한 결과로 옳은 것은? (단, 전압 변화의 방향은 데이터 0의 경우 음전압에서 양전압으로, 1의 경우 양전압에서 음전압으로 한다.)

①
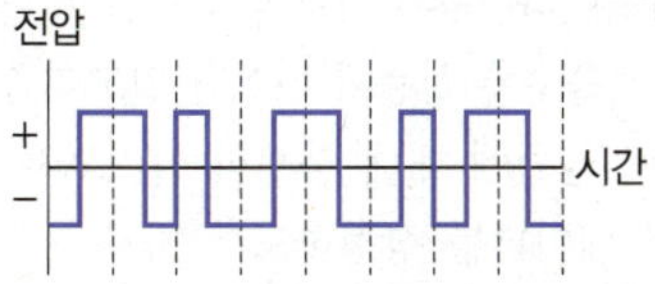

②
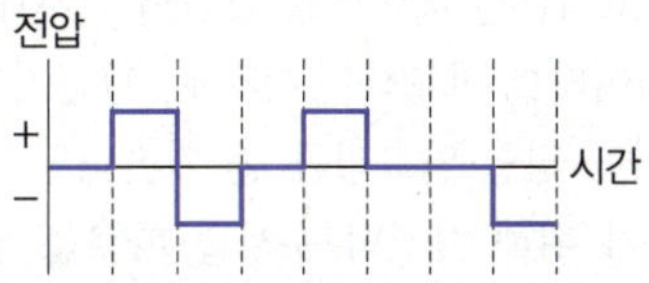

③
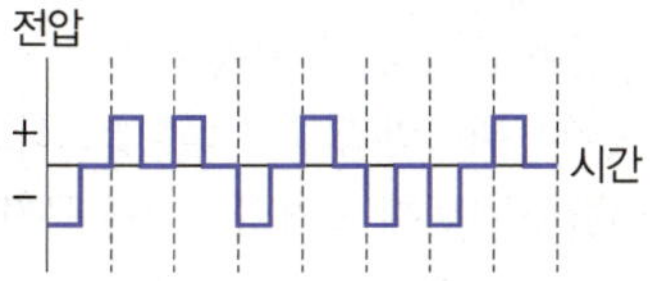

④
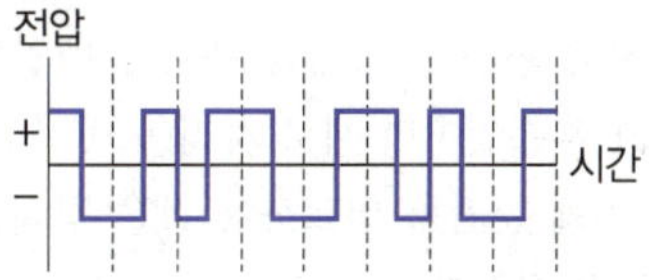

⑤
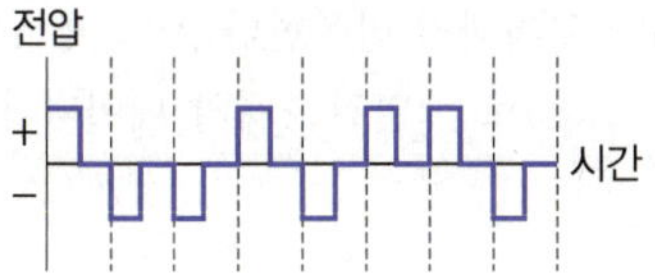

38 2진수 데이터 '101101011101'을 Bipolar 방식으로 부호화할 경우 음전압이 나타나는 횟수로 옳은 것은?

① 2회 ② 3회 ③ 4회
④ 6회 ⑤ 8회

[39~40] 다음 자료를 읽고 질문에 답하시오.

정렬 알고리즘은 데이터를 일련의 순서대로 나열하는 방법이다. 좋은 정렬 알고리즘을 판단하는 기준은 두 데이터를 비교하는 횟수로, 평균적인 비교 횟수가 적을수록 성능이 뛰어난 알고리즘으로 평가받는다. 여러 정렬 알고리즘 중 기본적인 버블 정렬과 선택 정렬에 대해 자세히 살펴보자. 직관적인 이해를 돕기 위해 사전식 순서를 따르는 일반적인 알파벳 데이터를 상정하도록 하자.

버블 정렬(bubble sort)은 가장 기초적인 정렬 알고리즘으로, 최신 정렬 알고리즘에 비해 성능은 매우 떨어지는 편이다. n개의 문자가 배열되어 있을 때, 첫 번째 문자와 두 번째 문자를 비교하여 첫 번째 문자가 후순위이면 서로 자리를 바꾸고, 두 번째 문자가 후순위이면 그대로 둔다. 그리고 두 번째 문자와 세 번째 문자를 비교하여 같은 방식으로 처리한다. 이를 n-1번째 문자와 n번째 문자까지 반복하면 첫 번째 패스가 종료된다. 두 번째 패스에서는 다시 첫 번째 문자와 두 번째 문자를 비교하여 동일하게 처리하고 이러한 과정을 n-2번째 문자와 n-1번째 문자까지 반복한다. 이렇게 n-1번째 패스까지 반복하면 정렬 알고리즘이 완료된다. 가령 (d, b, a, c)로 배열된 4개의 데이터가 있을 때, 버블 정렬을 이용하면 다음과 같이 전개된다.

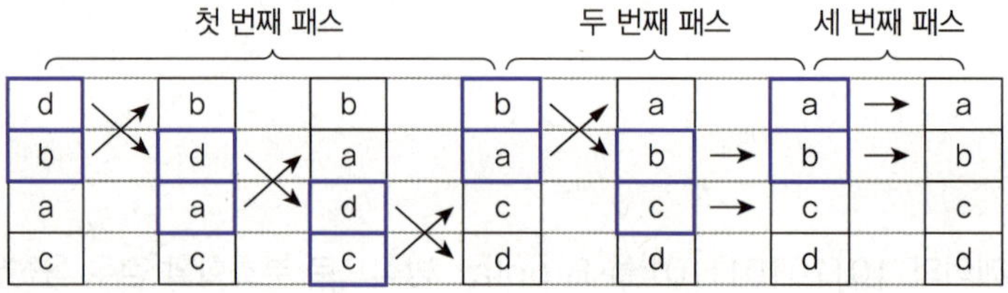

위 예시의 두 번째 패스에서 이미 정렬이 완성되었지만, 알고리즘이 이를 인지하고 프로세스를 중단시키는 장치가 없으므로 불필요한 세 번째 패스까지 끝마쳐야 정렬 알고리즘이 완료된다.

한편 선택 정렬(selection sort)은 인간의 사고방식과 가장 유사한 정렬 알고리즘으로, 버블 정렬과 마찬가지로 최신 정렬 알고리즘에 비해 성능이 뛰어나지는 않지만 데이터가 어떤 형태로 배열되어 있든지 간에 항상 일정한 성능을 담보한다는 특징이 있다. n개의 문자가 배열되어 있을 때, 첫 번째 문자에서부터 n번째 문자까지 중에서 순서가 가장 빠른 문자와 첫 번째 문자의 자리를 서로 바꾸면 첫 번째 패스가 종료된다. 두 번째 패스에서는 두 번째 문자에서부터 n번째 문자까지 중에서 순서가 가장 빠른 문자와 두 번째 문자의 자리를 서로 바꾼다. 이렇게 n-1번째 패스까지 반복하면 정렬 알고리즘이 완료된다. 위와 마찬가지로 (d, b, a, c)로 배열된 4개의 데이터가 있을 때, 선택 정렬을 이용하면 다음과 같이 전개된다.

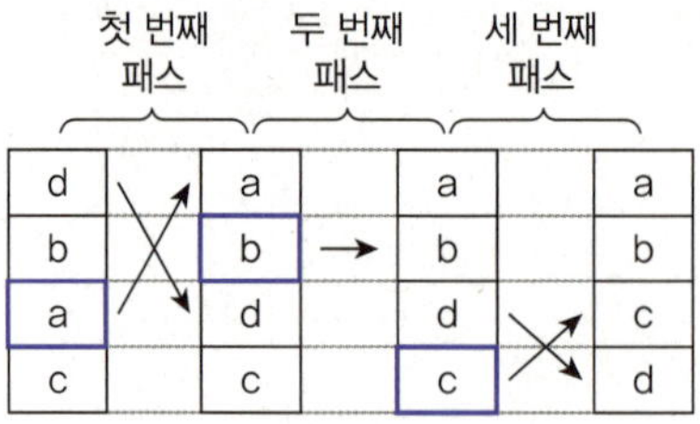

39 **주어진 자료를 보고 이해한 내용으로 가장 적절한 것은?**

① 선택 정렬에서는 하나의 패스에서 한 번의 데이터 위치 교환이 일어난다.
② 선택 정렬을 이용하면 데이터의 배열 상태에 따라 데이터 비교 횟수가 가변적일 수 있다.
③ 버블 정렬을 이용하여 5개의 데이터를 정렬할 경우, 두 데이터를 비교하는 횟수는 10번이다.
④ 버블 정렬과 선택 정렬 모두 최신 정렬 알고리즘에 비하면 평균적인 데이터 비교 횟수가 적은 편이다.
⑤ 동일한 데이터 배열을 버블 정렬과 선택 정렬로 각각 정렬할 때, 정렬 알고리즘이 완료될 때까지 거치는 패스의 수는 서로 다를 수 있다.

40 **다음 〈보기〉의 데이터 배열을 버블 정렬과 선택 정렬로 각각 정렬할 때, 〈보기〉에 주어진 방식대로 데이터 정렬이 완성되게 되는 패스의 단계를 차례대로 짝지은 것은?**

보기

• 데이터 배열: (6, 4, 1, 5, 3, 2)
• 데이터의 순서는 작은 수가 더 앞서는 오름차순으로 상정함

	(버블 정렬)	(선택 정렬)
①	네 번째 패스	세 번째 패스
②	네 번째 패스	네 번째 패스
③	네 번째 패스	다섯 번째 패스
④	다섯 번째 패스	네 번째 패스
⑤	다섯 번째 패스	다섯 번째 패스

3회 Self Check List

	오답 수(개)	무응답 수(개)	풀이시간(분)
1회독	/ 40	/ 40	/ 75
2회독	/ 40	/ 40	/ 60
3회독	/ 40	/ 40	/ 45

독끝

CHAPTER 04

실전모의고사 4회

영역 ❶ 의사소통능력

영역 ❷ 수리능력

영역 ❸ 문제해결능력

영역 ❹ 자원관리능력

영역 ❺ 정보능력

모의고사 정보

실전모의고사 4회는 5개 영역으로 이루어진 TYPE A로, IBK기업은행, NH농협은행, 신협중앙회 등의 출제 영역을 바탕으로 40문항을 구성한 모의고사입니다.

영역		출제 영역 대비 기업	문항 수	난이도별 구성	유형
NCS 직업기초 능력평가	의사소통능력	IBK기업은행, NH농협은행, 신협중앙회 등	40문항	●○○ 21문항 ●●○ 14문항 ●●● 5문항	객관식
	수리능력				
	문제해결능력				
	자원관리능력				
	정보능력				

권장 풀이 시간

다음의 회독수별 권장 풀이 시간에 맞춰 문제 풀이한 다음 실전모의고사 4회 40번 끝의 [Self Check List]를 기입하여 부족한 부분을 파악하세요!

권장 풀이 시간		
1회독 ▶ 75분	2회독 ▶ 60분	3회독 ▶ 45분

CHAPTER | 04

실전모의고사 4회

정답 및 해설 182p

[01~02] 다음 글을 읽고 질문에 답하시오.

채권시장은 조용하지만, 거대한 자금이 흐르는 무대다. 흔히 주식시장을 자본주의의 꽃이라 부르지만, 실제로 거래되는 자금 규모를 따지면 채권시장이 훨씬 크다. 특히 국고채나 통안채(=통화안정채권 또는 통화안정증권) 같은 주요 채권은 최소 거래 단위가 100억 원으로, 일반 개인 투자자는 발을 들이기 어려운 영역이다. 이 시장은 소수의 기관 투자자들만 참여하며, 국내에서도 실질적인 시장 참여자는 매우 소규모로 알려져 있다.

이들은 일반 투자자와는 완전히 다른 방식으로 거래한다. 거래는 주로 특정 메신저에서 이뤄지며, 텍스트 몇 줄로 수백억 원어치 거래가 성사된다. 그 안에는 오직 그들만 이해할 수 있는 언어가 있다. 예를 들어 "25-2 755+ 200"이라는 문장을 보자. 이는 "국고채 30년물 '국고02750-5409'를 2.755% 금리에 200억 원어치 매수하고 싶다"는 의미다. '25-2'는 2025년에 두 번째로 발행된 국고채를 가리키며, 이것이 국고채 30년물 '국고02750-5409'라는 것은 모든 시장 참여자들이 기본적으로 알고 있는 상식으로 간주되므로 '25-2'로 줄여 부르는 것이다. '755+'는 금리 2.755%에 채권을 매수하고 싶다는 뜻인데, 반대로 매도하고 싶다면 '+' 대신 '-'를 붙인다. '현재 국고채 금리는 2%대'라는 것은 시장 참여자가 모두 알고 있는 상식이므로 앞자리 '2.'는 생략된다. 마지막 숫자 '200'은 거래 금액, 즉 200억 원이다. 기본 거래 단위가 100억 원이므로 200억 원을 '2개'라고도 표현하며, 100억 원짜리 거래는 아예 숫자를 생략하기도 한다.

통안채는 국고채와는 다른 별칭이 존재한다. 국고채는 '25-2'와 같이 숫자로 거래하고자 하는 채권을 특정하지만, 통안채는 '통당', '구통당'과 같은 단어를 사용한다. 이번 달에 발행된 통안채는 '통안채 당월 발행물'을 줄여 '통당', 그 전달에 발행된 통안채는 '구통당', 전전달에 발행된 것은 '구구통'이라 부른다. 입찰은 마쳤지만 아직 발행되지 않은 채권은 '통안채 딱지'를 줄여 '통딱'이라고 하는데, 말장난처럼 '통닭'이라 부르기도 한다. 이 명칭들은 거래 시점을 기준으로 바뀐다. '통딱'이 발행되면 '통당'이 되고, 기존의 '통당'은 '구통당'으로, 기존의 '구통당'은 '구구통'으로 밀려난다.

메신저에 거래를 원하는 참여자가 암호처럼 보이는 언어로 거래조건을 올리면, 상대방이 메신저로 1:1 대화를 걸어 바로 거래를 체결하거나 흥정을 하기 시작한다. 쌍방이 합의점에 도달하면 'ㅎㅈ'(확정), 'ㄱㅅ'(감사)와 같은 간단한 채팅으로 거래가 성사되었음을 알린다. 물론 메신저상의 대화만으로 거래가 완료되는 것은 아니고, 최종 거래는 전화 통화로 확인을 한 후 이를 녹취하고, 계산서를 팩스로 주고받는 등 정식 절차를 거쳐야 완료된다. 그러나 향후에 분쟁이 생겼을 경우, 채팅 기록도 중요한 참고자료가 될 수 있다.

01 **주어진 글을 읽고 추론한 내용으로 옳지 않은 것은?**

① 채권시장 기관 투자자들은 메신저를 통해 흥정을 한다.
② 채권시장에서 '24-8'은 2024년에 여덟 번째로 발행된 국고채를 의미한다.
③ 통안채 종류를 먼저 발행된 것부터 나열하면 '구구통', '구통당', '통당' 순이다.
④ 채권시장에서는 정확한 거래를 위해 금리의 소수점 앞자리 숫자도 모두 표기해야 한다.
⑤ 채권시장에서 거래를 완료하려면 'ㅎㅈ', 'ㄱㅅ' 입력 뒤에 추가적으로 처리해야 할 일이 있다.

02 **다음 〈보기〉는 채권 거래 메신저에서 시장 참여자 A~E가 각각 띄운 메시지이다. 이번 달 또는 전달에 발행된 통안채를 2.69% 이상의 금리로 200억 원어치 이하만큼 매수하고 싶을 때, 1:1 대화를 걸 가장 적절한 상대는?**

보기

- A: 구통당 695+ 500
- B: 구구통 695−
- C: 통닭 690+ 200
- D: 통당 685−
- E: 구통당 690− 2개

① A ② B ③ C
④ D ⑤ E

[03~04] 다음 자료를 읽고 질문에 답하시오.

지니계수란 소득의 불평등 정도를 나타내는 가장 대표적인 소득분배지표이다. 지니계수를 계산하기 위해서는 먼저 로렌츠곡선에 대해 이해해야 한다. 로렌츠 곡선은 소득 분배의 불평등 정도를 시각적으로 나타내는 곡선으로, X축에는 소득이 낮은 사람부터 높은 사람까지 인구의 누적비율을 표시하고, Y축에는 해당 인구가 차지하는 소득의 누적비율을 표시한다. 만약 모든 인구가 동일한 소득을 얻는다면 소득분배는 완전평등하므로 인구누적비율과 누적소득비율이 일치하여 소득분배곡선은 45° 대각선으로 나타날 것이다. 그러나 현실에서는 이와 같이 완전평등한 소득분배가 이루어지지 않는다. 로렌츠곡선은 실제 소득 분배를 나타내는 곡선으로 완전평등선 아래에 위치하게 된다. 곡선의 휘어진 정도(완전평등선과 로렌츠 곡선 사이의 면적)는 불평등의 정도를 나타내며, 곡선이 완전평등선에서 멀어질수록 불평등 정도가 심하다고 볼 수 있다.

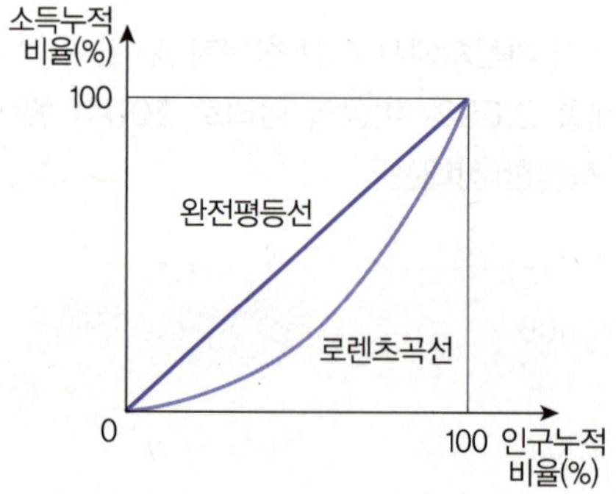

지니계수는 로렌츠 곡선을 통해 계산되는 소득 불평등 정도를 나타내는 지표로, 완전평등선과 로렌츠 곡선 사이의 면적을 기준으로 계산된다. 계산방법은 다음과 같다. 로렌츠곡선과 완전평등선 사이의 면적, 즉 불평등 면적을 A영역이라고 하고, B영역을 완전평등선을 모서리로 하는 완전평등선 아래의 큰 삼각형 전체 면적에서 A영역을 뺀 영역이라고 하면, 지니계수는 $\frac{A}{A+B}$로 계산될 수 있다. 지니계수는 0~1의 값을 갖는다. 지니계수가 0에 가까울수록 소득 분배가 평등하다는 것을 의미하고 1에 가까울수록 소득 분배가 불평등함을 의미한다.

03 주어진 글의 내용을 통해 추론할 수 없는 내용은?

① 지니계수는 1−2B로 나타낼 수도 있다.
② 로렌츠 곡선과 지니계수를 통해서 전체 경제규모를 계산할 수 있다.
③ 로렌츠 곡선이 완전평등선에 가까울수록 지니계수는 0에 가까워진다.
④ 지니계수가 같더라도 로렌츠 곡선의 모양에 따라 실제 불평등 정도는 다를 수 있다.
⑤ 지니계수를 통해 특정 계층(예: 하위 10%)의 구체적인 소득 분배상태를 알 수는 없다.

04 다음은 A국의 로렌츠 곡선을 나타낸 그래프이다. 실선으로 표현된 곡선은 2023년의 로렌츠 곡선을, 점선으로 표현된 곡선은 2024년의 로렌츠 곡선을 나타낸 것이라고 할 때, 윗글의 내용을 참고하여 A국의 소득불평등 정도에 대해 분석한 내용으로 적절하지 않은 것은? (단, '㉠ 면적 < ㉡ 면적'이다.)

〈A국의 로렌츠 곡선〉

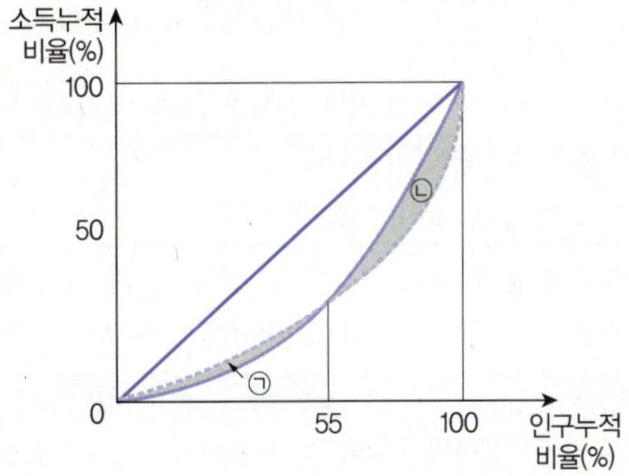

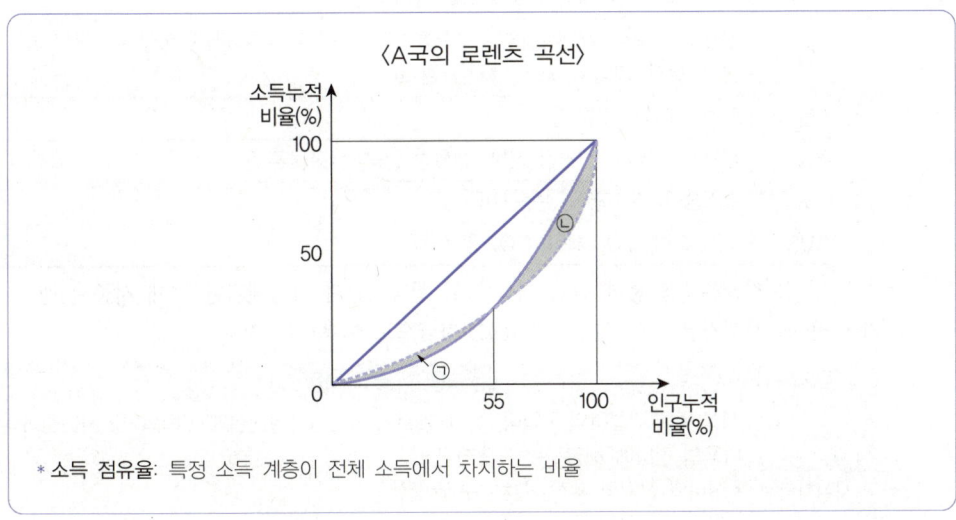

* 소득 점유율: 특정 소득 계층이 전체 소득에서 차지하는 비율

① 지니계수는 2023년보다 2024년에 더 높다.
② 소득 하위 50%의 인구가 차지하는 소득의 누적비율은 2023년보다 2024년에 더 높다.
③ 2023년 대비 2024년에 소득 하위 55%의 소득액의 절대적 변화량은 추론할 수 없다.
④ 상위 10% 소득 계층의 소득 점유율은 2024년보다 2023년에 더 높다.
⑤ 2023년 대비 2024년에 소득 불평등 정도가 높아진 것은 주로 소득 상위 45%의 소득 불평등에 기인한 것으로 추론할 수 있다.

[05~06] 다음 자료를 읽고 질문에 답하시오.

2024년 탄소중립 전환 선도프로젝트 융자지원사업 공고

「2024년 탄소중립 전환 선도프로젝트 융자지원」 사업 지원 대상 프로젝트 선정을 위하여 다음과 같이 공고하오니, 동 사업에 참여를 희망하는 기업은 관련 규정 및 절차에 따라 신청하여 주시기 바랍니다.

1. 사업 목적
   (　　　　㉠　　　　)

2. 지원 내용
   - 지원 대상: 온실가스 배출을 줄이기 위한 시설 또는 연구개발(R&D) 프로젝트를 계획하고 있는 기업(중소·중견기업, 대기업)

   ※ 탄소중립 전환 선도프로젝트: 온실가스 배출을 획기적으로 줄이고 미래 기술적·경제적 파급효과가 큰 장기·대규모 시설 및 R&D 프로젝트로 다음 분류에 따른 프로젝트

대분류	중분류
전환	차세대 태양광, 차세대 풍력, 연료전지, 수소·암모니아 발전, 바이오연료, 에너지저장, 에너지원 다양화, 에너지 효율향상, 원자력 등
산업	철강, 석유화학, 시멘트, 정유, 반도체, 디스플레이, 섬유, 제지, 비철금속, 전기전자, 이차전지, 유리, 자동차, 조선, 자원순환 등
건물	Zero 에너지 건물 등
수송	친환경 자동차, 친환경 선박, 친환경 항공, 유통물류 등
수소	수소생산, 수소저장, 운송·이송 등
CCUS	CO_2 포집, CO_2 저장, CO_2 활용 등

   - 지원 방식: 취급은행을 통한 간접 대출(사업 전담기관과 약정체결한 14개 시중 은행)
   - 자금 용도: 시설자금 또는 연구개발(R&D)자금으로 이용하는 경우

용도	주요 내용
시설자금	시설 및 부대설비의 구입비, 설치·개수공사비, 보수비·설계·감리비 및 시운전비 등으로 다음의 하나에 해당하는 소요자금 • 설비와 장치의 제작, 설치, 구매비용 • 건축비 및 설계비 • 중고시설 또는 기존 건축물 매입 비용
연구개발(R&D)자금	선도프로젝트 관련 기술·공정·제품 등의 개발에 소요되는 자금과 선도프로젝트를 통해 개발 완료 후 기술사업화에 소요되는 자금 ※ 주관연구개발기관이 연구개발프로젝트의 일부를 위탁할 때 위탁연구개발기관에 지급하는 비용 포함(위탁기관에 지급하는 비용은 전체 연구개발비용의 40% 이내이어야 함)

   - 융자 비율: 프로젝트 총 필요자금 기준 중소기업 100%, 중견기업 90%, 대기업 50%
   - 지원 한도: 프로젝트당 시설자금은 500억 원, 연구개발(R&D)자금은 100억 원 이내
   - 지원 기간: 최대 10년(3년 거치 7년 원금균등분할상환)
   - 금리: 매년 3분기 '공공자금관리기금 융자계정 대출금리'에서 중소·중견기업 2.0%p, 대기업 1.5%p를 차감하여 적용(1년 변동금리)

   ※ 단, 산정한 대출금리가 1.3% 미만일 경우 최저대출금리인 1.3%를 적용

05 주어진 자료의 내용을 참고할 때, 빈칸 ㉠에 들어갈 내용으로 가장 적절한 것은?

① 탄소중립 실현을 위한 정책적 기반의 강화를 통해 온실가스 감축 목표 달성을 위한 탄소배출 모니터링 체계 구축
② 탄소중립 실현에 선제 투자하는 기업에 대한 장기·저리 융자자금 지원을 통해 산업계의 탄소중립 실현 및 관련 생태계 조성 기여
③ 탄소배출저감을 목표로 한 중소기업의 인프라 전환 비용을 보조 및 에너지 효율화 지원을 통한 장기적인 경제 성장 도모
④ 탄소중립 기술 개발에 필요한 초기 자본 지원을 통해 온실가스 감축 효과가 큰 기술의 국제 경쟁력 강화 및 해외 시장 진출 독려
⑤ 국내 기업의 탄소중립 기술개발과 상용화를 위해 고금리 대출 상품을 제공하여 기업의 단기적인 성과 창출을 독려함으로써 기술 투자 효율성 극대화

06 다음은 위 공고에 따라 융자지원사업에 신청을 희망하는 A기업과 B기업의 사례이다. 이에 대한 분석으로 적절하지 않은 것은?

> 중견기업인 A기업에서는 12시간 이상 전력공급이 가능한 저장시스템(ESS)을 개발하고자 한다. 시스템이 개발되면 태양광이나 풍력 발전 등 불규칙적으로 생산되는 재생에너지의 저장·관리의 효율성을 보다 높임으로써 더 높은 탄소배출 저감효과를 얻을 수 있을 것으로 예상된다. 이 시스템의 개발을 위해서는 추가설비의 구입 및 추가설비의 운영을 위한 토지매매가 필요하며, 총 투자 비용의 추정치는 250억 원이다.
> 대기업인 B기업에서는 지능형 승강기 운용 시스템의 연구개발에 착수하고자 한다. 지능형 승강기 운용 시스템은 인공지능이 탑재된 승강기 운용 시스템으로, 전력효율을 최대화할 수 있는 방식으로 승강기를 운용하여 탄소중립에 기여할 것으로 기대된다. B기업의 주력 사업은 승강기 개발 및 설치·운영이며, 승강기에 탑재할 인공지능의 연구개발은 협력업체인 C기업에 위탁하고자 한다. 연구개발비 산출 결과, B기업의 연구개발비는 60억 원, C사에 연구개발을 위탁하는 데 소요되는 비용은 50억 원으로 산출되었다.

① A기업과 B기업에서 추진하고자 하는 프로젝트의 성격상 두 기업 모두 지원 대상에 해당할 것이다.
② A기업의 경우 사업에서 정한 자금의 용도에 부합하지 않는 항목이 포함되어 있다.
③ B기업이 지원 대상으로 선정되기 위해서는 B기업의 자체 연구개발비를 증액하는 방법으로만 가능하다.
④ A기업이 사업 신청단계에서 모든 요건을 갖추어 지원 대상으로 선정되었고, 해당연도 3분기 '공공자금관리기금 융자계정 대출금리'가 3.27%라면 A기업에게 적용되는 위 사업의 대출금리는 1.3%일 것이다.
⑤ B기업이 연구개발비 조정을 통해 사업 신청단계에서 모든 요건을 갖추어 지원 대상으로 선정되었고, 최종 연구개발(R&D)자금이 60억 원으로 산출되었다면 B기업에게 지원되는 대출금은 30억 원이다.

[07~08] 다음 자료를 읽고 질문에 답하시오.

다이내믹 프라이싱(dynamic pricing)이란 동일한 제품 및 서비스에 대한 가격을 시장 상황에 따라 유동적으로 바꾸는 판매 전략을 통칭한다. 이는 실시간 수요와 공급은 물론 경쟁 상황, 소비자 행동 등 다양한 가변 요인을 고려하여 가격을 탄력적으로 책정하는 동적 가격제로, 국내에서는 '탄력가격제', '가변가격제', '가격변동제' 등 다양한 용어로 사용되고 있다.

다이내믹 프라이싱은 새로운 개념이 아니며, 휴가철 항공권이나 호텔 객실 등과 같이 공급은 고정되어 있지만 수요가 변동하는 분야에서 제한적으로 적용되었다. 그러나 코로나19 이후 비대면 문화 확산에 따른 플랫폼 경제 확대, 온·오프라인 연계 서비스 등장 등으로 식품 배달, 택시·대리운전, 주차장 등 일상 서비스업계에서 다이내믹 프라이싱을 적용하였고, 이에 따라 많은 사람들이 친숙하게 여기기 시작하였다. 최근에는 인공지능 및 빅데이터 등을 접목하여 과거보다 정교한 가격 책정이 가능해지면서 골프장, 야구장, 콘서트장 등 전통적인 오프라인 업종으로도 적용 범위를 확장하고 있는 추세이다.

다이내믹 프라이싱의 일상 속 확산 과정에서 이에 대한 소비자의 인식과 수용도 역시 변화를 거듭하였고, 여러 논란과 우려에도 불구하고 소비자와 기업 모두에게 '윈윈'이라는 반응이 나타나고 있다. 소비자 입장에서는 가격 변동 추이를 추적 관찰한 뒤 최적가에 원하는 제품 및 서비스를 구매하는 등 합리적 소비가 가능하며, 기업 역시 시장 상황에 보다 민첩하게 대응함으로써 효율적인 수요 관리 및 매출의 극대화가 가능하기 때문이다.

그러나 소비자의 이해와 신뢰가 배제된 채 기업이 일방적으로 다이내믹 프라이싱을 도입하는 것은 거센 반발을 야기할 수 있다. 최근 미국의 햄버거 체인점 ㅇㅇ에서는 다이내믹 프라이싱 도입 계획을 발표하였으나 점심시간 등 수요가 몰릴 때 더 높은 가격을 적용하는 서지 프라이싱(일시적 가격 인상 정책) 정책이 아니냐며 소비자들에게 거센 반발을 샀고, 가뜩이나 물가 상승으로 힘든 가운데 여론이 급격히 악화되자 다이내믹 프라이싱 도입 계획을 철회하기도 하였다.

특히 소비자가 다이내믹 프라이싱에 도입에 따른 혜택을 인지하지 못할 경우에는 오히려 가격 인상을 위한 꼼수로 인식되며 불필요한 오해를 유발할 수 있다. 또 소비자 입장에서 가격 인상폭이 비합리적으로 과다하다고 여겨질 경우에는 다이내믹 프라이싱은 기업의 가격 조작에 의한 비윤리적 폭리행위로 간주되어 결국 소비자의 외면을 받게 될 수 있다.

소비자의 인식 개선 및 IT 기술의 발달 등 다이내믹 프라이싱의 보급 여건이 조성되면서 전 세계 많은 국가의 다양한 기업들은 이를 도입할 것으로 전망된다. 다만, 다이내믹 프라이싱은 소비자에 대한 혜택이 동반될 때 지속가능하다. 따라서 기업은 가격을 탄력적으로 책정하고 소비자에게 어떤 혜택이 돌아가는지에 대해 충분하고 명확히 소통함으로써 소비자와의 신뢰관계를 구축할 필요가 있다. 또 가격 인상 정보는 물론 인하 시기·범위·기준 등 모든 옵션을 명확하게 알려 다이내믹 프라이싱이 단순히 기업의 이익 증대를 위한 도구가 아니라 가격 혜택과 고객 경험 개선 등 소비자의 선택의 폭을 넓혀주는 유용한 정책임을 이해시켜야 한다. 또 가격 변동이 무작위적이거나 불공평하다고 인식될 경우 소비자는 이를 기만행위로 간주할 수 있다. 투명성과 공정성 원칙에 기반한 가격 책정 및 운영 기준 마련이 소비자 신뢰와 충성도 확보를 위한 핵심 요소이다.

07 **주어진 글을 참고하여 아래의 그래프에 대해 이해한 내용으로 적절하지 않은 것은?**

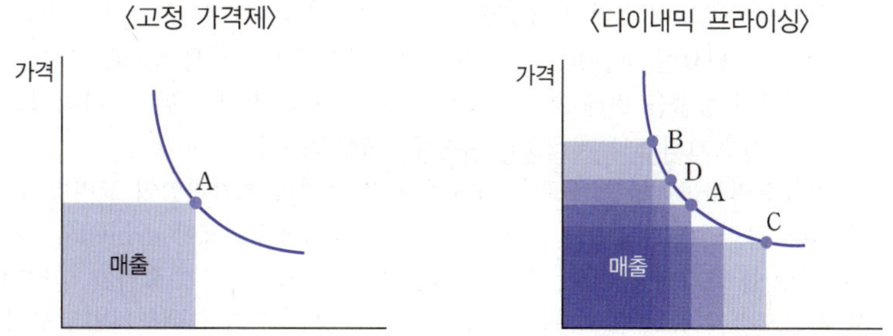

① A는 정가(fixed price)에 해당하고 B 및 C는 시가(market price)에 해당한다.
② C의 사례로는 프로야구 입장권을 궂은 날씨를 고려해 지난 게임보다 2만 원 낮추어 판매한 경우가 있다.
③ B의 사례로는 긴 연휴 기간 동안 항공권 가격이 평시에 비해 높아지는 경우가 있다.
④ D와 같이 가격이 책정된 경우라도, 어떤 소비자에게는 그것이 가장 합리적인 선택이 될 수 있다.
⑤ B와 C에서의 가격차이가 클수록 소비자들은 해당 기업의 정책을 폭리행위로 인식하고 납득하지 못하게 된다.

08 **다음은 '다이내믹 프라이싱'의 금융권 도입과 관련한 추가 자료이다. 이를 참고할 때 적절한 추론으로 볼 수 없는 것은?**

다이내믹 프라이싱은 금융권, 특히 보험업에서 데이터 기반 리스크 측정을 통해 가입자별 맞춤 가격을 제시하는 방식이 적용되고 있다. 텔레매틱스를 이용하여 주행거리·운전 행태 등의 데이터를 가격에 반영하는 '자동차주행정보연동보험' 등이 대표적인 사례이다. 반면 은행·카드사 등은 가격 책정 시 고객의 신용도·소득과 같은 리스크를 기반으로 하는 '위험기반가격', 거래 이력과 같은 충성도를 기반으로 하는 '관계기반가격' 등 전통적 가격 책정 방식에 의존하고 있으며 동적 데이터 활용에는 상대적으로 소극적이다.

① 신용카드 회사에서 고객의 실시간 소비 패턴에 따라 포인트 적립률이나 청구할인 비율을 다르게 설정하는 것은 다이내믹 프라이싱을 적용한 전략이라고 볼 수 있다.
② 은행권에서는 앱 또는 웨어러블 기기와 연동하여 건강 노력 정도에 따라 적금의 금리를 변동시키는 '건강증진형 적금' 등을 통해 다이내믹 프라이싱을 활용할 수 있다.
③ 다이내믹 프라이싱이 적용된 보험상품의 경우, 고객과의 신뢰관계 구축을 위해서는 보험료 산출의 기준을 공개하고 산출 근거를 명확하게 설명하여야 할 필요가 있다.
④ 은행고객의 계좌 평균잔고나 신용등급에 따라 이체 수수료를 다르게 적용하는 것은 은행권에서 보다 혁신적인 방법으로 동적 데이터를 활용할 수 있는 방안이 될 것이다.
⑤ 금융권에서 동적 데이터를 이용한 다이내믹 프라이싱을 적용한 금융상품을 출시하는 경우, 숨겨진 수수료나 이율·금리 등의 급변동 등을 방지할 수 있는 시스템이 마련되어야 할 것이다.

09 다음 글을 바탕으로 밑줄 친 ㉠~㉤에 대해 이해한 내용으로 적절하지 않은 것은?

> 창업을 하려는 기업가가 유망한 사업계획이나 아이디어를 가지고 있더라도 이를 실제 사업화하는데 필요한 자금을 조달하는 것은 쉽지 않다. 정책적으로 혁신창업 생태계 조성 및 청년 일자리 창출을 위해 초기기업에 대한 투자 및 자금 지원 등 다각적인 대책을 강구하고 있으나, ㉠ 초기기업의 자금조달 수단은 제한적이다.
>
> 이때 크라우드펀딩은 주로 수익실현 이전 단계의 초기기업이 고려할 수 있는 자금조달 방안이다. 크라우드펀딩이란 군중 또는 다수를 뜻하는 영어 crowd와 자금 조달을 뜻하는 funding을 조합한 용어로, 창의적 기업가를 비롯한 자금 수요자가 인터넷 등의 온라인상에서 자금모집을 중개하는 자를 통하여 ㉡ 불특정 다수의 소액투자자로부터 자금을 조달하는 행위를 의미한다. 금융 중개기관(은행 등)을 통하는 간접금융과 달리, 온라인을 통해 연결된 자금 수요자들이 직접 자금을 조달하는 직접금융의 한 형태로 볼 수 있다.
>
> IT 기술의 발전으로 인터넷·SNS가 보편화됨에 따라 온라인에서 자금수요자와 자금공급자 간 능동적인 양방향 의사소통이 가능한 환경이 조성되었고, 창업기업·신제품 등에 대해 집단지성을 바탕으로 성공 가능성을 평가하고, 일반 대중들이 십시일반으로 소액의 자금을 제공하는 크라우드펀딩은 세계적인 현상으로 자리 잡았다. 크라우드펀딩은 담보력 부족, 취약한 자본시장 접근성 등으로 인해 은행 대출 또는 직접금융시장에서 증권발행을 통한 자금조달이 어려운 금융소외계층에 대하여 대안적인 자금조달 인프라로 기능할 수 있으며, 자금수요자는 자금 조달 외 ㉢ 부수적인 효과도 기대할 수 있게 되었다.
>
> 현대적 의미의 크라우드펀딩은 1997년 매릴리언이라는 영국 록밴드의 미국 순회공연을 돕기 위해 팬들이 인터넷을 통해 6만 달러 이상을 모금하여 후원한 것을 원조로 들고 있다. 인터넷의 등장 이전에도 예술가들이 후원금을 받고 악보나 연주회의 입장권을 제공하거나, 일반대중이 십시일반 모금한 금액으로 자유의 여신상을 세운 사실이 있으므로 이를 크라우드펀딩의 사례로 설명하기도 한다. 그러나 오늘날 ㉣ 현대적 의미의 크라우드펀딩은 온라인상에서 크라우드펀딩 중개업체가 운영하는 플랫폼을 통하여 이루어지는 것이 주요 특징이라는 점에서 과거의 개념보다는 다소 좁은 의미로 통용되고 있다.
>
> 크라우드펀딩은 자금모집 및 보상방식에 따라 통상 기부·후원형, 대출형, 증권형(투자형)으로 구분된다. 기부형은 자금공급자가 경제적 보상 없이 무상으로 자금을 제공하는 경우로 주로 문화·예술·복지 분야에서 이루어진다. 후원형은 기부형과 유사하나 주로 ㉤ 자금모집 목적과 직접적인 연관성이 있는 비금전적 혜택을 자금공급자에게 보상으로 제공하는 경우이다. 대출형은 자금 공급에 대한 반대급부인 이자를 제공받는 경우로, 주로 은행과 같은 제도권 금융회사의 이용이 쉽지 않은 개인 또는 사업자 등이 자금을 조달하는 경우이다. 증권형(투자형)은 자금 공급에 대한 반대급부인 주식 등 증권을 수취하고 사업으로부터 발생하는 이익을 배분받는 경우로, 주로 창업 초기단계의 기업이 자금 수요자가 된다.

① ㉠: 담보자산이 부족하고 자본시장 접근이 어렵기 때문이다.

② ㉡: 투자자들은 저위험·고수익 투자 시장에의 접근을 통해 투자 수요를 충족할 수 있다.

③ ㉢: 온라인 노출로 인한 인지도 제고, 제품·서비스 등에 대한 소비자와의 능동적 의사소통 기회 확보 등을 기대할 수 있을 것이다.

④ ㉣: 과거와 그 기능에 있어 유사성이 높은 사례에 비해 온라인 플랫폼을 통한 자금조달이 강조된다.

⑤ ㉤: 자금수요기업에서 자금공급을 받아 개발한 시제품을 제공하는 등의 혜택이 이에 속할 것이다.

10 다음 〈조건〉과 같은 상황에서 추가해야 하는 물의 양을 구하면?

조건

- 농도 6%인 소금물 200g과 농도 10%인 소금물 400g을 잘 섞었다.
- 그 후 일정량의 물을 추가하여 농도 5%인 소금물을 만들려고 한다.

① 420g ② 440g ③ 460g
④ 480g ⑤ 500g

11 다음 〈조건〉과 같은 상황에서 A 혼자 프로젝트를 진행할 경우 끝마치는 데 걸리는 기간은?

보기

- A와 B가 함께 프로젝트를 진행할 경우 끝마치는 데 8일이 걸린다.
- A가 혼자 프로젝트를 3일 동안 진행한 후, 4일째부터 C와 함께 3일을 더 하면 프로젝트가 끝난다.
- A와 C가 함께 프로젝트를 2일 동안 진행한 후, 남은 프로젝트를 B 혼자 끝마치는 데 12일이 추가로 걸린다.

① 10일 ② 12일 ③ 15일
④ 20일 ⑤ 24일

12 다음 〈조건〉은 A사원의 투자에 대한 내용이다. A사원이 2047년 말에 되찾는 원리금 합계는? (단, 세금은 고려하지 않으며, $1.1^{23}=9$로 계산한다.)

> **조건**
>
> - A사원은 2025년 초부터 시작하여 22년 후인 2047년 초까지 매년 초마다 연이율 10%짜리 복리 금융상품에 2,000만 원을 투자한다.
> - 연이율 10%의 복리 이자는 매년 말에 붙는다.
> - 2047년 초에 마지막으로 23번째 납입을 완료하고 1년을 더 기다려 2047년 말에 마지막 복리 이자가 붙은 후 그동안의 원금과 이자를 모두 되찾는다.

① 16억 6,000만 원 ② 17억 6,000만 원 ③ 18억 6,000만 원
④ 19억 6,400만 원 ⑤ 20억 6,000만 원

13 A는 2년 전 환차익 재테크를 위해 1,400만 원을 달러로 환전해 두었다. 2년 전 환전했던 환율과 오늘 환율이 다음 〈표〉와 같을 때, A가 2년 전에 1,400만 원을 달러로 환전했던 돈 전액을 오늘 다시 원화로 환전할 경우 얼마의 이익 또는 손해를 보는가? (단, 이자수익 등 다른 조건은 무시한다.)

〈표〉 2년 전 환전했던 환율과 오늘 환율

구분	달러 사실 때	달러 파실 때
2년 전 환전했던 환율	1,120원/달러	1,090원/달러
오늘 환율	1,390원/달러	1,360원/달러

① 300만 원 손해 ② 300만 원 이익 ③ 337만 5천 원 손해
④ 337만 5천 원 이익 ⑤ 385만 5천 원 이익

14 다음 〈자료〉에 대한 〈보기〉의 설명으로 옳은 것을 모두 고른 것은? (단, 응답은 각 항목별로 '호전' 또는 '악화', '상승' 또는 '하락'으로 하며, 매 조사기간별 조사대상업체 중 무응답업체는 없다.)

〈자료〉 채산성 및 자금사정에 대한 기업경기실사지수(BSI)

(단위: p)

구분	기간평균[3]	2024년 8월	2024년 9월	2024년 10월	2024년 11월	2024년 12월
채산성[1]	77.6	79	79	80	77	73
원자재구입가격[2]	113.6	113	108	110	116	121
제품판매가격[2]	93	95	91	92	93	94
자금사정[1]	80.6	81	80	83	81	( )

1) '호전' 응답업체 구성비(%) − '악화' 응답업체 구성비(%) + 100
2) '상승' 응답업체 구성비(%) − '하락' 응답업체 구성비(%) + 100
3) 2024년 8월~2024년 12월까지의 평균치

보기

ㄱ. 2024년 12월 자금사정 BSI는 전월 대비 3p 하락했다.
ㄴ. 2024년 9월에 채산성이 악화되었다고 응답한 업체의 수는 전월과 동일하다.
ㄷ. 제시된 기간 동안 원자재구입가격이 상승했다고 응답한 업체 수는 하락했다고 응답한 업체 수보다 항상 많다.
ㄹ. 2024년 10월에 제품판매가격이 하락했다고 응답한 업체의 구성비는 48%이다.

① ㄱ, ㄴ　② ㄱ, ㄷ　③ ㄱ, ㄹ
④ ㄴ, ㄷ　⑤ ㄷ, ㄹ

[15~16] 다음은 4년제 일반대학의 입학생과 재학생에 관한 자료이다. 이어지는 질문에 답하시오.

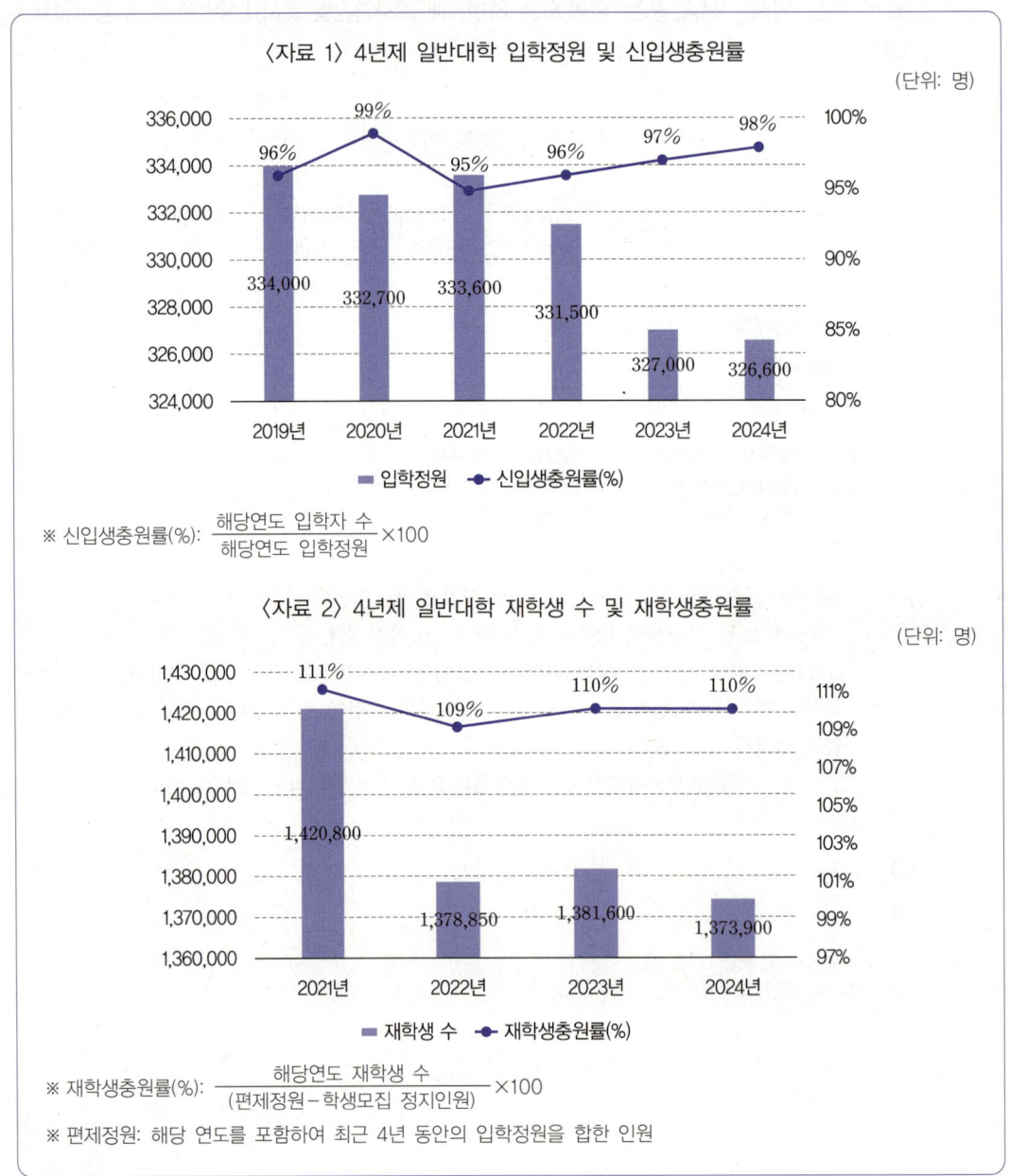

〈자료 1〉 4년제 일반대학 입학정원 및 신입생충원률

(단위: 명)

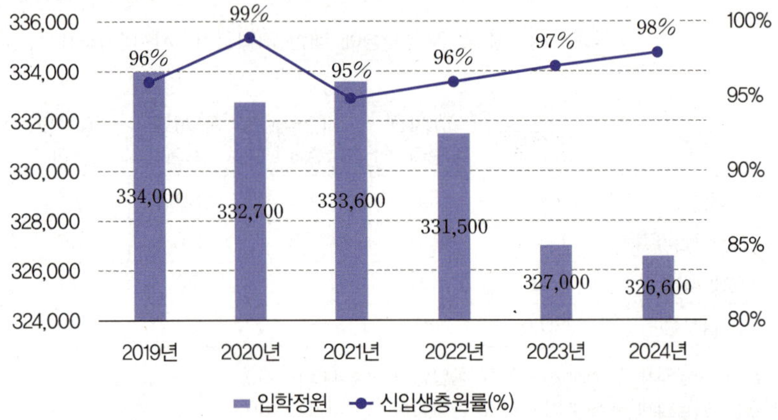

※ 신입생충원률(%): $\frac{\text{해당연도 입학자 수}}{\text{해당연도 입학정원}} \times 100$

〈자료 2〉 4년제 일반대학 재학생 수 및 재학생충원률

(단위: 명)

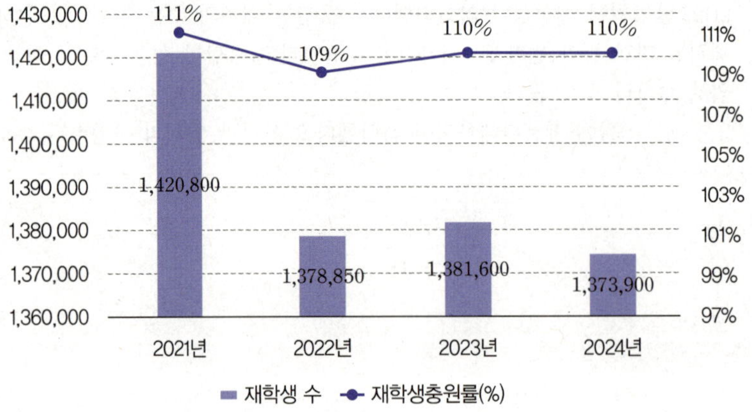

※ 재학생충원률(%): $\frac{\text{해당연도 재학생 수}}{(\text{편제정원} - \text{학생모집 정지인원})} \times 100$

※ 편제정원: 해당 연도를 포함하여 최근 4년 동안의 입학정원을 합한 인원

15 다음 중 〈자료 1〉, 〈자료 2〉에 대한 〈보기〉의 설명으로 적절한 것을 모두 고른 것은?

보기

ㄱ. 2024년 학생모집 정지인원은 7만 명 미만이다.
ㄴ. 2021년 재학생 중 입학생이 차지하는 비중은 25% 미만이다.
ㄷ. 제시된 기간 동안 신입생 입학정원에 미달한 인원은 2019년에 가장 많다.
ㄹ. 2021년에 학생모집 정지인원이 5만 명이었다면 2018년 입학정원은 33만 명 이상이다.

① ㄱ, ㄴ ② ㄱ, ㄹ ③ ㄷ, ㄹ
④ ㄱ, ㄴ, ㄷ ⑤ ㄴ, ㄷ, ㄹ

16 다음 〈자료 3〉은 4년제 일반대학 재적학생 수 및 학업중단율에 관한 자료이다. 〈자료 2〉, 〈자료 3〉을 바탕으로 추론한 내용으로 적절한 것은?

〈자료 3〉 4년제 일반대학 재적학생 수 및 학업중단율

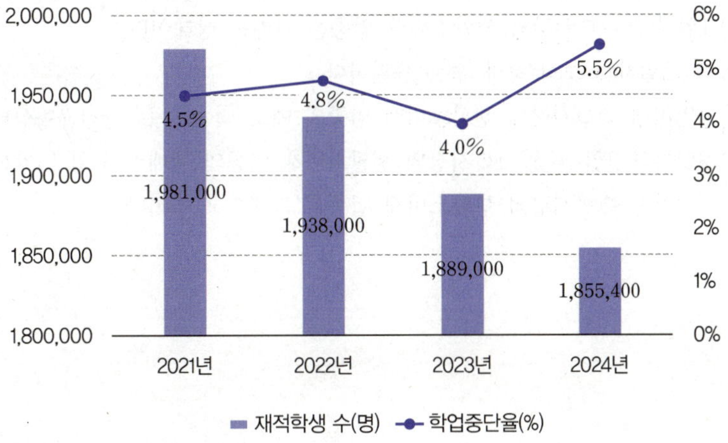

※ 재적학생에는 재학생, 휴학생, 학사학위 취득유예생으로 구성됨

※ 학업중단율(%): $\frac{\text{제적학생 수}}{\text{재적학생 수}} \times 100$

※ 제적학생은 미등록, 미복학, 자퇴, 학사경고, 유급 등에 의해 학적에서 제외된 학생을 말함

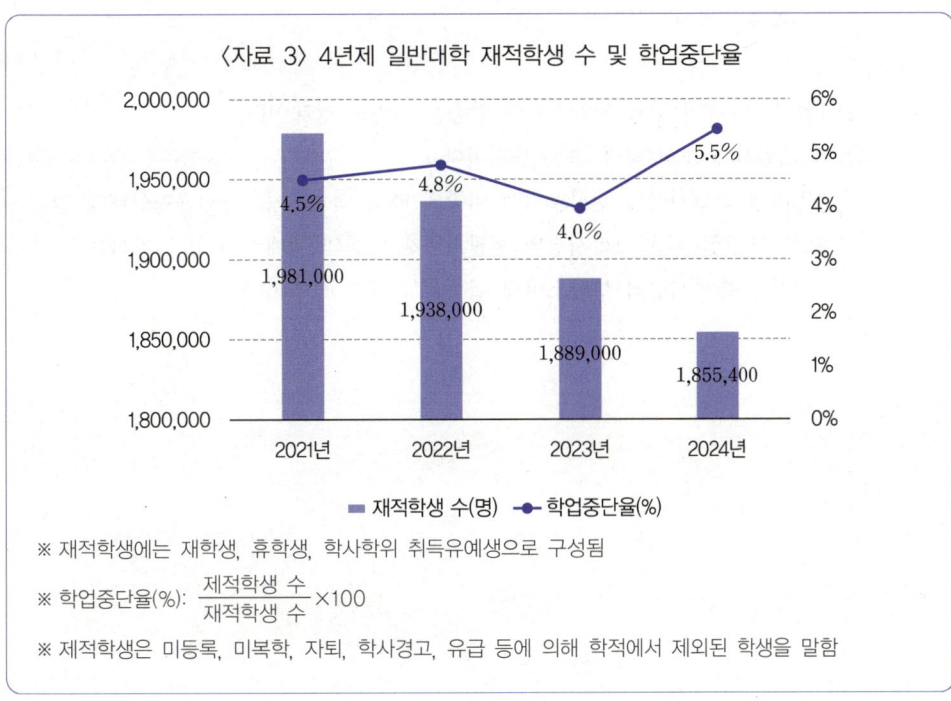

① 2021년 제적학생 수는 9만 명을 초과한다.
② 제시된 기간 동안 제적학생 수는 매년 증가하고 있다.
③ 2024년에 휴학생 및 학사학위 취득유예생의 수는 전년 대비 감소했다.
④ 제시된 기간 중 제적학생 수가 10만 명을 넘는 해는 없다.
⑤ 제시된 기간 중 휴학생 및 학사학위 취득유예생의 수가 가장 많은 해는 2023년이다.

17 다음은 ○○주식시장의 생활소비재 업종에 편입된 600개의 주식에 관한 자료이다. 아래의 자료를 참고하여 해당 주식시장에 대해 분석한 내용으로 적절하지 않은 것은?

〈자료〉 ○○시장 생활소비재

(단위: 주, %)

날짜	전체 거래량	상승 종목 비율	하락 종목 비율	상승 종목 거래량 비율	하락 종목 거래량 비율
1일차	3,465,000	55	42	25	66
2일차	4,140,000	35	57	35	58
3일차	3,600,000	44	46	40	55
4일차	3,390,000	30	60	30	60
5일차	3,900,000	40	50	60	30

※ TRIN 지수: 해당 업종의 모든 종목에 대해 주가가 하락한 종목의 평균거래량을 주가가 상승한 종목의 평균 거래량으로 나눈 값

※ TRIN 지수가 0.5 이하일 경우 과매수 상태로 해석하고, 3 이상이면 과매도 상태로 해석하며, 1에 가까울 경우 균형상태로 본다.

※ 보합 종목: 주가가 상승이나 하락을 하지 않은 종목

① 1일차에 ○○시장의 생활소비재 업종은 과매도 상태이다.

② 3~5일차의 보합 종목 수는 동일하다.

③ 4일차에 ○○시장의 생활소비재 업종의 매도 및 매수는 완전균형상태에 있다.

④ 2일차와 3일차 중 ○○시장의 생활소비재 업종의 매매가 균형에 가까운 때는 3일차이다.

⑤ 5일차에 ○○시장의 생활소비재 업종은 과매수 상태이다.

18 다음 자료를 그래프로 나타낸 것으로 옳은 것을 모두 고르면?

〈자료 1〉 주요 죄종별 범죄 발생건수

(단위: 건)

구분	2023년 4분기	2024년 1분기	2024년 2분기	2024년 3분기	2024년 4분기
강력범죄	6,200	5,680	5,780	6,250	6,220
절도범죄	53,400	44,200	48,640	44,900	48,520
폭력범죄	37,350	53,000	55,070	55,600	56,800
지능범죄	111,050	128,600	130,700	123,650	132,670
특별경제범죄	17,100	22,400	23,000	27,900	31,600
교통범죄	59,450	56,100	60,150	55,800	59,300

〈자료 2〉 주요 죄종별 범죄 검거건수

(단위: 건)

구분	2023년 4분기	2024년 1분기	2024년 2분기	2024년 3분기	2024년 4분기
강력범죄	5,952	5,396	5,491	5,750	5,909
절도범죄	30,438	29,614	36,480	32,777	31,538
폭력범죄	32,121	46,110	49,563	49,484	49,984
지능범죄	62,188	65,586	79,727	79,136	79,602
특별경제범죄	15,390	17,920	18,630	20,088	22,120
교통범죄	58,261	53,856	57,744	54,126	57,521

※ 검거율(%): $\frac{\text{범죄 검거건수}}{\text{범죄 발생건수}} \times 100$

ㄱ. 지능범죄 및 교통범죄 검거건수

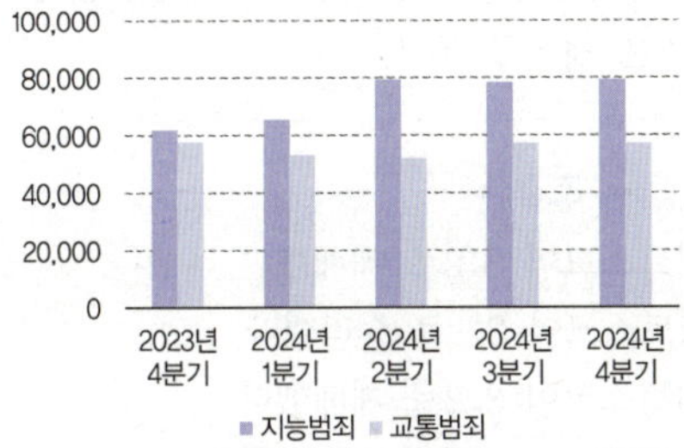

ㄴ. 특별경제범죄 검거율

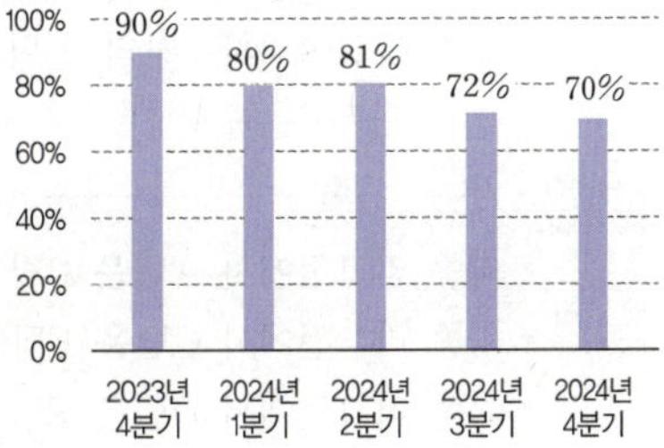

ㄷ. 2024년 1분기 주요 죄종별 범죄 발생건수 구성비

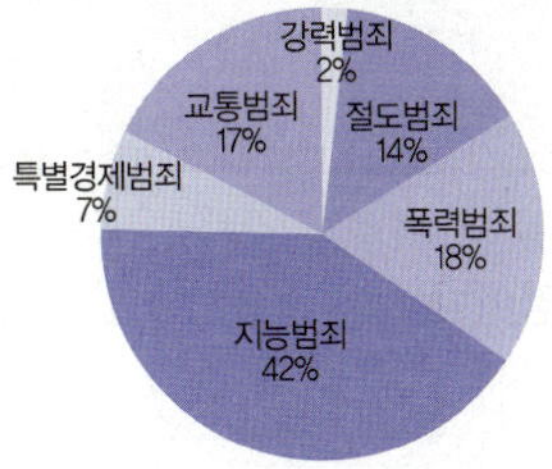

ㄹ. 2024년 4분기 범죄 발생건수의 전년 동기 대비 증감

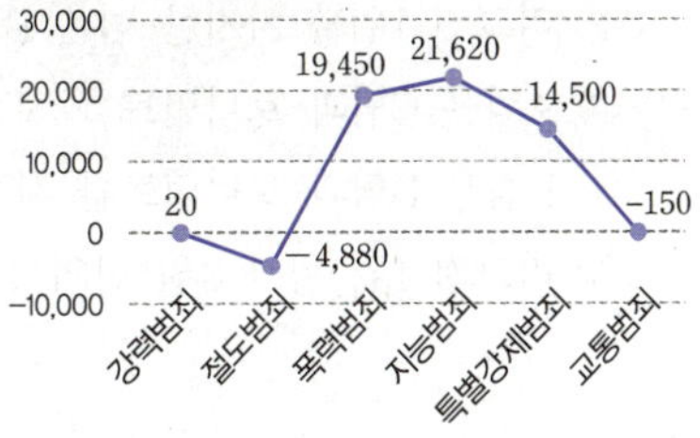

① ㄱ, ㄴ　② ㄱ, ㄹ　③ ㄴ, ㄷ

④ ㄴ, ㄹ　⑤ ㄷ, ㄹ

19 6개 배구팀 A~F팀은 한 팀당 10경기의 리그전을 거쳐 상위 네 팀이 토너먼트에 진출한다. 팀별로 9경기씩을 마친 리그전 결과 및 리그전 규칙이 다음과 같고, 〈조건〉의 내용이 최종 리그전의 승패 결과라고 할 때, 모든 리그전을 마친 후의 결과로 옳지 않은 것은?

〈팀별로 9경기씩을 마친 리그전 결과〉

구분	전적	승점	세트 득실
A팀	7승 2패	19점	+4
B팀	6승 3패	18점	+4
C팀	4승 5패	14점	−1
D팀	4승 5패	12점	0
E팀	4승 5패	11점	+2
F팀	2승 7패	7점	−9

〈리그전 규칙〉

- 리그전은 1경기당 5세트로 구성되어 있으며, 5세트 중 세 번을 먼저 이기는 팀이 1승을 기록하는 5전 3선승 방식이다.
- 1경기를 진행했을 때 승리팀은 승점 3점, 패배팀은 승점 0점을 획득한다. 단, 풀세트(세트스코어 3:2)로 승리하면 승점 2점, 풀세트로 패배하면 승점 1점을 획득한다.
- 세트 득실은 각 팀별로 승리한 총 세트 수에서 패배한 총 세트 수를 뺀 값을 의미한다.
- 승점이 높은 상위 네 팀이 토너먼트에 진출하되, 승점이 동점일 때는 세트 득실이 높은 팀을 상위 팀으로 본다.
- 토너먼트는 리그전 1위 팀과 4위 팀이 맞붙고, 2위 팀과 3위 팀이 맞붙는 것으로 시작한다. (리그전 승점이 높은 팀부터 시작하여 1~4위로 순위를 결정하며, 승점이 동점일 때는 세트 득실이 높은 팀의 순위가 더 높은 것으로 본다.)

조건

- 최종 리그전에서 A팀은 B팀에게 세트스코어 3:2로 패배했다.
- 최종 리그전에서 C팀은 F팀에게 세트스코어 3:1로 승리했다.
- 최종 리그전에서 D팀은 E팀에게 세트스코어 3:2로 패배했다.

① F팀의 세트 득실은 −11이다.
② 리그전 1위를 차지한 팀은 B팀이다.
③ A팀은 C팀과 토너먼트를 시작하게 된다.
④ B팀은 D팀과 토너먼트를 시작하게 된다.
⑤ 리그전 1위 팀과 6위 팀의 승점 차이는 13점이다.

20 ○○기업의 홍보팀 직원 9명은 자사 신제품 홍보를 위해 팝업스토어를 운영하기로 하였다. 홍보팀은 차장 A, 과장 B, 대리 C, D, 사원 E, F, G, 인턴 H, I로 구성되어 있으며 3명씩 3조로 나누어 전국 각지에 설치될 팝업스토어 운영을 담당한다. 팝업스토어는 월요일부터 수요일까지 총 3일간 운영되며, 아래의 조건에 따라 조를 편성하였을 때, 조 편성에 대한 추론으로 적절하지 않은 것은? (단, 별도의 일정이 있는 경우는 이를 참작하여 조를 편성한다.)

- 편성된 각 조는 (월, 화), (월, 수), (화, 수) 중 하나의 일정으로 참여하며, 조별 일정은 중복되지 않는다.
- 매주 화요일에는 차장급 직원들의 전사 실무진 회의가 있다.
- B는 G와 같은 조에 편성되지 않는다.
- 인턴은 모두 같은 조에 편성되며 대리와 함께 편성된다.
- 사원 E는 수요일에 연차휴가가 예정되어 있다.
- 대리 2명은 모두 팝업 스토어 일정 중 연속하여 이틀을 참여한다.

① 사원이 두 명 이상 포함된 조가 있다.
② F는 A와 반드시 같은 조에 편성된다.
③ B는 월요일에는 팝업스토어 운영에 반드시 참여한다.
④ G는 화요일에는 팝업스토어 운영에 참여하지 않는다.
⑤ C와 D는 모두 화요일에 팝업 스토어 운영에 참여한다.

21 다음은 (주)○○공업의 생산과정 일부에 대한 정보이다. 다음의 정보와 냉각수 보충 현황을 토대로 할 때 3월 7일의 냉각 작업 종료 후 남은 냉각수의 용량으로 가능한 것은?

- (주)○○공업에서 생산하는 X제품은 생산 마지막 단계에서 열처리 후 수조에 담가 냉각 과정을 거친다.
- 당일 생산한 X제품의 열처리는 오전 10시에 처음으로 완료되어 곧바로 수조에 투입된다.
- 냉각 수조는 1대이며, 한 번에 하나의 제품만 냉각할 수 있다.
- 보유하고 있는 냉각 수조에서는 1시간에 15개의 X제품을 냉각시킬 수 있다.
- 열처리된 X제품을 수조에 투입하므로 냉각 과정에서는 제품 1개당 200ml의 냉각수가 증발된다.
- 냉각 수조의 최대용량은 500L로, 수위센서가 있어 냉각수가 70L 이하로 떨어지는 경우 경고등이 울린다.
- 냉각 수조의 냉각수 보충은 경고등이 울렸을 때 수동으로 이루어지며, 1회 보충 시 100L 이하의 범위에서 10L 단위로 보충할 수 있다. 냉각수 보충은 제품 냉각 중에도 가능하다.
- (주)○○공업의 생산과정은 매일 쉬는 시간 없이 진행되며, 오후 6시에 종료한다.

〈냉각수 보충 현황〉

날짜	경고등 알람	냉각수 보충량	비고
3월 2일	○	30L	생산 도중 경고등이 1회 울림
3월 3일	×		
3월 4일	○	50L	생산 도중 경고등이 1회 울림
3월 5일	×		
3월 6일	○	20L	생산 도중 경고등이 1회 울림
3월 7일	○	30L	생산 도중 경고등이 1회 울림

① 74L　② 76L　③ 78L
④ 80L　⑤ 82L

22 다음은 A~E가 참여하는 독서마라톤 대회와 관련한 정보이다. A~E 중 걸음마 코스까지만 완주한 사람이 1명, 단축 코스까지 완주한 사람이 2명, 하프 코스까지 완주한 사람이 1명이며, 어떠한 코스도 완주하지 못한 사람이 1명이다. 아래의 A~E 진술 중 한 사람의 진술만 거짓이라고 할 때, 다음 중 추론한 내용으로 적절하지 않은 것은? (단, 동일한 페이지를 읽은 사람은 없다.)

〈독서마라톤 대회〉

- 책 1페이지는 2m로 환산됨
- 참가자는 코스별로 참가 신청을 하는 것이 아닌, 독서마라톤 참가 신청을 하면 독서한 페이지를 거리로 환산하여 아래 완주거리를 돌파할 때마다 코스를 단계적으로 완주한 것으로 처리됨

코스	완주거리
걸음마 코스	4,000m
걷기 코스	10,000m
단축 코스	15,000m
하프 코스	22,000m
풀 코스	42,196m

〈A~E의 독서마라톤 대회 참가 정보〉

- A: 나는 B가 읽은 페이지의 2배를 읽었다.
- B: 내가 읽은 페이지 수는 C가 읽은 페이지 수보다 5,000페이지 더 적다.
- C: D는 걸음마 코스를 완주하지 못했다.
- D: 나는 A보다 3,000페이지 이상을 더 읽었다.
- E: 나는 A보다 더 높은 단계의 코스를 완주했다.

① C의 진술은 참이다.
② 하프 코스를 완주한 사람은 D이다.
③ C는 7,500페이지 이상의 독서를 했다.
④ A가 9,998페이지를 읽었다면 C는 9,999페이지를 읽었다.
⑤ B와 E가 읽은 페이지는 6,000페이지 이상 차이가 날 것이다.

CHAPTER 4 실전모의고사 4회

[23~25] 다음 자료를 읽고 질문에 답하시오.

탄소배출권 거래제 및 추가 인센티브 제도 안내

1. 시행 목적

지구온난화와 이상 기후 등 환경 문제에 대한 사회적 우려가 커짐에 따라, 이미 시행 중인 탄소배출권 거래제와 더불어 추가 인센티브 제도를 시행하고자 함

2. 탄소배출권 거래제 시행 배경 및 현황

가. 탄소 발자국(Carbon Footprint)은 개인, 기업, 국가가 직·간접적으로 배출하는 온실가스의 총량을 의미함

나. 우리나라는 탄소 발자국을 환경성적표지 인증의 한 항목으로 포함하고 있으며, 2010년 「저탄소 녹색성장기본법」 제정 및 2012년 「온실가스 배출권의 할당 및 거래에 관한 법률」 제정을 거쳐, 2015년부터 탄소배출권 거래제를 본격 시행 중임

3. 탄소배출권 거래제 운영 방식

가. 정부가 지정한 대규모 온실가스 배출사업장(이하 할당업체)은 연간 배출허용량을 할당받고, 초과 배출 시 타 할당업체로부터 배출권을 구매해야만 함

나. 할당업체는 실제 배출량이 배출허용량보다 적을 경우, 남은 양(이하 잉여허용량)을 1t 단위로만 판매 가능함 (1t당 100만 원으로 가격 고정)

다. 반대로 실제 배출량이 배출허용량을 초과한 경우 초과분을 0.1t 단위에서 올림한 양만큼 타 할당업체의 잉여허용량을 구매해야 함

예 잉여허용량이 1.5t이면 1t만 판매 가능하며, 초과분이 1.2t이면 2t을 구매해야 함

4. 추가 인센티브 제도

가. 2년 연속 배출허용량보다 적게 배출한 할당업체에 한하여 향후 1년간 해당 할당업체 제품에 환경부 인증마크 부착을 허용하여 친환경 이미지 제고

나. 3년 연속 배출허용량보다 적게 배출한 할당업체에 한하여 다음 연도부터 전기 요금 5% 감면 혜택

23 주어진 자료에 대한 내용으로 옳지 않은 것은?

① 탄소배출권 거래제는 2015년부터 시행 중이다.

② 탄소배출권 거래제는 탄소를 배출하는 모든 기업을 대상으로 한다.

③ 탄소 발자국은 개인, 기업, 국가가 직·간접적으로 배출하는 온실가스의 총량을 의미한다.

④ 실제 배출량이 배출허용량을 초과한 할당업체는 초과분보다 적은 양의 배출권만 구매할 수는 없다.

⑤ 올해 처음으로 배출허용량보다 적게 배출한 할당업체는 추가 인센티브 제도의 혜택을 받을 수 없다.

24 다음 〈표〉는 할당업체 A~D의 배출허용량 및 실제 배출량을 나타낸 것이다. 이에 대한 설명으로 옳은 것만을 〈보기〉에서 고르면?

〈표〉 할당업체 A~D의 배출허용량 및 실제 배출량

(단위: t)

업체	배출허용량	실제 배출량
A	10	8.4
B	12	10.5
C	15	16.3
D	20	19.2

보기

㉠ 잉여허용량을 판매할 수 있는 업체는 3곳이다.
㉡ C업체는 200만 원을 사용하여 초과분을 구매해야 한다.
㉢ A, B, C, D 네 업체 사이의 잉여허용량 거래 결과, 판매되지 않고 남은 판매 가능한 잉여허용량이 존재하거나 잉여허용량이 추가로 필요한 상황은 발생하지 않는다.

① ㉠ ② ㉢ ③ ㉠, ㉡
④ ㉡, ㉢ ⑤ ㉠, ㉡, ㉢

25 다음 〈조건〉은 할당업체 E의 현재 상황이다. 할당업체 E가 탄소배출 저감 투자를 집행하기 위한 탄소배출 저감 투자비용(χ)의 최댓값은?

조건

- 할당업체 E의 연간 배출허용량은 20t으로 일정하다.
- 할당업체 E의 연간 실제 배출량은 24t으로 일정하다.
- 탄소배출 저감 투자를 집행할 경우, 투자한 해에 일정한 투자비용(χ)이 발생하고 다음 해부터 연간 실제 배출량이 5t 감소한다.
- 매 해마다 초과분이 있는 경우 필요한 만큼 잉여허용량을 구매하며, 매 해마다 잉여허용량이 있는 경우 가능한 만큼 잉여허용량을 판매한다.
- 할당업체 E는 올해를 포함하여 10년 동안 탄소배출 저감 투자를 했을 때와 하지 않았을 때의 득실을 따져 탄소배출 저감 투자 여부를 결정한다. 득실이 동일할 때는 탄소배출 저감 투자를 집행한다.
- 시간의 흐름에 따른 가치 변동은 없다고 가정한다.

① 4,500만 원 ② 5,000만 원 ③ 5,500만 원
④ 6,000만 원 ⑤ 6,500만 원

[26~27] 다음 자료를 읽고 질문에 답하시오.

기업의 환경분석을 통해 강점(strength)과 약점(weakness), 기회(opportunity)와 위협(threat) 요인을 규정하고 이를 토대로 전략을 수립하는 기법을 SWOT 분석이라고 한다. 어떤 기업의 내부환경을 분석하여 강점과 약점을 발견하고, 외부환경을 분석하여 기회와 위협을 찾아내어 이를 토대로 강점은 살리고 약점은 보완하며, 기회는 활용하고 위협은 회피하거나 극복하는 마케팅 전략을 수립하는 것이다.

이때 사용되는 4요소를 강점·약점·기회·위협(SWOT)이라고 하는데, 강점은 경쟁기업과 비교하여 강점으로 인식되는 것, 약점은 경쟁기업과 비교하여 약점으로 인식되는 것, 기회는 외부환경에서 유리한 기회 요인, 위협은 외부환경에서 불리한 위협 요인을 의미한다. 4가지 요소를 모두 분석하며 적용하는 것이 최선이나, 직관적인 분석을 위하여 강점과 약점 중 하나를 고르고 기회와 위협 중 하나를 골라 서로 대응시켜 아래와 같은 4가지 전략을 세우는 것이 일반적이나.

1. SO전략(강점-기회전략): 시장의 기회를 활용하기 위해 강점을 사용하는 전략
2. ST전략(강점-위협전략): 시장의 위협을 회피하거나 극복하기 위해 강점을 사용하는 전략
3. WO전략(약점-기회전략): 약점을 극복함으로써 시장의 기회를 활용하는 전략
4. WT전략(약점-위협전략): 시장의 위협을 회피하고 약점을 최소화하는 방어적인 전략

학자에 따라서는 기업 자체보다는 기업을 둘러싸고 있는 외부환경을 보다 강조하는 차원에서 위협·기회·약점·강점(TOWS)으로 부르기도 한다.

26 주어진 자료를 바탕으로 다음 〈보기〉의 사례에서 A사가 사용한 전략으로 적절한 것을 고르면?

보기

글로벌 반도체 제조업체 A사는 메모리 반도체 시장점유율 1위 자리를 10년 넘게 유지하고 있으며, 이 기간 동안 비축한 현금이 많아 2~3년 정도의 기간은 적자를 보더라도 기업 존속이 위협받지 않을 만큼 탄탄한 재무구조를 갖추고 있다. 또한 이에 걸맞은 제조기술력을 보유하고 있어 경쟁사보다 제조 원가가 낮은 편이다. 그런데 재작년부터 전 세계적인 메모리 반도체 수요가 위축되면서 메모리 반도체의 가격이 급락하기 시작했다. 이에 경쟁사들은 생산 물량을 줄여 대응하였지만, 압도적인 재무구조와 낮은 제조 원가 기술력을 보유한 A사는 오히려 생산 물량을 늘려 메모리 반도체 가격을 더욱 낮추는 전략을 취했다. A사는 메모리 반도체 가격이 더 낮아져도 이를 충분히 감내할 수 있었으나, 경쟁사들은 이러한 상황이 2년 정도 지속되자 적자를 감당하지 못하고 하나둘 폐업하기 시작하였다. 결국 A사의 시장점유율은 더욱 확대되었다.

① SO전략 ② ST전략 ③ WO전략
④ WT전략 ⑤ TOWS전략

27 다음 〈조건〉은 B사의 현재 강점, 약점, 기회, 위협을 정리한 내용이다. 이를 바탕으로 B사가 세울 SO전략, ST전략, WO전략, WT전략으로 적절한 것만을 〈보기〉에서 모두 고르면?

조건

- 강점: 젊은 고객 사이에서 긍정적인 인지도가 높음, 전국 각지에 유통망이 넓게 형성되어 있음
- 약점: 중·장년 고객에게는 인지도가 부족함, 제품 마진율이 낮음
- 기회: 전자 상거래 및 온라인 쇼핑의 급성장, 친환경 제품에 대한 수요 증가
- 위협: 대형 유통업체와의 가격 경쟁 심화, 경기 불황으로 인한 전반적인 소비 감소

보기

㉠ SO전략: 전자 상거래와 온라인 쇼핑에 익숙한 젊은 고객을 겨냥하여 젊은 고객의 감성에 맞춘 온라인숍 개설
㉡ ST전략: 대형 유통업체와의 가격 경쟁에서 승리하기 위해 제품 가격을 대폭 할인
㉢ WO전략: 경기 불황으로 위축된 소비를 극복하기 위하여 아직 자사 제품에 대한 인지도가 낮은 중·장년 고객을 대상으로 적극적인 마케팅을 펼쳐 고객층 저변 확대
㉣ WT전략: 제품 마진율을 제고하여 경기 불황에 대응

① ㉠, ㉡　　② ㉠, ㉣　　③ ㉡, ㉢
④ ㉡, ㉣　　⑤ ㉢, ㉣

[28~29] 다음 자료를 읽고 질문에 답하시오.

〈전결 규정 개정안〉

경영효율성 향상 및 중간직책자의 리더십 제고를 위하여 아래와 같이 전결 규정을 개정하오니 참고하시기 바랍니다.

□ 품의서/기안서 전결자

전결자	전결 기준액 (품의서/기안서 내 예상 소요 비용)	
	개정 전	개정 후
본부장	3천만 원 이상~1억 원 미만	5천만 원 이상~1억 원 미만
처장	1천만 원 이상~3천만 원 미만	3천만 원 이상~5천만 원 미만
팀장	1천만 원 미만	3천만 원 미만

□ 품의/기안이 있는 지출결의서 전결자

전결자	전결 기준액 (지출결의서 내 실제 소요 비용)	
	개정 전	개정 후
본부장	1억 원 이상~2억 원 미만	1억 원 이상~3억 원 미만
처장	3천만 원 이상~1억 원 미만	5천만 원 이상~1억 원 미만
팀장	3천만 원 미만	5천만 원 미만

※ 품의서/기안서 내의 예상 소요 비용 초과 시 품의서/기안서 전결자의 한 단계 상위 전결자가 전결 처리함 (팀장의 경우 처장, 처장의 경우 본부장, 본부장의 경우 대표이사)

□ 품의/기안이 없는 지출결의서 전결자

전결자	전결 기준액 (지출결의서 내 실제 소요 비용)	
	개정 전	개정 후
본부장	3백만 원 이상~5백만 원 미만	5백만 원 이상~1천만 원 미만
처장	1백만 원 이상~3백만 원 미만	3백만 원 이상~5백만 원 미만
팀장	1백만 원 미만	3백만 원 미만

□ 결재 라인 (변동 없음)

- 대표이사 결재인 경우: 담당자 → 팀장 → 처장 → 본부장 → (경영관리본부장 합의) → 대표이사
  ※ 본부장 전결 기준액을 넘기는 건에 대해서는 대표이사가 최종 결재함
- 본부장 전결인 경우: 담당자 → 팀장 → 처장 → (경영지원처장 합의) → 본부장
- 처장 전결인 경우: 담당자 → 팀장 → (경영지원처장 합의) → 처장
- 팀장 전결인 경우: 담당자 → (재무팀장 합의) → 팀장

28 주어진 자료를 잘못 이해한 것은?

① 예상 소요 비용이 4천만 원인 품의서는 본부장 전결에서 처장 전결로 바뀐다.
② 예상 소요 비용이 1억 원 이상인 품의서는 여전히 대표이사의 결재를 받아야 한다.
③ 품의나 기안이 없는 실제 소요 비용 200만 원인 지출결의서는 경영지원처장의 합의에서 재무팀장의 합의로 바뀐다.
④ 품의/기안이 있는 지출결의서의 경우 동일한 금액이 소요된 품의/기안이 없는 지출결의서보다 전결자의 직책이 낮거나 같다.
⑤ 예상 소요 비용 2천만 원으로 기안서 결재가 완료된 건에 대하여 실제 소요 비용이 4천만 원인 지출결의서는 처장 전결에서 팀장 전결로 바뀐다.

29 주어진 전결 규정 개정안을 숙지한 김 사원이 아래와 같은 지출결의서를 작성했을 때, 마지막으로 결재를 하는 사람은?

지 출 결 의 서

아래와 같이 지출결의서를 제출하오니 승인하여 주시기 바랍니다.	결제	담당자	(합의자)	팀장	처장	본부장	대표이사

결 의 일 자	2025년 6월 23일	작 성 자	김○○
소　　속	인사노무처 채용팀	연 락 처	010-XXXX-XXXX (#XXXX)
관 련 문 서	(품의서) 2025 하반기 신입사원 채용 계획 및 제반비용에 관한 건_250609		

결제금액　금삼천오백오십팔만팔천원정　(₩ 35,588,000)

적　요	금　액	비　고
시험지 인쇄비	34,188,000	840원×37,000부×1.1(VAT)
시험지 운송비	1,400,000	200,000원×7대
※ 모든 비용은 품의서 내의 금액을 초과하지 않음.		
합　계	35,588,000	

위 금액을 영수(청구)합니다.

2025년 6월 23일

① 담당자　② 팀장　③ 처장
④ 본부장　⑤ 대표이사

[30~31] 다음 자료를 읽고 질문에 답하시오.

○○학원 수강료 환불 안내

1. 수강료 환불 기준

구분		환불사유 발생일	환불금액
감염병에 감염되어 학습자가 학원으로부터 격리된 경우		교습을 할 수 없거나, 교습 장소를 제공할 수 없게된 날	이미 납부한 수강료를 일할 계산한 금액
학습자가 본인의 의사로 수강 또는 학습장소 사용을 포기한 경우	수강 기간이 1개월 이내인 경우	교습개시 이전	이미 납부한 수강료 전액
		총 교습시간의 1/3 경과 전	이미 납부한 수강료의 2/3 해당액
		총 교습시간의 1/2 경과 전	이미 납부한 수강료의 1/2 해당액
		총 교습시간의 1/2 경과 후	환불하지 아니함
	수강 기간이 1개월을 초과하는 경우	교습개시 이전	이미 납부한 수강료 전액
		교습개시 이후	환불사유가 발생한 달의 환불금액(수강 기간이 1개월 이내인 경우에 따라 산출된 환불금액을 말한다)과 나머지 달의 수강료 전액을 합산한 금액

※ 총 교습시간은 수강 또는 학습장소 사용 시작일로부터 종료일까지의 총 교습시간을 말하며, 환불금액의 산정은 최초 수강 일부터 환불사유가 발생한 날까지 경과된 교습시간을 기준으로 한다.

2. 환불절차

- 방문 결제 후 수강증을 수령한 경우
  - 카드 결제: 결제한 신용카드·카드전표와 수강증 지참 후 학원에 내방하여 환불요청 시 공제금이 있는 경우 공제금에 해당하는 금액 결제 후 이전금액 전액결제 취소
  - 현금 결제: 수강증 지참 후 학원에 내방하여 환불요청 시 공제금이 있는 경우 공제금을 제외한 차액 본인계좌로 송금
- 온라인 카드결제
  - 수강증을 수령한 경우 수강증 반납 후 환불 요청이 가능하며, 공제금이 있는 경우 공제금을 제외한 차액만 취소하고 수강증을 미수령한 경우 공제금을 제외한 차액만 취소

3. 기타사항

- 독서실 할인, 단체 할인, 종합반 할인, 이벤트 할인 등의 혜택을 받아 수강료를 결제한 경우, 환불 시 공제금은 정상 수강료를 기준으로 계산됩니다.
- 수강생에 한하여 무료로 제공된 교재 등이 있는 경우, 환불 시 반납해야 하며 교재가 훼손된 경우 유료로 구입하여야 합니다.

30 **취업준비생 A씨는 취업을 위한 자격증 취득을 목적으로 ○○학원에서 4월 1일부터 3주 동안 진행되는 강의를 방문 결제하여 수강하던 중 입사 지원을 했던 기업으로부터 4월 5일 최종합격 통보를 받고 4월 8일에 강의를 환불하고자 한다. 위 자료를 참고할 때, 수강료 환불에 대해 바르게 판단하지 못한 것은? (단, 수강료는 24만 원이며, 어떠한 혜택도 적용받지 않았다.)**

① 교습시간에 따른 수강료 공제 외에 별도의 공제금은 발생하지 않겠군.
② 환불받을 수 있는 수강료는 16만 원이겠군.
③ 환불을 하려면 반드시 수강증을 지참해서 학원에 내방해야겠군.
④ 강의 첫날 제공된 무료 교재는 반납하거나 유료로 구매해야겠어.
⑤ 합격통보를 받은 날 수강료 환불 신청을 했어도 전액 환불은 불가능했겠군.

31 **다음 사례에 따라 B씨가 환불받을 수 있는 금액으로 옳은 것은?**

> B씨는 전업주부로, 자기계발을 위해 영어 회화 수업을 알아보던 중 ○○학원에서 7월과 8월 두 달 동안 진행하는 수업의 커리큘럼이 마음에 들어 수강하기로 하였다. B씨는 6월 20일 전에 결제하면 얼리버드 할인이 적용되어 수강료의 10%가 할인된다는 학원의 광고를 보고 6월 19일 ○○학원 홈페이지를 통해 할인받은 두 달치 수강료 390,600원을 결제하였다.
> B씨는 7월 1일부터 학원에 다니며 영어 회화 수업을 수강하였으나 수업에 불만족을 느끼고 환불을 결심하여 7월 14일에 수강료의 환불을 요청하였다.

① 195,300원 ② 282,100원 ③ 292,950원
④ 306,700원 ⑤ 325,500원

[32~34] 다음 자료를 읽고 질문에 답하시오.

〈△△투자증권 골드바 상품 안내〉

거래대상	개인(법인 및 대리인 거래불가, 미성년자 제외) 단, 미성년자는 법정대리인의 동의를 받으면 가능
판매형태	ㅁㅁ기업이 제조한 골드바를 △△투자증권이 (주)○○기업을 대행하여 판매
품질보증	(주)○○기업
골드바 종류	500g, 375g(100돈), 100g, 75g(20돈), 37.5g(10돈), 18.75g(5돈), 10g
매매종류	• 골드바 고객 매수 • 골드바 고객 매도(△△투자증권에서 판매한 골드바에 한해서 매도 가능)
거래방법	• 골드바 매수는 △△투자증권 전 영업점 및 모바일앱에서 가능합니다. • 골드바 매도는 △△투자증권 전 영업점에서 가능합니다. • 골드바 주문체결은 오전 11시, 오후 2시에 실행(30분 전까지 주문건에 한함)되며, 계좌에서 골드바 출금을 통해 거래가 확정됩니다. • 신청금액은 골드바 주문 시점과 체결 시점의 가격 차이로, 예상금액(주문 시점의 골드바 매매가격)의 105%로 계산됩니다. • 골드바 주문신청은 출금가능금액이 신청금액 이상이어야 가능합니다. • 골드바 주문체결 시 출금액은 체결 시점의 골드바 매매가격입니다. • 신청금액을 초과하여 가격이 확정되거나 확정가격 출금 시 잔고가 부족할 경우 자동으로 취소됩니다.
골드바 배송	골드바 주문 후 14영업일 이내 • 100g 이상은 고객님이 지정하신 일자에 영업점으로 배송 • 100g 미만은 신청한 곳으로 택배 배송

※ 거래기준가격
- 국제 금가격 및 환율을 이용하며, 금 1g당 원화가격으로 환산하여 계산함
- 기준가격(₩/g)=국제 금 시세($/T.oz)÷31(g/T.oz)×매매기준환율(₩/$)

※ 매매가격
- 골드바 고객 매수 시=기준가격×골드바중량(g)×(1+마진율)
- 골드바 고객 매도 시=기준가격×골드바중량(g)×(1−마진율)

구분	500g	375g (100돈)	100g	75g (20돈)	37.5g (10돈)	18.75g (5돈)	10g
고객 매수	4%		5%		7%		
고객 매도	5%						

32 위 자료를 참고하여 △△투자증권 골드바 상품에 대해 이해한 내용으로 적절한 것은?

① △△투자증권에서 판매하는 골드바의 제조사와 품질보증사는 동일하다.
② 미성년자의 경우 법정대리인이 미성년자의 명의로 골드바를 매수할 수 있다.
③ 골드바 10g의 매수 주문 시점에 기준가격이 10만 원인 경우 신청금액은 105만 원이다.
④ 골드바를 영업점을 통해 수령하는 경우 골드바 매수 시 적용되는 마진율은 5% 이하이다.
⑤ △△투자증권 모바일 앱을 통해 오전 10시 20분경 골드바 매도 주문을 하였다면 주문체결은 오전 11시에 실행된다.

33 다음 중 △△투자증권을 통해 골드바 상품의 거래가 가능한 경우를 모두 고른 것은?

ㄱ. △△은행에서 매수한 골드바를 매도하고자 하는 경우
ㄴ. 계좌 잔고가 108만 원인 상태에서 골드바 주문 시 신청금액이 103만 원으로 계산되었고, 체결 시 106만 원으로 가격이 확정된 경우
ㄷ. 오후 1시에 골드바 주문 시 계좌 잔고가 신청금액의 100%였으나, 30분 뒤 잔고의 5%를 타행이체하고 오후 2시에 골드바 가격이 주문 시점 가격의 100%로 확정된 경우
ㄹ. 골드바 주문 시 계좌 잔고가 300만 원이었고, 신청금액 또한 300만 원으로 계산되었는데 체결 시점의 가격이 주문 시점의 골드바 매매가격의 104%로 확정된 경우

① ㄹ ② ㄱ, ㄴ ③ ㄱ, ㄷ
④ ㄷ, ㄹ ⑤ ㄱ, ㄴ, ㄹ

34 주어진 자료를 참고할 때 다음의 고시내용에 대해 판단한 내용으로 적절하지 않은 것은? (단, 시간은 아래 표의 적용시간만을 고려한다.)

〈금 가격 및 환율 고시〉

고시기준일: 2025.2.10.

적용시간	국제 금 시세($/T.oz)	원달러환율(₩/$)
09:00:00	2,708	1,388
09:30:00	2,706	1,389
10:00:00	2,701	1,389
10:30:00	2,697	1,387
11:00:00	2,728	1,400
11:30:00	2,697	1,400
12:00:00	2,745	1,397
12:30:00	2,759	1,400
13:00:00	2,745	1,397
13:30:00	2,773	1,397
14:00:00	2,790	1,400

① 2025.02.10. 14시의 골드바 기준가격은 1g당 126,000원이다.
② 2025.02.10. 12시 30분에 적용되는 골드바 100g의 매도가격은 11,837,000원이다.
③ 2025.02.10. 11시 30분에 골드바를 500g 주문한 경우, 주문자의 잔고가 부족하지 않는 한 14시에 정상적으로 매수체결된다.
④ 2025.02.10. 11시에 체결된 골드바 주문 1g당 신청금액은 10시 30분에 주문한 경우에 가장 낮다.
⑤ 2025.02.10. 12시에 골드바 10돈을 주문하고 13시에 20돈을 주문하였다면 각각에 적용된 매수가격은 2배 이상 차이난다.

35 다음 설명을 참고하여 〈OO쇼핑몰 VIP 고객명단〉에 고급필터를 지정한 결과에 포함된 데이터로 적절하지 않은 것은?

〈고급필터 지정방법〉

고급필터를 사용하기 위해서는 조건을 지정할 범위의 첫 행에는 원본데이터 목록의 필드명을 입력하고, 그 아래 행에 조건을 입력해야 한다. 조건을 입력할 때 행의 위치에 따라 AND 조건, OR 조건, 혼합조건으로 구분된다. (단, 혼합조건은 AND 조건과 OR 조건을 혼합하여 고급필터를 지정한 것을 의미한다.)

1. AND 조건의 지정

상품구분 중 '적금'을 판매수 '100좌 이상' 판매한 경우의 조건은 아래와 같이 지정할 수 있다.

상품구분	판매수
적금	>=100

AND 조건은 모든 조건이 만족되는 경우만 추출하며, 필요한 조건은 같은 행에 입력해야 한다.

2. OR 조건의 지정

상품구분 중 '예금' 또는 '판매수'가 '100좌 이상'인 경우의 조건은 아래와 같이 지정할 수 있다.

상품구분	판매수
예금	
	>=100

OR 조건은 한 가지라도 만족하는 경우를 모두 추출하며, 필요한 조건은 모두 다른 행에 입력해야 한다.

〈○○쇼핑몰 VIP 고객명단〉

	A	B	C	D	E	F	G
1	VIP 고객 명단						
2							
3	고객ID	이름	고객등급	금월구매횟수	금월구매금액	연간구매횟수	연간구매금액
4	skyblue99	김하늘	플래티넘	12	3,198,400	135	32,784,500
5	doyoon_life	이도윤	골드	8	2,501,700	145	27,612,300
6	seoyeon_p	박서연	다이아몬드	15	4,803,200	160	41,498,900
7	minho_jm	정민호	플래티넘	10	2,899,500	125	30,214,800
8	jiwook77	최지우	플래티넘	9	2,402,600	120	29,509,200
9	yerin_h	한예린	다이아몬드	17	4,298,900	155	39,798,400
10	sh_0420	유승현	플래티넘	11	3,102,300	140	33,602,700
11	jihoon_king	오지훈	실버	7	1,799,800	95	24,198,500
12	sy_kang33	강서윤	다이아몬드	13	3,702,500	150	38,002,100
13	hw_bae88	배현우	다이아몬드	16	5,198,200	170	44,502,600

〈고급필터 조건〉

고객등급	금월구매횟수	금월구매금액	연간구매횟수	연간구매금액
다이아몬드	>=15			>=40000000
플래티넘		>=3000000		
			>140	

	고객ID	이름	고객등급	금월구매횟수	금월구매금액	연간구매횟수	연간구매금액
①	skyblue99	김하늘	플래티넘	12	3,198,400	135	32,784,500
②	doyoon_life	이도윤	골드	8	2,501,700	145	27,612,300
③	seoyeon_p	박서연	다이아몬드	15	4,803,200	160	41,498,900
④	minho_jm	정민호	플래티넘	10	2,899,500	125	30,214,800
⑤	sy_kang33	강서윤	다이아몬드	13	3,702,500	150	38,002,100

[36~37] 다음 자료를 읽고 질문에 답하시오.

〈○○연구소 암호 해독 규칙〉

- 암호는 연구소를 출입할 때마다 새로이 생성되므로 규칙을 숙지하여야 한다.
- 암호는 5×5의 격자판 위에 나타나며 5자리의 수이다.
- 격자판의 각 행은 좌측에서부터 우측으로 1부터 5까지의 숫자가 대응된다.
- 격자판의 각 열은 위쪽에서부터 아래쪽으로 1부터 5까지의 숫자가 대응된다.
- 암호를 구성하는 숫자는 격자판의 검정색 음영으로 표시된 셀에 대응하는 행과 열의 수의 곱으로 결정된다.
- 격자판에 생성된 암호는 위쪽에서부터 아래쪽의 순서로 읽는다.
- 암호를 구성하는 어떤 셀의 숫자가 10의 배수가 아닌 두 자리 숫자인 경우, 해당 셀의 숫자는 그 숫자를 일의 자리에서 올림한 값에서 그 숫자를 뺀 수로 본다.
- 암호를 구성하는 어떤 셀의 숫자가 10의 배수인 경우, 해당 셀의 숫자는 0으로 본다.
- 아래 격자판에 따라 생성된 암호는 '54945'이다.

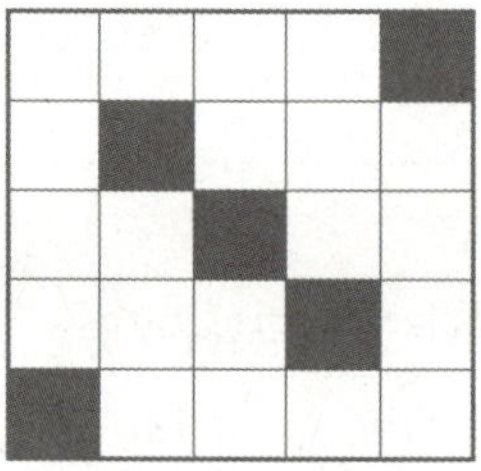

36 위 〈암호 해독 규칙〉을 참고할 때, 아래의 격자판에 따라 암호를 바르게 해독한 것은?

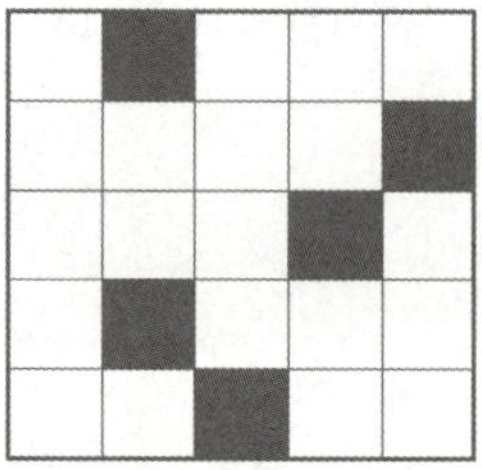

① 20280 ② 20285 ③ 20880
④ 20885 ⑤ 21885

37 ○○연구소에서는 기존 방식에 의해 생성될 수 있는 암호값이 제한적이라는 문제의식 하에 암호 해독 규칙을 아래와 같이 변경하였다. 연구소 직원 A가 연구소 출입할 때 해독한 암호가 '87347'이라고 할 때, 격자판의 모양으로 적절한 것은?

- 격자판의 배열 및 암호를 구성하는 숫자의 결정방식은 종전과 동일하다.
- 격자판에 생성된 암호는 격자판의 정중앙 셀로부터 가장 가까운 위치에 있는 음영셀부터 차례대로 읽으며, 바로 인접한 셀은 대각선에 위치한 셀보다 더 가까운 것으로 본다.
- 격자판의 정중앙 셀로부터의 거리가 동일한 경우 해당 셀을 통해 추론한 암호가 큰 값을 먼저 읽는다. 이때, 셀을 통해 추론한 암호가 같은 경우에는 순서는 고려하지 않는다.
- 암호를 구성하는 어떤 셀의 숫자가 10의 배수가 아닌 두 자리 숫자인 경우, 해당 셀의 숫자는 나머지 셀의 10 미만인 숫자들 중 가장 큰 수에서 1을 뺀 값으로 본다.
- 암호를 구성하는 어떤 셀의 숫자가 10의 배수인 경우, 해당 셀의 숫자는 나머지 셀의 10 미만인 숫자들 중 가장 작은 수에 1을 더한 값으로 본다.

①
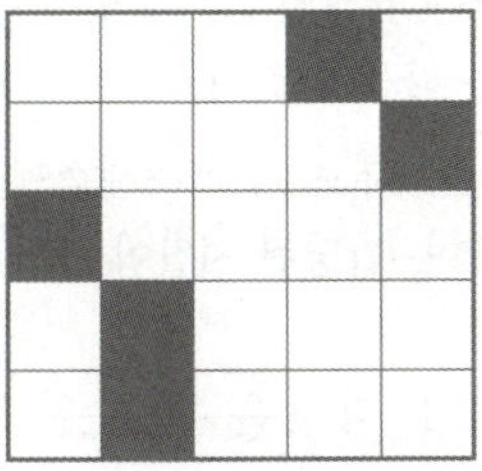

②
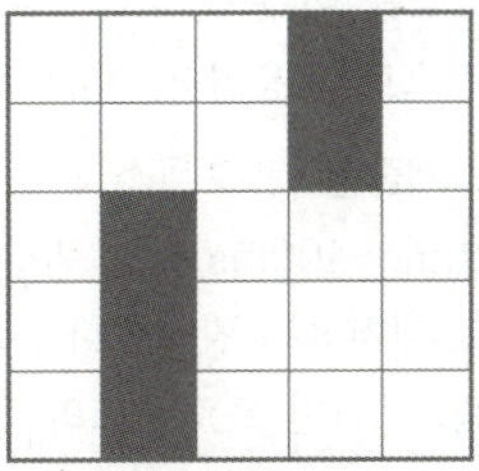

③
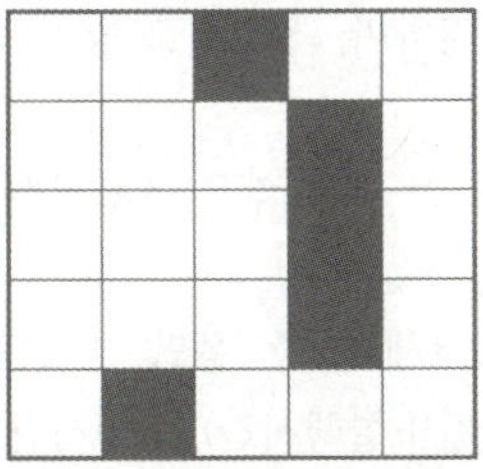

④
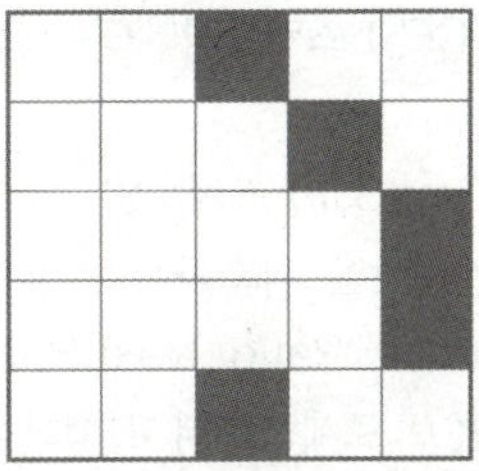

⑤
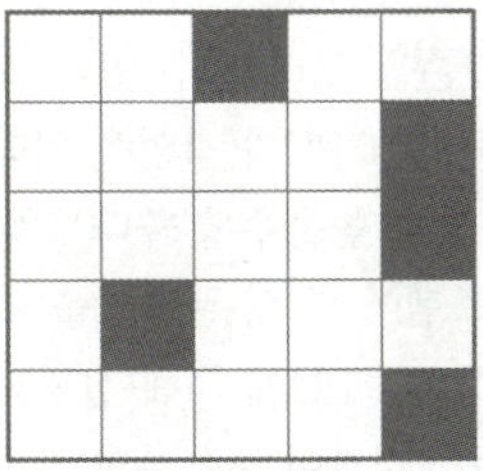

[38~40] 다음 자료를 읽고 질문에 답하시오.

컴퓨터에서 실행되는 모든 작업은 '프로세스(process)'라는 단위로 관리된다. 프로세스는 단순히 명령어들의 집합으로 존재하는 프로그램과는 달리 실제로 자원(CPU 등)을 할당받아 작업을 실행하며, 작업이 완료되면 자원을 반납한다. 자원이 부족하거나 이미 다른 프로세스에 의해 사용 중이라면 해당 프로세스는 대기 상태로 전환되기도 한다. 운영체제는 동시에 실행되는 여러 프로세스가 제한된 자원을 공정하고 효율적으로 사용할 수 있도록 자원관리를 수행하는데, 운영체제가 프로세스들에게 자원을 효율적으로 할당하기 위해 프로세스의 실행 순서와 방식을 결정하는 과정을 스케줄링(scheduling)이라고 한다.

CPU 스케줄링은 선점형 스케줄링과 비선점형 스케줄링으로 구분된다. 선점형 스케줄링(Preemptive Scheduling)은 운영체제가 실행 중인 어떤 프로세스를 강제로 중단하고, 다른 프로세스에 CPU를 할당할 수 있는 방식을 말하며, 비선점형 스케줄링(Non-Preemptive Scheduling)이란 어떤 프로세스가 한 번 CPU를 할당받으면 그 작업을 완료할 때까지 CPU를 계속 사용하도록 보장하는 방식을 말한다.

이 두 방식은 CPU를 어떤 순서로 프로세스에 할당할지 결정하는 규칙인 스케줄링 알고리즘에서 기본적인 동작 방식으로 사용된다. 대표적인 스케줄링 알고리즘은 다음과 같다.

- Round Robin 스케줄링: 프로세스 간에 우선순위를 두지 않고, 순서대로 각 프로세스에 주어진 시간 할당량(보통 10ms~100ms)만큼 번갈아 가며 순서대로 실행하며, 할당된 시간이 지나면 대기 리스트의 가장 뒤로 배치하는 방식이다.
- Priority 스케줄링: 도착한 프로세스의 우선순위를 비교해 실행하며, 더 높은 우선순위 프로세스가 도착하면 기존 작업을 중단하는 방식이다.
- First-Served(FCFS) 스케줄링: 프로세스가 도착한 순서대로 처리하며, 선입선출 방식으로 동작한다.
- Shortest Job First(SJF) 스케줄링: 도착한 프로세스 중 실행시간이 가장 짧은 프로세스를 먼저 처리하여 평균 대기시간을 최소화하는 방식이다.
- Highest Response Ratio Next(HRN) 스케줄링: 도착한 프로세스 중 응답 비율(Response Ratio) 값이 높은 프로세스부터 실행한다. 응답 비율은 '(대기시간+실행시간)/실행시간'으로 나타낼 수 있다.

스케줄링 알고리즘의 효율성을 평가하기 위해서는 여러 가지 기준을 고려할 수 있다. 먼저 'CPU 이용률'은 전체 시스템 시간 중 CPU가 작업을 처리하는 시간의 비율로, CPU가 작업을 처리하는 동안 얼마나 효율적으로 사용되는지를 측정하는 지표이므로, CPU 이용률은 높을수록 좋다. '처리량'은 단위시간당 완료된 프로세스의 수를 의미하며, 처리량이 높을수록 시스템이 더 많은 작업을 빠르게 처리할 수 있음을 뜻한다. '응답시간'은 프로세스의 요청(도착) 후 처음으로 CPU에 의해 실행되기까지 걸리는 시간을 말한다. 웹 서비스와 같은 대화형 시스템에서는 빠른 응답시간이 사용자의 만족도를 높인다. '대기시간'은 프로세스가 처음 도착한 시간부터 실행되기까지 기다린 시간과 실행 중단 후 다시 실행되기까지 기다린 총시간을 말하며, 대기시간을 줄이면 프로세스 처리 속도는 개선된다. '반환시간'은 프로세스가 시스템에 도착한 순간부터 완료될 때까지 걸린 총시간을 의미한다.

38 **주어진 자료를 바탕으로 하여 추론한 내용으로 적절하지 않은 것은?**

① SJF 스케줄링은 초반 처리량을 증가시킬 수 있다.
② Round Robin 스케줄링은 선점형 스케줄링의 일종으로 볼 수 있다.
③ FCFS 스케줄링에서는 실행시간이 긴 작업이 먼저 도착하는 경우 뒤에 도착한 작업의 대기시간이 길어질 수 있다.
④ 비선점형 스케줄링에서는 한 프로세스가 종료될 때까지 다른 프로세스가 CPU를 사용할 수 없을 것이다.
⑤ 어떤 프로세스가 도착한지 20초 후 실행되어 10초간 실행되고, 10초간 대기 후 다시 20초간 실행 후 완료되었다면 반환시간은 50초이다.

39 **A~D 작업이 다음과 같이 대기시간과 실행시간을 가지고 있을 때, HRN 스케줄링과 SJF 스케줄링에 따라 작업 순서를 결정할 경우 처리되는 작업 순서로 옳은 것은? (단, 어떤 프로세스에의 자원 할당으로 인한 대기시간 외에 다른 대기시간은 고려하지 않는다.)**

작업(프로세스)	도착시간	실행시간	작업(프로세스)	도착시간	실행시간
A	0초	20초	C	20초	30초
B	10초	10초	D	25초	10초

	HRN 스케줄링	SJF 스케줄링
①	A−B−C−D	A−B−D−C
②	A−B−C−D	A−D−B−C
③	A−B−C−D	B−D−A−C
④	A−B−D−C	A−B−D−C
⑤	A−B−D−C	B−D−A−C

40 다음 프로세스 P1~P5가 0초에 동시에 도착하여 Round Robin 스케줄링에 따라 아래의 간트차트와 같이 표현되었다고 할 때, 적절하지 않은 것은?

작업(프로세스)	실행시간	작업(프로세스)	실행시간	시간 할당량
P1	10초	P4	4초	5초
P2	8초	P5	12초	
P3	13초			

〈프로세스 스케줄링 간트차트〉

P1	P2	P3	P4	P5			㉠		㉡	

0　5　10　15　19　24　29　　　㉢　47

① ㉢은 40이다.
② ㉠과 ㉡에 들어갈 프로세스는 같다.
③ P3의 응답시간은 10초이다.
④ P5의 대기시간은 35초이다.
⑤ 시간 할당량이 10초인 경우에도 모든 프로세스의 종료시간은 같다.

4회 Self Check List	오답 수(개)	무응답 수(개)	풀이시간(분)
1회독	/ 40	/ 40	/ 75
2회독	/ 40	/ 40	/ 60
3회독	/ 40	/ 40	/ 45

MEMO

독끝

CHAPTER 05

실전모의고사 5회

영역 ❶ 의사소통능력

영역 ❷ 수리능력

영역 ❸ 문제해결능력

영역 ❹ 자원관리능력

영역 ❺ 정보능력

모의고사 정보

실전모의고사 5회는 5개 영역으로 이루어진 TYPE A로, IBK기업은행, NH농협은행, 신협중앙회 등의 출제 영역을 바탕으로 40문항을 구성한 모의고사입니다.

영역		출제 영역 대비 기업	문항 수	난이도별 구성	유형
NCS 직업기초 능력평가	의사소통능력	IBK기업은행, NH농협은행, 신협중앙회 등	40문항	●○○ 17문항 ●●○ 20문항 ●●● 3문항	객관식
	수리능력				
	문제해결능력				
	자원관리능력				
	정보능력				

권장 풀이 시간

다음의 회독수별 권장 풀이 시간에 맞춰 문제 풀이한 다음 실전모의고사 5회 40번 끝의 [Self Check List]를 기입하여 부족한 부분을 파악하세요!

권장 풀이 시간		
1회독 ▶ 75분	2회독 ▶ 60분	3회독 ▶ 45분

실전모의고사 5회

정답 및 해설 232p

[01~02] 다음 자료를 읽고 질문에 답하시오.

전 세계적으로 경제, 교육, 디지털 등 다양한 분야에 걸쳐 불평등 문제가 대두되고 있는 상황이다. 이런 불평등 중 생활수준과 가장 밀접하게 연관된 소득불평등과 같은 경제적 불평등이 지속적인 관심을 받고 있다. 소득불평등이 경제성장률 등 타 경제변수와 밀접한 관계를 가지고 있다는 다양한 연구가 존재하며, 최근에는 고빈도 소득 자료 구축을 통해 소득불평등에 대한 시의성 있는 분석도 이루어지고 있다.

소득불평등 산출에 필요한 소득 작성을 위해 통계청에서는 근로소득, 사업소득 등 소득을 세부적으로 분류한 후 OECD 지침에 따라 시장소득과 처분가능소득을 작성하고 있다. 그 외에 WIL(World Inequality Lab)은 국민계정 자료를 토대로 다양한 자료를 포괄적으로 이용하여 소득자료를 구축하고 있다. 이를 바탕으로 소득불평등을 측정하게 되는데, 이때 다양한 지표가 활용되며 대표적인 지표로는 지니계수, 5분위배율, 팔마비율 등이 있다.

소득불평등 측정을 위해 소득을 파악할 때는 통계청의 가계동향조사 자료를 활용할 수 있다. 가구 설문을 통해 조사하는 소득은 크게 경상소득과 비경상소득으로 분류된다. 경상소득은 가구 구성원이 근로, 사업체 운영 등 경상적 활동을 통하여 정기적으로 얻는 소득을 의미하며 근로소득, 사업소득, 재산소득, 이전소득으로 구성된다. 비경상소득은 경조소득, 복권당첨금 등 비경상적 또는 일시적으로 얻게 되는 소득을 의미한다.

불평등지표 작성을 위해서는 OECD의 소득작성 지침을 바탕으로 시장소득(Market Income)과 처분가능소득(Disposable Income)을 작성하고 이를 균등화하는 작업이 필요하다. 시장소득은 근로소득, 사업소득, 재산소득에 사적이전소득을 더한 후 사적이전지출을 차감한 소득으로 정부의 도움 없이 가구가 직접 벌어들인 소득을 의미한다. 처분가능소득은 시장소득에 공적이전소득에서 공적이전지출을 뺀 값을 더한 소득으로 소비, 저축 등 가구가 실제로 사용할 수 있는 소득을 의미한다. 불평등지표 작성 시 적용되는 단위는 개인인 반면, 가계동향조사를 통해 수집된 소득 자료 단위는 가구이므로 가구소득에서 개인소득으로 균등화가 필요한데, 가구원의 수가 많아질수록 규모의 경제가 발생하는 점을 고려하여 가구균등화 지수를 이용해 가구소득을 개인소득으로 균등화하며 OECD 제곱근 방식, 수정된 OECD 균등화지수 방식 등을 주로 사용한다. 우리나라는 가구소득을 가구원 수의 제곱근($\sqrt{n}$, n은 가구원 수)으로 나누어 균등화시키는 방법을 적용한다. 이에 따라 균등화 시장소득, 균등화 처분가능소득 등을 산출할 수 있다.

소득명	산출방식
균등화 시장소득	시장소득/$\sqrt{n}$
균등화 처분가능소득	처분가능소득/$\sqrt{n}$

한편 불평등지표 산출을 위해 주로 사용되는 가구 설문 자료는 특정 계층 과표집 등의 표본 선정 문제, 소득 과소보고 등으로 고소득층의 소득을 정확하게 파악할 수 없다는 문제점이 존재한다. 따라서 WIL은 국민계정 자료를 중심으로 가구 설문 자료, 조세 자료 등 다양한 자료를 포괄적으로 활용하여 국가 소득 데이터를 구축한다. 이때에는 해당 국가의 국민에게 귀속되는 소득만 고려하기 위해 GDP에 국외순소득(Net Foreign Income)을 더한 후 경제주체에게 귀속되지 않는 자본의 감가상각(Capital Depreciation)을 차감하여 순국민소득(Net National Income)을 산출한다. 산출한 순국민소득을 노동소득, 자본소득 등으로 분류한 뒤 조세, 각종 사회보험제도, 이전지출 등을 적용하여 세전 요소소득, 세전 국민소득, 세후 처분가능소득, 세후 국민소득의 4가지로 분류한다.

01 **다음 중 자료를 읽고 이해 및 추론한 내용으로 적절하지 않은 것은?**

① 소득불평등의 확대가 경상수지 흑자를 축소시킨다는 연구결과가 있다면 이는 소득불평등이 타 경제변수와 밀접한 관계를 가지고 있다는 근거로 활용될 수 있다.

② 어떤 가구가 회사에 근로를 제공하고 그에 따른 대가로 급여를 받는 가구원과 치킨집을 운영하며 매월 고정적이지 않은 매출을 얻고 있는 가구원으로만 구성되어 있다면 이 가구의 소득은 모두 경상소득에 포함된다.

③ WIL에서 국민계정 자료 등을 이용하여 소득자료를 구축하는 것은 가구 소득 데이터의 한계점을 보완하기 위함으로 볼 수 있다.

④ 가구소득을 개인소득으로 변환하는 균등화를 실시하게 되면 개인소득의 합이 가구 전체 소득과 일치하지 않는다는 문제점이 발생할 수 있다.

⑤ 근로소득 1,310만 원, 재산소득 500만 원 외에는 소득이 없는 4인 가구의 사적이전지출이 100만 원, 공적이전지출이 210만 원이라면 이 가구의 균등화 처분가능소득은 375만 원이다.

02 **다음은 위 자료의 보충 자료이다. 이를 참고할 때 소득 불평등지표에 대한 이해로 적절한 내용을 모두 고른 것은?**

〈소득 불평등지표〉

불평등지표는 주로 지수, 비율로 표현되고 있으며 경제 전반 또는 특정 계층간 비교 등 관심 요소에 따라 적합한 지표가 상이하다. 비율지표 중 일부를 소개하면 다음과 같다.

- **소득 5분위배율**: 소득 상위 20%의 인구와 하위 20% 인구의 격차를 측정하는 지표로, 소득 상위 20%의 소득점유율을 하위 20%의 소득점유율로 나눈 값
- **소득 10분위분배율**: 소득 하위 40%의 소득점유율을 상위 20%의 소득점유율로 나눈 값
- **팔마비율**: 소득 상위 10% 인구의 소득점유율을 하위 40% 인구의 소득점유율로 나눈 값으로 여러 국가에 걸쳐 중위계층 소득비율은 안정적인 반면 상하위 계층 소득비율은 변화가 크다는 점을 반영하여 만들어진 지표
- **소득점유율**: 전체 소득에서 특정 비율의 인구가 차지하는 소득이 어느 정도인지 나타내는 지표로 주로 소득 상위 10%, 1%, 0.1%와 같이 상위계층으로 소득이 얼마나 집중됐는지 확인하는데 사용

〈A국가의 소득 정보〉

A국가 전체 인구 소득의 합은 1,000조 원이다. A국가의 소득 상위 10%의 소득 합은 400조 원이다.

ㄱ. 소득 5분위배율의 값이 작을수록 소득불평등이 심한 것으로 볼 수 있다.
ㄴ. 소득 10분위분배율의 값이 클수록 소득불평등이 심한 것으로 볼 수 있다.
ㄷ. A국가의 소득 상위 10%의 소득점유율은 0.4이다.
ㄹ. A국가의 팔마비율은 0.66 이하일 것이다.

① ㄷ　② ㄱ, ㄹ　③ ㄴ, ㄹ
④ ㄱ, ㄴ, ㄷ　⑤ ㄴ, ㄷ, ㄹ

03 다음 자료에 대해 바르게 이해하지 못한 내용을 모두 고른 것은?

2023년 농가 및 어가경제조사 안내

□ 조사목적

농·어가경제 동향과 농업경영 실태를 파악하여 농·어업 정책 수립 및 경영 개선 등을 위한 기초자료로 제공

□ 모집단 및 조사대상

- 조사모집단: 농림어업총조사에서 파악된 농가* 및 어가**
- 조사대상: 표본 농·어가
  - 농가경제조사: 전국 3,300농가(가구원 2인 이상 2,900농가, 1인 400농가)
  - 어가경제조사: 전국 1,000어가

□ 조사대상기간: 2023.01.01.~12.31.

□ 조사항목

가구소득, 경상소득, 가구순소득, 농·어업소득, 농·어업외소득, 이전소득, 비경상소득, 가계지출, 농·어가자산, 농·어가부채 등

---

* 농가

다음 중 하나에 해당하는 농업을 직접 경영하는 가구

- 1,000m^2(10a) 이상의 경지를 직접 경작하는 가구
- 연간 직접 생산한 농축산물의 판매액이 120만 원 이상으로 농업을 계속하고 있는 가구
- 조사기준 시점 현재 120만 원 이상의 가축을 사육하는 가구

** 어가

다음 중 하나에 해당하는 어업을 직접 경영하는 가구

- 연간 판매를 목적으로 1개월 이상 해수면에서 어선어업, 맨손어업, 나잠어업, 기타 어로어업, 양식어업을 경영한 가구
- 연간 해수면에서 직접 어획하거나 양식한 수산물의 판매금액이 120만 원 이상인 가구
- 조사대상기간 내 해수면에서 양식하는 수산물의 평가액이 120만 원 이상인 가구

ㄱ. 농림어업총조사에서 어가로 파악된 A가구는 이번 경제조사의 대상이겠군.

ㄴ. 농가 및 어가경제조사에서의 농가 및 어가는 모두 영리 목적의 판매가 이루어지는 가구를 전제로 하고 있어.

ㄷ. 농가 및 어가경제조사의 대상인 가구에 대해서는 농·어업으로 인한 소득 외의 수입에 대해서도 조사가 이루어지겠군.

ㄹ. 2023년 11월 30일 기준 해수면에서 양식하는 수산물의 평가액이 130만 원인 B가구는 조사모집단에 포함되는 '어가'에 해당하겠네.

① ㄱ, ㄴ ② ㄱ, ㄹ ③ ㄴ, ㄷ
④ ㄴ, ㄹ ⑤ ㄷ, ㄹ

04 다음은 ○○기업에 대한 분석내용이다. 이 내용을 바탕으로 ○○기업에 대해 SWOT 분석을 실시한 내용 중 적절하지 않은 것은?

> ○○기업은 2018년에 설립된 모바일 핀테크 기업으로, 개인 및 중소기업을 대상으로 디지털 금융서비스를 제공하며 빠르게 성장하고 있는 디지털 금융시장에서 두각을 나타내고 있는 기업이다. ○○기업이 주요 경쟁력으로 삼고 있는 것은 AI 기반 신용평가 시스템, 블록체인 기술을 활용한 데이터 보안, 사용자 친화적인 모바일 앱 등이다. 이를 통해 ○○기업은 기존 금융기관이 충족하지 못한 니치(niche)시장을 공략하며 고객층을 확대해 나가고 있다. ○○기업의 핵심 서비스를 자세히 살펴보면 다음과 같다.
>
> 1. AI 기반 신용평가 알고리즘을 통해 대출 심사 기간을 단축하고, 고객의 신용 리스크를 세밀히 분석해 개인화된 대출 조건을 제공한다. AI 기반 신용평가 방식은 신용점수가 낮아 기존 금융기관을 통한 거래가 어려운 고객들에게 특히 유용하며 중소기업 대출 시장에서도 큰 호응을 얻고 있다.
> 2. 고객의 투자 목표와 위험 선호도에 대한 AI 기반 분석을 바탕으로 포트폴리오를 자동으로 구성하고 관리하는 로보어드바이저 서비스를 제공한다. 이는 전문 금융 지식이 부족한 고객도 손쉽게 투자에 참여할 수 있도록 돕는다,
> 3. 블록체인 기술을 활용하여 고객 정보의 보안을 강화하였다. 고객 데이터를 분산형 네트워크에 저장함으로써 보안성과 투명성을 강화하고 금융 거래의 신뢰도를 높이는데 주력하고 있다.
> 4. 모든 금융 서비스를 모바일 플랫폼을 통해 제공한다. 특히 젊은 세대와 기술 친화적 고객층을 타깃으로 한 직관적인 사용자 인터페이스는 실제로 타깃층에게도 호평을 받고 있다. 고객은 계좌 개설, 대출 신청, 투자 관리 등 모든 업무를 모바일 앱 하나로 처리할 수 있다.
>
> ○○기업은 전 세계적으로 디지털 금융에 대한 수요가 급증하는 가운데 설립되었다. 특히 코로나19 이후 비대면 금융 서비스의 필요성이 대두되며, 핀테크 산업은 전통 금융기관을 대체하거나 보완하는 중요한 역할을 담당하고 있다. 그러나 이와 동시에 글로벌 핀테크 기업 및 전통 금융기관 간의 경쟁이 심화되고 있으며, 고객 확보와 차별화된 서비스 제공이 기업 생존의 핵심 과제로 떠오르고 있다.
>
> 핀테크 기업은 그간 상대적으로 느슨한 규제 환경에서 빠르게 성장했으나 최근 개인정보보호 및 금융시장에 대한 규제 확대로 인해 운영 비용이 증가하고 있다. 또 ○○기업은 기술 중심의 비즈니스 모델을 채택하고 있어 시스템 장애나 기술적 복잡성으로 인한 기술적 리스크에 노출될 가능성을 배제할 수 없다. 특히 금융 데이터의 민감성을 고려할 때 사이버 공격의 위협은 기업의 신뢰도와 생존에 중대한 영향을 미칠 수 있다.

〈SWOT 분석 결과〉

요소	내용
강점 (Strengths)	• AI 기반 신용평가 시스템의 도입으로 대출 승인 효율성 제고 • 블록체인 기술을 이용한 데이터 보안 및 거래 신뢰성 강화 • ㉠ 창구 미운영으로 전통 금융기관 대비 운영비용의 절감
약점 (Weaknesses)	• 브랜드 신뢰도 부족: 설립 초기 기업으로서 시장에서의 인지도와 신뢰도 낮음 • ㉡ 고령층과 모바일 앱 등 기술에 익숙하지 않은 고객층의 접근성 부족 • 기술 중심 모델의 적용으로 인해 시스템 장애 등 리스크 존재
기회 (Opportunities)	• ㉢ 디지털 금융에 대한 수요 증가와 기술 발전 • 고객이 유입될수록 AI 기술(머신러닝)의 정교화가 가능해져 로보어드바이저를 통한 더 정교한 투자 솔루션의 제공 가능성 • ㉣ 전통 금융기관에 비해 낮은 수준의 규제 요건 적용
위협 (Threats)	• ㉤ 기존 금융기관들의 신기술 도입 가속화 및 타 핀테크 기업의 등장으로 인한 경쟁 격화 • 외부 규제 강화로 인한 운영비용의 상승 • 금리 변동, 경기 침체 등의 경제적 환경 변화

① ㉠　② ㉡　③ ㉢
④ ㉣　⑤ ㉤

[05~06] 다음 자료를 읽고 질문에 답하시오.

전형적인 은행 시스템에서는 민간은행이 예금자들로부터 예금을 받고 이를 기반으로 대출자들에게 대출을 공급한다. 그런데 이러한 시스템하에서는 뱅크런 위험이 존재한다.

뱅크런 위험은 민간은행이 초단기 결제성 예금을 수신하고 이를 장기 대출 공급에 활용하는 데서 발생한다. 예금에는 요구불예금, 수시입출식 저축예금 또는 기업자유예금 등 언제든지 원할 때 인출이 가능한 '결제성 예금'과 정기예금이나 정기적금 등 만기 이전에는 인출이 자유롭지 않은 '순수저축성 예금'이 있다. 그런데 특히 결제성 예금은 은행의 건전성이나 유동성에 대한 부정적인 정보가 확산되는 경우 쉽게 뱅크런으로 이어질 수 있다. 즉, 결제성 예금은 은행 건전성에 대한 패닉이 발생하면 갑자기 대량의 인출 요구로 이어지는데, 대출은 장기자산으로서 쉽사리 현금화할 수 없기 때문에 은행은 이러한 인출 요구에 응할 수 없다. 즉, (㉠) 뱅크런이 발생하는 것이다.

실제로 1930년대 대공황 때 미국의 많은 은행이 뱅크런으로 무너졌다. 이에 당시 시카고 대학교의 경제학자들은 소위 시카고 플랜(Chicago Plan)이라는 이름으로 계획된 새로운 은행 시스템을 제시했다. 이러한 새로운 시스템은 내로우 뱅킹(Narrow Banking)이라고 불리기도 한다. 내로우 뱅킹 시스템에서는 은행을 예금은행과 대출은행이라는 두 개의 유형으로 분리한 후, 예금은행에 대해서는 예금만 허용하고 대출은행에 대해서는 대출만 허용한다.

먼저 예금은행은 예금자로부터 모든 종류의 예금을 수취한 후 이를 대출에 쓰지 않고 안전하고 유동성이 높은 자산에만 투자한다. 예금 전액을 중앙은행에 지급준비금으로 예치하거나 국채 등 안전자산에만 투자하는 것이다. 예금자들은 패닉이 발생해도 언제든지 예금을 찾을 수 있다는 것을 알게 될 것이다. 한편 대출은행은 예금을 수신할 수 없고 자본시장에서 채권을 발행하거나 증자를 해서 일반 투자자로부터 조달한 자금만을 재원으로 활용하여 대출을 공급한다. 대출은행이 예금이 아닌 은행채나 주식 발행을 통해서만 자금을 일으켜 대출을 할 수 있기 때문에 공급할 수 있는 대출의 규모가 크게 줄어든다.

최근에는 중앙은행이 전 국민을 대상으로 발행하는 전자화폐인 소매형 CBDC에 대한 논의와 연구가 활발하게 이루어지고 있다. 전형적인 은행시스템상에서 중앙은행이 CBDC를 도입할 경우 중앙은행과 민간은행은 예금시장에서 직접적으로 경쟁하게 된다. 예금자는 현금을 민간은행에 예금할 수도 있지만 중앙은행에 개설된 자신의 예금계좌에 입금할 수도 있다. 현금을 입금하고 같은 금액의 CBDC를 받아서 이를 대금결제나 자금이체에 쓸 수도 있고 CBDC 자체를 중앙은행 예금계좌에 입금할 수도 있다.

CBDC가 도입되면 뱅크런 위험은 다소 줄어들지만 여전히 존재한다. 결제성 예금 중 일부는 중앙은행에 직접 예금되고 나머지는 민간은행에 예금될 것이다. 중앙은행에 예금된 부분에 대해서는 사실상 뱅크런 위험이 없다고 볼 수 있다. 중앙은행은 발권력을 동원해서 언제나 고객의 인출 요구에 응할 수 있기 때문이다. 반면 민간은행에 예금된 결제성 예금은 뱅크런 위험에 온전하게 노출된다.

05 **주어진 글의 맥락을 고려할 때, 빈칸 ㉠에 들어갈 내용으로 가장 적절한 것은?**

① 결제성 예금이 순수저축성 예금으로 전환되는
② 대출 부실화가 예금자의 신뢰 상실로 이어지는
③ 은행의 유동성 위기가 자산 매각과 차입을 통해 완화되는
④ 은행의 지급능력에 대한 패닉이 실제로 은행의 지급실패로 이어지는
⑤ 은행의 단기 자금 부족이 중앙은행의 긴급 유동성 지원으로 해결되는

06 **다음 중 글의 내용과 일치하지 않는 것은?**

① 시카고 플랜은 뱅크런 방지를 위해 결제성 예금을 대출에 활용하지 않도록 설계되었다.
② 내로우 뱅킹 시스템에서 예금은행은 결제성 예금뿐만 아니라 순수저축성 예금도 수취할 수 있다.
③ 소매형 CBDC가 도입되면 중앙은행과 민간은행은 예금유치 경쟁에서 동일한 조건으로 경쟁하게 된다.
④ 내로우 뱅킹 시스템에서는 대출은행에서 공급할 수 있는 대출의 규모가 기존의 전형적인 은행 시스템에 비해 축소될 수 있다.
⑤ 소매형 CBDC가 도입될 경우 은행 시스템 전체의 뱅크런 위험은 전체 결제성 예금 중 민간은행에 예치된 예금의 비중에 비례할 것이다.

07 다음은 리스크 관리부 박○○ 대리가 해외 출장 후 작성한 보고서이다. 이에 대한 피드백 내용으로 적절하지 않은 것은?

출장 보고서

1. 출장 개요
   - 출장자: 리스크 관리부 이○○ 차장, 박○○ 대리
   - 출장지: 영국 런던의 주요 금융기관
   - 출장기간: 2024년 5월 13일 ~ 2024년 5월 20일
   - 출장목적: 글로벌 금융 환경이 불확실해지면서 리스크 관리의 중요성이 더욱 부각되고 있고, 특히 금리 상승, 통화 변동성, 지정학적 리스크가 복합적으로 작용하면서 보다 정교한 리스크 관리 체제가 요구됨에 따라 글로벌 금융기관들의 최신 리스크 관리 전략을 조사하여 우리 □□은행의 리스크 관리 프로세스 개선 방안을 모색하기 위함

2. 출장 활동 및 주요 조사 내용

(1) 런던 HSBC 본사 방문
- 조사 내용: 통합 리스크 관리 플랫폼 구축 사례
  - 리스크 정보가 실시간으로 반영되는 통합 플랫폼을 사용하여 신속한 리스크 대응 가능
  - 시장 리스크, 신용 리스크, 운영 리스크를 통합 분석해 리스크 노출도를 효율적으로 관리하는 리스크 모니터링 대시보드 운영

(2) 홍콩 스탠다드차타드 은행 방문
- 조사 내용: 시장 변동성 대응을 위한 리스크 완충 시스템
  - 각종 자산의 시장 변동성에 대비한 리스크 완충 비율을 사전에 설정하고, 주요 지표가 변동할 때마다 자동으로 자산 조정
  - 리스크 대응 시나리오별 보고서를 자동으로 생성하여 리스크 요인을 빠르게 파악하고 의사결정에 활용

(3) 글로벌 리스크 관리 포럼 참석(런던)
- 조사 내용: 최신 리스크 관리 동향 및 기술 적용 사례
  - AI 기반 리스크 분석을 통해 특정 자산의 리스크 요소를 미리 예측하고, 머신러닝으로 고객 리스크 등급을 자동 조정
  - 통화 변동성이나 금리 변동에 대한 시뮬레이션을 활용해 예측 모델을 수립하여, 위험 자산의 비율을 최적화하는 시스템 운영

3. 향후 방향 제언

(1) 리스크 완충 시스템을 도입하여 리스크 요인을 효과적으로 통제하고 자산 변동성을 관리하는 방안을 일부 자산군에서 시범 운영하여 도입 가능성을 확인할 필요가 있음

(2) 리스크 관리에 있어 예측 모델과 자동화의 역할이 확대되고 있으며 AI 기반 예측 시스템을 통한 리스크 대응 방안이 점차 중요해지고 있음

4. 결론

글로벌 금융기관들의 최신 리스크 관리 시스템과 혁신적인 대응 방안 파악을 통해 리스크 관리의 자동화 및 실시간 모니터링의 필요성을 확인하였으며 향후 도입 가능한 시스템에 대하여는 파일럿 운영 및 단계적 도입을 통해 국내 금융 환경에 맞는 리스크 관리시스템을 정립하여야 할 것임

보고서 작성하느라 수고하셨습니다. 다만 보고서의 형식 및 내용 측면에서 일부 수정이 필요할 것 같습니다. ㉠'출장 개요' 목차의 출장목적이 너무 장황합니다. 개요에는 해당 내용을 압축하여 비교적 간결하게 작성하는 것이 좋겠습니다. ㉡출장지도 올바르게 적혀있는지 확인해 주시구요. ㉢'향후 방향 제언' 목차에 대한 보고서 내용은 '출장 활동 및 주요 조사 내용'과 구조를 맞추어 주세요. ㉣또, 해당 목차의 내용 (2)는 일반적인 동향에 대해 서술한 내용으로, 해당 목차에 기재되어야 하는 내용과는 거리가 멀어보이니 수정해주세요. ㉤'결론' 목차에는 각 출장지에서 조사한 시스템의 □□은행 도입 가능성 및 도입 시 예산에 대한 분석 내용이 포함되는 것이 좋겠습니다.

① ㉠ ② ㉡ ③ ㉢

④ ㉣ ⑤ ㉤

[08~09] 다음 자료를 읽고 질문에 답하시오.

△△손해보험 일상생활배상책임보험 안내

1. 개요

□ 일상생활배상책임보험이란?

일상생활배상책임보험은 일상생활 중 뜻하지 않게 타인의 신체, 재산에 피해를 입혀 발생한 피보험자의 법률상 배상책임에 따른 손해를 보상하는 보험상품입니다.

□ 가입방법

△△손해보험의 화재보험, 운전자보험, 자녀보험 등 일부 보험상품 가입 시 특약의 형태로만 가입할 수 있습니다. △△손해보험에서 가입한 보험이 있는 경우에는 해당 보험에 일상생활배상책임 특약을 추가 가입할 수 있는지 문의하시기 바랍니다.

□ 보험료·자기부담금

갱신형 보험의 경우 보험가입 후 일정 기간이 경과하면 보험료가 인상될 수 있으며, 일부 보험사고(대인·대물사고)의 경우 자기부담금이 발생할 수 있습니다.

2. 보상하는 손해

□ 주택 누수

주택의 누수로 인해 아래층에 발생한 피해의 복구 비용(도배, 장판 등) 및 손해방지비용 등을 보상합니다.

※ 2020년 4월 1일 이후 가입자부터는 다음과 같이 변경된 약관이 적용됩니다.

구분	개정 전	개정 후
보험금 지급 사유	피보험자가 주거하는 보험증권에 기재된 주택의 소유, 사용 또는 관리로 인한 우연한 사고	피보험자가 주거하고 있는 주택과 주택 소유자인 피보험자가 임대 등을 통해 주거를 허락한 자가 살고 있는 주택 중 보험증권에 기재된 하나의 주택의 소유, 사용 또는 관리에 기인한 우연한 사고

□ 가족·반려견

자녀가 놀다가 친구의 물건을 파손한 경우 친구에게 발생한 물건 수리비 등을 보상하며, 기르던 반려견이 타인 또는 타인의 반려견을 다치게 한 경우 치료비 등을 보상합니다.

3. 보험 가입 전·후 유의사항

□ 중복보상 불가

일상생활배상책임보험은 두 개 이상 가입하더라도 보상한도 내에서 실제 부담한 손해배상금을 비례보상*합니다.

* **비례보상**: 다수의 상품에 중복가입 하더라도 피보험자가 실제 부담한 손해배상금 이상은 보상되지 않고 피보험자가 부담한 손해배상금을 보험사 간 균등하게 비례분담하는 제도

□ 주소·소유권 변경 알림

보험증권에 기재된 주택의 소유·사용·관리 중에 발생한 배상책임을 보상하기 때문에 보험 가입 후 이사를 하거나, 소유권이 변경되는 경우에는 분쟁 방지를 위해 보험회사에 이를 즉시 알리어 보험증권을 재교부 받아야 합니다.

08 **다음은 △△손해보험 고객문의처에 올라온 한 고객의 문의글이다. 일상생활배상책임보험 업무 담당자가 게시글의 내용에 대해 답변을 하고자 할 때, 적절하지 않은 것은?**

> 제목: 일상생활배상책임보험 관련 궁금한 점 있습니다.
> 작성자: 김○○
> 작성일: 2023.04.23.
>
> 안녕하세요. 최근 지인의 강아지가 다른 강아지를 공격한 일이 있었는데, 그때 이 보험사에서 손해배상을 보상해줬다는 소식을 듣고 저도 보험에 가입하고 싶어서 문의합니다.
>
> ㉠ △△손해보험에는 예전에 운전자보험 하나 들어둔 게 있는데, 일상생활배상책임보험만 따로 가입할 수 있나요? 저희 애가 워낙 활발해서 밖에서 사고를 많이 치는데, ㉡ 다른 친구 물건을 파손한 경우에 수리비가 100% 보상되는 것도 맞는지 궁금합니다.
>
> 아, 그리고 □□보험사에 일상생활배상책임보험이 하나 가입되어 있기는 한데요, ㉢ 중복가입도 가능한거죠? ㉣ 중복가입했을 때 저희 집 누수로 아랫집에 피해보상 100만 원을 했다면 양쪽 보험사를 통해서 100만 원씩 보상 받을 수 있는건가요?
>
> 궁금한게 많아서 질문이 길어졌네요. 그럼 답변 부탁드려요.

① ㉠에 대한 답변: 고객님, 저희 △△손해보험에서 일상생활배상책임보험은 판매 중인 일부 보험상품에 특약의 형식으로만 가입이 가능합니다.

② ㉠에 대한 답변: 운전자보험의 피보험자로 계약하신 건이 있다면 해당 보험계약의 담당자에게 연락하시어 일상생활배상책임보험 특약 추가가 가능한지 문의해 보심이 좋겠습니다.

③ ㉡에 대한 답변: 물론입니다, 고객님. 저희 △△손해보험에서 취급하는 일상생활배상책임보험은 피보험자가 타인에게 입힌 재산상의 피해에 대해 보상하는 상품입니다. 실손보상 상품이므로 실제 수리비만큼 보상이 지급됩니다.

④ ㉢에 대한 답변: 타 보험사에 가입하신 일상생활배상책임보험이 있으시더라도 저희 △△손해보험에서 동일한 상품에 가입하실 수 있습니다.

⑤ ㉣에 대한 답변: 고객님, 일상생활배상책임보험은 비례보상이 이루어지는 상품입니다. 말씀하신 상황에서 산정된 보상액이 100만 원이라면 저희 △△손해보험측에서 지급하는 보상액은 50만 원입니다.

09 **위 자료를 참고하여 다음의 사례를 이해한 것으로 적절한 것을 모두 고르면?**

> A는 과거 △△손해보험의 상해보험에 가입하며 특약으로 일상생활배상책임보험에 가입하였다. 보험 가입 후 3년 경과 후, A는 타지역으로 이사를 하고 A가 소유·거주하던 주택은 B에게 임대를 내주었다. A는 거주지에 변동사항이 있음을 보험사에 알린 바 없다.

> ㄱ. A의 보험가입일이 2020년 3월이고, 현재 B가 거주하고 있는 주택의 누수로 A가 아래층에 피해복구를 해주었다면 보험사에서는 A가 진 배상책임에 대해 보상할 의무가 없다.
> ㄴ. A의 보험가입일이 2020년 5월이고, 현재 B가 거주하고 있는 주택에서 B의 귀책사유로 누수가 발생했다면 보험사에서는 A가 질 배상책임에 대해 보상할 의무가 없다.
> ㄷ. A의 보험가입일이 2020년 5월이고, 현재 A가 거주하고 있는 주택의 누수로 A가 아래층에 피해복구를 해주었다면, 보험사에서는 A가 진 배상책임에 대해 보상해 줘야 한다.

① ㄱ ② ㄴ ③ ㄷ
④ ㄱ, ㄴ ⑤ ㄱ, ㄷ

10 다음 〈조건〉과 같은 상황에서 A가 출발한 시점을 기준으로 A가 B를 따라잡는 데 걸리는 시간은?

조건

- A와 B가 같은 지점에서 출발하여 일직선 위를 달리되, A는 B보다 10초 늦게 출발한다.
- A는 시속 18km의 일정한 속력으로 달린다.
- B는 시속 30km의 일정한 속력으로 달리다가, 달리기 시작한 지 10초 후부터는 시속 6km의 일정한 속력으로 달린다.

① 15초 ② 20초 ③ 25초
④ 30초 ⑤ 35초

11 다음 〈조건〉과 같은 상황에서 5명의 학생이 모두 잘못된 의자에 앉는 경우의 수는?

조건

- 5명의 학생이 5개의 의자에 앉으려고 한다.
- 각 의자에는 학생 5명의 이름이 하나씩 모두 적혀 있다.
- 각 학생은 본인의 이름이 적힌 의자에 앉아야 올바르게 앉는 것이며, 다른 학생의 이름이 적힌 의자에 앉으면 잘못된 의자에 앉는 것이다.

① 11가지 ② 22가지 ③ 33가지
④ 44가지 ⑤ 55가지

12 다음 〈조건〉은 A대리의 투자에 대한 내용이다. A대리가 목표를 달성하기 위해 매년 초마다 납입해야 하는 금액을 구하면? (단, 세금은 고려하지 않으며, $1.1^{23}=9$로 계산한다.)

조건

- A대리는 2025년 초 현재 1억 1,800만 원을 보유하고 있다.
- 2025년 초부터 시작하여 22년 후인 2047년 초까지 매년 초마다 연이율 10%짜리 복리 금융상품에 일정 금액을 투자한다.
- 2025년 초 현재 보유하고 있는 1억 1,800만 원은 첫 금액을 납입할 때 함께 투입한다.
- 연이율 10%의 복리 이자는 매년 말에 붙는다.
- 2047년 초에 마지막으로 23번째 납입을 완료하고 1년을 더 기다려 2047년 말에 마지막 복리 이자가 붙은 후 그동안의 원금과 이자를 모두 되찾으려고 한다.
- 2047년 말에 되찾고자 하는 목표 원리금 합계는 29억 9,800만 원이다.

① 2,000만 원　② 2,100만 원　③ 2,200만 원
④ 2,300만 원　⑤ 2,400만 원

13 다음 〈표〉는 날짜별 원/달러 환율 테이블이다. A차장이 미국 여행을 위해 환전한 내역이 〈조건〉과 같을 때, 미국 여행에서 사용한 금액은?

〈표〉 원/달러 환율 테이블

구분	9월 8일	9월 10일	9월 12일
달러 사실 때 (원/달러)	1,400	1,425	1,470
달러 파실 때 (원/달러)	1,350	1,375	1,420

조건

- 9월 8일 원화 665만 원을 달러로 환전하여 미국으로 출국하였다.
- 9월 12일 한국으로 입국하여 사용하고 남은 달러를 모두 원화로 환전하였더니 745,500원이었다.

① 4,200달러　② 4,225달러　③ 4,250달러
④ 4,275달러　⑤ 4,300달러

14 다음은 2024년 K주식회사의 재무성과 검토 자료이다. 이에 대한 〈보기〉의 설명 중 옳은 것만을 모두 고른 것은?

K주식회사 2024년 재무성과 검토

□ 2024년 K주식회사의 손익계산서 및 재무상태표

〈손익계산서〉

항목	금액(억 원)
매출액	1,200
매출원가	
매출총이익	480
판매관리비	
영업이익	
기타 수익	30
기타 비용	20
법인세 비용	100
순이익	210

〈재무상태표〉

항목		금액(억 원)
자산	유동자산	580
	비유동자산	1,240
총자산		1,820
부채	유동부채	
	비유동부채	
부채총계		
자본	자본금	300
	자본잉여금	500
	이익잉여금	500
자본총계		1,300

※ 매출총이익 = 매출액 − 매출원가
※ 영업이익 = 매출총이익 − 판매관리비
※ 법인세 차감 전 순이익 = 영업이익 + 기타 수익 − 기타 비용
※ 순이익 = 법인세 차감 전 순이익 − 법인세 비용

□ 주요 재무 비율 분석

비율	계산식	결과
매출총이익률	(매출총이익)/(매출액)×100	40.00%
영업이익률	(영업이익)/(매출액)×100	
순이익률	(순이익)/(매출액)×100	17.50%
유동비율	(유동자산)/(유동부채)×100	
부채비율	(부채총계)/(자본총계)×100	40.00%

□ K주식회사가 실제로 투자한 자본 대비 얼마나 효율적으로 이익을 창출했는지 검토하기 위해 ROIC(투하자본수익률, Return on Invested Capital)을 추가로 검토한 결과 ROIC = 12.5%로 나타남

※ $\text{ROIC} = \dfrac{\text{NOPAT(영업이익} - \text{법인세)}}{\text{투하자본(총자산} - \text{유동부채)}} \times 100$

보기

ㄱ. K주식회사의 2024년 매출원가는 720억 원이다.
ㄴ. K주식회사의 2024년 판매관리비는 180억 원이다.
ㄷ. K주식회사의 2024년 재무상태표상 유동비율은 250% 미만이다.
ㄹ. K주식회사의 2024년 재무상태표상 비유동부채는 420억 원이다.

① ㄱ, ㄴ ② ㄱ, ㄷ ③ ㄴ, ㄹ
④ ㄱ, ㄷ, ㄹ ⑤ ㄱ, ㄴ, ㄷ, ㄹ

[15~16] 다음은 ○○은행의 총수익 및 해외수익, 총자산, 총인원에 관한 자료이다. 이어지는 질문에 답하시오.

〈자료 1〉 ○○은행 총수익 및 해외수익

(단위: 억 원)

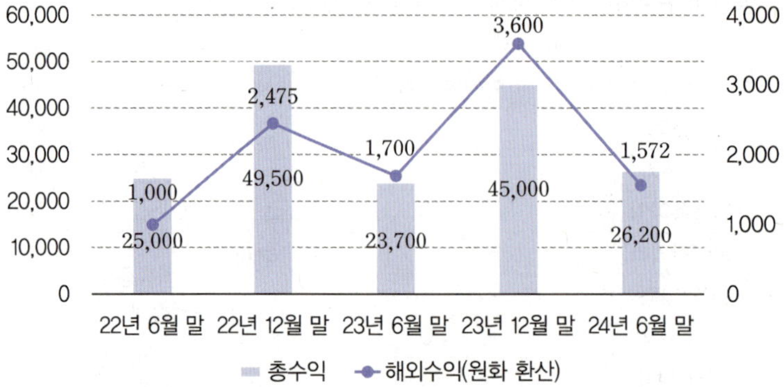

〈자료 2〉 ○○은행 총자산

(단위: 억 원, 십만 달러)

구분	22년 6월 말	22년 12월 말	23년 6월 말	23년 12월 말	24년 6월 말
총자산	506,800	517,800	524,500	530,000	552,000
해외자산	27,289.2	25,890	24,207.7	26,500	29,440
해외자산(원화 환산)	35,476	31,068	31,470	37,100	44,160

〈자료 3〉 ○○은행 총인원

(단위: 명)

구분	22년 6월 말	22년 12월 말	23년 6월 말	23년 12월 말	24년 6월 말
총인원	27,780	29,500	29,200	29,400	29,600
해외인원	12,501	11,800	12,264	12,054	14,504

※ 총수익 = 해외수익(원화 환산) + 국내수익

※ 총자산 = 해외자산(원화 환산) + 국내자산

※ 총수익 및 총자산은 원화 환산된 값임

※ 총인원 = 해외인원 + 국내인원

15 다음 중 자료를 참고하여 2024년 6월 말 ○○은행의 초국적화지수를 바르게 구한 것은?

$$\text{초국적화지수} = \frac{\left(\frac{\text{해외자산(원화 환산)}}{\text{총자산}} + \frac{\text{해외수익(원화 환산)}}{\text{총수익}} + \frac{\text{해외인원}}{\text{총인원}}\right) \times 100}{3}$$

※ 초국적화지수란 기업의 국제화 정도를 나타내는 지표로, 은행 전체의 자산, 수익, 인원 중 해외점포의 자산, 수익, 인원이 차지하는 비중을 평균하여 산출함

① 20 ② 20.5 ③ 21
④ 21.5 ⑤ 22

16 〈자료 1〉, 〈자료 2〉, 〈자료 3〉에 대한 해석으로 적절하지 않은 것은?

① 2022년 12월 말 환율은 1달러당 1,200원이다.
② 2024년 6월 말 해외수익은 1,048십만 달러이다.
③ 제시된 기간 동안 ○○은행의 총자산 중 국내자산의 비중은 항상 92% 이상이다.
④ 제시된 기간 중 ○○은행의 총인원 중 해외인원이 차지하는 비중이 가장 높을 때 은행의 원화 환산 해외수익도 가장 높다.
⑤ 2022년 12월 말부터 2024년 6월 말까지의 기간 중 전반기 대비 원화 환산 해외수익의 증가율이 가장 높은 시기는 2022년 12월 말이다.

[17~18] 다음은 개인 및 법인 신용카드 이용 건수와 이용금액에 관한 자료이다. 다음 물음에 답하시오.

〈자료 1〉 개인 및 법인 신용카드 이용 건수

(단위: 십만 건)

구분	2018년	2019년	2020년	2021년	2022년	2023년
전체 이용 건수	86,503	84,894	92,959	98,071	106,642	113,945
개인 이용 건수	77,287	74,728	83,076	87,558	95,332	102,187
개인 일반구매 이용 건수	74,503	70,940	80,369	84,825	92,410	99,087
개인 할부구매 이용 건수	2,227	3,195	2,274	2,343	2,537	2,695
개인 현금서비스 이용 건수	557	593	433	390	385	405
법인 이용 건수	9,216	10,166	9,883	10,513	11,310	11,758

〈자료 2〉 개인 및 법인 신용카드 이용금액

(단위: 백억 원)

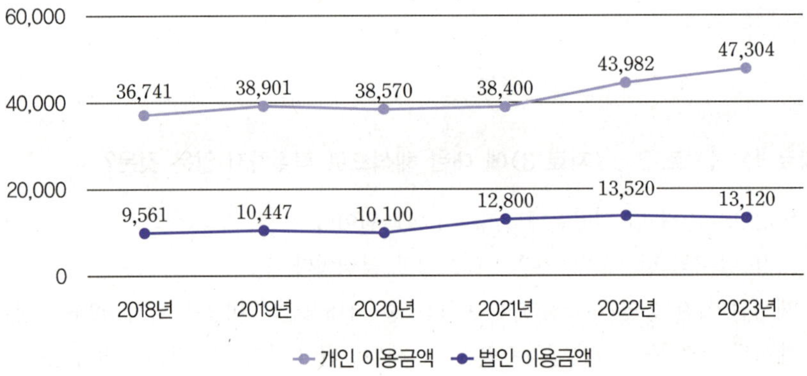

17

다음 중 자료에 대한 〈보기〉의 설명 중 적절하지 않은 것을 모두 고른 것은?

보기

ㄱ. 제시된 기간 동안 법인의 신용카드 이용 건당 이용금액은 매년 십만 원 이상이다,

ㄴ. 제시된 기간 중 개인의 신용카드 현금서비스 이용 건수가 가장 적은 해에 개인 신용카드 할부구매 이용 건수도 가장 적었다.

ㄷ. 제시된 기간 동안 개인의 신용카드 이용금액과 법인의 신용카드 이용금액의 차이는 매년 26,000백억 원 이상이다.

ㄹ. 제시된 기간 동안 개인 신용카드 이용 건수는 매년 전체 신용카드 이용 건수의 90% 이상이다.

① ㄱ　② ㄴ, ㄷ　③ ㄷ, ㄹ

④ ㄱ, ㄴ, ㄹ　⑤ ㄴ, ㄷ, ㄹ

18 다음 제시된 〈자료 3〉은 〈자료 2〉의 보충 자료이다. 자료들을 종합하여 이해한 내용으로 적절하지 않은 것은?

〈자료 3〉 개인 신용카드 이용금액 상세내역

(단위: 백억 원)

구분	2018년	2019년	2020년	2021년	2022년	2023년
개인 일반구매 이용금액	25,902	27,836	28,188	28,103	(㉠)	35,002
개인 할부구매 이용금액	6,741	7,023	6,835	6,987	7,560	8,442
개인 현금서비스 이용금액	4,098	4,042	3,547	3,310	3,972	3,860

① 빈칸 ㉠에 들어갈 값은 32,450이다.

② 2019~2023년 개인의 신용카드 할부구매 이용 건수의 전년 대비 증감 변화와 개인의 신용카드 할부구매 이용금액의 전년 대비 증감 변화는 방향이 같다.

③ 2021년 법인의 신용카드 이용금액은 전체 신용카드 이용금액의 25%에 해당한다.

④ 2021년 대비 2022년의 개인 신용카드 할부구매 이용금액의 증가율은 같은 기간 개인 신용카드 현금서비스 이용금액의 증가율보다 높다.

⑤ 제시된 기간 중 전체 신용카드 이용 건수가 가장 많은 해에 전체 신용카드 이용금액도 가장 많다.

19 **다음 S은행 채무조정에 대한 안내를 참고할 때, 채무조정의 사례로 적절하지 않은 것은? (단, 제시된 내용 외에 대출받은 경우는 없다고 가정한다.)**

S은행 채무조정

□ 채무조정 요청권이란?

채무조정 요청권이란, 「개인금융채권의 관리 및 개인금융채무자의 보호에 관한 법률」 제35조에 따라 개인금융채권을 연체한 채무자가 은행에 채무조정을 요청할 수 있는 권리입니다. 다만, 심사 결과에 따라 채무조정이 거절될 수도 있습니다.

□ 요청대상

- 대상자

계좌별 대출원금 3천만 원 미만의 개인금융채권을 연체 중인 자

- 채무조정 요청이 불가한 경우
  - 채무조정의 합의가 해지된 후 3개월이 지나지 않은 경우
  - 개인금융채권의 존재 여부나 범위에 대하여 소송, 조정 등의 소송 진행 중인 경우
  - 신용회복위원회·법원 채무조정 절차가 진행 중이거나 채무조정을 이행 중인 경우
- 채무조정 요청이 거절될 수 있는 경우
  - 채무조정 요청 서류에 대한 은행의 수정·보완 요청에 3회 이상 따르지 않은 경우
  - 채무조정 절차가 끝난 후 변제능력에 현저한 변동이 없음에도 채무조정을 다시 요청하는 경우
  - 소멸시효가 완성된 대출에 대하여 채무조정을 요청하는 경우

□ 채무조정 프로그램 안내

구분	신용대출조정	원금상환유예
취지	소득급감, 실직 등 경제적 환경변화 또는 일시적 유동성 부족으로 어려움을 겪는 가계대출 보유 고객의 채무부담을 완화하여 상환 기회를 부여하고 대출 부실화를 방지하기 위한 고객지원제도	
지원대상	• 최근 6개월 내 이자를 연체한 자 • 최근 1년 내 원금연체 2회 이상인 자 • 퇴직, 질병 등 재무적으로 곤란한 자	• 질병, 상해를 입은 자 • 폐업한 자 • 자연재해로 거주주택 피해를 입은 자
지원내용	• 만기연장: 연장불가 고객 연장 지원 • 장기분할상환 대환: 최장 10년 분할상환 및 대환 전 계좌 연체이자 감면	• 원금상환유예: 주택담보대출 1년/신용대출 6개월 분할상환 또는 유예기간 부여(유예기간만큼 만기연장)

① A는 S은행에서 처음으로 1천만 원의 개인신용대출을 받았으나 질병으로 인해 퇴직하게 되어 대출원금과 이자를 연체하게 됨에 따라 채무조정을 요청하였고, 원금을 6개월 분할상환하기로 조정서를 작성하였다.

② B는 올 여름 태풍으로 인해 거주 중인 주택에 큰 피해를 입어 S은행에서 받은 5천만 원의 주택담보대출에 대한 채무조정을 신청하였으나 채무조정 대상자가 아니라는 답변을 받았다.

③ C는 최근 C의 과실로 인한 교통사고로 막대한 손해배상액을 부담하고 있어 S은행에서 받은 개인신용대출 2천8백만 원에 대한 이자를 5개월째 연체하였고, 채무조정 요청을 통해 만기연장 불가 대출상품임에도 불구하고 만기를 연장할 수 있었다.

④ 최근 사업장을 폐업하여 경제적으로 곤란한 D는 과거 S은행에서 신용대출 받은 2천5백만 원에 대해 전액상환을 하였다고 주장하나 S은행과의 입장차이로 채무부존재확인소송 중에 있는데, 매달 발생하는 연체이자가 부담되어 S은행에 채무조정을 요청했으나 심사 후 요청이 거절되었다.

⑤ X국 제품의 판매사업을 하고 있는 E는 최근 X국 제품에 대한 불매운동으로 매출이 급감하여 신용회복위원회를 통해 채무조정 절차를 진행 중인데, S은행에서 받은 개인신용대출 2천만 원의 원금과 이자를 2개월째 연체하고 있어 S은행에도 채무조정 문의를 하였으나 채무조정이 불가하다는 답변을 받았다.

[20~21] 다음 자료를 읽고 질문에 답하시오.

〈○○은행 등산동호회 등산경로 안내〉

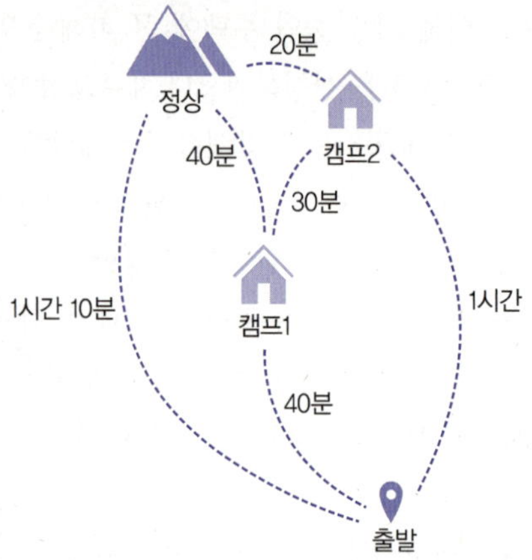

금번 가을 등산은 등산동호회에 입회한 지 3개월 미만의 초보 산악인을 위한 코스로 구성하였습니다. 출발지점부터 정상까지 오는 길에 2개의 캠프가 마련되어 있으니 등산에 참고 바랍니다. 캠프1에서는 물과 에너지바를 제공하며, 캠프2에서는 물, 이온음료, 초콜릿을 제공합니다. 각 경로에는 해당 경로를 지나는 데 소요되는 시간이 함께 기재되어 있습니다. 안전한 등산이 되시길 바라며, 정상에서 뵙겠습니다.

〈○○은행 등산동호회 회원들에 대한 정보〉

- 모든 회원들은 위 등산경로만을 이용하여 정상에 올랐다.
- 캠프에 도착한 회원들은 캠프에서 5분간 머무르다 이동하였다.
- 모든 회원들은 캠프가 아니더라도 등산 중 어디에서든 휴식할 수 있으나 정상 소집시간을 고려하여 최대 3회로 제한하며, 휴식시간은 휴식 1회당 모두 5분으로 같았다.

20 **다음은 ○○은행 등산동호회 신입 회원인 A~E의 등반 기록에 대한 정보이다. 오전 10시에 출발지점에서 모두 함께 정상을 향해 출발했다고 할 때, 가장 먼저 정상에 도착한 사람은 누구이겠는가? (단, 캠프로 이어지는 경로를 이용한 사람은 반드시 해당 캠프에서 머무르다 간 것으로 가정한다.)**

- A~E는 각자 자신이 원하는 경로로 이동했고 같은 시간에 정상에 도착한 회원은 없었다,
- B는 나머지 회원들과 일부 경로는 중복되지만, 전체 경로는 중복되지 않으며, 등산 도중 2회 휴식하였다.
- 정상에 가장 빨리 도착한 사람은 오전 11시 15분에 도착하였고 가장 마지막에 도착한 사람은 오전 11시 45분에 도착하였다.
- 캠프1에만 들른 사람은 등산 도중 1회 휴식하였다.
- C는 등산 도중 1회 휴식하였고, 가장 마지막에 도착한 사람은 아니다.
- A와 E는 동일한 경로를 이용하였으나 A와 E의 정상 도착 시간은 5분 차이가 있었다.
- D는 캠프2에 들르지 않았고, 정상 도착 시간은 B와는 5분 차이가 있었다.

① A ② B ③ C ④ D ⑤ E

21 ○○은행 등산동호회 신입 회원인 X, Y, Z는 캠프 두 곳 중 적어도 한 곳은 거친 뒤 정상까지 등반하였다. 이들은 정상에서 제공받은 음료 및 간식에 대해 이야기를 나누고 있고, 그 내용이 다음과 같다. 한편 Y와 Z가 정상에 도착한 시간이 같다고 할 때, 이들의 등산경로에 대한 추론으로 적절하지 않은 것은? (단, 캠프에 들른 사람들은 제시된 음료 및 간식을 전부 제공받았다.)

- X: 우리 셋 중 가장 많은 간식을 받은 사람은 Z이다.
- Y: 나는 Z와 등산 도중 만났는데, Z는 내가 받지 못한 에너지바를 나누어주었다.
- Z: 나는 X가 받지 못한 간식을 받았다.

① Z는 캠프1과 캠프2를 모두 들렀다.
② X와 Y가 들른 캠프가 동일한 캠프인지는 알 수 없다.
③ Y는 등산 도중 3회 휴식하였다.
④ Z는 등산 도중 별도의 휴식을 갖지 않았다.
⑤ X는 Y 또는 Z보다 늦게 도착했을 수 있다.

22 K은행 본사의 2동에는 개인고객팀, 글로벌사업팀, 기관영업팀, 여신전략팀, 카드사업팀이 1층~3층에 걸쳐 위치하고 있으며, 신규직원 A~E는 위 5개 팀 중 한 팀에 발령받아 근무하고 있다. 그에 대한 정보가 다음과 같다고 할 때, 신규직원들의 근무처와 해당 근무처가 위치한 층에 대한 추론으로 적절하지 않은 것은? (단, 모든 신규직원은 서로 다른 팀에서 근무한다.)

- 개인고객팀이 위치한 층은 카드사업팀이 위치한 층과 다르다.
- 개인고객팀은 건물의 1층에 위치하고 있다.
- A와 C는 같은 층에 위치한 근무처에 발령받아 근무하고 있다.
- B는 카드사업팀에서 근무하고 있고, 이 팀은 여신전략팀이 위치한 층과 다른 층에 있다.
- D의 근무처인 3층에는 해당 팀 외에 다른 팀은 위치하지 않는다.
- 여신전략팀이 위치한 층과 개인고객팀이 위치한 층은 서로 다르다.
- E의 근무처는 기관영업팀이 아니고, 카드사업팀과 같은 층에 위치하고 있다.

① D의 근무처는 여신전략팀이다.
② E의 근무처는 글로벌사업팀이다.
③ B의 근무처는 2층에 위치하고 있다.
④ C의 근무처는 기관영업팀이다.
⑤ A의 근무처는 1층에 위치하고 있다.

23 다음은 A와 B가 진행하고 있는 게임에서 말이 멈춰선 경로를 표시한 기록판이다. 아래의 [게임 규칙] 및 [진행 상황]을 참고할 때, A가 정한 숫자 세 자리로 옳은 것은?

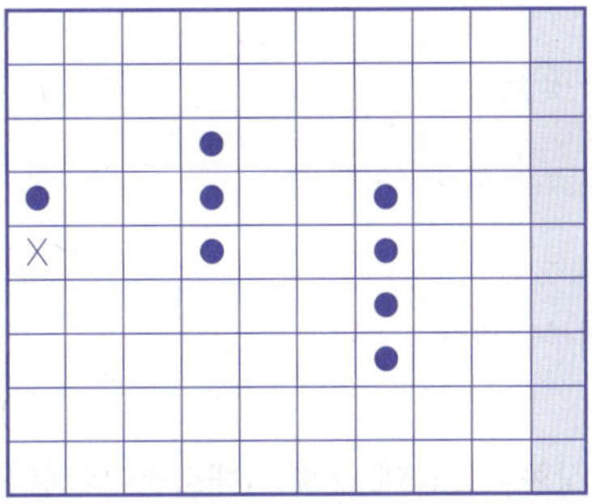

〈게임 규칙〉

게임은 진행자와 플레이어가 1:1로 진행한다. 진행자는 미리 세 자리 숫자를 정하고, 플레이어는 진행자가 정한 세 자리 숫자를 맞힌다. 플레이어는 진행자가 정한 세 자리의 숫자 중 첫 번째 숫자부터 차례로 맞히는데, 플레이어가 호명한 숫자가 진행자가 정한 숫자보다 큰 경우 게임 말을 하방으로 한 칸 이동시키고, 플레이어가 호명한 숫자가 진행자가 정한 숫자보다 작은 경우 게임 말을 상방으로 한 칸 이동시킨다. 플레이어는 말의 이동경로를 참고하여 숫자를 호명한다. 진행자가 정한 숫자와 플레이어가 호명한 숫자가 일치하면 게임 말을 우측으로 3칸 이동시키고, 플레이어는 그 칸에서부터 다시 두 번째 숫자를 맞힌다. 세 번째 숫자를 맞힐 때에도 동일한 방식으로 진행한다. 우측의 음영 표시된 곳에 말이 도달하면 해당 게임은 종료한다.

〈진행 상황〉

A는 진행자, B는 플레이어이다. 진행자인 A가 미리 정한 세 자리 숫자에 대해 B가 호명한 숫자를 나열하면 '5-7-4-7-6-5-2-6-5-4'이다. A는 위 기록판의 X지점에서 시작하여 게임이 진행됨에 따라 게임 말이 멈춰선 자리에 까만색 표시를 기록하였다. 게임 말은 시작점일 때를 제외하고 X지점에 멈춰서지 않았고, 중복으로 멈춰선 자리라도 까만색 표시는 1회만 기록하였다.

① 524　② 553　③ 724
④ 752　⑤ 753

[24~25] 다음 자료를 읽고 질문에 답하시오.

가계대출 상품설명서

1. 상품 개요 및 특성
   - 상품명: ○○뱅크 신용대출
   - 적용금리: 연 6%
   - 대출한도: 2억 원
   - 대출기간: 3년
   - 중도상환해약금 부과여부: 해당

2. 수수료 등 비용부담
   - 중도상환해약금: 중도상환대출금액×8%×(대출잔여일수÷대출기간)

     ※ 중도상환해약금: 대출상환기일 도래 전에 대출금을 상환할 경우 고객이 부담하는 금액
     ※ 중도상환대출금액: 대출상환기일 도래 전에 미리 상환하고자 하는 대출금액

   - 인지세

대출금액	5천만 원 이하	5천만 원 초과 1억 원 이하	1억 원 초과 10억 원 이하	10억 원 초과
인지세액	비과세	7만 원	15만 원	35만 원

※ 인지세: 인지세법에 의해 대출약정 체결 시 납부하는 세금으로 대출금액에 따라 세액이 차등 적용되며, 고객과 은행이 각 50%씩 부담합니다.
※ 대출계약을 철회하는 경우 은행이 부담한 인지세 등 제세공과금은 「금융소비자 보호에 관한 법률」 제46조 및 관련규정에서 정하는 바에 따라 채무자가 부담하여야 합니다.

3. 금융소비자의 대출계약 철회권
   - 일반금융소비자는 계약체결일, 계약서류를 받은 날, 대출금 수령일 중 나중에 발생한 날로부터 14일(기간의 말일이 휴일인 경우 다음 영업일) 내에 대출계약을 철회할 수 있습니다.(다만, 철회권을 행사하여 효력이 발생한 이후에는 이를 취소할 수 없습니다.)
   - 대출계약 철회를 위해서는 모바일앱으로 은행에 대출계약 철회의 의사표시를 해야 하며, 이미 수령한 대출금과 이에 대한 이자, 대출과 관련하여 은행이 제3자에게 부담한 인지세를 반환하여야 합니다.
   - 대출금 일부를 이미 상환한 경우에도 철회권 행사 가능 기간 이내라면 대출 잔액에 대해 대출계약 철회가 가능하며, 이미 납입한 중도상환수수료는 반환됩니다.
   - 대출계약 철회권을 행사한 경우에는 중도상환해약금이 면제되며, 5영업일 이내에 해당 대출과 관련한 대출정보가 삭제됩니다.
   - 대출계약 철회권을 남용하여 해당 은행을 대상으로 최근 1개월 내에 2회 이상 대출계약을 철회하는 경우, 신규대출·만기연장 거절, 대출한도 축소, 금리우대 제한 등 불이익이 발생할 수 있습니다.
   - 대출계약 철회권과 전액 중도상환의 차이점

구분	대출계약 철회권	전액 중도상환
중도상환해약금	–	대출 잔존기한에 대해 발생
반환 부대비용	은행이 제3자에게 부담한 인지세 및 관련 비용	–
대출기록	삭제	미삭제

24 다음 중 자료를 참고할 때, 다음의 사례에서 A가 부담한 비용인 빈칸 ㉠과 ㉡의 합으로 옳은 것은? (단, 3년은 1,096일로 가정한다.)

> 직장인 A는 2022년에 ○○뱅크에서 신용대출상품으로 8,000만 원을 3년을 대출기간으로 하여 대출받았다. 대출 당시 A는 인지세로 (㉠)원을 부담하였다. 한편, 대출기간은 3년이지만 최근 A는 목돈이 생겨 남은 대출금을 전액 중도상환하기로 하였다. 그동안 상환한 대출원금은 5,000만 원이었고, 지금까지 발생했던 이자도 모두 납부했다. 현재 남은 대출기간은 137일이다. ○○뱅크에 중도상환을 문의한 결과 중도상환해약금에 대한 안내를 받고 해당 비용으로 (㉡)원을 부담하였다.

① 260,000　② 335,000　③ 370,000
④ 535,000　⑤ 570,000

25 주어진 자료를 참고할 때, 다음의 사례에 대해 이해한 내용으로 적절하지 않은 것은?

> B는 2024년 11월 14일(목) ○○뱅크를 통해 3년을 기간으로 하여 1억 2,000만 원을 연 6%의 금리로 대출받기로 하는 신용대출계약을 체결하고 계약서류를 우편으로 송달받기로 하였다. B는 계약체결일로부터 일주일 뒤에 대출심사가 완료되었다는 안내와 함께 대출이 실행되어 당일에 대출금 수령 및 인지세 납부를 완료하였고, 익일에 계약서류도 송달받았다.
>
> 한편 B는 11월 30일 부모님으로부터 1억 5,000만 원을 증여받았고, ○○뱅크로부터 받은 대출금의 이자가 부담되어 대출계약을 철회하거나 전액 중도상환하고자 한다. 11월 30일 현재, B는 ○○뱅크와의 신용대출계약에 따라 ○○뱅크에 상환한 금액은 없다.

① B는 2024년 12월 6일까지 대출계약의 철회가 가능하다.
② 대출계약을 철회하는 경우 B가 총 부담하는 인지세액은 15만 원이다.
③ 만일 B가 대출관련 기록이 남지 않기를 원한다면 대출계약 철회권을 행사 기간 내에 행사하여야 한다.
④ B가 2024년 11월 30일에 대출계약을 철회하는 경우, ○○뱅크에 반환해야 하는 총 금액은 1억 2,007만 5천 원이다.
⑤ B가 2024년 12월 2일 대출원금 중 3,000만 원을 중도상환하였더라도 여전히 대출계약 철회권을 주장하며 나머지 9,000만 원에 대해 대출계약 철회가 가능하다.

26 다이어트 식품을 판매 중인 ○○푸드에서는 고객들에게 포장 서비스를 제공하고 있다. 고객 A~E는 아래의 주문서와 같이 포장 주문을 하였고, ○○푸드에서는 주문 메뉴에 따라 음식을 모두 포장해두었다. 포장 주문 고객들이 한 명씩 음식 픽업을 완료한 뒤, A의 음식이 다른 사람과 뒤바뀌었다는 것을 알게 되었다. 다음의 내용을 참고할 때, 적절한 추론을 모두 고른 것은? (단, 음식은 A와 다른 한 명 사이에서만 바뀌었다.)

〈○○푸드 주문서〉

A	B	C	D	E
두부 샐러드	연어 샐러드	그린 샐러드	닭가슴살 샐러드	샐러드 파스타

- A는 가장 먼저 음식을 픽업했다.
- B는 그린 샐러드를 받지는 않았다.
- D가 주문한 음식을 픽업해서 나올 때, 두부 샐러드와 샐러드 파스타가 남아 있었다.
- E는 가장 마지막으로 음식을 픽업하였다.

ㄱ. D는 자신이 주문한 음식을 받았다.
ㄴ. E는 자신이 주문한 음식을 받았다.
ㄷ. C가 받은 음식은 연어 샐러드가 아니다.
ㄹ. 음식을 네 번째로 픽업한 사람은 자신이 주문한 음식을 받았다.

① ㄱ, ㄴ ② ㄱ, ㄹ ③ ㄴ, ㄷ
④ ㄷ, ㄹ ⑤ ㄱ, ㄴ, ㄷ

27 ○○기업에서는 춘계 워크숍에서 게임을 진행하고 있다. 아래의 게임 규칙과 직원 A~E의 진술을 참고할 때, 등번호 1번인 사람은? (단, A의 두 번째 진술은 거짓이다.)

〈게임 규칙〉

참가자의 눈을 가린 채 참가자에게 모자를 씌우고 등에 번호를 부착한다. 따라서 참가자는 자신이 무슨 색 모자를 썼는지와 등에 붙은 숫자의 번호를 알지 못한다. 참가자는 다른 참가자들의 진술을 통해 자신이 쓰고 있는 모자의 색과 등번호를 맞춘다. 각 참가자는 다른 참가자들에 대해 두 가지의 진술을 하는데, 둘 중 하나는 참, 하나는 거짓을 말한다. 이러한 참과 거짓이 섞인 진술을 바탕으로 자신이 쓰고 있는 모자의 색과 등번호를 가장 먼저 맞추는 사람이 최종 승리한다.

검정색 모자의 수는 2개, 초록색 모자의 수는 2개, 빨간색 모자의 수는 1개이며, 등번호는 1~5번까지이다.

- A: E와 B는 모두 검정색 모자를 썼다. D의 등번호는 4 이하이다.
- B: A는 검정색 모자를 썼다. A의 등번호는 3 이상이다.
- C: D는 빨간색 모자를 썼다. E의 등번호는 2 이상이다.
- D: C는 초록색 모자를 썼다. B의 등번호는 3 이상이다.
- E: D는 누군가와 같은 색의 모자를 썼다. C의 등번호는 1이다.

① A　　② B　　③ C
④ D　　⑤ E

28 다음은 ○○코스메틱에서 제품 홍보차 진행 중인 이벤트 중 주사위 게임에 대한 정보이다. 길을 지나가던 10명이 이 게임에 참여하였고, 그 게임에서 참가자들은 1등~10등까지 중복 없이 상품을 받아갔다. 다음의 내용을 참고할 때, 게임에 대한 추론으로 적절한 내용을 모두 고른 것은?

1~6이 적힌 주사위를 던져 나온 숫자의 합이 10이 될 때까지 주사위를 던져주세요! 10이 넘어가면 상품을 받을 수 없습니다. 주사위를 던지는 횟수에는 제한이 없지만 횟수가 적으면 적을수록 더 좋은 상품을 받을 수 있겠죠? 상품은 아래를 참고해주세요.

주사위를 던진 횟수 및 등수		상품
2회	1등	꿀보습크림 본품+히알루론산 세럼 본품
	2등	꿀보습크림 본품
3회	3등	히알루론산 세럼 본품
	4등	UV완벽차단 선크림 본품
	5등	꿀보습크림(30ml)
	6등	히알루론산 세럼(30ml)
	7등	UV완벽차단 선크림(30ml)
	8등	콜라겐 마스크팩(3매입)
4회	9등	콜라겐 마스크팩(1매입)
	10등	초밀착 마스크팩(3매입)

등수는 주사위를 동일한 횟수로 던진 사람들 중 주사위를 던져 나온 숫자를 크기순으로 나열한 값이 가장 큰 순서대로 매깁니다. 예를 들어 1, 2, 3, 4로 합이 10이 된 경우 크기순으로 나열한 값은 4321이 되죠. 10명씩 게임을 시작하고, 등수에 따라 상품을 드립니다. 지금 바로 참여하세요!

ㄱ. 게임에서 1등을 한 사람이 던진 주사위에는 반드시 4가 포함되어 있었을 것이다.
ㄴ. 10등을 한 사람이 던진 주사위에는 동일한 숫자가 중복하여 나왔을 것이다.
ㄷ. 히알루론산 세럼 본품을 받은 사람은 모두 주사위를 던져 6이 나왔을 것이다.
ㄹ. 1등~8등 중 같은 숫자가 중복하여 나온 사람은 총 3명일 것이다.

① ㄱ, ㄴ
② ㄱ, ㄷ
③ ㄱ, ㄹ
④ ㄴ, ㄷ
⑤ ㄴ, ㄹ

29 다음은 어떤 지역의 지하철 노선도이다. Y역에 위치한 ○○기업에 재직 중인 김 사원은 매일 X역에서 출발하여 회사에 도착한다고 할 때, 추론한 내용으로 적절하지 않은 것은? (단, 김 사원은 출퇴근 중 목적지로의 이동을 위한 최선의 방법만을 이용하며, 이동 시간은 출발역에서 도착역까지 이동하는 데 소요되는 시간만을 고려한다.)

〈지하철 노선도〉

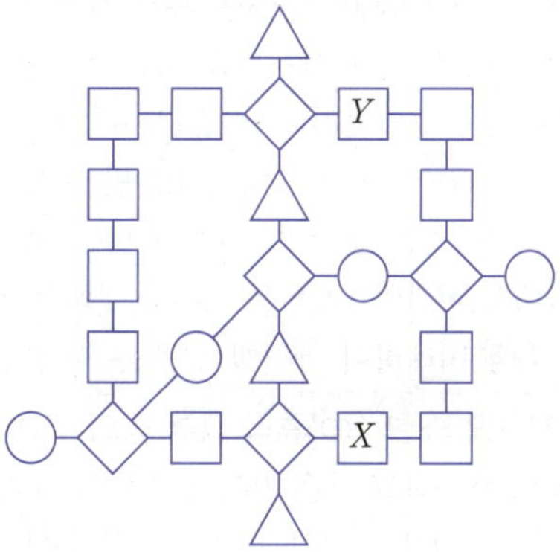

- 각 도형은 개별 지하철역을 의미한다.
- 사각형으로 표시된 지하철역은 A라인의 노선을, 원으로 표시된 지하철역은 B라인의 노선을, 삼각형으로 표시된 지하철역은 C라인의 노선을 나타낸다.
- 마름모로 표시된 지하철역은 2개의 지하철 노선이 중복되는 곳으로, 환승역을 의미한다.
- A라인의 노선은 시계방향으로만 운행하며, B라인과 C라인은 양방향 모두 운행한다.
- A~C라인의 지하철역 간 이동 시간은 서로 상이하며, 각 라인 내에서 지하철 역 간 이동 시간은 일정하다.
- 환승에 소요되는 시간은 2분이다.
- 김 사원이 출근 시 1가지 라인만 이용하는 경우 및 2가지 라인을 이용하는 경우, 회사까지 도착하는데 걸리는 최단시간은 각각 20분이다.
- 김 사원이 출근 시 3가지 라인을 모두 이용하는 경우 회사까지 도착하는데 걸리는 최단시간은 22분이다.

① B라인의 역 간 이동 시간은 1분이다.

② 김 사원이 회사에서 X역으로 퇴근 시 가장 빠른 지하철을 이용하면 이동시간은 12분이다.

③ C라인을 이용하여 최단시간으로 출근하는 경우 환승 횟수는 2회이다.

④ 역 간 이동 시간이 가장 긴 라인은 C라인이다.

⑤ 환승 소요시간이 1분으로 줄어들면 회사에 도착하는 데 걸리는 시간은 3가지 라인을 모두 이용하는 경우가 가장 짧다.

[30~31] 다음 자료를 읽고 질문에 답하시오.

□ 육아휴직 급여

① 육아휴직 급여는 다음 각 호의 구분에 따른 금액을 월별 지급액으로 한다.

1. 육아휴직 시작일부터 3개월까지: 육아휴직 시작일을 기준으로 한 월 통상임금에 해당하는 금액. 다만, 해당 금액이 250만 원을 넘는 경우에는 250만 원으로 한다.
2. 육아휴직 4개월째부터 6개월째까지: 육아휴직 시작일을 기준으로 한 월 통상임금에 해당하는 금액. 다만, 해당 금액이 200만 원을 넘는 경우에는 200만 원으로 한다.
3. 육아휴직 7개월째부터 종료일까지: 육아휴직 시작일을 기준으로 한 월 통상임금의 100분의 80에 해당하는 금액. 다만, 해당 금액이 160만 원을 넘는 경우에는 160만 원으로 한다.

② 제1항에 따른 각 호에 해당하는 금액이 70만 원보다 적은 경우에는 70만 원으로 한다.

③ 육아휴직 급여의 지급대상 기간이 1개월을 채우지 못하는 경우에는 제1항에 따른 월별 지급액을 해당 월에 휴직한 일수에 비례하여 계산한 금액을 지급액으로 한다.

□ 출생 후 18개월 이내의 자녀에 대한 육아휴직 급여 등의 특례

① 육아휴직 급여 규정에도 불구하고 같은 자녀에 대하여 자녀의 출생 후 18개월이 될 때까지 피보험자인 부모가 모두 육아휴직을 개시한 경우(부모의 육아휴직기간이 전부 또는 일부 겹치지 않은 경우를 포함한다.) 그 부모인 피보험자의 육아휴직 급여의 월별 지급액은 다음 각 호의 구분에 따라 산정한 금액으로 한다.

1. 육아휴직 시작일부터 6개월까지: 육아휴직 시작일을 기준으로 한 각 피보험자의 월 통상임금에 해당하는 금액. 이 경우 그 월별 지급액의 상한액은 부모 각각에 대하여 첫 번째 달과 두 번째 달은 월 250만 원, 세 번째 달은 월 300만 원, 네 번째 달은 월 350만 원, 다섯 번째 달은 월 400만 원, 여섯 번째 달은 월 450만 원이며, 그 월별 지급액의 하한액은 부모 각각에 대하여 70만 원으로 한다.
2. 육아휴직 7개월째부터 육아휴직 종료일까지: 육아휴직 시작일을 기준으로 한 각 피보험자의 월 통상임금의 100분의 80에 해당하는 금액. 다만, 해당 금액이 160만 원을 넘는 경우에는 부모 각각에 대하여 160만 원으로 하고, 해당 금액이 70만 원보다 적은 경우에는 부모 각각에 대하여 70만 원으로 한다.

② 특례규정은 두 번째 육아휴직자가 급여를 신청하여야 그 적용 여부의 판단이 가능하므로 첫 번째 육아휴직자에 대해서는 우선 육아휴직급여를 적용하고 두 번째 육아휴직자에게 육아휴직급여를 지급하는 첫 회에 첫 번째 육아휴직자에 대한 차액분을 지급한다.

30 **다음은 위 육아휴직 관련규정의 적용대상인 A~C의 사례로, 이들은 모두 24개월 자녀의 육아를 위해 아래와 같이 휴직하고 있다. 2025년 4월분 육아휴직급여로 A~C에게 지급될 금액의 합을 구하면? (단, 각 연도별 통상임금은 해당 연도에는 일정하게 유지된다.)**

- 2024년 통상임금이 월 80만 원, 2025년 통상임금이 월 90만 원인 A는 2024년 9월부터 육아휴직을 시작하였다.
- 2025년 통상임금이 월 240만 원인 B는 2025년 4월 11일부터 육아휴직을 시작하였다.
- 2025년 통상임금이 월 260만 원인 C는 2025년 1월 1일부터 육아휴직을 시작하였다.

① 424만 원 ② 430만 원 ③ 432만 원
④ 504만 원 ⑤ 510만 원

31 **주어진 자료를 바탕으로 아래의 사례에 대해 추론한 내용이 적절하지 않은 것은? (단, 각 연도별 통상임금은 해당 연도에는 일정하게 유지된다.)**

X는 2025년 1월 1일 출산을 하고, 3월부터 시작하여 1년간 육아휴직을 실시하기로 하였다. 배우자 Y는 2025년 4월 이후에 육아휴직을 1년간 사용하고자 하며, 개시일은 정하지 않았다. 배우자 Y는 재직 중인 사업장 여건상 X와 동시에 육아휴직을 사용할 수 없게 되어 추후에 육아휴직을 1년간 사용하고자 한다. X의 월 통상임금은 2025년 및 2026년에 360만 원으로 고정적이며, Y의 월 통상임금은 2025년은 430만 원, 2026년에는 480만 원으로 책정되었다.

① Y가 2025년 5월에 육아휴직을 개시하는 경우 X가 2025년 5월분까지 지급받을 육아휴직 급여액은 총 800만 원이다.
② Y가 2025년 6월에 육아휴직을 개시하는 경우 X-Y 부부가 2025년 8월분 육아휴직 급여로 지급받을 수 있는 급여액은 총 660만 원이다.
③ Y가 2026년 1월에 육아휴직을 개시하는 경우 X-Y 부부가 2026년 6월분 육아휴직 급여로 지급받을 수 있는 급여액은 총 610만 원이다.
④ Y가 2026년 3월에 육아휴직을 개시하는 경우 지급받게 될 X의 육아휴직 급여 차액은 총 520만 원이다.
⑤ Y가 2026년 7월에 육아휴직을 개시하는 경우 지급받게 될 X의 육아휴직 급여 차액은 없다.

[32~33] 다음 자료를 읽고 질문에 답하시오.

○○공단 직원 채용업무 처리 지침

제6조(채용공고) 직원을 공개채용하고자 할 때 채용공고는 토요일 및 공휴일을 포함하여 14일 이상 다음 각호의 사항을 공고하여야 한다. 다만, 계약기간 1년 미만의 단기채용 및 긴급히 충원하여야 할 불가피한 사유가 있을 경우 공고일수를 단축할 수 있다.

1. 채용예정 인원 및 채용자격 기준
2. 응시원서 접수방법 및 기한을 포함한 채용 절차 및 근로조건
3. 직무내용 및 필요 직무능력

제7조(시험의 방법) ① 직원의 채용은 서류전형, 필기시험, 면접시험을 거쳐 선발한다.

② 채용시험을 단계별로 실시하는 경우에는 전 단계 합격자에 한정하여 이후 전형단계를 진행하며, 각 전형단계별 합격자 선발 배수는 다음과 같다.

구분	서류전형	필기시험	면접시험
일반직	10배수	2배수	1배수
연구직	3배수	-	1배수
공무직	5배수	2배수	1배수

※ 전형단계별로 적격자가 없거나 부족한 경우 합격자를 선발하지 않거나, 선발배수보다 적게 선발할 수 있음

제8조(서류전형) ① 서류전형은 해당 직무수행에 관련되는 자격 및 경력 등을 채용하고자 하는 직종·직렬에 부합하는 서류에 따라 심사하며, 서류전형의 요소 및 배점은 채용계획 수립 시 반영하고 인사위원회에서 심의·의결한다.

② 서류전형의 심사는 심사위원회를 구성하여 심사하여야 하며, 이때 심사위원은 3명 이상(연구직의 경우 5인 이상)으로 구성하여야 하고 외부위원을 포함하여야 한다.

제9조(필기시험) 필기시험은 해당 직무수행에 필요한 지원자의 역량을 검증하기 위하여 일반직은 국가직무능력표준(NCS)을 기반으로 한 직업기초능력평가와 종합직무지식평가로 구분하여 평가하며, 공무직은 해당 분야 사업을 위한 기초지식을 평가한다.

제10조(면접시험) ① 면접시험은 구조화된 면접(경험·상황·발표·토론면접 등) 다양한 방법으로 직무수행에 필요한 능력 및 적격성을 심사한다.

② 면접시험의 심사는 심사위원회를 구성하여 심사하여야 하며, 이때 면접시험 심사위원은 3인 이상(연구직의 경우 5인 이상)으로 구성하여야 하고 외부위원을 면접위원의 1/2 이상으로 구성하여야 한다.

제13조(합격자 결정) ① 서류전형 합격자의 결정은 채용계획에서 정한 심사기준 및 인원(배수)에 따른다.

② 필기시험 합격자의 결정은 매과목 4할 이상의 득점자 중 전과목 평균 고득점자순으로 채용계획에서 정한 심사기준 및 인원(배수)에 따른다.

③ 면접시험의 합격자는 제척위원을 제외한 심사위원의 평정점수의 평균이 100점 만점에 70점 이상인 사람으로 한다. 다만, 평정점수 평균이 70점 이상이라도 면접위원 과반수 이상이 60점 이하로 평정한 경우는 불합격 처리한다.

④ 최종합격자는 면접시험에 합격한 사람으로서 면접점수에 각 전형별 점수를 합산한 고득점자 순으로 결정한다. 다만, 필기시험을 실시한 경우에는 필기시험 점수(전과목 평균)와 면접시험 점수(제척위원을 제외한 심사위원의 평정점수 평균)를 5:5의 비율로 합산한다.

32 **다음은 ○○공사 인사부서의 업무와 관련된 내용이다. 위 자료를 참고할 때, 직원 채용업무 처리 지침에 대한 이해로 적절한 것은?**

① 채용인원이 5명인 연구직 채용의 지원자가 10명인 경우, 10명 모두 서류전형을 통과한다.

② 채용인원이 미정인 3개월 단기계약직의 채용을 위해 2024.12.23.~2025.1.2.에 채용예정 인원을 제외한 채용공고를 게시한 경우 위 지침을 준수한 것으로 볼 수 있다.

③ 전기직(일반직)의 채용의 서류전형에서 전기기사 자격증 보유자에 대해 가산점을 부여하고자 하는 경우 심사위원회의 의결을 거쳐야 한다.

④ 연구직 채용의 서류전형에서 구성된 심사위원회와 동일한 구성으로 면접시험의 심사위원을 구성할 경우 위 지침을 위반하는 경우가 있다.

⑤ 안전관리 직무를 수행할 공무직을 채용하는 경우 종합직무지식평가 필기시험에 해당 직무에 대한 기초적인 지식을 평가할 수 있는 문항들을 포함할 수 있다.

33 **다음은 위 지침의 추가 내용이다. 아래의 점수표가 필기시험 합격자들의 다대다 면접시험 결과라고 할 때, 면접시험 및 결과에 대해 바르게 추론한 것은?**

> 제22조(심사위원의 제척·기피·회피) ① 서류 및 면접전형의 심사위원과 시험응시자가 다음 중 하나의 사적이해관계자에 해당하는 경우, 그 채용의 모든 절차에서 해당 심사위원은 제척된다.
> 1. 심사위원 자신 또는 그 가족(배우자, 직계혈족 및 형제자매, 직계혈족의 배우자, 배우자의 직계혈족 및 배우자의 형제자매를 말한다.)
> 2. 심사위원 자신 또는 그 가족이 대리하거나 고문·자문 등을 제공하는 개인
>
> ② 심사위원이 제1항에 해당하는 경우 공정한 심사를 위하여 심사에 대해 회피신청을 하여야 한다.
>
> ③ 시험응시자는 심사위원이 제1항에 해당하는 경우 공정한 평가를 받기 위하여 공단에 기피신청을 하여야 한다.
>
> ④ 심사위원회는 의결에 참여한 심사위원 2분의 1 이상의 의결로 기피·회피 여부를 결정하되 기피·회피 신청의 대상인 심사위원은 그 의결에 참여하지 못한다.
>
> ⑤ 제4항에 따라 기피·회피 신청을 수용하기로 결정한 경우 해당 심사위원의 점수는 기피·회피 대상인 응시자가 속한 평가 그룹에서 제외하고, 해당 평가그룹의 점수는 나머지 심사위원의 평균점수로 산정한다.

〈2025년 상반기 일반직(면접 1조) 채용전형별 점수표〉

구분	응시자	서류전형	필기시험	면접시험				
				내부위원1	내부위원2	외부위원1	외부위원2	외부위원3
면접 1조	A	90	60	70	80	75	80	75
면접 1조	B	90	80	60	85	60	60	100
면접 1조	C	80	90	65	75	80	65	70
면접 1조	D	85	80	70	50	65	70	75

※ D는 내부위원2의 사위이고, 심사위원회의 의결에 따라 내부위원2는 제척되었다.
※ 일반직 면접자는 면접 1조 인원뿐이다.

① 내부위원2는 공정한 심사를 위해 해당 면접시험에 대해 기피신청을 하였을 것이다.
② 내부위원2에 대한 기피·회피 신청의 수용을 위한 가결은 내부위원2를 제외한 2인의 찬성으로 족하다.
③ B는 면접시험에서는 합격하였으나 최종합격자 선정과정에서 탈락할 것이다.
④ 최종합격자는 A와 D이다.
⑤ 최종합격자 중 최고득점자는 D이다.

34 다음 〈조건〉은 ○○기업의 업무용 계정 비밀번호 생성 방침이다. 해당 방침을 준수한 비밀번호로 옳은 것은? (단, 알파벳과 아라비아 숫자의 용량은 1자당 1byte, 특수문자의 용량은 1자당 2byte다.)

조건

- 알파벳 대문자, 알파벳 소문자, 아라비아 숫자, 지정된 특수문자 외의 문자는 포함할 수 없다.
- 알파벳 대문자, 알파벳 소문자, 아라비아 숫자를 각각 1자 이상 포함해야 한다.
- 지정된 특수문자는 !, @, #, $, %, ^, &, *, ?로 총 9종류이며, 이 중 2종류 이상을 포함해야 한다.
- 비밀번호의 총 용량은 12byte 미만이어야 한다.

① Pb4#Z15J+ ② 7$VpAS5T$ ③ !%052@Qy6
④ 88We^1&nF ⑤ AM2%9F7?H

[35~36] 다음 자료를 읽고 질문에 답하시오.

재무 함수 소개

1. PMT 함수
   (1) 정의: 대출금을 매월 일정한 금리로 n개월간 상환해야 할 경우, 매월 상환해야 할 원리금(원금+이자)를 계산하는 함수
   (2) 함수 구문: PMT(rate,nper,pv,[fv],[type])
   (3) 인수

인수	설명
rate	대출 이자율(필수 인수)
nper	대출금 총 상환 횟수(필수 인수)
pv	현재 시점의 잔액(필수 인수)
fv	상환이 모두 끝난 뒤 남게 될 잔액(선택 인수)
type	납입 시점(선택 인수) • 0: [기본값] 기간 말 • 1: 기간 초

   (4) 주의사항
   rate와 nper를 지정할 때는 동일한 단위를 사용하여야 합니다. 즉, 이자율은 상환 기간에 대한 이자율을 입력해야 합니다. 예를 들어 이자율을 연이율로 입력하면, 상환 기간도 동일하게 '년' 단위로 입력되어야 합니다.

2. FV 함수
   (1) 정의: 매 기간 일정한 금액을 일정한 이율로 정기 납입할 경우 얻게 되는 미래가치를 계산하는 함수
   (2) 함수 구문: FV(rate,nper,pmt,[pv],[type])
   (3) 인수

인수	설명
rate	기간별 이자율(필수 인수)
nper	총 납입 기간 수(필수 인수)
pmt	각 기간의 납입액(필수 인수)
pv	미래 지급액에 상응하는 현재 가치(선택 인수) • 기본값은 0, pv 인수를 생략할 경우, pmt 인수를 반드시 포함해야 함
type	납입 시점(선택 인수) • 0: [기본값] 기간 말 • 1: 기간 초

   (4) 주의사항
   - rate와 nper를 지정할 때는 동일한 단위를 사용하여야 합니다. 예를 들어 납입 기간이 1년 단위라면 연이율, 1개월 단위라면 월이율이어야 합니다.
   - FV 함수는 이자율을 단리가 아닌 복리로 적용합니다.
   - FV 함수로 저축하는 금액을 계산할 경우에는 인수를 '음수'로 입력해야 결괏값은 양수로 반환됩니다.

35 주어진 자료를 참고할 때, 월 납입액 각 셀에 들어갈 값으로 옳은 것은?

	A	B	C	D	E	F
1						
2		연이율	상환기간(개월)	대출액	월 납입액	
3		4%	12	₩10,000,000		
4		5%	24	₩25,000,000		
5		4%	30	₩30,000,000		
6		연이율	상환기간(년)	대출액	월 납입액	
7		6%	2	₩50,000,000		
8		5%	3	₩50,000,000		
9						
10						

① [E3]셀: =PMT(B3,C3,D3)
② [E4]셀: =PMT(B4/12,C4/2,D4)
③ [E5]셀: =PMT(4%,C5,D5)
④ [E7]셀: =PMT(B7/12,C7*12,D7)
⑤ [E8]셀: =PMT(B8/12,C8,D8)

36 다음 경우를 함수로 표현하고자 할 때, 적절한 것은?

> ㉠ 5%의 연이율로 2,000만 원을 3년간 예치했을 때 미래 수령금액
> ㉡ 4%의 연이율로 월 50만 원씩 두 달간 납입하였고 앞으로 58개월 동안 같은 금액을 납입할 때의 미래 수령금액

① ㉠: =FV(5%/12, 3×12, 20000000)
② ㉠: =FV(5%, 36, 0, −20000000)
③ ㉡: =FV(4%/12, 58, −500000, −1000000)
④ ㉡: =FV(4%, 58, −500000, −1000000)
⑤ ㉡: =FV(4%/12, 58, −1000000, −500000)

[37~38] 다음 자료를 읽고 질문에 답하시오.

트리란 데이터를 계층적으로 표현하는 비선형 자료구조를 말한다. 트리 내에는 하위 트리가 있고, 그 하위 트리 안에는 또 다른 하위 트리가 있는 재귀적 자료구조이기도 하다. 컴퓨터의 디렉토리 구조를 생각해보면 이해가 빠를 것이다.

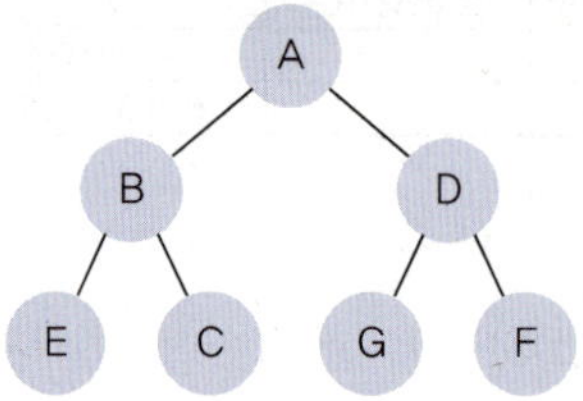

노드란 트리를 구성하고 있는 기본 요소로서, 데이터를 담고 있는 기본 단위를 말하는데, 위 그림에서 알파벳이 적혀있는 원 하나하나가 노드이다. 노드는 일반적으로 데이터와 다른 노드와의 연결 정보를 포함한다. 트리의 가장 위에 있는 노드를 루트 노드라고 하는데, 이는 트리의 시작점과 같다. 루트 노드에서부터 노드를 연결하는 선인 간선을 따라 내려오면 새로운 노드를 만나게 되는데, 두 노드의 연결에서 상위 노드를 부모 노드, 하위 노드를 자식 노드라고 한다. 같은 부모를 가지는 노드는 형제 노드가 된다. 자식이 없는 노드, 즉 E, C, G, F 노드는 리프 노드라고 부른다. 특정 노드를 기준으로 그 아래에 연결된 모든 노드는 또 하나의 트리의 성질을 갖기 때문에 서브 트리라고 하며, 기준이 된 특정 노드는 서브 트리의 루트 노드가 된다. 리프 노드는 자기 자신만으로 서브 트리가 된다.

노드가 가지고 있는 데이터를 목적에 맞게 처리하기 위해 트리의 모든 노드들을 체계적으로 방문하는 것을 순회라고 한다. 선형 자료 구조는 순차적으로 요소에 접근하지만 트리 자료구조는 다른 방식을 사용하고, 목적에 따라 어떤 순회를 선택할 것인지 결정한다. 일반적으로 트리 순회에는 전위 순회, 중위 순회, 후위 순회 등이 있다.

전위 순회는 루트 노드－왼쪽 서브 트리－오른쪽 서브 트리 순으로 탐색이 재귀적으로 진행된다. 위 트리를 전위 순회하면 노드의 방문 순서는 A → B → E → C → D → G → F이다. B에서는 자신이 루트 노드가 되기 때문에 B(루트 노드) → E(왼쪽 서브 트리) → C(오른쪽 서브 트리)와 같은 순서가 도출되는 것이다. 이후의 과정도 마찬가지이다.

중위 순회는 가장 왼쪽의 최하위 노드를 시작으로 왼쪽 서브 트리－그 트리의 부모(루트) 노드－오른쪽 서브 트리들에 대한 탐색이 재귀적으로 이루어진다. 위 트리를 중위 순회하면 노드의 방문 순서는 E → B → C → A → G → D → F이다. 왼쪽 서브 트리(E → B → C) 탐색 후에는 그 트리의 부모(루트) 노드인 A를 방문하는 것이다.

후위 순회는 가장 왼쪽의 최하위 노드를 시작으로 왼쪽 서브 트리－오른쪽 서브 트리－그 트리들의 부모(루트) 노드를 방문하는 탐색이 재귀적으로 이루어진다. 위 트리를 후위 순회하면 노드의 방문 순서는 E → C → B → G → F → D → A이다. 각 트리에서 부모(루트) 노드가 가장 마지막 순서임을 알 수 있다.

37 다음 트리를 전위 순회 방식으로 탐색하고자 한다. 위 자료를 참고할 때, 트리 순회에 대한 판단으로 적절하지 않은 것은?

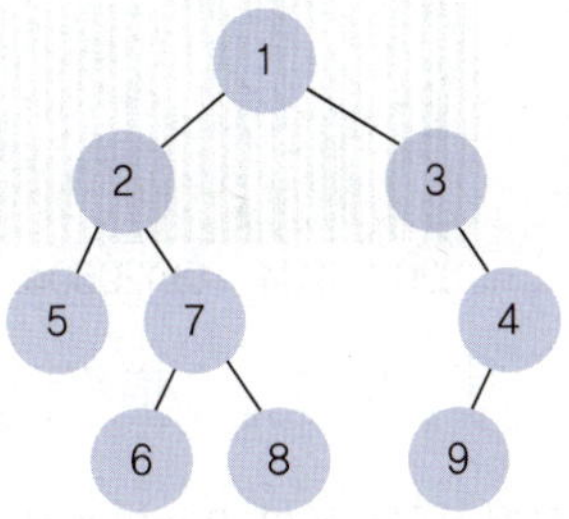

① 방문할 노드의 수는 9개이다.
② 가장 먼저 방문할 노드는 '1'이다.
③ '5'에서는 더 이상 방문할 왼쪽 서브 트리가 없으므로 '7'을 방문한다.
④ '7'은 루트 노드이므로 이후에는 '6'–'8'의 순서로 방문한다.
⑤ 가장 마지막에 방문할 노드는 '3'이다.

38 다음 트리를 중위 순회 및 후위 순회 방식으로 탐색하고자 한다. 이때 노드 방문 순서를 바르게 나타낸 것은?

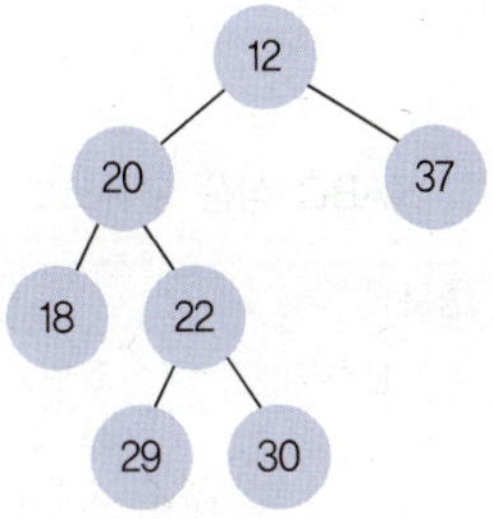

	중위 순회	후위 순회
①	18–20–29–22–30–12–37	18–29–30–22–20–37–12
②	18–20–29–22–30–12–37	18–22–29–30–20–12–37
③	18–20–22–29–30–12–37	18–29–30–22–20–37–12
④	18–20–22–29–30–12–37	18–22–29–30–20–12–37
⑤	29–18–20–22–30–12–37	18–29–30–22–20–37–12

[39~40] 다음 자료를 읽고 질문에 답하시오.

〈ABC 국제 표준 바코드 안내〉

320 1234 05120604 5

국가코드 업체코드 상품코드 체크디지트

ABC 국제 표준 바코드는 백화점, 마트 등의 유통업체에서 최종 소비자에게 판매되는 상품에 사용하는 코드로서, 제조업체가 직접 발행합니다. ABC 국제 표준 바코드는 위 그림과 같이 4개의 항목으로 구성되어 있습니다.

항목	설명
국가코드	국제코드관리기관에서 제조업체의 본사 소재국에 따라 부여한 코드를 말합니다. 우리나라의 국가코드는 320입니다.
업체코드	국가별로 개별 제조업체 및 판매업체에 부여하는 코드를 말합니다.
상품코드	업체코드를 부여받은 업체가 자사의 개별상품에 ABC 상품 분류코드에 따라 부여한 코드를 말합니다.
체크디지트	바코드의 오류를 검증하는 코드를 말합니다.

※ 체크디지트란?

체크디지트는 바코드에 부여되는 마지막 한자리의 코드로, 바코드가 전산상 올바르게 입력이 되었는지 확인하는 기능을 합니다. 체크디지트는 앞에 부여된 국가코드, 업체코드, 상품코드에 일정한 공식을 적용하여 부여합니다. 먼저 국가코드, 업체코드, 상품코드를 순서대로 나열했을 때 홀수 번째 자리에 위치한 숫자들에 모두 3을 곱한 후 이를 더합니다. 이 값에 짝수 번째 자리에 위치한 숫자들을 모두 더합니다. 산출된 값에서 10의 배수를 만들기 위해 더해야 하는 최소 양수값이 바로 체크디지트입니다.

〈ABC 상품 분류코드 일부〉

대분류		중분류		소분류		세분류	
코드	분류명	코드	분류명	코드	분류명	코드	제품종류
07	디지털/가전	01	컴퓨터 및 주변기기	01	컴퓨터	01	데스크탑
						02	노트북
				06	마우스	01	무선마우스
						02	유선마우스
				08	키보드	01	무선키보드
						02	유선키보드
		12	PC부품	01	CPU	01	CPU
				02	RAM	01	데스크탑용
		15	저장장치	01	스토리지	01	USB메모리
						02	HDD메모리
						03	SSD메모리

39 다음은 체크디지트가 부여되기 전 유효하게 발행된 바코드이다. 위 자료를 참고할 때, 다음의 바코드에 대해 바르게 이해하지 못한 것은?

> ㉠ 320 1647 07010801
> ㉡ 156 1647 07150202
> ㉢ 320 2680 07120201

① ㉠은 해당 기업의 블루투스무선키보드 제품에도 적용될 수 있다.
② ㉡은 스토리지 외의 디지털 저장장치에 대해 발행한 바코드이다.
③ ㉠과 ㉡은 같은 업체에서 발행한 바코드이다.
④ ㉢에는 해당 기업의 노트북용 RAM 제품은 포함되지 않을 것이다.
⑤ ㉠과 ㉢은 한국의 업체가 발행한 바코드이다.

40 주어진 〈ABC 상품 분류코드 일부〉를 참고할 때, 한국의 전자제품 제조업체(업체코드 6241)에서 HDD메모리를 판매하기 위해 바코드를 발행한 경우 체크디지트 코드로 옳은 것은?

① 3　　② 4　　③ 5
④ 6　　⑤ 7

5회 Self Check List

	오답 수(개)	무응답 수(개)	풀이시간(분)
1회독	/ 40	/ 40	/ 75
2회독	/ 40	/ 40	/ 60
3회독	/ 40	/ 40	/ 45

독끝

CHAPTER 06

실전모의고사 6회

고난도

영역 ❶ 의사소통능력

영역 ❷ 수리능력

영역 ❸ 문제해결능력

영역 ❹ 자원관리능력

영역 ❺ 정보능력

모의고사 정보

실전모의고사 6회는 5개 영역으로 이루어진 TYPE A로, IBK기업은행, NH농협은행, 신협중앙회 등의 출제 영역을 바탕으로 40문항을 구성한 모의고사입니다.

영역		출제 영역 대비 기업	문항 수	난이도별 구성	유형
NCS 직업기초 능력평가	의사소통능력	IBK기업은행, NH농협은행, 신협중앙회 등	40문항	●○○ 15문항 ●●○ 19문항 ●●● 6문항	객관식
	수리능력				
	문제해결능력				
	자원관리능력				
	정보능력				

권장 풀이 시간

다음의 회독수별 권장 풀이 시간에 맞춰 문제 풀이한 다음 실전모의고사 6회 40번 끝의 [Self Check List]를 기입하여 부족한 부분을 파악하세요!

권장 풀이 시간		
1회독 ▶ 85분	2회독 ▶ 65분	3회독 ▶ 50분

CHAPTER | 06 실전모의고사 6회(고난도)

정답 및 해설 292p

[01~02] 다음 글을 읽고 질문에 답하시오.

기업이 경쟁 우위를 확보하기 위해서는 경영의 스피드 제고가 중요하며, 이를 달성하기 위해서는 협력을 통한 시너지 창출이 필수적이다. 이때 협력의 유형은 사업부 간, 조직 기능 간 내부 협력과 경쟁사, 정부기관 등 외부 조직과의 협력으로 구분할 수 있다. 최근 외부 조직과의 협력이 부각되고는 있지만 이는 내부 협력보다 성공 확률이 낮은 반면, 내부 협력은 접근성, 업무 추진 속도, 커뮤니케이션 등의 측면에서 최소한의 시간과 비용으로 성공 가능성을 높이는 효과적인 방법이 될 수 있다.

내부 협력을 활성화하기 위해서는 유망한 협력 기회를 발굴하는 것이 우선이다. 이를 위해서는 과업 선정 단계에서부터 철저하게 고객에게 차별적인 가치를 줄 수 있는지를 기준으로 협력 가치를 평가하는 것이 좋다. 또한 과업 프로세스를 단순화하여 협력의 기반을 구축하는 것도 협력 기회를 발굴하는 데 있어 중요하다. 사업부별 경쟁과 책임경영을 추구하는 대기업의 분권화된 조직 운영방식은 사업별 성과 극대화에는 도움이 되지만, 사업부문 간 혹은 전사 차원의 협력 활동이 제대로 이루어지기 어렵게 만들기도 한다.

한편 내부 협력을 활성화하여 조직을 더 높은 단계로 끌어올리기 위해서는 리더의 역할이 중요하다. 리더는 개인 및 담당 부문의 목표보다 조직 전체의 공동 목표를 우선하고, 구성원들이 공동 목표 달성에 집중할 수 있도록 명확히 방향을 제시해야 한다. 또한 타 부문이나 구성원을 비난하지 않고 스스로 책임지는 자세를 보여야 하며, 참여 구성원에게도 명확히 책임을 부여해야 한다.

제대로 된 협력은 큰 시너지를 창출하지만, 잘못된 협력은 성과 없이 시간과 비용 등의 자원만 낭비하는 결과를 초래할 수 있다. 경영층을 비롯한 모든 구성원은 내부 협력의 목적이 혁신적인 신제품 개발, 높은 매출 성장, 대폭적인 원가 절감 등 탁월한 성과를 창출하는 것이며, 탁월한 성과를 창출하기 위한 수단이 협력이라는 점을 명확히 인식하고 실행으로 옮겨야 할 것이다.

01 주어진 글을 이해한 내용으로 적절하지 않은 것은?

① 내부 협력은 항상 긍정적인 결과를 낳는다.
② 외부 협력은 내부 협력보다 성공 가능성이 낮다.
③ 사업부별로 경쟁이 치열할 경우 내부 협력이 성사되기 어려울 수 있다.
④ 내부 협력에 참여하는 리더는 조직 전체의 공동 목표를 우선해야 한다.
⑤ 내부 협력을 활성화하기 전에 이를 통해 고객에게 차별화된 가치를 제공할 수 있는지를 따져 봐야 한다.

02 **주어진 글을 참고했을 때, 내부 협력을 활성화한 사례로 적절하지 않은 것은?**

① ○○가전은 소비자의 니즈를 조사하고 해당 니즈를 충족할 수 있는 솔루션을 생각해냈다. 그리고 사업부별 보유기술 목록을 검토하여 해당 솔루션을 구현할 수 있는 최적의 기술을 활용하였다.

② 20××년에 ▽▽도 △△군에서 시작한 해역 감시 프로젝트는 실행 초기에 광범위한 과업 선정으로 인하여 ▽▽도청에 속한 공무원들 사이에 혼란이 야기됐다. 하지만 이후 과업 범위를 좁히고 프로세스를 단순화하여 문제를 다시 정의해 이웃 기초자치단체 담당 공무원들과의 원활한 협력을 이끌어내었다.

③ □□항공은 20XX년 도산하였다가 2년 8개월 만에 부활에 성공했다. □□항공의 CEO가 2년 동안 3,000여 명의 임원 및 관리자들에게 리더십 교육과 경영철학 교육을 실시하여 “고객에게 최고의 서비스를 제공한다”는 공동 목표하에 각 부문 구성원들이 일체감을 갖게 된 덕분이었다.

④ 글로벌 대기업을 대상으로 자원통합관리 서비스를 제공하는 컨설팅 업체 ◇◇은 컨설팅 계약을 성사시키기 위해 경쟁기업과 치열한 수주 경쟁을 벌여야만 한다. ◇◇은 전문가의 도움을 많이 받을수록 수주 성공 확률이 높을 것이라 생각하여 생산관리 시스템 분야에서 저명한 교수 2명에게 자문을 요청하였다.

⑤ 금융 서비스 기업 ◎◎의 CEO는 조직 전체 차원의 성장을 위해 구성원들의 협력 의지 강화가 필요하다고 판단하여 고객 및 내부 역량 분석 결과를 바탕으로 “고객을 위한 ◎◎인으로서 일하자”라는 최상위의 공동 목표를 제시하였다. 그리고 사업부 간 경계를 허물어 효율성을 높이는 것이 가장 중요한 과제임을 공표하고 실행하였다.

[03~04] 다음 자료를 읽고 질문에 답하시오.

외부효과(Externality)란 어떤 경제 주체의 활동이 다른 경제 주체에게 의도하지 않은 이익이나 손해를 발생시키지만, 그에 대한 대가를 주거나 받지 않는 경우를 말한다. 즉, 경제활동의 효과가 시장 거래의 범위를 벗어나 제3자에게 영향을 미치게 되는 것이다. 이러한 외부효과는 긍정적 외부효과와 부정적 외부효과로 구분할 수 있다.

긍정적 외부효과는 어떤 경제활동이 제3자에게 이익을 주지만, 이에 대한 보상은 이루어지지 않는 경우를 말한다. 한 사람이 예방접종을 한 경우 그 사람뿐만 아니라 주변 사람들에게도 감염병이 전파될 가능성이 줄어드는 것, 개인이 교육을 받은 결과 그 지식을 활용해 사회 전체에 기여를 할 수 있게 되는 것 등이 대표적인 사례이다.

부정적 외부효과는 어떤 경제활동이 제3자에게 피해를 주지만, 그에 대한 비용은 부담하지 않는 경우를 말한다. 예시로 (㉠) 등을 들 수 있다.

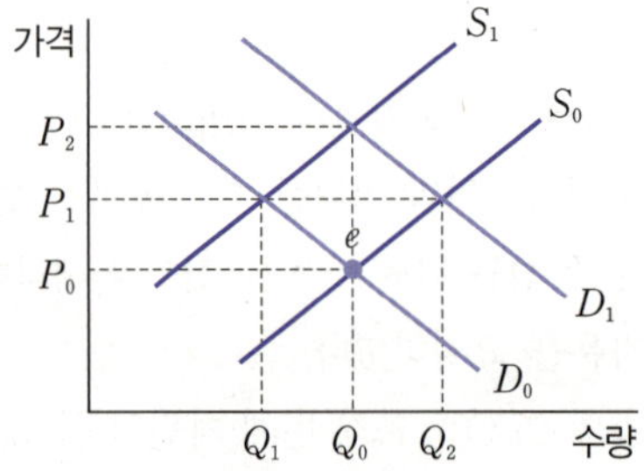

〈그래프 1〉 외부효과

위 그림은 가격-수량 평면에서 X기업이 판매하는 제품에 대한 시장의 수요곡선(D_0)과 X기업의 공급곡선(S_0)을 나타내고 있다. 가격이 하락할수록 수요자들은 더 많은 수량의 제품을 구매하고자 하므로 수요곡선은 우하향한다. 반면 가격이 상승할수록 X기업은 제품 공급을 늘리고자 하므로 공급곡선은 우상향한다. 두 곡선이 만나는 e점에서 수요와 공급이 일치하고, 이 점에서의 가격은 P_0, 수량은 Q_0으로 결정된다.

X기업은 물건을 생산하면서 생산 비용(원자재, 인건비 등)을 부담한다. 이 비용만을 고려할 때 기업이 인식하는 공급곡선은 S_0이고, 이때의 균형점은 e이다. 그런데 X기업 공장에서 나오는 오염물질로 인한 피해는 X기업의 입장에서는 비용이 아니지만 사회적 관점에서는 사회 전체가 부담해야 하는 비용이다. 즉, 공장이 인식하지 않은 추가 비용(외부 비용)이 존재하는 것이다. 이 외부 비용을 반영하면 '사회적 비용'이 증가한다. 이를 그래프로 나타내면 공급곡선은 S_0에서 S_1으로 상향 이동한다. 사회적 비용이 추가되면서 생산 비용이 더 커져 이것이 가격에 반영되었기 때문이다.

부정적 외부효과를 반영한 새로운 균형점은 S_1과 D_0의 교점이다. 이 지점에서 가격은 P_1로, 생산량은 Q_1로 바뀌었다. X기업의 관점에서는 Q_0이 시장 균형을 이루는 생산량이지만 사회의 관점에서는 Q_1이 외부효과를 반영한 최적 생산량이 되는 것이다. 즉, 부정적 외부효과가 있는 경우 X기업은 사회의 최적 수준보다 과잉생산하고 있다는 것을 알 수 있다.

03 주어진 글의 빈칸 ㉠에 들어갈 내용을 추론한 것으로 적절하지 않은 것은?

① 흡연자가 공공장소인 길거리에서 담배를 피우는 것
② 화석연료를 사용함에 따라 온실가스가 배출되는 것
③ 음식물 쓰레기를 배출할 때 무게에 따라 과금하는 것
④ 명절 등 교통량이 많을 때 개인 자가용을 이용하는 것
⑤ 주거지역에 인접한 공항이나 건설현장에서 소음이 발생하는 것

04 주어진 글의 〈그래프 1〉을 이용하여 긍정적 외부효과의 원리를 설명하고자 한다. 다음 설명 중 옳지 않은 것은?

> 긍정적 외부효과는 소비나 생산이 사회 전체에 추가적인 혜택을 줄 때 발생합니다. 기존의 시장 상황에서 S_0은 사적 비용, 즉 기업이 생산에 드는 비용만 고려했을 때의 공급곡선이며, D_0은 소비자들이 그 상품에 대해 느끼는 편익을 바탕으로 결정된 수요곡선입니다. 두 곡선의 교점인 e에서 시장균형이 형성되어 가격은 P_0, 수량은 Q_0으로 결정되었습니다. ㉠ 이 균형점은 개인적인 비용과 혜택만 고려한 결과입니다.
>
> 긍정적 외부효과가 발생하면 개인이 소비할 때 제3자에게도 추가적인 혜택이 돌아갑니다. 백신 접종의 경우 한 사람이 백신을 맞으면 주변 사람들도 감염 위험이 줄어드는 혜택을 받습니다. ㉡ 하지만 소비자는 그 혜택을 고려하지 않기 때문에 수요가 실제보다 낮게 나타납니다. 이런 사회적 혜택이 반영된 새로운 수요곡선은 D_1입니다. 이 곡선은 기존의 수요곡선인 D_0보다 우측으로 이동했습니다. ㉢ 이는 한 단위의 상품이 가져다주는 총 혜택이 더 크다는 것을 의미합니다. ㉣ 새로운 균형점에서는 가격이 P_2로 상승하고, 수량은 Q_2까지 늘어납니다. ㉤ 즉, 개인의 관점에서는 Q_0이 건강을 고려한 시장의 수요량이지만 사회의 관점에서는 Q_2가 외부효과까지 반영한 최적의 수요량이 되는 것입니다.

① ㉠
② ㉡
③ ㉢
④ ㉣
⑤ ㉤

[05~06] 다음 자료를 읽고 질문에 답하시오.

카르텔(Cartel)은 동일 산업 내의 기업들이 시장에서의 경쟁을 제한하고 가격이나 생산량을 공동으로 조정하기 위해 이루어지는 협정을 의미한다. 카르텔은 일반적으로 독과점 시장에서 발생하는데, 이는 소수의 기업이 시장을 지배하거나 통제할 수 있는 환경에서 이루어지기 쉽기 때문이다. 카르텔은 법적 및 경영적으로 독립적인 기업 간의 협력이므로 각 기업은 주체적인 의사결정권과 법적 지위를 갖는다.

고전 경제학에서는 자유 경쟁 시장에서 수요와 공급의 균형이 사회적 후생 및 시장의 자원 배분 효율성을 극대화한다고 주장하는데, 경제학적으로 볼 때 카르텔은 자원의 최적 배분을 왜곡한다. 카르텔을 형성하는 주된 목적은 시장에서 자신들의 이익을 극대화하기 위함이므로 카르텔은 <u>소비자 후생과 시장 효율성을 저해할 수 있다는 것이다</u>.

카르텔은 기본적으로 시장에서 특정 상품이나 서비스의 가격을 미리 합의하여 결정한다. 또 생산량을 제한하여 인위적으로 공급 부족을 초래함으로써 가격을 상승시킨다. 기업 간에 시장을 분할하거나 주요 고객층을 나누어 경쟁을 피하기도 하고, 특정 기술의 사용을 제한하거나 연구개발 속도를 조정하기도 한다.

대표적인 사례로는 OPEC(석유수출국기구)의 사례를 들 수 있다. OPEC은 석유를 주요 수출품으로 하는 국가들의 협의체로, 석유의 생산량과 가격을 조정한다. 이들은 생산량을 제한하여 석유 가격을 상승시키고, 회원국들의 수익을 극대화하려 한다. 2020년 초, OPEC과 러시아를 포함한 OPEC+ 국가들은 코로나19 팬데믹으로 석유 수요가 급감하자 석유 생산량을 대폭 줄이기로 합의했다.

카르텔은 자유 시장 질서를 위협하는 동시에 경쟁의 기본 원칙을 훼손하기 때문에 전 세계적으로 이를 규제하려는 다양한 법적 조치와 정책들이 시행되고 있다. 대부분의 국가에서는 반독점법 또는 공정거래법을 통해 카르텔의 형성과 활동을 엄격히 금지하고 있고, 이러한 법률은 소비자 보호와 시장의 공정한 경쟁 환경 조성에 그 목적이 있다. 국내에서는 공정거래위원회가 「독점규제 및 공정거래에 관한 법률」을 근거로 카르텔을 규제하고 있다. 공정거래위원회는 기업 간의 담합 행위를 감시하고, 적발 시 기업에게는 시정명령과 함께 과징금을 부과 및 고발 조치가 이루어질 수 있다. 2010년 한국의 주요 시멘트 제조업체들이 가격을 담합 한 사실이 적발되어 총 5,300억 원의 과징금이 부과된 사례가 있다.

그러나 카르텔 규제가 항상 간단한 것은 아니다. 국제적인 카르텔의 경우, 각국의 법적·제도적 차이로 인해 규제가 복잡해질 수 있다. 또 일부 국가에서는 특정 산업의 전략적 중요성을 이유로 카르텔을 묵인하거나 심지어 지원하기도 한다.

카르텔은 단기적으로는 참여 기업들에게 이익을 가져다줄 수 있지만, 장기적으로는 소비자와 시장 전체에 심각한 부작용을 초래한다. 또 시장에서의 공정성을 훼손함으로써 경제 시스템 전반에 대한 신뢰를 떨어트린다. 따라서 각국 정부와 국제기구는 시장의 투명성과 공정성을 유지하기 위해 지속적으로 카르텔 규제를 강화하고, 이를 감시하는 시스템을 발전시켜야 할 필요가 있다.

05 윗글의 밑줄 친 내용의 원인으로 적절하지 않은 것은?

① 카르텔은 생산량을 제한하여 인위적으로 상품의 희소성을 만들기 때문이다.

② 카르텔에 참여한 기업들은 경쟁이 없으므로 가격을 인위적으로 높일 수 있기 때문이다.

③ 카르텔은 새로운 경쟁자의 시장 진입을 부추김으로써 독과점 체제를 공고화하기 때문이다.

④ 카르텔 소속 기업들이 시장을 나누어 경쟁을 회피하기 때문이다.

⑤ 카르텔은 연구개발 속도를 조절해 품질개선을 늦추기 때문이다.

06 다음은 국내에서 카르텔로 적발된 기업 A, 기업 B, 기업 C에 대해 조사한 뒤 작성한 보고서 내용의 일부이다. 밑줄 및 빈칸 ㉠~㉤에 대해 바르게 이해하지 못한 것은?

> 1. 사례 적발 배경
> 공정거래위원회는 시장 내 의약품 가격의 급격한 상승과 특정 지역에서의 공급 부족 문제를 조사하면서 국내 제약시장 점유율의 80%를 차지하고 있는 A, B, C 세 개 제약회사의 담합에 대한 단서를 포착하였고 세 기업의 내부 문서와 이메일 기록을 통해 담합 사실을 확인하였다.
> 2. 담합의 주요 내용
> (1) 가격 담합: 세 기업은 주요 치료제와 백신의 가격을 인상하기로 합의하고, 최저 가격을 설정함으로써 서로 가격 경쟁을 하지 않기로 결정했다.
> (2) 시장 분할: 세 기업은 ○○국 내 ㉠ 지역별로 시장을 나누어 특정 지역에서는 특정 기업만이 주요 병원 및 약국에 독점적으로 제품을 공급하기로 하였다.
> (3) 공급 제한: 세 기업은 생산량을 제한하여 의약품의 공급을 인위적으로 축소하였다.
> 3. 적발 후 조치: (㉡)
> 4. 제언
> (1) 단기적 제언
> – 가격 투명성 강화: ㉢ 의약품 가격 결정 과정을 투명하게 공개하도록 의무화해야 한다.
> – 감시 시스템 강화: 시장 내 기업 간의 비공식적인 협의나 담합을 감시할 수 있는 모니터링 시스템을 구축하여야 한다.
> – 소비자 보호 정책 도입: (㉣)
> (2) 장기적 제언
> – R&D 투자 유도: ㉤ 연구개발에 대한 지원 및 세제 혜택을 늘려야 한다.

① ㉠으로 인해 일부 지역에서는 치료제의 부족으로 환자가 적시에 치료받지 못하는 상황이 발생할 수 있다.

② ㉡에는 A, B, C 세 기업에 대한 과징금 부과 및 각 기업의 최고경영자(CEO)에 대한 고발이 포함될 수 있다.

③ ㉢은 소비자와 의약품 시장에의 참여자들이 가격 형성에 대해 잃은 신뢰를 회복할 수 있는 방안이 될 것이다.

④ ㉣에는 필수 의약품에 대한 제약회사의 가격 인상을 금지하여 카르텔의 형성을 원천적으로 봉쇄하는 방안이 포함될 수 있다.

⑤ ㉤은 경쟁력 있는 제품 개발을 위한 자금을 정부에서 지원함으로써 궁극적으로 건전한 경쟁을 촉진하고자 함에 그 목적이 있다.

07 다음 상품설명서를 읽고 이해한 내용으로 적절한 것은?

□□은행 그룹통장 상품설명서

1. 가입대상: 17세 이상 실명의 개인
2. 기본금리: 연 0.1%
3. 이자계산방법: 매일의 최종잔액에 약정된 기본금리를 적용하여 계산한 매일의 이자를 합산하여 이자지급일(매월 1일)에 지급합니다.
4. 용어의 정의
   - "그룹장"이란 □□은행 그룹통장을 최초로 개설한 자로, 그룹장의 변경은 불가합니다.
   - "그룹원"이란 □□은행 모바일앱을 설치하고 회원가입을 한 고객으로, 기존 이용자로부터 그룹 초대를 받고 □□은행 그룹통장 서비스 참여에 동의한 자를 말합니다. 그룹원은 그룹통장의 거래내역, 잔액 등의 정보 조회가 가능하며 그룹통장에서 이체 및 출금거래와 그룹통장을 결제계좌로 한 □□은행 그룹카드 발급이 불가합니다.
   - "공동명의자"라 함은 다음의 사람을 말합니다.
     - 그룹장
     - 그룹원 중 실명확인절차를 거쳐 그룹통장에서 이체 및 출금거래가 가능하며 그룹카드를 발급할 권한을 부여받은 자(그룹원이 공동명의자가 되기 위해서는 공동명의자 전원의 동의를 얻어야 합니다. 그룹원이 공동명의자가 되기 위해서는 본인 명의의 □□은행 계좌를 보유해야 합니다.)
5. 거래절차
   - 그룹통장은 공동명의자 각자 청구에 의해 전액 또는 일부를 지급합니다.
   - 그룹통장의 공동명의자는 각자 명의의 그룹카드를 발급받을 수 있습니다.
   - 공동명의자는 본인이 원하는 경우 공동명의자에서 탈퇴가 가능합니다. 공동명의자에서 탈퇴한 자는 그룹원으로 그룹통장에 계속해서 참여할 수 있습니다.
   - 그룹통장의 계좌해지는 그룹장이 할 수 있으며, 공동명의자 및 그룹원의 자발적인 그룹통장 나가기 또는 그룹원 내보내기 등으로 그룹원이 없는 상태에서만 가능합니다.
6. 압류
   - 공동명의자의 일부 또는 전부에 대하여 (가)압류명령이 송달된 때에는 그룹통장의 공동명의자 일부 또는 전부에 대해 들어온 (가)압류에 해당하는 금액을 (가)압류하며, □□은행은 공동명의자가 있는 상태에서 그룹통장에 관한 채권이 일부라도 (가)압류될 경우, 피공탁자를 공동명의자 전원으로 하여 그룹통장 예치금 전액을 공탁할 수 있습니다.
   - 이 통장에 압류 등 거래제한 사유가 발생하였을 때에는 그 사유가 해소될 때까지 공동명의자를 추가할 수 없습니다.
   - 그룹통장의 서비스에서 탈퇴하고자 하는 공동명의자가 본인으로부터 발생한 압류, 금융사고 등으로 인해 그룹통장의 거래가 제한된 경우 또는 본인이 발급한 그룹카드가 연체 상태인 경우 해당 공동명의자는 공동명의자에서 탈퇴할 수 없습니다.
7. 이자소득의 귀속

   모임통장에서 발생한 이자소득 및 원천징수는 그룹장에게 귀속합니다.

① 2025년 4월 그룹통장의 잔액이 매일 1,000만 원이었다면 5월 1일 이자지급액은 1만 원이다.

② 그룹장은 그룹통장의 개설, 그룹원 초대, 그룹원 내보내기, 그룹장 위임, 계좌해지 등의 권한을 지닌다.

③ 공동명의자가 되기 위해서는 타인의 동의가 반드시 필요하지만 탈퇴를 원할 경우 본인의 의사에 따라 언제든 탈퇴할 수 있다.

④ 그룹원은 그룹통장의 거래내역 및 잔액 정보 등의 조회가 가능하며 실명확인절차를 거친 자는 해당 그룹통장에 대하여 자신의 명의로 된 그룹카드를 발급받을 수 있다.

⑤ 그룹장에 대하여 그룹장 외 그룹통장의 이체 및 출금거래가 불가능한 그룹원으로 구성된 그룹통장에 관한 채권이 전액 압류된 경우 □□은행은 그룹장을 피공탁자로 하여 그룹통장의 예치금 전액을 공탁할 수 있다.

08 **다음 글의 내용을 바탕으로 하여 포인트 운영제도의 개선안 마련을 위해 관련자들이 모여 진행한 간담회의 내용이 아래와 같을 때, 그 대화 내용으로 적절하지 않은 것은?**

적립식 포인트는 소비자와 사업자 간 물품 등의 매매계약과는 별도로 그로 인해 적립되는 포인트의 이용에 관한 계약이 체결됨으로써 인정되는 채권, 즉 소비자의 재산권이라고 할 수 있다. 하지만 그동안 소비자들이 애써 모은 포인트가 사용되지도 못한 채 사라지는 문제가 지적되어 왔고, 이렇게 소멸되는 포인트가 유통업(대형마트, 편의점 등) 분야에서만 매년 132억 원으로 추산되는 등 국민 생활경제 측면에서의 손실이 매우 컸었다.

대형마트·편의점·외식 등 국민 일상생활에서 이용 빈도가 높은 8개 업종의 적립식 포인트 정책에 대한 실태조사 결과에 따르면 최근 약 4년간 포인트 관련 소비자 피해 사례는 매년 꾸준히 증가하는 추세에 있었다. 포인트 관련 피해 유형 중 약 40%를 차지하는 것은 '포인트 소멸'이었고, 포인트 소멸 사유를 확인한 결과 약 74%가 소멸 고지 미흡으로 나타났다.

조사 대상 포인트 운영정책의 62%는 소멸시효를 1~3년 정도로 규정하고 있었는데, 유효기간이 5년인 상법상 상사채권의 소멸시효와 비교해 보면 상대적으로 짧은 편이다. 또 조사 대상 포인트 운영정책의 92%는 포인트 소멸 전 포인트의 소멸 사실을 사전에 고지하는 절차 등이 미흡한 것으로 드러났다. 특히 소멸 사전고지와 관련하여 조사 대상 중 22%의 정책은 포인트 약관에 포인트 소멸 전 소비자에 대한 사업자의 사전 고지의무 규정 자체가 없었다. 한편 포인트 소멸에 대한 사전고지 규정이 있더라도 고지 방식이 불명확하거나 '이메일 고지'와 같이 고지 수단을 한 가지의 방법으로만 규정한 것이 약 72%에 달하여 소비자가 포인트 소멸 예정 사실을 제대로 인지하지 못할 우려가 높았다.

포인트 소멸 사전고지가 포인트 소멸 직전에 임박하여 이루어진다는 문제점도 드러났다. 사전고지 규정이 있는 포인트 운영정책 중 약 27%는 포인트 소멸 전 30일 미만의 기간에 소비자에게 소멸 고지를 하도록 규정하고 있었고, 약 5%는 명확한 기준 시점을 규정하지 않았다. 41%의 정책은 소멸일로부터 1개월 전부터 고지하도록 하였고, 매월 정기적으로 잔여포인트를 고지하는 정책도 약 21% 존재하였다.

〈간담회 발언 내용 일부〉

- ○○마트 대표자: 저희 유통업계는 다른 업종보다도 특히 소비자들의 일상생활과 밀접한 관련이 있습니다. ㉠ 포인트를 사용하는 고객층이 광범위한 만큼 유효기간의 연장을 통해 소비자 혜택을 실질적으로 높이는 방안을 제안합니다.
- △△편의점 대표자: 저도 동의합니다. ㉡ 고객이 적립한 포인트 또한 소비자의 재산권으로 인정될 수 있는 만큼, 상법상 상사채권의 소멸시효에 준하여 유효기간을 설정하면 적립식 포인트의 법적 성질에 대한 소비자-사업자 간 분쟁도 줄일 수 있을 것입니다.
- □□카페 대표자: 유효기간 연장은 저희와 같은 가맹사업자들에게는 가맹점주들과의 이해관계 조율이 필요한 문제입니다. 저는 포인트의 소멸에 대한 사전고지 정책이 더 시급하다고 생각합니다. ㉢ 포인트 소멸에 대한 사전고지를 고객들이 쉽게 알 수 있는 방법으로 명확하게 하여 잊고 있던 자신의 권리를 행사할 수 있도록 조치해야 합니다.
- ◇◇쇼핑 대표자: 맞습니다. ㉣ 저희도 그 의견을 반영하여 약관에 포인트 소멸 전 사전고지의무 규정을 추가하고 앱 푸시 단일 채널을 이용해 고객들에게 포인트 소멸에 대해 사전고지를 실시할 계획을 마련하고 있습니다.
- ☆☆시네마 대표자: 사전고지 시기 역시 고려해야 합니다. ㉤ 소비자의 권리를 실질적으로 보호하기 위해서는 포인트 소멸 사전고지 이후에도 충분한 사용기간이 보장되어야 하므로 포인트 소멸일 기준 수개월에 걸쳐 여러 차례 고지하는 방안도 생각해 볼 수 있겠습니다.

① ㉠　　② ㉡　　③ ㉢　　④ ㉣　　⑤ ㉤

09 다음 자료를 바탕으로 할 때, 정상적인 거래의 일부로 볼 수 없는 것은?

마이트립 카드 해외 이용 수수료 면제 혜택 안내

1. 국제브랜드 수수료(1%) 및 해외 서비스 수수료(0.18%) 면제

해외 이용 전표가 매입되면 국제브랜드 수수료, 해외 서비스 수수료가 면제된 금액으로 청구됩니다.

- 국제브랜드 및 해외 서비스 수수료 면제 금액 한도는 없습니다.

2. 환율 100% 우대

해외 이용 거래를 청구할 때 매매기준율(환율 100% 우대)을 적용합니다.

- 환율 100% 우대 금액의 한도는 없습니다.
- 전월 실적 미달인 경우 매매기준율이 아닌 전신환매도율*로 적용하여 청구됩니다.
- 환율 100% 우대는 달러(USD) 기준으로 적용되며, 달러(USD) 이외 통화로 결제할 경우, 국제브랜드사가 정한 환율에 의해 달러(USD)로 환산 후 환산된 달러(USD) 금액에 해당 통화의 매매기준율이 적용됩니다.

* 전신환매도율: 매매기준율에 환전수수료가 더해진 은행 고시 환율

3. 해외 ATM 이용 인출 수수료 및 국제브랜드 수수료 면제

해외 ATM 인출을 이용할 경우, 해외 ATM 인출 이용 수수료(건당 3USD) 및 국제브랜드 수수료(1%) 면제 서비스가 제공됩니다.

- 해외 ATM 이용 인출 수수료 면제 횟수 제한은 없습니다.
- ATM 운용사가 부과하는 ATM의 이용 수수료가 부과될 수 있습니다.
- 해외 ATM 인출 시 마이트립 카드에 연결된 외화인출계좌에 대상 통화 잔액이 있어야만 실시간 인출 거래가 가능합니다.
- 해외 ATM 인출 한도는 월 최대 10,000USD입니다.
- 해외 ATM 인출 시에도 국내와 동일하게 4자리 카드 비밀번호를 입력합니다.(단, 일부 해외 ATM에서 6자리 비밀번호를 요구할 경우에는 '4자리 비밀번호+00'을 입력합니다.)

※ 위 1~3의 혜택은 마이트립 카드의 전월 국내 이용금액 40만 원 이상인 경우 적용됩니다.

① 전월 마이트립 카드의 국내 이용금액이 40만 원인 고객 A
: 최근 엔화 환전 결과 원화를 엔화로 직접 환전한 것과 비교할 때 금액에 차이가 있었습니다.

② 전월 마이트립 카드의 해외 이용금액만 50만 원인 고객 B
: 이번 달 해외에서 사용한 금액에 대해 해외 서비스 수수료가 청구되었습니다.

③ 전월 마이트립 카드의 국내 이용금액이 30만 원인 고객 C
: 이번 달 미국에서 ATM 인출을 3회 하였는데, 9USD를 초과하는 해외 ATM 이용 수수료가 부과되었습니다.

④ 외화인출계좌에 1,000USD만 보유한 고객 D
: 독일 ATM에서 유로화를 인출하려고 시도했고 비밀번호를 6자리를 요구하여 설정한 비밀번호+00을 입력했음에도 인출되지 않아 매우 불편했습니다.

⑤ 전월 마이트립 카드의 국내 이용금액이 70만 원이고 외화인출계좌에 300,000USD를 보유한 고객 E
: 미국의 ATM에서 이번 주에 3,000USD씩 인출을 4회 하였을 때 해외 ATM 이용 인출 수수료가 부과되었습니다.

10 다음 〈조건〉과 같은 상황에서 바이킹을 타려는 사람 수의 최댓값은?

조건

- 일정한 수의 사람이 바이킹에 타려고 한다.
- 한 줄에 5명씩 앉았더니 18명이 바이킹에 타지 못했다.
- 한 줄에 8명씩 앉았더니 3줄에는 아무도 앉지 않았다.

① 88명 ② 90명 ③ 93명
④ 95명 ⑤ 98명

11 다음 〈조건〉과 같은 상황에서 A트럭에 처음 실렸던 짐의 무게를 고르면?

조건

- A트럭과 B트럭에 처음 실렸던 짐의 무게 비율은 5 : 2이다.
- A트럭에서 B트럭으로 500kg의 짐을 옮긴 후 B트럭에 실린 짐의 $\frac{1}{3}$을 A트럭으로 다시 옮겼다.
- 최종적으로 A트럭에 실린 짐의 무게는 B트럭에 실린 짐의 무게의 3배가 되었다.

① 800kg ② 1,600kg ③ 3,200kg
④ 4,000kg ⑤ 6,400kg

12 다음 〈표〉는 국가별 미국 달러 대비 통화 가치를 나타낸 자료다. 〈보기〉의 권 과장이 보유한 외환들의 가치 총합을 원화로 바르게 나타낸 것은?

〈표〉 국가별 미국 달러 대비 통화 가치

국가	한국	일본	유로
환율	1,350원/달러	140엔/달러	0.9유로/달러

보기

권 과장이 보유한 외환은 다음과 같다.
- 37,000달러
- 1,680,000엔
- 4,500유로

① 7,290만 원 ② 7,350만 원 ③ 7,500만 원
④ 7,620만 원 ⑤ 7,880만 원

13 다음 〈조건〉은 A대리의 투자에 대한 내용이다. A대리가 목표를 달성하기 위해 2025년 초 현재 보유하고 있어야 하는 금액을 구하면? (단, 세금은 고려하지 않으며, $1.2^{21}=46$으로 계산한다.)

조건

- A대리는 2025년 초 현재 x만 원을 보유하고 있다.
- 2025년 초부터 시작하여 20년 후인 2045년 초까지 매년 초마다 연이율 20%짜리 복리 금융상품에 3,000만 원을 투자한다.
- 2025년 초 현재 보유하고 있는 x만 원은 첫 금액을 납입할 때 함께 투입한다.
- 연이율 20%의 복리 이자는 매년 말에 붙는다.
- 2045년 초에 마지막으로 21번째 납입을 완료하고 1년을 더 기다려 2045년 말에 마지막 복리 이자가 붙은 후 그동안의 원금과 이자를 모두 되찾으려고 한다.
- 2045년 말에 되찾고자 하는 목표 원리금 합계는 99억 4,000만 원이다.

① 3,000만 원 ② 3,500만 원 ③ 4,000만 원
④ 4,500만 원 ⑤ 5,000만 원

14 다음은 중국에서 제품을 수입하는 X기업, Y기업, Z기업의 제품 A, 제품 B, 제품 C의 국내 판매에 대한 자료이다. 각 기업이 판매한 제품 A~C의 규격지수 산출과 관련된 내용으로 옳은 것은?

〈자료 1〉 연간 판매량

(단위: 개)

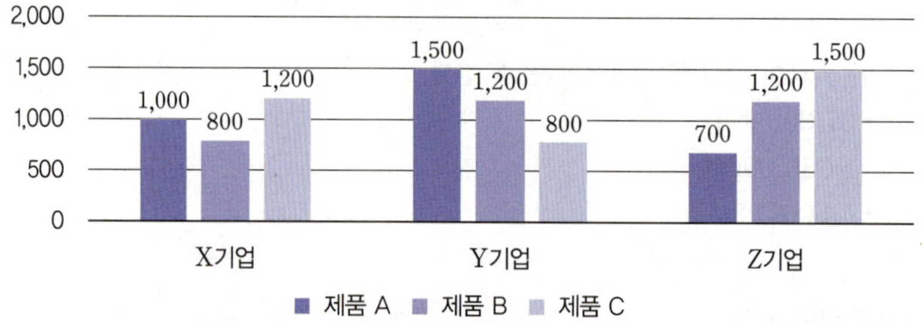

〈자료 2〉 판매 단가

(단위: 원)

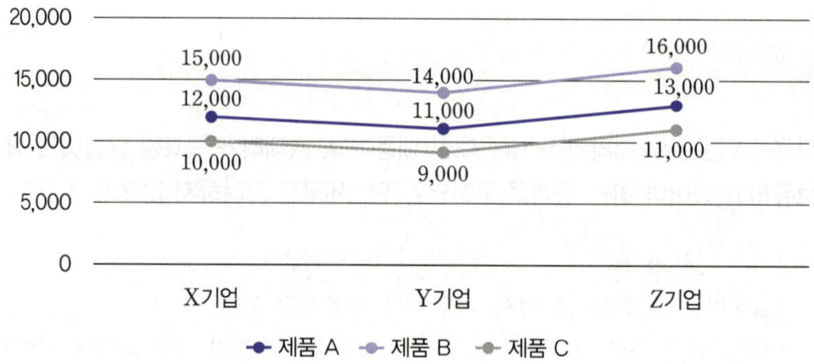

※ 제품별 규격지수 산출

1. 제품별 가중평균 단가 = Σ(제품별 연간 판매량×제품별 판매 단가)÷Σ(제품별 연간 판매량)
2. 규격지수 = 판매 단가÷가중평균 단가

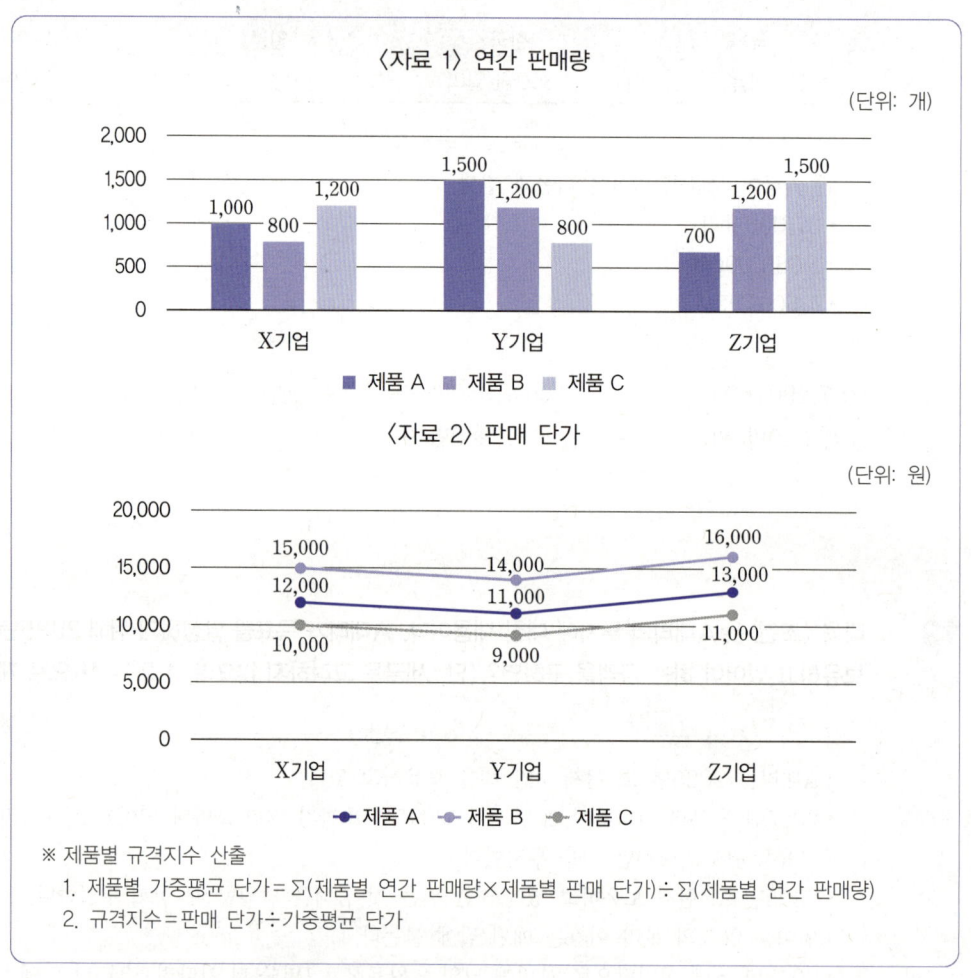

① 제품 B의 가중평균 단가는 14,000원이다.

② 제품 C의 가중평균 단가는 10,000원 이하이다.

③ Z기업의 제품 A 규격지수는 1 이상이다.

④ 제품 B의 규격지수가 1인 기업은 없다.

⑤ 제품 A의 가중평균 단가와 판매 단가 차이가 가장 작은 기업은 Y기업이다.

15 다음은 ○○은행의 기업 및 가계대출 현황에 관한 자료이다. 이에 대한 설명으로 옳지 않은 것은?

〈자료 1〉 기업 및 가계대출 현황

(단위: 억 원)

구분	2022년 1분기	2022년 2분기	2022년 3분기	2022년 4분기	2023년 1분기
원화대출금(A)	2,080	2,150	2,222	2,235	2,300
외화대출금, 매입외환 등(B)	282	290	317	296	285
대손충당금(C)	16	20	20	21	23

〈자료 2〉 원화대출금 항목별 구성비

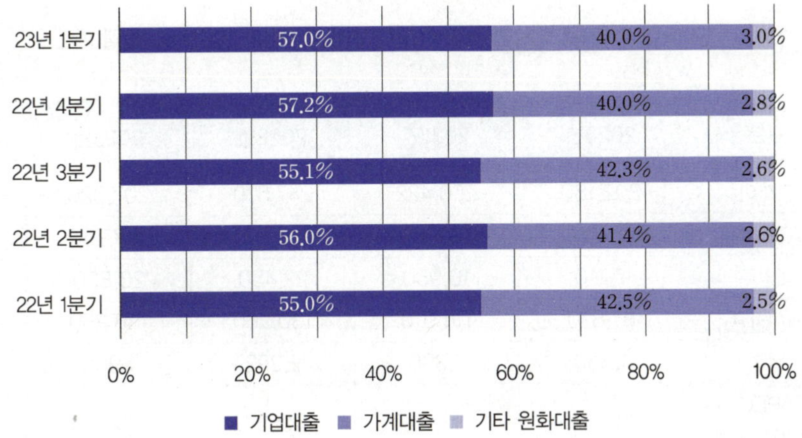

※ 총대출채권액: (A)+(B)−(C)

① 2022년 3분기를 기점으로 총 대출채권액은 2,500억 원을 초과하였다.

② 제시된 기간 동안 기타 원화대출액은 매분기 증가하였다.

③ 2023년 1분기와 2022년 4분기 가계대출액의 차이는 26억 원이다.

④ 2022년 1분기 기업대출액은 기타 원화대출액의 22배이다.

⑤ 2022년 2분기 총 대출채권액 중 외화대출금, 매입외환 등이 차지하는 비중은 12% 이상이다.

[16~18] 다음은 한국의 수출에 관한 자료이다. 이어지는 질문에 답하시오.

〈자료 1〉 한국의 총수출액 비중

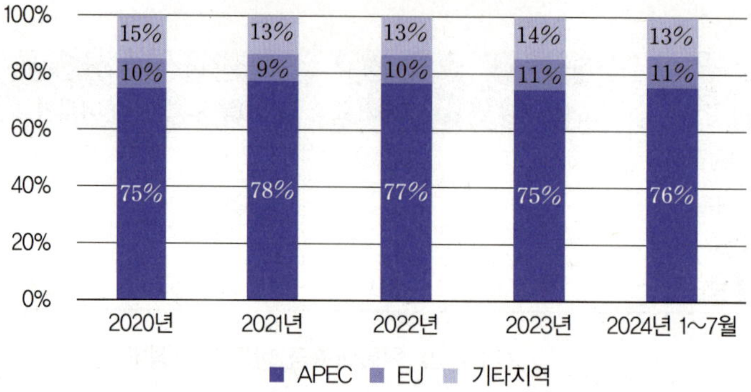

〈자료 2〉 한국의 APEC 회원국 지역 분류별 수출액

(단위: 백만 달러)

구분	2020년	2021년	2022년	2023년	2024년 1~7월
동북아	202,180	256,422	247,570	207,320	152,110
ASEAN	85,765	117,960	123,800	107,750	74,260
대양주	7,210	10,950	22,450	20,830	13,120
NAFTA	87,870	114,910	130,260	136,350	101,140
남미	1,350	2,390	2,292	1,900	1,370
APEC 회원국 합계	384,375	502,632	526,372	474,150	342,000

〈자료 3〉 외국의 대(對)한국 투자액 및 APEC 회원국 비중

(단위: 백만 달러)

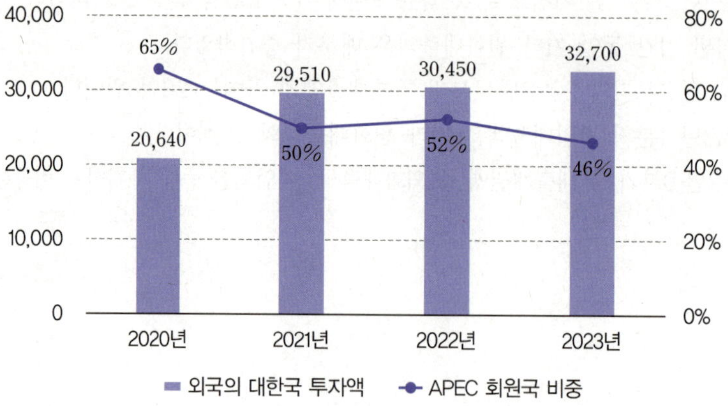

16 주어진 자료를 참고하여 〈보기〉의 ㄱ~ㄷ에 해당하는 값을 큰 순서대로 바르게 나열한 것은?

보기

ㄱ. 2020년 한국의 기타지역에 대한 수출액
ㄴ. 2021년 한국의 기타지역에 대한 수출액
ㄷ. 2023년 한국의 EU에 대한 수출액

① ㄱ－ㄴ－ㄷ ② ㄱ－ㄷ－ㄴ ③ ㄴ－ㄱ－ㄷ
④ ㄴ－ㄷ－ㄱ ⑤ ㄷ－ㄴ－ㄱ

17 주어진 자료에 관한 설명으로 적절하지 않은 것은?

① 2024년 1~7월 한국의 EU 및 기타지역에 대한 수출액은 114,000백만 달러 이하이다.
② 2020~2023년 중 APEC 회원국의 대한국 투자액이 가장 많았던 해에 한국의 APEC 회원국에 대한 수출액도 가장 많았다.
③ 2020~2023년 중 한국의 총수출액이 가장 많았던 해에 외국의 대한국 투자액도 가장 많았다.
④ 2024년 7월 APEC 회원국에 대한 총 수출액이 42,000백만 달러였다면, APEC 회원국에 대한 2024년 상반기 월평균 수출액은 2021년 월평균 수출액보다 많다.
⑤ 2020~2023년 동안 한국의 수출액이 전년 대비 100% 이상 증가한 APEC 지역이 있다.

18 다음 무역수지에 대한 추가 자료를 참고할 때, 옳지 않은 것은?

〈자료 4〉 한국의 무역수지

(단위: 백만 달러)

구분	2020년	2021년	2022년	2023년	2024년 1~7월
APEC	50,475	68,472	33,682	40,410	55,990
EU	−3,890	−7,934	170	1,682	6,900
기타지역	−1,715	−31,228	−81,632	−52,472	−2,900

※ 무역수지＝수출액－수입액

① 제시된 기간 동안 한국의 APEC 회원국에 대한 무역수지는 매년 흑자이다.
② 2023년 한국의 APEC 회원국에 대한 수입액은 433,740백만 달러이다.
③ 2020~2023년 중 전체 무역수지가 적자인 해는 1개년도이다.
④ 2020년 한국의 EU에 대한 수입액은 50,000백만 달러 이상이다.
⑤ 만일 2024년 8~12월에 기타지역에 대한 수출액이 수입액보다 3,000백만 달러가 더 많다면 2024년 기타지역에 대한 무역수지는 흑자로 전환된다.

19 다음은 은행의 고정이하여신비율과 대손충당금 적립률에 관한 자료이다. 이에 대한 〈보기〉의 설명 중 옳지 않은 것을 모두 고른 것은?

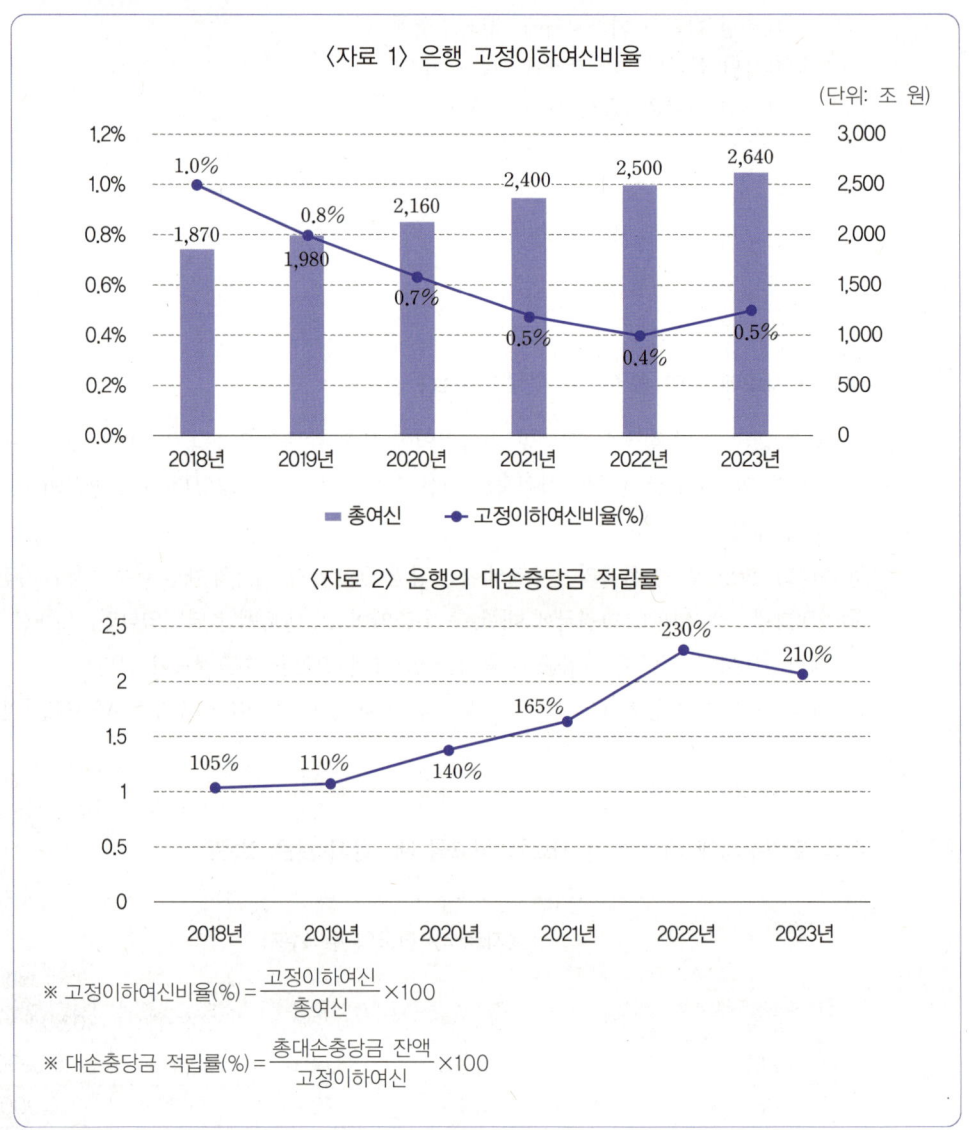

〈자료 1〉 은행 고정이하여신비율

(단위: 조 원)

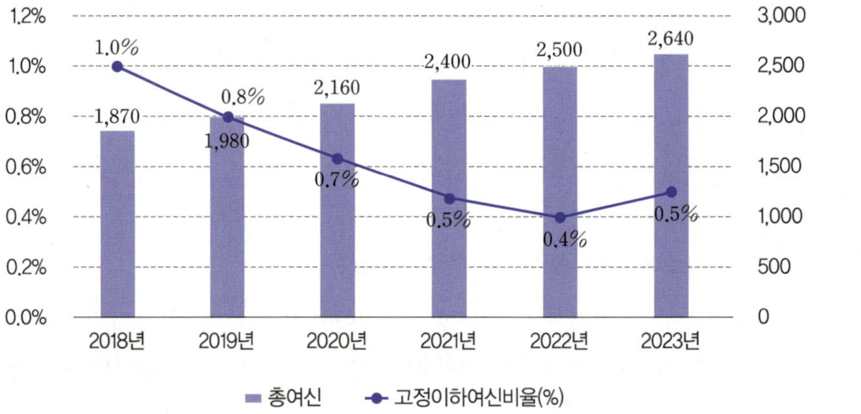

〈자료 2〉 은행의 대손충당금 적립률

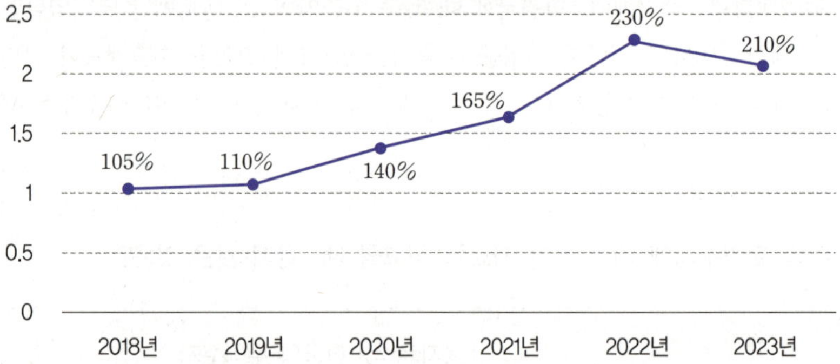

※ 고정이하여신비율(%) = $\frac{\text{고정이하여신}}{\text{총여신}} \times 100$

※ 대손충당금 적립률(%) = $\frac{\text{총대손충당금 잔액}}{\text{고정이하여신}} \times 100$

보기

ㄱ. 2022년의 총대손충당금 잔액은 2조 3천억 원이다.
ㄴ. 2018년과 2023년 총여신 중 총대손충당금 잔액이 차지하는 비율은 같다.
ㄷ. 2020년 고정이하여신은 전년 대비 10% 이상 감소하였다.
ㄹ. 제시된 기간 동안 총대손충당금 잔액은 매년 증가하였다.

① ㄴ　② ㄱ, ㄷ　③ ㄴ, ㄷ
④ ㄴ, ㄹ　⑤ ㄱ, ㄷ, ㄹ

20 ○○은행에서는 신입 행원 채용에 활용할 면접도구의 개발을 위해 전문가를 위촉하고자 한다. 위촉하고자 하는 전문가의 분야는 HR, 금융공학, 보험설계, 통계, 파생상품이며 아래의 조건을 고려하여 총 26명의 인원 내에서 위촉하고자 한다. 이때, 아래의 추론 중 적절하지 않은 것은?

- 전문가는 분야별로 최소 1명 이상 위촉한다.
- HR 전문가 수는 반드시 나머지 분야의 전문가 수의 합보다 2명 이상 더 많아야 한다.
- 파생상품 전문가 수와 보험설계 전문가 수는 각각 금융공학 전문가 수와 같거나 더 많을 수 없다.
- 파생상품 전문가 수는 보험설계 전문가 수의 2배 이상이어야 한다.
- 통계 전문가 수는 보험설계 전문가 수보다는 많되, 파생상품 전문가 수보다는 적어야 한다.

① 보험설계 전문가를 1명 위촉하는 경우 통계 전문가는 2명을 위촉할 수 있다.
② 파생상품 전문가를 3명 위촉하는 경우 위촉 가능한 HR 전문가의 최대 인원 수는 16명이다.
③ 금융공학 전문가를 5명 위촉하는 경우 HR 전문가는 13명 위촉하여야 한다.
④ 위촉 가능한 파생상품 전문가 수는 최대 4명이다.
⑤ 위촉 가능한 금융공학 전문가 수는 최대 6명이다.

CHAPTER 6 실전모의고사 6회

21 A~E는 시사상식 퀴즈대회에 출전하여 아래의 표와 같은 결과를 얻었다. 문제별로 정답을 맞힐 수 있는 기회는 모든 사람에게 2회씩 주어지는데, 1회 시도만에 정답을 맞힌 경우 5점, 2회 시도만에 정답을 맞힌 경우에는 3점이 주어지며, 정답을 맞히지 못한 경우에는 −2점의 감점이 있다. 문제별 득점을 총 합산한 점수를 개인의 최종점수로 볼 때, 추론한 내용으로 적절하지 않은 것은?

〈A~E의 문제별 정답 여부〉

문제	A	B	C	D	E
1번	○	○	×	○	×
2번	○	×	○	○	○
3번	×	○	×	×	○
4번	○	○	×	○	×
5번	×	○	○	×	×

※ 'O'는 정답을 맞혔음을 의미하고, '×'는 정답을 맞히지 못했음을 의미한다.

〈A~E의 퀴즈 풀이에 관한 추가사항〉

- A~E가 1회 시도만에 정답을 맞힌 횟수는 총 5회이다.
- 4번 문제를 1회 시도만에 정답을 맞힌 사람은 아무도 없다.
- 1번, 2번, 3번, 5번 문제에는 1회 시도만에 정답을 맞힌 사람이 존재하며, 그 수는 그 문제를 맞힌 사람의 반수 이하이다.
- 가장 높은 점수를 얻은 사람은 14점을 얻었다.

① B가 1회 시도만에 정답을 맞힌 문제는 총 2문제이다.
② 2번 문제에서 1회 시도만에 정답을 맞힌 사람은 총 2명이다.
③ C가 5번 문제를 1회 시도만에 맞힌 경우 D의 최종점수는 3점 이상이다.
④ 최소 1명 이상은 자신이 정답을 맞힌 모든 문제에서 2회 시도만에 정답을 맞혔다.
⑤ E가 3번 문제를 1회 시도만에 맞힌 경우 A는 2번 문제를 1회 시도만에 맞힌 사람이 된다.

22 다음은 ○○기업의 신입사원 A~D의 채용시험 및 희망부서와 그에 따른 배치에 대한 정보이다. 채용시험 결과에 따라 부서가 배치되었고, 그 규칙은 아래의 내용을 따른다고 할 때, 추론한 내용으로 적절하지 않은 것은?

〈A~D의 채용시험 및 배치결과〉

(단위: 점)

구분	인적성검사	필기시험	면접시험	희망부서			배치부서
				1지망	2지망	3지망	
A	80	90	80	인사	기획	법무	인사
B	70	100	60	재무	법무	인사	기획
C	90	60	100	인사	법무	재무	법무
D	100	80	70	인사	재무	기획	재무

〈부서 배치 기준〉

- 신입사원이 배치되는 부서는 인사, 기획, 법무, 재무 4곳이며, 각 부서에 1명씩만 배치한다.
- 신입사원의 배치는 채용시험 결과 총점의 고득점자순으로 희망부서를 반영하여 배치한다. 총점의 최고득점자는 본인의 1지망 희망부서에 배치되며, 총점이 두 번째로 높은 신입사원은 1지망 희망부서에 배치된 사람이 없는 경우에는 1지망 희망부서에 배치되고, 배치된 사람이 있는 경우에는 2지망 희망부서에 배치된다. 나머지 두 신입사원도 동일한 방식으로 부서를 배치한다.
- 총점이 낮을 경우 본인이 희망하지 않은 부서에 배치될 수도 있다.
- 신입사원 배치에 필요한 기준으로서 채용시험 결과의 총점은 인적성검사와 필기시험, 면접시험의 점수에 각각 정해진 가중치를 곱하여 합산한 값으로 한다.
- 인적성검사, 필기시험, 면접시험에 부여되는 가중치의 합은 1이다.
- 가중치는 0.1 단위로 부여된다.
- 가중치가 동일한 전형은 없으며, 면접시험에 부여되는 가중치가 가장 크다.
- 채용시험 결과 총점이 동일한 경우, 면접시험 점수가 더 높은 신입사원의 희망을 우선으로 반영한다.

① 면접시험의 가중치는 0.5이다.
② B와 D의 총점은 동점이다.
③ 총점의 최고득점자는 84점을 받았다.
④ B와 C의 총점 차이는 7점이다.
⑤ A와 D의 가중치가 반영된 필기시험 점수 차이는 4점이다.

[23~24] 다음 자료를 읽고 질문에 답하시오.

OIL사랑 카드 안내장

□ 발급 기준 및 연회비 안내

- 발급 대상: 개인회원(가족카드)
- 발급 방식: 국내전용, 국내외겸용
- 연회비: 국내전용 제휴연회비 5,000원, 국내외겸용 제휴연회비 10,000원

※ 연회비는 카드발급 시점부터 청구되며 1년 단위로 청구됩니다.

□ 카드 혜택 안내

• △△주유소/충전소 할인 서비스

- 전국 모든 △△주유소/충전소 리터당 50원 기본 할인
- 서울 지역에서는 리터당 70원 추가 할인
- 1회 주유 시 주유 이용금액 최대 10만 원까지 서비스 제공
- 주유 할인 서비스는 △△에너지 고시 휘발유가를 기준으로 환산

※ 주유 할인 서비스 월간 통합 할인 횟수

전월 이용 실적	30만 원 이상~60만 원 미만	60만 원 이상
월간 통합 할인 횟수	월 3회 할인	월 4회 할인

• 생활 할인 서비스

구분	내용
커피	카페 업종 결제 시 10% 할인 • 결제금액 1만 원 이상 시 서비스 제공(월 최대 2회)
골프/영화	스크린골프 업종/영화관 업종 현장 결제 10% 할인 • 영화관 자체앱을 통한 결제 포함 서비스 제공(월 최대 2회)
주차	주차장 업종 10% 할인(월 최대 4회)

※ 생활 할인 서비스 월간 통합 할인 한도

전월 이용 실적	30만 원 이상~60만 원 미만	60만 원 이상
월간 통합 할인 횟수	5,000원 할인	10,000원 할인

□ 서비스 제공 조건

• 주유 할인 서비스 통합 할인 횟수는 최초 카드 수령일로부터 다음 달 말일까지는 실적조건 없이 월간 통합 할인 횟수 3회 또는 전월 이용 실적에 따른 통합 할인 횟수 중 고객에게 유리한 횟수가 적용됩니다.

• 생활 할인 서비스 통합 할인 한도는 최초 카드 수령일로부터 다음 달 말일까지는 실적조건 없이 월간 통합 할인 한도 5,000원 또는 전월 이용 실적에 따른 통합 할인 한도 중 고객에게 유리한 횟수가 적용됩니다.

• 전월 실적은 전월 1일부터 말일까지 국내가맹점 이용실적 기준으로 적용됩니다.

• 취소된 매출은 취소 매출표가 접수된 월의 이용실적에서 차감합니다.

• 전월 실적 제외 업종: 주유 업종(전 주유소, 충전소), 제세공과금(전화요금, 전기요금, 아파트관리비, 도시가스요금, 상하수도요금, 우체국 등 공공요금, 지방세, 국세, 4대 보험, 과태료, 관세 등 세금 납부 금액 등)

23 **주어진 자료에 대해 이해한 내용으로 적절하지 않은 것은?**

① OIL사랑 카드를 발급받으면 카드를 사용하지 않았더라도 최소 5,000원이 청구된다.
② 전월 OIL사랑 카드 이용실적 70만 원을 달성한 고객은 전국의 모든 주유소에서 월 4회까지 주유 할인을 받을 수 있다.
③ 전월 OIL사랑 카드 이용실적 30만 원을 달성한 고객이 이번 달 유료주차장 2회 이용 외 사용 내역이 없고 그 금액이 총 6만 원이었다면, 이번 달에 할인받는 금액은 5,000원이다.
④ 2024년 5월 20일 OIL사랑 카드를 신규 발급 및 수령하고, 5월 말까지 카드를 전혀 이용하지 않은 고객의 6월 주유 할인 서비스 월간 할인 횟수는 3회이다.
⑤ 2024년 9월 29일 OIL사랑 카드로 4만 원을 결제한 건을 2024년 10월 2일 취소한 경우, 2024년 11월에 카드 혜택을 받기 위해 사용해야 하는 최소 금액은 34만 원이다.

24 **다음은 OIL사랑 카드를 2024년 3월부터 발급받아 이용 중인 A의 11월 카드 이용내역이다. 위 자료를 바탕으로 A가 12월에 받을 수 있는 할인액을 바르게 계산한 것은?**

〈2024년 11월 카드 이용내역〉

No.	이용일자	카드이용내역	이용구분	이용금액
1	24.11.03	10월 통신요금	일시불	85,000원
2	24.11.10	△△주유소 서울본점	일시불	110,000원
3	24.11.11	□□스크린골프	일시불	95,000원
4	24.11.16	10월 아파트관리비	일시불	143,000원
5	24.11.21	△△주유소 서울본점	일시불	80,000원
6	24.11.25	행복내과	일시불	52,000원
7	24.11.27	한마음마트	일시불	70,000원

〈2024년 12월 카드 이용내역〉

No.	이용일자	카드이용내역	이용구분	이용금액
1	24.12.01	△△주유소 서울본점	일시불	90,000원
2	24.12.10	△△주유소 부산해운대점	일시불	120,000원
3	24.12.24	○○영화관 스마트예매	일시불	32,000원
4	24.12.24	○○백화점	일시불	340,000원
5	24.12.25	○○카페	일시불	9,000원
6	24.12.28	□□카페	일시불	9,000원
7	24.12.29	△△주유소 서울본점	일시불	90,000원

※ △△에너지 고시 휘발유가 및 전국 △△주유소의 휘발유는 12월 내내 리터당 2,000원으로 일정하였음

① 0원　② 12,000원　③ 13,800원
④ 16,500원　⑤ 18,800원

[25~26] 다음 자료를 읽고 질문에 답하시오.

지수/종목 연계 ELS 상품 제안서

Ⅰ. 상품개요

위험등급	1등급(매우높은위험)
고객투자성향	초고위험투자형
기초자산	S&P500 지수, EUROSTOXX50 지수, KOSPI200 지수
판매예정한도	50억 원(예정)
최저가입금액	10만 원 이상, 1만 원 단위
청약기간	2025년 2월 17일(월)~2025년 2월 28일(금)
만기일	2028년 2월 28일(월)

Ⅱ. 상환조건 및 손익구조

□ 자동조기상환

6개월마다 자동조기상환 시점을 두어, 각 기초자산의 중간기준가격이 모두 해당 시점의 행사가격 이상인 경우 원금+세전 연 11.4% 수준 수익 지급 (단, 자동조기상환 시점은 각 차수의 중간기준가격 결정일과 동일하다.)

자동조기상환 시점	6개월	12개월	18개월	24개월	30개월
최초기준가격 대비 자동조기상환 행사가격	95%	90%	90%	85%	85%
자동조기상환 수익률(세전)	5.7%	11.4%	17.1%	22.8%	28.5%

□ 만기상환

기준일로부터 30개월까지 자동조기상환이 발생하지 않은 경우

(1) 각 기초자산의 최종기준가격이 모두 최초기준가격의 75% 이상인 경우
: 원금+세전 34.2%(연 11.4% 수준)의 수익 지급

(2) 위 (1)의 경우가 발생하지 않고
- 투자기간 동안 하나의 기초자산이라도 종가가 하락한계가격* 미만인 적이 없는 경우
: 원금+세전 34.2%(연 11.4% 수준)의 수익 지급
- 투자기간 동안 하나의 기초자산이라도 종가가 하락한계가격 미만인 적이 있고, 하나의 기초자산이라도 최종기준가격이 최초기준가격의 75% 미만인 경우:
원금×[최초기준가격 대비 최종기준가격의 하락률이 가장 큰 기초자산의 최종기준가격/최초기준가격] 지급

* 하락한계가격: 최초기준가격의 45%

Ⅲ. 기준일 및 주요내용

□ 최초기준가격: 2025년 2월 28일 S&P500 지수, EUROSTOXX50 지수, KOSPI200 지수 종가

□ 최종기준가격: 2028년 2월 23일, 2028년 2월 25일, 2028년 2월 28일 S&P500 지수, EUROSTOXX50 지수, KOSPI200 지수 종가 평균(3일 종가 평균)

□ 중간기준가격: 중간기준가격 결정일의 해당 기초자산 종가

□ 중간기준가격 결정일

- 1차: 2025년 8월 29일
- 2차: 2026년 2월 27일
- 3차: 2026년 8월 28일
- 4차: 2027년 2월 26일
- 5차: 2027년 8월 27일

25 **주어진 자료를 바탕으로 이해한 내용 중 옳은 것을 모두 고르면? (단, 모든 사례에서 1억 원을 투자한 것으로 가정한다.)**

ㄱ. 2차 중간기준가격 결정일에 각 기초자산의 중간기준가격이 최초기준가격의 95%에 해당하는 경우 자동조기상환되며, 원금 외에도 세전 수익금으로 1,140만 원을 지급받는다.

ㄴ. KOSPI 200지수의 종가가 하락한계가격 미만인 적이 있지만, 4차 중간가격 결정일에 각 기초자산의 중간기준가격이 모두 최초기준가격의 85% 이상인 경우 원금과 세전 22.8%의 수익금을 지급받는다.

ㄷ. 만기까지 자동조기상환이 발생하지 않고, S&P500 지수 및 KOSPI 200지수의 종가가 하락한계가격 미만인 적이 있지만, 각 기초자산의 최종기준가격이 모두 최초기준가격의 75% 이상인 경우 세전 수익금은 3,000만 원 이상이다.

ㄹ. 만기까지 자동조기상환이 발생하지 않고, 하나의 기초자산도 종가가 하락한계가격 미만인 적이 없으나 각 기초자산의 최종기준가격이 모두 최초기준가격의 70%인 경우 손실이 발생한다.

① ㄱ, ㄴ　② ㄱ, ㄷ　③ ㄴ, ㄷ

④ ㄴ, ㄹ　⑤ ㄱ, ㄴ, ㄷ

26 다음은 위 ELS 상품의 기초자산에 대한 날짜별 종가 정보이다. 2028년 2월에는 전 세계에 빠르게 번지고 있는 매우 높은 치사율의 전염병으로 인해 세계 증시가 대폭락하였다. 위 자료 및 아래의 정보를 참고할 때, 상품의 손익에 대한 분석으로 옳지 않은 것은?

〈날짜별 기초자산 종가〉

날짜	S&P500	EUROSTOXX50	KOSPI200
2025년 2월 28일	6,000	5,000	300
2025년 8월 29일	5,800	4,700	250
2026년 2월 27일		4,500	220
2026년 8월 28일	5,900	4,600	230
2027년 2월 26일	5,800	4,400	240
2027년 8월 27일	5,850		260
2028년 2월 23일	5,000	3,700	130
2028년 2월 25일	4,800	3,500	126
2028년 2월 28일	4,600	3,300	122

① 2026년 2월 27일의 S&P500 지수와 관계없이 위 상품은 해당 일에 자동조기상환되지 않는다.

② 2027년 8월 27일 EUROSTOXX50 지수가 4,250 이상인 경우 위 상품은 자동조기상환된다.

③ 자동조기상환되지 않은 경우 위 상품의 투자자는 반드시 손실이 발생한다.

④ 위 상품에서 손실이 발생하는 경우 손실률은 42%이다.

⑤ EUROSTOXX50 지수의 최종기준가격은 3,500이다.

[27~28] 다음 자료를 읽고 질문에 답하시오.

○○공사 임금피크제 운영규정

제3조(용어의 정의) 이 규정에서 사용하는 용어의 뜻은 다음과 같다.

1. "임금피크제"라 함은 일정 연령을 기준으로 정년까지 임금을 조정하는 제도를 말한다.
2. "정년보장형"이라 함은 정년 연장 없이 기존 정년을 보장하면서 임금피크제를 적용하는 유형을 말하고, "정년연장형"이라 함은 기존 정년을 만 60세로 연장하면서 임금피크제를 적용하는 유형을 말한다.
3. "임금조정기간"이라 함은 임금피크제 적용에 따라 임금이 감액조정되는 기간을 말한다.
4. "피크임금"이라 함은 제4조에 따라 임금피크제를 적용받는 직원의 임금피크제 적용 당시를 기준으로 하여 산정된 다음 각 목의 금액을 합산한 임금총액을 말한다.
   가. 1급, 2급, 연구직: 기본연봉, 성과상여금
   나. 3급 이하: 기본급, 성과상여금
   다. 운영직: 기본급
5. "임금지급률"이라 함은 피크임금 대비 임금피크 기간에 매년 지급받는 임금총액의 비율을 말한다.

제4조(임금피크 대상자) 제5조에 따른 적용시기가 도래한 다음 각 호의 어느 하나에 해당하는 직원(이하 "임금피크 대상자"라 한다)에 대하여 임금피크제를 적용한다.

직종	직급
행정직	1급, 2급, 3급, 4급 이하
전산직	1급, 2급, 3급, 4급 이하
연구직	소장, 선임연구위원, 연구위원, 부연구위원, 주임연구원
운영직	6급, 7급, 8급

제5조(적용시기) 직원의 생년월일을 기준으로 만 58세에 도달하는 날이 속한 반기의 다음 반기 첫째 날부터 임금피크제를 적용한다.

제6조(임금피크제 유형) ① 1급(소장 포함) 및 2급 직원(선임연구위원 및 연구위원 포함)에 대하여는 "정년보장형"을 적용한다. (1급 및 2급 직원의 기존 정년은 만 60세이다.)

② 1급 및 2급 직원을 제외한 적용대상(부연구위원 이하 포함)에 대하여는 "정년연장형"을 적용한다. (1급 및 2급 직원을 제외한 적용대상의 기존 정년은 만 58세이다.)

제11조(임금조정) ① 임금피크 대상자의 임금은 피크임금에 임금지급률을 곱하여 산정하며, 임금지급률은 다음 각 호와 같이 정한다.

1. 제4조에 따른 임금피크제 대상자 중 운영직을 제외한 직원
   가. 임금피크제 전환 첫 1년간: 80%
   나. 임금피크제 전환 1년 경과 후 1년간: 60%
2. 제4조에 따른 임금피크제 대상자 중 운영직
   가. 임금피크제 전환 첫 1년간: 70%
   나. 임금피크제 전환 1년 경과 후 1년간: 60%

② 제1항의 피크임금은 호봉 승급, 승진 등에 따른 임금 변동 시 재산정한다.

※ 인사규정 제71조(정년퇴직) ① 직원이 만 60세에 달한 때에는 당연퇴직한다.
② 직원은 만 60세에 달한 날이 1월에서 6월 사이에 있는 경우에는 6월 30일에, 7월에서 12월 사이에 있는 경우에는 12월 31일에 각각 당연퇴직한다.

27 주어진 자료를 이해한 내용으로 적절한 것만을 모두 고른 것은?

ㄱ. 임금피크 대상자라고 하더라도 매년 직급 변동에 따른 임금 인상이 반영된다.
ㄴ. 임금피크 대상자는 직종과 직급에 상관없이 임금피크 대상자가 된 때로부터 최대 1년 6개월 동안 고용이 보장된다.
ㄷ. 1966년 3월 1일생인 부연구위원의 경우 2024년 하반기부터 임금피크 대상자가 된다.
ㄹ. 2025년 상반기부터 임금피크 대상자가 된 운영직 직원의 2024년 연간 임금총액이 6,000만 원이었다면 2025년 조정된 임금은 4,200만 원일 것이다.

① ㄱ, ㄷ ② ㄱ, ㄹ ③ ㄴ, ㄷ
④ ㄴ, ㄹ ⑤ ㄷ, ㄹ

28 주어진 자료 및 아래의 추가 자료를 바탕으로 할 때, 임금피크 대상자에 대한 임금피크 제도 적용 결과의 내용으로 옳은 것은? (단, A와 B는 정년퇴직 시까지 직급이 일정하다.)

〈행정직 및 전산직 직원의 월 기본급표〉

(단위: 원)

구분	2급	3급	4급	5급
23호봉	5,796,200	5,439,200	4,971,700	4,685,500
24호봉	5,870,600	5,514,500	5,051,500	4,764,400
25호봉	5,943,000	5,586,300	5,130,200	4,842,000
26호봉	6,013,000	5,657,100	5,206,700	4,908,700
27호봉	6,081,800	5,725,400	5,274,700	4,994,100

〈연구직 기본연봉 한계액표〉

(단위: 만 원)

대상	상한액	하한액
소장	13,300	9,800
선임연구위원	10,100	6,630
연구위원	9,700	5,670
부연구위원	8,700	4,930
주임연구원	6,100	4,190

※ 연구직의 경우 승진자가 아닌 자의 기본연봉은 동일 직급 내에서 매년 6% 인상됨
※ 임금피크제로 인해 임금이 감액되는 경우, 기본연봉 한계액표의 적용을 받지 않음

〈2026년 임금피크 대상자의 2025년 인사정보〉

대상자	생년월일	직종	직급	호봉(기본연봉)	성과상여금
A	1967.10.12.	연구직	연구위원	6,500만 원	–
B	1967.07.08.	연구직	주임연구원	6,100만 원	–
C	1967.12.30.	행정직	2급	25호봉	600만 원
D	1968.06.05.	행정직	4급	23호봉	420만 원
E	1968.02.10.	전산직	5급	26호봉	492만 원

※ 단, 성과상여금은 2025년 근무에 대한 성과평가 이후 2026년에 매월 분할 지급

① 2026년 상반기에 임금피크 대상자가 되는 사람은 2명이다.

② A가 2026년에 받게 될 조정임금 총액은 5,670만 원이다.

③ B가 2026년 우수한 연구실적으로 2027년에 성과상여금 1,400만 원을 지급받게 된다면, 2027년 B의 조정임금 총액은 4,500만 원이다.

④ C가 2026년에 받게 될 조정임금 총액의 1/12은 6,513,000원이다.

⑤ 2026년에 받게 될 조정임금 총액은 D가 E보다 높다.

[29~31] 다음 자료를 읽고 질문에 답하시오.

선택적 복지제도 운영지침

1. 용어 정의
   (1) 선택적 복지제도: 사전에 설계된 다양한 복지항목 중 개인의 선호도 및 필요에 따라 자신에게 적합한 복지혜택을 선택하는 제도
   (2) 기본항목: 선택적 복지제도에 의한 복지혜택 중에서 정책적 필요에 의하여 직원이 의무적으로 선택하도록 설계·운영되는 복지항목
   (3) 자율항목: 선택적 복지제도에 의한 복지혜택 중에서 직원이 자율적으로 선택할 수 있도록 설계·운영되는 복지항목

2. 복지 포인트 배분
   매년 1월 1일에 연간 포인트를 지급된 복지카드에 배분함(중도입사자는 별도 배분)

3. 복지 포인트 배정 기준
   (1) 1포인트는 1,000원으로 함
   (2) 포인트는 기본 포인트, 부양가족 포인트, 근속 포인트로 구성

기본 포인트	600포인트
부양가족 포인트	배우자 40포인트, 자녀(첫째 20포인트, 둘째 60포인트, 셋째 이후 자녀 100포인트), 배우자 및 자녀를 제외한 부양가족(직계존속·비속) 1명당 20포인트
근속 포인트	매년 1월 1일을 기준으로 1년 근속 시마다 30포인트씩 추가 부여되며(예 2024년 10월 1일 입사자의 경우 2025년 1월 1일 기준 근속 1년으로 간주), 750포인트를 초과할 수 없음

4. 복지 포인트 계산 원칙
   (1) 중도입사자의 경우 포인트는 월할 계산함(월의 16일 이후 입사자는 익월부터 산정)
   (2) 수습기간은 포인트가 부여되지 않으며 그 기간의 종료 후 재직 시 입사시점부터 소급하여 포인트를 월할 계산하여 부여함
   (3) 근속 포인트 계산 시 근속기간에 업무상 질병 및 육아휴직 기간은 포함하며, 징계로 근무하지 않은 기간은 제외함

5. 기본항목: 상해보험·생명보장보험 등으로 구성

6. 자율항목: 자기계발, 건강관리, 레저/문화생활, 가정친화의 4개 테마로 구성

7. 복지 포인트 사용 제한
   다음의 항목에 대해서는 포인트 사용이 불가하며, 아래 항목에 대한 이용내역 적발 시 복지 포인트를 환수 조치할 수 있음
   • 단순 게임 또는 오락을 위한 서비스 이용
   • 현금 또는 현금과 유사한 유가증권 구매
   • 사행성이 있거나 건전하지 못한 서비스

8. 포인트 사용방법
   지급된 복지카드로 온/오프라인 결제 시 개인별 지급 포인트에서 결제 금액에 해당하는 포인트가 자동 차감되며, 포인트 잔여량이 소량인 경우 연계된 온라인 복지 시스템에서 잔여 포인트와 개인 결제수단을 혼합하여 이용할 수 있음

29 주어진 자료를 참고할 때, 복지 포인트의 환수 대상으로 보기 어려운 것은?

① 복지카드로 PC방에서 게임을 구매한 경우
② 복지카드로 상품권을 구매한 경우
③ 복지카드로 경마장에서 마권을 구매한 경우
④ 복지카드로 스키장 입장권을 구매한 경우
⑤ 복지카드로 게임오락을 위한 잡지를 구매한 경우

30 주어진 자료를 참고할 때, 적절하지 않은 것은?

① 근속연수 25년 이상의 직원은 모두 동일한 근속 포인트를 배분받는다.
② 2025년 6월 19일에 입사한 직원이 배분받는 복지 포인트는 7월분부터이다.
③ 부양가족이 없고 근속연수가 1년인 직원이 자율항목에 사용할 수 있는 복지 포인트는 630 포인트이다.
④ 2025년 4월 1일에 3개월간의 수습기간을 거치기로 하고 입사한 직원의 수습기간이 종료되고 정식 직원이 된 경우 2025년에 배분받을 수 있는 기본 포인트는 450포인트이다.
⑤ 잔여 복지 포인트가 20포인트이고 온라인 복지 시스템에서 어학 학습지 월간 구독료 39,000원을 결제한 경우 개인 결제금액은 최소 19,000원이다.

31 다음은 2025년 복지 포인트 배분을 위해 참고하는 인사정보이다. 이를 바탕으로 할 때, 배분될 복지 포인트가 가장 많은 순서대로 직원을 바르게 나열한 것은?

직원	입사일	부양가족	기타사항
A	2020.06.23.	조모	-
B	2017.01.02.	배우자	정직(징계처분): 2021.04.01.~2022.03.31.
C	2022.04.15.	자녀3	-
D	2015.03.19.	배우자, 자녀2	육아휴직: 2020.06.05.~2022.06.04.
E	2022.05.09.	배우자, 자녀1	-

① D－B－C－A－E
② D－B－C－E－A
③ D－C－B－A－E
④ D－C－B－E－A
⑤ D－C－A－E－B

[32~34] 다음 자료를 읽고 질문에 답하시오.

금융소득이란 예금 등을 통해 얻는 이자소득과 주식 등을 통해 얻는 배당소득의 합이다. 금융소득에 대한 금융소득세는 연간 2,000만 원을 넘지 않는 선에서는 국세 14%와 지방소득세 1.4%를 합해 15.4%를 원천징수한다. 따라서 예금이 만기되어 이자를 받거나 주식을 보유하여 배당을 받을 경우, 15.4%의 원천징수액을 제외한 84.6%만 수령하게 된다. 이 2,000만 원 한도 내에서는 15.4%의 원천징수로 납세의 의무를 다하며, 다음 해 5월에 별도로 종합소득세 신고를 할 필요가 없다.

그러나 연간 금융소득이 2,000만 원을 초과하면 원천징수 외에 종합소득세를 추가적으로 납부해야 할 수도 있다. 일단 금융소득이 발생하자마자 15.4%를 원천징수하는 것에는 변함이 없다. 그러나 연간 금융소득 중 2,000만 원 초과분에 대해서는 다른 근로소득, 사업소득 등과 합산하여 종합소득을 구한 후, 종합소득에서 소득공제를 차감하여 과세표준을 산정하고 이를 기준으로 산출한 종합소득세를 다음 해 5월에 신고·납부해야 한다.

과세표준 구간별로 차등 세율이 적용되며, 누진세이므로 각 과세표준의 누진공제만큼 종합소득세가 차감된다. 과세표준별 세율 및 누진공제는 다음과 같다.

과세표준	세율(지방소득세 포함)	누진공제
1,400만 원 이하	6.6%	-
1,400만 원 초과 5,000만 원 이하	16.5%	138만 6,000원
5,000만 원 초과 8,800만 원 이하	26.4%	633만 6,000원
8,800만 원 초과 1억 5,000만 원 이하	38.5%	1,698만 4,000원
1억 5,000만 원 초과 3억 원 이하	41.8%	2,193만 4,000원
3억 원 초과 5억 원 이하	44.0%	2,853만 4,000원
5억 원 초과 10억 원 이하	46.2%	3,953만 4,000원
10억 원 초과	49.5%	7,253만 4,000원

※ 종합소득세=(과세표준)×(과세표준에 해당하는 세율)−(과세표준에 해당하는 누진공제)

32 주어진 자료에 대한 설명 중 옳지 않은 것은?

① 과세표준이 1억 원이라면 종합소득세는 2,151만 6,000원이다.

② 종합소득세로 과세표준의 50% 이상을 납부하는 일은 발생하지 않는다.

③ 한 해 동안 얻은 금융소득이 3,000만 원이라면, 그 해 수령하는 세후 금융소득은 2,538만 원이다.

④ 연간 금융소득이 2,000만 원을 초과할 경우, 다음 해에 추가적인 세금을 낼 수도 있다.

⑤ 연간 근로소득 6,000만 원, 연간 금융소득 5,000만 원, 소득공제 1,000만 원이라면 세율 38.5%의 과세표준 구간에 해당한다.

33 다음 〈보기〉는 연간 근로소득 3,000만 원, 연간 금융소득 5,000만 원, 소득공제 0원인 A씨의 금융소득 종합과세에 대한 예시이다. 이를 참고하여 연간 근로소득 1억 원, 연간 금융소득 5,000만 원, 소득공제 0원인 B씨가 다음 해 5월에 추가로 납부해야 하는 금융소득에 대한 종합소득세는? (단, 근로소득세까지 포함한 전체 종합소득세가 아닌, 다음 해 5월에 추가로 납부해야 하는 금융소득에 대한 종합소득세를 묻는 것임에 유의한다.)

보기

A씨의 연간 근로소득은 3,000만 원, 연간 금융소득은 5,000만 원이다. 우선 금융소득 5,000만 원이 발생하였을 때 5,000×0.154=770(만 원)을 원천징수로 납부한다. 이 770만 원은 2,000만 원에 대한 308만 원과 초과분 3,000만 원에 대한 462만 원으로 구성되어 있다. 초과분 3,000만 원에 대한 원천징수액 462만 원은 이미 원천징수로 납부가 된 금액이므로, 다음 해 5월에 납부할 금융소득에 대한 종합소득세에서 해당 금액을 차감해 준다. 이에 대한 내용은 뒤에서 다시 설명한다.

한편, 과세표준은 근로소득 3,000만 원, 금융소득 5,000만 원 중 2,000만 원을 제외한 초과분 3,000만 원, 소득공제 0원을 고려하면 3,000+(5,000−2,000)−0=6,000(만 원)이다. 따라서 5,000~8,800만 원 과세표준 구간에 속하며, 종합소득세는 6,000×0.264−633.6=950.4(만 원)이다. 이를 근로소득에 대한 세금과 금융소득에 대한 세금으로 분리하여 생각할 수 있다.

근로소득에 대한 세금부터 하위 과세표준 구간에 적용하고, 금융소득에 대한 세금은 그 위의 과세표준 구간에 적용한다. 즉, 근로소득 3,000만 원은 1,400~5,000만 원 과세표준 구간에 속하므로 이에 대한 세금은 3,000×0.165−138.6=356.4(만 원)이다. 따라서 종합소득세 950.4만 원 중 356.4만 원을 제외한 950.4−356.4=594(만 원)이 금융소득에 대한 세금이다. 이는 3,000만 원 중 1,000만 원은 26.4%의 세율을 적용하고, 나머지 2,000만 원은 16.5%의 세율을 적용하여 1,000×0.264+2,000×0.165=594(만 원)으로도 구할 수 있다.

그런데 금융소득 5,000만 원 중 초과분 3,000만 원에 대한 세금 462만 원을 이미 원천징수로 납부한 상태이므로, 594−462=132(만 원)만 다음 해 5월에 금융소득에 대한 종합소득세로 납부하면 된다.

① 385만 원 ② 693만 원 ③ 832만 원
④ 1,155만 원 ⑤ 1,463만 원

34 A씨는 금융소득만으로 생활을 영위하는 파이어족을 꿈꾸고 있다. 금융소득을 제외한 기타 모든 소득이 0원일 때, 다음 해 5월에 종합소득세를 추가로 납부하지 않고 원천징수만으로 납세의 의무를 종결할 수 있는 연간 금융소득의 최댓값을 고르면? (단, 소득공제는 0원이다.)

① 5,760만 원 ② 6,350만 원 ③ 7,200만 원
④ 7,760만 원 ⑤ 8,350만 원

35 다음은 ○○기업 조직운영회 의결 규정의 일부 및 의결과 관련한 정보이다. 조직운영위원회의 위원은 의장 1명, 부의장 1명, 일반위원 10명으로 구성되어 있고, 현재 위원회의 운영규정 개정에 대해 의결을 하고자 한다. 다음 내용을 참고할 때, 추론한 내용으로 적절한 것을 모두 고르면?

〈○○기업 조직운영위원회 의결 규정〉

1. 의결의 기본 원칙
   - 모든 투표는 기명으로 한다.
   - 가중 투표제를 위원회의 기본 의결 방식으로 한다.
   - 가중 투표제 결과가 특정 조건에 해당하는 경우 특별 결의요건을 적용하여 재의결 절차를 진행한다.
2. 가중 투표제 의결 방식
   - 가중치 기준
     - 직위 기준: 의장 2점, 부의장 1.5점, 일반위원 1점
     - 전문성 기준: 해당 안건 관련 분야의 전문위원으로 선정된 경우 0.5점 가산
   - 가중 투표 결과 산출
     - 각 위원의 찬반에 따른 가중치를 합산하여 전체 찬성 점수와 반대 점수를 비교한다.
     - 찬성 점수가 반대 점수를 초과하면 가결되고, 반대 점수가 찬성 점수를 초과하거나 찬성 점수와 반대 점수가 동점인 경우 부결된다.
3. 특별 결의요건 적용 조건

   다음 중 하나에 해당할 경우 가중 투표의결 결과는 무효화하고 특별 결의 요건을 적용하여 재의결한다.
   - 가중 투표를 통해 안건이 가결되었고, 찬성 점수 합계가 전체 가중치 총합의 60%에 미달할 경우
   - 재적 위원의 1/3 이상이 특별 결의를 요청한 경우
4. 특별 결의 요건
   - 재적 위원의 3/4 이상이 찬성하면 가결되고, 그렇지 않으면 부결된다.

〈의결 관련 정보〉

- 부의장과 2명의 일반위원은 현 안건의 전문위원으로 선정되었다.
- 일반위원 A, B, C, D는 운영규정 개정에 언제나 반대한다.
- 의장은 안건에 대해 일반위원 과반수가 찬성한 경우 찬성에, 일반위원 과반수가 반대한 경우 반대에 투표한다. 과반수 성립이 되지 않는 경우 부의장이 투표한 내용과 반대로 투표한다.
- 부의장 및 일반위원은 모든 의결 시 일관된 의사로 투표한다.

ㄱ. 일반위원 중 A~D만 안건에 반대하는 경우 반드시 가결된다.
ㄴ. 전문위원으로 선정된 일반위원 E가 안건에 반대하는 경우 반드시 부결된다.
ㄷ. 투표 결과 반대가 6표였다면 6표 중 5표는 반드시 일반위원의 투표이다.
ㄹ. 4명의 일반위원이 특별 결의를 요청한 경우 A~D를 제외한 모든 일반위원이 찬성에 투표했다면 안건은 가결된다.

① ㄱ, ㄴ　② ㄱ, ㄷ　③ ㄴ, ㄷ
④ ㄴ, ㄹ　⑤ ㄷ, ㄹ

[36~37] 다음 자료를 읽고 질문에 답하시오.

데이터베이스(Database)란 데이터를 체계적으로 저장하고 관리하기 위한 시스템을 말한다. 데이터베이스는 데이터를 테이블(Table)이라는 형태로 저장하는데, 테이블은 행(Row)과 열(Column)로 구성되며 각각 데이터의 특정 단위와 속성을 나타낸다. 테이블의 각 행은 하나의 항목을 의미한다. 예를 들어 '학생' 테이블에서는 각 행이 한 명의 학생 정보를 나타낼 수 있다. 테이블의 각 열은 항목의 속성을 나타낸다. '학생' 테이블에서 열에는 '이름', '학번', '학과' 등과 같은 정보가 포함된다.

데이터베이스에서의 검색, 추가, 수정, 삭제를 수행할 때 사용되는 것은 SQL(Structured Query Language)이라는 언어이다. 즉, SQL은 데이터베이스와 상호작용하기 위한 언어로, 데이터를 조회하거나 조작하기 위해 다양한 명령어를 사용한다. SQL 문장 작성의 기본 순서는 다음과 같다. SQL은 명령어 순서에 따라 실행되며, 잘못된 순서로 작성하면 문법 오류가 발생하니 아래의 순서를 지켜서 작성해야 한다.

1. SELECT: 가져올 열을 선택한다.
2. FROM: 데이터를 가져올 테이블을 지정한다.
3. WHERE: 데이터를 필터링하기 위한 조건을 지정한다.(선택사항)
   - AND: (WHERE 조건의 복합 설정 시 사용) 모든 조건을 만족하는 데이터를 가져온다.
   - OR: (WHERE 조건의 복합 설정 시 사용) 하나라도 만족하는 데이터를 가져온다.
4. ORDER BY: 데이터를 특정 열을 기준으로 정렬한다.
   - 기본값은 오름차순이며, 내림차순으로 정렬하려면 DESC를 사용한다.
5. LIMIT: 결과로 가져올 데이터의 개수를 제한한다.(선택사항)
   - 결과에서 상위 몇 개의 데이터만 보고 싶을 때 사용한다.

위 순서에 따라 학생 테이블에서 나이가 20 이상이고, 학년이 4학년인 학생의 이름과 나이 데이터를 가져오되 나이를 기준으로 내림차순 정렬하여 최대 2개의 데이터만 출력하도록 SQL 문장을 작성하면 다음과 같다.

```
SELECT 이름, 나이
FROM 학생
WHERE 나이 >= 20 AND 학년 = 4
ORDER BY 나이 DESC
LIMIT 2;
```

위 문장에 따라 가상의 데이터베이스에서 출력될 수 있는 결과는 다음과 같다.

이름	나이
홍길동	24
박철수	23

데이터베이스는 환경에 따라 대소문자를 구분할 수 있으므로 SQL 문장에서 사용하는 테이블 이름과 열 이름은 데이터베이스에 저장된 실제 이름과 반드시 일치해야 한다. 또 조건 값을 표현하는 문자열 값은 반드시 작은따옴표(' ')로 묶어야 한다. 숫자는 작은따옴표 없이 사용하지만, 텍스트 데이터에는 작은따옴표를 사용해야 한다. SQL 문장은 끝에 세미콜론으로 문장의 종료를 나타낸다. 특히 여러 SQL 문장을 한 번에 실행할 경우 세미콜론은 각 문장을 구분하는 역할을 한다.

〈"직원" 테이블〉

사번	이름	나이	부서	입사일	급여
001	이민지	28	개발팀	2020-01-15	3,500,000
002	박상태	32	디자인팀	2019-03-22	4,000,000
003	김건형	34	개발팀	2022-06-01	4,800,000
004	오윤서	29	마케팅팀	2021-07-11	3,700,000
005	정윤희	30	개발팀	2018-11-25	4,200,000
006	최현성	31	개발팀	2019-12-20	4,000,000

36 위 자료와 "직원" 테이블을 참고하여 나이가 30세 이상인 직원들의 이름과 부서를 출력하기 위해 SQL 문장을 작성한 경우, 옳게 작성한 것은?

① SELECT 이름
FROM 직원
WHERE 나이 >= 30;

② SELECT 이름, 부서
FROM 직원
WHERE 나이 >= 30;

③ SELECT 이름, 부서
FROM 직원
WHERE 나이 <= 30;

④ SELECT 이름, 나이
FROM 직원
WHERE 나이 >= 30;

⑤ SELECT 이름, 나이
FROM 직원
WHERE 나이 <= 30;

37 위 자료와 "직원" 테이블을 참고하여 다음의 SQL 문장의 결괏값으로 출력될 수 없는 데이터는?

```
SELECT 사번, 이름, 나이, 부서
FROM 직원
WHERE 부서 = '개발팀'
AND (급여 >= 4000000 or 입사일 <= '2020-01-01')
AND 나이 >= 30
ORDER BY 나이
LIMIT 2;
```

※ 입사일의 경우 >=는 해당 일 이후의 경우를, <=는 해당 일 이전의 경우를 말한다.

① 정윤희 ② 006 ③ 34
④ 개발팀 ⑤ 31

[38~40] 다음 자료를 읽고 질문에 답하시오.

컴퓨터는 프로그램 작성 시에는 컴퓨터가 처리한 데이터가 올바른지 검사를 하는 과정을 거치게 되는데, 이를 오류 검출이라고 한다. 해밍코드와 패리티 비트는 데이터 전송이나 저장 과정에서 발생할 수 있는 오류를 탐지하고 수정하기 위해 사용되는 기법들이다. 이들은 데이터 무결성을 유지하기 위한 기본적인 오류 검출 및 정정 메커니즘으로 널리 활용된다. 아래에서 자세하게 알아보자.

1	0	0	1	0	1	0	1	0	짝수 패리티
1	0	0	1	0	1	0	1	1	홀수 패리티
실제 전송 데이터								패리티	

패리티 비트는 정보 전달 과정에서 오류가 생겼는지를 검사하기 위해 데이터 비트에 추가되는 비트로, 실제 전송 데이터 비트들에 포함된 1의 개수를 기준으로 설정된다. 실제 전송하고자 하는 데이터의 각 비트와 패리티 비트를 포함한 1의 개수가 짝수가 되도록 패리티 비트를 정하는 방식을 짝수 패리티, 홀수가 되도록 패리티 비트를 정하는 방식을 홀수 패리티라고 한다. 따라서 짝수 패리티에서는 데이터 비트에서 1의 개수가 홀수이면 패리티 비트를 1로 정하고, 데이터 비트에서 1의 개수가 짝수이면 패리티 비트를 0으로 정한다. 반면 홀수 패리티에서는 데이터 비트에서 1의 개수가 홀수이면 패리티 비트를 0으로 정하고, 데이터 비트에서 1의 개수가 짝수이면 패리티 비트를 1로 정한다. 이렇게 패리티 비트를 정하여 데이터를 보내면, 데이터 수신 측에서는 전체 데이터 비트를 읽고 패리티 비트를 다시 계산함으로써 데이터 오류 발생 여부를 알 수 있는 것이다.

해밍코드는 오류를 탐지할 뿐만 아니라 오류를 정정할 수도 있는 더 발전된 방식이다. 해밍코드는 데이터 비트 사이에 여러 개의 패리티 비트를 삽입하여 오류의 위치를 정확히 식별하는데, 데이터의 비트 수에 따라 필요한 패리티 비트 수는 다음과 같다.

$$2^P \geq P+D+1$$

(P: 패리티 비트 수, D: 데이터 비트 수)

해밍코드에서 각 패리티 비트는 2^{n-1}번째 자리에 삽입된다. 즉, 2^0, 2^1, 2^2, 2^3…인 1, 2, 4, 8, …번째 비트 위치에 삽입된다. 각 n번째 패리티 비트는 2^{n-1}번째에서 시작하여 2^{n-1}비트만큼을 검사하고, 2^{n-1}비트 건너뛴 후의 2^{n-1}비트만큼을 검사하는 과정을 반복할 때 검사에 포함되는 비트 그룹에 따라 그 값이 결정된다. 4비트 데이터 1001에 대해 짝수 패리티로 해밍코드를 생성하는 과정을 가정해 보자. 4비트 데이터를 전송하기 위해서는 패리티 비트가 적어도 3개 필요하므로 해밍코드는 총 7비트가 되고, 전체 해밍코드는 다음에 따라 나타낼 수 있다.

비트 위치	1	2	3	4	5	6	7
기호	P1	P2	D3	P4	D5	D6	D7
데이터			1		0	0	1

첫 번째 패리티 비트의 검사 범위는 P1+D3+D5+D7이며, 짝수 패리티이므로 P1은 0이 된다. 두 번째 패리티 비트의 검사 범위는 P2+D3+D6+D7이며, 이에 따라 P2는 0이 된다. 이와 같은 방식으로 패리티 비트를 설정하면, 4비트 데이터인 1001에 대해 0011001이라는 7비트의 해밍코드가 만들어진다.

38 주어진 자료를 통해 알 수 있는 내용으로 적절하지 않은 것은?

① 패리티 비트를 이용한 오류 검출 방식은 오류 발생 여부 판단에는 유용할 것이다.
② 만일 데이터의 2개 비트에 오류가 발생하면 패리티 비트를 통해서는 오류 검출이 불가능할 것이다.
③ 홀수 패리티에서 데이터 '1111011'에 패리티 비트를 추가한다면 추가되는 비트는 1이다.
④ 해밍코드에서 패리티 비트가 4개라면 최대 12비트까지 오류 검출이 가능하다.
⑤ 위의 데이터 '1001'의 해밍코드에서 세 번째 패리티 비트(P4)의 검사 범위는 P4, D5, D6, D7이다.

39 주어진 자료를 참고할 때, 짝수 패리티를 이용하여 데이터 '1011001'에 대해 해밍코드를 바르게 생성한 것은?

① 10100111001 ② 10100110001 ③ 10101111001
④ 11100111001 ⑤ 00100111001

40 주어진 자료를 참고하여 다음 사례에 대해 분석한 내용으로 적절하지 않은 것을 모두 고르면? (단, 짝수 패리티를 이용한다.)

> 전달하고자 하는 데이터에 대한 해밍코드가 생성되었고, 이는 수신자에게 전달되었다. 수신자는 해밍코드의 패리티 비트 검사를 통해 오류 검출을 수행한다. 수신자가 전달받은 해밍코드는 '101010101'이다. 수신자는 해밍코드를 통해 수신된 데이터 중 하나의 비트에 오류가 발생했음을 발견했다.

> ㄱ. 오류가 발생한 채 수신된 데이터는 11011이다.
> ㄴ. 두 번째 패리티 비트 검사를 통해 데이터 중 2개 비트의 무결성을 검증할 수 있다.
> ㄷ. 오류 발생 전 원본 데이터는 11110이었다.
> ㄹ. 네 번째 패리티 비트 검사를 통해 오류가 발생한 데이터의 위치를 파악할 수 있다.

① ㄱ, ㄴ ② ㄱ, ㄹ ③ ㄴ, ㄷ
④ ㄴ, ㄹ ⑤ ㄷ, ㄹ

6회 Self Check List

	오답 수(개)	무응답 수(개)	풀이시간(분)
1회독	/40	/40	/85
2회독	/40	/40	/65
3회독	/40	/40	/50

독끝

CHAPTER 07

실전모의고사 7회

영역 ❶ 의사소통능력

영역 ❷ 수리능력

영역 ❸ 문제해결능력

모의고사 정보

실전모의고사 7회는 3개 영역으로 이루어진 TYPE B로, 신한은행, KB국민은행, 하나은행, MG새마을금고중앙회 등의 출제 영역을 바탕으로 40문항을 구성한 모의고사입니다.

<table>
<tr><th colspan="2">영역</th><th>출제 영역
대비 기업</th><th>문항 수</th><th>난이도별 구성</th><th>유형</th></tr>
<tr><td rowspan="3">NCS
직업기초
능력평가</td><td>의사소통능력</td><td rowspan="3">신한은행,
KB국민은행,
하나은행,
MG새마을
금고중앙회 등</td><td rowspan="3">40문항</td><td rowspan="3">●○○ 14문항
●●○ 22문항
●●● 4문항</td><td rowspan="3">객관식</td></tr>
<tr><td>수리능력</td></tr>
<tr><td>문제해결능력</td></tr>
</table>

권장 풀이 시간

다음의 회독수별 권장 풀이 시간에 맞춰 문제 풀이한 다음 실전모의고사 7회 40번 끝의 [Self Check List]를 기입하여 부족한 부분을 파악하세요!

권장 풀이 시간		
1회독 ▶ 70분	2회독 ▶ 60분	3회독 ▶ 45분

CHAPTER | 07 실전모의고사 7회

정답 및 해설 348p

[01~02] 다음 자료를 읽고 질문에 답하시오.

장기 저성장에 따른 개인연체채권 매입펀드 안내

1. 매입대상

□ (채권자) 전금융권(은행·저축은행·여신전문금융회사·상호금융·보험)

□ (채권) 개인 무담보대출*로서 '24.2~12월 중 연체발생 채권

* 신용대출의 경우 대출잔액 전체, 담보·보증대출의 경우 회수조치 후 미환수잔액

– 다만, 법원·신용회복위원회 채무조정절차 진행 중 채권(신청~정상이행), 채권존부 분쟁채권 등은 매입대상에서 제외함

2. 신청방법

□ (신청기간) '24.6.3.~'25.6.6.

□ (접수처) ○○공사 홈페이지를 통한 온라인 신청 또는 ○○공사 전국 15개 지역본부 방문신청 중 택1

□ (신청자) 상기 매입대상 채권 관련 채무자

– 채무자가 신용회복위원회에 채무조정을 신청하였으나 조정에 실패한 경우 본인 채권 매입 신청 가능

3. 매입절차

□ 채무자 신청분: 월별매입

매입 신청 → 접수 통보 → 대상 여부 확인 → 채권 평가 → 양수도 계약

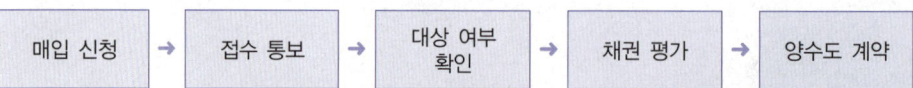

– 채무자의 매입 신청*이 있으면 ○○공사는 해당 채권을 보유한 금융회사에 접수사실을 통보함

* 채무자의 매입 신청 후 금융회사가 신용회복위원회의 채무조정안에 동의하는 경우에는 신청 철회 가능

– 금융회사는 채무자 소유의 회수·상계 가능 재산 보유 여부 등을 확인하여 ○○공사로 매각 대상 여부를 회신함(채무자 재산 없음 확인 시 ○○공사에 매각)

– 회계법인(○○공사 선정)이 채무자 연령, 연체기간, 연체금액 등을 고려하여 해당 채권에 대한 평가 실시

– 금융회사와 ○○공사 간 채권 양수도 계약을 체결

4. 채무자 재기지원

□ ○○공사가 매입 신청 접수 시 해당 채권금융회사는 지체없이(접수일로부터 5영업일내) 추심을 중지하는 등 채무자 보호조치를 이행하여야 함

□ ○○공사는 채권매입(액면가 최대 2조 원) 후 장기 저성장 국면에서 탈피했다고 인정되는 시점까지 연체가산이자를 면제하고 상환요구 등 적극적 추심을 유보함

– 채무자 소득회복 정도에 따라 상환유예(최장 2년), 장기분할상환(최장 10년), 채무감면(최대 60%) 등을 통해 재기 지원

01 **주어진 안내문의 내용과 일치하지 않는 것은?**

① 매입절차 중 접수 통보의 주체와 채권 평가의 주체는 서로 다르다.

② 개인연체채권 매입을 신청하기 위해서는 반드시 채무조정 절차를 먼저 거쳐야 한다.

③ ○○공사와 금융회사 사이에 채권 양수도 계약이 체결되기 전이라도 채권금융회사는 해당 채권에 대한 추심을 중지하여야 한다.

④ ○○공사가 채권을 매입하고, 해당 채무자에 대해 10년간 분할상환하도록 결정한 경우, 해당 기간 동안에 채무자는 연체가산이자를 면제받는다.

⑤ 개인 채무자와 해당 채권의 채권자인 은행 사이에 채권존재 여부에 관한 법적 다툼이 있는 경우 해당 채권은 ○○공사의 매입 대상에서 제외된다.

02 **다음 채무자 정보를 바탕으로 할 때, 위 개인연체채권 매입과정에 대한 설명으로 옳은 것을 모두 고르면?**

〈채무자 정보〉

- 이름: A
- 채무 기관: □□은행
- 채무 유형: 개인 신용대출(무담보)
- 채무총액: 1억 4천만 원
- 채무잔액: 1억 200만 원
- 연체 발생일: 2024.12.6.
- 채무조정 상태: 채권자 부동의로 인한 채무조정안 기각(채무조정 실패)

ㄱ. □□은행이 위 연체채권에 대해 ○○공사에 매입을 신청하고자 하는 경우 연체 발생일로부터 6개월 안에 온라인 또는 ○○공사 방문을 통해 신청하여야 한다.
ㄴ. 만일 □□은행이 A에 대해 갖는 채권이 ○○공사에 의해 매입될 경우 매입 대상이 되는 채권액은 1억 4천만 원이다.
ㄷ. 위 채권의 매입이 신청 접수되었더라도 위 채무조정안에 대해 □□은행이 의사를 변경하여 다시 동의하는 경우 채권 매입 신청은 철회될 수 있다.
ㄹ. 만일 A가 □□은행에 보유하고 있는 정기예금에 채무액에 미치지 못하는 금액이 예치되어 있는 것으로 확인될 경우 □□은행은 위 채권을 매각하지 않을 것이다.

① ㄱ　② ㄱ, ㄴ　③ ㄷ, ㄹ
④ ㄴ, ㄷ, ㄹ　⑤ ㄱ, ㄴ, ㄷ, ㄹ

03 다음은 '청년 대상 맞춤형 재무상담 용역 제안요청서'의 작성 방법에 대한 설명이다. 다음의 안내자료를 참고하여 제안서의 초안을 구성한 것으로 가장 적절하지 않은 것은?

〈2025년 청년 대상 맞춤형 재무상담 용역 제안요청서 항목별 작성방법〉

Ⅰ. 업체 일반

1. 일반현황: 제안사의 일반현황 및 연혁을 〈서식 1〉의 양식을 이용하여 정확히 기재
2. 주요 사업 내용: 최근 3년 이내(입찰등록일 기준) 주요 사업 수행 실적 및 수상 내역을 작성하되, 본 사업과 관련성이 높은 순으로 작성
3. 재무상황: 제안사의 자본금, 최근 3년간 부문별 매출액 및 신용평가등급을 기재하되, 제안사의 신용평가등급이 없는 경우 재무상황을 확인할 수 있는 최근 년도 회계감사 자료를 제출(국세청 신고 자료도 가능)

   ※ 외부감사대상 법인은 당해 공인회계사, 일반법인은 관할 세무서장이 확인한 재무제표 사본을 함께 제출

4. 관련용역 수행실적(최근 3개년도): 최근 3년 이내(입찰등록일 기준) 정부, 지방자치단체, 특별법에 따라 설립된 법인, 공공기관으로부터 200명 이상 인원에 대한 재무상담 서비스 용역을 주도적으로 수행한 실적에 대해 작성

Ⅱ. 제안 부문

1. 용역 주제에 대한 이해: 제안의 목적 및 용역수행 범위, 전제조건, 특징, 용역 주제에 대한 이해 등에 대해 작성
2. 추진 일정 및 계획: 용역 수행에 필요한 활동 도출, 활동 기간 산정 등 전반적인 일정 계획 기술

Ⅲ. 관리·지원 부문

1. 수행조직 및 인원: 사업 수행조직 구성, 주계약자 및 담당 업무, 지원조직의 사업 지원 활동 등에 대해 기술하고 사업 참여 인력의 소속, 사업에 대한 경험, 본 사업에서의 임무 및 참여율 등을 구체적으로 기술
2. 제안사 특징·장점 및 기대효과: 제안사만의 차별화된 특징 및 장점과 그러한 특징 및 장점이 사업 수행에 미칠 수 있는 영향 및 기대효과

〈청년 대상 맞춤형 재무 상담 제안서((주)○○컨설팅)〉

Ⅰ. 업체 일반

1. 일반현황

   (주)○○컨설팅은 10년 이상 업력의 금융컨설팅 전문 회사로, 청년층 대상 프로그램의 기획 및 실행 경험이 풍부합니다. 자세한 사항은 첨부된 〈서식 1〉에서 확인하실 수 있습니다.

2. 주요 사업 내용

   (주)○○컨설팅에서는 최근 3년간 대학생 및 청년 창업자를 위한 재무관리 교육, 사회초년생 대상 금융상품 분석 및 자산형성전략 상담, 정부와 협력하여 수행한 "청년 재무 건강 진단 프로젝트" 등이 있습니다.

3. ㉠ 재무상황
- 자본금: 5억 원
- 최근 3년간 컨설팅부 매출액: 평균 12억 원
- 신용평가등급: A+

공인회계사가 작성한 최근 3개년 회계감사보고서를 첨부하며, 요청하실 경우 국세청 신고 자료를 제공할 수 있습니다.

4. ㉡ 관련용역 수행실적
- 2024년: △△시 청년 자산 형성 지원사업 (참여 인원: 300명)
- 2023년: ㅁㅁ구청 신규취업자 금융 컨설팅 프로그램 (참여 인원: 250명)
- 2022년: ◇◇국립대학교 대학생 재무설계 멘토링 사업(참여 인원: 500명)

II. 제안 부문

1. ㉢ 용역 주제에 대한 이해

자산형성 초기 단계의 청년들은 기초 자산이 적은 편이며, 재무관리에 대한 정보 및 노하우가 부족하여 적절한 재무관리를 하지 못하는 경우가 많습니다. 본 용역에서 (주)ㅇㅇ컨설팅은 청년들의 눈높이에서 개인별 맞춤형 재무상담을 통해 청년들의 안정적인 자산형성 전략을 수립하는데 중점을 둡니다.

2. ㉣ 추진일정 및 계획
- 사전진단(1개월): 사전 준비 및 재무 설문조사를 통해 대상자의 재무 상태를 분석합니다.
- 맞춤형 상담(2개월): 1:1 또는 소그룹을 구성하여 상담을 통해 개인별 목표를 설정하고 목표 달성에 효과적인 재무 계획을 수립합니다.
- 지속적 관리(2개월): 온라인 플랫폼을 활용하여 지속적인 상담과 재무관리를 지원합니다.

III. 관리·지원 부문

1. 수행조직 및 인원
- 프로젝트 매니저(PM): 전체 용역 일정 및 품질 관리
- 전문 상담사: 1:1 맞춤형 상담 제공 및 사례 관리
- 행정 지원팀: 참여자 데이터 관리 및 지원 활동 수행

팀원들의 관련 경력을 비롯한 구체적인 사항은 첨부자료를 통해 상세히 기술하였습니다.

2. ㉤ 제안사 특징·장점 및 기대효과

본 상담을 통해 청년들이 체계적인 재무 계획을 세우고 실행하는 데 도움을 줄 수 있을 것으로 기대합니다. ㈜ㅇㅇ컨설팅을 통해 청년들은 궁극적으로 장기적인 재정적 안정성을 확보할 수 있을 것입니다.

① ㉠　② ㉡　③ ㉢
④ ㉣　⑤ ㉤

[04~05] 다음 자료를 읽고 질문에 답하시오.

주민참여예산제도는 지방자치단체의 예산과정에 주민을 참여시킴으로써 지방재정 운영의 투명성과 공정성을 높이고 예산 사용에 대한 책임성을 확보하며, 나아가 국민 중심의 민주주의를 실현하기 위한 취지에서 마련된 제도이다. 주민참여예산제도는 1989년 브라질 리우그란데두술(Rio Grande do Dul)주의 주도인 포르투알레그레(Porto Alegre)에서 최초로 실시되었다. 주민들이 직접 참여한 예산편성 과정이 성공적으로 운영되어 1996년 국제연합에서 '세계 40대 훌륭한 시민제도'로 선정될 만큼 모범적이라는 평가를 받았고, 이후 브라질 전역 및 세계적으로 확산되었다. 우리나라에서는 2000년대 초반부터 시민참여 예산 조례 제정 운동이 시작되었고, 2011년 3월에 「지방재정법」에 모든 지방자치단체에서 주민참여예산제도를 의무적으로 운영하도록 규정하였으며 2018년 3월 「지방재정법」 개정을 통해 주민참여예산제도에서 주민이 참여할 수 있는 범위를 '예산편성과정'에서 '예산편성 등 예산과정'으로 개편하였다. 주민참여예산제도의 핵심은 전통적으로 지방자치단체가 독점해왔던 예산편성 활동에 주민이 직접 관여해서 영향력을 행사하는데 있다.

주민참여예산제도의 구체적인 운영 방법과 주민참여예산기구의 구성 및 운영, 주민참여방법 등은 각 지방자치단체의 조례를 통해 자율적으로 정한다. 주민참여예산제도 조례 모델은 세 가지 유형으로 구분되며, 각 지방자치단체가 지닌 특성과 여건에 따라 모델을 선택하도록 하고 있다. 제1유형은 주민참여예산위원회 설치에 관한 강제규정 없이 '설치할 수 있다'라는 임의규정으로 구성되며, 제2유형은 '주민참여예산위원회를 둔다'라는 강제규정은 있으나 주민참여예산위원회 운영을 위한 세부사항에 대한 상세한 규정은 제시하지 않는 모델, 제3유형은 '주민참여예산위원회를 둔다'라는 강제규정과 함께 주민참여예산위원회 운영을 위한 세부규정과 분과위원회의 인적구성 및 재정 지원에 대한 상세한 규정을 제시하는 모델이다.

주민참여예산제도에서 주민은 누구나 각 자치단체가 제정·운영하는 조례에서 규정한 범위 내에서 예산편성과 관련된 의견을 제출할 수 있는 권리를 가지고 있다. 지자체별 조례에서는 통상 주민을 당해 자치단체에 주소를 두고 있는 사람, 당해 자치단체에 영업소의 본점 또는 지점 및 생산시설을 둔 사업체의 대표자 및 임직원, 자치단체의 관할구역에 소재한 기관, 단체, 학교 등에 근무하거나 소속된 사람, 그 밖에 예산편성 등 예산과정에 이해관계가 있는 사람 등으로 규정하고 있다. 주민참여의 방법은 예산안 제출 시 주민의견서 첨부와 사업공모, 설문조사, 참여예산 투표, 사업간담회, 사업공청회 등이 있다.

주민참여예산위원회는 공모제안사업 또는 주민제안사업의 우선순위 결정, 해당 지자체의 예산안 전체에 대한 주민의견서 작성 등의 역할을 주로 수행한다. 특히 「지방재정법」에는 주민제안사업(공모제안사업)에 대해서는 주민참여예산위원회가 주민의견서를 작성하여 지방의회에 예산안 제출 시 첨부하도록 규정되어 있다. 지방의회 제출 예산안에 첨부되는 주민의견서의 항목은 공모 금액, 주민제안 방법, 우선순위 선정방법, 주민제안 건수, 주민제안 선정·반영건수, 주민의견 수렴방법, 주민의견수렴 사업 내역, 사업에 대한 주민의견, 자치단체 검토결과 등이다.

04 주어진 글을 참고하여 이해 또는 추론한 내용으로 적절하지 않은 것은?

① 인천광역시에 식품 생산공장이 위치한 기업의 대표이사는 인천광역시의 주민참여예산제도를 통해 의견을 표명할 권리를 갖는다.

② 국내의 주민참여예산제도는 2000년대 초반 제도화되어 예산편성을 중심으로 예산집행과 결산 및 평가 등에 이르기까지 예산과정 전체로 점차 확대되었다.

③ 지자체 예산편성에 있어 지방의회의 의사결정에 반영되는 선호와 실제 주민들 선호와의 괴리에서 오는 대의제도의 불완전성은 주민참여예산제도의 필요성을 강화할 것이다.

④ 어떤 지자체의 조례에 주민참여예산위원회의 설치에 대한 강제규정과 위원회의 심사방법 및 회의 운영 방식, 분과위원회 및 총회 운영에 대한 규정 등이 포함된 경우 주민참여예산제도 조례 제3유형을 채택한 것으로 볼 수 있다.

⑤ 주민참여예산제도는 예산과정에 있어 주민을 참여시킴으로써 다자간 의사소통을 활성화시킬 수 있으나 참여 범위에 제한이 없는 제도의 특성상 주민들의 의사결정에 대한 견제를 통해 행정의 합리성을 도모할 수 있는 장치 또한 필요할 것이다.

05 주어진 글을 바탕으로 할 때, 다음 지방의회 제출 주민의견서에 포함되지 않은 항목은?

지방의회 제출 주민의견서

○○시 주민참여예산위원회는 「지방재정법」 및 「○○시 주민참여예산제도 운영 조례」에 따라 2026년 예산편성을 위한 공모제안을 통해 최종 1,560백만 원(56건)의 사업을 2026년도 주민참여예산사업 예산안으로 작성하였습니다.

지난 3~4월 주민참여예산사업 설문조사를 거쳐 주민들로부터 공모제안을 받았고, 5~7월 ○○시 주민참여예산위원회의 공익성 및 수익성 평가와 델파이 심사를 통해 우선사업을 선정한 뒤 8월 주민참여예산사업에 대한 주민들의 온라인 투표 결과를 바탕으로 주민의견을 종합하여 53건의 사업(1,500백만 원)을 확정하고 예산안으로 작성하였습니다.

청소년 참여를 유도하기 위해 청소년 참여예산제를 운영하였으며, 청소년 참여예산 제안대회에서 입상한 5개의 사업 중 자치단체의 검토를 거쳐 선정된 3건의 사업(60백만 원)에 대해서도 예산안을 작성하였습니다.

이 주민의견서가 의회의 예산 심사과정에서 심도 있게 검토되어, ○○시 재정 운영의 투명성과 책임성을 제고하고 진정한 재정민주주의가 꽃피게 되기를 바랍니다.

○○시 주민참여예산위원회 위원장 정△△

① 주민제안 건수

② 주민제안 방법

③ 주민의견 수렴방법

④ 자치단체 검토결과

⑤ 주민제안사업 우선순위 선정방법

06 다음 공시에 대한 이해로 적절한 내용을 모두 고른 것은?

〈신탁업자의 의결권 행사 공시〉

<table>
<tr><td>1. 신고회사</td><td colspan="5">○○투자증권(주)</td></tr>
<tr><td>2. 대상회사</td><td colspan="5">(주)△△위탁관리부동산투자회사</td></tr>
<tr><td>3. 주주총회일 및 시간</td><td colspan="5">2024년 7월 31일(수) 오전 10시</td></tr>
<tr><td rowspan="2">4. 의결권 보유 주식수</td><td>주식 수*</td><td colspan="4">300,000주</td></tr>
<tr><td>총발행주식수대비비율</td><td colspan="4">15%</td></tr>
<tr><td rowspan="3">5. 의결권행사 대상 안건 및 행사내용</td><td>대상안건</td><td>찬성</td><td>반대</td><td>불행사</td><td>중립</td></tr>
<tr><td>제1호. 보유 부동산 매각 계획 승인의 건</td><td></td><td>○</td><td></td><td></td></tr>
<tr><td>제2호. 자산관리위탁업체 변경계약 체결 승인의 건</td><td></td><td></td><td></td><td>○</td></tr>
<tr><td>6. 불행사 사유</td><td colspan="5">해당사항 없음</td></tr>
<tr><td>7. 의결권 행사관련 지침</td><td colspan="5">1. 의결권 행사는 보유 부동산 매각이 (주)△△위탁관리부동산투자회사의 재무적 안정성과 주주 가치를 극대화하는 방향으로 진행되어야 하며, 매각 절차와 조건이 투명하고 공정하며, 매각 대금의 활용 방안이 명확히 제시되었는지를 검토하여야 함
2. 의결권 행사는 자산관리위탁업체 변경계약이 (주)△△위탁관리부동산투자회사의 장기적 안정성과 수익성을 향상시키고 주주의 가치를 극대화하는 방향으로 진행되어야 하며, 변경업체의 계약조건 및 비용 효율성 등을 종합적으로 검토하여야 함
3. 안건에 대해 찬성 또는 반대를 명확히 결정하기 어려운 상황에서 균형을 유지하고 추가적인 검토나 판단이 필요한 경우 중립함</td></tr>
<tr><td>8. 보유주식수</td><td colspan="5">720,000주</td></tr>
<tr><td>9. 기타</td><td colspan="5">위 내용은 자본시장과 금융투자업에 관한 법률(이하 '자본시장법')에 의거하여 ○○투자증권(주)에서 공시한 내용임
* 자본시장법 제112조 제3항 제1호(신탁업자는 동일법인이 발행한 주식 총수의 100분의 15를 초과하여 주식을 취득한 경우 그 초과하는 주식에 대해 의결권을 행사할 수 없다.) 규정에 의거하여 의결권을 행사하였음</td></tr>
</table>

ㄱ. ○○투자증권(주)과 (주)△△위탁관리부동산투자회사는 동일법인에 의해 설립된 기업이다.

ㄴ. ○○투자증권(주)에서 (주)△△위탁관리부동산투자회사의 보유 부동산 매각 조건이 시장 가치를 현저히 하회한다고 판단한 경우 위와 같이 의결권을 행사할 수 있다.

ㄷ. ○○투자증권(주)에서 (주)△△위탁관리부동산투자회사가 변경하고자 하는 자산관리위탁업체의 관리 능력과 재무 건전성에 대해 부정적인 자료를 수집한 경우에도 위와 달리 의결권을 행사할 수 없다.

ㄹ. ○○투자증권(주)에서 (주)△△위탁관리부동산투자회사의 보유 부동산 매각 시점에 부동산 시장 상황이 안정적이지 않고 금리 등 외부 경제적 요인의 변동성이 크지만, 주주가치를 증대시킬 가능성도 높은 경우 위와 달리 의결권을 행사할 수 있다.

① ㄷ　② ㄱ, ㄴ　③ ㄱ, ㄹ
④ ㄱ, ㄴ, ㄹ　⑤ ㄴ, ㄷ, ㄹ

07 **다음 글을 읽은 후 빈칸에 들어갈 내용을 추론한 것으로 가장 적절한 것은? (단, 언급한 변화 외에 노동시장 내 다른 변화는 존재하지 않는다.)**

> 한 국가의 노동시장은 경제의 전반적인 상태와 사회적 역동성을 반영하는 중요한 거울이다. 이를 평가하기 위해 사용하는 대표적인 지표로는 경제활동참가율, 취업률, 실업률 등이 있다. 각각의 지표는 노동시장의 서로 다른 측면을 조명하며, 이를 종합적으로 이해하면 국가의 노동력 활용도와 경제적 안정성을 평가할 수 있다.
>
> 경제활동참가율이란 만 15세 이상의 인구 중 경제활동인구(취업자와 실업자를 포함)가 차지하는 비율로, 한 나라의 생산가능인구가 얼마나 노동시장에 적극적으로 참여하고 있는지를 나타낸다. 경제활동인구는 취업자와 실업자를 포함한 노동시장에 참여하는 모든 사람들을 의미한다. 여기에는 고용 상태에 있거나, 실직 상태에서 적극적으로 구직 활동을 하고 있는 사람들이 포함된다. 경제활동인구에 포함되지 않는 사람들은 비경제활동인구로, 학생, 가정주부, 은퇴자, 구직 의사가 없는 사람들이 이에 해당한다.
>
> 취업률은 이러한 경제활동인구 중 취업자의 비율을, 실업률은 경제활동인구 중 실업자의 비율을 백분율로 나타낸 것이다. 실업률은 경제활동에 참여하고 있는 사람들 중 구직활동을 하고 있지만 일자리를 찾지 못한 사람들의 비율을 의미하며, 실업자는 일을 할 의사가 있고 구직 활동을 하고 있지만 일자리를 얻지 못한 상태인 사람들로 정의된다. 실업률은 노동시장의 경제적 상황을 평가하는 중요한 지표가 되지만 노동시장에는 구직 의사를 가진 비경제활동인구와 같은 특수 집단이 존재하기 때문에 노동시장의 상태를 설명하는데 한계가 있다. 이들은 통계상 경제활동인구로 분류되지 않아 실업률에 반영되지는 않지만, 경제활동참가율이나 노동시장 여건의 변화에 따라 중요한 역할을 한다. 이러한 집단의 대표적인 예가 바로 부가근로자와 실망근로자이다.
>
> 부가근로자는 평소에는 비경제활동인구에 속해 있다가 특정한 요인으로 인해 경제활동에 새롭게 참여하는 사람들이다. 예를 들어, 한 가정의 구성원이 실직하거나 소득이 감소할 경우 또는 경제 위기의 경우에 비경제활동인구이던 구성원이 경제활동에 참여하는 것이다. 한편 실망근로자는 구직 의사가 있었으나 지속적인 실패로 인해 구직 활동을 중단한 사람들을 말하며 이들은 비경제활동인구로 분류된다.
>
> 이 두 집단의 변화는 경제활동참가율과 실업률의 해석에 중요한 영향을 미친다. 부가근로자는 경제적 필요성에 따라 노동시장에 진입하지만 고용상황이 매우 악화된 경우라면 이들이 반드시 고용되지 않을 수 있다. 반면 실망근로자는 노동시장에서 이탈하고, 노동력 잠재량은 줄어든다. 즉, 다른 요인은 배제하고 이들 각각이 노동시장 지표에 미치는 영향을 살펴보면 (　　　㉠　　　)

① 부가근로자의 증가는 실업률을 높일 수도 있지만, 실망근로자의 증가는 반드시 실업률을 낮춘다.

② 부가근로자의 증가는 반드시 실업률을 낮추지만, 실망근로자의 증가는 실업률을 높일 수도 있고 낮출 수도 있다.

③ 부가근로자의 증가는 반드시 경제활동참가율을 낮추지만, 실망근로자의 증가는 반드시 경제활동참가율을 높인다.

④ 부가근로자의 증가는 취업률을 높이고 실업률을 낮추지만, 실망근로자의 증가는 취업률을 낮추고 실업률을 높인다.

⑤ 부가근로자의 증가는 경제활동참가율을 높일 수도 있고 낮출 수도 있지만, 실망근로자의 증가는 반드시 경제활동참가율을 낮춘다.

[08~09] **다음 자료를 읽고 질문에 답하시오.**

DSR(Debt Service Ratio, 총부채원리금상환비율)이란 차주의 상환능력 대비 원리금상환부담을 나타내는 지표로서 차주가 보유한 모든 대출의 연간 원리금상환액을 연간소득으로 나누어 산출된다. DSR은 금융기관이 대출 심사를 할 때 개인의 상환능력을 평가하기 위해 사용되는 중요한 지표이다. 현행 DSR 제도는 대출 취급시점의 금리를 기준으로 하여 차주의 연간 원리금 상환부담을 산정·반영하고 있으나 대출기간 중 금리가 상승한 경우, 변동금리 대출을 이용한 차주는 DSR 규제수준 등을 넘어서는 높은 상환부담을 지게 된다.

이에 시행된 스트레스 DSR 제도는 차주의 대출 기간 중 금리 상승으로 인해 원리금 상환 부담이 상승할 가능성을 감안하여 DSR 산정 시 일정수준의 가산금리(스트레스 금리)를 부과하는 제도이다. 스트레스 금리는 과거 5년 내 가장 높았던 수준의 가계대출 금리(예금은행 가계대출 신규취급 가중평균금리 기준)와 매년 5월 및 11월의 금리를 비교하여 연 2회(6월·12월) 산정하되, 산정치에 대해 일정한 수준의 하한(1.5%)과 상한(3%)을 부여한다.

변동금리 대출에 대해서는 '과거 5년간 최고금리-현재금리' 수준의 가산금리를 그대로 적용하되, 변동금리에 비해 차주가 겪는 금리 변동 위험 수준이 낮은 혼합형 대출(일정기간(예: 5년) 고정금리가 적용되고 이후 변동금리로 전환되는 상품)과 주기형 대출(일정주기로(예: 5년) 금리가 변경되고, 그 기간 내에는 고정금리가 적용되는 상품)에 대해서는 이보다 완화된 수준으로 가산금리가 적용된다.

〈변동형/혼합형/주기형 대출 스트레스 금리 적용방식〉

구분	변동형	$\frac{\text{고정금리기간 또는 금리변동주기}}{\text{만기}}\times100$				
		5년 미만	30% 미만	30~50%	50~70%	70% 이상
혼합형	(A−B)×100%	(A−B)×100%	(A−B)×60%	(A−B)×40%	(A−B)×20%	미적용
주기형	(A−B)×100%	(A−B)×100%	(A−B)×30%	(A−B)×20%	(A−B)×10%	미적용

※ A: 최고금리(과거 5년 중 가장 높은 월별 금리)
※ B: 현재금리(매년 5월, 11월 기준 금리)
※ A−B: 스트레스 금리

신용대출의 경우 만기 5년 이상 고정금리는 스트레스 금리를 적용하지 않으며, 만기 3~5년 고정금리는 스트레스 금리×60% 적용, 그 외는 변동형에 준하여 스트레스 금리×100%를 적용한다.

이에 따라 DSR 산정 시 연간 대출원리금은 '실제 대출금리+스트레스 금리'를 기준으로 산정한 값을 연간 소득액으로 나누어 산정하게 된다. DSR은 차주별로 한도가 설정되어 있으므로 스트레스 금리를 반영한 연간 대출원리금이 연간 소득액 중 차지하는 비중이 DSR 한도를 초과하는 경우 대출 승인이 되지 않는다.

08 **주어진 글의 '스트레스 DSR 제도' 시행에 따라 예상되는 내용으로 적절하지 않은 것은?**

① 차주들이 체감하는 대출한도가 축소될 수 있다.
② 변동금리 대출보다 고정금리 대출에 대한 선호가 높아질 수 있다.
③ DSR 규제 한도가 스트레스 금리에 따라 유동적으로 변화할 것이다.
④ 상환능력을 넘어서는 과도한 가계대출의 확대를 방지할 수 있을 것이다.
⑤ 미래 금리변동위험이 반영되므로 향후 금리상승 시에 차주들이 과도한 채무부담을 지는 것을 방지할 수 있다.

09 **주어진 글을 참고할 때, 다음 두 사람의 대화 중 적절한 것은?**

갑: 이번에 이사를 하면서 금리변동형으로 주택담보대출을 받으려고 알아보니 아무래도 대출금액을 줄여야 할 것 같아요.
을: DSR 규제 한도를 초과했나보네요.
갑: 맞아요. 제가 계산해봤더니 ㉠ 이번 스트레스 금리는 3.2%로 보이더군요. 아무래도 이 스트레스 금리가 반영돼서 대출 승인이 거절된 것 같아요.
을: ㉡ 지난 번에 신용대출 받은 건도 아마 영향을 미쳤을 거예요.
갑: 그런 것 같아요. ㉢ 지난 번 신용대출을 받을 때는 변동금리상품인데도 스트레스 금리가 20%만 적용되어서 이번에도 비슷할 줄 알았는데…. 금리가 주기마다 변동되는 주택담보대출상품도 있다고 해서 그 상품을 알아보려고 해요.
을: 주기형 대출상품은 스트레스 금리 적용 비율이 달라진다고 들었어요.
갑: 네. ㉣ 5년마다 금리가 변동하는 상품은 20년 만기 대출 시 스트레스 금리가 20%만 적용된다고 하더라구요.
을: 혼합형 대출상품도 한 번 알아보세요. ㉤ 알아보신 상품의 금리변동주기와 혼합형 상품의 고정금리기간이 같다면 혼합형 상품이 대출 승인에 더 유리할 수도 있어요.
갑: 그럴게요. 고마워요.

① ㉠ ② ㉡ ③ ㉢
④ ㉣ ⑤ ㉤

[10~11] 다음 자료를 읽고 질문에 답하시오.

퇴직연금 실물이전 서비스란 퇴직연금계좌를 다른 퇴직연금사업자로 이전할 때 가입자 요청에 따라 기존에 운용 중인 상품을 매도하지 않고 이전받을 계좌로 실물 그대로 이전하는 제도를 말한다. 지금까지 퇴직연금계좌를 타 사업자로 이전하려면 기존 상품을 해지해야만 했는데 보유 상품을 그대로 다른 금융사로 옮길 수 있는 서비스가 도입된 것이다.

실물이전 형태로 퇴직연금계좌를 이전하려는 퇴직연금 가입자는 새롭게 계좌를 옮기고자 하는 퇴직연금 사업자(수관회사)에서 퇴직연금계좌를 개설한 후 이전신청서를 접수하면 된다. 단, 수관회사에 이미 개설된 퇴직연금계좌가 있는 경우 이관회사에서도 신청이 가능하다. 가입자의 계약이전 신청을 받은 퇴직연금사업자는 실물이전 가능 상품 목록 등 유의사항을 가입자에게 안내하고 가입자의 이전 여부에 대한 최종 의사 확인을 거친 후 실물이전을 실행하고 이전 결과를 SMS, 휴대폰 앱 등을 통해 가입자에게 통보하게 된다.

실물이전의 대상은 신탁계약 형태의 원리금보장상품(예금, GIC, ELB·DLB), 공모펀드, ETF 등 주요 퇴직연금 상품으로, 대부분 실물이전이 가능하다. 다만, 실물이전은 동일한 유형의 퇴직연금제도 내(DB ↔ DB, DC ↔ DC, IRP ↔ IRP)에서 퇴직연금사업자를 변경하는 경우에만 이전이 가능하다. IRP간 이전은 가입자가 퇴직연금 사업자를 선택하여 이전할 수 있으나 DB간 또는 DC간 이전은 근로자가 소속된 회사가 계약을 체결하고 있는 퇴직연금 사업자 간에만 이전이 가능하므로 이 유형의 퇴직연금계좌를 보유한 근로자는 소속 회사가 해당 유형의 퇴직연금계약을 체결하고 있는 금융회사들 내에서의 이전만 가능하다.

한편 본인이 운용 중인 상품이 실물이전 대상에 해당하더라도 이전을 희망하는 사업자(수관회사)가 동일한 상품을 취급하고 있어야 실물이전이 가능하다. 즉, 가입자가 운용하는 다양한 상품 중 수관회사가 취급하는 실물이전 대상 상품은 해지 없이 이전이 가능하지만, 실물이전 제외 상품과 수관회사 미취급 상품은 기존과 같이 상품 매도 후 현금화하여 이전하여야 한다. 이 경우, 상품 매도로 인해 약정금리보다 낮은 중도해지금리가 적용되는 등 중도해지에 따른 불이익이 발생할 수 있다.

또 개인이 투자하는 DC형과 개인형 IRP는 적립금의 전부 이전만 가능하므로 계약 내 실물이전이 불가능한 상품이 있는 경우 현금화하여 이전할 필요가 있다. 상품 편입 없이 현금성 자산만을 보유하고 있는 계좌의 경우에는 퇴직연금 사업자 변경 시 실물이전이 아닌 현금이전을 신청해야 한다는 점도 유의하여야 한다.

가입자가 실물이전을 신청하면 수관회사는 해당 실물이전 관련 전문을 이관회사에 송신하게 되며, 이때 실물이전 절차가 시작된다. 이 전문 송신을 기준으로 최소 3영업일이 소요되며, 실물이전 과정에서 환매 등 현금화가 필요한 상품이 존재하는 경우에는 해당 기간만큼 실물이전에 소요되는 기간이 늘어나게 된다.

10 **주어진 글의 내용과 일치하지 않는 것은?**

① 퇴직연금 실물이전 서비스 도입 이전에는 기존 상품의 해지에 따른 비용 및 환매 후 재매수 과정에서의 기회비용 등이 발생하였을 것이다.

② 이관기관에서 판매하는 A펀드를 수관기관에서 취급하지 않는 경우 실물이전이 불가하다.

③ ○○기업이 퇴직연금사업자인 B은행 및 C증권과 DB형 퇴직연금계약을 체결하고 있는 경우 소속 근로자들은 두 금융회사간에 DB형 퇴직연금을 이전할 수 있다.

④ 개인형 IRP 계좌의 현금에 대한 실물이전 시 중도해지금리의 적용으로 불이익이 발생할 수 있다.

⑤ D보험에서 개인이 투자하는 DC형 퇴직연금계좌를 B은행으로 이전하고자 하는 경우 B은행에 이미 개설된 퇴직연금 계좌가 있다면 D보험을 통해 이전 신청이 가능하다.

11 **다음은 퇴직연금 실물이전 서비스 제공의 흐름을 나타낸 도식이다. 아래 도식과 관련된 내용으로 적절하지 않은 것은?**

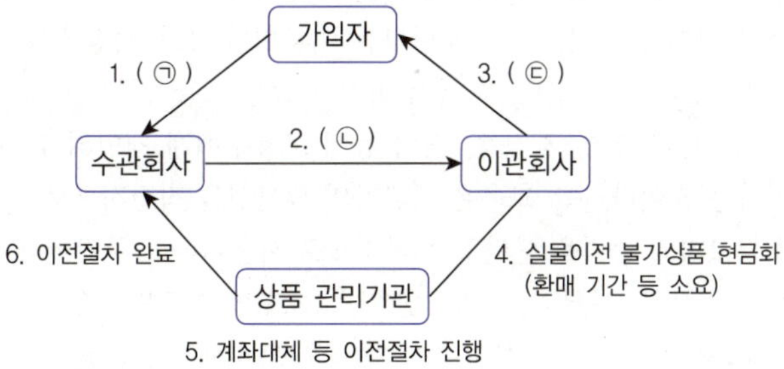

① 빈칸 ㉠에 들어갈 말은 실물이전 신청이다.

② 빈칸 ㉡에 들어갈 말은 전문 송신이다.

③ 빈칸 ㉢에 들어갈 말은 실물이전 가능상품 목록 안내이다.

④ 2.~6.까지 소요되는 최소 시간은 3영업일이다.

⑤ 5.~6.의 과정에서 가입자는 이전 결과를 SMS 및 휴대폰 앱 등을 통해 확인할 수 있다.

12 다음 글의 내용과 일치하지 않는 것은?

교육은 때때로 개인의 능력을 나타내는 주요 척도로 간주되기도 한다. 오랜 시간 교육을 받은 사람에게 더 높은 임금을 지급하는 기업이 있다면 그 기업은 왜 그러한 개인에게 더 높은 임금을 지급하는 것일까? 이에 대해 교육이 실제로 개인의 생산성을 증가시키기 때문이라는 견해와 교육은 단지 고용주에게 능력을 신호하는 도구로 작용할 뿐이라는 견해가 오래도록 대립해왔다.

인적자본이론(Human Capital Theory)은 개인의 지식, 기술, 경험, 교육 등은 경제적 가치를 가진 자본으로 간주된다는 이론이다. 이 이론에서는 교육과 훈련이 근로자의 생산성을 높이고 결과적으로 개인과 사회의 경제적 성과를 증대시킨다고 주장한다. 따라서 교육과 훈련을 개인의 인적자본을 증가시키는 투자로 간주하며, 더 많은 인적자본을 가진 근로자는 더 높은 생산성과 임금을 기대할 수 있다고 주장한다. 대학교를 졸업한 근로자는 고등학교만을 졸업한 근로자보다 평균적으로 더 높은 임금을 받는데, 인적자본이론에 따르면 이는 대학교육이 개인의 기술과 지식을 증대시키고 생산성을 높였기 때문이다.

그러나 단순히 교육 기간이 길다고 해서 항상 생산성이 증가한다고 볼 수 없는 경우가 존재하며, 소득 격차를 교육 차이에만 귀속시켜 구조적 문제에 대한 고찰이 부족하다는 점은 인적자본이론의 한계이다.

신호발송모형(Signaling Model)은 노동시장에서 학력이나 자격증과 같은 신호가 개인의 능력을 나타내는 지표로 작용한다는 이론이다. 노동시장에서는 고용주가 근로자의 실제 능력을 완전히 알기 어렵다. 따라서 학력과 같은 객관적인 자료를 바탕으로 근로자를 평가하게 되는데, 이때 학력, 자격증, 경력 등이 고용주에게 개인의 잠재적 생산성을 암시하는 역할을 한다는 것이다. 즉, 교육은 근로자의 생산성을 직접적으로 증가시키는 것이 아니라, 고용주가 근로자의 능력을 판단하는 기준으로 사용된다고 주장한다. 특정 직종에서 학사 학위가 필수 요건으로 요구되는 경우, 신호발송모형에 따르면 이는 해당 학위가 생산성을 증가시켜서라기보다는 개인이 일정 수준의 능력을 보유하고 있음을 고용주에게 신호할 수 있기 때문이라고 본다.

그러나 신호로 사용되는 학력이 실제 능력을 충분히 나타내지 못할 경우 신호발송모형의 설득력은 떨어질 수 있다. 또 학력이 과도하게 요구되면 개인이 불필요한 학력이나 자격 취득에 과도한 시간과 비용을 투자하게 되어 사회적으로도 비효율성이 발생할 수 있다.

① 인적자본이론에서는 교육의 기간보다 교육의 내용과 질이 더 중요한 변수로 작용할 수 있다는 점을 간과하였다.

② 기업이 직원들에게 직업훈련을 제공하는 것은 인적자본이론의 기본 가정에 따른 것이다.

③ 신호발송모형에는 고용주와 근로자 간 정보 비대칭이 존재한다고 본다.

④ 교육 수준이 전반적으로 상승하여 고학력이 흔해진다면 고용주는 이를 신호로 삼기 어려울 것이다.

⑤ 인적자본이론과 신호발송모형은 교육을 근로자의 생산성에 대한 판단의 간접적 지표로 활용한다는 점에서 공통점을 지닌다.

13 다음 〈조건〉과 같은 상황에서 A 씨가 달성할 수 있는 최대 매출액은? (단, 마파두부덮밥과 딤섬은 동시에 만들 수 없으며, 만든 음식은 그 즉시 모두 팔린다.)

조건

- A 씨는 요리 경연대회에 출전하여 마파두부덮밥과 딤섬 2가지 요리를 적절하게 만들어 최대한 높은 매출액을 달성해야 한다.
- 마파두부덮밥 1개의 재료비는 4,000원, 딤섬 1개의 재료비는 1,000원이다.
- 마파두부덮밥 1개를 만드는 데는 3분, 딤섬 1개를 만드는 데는 2분이 걸린다.
- 사용할 수 있는 재료비는 100,000원이고, 제한 시간은 1시간 30분이다.
- 마파두부덮밥 1개를 팔았을 때의 매출액은 10,000원, 딤섬 1개를 팔았을 때의 매출액은 4,000원이다.

① 256,000원 ② 262,000원 ③ 268,000원
④ 274,000원 ⑤ 280,000원

14 다음 〈조건〉과 같은 상황에서 기차 A와 기차 B의 길이의 합을 구하면?

조건

- 기차 A와 기차 B가 서로 마주 보는 방향으로 운행하고 있다.
- 기차 A와 B의 속력은 각각 시속 108km, 시속 90km이다.
- 기차 A와 B가 서로 마주치기 시작한 시점부터 완전히 지나친 시점까지 걸린 시간은 8초였다.

① 410m ② 420m ③ 430m
④ 440m ⑤ 450m

15 다음은 통합증거금 서비스에 대한 설명이다. A대리가 아래 〈조건〉과 같이 미국 주식을 매수하려고 할 때, A대리의 종합계좌에 필요한 원화 잔액의 최솟값은? (단, 주식매매수수료 및 세금은 고려하지 않는다.)

〈통합증거금 서비스〉

본사에서는 고객님이 해외 주식에 투자하실 때 일일이 환전하시는 번거로움을 없애고 보다 간편하게 거래하실 수 있도록 통합증거금 서비스를 운영하고 있습니다. 통합증거금 서비스를 이용하시면 해외 주식을 매수하실 때 해당 국가의 통화가 없더라도, 종합계좌에 충분한 원화 잔액이 있으면 필요한 만큼만 자동으로 환전하여 매수 계약을 체결하실 수 있습니다.

통합증거금 서비스를 이용하시어 자동 환전할 경우, 환율 우대 90%가 적용됩니다. 환율 우대란, 매매기준율과 실제 적용환율(달러 매입 환율 또는 달러 매도 환율)의 차이인 환율 스프레드를 삭감하는 비율입니다. 예를 들어 원/달러 환율 스프레드가 10원/달러일 때 환율 우대 90%가 적용되면 환율 스프레드는 1원/달러로 줄어듭니다. 현재 매매기준율 및 실제 적용환율은 다음과 같습니다.

달러 매입 환율 (달러 사실 때)	매매기준율	달러 매도 환율 (달러 파실 때)
1,550원/달러	1,500원/달러	1,450원/달러

조건

- A대리는 통합증거금 서비스를 이용하여 지금 미국 주식을 매수하려 한다.
- A대리가 매수하려는 미국 주식은 1주당 200달러이며, 총 10주 매수할 예정이다.

① 290만 원 ② 299만 원 ③ 300만 원
④ 301만 원 ⑤ 310만 원

16 다음 〈조건〉은 A대리의 투자에 대한 내용이다. A대리가 목표를 달성하기 위해 매년 초마다 납입해야 하는 금액을 구하면? (단, 세금은 고려하지 않으며, $1.15^{10}=4$로 계산한다.)

조건

- A대리는 2025년 초 현재 1억 50만 원을 보유하고 있다.
- 2025년 초부터 시작하여 9년 후인 2034년 초까지 매년 초마다 연이율 15%짜리 복리 금융상품에 일정 금액을 투자한다.
- 2025년 초 현재 보유하고 있는 1억 50만 원은 첫 금액을 납입할 때 함께 투입한다.
- 연이율 15%의 복리 이자는 매년 말에 붙는다.
- 2034년 초에 마지막으로 10번째 납입을 완료하고 1년을 더 기다려 2034년 말에 마지막 복리 이자가 붙은 후 그동안의 원금과 이자를 모두 되찾으려고 한다.
- 2034년 말에 되찾고자 하는 목표 원리금 합계는 10억 원이다.

① 2,200만 원 ② 2,300만 원 ③ 2,400만 원
④ 2,500만 원 ⑤ 2,600만 원

17 다음은 ○○기업의 신규 설비에 대한 투자 내역이다. 이에 대한 설명으로 적절하지 않은 것은?

○○기업의 설비 투자 내역

(단위: 백만 원)

설비코드	초기 투자금액	잔존가치	감가상각 기간	연간 순수익
S1	15,000	초기 투자금액 대비 10%	5년	3,000
S2	12,000	초기 투자금액 대비 20%	6년	2,800
S3	20,000	초기 투자금액 대비 15%	8년	4,500
S4	25,000	초기 투자금액 대비 20%	10년	3,800

• ○○기업은 연간 감가상각비를 다음의 공식과 같이 정액법을 통해 계산한다.

$$연간\ 감가상각비=\frac{초기\ 투자금액-잔존가치}{감가상각\ 기간}$$

• 각 설비의 투자효율성은 다음 공식으로 계산한다.

$$투자효율성(\%)=\frac{연간\ 순수익-연간\ 감가상각비}{초기\ 투자금액}\times100$$

• 초기 투자금액을 회수하는 데 걸리는 자본 회수기간은 다음과 같다.

$$자본\ 회수기간=\frac{초기\ 투자금액-잔존가치}{연간\ 순수익-연간\ 감가상각비}$$

① 연간 감가상각비가 가장 높은 설비는 S1이다.
② 설비의 투자효율성은 S2보다 S3이 더 높다.
③ S1의 투자효율성이 5%가 되기 위한 연간 순수익 증가분은 750백만 원이다.
④ S4의 자본 회수기간은 11년 이상이다.
⑤ S2의 잔존가치가 초기 투자금액 대비 10%로 하락한 경우 자본 회수기간은 더 길어진다.

CHAPTER 7 실전모의고사 7회

[18~19] 다음은 2019~2023년 보험사기 적발금액과 보험사기 적발인원, 유형별 적발인원에 관한 자료이다. 이어지는 질문에 답하시오.

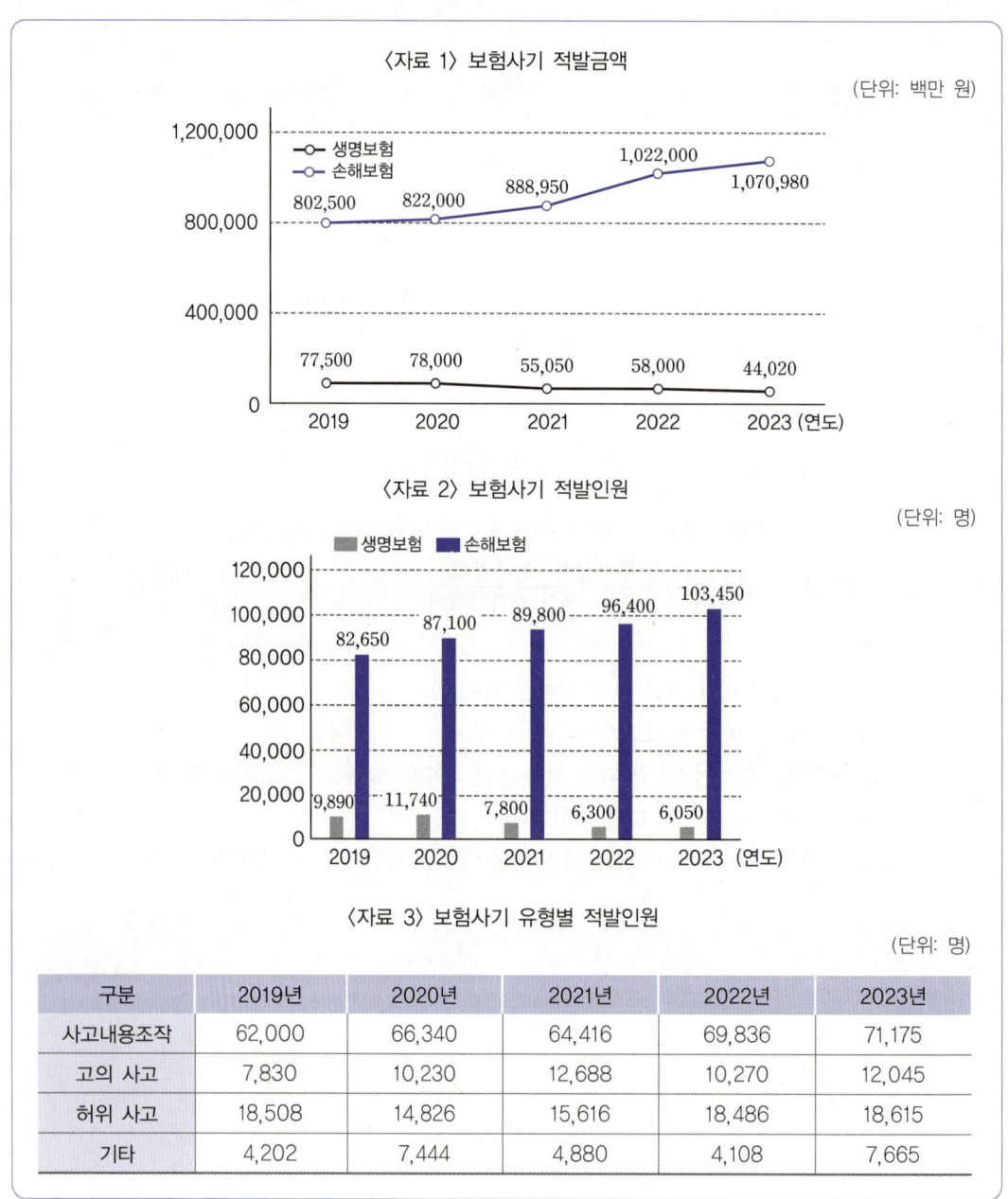

〈자료 1〉 보험사기 적발금액

(단위: 백만 원)

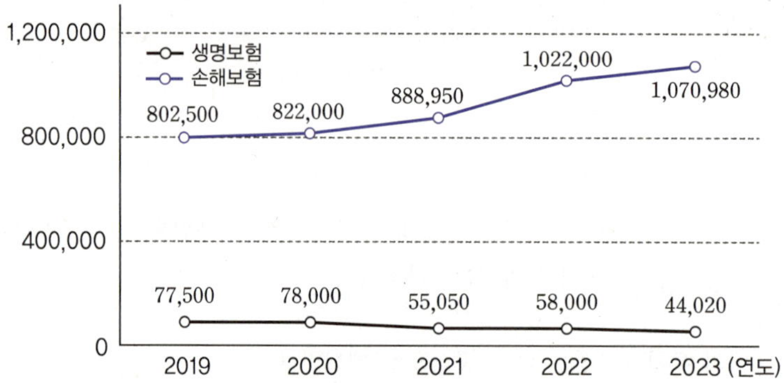

〈자료 2〉 보험사기 적발인원

(단위: 명)

〈자료 3〉 보험사기 유형별 적발인원

(단위: 명)

구분	2019년	2020년	2021년	2022년	2023년
사고내용조작	62,000	66,340	64,416	69,836	71,175
고의 사고	7,830	10,230	12,688	10,270	12,045
허위 사고	18,508	14,826	15,616	18,486	18,615
기타	4,202	7,444	4,880	4,108	7,665

18 **다음 중 〈자료 1〉, 〈자료 2〉, 〈자료 3〉에 대한 설명으로 적절하지 않은 것은?**

① 제시된 기간 동안 매년 손해보험의 보험사기 적발금액은 생명보험 보험사기 적발금액의 10배 이상이다.

② 제시된 기간 중 손해보험 보험사기 적발인원당 적발금액이 1,000만 원 이상인 해는 2개년도이다.

③ 제시된 기간 중 보험사기 적발인원이 두 번째로 적은 해의 보험사기 적발금액은 총 9,000억 원 이하이다.

④ 2019년 사고내용조작 유형의 보험사기 적발인원이 모두 손해보험 보험사기로 적발된 경우 손해보험에서 허위 사고 유형의 보험사기 적발인원은 최소 8,618명이다.

⑤ 2022년 보험사기 적발인원 중 고의 사고 유형의 인원과 허위 사고 유형의 인원 차이는 같은 해 전체 보험사기 적발인원의 8%에 해당한다.

19 **다음 〈자료 4〉는 보험사기 유형별 적발금액의 비중에 관한 자료이다. 〈자료 1〉~〈자료 4〉에 대한 〈보기〉의 설명 중 옳은 것을 모두 고른 것은?**

〈자료 4〉 보험사기 유형별 적발금액의 비중

구분	2019년	2020년	2021년	2022년	2023년
사고내용조작	58%	59%	60%	62%	60%
고의 사고	12.5%	15%	17%	14%	14%
허위 사고	22%	17%	15%	18%	20%
기타	7.5%	9%	8%	6%	6%

보기

ㄱ. 제시된 기간 중 전체 보험사기 적발금액이 가장 많은 연도는 사고내용조작 보험사기 적발금액이 가장 많은 연도와 동일하다.

ㄴ. 2020년 허위 사고 및 기타 유형의 보험사기 적발인원당 적발금액은 모두 1,000만 원을 초과한다.

ㄷ. 2019년 고의 사고 및 기타 유형의 보험사기 적발금액은 총 2,000억 원 이상이다.

ㄹ. 2021년 생명보험 보험사기 적발금액이 모두 사고내용조작 유형인 경우, 손해보험에서 동일한 유형의 보험사기 적발금액은 5,000억 원 이상이다.

① ㄱ, ㄴ　② ㄱ, ㄷ　③ ㄴ, ㄷ
④ ㄴ, ㄹ　⑤ ㄷ, ㄹ

[20~22] 다음은 2020~2024년 크라우드펀딩 발행실적과 업종별 발행현황, 투자금액대별 누적 현황에 관한 자료이다. 이어지는 질문에 답하시오.

〈자료 1〉 2020~2024년 크라우드펀딩 발행실적

(단위: 건, 사, 천만 원)

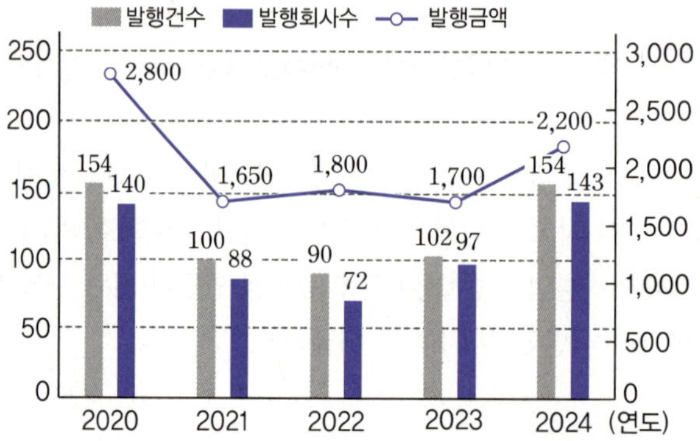

〈자료 2〉 2020~2024년 업종별(발행금액 상위 7개 업종) 크라우드펀딩 발행 현황

(단위: 건, 사, 천만 원)

업종	발행건수	발행회사수	발행금액
정보통신업	135	110	2,750
제조업	189	135	2,700
도매 및 소매업	95	74	1,480
예술, 스포츠 및 여가관련 서비스업	58	41	1,160
전문, 과학 및 기술 서비스업	50	45	900
건설업	6	3	300
사업시설 관리, 사업 지원 및 임대 서비스업	12	12	200
합계	545	420	9,490

〈자료 3〉 2020~2024년 크라우드펀딩 투자금액대별 누적 현황

(단위: 명, 천만 원)

일반투자자 기업 1개사당 투자금액			적격투자자 기업 1개사당 투자금액		
투자금액대	누적 인원수	누적 투자금액	투자금액대	누적 인원수	누적 투자금액
~50만 원	11,575	442	~200만 원	1,145	120
~100만 원	19,600	1,090	~400만 원	1,590	255
~150만 원	22,610	1,410	~600만 원	1,920	420
~200만 원	25,510	1,930	~800만 원	1,950	440
200만 원 초과	34,510	6,430	800만 원 초과	2,150	640

※ 투자자는 '일반투자자', '적격투자자', '전문투자자 등'으로 구분함

※ 발행금액과 투자금액은 일치함

20 주어진 자료에 대한 설명으로 적절하지 않은 것은?

① 제시된 기간 동안 매년 크라우드펀딩 발행건당 평균발행금액은 2억 원 이하이다.
② 제시된 기간 동안 2건 이상의 크라우드펀딩을 발행한 회사가 매년 존재한다.
③ 2022년 크라우드펀딩 발행회사당 평균발행금액은 2억 5천만 원이다.
④ 제시된 기간 동안 크라우드펀딩 발행금액 상위 8위 이하 업종의 발행건수는 45건이다.
⑤ 제시된 기간 동안 크라우드펀딩 발행금액 상위 7개 업종의 발행금액은 전체 발행금액의 90% 이상을 차지한다.

21 다음 〈자료 4〉는 2024년 업종별 크라우드펀딩 발행현황에 관한 자료이다. 〈자료 1〉, 〈자료 2〉, 〈자료 4〉에 대한 설명으로 적절하지 않은 것은?

〈자료 4〉 2024년 업종별(발행금액 상위 7개 업종) 크라우드펀딩 발행현황

(단위: 건, 사, 천만 원)

업종	발행건수	발행회사수	발행금액
정보통신업	46	39	980
제조업	34	30	490
도매 및 소매업	28	23	290
전문, 과학 및 기술 서비스업	18	14	180
예술, 스포츠 및 여가관련 서비스업	12	10	150
교육 서비스업	5	4	40
기타금융업	1	1	30
합계	144	121	2,160

① 2020~2023년에 정보통신업에서 크라우드펀딩을 발행한 회사는 71개사이다.
② 2024년 건설업에서 발행한 크라우드펀딩의 발행금액은 3억 원 미만이다.
③ 2020~2023년 중 제조업에서 크라우드펀딩을 발행한 해는 2개년도 이상이다.
④ 2024년에 2천만 원 이하의 크라우드펀딩을 발행한 회사가 있다.
⑤ 2020~2023년 전문, 과학 및 기술 서비스업의 연평균 크라우드펀딩 발행금액과 동기간 교육 서비스업의 연평균 크라우드펀딩 발행금액의 차이는 150억 원 이상이다.

22 다음 〈보기〉 중 〈자료 1〉, 〈자료 3〉에 대한 설명으로 적절하지 않은 것을 모두 고른 것은?

보기

ㄱ. 전문투자자 등의 2020~2024년 크라우드펀딩 투자금액은 308억 원이다.

ㄴ. 2020~2024년 크라우드펀딩 투자자 한 명의 기업 1개사당 평균 투자금액은 적격투자자가 일반투자자보다 더 많다.

ㄷ. 2020~2024년 투자금액대가 200만 원 초과인 일반투자자 한 명의 기업 1개사당 평균 투자금액은 500만 원 미만이다.

ㄹ. 2020~2024년 기업 1개사당 800만 원을 투자한 적격투자자의 최대 인원은 10명이다.

① ㄱ, ㄴ　② ㄱ, ㄷ　③ ㄴ, ㄷ

④ ㄴ, ㄹ　⑤ ㄷ, ㄹ

23 다음은 21개의 국내 가상자산사업자에 대해 실태조사를 실시한 결과의 일부이다. 자료를 분석한 것으로 적절하지 않은 것은?

〈자료 1〉 가상자산 현황

구분	유통 가상자산(개)		시가총액(억 원)		단독상장 가상자산*(개)	
	23년 말	24년 6월 말	23년 말	24년 6월 말	23년 말	24년 6월 말
원화마켓	925	977	431,050	551,000	176	199
코인마켓	408	230	4,600	1,500	156	86
합계	1,333	1,207	435,650	552,500	332	285

〈자료 2〉 2024년 6월 말 기준 시가총액 범위별 단독상장 가상자산* 개수

(단위: 개)

구분	1억 원 미만	1억 원 이상 10억 원 미만	10억 원 이상 50억 원 미만	50억 원 이상 100억 원 미만	100억 원 이상
원화마켓	37	50	58	19	35
코인마켓	50	20	10	5	1
합계	87	70	68	24	36

* 단독상장 가상자산: 국내 사업자 1곳에서만 거래되는 가상자산

① 2024년 6월 말 기준 국내에서 유통되는 가상자산은 전년 말 대비 126개 감소하였다.

② 2023년 말 원화마켓의 가상자산 1개당 평균 시가총액은 466억 원이다.

③ 2024년 6월 말 기준 단독상장 가상자산 중 시가총액이 1억 원 이하 규모인 가상자산은 30% 이상이다.

④ 코인마켓의 경우 2023년 말 대비 2024년 6월 말 시가총액의 감소율이 같은 기간 단독상장 가상자산의 감소율보다 낮다.

⑤ 2024년 6월 말 기준 코인마켓의 시가총액 중 단독상장이 차지하는 비중이 50%라면, 코인마켓 단독상장 가상자산에서 시가총액이 10억 원 이상인 가상자산이 차지하는 비중은 60% 이상이다.

[24~26] 다음은 연금 적립금과 공적연금 합계 및 국민연금 비중에 관한 자료이다. 이어지는 질문에 답하시오.

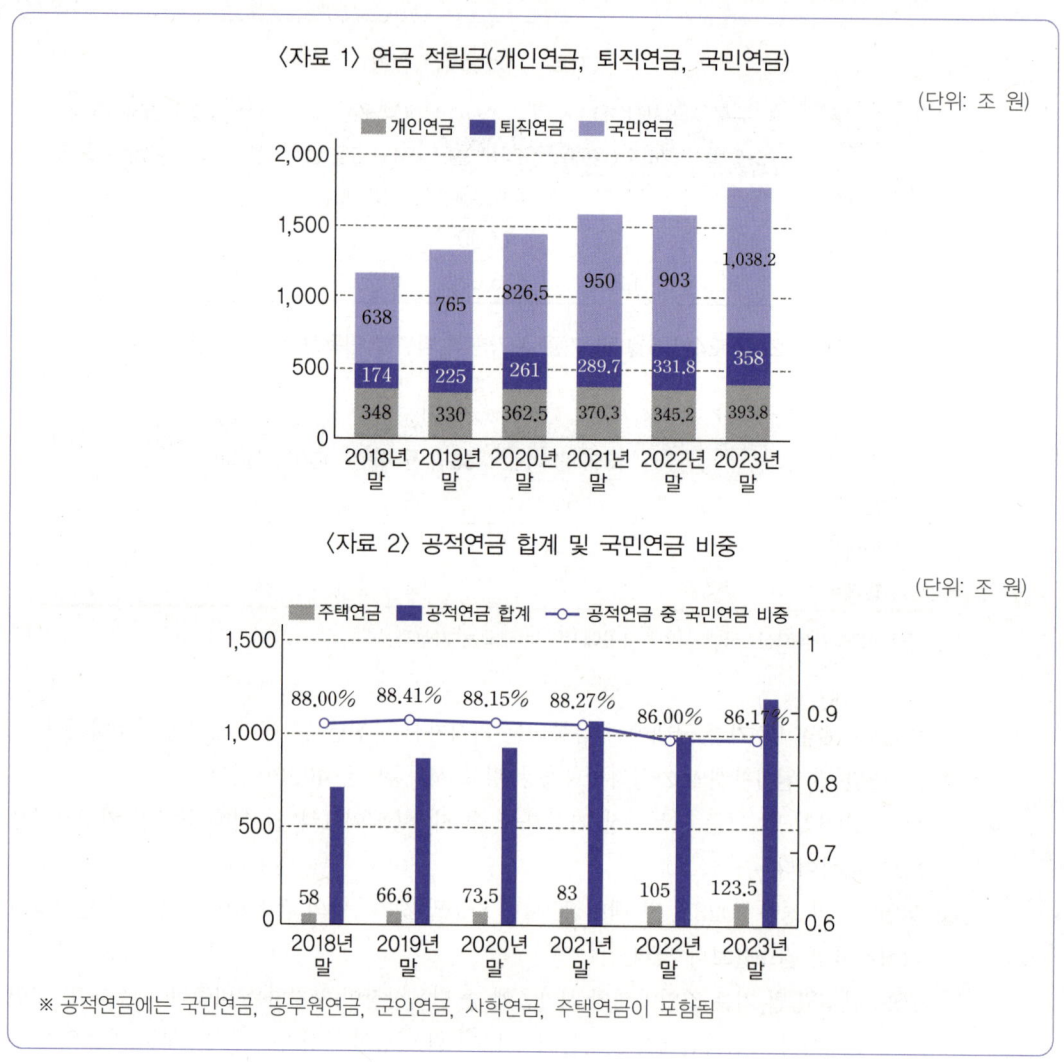

〈자료 1〉 연금 적립금(개인연금, 퇴직연금, 국민연금)

(단위: 조 원)

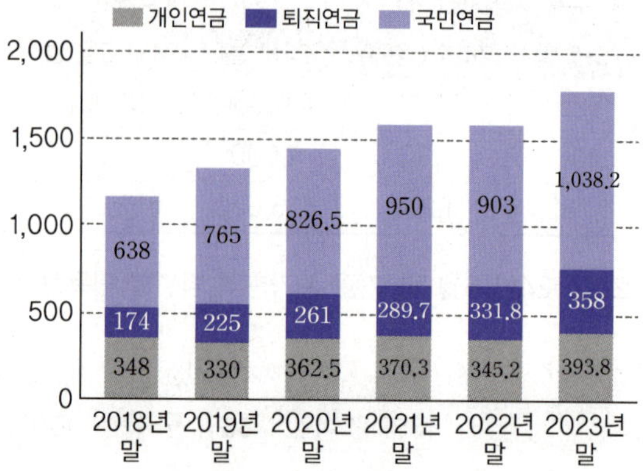

〈자료 2〉 공적연금 합계 및 국민연금 비중

(단위: 조 원)

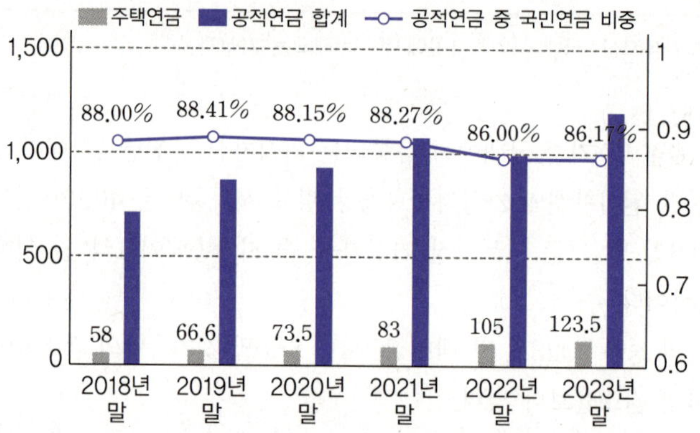

※ 공적연금에는 국민연금, 공무원연금, 군인연금, 사학연금, 주택연금이 포함됨

24 주어진 자료에 대한 설명으로 옳은 것은?

① 2019년 말 국민연금 적립금은 개인연금과 퇴직연금 적립금 합의 150% 이상이다.
② 2018년 말 전체 공적연금 적립금은 726조 원이다.
③ 2020년 말 개인연금, 퇴직연금, 국민연금 적립금의 총합에서 개인연금이 차지하는 비중은 25% 미만이다.
④ 2022년 말 전체 공적연금에서 주택연금 적립금이 차지하는 비중은 10%이다.
⑤ 전년 말 대비 주택연금 적립금의 증가율은 2023년 말이 2022년 말보다 더 높다.

25 다음 〈자료 3〉은 개인연금 적립금 중 세액공제 가능상품의 운용방식에 따른 적립금을 나타낸 자료이다. 위 자료 및 다음의 자료를 바탕으로 할 때, 빈칸 ㉠, ㉡에 들어갈 값의 합으로 가능한 것은? (단, 모든 값은 소수점 아래 둘째 자리에서 반올림한다.)

〈자료 3〉 개인연금(세액공제 가능상품) 적립금

(단위: 조 원)

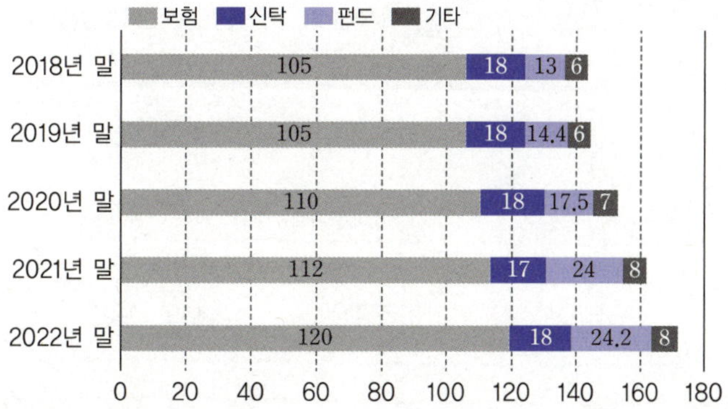

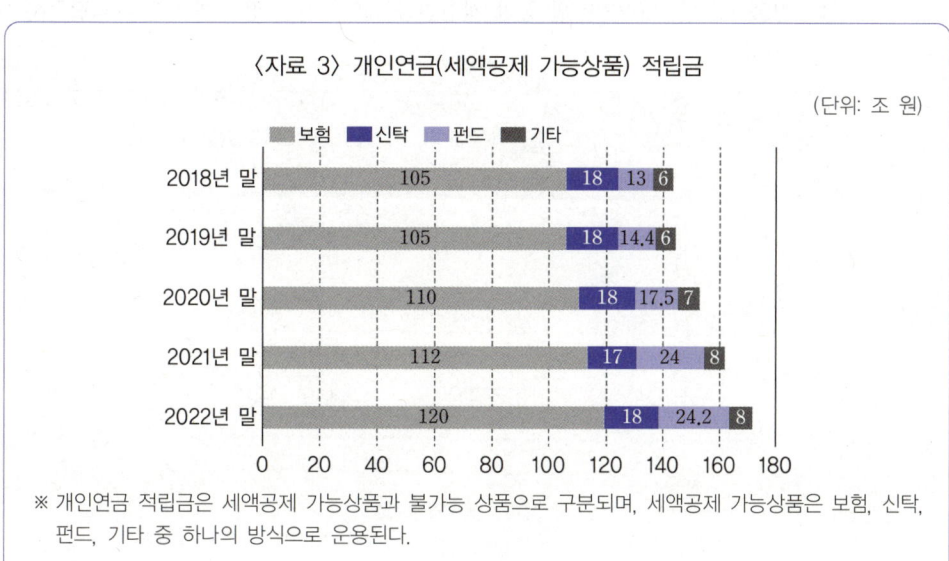

※ 개인연금 적립금은 세액공제 가능상품과 불가능 상품으로 구분되며, 세액공제 가능상품은 보험, 신탁, 펀드, 기타 중 하나의 방식으로 운용된다.

개인연금의 매년 말 적립금은 증감을 반복하는 추이를 보이고 있다. 2020년 말 세액공제가 불가능한 개인연금의 적립금은 전년 말 대비 (㉠)조 원이 증가하여 비교적 큰 증가폭을 보이고 있다. 한편 세액공제가 가능한 상품의 개인연금의 운용방식 구성을 보면, 2022년 말에는 보험상품의 적립금은 처음으로 전체 개인연금 적립금의 (㉡)%를 넘어선 것으로 나타났다.

① 39.1
② 42.4
③ 48.5
④ 53.4
⑤ 56.7

26 다음 〈자료 4〉는 개인연금 및 퇴직연금 계약건수에 관한 자료이다. 〈자료 1〉과 〈자료 4〉에 대한 〈보기〉의 설명으로 적절한 것을 모두 고른 것은?

〈자료 4〉 개인연금 및 퇴직연금 계약건수

(단위: 만 건)

구분	2018년 말	2019년 말	2020년 말	2021년 말	2022년 말	2023년 말
개인연금	696	700	725	873.4	895.1	895
퇴직연금	381.8	450	472.7	532.5	592.5	615.7

※ 계약건수는 신규계약과 해지를 포함하며, 해지계약의 경우 계약건수가 감소함

보기

ㄱ. 개인연금과 퇴직연금의 전년 말 대비 계약건수 증가폭이 가장 컸던 해는 동일하다.
ㄴ. 2019년 말 퇴직연금 계약 1건당 퇴직연금 적립금은 평균 5천만 원이다.
ㄷ. 제시된 기간 동안 매년 퇴직연금의 신규 계약건수는 해지건수보다 많았다.
ㄹ. 2020년 말~2023년 말 동안 개인연금 계약 1건당 평균 개인연금 적립금은 매년 증가했다.

① ㄱ, ㄷ　② ㄱ, ㄹ　③ ㄴ, ㄷ
④ ㄴ, ㄹ　⑤ ㄷ, ㄹ

27 다음은 자치단체별 지방세 및 세외수입, 일반회계예산에 관한 자료이다. 이에 대한 설명으로 옳지 않은 것은?

〈자료 1〉 자치단체별 지방세 및 세외수입

(단위: 십억 원)

자치단체	지방세(A)	세외수입(B)	소계(A+B)
서울	25,000	(　　)	(　　)
부산	5,913	630	6,543
대구	4,016	340	4,356
인천	5,522	788	6,310
광주	2,280	216	2,496
대전	2,260	241	2,501
울산	2,130	193	2,323

〈자료 2〉 자치단체별 일반회계예산

(단위: 십억 원)

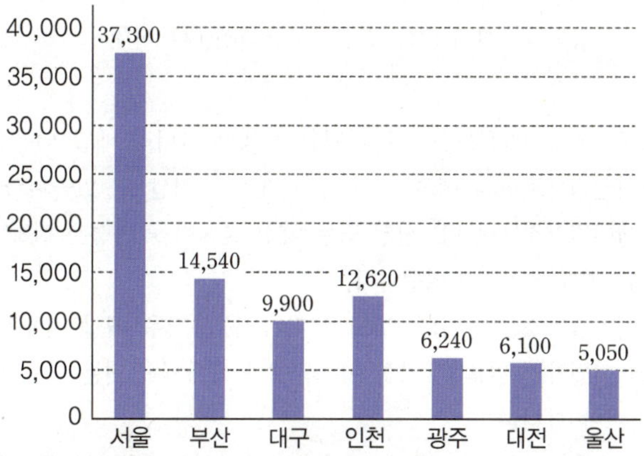

※ 재정자립도 $= \frac{\text{지방세}+\text{세외수입}}{\text{자치단체 예산규모}} \times 100$(예산규모는 일반회계를 기준으로 함)

① 재정자립도가 가장 높은 곳은 서울이다.

② 부산과 대구의 재정자립도는 1%p 차이가 난다.

③ 서울을 제외하고 지방세가 세외수입의 9배 이상인 자치단체는 5곳이다.

④ 대전의 재정자립도가 광주보다 높다면 대전의 일반회계예산은 6,252.5십억 원을 초과한다.

⑤ 전국 평균 재정자립도가 50%라고 할 때, 재정자립도가 전국 평균 이상인 자치단체는 2곳이다.

[28~29] 다음 자료를 읽고 질문에 답하시오.

○○카드 일부결제금액이월약정(리볼빙) 안내

□ 일부결제금액이월약정(리볼빙)이란?

회원이 카드이용대금이 부담될 때 대금 중 약정(최소)결제비율 이상을 결제하면 다음 달 결제일에 잔여결제금액과 일부결제금액이월약정(리볼빙) 수수료를 합산하여 납부하는 결제방식

□ 이용대상

국내외 일시불 이용금액

□ 결제비율

- 10~100% 사이에서 10% 단위로 선택
- 최소결제비율은 10~30%(회원 신용도에 따라 차등 적용)

□ 수수료율

- 일부결제금액이월약정일시불(리볼빙일시불) 수수료율 7~19.5%(회원별로 상이함)
- 수수료는 다음과 같이 일 단위로 계산되어 부과됨
  수수료=이월잔액×일부결제금액이월약정(리볼빙) 수수료율×이용일수/365일(윤년은 366일)
- 연체이자율: 약정이율+최대 3%, 법정최고금리(20%) 이내

□ 안내사항

- 일부결제금액이월약정(리볼빙)으로 이월한 금액뿐 아니라 매달 이용한 카드대금도 결제비율에 따라 계속 이월되므로 상환해야 할 원금이 계속 늘어날 수 있습니다.
- 일부결제금액이월약정(리볼빙) 신청 또는 약정 결제비율 변경은 결제일 2영업일 전까지 신청한 건만 이번 달 결제금액에 반영됩니다.
- 일부결제금액이월약정(리볼빙)은 별도 해지가 없는 경우 매달 적용됩니다.
- 일부결제금액이월약정(리볼빙) 약정 이용금액과 이에 수반되는 모든 수수료를 지정된 대금 결제일에 납입하여야 합니다.
- 할부, 장기카드대출, 단기카드대출, 기타 수수료납부금액은 일부결제금액이월약정(리볼빙)이 적용되지 않습니다.
- 수수료는 이용대금이 다음 달로 넘어갔을 때만 발생합니다.
- 일부결제금액이월약정(리볼빙) 이용 및 연체 시 신용도에 영향이 있을 수 있습니다.

□ 이용사례 예시

이번 달 신용카드 일시불 이용금액이 50만 원이고 약정결제비율이 20%인 경우

- 다음달로 이월된 금액: 400,000원
- 다음 달 예상 수수료: 6,575원

※ 위 수수료는 연 20%의 수수료율과 이용일수 30일을 기준으로 계산된 금액입니다.

28 **주어진 자료를 참고할 때, 일부결제금액이월약정(리볼빙)을 이용할 수 있는 경우를 모두 고른 것은?**

ㄱ. 이번 달 결제금액에 대하여 결제일 전날 리볼빙을 신청한 경우
ㄴ. 해외 일시불 이용금액 100만 원에 대해 리볼빙을 이용하고자 하는 경우
ㄷ. 이미 리볼빙을 이용하고 있는 자가 리볼빙 이용금액 및 수수료를 연체한 경우
ㄹ. 통장잔고 부족으로 최소결제금액이 결제되지 않은 상태에서 리볼빙을 신청한 경우
ㅁ. 3개월 전에 6개월 무이자 할부결제한 할부원금에 대해 리볼빙을 이용하고자 하는 경우

① ㄴ, ㄷ　　② ㄷ, ㅁ　　③ ㄱ, ㄴ, ㄹ
④ ㄴ, ㄷ, ㅁ　　⑤ ㄷ, ㄹ, ㅁ

29 **다음은 A의 2025년 3월~5월 카드이용대금청구서의 일부로, A는 3월 결제건부터 일부결제금액이월약정(리볼빙)을 신청하여 이용하고 있다. A는 다음 달 카드결제금액의 부담을 완화하기 위해 약정결제비율을 40%로 선택하였고, 신용평점에 따라 A의 수수료율은 7.3%로 책정되었다. 아래의 빈칸에 들어갈 값을 추론한 것으로 옳지 않은 것은? (단, 카드 사용액은 모두 국내 일시불 결제건이며, 2025년은 윤년이 아니다.)**

〈A의 2025년 3~5월 카드이용대금청구서〉

구분	3월	4월	5월
카드 사용액	1,000,000원	1,000,000원	100,000원
전월 이월잔액	0원	600,000원	㉡
이번달 청구금액	400,000원	㉠	㉢
약정청구 원금	400,000원		
수수료	0원(이용일수 0일)	(이용일수 30일)	㉣(이용일수 30일)
이월되는 금액	600,000원	㉡	㉤

① ㉠은 643,600원이다.
② ㉡은 960,000원이다.
③ ㉢은 429,760원이다.
④ ㉣은 8,760원이다.
⑤ ㉤은 636,000원이다.

[30~32] 다음 자료를 읽고 질문에 답하시오.

1. 근로시간 면제제도

「노동조합 및 노동관계조정법」 제24조에 따라 근로자는 단체협약으로 정하거나 사용자의 동의가 있는 경우에는 사용자 또는 노동조합으로부터 급여를 지급받으면서 근로계약 소정의 근로를 제공하지 아니하고 노동조합의 업무에 종사할 수 있다. 이때 사용자로부터 급여를 지급받으면서 근로계약 소정의 근로를 제공하지 아니하고 노동조합의 업무에 종사하는 근로자(이하 "근로시간 면제자"라 한다)는 사업 또는 사업장별로 조합원 수 등을 고려하여 결정된 근로시간 면제한도를 초과하지 않는 범위에서 임금의 손실 없이 사용자와의 협의·교섭 등의 업무를 수행할 수 있다.

2. 근로시간 면제 '시간 및 인원' 한도

□ 시간 한도

- '시간 한도'는 연간 단위로 사용할 수 있는 최대시간이며, 1일 단위의 면제 근로시간은 법정 근로시간의 범위 내에서 당해 사업장의 근로자와 사용자 사이에 정한 '1일 소정근로시간' 이내로, 이를 초과한 시간은 무급이 원칙임
- 다만, 교섭·협의시간 등이 1일 소정근로시간을 초과하여 계속되는 경우에 초과시간을 유급으로 할지 여부는 노사가 자율적으로 정할 수 있고, 유급으로 정할 경우에는 이러한 유급 면제시간을 연간 근로시간 면제 한도 총량에 포함하여 근로시간 면제 한도를 설정·운영하여야 함

□ 인원 한도

- 풀타임 근로시간 면제자의 수는 조합원의 규모에 따른 연간 근로시간 면제 한도를 당해 사업장의 연간 소정근로시간으로 나눈 숫자에 해당하는 인원 내에서 사업 또는 사업장 특성에 따라 노사가 자율적으로 정할 수 있음

□ 조합원 규모별 근로시간 면제 한도

조합원 규모	연간 근로시간 면제 한도	근로시간 면제자를 풀타임이 아닌 파트타임으로 사용할 경우의 인원 한도
99명 이하	최대 2,000시간 이내	• 조합원 수 300명 미만의 구간: 파트타임으로 사용할 경우 그 인원은 풀타임으로 사용할 수 있는 인원의 3배를 초과할 수 없다. • 조합원 수 300명 이상의 구간: 파트타임으로 사용할 경우 그 인원은 풀타임으로 사용할 수 있는 인원의 2배를 초과할 수 없다.
100명~199명	최대 3,000시간 이내	
200명~299명	최대 4,000시간 이내	
300명~499명	최대 5,000시간 이내	
500명~999명	최대 6,000시간 이내	
1,000명~2,999명	최대 10,000시간 이내	
3,000명~4,999명	최대 14,000시간 이내	
5,000명~9,999명	최대 22,000시간 이내	
10,000명~14,999명	최대 28,000시간 이내	
15,000명 이상	최대 36,000시간 이내	

※ '조합원 규모'는 사업 또는 사업장의 전체 조합원 수를 의미하며, 단체협약을 체결한 날 또는 사용자가 동의한 날을 기준으로 산정함

□ 사업(장)이 소재한 지역분포에 따른 근로시간 면제 한도

대상	추가 부여되는 근로시간 면제 한도	
	사업(장)이 소재한 광역자치단체 개수	시간
전체 조합원 1,000명 이상인 사업 또는 사업장	2~5개	(연간 근로시간 면제 한도)×10%
	6~9개	(연간 근로시간 면제 한도)×20%
	10개 이상	(연간 근로시간 면제 한도)×30%

※ 광역자치단체 개수 산정기준
① 광역자치단체는 특별시, 광역시, 특별자치시, 도, 특별자치도를 말한다.
② 해당 사업 또는 사업장의 전체 조합원 5% 이상이 근무하는 광역자치단체의 개수를 기준으로 산정한다.

30 **주어진 내용을 바탕으로 추론한 내용 중 옳지 않은 것은?**

① 근로시간 면제자는 소정근로를 제공하면서 노동조합 업무를 병행할 수도 있다.
② 사용자의 동의를 받아 노동조합으로부터 급여를 지급받으며 노동조합의 업무에만 종사하는 근로자는 근로시간 면제자이다.
③ 연간 근로시간 면제 한도가 동일할 때, 사업장의 연간 소정근로시간이 짧을수록 풀타임 근로시간 면제자의 수로 가능한 인원은 증가한다.
④ 법정 근로시간을 초과하는 근로시간 면제자의 업무시간을 무급으로 운영할 경우, 해당 시간은 연간 시간 한도에 포함되지 않는다.
⑤ 2년을 효력기간으로 한 단체협약의 체결 당시 사업장의 조합원 수가 310명이었는데, 1개월 후 조합원 30명이 조합을 탈퇴한 경우 근로시간 면제의 연간 한도는 최대 5,000시간이다.

31 **다음의 경우에 A기업과 B기업에서 각각 근로시간 면제자로 지정될 수 있는 파트타임 인원수의 최댓값의 합은? (단, 근로시간 면제의 연간 시간 한도는 아래의 조합원 수를 바탕으로 한다.)**

〈A기업 및 B기업의 노동조합 조직 현황〉

구분	A기업	B기업
조직된 노동조합 및 조합원 수	○○노동조합: 287명	□□노동조합: 1,842명 △△노동조합: 3,516명
연간 소정근로시간	2,000시간	2,200시간

① 12명 ② 18명 ③ 24명
④ 26명 ⑤ 30명

32 **위 자료를 참고할 때, 다음 사례 중 옳은 것을 모두 고르면?**

ㄱ. 갑 사업(장)의 전체 조합원은 6,000명이고, 조합원이 경기도의 수원공장에서 1,300명, 평택공장에서 4,500명이 근무하고, 충청북도의 음성공장에서 75명, 청주공장에서 125명이 근무하고 있다면 갑 사업(장)의 연간 근로시간 면제 한도는 최대 24,200시간이다.

ㄴ. 을 사업(장)의 전체 조합원은 930명이고, 조합원이 광주광역시, 대구광역시, 울산광역시, 부산광역시, 대전광역시, 제주특별자치도 사업소에서 각 155명씩 근무하고 있다면 을 사업(장)의 연간 근로시간 면제 한도는 최대 7,200시간이다.

ㄷ. 병 사업(장)에 X노동조합(조합원 800명) 및 Y노동조합(조합원 600명)이 조직되어 있고, 조합원이 강원도 지부에서 100명, 서울 본부에서 1,300명 근무하고 있으며 연간 소정근로시간이 2,200시간이라면, 병 사업(장)의 풀타임 근로시간면제자는 최대 5명이다.

ㄹ. 정 사업(장)의 전체 조합원은 18,000명이고, 전체 조합원의 5% 이상이 근무하는 광역자치단체의 개수는 13개이며, 연간 소정근로시간이 2,340시간이라고 할 때, 정 사업(장)에서 파트타임 근로시간면제자로 지정될 수 있는 인원 수는 최대 40명이다.

① ㄱ, ㄴ　　② ㄴ, ㄹ　　③ ㄷ, ㄹ

④ ㄱ, ㄴ, ㄷ　　⑤ ㄱ, ㄴ, ㄷ, ㄹ

33 ○○기업에서는 근무의욕 고취를 위해 매월 1회 사내복권 이벤트를 실시하고 있다. 사내복권의 당첨확률을 높이기 위해 아래와 같은 규칙을 적용하여 당첨번호를 생성한다고 할 때, 규칙과 아래 당첨내역을 참고하여 26회 사내복권 당첨번호에 포함된 숫자가 될 수 없는 것은?

〈사내 복권 당첨번호 규칙〉

- 복권 당첨번호는 1~30까지의 자연수 중 중복되지 않는 6개의 자연수를 크기가 작은 순서대로 정렬한 것입니다.
- 당첨번호에는 연속하는 숫자가 포함되지 않습니다.
- 당첨번호에 포함된 숫자 중 홀수의 개수와 짝수의 개수는 동일합니다.
- 당첨번호는 1~10 중 2개, 11~20 중 2개, 21~30 중 2개로 구성됩니다.
- 당첨금은 전체 6개의 당첨번호 중 2개를 맞힌 경우 5,000원, 3개를 맞힌 경우 10,000원, 4개를 맞힌 경우 30,000원, 5개를 맞힌 경우 60,000원, 모두 맞힌 경우 100,000원입니다.

〈○○기업 26회 사내복권 당첨내역 일부〉

사원	기재 번호						당첨금
A차장	3	6	11	16	23	27	0원
B과장	7	9	11	14	20	22	10,000원
C대리	1	7	12	19	22	28	5,000원
D대리	4	10	15	17	21	26	5,000원
E주임	2	7	13	20	22	25	0원
F인턴	5	9	11	18	24	30	5,000원

① 4 ② 7 ③ 9
④ 15 ⑤ 26

[34~35] 다음 자료를 읽고 질문에 답하시오.

〈○○시 부동산 중개보수 요율표〉

□ 주택(주택의 부속토지, 주택분양권 포함)

거래내용	거래금액	상한요율	한도액
매매·교환	5천만 원 미만	1천분의 6	25만 원
	5천만 원 이상~2억 원 미만	1천분의 5	80만 원
	2억 원 이상~9억 원 미만	1천분의 4	없음
	9억 원 이상~12억 원 미만	1천분의 5	없음
	12억 원 이상~15억 원 미만	1천분의 6	없음
	15억 원 이상	1천분의 7	없음
임대차 등 (매매·교환 이외)	5천만 원 미만	1천분의 5	20만 원
	5천만 원 이상~1억 원 미만	1천분의 4	30만 원
	1억 원 이상~6억 원 미만	1천분의 3	없음
	6억 원 이상~12억 원 미만	1천분의 4	없음
	12억 원 이상~15억 원 미만	1천분의 5	없음
	15억 원 이상	1천분의 6	없음

□ 오피스텔

적용대상	거래내용	상한요율
전용면적 85m^2 이하의 주거용 오피스텔	매매·교환	1천분의 5
	임대차 등	1천분의 4
위 적용대상 외의 경우	매매·교환·임대차 등	1천분의 9

□ 주택·오피스텔 외(토지, 상가 등)

거래내용	상한요율
매매·교환·임대차 등	1천분의 9

□ 부동산 중개보수 적용기준

- 중개보수는 '거래금액×상한요율' 이내에서 중개의뢰인과 공인중개사가 서로 협의하여 결정하되, 한도액을 초과할 수 없다.
- 중개보수의 지급 시기는 공인중개사와 중개의뢰인간의 약정에 따르되, 약정이 없을 때에는 중개대상물의 거래대금 지급이 완료된 날로 한다.
- 보증금 외 차임이 있는 경우의 거래금액은 '보증금+(월차임×100)'으로 하되, 합산한 금액이 5천만 원 미만일 경우 '보증금+(월차임×70)'으로 한다.
- 건축물 중 주택 면적이 1/2 이상인 경우 주택의 중개보수를 적용하고, 주택 면적이 1/2 미만인 경우 주택 외의 중개보수를 적용한다.
- 분양권 거래금액은 '거래 당시까지 불입한 금액(계약금+중도금)+프리미엄'으로 한다.
- 중개보수의 부가가치세는 별도로 한다.

34 다음과 같은 상황에서 A씨가 고려하고 있는 대안이 아래와 같다고 할 때, 위 자료를 참고하여 대안에 대해 평가한 내용으로 적절하지 않은 것은? (단, 중개보수는 상한요율을 적용한다.)

> A씨는 ○○시에서 공인중개사 B를 통해 7억 원에 주택 X를 매매한 후, 해당 주택을 보증금 4억 원에 월세 150만 원으로 임대할 계획이다. 그러나 A씨는 중개보수에 대한 부담으로 임대조건의 변경을 고려하고 있다.

> ㉠ 보증금을 3억 원으로 낮추고 월세를 200만 원으로 높인다.
> ㉡ 보증금을 5억 원으로 높이고 월세를 100만 원으로 낮춘다.
> ㉢ 보증금을 2억 원으로 낮추고 월세를 250만 원으로 높인다.
> ㉣ 보증금을 없애고 월세 400만 원으로 계약한다.

① ㉠을 선택하는 경우 A씨는 당초 계획보다 더 적은 중개보수액을 부담할 수 있다.
② ㉡은 당초 계획과 중개보수의 산정에 적용되는 요율에서 차이가 없다.
③ ㉢은 ㉡을 선택하는 경우보다 부담할 중개보수액이 더 적다.
④ ㉢을 선택할 경우 당초 계획과의 총 중개보수액의 차이는 30만 원이다.
⑤ ㉣을 선택할 경우 제시된 대안 중 가장 낮은 중개보수액을 부담하게 된다.

35 주어진 자료를 참고할 때, 다음 중 부동산 중개보수 기준이 올바르게 적용된 사례는?

① 월차임 없이 보증금 9천만 원에 원룸(주택)을 임대한 임대인에게 거래금액의 1천분의 4에 해당하는 금액이 중개보수로 적용된 경우
② 전용면적 89m²의 주거용 오피스텔을 보증금 400만 원, 월차임 36만 원에 임대한 임대인에게 중개보수로 36만 원이 적용된 경우
③ 총 면적 116m² 중 주택 면적이 56m²인 건축물을 10억 원에 매수한 매수자에게 거래금액의 1천분의 5에 해당하는 금액이 중개보수로 적용된 경우
④ 중개보수 지급일에 대한 특약 없이 5억 원에 상가를 매도하는 매도자가 매수자로부터 계약금 5,000만 원을 납입받은 직후 공인중개사가 해당 매도자에게 중개보수의 지급을 요청하는 경우
⑤ 분양가 9억 원의 주택분양권을 매도하는 매도자가 불입한 계약금이 9천만 원, 중도금이 4억 원이고, 2억 원의 프리미엄이 붙은 경우에 거래금액의 1천분의 5에 해당하는 금액이 중개보수로 적용된 경우

[36~37] 다음 자료를 읽고 질문에 답하시오.

ㅁㅁ손해보험 라이더 운전자보험

이륜자동차 운전중 교통상해후유장해(3~100%) 특별약관

1. 보험금의 지급사유

① 회사는 보험증권에 기재된 피보험자가 이 특별약관의 보험기간 중에 발생한 이륜자동차 운전중 교통상해로 장해분류표(별표1)에서 정한 장해지급률이 3~100%에 해당하는 장해상태가 되었을 때 장해분류표에서 정한 지급률을 이 특별약관의 보험가입금액에 곱하여 산출한 금액을 보험수익자에게 이륜자동차 운전중 교통상해후유장해 보험금으로 지급합니다. 이륜자동차 운전중 교통상해란 보험기간 중에 이륜자동차를 운전하던 중 발생한 급격하고도 우연한 자동차 사고로 신체에 입은 상해를 말합니다.

② 위 ①에서 '이륜자동차 운전중'이란 도로 여부, 주정차 여부, 엔진의 시동 여부를 불문하고 피보험자가 이륜자동차 운전석에 탑승하여 핸들을 조작하거나 조작 가능한 상태에 있는 것을 말합니다.

2. 보험금 지급에 관한 세부규정

① '1. 보험금의 지급사유'에서 장해지급률이 이륜자동차 운전중 교통상해 발생일로부터 180일 이내에 확정되지 않는 경우에는 이륜자동차 운전중 교통상해 발생일로부터 180일이 되는 날의 의사 진단에 기초하여 고정될 것으로 인정되는 상태를 장해지급률로 결정합니다.

② 위 ①에 따라 장해지급률이 결정되었으나 그 이후 보장받을 수 있는 기간(계약의 효력이 없어진 경우에는 보험기간이 10년 이상인 계약은 이륜자동차 운전중 교통상해 발생일로부터 2년 이내로 하고, 보험기간이 10년 미만인 계약은 이륜자동차 운전중 교통상해 발생일로부터 1년 이내)에 장해상태가 더 악화된 때에는 그 악화된 장해상태를 기준으로 장해지급률을 결정하여 차액에 해당하는 보험금을 지급합니다.

③ 같은 이륜자동차 운전중 교통상해로 두 가지 이상의 후유장해가 생긴 경우에는 후유장해지급률을 더하여 지급합니다.

④ 다른 이륜자동차 운전중 교통상해로 인하여 후유장해가 2회 이상 발생하였을 경우에는 그때마다 이에 해당하는 후유장해지급률을 결정합니다. 그러나 후유장해가 이미 후유장해보험금을 지급받은 동일한 부위에 가중된 때에는 최종 장해상태에 해당하는 장해지급률에서 이미 지급받은 후유장해보험금에 적용되는 장해지급률을 뺀 장해지급률을 적용합니다.

⑤ 이미 이 특별약관에서 후유장해보험금 지급사유에 해당되지 않았던 장해상태의 피보험자에게 동일 부위에 또 다시 위 ④에 규정하는 후유장해상태가 발생하였을 경우에는 직전 후유장해에 대한 후유장해보험금이 지급된 것으로 보고 최종 후유장해 상태에 해당하는 장해지급률에서 직전 상태의 장해지급률을 뺀 장해지급률을 적용합니다.

3. 계약의 소멸

① '1. 보험금의 지급사유'에 따라 이륜자동차 운전중 교통상해 80% 이상 후유장해 보험금을 지급한 경우에 그 손해보장의 원인이 생긴 때로부터 이 보험계약은 소멸되며, 그때부터 효력이 없습니다.

② 보험증권에 기재된 피보험자가 보험기간 중에 사망할 경우에 이 특별약관은 소멸합니다.

36 주어진 특별약관을 바탕으로 아래의 피보험자의 보험 적용에 대해 바르게 판단하지 못한 것은?

〈피보험자 정보〉

- 성명: 김○○(42세)
- 보험계약일 및 가입일: 2014.11.21.(10년 만기 보장)
- 가입상품: □□손해보험 라이더 운전자보험
  - 특약 및 가입금액: 이륜자동차 운전중 교통상해후유장해(3~100%) 1천만 원
  - 기존에 보험금을 지급받은 적 없음
- 사고경위
  - 2024.9.1. 이륜자동차 운전중 우연한 충돌사고의 발생
  - 2024.9.3. 사고 시 바닥에 가장 먼저 닿았던 오른쪽 엄지손가락의 마비증세가 최초로 나타나 병원 내원하였고 마비증세의 직접 원인이 이륜자동차 사고라는 소견을 들음

① 위 피보험자는 이륜자동차의 시동을 끈 채로 이륜자동차 운전석에 탑승하여 사고를 당한 경우에도 보험금을 지급받을 수 있다.

② 2024.9.1.로부터 180일 이내에 장해지급률이 확정되지 않는 경우에 장해지급률은 180일이 되는 날 의사 진단에 기초하여 고정될 것으로 인정되는 상태를 기준으로 결정한다.

③ 위 피보험자의 장해지급률이 15%로 결정된 경우 지급받을 수 있는 보험금은 150만 원이다.

④ 해당 사고에 대한 위 피보험자의 장해지급률이 최초 15%로 결정되었으나 사고 발생일로부터 8개월 되는 날 오른쪽 엄지손가락의 상태가 악화되어 장해지급률이 다시 결정되었다면 보험금의 차액을 지급받을 수 있다.

⑤ 위 피보험자의 장해지급률이 15%로 결정되어 지급률에 따른 보험금을 지급받은 경우에도 보험계약은 만기일까지 계속 유지된다.

37 다음은 장해분류표의 내용 일부이다. 자료를 참고할 때, 위 특약에 가입한 A씨와 B씨의 사례에 대한 추론으로 적절하지 않은 것은? (단, 두 사람의 보험가입금액은 2천만 원이다.)

〈귀의 장해〉

장해의 분류	지급률
두 귀의 청력을 완전히 잃었을 때	80%
한 귀의 청력을 완전히 잃고, 다른 귀의 청력에 심한 장해를 남긴 때	45%
한 귀의 청력을 완전히 잃었을 때	25%
한 귀의 청력에 심한 장해를 남긴 때	15%
평형기능에 장해를 남긴 때	10%

〈눈의 장해〉

장해의 분류	지급률
두 눈이 멀었을 때	100%
한 눈이 멀었을 때	50%
한 눈의 교정시력이 0.02 이하로 된 때	35%
한 눈의 교정시력이 0.06 이하로 된 때	25%
한 눈의 교정시력이 0.1 이하로 된 때	15%
한 눈에 뚜렷한 시야장해를 남긴 때	5%

- 2021.6.7. 위 특약에 가입한 A씨는 2019년 5월경 질병으로 왼쪽 눈의 교정시력이 0.09였는데, 2022.3.18. 이륜자동차 운전중 교통상해로 왼쪽 눈의 교정시력이 0.01이 되었다.
- 2021.9.27. 위 특약에 가입한 B씨는 2022.5.30. 이륜자동차 운전중 교통상해로 평형기능에 장해가 남았는데, 2024.12.26. 이륜자동차 운전중 교통상해로 왼쪽 귀의 청력에 심한 장해가 남았으며 오른쪽 눈이 멀게 되었다.

① A씨의 최종 장해상태에 해당하는 장해지급률은 35%이다.
② 2022.3.18.의 교통상해에 대해 A씨에게 지급되는 보험금은 400만 원이다.
③ 2024.12.26.의 교통상해에 대해 B씨에게 지급되는 보험금은 1,300만 원이다.
④ B씨에게는 귀의 장해에 대한 보험금뿐만 아니라 눈의 장해에 대한 보험금도 지급된다.
⑤ A씨의 2019년 왼쪽 눈의 장해상태에 대해서는 후유장해보험금이 지급된 것으로 간주된다.

[38~40] 다음 자료를 읽고 질문에 답하시오.

○○공사 해외근무직원 보수규정

제2조(보수의 체계) 해외근무직원의 보수 체계는 다음과 같다.

1. 기본연봉
2. 부가수당(기술수당, 해외근무수당, 특수지근무수당, 환율변동차 보전수당, 조정수당)
3. 성과연봉

제3조(보수의 적용) ① 기본연봉, 기술수당, 성과연봉은 국내근무직원 보수규정을 적용한다.

② 해외근무직원의 기본연봉은 해외근무 발령 당시 본인의 기초급으로 하되, 동 기초급이 직급별 기본연봉 기준액을 하회할 경우 해외근무기간에 한하여 아래의 기준액을 적용한다.

〈직급별 기본연봉 기준액(단위: 천 원/년)〉

구분	1급	2급	3급	4급 이하
금액	66,710	55,310	51,460	41,490

③ 평가에 따라 지급되는 성과연봉은 직급별 기준금액 또는 기준지급률을 적용하여 산정한다.

제4조(해외근무수당) ① 달러화 지급국은 달러화로 지급하며, 현지화 지급국은 현지화로 지급한다.

② 해외근무직원에 대한 해외근무수당을 달러로 지급하는 국가의 경우 [별표 2]에 따라 해외근무수당을 지급한다.

③ 해외근무수당에는 이 규정에서 정한 보수 이외에 소정근로시간을 초과한 시간외근로, 휴일근로 및 야간근로, 연차수당 등 법정 수당과 국내직원 보수규정에 따른 보수 및 급여성 복리후생비가 모두 포함된 것으로 본다.

제5조(특수지근무수당) ① 근무여건이 불리한 지역에 근무하는 해외근무직원에 대하여는 [별표 3]에 따른 특수지근무수당을 지급한다.

② 동일국가 내에서 도시와 멀리 떨어져 있어 교통이 불편하거나 문화·교육시설이 거의 없는 지역 등 근무여건이 현저히 불리한 지역에 대해서는 [별표 3]의 특수지근무수당에 해당하는 금액에 50%의 범위 내에서 가산하여 지급할 수 있다.

제6조(환율변동차 보전수당) ① 달러화로 지급하는 국가에 근무하는 경우, 주재국 화폐에 대한 미화의 가치가 절하(절상)되어 해외근무로 지급받는 보수가 사실상 감액(증액)된 경우에는 감액(증액)률을 산정하여 [별표 4]의 환율변동차 보전률을 곱한 금액을 환율변동차 보전수당으로 가산(감액)하여 지급하여야 한다.

② 제1항의 가감률은 1월 1일, 4월 1일, 7월 1일과 10월 1일 현재로 다음의 공식에 따라 주재국별로 산출하여 당해 월별부터 3개월간 적용한다.

$$\text{감액(증액)률(\%)} = \frac{\text{나} - \text{가}}{\text{가}} \times 100$$

1. "가": 가감률 산출일 직전 분기의 주재국 화폐단위로 표시된 달러화 1$의 분기평균가치
2. "나": 산출일이 속한 연도의 직전연도의 주재국 화폐단위로 표시된 달러화 1$의 평균가치

제7조(조정수당) 해외근무직원의 근로소득에 대하여 주재국에서 납부하는 세액(근로소득세액 및 이에 부가되는 제세액을 말함)이 국내에서 적용되는 근로소득관련 총세액의 20% 이상 초과하여 보수가 감소되는 경우 그 차액을 조정수당으로 지급한다.

38 주어진 자료의 내용을 바르게 이해하지 못한 것은?

① 해외근무직원이라고 하더라도 국내근무직원과 동일한 규정을 적용받는 부가수당이 있다.

② 해외근무수당을 지급받는 해외근무직원은 해외근무 중 야간 및 주말근무를 한 경우라 하더라도 추가근로에 대한 수당을 청구할 수 없다.

③ 같은 직급의 직원이 같은 국가로 해외근무를 발령받은 경우라고 하더라도 근무지에 따라 특수지근무수당 지급액이 달라질 수 있다.

④ 1년간 해외근무를 발령받은 2급 직원 A씨의 해외근무 발령 당시 기초급은 5,325만 원이었다. 이후 A씨가 해외근무를 시작한 이래로 기본연봉은 5,531만 원으로 계속 적용되었다.

⑤ 해외근무에 따라 발령국가에 납부하는 근로소득세가 국내에서 납부하는 근로소득세보다 더 많은 경우 근로자가 불이익을 감수해야 하는 경우가 있다.

39 다음은 위 규정의 [별표 2] 및 [별표 3]이다. 아래의 ○○공사 해외근무발령자들에 대한 정보를 참고할 때, 해외근무수당 및 특수지근무수당의 합계가 바르지 않은 것은?

[별표 2] 해외근무수당 (단위: $/월)

직급 \ 지역	가 지역	나 지역	다 지역	라 지역	마 지역
1급	2,637	2,785	2,875	2,994	3,132
2급	2,318	2,447	2,516	2,620	2,738
3급 이하	2,143	2,260	2,319	2,414	2,522

[별표 3] 특수지근무수당 (단위: $/월)

대상 지역(아래 국가에 한하여 적용)	1급	2급 이하
볼리비아, 르완다, 방글라데시	2,175	2,000
미얀마, 몽골, 콜롬비아	1,500	1,400
캄보디아, 라오스, 타지키스탄, 키르기즈스탄, 카자흐스탄	800	720

※ 특수지근무수당의 경우 근무여건기준표에 따라 산출한 점수가 9~12점인 경우 10%, 13~16점인 경우 30%, 17점 이상인 경우 50% 가산함

	이름	직급	해외발령국가	지역구분	근무여건기준표 점수	산출합계수당
①	B	3급	러시아	라 지역	18점	2,414$/월
②	C	4급	방글라데시	가 지역	15점	4,743$/월
③	D	1급	콜롬비아	다 지역	12점	4,515$/월
④	E	2급	타지키스탄	나 지역	10점	3,239$/월
⑤	F	2급	카타르	마 지역	7점	2,738$/월

40 한국에서 근무하던 ○○공사 직원 X는 2024년 1월부터 Y국 해외근무를 시작하게 되어 매월 4,000$의 보수를 지급받고 있다. 위 자료 및 다음 내용을 참고할 때, 2025년 1분기 X가 받게 될 보수는 얼마인가?

[별표 4] 〈환율변동차 보전률〉

2% 이상 4% 미만 증감 시	2% 가감
4% 이상 6% 미만 증감 시	4% 가감
6% 이상 8% 미만 증감 시	6% 가감
8% 이상 10% 미만 증감 시	8% 가감

〈2024년 Y국 분기별 화폐단위/$ 평균값〉

1분기	1,500
2분기	1,520
3분기	1,540
4분기	1,440

① 3,840$ ② 4,080$ ③ 4,160$
④ 4,240$ ⑤ 4,320$

CHAPTER 7 실전모의고사 7회

7회 Self Check List

	오답 수(개)	무응답 수(개)	풀이시간(분)
1회독	/ 40	/ 40	/ 70
2회독	/ 40	/ 40	/ 60
3회독	/ 40	/ 40	/ 45

독끝

CHAPTER 08

실전모의고사 8회

고난도

영역 ❶ 의사소통능력

영역 ❷ 수리능력

영역 ❸ 문제해결능력

모의고사 정보

실전모의고사 8회는 3개 영역으로 이루어진 TYPE B로, 신한은행, KB국민은행, 하나은행, MG새마을금고중앙회 등의 출제 영역을 바탕으로 40문항을 구성한 모의고사입니다.

영역		출제 영역 대비 기업	문항 수	난이도별 구성	유형
NCS 직업기초 능력평가	의사소통능력	신한은행, KB국민은행, 하나은행, MG새마을금고중앙회 등	40문항	●○○ 8문항 ●●○ 17문항 ●●● 15문항	객관식
	수리능력				
	문제해결능력				

권장 풀이 시간

다음의 회독수별 권장 풀이 시간에 맞춰 문제 풀이한 다음 실전모의고사 8회 40번 끝의 [Self Check List]를 기입하여 부족한 부분을 파악하세요!

권장 풀이 시간		
1회독 ▶ 80분	2회독 ▶ 65분	3회독 ▶ 50분

CHAPTER 08 실전모의고사 8회(고난도)

정답 및 해설 416p

01 **다음 글에 대한 이해로 적절하지 않은 것은?**

금융결제시스템은 '지급(payment)－청산(clearing)－결제(settlement)'로 구성된다. 어떤 사람(지급인)이 식당에서 음식을 먹고 식당 주인(수취인)에게 대금을 지급하는 경우를 가정해보자. 지급인이 현금을 수취인에게 주면 지급과 동시에 결제가 이루어진다. 그러나 엄밀히 말하면 지급인은 자신의 은행(K은행) 계좌와 연결되어 있는 체크카드를 긁은 때에 K은행에 '지급지시'를 하는 것이다. 이에 따라 K은행이 수취인의 은행(Y은행)에 현금을 이체하면 비로소 결제가 이루어지게 된다.

현대 은행시스템에서 지급거래를 최종적으로 종결하는 프로세스인 결제는 오직 중앙은행이 발행한 법정화폐를 통해서만 이루어질 수 있다. 즉, 은행이 창조한 예금은 법정화폐가 아니기 때문에 예금을 타은행으로 이체한다고 하여 그것만으로는 결제가 완료되지 않는다. 타은행 이체 시에는 송금인 은행이 수취인 은행에 현금이나 이와 동일한 법적 성격이 있는 중앙은행에 예치된 지급준비금을 보내야 결제가 완료되는 것이다.

한편 K은행은 하루에도 수많은 고객들로부터 수많은 계좌에 관하여 지급지시를 받는다. 이에 따라 K은행은 수많은 자금이체를 하지만 또한 수많은 자금이체를 받기도 한다. Y은행 또한 하루에도 수억 건 이상 자금이체를 해야 하고 또 받기도 한다. 경우에 따라 K은행은 어떤 지급인의 요청으로 Y은행에 얼마를 주어야 하지만 다른 지급인의 요청으로 얼마를 받기도 해야 한다. 모든 은행들이 이와 같이 서로에게 자금을 보내기도 하고 받기도 하므로 금융결제원이 운영하는 소액결제시스템은 이러한 모든 지급지시들을 한데 모아 계산하고 정산한 후 최종적으로 A은행이 B은행에 주어야 하는 잔액만 이체시킨다. 이러한 계산 및 정산을 청산이라고 한다.

요컨대 수많은 고객들이 은행에 지급을 지시하고, 이러한 수많은 지급지시 건들을 청산하여 각 은행이 다른 은행에 순이체해야 하는 금액만 결정한 후 이 금액에 대해서만 법정화폐로 송금하면 최종적이고 완전한 의미에서의 결제가 이루어지는 것이다.

① 청산의 역할은 여러 은행 간 지급지시를 모아 순이체 금액만 계산하는 것이다.
② 금융결제원이 지급지시를 모두 청산한 경우 비로소 결제가 완료되었다고 볼 수 있다.
③ 지급－청산－결제 시스템은 법정화폐 이동을 최소화하여 효율성을 높일 수 있을 것이다.
④ 지급지시와 결제의 시간차는 금융기관의 일시적인 자금 부족을 예방하는 기능을 할 수 있다.
⑤ A은행이 B은행에 지급해야 할 금액이 100만 원, B은행이 A은행에 지급해야 할 금액이 80만 원이라면, B은행은 청산 후 지급할 금액이 없다.

02 다음 글의 맥락상 빈칸 ㉠~㉤에 들어갈 내용으로 적절하지 않은 것은?

금본위제(Gold Standard)는 통화의 가치를 일정량의 금에 연동하는 화폐 제도를 말한다. 금화본위제 및 금지금본위제는 모두 금본위제의 일종으로서, 화폐를 금화로 발행하여 시장에 유통시키는 것을 금화본위제라고 하며, 금화의 가치와 같은 가치의 지폐와 보조화폐를 발행하여 시장에 유통시키는 것을 금지금본위제라 한다.

금본위제는 금지금본위제의 형태로 19세기부터 20세기 초반까지 주요 경제 대국들이 채택한 제도였다. 산업혁명 이후 무역이 활발해지면서 각국은 신뢰할 수 있는 국제 통화 체계를 필요로 했기 때문이다. 영국이 1816년 세계 최초로 공식적인 금본위제를 도입한 이후 유럽과 미국을 비롯한 주요 국가들이 이를 채택하면서 국제적으로 확산되었다. 금본위제는 19세기 후반과 20세기 초반 세계 경제의 안정에 기여했지만, 1929년 대공황 이후 많은 국가가 금본위제를 포기하기 시작했다.

금지금본위제의 핵심은 정부가 발행하는 화폐가 일정한 양의 금과 교환될 수 있다는 점이다. 이를 위해 중앙은행이나 정부는 보유한 금의 양만큼 화폐를 발행해야 하며, 따라서 (㉠) 이러한 특징은 금본위제가 물가 안정에 기여하는 중요한 요인으로 작용한다. 정부가 무분별하게 화폐를 발행할 수 없으므로 인플레이션이 억제되고, 그 결과 (㉡)

한편 금본위제는 데이비드 흄의 가격－정화 흐름 메커니즘에 의해 국제수지 조정 기능을 수행한다. 이를테면, 한 국가가 무역수지 흑자를 기록하면 금이 유입되고, 이에 따라 (㉢) 이는 곧 수출 경쟁력의 약화와 인플레이션으로 이어진다. 무역수지 적자가 발생한 국가는 이와 반대의 현상이 나타나고, 수출 경쟁력의 회복과 디플레이션으로 이어진다. 이 과정이 반복되면서 각국의 국제수지는 자동으로 균형을 이루게 된다. 이러한 자동 조정 메커니즘은 무역 불균형이 장기적으로 지속되는 것을 방지하며, (㉣)

그러나 금본위제는 (㉤) 경기 불황이 발생하면 중앙은행은 일반적으로 통화량을 확대하여 경기를 부양하려 한다. 그러나 금본위제하에서는 금 보유량 이상의 통화 공급이 불가능하기 때문에 확장적인 통화 정책이 제한된다. 결국, 총수요 부족으로 인해 디플레이션이 발생하고 실업률이 상승하는 상황이 장기화될 수 있다.

현대 경제학에서는 금본위제가 인플레이션을 억제하는 데는 효과적이지만, 유연한 통화 정책이 필요할 때 많은 경기 조정 비용을 유발할 것이라고 평가한다. 또한, 세계 경제 규모가 커지고 금융 시스템이 복잡해지면서 금의 공급이 세계의 경제 성장 속도를 따라가지 못할 가능성이 크다는 점도 금본위제의 비효율성으로 지적된다.

① ㉠: 화폐 공급량이 금 보유량에 의해 제한된다.
② ㉡: 장기적으로 화폐의 가치를 유지하는 역할을 하게 된다.
③ ㉢: 통화량이 증가하며 물가가 하락하게 된다.
④ ㉣: 개별 국가의 통화정책 개입 없이도 국제 경제의 균형을 유지할 수 있도록 한다.
⑤ ㉤: 불황기에 통화정책의 유연성이 떨어져 경제 회복이 지연될 수 있다.

03 다음 글을 바탕으로 이해한 내용 중 적절한 것을 모두 고르면?

고객확인제도(Customer Due Diligence, CDD)란 금융회사 등이 고객과 거래 시 고객의 신원을 확인·검증하고, 실제 소유자, 거래의 목적, 자금의 원천을 확인하도록 하는 등 금융거래 또는 금융서비스가 자금세탁 등 불법행위에 이용되지 않도록 고객에 대해 합당한 주의를 기울이도록 하는 제도를 말한다. 관련 법률에서는 다음 내용을 규정하고 있다.

「특정 금융거래정보의 보고 및 이용 등에 관한 법률」

제5조의2(금융회사 등의 고객확인의무) ① 금융회사 등은 금융거래 등을 이용한 자금세탁행위 및 공중협박 자금조달 행위를 방지하기 위하여 다음 각 호의 조치를 하여야 한다.

1. 고객이 계좌를 신규로 개설하거나 1천만 원 이상의 일회성 금융거래를 하는 경우 다음 각 목의 사항을 확인
   가. 고객의 신원에 관한 사항
   나. 고객을 최종적으로 지배하거나 통제하는 자연인(실제 소유자)에 관한 사항

「특정 금융거래정보의 보고 및 이용 등에 관한 법률 시행령」

제10조의6(고객확인의 절차 등) ① 금융회사 등은 금융거래 등이 이루어지기 전에 고객확인을 해야 한다. 다만, 금융거래 등의 성질 등으로 인하여 불가피한 경우에는 금융거래 등이 이루어진 후에 고객확인을 할 수 있다.

② 금융회사 등은 제1항에 따른 고객확인 후 해당 고객과 거래가 유지되는 동안 주기적으로 고객확인을 해야 한다. 이 경우 금융회사 등은 고객의 거래행위 등을 고려한 자금세탁행위와 공중협박자금조달행위의 위험도에 따라 고객확인의 주기를 설정·운용해야 한다.

③ 금융회사 등은 법 제5조의2제1항제1호에 따른 확인을 한 후에 같은 고객과 다시 금융거래 등을 하는 때(제2항에 따른 주기가 도래하지 않은 경우만 해당한다)에는 고객 확인을 생략할 수 있다.

「자금세탁방지 및 공중협박자금조달금지에 관한 업무규정」

제25조(기존고객) ① 금융기관 등은 법령 등의 개정에 따른 효력이 발생(2008.12.22.)하기 이전에 이미 거래를 하고 있었거나 거래를 한 고객에 대하여 적절한 시기에 고객확인을 하여야 한다. 고객확인을 하여야 할 적절한 시기는 다음 각 호의 어느 하나를 말한다.

1. 중요도가 높은 거래가 발생하는 경우
2. 고객확인자료 기준이 실질적으로 변한 경우
3. 계좌운영방식에 중요한 변화가 있는 경우
4. 고객에 대한 정보가 충분히 확보되지 않았음을 알게 된 경우

ㄱ. 고객확인의 주기는 특정 금융기관 내 모든 고객에게서 반드시 동일하다고 볼 수는 없다.
ㄴ. 금융회사 등은 계좌를 신규개설하는 고객에 대해서는 거래금액과 관계없이 고객확인의무를 수행해야 한다.
ㄷ. 이미 고객확인을 이행한 고객과 다시 1천만 원 이상의 일회성 금융거래를 할 때에는 반드시 고객확인을 재이행해야 한다.
ㄹ. 2007.02.06.자로 특정 금융기관에서 계좌를 신규개설한 후 거래하던 고객이 고객확인자료 기준이 실질적으로 변화하여 고객확인을 실시했다면, 해당 고객에 대해서는 더 이상 고객확인을 실시하지 않아도 된다.

① ㄱ, ㄴ ② ㄴ, ㄷ ③ ㄷ, ㄹ
④ ㄱ, ㄴ, ㄹ ⑤ ㄴ, ㄷ, ㄹ

CHAPTER 8 실전모의고사 8회

[04~05] 다음 글을 읽고 질문에 답하시오.

경제학은 '한계효용'이라는 개념이 도입되면서부터 학문의 기틀이 세워졌다고 봐도 과언이 아니다. 한계효용은 재화나 서비스를 하나 더 이용할 때 추가되는 효용(만족감)을 말한다. 그리고 모든 경제주체의 선택 원리는 이 한계효용을 통해 설명되기에 이른다.

한계효용과 관련된 가장 유명한 법칙은 '한계효용 체감의 법칙'이다. 재화나 서비스를 처음 소비하게 되면 그 만족감이 높은 편이지만, 한 번 더 소비하면 각자가 느끼는 만족감은 점점 줄어드는 경향이 있다. 이를 가리켜 '한계효용 체감의 법칙'이라고 한다. 예를 들어 배고플 때 비빔라면을 먹는다고 생각해 보자. 처음 비빔라면 한 개를 먹을 때는 상당히 맛있다. 비빔라면의 양은 1인분보다 조금 작으니 두 개째도 맛있게 먹을 수 있지만, 처음 한 개를 먹을 때만은 못하다. 하지만 세 개째라면 어떨까? 배가 불러 더 이상 먹을 수가 없으니, 억지로 먹게 돼 맛을 거의 느끼지 못할 것이다. 만족감이 거의 없게 되는 것이다. 즉, 비빔라면을 한 개씩 더 먹을 때마다 만족감의 누적량(총효용)은 조금씩 늘어나지만, 추가되는 만족감은 줄어드는 것이다. 이처럼 재화나 서비스를 하나 더 소비할수록 한계효용은 점점 줄어드는 현상이 바로 '한계효용 체감의 법칙'이다. 그러나 이 법칙은 절대적으로 성립하지는 않으며, 예외가 존재하기도 한다.

한편, 두 가지 이상의 재화나 서비스가 존재할 때, 어떤 것을 선택하여 소비할 것인가를 설명할 때에도 한계효용 개념이 활용된다. 설명의 편의를 위해 A, B 두 가지 재화만 있다고 해보자. 두 재화 중 어떤 것을 먼저 소비할 것인지는 '단위가격당 한계효용'으로 결정된다. 재화를 소비하기 위해 구매할 때 가격에 해당하는 돈을 지불해야 하므로 이에 대한 고려도 함께 하는 것이다. 소비자는 각 재화의 단위가격당 한계효용을 비교하여 더 높은 것을 먼저 소비하게 된다.

이제 A, B 두 재화 중 A를 선택하여 1개를 소비했다고 가정해 보자. 만약 한계효용 체감의 법칙이 성립한다면 1개를 소비한 후 A의 단위가격당 한계효용은 줄어들 것이다. 이때 A, B의 가격은 계속 일정하다고 가정한다. 만약 이로 인해 B의 단위가격당 한계효용이 더 높아지게 되면, 그다음에는 B를 선택하게 된다. 반대로 A의 단위가격당 한계효용이 줄어들었음에도 여전히 A가 B보다 더 높다면, A를 한 번 더 선택하게 된다. 그렇게 한정된 자금 내에서 단위가격당 한계효용이 높은 것을 추가로 소비해 나가다가, 결과적으로는 각 재화의 단위가격당 한계효용이 서로 동등해지는 지점에서 소비하는 것이 가장 합리적인 선택이 된다. 이를 '한계효용 균등의 법칙'이라고 한다.

04 **주어진 글을 참고할 때, 다음 〈보기〉 중 옳은 것만을 모두 고르면? (단, 모든 소비자는 합리적 선택을 따른다고 가정한다.)**

보기

㉠ 담배를 계속해서 소비해도 한계효용이 일정하게 유지되는 사람이 담배와 목캔디 중 담배를 구매하였다면 그 사람은 자금이 더 많아져도 목캔디를 구매하지는 않을 것이다.

㉡ 접시당 가격이 동일한 회전초밥집에서 평소에 선호하는 초밥만 계속해서 먹지 않고 최대한 여러 초밥을 골고루 맛보는 이유는 초밥이 한계효용 체감의 법칙을 따르기 때문이다.

㉢ 1만 원을 가졌을 때 1만 원을 추가로 갖는 만족감과 1억 원을 가졌을 때 1만 원을 추가로 갖는 만족감 중 전자가 더 만족감이 크다면 돈은 한계효용 체감의 법칙을 따른다고 볼 수 없다.

① ㉠　　② ㉡　　③ ㉢

④ ㉠, ㉡　　⑤ ㉡, ㉢

05 주어진 글을 바탕으로 다음 〈표〉의 내용을 바르게 분석한 것은?

〈표〉 빵, 우유의 소비 개수에 따른 한계효용의 크기

구분	소비 개수							
	1개째	2개째	3개째	4개째	5개째	6개째	7개째	8개째
빵	800	750	700	650	600	550	500	450
우유	2,000	1,800	1,600	1,400	1,200	1,000	800	600

※ 이후로도 빵은 한계효용이 50씩, 우유는 200씩 줄어듦

① 같은 개수를 소비했을 때 한계효용은 우유가 항상 더 높다.

② 우유가 빵보다 세 배 더 비싸더라도 첫 번째로 소비하게 되는 것은 우유다.

③ 빵과 우유의 가격이 동일하다면 우유를 8개 소비할 동안 빵은 전혀 소비하지 않을 것이다.

④ 빵 2개를 소비하거나 우유 1개를 소비하는 두 가지 선택만 가능할 경우, 빵 2개를 소비할 때의 총효용이 더 높다.

⑤ 우유가 빵보다 두 배 더 비쌀 때, 가진 자금을 모두 사용하여 빵 5개 우유 5개를 소비하였다면 이것이 가장 합리적인 선택이다.

06 다음 글을 바탕으로 아래의 사례를 이해한 내용으로 옳은 것은?

많은 사람들은 사회생활을 하며 필요한 경우 타인에게 돈을 빌리고 이를 갚는 등 금전거래를 하는 것이 보통이다. 그러나 타인과 금전거래를 한 이후 채권자의 행방불명, 수령거절 등으로 약속한 때에 채무를 변제하지 못하는 경우가 발생할 수 있는데, 이 경우 채무자는 채무자의 지위에서 지연이자를 부담해야 하는 점, 근저당권을 소멸시키지 못하는 점 등 여러 가지 부담을 지게 된다. 이때 이용할 수 있는 제도가 바로 공탁이다.

공탁이란 공탁자가 법령에 규정된 원인에 따라 금전·유가증권·그 밖의 물품을 국가기관인 공탁소에 맡기고 피공탁자 등 일정한 자가 공탁물을 수령함으로써 법령에서 정한 일정한 목적을 달성하게 하는 제도이다. 즉, 공탁은 채권자의 협조 없이도 채무자가 채무를 청산하고 채무자의 지위에서 가지게 되는 여러 가지 부담에서 벗어나도록 함으로써 채무자를 보호하고자 하는 제도이다. 공탁의 종류에는 변제공탁, 형사변제공탁, 보증(담보)공탁, 집행공탁, 보관공탁 등이 있으며 개인이 비교적 흔히 접하게 되는 유형은 변제공탁이다.

변제공탁은 채권자가 수령을 거절한 경우, 채권자가 수령불능인 경우 또는 채권자 불확지에 채무자가 채무이행에 갈음하여 채무의 목적물을 공탁소에 맡김으로써 그 채무를 면할 수 있도록 하는 공탁이다. 채권자가 수령을 거절한 경우란 채무자가 채무의 내용에 따른 변제의 제공을 하였음에도 불구하고 채권자가 받기를 거절한 경우를 말한다. 채권자의 수령거절을 원인으로 한 공탁을 하기 위해서는 우선 채무의 내용에 따른 변제의 제공이 있어야 한다. 이때 변제의 제공은 계약에서 정한 기일에 하여야 하고, 약정한 장소에서, 채무의 전부에 대하여 현실로 하여야 한다. 채권자가 수령불능인 경우란 채무자가 채무의 이행을 하려고 하여도 채권자 측의 사정으로 채권자가 수령할 수 없는 경우를 말한다. 마지막으로 채권자 불확지란 변제자가 상당한 주의를 다하여도 채권자가 누구인지 알 수 없는 경우를 말한다.

변제공탁의 경우 공탁서는 원칙적으로 채권자의 주소지를 관할하는 공탁소에 제출하여야 한다. 만일 채권자의 현재 주소지를 모르는 경우에는 채권자의 최후 주소지를 관할하는 공탁소에 제출할 수 있다. 공탁 신청은 전자공탁 홈페이지를 통한 온라인 방식과 공탁소를 방문하여 하는 오프라인 방식이 있으며, 공탁 신청 후에는 납입기일까지 공탁소 보관은행에 공탁금을 납입하여야 한다.

서울 서초동에 살고 있는 갑이 인천에 살고 있는 을로부터 현금 500만 원을 빌리고, 1년 뒤에 이자를 포함하여 전액을 갚기로 약속했다. 약속한 날짜가 다가오자 갑은 미리 채무 전액을 준비하여 을에게 연락하였으나 을은 아무런 이유 없이 전화도 받지 않았고, 몇 차례 시도 후 연락이 닿았을 때에 을은 "지금 돈 받을 생각이 없다"며 완강한 태도를 보였다.

한편 갑은 대전에 살고 있는 친구 병으로부터도 현금 300만 원을 빌리고, 1년 뒤 원금과 이자를 포함해 330만 원을 갚기로 약속했다. 약속한 날이 됐으나, 병은 교통사고로 의식불명 상태에 빠졌고, 가족들은 병이 의식을 되찾기 전까지는 돈을 받을 수 없다고 했다.

① 병에 대한 채무에 있어서 갑은 채권자 불확지에 의한 변제공탁 요건을 충족한다.
② 을에 대한 채무에 있어서 갑은 수령불능에 의한 변제공탁 요건을 충족한다.
③ 병에 대한 채무의 공탁을 위해서는 서울지역을 관할하는 공탁소에 공탁서를 제출해야 한다.
④ 갑이 병에 대한 채무액 전액을 공탁한 경우 병은 해당 공탁소에서 그 금액을 수령할 수 있다.
⑤ 갑이 공탁을 통해 을에 대한 채무의 청산을 하려면 납입기일까지 500만 원을 납입하여야 한다.

07 다음 글의 밑줄 친 ㉠에 대해 추론한 내용으로 적절하지 않은 것은?

부동산 PF(Project Financing)는 부동산개발 프로젝트에서 발생하는 미래 현금흐름(수익성)을 기반으로 자금을 조달하는 금융기법을 말한다. 선진국은 디벨로퍼(부동산 개발 사업을 기획하고 실행하는 주체)가 금융사·연기금 등 지분투자자를 유치하여 30~40%의 자기자본으로 토지를 매입한 후 건설단계에서 PF 대출을 받기 때문에 단순 분양수익뿐만 아니라 임대수익도 갖춰 수익구조가 안정적이다. 그러나 우리나라는 단기수익 추구 경향과 디벨로퍼의 영세성으로 인해 5% 내의 자기자본으로 토지 매입 시부터 고금리 대출(브릿지 대출)을 받아 진행하는 경우가 대다수이다. 대출기관은 저자본 리스크를 보완하기 위해 사업성을 평가하기보다는 건설사·신탁사 보증에 사실상 100% 의존하는 경향이 있다. 이러한 저자본·고보증 구조는 부동산 경기 위축, 사업여건 악화 등 환경변화에 취약하고 시행사에서 건설사로, 건설사에서 금융사로 리스크가 확산될 가능성 또한 내포하고 있다.

PF사업에서 토지비 비중은 통상 20~40% 정도인데, 영세 디벨로퍼는 본PF 대출 이전에 브릿지 대출로 토지를 매입함에 따라 금리 인상 등 대외변수에 취약하다. 이를 개선하기 위해 ㉠ <u>토지주가 토지나 건물을 현물출자(주주로 참여)하도록 유도하는 방식</u>을 고려해볼 수 있다. 현물출자란 소유권을 넘기지 않고 자산을 사업에 투자하는 것을 말한다. 미국의 경우 토지주가 현물출자를 할 경우 과세를 이연시켜주는 리츠(다수의 투자자로부터 자금을 모아 부동산에 투자하고 발생한 수익을 배당하는 부동산투자회사) 방식을 도입하여 5년간 리츠 시가총액이 11배 증가하는 등 질적·양적 성장을 유도한 바 있다. 그러나 국내에서는 현행법상 토지를 현물출자하게 되면 양도차익에 대해 법인세·양도세가 부과되어 출자가 곤란한 측면이 있다. 특히 지가 상승이 높은 수도권에서는 양도차익이 크므로 막대한 법인세·양도세가 예상된다. 이를 위해서는 PF사업에 현물출자 시 출자자의 이익 실현 시점을 고려하여 양도차익의 과세·납부를 일정 기간 유예하고 분할납부를 허용하도록 제도의 개선이 필요할 것이다. 한편 토지주의 의사결정을 지원할 수 있는 대안 또한 마련되어야 할 것이다. 민간의 투명한 사업운영을 유도하기 위해 사업성 평가를 의무화하고, 평가 결과를 대출기관뿐 아니라 토지주에게도 제공하며, 공공에서 리츠의 설립을 지원하거나 사업성 분석 등 컨설팅을 진행하는 방안도 고려해볼 수 있겠다.

① 자기자본비율이 상향될 것이다.
② 브릿지 대출을 받지 않아도 되므로 사업비 절감 효과가 있을 것이다.
③ 토지주는 추후 발생한 수익에 대해 배당이익을 받게 될 것이다.
④ 현행 제도상 토지주는 양도차익에 대한 양도세를 납부해야 한다.
⑤ 디벨로퍼는 분양수익과 임대수익을 통한 수익구조를 갖출 수 있을 것이다.

08 다음 자료를 읽고 추론한 내용으로 적절하지 않은 것은?

자동차보험은 매년 갱신되는 전국민 의무보험으로, 가입자가 2,500만 명을 넘어서는 대표적인 국민보험상품이다. 자동차보험료는 소비자물가지수에 포함되어 있는 등 국민 실생활에 미치는 영향이 매우 크므로 피보험자인 운전자의 사고경력과 운전경력 등에 비추어 합당하게 부과되는 것이 매우 중요하다. 이를 위해 자동차보험은 피보험자의 사고위험에 합당한 보험료를 부과하기 위해 운전자별 사고경력을 고려하여 사고자의 보험료는 할증하고, 무사고자는 할인하는 ㉠'우량할인·불량할증등급 제도'와 운전경력에 따라 보험료를 할인해주는 ㉡'보험가입경력요율 제도'를 운영하고 있다.

〈자동차보험 할인·할증등급 제도〉

구분	우량할인·불량할증등급	
주요내용	피보험자의 할인·할증등급을 1~29등급으로 구분하고, 등급별로 보험료를 차등화	
등급평가	사고내용에 따라 0.5점~4점을 부과하고, 1점당 1등급을 차년도에 할증하며, 무사고 시 매년 1등급씩 할인함(단, 사고를 기록한 경우 향후 3년간 무사고를 기록해야 그 다음해부터 할인)	
보험료 부과체계	불량등급(고위험군)	1~10등급(200~87.8%)
	기본등급(최초가입)	11등급(82.8%)
	우량등급(저위험군)	12~29등급(71.2~30%)

〈자동차보험 보험가입경력요율 제도〉

구분	보험가입경력요율			
주요내용	자동차보험 가입기간이나 군운전병, 법인 운전직 근무기간 등 운전경력에 따라 보험료를 차등 적용			
보험료 부과체계	최초~1년 미만	1년 이상 2년 미만	2년 이상 3년 미만	3년 이상
	138.1%	115.3%	110.3%	100%

과거에는 사고경력에 따라 평가받은 할인·할증등급이 있더라도 본인 명의 자동차보험계약 종료일로부터 3년을 경과하여 보험에 재가입하는 경우(경력단절자)에는 장기 무사고자의 과거 안전운전 노력이나 재가입 시 사고위험도 등에 대한 고려 없이 할인·할증등급을 일률적으로 최초 가입자와 같은 11등급을 적용해 왔다.

이에 따른 불합리한 측면을 개선하기 위해 개선된 자동차보험 경력인정기준에서는 경력단절 저위험 우량등급 피보험자에 대해서는 재가입 시 전 계약 등급에서 3등급을 할증한 등급을 적용하였다. 다만, 상대적으로 무사고 기간이 짧은 12~14등급은 기존 그대로 11등급이 적용된다. 반면 경력단절 고위험 불량등급 피보험자에 대해서는 재가입 시 8등급으로 재가입 등급을 조정하되, 상대적으로 사고가 적은 9~10등급은 기존의 11등급 대신 직전 등급인 9등급, 10등급을 그대로 적용한다.

한편, 개선된 자동차보험 경력인정기준에서는 최근 차량 구매 대신 장기렌터카를 이용하여 본인 명의로 자동차 보험에 가입하지 않는 경우가 증가하고 있는 점을 고려하여, 종전의 일부 운전경력에 대해서만 보험가입경력으로 인정했던 것과는 달리 장기렌터카 운전경력을 보험가입경력으로 인정하기로 하였다.

① 자동차보험에 가입한 이후 11년간 사고를 낸 적 없는 A씨의 2020년 ㉠에 따른 등급이 22등급이었고, 당해에 계약이 종료된 후 재가입하지 않았다. 이후, A씨가 2025년에 자동차보험에 재가입하였다면 개선된 기준에 따라 적용될 ㉠에 따른 등급은 19등급이다.

② 자동차보험 경력인정기준 개선 전 ㉠에 따르면 과거에 장기 무사고자라 하더라도 경력단절자가 되면 사고 위험 대비 과도한 보험료를 부담해야 했을 것이다.

③ 자동차보험 경력인정기준 개선 전 ㉡에 따르면 실질적으로 운전경력이 있었더라도 보험료 할인을 적용받지 못한 경우가 있었을 것이다.

④ 2018년 자동차보험에 가입한 B씨가 해당 연도에 사고점수 3점을 부여받았다면, 이후에 사고 없이 보험가입을 계속 유지한 경우 2024년도에 적용되는 ㉠상 등급은 11등급이다.

⑤ 군운전병으로 2023년 1월 1일부터 2025년 1월 1일까지 사고 없이 복무를 마친 C씨가 2025년에 자차 자동차보험에 가입했다면 ㉡에 따라 적용되는 보험료율은 115.3%이다.

09 다음 설명서를 바탕으로 할 때, 최선집행기준에 따른 주문체결과정에 대해 바르게 이해하지 못한 것은?

〈○○투자증권 최선집행기준 설명서〉

1. 대체거래소(ATS)와 최선집행의무

대체거래소(ATS: Alternative Trading System, 다자간매매체결회사)란 자본시장법에 따라 설립된 한국거래소(KRX) 이외의 거래소입니다. 한국거래소는 정규거래소로서 금융상품의 매매, 결제·청산 외에도 시장관리·감독 기능을 하지만, 대체거래소는 금융상품(상장주식과 상장주식과 관련한 예탁증서)의 매매·중개만 가능합니다. 2025년 3월 대체거래소 인가를 받은 넥스트레이드(NXT)가 출범하며 복수거래소 체제가 시행됨에 따라 회사는 최선집행기준(최선의 거래조건으로 집행하기 위한 기준)을 마련하고 최선집행의무를 이행합니다.

2. 최선집행의무 관련 주요 용어

1) 통합호가와 주문유형

가. 통합호가란 고려대상시장(KRX, NXT)에 한하여 실시간으로 통합한 호가입니다.

나. 주문유형

– 기존 물량 체결 주문(Taker Order)이란, 대상 상품에 대하여 통합호가창(Order Book) 내 시장에 이미 나와있는 주문인 기존 물량(호가 잔량)을 이용하여 즉시 체결되는 주문입니다.

(예시) 시장가 주문(Market Order)은 기존 물량 체결 주문에 해당

– 신규 물량 조성 주문(Maker Order)이란, 대상 상품에 대하여 통합호가창에 지정한 가격에 맞는 상대 주문이 없는 경우 호가창에 신규 대기 물량을 추가하는 주문입니다.

(예시) 지정가 주문(Limit Order: 투자자가 대상 증권의 가격과 수량 등을 지정하는 주문) 중 즉시 체결되지 않은 주문은 신규 물량 조성 주문으로 남게 됨

3. 최선집행기준

당사는 집행시장을 KRX, NXT를 모두 선택하였으며, 당사는 투자자의 주문을 집행할 때마다 최선집행기준에 따라 주문을 배분할 시장을 판단하여야 합니다.

4. 최선집행기준 운영 방침

1) 최선집행기준의 세부 고려사항

가. 상품의 가격(투자자의 상품매매를 위한 통합호가창에서의 주당 가격)

나. 투자자가 매매체결 관련 부담하는 수수료 및 그 밖의 비용

다. 체결가능성(주문이 집행되어 실제로 매매체결될 가능성으로, 호가 잔량이 적은 시장의 체결가능성이 더 높은 것으로 간주)

2) 최선집행기준

투자자 주문 시 특정 거래소를 지정하지 않고 통합시세기준 주문 시 SOR(Smart Order Routing, 자동주문배분) 시스템을 활용합니다. SOR 시스템은 당사 최선집행기준을 적용하여 양 거래소 비교 후 최선주문결과를 도출합니다.

구분	최선집행기준	비고
Taker Order	총금액 → 가격 → 수수료	총금액 우선 기준 수립 원칙
Maker Order	체결가능성 → 수수료	체결가능성 우선 기준 수립 원칙

※ 총금액: 가격, 수수료 및 그 밖의 비용에 대해 투자자가 지불하게 되는 총비용

※ Maker Order 시 호가와 가장 근접한 가격 중 체결가능성이 높은 특정 거래소로 주문 집행함

〈투자자 A의 주문〉

A는 ○○투자증권의 주식매매시스템을 이용하여 10시 30분에 □□기업 주식을 50,000원에 120주 지정가 매수 주문하였다. 주문은 SOR 시스템을 통해 이루어졌다.

〈□□기업 통합호가창〉

매도 주문(수량)		호가(원)	매수 주문(수량)	
NXT	KRX		KRX	NXT
400	300	50,200		
200	400	50,100		
50	30	50,000		
		49,900	300	100
		49,800	500	200
		49,700	100	250

※ NXT와 KRX 모두 09:00~15:20에 정상적인 거래가 이루어짐

※ 수수료는 NXT가 KRX보다 더 저렴하며, 그 밖의 비용에 대해서는 고려하지 않음

※ Taker Order가 이루어지는 경우에는 주문 물량의 분할 체결 가능

※ 위 통합호가창 외에 호가창의 변동에 대해서는 고려하지 않음

최선집행기준에 따르면 ㉠ A의 주문 중 최우선으로 체결되는 주문건은 50,000원에 체결되는 NXT 50주이다. ㉡ 남은 잔량 중 30주는 50,000원에 KRX에서 체결된다. 총 80주의 체결이 완료되면 50,000원에 매수할 수 있는 물량이 없으므로 ㉢ 잔량인 40주의 주문은 Maker Order가 된다. 그리고 ㉣ 이때의 주문은 KRX로 전송되어 신규 물량 조성 주문으로 대기한다. ㉤ 이후 주문이 체결되는 경우의 매수가는 50,100원이다.

① ㉠　　② ㉡　　③ ㉢

④ ㉣　　⑤ ㉤

CHAPTER 8 실전모의고사 8회

10 다음 자료를 읽고 판단한 내용으로 적절한 것은?

〈연말정산 시 신용카드 등 사용금액 소득공제〉

근로소득이 있는 거주자(일용근로자 제외)가 법인(외국법인 국내사업장 포함) 또는 사업자로부터 재화나 용역을 제공받고 지급한 신용카드 등 사용금액의 연간 합계액이 해당 과세연도의 총급여액의 100분의 25를 초과하는 경우 그 초과금액의 100분의 15~40에 해당하는 금액을 근로소득금액에서 공제한다.

※ 신용카드 등 사용금액: 신용카드, 직불카드, 선불카드, 현금영수증 사용액의 합계액
※ 공제한도: 총급여액 7천만 원 이하는 300만 원, 총급여 7천만 원 초과는 250만 원

〈신용카드 등 소득공제 금액 계산〉

신용카드 등 소득공제 금액: (①+②+③+④+⑤-⑥+⑦)에 해당하는 금액

① 신용카드 사용분(신용카드 등 사용금액 합계액－대중교통 이용분－전통시장 사용분－총급여액 7천만 원 이하인 자의 도서·공연 등 사용분－현금영수증, 직불·선불카드 사용분)×15%
② 현금영수증, 직불·선불카드 사용분(대중교통 이용분, 전통시장 사용분, 총급여액 7천만 원 이하자의 도서·공연 등 사용분에 포함된 금액 제외)×30%
③ 총급여액 7천만 원 이하인 자의 도서·공연 등 사용분(현금영수증, 신용·직불·선불카드)×30%
④ 전통시장 사용분(현금영수증, 신용·직불·선불카드)×40%
⑤ 대중교통 이용분(현금영수증, 신용·직불·선불카드)×40%
⑥ 다음의 어느 하나에 해당하는 금액
- 최저사용금액(총급여액의 25%)≤신용카드 사용분인 경우: 최저사용금액×15%
- 신용카드 사용분＜최저사용금액(총급여액의 25%)≤현금영수증＋신용카드＋직불·선불카드＋총급여액 7천만 원 이하인 자의 도서·공연 등 사용분인 경우: 신용카드 사용분×15%＋(최저사용금액－신용카드 사용분)×30%
- 현금영수증＋신용카드＋직불·선불카드＋총급여액 7천만 원 이하인 자의 도서·공연 등 사용분＜최저사용금액(총급여액의 25%)≤신용카드＋현금영수증＋신용카드＋직불·선불카드＋총급여액 7천만 원 이하인 자의 도서·공연 등 사용분＋전통시장 사용분＋대중교통 사용분인 경우: 신용카드 사용분×15%＋(현금영수증＋직불·선불카드＋총급여액 7천만 원 이하인 자의 도서·공연 등 사용분)×30%＋(최저사용금액－신용카드 사용분－현금영수증－직불·선불카드－총급여액 7천만 원 이하인 자의 도서·공연 등 사용분)×40%

⑦ 공제가능금액 중 한도초과금액과 아래 금액 중 작거나 같은 금액을 각각 추가공제
- 전통시장 사용분에 해당하는 공제율, 대중교통 이용분에 해당하는 공제율, 도서·공연 등 사용분에 해당하는 공제율을 각각 곱한 금액의 합계액 중 작거나 같은 금액(연간 300만 원 한도, 총급여액 7천만 원 초과자는 200만 원)
- 2024년 신용카드 등 사용금액 중 2023년 신용카드 등 사용금액 대비 5%를 초과하여 증가한 금액×10%(연간 100만 원 한도)

① 신용카드 등 사용금액에 대해 최대로 공제를 받는 경우의 공제액은 600만 원이다.

② 신용카드 등 사용금액 중 신용카드 지출에 대해 적용되는 공제율은 항상 15%이다.

③ 연봉이 6,000만 원인 A의 2024년 지출이 신용카드사용분 1,000만 원 외에는 없는 경우 해당 연도 근로소득금액에서 공제되는 금액은 1,050만 원이다.

④ 연봉이 7,200만 원인 B가 2024년에 신용카드 등으로 4,500만 원(전통시장 3백만 원, 대중교통 2백만 원, 도서·공연 등 2백만 원)을 사용하였고, 공제한도를 생각하지 않고 계산한 결과 소득공제 금액이 600만 원으로 산출되었다면 추가공제 금액은 최소 200만 원이다.

⑤ 2024년 연봉이 5,000만 원인 C의 신용카드 등 사용금액이 2023년 2,800만 원, 2024년 3,400만 원이었고, 공제한도를 생각하지 않고 계산한 결과 소득공제 금액이 500만 원으로 산출되었다면 추가공제 금액은 최소 60만 원이다.

[11~12] 다음 자료를 읽고 질문에 답하시오.

현대 금융시장에서 국가나 기업의 신용위험을 평가하고 관리하는 것은 매우 중요하다. 글로벌화된 경제환경에서는 한 기업 또는 국가의 재정 상태나 경제적 불안정이 다른 국가와 금융시장 전반에 큰 영향을 미칠 수 있기 때문이다. 투자자들은 이러한 위험에 대비하기 위해 다양한 금융 지표를 활용하게 되는데, 그 중 CDS(Credit Default Swap, 신용부도 스왑) 프리미엄은 채권 발행자의 신용위험을 실시간으로 반영하는 중요한 지표가 된다.

CDS(신용부도스왑)란 채권 발행자의 부도(채무불이행) 위험에 대비해 손실의 일부 또는 전부를 보전받을 수 있는 보험성격의 금융파생상품이다. 여기서 스왑(Swap)이란 두 당사자가 서로 다른 금융약정을 교환하는 계약을 의미하는데, 신용부도스왑의 '스왑'도 여기에서 비롯된 개념이다. CDS 거래는 채권자(신용보장매입자)와 제3의 금융회사(신용보장매도자) 사이에서 이루어진다. 예를 들어 한 국가가 발행한 채권을 보유한 투자자가 제3의 금융회사를 통해 CDS를 구매하면, 해당 국가가 부도를 맞게 될 경우 제3의 금융회사가 채권발행국을 대신하여 채권자에게 채무를 상환하는 것이다. 이와 같은 CDS 거래에서 보증에 대한 대가로 투자자는 보험료 성격의 일정한 수수료를 지불하게 되는데, 이를 CDS 프리미엄이라고 한다.

CDS 프리미엄은 CDS 계약에서 수수료의 크기를 말하며, bp(basis point)라는 단위를 통해 나타낸다. 1bp는 0.01%와 같다. CDS 프리미엄은 채권 발행자의 부도 위험을 금전적으로 측정한 값이라고 볼 수도 있는데, 일반적으로 CDS 프리미엄은 채권의 신용위험이 커질수록 상승한다. 즉, 투자자들이 해당 채권을 위험하다고 판단하면 더 많은 CDS 거래를 하게 되고 이러한 수요의 증가는 CDS 프리미엄을 상승시킨다. 반면 채권의 신용위험이 낮아지면 CDS 프리미엄은 하락한다.

CDS 프리미엄은 채권의 채무불이행 가능성이 높아질수록 함께 높아지므로 투자자들이 채권 발행 주체의 신용도를 어떻게 평가하는지를 나타내는 지표로 해석할 수 있다. CDS 프리미엄의 상승은 곧 투자자들 사이에서 해당 발행주체에 대한 신뢰가 약화되었음을 나타내므로 자본의 유출로 이어질 수도 있다. 이러한 경우 채권 발행주체는 더 높은 금리로 신규 채권을 발행해야만 한다.

CDS 프리미엄의 주요 가격결정 방법으로는 부도율 모형과 차익거래모형이 있다. 부도율 모형은 채권 발행자가 CDS 계약 기간 동안 부도날 확률인 부도율과 채권 발행자의 부도 시 투자자가 회수 가능한 금액인 회수율에 대한 추정을 바탕으로 CDS 프리미엄을 산정한다. 회수율은 대개 국제신용평가기관이 제시하는 역사적 회수율을 사용한다. 차익거래모형은 CDS와 채권 시장 간의 가격 차이를 기반으로 가격을 산출한다. 예를 들어 CDS 프리미엄이 채권 스프레드*보다 낮으면, 투자자는 CDS를 매수하고 채권을 매도함으로써 차익거래를 할 수 있고, 이러한 과정에서 자산의 위험과 수익이 균형을 이루며 CDS 프리미엄은 채권 시장의 움직임에 따라 결정되는 것이다.

* **채권 스프레드**: 채권 금리와 국채 금리의 차이를 의미하며, 투자자들이 해당 기업의 신용위험을 감수하는 대가로 요구하는 추가 금리를 나타냄

11 주어진 글의 내용을 바르게 이해하지 못한 것은?

① CDS 계약은 신용위험과 보험료를 교환하는 계약이라고 볼 수 있다.
② 어떤 국가의 정치적 불안정은 CDS 프리미엄에 영향을 미칠 수 있다.
③ CDS 프리미엄의 비교를 통해 기업별 신용 리스크를 간접적으로 분석할 수 있다.
④ 부도율 모형에서는 부도날 확률을 어느 정도로 추정하느냐에 따라 CDS 프리미엄이 달라질 수 있다.
⑤ CDS 프리미엄이 채권 스프레드보다 높다는 것은 CDS 프리미엄이 과소평가되었음을 의미할 수 있다.

12 주어진 자료를 참고했을 때, 아래와 같은 상황에서 ㅇㅇ국을 분석한 내용으로 적절한 것을 모두 고르면?

ㅇㅇ국에서는 지난 수년간의 꾸준한 경제 성장으로 투자자들의 두터운 신뢰를 얻고 있었다. 그러나 최근 전세계적인 경기침체로 인해 ㅇㅇ국의 주요 수출품 가격이 급락하였고, 경상수지*도 적자로 전환되었다. ㅇㅇ국에서는 추진 중이던 복지 사업과 대규모 인프라 구축 사업의 진행을 위해 국채 발행을 늘렸고, 국가 부채가 GDP 대비 90%를 초과하기에 이르렀다. 이러한 상황에서 국제 신용평가사는 ㅇㅇ국의 신용등급을 A에서 BBB로 하향 조정하였고, ㅇㅇ국 국채의 CDS 프리미엄은 50bp에서 180bp로 급등하였다.

* **경상수지**: 국가가 재화와 서비스를 외국과 거래한 결과로 나타나는 수입과 지출의 차액

ㄱ. ㅇㅇ국 정부의 차입 비용은 감소할 것이다.
ㄴ. ㅇㅇ국의 외환 유출이 심화될 가능성이 있다.
ㄷ. ㅇㅇ국에서 국채 발행을 늘린 것과 CDS 프리미엄의 급등은 관련이 있다.
ㄹ. ㅇㅇ국의 자국 통화 가치가 하락할 수 있다.

① ㄱ, ㄷ　② ㄱ, ㄹ　③ ㄴ, ㄹ
④ ㄱ, ㄴ, ㄷ　⑤ ㄴ, ㄷ, ㄹ

13 다음 〈조건〉과 같은 상황에서 자동차가 5시간 동안 주행한 거리는?

조건

- 자동차는 시속 30km 또는 시속 90km 두 가지 속력으로만 주행할 수 있다.
- 두 가지 속력으로 주행할 때의 연비는 서로 다르다.
- 시속 30km의 속력으로 주행하면 연료 1L를 사용하여 5km를 이동한다.
- 시속 90km의 속력으로 주행하면 연료 1L를 사용하여 10km를 이동한다.
- 이 자동차가 5시간 동안 주행하여 사용한 연료의 양은 34L다.

① 230km ② 240km ③ 250km
④ 260km ⑤ 270km

14 김 대리는 원화 1,000만 원을 투자하려고 한다. 다음 〈조건〉의 두 투자안 A, B의 1년 후 결과에 대한 〈보기〉의 설명 중 옳은 것만을 모두 고르면? (단, 김 대리는 원화 1,000만 원 전액을 투자안 A 또는 투자안 B 둘 중 하나에만 투자할 예정이며, 수수료나 세금은 생각하지 않는다.)

조건

- 투자안 A: 국내 금융 상품에 투자하며, 1년 후 수익률 8%를 기대할 수 있다.
- 투자안 B: 미국 금융 상품에 투자하며, 지금 원화를 달러화로 환전하여 투자한다. 달러화 기준으로 1년 후 수익률 10%를 기대할 수 있다. 1년 후에는 다시 달러화를 원화로 환전한다. 현재 원/달러 환율은 1,250원/달러이고 1년 후 원/달러 환율은 1,200원/달러로 예상된다.

보기

㉠ 투자안 B의 1년 후 원화 기준 실질적인 수익률은 5.6%다.
㉡ 투자안 B는 1년 동안 환율 변동으로 인한 추가적인 이익을 볼 수 있다.
㉢ 투자안 B를 선택하는 것이 투자안 A를 선택하는 것보다 24만 원 이익이다.

① ㉠ ② ㉡ ③ ㉠, ㉢
④ ㉡, ㉢ ⑤ ㉠, ㉡, ㉢

15 다음 〈조건〉과 같은 상황에서 세 프로그램 중 오직 한 가지만 이수한 직원 수는?

조건

- 전체 40명의 직원들은 각자 AI 자동화, Brand Management, Creative content 프로그램 중 적어도 1가지를 이수하였다.
- AI 자동화 프로그램을 이수한 직원은 25명, Brand Management 프로그램을 이수한 직원은 22명, Creative content 프로그램을 이수한 직원은 28명이다.
- 3가지 프로그램을 모두 이수한 직원이 8명이다.

① 1명 ② 4명 ③ 7명
④ 10명 ⑤ 13명

16 다음 〈자료〉와 〈보기〉를 참고할 때, 빈칸 ㉠~㉣에 해당하는 에너지원을 바르게 연결한 것은?

〈자료〉 에너지원별 발전량

(단위: GWh)

에너지원	2019년	2020년	2021년	2022년	2023년
㉠	146,000	160,180	158,020	176,050	182,500
㉡	375,030	344,500	368,700	358,770	344,160
㉢	3,450	3,270	3,680	3,720	3,795
㉣	46,300	39,840	46,410	55,860	60,190

보기

- 2021년부터 양수를 통한 발전량은 전년 대비 매년 증가하였다.
- 2019년 대비 2023년 발전량의 증가율이 가장 높은 에너지원은 신재생 및 기타이다.
- 원자력 발전량과 화력 발전량의 전년 대비 증감 변화는 서로 반대방향으로 나타났다.
- 2021년 대비 2022년 발전량 변화량이 두 번째로 큰 에너지원은 화력이다.

	㉠	㉡	㉢	㉣
①	원자력	양수	신재생 및 기타	화력
②	양수	신재생 및 기타	원자력	화력
③	원자력	화력	양수	신재생 및 기타
④	화력	원자력	양수	신재생 및 기타
⑤	화력	원자력	신재생 및 기타	양수

CHAPTER 8 실전모의고사 8회

[17~19] 다음은 공공기관 임직원 현황 및 공공기관 연간 신규채용 현황에 관한 자료이다. 이어지는 질문에 답하시오.

〈자료 1〉 공공기관 임직원 현황(현원)

(단위: 명)

구분	2018년	2019년	2020년	2021년	2022년	2023년
전체	354,250	374,000	389,880	396,480	400,670	399,720
공기업	136,570	140,800	143,960	144,200	145,070	143,940
시장형	69,750	70,300	72,690	73,200	73,860	73,190
준시장형	66,820	70,500	71,270	71,000	71,210	70,750
준정부기관	103,820	105,470	108,000	111,330	112,400	112,200
기금관리형	27,350	27,860	28,000	29,390	29,650	29,740
위탁집행형	76,470	77,610	80,000	81,940	82,750	82,460
기타공공기관	113,860	127,730	137,920	140,950	143,200	143,580

〈자료 2〉 공공기관 연간 신규채용 현황

(단위: 명)

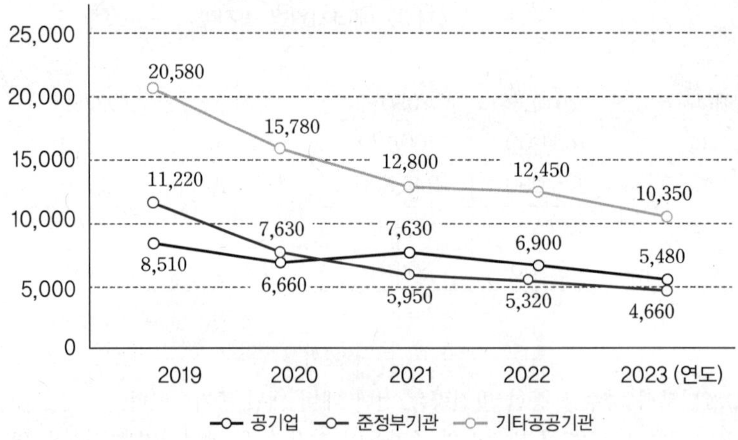

※ 공공기관 임직원 현황 및 연간 신규채용 현황은 매년 12월 말을 기준으로 함

※ 신규채용과 퇴직 외에 현원에 변동을 주는 요인은 없음

17 주어진 자료를 참고했을 때, 다음 빈칸 ㉠~㉢에 들어갈 값을 바르게 나열한 것은?

- 제시된 기간 중 공기업의 퇴직자가 가장 많았던 해는 (㉠)년이다.
- 제시된 기간 중 기타공공기관의 퇴직자가 가장 적었던 해는 (㉡)년이다.
- 2021년 준정부기관의 퇴직자 수는 (㉢)명이다.

	㉠	㉡	㉢
①	2019	2020	4,300
②	2019	2022	4,130
③	2021	2019	4,300
④	2021	2020	4,130
⑤	2023	2021	4,260

18 다음 〈자료 3〉은 공공기관 임직원 평균보수에 관한 자료이다. 〈자료 1〉과 〈자료 3〉에 대한 〈보기〉의 설명 중 옳은 것을 모두 고른 것은?

〈자료 3〉 공공기관 임직원 평균보수

(단위: 백만 원)

구분		2019년	2020년	2021년	2022년	2023년
공기업	시장형	86	87	87	89	90
	준시장형	75	78	77	78	80
준정부기관	기금관리형	77	80	80	80	82
	위탁집행형	67	68	68	69	71
기타공공기관		63	65	65	66	68

• 보기 •

ㄱ. 2019년 대비 2023년 임직원 평균보수의 증가율이 가장 높은 공공기관 유형은 기타공공기관이다.
ㄴ. 2020년 준정부기관 임직원 전체의 평균보수는 72백만 원 이상이다.
ㄷ. 2023년 공기업 임직원 전체의 평균보수는 85백만 원 이상이다.
ㄹ. 2020~2023년 시장형 공기업의 임직원 보수총액은 매년 증가하였다.

① ㄱ, ㄴ　② ㄱ, ㄹ　③ ㄴ, ㄷ
④ ㄱ, ㄷ, ㄹ　⑤ ㄱ, ㄴ, ㄷ, ㄹ

CHAPTER 8 실전모의고사 8회

19 다음 〈자료 4〉는 공공기관 연간 복리후생비 지원규모에 관한 자료이다. 〈자료 1〉과 〈자료 4〉에 대한 설명으로 적절하지 않은 것은?

〈자료 4〉 공공기관 연간 복리후생비 지원규모

(단위: 억 원)

연도	2019년	2020년	2021년	2022년	2023년
지원액	8,050	8,100	8,150	8,400	8,360

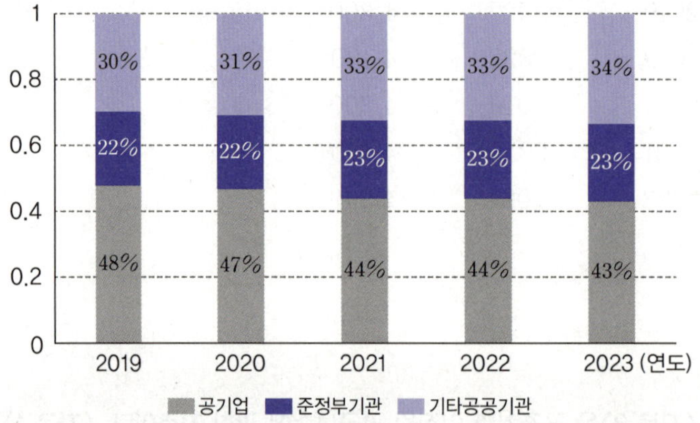

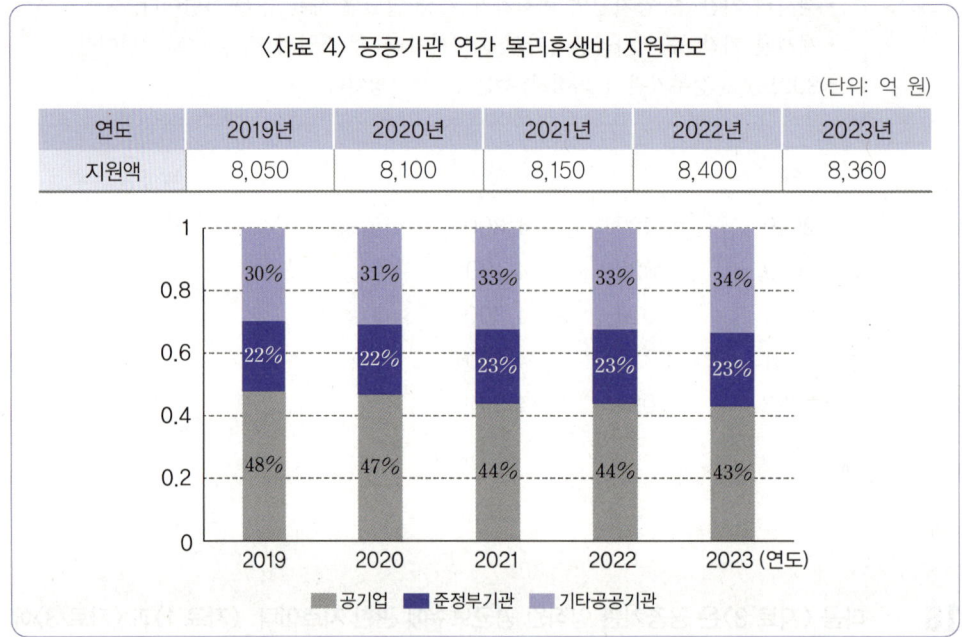

① 2019~2022년 공기업과 준정부기관의 연간 복리후생비 지원액의 합은 기타공공기관의 연간 복리후생비 지원액의 매년 2배 이상이다.

② 2019~2023년 기타 공공기관의 복리후생비 지원액은 매년 2,850억 원을 넘지 않는다.

③ 2020년 준정부기관의 1인당 연간 복리후생비 지원액은 1,650,000원이다.

④ 2019~2023년 중 공기업 임직원 수가 가장 많은 해에 공기업의 복리후생비 지원액도 가장 많다.

⑤ 2019~2023년 공공기관 전체 연간 복리후생비 지원액에서 공기업의 복리후생비 지원액이 차지하는 비중은 공공기관 전체 임직원 중 공기업 임직원이 차지하는 비중보다 항상 크다.

20 **다음은 경력에 의해서만 임금이 인상되는 어떤 사회의 임금에 대한 정보이다. 이에 대한 〈보기〉의 분석 내용으로 적절한 것을 모두 고른 것은?**

〈자료 1〉 성별 임금자료

(단위: 만 원)

구분	무경력 신입 초임	평균 경력	평균 임금
남성	280	16년	520
여성	250	12년	394

〈자료 2〉 차별과 차이의 해석

두 집단 A와 B에 대한 임금 방정식은 다음과 같은 회귀방정식으로 나타낼 수 있다.
(Y: 임금, X: 경력, β: 설명 변수의 계수, α: 절편)

$$Y_A = \alpha_A + \beta_A X_A$$

$$Y_B = \alpha_B + \beta_B X_B$$

집단 A와 B의 평균 임금 차이 $\Delta = \overline{Y}_A - \overline{Y}_B$의 우변에 $\beta_A \overline{X}_B$를 각각 더하고 빼면 다음과 같이 분해할 수 있다.

$$\Delta = \overline{Y}_A - \overline{Y}_B = (\alpha_A - \alpha_B) + \overline{X}_B(\beta_A - \beta_B) + (\overline{X}_A - \overline{X}_B)\beta_A$$

이때, $(\alpha_A - \alpha_B) + \overline{X}_B(\beta_A - \beta_B)$는 차별에 기인한 부분으로, $(\overline{X}_A - \overline{X}_B)\beta_A$는 차이에 기인한 부분으로 해석할 수 있다.

보기

ㄱ. 여성과 남성은 경력이 전혀 없는 경우에도 임금에서 차별이 존재한다.
ㄴ. 여성의 경우 경력 변수의 계수 β=12이다.
ㄷ. 차이에 기인한 임금 차이는 48만 원이다.
ㄹ. 차별에 기인한 임금 차이는 66만 원이다.

① ㄱ, ㄷ　② ㄴ, ㄹ　③ ㄱ, ㄴ, ㄹ
④ ㄱ, ㄷ, ㄹ　⑤ ㄱ, ㄴ, ㄷ, ㄹ

21 다음은 2018~2022년 신생기업 수와 창업률, 기업소멸률에 관한 자료이다. 이에 대한 〈보기〉의 설명 중 적절하지 않은 것을 모두 고른 것은?

〈자료 1〉 신생기업 수와 창업률

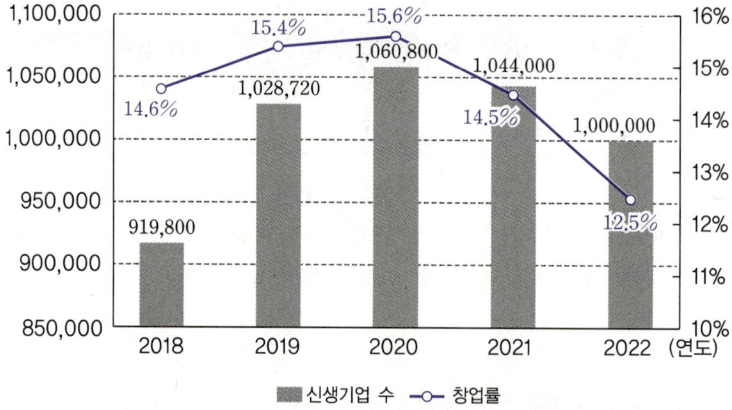

〈자료 2〉 기업소멸률

2018년	2019년	2020년	2021년	2022년
11%	13%	12%	10%	11%

※ 창업률(%)=(신생기업 수÷총활동기업 수)×100
※ 기업소멸률(%)=(소멸기업 수÷총활동기업 수)×100

보기

ㄱ. 창업률이 높은 해일수록 기업소멸률도 높다.
ㄴ. 2018년 대비 2020년 총활동기업 수는 50,000개 증가하였다.
ㄷ. 2022년 소멸기업 수는 880,000개이다.
ㄹ. 2021년 소멸기업 수는 2022년 소멸기업 수의 90%이다.

① ㄷ
② ㄱ, ㄴ
③ ㄴ, ㄷ
④ ㄱ, ㄴ, ㄹ
⑤ ㄴ, ㄷ, ㄹ

22 다음은 금융민원, 금융상담, 상속인조회 동향 및 금융권역별 금융민원 현황에 관한 자료이다. 이에 대한 설명으로 옳지 않은 것은?

〈자료 1〉 금융민원, 금융상담, 상속인조회 동향

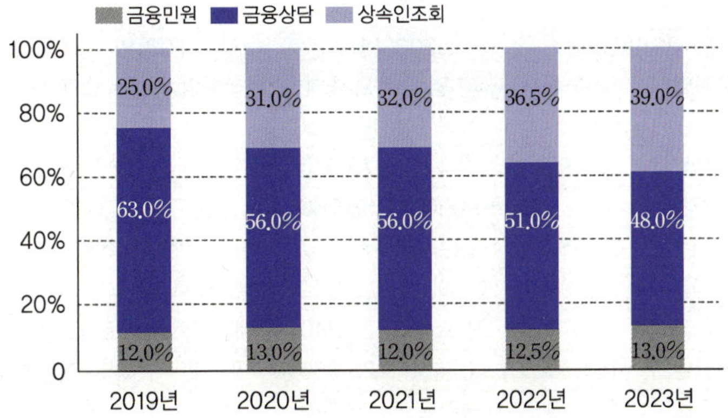

〈자료 2〉 금융권역별 금융민원 현황

(단위: 건)

연도	은행	중소서민	생명보험	손해보험	금융투자	합계
2020년	12,230	17,100	22,170	30,250	7,690	89,440
2021년	12,382	15,346	14,655	33,815	9,170	85,368
2022년	12,904	16,704	16,733	35,119	8,615	90,075
2023년	15,680	20,514	14,029	36,238	7,919	94,380

※ 금융민원은 은행, 중소서민, 생명보험, 손해보험, 금융투자로 구성되어 있다.
※ 보험사는 생명보험과 손해보험만을 취급한다.

① 2023년 상속인조회건수는 총 283,140건이다.
② 금융민원, 금융상담, 상속인조회건수의 합은 2020년 대비 2021년에 13,104건 감소하였다.
③ 2019년의 금융민원건수가 2020년보다 10% 적다면, 2019년 금융상담건수는 40만 건을 초과한다.
④ 2020년 이후 보험사의 금융민원건수는 항상 전체 금융민원건수의 50% 이상이다.
⑤ 2022년 금융민원, 금융상담, 상속인조회건수의 합은 720,600건이다.

[23~24] 다음은 2019~2022년 우리나라의 완제의약품 수출액 상위 10개국과 국내자급도 산출에 관한 자료이다. 이어지는 질문에 답하시오.

〈자료 1〉 우리나라의 완제의약품 수출액 상위 10개국

(단위: 천만 원)

구분	2019년		2020년		2021년		2022년	
	국가명	수출액	국가명	수출액	국가명	수출액	국가명	수출액
1위	독일	52,280	독일	185,600	독일	177,100	미국	81,380
2위	미국	43,390	미국	78,070	미국	109,730	독일	63,870
3위	튀르키예	40,130	튀르키예	58,960	일본	48,510	튀르키예	51,810
4위	일본	25,580	일본	41,160	튀르키예	35,920	호주	43,470
5위	중국	24,590	벨기에	28,000	싱가포르	30,540	일본	42,760
6위	헝가리	23,570	인도	26,340	네덜란드	25,950	이탈리아	32,300
7위	베트남	14,070	중국	25,650	필리핀	25,220	대만	30,580
8위	스위스	12,040	네덜란드	22,720	중국	24,540	스위스	20,850
9위	크로아티아	11,950	헝가리	21,440	베트남	23,330	브라질	18,360
10위	네덜란드	11,710	스위스	18,440	헝가리	23,280	헝가리	18,020
계	–	259,310	–	506,380	–	524,120	–	403,400

〈자료 2〉 완제의약품 국내자급도 산출 기초자료(생산액, 수출액, 수입액)

(단위: 억 원)

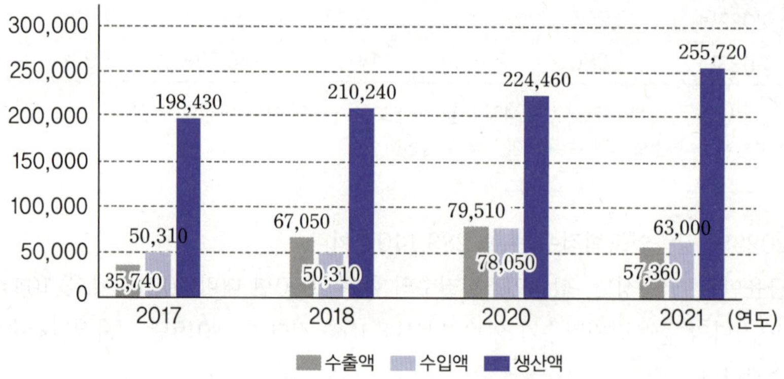

※ $\text{국내자급도(\%)} = \frac{\text{생산액} - \text{수출액}}{\text{생산액} - \text{수출액} + \text{수입액}} \times 100$

23 위 자료에 대해 해석한 것으로 적절하지 않은 것은?

① 2021년 완제의약품 국내자급도는 65%이다.

② 2020년 완제의약품 국내자급도는 전년 대비 증가하였다.

③ 2021년 싱가포르의 수출액은 전년 대비 1,210억 원 이상 증가하였다.

④ 제시된 기간 동안 2022년 완제의약품 수출액 상위 10개국으로 새로 편입된 국가가 있다.

⑤ 2022년 완제의약품 수출액 상위 10개국을 제외한 수출국으로의 수출액은 1조 7천억 원 이상이다.

24 다음은 우리나라에서 수입하는 완제의약품의 수입액 상위 10개국과 관련된 자료이다. 〈자료 1〉, 〈자료 2〉, 〈자료 3〉을 토대로 판단한 내용 중 적절하지 않은 것은?

〈자료 3〉 우리나라의 완제의약품 수입액 상위 10개국의 수입업체 수 및 수입액

(단위: 천만 원(개소))

구분	2019년		2020년		2021년		2022년	
	국가명	수입액 (업체 수)	국가명	수입액 (업체 수)	국가명	수입액 (업체 수)	국가명	수입액 (업체 수)
1위	미국	86,690 (67)	미국	91,140 (63)	독일	234,150 (59)	독일	146,290 (71)
2위	영국	78,620 (53)	독일	78,820 (76)	미국	114,790 (56)	미국	106,920 (56)
3위	독일	69,710 (74)	영국	59,020 (52)	스위스	53,420 (39)	아일랜드	55,480 (20)
4위	스위스	53,310 (39)	스위스	54,600 (39)	스페인	53,180 (21)	스위스	45,270 (39)
5위	일본	22,340 (59)	벨기에	29,370 (14)	영국	51,110 (46)	영국	50,100 (48)
6위	프랑스	21,070 (47)	네덜란드	26,370 (21)	아일랜드	39,600 (18)	네덜란드	30,860 (23)
7위	네덜란드	20,420 (20)	일본	22,850 (55)	네덜란드	34,910 (21)	벨기에	26,140 (16)
8위	덴마크	17,710 (11)	프랑스	21,150 (47)	벨기에	31,220 (13)	일본	25,200 (48)
9위	스웨덴	15,090 (15)	아일랜드	18,700 (17)	프랑스	26,110 (44)	프랑스	23,610 (43)
10위	벨기에	14,720 (13)	스웨덴	15,093 (15)	일본	23,415 (50)	스웨덴	22,280 (12)

① 아일랜드에서 수입하는 완제의약품의 경우 2021년 업체 1개소당 평균 수입액은 2020년의 2배이다.

② 전체 완제의약품 수입액 중 일본으로부터의 수입액의 비중은 2022년에 전년 대비 1%p 증가하였다.

③ 2019년 우리나라의 완제의약품 수출액과 수입액 모두 상위 10개국에 포함되는 국가는 5개국이다.

④ 2020년 전체 완제의약품 수입액 중 덴마크로부터 수입하는 완제의약품의 수입액 비중은 3% 미만일 것이다.

⑤ 제시된 기간 동안 스위스에서 수입하는 완제의약품의 경우 업체 1개소당 평균 수입액이 가장 많은 해는 2022년이다.

[25~26] 다음은 2019~2023년 산재보험 적용 근로자 수 및 재해율, 업무상 질병 재해자 수에 관한 자료이다. 이어지는 질문에 답하시오.

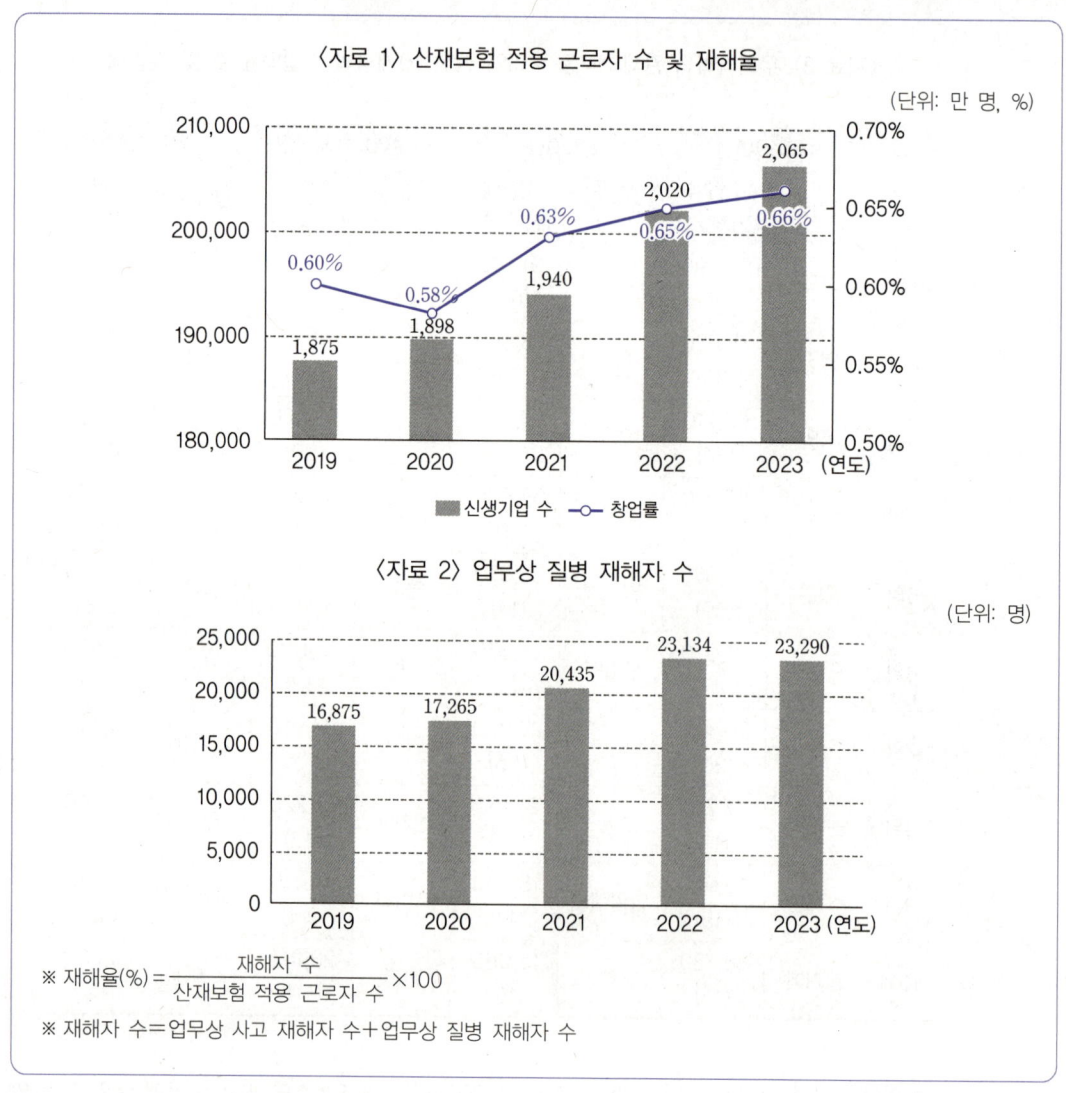

〈자료 1〉 산재보험 적용 근로자 수 및 재해율

(단위: 만 명, %)

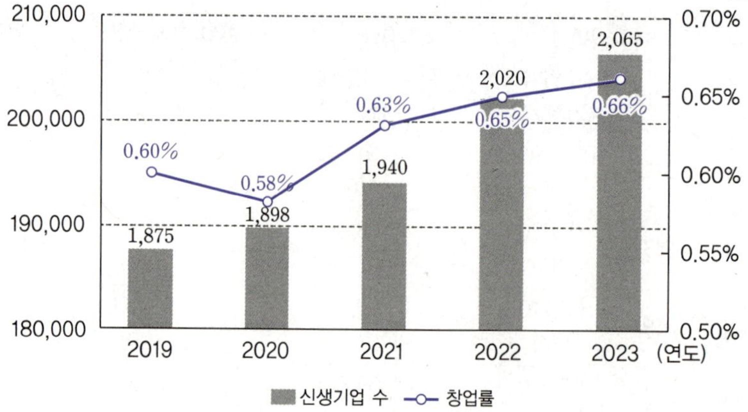

〈자료 2〉 업무상 질병 재해자 수

(단위: 명)

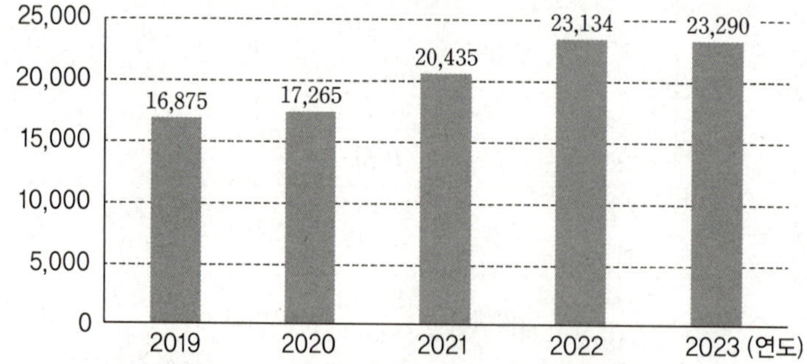

※ 재해율(%) = $\frac{\text{재해자 수}}{\text{산재보험 적용 근로자 수}} \times 100$

※ 재해자 수=업무상 사고 재해자 수+업무상 질병 재해자 수

25 위 자료에 대한 해석으로 적절하지 않은 것은?

① 제시된 기간 동안 재해자 수가 가장 적은 해는 2020년이다.

② 2021년 업무상 질병 재해자 수의 전년 대비 증가율은 2020년보다 높다.

③ 2022년 업무상 사고 재해자 수는 108,166명이다.

④ 2023년 업무상 사고 재해자 수는 업무상 질병 재해자 수의 5배를 초과한다.

⑤ 2019년 재해자 중 업무상 질병 재해자의 비중은 15%이다.

26 다음 〈자료 3〉은 업무상 재해 사망자 수 및 사고성 사망만인률에 관한 자료이다. 〈자료 1〉, 〈자료 3〉에 대한 〈보기〉의 설명 중 옳은 것을 모두 고른 것은?

〈자료 3〉 업무상 재해 사망자 수 및 사고성 사망만인률

(단위: 명, ‱)

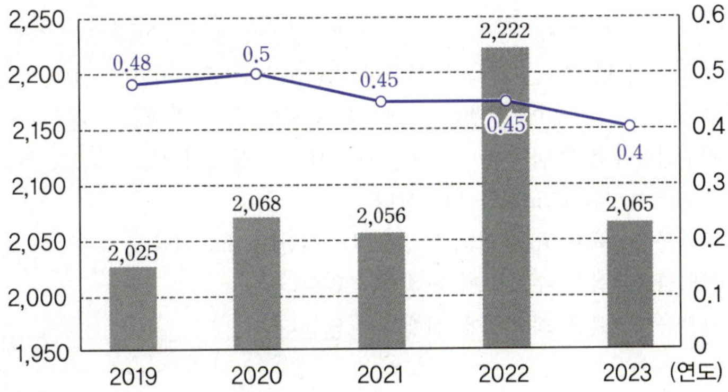

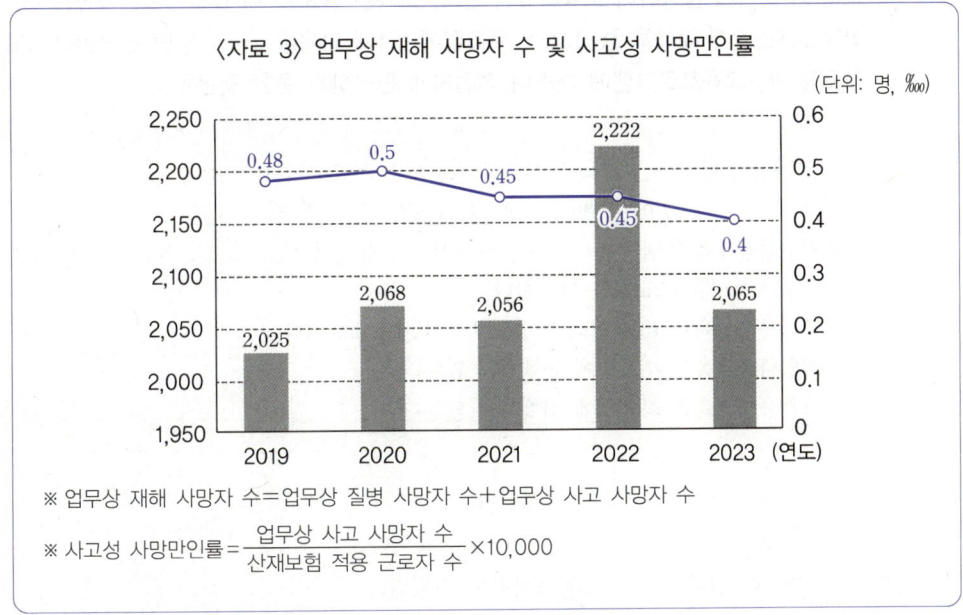

※ 업무상 재해 사망자 수=업무상 질병 사망자 수+업무상 사고 사망자 수

※ 사고성 사망만인률 = $\frac{\text{업무상 사고 사망자 수}}{\text{산재보험 적용 근로자 수}}$ ×10,000

보기

ㄱ. 업무상 사고로 인한 사망자는 2021년에 비해 2022년에 더 많다.

ㄴ. 제시된 기간 동안 업무상 사고로 인한 사망자 수가 1,000명이 넘는 기간은 1개년도이다.

ㄷ. 2020년 업무상 질병으로 인한 사망자 수는 1,120명 미만이다.

ㄹ. 2023년 업무상 질병 사망자 수는 전년 대비 감소하였다.

① ㄱ, ㄴ　② ㄴ, ㄹ　③ ㄷ, ㄹ　④ ㄱ, ㄴ, ㄷ　⑤ ㄱ, ㄷ, ㄹ

27 대한은행은 신입행원을 대상으로 교육연수를 실시하고자 한다. 대한은행 직원 A 대리, B 과장, C 과장, D 차장, E 과장은 조직문화교육, 고객응대교육, 기업금융교육, 금융윤리교육, 세일즈교육 중 하나를 담당하여 교육하고자 한다. 교육은 월요일~수요일 3일간 진행되며, 월요일과 화요일에는 2개 교육을 총 8시간, 수요일에는 1개 교육을 4시간 동안 진행한다. 다음 내용을 참고할 때, 교육프로그램에 대하여 적절하게 판단하지 못한 것은?

- E 과장이 담당하는 교육은 어떠한 교육보다도 교육시간이 길다.
- D 차장은 수요일에 진행하는 교육을 담당한다.
- 기업금융교육과 금융윤리교육은 교육시간이 동일하다.
- C 과장은 세일즈교육을 담당한다.
- 조직문화교육은 A 대리의 담당으로 3시간이 소요된다.
- 기업금융교육은 수요일에 진행하지 않는다.
- 고객응대교육은 화요일에 진행하지 않는다.

① 조직문화교육은 월요일에 실시된다.
② B 과장이 담당하는 교육은 기업금융교육이다.
③ C 과장이 담당하는 교육은 4시간이 소요된다.
④ 금융윤리교육은 화요일에 실시된다.
⑤ E 과장이 담당하는 교육은 고객응대교육이다.

28 ○○기업의 2025년 상반기 사무직 신입사원인 A~D는 2025년 1월부터 4월까지 한 달 간격으로 매월 입사하였다. ○○기업에서는 사무직 신입사원에게 입사한 달부터 총 6개월 동안 총 4개 부서에서 순차적으로 OJT를 통한 수습교육을 실시하며, 교육 순서는 동일하게 적용된다. 총 4개의 부서 중 교육기간이 1개월인 부서와 2개월인 부서는 각각 두 개씩이다. 다음 진술을 참고할 때, 신입사원 A~D의 입사 순서 및 수습교육 내역에 대한 추론으로 옳지 않은 것은? (단, ○○기업의 부서는 구매부, 관리부, 기획부, 재무부로 구성된다.)

- A: 나는 7월에 C와 같은 부서에서 근무하였다.
- B: 나는 재무부에서 근무하는 동안 A와 함께 근무한 적이 있다.
- C: 나는 5월에 D와 관리부에서 처음으로 같이 근무하였다.
- D: 나는 7월에는 구매부에서 근무하였다.

① A는 5월에 구매부에서 근무하였다.
② A~D 중 가장 먼저 입사한 사람은 B이다.
③ A와 C는 4월에도 같은 부서에서 근무하였다.
④ C와 D는 8월에도 같은 부서에서 근무하였다.
⑤ 수습교육 중 가장 먼저 교육을 실시하는 부서는 관리부이다.

29 A와 B는 아래와 같이 1~9까지의 번호가 적힌 카드를 무작위로 5개 배치한 뒤 상대방이 전체 번호를 맞추는 게임을 하고 있다. 카드에 중복된 번호는 없으며, 5개 번호 중 가운데 한 자리의 번호만 공개하고, 나머지는 총 다섯 번의 질문을 통해 추론해야 한다. B가 배치한 카드를 A가 맞추고 있다면, 아래의 질문과 답변을 통해 추론해 볼 때, 어떤 경우에도 포함될 수 없는 숫자는?

		5		

〈A의 질문과 B의 답변〉

A의 질문	B의 답변
짝수가 몇 개 포함되어 있습니까?	1개입니다.
가장 큰 숫자와 작은 숫자의 합은 몇입니까?	10입니다.
짝수는 제시된 숫자 중 몇 번째로 큽니까?	네 번째입니다.
서로 인접한 두 숫자의 최소 차이는 몇입니까?	3입니다.

① 1　　② 2　　③ 6
④ 7　　⑤ 9

CHAPTER 8 실전모의고사 8회

30 ○○기업에서는 연말을 맞아 송년회를 실시했다. 송년회의 식순은 4개의 파트(경품 추첨, 만찬, 우수 사원 표창, 개회사)로 구성되어 있다. 아래의 A~E 중 표창을 받은 사원은 2명, 표창을 받지 못한 사원 역시 2명이며, 이들 중 한 명은 식을 진행하는 진행자 역할을 맡았다. 제시된 A~E의 진술 2가지 중 표창을 받은 사원은 모두 거짓만을 진술하였고, 진행자는 모두 참만을 진술하였으며, 표창을 받지 못한 사원은 1개의 거짓과 1개의 참을 진술하였다고 한다. 이때, 적절한 추론으로 볼 수 없는 것은?

- A: 표창을 받은 사원 중 한 명은 B이다. 송년회에서 경품 추첨은 만찬보다 늦게 진행되었다.
- B: 표창을 받지 못한 사원 중 한 명은 C이다. 송년회에서 경품 추첨은 마지막 순서로 진행되었다.
- C: 표창을 받은 사원 중 한 명은 E이다. 송년회에서 만찬은 우수 사원 표창 및 경품 추첨보다 늦게 진행되었다.
- D: 표창을 받은 사람 중 한 명은 C이다. 송년회에서 개회사는 만찬보다 늦게 진행되었다.
- E: A는 진행자가 아니다. 송년회에서 만찬은 두 번째 순서로 진행되었다.

① 진행자는 A이다.
② B의 진술 중 적어도 하나는 거짓이다.
③ C는 표창을 받지 못했다.
④ 식순의 가장 처음은 '개회사'이다.
⑤ E는 표창을 받지 못했다.

31 갑, 을, 병, 정 네 사람은 여름휴가를 맞아 국내 섬을 여행하기로 하였다. 다음은 갑~정 네 사람이 승선한 ☆☆페리의 1호칸 좌석 배치도이다. 배치도 및 〈탑승 정보〉를 참고할 때, 갑~정이 앉은 좌석에 대한 추론으로 적절하지 않은 것은?

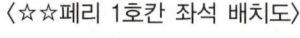

〈☆☆페리 1호칸 좌석 배치도〉

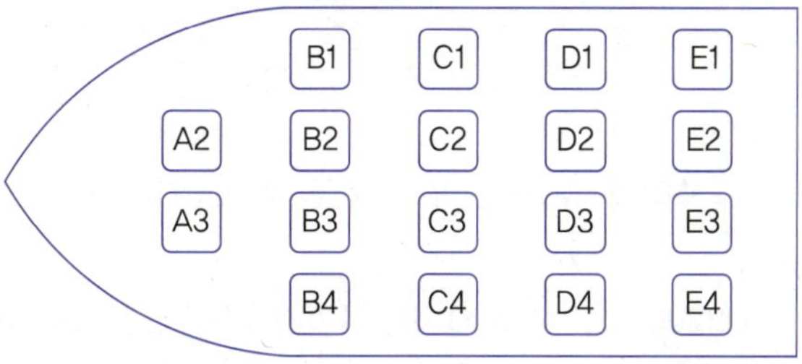

※ 좌측의 뾰족한 부분이 배의 머리 부분에 해당하며 모든 좌석은 뱃머리를 향해 있다.
※ 알파벳은 좌석 배치열을, 숫자는 좌석 배치행을 나타낸다.

〈탑승 정보〉

- 뱃머리를 기준으로 앞열에 앉은 사람은 뒷열에 앉은 사람을 볼 수 없다.
- 뱃머리를 기준으로 뒷열에 앉은 사람은 같은 행의 앞열에 앉은 어떤 사람도 볼 수 없다.
- 뱃머리를 기준으로 뒷열에 앉은 사람은 자신의 좌석과 정확히 45° 대각선 방향의 직선으로 연결되는 앞열에 앉은 어떤 사람도 볼 수 없다.
- 갑~정, 그리고 4인으로 구성된 가족이 마지막으로 1호칸에 탑승한 이후 1호칸은 만석이 되었다.
- 갑~정과 함께 탑승한 4인 가족은 모두 특정 열에 일렬로 착석하였고, 갑~정은 모두 다른 열에 앉았다.
- 갑이 앉은 자리에서 병과 정을 모두 볼 수 있었다.
- 을은 E열에 앉았고, 갑과 병을 볼 수 없었다.
- 병은 1행에 앉았고, 함께 탑승한 4인 가족과 인접한 열에 앉지 않았다.
- 정이 앉은 행은 갑~병이 앉은 행과 중복되지 않았다.

① 병이 앉은 좌석은 B1이다.
② D행에는 갑~정 중 아무도 앉지 않았다.
③ 을이 E4에 앉은 경우 정은 A2에 앉는다.
④ 갑이 C4에 앉은 경우 정은 A3에 앉는다.
⑤ 을이 E2에 앉는 경우는 없다.

[32~33] 다음 자료를 읽고 질문에 답하시오.

2025년 해외인증등록 지원사업 신청 공고

○○군 농식품 수출 확대에 필요한 해외인증등록·취득 지원을 통한 수출 경쟁력 강화를 위해 '2025년 해외인증등록 지원사업'의 사업자 지원계획을 다음과 같이 공고합니다.

1. 사업 개요
   - 지원 대상: ○○군 소재 농식품 수출 희망 농업법인
   - 지원 규모: 2,800만 원
   - 지원 내용: 농식품 수출에 요구되는 인증 취득 및 연장에 소요되는 총비용의 70% 지원

2. 지원 대상 인증
   ISO22000, FSSC22000, Global GAP, 유기가공식품인증, Halal, Vegan, Gluten-free, NON-GMO, China HACCP
   ※ ISO22000, 유기가공식품인증은 전년도 수출실적이 있는 업체에 한함(수출실적 증빙자료 첨부 필수)
   ※ ISO22000과 FSSC22000 중복신청 시 FSSC22000을 우선 선정

3. 지원 범위

구분	세부항목	기준	제출서류
인증 취득 비용	심사비 및 등록비	심사위원의 인건비, 인증기관의 행정처리비용 등이 포함된 비용	인증기관에서 발행한 영수증
	실사비	해외에 위치한 인증기관 실사단의 국제선 왕복 항공료	① 항공편 티켓 ② 여행사에서 발행한 영수증 ③ 실사단의 한국체류 세부일정
	제품시험비	인증 요구사항에 따른 제품분석비 및 시료운송비 ※ 시료운송비는 16만 원 한도로 지원	① 시험기관에서 발행한 영수증 ② 시험기관에서 작성한 제품시험결과서 ③ 운송사에서 발행한 영수증
대행 비용	통역 및 서류번역비	서류심사를 위한 서류번역 및 현장심사를 위한 통역비 ※ 컨설팅비와 중복신청 불가	① 통번역사 프로필 ② 통번역사 비용 지출증빙 ③ 통역결과보고서 ④ 번역결과물(원문 및 번역본)
	컨설팅비	인증 취득을 위해 컨설팅 기관에 의뢰 시 발생하는 컨설팅 비용 ※ 인증별 400만 원 한도	① 컨설팅보고서 ② 컨설팅기관에서 발급한 영수증
	교육비	해당 인증 취득을 위한 교육에 한하여 인증별 최대 2인 지원	① 교육기관 이수증 ② 지출증빙사본
	예비심사비	인증기관에서 수행한 예비심사비용	인증기관에서 발행한 영수증

4. 기타 정산 관련 사항
   - 인증 취득 및 연장 비용과는 달리, 대행비용의 지원한도는 인정된 총소요비용의 50%에 해당하는 금액임
   - 영양성분검사, 제품시험분석비 등은 인증·등록에 필수요건인 경우에 한해 지원함
   - 현지 화폐로 집행한 비용은 집행 당시 적용된 환율을 적용함

32 **주어진 자료를 참고할 때, 다음 지원사업 신청 및 결과에 대한 내용으로 적절한 것을 모두 고르면? (단, A~D는 모두 ○○군에 소재한 법인이다.)**

ㄱ. 2025년에 신설한 A법인은 자사 식품의 해외 수출을 목적으로 ISO22000, 유기가공식품인증, FSSC22000, Global GAP 인증을 받기 위해 위 사업에 지원 신청하였는데, 3개 인증에 대해서만 지원 대상으로 선정되었다.

ㄴ. 위 사업의 지원 대상인 B법인은 자사의 김을 말레이시아로 수출하기 위한 Halal 인증을 취득하는 과정에서 말레이시아에서 방문한 실사단 2인의 검사 부대비용(항공료 및 숙박료)을 지불하고 이후 항공료에 대해서만 지원금을 지급받았다.

ㄷ. 위 사업의 지원 대상인 C법인은 프랑스에 수출 중인 자사의 두유에 대한 Vegan 인증을 연장하기 위해 갱신심사를 청구하여 2,700유로를 지불하였고, 인증기관으로부터 재교부받은 인증서를 첨부하여 심사비 지불 당시의 환율에 따른 지원금을 지급받았다.

ㄹ. 위 사업의 지원 대상인 D법인은 중국으로 자사 식품 수출을 위해 China HACCP 인증을 취득하는 과정에서 인증기관으로부터 필수서류 외 수은 검사성적서 및 살모넬라균 검사성적서를 추가로 요청받아 시험기관에 제품시험을 의뢰하였고, 제품분석비에 대해 추후 지원금을 지급받았다.

① ㄴ ② ㄷ ③ ㄱ, ㄴ
④ ㄴ, ㄹ ⑤ ㄱ, ㄷ, ㄹ

33 **다음은 위 사업의 지원 대상으로 선정된 X법인의 해외 수출 목적의 유기가공식품인증 취득 과정에서 발생한 지출내역을 정리한 자료이다. 이를 참고할 때, 적절하지 않은 것은?**

〈정산항목별 지출내역〉

정산 세부항목	소요비용(원)	기타사항
심사비 및 등록비	3,000,000	
실사비	2,040,000	영국의 인증기관 실사단 내방에 따른 왕복항공료(1인 이코노미석)
제품시험비	600,000	• 인증 요구사항에 따른 제품분석 실시 • 시료운송비 200,000원 포함
통역비 및 서류번역비	700,000	
컨설팅비	5,000,000	
교육비	1,200,000	농산물우수관리인증 교육 3인 참가

① X법인이 지원받을 수 있는 대행비용의 최대한도는 240만 원이다.
② 제품시험비 중 인정되는 금액은 56만 원이다.
③ X법인이 지원금을 최대로 지급받기 위해 제출해야 할 서류는 최소 11종이다.
④ 예비심사비 20만 원이 추가되는 경우 지원금의 추가액은 최대 10만 원이다.
⑤ X법인이 지급받게 될 총지원금은 최대 632만 원이다.

[34~35] 다음 자료를 읽고 질문에 답하시오.

□□연구원 승진임용 관리규칙

제3조(승진의 방법 및 절차) ① 직원을 승진임용할 때에는 동일 직종의 바로 하위 직급에 재직하는 직원을 임용한다. 직급별 승진자의 수는 매년 초 원장이 정하며, 책임급 이상의 정원이 전체 정원의 20% 이내가 되도록 한다.

② 인재소통부장은 「인사규정」 별표 1의 자격기준과 승진소요최저연수를 충족하는 승진가능자를 선정하여 인사위원회에 보고한다.

③ 인사위원회는 성과평가, 경력, 인사위원회평가를 거쳐 승진후보자명부를 작성하고 해당 결과를 원장에게 보고한다.

④ 원장은 승진후보자명부의 후보자 중 제1항의 승진자 수 범위 내에서 최종 선정한다.

⑤ 연구원, 사원은 원급에 해당한다.

제4조(승진소요최저연수) 직원의 승진에 있어서는 아래 기간 이상 당해직급에 재직하여야 한다.

승진직급	승진소요최저연수
수석급	책임급 4년
책임급	선임급 3년
선임급	원급 3년

제5조(승진후보자명부 작성) ① 승진후보자명부(이하 "명부"라 한다.)는 총점을 100점 만점으로 하여 작성하되, 성과평가 70점, 경력 20점, 인사위원회 평가 10점을 각각 만점으로 한다.

② 성과평가 점수는 최근 3년 이내에 성과평가규칙에 따라 평가한 등급을 아래와 같이 환산하여 직전년도 평가점수 50%, 2년 전 평가점수 30%, 3년 전 평가점수 20%의 비율로 가중치를 반영하여 산정한 값을 합산하여 반영한다.

성과평가 등급	환산점수
S	70점
A	60점
B	50점
C	40점
D	30점

※ 육아휴직으로 인한 평가 제외 연도는 'B'에 해당하는 점수 반영

③ 경력점수는 근속경력에 따라 산정하며, 근속경력 1년당 1점을 부여하며 그 한도는 20점으로 한다. 이때 휴직과 정직 및 직위해제 기간은 근속기간에는 해당하나 근속경력에는 산입하지 아니한다. 다만, 육아휴직 중 자녀당 최초 1년은 근속경력에 산입한다.

④ 인사위원회 평가점수는 인사위원회 위원이 10점의 범위 내에서 평정하되, 성과평가, 근속경력 등을 종합적으로 고려하여 평정한다.

〈자료 1〉 2025년 ㅁㅁ연구원 승진후보자 명부

소속	성명	현직급	성과평가 결과			경력 점수	인사위원회 평가점수	비고
			'22년	'23년	'24년			
인재소통부	김ㅇㅇ	책임	S	S	A	13	8	
기획조정실	박ㅇㅇ	책임	A	A	S	10	9	
구매조달부	정ㅇㅇ	선임	B	A	B	9	8	'21~'22년 육아휴직
디지털전략부	유ㅇㅇ	선임	B	B	A	8	7	
구매조달부	최ㅇㅇ	선임	S	A	S	6	9	
정책연구실	권ㅇㅇ	연구원	B	B	D	5	6	'22~'23년 육아휴직
인재소통부	서ㅇㅇ	사원	A	C	A	4	7	

※ 성과평가 결과의 경우 연간 가중치를 반영하기 전 실제등급으로 작성되었음

〈자료 2〉 2025년 ㅁㅁ연구원 정원관리

직급	2025년 정원	현원
수석급	35명	34명
책임급	73명	71명
선임급	234명	230명
원급	198명	198명
총계	540명	533명

※ 2025년 직급별 승진자 수는 해당 직급의 정원에 미달하는 인원수로 함

34 위 자료를 참고할 때, 추론한 내용으로 적절한 것은?

① 〈자료 1〉은 인재소통부장이 작성한다.

② 정책연구실 권ㅇㅇ 연구원의 근속기간은 4년이다.

③ 2025년 정원과 현원의 차이는 7명이므로 승진후보자 명부의 모든 인원이 승진 가능하다.

④ 2026년에 정원이 10명 늘어나는 경우 수석급 정원은 3명 더 늘릴 수 있다.

⑤ 기획조정실 박ㅇㅇ 책임과 구매조달부 최ㅇㅇ 선임 모두 원급으로 입사하였다면 선임급으로 근속한 기간은 동일하다.

CHAPTER 8 실전모의고사 8회

35 **□□연구원 원장은 2025년 승진대상자 중 최근 3년간 가중치를 반영한 성과평가 점수, 경력점수, 인사위원회 평가점수의 총합산점수가 70점 이상인 자 중 승진자 수의 범위 내에서 고득점자순으로 승진임용을 하고자 한다. 승진임용 결과에 대한 설명으로 적절하지 않은 것은? (단, 총합산점수 동점자의 경우 경력점수가 높은 자를 우대한다.)**

① 2025년 선임급으로 승진 임용될 직원은 없다.
② 디지털전략부 유○○ 선임은 2025년에 책임급으로 승진 임용될 수 있다.
③ 2025년 수석급으로 승진 임용될 직원은 인재소통부 김○○ 책임이다.
④ 현직급이 선임인 직원 중 총합산점수 최고득점자와 최저득점자의 점수 차이는 12점이다.
⑤ 승진후보자 명부의 직원 중 성과평가 점수가 가장 높은 사람은 구매조달부 최○○ 선임이다.

36 다음은 본사에서 각 생산공장 A~E까지의 경로 및 소요시간을 나타낸 그림이다. 본사에서는 최근 신제품 생산공정에 대한 교육을 위해 각 공장을 방문하기로 하였다. 아래의 〈조건〉을 고려하여 교육을 실시한다고 할 때, 최단시간으로 종료하기 위해 가장 마지막으로 교육을 실시하는 생산공장은? (단, 마지막 생산공장에서 본사로 복귀하는 시간까지 고려한다.)

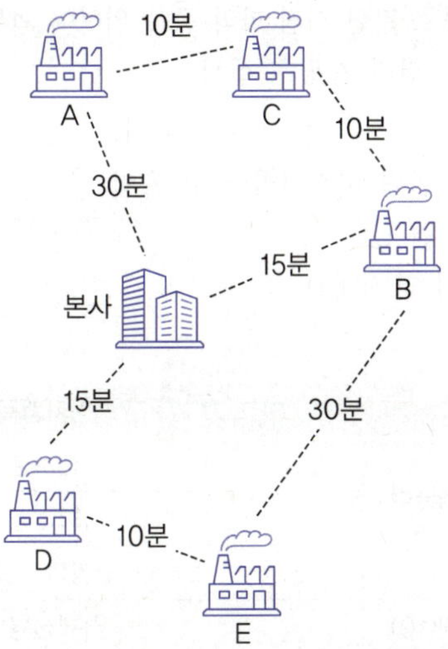

〈생산공장별 교육 실시 고려사항〉

- 생산공장별로 교육에 소요되는 시간은 1시간이다.
- C생산공장과 D생산공장의 경우 담당자의 사전 교육으로 교육시간이 30분 단축된다.
- 본사 교육팀은 모두 함께 움직이며, 본사에서 오전 9시 정각에 출발한다.
- 교육팀은 제시된 경로로만 이동할 수 있다.(중복이동은 가능)
- 점심시간은 정오 12시부터 오후 1시까지이다. 점심시간에는 이동 및 교육을 할 수 없다.
- B생산공장은 오전 11시 이후부터 교육을 받을 수 있다.
- A생산공장의 경우 오후 3시에 근무자들의 교대가 이루어지고, D생산공장의 경우 오후 4시에 근무자들의 교대가 이루어진다.
- 근무자들의 교대가 이루어지는 경우 교대시간 전후 30분 동안은 교육을 실시할 수 없다.
- 교육진행 중에 교육을 실시할 수 없는 시간이 도래할 것으로 예상되는 경우에는 해당 사정이 종료한 이후에 교육을 시작하여야 한다.

① A　　② B　　③ C
④ D　　⑤ E

CHAPTER 8 실전모의고사 8회

[37~38] 다음 자료를 읽고 질문에 답하시오.

〈금융상품 판매 관련 미스터리 쇼핑 용역 RFP〉

1. 사업 목적

금융상품 판매 및 금융거래자보호 관련 정책 수립 및 영향평가, 금융회사의 관련 법규 준수 수준에 대한 평가, 금융거래자 보호 관련 쟁점 파악 등을 위하여 외부 전문기관을 통해 금융회사의 금융상품 판매 과정에 대한 미스터리 쇼핑을 실시

2. 사업 내용

- 사업명: 금융상품 판매 관련 미스터리 쇼핑 용역
- 추정가격: 90,000,000원
- 사업기간: 계약일로부터 약 9개월

3. 제안서 평가

평가부문		평가항목	배점
기술능력평가 (80)	업무수행능력 (70)	전문성	20
		보안성	20
		조사원 구성과 선정 및 교육	30
	관리지원(10)	업체신용도	10
입찰가격평가(20)		제안가격의 적정성	20

- 기술능력평가(80점)
  - 평가위원회에서 각 위원들이 평가항목에 대해 등급을 매기는 방식으로 기술능력평가를 실시함
  - 평가항목별 전체 평가위원의 평가등급 환산점수 합계를 평가위원 수로 나누어 평가등급 환산점수의 평균을 산출한 뒤 평가항목별 배점을 곱하여 모두 합산한 값을 종합점수로 함

※ 평가등급 환산점수: A=1, B=0.9, C=0.8, D=0.7, E=0.6

※ 종합점수: '항목별 배점×평가등급 환산점수의 평균'을 합산한 값

- 입찰가격평가(20): [별표 1]의 입찰가격 평점산식에 따른 평점

4. 계약자 선정

- 기본방침: 협상에 의한 계약
- 제안서 평가 결과, 기술능력평가 점수가 기술능력평가 배점의 85% 이상인 자를 협상 적격자로 선정하고 각 협상적격자에게 협상 순위를 통보함
  - 협상 순위는 기술능력평가의 종합점수와 입찰가격평가 점수를 합산한 점수의 고득점자순으로 함
- 우선협상대상자와 계약조건을 협상하여 계약 대상자를 선정하며, 협상 결렬 시 차순위 협상대상자와 협상하되, 우선협상대상자와 협상이 성립되는 경우 해당 업체를 낙찰자로 확정하고 차순위 업체와 협상을 실시하지 않음
- 모든 협상대상자와 협상이 결렬되거나 입찰자가 없는 경우 협상 조건의 변경 없이 재입찰 공고 실시

〈입찰참가업체에 대한 평가위원 X~Z의 기술능력평가 결과〉

구분	평가항목별 평가 결과																입찰가격
	전문성				보안성				조사원 구성과 선정 및 교육				업체신용도				
	W	X	Y	Z	W	X	Y	Z	W	X	Y	Z	W	X	Y	Z	
○○기업	B	A	B	A	C	D	D	C	B	D	C	A	C	C	B	B	60,000,000
△△기업	D	E	C	D	B	B	B	B	B	A	C	B	B	A	C	B	84,000,000
□□기업	A	B	B	A	B	C	D	C	A	B	A	B	C	C	B	B	90,000,000
☆☆기업	C	C	C	C	D	D	C	C	B	A	A	B	D	C	C	B	78,750,000
◇◇기업	C	D	C	B	A	B	B	A	C	B	C	B	C	C	B	B	67,500,000

37 **위 자료를 참고할 때, 협상적격자가 될 수 없는 기업은?**

① ○○기업 ② △△기업 ③ □□기업 ④ ☆☆기업 ⑤ ◇◇기업

38 **위 자료 및 아래의 [별표 1]을 참고할 때, 계약자 선정 과정에 대한 설명으로 적절하지 않은 것은?**

[별표 1] 입찰가격 평점산식

1. 입찰가격을 추정가격의 100분의 80 이상으로 입찰한 자에 대한 평가

$$\text{평점} = \text{입찰가격평가 배점한도} \times \frac{\text{최저입찰가격}}{\text{해당 입찰가격}}$$

- 최저입찰가격: 유효한 전체 입찰자 중 최저입찰가격으로 하되, 그 가격이 추정가격의 100분의 70 미만일 경우에는 100분의 70으로 계산
- 해당 입찰가격: 해당 평가대상자의 입찰가격

2. 입찰가격을 추정가격의 100분의 80 미만으로 입찰한 자에 대한 평가

$$\text{평점} = \text{입찰가격평가 배점한도} \times \left(\frac{\text{최저입찰가격}}{\text{추정가격의 80\% 상당가격}}\right) + \left[2 \times \left(\frac{\text{추정가격의 80\% 상당가격} - \text{해당 입찰가격}}{\text{추정가격의 80\% 상당가격} - \text{추정가격의 70\% 상당가격}}\right)\right]$$

- 최저입찰가격: 유효한 전체 입찰자 중 최저입찰가격으로 하되, 그 가격이 추정가격의 100분의 70 미만일 경우에는 100분의 70으로 계산
- 해당 입찰가격: 해당 평가대상자의 입찰가격으로 하되, 입찰가격이 추정가격의 100분의 70 미만일 경우에는 위 산식을 적용하지 않고 배점한도의 30%에 해당하는 평점을 부여

① 최우선협상대상자는 ◇◇기업이다.
② 입찰가격평가 점수의 최고점은 18.5점이다.
③ 입찰가격평가 점수가 10점 미만인 기업이 있다.
④ 만일 ○○기업과의 협상이 결렬된다면 재입찰 공고가 게시될 것이다.
⑤ 만일 △△기업과의 협상이 결렬된 경우 차순위 협상대상자로는 2개 기업이 남는다.

[39~40] 다음 자료를 읽고 질문에 답하시오.

ㅁㅁ은행 건강 적금 상품설명서

1. 주요내용
   - 계약기간: 12개월(12회 납입)
   - 가입금액: 월 1만 원 이상 20만 원 이하(매월 정액 납입)
   - 이자지급시기: 만기일시지급식(만기 또는 중도해지 시 이자 지급)
   - 금리: 우대조건 충족 여부에 따라 조건1 중 하나의 이율 및 조건2의 우대이율 각각 적용
   - 금리적용방식: 기본금리+우대금리(조건 충족 시)

구분			연 금리
기본금리	12개월		1.00%
우대금리	조건1) 연간 걸음 수 달성 여부에 따른 우대금리 적용(신규일~계약상 만기일 전일까지)	1백만 보 이상	1.00%p
		2백만 보 이상	2.00%p
		3백만 보 이상	3.00%p
		4백만 보 이상	8.00%p
	조건2) 6회 이상 당행 입출금통장을 통한 자동이체로 적금 납입		1.00%p

※ 조건1 적용을 위해 ㅁㅁ은행 모바일뱅킹 어플리케이션에서 제공하는 걸음 수 산정 서비스인 "건강지킴이 서비스"에 본인 명의의 휴대폰으로 가입하여야 함

※ 조건 1의 실적 인정기간
- 계약상 만기일 또는 만기일 경과 후 해지하는 경우: 계약상 만기일 전일까지의 실적
- 만기앞당김 해지 또는 계약상 만기일이 주말 및 공휴일로 직전 영업일에 해지하는 경우: 해지 전일까지의 실적

※ 조건2는 계약기간 이내 입금된 실적에 한하며, 첫회 납입액은 실적 인정 기준에서 제외

- 만기이자 산출근거
  - 이자계산방법=입금금액×만기 시 적용금리×$\frac{\text{예치일수}}{365}$
  - 입금금액마다 입금일부터 만기일 전일까지의 기간에 대해 만기 시 적용금리로 계산한 이자를 합계
- 중도해지금리 및 계산방법

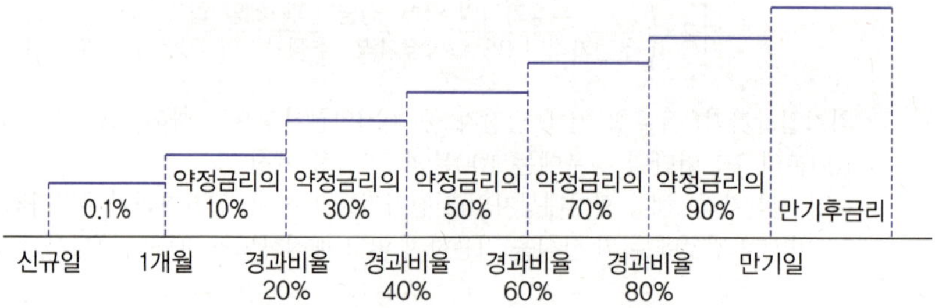

※ 중도해지 시에는 중도해지일을 계약상 만기일로 보아 우대금리를 적용한다.

• 만기 후 금리

경과기간	만기 후 이자율
만기 후 1개월 이내	가입 당시 기본금리나 만기시점 동일한 계약기간의 동일상품(없을 시 가입 당시 기본금리) 신규 기본금리 중 낮은 금리
만기 후 1개월 초과 6개월 이내	가입 당시 기본금리나 만기시점 동일한 계약기간의 동일상품(없을 시 가입 당시 기본금리) 신규 기본금리 중 낮은 금리×50%
만기 후 6개월 초과	가입 당시 기본금리나 만기시점 동일한 계약기간의 동일상품(없을 시 가입 당시 기본금리) 신규 기본금리 중 낮은 금리×20%

• 만기앞당김 해지: 모든 회차의 납입금을 입금한 경우, 만기일 1개월 이내에서 만기앞당김지급 가능(단, 만기를 앞당긴 날만큼의 이자를 만기지급이자에서 공제 후 지급)

2. 유의사항

월저축금을 매월 약정일보다 늦게 입금하였을 경우 만기지급금에서 ① 입금지연이자를 차감하거나 ② 월평균지연일수만큼 만기일이 늦춰질 수 있습니다.

① $\text{입금지연이자} = \dfrac{\text{총지연일수} - \text{총선납일수}}{365} \times \text{입금지연이율}(=\text{약정이율}) \times \text{월납입금액}$

② $\text{월평균지연일수} = \dfrac{\text{총지연일수} - \text{총선납일수}}{\text{계약월수}}$

39 **위 자료를 참고하여 아래의 사례를 판단한 내용으로 적절한 것은? (단, 이자소득세는 고려하지 않는다.)**

A씨는 □□은행 건강 적금에 2025년 2월 1일 가입하였다. 가입 당시 첫 회분을 납입하였고, 이후 매월 15일을 적금 납입일로 지정하였다. A씨는 적금 가입 시 납입 방법을 □□은행 입출금통장에서의 자동이체로 설정하여 현재까지 납입해왔으며, 2025년 7월 16일(수) 현재 측정된 걸음 수는 120만 보이다. 계약상 만기일은 2026년 2월 1일(일)이다.

ㄱ. A씨가 2025년 7월 17일 적금을 중도해지하는 경우 적용되는 이율은 1%이다.
ㄴ. A씨가 최고 금리를 적용받기 위해서는 현재 납입 방법의 변경 없이 2026년 1월 30일까지 추가로 280만 보 이상 걸어야 한다.
ㄷ. A씨가 만기까지 매월 20만 원씩 입금하였고, 최고 금리를 적용받은 경우 만기에 지급받게 될 이자는 24만 원이다.
ㄹ. A씨가 매월 20만 원씩 입금하였고, 최고 금리를 적용받는 경우 만기 5일 전 만기앞당김 해지를 신청한다면 지급받게 될 이자와 만기지급이자의 차액은 3,000원 이상이다.

① ㄱ, ㄹ　② ㄴ, ㄹ　③ ㄷ, ㄹ
④ ㄱ, ㄴ, ㄷ　⑤ ㄱ, ㄷ, ㄹ

40 위 자료를 참고할 때, 건강 적금의 만기와 관련하여 적절하지 않은 것은?

① 월저축금의 지연입금일수가 연간 총 15일인 경우, 마지막 달 저축금을 15일 선납한다면 만기일에는 변함이 없을 것이다.

② 건강 적금 만기시점에 해당 상품의 판매가 종료된 경우, 만기 후 1개월 이내까지 납입금액에 적용되는 이자율은 1%이다.

③ 건강 적금 만기시점에 신규 기본금리가 0.5%인 6개월 만기 건강 적금 상품만 존재하는 경우, 만기 후 2개월에 납입금액에 적용되는 이자율은 0.5%이다.

④ 총지연일수 10일, 총선납일수 0일인 경우, 입금지연이자는 적금 만기 10일 전에 만기앞당김 해지를 한 경우에 공제되는 이자액보다 적다.

⑤ 총지연일수 16일, 총선납일수 4일로, 월평균지연일수만큼 만기일이 늦춰지는 경우에 조건 1의 실적 인정기간은 최초 계약상 만기일까지이다.

8회 Self Check List

	오답 수(개)	무응답 수(개)	풀이시간(분)
1회독	/ 40	/ 40	/ 80
2회독	/ 40	/ 40	/ 65
3회독	/ 40	/ 40	/ 50

MEMO

독끝 한눈에 보는 유형배치표

의사소통능력 78문항

유형 1 개념의 이해 및 활용 23문항

모의고사								
회차	1회	2회	3회	4회	5회	6회	7회	8회
문제번호	3	1	4	4	2	4	2	3
	6		7	6	8	6	6	5
			9	7			11	6
				8				9
								10
								12
오답 수	/ 23							

유형 2 글의 내용 일치/불일치 13문항

모의고사								
회차	1회	2회	3회	4회	5회	6회	7회	8회
문제번호	2	6	1		3	1	1	11
	4		3		6		10	
	9						12	
오답 수	/ 13							

유형 3 논리적 추론

24문항

모의고사								
회차	1회	2회	3회	4회	5회	6회	7회	8회
문제번호	1	2	5	1	1	7	4	1
	5	4	8	3	7	8	5	7
	7	5		9			8	8
		8					9	
		9						
오답 수	/ 24							

기타유형

18문항

모의고사					
유형	4. 빈칸 삽입	5. 맥락상 어울리지 않는 문장/문단 찾기	6. 논지 강화/약화 (근거 제시/반박/비판 유형도 포함)	7. 사례 선택	8. 문단배열
문제번호	1회 8	5회 4	2회 3	4회 2	3회 6
	2회 7	7회 3	6회 5	5회 9	
	3회 2			6회 2	
	4회 5			6회 9	
	5회 5			8회 4	
	6회 3				
	7회 7				
	8회 2				
오답 수	/ 8	/ 2	/ 2	/ 5	/ 1

수리능력

84문항

유형 1 응용수리

16문항

실전모의고사								
회차	1회	2회	3회	4회	5회	6회	7회	8회
문제번호	10	10	10	10	10	10	13	13
	11	11	11	11	11	11	14	15
오답 수	/ 16							

유형 2 금융수리_환율 및 실용계산/원리합계

15문항

실전모의고사								
회차	1회	2회	3회	4회	5회	6회	7회	8회
문제번호	12	12	12	12	12	12	15	14
	13	13	13	13	13	13	16	
오답 수	/ 15							

유형 3 자료해석_자료에 대한 진위 판단(계산 필요/불필요)

26문항

실전모의고사								
회차	1회	2회	3회	4회	5회	6회	7회	8회
문제번호	14		14	14	14	14	18	21
	15		15	15	16	15	20	22
	17		16		17	17	22	23
			17			19	23	25
							24	
							27	
오답 수	/ 26							

유형 4 자료해석_자료계산

7문항

실전모의고사								
회차	1회	2회	3회	4회	5회	6회	7회	8회
문제번호	16	15	18		15	16	25	17
오답 수	/ 7							

유형 5 자료해석_추가자료 활용

13문항

실전모의고사								
회차	1회	2회	3회	4회	5회	6회	7회	8회
문제번호	18	16		16	18	18	19	18
		17					21	19
							26	24
								26
오답 수	/ 13							

기타유형

7문항

실전모의고사			
유형	6. 자료해석_상황판단형	7. 자료해석_보고서 작성	8. 자료해석_자료변환
문제번호	2회 18	2회 14	4회 18
	4회 17		
	7회 17		
	8회 16		
	8회 20		
오답 수	/ 5	/ 1	/ 1

문제해결능력

89문항

유형 1 조건추리(매칭, 배치)

7문항

실전모의고사								
회차	1회	2회	3회	4회	5회	6회	7회	8회
문제번호	20	29	20	20	22			27
								31
오답 수	/ 7							

유형 2 조건추리(일반)

5문항

실전모의고사								
회차	1회	2회	3회	4회	5회	6회	7회	8회
문제번호	19	28			26	20		28
오답 수	/ 5							

유형 3 논리퍼즐

14문항

실전모의고사								
회차	1회	2회	3회	4회	5회	6회	7회	8회
문제번호	23	32	19	19	23	21	33	29
	24	33	31	21	28	22		
오답 수	/ 14							

유형 4 공고문/규정 이해

16문항

실전모의고사								
회차	1회	2회	3회	4회	5회	6회	7회	8회
문제번호	21	19	22	23	19	23	30	32
	22	26		32	32	30	38	40
						35		
오답 수	/ 16							

유형 5 지문의 이해 및 활용

23문항

실전모의고사								
회차	1회	2회	3회	4회	5회	6회	7회	8회
문제번호	30	20	27	24	25	25	32	33
	31	23	32	26	33	26	36	34
	32	27		34			37	38
	33							39
오답 수	/ 23							

유형 6 적정 대상 선택

8문항

실전모의고사								
회차	1회	2회	3회	4회	5회	6회	7회	8회
문제번호	34			33		29	28	35
						31	35	37
오답 수	/ 8							

유형 7 수치 계산(비용, 시간)

8문항

실전모의고사								
회차	1회	2회	3회	4회	5회	6회	7회	8회
문제번호			23		24	24	29	
							31	
							34	
							39	
							40	
오답 수	/ 8							

기타유형

8문항

모의고사			
유형	8. 상황제시 및 최적선택(평가)	9. 진실게임(참/거짓)	10. 경로
문제번호	4회 25	3회 21	5회 29
	4회 27	4회 22	8회 36
		5회 27	
		8회 30	
오답 수	/ 2	/ 4	/ 2

자원관리능력 31문항

유형 1 공고문/규정 이해 8문항

실전모의고사						
회차	1회	2회	3회	4회	5회	6회
문제번호	25	24	29	28		27
	28	30		30		
오답 수	/ 8					

유형 2 수치 계산(비용, 시간) 9문항

실전모의고사						
회차	1회	2회	3회	4회	5회	6회
문제번호	26	21	33	31	30	28
	29	25				33
오답 수	/ 9					

유형 3 적정 대상 선택 4문항

실전모의고사						
회차	1회	2회	3회	4회	5회	6회
문제번호		31	25	29		
			28			
오답 수	/ 4					

유형 4 지문의 이해 및 활용 4문항

실전모의고사						
회차	1회	2회	3회	4회	5회	6회
문제번호			26		31	32
			30			
오답 수	/ 4					

기타유형 6문항

모의고사		
유형	5. 상황제시 및 최적선택(평가)	6. 경로
문제번호	2회 22	1회 27
	3회 24	5회 20
	6회 34	5회 21
오답 수	/ 3	/ 3

정보능력

38문항

유형 1 엑셀

5문항

실전모의고사						
회차	1회	2회	3회	4회	5회	6회
문제번호	40	40		35	35	
					36	
오답 수	/ 5					

유형 2 IT 개념 활용

21문항

실전모의고사						
회차	1회	2회	3회	4회	5회	6회
문제번호	35	37	36	38	37	36
	36	38	37	39	38	37
	37	39	38	40		38
			39			39
			40			40
오답 수	/ 21					

유형 3 코드

9문항

실전모의고사						
회차	1회	2회	3회	4회	5회	6회
문제번호	38	34	34		39	
	39	35	35		40	
		36				
오답 수	/ 9					

유형 4 암호

3문항

실전모의고사						
회차	1회	2회	3회	4회	5회	6회
문제번호				36	34	
				37		
오답 수	/ 3					

금융공기업 & 은행권 대비

독끝 금융 & 은행 NCS

피듈형 333제

PSAT + 금융통화 응용모듈 + 기출유형 13선

*정오표 확인은 애드투(www.addto.co.kr) 사이트 내 [교재정보]메뉴에서 확인 가능합니다.

초판 발행 : 2025년 9월 3일
발행인 : 박경식
저자 : 애드투북스
편집자 : 조재필, 심재훈, 이정은
발행처 : (주)애드투
등록번호 : 제 2022-000008호
이메일 : books@addto.co.kr
교재정오표 : addto.co.kr

저자와 협의하에 인지를 생략함

ISBN 979-11-93369-15-9
정가 29,000원

독학으로 끝내는 시리즈

금융공기업 & 은행권 대비

독끝 금융 & 은행 NCS

피듈형 333제

PSAT + 금융특화 응용모듈 + 기출유형 13선

독끝 CHAPTER 0

기출유형 파헤치기

정답 | 기출유형 파헤치기

오답표기	문제번호	영역	유형	난이도	정답
	01	의사소통능력	글의 내용 일치/불일치	★★☆	④
	02		논리적 추론	★☆☆	②
	03	수리능력	응용수리_확률	★★☆	①
	04		금융수리_환율 및 실용계산	★★☆	③
	05		금융수리_원리합계	★★☆	①
	06		자료해석_자료에 대한 진위 판단	★☆☆	④
	07		자료해석_자료계산	★★☆	③
	08	문제해결능력 / 자원관리능력	논리퍼즐	★★☆	④
	09		공고문/규정 이해	★☆☆	⑤
	10		수치 계산(비용, 시간)	★☆☆	④
	11	정보능력	엑셀	★★★	⑤
	12		IT 개념 활용	★★★	⑤
	13		코드	★★☆	③

01	정답 ④	난이도 ●●○

의사소통능력_글의 내용 일치/불일치

접근전략 글의 내용과 일치하지 않는 것을 묻는 문제는 선지를 먼저 보는 것을 추천한다. 정답을 제외한 나머지가 글의 내용과 일치하므로 선지의 키워드를 인지하며 지문을 읽는다면 빠른 독해가 가능하기 때문이다. 선지를 훑어 키워드를 뽑고 이를 생각하며 지문을 읽어 나간다.

다음 글의 내용과 일치하는 내용으로 볼 수 없는 것은?

(1)2013년 3월 20일 시중은행 ○○사의 영업창구 직원 PC 여러 대가 바이러스에 감염되어 PC 내 파일이 삭제되고 오프라인 창구가 마비되는 사태가 발생하였다. (2)이는 바이러스 백신을 업데이트하는 업데이트용 서버를 통해 패치파일을 가장한 악성코드가 내부 업무 PC로 유포되면서 발생했는데, 이 대규모 전산망 마비 사고는 금융권에 망분리가 도입된 결정적인 계기가 되었다. ▶1문단

(1)망분리란 네트워크 보안기법의 일종으로 외부 인터넷망을 통한 불법적인 접근과 내부정보 유출을 차단하기 위해 업무망과 외부 인터넷망을 분리하여 두 영역이 서로 접근할 수 없도록 차단하는 것을 의미하며, 효과적인 망분리 환경이 구축되었다면 외부 해킹 공격을 통한 내부 침투를 막을 수 있다. (2)망분리는 설계방식에 따라 물리적 망분리와 논리적 망분리로 구분된다. (3)물리적 망분리는 통신망, 장비 등을 물리적으로 이원화하여 인터넷 접속이 불가능한 컴퓨터와 인터넷 접속이 가능한 컴퓨터로 분리하는 방식이다. (4)논리적 망분리는 물리적으로 하나의 통신망, 장비 등을 사용하지만 가상화 등의 방법으로 인터넷 접속이 불가능한 내부 업무영역과 인터넷 접속영역을 분리하는 방식이다. (5)물리적 망분리는 보안성이 높다는 장점이 있으나 구축비용이 상대적으로 많이 들고 업무환경의 효율성이 저하된다는 단점이 있다. (6)반면 논리적 망분리는 구축환경에 따라 차이가 있긴 하지만 비교적 구축비용이 적고 관리가 용이해 업무효율성을 높이는데 유리할 수 있으나 보안성이 상대적으로 떨어진다는 단점을 지닌다. ▶2문단

(1)국내에서 금융회사에 대한 망분리 규제는 전자금융감독규정에 따라 이루어진다. (2)규정에 따르면 금융회사 또는 전자금융업자는 정보처리시스템 및 정보통신망 해킹 등과 같은 전자적 침해행위를 방지하기 위해 내부통신망과 연결된 내부 업무용시스템을 인터넷(무선통신망 포함) 등 외부통신망과 분리·차단해야 한다. (3)또 일부 예외적인 경우를 제외하고는 전산실 내에 위치한 정보처리시스템과 해당 정보처리시스템의 운영, 개발, 보안 목적으로 직접 접속하는 단말기에 대해서는 인터넷 등 외부통신망으로부터 물리적으로 분리해야 한다. ▶3문단

(1)망분리 규제는 도입 이후 해킹 등으로부터 금융시스템을 안전하게 보호하는데 기여하였으나 망분리로 인해 금융회사 및 전자금융업자의 업무상 비효율이 클 뿐만 아니라 신기술 활용이 저해되고 연구·개발이 어려워 규제 개선요청이 지속적으로 제기되어 왔다. (2)또 일부 금융회사 등은 인터넷 등 외부 통신과 분리된 환경만을 구축해놓고 선진 보안체계 도입에 소홀하거나 규제 그늘에 숨어 변화하고 있는 IT 환경에 부합하는 보안조치를 적절히 갖추지 않는 등 오히려 금융권의 보안 발전이 저해되는 부작용 또한 존재하므로 금융위원회 등은 규제에 대해 샌드박스 활용 및 단계적인 개선을 추진할 방침이다. ▶4문단

① 지금까지 국내 금융권에는 원칙적으로 물리적 망분리가 의무화되었다.
→ (O) 일부 예외적인 경우를 제외하고는 전산실 내에 위치한 정보처리시스템과 해당 정보처리시스템의 운영, 개발, 보안 목적으로 직접 접속하는 단말기에 대해서는 인터넷 등 외부통신망으로부터 물리적으로 분리해야 한다. [3문단 (3)]에서 알 수 있는 내용이다. 옳은 선지다.

② 2대의 컴퓨터를 이용해서 망을 분리하는 방법은 물리적 망분리에 해당한다.
→ (O) 물리적 망분리는 통신망, 장비 등을 물리적으로 이원화하여 인터넷 접속이 불가능한 컴퓨터와 인터넷 접속이 가능한 컴퓨터로 분리하는 방식이다. [2문단 (3)]에서 2대의 컴퓨터를 이용해 망을 분리하는 방법은 물리적 망분리임을 알 수 있다. 옳은 선지다.

③ 망분리 규제 개선에 대한 움직임은 일부 금융회사들의 안이함에 경종을 울리는 의미도 담고 있다.
→ (O) 일부 금융회사 등은 인터넷 등 외부 통신과 분리된 환경만을 구축해놓고 선진 보안체계 도입에 소홀하거나 규제 그늘에 숨어 변화하고 있는 IT 환경에 부합하는 보안조치를 적절히 갖추지 않는 등 오히려 금융권의 보안 발전이 저해되는 부작용 또한 존재하므로 금융위원회 등은 규제에 대해 샌드박스 활용 및 단계적인 개선을 추진할 방침이다. [4문단 (2)]에서 금융회사들이 망분리에 안주하고 보안대책에 소홀함을 알 수 있다. 규제개선의 필요성은 이런 태도에 경종을 울리기 위함이라는 것을 유추할 수 있다. 옳은 선지다.

④ 가상화 등의 방법으로 망분리를 하는 설계방식은 구축비용이 상대적으로 많이 든다는 단점이 있다.

→ (×) 논리적 망분리는 물리적으로 하나의 통신망, 장비 등을 사용하지만 가상화 등의 방법으로 인터넷 접속이 불가능한 내부 업무영역과 인터넷 접속영역을 분리하는 방식이다. [2문단 (4)]를 통해 해당 방식은 논리적 망분리임을 알 수 있다. 구축비용이 상대적으로 많이 든다는 단점은 물리적 망분리가 갖는 단점[2문단 (5)]이므로 옳지 않은 선지이다.

⑤ 효과적인 망분리 환경이 구축되었다면, 외부 해킹 공격으로 인터넷망이 완전 장악된 경우라도 내부업무시스템으로의 침투는 차단할 수 있다.

→ (○) 망분리는 내부 업무시스템망과 외부 인터넷망을 분리하여 두 영역이 서로 접근할 수 없도록 차단하는 것이다. 즉, 효과적인 망분리 환경이 구축되었다면 내부업무시스템과 외부 시스템은 완전히 단절된 상태일 것이며, 외부의 해킹 공격으로 인터넷망이 완전히 장악되었다고 하더라도 내부업무시스템까지의 침투는 차단할 수 있다. 옳은 선지다.

합격자의 실전 풀이 순서

[방법 1]

❶ 선지를 훑으며 대략적인 주제를 파악한다.

접근 전략에서 설명했듯이 "부합하지 않는 것은?", "일치하지 않는 것은?"문제에서 선지는 매우 중요한 힌트가 된다. 정답을 제외한 4개의 선지를 보는 것만으로 어느 정도 지문의 주제나 내용을 확인할 수 있기 때문이다.

❷ 각 선지의 키워드를 설정 후 발췌독해서 1차적으로 답을 판단한다.

옳지 않은 것 / 부합하지 않은 것을 물어보는 문제는 선지부터 본다. 정답이 되는 선지 이외의 4개 선지는 모두 옳은 선지이므로 선지를 보는 것만으로 지문을 읽는 효과가 있기 때문이다.

또한 답이 되는 선지의 경우 본문에 있는 내용과 다른 경우 / 혹은 본문에 없는 내용이 제시된 경우로 출제될 수 있다. 본문에 있는 내용과 다른 경우로 출제되는 경우에는 정답 선지 역시 발췌독으로 답을 빠르게 구할 수 있다. 본문에 없는 내용으로 출제된다면 발췌독 과정에서 발견되지 않아 유력한 정답 선지로 인식할 수 있고, 나머지 선지를 빠르게 확인한 후 답을 고를 수 있어, 역시 선지부터 본다.

[방법 2]

❶ 문제를 확인한다.

문제에서 일치하는 내용으로 볼 수 없는 것을 고르라 했으므로 선지 옆에 X표를 하여 일치하는 내용을 답으로 고르는 실수를 하지 않도록 한다.

❷ 글을 읽으며 내용 파악 후, 선지 정오를 판단한다.

1문단은 소재 소개를 위한 환기 차원의 문단이므로 가볍게 읽고, 2문단에서 망분리가 무엇인지, 어떻게 구분되는지 및 각각의 장단점에 대해 언급하고 있다는 것을 확인한 후 국내 망분리 규제에 대한 내용이 있음을 확인한다.

[방법 3]

❶ 문제를 확인한다.

문제에서 일치하는 내용으로 볼 수 없는 것을 고르라 했으므로 선지 옆에 X표를 하여 일치하는 내용을 답으로 고르는 실수를 하지 않도록 한다.

❷ 선지를 확인하며 키워드를 확인한다.

본 방법은 발췌독이 아닌 통독을 위한 방법이다. 무작정 지문을 처음부터 읽기 시작한다면 글을 읽는 것이 오래 걸리고, 강약 조절이 불가능하며, 많은 정보를 모두 기억하기에 어려움이 있으므로 미리 선지를 확인하여 글읽기의 방향성과 목표를 설정한다. 예를 들어 '망분리 의무화', '물리적 망분리', '규제 개선', '구축 비용', '효과적인 망분리 환경'을 키워드로 잡고 이에 대한 정보를 집중적으로 읽겠다고 목표를 설정하는 것이다.

❸ 지문을 처음부터 읽되 해당 정보가 나오면 선지를 곧바로 해결한다.

선지에서 주제를 파악하고 키워드를 뽑았지만 발췌독이 아닌 처음부터 읽는다. 읽으면서 키워드로 잡았던 선지의 내용이 나오면 곧바로 선지를 해결한다. 이는 선지판단의 정확성을 높일 수 있다. 물론 종종 뒤에까지 읽어야 해결되는 선지도 있고, 지금까지의 정보로는 답하기 애매한 선지도 있다. 그렇다면 쿨하게 넘어가고 지금 당장의 정보로 해결 가능한 확실한 선지만을 제거해야 한다. 이 방법은 기억에 의존하지 않고 정확한 근거로 판단하여 시간을 단축하는 것이 목적이기 때문이다. 답이 선지 ①, ②에서 나오더라도 확신을 가지고 다음 문제로 넘어갈 수 있다는 장점이 있다. 따라서 확실하지 않을 때는 성급하게 제거하지 않도록 하며, 확실한 답이 앞번호에서 나왔다면 반드시 나머지 선지를 확인하지 않고 바로 넘어가도록 한다. 너무 불안할 때는 문제에 체크해두고 혹시나 시간이 남았을 때 다시 확인하러 오는 것도 하나의 운영전략이다.

합격자의 시간단축 Tip

Tip ❶ 일치하는 것, 일치하지 않는 것 외에 알 수 없는 것이 나올 가능성을 생각한다.

글의 내용과 일치하지 않는 것을 묻는 문제이다. 그렇다면 일치하는 것은 답이 아니고, 일치하지 않는 것이 답인 것은 자명하다. 글에서 알 수 없는 것은 답이 될 수 있는가? 그렇다. 알 수 없는 것 역시 글의 내용과 일치하지 않기 때문이다. 선지의 내용이 글에서 알 수 없는 내용임에도 불구하고 무조건 찾으려 들 생각을 버리자. 다른 선지들은 글에서 근거를 찾을 수 있는데, 도저히 글에서 근거를 찾을 수 없는 선지가 정답이 될 수 있다.

Tip ❷ 열린 선지에 주목한다.

열린 선지란 '~한다', '~가 아니다'와 같이 단정적인 내용이 아닌 '~할 수 있다', '~중 하나이다'처럼 명제 자체가 옳을 가능성이 높은 선지를 말한다. 이런 선지는 비교적 옳은 가능성이 높기 때문에 옳을 수 있다는 가능성에 초점을 맞추고 발췌독하면 효율적인 경우가 많다.

Tip ❸ 키워드 뽑는 방법

발췌독하기 위해서는 생소한 키워드를 뽑아야 한다. 일반적인 단어를 키워드로 삼으면 지문에서 자주 등장하기 때문에 효율적인 발췌독을 하기 어렵다. 보통 키워드를 뽑을 때 맨 앞에 있는 주어를 선정하는 경우가 많다. 그러나 이는 상황에 따라 비효율적이다. 모든 선지의 주어가 같은 경우도 있고, 주어보다 서술어나 목적어가 더 생소한 경우가 많기 때문이다. 키워드를 뽑는 목적은 지문을 빠르게 발췌독하기 위함이고, 이를 위해 주어뿐만 아니라 모든 단어에 대해 가능성을 열어 두어야 함을 기억하자.

Tip ❹ 글의 구조를 파악한다.

글의 내용을 확인할 때, 세부적으로 읽어나가는 것보다는 전체적인 구조를 파악하며 읽어나가고 위치를 확인하여 이후 선지를 판단할 때 내용이 흐릿해졌다면 해당하는 곳으로 가서 판단하는 것이 좋다. 전체적인 글의 소재는 망분리이고, 망분리의 개념 및 설계방식에 따른 구분과 각각의 장단점은 2문단, 국내 금융회사에 대한 망분리 규제 내용은 3문단, 규제의 문제에 대해서는 4문단에서 다루고 있다는 것과 같이 큰 줄기를 구성해가며 글을 읽어보자.

Tip ❺ 답이 나오면 넘어가기

이와 같은 문제의 경우 중간에 답이 나왔다면 넘어가는 것이 좋다. 좀 더 확실하게 하기 위해 남은 선지의 정오도 판단하려고 한다면 시간이 더 걸릴 수 있다. 일례로 이후 선지를 판단하는 과정에서 일치하는 내용으로 볼 수 없는 선지라 생각되는 것이 또 나온다면 어디에서 실수를 했는지 확인하는 과정을 또 거쳐야 한다. 이 경우 시간적으로도, 심리적으로도 좋지 않기 때문에 자신이 했던 판단을 믿고 정답 선지를 찾았다면 다음 문제로 넘어갈 수 있어야 한다.

Tip ❻ 4개의 선지만을 판단하여 정답을 도출할 수 있다.

만약 본인이 판단하기 어려운 선지가 있거나 시간이 오래 걸릴 것 같은 선지가 있다면 넘어간 후 나머지 4개의 선지를 판단하면 된다. 넘어간 선지가 답이라면 4개의 정오를 판단하여 답을 도출할 수 있고, 넘어간 이후 답이 도출된다면 건너뛴 선지는 살펴보지 않고 답을 도출할 수 있다.

Tip ❼ 미리 선지를 확인하며 글읽기의 전략을 정한다.

본 방법은 발췌독이 아닌 통독을 위한 방법이다. 지문을 읽기 전 선지를 확인하면 미리 주제를 파악하여 글읽기의 두려움을 낮추고, 본인의 배경지식을 활성화하며, 글읽기의 전략을 정할 수 있다. 만약 선지의 내용이 복잡하고 이해하기 어려운 정보일 때, 또는 선지의 내용이 글을 유기적으로 이해할 필요 없이 분절적일 때는 글을 처음부터 읽되, 문단마다 끊어서 곧바로 선지를 해결하는 것이 좋다. 예를 들어 선지가 '유형 1은~', '유형 2는~'처럼 어떠한 유형을 각각 언급하고 있다면 그 유형에 해당하는 문단까지만 읽고 선지 하나를 바로 해결하고, 다음 문단을 읽고 다음 선지를 바로 해결하는 것이다. 정보가 많고 너무 어려운 지문인 경우도 같은 방법을 활용하면 글을 완벽히 이해하지 않아도 문제가 해결될 수 있다. 한편 선지를 확인했을 때, 내가 배경지식을 갖고 있거나 기억하기 쉬운 내용이라면 글을 빠르게 한 번에 읽고 답을 바로 고르는 전략을 취할 수도 있다. 또한 선지를 미리 읽는 것만으로도 지문의 정보를 미리 접한 것이 되어 지문을 좀 더 빠르게 읽을 수 있다는 장점이 있다. 다만 선지를 확인하는 시간은 절대 길지 않아야 한다. 3~5초가 적절하다고 생각되며 본인에게 맞는 시간을 찾는 것이 좋다.

02 정답 ② 난이도 ●○○

의사소통능력_논리적 추론

접근전략 표를 읽고 이해한 내용을 바탕으로 선지의 정오를 판단하는 유형이다. 지문이 긴 호흡의 문장으로 이어진 것이 아니고 표의 구분에 따라 보기의 정오 판단의 근거가 나누어져 있으므로 표의 구분에 주목하며 보기의 정오를 파악한다.

다음은 ○○시 재산관리과의 성과관리(BSC)에 대해 작성한 자료의 일부이다. 자료를 참고할 때 적절하지 않은 추론을 모두 고르면?

○○시 재산관리과 성과관리(BSC) 성과지표 및 추진과제

1. 성과지표: 누락 공유재산 소유권 확보율

성과목표	자주재원 증대
설정사유	공유재산의 효율적 관리를 통한 경제적 부가가치를 창출하고 소극적 재산관리에서 탈피하여 재정 수입 증대를 유도함
목표	100%
목표수립 근거	최근 3년간 실적(건)평균 대비 5% 증가 설정
산출식	누락 공유재산 소유권 확보율 = (B/A)×100 – A: 누락 공유재산 소유권 확보 목표 건수(최근 3년 실적(건)평균 대비 5% 증가 설정) – B: 누락 공유재산 소유권 확보 실적 건수 ※ 누락 공유재산의 소유권을 확보할수록 소유권 확보 대상인 누락 공유재산 규모는 감소하기 때문에 평균 대비 5% 수준 증가로 설정

실적추계

구분	Y+3 목표	Y+2 목표	Y+1 목표	당기 목표	Y-1 실적	Y-2 실적	Y-3 실적
건수(건)					21	22	17
확보율(%)	100	100	100	100	100	100	95

2. 추진과제: 누락 공유재산의 소유권 확보 기반 마련

지표명	누락 공유재산 소유권 확보율
과제개요	실태조사, 심의회 개최, 관리계획 수립, 담당자 교육 등을 통해 누락 공유재산의 소유권 확보 기반을 마련하고자 함
추진계획	(㉠)

보기

ㄱ. 누락 공유재산 소유권 확보율 성과지표에 있어 당기목표 실적건수는 20건이다.

→ (×) '누락 공유재산 소유권 확보율' 성과지표의 목표는 100%이다. 즉, 누락 공유재산 소유권 확보율 100%를 달성하기 위해서는 산출식에 따라 목표 건수 대비 실적 건수를 모두 달성하여야 한다는 의미이다. 여기에서 목표 건수는 최근 3년 실적(건) 평균 대비 5%를 증가하여 설정한다. 최근 3년 실적 평균은 (21+22+17)/3=20이므로, 여기에서 5%가 증가한 당기 목표 실적 건수는 21건이다.

ㄴ. 빈칸 ㉠에는 '공유재산 실무교육 등 담당자 역량 강화 추진'이 포함될 수 있다.

→ (○) 추진과제는 성과지표인 '누락 공유재산 소유권 확보율'의 목표수치 달성을 위해 그 기반을 조성하는 과제들이 구성되어야 한다. 과제개요를 통해 '담당자 교육' 등이 성과지표의 목표치 달성을 위해 포함된 내용임을 알 수 있으며, 이와 관련해 '공유재산 실무교육 등 담당자 역량 강화 추진'은 성과지표의 목표치 달성을 위한 기반이 될 수 있을 것임을 추론할 수 있다.

ㄷ. 성과지표는 누락 공유재산의 소유권 확보가 그 자체로 재정적 잠재력을 높일 수 있다는 점에 근거하여 설정되었을 것이다.

→ (○) 성과지표의 성과목표는 자주재원 증대이다. 또 해당 성과지표를 ○○시 재산관리과에서 성과의 지표 중 하나로 설정한 사유는 '공유재산의 효율적 관리를 통한 경제적 부가가치를 창출하고 소극적 재산 관리에서 탈피하여 재정 수입 증대를 유도함'이다. 이를 통해, 누락 공유재산의 소유권 확보는 그 자체로서 재정적 잠재력을 높일 수 있다는 점이 전제되었음을 추론할 수 있다.

ㄹ. 누락 공유재산 소유권 확보율 산출식을 통해서는 목표 성취 여부를 명확하게 판단하기 어렵다.

→ (×) 누락 공유재산 소유권 확보율 산출식은 간단하게 보면 목표 대비 실적을 달성했는가로 판단할 수 있다. 특히 해당 성과지표의 목표는 100%이므로, 만일 목표를 달성했다면 100% 이상의 수치가 산출될 것이나 목표가 달성되지 않은 경우에는 100%를 하회하는 수치가 산출될 것이다. '누락 공유재산 소유권 확보율'이라는 성과지표에 대한 목표가 100%로 뚜렷하고 객관적인 수치로 제시되었고, 이는 산출식을 통해 명확한 판단이 가능하다.

① ㄱ, ㄴ → (×)
② ㄱ, ㄹ → (○)
③ ㄴ, ㄷ → (×)
④ ㄴ, ㄹ → (×)
⑤ ㄷ, ㄹ → (×)

합격자의 실전 풀이 순서

❶ 문제를 확인하고 표의 내용에 따라 항목을 구분한다.

문제에서 '적절하지 않은' 추론을 고르라고 했으므로 선지 보기와 선지 옆에 X표시를 하여 적절한 추론을 한 보기를 정답으로 고르는 실수를 하지 않도록 한다. 긴 호흡의 지문이 아니다. 친절하게 표의 구분에 따라 나누어져 있으므로 선지의 정오판단 근거가 표의 구분에 따라 나누어져 있음을 인식하자.

해당 문제의 경우 크게 성과지표와 추진과제로 나누어지고, 세부 항목으로 성과목표 / 설정사유 / 목표 / 목표수립근거 / 산출식 / 실적추계와 지표명 / 과제개요 / 추진계획으로 나누어져 있음을 인지하자.

❷ 각 선지의 키워드를 설정 후 발췌독해서 1차적으로 답을 판단한다.
키워드로 삼을만한 특이한 단어가 선지에 있는 경우 선지나 보기의 단어 중 키워드를 설정한 뒤 이를 발췌독하는 것이 효과적이다.
선지의 단어 중 가장 생소하거나 특이한 단어를 키워드로 삼아 키워드가 있는 문단을 탐색한다. 특이한 단어의 경우 지문에서 그대로 나오거나 조금의 변형을 거쳐 나오므로 찾기 용이하기 때문이다.

❸ 해결하기 쉬운 보기를 먼저 해결한다.
모든 보기를 해결하지 않아도 문제를 풀 수 있다. 따라서 계산이 요구되는 어려운 보기를 피하고 간단하게 해결할 수 있는 보기를 건드는 것이 좋다. 이 문제에서 평균을 계산해야 하는 보기 ㄱ보다 눈으로 풀 수 있는 보기 ㄴ, ㄷ, ㄹ을 먼저 풀자.

합격자의 시간단축 Tip

Tip ❶ 키워드 뽑는 방법

선지 내에서 출제자가 관심을 가질 만한 특징적인 어구를 뽑는 것을 기본으로 한다. 두 개 혹은 세 개의 선지에 반복되는 어구가 존재한다면 출제자의 관심도가 높은 소재이기 때문에 유의해서 볼 것이며, 고유 명사 등이 발췌독의 주 대상이다. 여러 선지에 걸쳐 여러 번 언급되는 키워드가 출제자의 관심도가 높은 소재이므로 이를 참고하여 키워드를 뽑는다.

어구가 상위 카테고리 표현이나 일반화 등의 방식으로 패러프레이징 되었을 가능성 내지는 문단 간 정보를 연결하거나 정보를 조합하여 본문에서 도출된 추론 방식을 선지에서 구사하고 있는지 등을 주목해서 판단해야 한다.

보기 ㄱ은 '당기목표 실적건수', 보기 ㄴ은 '담당자', 보기 ㄷ은 '재정적 잠재력', 보기 ㄹ은 '소유권 확보율 산출식'을 키워드로 삼을 수 있다.

Tip ❷ 패러프레이징(표현 바꾸기)

글의 내용과 일치하는 것, 일치하지 않는 것을 묻는 문제이거나 글의 내용에서 추론할 수 있는 것, 없는 것을 묻는 문제는 글의 내용을 패러프레이징해서 선지를 만드는 경우가 많다.

패러프레이징 방식은 주로 다음과 같은 방식으로 이루어진다.

- 상위 카테고리 / 일반화: 같은 성격을 공유하는 상위의 카테고리로 표현하거나(일반화), 본문에서 설명한 집단군에 포함되는 하위의 개체에 대한 설명을 전개하여 글의 이해도를 측정한다.
- 같은 맥락의 다른 표현 : 본문에서 맥락이나 의미를 풀어쓰는 방식으로 글을 전개하고 있는 경우가 많아 참고하여 선지 정오를 판단한다.

실제로 해당 문제의 경우 보기 ㄷ의 '재정적 잠재력'은 '공유재산의 효율적 관리를 통한 경제적 부가가치를 창출하고 소극적 재산관리에서 탈피하여 재정 수입 증대를 유도함'으로 패러프레이징하고 있다.

Tip ❸ 적절하지 '않은' 것을 고르는 보기 문제에서 함정을 역이용하자.

적절하지 '않은' 것을 고르는 문제이므로 발문에 X표시를 표시하는 등 적절한 것을 고르지 않도록 유의한다. 이러한 문제는 수험생의 실수를 예상하고 적절한 것으로 구성된 보기를 선지에 넣어놓는 것이 대부분이다. 따라서 이를 역이용하여, 문제를 모두 푼 뒤에 반대되는 보기로 구성된 선지가 있는지 확인하면 답에 대한 확신을 높일 수가 있다. 예를 들어서 이 문제에서 ㄱ, ㄹ로 ②번을 답으로 고르기 전에 ㄴ, ㄷ으로 이루어진 보기도 있는지 확인하는 것이다.

보기 ㄱ. 해당 문제에서는 숫자도 간단하고, 시간을 많이 줄여주는 것은 아니나, 다른 유형의 문제를 풀어갈 때 활용할 수 있을 것이다.
최근 3년 실적(건)평균을 구할 때, (21+22+17)/3을 해도 되지만, 세 숫자가 동일해지면 되므로, 21과 22에서 각각 1, 2를 17에게 넘긴다고 생각했을 때 세 숫자가 20으로 동일해짐을 바로 확인하는 방법도 있다. 5% 증가가 얼마나 되는지를 구할 때에도 5%를 직접 구하기보다 10%의 절반이라 생각하는 것도 시간을 줄일 수 있을 것이다.

03 정답 ❶ 난이도 ●●○

수리능력_응용수리_확률

간단풀이

(i) 경제가 호황일 때

$$\frac{8}{10}\times\left(\frac{6}{10}\times1.3+\frac{4}{10}\times1\right)=\frac{4}{5}\times\left(\frac{3}{5}\times\frac{13}{10}+\frac{2}{5}\right)$$

$$=\frac{4}{5}\times\frac{59}{50}=\frac{236}{250}$$

(ii) 경제가 불황일 때

$$\frac{2}{10}\times\left(\frac{6}{10}\times0.9+\frac{4}{10}\times1.1\right)$$

$$=\frac{1}{5}\times\left(\frac{3}{5}\times\frac{9}{10}+\frac{2}{5}\times\frac{11}{10}\right)$$

$$=\frac{1}{5}\times\frac{49}{50}=\frac{49}{250}$$

$$\frac{236}{250}+\frac{49}{250}=\frac{285}{250}=1.14$$

따라서 구하는 기대수익률은 14%이다.

상세풀이

전 부장이 현재 가지고 있는 포트폴리오 자산을 x 원이라고 하자.

보유한 주식과 채권의 비율이 각각 60%, 40%이므로 주식 투자금액은 $0.6x=\frac{6}{10}x$ 원, 채권 투자금액은 $0.4x=\frac{4}{10}x$ 원이다.

경제는 1년 단위로 호황, 불황 2가지 상태로만 존재하므로 포트폴리오의 1년 후 기대 수익을 경제가 호황일 때, 불황일 때로 나누어 각각 구해 더한 뒤 기대수익률을 구해야 한다.

(ⅰ) 1년 동안 경제가 호황일 때

(1년 동안 경제가 호황일 확률)$=80\%=\frac{8}{10}$

1년 동안 경제가 호황일 때 주식과 채권의 1년 후 보유금액을 각각 구하면

[주식]

주식의 1년 후 수익률은 30%=0.3이므로

(1년 후 주식 보유금액)

$=\frac{6}{10}x(1+0.3)=\frac{6}{10}x\times\frac{13}{10}=\frac{78}{100}x$

[채권]

채권의 1년 후 수익률은 0%이므로

(1년 후 채권 보유금액)$=\frac{4}{10}x$

따라서 1년 동안 경제가 호황일 때, 1년 후 포트폴리오의 보유금액은

$\frac{78}{100}x+\frac{4}{10}x=\frac{118}{100}x$ 원이므로

(기대 수익)$=\frac{8}{10}\times\frac{118}{100}x=\frac{944}{1,000}x$

(ⅱ) 1년 동안 경제가 불황일 때

(1년 동안 경제가 불황일 확률)$=20\%=\frac{2}{10}$

1년 동안 경제가 불황일 때 주식과 채권의 1년 후 보유금액을 각각 구하면

[주식]

1년 후 수익률은 −10%=−0.1이므로

(1년 후 주식 보유금액)

$=\frac{6}{10}x(1-0.1)=\frac{6}{10}x\times\frac{9}{10}=\frac{54}{100}x$

[채권]

1년 후 수익률은 10%=0.1이므로

(1년 후 채권 보유금액)

$=\frac{4}{10}x(1+0.1)=\frac{4}{10}x\times\frac{11}{10}=\frac{44}{100}x$

즉, 1년 동안 경제가 불황일 때, 1년 후 포트폴리오의 보유금액은

$\frac{54}{100}x+\frac{44}{100}x=\frac{98}{100}x$ 원이므로

(기대 수익)$=\frac{2}{10}\times\frac{98}{100}x=\frac{196}{1,000}x$

(ⅰ), (ⅱ)에서 1년 후 전체 기대 수익은

$\frac{944}{1,000}x+\frac{196}{1,000}x=\frac{114}{100}x$ 이므로

(기대 수익률)$=\left(\frac{\frac{114}{100}x-x}{x}\right)\times\frac{1}{100}=14(\%)$이다.

합격자의 시간단축 Tip

해당 문제는 수익률을 그대로 사용해도 무방하다.

(ⅰ) 경제가 호황일 때

$0.8\times(0.6\times30+0.4\times0)=0.8\times18=14.4$

(ⅱ) 경제가 불황일 때

$0.2\times\{0.6\times(-10)+0.4\times10\}$

$=0.2\times(-2)=-0.4$

따라서 기대수익률은 $14.4-0.4=14(\%)$이다.

04 정답 ③ 난이도 ●●○

수리능력_금융수리_환율 및 실용계산

간단풀이

구하고자 하는 1년 후 원/달러 환율을 x 원/달러로 두고 투자안 A, B에 각각 1,200만 원을 투자했을 때 1년 후 원금과 수익금의 합을 계산해 본다.

- **투자안 A**: 기대 수익률이 8%이므로 1년 후에는 1,200(만 원)×1.08=1,296(만 원)이 된다.
- **투자안 B**: 현재 원/달러 환율이 1,500원/달러이므로 1,200만 원을 달러로 환전하면 $\frac{12,000,000}{1,500}=$ 8,000(달러)이다. 기대 수익률은 20%이므로 1년 후에는 8,000×1.2=9,600(달러)가 되고, 이때의 원/달러 환율은 x 원/달러이므로 다시 원화로 환전하면 $9,600\times x$ 원이 된다.

문제 조건에 의해 투자안 A, B의 1년 후 수익금의 차이가 없어야 하므로, $9,600 \times x$원=1,296만 원이다.

따라서 $x = \dfrac{1,296}{0.96} = 1,350$(원/달러)이다.

상세풀이

해당 문제는 투자안 B에 달러화를 투자할 경우 투자금을 넣는 시점인 현재와 원금과 수익금을 찾는 시점인 1년 후의 원/달러 환율이 다름에 주의하며 해결해야 한다. 구하고자 하는 1년 후 원/달러 환율을 x원/달러로 두고 투자안 A, B에 각각 1,200만 원을 투자했을 때 1년 후 원금과 수익금의 합을 계산해 본다.

① 투자안 A에 1,200만 원을 투자하면 기대 수익률이 8%이므로 1년 후에는 1,200(만 원)×1.08=1,296(만 원)이 된다.

② 투자안 B에 투자하기 위해 1,200만 원을 달러로 환전하면 현재 원/달러 환율이 1,500원/달러이므로 $\dfrac{12,000,000}{1,500} = 8,000$(달러)이다. 투자안 B에 8,000달러를 투자하면 기대 수익률은 20%이므로 1년 후에는 8,000×1.2=9,600(달러)가 된다. 이를 다시 원화로 환전하면 1년 후 원/달러 환율이 x원/달러이므로 $9,600 \times x$원이다.

③ 문제 조건에 의해 투자안 A, B의 1년 후 수익금의 차이가 없어야 하므로 투자안 A에 1,200만 원을 투자했을 때 1년 후 받을 수 있는 1,296만 원과 투자안 B에 1,200만 원을 투자했을 때의 1년 후 받을 수 있는 $9,600 \times x$원이 일치해야 한다.
즉, $12,960,000 = 9,600 \times x$이므로
$x = \dfrac{12,960,000}{9,600} = 1,350$(원/달러)이다.

05 정답 ①

난이도 ●●○

수리능력_금융수리_원리합계

간단풀이

2025년 초 처음 투입한 5,000만 원은 복리로 연이율 3%의 이자가 붙으므로 23년간의 원리합계는 (5,000만 원)$\times 1.03^{23}$=(5,000만 원)×2=1억 원이다.

한편, 연이율 3%로 매년 초 1,200만 원씩 23년간 납입한 금액의 원리합계는

$$\frac{1,200 \times 1.03 \times (1.03^{23}-1)}{1.03-1} = \frac{1,200 \times 1.03}{0.03}$$

=41,200(만 원), 즉 4억 1,200만 원입니다.
따라서 2047년 말에 되찾을 수 있는 원리합계는 (23년 동안 넣어 둔 5,000만 원의 원리합계)+(23년 동안 매년 1,200만 원씩 납입한 금액의 원리합계)=1억 원+4억 1,200만 원=5억 1,200만 원이다.

상세풀이

2025년 초에는 5,000만 원+1,200만 원을, 이후 매년 초에 1,200만 원씩 연이율 3%인 금융상품에 투자하므로 23번째 납입 후 1년을 더 기다린 2047년 말의 원리합계를 그림으로 나타내면 아래와 같다.

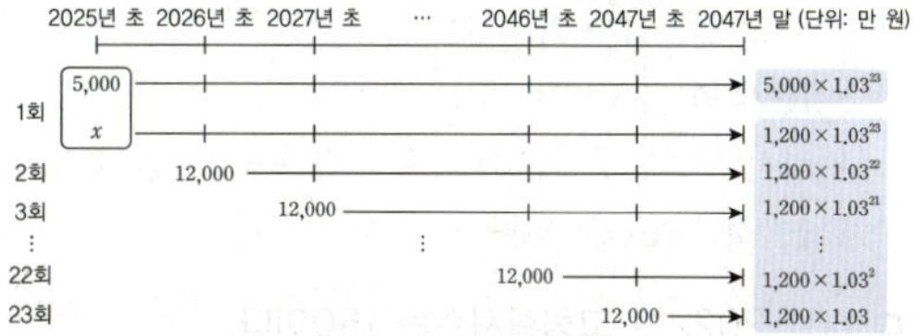

이때, 2025년 초 처음으로 납입한 금액 중 5,000만 원은 연이율 3%의 복리 이자가 23년 동안 붙으므로 2047년 말에는 $5,000 \times 1.03^{23} = 5,000 \times 2 = 10,000$(만 원), 즉 1억 원이 된다.
또한, 연이율 3%로 매년 초 1,200만 원씩 23년간 납입한 금액의 원리합계를 계산하면

$$\frac{1,200 \times 1.03 \times (1.03^{23}-1)}{1.03-1} = \frac{1,200 \times 1.03}{0.03}$$

=400×103=41,200(만 원), 즉 4억 1,200만 원이다.

따라서 2047년 말에 되찾을 수 있는 원리금의 합계는 (23년 동안 넣어 둔 5,000만 원의 원리금)+(23년 동안 매년 1,200만 원씩 납입한 금액의 원리금)=1억 원+4억 1,200만 원=5억 1,200만 원이다.

06 정답 ④

난이도 ●○○

수리능력_자료해석_자료에 대한 진위 판단(계산 필요)

ㄱ. (○) 부양인구비는 소년부양인구비와 노인부양인구비를 더한 값이다.
→ 15세 미만 인구: x, 65세 이상 인구: y, 15~64세 인구: z라 하자.
이때 부양인구비=$\{(x+y) \div z\} \times 100$,
소년부양인구비=$(x \div z) \times 100$,
노인부양인구비=$(y \div z) \times 100$이다.

소년부양인구비+노인부양인구비=
$(x \div z) \times 100 + (y \div z) \times 100 = \{(x+y) \div z\} \times 100$으로 나타낼 수 있다. 이때 부양인구비=$\{(x+y) \div z\} \times 100$이므로 부양인구비=소년부양인구비+노인부양인구비이다. 따라서 옳은 선지이다.

ㄴ. (○) 부양인구비는 제시된 기간 동안 매년 증가하는 추세에 있다.

➜ ㄱ. 에서 살펴보았듯 부양인구비는 소년부양인구비와 노인부양인구비를 더한 값이다. 따라서, 〈자료 1〉에서 연도별 소년부양인구비와 노인부양인구비를 더한 값의 추이를 살펴보면 부양인구비의 추이를 알 수 있다. 연도별 부양인구비를 구하면 다음과 같다.

- 2020년: 17+21=38
- 2021년: 16+23=39
- 2022년: 16+24=40
- 2023년: 15+26=41
- 2024년: 15+28=43

따라서 부양인구비는 제시된 기간 동안 매년 증가한다는 것을 알 수 있다.

ㄷ. (○) 2022년 고령화지수는 150이다.

➜ 15세 미만 인구: x, 65세 이상 인구: y, 15~64세 인구: z라 하자.
이때 소년부양인구비=$(x \div z) \times 100$,
노인부양인구비=$(y \div z) \times 100$,
고령화지수=$(y \div x) \times 100$이다. 따라서 노인부양인구비÷소년부양인구비=$\dfrac{(y \div z) \times 100}{(x \div z) \times 100} = y \div x$
이므로
고령화지수=노인부양인구비÷소년부양인구비×100이다.
〈자료 1〉을 통해 알 수 있듯 2022년 노인부양인구비는 24, 소년부양인구비는 16이므로 고령화지수는 $\dfrac{24}{16} \times 100 = 150$이다.

ㄹ. (×) 2024년 고령화지수는 190 이상이다.

➜ ㄷ. 에서 살펴봤듯이 고령화지수=노인부양인구비÷소년부양인구비×100이다. 〈자료 1〉을 통해 알 수 있듯 2024년 노인부양인구비는 28, 소년부양인구비는 15이므로

고령화지수는 $\dfrac{28}{15} \times 100 \fallingdotseq 186.67$이다.

따라서 2024년 고령화지수는 190 미만이다.

합격자의 실전 풀이 순서

❶ 주어진 문제를 차례대로 읽고 보기 ㄱ을 보면 자료의 지수들 사이의 관계를 묻고 있는 것을 알 수 있다. 다시 〈자료 2〉 아래의 별표를 살펴 보면 지수들 사이에 공통점이 존재하는 것을 찾아낼 수 있다. 이를 바탕으로 먼저 지수 간의 관계를 파악한다.

❷ 파악한 관계를 바탕으로 주어진 선지를 해결한다.

합격자의 시간단축 Tip

Tip ❶ 15세 미만 인구: x, 65세 이상 인구: y, 15~64세 인구: z와 같이 식의 각 부분을 문자화할 경우 각 지수 간의 관계를 도출하기 쉬워진다.

Tip ❷ 필요한 정보와 불필요한 정보를 구분한다.
지문에 문제를 해결하기 위해 꼭 필요한 정보만 제시되는 것은 아니다. 불필요한 정보도 같이 제시되어 수험자에게 혼란을 줄 수 있는데, 이를 구분하여 문제를 빠르게 해결할 수 있어야 한다. 〈자료 2〉를 보면 고령화지수에 관한 그래프가 있다. 그런데 y축에 값이 나와 있지 않다. 그렇다면 〈자료 2〉로 알아낼 수 있는 정보는 고령화지수의 변화 추이뿐이지 고령화지수의 특정한 값을 구할 수는 없다. 고령화지수의 추이를 묻는 선지는 없다. 고령화지수의 특정한 값을 묻는 선지는 존재한다. 그렇다면 〈자료 2〉는 문제를 푸는데 도움이 되지 않는 정보인 것이다.
반면, 각주의 정보는 문제해결에 필요한 정보이다. 각 보기에서 요구하는 정보가 〈자료〉에 제시되어 있지 않다면 각주의 정보를 활용하여야만 문제를 해결할 수 있다.

Tip ❸ 소거법을 적극적으로 활용한다.
이 문제는 여러 개의 선지 중 옳은 것만을 고르는 문제이다. 본인이 가장 쉽게 풀 수 있는 선지를 해결한 후, 그 선지의 정오에 따라 정답이 아닌 선지들을 소거하며 답을 도출한다. 물론 본인의 판단이 틀렸을 수도 있다. 자신이 옳다고 생각한 선지들의 묶음이 정답에 없을 수도 있다. 그렇다면 답을 체크하지 않고 일단 넘어간다. 문제를 처음부터 다시 풀 때 자신의 사고에서 오류를 발견할 확률보다, 틀린 풀이를 반복할 확률이 더 크기 때문이다. 답이 보기에 없으면 일단 넘어가는 연습 또한 공부의 일부이다.

Tip ❹ 보기별 시간단축 전략
보기 ㄹ. ㄷ에서 구한 고령화지수와 소년부양인구비, 노인부양인구비 사이의 관계를 바탕으로 고령화지수=$\dfrac{28}{15} \times 100$인 것을 알 수 있다. 선지에서는 고령화지수

가 190 이상인지를 묻고 있으므로 $\frac{28}{15}\geq 1.9$인지를 확인해야 한다. 이때 $28\div 15$를 직접 계산하기보다는 28이 15의 1.9배 이상인지를 확인하면 된다. 다시 말하면, 28이 15의 1.9배 이상일 경우 $\frac{28}{15}\geq 1.9$가 성립할 것이며, 미만일 경우 성립하지 않을 것이다. 계산해 보면, $15\times 1.9=28.5>28$이므로[15×1.9 계산 시 그대로 계산하기보다는 $(15\times 2)-(15\times 0.1)$으로 계산하면 빠르고 편리하게 계산할 수 있다.] 28은 15의 1.9배 미만이다. 즉, 2024년 고령화지수는 190 미만임을 알 수 있다.

07 정답 ❸ 난이도 ●●○

수리능력_자료계산

첫 번째 각주에 따르면 국내 여객수송수단은 철도, 지하철, 공로, 해운, 항공으로 구분되는데 〈자료 1〉을 통해서는 공로와 항공을 제외한 나머지 수송수단에 대한 수송량만을 확인할 수 있다. 한편 네 번째 각주에 따르면 수송 분담률은 총 수송량 중 수송수단별 수송량이 차지하는 비율을 의미

$\left(\text{수송분담률}=\frac{\text{수송수단별 수송량}}{\text{총수송량}}\times 100\right)$한다. 〈자료 1〉은 수송량, 〈자료 2〉는 분담률에 관한 정보를 담고 있다. 따라서 항공의 여객수송 분담률이 가장 높은 해를 찾기 위해서는 항공의 수송량을 구해 2017~2021년의 총수송량 대비 항공 수송량을 비교해야 한다.

우선 〈자료 2〉의 공로 여객수송 분담률을 통해 공로의 여객수송량을 계산한 후, 총 수송량에서 철도, 지하철, 해운, 공로의 수송량을 합한 값을 빼서 항공의 수송량을 구한다.

2017~2021년 공로의 여객수송량을 구하면 다음과 같다.

구분	2017년	2018년	2019년	2020년	2021년
공로 (백만 인)	33,300 ×85% =28,305	33,600 ×84% =28,224	34,000 ×84% =28,560	29,000 ×87% =25,230	34,000 ×88% =29,920

한편 2017~2021년 철도, 지하철, 해운의 수송량을 합하면 다음과 같다.

구분	2017년	2018년	2019년	2020년	2021년
철도+ 지하철+ 해운 (백만 인)	1,332 +3,613 +17 =4,962	1,553 +3,796 +14 =5,343	1,649 +3,740 +17 =5,406	1,123 +2,610 +11 =3,744	1,360 +2,676 +11 =4,047

위에서 구한 공로, 철도, 지하철, 해운의 수송량을 총수송량에서 빼면 항공의 수송량을 구할 수 있다.

구분	2017년	2018년	2019년	2020년	2021년
항공 (백만 인)	33	33	34	26	33

위에서 구한 값을 통해 2017~2021년 항공의 여객수송 분담률을 계산하면 다음과 같다.

- 2017년: $\frac{33}{33,300}\times 100 \fallingdotseq 0.099(\%)$
- 2018년: $\frac{33}{33,600}\times 100 \fallingdotseq 0.098(\%)$
- 2019년: $\frac{34}{34,000}\times 100 = 0.100(\%)$
- 2020년: $\frac{26}{29,000}\times 100 \fallingdotseq 0.090(\%)$
- 2021년: $\frac{33}{34,000}\times 100 \fallingdotseq 0.097(\%)$

따라서 항공의 여객수송 분담률이 가장 높은 해는 2019년이다.

합격자의 실전 풀이 순서

[방법 1]

❶ 문제에서 항공의 여객수송 분담률을 묻고 있으므로 네 번째 각주를 통해 수송 분담률이 무엇을 의미하는지 빠르게 파악한다. 또한, 가장 높은 해만을 묻고 있으므로 정확한 값을 구할 필요는 없다는 사실에 주의한다.

❷ 〈자료 1〉에서는 공로와 항공을 제외한 나머지 수송수단의 정보를, 〈자료 2〉에서는 철도, 지하철, 해운, 항공을 제외한 수송수단의 정보를 알려주고 있으므로 항공에 관한 정보만 없다는 것을 확인할 수 있다. 따라서 〈자료 1〉과 〈자료 2〉를 종합하여 항공에 관한 정보를 추출해야 한다는 것을 파악한다.

❸ 분담률과 수송량 사이의 관계를 통해 문제를 해결한다.

[방법 2]

❶ 여객수송분담률을 어떻게 도출할 수 있는지 파악한다.

❷ 항공의 여객수송 분담률이 가장 높은 해를 도출하여야 하므로, 비교가 쉬운 연도끼리 먼저 비교한다. 이후, 가장 높은 해를 도출한다. 비교가 쉬운 연도를 판단할 수 있는 기준은 숫자가 동일한 지 여부를 기준으로 판단한다.
2019년과 2021년의 총수송량은 각각 34,000으로 동일하며, 2018년과 2019년의 국내 공로 여객수송 분담률이 동일하여 비교하기 쉽다. 따라서 2019년을 기준으로 2018년, 2021년을 각각 비교한다. 2018년과 비교하였을 때, 철도, 지하철, 해운의 여객수송량은 2019년이 약 60정도 많지만, 총수송량이 400이

더 많기 때문에 2019년이 더 큼을 알 수 있다. 2021년의 경우 공로 여객수송 분담률의 차이에 의한 항공 여객수송량 차이와 철도, 지하철, 해운의 여객수송량의 격차를 고려하여 계산한다. 2020년의 경우와 비교는 어림산을 활용한다. 총수송량이 29,000으로 34,000에 비해 훨씬 작은 동시에 공로 여객수송 분담률은 87%로 84%에 비해 높다. 따라서 2019년의 경우가 더 큼을 알 수 있다. 이와 동일하게 2017년과의 비교를 하면 2019년이 가장 큰 해임을 알 수 있다.

합격자의 시간단축 Tip

Tip ❶ 문제 풀이과정 마지막에 연도별 항공 여객수송 분담률을 구할 때, 정확한 계산을 통해 각 연도의 수송 분담률을 일일이 구할 필요는 없다. 문제에서는 정확한 값이 아니라 가장 높은 해를 요구하고 있으므로, 계산을 통해 각 값을 도출하는 대신 빠르게 대소 비교를 해야 한다. 즉 $\frac{33}{33,300}\times100$을 다섯 번 계산하는 대신, $\frac{33}{33,300}$, $\frac{33}{33,600}$, $\frac{34}{34,000}$, $\frac{26}{29,000}$, $\frac{33}{34,000}$ 중 가장 높은 값만을 골라내야 한다. 이중 2019년의 항공 여객수송량에 100을 곱하면 총수송량이 되지만 나머지 연도의 경우 항공 여객수송량에 100을 곱하더라도 총수송량에 미치지 못하는 것을 확인할 수 있다. 이는 2019년의 여객수송 분담률이 가장 높다는 것을 의미한다.

Tip ❷ **어림산을 활용하되, 비교기준을 통해 비교가 수월한 비교대상을 선정한다.**
총수송량이 동일하거나, 국내 공로 여객수송 분담률이 동일하다는 사정을 통해 먼저 비교할 대상을 선정한다. 이후 계속 양자비교를 통해 가장 큰 해를 도출하는 것도 시간을 단축할 수 있는 유용한 방법이다.

08 정답 ④ 난이도 ●●○

문제해결능력_논리퍼즐

① (×) A가 미니게임에서 승리한 횟수는 13회이다.
→ 미니게임에서 승리하는 경우 파란색 베이스 구슬 또는 머징쿠폰 중 하나만을 획득한다. 따라서 (승리 횟수)=(베이스 구슬의 개수)+(머징 쿠폰 개수)의 관계가 성립한다. 이때, 머징을 위해서는 머징쿠폰이 필요하며, 머징쿠폰 1장당 한 번의 머징이 가능하므로 (머징 쿠폰 개수)=(머징 횟수)임을 알 수 있다.
(i) 먼저 베이스 구슬의 개수를 구해보자. 빨간색 구슬의 경우 파란색 구슬 2개로 머징되므로, (빨간색 구슬의 수)×2=(파란색 구슬의 수)⋯식(1)이 된다. 검정색 구슬의 경우 빨간색 구슬 2개로 머징되므로, (검정색 구슬의 수)×2=(빨간색 구슬의 수)이고, 이를 식(1)에 대입하면 (검정색 구슬의 수)×4=(파란색 구슬의 수)가 된다. 이에 따라 A의 덱에는 검정색 구슬이 1개 있으므로 1×4=4, 빨간색 구슬이 4개 있으므로 4×2=8, 파란색 구슬은 1개이므로, 총 4+8+1=13개의 파란색 구슬을 획득했음을 알 수 있다.
(ii) 다음으로 머징 횟수를 구하면 다음과 같다. 머징은 빨간색 구슬 및 검정색 구슬의 개수를 통해 추론할 수 있다. 빨간색 구슬은 1회 머징을 한 경우이고, 검정색 구슬은 1회씩 머징된 빨간색 구슬 2개를 검정색 구슬로 머징한 것이므로 총 3회의 머징을 한 것으로 볼 수 있다. 따라서 덱에 빨간색 구슬 4개와 검정색 구슬 1개가 남아 있는 바, 1(회)×4(개)+3(회)×1(개)=7로, 총 머징 횟수는 7회이다.
결과적으로 게임에서 승리하여 머징쿠폰을 선택한 경우는 7회, 파란색 구슬을 선택한 경우는 13회로, 총 20회의 승리를 하였다. 따라서 틀린 선지이다.

② (×) B가 미니게임에서 승리한 횟수는 A보다 2회 더 많다.
→ B의 게임 승리 횟수 역시 A의 방식과 같이 구한다.
(i) 베이스 구슬의 개수를 구하자. B의 덱에는 검정색 구슬이 2개, 빨간색 구슬이 2개, 파란색 구슬이 3개 있으므로, 게임에서 승리하여 파란색 구슬을 선택한 경우는 2×4+2×2+3=8+4+3=15회이다.
(ii) 머징 횟수를 구하자. 머징의 횟수는 빨간색 구슬이 2개, 검정색 구슬이 2개이므로, 1×2+3×2=8 즉, 게임에서 승리하여 머징쿠폰을 선택한 경우는 8회이다.
따라서 총 승리 횟수는 15+8=23회로, A에 비해 3회 더 많으므로 A보다 2회 더 많다는 설명은 옳지 않다. 틀린 선지이다.

③ (×) A의 머징 포인트는 16점이다.
→ 머징에 필요한 재료 구슬 1개에 사용되는 베이스 구슬의 개수 n에 따라 $2^n\times n$의 머징 포인트를 얻게 된다. 단, 베이스 구슬 자체를 이용하여 머징한 경우에는 n=1이다. 이에 따라 구슬 색깔별 머징 포인트를 구하면 다음과 같다.

머징 구슬 색	재료 구슬	재료구슬에 필요한 베이스 구슬 개수	머징 포인트
빨간색	파란색 구슬	1	$2^1 \times 1 = 2$
검정색	빨간색 구슬	2	$2^2 \times 2 = 8$
흰색	검정색 구슬	4	$2^4 \times 4 = 64$

A의 덱에는 검정색 구슬 1개, 빨간 색 구슬 4개가 존재한다. 구슬 색깔별 머징 포인트는 위의 표에 따라 계산한다. 이때 주의할 점은, 머징 과정에서 소멸한 구슬의 머징 포인트도 고려해야 한다는 점이다. 즉, 현재 A의 덱에는 검정색 구슬 1개와 빨간색 구슬 4개가 존재하지만, 검정색 구슬 1개를 머징하기 위해서는 빨간색 구슬 2개가 소모되었을 것이므로, 이 소멸된 빨간색 구슬 2개의 머징포인트도 함께 계산해야 한다. 따라서, A의 총 머징 포인트를 계산하면, (검정색 구슬 1개)+(소멸된 빨간색 구슬 2개)+(빨간색 구슬 4개)=8+(2×2)+(2×4)=20점이다. A의 머징 포인트가 16점이라는 설명은 옳지 않다. 따라서 틀린 선지이다.

④ (○) B의 머징 포인트는 A의 머징 포인트보다 8점 더 높다.

→ B의 머징 포인트 역시 A의 방식과 같이 구한다. B의 덱에는 검정색 구슬 2개, 빨간색 구슬이 2개 있으므로, 기본적으로 검정색 구슬 2개(8×2)+빨간색 구슬 2개(2×2)=16+4=20점을 획득한다. 이때, 하나의 검정색 구슬은 빨간색 구슬을 2개를 머징하여 만들어진 것이므로, 검정색 구슬 2개를 만들기 위해 소멸된 빨간색 구슬 4개의 머징 포인트도 추가로 계산해야 한다. 따라서 2×4=8점을 추가로 산입하면, 머징 포인트는 총 28점이다. A의 머징 포인트가 20점이므로 B의 머징 포인트는 A보다 8점 더 많다. 따라서 옳은 선지이다.

⑤ (×) B의 총 포인트는 A의 총 포인트보다 10점 더 높다.

→ 총 포인트는 게임 포인트와 머징 포인트를 합산한 값이다. 게임에서 승리할 경우 1점씩을 얻게 되므로, A와 B의 게임 포인트는 게임의 승리 횟수와 같다. 게임의 승리 횟수는 선지 ①, ②에서 구하였다. 즉, A의 경우 20점, B의 경우 23점이다. 그리고 선지 ③, ④에서 구한 바와 같이 머징 포인트는 A의 경우 20점, B의 경우 28점이다. 따라서, A의 총 포인트는 20+20=40점, B의 총 포인트는 23+28=51점이므로 B의 총 포인트는 A의 총 포인트보다 11점 더 높다. 틀린 선지이다.

합격자의 시간단축 Tip

Tip ❶ 함정에 빠지지 않도록 주의한다.

문제의 함정에 빠져 선지 ①을 맞다고 판단하여 남은 선지를 확인하지 않고 다음 문제로 넘어가면 안 된다. 현재 덱에 있는 구슬뿐 아니라 '머징한 횟수'도 미니게임의 승리 횟수에 포함된다는 점을 명확히 알고 넘어간다면 선지 ①, ②를 비교적 쉽게 풀 수 있다. 나머지 선지도 선지 ①, ②를 정확히 풀어야 해결할 수 있으므로 처음 선지를 접했을 때 성급하게 풀어서 틀리거나, 다시 문제를 풀면서 시간 낭비를 하는 일이 없도록 한다.

Tip ❷ 차이 값을 이용한다.

선지 ②, ④, ⑤에서는 B의 구체적인 값을 몰라도 처리할 수 있다. B는 A보다 검정색 구슬이 +1개, 빨간색 구슬이 −2개, 파란색 구슬이 +2개 더 많다. 따라서 획득한 베이스 구슬의 수로 생각해보면, (+4개)+(−4개)+(2개)=+2개이고, 머징 횟수를 생각해보면 1(=검정색 구슬 머징)+2(=소멸된 재료구슬 머징)+(−2)(=빨간색 구슬 머징)=+1회로, 따라서 승리한 횟수는 총 A보다 3회 많을 것이다. 머징 횟수에 따라 머징 포인트는 2점×(2회−2회)+8점×1회=8점 차이 날 것이며, 총 포인트 또한 2+8=10점 차이 난다는 것을 쉽게 알 수 있다.

필자는 선지에 차이 값 표현이 있는 경우, 해당 선지부터 풀이하는 편이다. 이는 정석적인 풀이 방식으로는 기준이 되는 값(문제에서의 A값)과 이와 차이 나는 값(문제에서의 B값)을 모두 알아야만 정오 판단이 가능하기 때문에 출제자에게 매력적인 선지이다. 실제로 해당 선지에서 정답이 되는 경우가 종종 있다. 하지만, 차이 값을 이용한다면, '기준이 되는 값'을 구하지 않고도 곧바로 정오 판단이 가능하여 시간 단축이 가능하다.

09 정답 ⑤ 난이도 ●○○

자원관리능력_공고문/규정 이해

해설의 편의상 [○○증권 영업팀 성과급 체계]를 위에서부터 조건 1~4라고 한다.

주어진 A~H의 연간 실적은 2024년 한 해 동안의 실적이며, 조건 1에 따라 성과급은 연간 기준으로 산출되므로 조건 3, 조건 4의 식을 통해 성과급을 도출할 수 있다.

각 직원의 기본 성과급, 실적 성과급, 성과급을 구하면 다음과 같다.

직원	기본 성과급	실적 성과급	성과급
A	(36,000÷12)×0.1=300(만 원)	0원	300만 원
B	(21,000÷12)×2=3,500(만 원)	(500−100)×0.5×0.01=2(억 원)	2억 3,500만 원
C	(15,000÷12)×1=1,250(만 원)	(100−80)×0.5×0.01=0.1(억 원)	2,250만 원
D	(12,000÷12)×1.5=1,500(만 원)	(100−50)×0.5×0.01=0.25(억 원)	4,000만 원
E	(10,800÷12)×0.5=450(만 원)	(50−50)×0.5×0.01=0원	450만 원
F	(8,000÷12)×1.5=1,000(만 원)	(40−10)×0.5×0.01=0.15(억 원)	2,500만 원
G	(7,200÷12)×1=600(만 원)	(20−10)×0.5×0.01=0.05(억 원)	1,100만 원
H	(5,400÷12)×1=450(만 원)	(5−2)×0.5×0.01=0.015(억 원)	600만 원

이때, 조건 4에 따라 A는 부장의 연간 기본실적인 100억 원을 달성하지 못하여 실적 성과급을 지급받지 못하며, E의 경우 기본실적 초과분이 존재하지 않아 실적 성과급을 지급받지 못한다.

① (○) E와 H의 기본 성과급은 동일하다.
→ E와 H의 기본 성과급은 450만 원으로 동일하다. 옳은 설명이다.

② (○) 영업팀 직원 중 성과급이 가장 낮은 사람은 A다.
→ A의 성과급이 300만 원으로 영업팀 직원 중 성과급이 가장 낮다. 옳은 설명이다.

③ (○) 대리 2명의 실적 성과급 차이는 1,000만 원이다.
→ 대리 F와 G의 실적 성과급은 각각 1,500만 원, 500만 원으로 1,000만 원 차이가 난다. 옳은 설명이다.

④ (○) 실적 성과급을 받지 못하는 영업팀 직원은 2명이다.
→ 실적 성과급을 받지 못하는 직원은 A와 E로, 총 2명이다. 옳은 설명이다.

⑤ (×) 영업팀 직원 8명의 연간 실적이 각각 20억 원씩 추가된다면 영업팀 직원 8명의 전체 성과급은 8,000만 원 증가한다.
→

직원	기존 실적성과급	변경된 실적 성과급	증가분
A	0원	(100−100)×0.5×0.01=0원	0원
B	(500−100)×0.5×0.01=2(억 원)	(520−100)×0.5×0.01=2.1(억 원)	1,000만 원
C	(100−80)×0.5×0.01=0.1(억 원)	(120−80)×0.5×0.01=0.2(억 원)	1,000만 원
D	(100−50)×0.5×0.01=0.25(억 원)	(120−50)×0.5×0.01=0.35(억 원)	1,000만 원
E	(50−50)×0.5×0.01=0원	(70−50)×0.5×0.01=0.1(억 원)	1,000만 원
F	(40−10)×0.5×0.01=0.15(억 원)	(60−10)×0.5×0.01=0.25(억 원)	1,000만 원
G	(20−10)×0.5×0.01=0.05(억 원)	(40−10)×0.5×0.01=0.15(억 원)	1,000만 원
H	(5−2)×0.5×0.01=0.015(억 원)	(25−2)×0.5×0.01=0.115(억 원)	1,000만 원

따라서 A~H의 전체 성과급은 7,000만 원 증가한다. 옳지 않은 설명이다.

합격자의 실전 풀이 순서

❶ 성과급 체계의 구조를 확인한 후, 기본 성과급과 실적 성과급으로 나누어짐을 인식한다.

❷ 구체적인 개별 성과급의 식을 외우기보다는 특징을 파악하려고 한다. 기본 성과급은 직급과 상관없이 모두가 본봉에서 12를 나눈다는 것이 공통이고, 실적 성과급은 50%×0.01을 곱한다는 것이 공통임을 파악한다.

❸ 조건 4에서 연간 기본 실적을 달성하지 못한 A는 실적 성과급의 대상이 아님을 표시하고 선지 풀이에 들어간다.

합격자의 시간단축 Tip

Tip ❶ 공통점과 차이점을 비교한다.

공통된 부분을 생략하거나 차이점을 비교하여 정오를 판단한다.

선지 ①의 경우, 기본 성과급은 E와 H에서 모두 12를 나누어주어야 한다. 차이가 나는 것은 본봉과 인사고과 등급이다. 따라서 10,800만 원×0.5와 5,400만 원×1을 비교하여 정오를 판단할 수 있다. 선지 ③의 경우 대리 F와 G의 연간 실적은 20억 원 차이가 나므로, 실적 성과급의 차이는 20억 원×0.5×0.01=1,000만 원이다.

Tip ② 최대한 계산하지 않는 방법을 생각한다.

기본 해설처럼 모든 경우를 계산하여 선지를 해결한다면 시간 내 문제를 풀 수 없다. 시험의 핵심은 최대한 계산하지 않고 빠르고 효율적인 방법을 찾아내는 것이다. 본인이 문제를 풀고 있는데 일일이 계산하고 있다면 잠시 멈춰서 다른 방법이 없는지 고민해야 한다. '합격자의 시간단축 Tip'과 같은 방법들은 연습을 통해 본인에게 익숙해졌을 때 본 시험에서도 떠오를 수 있다. 연습문제를 풀 때는 시간이 걸리더라도 최대한 계산 없이 푸는 방법을 떠올리는 연습을 해보자.

선지 ② 구체적인 값을 계산하기에 앞서, 구조와 특징을 파악하여 대소를 비교한다.

직원 A는 인사고과 등급도 미흡이고, 실적 성과급 또한 받지 못한다. 따라서 성과급이 가장 낮을 확률이 높다. 자세히 살펴보면, 인사고과 등급에 따른 비율이 미흡과 보통만 해도 5배 차이가 난다. A가 직원 G, H에 비해 본봉이 5배 이상 크지만, 인사고과 등급에 따른 비율은 10배 작다. 이뿐만 아니라, A가 실적 성과급도 못 받는 만큼 가장 작을 수밖에 없다.

선지 ⑤ 개별값을 구하기보다는 총합을 생각한다.

실적 성과급은 본봉 등에 상관없이 (연간 실적−연간 기본 실적)×0.5×0.01로 계산된다. 모든 직원의 연간 기본 실적과 0.5×0.01은 변함이 없으므로, 직원별 연간 실적이 20억 원씩 추가된 것이다.

영업팀 직원 8명의 연간 실적이 각각 20억 원씩 추가된다면 총 160억 원이 추가된 것이고, 160억 원의 50%인 80억 원에 0.01을 곱하면 8,000만 원이다. 그러나, A는 연간 실적이 20억 원 추가되어도 기본 실적만 달성하게 되고 추가적인 실적 성과급을 받지 못하는바, 8,000만 원에서 A의 실적 성과급을 제해야 한다. 구체적인 값을 도출할 필요 없이, 영업팀 직원 8명의 전체 성과급 증가액은 8,000만 원 미만임을 알 수 있다.

10 정답 ④ 난이도 ●○○

자원관리능력_수치 계산(비용, 시간)

승진 전 D과장의 성과급은 기본 성과급 1,500만 원, 실적 성과급 2,500만 원으로 총 4,000만 원이었다. D과장의 본봉이 2,400만 원 높아진 1억 4,400만 원이 되고 인사고과 등급이 '우수'로 동일하다면, 이로 인한 기본 성과급은 (14,400÷12)×1.5=1,800(만 원)이다. 따라서 승진 전과 동일한 성과급을 받기 위해서는 4,000−1,800=2,200(만 원)의 실적 성과급을 받아야 한다.

실적 성과급 2,200만 원, 즉 0.22억 원을 받으려면, (기본 실적 초과분)×0.5×0.01=0.22(억 원)이 성립해야 한다. 즉, 기본 실적 초과분$=\frac{0.22}{0.01\times0.5}=44$(억 원)이어야 하며, 차장의 연간 기본 실적은 80억 원이므로 승진 후에 달성해야 하는 연간 실적은 80+44=124(억 원)이다.

합격자의 실전 풀이 순서

❶ 차이가 발생하는 부분을 파악한다. 본봉의 상승, 연간 기본 실적의 상승이다.

❷ 이를 고려하여, 차액만을 계산하여 답을 도출한다.

합격자의 시간단축 Tip

Tip ① 차액만 계산하여 답을 도출할 수 있다.

본봉이 2,400만 원 증가하고, 인사고과 등급은 동일하게 유지되므로, 기본 성과급은 (2,400÷12)×1.5=300만 원 증가한다. 한편, 차장에서 과장으로 승진하여 연간 기본 실적이 30억 원 상승하므로, 만약에 개인 연간 실적에 변동이 없다면 실적 성과급은 30×0.5×0.01=0.15억 원=1,500만 원 감소한다.

결국 300만 원−1,500만 원=−1,200만 원만큼 총 성과급이 줄어들게 되므로, 승진 전과 동일한 성과급을 받기 위해서는 기존보다 개인 연간 실적을 올려 1,200만 원의 실적 성과급을 얻어야 한다. 1,200만 원=0.12억 원=24억 원×0.5×0.01이므로, 24억 원만큼의 개인 연간 실적이 더 필요하다. 이때, 10억의 0.01이 1,000만 원이라는 점을 알고 있으면 계산하기 용이할 것이다.

따라서 기존의 연간 실적인 100억 원에 24억 원을 더한 124억 원이 정답이다.

Tip ② 1.5는 1+0.5로 생각하면 빠른 계산이 가능하다.

200×1.5를 계산할 때, 200×1+200×0.5라고 생각하면 200에 절반을 더해준다는 이미지로 1.5를 계산할 수 있다. 지금은 숫자가 쉬워서 바로 300이 도출되지만 복잡한 숫자일 때 ×15라는 계산을 하지 않아도 쉽게 계산할 수 있다. 예를 들어 84×1.5를 한다면 바탕 숫자인 84에 그 절반인 42를 더해준다는 느낌으로 126을 빠르게 도출할 수 있다.

Tip ③ 답을 끝까지 도출하기보다는 선지를 보고 단위를 끼워 맞춘다.

선지의 구성을 확인하면 단위에서 차이가 나기보다는 정확한 숫자에서 차이가 나고 있다. 즉 24억 원인지, 124억 원인지, 2천4백만 원인지 하는 단위가 중요하다기보다는 정확한 숫자가 답을 가르고 있다. 그렇다면 우리는 단위를 정확하게 계산할 필요가 없다. Tip 1에서 1,200만 원만큼의 실적 성과급이 더 필요함을 알았다. 실적 성과급은 기본 실적 초과분의 50%에 0.01을 곱한 금액인데, 0.01은 단위에 영향을 주는 요소이므로 이를 신경 쓸 필요가 없는 것이다. 정확하게 생각하지 않더라도, 우리가 가진 수는 12와 0.5밖에 없고, 할 수 있는 계산은 12에 0.5를 곱하거나 나누는 것이다. 이와 관련된 선지는 ①과 ④뿐인데 기존 연간 실적인 100억 원보다는 더 큰 금액일 것이므로 가능한 선지는 ④밖에 없다. 쉬운 계산이지만 긴장감 속에 시험을 치다 보면 단위나 곱하기 또는 나누기에서 계산이 잘되지 않거나, 많은 시간이 소요되는 때가 있다. 그럴 때 우선 선지의 구성을 확인하고 단위의 계산이 필요한지, 숫자를 끼워 맞출 수 있는지 확인하면 실수를 줄이고 시간을 단축할 수 있다. 이 시험은 정확한 값을 도출하는 시험이 아니라, 주어진 선지에서 답을 고르는 객관식 시험임을 잊지 말자.

11 정답 ⑤ 난이도 ●●●

정보능력_엑셀

① (O) ㉠을 적용하기 위해 [C3]셀에 =LEFT(B3,7)&REPT("*",7)을 입력할 수 있다.

➜ LEFT 함수는 왼쪽에서부터 지정한 자릿수만큼의 문자를 반환하는 함수이고, REPT 함수는 지정한 문자를 원하는 횟수만큼 반복하는 함수이다. 주어진 함수를 해석한 결과는 다음과 같다. LEFT(B3,7)는 [B3]셀의 텍스트에서 왼쪽에서부터 7개의 문자를 반환하라는 의미이다. 따라서 [B3]셀의 텍스트 '850101-1234567'에서 왼쪽에서부터 7개의 문자 '850101-'이 반환되어 출력된다. REPT("*",7)는 '*'를 7번 반복하라는 의미이므로 '*******'이 출력된다. 이때 두 함수가 &로 연결되어 있으므로, 각 함수의 출력값들이 붙어서 출력될 것이다. 따라서 =LEFT(B3,7)&REPT("*",7)의 결과는 '850101-*******'이며, 이는 ㉠을 적용한 결과와 같다. 옳은 선지이다.

② (O) ㉡을 적용하기 위해 [C9]셀에 =LEFT(B9,8)&REPT("**",3)을 입력할 수 있다.

➜ 주어진 함수를 해석한 결과는 다음과 같다. LEFT(B9,8)는 [B9]셀의 텍스트에서 왼쪽에서부터 8개의 문자를 반환하라는 의미이다. 따라서 [B9]셀의 텍스트 '880930-1192837'에서 왼쪽에서부터 8개의 문자 '880930-1'이 반환되어 출력된다. REPT("**",3)는 '**'를 3번 반복하라는 의미이므로 '******'이 출력된다. 이때 두 함수가 &로 연결되어 있으므로, 각 함수의 출력값들이 붙어서 출력될 것이다. 따라서 =LEFT(B9,8)&REPT("**",3)의 결과는 '880930-1******'이며, 이는 ㉡을 적용한 결과와 같다. 옳은 선지이다.

③ (O) ㉢을 적용하기 위해 [C11]셀에 ="**"&MID(B11,3,6)&REPT("**",3)을 입력할 수 있다.

➜ MID 함수는 특정한 위치부터 지정한 자릿수만큼의 문자를 반환하는 함수이다. 주어진 함수를 해석한 결과는 다음과 같다. MID(B11,3,6)는 [B11]셀의 텍스트의 3번째 문자부터 6개의 문자를 반환하라는 의미이다. 따라서 [B11]셀의 텍스트 '910711-2567894'에서 세 번째 문자인 0에서부터 6개에 해당하는 '0711-2'이 반환되어 출력된다. REPT("**",3)은 '**'를 3번 반복하라는 의미이므로 '******'이 출력된다. 이때 입력값 제일 앞의 '**'와 두 함수가 &로 연결되어 있으므로, 각 함수의 출력값들이 순서대로 붙어서 출력될 것이다. 따라서 ="**"&MID(B11,3,6)&REPT("**",3)의 결과는 '**0711-2******'이며, 이는 ㉢을 적용한 결과와 같다. 옳은 선지이다.

④ (O) [C7]셀에 =MID(B7,1,6)&"-"&REPT("*",7)을 입력하면 결괏값으로 '860412-*******'를 얻을 수 있다.

➜ 주어진 함수를 해석한 결과는 다음과 같다. MID(B7,1,6)는 [B7]셀의 텍스트의 1번째 문자부터 6개의 문자를 반환하라는 의미이다. 따라서 [B7]셀의 텍스트 '860412-1345678'에서 첫 번째 문자인 8부터 6개에 해당하는 '860412'이 반환되어 출력된다. REPT("*",7)는 '*'를 7번 반복하라는 의미이므로 '*******'이 출력된다. 이때 입력값의 두 함수 사이에 '-'이 &로 연결되어 있으므로 각 함수의 출력값들과 문자 "-"이 순서대로 붙어서 출력될 것이다. 따라서 =MID(B7,1,6)&"-"&REPT("*",7)의 결과는 '860412-*******'이다. 옳은 선지이다.

⑤ (×) [C12]셀에=REPT("*",2)&MID(B12,6,4)&LEFT(MID(B12,8,1),1)&REPT("*",6)을 입력하면 결괏값으로 '**0504-1******'를 얻을 수 있다.

➜ 주어진 함수를 해석한 결과는 다음과 같다. REPT("*",2)는 '*'를 2번 반복하라는 의미이므로 '**'이 출력된다. MID(B12,6,4)는 [B12]셀의 텍스트의 6번째 문자부터 4개의 문자를 반환하라는 의미이다. 따라서 [B12]셀의 텍스트 '830504-1456789'에서 여섯 번째 문자인 4부터 4개에 해당하는 '4-14'이 출력된다. LEFT(MID(B12,8,1),

1)를 출력하기 위해 먼저 MID(B12,8,1)부터 출력한다. MID(B12,8,1)은 [B12]셀의 8번째 문자부터 1개의 문자를 반환하라는 의미이므로, [B12]셀의 텍스트 '830504-1456789'의 여덟 번째 문자인 1이 출력된다. 따라서 LEFT(MID(B12,8,1),1)=LEFT(1,1)이 된다. 이는 텍스트 '1'에서 왼쪽에서부터 한 개의 문자를 반환하라는 의미로 '1'이 반환되어 출력된다. REPT("*",6)는 '*'를 6번 반복하라는 의미이므로 '******'가 출력된다. 이때 모든 함수가 &로 연결되어 있으므로 각 함수의 출력값들이 순서대로 붙어서 출력될 것이다. 따라서 =REPT("*",2)&MID(B12,6,4)&LEFT(MID(B12,8,1),1)&REPT("*",6)의 결과는 '**4-141******'이다. 이는 선지에서 제시된 결괏값과 다르므로 틀린 선지이다.

12 정답 ⑤ 난이도 ●●●

정보능력_IT 개념 활용

먼저, Z- 변환 시스템 원리를 정리하면 다음과 같다.

1) 알파벳 변환

A	B	C	D	E	F	G	H	I	J	K	L	M	N	O	P	Q	R	S	T	U	V	W	X	Y	Z
Z	Y	X	W	V	U	T	S	R	Q	P	O	N	M	L	K	J	I	H	G	F	E	D	C	B	A

2) 숫자 변환

0	1	2	3	4	5	6	7	8	9
9	8	7	6	5	4	3	2	1	0

① (O) Z-SWAP("BANANA!", "A", "N"): BNANAN!
→ 명령어 Z-SWAP("BANANA!", "A", "N")는 BANANA!에서 A와 N을 서로 전부 교체하라는 의미이다. 따라서 BNANAN!이다. 옳은 선지이다.

② (O) Z-ENC(Z-DEL("DILIGENT", "I"), BASIC): WOTVMG
→ 명령어 Z-ENC(Z-DEL("DILIGENT", "I"), BASIC)는 먼저 Z-DEL("DILIGENT", "I")를 수행한 결과에 대해서 일반적인 Z-변환을 수행하라는 의미이다. 이 때 명령어 Z-DEL("DILIGENT", "I")는 DILIGENT에서 I를 제거하라는 의미이므로, DLGENT가 출력된다. 따라서 명령어는 Z-ENC(DLGENT, BASIC)이 된다. 따라서 DLGENT에 대해서 일반적인 Z-변환을 실행한 결과는 WOTVMG이다. 옳은 선지이다.

③ (O) Z-ENC(Z-REP("ILLUSION", "L", "C"), REVERSE): MLRHFXXR
→ 명령어 Z-ENC(Z-REP("ILLUSION", "L", "C"), REVERSE)은 Z-REP("ILLUSION", "L", "C")를 수행한 결과에 대해서 문자열의 앞뒤를 뒤집어 Z-변환을 수행하라는 의미이다. 이 때 명령어 Z-REP("ILLUSION", "L", "C")은 ILLUSION에서 L을 C로 전부 변환하라는 의미이므로, 출력값은 ICCUSION이 된다. 따라서 명령어는 Z-ENC(ICCUSION, REVERSE)가 되며, ICCUSION의 앞뒤를 뒤집으면 NOISUCCI이다. 이에 대해 Z-변환을 실행한 결과는 MLRHFXXR이다. 옳은 선지이다.

④ (O) Z-DEC(Z-SWAP("76 LMFGIVU", "V", "L"), REVERSE): FORTUNE 32
→ 명령어 Z-DEC(Z-SWAP("76 LMFGIVU", "V", "L"), REVERSE)는 Z-SWAP("76 LMFGIVU", "V", "L")를 수행한 결과에 대해서 문자열의 앞뒤를 뒤집어 원래대로 변환하라는 의미이다. 명령어 Z-SWAP("76 LMFGIVU", "V", "L")는 76 LMFGIVU에서 V와 L을 서로 전부 교체하라는 의미이므로, 출력값은 76 VMFGILU이 된다. 따라서 명령어는 Z-DEC(76 VMFGILU, REVERSE)가 되므로, 76 VMFGILU의 앞뒤를 뒤집으면 ULIGFMV 67이다. 이를 원래대로 변환하기 위해서는 Z-변환을 한 번 더 실행해야 한다. ULIGFMV 67에 대하여 Z-변환을 실행한 결과는 FORTUNE 32이므로 옳은 선지이다.

⑤ (×) Z-ENC(Z-REP(Z-DEL("HARMONY123", "Y"), "R", "M"), SHIFT-4): OVJEHI876
→ 명령어 Z-ENC(Z-REP(Z-DEL("HARMONY123", "Y"), "R", "M"), SHIFT-4)는 Z-DEL("HARMONY123", "Y")의 결괏값에서 "R"을 "M"으로 교체하고, 그 결괏값에 대해서 SHIFT-4에 따라 Z-변환을 하라는 의미이다. 따라서 이를 해결하기 위해서는 가장 먼저 Z-DEL("HARMONY123", "Y")을 출력한다. 이는 HARMONY123에서 Y를 전부 제거하라는 의미이므로 출력값은 HARMON123이 된다. 따라서 명령어는 Z-ENC(Z-REP(HARMON123, "R", "M"), SHIFT-4)가 된다. 다음으로 Z-REP(HARMON123, "R", "M")를 출력한다. 이는 HARMON123에서 R을 전부 M으로 교체하라는 의미이므로, HAMMON123이 된다. 따라서 최종 명령어는 Z-ENC(HAMMON123, SHIFT-4)이다. 이는 HAMMON123에 대해 알파벳을 4만큼 밀어 Z-변환을 수행하라는 의미이다. HAMMON123의 알파벳을 4만큼 민 결과는 LEQQSR123이며, 이에 대해 Z-변환을 실행한 결과는 OVJJHI876이다. 따라서 틀린 선지이다.

합격자의 실전 풀이 순서

선지를 보면 ①~④의 경우 명령어가 최대 2개까지 겹쳐 있으나 ⑤의 경우에는 명령어 3개가 겹쳐 있는 것을 확인할 수 있다. 따라서 가장 복잡한 ⑤를 가장 마지막에 풀도록 한다.

합격자의 시간단축 Tip

Tip ❶ 숫자의 Z－변환은 표를 그려 일일이 대응할 필요 없이 각 숫자를 9가 되도록 보완하는 숫자, 즉 보수를 찾는다. Z－변환 시스템의 원리를 보면 숫자 변환의 경우 두 수를 더했을 때 항상 9가 되는 것을 확인할 수 있다. 예를 들어 '123'을 변환하면 각 자리 숫자에 더해 9를 만드는 수인 '876'이 변환 값이 된다. 이처럼 숫자를 활용한 암호는 일정한 변환 규칙이 있는 경우가 많으므로, 문제를 풀 때 규칙성을 먼저 파악하는 전략이 효과적이다.

Tip ❷ 알파벳의 Z－변환표를 미리 만들어두고 문제에 접근한다. 숫자의 Z－변환의 경우 대상 숫자에 더해서 9가 되는 숫자로 변환하면 되어 간단하나, 알파벳의 경우 복잡하고 개수도 많으므로 선지마다 머릿속으로 변환하기 매우 어렵다. 따라서 알파벳의 Z－변환표를 선지에 접근하기 전에 미리 만들어두고 시작하면 훨씬 빠르고 간편하게 문제를 해결할 수 있다.

Tip ❸ 선지에서 명령어가 2~3개씩 겹쳐 있는 것을 확인할 수 있다. 각각의 명령어의 결과를 순서대로 문제지에 적어 가며 차근차근 명령어를 풀어나가면 실수를 줄일 수 있다.

13 정답 ③ 난이도 ●●○

정보능력_코드

① (O) A씨의 상품 수령지는 인천에 위치한다.
→ <'출근 전 배송' 분류코드체계>에 따르면 분류코드는 각 코드를 '출발허브－도착지－패키지－제품유형－무게－출발시간'의 순서로 부여한다. 각 항목의 코드에 따라 A씨가 수령한 상품 2개의 코드를 분석하면 다음과 같다. 먼저 A2B6FL18001W2SR의 경우, 서울 허브(A2)에서 출발하여 인천에 도착하는(B6) 냉동(FL18) 식품(001)이자 1~3kg 미만(W2)이며, 상품은 06:00~08:00까지(SR) 출발하였다. 다음으로 B1B6QP10202W1EM의 경우, 인천 허브(B1)에서 출발하여 인천에 도착하는(B6) 상온(QP10) 의약품(202)이자 0~1kg 미만(W1)이며, 상품은 04:00~06:00 직전(EM)에 출발하였다. 이때 두 상품 모두 도착지가 인천이므로 A씨의 상품 수령지는 인천에 위치할 것이다. 옳은 선지이다.

② (O) A씨는 냉동식품 외에 의약품을 주문하였다.
→ ①에서 분석한 A씨의 상품 분류코드에 따르면 A씨는 냉동식품(FL18001)과 상온 의약품(QP10202)을 수령하였다. 따라서 냉동식품 외에 의약품도 주문하였다. 옳은 선지이다.

③ (×) B씨는 20kg 이상인 가전제품을 새벽 04:00~06:00 사이에 수령하였을 것이다.
→ <'출근 전 배송' 분류코드체계>에 따라 B씨가 수령한 상품 2개의 코드를 분석하면 다음과 같다. 먼저 D1D8QP10101W6EM의 경우, 부산 허브(D1)에서 출발하여 울산/경남에 도착하는(D8) 상온(QP10) 가전제품(101)이자 20kg 이상(W6)이며, 04:00~06:00 직전(EM)에 출발하였다. 다음으로 D2D8AT5001W3DW의 경우, 울산 허브(D2)에서 출발하여 울산/경남에 도착하는(D8) 냉장(AT5) 식품(001)이자 3~5kg 미만(W3)이며, 02:00~04:00 직전(DW)에 출발하였다. B씨가 주문한 20kg 이상인 가전제품(101W6)은 첫 번째로 제시된 상품임을 알 수 있다. 해당 상품의 분류코드(D1D8QP10101W6EM)에서 수령시간은 가장 끝에 제시되어 있는 EM이며, 이는 출발시간이 04:00~06:00 직전임을 의미한다. 이때 04:00~06:00 직전에 출발했다는 것을 알 수 있을 뿐이지, 04:00~06:00 사이에 반드시 수령했다고 볼 수는 없다. 틀린 선지이다.

④ (O) B씨가 주문한 식품은 울산 허브에서 출발한다.
→ ③에서 알 수 있듯 B씨가 주문한 식품(001)의 코드는 D2D8AT5001W3DW이다. 출발허브는 가장 처음에 제시되어 있으며, D2로 울산 허브에 해당한다. 따라서 B씨가 주문한 식품은 울산 허브에서 출발한다.

⑤ (O) C씨가 주문한 제품의 유형은 최소 3가지이다.
→ <'출근 전 배송' 분류코드체계>에 따라 C씨가 수령한 상품 2개의 코드를 분석하면 다음과 같다. 먼저 A2H4FL18001W1MD의 경우, 경기 허브(A2)에서 출발하여 강원에 도착하는(H4) 냉동(FL18) 식품(001)이자 0~1kg 미만(W1)이며, 00:00~02:00 직전(MD)에 출발하였다. 다음으로 A1H4QP10909W2DW의 경우, 서울 허브(A1)에서 출발하여 강원에 도착하는(H4) 상온(QP10) 복합(909) 상품이자 1~3kg 미만(W2)이

며, 02:00~04:00 직전(DW)에 출발하였다. 이때 '복합'은 식품~화장품 중 둘 이상의 제품 유형이 하나의 패키지에 함께 포장된 경우를 의미하므로 여기에는 최소 두 개의 제품 유형이 포함되어 있을 것이다. 이에 더하여 두 번째 단서에 따르면 패키지가 다르면 다른 제품 유형으로 보므로, 두 번째 코드에 따른 상온(QP10) 복합(909) 패키지와 첫 번째 코드에 따른 냉동(FL18) 식품(001) 패키지의 제품 유형을 더하면 최소 3가지의 제품 유형이 확보된다. 따라서 C씨가 주문한 제품의 유형은 최소 3가지이며, 옳은 선지이다.

합격자의 시간단축 Tip

Tip ❶ 선지에서 묻고 있는 부분만 골라서 파악한다. 물론 주어진 분류코드체계에 따라 모든 코드를 해설에서와 같이 분석할 수 있지만, 선지에서 묻는 부분만 확인하는 것이 훨씬 빠르다. 예를 들어 ①의 경우 상품 수령지를 묻고 있으므로 도착지 코드인 앞에서 3-4번째 코드만 확인하면 된다.

Tip ❷ 확인할 코드가 적은 선지부터 해결한다. 다른 선지에 비해 선지 ③은 무게, 제품 유형, 출발시간 세 가지를 모두 확인해야 한다. 반면 나머지 선지들은 제품 유형 등 겹치는 코드가 존재하고, 확인해야 할 코드의 수도 상대적으로 적기 때문에 나머지 선지를 먼저 판단하는 것이 시간 단축에 도움이 될 수 있다.

Tip ❸ 단서에 주의한다. 어느 과목이든 본문에서 단서가 나올 경우, 문제에 나올 가능성이 아주 높으므로 반드시 체크한다. 단서에 해당하는 선지는 정답일 확률도 상대적으로 높으므로 먼저 판단하는 것도 하나의 전략이다.

독끝

CHAPTER 1

실전모의고사 1회

정답 | 실전모의고사 1회

오답표기	문제번호	영역	유형	난이도	정답
	01		논리적 추론	★☆☆	④
	02		글의 내용 일치/불일치	★☆☆	③
	03		개념의 이해 및 활용	★☆☆	①
	04		글의 내용 일치/불일치	★☆☆	③
	05	의사소통능력	논리적 추론	★☆☆	④
	06		개념의 이해 및 활용	★☆☆	⑤
	07		논리적 추론	★★☆	③
	08		빈칸 삽입(어휘/개념어/접속사/문장)	★☆☆	④
	09		글의 내용 일치/불일치	★★☆	④
	10		응용수리_방정식	★☆☆	⑤
	11		응용수리_최대공약수·최소공배수	★☆☆	③
	12		금융수리_환율 및 실용계산	★★☆	②
	13		금융수리_환율 및 실용계산	★★☆	③
	14	수리능력	자료해석_자료에 대한 진위 판단(계산 불필요)	★☆☆	④
	15		자료해석_자료에 대한 진위 판단(계산 필요)	★☆☆	③
	16		자료해석_자료계산	★☆☆	①
	17		자료해석_자료에 대한 진위 판단(계산 필요)	★☆☆	③
	18		자료해석_추가자료 활용	★★☆	③
	19		조건추리(일반)	★☆☆	②
	20		조건추리(매칭, 배치)	★☆☆	②
	21		공고문/규정 이해	★☆☆	⑤
	22		공고문/규정 이해	★☆☆	③
	23		논리퍼즐	★☆☆	③
	24		논리퍼즐	★☆☆	④
	25		공고문/규정 이해	★☆☆	③
	26	문제해결능력 / 자원관리능력	수치 계산(비용, 시간)	★☆☆	①
	27		경로	★★☆	③
	28		공고문/규정 이해	★☆☆	②
	29		수치 계산(비용, 시간)	★☆☆	②
	30		지문의 이해 및 활용	★☆☆	③
	31		지문의 이해 및 활용	★☆☆	③
	32		지문의 이해 및 활용	★☆☆	②
	33		지문의 이해 및 활용	★☆☆	⑤
	34		적정 대상 선택	★☆☆	②
	35		IT 개념 활용	★☆☆	⑤
	36		IT 개념 활용	★★★	②
	37	정보능력	IT 개념 활용	★★☆	②
	38		코드	★★☆	②
	39		코드	★★★	②
	40		엑셀	★★☆	⑤

01 정답 ④ 난이도 ●○○

의사소통능력_논리적 추론

접근전략 신규 금융기관 선정 관련 공고문이 제시되고 있다. 공고문의 구성을 확인한 후, 선택지 키워드를 바탕으로 발췌독 한다.

다음 공고문에 대한 이해로 적절한 것은?

OO공사 신사옥 건립 사업비 차입금 대환대출을 위한 금융기관 선정 공고

□ 입찰목적

ㅇㅇ공사 신사옥 건립사업을 위한 차입자금의 약정 기간 만기('24.06.30.)에 따라 저금리를 제공하는 신규 금융기관 선정

□ 입찰내용

- 차입한도: 일금 일십억일천만원 정(₩1,010,000,000원)
- 금리방식: 변동금리 및 고정금리(고정·변동 금리 중 입찰일 현재 낮은 금리를 선택)
- 차입기간: 계약일로부터 4년(필요 시 연장 가능)
- 담보: 토지(충청남도 ㅇㅇ군 소재 토지 15,000m^2)
- 상환방법: 원리금 불균등 상환
- 차입조건: 중도상환수수료 등 차입 및 상환관련 제반수수료 면제

□ 입찰방식: 일반경쟁입찰

□ 입찰 참가자격

- 은행법에 따른 은행 또는 특별법에 따라 설립된 제1금융권 금융기관의 본점 또는 지점
  - 반드시 1개 은행에서 1개의 금리 제안서만 제출 가능하며, 공동수급(컨소시엄)은 불가

□ 입찰 참가신청서 접수

- 입찰공고: 2024.05.24.(금) ~ 2024.06.10.(월) 14:00
- 접수방법: 방문접수(ㅇㅇ공사 3층 총무실 용역계약 담당, 충청남도 ㅇㅇ군 소재)

□ 개찰 및 낙찰자 선정

- 개찰일시: 2024.06.10.(월) 15:00 (예정)
- 개찰장소: ㅇㅇ공사 2층 대회의실
  - 개찰 시 반드시 신분증 지참, 대리인이 참가 시 재직증명서 및 위임장 지참

□ 낙찰자 결정방법: 최저금리 제안자 낙찰

- 2인 이상의 유효한 입찰로서 성립하며, 제안서를 제출한 금융기관 중 최저금리(기준금리+가산금리)를 제시한 금융기관을 낙찰자로 결정합니다.
- 동일 최저금리 제안자가 2인 이상인 경우 추첨을 통해 결정합니다.
- 최저금리 낙찰 금융기관이 제안 철회 및 계약 포기 시 차순위 금리를 제안한 금융기관을 선정하며, 제안서 평가결과에 대한 공개 및 별도 이의제기 절차는 실시하지 않습니다.

① OO공사에서는 신사옥을 건립함에 따라 부족한 자금을 추가 조달하기 위해 위 공고를 게재하였다.

➜ (×) '입찰 목적'을 보면, 신사옥 건립사업을 위한 차입자금의 약정 기간 만기에 따라 저금리를 제공하는 신규 금융기관을 선정하기 위해 해당 공고를 게재하였음을 확인할 수 있다. 부족한 자금을 추가 조달하기 위한 목적이 아니다.

② 다른 조건은 모두 충족한 최종 낙찰 후보 두 군데 중 X은행의 중도상환수수료는 0.1%, Y은행의 중도상환수수료는 0.01%일 때, 최종 낙찰되는 곳은 Y은행일 것이다.

➜ (×) '입찰 내용－차입 조건'에 따르면 중도상환수수료 등 차입 및 상환관련 제반수수료가 면제가 입찰 조건이다. 이에 대한 예외 조항도 존재하지 않는다. 따라서 다른 모든 조건을 충족하였더라도 중도상환수수료가 0%가 아닌 두 은행 모두 최종 낙찰 대상이 될 수 없다. '낙찰자 결정방법'에 따른 최저금리 제안자 낙찰은 '최저금리(기준금리+가산금리)'를 제시한 금융기관을 낙찰자로 결정한다는 의미일 뿐, 중도상환수수료와는 관련없는 내용이다.

③ 대리인 신분으로 개찰에 참가하는 A은행의 충남지점 부지점장이 지참해야 할 서류는 금리제안서와 재직증명서 및 위임장이다.

➜ (×) '개찰 및 낙찰자 선정－개찰장소'에 따르면 대리인이 개찰 참가 시 지참해야 할 서류는 신분증, 재직증명서 및 위임장이다. 대리인 신분으로 개찰에 참가하는 A은행의 충남지점 부지점장은 금리제안서가 아닌 신분증과 재직증명서, 위임장을 지참해야 한다.

④ 입찰에 참가한 은행은 총 2곳이며, 제1금융권 B은행이 기준금리 3.12%, 가산금리 +0.4%p를, 제2금융권 C은행은 기준금리 3.01%, 가산금리 +0.38%p를 제시한 경우 위 입찰은 유찰된다.

➜ (○) '낙찰자 결정방법'의 첫 번째 항목에 따르면, 2인 이상의 유효한 입찰이 있어야 낙찰자를 결정할 수 있다. 유효한 입찰의 조건을 판단해야 하는데, 선택지에선 B은행과 C은행의 성격, 제시한 금리만 파악할 수 있다. 따라서 이와 관련된 조건만 공고문에

서 확인한다. '입찰 참가자격'에 따르면 제1금융권 금융기관의 본점 또는 지점만 참가할 수 있다. 또한 '낙찰자 결정방법' 첫 번째 항목에 따르면 2인 이상의 유효한 입찰로서 성립하고, 최저금리(기준금리+가산금리)를 제시한 금융기관이 낙찰자가 된다. 선택지의 경우 2개의 은행이 참가하긴 했지만, C은행은 제2금융권 금융기관으로 참가 자격이 되지 않는다. 유효한 입찰이 1개뿐이므로 입찰이 성립할 수 없어 유찰된다.

⑤ **입찰에 5개 은행이 참가하였고, 그 중 D은행이 최종 낙찰되었다면, D은행은 입찰에 참가한 5개 은행 중 최저금리를 단독으로 제시하였을 것이다.**

→ (×) '낙찰자 결정방법' 마지막 항목에 따르면 최저금리 낙찰 금융기관이 제안 철회 및 계약 포기 시 차순위 금리를 제안한 금융기관을 선정한다. D은행이 최종 낙찰되었더라도 차순위 금리를 제안한 금융기관일 수 있는 것이다. 따라서 D은행이 입찰에 참가한 5개 은행 중 가장 낮은 금리를 제시하였다고 단정 지을 수 없다. 또한 동일 최저금리 제안자가 2인 이상이어서 추첨으로 D은행이 낙찰된 것일수도 있다.

합격자의 실전 풀이 순서

❶ 발문 확인 및 문제 유형 파악하기

발문을 확인한다. 공고문·안내문 유형이다. 제시문을 정독할 필요는 없고, 발췌독을 통해 정답을 구하는 것이 좋다. 이런 유형의 제시문은 각 내용이 독립적으로 제시되므로 지문의 흐름을 굳이 이해할 필요가 없기 때문이다. 따라서 선택지의 키워드를 바탕으로 발췌독한다. 핵심 키워드(예: 공고 게재, 중도상환수수료)에 동그라미 등의 표시를 해 실수를 줄이는 것도 하나의 방법이다.

발췌독할 땐 선지를 읽고 도출해야 하는 값(항목, 변수)이 무엇인지 확인한 후, 해당 값이 언급된 부분을 마치 '그림 맞추기 놀이'를 하듯이 눈으로 훑으면서 찾는 것이 중요하다. 처음엔 제대로 찾지 못해 중요한 부분을 놓치거나, 오히려 너무 많은 내용을 확인하는 실수가 나타날 수 있으나 연습을 하면 할수록 빠르고 정확하게 찾을 수 있을 것이다. 이 방법이 익숙하지 않다면 제시문을 빠르게 훑어 전반적인 구조를 파악한 후에 선택지로 넘어가는 방식을 활용해 봐도 좋다. 문제 풀이의 핵심은 전반적인 흐름을 파악하고, 깊은 해석을 하는 것이 아니라, 발췌독을 해가며 필요한 정보만을 뽑아내 빠르게 문제를 풀어나가는 것이다. 문제에서 묻는 것만을 구하는 습관이 필요하다. 그래야만 시간을 줄일 수 있기 때문이다.

❷ 선지 검토 및 발췌독

독해 선택지에서 키워드를 확인한 후, 공고문의 해당 부분으로 이동한다. 선지별 키워드로 ①은 '공고 게재', ②는 '중도상환수수료', ③은 '대리인', ④는 '제1금융권', '유찰', ⑤는 '최종 낙찰', '가장 낮은 금리' 등으로 꼽을 수 있다.

[해설]에서 구한대로 ①의 '공고 게재'는 [입찰목적]에서, ②의 '중도상환수수료'는 [입찰내용-차입조건]에서 확인할 수 있다. 또한 ③의 '대리인'은 [개찰 및 낙찰자 선정-개찰 장소], ④의 '제1금융권', '유찰'은 [입찰 참가자격, 낙찰자 결정방법]에서 파악할 수 있다. 마지막으로 ⑤의 '최종 낙찰', '가장 낮은 금리'는 [낙찰자 결정방법의 마지막 항목]에서 알 수 있다. 정답은 ④이다.

합격자의 시간단축 Tip

Tip ❶ 제시문을 먼저 읽고 선택지로 간다.

선지를 바탕으로 발췌독하는 것도 좋지만, 제시문을 먼저 읽고 선택지로 가는 방법 또한 활용도가 높다. 공고문을 먼저 빠르게 읽으며 전체적인 구조를 파악하고, 선택지로 넘어가는 것이다. 구성을 확인했기 때문에 선택지의 내용이 본문의 어느 부분에 해당하는지보다 적은 시간 안에 파악할 수 있게 된다. 제시문을 처음 읽을 때 모든 내용을 파악해야겠다는 생각은 지양하는 것이 좋다. 압박감으로 인해 시간이 더 오래 소요될 수 있고, 한 번 만에 모든 것을 숙지하는 것 또한 한계가 있기 때문이다.

Tip ❷ 필수조건, 예외조건, 각주 등을 먼저 확인한다.

제시문에서 반드시 적용되어야 하는 조건(필수조건), 예외를 허용하는 조건(예외조건), 각주가 있는지 빠르게 확인한다. 이러한 내용들은 선지로 구성될 확률이 높기 때문이다. 이렇게 하면 이 문제의 경우, 선지 ②, ④의 정오를 먼저 판단하게 되고 빠르게 답을 도출할 수 있다.

Tip ❸ 제목을 적극적으로 활용한다.

보고서, 공고문, 법조문 등은 매우 많은 정보를 효율적으로 전달하기 위해서 목차를 구성하고 이하의 내용을 모두 포괄할 수 있는 제목을 설정한다. 선지판별을 위해서 해당 선지가 요구하는 내용이 어느 목차에 해당하는지를 판단하면 시간을 단축할 수 있다.

02 정답 ③ 난이도 ●○○

의사소통능력_글의 내용 일치/불일치

접근전략 제시문에는 자산건전성 분류의 정의, 특징, 분류 방식 등이 제시되고 있다. 따라서 각각의 특징을 구분하여 이해할 수 있어야 한다.

주어진 자료의 내용을 바르게 이해하지 못한 것은?

(1)금융기관은 보유자산의 부실화 정도를 일정기간마다 평가하여 이에 대한 적정수준의 충당금을 적립하고 추가담보 징구, 채권의 조기회수 등 필요한 조치를 강구함으로써 불건전자산의 발생을 사전에 예방하고 정상화를 촉진함으로써 자산운용의 건전화를 도모해야 한다. ▶ 1문단

(1)보유자산의 부실화는 자산의 수익성 악화, 자산의 고정화에 따른 유동성 문제를 일으키고 특히 예금수취기관인 상호저축은행에 있어서는 예금자들에 대한 지급불능사태 및 공적자금 투입과 같은 사회적 비용의 발생까지 초래하게 되는 바, 사전에 보유자산의 부실화 정도를 평가하고 적절한 대응을 하는 것은 중요한 의미를 갖는다. ▶ 2문단

(1)금융기관의 보유자산 부실화 정도 평가는 자산건전성 분류에 의해 이루어지는데, 각 금융관련 법령에서는 금융기관의 건전한 경영 유도를 위해 자산건전성 분류 기준을 두고 있다. (2)「상호저축은행법」에서도 상호저축은행의 건전한 경영을 유도하고 금융사고를 예방하기 위해 자산건전성 분류 기준을 포함한 경영건전성 기준 제정권한을 금융위원회에 부여하고 있다. (3)이러한 자산건전성 분류는 상호저축은행의 건전경영을 위해 매우 중요하다. ▶ 3문단

(1)「상호저축은행업감독규정」은 연체기간 및 부도여부 등에 따라, 여신에 대하여 '정상', '요주의', '고정', '회수의문', '추정손실' 5단계로 자산건전성을 분류하고 있으며, 각 분류단계별 정의를 다음과 같이 명시하고 있다.

구분	정의
정상	금융거래내용, 신용상태 및 경영내용 등을 고려할 때 채무상환능력이 양호한 거래처 및 1개월 미만의 연체여신을 보유하고 있으나 채무상환능력이 양호한 거래처에 대한 총여신
요주의	금융거래내용, 신용상태 및 경영내용 등을 고려할 때 여신 사후관리에 있어 통상 이상의 주의를 요하는 거래처에 대한 총여신
고정	금융거래내용, 신용상태 및 경영내용 등이 불량하여 구체적인 여신 회수조치나 관리 방법의 강구 필요성이 있는 거래처에 대한 총여신 중 회수예상가액 해당 여신
회수의문	고정으로 분류된 거래처에 대한 총 여신액 중 손실 발생이 예상되나 현재 그 손실액을 확정할 수 없는 회수예상가액 초과여신
추정손실	고정으로 분류된 거래처에 대한 총 여신액 중 회수불능이 확실하여 손비처리가 불가피한 회수예상가액 초과여신

▶ 4문단

(1)자산건전성 분류업무는 분류대상자산의 확정, 필요자료 수집, 건전성분류기준의 적용 및 회수예상가액의 산정 등으로 구분할 수 있다. (2)자산건전성 분류대상자산은 대출채권, 유가증권, 가지급금 및 미수금, 확정지급보증, 미수이자로 구분할 수 있으며, 대출채권(여신)의 건전성 분류가 가장 큰 비중을 차지한다. ▶ 5문단

(1)여신에 대한 자산건전성 분류는 차주 단위의 총채권을 기준으로 분류하는 것을 원칙으로 하고 있다. (2)즉, 한 차주에 대해 복수의 여신이 있는 경우에 해당 차주는 동일한 신용위험을 보유하게 되며 이를 모든 여신에 반영하여야 하므로 자산건전성 분류는 동일해야 한다. (3)다만, 차주에 대한 신용위험과 별도로 담보 등에 의해 회수가능성이 결정되는 대출에 대해서는 차주 단위의 총채권과 구분하여 별도로 분류할 수 있다. ▶ 6문단

① 자산건전성 분류는 은행 보유자산의 건전성을 유지하기 위한 과정이다.

→ (○) 자산건전성 분류는 금융기관의 보유자산 부실화 정도 평가를 위한 수단이다. 또한 각 금융 관련 법령에서 금융기관의 건전한 경영 유도를 위해 해당 기준을 두고 있다[3문단 (1)]. 이는 상호저축은행의 건전경영을 위해 매우 중요한 수단인 것이다[3문단 (3)]. 따라서 자산건전성 분류는 은행 보유자산의 건전성을 유지하기 위한 과정이라고 볼 수 있다.

② 자산건전성 분류 시 고정, 회수의문, 추정손실은 여신의 회수가능성을 기준으로 구분한다.

→ (○) 「상호저축은행업감독규정」의 자산건전성 분류를 확인한다. '고정'은 여신 회수 조치나 관리방법의 강구 필요성이 있는 거래처에 대한 총 여신 중 회수예상가액 해당 여신으로 회수가 가능한 여신이 있는 경우의 분류 단계이다. 손실 발생이 예상되거나 손실액을 확정할 수 없는 경우 '회수의문'으로, 회수불능이 확실하여 손비처리가 불가능한 경우에는 '추정손실'로 구분한다[4문단 표]. 세 단계는 여신의 회수가능성을 기준으로 분류함을 확인할 수 있다.

③ 동일한 채무자에 대하여 다수의 대출채권이 있는 경우에는 취급건별로 건전성 분류를 달리해야 한다.

→ (×) 여신에 대한 자산건전성 분류는 차주 단위의 총채권을 기준으로 하는 것이 원칙이다[6문단 (1)]. 따라서 동일한 채무자에 대해 복수의 여신, 즉 다수의 대출채권이 있는 경우라도 해당 차주는 동일한 신용위험을 보유하게 되므로 이는 모든 여신에 동일하게 반영되어 자산건전성 분류는 동일할 것이다[6문단 (2)]. 한편, 차주에 대한 신용위험과 별도로 담보 등에 의해 회수가능성이 결정되는 대출에 대해선 차주 단위의 총채권과 구분해 분류할 수 있다[6문단 (3)]. 하지만 예외일 뿐이므로 동일한 채무자에 대하여 다수의 대출채권이 있는 경우에는 취급건별로 건전성 분류를 달리해야 한다는 점을 단정지을 수 없다.

④ 상호저축은행을 통한 5억 원의 대출 이외에 다른 금융거래가 없는 기업이 매월 원리금을 정상 상환하고 있다면 해당 대출채권에 대한 자산건전성 분류 결과는 '정상'일 것이다.

→ (○) 「상호저축은행업감독규정」의 자산건전성 분류에 따르면, '정상'은 '금융거래내용, 신용상태 및 경영내용 등을 고려할 때 채무상환능력이 양호한 거래처 및 1개월 미만의 연체여신을 보유하고 있으나 채무상환능력이 양호한 거래처에 대한 총여신'을 의미한다[4문단 표]. 선택지의 경우 상호저축은행을 통한 5억 원의 대출 이외에 다른 금융기관 다른 금융거래가 없고 매월 원리금을 정상 상환하고 있으므로, 1개월 미만의 연체여신조차도 보유하고 있지 않은 채무상환능력이 양호한 거래처라고 볼 수 있다. 따라서 해당 대출채권에 대한 자산 건전성 분류 결과는 '정상'일 것으로 추론할 수 있다.

⑤ 자산건전성 분류대상자산 중 건전성 분류의 비중이 가장 큰 것은 대출채권이다.

→ (○) 자산건전성 분류대상자산은 대출채권, 유가증권, 가지급금 및 미수금, 확정지급보증, 미수이자이다. 그중 대출채권의 건전성 분류가 가장 큰 비중을 차지한다[5문단 (2)]. 자산건전성 분류대상자산 중 건전성 분류의 비중이 가장 큰 것은 대출채권임을 알 수 있다.

합격자의 실전 풀이 순서

❶ 발문 확인 및 문제 유형 파악하기

자료의 내용을 바르게 이해하지 '못한' 것을 고르라는 발문을 봤을 때, 내용 확인 유형임을 알 수 있다. 해당 유형은 제시문 내용과 부합하지 않거나 그로부터 추론 불가능한, 즉 무관한 선지가 정답이 되며, 제시문 내용과 일치하거나 그로부터 추론할 수 있는 선지가 오답이 된다. 긴장되는 시험장에서 적절하지 '않은' 것을 고르는 문제에서 '적절'한 것을 고르는 문제로 잘못 볼 수 있다. 따라서 '못한'이 나오면, 발문에 크게 × 표시 등을 해 혹시 모를 실수에 대비하도록 한다. 본 문제와 같은 정보 확인 유형을 푸는 방법으로는 두 가지가 있다.

❷-1) 선지 먼저 읽기

(1) 선지 키워드 표시

독해 지문을 푸는 두 가지 방법 중 선지를 먼저 읽는 경우의 풀이법을 소개한다. 지문보다 선지를 먼저 보고 정보를 추출한다.

선지에서 추출할 키워드는 다음과 같다. 단, 이들은 어디까지나 예시이므로 이와 같을 필요는 없다.

① 자산건전성 분류, 건전성 유지
② 고정, 회수의문, 추정손실
③ 동일한 채무자
④ 정상
⑤ 분류대상자산, 대출채권

(2) 제시문 독해 및 선지 판단

- 발췌독을 활용하는 경우: 선지 확인을 통해 자산건전성 분류를 주제로 이에 대한 여러 특징이 키워드로 제시되었음을 알 수 있다. 해당 키워드를 바탕으로 발췌독을 진행한다. 발췌독할 경우에는 제시문을 읽는 것이 아니라, 선지 키워드를 바탕으로 해당 내용이 제시된 문장 및 문단을 찾아 해결하는 것이다.
  선지를 파악한 후 제시문 전체 독해를 진행하는 경우엔 문단별 구성을 파악하며 읽어가는 것이 좋다. 1문단, 2문단은 보유자산의 부실화, 3문단은 자산건전성 분류의 의의, 4문단 ~ 6문단은 자산건전성 분류기준 및 특징 등이 제시되었다고 파악하는 방식이다. 이런 방법은 필요한 부분을 집중해서 읽을 수 있다는 점이 장점이다.
- 통독을 활용하는 경우: 발췌독이 어려운 경우 선지를 먼저 보고 통독을 하더라도 빠른 시간 내에 높은 정확도로 문제를 해결할 수 있다. 선지를 보았을 때, 독해를 통해 쉽게 정오 판별이 가능한 선지는 ①, ②, ③, ⑤임을 알 수 있다. 각 선지는 자산건전성 분류에 대한 특징이라는 주제로 포괄되기 때문에 한 번에 상대적으로 쉽게 해결할 수 있다. 반면 선지 ④의 경우에는 제시된 정보를 토대로 검토하여야 하므로 정보 수집, 정보 수집을 통한 검토의 2단계가 필요하다.

이를 토대로 통독의 방향성을 정하고 독해를 시작하는 것이 좋다. 선지 ①, ②, ③, ⑤는 자산건전성 분류에 대한 특징을 명확히 파악한다면 모두 해결할 수 있다. 뿐만 아니라 나머지 선지 4개에 대해 정오 판별이 가능하다면 선지 ④에 대한 판별 없이 문제를 해결할 수 있다. 선지 ④에 요구되는 정보를 키워드로 파악했다가 그 부분은 빠르게 훑고 지나가며 다른 선지 정오 판별에 필요한 정보가 들어 있는지를 확인하는 것으로 족하다.

따라서 자산건전성 분류의 목적, 분류 시 세부 기준, 다수의 대출채권이 있는 경우의 분류 방식, 건전성 분류 비중이 가장 큰 채권이 무엇인지를 파악할 수 있도록 독해하여야 한다. 추가적으로 다음 문제가 제시문을 토대로 한 상황 적용 문제이기 때문에 통독이 적합할 수 있다.

❷-2) 제시문 먼저 읽기

제시문 먼저 읽기도 크게 두 가지 방법이 존재한다. 제시문 먼저 읽기와 제시문 구조 파악 후 선지 먼저 읽기이다.

(1) 제시문 먼저 읽기

처음부터 제시문을 꼼꼼히 읽어 선지 확인을 위해 제시문을 다시 읽는 시간을 단축하는 방법이다. 이 방법의 경우 제시문을 읽는 과정에서 선지에 나올 만한 내용을 주의 깊게 읽고, 복잡한 제시문의 내용을 어느 정도 이해한 후 선지를 읽어야 한다. 이 방법을 사용하면서 시간을 단축하고 싶다면, 문단별로 나누어 한 문단을 꼼꼼히 읽고 그 문단에 상응하는 선지부터 판단하는 방법을 응용할 수 있다. 다만, 첫 번째 방법의 경우 제시문의 내용을 잊어버리면 다시 제시문을 읽게 되어 시간이 낭비되기 때문에 매우 긴 제시문이 있는 문제에는 적합하지 않다. 또한, 문단별로 선지를 확인하는 방식은 문단 간의 정보를 결합해야 하는 선지에는 취약하다는 한계가 있다.

(2) 제시문 구조 파악 후 선지 먼저 읽기

두 번째로는 제시문의 구조와 키워드만 빠르게 파악한 후, 선지를 읽고 선지에서 필요한 내용을 다시 제시문에서 꼼꼼히 찾아가는 방법이 있다. 두 번째 방법은 제시문이 매우 긴 경우 또는 제시문의 구조가 깔끔할 때 효과적이다. 그러나 두 번째 방법은 능숙하지 않은 사람이 시험장에서 시도한다면 성공률이 낮다는 한계가 있다. 두 번째 방식을 익숙하게 하기 위해서는 다양한 제시문을 첫 번째 방법처럼 꼼꼼히 분석하는 과정이 필요하다. 다양한 제시문을 접하고 글의 구조를 이해하게 되면 두 번째 방식을 효과적으로 활용할 수 있다.

❸ 선지 판단

마지막 단계에서는 지문을 이해한 바를 바탕으로, 선택지별 정오답 여부를 판단한다. 선지 ①은 3문단, ②와 ④는 4문단, ③은 6문단, ⑤는 5문단에서 그 근거를 찾을 수 있다. 해설에서 다룬 내용이 바로 이 단계에 해당한다.

합격자의 시간단축 Tip

Tip ❶ 제시문 내용을 암기하려고 하지 말자.

빠른 시간 안에 문제를 풀어야 하므로 지문을 한 번만 읽고 선택지를 해결하고 싶은 마음이 생길 수 있다. 압박감을 느끼고 읽게 되면 오히려 내용 파악이 어려울 수 있으며, 제한된 시간 안에 지문의 내용을 모두 숙지하는 것은 한계가 있다. 제시문을 먼저 빠르게 읽으며 전체적인 구조를 파악하고, 선택지로 넘어가는 방식을 추천한다. 구성을 확인했기 때문에 선택지의 내용이 본문의 어느 부분에 해당하는지 보다 짧은 시간 안에 파악할 수 있다. 합격자의 실전 풀이 순서에서 제시된 여러 방식을 참고하고, 문제를 풀 때 적용해 가며 본인만의 방법을 찾아보는 것도 좋다.

Tip ❷ 다음 문제까지 보고 선지 판단 순서를 결정할 수 있다.

1지문 2문항 문제의 경우, 1문과 2문 각각 제시문에서 활용된 내용이 다른 경우가 대부분이다. 특히 1문에서는 사실확인을, 2문에서는 활용 문제가 출제되는 경우가 많다. 따라서 빠르게 2문에서 활용된 내용이 어디인지 보고 1문에서 이런 부분이 적용된 선지는 나중에 보는 것이 유리하다. 이 문제의 경우 선지 ②, ④를 나중에 보고 선지 ① → ③순으로 확인하면 빠르게 문제를 해결할 수 있다.

Tip ❸ 우월한 독해방법은 없으며 본인에게 적합한 방식을 택하는 것이 중요하다.

단순 논리관계로 많은 정보를 제시하는 경우, 발췌독이 통독보다 유리할 수 있으나 발췌독이 적합한지 미리 판단하기 어렵고, 결코 통독이 시간 낭비를 하는 것이 아니기 때문에 본인에게 적합한 방법을 취하는 것이 좋다. 발췌독은 단순한 논리관계를 통해 많은 정보를 제시하고 있는 경우에 적합한 반면, 복잡한 논리관계를 통한 정보 전달을 하고 있다면 오히려 통독이 유리하다. 따라서 본인에게 적합한 방식을 선택하는 것이 중요하지, 결코 어느 한 방법이 우월한 것은 아니다.

통독의 장점은 아무런 정보가 없는 글의 시작점에서는 독해가 오래 걸릴지 모르나 글의 중반부 이상부터는 앞서 독해한 내용을 바탕으로 이후의 내용을 추론하면서 독해할 수 있으므로 그 속도가 점점 더 빨라진다는 것이다. 뿐만 아니라 선지를 통해 대략적인 글의 흐름, 글의 구조, 독해의 방향성을 정한다면 첫 문장 역시 미리 얻은 정보를 토대로 비교적 빠르게 독해할 수 있다.

03 정답 ① 난이도 ●○○

의사소통능력_개념의 이해 및 활용

접근전략 본문을 바탕으로 제시된 사례에 적용하는 문제이다. 내용 일치 문제의 선택지에서도 사례 적용 유형이 많으므로 특별히 접근을 달리할 필요는 없다. 사례와 본문에서 겹치는 부분을 파악해 적용하면 된다.

주어진 자료를 참고하여 다음 사례에 대해 자산건전성 분류를 한 결과로 옳은 것은?

(1)「상호저축은행업감독규정」은 연체기간 및 부도 여부 등에 따라, 여신에 대하여 '정상', '요주의', '고정', '회수의문', '추정손실' 5단계로 자산건전성을 분류하고 있으며, 각 분류단계별 정의를 다음과 같이 명시하고 있다.

구분	정의
정상	금융거래내용, 신용상태 및 경영내용 등을 고려할 때 채무상환능력이 양호한 거래처 및 1개월 미만의 연체여신을 보유하고 있으나 채무상환능력이 양호한 거래처에 대한 총여신
요주의	금융거래내용, 신용상태 및 경영내용 등을 고려할 때 여신 사후관리에 있어 통상 이상의 주의를 요하는 거래처에 대한 총여신
고정	금융거래내용, 신용상태 및 경영내용 등이 불량하여 구체적인 여신 회수조치나 관리방법의 강구 필요성이 있는 거래처에 대한 총여신 중 회수예상가액 해당 여신
회수의문	고정으로 분류된 거래처에 대한 총 여신액 중 손실 발생이 예상되나 현재 그 손실액을 확정할 수 없는 회수예상가액 초과여신
추정손실	고정으로 분류된 거래처에 대한 총 여신액 중 회수불능이 확실하여 손비처리가 불가피한 회수예상가액 초과여신

▶ 본문 4문단

(1)A저축은행은 갑의 유일한 재산인 부동산을 담보로 하여 10억 원을 대출하였으나 연체 등으로 2024년 2월 1일 담보 부동산의 경매를 신청하여 2024년 12월 20일 경매 낙찰을 받았는데 A저축은행의 배당액은 7억 원으로 결정되었으며 배당기일은 2025년 1월 3일이다. (2)A저축은행은 2024년 12월 31일에 자산건전성 분류를 실시하였다. (3)단, 부동산은 경매 낙찰을 통한 회수만 가능하다.

▶ 문제 1문단

① **총여신 10억 원 중 7억 원은 회수예상가액으로 보아 '고정'으로 분류하고, 회수예상가액을 초과하는 3억 원은 '추정손실'로 분류한다.**

➜ (○) 본문 4문단에 따르면 '고정'은 금융거래내용, 신용상태 및 경영내용 등이 불량하여 구체적인 여신 회수조치나 관리방법의 강구 필요성이 있는 거래처에 대한 총여신 중 회수예상가액 해당 여신을 의미한다. 회수가 될 것으로 예상되는 금액이 '고정'으로 분류되는 것이다.

갑은 금융거래내용, 신용상태 등이 불량해 구체적인 여신 회수조치가 이미 실시된 경우이다. 따라서 '고정'이하로 분류될 것임을 추론할 수 있다.

A저축은행은 갑의 부동산으로 경매를 낙찰 받아 7억 원의 배당액을 받기로 결정되었다. 이는 A저축은행이 확정적으로 회수할 수 있는 금액이다. '고정'으로 분류될 것이다.

잔존 채무 3억 원의 경우엔 회수 불가능한 금액으로 보아야 한다. 부동산은 경매 낙찰을 통한 회수만 가능하고, 이미 경매 절차를 통한 배당이 진행되었기 때문이다. 또한, 갑의 자산은 부동산이 유일하므로 더 이상의 강제 집행도 불가능하다. '추정손실'은 '고정으로 분류된 거래처에 대한 총 여신액 중 회수불능이 확실하여 손비처리가 불가피한 회수예상가액 초과여신'을 의미한다. 회수가 전혀 불가능한 것으로 예상되는 금액이 '추정손실'로 분류되는 것이다. 따라서 잔존 채무 3억 원은 '추정손실'로 분류해야 한다.

② **총여신 10억 원 중 3억 원은 회수예상가액으로 보아 '고정'으로 분류하고, 회수예상가액을 초과하는 7억 원은 '추정손실'로 분류한다.**

➜ (×) 총여신 10억 원 중 7억 원은 회수예상가액으로 보아 '고정'으로 분류하고, 회수예상가액을 초과하는 3억 원은 '추정손실'로 분류한다.

③ **총여신 10억 원 중 7억 원은 회수예상가액으로 보아 '고정'으로 분류하고, 회수예상가액을 초과하는 3억 원에 대해서는 손실액을 확정할 수 없는 것으로 보아 '회수의문'으로 분류한다.**

➜ (×) 총여신 10억 원 중 7억 원은 회수예상가액으로 보아 '고정'으로 분류하고, 회수예상가액을 초과하는 3억 원은 '추정손실'로 분류한다.

④ 총여신 10억 원 중 7억 원은 손실액을 확정할 수 없는 회수예상가액 초과여신으로 보아 '회수의문'으로 분류하고, 3억 원은 '추정손실'로 분류한다.

→ (×) 총여신 10억 원 중 7억 원은 회수예상가액으로 보아 '고정'으로 분류하고, 회수예상가액을 초과하는 3억 원은 '추정손실'로 분류한다.

⑤ 총여신 10억 원 중 3억 원은 손실액을 확정할 수 없는 회수예상가액 초과여신으로 보아 '회수의문'으로 분류하고, 7억 원은 '추정손실'로 분류한다.

→ (×) 총여신 10억 원 중 7억 원은 회수예상가액으로 보아 '고정'으로 분류하고, 회수예상가액을 초과하는 3억 원은 '추정손실'로 분류한다.

합격자의 실전 풀이 순서

[방법 1]

❶ 발문 확인 및 문제 유형 파악하기

자료를 참고하여 다음 사례에 대해 자산건전성 분류를 한 결과로 '옳은' 것을 고르라는 발문을 봤을 때, 사례 적용 유형임을 알 수 있다. 해당 유형은 제시문 내용으로 추론할 수 있는 선지가 정답이 된다. 긴장되는 시험장에서 적절한 것을 고르는 문제에서 적절하지 '않은' 것을 고르는 문제로 잘못 볼 수 있다. 따라서 발문에 크게 O 표시 등을 해 혹시 모를 실수에 대비하도록 한다. 내용 일치 유형의 선택지에서도 본 문제처럼 사례를 적용하는 경우가 있다. 특별히 접근을 달리할 필요는 없고, 사례와 본문에서 겹치는 부분을 파악해 적용하면 된다.

본 문제와 같은 유형을 푸는 방법으로는 두 가지가 있다.

❷-1) 선지 먼저 읽기

(1) 선지 키워드 표시

지문보다 선지를 먼저 보고 정보를 추출한다. 본 문제의 선택지는 구성이 거의 비슷하므로 선택지별 키워드를 찾기 보단 전체 키워드를 추출하는 편이 낫다. 선지에서 추출할 키워드는 '회수예상가액', '고정', '추정손실', '회수의문'이다. 단, 어디까지나 예시이므로 이와 같을 필요는 없다.

(2) 제시문 독해 및 선지 판단

키워드를 바탕으로 발췌독을 진행한다. 발췌독할 경우에는 제시문을 읽는 것이 아니라, 선지 키워드를 바탕으로 해당 내용이 제시된 문장 및 문단을 찾아 해결하는 것이다. 본문 4문단의 표에서 키워드를 모두 찾을 수 있다. 위에서 풀이한대로 본문 4문단만으로 문제를 해결할 수 있다. 제시문을 다 읽고 푸는 것보다 시간을 단축할 수 있다.

선지를 파악한 후 제시문 전체 독해를 진행하는 경우엔 문단별 구성을 파악하며 읽어가는 것이 좋다. 1문단, 2문단은 보유자산의 부실화, 3문단은 자산건전성 분류의 의의, 4문단 ~ 6문단은 자산건전성 분류기준 및 특징 등이 제시되었다고 파악하는 방식이다. 이런 방법은 필요한 부분을 집중해서 읽을 수 있다는 점이 장점이다.

❷-2) 제시문 먼저 읽기

제시문 먼저 읽기도 크게 두 가지 방법이 존재한다. 제시문 먼저 읽기와 제시문 구조 파악 후 선지 먼저 읽기이다.

(1) 제시문 먼저 읽기

처음부터 제시문을 꼼꼼히 읽어 선지 확인을 위해 제시문을 다시 읽는 시간을 단축하는 방법이다. 이 방법의 경우 제시문을 읽는 과정에서 선지에 나올 만한 내용을 주의 깊게 읽고, 복잡한 제시문의 내용을 어느 정도 이해한 후 선지를 읽어야 한다. 이 방법을 사용하면서 시간을 단축하고 싶다면, 문단별로 나누어 한 문단을 꼼꼼히 읽고 그 문단에 상응하는 선지부터 판단하는 방법을 응용할 수 있다. 다만, 첫 번째 방법의 경우 제시문의 내용을 잊어버리면 다시 제시문을 읽게 되어 시간이 낭비되기 때문에 긴 제시문이 있는 문제에는 적합하지 않다. 또한, 문단별로 선지를 확인하는 방식은 문단 간의 정보를 결합해야 하는 선지에는 취약하다는 한계가 있다.

(2) 제시문 구조 파악 후 선지 먼저 읽기

두 번째로는 제시문의 구조와 키워드만 빠르게 파악한 후, 선지를 읽고 선지에서 필요한 내용을 다시 제시문에서 꼼꼼히 찾아가는 방법이 있다. 두 번째 방법은 제시문이 매우 긴 경우 또는 제시문의 구조가 깔끔할 때 효과적이다. 그러나 두 번째 방법은 능숙하지 않은 사람이 시험장에서 시도한다면 성공률이 낮다는 한계가 있다. 두 번째 방식을 익숙하게 하기 위해서는 다양한 제시문을 첫 번째 방법처럼 꼼꼼히 분석하는 과정이 필요하다. 다양한 제시문을 접하고 글의 구조를 이해하게 되면 두 번째 방식을 효과적으로 활용할 수 있다.

❸ 선지 판단

마지막 단계에서는 지문을 이해한 바를 바탕으로, 선택지별 정오답 여부를 판단한다.

[방법 2]

❶ 발문 확인 및 문제 유형 파악하기

자료를 참고하여 다음 사례에 대해 자산건전성 분류를 한 결과로 '옳은' 것을 고르라는 발문을 봤을 때, 사례 적용 유형임을 알 수 있다. 해당 유형은 제시문 내용으로 추론할 수 있는 선지가 정답이 된다. 긴장되는 시험장에서 적절한 것을 고르는 문제에서 적절하지 '않은' 것을 고르는 문제로 잘못 볼 수 있다. 따라서 발문에 크게 O 표시 등을 해 혹시 모를 실수에 대비하도록 한다. 내용 일치 유형의 선택지에서도 본 문제처럼 사례를 적용하는 경우가 있다. 특별히 접근을 달리할 필요는 없고, 사례와 본문에서 겹치는 부분을 파악해 적용하면 된다.

❷ 선지를 구성을 확인한다.
선지를 읽고 문제가 제시문의 어떤 부분을 묻고 있는지 알 수 있다. 갑의 대출 10억 원을 7억 원, 3억 원으로 나누어 추정손실, 고정 등으로 분류할 수 있는지 확인하는 문제이다. 이를 염두에 두고 사례를 읽는다.

❸ 사례의 자산건전성을 스스로 분류한다.
제시문을 읽고 제시된 사례의 자산건전성 분류를 스스로 해본다. 선지를 확인하면 헷갈릴 수도 있다. 따라서 스스로 사례의 자산건전성 분류를 마친 후 선지에서는 답만 찾아내고 넘어간다.

합격자의 시간단축 Tip

Tip ❶ 제시문 내용을 암기하려고 하지 말자.
빠른 시간 안에 문제를 풀어야 하므로 지문을 한 번만 읽고 선택지를 해결하고 싶은 마음이 생길 수 있다. 압박감을 느끼고 읽게 되면 오히려 내용 파악이 어려울 수 있으며, 제한된 시간 안에 지문의 내용을 모두 숙지하는 것은 한계가 있다. 제시문을 먼저 빠르게 읽으며 전체적인 구조를 파악하고, 선택지로 넘어가는 방식을 추천한다. 구성을 확인했기 때문에 선택지의 내용이 본문의 어느 부분에 해당하는지 보다 적은 시간 안에 파악할 수 있다. 합격자의 실전 풀이 순서에서 제시된 여러 방식을 참고하고, 문제를 풀 때 적용해 가며 본인만의 방법을 찾아보는 것도 좋다.

Tip ❷ 선지를 보지 않고 스스로 판단한다.
제시된 사례를 읽고 선지를 한 번 확인한다. 갑의 대출 10억 원을 7억 원과 3억 원으로 나누어 고정, 추정손실 등으로 분류하고 있음을 알 수 있다. 이제 선지를 보지 않고 갑의 사례에 대해서 제시문을 활용해서 스스로 판단을 내린 후 답을 고른다. 즉, 선지를 활용하여 제시문의 어떤 부분에서 문제가 구성되었는지만을 확인하고 답은 제시문을 통해서 스스로 결정하는 것이 시간 단축에 용이하다.

Tip ❸ 선지를 활용하여 시간을 단축할 수 있다.
선지를 보지 않고 스스로 판단하는 것은 완벽한 독해가 이루어졌을 때에 한하여 시간을 크게 단축시킬 수 있다. 앞선 문제에서 제시문을 독해하고 문제를 해결하였음에도 이 문제의 판단이 어렵다면 선지를 활용하여 시간을 단축할 수 있다.
각 선지는 7억과 3억을 각각 판단하고 있는데, 7억의 경우 고정 또는 추정손실로만 분류된다. 따라서 경매낙찰을 통해 회수 가능한 7억의 성격이 고정 또는 추정손실인지만 판단하면 되는 것이지 그 외 기준에 해당하는지 여부는 판단할 필요 없다. 또한 7억 원이 고정에 해당함을 알았을 때에는 3억 원을 추정손실로 볼지, 회수 의문으로 볼지만 판단하면 된다.

04 정답 ③ 난이도 ●○○

의사소통능력_글의 내용 일치/불일치

접근전략 박물관 관장 모집 관련 공고문이 제시되고 있다. 공고문의 구성을 확인한 후, 선택지 키워드를 바탕으로 발췌독한다.

다음 모집공고에 대한 이해로 적절하지 않은 것은?

○○박물관 관장 모집공고

□ 공모직위 및 임기
1. 직위: 관장 1명
2. 임기: 임명일로부터 3년(직무수행 실적 등에 따라 1년 단위 연임 가능)

□ 자격요건
1. 포괄적 자격요건
관련 분야의 전문지식과 경험이 풍부한 자, 비전제시 및 창의·실용 실천능력을 갖춘 자, 문제해결 및 기관 경영능력을 갖춘 자, 기타 직무수행에 적합한 자
2. 구체적 자격요건: 학력·경력·실적 기준 중 어느 하나에 해당하면 요건을 갖춘 것으로 봄

• 학력 기준

박사학위 소지자	산림자원 등 관련 분야에서 6년 이상 근무 또는 연구한 자로서 공무원 또는 민간 근무 경력이 10년 이상인 자
석사학위 이하 소지자	산림자원 등 관련 분야에서 6년 이상 근무 또는 연구한 자로서 공무원 또는 민간 근무 경력이 13년 이상인 자

• 경력 기준

공무원 경력자	– 산림자원 등 관련 분야에서 3년 이상 근무 또는 연구한 자로서 고위공무원단 또는 2급에 상당하는 직급 이상의 공무원으로 근무한 경력이 있는 자 – 산림자원 등 관련 분야에서 5년 이상 근무 또는 연구한 자로서 3급 또는 이에 상당하는 직급 이상의 공무원으로 근무한 경력이 있는 자
민간 경력자	– 산림자원 등 관련 분야에서 4년 이상 근무 또는 연구한 자로서 임원 또는 그에 상당하는 직위로 근무하였거나, 부장 또는 그에 상당하는 직위로 5년 이상 근무한 경력이 있는 자 – 산림자원 등 관련 분야에서 2년 이상 근무 또는 연구한 자로서 대학의 부교수 이상으로 근무한 경력이 있는 자

• 실적기준: 관련 분야에서 탁월한 업무실적 또는 수상경력 등이 있으며 직무수행요건에 부합하는 자

□ 심사방법
1. 서류심사: 제출서류를 기준으로 임원추천위원회에서 심사
2. 면접심사: 서류심사 합격자를 대상으로 임원추천위원회에서 심사

① 포괄적 자격요건은 구체적 자격요건에 비해 실제로 해당 자격을 갖추었는지를 평가하기 어려울 것이다.
→ (O) '자격요건'의 '1. 포괄적 자격요건'과 '2. 구체적 자격요건'을 비교해 본다. 포괄적 자격요건에 대해서는 매우 추상적으로 기술되어 있다. 이와 달리 구체적 자격요건에선 객관적으로 증명 또는 입증이 가능한 내용들로 구성되어 있다. 따라서 포괄적 자격요건은 구체적 자격요건에 비해 실제로 해당 자격을 갖추었는지를 평가하기 어려울 것이다.

② ○○박물관 관장으로 임명되는 경우 사실상 임기에 제한은 없다.
→ (O) '공모직위 및 임기-임기'를 보면, 기본 임기는 임명일로부터 3년이지만 직무수행 실적 등에 따라 1년 단위 연임이 가능함을 알 수 있다. 임명일로부터 3년이 경과되었더라도 직무수행 실적이 좋으면 1년 단위로 계속 연임이 가능한 것이다. 따라서 사실상 임기에 별다른 제한이 있다고 볼 수 없다.

③ 산림환경학을 전공하고 해당 분야에 대해 7년간 연구를 수행하였고, 사설연구소인 ㅁㅁ산림연구소에서 3년간 근무한 박사학위소지자 A씨는 위 공고의 구체적 자격요건을 충족한다.
→ (×) '자격요건'의 2. 구체적 자격요건은 학력, 경력, 실적 기준 중 하나에만 해당하면 충족한다. 따라서 선택지의 사례가 학력, 경력, 실적 기준 중 한 곳 이상의 조건에 부합하는지 파악해야 한다. A씨는 '박사학위소지자'이므로 '2. 구체적 자격요건-학력기준-박사학위 소지자' 부분을 확인한다. 박사학위 소지자 기준은 크게 2가지이다. 첫 번째는 '산림자원 등 관련 분야에서 6년 이상 근무 또는 연구한 자'이며, 두 번째는 '공무원 또는 민간 근무 경력이 10년 이상인 자'이다. 첫 번째 조건부터 알아본다. A씨는 산림환경학을 전공하고 해당 분야에 대해 7년간 연구를 수행하였다. 산림환경학은 산림자원 등 관련 분야라고 볼 수 있으므로, 조건을 충족한다. 다음으로 A씨는 사설연구소인 ㅁㅁ산림연구소에서 3년간 근무하였다. 민간 근무 경력이 10년 이상이어야 하는 데 3년뿐이므로 두 번째 조건을 충족하지 못했다. 따라서 A씨는 위 공고의 구체적 자격요건을 충족하지 못한다. 그 외에도 A씨는 사설연구소인 ㅁㅁ산림연구소에서 3년간 근무하였으므로, '경력기준'을 충족하는지 확인해보기 위해 민간경력자에 해당하는지 보면 된다. 관련 분야에서 4년 이상 근무하지 않았으므로 민간경력자의 첫 번째 조건을 충족하지 못하고, 두 번째 조건 역시 대학의 부교수 이상으로 근무한 경력이 없으므로 충족하지 못함을 알 수 있다.

④ 산림청에서 6년간 4급 공무원으로 근무하다 산림정책과 과장(3급 상당)으로 승진하여 1년간 근무한 B씨는 위 공고의 구체적 자격요건을 충족한다.
→ (O) '자격요건'의 2. 구체적 자격요건은 학력, 경력, 실적 기준 중 하나에만 해당하면 충족한다. 따라서 선택지의 사례가 학력, 경력, 실적 기준 중 한 곳 이상의 조건에 부합하는지 파악해야 한다. B씨는 '공무원'이므로 '2. 구체적 자격요건-경력기준-공무원 경력자' 부분을 확인한다. 첫 번째는 '산림자원 등 관련 분야에서 3년 이상 근무 또는 연구한 자'+'고위공무원단 또는 2급에 상당하는 직급 이상의 공무원으로 근무한 경력이 있는 자'이다. 두 번째는 '산림자원 등 관련 분야에서 5년 이상 근무 또는 연구한 자'+'3급 또는 이에 상당하는 직급 이상의 공무원으로 근무한 경력이 있는 자'이다. B씨는 산림청에서 6년간 근무하였고, 3급 상당의 공무원으로 근무한 경력이 있다. 두 번째 조건을 충족하므로, 경력기준을 충족함을 확인할 수 있다. B씨는 위 공고의 구체적 자격요건을 충족한다.

⑤ 세계 친환경적 목재수확 우수사례발표에서 대상을 수상한 C씨의 실적을 높게 사 서류심사에 합격한 경우 C씨는 면접심사에 응시할 수 있을 것이다.
→ (O) C씨는 포괄적 자격요건 및 구체적 자격요건 중 실적기준을 충족하여 서류심사에 합격한 것으로 추론할 수 있다. 한편, 면접심사는 '심사방법-면접심사'에 따라 서류심사 합격자를 대상으로 임원추천위원회에서 심사하므로 서류심사에 합격하였다면, 면접심사에 응시할 수 있을 것이다.

합격자의 실전 풀이 순서

❶ 발문 확인 및 문제 유형 파악하기
발문을 확인한다. 공고문·안내문 유형이다. 제시문을 정독할 필요는 없고, 발췌독을 통해 정답을 구하는 것이 좋다. 이런 유형의 제시문은 각 내용이 독립적으

로 제시되므로 지문의 흐름을 굳이 이해할 필요가 없기 때문이다. 따라서 선택지의 키워드를 바탕으로 발췌독한다. 핵심 키워드(예 포괄적 자격요건, 관장 임기)에 동그라미 등의 표시를 해 실수를 줄이는 것도 하나의 방법이다.

발췌독할 땐 선지를 읽고 도출해야 하는 값(항목, 변수)이 무엇인지 확인한 후, 해당 값이 언급된 부분을 마치 '그림 맞추기 놀이'를 하듯이 눈으로 훑으면서 찾는 것이 중요하다. 처음엔 제대로 찾지 못해 중요한 부분을 놓치거나, 오히려 너무 많은 내용을 확인하는 실수가 나타날 수 있으나 연습을 하면 할수록 빠르고 정확하게 찾을 수 있을 것이다. 이 방법이 익숙하지 않다면 제시문을 빠르게 훑어 전반적인 구조를 파악한 후에 선택지로 넘어가는 방식을 활용해 봐도 좋다. 문제 풀이의 핵심은 전반적인 흐름을 파악하고, 깊은 해석을 하는 것이 아니라, 발췌독을 해가며 필요한 정보만을 뽑아내 빠르게 문제를 풀어나가는 것이다. 문제에서 묻는 것만을 구하는 습관이 필요하다. 그래야만 시간을 줄일 수 있기 때문이다.

❷ 선지 검토 및 발췌독

독해 선택지에서 키워드를 확인한 후, 공고문의 해당 부분으로 이동한다. 선지별 키워드로 ①은 '포괄적 자격요건', ②는 '관장'·'임기', ③은 '박사학위소지자'·'구체적 자격요건', ④는 '공무원'·'구체적 자격요건', ⑤는 '면접시험' 등으로 꼽을 수 있다.

[해설]에서 구한대로 ①의 '포괄적 자격요건'은 [자격요건-포괄적 자격요건]에서, ②의 '관장 임기'는 [공모직위 및 임기]에서 확인할 수 있다. 또한 ③의 '박사학위소지자'·'구체적 자격요건'은 '자격요건-2. 구체적 자격요건-학력기준], ④의 '공무원'·'구체적 자격요건'은 [자격요건-2.구체적 자격요건-경력기준]에서 파악할 수 있다. 마지막으로 ⑤의 '면접시험'은 [심사방법]에서 알 수 있다. 정답은 ③이다.

합격자의 시간단축 Tip

Tip ❶ 제시문을 먼저 읽고 선택지로 간다.

선지를 바탕으로 발췌독하는 것도 좋지만, 제시문을 먼저 읽고 선택지로 가는 방법 또한 활용도가 높다. 공고문을 먼저 빠르게 읽으며 전체적인 구조를 파악하고, 선택지로 넘어가는 것이다. 구성을 확인했기 때문에 선택지의 내용이 본문의 어느 부분에 해당하는지 보다 짧은 시간 안에 파악할 수 있게 된다. 제시문을 처음 읽을 때 모든 내용을 파악해야겠다는 생각은 지양하는 것이 좋다. 압박감으로 인해 시간이 더 오래 소요될 수 있고, 한 번 만에 모든 것을 숙지하는 것 또한 한계가 있기 때문이다.

Tip ❷ 선지에 제시된 사례에서 확인해야 하는 요건을 구분해 놓는다.

선지에 제시된 사례가 여러 가지 요건을 동시에 충족해야 하는 경우가 있다. 이럴 때는 '/' 등으로 제시문에서 확인해야 하는 요건을 구분해 놓으면 실수를 줄이고 시간도 단축할 수 있다.

Tip ❸ 선지를 살펴보고 먼저 판단할 선지를 고른다.

선지를 살펴보고 어떤 선지를 먼저 판단할 것인지를 고른다. 본 문항의 경우 선지 ①과 선지 ②는 특정 정보에 해당하는지를 묻는 것이 아니라 상대적인 판단을 요구하고 있다. 반면 선지 ③, ④, ⑤는 특정 상황이 주어진 제시문의 정보에 부합하는지 여부를 묻고 있다. 공고문, 안내문 법조문 등이 제시되는 유형의 출제목적은 많은 정보의 양을 어떻게 효율적으로 처리할 것인지를 요구하는 것이므로 정답은 ③, ④, ⑤ 일 가능성이 높다. 이 중에서도 선지 ③과 ④는 '구체적 자격요건'만으로 모두 해결할 수 있기 때문에 이를 가장 먼저 판단하는 것이 좋다.

05 정답 ④ 난이도 ●●●

의사소통능력_논리적 추론

접근전략 본문을 바탕으로 제시된 사례에 적용하는 문제이다. 내용 일치 문제의 선택지에서도 사례 적용 유형이 많으므로 특별히 접근을 달리할 필요는 없다. 사례와 본문에서 겹치는 부분을 파악해 적용하면 된다.

다음 글을 읽고, 2024년 12월 예금보험공사에 방문한 착오송금인이 작성한 '신청대상여부 체크리스트'를 참고했을 때, 공사 직원이 이 착오송금인에게 추가 안내를 하는 경우 가장 적절한 것은?

(1)실수로 잘못 송금한 돈을 돌려받을 수 있을까? (2)계좌번호가 짧지 않은 탓에 누구나 송금하고자 하는 대상의 계좌번호를 잘못 입력하는 실수를 할 수 있다. (3)잘못 보낸 은행에 전화를 해보아도 수취인과 연락이 되지 않는다는 답변이 되돌아올 뿐이라면 예금보험공사의 착오송금반환지원제도를 활용할 수 있다. ▶ 본문 1문단

(1)반환지원절차는 다음과 같다. (2)먼저 착오송금인은 예금보험공사에 반환지원을 신청하여야 한다. (3)지원대상에 해당될 경우 예금보험공사는 착오송금인으로부터 부당이득반환채권을 매입한다. (4)예금보험공사는 금융회사, 통신사, 행정안전부 등을 통하여 착오송금 수취인의 연락처 및 주소를 확보한다.

(5)그리고 확보된 연락처와 주소 정보를 토대로 착오송금 수취인에게 자진반환을 권유하여 회수한다. (6)만약 착오송금 수취인이 자진반환에 응하지 않을 경우 법원의 지급명령을 통해 회수를 진행한다. (7)회수가 완료되면, 회수액에서 회수에 소요된 비용을 차감한 후 잔액을 착오송금인에게 반환하게 된다.

▶ 본문 2문단

(1)잘못 이체한 날을 기준으로 신청가능 금액은 다음과 같다.

잘못 이체한 날	신청 가능 금액
2021.7.6.~2022.12.31.	5만 원 이상~ 1,000만 원 이하
2023.01.01.~	5만 원 이상~ 5,000만 원 이하

▶ 본문 3문단

(1)착오송금반환신청은 잘못 이체한 날로부터 1년 이내까지 신청이 가능하다. (2)그러나 착오송금 시 이용한 금융회사, 간편송금업체 등을 통해 먼저 반환을 요청해야 한다. (3)금융회사, 간편송금업체 등을 통해서도 돌려받지 못한 경우에 신청이 가능하다.

▶ 본문 4문단

(1)착오송금반환신청을 하였더라도 언제나 지원이 가능한 것은 아니다. (2)예금보험공사에서 지원하지 않는 대표적인 사례로는 잘못 보낸 계좌가 사기, 보이스피싱 등 범죄 이용(의심) 계좌인 경우, 잘못 보낸 계좌가 압류 등 법적제한계좌 또는 지급정지계좌인 경우, 잘못 보낸 계좌의 예금주가 사망했거나 출국하여 국내에 주소를 두고 있지 않은 경우, 잘못 보낸 계좌의 예금주(법인)가 휴·폐업한 경우 등이 있다.

▶ 본문 5문단

〈신청대상여부 체크리스트〉

번호	신청 대상 확인 항목	해당여부
1	착오송금액이 5만 원 이상 5천만 원 이하입니까?	예
2	신청일이 착오송금일로부터 1년을 도과하였습니까?	예
3	금융회사를 통해 반환신청하였으나, 반환받지 못하였습니까?	예
4	연락불가, 반환거부 등으로 미반환 통보 받으셨습니까?	예
5	개인간 분쟁, 보이스피싱 등 사기에 따른 송금입니까?	아니요
6	잘못 보낸 계좌에 대해 진행 중인 법적 절차가 없습니까?	예

▶ 사례 1문단

① **고객님, 지원요건을 모두 충족하셔서 착오송금반환신청을 위한 서류를 요청드릴 예정입니다.**

→ (×) 지원요건은 다음과 같다.

㉠ 예금보험공사에 반환지원 신청 전 착오송금 시 이용한 금융회사, 간편송금업체 등을 통해 반환을 요청했으나 돌려받지 못한 경우

㉡ 신청 가능 금액 조건 충족

㉡–① 잘못 이체한 날) 2021.07.06.~2022.12.31. – 5만 원 이상~1,000만 원 이하

㉡–② 잘못 이체한 날) 2023.01.01.~–5만 원 이상~5,000만 원 이하

㉢ 신청 기간 충족 (잘못 이체한 날로부터 1년 이내)

㉣ 다음의 경우가 아닌 경우

㉣–① 잘못 보낸 계좌가 사기, 보이스피싱 등 범죄 이용(의심) 계좌

㉣–② 잘못 보낸 계좌가 압류 등 법적제한계좌 또는 지급정지계좌

㉣–③ 잘못 보낸 계좌의 예금주가 사망했거나 출국하여 국내에 주소를 두고 있지 않음

㉣–④ 잘못 보낸 계좌의 예금주(법인)가 휴·폐업한 경우

㉣–⑤ 기타

사례의 고객은 신청일이 착오송금일로부터 1년을 도과하였다[사례 1문단 2번]. 요건 ㉢을 충족하지 못하였으므로 지원 요건을 모두 충족하였다고 볼 수 없다.

② **고객님, 착오송금일이 2023년 1월 1일 이후인 경우에만 착오송금반환신청이 가능합니다.**

→ (×) 사례의 고객은 2024년 12월에 착오송금반환 신청을 위해 방문하였으므로, 이로부터 1년 이내에 잘못 이체하였을 경우에만 신청할 수 있다[본문 4문단 (1)]. 착오송금일이 2023년 1월 1일 이후인 경우에만 착오송금반환 신청이 가능한 것이 아니다. 구체적인 시기는 확정하기 어렵지만 착오송금일이 2023년 12월 이후인 경우에만 신청 가능할 것이다.

③ **고객님, 금융회사를 통해 반환신청 요구를 하였음에도 미반환 통보를 받으신 경우 착오송금반환신청이 어렵습니다.**

→ (×) 착오송금 시 이용한 금융회사에 반환신청 요구하였음에도 돌려받지 못한 경우에 착오송금반환신청이 가능한 것이다[본문 4문단 (2),(3)]. 잘못된 안내이다.

④ **고객님, 착오송금일이 오늘로부터 1년 이내인 경우에 한하여 착오송금반환신청이 가능합니다.**

→ (○) 착오송금반환신청은 잘못 이체한 날로부터

1년 이내까지 신청이 가능하다[본문 4문단 (1)]. 본 사례의 경우 1년이 도과하였으므로 적절한 안내이다.

⑤ **고객님, 착오송금반환지원을 받으시려면 잘못 보낸 계좌가 법적제한계좌여야 합니다.**

→ (×) 잘못 보낸 계좌가 압류 등 법적제한계좌인 경우엔 예금보험공사에서 착오송금반환을 지원하지 않는다[본문 5문단 (2)]. 잘못된 안내이다.

합격자의 실전 풀이 순서

❶ 발문 확인 및 문제 유형 파악하기

추가 안내로 적절한 것을 고르라는 발문을 봤을 때, 사례 적용 유형임을 알 수 있다. 해당 유형은 제시문 내용을 위반하지 않는 선지가 정답이 된다. 긴장되는 시험장에서 적절한 것을 고르는 문제에서 적절하지 않은 것을 고르는 문제로 잘못 볼 수 있다. 따라서 발문에 크게 O 표시 등을 해 혹시 모를 실수에 대비하도록 한다. 내용 일치 유형의 선택지에서도 본 문제처럼 사례를 적용하는 경우가 있다. 특별히 접근을 달리할 필요는 없다.

본 문제와 같은 유형을 푸는 방법으로는 두 가지가 있다.

❷-1) 선지 먼저 읽기

(1) 선지 키워드 표시

지문보다 선지를 먼저 보고 정보를 추출한다. 선지 ①은 '지원요건', ②는 '착오송금일', ③은 '반환신청 요구', ④는 '1년 이내', ⑤는 '법적제한계좌' 등이 될 것이다. 단, 어디까지나 예시이므로 이와 같을 필요는 없다.

(2) 제시문 독해 및 선지 판단

- 발췌독을 활용하는 경우: 키워드를 바탕으로 발췌독을 진행한다. 제시문을 읽는 것이 아니라, 선지 키워드를 바탕으로 해당 내용이 제시된 문장 및 문단을 찾아 해결하는 것이다. 제시문을 다 읽고 푸는 것보다 시간을 단축할 수 있다. 본 문제는 체크리스트도 함께 제시되어 있다. 선택지 키워드를 바탕으로 본문과 체크리스트를 확인해야 한다. 선지 ②를 예로 들면 '착오송금일'이 키워드이므로 본문 4문단, 체크리스트 2번을 확인하면 된다.
- 통독을 활용하는 경우: 발췌독이 어려운 경우 선지를 먼저 보고 통독을 하더라도 빠른 시간 내에 높은 정확도로 문제를 해결할 수 있다. 선지와 문제 구조를 토대로 제시문은 착오송금반환신청의 절차, 절차의 순서, 그 예외 등을 설명하고 있을 것이라 추론할 수 있다. 절차, 요건, 예외에 해당하는 사항을 암기할 것이 아니라 어떠한 것이 있는지 표시를 해두고 문제를 해결하는 것이 적절한 풀이방법일 것이다.

❷-2) 제시문 먼저 읽기

제시문 먼저 읽기도 크게 두 가지 방법이 존재한다. 제시문 먼저 읽기와 제시문 구조 파악 후 선지 먼저 읽기이다.

(1) 제시문 먼저 읽기

처음부터 제시문을 꼼꼼히 읽어 선지 확인을 위해 제시문을 다시 읽는 시간을 단축하는 방법이다. 이 방법의 경우 제시문을 읽는 과정에서 선지에 나올 만한 내용을 주의 깊게 읽고, 복잡한 제시문의 내용을 어느 정도 이해한 후 선지를 읽어야 한다. 이 방법을 사용하면서 시간을 단축하고 싶다면, 문단별로 나누어 한 문단을 꼼꼼히 읽고 그 문단에 상응하는 선지부터 판단하는 방법을 응용할 수 있다. 다만, 첫 번째 방법의 경우 제시문의 내용을 잊어버리면 다시 제시문을 읽게 되어 시간이 낭비되기 때문에 긴 제시문이 있는 문제에는 적합하지 않다. 또한, 문단별로 선지를 확인하는 방식은 문단 간의 정보를 결합해야 하는 선지에는 취약하다는 한계가 있다.

(2) 제시문 구조 파악 후 선지 먼저 읽기

두 번째로는 제시문의 구조와 키워드만 빠르게 파악한 후, 선지를 읽고 선지에서 필요한 내용을 다시 제시문에서 꼼꼼히 찾아가는 방법이 있다. 두 번째 방법은 제시문이 매우 긴 경우 또는 제시문의 구조가 깔끔할 때 효과적이다. 그러나 두 번째 방법은 능숙하지 않은 사람이 시험장에서 시도한다면 성공률이 낮다는 한계가 있다. 두 번째 방식을 익숙하게 하기 위해서는 다양한 제시문을 첫 번째 방법처럼 꼼꼼히 분석하는 과정이 필요하다. 다양한 제시문을 접하고 글의 구조를 이해하게 되면 두 번째 방식을 효과적으로 활용할 수 있다.

❸ 선지 판단

마지막 단계에서는 지문을 이해한 바를 바탕으로, 선택지별 정오답 여부를 판단한다.

합격자의 시간단축 Tip

Tip ❶ 제시문 내용을 암기하려고 하지 말자.

빠른 시간 안에 문제를 풀어야 하므로 지문을 한 번만 읽고 선택지를 해결하고 싶은 마음이 생길 수 있다. 압박감을 느끼고 읽게 되면 오히려 내용 파악이 어려울 수 있으며, 제한된 시간 안에 지문의 내용을 모두 숙지하는 것은 한계가 있다. 제시문을 먼저 빠르게 읽으며 전체적인 구조를 파악하고, 선택지로 넘어가는 방식을 추천한다. 구성을 확인했기 때문에 선택지의 내용이 본문의 어느 부분에 해당하는지보다 적은 시간 안에 파악할 수 있다. 합격자의 실전 풀이 순서에서 제시된 여러 방식을 참고하고, 문제를 풀 때 적용해 가며 본인만의 방법을 찾아보는 것도 좋다.

Tip ❷ 빠른 해결이 가능한 선택지부터 풀자.

선지 ①의 경우, 지원요건을 모두 충족하였는지 파악해야 하므로 상대적으로 오랜 시간이 걸린다. 반면에 선지 ②~⑤는 근거 문장이 1~2개뿐이고 키워드로도 찾기 쉬워 풀이에 걸리는 시간이 적다. 첫 번째 선택지가 '모두 충족'임을 확인하면, 다른 선택지를 먼저 푸는 것을 추천한다.

Tip ❸ 동일한 부분을 활용하여 구성된 선지를 먼저 확인한다.

제시문의 특정 부분을 활용해 만들어진 선지가 2개 이상인 경우, 이런 선지를 먼저 확인하는 것이 시간 단축에 도움이 된다. 출제자가 묻고 싶은 내용이 담긴 선지라고 할 수 있기 때문이다. 이 문제의 경우 선지 ②, ④가 착오송금일로부터 1년 이내 신청해야 한다는 신청기간을 묻는 선지이다. 이 두 개의 선지를 먼저 확인한다면 빠르게 정답을 ④로 도출하고 다음 문제로 넘어갈 수 있다.

Tip ❹ 지원요건을 충족하지 않는 항목을 확인한 후 빠르게 정답을 찾는다.

체크리스트를 위에서부터 읽으면, 1번의 경우 착오송금액이 5만 원 이상 5천만 원 이하로 지원요건을 충족하나, 2번의 경우 착오송금일로부터 1년을 도과하였기 때문에 지원요건을 충족하지 않음을 바로 알 수 있다. 3번 이후의 체크리스트는 읽지 않고, 이와 관련된 추가 안내를 할 것임을 추론하여 아래의 선지를 빠르게 훑어 '착오송금일', '1년 이내' 등이 포함된 선지를 찾아 답을 찾을 수 있다.

06 정답 ⑤ 난이도 ●●●

의사소통능력_개념의 이해 및 활용

접근전략 제시문에는 통화지표의 유형, 통화 발행주체, 통화 보유주체 등이 제시되고 있다. 따라서 각각의 내용을 구분하여 이해할 수 있어야 한다.

주어진 자료를 참고할 때, 통화지표의 관계에 대해 바르게 이해한 것을 모두 고르면?

(1)우리나라는 1951년부터 한국은행에서 통화지표를 편제하고 있다. (2)2002년부터는 국제통화기금(IMF: International Monetary Fund)의 「통화금융통계매뉴얼」에 따라 M1(협의통화), M2(광의통화), Lf(금융기관유동성)를 매월 편제하고 있으며, 2006년 6월부터는 L(광의유동성)을 새로이 작성하여 발표하고 있다. ▶1문단

(1)M1(협의통화)은 화폐의 지급결제수단으로서의 기능을 중시한 지표로서 시중에 유통되는 현금에다 예금취급기관의 결제성예금을 더한 것으로 정의된다. (2)현금은 교환의 직접 매개수단으로 사용되는 지폐와 동전을 말하며, 가장 유동성이 높은 금융자산이다. (3)유동성은 금융상품이 완전한 시장가치로 얼마나 빠른 시간 내에 교환될 수 있는지의 정도를 의미한다. (4)결제성예금은 수표발행, 자동이체서비스 등 입출금이 자유로워 현금에 견줄만한 유동성을 보유하고 있다. (5)여기에는 예금취급기관의 당좌예금, 보통예금 등 요구불예금과 저축예금, 시장금리부 수시입출식예금 등 수시입출식 예금이 포함된다. ▶2문단

(1)M2(광의통화)는 M1보다 넓은 의미의 통화지표로서 M1에 예금취급기관의 각종 저축성예금, 시장형 금융상품, 실적배당형 금융상품, 금융채, 거주자외화예금 등을 더한 것이다. (2)다만, 유동성이 낮은 만기 2년 이상의 장기 금융상품은 제외된다. (3)단기 저축성예금, 시장형 금융상품 등은 거래보다 자산증식 등 저축의 주요 수단으로서 수시입출식예금에 비해 유동성이 상대적으로 떨어지지만 약간의 이자소득만 포기하면 언제든지 현금화가 가능하다. ▶3문단

(1)한편 통화지표 중 포괄범위가 넓은 유동성지표는 화폐의 가치저장기능을 중시한 지표이며 Lf(금융기관유동성)와 L(광의유동성)이 있다. (2)Lf는 광의통화(M2)에 예금취급기관의 만기 2년 이상 정기예적금, 금융채, 금전신탁 등과 생명보험사의 보험계약준비금, 증권금융회사의 예수금 등 유동성이 상대적으로 낮은 금융상품까지 포함한 것이다. (3)L은 Lf보다 금융상품 포괄범위가 넓은 광의유동성 지표로서, Lf에 기업 및 정부 등이 발행하는 기업어음, 회사채, 국공채 등 유가증권이 포함된다. ▶4문단

(1)통화지표는 금융상품의 종류, 통화 발행주체, 통화 보유주체 등 세 가지 요소에 의해 결정된다. (2)먼저 금융상품은 유동성과 가치저장의 기능 등에 초점을 맞추어 통화성(moneyness) 정도를 평가하여 통화지표에의 포함 여부가 결정된다. (3)가장 유동성이 높은 것은 현금이고, 다음으로는 요구불예금을 포함한 결제성 예금이다. (4)저축성예금은 가치저장 등을 목적으로 일정 기간 동안 자금을 금융기관에 예치해 놓은 것이기 때문에 유동성 정도가 현금이나 결제성예금보다 낮다. ▶5문단

(1)통화 발행주체는 통화지표에 포함되는 금융상품을 발행한 주체로서, 일반적으로 예금취급을 통해 통화를 창출하는 기능이 있는 예금취급기관이 이에 해당된다. (2)우리나라의 예금취급기관은 중앙은행과

기타예금취급기관으로 구분되며, 기타예금취급기관에는 예금은행, 수출입은행, 종합금융회사, 자산운용회사, 신탁회사, 상호저축은행, 신용협동기구 등이 있다. ▶ 6문단

(1)통화 보유주체에는 통상 예금취급기관과 중앙정부를 제외한 모든 거주자 단위가 포함된다. (2)즉, 가계, 공공 및 기타 비금융 기업, 예금취급기관을 제외한 기타 금융기관, 중앙정부 이외의 정부가 이에 해당한다. (3)중앙정부와 비거주자는 통화 보유주체에 해당하지 않으므로 이들이 보유한 금융상품은 통화에 포함되지 않는다. (4)이는 자금 조달 및 지출방식의 특이성 등으로 중앙정부의 예금이 민간 부문의 예금과 다른 방식으로 처리될 뿐만 아니라 거시경제에 미치는 영향에도 차이가 있기 때문이다. (5)다만, 현금은 그 양이 상대적으로 적고 중앙정부와 비거주자의 보유액을 측정하기가 쉽지 않다는 점을 고려하여 전액 거주자의 통화에 포함시키고 있다. ▶ 7문단

ㄱ. M1은 M2보다 유동성이 낮은 금융상품만을 포함한다.

➜ (×) 협의통화인 M1은 현금과 결제성예금을 더한 것으로 정의되며, 현금은 가장 유동성이 높은 금융자산이다[2문단 (1),(2)]. 또한 결제성예금은 그 다음으로 유동성이 높은 상품이다[5문단 (3)]. M2는 광의통화로, M1에 저축성예금, 시장형 금융상품 등이 추가된 것이다[3문단 (1)]. 저축성예금은 현금, 결제성예금보다 유동성이 낮다[5문단 (4)]. 오히려 M2에 M1보다 유동성이 낮은 금융상품이 포함되어 있음을 확인할 수 있다. M1이 M2보다 유동성이 낮은 금융상품만을 포함한다고 볼 수 없다.

ㄴ. M1과 M2는 통화 발행주체를 기준으로 편제된 통화지표이다.

➜ (×) 통화 발행주체는 통화지표에 포함되는 금융상품을 발행한 주체를 의미하며, 예금취급기관이 해당한다[6문단 (1)]. M1과 M2에서는 예금취급기관의 금융상품이 포함되어 있다[2문단 (1), 3문단 (1)]. 통화 발행주체를 기준으로 편제되었다고 볼 수 없다. M1은 화폐의 지급결제수단으로서의 기능을 중시한 지표로서 현금과 결제성예금을 더한 것이다[2문단 (1)]. 또한 M2는 M1에 예금취급기관의 각종 저축성예금, 시장형 금융상품, 실적배당형 금융상품 등을 더한 것이며 유동성이 낮은 만기 2년 이상의 장기 금융상품은 제외된다[3문단 (1),(2)]. 한편, 통화지표는 금융상품의 종류, 통화 발행주체, 통화 보유주체 등 세 가지 요소에 의해 결정되는데, 금융상품은 통화성 정도를 평가하여 통화지표에의 포함 여부가 결정된다[5문단 (1), (2), (3)]. 이를 통해 M1과 M2는 통화 발행주체를 기준으로 편제된 통화지표가 아니라는 것을 알 수 있다.

ㄷ. Lf는 M2를 포함하며, M2에서 제외된 금융상품 중 일부는 L에 포함된다.

➜ (○) M2에서는 만기 2년 이상의 장기 금융상품이 제외된다[3문단 (2)]. Lf는 M2에 만기 2년 이상 정기예적금 등 유동성이 상대적으로 낮은 금융상품까지 포함된다[4문단 (2)]. 이를 통해 Lf는 M2를 포함하며, M2에서 제외된 금융상품도 포함한다는 걸 확인할 수 있다. L은 Lf에 기업 및 정부 등이 발행하는 기업어음, 회사채, 국공채 등 유가증권까지 포함된다[4문단 (3)]. 'M2 ⊂ Lf ⊂ L'의 관계가 형성되는 것이다. 따라서 L에는 M2에서 제외된 금융상품 중 일부가 포함된다는 것을 추론할 수 있다.

ㄹ. L은 Lf보다 금융상품뿐만 아니라 통화 발행주체 측면에서도 포괄범위가 더 넓다.

➜ (○) L은 Lf보다 금융상품 포괄범위가 넓다[4문단 (3)]. 또한, L에는 Lf에 기업 및 정부 등이 발행하는 기업어음, 회사채, 국공채 등 유가증권까지 포함된다[4문단 (3)]. Lf가 예금취급기관, 생명보험사의 금융상품을 포함하는 것과 달리[4문단 (2)], L은 더 다양한 통화 발행주체의 금융상품을 포괄하는 것이다. 결론적으로 L은 Lf보다 금융상품뿐만 아니라 통화 발행주체 측면에서도 포괄범위가 더 넓다는 것을 알 수 있다.

합격자의 실전 풀이 순서

❶ 발문 확인 및 문제 유형 파악하기

통화지표의 관계에 대해 '바르게' 이해한 것을 고르라는 발문을 봤을 때, 내용 확인 유형임을 알 수 있다. 해당 유형은 제시문 내용과 부합하지 않거나 그로부터 추론 불가능한, 즉 무관한 선지가 오답이 되며, 제시문 내용과 일치하거나 그로부터 추론할 수 있는 선지가 정답이 된다. 긴장되는 시험장에서 적절한 것을 고르는 문제에서 적절하지 '않은' 것을 고르는 문제로 잘못 볼 수 있다. 따라서 '바르게'라는 표현에 크게 O 표시 등을 해 혹시 모를 실수에 대비하도록 한다. 또한, 본 문제는 '모두' 골라야 한다는 점에 유의해야 한다. 본 문제와 같은 정보 확인 유형을 푸는 방법으로는 두 가지가 있다.

❷-1) 선지 먼저 읽기

(1) 선지 키워드 표시

독해 지문을 푸는 두 가지 방법 중 선지를 먼저 읽는 경우의 풀이법을 소개한다. 지문보다 선지를 먼저 보고 정보를 추출한다.

선지에서 추출할 키워드는 다음과 같다. 단, 이들은 어디까지나 예시이므로 이와 같을 필요는 없다.

㉠ M1, M2, 유동성
㉡ M1, M2, 통화발행주체
㉢ Lf, M2, L
㉣ Lf, L, 통화발행주체

(2) 제시문 독해 및 선지 판단

- 발췌독을 활용하는 경우: 선지 확인을 통해 통화, 금융상품 관련 내용이 제시되었음을 알 수 있다. 해당 키워드를 바탕으로 발췌독을 진행한다. 발췌독할 경우에는 제시문을 읽는 것이 아니라, 선지 키워드를 바탕으로 해당 내용이 제시된 문장 및 문단을 찾아 해결해야 한다. 선지를 파악한 후 제시문 전체 독해를 진행하는 경우엔 문단별 구성을 파악하며 읽어가는 것이 좋다. 1문단은 배경, 2문단은 M1, 3문단은 M2, 4문단은 Lf, L, 5문단은 통화지표의 결정 방식, 6문단은 통화 발행주체, 7문단은 통화 보유주체 등이 제시되었다고 파악하는 방식이다. 이런 방법은 필요한 부분을 집중해서 읽을 수 있다는 점이 장점이다.
- 통독을 활용하는 경우: 발췌독이 어려운 경우 선지를 먼저 보고 통독을 하더라도 빠른 시간 내에 높은 정확도로 문제를 해결할 수 있다. 선지와 문제 구조를 토대로 제시문은 M1, M2, Lf, L에 대한 개념 및 그것이 포함하는 범위, 각자의 공통점과 차이점에 기반한 관계성을 설명할 것이라고 예측할 수 있다. 따라서 연관되는 개념들간의 공통점(공통범위), 차이점을 보다 명확하게 파악하여야 하며 각자를 구별하는 기준 역시 명확하게 인지하여야 한다. 이를 독해의 방향성으로 삼고 독해를 한다.

❷-2) 제시문 먼저 읽기

제시문 먼저 읽기도 크게 두 가지 방법이 존재한다. 제시문 먼저 읽기와 제시문 구조 파악 후 선지 먼저 읽기이다.

(1) 제시문 먼저 읽기

처음부터 제시문을 꼼꼼히 읽어 선지 확인을 위해 제시문을 다시 읽는 시간을 단축하는 방법이다. 이 방법의 경우 제시문을 읽는 과정에서 선지에 나올 만한 내용을 주의 깊게 읽고, 복잡한 제시문의 내용을 어느 정도 이해한 후 선지를 읽어야 한다. 이 방법을 사용하면서 시간을 단축하고 싶다면, 문단별로 나누어 한 문단을 꼼꼼히 읽고 그 문단에 상응하는 선지부터 판단하는 방법을 응용할 수 있다. 다만, 첫 번째 방법의 경우 제시문의 내용을 잊어버리면 다시 제시문을 읽게 되어 시간이 낭비되기 때문에 매우 긴 제시문이 있는 문제에는 적합하지 않다. 또한, 문단별로 선지를 확인하는 방식은 문단 간의 정보를 결합해야 하는 선지에는 취약하다는 한계가 있다.

(2) 제시문 구조 파악 후 선지 먼저 읽기

두 번째로는 제시문의 구조와 키워드만 빠르게 파악한 후, 선지를 읽고 선지에서 필요한 내용을 다시 제시문에서 꼼꼼히 찾아가는 방법이 있다. 두 번째 방법은 제시문이 매우 긴 경우 또는 제시문의 구조가 깔끔할 때 효과적이다. 그러나 두 번째 방법은 능숙하지 않은 사람이 시험장에서 시도한다면 성공률이 낮다는 한계가 있다. 두 번째 방식을 익숙하게 하기 위해서는 다양한 제시문을 첫 번째 방법처럼 꼼꼼히 분석하는 과정이 필요하다. 다양한 제시문을 접하고 글의 구조를 이해하게 되면 두 번째 방식을 효과적으로 활용할 수 있다.

❸ 선지 판단

마지막 단계에서는 지문을 이해한 바를 바탕으로, 선택지별 정오답 여부를 판단한다. 해설에서 다룬 내용이 바로 이 단계에 해당한다.

합격자의 시간단축 Tip

Tip ❶ 제시문 내용을 암기하려고 하지 말자.

빠른 시간 안에 문제를 풀어야 하므로 지문을 한 번만 읽고 선택지를 해결하고 싶은 마음이 생길 수 있다. 압박감을 느끼고 읽게 되면 오히려 내용 파악이 어려울 수 있으며, 제한된 시간 안에 지문의 내용을 모두 숙지하는 것은 한계가 있다. 제시문을 먼저 빠르게 읽으며 전체적인 구조를 파악하고, 선택지로 넘어가는 방식을 추천한다. 구성을 확인했기 때문에 선택지의 내용이 본문의 어느 부분에 해당하는지, 보다 짧은 시간 안에 파악할 수 있다. 합격자의 실전 풀이 순서에서 제시된 여러 방식을 참고하고, 문제를 풀 때 적용해 가며 본인만의 방법을 찾아보는 것도 좋다.

Tip ❷ 선지의 표현에 유의하자.

보기 ㄹ의 경우 'L은 Lf보다 금융상품뿐만 아니라 통화 발행주체 측면에서도 포괄범위가 넓다.'라는 표현을 하고 있다. 이 경우 ① L은 Lf보다 금융상품 측면에서 포괄범위가 넓은지, ② L은 Lf보다 통화 발행주체 측면에서 포괄범위가 넓은지 총 두 관계 모두 확인해야 한다. '금융상품은 당연히 넓겠지'라는 생각으로 바로 넘어가지 않도록 유의하는 것이 좋다.

Tip ❸ 배경지식을 활용하자.

자신이 가진 배경지식을 통해 어떤 보기를 먼저 확인할 것인지, 어느 정도로 깊게 확인할 것인지 결정하자. 통화지표 M1, M2에 대해 어느 정도 배경지식이 있는 사람이라면 보기 ㄱ, ㄴ이 옳지 않다는 것을 알 수 있다.

다만, 배경지식에 100% 의존해서 보기를 처리하는 것은 위험하고, 자신이 알고 있는 내용이 제시문에서도 확인할 수 있는지 빠르게 확인하는 식으로 문제를 풀면 시간 단축과 정확도를 모두 챙길 수 있다.

07 정답 ③ 난이도 ●●○

의사소통능력_논리적 추론

접근전략 제시문에는 통화지표의 유형, 통화 발행주체, 통화 보유주체 등이 제시되고 있다. 보충 자료에서는 중앙정부의 재정활동에 관한 내용이 제시되었다. 따라서 각각의 내용을 구분하여 이해할 수 있어야 한다.

다음은 위 자료의 보충 자료이다. 이를 참고할 때, 적절한 추론으로 볼 수 없는 것은?

(1)우리나라는 1951년부터 한국은행에서 통화지표를 편제하고 있다. (2)2002년부터는 국제통화기금(IMF: International Monetary Fund)의 「통화금융통계매뉴얼」에 따라 M1(협의통화), M2(광의통화), Lf(금융기관유동성)를 매월 편제하고 있으며, 2006년 6월부터는 L(광의유동성)을 새로이 작성하여 발표하고 있다. ▶ 1문단

(1)M1(협의통화)은 화폐의 지급결제수단으로서의 기능을 중시한 지표로서 시중에 유통되는 현금에다 예금취급기관의 결제성예금을 더한 것으로 정의된다. (2)현금은 교환의 직접 매개수단으로 사용되는 지폐와 동전을 말하며, 가장 유동성이 높은 금융자산이다. (3)유동성은 금융상품이 완전한 시장가치로 얼마나 빠른 시간 내에 교환될 수 있는지의 정도를 의미한다. (4)결제성예금은 수표발행, 자동이체서비스 등 입출금이 자유로워 현금에 견줄만한 유동성을 보유하고 있다. (5)여기에는 예금취급기관의 당좌예금, 보통예금 등 요구불예금과 저축예금, 시장금리부 수시입출식예금 등 수시입출식 예금이 포함된다. ▶ 2문단

(1)M2(광의통화)는 M1보다 넓은 의미의 통화지표로서 M1에 예금취급기관의 각종 저축성예금, 시장형 금융상품, 실적배당형 금융상품, 금융채, 거주자외화예금 등을 더한 것이다. (2)다만, 유동성이 낮은 만기 2년 이상의 장기 금융상품은 제외된다. (3)단기 저축성예금, 시장형 금융상품 등은 거래보다 자산증식 등 저축의 주요 수단으로서 수시입출식예금에 비해 유동성이 상대적으로 떨어지지만 약간의 이자소득만 포기하면 언제든지 현금화가 가능하다. ▶ 3문단

(1)한편 통화지표 중 포괄범위가 넓은 유동성지표는 화폐의 가치저장기능을 중시한 지표이며 Lf(금융기관유동성)와 L(광의유동성)이 있다. (2)Lf는 광의통화(M2)에 예금취급기관의 만기 2년 이상 정기예적금, 금융채, 금전신탁 등과 생명보험사의 보험계약준비금, 증권금융회사의 예수금 등 유동성이 상대적으로 낮은 금융상품까지 포함한 것이다. (3)L은 Lf보다 금융상품 포괄범위가 넓은 광의유동성 지표로서, Lf에 기업 및 정부 등이 발행하는 기업어음, 회사채, 국공채 등 유가증권이 포함된다. ▶ 4문단

(1)통화지표는 금융상품의 종류, 통화 발행주체, 통화 보유주체 등 세 가지 요소에 의해 결정된다. (2)먼저 금융상품은 유동성과 가치저장의 기능 등에 초점을 맞추어 통화성(moneyness) 정도를 평가하여 통화지표에의 포함 여부가 결정된다. (3)가장 유동성이 높은 것은 현금이고, 다음으로는 요구불예금을 포함한 결제성 예금이다. (4)저축성예금은 가치저장 등을 목적으로 일정 기간 동안 자금을 금융기관에 예치해 놓은 것이기 때문에 유동성 정도가 현금이나 결제성예금보다 낮다. ▶ 5문단

(1)통화 발행주체는 통화지표에 포함되는 금융상품을 발행한 주체로서, 일반적으로 예금취급을 통해 통화를 창출하는 기능이 있는 예금취급기관이 이에 해당된다. (2)우리나라의 예금취급기관은 중앙은행과 기타예금취급기관으로 구분되며, 기타예금취급기관에는 예금은행, 수출입은행, 종합금융회사, 자산운용회사, 신탁회사, 상호저축은행, 신용협동기구 등이 있다. ▶ 6문단

(1)통화 보유주체에는 통상 예금취급기관과 중앙정부를 제외한 모든 거주자 단위가 포함된다. (2)즉, 가계, 공공 및 기타 비금융 기업, 예금취급기관을 제외한 기타 금융기관, 중앙정부 이외의 정부가 이에 해당한다. (3)중앙정부와 비거주자는 통화 보유주체에 해당하지 않으므로 이들이 보유한 금융상품은 통화에 포함되지 않는다. (4)이는 자금 조달 및 지출방식의 특이성 등으로 중앙정부의 예금이 민간 부문의 예금과 다른 방식으로 처리될 뿐만 아니라 거시경제에 미치는 영향도 차이가 있기 때문이다. (5)다만, 현금은 그 양이 상대적으로 적고 중앙정부와 비거주자의 보유액을 측정하기가 쉽지 않다는 점을 고려하여 전액 거주자의 통화에 포함시키고 있다. ▶ 7문단

(1)중앙정부가 비록 통화보유자로 간주되지 않는다고 하더라도 통화는 중앙정부의 재정활동에 따라 민간으로부터 환수되기도 하고 민간에게 공급되기도 한다. (2)중앙정부가 세금을 거두면 민간이 보유했던 돈이 중앙은행에 설치된 정부의 예금계좌로 들어옴으로써 통화량이 줄어든다. (3)반대로 중앙정부가 공무원에게 급여를 주거나 건설업자에게 정부공사의 대금

을 지급하면 최종적으로 그 돈이 한국은행의 정부예금계좌에서 민간 부문에 지급되므로 그만큼 통화량이 늘어난다. (4)그런데 이와 같은 중앙정부의 재정활동은 조세수입과 재정지출이 동시에 이루어지며 중앙정부 부문을 통한 통화공급은 정부의 재정활동의 결과인 재정수지에 따라 그 규모가 결정된다. (5)즉, 조세수입보다 재정지출이 많은 경우 중앙정부 부문으로부터 통화가 공급되며, 반대로 조세수입보다 재정지출이 적은 경우 중앙정부 부문을 통해 통화가 환수된다.

▶ 보충 자료

① **통화 보유주체에 해당하지 않는 경우라고 하더라도 통화 공급주체가 될 수 있다.**
→ (○) 중앙정부는 통화 보유주체에 해당하지 않는다[7문단 (3), 보충 자료 (1)]. 조세수입보다 재정지출이 많은 경우엔 중앙정부 부문으로부터 통화가 공급된다[보충 자료 (5)]. 통화 보유주체에 해당하지 않는 중앙정부가 통화 공급주체가 되는 것이다.

② **중앙정부가 국채를 발행하는 경우 L 지표가 증가할 것이다.**
→ (○) L 지표에는 정부가 발행하는 국공채가 포함된다[4문단 (3)]. 따라서 중앙정부가 국채를 발행하는 경우엔 L 지표가 증가할 것이다.

③ **중앙정부가 예금계좌의 조세수입을 종합금융기관을 통해 재투자하는 경우에는 통화지표에 포함될 수 있다.**
→ (×) 중앙정부는 통화 보유주체에 해당하지 않으므로 이들이 보유한 금융상품은 통화에 포함되지 않는다[7문단 (3)]. 따라서 중앙정부가 예금계좌의 조세수입을 종합금융기관을 통해 재투자하는 경우라고 하더라도 통화지표에 포함되지 않는다.

④ **만약 중앙정부의 조세수입에 비해 민간 부문으로의 자금 공급이 많은 경우 M1 지표는 증가할 수 있다.**
→ (○) M1 지표에는 현금, 결제성예금이 포함된다[2문단 (1)]. 중앙정부의 조세 수입에 비해 민간 부문으로의 자금 공급, 특히 현금이 많은 경우엔 M1 지표가 증가할 수 있다.

⑤ **만약 중앙정부가 세입과 지출을 일치시키는 균형재정 상태를 유지한다면 중앙정부는 통화에 중립적인 부문이 될 것이다.**
→ (○) 만약 중앙정부가 세입과 지출을 일치시키는 균형재정 상태를 유지한다면 중앙정부는 통화량에 있어서 환수한 만큼 공급하는 주체가 되므로 결과적으로 통화에 있어 중립적이게 된다.

합격자의 실전 풀이 순서

❶ 발문 확인 및 문제 유형 파악하기

자료를 참고할 때 적절한 추론으로 볼 수 '없는' 것을 고르라는 발문을 봤을 때, 사례 유형이라고 볼 수도 있다. 하지만 본 문제는 사례보다는 본문이 한 문단 더 추가된 내용 일치 유형이라고 봐도 무방하다. 보충 자료이기 때문이다.

해당 유형은 제시문 내용과 부합하지 않거나 그로부터 추론 불가능한, 즉 무관한 선지가 정답이 되며, 제시문 내용과 일치하거나 그로부터 추론할 수 있는 선지가 오답이 된다. 긴장되는 시험장에서 적절하지 않은 것을 고르는 문제에서 적절한 것을 고르는 문제로 잘못 볼 수 있다. 따라서 '없는'이라는 표현에 크게 X 표시 등을 해 혹시 모를 실수에 대비하도록 한다.

본 문제와 같은 정보 확인 유형을 푸는 방법으로는 두 가지가 있다.

❷-1) 선지 먼저 읽기

(1) 선지 키워드 표시

독해 지문을 푸는 두 가지 방법 중 선지를 먼저 읽는 경우의 풀이법을 소개한다. 지문보다 선지를 먼저 보고 정보를 추출한다.

선지에서 추출할 키워드는 다음과 같다. 단, 이들은 어디까지나 예시이므로 이와 같을 필요는 없다.

① 보유주체
② 국채
③ 재투자
④ 자금 공급, M1
⑤ 균형재정

(2) 제시문 독해 및 선지 판단

- 발췌독을 활용하는 경우: 선지 확인을 통해 통화, 중앙정부 관련 내용이 제시되었음을 알 수 있다. 해당 키워드를 바탕으로 발췌독을 진행한다. 발췌독할 경우에는 제시문을 읽는 것이 아니라, 선지 키워드를 바탕으로 해당 내용이 제시된 문장 및 문단을 찾아 해결해야 한다. 선지를 파악한 후 제시문 전체 독해를 진행하는 경우엔 문단별 구성을 파악하며 읽어가는 것이 좋다. 1문단은 배경, 2문단은 M1, 3문단은 M2, 4문단은 Lf, L, 5문단은 통화지표의 결정 방식, 6문단은 통화 발행주체, 7문단은 통화 보유주체, 보충 자료는 중앙정부의 재정활동 등이 제시되었다고 파악하는 방식이다. 이런 방법은 필요한 부분을 집중해서 읽을 수 있다는 점이 장점이다.
- 통독을 활용하는 경우: 발췌독이 어려운 경우 선지를 먼저 보고 통독을 하더라도 빠른 시간 내에 높은 정확도로 문제를 해결할 수 있다. 선지와 문제 구조를 토대로 제시문은 중앙정부의 행위가 통화량 등에 미치는 영향을 설명하고

있음을 알 수 있다. 이 문제의 제시문을 독해할 때에는 0에서 시작하는 것이 아니라 앞서 파악한 M1, M2, Lf, L의 관계성을 토대로 독해를 하는 것이 바람직하다.

❷-2) 제시문 먼저 읽기

제시문 먼저 읽기도 크게 두 가지 방법이 존재한다. 제시문 먼저 읽기와 제시문 구조 파악 후 선지 먼저 읽기이다.

(1) 제시문 먼저 읽기

처음부터 제시문을 꼼꼼히 읽어 선지 확인을 위해 제시문을 다시 읽는 시간을 단축하는 방법이다. 이 방법의 경우 제시문을 읽는 과정에서 선지에 나올 만한 내용을 주의 깊게 읽고, 복잡한 제시문의 내용을 어느 정도 이해한 후 선지를 읽어야 한다. 이 방법을 사용하면서 시간을 단축하고 싶다면, 문단별로 나누어 한 문단을 꼼꼼히 읽고 그 문단에 상응하는 선지부터 판단하는 방법을 응용할 수 있다. 다만, 첫 번째 방법의 경우 제시문의 내용을 잊어버리면 다시 제시문을 읽게 되어 시간이 낭비되기 때문에 매우 긴 제시문이 있는 문제에는 적합하지 않다. 또한, 문단별로 선지를 확인하는 방식은 문단 간의 정보를 결합해야 하는 선지에는 취약하다는 한계가 있다.

(2) 제시문 구조 파악 후 선지 먼저 읽기

두 번째로는 제시문의 구조와 키워드만 빠르게 파악한 후, 선지를 읽고 선지에서 필요한 내용을 다시 제시문에서 꼼꼼히 찾아가는 방법이 있다. 두 번째 방법은 제시문이 매우 긴 경우 또는 제시문의 구조가 깔끔할 때 효과적이다. 그러나 두 번째 방법은 능숙하지 않은 사람이 시험장에서 시도한다면 성공률이 낮다는 한계가 있다. 두 번째 방식을 익숙하게 하기 위해서는 다양한 제시문을 첫 번째 방법처럼 꼼꼼히 분석하는 과정이 필요하다. 다양한 제시문을 접하고 글의 구조를 이해하게 되면 두 번째 방식을 효과적으로 활용할 수 있다.

❸ 선지 판단

마지막 단계에서는 지문을 이해한 바를 바탕으로, 선택지별 정오답 여부를 판단한다. 해설에서 다룬 내용이 바로 이 단계에 해당한다.

합격자의 시간단축 Tip

Tip 제시문 내용을 암기하려고 하지 말자.

빠른 시간 안에 문제를 풀어야 하므로 지문을 한 번만 읽고 선택지를 해결하고 싶은 마음이 생길 수 있다. 압박감을 느끼고 읽게 되면 오히려 내용 파악이 어려울 수 있으며, 제한된 시간 안에 지문의 내용을 모두 숙지하는 것은 한계가 있다. 제시문을 먼저 빠르게 읽으며 전체적인 구조를 파악하고, 선택지로 넘어가는 방식을 추천한다. 구성을 확인했기 때문에 선택지의 내용이 본문의 어느 부분에 해당하는지보다 짧은 시간 안에 파악할 수 있다. 합격자의 실전 풀이 순서에서 제시된 여러 방식을 참고하고, 문제를 풀 때 적용해 가며 본인만의 방법을 찾아보는 것도 좋다.

08 정답 ④ 난이도 ●●●

의사소통능력_빈칸 삽입(어휘/개념어/접속사/문장)

접근전략 빈칸 채우기 유형은 빈칸에 들어갈 내용이 지문 전반의 내용을 정리하여 아우르는 내용이거나 지문의 전체적인 이해를 통해 적절한 예시를 맞추는 내용, 혹은 빈칸 주변을 발췌독해 빠르게 판단하는 것으로 구성된다. 빈칸 주변을 먼저 읽어보고 어떤 유형인지 판단한 후에 읽는 순서를 고려한다.

○○은행의 디지털혁신위원회에서는 다음과 같은 사항에 대해 의결한 후 내부 공고하였다. 의결안의 내용을 참고할 때, 빈칸 ㉠에 들어갈 내용으로 적절하지 않은 것은?

고객 서비스 개선을 위한
금융상품 상담 시스템 도입의 건

- 의결 주제: (1)고객 맞춤형 금융상품 상담 시스템 도입을 통한 서비스 개선
- 논의 배경

(2) – 기존 상담 방식에서는 고객의 대기 시간이 길어지는 경우가 많아 고객 경험이 저하되고 고객 이탈률이 상승하는 문제가 발생하고 있음

(3) – 상품 다양화로 인해 상품 선택 시 피로감을 호소하는 고객이 증가하고 있어 고객의 니즈에 맞춘 맞춤형 상품 추천 기능의 도입 필요성이 있음

(4) – 최근 디지털 트렌드에 따라 다양한 금융 상품을 신속하게 분석하고 추천할 수 있는 AI 기반 상담 시스템 도입의 검토가 필요함

- 의결 내용

(5) – AI 기반 금융상품 추천 시스템 도입: 고객 프로파일에 따라 맞춤형 상품을 자동으로 추천하는 시스템의 도입

(6) – 챗봇 이용시간 확대: 일반적인 금융 문의 및 계좌 관련 업무의 챗봇 시간을 24시간 확대하여 운영

(7) – 고객 만족도 조사 강화: 시스템 도입 이후 만족도를 지속적으로 조사해 개선점을 반영

• 기대효과
(8) – 상담 대기 시간 감소 및 고객 만족도 증대
(9) – 고객 이탈률 감소 및 금융상품 가입률 증가
(10) – 서비스 혁신을 통한 고객 충성도 증대 및 금융 브랜드 이미지 개선
• 차후 의결 안건
(11) – (㉠)

① AI 시스템 도입에 필요한 예산 분석 및 기존의 고객 지원 시스템과의 연계 방안

→ (○) 의결 내용으로 AI 기반 금융상품 추천 시스템 도입이 있고[의결안 (5)] 이처럼 새로운 시스템 도입이 이루어지게 되면 그에 대응하는 예산이 필요하고 새로운 시스템과 기존의 시스템과의 연계 역시 필요하다. 따라서 선지 ①은 빈칸 ㉠에 들어갈 내용으로 적절하다.

② 서비스 도입 후 고객 반응 분석 및 조기 피드백 수집 체계 마련

→ (○) 의결 내용 중 고객 만족도 조사 강화의 경우[의결안 (7)] 시스템 도입 이후 만족도를 지속적으로 조사해 개선점을 반영하는 것을 구체적인 내용으로 하고 있다[의결안 (7)]. 이처럼 시스템 도입 후 고객의 만족도를 조사하기 위해서는 고객 반응을 분석하고 조기 피드백을 수집하기 위한 체계를 마련할 필요가 있다. 따라서 선지 ②는 빈칸 ㉠에 들어갈 내용으로 적절하다.

③ 서비스 및 시스템의 변화에 따른 해당 업무 전담 인력에 대한 교육 계획

→ (○) 의결 내용으로 AI 기반 금융상품 추천 시스템 도입[의결안 (5)], 챗봇 이용시간 확대[의결안 (6)], 고객 만족도 조사 강화[의결안 (7)]가 있다. 이처럼 새로운 서비스의 도입 및 시스템의 변화에 따라 해당 업무 전담 인력에 대해서도 서비스 및 시스템의 변화에 맞추어 교육이 이루어질 필요가 있다. 따라서 선지 ③은 빈칸 ㉠에 들어갈 내용으로 적절하다.

④ 고객의 상담 대기 시간을 줄이기 위한 고객 지원 인력 증원 방안

→ (×) 의결 주제는 고객 맞춤형 금융상품 상담 시스템 도입을 통한 서비스 개선[의결안 (1)]이며 의결 내용으로는 AI 기반 금융상품 추천 시스템 도입[의결안 (5)], 챗봇 이용시간 확대[의결안 (6)], 고객 만족도 조사 강화[의결안 (7)]가 있다. 이러한 의결안의 내용을 고려할 때 인력 증원이 아닌 시스템의 도입을 통해 고객 서비스 개선을 도모하고자 함을 알 수 있다. 논의 배경에서 기존 상담 방식에서 고객의 대기 시간이 길어지는 경우가 많다는 점을 제시하고 있으나[의결안 (2)] 이러한 상담 대기 시간을 줄이기 위해 고객 지원 인력을 증원한다는 내용은 의결안의 내용에서 찾을 수 없고, 오히려 챗봇 이용시간 확대, 금융상품 추천 시스템 도입, AI 기반 금융상품 추천 시스템 도입 등 시스템의 도입을 통해 이러한 문제를 해결하고자 함을 알 수 있다. 따라서 선지 ④는 의결안의 내용을 참고할 때 빈칸 ㉠에 들어갈 내용으로 적절하지 않다.

⑤ 고객의 개인정보 활용과 관련한 고객 데이터 보호 및 개인정보 관리 방안 마련

→ (○) 의결 내용 중 AI 기반 금융상품 추천 시스템 도입의 경우[의결안 (5)] 고객 프로파일에 따라 맞춤형 상품을 자동으로 추천하는 시스템의 도입을 구체적인 내용으로 하고 있다[의결안 (5)]. 이처럼 금융상품 추천 시스템의 도입을 위해 고객의 개인정보를 활용하는 것을 확인할 수 있고 이에 따라 고객의 데이터를 보호하고 개인정보를 관리할 필요가 있다. 따라서 선지 ⑤는 빈칸 ㉠에 들어갈 내용으로 적절하다.

합격자의 실전 풀이 순서

❶ 발문 읽기 및 문제 유형 파악

항상 먼저 발문을 반드시 제대로 읽고 시작하자. 해당 문제는 빈칸 채우기 유형이므로, 빈칸에 대응되는 내용을 찾아서 그를 근거로 빈칸을 채우는 문제이다. 빈칸 채우기 유형은 크게 두 가지 종류로 나뉜다.

첫 번째, 빈칸의 근거를 지엽적으로 찾아 푸는 유형이다. 이는 주로 글 전체의 결론과 관련이 적은 뒷받침 문장이 빈칸으로 제시되는 경우에 해당한다. 첫 번째 유형을 푸는 경우 수험생은 먼저 제시문의 핵심 내용을 확인한 뒤, 빈칸이 포함된 문장과 빈칸 앞뒤 문장들을 집중적으로 읽으며 문맥을 추론하는 접근을 취해야 한다.

두 번째, 전체적인 글의 흐름과 제시문의 주제문을 파악하여 빈칸에 들어갈 말을 찾는 유형이 있다. 이 경우 수험생은 제시문을 처음부터 끝까지 읽은 후, 제시문이 말하고자 하는 최종적인 결론을 찾아내야 한다. 구체적인 지표나 통계 자료에 매몰되지 않고, '그래서 이 지표가 어떠한 결론으로 이끄는가?', '이 모든 문장이 함축된 결론은 무엇인가?'를 끊임없이 질문하며 읽어야 한다. 또는, 제시문의 주제문이 글의 맨 앞이나 맨 뒤, '그러나' 등의 접속어 뒤에 제시되어 있어 이를 찾아 빈칸에 대입하여 푸는 경우도 존재한다.

본 문제의 경우 지엽적인 곳에서 근거를 찾을 수 있는 첫 번째 유형에 해당한다.

빈칸 채우기 유형은 발문과 제시문의 형태에서 바로 파악할 수 있다.

- 발문: 다음 글의 빈칸에 들어갈 말로 가장 적절한 것은?
- 제시문: 일부 문장 대신 빈칸이 뚫린 형태

❷ **지문의 흐름을 파악한다.**
지문의 하단에 빈칸이 있고 '차후 의결 안건'이라고 제시되어 있다. 이는 기존의 의결 내용에 덧붙여 이를 보완하거나 또 다른 의결사항을 제시해야 적절함을 인지하고 선지를 확인한다.

❸ **선지를 살펴본다.**
지문까지 다 살펴봤다면 선지를 살펴 답을 추린다. 사실 꼭 빈칸을 구체적으로 추론할 필요는 없다. 결국 정답을 고르기만 하면 되기 때문에, 선지로 가서 소거법을 사용해도 좋다.

합격자의 시간단축 Tip

Tip ❶ 빈칸의 성격과 위치에 따라 글을 다르기 읽기

해당 문제의 경우 빈칸이 글의 마지막에 등장하며 '차후 의결 안건'이라는 항목에 포함되어 있다. 빈칸 위를 볼 때 '의결 내용'이라는 항목이 함께 제시되어 있어 차후 의결 안건은 의결 내용을 보완하거나 또 다른 의결사항을 제시함을 알 수 있다. 그렇다면 일단 의결 내용에 대한 이해가 필요하므로 이 부분을 중점적으로 읽어야 한다. 그러나 빈칸이 글의 전반적인 흐름을 묻는 경우가 있다. 이런 경우 글을 통독하며 글의 흐름을 파악한 후에 빈칸에 넣을 단어를 마지막에 고르면 된다.

Tip ❷ 오지선다 활용하기

빈칸 문제의 경우 오지선다를 적극적으로 활용하는 것이 중요하다. 결과적으로는 정답을 맞히는 것이 중요하기 때문에 빈칸을 완벽하게 추론하기 어렵다 하더라도 걱정할 필요가 없다. 직관적으로 빈칸 추론을 하지 못했다면 더 이상 시간을 지체할 필요 없이 바로 선지를 보도록 한다. 오지선다의 내용을 하나씩 대입해 보며 맥락에 적절한지를 파악 해보는 것이 오히려 시간을 더 단축할 수 있다.

09 정답 ❹ 난이도 ●●○

의사소통능력_글의 내용 일치/불일치

접근전략 지문의 일정 부분에 대한 이해를 묻는 문제는 지문에서 추론할 수 있는 것을 묻는 문제와 유사하거나, 지문 전체의 내용을 이해하고 있는지 묻는 문제와 유사하다. 둘 중 어떤 유형인지를 판단하고 전자인 경우 선지부터 읽으며 키워드를 찾아 발췌독하는 것이 효율적이고, 후자인 경우 지문 전체적인 내용을 읽고 밑줄 친 부분의 내용을 이해한 후에 선지를 판단하는 것이 효율적이다.

다음 글의 내용을 바르게 이해하지 못한 것은?

(1)최근 미국 기준금리 인상의 정점을 예상한 개인 투자자들의 미국 장기채·레버리지 ETF 등 고위험 상품 투자가 증가하고 있다. (2)해외 상장 ETF는 국내와 투자환경이 상이한 점이 있어 해외 상장 ETF 투자 시 유의사항을 충분히 숙지하는 것이 좋다.

▶ 1문단

(1)먼저 해외 상장 ETF 투자 시 환율 변동 위험에 유의해야 한다. (2)해외 상장 ETF는 원화가 아닌 해당 국가의 통화로 환전해 거래하기 때문에 금융환경 변화 등에 따른 환율 변동 영향을 받기 때문이다.

▶ 2문단

(1)또 해외 상장 ETF 투자 시에는 국내와 과세 체계가 다르다는 점을 알고 있어야 한다. (2)해외 상장 ETF 투자에 따른 분배금은 은행 이자나 국내주식 배당금처럼 배당소득세 15.4%(지방세 포함)를 부과하며, 다른 금융소득과 합산해 2,000만 원 초과 시 종합소득세 신고 대상에 해당한다. (3)한편 해외 상장 ETF는 매매차익에 대해 연 250만 원 기본공제 후 초과분에 대해 양도소득세 22%(지방소득세 포함)를 부과하지만 국내 상장 해외 ETF는 배당소득세 15.4%를 부과하는 등 과세 체계에 차이가 있다.

▶ 3문단

(1)가격 변동성과 관련하여도 차이가 있다. (2)국내 주식시장은 단기간 주가 급등락으로 인한 주식시장의 충격을 완화하고 투자자를 보호하기 위해 하루 동안 가격이 변동할 수 있는 폭을 제한하고 있다. (3)그러나 미국과 유럽 등은 주식시장 가격제한폭이 없어 다양한 시장 변수에 의해 가격 변동성이 크게 확대될 수 있다.

▶ 4문단

(1)한편, 기준금리가 특정 방향으로 움직일 것을 예측하고 미국 장기국채 등 채권을 기초자산으로 하는 ETF(특히 레버리지 ETF)에 투자하는 경우, 이는 손실 확대로 이어질 수 있다. (2)시중금리가 상승하면 신규발행 채권의 금리가 높아짐에 따라 낮은 금리로 이미 발행된 채권의 인기가 상대적으로 떨어지게 되어 가격이 하락하기 때문이다. (3)또한 향후 기준금리가 낮아질 것으로 전망될 때에도 예상보다 금리변동이 천천히 이루어지게 되면, 투자자금이 장기간 묶일 수 있다. ▶ 5문단

(1)특히 레버리지·인버스 ETF는 복리효과로 인해 장기투자에 적합하지 않다. (2)예를 들어, 1,000에서 시작한 기초지수가 T+1일에 10% 상승하여 1,100이 되었을 때, 2배 레버리지 ETF는 10%의 2배인 20%가 상승하여 1,200이 된다. (3)이후 T+2일에 기초지수가 1,100에서 9.09% 하락하여 1,000으로 돌아오면 레버리지 ETF는 9.09%의 2배인 18.18%만큼 하락하게 되고, 이때 기초지수는 원래 가격을 회복하지만 레버리지 ETF의 가격은 982로 크게 하락한다. (4)이 과정이 반복될수록 레버리지 ETF는 누적 손실이 더욱 증가하게 된다. ▶ 6문단

① 채권의 가격은 시중금리와 반대로 움직인다고 볼 수 있다.

→ (O) 시중금리가 상승하면 신규발행 채권의 금리가 높아짐에 따라 낮은 금리로 이미 발행된 채권의 인기가 상대적으로 떨어지게 되어 가격이 하락하기 때문이다. [5문단 (2)]에서 시중금리가 상승하면 채권의 가격이 하락함을 알 수 있다. 즉 채권의 가격은 시중금리와 반대로 움직인다고 볼 수 있으므로 옳은 선지다.

② 레버리지 ETF는 보유기간이 길어질수록 ETF 누적 수익률과 기초지수 누적수익률 간 차이가 발생한다.

→ (O) 레버리지·인버스 ETF는 복리효과로 인해 장기투자에 적합하지 않다[6문단 (1)]. 이하 예시를 보면 레버리지 ETF의 기초지수는 원래 가격을 회복하지만, ETF의 가격은 982로 크게 하락함을 알 수 있다. T+2일 때 하락한 ETF의 가격은 보유기간이 길어질수록 더 크게 하락할 수 있음을 추론할 수 있다. 이는 레버리지 ETF는 기초지수에 배율이 적용되므로, 기초지수의 상승과 하락의 잦은 반복으로 기초지수는 다시 원래 가격이 되었더라도 레버리지 ETF의 누적수익률은 하락률 및 증가율의 변동성에 따라 달라질 것이기 때문이다. 즉, 보유기간이 길어질수록 ETF 누적수익률과 기초지수 누적수익률간에는 차이가 발생하게 된다. 옳은 선지다.

③ 해외 상장 ETF 투자에서 손실이 발생하는 경우 가격의 하한에 대한 규제가 없어 더욱 큰 손실로 이어질 수 있다.

→ (O) 그러나 미국과 유럽 등은 주식시장 가격제한폭이 없어 다양한 시장 변수에 의해 가격 변동성이 크게 확대될 수 있다. [4문단 (3)]에서 국내와 달리 미국과 유럽 등 해외 주식시장에는 가격제한폭이 없어서 가격 변동성이 크게 확대될 수 있다고 하였다. 이는 손실폭에도 제한이 없다는 의미로, 주가 하락 시 큰 손실로 이어질 수 있다. 옳은 선지다.

④ 해외 상장 ETF 거래를 통한 매매차익에 부과되는 세금을 고려한다면 국내 상장 해외 ETF에 투자하는 것이 세액 절감에 더 효과적이다.

→ (×) 해외 상장 ETF는 매매차익에 대해 연 250만 원 기본공제 후 초과분에 대해서만 양도소득세 22%를 부과한다. 그러나 국내 상장 ETF의 경우 매매차익에 대해 15.4% 배당소득세를 부과한다[3문단 (3)]. 따라서 만일 해외 상장 ETF 매매차익이 연 250만 원 미만이라면 해당 매매차익에 대해서는 별도의 세금이 부과되지 않는다. 매매차익이 연 250만 원 미만이라면 해외 상장 ETF거래에 투자하는 것이 세액 절감에 더 효과적일 수 있다. 따라서 틀린 선지다.

⑤ 해외 상장 ETF의 주가 상승으로 매매수익이 발생하였더라도 해당 통화 가치 하락에 따른 환차손이 반영되면 최종적으로 손실이 발생할 수도 있다.

→ (O) 해외 상장 ETF는 원화가 아닌 해당 국가의 통화로 환전해 거래하기 때문에 금융환경변화 등에 따른 환율 변동의 영향을 받는다[2문단 (2)]. 비록 매수한 ETF 가격이 올라 매매수익을 얻었더라도 환율이 낮아진다면 최종적으로 손실이 발생할 수도 있다. 옳은 선지다.

합격자의 실전 풀이 순서

❶ 발문 제대로 읽기 및 문제 유형 파악

항상 발문을 먼저 제대로 읽자. '다음 글의 내용을 바르게 이해하지 못한 것'을 고르는 문제이므로 본문 내용과 상충하거나 그로부터 추론할 수 없는 선지가 정답이 된다. 발문에 × 표시를 의식적으로 치고 문제를 풀면, 부합하는 것을 고르는 실수를 방지할 수 있다.

❷ 선지를 훑으며 대략적 주제를 파악한다.

"적절하지 않는 것은?", "일치하지 않는 것은?" 문제에서 선지는 매우 중요한 힌트가 된다. 정답을 제외한 4개의 선지를 보는 것만으로도 어느 정도 지문의 주제나 내용을 확인할 수 있기 때문이다. 이는 지문에

대한 이해를 바탕으로 한 추론 문제에서도 적용되는 경우가 많다. 결국 선지의 정오판단 근거는 지문 내용에 근거하기 때문이다.

❸ 각 선지의 키워드를 설정 후 발췌독해서 1차적으로 답을 판단한다.
선지의 단어 중 가장 생소하거나 특이한 단어를 키워드로 삼아 키워드가 있는 문단을 탐색한다. 특이한 단어의 경우 지문에서 그대로 나오거나 조금의 변형을 거쳐 나오므로 찾기 용이하기 때문이다.

합격자의 시간단축 Tip

Tip ❶ 글의 내용과 부합하는 것, 부합하지 않는 것 외에 알 수 없는 것이 나올 가능성을 생각한다.

글의 내용을 이해한 것 중 적절하지 않은 것을 물었다. 그렇다면 글의 내용과 부합하는 것은 답이 아니고, 부합하지 않는 것이 답인 것은 자명하다. 글에서 알 수 없는 것은 답이 될 수 있는가? 그렇다. 알 수 없는 것 역시 글의 내용과 부합하지 않기 때문이다. 선지의 내용이 글에서 알 수 없는 내용임에도 불구하고 무조건 찾으려 들 생각을 버리자. 다른 선지들은 글에서 근거를 찾을 수 있는데, 도저히 글에서 근거를 찾을 수 없는 선지가 정답이 될 수 있다.

Tip ❷ 키워드 뽑는 방법

발췌독하기 위해서는 생소한 키워드를 뽑아야 한다. 일반적인 단어를 키워드로 삼으면 지문에서 자주 등장하기 때문에 효율적인 발췌독을 하기 어렵다. 일반적으로 키워드를 뽑을 때 맨 앞에 있는 주어를 선정하는 경우가 많다. 그러나 이는 상황에 따라 비효율적이다. 모든 선지의 주어가 같은 경우도 있고, 주어보다 서술어나 목적어가 더 생소한 경우가 많기 때문이다. 키워드를 뽑는 목적은 지문을 빠르게 발췌독하기 위함이고, 이를 위해 주어뿐만 아니라 모든 단어에 대해 가능성을 열어 두어야 함을 기억하자.

Tip ❸ 열린 선지에 주목한다.

열린 선지란 '~한다', '~가 아니다'와 같이 단정적인 내용이 아닌 '~할 수 있다', '~중 하나이다'처럼 명제 자체가 옳을 가능성이 높은 선지를 말한다. 이런 선지는 비교적 옳은 선지일 가능성이 높기 때문에 옳을 수 있다는 가능성에 초점을 맞추고 발췌독하면 효율적인 경우가 많다.
해당 문제의 경우 선지 ①, ③, ⑤가 열린 선지고, 옳은 선지였다.

Tip ❹ 문단별로 끊어서 선지를 확인한다.

내용이 복잡하고 어려울수록 지문을 통째로 읽고 선지를 확인하거나, 선지를 읽고 지문을 발췌독하기 힘들다. 따라서 문단을 하나씩 차례로 읽어 내려가면서 해당 문단에서 출제된 선지가 있는지 확인하고 곧바로 정오를 판단하도록 하자. 만약 두 개 이상의 문단을 통해 판단해야 하는 선지가 있다면 부분적으로 정오를 파악하고 다음 문단으로 넘어가면 된다.

Tip ❺ 복잡한 수치 계산은 처음부터 꼼꼼히 이해하려고 하지 않는다.

6문단처럼 복잡한 수치 계산이 있다면 이를 처음부터 모두 이해하려 하기보단 수치 계산은 눈으로 훑고 넘어간다. 종종 계산을 전부 이해하지 않더라도 선지가 해결되는 경우가 있기 때문이다. 따라서 계산은 넘기고 앞뒤 내용만으로 선지가 해결되는지 먼저 판단한 뒤, 해결되지 않을 경우에만 다시 돌아와 계산을 이해한다. 6문단에 해당하는 선지 ②의 경우도 계산 이해 없이 선지를 판단할 수 있다. [6문단 (1)]의 '장기투자에 적합하지 않음'을 통해 보유기간이 길어질수록 어떠한 불이익이 있음을 추측할 수 있다. '기초지수는 원래 가격을 회복하지만 ETF의 가격은 크게 하락한다[6문단 (3)]'에서 ETF와 기초지수의 차이가 발생할 것임을 추측할 수 있으며 '이 과정이 반복될수록 ETF는 누적 손실이 더욱 증가하게 된다[6문단 (4)]'를 통해 보유기간이 길어질수록 수익률 차이가 증가하게 될 것을 추측할 수 있다. 계산을 넘긴 판단이므로 완벽하게 정확하다고 할 수는 없지만 선지를 판단하는 정도로는 충분하며, 나머지 선지까지 확인하고도 답이 없을 때 다시 돌아와서 본다고 생각해도 괜찮다. 너무 복잡하고 어려운 계산을 이해하고 한 문제를 맞히는 것보다 차라리 이 문제를 틀리더라도 다른 쉬운 두 문제를 맞히는 것이 전체 시험 운영 전략에 더 적합할 수 있다.

10 정답 ⑤ 난이도 ●○○

수리능력_응용수리_방정식

간단풀이

현재 A의 나이를 x세라 하면 B의 나이는 $x-4$세다.
현재로부터 6년 전 A의 나이는 $x-6$세이므로

(A의 근속연수) $=\frac{x-6}{2}=\frac{x}{2}-3$

현재로부터 13년 후 B의 나이는 $x-4+13=x+9$세이므로

(B의 근속연수)$=(x+9)\times\frac{2}{3}=\frac{2}{3}x+6$

A와 B는 입사 동기이므로 13년 후 시점을 기준으로 둘의 근속연수는 같아야 한다.

(6년 전 A의 근속연수)$+19=$(13년 후 B의 근속연수)

$\frac{x}{2}-3+19=\frac{2}{3}x+6$

$\frac{2}{3}x-\frac{x}{2}=10$

$\frac{x}{6}=10 \quad \therefore x=60$

상세풀이

이 문제는 A와 B의 근속연수가 같으므로 동일 시점의 A와 B의 근속연수를 미지수 x로 나타낸 뒤, 방정식을 풀어서 해결하면 된다.

현재 A의 나이를 x세라 하면 B의 나이는 A보다 4살 어리므로 $x-4$세다.

현재로부터 6년 전 A의 나이는 $x-6$세이고, 이때의 근속연수가 A 나이의 절반이었으므로

(현재로부터 6년 전 A의 근속연수)$=\frac{x-6}{2}=\frac{x}{2}-3$

한편, 현재로부터 13년 후 B의 나이는 $(x-4)+13=x+9$세이고, 13년 후에도 계속 직장을 다닌다면 이때의 근속연수가 B 나이의 $\frac{2}{3}$가 되므로

(현재로부터 13년 후 B의 근속연수)

$=(x+9)\times\frac{2}{3}=\frac{2}{3}x+6$

A와 B는 입사 동기이므로 같은 시점에 A의 근속연수와 B의 근속연수는 같다. 즉, 현재로부터 6년 전 A의 근속연수와 B의 근속연수는 같고, 마찬가지로 현재로부터 13년 후 A와 B의 근속연수 역시 같을 것이다.

현재로부터 13년 후는 6년 전 시점을 기준으로 19년 후이므로 (6년 전 A의 근속연수)$+19=$(13년 후 B의 근속연수)가 성립한다.

$\frac{x}{2}-3+19=\frac{2}{3}x+6$

$\frac{2}{3}x-\frac{x}{2}=10$

$\frac{x}{6}=10 \quad \therefore x=60$

따라서 A의 현재 나이는 60세다.

11 정답 ③ 난이도 ●○○

수리능력_응용수리_최대공약수 · 최소공배수

간단풀이

A버스와 B버스는 각각 45분, 60분마다 다시 종점으로 돌아온다.

따라서 두 버스는 45와 60의 공배수만큼의 시간이 흐를 때마다 종점에서 만난다.

45와 60을 소인수분해하면 $45=3^2\times5$, $60=2^2\times3\times5$

45와 60의 최소공배수는 $2^2\times3^2\times5=180$이므로 두 버스는 180분마다 만나게 된다.

45와 60의 공배수 : 180, 360, 540, …

따라서 두 버스가 두 번째로 다시 만나는 시각은 360분, 즉 6시간 후이므로 09:00에서 6시간이 지난 후인 15:00다.

상세풀이

해당 문제는 두 버스가 다시 만나기 위해 각각의 버스가 종점으로 돌아오기까지 걸리는 시간의 공배수만큼의 시간이 흘러야 한다는 사실을 파악해야 한다.

A버스와 B버스는 각각 45분, 60분마다 다시 종점으로 돌아온다.

따라서 두 버스는 45와 60의 공배수만큼의 시간이 흐를 때마다 종점에서 만난다.

5)	45	60
3)	9	12
	3	4

→ (최소공배수)$=2^2\times3^2\times5=180$

즉, 45와 60의 최소공배수는 180이므로 두 버스는 180분마다 만나게 된다.

45와 60의 공배수는 180의 배수인 180, 360, 540, … 이므로 두 버스가 첫 번째로 만나는 시각은 출발한 지 180분 후이고, 두 번째로 다시 만나는 시각은 출발한 지 360분 후다.

360분은 6시간이므로 두 버스가 처음 출발한 후 두 번째로 다시 만나는 시각은 9시에서 6시간이 지난 후인 15시다.

12 정답 ②　　난이도 ●●○

수리능력_금융수리_환율 및 실용계산

간단풀이

- 출국일 '달러 사실 때' 환율: 1,200원/달러
- 환전할 금액: 300만 원
- 출국일 A과장의 환전 금액:

  $\frac{3,000,000}{1,200}=2,500$(달러)
- A과장의 소요경비 총액:

  $520+800+250+430=2,000$(달러)
- 소요경비를 사용하고 남은 잔액:

  $2,500-2,000=500$(달러)
- 입국일 '달러 파실 때' 환율: 1,125원/달러

∴ 입국일 A과장의 환전 금액:

$500\times1,125=562,500$(원)

상세풀이

해당 문제는 원화 → 달러 환전 시에는 '달러 사실 때' 환율이 적용되고, 달러 → 원화 환전 시에는 '달러 파실 때' 환율이 적용된다는 사실에 유의하며 계산해야 한다. A과장이 미국 출장에서 소요경비를 사용하고 남은 금액을 구하는 것이 목적이므로, 출국할 때 환전해 간 달러화와 소요경비의 차이를 계산하고, 이를 다시 원화로 환전했을 때의 금액을 구하면 된다.

① A과장은 출국일에 원화 300만 원을 달러로 환전하므로, 원/달러 〈환율 정보〉에서 출국일의 '달러 사실 때' 환율을 찾아 적용하여야 한다.
이때의 환율은 1,200원/달러이므로 300만 원은 $\frac{3,000,000}{1,200}=2,500$(달러)로 환전된다.
따라서 A과장은 2,500달러를 환전하여 출국함을 알 수 있다.

② A과장이 미국 출장에서 소요한 경비의 총액은 $520+800+250+430=2,000$(달러)다.
따라서 A과장이 출국할 때 환전해 간 2,500달러에서 소요경비 2,000달러를 빼면 남은 잔액은 $2,500-2,000=500$(달러)다.

③ A과장은 입국일에 500달러를 다시 원화로 환전할 예정이므로, 원/달러 〈환율 정보〉에서 입국일의 '달러 파실 때' 환율을 찾아 적용하여야 한다.
이때의 환율은 1,125원/달러이므로 500달러는 $500\times1,125=562,500$(원)으로 환전된다.

따라서 A과장이 입국일에 환전 후 받을 금액은 562,500원입니다.

13 정답 ③　　난이도 ●●○

수리능력_금융수리_환율 및 실용계산

간단풀이

- 출국일 A과장의 환전 금액:

  $\frac{3,000,000}{1,200}=2,500$(달러)
- 자동차 유류비를 제외한 A과장의 소요경비 총액:

  $520+800+250+430=2,000$(달러)
- 입국일 A과장의 환전하기 전 금액:

  $\frac{225,000}{1,125}=200$(달러)

따라서 자동차 유류비는 $2,500-2,000-200=300$(달러)다.

상세풀이

해당 문제는 출국일 A과장이 환전한 달러화와 소요경비의 총합, 입국일 A과장이 원화로 환전한 달러화의 차이를 통해 자동차 유류비를 역으로 추적해야 한다. 문제에서 구하는 자동차 유류비를 x달러로 두고 식을 세워 보자.

① 위 문제에서 구했듯이 출국일 A과장이 환전한 금액은 2,500달러이고, 자동차 유류비를 제외한 소요경비의 총합은 2,000달러, 자동차 유류비는 x달러다. 따라서 A과장의 입국일에 환전할 금액은 $2,500-2,000-x=500-x$(달러)다.

② 한편, A과장이 입국일에 환전 후 받은 원화는 225,000원이다. 입국일의 '달러 파실 때' 환율은 1,125원/달러이므로 A과장이 원화로 환전한 달러는 $\frac{225,000}{1,125}=200$(달러)다.

따라서 $500-x=200$이 성립하므로 x의 값을 구하면 $x=300$(달러)다.

14 정답 ④ 난이도 ●○○

수리능력_자료해석_자료에 대한 진위 판단(계산 불필요)

① (○) 임금근로자의 고용보험 가입률은 제시된 기간 동안 매년 증가하였다.

→ 〈표 1〉의 고용보험 → 임금근로자 항목을 보면 2019년부터 2023년까지 임금근로자의 고용보험 가입률은 71.8%, 73.5%, 75.6%, 77.9%, 78%로 매년 상승하였으므로 적절한 해석이다.

② (○) 2019~2023년 중 정규직 근로자와 비정규직 근로자 수의 차이가 가장 작은 해는 2021년이다.

→ 연도별 정규직 근로자 수와 비정규직 근로자 수의 차이는 다음과 같다.

- 2019년: 13,080−7,470=5,610(천 명)
- 2020년: 13,020−7,430=5,590(천 명)
- 2021년: 12,084−8,056=4,028(천 명)
- 2022년: 13,568−8,152=5,416(천 명)
- 2023년: 13,832−8,118=5,714(천 명)

즉, 2021년에 정규직 근로자와 비정규직 근로자 수의 차이가 가장 작음을 알 수 있다.

③ (○) 2020년 정규직의 공적연금 가입자 수는 2023년 정규직의 공적연금 가입자 수보다 적다.

→ 정규직 공적연금 가입률은 다음의 식을 통해 도출할 수 있다.

정규직 공적연금 가입률

$=\frac{\text{정규직 공적연금 가입자 수}}{\text{정규직 근로자 수}}\times 100(\%)$

위 식을 변형하면 정규직 공적연금 가입자 수를 다음과 같이 구할 수 있다.

정규직 공적연금 가입자 수

$=\frac{\text{정규직 공적연금 가입률}}{100}\times\text{정규직 근로자 수}$

이를 활용하여 2020년과 2023년의 정규직 공적연금 가입자 수를 구하면 다음과 같다.

- 2020년:

$\frac{88}{100}\times 13{,}020(\text{천 명})=11{,}457.6(\text{천 명})$

- 2023년:

$\frac{88}{100}\times 13{,}832(\text{천 명})=12{,}172.16(\text{천 명})$

따라서 2020년의 정규직 공적연금 가입자 수가 2023년 정규직의 공적연금 가입자 수보다 적으므로 옳은 설명이다.

④ (×) 빈칸 ㉠에 들어갈 값은 80 이상이다.

→ 빈칸 ㉠은 2021년 임금근로자의 건강보험 가입률에 해당하며, 임금근로자 건강보험 가입률은 다음과 같이 도출할 수 있다.

임금근로자 건강보험 가입률

$=\frac{\text{임금근로자 건강보험 가입자 수}}{\text{임금근로자 수}}\times 100(\%)$

$=\frac{\text{정규직+비정규직 건강보험 가입자 수}}{\text{임금근로자 수}}\times 100(\%)$

그러므로 임금근로자 건강보험 가입률을 도출하기 위해서는 정규직 건강보험 가입자 수와 비정규직 건강보험 가입자 수를 알아야 하며 아래와 같이 구할 수 있다.

(비)정규직 건강보험 가입률

$=\frac{\text{(비)정규직 건강보험 가입자 수}}{\text{(비)정규직 근로자 수}}\times 100(\%)$

(비)정규직 건강보험 가입자 수

$=\frac{\text{(비)정규직 건강보험 가입률}}{100}$

$\times\text{(비)정규직 근로자 수}$

도출된 식을 이용해 2021년 정규직과 비정규직의 건강보험 가입자 수를 구하면 다음과 같다.

- 정규직:

$\frac{89.9}{100}\times 12{,}084(\text{천 명})=10{,}863.516(\text{천 명})$

- 비정규직:

$\frac{49.8}{100}\times 8{,}056(\text{천 명})=4{,}011.888(\text{천 명})$

2021년 임금근로자 건강보험 가입률을 구하면 다음과 같다.

임금근로자 건강보험 가입률

$=\frac{10{,}863.516+4{,}011.888}{20{,}140}\times 100=73.86(\%)$

따라서 빈칸 ㉠에 들어갈 값은 73.86으로 80 미만이므로 적절하지 않은 설명이다.

⑤ (○) 2022년 고용보험에 가입한 근로자 수는 정규직과 비정규직 모두 전년 대비 증가하였다.

→ 정규직과 비정규직 고용보험 가입률은 다음의 식을 통해 도출할 수 있다.

(비)정규직 고용보험 가입률=

$\frac{\text{(비)정규직 고용보험 가입자 수}}{\text{(비)정규직 근로자 수}}\times 100(\%)$

위 식을 변형하면 정규직과 비정규직 고용보험 가입자 수를 다음과 같이 구할 수 있다.

(비)정규직 고용보험 가입자 수=

$$\frac{\text{(비)정규직 고용보험 가입률}}{100}\times\text{(비)정규직 근로자 수}$$

도출된 식을 이용해 2021, 2022년의 정규직과 비정규직 고용보험 가입자 수를 구하면 다음과 같다.

• 정규직

– 2021년: $\frac{90.9}{100}\times 12,084$(천 명) $=10,984.356$(천 명)

– 2022년: $\frac{92.2}{100}\times 13,568$(천 명) $=12,509.696$(천 명)

• 비정규직

– 2021년: $\frac{52.6}{100}\times 8,056$(천 명) $=4,237.456$(천 명)

– 2022년: $\frac{54}{100}\times 8,152$(천 명) $=4,402.08$(천 명)

2021년 대비 2022년에 고용보험에 가입한 정규직 근로자 수는 약 10,984천 명에서 약 12,510천 명으로, 고용보험에 가입한 비정규직 근로자 수는 약 4,237천 명에서 약 4,402천 명으로 증가했음을 확인할 수 있다. 따라서 옳은 설명이다.

합격자의 실전 풀이 순서

❶ 〈자료 1〉은 근로자 형태별 사회보험가입'률', 〈자료 2〉는 근로자 '수'에 관한 자료임을 파악한다.

❷ 선지를 보고 눈대중으로 풀 수 있는 선지 ①, ②를 먼저 푼 뒤 비교적 계산이 간단한 선지 ③, ⑤를 푼다.

합격자의 시간단축 Tip

선지 ① 임금근로자의 고용보험 가입률이 제시된 기간 동안 매년 증가하였는지 여부를 판단할 때 필요한 정보를 최소한으로만 확인한다. 해당 자료에서 임금근로자의 고용보험 가입률은 71.8%, 73.5%, 75.6%, 77.9%, 78%로 매년 증가하고 있다. 이때 증감 여부를 판단하기 위해서 임금근로자의 고용보험 가입률을 소수점 이하 첫째 자리까지 정확하게 확인할 필요는 없다. 일의 자리까지만 확인하더라도 매년 증가하고 있음이 명확하기 때문이다. 이처럼 선지의 정오 판단에 활용할 수 있는 정보만을 최소한으로 확인하면 시간을 단축할 수 있다.

선지 ②

[방법 1] 선지에서 묻는 2021년의 데이터를 비교의 기준으로 둔다. 2021년 정규직 근로자와 비정규직 근로자 수의 차이가 대략 4,000천 명임을 빠르게 파악한다(십의 자리 숫자 이하는 파악하지 않는다). 그리고 나머지 연도의 정규직과 비정규직 근로자 수의 차이를 직접 빼서 구하는 것보다 비정규직 근로자 수에 4,000천 명을 더한 뒤 정규직 근로자 수와 비교하면 실수를 줄이고 시간을 단축할 수 있다. 비정규직 근로자 수에 4,000천 명을 더했을 때의 값이 정규직 근로자 수에 미치지 못한다면 정규직과 비정규직 근로자 수의 차이가 4,000천 명 이상임을 의미한다.

[방법 2] 정규직 근로자 수가 적을수록, 비정규직 근로자 수가 많을수록 정규직 근로자와 비정규직 근로자 수의 차이가 작아진다. 2021년의 경우, 정규직 근로자 수가 가장 적다. 2021년 비정규직 근로자 수는 2019년과 2020년보다 많고, 2022년과 2023년과 크게 차이가 나지 않기 때문에 2021년에 정규직 근로자와 비정규직 근로자 수의 차이가 가장 작다고 할 수 있다.

[방법 3] 제시된 기간 중 정규직 근로자와 비정규직 근로자 수의 차이가 가장 작은 해가 2021년인지를 확인하기 위해 2019년부터 2023년까지 정규직 근로자와 비정규직 근로자 수의 차이를 정확하게 구한 뒤 비교해야 하는 것은 아니다. 예를 들어 2023년의 경우, 정규직 근로자 수는 2022년보다 많고 비정규직 근로자 수는 2022년보다 적다. 따라서 정규직 근로자 수와 비정규직 근로자 수의 차이는 2023년이 2022년보다 큼을 알 수 있다. 반면 2021년의 경우, 정규직 근로자 수는 2022년에 비해 1,000천 명 이상 적은데 비정규직 근로자 수는 약 100천 명 적다. 따라서 정규직 근로자 수와 비정규직 근로자 수의 차이는 2021년이 2022년보다 작음을 알 수 있다. 각 연도의 정규직 근로자 수와 비정규직 근로자 수의 차이를 정확하게 구하는 대신 위와 같은 방법을 활용한다면 시간을 단축할 수 있다.

선지 ③

정규직 공적연금 가입자 수=

$$\frac{\text{정규직 공적연금 가입률}}{100}\times\text{정규직 근로자 수}$$

2020년과 2023년은 정규직 공적연금 가입률이 88%로 동일하다.

즉, 2020년과 2023년의 정규직 공적연금 가입자 수는 '정규직 공적연금 가입자 수$=\frac{88}{100}\times$정규직 근로자 수'로 구한다.

이는 정규직 근로자 수가 많으면 정규직 공적연금 가입자 수가 많음을 의미한다.
2020년 정규직의 공적연금 가입자 수와 2023년 정규직의 공적연금 가입자 수를 정확하게 계산하지 않아도 2020년 정규직 근로자 수는 13,020천 명이고 2023년 정규직 근로자 수는 13,832천 명이므로 2023년의 정규직 공적연금 가입자 수가 더 많음을 쉽게 파악할 수 있다.

선지 ④

[방법 1] ㉠에 들어갈 값이 80 이상이라면 임금근로자 중 건강보험 가입자 수가 약 16,000천 명 이상이어야 함을 파악할 수 있다.(20,140×80%=16,112) 임금근로자 건강보험 가입자 수는 정규직 건강보험 가입자 수와 비정규직 건강보험 가입자 수를 합친 값이다. 이를 빠르게 계산하기 위해 정규직 근로자 수는 12,000천 명, 가입률은 90%로, 비정규직 근로자 수는 8,000천 명, 가입률은 50%로 하여 어림산한다. 이 경우 12,000×90%를 계산할 때 그대로 곱하는 것보다 12,000×(100%−10%)=12,000−12,000× 10%로 계산하는 것이 편리하다. 어림산 결과는 14,800명이므로 앞서 생각했던 16,000명에 한참 못 미친다. 따라서 ㉠에 들어갈 값은 80 미만이다.

[방법 2] 정규직 근로자 수와 비정규직 근로자 수의 합이 임금근로자 수이므로 임금근로자의 사회보험 가입률은 정규직과 비정규직 사회보험 가입률의 근로자 수에 따른 가중평균으로 구할 수 있다. 다만 이를 직접 도출하지 않고 선지에서 주어진 80을 기준으로 확인만 한다. 가중평균 역시 '평균'이므로 임금근로자의 사회보험 가입률은 49.8%~89.9% 사이에서 형성되며 모수인 근로자 수가 더 많은 정규직의 값에 더 가깝게 형성될 것이다.
만약 ㉠이 80이라면, 정규직과 9.9, 비정규직과 30.2만큼 떨어져 있다. 즉, 80을 기준으로 정규직과 비정규직의 거리비는 약 1 : 3이다. 한편 2021년 정규직과 비정규직 근로자 수의 비는 12,084 : 8,056이므로 약 3 : 2이다. 모수가 클수록 거리가 가까우며 그 거리는 모수의 크기에 비례하므로 3 : 2라는 모수의 비에 따르면 거리비는 2 : 3이 되어야 하나, 실제 거리비는 1 : 3으로 정규직에 필요 이상으로 가깝다. 따라서 49.8인 비정규직의 값에 더 가까워져야 하므로 ㉠은 80 이하이다. 처음 보면 복잡하게 느껴지지만 [선지의 값으로 가정→거리비 확인→모수비 확인]의 순서로 간단하고 빠르게 확인할 수 있다.

[방법 3] 임금근로자의 건강보험 가입률을 가중평균으로 구한다. 정규직 근로자와 비정규직 근로자 수는 각각 약 12,000천 명, 8,000천 명이므로 약 3 : 2의 비를 가짐을 알 수 있다. 따라서 정규직 건강보험 가입률을 약 90%, 비정규직 건강보험 가입률을 약 50%로 보고, 두 가입률의 가중평균을 구하면 전체 임금근로자의 건강보험 가입률을 구할 수 있다.
90%−50%=40(%)이고 이를 3 : 2의 비로 나누면 24%, 16%이므로 임금근로자의 건강보험 가입률은 약 74%임을 알 수 있다.

선지 ⑤

(비)정규직 고용보험 가입자 수=

$$\frac{\text{(비)정규직 고용보험 가입률}}{100} \times \text{(비)정규직 근로자 수}$$

위의 식을 살펴보면 (비)정규직 고용보험 가입률 및 (비)정규직 근로자 수가 클수록 (비)정규직 고용보험 가입자 수가 커짐을 알 수 있다. 2021년 대비 2022년에 정규직 고용보험 가입률은 90.9%에서 92.2%로 증가하였고, 정규직 근로자 수는 12,084천 명에서 13,568천 명으로 증가하였다. 따라서 정규직 고용보험 가입률과 정규직 근로자 수를 곱함으로써 얻어지는 정규직 고용보험 가입자 수 역시 2022년이 더 클 수밖에 없다. 비정규직 고용보험 가입자 수 또한 2021년 대비 2022년에 비정규직 고용보험 가입률이 52.6%에서 54%로 증가하였고, 비정규직 근로자 수는 8,056천 명에서 8,152천 명으로 증가하였으므로 2022년이 더 클 수밖에 없다. 즉 2021년 대비 2022년에 고용보험에 가입한 근로자 수를 정확하게 계산하지 않더라도 위와 같은 방법으로 선지의 정오를 빠르게 판단할 수 있다.

15 정답 ③ 난이도 ●●●

수리능력_자료해석_자료에 대한 진위 판단(계산 필요)

① (O) 2023년에 여성 외국인 출국자 수는 입국자 수보다 적다.
→ 각주에 따르면 '순이동=입국자−출국자'이므로 순이동>0라는 것은 입국자>출국자를 의미한다. 따라서 2023년 여성 외국인 출국자 수가 입국자 수보다 적으려면 2023년 여성 외국인 순이동 수가 0보다 큰지 확인하면 된다. 이때 2023년 여성 외국인 순이동 수는 2023년 외국인 합계 순이동 수에서 2023년 남성 외국인 순이동 수를 빼서 구할 수 있다. 2023년 여성 외국인 순이동 수는 160,668−100,726>0이므로 2023년 여성 외국인 출국자 수가 입국자 수보다 적음을 알 수 있다. 따라서 옳은 설명이다.

② (○) 제시된 기간 중 남성 외국인 출국자 수가 가장 적은 해는 2022년이다.

➜ 〈자료 1〉을 통해 연도별 남성 외국인 입국자 수를 파악할 수 있는데 해당 정보와 주어진 식을 결합하여 남성 외국인 출국자 수를 구할 수 있다. '총이동=입국자+출국자'를 활용하는 경우 '출국자=총이동−입국자'를 통해, '순이동=입국자−출국자'를 활용하는 경우 '출국자=입국자−순이동'을 통해 남성 외국인 출국자 수를 도출할 수 있다.

2019~2023년 남성 외국인 출국자 수를 도출하면 다음과 같다.

- 2019년: 461,074−230,063=231,011(명)
- 2020년: 314,352−114,354=
  114,354−(−85,644)=199,998(명)
- 2021년: 252,927−107,806
  =107,806−(−37,315)
  =145,121(명)
- 2022년: 361,205−229,898
  =229,898−98,591=131,307(명)
- 2023년: 438,162−269,444
  =269,444−100,726=168,718(명)

즉, 남성 외국인 출국자 수가 가장 적었던 해는 2022년임을 알 수 있다. 따라서 옳은 설명이다.

③ (×) 제시된 기간 중 전체 입국자 수보다 출국자 수가 더 많은 해는 3개년도이다.

➜ 순이동=입국자−출국자이므로 입국자 수가 출국자 수보다 많으면 순이동>0임을 알 수 있다. 2022년과 2023년의 경우 순이동>0이므로 입국자 수가 출국자 수보다 많고, 2020년과 2021년은 반대임을 알 수 있다.

2019년의 경우 순이동이 표에 제시되어 있지 않아 직접 구해야 한다.

'전체 순이동=남성 순이동+여성 순이동'이므로, 남성 순이동을 〈자료 1〉과 〈자료 2〉를 통해 계산하여야 한다.

남성 총이동=남성 입국자+남성 출국자

→ 남성 출국자=남성 총이동−남성 입국자=
461,074−230,063=231,011(명)
남성 순이동=남성 입국자−남성 출국자
=230,063−231,011=−948(명)
전체 순이동=남성 순이동+여성 순이동
=−948+13,611=12,663>0

따라서 2019년도에는 입국자 수가 출국자 수보다 더 많음을 알 수 있고, 전체 입국자 수보다 출국자 수가 더 많았던 해는 2020년, 2021년 2개년도로 옳지 않은 설명이다.

④ (○) 2020년부터 2022년까지 전체 출국자 수는 지속적으로 감소한다.

➜ '총이동=입국자+출국자'이고 '순이동=입국자−출국자'이므로 위 식끼리 빼면 다음과 같은 결과를 확인할 수 있다.

총이동−순이동=(입국자+출국자)−(입국자−출국자)=출국자×2

따라서 2020년부터 2022년까지 전체 출국자 수가 지속적으로 감소했는지 여부를 판단하기 위해서는 '총이동−순이동'의 크기가 2020년부터 2022년까지 지속적으로 감소했는지 확인하면 된다.

2020~2022년 '총이동−순이동'을 구하면 다음과 같다.

- 2020년:
  594,735−(−128,469)=723,204(명)
- 2021년:
  483,826−(−42,684)=526,510(명)
- 2022년: 657,519−168,377=489,142(명)

2020년부터 2022년까지 '총이동−순이동', 즉 '출국자×2'가 지속적으로 감소하고 있음을 확인할 수 있다. 따라서 옳은 설명이다.

⑤ (○) 2021년 외국인 여성 입국자 수는 112,765명이다.

➜ '총이동=입국자+출국자'이고 '순이동=입국자−출국자'이므로 위 식끼리 더하면 다음과 같은 결과를 확인할 수 있다.

총이동+순이동=(입국자+출국자)+(입국자−출국자)=입국자×2

따라서 2021년 외국인 여성 입국자 수는 2021년 여성 총이동 수와 여성 순이동 수를 더한 뒤 2로 나누어 구할 수 있다. 이를 활용해 2021년 외국인 여성 입국자 수를 구하면 $\frac{230,899+(-5,369)}{2}=$ 112,765(명)이다. 따라서 옳은 설명이다.

합격자의 실전 풀이 순서

❶ 총이동과 순이동 및 입국자, 출국자 간의 관계식을 먼저 파악한다. 〈자료 1〉은 남성 외국인 입국자 수를 나타내고 있음을 파악한다.

❷ 가장 간단해 보이는 ①을 먼저 풀고, 가장 정밀한 계산이 요구되는 ⑤를 가장 나중에 푼다.

합격자의 시간단축 Tip

Tip ❶ '순이동=입국자−출국자'의 식에서는 순이동의 부호를 통해 입국자와 출국자의 대소를 비교할 수 있다. 이처럼 (−)부호를 사용하는 식은 대소를 판단하는 용도로 사용할 수 있다.

Tip ❷ 총이동에 관한 식과 순이동에 관한 식은 가운데 부호만 다르다. 따라서 두 식을 보자마자 '총이동+순이동=2×입국자' 또는 '총이동−순이동=2×출국자'로 변형할 수 있음을 떠올리면 문제를 해결하는 데 도움이 될 수 있다.

Tip ❸ 선지별 시간 단축 전략

선지 ① 순이동 식을 통해 순이동의 부호에 따라 입국자와 출국자 간의 대소가 달라진다는 것을 파악하고 정확한 수치를 계산하는 것이 아니라 여성 외국인 순이동의 부호만 빠르게 파악한다.

선지 ②

[방법 1] 2019년을 제외하고는 순이동과 입국자 수를 모두 알 수 있는데, '총이동−입국자'보다는 '입국자−순이동'의 수가 작아 계산이 편리하므로 2019년을 제외한 연도에서는 후자의 방법으로 출국자 수를 구하였다. 먼저, 앞 세 자리까지 어림산을 통해 2022년 남성 외국인 출국자 수가 13만 명대라는 것을 파악한다. 마찬가지로 앞 세 자리까지 어림산을 하면, 2019년은 23만 명 대임을, 2020년은 19만 명 대임을, 2021년은 14만 명 대임을, 2023년은 16만 명 대임을 알 수 있다.

[방법 2] '남성 외국인 총이동−남성 외국인 입국자'를 통해 남성 외국인 출국자 수를 구하는 경우다. 남성 외국인 출국자 수는 남성 외국인 총이동이 적을수록, 남성 외국인 입국자가 많을수록 적다. 따라서 남성 외국인 총이동이 적고 남성 외국인 입국자가 많은 2020년, 2021년, 2022년의 남성 외국인 출국자 수가 가장 적을 것이라고 예상할 수 있다. 이때, 〈자료 1〉에서 2020년, 2021년의 남성 외국인 입국자는 2022년의 남성 외국인 입국자의 절반에 가까울 정도로 적은 반면, 남성 외국인 총이동은 그만큼 차이 나지 않으므로 2022년의 남성 외국인 출국자 수가 가장 적다고 할 수 있다.

[방법 3] 연도별 '남성 외국인 총이동−남성 외국인 입국자'를 모두 계산하지 않고 좌우 비교로 해결할 수도 있다. 시계열 자료는 보통 연도가 달라져도 항목끼리의 값은 유사한 경우가 많으므로 이를 활용하여 계산을 조금 더 쉽게 만드는 것이다. 우선 묻는 연도인 2022년을 기준으로 둔다. 361,205−229,898을 계산하지 않는다. 2023년과 비교할 때 +값인 총이동 수는 약 80,000 정도 커졌는데 −값인 남성 외국인 입국자는 약 40,000 정도만 커졌다. +값이 더 크므로 남성 외국인 출국자 수는 2022년보다 2023년이 더 큰 것이다. 마찬가지로 2021년과 비교하면, −값인 입국현황은 절반이 넘게 감소했는데 +값인 총이동은 절반보다 적게 감소했다. 따라서 +값이 더 크므로 2021년의 출국자 수가 2022년보다 더 크다. 이처럼 정확한 계산을 하지 않더라도 50%를 기준으로 비교만 할 수도 있다. 2020년과 2019년도 같은 방식으로 도출이 아닌 비교로 해결한다.

선지 ③

[방법 1] 앞서 살펴보았듯 입국자 수와 출국자 수의 대소는 순이동의 부호를 통해 알 수 있다. 따라서 빠르게 2019년 남성 외국인 순이동을 구한 후 여성 외국인 순이동과 합하여 부호만 살펴본다.

[방법 2] '남성 외국인 입국자×2=남성 외국인 총이동+남성 외국인 순이동'이다. 이에 따르면 2019년 남성 외국인 순이동은 230,063×2−461,074=−948(명)이다. 같은 해 여성 외국인 순이동보다 남성 외국인 순이동의 절댓값이 작으므로 2019년 외국인 순이동은 양수임을 알 수 있다.

선지 ④ '총이동−순이동=2×출국자'임을 파악한다. 한편, 선지에서는 정확한 출국자 수를 물어본 것이 아니고 추세만 물어보고 있으므로 (총이동−순이동)×$\frac{1}{2}$을 하지 않고 '총이동−순이동'의 추세만 살펴봐도 된다.

선지 ⑤ ④와 비슷하게 이번에는 '총이동+순이동=2×입국자'임을 파악한다. 이때 (총이동+순이동)×$\frac{1}{2}$과 112,765명을 비교하는 것도 가능하지만, 112,765×2와 '총이동+순이동'을 비교하는 것도 가능하다. 보통은 나눗셈보다는 곱셈 계산이 편하므로 후자가 시간 단축에 도움이 될 수 있다.

16 정답 ①

난이도 ●●●

수리능력_자료해석_자료계산

〈자료 1〉을 통해 입찰건수, 〈자료 2〉를 통해 유찰률에 대한 정보를 확인할 수 있다.
각주에 따르면 유찰건수+낙찰건수=입찰건수이므로,

$\frac{유찰건수}{입찰건수}+\frac{낙찰건수}{입찰건수}=1$, 유찰률(%)+낙찰률(%)=100(%)임을 알 수 있다.

따라서 비주거용 건물의 분기별 낙찰률은 다음과 같다.

구분	23년 4분기	24년 1분기	24년 2분기	24년 3분기	24년 4분기
비주거용 건물	24%	32%	25%	16%	12%

또한, 낙찰률(%)$=\frac{낙찰건수}{입찰건수}\times 100$이므로,

낙찰건수$=$입찰건수$\times\frac{낙찰률}{100}$을 통해 분기별 낙찰건수를 구하면 다음과 같다.

- 23년 4분기: $650\times\frac{24}{100}=156$(건)
- 24년 1분기: $450\times\frac{32}{100}=144$(건)
- 24년 2분기: $520\times\frac{25}{100}=130$(건)
- 24년 3분기: $825\times\frac{16}{100}=132$(건)
- 24년 4분기: $1,050\times\frac{12}{100}=126$(건)

따라서 낙찰건수가 가장 많은 시기는 23년 4분기이다.

합격자의 실전 풀이 순서

❶ 〈자료〉에는 명시적으로 제시되지 않았으나, 추론할 수 있는 내용의 범위를 파악하고 문제 풀이에 들어가야 한다. 〈자료 1〉에는 입찰건수, 〈자료 2〉에는 유찰률이 나와있다는 점, 첫 번째 각주와 두 번째 각주를 통해 낙찰률, 낙찰건수를 추론할 수 있다는 점을 파악한다.

❷ 문제에서는 낙찰건수의 대소 비교를 물어보고 있다. 낙찰건수의 구체적인 값을 구하기보다 수식의 특징을 활용해 '가장 큰 값'을 찾기 위해 노력한다.

즉, '낙찰건수$=$입찰건수$\times\frac{낙찰률}{100}$'이므로 곱셈 비교를 활용한다. 입찰건수 또는 낙찰률이 클수록 낙찰건수가 클 것이다.

❸ 값이 클 것 같은 선지부터 확인한다. 낙찰률이 큰 선지 ①, ②, ③ 또는 입찰건수가 큰 선지 ⑤ 정도를 의심해볼 수 있다. 확인 후 가장 큰 ①을 선택한 후 넘어간다.

합격자의 시간단축 Tip

Tip ❶ 풀이 시, 헷갈릴 수 있는 부분은 입찰건수는 선지 ⑤가 큰데, 낙찰률은 선지 ①, ②, ③이 크다는 점이다. 곱셈 비교에서 '곱하는 수' 중 '작은 수'가 더 큰 값이 최종적으로 더 큰 결괏값을 만들어낼 가능성이 크다는 점을 활용해야 한다.

해당 문제에서는 '곱하는 수'인 입찰건수×낙찰률 중 낙찰률이 더 '작은 수'에 해당한다. 선지 ①과 ⑤를 예로 들어 설명하자면, ①650×24 ⑤1,050×12에서 '작은 수'인 낙찰률 24와 12를 중심으로 비교하는 것이다. 24가 더 크므로 ①이 더 큰 결괏값을 만들어 낼 가능성이 크다.

더 자세히 살펴보면, 12에서 24는 2배 차이인데, 650과 1,050의 차이는 2배 미만이다. 650보다 2배 이상 더 크려면 1,300 이상은 되어야하는 것이다.

일반적으로 '작은 수'는 조금만 차이가 나도 그 배율 차이가 상당히 커지는데, '큰 수'에서 그만큼의 배율을 만들기 위해서는 그 차이가 매우 커야한다. 예를 들어, 2에서 4는 +2뿐인데도 2배의 차이가 나지만, 1,000이 2배인 2,000이 되기 위해서는 +1,000이 필요한 것을 떠올리면 쉽게 알 수 있을 것이다.

Tip ❷ 곱셈의 비교 및 % 활용을 통한 계산 단순화

23년 4분기와 24년 4분기의 경우 **Tip ❶**과 같이 비교할 수 있으며, 이와 유사하게 24년 1분기와 24년 3분기도 비교할 수 있다. 24년 1분기는 450×32%, 24년 3분기는 825×16%이다. 32%는 16%의 2배이지만 825는 450의 2배보다 작으므로 24년 1분기가 3분기보다 큼을 알 수 있다.

이를 정리하면 다음과 같다.

- 23년 4분기: 650×24%
- 24년 1분기: 450×32%
- 24년 2분기: 520×25%
- 24년 3분기: 825×16%=412.5×32%
- 24년 4분기: 1,050×12%=525×24%

이 중 23년 4분기와 24년 2분기의 경우 낙찰률이 각각 24%, 25%로 유사한데 비해, 입찰건수가 650, 520으로 상당히 큰 차이가 나기 때문에 직접 계산을 하지 않더라도 23년 4분기의 값이 훨씬 크다는 것을 알 수 있다. 결국 23년 4분기와 24년 1분기만 비교하면 된다. 이때, 직접 계산하는 것보다 24에서 32로 8이 증가(약 33%)하였으나, 450에서 650으로 200이 증가(50%와 근사)하였으므로 23년 4분기의 값이 더 큼을 알 수 있다.

17 정답 ③ 난이도 ●●●

수리능력_자료해석_자료에 대한 진위 판단(계산 필요)

① (○) 24년 1분기에 부동산 압류재산 중 비주거용 건물의 경쟁률은 1.5:1을 초과한다.

→ 경쟁률은 $\frac{\text{입찰참가자 수}}{\text{낙찰건수}}$: 1이고, 낙찰건수=입찰건수×$\frac{\text{낙찰률}}{100}$=입찰건수×$\frac{1-\text{유찰률}}{100}$이다.

24년 1분기 낙찰건수를 구하면
450×0.32=144(건)이다.
경쟁률이 1.5:1을 초과하기 위해서는
$\frac{\text{입찰참가자 수}}{\text{낙찰건수}}>1.5$를 만족해야 하므로,
입찰참가자 수>낙찰건수×1.5가 성립해야 한다.
230>144×1.5=216이므로 옳은 설명이다.

② (○) 24년 4분기에 부동산 압류재산 중 주거용 건물의 경쟁률은 전분기 대비 낮아졌다.

→ 경쟁률=$\frac{\text{입찰참가자 수}}{\text{낙찰건수}}$: 1

=$\frac{\text{입찰참가자 수}}{\text{입찰건수×낙찰률}}$: 1이다.

위 식을 참고해 24년 3분기와 4분기 부동산 압류재산 중 주거용 건물의 경쟁률을 구하면 다음과 같다.

- 24년 3분기: $\frac{1,056}{1,025\times0.32}$: 1≒3.219:1
- 24년 4분기: $\frac{925}{1,025\times0.4}$: 1≒2.256:1

따라서 24년 4분기의 경쟁률이 더 낮다.

③ (×) 24년 2분기에 부동산 압류재산 중 주거용 건물의 유찰건수는 낙찰건수의 2배 이상이다.

→ 유찰건수=입찰건수×$\frac{\text{유찰률}}{100}$이므로

24년 2분기 주거용 건물의 유찰건수는
700×0.66=462이다.

또한, 낙찰건수=입찰건수×$\frac{\text{낙찰률}}{100}$이므로

24년 2분기 주거용 건물의 낙찰건수는
700×0.34=238이다.
462<238×2=476이므로 유찰건수는 낙찰건수의 2배 이상이 아니다.

④ (○) 24년 4분기에 부동산 압류재산 중 산업용 및 용도복합용 건물 등의 낙찰건수는 전년 동기 대비 100% 이상 증가하였다.

→ 낙찰건수=입찰건수×$\frac{\text{낙찰률}}{100}$

=입찰건수×$\frac{1-\text{유찰률}}{100}$이다.

23년 4분기와 24년 4분기 부동산 압류재산 중 산업용 및 용도복합용 건물 등의 낙찰건수를 구하면 다음과 같다.

- 23년 4분기: 150×0.22=33(건)
- 24년 4분기: 340×0.2=68(건)

$\frac{68-33}{33}$×100≒106.6이므로 24년 4분기의 낙찰건수는 전년 동기 대비 100% 이상 증가하였다.

⑤ (○) 제시된 기간 동안 부동산 압류재산 중 토지의 유찰건수는 24년 3분기를 제외하고는 모두 2,000건 미만이다.

→ 토지의 유찰건수

=토지의 입찰건수×$\frac{\text{토지의 유찰률}}{100}$이다.

위 식을 참고해 23년 4분기~24년 4분기 토지의 유찰건수를 구하면 다음과 같다.

- 23년 4분기: 3,300×0.58=1,914(건)
- 24년 1분기: 2,150×0.54=1,161(건)
- 24년 2분기: 2,850×0.56=1,596(건)
- 24년 3분기: 3,340×0.60=2,004(건)
- 24년 4분기: 3,135×0.60=1,881(건)

따라서 토지의 유찰건수는 24년 3분기를 제외하고는 모두 2,000건 미만이다.

합격자의 실전 풀이 순서

[방법 1]

❶ 계산이 다소 요구되는 선지 ①, ②의 경쟁률은 보류하고 선지 ③을 확인한다.
❷ 선지 ③에서 유찰건수는 낙찰건수에 2배를 곱한 값보다 작으므로, 적절하지 않다고 표시한 후 넘어간다.

[방법 2]

❶ 적절하지 않은 것을 찾는 문제이므로 선지 옆에 X표를 하여 적절한 것을 정답으로 고르는 실수를 하지 않도록 한다.
❷ 각 선지를 순서대로 판단한 후, 선지 ③이 답임을 확인한 후 이후 선지는 판단하지 않고 넘어간다.

합격자의 시간단축 Tip

Tip ❶ 시기가 23년 4분기~24년 4분기, 항목이 주거용 건물, 비주거용 건물, 토지, 산업용 및 용도복합용 건물 등으로 제시되고 있다. 선지마다 어떤 시기와 어떤 항목을 콕 집어서 묻고 있으므로 해당하는 부분을 정확히 찾아가도록 주의하자. 손으로 짚거나 시기, 항목에 동그라미로 표시한다면 실수를 보다 줄일 수 있을 것이다.

Tip ❷ $A+B$와 $\frac{B}{A+B}$가 제시되었다면 별도로 각주가 주어지지 않았더라도 $1-\frac{B}{A+B}=\frac{A}{A+B}$에 대해서 생각할 줄 알아야 한다. 여기서 A, B의 예시로는 (낙찰건수, 유찰건수), (취업자, 실업자), (합격자, 불합격자) 등이 있다.

Tip ❸ 선지별 시간단축 전략

선지 ① 구체적인 낙찰건수를 계산하지 않고도 비교할 수 있다.

$\frac{\text{입찰참가자 수}}{\text{입찰건수}\times\text{낙찰률}}>1.5$이어야 하므로, 입찰참가자 수>입찰건수×낙찰률×1.5가 성립해야 한다.

$230\geq450\times0.32\times1.5$

$230\geq450\times0.48$

이때, 450의 50%라 하더라도 225로 230보다 작으므로, 450의 48%는 230보다 작을 수밖에 없기 때문에 위 수식이 성립한다.

선지 ② 구체적인 값을 계산하지 않고도 비교할 수 있다. 24년 4분기의 경쟁률은 $\frac{1{,}056}{1{,}025\times0.32}$, 23년 4분기의 경쟁률은 $\frac{925}{1{,}025\times0.4}$이다. 이때, 공통항목인 1,025를 제외하고 보면 분자가 더 작고 분모는 더 큰 24년 4분기의 경쟁률이 같은 해 전 분기에 비해 더 작다는 것을 알 수 있다.

선지 ③

[방법 1] 비율 활용

유찰건수와 낙찰건수를 직접 구하지 않는다. 각주의 식에 따라 유찰건수는 $\frac{\text{유찰률}}{100}\times$입찰건수이며, 낙찰건수는 $\frac{\text{낙찰률}}{100}\times$입찰건수이다. 따라서 공통항목인 입찰건수를 약분하고 유찰률과 낙찰률에 대한 비교만으로 유찰건수와 낙찰건수를 비교할 수 있다. 주거용 건물의 유찰률은 66%이고 유찰률+낙찰률=100%이므로 낙찰률은 34%이다.

66%<34%×2이므로 옳지 않다.

[방법 2] 2배 관계 활용

낙찰률을 구하지 않고도 정오를 판별할 수 있다. 2배 관계는 자주 사용되니 다음과 같은 관계를 기억하도록 한다. a+b=1일 때, a가 b의 2배라면 a는 $\frac{2}{3}$, b는 $\frac{1}{3}$을 차지하고 있다. 이때, a에 1.5배를 해주면 1이 된다. 즉, 2배 더 큰 값에 1.5배를 해주면 전체 값이 되는 것이다.

이와 같은 논리로, 유찰률+낙찰률=100%이므로 유찰률이 낙찰률보다 2배 이상 더 크다면 유찰률에 1.5배를 곱했을 때 100%가 넘어야 한다. 그러나 66%×1.5=99(%)로 100%보다 작다. 따라서 낙찰률보다 2배 이상 크지 않다.

[방법 3]

a+b=1이고, a가 b의 2배 이상이라면, b는 $\frac{1}{3}$ 이하여야 한다. b가 $\frac{1}{3}$ 초과라면 a는 $\frac{2}{3}$ 초과가 되어 a+b>1이 되기 때문이다. 여기서 a는 유찰률, b는 낙찰률이고, 낙찰률이 34%로 $\frac{1}{3}$을 넘기 때문에 유찰률이 낙찰률의 2배 이상이 아님을 바로 알 수 있다.

선지 ④

[방법 1] 구체적인 값을 구하는 대신 증가율 어림산을 활용한다.

$\frac{1+x\text{증가율}}{1+y\text{증가율}}\fallingdotseq1+x\text{증가율}-y\text{증가율}$이 성립한다(물론 오차를 고려해야 한다. 따라서 증가율이 큰 경우보다, 작은 경우에 사용하는 것이 적절하다).

23년 4분기 대비 24년 4분기 값은 $\frac{340(\text{건})\times20\%}{150(\text{건})\times22\%}$이다.

이때, 입찰건수는 150건에서 340건은 120% 넘게 증가했으나, 20%에서 22%는 10% 증가한다. 즉

$\frac{150(1+120\%)\times20\%}{150\times20\%(1+10\%)}=\frac{150\times20\%\times(1+120\%)}{150\times20\%\times(1+10\%)}$

$\fallingdotseq1+120\%-10\%\fallingdotseq1+110\%$이다.

따라서 100% 이상 증가했음을 알 수 있다.

[방법 2]

계산해야 하는 값들이 150×22%, 340×20%로 비교

적 단순하다. 이때 100% 이상 증가했다는 것은 2배 이상 증가했다는 것으로 판단하면 되므로, 증가율을 구체적으로 계산하는 것이 아니라 2배 이상 증가했는지를 통해 정오를 판단할 수 있다. $150\times22\%\times2<340\times20\%$를 계산하면 된다. 이때 $150\times22\%\times2=300\times22\%$로 나타낼 수 있고 부등식의 양쪽 항을 곱셈 비교하면 300→340은 10% 넘게 증가하는 데 반해 20%→22%는 정확히 10% 증가하였으므로 옳은 부등식임을 알 수 있다.

* 증가율과 배율의 관계는, 배율=증가율÷100+1로 정리할 수 있다. 만약 200% 증가했다고 하면 이는 배율로 3배 증가했다는 것으로 바꿔 생각할 수 있다.

선지 ⑤

[방법 1] 기준치의 설정

기준치를 설정하여 계산을 단순화한다. 입찰건수 3,000을 기준으로 할 때 유찰건수가 2,000건이 나오려면 $\frac{2}{3}$, 즉 약 66%의 유찰률이 필요하다. 따라서 입찰건수와 유찰률이 모두 기준치 (3,000과 66%)보다 낮은 24년 1분기와 24년 2분기는 2,000건 미만일 수밖에 없다. 한편 유찰률이 60%라면, 기준치보다 10% 정도 작은 값임을 염두에 두자. 23년 4분기는 58%으로 유찰률이 기준치보다 10% 이상 작은데, 입찰건수는 3,300으로 기준치 3,000에서 정확히 10% 크다. 따라서 2,000보다 작을 것임을 알 수 있다. 이와 마찬가지로 24년 3분기의 입찰건수는 기준치 3,000보다 10% 이상 큰 3,340이므로 2,000보다 클 것이고, 24년 4분기는 기준치 3,000보다 10% 미만으로 큰 3,135이므로 2,000보다 작을 것임을 알 수 있다.

[방법 2] 선지에 주어진 24년 3분기를 이용한다.

선지에서 24년 3분기를 '제외하고' 모두 2,000건 미만이라 하였으므로 해당 선지가 맞다면 24년 3분기는 2,000건 이상일 것이다. 이를 먼저 확인해보면, $3,340\times60\%=1,800+180+24=2,004$로 2,000건 이상이다. 따라서 24년 3분기보다 입찰건수 또는 유찰률이 작은 나머지 분기는 2,000건 미만일 것이다. 만약 2,000을 초과하는 4가 신경이 쓰인다면 다음과 같이 확인하면 된다. 2,000을 초과하는 4는 $7\times60\%$라는 점에서, 입찰건수가 24년 3분기와 7보다 크게 차이날 때, 유찰건수가 4 이상 차이나게 되는데, 나머지 분기들의 입찰건수는 24년 3분기에 비해 7보다 훨씬 크게 작으므로, 2,000건 미만임이 분명하다.

18 정답 ③

난이도 ●●○

수리능력_자료해석_추가자료 활용

① (×) 빈칸 ㉠에 들어갈 값은 534이다.

→ 낙찰자 수는 주어진 자료의 각주에 의할 때 낙찰건수와 일치하므로 24년 4분기 전체의 낙찰건수를 구하여야 한다.

'낙찰건수 = 입찰건수 × $\frac{\text{낙찰률}}{100}$ = 입찰건수 × $\left(1-\frac{\text{유찰률}}{100}\right)$'을 이용해 24년 4분기 용도별 낙찰건수를 구하면 다음과 같다.

- 주거용 건물: $1,025\times0.4=410$
- 비주거용 건물: $1,050\times0.12=126$
- 토지: $3,135\times0.4=1,254$
- 산업용 및 용도복합용 건물 등: $340\times0.2=68$

즉, 24년도 4분기의 전체 낙찰건수(=낙찰자 수) = $410+126+1,254+68=1,858$(명)이다.

따라서 ㉠=전체 낙찰자 수−남성 낙찰자 수=$1,858-1,314=544$(명)이다.

㉠에 들어갈 값이 534라는 설명은 적절하지 않다.

② (×) 빈칸 ㉡에 들어갈 값은 400이다.

→ ㉡=총 낙찰자 수−(20대 이하 낙찰자 수+30대 낙찰자 수+50대 낙찰자 수+60대 낙찰자 수+70대 이상 낙찰자 수)=$1,858-(86+280+620+290+82)=500$이다.

따라서 ㉡에 들어갈 값이 400이라는 설명은 적절하지 않다.

③ (○) 24년도 4분기에 토지를 제외한 부동산을 낙찰받은 남성의 수는 60명 이상이다.

→ 24년 4분기 토지 낙찰자 수=입찰건수× $\frac{\text{낙찰률}}{100}$ $=3,135\times0.4=1,254$(명)

24년 4분기 남성 낙찰자 수=1,314(명)

n(남성 낙찰자 수)−n(남성 낙찰자 수∩토지 낙찰자 수)=토지를 제외한 부동산을 낙찰받은 남성의 수이므로

n(남성 낙찰자 수)−n(남성 낙찰자 수∩토지 낙찰자 수)≥60이 성립해야 한다.

n(남성 낙찰자 수∩토지 낙찰자 수)의 값이 최대일 때도 이 식이 성립한다면, 어떠한 경우에도 토지를 제외한 부동산을 낙찰받은 남성의 수가 60명 이상이 된다.

이때, n(남성 낙찰자 수)=1,314>1,254=n(토지 낙찰자 수)이므로 토지 낙찰자가 모두 남성인 경우에 성립한다.
따라서 n(남성 낙찰자 수∩토지 낙찰자 수)의 최댓값은 토지 낙찰자가 모두 남자인 경우,
n(남성 낙찰자 수∩토지 낙찰자 수)=1,254이므로 1,314−1,254=60≥60이 성립한다.

④ (×) **24년도 4분기 부동산 입찰참가자 중 낙찰자의 비중이 가장 높은 연령대는 60대이다.**
→ 각 연령의 부동산 입찰참가자 중 낙찰자가 차지하는 비중을 구하면 다음과 같다.

- 20대 이하: $\frac{86}{141}≒0.610$
- 30대: $\frac{280}{433}≒0.647$
- 40대: $\frac{500}{954}≒0.524$
- 50대: $\frac{620}{1,021}≒0.607$
- 60대: $\frac{290}{408}≒0.711$
- 70대 이상: $\frac{82}{94}≒0.872$

입찰참가자 중 낙찰자의 비중이 가장 높은 연령대는 70대 이상이다.
따라서 옳지 않은 설명이다.

⑤ (×) **24년도 4분기 부동산 입찰참가자 중 낙찰자의 비중은 양성 모두에서 60%를 초과한다.**
→ 남성과 여성의 부동산 입찰참가자 중 낙찰자의 비중을 구하면 다음과 같다.

- 남성: $\frac{1,314}{2,084}\times100≒63.1(\%)$
- 여성: $\frac{544}{967}\times100≒56.2(\%)$

여성의 부동산 입찰참가자 중 낙찰자의 비중은 60%를 초과하지 못한다. 따라서 옳지 않은 설명이다.

합격자의 실전 풀이 순서

[방법 1]
❶ 정확한 계산을 요구하는 선지 ①, ②는 보류하고 선지 ③을 확인한다.
❷ 선지 ③은 〈자료 4〉의 빈칸을 구하지 않고도 도출할 수 있는 정보라는 점에서 정오판단을 간단하게 할 수 있다. 60명 이상이므로 옳다고 표시한 후에 넘어간다.

[방법 2]
❶ 적절한 것을 찾으라 했으므로 별도 표시 없이 자료를 파악한다.
❷ 차례대로 판단한 후, ③번이 정답임을 확인한 후에는 이후 선지 판단 없이 넘어간다.

합격자의 시간단축 Tip

Tip ❶ 선지 ①, ②는 정확한 계산을 요구한다. 정확한 계산을 요구하는 경우에는 어림산이 불가능하여 계산에 시간이 다소 소모되는 편이다. 필자는 이런 경우에 숫자의 일의 자리만 계산하여 정오판단을 시도해 본 후, 일의 자리만으로는 정오판단이 불가능한 경우에는 보류하고 넘어간다.
해당 문제에서는 일의 자리만으로 정오판단이 불가능하고 정확한 계산을 요구하므로, 시간 관리상 해당 선지를 보류하고 다른 선지에서 답을 찾아보거나 과감하게 문제 자체를 보류하는 것을 추천한다.

Tip ❷ 선지별 시간단축 전략
선지 ③ 항상 반례가 있을 수 있는지 먼저 생각해본다. 해당 선지의 경우 토지를 제외한 부동산을 낙찰받은 남성의 수가 60명 이상인지 물어보고 있으므로, 그 반례로 60명 미만이 될 수 있는지 알아보고 만약 반례가 있다면 틀린 선지, 없다면 옳은 선지가 된다. 이에 따르면 선지 ③의 경우 토지를 제외한 부동산을 낙찰받은 남성의 수를 최소로 만들어 보고, 이 값이 60명 미만일 경우 반례가 존재하게 된다. 이러한 과정을 거치는 경우 반례가 존재하지 않아 선지 ③이 옳은 선지가 됨을 알 수 있다.

선지 ④ 가장 높은 값을 찾는 것이 목표가 아님을 알아야 한다. 선지가 옳은지, 틀린지만 판별하면 되므로 60대보다 더 높은 비중을 가진 연령대가 하나라도 있다면, 해당 선지는 틀린 선지가 된다. 선지에서 물어보는 60대 이상을 기준으로, 이보다 더 큰 값이 있는지, 즉 반례가 있는지 찾아야 한다. 60대의 $\frac{290}{408}$에서 분자 290은 분모 408에서 약 30% 빠진 값이다. 이에 비해 70대 이상은 $\frac{82}{94}$로, 분자는 분모보다 약 15% 감소했으므로 70대 이상이 더 큰 값임을 알 수 있다. 또는, 어림산을 통해 70대 이상은 분자(82)가 분모(94)의 약 90%에 해당하나, 60대의 경우 분자(290)가 분모(408)의 90%에 훨씬 못 미침을 바로 확인할 수 있다. 따라서 60대의 $\frac{290}{408}$은 가장 높은 값이 아니므로 옳지 않은 선지이다.

선지 ⑤ 60%를 초과하는지만 판단하면 되므로 큰 자릿수부터 확인해본다. $\frac{544}{967}$의 경우 967의 60%를 바로 판단하기보다, 900의 60%인 540을 기준으로 판단할 수 있는데, 544는 540보다 4밖에 크지 않다. 900의 60%를 겨우 넘는 상황에서 544가 900보다 훨씬 큰 967의 60%를 초과할 수는 없음을 구체적으로 계산하지 않아도 알 수 있다.

19 정답 ②

난이도 ●○○

문제해결능력_조건추리(일반)

문제에서 주어진 대출금리에 관한 내용을 각각 조건①~조건⑥이라고 하자. 또한, 각 기업에 적용되는 대출금리를 각각 A, B, C, D, E라고 하자.

(1) 조건①: A기업에 적용되는 대출금리가 가장 높다. → $A > B, C, D, E$
조건②: B기업과 D기업에 적용되는 대출금리는 같으며, 정수이다. → $B = D$
조건③: C기업에 적용되는 대출금리는 E기업에 적용되는 대출금리보다 1%p 더 높다. → $C = E + 1$
조건④: A~E기업에 적용되는 대출금리의 평균은 5%이다. → $A + B + C + D + E = 25$
이상 내용을 정리하면 $A + 2B + 2E = 24$이다.

(2) 조건⑤: 모든 기업에 적용되는 대출금리는 평균 대출금리의 ±3%p이내다.→ 최소 2%, 최대 8%

(3) 조건⑥: 평균 대출금리에 가장 근접한 금리를 적용받는 기업은 C기업과 E기업이다. → 먼저, 두 기업의 대출금리가 1%p 차이가 나는 가운데 두 기업이 모두 평균 대출금리인 5%와 '가장' 근접하려면 두 기업의 대출금리는 정수일 수 없다. 각 기업에 적용되는 대출금리가 평균 대출금리와 차이 나는 정도를 x라고 할 때 $5 - x + 1 = 5 + x$($C = 5 + x$, $E = 5 - x$) $x = 0.5$이므로 $C = 5.5$, $E = 4.5$임을 알 수 있다.
이상 정보를 정리하면 $A + 2B = 15$이다.

(4) 조건②에 의해 B는 정수이므로, 조건⑤에 제시된 범위 내의 대출금리 중 정수의 값을 B에 대입해본다. B가 2%라면 A는 11%가 되어 조건⑤를 충족시키지 못한다. B가 3%인 경우도 마찬가지이다. B가 4%라면 A는 7%가 되어 모든 조건을 충족시킬 수 있다. B가 5% 이상인 경우 조건①을 충족시킬 수 없다.

(5) 따라서 A기업에 적용되는 대출금리는 7%, B와 D기업에 적용되는 대출금리는 4%, C기업에 적용되는 대출금리는 5.5%, E기업에 적용되는 대출금리는 4.5%이다.

① (×) A기업에 적용되는 대출금리는 6%이다.
→ A기업에 적용되는 대출금리는 7%이다.

② (○) B기업에 적용되는 대출금리는 4%이다.
→ 옳다.

③ (×) C기업에 적용되는 대출금리는 5%이다.
→ C기업에 적용되는 대출금리는 5.5%이다.

④ (×) D기업에 적용되는 대출금리는 E기업보다 높다.
→ D기업에 적용되는 대출금리는 4%, E기업에 적용되는 대출금리는 4.5%이므로 D기업에 적용되는 대출금리는 E기업보다 낮다.

⑤ (×) E기업에 적용되는 대출금리가 가장 낮다.
→ 적용되는 대출금리가 가장 낮은 기업은 B기업과 D기업이다.

합격자의 시간단축 Tip

Tip ① 별도의 기호를 사용하기보다 기업 이름 그 자체를 기호로 활용하면 시간을 줄일 수 있다. 그뿐만 아니라 문제를 해결하고 나서 기호와 기업을 연결하는 과정에서 생길 수 있는 실수도 방지할 수 있다.

Tip ② 기호를 활용해서 주어진 조건을 간략하게 정리한 후에 선지 내용을 그대로 대입해서 문제를 해결하는 것도 하나의 방법이 될 수 있다.

(1) 먼저 조건을 기호로 정리하고 선지 중에 해당 조건과 모순되는 조건이 있는지 먼저 확인한다. 설문의 경우 조건③을 통해서 선지 ③은 답이 될 수 없음을 눈치챌 수 있다.

(2) 그리고 나서는 선지 ①, ②와 같이 확정적인 값이 제시된 선지를 문제에 대입한다. 보통 선지를 대입해서 문제를 해결할 때는 중간 정도에 해당하는 선지를 먼저 대입하는 것을 추천한다. 다만 해당 문제의 경우 선지 ③은 답이 될 수 없으므로 선지 ①이나 선지 ②를 대입해서 문제가 풀리는지 확인한다. 이 문제를 풀 때는 A기업에 적용되는 대출금리가 가장 높은데 5개 기업의 평균 대출금리가 5%이므로 A기업에 적용되는 대출금리가 6%이기는 쉽지 않아 보인다. 따라서 B기업에 적용되는 대출금리가 4%인 경우 문제에서 주어진 조건을 모두 충족시킬 수 있는지 먼저 확인함으로써 문제를 빠르게 해결할 수 있다.

Tip ❸ 대출금리가 높은 순서대로 나열하여 값들을 대입하는 방식으로도 풀어갈 수 있다. 조건들을 종합해보면, $A > C >$ 평균$(=5\%) > E$이고, B와 D의 위치가 불확실하지만, 조건④를 통해 B와 D는 가장 낮음을 알 수 있다. $A > C >$ 평균$(=5\%) > E > B = D$ 임을 알 수 있으므로, 이후에는 값들을 대입하여 조건 충족 여부를 확인한다.

Tip ❹ 평균의 성질을 활용한다.
편차(개별항목－평균)의 합은 0이라는 점을 기억하고 문제에 접근한다. 조건을 종합하여 $A > C >$ 평균$(=5\%) > E > B = D$의 관계를 찾았다면, $(A-5)+(C-5)=|(E-5)+(B-5)+(D-5)|$임을 알 수 있어야 한다. 즉, 평균보다 큰 값들의 편차의 합은 평균보다 작은 값들의 편차의 합의 절댓값과 동일하다. 평균보다 값이 큰 A와 C에서 평균을 뺀 값은 양수일 것이고, 나머지 E, B, D에서 평균을 뺀 값은 음수일 것이며 편차의 합은 0이기 때문에 위와 같은 관계가 성립하는 것이다. 이러한 관계를 알았다면 문제를 더욱 쉽게 접근할 수 있다. 조건⑥을 통해 $(C-5)=|(E-5)|$임을 알았다면, 결국 $(A-5)=|(B-5)+(D-5)|=2\times|(B-5)|$임을 알 수 있다. 이때, $|(B-5)|$가 정수이기 때문에 $(A-5)$도 정수일 수밖에 없으며, 이때 $(A-5)$는 조건⑤에 의해 3 이하의 양의 정수이다. 어떤 수를 두 배 해서 3 이하의 양의 정수를 만족하는 것은 2뿐인 바, $(A-5)$는 자연스레 2이고, 따라서 $(B-5)$와 $(D-5)$는 1임이 확정된다.
평균을 기준으로 편차를 적절하게 조정하면서 개별값을 구해내는 사고방식에 익숙해지면, 이후 연립방정식을 활용하지 않고도 쉽게 문제를 풀어낼 수 있을 것이다.

20 정답 ❷ 난이도 ●○○

문제해결능력_조건추리(매칭, 배치)

해설의 편의상 〈안전시설 점검 방침〉을 위에서부터 방침 1~5로, 〈안전시설 점검 담당자 교대제 근무 원칙〉을 원칙 1~4로 칭한다. 먼저 제시문의 안전시설 점검 방침과 근무 원칙을 정리하면 다음과 같다.
안전시설 점검 방침 1, 3에 따르면 A구역은 격일로 점검하고, C구역 역시 격일로 점검하되 A구역의 점검일과 겹치지 않아야 한다. 격일 점검이므로 A구역과 C구역 중 하루에 하나는 반드시 점검해야 하며, 결과적으로 매일 A 또는 C구역 중 하나를 점검하게 된다. 이때, 단서에 따르면 3월 1일에 A구역은 점검하지 않으므로 C구역을 점검해야 한다. 따라서 3월간 C구역은 매 홀수일에, A구역은 매 짝수일에 점검함을 알 수 있다.
한편 안전시설 점검 담당자 교대제 근무 원칙에 따르면 원칙 3에 따라 1주는 월요일~일요일을 의미하고, 원칙 4, 5에 따라 특정 주의 월, 수, 금, 일요일에 근무한 자는 차주 화, 목, 토에 근무하므로 격일로 일하는 것이 된다. 즉, X와 Y 중 한 명이 홀수일에 근무하면, 다른 한 명은 짝수일에만 근무하게 된다.

ㄱ. (○) 2025년 3월의 첫 번째 월요일의 근무자가 X라면 C구역의 점검은 항상 X가 실시한다.
→ 3월 1일은 토요일이므로 3월의 첫 번째 월요일은 3월 3일이다. 해당 일의 근무자가 X라면 X는 홀수일에만 근무하게 된다. 앞서 정리한 바와 같이, 매 홀수일에 점검해야 하는 구역은 C구역이므로, C구역은 항상 X가 점검하게 된다. 따라서 옳은 선지이다.

ㄴ. (×) 2025년 3월 11일에 B구역을 점검했다면 3월 중 B구역 점검을 한 가장 이른 날은 3월 3일이다.
→ 점검 방침 3에 따라 B구역은 3일에 한 번씩 점검한다. 따라서 B구역의 점검일은 3월 11일을 기준으로 3일씩 빼서 구할 수 있다. 3월 11일에서 3일씩 빼면, 3월 8일, 3월 5일, 3월 2일이 되며, 3월 2일에서 3일을 더 뺄 경우에는 2월로 넘어가게 되므로, 3월 2일이 3월 중 B구역을 점검한 가장 이른 날이 된다. 따라서 틀린 선지이다.

ㄷ. (×) 2025년 3월 1일의 근무자가 Y라면 D구역의 점검은 항상 X가 실시한다.
→ 3월 1일의 근무자가 Y라면 Y는 항상 홀수일에만 근무하게 된다. 점검 방침 5에 따라 D구역 점검의 경우 주 1회 실시하고, 하루에 2개 구역 이상의 점검이 예정된 날은 피해야 하며, C구역의 점검이 실시된 바로 다음 날 역시 피해야 한다. 이때, A구역과 C구역을 격일로 점검함에 따라 C구역의 점검이 실시된 바로 다음 날은 항상 A구역의 점검이 실시된다. 따라서 D구역은 A구역의 점검이 이루어지는 매 짝수일에는 실시될 수 없으므로, 홀수일 중에 실시되어야 한다. 이때 Y는 홀수일에만 근무하므로 D구역은 항상 Y가 점검하게 된다. 따라서 틀린 선지이다.

ㄹ. (○) 2025년 3월 3일에 B구역을 점검하지 않았다면 해당 주에 D구역의 점검을 실시할 수 있는 가장 늦은 날짜는 3월 9일이다.
→ 3월 3일은 월요일이고, 해당 주에 D구역의 점검이 가능한 날은 ㄷ.에서 검토한 바와 같이 매 홀수일 중 하루이다. 즉, 3월 3일, 3월 5일, 3월 7일, 3월 9일 중 하나가 된다. B구역은 3일에 한 번 점검하므로, 3월 3일에 점검하지 않았다면 3월 4일 또는 3

월 5일에 점검한다. 따라서 경우는 다음의 두 가지로 나타날 수 있다.

- B구역을 3월 4일에 점검한 경우

구분	3/3	3/4	3/5	3/6	3/7	3/8	3/9
A구역	×	○	×	○	×	○	×
C구역	○	×	○	×	○	×	○
B구역	×	○	×	×	○	×	×
D구역		×		×	×	×	

D구역 점검이 가능한 가장 늦은 날은 3월 9일이다.

- B구역을 3월 5일에 점검한 경우

구분	3/3	3/4	3/5	3/6	3/7	3/8	3/9
A구역	×	○	×	○	×	○	×
C구역	○	×	○	×	○	×	○
B구역	×	×	○	×	×	○	×
D구역		×	×	×		×	

위 경우 역시 D구역 점검이 가능한 가장 늦은 날은 3월 9일이 된다.

즉, 3월 3일에 B구역을 점검하지 않은 어떤 경우라도 3월 9일이 해당 주의 가장 마지막에 D구역을 점검할 수 있는 날이 된다. 따라서 옳은 선지이다.

합격자의 시간단축 Tip

Tip ❶ 빠르게 해결할 수 있는 보기 위주로 확인한다.

보기 ㄱ, ㄴ의 경우 D구역의 점검 방침을 고려하지 않아도 되는 비교적 간단한 구조로 되어 있어 빠르게 해결할 수 있다. 보기 ㄱ이 옳은 선지임을 확인하고 나면 정답은 ①, ②로 간추릴 수 있고 보기는 ㄴ, ㄹ만 확인하면 된다. 이 중 비교적 복잡한 조건을 가지고 있는 D구역의 점검을 포함하지 않은 보기 ㄴ을 선택하여 풀면 정답이 ②임을 빠르게 확인할 수 있다.

Tip ❷ 제시문의 조건을 미리 정리하고, 의역한다.

안전시설 점검 방침과 담당자 근무 원칙의 내용이 많고 조건이 긴 것처럼 보이지만 정리하고 나면 사실상 간단한 조건임을 알 수 있다. 위의 해설처럼 선지를 접근하기 전에 미리 조건을 정리해 놓는다면 시간 단축에 도움이 될 수 있다. 예를 들어, A, C의 점검일은 번갈아가며 실시하며, D구역 점검에서 'C구역의 점검이 실시된 바로 다음 날을 피한다'가 'A구역 점검이 실시된 날을 피한다'와 같은 의미임을 의역할 수 있다, 또한 담당자 근무 원칙을 통해 담당자는 격일마다 근무함을 파악해 놓는다면 문제 풀이가 한층 용이해질 것이다.

Tip ❸ 보기별 시간단축 전략

선지 ㄹ 위의 해설처럼 경우의 수를 나누지 않고도 문제를 빠르게 해결할 수 있다. D구역은 3월 3일, 5일, 7일, 9일 중 하루에 점검 가능하며, 이 중 2개 구역 이상 점검이 예정된 날을 제외하면 된다. 매일 A, C 중 하나는 점검하므로 이는 결국 B의 점검이 이뤄지는 날에는 D의 점검이 이뤄지지 않음을 의미한다. 한편, B구역은 3일에 한 번 점검하므로, 3월 3일에 점검하지 않았다면 3월 9일에도 점검하지 않았음을 알 수 있다. 따라서 3월 9일에 B의 점검이 이뤄지지 않으므로 D의 점검은 실시 가능하다.

Tip ❹ 달력을 그려 확인하면 직관적으로 확인이 가능하다.

달력을 그리면 직관적으로 요일과 일자, 주기 등이 확인이 가능하여 시간을 단축시켜 줄 수도 있다. 단, 자세하게 그리기보다는 간소화해서 나타내도록 하자. 필자는 풀이 시, 다음과 같이 그려서 나타냈다.

ㅇ	ㅎ	ㅅ	ㅁ	ㄱ	ㅌ	ㅇ
					1	✓
3		✓			8✓	9
10	11✓				15	

월~일의 요일도 초성으로만 나타내었으며, 3월 1일이 토요일이라는 점에서 토요일의 일자만 적어서 나타내었다. 심지어 〈보기〉를 보면 11일 이후로의 날짜는 제시되지 않는 만큼, 15일까지만 달력을 그렸다.

보기 ㄴ.을 해결할 때, 11일에 ✓ 표시를 하고 앞으로 두 칸씩 옮겨가며 ✓ 표시를 해 2일이 가장 이른 B구역 점검 날임을 확인했다.

보기 ㄹ. 규칙상 3일에 B를 점검하지 않았더라면, 두 칸씩 옮겨 간 날짜에도 B를 점검하지 않았을 것이다. 3일 주를 두 칸씩 뒤로 옮겨가면 그 주의 마지막 날인 일요일에는 B를 점검하지 않는다는 것, 즉 D를 점검할 수 있음을 판단할 수 있다.

21 정답 ⑤ 난이도 ●●●

문제해결능력_공고문/규정 이해

수신 관련 수수료 중에 어떠한 유형에 해당하는지 파악한다. 그 후, 종류에 맞는 정확한 수수료를 지불했는지 확인한다.

ㄱ. (O) A는 K은행에서 당좌수표 1권, 가계수표 10장에 대한 용지를 교부받으며 15,000원의 수수료를 부담하였다.

→ 제3조 제2항 제1호를 보면, 당좌수표, 가계수표

에 대한 용지를 교부받을 때의 수수료에 대한 기준을 알 수 있다. 1권 미만으로 나누어 교부받을 때는 장당 금액으로 계산하는데, 가계수표는 10장을 교부받았다고 제시되었으므로 1권 미만인지 확인해 봐야 한다. 〈표 1〉의 '1. 용지 교부수수료 – 가계수표' 부분에서 가계수표의 1권은 20장임을 알 수 있다. A는 가계수표 10장을 교부받았으므로 권이 아니라 장수를 기준으로 수수료를 지불해야 한다.
따라서 〈표 1〉의 '1. 용지 교부수수료' 파트에 따른 수수료는 다음과 같다.

- 당좌수표 1권: 10,000원
- 가계수표 10장: 500×10=5,000(원)
- 총수수료: 10,000+5,000=15,000(원)

정확한 값이 제시되었음을 확인할 수 있다. 옳은 보기이다.

ㄴ. (O) **B는 수신거래를 위해 작성한 은행거래서 사본 1부의 수기발급 및 B의 과실 없이 발급받지 못한 2개 계좌에 대한 예금증서를 K은행에 발급요청하였고, 이에 따라 수수료로 3,000원을 부담하였다.**
→ 제2조 제1호를 통해 B가 수신거래를 위해 작성한 은행거래서 사본은 제증명서의 '고객이 작성한 서류의 사본'에 해당함을 알 수 있다. 제3조 제2항 제2호에서 제증명서의 경우 종류와 관계없이 발급 건당을 기준으로 수수료를 지불함을 파악할 수 있다. 또한, B는 수기발급을 했으므로 〈표 1〉의 '2. 제증명서 발급수수료 - 수기발급'에 맞는 금액인 3,000원을 지불하면 된다.
제2조 제2호를 통해 B가 발급 요청한 예금증서는 '증서'에 해당함을 알 수 있다. 제3조 제2항 제3호에 따르면, 증서 재발급 수수료는 고객의 귀책사유로 증서를 재발급할 때, 계좌 단위로 계산하여 받는다. B는 본인의 과실 없이 발급받지 못한 2개의 계좌에 대한 증서를 발급 요청한 것이므로, 수수료를 내지 않아도 된다.
따라서 B는 수신거래를 위해 작성한 은행거래서 사본에 대한 수수료인 3,000원만 지불하면 된다. 옳은 보기이다.

ㄷ. (×) **C는 K은행에서 발행한 자기앞수표 6장을 현금화하기 위해 K은행을 방문하였고, 이에 따른 수수료로 6,000원을 부담하였다.**
→ 제3조 제2항 제5호에 따르면, 타행발행 자기앞수표를 현금화할 경우에는 수수료를 지불한다. 하지만, K은행에서 발행한 자기앞수표를 K은행에서 현금화할 경우의 수수료에 대해선 제시된 자료를 통해 확인할 수 없다. 따라서 K은행에서 발행한 자기앞수표를 현금화하는 C가 6,000원의 수수료를 부담한다고 볼 수 없다. 옳지 않은 보기이다.

ㄹ. (×) **D는 K은행에 사채납입금을 수납 보관한 1건에 대하여 보관증명서를 발급받았으나 분실하여 재발급을 요청하였고, 이에 따라 D는 총 21,000원의 수수료를 부담하였다.**
→ 제3조 제2항 제6호를 통해 사채납입금보관증명서는 건당 기준으로 발급 수수료를 내야 하며, 재발급 시에도 동일한 금액을 지불함을 알 수 있다. D는 사채납입금보관증명서 1건을 최초 발급하고 재발급까지 받았으므로 총 2건에 해당하는 금액을 지불해야 한다. 〈표 1〉의 6. 주식(사채)납입금보관증명서 발급수수료인 20,000의 2배인 40,000원을 수수료로 냈다. D는 21,000원이 아닌 40,000원의 수수료를 부담하였으므로 옳지 않은 보기이다.

합격자의 실전 풀이 순서

1. 자료를 읽을 때, 제2조(정의)는 간단하게 훑고, 제3조는 차이가 있는 항목들을 중심으로 파악한다. 예를 들어, 제2항 제1호에서 권당 부과하는 경우와 단서에 의해 장당 부과하는 경우, 발급 건당 기준으로 하는 경우 등에 유의한다.
2. 발생한 수수료가 적절하지 않은 사례를 고르라 했으므로 선지 옆에 X표를 하여 적절한 사례를 고르는 실수를 하지 않도록 한다.
3. 키워드를 중심으로 자료를 빠르게 읽은 뒤 각각의 사례가 주어진 글의 어디에 해당하는지 그때그때 찾아가며 파악한다.

합격자의 시간단축 Tip

Tip ❶ 키워드만 파악하자.
법조문 유형의 경우 본문의 전체 내용을 정독하기보다는 '제증명서', '증서 재발급수수료'와 같이 키워드만 확인하고 문제로 가는 것이 좋다. 제2조와 같이 용어를 정의하는 부분은 가볍게 처리하고, 제3조는 K은행의 유형별 수수료 기준을 제시하고 있다는 정도로만 파악하도록 하자. 해당 유형의 경우 각 보기마다 서로 다른 내용을 다루는 경우가 많으므로 문제 풀이에 필요한 부분만 찾아 해결하는 것이 시간 단축에 도움이 된다. 또한 '*', 각주 등은 문제를 풀 때 계속 확인해 놓치지 않도록 유의해야 한다. 보기 ㄱ을 예로 들어보면, '당좌수표'가 문제에 제시되었고, 제3조 제2항 제1호에서 '당좌수표'가 문장 앞부분에 제시되었으므로 당좌수표의 수수료 발급 방식에 대해 빠르게 확인할 수 있다.

Tip ❷ 문제의 힌트에 주목하자.

보기 ㄴ에서는 B의 '과실 없이'라는 표현이 등장하는데, 이를 통해 '과실 유무'가 수수료 지급 여부에 중요한 조건이 됨을 유추할 수 있다. 귀책사유는 고의 또는 과실에 의해 발생하므로, "B의 '과실 없이' 발급받지 못했다"는 표현은 B에게 귀책사유가 없다는 힌트이다. 실제로 본 문제에서 고객의 귀책사유가 있을 때 은행이 고객으로부터 수수료를 받는다. 이런 힌트를 활용하면 보다 정확하게 문제를 해결할 수 있다.

Tip ❸ 사례는 최대한 다양한 유형에 해당하도록 출제된다.

해당 문제처럼 제시문에서 여러 가지 유형이 제시되는 경우, 사례에 최대한 다양한 유형을 등장시켜 수험생들이 바르게 이해하고 있는지를 묻고자 할 것이다. 실제로 제3조 제2항 중 제1호(보기 ㄱ), 제2호, 제3호(보기 ㄴ), 제5호(보기 ㄷ), 제6호(보기 ㄹ)가 사용된 것을 확인할 수 있다. 따라서 사례가 주어진 글에 어디에 해당하는지 찾을 때 이미 앞선 사례에 해당했던 부분은 제외하고 찾아보는 편이 효율적이다. 하물며 친절한 문제는 해당 문제처럼 제시문에 제시된 순서대로 사례를 제시해 주기도 한다.

22 정답 ③ 난이도 ●○○

문제해결능력_공고문/규정 이해

제3조의 수수료로서 제3조의 면제 대상에 해당하는지 및 보기에서 면제 대상과 내용이 정확하게 연결되었는지 파악한다.

① (×) K은행이 출자한 기업은 언제나 수탁어음 보관수수료를 면제받는다.

→ 수탁어음 보관수수료는 제3조의 수수료에 해당하며 K은행이 출자한 기업은 제4조에 따라 수수료 면제 대상이 되는지 문제 된다. 하지만 제4조 제1항 제1호에서 '출자기업체 관리요강에 의하여' K은행이 출자한 기업만 수수료를 면제할 수 있다고 하였으며 더 나아가 이는 수수료를 면제할 수 있다는 것이지 언제나 면제받는 것은 아니다. 옳지 않은 선택지이다.

② (×) K은행의 노동조합이 수신거래 제증명서의 발급을 요청한 경우 수수료를 면제받기 위해서는 영업점장의 결재가 필요하다.

→ K은행의 '노동조합'은 제4조 제1항 제2호(당행의 기금 및 단체)에 해당한다. 또한, '수신거래 제증명서'는 제2조 제1호를 통해 제3조 제2항 제2호의 '제증명서'에 해당함을 알 수 있다. 따라서 K은행의 노동조합이 수신거래 제증명서의 발급을 요청한 경우는 제4조 제1항의 수수료 면제 대상에 해당한다. 제4조 제3항에 따르면, 제1항에 의해 수수료를 면제할 경우 영업점장이 아닌 팀장의 결제가 필요하다. 옳지 않은 선택지이다.

③ (○) K은행의 임직원 또는 퇴직직원이 아닌 개인 고객이라 하더라도 VIP등급에 해당하는 고객이라면 증서 재발급수수료를 면제받을 수 있다.

→ 임직원 또는 퇴직직원이 아닌 개인 고객은 제4조 제1항의 수수료 면제 대상이 아니다. 하지만, 제4조 제2항에 따라 제4조 제1항의 수수료 면제 대상이 아니더라도〈표 2〉의 고객등급별 수수료 면제 혜택을 받을 수 있다. 〈표 2〉에 따르면, '증서 재발급수수료'는 S등급 고객 혜택으로 제시되어 있으므로, VIP 등급인 개인 고객도 수수료를 면제받는다. 옳은 선택지이다.

④ (×) 주식납입금보관증명서를 발급하는 K은행의 행원은 고객이 해당 수수료 감면 대상인 경우 먼저 수신 관련 수수료 거래(면제·감면)내역의 결재를 받아야 한다.

→ 제3조에 따라 주식납입금보관증명서를 발급하는 경우 수수료가 발생한다. 제4조 제3항에 따르면, 수수료를 면제할 때는 취급자가 해당 전표 또는 서식에 면제사유를 간략히 기재해 팀장 또는 영업점장(제4호의 경우)의 결재를 받아야 한다. 제4조 제4항에 따라 수신관련 수수료 거래(면제·감면)내역은 매영업일 영업점장이 결재한다. 따라서 수수료를 면제할 때 먼저 수신 관련 수수료 거래(면제·감면)내역의 결재를 받지 않아도 된다. 옳지 않은 선택지이다.

⑤ (×) 영업점장이 수수료 면제가 필요하다고 인정하는 경우에 업무 취급자는 해당 전표에 수수료 면제사유를 기재할 필요가 없다.

→ 영업점장이 수수료 면제가 필요하다고 인정한 경우는 제4조 제1항 제4호에 해당한다. 제4조 제3항에선 제1항 제4호에 의한 면제일 경우, 수수료를 면제할 때 취급자가 해당 전표 또는 서식에 면제사유를 간략히 기재해 영업점장의 결재를 받아야 한다고 명시하고 있으며 면제사유를 기재할 필요가 없다는 내용은 찾을 수 없다. 옳지 않은 선택지이다.

합격자의 시간단축 Tip

Tip ❶ 발췌독한다.

수수료 면제 대상, 고객등급별 혜택 등이 제시되었다는 정도만 파악하고 선택지로 간다. 선택지의 키워드를 바탕으로 본문으로 올라가 발췌독하는 것이다. 글의 전체적인 흐름을 이해해야 하는 문제가 아니므로, 바로 선택지로 이동하여 필요한 정보만을 찾는다면 보다 빠르게 해결할 수 있다. 예를 들어 선지 ①의 경우 '출자', '수탁어음'을 키워드로 삼을 수 있다. 제4조 제1항 제1호에서 '출자'를 찾을 수 있으며, '수탁어음'은 제3조 제2항 제4호에서 확인할 수 있다. 제4조 제1항 제1호에 해당하는 기업을 다 숙지하고 넘어갔으면 문제 풀이에 많은 시간을 썼을 것이다.

Tip ❷ '~할 수 있다'라는 표현에 주의하자.

제4조 제1항에선 수수료를 '면제할 수 있다'라고 표현하였다. '면제한다'가 아님을 유의해야 한다. 실제로 선지 ①에서 해당 부분을 활용하여 오답을 구성했다. 법조문, 규정이 제시된 문제의 경우 특히 이 점을 주의하며 풀어야 한다.

Tip ❸ 제4조 제1항의 각호는 제3조 제2항의 각호와 달리 단서조항 없이 단순히 나열되어 있다. 이러한 경우 각호를 차근차근 읽기보다는 '수수료를 면제할 수 있는 경우는 여기 있구나' 정도로만 기억해두고 추후에 선지를 읽으며 판단할 때 찾아가는 식으로 하면 시간을 줄일 수 있을 것이다.

Tip ❹ 법조문 문제를 풀 때는 주어진 지문만을 토대로 판단하여야 하고, 자의적인 판단을 배제해야 한다. '이 정도는 되겠지' 하는 생각으로 정오를 판단하면 틀릴 가능성이 높다.

선지 ① '언제나'라는 표현은 아주 강한 표현으로, 예외가 하나도 없어야 하기에 정답이 될 가능성이 낮다. 이에 유의하여 반례를 찾아보려는 식으로 접근하는 것이 좋다.

선지 ② 법조문 유형에서 자주 등장하는 함정은 행동의 주체를 바꿔놓는 것이다. 자료를 읽을 때도 이를 특히 주의하도록 하자. 해당 선지의 경우 영업점장과 팀장의 결재를 받아야 하는 사항을 제대로 파악하고 있는지 평가하기 위해 출제된 경우이다. 만약 선지 ②의 키워드를 '노동조합', '영업점장'으로 잡아냈다면 노동조합은 제4조 제1항 제2호이고 영업점장은 제4호의 경우에 해당하므로 주체를 바꿔놓은 틀린 선지임을 빠르게 알아낼 수 있다.

23 정답 ③

난이도 ●●●

문제해결능력_논리퍼즐

100명의 고객이 A~D은행에 대해 자신의 선호도에 따라 1~4순위로 응답하였다면, 각 순위별 응답 수의 합도 100이고, 각 은행별 응답 수의 합도 100이다. 이는 각 고객이 4개의 은행에 대해 중복 없이 순위를 매겼기 때문이다. 즉, 한 고객이 1순위부터 4순위까지를 각각 다른 은행에 부여하면, 모든 고객의 응답을 합산했을 때 각 순위는 정확히 100번씩 사용되며, 동시에 각 은행도 100명의 고객으로부터 1~4순위 중 하나를 부여받게 된다. 따라서 응답 방식의 구조상 각 순위별, 각 은행별 응답 수의 총합은 모두 100이 되는 것이다.

첫 번째 정보에 따라 A은행을 3순위로 선택한 사람은 1순위로 선택한 사람의 두 배였으므로, A은행의 1순위 선택자 수를 x라고 하면, A은행의 3순위 선택자는 2x이다.

구분	A은행	B은행	C은행	D은행	합계
1순위	x				100
2순위					100
3순위	2x				100
4순위					100
합계	100	100	100	100	400

두 번째 정보에 따라 D은행을 4순위로 선택한 사람은 전체 응답자 100명 중의 35%이므로 총 35명임을 알 수 있다.

구분	A은행	B은행	C은행	D은행	합계
1순위	x				100
2순위					100
3순위	2x				100
4순위				35	100
합계	100	100	100	100	400

세 번째 정보를 통해 B은행을 3순위나 4순위로 선택한 사람은 10명이므로 B은행의 3순위 선택자+4순위 선택자=10임을 알 수 있다. 이때, 단서에서는 특정한 순위에 응답한 최소 인원수는 5명이라고 하였으므로 B은행의 3순위 및 4순위 선택자는 각각 5명임을 알 수 있다. 두 수의 합이 10인 경우, 한 수가 5보다 커지면 다른 수는 반드시 5보다 작아지기 때문에 최소 인원 조건을 충족하지 못하기 때문이다.

구분	A은행	B은행	C은행	D은행	합계
1순위	x				100
2순위					100
3순위	2x	5			100
4순위		5		35	100
합계	100	100	100	100	400

네 번째 정보에 따라 D은행을 1순위로 선택자=A은행 1순위 선택자=x임을 알 수 있다.

구분	A은행	B은행	C은행	D은행	합계
1순위	x			x	100
2순위					100
3순위	2x	5			100
4순위		5		35	100
합계	100	100	100	100	400

다섯 번째 정보에 따라 C은행의 1순위 선택자=2순위 선택자=y로 둘 수 있다.

구분	A은행	B은행	C은행	D은행	합계
1순위	x		y	x	100
2순위			y		100
3순위	2x	5			100
4순위		5		35	100
합계	100	100	100	100	400

여섯 번째 정보에 따라 D은행의 2순위 선택자는 5×4=20임을 알 수 있다.

구분	A은행	B은행	C은행	D은행	합계
1순위	x		y	x	100
2순위			y	20	100
3순위	2x	5			100
4순위		5		35	100
합계	100	100	100	100	400

일곱 번째 정보에 따르면 A은행 4순위 선택자는 C은행 4순위 선택자보다 30명 더 적다. 앞서 B은행의 4순위 선택자가 5명, D은행의 4순위 선택자가 35명임을 확정했으며, 각 순위별 합계는 100이 되어야만 하므로 A은행 4순위 선택자와 C은행 4순위 선택자의 합은 100−5−35=60(명)이다. 이때 C은행 4순위 선택자의 수를 k라고 하면, A은행 4순위 선택자의 수는 k−30이고, 이 합이 60이므로 k+(k−30)=2k−30=60이고, 2k=90이다. 따라서 k=45=C은행 4순위 선택자이며, A은행 4순위 선택자는 k−30=45−30=15명(임)을 알 수 있다.

구분	A은행	B은행	C은행	D은행	합계
1순위	x		y	x	100
2순위			y	20	100
3순위	2x	5			100
4순위	15	5	45	35	100
합계	100	100	100	100	400

마지막 정보에 따르면 B은행을 1순위로 선택한 사람은 A은행과 D은행을 1순위로 선택한 사람의 합, 즉 x+x=2x의 두 배이므로 4x가 되어야 한다.
이상의 내용을 정리하면 아래와 같다.

구분	A은행	B은행	C은행	D은행	합계
1순위	x	4x	y	x	100
2순위			y	20	100
3순위	2x	5			100
4순위	15	5	45	35	100
합계	100	100	100	100	400

각 은행별로 1순위~4순위 응답 값의 합은 100이 되어야 하므로 위 빈칸을 아래와 같이 채울 수 있다.

구분	A은행	B은행	C은행	D은행	합계
1순위	x	4x	y	x	100
2순위	85−3x	90−4x	y	20	100
3순위	2x	5	55−2y	45−x	100
4순위	15	5	45	35	100
합계	100	100	100	100	400

순위별 합계 또한 100이므로 1순위의 경우 x+4x+y+x=6x+y=100, 2순위의 경우 85−3x+90−4x+y+20=195−7x+y=100, 즉, 7x−y=95이다. 3순위의 경우 2x+5+55−2y+45−x=105+x−2y=100 즉, x−2y=−5이다. 이를 연립하면 x=15, y=10이며, 이를 대입한 값은 아래와 같다.

구분	A은행	B은행	C은행	D은행
1순위	15	60	10	15
2순위	40	30	10	20
3순위	30	5	35	30
4순위	15	5	45	35

① (O) B은행을 3순위로 선택한 사람은 5명이다.

➜ 위 표에 따르면 B은행을 3순위로 선택한 사람은 5명이다.

② (O) A은행을 4순위로 선택한 사람은 15명이다.

➜ 위 표에 따르면 A은행을 4순위로 선택한 사람은 15명이다.

③ (×) C은행을 3순위로 선택한 사람은 30명이다.

➜ 위 표에 따르면 C은행을 3순위로 선택한 사람은 35명이다.

④ (O) 1순위 선택자가 가장 많은 은행은 B은행이다.

➜ 위 표에 따르면 B은행은 1순위 선택자가 60명으로 가장 많다.

⑤ (O) D은행을 3순위로 선택한 사람은 30명이다.

➜ 위 표에 따르면 D은행을 3순위로 선택한 사람은 30명이다.

합격자의 시간단축 Tip

Tip ❶ 미지수를 활용하여 알고 있는 정보를 빠르게 정리한다.

제시문을 보면 알 수 있듯이, 확정적인 인원수를 주는 조건보다 특정 순위를 선택한 인원 간의 비교 정보를 주는 조건이 더 많다. 이런 경우 미지수를 활용하여 정보를 정리해야 한다. 또한 이 문제의 핵심은, A~D 은행별 응답자 수의 합이 100이며, 각 순위별 응답자 수의 합도 100이라는 것이다. 이 핵심을 파악했다면, 미지수를 나중에 어떻게 활용할 것인지 정보를 정리하면서 깨달을 수 있을 것이다.

Tip ❷ 연립방정식은 필요한 개수만큼만 도출한다.

위의 해설에서 각 순위별 응답자 수의 합이 100이라는 점을 활용하여, 1순위~3순위까지의 각 응답자 수의 합을 x, y를 이용한 식으로 모두 표현하였다. 다만, 이 문제에서는 미지수가 x, y 두 개뿐이므로, 이를 풀기 위해서는 두 개의 식만이 필요하다. 따라서 굳이 1~3순위 각각의 식을 다 도출할 필요 없이, 2개의 식만을 도출하면 된다. 예를 들어, 1순위에 해당하는 $6x+y=100$, 2순위에 해당하는 $7x-y=95$만 빠르게 도출한 후, 연립하면 된다.

Tip ❸ 단서 정보를 잘 활용하자.

문제의 마지막 부분에 있는 단서를 잘 활용하여야 한다. 이 단서를 확인하지 못했다면, B은행의 3순위 선택자, 4순위 선택자 수를 한 번에 구하지 못하고 또다시 새로운 미지수를 활용하여 표를 정리했을 것이다. 단서를 통해 B은행의 3순위, 4순위 선택자는 각각 5명임을 빠르게 캐치하여야, 이와 연관된 D은행의 2순위 선택자 수도 바로 구할 수 있다.

Tip ❹ 연립방정식의 해를 구하고 정오판단에 들어갈 필요는 없다.

객관식을 풀고 있음을 명심하자. 우리가 직접 구체적인 값을 구할 필요는 없다. 조건의 내용을 어느 정도 정리했으면, 정리한 내용과 선지에 모순이 있는지 확인하면 되지, 내가 구한 값과 선지의 값이 일치하는지 확인할 필요는 없는 것이다.

구분	A은행	B은행	C은행	D은행	합계
1순위	x	4x	y	x	100
2순위			y	20	100
3순위	2x	5			100
4순위	z−30	5	z	35	100
합계	100	100	100	100	400

연립방정식의 해를 구하기 전, 조건의 내용을 정리한 내용으로는 이와 같다. 이후 선지를 대입해보며 모순이 발생하는지 확인한다. ②의 경우, A은행의 4순위가 15명이므로 $z-30=15$로, $z=45$가 됨을 알 수 있다. 이를 통해 4순위의 전체 합이 100이 성립하는지 확인하면 모순이 없음을 알 수 있다. 한편 ③의 경우, C은행 3순위가 30명이라면 $y+y+30+z=2y+30+45=100$, 즉 $2y=25$가 성립되어야 하는데, y가 인원수라는 점을 고려하면 소수는 나올 수 없다는 점에서 C은행의 3순위가 30명이라는 가정이 잘못되었음을 알 수 있다.

24 정답 ❹ 난이도 ●○○

문제해결능력_논리퍼즐

A~E팀의 석·박사 수를 각각 a~e라고 하자. 5개 팀의 평균값이 5이므로, A~E팀 전체 석·박사 수는 5명×5팀=25(명)이다. 따라서 $b+d+e=25-2-7=16$이다. 한편, |편차|=|석·박사 수 평균값−팀별 석·박사 수|이므로, |편차|가 3인 E팀의 석·박사 수는 $e=5-3=2$(명) 또는 $e=5+3=8$(명)이다. e를 기준으로 경우의 수를 나누어 본다.

(i) e=2인 경우

이 경우, $b+d=16-2=14$다. 그런데 7이 중앙값이 되려면 $a=2$, $c=7$, $e=2$이므로 b, d 모두 7 이상이 되어야 한다. 따라서 가능한 조합은 $b=7$, $d=7$뿐이다. 그러므로 ㉠=㉡=7−5=2이며, ㉠=㉡=2일 때 |편차|의 중앙값은 2이므로 <조건>을 모두 충족한다.

(ii) e=8인 경우

이 경우, b+d=16−8=8이다. 석·박사 수의 중앙값이 7이고, a=2, c=7, e=8이므로 b, d 둘 중 하나는 7 이상, 나머지 하나는 7 이하여야 한다. 이를 만족하는 b와 d의 순서쌍은 (0, 8), (1, 7)이다. (순서가 바뀐 것도 가능하나, 문제에서 ㉠+㉡을 묻고 있으므로 굳이 생각하지 않아도 무방하다.) (0, 8)일 경우 가능한 ㉠과 ㉡의 순서쌍은 (5, 3)이고, (1, 7)일 경우 가능한 ㉠과 ㉡의 순서쌍은 (4, 2)다. 그런데 두 경우 모두 |편차|의 중앙값이 3이 나오므로, 〈조건〉에 위배된다. 따라서 e=8이라는 가정은 잘못되었다.

가능한 경우는 e=2일 때 ㉠=㉡=2뿐이므로, ㉠+㉡=4이다.

합격자의 실전 풀이 순서

❶ 편차가 절댓값으로 주어졌음에 유의하고, 중앙값의 성질을 떠올려 석·박사 수와 편차로 가능한 수의 범위를 추려놓는다. (중앙값보다 큰 수가 몇 개 있어야 하는지, 작은 수가 몇 개 있어야 하는지 등)

❷ ㉠과 ㉡의 개별값이 아닌 둘의 합만 구하면 된다는 점에 유의하여 차근차근 풀어나간다.

합격자의 시간단축 Tip

Tip ❶ 편차와 중앙값의 성질 활용하기

평균값을 활용하지 않고도, 편차와 중앙값의 성질만으로도 문제를 해결할 수 있다. 대표적인 편차의 성질은 '합이 0'이라는 것이다. 그리고 5개의 항목 중 중앙값에 해당한다면 오름차순으로 나열했을 때 세 번째에 위치해야 한다. 해당 문제에서는 중요하게 활용되지는 않았으나, 어떤 한 수의 개수가 과반수일 경우(예를 들어 2가 세 개인 경우) 그 수가 중앙값이 된다는 점을 기억해 놓으면 나중에 도움이 될 것이다.

A의 편차는 +3이고, C의 편차는 −2이고, E의 편차는 ±3이다. 편차의 성질에 의해 (+3)+㉠+(−2)+㉡+(±3)=0이 성립해야 한다. (여기서 ㉠과 ㉡은 절댓값을 취하지 않은 수이다.)

편차의 중앙값이 2라면, 2가 세 번째에 위치해야 한다. 따라서 ㉠과 ㉡은 절댓값이 2 이하인 수만 가능하다. 같은 논리로, 석·박사 수의 중앙값이 7명이라면 b, d, e 중 7 이하의 수 한 개와 7 이상의 수 두 개가 필요하다. 이러한 조건에 의해, 만약 E의 편차가 +3이라면 편차의 합은 0이기 때문에 ㉠+㉡=−4로 가능한 조합은 (−2, −2)뿐이고, 절댓값을 취한 편차는 (2, 2)일 것이다. 이 경우 (e, b, d)=(2, 7, 7)로 석·박사 수의 중앙값 조건도 모두 충족한다. 한편, E의 편차가 −3이라면 ㉠+㉡=2로 (0, 2)와 (1, 1)이 가능하다. 이 경우, (e, b, d)=(8, 5, 3) 또는 (e, b, d)=(8, 4, 4)로 석·박사 수의 중앙값 조건을 충족하지 못한다.

Tip ❷ 중앙값과 |편차|를 활용하여 더 간단하게 풀 수 있다.

Tip ❶의 풀이와 마찬가지로 인원수의 중앙값이 7이 되기 위해서는 7 이하의 수 한 개와 7 이상의 수 두 개가 필요하다. 석·박사 수와 평균값이 자연수이므로 |편차| 역시 0과 자연수만 가능하고, |편차|의 중앙값이 2가 되기 위해서는 ㉠과 ㉡은 0, 1, 2만 가능하다. 7 이상의 수 두 개가 필요한데 |편차|의 최댓값은 2이므로 가능한 석·박사 수의 최댓값은 7이다. 따라서 7 두 개를 채우기 위해 ㉠과 ㉡은 2로 확정된다. ㉠+㉡=4임을 쉽게 구할 수 있다.

25 정답 ③ 난이도 ●●●

자원관리능력_공고문/규정 이해

① (O) 서울에서 근무하는 1급 직원 A가 대전광역시에서 2박 3일 일정의 출장업무를 수행한 경우 교통비를 제외한 일반여비는 최대 31만 원이다.

→ 관련 규정은 다음과 같다.

> 제2조(여비의 구분 및 계산) ① 여비는 여행목적에 따라 국내여비, 국외여비, 전근여비로 구분하고, 지출성격에 따라 일반여비(교통비, 일비, 숙박비, 식비), 이전비로 구분한다.
> ② 여비는 순로에 따라 계산한다. 다만, 용무의 형편 또는 기타 불가피한 사유로 인하여 순로에 따를 수 없는 경우에는 실로에 따라 계산한다.
> ③ 여행일수는 업무로 소요되는 일수에 의한다. 다만, 업무의 형편상 천재지변, 그 밖의 불가피한 사유로 당해 출장을 연장하고자 하는 경우 전결권자의 승인이 있을 때 이를 출장일수에 포함한다.
>
> 제3조(여비의 지급기준)
> ② 일비 및 식비는 여행일수에 따라 정액 지급한다.
> ③ 숙박비는 국내·외를 불문하고 숙박하는 밤의 수를 기준으로 〈별표 1〉의 기준표의 한도 내에서 지급한다.

일반여비는 교통비, 일비, 숙박비, 식비로 구성되어 있다. 문제에서는 교통비를 제외한 일반여비를 묻고 있으므로 일비, 식비, 숙박비를 각각 검토한다.

일비와 식비는 제3조 제2항 여행 일수에 따라 정액 지급하며, 여행 일수는 업무로 소요되는 일수에 의한다. 여행 일수는 3일이고 일비 및 식비는 〈별표

1>에 따라 1일당 2.5만 원이므로 일비와 식비는 각각 2.5×3＝7.5(만 원)이다.

숙박비의 경우, 제3조 제3항에 따라 숙박하는 밤의 수를 기준으로 1급 이하 직원은 서울의 경우 최대 10만 원, 광역시의 경우 최대 8만 원이 지급된다. 문제의 경우 1급 직원 A씨는 대전광역시에서 2박 일정의 업무를 수행하였으므로 최대 16만 원을 지급받을 수 있다.

따라서 교통비를 제외하고 지급받을 수 있는 최대 일반여비는 일비, 식비, 숙박비를 더한 7.5만 원+7.5만 원+16만 원=31(만 원)이다. 옳은 선지이다.

② (○) 광주에서 근무하는 2급 직원 B가 4박 5일 일정의 제주도 출장업무 수행 중 1급 직원으로 승진 발령을 받은 경우 교통편에 따라 여비에 변동이 있을 수 있다.

➜ 관련 규정은 다음과 같다.

> 제4조(여비의 변경지급) 출장 중 신분이 변경된 경우에는 그 발령일로부터 변경된 신분에 따라 여비를 지급한다.

제4조에 따르면 출장 중 신분이 변경된 경우 그 발령일로부터 변경된 신분에 따라 여비를 지급한다. 직원 B는 2급 직원이었지만 제주도 출장업무 수행 중 1급 직원으로 승진 발령을 받았다. 이에 1급으로 승진 발령을 받은 날로부터 1급 직원 구분에 해당하는 여비를 받는다. 교통편의 경우 2급 이하는 철도·버스·선박의 일반실을 지급받지만 1급은 특실을 지급받는다. 이에 여비의 변경지급이 일어날 수 있다. 따라서 옳은 선지이다.

③ (×) 인천에서 근무하는 3급 직원 C가 출장업무 수행을 위해 개인 차량을 이용하여 동승자 2인과 함께 인천 내 사업소로 이동하였고, 이때 통행료가 5,000원 발생했다면 여비 중 교통비는 5,250원이다.

➜ 관련 규정은 다음과 같다.

> 제12조(근거리 출장) 근무지와 같은 시(특별시, 광역시 및 특별자치시를 포함한다)·군 및 섬 안에서의 출장이거나 근무지를 기점으로 여행거리(시·군청간의 최단거리를 기준으로 한다)가 편도 12km 미만인 경우 〈별표 1〉의 일비만 지급한다.

근거리 출장의 경우 근무지와 같은 시, 군 및 섬 안에서의 출장이거나 근무지를 기점으로 여행거리가 편도 12km 미만인 경우 〈별표 1〉의 일비만 지급한다고 규정되어있다.

사안의 경우 인천에서 근무하는 직원이 동승자 2인과 함께 인천 내 사업소로 이동하였다. 근무지와 같은 시 안에서의 출장이기 때문에 〈별표 1〉의 일비만 지급된다. 따라서 옳지 않은 선지이다.

④ (○) 서울에서 근무하는 임원인 D는 개인 차량을 이용해 공무차 춘천시로 이동하던 중, 이동경로의 터널에서 예상치 못한 20중 추돌사고가 발생했다는 뉴스를 듣고 우회 이동한 결과 통행료 6,000원 및 연료비 8,000원이 추가 발생하였으나 모두 실비지급 받을 수 있다.

➜ 관련 규정은 다음과 같다.

> 제2조(여비의 구분 및 계산)
> ② 여비는 순로에 따라 계산한다. 다만, 용무의 형편 또는 기타 불가피한 사유로 인하여 순로에 따를 수 없는 경우에는 실로에 따라 계산한다.
>
> 제3조(여비의 지급기준) ① 교통비는 철도운임, 선박운임, 항공운임, 자동차운임으로 구분하며, 다음 각호에서 정한 바에 따른다.
> 1. 철도운임: 〈별표 1〉의 기준표에 따라 실비지급
> 2. 선박운임: 〈별표 1〉의 기준표에 따라 실비지급
> 3. 자동차운임: 공사 차량 이외의 차량을 이용하여 공무로 여행하는 경우에는 〈별표 1〉의 기준표에 따라 출장정산을 완료한 후에 지급한다. 단, 차량 동승자가 있을 경우에는 차량 감가상각비 및 연비보전을 위해 연료비를 추가 지급할 수 있다.

제3조에 따라 공사 차량 이외의 차량을 이용해 공무로 여행하는 경우 자동차 운임을 지급받을 수 있다. 여비는 제2조 제2항에 의거해 순로에 따라 계산하지만, 동 규정 제2조 제2항 단서에 의해 용무의 형편 또는 기타 불가피한 사유로 인하여 순로를 따를 수 없는 경우 실로에 따라 계산한다. 임원인 D는 공사 차량이 아닌 개인 차량을 이용해 공무차 춘천시로 이동하던 중이었으나, 이동경로 터널에서 예상치 못한 20중 추돌사고가 발생했다는 뉴스를 듣고 우회 이동하였다. 이 경우는 '기타 불가피한 사유'로 인해 순로에 따를 수 없는 경우에 해당하므로 실로에 따라 계산한다. 이에 임원인 D는 추가 발생한 통행료 6,000원 및 연료비 8,000원까지 모두 실비 지급받을 수 있다. 따라서 옳은 선지이다.

⑤ (○) 임원 E 및 1급 직원 F가 철도편으로 동일한 출장업무를 수행하는 경우 일반여비의 차이는 숙박비에서만 발생할 것이다.

➜ 관련 규정은 다음과 같다.

> 제2조(여비의 구분 및 계산) ① 여비는 여행목적에 따라 국내여비, 국외여비, 전근여비로 구분하고, 지출성격에 따라 일반여비(교통비, 일비, 숙박비, 식비), 이전비로 구분한다.
> ③ 여행일수는 업무로 소요되는 일수에 의한다. 다만, 업무의 형편상 천재지변, 그 밖의 불가피한 사유로 당해 출장을 연장하고자 하는 경우 전결권자의 승인이 있을 때 이를 출장일수에 포함한다.
> 제3조(여비의 지급기준) ① 교통비는 철도운임, 선박운임, 항공운임, 자동차운임으로 구분하며, 다음 각호에서 정한 바에 따른다.
> 1. 철도운임: 〈별표 1〉의 기준표에 따라 실비지급
> 2. 선박운임: 〈별표 1〉의 기준표에 따라 실비지급
> 3. 자동차운임: 공사 차량 이외의 차량을 이용하여 공무로 여행하는 경우에는 〈별표 1〉의 기준표에 따라 출장정산을 완료한 후에 지급한다. 단, 차량 동승자가 있을 경우에는 차량 감가상각비 및 연비보전을 위해 연료비를 추가 지급할 수 있다.
>
> ② 일비 및 식비는 여행일수에 따라 정액 지급한다.
> ③ 숙박비는 국내·외를 불문하고 숙박하는 밤의 수를 기준으로 〈별표 1〉의 기준표의 한도 내에서 지급한다.

제2조 제1항에 따라 일반여비는 교통비, 일비, 숙박비, 식비로 구분하는데, 임원 E 및 1급 직원 F는 철도편으로 동일한 출장 업무를 수행했다. 교통비의 경우 제3조 제1항 제1호를 보면 〈별표 1〉의 기준표에 따라 지급하는데, 이에 따르면 임원과 1급 이상의 직원에게는 모두 특실에 따른 실비를 지급한다. 일비와 식비의 경우 여행 일수에 따라 정액 지급되므로 직급에 따라 차이가 나지 않는다. 숙박비의 경우 제3조 제3항에 따라 숙박하는 밤의 수를 기준으로 〈별표 1〉의 기준표의 한도 내에서 지급한다. 〈별표 1〉에 따르면 임원 이상은 실비이지만 1급 이하 직원의 경우 숙박비의 한도가 존재한다. 그러므로 두 사람의 일반여비에서 차이가 난다면 숙박비에서 차이가 날 것이다. 따라서 옳은 선지이다.

합격자의 시간단축 Tip

Tip ❶ 법조문의 경우 정독보다는 발췌독을 활용해 문제를 푼다.

법조문 문제의 경우 처음부터 끝까지 모든 내용을 정독하면서 글을 읽을 필요가 없다. 법조문 문제임을 확인했다면, 가장 먼저 어떤 주제의 법조문인지와 각 조에 어떤 내용을 포함하고 있는지를 살핀다. 그다음, 선지의 내용에 해당하는 조항을 바로 찾아가서 답을 구하면 된다. 예를 들어 본 문제에서도 모든 내용을 정독하기보다는 여비의 구분, 여비의 지급기준과 같은 핵심 키워드만을 기억한다. 그리고 선지로 내려가 필요한 내용의 조항만 다시 올라가서 읽고 내려온다. 선지 ①의 경우 제2조와 제3조만 확인하면 정오 여부를 확인할 수 있다.

Tip ❷ 법조문 계산 문제에서는 '과정'과 '결과'를 나누어서 생각하자.

결과가 단편적으로 맞아보여도, 과정이 틀리면 선지는 오답이 된다. 특히 선지 ③과 같이 5% 등의 숫자를 활용한 경우, 5,000원이 5,250원이 되는 것은 맞으나 인천광역시 내의 출장이므로 과정이 틀렸다. 이와 같이 과정과 결과를 나누어 생각하면 실수로 틀릴 위험이 줄어든다.

26 정답 ① 난이도 ●●●

자원관리능력_수치 계산(비용, 시간)

> 제8조(국내여비 지급기준) 국내출장과 국내전근의 여비는 제3조(여비의 지급기준) 및 〈별표 1〉의 국내여비기준표에 따른다.
> 제22조(전근여비 지급기준) ① 전근의 명(3개월 이상의 파견을 포함한다)을 받아 신임지로 부임하는 자에게 전근무지로부터 실근무지까지의 소요일수에 따라 여비를 지급하며, 국내 전근의 경우 제8조의 규정을 적용한다. 다만, 신임지의 소재지가 전근무지와 동일 시·군 내의 경우이거나 실 주거지가 변동되지 않은 경우에는 이전비를 지급하지 않는다.
> ② 국내 전근의 경우 소요일수는 1일로 한다.
> ③ 국내 전근자가 가족(직계존속, 배우자, 미혼자녀)을 동반하였을 경우에는 가족에 대하여 〈별표 1〉에 정한 여비를 다음 각호에 따라 지급한다.
> 1. 12세 이상의 가족에 대하여는 1인당 직원 직급과 동액의 교통비, 일비, 식비
> 2. 12세 미만의 가족에 대하여는 1인당 직원 직급의 5할에 해당하는 교통비, 일비, 식비
>
> ④ 이전비는 〈별표 2〉에 정한 기준에서 증빙서류에 따라 실비 지급한다.

〈별표 1〉 국내여비 기준표

(단위: 만 원)

<table>
<tr><th rowspan="2">구분</th><th colspan="3">교통비</th><th rowspan="2">일비</th><th rowspan="2" colspan="2">1일당 숙박비 한도</th><th rowspan="2">식비</th></tr>
<tr><th>철도·버스·선박 운임</th><th>항공 운임</th><th>자동차 운임*</th></tr>
<tr><td>임원 이상</td><td>특실</td><td>Business</td><td rowspan="3">연료비, 통행료</td><td rowspan="3">2.5</td><td colspan="2">실비</td><td rowspan="3">2.5</td></tr>
<tr><td>1급</td><td>특실</td><td>Economy</td><td rowspan="2">서울 10, 광역시 8</td><td rowspan="2">기타 지역 7</td></tr>
<tr><td>2급 이하</td><td>일반실</td><td>Economy</td></tr>
</table>

※ 연료비 및 통행료는 실비지급을 원칙으로 하되, 차량 동승자가 있을 때에는 동승자가 1인인 경우 연료비의 3%, 2인일 경우 5%, 3인 이상일 경우 10%를 가산하여 지급함

〈별표 2〉 국내이전비 기준표

지급기준	지급액
5톤 이하의 이사화물	이사화물 이전비의 실비
5톤을 초과하는 이사화물 (7.5톤 초과 시 7.5톤을 상한으로 함)	5톤 이하 이사화물 이전비의 실비에 5톤 초과 7.5톤 이하의 이사화물에 해당하는 이전비의 실비(사다리차 이용료 포함)의 50%를 더한 금액

먼저 X가 전근여비 지급 대상인지 확인해봐야 한다. X는 경기지역본부에서 근무하던 도중 경남지역본부로 2년간 전근명령을 받았다. 제22조 제1항 단서에서는 국내 전근 중 이전비를 지급하지 않는 경우를 규정하고 있는데, X는 해당되지 않는다. 따라서 X는 전근여비를 지급받을 수 있다.

국내전근은 제8조에 의거하여 〈별표 1〉의 국내여비기준표에 따른 전근여비를 지급한다. 국내 전근의 경우 제22조 제2항에 따라 소요일수는 1일이며, 제2조와 제22조 제3항에 의거하여 지출 성격에 따라 일반여비(교통비, 일비, 식비)와 이전비로 구분된다. 그리고 제22조 제3항에 따라 가족을 동반한 경우 가족에 대하여 〈별표 1〉에서 정한 여비를 지급한다.

일반여비는 다음과 같이 구할 수 있다. X의 배우자는 제22조 제3항 제1호, 9세 자녀는 같은항 제2호를 적용한다.

1) 3급 직원 X 및 X의 배우자:
{교통비(기차 일반석 20,000원)+일비(25,000원)+식비(25,000원)}×2=140,000(원)

2) 9세 자녀:
{교통비(기차 일반석 20,000원)+일비(25,000원)+식비(25,000원)}×0.5=35,000(원)

따라서 일반여비는 175,000원이다.

이전비는 다음과 같이 구할 수 있다. 제22조 제4항에 의해 이전비에는 〈별표 2〉의 기준이 적용된다. X의 경우 이사 시 6톤 트럭 1대를 이용해 이사하였으며 5톤까지는 150만 원, 추가 1톤은 30만 원이 소요되었다.

1) 5톤 이하의 이사화물 이전비의 실비: 150만 원
2) 5톤 초과 7.5톤 이하의 이사화물에 해당하는 이전비의 실비의 50%: 30만 원×0.5=15(만 원)

이전비로 지급되는 금액은 150만 원+15만 원=165(만 원)이다. 따라서 총 전근여비는 일반여비(175,000원)+이전비(1,650,000)=182.5(만 원)이다.

합격자의 시간단축 Tip

Tip 시간이 부족하다면 문제를 과감히 넘기도록 한다.

NCS 시험은 정해진 시간 안에 모든 문제를 푸는 시험이 아닌 최대한 많은 문제를 푸는 시험이다. 그러므로 특정 문제의 풀이나 계산이 길어질 것 같다면 과감하게 해당 문제를 넘기도록 한다.

본 문제의 경우에도 문제 상황을 분석하고 이전비를 제외한 여비와 이전비를 각각 별도로 계산해야 한다. 법조문의 구조나 제시문의 상황 파악이 제대로 되지 않을 경우, 여비를 구하는데 오랜 시간이 걸릴 수 있다. 이에 해당 문제를 풀어 맞게 되어도 시간 내에 뒤의 문제들을 풀 수 없어 오히려 고득점이 어려울 수 있다.

그러므로 해당 문제가 오랜 시간이 걸린다고 판단이 되었다면 차라리 넘기고 그 시간에 다른 문제들을 푸는 전략을 세우는 것도 중요하다.

27 정답 ③ 난이도 ●●○

자원관리능력_경로

[방법 1]

먼저 매장의 점검에 소요되는 시간을 정리한다. 매장 면적 $40m^2$당 8분이 소요되며, 피크시간의 경우 1.5배가 된다.

구분	매장 면적	소요시간	피크시간
A분점	$100m^2$	20분	30분
B분점	$120m^2$	24분	36분
C분점	$80m^2$	16분	24분

소요시간은 피크시간이 아닌 시간이라도 매장 점검에만 소요되는 시간이 60분임을 알 수 있다. A에게 주어진 시간은 90분이므로 매장을 모두 점검하고 L베이커리까지 돌아오는 이동시간에 쓸 수 있는 시간은 30분이 최대이다. 피크시간에 점검을 하는 경우 시간이 최소 8분 이상 늘어남을 알 수 있다. 따라서 피크시간은 반드시 피해서 점검을 하여야 한다.
L베이커리에서 첫 번째 매장으로 이동하는 경우에 대해 살펴본다. B분점과 C분점은 모두 12시 5분에 피크시간이 종료된다. 그리고 L베이커리에서 각각의 분점으로 이동하는 시간은 모두 10분 이상이므로 두 분점 중 한 곳에 먼저 가서 점검을 할 수 있다. A분점은 이동시간을 고려하더라도 피크시간에 도착하게 되므로 제외한다. B, C분점은 모두 피크시간 이후의 점검이므로 점검에 소요되는 시간은 24분, 16분으로 총 40분이 소요된다.

1) B분점을 먼저 들른 경우
경로는 ① L베이커리 → B분점 → A분점 → C분점 → L베이커리 ② L베이커리 → B분점 → C분점 → A분점 → L베이커리로 나누어 볼 수 있다. 이때 ①이 A분점의 피크시간을 피할 수 있는지 살펴보자. L베이커리에서 B분점까지의 이동 시간 및 점검 시간은 총 10분+24분=34(분)으로 12시 34분이 되어, 여기에서 A분점으로 이동하는 시간을 고려하면 12시 40분을 도과하게 된다. B분점에서 A분점으로 바로 이동하더라도 피크시간은 피할 수 있어 가능한 경우가 된다. ①의 경우 A분점의 점검 시간까지 고려하면 점검 시간은 총 60분이며, 이동 경로에 따라 이동 시간만 계산해보면 10+8+8+12=38(분)이 소요된다. 즉, 위에서 검토한 바와 같이 이동시간은 30분 이내여야 하므로 ①의 순서로 점검하는 경우 90분 내에 L베이커리에 입장하지 못한다. ②의 경우도 동일하게 검토하는데, 마찬가지로 C분점을 먼저 들르므로 A분점의 피크시간도 피할 수 있고, 이 경우 점검 시간은 60분으로 동일하다. 이동시간만 검토하면 10+6+8+5=29(분)으로 90분 내에 이동 및 점검을 모두 마칠 수 있게 된다.

2) C분점을 먼저 들른 경우
C분점을 먼저 들른 경우 이동 시간과 점검 시간의 총합은 12분+16분=28(분)으로, 12시 28분에 점검이 끝나게 되고, A분점으로 이어서 이동하는 경우 피크시간에 도착하게 된다. 따라서 C분점을 먼저 들른 경우의 이동 경로는 L베이커리 → C분점 → B분점 → A분점 → L베이커리이다. 모두 피크시간을 피했으므로 점검 시간은 60분, 이동 시간만 보면 12+6+8+5=31(분)으로, 총 90분을 초과한다.

따라서 가능한 경우는 L베이커리 → B분점 → C분점 → A분점 → L베이커리이고, 매장 점검의 순서는 B−C−A순이다.

[방법 2]
선지별로 소요시간을 검토한다. 매장별 점검 시간은 다음과 같다.

구분	매장 면적	소요시간	피크시간
A분점	100m²	20분	30분
B분점	120m²	24분	36분
C분점	80m²	16분	24분

① (×) A−B−C
- 이동 시간: 5+8+6+12=31(분)
- 점검 시간: 30+24+16=70(분) (A는 피크시간이 적용된다.)
- 전체 소요시간: 101분으로 90분을 초과하므로 점검 순서로 옳지 않다.

② (×) B−A−C
- 이동 시간: 10+8+8+12=38(분)
- 점검 시간: 24+20+16=60(분)
- 전체 소요시간: 98분으로 90분을 초과하므로 점검 순서로 옳지 않다.

③ (○) B−C−A
- 이동 시간: 10+6+8+5=29(분)
- 점검 시간: 24+16+20=60(분)
- 전체 소요시간: 89분으로 90분을 초과하지 않으므로 점검 순서로 옳다.

④ (×) C−A−B
- 이동 시간: 12+8+8+10=38(분)
- 점검 시간: 16+30+24=70(분) (A는 피크시간이 적용된다.)
- 전체 소요시간: 108분으로 90분을 초과하므로 점검 순서로 옳지 않다.

⑤ (×) C−B−A
- 이동 시간: 12+6+8+5=31(분)
- 점검 시간: 16+24+20=60(분)
- 전체 소요시간: 91분으로 90분을 초과하므로 점검 순서로 옳지 않다.

합격자의 시간단축 Tip

Tip ❶ 피크시간 최소화하기
이와 같은 유형에서는 피크시간과 같이 시간이 늘어나는 요소가 있다면 최소한 피해서 적용해보는 것이 좋다.

해당 문제는 아예 적용되지 않는 선지 ③이 정답이었는데, 비슷한 유형을 만날 경우 아예 적용되지 않을 수 있는 방법을 찾거나 최소한으로 적용하도록 하여야 한다. 바로 계산을 들어가기보다 피크시간이 적용되지 않을 수 있는 순서를 우선적으로 고려하면 시간을 단축할 수 있을 것이다. B분점, C분점은 5분만 지나면 피크시간이 끝나기 때문에 B분점, C분점을 먼저 방문하는 것이 좋다. 그리고 C분점은 매장 면적이 작아 C－A－B로 가는 경우 A분점에 여전히 피크시간이 적용될 가능성이 높다. 따라서 우선 선지 ①, 선지 ④는 제외하고 나머지 선지 중에 가능한 경우가 있는지 따져보는 것이 좋다.

Tip ❷ 총 수의 개념을 활용하여 계산 단순화하기

각 분점별 점검 시간은 고정되어 있으므로 피크시간이 적용되는지 여부만을 파악하고, 순서에 따른 이동시간은 별도로 계산한다면 과정이 좀 더 간소화될 수 있다. 특히 문제의 경우 주어진 총시간은 90분인데 비해, 각 매장마다 소요되는 점검 시간의 총합인 60분을 빼면 순수 이동시간에만 할애할 수 있는 시간은 30분에 불과하다. 즉, 피크시간을 고려하지 않더라도 기본적으로 점검하는데 60분이 소요되는 바, 이동이 30분 이내로 이루어져야 한다. 각 지점에서 다른 지점으로의 이동시간이 8분 남짓임을 감안하면 이동시간만 고려해도 지장없다는 것을 추론할 수 있다.

Tip ❸ 선지 대입해보기

문제의 조건과 논리를 모두 파악해서 문제를 푸는 방법도 있으나, 문제의 선지를 대입해서 푸는 경우가 빠를 때가 많다. 결국 선지 5개 중에 답이 있기 때문이다. 위의 [방법 2]를 보면 기본 점검 시간 60분은 고정된 소모 시간이고, 이동 시간을 비교할 수 있다. 그런데 선지 ③을 제외하면 이동 시간이 모두 30분 이상이다. 만약 문제에서 K씨에게 주어진 시간이 100분 이상이었다면 이동 시간이 40분 이내인 선에서 피크 시간을 계산해서 선지별로 비교해야 했을 것이다.

그러나 해당 문제에서는 K씨에게 주어진 시간을 90분으로 설정했고, 이동 시간을 30분으로 제한했다. 이는 곧 선지를 대입해서 풀었다면 '피크시간'이라는 정보는 문제해결에 아무런 도움을 줄 수 없는 함정 조건이었다는 뜻이다.

이는 곧 출제자의 출제 의도에 따라 문제를 푸는 효율적인 방법이 달라질 수 있었음을 의미한다. 그러나 수험자 입장에서 문제를 보자마자 출제 의도를 간파하는 것은 불가능하다. 따라서 더 빠른 방법을 시도해보고 그 방법으로 문제가 풀리지 않는다면 다시 정석적인 방법을 시도하는 것이 효율적일 것이다.

28 정답 ❷ 난이도 ●●●

자원관리능력_공고문/규정 이해

① (×) 국내선을 이용하여 가장 많은 마일리지를 적립받는 경우, 편도 기준으로 420마일리지를 적립받을 수 있다.

➜ 적립받게 되는 마일리지는 (구간별 마일리지 적립 기준치)×(마일리지 적립률)을 통해 계산된다. 따라서 국내선을 이용할 경우, 마일리지 기준치가 높을수록, 적립률이 높을수록 많은 마일리지를 적립받게 된다. 국내 노선 중 '김포, 인천－제주' 노선의 마일리지가 가장 크며, 클래스별로는 퍼스트 클래스가 125%로 적립률이 가장 높다. 따라서 가장 많은 마일리지를 적립받는 경우, 280×1.25＝350마일리지를 적립받을 수 있다. 제시된 420마일리지는 국제선의 퍼스트 클래스에 따른 적립률인 150%가 적용된 것으로 틀린 설명이다.

② (○) ○○항공의 할인 기간에 정가의 70% 가격으로 '인천–시애틀' 왕복 항공권을 구매한 경우, 적립받을 수 있는 최소 마일리지는 5,200마일리지이다.

➜ 정가의 70%의 가격으로 항공권을 할인받은 경우 할인율은 30%에 해당하고, 할인율이 50%를 초과하지 않으므로 유의사항 4번째 조건에 따라 마일리지의 적립 대상이 된다. 또한 3번째 조건에 따르면 정가를 기준으로 마일리지가 적립되므로, 마일리지 계산 시 할인율은 고려하지 않아도 된다. '인천－시애틀'의 경우 편도 기준 5,200마일리지가 기준치이며, 왕복 항공권이므로 5,200×2＝10,400마일리지가 기준치가 된다. 적립받을 수 있는 최소 마일리지를 구하기 위해 마일리지 적립률이 가장 낮은 클래스를 찾는다. 국제선의 경우, 이코노미 N, S, Q 클래스인 경우의 마일리지 적립률이 최소이며, 이때의 마일리지 적립률은 50%이므로 적립받을 수 있는 최소 마일리지는 10,400×0.5＝5,200마일리지이다. 따라서 옳은 설명이다.

③ (×) '인천－부산' 편도 항공권을 이코노미(Q) 클래스로 예약하였는데, 항공사에서 좌석 업그레이드 서비스를 제공해 비즈니스(A) 클래스로 탑승하게 된 경우 마일리지는 적립되지 않는다.

➜ 2번째 조건에 따르면 마일리지는 구입한 항공권을 기준으로 적립되며 배정받은 좌석에 의해 적립되지 않는다. 따라서 구매한 항공권의 클래스인 이코노미(Q) 클래스에 따라 적립률은 100%가 된다. 이때 인천－부산 편도 항공권의 마일리지는 210이므로 총 210마일리지가 적립된다. 틀린 설명이다.

④ (×) 2024년 12월 31일 오후 10시에 인천에서 출발하여 한국시각으로 2025년 1월 1일 새벽 4시에 방콕에 도착한 승객의 회원 등급이 클래식인 경우, 해당 항공편으로 인해 적립된 마일리지는 2034년 12월 31일까지 사용할 수 있다.

→ 첫 번째 조건에 따르면 마일리지는 탑승하여 출발한 날의 익일 오전에 적립되므로 2024년 12월 31일에 출발한 경우, 2025년 1월 1일에 적립된다. 또한 클래식 등급인 경우 마일리지가 적립된 날이 포함된 해를 제외하고 10년째 되는 해의 12월 31일까지가 마일리지 유효기간이므로, 2025년을 제외하고 10년째 되는 해인 2035년 12월 31일까지 마일리지를 사용할 수 있다. 따라서 틀린 설명이다.

⑤ (×) 한국에서 ○○항공을 이용해 다낭에 가는 경우 부산에서 출발하는 것이 인천에서 출발하는 것보다 항상 더 많은 마일리지가 적립된다.

→ 부산에서 다낭에 가는 경우 마일리지 적립 기준치는 1,860이고, 인천에서 출발하는 경우 마일리지 적립기준치는 1,840마일리지이다. 적립받게 되는 마일리지는 (구간별 마일리지 적립 기준치)×(마일리지 적립률)임을 고려할 때, 적립 기준치의 값이 부산에서 출발하는 경우가 더 크다고 하더라도, 마일리지 적립률이 인천에서 출발하는 경우에 더 크다면, 인천에서 출발할 때 더 많은 마일리지가 적립될 수도 있다. 극단적으로 예시를 들면, 부산에서 출발하는 경우 50%의 최소 적립률을 적용받아 1,860×0.5=930(마일리지)가 적립되고, 인천에서 출발하는 경우 150%의 최대 적립률을 적용받아 1,840×1.50=2,760(마일리지)가 적립될 수도 있다. 이처럼 구매한 항공권의 클래스에 대한 정보 없이는 적립될 마일리지의 대소를 비교할 수 없는 바, 부산에서 출발할 때 '항상' 더 많은 마일리지를 적립할 수 있다고 볼 수 없다. 따라서 틀린 설명이다.

합격자의 시간단축 Tip

Tip ❶ 확실한 정답을 확인하면 나머지 선지는 확인하지 않는 것도 좋은 전략이다.

선지 ①~⑤ 모두 크게 복잡한 선지는 아니다. 앞에서부터 선지를 하나씩 파악해가다가 정답이 확실하다고 생각되면 나머지 선지는 확인하지 않고 넘어가는 것도 시간 단축의 좋은 전략이다. 다만, 선지마다 약간의 함정이 존재하기 때문에 각 선지와 마일리지 적립 시 유의사항을 꼼꼼히 확인하여 정답을 확실하게 체크해야 한다. 선지 ②의 경우 할인율이 70%라고 착각하여 마일리지가 적립되지 않는다고 판단한다면 시간 낭비와 오답으로 가는 지름길이 될 수 있다.

Tip ❷ 극단적인 선지는 옳을 확률이 낮다.

선지 ③의 경우 '(예약을 했음에도,) 마일리지가 적립되지 않는다.'고 표현하고 있다. 또, 선지 ⑤의 경우 '항상 더 많은 마일리지가 적립된다.'고 함으로써 다소 극단적인 표현을 하고 있다. 여담으로, 상식과 반하는 내용이 제시된다면 의심해볼 법하다. ③과 관련하여 항공사가 서비스를 제공해 준 것뿐인데, 마일리지가 적립되지 않는다는 건 상식적으로 어색하다. 이처럼 정선지일 가능성이 낮은 내용은 본문으로 돌아가 정오판단을 하는 것을 과감하게 보류하고, 정답일 가능성이 높아 보이는 다른 선지부터 판단하는 것도 시간 단축에 도움이 된다.

29 정답 ②

난이도 ●○○

자원관리능력_수치 계산(비용, 시간)

A씨의 일정을 정리하면 아래와 같다.

1) 2025년 6월 2일: 부산 → 베이징
2) 2025년 6월 7일: 베이징 → 인천
3) 2025년 6월 11일: 인천 → 로스앤젤레스
4) 2025년 6월 19일: 로스앤젤레스 → 인천
5) 2025년 6월 21일: 인천 → 부산

1)의 경우 A씨는 마일리지를 이용하여 항공 요금의 일부(40%)를 결제하였다. [마일리지 적립 시 유의사항]의 네 번째 항목에 따르면, 항공 요금의 일부만 마일리지로 결제한 경우라도 마일리지를 이용해 구입한 항공권은 마일리지가 적립되지 않으므로 1)에 따른 마일리지 적립은 없다.

2)의 경우 구간에 따른 마일리지 기준치는 570이고, A씨는 국제선 이코노미(T) 클래스를 이용하였으므로 적립률은 100%가 된다. 따라서 570마일리지가 적립된다.

3)과 4)의 경우 인천과 로스앤젤레스의 왕복이므로 구간별 마일리지 기준치는 6,000×2=12,000이다. A씨는 이 노선에서 국제선 비즈니스(J) 클래스를 이용하였으므로 적립률은 125%가 된다. 따라서 12,000×1.25=15,000마일리지가 적립된다.

5)의 경우 첫 번째 기준에 따르면 마일리지는 탑승하여 출발한 날을 기준으로 익일 오전에 적립되므로, 해당 항공편에 대한 마일리지는 2025년 6월 22일에 적립된다. 그런데 설문의 경우 2025년 6월 21일을 기준으로 적립받을 수 있는 마일리지를 물었으므로 5)에 따른 마일리지 적립은 없다.

따라서 총 마일리지는 570+15,000=15,570마일리지이다.

합격자의 시간단축 Tip

Tip ❶ 문제풀이에 필요없는 정보와 필요한 정보를 빠르게 구분한다.

1)부산에서 베이징으로 출국 시의 항공권과 5)인천에서 부산행 항공권은 문제에서 요구하는 마일리지 적립 대상이 아니므로 계산을 하지 않아도 된다. 즉, 항공 요금의 '40%'를 마일리지로 결제하였다는 정보나, 국내선 항공편은 이코노미(T) 클래스를 구매하였다는 정보 등은 복잡하게 보이기 위한 불필요한 정보이므로 이를 빠르게 제외시키는 것이 중요하다.

Tip ❷ 소수는 분수로 바꾸어서 계산한다.

1.25를 곱해야 하는 경우 1.25 대신 $\frac{5}{4}$를 곱한다면 약분이 되어 훨씬 빠르게 계산할 수 있다. 분수 곱셈의 경우 대부분 약분이 되기 때문에 1.25와 같이 세자릿수 곱셈이 필요한 경우 소수 대신 분수를 활용하는 것을 추천한다.

Tip ❸ 보기를 적극적으로 활용하자.

주관식이 아닌 객관식을 풀고 있음에 항상 유의하자. 우리는 구체적인 값을 몰라도, 보기를 통해 답을 유추할 수 있다. 이 때문에 계산하기 전에 보기를 살펴보면 도움이 될 때가 많다. 적립률이 이코노미 T로 적립률이 100%, 비즈니스 J로 적립률이 125%인 이상 최소한 ①, ⑤와 같이 일의 자리 숫자가 애매한 수들은 답일 확률이 현저히 적을 것이다. 실전에서 시간 압박에 찍게 되는 일이 발생한다 하더라도, 정답일 가능성이 없는 선지 정도는 가려낼 수 있길 바란다.

30 정답 ③ 난이도 ●○○

문제해결능력_지문의 이해 및 활용

① (×) 2024년 3분기에 미국의 GDP는 직전 분기보다 감소하였다.

➜ GDP가 증가했는지 감소했는지는, 성장률이 양수인지 음수인지에 따라 판단할 수 있다. 만약 성장률이 양수라면 GDP는 증가한 것이고, 음수라면 GDP가 감소한 것이다. 2024년 3분기 미국의 GDP 성장률은 2.2%로, 직전 분기의 성장률인 2.8%보다 낮은 수치이지만 양수의 값을 가지므로 GDP 자체는 증가하였다. 즉, 성장률이 낮아진 것일 뿐, GDP가 감소한 것이 아니다. 따라서 틀린 설명이다.

② (×) 한국과 미국은 GDP 성장률을 YoY 방식으로 발표하지 않는다.

➜ 제시문 2문단에 따르면 한국과 미국은 QoQ 방식을 주요 지표로 발표하긴 하지만, YoY 방식도 참고 지표로 발표한다. 따라서 YoY 방식으로 발표하지 않는다는 설명은 틀린 설명이다.

③ (○) 〈표〉의 ㉠에 들어갈 숫자는 ㉡에 들어갈 숫자보다 1.2 더 크다.

➜ YTD 성장률은 해당 연도 시작부터 현재 분기까지의 누적된 GDP 성장률이므로, 1분기의 YTD 성장률은 1분기 GDP 성장률과 동일하다. 따라서 ㉠=5.0, ㉡=3.8이므로 ㉠에 들어갈 숫자가 ㉡에 들어갈 숫자보다 5.0−3.8=1.2 더 크다. 옳은 설명이다.

④ (×) 2025년 4분기에 중국의 전년 동기 대비 GDP 예상 성장률은 한국의 3배다.

➜ 2025년 4분기 YoY 방식에 따른 중국의 전년 동기 대비 GDP 예상 성장률은 3.0%이다. 한국은 QoQ 방식의 수치만 있으므로 YoY 방식 수치를 직접 계산해야 한다. 2025년 4분기 한국의 전년 동기 대비 GDP 예상 성장률은 (1+0.004)×(1+0.005)×(1−0.001)×(1+0.01)≒1.018이므로 약 1.8%이다. 3.0%는 1.8%의 3배 미만이다. 따라서 한국의 3배라는 설명은 옳지 않다. 틀린 선지이다.

⑤ (×) 2024년의 모든 분기에서 직전 분기 대비 GDP 성장률은 미국이 한국보다 높다.

➜ 제시문 3문단에 따르면 미국은 직전 분기 대비 GDP 성장률은 연율로 환산하는 과정을 거쳐 성장률을 발표한다. 그런데 한국은 직전 분기 대비 GDP 증가율을 그대로 성장률로 발표하므로, 한국과 미국의 GDP 성장률을 비교하기 위해서는 미국의 GDP 성장률을 연율 환산 전으로 되돌려서 판단해야 한다. 제시문에 따르면

$(1+\text{직전 분기 대비 GDP 성장률})^4=(1+\text{QoQ 연율})$이므로, $(1+\text{직전 분기 대비 GDP 성장률})=(1+\text{QoQ 연율})^{\frac{1}{4}}$이다. 따라서 $(1.02)^{\frac{1}{4}}≒1.00496$

이므로 약 2024년 1분기의 직전 분기 대비 GDP 성장률은 약 0.496%이다. 즉, 2024년 1분기의 경우 직전 분기 대비 GDP 성장률은 한국(1.9%)이 미국(0.496%)보다 높다.

합격자의 시간단축 Tip

Tip 성장률을 정확히 계산할 필요는 없다.

선지 ①, ④, ⑤ 모두 각 국가의 분기별 GDP 성장률을 정확히 구할 필요가 없는 문제이며, 사실상 정확히 구하기가 어려운 문제이다. 정확한 계산 없이도 성장률이 양수인지 음수인지, 연율로 환산된 것인지 아닌지를 확인하여 정오 판단을 할 수 있으므로, 당황하지 않고 접근한다면 성장률의 대소 비교는 가능할 것이다.

한편 어림산 방법에 대해 설명하면 다음과 같다. 선지 ④의 경우 $(1+x)(1+y) \fallingdotseq 1+x+y$ (단, $x \leq 0.05$, $y \leq 0.05$)가 성립함을 이용하자. $(1+x)(1+y)=1+x+y+xy$인데, x와 y가 모두 0.05 이하로 작은 값이면 xy의 값은 무시해도 될 만큼 작은 값일 것이다. 따라서 1~4분기 QoQ 성장률이 각각 0.4%, 0.5%, −0.1%, 1.0%인 한국의 예상 성장률은 $(1+0.004)\times(1+0.005)\times(1-0.001)\times(1+0.01) \fallingdotseq 1+0.004+0.005+(-0.001)+0.01 \fallingdotseq 1.018$이라고 어림산을 할 수 있다.

선지 ⑤의 경우, 연율 환산의 구조를 이해했어야 한다. 한국과 미국의 2024년 1분기 QoQ 수치가 각각 1.9%와 2.0%로 크게 차이가 나지 않는 상태다. 한편, 미국은 연율 환산을 한 값으로 다시 $\frac{1}{4}$제곱을 해야 하는 바, 비슷한 수치에서 $\frac{1}{4}$제곱을 한 미국의 값이 훨씬 작음을 계산을 하지 않더라도 쉽게 판단할 수 있다.

31 정답 ③ 난이도 ●○○

문제해결능력_지문의 이해 및 활용

㉠ **(O) 2024년의 전년 대비 연간 GDP 성장률은 가까스로 5% 목표를 달성하였지만, 2025년에는 목표치 5%에 미달할 것으로 전망되고 있다.**

→ 전년 대비 연간 GDP 성장률은 〈표〉의 4분기 YTD 수치로 파악할 수 있다. 제시문 4문단에 따르면 YTD는 해당 연도 시작부터 현재 분기까지의 누적된 GDP 성장률을 의미하며, 4분기 YTD는 해당 연도의 1~4분기 GDP 합계와 전년도의 1~4분기 GDP 합계를 비교하여 증가율을 계산한 값이다. 즉, 4분기 YTD의 경우 그 해의 1~4분기의 GDP 합계를 비교하여 증가율을 산출한 값이다. 따라서 4분기 YTD에는 해당 연도의 모든 분기(1~4분기)의 성장률이 반영되므로, 이것이 곧 전년 대비 연간 GDP 성장률을 의미한다고 볼 수 있다. 따라서 제시된 〈표〉를 통해 중국의 2024년 전년 대비 연간 GDP 성장률은 5%로 목표치에 부합하고, 2025년은 4.5%로 목표치 5%에 미달한다는 것을 확인할 수 있다. 옳은 설명이다.

㉡ **(O) 3분기에는 전년 동기 대비 5.8% 성장하며 3분기에 연간 누적 성장률이 4.5%를 넘어설 것으로 예상되나, 4분기에 성장률이 급락하여 2025년의 전년 대비 연간 GDP 성장률은 4.5%에 머무를 것으로 점쳐진다.**

→ 중국의 2025년 2분기 YoY 성장률은 5.3%, YTD 성장률은 4.6%인데, 3분기 YoY 성장률은 5.8%로 더 높아지므로 3분기까지 반영한 YTD 성장률도 4.6%에서 더 높아지게 된다. 따라서 중국의 2025년 3분기 연간 누적 성장률(YTD)는 4.6% 이상으로, 4.5%를 넘어설 것으로 예상된다. 한편, 4분기에는 YoY 성장률이 3.0%로 급락하며, ㉠에서와 같은 논리로 4분기 YTD 성장률를 통해 2025년 연간 성장률은 4.5%에 머무르게 된다는 사실을 확인할 수 있다. 따라서 옳은 설명이다.

㉢ **(×) 미국의 경우 2025년 1분기와 2분기 모두 전년 동기 대비 1% 이상 역성장하여 기술적인 경기 침체가 발생한 상태로 볼 수 있다.**

→ 주어진 〈표〉에 따르면 미국의 2025년 1분기와 2분기 QoQ 성장률은 모두 마이너스를 기록하여 2분기 연속 역성장이므로 기술적인 경기 침체가 발생한 상태라고 볼 수 있다. 그러나 이는 '직전 분기' 대비 성장률을 나타내는 QoQ 방식에 따른 수치이므로, 전년 동기 대비 성장률, 즉 YoY 기준으로 역성장하였다고는 볼 수 없다. 또한 미국은 직전 분기 대비 GDP 증가율을 연율로 환산하는 과정을 거쳐 성장률을 발표하므로, 〈표〉에 주어진 QoQ 수치를 연율로 환산하기 이전의 실제 GDP 증가율 값으로 되돌려야 한다. 이에 따라 2025년 1분기와 2분기의 전년 동기 대비(YoY) 성장률을 계산해 보면 다음과 같다.

- 2025년 1분기:

$1.028^{\frac{1}{4}} \times 1.022^{\frac{1}{4}} \times 1.05^{\frac{1}{4}} \times (1-0.016)^{\frac{1}{4}}$

$\fallingdotseq (1.085)^{\frac{1}{4}}$

=약 1.0225이므로 성장률은 약 2.25%이다.

- 2025년 2분기:

$1.022^{\frac{1}{4}} \times 1.05^{\frac{1}{4}} \times (1-0.016)^{\frac{1}{4}}$

$\times (1-0.011)^{\frac{1}{4}} \fallingdotseq (1.044)^{\frac{1}{4}}$

=약 1.0108이므로 성장률은 약 1.08%이다.

→ 증가

YoY 방식에 따른 GDP 성장률이 모두 양수값을 가지므로 역성장하였다고 볼 수 없다. 따라서 틀린 설명이다.

합격자의 시간단축 Tip

Tip 쉬운 보기 먼저 해결한다.

보기 ㉠, ㉡은 비교적 계산이 쉬운 선지에 해당한다. 특히 보기 ㉠의 경우 연간 GDP 성장률이 4분기 YTD 성장률과 같다는 것을 파악하면 별도의 계산조차 필요하지 않다. 따라서 비교적 간단한 보기 ㉠, ㉡을 먼저 해결하면 보기 ㉢은 별도로 정오 판단을 할 필요 없이 옳지 않은 설명에 해당함을 알 수 있다.

32 정답 ② 난이도 ●○○

문제해결능력_지문의 이해 및 활용

① (○) 펀드의 브랜딩은 투자지역/섹터/전략 부분에서 형성된다.
→ [2.투자지역/섹터/전략] 규칙에서 확인할 수 있는 내용이다. 투자지역/섹터/전략 부분에서 펀드의 투자전략을 압축해서 보여주며, 이 부분을 통해 펀드의 브랜딩을 한다. 옳은 설명이다.

② (×) 비용구조가 A인 펀드의 연간보수는 비용구조가 Ce인 펀드보다 높다.
→ [8. 비용구조] 규칙에서 확인할 수 있다. 비용구조가 A인 펀드의 연간보수는 C보다 낮다. 그런데 'e'가 붙은 온라인 펀드는 연간보수가 오프라인 펀드보다 낮으므로, Ce의 연간보수는 C보다 낮다. 즉, Ce, A 모두 C보다 연간보수가 낮다는 사실을 알 수 있을 뿐, Ce와 A간 비교는 불가능하므로, 틀린 설명이다.

③ (○) 일반적인 투자자가 가입하는 펀드의 이름에는 '자투자신탁'이 들어간다.
→ [4. 모자구분]과 [5. 법적성격] 규칙에서 확인할 수 있다. 위의 두 규칙에 따르면, 일반적인 투자자가 가입하는 것은 자(子)펀드, 투자신탁이다. 펀드 이름은 '띄어쓰기 없이 1부터 8까지 순서대로 모두 붙여 쓴다'고 되어 있으므로, 일반적인 투자자가 가입하는 펀드의 이름에는 '자투자신탁'이 들어간다. 옳은 설명이다.

④ (○) 어떤 운용회사가 처음 출시하는 성격의 펀드 이름에는 '1호'가 들어간다.
→ [6. 호수] 규칙에서 확인할 수 있다, 같은 운용회사에서 동일한 성격의 펀드가 다수 존재하면 만들어진 순서에 따라 호수가 붙는다. 최초의 펀드는 '1호'부터 시작하므로, 처음 출시하는 성격의 펀드 이름에는 '1호'가 들어갈 것이다. 옳은 설명이다.

⑤ (○) 이름에 '(채권)'이 들어간 펀드는 '(채권혼합)'이 들어간 펀드보다 채권투자비율이 높다.
→ [7. 주운용자산] 규칙에서 확인할 수 있다. 이름에 '(채권)'이 들어간 펀드는 채권투자비율이 60% 이상, '(채권혼합)'이 들어간 펀드는 채권투자비율이 50% 초과 60% 미만이므로 '(채권)'이 들어간 펀드의 채권투자비율이 더 높다. 옳은 설명이다.

합격자의 실전 풀이 순서

❶ 세트 문제이므로, 01번 문제는 일치불일치, 02번과 03번은 응용문제임을 확인한다.

❷ 내용을 구체적으로 읽기보다는 1~8 규칙의 각 항목의 대분류만 살펴본다.

❸ 응용문제 먼저 해결 후, 01번으로 돌아와서 문제를 푼다.

합격자의 시간단축 Tip

Tip 응용문제를 먼저 풀고 오는 것이 도움이 될 때가 있다.

세트 문제일 경우, 1번 문제는 단순 일치·불일치 판단 문제이고 2~3번 문제가 제시문 응용문제인 경우가 많다. 그럴 때, 응용문제를 먼저 풀어 규칙을 실제 예시에 구체적으로 적용해 봄으로써, 제시문을 구체적으로 읽지 않아도 내용 전반을 한 번에 이해할 수 있게 되기도 한다. 또는 2번 문제를 해결하면서 겹치는 정보에 해당하는 1번 문제의 선지를 동시에 해결하는 것도 시간을 단축하는 방법이다.

33 정답 ⑤ 난이도 ●○○

문제해결능력_지문의 이해 및 활용

① (○) 모펀드가 존재한다.
→ [4. 모자구분] 규칙에서 확인할 수 있다. 펀드 이름 중간에 '증권자투자신탁'이 있는데, 여기서 '증권'과 '투자신탁' 사이의 '자'는 이 펀드가 자펀드임을 의미한다. 자펀드는 1개의 모펀드가 존재한다. 옳은 설명이다.

② (○) 판매수수료가 없는 펀드다.
→ [8. 비용구조] 규칙에서 확인할 수 있다. 비용구조가 Ce이다. C는 판매수수료가 없는 펀드라는 의미이므로 옳은 설명이다.

③ (○) 대만 반도체 섹터에 투자하는 펀드다.

➜ [2. 투자지역/섹터/전략] 규칙에서 확인할 수 있다. 투자지역이나 국가의 이름으로 시작하며, 그 뒤로 섹터와 전략이 명명된다. 펀드 이름에 '대만반도체밸류체인'이 있으므로, 투자 국가가 대만이고, 반도체 섹터에 투자하는 펀드라는 것을 알 수 있다. 옳은 설명이다.

④ (○) 같은 운용사에서 동일한 성격의 펀드를 출시한 적이 있다.

➜ [6. 호수] 규칙에서 확인할 수 있다. 같은 운용회사에서 동일한 성격의 펀드가 다수 존재하게 될 경우의 혼선을 방지하고자, 만들어진 순서에 따라 '1호', '2호' 등의 호수가 붙게 된다. 최초의 펀드가 '1호'부터 시작하는 바, 해당 펀드는 '2호'이므로 같은 운용사에서 동일한 성격의 펀드 '1호'를 출시한 적이 있을 것이다. 옳은 설명이다.

⑤ (×) 주식 및 주식 관련 파생상품에 60% 이상 직접 투자하는 펀드다.

➜ [7. 주운용자산] 규칙에서 확인할 수 있다. '-재간접'이라는 용어가 뒤에 붙는 펀드의 경우, 주식 등에 직접 투자하는 것이 아니라 다른 펀드에 재투자하는 펀드를 의미한다. 펀드 이름에 '(주식-재간접)'이 있으므로 주식 및 주식 관련 파생상품에 직접 투자하는 펀드가 아니라 다른 펀드에 재투자하는 펀드이므로 잘못된 설명이다.

합격자의 실전 풀이 순서

선지를 먼저 확인한 후, 관련 내용이 있을 것 같은 조항을 찾아 올라간다.

합격자의 시간단축 Tip

Tip ❶ 상식적으로 접근한다.

문제해결에 나오는 문항들은 대부분 실제 규칙에 근거한다. 그런 만큼 상식적으로 접근하여 정답의 범위를 좁혀나갈 수 있다. 예를 들어 ③과 같이, 펀드 이름에 '대만반도체밸류체인'이 있는 경우 굳이 확인하지 않아도 대만 반도체 섹터에 투자하는 펀드임을 충분히 유추할 수 있을 것이다.

Tip ❷ 필요한 정보만 확인한다.

본문의 모든 정보를 읽는 것이 아니라 문제 풀이에 필요한 정보만 찾아 읽는다. 예를 들어 보기에 '증권'이 있으므로 3. 자산종류에서 모든 '증권'에 해당하는 정보만 읽는 것이다. 모든 정보를 숙지할 필요가 없으므로 본문부터 읽는다면 상당한 시간을 낭비하게 된다. 따라서 선지부터 읽고 필요한 정보만 발췌독한다.

34 정답 ② 난이도 ●●●

문제해결능력_적정 대상 선택

고객 A의 첫 번째, 두 번째 발언을 통해 고객 A는 미국 주식 중에서도 대형 기업에 분산하는 것을 원함을 알 수 있다. [2. 투자지역/섹터/전략] 규칙에 따라 '미국대형주분산'이 필요하다. A의 세 번째 발언을 통해, 주식 비중은 70% 이상이기를 희망한다는 것을 알 수 있다. [3. 자산종류] 규칙을 통해 자산종류는 증권이 됨을 확인할 수 있고, [7. 주운용자산] 규칙에 따라 (주식)이 펀드 운용자산의 대표적 성격이 될 것이다. 한편, 고객 A는 일반적인 투자자이므로, [4. 모자구분]과 [5. 법적성격] 규칙에 따라 '자투자신탁'이다. 또한 장기투자를 계획하고 있으므로 [8. 비용구조] 규칙에 따라 비용구조는 C보다는 A가 적절하며, 온라인이 아닌 증권사 지점에서 가입하기를 원하므로, 온라인에서 판매하는 펀드라는 의미인 e가 붙으면 안 된다. 정리하면 다음과 같다.

- 투자지역/섹터/전략: 미국, 대형, 분산
- 자산종류: 증권
- 모자구분: 자
- 법적성격: 투자신탁
- 주운용자산: (주식)
- 비용구조: A

① (×) □□□미국AI스타트업증권자투자신탁4호(주식)Ce

➜ AI스타트업이 아닌 대형, 분산 키워드가 있어야 적절하며, 비용구조는 Ce가 아닌 A여야 한다.

② (○) ☆☆☆미국대형주분산증권자투자신탁99호(주식)A

➜ 모든 조건을 만족하는 적절한 펀드다.

③ (×) ◇◇◇미국대형주분산증권자투자신탁24호(주식)Ae

➜ 비용구조가 Ae가 아닌 A여야 한다.

④ (×) ○○○글로벌대형주분산증권자투자신탁54호(주식)A

➜ 글로벌은 전 세계에 투자하는 키워드인데, A는 미국 주식에만 투자하기를 원하므로 적절하지 않다.

⑤ (×) △△△글로벌헬스케어증권자투자신탁66호(주식혼합)C

➜ '글로벌헬스케어', '(주식혼합)', 'C'가 적절하지 않다.

합격자의 실전 풀이 순서

조건 (A의 발언)을 위에서부터 차근차근 확인해 나가면서 적절하지 않은 선지들을 소거해 나간다.

합격자의 시간단축 Tip

Tip ❶ 소거법을 활용한다.

첫 번째 발언을 통해 미국, 대형, 분산주임을 확인했다면 ④, ⑤를 소거할 수 있다.

나머지 ①, ②, ③에서 '증권자투자신탁 호(주식)'은 모두 동일한 바, [3. 자산종류], [4. 모자구분], [5. 법적성격], [7. 주운용자산] 규칙은 확인하지 않아도 정오 판단을 할 수 있다. 즉, [8. 비용구조]만 확인하면 되며, 그 과정에서도 온라인 가입을 거부했으므로 e가 있는 ①, ③을 쉽게 소거할 수 있을 것이다. 따라서 남은 ②가 정답이 된다.

Tip ❷ 쉬운 정보부터 확인한다.

소거법을 활용할 때, 쉬운 정보부터 활용하여 선지를 소거하면 더 빠르게 문제를 해결할 수 있다. 문제에서 미국, 대형주분산까지는 바로 판단할 수 있었지만, '주식에 70% 이상 투자' 부분은 다시 본문으로 돌아가 확인해야 하는 정보이다. 반면 '온라인'에 관한 정보는 마지막 'e'에 해당하는 정보로 쉽게 판단할 수 있다. 이를 통해 ①, ③을 제거하면 나머지를 확인하지 않아도 빠르게 ②로 정답을 확정할 수 있다.

35 정답 ⑤ 난이도 ●○○

정보능력_IT 개념 활용

① (O) 평문의 문자 수와 암호문의 문자 수가 항상 일치하는 것은 아니다.

➜ 본문에 예시를 통해 쉽게 알 수 있다. BALLOON의 경우 문자 개수는 7개이다. 한편, 문자 쌍을 구분하는 과정에서 스페셜 레터가 추가됨으로 암호화를 위해 문자가 8개로 증가하였고, 이를 암호화하면 암호문은 8개의 문자로 구성된다. 스페셜 레터가 추가되었다고 하더라도 그것이 '평문'을 의미하는 것은 아니므로 평문의 문자 수와 암호문의 문자 수가 항상 일치하는 것은 아님을 알 수 있다.

② (O) 보안을 위해서는 키 매트릭스를 생성하기 위한 키워드를 안전하게 공유해야 한다.

➜ 키 매트릭스는 송신자와 수신자 상호 간 공통으로 인지하는 영문 키워드를 설정해야 한다. Playfair 암호는 키워드를 바탕으로 키 매트릭스를 만들어 송신된 암호를 해독하는 수동의 암호 생성 방식이므로 만일 이 키워드가 노출된다면 누구나 암호를 해독할 수 있게 된다. 따라서 보안을 위해서는 키 매트릭스 생성에 사용될 키워드를 안전하게 공유하는 것이 중요하다.

③ (O) 평문이 홀수 개의 문자로 구성된 경우 문자 쌍 구분 시 반드시 스페셜 레터가 붙는다.

➜ 평문을 두 문자씩 쌍으로 나누는 과정에서 마지막 쌍이 한 문자만으로 구성되는 경우 마지막에 스페셜 레터 X가 붙는다. 마지막 쌍이 한 문자만으로 구성되는 경우는 평문이 홀수 개의 문자로 이루어진 경우일 것이다. 그런데 홀수 개의 문자로 이루어진 경우라 하더라도 만일 문자 쌍을 나누는 과정에서 중복 철자가 있어 중간에 스페셜 레터가 추가됨으로써 마지막 쌍이 한 문자만으로 구성되지 않는 경우 '마지막에' 스페셜 레터가 붙지 않는다. 예시로 BELLY의 경우 "BE", "LX", "LY"로 나누어질 수 있다. 즉, 스페셜 레터의 위치만 달라질 뿐 중복 철자가 있는 경우에는 중복 철자로 인한 중간의 스페셜 레터 삽입이, 중복 철자가 없는 경우에는 마지막 쌍 구성을 위한 스페셜 레터가 삽입되므로 홀수 개의 문자로 구성된 평문에는 반드시 스페셜 레터가 붙는다.

④ (O) 평문 XXXYYX를 문자 쌍으로 구분할 경우 "XX", "XX", "XY", "YX"로 나눌 수 있다.

➜ XXXYYX를 순서대로 두 문자씩 쌍을 지어보면 첫 쌍은 "XX"가 된다. 그러나 이 경우 같은 철자가 반복되므로 "X**X**"(굵은 글씨는 스페셜레터)로 한 쌍이 생성된다. 두 번째 쌍은 평문의 두 번째 X에서부터 시작한다. 두 번째 쌍 역시 "XX"가 되며, 이 경우에도 같은 철자가 반복되므로 "X**X**"로 한 쌍을 생성한다. 세 번째 쌍은 평문의 세 번째 X부터 시작한다. 이에 따라 세 번째 쌍은 "XY", 네 번째 쌍은 "YX"가 된다.

⑤ (×) 키워드가 CHARACTER인 경우 키 매트릭스의 가장 윗줄에는 C, H, A, R, E가 입력된다.

➜ 키 매트릭스를 생성할 때는 주어진 키워드를 5×5 키 매트릭스의 위에서 아래로, 왼쪽에서 오른쪽으로 채우고, 키워드에 중복된 문자가 포함되어 있다면 그 문자는 한 번만 입력한다. 따라서 CHARACTER 중 첫 다섯 개의 문자는 CHARA이고, 이 중 A가 중복이므로 마지막의 A는 그 다음 문자로 넘어간다. 그다음 문자는 C인데, 이 또한 중복이므로 그다음 문자로 넘어간다. 결과적으로 아래와 같은 키 매트릭스가 생성된다.

C	H	A	R	T

합격자의 시간단축 Tip

Tip ❶ 암호화 과정에 대한 설명을 처음에 접하면 이해가 어려울 수 있다. 이럴 때는 다시 해당 설명을 읽기보다 예시를 읽으면서 해당 설명이 어떻게 적용되는 것인지 파악하면 이해가 빠르다. 예시만큼은 완벽하게 이해하고 선지로 내려오길 바란다.

Tip ❷ 선지 ③에서 사실 Playfair 암호는 두 글자(쌍자)를 단위로 암호화하는 방식이므로 스페셜 레터의 위치와 관계없이 평문이 홀수 개의 문자로 구성된 경우 반드시 스페셜 레터를 넣어서 짝수 개로 만들게 된다.

Tip ❸ 행열, 종횡과 같이 헷갈리는 개념은 미리 확실하게 인지한다.

행열, 종횡은 문제에서 자주 나오나 헷갈리기 쉬운 개념이다. 자신만의 방법으로 확실하게 개념을 인지 해둔다. 필자의 경우 종횡은 야구의 종슬라이더를 생각하며 밑으로 떨어지는 것이 종, 좌우로 움직이는 것이 횡이라고 기억 해둔다. 행열은 반대이므로 좌우로 움직이는 것이 행, 위아래로 움직이는 것이 열이라고 기억해서 헷갈리지 않는다.

Tip ❹ 4개의 선지만을 판단하여 정답을 도출할 수 있다.

해당 문제와 같이 선지 ⑤가 답일 경우, 그리고 ①~④의 정오를 정확하게 판단했다면 ⑤는 정오 판단 없이 답으로 체크하고 넘어감으로써 시간을 줄일 수 있다.

36 정답 ❷ 난이도 ●●●

정보능력_IT 개념 활용

Playfair 암호화 과정은 키워드를 통해 키 매트릭스를 만든 뒤, 평문을 문자 쌍으로 구분하고 그 문자 쌍을 암호화하는 과정을 거친다. 키 매트릭스는 본문에서 제시된 것과 동일하므로 그대로 적용하고 모든 평문에 대해 문자 쌍을 구분하는 과정 이후 암호화 과정을 수행한다.

ㄱ. (O) JUDGE → MOFACW

➜ 평문 JUDGE를 문자 쌍으로 구분하면 "JU", "DG", "EX"이다. 이때 J는 I와 동일하게 취급하므로 J에 대해서는 I로 본다. "JU"의 경우 두 문자가 서로 다른 행과 열에 있으므로 두 문자가 이루는 사각형을 만들어 암호화하면 IKLMUQPO로 이루어진 사각형에서 각 문자가 속한 행의 가장 끝 문자를 선택하므로 "MO"가 된다. "DG"의 경우 두 문자가 서로 같은 행에 있으므로 각 문자의 오른쪽 문자를 선택하여 "FA"로 암호화한다. "EX"의 경우 두 문자가 서로 다른 행과 열에 있으므로 두 문자가 이루는 사각형에 따라 "CW"로 암호화된다. 이를 종합하면 암호문은 "MOFACW"이다.

ㄴ. (×) SQUIRREL → RNOMCYTCYK

➜ 평문 SQUIRREL를 문자 쌍으로 구분하면 "SQ", "UI", "RX", "RE", "LX"이다. "SQ"는 두 문자가 서로 다른 행과 열에 있으므로 두 문자가 이루는 사각형에 따라 "RN"으로 암호화할 수 있고 "UI"는 두 문자가 서로 다른 행과 열에 있으므로 두 문자가 이루는 사각형에 따라 "OM"으로 암호화할 수 있고, "RX"는 두 문자가 서로 다른 행과 열에 있으므로 두 문자가 이루는 사각형에 따라 "CY"로 암호화할 수 있고 "RE"는 두 문자가 같은 행에 있으므로 "TC"로 암호화할 수 있고 "LX"는 두 문자가 서로 다른 행과 열에 있으므로 두 문자가 이루는 사각형에 따라 "KY"로 암호화할 수 있다. 이를 종합하면 암호문은 "RNOMCYTCKY"이다.

ㄷ. (×) ANNOUNCE → HVOPNNRC

➜ 평문 ANNOUNCE를 문자 쌍으로 구분하면 "AN", "NO", "UN", "CE"이다. "AN"는 두 문자가 같은 열에 있으므로 각 문자의 아래쪽 문자를 선택하여 암호화하므로 "HV"로 암호화할 수 있고 "NO"는 두 문자가 같은 행에 있으므로 "OP"로 암호화할 수 있고, "UN"은 두 문자가 같은 행에 있으므로 "NO"로 암호화할 수 있고, "CE"는 두 문자가 같은 행에 있으므로 "RC"로 암호화할 수 있다. 이를 종합하면 암호문은 "HVOPNORC"이다.

ㄹ. (O) COMMODITY → EPKZIUBKRZ

➜ 평문 COMMODITY를 문자 쌍으로 구분하면 "CO", "MX", "MO", "DI", "TY"이다. "CO"는 두 문자가 서로 다른 행과 열에 있으므로 두 문자가 이루는 사각형에 따라 "EP"로 암호화할 수 있고, "MX"는 두 문자가 서로 다른 행과 열에 있으므로 두 문자가 이루는 사각형에 따라 "KZ"로 암호화할 수 있고, "MO"는 두 문자가 서로 다른 행과 열에 있으므로 두 문자가 이루는 사각형에 따라 "IU"로 암호화할 수 있고, "DI"는 두 문자가 서로 다른 행과 열에 있으므로 두 문자가 이루는 사각형에 따라 "BK"로 암호화할 수 있고 "TY"는 두 문자가 서로

다른 행과 열에 있으므로 두 문자가 이루는 사각형에 따라 “RZ”로 암호화할 수 있다. 이를 종합하면 암호문은 “EPKZIUBKRZ”이다.

합격자의 시간단축 Tip

Tip ❶ 암호문의 길이가 가장 짧은 ㄱ부터 해결한다.

Tip ❷ 이 문제는 보기에서 평문과 암호문이 가로로 나열되고 있어서 몇 번째 자리에 어떤 글자가 있는 것인지 파악하기 어렵다. 따라서 일단 두 글자마다 빗금을 쳐서 표시해 놓도록 한다. 다만 평문은 X의 삽입을 고려하여 빗금을 쳐야 할 것이다.

Tip ❸ 수상한 알파벳을 먼저 확인한다. 키 매트릭스에서 영 단어가 겹치지 않음을 확인했다. 그리고 문자 쌍으로 암호가 이루어진다는 것도 인지했다. 이 규칙을 준수한 채로 수상한 알파벳을 발견한다면 그것부터 찾아보자.
보기 ㄷ의 암호문 세 번째가 NN이다. 평문이 아닌 암호문으로 NN이 나올 수 있는가? 평문이 동일한 알파벳이면 뒤에 X가 붙을 텐데 그렇다면 암호문이 NN이 나올 수는 없다. 조건을 적용하기도 전에 ㄷ은 틀린 보기라는 것을 알 수 있다.

Tip ❹ 규칙 간 우선순위를 고려한다.
평문을 암호문으로 바꾸는 세 가지 규칙이 있다. 규칙 1. 두 문자가 같은 행에 있다면 암호문은 각 문자의 오른쪽 문자로 변경, 규칙 2. 두 문자가 같은 열에 있다면 암호문은 각 문자의 아래쪽 문자로 변경, 규칙 3. 두 문자가 행과 열이 다르다면 사각형을 만들어 각 문자가 속한 행의 끝 문자로 변경.
누가 봐도 규칙 3보다 규칙 1, 2가 쉽다. 그렇다면 규칙 1, 2를 먼저 확인한 후 규칙 3을 확인하는 것이 빠를 것이다. 평문의 문자 2개의 위치를 먼저 파악한 후 규칙 1, 2, 3중 어느 것에 해당하는지 생각하기보다, 첫 번째 문자를 기준으로 십자가 모양으로 두 번째 문자가 있는지 파악해보자. 십자가 내에 두 번째 문자가 있으면 쉬운 규칙 1, 2를 적용하면 되는 것이고, 없으면 규칙 3을 적용한다.

Tip ❺ 규칙을 임의대로 판단하지 않는다.
문제에서 주어진 조건을 그대로 판단해야 한다. 임의대로 조건을 판단해서는 안 된다. 지문에서 주어진 조건 3은 두 문자가 행과 열이 다르다면 사각형을 만들어 각 문자가 속한 행의 끝 문자로 변경하는 것이다. 이를 오인하여 사각형을 만든 후 당연하게 윗 문자부터 암호문으로 바꿔서는 안 된다. 예를 들어 UI를 암호문으로 바꾸는 경우 각 행에 맞는 OM이 암호문이 되어야 하지, 위부터 고려해서 MO로 바꿔서는 안 된다.

37 정답 ❷ 난이도 ●●○

정보능력_IT 개념 활용

먼저 키 매트릭스를 생성한다. 키워드는 TRANSACTION이므로 키 매트릭스의 처음부터 순차적으로 작성하면 다음과 같다.

T	R	A	N	S
C	I	O	B	D
E	F	G	H	K
L	M	P	Q	U
V	W	X	Y	Z

복호화 과정은 암호화 과정을 그대로 반대로 수행하면 된다. 암호화는 평문에 대해 문자 쌍 구분을 한 뒤 그 문자 쌍과 키 매트릭스를 이용하여 진행된다. 따라서 키 매트릭스와 암호문을 이용하여 문자 쌍을 역추적한다. 먼저 암호문을 문자 쌍으로 구분하면 “NR”, “CL”, “PQ”, “AV”이다. “NR”은 키 매트릭스의 1행에 모두 위치하고 있다. 만일 문자 쌍의 두 문자가 같은 열에 존재했다면 암호문 역시 같은 열에 존재했을 것이고, 문자 쌍의 두 문자가 서로 다른 행과 다른 열에 존재했다면 암호문 역시 다른 행과 다른 열에 존재할 것이다. 따라서 암호문이 같은 행에 존재한다는 것은 문자 쌍 역시 같은 행에 존재하였음을 의미하는 것이고, 같은 행에 존재하는 두 문자의 암호화는 해당 문자의 오른쪽 문자로 암호화하므로 복호화 시에는 각 문자의 왼쪽에 있는 문자로 복호화하면 된다. 따라서 “NR”은 “AT”로 복호화될 수 있다. “CL”은 키 매트릭스의 1열에 모두 위치하고 있다. 따라서 문자 쌍도 해당 열에 위치할 것이다. 암호화 시 두 문자가 같은 열에 위치하는 경우 각 문자의 아래에 위치한 문자로 암호화하므로 복호화 시에는 각 문자의 위에 위치한 문자로 복호화한다. 따라서 “CL”은 “TE”로 복호화될 수 있다. “PQ”는 키 매트릭스의 4행에 모두 위치하고 있으므로 문자 쌍의 두 문자 또한 같은 행에 존재할 것이다. 복호화하면 “MP”가 될 것이다. “AV”의 경우 서로 다른 행과 열에 위치하여 있다. 즉, 두 문자 쌍이 서로 다른 행과 열에 있다는 것을 의미하므로 두 문자가 만들어내는 사각형을 기준으로 암호화와 같은 방식으로 복호화할 수 있다. 따라서 “AV”를 복호화하면 “TX”가 된다. 이를 종합하면 평문에 스페셜 레터가 삽입된 암호화 전 문장은 “ATTEMPTX”가 된다. 이때 스페셜 레터가 1회 삽입되었다고 하였으므로

마지막의 'X'는 스페셜 레터로 보아야 할 것이다. 이에 따라 평문은 "ATTEMPT"가 된다.

합격자의 시간단축 Tip

Tip ❶ 각 선지의 앞 두 글자가 모두 다르다. 따라서 앞 두 글자만 복호화하더라도 답을 골라낼 수 있어 2번 문제보다 훨씬 쉬운 문제였다.

Tip ❷ 암호화/복호화는 자주 빈출되는 주제이므로 연습을 통해 익숙해지는 것이 좋다.

Tip ❸ 세 번째 조건인 스페셜 레터 X가 1회 삽입되지 않는 선지 ④를 소거할 수 있다. 해당 문제는 앞의 두 글자만 복호화하는 형태로 빠르게 답을 도출할 수 있지만, 다른 문제에서 조건을 충족하지 못하는 선지를 제거하여 답을 고를 가능성을 높이는 방법을 고려해 둔다면 시간을 단축할 수 있을 것이다.

38 정답 ❷ 난이도 ●●○

정보능력_코드

ㄱ. **(○) ○○인쇄소는 외부 출판사로부터 20회 이상 인쇄 의뢰를 받았을 것이다.**

→ ○○인쇄소의 도서 코드에는 1. 코드의 기본 구조 ⑤ 도서 고유 식별번호에 의할 때, 출판사별로 인쇄 의뢰된 도서마다 고유한 번호를 부여하는 도서 고유 식별번호가 존재한다. 위 도서 코드를 통해 확인할 수 있는 도서 고유 식별번호는 023이다. 이는 출판사를 기준으로 고유한 연속 번호를 매기는 것으로, 햇살도서(출판사분류코드 S4N)에서만 23회째 의뢰받았음을 알 수 있다. 따라서 ○○인쇄소는 외부 출판사로부터 20회 이상 인쇄 의뢰를 받았을 것이다. 옳은 보기다.

ㄴ. **(×) 도서 A는 햇살도서에서 출간한 23번째 도서이다.**

→ ㄱ에서 본 바와 같이, 도서 고유 식별번호는 ○○인쇄소에서 출판사별로 인쇄 '의뢰'된 도서마다 붙이는 고유번호이므로, 햇살도서에서 '출간'한 도서의 횟수와 반드시 일치한다고 볼 수는 없다. 인쇄 '의뢰'는 되었어도 아직 '출간'하지는 않았을 가능성도 존재한다. 또한 햇살도서에서 다른 인쇄소에도 인쇄를 의뢰한 후 출간했을 수 있다. 결론적으로, 023은 햇살도서에서 ○○인쇄소에 '의뢰'한 횟수만을 반영하기 때문에 틀린 보기다.

ㄷ. **(×) 도서 A는 한국사와 관련된 책일 수도 있다.**

→ 도서 A에는 도서분류코드 PS가 부여되었다. 1. 코드의 기본 구조 ② 도서분류코드에 의할 때 PS는 정치/사회 분야에 부여되는 코드로, 한국사와 관련된 책이라면 역사/문화에 해당하는 도서분류코드 HC가 부여되었을 것이다. 틀린 보기다.

ㄹ. **(○) 도서 A는 현재 세 번째 개정판으로, 6회째 인쇄되었다.**

→ 도서 A의 출간정보는 0406이다. 1. 코드의 기본 구조 ④ 출간정보에 의할 때 출간정보에는 개정판인지 여부, 개정판이라면 몇 번째 개정판이며, 그 판본의 인쇄 회차가 몇 회차인지의 정보가 포함되어 있다. 초판의 경우 네 자리 숫자 중 첫 두 자리 숫자가 01로 나타나고, 개정횟수에 따라 02, 03, 04로 번호가 늘어날 것을 추론할 수 있는데, 02가 첫 번째 개정판에 해당하므로 04는 세 번째 개정판임을 알 수 있다. 또 출간정보의 네 자리 숫자 중 뒤의 두 자리 숫자는 인쇄 회차를 나타내고, 06으로 부여되었으므로 세 번째 개정판의 6번째 인쇄본임을 알 수 있다.

따라서 옳은 것을 모두 고르면 ㄱ, ㄹ이다.

합격자의 시간단축 Tip

Tip ❶ 조건을 임의대로 해석하지 않는다.

문제의 조건을 임의대로 해석해서는 안 된다. 특히 문제에 제시된 개념과 조건이 많고 개념 간 정의가 헷갈리는 경우 이런 현상이 많이 발생하는데, 개념 정의를 명확하게 하여 조건을 임의대로 해석하지 않는다.

보기 ㄴ에서 '출간'된 도서와 '의뢰'된 도서는 다르다. 의뢰되었다고 해서 반드시 출간되었다고 할 수는 없다. 조건을 임의대로 해석해 이를 동일시하는 실수를 해서는 안 된다.

보기 ㄹ에서 세 번째 개정판이라고 했다. 이는 전체 인쇄물 중에 세 번째 판인가? 네 번째 판인가? 초판이 있고, 개정이 1회 진행되었다면 첫 번째 개정판은 두 번째 판이다. 문제의 조건을 임의대로 해석하는 실수를 해서는 안 된다.

Tip ❷ 필요한 정보만을 확인하며 풀어간다.

주어진 자료는 코드별로 의미하는 바가 다르므로 자료를 모두 읽고 판단하기보다 필요한 정보만을 찾아가서 확인하는 방식으로 푼다. 우선 코드의 기본 구조와 각 코드 정보가 어디에 있는지 소제목을 보고 위치만 판단한 뒤, 세부 정보는 읽지 않고 문제로 간다. 문제 상황의 각 코드의 위치를 찾아가서 확인하며 보기를 풀어간다.

ㄱ과 ㄴ의 경우 ⑤ 도서 고유 식별번호, ㄷ의 경우 ② 도서분류코드, ㄹ의 경우 출간정보를 확인하는 것만으로 판단이 가능하기 때문에 시간을 단축할 수 있다.

39 정답 ② 난이도 ●●●

정보능력_코드

① (×) ㉠의 의뢰에 따라 해당 도서에 코드를 부여하면 'HNB-FL-2025-0202-034'이다.

➜ 한빛출판에서 가장 최근에 인쇄를 의뢰한 도서는 부여코드의 출판사분류코드를 통해 확인할 수 있다. 즉, 출판사분류코드가 HNB인 한빛출판에서 가장 최근에 인쇄를 의뢰한 도서는 도서 Z이다. 이 도서를 추가 인쇄 의뢰한 경우 다른 코드에는 변함이 없고 출간정보의 인쇄 회차 부분만 코드가 변경될 것이다. 따라서 인쇄도서 코드는 'HNB-FL-2025-0102-034'가 되어야 한다. 선지에 있는 코드는 첫 번째 개정판 2쇄를 나타내는 것으로 출간정보가 다르므로 틀린 선지다. 한편 도서 고유 식별번호가 035인지 헷갈릴 수 있는데, 이는 인쇄 의뢰마다 코드를 부여하는 것이 아닌, 인쇄 의뢰된 '도서'마다 고유한 번호를 부여하는 것이다. 따라서 같은 도서라면 개정판이 출간되더라도 도서 고유의 식별번호는 바뀌지 않는다. 따라서 035가 아닌 034가 그대로 유지된다.

② (○) ㉡의 의뢰에 따라 해당 도서에 코드를 부여하면 'AAA-ZZ-2025-0101-014'이다.

➜ 링크북스는 도서분류코드상 코드가 부여되지 않은 출판사이다. 이 경우 2. 기타사항 ①에 의할 때 AAA의 코드를 부여하게 된다. 또 유·아동용 교재의 경우 도서분류코드상 적절한 분류가 없다. 따라서 2. 기타사항 ②에 의할 때 도서분류코드에는 ZZ가 부여되어야 한다. 한편, 도서 고유 식별번호는 출판사분류코드 AAA 코드를 기준으로 연속 번호를 부여하므로 가장 마지막 AAA 코드가 사용된 도서 Y 이후로 연속 번호를 부여하면 된다. 이에 따라 코드를 부여하면 'AAA-ZZ-2025-0101-014'이다. 옳은 선지다.

③ (×) ㉢의 의뢰에 따라 해당 도서에 코드를 부여하면 'G3P-SD-2025-0101-012'이다.

➜ 그린월드에서는 인문 도서의 초판을 인쇄 의뢰하였으므로, 코드가 완전히 새롭게 부여되어야 한다. 이때 그린월드에서 가장 최근에 인쇄를 의뢰한 도서인(출판사분류코드 G3P) 도서 W(제3판)에 부여된 도서 고유 식별번호는 다음 식별번호를 확정하는데 참고할 수 있다. 도서의 분야는 인문이므로 도서분류코드는 HM이 부여되어야 하고, 초판 발행년도는 2025년, 출간정보는 초판 1쇄에 해당하므로 0101이다. 도서 고유 식별번호는 도서 W(제3판)에 부여된 다음 번호를 사용하므로 012가 된다. 이를 모두 종합하면 'G3P-HM-2025-0101-012'가 되어야 한다. 도서분류코드가 다르므로 틀린 선지다.

④ (×) ㉣의 의뢰에 따라 해당 도서에 코드를 부여하면 'R1V-EB-2025-0201-002'이다.

➜ 강변출판에서 가장 최근에 인쇄를 의뢰한 도서는 출판사분류코드 R1V인 도서 X이다. 이 도서의 개정판에 대한 인쇄를 의뢰하였으므로 출간정보의 판본과 인쇄 회차가 모두 새롭게 변경되어야 한다. 그리고 초판 발행년도는 2024년으로 변하지 않는다. 따라서 코드는 'R1V-EB-2024-0201-002'가 되어야 한다. 초판 발행년도가 다르므로 틀린 선지다.

⑤ (×) ㉤의 의뢰에 따라 해당 도서에 코드를 부여하면 'AAA-PE-2023-0310-013'이다.

➜ 도서 Y의 출판사는 AAA로 출판사분류코드가 부여되지 않은 출판사이고, 그 출판사는 청람출판임을 알 수 있다. 청람출판에서는 도서 Y(제2판)의 개정판 인쇄 의뢰를 하였으므로 출간정보의 판본과 인쇄 회차 모두 새롭게 변경되어야 한다. 따라서 코드는 'AAA-PE-2023-0301-013'이 되어야 한다. 출간 정보가 다르므로 틀린 선지다.

합격자의 시간단축 Tip

Tip ❶ 모든 정보를 확인할 필요 없다.

문제의 모든 조건을 검토해야만 답을 구할 수 있는 것이 아니다. 문제에서 제시한 조건에 하나라도 위배 되는 경우 그 선지는 틀린 것이다. 문제의 모든 조건을 끼워 맞추는 것이 목적이 아니고, 문제의 답을 구하는 것이 목적이기 때문에 선지가 틀림을 확인했을 땐 빠르게 다음 선지를 검토해야 한다.

선지 ③의 경우 도서 분류코드가 SD가 아닌 HM인 것을 빠르게 확인할 수 있다. 그렇다면 뒤의 초판 발행년도, 출간정보, 도서 고유 식별번호를 확인할 필요가 없다. 빠르게 다음 선지를 확인하자.

Tip ❷ 답이 나오면 넘어간다.

이번 문제는 답이 선지 ②에서 빨리 나왔다. 이 경우 다른 선지를 모두 확인하기보다는 ②가 맞는지를 한 번 더 확인하고 다음 문제로 넘어가야 한다. 혹시 다른 선지에서 또 다른 답이 나오면 다시 처음부터 모든 선지를 확인하느라 시간을 쓰고 심리적으로도 부담이 되기 때문이다. 확신을 갖고 넘어가되, 문제에 체크해두고 혹시 시간이 남는다면 다시 돌아와서 본다는 전략으로 넘어간다.

40 정답 ⑤ 난이도 ●●○

정보능력_엑셀

① (O) '평균점수'란에 평균점수를 입력하기 위해서는 [G4]셀에 =ROUND(AVERAGE(C4:F4),1)를 입력한 후 채우기 핸들을 선택하고 [G11]셀까지 드래그하여 입력할 수 있다.

→ ROUND 함수는 (반올림하려는 숫자, 반올림하려는 자릿수)로 작성하여 값을 도출한다. AVERAGE 함수는 해당 값들의 평균을 구하는 함수이다. 평균점수를 입력하기 위해 ROUND(AVERAGE(C4:F4),1)을 입력하면 C4~F4까지의 값들의 평균을 반올림하여 소수점 첫째 자리까지 표현하는 것이므로 적절한 선지이다.

② (O) J열을 추가하고 [J4]셀에 =IF(OR(C4〈60, D4〈60, E4〈60, F4〈60), "점수미달", "")을 입력한 후 채우기 핸들을 선택하여 [J11]셀까지 드래그하면 고려사항 2)에 따라 처리할 수 있다.

→ IF 함수는 (TRUE나 FALSE로 판정될 값이나 식, TRUE로 판정될 시 도출할 결과, FALSE로 판단될 시 도출할 결과)로 작성하여 값을 도출한다. OR 함수는 각 논리 중 하나라도 TRUE일 경우 TRUE로 판정하는 것으로, OR(C4〈60, D4〈60, E4〈60, F4〈60)은 〈의사결정 시 고려사항〉 2)의 인사고과 항목 중 어느 하나에서라도 60점 미만을 득한 경우를 도출하기 위한 수식이다. 만약 어느 하나에서라도 60점 미만을 득한 경우 TRUE로 판정되어 "점수미달"이 값으로 도출되고, 60점 미만인 경우가 없다면 빈칸으로 도출된다. 이후 채우기 핸들을 선택해 [J11]셀까지 드래그하면 각 대상자의 결과를 모두 확인하여 고려사항 2)에 따라 처리할 수 있으므로 적절한 선지이다.

③ (O) J열을 추가하고 [J4]셀에 =IF(COUNTIF(H4:I4, "X")=2, "교육 미이수", "")를 입력하면 해당 셀에 "교육 미이수"가 입력된다.

→ IF 함수는 (TRUE나 FALSE로 판정될 값이나 식, TRUE로 판정될 시 도출할 결과, FALSE로 판단될 시 도출할 결과)로 작성하여 값을 도출한다. COUNTIF는 (조건에 맞는 셀의 수를 구하려는 셀 범위, 조건)으로 작성하여 값을 도출한다. COUNTIF(H4:I4, "X")=2라는 것은 H4와 I4에서 X값을 갖는 경우가 2개라는 것이다. 이를 충족할 경우 TRUE로 판정되어 "교육 미이수"가 값으로 도출되고, 충족하지 못할 경우 FALSE로 판정되어 빈칸으로 도출된다. J4에 도출될 대상자는 서유진이며, 혁신리더십과 창의적 문제해결 모두 X이므로 수식을 통해 값을 도출하면 "교육 미이수"가 입력된다. 따라서 적절한 선지이다.

④ (O) J열을 추가하고 [J4]셀에 =IF(AND(D4〈60, H4="X"), "리더십 부족", "")를 입력한 후 채우기 핸들을 선택하여 [J11]셀까지 드래그하면 고려사항 4)에 따라 처리할 수 있다.

→ IF 함수는 (TRUE나 FALSE로 판정될 값이나 식, TRUE로 판정될 시 도출할 결과, FALSE로 판단될 시 도출할 결과)로 작성하여 값을 도출한다. AND 함수는 각 논리가 모두 TRUE일 경우 TRUE로 판정하는 것으로, 리더십 점수가 60점 미만이고, 혁신 리더십 연수를 하지 않았을 때 TRUE로 판정한다. IF 함수에 따라 AND 함수가 TRUE로 판정되면 "리더십 부족"을, FALSE로 판정되면 빈칸이 도출된다. 이는 〈의사결정 시 고려사항〉 4)에 해당하는 내용으로 적절한 선지이다.

⑤ (×) J열을 추가하고 [J4]셀에 =IF(OR(E4〈60, I4="X"), "문제해결능력 부족", "")를 입력한 후 채우기 핸들을 선택하여 [J11]셀까지 드래그하면 고려사항 5)에 따라 처리할 수 있다.

→ OR 함수는 각 논리 중 하나라도 TRUE일 경우 TRUE로 판정하는 것으로, OR(E4<60, I4="X")는 〈의사결정 시 고려사항〉 2)의 인사고과 항목 중 어느 하나에서라도 60점 미만을 득한 경우를 도출하기 위한 수식이다. 그런데 "문제해결능력 부족"으로 처리되기 위해서는 문제해결능력 점수가 60점 미만이면서 창의적 문제해결 연수를 이수하지 않은 경우로, AND 함수로 처리되어야 한다. 즉, "문제해결능력 부족"으로 처리하기 위해서는 IF 함수를 통해 =IF(AND(E4〈60, I4="X", "문제해결능력부족", "")으로 입력해야 한다.

독끝

CHAPTER 2

실전모의고사 2회

정답 실전모의고사 2회

오답표기	문제번호	영역	유형	난이도	정답
	01	의사소통능력	개념의 이해 및 활용	★☆☆	②
	02		논리적 추론	★☆☆	④
	03		논지 강화/약화(근거 제시/반박/비판 유형도 포함)	★★☆	①
	04		논리적 추론	★☆☆	⑤
	05		논리적 추론	★★☆	⑤
	06		글의 내용 일치/불일치	★☆☆	③
	07		빈칸 삽입(어휘/개념어/접속사/문장)	★★☆	②
	08		논리적 추론	★☆☆	⑤
	09		논리적 추론	★☆☆	④
	10	수리능력	응용수리_평균과 분산	★★☆	②
	11		응용수리_원가/정가/할인가	★★☆	①
	12		금융수리_원리합계	★★☆	①
	13		금융수리_환율 및 실용계산	★★☆	④
	14		자료해석_보고서 작성	★☆☆	⑤
	15		자료해석_자료계산	★☆☆	④
	16		자료해석_추가자료 활용	★☆☆	⑤
	17		자료해석_추가자료 활용	★☆☆	①
	18		자료해석_상황판단형	★☆☆	⑤
	19	문제해결능력 / 자원관리능력	공고문/규정 이해	★☆☆	④
	20		지문의 이해 및 활용	★☆☆	④
	21		수치 계산(비용, 시간)	★☆☆	④
	22		상황제시 및 최적선택(평가)	★☆☆	⑤
	23		지문의 이해 및 활용	★☆☆	④
	24		공고문/규정 이해	★☆☆	②
	25		수치 계산(비용, 시간)	★☆☆	①
	26		공고문/규정 이해	★☆☆	④
	27		지문의 이해 및 활용	★☆☆	①
	28		조건추리(일반)	★☆☆	③
	29		조건추리(매칭, 배치)	★☆☆	④
	30		공고문/규정 이해	★☆☆	⑤
	31		적정 대상 선택	★☆☆	④
	32		논리퍼즐	★☆☆	③
	33		논리퍼즐	★☆☆	③
	34	정보능력	코드	★★☆	②
	35		코드	★★☆	⑤
	36		코드	★★☆	③
	37		IT 개념 활용	★★☆	④
	38		IT 개념 활용	★★★	⑤
	39		IT 개념 활용	★★★	②
	40		엑셀	★★★	②

01 정답 ②　　　　　　　　　　　　난이도 ●●●

의사소통능력_개념의 이해 및 활용

접근전략 고난도 금융투자상품 제도 관련 공고문이 제시되고 있다. 공고문의 구성을 확인한 후, 선택지 키워드를 바탕으로 발췌독한다.

다음 안내를 바탕으로 아래 금융투자상품에 대해 잘못 판단한 것은?

〈고난도 금융투자상품에 대한 녹취·숙려제도 운영〉

1. 고난도 금융투자상품의 개념
   - 투자 원금의 20%를 초과하는 손실이 날 수 있는 파생결합증권, 파생상품을 고난도 금융투자상품으로 정의한다.
2. 고난도 금융투자상품 판매과정에 대한 녹취 및 숙려기간 보장제도 도입
   - (녹취) 고난도 금융투자상품 판매 시 판매과정이 녹취되며, 투자자는 금융회사로부터 녹취파일을 제공받을 수 있다.
   - (숙려) 고난도 금융투자상품을 청약하는 경우 청약 여부를 다시 한 번 고려해 볼 수 있는 2영업일 이상의 숙려기간이 보장된다.
     - (숙려기간 중) 숙려기간 중 투자자는 금융회사로부터 투자 위험, 원금손실 가능성, 최대 원금손실 가능금액을 고지받게 된다. 숙려기간 동안 투자자는 신규 청약이 불가하다.
     - (숙려기간 후) 숙려기간이 지난 후 확정기간 동안 투자자가 서명, 기명날인, 녹취, 전자우편, 우편, ARS 등으로 청약의사를 다시 한 번 표현하는 경우에만 청약이 확정된다.
     - 청약 확정기간이 지난 후에도 투자자가 매매의사를 확정하지 않을 경우 청약은 집행되지 않으며, 투자금을 반환받게 된다.
   - (요약설명서) 그 밖에 고난도 금융투자상품 구입 시 해당 상품의 내용과 투자위험 등을 요약한 설명서가 제공된다.
3. 적용대상
   - 개인 일반투자자라면 나이, 청약 경험 유무와 관계없이 모두 숙려제도 대상이 된다. 전문투자자 및 법인은 숙려제도 대상에서 제외된다.

〈DLS(고난도 금융투자상품) 상품 청약 일정 안내〉

- 청약 모집기간: 5월 27일(목)~6월 3일(목) 오전 10시
- 숙려제도 대상자 청약 가능 기간: 5월 27일(목)~5월 28일(금)
- 숙려기간: 5월 31일(월)~6월 1일(화)

① 위 DLS 상품으로 원금 손실이 있는 경우 손실률은 투자원금의 20%를 넘을 수도 있다.

➜ (O) '1. 고난도 금융투자상품의 개념'에 따르면 고난도 금융투자상품은 원금 20%를 초과하는 손실이 날 수 있는 상품을 의미한다. DLS 상품은 고난도 금융투자 상품이므로 원금 손실이 있는 경우엔 손실률은 투자원금의 20%를 넘을 수도 있다.

② 5월 28일에 위 DLS 상품을 청약한 개인 일반투자자는 청약 철회 의사가 없다면 늦어도 6월 1일까지는 청약을 확정하여야 한다.

➜ (X) 개인 일반투자자는 '3. 적용대상'에 따라 숙려제도의 대상이 된다. 선택지의 투자자는 DLS 상품의 숙려제도 대상자의 청약 가능 기간인 5월 28일에 청약을 신청하였다. 본 상품의 숙려기간은 6월 1일까지이다. 하지만, '2. 고난도 금융투자상품 ~ 도입'에 따르면 숙려기간 후에도 확정기간 동안 투자자가 청약의사를 다시 한번 표현하면 청약이 확정된다. 본 문제에선 확정기간이 언제인지 나와 있진 않지만, 투자자에게 보장되는 숙려기간인 6월 1일까지 청약 확정의 의사표시를 해야만 하는 것은 아님을 추론할 수 있다.

③ 전문투자자가 아닌 ○○기업의 대표 A씨가 자신의 명의로 위 상품에 투자하고자 하는 경우 숙려제도 대상이 된다.

➜ (O) 전문투자자가 아닌 기업의 대표는 '3. 적용대상'의 숙려제도 대상자이다. 전문투자자도 법인도 아니기 때문이다.

④ 위 DLS 상품을 청약한 숙려대상 투자자가 청약을 철회하고자 하는 경우 상당기간 동안 아무런 의사표시를 하지 않으면 된다.

➜ (O) '2. 고난도 금융투자상품 ~ 도입'에 따르면 숙려기간 후에도 확정기간 동안 청약의사를 다시 한 번 표현하는 경우에만 청약이 확정된다. 또한, 청약 확정기간이 지난 후에도 투자자가 매매의사를 확정하지 않을 경우엔 청약이 집행되지 않는다. 적극적인 표현을 통해서만 청약이 확정되는 것이다. 따라서 DLS 상품을 청약한 숙려대상 투자자가 아무런

의사표시를 하지 않는 것을 통해 청약을 철회할 수 있다.

⑤ 법인의 경우 6월 2일에 위 DLS 상품을 청약할 수 있을 것이다.

→ (○) '3. 적용대상'에 따르면 법인은 숙려제도 대상이 아니다. 따라서 일반 청약 모집기간인 5월 27일 목요일부터 6월 3일 목요일 오전 10시까지 청약을 할 수 있다. 6월 2일은 해당 기간 안에 있으므로 법인은 DLS 상품 청약이 가능하다.

합격자의 실전 풀이 순서

❶ 발문 확인 및 문제 유형 파악하기

발문을 확인한다. 공고문·안내문 유형이다. 제시문을 정독할 필요는 없고, 발췌독을 통해 정답을 구하는 것이 좋다. 이런 유형의 제시문은 각 내용이 독립적으로 제시되므로 지문의 흐름을 굳이 이해할 필요가 없기 때문이다. 따라서 선택지의 키워드를 바탕으로 발췌독한다. 핵심 키워드(예: 손실률, 6월 1일)에 동그라미 등의 표시를 해 실수를 줄이는 것도 하나의 방법이다.

발췌독할 땐 선지를 읽고 도출해야 하는 값(항목, 변수)이 무엇인지 확인한 후, 해당 값이 언급된 부분을 마치 '그림 맞추기 놀이'를 하듯이 눈으로 훑으면서 찾는 것이 중요하다. 처음엔 제대로 찾지 못해 중요한 부분을 놓치거나, 오히려 너무 많은 내용을 확인하는 실수가 나타날 수 있으나 연습을 하면 할수록 빠르고 정확하게 찾을 수 있을 것이다. 이 방법이 익숙하지 않다면 제시문을 빠르게 훑어 전반적인 구조를 파악한 후에 선택지로 넘어가는 방식을 활용해 봐도 좋다. 문제 풀이의 핵심은 전반적인 흐름을 파악하고, 깊은 해석을 하는 것이 아니라, 발췌독을 해가며 필요한 정보만을 뽑아내 빠르게 문제를 풀어나가는 것이다. 문제에서 묻는 것만을 구하는 습관이 필요하다. 그래야만 시간을 줄일 수 있기 때문이다.

❷ 선지 검토 및 발췌독

독해 선택지에서 키워드를 확인한 후, 공고문의 해당 부분으로 이동한다. 선지별 키워드로 ①번은 '20%', ②번은 '6월 1일', ③번은 '전문투자자가 아닌', ④번은 '의사표시', ⑤번은 '법인' 등으로 꼽을 수 있다.

[해설]에서 구한대로 ①번의 '20%'는 [1. 고난도 금융투자상품의 개념], ②번의 '6월 1일'은 [청약 일정 안내], ③번의 '전문투자자가 아닌'은 [3. 적용대상]에서 확인할 수 있다. 또한, ④번의 '의사표시'는 [2. 고난도 금융투자상품 판매과정에 대한 녹취 및 숙려기간 보장제도 도입-(숙려기간 후)], ⑤번의 '법인'은 [3. 적용대상]에서 알 수 있다. 정답은 ②이다.

합격자의 시간단축 Tip

Tip ❶ 제시문을 먼저 읽고 선택지로 간다.

선지를 바탕으로 발췌독하는 것도 좋지만, 제시문을 먼저 읽고 선택지로 가는 방법 또한 활용도가 높다. 공고문을 먼저 빠르게 읽으며 전체적인 구조를 파악하고, 선택지로 넘어가는 것이다. 구성을 확인했기 때문에 선택지의 내용이 본문의 어느 부분에 해당하는지 보다 짧은 시간 안에 파악할 수 있게 된다. 제시문을 처음 읽을 때 모든 내용을 파악해야겠다는 생각은 지양하는 것이 좋다. 압박감으로 인해 시간이 더 오래 소요될 수 있고, 한 번 만에 모든 것을 숙지하는 것 또한 한계가 있기 때문이다.

Tip ❷ 동일한 부분을 활용하여 구성된 선지를 먼저 확인한다.

제시문의 특정 부분을 활용해 만들어진 선지가 2개 이상인 경우, 이런 선지를 먼저 확인하는 것이 시간 단축에 도움이 된다. 출제자가 묻고 싶은 내용이 담긴 선지라고 할 수 있기 때문이다. 이 문제의 경우 선지 ②, ⑤가 구체적인 청약기간에 대해 물어보고 있다. 이 두 개의 선지를 먼저 확인한다면 빠르게 정답을 ②로 도출하고 다음 문제로 넘어갈 수 있다.

Tip ❸ 초일(불)산입 등에 관한 규정이 없다면 날짜계산 선지부터 검토한다.

기간 및 날짜 계산과 관련된 선지의 경우, 문제에서 초일산입 혹은 초일불산입의 규정을 주지 않았다면, 해당 선지는 명백히 맞거나 명백히 틀린 경우에 해당할 수 밖에 없다. 선지에서 경계값을 기준으로 날짜를 계산할 것을 요구하는 경우 초일산입 여부에 따라 정오판단이 달라질 수 있기 때문이다. 따라서 날짜계산이 다소 까다로운 선지에 해당하므로 초일산입/불산입 규정이 있는 경우 후순위로 미루는 것이 좋지만, 그 규정이 없는 이상 명백히 맞거나 명백히 틀리는 경우에 해당할 수 밖에 없어 먼저 검토하는 것에 대한 이익이 존재한다.

02 정답 ④ 난이도 ●○○

의사소통능력_논리적 추론

접근전략 제시문에는 기술금융의 정의, 진행 방식 등이 제시되고 있다. 따라서 각각의 내용을 구분하여 이해할 수 있어야 한다.

다음 글을 바탕으로 이해 및 추론한 내용으로 적절하지 않은 것은?

(1)기술금융이란 기술력이 우수한 중소기업에 대해 아이디어와 기술의 개발·사업화 등 기술혁신 전(全)과정에 필요한 자금을 지원하는 것을 의미한다. (2)즉, 신용등급과 담보가치가 부족하더라도 우수한 기술력을 보유한 혁신 중소기업들에게 기술금융을 통해 자금을 공급하는 제도이다. (3)일반 중소기업대출의 경우 평균금리 4.37%, 한도는 1.32억 원이지만 기술금융대출의 평균금리는 4.27%, 한도는 3.37억 원 정도이다. ▶ 1문단

(1)기술신용대출의 진행절차는 다음과 같다.

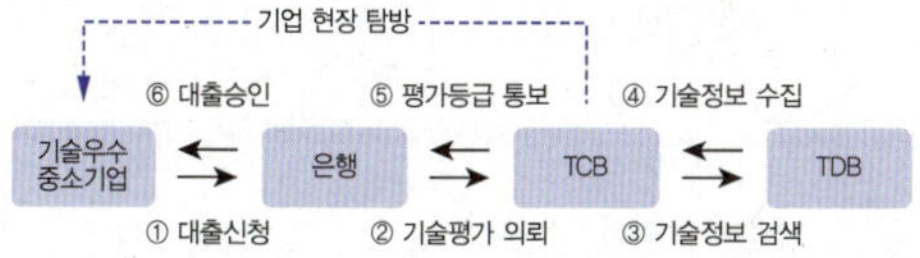

* TCB(Tech Credit Bureau): 기술신용평가기관
* TDB(Tech DataBase): 기술정보DB(한국신용정보원이 기술정보를 집중 관리하여 TDB 기능을 수행 중)

▶ 2문단

(1)먼저 기술금융을 이용하고자 하는 중소기업에서는 은행 영업점 등을 방문하여 사전 상담을 진행해야 한다. (2)금융회사 담당자는 기술신용평가기관(TCB)에 해당 기업의 기술신용평가를 의뢰하고 기술신용평가기관(TCB)은 기술정보DB(TDB)를 바탕으로 기술경쟁력·시장성·사업성 등의 평가를 통해 기술신용등급을 산출하고 이를 금융회사에 제공한다. (3)금융회사는 기술신용평가결과와 자체 여신심사를 토대로 대출가능여부를 결정하게 된다. ▶ 3문단

(1)기술금융은 전체 중소기업 대출 중 약 30%를 차지함으로써 기술력 있는 중소기업의 대표적인 자금조달 수단으로 자리매김하였다. (2)또 무형자산인 기술력을 평가해 자금을 지원함으로써 매출·담보 위주의 여신관행을 개선하는데도 크게 기여해왔다. (3)그러나 은행이 기술금융 실적을 높이기 위해 기술신용평가기관에 기술금융 대상이 아닌 비기술기업에 대해서도 평가를 의뢰하거나 평가등급을 사전에 문의하는 등으로 우월적 지위를 이용해 기술금융을 왜곡하고 있다는 비판도 있다. ▶ 4문단

① 기술금융대출을 이용하면 금리나 한도 측면에서 일반 기업대출보다 유리한 조건으로 자금을 조달할 수 있을 것이다.

→ (O) 일반 중소기업대출의 평균금리는 4.37%인 반면 기술금융대출은 4.27%이다. 또한 일반 중소기업대출의 한도는 1.32억 원이지만 기술금융대출은 3.37억 원이다[1문단 (3)]. 기술금융대출을 이용하면 금리, 한도 측면 모두에서 일반기업대출보다 유리한 조건임을 확인할 수 있다.

② 기술금융의 실효성을 높이기 위해서는 기술평가의 객관성 및 평가품질이 담보되어야 하므로 기술신용평가기관은 은행으로부터 독립성을 갖추고 있어야 할 것이다.

→ (O) 기술금융은 신용등급과 담보가치가 부족하더라도 우수한 기술력을 보유한 혁신 중소기업들에게 기술금융을 통해 자금을 공급하는 제도이다[1문단 (2)]. 따라서 기술력이 우수한 중소기업인지를 파악하는 것이 중요하다. 이를 위해선 기술평가의 객관성 및 평가품질이 담보되어야 함을 추론할 수 있다. 또한, 은행이 우월적 지위를 이용해 기술신용평가기관에 비기술기업에 대한 평가를 의뢰하거나 평가등급을 사전에 문의하는 등의 행위를 하는 경우도 존재한다[4문단 (3)]. 이는 기술금융을 왜곡하는 문제가 발생할 수 있다[4문단 (3)]. 따라서 기술신용평가기관은 은행으로부터의 독립성을 갖출 필요가 있다.

③ 은행이 비기술기업에 대한 기술평가를 의뢰하지 못하도록 기술기업의 분류를 구체화하고 기술금융대출에 대한 사후평가를 도입한다면 본래 취지에 따른 제도 운영이 강화될 것이다.

→ (O) 은행이 기술금융 실적을 높이기 위해 기술신용평가기관에 기술금융 대상이 아닌 비기술기업에 대해서 평가를 의뢰하거나, 평가등급을 사전에 문의하는 등의 문제가 발생하고 있다. 이는 기술금융을 왜곡하는 것으로 볼 수 있다[4문단 (3)]. 이 점을 해결하기 위해서 기술기업 분류 구체화, 기술금융대출에 대한 사후평가 도입 등이 필요함을 추론할 수 있다.

④ 기술신용평가기관의 기술평가 결과가 주로 낮은 신용등급인 기업들에 쏠림현상을 보이는 경우, 해당 평가기관이 평가기준을 적절히 적용하지 않았거나 평가의 공정성을 결여한 것으로 볼 수 있으므로 미흡 평가사

에 대한 패널티를 통해 기술금융의 질적 성장을 유도해야 할 것이다.

→ (×) 기술신용평가기관의 기술평가 결과가 주로 낮은 등급에 쏠림현상을 보였다는 것 자체만으로 해당 평가기관이 평가기준을 적절히 적용하지 않았다거나 평가의 공정성을 결여하였다고 볼 수는 없다. 기술평가 결과가 주로 특정한 등급에 쏠림현상을 나타내는 것이 위험한 경우는 높은 등급에 쏠림현상이 나타나는 경우이다. 이는 곧 은행과 기술신용평가기관 사이의 담합이 존재하거나, 신용평가기관이 은행의 실적과 연관되어 은행이 원하는 평가결과를 내어주는 기관-은행 간 유착이 존재한다는 판단 근거가 될 수 있기 때문이다[4문단 (3)]. 따라서 낮은 등급에 쏠림현상이 나왔다는 것에 대해 평가기준의 적절성 여부 등에 대해 평가가 이루어질 수는 있을 것이나 선지와 같이 평가기준 적용의 부적절성 및 평가 공정성의 결여 등으로 단정할 수는 없고, 이를 '미흡 평가사'라고 지칭할 수도 없을 것이다. 거시적으로 볼 때에도 평가가 까다롭다면 기업들의 기술에 대한 혁신수준은 높아질 것인데, 평가 결과가 낮은 등급이 많다고 하여 패널티를 부여한다면 오히려 무자격 기업들의 남발로 이어질 가능성이 있다. 따라서 제시문을 통해 확인할 수 없는 내용이다.

⑤ **기술신용평가기관의 평가는 기업의 기술력과 사업성을 종합적으로 검토하여 기업의 미래성장 가능성을 판단하는 중요한 지표가 되므로 평가기관의 역량 및 전문성에 대한 평가가 이루어진다면 기술신용평가를 내실화할 수 있을 것이다.**

→ (○) 자산기술신용평가기관은 기술정보DB를 바탕으로 기술경쟁력·시장성·사업성 등의 평가를 통해 기술신용등급을 산출한다[3문단 (2)]. 금융회사는 이 결과와 자체 여신심사를 토대로 대출가능여부를 결정하게 된다[3문단 (3)]. 따라서 기술신용평가기관의 평가는 기업의 미래성장 가능성을 판단하는 중요한 지표가 됨을 파악할 수 있다.

평가결과가 기준에 따라 적정한지도 중요하지만 그보다 선결되어야 할 문제는 그 평가결과를 신뢰할 수 있는지이다. 평가결과를 신뢰하기 위해서는 해당 평가기관이 평가할 충분할 자격을 갖추어야만 하고, 이는 평가기관의 역량 및 전문성에 의해 결정된다. 따라서 평가기관의 역량 및 전문성에 대한 평가가 이루어진다면 기술신용평가를 내실화할 수 있을 것이다.

합격자의 실전 풀이 순서

❶ 발문 확인 및 문제 유형 파악하기

본문을 바탕으로 추론한 내용으로 적절하지 '않은' 것을 고르라는 발문을 봤을 때, 내용 확인 유형임을 알 수 있다. 해당 유형은 제시문 내용과 부합하지 않거나 그로부터 추론 불가능한, 즉 무관한 선지가 정답이 되며, 제시문 내용과 일치하거나 그로부터 추론할 수 있는 선지가 오답이 된다. 긴장되는 시험장에서 적절하지 '않은' 것을 고르는 문제에서 '적절'한 것을 고르는 문제로 잘못 볼 수 있다. 따라서 발문에 크게 X 표시 등을 해 혹시 모를 실수에 대비하도록 한다.

본 문제와 같은 정보 확인 유형을 푸는 방법으로는 두 가지가 있다.

❷-1) 선지 먼저 읽기

(1) 선지 키워드 표시

독해 지문을 푸는 두 가지 방법 중 선지를 먼저 읽는 경우의 풀이법을 소개한다. 지문보다 선지를 먼저 보고 정보를 추출한다.

선지에서 추출할 키워드는 다음과 같다. 단, 이들은 어디까지나 예시이므로 이와 같을 필요는 없다.

① 금리나 한도
② 은행, 독립성
③ 사후평가
④ 쏠림현상
⑤ 내실화

(2) 제시문 독해 및 선지 판단

- 발췌독을 하는 경우: 선지 확인을 통해 기술신용평가, 기술금융을 주제로 여러 내용이 제시되었음을 알 수 있다. 해당 키워드를 바탕으로 발췌독을 진행한다. 발췌독할 경우에는 제시문을 읽는 것이 아니라, 선지 키워드를 바탕으로 해당 내용이 제시된 문장 및 문단을 찾아 해결해야 한다.
  선지를 파악한 후 제시문 전체 독해를 진행하는 경우엔 문단별 구성을 파악하며 읽어가는 것이 좋다. 1문단은 기술금융의 정의 및 특징, 2문단과 3문단은 기술신용대출 진행절차, 4문단은 기술금융의 의의 및 문제점 등이 제시되었다고 파악하는 방식이다. 이런 방법은 필요한 부분을 집중해서 읽을 수 있다는 점이 장점이다.
- 통독을 활용하는 경우: 발췌독이 어려운 경우 선지를 먼저 보고 통독을 하더라도 빠른 시간 내에 높은 정확도로 문제를 해결할 수 있다. 선지를 살펴보았을 때, 제시문은 기술금융대출에 대한 설명이 이루어지고 있음을 알 수 있다. 기술금융대출의 과정, 유용성과 한계 등이 제시되고 있을 것이라 예상할 수 있다.

제시문에서 그림이 제시된 경우 그림을 통해 제시문에서 설명하고 있는 내용을 간략하게 파악할 수도 있고 그 반대로 독해를 통해 파악한 내용이 그림에 부합하는지를 확인하여 독해를 제대로 했는지를 확인할 수도 있다. 기술금융대출에 대한 절차는 그림으로 제시되어 있기에 가볍게 확인만 하고 그림에 드러나지 않는 그 특징에 관해 주의깊게 살펴보아야 한다.

❷-2) 제시문 먼저 읽기

제시문 먼저 읽기도 크게 두 가지 방법이 존재한다. 제시문 먼저 읽기와 제시문 구조 파악 후 선지 먼저 읽기이다.

(1) 제시문 먼저 읽기

처음부터 제시문을 꼼꼼히 읽어 선지 확인을 위해 제시문을 다시 읽는 시간을 단축하는 방법이다. 이 방법의 경우 제시문을 읽는 과정에서 선지에 나올 만한 내용을 주의 깊게 읽고, 복잡한 제시문의 내용을 어느 정도 이해한 후 선지를 읽어야 한다. 이 방법을 사용하면서 시간을 단축하고 싶다면, 문단별로 나누어 한 문단을 꼼꼼히 읽고 그 문단에 상응하는 선지부터 판단하는 방법을 응용할 수 있다. 다만, 첫 번째 방법의 경우 제시문의 내용을 잊어버리면 다시 제시문을 읽게 되어 시간이 낭비되기 때문에 매우 긴 제시문이 있는 문제에는 적합하지 않다. 또한, 문단별로 선지를 확인하는 방식은 문단 간의 정보를 결합해야 하는 선지에는 취약하다는 한계가 있다.

(2) 제시문 구조 파악 후 선지 먼저 읽기

두 번째로는 제시문의 구조와 키워드만 빠르게 파악한 후, 선지를 읽고 선지에서 필요한 내용을 다시 제시문에서 꼼꼼히 찾아가는 방법이 있다. 두 번째 방법은 제시문이 매우 긴 경우 또는 제시문의 구조가 깔끔할 때 효과적이다. 그러나 두 번째 방법은 능숙하지 않은 사람이 시험장에서 시도한다면 성공률이 낮다는 한계가 있다. 두 번째 방식을 익숙하게 하기 위해서는 다양한 제시문을 첫 번째 방법처럼 꼼꼼히 분석하는 과정이 필요하다. 다양한 제시문을 접하고 글의 구조를 이해하게 되면 두 번째 방식을 효과적으로 활용할 수 있다.

❸ 선지 판단

마지막 단계에서는 지문을 이해한 바를 바탕으로, 선택지별 정오답 여부를 판단한다. 해설에서 다룬 내용이 바로 이 단계에 해당한다.

합격자의 시간단축 Tip

Tip ❶ 제시문 내용을 암기하려고 하지 말자.

빠른 시간 안에 문제를 풀어야 하므로 지문을 한 번만 읽고 선택지를 해결하고 싶은 마음이 생길 수 있다. 압박감을 느끼고 읽게 되면 오히려 내용 파악이 어려울 수 있으며, 제한된 시간 안에 지문의 내용을 모두 숙지하는 것은 한계가 있다. 제시문을 먼저 빠르게 읽으며 전체적인 구조를 파악하고, 선택지로 넘어가는 방식을 추천한다. 구성을 확인했기 때문에 선택지의 내용이 본문의 어느 부분에 해당하는지 보다 짧은 시간 안에 파악할 수 있다. 합격자의 실전 풀이 순서에서 제시된 여러 방식을 참고하고, 문제를 풀 때 적용해 가며 본인만의 방법을 찾아보는 것도 좋다.

Tip ❷ 선지를 통해 확인할 수 없는 내용에 유의하자.

발문이 '본문을 바탕으로 추론한 내용으로 적절하지 않은 것'이다. 즉, 제시문의 내용과 부합하지 않은 것뿐만 아니라 알 수 없는 것 또한 정답이 된다. 이 점을 유의하고 애매한 선지가 나타났을 경우 우선 넘어간다. 이 부분에 대한 근거를 억지로 찾으려고 하거나 자신의 주관을 개입시키는 경우 시간을 많이 쓰고 틀릴 가능성도 높아진다. 이런 선지를 보지 않더라도 나머지 선지들의 정오 판단을 통해서 답을 충분히 도출할 수 있으므로 걱정하지 말고 우선 넘어가자.

03 정답 ❶ 난이도 ●●○

의사소통능력_논지 강화/약화(근거 제시/반박/비판 유형도 포함)

접근전략 지문의 일정 부분에 대한 이해를 묻는 문제는 지문에서 추론할 수 있는 것을 묻는 문제와 유사하거나, 지문 전체의 내용을 이해하고 있는지 묻는 문제와 유사하다. 둘 중 어떤 유형인지를 판단하고 전자인 경우 선지부터 읽으며 키워드를 찾아 발췌독하는 것이 효율적이고, 후자인 경우 지문 전체적인 내용을 읽고 밑줄 친 부분의 내용을 이해한 후에 선지를 판단하는 것이 효율적이다.

주어진 자료의 밑줄 친 부분에 대해 보충 설명하고자 할 때, 그 내용으로 가장 적절한 것은?

(1)채권수익률이란 채권에 투자해서 얻을 수 있는 투자수익률로 채권 발행주체의 원리금 상환능력 및 시장상황에 따라 다양하게 형성된다. (2)채권수익률은 시장상황에 따라 매일 변하는 반면, 표면금리는 회사가 채권을 발행할 때 미리 정해놓은 것으로 만기까지 변하지 않는 확정된 이자이다. (3)즉, 서로 다른 개념의 수익률이다. 주가처럼 매일 변동하는 채권수익률과 채권의 발행조건에 명시되어 있는 확정된 연이자인 표면금리를 이해하고 이 둘의 관계를 파악하

는 것은 채권 이해에 매우 중요하며, 채권투자판단의 기준이 되는 개념이다. ▶ 1문단

(1)표면금리는 채권의 발행조건에 명시된 확정이자율로 발행자가 액면가격에 대해 1년 동안 지급하는 이자율을 의미한다. (2)즉, 채권의 액면가격이 1만 원인데, 표면금리가 10%라면 1년에 1천 원의 표면이자가 발생한다는 뜻이다. (3)여러 종류의 채권이 1년 동안 지급하는 이자지급횟수가 서로 다르다 하더라도 1년 동안 지급하는 이자금액이 동일하다면 표면금리는 같다. (4)즉, 표면이자 1천 원을 1년에 1번 지급하거나 500원씩 1년에 2번 지급하거나, 1년 동안 지급하는 이자금액은 1천 원으로 동일하므로 표면금리는 10%로 같다. ▶ 2문단

(1)채권수익률과 표면금리와의 관계에 대해서는 투자자가 얻게 될 실제 수익률인 채권수익률의 일부가 표면금리라고 볼 수도 있다. (2)즉, 채권수익률이 채권에 투자해서 실현할 수 있는 실질적인 수익률인 반면, 표면금리는 채권수익률을 실현하는 일부분이 된다. (3)채권수익률이 5%, 표면금리가 1%의 채권의 경우, 채권에 투자하면 연 5%의 수익률을 얻을 수 있다는 것을 의미하며 이를 실현하기 위해서 회사가 표면금리로 1%를 지급하고 나머지 4%는 투자자가 채권을 매수할 때 액면가격에서 차이만큼 할인해서 사게 되는 것이다. (4)예를 들어, 채권수익률 5%, 표면금리 1%, 만기 1년인 액면 1만 원짜리 채권의 만기에 받게 될 원리금은 원금 1만 원과 표면금리 1%에 따른 표면이자 100원을 합한 10,100원이 된다. (5)그런데, 이 채권의 채권수익률은 5%이므로 현재시점에서 이 채권을 사기 위해서는 만기시점의 원리금 10,100원을 (1+5%)로 할인해야 하므로 현재시점에서는 액면 1만 원짜리 채권을 채권가격 9,619원에 사게 된다. (6)이때 액면가격 1만 원과 현재시점의 채권가격과의 차이 381원은 약 4%로, 채권수익률 5%와 표면금리 1%의 차이와 같다. ▶ 3문단

(1)투자자들 중에는 채권수익률이든 표면금리든 높은 것이 좋은 것이라는 생각을 가지는 사람도 있을 수 있다. (2)그러나 표면금리는 채권수익률을 실현하는 하나의 수단이며, 세금을 고려하지 않는다면 투자자가 추구하는 투자수익률을 실현하기 위해서 표면금리의 크기는 큰 의미가 없다. (3)중요한 것은 채권수익률의 크기가 미래에 실현하게 될 투자수익률이 된다는 것이다. (4)하지만 채권 관련 세금(현행 세법상 채권은 개인투자자의 경우 표면이자 수익에 대해서만 세금을 부과하고, 매매차익에 대해서는 비과세함)을 고려한다면 상황은 달라질 수 있다. ▶ 4문단

(1)마지막으로, 채권수익률이 표면금리보다 높아 표면금리로는 채권수익률을 실현할 수 없어 액면가격보다 할인한 가격으로 채권을 발행하게 된 경우 이를 할인 발행채권이라 하고, 채권수익률이 표면금리와 같아 액면가격으로 발행하는 채권을 액면발행 채권이라고 한다. (2)표면금리가 채권수익률보다 높은 채권은 할증 발행되기도 한다. 우리나라의 경우 대부분의 회사채는 할인 발행되고 있다. ▶ 5문단

밑줄 친 ㉠의 내용이 나오기까지의 글의 흐름에 따라 판단하면 표면금리는 채권수익률의 일부일 뿐이므로 표면금리의 크기는 의미가 없지만[4문단 (2)], 만일 세금을 고려할 경우에는 표면금리의 크기가 어떤 의미를 가질 수 있다는 내용을 예상할 수 있다. 한편 현행 세법상 채권 관련 세금은 개인투자자의 경우 표면이자 수익에 대해서만 세금을 부과하고, 매매차익에 대해서는 비과세한다는 것을 알 수 있다[4문단 (4)]. 이를 바탕으로 보면 표면이자 수익은 표면금리가 높을수록 높을 것이고, 매매차익은 낮은 표면금리 대신 액면가격에 수익률이 반영되어 얻게 되는 이익이므로 표면금리가 낮을수록 높을 것이다. 이와 같은 매매차익은 비과세 항목에 해당하나, 표면이자에 대해서는 과세가 되므로 결과적으로 세금을 고려할 경우 표면이자가 많이 발생하는 표면금리가 높은 상품의 경우는 이자수익에 대한 과세로 실질 수익률은 낮아질 수 있음을 추론할 수 있다. 따라서 세금을 고려하는 경우에는 표면금리가 더 낮은 채권이 유리할 수 있다.

① 액면가격과 채권수익률은 동일하고 표면금리만 다른 두 채권이 있을 때, 세금은 표면금리로 얻은 부분에 대해서만 부과되기 때문에 세금을 고려한다면 표면금리가 더 낮은 채권이 유리할 수 있다.
→ (○) 위의 해설에 따라 옳은 선지다.

② 액면가격과 채권수익률은 동일하고 표면금리만 다른 두 채권이 있을 때, 표면금리가 높을수록 채권의 매매차익이 늘어나 비과세 혜택이 더 커지므로 세금을 고려한다면 표면금리가 더 높은 채권이 유리할 수 있다.
→ (×) 표면금리가 높을수록 채권의 액면가격에 대한 할인은 줄어든다. 따라서 표면금리가 높을수록 매매차익이 늘어난다는 내용은 잘못되었다. 틀린 선지다.

③ 액면가격과 채권수익률은 동일하고 표면금리만 다른 두 채권이 있을 때, 표면금리가 낮은 채권은 부과되는 세액이 적지만, 매매차익에 대한 과세 부담이 증가하므로 순수익률을 고려하면 표면금리가 더 높은 채권이 유리할 수 있다.

→ (×) 세금은 표면이자 수익에 대해서만 부과되므로[4문단 (4)], 표면금리가 낮은 채권은 부과되는 세액이 적지만, 매매차익에 대해서는 비과세하므로 매매차익에 대한 과세부담이 증가한다는 내용은 잘못되었다. 틀린 선지다.

④ **액면가격과 채권수익률은 동일하고 표면금리만 다른 두 채권이 있을 때, 표면금리가 높은 채권은 더 많은 이자수익을 제공하므로, 세금을 고려하더라도 세후 순수익률을 고려하면 표면금리가 더 높은 채권이 유리할 수 있다.**

→ (×) 동일한 액면가격과 채권수익률의 두 채권이라면 표면금리가 높은 채권은 표면금리가 낮은 채권에 비해 더 많은 이자수익을 제공하겠지만, 이 이자수익에 대해서는 과세가 이루어진다. 따라서 세후 순수익률은 채권수익률에서 표시되는 것보다 더 낮아질 것이다. 한편 표면금리가 낮은 채권은 그만큼 액면가격에서 할인이 이루어진다. 매매차익에 대해서는 비과세하므로 세후 순수익률은 표면금리가 높은 채권에 비해 표면금리가 낮은 채권이 채권수익률에 더 근접할 것이다. 따라서 세후 순수익률을 고려하더라도 표면금리가 더 낮은 채권이 유리하다. 틀린 선지다.

⑤ **액면가격과 채권수익률은 동일하고 표면금리만 다른 두 채권이 있을 때, 표면금리가 높은 채권일수록 연간 이자지급 횟수가 많아지므로 세금을 고려한다면 표면금리가 더 낮은 채권이 유리할 수 있다.**

→ (×) 연간 지급하는 이자지급 횟수가 서로 다르다 하더라도 1년 동안 지급하는 이자금액이 동일하다면 표면금리는 같다[2문단 (3)]. 즉, 표면금리와 연간 이자지급 횟수는 무관하다. 표면금리가 높다고 해서 연간 이자지급 횟수가 많아진다는 내용은 잘못되었다. 틀린 선지이다.

합격자의 실전 풀이 순서

❶ 발문 확인 후 밑줄 친 부분부터 읽기

본 문제는 '위 자료의 밑줄 친 부분에 대해 보충 설명하고자 할 때, 그 내용으로 가장 적절한 것은?' 형식이다. 밑줄 친 내용이 무엇인지 확인해야 하므로 우선 밑줄 친 부분을 먼저 읽고 문제 풀이의 전략을 정한다. 이것이 지문 전체의 이해를 요구하는 것이면 지문부터 읽는다. 각 부분들의 정오판단을 요구하는 것이면 선지부터 읽고 키워드를 찾아 지문에서 찾는다. 해당 문제의 경우 밑줄은 '상황은 달라질 수 있다.'이다. 액면가격, 채권수익률, 표면금리의 관계와 이해를 묻고 있으므로 지문부터 읽는 것이 타당해보인다.

❷ 지문부터 보기

일반적인 지문의 내용과 일치하는 것을 묻는 문제와 달리 지문에 대한 이해를 묻는 문제는 지문을 다 읽고 전반적인 내용을 이해한 후에 푸는 것이 효과적인 경우가 많다. 밑줄 친 부분까지 읽은 후에 선지를 보고 해결이 어려운 경우 밑줄의 뒷 부분까지 읽고 푸는 것이 효과적이다.

합격자의 시간단축 Tip

Tip ❶ 선지 형태를 훑어본다.

지문의 일정 부분에 대한 이해를 묻는 문제는 지문에서 추론할 수 있는 것을 묻는 문제와 유사한 문제인지, 지문 전체의 내용을 이해하고 있는지를 묻는 문제인지 판단해야 한다.

전자인 경우 선지부터 읽으며 키워드를 찾아 발췌독하는 것이 효율적이고, 후자인 경우 지문 전체적인 내용을 읽고 밑줄 친 부분의 내용을 이해한 후에 선지를 판단하는 것이 효율적이기 때문이다.

이런 경우 선지를 훑어 보는 것이 판단에 도움을 줄 수 있다. 해당 문제의 경우 모든 선지가 거의 동일한 형태를 가진다. 그렇다면 지문에 흩어져 있는 단서의 정오를 판단하는 문제가 아니라 밑줄 친 부분의 내용을 이해하여 해결하는 문제임을 알 수 있다. 따라서 이를 인지했다면 빠르게 지문부터 읽을 수 있다.

Tip ❷ 너무 많은 표시를 하지 않는다.

통독을 하되, 특징이나 비교 같은 주요 내용에 동그라미와 밑줄 등으로 표기를 하며 읽어 내려가는 것이 일반적이다. 하지만 너무 많은 표기를 한다면 오히려 정답 찾기에 방해가 될 수 있다. 그러므로 최대한 그 문단의 핵심 주요 소재나 단어에만 표시를 하도록 한다.

Tip ❸ 글을 구조화한다.

지문을 읽고 내려와서 선지를 본 후 바로 답을 구하면 좋으나, 선지를 본 후 다시 지문으로 올라가서 읽어야 하는 경우가 상당히 많다. 이를 대비해 처음에 지문을 읽을 때 글을 구조화하면서 읽는 것이 좋다. 구조화하면서 글을 읽었을 경우 선지의 정오를 어느 부분을 통해 확인할지 판단이 빨라지기 때문이다.

해당 문제 역시 처음에 지문을 읽을 때 1문단은 채권수익률의 개념, 2문단은 표면금리의 개념, 3문단은 양자의 관계, 4문단은 양자의 관계2, 5문단은 할인발행채권의 개념으로 글을 구조화하면 선지를 해결할 때 더 빠를 수 있다.

Tip ④ 답이 나오면 넘어가기

이와 같은 문제처럼 선지 ①에서 답이 나왔다면 넘어가는 것이 좋다. 좀 더 확실하게 하기 위해 남은 선지의 정오도 판단하려고 한다면 시간이 더 걸릴 수 있다. 일례로 이후 선지를 판단하는 과정에서 적절하다고 판단되는 선지라 생각되는 것이 또 나온다면 어디에서 실수를 했는지 확인하는 과정을 또 거쳐야 한다. 이 경우 시간적으로도, 심리적으로도 좋지 않기 때문에 자신이 했던 판단을 믿고 정답 선지를 찾았다면 다음 문제로 넘어갈 수 있어야 한다.

Tip ⑤ 밑줄이 등장하면 밑줄에 유의하자.

밑줄 친 부분이 문제로 출제될 경우, 해당 부분을 정확히 캐치하고 있어야 한다. 전체적으로 자료를 읽을 때에도 어떠한 상황이 달라진 것인지 파악하기 위해 기존의 상태를 제대로 파악하여야 한다. 해당 문제의 경우도 같은 문단에서 표면금리의 크기가 큰 의미가 없다는 것에 초점을 맞췄어야 한다.

Tip ⑥ 지문 첫 문단에서 독해의 방향성을 설정한다.

지문의 첫 문단은 글의 소재, 주제 등을 나타내주는 경우가 많다. 지문 내의 모든 정보를 기억할 수 없으므로, 첫 문단에서 제시해주는 글의 방향성만큼이라도 정확하게 이해하면서 독해하는 것을 목표로 하는 것이 좋다. 해당 지문 역시 첫 문단에서 '채권수익률'과 '표면금리'의 관계를 파악하는 것이 매우 중요하다고 제시해주고 있다. 독해 시, 각각이 무엇인지보다도 둘이 어떤 관계에 놓여있는지에 초점을 맞추어 읽어내려 갔어야 한다.

04 정답 ⑤ 난이도 ●○○

의사소통능력_논리적 추론

접근전략 연계문제로 앞 문제의 지문에서 이해한 내용을 활용하여 추가지문에 적용할 수 있는지 묻고 있다. 표면금리와 채권수익률과의 관계를 고려하며 선지를 해결한다.

다음은 액면가격 10,000원, 만기 1년인 세 채권에 대한 정보이다. 채권을 판매 중인 OO증권사 직원이 아래의 고객 질문에 대해 답변한 내용으로 적절하지 않은 것은?

〈채권A, 채권B, 채권C에 대한 정보〉

(세전기준)	채권A	채권B	채권C
표면금리	1%	3%	6%
채권(투자)수익률	6%	6%	6%

고객: 채권을 매수하고 싶은데 금리와 수익률의 차이가 뭔지 잘 모르겠습니다. 왜 수익률이 같은데 표면금리가 다른건가요?

답변: ㉠ <u>채권A~C를 통해 고객님께서 얻으실 수 있는 최종 세전 수익률은 모두 6%로 동일합니다</u>. 다만, 표면금리는 확정이자율로, 표면금리에 따라 1년 후의 원리금이 달라집니다.

고객: 표면금리가 가장 높은 채권C의 원리금이 가장 많다고 봐야겠네요.

답변: 네, 그렇습니다. ㉡ <u>채권C의 경우 표면금리 6%에 따라 1년 후의 원리금은 세전 10,600원으로, 원리금만 고려한다면 가장 많다고 볼 수 있습니다</u>.

고객: 그럼 당연히 채권C를 매수해야하는 것 아닌가요?

답변: ㉢ <u>표면금리가 낮은 채권은 채권수익률과 표면금리의 차이만큼 매수 시 액면가격보다 낮은 가격으로 매수하실 수 있습니다</u>. 채권B를 예로 들어보면, ㉣ <u>채권B의 경우 만기까지 보유 시 원리금은 10,300원이 됩니다</u>. 채권수익률은 채권C와 같지만, 원리금은 더 낮습니다. 따라서 채권B의 경우 원리금 10,300원이 연 6%의 수익률에 따른 결과가 되도록 액면가격에서 할인된 가격으로 채권을 매수하실 수 있습니다. ㉤ <u>이때의 할인가격은 10,600/(1+0.06)이 됩니다</u>.

① ㉠ 채권A~C를 통해 고객님께서 얻으실 수 있는 최종 세전 수익률은 모두 6%로 동일합니다.
→ (O) 채권수익률은 채권에 투자해서 실현할 수 있는 실질적인 수익률을 말한다[3문단 (2)]. 세금을 고려하지 않는다면 표면금리의 크기는 큰 의미가 없고, 채권수익률의 크기가 투자수익률이 된다고 했으므로[4문단] 채권A~C를 통해 투자자가 얻을 수 있는 최종 세전 수익률은 6%이다. 옳은 선지다.

② ㉡ 채권C의 경우 표면금리 6%에 따라 1년 후의 원리금은 세전 10,600원으로, 원리금만 고려한다면 가장 많다고 볼 수 있습니다.
→ (O) 표면금리는 채권의 확정이자율로, 발행자가 액면금액에 대해 1년 동안 지급하는 이자율을 말한다. 채권C의 경우 표면금리가 6%이므로, 액면금액에 대한 원리금은 10,600원이다. 한편 채권A와 채

권B는 표면금리가 각각 1%, 3%이므로 원리금이 각각 10,100원, 10,300원이다. 원리금만 고려하면 C가 가장 많으므로 옳은 선지다.

③ ㉢ 표면금리가 낮은 채권은 채권수익률과 표면금리의 차이만큼 매수 시 액면가격보다 낮은 가격으로 매수하실 수 있습니다.
→ (○) 채권수익률이 5%, 표면금리가 1%의 채권의 경우, 채권에 투자하면 연 5%의 수익률을 얻을 수 있다는 것을 의미하며 이를 실현하기 위해서 회사가 표면금리로 1%를 지급하고 나머지 4%는 투자자가 채권을 매수할 때 액면가격에서 차이만큼 할인해서 사게 되는 것이다. [3문단 (3)]에서 알 수 있는 내용이다. 옳은 선지다.

④ ㉣ 채권B의 경우 만기까지 보유 시 원리금은 10,300원이 됩니다.
→ (○) 채권B의 경우 표면금리가 3%이므로 원리금은 10,000×1.03=10,300원이다. 옳은 선지다.

⑤ ㉤ 이때의 할인가격은 10,600/(1+0.06)이 됩니다.
→ (×) 앞의 설명과 같이 채권 B의 원리금은 10,300원이고, 이 값이 연 6% 수익률에 따른 결과여야 한다[3문단 (4), (5)]. 따라서 할인가격은 10,300/(1+0.06)이 되어야 한다.

합격자의 실전 풀이 순서

[방법 1]

❶ 발문 확인하기
본 문제는 '다음은 액면가격 10,000원, 만기 1년인 세 채권에 대한 정보이다. 채권을 판매 중인 ○○증권사 직원이 아래의 고객의 질문에 대해 답변한 내용으로 적절하지 않은 것은?' 형식이다. 앞 문제와 연계되는 문제이므로 앞 지문의 내용과 해당 문제의 지문을 적절히 섞어 이해하는 문제임을 확인한다.

❷ 선지부터 보기
해당 문제의 지문이라 할 것이 채권에 대한 정보뿐이고, 바로 선지가 나온다. 그렇다면 채권에 대한 기본 정보를 바탕으로 앞 문제의 지문을 이해했는지 묻는 문제임을 파악하고 선지를 보며 앞 문제에서 이해한 내용을 바탕으로 문제를 해결한다.

[방법 2]

❶ 문제 확인하기
적절하지 않은 것을 고르라 했으므로 선지 옆에 X표를 하여 적절한 선지를 고르는 실수를 하지 않도록 한다.

❷ 한 선지씩 보며 판단하기
질문과 답변을 모두 읽고 판단하는 것이 아니라 각 선지를 읽고 정오를 바로 판단하여 답을 도출한다.

합격자의 시간단축 Tip

Tip 주어진 예시 활용하기

자료에서는 원리금을 구하는 방식이나 할인적용 방식을 구체적인 수치와 함께 보여주고 있다. 문제의 값들을 어떻게 처리해야 할지 모르겠다면 주어진 자료의 예시들을 활용하는 것도 방법이다.

05 정답 ⑤ 난이도 ●●○

의사소통능력_논리적 추론

접근전략 보험료의 할인, 할증 구조에 대해 이해하고 이를 선지에 적용하는 문제다. 할인, 할증이 양면성을 가짐을 염두하고 보험료 산정 구조에 대해 파악하며 문단을 정리하는 것이 효과적이다.

주어진 글을 읽고 판단한 내용으로 적절하지 않은 것은?

(1)2021년 4세대 실손의료보험이 새롭게 출시되었다. (2)4세대 실손의료보험은 상품 출시 이후 가입자가 지속 증가하여 2023년 말 기준으로 가입건수는 376만 건으로 이는 전체 실손의료보험의 약 10.5% 수준에 해당한다. ▶1문단

(1)4세대 실손의료보험은 상품구조를 급여와 비급여로 분류하여 각각의 손해율에 따라 보험료를 매년 조정한다. (2)계약구조로 보면 급여는 주계약이며 비급여는 특약에 해당한다. (3)전체 보험계약자의 보험료가 일률적으로 조정되는 급여와 달리 비급여의 경우 비급여 보험금과 연계하여 보험료가 차등적용(할인·할증)된다. ▶2문단

(1)4세대 실손의료보험의 가입자는 보험료 갱신 전 1년간 수령한 비급여 보험금에 따라 5개의 구간(1등급~5등급)으로 구분된다. (2)비급여 보험금 수령액이 없는 경우 할인 대상이 되며, 비급여 보험금 수령액이 100만 원 미만인 경우 할인·할증이 적용되지 않는다. (3)반면 비급여 보험금 수령액이 100만 원 이상인 경우 비급여 보험료가 할증된다. (4)할증 대상자의 할증금액으로 할인 대상자의 보험료를 할인하며, 할인율은 약 5% 내외이다. (5)비급여 보험료 할인·할증등급은 1년간만 유지되며, 1년 후에는 직전 12월간 비급여 보험금에 따라 매년 원점에서 재산정된다.

구분	할인·할증률	직전 1년간 비급여 보험금 수령액
1등급(할인)	5% 내외	0원
2등급(유지)	-	100만 원 미만
3등급(할증)	+100%	100만 원 이상 150만 원 미만
4등급(할증)	+200%	150만 원 이상 300만 원 미만
5등급(할증)	+300%	300만 원 이상

▶ 3문단

(1)아울러 의료취약계층의 의료 접근성이 제한되지 않도록 국민건강보험법상 산정특례대상질환 및 노인장기요양보험법상 장기요양등급 1·2등급 판정자에 대한 의료비는 비급여 보험료 할인·할증등급 산정 시 제외한다. ▶ 4문단

(1)각 보험회사들은 소비자가 비급여 의료이용량을 합리적으로 관리하여 보험료 할증으로 인한 불편을 겪지 않도록 비급여 보험금 조회시스템을 구축 및 운영하고 있다. (2)4세대 실손의료보험 가입자는 개별 보험회사의 홈페이지 또는 앱을 통해 비급여 보험금 수령액, 보험료 할인·할증대상 여부, 다음 보험료 할증단계까지 남은 비급여 보험금, 할인·할증 제외 신청을 위한 필요서류 안내 등을 확인할 수 있다.

▶ 5문단

① 4세대 실손의료보험은 가입자 간 보험료 부담의 형평성을 제고하는 방식의 보험이다.

→ (○) 3문단 내용에 따르면 4세대 실손의료보험은 비급여 보험금을 많이 수령한 사람에게 더 많은 비급여 보험료를 부과하고, 적게 수령한 사람에게는 할인 혜택을 부여하는 보험 제도이다. 이는 가입자 간 비급여 이용량이 다름에도 획일적으로 보험료를 인상하기보다는 개별적인 접근을 통해 보험료 부담의 형평성을 제고하기 위한 방식이라고 볼 수 있다. 또한 할증 대상자의 할증금액으로 할인 대상자의 보험료를 할인하며, 할인율은 약 5% 내외이다. [3문단 (4)]를 통해서도 보험료 부담의 형평성이 제고됨을 알 수 있다. 옳은 선지다.

② 4세대 실손의료보험은 불필요한 비급여 의료이용을 억제하는 역할을 할 것이다.

→ (○) 3문단 내용에 따르면 4세대 실손의료보험에서는 비급여 의료이용이 많을수록 차년도에 보험료가 할증된다. 따라서 보험을 통해 보험금을 수령할 요량으로 불필요함에도 불구하고 비급여 이용을 했던 피보험자에게는 무분별한 비급여 의료이용을 억제하는 수단이 될 수 있다. 옳은 선지다.

③ 2년 연속 1등급 판정을 받은 고객의 비급여 보험금 할인율은 5%일 수 있다.

→ (○) 비급여 보험료 할인·할증등급은 1년간만 유지되며, 1년 후에는 직전 12월간 비급여 보험금에 따라 매년 원점에서 재산정된다. [3문단 (5)]에 따라 2년 연속 1등급 판정을 받았다면 1년 동안 할인율이 5% 내외가 된다. 옳은 선지다.

④ 4세대 실손의료보험에서 비급여 보험료는 개인화된 요금인 반면 급여 보험료는 집단에 대해 획일화된 방식의 요금이다.

→ (○) 4세대 실손의료보험의 가입자는 보험료 갱신 전 1년간 수령한 비급여 보험금에 따라 5개의 구간(1등급~5등급)으로 구분된다. [3문단 (1)]에서 비급여 보험료는 개인화된 요금임을 알 수 있다. 전체 보험계약자의 보험료가 일률적으로 조정되는 급여와 달리 [2문단 (3)]에서 급여 보험료는 전체 집단에 대해 획일화된 방식임을 알 수 있다. 옳은 선지다.

⑤ 만일 4세대 실손의료보험에서 보험료의 할증을 적용받는 가입자의 비율이 높아진다면 1등급 가입자의 비급여 보험료의 할인율은 더 낮아질 것이다.

→ (×) 할증 대상자의 할증금액으로 할인 대상자의 보험료를 할인하며, 할인율은 약 5% 내외이다. [3문단 (4)]에서 할증 대상자의 할증 금액으로 할인 대상자의 보험료를 할인함을 알 수 있다. 즉 보험료 할증을 적용받는 가입자의 비율이 높아진다면 1등급 가입자의 비급여 보험료 할인율은 높아지거나, 5% 내외의 상한선으로 인해 최소한 같을 것이며 낮아지지는 않을 것임을 예상할 수 있다. 틀린 선지다.

합격자의 실전 풀이 순서

❶ 발문 제대로 읽기 및 문제 유형 파악

항상 발문을 먼저 제대로 읽자. '윗글을 읽고 판단한 내용으로 적절하지 않은 것은?'을 고르는 문제이므로 본문 내용과 상충하거나 그로부터 추론할 수 없는 선지가 정답이 된다. 또한, 옳지 않은 것을 고르는 것은 제시문과 반대되는 내용의 선지를 고르라는 것이기 때문에 발문에 X 표시를 의식적으로 치고 문제를 풀면, 부합하는 것을 고르는 실수를 방지할 수 있다.

❷ 선지를 훑으며 대략적 주제를 파악한다.

"부합하지 않는 것은?", "일치하지 않는 것은?" 문제에서 선지는 매우 중요한 힌트가 된다. 정답을 제외한 4개의 선지를 보는 것만으로도 어느 정도 지문의 주제나 내용을 확인할 수 있기 때문이다. 이는 지문에 대한 이해를 바탕으로 한 판단 문제에서도 적용되는 경우가 많다. 결국 선지의 정오판단 근거는 지문 내용에 근거하기 때문이다.

합격자의 시간단축 Tip

Tip ❶ 글의 내용과 부합하는 것, 부합하지 않는 것 외에 알 수 없는 것이 나올 가능성을 생각한다.

윗글을 읽고 판단한 내용으로 적절하지 않은 것을 물었다. 그렇다면 글의 내용과 부합하는 것은 답이 아니고, 부합하지 않는 것이 답인 것은 자명하다. 글에서 알 수 없는 것은 답이 될 수 있는가? 그렇다. 알 수 없는 것 역시 글의 내용과 부합하지 않기 때문이다. 선지의 내용이 글에서 알 수 없는 내용임에도 불구하고 무조건 찾으려 들 생각을 버리자. 다른 선지들은 글에서 근거를 찾을 수 있는데, 도저히 글에서 근거를 찾을 수 없는 선지가 정답이 될 수 있다.

Tip ❷ 키워드를 요구하는 것이 아닌 글의 전반적인 내용을 묻는 문제일 가능성을 생각한다.

글의 내용을 패러프레이징해서 선지를 출제하거나 단순히 글에서 알 수 있는 것, 없는 것을 판단하는 문제가 아니라 글의 전반적인 흐름과 구조를 이해하고 이해한 것을 바탕으로 묻는 심화된 문제가 출제될 수 있다. 선지에 마땅히 키워드로 뽑을 소재가 없거나 선지들끼리 형태가 비슷한 경우에 이러한 유형이 많으며 이를 인지했다면 빠르게 지문을 통독하여 이해한 후에 선지의 정오를 판단한다.

Tip ❸ 4개의 선지만을 판단하여 정답을 도출할 수 있다.

만약 본인이 판단하기 어려운 선지가 있거나 시간이 오래 걸릴 것 같은 선지가 있다면 넘어간 후 나머지 4개의 선지를 판단하면 된다. 넘어간 선지가 답이라면 4개의 정오를 판단하여 답을 도출할 수 있고, 넘어간 이후 답이 도출된다면 건너뛴 선지는 살펴보지 않고 답을 도출할 수 있다.

Tip ❹ 통독 중 풀 수 있는 선지는 먼저 풀고, 답이 나오면 바로 넘어간다.

본 지문처럼 숫자가 많고 기억해야 할 정보가 많은 경우, 지문을 끝까지 다 읽고 선지를 해결하기보다는, 중간 중간 풀 수 있는 선지를 바로 해결한다. 이는 지문에서 근거를 바로 찾아 해결할 수 있게 하여 정확성을 높이고, 지문을 다시 읽어야 하는 불필요한 시간을 줄일 수 있다. 필자는 1, 2문단을 읽은 뒤 선지 ④를 제거하였고, 3문단을 읽은 뒤 바로 선지 ⑤를 골라 다음 문제로 넘어갔다. 정답이 확실했기 때문에 나머지 선지를 읽지 않고도 확신하고 넘어갈 수 있으며 시간을 굉장히 단축할 수 있다. 만약 문제가 하나인 지문이라면 나머지 문단을 읽지 않아도 되기 때문에 시간을 획기적으로 줄일 수 있는 전략이다. 다만 정확한 근거를 바탕으로 자신이 고른 선지에 확신이 있어야 한다. 즉 애매한 근거를 바탕으로 선지를 선택하고 넘어가서는 안 된다는 뜻이다. 또한 본인이 생각하기에 정답이라면 미련 없이 나머지를 확인하지 않고 넘어가야 한다. 이렇게 아낀 시간으로 다른 어려운 문제에 투자하는 것이 고득점의 전략이다.

06 정답 ③

난이도 ●○○

의사소통능력_글의 내용 일치/불일치

접근전략 보험료의 할인, 할증 구조에 대해 이해하고 이를 선지에 적용하는 문제다. 앞 문제와 동일한 유형이나, 추가 지문을 앞 지문에 대해 이해한 내용을 바탕으로 판단하는 문제다. 새로 추가된 내용이나 조건이 있는지 확인하고, 있다면 앞 지문의 조건과 추가지문의 조건을 활용해 선지를 해결한다.

다음은 ○○보험의 4세대 실손의료보험에 가입한 A씨의 문의내역이다. 이에 대해 ○○보험사 직원의 답변 중 적절하지 않은 것은?

안녕하세요. 작년에 가입한 4세대 실손의료보험 갱신일이 내일이라고 문자가 와서 문의 남깁니다. 보험금 조회시스템 확인해보니 이렇게 뜨던데 제 보험료 이제 인상되는건가요? 확인해보니까 비급여만 해도 보험료가 16,000원이나 되던데요. 보험료가 매년 오르면 병원은 어떻게 다니나요. 보험료 상한선이 있나요? 빠른 답변 부탁드립니다.

진료일자	진료기관	진료비(약제비) 내역			보험금 수령액	
		급여		비급여	급여	비급여
		공단 부담금	본인 부담금			
2024.1.10.	OO내과	16,100	6,900	-	-	-
2024.1.28.	ㅁㅁ정형외과	12,600	5,400	300,000	-	210,000
2024.3.12.	ㅁㅁ정형외과	10,500	4,500	300,000	-	210,000
2024.3.19.	ㅁㅁ정형외과	-	-	300,000	-	210,000
2024.5.4.	ㅁㅁ정형외과	-	-	300,000	-	210,000
2024.6.19.	△△피부과	88,200	37,800	-	27,800	-
2024.9.1.	ㅁㅁ정형외과	11,200	4,800	100,000	-	70,000
2024.9.10.	ㅁㅁ정형외과	10,500	4,500	100,000	-	70,000

작성일: 2024년 11월 15일

고객님 안녕하세요, ㅇㅇ보험의 CS 담당 김△△입니다. 저희 시스템을 통한 보험금 조회 결과, 보내주신 화면과 내역이 일치하는 것으로 확인됩니다. ㉠고객님께서는 갱신일 전 1년간 수령하신 비급여 보험금이 100만 원 미만으로 2등급에 해당됩니다. ㉡2등급에 해당할 경우 갱신 후 납부하실 비급여 보험료에는 변동이 없습니다. 다만, 비급여 보험금 수령액이 100만 원을 초과하실 경우에는 보험료가 할증됩니다. ㉢만일 2025년 연간 비급여 보험금 수령액이 100만 원 이상 150만 원 미만에 해당하실 경우 보험료는 32,000원으로 인상됩니다. ㉣아무리 많이 인상된다 하더라도 상한액은 64,000원으로 예상됩니다. ㉤앱을 이용하시면 더 많은 정보를 확인하실 수 있습니다. 감사합니다.

① ㉠ **고객님께서는 갱신일 전 1년간 수령하신 비급여 보험금이 100만 원 미만으로 2등급에 해당됩니다.**
➜ (○) 고객 문의글의 작성일은 2024년 11월 15일이고, 내일 갱신이 된다고 하였으므로 갱신일은 11월 16일이다. 갱신일을 기준으로 1년간 수령한 비급여 보험금은 210,000원×4회+70,000원×2회=840,000원+140,000원=980,000원이다. 따라서 100만 원 미만으로 2등급에 해당한다. 옳은 선지다.

② ㉡ **2등급에 해당할 경우 갱신 후 납부하실 비급여 보험료에는 변동이 없습니다.**
➜ (○) 2등급에 해당할 경우 3문단의 표에 의할 때 비급여 보험료는 유지된다. 따라서 비급여 보험료에는 변동이 없다. 옳은 선지다.

③ ㉢ **만일 2025년 연간 비급여 보험금 수령액이 100만 원 이상 150만 원 미만에 해당하실 경우 보험료는 32,000원으로 인상됩니다.**
➜ (×) 4세대 실손의료보험의 가입자는 보험료 갱신 전 1년간 수령한 비급여 보험금에 따라 5개의 구간(1등급~5등급)으로 구분된다. [3문단 (1)]에서 알 수 있듯이 비급여 보험금 수령액의 합계액 계산은 보험료 갱신 전 1년간 수령한 비급여 보험금을 합산하는 것이다. 고객 문의글의 작성일은 2024년 11월 15일이고, 내일 갱신이 된다고 하였으므로 갱신일은 11월 16일이다. 따라서 2025년의 비급여 보험금 수령액의 산정은 2024년 11월 26일부터 이루어지므로, 2025년 연간 비급여 보험금 수령액을 기준으로 3등급에 해당할 경우의 인상액을 제시한 해당 내용은 틀렸다. 틀린 선지다.

④ ㉣ **아무리 많이 인상된다 하더라도 상한액은 64,000원으로 예상됩니다.**
➜ (○) 비급여 보험료의 상한액은 5등급이 된 경우의 300% 할증이다. 따라서 16,000원의 4배인 64,000원이다. 옳은 선지다.

⑤ ㉤ **앱을 이용하시면 더 많은 정보를 확인하실 수 있습니다.**
➜ (○) 4세대 실손의료보험 가입자는 개별 보험회사의 홈페이지 또는 앱을 통해 비급여 보험금 수령액, 보험료 할인·할증대상 여부, 다음 보험료 할증단계까지 남은 비급여 보험금, 할인·할증 제외 신청을 위한 필요서류 안내 등을 확인할 수 있다. [5문단 (2)]에서 알 수 있는 내용이다. 옳은 선지다.

합격자의 실전 풀이 순서

❶ **발문 제대로 읽기 및 문제 유형 파악**
항상 발문을 먼저 제대로 읽자. '적절하지 않은 것은?'을 고르는 문제이므로 본문 내용과 상충하거나 그로부터 추론할 수 없는 선지가 정답이 된다. 또한, 옳지 않은 것을 고르는 것은 제시문과 반대되는 내용의 선지를 고르라는 것이기 때문에 발문에 X 표시를 의식적으로 치고 문제를 풀면, 부합하는 것을 고르는 실수를 방지할 수 있다.

❷ **선지를 훑으며 대략적 주제를 파악한다.**
"적절하지 않은 것은?", "일치하지 않는 것은?" 문제에서 선지는 매우 중요한 힌트가 된다. 정답을 제외한 4개의 선지를 보는 것만으로도 어느 정도 지문의 주제나 내용을 확인할 수 있기 때문이다. 이는 지문에 대한 이해를 바탕으로 한 판단 문제에서도 적용되는 경우가 많다. 결국 선지의 정오판단 근거는 지문 내용에 근거하기 때문이다.

합격자의 시간단축 Tip

Tip ❶ 글의 내용과 부합하는 것, 부합하지 않는 것 외에 알 수 없는 것이 나올 가능성을 생각한다.

적절하지 않은 것을 물었다. 그렇다면 글의 내용과 부합하는 것은 답이 아니고, 부합하지 않는 것이 답인 것은 자명하다. 글에서 알 수 없는 것은 답이 될 수 있는가? 그렇다. 알 수 없는 것 역시 글의 내용과 부합하지 않기 때문이다. 선지의 내용이 글에서 알 수 없는 내용임에도 불구하고 무조건 찾으려 들 생각을 버리자. 다른 선지들은 글에서 근거를 찾을 수 있는데, 도저히 글에서 근거를 찾을 수 없는 선지가 정답이 될 수 있다.

Tip ❷ 키워드를 요구하는 것이 아닌 글의 전반적인 내용을 묻는 문제일 가능성을 생각한다.

글의 내용을 패러프레이징해서 선지를 출제하거나 단순히 글에서 알 수 있는 것, 없는 것을 판단하는 문제가 아니라 글의 전반적인 흐름과 구조를 이해하고 이해한 것을 바탕으로 묻는 심화된 문제가 출제될 수 있다. 선지에 마땅히 키워드로 뽑을 소재가 없거나 선지들끼리 형태가 비슷한 경우에 이러한 유형이 많으며 이를 인지했다면 빠르게 지문을 통독하여 이해한 후에 선지의 정오를 판단한다.

Tip ❸ 계산이 필요한 선지는 나중에 푼다.

선지를 절대 순서대로 해결할 필요는 없다. 쉬운 것부터 풀고 답이 나오면 넘어간다. 보기 ㉠의 경우 정확한 판단을 위해서는 계산을 해야 한다. ㉣ 역시 약간의 계산이 필요하다. 물론 쉬운 계산이겠지만 아무리 쉬운 계산이더라도 더 빨리 제거할 수 있는 보기부터 확인하는 것이 시간을 조금이라도 단축할 수 있는 방법이다. 이 문제도 ㉢에서 답이 나와 별다른 계산 없이 빠르게 해결할 수 있다.

07 정답 ❷ 난이도 ●●○

의사소통능력_빈칸 삽입(어휘/개념어/접속사/문장)

접근전략 기본적으로 빈칸 문제는 빈칸을 포함한 문장, 앞뒤 문장, 빈칸이 포함된 문단의 주제문을 통해 직간접적 근거를 얻을 수 있다. 우선 글을 대강 훑어 어느 곳에 빈칸이 들어가는지 확인하는 것이 좋다. 해당 제시문의 빈칸 문장은 그 후반부에 '이와 같은'으로 시작하여 결론이 들어갈 것을 추론할 수 있다.

주어진 글의 맥락을 고려할 때, 빈칸 ㉠에 들어갈 말로 가장 적절한 것은?

(1)한 나라에서 각 산업이 생산활동을 하는 궁극적인 목적은 소비, 투자, 수출 등과 같은 최종수요를 충족시키는 데 있다. (2)따라서 소비, 투자, 수출 등 최종수요가 생산에 미치는 영향, 즉 최종수요의 생산유발효과를 파악하는 것은 중요한 분석 대상이다. (3)생산유발효과는 투입계수를 기초로 산출되는 생산유발계수에 의해 측정될 수 있다. ▶ 1문단

(1)수출을 위한 자동차 1대의 생산유발효과를 살펴보자. (2)자동차 1대가 생산되기 위해서는 다음 그림에서 보는 것처럼 엔진, 타이어 등 수많은 중간재가 생산되어야 한다. (3)그리고 그 중간재들을 생산하는 데에는 철강제품, 고무, 타이어코드 등 또 다른 원재료의 생산이 필요하다. (4)이와 같이 자동차의 생산은 아무 관련이 없는 것처럼 보이는 산업의 생산활동에도 영향을 미치게 되는데 이러한 생산유발효과는 산업간 수급이 균형을 이룰 때까지 계속해서 나타난다. ▶ 2문단

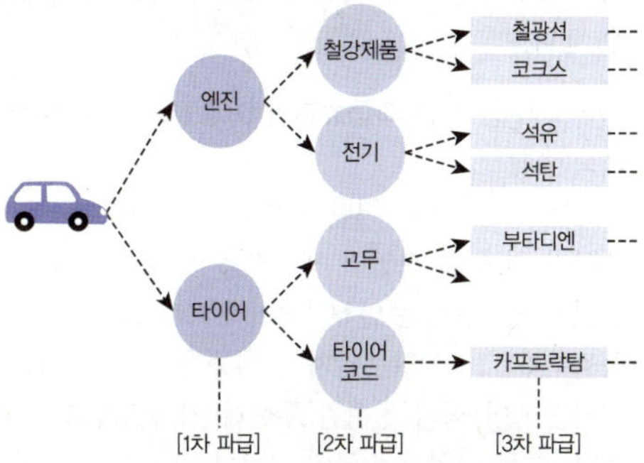

(1)이와 같은 생산의 파급과정을 수치로 알아보자. (2)공산품 1단위를 수출하기 위해서는 공산품 1단위가 생산되어야 한다. (3)이때 각종 원재료 등 중간재가 투입되어야 하는데, 공산품 1단위의 생산을 위해서 중간재로 농림수산품 0.04단위, 광산품 0.06단위, 공산품 0.45단위, 서비스 0.15단위 등이 투입생산되어야 한다고 가정하자. (4)이 경우 공산품 1단위 생산을 위해 1차적으로 투입이 필요한 산출물은 모두 0.7단위가 되는데, 이것이 바로 공산품에 대한 수출수요 1단위의 증가가 모든 산업에 미치는 1차 생산파급효과이다. ▶ 3문단

(1)1차 생산파급효과로 나타난 농림수산품 0.04단위, 광산품 0.06단위, 공산품 0.45단위, 서비스 0.15단위 등을 생산하기 위해 또 다시 0.446단위의 생산물이 투입된다고 가정하자. (2)0.446단위의 2차 생산파급효과는 농림수산품 0.04단위 생산을 위해 투입되는 생산물 0.010단위, 광산품 0.06단위 생산을 위해 투입되는 생산물 0.032단위, 공산품 0.45단위 생산을 위해 투입되는 생산물 0.334단위, 서비스 0.15단위 생산을 위해 투입되는 생산물 0.057단위 등을 모두 합한 것이다. (3)이와 같은 생산의 파급과정은 (㉠) ▶ 4문단

(1)이들 생산파급효과를 모두 합하면 처음 발생한 공산품에 대한 수출수요 1단위의 생산유발효과, 즉 수출수요와 관련해서 유발된 총 산출액이 된다. (2)이처럼 어떤 상품에 대한 최종수요는 해당 상품의 생산뿐만 아니라 그 상품과 관련되는 모든 상품의 생산에까지 영향을 미치게 된다. ▶ 5문단

CHAPTER 2 실전모의고사 2회

① 2차 파급효과에서 종료되는 경우가 많다.

→ (×) 글의 마지막 문장에서는 어떤 상품에 대한 최종 수요는 해당 상품의 생산뿐만 아니라 그 상품과 관련되는 '모든 상품의 생산'에까지 영향을 미치게 된다고 하였다. 즉, 2차 중간재의 생산을 위한 또 다른 생산이 존재할 수 있으며, 2차 파급효과에서 종료된다는 것에 대한 근거를 본문을 통해 찾을 수 없다.

② 3차, 4차 등 최종 파급효과가 0이 될 때까지 무한히 계속된다.

→ (○) 파급효과는 어떤 상품에 대한 최종수요를 충족하기 위해 한 산업의 생산활동이 다른 산업의 생산활동을 유발하는 연쇄과정이다. N차로 단계가 거듭될수록 그 규모는 점차 줄어들지만, 최종적으로 효과가 0이 되기 전까지 무한히 지속된다고 볼 수 있다. 이는 산업간 수급이 균형이 이룰 때까지 계속되는데, 수급이 균형을 이룬다는 것은 수요와 공급 간에 0이라는 균형을 이룬 것으로 볼 수 있다.
이들 생산파급효과를 모두 합하면 처음 발생한 공산품에 대한 수출수요 1단위의 생산유발효과, 즉 수출수요와 관련해서 유발된 총 산출액이 된다. [5문단 (1)]을 통해서도 최종 파급효과가 0이 될 때까지 무한히 지속될 것임을 알 수 있다.

③ 특정 산업 내에서만 지속되며, 다른 산업에까지 전이되지 않는다.

→ (×) 생산유발효과는 특정 산업에 한정되지 않고, 연관 산업뿐만 아니라 심지어 관련이 없어보이는 산업에까지 파급되어 전이 효과를 발생시킨다[2문단 (4)].

④ 3차 이상의 파급효과부터는 통계적으로 예측하기 어려워 경제적 의미를 상실한다.

→ (×) 3차 이상의 파급효과가 점점 작아지더라도 본문에서 2차 파급효과를 산출한 것과 같이 통계적인 예측은 가능하다.

⑤ 특정한 상품에 대한 최종수요가 증가할수록 파급효과가 나타나는 산업범위가 확장된다.

→ (×) 특정 상품의 최종수요가 증가한다고 하더라도 산업범위의 확장과는 직접적으로 연관되지 않는다. 1차, 2차, 3차 파급에 따라 산업의 범위가 확장되는 것은 맞으나 수요(수요량)의 증가가 산업범위의 확장과 직접적으로 연관된다고 볼 수는 없다.

합격자의 실전 풀이 순서

❶ 발문을 읽고 문제의 유형 파악

항상 먼저 발문을 반드시 제대로 읽고 시작하자. 해당 문제는 빈칸을 채우는 문제이고 이에 대응되는 내용을 찾아서 그를 근거로 채우면 된다.
빈칸 채우기 유형은 두 가지로 구분할 수 있다. 빈칸 채우기 두 유형을 빠르게 구분하기 위해서는 다양한 빈칸 채우기 문제를 풀어볼 필요가 있다. 특히 두 유형을 구분하는 눈을 갖기 전까지는 주요 문장만 발췌독하는 습관을 들이지 않을 것을 추천한다. 발췌독하는 경우, 첫 번째 유형은 빠르게 풀 수 있으나 전체적 구조를 파악해야 하는 두 번째 유형에서 헤맬 수 있다.

(1) 빈칸에 글의 맥락을 연결하는 내용이 들어가는 유형
이 유형의 경우 빈칸의 근거 범위는 빈칸이 포함된 문장, 앞뒤 문장, 문단의 주제문이다. 이들을 통해 답을 직접 낼 수 있을 뿐만 아니라 최소한 대응되는 내용을 찾을 결정적 단서를 얻을 수 있다. 빈칸에 그 앞, 뒤 맥락을 연결하는 내용이 들어가기 때문에 빈칸의 근거를 지엽적으로 찾아서 풀면 된다. 어떤 부분을 근거로 삼을지 기준을 미리 잡아 두면 문제 풀이가 훨씬 수월하고 빨라진다. 보통 빈칸문제의 근거는 빈칸이 포함된 문장, 앞뒤 문장, 빈칸이 포함된 주제문을 근거로 삼을 수 있다. 여기서 직접적인 근거를 못 얻더라도 최소한 근거를 얻을 실마리는 얻을 수 있으니 이들부터 먼저 참고해서 풀자. 또한, '즉', '그 결과', '요컨대' 등의 요약하는 접속사가 들어간 문장에서 빈칸의 근거를 찾는 경우가 많다.

(2) 빈칸에 중심 내용이 들어가는 유형
이 유형에서는 전체적인 구조와 주요 문장을 파악하여 빈칸에 들어갈 말을 찾아야 한다. 제시문 전체를 독해하여 결론이 무엇인지 도출해야 하는 것이다. 이를 위해 독해를 하면서 '이 모든 문장이 함축된 결론이 무엇인가'를 생각해야 한다. 주제문 찾기 유형은 빠르게 주제문을 찾는 습관을 들일 경우, 푸는 시간을 획기적으로 단축할 수 있는 유형이다. 또한, 해당 유형은 많은 범위의 제시문을 읽는다면 중요하지 않은 문장에 주의를 빼앗겨 오히려 주제문을 찾기 어려워질 수 있다. 따라서 과감하게 읽는 범위를 축소할 필요가 있다. 읽는 범위를 축소하는 기준으로는 먼저 빈칸이 들어간 문단부터 읽기 시작한다. 또한, 해당 문단 내에서도 접속어가 들어간 문장과 빈칸 앞뒤의 문장을 주의 깊게 읽는다.

❷ 제시문 독해

통독을 활용하는 경우: 발췌독이 어려운 경우 선지를 먼저 보고 통독을 하더라도 빠른 시간 내에 높은 정확도로 문제를 해결할 수 있다. 선지와 문제 구조를 토대로 제시문은 생산유발효과의 정의를 제시하면서 생산유발효과가 전달되는 그 경로, 양상을 설

명하고 있다. 3문단부터는 1문단과 2문단의 내용을 예시를 통해 반복하여 설명하는 것이므로 이미 생산유발효과에 대한 파악이 완료되었다면 가볍게 이해한 내용이 맞는지 확인하면서 빠르게 넘어가는 것이 좋다.

❸ 빈칸에 들어갈 선지 파악
마지막 단계에서는 지문을 이해한 바를 바탕으로, 선택지별 정오답 여부를 판단한다.

합격자의 시간단축 Tip

Tip 빈칸을 스스로 채우고 선지를 확인한다.

빈칸 채우기 유형의 문제는 빈칸의 위치를 확인하고 빈칸이 포함된 문장, 앞뒤 문장을 먼저 읽는 것이 기본이 된다. 이 과정을 통해서든, 전체 제시문을 읽고 나서든 빈칸에 들어갈 내용을 스스로 떠올려 보고 선지에 그와 유사한 내용이 있는지 확인하는 식으로 문제에 접근하는 것이 시간 단축에 용이할 뿐만 아니라 정답률에도 도움이 된다. 빈칸 채우기 유형의 선지는 그럴싸한 선지가 여러 개 제시되는데 선지를 확인하고 나서 빈칸을 보면 헷갈리기 쉽다. 따라서 스스로 빈칸에 들어갈 만한 내용을 생각하는 것이 가장 빠르게 문제를 해결하는 방법 중 하나이다. 또한 이 문제의 경우 선지 ④, ⑤가 빈칸 앞 단어와 어울리지 않기 때문에 신경써서 확인할 필요가 없다.

08 정답 ⑤ 난이도 ●●●

의사소통능력_논리적 추론

접근전략 본문을 바탕으로 제시된 사례에 적용하는 문제이다. 내용 일치 문제의 선택지에서도 사례 적용 유형이 많으므로 특별히 접근을 달리할 필요는 없다. 사례와 본문에서 겹치는 부분을 파악해 적용하면 된다.

다음은 생산파급효과에 대한 추가 자료이다. 위 자료와 다음 내용을 참고하여 추론한 내용으로 적절하지 않은 것을 모두 고르면?

(1)한 나라에서 각 산업이 생산활동을 하는 궁극적인 목적은 소비, 투자, 수출 등과 같은 최종 수요를 충족시키는 데 있다. (2)따라서 소비, 투자, 수출 등 최종수요가 생산에 미치는 영향, 즉 최종수요의 생산유발효과를 파악하는 것은 중요한 분석 대상이다. (3)생산유발효과는 투입계수를 기초로 산출되는 생산유발계수에 의해 측정될 수 있다. ▶ 1문단

(1)수출을 위한 자동차 1대의 생산유발효과를 살펴보자. (2)자동차 1대가 생산되기 위해서는 다음 그림에서 보는 것처럼 엔진, 타이어 등 수많은 중간재가 생산되어야 한다. (3)그리고 그 중간재들을 생산하는 데 철강제품, 고무, 타이어코드 등 또 다른 원재료의 생산이 필요하게 된다. (4)이와 같이 자동차의 생산은 아무 관련이 없는 것처럼 보이는 산업의 생산활동에도 영향을 미치게 되는데 이러한 생산유발효과는 산업간 수급이 균형을 이룰 때까지 계속해서 나타난다. ▶ 2문단

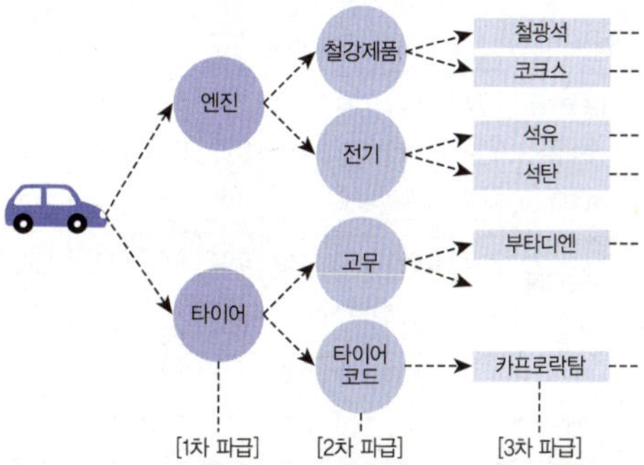

(1)이와 같은 생산의 파급과정을 수치로 알아보자. (2)공산품 1단위를 수출하기 위해서는 공산품 1단위가 생산되어야 한다. (3)이때 각종 원재료 등 중간재가 투입되어야 하는데, 공산품 1단위의 생산을 위해서 중간재로 농림수산품 0.04단위, 광산품 0.06단위, 공산품 0.45단위, 서비스 0.15단위 등이 생산되어야 한다고 가정하자. (4)이 경우 공산품 1단위 생산을 위해 1차적으로 투입이 필요한 산출물은 모두 0.7단위가 되는데, 이것이 바로 공산품에 대한 수출수요 1단위의 증가가 모든 산업에 미치는 1차 생산파급효과이다. ▶ 3문단

(1)1차 생산파급효과로 나타난 농림수산품 0.04단위, 광산품 0.06단위, 공산품 0.45단위, 서비스 0.15단위 등을 생산하기 위해 또 다시 0.446단위의 생산물이 투입된다고 가정하자. (2)0.446단위의 2차 생산파급효과는 농림수산품 0.04단위 생산을 위해 투입되는 생산물 0.010단위, 광산품 0.06단위 생산을 위해 투입되는 생산물 0.032단위, 공산품 0.45단위 생산을 위해 투입되는 생산물 0.334단위, 서비스 0.15단위 생산을 위해 투입되는 생산물 0.057단위 등을 모두 합한 것이다. (3)이와 같은 생산의 파급과정은 (㉠) ▶ 4문단

(1)이들 생산파급효과를 모두 합하면 처음 발생한 공산품에 대한 수출수요 1단위의 생산유발효과, 즉 수출수요와 관련해서 유발된 총 산출액이 된다. (2)이처럼 어떤 상품에 대한 최종수요는 해당 상품의 생

산뿐만 아니라 그 상품과 관련되는 모든 상품의 생산에까지 영향을 미치게 된다. ▶ 5문단

(1)생산파급효과는 생산유발계수로 측정된다. (2)즉, 생산유발계수는 한 제품에 대한 최종수요가 한 단위 증가하였을 때 이를 충족시키기 위하여 해당 제품을 만드는 부문을 포함한 모든 부문에서 직·간접적으로 유발되는 산출액이다. (3)다음은 수요상품 한 단위당 생산유발계수를 나타낸 것이다. ▶ 추가 자료 1문단

수요상품 / 중간재	농림수산품	광산품	공산품	전력·가스·수도·폐기물	건설	서비스	기타	합계
농림수산품	1.09	0.02	0.05	0.02	0.02	0.02	0.03	1.25
광산품	0.06	1.05	0.15	0.40	0.07	0.04	0.06	1.83
공산품	0.70	0.48	2.10	0.51	0.86	0.40	0.68	5.73
전력·가스·수도·폐기물	0.04	0.06	0.07	1.19	0.04	0.04	0.07	1.51
건설	0.00	0.01	0.01	0.01	1.00	0.01	0.02	1.06
서비스	0.34	0.59	0.47	0.46	0.44	1.48	1.28	5.06
기타	0.01	0.00	0.00	0.00	0.00	0.00	1.02	1.03
합계	2.24	2.21	2.85	2.59	2.43	1.99	3.16	17.49

※ 단, 기타도 하나의 상품으로 간주한다.

▶ 사례 표

ㄱ. 농림수산품에 대한 최종수요가 1단위 발생했을 때, 이를 충족하기 위해 직·간접적으로 유발되는 전체 생산은 1.25단위이다.

→ (×) 수요 상품으로 인해 유발되는 중간재의 생산유발계수를 확인하기 위해서는 제시된 표의 세로를 기준으로 보아야 하며, 표의 마지막 행에 생산유발계수 합계가 제시되어 있다. 따라서 농림수산품에 대한 최종수요 1단위당 직·간접적으로 유발되는 전체 생산은 2.24단위이다.

ㄴ. 제시된 수요상품에 대한 최종수요가 각각 1단위씩 증가하는 경우 가장 많은 생산수요 증가가 예상되는 중간재는 공산품이다.

→ (○) 해당 내용을 확인하기 위해서는 표의 가로를 확인하면 되며, 마지막 열에 합계가 제시되어 있다. 공산품이 5.73으로 가장 값이 크다. 따라서 표에 제시된 수요상품에 대한 최종수요가 각각 1단위씩 증가하는 경우 가장 많은 생산수요 증가가 예상되는 중간재는 공산품이다.

ㄷ. 경제 전체에 가장 큰 생산파급효과를 유발하는 수요상품은 공산품이다.

→ (×) 생산파급효과는 생산유발계수로 측정된다[추가 자료 1문단 (1)]. 따라서 경제 전체에 가장 큰 생산파급효과를 유발한다는 것은 생산유발계수의 값이 제일 크다는 것을 의미한다. 생산유발계수가 가장 큰 수요상품은 '기타'(3.16단위)이다. 공산품의 생산유발계수 값은 2.85단위이다.

ㄹ. 대체로 특정한 산업의 생산품에는 동일한 산업의 생산물이 중간재로 사용되지 않는 경향이 있음을 알 수 있다.

→ (×) 표에서 특정한 산업의 수요상품과 동일한 중간재는 우하향하는 대각선으로 나타난다. 농림수산품 수요상품의 중간재로서 농림수산품의 생산유발계수는 1.09단위로 다른 중간재에 비해서도 많이 사용되고 있음을 확인할 수 있다. 다른 수요상품들도 그 값이 1.00 이상이다. 그에 비해 농림수산품 수요상품의 중간재로서 광산품은 0.06단위, 건설은 0.00단위로 매우 작다. 따라서 특정한 산업의 생산품에는 동일한 산업의 생산물이 중간재로 사용되는 경향을 보인다고 추론할 수 있다.

합격자의 실전 풀이 순서

❶ 발문 확인 및 문제 유형 파악하기

추가 자료에 대한 설명으로 적절하지 않은 것을 고르라는 발문을 봤을 때, 사례 적용 유형임을 알 수 있다. 해당 유형은 제시문 내용을 위반하는 선지가 정답이 된다. 긴장되는 시험장에서 적절하지 않은 것을 고르는 문제에서 적절한 것을 고르는 문제로 잘못 볼 수 있다. 따라서 발문에 크게 X 표시 등을 해 혹시 모를 실수에 대비하도록 한다. 또한 '모두' 골라야 하는 문제임에 주의해야 한다.

❷ 제시문 독해 및 선지 판단

본 문제의 경우엔 제시문을 읽지 않고 사례만으로도 해결할 수가 있다. 생산유발계수의 정의, 표까지 모두 사례에 제시되어 있고, 선택지도 그 안에서만 물어보기 때문이다. 심지어 합계까지 포함되어 있어 상대적으로 빠르게 해결할 수 있다.

구조가 비교적 간단하므로 선지로 바로 가 풀이한다. [해설]에서 해당 단계를 진행한 것이다.

합격자의 시간단축 Tip

Tip ❶ 제시문을 다 읽지 않도록 하자.

본 문제는 사례만으로도 모든 선택지가 해결되는 경우였다. 사례를 먼저 읽고 선택지로 간 다음에, 해결이 안 되는 문제가 있다면 본문으로 넘어가는 방식을 사용할 것을 추천한다. 특히 01번을 풀 때 제시문을 한 번 파악했기 때문에, 이번에 제시문의 구조를 확인하기 위해 다시 읽을 필요는 없다. 만약 제시문을 다시 처음부터 읽었다면 그렇지 않은 것에 비해 시간 소모가 컸을 것이다.

Tip ❷ 선지의 보기 구성을 적절히 활용하자.

선지의 보기 구성만을 보고 정답을 고를 수는 없다. 하지만 이 문제와 같이 특정 보기 1개가 선지 4개에 모두 포함된 경우라면 과감하게 해당 보기를 넘어가는 것도 시간 단축에 도움이 된다. 이 문제는 보기 ㄱ에 대한 정오 판단을 하지 않고 다른 보기를 보는 것을 추천한다. 보기 ㄱ이 답이 되지 않는다면 곧장 선지 ④가 답이 될 터인데 출제자는 이런 식으로 선지를 구성하지 않을 것이기 때문이다.

09 정답 ④

난이도 ●●●

의사소통능력_논리적 추론

접근전략 글에서 추론할 수 없는 것을 찾는 문제다. 글의 내용과 일치하지 않는 것을 묻거나 글의 내용을 바탕으로 사고를 한 번 거친 후 그 내용이 적절하지 않은 것을 물을 수 있다. 따라서 우선 키워드를 찾아 발췌독한 후 그것이 어렵다면 지문을 읽고 사고를 거친 후 선지를 해결한다.

다음 글에서 추론할 수 없는 것은?

(1)실물자산토큰(RWA, Real World Asset)은 현실 세계에 존재하는 자산을 블록체인 기술로 디지털화하여 새로운 차원의 유동성과 효율성을 제공하는 혁신적 개념이다. (2)RWA는 부동산, 귀금속, 예술품 등 전통적으로 유동성이 낮고 거래가 복잡했던 자산들을 토큰화함으로써 투자 접근성을 대폭 확대하고 자산 거래의 효율성을 높인다. (3)이때 토큰은 자산의 소유권을 나타내며, 토큰화(Tokenization)란 실물 자산의 소유권이나 권리를 분할하여 디지털 토큰으로 발행하는 과정이다. (4)디지털 토큰은 블록체인 네트워크 저장소에 보관된다. ▶ 1문단

(1)RWA의 핵심은 스마트 계약(Smart Contract)과 분산 원장 기술(DLT)을 통해 자산 거래의 신뢰성과 투명성을 보장하는 것이다. (2)스마트 계약은 자산의 소유권을 분할하고, 거래 규칙을 자동화하며, 수익 배분까지 구현한다. (3)이를 통해 투자자는 소액으로도 고가의 자산에 접근할 수 있다. (4)예컨대, 수백억 원 규모의 상업용 부동산이 토큰화되어 1만 개의 디지털 토큰으로 나누어진다면, 투자자는 단 몇만 원으로도 해당 부동산의 일부를 소유하고, 이에 따른 임대 수익 또는 자산 가치 상승의 이익을 얻을 수 있다. (5)분산 원장 기술은 모든 거래 기록을 투명하고 불변하게 유지할 수 있는 기반 기술로, RWA의 소유권 및 거래 이력을 관리하는 데 사용된다. ▶ 2문단

(1)또 기존의 거래 방식에서 고가의 자산은 매매 시 복잡한 절차와 긴 거래 기간이 소요되며, 대규모 자본 없이 접근하기 어려웠다. (2)그러나 토큰화된 자산은 블록체인 네트워크를 통해 글로벌 시장에서 실시간 거래가 가능하고, 소유권 이전 또한 효율적으로 이루어질 수 있다. (3)이러한 디지털 자산은 탈중앙화 금융(DeFi) 생태계에서 담보 자산으로 활용되며 대출 등 다양한 금융 활동에 이용될 수 있다. ▶ 3문단

(1)RWA는 자산 관리의 효율성도 크게 높인다. (2)블록체인에 기록된 거래 데이터는 자산의 소유권, 거래 내역, 배당 내역 등을 투명하게 관리할 수 있도록 하며, 사용자들은 복잡한 서류 작업이나 중개 과정을 거치지 않고 디지털 지갑을 통해 자산을 실시간으로 관리할 수 있다. ▶ 4문단

(1)그러나 RWA에는 여러 가지 위험도 존재한다. (2)첫째, 법적 불확실성과 규제의 변화는 기존 금융 시스템과의 충돌 문제나 투자자 보호 문제 등을 일으킬 수 있다. (3)둘째, 블록체인 기술의 보안 문제와 시스템 장애는 자산 소유권이나 거래의 안정성을 위협할 수 있다. (4)셋째, 자산의 실질적 가치에 대한 평가의 어려움은 투자자들에게 예상치 못한 손실을 유발할 수 있으며, 토큰화된 자산의 시장은 아직 초기 단계로, 활발히 거래되지 않아 유동성 부족 문제를 겪을 수 있다. (5)넷째, 시장에서 RWA에 대한 기존 금융기관과 투자자들의 반응이 긍정적이지 않다면 이를 널리 채택하기 어려울 수 있다. ▶ 5문단

① RWA는 투자자의 자산 거래 과정에 대한 신뢰를 높이는데 기여한다.

→ (O) RWA의 핵심은 스마트 계약(Smart Contract)과 분산 원장 기술(DLT)을 통해 자산 거래의 신뢰성과 투명성을 보장하는 것이다.[2문단 (1)]에서 RWA는 자산 거래의 신뢰성을 보장함을 알 수 있다. 또한 2문단 전반을 통해 RWA가 투자자의 자산 거래 과정에 대한 신뢰를 높인다는 것을 알 수 있다. 옳은 선지다.

② RWA는 디지털 경제의 개방성을 전통 금융 자산에 접목하여 자산 거래와 관리의 패러다임을 변화시키고 있다.

→ (O) RWA는 부동산, 귀금속, 예술품 등 전통적으로 유동성이 낮고 거래가 복잡했던 자산들을 토큰화함으로써 투자 접근성을 대폭 확대하고 자산 거래의 효율성을 높인다.[1문단 (2)] 또한 소액 투자로 고가 자산에 접근할 수 있다는 설명은 자산 시장의 진입 장벽을 낮추는 디지털 경제의 개방성을 보여준다.[2문단 (3), (4)]. RWA는 이러한 디지털 경제

의 개방성을 부동산, 귀금속, 예술품 등 전통적인 금융 자산에 접목하여 자산 거래가 가능하게 한다. 옳은 선지다.

③ **자산 토큰화는 소액 투자자가 이전에는 접근할 수 없었던 고부가가치 자산에 투자할 기회를 제공함으로써 자산의 민주화에 기여할 수 있다.**

→ (○) 토큰화를 통해 고가 자산이 디지털 토큰으로 분할되어, 소액 투자자도 수백억 원 규모 부동산에 투자할 수 있다는 설명은 [2문단 (3), (4)]에 명확히 제시되어 있다. 이는 소수의 자산가에 집중되던 고가 자산 접근 기회가 불특정 다수에게 열리게 되는 구조 변화를 의미하므로, 자산의 민주화를 촉진한다고 추론할 수 있다. 옳은 선지다.

④ **RWA는 전통 금융 시스템의 비효율성을 개선할 뿐만 아니라 토큰화된 자산이 적은 특정 자산 시장에서도 거래의 유동성을 높이는 혁신적인 이점을 제공한다.**

→ (×) 전통 금융의 비효율성 개선은 [1문단 (2)]에서 기존 자산 거래 방식의 문제점(복잡한 절차, 긴 거래 기간, 대규모 자본 필요 등)이 언급되고, [3문단 (2)]에서 토큰화된 자산이 실시간 거래 가능하고 소유권 이전도 효율적으로 이루어진다는 점에서 개선 가능성이 충분히 드러난다. 하지만 '토큰화된 자산이 적은 특정 자산 시장에서도 유동성을 높인다'는 부분은 지문 어디에서도 자산 종류나 시장별 유동성에 따른 언급이 없고, 오히려 [5문단 (4)]에서 "토큰화된 자산의 시장은 아직 초기 단계로 유동성 부족 문제를 겪는다"고 했기 때문에, 해당 선지는 지문에서 오히려 반대되는 내용이다. 틀린 선지다.

⑤ **RWA가 갖는 잠재적인 금융 포용성에도 불구하고 법적인 측면, 기술적인 제약, 소비자 신뢰와 인식 부족 등의 문제가 선결될 필요가 있는 등 여러 한계가 존재한다.**

→ (○) 선지 ⑤는 RWA가 금융 포용성을 확대할 수 있는 잠재력을 가지면서도, 제도적·기술적·사회적 한계가 존재함을 말한다. 금융 포용성과 관련해 [3문단 (1)]~[3문단 (3)]에서 대규모 자본 없이도, 탈중앙화된 금융 생태계에서 자산 거래가 가능해진다는 점에서 그 가능성을 확인할 수 있다. 한편, [5문단 (2)]~[5문단 (5)]에서는 법적 불확실성, 기술적 문제, 가치 평가의 어려움, 시장 반응 등 RWA의 여러 한계를 구체적으로 언급하고 있어, 선지 ⑤는 충분히 추론 가능한 옳은 선지다.

합격자의 실전 풀이 순서

❶ 문제 유형 확인하기: 추론할 수 없는 것

글에서 '추론할 수 없는 것'을 물었다. 일치부합형 선지가 답이 되는 경우는 드물며 본문의 내용을 바탕으로 하되, 본문 내에서 정보들을 조합하여 새로운 내용을 추론하거나 정보간 연결을 하는 선지가 답이 된다. 혹은 본문에서 설명되지 않은 대상에 대해서 설명하면서 본문에서 일부 언급된 내용을 끼워 넣어 오답 선지를 구성하기도 한다.(본문에서 설명되지 않은 대상에 대한 설명은 별도의 단서가 없는 한 정선지가 될 수 없다.) 본문의 핵심 내용을 바탕으로(요약 정리 연습), 언급된 내용과 언급되지 않은 내용을 구분하는 연습을 해보자. 또한 기출의 추론 선지들을 모아서 어느 정도의 추론까지 허용되는지 관찰하는 것도 도움이 된다. 명심하자. 아무리 추론 문제라 할지라도 언급되지 않은 내용은 정선지가 될 수 없다.

추론할 수 없는 것이나 옳지 않는 것과 같은 선지를 골라야 할 때는 선지 옆에 X표시를 하여 실수를 방지하는 것이 좋다. 문제를 푸는 과정에서 나도 모르게 추론할 수 있는 것이나 옳은 것을 정답으로 고르고 넘어가는 실수가 적지 않게 나오기 때문이다.

❷ 본문 읽기: 통독

통독은 기본적으로 빠르게 글의 구조와 대상 간의 관계, 필자의 태도와 글의 맥락이나 대상의 성격, 메커니즘 등을 파악하면서 넘어간다. 빠르게 키워드를 확인하면서 위치와 구조만 사후적으로 간단하게 판단하면서 넘어가고, 키워드나 개념이 나오면 연상하면서 넘어간다. '아모른직다'처럼 적혀 있더라도 사람은 인지한 정보를 사후적으로 재구성하기 때문에 '아직 모른다'로 읽을 수 있는 것처럼 자신의 정보처리 능력을 믿는다.

위와 같은 방식을 기본으로 하되, 이해를 요구하는 구간이나 실수하기 좋은(보통 자신이 읽기 싫은 느낌이 들거나 무엇을 읽었는지 기억이 나지 않거나, 과학 지문에서 생소한 키워드를 나열하면서 메커니즘을 두는 경우) 내용의 경우 정독을 가미한다. 상대 평가이기 때문에 내가 읽기 싫으면 남도 읽기 싫다. 따라서 읽기 쉬운 구간에서 시간을 아끼고 어려운 구간에서 시간을 상대적으로 더 투자하는 완급 조절만으로도 충분한 문제해결력을 갖는다.

❸ 선지를 판단하는 방법: 발췌독

발췌독은 선지 내에서 특징적인 어구를 뽑는 것을 기본으로 한다. 두 개 혹은 세 개의 선지에 반복되는 어구가 존재한다면 출제자의 관심도가 높은 소재이기 때문에 유의해서 볼 것이며, 고유 명사 등이 발췌독의 주 대상이다.

어구를 선정했다면 본문에서 첫 문장을 훑어보면서 글의 개괄을 파악해야 선정한 특징 어구에 관한 정오 판단을 어느 문단에서 해야 할지 알 수 있다.(가령,

1문단은 RWA의 개념, 2문단은 RWA에 바탕이 되는 두가지 기법, 3문단은 기존 거래방식의 문제점과 RWA가 그것을 개선, 4문단은 RWA는 자산 관리 효율성도 개선함, 5문단은 RWA의 한계로 첫 번째 문장만 읽고 판단할 수 있다.)

선지 정오 판단 시에는 본 문제가 추론 문제임을 고려하여 어구가 상위 카테고리 언어나 일반화 등의 방식으로 패러프레이징 되었을 가능성(가령 '소액 투자로고가 자산에 접근할 수 있다는 설명'='민주화', '개방성') 내지는 문단 간 정보를 연결하거나 정보를 조합하여 본문에서 도출된 추론 방식을 선지에서 구사하고 있는지 등을 주목해서 판단해야 한다.

❹ 사후적 정답 확인 기제

선지의 내용이 본문에 명확히 기재되어 있는지(출제자는 정답 시비를 좋아하지 않기 때문에 어떤 식으로든지 본문에서 선지 정답 근거를 남긴다), 키워드 범주 판단(상위 카테고리를 패러프레이징 했는지, 본문에 언급된 내용이 일반화 되어서 선지로 연결되었는지, 본문에서 설명된 대상과 다른 범주의 대상을 선지에서 설명하고 있지 않은지), 기출문제의 추론 방식이 사용되었는지 등을 확인한다. 때로는 문단 간에 선지 내용이 분산되어 존재하는 경우도 있다. 반드시 정답의 근거를 본문에서 찾는 습관을 들인다.

합격자의 시간단축 Tip

Tip ❶ 언급되지 않은 것은 정선지가 될 수 없다.

추론문제라 할지라도 본문에서 언급되지 않은 내용이 답이 될 수 없다.

Tip ❷ 키워드 뽑는 방법

통독의 과정을 생략하고 발췌독만으로 문제를 풀이할 수도 있다. 이때에는 발췌독의 조건과 가능성을 함께 고려해야 한다. 발췌독의 장점은 통독 시간을 단축하고 오롯이 문제 정오 판단에 집중할 수 있다는 점이다. 하지만 추론이나 본문에 대한 이해를 요구하는 지문의 경우 발췌독이 제한적이다. 이때에는 키워드 위주로 패러프레이징 여부나 본문의 근거 두 개 이상이 복합적으로 연결되었는지 확인한다.

가끔, 본문의 첫 문단에서 전제를 깔아 놓고 논의를 전개하면서 추론에서 전제를 가미하는 경우가 있다. 발췌독 위주의 풀이를 할 경우 주의해야 한다.

Tip ❸ 포괄적, 추상적인 선지는 정선지일 가능성이 높다.

포괄적, 추상적인 선지는 일단 정선지로 판단하는 것이 좋다. 구체적인 내용이 있어야 수험생이 명확하게 '옳지 않다'고 판단할 수 있어서 포괄적, 추상적인 선지를 오선지로 만들기는 어렵기 때문이다. 이 문제에서 선지 ⑤번은 '잠재적인 금융 포용성에도 불구하고 법적인 측면, 기술적인 제약, 소비자 신뢰와 인식 부족 등의 문제가 선결될 필요가 있는 등 여러 한계가 존재한다.'고 하여 지문을 전체적으로 요약하여 포괄적, 추상적인 내용이 담겨 있다. 따라서 정선지가 된다.

Tip ❹ 추론의 한계 설정: 스스로 이의제기 해보기

추론 문제는 어디까지가 추론 가능한 범위인지 스스로 판단하는 것이 중요하다. 지나치게 지레짐작해서 본문의 내용과는 반대로, 혹은 본문에서 멀리 나아가 선지를 판단해서는 안 된다. 이때 판단 기준으로 유용하게 쓰일 수 있는 방법이 스스로 이의제기를 하는 것이다. '이게 반대로 정선지/오선지라고 할 때 이의제기가 가능하지는 않을까?'라고 생각해보자. 예를 들어, 선지 ④를 판단할 때 본문에서는 '유동성 부족 문제를 겪는다'까지만 제시되었지, 그래서 'RWA 기술이 유동성을 높인다'고는 제시되지 않았다. 만약 선지 ④가 정선지가 된다면 유동성 부족은 오히려 RWA 기술이 겪는 문제라는 이의제기가 가능할 것이다.

10 정답 ② 난이도 ●●○

수리능력_응용수리_평균과 분산

간단풀이

4개 영역은 각각 100점 만점이므로 각 영역별 문항당 배점을 구하면 다음과 같다.

- (1영역의 문항당 배점) $=\frac{100}{20}=5$(점)
- (2영역의 문항당 배점) $=\frac{100}{10}=10$(점)
- (3영역의 문항당 배점) $=\frac{100}{25}=4$(점)
- (4영역의 문항당 배점) $=\frac{100}{40}=2.5$(점)

이때, A가 4영역에서 맞힌 문항의 개수를 x라 하면

(A의 평균점수)

$=\frac{5\times12+10\times5+4\times10+2.5\times x}{4}=\frac{150+2.5x}{4}$

A가 합격하기 위해서는 평균점수가 60점 이상이어야 하므로

$\frac{150+2.5x}{4}\geq60$

$150+2.5x\geq240$

$2.5x\geq90$

$x\geq36$

따라서 A는 4영역에서 최소한 36문항을 맞혀야 한다.

상세풀이

이 문제는 각 영역별 문항당 배점을 구한 후, 영역별로 얻은 점수의 합을 영역의 개수로 나누면 평균점수가 된다는 사실을 이용해 부등식을 세워야 한다.

4개 영역은 각각 100점 만점이고 각 영역당 문제수가 다르지만 같은 영역 내에서는 문항당 배점이 동일하므로 각 영역별 문항당 배점을 구하면 다음과 같다.

- (1영역의 문항당 배점) $=\frac{100}{20}=5$(점)
- (2영역의 문항당 배점) $=\frac{100}{10}=10$(점)
- (3영역의 문항당 배점) $=\frac{100}{25}=4$(점)
- (4영역의 문항당 배점) $=\frac{100}{40}=2.5$(점)

이때, A가 4영역에서 맞힌 문항의 개수를 x라 하면

(A의 평균점수)

$=\frac{(1\text{영역 점수})+(2\text{영역 점수})+(3\text{영역 점수})+(4\text{영역 점수})}{4}$

$=\frac{5\times12+10\times5+4\times10+2.5\times x}{4}=\frac{150+2.5x}{4}$

A가 합격하기 위해서는 평균점수가 60점 이상이어야 하므로

$\frac{150+2.5x}{4}\geq60$

$150+2.5x\geq240$

$2.5x\geq90$

$x\geq36$

따라서 A는 4영역에서 최소한 36문항을 맞혀야 한다.

11 정답 ①

난이도 ●●○

수리능력_응용수리_원가/정가/할인가

간단풀이

X상품의 도매가를 x(만 원), Y상품의 도매가를 y(만 원)라 하면

(도매가의 합) $=x+y=120$ …… ㉠

(X상품의 판매가) $=1.4x$(만 원)

(Y상품의 판매가) $=1.4y$(만 원)

(X상품의 할인가) $=1.4x-10$(만 원)

(Y상품의 할인가) $=1.4y\times(1-0.2)=1.12y$(만 원)

(할인가로 판매한 매출액) $=1.4x-10+1.12y$(만 원)

이윤은 두 상품 합쳐 17만 원이었으므로

(매출액) − (도매가의 합)

$=1.4x-10+1.12y-120=17$

$1.4x+1.12y=147$ …… ㉡

㉠, ㉡을 연립하여 풀면

$\begin{cases}x+y=120\\1.4x+1.12y=147\end{cases}$

$\begin{cases}1.4x+1.4y=168\\1.4x+1.12y=147\end{cases}$

$0.28y=21 \quad \therefore y=75$

$x+75=120 \quad \therefore x=45$

따라서 구하는 두 상품의 도매가 차이는

$y-x=75-45=30$(만 원)

상세풀이

이 문제는 두 상품의 도매가를 미지수로 놓고 조건에 맞는 식을 세운 후 이를 연립하여 풀 수 있다.

X상품의 도매가를 x(만 원), Y상품의 도매가를 y(만 원)라고 하자.

첫 번째 조건에서 두 상품의 도매가 합은 120만 원이므로

(도매가의 합) $=x+y=120$(만 원) …… ㉠

두 번째 조건에서 두 상품에 모두 40%의 마진을 붙여 판매가를 책정했으므로

X상품의 판매가는 $(1+0.4)\times x=1.4x$(만 원), Y상품의 판매가는 $(1+0.4)\times y=1.4y$(만 원)이다.

X상품은 판매가에서 10만 원 할인하여 판매하였으므로 X상품의 할인가는 $1.4x-10$(만 원)이다. 그리고 Y상품은 판매가에서 20%를 할인하여 판매하였으므로 Y상품의 할인가는 $1.4y\times(1-0.2)=1.12y$(만 원)이다.

할인가에 판매한 결과, 할인가로 달성한 수입에서 도매가를 차감한 이윤은 두 상품 합쳐 17만 원이므로 (이윤) =(두 상품 할인가의 합) − (두 상품 도매가의 합) =17(만 원)이다.

두 상품 할인가의 합은 $1.4x-10+1.12y$(만 원), 두 상품 도매가의 합은 120만 원이므로

$1.4x-10+1.12y-120=17$

$1.4x+1.12y=147$ …… ㉡

㉠, ㉡을 연립하여 풀면

$\begin{cases}x+y=120\\1.4x+1.12y=147\end{cases}$

$\begin{cases}1.4x+1.4y=168\\1.4x+1.12y=147\end{cases}$

$0.28y=21 \quad \therefore y=75$

$x+75=120 \quad \therefore x=45$

따라서 구하는 두 상품의 도매가 차이는 $y-x=75-45=30$(만 원)이다.

12 정답 ① 난이도 ●●○

수리능력_금융수리_원리합계

간단풀이

매년 초에 납입하는 금액을 a(만 원)이라 하면 연이율 5%의 복리 이자가 붙으므로 14번째 납입 후 1년을 더 기다린 2038년 말에 찾을 수 있는 원리금은

$\frac{a\times1.05\times(1.05^{14}-1)}{1.05-1}=\frac{1.05a}{0.05}=21a$(만 원)이고,

$21a=10{,}500$을 풀면 $a=500$(만 원)이다.

따라서 매년 초마다 납입해야 하는 금액은 500만 원이다.

상세풀이

A대리가 매년 초, 연이율 5%의 금융상품에 투자하는 금액을 a(만 원)이라 하면 2025년 초부터 2038년 초까지 14년간 매년 초에 a만 원씩 납입하는 것이므로 원리합계를 그림으로 나타내면 아래와 같다.

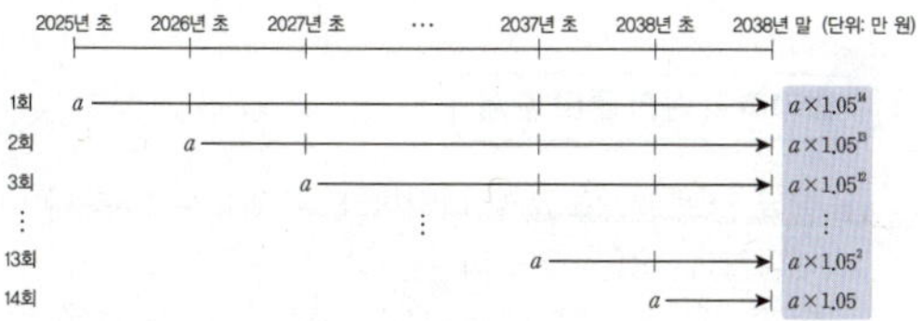

연이율 5%로 매년 초 a만 원씩 14년간 납입하여 2038년 말 찾을 수 있는 원리금은

$\frac{a\times1.05\times(1.05^{14}-1)}{1.05-1}=\frac{1.05a}{0.05}=21a$(만 원)이 된다.

$21a=10{,}500$을 풀면 $a=\frac{10{,}500}{21}=500$(만 원)이다.

따라서 매년 초마다 납입해야 하는 금액은 500만 원이다.

13 정답 ④ 난이도 ●●○

수리능력_금융수리_환율 및 실용계산

간단풀이

7월 15일 미국 USD의 '외환 파실 때' 환율은 1,340원/달러이므로 이날 원화로 환전한 금액을 x달러라 하면 (x달러를 원화로 환전한 금액)$=1{,}340x$원

마찬가지로 같은 날 일본 JPY 100의 '외환 사실 때' 환율은 1,072원/100엔이므로

(1,340x원을 엔화로 환전한 금액)

$=1{,}340x\div\frac{1{,}072}{100}=500$(만 엔)

$\therefore x=40{,}000$

따라서 환전하지 않은 달러는

$50{,}000-40{,}000=10{,}000$(달러)다.

상세풀이

송금받은 50,000달러 중 7월 15일에 원화로 환전한 금액을 x달러라고 하면 7월 15일의 미국 USD '외환 파실 때' 환율을 적용해 환전받는다.

(7월 15일 미국 USD 외환 파실 때 환율)

$=1{,}340$(원/달러)

(x달러를 원화로 환전한 금액)$=1{,}340x$(원)

같은 날, 원화로 환전한 금액 1,340x원 전부 엔화로 환전할 때는 7월 15일의 일본 JPY 100 '외환 사실 때' 환율이 적용된다. 7월 15일 일본 JPY 100 '외환 사실 때' 환율은 1,072원/100엔, 즉 1엔에 $1{,}072\div100=10.72$(원)이다.

(7월 15일 일본 JPY 100 '외환 사실 때' 환율)

$=10.72$(원/엔)

(1,340x원을 엔화로 환전했을 때 받은 금액)

$=1{,}340x\div10.72$(엔)

이 금액이 500만 엔이라 하였으므로

$1{,}340x\div10.72=5{,}000{,}000$

$1{,}340x=53{,}600{,}000$

$\therefore x=40{,}000$

즉, 40,000달러를 환전했으므로 환전하지 않은 달러는 $50{,}000-40{,}000=10{,}000$(달러)다.

14 정답 ⑤ 난이도 ●○○

수리능력_자료해석_보고서 작성

상세풀이

㉠ (O) 2017년부터 2022년까지 국민부담률은 매년 증가했다.

→ 〈자료 1〉의 국민부담률 그래프를 살펴보면 2017년부터 2022년까지 매년 증가했음을 확인할 수 있다.

㉡ (O) 제시된 기간 동안 조세수입액이 가장 많았던 해는 2022년이었다.

→ 조세수입액은 조세부담률에 관한 식을 활용하여 도출할 수 있다.

$\text{조세부담률}=\frac{\text{조세수입액}}{\text{경상GDP}}\times100$이므로

조세수입액=조세부담률×경상GDP÷100으로 구할 수 있다.
〈자료 1〉의 조세부담률과 〈자료 2〉의 경상GDP를 참고해 2017~2022년의 조세수입액을 구하면 다음과 같다.(단위는 생략한다.)

- 2017년: 0.188×18,357=3,451.116
- 2018년: 0.199×18,982=3,777.418
- 2019년: 0.2×9,245=3,849
- 2020년: 0.2×19,400=3,880
- 2021년: 0.221×20,717=4,578.457
- 2022년: 0.22×23,250=5,115

따라서 2022년 조세수입액이 가장 많으므로 옳은 내용이다.

ⓒ (O) 2022년의 지방세 수입액은 1,155천억 원이다.
➜ '조세수입액=국세 수입액+지방세 수입액'이므로, '지방세 수입액=조세수입액−국세 수입액' … ⓐ이 성립한다. '조세수입액=조세부담률×경상GDP÷100'을 ⓐ식에 대입하면
'지방세 수입액=(조세부담률×경상GDP÷100)−국세 수입액'이다.
이를 이용해 2022년 지방세 수입액을 구하면
23,250천억×22÷100−3,960천억
=1,155(천억 원)이다.
따라서 옳은 내용이다.

ⓓ (O) 2020년의 사회보장기여금은 1,552천억 원이었다.
➜ 사회보장기여금은 국민부담률에 관한 식을 통해 도출할 수 있다. 국민부담률과 조세부담률, 사회보장기여금의 관계를 식으로 나타내면 다음과 같다.
국민부담률

$$=\frac{\text{조세수입액}+\text{사회보장기여금}}{\text{경상GDP}}\times100$$

$$=\frac{\text{조세수입액}}{\text{경상GDP}}\times100+\frac{\text{사회보장기여금}}{\text{경상GDP}}\times100$$

$$=\text{조세부담률}+\frac{\text{사회보장기여금}}{\text{경상GDP}}\times100$$

이를 정리하여 사회보장기여금에 관한 식으로 나타내면 다음과 같다.
사회보장기여금=(국민부담률−조세부담률)×경상GDP÷100
2020년 사회보장기여금을 구하면 (28.0−20.0)×19,400÷100=1,552(천억 원)이므로 옳은 설명이다.

ⓔ (×) 사회보장기여금은 2017년을 제외하고는 모두 1,000천억 원을 초과했다.
➜ ⓓ에서 도출한 '사회보장기여금=(국민부담률−조세부담률)×경상GDP÷100'을 이용해 2017~2022년 사회보장기여금을 구하면 다음과 같다.

- 2017년: (25.4−18.8)×18,357÷100
  =1,211.562(천억 원)
- 2018년: (26.7−19.9)×18,982÷100
  =1,290.776(천억 원)
- 2019년: (27.2−20.0)×19,245÷100
  =1,385.64(천억 원)
- 2020년: (28.0−20.0)×19,400÷100
  =1,552(천억 원)
- 2021년: (29.8−22.1)×20,717÷100
  =1,595.209(천억 원)
- 2022년: (32.0−22.0)×23,250÷100
  =2,325(천억 원)

2017년을 포함하여 모든 연도에서 사회보장기여금은 1,000천억 원을 초과했으므로 옳지 않은 설명이다.

합격자의 실전 풀이 순서

❶ 항목 간의 관계를 먼저 파악한다. 자료를 보고, 조세부담률과 국민부담률의 분모가 공통적으로 경상GDP임을, 분자에 조세수입액을 포함하고 있음을 확인한다. 이에 따라 사회보장기여금과 관련된 정보도 도출될 수 있음을 파악한다.

❷ ⓔ과 같은 보기는 모든 해의 사회보장기여금을 계산해야 정확한 정오 판단이 가능하므로 시간이 오래 걸리는 보기이다. 따라서 이를 제외한 보기만으로 정답을 찾아야 시간을 단축하기 쉽다.

합격자의 시간단축 Tip

Tip 선지별 시간 단축 전략

선지 ㉠ 매년 증가하는지 물었으므로 그래프의 전반적인 모양과 수치도 증가했는지 눈으로 빠르게 확인한다.

선지 ㉢ 일반해설과 같이 일일이 계산하지 않도록 한다. 조세수입액=조세부담률×경상GDP÷100이므로 조세부담률과 경상GDP가 크면 조세수입액도 크다는 것을 알 수 있다. 2022년의 경상GDP가 가장 크고, 조세부담률은 2021년에 이어 두 번째로 크다. 조세부담률은 21년에 비해 1%도 안 되게 감소하였으나 경상GDP는 21년에 비해 10% 이상 증가하였으므로 구체적인 값을 계산하지 않더라도 2022년의 조세수입액이 가장 많음을 바로 확인할 수 있다.

선지 ⓒ 선지에서 제시한 숫자를 대입하여 정오를 판단하면 시간을 단축할 수 있다. 2022년 지방세 수입액이 1,155천억 원이라면 2022년 조세 수입액은 1,155+3,960=5,115(천억 원)이 된다. 경상GDP 23,250천억 원의 22%는 5,115천억 원이므로 옳은 설명임을 확인할 수 있다.

선지 ⓔ 일반해설처럼 모두 계산을 하지 않도록 한다. 2017년을 제외하고 모두 1,000천억 원을 초과했는지 확인하기 위해 우선 2017년의 사회보장기여금을 구해보자. 2017년도에 경상GDP 중 사회보장기여금이 차지하는 비중은 25.4−18.8=6.6(%)이고, 2017년의 경상GDP 18,357천억 원의 6%를 구해보면 18,357×0.06=1,101(천억 원)이다. 따라서 실제 2017년의 사회보장기여금은 1,000천억 원을 초과하였음을 알 수 있다.

15 정답 ④ 난이도 ●●●

수리능력_자료해석_자료계산

상세풀이

㉠ 〈자료 1〉을 통해 2021년 분야별 연구개발 건당 연구개발 금액을 구하면 다음과 같다.

- 자연재난 예방산업: $\frac{3,920}{245}$=16(천만 원)
- 사회재난 예방사업: $\frac{181,308}{1,563}$=116(천만 원)
- 재난 대응 산업: $\frac{39,270}{510}$=77(천만 원)
- 재난 복구 사업: $\frac{21,924}{252}$=87(천만 원)
- 기타 재난 관련 서비스업: $\frac{29,592}{548}$=54(천만 원)

사회재난 예방사업의 연구개발 건당 연구개발 금액이 116천만 원으로 가장 높다.
따라서 ㉠에 들어갈 값은 116이다.

㉡ 〈자료 1〉을 통해 연도별 재난 대응 산업의 연구개발 건당 연구개발 금액을 구하면 다음과 같다.

- 2018년: $\frac{4,648}{1,162}$=4(천만 원)
- 2019년: $\frac{2,900}{290}$=10(천만 원)
- 2020년: $\frac{4,488}{748}$=6(천만 원)
- 2021년: $\frac{39,270}{510}$=77(천만 원)
- 2022년: $\frac{6,520}{652}$=10(천만 원)

2018년의 연구개발 건당 연구개발 금액이 4천만 원으로 가장 낮다.
따라서 ㉡에 들어갈 값은 4이다.
㉠은 116, ㉡은 4이므로 빈칸에 들어갈 값의 합은 120이다.

합격자의 실전 풀이 순서

❶ ㉠, ㉡ 모두 연구개발 건당 연구개발 금액을 묻고 있으며, 이는 〈자료 1〉에서 구할 수 있음을 파악한다. 제시된 기간이 2021년임을 확인한다.
❷ 어림산을 통해 ㉠의 경우 2021년 연구개발 건당 연구개발 금액이 가장 높은 산업을 먼저 찾고, ㉡의 경우 연구개발 건당 연구개발 금액이 가장 낮은 연도를 먼저 찾은 뒤 정확한 계산을 통해 두 값을 구한다.

합격자의 시간단축 Tip

Tip ❶ 선지를 의심해보자.

선지가 정수인 깔끔한 숫자로 제시되는 경우에는 문제에서 분수값을 요구하더라도 그 분수값 역시 정수로 깔끔하게 떨어지는 숫자일 가능성이 매우 크다. 한 개의 값을 구하는 경우에는 반드시 깔끔하게 떨어지고, 두 개의 값을 구한 후 더하는 경우에도 두 숫자의 소수점 자릿수를 합쳐서 정수가 되게끔 나오는 경우도 있으나, 대부분 두 수 모두 깔끔한 정수로 떨어지게 나온다.
문제에서 요구하는 연구개발 건당 연구개발 금액 등을 표에서 어림해 보면 정수 값으로 나올지 애매하다. 그러나 선지의 값이 깔끔한 정수로 제시되었으므로 문제에서 요구하는 분수값이 정수로 나올 것을 예상하고 계산해본다.

해당 문제의 경우 '$\frac{3,920천만 원}{245}$=16천만 원'을 구해야 하는데, 245의 몇 배가 3,920이 될까? 245의 15배는 3,600이 조금 넘는데 3,920은 그것보다 크니 16배 아니면 18배가 되겠구나 하고 16배를 먼저 넣어본다. 정확히 배수가 떨어지므로 빠르게 계산할 수 있다.

Tip ❷ 빈칸별 시간단축 전략

㉠

[방법 1] 연구개발 금액이 연구개발 건수의 몇 배 이상인지를 확인함으로써 연구개발 건당 연구개발 금액이 가장 높은 산업을 파악할 수 있다. 사회재난 예방산업을 보면, 금액이 건수의 100배 이상임을(단위는 무시할

때), 즉 건수 뒤에 0을 2개 더 붙이더라도 금액보다 작음을 확인할 수 있다. 하지만 다른 산업의 경우 건수 뒤에 0을 2개 더 붙이면 금액보다 건수가 커진다는 것을 확인할 수 있다. 이는 사회재난 예방산업의 연구개발 건당 연구개발 금액이 가장 높음을 의미한다. 이후 정확한 나눗셈을 통해 ㉠에 들어갈 값을 구한다.

[방법 2] 제시된 표에서는 연구개발 금액이 아래, 연구개발 건수가 위에 위치하고 있다. 이는 도출하여야 하는 연구개발 건당 금액과 분모, 분자의 위치가 반대이다. 표의 구성대로 보되, 이는 도출해야 하는 정보의 역수이므로, 연구개발 금액 대비 연구개발 건수가 가장 작은 산업이 무엇인지를 판단한다.

㉡

[방법 1] 가장 먼저 2018년의 금액당 건수를 보면(단위는 무시할 때), 금액이 건수의 약 4배 정도 됨을 확인할 수 있다. 이때 정확한 계산은 하지 않고 어림잡아 계산한다. 그런데 2019년의 금액당 건수를 보면 금액이 건수의 10배인 것을 확인할 수 있다. 즉, 건수 뒤에 0을 1개 더 붙이면 금액이 된다. 따라서, 2020, 2021, 2022년의 건수 뒤에 각각 0을 1개 더 붙여보면 2020년에만 건수가 금액보다 더 큰 것을 확인할 수 있다. 이는 2018년과 2020년에만 금액이 건수의 10배에 미치지 못함을 의미한다. 따라서, 2018년과 2020년의 건수당 금액만 비교하면 된다. 숫자 구성상 계산하기 편리한 2018년부터 살펴본다. 2018년의 경우 건수에 4를 곱해보면 정확히 4,648이라는 금액이 도출된다. 즉, 건수당 금액이 4배임을 쉽게 알 수 있다. 이를 2020년과 비교해보자. 2020년의 건수당 금액은 정확히 도출할 필요가 없다. 문제에서 요구하는 것은 건수당 금액이 가장 낮은 항목이므로, 2020년의 건수당 금액이 4배를 넘지 않는지만 살펴보면 된다. 2020년의 건수를 800으로 놓고 어림산을 해봐도 2020년의 금액은 건수의 4배를 넘는다($800\times5=4,000<4,488$). 따라서 2018년의 건수당 금액이 가장 작은 것을 알 수 있다. 즉, ㉡은 4이다.

[방법 2] ㉠에 들어갈 값이 116임을 확인했다면, 선지 구성상 ㉡은 4 또는 6이다. 따라서 연도별 재난 대응 산업 건수에 4를 곱하여 금액이 도출되는지, 그렇지 않은지를 통해서도 답을 도출할 수 있을 것이다.

16 정답 ⑤ 난이도 ●●●

수리능력_자료해석_추가자료 활용

상세풀이

① **(O) 사회재난 예방산업의 자체 연구개발 금액은 제시된 기간 동안 매년 증가하였다.**

→ 〈자료 1〉과 〈자료 4〉를 통해 파악할 수 있다. 〈자료 3〉 아래의 첫 번째 별표를 보면, 재난안전산업 관련 연구개발은 정부지원 연구개발과 자체 연구개발로 분류되므로 연간 사회재난 예방산업의 연구개발 금액에서 〈자료 4〉의 정부지원 연구개발 금액을 제하면 자체 연구개발 금액을 구할 수 있다. 2018년부터 2022년까지 사회재난 예방산업 전체 연구개발금액에서 정부지원 연구개발 금액을 빼면 다음과 같다.

구분	2018년	2019년	2020년	2021년	2022년
사회재난 예방산업 전체금액	16,200	14,616	15,067	181,308	21,048
정부지원 연구개발 금액	6,010	3,899	3,000	165,077	369
자체 연구개발 금액	10,190	10,717	12,067	16,231	20,679

따라서 자체 연구개발 금액은 매년 증가하였음을 알 수 있다.

② **(O) 2019년 재난 복구 산업의 정부지원 연구개발 1건당 평균 정부지원 연구개발 금액은 1억 원이다.**

→ 정부지원 연구개발 건수는 첫 번째 각주에 의할 때, 〈자료 1〉의 연구개발 건수에서 〈자료 2〉의 자체 연구개발 건수를 빼면 구할 수 있다.

2019년 재난 복구 산업 정부지원 연구개발 건수: 215건−208건=7(건)

〈자료 4〉에서 2019년 재난 복구 산업 정부지원 연구개발 금액이 70천만 원임을 알 수 있으므로, 2019년 재난 복구 산업의 정부지원 연구개발 1건당 평균 연구개발 금액은

70천만 원÷7=10(천만 원)=1(억 원)이다.

③ **(O) 자연재난 예방산업의 정부지원 연구개발 건수는 2022년에 2018년 대비 4배 이상 증가했다.**

→ 정부지원 연구개발 건수는 첫 번째 각주에 의할 때, 〈자료 1〉의 연구개발 건수에서 〈자료 2〉의 자체 연구개발 건수를 빼면 구할 수 있다. 2018년과 2022년의 정부지원 연구개발 건수는 다음과 같다.

• 2018년: 536−434=102(건)
• 2022년: 816−396=420(건)
420>102×4이므로 4배 이상 증가했음을 알 수 있다.

④ (O) **2021년 기타 재난 관련 서비스업의 자체 연구개발 금액은 전년 대비 1/3에 불과하다.**
→ 자체 연구개발 금액은 〈자료 1〉의 연구개발 금액에서 〈자료 4〉의 정부지원 연구개발 금액을 빼면 구할 수 있다. 2020년과 2021년의 자체 연구개발 금액을 구하면 다음과 같다.
• 2020년: 6,811−874=5,937(천만 원)
• 2021년: 29,592−27,613=1,979(천만 원)
1,979천만 원×3=5,937(천만 원)이므로 옳은 설명이다.

⑤ (×) **2020년 재난 대응 산업의 자체 연구개발 건수 대비 신규 지식재산권 건수의 비율은 25% 미만이다.**
→ 2020년 재난 대응 산업의 신규 지식재산권 건수는 재난 대응 산업의 2020년 지식재산권 누적 실적에서 2019년 지식재산권 누적 실적을 뺌으로써 구할 수 있다. 〈자료 3〉에서 2020년 재난 대응 산업의 지식재산권 누적 실적은 2,502건이고, 2019년에는 2,337건이므로 2020년 신규 지식재산권 건수는 2,502건에서 2,337건을 뺀 165건이다. 또한 〈자료 2〉에서 재난 대응 산업의 자체 연구개발 건수가 660건임을 확인할 수 있다. 따라서, 2020년 재난 대응 산업의 자체 연구개발 건수 대비 신규 지식재산권 건수의 비율은 $\frac{165}{660}=\frac{1}{4}=25(\%)$이므로 틀린 선지이다.

합격자의 실전 풀이 순서

[방법 1]
❶ 문제에서는 건수와 금액을 대부분 자체 연구개발과 정부지원 연구개발로 나누어 묻고 있다. 따라서, 재난안전산업 관련 연구개발이 정부지원 연구개발과 자체 연구개발로 분류됨을 첫 번째 각주를 통해 빠르게 파악한다.
❷ 정확한 계산을 요구하는 ②, ④ 대신 ①, ③, ⑤를 먼저 푼다.
❸ 선지 ⑤에서 '신규' 지식재산권 건수를 묻고 있는데, 〈자료 3〉에서는 지식재산권 '누적' 실적을 알려주고 있음을 파악한다.

[방법 2]
❶ 적절하지 않은 것을 고르는 문제이므로 선지 옆에 X 표를 하여 적절한 것을 정답으로 고르는 실수를 하지 않도록 한다.
❷ 〈자료 4〉의 제목 및 내용을 확인하고, 선지의 내용을 순차적으로 판단한다.
❸ 4개의 선지가 맞다고 판단하여 마지막 선지는 판단하지 않고 정답으로 체크한 후 넘어간다.

합격자의 시간단축 Tip

Tip ❶ 각주에 유의하자.
각주는 단순히 개념 정의를 해주는 경우도 있지만, 문제를 풀 때 꼭 필요한 내용들을 담고 있는 경우가 많다. 이 문제도 각주를 통해 연구개발이 정부지원과 자체 연구개발로 구분된다는 점, 지식재산권 누적 실적이 고유개발 건수와 외부 라이선스 도입 건수로 구성된다는 것을 알아야 문제 풀이 방향을 설정하여 풀어갈 수 있다.

Tip ❷ 단정적인 값에 집중해보자.
선지가 단정적인 값을 제시하는 경우도 있고, 어떤 값 이상인지 혹은 이하인지 묻는 경우가 있다. 어떤 경우가 더 쉬운 선지인지는 문제마다 다르지만, 일반적으로 선지에서 제시하는 값이 간단한 숫자인 경우 단정적인 값을 제시하는 경우가 더 쉽다. 정확히 그 값이 아니라면 틀린 선지임을 빠르게 인지할 수 있기 때문이다.

Tip ❸ 선지별 시간단축 전략
선지① 선지에서는 구체적으로 자체 연구개발 금액을 물어본 것이 아니라 매년 증가하고 있는지를 물어보고 있다. 따라서, 전체 연구개발 금액에서 정부지원 연구개발 금액을 빼서 자체 연구개발 금액을 연도별로 하나씩 구하는 것보다는, 전체 연구개발 금액의 증가량과 정부 연구개발 금액의 증가량을 비교하는 것이 편하다. '자체 연구개발 금액=전체 연구개발 금액−정부지원 연구개발 금액'이므로 전년 대비 전체 연구개발 금액의 증가량이 정부지원 연구개발 금액의 증가량보다 크다면 자체 연구개발 금액은 전년 대비 증가한 것이 된다. 이때 어림산을 활용한다. 예를 들어, 2019년의 경우 전체 연구개발 금액은 전년 대비 약 1,600건 증가한 반면 정부지원 연구개발 금액은 약 2,200건 증가하였다. 즉, 전체 연구개발 금액의 증가량이 정부지원 연구개발 금액보다 크므로 자체 연구개발 금액은 전년 대비 증가한 것이 된다.

선지⑤ 25%는 분수로 표현했을 때 $\frac{1}{4}$이 되므로,

2020년 신규 지식재산권 건수에 4를 곱하여 2020년 재난 대응 산업의 자체 연구개발 건수와 비교를 통해 파악할 수 있다.
25%를 포함한 대표적인 수치는 다음과 같다.

분수	1/2	1/3	1/4	1/5	1/6	1/7	1/8	1/9
백분율	50%	33.3%	25%	20%	16.7%	14.3%	12.5%	11.1%

자주 등장하고 계산을 편리하게 해주는 값들은 기억해 두는 게 좋다.

17 정답 ① 난이도 ●○○

수리능력_자료해석_추가자료 활용

상세풀이

① (○) 2019~2022년 동안 기타 재난 관련 서비스업의 외부 라이선스 도입 건수는 0건이다.

→ 연간 신규 지식재산권 건수는 특정 연도의 지식재산권 누적 실적 건수에서 전년도 지식재산권 누적 실적 건수를 뺌으로써 얻을 수 있다. 〈자료 3〉을 통해 2019~2022년의 기타 재난 관련 서비스업 신규 지식재산권 건수를 구하면 다음과 같다.

- 2019년: 7,212−7,140=72(건)
- 2020년: 7,572−7,212=360(건)
- 2021년: 8,001−7,572=429(건)
- 2022년: 8,458−8,001=457(건)

이때 〈자료 3〉 아래의 두 번째 각주에 따르면, 지식재산권 누적 실적은 고유개발 건수 및 외부 라이선스 도입 건수로 구성된다. 따라서 각 연도의 신규 지식재산권 건수와 고유개발 건수가 같다면 외부 라이선스 도입 건수는 0건이다. 위에서 구한 2019~2022년의 신규 지식재산권 건수와 〈자료 5〉의 고유개발 건수를 비교해보면, 주어진 연도에서 모두 신규 지식재산권 건수와 고유개발 건수가 일치하는 것을 확인할 수 있다.
즉, 2019~2022년 동안 기타 재난 관련 서비스업의 외부 라이선스 도입 건수는 0건이다.

② (×) 2019~2022년 중 자연재난 예방산업 중 외부 라이선스 도입 건수가 고유개발 건수보다 많은 해는 없다.

→ 자연재난 예방산업의 연간 신규 지식재산권 건수는 해당연도의 누적 실적 건수에서 전년도 누적 실적 건수를 빼서 구할 수 있다.
2019~2022년 자연재난 예방산업 신규 지식재산권 건수를 구하면 다음과 같다.

- 2019년: 1,292−1,239=53(건)
- 2020년: 1,776−1,292=484(건)
- 2021년: 1,880−1,776=104(건)
- 2022년: 2,388−1,880=508(건)

두 번째 각주에 의하면 외부 라이선스 도입 건수는 앞서 구한 자연재난 예방산업 연간 지식재산권 건수에서 〈자료 5〉의 건수를 빼서 구할 수 있다.
2019~2022년 자연재난 예방산업 외부 라이선스 도입 건수를 구하면 다음과 같다.

- 2019년: 53−46=6(건)
- 2020년: 484−481=3(건)
- 2021년: 104−104=0(건)
- 2022년: 508−220=288(건)

2022년은 외부 라이선스 도입 건수는 288건으로 220건인 고유개발 건수보다 많으므로 자연재난 예방산업 중 외부 라이선스 도입 건수가 고유개발 건수보다 많은 해는 없다는 것은 옳지 않다.

③ (×) 2019년 사회재난 예방산업의 외부 라이선스 도입 건수는 2건이다.

→ • 2019년 사회재난 예방산업의 신규 지식재산권 건수: 5,195−4,622=573(건)

- 2019년 사회재난 예방산업의 고유개발 지식재산권 건수: 572건

따라서 외부 라이선스 도입 건수는 573−572=1(건)이므로 틀린 선지이다.

④ (×) 2021년 외부 라이선스 도입 건수는 78건이다.

→ • 2021년 전체 산업 신규 지식재산권 건수: 19,758−18,368=1,390(건)

- 2021년 각 산업의 고유개발 지식재산권 건수: 104+502+135+135+429=1,305(건)
- 2021년 외부 라이선스 도입 건수: 1,390−1,305=85(건)

따라서 2021년 외부 라이선스 도입 건수가 78건이라는 것은 옳지 않다.

⑤ (×) 2022년 재난 대응 산업의 고유개발 지식재산권 건수는 외부 라이선스 도입 건수의 7배 미만이다.

→ • 2022년 재난 대응 산업 신규 지식재산권 건수 : 3,059−2,644=415(건)

- 2022년 재난 대응 산업 외부 라이선스 도입 건수 : 415−364=51(건)

51×7=357>364이므로 고유개발 지식재산권 건수는 외부 라이선스 도입 건수의 7배 이상이다. 따라서 틀린 선지이다.

합격자의 실전 풀이 순서

[방법 1]

❶ 문제에서 〈자료 3〉과 〈자료 5〉에 대한 설명을 묻고 있다. 이때 〈자료 3〉의 경우 지식재산권 누적 실적을 나타내고 있고, 〈자료 5〉의 경우 전체 지식재산권 중 고유개발 지식재산권 현황에 대해 나타내고 있으므로 외부 라이선스 도입 건수에 관한 선지가 주를 이룰 것임을 예상한다.

[방법 2]

❶ 바르게 분석한 것을 찾으라 했으므로 별도의 표시 없이 자료를 확인한다.

❷ 선지 ①을 판단 후 올바른 내용임이 확인됐을 때 다른 선지 판단 없이 바로 넘어간다.

합격자의 시간단축 Tip

Tip ❶ 답이 나오면 넘어가기

이 문제와 같이 선지 ①에서 답이 나왔더라도 넘어가는 것이 좋다. 좀 더 확실하게 하기 위해 남은 선지의 정오도 판단하려고 한다면 시간이 더 걸릴 수 있다. 일례로 이후 선지를 판단하는 과정에서 바르게 분석한 선지라 생각되는 것이 또 나온다면 어디에서 실수를 했는지 확인하는 과정을 또 거쳐야 한다. 이 경우 시간적으로도, 심리적으로도 좋지 않기 때문에 자신이 했던 판단을 믿고 정답 선지를 찾았다면 다음 문제로 넘어갈 수 있어야 한다.

Tip ❷ 선지별 시간단축 전략

선지 ① 전년도 기타 재난 관련 서비스업의 지식재산권 누적 건수에 해당연도 고유개발 지식재산권 건수를 더해 해당연도 기타 재난 관련 서비스업의 지식재산권 누적건수와 일치하는지 확인한다.

선지 ② 우선 연도별 신규 지식재산권 건수를 구한다. 이후 고유개발 건수와 외부 라이선스 도입 건수를 비교할 때, 정확한 계산을 할 필요가 없다. 신규 재식재산권 건수=고유개발 건수+외부 라이선스 도입 건수이므로 '2×고유개발 건수>신규 지식재산권 건수'일 경우 '고유개발 건수>외부 라이선스 도입 건수'임을 이용한다면 빠르게 비교할 수 있다. 이러한 방법을 문제에 적용해 볼 경우, 다른 연도에는 '2×고유개발 건수>신규 지식재산권 건수'이지만 2022년에는 '2×고유개발 건수<신규 지식재산권 건수'이므로 '고유개발 건수<외부 라이선스 도입 건수'임을 알 수 있다. 풀이 시간을 더욱 줄이고 싶다면, 우선 숫자 구성상 눈에 띄는 연도가 있는지 살펴본다. 다른 연도는 신규 지식재산권 건수와 고유개발 건수의 차이가 그다지 크지 않지만, 2022년의 경우 각각 508건, 220건으로 큰 차이가 있음을 확인할 수 있다.

18 정답 ⑤ 난이도 ●○○

수리능력_자료해석_상황판단형

상세풀이

① (O) 판매량이 많아질수록 단위당 변동비는 줄어드는 경향이 있다.

→ 판매량이 가장 많은 달부터 순서대로 나열하면 2025년 5월, 4월, 2월, 1월, 3월 순이고, 단위당 변동비가 가장 적은 달부터 순서대로 나열하면 2025년 5월, 4월, 2월, 1월, 3월 순으로 그 순서가 일치한다. 따라서 판매량이 많아질수록 단위당 변동비는 줄어드는 경향이 있다.

② (O) 제시된 기간 중 손익분기점을 넘긴 달은 세 달이다.

→ 기간별 손익분기점을 계산하기 위해 손익분기점을 구하는 공식의 분모에 해당하는 판매가격과 단위당 변동비의 차를 계산하면 다음과 같다.

기간	판매가격－단위당 변동비(원)
1월	25,000－9,000＝16,000
2월	25,000－8,000＝17,000
3월	25,000－10,000＝15,000
4월	25,000－7,500＝17,500
5월	25,000－7,000＝18,000

이를 이용해 기간별 손익분기점을 구하면 다음과 같다.

- 1월: $\frac{72,000,000}{16,000}=4,500$
- 2월: $\frac{72,000,000}{17,000}\fallingdotseq 4,235$
- 3월: $\frac{72,000,000}{15,000}=4,800$
- 4월: $\frac{72,000,000}{17,500}\fallingdotseq 4,114$
- 5월: $\frac{72,000,000}{18,000}=4,000$

손익분기점을 넘겼다면 기간별 실제 판매량>손익분기점 판매량이어야 하므로, 이를 바탕으로 실제 판매량과 비교하여 손익분기점을 넘긴 달을 구하면 2월, 4월, 5월로 세 달이다.

③ (○) 2025년 5월의 기대이익은 1,800만 원이다.

→ [방법 1] 기대이익은 손익분기점을 초과한 판매량으로 얻을 수 있는 이익을 의미하므로 손익분기점을 구해야 한다. 2025년 5월의 손익분기점은 $\frac{72,000,000}{18,000}=4,000$(개)이고 판매량은 9,000개이므로 손익분기점을 초과한 판매량은 5,000개이다. 총 이익에 대한 공식에 손익분기점 초과 판매량을 적용하여 기대이익을 구하면

$(25,000-7,000)\times5,000-72,000,000$
$=18,000,000$(원)이다.

[방법 2] 기대이익은 손익분기점을 초과한 판매량으로 얻을 수 있는 이익이므로, 총 이익 식을 변형하여 기대이익을 도출하면 다음과 같다.

기대이익=(판매가격－단위당 변동비)

$\times$(판매량$-\frac{\text{고정비}}{\text{판매가격}-\text{단위당 변동비}}$)－고정비

=(판매가격－단위당 변동비)×판매량－고정비×2

따라서 2025년 5월의 기대이익은 $(25,000-7,000)\times9,000-72,000,000\times2$
$=18,000,000$(원)임을 알 수 있다.

④ (○) 단위당 변동비가 줄어들수록 손익분기점은 낮아진다.

→ 손익분기점 공식을 통해 쉽게 알 수 있다. 손익분기점 공식에서 분자인 고정비와 분모인 판매가격은 제시된 기간 내내 일정하다. 만일 단위당 변동비가 줄어든다면 분모의 값이 커지게 되고, 분모가 커지면 전체값인 손익분기점은 작아진다. 따라서 단위당 변동비가 줄어들수록 손익분기점은 낮아진다.

⑤ (×) 안전율은 2025년 1월 대비 3월에 더 높다.

→ 안전율을 구하기 위해서는 손익분기점을 먼저 구해야 한다. 선지 ②에서 구한 2025년 1월의 손익분기점은 4,500개이고 3월의 손익분기점은 4,800개이다.

이를 이용해 2025년 1월과 3월의 안전율을 구하면 다음과 같다.

- 1월: $\frac{4,000-4,500}{4,000}\times100=-12.5(\%)$
- 3월: $\frac{3,500-4,800}{3,500}\times100≒-37.14(\%)$

따라서 안전율은 2025년 3월보다 1월에 더 높다.

합격자의 실전 풀이 순서

❶ 적절하지 않은 것을 고르는 문제이므로 선지 옆에 확실하게 X표시를 해둔다.

❷ 표의 제목과 각주에 제시된 식을 간단히 훑으며 제시하는 정보들을 인지한다. 이때 식을 자세히 보지 않고 위치만 간략히 확인하여 선지에서 바로 찾아 올라올 수 있도록 한다.

❸ 선지 ①은 주어진 값을 통해, 선지 ②, ③은 계산을 통해 판단하고, 선지 ③은 직접 계산을, 선지 ④는 분자, 분모의 특성을 활용해 판단한 후 모두 적절한 선지이므로 선지 ⑤를 구해보지 않고 답으로 체크한다.

합격자의 시간단축 Tip

Tip ❶ 숫자가 클 때는 단위를 조정 후 계산할 수 있다. 각 수치를 1,000으로 나눠주면(0을 3개 없애고 계산하면) 계산이 좀 더 편리해질 수 있다. 예를 들어, 1월의 손익분기점은 $\frac{72,000,000}{25,000-9,000}=\frac{72,000}{25-9}=\frac{72,000}{16}$
$=4,500$과 같이 계산할 수 있다.

Tip ❷ 선지별 시간단축 전략

선지 ①

[방법 1] '많아질수록 줄어든다'와 같은 반대항은 자주 헷갈리는 부분이므로 화살표(↑ ↓)로 방향을 표시해둔다.

[방법 2] 순서를 매길 때 판매량은 숫자가 큰 수부터, 단위당 변동비는 숫자가 작은 수부터이므로 기준이 달라 헷갈릴 수 있다. 이때 굳이 다른 기준으로 하지 않고 똑같이 큰 수부터 매긴 후 두 순위의 합이 6으로 일정한지 확인하면 헷갈리지 않고 빠르게 풀이할 수 있다. 판매량은 4위－3위－5위－2위－1위 순이고, 단위당 변동비는 2위－3위－1위－4위－5위이므로 옳다.

선지 ④ 각 기간의 고정비와 판매가격은 동일하다. 이는 손익분기점이 단위당 변동비에 의해 결정됨을 의미하는데, 단위당 변동비가 작아지면 분모 값이 커지고, 손익분기점은 낮아진다. 따라서 해당 선지는 각 기간의 손익분기점을 구체적으로 구하거나 단위당 변동비를 기준으로 판단할 필요 없이 분수식의 구조상 적절한 선지임을 알 수 있다.

선지 ⑤ 안전율 공식을 분해하면

$1-\frac{\text{손익분기점 판매량}}{\text{실제판매량}}$이다.

이를 반대로 해석하면 $\frac{\text{손익분기점 판매량}}{\text{실제판매량}}$이 작을수록

안전율이 높아짐을 알 수 있다.

따라서 $\frac{4,500}{4,000}$과 $\frac{4,800}{3,500}$의 간단한 분수 비교로 추가적인 계산 없이 해결할 수 있다. 이렇게 구하면 마이너스 퍼센트의 대수 비교에 대해 생각하지 않아도 된다는 장점도 있다.

19 정답 ④ 난이도 ●○○

문제해결능력_공고문/규정 이해

상세풀이

ㄱ. (O) 보험을 이용하기 위해서는 수출자뿐만 아니라 수입자에 대한 신용평가가 선행되어야 한다.

→ 3. 이용절차의 ㅁ 보험한도 책정 단계(수출 이행 전)의 ②와 ④를 통해 알 수 있다. 따라서 보험을 이용하기 위해서는 수출자뿐만 아니라 수입자에 대한 신용평가도 이루어져야 한다.

ㄴ. (O) 국내 △△전자가 중국의 디스플레이 업체에 모니터 생산을 위탁하여 생산한 모니터를 미국으로 수출(대금 결제기간 1년)하기로 한 경우 단기수출보험의 대상거래에 해당한다.

→ 제시된 사례는 국내기업(△△전자)이 위탁하여 외국(중국의 디스플레이 업체)에서 가공한 물품(모니터)을 수출(미국으로)한 위탁가공무역에 해당한다. 수출대금의 결제기간도 2년 이내이므로 보험계약이 가능한 대상거래에 해당한다.

ㄷ. (×) 단기수출보험의 보험증권을 교부받은 A기업이 보험증권에 따른 수입자와의 거래를 이행하기 위해 3월 10일(목)에 선적한 경우 3월 20일 내에 ○○공사에 수출통지를 하지 않을 경우 보험관계가 성립하지 않는다.

→ 수출(선적) 후 수출통지 시 보험관계가 성립하므로 정해진 기간 내에 수출통지를 하지 않으면 보험관계가 성립하지 않을 수 있으나 10'영업일' 이내에 수출통지가 이루어져야 하는 것이므로 단순히 10일이 지났다고 볼 수 없다.

ㄹ. (×) 수출대금 결제기일 전이라도 수입국의 환거래제한 조치 등의 사유가 있어 대금이 결제되지 않을 것으로 예상되는 경우 수출자는 환거래제한 조치가 발령된 날로부터 1개월 이내에 사고발생을 통지하여야 한다.

→ 단기수출보험은 환거래제한과 같은 비상위험에 따른 손실을 보상하는 보험이다. 따라서 수입국에서 환거래제한 조치 등을 발령하였다면 이는 해당 제도의 보호 대상이 될 수 있으나 3. 이용절차의 ㅁ 대금 미결제 시 보상 절차 ⑨를 통해 이러한 사실을 '안 날'로부터 1개월 이내에 사고발생의 통지를 하면 됨을 알 수 있다. 환거래제한 조치가 '발령된 날'이 아니다.

합격자의 시간단축 Tip

Tip ❶ 보기 문제의 특성을 잘 활용한다.

보기 문제는 절반의 선지만을 판단하여 정답이 나오는 경우가 존재한다. 해당 문제의 경우는 ㄱ과 ㄴ만을 판단하여 바로 정답을 도출할 수 있다. 다른 문제에서 보기 하나를 판단했는데 하나의 보기만을 더 판단해 정답이 도출될 수 있는 상황이라면, 여러 개의 보기 중 본인이 판단하기 용이하다고 생각되는 것을 선택하면 풀이 시간을 줄일 수 있다.

Tip ❷ 비슷한 개념을 명확히 구분하자.

비슷한 개념을 제시하여 수험생의 착오를 유도하는 경우가 있다. 실수하지 않도록 유의하자.

Tip ❸ 목차 제목을 활용한다.

문제에서 목차 제목을 주는 경우 이를 적극 활용하면 시간을 단축할 수 있다. 모든 제목은 하위 내용을 포괄할 수 있도록 설계된다. 법조문 유형의 문제는 제시문을 먼저 읽기보다, 선지를 읽고 개별적으로 각 선지에 대한 정오 판별을 하는 방식으로 해결하는 것이 보편적이기 때문에 선지에 있는 정보가 어디에 위치하는지 찾는 시간을 단축하는 것이 중요하다. 이때 제목을 기준으로 판단하면 시간을 단축할 수 있다.

선지 ㄷ. 영업일과 실제 기간은 다르다. 영업일은 주말이나 공휴일을 제외한 평일을 기준으로 한다.

선지 ㄹ. '사건이 발생한 날'과 '사건이 발생한 것을 안 날'은 법적으로 명확하게 구분되는 개념이다. 법 제시문에서 종종 등장하는 개념이므로 기억해두자.

20 정답 ④ 난이도 ●○○

문제해결능력_지문의 이해 및 활용

상세풀이

보험사고발생건의 최후 선적일은 24.06.07.이고 이로부터 소급하여 1년 이내의 기간은 23.06.08.이므로 1~5번까지의 거래는 모두 해당 기간에 포함된다. 이 기간 중 결제기일이 도래한 거래이면서 30일 이상 경과된 미회수채권이 있는 기간에 수출을 하면, 연속수출로 간주된다. 따라서 이때 발생한 손실은 수출자의 귀책사유로 보아 보상이 불가능하다. 1번 거래를 보면 결제기일은 24.04.06.이나 실제 결제는 24.09.20.에 이루어져, 해당일에 채권이 회수되었음을 알 수 있다. 즉, 결제기일인 24.04.06.으로부터 30일이 경과한 24.05.06.부터 24.09.19.까지는 '결제기일이 도래한 거래 중 30일 이상 경과된 미회수채권이 있는 기간'에 해당한다. 따라서 이 기간 동안의 수출은 연속수출로 본다. 이에 따라 4~5번 거래는 모두 연속수출에 해당한다.

① (O) B기업은 3번 거래에 대해서는 보상을 받을 수 있을 것이다.

→ 연속수출로 보는 기간은 24.05.06.~24.09.19.이며 3번 거래는 24.04.07.에 수출(선적)을 이행하였으므로 해당 미결제액에 대해서는 보상을 받을 수 있다.

② (O) 4번 거래는 연속수출에 해당하여 보험금을 지급받을 수 없을 것이다.

→ 4번 거래의 수출은 24.05.07.에 이행되었고, 연속수출로 보는 기간인 24.05.06.~24.09.19.에 포함되므로 해당 거래에 대해서는 손실액에 대해 보상하지 않는다.

③ (O) 5번 거래는 연속수출에 해당하여 보험금을 지급받을 수 없을 것이다.

→ 5번 거래의 수출은 24.06.07.에 이행되었고, 연속수출로 보는 기간인 24.05.06.~24.09.19.에 포함되므로 해당 거래에 대해서는 손실액에 대해 보상하지 않는다.

④ (×) B기업이 보험금 지급 대상에 해당하는 거래에 대하여 미결제액의 전액지급 보상결정을 받은 경우 보상액의 합은 240,000$일 것이다.

→ 2번 거래에서는 대금의 일부 지급만 이루어졌는데, 2번 거래 또한 연속수출로 보는 기간에 해당하지 않는 때에 수출이 이행되었으므로(1번 계약의 결제기일 전에 수출이 이행되었다.) 해당 건의 손실에 대해 보상을 받을 수 있다. 만일 B기업이 보험금 지급 대상에 해당하는 거래에 대해 미결제액의 전액지급 보상결정을 받은 경우 보상액의 합은 2번 거래 100,000$, 3번 거래 240,000$로 총 340,000$의 보험금을 지급받을 수 있을 것이다.

⑤ (O) 만일 수입자가 결제대금 지급을 30일 이상 지체하고 있다면 손실을 면하기 위해서는 수출자는 이후 선적을 유보해야 할 것이다.

→ 수입자가 결제대금 지급을 30일 이상 지체하고 있다면 결제기일로부터 1개월 내에 ㅇㅇ공사에 사고발생의 통지를 우선적으로 하여야 하고, 만일을 대비하여 이후 선적건에 대해서는 유보하는 것이 좋다. 결제대금의 지급이 30일 이상 지체된 상태에서 추가 수출을 하는 것에 대해서는 보상받을 수 없기 때문이다.

합격자의 시간단축 Tip

Tip ❶ 답이 나오면 넘어가기

이와 같은 문제의 경우 중간에 답이 나왔다면 넘어가는 것이 좋다. 좀 더 확실하게 하기 위해 남은 선지의 정오도 판단하려고 한다면 시간이 더 걸릴 수 있다. 일례로 이후 선지를 판단하는 과정에서 적절하지 않은 선지라 생각되는 것이 또 나온다면 어디에서 실수했는지 확인하는 과정을 또 거쳐야 한다. 이 경우 시간적으로도, 심리적으로도 좋지 않기 때문에 자신이 했던 판단을 믿고 정답 선지를 찾았다면 다음 문제로 넘어갈 수 있어야 한다.

Tip ❷ 4개의 선지만을 판단하여 정답을 도출할 수 있다.

만약 본인이 판단하기 어려운 선지가 있거나 시간이 오래 걸릴 것 같은 선지가 있다면 넘어간 후 나머지 4개의 선지를 판단하면 된다. 넘어간 선지가 답이라면 4개의 정오를 판단하여 답을 도출할 수 있고, 넘어간 이후 답이 도출된다면 건너뛴 선지는 살펴보지 않고 답을 도출할 수 있다. 해당 문제의 경우 구체적인 계산이 필요한 선지 ④를 건너뛰는 것이 우월전략이다.

Tip ❸ 상식을 동원하여 이해하자.

'수출자의 약관상 귀책사유'는 어려운 용어로 쓰여 있어 이해가 다소 어렵다. 이때 상식적으로 생각해보면 보다 이해가 쉽다. '이전 보험사고발생 선적건의 수출대금이 결제기일로부터 30일이 경과한 날까지 결제가 되지 않은 상태에서 추가적으로 수출한 거래에서 발생한 손실에 대해서는 보험금을 지급하지 않는다'는 쉽게 말하자면 '수출대금 못 받을 것이 뻔한 데도 이를 알면서 수출한 경우에는 보험금을 지급하지 않는다'는 것이다. 따라서 1~3번 거래에서는 아직 1번 거래의 결제기일+1달이 도래하지 않아 수출대금을 받을 수 있을지 없을지 불확실한 상태인데 반해 4~5번 거래에서는 1번 거래의 결제기일+1달이 도래해 해당 수입자로부터 수출대금을 받을 수 없다는 것을 사실상 알면서도 거래한 것으로 보험금을 지급할 필요가 없다는 결론에 이른다.

21 정답 ④ 난이도 ●●●

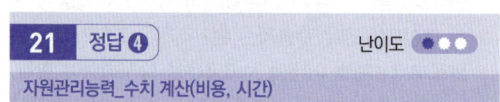

자원관리능력_수치 계산(비용, 시간)

상세풀이

업적평가의 점수는 제6조에 따라 조직업적평가와 개인업적평가 점수의 일정 비율을 합산하여 결정된다. 조직업적평가 점수는 주어져 있으므로 개인업적평가의 점수를 산출하여야 한다.

개인업적평가 점수는 제8조에 따라 결정된다. 평가는 자기평가 및 상사평가로 이루어지지만, 자기평가는 상사평가의 참고자료로 쓰일 뿐 점수에 반영되지 않으므로 무시하고, 직위별 비중을 곱하여 계산하면 다음과 같다.

이름	직위	개인업적평가			계산식	점수
		실장	본부장	원장		
A	경영전략 본부장	–	–	90	90×100%	90
B	기획예산 실장	–	90	90	90×70%+90×30%	90
C	과장	90	80	–	90×70%+80×30%	87
D	대리	80	90	–	80×70%+90×30%	83
E	사원	80	70	–	80×70%+70×30%	77

개인업적평가점수가 산정되었으니 조직업적평가점수와의 구성비에 따라 합산해주면 된다. 구성비는 보직자 여부에 따라 달라진다.

이름	조직업적 평가점수	개인업적 평가점수	계산식	업적평가 점수
A	90	90	90×50%+90×40%	81
B	90	90	90×50%+90×40%	81
C	100	87	100×40%+87×50%	83.5
D	70	83	70×40%+83×50%	69.5
E	80	77	80×40%+77×50%	70.5

이를 바탕으로 각 선지를 판단하면 다음과 같다.

① (O) 업적평가 점수가 동점인 사람들이 있다.

→ A본부장과 B실장의 업적평가 점수가 동일하다.

② (O) 업적평가 점수가 70점 미만인 사람은 한 명이다.

→ 업적평가 점수가 70점 미만인 사람은 D대리 한 명뿐이다.

③ (O) 업적평가 점수가 가장 높은 사람은 C과장이다.

→ 업적평가 점수가 가장 높은 사람은 83.5점의 C과장이다.

④ (×) E사원의 업적평가 점수는 D대리의 업적평가 점수보다 낮다.

→ E사원의 업적평가 점수는 70.5이고, D대리의 업적평가 점수는 69.5이므로 E사원의 점수가 더 낮다는 내용은 옳지 않다.

⑤ (O) 업적평가 점수가 80점 이상인 사람은 세 명이다.

→ 업적평가 점수가 80점 이상인 사람은 A본부장, B실장, C과장으로 세 명이다.

따라서 옳지 않은 것은 선지 ④이다.

합격자의 시간단축 Tip

Tip ❶ 필요없는 항목 제거하기

개인업적평가 점수를 계산할 때 자기평가항목은 평가자가 참고할 뿐 실제 점수 계산에 필요하지 않다. 이 경우 표에 X표를 하여 계산과정에서 헷갈리지 않도록 한다.

Tip ❷ 숫자 활용하기

개인업적평가 계산과정에서 상사평가의 반영 비율은 각 수치를 구체적으로 계산하지 않더라도 실장과 본부장의 점수 차이가 10이고, 이를 각각 70%, 30%씩 반영하므로 바로 87, 83, 77점임을 도출할 수 있다. 구체적으로 풀어쓰자면, C에서 실장의 90점이 70%, 본부장의 80점이 30% 반영되어 90×70%+80×30% 식이 도출된다. 이는 (80+10)×70%+80×30%=80×(70%+30%)+10×70%=80+7이다.

직관적으로 설명하자면, 가중평균 결과=작은 값+(차이 값)×(큰 값의 비중)이다.

즉 C의 가중평균 결과=80+(90−80)×70%=87,

D의 가중평균 결과=80+(90−80)×30%=83,

E의 가중평균 결과=70+(80−70)×70%=77이다.

가중평균이 익숙해지고, 이와 같은 개념을 적극적으로 활용하면 계산이 쉬워지므로 연습하는 것을 추천한다.

한편, B의 점수는 조직업적평가와 개인업적평가에서 상사평가가 모두 90점으로 동일하므로 별도 계산 필요 없이 90점의 90%가 업적평가 점수가 됨을 알 수 있다.

Tip ❸ 선지 내용을 볼 때, 업적평가 점수를 계산하는 것이 불가피하다. 이 경우 다른 방법을 찾기보다는 정면 돌파하여 빠르게 각 직원의 업적평가 점수를 계산하는 것이 좋다.

선지 ② 평가점수를 살펴보면 업적평가 점수가 70점 미만일 수 있는 사람은 D대리밖에 없다. 나머지는 모든 항목의 평가점수가 모두 70점 이상이기 때문에 어떻게 평가비중을 설계하더라도 모두 70점을 넘을 수밖에 없다. D대리만 검토해보면 된다.

선지 ③ A본부장, B실장은 업적평가 점수가 90점이라는 것을 쉽게 알 수 있고 선지 ②와 같은 논리로 D대리와 E사원은 절대 90점을 넘을 수 없다는 것을 알 수 있다. 따라서 C과장의 업적평가 점수가 90점을 넘는지만 판단하면 된다.

선지 ④ D대리와 E사원의 차이를 살펴보면 E사원은 조직업적평가가 +10, D대리가 개인업적평가에서 본부장 점수가 +20이다. 최종적으로 조직업적평가의 반영 비율은 40%이므로 E사원은 +4라고 할 수 있는 반면, 개인업적평가 본부장 점수는 30%×50%만큼 반영된다고 할 수 있으므로 D는 +3이 된다. 따라서 구체적으로 계산하지 않아도 최종 업적평가 점수는 E사원이 D대리보다 +1이라는 것을 알 수 있다.

22 정답 ⑤

난이도 ●●●

자원관리능력_상황제시 및 최적선택(평가)

상세풀이

근무평정의 종합평점은 업적평가와 역량평가, 가감점평가를 종합하여 실시한다. 2023년 및 2024년의 종합평점은 이미 제시되어 있고, 2025년 6월 말일 기준으로 가감점평가가 실시되기 전 점수가 산출되어 있으므로 감점사항에 해당하는 요소를 찾아내 2025년 상반기 종합평점을 산출한다.

W와 Y는 각각 2022.7.2.와 2023.9.15.에 정직처분을 받았는데, 정직처분을 받은 경우 징계감점 -3점이 적용된다. 그러나 이 경우에도 감점 적용기간에 해당하는 경우여야 하는데, 정직의 징계감점 적용기간은 3년이고, 2025.6.30. 기준 3년 전은 2022.7.1.이 되어야 한다. 즉, 2022.7.1. 이전 정직처분에 대해서는 감점을 적용할 수 없으나 이후에 내려진 정직처분은 감점을 반영하여야 한다. W와 Y 모두 해당일 이후이므로 감점 -3을 적용한다.

Z의 경우 2024.2.8. 감봉처분을 받았고, 감봉의 경우 감점은 −2점, 감점 적용기간은 2년인데, 처분일로부터 평정일이 2년이 지나지 않았으므로 감점이 적용되어 -2점 감점한다.

X의 경우 2023.5.21. 견책처분을 받았고, 견책의 경우 감점은 −1점, 감점 적용기간은 1년인데, 처분일로부터 평정일이 1년이 지났으므로 감점은 적용되지 않는다.

이름	직위	종합평점		2025년 상반기 근무평정 종합평점
		2023년	2024년	
W	재무회계실장	60	70	78−3=75
X	대외협력실장	60	80	70−0=70
Y	인력양성실장	40	70	83−3=80
Z	ESG경영실장	80	50	84−2=82

이에 따라 위와 같이 2025년 상반기 근무평정 종합평점을 산출할 수 있다.

이 자료를 토대로 승진서열명부 작성 시 2025년 40%, 2024년 30%, 2023년 30%를 적용하여 합산한 점수를 환산점수로 보며, 환산점수가 높은 순으로 명부를 작성한다. 환산점수를 산출하면 아래와 같다.

이름	직위	환산점수
W	재무회계실장	(75×0.4+70×0.3+60×0.3)=69
X	대외협력실장	(70×0.4+80×0.3+60×0.3)=70
Y	인력양성실장	(80×0.4+70×0.3+40×0.3)=65
Z	ESG경영실장	(82×0.4+50×0.3+80×0.3)=71.8

따라서 명부에 작성된 직원의 순서는 ⑤ Z−X−W−Y이다.

합격자의 시간단축 Tip

Tip ① 숫자 활용하기

[방법 1] 환산점수 계산 시 전년도와 전전년도는 30%로 반영비율이 동일하다. 이 경우 전년도와 전전년도의 점수를 합하여 30%를 계산하는 것이 편할 것이다. 문제에서 2023년과 2024년의 종합평점 점수를 합한 후 30%를 곱해주면 된다.

X를 예로 들어 설명하면 다음과 같다.

$70\times0.4+70\times0.3+60\times0.3=70\times0.4+(70+60)\times0.3=70\times0.4+130\times0.3$

[방법 2] 환산점수 계산 시 전년도와 전전년도는 30%로 반영비율이 동일하다. 따라서 둘의 평균을 구한 뒤에 (전년도+전전년도)의 반영비율을 60%라고 생각할 수도 있다.

X를 예로 들어 설명하면 다음과 같다.

$70\times0.4+70\times0.3+60\times0.3=70\times0.4+(70+60)\times0.3=70\times0.4+\left(130\times\frac{1}{2}\right)\times0.3\times2=70\times0.4+65\times0.6$

나머지 항목까지 정리하면 아래의 표처럼 나타낼 수 있다.

종합평점 2023년+2024년(60%)	2025년 상반기 근무평정 종합평점 (40%)
65	75
70	70
55	80
65	82

이렇게 두 항목으로 줄이는 경우 구체적으로 계산하지 않아도 W<X, Y<Z, X<Z 등 대소관계를 빠르게 추론할 수 있다.

Tip ❷ 필요한 계산만 하기

선지 구성상 종합평점이 가장 높을 가능성이 있는 사람은 X, Y, Z이다. X는 2023년과 2024년 종합평점 합계가 140점으로 130점인 Z보다 높지만, 가감점평가를 반영한 2025년의 종합평점은 70점으로 82점인 Z와 큰 차이가 난다. 따라서 직접 계산을 하지 않더라도 Z가 더 클 것임을 알 수 있다. Y의 경우 두 수치 모두 Z보다 작기에 구체적으로 판단할 필요가 없다. Z의 환산점수가 가장 높으므로 선지 ④와 ⑤ 중 정답이 도출되는데, X와 W를 비교하면 된다. 세부적인 계산은 최종적인 단계에서만 실시하여 시간을 단축할 수 있다.

Tip ❸ 값 비교는 편한 단위를 사용하기

각 값의 비중이 0.4, 0.3, 0.3으로 제시되어 있다. 이를 $(82\times0.4+50\times0.3+80\times0.3)=71.8$처럼 구하는 것보다 $(82\times4+50\times3+80\times3)=718$로 구하는 것이 더 빠를 수 있다. 소수점을 신경 쓰는 것보다 정수로 계산하는 것이 간편한 경우가 많기 때문이다. 문제에서 특정 값이 얼마냐고 묻지 않았다. 각 값의 비교를 통해 순서를 묻고 있으므로 모든 숫자에 10을 곱한다고 가정하면 정수로 계산하는 것이 빠를 수 있다.

23 정답 ④ 난이도 ●●●

문제해결능력_지문의 이해 및 활용

상세풀이

각 문단의 내용을 요약하면 다음과 같다.

- 1문단: 우리나라의 개인종합자산관리제도(ISA) 제도 설명
- 2문단: 현행 ISA 제도의 가입 대상, 가입 유형 분류
- 3문단: ISA 제도의 납입한도, 의무가입기간
- 4문단: 2016년에서 2024년까지의 ISA의 가입자 수, 가입금액, 1인당 가입액, ISA 가입률 변화
- 5문단: 영국의 ISA 제도 유형과 특징
- 6문단: 일본의 ISA 제도 유형과 특징

① (O) 영국의 경우 투자 유형의 다양화를 통해 ISA 제도의 활용도를 높이고, 생애주기에 걸친 자산형성이 가능하도록 지속적인 투자를 유도하고 있다고 볼 수 있다. 국내에서도 영국의 제도를 벤치마킹한다면 국민들의 금융상품 선택의 폭을 넓힐 수 있을 뿐만 아니라 비교적 장기적인 투자를 촉진함으로써 개개인의 노후 준비에 대한 부담완화 수단으로 기능할 수도 있을 것이다.
→ 영국의 ISA 제도는 5문단에 나와 있다. 우리나라의 ISA 제도는 세 가지로 구분되며, 1인당 1개의 계좌만을 만들 수 있는 반면, 영국의 경우 예금형, 증권형, 혁신금융형, 노후자금형 등 4가지 유형으로 구분되며 연간 납입한도 내에서 복수의 계좌를 운영할 수 있다. 따라서 국내보다 영국의 투자 유형이 다양하다고 판단할 수 있으며, 영국의 제도를 벤치마킹한다면 국민에게 보다 넓은 선택의 기회를 제공할 수 있어 투자 유형의 다양화가 이루어진다고 볼 수 있다. 또한 영국은 부모세대가 자녀세대의 미래 자산형성을 지원할 수 있도록 주니어 ISA 제도를 운영하고 있으며, 자녀가 18세가 되면 주니어 ISA가 자동으로 일반 ISA로 전환되어 자산형성을 이어갈 수 있도록 하고 있다. 따라서 비교적 장기적인 투자를 촉진한다고 판단할 수 있다. 따라서 옳은 선지이다.

② (O) 일본의 경우 청년층의 투자여력 및 성향을 고려하여 목돈을 납입하지 않고도 매월 일정금액을 장기간 적립할 수 있는 방식의 ISA 제도를 운영하고 있다. 이러한 방식의 경우 청년층의 투자에 대한 진입장벽을 낮추면서도 자산 축적을 지원할 수 있는 방식이 될 수 있으므로, 국내에서도 벤치마킹하여 젊은 청년층의 ISA 가입률을 제고할 수 있을 것이다.
→ 일본의 ISA 제도는 6문단에 나와 있다. 일본의 경우 2018년 적립형 NISA 신설 이후 20~30대를 중심으로 가입자가 증가하는 추세에 있다. 이러한 측면에서 청년층의 투자여력 및 성향을 고려한 제도를 운영하고 있다고 볼 수 있다. 따라서 우리나라가 일본의 ISA제도를 벤치마킹한다면 청년층의 투자에 대한 진입장벽을 낮추고 자산 축적을 지원할 수 있을 것이다. 따라서 옳은 선지이다.

③ (O) 우리나라의 경우 ISA 계좌 개설 시 의무가입기간이 존재하고, 이 계약기간을 연장하지 않으면 계좌를 해지하거나 재개설해야 하므로 ISA를 통한 자금운용의 연속성이 일본이나 영국에 비해 상대적으로 낮다고 볼 수 있다. 이는 ISA의 도입목적인 자산형성에 대해 가입자들이 단기적인 시각을 갖도록 할 수 있으므로 보다 유연한 접근이 필요할 것으로 보인다.
→ 우리나라 ISA 제도의 의무가입기간은 3년이며 관련 내용이 3문단에 적시되어있다. 하지만 5문단과 6문단에서 영국과 일본의 ISA 제도를 살펴보면 의무가입기간이 존재하지 않는다. 또한, 우리나라는 계약기간을 연장하지 않으면 계좌를 해지하거나 재개설해야 하므로 자금 운용의 연속성이 일본이나 영국에 비해 상대적으로 낮다고 볼 수 있다. 따라서 옳은 선지이다.

④ (×) 영국 및 일본의 경우 ISA 납입한도액을 우리나라보다 더 낮은 수준으로 설정함으로써 가입자들에게 더 많은 투자 유인과 세제 혜택을 제공하고 있다. 그에 따라 이들 나라에서는 경제적 자산의 형성이 급격히 증가하고 있으며 국민의 가계 재정 안정에 긍정적 영향을 미치고 있다. 국내 ISA 제도 또한 납입한도의 조정을 통해 단기적으로는 가입률의 제고를 도모하고 장기적으로는 국민의 자산 축적을 장려할 수 있어야 할 것이다.

→ 5, 6문단에 따르면 영국의 경우 ISA 납입한도액은 연간 20,000파운드(2024년 5월 기준 약 3,452만 원)이고, 일본의 경우 ISA 납입한도액은 연간 총 360만 엔(2024년 5월 기준 약 3,153만 원)이다. 그에 비해 한국의 경우 ISA 납입한도액은 연간 2,000만 원으로, 오히려 한국이 영국과 일본보다 낮은 수준이다. 따라서 그로 인해 해당 나라의 경제적 자산 형성이 급격히 증가하고 있으며, 국민의 가계 재정 안정에 긍정적인 영향을 미쳤다고 판단할 수 없다. 따라서 옳지 않은 선지이다.

⑤ (○) 비록 시점이 일치하지는 않지만 우리나라는 영국 및 일본에 비해 ISA 가입률이 낮은 수준이며, 이는 ISA 계좌를 통한 과세혜택 수준 등의 요인이 복합적으로 작용한 결과로 보아야 한다. 영국 및 일본은 ISA 계좌 내 이자·배당·양도소득에 대해 전액 비과세를 적용하지만 우리나라의 경우 일정 한도까지지만 세제 혜택이 주어지고 한도 초과 소득에 대해서는 분리과세를 적용하고 있어 가입 유인이 상대적으로 작다고 볼 수 있다. 우리나라에서도 과세 혜택 수준의 재조정을 통해 가입자의 실질적인 이익을 증대시킨다면 가입률의 향상뿐만 아니라 제도의 실효성을 높일 수 있을 것이다.

→ 4문단에 따르면 한국은 2024년 4월 기준 ISA 가입률이 약 10%, 5문단에 따르면 영국은 2020~2021년 기준 약 33%, 6문단에 따르면 일본은 2024년 기준 약 16.6%이다. 또한 영국과 일본의 경우 이자, 양도소득 및 배당에 대해 전액 비과세를 적용한다. 하지만 한국의 경우 3문단에 따르면 비과세 순이익의 한도를 제한하고 있으므로, 타국에 비해 과세 혜택의 범위가 좁다고 볼 수 있다. 따라서 과세 혜택 수준의 재조정이 이루어진다면 가입률과 제도의 실효성을 높일 수 있을 것이다. 따라서 옳은 선지이다.

합격자의 시간단축 Tip

Tip ❶ 통독을 지양하고, 각 문단의 핵심 내용만을 파악하며 글을 읽는다.

처음부터 끝까지 모든 내용을 정독하면서 글을 읽을 필요가 없다. 통독 시 지문의 정보량이 많을수록 글의 내용을 잊을 확률이 높다. 또한 정오 판단을 위해 다시 지문으로 올라가 해당 내용을 찾아야하므로 각 문단의 핵심 내용을 파악하는 정도로 글을 읽도록 한다.

Tip ❷ 글자 하나도 놓치지 않도록 주의한다.

'옳지 않은' 선지를 만들 때 주로 사용하는 방법 중의 하나가 정반대의 서술을 하는 것이다. 정반대의 서술을 할 때는 크다/작다, 많다/적다, 높다/낮다 등 글자 하나만 바뀌는 경우가 많은데, 너무 빠르게 읽다 보면 이런 글자 하나의 변화를 눈치채지 못하고 정답을 지나칠 수도 있다. 위와 같은 표현이 등장할 때는 특히 주의하여 글자를 놓치지 않도록 하자.

Tip ❸ 발문에 주의하여 선지 판단을 한다.

발문은 "타국 제도의 벤치마킹을 통한 우리나라 ISA 제도의 발전방향"을 묻고 있다. 그렇다면 선지에서 첫 번째로 검토해야 하는 것은 타국 제도의 특징이며 두 번째로 검토해야 할 것은 타국 제도에 비추어 우리나라 ISA 제도가 나아가야 할 발전방향일 것이다. 선지 ④의 경우 경제적 자산 증가 및 가계 재정안정이라는 '발전방향'을 제안하기 위해 사전적으로 검토한 타국 제도에 대한 분석이 잘못되었으므로 틀린 선지이다. 위와 같이 발문에 주의하여 선지판단을 단계별로 나누어서 하는 것을 추천한다.

24 정답 ② 난이도 ●●●

자원관리능력_공고문/규정 이해

상세풀이

ㄱ. (×) LA에서 도쿄를 경유하여 국내 귀국할 예정이었으나, LA에서 항공편이 1시간 지연되어 도쿄에서 연결항공편 탑승에 실패한 경우에 대체항공편을 기다리는 동안 발생한 숙박비 등의 비용

→ 특별약관 제1조 제2항을 보면 '숙박비'의 경우 제1항 제1호 또는 제2호에 해당하는 경우에 보상받을 수 있다. 제1항 제1호의 경우 '연결항공편이 결항되었으며 출발예정시각으로부터 4시간 내에 피보험자에게 대체적인 항공운송수단이 제공되지 못할 경우'이다. 그런데 보기 ㄱ의 경우 '출발지'인 LA에서 항공편이 지연되었으므로 '연결항공편'의 결항에 해당하지 않는다. 따라서 제1항 제1호에 해당하지 않는다.

반면 제1항 제2호의 경우 '항공편이 4시간 이상 지연, 취소되거나 또는 피보험자가 과적에 의해 탑승이 거부되어 출발예정시각으로부터 4시간 내에 대체적인 수단이 제공되지 못하는 경우'이다. 그런데 보기 ㄱ의 경우 항공편이 '1시간' 지연되었고, 피보험자가 과적에 의해 탑승이 거부되지도 않았기 때문에 제1항 제2호에도 해당하지 않는다. 따라서 옳지 않은 선지이다.

ㄴ. (○) 17시에 타이페이에 도착예정인 항공편의 수하물이 가오슝행 수하물과 바뀌어 당일 자정에 타이페이 공항에 도착한 경우 기후 차이로 인해 구입한 의복
➜ 17시에 도착 예정이었던 수하물이 당일 자정에 도착하였으므로, 예정된 도착시간보다 7시간 이후에 도착하였음을 알 수 있다. 따라서 제1조 제1항 제3호에 해당한다. 제1조 제2항 제2호에 따르면 제1항 제3호에 해당하는 보험사고의 경우 비상 의복 구입에 소요되는 비용을 보상받을 수 있다. 따라서 옳은 선지이다.

ㄷ. (×) 파리행 항공편이 6시간 연착됨에 따라 당일 예정된 목적지의 호텔예약을 취소하여 미리 결제했던 숙박비를 환불받지 못하는 손해가 발생한 경우에 숙박비 손해에 대한 비용
➜ 특별약관 제1조 제1항 제2호, 항공편이 4시간 이상 지연된 경우에 해당하여 보상 대상에 해당한다. 이때, 제1조 제2항 제1호에 따라 숙박비가 추가로 발생한 경우 보상받을 수 있으나, 미리 결제한 숙박비에 대한 손해는 보상받을 수 없다. 보험약관상 항공편의 지연으로 인해 대체항공편을 기다리는 동안 숙박이 필요하여 발생한 비용에 한정하여 보상하고 있기 때문이다. 따라서 옳지 않은 선지이다.

ㄹ. (×) 바르셀로나 공항의 운송라인 모터제어장치의 고장으로 수하물이 지연되자 공항에서 머무는 숙소로 수하물을 배송해주기로 하였으나 피보험자가 숙소에 도착한지 36시간 후 수하물이 배송된 경우에 피보험자가 숙소 이동 전 공항에서 구매한 필수품 등의 비용
➜ 수하물 지연으로 인해 피보험자가 목적지에 도착한 후 '36시간' 후에 수하물이 배송되었으므로 제1조 제1항 제4호에 해당한다. 따라서 제1조 제2항 제3호에 따라 예정된 도착지에 도착한 후 120시간 내에 발생한 필수품에 대해 보상을 받을 수 있다. 그러나 공항은 '예정된 도착지'에서 제외되므로 '숙소 이동 전 공항에서 구매한 필수품 등'은 보상받을 수 없다. 따라서 옳지 않은 선지이다.

합격자의 시간단축 Tip

Tip ❶ 선지 구조를 활용한다.

선지의 보기 조합을 보았을 때, 보기 ㄹ은 선지 ⑤에만 포함되어 있어 정답이 될 가능성이 현저히 낮은 것을 확인할 수 있다. 선지에 많이 포함되어 있는 보기 ㄱ부터 확인한다. 이때, 보기 ㄱ이 옳지 않은 선지임을 확인하면 선지 ①, ③, ⑤가 정답에서 제외된다. 선지 ②, ④에 공통으로 포함되어 있는 보기 ㄴ은 확인하지 않고 보기 ㄷ의 정오 판단만을 통해 정답을 빠르게 판단할 수 있다.

Tip ❷ 제시문과 보기 간 매칭을 구조적으로 한다.

제시문의 특별약관에서 보상하는 손해의 종류는 1호부터 4호까지 총 4개로 구분되며, 이에 따라 보상하는 손해도 각각 다르게 구분된다. 또한, 문제에서 보상받을 수 있는 사례로 구성된 보기도 4개로 주어졌으므로, 각 보기가 보상하는 손해 1호~4호와 각각 매칭되는 것을 추론할 수 있다. 즉, 문제 분석을 통해 보기 ㄱ은 제1호, 보기 ㄴ은 제3호, 보기 ㄷ은 제2호, 보기 ㄹ은 제4호의 사례임을 알아낼 수 있고 이에 따른 보상 범위에 해당하는지 판단하면 된다.

Tip ❸ 조문의 제목을 적극 활용한다.

'보상받을 수 있는 경우'는 제1조(보상하는 손해)에 제시되어 있을 것이다. 조문 옆 괄호는 해당 조문의 제목이므로 문제 해결의 길잡이가 된다. 이를 적극 활용하도록 하자.

Tip ❹ 법조문 통독은 유용하다.

법조문은 잘 정리되어 있는 유기적인 글로서, 통독하는 데에 그리 오랜 시간이 걸리지 않고, 통독할 경우 각 조문 간의 관계를 확실하게 파악할 수 있다. 만약 발췌독을 할 경우 각 조문 간의 관계를 깨닫는 데에 통독하는 것보다 오랜 시간이 걸릴 가능성이 있다. 이 문제의 경우 제1조의 보상하는 손해에 관한 부분만이 필요하므로 제1조만 통독하면 문제를 빠르고 정확하게 풀 수 있을 것이다.

25 정답 ① 난이도 ●○○

자원관리능력_수치 계산(비용, 시간)

상세풀이

A씨 가족은 인천에서 싱가포르를 경유하여 발리에 도착하는 항공권을 구입하였으나 1시간 뒤 출발 예정이던 연결항공편인 발리 덴파사르행 항공편이 결항되었다. A씨 가족은 총 9시간을 대기하였고, 출발예정시간을 기준으로 8시간을 대기하였으므로 위 특약 제1조 제1항

제1호의 보험사고에 해당한다. 이 경우 동조 제2항 제1호에 따라 식사 및 간식비, 전화통화비, 숙박비 등을 보상한다. 한편, 여기에서 보상하는 손해는 제1조 제3항에 따라 피보험자와 법률상 혼인관계에 있는 배우자 및 피보험자와 생계를 같이 하는 미혼자녀를 위해 지출한 비용도 포함된다. 이때 배우자의 경우 문제될 것이 없으나, 자녀인 B씨의 경우 지방근무로 인하여 타지에서 거주하고 있으므로 '생계를 같이 하는' 미혼자녀에 해당하지 않는다. 따라서 보상의 범위에 포함되는 사람은 배우자에 한정되며, A씨와 A씨의 배우자 식비에 해당하는 34,000+32,000=66,000(원)이 보상액에 해당한다.

한편 ○○보험 특약 제4조에 따르면 이 계약에서 보장하는 위험과 같은 위험을 보장하는 다른 계약이 체결되어 있을 경우, 각각의 계약에 대하여 다른 계약이 없는 것으로 하여 산출한 보장책임액의 합계액이 실제 손해액을 초과할 때, ○○보험사는 다음의 식에 따라 보험금을 지급한다.

보험금=

$$\text{손해액} \times \frac{\text{이 계약의 보장책임액}}{\left(\begin{array}{c}\text{다른 계약이 없는 것으로 하여}\\ \text{각각 계산한 보상책임액의 합계액}\end{array}\right)}$$

설문의 경우 A씨는 ○○보험과 동일한 내용의 특약이 포함된 □□보험사의 해외여행자보험에도 가입했으므로, 다른 계약이 없는 것으로 볼 때 ○○보험사와 □□보험사는 각각 66,000원의 보장책임액을 부담하게 된다. 이때 실제 손해액인 66,000원이 보장책임액의 합계액인 132,000원을 초과하므로, ○○보험사부터로 받는 보험금은 다음과 같다.

$$\text{보험금} = 66{,}000 \times \frac{66{,}000}{132{,}000} = 33{,}000$$

따라서 정답은 ①이다.

합격자의 시간단축 Tip

Tip ❶ 활용되지 않은 제시문을 잘 확인한다.

세트 문항인 바로 앞 문항에서 제시문의 제1조 제1항과 제2항만 활용되었고, 제1조 제3항과 제4조는 문제 풀이에 활용되지 않았다. 따라서 이번 문제에서는 제1조 제3항과 제4조가 활용될 것임을 추론할 수 있다.

Tip ❷ 보장하는 손해의 범위를 확인한다.

A씨의 일행이 지출한 비용이 모두 보상하는 손해에 포함된다고 생각하면 안 된다. 문제에서 제시된 사례를 꼼꼼히 읽어 배우자 및 미혼자녀가 제3항에서 언급한 보상대상의 범위에 포함되는지 확인하고, 다른 계약에 체결되어 있는 경우 계산식을 잘 파악한다면 문제를 어렵지 않게 풀 수 있을 것이다.

26 정답 ④ 난이도 ●○○

문제해결능력_공고문/규정 이해

상세풀이

① (O) 법인소기업을 운영하다 폐업한 경우라도 이자 환급 대상에 해당하는 경우에는 환급을 받을 수 있다.

➜ 중소 금융권 이용 소상공인 이자 환급 사업 □(대상) 부분에서는 사업 대상을 '24.12.31. 이전에 중소 금융권에서 사업자 대출을 받은 개인사업자 또는 법인소기업으로서 '5% 이상 7% 미만'의 금리를 적용받는 자'라고만 규정하여 법인소기업을 운영하다가 폐업한 경우까지도 당해 사업의 이자 환급 대상이 되는지는 알 수 없다. 하지만 □(신청 채널 및 신청 시 제출 서류)를 보면, 법인소기업의 경우 신청서와 함께 신분증과 중소기업확인서, 사업자등록증을 제출하도록 하면서 폐업한 경우에는 폐업 사실 증명원을 제출하도록 하고 있다. 이를 통해 법인소기업을 운영하다가 휴업 또는 폐업한 경우라도 다른 요건을 모두 충족하면 이자 환급 대상에 해당하여 환급을 받을 수 있음을 알 수 있다. 따라서 옳은 선지이다.

② (O) 이자 환급을 신청한 대상자가 수령 가능한 최대 이자 환급액은 150만 원이다.

➜ □ (지원 금액)을 보면 이자 환급액=지원 금액=대출잔액×해당 금리 구간 지원 이자율임을 알 수 있다.

이때 최대 이자 환급액은 최대 지원 가능 대출금액에 최대 지원 이자율이 적용되는 경우를 가정하여 구할 수 있다. □ (지원 금액)을 보면 최대 지원 가능 대출금액은 1억 원이며, 가장 높은 지원 이자율은 1.5%이므로 이 사업의 최대 이자 환급액은 1억×1.5%=150(만 원)이다. 옳은 선지이다.

③ (O) 이자 환급 대상자가 6%의 금리로 받은 대출의 금리가 이자 환급 신청 기간 동안 5%로 떨어진 경우라도 적용되는 금리 기준은 6%이다.

➜ □ (지원 금액) 부분 각주(*)에 따라 대출잔액과 적용 금리는 2024.12.31. 기준으로 판단한다. 신청 기간은 모든 분기가 2025년 이후이므로 고려될 여지가 없다. 즉, 이자 환급 대상자가 받은 대출의 금리가 신청 기간동안 5%로 변경되더라도 지원금액의 금리는 2024.12.31. 기준으로 판단하는 바, 적용되는 금리 기준은 6%이다. 따라서 옳은 선지이다.

④ (×) 2024.5.20.에 이자환급 대상 대출을 받은 개인사업자는 2025년 2분기 신청 기간에 신청해야만 이자 환급을 받을 수 있다.

→ □ (이자 환급 절차) 부분 각주(*)를 보면, 신청 기간은 분기별 신청이 가능한 기간을 의미한다. 즉 지원 대상에 해당하는 자는 연중 신청 기간 언제라도 신청할 수 있고 다만 지원 대상에 해당하는 자가 연중 신청 기간 내 이자 환급 신청을 한 경우 대상 대출의 이자 납입 1년이 확인된 후 처음 도래하는 분기별 환급 기간에 환급이 이루어질 뿐이다. 즉, 이자 환급 대상은 2025년 2분기 신청 기간에 신청하지 않아도 다른 분기에 신청을 통해 이자 환급을 받을 수 있다. 따라서 옳지 않은 선지이다.

⑤ (○) 이자 환급 대상인 개인사업자가 환급 신청을 하기 위해서는 2종의 서류를 지참하여 직접 거래 금융기관에 방문해야 한다.

→ □ (신청 채널 및 신청 시 제출 서류)에는 제출기관과 '신청서' 외 신청 시 필요한 제반 서류를 규정하고 있다. 개인사업자의 경우 '신청서' 외 신분증을 제출하여야 한다. 따라서 이자 환급 대상인 개인사업자가 환급 신청을 하기 위해서는 신청서와 신분증, 총 2종의 서류를 거래 금융기관에 직접 방문하여 제출하여야 한다. 옳은 선지이다.

합격자의 시간단축 Tip

Tip ❶ 지나치게 단정적인 선지는 오답일 가능성이 높다.
선지 중 지나치게 단정적인 어조로 표현된 선지는 오답이 될 가능성이 높다. 왜냐하면, 단 하나의 반례라도 있으면 그 선지는 틀린 선지가 되기 때문이다. 따라서 '적절하지 않은 것'을 묻는 경우에는 그러한 어조로 작성된 선지를 먼저 정오판단하는 것을 추천한다. 설문의 경우 선지 ④가 이러한 선지에 해당한다. 선지 ④의 정오를 확인할 때 '2분기가 아니어도 되는가?'만 빠르게 확인한다. 특히 모든 분기에 다 신청이 가능하다는 것까지 발견하지 못하더라도 2분기가 아닌 3, 4분기에도 신청이 가능하다는 것을 파악한다면 선지 ④가 옳지 않은 선지라는 것을 알 수 있다. 이처럼 문제를 풀기 전에 선지를 전체적으로 훑어보고 '~여야만', '오직 ~만' 등 지나치게 단정적인 어조로 서술된 선지를 먼저 확인하면 시간 단축에 도움이 된다.

Tip ❷ 각주는 무조건 사용되므로 잘 보이게 표시한다.
문제를 보고 각주에 무슨 내용이 나와 있는지 잘 보이게 표시한다. 각주에 나온 키워드가 선지에 활용되었다면 빼놓지 않고 빠르게 확인할 수 있다.

27 정답 ❶ 난이도 ●○○

문제해결능력_지문의 이해 및 활용

상세풀이

① (○) 위 신청인 중 지원 대상에 해당하는 신청은 모두 4건이다.

→ □ (대상)에 따라 지원 대상은 '24.12.31. 이전에 중소 금융권에서 사업자 대출을 받은 개인사업자 또는 법인소기업으로서 '5% 이상 7% 미만'의 금리를 적용받는 자이다. 또한 부동산 임대·개발·공급업, 금융업은 지원 대상에서 제외된다. 먼저, 위 신청인들은 모두 개인사업자 또는 법인소기업으로 대상자 요건을 충족하며, 중소 금융권에서 사업자 대출을 받았으므로 대출기관 조건도 충족한다. 업종과 관련해서는 B기업의 업종이 부동산개발업이므로 지원 대상에서 제외된다. 다음으로 대출실행일과 관련하여 '24.12.31. 이후에 대출을 받은 D기업이 지원 대상에서 제외되며, 대출금리와 관련하여 7.2%의 대출금리를 적용받는 F기업이 지원 대상에 제외된다. 즉 A~G 7명의 신청인 중 B, D, F 세 신청인이 지원 대상에 해당하지 않으므로 지원 대상에 해당하는 신청은 모두 4건이다. 옳은 선지이다.

② (×) A가 환급을 받는 경우 받을 수 있는 환급액은 100만 원이다.

→ 대출잔액과 적용 금리는 2024.12.31. 기준으로 판단하며, 최대 지원 가능 대출금액은 1억 원이다. 개인사업자 A가 이자 환급을 받는 경우 적용되는 금리 구간은 5.0~5.5%이므로 환급 규모는 0.5%이다. 대출잔액의 경우 A의 대출잔액은 2억 원이지만, 최대 지원 가능 대출금액이 1억 원이므로 A가 환급받을 수 있는 환급액은 1억 원×0.5%=50(만 원)이다. 따라서 옳지 않다.

③ (×) 위 신청인 중 2025년 2분기가 되어야 환급을 받을 수 있는 신청은 모두 3건이다.

→ 신청이 접수되면 금융기관은 해당 차주가 이자를 1년 치(12회) 이상 납입했는지 확인한 후, 1년 치 이자가 모두 납입된 후 처음 도래하는 분기별 환급 기간에 환급 금액을 차주 명의의 원리금 자동이체 계좌에 입금한다. 즉, 2025년 2분기에 환급을 받기 위해서는 1분기 또는 2분기 신청 기간에 이자 환급을 신청하고, 대출 실행일을 기준으로 대출이자를 12회 이상 납입한 후 처음 도래하는 납입 검증·확정 기간이 2분기 납입 검증·확정 기간('25.6.27. ~'25.7.4.)이어야 한다. 이자는 대출 실행일이 포함

된 월의 말일부터 매월 말일 대출이자를 납부한다. 지원 대상인 A, C, E, G에 대해 살펴보면 다음과 같다.

(i) A의 경우: '24.6.30.에 첫 이자를 납부하고 '25.5.31.에 12회차 이자를 납부한다. 1분기 납입 검증·확정 기간('25.3.25.~'25.3. 27.)이 이미 지났기 때문에 2분기 납입 검증·확정 기간인 '25.6.24.~'25.6.26.에 납입 검증을 거쳐 2분기에 환급을 받을 수 있다.

(ii) C의 경우: '24.3.31.에 첫 이자를 납부하고 '25.2.28.에 12회차 이자를 납부한다. 1분기 납입 검증·확정 기간이 '25.3.25~'25.3. 27.인 관계로 1분기에 납입 검증을 거쳐 1분기에 환급을 받을 수 있다.

(iii) E의 경우: '24.4.30.에 첫 이자를 납부하고 '25.3.31.에 12회차 이자를 납부한다. 1분기 납입 검증·확정 기간('25.3.25.~'25.3.27.)이 지났으므로 2분기에 납입 검증을 거쳐 환급을 받을 수 있다.

(iv) G의 경우: '24.9.30.에 첫 이자를 납부하고 '25.8.31.에 12회차 이자를 납부한다. 2분기 납입 검증·확정 기간('25.6.24.~'25.6.26.)이 이미 지났으므로 2분기에는 환급을 받을 수 없고 3분기에 환급받을 수 있다.

따라서 2분기 환급 기간이 되어야 환급이 가능한 신청인은 A, E로 2건이므로 옳지 않다.

④ (×) E가 환급을 받는 경우 지원 이자율은 0.5%이다.

→ '24.12.31. 기준 E의 대출금리는 6.5%이다. 6.5% 이상 7% 미만의 대출금리 구간의 경우 지원 이자율은 1.5%이므로 옳지 않은 선지이다.

⑤ (×) G가 환급을 받는 경우 2026년에 환급을 받는 일은 없다.

→ G의 경우 대출 실행일이 2024.9.23.이므로 2025.8.31.에 대출이자 납입 12회를 충족한다. G가 1분기, 2분기 또는 3분기 신청 기간에 이자 환급을 신청한 경우라면 3분기 납입 검증·확정 기간에 확인되어 3분기 환급 기간인 '25.9.26.~'25. 10.2.에 환급받을 수 있다.

그러나 G가 3분기 이전에 신청을 한 바가 없고, 4분기 신청 기간('25.10.1.~'25.12.22.)에 이자 환급을 신청한 경우라면 4분기 환급 기간인 '25.12. 29.~'26.1.5에 이자 환급을 받을 수도 있으므로 2026년에 환급을 받게 될 수도 있다. 따라서 옳지 않다.

합격자의 시간단축 Tip

Tip ❶ 반드시 확인해야 하는 선지가 무엇인지, 확인하지 않을 선지는 무엇인지 판단하고 문제를 푼다.

선지 ④를 제외하고는 모두 선지 ①에서 묻는 지원 대상에 해당하는지 먼저 확인해야 한다. 따라서 선지 ①을 먼저 확인하고 답이라고 생각되면 다른 선지를 확인하지 않고 선지 ①만 다시 정확하게 확인한다. 추가로 선지 ③은 4명의 신청인이 환급받을 기간을 정확히 도출해야 하므로 넘어가고 다른 선지를 확인하는 것이 낫다.

Tip ❷ 대출금리, 대출잔액은 표 옆에 미리 표시하면 계산이 쉽다. 특히 대출잔액이 1억을 초과하는 것들을 전부 1억으로 바꿔놓으면 계산이 편하다. 이러한 장치는 선지로 구성될 확률이 높기 때문이다.

Tip ❸ 해당 문제는 선지 ①이 답이긴 했으나, 전체와 부분을 확인하는 선지 중 부분을 확인하는 선지를 우선 판단하는 것이 좋다. 선지 ①과 ③의 경우 전체를, 선지 ②, ④, ⑤의 경우 부분을 파악하여 정오 판단이 가능한 선지인데, 전체를 판단하는 선지는 부분을 판단하는 것보다 상대적으로 시간이 오래 걸리기 때문이다.

Tip ❹ 답이 나오면 넘어가기

이와 같이 선지 ①에서 정답이 나왔더라도 넘어갈 수 있어야 한다. 좀 더 확실하게 하기 위해 남은 선지의 정오도 판단하려고 한다면 시간이 더 걸릴 수 있다. 일례로 이후 선지를 판단하는 과정에서 옳은 선지라 생각되는 것이 또 나온다면 어디에서 실수를 했는지 확인하는 과정을 또 거쳐야 한다. 이 경우 시간적으로도, 심리적으로도 좋지 않기 때문에 자신이 했던 판단을 믿고 정답 선지를 찾았다면 다음 문제로 넘어갈 수 있어야 한다.

28 정답 ③ 난이도 ●●●

문제해결능력_조건추리(일반)

상세풀이

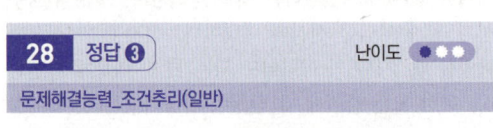

손님 1 및 손님 5의 진술을 통해 A식당에서는 음식을 먹은 이후 식중독이 나타난 사람이 없는 경우도 있고, 메뉴 2개를 시켜 각자 먹은 이후 한 명만 식중독 증상이 나타난 경우도 있으므로 A식당의 메뉴는 3개 전부가 해산물이 포함된 메뉴라고 할 수는 없고, 적어도 1개 이상의 메뉴는 해산물이 포함되었다고 추론할 수 있다. 즉, A식당의 해산물 메뉴는 1~2개이다.

손님 2의 진술을 통해 B식당에서는 메뉴 2개를 주문해 나누어 먹었지만, 식중독 증상이 나타나지 않았으므로 손님 8의 진술에 따라 B식당의 메뉴 3개 중 해산물이 포함된 메뉴는 1개로 확정된다.

손님 4의 진술을 통해 C식당에서는 메뉴 2개를 주문하여 각자 먹고 둘 모두 식중독 증상이 나타났으므로 C식당에서는 최소 2개 이상의 메뉴가 해산물이 포함된 메뉴임을 추론할 수 있다. 따라서 C식당의 해산물 메뉴는 2~3개이다.

손님 3 및 손님 7의 진술을 통해 D식당에서는 메뉴를 3개 주문한 후 나누어 먹은 경우 식중독 증상이 나타났지만, 식중독 증상이 나타나지 않은 경우도 있으므로 D식당의 메뉴는 3개 전부가 해산물이 포함된 메뉴라고 할 수는 없고, 적어도 하나의 메뉴는 해산물이 포함되지 않았음을 추론할 수 있다. 따라서 D식당의 해산물 메뉴는 1~2개이다.

손님 1 및 손님 6의 진술을 통해 E식당에서는 음식을 먹은 후 식중독 증상이 없었던 경우도 있으나 메뉴를 2개 시켜 각각 먹은 경우에도 모두 식중독 증상이 나타난 경우도 있으므로 E식당의 경우는 해산물을 이용한 메뉴가 2개, 그렇지 않은 메뉴가 1개임이 확정된다.

위 내용을 정리하면 아래와 같다.

식당	A	B	C	D	E
해산물 메뉴 수	1~2개	1개	2~3개	1~2개	2개

식당 A~E가 판매하는 메뉴 중 해산물이 포함된 메뉴는 총 8개로, 위의 표에서 식당별로 최소의 개수로 확정적으로 판매하는 해산물 메뉴는 A식당 1개, C식당 2개, D식당 1개이므로 B 및 E식당까지 하여 해산물 메뉴의 수는 7개이다. 즉, 메뉴의 A, C, D 중 한 곳의 해산물 메뉴의 수가 위 범위값의 최댓값에 해당하는 경우 나머지 두 식당의 해산물 메뉴의 수는 위 범위값의 최솟값에 해당하게 된다.

① (O) B식당의 해산물 메뉴는 1개이다.
→ B식당의 해산물 메뉴는 1개로 확정이다.

② (O) E식당의 해산물 메뉴는 2개이다.
→ E식당의 해산물 메뉴는 2개로 확정이다.

③ (×) A식당의 해산물 메뉴가 1개라면 D식당의 해산물 메뉴는 2개이다.
→ A식당의 해산물 메뉴가 1개라면 C 또는 D식당 중 한 곳의 해산물 메뉴의 수가 제시된 최댓값으로 정해진다. 그러나 그 식당이 C인지 D인지는 확정할 수 없다.

④ (O) C식당의 해산물 메뉴가 3개라면 D식당의 해산물 메뉴는 1개이다.
→ C식당의 해산물 메뉴가 3개라면 D식당의 해산물 메뉴는 1개로 고정된다.

⑤ (O) D식당의 해산물 메뉴가 2개라면 C식당의 해산물 메뉴는 2개이다.
→ D식당의 해산물 메뉴가 2개라면 C식당의 해산물 메뉴는 2개로 고정된다.

합격자의 실전 풀이 순서

❶ 문제를 읽으며 각각 메뉴 3개씩 판매하는 것, 해산물 포함된 메뉴 총 8개라는 것을 체크한다.

❷ 적절하지 않은 추론을 고르라 했으므로 선지 옆에 X 표를 하여 적절한 추론을 고르는 실수를 하지 않도록 한다.

❸ 표를 그려 손님들의 대화를 통해 추론할 수 있는 사실들을 반영한다. 이때 메뉴 3개의 순서나 이름 등은 모두 상관없는 정보이므로 간단하게 1, 2, 3으로 표기 후 해산물 포함 메뉴인지 아닌지를 확인하여 답을 도출한다.

합격자의 시간단축 Tip

Tip ❶ 표를 활용한다.

머릿속으로 도식화하기보다 표를 그리는 것이 편한 경우가 많다.
해당 문제의 경우 어떤 메뉴인지는 모르나 메뉴 개수의 가능성을 판단하며 표를 채운다.
손님 1에 따르면 A, E식당에 적어도 1개의 해산물이 없는 메뉴가 있다.
손님 2에 따르면 B식당의 메뉴 2개는 해산물이 없다.
손님 3에 따르면 D식당 메뉴 중 1개는 해산물이 있다.
손님 4에 따르면 C식당 메뉴 중 2개는 해산물이 있다.

식당	A	B	C	D	E
해산물 메뉴 1			○	○	
해산물 메뉴 2		×	○		
해산물 메뉴 3	×	×			×

손님 5에 따르면 A식당 메뉴 중 1개는 해산물이 있다.
손님 6에 따르면 E식당 메뉴 중 2개는 해산물이 있다.
손님 7에 따르면 D식당 메뉴 중 1개는 해산물이 없다.
손님 8에 따르면 모든 식당이 1개 이상 해산물 메뉴가 있고, B식당은 1개의 해산물 메뉴가 있다.

CHAPTER 2 실전모의고사 2회

식당	A	B	C	D	E
해산물 메뉴 1	○	○	○	○	○
해산물 메뉴 2		×	○		○
해산물 메뉴 3	×	×		×	×

총 8개의 해산물 메뉴 중 7개를 찾았고 나머지는 선지에 따라 가정하면 보다 빠르게 풀 수 있다.

Tip ❷ 경우의 수가 나뉨을(확정되지 않음을) 인지하고 문제를 풀자.

선지 ③~⑤의 표현을 보면 가정형 선지(~라면 ~이다.)임을 알 수 있다. 이 경우 손님들의 대화를 추론하여 도출된 결론이 확정되지 않음을 알 수 있다. 따라서 확정적 대화 내용들을 바탕으로 정보를 채웠다면 선지의 가정을 활용하여 문제를 풀어나가야 함을 알고 있어야 한다.

Tip ❸ 선지의 출제 원리를 파악해 보자.

선지 ③~⑤는 언뜻 보면 'A라면 B이다'로 제시되고 있어 동일한 출제 원리로 보인다. 그러나 A~E의 해산물 메뉴 개수를 구해놓고 보면, 선지 ③은 '최솟값이라면 최댓값이다'이고, 선지 ④와 ⑤는 '최댓값이라면 최솟값이다'로 다르다. 그 차이를 파악했다면 3개 항목이 확정되지 않은 경우 하나가 최솟값이라 하여 다른 항목의 최댓값이 확정되지 않으므로 선지 ③이 답이 된다는 것을 쉽게 파악할 수 있다.

Tip ❹ 본문의 표현에 주목하자.

손님들의 진술을 살펴보면 나누어 먹은 경우와 각자 먹은 경우로 나뉜다는 것을 알 수 있다. '먹었다'에 집중하는 것이 아니라 그 앞에 집중해야 하는 것이다. 빠르게 문제를 풀다 보면 쉽게 지나칠 수가 있다. '먹었다' 앞에 '나누어', '각자'라는 표현이 나왔다면 주의 깊게 보는 것이 좋다. 보통 '먹었다'라고만 제시하기 때문이다. 실제로 문제 풀이의 중요한 힌트가 되었다.

Tip ❺ 총 숫자 개념을 활용한다.

설문에서 제시된 해산물이 포함된 메뉴의 총 개수는 8개이고, 손님 8의 진술을 참고할 때, 각 식당에서 해산물을 이용한 요리가 1개 이상 판매되고 있다. 이를 종합할 때, A, B, C, D, E식당에 추가로 분배할 수 있는 해산물 요리는 3개이다. 손님 4의 진술을 참고할 때 2명이 2개의 메뉴를 주문해서 각자 먹고 둘 다 식중독이 발생하였으므로 C에 1개 더 추가하면 된다. 마찬가지로 손님 6의 진술을 바탕으로 A 1개, B 1개, C 2개, D 1개, E 2개임을 알 수 있다. 나머지 1개의 해산물 메뉴를 어느 식당에 할당할 것인지 경우의 수를 판단하여 문제를 해결할 수 있다.

29 정답 ④ 난이도 ●●●

문제해결능력_조건추리(매칭, 배치)

상세풀이

구분	화가	가수	예술후원가	시인
5/1				
5/2				
5/3			F	H
5/4				
5/5		C		H
5/6				
5/7				
5/8		C		
5/9		C		H
5/10		C		H
5/11	B	D		G
5/12				H
5/13				G
5/14				H

뮤지컬 관람 후기에 따른 배우들의 일정을 정리하면 위와 같다. '가영'의 후기를 통해 5월 5일에는 C, H가 공연하였고, '나미'의 후기를 통해 5월 8~10일에 C, 11일에는 D가 공연하였음을 알 수 있다. '다정'의 후기를 통해 5월 11일에는 B, G가 공연했음을, '라온'의 후기를 통해 5월 3일에 F, H가 공연하였음을 알 수 있다. 마지막으로 '마현'의 후기를 통해 5월 9일 이후 11일, 13일을 제외하고 H가 공연하였음을 알 수 있다. 출연 배우 공연 일정에 제시된 조건을 통해 표의 나머지 부분을 채우면 된다.

- 두 번째 조건에 따르면 '화가'역 배우는 격일로 공연하는데 5월 11일에 B가 공연했으므로 매 홀수일에는 B, 매 짝수일에는 A가 공연함을 알 수 있다.
- 세 번째 조건에 따르면 '가수'역 배우는 3일 단위로 두 명의 배우의 스케줄이 함께 정해지므로 C, D의 스케줄이 1~3일, 4~6일, 7~9일, 10~12일, 13~14일 단위로 짜여진다. 이때, 7~9일 중 C가 8, 9일 이틀 출연하므로 D는 7일 하루 공연함을 알 수 있다. 이를 통해 다음 3일인 10~12일에는 C가 하루, D가 이틀 출연함을 알 수 있다. 반대로 7~9일 이전 3일인 4~6일에도 마찬가지로 C가 하루, D가 이틀 출연함을 알 수 있다. 이 때 '나미'의 후기에 따라 10일에는 C, 11일에는 D가 공연했으므로 12일에는 D가 공연하고, '가영'의 후기를 통해 5일에 C가 공연했으므로 4일과 6일에는 D가 공연함을 알 수 있다.
- 네 번째 조건에 따라 '예술후원가'역은 E, F가 이틀씩 연속으로 공연하는데 5월 3일에 F가 공연하므로

1~2일은 E가 공연했음을 알 수 있다.

• 다섯 번째 조건에 따라 '시인'역은 G, H가 각각 7일씩 공연하는데, 지금까지 제시된 정보로는 G는 2일에, H는 6일에 공연함을 알 수 있을 뿐이다. 이를 정리하면 아래와 같다.

구분	화가	가수	예술후원가	시인
5/1	B		E	
5/2	A		E	
5/3	B		F	H
5/4	A	D	F	
5/5	B	C	E	H
5/6	A	D	E	
5/7	B	D	F	
5/8	A	C	F	
5/9	B	C	E	H
5/10	A	C	E	H
5/11	B	D	F	G
5/12	A	D	F	H
5/13	B		E	G
5/14	A		E	H

① (O) D배우는 5월 4일에 뮤지컬에 출연하였을 것이다.
→ 정리한 바에 따르면 D배우는 5월 4일에 뮤지컬에 출연하였다. 따라서 옳은 설명이다.

② (O) 5월 5일과 5월 9일의 출연 배우진은 동일하다.
→ 5월 5일과 9일 모두 출연 배우는 B, C, E, H로 같다. 따라서 옳은 설명이다.

③ (O) 공연의 마지막 날 출연하는 '예술후원가'역 배우는 E이다.
→ 정리한 바에 따르면 5월 14일에 출연하는 예술후원가역 배우는 E이다. 따라서 옳은 설명이다.

④ (×) 5월 2일에 C배우가 출연하였다면 배우 D와 E의 조합은 5월 1일에 최초이다.
→ 4~6일에는 C가 하루, D가 이틀 출연했으므로, 1~3일에는 C가 이틀, D가 하루 출연함을 알 수 있다. 이때 주어진 조건만으로는 1~3일의 '가수' 배역의 출연 순서를 확정할 수 없으므로, 가능한 조합은 5월 1일부터 CCD, CDC, DCC이다. 만약 CDC의 순서에 따르면 배우 D와 E의 조합은 5월 2일에 최초가 된다. 따라서 D와 E의 조합이 5월 1일에 최초로 이루어진다는 설명은 옳지 않다. 틀린 선지이다.

⑤ (O) 5월 1일에 '시인'역에 배우 H가 출연하였다면 5월 2일에는 배우 G가 출연하였을 것이다.
→ 주어진 조건에 따라 표를 작성하면 H는 총 6번 출연하였다. 그런데 다섯 번째 조건에 따라 '시인'역 배우는 총 7일씩 공연하므로, 5월 1일에 '시인'역에 배우 H가 출연한 경우 H는 모든 출연일을 확정할 수 있게 된다. 이때 확정되지 않은 나머지 날들은 모두 G가 출연하는 날이 되므로 5월 2일에는 배우 G가 출연하였을 것이다. 따라서 옳은 설명이다.

합격자의 시간단축 Tip

Tip 확정된 정보를 먼저 정리하자.

제시문의 '출연배우 공연 일정'은 배우들의 일정에 대한 규칙은 알려주지만, 확정된 날짜는 알려주지 않는다. 따라서 이 조건을 먼저 정리하는 것이 아니라, 아래의 '뮤지컬 관람 후기'에 따른 확정 날짜를 먼저 정리한다면 시간을 보다 단축시킬 수 있다. 가영~마현의 후기를 통해 꽤 많은 날짜의 공연 스케줄을 정리할 수 있고, 이를 표로 구성한다면 한 눈에 알아보기 쉽다. 위의 해설과 같이 확정된 날짜를 먼저 정리한 후, 표의 나머지 부분을 '출연배우 공연 일정'에 관한 정보를 통해 채운다면 훨씬 빠르게 정리 가능하다.

30 정답 ⑤ 난이도 ●●●

자원관리능력_공고문/규정 이해

상세풀이

① (O) 사무국장은 부서의 장이 아니다.
→ 제6조(부서의 장)을 보면 사무국장은 부서의 장 아래 두는 직책임을 알 수 있다. 따라서 사무국장은 부서장이 아니다.

② (O) 차장 직위는 반장으로 임명될 수 있다.
→ 제12조의2(직책) 2항을 보면 반장은 4급 이상만 가능함을 알 수 있다. 따라서 3급인 차장은 반장으로 임명될 수 있다.

③ (O) 부장 직위는 본부장으로 임명될 수 없다.
→ 제12조의2(직책) 2항을 보면 본부장은 1급 이상만 가능함을 알 수 있다. 따라서 2급인 부장은 본부장으로 임명될 수 없다.

④ (O) 직급이 높아져도 직위는 변하지 않을 수 있다.
→ 사원의 경우 8급에서 7급으로 직급이 높아져도 직위는 여전히 사원에 머무른다.

⑤ (×) 실장이 휴가 중인 경우, 휴가는 사고가 아니므로 실장의 직무대행자를 선임할 필요가 없다.
→ 제14조(직무의 대행) 2항을 보면 휴가 또한 사고에 포함됨을 알 수 있다. 따라서 실장이 휴가 중인 경우에는 직무대행자를 선임해야 한다.

합격자의 실전 풀이 순서

선지부터 확인하여 문제 풀이의 전략을 세운다. 선지와 본문을 훑어보면 본 문제는 발췌독하기에는 너무 많은 정보가 나열되어 있어 본문에서의 위치를 찾기가 쉽지 않다. 또한 본문의 정보를 모두 기억하여 선지를 판단하기도 어렵다. 따라서 처음부터 읽되 선지와 본문을 계속 확인하며 관련된 정보가 나오면 바로 선지를 판단한다. 선지를 순서대로 판단할 필요는 없으며 답이 나오면 바로 넘어간다.

31 정답 ④

난이도 ●○○

자원관리능력_적정 대상 선택

상세풀이

㉠ (×)

→ 사무국장은 2급 이상이어야 하므로 차장이 될 수 없다.

㉡ (○)

→ 모든 직책 및 직위가 적절하다.

㉢ (×)

→ 매니저는 3급 이상이어야 하므로 과장이 될 수 없으며, 반장은 4급 이상이어야 하므로 대리가 될 수 없다.

합격자의 시간단축 Tip

Tip ① 각 직위로 임명될 수 있는 직책을 메모해두자.
선지마다 직위와 직책을 일일이 대조하면 시간이 비교적 많이 소요된다. 제12조의2(직책) 2항 하단에 본부장은 선임부장 / 실장~사무국장은 선임부장과 부장 / 파트장과 매니저는 선임부장, 부장, 차장 / 반장은 선임부장, 부장, 차장, 과장이 임명될 수 있음을 적어두면 정오 판단을 하는 것이 훨씬 쉽다. 알아볼 수만 있게 선부, 부, 차 이런 식으로 앞 글자만 적어두어도 좋다.

Tip ② '잘못' 편성된 부서를 고르는 문제는 옳은 것을 고르는 실수를 하기 쉬우므로 보기 옆에 ○, ×로 정오 표시를 한다.

Tip ③ 하나라도 틀리면 잘못 편성된 부서에 해당한다. 따라서 보기 전부의 정오를 판단할 필요가 없으며 판단하기 쉬운 것부터 빠르게 판단한다. 예를 들어 2급과 3급은 해당하는 직책이 많지만 1급과 4급은 각각 본부장과 반장 하나만 있다. 따라서 본부장에 선임부장이 편성되지 않은 팀이 있는지 A, B, C를 한 번에 확인한다. 다음으로 반장에 대리, 주임, 사원이 편성되어 있는지 확인한다. C팀이 반장에 대리를 편성하였으므로 ㉢은 나머지를 확인할 필요 없이 답인 보기가 된다. 선지 구성에 의해 ①, ②, ③은 제거되고, 보기 ㉠과 ㉡ 중 더 쉬운 보기를 판단한다. 보기 ㉠은 앞서 본부장과 반장을 이미 판단하여 사무국장 하나만 확인하면 되므로 ㉠만 확인하고 선지를 고른다.

32 정답 ③

난이도 ●○○

문제해결능력_논리퍼즐

상세풀이

㉠ (×) 1 ball

→ B가 부른 세 자리 숫자 중 2개의 수는 자릿수까지 일치하고, 나머지 하나의 수는 A가 적은 숫자에는 존재하지만 자릿수가 일치하지 않는 경우다. 그러나 이미 2개의 수가 자릿수까지 일치하므로, 남은 하나 역시 자릿수가 일치할 수밖에 없어 이러한 대답은 불가능하다. 예를 들어 A가 적은 숫자가 128일 때, B가 129를 부르는 경우 A는 1 strike로 대답하게 된다. 1, 2를 제외한 나머지 하나의 숫자는 반드시 세 번째 자리일 수밖에 없으므로 1 ball이라는 대답은 가능하지 않다. 따라서 틀린 보기이다.

㉡ (○) 3 ball

→ B가 부른 세 자리 숫자가 모두 A가 적은 숫자에 존재하지만, 자릿수는 하나도 일치하지 않는 경우다. 만약 A가 적은 숫자가 123일 때 B가 231을 부르면 A는 이러한 대답을 할 수 있다. 따라서 옳은 보기이다.

㉢ (○) 1 strike

→ B가 부른 세 자리 숫자 중 2개의 수는 자릿수까지 일치하고, 나머지 하나의 수는 A가 적은 숫자에 존재하지 않는 경우다. 만약 A가 적은 숫자가 123일 때 B가 423을 부르면 A는 이러한 대답을 할 수 있다. 따라서 옳은 보기이다.

㉣ (×) 2 strike 2 ball

→ 네 자리 숫자를 부르는 게임이 아니므로 불가능하다. 따라서 틀린 보기이다.

합격자의 시간단축 Tip

Tip 예시를 들어가며 정답을 확인한다.
선지 ㉣ 2 strike 2 ball은 4개의 숫자에 대한 대답에 해당하므로 틀린 선지임을 바로 알 수 있다. 이외에 ㉠, ㉡, ㉢은 얼핏 보면 모두 가능한 대답이라고 생각할 수 있다. 이때, 숫자의 예시를 들어가며 상황을 대입하면 서 선지 ㉠이 틀린 선지임을 판단해야 한다. 성급히 정답을 판단하지 않도록 주의한다.

33 정답 ③ 난이도 ●●●

문제해결능력_논리퍼즐

상세풀이

417에 대한 대답이 3 strike이므로 1~9 중 1, 4, 7은 A가 적은 숫자에 존재하지 않는다. 한편, 159에 대한 대답이 2 strike 1 ball이므로 5, 9 둘 중 하나만 A가 적은 숫자에 존재함을 알 수 있다. 만약 5가 존재한다면 5의 자릿수는 첫 번째 또는 세 번째 자리이므로, 538, 265을 부른 경우 둘 중 하나는 strike와 ball의 개수 합이 3 미만이어야 한다. 숫자와 자릿수가 정확히 일치하면 strike나 ball로 답변하지 않기 때문이다. 그런데 538, 265를 부른 경우 둘 다 2 strike 1 ball로 strike와 ball 개수의 합이 3이므로 5가 아닌 9가 A가 적은 숫자에 존재하며, 9의 자릿수는 첫 번째 또는 두 번째 자리다.

538에 대한 대답은 2 strike 1 ball이므로 3과 8 둘 중 하나만 A가 적은 숫자에 존재한다. 이때, 3은 첫 번째 또는 세 번째 자리이고, 8은 첫 번째 또는 두 번째 자리이다. 265에 대한 대답도 2 strike 1 ball이므로 2와 6 둘 중 하나만 A가 적은 숫자에 존재한다. 이때, 2는 두 번째 또는 세 번째 자리이고, 6은 첫 번째 또는 세 번째 자리이다.

① (×) 329
→ 9는 세 번째 자리에 올 수 없으므로 틀린 선지이다.

② (×) 593
→ 5는 포함될 수 없으므로 틀린 선지이다.

③ (○) 693
→ 1, 4, 5, 7은 A가 적은 숫자에 존재하지 않고 9는 첫 번째 또는 두 번째 자리에 존재한다. 2와 6 중 6이 첫 번째 자리에 있고, 3과 8 중 3이 세 번째 자리에 존재하므로 위에서 정리한 조건을 충족한다. 따라서 옳은 선지이다.

④ (×) 926
→ 2와 6 둘 중 하나만 포함될 수 있으므로 틀린 선지이다.

⑤ (×) 928
→ 8은 세 번째 자리에 올 수 없으므로 틀린 선지이다.

합격자의 시간단축 Tip

Tip ❶ 선지를 대입하며 확인한다.

위의 해설처럼 가능한 조건을 정리하는 것이 시간이 걸린다면, 선지를 대입하여 〈조건〉에 위배되는지 확인하는 것도 좋은 방법이다. 예를 들어 A가 적은 숫자가 ① 329인 경우 159를 불렀을 때 2 strike 1 ball이라는 대답과 부합하지 않는다. 9가 일치하므로 A는 2 strike라고 대답했을 것이다. 마찬가지로 A가 적은 숫자가 ② 593인 경우에는 159를 넣었을 때 A는 1 strike 2 ball이라고 대답했을 것이므로, 정답이 아님을 알 수 있다. 이런 식으로 선지를 대입하면 비교적 쉽게 정답을 찾을 수 있다.

Tip ❷ 소거법을 활용한다.

우선 417이 3 strike이므로 4, 1, 7이 포함된 선지를 소거한다. 다음으로 해설에 따라 5가 제거됨을 알았다면 선지 ②를 바로 소거한다. 또한 9가 세 번째 자리에 올 수 없으므로 선지 ①을 소거한다. 다음으로 26과 38이 동시에 들어갈 수 없음을 알았다면 26이 동시에 들어간 선지 ④를 소거한다. 마지막으로 8이 세 번째 자리에 들어간 선지 ③를 소거한다. 선지 소거의 순서는 상관없지만 정답을 찾기보단 아닌 것을 찾는 것이 더 빠를 수 있다. 발문 역시 A가 적은 숫자로 '가능한' 것을 묻고 있다. 이는 여러 가지 가능성이 있다는 뜻이므로 한 번에 맞는 수를 찾기는 어렵기에 발문을 보고 소거법을 사용한다는 전략을 떠올리면 좋다.

34 정답 ② 난이도 ●●●

정보능력_코드

상세풀이

① (○) 밑줄 친 ㉠에 들어갈 내용은 401이다.
→ 이 조건문은 if users[username] != password: 이며, 마지막 문단에 의할 때, '!='는 두 값이 같지 않을 때 참을 반환하는 연산자이다. users[username]은 딕셔너리 users에서 사용자가 입력한 username이라는 키에 해당하는 값인 비밀번호를 반환하는 방법이며, 따라서 이 값과 사용자가 현재 입력한 비밀번호가 같지 않을 때 참이 된다. 즉 의미는 사용자가 입력한 비밀번호가 해당 아이디의 비밀번호와 다를 경우를 확인하는 것이다. 이럴 때 ○○건강 홈페이지 시스템은 401 Unauthorized, 즉 계정 정보 불일치로 오류 상태 코드를 정의하고 있다. 따라서 빈칸(㉠)에 부합하는 상태 코드는 401이다. 옳은 선지다.

② (×) 첫 번째 if로 시작하는 조건문이 거짓인 경우 "등록된 아이디가 없습니다." 메시지가 뜬다.

➜ 첫 번째 조건문은 if username not in users: 인데, 이 뜻은 입력한 아이디가 users 딕셔너리에 존재하지 않는 경우를 확인하는 것이다. 즉, 이 조건이 참이면 시스템은 "등록된 아이디가 없습니다."라는 메시지를 담은 응답을 404 상태 코드와 함께 반환한다. 반대로 조건이 거짓이라는 것은 입력한 아이디가 딕셔너리에 존재한다는 뜻이고, 이 경우에는 마지막 문단에 의할 때 이 if문을 건너뛰고 다음 단계로 넘어가게 된다. 즉, 조건이 참일 때 "등록된 아이디가 없습니다."라는 메시지가 출력되며, 거짓일 때는 이 문장이 출력되지 않고 다음 단계로 넘어간다. 틀린 선지다.

③ (○) 하나의 조건문이라도 참인 경우 "로그인 성공!" 메시지가 뜨지 않는다.

➜ 코드를 보면, if문 하나라도 참이면 그 조건 블록에서 return을 통해 응답을 즉시 반환하게 되어 있다. 즉, 에러가 발생한 경우에는 그 즉시 오류 메시지와 상태 코드가 반환되므로, 다음 줄로 넘어가지 않고 함수가 종료된다. "로그인 성공!" 메시지는 모든 조건문이 거짓인 경우, 즉 아이디도 존재하고, 비밀번호도 정확히 입력되었을 때만 실행된다. 그러므로 if 조건 중 하나라도 참이면 해당 응답을 반환하고 "로그인 성공!" 메시지가 뜨지 않는다. 옳은 선지다.

④ (○) 두 번째 if 조건문이 참이 되기 위해서는 사용자가 입력한 password와 username에 저장된 password가 불일치해야 한다.

➜ 두 번째 조건문 if users[username] != password:의 의미는 입력한 비밀번호가 맞는지 확인하는 것이다. users[username]은 해당 아이디의 비밀번호를 의미하고, 이 값과 사용자가 입력한 password가 다를 경우 조건이 참이 된다. != 연산자는 두 값이 다르면 참을 반환하므로, 비밀번호가 불일치해야 조건이 참이 된다. 옳은 선지다.

⑤ (○) users 딕셔너리의 username에 ABC가 키로 존재하지 않는 경우, 아이디란에 ABC를 입력하면 404 에러 메시지가 뜬다.

➜ users 딕셔너리의 username에 ABC가 키로 존재하지 않는 경우는 문제에서 users는 username을 키로 하는 딕셔너리라고 했으므로, users 딕셔너리에 아이디 ABC가 존재하지 않는다는 의미이다. 따라서 아이디란에 ABC를 입력하는 경우 첫 번째 조건문에 따라 "등록된 아이디가 없습니다" 메시지가 출력되고, 이때 HTTP 상태코드는 404 Not Found를 반환하게 된다. 옳은 선지다.

합격자의 시간단축 Tip

Tip ❶ 상태 코드는 메시지를 보고 유추하자.

첫 지문에 상태 코드의 오류 상황과 HTTP 상태 코드가 제시되어 있다. 모든 상태 코드를 외우려고 하지는 말자. 문제에서 모든 코드가 사용되지 않을 수 있기 때문이다. 에러 메시지 내용을 보고 윗 지문으로 가 발췌독하는 것이 효율적이다.

해당 문제의 경우 '등록된 아이디가 없습니다'는 '회원 정보 없음'과 연결되므로 코드 404이고, '계정을 확인해 주세요'는 '계정 정보 불일치'와 연결되므로 401이다. 이런 식으로 메시지를 보고 유추하자.

Tip ❷ 조건을 임의대로 해석하지 않는다.

문제의 조건을 임의대로 해석해서는 안 된다. 특히 문제에 제시된 개념과 조건이 많고 개념 간 정의가 헷갈리는 경우 이런 현상이 많이 발생하는데, 개념 정의를 명확하게 하여 조건을 임의대로 해석하지 않는다.

Tip ❸ 상반되는 용어에 유의하자.

참·거짓과 같이 상반되는 의미를 갖는 단어들이 어떤 기준으로 판단되는지 유의해야 한다. 자료에서 'not in은 값이 리스트나 딕셔너리에 없으면 참을 반환하는 연산자다.'라 했다. 이를 바탕으로 선지 ②의 정오를 판단할 수 있다.

35 정답 ⑤ 난이도 ●●○

정보능력_코드

상세풀이

주어진 코드에 의할 때, "주문이 성공적으로 처리되었습니다."라는 메시지와 함께 HTTP 상태 코드 200을 반환하기 위해서는 앞선 조건문들이 모두 거짓이어야 하며, 이에 선행하여 product와 quantity에 값이 입력되어 있어야 한다. 왜냐하면 첫 번째 조건문에서

```
if not product or not quantity:
return jsonify(["error": "null"]), 422
```

라고 했기 때문이다.

문제의 상황은 사용자가 "비타민C" 제품을 주문하면서 수량을 미지정한 경우, 즉 quantity라는 필수적인 값이 입력되지 않은 상태이므로 자료의 '필수값 유효성 검사 실패' 오류 상황에 해당한다. 따라서 HTTP 상태 코드는 422 Unprocessable이다.

합격자의 시간단축 Tip

(Tip) 주어진 코드를 자세하게 살펴보지 않더라도 주어진 오류 상황 중 가장 유사한 것으로 '필수값 유효성 검사 실패'가 적절함을 유추할 수 있다. 해당 상황임을 가정하고 확인하는 방식으로 코드를 확인한다면 좀 더 빠르게 확인할 수 있을 것이다.

36 정답 ③ 난이도 ●●○

정보능력_코드

상세풀이

자료 마지막 문단에서 if 뒤의 조건이 참인 경우 해당 코드 블록의 jsonify() 안에 정의된 에러 메시지를 클라이언트에게 반환한다고 하였다. 문제에서 "error" 텍스트가 포함된 에러 메시지는 if quantity 〈=0이 참일 때의 "error", if inventory[product] 〈 quantity가 참일 때의 "stock error" 두 경우이다. 첫 번째 경우는 HTTP 상태 코드가 400인 '요청 오류' 상황, 두 번째 경우는 HTTP 상태 코드가 409인 '재고 부족' 상황이다. 주어진 선지 중 이에 해당하는 것은 '사용자가 품절인 제품을 구매요청한 경우'인 ③에 해당하며, 이는 if inventory[product] 〈 quantity가 참인 오류 상황에 해당한다.

합격자의 시간단축 Tip

(Tip) 문제에서 "error" 텍스트가 포함된 에러 메시지가 실행되는 경우를 찾으라고 했으므로 먼저 참일 경우 "error"가 포함된 에러 메시지를 실행하는 조건문을 찾는다. 이후 선지를 조건문에 하나하나씩 대응하는 것이 아니라 해당 조건문이 참이 되는 경우를 해석하고 이에 맞는 선지를 찾는다면 문제를 조금 더 빨리 풀 수 있을 것이다.

37 정답 ④ 난이도 ●●○

정보능력_IT 개념 활용

상세풀이

ㄱ. (O) n은 공개적으로 알려져도 보안에는 문제가 없다.

➜ n은 공개키의 일부이다. (공개키: (e, n)) 공개키는 누구나 볼 수 있도록 공개된 키이지만, 본문의 예시를 통해 알 수 있듯이 그 값을 소인수분해하는 것이 어렵기 때문에 보안은 유지된다.

ㄴ. (O) p와 q의 크기가 클수록 공개키 e의 선택폭이 넓어진다.

➜ p와 q가 클수록 $\phi(n)=(p-1)(q-1)$ 역시 커진다. e는 오일러 함수 값인 $\phi(n)=(p-1)(q-1)$와 서로소(두 수의 공약수가 1뿐인 관계)인 작은 정수 중 하나를 선택한 값이므로 그 값이 커질수록 공개키 e의 선택폭이 넓어진다고 볼 수 있다.

ㄷ. (×) $\phi(n)$의 값은 n을 알고 있다면 쉽게 계산할 수 있다.

➜ $\phi(n)=(p-1)(q-1)$이다. 이 값을 계산하려면 n을 소인수분해하여 p, q를 알아내야 한다. 그러나 RSA의 핵심인 이 소인수분해가 어려우므로 n값을 안다고 하더라도 $\phi(n)$를 쉽게 계산할 수는 없다.

ㄹ. (O) p와 q의 값이 너무 작을 경우 그 값을 알아내기가 쉬울 것이다.

➜ 예를 들어 p와 q의 값이 3과 5인 경우, 두 수의 곱인 n은 15이며, 이 경우 두 수를 곱한 값이 15인 두 개의 소수를 찾아내는 것이 매우 쉬워진다.

합격자의 시간단축 Tip

(Tip ①) RSA에 대한 설명을 처음에 접하면 이해가 어려울 수 있다. 이럴 때는 다시 해당 설명을 읽기보다 주어진 예시를 읽으면서 해당 설명이 어떻게 적용되는 것인지 파악하면 이해가 빠르다.

(Tip ②) 보기 문제의 특성을 잘 활용한다. 보기 문제는 절반의 선지만을 판단하여 정답이 나오는 경우가 존재한다. 해당 문제도 ㄱ의 정오를 판단하면 정답을 도출할 수 있다. 이와 같이 하나의 보기만으로 해결되는 문제가 아니더라도 선지 일부를 소거하고 판단해야 할 보기를 선택할 수 있는 경우 판단이 용이한 보기를 선택해 시간을 줄일 수 있다.

38 정답 ⑤ 난이도 ●●●

정보능력_IT 개념 활용

상세풀이

① (O) $\phi(n)=24$이다.

➜ $\phi(n)=(p-1)(q-1)$이다. 각 값을 대입하면 $\phi(n)=(5-1)(7-1)=4\times6=24$이다.

② (O) $e=23$은 유효한 공개키 값이다.

➜ e는 $\phi(n)$ 값과 서로소인 더 작은 정수를 선택하는 것이므로 24와 서로소인 정수를 선택하면 된다. 이 경우 1, 5, 7, 11, 13, 17, 19, 23이 가능하다.

③ (O) e=11일 때, 개인키 d=11이다.

➜ d는 'e×d≡1 Mod ϕ(n)'을 만족하는 정수여야 한다. 각 값에 대입하면 11×d≡1 Mod 24이다. 즉, 11×d를 24로 나눈 나머지가 1이 되는 정수 d를 구하면 된다. 24로 나눈 나머지가 1이 되는 값들은 24+1=25에 24를 계속 더하면 된다. 이 값 중 11의 배수가 되는 값이 바로 개인키 d가 될 것이다. 따라서 25, 49, 73, 97, 121, .. 중 11의 배수는 121이므로 d=11이 된다.

④ (O) 공개키가 (5, 35)일 때 d=5가 개인키로 사용된다.

➜ 공개키는 (e, n)이므로 e=5이다. d는 'e×d≡1 Mod ϕ(n)'을 만족하는 정수여야 하고 5×d≡1 Mod 24이다. 5×d를 24로 나눈 나머지가 1이 되는 정수는 25이므로 개인키 d=5이다.

⑤ (×) e=5이고, 메시지 M=2일 때, 암호문 C=35이다.

➜ 암호문 C=Me Mod n와 같이 생성한다. 따라서 각 값을 대입하면 C=25 Mod 35=32 Mod 35이므로, C=32가 된다.

합격자의 시간단축 Tip

선지 ③ e=11일 때, 개인키 d가 얼마일지 구하는 것이 아니라 d=11인지 확인한다. 11×11=121이고 이를 24로 나누면 나머지가 1이 되므로 d=11이 맞다.

39 정답 ②

난이도 ●●●

정보능력_IT 개념 활용

상세풀이

암호를 복호화할 때는 개인키가 사용되므로 개인키 d를 구해야 한다. p=5, q=13이므로 ϕ(n)=4×12=48이다. 공개키 e=29이므로 d는 29×d≡1 Mod 48을 만족해야 한다. 29×d를 48로 나누었을 때 나머지가 1인 d의 값을 구하기 위해서 특정 값을 48로 나누었을 때 1이 남는 수를 나열하면 49, 97(49+48), 145(97+48)…인데, 이때 145일 때 d=5로 정수가 도출된다. 따라서 d=5이다. 생성된 암호문 C를 복호화할 때는 개인키 d=5를 사용하여 M=C^d Mod n을 통해 원래 메시지 M으로 복원할 수 있다. 따라서 각 값에 대입하면 M=3^5 Mod 65(n=65)=243 Mod 65이므로 243을 65로 나누면 몫은 3, 나머지는 48이 된다. 따라서 M=48임을 도출할 수 있다.

40 정답 ②

난이도 ●●●

정보능력_엑셀

상세풀이

① (O) [D2]셀에 입력되어야 하는 함수는=COUPNUM(B2,C2,2)이다.

➜ COUPNUM 함수의 인수는 COUPNUM(결산일, 만기일, 연간이자지급횟수, [일 수 기준])이므로 이에 따라 함수에 각 셀을 대입하면, COUPNUM(B2, C2, 연간이자지급횟수, [일 수 기준])인데, 주어진 자료에서 이자지급횟수의 정보가 담긴 자료는 없으므로, 직접 숫자를 입력해야 한다. '2022년 이전'에는 2022년이 포함되므로 2022년에 매수한 채권의 경우 이자지급 횟수는 반년이다. 따라서 연간이자지급횟수에는 2를 입력해야 하고, [일 수 기준]의 경우 입력하지 않더라도 기본값으로 처리되므로 생략 가능하다. 따라서 A채권에 대한 이자지급횟수를 구하려면=COUPNUM(B2,C2,2)를 입력하면 된다.

② (×) [D3]셀에 =COUPNUM(B3,C3,4,0)이 입력된 경우 결괏값은 #NUM!이다.

➜ B채권의 경우 2021년, 즉 2022년 이전에 매수하였으므로 연간 이자지급횟수는 연간 2회이다. 따라서 해당 인수에는 2가 입력되어야 함에도 4가 입력되었다. 그러나 주의사항에 따르면 frequency가 1, 2, 4 이외의 수여야 #NUM! 오류 값이 반환되므로 이 경우에는 오류 값이 아닌 연간 4회를 기준으로 계산한 이자지급횟수값이 산출된다.

③ (O) [D4]셀에 =COUPNUM(B4,C4,4,0)이 입력된 경우 결괏값은 #NUM!이다.

➜ [D4]셀의 참조 셀인 [B4]셀 및 [C4]셀을 보면 결산일이 만기일보다 더 늦은 날짜로 기입되어 있다. 이는 settlement ≥ maturity인 경우에 해당하므로 =COUPNUM(B4,C4,4,0)이 입력된 경우 결괏값은 #NUM!이다.

④ (O) [D5]셀에 =COUPNUM(B5,C5,4,0)이 입력된 경우 결괏값은 4이다.

➜ [D5]셀에 =COUPNUM(B5,C5,4,0)이 입력된 경우, 참조셀 및 연간지급횟수가 정확하게 입력되었다. 각 셀을 확인하면 결산일인 [B5]셀은 2024년 1월 1일, 만기일인 [C5]셀은 2024년 12월 31일이고, 분기마다 이자를 지급하므로 채권을 보유하고 있는 1년의 기간 동안 총 4회 이자를 지급받을 수 있다. 따라서 위 함수의 입력 결과 산출되는 결괏값은 4이다.

⑤ (O) [D6]셀에 =COUPNUM(B6,C6,4,0)이 입력된 경우 결괏값은 #VALUE!이다.

→ [D6]셀의 참조 셀인 [C6]을 보면 2027년 6월 31일로 기록되어 있는데, 6월은 30일까지 있으므로 유효한 날짜 입력이 아니다. 따라서 [D6]셀에 =COUPNUM(B6,C6,4,0)이 입력된 경우 결괏값은 #VALUE!이다.

합격자의 시간단축 Tip

Tip 그룹별로 묶어서 푼다. 선지 ②~⑤는 모두 (B?, C?, 4,0)의 구조다. frequency가 4, basis가 0이므로 주의사항 2, 3번에 의해 #NUM! 오류 값이 반환될 리는 없다. 따라서 선지에서 #VALUE! 오류 값이 반환되었다면 주의사항 1번에 의해 유효한 날짜가 아닌지, #NUM! 오류 값이 반환되었다면 주의사항 4번에 의해 settlement ≥ maturity인지 검토하면 된다.

선지 ② 엑셀에서 오류 값은 유효하지 않은 숫자를 입력했을 때 반환되는 것이다. 숫자를 의도와 다르게 잘못 입력했더라도 유효한 범위 내에 있는 숫자라면 오류 값이 아닌 잘못된 식에 해당하는 값이 반환된다.

선지 ⑤ #VALUE!가 나오는 경우는 *주의사항 중 한 개 밖에 없으므로 빠르게 정오 판단을 할 수 있다. 해당 문제에서는 답이 되지 않았으나, 추후 다른 문제를 풀면서도 확인이 용이한 선지를 먼저 판단하는 방식으로도 문제를 풀어갈 수 있다.

독끝 CHAPTER 3

실전모의고사 3회

정답 | 실전모의고사 3회

오답표기	문제번호	영역	유형	난이도	정답
	01	의사소통능력	글의 내용 일치/불일치	★☆☆	③
	02		빈칸 삽입(어휘/개념어/접속사/문장)	★☆☆	③
	03		글의 내용 일치/불일치	★☆☆	②
	04		개념의 이해 및 활용	★☆☆	⑤
	05		논리적 추론	★☆☆	⑤
	06		문단배열	★☆☆	④
	07		개념의 이해 및 활용	★★☆	④
	08		논리적 추론	★★☆	⑤
	09		개념의 이해 및 활용	★★☆	①
	10	수리능력	응용수리_방정식	★☆☆	②
	11		응용수리_일률	★★☆	③
	12		금융수리_원리합계	★☆☆	②
	13		금융수리_환율 및 실용계산	★★☆	③
	14		자료해석_자료에 대한 진위 판단(계산 필요)	★★☆	③
	15		자료해석_자료에 대한 진위 판단(계산 필요)	★★☆	②
	16		자료해석_자료에 대한 진위 판단(계산 불필요)	★★☆	④
	17		자료해석_자료에 대한 진위 판단(계산 필요)	★★☆	①
	18		자료해석_자료계산	★☆☆	④
	19	문제해결능력 / 자원관리능력	논리퍼즐	★☆☆	③
	20		조건추리(매칭, 배치)	★★☆	⑤
	21		진실게임(참/거짓)	★★☆	④
	22		공고문/규정 이해	★☆☆	①
	23		수치 계산(비용, 계산)	★☆☆	③
	24		상황제시 및 최적선택(평가)	★☆☆	②
	25		적정 대상 선택	★☆☆	⑤
	26		지문의 이해 및 활용	★☆☆	③
	27		지문의 이해 및 활용	★☆☆	④
	28		적정 대상 선택	★★☆	③
	29		공고문/규정 이해	★☆☆	⑤
	30		지문의 이해 및 활용	★★☆	④
	31		논리퍼즐	★★★	②
	32		지문의 이해 및 활용	★★☆	②
	33		수치 계산(비용, 계산)	★★★	④
	34	정보능력	코드	★☆☆	①
	35		코드	★☆☆	⑤
	36		IT 개념 활용	★★☆	②
	37		IT 개념 활용	★☆☆	①
	38		IT 개념 활용	★☆☆	③
	39		IT 개념 활용	★★☆	③
	40		IT 개념 활용	★★☆	③

01 정답 ③ 난이도 ●●●

의사소통능력_글의 내용 일치/불일치

접근전략 제시문에는 소비자물가지수의 발전 과정, 정의 및 특징이 제시되고 있다. 따라서 각각의 특징을 구분하여 이해할 수 있어야 한다.

다음 글을 읽고 이해한 내용으로 적절하지 않은 것은?

(1)우리나라의 소비자물가조사는 1936년에 경성상공회의소에 의해 처음으로 실시되었다. (2)1945년 8월 하순부터는 이를 한국은행의 전신인 조선은행에서 인수하였으며, 1947년에는 「서울소매물가지수」를 1936년 기준 지수와 1945년 8월 기준 지수로 병행하여 작성·발표하였다. (3)1949년 4월에는 품목별 가중치를 처음으로 사용하여 1947년 기준의 「전국소매물가지수」를 발표하였다. (4)그 당시에는 상품만을 대상으로 편제한 지수였으며, 1955년 기준 「서울소비자물가지수」부터 서비스를 포함하는 소비자물가지수를 작성하기 시작하였다. ▶ 1문단

(1)1965년부터는 전국의 주요 도시를 포함하는 「전도시소비자물가지수」를 경제기획원 조사통계국에서 작성하였으며, 1990년 12월부터는 경제기획원 조사통계국이 통계청으로 독립, 승격됨에 따라 통계청에서 소비자물가지수를 작성하여 공표하게 되었다. ▶ 2문단

(1)소비자물가지수는 가구가 일상생활을 영위하는 데 사용하기 위해 취득 또는 구입하는 상품이나 서비스 가격의 평균적인 변동을 측정하는 지수로서 각종 상품과 서비스 가격의 변동을 종합적으로 나타낸다. (2)따라서 소비자물가지수는 가구에서의 소비 목적으로 구입하는 상품이나 서비스를 대상으로 그 가격 변동을 관찰하여 측정하므로 벌금 납부를 위한 지출액, 사업목적으로 구입하는 상품과 서비스 등은 소비자물가지수의 포괄범위에서 제외된다. (3)또한 소비자물가지수는 순수한 물가변동만을 측정하므로 소득수준의 증가에 따른 고급상품의 구입 등은 소비자물가지수에 반영되지 않는다. ▶ 3문단

(1)소비자물가지수는 거시경제지표로서 가구부문 전체의 물가상승에 대한 평균적인 측정값을 제공하기 위하여 사용되기도 하고, 국민연금, 공무원연금 등의 사회보장수혜금과 임금을 조정하기 위해서도 사용된다. (2)또 우리나라의 주요 경제지표인 가계동향조사의 가계수지, 국민계정과 지역계정에서 가계의 최종 소비지출, 소매판매액통계, 서비스업생산지수 등에서 현재의 금액을 과거 일정 시점 기준의 금액으로 환산하기 위한 디플레이터로 활용된다. (3)마지막으로, 경제 전 부문에 대한 총체적인 물가상승을 모니터링하는 데 사용되기도 하고, 정부에서 공공요금을 조정하거나 재정 정책 및 통화정책, 무역정책 및 환율정책을 수립하고 평가하는 데 사용되기도 한다. ▶ 4문단

① 과거에는 은행에서 소비자물가조사를 실시하기도 하였다.

→ (O) 조선은행에서 1947년에는 '서울소매물가지수'를, 1949년에는 품목별 가중치를 처음 사용하여 '전국소매물가지수'를, 1955년에는 상품에 이어 서비스까지 포함하는 소비자물가지수인 '서울소비자물가지수'를 작성 및 발표하였다. [1문단 (2), (3), (4)] 은행에서 소비자물가조사를 실시하였다는 것을 확인할 수 있다.

② 소비자물가지수에는 금융상품 등 자산투자를 위한 지출액은 포함되지 않을 것이다.

→ (O) 소비자물가지수는 가구가 일상생활을 영위하는 데 사용하기 위해 취득 또는 구입하는 상품이나 서비스 가격의 평균적인 변동을 측정하는 지수이다. 벌금 납부를 위한 지출액, 사업 목적으로 구입하는 상품, 소득수준의 증가에 따른 고급 상품의 구입 등은 소비자물가지수에 반영되지 않는다. [3문단 (1), (2), (3)] 금융상품 등 자산투자를 위한 지출액은 가구에서 소비 목적으로 구입하는 상품이나 서비스라고 볼 수 없다. 따라서 소비자물가지수에는 금융상품 등 자산투자를 위한 지출액은 포함되지 않을 것임을 추론할 수 있다.

③ 소비자물가지수에는 가구원 수의 증가 등으로 인한 생활비의 추가지출이 반영될 것이다.

→ (×) 소비자물가지수는 가구가 일상생활을 영위하는 데 사용하기 위해 취득 또는 구입하는 상품이나 서비스 가격의 평균적인 변동을 측정하는 지수이다. [3문단 (1)] 또한 순수한 물가변동만을 반영하는 것이다. [3문단 (3)] 가구원 수의 증가 등으로 생활비의 추가지출이 있었다 하더라도 이는 가구에서 소비목적으로 지출한 상품이나 서비스의 가격 변동으로 볼 수는 없다. 따라서 소비자물가지수에는 가구원 수의 증가 등으로 인한 생활비의 추가지출이 반영될 것이라 볼 수 없다. 상품이나 서비스 가격의 '평균'적인 변동을 측정하기 때문에 가구원 수가 증가하여 생활비가 추가되더라도 '평균'이 변하지 않는 한 생활비의 추가지출이 반영되지는 않을 것이다.

④ 「서울소비자물가지수」는 소비자물가지수에 편입되는 대상 항목이 「전국소매물가지수」에 비해 확대되었다.

→ (○) 1949년 발표된 1947년 기준의 「전국소매물가지수」는 상품만을 대상으로 편제한 지수이다. 1955년 기준의 「서울소비자물가지수」에선 서비스까지 포함하였다. [1문단 (3), (4)] 소비자물가지수에 편입되는 대상 항목이 확대된 것이다.

⑤ 소비자물가지수는 가구부문 소비 물가의 평균적 변동을 측정할 뿐만 아니라 경제 전 부문의 전반적인 물가상승 측정지표가 된다.

→ (○) 소비자물가지수는 거시경제지표로서 가구부문 전체의 물가상승에 대한 평균적인 측정값을 제공하기 위하여 사용되기도 한다. [4문단 (1)] 또한 경제 전 부문에 대한 총체적인 물가 상승을 모니터링하는 데에도 사용된다. [4문단 (3)] 소비자물가지수는 가구부문 소비 물가의 평균적 변동을 측정할 뿐만 아니라 경제 전 부분의 전반적인 물가상승 측정지표가 되는 것이다.

합격자의 실전 풀이 순서

[방법 1]

❶ 발문 확인 및 문제 유형 파악하기

글을 읽고 이해한 내용으로 적절하지 '않은' 것을 고르라는 발문을 봤을 때, 내용 확인 유형임을 알 수 있다. 해당 유형은 제시문 내용과 부합하지 않거나 그로부터 추론 불가능한, 즉 무관한 선지가 정답이 되며, 제시문 내용과 일치하거나 그로부터 추론할 수 있는 선지가 오답이 된다. 긴장되는 시험장에서 적절하지 '않은' 것을 고르는 문제에서 '적절'한 것을 고르는 문제로 잘못 볼 수 있다. 따라서 '않은'이 나오면, 발문에 크게 X 표시 등을 해 혹시 모를 실수에 대비하도록 한다.

본 문제와 같은 정보 확인 유형을 푸는 방법으로는 두 가지가 있다.

❷-1) 선지 먼저 읽기

(1) 선지 키워드 표시

독해 지문을 푸는 두 가지 방법 중 선지를 먼저 읽는 경우의 풀이법을 소개한다. 지문보다 선지를 먼저 보고 정보를 추출한다.

선지에서 추출할 키워드는 다음과 같다. 단, 이들은 어디까지나 예시이므로 이와 같을 필요는 없다.

① 은행

② 자산투자, 포함

③ 가구원 수, 추가지출

④ 서울소비자물가지수, 전국소매물가지수

⑤ 소비 물가, 측정지표

선지를 통해 제시문의 내용, 흐름을 추론할 수 있다. 선지만 보고 판단하더라도 지문에서는 소비자물가지수의 특징과 시간의 흐름에 따른 변화(주체, 포함대상 등)를 서술하고 있을 것으로 추론할 수 있다. 제시문을 보기 전 소비자물가지수가 무엇인지, 그 특징은 무엇인지, 시간에 따라 어떻게 변화해왔는지를 우선적으로 파악하는 것을 목적으로 하여 독해의 방향성을 설정할 수 있다.

(2) 제시문 독해 및 선지 판단

선지 확인을 통해 소비자물가지수를 주제로 이에 대한 여러 특징이 키워드로 제시되었음을 알 수 있다. 특징이 나열된 문제의 경우 발췌독도 용이하다. 보통 한 문단 내에서 관련 내용이 마무리되기 때문이다. 발췌독할 경우에는 제시문을 읽는 것이 아니라, 선지 키워드를 바탕으로 해당 내용이 제시된 문장 및 문단을 찾아 해결해야 한다. 선지를 파악한 후 제시문 전체 독해를 진행하는 경우엔 문단별 구성을 파악하며 읽어가는 것이 좋다. 1문단, 2문단은 소비자물가지수 발전 과정, 3문단은 소비자물가지수 포함 항목, 4문단은 소비자물가지수 의의 및 활용 방안이 제시되었다고 파악하는 방식이다. 이런 방법은 필요한 부분을 집중해서 읽을 수 있다는 점이 장점이다.

❷-2) 제시문 먼저 읽기

제시문 먼저 읽기도 크게 두 가지 방법이 존재한다. 제시문 먼저 읽기와 제시문 구조 파악 후 선지 먼저 읽기이다.

(1) 제시문 먼저 읽기

처음부터 제시문을 꼼꼼히 읽어 선지 확인을 위해 제시문을 다시 읽는 시간을 단축하는 방법이다. 이 방법의 경우 제시문을 읽는 과정에서 선지에 나올 만한 내용을 주의 깊게 읽고, 복잡한 제시문의 내용을 어느 정도 이해한 후 선지를 읽어야 한다. 이 방법을 사용하면서 시간을 단축하고 싶다면, 문단별로 나누어 한 문단을 꼼꼼히 읽고 그 문단에 상응하는 선지부터 판단하는 방법을 응용할 수 있다. 다만, 첫 번째 방법의 경우 제시문의 내용을 잊어버리면 다시 제시문을 읽게 되어 시간이 낭비되기 때문에 매우 긴 제시문이 있는 문제에는 적합하지 않다. 또한, 문단별로 선지를 확인하는 방식은 문단 간의 정보를 결합해야 하는 선지에는 취약하다는 한계가 있다.

(2) 제시문 구조 파악 후 선지 먼저 읽기

두 번째로는 제시문의 구조와 키워드만 빠르게 파악한 후, 선지를 읽고 선지에서 필요한 내용을 다시 제시문에서 꼼꼼히 찾아가는 방법이 있다. 두 번째 방법은 제시문이 매우 긴 경우 또는 제시문의 구조가 깔끔할 때 효과적이다. 그러나 두 번째 방법은 능숙하지 않은 사람이 시험장에서 시도한다면 성공률이 낮다는 한계가 있다. 그뿐만 아니라 자간의 숨겨진 맥락을 파악하여야 하는 추론형 문제에서는 적합하지 않을 수 있다. 두 번째 방식을 익숙하게 하기 위해서는 다양한 제시문을 첫 번째 방법처럼 꼼꼼히 분석하는 과정이 필요하다. 다양한 제시문을 접하고 글의 구조를 이해하게 되면 두 번째 방식을 효과적으로 활용할 수 있다.

❸ 선지 판단

마지막 단계에서는 지문을 이해한 바를 바탕으로, 선택지별 정오답 여부를 판단한다. 선지 ①과 ④는 1문단, 선지 ②와 ③은 3문단, 선지 ⑤는 4문단에서 그 근거를 찾을 수 있다. 해설에서 다룬 내용이 바로 이 단계에 해당한다.

[방법 2]

❶ 발문 확인 및 문제 유형 파악하기

글을 읽고 이해한 내용으로 적절하지 '않은' 것을 고르라는 발문을 봤을 때, 내용 확인 유형임을 알 수 있다. 해당 유형은 제시문 내용과 부합하지 않거나 그로부터 추론 불가능한, 즉 무관한 선지가 정답이 되며, 제시문 내용과 일치하거나 그로부터 추론할 수 있는 선지가 오답이 된다. 긴장되는 시험장에서 적절하지 '않은' 것을 고르는 문제에서 '적절'한 것을 고르는 문제로 잘못 볼 수 있다. 따라서 '않은'이 나오면, 발문에 크게 X 표시 등을 해 혹시 모를 실수에 대비하도록 한다.

이후 1문단을 통해 제시문 주제, 구성을 확인하고 문제를 풀지 말지 결정한다.

❷ 제시문을 문단별로 독해하고 곧바로 선지 판단하기

제시문을 문단별로 나눠서 독해하고 해당 문단에서 만들어진 선지의 정오를 바로 판단한다. 제시문을 처음부터 끝까지 읽고 나서 선지를 판단할 때는 제시문 내용이 잘 기억나지 않아서 다시 제시문을 읽어야 할 수도 있기 때문이다. 둘 이상의 문단을 모두 읽어야 알 수 있는 선지는 우선 넘어간다.

예컨대, 1문단 독해 후 선지 ①, ④, 3문단 독해 후 선지 ②, ③의 정오를 판단한다.

합격자의 시간단축 Tip

Tip ❶ 제시문 내용을 암기하려고 하지 말자.

빠른 시간 안에 문제를 풀어야 하므로 지문을 한 번만 읽고 선택지를 해결하고 싶은 마음이 생길 수 있다. 압박감을 느끼고 읽게 되면 오히려 내용 파악이 어려울 수 있으며, 제한된 시간 안에 지문의 내용을 모두 숙지하는 것은 한계가 있다. 제시문을 먼저 빠르게 읽으며 전체적인 구조를 파악하고, 선택지로 넘어가는 방식을 추천한다. 구성을 확인했기 때문에 선택지의 내용이 본문의 어느 부분에 해당하는지 보다 짧은 시간 안에 파악할 수 있다. 합격자의 실전 풀이 순서에서 제시된 여러 방식을 참고하고, 문제를 풀 때 적용해 가며 본인만의 방법을 찾아보는 것도 좋다.

Tip ❷ 발문과 1문단을 통해 문제를 풀지 말지, 풀이 시간을 어떻게 할지 결정한다.

수험생마다 자신 있는 주제가 있고 유독 어려워하는 주제가 있다. 발문과 1문단을 빠르게 읽고 문제를 풀지 그냥 넘어갈지 결정한다. 또한 푼다면 시간을 얼마나 투자할지 결정한다, 이 문제의 경우 주제가 어렵지 않다고 판단했고 제시문 구성이나 선지 구성 또한 단순 확인에 가까운 문제이다. 따라서 제시문을 문단별로 끊어서 읽고 곧바로 선지를 판단하는 방법을 통해서 문제를 빠르게 해결하고 넘어가는 전략을 선택하는 것을 추천한다.

Tip ❸ 제시문이 그렇게 길지 않다면 한 번에 독해하자.

제시문의 분량 혹은 정보량이 많은 경우가 아니라면 선지를 먼저 보든, 제시문을 먼저 보든 상관없이 처음부터 끝까지 독해를 한 다음 선지를 판별하는 것이 시간을 단축시킬 수도 있다. 독해는 앞선 내용을 바탕으로 뒤에 올 내용을 추론하는 것이므로 제시문을 읽으면 읽을수록 점점 더 빨라질 수 있다. 따라서 제시문을 보다가 선지를 보는 것에 대한 시간 소모와 점점 빨라지는 독해를 포기한 시간 소모를 함께 고려하면 생각보다 많은 시간을 잃을 수 있다. 본 문항의 경우 1,000자 내외로 총 11문장의 분량이다. 본인의 독해력을 기준으로 하여 한 번에 모두 읽고 정보를 판단할 수 있다면, 최대한 선지와 제시문을 한 번씩만 보는 것이 독해력 상승과 시간 단축에 좋을 것으로 생각된다. 다만, 본인의 독해력에 비해 해당 제시문의 정보가 많은 것으로 판단되면 단계적으로 선지를 소거하는 것도 적절한 방법이 될 수 있다.

02 정답 ③

난이도 ●●●

의사소통능력_빈칸 삽입(어휘/개념어/접속사/문장)

접근전략 빈칸 채우기 유형은 빈칸에 들어갈 내용이 지문 전반의 내용을 정리하여 아우르는 내용이거나 지문의 전체적인 이해를 통해 적절한 예시를 맞추는 내용, 혹은 빈칸 주변을 발췌독해 빠르게 판단하는 것으로 구성된다. 빈칸 주변을 먼저 읽어보고 어떤 유형인지 판단한 후에 읽는 순서를 고려한다.

다음 자료를 참고할 때, 아래 질의답변의 빈칸에 공통으로 들어갈 말로 가장 적절한 것은?

(1)은퇴 시점에 따라 운용 가능한 타깃데이트펀드(TDF) 순자산이 15조 원을 돌파하며 급성장 중이다. (2)TDF는 투자자 은퇴 시점을 '타깃데이트(목표 시점)'로 설정하고 연령대별로 맞춤형 자산관리를 해주는 펀드다. (3)퇴직연금, 개인연금 등 연금상품으로 운용된다. (4)젊은 시절에는 주식과 고수익 채권을 중심으로 자산 배분 전략을 펴 수익률을 높인다. (5)중장년 이후 은퇴 시기에 가까워지면 국채 비중을 높여 안정적인 수익을 추구하는 '글라이드 패스(Glide path)' 전략을 편다. (6)생애주기에 맞춰 주식, 채권 등 투자자산 비중을 알아서 조정해준다는 점이 주목받으며 큰 인기를 끌고 있다. (7)국내에서는 미국 증시를 중심으로 자산 배분 전략을 편 TDF가 대체로 좋은 성적을 냈다는 평가다. ▶ 1문단

(1)TDF의 인기 비결 핵심은 '편리함'이다. TDF는 투자자가 설정한 은퇴 시점에 맞춰 자산 배분과 포트폴리오 조정이 자동적으로 이루어진다. (2)TDF 상품에는 '2025', '2035', '2050' 등 네 자리 숫자가 붙는데 이것이 해당 상품의 타깃데이트이다. ▶ 2문단

(1)예를 들어 60세에 은퇴할 계획이 있는 1980년생 직장인이라면 목표 시점은 1980에 60을 더한 '2040'이 된다. (2)이를 기준으로 자산을 축적해야 하는 시기에는 주식 등 위험자산 비중을 높게 가져가는 공격적인 투자로 수익률을 높이는데 주력한다. (3)은퇴 시점이 다가오면 채권같은 안전자산 비중을 높여 자산을 유지하는 데 힘을 쏟는다. (4)가입자는 처음 가입 당시 자신의 상황에 맞는 상품을 고르기만 하면 일일이 자산 포트폴리오를 조정해야 하는 번거로움을 덜 수 있다. ▶ 3문단

(1)높은 수익률도 TDF 인기 요인 중 하나다. TDF는 글로벌 분산 투자로 하락장에서 손실폭을 최소화하면서 상승장에는 높은 수익을 낸다. (2)올 상반기 TDF 상품 평균 수익률은 13.6%로 퇴직연금 원리금 상품(4%)보다 월등히 높은 수익률을 냈다. (3)2018년 이후 연평균 수익률은 약 8%다. ▶ 4문단

고객: TDF 상품에 가입하고 싶은데, 상품이 너무 다양해서 어떤 기준으로 선택해야 할지 잘 모르겠습니다.
M증권사 직원: TDF는 나이가 들면서 위험자산인 주식 비중을 줄이는 '글라이드 패스'를 바탕으로 운용되는 펀드입니다. 따라서 가장 중요한 기준은 (　　) 입니다. 하지만 같은 (　　)의 상품이라고 하더라도 글라이드 패스를 만드는 철학에 따라 주식 배분은 달라집니다.

① 수익률 → (×)
② 운용사 → (×)
③ 은퇴연도 → (○)

TDF는 투자자 은퇴 시점을 '타깃데이트(목표 시점)'로 설정하고 연령대별로 맞춤형 자산관리를 해주는 펀드로서[1문단 (2)] 투자자가 설정한 은퇴 시점에 맞춰 자산 배분과 포트폴리오 조정이 자동적으로 이루어진다[2문단 (1)]. TDF에서 사용되는 '글라이드 패스' 전략이란 젊은 시절에는 주식과 고수익 채권을 중심으로 자산 배분 전략을 펴 수익률을 높이다가[1문단 (4)] 중장년 이후 은퇴시기에 가까워지면 국채 비중을 높여 안정적인 수익을 추구하는[1문단 (5)] 전략이다. 또한 TDF 상품에는 '2025', '2035', '2050' 등 네 자리 숫자가 붙는데 이것이 해당 상품의 타깃데이트이다[2문단 (2)]. 이러한 내용을 종합적으로 고려하면 TDF는 은퇴 시점을 중심으로 운용됨을 알 수 있다. 그러므로 다양한 TDF 상품 중 가입할 상품을 선택하기 위해 고려해야 할 가장 중요한 기준은 은퇴시점, 즉 은퇴연도가 된다. 따라서 다음 자료를 참고할 때 이상의 질의답변의 빈칸에 공통으로 들어갈 말로 가장 적절한 것은 '은퇴연도'이다.

④ 구성주식종목 → (×)
⑤ 초기 주식비용 → (×)

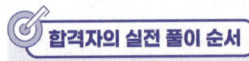

합격자의 실전 풀이 순서

[방법 1]

❶ 발문 읽기 및 문제 유형 파악

항상 먼저 발문을 반드시 제대로 읽고 시작하자. 해당 문제는 빈칸 채우기 유형이므로, 빈칸에 대응되는 내용을 찾아서 그를 근거로 빈칸을 채우는 문제이다. 빈칸 채우기 유형은 크게 두 가지 종류로 나뉜다.

첫 번째, 빈칸의 근거를 지엽적으로 찾아 푸는 유형이다. 이는 주로 글 전체의 결론과 관련이 적은 뒷받침 문장이 빈칸으로 제시되는 경우에 해당한다. 첫 번째 유형을 푸는 경우 수험생은 먼저 제시문의 핵심 내용을 확인한 뒤, 빈칸이 포함된 문장과 빈칸 앞뒤 문장들을 집중적으로 읽으며 문맥을 추론하는 접근을 취해야 한다.

두 번째, 전체적인 글의 흐름과 제시문의 주제문을 파악하여 빈칸에 들어갈 말을 찾는 유형이 있다. 이 경우 수험생은 제시문을 처음부터 끝까지 읽은 후, 제시문이 말하고자 하는 최종적인 결론을 찾아내야 한다. 구체적인 지표나 통계 자료에 매몰되지 않고, '그래서 이 지표가 어떠한 결론으로 이끄는가?', '이 모든 문장이 함축된 결론은 무엇인가?'를 끊임없이 질문하며 읽어야 한다. 또는, 제시문의 주제문이 글의 맨 앞이

나 맨 뒤, '그러나' 등의 접속어 뒤에 제시되어 있어 이를 찾아 빈칸에 대입하여 푸는 경우도 존재한다. 본 문제의 경우 추가 지문에 빈칸이 있고, 지문 전체의 흐름을 빈칸에 넣어야 하는 두 번째 유형에 해당한다. 빈칸 채우기 유형은 발문과 제시문의 형태에서 바로 파악할 수 있다.

- 발문: 다음 글의 빈칸에 들어갈 말로 가장 적절한 것은?
- 제시문: 일부 문장 대신 빈칸이 뚫린 형태

❷ 지문의 흐름을 파악한다.

일반적인 빈칸 문제와 달리 추가 지문이 있고 여기에 빈칸이 있다. 그렇다면 짧은 추가 지문의 앞뒤를 읽어서 지엽적인 부분을 발췌할 거리가 없다고 봐도 무방하다. 지문의 흐름을 추가 지문의 빈칸에 집어넣는 유형이기 때문에 지문을 통독하며 흐름을 파악한다.

❸ 선지를 살펴본다.

지문까지 다 살펴봤다면 선지를 살펴 답을 추린다. 사실 꼭 빈칸을 구체적으로 추론할 필요는 없다. 결국 정답을 고르기만 하면 되기 때문에, 선지로 가서 소거법을 사용해도 좋다.

[방법 2]

❶ 빈칸이 있는 '질의답변' 읽기

이 문제는 질의답변의 빈칸에 공동으로 들어갈 단어를 고르는 문제이다. 따라서 이 부분을 먼저 읽고 본문에서 집중적으로 읽어야하는 내용을 찾는다.

❷ 지문을 통해 빈칸에 들어갈 단어 찾기

질의답변의 빈칸에 들어가야하는 단어가 'TDF의 가장 중요한 기준'임을 알고 있다. 따라서 TDF의 가장 중요한 기준이 뭔지를 찾는다는 마음으로 지문을 읽는다. TDF는 '타깃데이트'가 중요한 기준점이 된다.

❸ 선지 확인하기

선지를 통해 타깃데이트와 연결되는 단어가 있는지 확인한다. 은퇴연도가 적당할 것이다. 은퇴연도를 질의답변의 빈칸에 대입하여 잘 어울리는지 확인하고 최종적으로 정답을 도출한다.

합격자의 시간단축 Tip

Tip ❶ 빈칸의 성격과 위치에 따라 글을 다르기 읽기

위 문제의 경우 빈칸이 추가 지문에 위치하며 빈칸의 역할이 글의 전반적인 흐름을 묻는 것임을 알 수 있다. 이런 경우 글을 통독하며 흐름을 파악한 후에 빈칸에 넣을 단어를 고르면 된다.

그러나 종종 빈칸이 지문의 초입이나 중간에 위치하고 글의 일정 부분에 대한 적용을 묻는 경우가 있다. 이 경우 빈칸 주변을 자세히 보거나 빈칸에서 요구하는 정보를 중심으로 글을 읽어야 한다.

Tip ❷ 오지선다 활용하기

빈칸 문제의 경우 오지선다를 적극적으로 활용하는 것이 중요하다. 결과적으로는 정답을 맞추는 것이 중요하기 때문에 빈칸을 완벽하게 추론하기 어렵다 하더라도 걱정할 필요가 없다. 직관적으로 빈칸 추론을 하지 못했다면 더 이상 시간을 지체할 필요 없이 바로 선지를 보도록 한다. 오지선다의 내용을 하나씩 대입해 보며 맥락에 적절한지를 파악 해보는 것이 오히려 시간을 더 단축할 수 있다.

03 정답 ❷

난이도 ●○○

의사소통능력_글의 내용 일치/불일치

접근전략 지문의 일정 부분에 대한 이해를 묻는 문제는 지문에서 추론할 수 있는 것을 묻는 문제와 유사하거나, 지문 전체의 내용을 이해하고 있는지 묻는 문제와 유사하다. 둘 중 어떤 유형인지를 판단하고 전자인 경우 선지부터 읽으며 키워드를 찾아 발췌독하는 것이 효율적이고, 후자인 경우 지문 전체적인 내용을 읽고 밑줄 친 부분의 내용을 이해한 후에 선지를 판단하는 것이 효율적이다.

다음 글의 내용을 바르게 이해한 것은?

(1)2019년 고위험 금융상품인 파생결합펀드(DLF) 불완전판매와 관련한 대규모 소비자 피해발생 등의 영향으로 금융소비자 보호 강화에 대한 사회적 공감대가 형성되면서 2021년 3월 25일부터 「금융소비자 보호에 관한 법률(이하 '금소법')」이 시행되었다.

▶ 1문단

(1)금소법은 금융상품판매업자와 자문업자의 등록 및 영업행위 준수사항, 금융분쟁조정제도, 청약철회권 및 위법계약해지권 등 소비자 권리에 관한 사항을 규정하고 있다. (2)특히 금소법에서는 분쟁조정이 신청된 사건에 대하여 진행 중인 소송을 중지할 수 있는 소송중지제도, 소비자가 신청한 소액분쟁조정건에 대하여 분쟁조정 완료 시까지 금융회사의 소송제기를 금지하는 조정이탈금지제도를 마련하였다. (3)이외에도 금융상품판매업자등에 대한 금융 소비자의 자료열람요구권을 신설하고 금융상품 계약 체결 전 금융상품판매업자등의 상품설명의무 위반시 손해배상 입증책임을 금융상품판매업자등에게로 전환하는 등 금융소비자의 권리를 강화하였다.

▶ 2문단

(1)금융분쟁조정제도란 금융소비자의 사후적 권익보호제도로서 금융소비자와 금융회사 등 이해관계인 사이에 금융업무 등과 관련하여 분쟁이 발생했을 때 금융감독원에 설치된 금융분쟁조정기구인 분쟁조정위원회가 분쟁을 조정함으로써 금융소비자의 피해를 구제하도록 마련된 제도이다. ▶ 3문단

(1)금융소비자는 금융회사 등을 대상으로 분쟁이 발생하는 경우 조정신청의 원인 및 사실을 증명하는 자료 등을 기재한 분쟁조정신청서를 금융감독원에 제출하여 분쟁을 접수할 수 있다. (2)분쟁조정위원회는 안건이 회부된 날로부터 60일 이내에 이를 심의하여 조정결정을 하게 되며, 금융감독원장은 조정위원회의 조정안을 당사자에게 통보한다. ▶ 4문단

(1)금소법 시행 이전에는 분쟁조정신청사건의 처리절차 진행 중에 금융회사가 소송을 제기하는 경우 조정절차가 중지되었던 것에 반해, 소송중지제도가 도입됨으로써 법원은 분쟁조정이 신청된 사건에 대하여 소송이 진행 중일 경우 조정이 있을 때까지 소송절차를 중지할 수 있게 되었다. ▶ 5문단

(1)그리고 분쟁조정 과정에서 금융회사가 소송을 제기하여 조정을 회피하지 못하도록 일반금융소비자가 신청한 소액(권리가액 2천만 원 이내) 분쟁사건의 조정절차가 개시된 경우에는 금융회사 등은 금융감독원으로부터 조정안을 제시받기 전까지 소송을 제기할 수 없다. ▶ 6문단

(1)분쟁신청인과 관계 당사자는 조정안을 통보받은 후 수락여부를 결정할 수 있으며, 양 당사자가 모두 조정결정을 수락하는 경우에는 조정이 성립되고 재판상 화해와 동일한 효력을 가지게 되므로 다시 소송을 제기하여 다툴 수 없다. (2)또한 어느 일방이 조정결정 내용을 이행하지 않을 경우 별도의 소송절차 없이 조정서를 근거로 강제집행이 가능하다. ▶ 7문단

① **금융분쟁이 발생하여 조정신청이 접수되면 조정위원회는 안건 회부일로부터 60일 내에 심의하고, 조정위원회 위원장은 조정안을 당사자에게 통보하여야 한다.**
→ (×) 분쟁조정위원회는 안건이 회부된 날로부터 60일 이내에 이를 심의하여 조정결정을 하게 되며, 금융감독원장은 조정위원회의 조정안을 당사자에게 통보한다. [4문단 (2)]에서 조정신청이 접수되면 분쟁조정위원회는 안건 회부일로부터 60일 내에 심의해야 함을 알 수 있다. 그러나 조정안을 당사자에게 통보하는 주체는 조정위원회 위원장이 아니라 금융감독원장이므로 틀린 선지다.

② **금융소비자 보호에 관한 법률은 금융소비자의 권리를 사전적·사후적으로 보호하기 위한 근거로 작용한다.**
→ (○) 금소법은 금융상품판매업자와 자문업자의 등록 및 영업행위 준수사항, 금융분쟁조정제도, 청약철회권 및 위법계약해지권 등 소비자 권리에 관한 사항을 규정하고 있다.[2문단 (1)]에서 금소법은 금융분쟁조정제도를 규정함을 알 수 있다. 금융분쟁조정제도란 금융소비자의 사후적 권익보호제도로서[3문단 (1)]에서 금융분쟁조정제도는 금융소비자의 사후적 권익보호제도임을 알 수 있다. 이외에도 금융상품판매업자등에 대한 금융 소비자의 자료열람요구권을 신설하고 금융상품 계약 체결 전 금융상품판매업자등의 상품설명의무 위반 시 손해배상 입증책임을 금융상품판매업자등에게로 전환하는 등 금융소비자의 권리를 강화하였다. [2문단 (3)]에서 판매업자의 상품설명의무 위반 시 손해배상 입증책임을 판매업자로 전환했다는 내용을 볼 수 있는데, 이는 금융소비자의 사전적 권익도 보호하고자 함에 취지가 있다고 볼 수 있으므로 옳은 선지다.

③ **분쟁조정 절차를 거쳐 조정안을 통보받은 분쟁신청인이 조정결정을 수락하지 않더라도 다시 해당 분쟁에 대해 다시 소송을 제기하여 다툴 수 없다.**
→ (×) 분쟁신청인과 관계 당사자는 조정안을 통보받은 후 수락여부를 결정할 수 있으며, 양 당사자가 모두 조정결정을 수락하는 경우에는 조정이 성립되고 재판상 화해와 동일한 효력을 가지게 되므로 다시 소송을 제기하여 다툴 수 없다. [7문단 (1)]에서 양 당사자가 모두 조정결정을 수락하는 경우에 조정이 성립되고, 이때 다시 소송을 제기하여 다툴 수 없다고 한다. 선지의 내용은 분쟁신청인이 조정결정을 수락하지 않은 상황이므로 조정이 성립되었다고 볼 수 없고, 따라서 다시 소송을 제기하여 다툴 수 있다. 틀린 선지다.

④ **금융소비자 보호에 관한 법률 시행 이후부터는 금융분쟁 사건에 대하여 소송의 제기와 분쟁조정의 신청이 함께 있는 경우 소송 절차가 우선한다.**
→ (×) 금소법 시행 이전에는 분쟁조정신청사건의 처리절차 진행 중에 금융회사가 소송을 제기하는 경우 조정절차가 중지되었던 것에 반해, 소송중지제도가 도입됨으로써 법원은 분쟁조정이 신청된 사건에 대하여 소송이 진행 중일 경우 조정이 있을 때까지 소송절차를 중지할 수 있게 되었다. [5문단 (1)]을 통해 금소법 시행 이후 소송중지제도가 도입됨으로써 분쟁조정이 신청된 사건에서 소송이 진행 중인 경우 조정이 있을 때까지 소송절차가 중지될 수 있

음을 알 수 있다. 따라서 소송절차가 우선된다고 보기 어려우므로 틀린 선지다.

⑤ **소비자가 권리가액 1,500만 원 상당의 소액 분쟁사건의 조정을 신청하였다면 조정절차의 개시여부와 무관하게 분쟁상대방인 금융회사 등은 소송을 제기할 수 없다.**

→ (×) 소액(권리가액 2천만 원 이내) 분쟁사건의 조정절차가 개시된 경우에는 금융회사 등은 금융감독원으로부터 조정안을 제시받기 전까지 소송을 제기할 수 없다. [6문단 (1)]을 통해 분쟁사건의 조정절차가 '개시된 경우'에 금융회사 등은 조정안을 제시받기 전까지 소송을 제기할 수 없음을 알 수 있다. 따라서 조정절차의 개시여부와 무관하게 소송을 제기할 수 있으므로 해당 선지는 틀린 선지다.

합격자의 실전 풀이 순서

❶ 발문 제대로 읽기 및 문제 유형 파악

항상 발문을 먼저 제대로 읽자. '글의 내용을 바르게 이해한 것'을 고르는 문제이므로 본문 내용과 일치하거나 그로부터 추론할 수 있는 선지가 정답이 된다. 또한, 적절한 것을 고르는 것은 제시문과 일치하는 내용의 선지를 고르라는 것이기 때문에 발문에 O 표시를 의식적으로 치고 문제를 풀면, 부합하는 것을 고르는 실수를 방지할 수 있다.

❷ 각 선지의 키워드를 설정 후 발췌독해서 1차적으로 답을 판단한다.

키워드로 삼을만한 특이한 단어가 선지에 있는 경우 선지나 보기의 단어 중 키워드를 설정한 뒤 이를 발췌독하는 것이 효과적이다.

선지의 단어 중 가장 생소하거나 특이한 단어를 키워드로 삼아 키워드가 있는 문단을 탐색한다. 특이한 단어의 경우 지문에서 그대로 나오거나 조금의 변형을 거쳐 나오므로 찾기 용이하기 때문이다.

합격자의 시간단축 Tip

Tip ❶ ~해야 한다, ~할 수 있다를 구분하자.

선지의 형태가 ~해야 한다의 형태로 나오는 경우가 있고, ~할 수 있다의 형태로 나오는 경우가 있다. ~해야 한다의 형태는 반드시 그렇게 해야 하는 것이지만 ~할 수 있다의 형태는 그렇게 해도 되지만 안 해도 되는 것이다. 둘의 차이를 고려하며 상호 오인하지 않도록 하자. 해당 문제의 경우 선지 ①에서 '통보하여야 한다.'라고 제시되었다. 그렇다면 조건을 충족했을 시에 반드시 통보해야 하는 것이다. 만약 '통보할 수 있다.'라고 제시된 경우 조건을 충족했을 시에 통보해도 되고, 통보하지 않아도 된다.

Tip ❷ 키워드 뽑는 방법

발췌독하기 위해서는 생소한 키워드를 뽑아야 한다. 일반적인 단어를 키워드로 삼으면 지문에서 자주 등장하기 때문에 효율적인 발췌독을 하기 어렵다. 보통 키워드를 뽑을 때 맨 앞에 있는 주어를 선정하는 경우가 많다. 그러나 이는 상황에 따라 비효율적이다. 모든 선지의 주어가 같은 경우도 있고, 주어보다 서술어나 목적어가 더 생소한 경우가 많기 때문이다. 키워드를 뽑는 목적은 지문을 빠르게 발췌독하기 위함이고, 이를 위해 주어 뿐만 아니라 모든 단어에 대해 가능성을 열어 두어야 함을 기억하자.

선지 ①은 '60일 이내 심의', 선지 ②는 '사전적, 사후적', 선지 ③은 '조정결정 수락', 선지 ④는 '소송 절차가 우선', 선지 ⑤는 '소액 분쟁사건'을 키워드로 뽑을 수 있다.

Tip ❸ 문장을 끊어서 근거를 찾는다.

한 선지에서 확인해야 할 내용이 2 이상인 경우 각각을 /등으로 구분해서 근거를 찾는다. 지문에서 문장의 근거를 통째로 찾으려고 하면 잘 보이지 않을 뿐만 아니라 1개의 근거만 보고 답을 고르는 실수를 할 수도 있다. 따라서 선지를 읽고, 확인해야 할 내용이 2개 이상이라면 자신만의 방법으로 구분지은 후 각각의 근거를 따로 찾는다는 생각으로 지문에 접근하도록 하자.

Tip ❹ 어려운 개념이 많은 지문은 문단을 자주 끊어서 확인한다.

본 방법은 발췌독이 아닌 통독으로 풀 때 쓰는 방법이다. 위의 지문과 같이 어려운 개념이 많이 나오는 경우 이를 모두 기억하기는 절대 쉽지 않다. 따라서 한 문단 읽고 내려가서 풀 수 있는 선지를 풀고, 다시 한 문단 읽고 내려가서 푸는 것도 하나의 방법이 될 수 있다. 이 방법은 보다 정확한 근거로 선지를 해결할 수 있다는 장점이 있지만 목표의식 없이 무작정 읽는다면 시간이 오래 걸릴 수 있으므로 지문을 읽기 전 미리 선지를 확인하는 것은 필수이다. 미리 선지에서 유심히 봐야할 키워드를 체크해 둔 뒤, 지문을 읽고 관련 키워드가 나올 때, 또 어려운 한 문단이 끝날 때마다 내려가서 풀 수 있는 선지를 제거한다. 이와 같이 지문을 자주 끊어 읽는다면, 생소한 개념이 나올 때 당황하거나 머리에 들어오지 않아 다시 지문으로 돌아가는 것을 방지할 수 있다.

04 정답 ⑤ 난이도 ●●●

의사소통능력_개념의 이해 및 활용

접근전략 지문을 이해한 내용으로 적절하지 않은 것을 물었다. 지문에 밑줄이 쳐져 있지 않은 일반적인 지문과 달리 밑줄이 쳐져 있고, 이를 기반으로 선지가 제시되었다. 즉 밑줄 친 부분에 대한 이해를 바탕으로 선지를 해결하는 문제일 가능성이 높다. 따라서 선지를 보며 밑줄 친 부분에 대한 이해를 바탕으로 해결한다.

다음 자료를 이해한 내용으로 적절하지 않은 것은?

(1)㉠"투자를 통해 얻게 될 미래의 수익(FV)은 투자원금(PV)을 얼마의 수익률(R)로 얼마 동안(n) 운용하느냐에 따라 달라진다"는 투자 공식이 있다.

(2)FV=PV×(1+R)n

▶ 1문단

(1)급여생활자가 별도의 재테크로 수입 외에 열심히 모아둔 종잣돈이 있다면 현재 수입의 한계를 극복하고 자산을 획기적으로 늘릴 수 있는 기회를 잡을 수 있다. (2)종잣돈을 만든 이후에는 복리효과를 기대하고 물가상승률 이상의 수익률을 기대해야 한다. (3)다만 기대수익이 크면 위험도 크므로 투자기간을 정하는 것이 필요하다. (4)이에 따라 기대수익, 위험, 투자기간 등을 알려주는 다음의 3가지 법칙을 알아둘 필요가 있다. ▶ 2문단

(1)• 목표를 2배로 만들어주는 ㉡'72법칙'

(2)돈의 속성상 시간이 흐르면 물가상승 등으로 인해 가치가 떨어지므로 인플레이션을 이기기 위해서는 복리로 투자해야 한다. (3)복리로 투자해 목표를 2배로 만들어주는 '72법칙'이 있다. (4)이는 자신이 가진 돈을 몇 %의 수익률로, 얼마의 기간을 투자하면 2배로 만들 수 있는지 알려주는 법칙이다.

(5)원금이 2배가 되는 데 걸리는 기간(년)=72/(수익률×100) ▶ 3문단

(1)예를 들어 1천만 원의 돈을 수익률 8%의 복리로 투자하면 9(72/8)년 만에 원금의 2배인 2천만 원으로 만들 수 있다. (2)12%의 수익률이면 돈이 2배로 불어나는데 6(72/12)년이 걸린다. (3)즉, 돈을 벌고 싶으면 수익률을 높여야 하고, 가능한 길게 투자해야 한다. ▶ 4문단

(1)• 기대수익을 갉아먹는 ㉢'−50+100법칙'

(2)높은 수익에는 항상 손실 위험이 도사리고 있다. (3)'−50+100법칙'은 투자한 자본의 절반을 잃었을 때 본전으로 돌아오기 위해서는 돈을 2배로 불려야 하는 노력과 시간이 걸리고, 그동안에 기회손실이 너무 크다는 것을 의미한다. (4)A주식에 1천만 원을 투자했는데 온갖 악재로 간신히 50%만 건졌다면 이때의 수익률은 −50%다. (5)남은 500만 원으로 아주 좋은 종목에 투자해서 50%의 수익률을 봤다고 하더라도 원금은 750만 원에 불과하다. (6)처음의 원금으로 만들고자 하면 무려 100%의 수익을 올려야만 한다. ▶ 5문단

(1)• 투자수익을 결정하는 ㉣'80:20법칙'

(2)파레토 법칙처럼 투자수익의 80%는 20%의 투자상품에서 나온다고 할 수 있다. (3)주식 10종목을 투자했을 경우 2종목 정도만 수익을 내고 나머지는 수익이 없거나 손실이 발생할 수 있다는 것이다. (4)한마디로 이 법칙은 '전체결과의 80%는 전체원인의 20%에서 비롯된다'는 것이다. (5)따라서 최소의 노력으로 최대의 효과를 내려면 핵심원인 20%에 집중해 80%의 최대결과를 내야 한다. ▶ 6문단

① **㉠은 투자원금이 중요하고, 투자원금이 적으면 장기간 투자하더라도 성과가 미미할 수 있음을 시사한다.**

➜ (O) ㉠은 "투자를 통해 얻게 될 미래의 수익(FV)은 투자원금(PV)을 얼마의 수익률(R)로 얼마 동안(n) 운용하느냐에 따라 달라진다"는 투자 공식으로 [1문단 (1)] "FV=PV×(1+R)n[1문단 (2)]"로 나타낼 수 있다. 이때 우변의 PV, 투자원금이 적으면 n이 아무리 크더라도, 즉 장기간 투자하더라도 좌변의 FV, 투자를 통해 얻게 될 미래의 수익 역시 적을 수밖에 없다. 이러한 내용을 고려하면 투자원금이 중요함을 알 수 있다. 따라서 다음 자료를 이해한 내용으로 적절하다.

② **㉡을 통해 수익률이 2배로 높아진다면 원금이 2배로 늘어나는 데 걸리는 기간은 절반으로 단축된다는 점을 추론할 수 있다.**

➜ (O) '원금이 2배가 되는 데 걸리는 기간=72/이자율[3문단 (5)]'에 따를 때 수익률, 즉 이자율이 2배로 높아지면 우변에서 분모가 2배가 되므로 좌변의 원금이 2배가 되는 데 걸리는 기간은 1/2배, 절반이 된다. 따라서 다음 자료를 이해한 내용으로 적절하다.

③ **㉡을 활용하여 5년을 들여 현재의 돈을 2배로 만들고자 할 때 필요한 이율을 구하면 14.4%이다.**

➜ (O) '원금이 2배가 되는 데 걸리는 기간(년)=72/(이자율×100)[3문단 (5)]'를 변형하면 '(이자율×100)=72/원금이 2배가 되는 데 걸리는 기간(년)'이 된다. 변형된 법칙에 따라 5년을 들여 현재의 돈을 2배로 만들고자 하는 경우의 이율을 구하면

이자율×100 = $\frac{72}{5}$ 이다. 수식을 정리하면 이율은 14.4%이다. 따라서 다음 자료를 이해한 내용으로 적절하다.

④ ㉢은 금세기 최고의 투자자로 불리는 워런 버핏이 투자를 할 때 누차 강조했던 "첫째, 절대로 손해를 보지 말 것, 둘째, 이 원칙을 지킬 것"이라는 말과 일맥상통한다고 볼 수 있다.

→ (○) ㉢은 투자한 자본의 절반을 잃었을 때 본전으로 돌아오기 위해서는 돈을 2배로 불려야 하는 노력과 시간이 걸리고, 그동안에 기회손실이 너무 크다는 것을 의미한다[5문단 (3)]. 이러한 내용에 비추어 볼 때 자본을 잃지 않는 것, 즉 손해를 보지 않는 것이 중요함을 알 수 있고, 이는 "첫째, 절대로 손해를 보지 말 것, 둘째, 이 원칙을 지킬 것"이라는 말과 일맥상통한다. 따라서 다음 자료를 이해한 내용으로 적절하다.

⑤ ㉣은 전체 수익은 전체 투자처의 20%에서 창출되므로 다양한 투자분야에 분산투자하여 투자액의 20%로부터 얻는 수익을 극대화할 필요가 있다는 점을 강조한다.

→ (×) ㉣은 '전체결과의 80%는 전체원인의 20%에서 비롯된다'는 것으로[6문단 (4)] 최소의 노력으로 최대의 효과를 내려면 핵심원인 20%에 집중해 80%의 최대결과를 내야 한다[6문단 (5)]. 이때 다양한 투자분야에 분산투자하는 것은 핵심원인 20%에 집중하는 것과는 거리가 멀다. 따라서 다음 자료를 이해한 내용으로 적절하지 않다.

합격자의 실전 풀이 순서

❶ 발문을 확인한다.
지문을 이해한 내용으로 적절하지 않은 것을 물었다. 지문 내용과 일치하지 않은 내용을 묻는 것이라면 선지의 키워드를 뽑아 발췌독하는 것이 효율적이다. 그러나 이해한 내용으로 적절하지 않은 것을 물었으므로, 발췌독 이외에 지문에 대한 이해를 통한 선지 해결이 필요한 문제임을 인지한다.

❷ 지문을 훑어본다.
일반적인 줄글 형식의 지문 형태가 아니다. 지문에 밑줄이 4군데 쳐져 있고 공식의 형태로 제시되어 있다. 그렇다면 이 문제는 지문 내용과 일치하지 않는 것을 물으며 선지를 단순 발췌독하는 문제가 아니라 공식에 대한 이해를 바탕으로 해결하는 문제임을 인지한다.

❸ 선지를 확인한다.
지문을 훑으며 예상한 대로 선지에 각 밑줄에 따른 이해를 묻고 있다. 각 밑줄의 공식이 독립적이므로 해당 밑줄 부분을 추적해 그 문단을 읽으며 이해한다.

합격자의 시간단축 Tip

Tip ❶ 밑줄의 유형을 확인한다.

밑줄이 단순 줄글에 쳐져 있는 경우가 있고, 공식이나 법칙에 쳐져 있는 경우가 있다. 줄글에 밑줄이 쳐져 있는 경우는 밑줄별 내용이 독립적이지 않고 서로 간 연계되는 경우가 있다. 그러나 공식이나 법칙에 밑줄이 쳐져 있는 경우는 각 공식이나 법칙의 독립성이 강하므로 연계되는 경우가 거의 없다. 따라서 공식이나 법칙에 밑줄이 있는 경우 선지를 보고 각 밑줄에 해당하는 문단을 발췌독하는 것이 효율적인 경우가 많다.

Tip ❷ 단위를 확인한다.

출제자가 단위로 함정을 파는 것은 의사소통뿐만 아니라 NCS 전 영역에서 자주 쓰는 방법이다. 해당 문제의 경우 원금이 2배가 되는데 걸리는 기간(년)이라고 제시되어 있는데 (월)이라고 제시되었다면 선지 ③은 틀린 것이 된다. 문제에 주어진 단위를 꼼꼼하게 확인하도록 하자.

Tip ❸ 자신이 가진 배경지식을 활용한다.

본 문제에서는 투자와 관련해 널리 알려진 법칙들이 제시되고 있다. 본인이 이러한 법칙에 대해서 알고 있었다면 그 지식을 활용해서 문제에 접근해도 좋다. 그러나 NCS 시험에서 오로지 자신의 배경지식에 근거해서 문제를 해결하는 것은 매우 위험하다. 배경지식을 활용해서 선지에 접근하되, 최종적인 판단을 하기 전에는 자신의 지식과 본문 내용이 일치하는지 간단하게 확인한다.

Tip ❹ 계산은 자료해석의 지식을 활용한다.

선지 ③에서는 간단한 계산이 필요하다. 이때 다른 과목이라고 하여 정석으로 계산하지 말고 자료해석의 다양한 시간단축 방법을 최대한 활용한다. 예를 들어 식을 굳이 '(이자율×100) = 72/원금이 2배가 되는 데 걸리는 기간(년)'으로 변형하지 않고 식 원형에 주어진 수치를 대입하여 결괏값이 어긋나지 않는지만 확인한다. 즉 $5 = \frac{72}{14.4}$가 계산이 맞는지만 빠르게 확인하는 것이다. 어렵게 식을 돌리며 이 방향이 맞는지 고민하는 데 시간을 쓰지 않아도 된다.

05 정답 ⑤ 난이도 ●●●

의사소통능력_논리적 추론

접근전략 지문의 일정 부분에 대한 이해를 묻는 문제는 지문에서 추론할 수 있는 것을 묻는 문제와 유사하거나, 지문 전체의 내용을 이해하고 있는지 묻는 문제와 유사하다. 둘 중 어떤 유형인지를 판단하고 전자인 경우 선지부터 읽으며 키워드를 찾아 발췌독하는 것이 효율적이고, 후자인 경우 지문 전체적인 내용을 읽고 밑줄 친 부분의 내용을 이해한 후에 선지를 판단하는 것이 효율적이다.

주어진 글에 대한 이해로 옳지 않은 것은?

(가) (1)채권은 '채무 증권'의 줄임말로, 쉽게 말해 '돈을 빌려주고 다시 받을 수 있는 권리증서'다. (2)예를 들어 A가 B에게 돈을 빌리면 A는 빌린 돈을 갚아야 할 의무가 생기고, 이때 A는 채무자, B는 채권자가 된다. (3)채권자는 돈을 돌려받을 권리, 즉 채권을 갖는다. ▶ 1문단

(나) (1)기업이 자금을 조달하려면 채권을 발행하면 된다. (2)예컨대 ○○기업이 자금이 필요하면 채권을 발행해 투자자에게 팔고 자금을 얻는다. (3)마찬가지로, 인천광역시가 돈이 필요하면 인천광역시 채권을, 정부가 필요하면 국채를 발행한다. (4)기업이 발행한 채권은 '회사채', 지방자치단체가 발행하면 '지방채', 공익법인이 발행한 채권은 '특수채'라 부르며, 정부가 발행한 채권은 '국채'다. (5)지방채와 특수채를 합쳐 '공채', 공채와 국채를 함께 묶어 '국공채'라고 한다. (6)채권을 가진 사람이 만기일에 채무자에게 채권을 제시하면 이자와 원금을 돌려받을 수 있다. ▶ 2문단

(다) (1)채권의 주요한 특징으로 주식처럼 시장에서 자유롭게 거래된다는 점을 들 수 있다. (2)예를 들어 100만 원을 빌려주고 만기 시 103만 원을 받을 수 있는 채권이 있다고 해보자. (3)만기까지 기다려 103만 원을 받을 수도 있겠지만, 만기 전에 100만 원과 103만 원 사이의 가격에 누군가에게 채권을 팔아 매매차익을 얻을 수도 있다. (4)채권을 산 사람은 만기까지 기다리면 103만 원을 받아 나름의 이익을 챙길 수 있다. ▶ 3문단

(라) (1)채권은 자유롭게 거래되므로 가격이 존재하며, 그 가격은 변동될 수 있다. (2)예를 들어보자. (3)2020년 8월에 발행된 A채권은 5년 만기이며, 10,000원짜리 채권을 사면 5년 후에 10,500원을 돌려준다(연간 단리 1%). (4)그런데 2년이 지난 2022년 8월에 금리가 인상되었고, 그 후에 발행된 같은 조건(금리 제외)의 B채권은 10,000원짜리 채권을 사면 5년 후 만기 때 11,500원을 돌려준다(연간 단리 3%). (5)2022년 8월 시점에서 A채권은 3년 뒤에 500원, 연간 약 167원의 이익이 발생하는 상품이고 B채권은 5년 뒤에 1,500원, 연간 300원의 이익이 발생하는 상품이므로 연간 발생하는 이익 기준으로 보았을 때 B채권이 더 매력적이다. (6)A채권은 상대적으로 매력도가 떨어지므로 투자자들이 A채권을 찾지 않아 가격이 하락한다. (7)결국 A채권의 가격이 10,000원에서 9,600원까지 떨어지면 3년 뒤에 10,500원을 돌려받게 되면서 3년 동안 900원, 즉 연간 300원의 이익이 발생하는 상품이 되어 B채권과 매력도가 동등해진다. (8)금리 인상으로 인해 10,000원이었던 채권 가격이 9,600원 수준으로 낮아진 것이다. (9)이런 원리로 인해 채권의 가격이 변하며, 그 방향성은 금리와 반대다. ▶ 4문단

(마) (1)2024년 11월 기준 국채금리는 3%대 초반에 불과하지만 회사채는 6~10%의 금리를 주는 경우도 있다. (2)회사채의 금리가 더 높아 더 높은 수익률을 기대할 수 있음에도 국채에 투자하는 투자자가 있는 이유가 바로 '안정성'이다. (3)국채는 채무불이행 가능성이 0에 가깝지만, 회사채는 회사가 부도나면 돈을 돌려받을 수 없는 경우도 생길 수 있다. (4)높은 수익률에는 높은 위험이 따르는 법이다. (5)따라서 안정성을 중시하는 투자자는 국채에, 위험을 감수하더라도 수익성을 중시하는 투자자는 회사채에 투자하는 경향이 있다. ▶ 5문단

① 채권은 발행 주체에 따라 구분이 된다.

→ (○) 제시문 2문단 (4)에 따르면 '기업이 발행한 채권은 '회사채', 지방자치단체가 발행하면 '지방채', 공익법인이 발행한 채권은 '특수채', 정부가 발행한 채권은 '국채'라고 부른다. 이를 통해 채권은 발행 주체에 따라 구분이 된다는 것을 알 수 있다. 옳은 선지다.

② 채무자가 채권자에게 돈을 갚아야 한다.

→ (○) 제시문 1문단 (2)에 따르면 A가 B에게 돈을 빌리면 A는 빌린 돈을 갚아야 할 의무가 생기고, 이때 A는 채무자, B는 채권자가 된다. 즉, 돈을 빌린 사람은 '채무자'이고 돈을 빌려준 사람은 '채권자'이

다. 따라서 채무가가 채권자에게 돈을 갚아야 하는 바, 옳은 선지다.

③ 국공채에는 국채, 지방채, 특수채가 포함된다.
→ (○) 제시문 2문단 (5)에 따르면 '지방채와 특수채를 합쳐 '공채', 공채와 국채를 함께 묶어 '국공채' 라고 한다. 결국 국공채에는 국채와 공채인 지방채 및 특수채가 포함된다. 옳은 선지다.

④ 채권이 발행된 후에 금리가 인상된다면, 기발행된 채권의 가격은 하락할 것이다.
→ (○) 4문단 (9)를 통해 채권의 가격의 방향성은 금리와 반대됨을 알 수 있다. 동일 문단에 따르면 A 채권이 발행된 이후 금리가 인상되는 경우, 10,000 원이었던 A채권의 가격이 9,600원으로 낮아진다. 이는 금리가 인상된 이후에 발행된 B채권에 비해 기발행된 A채권의 연간 이익이 상대적으로 적기 때문이다. 이는 A채권의 매력도를 낮춰 수요를 감소시키고, 결과적으로 채권 가격이 하락하게 된다. 이를 통해 채권이 발행된 이후에 금리가 인상되는 경우, 기발행된 채권의 가격은 금리의 방향과는 반대로 하락함을 알 수 있다. 따라서 옳은 선지다.

⑤ 국채는 수익률과 안정성 두 가지 측면에서 회사채보다 우월하여 많은 투자자가 선호하는 상품이다.
→ (×) 5문단 (5)에 따르면 '안정성을 중시하는 투자자는 국채에, 위험을 감수하더라도 수익성을 중시하는 투자자는 회사채에 투자하는 경향이 있다. 즉, 국채는 회사채보다 안정성은 뛰어나지만, 수익률은 떨어지므로, 수익률과 안정성 두 가지 측면에서 모두 우월하다는 것은 옳지 않다. 따라서 틀린 선지다.

합격자의 실전 풀이 순서

❶ 발문 확인하기
본 문제는 주어진 글에 대한 이해로 옳지 않은 것을 고르는 문제다. '않은' 것을 고르는 것이므로 실수하지 않도록 X 표시를 해둔다.
또한 발문을 확인하고 문제 풀이 전략을 세울 수 있다. 본 문제와 같이 '내용에 대한 이해로 옳지 않은 것'을 묻는 문제는 추론형 문제와는 달리 단순한 일치 부합 문제로 구성된다. 따라서 선지를 먼저 읽은 다음 제시문을 읽으며 내용과 부합하지 않는 선지는 과감히 제거한다.

❷ 선지 확인하기
발문을 확인했다면 선지에서 키워드가 되는 단어를 선정한다. 다만 주어나 서술어만을 키워드로 선정하는 것보단, 선지에서 묻는 '핵심'이 무엇인지 파악할 수 있는 것이 좋으며, 일반적이지 않아 본문을 읽을 때 바로 캐치할 수 있는 단어도 좋다. 예를 들어 '발행 주체', 채권자와 채무자, '특수채가 포함', '기발행된', '가격 하락', '국채는 수익률과 안정성'을 키워드로 잡는다. 이처럼 키워드는 단어가 될 수도 있고, 어절이 될 수도 있다. 글을 읽을 때 키워드가 등장하는 부분을 집중적으로 읽으며 선지와 부합하는 정보인지 빠르게 판단한다. 다만 선지 확인하기 단계의 모든 과정은 3~4초 내에 이루어져야 하므로 너무 구체적인 전략을 세울 필요는 없으며 시간 내에 할 수 있는 만큼만 하면 된다. 시험 전까지 문제를 풀면서 연습해 보자.

❸ 다른 문제 확인하기
본 문항과 같이 여러 문제가 연계되어 나오는 경우, 제시문을 읽기 전에 간단히 다른 문제의 유형까지 확인하고 문제 풀이 전략을 세워놓는 것이 좋다. 1번 문제는 일치 부합을 묻는 문제이므로 글 전체를 읽어야 한다. 2번 문제는 글의 맥락을 파악하고 문단을 삽입하는 유형이므로 〈보기〉의 첫 문장 정도까지 미리 확인한 후, 제시문을 통독하면서 삽입할 곳을 바로 찾을 수 있게 한다. 3번 문제는 글의 내용을 이해하고 사례에 적용하는 문제다. 이 경우는 지문을 이해해야 풀 수 있으므로 지문을 다 읽고 나서 접근한다는 전략을 세운다.

❹ 지문을 처음부터 읽되 해당 정보가 나오면 선지를 곧바로 해결하기
선지에서 주제를 파악하고 키워드를 뽑았지만, 발췌독이 아닌 처음부터 읽는다. 읽으면서 키워드로 잡았던 선지의 내용이 나오면 곧바로 선지를 해결한다. 이는 선지판단의 정확성을 높일 수 있다. 물론 종종 뒤에까지 읽어야 해결되는 선지도 있고, 지금까지의 정보로는 답하기 애매한 선지도 있다. 그렇다면 쿨하게 넘어가고 지금 당장의 정보로 해결 가능한 확실한 선지만을 제거해야 한다. 이 방법은 기억에 의존하지 않고 정확한 근거로 판단하여 시간을 단축하는 것이 목적이기 때문이다. 답이 ①, ②번에서 나오더라도 확신을 가지고 다음 문제로 넘어갈 수 있다는 장점이 있다. 따라서 확실하지 않을 때는 성급하게 제거하지 않도록 하며, 확실한 답이 앞번호에서 나왔다면 반드시 나머지 선지를 확인하지 않고 바로 넘어가도록 한다. 너무 불안할 때는 문제에 체크해두고 혹시나 시간이 남았을 때 다시 확인하러 오는 것도 하나의 운영전략이다.

합격자의 시간단축 Tip

Tip 답이 나오면 넘어간다.
본 방법은 통독을 위한 방법이다. 합격자의 실전 풀이 순서 4번처럼 지문을 처음부터 읽되 해당 정보가 나오면 선지를 곧바로 해결하는 방법은 지문을 다 읽지 않거나, 선지를 전부 확인하지 않아도 답을 고를 수 있게 한다. 이때 시간을 단축하는 핵심은 반드시 나머지 문단이

나 선지를 확인하지 않고 넘어가는 것이다. 이 문제 역시 선지 ⑤를 읽을 필요가 없었으며, 마지막 문단을 전혀 읽지 않고 문제 1, 2, 3을 전부 해결할 수 있었다.

06 정답 ④ 난이도 ●●●

의사소통능력_문단배열

접근전략 본문을 읽기 전에 미리 유형을 확인하고 보기의 첫 문장을 읽어둔다. 본문을 읽으면서 맥락이 자연스럽게 이어지지 않는 부분을 찾고, 읽어둔 첫 문장의 소재와 관련된 소재가 나오는 문단을 찾는다.

주어진 글의 흐름상 다음 〈보기〉의 문단을 삽입하기에 가장 적절한 위치는?

보기

채권 가격이 변한다면 어떤 채권에 투자해야 안전할까? 바로 정부가 발행한 채권이다. 실제로 국채는 100% 상환된다고 보기 때문에 위험가중자산 지표가 0이다. 매우 안전하다는 뜻이다. 당연히 100% 갚을 채무자는 이자를 조금 주고도 채권을 발행할 수 있고, 갚을 가능성이 낮은 채무자는 상환 리스크가 높은 만큼 이자를 많이 주어야 채권을 발행할 수 있을 것이다. 그래서 대체로 국공채보다는 회사채의 금리가 높고, 회사채 중에서도 더 위험한 회사의 채권 금리가 더 높다.

① (가)와 (나) 사이
② (나)와 (다) 사이
③ (다)와 (라) 사이
④ (라)와 (마) 사이
⑤ (마) 다음

〈보기〉는 채권의 위험에 따른 금리 차이에 대해 설명하고 있다. 위험이 낮은 국채는 채권 금리가 낮고, 비교적 위험이 높은 회사채는 채권 금리가 높음을 사례로 들고 있다.

① (가)와 (나) 사이

→ (×) (가)는 채권의 개념을 설명하고 있으며, (나)는 채권의 발행 주체에 따른 채권의 종류를 설명하고 있다. (가)와 (나)는 채권의 전반적인 개념과 종류를 순차적으로 제시하고 있으므로, 자연스럽게 이어진다고 볼 수 있다. 한편 〈보기〉는 국공채와 회사채의 위험성 차이에 따른 채권 금리 차이에 대해 다루고 있다. 특히 (나)에서 '국공채'와 '회사채'에 대한 개념이 처음 제시되므로, 국공채와 회사채를 비교하고 있는 〈보기〉는 반드시 (나) 이후에 나와야 한다. 따라서 틀린 선지다.

② (나)와 (다) 사이

→ (×) 〈보기〉의 첫 문장은 "채권 가격이 변한다면 어떤 채권에 투자해야 안전할까?"라고 시작한다. 이는 채권의 가격이 변한다는 사실을 이미 알고 있다는 전제하에 던지는 질문일 것이다. 그런데 (나)는 채권의 발행 주체에 따른 종류(국채, 회사채 등)를 설명하고 있을 뿐, 가격이 변동된다는 사실은 아직 언급하지 않는다. (다) 또한 채권이 자유롭게 거래될 수 있다는 점을 소개할 뿐, 가격이 왜 변하는지에 대한 원리나 메커니즘은 설명하지 않는다. 또한 (나)와 (다)는 모두 채권의 개념과 특성에 대한 설명 중심의 문단인 반면, 〈보기〉는 채권의 위험도와 수익률을 비교하며 투자 판단이라는 평가적 내용을 담고 있어 성격이 다르다. 따라서 〈보기〉가 (나)와 (다) 사이에 제시될 경우, 전제 없는 결론이 앞서는 구조가 되어 문단 간 논리적 흐름이 끊기게 된다. 따라서 〈보기〉는 (나)와 (다) 사이에 올 수 없으며, 틀린 선지다.

③ (다)와 (라) 사이

→ (×) (다)는 채권이 시장에서 자유롭게 거래된다는 점을 설명하고 있으며, (라)는 이러한 거래 가능성을 바탕으로 채권 가격의 존재와 변동 원리를 구체적으로 설명하고 있다. 이는 자연스럽게 이어진다. 한편, 〈보기〉는 "채권 가격이 변한다면 어떤 채권에 투자해야 안전할까?"라는 문장으로 시작하며, 채권 가격이 변동한다는 사실을 이미 전제로 한다. 그러나 채권 가격 변동에 대한 설명은 (라)에서 처음으로 구체적으로 제시되므로, 〈보기〉는 (라)의 앞에 올 수 없다. 따라서 틀린 선지이다.

④ (라)와 (마) 사이

→ (○) (라)는 채권의 가격 변동에 대해 설명하고 있으며, (마)는 국채와 회사채의 금리 차이를 언급하면서, 투자자가 수익성과 안정성 중 어느 가치를 중시하느냐에 따라 선택이 달라질 수 있다는 점을 서술하고 있다. 특히 (라)에서는 채권의 가격이 변하며, 그 방향은 금리와 반대임을 제시하면서 채권의 가격과 채권 금리 간의 관계를 제시하며 문단을 마무리한다. 그런데 (마)의 첫 문장은 별도의 채권 가격 등의 연결이 이루어지는 설명 없이 곧바로 국채와 회사채의 금리 정보를 제시하고 있어, 가격 변동에 대한 설명과 투자 판단 사이의 전환이 다소 급격하게 이루어지는 측면이 있다. 이때 〈보기〉가 (라)와 (마) 사이에 제시된다면, 채권 가격 변동이

투자 판단에 어떤 영향을 미치는지를 설명함으로써, (라)의 설명적 내용과 (마)의 판단적 내용을 자연스럽게 이어주는 역할을 한다. 따라서 〈보기〉는 (라)와 (마) 사이에 위치하는 것이 가장 적절하며, 옳은 선지이다.

⑤ (마) 다음
→ (×) 〈보기〉의 첫 문장은 채권의 가격이 변할 때 국채와 회사채 중 어느 쪽에 투자하는 것이 더 안전한지를 묻고 있다. 반면 (마)는 이러한 질문에 대해 국채와 회사채의 금리 차이 및 상환 위험을 비교하며 그에 대한 답변을 제시하고 있는 문단이다. 즉, 〈보기〉는 문제를 제기하고, (마)는 그 문제에 대한 해설과 결론을 제시하는 구조이므로, 〈보기〉는 (마) 이전에 위치해야 한다. 따라서 틀린 선지이다.

합격자의 실전 풀이 순서

❶ 지문을 읽으면서 바로 문제 해결하기
우리는 지문을 읽기 앞서 1번 문제를 확인하며 2번의 발문과 첫 문장까지 확인했다. 따라서 지문을 통독하는 동시에 2번의 문단이 들어가기에 적절한 위치를 찾는다. 지문을 읽으면서 매끄럽게 이어지지 않는 부분을 찾는다.

합격자의 시간단축 Tip

Tip ❶ 문단 삽입 유형은 제시문을 읽기 전에 미리 〈보기〉의 내용을 확인한다.
문단 삽입 유형은 제시문을 읽기 전에 미리 〈보기〉의 내용을 확인해두는 것이 좋다. 〈보기〉 전체를 정독할 필요는 없으며, 처음의 한두 문장을 통해 대략적인 방향이나 주제를 파악하는 정도면 충분하다. 이는 제시문을 읽는 과정에서 〈보기〉가 자연스럽게 들어갈 수 있는 위치를 효율적으로 탐색하기 위함이다. 만약 〈보기〉의 내용을 미리 파악하지 않고 제시문을 읽는다면, 문제를 풀기 위해 제시문을 다시 읽어야 하는 번거로움이 생길 수 있다. 따라서 본격적으로 문제를 풀기 전에 미리 문제 유형을 체크하고 이에 맞는 전략을 짜는 것이 중요하다. 〈보기〉를 파악한 뒤 제시문을 읽을 때는 각 문단의 맥락과 흐름을 유의 깊게 파악하고, 문단 간 연결이 자연스럽지 않게 이어지는 문단을 찾아 〈보기〉를 삽입하도록 한다.

Tip ❷ 처음 등장하는 단어에 유의한다.
문단 삽입 유형은 처음 등장하는 단어가 중요한 힌트가 된다. '국공채', '회사채'는 (나) 문단에서 따옴표와 함께 처음 등장한다. 그런데 〈보기〉의 경우, 국공채와 회사채의 위험도와 수익률을 비교하고 있으므로, 국공채와 회사채에 대한 개념을 설명한 (나) 문단보다 앞서 나올 수 없는 것이다.

Tip ❸ 문단의 핵심을 파악하며 읽는다.
(가) 문단의 핵심은 채권의 개념, (나) 문단은 채권의 종류, (다) 문단은 채권의 특징이다. 이처럼 각 문단의 핵심 주제를 파악하며 읽는다면 (가), (나), (다) 문단은 이어지는 것이 자연스러움을 알 수 있다. 각 문단 사이마다 〈보기〉가 들어가는 것이 적절한지를 매번 확인하는 것이 아니라, 이처럼 문단의 핵심과 맥락을 자연스럽게 따라가다 맥락의 어색함을 찾는다는 느낌으로 문제에 접근하는 것이 빠르게 푸는 방법이다.

07 정답 ④ 난이도 ●●○

의사소통능력_개념의 이해 및 활용

접근전략 본문의 내용 이해를 바탕으로 사례에 적용하는 문제다. 마지막 문제이므로 발췌독보단 전체 내용의 이해를 바탕으로 접근하고, 필요한 부분을 추가로 발췌독하여 근거를 찾는다.

다음 〈표〉에서 제시된 내용 외에 C채권과 D채권의 모든 조건이 동일할 때, C채권의 현재 가격으로 적절한 값은? (단, C채권과 D채권의 현재 가격 결정 원리는 주어진 글의 (라) 문단에서 소개한 내용과 동일하다고 가정한다.)

〈표〉 C채권과 D채권의 정보

구분	현재 가격	만기일의 원리금	남은 만기
C채권	( )	12,000원	5년
D채권	10,000원	12,000원	10년

① 8,000원 ② 9,000원
③ 10,000원 ④ 11,000원
⑤ 12,000원

④ 11,000원
→ (라) 문단은 채권의 가격이 수익률에 따라 조정되는 과정을 설명한다. 특히 [4문단 (7)]에서는 채권의 매력도가 '연간 발생하는 이익'을 기준으로 형성된다고 제시한다. 문제에서 제시된 D채권은 10년 후 2,000원의 수익금을 얻으므로 연간 200원의 이익이 발생한다. 이때 C채권은 D채권과 모든 조건이 동일하다고 제시되어 있으므로, 매력도가 같아지기 위해서는 C채권 또한 연간 200원의 이익을 제공

해야 한다. C채권의 남은 만기는 5년이므로, 연간 발생하는 이익이 200원이라면 5년 뒤에는 200×5=1,000원의 이익이 발생하는 상품이어야 한다. C채권의 만기일에 지급되는 원리금은 12,000원이므로 C채권의 현재 가격은 200×5=1,000(원)이 할인된 11,000원이다.

합격자의 실전 풀이 순서

❶ 발문 확인하기
우리는 지문을 읽기 앞서 1번 문제를 확인하며 2번과 3번의 문제 유형까지 확인했다. 3번은 본문의 내용 이해를 바탕으로 사례에 적용하는 문제다. 마지막 문제이면서 사례 적용 문제이므로 발췌독보단 1, 2번을 해결하기 위해 이해한 내용을 바탕으로 접근한다는 전략을 세운다. 따라서 1, 2번은 지문을 읽는 '중간에' 문제 해결한다는 목표로 접근해야 하지만, 3번은 지문을 '모두 읽은 후' 접근한다.

❷ 읽은 내용을 바탕으로 접근하되, 필요한 부분을 추가적으로 발췌독하기
우리는 앞서 (마) 문단을 읽지 않고 1, 2번을 해결했다. 굳이 (마) 문단을 더 읽고 3번으로 가기보단 지금까지 이해한 정보를 바탕으로도 해결 가능한 문제인지 우선 시도해 본다. 문제 풀이 중 필요하다면 부족한 부분을 발췌독한다.

합격자의 시간단축 Tip

Tip 불필요한 정보를 읽지 않는다.

본 문제는 (마) 문단을 읽지 않고도 해결 가능한 문제다. 불필요하게 (마) 문단을 읽지 않고 지금의 정보만으로 해결 가능한지 우선 시도한다. 만약 필요하다면 추가로 정보를 읽어도 늦지 않다.

08 정답 ⑤ 난이도 ●●○

의사소통능력_논리적 추론

접근전략 지문의 내용을 바탕으로 추론한 내용으로 적절하지 않은 것을 묻고 있다. 이런 문제는 '지문의 내용과 일치하지 않는 것'을 묻는 문제와 유사하나, 지문의 내용과 일치하지 않는 내용뿐 아니라 지문의 내용을 기반으로 사고할 수 있는 내용까지 묻는 문제다. 일치-부합 문제와 동일하게 선지의 내용을 발췌독하되, 단순 발췌독으로 문제가 풀리지 않는다면 해당 문단을 정독하고 추론을 통해 선지를 해결한다.

주어진 자료를 바탕으로 하여 추론한 내용으로 적절하지 않은 것은?

(1)금융은 가계·기업·정부의 경제 활동에 필수적인 '자본의 효율적 배분과 위험 관리'를 통해 경제의 중추적 역할을 수행한다. (2)개별 금융기관이나 금융 시스템의 불안정성은 심각한 경제적·사회적 파급 효과를 초래할 수 있는 만큼 이들의 건전성과 안정성 확보, 그리고 소비자 보호의 필요성 측면에서 국내에서도 다양한 규제가 도입되고 있다. ▶ 1문단

(1)한편 금융의 기능과 역할이 갈수록 복잡해지고 확대됨에 따라 내부자 거래, 회계 부정, 자금 세탁, 불법 자금 거래, 금융 사기, 정보 유출 등 크고 작은 사건·사고가 끊이지 않고 있으며 위 규제 강화의 흐름 속에서 윤리의 역할도 지속적으로 강조되고 있다. ▶ 2문단

(1)사람들 간의 행동을 규정하는 규칙의 체계인 윤리 문제를 다루기 위해서는 윤리적인 문제가 무엇인지 인식하고 그 결과를 적용시키는 과정이 중요한데, 특히 기업 윤리에서는 어떤 결론에 도달했는지 뿐만 아니라 어떻게 그 결론에 도달했는지에 대한 추론 과정이 매우 중요하다. (2)윤리 철학은 이러한 추론 과정에서 옳고 그름을 판단하는 기준으로서 규범 접근법, 기술 접근법, 문화/제도적 관점 등을 제시한다. ▶ 3문단

(1)규범 접근법은 철학의 윤리 이론에서 도출된 방법론으로, 윤리와 관련된 선택에 대해 주의 깊게 생각하고 윤리적으로 '옳은' 결정을 내리기 원하는 '양심적인 도덕 행위자'라면 어떤 결정을 내려야 할지 도움을 주는 의사 결정 도구를 제공한다. (2)규범 접근법은 결과론적 접근법, 의무론적 접근법, 덕윤리 중심 접근법 등으로 구분된다. ▶ 4문단

(1)결과론적 접근법은 행위의 잘잘못을 그 행위가 초래하는 결과에 기초해서 판단하는 방법론을 말한다. (2)대표적인 결과주의 이론인 공리주의는 흔히 '최대 다수의 최대 행복 추구'로 잘 알려져 있으며, 실천적 측면에서 어떤 행동이 가능한 한 많은 사람에게 최대의 이익이 돌아가도록 해야 한다는 행위 지침으로서 간단명료하다는 장점이 있으나 사회적 이익의 총량 증대만 강조할 경우 목적이 수단을 정당화하거나, 비도덕적으로 보일 수 있는 많은 행위를 정당화하는 부작용도 존재한다. ▶ 5문단

(1)의무론적 접근법은 행위의 결과와 무관하게 행위에 대한 도덕적 책무와 의무를 중시하는 방법론이다. (2)이 접근법은 보다 넓고 추상적이며 보편적인 윤리 원칙(정직함, 공정성, 정의 등)에 기초해 무엇이 옳은지 결정하는 방법론으로, 대표적으로 칸트주의가 있다. (3)칸트는 정언명령이라는 개념을 통해 어떤

조건이나 결과에 상관없이 행위 자체가 선하므로 절대적, 의무적으로 행할 것이 요구되는 법칙을 제시하였다. (4)이러한 접근법에서는 의무 사이에 대립이 있을 때 충돌을 어떻게 해소할 것인가 하는 문제가 발생할 수 있는데, 이는 윤리적 딜레마에 직면했을 때 어떤 의무·권리 또는 원칙이 우선하는지 결정하기가 어렵기 때문이다. ▶ 6문단

(1)덕 윤리 중심 접근법은 철학자 아리스토텔레스에 의해 체계화된 방법론으로, 결정이나 행위 자체보다 행위자의 도덕적·성격적 특징, 즉 행위자의 올곧음을 중시하여 성품과 덕을 강조하며 좋은 사람이 되는 것을 목표로 하는 접근법이다. (2)이 관점은 높은 윤리적 행동 기준이 요구되는 전문가 집단에 특히 유용한 것으로 알려져 있으며, 일반적으로 널리 알려져 있는 '공개 규칙'의 기반이 된다. (3)공개 규칙은 "당신의 행동이 신문에 기사화된다면 당신은 어떻게 하겠는가"라는 질문을 통해 윤리적 판단을 내리도록 도와주는 방법론을 말한다. (4)이는 대부분의 상황에 적용되는 집단의 대응 기준이 있고, 그에 소속된 사람들은 직관적으로 그 기준이 무엇인지 알고 있다고 가정하는데, 특히 신속한 의사결정이 요구되는 상황에서 효과적인 방법론으로 널리 활용되고 있다.

▶ 7문단

① 국내에서 금융 관련 규제의 강화 및 금융기관과 금융인에게 엄중한 윤리적 기준이 강조되고 있는 것은 각종 금융 사건·사고가 신뢰를 기반으로 하는 금융에 대한 사회적 불신을 키울 수 있다는 점을 전제로 하여 사회적 요구가 반영된 결과로 볼 수 있다.

➜ (O) 개별 금융기관이나 금융 시스템의 불안정성은 심각한 경제적·사회적 파급 효과를 초래할 수 있는 만큼 이들의 건전성과 안정성 확보, 그리고 소비자 보호의 필요성 측면에서 국내에서도 다양한 규제가 도입되고 있으며[1문단 (2)] 금융의 기능과 역할이 갈수록 복잡해지고 확대됨에 따라 크고 작은 사건·사고가 끊이지 않고 있으며 위 규제 강화의 흐름 속에서 윤리의 역할도 지속적으로 강조되고 있다[2문단 (1)]. 이러한 내용을 종합하면 개별 금융기관이나 금융 시스템의 불안정성과 각종 금융 사건·사고의 증가에 따라 사회적 파급 효과가 초래될 수 있고 이에 건전성, 안정성 및 소비자 보호의 필요성 등의 이유로 규제 강화와 윤리의 역할이 강조되고 있음을 추론할 수 있다. 따라서 위 자료를 바탕으로 하여 추론한 내용으로 적절하다.

② 결과론적 접근법에서는 다수의 이익을 명분으로 소수 집단의 권리가 쉽게 희생될 수 있을 것이다.

➜ (O) 대표적인 결과주의 이론인 공리주의는 흔히 '최대 다수의 최대 행복 추구'로 잘 알려져 있으며, 실천적 측면에서 어떤 행동이 가능한 한 많은 사람에게 최대의 이익이 돌아가도록 해야 한다는 행위 지침이다[5문단(2)]. 이를 바탕으로 결과주의 이론의 하나인 공리주의하에서는 다수에게 최대의 이익이 돌아갈 수 있다면 소수 집단의 권리가 희생될 수 있다고 판단할 것임을 추론할 수 있다. 또한 사회적 이익의 총량 증대만 강조할 경우 목적이 수단을 정당화하거나, 비도덕적으로 보일 수 있는 많은 행위를 정당화하는 부작용도 존재한다.[5문단 (2)] 즉, 다수의 이익을 명분으로 소수 집단의 권리가 쉽게 희생되는 부작용이 생길 수 있을 것이다. 따라서 위 자료를 바탕으로 하여 추론한 내용으로 적절하다.

③ 의무론적 접근법에서 정언 명령이 보편적인 도덕 법칙을 제시한다고 하더라도, 어떤 정언 명령이 우선 순위인지 결정하기 어려우므로 윤리적 딜레마를 해결하기 어려울 수 있다.

➜ (O) 칸트는 정언명령이라는 개념을 통해 어떤 조건이나 결과에 상관없이 행위 자체가 선하므로 절대적, 의무적으로 행할 것이 요구되는 법칙을 제시하였다. [6문단 (3)]에서 정언명령이 보편적인 도덕법칙을 제시하였음을 알 수 있다. 이러한 접근법에서는 의무 사이에 대립이 있을 때 충돌을 어떻게 해소할 것인가 하는 문제가 발생할 수 있는데, 이는 윤리적 딜레마에 직면했을 때 어떤 의무·권리 또는 원칙이 우선하는지 결정하기가 어렵기 때문이다. [6문단 (4)]에서 정언명령의 우선순위를 결정하기 어려워 윤리적 딜레마를 해결하기 어려움을 추론할 수 있다. 적절한 추론이다.

④ 공개 규칙은 개인의 판단을 넘어서서 보다 넓은 공동체의 기준에 기초하여 윤리적인 판단을 하도록 돕는 방법론으로 볼 수 있다.

➜ (O) 공개 규칙은 "당신의 행동이 신문에 기사화된다면 당신은 어떻게 하겠는가"라는 질문을 통해 윤리적 판단을 내리도록 도와주는 방법론을 말하며 [7문단 (3)] 이는 대부분의 상황에 적용되는 집단의 대응 기준이 있고, 그에 소속된 사람들은 직관적으로 그 기준이 무엇인지 알고 있다고 가정한다[7문단 (4)]. 이때 "당신의 행동이 신문에 기사화된다면 당신은 어떻게 하겠는가"라는 질문은 개인이 행한 행동이 개인이 속한 집단 또는 공동체에 공개되는 것을 의미하므로 개인은 윤리적 판단을 함에 있어 자

신이 속한 집단 또는 공동체의 기준을 고려할 것임을 추론할 수 있다. 그러므로 공개 규칙을 개인의 판단을 넘어서 개인이 공동체의 기준에 기초하여 윤리적인 판단을 하도록 돕는 방법론으로 볼 수 있다. 따라서 위 자료를 바탕으로 하여 추론한 내용으로 적절하다.

⑤ **덕 윤리 중심 접근법은 윤리적인 의사판단에 규칙을 적용하여 그 규칙에 부합하는 행위를 옳은 행위로 본다는 점에서 행위의 옳고 그름에 대한 빠른 판단이 가능할 것이다.**

→ (×) 덕 윤리 중심 접근법은 결정이나 행위 자체보다 행위자의 도덕적·성격적 특징, 즉 행위자의 올곧음을 중시하여 성품과 덕을 강조하며 좋은 사람이 되는 것을 목표로 하는 접근법이다[7문단 (1)]. 그러나 해당 선지에서는 덕 윤리 중심 접근법이 윤리적인 의사판단에 규칙을 적용하여 그 규칙에 부합하는 행위를 옳은 행위로 본다고 서술하고 있어 덕 윤리 중심 접근법과 관련해 행위자의 올곧음보다는 '윤리적인 의사판단', '규칙 적용', '규칙에 부합하는 행위' 등 결정이나 행위 자체를 중시하여 설명하고 있다. 따라서 위 자료를 바탕으로 하여 추론한 내용으로 적절하지 않다. 참고로 덕 윤리 중심 접근법을 기반으로 하는 '공개 규칙'은[7문단 (2)] 신속한 의사결정이 요구되는 상황에서 효과적인 방법론으로 널리 활용되고 있다는[7문단 (4)] 점에서 덕 윤리 중심 접근법이 신속한 의사결정을 하는 데에 효과적일 수 있음을 추론할 수 있을 것이다. 그러나 이는 윤리적인 의사판단에 규칙을 적용하여 그 규칙에 부합하는 행위를 옳은 행위로 보기 때문에 신속한 의사결정이 가능한 것은 아니라는 점에서 적절하지 못한 추론임을 알 수 있다.

덕 윤리 중심 접근법은 일반적으로 널리 알려진 공개규칙을 적용하여 그 규칙에 부합하는 행위를 옳은 행위로 본다는 점을 추론할 수 있다. [7문단 (1)] 또한, 덕 윤리 중심 접근법은 특히 신속한 의사결정이 요구되는 상황에서 효과적인 방법이다. [7문단 (4)] 다만, 덕 윤리 중심 접근법이 윤리적 의사판단에 규칙을 적용하기 때문에 행위의 옳고 그름에 대한 빠른 판단이 가능해지는지에 대한 인과관계는 알 수 없다.

합격자의 실전 풀이 순서

[방법 1]

❶ **선지를 훑으며 대략적인 주제를 파악한다.**
"추론할 수 없는 것은?", "일치하지 않는 것은?" 문제에서 선지는 매우 중요한 힌트가 된다. 정답을 제외한 4개의 선지를 보는 것만으로 어느 정도 지문의 주제나 내용을 확인할 수 있기 때문이다.

❷ **각 선지의 키워드를 설정 후 발췌독해서 1차적으로 답을 판단한다.**
옳지 않은 것 / 부합하지 않은 것 / 추론할 수 없는 것을 물어보는 문제는 선지부터 본다. 정답이 되는 선지 외의 4개 선지는 모두 옳은 선지이므로 선지를 보는 것만으로 지문을 읽는 효과가 있기 때문이다.
또한 답이 되는 선지의 경우 본문에 있는 내용과 다른 경우 / 혹은 본문에 없는 내용이 제시된 경우로 출제될 수 있다. 본문에 있는 내용과 다른 경우로 출제되는 경우에는 정답 선지 역시 발췌독으로 답을 빠르게 구할 수 있다. 본문에 없는 내용으로 출제된다면 발췌독 과정에서 발견되지 않아 유력한 정답 선지로 인식할 수 있고, 나머지 선지를 빠르게 확인한 후 답을 고를 수 있기 때문이다.

❸ **발췌독해서 지문과 일치하지 않는 것만으로 답이 나오지 않는 경우, 추론한다.**
옳지 않은 것 / 부합하지 않은 것을 물어보는 문제는 지문의 내용과 동일한 문장이나 단어를 근거로 오답 선지를 만드는 경우가 대부분이다. 그러나 추론할 수 없는 것을 묻는 문제는 지문의 내용을 통해 추가적인 판단을 거쳐야 해결할 수 있는 선지를 제시한다.
처음부터 선지를 보고 추론하는 것보다 일단 일치 부합 문제와 동일하게 지문 내용의 발췌독으로 선지를 제거하고, 이후에 추론을 통해야만 구할 수 있는 선지를 제거하는 것이 효율적이다.

[방법 2]

❶ **1문단과 선지를 통해 대략적인 주제와 글의 전개 구조를 파악한다.**
1문단과 선지에 사용된 단어를 통해 글의 주제와 글의 전개 방식에 대해 추론할 수 있다. 이를 통해 문제를 어떻게 풀지 결정할 수 있다. 이 문제의 경우 4문단 이후부터 다양한 윤리철학이 차례로 제시될 것임을 알 수 있다.

❷ **4문단부터 한 문단씩 읽고 그 문단에 해당하는 선지 정오를 판단한다.**
선지 ①을 제외한 모든 선지가 특정 윤리철학에 대한 설명이다. 이를 파악했다면 앞 문단은 가볍게 읽어 넘기고 4문단부터 한 문단씩 끊어 읽고 바로바로 해당 윤리철학에 대한 설명이 옳은지, 틀린지 파악한다.

합격자의 시간단축 Tip

Tip ❶ 일치하는 것, 일치하지 않는 것 외에 알 수 없는 것이 나올 가능성을 생각한다.

추론한 내용으로 적절하지 않은 것을 묻는 문제이다. 그렇다면 글의 내용과 일치하는 것은 답이 아니고, 일치하지 않는 것이 답인 것은 자명하다. 글에서 알 수 없는 것은 답이 될 수 있는가? 그렇다. 알 수 없는 것 역시 글의 내용과 일치하지 않기 때문이다. 선지의 내용이 글에서 알 수 없는 내용임에도 불구하고 무조건 찾으려 들 생각을 버리자. 도저히 글에서 근거를 찾을 수 없는 선지가 정답이 될 수 있다.

Tip ❷ 키워드 뽑는 방법

발췌독하기 위해서는 생소한 키워드를 뽑아야 한다. 일반적인 단어를 키워드로 삼으면 지문에서 자주 등장하기 때문에 효율적인 발췌독을 하기 어렵다. 보통 키워드를 뽑을 때 맨 앞에 있는 주어를 선정하는 경우가 많다. 그러나 이는 상황에 따라 비효율적이다. 모든 선지의 주어가 같은 경우도 있고, 주어보다 서술어나 목적어가 더 생소한 경우가 많기 때문이다. 키워드를 뽑는 목적은 지문을 빠르게 발췌독하기 위함이고, 이를 위해 주어뿐만 아니라 모든 단어에 대해 가능성을 열어 두어야 함을 기억하자.
해당 문제의 경우 각 선지의 주어가 모두 다르고 특이하다. 선지 ②는 '결과론적 접근법'을, 선지 ③은 '의무론적 접근법'을, 선지 ④는 '공개 규칙'을, 선지 ⑤는 '덕 윤리 중심 접근법'을 키워드로 삼아 해당 문단을 빠르게 찾을 수 있다.

Tip ❸ 선지 구성을 통해 읽어야 하는 문단을 결정한다.

이 문제의 경우 선지 ①을 제외한 모든 선지가 특정 윤리철학에 대한 설명이다. 즉 4문단 이후 내용으로 5개 중 4개의 선지가 구성되었다. 1, 2, 3문단은 빠르게 읽어 넘기거나 아예 읽지 않고도 문제를 풀 수 있다.

Tip ❹ 개념에는 네모로 표시하고 개념의 포함관계를 생각하며 읽는다.

본 지문은 전형적인 문단마다 개념을 나열하며 설명하는 유형이다. 선지에서도 확인했듯이 개념마다의 내용을 바탕으로 출제될 것이므로 각 개념을 확실히 표시한다. 각 문단의 처음에 '규범 접근법은~', '결과론적 접근법은~'하고 이후 정의 설명이 이루어지므로 '규범 접근법'에 네모상자, '결과론적 접근법'에 네모 상자를 그리는 것이다. 이는 선지에서 다시 찾아올라올 때 시간을 단축하게 할 뿐만 아니라 글의 구조를 파악함에 있어서도 유용하다.
또한, 여러 개념들이 나열될 때에는 개념 간의 포함관계에 유의하자. 위 지문에서는 결과론적 접근법, 의무론적 접근법, 덕 윤리 중심 접근법은 동일한 카테고리이지만 규범 접근법은 이들의 상위 카테고리에 해당한다. 해당 문제에서는 상관없지만 포함관계에 대한 문제나 함정은 자주 출제되므로 읽을 때부터 주의하며 읽는다. 화살표 등 본인이 알아볼 수 있도록 표기하는 것도 좋다.

09 정답 ①

난이도 ●●○

의사소통능력_개념의 이해 및 활용

접근전략 연결 문제로, 앞 지문에서 이해한 내용을 바탕으로 추가 지문의 사례에 적용하는 문제다. 추가 지문의 내용이 앞 지문과 어떤 관련이 있는지를 생각하며 빠르게 읽어나가고, 선지를 확인해 지문과 추가지문의 연관성을 파악하며 정오를 판단한다.

주어진 자료의 내용을 다음 사례에 적용하여 판단한 것으로 적절하지 않은 것을 모두 고르면?

(1)2008년 미국의 서브프라임 모기지로 인해 발생한 금융위기는 저금리 상황에서 시중의 풍부한 유동성으로 부동산 가격이 상승한 가운데 기저에 잠재된 비윤리적 행위가 위기를 촉발한다는 지적이 제기되었다. (2)금융위기 당시 소득·직업·자산이 없어도 심사 과정에서 별다른 서류 없이 연봉만 밝히면 대출이 승인되는 닌자대출(NINJA loan: No Job or Asset loan)이 취급되었고, 월가 투자은행들은 위험한 모기지를 묶어 안전한 금융상품을 만들었다며 무분별하게 판매하기도 하였다. (3)신용평가사들 역시 MBS(Mortgage Backed Securities) 파생상품의 리스크를 철저히 평가하지 않고 과도한 신용등급을 부여하였다. (4)위기의 상황에서 탐욕스러운 금융회사에 대한 처벌은 제대로 이루어지지 않았고, 미국 납세자들의 공적자금을 지원받아 기사회생했다. (5)금융회사 및 연방은 이러한 조치가 공리주의적 관점에서 옳다고 주장하였다. (6)2008년 금융위기 이후 미국에서는 도드-프랭크법(Dodd-Frank Act)이 제정되는 등 금융에 더욱 엄격한 투명성과 책임을 요구하는 규제가 도입되었다.

보기

ㄱ. 의무론적 접근법에 따라 윤리적 판단을 한다면 위험한 파생상품에 대한 책임감, 정직, 고객에 대한 투명성 등의 관점에서의 접근이 이루어질 것이다.

→ (○) 의무론적 접근법은 행위의 결과와 무관하게 행위에 대한 도덕적 책무와 의무를 중시하는 방법론이며[6문단 (1)] 이 접근법은 보다 넓고 추상적이며 보편적인 윤리 원칙(정직함, 공정성, 정의 등)에 기초해 무엇이 옳은지 결정하는 접근법이다[6문단 (2)]. 위험한 파생상품에 대한 책임감, 정직, 고객에 대한 투명성 등의 관점에서의 접근은 정직함, 공정성, 정의 등 보다 넓고 추상적이며 보편적인 윤리 원칙에 기초하는 것으로 의무론적 접근법을 따르고 있다고 볼 수 있다. 따라서 보기 ㄱ은 위 자료의 내용을 다음 사례에 적용하여 판단한 것으로 적절하다.

ㄴ. 덕 윤리 중심 접근법에 따른 윤리적 판단을 위해서는 위험한 모기지나 MBS가 다수의 이해관계자들에게 미칠 수 있는 잠재적 피해에 보다 주의를 집중하여야 할 것이다.

→ (×) 덕 윤리 중심 접근법은 결정이나 행위 자체보다 행위자의 도덕적·성격적 특징, 즉 행위자의 올곧음을 중시하여 성품과 덕을 강조하며 좋은 사람이 되는 것을 목표로 하는 접근법이다[7문단 (1)]. 다수의 이해관계자들에게 미칠 수 있는 잠재적 피해에 보다 주의를 집중하는 것은 윤리적 판단에 있어 행위자의 올곧음이 아닌 결정하는 행위 자체를 보다 중시하는 것으로 덕 윤리 중심 접근법에 따른 윤리적 판단과는 거리가 멀다. 따라서 보기 ㄴ은 위 자료의 내용을 다음의 사례에 적용하여 판단한 것으로 적절하지 않다. 참고로 다수의 이해관계자들에게 미칠 수 있는 잠재적 피해에 보다 주의를 집중하는 것은 윤리적 판단에 있어 행위의 결과를 중시하는 것으로 위 자료에 제시된 세 가지 접근법 중 결과론적 접근법과 가장 관련이 높다고 할 것이다.

ㄷ. 금융위기 당시 금융회사에 지원된 공적자금이 공리주의적 관점에서 옳다는 주장에 대하여 결과적으로 금융위기의 책임은 금융회사가 아닌 공적자금을 지원해 준 납세자에게 전가되었다는 점에서 더 많은 국민이 행복해지지 않았다는 점을 들어 반박할 수 있다.

→ (○) 대표적인 결과주의 이론인 공리주의는 흔히 '최대 다수의 최대 행복 추구'로 잘 알려져 있으며, 실천적 측면에서 어떤 행동이 가능한 한 많은 사람에게 최대의 이익이 돌아가도록 해야 한다는 행위 지침이다[5문단 (2)]. 위기의 상황에서 탐욕스러운 금융회사에 대한 처벌이 제대로 이루어지지 않았고, 미국 납세자들의 공적 자금을 지원받아 기사회생했는데[사례 (4)] 이를 통해 결과적으로 금융위기의 책임이 금융회사가 아닌 공적자금을 지원해 준 납세자에게 전가되었음을 알 수 있다. 이처럼 국민인 납세자들의 공적 자금을 금융회사에 지원한 것은 오히려 납세자에게 금융위기의 책임을 전가한 결과로 나타났다는 점에서 납세자인 더 많은 국민이 행복해지지 않았다고 볼 수 있다. 그렇다면 가능한 한 많은 사람에게 최대의 이익이 돌아가도록 해야 한다는 행위 지침인 공리주의에 따르면 금융회사에 공적 자금을 지원하는 조치가 공리주의적 관점에서 옳다는 금융회사 및 연방의 주장은[사례 (5)] 더 많은 국민이 행복해지지 않았기 때문에 반박될 수 있다. 따라서 보기 ㄷ은 위 자료의 내용을 다음 사례에 적용하여 판단한 것으로 적절하다.

ㄹ. 금융위기가 촉발될 시점에 파생상품의 오용 및 무자격자에 대한 부실한 대출 관행이 행해졌다는 점에서 금융회사들의 비윤리적인 행위에 대한 정부의 강력한 규제의 필요성을 도출할 수 있다.

→ (○) 금융위기 당시 소득·직업·자산이 없어도 심사 과정에서 별다른 서류 없이 연봉만 밝히면 대출이 승인되는 닌자대출이 취급되었고, 월가 투자은행들은 위험한 모기지를 묶어 안전한 금융상품을 만들었다며 무분별하게 판매하기도 하였다[사례 (2)]. 이러한 내용을 통해 금융위기 당시 파생상품의 오용 및 무자격자에 대한 부실한 대출 관행이 행해졌음을 알 수 있다. 한편 개별 금융기관이나 금융 시스템의 불안정성은 심각한 경제적·사회적 파급 효과를 초래할 수 있는 만큼 이들의 건전성과 안정성 확보 그리고 소비자 보호의 필요성 측면에서 국내에서도 다양한 규제가 도입되고 있고[1문단 (2)] 금융의 기능과 역할이 복잡해지고 확대됨에 따라 크고 작은 사건·사고가 끊이지 않고 있으며 위 규제 강화의 흐름 속에서 윤리의 역할도 지속적으로 강조되고 있다[2문단 (1)]. 이러한 내용에 비추어 볼 때 금융위기 당시 금융회사들에 의해 행해진 파생상품의 오용 및 무자격자에 대한 부실한 대출 관행 역시 심각한 경제적·사회적 파급 효과를 초래하거나 각종 사건·사고로 이어질 수 있는 만큼 이에 대한 규제가 도입될 필요가 있음을 도출할 수 있다. 따라서 보기 ㄹ은 위 자료의 내용을 다음 사례에 적용하여 판단한 것으로 적절하다.

① ㄴ → (○)
② ㄹ → (×)
③ ㄱ, ㄷ → (×)
④ ㄴ, ㄷ → (×)
⑤ ㄴ, ㄹ → (×)

합격자의 실전 풀이 순서

[방법 1]

❶ 발문 확인하기
본 문제는 '위 자료의 내용을 다음 사례에 적용하여 판단한 것으로 적절하지 않은 것'을 고르는 문제이므로 본문 내용과 일치하지 않거나 지문의 자료를 추가 자료에 적용하기 어려운 선지가 정답이 된다. 또한, 적절하지 않은 것을 고르는 것은 제시문과 일치하지 않는 내용의 선지를 고르라는 것이기 때문에 발문에 X 표시를 의식적으로 치고 문제를 풀면, 부합하는 것을 고르는 실수를 방지할 수 있다.

❷ 각 선지의 키워드를 설정한 후 발췌독해서 일차적으로 답을 판단한다.
키워드로 삼을만한 특이한 단어가 선지에 있는 경우 선지나 보기의 단어 중 키워드를 설정한 뒤 이를 발췌독하는 것이 효과적이다. 선지의 단어 중 가장 생소하거나 특이한 단어를 키워드로 삼아 키워드가 있는 문단을 탐색하자. 특이한 단어의 경우 지문에서 그대로 나오거나 조금의 변형을 거쳐 나오므로 찾기 용이하기 때문이다.
이미 앞 문제에서 키워드를 삼아서 문단별 핵심 내용을 구조화했다면 해당 문제에서도 보기별로 키워드를 삼아 빠르게 적절한 문단을 찾아 발췌독할 수 있다.

[방법 2]

❶ 발문 확인하기
본 문제는 '위 자료의 내용을 다음 사례에 적용하여 판단한 것으로 적절하지 않은 것'을 고르는 문제이므로 본문 내용과 일치하지 않거나 지문의 자료를 추가 자료에 적용하기 어려운 선지가 정답이 된다. 또한, 적절하지 않은 것을 고르는 것은 제시문과 일치하지 않는 내용의 선지를 고르라는 것이기 때문에 발문에 X 표시를 의식적으로 치고 문제를 풀면, 부합하는 것을 고르는 실수를 방지할 수 있다.

❷ 선지 구성을 통해 먼저 확인할 보기를 선택한다.
선지 구성을 통해 어떤 선지를 먼저 확인할지 결정한다. 경우에 따라 어떤 보기는 아예 보지 않고도 문제를 해결할 수 있기 때문이다. 이 문제는 보기 ㄴ이 선지 3개에 등장한다. 따라서 보기 ㄴ이 틀렸을 가능성을 염두에 두고 보기 ㄷ과 ㄹ을 차례로 확인한다. 이 두 보기가 모두 옳은 보기임을 확인했다면 답은 자동으로 선지 ①로 도출된다. 단 2개의 보기만 확인하고도 문제를 해결할 수 있다.

합격자의 시간단축 Tip

Tip ❶ 너무 많은 표시를 하지 않는다.
추가지문을 통독 하되, 특징이나 비교 같은 주요 내용에 동그라미와 밑줄 등으로 표기를 하며 읽어 내려가는 것이 일반적이다. 하지만 너무 많은 표기를 한다면 오히려 정답 찾기에 방해가 될 수 있다. 그러므로 최대한 그 문단의 핵심 주요 소재나 단어에만 표시를 하도록 한다.

Tip ❷ 선지 구성을 적극 활용한다.
선지 구성을 통해 어떤 선지를 먼저 확인할지 결정한다. 경우에 따라 어떤 보기는 아예 보지 않고도 문제를 해결할 수 있기 때문이다. 이 문제는 보기 ㄴ이 선지 3개에 등장한다. 따라서 보기 ㄴ이 틀렸을 가능성을 염두에 두고 보기 ㄷ과 ㄹ을 차례로 확인한다. 이 두 보기가 모두 옳은 보기임을 확인했다면 답은 자동으로 선지 ①로 도출된다. 단 2개의 보기만 확인하고도 문제를 해결할 수 있다.

10 정답 ②

난이도 ●●●

수리능력_응용수리_방정식

간단풀이

9월 한 달 동안 주말에 추가 근무한 날을 x일이라 하면 주중에 추가로 근무한 날은 $(15-x)$일이다.
(주중에 2시간씩 시간당 2만 원을 받으며 $(15-x)$일동안 근무한 추가 수당)=(주말에 6시간씩 시간당 3만 원을 받으며 x일동안 근무한 추가 수당)=144(만 원)이므로
$2\times2\times(15-x)+6\times3\times x=144$(만 원)
$60-4x+18x=144$이므로 $14x=84$
$\therefore x=6$

상세풀이

A가 주중과 주말에 받는 시간당 추가 수당이 다르므로 주중 추가 수당과 주말 추가 수당의 합이 전체 추가 수당이 됨을 이용하여 방정식을 세워 해결해야 한다.
A는 9월 한 달 동안 주중과 주말을 합쳐 15일간 추가 근무를 했으므로 주말에 추가 근무한 날을 x(일)이라 하면 주중에 추가로 근무한 날은 $15-x$(일)이다.
주중에 추가 근무하면 하루 2시간씩 근무하고 시간당 2만 원을 받으므로 $15-x$(일)동안 근무해 받은 추가 수당을 식으로 나타내면 $2\times2\times(15-x)$(만 원)이다.
주말에 추가 근무하면 하루 6시간씩 근무하고 시간당 3만 원을 받으므로 x(일)동안 근무해 받은 추가 수당을

식으로 나타내면 $6\times3\times x$만 원이다.

9월 한 달간 A가 받은 추가 근무 수당의 총합은 144만 원이므로

$2\times2\times(15-x)+6\times3\times x=144$

$60-4x+18x=144$

$14x=84 \quad \therefore x=6$

따라서 A가 9월 한 달간 주말에 추가로 근무한 날은 6일이다.

11 정답 ③ 난이도 ●●○

수리능력_응용수리_일률

간단풀이

전체 업무의 양을 1이라 하면

(A의 하루 업무량)$=\frac{1}{30}$

B는 A보다 2배 빠르므로

(B의 하루 업무량)$=2\times\frac{1}{30}=\frac{1}{15}$

(A와 B가 함께 일할 때 하루 업무량)

$=\frac{1}{30}+\frac{1}{15}=\frac{3}{30}=\frac{1}{10}$

따라서 원래 두 사람이 전체 프로젝트를 끝마치는 데 걸리는 기간은 10일이다.

이때, 함께 일을 하면 업무시간이 20% 단축된다고 하였으므로 실제 기간은

$10\times(1-0.2)=8$(일)

따라서 A, B가 함께 프로젝트를 끝내는데 걸리는 기간은 8일이다.

상세풀이

이 문제는 전체 업무의 양을 1이라 하고 A, B 각각이 하루에 할 수 있는 업무량, 즉 일률을 구해 해결할 수 있다.

먼저 A, B 두 사람의 하루 업무량(일률)을 구한다. 전체 프로젝트를 끝마치는 데 필요한 업무의 양을 1이라 하면 A 혼자 하면 30일이 걸리므로 A의 하루 업무량은 $\frac{1}{30}$이다. 그리고 B 혼자 진행할 때는 A 혼자 진행할 때보다 2배 빠르게 진행하므로 B의 하루 업무량은 $\frac{1}{30}\times2=\frac{1}{15}$이다.

A와 B가 함께 일하는 경우 두 사람의 하루 업무량을 구하면 $\frac{1}{30}+\frac{1}{15}=\frac{3}{30}=\frac{1}{10}$이다.

즉, 원래 두 사람이 전체 프로젝트를 끝마치는 데 걸리는 기간은 10일이다.

이때, 함께 일하면 업무시간이 20% 단축된다고 하였으므로 단축되는 기간은 $10\times0.2=2$(일)이다.

따라서 A, B가 함께 프로젝트를 끝내는데 걸리는 기간은 $10-2=8$(일)이다.

12 정답 ② 난이도 ●○○

수리능력_금융수리_원리합계

간단풀이

원금 1,000만 원을 복리로 연이율 4%인 예금에 1년간 예치했을 때 받을 수 있는 이자는 원금의 4%에 해당하는 $1{,}000\times0.04=40$(만 원)이다.

이때, 이자소득 세율은 15.4%이므로 이자소득세를 제한 이자액은 $40\times0.846=33.84$(만 원)이다.

따라서 1년 후 원금 대비 세후 이자 수익률은

$\frac{33.84}{1{,}000}\times100=3.384$(%)이다.

상세풀이

주어진 비율의 세금을 제외한 실제 이자를 구하여 원금 대비 세후 이자 수익률을 구하는 문제이다. 이때, 문제에서는 1년 단위로 이자가 붙는 예금의 1년 후 이자를 묻고 있으므로, 원리합계에서 원금을 빼서 이자를 계산하는 대신 연이율을 이용하여 이자를 곧바로 구하는 것이 더 간편하다.

원금 1,000만 원을 연이율이 4%인 복리 예금상품에 예치하면 1년 동안 이자가 1번만 붙으므로 1년 후에 받을 수 있는 이자는 원금의 4%에 해당하는 $1{,}000\times0.04=40$(만 원)이다.

이때, 이자소득 세율은 15.4%이므로 이자소득세를 제한 이자액은

$40\times(1-0.154)=40\times0.846=33.84$(만 원)이다.

따라서 원금 대비 세후 이자 수익률은

$\frac{(\text{이자})}{(\text{원금})}\times100=\frac{33.84}{1{,}000}\times100=3.384$(%)이다.

13 정답 ③ 난이도 ●●○

수리능력_금융수리_환율 및 실용계산

간단풀이 1

㉠ 1원은 중국 위안화로 $\frac{7.2}{1,400}$위안이므로 56만 원은 $560,000 \times \frac{7.2}{1,400} = 2,880$(위안) (○)

㉡ 1원은 일본 엔화로 $\frac{150}{1,400}$엔이므로 56만 원은 $560,000 \times \frac{150}{1,400} = 60,000$(엔) (×)

㉢ 1원은 베트남 동화로 $\frac{26,000}{1,400}$동이므로 56만 원은 $560,000 \times \frac{26,000}{1,400} = 10,400,000$(동) (×)

㉣ 1원은 미국 달러화로 $\frac{1}{1,400}$달러이므로 56만 원은 $560,000 \times \frac{1}{1,400} = 400$(달러) (○)

간단풀이 2

56만 원을 달러로 변환:

$\frac{560,000}{1,400} = 400$(달러) → ㉣: (○)

㉠ 400달러를 위안화로 변환:
$400 \times 7.2 = 2,880$(위안) (○)

㉡ 400달러를 엔화로 변환:
$400 \times 150 = 60,000$(엔) (×)

㉢ 400달러를 베트남 동화로 변환:
$400 \times 26,000 = 10,400,000$(동) (×)

상세풀이 1

원화 가격이 주어진 카메라의 각국 통화별 가격을 알아내야 하므로 〈표〉의 미국 달러 대비 한국 원화 가치를 활용하여 국가별 원화 대비 통화 가치를 계산해 내는 것이 중요합니다.

한국 원화의 미국 달러 대비 통화 가치는 1,400원/달러이므로 1원은 $\frac{1}{1,400}$달러입니다. 따라서 1달러에 해당하는 국가별 원화의 금액을 1원에 해당하는 달러의 금액으로 나누면 1원에 해당하는 국가별 원화의 금액을 계산할 수 있습니다.

㉠ 중국 위안화의 미국 달러 대비 통화 가치는 7.2위안/달러이므로 1달러는 7.2위안이다. 즉, 1원은 $\frac{1}{1,400}$달러, 1달러는 7.2위안이므로 1원은 중국 위안화로 $\frac{7.2}{1,400}$위안이다. 따라서 카메라의 가격인 56만 원은 중국 위안화로 $560,000 \times \frac{7.2}{1,400} = 2,880$(위안)이므로 ㉠은 옳은 보기이다.

㉡ 일본 엔화의 미국 달러 대비 통화 가치는 150엔/달러이므로 1달러는 150엔이다. 즉, 1원은 $\frac{1}{1,400}$달러, 1달러는 150엔이므로 1원은 일본 엔화로 $\frac{150}{1,400}$엔이다. 따라서 카메라의 가격인 56만 원은 일본 엔화로 $560,000 \times \frac{150}{1,400} = 60,000$(엔)이므로 ㉡은 틀린 보기이다.

㉢ 베트남 동화의 미국 달러 대비 통화 가치는 26,000동/달러이므로 1달러는 26,000동이다. 즉, 1원은 $\frac{1}{1,400}$달러, 1달러는 26,000동이므로 1원은 베트남 동화로 $\frac{26,000}{1,400}$동이다. 따라서 카메라의 가격인 56만원은 베트남 동화로 $560,000 \times \frac{26,000}{1,400} = 10,400,000$(동)이므로 ㉢은 틀린 보기이다.

㉣ 1원은 미국 달러화로 $\frac{1}{1,400}$달러이므로 카메라의 가격인 56만 원은 $560,000 \times \frac{1}{1,400} = 400$(달러)이다. 따라서 ㉣은 옳은 보기이다.

따라서 옳은 것은 ㉠, ㉣이다.

상세풀이 2

〈표〉에 국가별 미국 달러 대비 통화 가치가 주어져 있으므로 처음부터 한국 원화 56만 원을 달러로 바꾼 후 문제를 해결할 수도 있다.

한국 원화의 미국 달러 대비 통화 가치는 1,400원/달러이므로 1원은 미국 달러화로 $\frac{1}{1,400}$달러이다. 따라서 카메라의 가격인 56만 원은 $560,000 \times \frac{1}{1,400} =$

400(달러)이고, ㉣은 옳은 보기이다.
이제 카메라의 가격을 400달러로 생각하자.

㉠ 중국 위안화의 미국 달러 대비 통화 가치는 7.2위안/달러이므로 1달러는 7.2위안이다. 따라서 카메라의 미국 달러화 가격에 해당하는 400달러는 중국 위안화로 400×7.2=2,880(위안)이므로 ㉠은 옳은 보기이다.

㉡ 일본 엔화의 미국 달러 대비 통화 가치는 150엔/달러이므로 1달러는 150엔이다. 따라서 카메라의 미국 달러화 가격에 해당하는 400달러는 일본 엔화로 400×150=60,000(엔)이므로 ㉡은 틀린 보기이다.

㉢ 베트남 동화의 미국 달러 대비 통화 가치는 26,000동/달러이므로 1달러는 26,000동이다. 따라서 카메라의 미국 달러화 가격에 해당하는 400달러는 베트남 동화로 400×26,000=10,400,000(동)이므로 ㉢은 틀린 보기이다.

따라서 옳은 것은 ㉠, ㉣이다.

14 정답 ③ 난이도 ●●○

수리능력_자료해석_자료에 대한 진위 판단(계산 필요)

① (O) 2023년 40~49세 취업자는 6,201천 명이다.
➜ 〈자료 1〉에서 연령대별 인구와 경제활동참가율이 주어졌으므로 경제활동인구를 구할 수 있다. 경제활동인구는 만 15세 이상 인구 중 취업자와 실업자이고, 〈자료 2〉에서 실업자 수가 주어졌으므로 경제활동인구에서 실업자를 빼면 취업자 수를 구할 수 있다.
〈자료 1〉에 따르면 2023년 40~49세 인구는 7,950천 명이고, 경제활동참가율은 80%이다.
이를 이용해 2023년 40~49세 경제활동인구를 구하면 7,950×0.8=6,360(천 명)이다.
〈자료 2〉에 따르면 2023년 40~49세 실업자 수는 150천 명이므로 2023년 40~49세 취업자 수는 6,360−150=6,201(천 명)이다.

② (O) 2023년 15~19세의 실업률은 5%이다.
➜ 〈자료 2〉를 통해 2023년 15~19세 실업자 수는 9천 명임을 확인할 수 있다. 실업률 공식에 따라 실업률을 구하기 위해서는 경제활동인구의 수를 알아야 한다.
〈자료 1〉에 따르면 2023년 15~19세 인구는 2,250(천 명), 경제활동참가율은 8%이므로 2023년 15~19세 경제활동인구는 2,250×0.08=180(천 명)이다.
2023년 15~19세 실업자 수와 경제활동인구를 이용해 실업률을 구하면 $\frac{9}{180}\times100=5(\%)$이므로 옳다.

③ (×) 2023년 20~29세의 고용률은 30~39세의 고용률보다 높다.
➜ 고용률을 산출하기 위해서는 먼저 경제활동인구를 구하고 이를 통해 취업자 수를 계산해야 한다.
2023년 20~29세의 경제활동인구와 취업자 수를 도출한 후 각주의 고용률 식을 이용해 고용률을 구하면 다음과 같다.
- 경제활동인구: 6,240×0.65=4,056(천 명)
- 취업자 수: 4,056−264=3,792(천 명)
- 고용률: $\frac{3,792}{6,240}\times100\fallingdotseq60.769(\%)$

마찬가지 방법으로 2023년 30~39세의 경제활동인구와 취업자 수, 고용률을 구하면 다음과 같다.
- 경제활동인구: 6,800×0.81=5,508(천 명)
- 취업자 수: 5,508−143=5,365(천 명)
- 고용률: $\frac{5,365}{6,800}\times100\fallingdotseq78.897(\%)$

따라서 30~39세의 고용률이 더 높으므로 적절하지 않은 설명이다.

④ (O) 제시된 연령대 중 2023년 경제활동인구가 가장 많은 연령대는 50~59세이다.
➜ '연령대별 경제활동인구=연령대별 인구×연령대별 경제활동 참가율'로 구한다.
이를 이용해 2023년 연령대별 경제활동인구를 구하면 다음과 같다.
- 15세~19세: 2,250×0.08=180(천 명)
- 20세~29세: 6,240×0.65=4,056(천 명)
- 30세~39세: 6,800×0.81=5,508(천 명)
- 40세~49세: 7,950×0.8=6,360(천 명)
- 50세~59세: 8,580×0.8=6,864(천 명)
- 60세~69세: 13,680×0.45=6,156(천 명)

따라서 50세~59세의 경제활동인구가 가장 많다.

⑤ (O) 2023년 60세 이상 취업자 수는 6,000천 명 이상이다.
➜ 2023년 60세 이상의 경제활동인구는 13,680×0.45=6,156(천 명)이고, 이 중 실업자는 154천 명이므로 취업자 수는 6,156−154=6,002(천 명)이다. 따라서 옳은 설명이다.

합격자의 실전 풀이 순서

❶ 자료를 보며 고용, 경제 관련 자료임을 파악한다. 적절하지 않은 설명을 찾는 문제이므로 선지 옆에 X표를 표시해 실수를 방지한다.

❷ 선지 ①에서 취업자를 구하기 위해 먼저 경제활동인구를 구하고 해당 값에서 실업자 수를 빼준다.

❸ 선지 ②에서 실업률을 파악하기 위해 경제활동인구를 구하고 계산한다.

❹ 선지 ③은 오래 걸릴 것 같으므로 우선 보류하고, 선지 ④에서 비교 대상인 것을 추려 계산한다.

❺ 선지 ⑤는 60세 이상의 경제활동인구를 구한 후 실업자 수를 빼서 취업자 수를 구한다.

합격자의 시간단축 Tip

Tip ❶ 식이 많고 복잡해 처음 접하면 당황할 수 있지만 자주 등장하는 계산식 및 지표이므로 각 관계 및 식을 어떻게 도출하는지 익혀두면 도움이 될 것이다.
'만 15세 이상 인구=경제활동인구+비경제활동인구'이며 '경제활동인구=취업자+실업자'라는 구조를 기억해두면 좋다. 실업률, 취업률의 분모는 경제활동인구지만 고용률의 분모는 만 15세 이상 인구라는 것에 유의해야 한다.

Tip ❷ 사칙연산을 실수 없이 정확하고도 빠르게 할 수 있도록 다양한 스킬을 동원한다. 예를 들어, 선지 ①에서 $7,950\times0.8=(8,000-50)\times0.8=8,000\times0.8-50\times0.8=6,360$으로 계산한다. 선지 ②에서는 $2,250\times0.08=22.5\times8=45\times4=90\times2=180$으로 계산한다.

Tip ❸ **선택지별 시간단축 전략**

선지 ④ 모든 연령대의 경제활동인구를 구하는 것이 아니라 비교를 통해 실제 계산해야 할 것들을 추릴 수 있다. 50~59세의 경제활동인구를 먼저 구해본다. 경제활동참가율과 해당 연령대의 인구를 곱하면 되므로 8,580×80%=6,864(천 명)이다. 15~39세까지는 인구 자체가 6,864명보다 적기 때문에 비교하지 않고, 40~49세의 경우 동일 비율이지만 인구가 적으므로 비교하지 않는다. 60세 이상은 13,680천 명의 절반이 6,840천 명임을 고려할 때 45%는 이보다 작을 것임을 알 수 있다. 따라서 50~59세의 경제활동인구가 가장 큼을 알 수 있다.

15 정답 ②

난이도 ●●○

수리능력_자료해석_자료에 대한 진위 판단(계산 필요)

① (O) 모든 연령대에서 2022년에 전년 대비 실업률이 감소하였다.

→ 〈자료 3〉에서 모든 연령대의 2022년 실업률이 2021년 실업률보다 낮으므로 2022년에는 전년 대비 실업률이 감소하였음을 알 수 있다. 구체적인 수치를 비교하지 않더라도 2022년의 차트(회색)가 모든 구간에서 2021년(진한 검은색)보다 아래에 있음을 통해 확인할 수 있다.

② (×) 15~19세의 2020년 실업률이 2021년보다 높았다면 15~19세의 경제활동인구도 2020년이 2021년보다 많았을 것이다.

→ 〈자료 2〉에 따르면 15~19세의 2020년 및 2021년 실업자 수는 모두 18천 명으로 같다.
2020년 실업률이 2021년보다 높았다면
2020년 실업률>2021년 실업률

$$\rightarrow \frac{2020\text{년 실업자 수}}{2020\text{년 경제활동인구}}\times100 > \frac{2021\text{년 실업자 수}}{2021\text{년 경제활동인구}}\times100$$

$$\rightarrow \frac{18\text{천 명}}{2020\text{년 경제활동인구}}\times100 > \frac{18\text{천 명}}{2021\text{년 경제활동인구}}\times100$$

∴ 2020년 경제활동인구 < 2021년 경제활동인구
따라서 옳지 않은 설명이다.

③ (O) 2021년과 2022년의 40~49세 경제활동인구의 차이는 0명이다.

실업률$=\frac{\text{실업자 수}}{\text{경제활동인구}}\times100$이므로, 경제활동인구는 $\frac{\text{실업자 수}}{\text{실업률}}\times100$으로 구할 수 있다.

40~49세의 2021년과 2022년의 경제활동인구를 구하면 다음과 같다.

- 2021년: $\frac{156}{2.4}\times100=6,500$(천 명)
- 2022년: $\frac{130}{2}\times100=6,500$(천 명)

2021년과 2022년의 40~49세 경제활동인구의 차이는 0명이다.

④ (O) 2022년 20~29세의 경제활동참가율이 64%라면 해당연도 20~29세 인구는 6,250천 명이다.

➜ '경제활동인구=$\frac{\text{실업자 수}}{\text{실업률}}$×100'을 이용해 2022년 20~29세의 경제활동인구를 구하면 $\frac{260}{6.5}\times 100=4{,}000$(천 명)이다.

'연령대별 경제활동참가율=$\frac{\text{연령대별 경제활동인구}}{\text{연령대별 인구}}$×100'이므로 연령대별 인구는 '$\frac{\text{연령대별 경제활동인구}}{\text{연령대별 경제활동참가율}}$×100'로 구할 수 있다.

따라서 20~29세의 경제활동참가율이 64%일 때 20~29세 인구를 구하면 $\frac{4{,}000}{64}\times 100=6{,}250$(천 명)이므로 옳은 설명이다.

⑤ (O) 2021년 50~59세의 인구가 8,840천 명이라면, 해당연도 50~59세의 고용률은 75%이다.

➜ 50세~59세 고용률

$$=\frac{\text{50세~59세 취업자 수}}{\text{50세~59세 인구}}\times 100$$

$$=\frac{\text{(50세−59세 경제활동인구)}-\text{(50세−59세 실업자 수)}}{\text{(50세~59세 인구)}}\times 100$$

$$=\frac{\frac{\text{(50세~59세 실업자 수)}}{\text{(50세~59세 실업률)}}-\text{(50세~59세 실업자 수)}}{\text{(50세~59세 인구)}}\times 100$$

∴ 50세~59세 고용률

$$=\frac{\frac{170}{0.025}-170}{8{,}840}\times 100=75(\%)\text{이다.}$$

합격자의 실전 풀이 순서

❶ 적절하지 않은 것을 구하는 문제이므로 선지 옆에 X 표를 하여 실수하지 않도록 한다.

❷ 선지 ①의 경우 그래프를 통해 쉽게 확인할 수 있다.

❸ 선지 ②의 경우 바로 판단되지 않으므로 일단 보류하고, 선지 ③의 경우 실업률과 실업자 수를 활용하여 경제활동인구를 구해 비교한다.

❹ 선지 ④의 경우 경제활동인구를 구한 후 인구가 6,250천 명임을 가정하고 풀어 확인한다.

❺ 선지 ⑤의 경우 경제활동인구를 먼저 구하고 이 중 취업자 수를 확인한다. 취업자 수는 6,630천 명, 인구가 8,840천 명이라고 할 때, 6,630=30×221이고 8,840=40×221이므로 221을 소거할 수 있다. 즉, $\frac{30}{40}$×100을 통해 75%임을 확인할 수 있다.

합격자의 시간단축 Tip

Tip ❶ 그래프나 시각적으로 활용할 수 있는 자료가 등장한다면 적극적으로 활용할 수 있다. 전반적으로 증가추세인지, 감소추세인지 또는 다른 것들과 두드러지게 크거나 작은 값이 있는지 등의 정보를 얻을 수 있다.

Tip ❷ 연령대별 실업자 수와 연령대별 실업률이 연도별로 제시되어 있어 항목이 많다. 선지 해결을 위해 필요한 항목에서 정확하게 수치를 가져오는 집중력이 요구된다.

Tip ❸ 가정형 선지가 나온다면 이를 적극적으로 활용하여 계산의 방향을 설정하고 비교를 수월하게 하여 시간을 단축할 수 있다. 선지 ④와 선지 ⑤에서 활용할 수 있다.

Tip ❹ 선택지별 시간단축 전략

선지 ③ 경제활동인구의 차이가 0명이라는 것은 경제활동인구가 같다는 것을 의미한다. 따라서 구체적으로 경제활동인구의 값을 구할 필요 없이 값이 서로 같은지만 확인하면 된다. $\frac{156}{2.4}=\frac{130}{2.0}$, 156=2.4×65가 되어 옳다.

선지 ④ 가정형 선지가 나온다면 이를 맞는 것으로 가정하여 대입한 뒤에 모순이 생기지 않는지 확인하는 법을 활용하자.

2022년 20~29세의 경제활동인구는 $\frac{260}{6.5}\times 100=4{,}000$(천 명)이다.
이때 20~29세 인구가 6,250천 명이라 가정하면 경제활동참가율은 $\frac{4{,}000}{6{,}250}\times 100=64(\%)$가 됨을 확인할 수 있다.

선지 ⑤ 고용률이 75%인지 도출하기보다는, 고용률이 75%일 경우 모순이 없는지 확인하도록 한다. 연령대별 고용률은 $\frac{\text{연령대별 취업자 수}}{\text{연령대별 인구}}$×100이므로, 연령대별 취업자 수는 '연령대별 고용률×연령대별 인구×$\frac{1}{100}$'으로 구한다.

2021년 50~59세의 만 15세 이상 인구가 8,840천 명일 때 해당연도 50~59세의 고용률이 75%라면, 50세~59세의 취업자 수는 8,840×0.75=6,630천 명이 되어야 한다.
한편, 실제 취업자 수는 경제활동인구−실업자 수= $\frac{\text{실업자 수}}{\text{실업률}}$ −실업자 수= $\frac{170}{0.025}$ −170=6,800−170 =6,630(천 명)이므로 모순이 없다.
경제활동인구수를 구하는 과정에서 다음과 같이 계산을 단순하게 할 수 있다. 2021년 50~59세 인구 중 취업자 수를 구하기 위해 경제활동인구를 구해야 한다.

경제활동인구는 $\frac{170}{0.025}$ =6,800(천 명)이며, 이 중 실업자 수를 빼면 6,630천 명(=6,800−170)이 나온다. 6,630=30×221이고 8,840=40×221이므로 221은 6,630과 8,840의 공약수임을 알 수 있다. 221으로 약분하면 $\frac{6,800}{8,840}=\frac{30}{40}$ 이므로 해당연도의 고용률이 75%임을 알 수 있다.

16 **정답 ④** 난이도 ●●○

수리능력_자료해석_자료에 대한 진위 판단(계산 불필요)

① **(O) ㅇㅇ생명보험사 일반계정의 개인 저축성 보험을 통한 보험료 수입은 제시된 기간 동안 매 분기 일반계정의 전체 개인 보험료 수입 중 5% 미만을 차지한다.**

→ 〈자료 1〉에 제시된 2023년 2분기~2023년 2분기의 일반계정 전체와 일반계정 개인 저축성 보험료 수입을 이용해 일반계정 전체 보험료 수입 중 개인 저축성 보험료 수입이 차지하는 비중을 구하고 5% 미만인지 확인해 본다.

- 2023년 2분기: $\frac{14,665}{389,042}\times100 \fallingdotseq 3.8\% < 5\%$
- 2023년 3분기: $\frac{14,919}{408,094}\times100 \fallingdotseq 3.7\% < 5\%$
- 2023년 4분기: $\frac{12,637}{419,853}\times100 \fallingdotseq 3.0\% < 5\%$
- 2024년 1분기: $\frac{11,870}{437,796}\times100 \fallingdotseq 2.7\% < 5\%$
- 2024년 2분기: $\frac{12,882}{446,881}\times100 \fallingdotseq 2.9\% < 5\%$

제시된 기간 동안 일반계정의 개인 저축성 보험료 수입은 일반계정의 전체 개인 보험료 수입의 5% 미만을 차지하므로 옳은 설명이다.

② **(O) ㅇㅇ생명보험사의 특별계정에 속하는 보험 중 연금저축과 전분기 대비 보험료 수입의 증감 추세가 일치하는 보험은 없다.**

→ 연금저축의 보험료수입은 2023년 3분기부터 전분기 대비 증가−증가−감소−감소하였다. 자산연계보험의 경우 감소−증가−증가−감소하였고, 퇴직연금의 경우 증가−증가−감소−증가하였으며, 변액보험의 경우 감소−감소−감소−감소하였으므로 증감 추세가 일치하는 보험은 없다.

③ **(O) ㅇㅇ생명보험사의 2024년 2분기 특별계정 전체의 보험료 수입은 전분기 대비 40% 이상 증가하였다.**

→ 〈자료 1〉에서 분기별 특별계정 전체의 보험료 수입을 이용해 2024년 2분기 특별계정 전체의 전분기 대비 증가율을 구하면 다음과 같다.
2024년 2분기 특별계정 전체의 전분기 대비 증가율

$$=\frac{\text{2024년 2분기 특별계정 전체 수입}-\text{2024년 1분기 특별계정 전체 수입}}{\text{2024년 1분기 특별계정 전체 수입}}\times100$$

$$=\frac{84,856-59,300}{59,300}\times100 \fallingdotseq 43.1(\%)$$

따라서 2024년 2분기 특별계정 전체의 보험료 수입은 전분기 대비 40% 이상 증가하였으므로 옳은 설명이다.

④ **(×) ㅇㅇ생명보험사 일반계정의 개인보험의 신계약 건당 금액은 2023년 3분기보다 2024년 1분기가 더 크다.**

→ 일반계정 개인보험의 신계약 건당 금액은 〈자료 2〉에 제시된 일반계정 개인보험의 신계약 금액을 신계약 건수로 나누어 구할 수 있다.
2023년 3분기와 2024년 1분기의 일반계정 개인보험의 신계약 건당 금액을 구하면 다음과 같다.

- 2023년 3분기: $\frac{1,040,537}{43,907}=23.7$(십만 원/건)
- 2024년 1분기: $\frac{1,068,576}{54,471}=19.6$(십만 원/건)

2023년 3분기의 일반계정 개인보험 신계약 건당 금액이 2024년 1분기보다 크다. 따라서 옳지 않은 설명이다.

⑤ **(O) 제시된 기간 중 ㅇㅇ생명보험사 일반계정의 개인보험의 신계약 금액이 가장 컸던 기간에 신계약 건수도 가장 많았다.**

→ 〈자료 2〉의 합계 부분을 통해 알 수 있다. 2024년 2분기의 신계약 금액이 1,693,934십만 원으로

가장 크고 신계약 건수도 100,516건으로 가장 많으므로 옳은 설명이다.

합격자의 실전 풀이 순서

❶ 자료가 여러 개 제시되어 있는 문제이므로 본격적으로 문제를 풀기 전에 자료 간의 관계에 주목할 필요가 있다. 이를 통해 선택지의 정오판단을 할 때 여러 자료 사이에서 우왕좌왕하는 것을 방지할 수 있다. 〈자료 2〉와 〈자료 3〉은 〈자료 1〉의 내용 중 일반계정에 관한 것만을 나타내고 있으며 〈자료 1〉에는 명시적으로 드러나지 않은 신계약에 관한 내용임을 짚고 넘어가야 한다. 또한 〈자료 3〉에서는 식이 제시되어 있으므로 해당 공식을 사용하는 문제가 있을 것임을 예상하고 보기로 넘어가는 것이 좋다.

❷ 〈자료 1〉과 〈자료 2〉처럼 찾기 복잡한 표는 반드시 정확하게 표시해야 한다. 이를 위해 보조선을 그어두는 것이 좋다. 〈자료 1〉에서 일반 계정과 특별 계정을 구분하는 보조선을 긋는다. 이때 '일반계정 전체=개인+단체'이며 '개인=보장성+저축성'으로 이루어지는 구조임을 빠르게 확인한다. 〈자료 2〉 역시 평소 찾기 실수를 자주하는 편이라면 분기마다 보조선을 그어두는 것이 좋다.

❸ 선지에서 묻고 있는 정보가 무엇인지 정확하게 파악해야 한다. 예를 들어, 선지 ①의 경우 일반계정 전체 보험료 수입이 아닌 일반계정 '개인' 전체 보험료 수입임을 확실히 파악해야 한다. 이를 위해 표의 해당 부분에 ○ 표시를 하여 다른 부분과 헷갈리지 않도록 한다.

합격자의 시간단축 Tip

Tip ❶ 큰 숫자가 나올 때는 숫자를 간략하게 바꿔 푸는 것이 시간 단축에 도움이 된다.

Tip ❷ 출제자의 의도를 파악하여 먼저 볼 선지를 선정한다.

자료가 2개 이상 제시되는 문항의 경우, 출제자는 최대한 많은 자료를 보게 하려는 의도를 가지고 선지를 구성하는 경향이 있다. 이를 이용하여 〈자료 2〉의 정보를 활용한 선지 혹은 〈자료 1〉과 〈자료 2〉를 모두 활용하여야 해결할 수 있는 선지가 정답이 될 가능성이 크다. 따라서 〈자료 2〉를 활용하거나, 〈자료 1〉과 〈자료 2〉를 모두 활용한 선지를 먼저 검토하는 것도 시간을 단축할 수 있는 유용한 방법이다. 물론 〈자료 1〉만을 활용하는 선지가 정답이 될 가능성도 있지만, 이는 예외적인 경우에 해당한다. 위의 방법으로 해결한다면 평균적인 풀이 시간을 단축할 수 있다.

Tip ❸ 선택지별 시간 단축 전략

선지 ①

[방법 1] 일반해설처럼 모든 계산을 하지 않도록 한다. 제시된 기간 중 일반계정의 개인 전체 보험료 수입이 가장 적은 기간의 해당 수치와 일반계정의 저축성 개인 보험료 수입이 가장 많은 기간의 해당 수치를 비교하면 된다. 23년도 2분기의 일반계정의 전체 개인 보험료 수입이 가장 적다. 2023년도 2분기 일반계정의 전체 개인 보험료 수입의 5%를 계산하면 19,452.1백만 원이다. 제시된 기간 중 주어진 기간 내 일반계정의 개인 저축성 보험을 통한 보험료 수입이 가장 클 때는 2023년도 3분기로 14,919백만 원이다. 2023년도 3분기의 개인 저축성 보험을 통한 보험료 수입이 2023년도 2분기 보험료 수입의 5%보다 작다. 따라서 모든 분기에 저축성 보험을 통한 보험료 수입은 전체 개인 보험료 수입보다 작다.

[방법 2] 일반계정의 개인 저축성 보험을 통한 보험료 수입이 매 분기 일반계정의 전체 개인 보험료 수입 중 5% 미만을 차지한다는 것은 전자의 20배를 해도 후자보다 작다는 것을 의미한다. 매 분기 일반계정의 개인 저축성 보험을 통한 보험료 수입에 20을 곱하면 매분기 일반계정의 전체 개인 보험료 수입보다 작다. 이를 직접 계산하지 않고 천의 단위까지 끊어서 어림산만 해줘도 가볍게 해결할 수 있다. 따라서 모든 분기에 저축성 보험을 통한 보험료 수입은 전체 개인 보험료 수입의 5%보다 작다.

[방법 3] $\frac{\text{일반계정의 개인 저축성 보험료 수입}}{\text{일반계정의 개인 보험료 수입}} \times 100$ <5%가 성립하므로 '일반계정의 개인 저축성 보험료 수입<일반계정의 개인 보험료 수입×0.05'가 성립해야 한다. 이때, 일반계정의 개인 저축성 보험을 통한 보험료 수입이 매 분기 일반계정의 전체 개인 보험료 수입 중 5% 미만임을 확인하는 방법으로 일반계정의 전체 개인 보험료 수입의 10%의 절반보다 큰지, 작은지를 파악하는 것도 좋은 방법이다. 10%를 판단할 때는 일의 자리 숫자를 지우면 쉽게 판단할 수 있다.

[방법 4] 어림산을 적극적으로 활용한다. 제시된 숫자는 오차가 상당히 크다. 필자의 경우 일반계정의 개인의 보험료 수입이 대충 400,000 언저리라는 점에서 400,000의 5%인 20,000과 비교하였다. 2023년 2분기를 제외한 나머지 분기에 일반계정의 개인 보험료 수입은 400,000보다 큰데 일반계정의 개인 저축성 수입은 20,000보다 한참 작다. 즉, 분모의 숫자는 더 큰데 분자의 값은 더 작은 것이므로 5% 미만일 수밖에 없다.

2023년 2분기에 대해서도 숫자 감각이 있다면 단번에 5% 미만임을 알 수 있지만, 좀 더 명확하게 계산하고 싶다면 분모의 수는 400,000을 기준으로 3%가량 작아지는데, 분자의 경우 20,000을 기준으로 25% 이상 작아진다. 따라서 분자의 감소율이 훨씬 크므로 5%보다 작을 수밖에 없다.

선지 ② 보험의 종류별로 증감 추세를 모두 비교할 필요는 없다. 또한 분기별로 비교함으로써 시간을 단축할 수도 있다. 예를 들어 연금저축, 자산연계보험, 퇴직연금, 변액보험 순으로 23년 3분기에는 증가, 감소, 증가, 감소이므로 자산연계보험과 변액보험은 제외한다. 이후 연금저축과 퇴직연금만 비교하면 된다.

선지 ③ 증가율을 배율로 바꾸어 생각한다.

$$\frac{\text{2024년 2분기 특별계정 전체 수입}-\text{2024년 1분기 특별계정 전체 수입}}{\text{2024년 1분기 특별계정 전체 수입}}\times 100=40\%$$

라면

$$\Leftrightarrow \frac{\text{2024년 2분기 특별계정 전체 수입}-\text{2024년 1분기 특별계정 전체 수입}}{\text{2024년 1분기 특별계정 전체 수입}}=0.4$$

$$\Leftrightarrow \frac{\text{2024년 2분기 특별계정 전체 수입}}{\text{2024년 1분기 특별계정 전체 수입}}-1=0.4$$

$$\Leftrightarrow \frac{\text{2024년 2분기 특별계정 전체 수입}}{\text{2024년 1분기 특별계정 전체 수입}}=1.4$$

따라서 2024년 2분기 특별계정의 전체 보험료 수입이 2024년 1분기 대비 40% 이상 증가하였다면 2024년 1분기 보험료 수입에 1.4를 곱한 것보다 2024년 2분기 보험료 수입이 커야 한다.

한편, 이를 계산할 때는 증가된 만큼을 원래 값에 얹어준다고 생각하면 편하다. 예를 들어 59,300×1.4를 계산하려고 14라는 두 자릿수를 곱하는 것보단 59,300의 40%를 59,300에 더해주는 것이다. 즉 59,300+59,300×0.4로 분해하여 복잡한 두 자릿수 곱하기 대신 암산으로 해결할 수 있다. 암산도 끝까지 도출하기보다는 84,856을 넘어가는지만 확인한다.

선지 ④

[방법 1] 일반해설과 같이 직접 계산하지 않도록 한다. 2023년 3분기보다 2024년 1분기에 일반계정의 개인보험 신계약 건당 금액이 크려면 분자의 증가율이 분모의 증가율보다 커야 한다. 한편 일반계정의 개인보험 신계약 건당 금액을 보면 분자의 값이 분모의 값보다 훨씬 크다. 따라서 해당 선지의 설명이 옳은 보기가 되기 위해서는 분자가 매우 큰 폭으로 증가해야 한다. 쉬운 비교를 위해 분수를 $\frac{1,040}{44}$과 $\frac{1,068}{54}$로 단순화했을 때 분자는 1,040에서 20 넘게 증가하였고, 분모는 44에서 10만큼 증가하였다. 따라서 분자의 증가율이 분모의 증가율에 비해 미미하므로 해당 보기는 옳지 않다.

[방법 2] 신계약 건당 금액의 비교를 요구하고 있다. 〈자료 2〉에서는 분기별 건수가 위에 제시되어 있고, 금액이 아래에 제시되어 있다. 분모에 해당하는 건수가 아래에 있다면 분수의 꼴로 나타나 시각적으로 편하지만, 본 문항과 같이 분모에 해당하는 값이 위에 제시되어 있고 분자에 해당하는 값이 아래에 제시되어 있다면 대소비교를 반대로 하여 시간을 단축할 수 있다.

선지 ④의 경우 $\frac{\text{일반계정의 신계약 금액}}{\text{일반계정의 신계약 건수}}$의 값이 2024년 1분기가 더 큰지 묻고 있다. 그러나 〈자료 2〉의 표의 구조상 $\frac{\text{일반계정의 신계약 건수}}{\text{일반계정의 신계약 금액}}$을 확인하는 것이 시각적으로 편하다. 따라서 $\frac{\text{일반계정의 신계약 건수}}{\text{일반계정의 신계약 금액}}$가 2023년 3분기보다 2024년 1분기에 더 작은지 확인한다.

한편, 위와 같은 풀이 과정은 $\frac{A}{B}=\frac{1}{\frac{B}{A}}$ 이므로, $\frac{A}{B}$가 클수록 $\frac{B}{A}$는 작아져야 한다는 점에 바탕을 둔다.

17 정답 ① 난이도 ●●○

수리능력_자료해석_자료에 대한 진위 판단(계산 필요)

ㄱ. (○) ○○생명보험사의 누적 신계약률은 매년 4분기에 가장 높을 것이다.

→ 각주에서 제시되고 있는 누적 신계약률의 정의가 해당연도 신계약률의 누적이므로, 분기별 누적 신계약률은 매년 4분기가 가장 높을 수밖에 없다. 만약, 특정연도의 4분기 신계약률이 0%일지라도 해당연도 4분기 누적 신계약률이 해당연도의 3분기 누적 신계약률과 동일하므로 가장 높다고 말할 수 있다. 누적 신계약률을 식으로 나타내면 다음과 같다.

$$\text{신계약률}=\frac{\text{해당분기 신계약액}}{\text{연초 보유 계약액}}\times 100$$

$$\text{1분기 누적 신계약률}=\frac{\text{1분기 신계약액}}{\text{연초 보유 계약액}}\times 100$$

2분기 누적 신계약률
=1분기 신계약률+2분기 신계약률

$$=\frac{\text{1분기 신계약액}}{\text{연초 보유 계약액}}\times 100+\frac{\text{2분기 신계약액}}{\text{연초 보유 계약액}}\times 100$$

$$=\frac{\text{1분기 신계약액}+\text{2분기 신계약액}}{\text{연초 보유 계약액}}\times 100$$

3분기 누적 신계약률=

$$\frac{\text{1분기 신계약액}+\text{2분기 신계약액}+\text{3분기 신계약액}}{\text{연초 보유 계약액}}\times 100$$

4분기 누적 신계약률=

$$\frac{\text{1분기 신계약액}+\text{2분기 신계약액}+\text{3분기 신계약액}+\text{4분기 신계약액}}{\text{연초 보유 계약액}}\times 100$$

분기별 누적 신계약률의 분모는 모두 같으므로 분자만 비교하면 된다. 따라서 모든 분기의 신계약액을 누적으로 더한 매년 4분기 누적 신계약률이 가장 높다고 할 수 있다.

ㄴ. (○) 2023년 ○○생명보험사의 일반계정 연초 보유 계약액은 3조 2천억 원 이상이다.

➜ 신계약률 $=\frac{\text{해당 분기 신계약액}}{\text{연초 보유 계약액}}\times 100$이므로

연초 보유 계약액 $=\frac{\text{해당 분기 신계약액}}{\text{신계약률}}\times 100$이다.

〈자료 3〉의 신계약률은 누적 신계약률이므로 2023년 1분기의 신계약률을 이용한다.

연초 보유 계약액 $=\frac{\text{해당 분기 신계약액}}{\text{신계약률}}\times 100$

$=\frac{988,065}{3}\times 100$

=32,935,500(십만 원)

따라서 3조 2천억 원 이상이므로 옳은 설명이다.

ㄷ. (×) 2023년 4분기 ○○생명보험사의 일반계정 누적 신계약률은 12% 이상이다.

➜ 〈자료 3〉에서 2023년 4분기의 일반계정 누적 신계약률은 11.18%이므로 12% 미만임을 알 수 있다. 옳지 않은 설명이다.

ㄹ. (×) 2024년 ○○생명보험사의 일반계정 연초 보유 계약액은 전년 대비 1조 원 이상 증가했다.

➜ 보기 ㄴ에서 도출한

연초 보유 계약액 $=\frac{\text{해당 분기 신계약액}}{\text{신계약률}}\times 100$을

이용하면

2024년 연초 보유 계약액

$=\frac{\text{1분기 신계약액}}{\text{1분기 신계약률}}\times 100$

$=\frac{1,068,576}{2.50}\times 100=42,743,040$(십만 원)이다.

이는 2023년 연초 보유 계약액인 32,935,500십만 원보다 10,000,000십만 원(=1조 원) 이상 증가하지 않았으므로 옳지 않은 설명이다.

합격자의 실전 풀이 순서

❶ 방법 1) 보기 ㄱ의 정오 판단은 문제에서 제시된 공식을 활용해서 빠르게 할 수 있다. 보기 ㄱ이 포함되지 않은 선지를 제거하면 ①, ②, ⑤가 남는다. 보기 ㄴ이 포함된 선지가 2개나 있기 때문에 보기 ㄴ이 중요한 보기라고 예상할 수 있다. 또한, 보기 ㄴ과 보기 ㄹ의 내용이 비슷하므로 두 보기를 연달아 푼다면 정답을 고를 수 있다.

❷ 방법 2) 보기 ㄹ의 정오판단을 먼저 한다. 보기 ㄹ이 옳지 않은 경우, 선지 ①, ②만 남으므로 총 2개의 보기만 판단하고 넘어갈 수 있다. 만약 보기 ㄹ이 옳은 경우, 보기 ㄱ을 그다음으로 판단한다. ㄱ이 총 3번 제시되었기 때문에 옳을 확률이 높기 때문이다. 최악의 경우 총 3개의 보기를 판단해야 하는데, 순서대로 풀면 확정적으로 3개의 선지를 판단해야 하므로 보기 ㄹ이 옳지 않은 경우 판단해야 하는 보기의 수를 줄일 수 있도록 보기 ㄹ을 먼저 판단한다.

합격자의 시간단축 Tip

Tip ❶ 금액이 클 때 단위를 보다 쉽게 파악하는 방법

숫자 단위는 3자리마다 끊기는 것을 미리 외워두면 금액 규모가 크더라도 쉽게 파악할 수 있다. 숫자 단위는 천, 백만, 십억, 조 단위로 쉼표가 찍힌다. 제시된 표의 단위가 십만 원이라는 점을 참작하여 위 단위를 한 자리씩만 변경해 주면 된다.

Tip ❷ 보기별 시간 단축 전략

보기 ㄴ. 거꾸로 추론하여 풀 수도 있다. 신계약률 공식을 통해 신계약률은 연초 보유 계약액 중 해당 분기 신계약액이 차지하는 비율임을 추론할 수 있다. 연초 보유 계약액이 32,000,000십만 원(=3조 2천억 원)이라면 이 중 2023년 1분기의 신계약액이 차지하는 비율은 3%가 되어야 한다. 32,000,000십만 원의 3%는 960,000십만 원이므로 23년 1분기의 신계약액인 988,065십만 원보다 작은 것을 알 수 있다. 따라서 신계약률이 3%가 되기 위해서는 연초 보유 계약액이 32,000,000십만 원 이상 되어야 함을 알 수 있다.

보기 ㄹ. 2.5%는 $\frac{1}{40}$과 같다. 1,068,576십만 원에 40을 곱한 값은 42,000,000십만 원보다 작으므로 1,068,576십만 원은 42,000,000십만 원의 2.5%보다 작다고 할 수 있다. 따라서 일반계정 연초 보유 계약액은 전년 대비 1조 원 이상 증가하지 않았다.

$2.5\%=25\%\times0.1=\frac{1}{4}\times0.1$임을 활용하는 방법도 있다.

만약 2024년 일반계정의 연초 보유 계약액이 전년 대비 1조 원 이상 증가했다고 가정하면, 2024년 1분기 신계약률 $\frac{1,065,576}{42,000,000}\times100$의 결과는 2.5% 이하일 것이다.(여기서 '이상'과 '이하'는 굳이 따지지 않아도 된다.) 42,000,000의 2.5%는 $42,000,000\times\frac{1}{4}\times0.1$과 같다. 42,000,000을 4로 나누면 수 배열이 1050…이므로 1,068,576보다 작다. 즉 42,000,000보다 작은 수여야 그 수의 2.5%가 1,068,576이 된다. 따라서 일반계정 연초 보유 계약액은 전년 대비 1조 원 이상 증가하지 않았다.

18 정답 ④ 난이도 ●○○

수리능력_자료해석_자료계산

보험료 수입은 〈자료 1〉, 지급보험금은 〈자료 4〉를 통해 확인할 수 있다. 이때, 〈자료 1〉과 〈자료 4〉의 단위가 모두 백만 원이므로 단위를 고려하지 않고 숫자끼리 비교하여 계산할 수 있다.

㉠ 보험금 지급률은 보험료 수입에서 지급보험금이 차지하는 비중을 말한다. 이에 따라 2023년 2분기 연금저축의 보험금 지급률을 계산하면 $\frac{810}{81}\times100=$ 1,000(%)이다.

㉡ 2024년 1분기 퇴직연금의 보험금 지급률을 계산하면 $\frac{16,030}{8,015}\times100=200(\%)$, 2024년 2분기 퇴직연금의 보험금 지급률을 계산하면 $\frac{18,020}{36,040}\times100$ $=50(\%)$이다.

즉, 2024년 1분기 대비 동년 2분기의 퇴직연금의 보험금 지급률은 150%p만큼 감소하였다.

따라서 ㉠ 1,000, ㉡ 150이다.

합격자의 실전 풀이 순서

㉠의 보기를 먼저 보고 정확한 값보다는 단위가 중요한 문제임을 알 수 있다. ㉠을 해결한 뒤 ③, ④를 보면 숫자가 완전히 다르므로 값을 정확하게 구하기보다는 십의 자리까지만 계산하면 된다.

합격자의 시간단축 Tip

Tip ㉠을 먼저 풀면 ③, ④만 남는다. ㉡에 들어갈 수는 120 아니면 150이다. 2024년 1분기에는 지급보험금이 보험료 수입의 2배, 2분기에는 절반임을 알 수 있다. 따라서 구체적인 수치를 구할 필요 없이 120과 150 중 150이 답이 됨을 알 수 있다.

19 정답 ③ 난이도 ●○○

문제해결능력_논리퍼즐

ㄱ. (×) 1팀이 5회에서 바위를 선택한 경우 6회, 7회 모두 이기는 경우만 가능하다.

→ 4회까지의 1팀의 게임 기록은 다음과 같다.

구분	AI	1팀의 선택	결과	기록
1회	바위	바위	비김, 4칸 이동	♥
2회	바위	바위	비김, 4칸 이동	♣
3회	보	보	비김, 4칸 이동	♥
4회	가위	가위	비김, 4칸 이동	♣

이때 1팀이 5회에서 바위를 선택한다면 결과는 다음과 같다.

구분	AI	1팀의 선택	결과	기록
1회	바위	바위	비김, 4칸 이동	♥
2회	바위	바위	비김, 4칸 이동	♣
3회	보	보	비김, 4칸 이동	♥
4회	가위	가위	비김, 4칸 이동	♣
5회	보	바위	짐, 움직임 없음	–

CHAPTER 3 실전모의고사 3회

1팀의 경우 1~4회 모두 비겼으므로, 돌림판은 시계방향으로 4칸씩 이동했다. 1~4회까지 기록된 1팀의 모양은 1회 ♥, 2회 ♣, 3회 ♥, 4회 ♣이다. 1팀이 5회에서 바위를 선택했다면, 1팀은 AI 손에 지게 되고 돌림판이 돌아가지 않아 아무것도 기록이 되지 않는다.

한편, 6번째 〈게임 규칙〉에 따르면 1팀이 100만 원 이상의 상금을 받기 위해서는 7회까지 같은 모양이 3회 이상 나와야 한다. 5회까지 ♥와 ♣가 2번씩 나왔으므로 6회 또는 7회에서 ♥ 또는 ♣가 한 번 이상 나와야 한다. 그런데 5회 종료 후 핀의 위치는 ♣에 있으므로, 6회 또는 7회에서 ♥ 또는 ♣이 추가로 한 번 이상 나오려면 4칸 단위로 돌림판이 돌아가야 함을 알 수 있다. 이는 ⅰ) 1칸(이김)+3칸(2연속 이김), ⅱ) 4칸(비김)+4칸(비김), ⅲ) 4칸(비김)+움직임 없음(짐), ⅳ) 움직임 없음(짐)+4칸(비김) 조합으로 가능하다. 이를 표로 나타내면 다음과 같다.

ⅰ)의 경우

구분	결과	기록
6회	이김, 1칸 이동	◆*
7회	이김, 3칸 이동	♥

* '핀'이 아닌 '돌림판'이 시계방향으로 돌아가므로 기록의 모양은 반시계방향으로 돌아간다.

ⅱ)의 경우

구분	결과	기록
6회	비김, 4칸 이동	♥
7회	비김, 4칸 이동	♣

ⅲ)의 경우

구분	결과	기록
6회	비김, 4칸 이동	♥
7회	짐, 움직임 없음	–

ⅳ)의 경우

구분	결과	기록
6회	짐, 움직임 없음	–
7회	비김, 4칸 이동	♥

구분	승부 결과	기록	승부 결과	기록	승부 결과	기록	승부 결과	기록
6회	이김	◆	비김	♥	비김	♥	짐	×
7회	이김	♥	비김	♣	짐	×	비김	♥

따라서 ♥와♣이 추가로 한 번씩 더 나오는 경우는 ⅰ), ⅱ), ⅲ), ⅳ) 모두 가능하므로 둘 다 이겨야 한다는 ㄱ은 옳지 않은 선지이다.

ㄴ. (○) 1팀이 5회에서 가위를 선택한 경우 6회는 반드시 이겼어야 한다.

➜ 1팀의 경우 1~4회 모두 비겼으므로, 돌림판은 시계방향으로 4칸씩 이동했다. 1~4회까지 기록된 1팀의 모양은 1회 ♥, 2회 ♣, 3회 ♥, 4회 ♣이다. 1팀이 5회에서 가위를 선택했다면, 1팀은 AI 손을 이기게 되어 돌림판이 1칸 돌아가며, 5회의 모양은 ◆이다.

이를 표로 나타내면 다음과 같다.

구분	AI	1팀의 선택	결과	기록
1회	바위	바위	비김, 4칸 이동	♥
2회	바위	바위	비김, 4칸 이동	♣
3회	보	보	비김, 4칸 이동	♥
4회	가위	가위	비김, 4칸 이동	♣
5회	보	가위	이김, 1칸 이동	◆

5회까지 ♥와 ♣가 2번씩 나왔으므로 1팀이 상금 100만 원을 받기 위해서는 6회 또는 7회에서 ♥ 또는 ♣가 추가로 한 번 이상 더 나와야 하며, ♥이 나오려면 돌림판이 3칸, ♣이 나오려면 돌림판이 7칸 돌아가야 한다. 이때, 3칸이 돌아가기 위해서는 연속 2번 이겨야 하므로 5회에 이어 6회에서도 이겨야 한다. 한편, 7칸이 돌아가기 위해서는 3칸(연속 2번 이김)+4칸(비김) 조합만이 가능하므로 6회에서 무조건 이겨야 함을 알 수 있다. 따라서 ㄴ은 옳은 선지이다.

ㄷ. (×) 2팀이 4회에서 보를 선택한 경우 5~7회 중 한 번은 비기는 경우만 가능하다.

➜ 2팀의 경우 1회는 이겼고, 2회는 비겼다. 따라서 2팀의 모양은 1회 ◆, 2회 ★이다. 3회의 경우 모든 팀원이 가위를 냈으므로 최종 선택은 가위가 되어 반드시 지게 되고, 3회 모양은 기록되지 않는다. 이를 표로 나타내면 다음과 같다.

구분	AI	2팀의 선택	결과	기록
1회	가위	바위	이김, 1칸 이동	◆
2회	보	보	비김, 4칸 이동	★
3회	바위	가위	짐, 이동 없음	–

이때 4회에서 보를 선택한다면, 지게 되어 4회 모양도 기록이 되지 않는다.

구분	AI	2팀의 선택	결과	기록
1회	가위	바위	이김, 1칸 이동	◆
2회	보	보	비김, 4칸 이동	★
3회	바위	가위	짐, 이동 없음	-
4회	가위	보	짐, 이동 없음	-

한편, 2팀은 30만 원의 상금을 받았으므로 같은 모양이 2회 나왔음을 알 수 있다. 보기 ㄷ을 해결하기 위해서는 5~7회 중 한 번도 비기지 않은 경우에도 같은 모양이 2회 나올 수 있는지 확인해 보면 된다. 4회 게임이 끝난 직후 핀의 위치는 ★이다. 이때 ◆이 2회 나온 경우라고 가정한다면, ★로부터 4칸을 더 가면 되므로 5회, 6회에서 i) 1칸(이김)+3칸(이김) 또는 ii) 4칸(비김)+움직임 없음(짐) 또는 iii) 움직임 없음(짐)+4칸(비김)이 모두 가능하다. 7회의 경우, 어떤 승부 결과가 나와도 게임의 결과에 영향을 미치지 않으므로 고려하지 않아도 된다. 만약 ★이 2회 나온 경우라고 가정한다면, 5회~7회동안 총 8칸이 움직여야 한다. 이는 4칸(비김)+4칸(비김)으로만 가능하다. 결과적으로 i)의 경우처럼 5~ 7회 중 비기는 경우가 없더라도 ◆이 2회 나올 수 있으므로 보기 ㄷ은 옳지 않다.

ㄹ. (○) 2팀이 4회에서 바위를 선택하고 5회에서 진 경우 6회, 7회 모두 비기는 경우만 가능하다.

→ 2팀의 경우 1회는 이겼고, 2회는 비겼다. 3회의 경우 모든 팀원이 가위를 냈으므로 최종 선택은 가위가 되어 반드시 지게 된다. 따라서 2팀의 모양은 1회 ◆, 2회 ★, 3회 기록 없음이다. 이를 표로 나타내면 다음과 같다.

구분	AI	2팀의 선택	결과	기록
1회	가위	바위	이김, 1칸 이동	◆
2회	보	보	비김, 4칸 이동	★
3회	바위	가위	짐, 이동 없음	-

이때, 보기 ㄹ에 따른 경기 결과는 다음과 같다.

구분	AI	2팀의 선택	결과	기록
1회	가위	바위	이김, 1칸 이동	◆
2회	보	보	비김, 4칸 이동	★
3회	바위	가위	짐, 이동 없음	-
4회	가위	바위	이김, 1칸 이동	▲
5회			짐, 이동 없음	-

4회에서 2팀이 바위를 선택하여 이기게 된다면, 돌림판이 한 칸 돌아가고 4회 모양은 ▲이 된다. 5회에서 진다면 돌림판이 돌아가지 않고 모양이 기록되지 않는다. 이때, 같은 모양이 2회 나와야 하므로 ◆, ★, ▲ 중 하나가 6회 또는 7회에 기록이 되어야 한다. 5회 직후 핀의 위치는 ▲이므로, ◆이 나오려면 총 3칸, ★이 나오려면 총 7칸, ▲이 나오려면 총 8칸을 움직여야 한다. 이때 보수 구조상 3칸 또는 7칸이 움직일 수 있는 조합은 존재하지 않는다. 8칸의 경우 4칸(비김)+4칸(비김)의 조합만이 가능하므로 6회, 7회는 모두 비겨야 한다. 따라서 보기 ㄹ은 옳다.

합격자의 시간단축 Tip

Tip ❶ 반드시 확인해야 하는 보기가 무엇인지, 확인하지 않을 보기는 무엇인지 판단하고 문제를 푼다.

1팀의 경우 4회까지 최종선택이 나와있으나, 2팀의 경우 2회까지만 최종선택이 나와있는 것을 알 수 있다. 그런데 2팀의 모든 팀원이 3회에서 가위를 냈으므로 최종선택이 가위로 확정된다. 사실상 2팀은 3회까지의 최종선택이 주어져있는 것이다. 그런데 보기 ㄱ~ㄹ을 보면 1팀의 경우 6회, 7회를 파악해야 하고, 2팀의 경우 5회, 6회, 7회를 파악해야 한다. 즉, 2팀은 1팀보다 파악해야 하는 경우의 수가 더 많다. 따라서 ㄷ, ㄹ보다는 ㄱ, ㄴ 선지를 먼저 푸는 것을 추천한다. 보기 ㄱ이 옳지 않은 것을 판단하면 선지 ①, ②, ⑤가 답에서 제외되는 것을 알 수 있고 선지 ③, ④를 통해 보기 ㄹ의 정오 판단은 하지 않아도 되는 것을 알 수 있다. 보기 ㄴ과 ㄷ 중에서는 앞서 언급한 바와 같이 문제에서 제시한 확정 정보가 많은 보기 ㄴ을 판단하는 것이 시간 단축에 도움이 될 수 있다.

Tip ❷ 반례 찾기를 통해 예외를 확인하여 빠르게 정오 판단을 한다.

보기 구성을 보면 모두 다 '반드시 ~하여야 한다'라는 표현으로 구성되어 있음을 알 수 있다. '반드시'는 단 하나의 예외만 존재하더라도 거짓이 된다. 따라서 모든 경우의 수를 찾지 않고 예외를 하나만 찾았다면 바로 넘어가도록 한다. 예를 들어 보기 ㄱ의 경우 6회, 7회 모두 이기지 않고 한 번만 비겼을 때도 3회 이상 같은 모양이 나옴을 확인하였다면 빠르게 옳지 않은 보기임을 확인하고 다음으로 넘어가야 한다.

Tip ❸ 총 숫자 개념을 활용하여 돌림판의 구조를 잘 파악한다.

문제에서 중요한 것은 '같은 모양'이 나오는 것의 여부인데, 같은 모양이 나오기 위해서는 돌림판이 어떠한 조합이든 총 8칸이 돌아가야 한다. 이를 위해 '비김' 전략이 중요함을 먼저 파악한다. 또한 일정 조건이 주어진 후에 같은 모양이 나오기 위해서는 돌림판이 몇 칸 돌아가야 하는지 파악하고, '이김', '비김', '짐'의 조합을 통해 해당 칸 수가 나올 수 있는지 빠르게 판단하는 것이 중요하다. 이때, 3칸이 돌아가기 위해서는 '연속으로 2번' 이겨야 한다는 것 등을 명심해야 한다. 예를 들어, 게임을 2회 진행하여 3칸(연속 두 번 이김)+4칸(비김)의 조합은 나올 수 없다는 것에 유의해야 한다.

Tip ❹ (+)와 (−)를 이용하여 최종 움직임을 계산한다.

돌림판과 같이 승부의 결과에 따라 말이 움직이는 게임의 경우, 시계 방향은 (+), 반시계 방향은 (−)로 기호를 정한다. 즉, 1회 승리 시 +1, 연속 2회 승리 시 +3으로 기록한다. 이 게임의 경우 돌림판이 시계 방향으로만 움직이기 때문에 (+) 방향으로만 움직이지만, 반시계 방향으로도 움직이는 게임의 경우 (+)와 (−)를 이용한 숫자 계산을 통해 최종 말의 위치를 파악한다. 예를 들어 게임에서 지는 경우 반시계 방향으로 2칸 움직인다면 −2로 기록한다. 만약 3번 연속 승리 후 1번 패배했다면 시계 방향으로 5칸(+5), 반시계 방향으로 2칸(−2) 움직이므로, 최종적으로 돌림판은 +3만큼 돌아간다.

20 정답 ❺ 난이도 ●●○

문제해결능력_조건추리(매칭, 배치)

'점주관리회의'에 참석한 사람만이 점주관리업무의 관련자이다. 회의는 시간대별로 구분하여 진행되었으므로 회의의 순서에 따라 A~E의 진술을 매칭하여 점주관리회의에 참석하지 않은 사람을 찾으면 된다.

A의 진술을 통해 영업전략수립회의가 당일 가장 먼저 실시된 회의임을 알 수 있다.

B의 진술을 통해 B와 D는 회의에 2회 참석하였으며 참여한 모든 회의에 함께 참석하였고, 그 회의는 연속으로 진행되었음을 알 수 있다. 따라서 B와 D는 첫 번째 회의와 두 번째 회의에 참석하였거나 두 번째 회의와 세 번째 회의에 참석하였을 것이다.

그런데 D는 자신이 두 번째로 참석한 회의는 A와 함께 참석한 첫 회의였다고 진술하였다. A의 진술과 D의 진술을 통합하면 A는 이미 첫 번째 회의에 참석하였고, 만일 B와 D가 첫 번째 회의와 두 번째 회의에 참석한 경우 D의 진술은 거짓이 되므로 B와 D는 두 번째, 세 번째 회의에 참석했음을 알 수 있다. 또 A는 두 번째 회의는 참석하지 않았고 세 번째 회의에는 참석했음을 알 수 있다. 첫 번째 회의였던 영업전략수립회의에도 참석인원은 3명 이상이므로 B와 D를 제외한 나머지 인원이 참석하여야만 한다. 따라서 영업전략수립회의 참석인원은 3명으로 확정됨을 알 수 있다.

구분	영업전략 수립회의(1번째)	2번째	3번째
A	○	×	○
B	×	○	○
C	○		
D	×	○	○
E	○		

E의 진술을 보면, E는 가장 마지막 순서의 회의에는 참여하지 않았다. 따라서 두 번째 회의에 참석할 수 있는 인원은 E와 C 두 명뿐인데, 모든 회의에는 3인 이상이 참석하였으므로 둘 중 한 명 또는 둘 모두가 참석해야만 한다. 그런데 이때 C의 진술을 보면 자신이 참석한 회의에서 E와 만난 횟수는 1회뿐이고, 이미 첫 번째 회의에서 1회 만났으므로 두 번째 회의에서는 E와 C 중 한 명만이 참석할 것임을 알 수 있다. 참석자가 누구인지는 알 수 없으나 두 번째 회의는 3인으로만 구성되므로 점주관리회의가 아니고 그 결과 매장수익분석회의일 것으로 추론할 수 있다. 따라서 마지막 회의가 자동으로 점주관리회의가 된다.

구분	영업전략 수립회의 (1번째)	매장수익 분석회의 (2번째)	점주관리회의 (3번째)
A	○	×	○
B	×	○	○
C	○	○ or ×	○
D	×	○	○
E	○	× or ○	×

E는 마지막 순서의 회의에 참석하지 않았으므로 점주관리회의의 참여자는 E를 제외한 A, B, C, D 네 명임을 알 수 있다. 따라서 E는 점주관리업무의 관련자가 아니다.

합격자의 실전 풀이 순서

❶ 점주관리업무 관련자가 아닌 사람을 고르는 것이므로 선지 옆에 X표를 하여 관련자를 고르는 실수를 하지 않도록 한다.

❷ 문제를 읽으며 3개의 회의가 각각 다른 시간대에 진행됐다는 것, 모든 회의에 3인 이상이 참석했고, 점주관리회의는 4명이 참석했다는 것에 체크를 한다.

❸ 진술을 바탕으로 확정적인 것부터 채워나가며 판단한다.

합격자의 시간단축 Tip

Tip ❶ 필요한 정보와 필요 없는 정보를 빠르게 구분한다.

지문의 ○○기업, 영업 3팀, 클라우드 서버, 수정 권한, 삭제 등의 내용은 문제를 푸는데 전혀 도움이 되지 않는 정보다.

발문의 "점주관리업무의 관련자가 아닌 사람은?"을 읽고 지문에서 "점주관리업무"와 관련된 내용을 빠르게 찾으며 문제의 구조를 파악해야 한다.

Tip ❷ 조건이 빠르게 적용되지 않는 경우에는 경우의 수를 나누어 임의로 가정해 본다.

A의 진술을 통해 영업전략수립회의가 첫 번째 회의라는 것과, E의 진술을 통해 E가 마지막 순서의 회의에 참여하지 않았다는 것은 굉장히 직관적인 단서이다.

다소 복잡한 B, C, D의 진술을 적용하기 전에 가정해 본다. 발문의 점주관리업무가 관련된 점주관리회의는 두 번째 혹은 세 번째인데 우선 세 번째라고 가정해 본다. 세 번째 회의에 E가 참여하지 않았기 때문에 남은 A, B, C, D 4명이 회의에 참여했다고 쉽게 단정할 수 있기 때문이다.

그렇다면 B의 진술에 따라 B와 D의 회의 참석 여부가 확정되고, 이에 따라 첫 번째 회의가 3명 이상 참여이므로 첫 번째 회의의 참여인원이 모두 결정된다.

D의 진술에 따라 A가 두 번째 회의에 불참함을 알 수 있고, C의 진술에 따라 두 번째 회의에서 C와 E 중 한 명이 참여했음을 알 수 있다.

이러한 결과가 조건과 모순되었는지를 확인했을 때 모순되는 것이 없다. 그렇다면 처음에 가정했던 조건이 옳은 것이고, 보다 빠르게 정오를 판단할 수 있다.

구분	영업전략 수립회의 (1번째)	매장수익 분석회의 (2번째)	점주관리회의 (3번째)
A	○	×	○
B	×	○	○
C	○	○ or ×	○
D	×	○	○
E	○	○ or ×	×

반대로 점주관리회의를 두 번째에 한 것으로 가정했다고 치자. 마찬가지로 B의 진술, D의 진술, E의 진술을 반영하면 다음과 같이 표시할 수 있다.

구분	영업전략 수립회의 (1번째)	점주관리회의 (2번째)	매장수익 분석회의 (3번째)
A	○	×	○
B	×	○	○
C			
D	×	○	○
E			×

모든 회의는 3인 이상 참여해야 한다는 조건에 의해 C, E가 1번째 영업전략수립회의에 반드시 참여해야 하지만 점주관리회의에는 업무 관련자가 4명이 참여했다는 조건에 의해 C, E가 2번째 점주관리회의에도 반드시 참여해야 한다. 하지만 이렇게 되면 C의 진술에 위배된다. 점주관리회의를 두 번째로 한 것으로 가정하는 경우 모순이 발생하므로 세 번째에 한 것이 옳다는 판단을 내릴 수 있다.

Tip ❸ 확실한 조건부터 활용하자.

진술들을 빠르게 먼저 훑어보고 확실한 정보를 제공하는 진술부터 풀이하는 방법이다. 확실한 조건부터 활용하면 풀이 시간을 상대적으로 단축할 수 있기 때문에 추천한다. 본 문제에선 A, E의 진술이 회의 참석 여부를 바로 확인할 수 있으므로 확실한 조건으로 볼 수 있다.

Tip ❹ 확정 조건과 불확정 조건을 따로 표시하자.

확정 조건과 불확정 조건이 동시에 나오는 문제의 유형은 확정 조건은 대입한 후 불확정 조건을 기준으로 하나씩 경우의 수를 분류하여 확정되는 정보를 추론하는 방식으로 문제를 해결하여야 한다. 이때 표를 그리는 식으로 푸는 것이 가장 정확한데, 표에는 확정 조건만 반영하고 그 아래에 자신만의 기회를 통해 불확정 조건문을 기록하는 것이다. 불확정 조건간의 관계성을 활용하여 정보가 확정되는 경우 표에 기입한다. 이러한 방식은 시간압박이 있는 상황 속에서 실수를 줄일 수 있다. 예를 들면 다음과 같이 표시할 수 있다.

매장		
영업	1	A
점주		

① B&D 연속 2회
② C&E 1회
③ A&D 2번째 회의
④ E ~3번째 회의 (~은 부정의 기호)

21 정답 ④ 난이도 ●●○

문제해결능력_진실게임(참/거짓)

먼저 A~E의 진술을 종합하여 모순이 생기는지 확인한다. 12월 3~7일 출장을 다녀온 순서를 [_____]로 차례대로 표시한다.

- A: "저는 E에게 법인카드를 전달했습니다."
  ⇒ AE___, _AE__, __AE_, ___AE
- B: "저는 A보다 먼저 출장을 다녀왔습니다."
  ⇒ BAE__, B__AE, B_AE_, _B_AE, _BAE_, __BAE
- C: "저는 12월 7일에 출장을 다녀왔습니다."
  ⇒ B_AEC, _BAEC
- D: "저는 B에게 법인카드를 전달했습니다."
  ⇒ DBAEC
- E: "저는 C에게 법인카드를 전달했습니다."
  ⇒ DBAEC

각 진술이 모두 참이라고 가정해도 논리적으로 충돌되는 내용이 없다.

A~E 각각의 진술이 하나씩 거짓인 경우를 가정하여 결론을 도출했을 때 모순이 발생하는지 확인한다.

- A가 거짓을 말했을 경우: B, C, D, E의 진술은 참이다. 이 경우 DB_EC만 가능하다. 즉, DBAEC만이 가능한데 이 경우는 A의 진술 또한 참이 되므로 모순이다.
- B가 거짓을 말했을 경우: A, C, D, E의 진술은 참이다. 이 경우 DBAEC만 가능하므로 B의 진술 또한 참이 되어 모순이다.
- C가 거짓을 말했을 경우: A, B, D, E의 진술은 참이다. DBAEC만 가능하다. 즉, 12월 7일에 출장을 다녀왔다는 C의 진술도 참이 되므로 모순이다.
- D가 거짓을 말했을 경우: A, B, C, E의 진술은 참이다. D가 B에게 법인카드를 전달하지 않았다고 가정하면(D가 거짓을 말했다면) BDAEC의 경우가 성립할 수 있다. 즉, 모순이 발생하지 않으므로 D의 진술은 거짓일 수 있다.
- E가 거짓을 말했을 경우: A, B, C, D의 진술은 참이다. 이 경우, DBAEC만 가능하다. C에게 법인카드를 전달했다는 E의 진술도 참이 되므로 모순이다.

따라서 거짓을 말한 사람은 D이다.

합격자의 시간단축 Tip

Tip ❶ 참, 거짓 문제 중 복잡한 문제는 넘기는 것이 나을 수도 있다.

참, 거짓 문제는 많은 수험생이 어려워하는 유형이지만, 이 문제는 각각의 진술이 비교적 간단하고 '전달'했다는 단어를 통해 출장 순서를 비교적 쉽게 정리할 수 있어서 도전할 만해 보인다. 참, 거짓 문제는 먼저 모든 진술이 참(혹은 거짓)이라고 가정하고 모순이 생긴 경우 그 모순의 원인이 된 진술 몇 개를 확인함으로써 해결하는 것이 일반적이다. 하지만, 이 문제는 모든 진술이 참이라고 가정해도 논리적으로 흠결이 없다. 실전에서 여기까지 시도하고 문제를 넘기는 것이 전체적인 시간 단축에 용이할 수 있다. 이제 모든 경우를 하나하나 대입해서 확인해야 하기 때문이다.

Tip ❷ 각각의 진술을 확인하고 해당 진술이 참일 때와 거짓일 때를 간략하게 정리해 놓으면 좋다.

- A: AE ↔ A_E, EA, E_A
- B: BAE__, B_AE, B__AE, _B_AE, _BAE_, __BAE ↔ AEB,
- C: ____C ↔ C____, _C___, __C__, ___C_
- D: DB ↔ D_B, BD B_A
- E: EC ↔ E_C, CE, C_E

이 작업을 통해서 각 직원이 출장을 다녀온 순서를 빠르게 유추할 수 있을 뿐 아니라 추후 각 직원의 진술이 거짓인 경우도 빨리 정리할 수 있다.

Tip ❸ 선지를 대입해서 빠르게 문제를 해결할 수 있다.

모든 진술이 참임을 가정해도 흠결이 없다는 것을 발견하고 나서는 각 직원의 진술을 하나씩 거짓이라고 가정하고 검토하는 수밖에 없다. 이때, A부터 차례로 검토할 수도 있지만, 진술 유형에 따라 먼저 검토할 직원을 선택하는 것이 시간 단축에 유리하다. 이 문제의 경우 C의 진술이 다른 직원의 출장 순서와 관계없이 자신의 출장 순서가 마지막이라고 주장하고 있으므로 먼저 확인하기 쉽다. 이와 달리 B의 진술은 여러 가지 경우를 가능하게 하므로 마지막으로 확인하는 것이 좋다. 먼저 대입하는 것이 유리한 선지를 판단해 내기 어려운 경우라면 중간 선지(선지 ③, ④)를 먼저 보는 것이 유리한 경우가 많다.

22 정답 ①　　난이도 ●●●

문제해결능력_공고문/규정 이해

특약 가입조건에 해당하는지, 보험료가 적절한지 순으로 확인한다.

특약 가입조건별 키워드를 바탕으로 각 사례에 맞는 조건을 파악한다.

(1) 기초생활수급자
(2) 중증장애인
(3) 장애인 운송용(휠체어 리프트 또는 슬로프)
(4) 만 30세 이상, 자녀

ㄱ. (×) ○○보험사에 화재보험과 자동차보험으로 각각 연 24만 원, 76만 원을 납부하고 있는 기초생활수급자 A씨는 7%의 할인율이 적용되는 ○○보험사의 서민 나눔 특약에 가입하여 7만 원의 할인혜택을 받았다.
→ A씨는 기초생활수급자이므로 서민 나눔 특약 가입조건의 (1)에 해당한다. A씨가 받은 할인혜택 7만 원은 화재보험과 자동차보험을 합한 값인 100만 원의 7%이다. 하지만 서민 나눔 특약은 자동차보험료만을 대상으로 한다. 따라서 76만 원의 7%에 대하여 할인혜택을 받을 수 있으므로, 적절하지 않은 사례이다.

ㄴ. (○) 배우자와의 연 합산소득이 1,500만 원인 만 67세의 B씨는 최초 등록일로부터 10년이 경과한 1톤 화물차를 소유하고 있고 만 30세의 자녀와 함께 거주하고 있어 서민 나눔 특약의 가입조건을 충족하였다.
→ B씨와 배우자의 소득, 자녀에 대한 내용이 제시되었으므로 조건 (4)를 살펴본다.
B씨는 만 67세로 나이 요건(만 30세 이상)을 충족한다.
B씨와 배우자의 연 합산소득은 1,500만 원으로 소득 요건을 충족한다.
차량은 1톤 화물차이며, 최초 등록일로부터 10년이 지났으므로 자동차 요건도 충족한다.
자녀 요건의 단서에 따르면 만 65세 이상이면서 배우자 합산소득 연 2,000만 원 이하인 경우엔 자녀 요건을 제외한다. B씨는 해당 조건을 충족하므로 자녀 요건을 확인하지 않아도 된다.
따라서 B씨는 서민 나눔 특약의 가입조건을 모두 충족하였다. 적절한 사례이다.

ㄷ. (×) C씨의 차량에는 장애인 운송용 휠체어 리프트가 설치되어 있고 그와 배우자 합산소득은 연 3,700만 원으로, 서민 나눔 특약에 가입하여 C씨 배우자의 자동차보험료 할인혜택을 받고 있다.
→ 장애인 운송용 휠체어 리프트가 제시되었으므로 조건 (3)을 살펴본다.
C씨와 배우자의 합산소득은 연 3,700만 원으로 소득 요건을 충족한다. 조건 (3)을 통해 장애인 운송용 휠체어 리프트가 설치된 '그 차량'이 자동차보험에 가입한 경우에 보험료 할인을 받는다는 것을 알 수 있다. 해당 사례에서 장애인 운송용 휠체어 리프트는 C씨의 차량에 설치되어 있는데, 서민 나눔 특약의 혜택은 C씨 배우자가 받는다. 대상이 잘못되었으므로 적절하지 않은 사례이다.

ㄹ. (×) D씨는 최초 등록일로부터 7년이 경과한 배기량 1,800cc의 승용차를 소유하고 있고 배우자와의 합산소득이 연 3,200만 원으로, 중증장애인인 형제와 동거하고 있어 서민 나눔 특약을 통해 보험료 할인혜택을 받고 있다.
→ 중증장애인이 제시되었으므로 조건 (2)를 살펴본다. 해당 조건에 따르면 피보험자 또는 동거가족(배우자, 부모, 자녀)이 중증장애인이어야 한다. 동거가족이 형제인 경우엔 그 대상이 되지 않는다. 적절하지 않은 사례이다.

합격자의 실전 풀이 순서

❶ 적절한 것을 고르라 했으므로 바로바로 판단에 들어간다.

❷ 자료를 먼저 읽기보다는 보기의 내용을 보고 필요한 것들을 찾아가며 읽고 판단한다.

합격자의 시간단축 Tip

Tip ❶ 발췌독한다.

서민 나눔 특약 가입 조건에 부합해야 한다는 점을 파악하고 선택지로 간다. 선택지의 키워드를 바탕으로, 본문으로 올라가 발췌독하는 것이다. 글의 전체적인 흐름을 이해해야 하는 문제가 아니다. 선택지로 먼저 가서 필요한 정보를 확인해 본문에서 찾는 것이 상대적으로 빠른 문제 해결에 도움이 된다. 예를 들어, 선지 ①의 경우 '기초생활수급자'를 키워드로 삼을 수 있다. 특약 가입조건 (1)에서 해당 내용을 찾을 수 있다. 특약 가입조건을 일일이 숙지하고 넘어갔으면 문제 풀이에 많은 시간을 썼을 것이다.

Tip ② **보기 문제의 풀이**

해당 문제의 경우 선지를 차례대로 푼다고 했을 때 결국 모든 선지를 풀어야 정답을 도출할 수 있는 문제이긴 하다. 하지만 보기 문제가 출제되면 모든 선지를 판단하지 않아도 문제를 해결할 수 있다는 생각, 본인이 생각하기에 판단이 더 쉽다고 여겨지는 보기를 먼저 해결해야겠다는 것들이 습관이 되어 있어야 실전에서도 적용할 수 있을 것이다.

Tip ③ **사례는 최대한 다양한 유형에 해당하도록 출제된다.**

해당 문제처럼 제시문에서 여러 가지 유형이 제시되는 경우, 사례에 최대한 다양한 유형을 등장시켜 수험생들이 바르게 이해하고 있는지를 묻고자 할 것이다. 실제로 특약 가입 조건의 (1)-보기 ㄱ, (2)-보기 ㄹ, (3)-보기 ㄷ, (4)-보기 ㄴ이 사용된 것을 확인할 수 있다. 따라서 사례가 주어진 글에 어디에 해당하는지 찾을 때 이미 앞선 사례에 해당했던 부분은 제외하고 찾아보는 편이 효율적이다. 하물며 친절한 문제는 제시문에 제시된 순서대로 사례를 제시해 주기도 한다.

Tip ④ **가능보다는 불가능에 주목하자.**

'특약 가입 가능'에 대한 확신보다 '가입 불가'에 대한 확신이 더 클 수밖에 없다. '가입 가능'은 여러 가지 조건들을 모두 만족시킬 때 가능하므로 다 풀어놓고도 혹시나 내가 놓친 부분은 없는지 걱정된다. 반면 '가입 불가'는 하나의 조건만 안 맞아도 바로 확정적인 결론을 내릴 수 있다. 따라서 보기 ㄴ과 같이 '가입 가능'을 다루는 보기에서 확신을 가지지 못하겠다면 넘어가서 보기 ㄷ, 보기 ㄹ과 같이 '가입 불가'가 나오는 보기에서 확신을 가지는 것을 추천한다.

23 정답 ③ 난이도 ●○○

문제해결능력_수치 계산(비용, 계산)

Z가 가입한 보장성 보험인 생명보험 X 내역을 정리하면 다음과 같다.

- **피보험자:** 자녀 Y(성인, 장애인)
- **2023년:** 생명보험 X, 연납 보험료 120만 원
- **2024년:** 생명보험 X(장애인 전용 보험으로 전환), 연납 보험료 90만 원

Z씨는 매년 연말정산을 통해 보장성 보험에 대해 세액공제 혜택을 받아오고 있다. 따라서 Z가 5년째 가입해온 생명보험 X는 세액공제 혜택을 받는 보장성 보험에 해당한다.

연도별 세액공제액은 다음과 같다.

- **2023년:** 일반 보장성 보험이므로 100만 원 한도 내에서 12% 공제받는다. 따라서 Z의 연납 보험료는 120만 원이지만, 100만 원까지만 공제받을 수 있다. 공제액은 $100 \times 0.12 = 12$(만 원)이다.
- **2024년:** 장애인전용보험이므로 100만 원 한도 내에서 16% 공제받는다. Z의 연납 보험료는 90만 원이다. 공제대상 보험료는 실제 납입한 보험료이므로 90만 원을 기준으로 계산한다. 공제액은 $90 \times 0.16 = 14.4$(만 원)이다.

2024년과 2023년 공제액의 차이는
$144,000 - 120,000 = 24,000$(원)이다.

합격자의 실전 풀이 순서

❶ 문제를 읽으며 2023년과 2024년에 어떤 차이가 있는지 유의해서 봐야겠다고 생각하고 접근한다.
❷ 2024년에 장애인전용보험으로 전환하며 보장혜택을 축소시켰다는 내용에 체크 후 차이를 계산한다.

합격자의 시간단축 Tip

Tip ① **단위를 활용하자.**

단위가 큰 경우 90, 100으로 푸는 것을 추천한다. 100만 원을 그대로 1,000,000원으로 표기하면 실수할 확률도 높아지고, 상대적으로 시간도 오래 걸리기 때문이다. 만 원 단위로 표기했다는 점을 인지하고 풀어가도록 하자.

Tip ② **단서에 주의하자.**

보험료를 많이 납입하여도 최대 100만 원까지만 공제 대상으로 인정한다는 단서가 제시되었다. 자칫 놓치기 쉬운 내용이므로 문제를 읽을 때 표시하는 것을 추천한다.

Tip ③ **선지의 끝자리에 주목하자.**

계산값을 물어보는 문제에서는 선지에서 제시되는 숫자의 끝자리(주로 일의 자리)에 주목하자. 만약 끝자리가 모두 다를 경우 계산을 온전히 하지 않고 끝자리만 구해도 답을 고를 수 있기 때문이다. 이 문제는 천 원 단위가 끝자리인데 각각 0, 6, 4, 0, 8로 제시되고 있다. 따라서 90만 원×0.16−12만 원을 계산할 때 첫 번째 항에서 0.4만 원이 도출되는 순간 더 이상의 계산은 필요없다. 선지 ③을 고르고 끝내면 된다.

24 정답 ② 난이도 ●○○

자원관리능력_상황제시 및 최적선택(평가)

'1. 매입대상주택 요건'을 보면, ㅇㅇ공사는 기본요건을 모두 충족하고 사업목적에 적합한 주택을 건물 동별 일괄 또는 부분매입을 한다. 보기의 주택들은 모두 부분만 음영 처리되었으므로 부분매입 조건에 맞는지 확인해 본다. 부분매입은 반지하(지하층) 세대 포함 1개 동 전체 세대 중 1/2 이상 매입하는 방식이다.

ㄱ. (○)

→ 총 세대는 8개이며, 반지하 세대인 B101 포함 총 4개의 세대에 음영 처리가 되어 있다. 8의 1/2인 4 이상으로 매입이 가능하다.

ㄴ. (×)

→ 총 세대는 8개이며, 음영 처리도 4세대가 되어 있지만, 반지하 세대가 하나도 포함되어 있지 않다. 매입이 불가능하다.

ㄷ. (○)

→ 총 세대는 7개이며, 반지하 세대인 B102 포함 총 4개의 세대에 음영 처리가 되어 있다. 7의 1/2인 3.5 이상으로 매입이 가능하다.

ㄹ. (×)

→ 총 세대는 7개이며, 반지하 세대인 B101, B102를 포함한 총 3개의 세대에 음영 처리가 되어 있다. 7의 1/2인 3.5 미만으로 매입이 불가능하다.

합격자의 실전 풀이 순서

❶ 문제를 먼저 확인한 후 자료를 살펴본다.
❷ 반지하 세대가 포함되어 있는지를 우선 판단한다.
❸ ㄱ과 ㄹ 중 매입 가능한 주택을 판단하여 정답을 도출한다.

합격자의 시간단축 Tip

Tip ❶ 문제를 잘 읽는다면 시간을 아낄 수 있다.

문제에서 모두 매입대상주택의 기본요건(1. 매입대상주택 요건 중 ①~④)를 갖추었다고 하였으므로 부분매입 조건만 확인하면 된다. B로 시작하는 방이 포함되었는지, 전체 세대 수의 1/2 이상인지만 파악한다. 문제를 잘 읽었다면, 불필요하게 기본요건 검토를 위해 필요한 정보를 찾는 시간을 줄일 수 있었을 것이다.

Tip ❷ 판단의 우선순위를 정하자.

부분매입의 조건은 1) B로 시작하는 방(반지하)이 포함되어 있는지, 2) 전체 세대 수의 1/2 이상인지 두 가지이다. 이 두 가지 조건 중 1) B로 시작하는 방이 포함되어 있는지를 먼저 보는 것이 상대적으로 빠를 것이다. 해당 문제의 경우 검토해야 할 사항이 두 가지밖에 없고 복잡한 계산을 요구하지 않지만, 조건이 많거나 계산이 복잡한 경우에는 단순 확인만으로 판단할 수 있는 조건을 우선으로 판단하는 습관을 들이도록 한다.

Tip ❸ 시각 자료를 이용하자.

매입하는 세대가 1/2 이상인지 판단할 때 세대 수를 일일이 셀 필요가 없다. 시각적 자료를 이용하여 문제를 풀 수도 있다. ㄱ~ㄹ의 그림을 확인하여 음영 면적이 전체의 1/2를 넘는지만 간단하게 확인할 수도 있다.

25 정답 ⑤ 난이도 ●○○

자원관리능력_적정 대상 선택

매입대상주택이 되기 위해선 '1. 매입대상주택 요건'에 제시된 조건들을 모두 충족해야 한다.

청년용 임대주택은 전용 16m²~60m², 투룸 이상 주택의 기준을 만족해야 한다.

주택별로 기본 요건 및 부분매입 기준을 충족하는지 파악하면 다음과 같다.

A~E주택의 반지하(지하층)의 건축물대장상 주 용도는 주택이므로 기본요건 ④(지하층주택)의 충족 여부는 확인하지 않는다.

[A주택]

① **주택유형:** 다세대 주택으로 충족한다.
② **면적기준:** 청년용 임대주택의 전용면적 기준은 충족했지만, 세대별 방 개수가 1개로 '투룸 이상 주택'이라는 조건은 만족하지 못했다. A주택은 청년용 임대주택으로 선정될 수 없다.

[B주택]

① **주택유형:** 다가구 주택으로 충족한다. 하지만 다가구주택은 일괄 매입만 허용하는데 B주택의 전체 10세대(지하층 2세대, 지상층 8세대) 중 6세대만 신청하였다. 일괄 매입이 불가하다. B주택은 청년용 임대주택으로 선정될 수 없다.

[C주택]

① **주택유형:** 연립 주택으로 충족한다.
② **면적기준:** 세대별 전용면적 55m², 세대별 방 개수 3개로 청년용 임대주택의 전용면적 기준을 충족한다.

CHAPTER 3 실전모의고사 3회

③ **건령기준:** 공고일이 2024년 8월 26일이므로 해당 건물이 건령기준을 충족하려면 건물사용승인일이 2004년 8월 26일 이후여야 한다. C주택의 건물사용승인일은 2007년 6월 16일로 건령기준을 충족한다.
기본요건을 모두 충족하였으므로 일괄 또는 부분매입 여부를 확인한다.
C주택의 총 세대수는 15세대(지하층 4세대, 지상층 11세대)이며, 신청 세대수는 총 5세대(지하층 1세대, 지상층 5세대)이다. 부분매입으로 신청하였지만, 부분매입의 조건(전체 세대 중 1/2 이상)을 충족하지 못하였다. C주택은 청년용 임대주택으로 선정될 수 없다.

[D주택]
① **주택유형:** 다세대 주택으로 충족한다.
② **면적기준:** 세대별 전용면적 45m², 세대별 방 개수 2개로 청년용 임대주택의 전용면적 기준을 충족한다.
③ **건령기준:** 공고일은 2024년 8월 26일이므로 해당 건물이 건령기준을 충족하려면 건물사용승인일이 2004년 8월 26일 이후여야 한다. D주택의 건물사용승인일은 2004년 5월 30일로 충족하지 않았다. D주택은 청년용 임대주택으로 선정될 수 없다.

[E주택]
① **주택유형:** 연립 주택으로 충족한다.
② **면적기준:** 세대별 전용면적 52m², 세대별 방 개수 2개로 청년용 임대주택의 전용면적 기준을 충족한다.
③ **건령기준:** 공고일은 2024년 8월 26일이므로 해당 건물이 건령기준을 충족하려면 건물사용승인일이 2004년 8월 26일 이후여야 한다. E주택의 건물사용승인일은 2009년 7월 24일이므로 건령기준을 충족한다.
기본요건을 모두 충족하였으므로 일괄 또는 부분매입 여부를 확인한다.
E주택의 총 세대수는 16세대(지하층 6세대, 지상층 10세대)이며, 신청 세대수는 10세대(지하층 4세대, 지상층 6세대)이다. 부분매입의 조건(전체 세대 중 1/2 이상)을 충족하였다. E주택은 청년용 임대주택으로 선정될 수 있다.

합격자의 실전 풀이 순서

❶ 청년용 임대주택으로 선정될 수 있는 주택을 고르는 문제임을 파악한다.
❷ 주택유형 조건을 통해 부분매입을 신청한 B주택을 소거한다.
❸ 유형별 면적기준을 통해 A주택을 소거한다.
❹ 건령기준을 통해 D주택을 소거한다.
❺ 부분매입의 1/2 이상 매입 조건을 통해 C주택을 소거하여 답을 도출한다.

합격자의 시간단축 Tip

Tip ❶ 보다 효율적인 풀이가 있을지 항상 고민하자.
해당 문제의 경우 대부분은 '주택'별로 요건 충족 여부를 파악했을 것이다. 그러나 위 문제는 '요건'별로 각 주택의 해당 요건 충족 여부를 파악하는 방식으로도 풀 수 있다. 그중에서도 파악하기 쉬운 요건부터 체크하는 것이 효율적이다. 부분매입 요건은 총 세대수, 신청 세대수를 각각 더해 비교해야 하는 번거로움이 있기 때문에 주택유형과 같이 한눈에 확인하기 쉬운 요건부터 시작한다. 특히, 표로 제시되어 한 눈에 파악하기 쉬우므로 이를 적극적으로 활용한다. 세대별 방 개수의 경우에도 표에서 2 미만인 것만 제외하고 넘어가면 된다. 이때 제외되는 주택 위에 길게 줄을 그어 시각적으로 확인하기 쉽게 구성하는 것도 좋다.

Tip ❷ 조건 사용 여부를 고려하자.
해당 문제와 같이 여러 후보 중 하나를 선택하는 문제의 경우, 여러 가지 조건이 제시된다. 대부분 각 조건당 하나 이상의 후보가 소거되므로, 쓰이지 않는 조건은 거의 없음을 유의하자. 추가로, 동점자를 판별하는 기준이 나왔다면 높은 확률로 최종 2인의 점수가 동일할 것이다. 따라서 동점자 판별 기준이 있음에도 계산 후 동점자가 나오지 않았다면, 이는 '동점자 판별 기준'이라는 조건이 쓰이지 않은 것이므로 한 번 더 검토해 보는 것이 좋다.

26 정답 ③ 난이도 ●●●

자원관리능력_지문의 이해 및 활용

반지하(지하층) 주택 임차인 퇴거 및 이주대책 안내에 대한 내용을 정리하면 다음과 같다.

[매입절차]
신청접수 → 서류 심사 → 현장 실태조사 → 매입심의 → 감정평가 및 매입가격 결정 → 매입대상 주택 통보 → 이주대책 신청 및 확정 → 매매계약 체결 → 이주대책 시행, 거주자 퇴거[반지하(지하층) 임차인] → 소유권 이전 및 잔금 지급(신청접수부터 소유권 이전까지 4~6개월 소요)
– ◇◇빌라 주택매매계약 체결일: 2024년 10월 8일

– 임차인: X–지하 1층, Y–지상 3층, 임대차 기간 종료일 2025년 6월 30일

[주거상향지원]
- 대상: 기존 반지하(지하층) 임차인
- 내용: 임대차 잔여기간 동안 인근 ○○공사 매입임대주택으로 이주·거주지원 및 잔여기간 종료 후 자격 충족 시 ○○공사 매입임대 입주자로 전환 가능
- 조건: 매매계약 전 신청 기간 내에 '임차인 주거상향 신청서' 제출 필요

① (O) X가 주거상향지원을 받고자 하는 경우 2024년 10월 8일 전 신청 기간 내에 신청서를 제출해야 한다.
→ 지하 1층의 임차인인 X는 주거상향지원의 대상자이다. X가 주거상향지원을 받고자 하는 경우엔 매매계약일인 2024년 10월 8일 전 신청 기간 내에 '임차인 주거상향 신청서'를 제출해야 한다. 옳은 선지이다.

② (O) X가 주거상향지원을 희망하는 경우 인근 ○○공사 매입임대주택에서 2025년 6월 30일까지 거주할 수 있을 것이다.
→ 지하 1층의 임차인인 X는 주거상향지원의 대상자이다. X가 주거상향지원을 받게 되면 해당 프로그램의 지원 내용에 따라 임대차 잔여기간인 2025년 6월 30일까지 인근 ○○공사 매입임대주택으로 이주하여 거주할 수 있다. 옳은 선지이다.

③ (×) Y는 2024년 10월 8일 전 퇴거하거나 사전 신청을 통해 주거상향지원을 받아야 한다.
→ 퇴거 및 이주는 반지하(지하층) 임차인이 대상이다. Y는 지상 3층의 임차인으로 퇴거 또는 주거상향지원의 대상자가 아니다. 옳지 않은 선지이다.

④ (O) 주거상향지원을 받은 세입자라도 반드시 ○○공사 매입임대 입주자로 전환되는 것은 아니다.
→ 주거상향지원 내용에 따르면 잔여기간 종료 후 '자격 충족 시' ○○공사 매입임대 입주자로 전환된다. 반드시 전환되는 것은 아님을 알 수 있다. 옳은 선지이다.

⑤ (O) X가 주거상향지원을 희망하지 않는다면 ◇◇빌라의 소유권 이전 등기 전에는 퇴거하여야 한다.
→ 매입절차를 확인해 보면, 매매계약 체결 후 이주대책 시행 및 거주자 퇴거가 이루어지며, 그 후 소유권 이전 및 잔금지급이 시행된다. X가 주거상향지원을 신청하지 않는다면, ◇◇빌라의 소유권 이전 등기 전에는 퇴거해야 한다. 옳은 선지이다.

합격자의 실전 풀이 순서

❶ 적절하지 않은 것을 고르라 했으므로 선지 옆에 X표를 하여 적절한 것을 정답으로 고르는 실수를 하지 않도록 한다.

❷ 두 번째 조건의 '다만'이라는 표현, '반지하(지하층) 임차인'에만 한정된다는 점을 고려하여 체크해 둔다.

❸ 각 선지를 판단하여 정답을 도출한다.

합격자의 시간단축 Tip

Tip ❶ 문제를 읽으면서 선지를 예측할 수 있다.

발문에서 지하에 거주하는 X와 지상에 거주하는 Y를 제시하였으므로 지하/지상에 따른 차이를 선지화할 것임을 예측할 수 있다. 퇴거, 주거상향지원 모두 지하층 임차인만을 대상으로 하므로, 제시문에 '지하층'에만 동그라미, 밑줄 등을 표시해 실수를 줄이도록 한다. 특히 ①부터 ⑤까지 순서대로 판단하는 경우 ①과 ②는 모두 X에 대해 묻고 있기 때문에 퇴거 및 이주대책의 대상 여부를 놓칠 가능성이 있다. 이러한 상황에서 ③으로 넘어가면 2024년 10월 8일이라는 기간이나 사전 신청 등의 요소에 집중한 나머지 Y가 지상층 거주자라는 사실을 놓칠 수 있다.

Tip ❷ 단서 및 *에 유의하자.

두 번째 조건에서와 같이 '다만'이라는 표현이 나온다면 유의해야 한다. 기존 내용과 상반된 내용이 전개되거나 특별히 고려해야 할 사항들이 담겨있기 때문이다. *의 경우에도 큰 의미 없이 * 표시를 통해 설명해 주는 경우도 있지만, *를 통해 표나 차트에 담기 어려운 내용들을 적어두기도 한다. 해당 문제에서도 주거상향지원과 관련된 구체적 내용을 파악할 수 있다.

27 정답 ④ 난이도 ●●●

문제해결능력_지문의 이해 및 활용

대출대상–대출가능 차종–대출한도의 순으로 적절하게 제시되었는지 확인한다.

ㄱ. (O) 연소득 6,000만 원인 만 23세의 A씨는 중고 대형 승용차를 5,000만 원에 구매하기로 하고 ○○은행에 대출을 문의하였는데, 최대 4,000만 원까지 대출이 가능하다는 답변을 받았다.
→ 연소득이 6,000만 원인 A씨는 대출대상 중 '연소득 2,000만 원 이상인 고객'에 해당하며, A씨의 중고 대형 승용차는 대출가능 차종이다. 또한 A씨는 만 25세 미만이므로 차량매매가격의 80%인

5,000×0.8=4,000(만 원)까지 대출이 가능하다. 대출한도도 최대 4,000만 원이므로 A씨는 최대 4,000만 원까지 대출을 받을 수 있다. 대출거래 사례로 적절하다.

ㄴ. (O) B는 동업관계인 C와 공동명의로 중고 2톤 화물차를 7,000만 원에 구매하기로 하고 지분율을 4:6(B:C)로 설정한 뒤 ○○은행에 중고차 구매대출 신청을 하였으나 대출이 불가했다.

➜ 공동명의의 경우 대출대상이 되기 위해서는 차량 소유 지분율 50% 이상의 주계약자여야 한다. 하지만 B는 C와 공동명의로 구매한 중고 2톤 화물차의 지분을 40% 보유하고 있으므로 대출대상에 해당하지 않아 대출이 불가하다. 대출거래 사례로 적절하다.

ㄷ. (×) D는 자동차판매업자가 아닌 지인 E로부터 중고 경형 승합차를 4,000만 원에 구매하기로 하고 ○○은행에 대출문의를 했는데, D의 신용등급이 낮아 1,000만 원만 대출 가능하다는 답변을 받았다.

➜ D는 자동차판매업자가 아닌 지인 E로부터 중고 경형 승합차를 구매하였는데, 이는 대출 불가한 경우 중 '개인 간 직거래 차량이거나 소유주가 불명확한 차량'에 해당한다. 신용등급과 관계없이 1,000만 원 대출도 불가하다. 대출거래 사례로 적절하지 않다.

ㄹ. (×) F는 ○○은행에서 중고차 구입자금으로 3,000만 원을 대출받으면서 상환방식으로 원금균등분할방식(5년)을 선택하여 매달 원금 525,000원을 상환하고 있다.

➜ F는 대출을 받고 있으므로 대출대상, 대출가능 차종, 대출한도 여부는 살펴보지 않아도 된다. F는 원금균등분할방식(5년)을 선택하였는데, 이는 대출금액을 대출기간 개월 수로 균등하게 나누어 산정한 분할상환금과 이자를 매월 납부하는 방식이다. 즉, 대출원금 3,000만 원을 대출기간 개월 수인 60개월로 나눈 금액을 원금으로 상환한다. 3,000÷60=50(만 원)을 원금으로 상환한다. 대출거래 사례로 적절하지 않다.

합격자의 실전 풀이 순서

❶ 적절하지 않은 것을 고르라 했으므로 선지 옆에 X표를 하여 적절한 것을 정답으로 체크하는 실수를 하지 않도록 한다. 보기가 적절하다면 해당 내용(문장)의 옆에는 O, 보기(기호)에는 ×를 하여 구분해 준다.

❷ ㄱ을 판단 후 선지 ①, ②, ⑤가 답이 아님을 확인하고, 남은 ㄴ과 ㄷ 선지 중 개인적으로 판단이 더 용이하다고 생각한 ㄷ 선지를 풀어 문제를 해결한다.

합격자의 시간단축 Tip

Tip ❶ 발췌독한다.

대출종류, 대출대상 등이 제시되었으며, 차례대로 각 조건에 부합해야 한다는 점을 파악하고 선지로 간다. 선지의 키워드를 바탕으로 본문으로 올라가 발췌독하는 것이다. 글의 전체적인 흐름을 이해해야 하는 문제가 아니다. 선지로 먼저 가서 필요한 정보를 확인해 본문에서 찾는 것이 상대적으로 빠른 문제 해결에 도움이 된다. 예를 들어, 선택지 ①의 경우 '연 소득 6,000만 원' 등을 키워드로 삼을 수 있다. 대출대상에서 '연 소득 2,000만 원 이상'을 찾을 수 있다. 대출대상을 모두 숙지하고 넘어갔으면 문제 풀이에 많은 시간을 썼을 것이다.

Tip ❷ 문제의 힌트에 주목하자.

각 보기에서는 '만 23세', '공동명의로', '자동차판매업자가 아닌', '원금'과 같이 문제 풀이의 핵심이 되는 키워드를 제시하고 있다. 이처럼 특정한 단어가 제시될 경우 해당 내용을 활용해 답이 도출되는 경우가 많으므로 발췌독의 이점을 특히 활용하는 것을 추천한다.

Tip ❸ 보기 문제의 특성을 잘 활용하자.

보기 문제는 절반 정도의 보기만을 판단하여 문제를 해결하는 경우도 있다. 해당 문제의 경우 ㄱ을 풀 경우 선지 ③과 선지 ④만 남게 되고 구체적인 수치를 계산해야 하는 ㄹ은 직접 풀지 않고도 정오를 판단할 수 있게 된다. 남은 ㄴ과 ㄷ 중에서는 본인이 보기에 보다 판단이 쉬울 것으로 생각되는 것을 선택하면 시간을 줄일 수 있을 것이다.

Tip ❹ 먼저 판단해야 할 대상을 정하자.

해당 문제의 경우 대출 유무가 가장 중요하다. 대출가능 차종이며, 대출한도 내에서 대출을 받으려 하더라도 대출대상이 되지 않거나 대출이 불가한 경우에 해당한다면 차종 및 한도는 의미가 없기 때문이다. 따라서 대출대상인지, 대출이 불가한 경우는 아닌지를 우선 판단하여 불필요한 시간을 줄일 수 있다.

Tip ❺ 가능보다는 불가능에 주목하자.

'대출 가능'에 대한 확신보다 '대출 불가'에 대한 확신이 더 클 수밖에 없다. '대출 가능'은 여러 가지 조건들을 모두 만족시킬 때 가능하므로 다 풀어놓고도 혹시나 내가 놓친 부분은 없는지 걱정된다. 반면 '대출 불가'는 하나의 조건만 안 맞아도 바로 확정적인 결론을 내릴 수 있다. 따라서 보기 ㄱ과 같이 '대출 가능'을 다루는 보기에서 확신을 가지지 못하겠다면 넘어가서 보기 ㄴ, 보기 ㄷ과 같이 '대출 불가능'이 나오는 보기에서 확신을 가지는 것을 추천한다.

28 정답 ③ 난이도 ●●○

자원관리능력_적정 대상 선택

제시된 가습기 제품 목록의 가습방식, 사용 시간을 정리하면 다음과 같다.

제품	기화장치 → 가습방식		사용시간	
A	진동자	초음파식	(15,100−100)÷1,500=10	10시간
B	진동자+가열단자	복합식	(9,700−100)÷1,200=8	8시간
C	교체식 필터	기화식	(6,100−100)÷800=7.5	7.5시간
D	내솥 통가열	가열식	(4,100−100)÷800=5	5시간
E	워셔블 필터	기화식	(5,500−100)÷900=6	6시간
F	내솥 통가열	가열식	(3,600−100)÷500=7	7시간

(1) 기화 장치에 따른 가습방식을 구분하면 다음과 같다.
초음파식은 초음파 진동으로 물방울을 작게 쪼개 튕겨내는 방식이다. 따라서 기화장치로 진동자가 사용된 제품(A)은 초음파식 제품이다.
다음으로, 복합식은 초음파식과 가열식이 결합된 방식이다. 기화장치로 진동자(초음파식)와 가열단자(가열식)가 함께 사용된 가습기(B)는 복합식 제품이다.
그리고 가열식은 물을 끓여 증발하는 수증기를 분사하는 방식이다. 따라서 기화 장치로 내솥 통가열, 즉, 통 전체를 가열하는 방식이 사용된 제품(D, F)은 가열식 제품이다.
마지막으로 기화식은 가습 필터를 사용하여 수증기를 분사하는 방식이다. 즉, 필터가 사용된 제품은 모두 기화식 제품이다. 따라서 교체식 필터가 사용된 제품(C)과 워셔블 필터가 사용된 제품(E)는 기화식 제품이다.

(2) 가습기 사용 시간은 (수조용량−잔수용량)÷가습량으로 추산할 수 있다. 제품 A~F의 잔수용량은 모두 100ml이므로 제품별 사용 시간은 위 표와 같이 구할 수 있다.

(3) 가습방식에 따른 제품 특성은 다음과 같다.
먼저 위생과 관련해서는 다음과 같다.
초음파식은 직접 물을 튕겨내는 방식으로 매일 가습기를 살균세척 해야 한다. 복합식은 초음파식과 가열식이 결합된 방식이지만 물을 가열해 60~70℃ 정도로 따뜻해진 물을 초음파 진동으로 튕겨내는 방식이므로 초음파식과 마찬가지로 직접 물방울을 분사하는 가습기라고 할 수 있다. 그래서 매일 가습기를 살균세척 해야 할 것이다. 그에 반해 가열식과 기화식은 수증기를 분사하는 방식으로 주 1~2회 정도 살균세척을 해주면 된다.
다음으로 입자가 작을수록 가습범위가 넓다. 수증기는 물방울 자체를 분사하는 경우보다 입자가 작다. 가습기에서 분사하는 물방울의 크기는 세균 등(0.01~1.5㎛)보다 크고, 수증기는 세균보다 100배 작기 때문이다. 따라서 초음파식과 복합식에 비해 가열식과 기화식의 가습범위가 넓다.
마지막으로 소비전력은 다음과 같다. 물을 가열하는 방식 즉, 가열식과 복합식의 경우에는 소비전력이 200~300W 수준으로 높은 편이고 초음파식과 기화식의 경우 20~40W 정도로 낮다.
각 사무실이 선호하는 제품 유형과 적정 가습량을 정리하면 아래와 같다.
이때 적정 가습량은 1평당 40~60ml이므로, 사무실 평수에 적정 평당 가습량을 곱하여 구할 수 있다.

사무실	선호 제품 유형	적정 가습량
701호	• 위생이 까다롭지 않은 제품 • 소비전력이 비교적 낮은 제품	840ml~1,260ml
702호	• 조용한 제품 • 훈훈한 가습이 가능한 제품	720ml~1,080ml
703호	• 가습 범위가 넓은 제품 • 사용 시간이 7시간 이상인 제품	1,120ml~1,680ml

(4) 701호 사무실: 701호 사무실에서는 위생이 까다롭지 않으면서 소비전력이 낮은 제품을 선호한다. 위생이 까다롭지 않은 제품은 가습기 살균세척 빈도가 낮은 제품을 의미할 것이며, 따라서 매일 살균세척을 해야 하는 제품보다는 주 1~2회만으로도 충분한 제품을 선호할 것이다. 이는 수증기를 활용한 제품으로 가열식, 기화식 제품에 해당하며 C, D, E, F이다. 여기서 소비전력이 낮은 제품은 기화식 제품으로 C와 E이다. 701호의 적정 가습량이 840ml~1,260ml이므로 가습량이 900ml인 E가습기가 선택될 것이다.

(5) 702호 사무실: 702호에는 조용하고 훈훈한 가습이 가능한 제품이 필요하다. [가습기 구매 가이드]에 따르면 가습방식에 따라 소음의 종류에도 차이가 있을 뿐 모두 기본적으로 소음이 존재한다. 따라서 추가로 저소음 기능이 탑재된 제품이 보다 조용한 제품일 것이다. 저소음 기능이 탑재된 제품은 A, B, D, F이다. 훈훈한 가습과 관련해서는 뜨거

운 수증기를 분사하는 가열식 가습기가 적절하다. 가열식 가습기는 B, D, F이다. 이 중에서 702호 사무실의 적정 가습량을 만족시키는 제품은 B와 D이다. 한편, 사무실별 조건을 만족하는 제품이 복수인 경우 가격에 있어 가장 합리적인 제품을 선택한다고 명시되어 있는바, 더 저렴한 D를 선택한다. 따라서 702호 사무실에서는 D가습기가 사용될 것이다.

(6) 703호 사무실: 703호는 가습범위가 넓은 제품이 필요하다. 가열식과 기화식의 가습범위가 초음파식과 복합식에 비해 넓으므로 C, D, E, F가 적절하다. 이 중 사용시간이 7시간 이상인 제품은 C와 F이다. C와 F 모두 단독으로는 703호의 적정 가습량을 충족시킬 수 없다. 〈○○기업 실내 가습기 도입 추진 내역〉에 따르면 가습기가 2대 이상 필요한 사무실의 경우에는 사무실별 조건을 충족하며 전체 수량×금액이 가장 저렴한 제품을 여러 개 구매한다. 따라서 C와 F를 각각 1개씩 구매하는 경우는 고려하지 않는다. 만약 C를 구매하는 경우, C가습기 1대의 적정 가습량이 800ml이므로 2대를 구입하면 703호의 적정 가습량(1,120ml~1,680ml)을 충족할 수 있다. 이때 가격은 18만 원×2=36(만 원)이다. F가습기 1대의 적정 가습량은 500ml로 3대를 구입해야 703호의 적정 가습량을 충족할 수 있다. 이때 가격은 14만 원×3=42(만 원)이다. 따라서 703호에서는 C가습기를 2대 구매할 것이다.

따라서 ○○기업이 구매할 가습기의 총금액은 701호-E가습기 1대, 702호-D가습기 1대, 703호-C가습기 2대로 15만 원+16만 원+(18만 원×2)=67(만 원)이다.

합격자의 시간단축 Tip

Tip ❶ 각주와 추가 설명은 무조건 사용된다.

각주에 나온 내용은 무조건 활용된다. 각주를 사용하지 않았다면 스스로를 의심해 볼 필요가 있다. 이를 염두에 두고 문제를 빠르게 읽고 각주가 활용되는 내용은 미리 정리한다.

또한 〈○○기업 실내 가습기 도입 추진 내역〉 마지막에 나와 있는 최종 선택 방법과 같은 추가 설명은 무조건 활용된다. 이 부분이 잘 보이도록 표시해 놓고 문제의 어디에 활용될지 염두에 두고 접근한다. 답을 도출하는 과정에서 단서 조건을 활용하지 않았다면 답을 도출하는 과정에서 혹시 실수한 부분이나 놓친 부분은 없는지 다시 한번 검토하길 바란다.

Tip ❷ 조건이 많고 복잡한 경우 빠르게 전체적인 조건을 정리한다.

조건이 많고, 고려해야 할 사항이 많은 경우 글을 읽으면서 차근차근 해당 조건을 채우는 것이 중요하다. 이 문제의 경우 701호~703호 사무실의 선호 제품 유형을 보면 자료에 나와 있는 거의 모든 내용을 전부 확인해야 함을 알 수 있다. 그러면 차근차근 가습기 A~F의 가습 방식, 사용 시간, 소비전력, 가습범위 등을 표 옆에 정리하고 문제에 접근하는 것이 나을 수도 있다. 이 문제처럼 정보가 많고 스스로 해석이 어느 정도 필요한 문제의 경우에는 필요한 내용만 찾아서 빠르게 문제를 풀려고 하기보다는 초반에 시간을 들여서 문제에 꼼꼼하게 접근하는 것이 오히려 시간 단축에 용이하다.

Tip ❸ 적정 가습량을 확인할 때 자료에서 1평당 40~60ml라 했으므로, 최소 조건만을 충족하면 되기에 평수와 40ml만 곱한 것을 확인하여 계산의 양을 줄이는 방법도 있다.

29 정답 ⑤ 난이도 ●○○

자원관리능력_공고문/규정 이해

① (O) 임원이 받는 경영성과급에는 개인의 실적 및 역량이 반영될 수 있다.

→ 제2조 제2호의 정의 규정에 따르면, 경영성과급이란 개인 및 기관의 경영실적과 능력에 따라 지급되는 보수이다. 또한 제5조(경영성과급) 제1항 제2호에서 경영성과계약 이행실적 평가결과를 기준으로 한다는 것을 확인할 수 있다. 이를 통해 임원이 받는 경영성과급은 개인의 실적 및 역량이 반영될 수 있음을 알 수 있다.

② (O) 2024년 7월의 보수가 목요일에 지급되었다면 8월의 보수 지급요일은 금요일이다.

→ 매월 보수의 지급일은 21일이다. 2024년 7월의 경우 목요일에 급여가 지급되었으므로 21일이 목요일이 된다. (만일 21일이 주말이나 공휴일이었다면 직전 영업일인 금요일에 지급되었을 것이다. 기본적으로 7월과 8월의 공휴일에 대한 개념을 알고 있다는 점을 전제로 한다.) 단순히 날짜를 계산하는 문제로 7월은 31일까지 있음을 고려하여 날짜를 계산하면 8월 21일은 일요일이고, 이를 달력에 나타내면 다음과 같다. 따라서 지급일이 주말인 경우에 해당하므로 직전 영업일인 금요일에 지급하여야 한다.

일	월	화	수	목	금	토
				7/21	22	23
24	25	26	27	28	29	30
31	8/1	2	3	4	5	6
7	8	9	10	11	12	13
14	15	16	17	18	19	20
21						

③ **(O) 2024년도 정무직 공무원(차관)의 연봉이 1억 4천만 원이라면 상임감사의 기본연봉은 1억 6,800만 원이다.**

→ 상임감사의 기본연봉은 사장의 기본연봉을 바탕으로 책정되므로, 사장의 기본연봉을 먼저 알아야 한다. 사장의 기본연봉은 해당 연도 정무직 공무원(차관) 연봉의 150%이다. 따라서 사장의 기본연봉=정무직 공무원(차관)의 기본연봉×150%이다. 한편, 상임감사의 연봉은 사장의 기본연봉의 80%이므로 상임감사의 연봉=정무직 공무원(차관)의 기본연봉×150%×80%=정무직 공무원(차관)의 기본연봉×120%이다. 1억 4천만 원의 120%는 1억 6,800만 원이므로 옳다.

④ **(O) 2024년 9월 16일에 선임된 비상임이사 A의 9월 보수월액은 110만 원이다.**

→ 신규로 선임된 임원의 경우 제6조(보수의 계산) 제1항과 4항에 의할 때 선임일이 속하는 달에 대해서는 기본연봉을 12등분한 기본연봉 월액을 일할 계산하여 지급하고, 이때 1월은 30일을 기준으로 한다. 비상임이사의 기본연봉은 2,640만 원이고, 이를 12등분하면 월 220만 원이다. 한편, A의 경우 9월 16일부터 선임되었으므로 9월의 보수는 9월 16일~9월 30일까지로 15일 근무하였고, 220만 원(30일 근무 기준)의 절반인 110만 원이 된다.

⑤ **(×) 2023년부터 2024년 4월 30일까지 근무 후 퇴임한 상임이사의 경우 2024년 경영성과급은 120일에 대해 정부 경영실적 평가결과에 따른 지급률을 적용하여 계산한다.**

→ 상임이사에 대한 경영성과급의 지급률은 제5조(경영성과급) 제1항에 의할 때 상임이사 경영성과계약서의 경영성과계약 이행실적 평가결과를 기준으로 하여 사장이 결정한다. 정부 경영실적 평가결과에 따른 지급률을 적용받는 임원은 사장, 감사, 부사장이다.

합격자의 시간단축 Tip

Tip ❶ 4개의 선지만을 판단하여 정답을 도출할 수 있다.

만약 본인이 판단하기 어려운 선지가 있거나 시간이 오래 걸릴 것 같은 선지가 있다면 넘어간 후 나머지 4개의 선지를 판단하면 된다. 넘어간 선지가 답이라면 4개의 정오를 판단하여 답을 도출할 수 있고, 넘어간 이후 답이 도출된다면 건너뛴 선지는 살펴보지 않고 답을 도출할 수 있다. 해당 문제의 경우 선지 ④와 ⑤를 비교할 때 상대적으로 선지 ⑤의 판단이 쉽다. 선지 ④를 읽고 바로 판단하기보다는 선지 ⑤의 내용을 확인 후 더 쉽게 판단할 수 있다는 생각이 들었다면 선지 ⑤를 판단하여 정답을 도출할 수 있다.

Tip ❷ 상식을 동원하여 풀자.

법조문 문제의 경우 상식을 동원한다면 쉽게 선지를 풀 수 있는 경우가 종종 있다. 선지 ①의 경우 성과급의 개념을 알고 있다면 자료를 읽지 않고도 선지 ①이 옳은 선지라는 것을 추론할 수 있다. 더욱이 선지 ①은 '반영될 수 있다'고 하여 조심스러운 표현을 사용하고 있으므로 판단에 확신을 가질 수 있다.

Tip ❸ 열린 선지에 주목한다.

열린 선지란 '~한다', '~가 아니다'와 같이 단정적인 내용이 아닌 '~할 수 있다', '~중 하나이다'처럼 명제 자체가 옳을 가능성이 높은 선지를 말한다. 이런 선지는 비교적 옳은 가능성이 높기 때문에 옳을 수 있다는 가능성에 초점을 맞추고 발췌독하면 효율적인 경우가 많다.
해당 문제의 경우 선지 ①이 열린 선지고, 옳은 선지였다.

선지 ② 날짜 계산할 때 각 달이 30일까지인지, 31일까지인지 외우기 어렵다면 7월을 기준으로 7월 포함한 그 전의 홀수 달(1, 3, 5), 7월 이후의 짝수 달(8, 10, 12)은 31일까지 있고, 2월을 제외한 나머지 달은 30일까지 있음을 기억하면 된다.

선지 ② 달력을 그리지 않고 해결해보자. 만약 7월이 28일까지 있었다면 이는 7의 배수이므로, 7월 21일과 8월 21일은 똑같은 요일이었을 것이다. 그러나 실제로는 31일까지 있으므로 요일이 3일 밀리게 된다는 것을 추론할 수 있다. 목(한 달이 28일이라면)-금-토-일(한 달이 31일이라면)

선지 ③ 1억 4천만 원×150%를 먼저 한 뒤에 ×80%를 했다면 시간이 오래 걸렸을 것이다. 일단 필요한 계산을 모두 적어두고 최대한 쉬운 방법으로 계산하는 것이 좋다. 1억 4천만 원×150%×80%=1억 4천만 원×120%=1억 6,800만 원이 된다.

선지④ 2,640만 원÷12를 먼저 한 뒤에 ÷2를 했다면 시간이 오래 걸렸을 것이다. 일단 필요한 계산을 모두 적어두고 최대한 쉬운 방법으로 계산하는 것이 좋다. 2,640만 원÷12÷2=2,640만 원÷24=110만 원이 된다.

30 정답 ④

난이도 ●●○

자원관리능력_지문의 이해 및 활용

최근 5년간 경영 현황에 의할 때, 사장들이 중기성과급 제도를 통해 받게 되는 경영성과급 금액으로 결정되는 지급총액은 연도별로 다음과 같다. (단위: 만 원)

연도	X	Y	Z
2020	5,000 (10,000 ×50%)		
2021	6,600 (11,000 ×60%)		
2022		6,000 (12,000 ×50%)	
2023		3,750 (12,500 ×30%)	
2024		1,950 (13,000 $\times 30\% \times \frac{1}{2}$)	1,950 (13,000 $\times 30\% \times \frac{1}{2}$)

위 금액을 바탕으로 ○○공사의 사장이 연도별로 지급받게 되는 경영성과급은 다음과 같다. (단위: 만 원)

연도	X	Y	Z
2020	19년 평가 결과에 따른 지급총액×50%		
2021	19년 평가 결과에 따른 지급총액×30%+2,500(5,000×50%)		
2022	19년 평가 결과에 따른 지급총액×20%+1,500(5,000×30%)+5,280(6,600×80%)		
2023	2,320=1,000(5,000×20%)+1,320(6,600×20%)	3,000(6,000×50%)	
2024		3,675=1,800(6,000×30%)+1,875(3,750×50%)	
2025		3,885=1,200(6,000×20%)+1,125(3,750×30%)+1,560(1,950×80%)	975(1,950×50%)
2026		1,140=750(3,750×20%)+390(1,950×20%)	585(1,950×30%)+25년 평가 결과에 따른 경영성과급

이를 토대로 각 선지를 판단하면 다음과 같다.

① (×) 2021년에 X가 지급받게 되는 경영성과급은 2,500만 원이다.
→ X가 2021년에 지급받게 될 경영성과급은 2019년 평과결과에 따른 지급총액도 포함되어야 하므로 2,500만 원이라는 것은 옳지 않다.

② (×) 2023년에 X가 지급받게 되는 경영성과급은 2,980만 원이다.
→ 위 표에 의할 때 2023년에 X가 지급받게 되는 경영성과급은 2,320만 원이므로 옳지 않다.

③ (×) Y가 지급받게 되는 경영성과급은 2024년에 비해 2023년에 더 많다.
→ 위 표에 의할 때 Y가 2023년에 지급받는 경영성과급은 3,000만 원, 2024년은 3,675만 원이므로 2024년에 비해 2023년에 더 많다는 것은 옳지 않다.

④ (○) 2025년에 Y가 지급받게 되는 경영성과급 중 2024년도분 경영성과급은 1,560만 원이다.
→ 위 표에 의할 때 옳다. 이때 2024년도 경영성과급은 제6조(보수의 계산) 제3항에 따라 근무기간만큼 일할 계산해야 함을 유의해야 한다.

⑤ (×) 2026년에 사장으로 재임 중인 Z에게 지급되는 경영성과급 중 2024년도분은 같은 해 Y가 지급받게 되는 경영성과급과 같다.
→ 2026년 시장으로 재임 중인 Z에게 지급되는 경영성과급 중 2024년도분은 585만 원, 같은 해 Y가 지급받게 되는 성과급은 1,140만 원이므로 옳지 않다.

합격자의 시간단축 Tip

Tip ① 버거울 땐 넘어가기

해당 문제를 풀 때, 위 해설과 같이 모든 경우를 계산하여야 할 필요는 없지만 일정 부분 계산을 요구하는 문제이다. 고려해야 할 사항들도 많기에, 이 문제는 잠시 넘어가거나 포기하고 다른 문제를 푸는 것이 전체 시험의 운영 측면에서 시간을 단축하는 방법이 될 수 있다.

Tip ❷ 단위를 활용하자.

단위가 큰 경우 100백 만, 110백 만 등으로 바꿔서 푸는 것을 추천한다. 만약 100만 원을 그대로 1,000,000원으로 표기하면 실수할 확률도 높아지고, 상대적으로 시간도 오래 걸리기 때문이다. 자신이 어떤 단위로 표기했는지만 인지하고 풀어가도록 한다. 3자리마다 끊는 쉼표의 경우 천, 백만, 십억, 조 단위에 쉼표가 하나씩 추가됨을 알고 있으면 유용하다.

Tip ❸ 선지에서 물어본 것만 답한다.

실전에서는 해설처럼 ㅇㅇ공사의 사장이 연도별로 지급받게 되는 경영성과급을 전부 구할 필요가 없다. 시간도 오래 걸리고 비효율적이다. 각 선지에서 요구하는 연도의 경영성과급만을 그때그때 구하는 것으로 한다.

선지 ① 알 수 없는 경우가 포함되어 있으므로 정확한 값을 계산하지 않더라도 정오를 판단할 수 있다.

선지 ③ (2023년 Y가 받는 경영성과급)=2022년 기본×50%×50%, (2024년 Y가 받는 경영성과급)=2022년 기본×50%×30%+2023년 기본×30%×50%으로 나타낼 수 있다. (2023년 Y가 받는 경영성과급)>(2024년 Y가 받는 경영성과급)이냐는 게 선지의 물음이므로, 구체적인 계산값 없이도 다음과 같이 확인하면 된다.

2022년 기본×50%×50%>2022년 기본×50%×30%+2023년 기본×30%×50%

⇔ 2022년 기본×50%×20%>2023년 기본×30%×50%

⇔ 2022년 기본×2>2023년 기본×3

31 정답 ② 난이도 ●●●

문제해결능력_논리퍼즐

트랙 정보에 따라 4분할에 따른 트랙 명칭을 표시하면 다음과 같다.

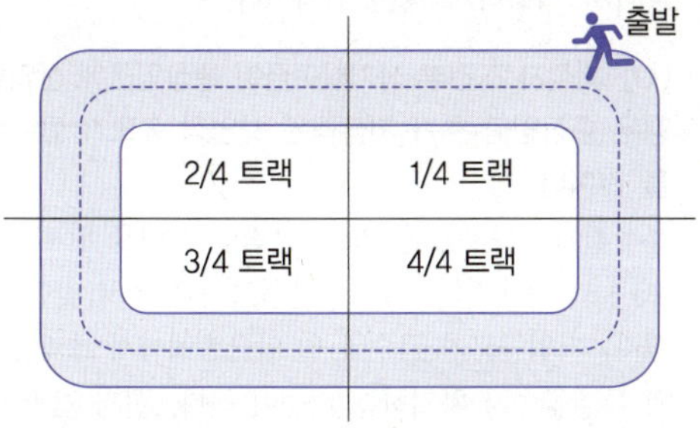

먼저 D의 진술에 따르면 가장 빨리 도착한 사람과 가장 늦게 도착한 사람의 소요시간 차이는 30분이다. 가장 먼저 도착한 사람의 총 소요시간을 x라 하여 순서대로 나열하면 { x _ _ $x+30$ }으로 나타낼 수 있다. 단, A~D는 모두 동시에 출발하였고, 각각의 걷기 총 소요시간은 1시간 이내이므로 가장 빨리 도착한 사람은 30분 이내, 가장 늦게 도착한 사람은 60분 이내로 걷기를 마쳤을 것임을 알 수 있다.

A는 트랙을 모두 도는데 45분이 걸렸다고 진술했고 가장 늦게 도착하지는 않았다고 한다. 만약 A가 가장 먼저 도착한 사람이라면 마지막으로 도착한 사람은 걷기를 마치는 데에 45분+30분=75(분)이 걸린 것이 된다. 이 경우, 가장 늦게 도착한 사람이라도 60분 이내로 걷기를 마쳤다는 조건에 위배되므로 A는 2번째 또는 3번째로 도착한 사람임을 추론할 수 있다.

B의 진술에 따르면 B는 D를 앞질러서 D와 4/4트랙 통과를 같은 시간에 한 적이 있다. 4/4트랙은 전체 트랙의 마지막 지점이다. 여기에서 B가 D를 앞질렀다는 것은, B의 속력이 D의 속력보다 빨라, D가 1바퀴를 통과할 때 B가 2바퀴를 통과한 경우이거나, D가 2바퀴를 통과할 때 B가 3바퀴를 다 돈 경우이다. (같이 출발하기 때문에 첫 번째 바퀴에서는 만날 수 없음.) 즉, B의 속력은 D보다 2배 빠르거나 1.5배 빠르다.

C의 진술을 보면 C가 2번째로 2/4트랙을 통과했을 때 시간은 B의 경우보다 3분 늦었다. 즉 C의 속력은 B의 속력보다 느리다. 이를 통해 B가 C, D보다 빠르고 A가 가장 먼저 도착한 사람이 아니므로 B가 가장 먼저 도착한 사람임을 알 수 있다. 즉, B의 총 소요시간이 x이다.

한편, C의 경우 2번째로 2/4트랙을 통과했을 때 B보다 3분 뒤처졌는데, 전체 트랙을 3바퀴를 돈다고 할 때 2번째 바퀴의 2/4트랙은 전체의 1/2바퀴를 의미한다. C는 전체의 절반을 도는 동안 3분 뒤처졌으므로 3바퀴를 다 도는 경우 총 6분 뒤처질 것이다. B가 가장 먼저 도착한 사람이므로 B보다 6분 늦게 도착한 C는 가장 늦게 도착한 사람일 수 없다. 따라서 D가 가장 늦게 도착한 사람이 된다.

이제 A와 C 중 두 번째로 도착한 사람이 있다는 것을 안다. C의 총 소요시간을 알기 위해서는 먼저 B의 총 소요시간을 알아야 한다. B와 D의 총 소요시간은 30분 차이가 나면서 B의 속력은 D의 2배 또는 3배이다.

(ⅰ) B의 속력이 D의 2배인 경우

$x:x+30=1:2$, $x+30=2x$이고 $x=30$이다. 즉, 이 경우 A의 총 소요시간=45분, B의 총 소

요시간-30분, C의 총 소요시간-36분, D의 총 소요시간-60분이다.

(ii) B의 속력이 D의 1.5배인 경우
$x:x+30=1:1.5$, $x+30=1.5x$이고 $x=60$이다. 즉, 이 경우 A의 총 소요시간-45분, B의 총 소요시간-60분, C의 총 소요시간-66분, D의 총 소요시간-90분이다. 총 소요시간은 60분 이내여야 하므로 이 경우는 성립할 수 없다.

따라서 B의 속력은 D의 2배이고 A~D의 총 소요시간을 빠른 순서대로 나열하면 다음과 같다.
B의 총 소요시간-30분, C의 총 소요시간-36분, A의 총 소요시간-45분, D의 총 소요시간-60분이다.
정리하면 두 번째로 걷기를 종료한 사람은 C이고 C의 총 걷기 시간은 36분이다. 정답은 ②이다.

합격자의 시간단축 Tip

Tip ❶ 미지수를 적절히 활용한다.
x, y, z 등 미지수를 적절히 활용하여 계산한다. 이 문제의 경우 두 번째로 도착한 사람의 소요 시간을 구체적으로 도출해야 하므로 계산이 필수적이다. 가장 먼저 도착한 사람과 마지막으로 도착한 사람의 소요시간 차이가 30분이므로 이를 활용해서 수식을 세우고 문제 풀이를 시작한다.

Tip ❷ 선지를 활용해서 시간을 단축할 수 있다.
문제에 제시된 숫자는 45분, 30분, 3분이다. 문제를 풀어나가면서 A 또는 C가 두 번째 또는 세 번째로 도착한 사람임을 알게 된 후에는 선지에서 정답으로 가능한 경우가 ①, ②, ⑤로 추려진다. 이를 활용해서 대입하는 식으로 문제를 풀어나갈 수도 있다.

Tip ❸ 단위당 시간을 활용하여 구할 수 있다.
단위당 시간을 활용하여 구할 수도 있다. 구체적으로 설명하자면, 문제에서 4분할을 기준으로 하였으므로 트랙의 $\frac{1}{4}$ 바퀴당 걸리는 시간을 기준으로 한다. A의 경우 3바퀴에 45분이 소요되었는 바, 트랙의 $\frac{1}{4}$ 바퀴당 3.25분이 걸린다$\left(\frac{45}{12}\text{분}\right)$. B를 x분이 걸린다고 하면, C는 $x+0.5$분$\left(\frac{6x+3}{6}\text{분}\right)$, D의 경우 $2x$분 또는 $3x$분으로 단위당 시간을 나타낼 수 있다.
문제의 경우 총 걷기 시간을 구해야 하므로, 단위당 시간을 구하는 것이 불필요한 과정이 되나, 문제에 따라 단순 대소 비교나 효율적인 순서를 구하는 등의 경우에는 '단위당 시간'의 사고를 활용하는 것이 도움이 될 때가 있으니 위와 같은 풀이과정도 알아두길 권한다.

32 정답 ②

난이도 ●●○

문제해결능력_지문의 이해 및 활용

① (O) 사업장 규모가 커질수록 월평균 임금총액도 증가하며 동시에 월 임금총액 중 초과급여 및 특별급여가 차지하는 비중도 증가하였다.
'분석 결과-1. 전체 임금근로자 임금 기초 통계'를 통해 확인할 수 있다.
사업장 규모가 29인 이하-30~299인-300인 이상일 때 월 임금총액 평균은 2,870-3,941-6,089(천 원)이다. 따라서 사업장 규모가 커질수록 월평균 임금총액은 증가한다.
월 임금총액 중 초과급여가 차지하는 비중도 2.5-6.8-6.9%로 증가한다. 특별급여가 차지하는 비중 또한 4.7-8.8-21.3%로 증가한다. 따라서 적절한 선지이다.

② (×) 재직자 조건부 정기상여금이 통상임금에 산입될 경우 월 임금총액에서 초과급여가 차지하는 비중은 줄어들 것이다.
논의 배경의 두 번째 문단에 따르면, 시간외근로수당을 비롯한 각종 수당은 통상임금에 근거하여 산출된다. 재직자 조건부 정기상여금이 통상임금으로 인정될 경우 통상임금이 증가하게 된다. 따라서 이를 근거로 한 시간외근로수당 또한 증가한다. 분석 결과의 '1. 전체 임금근로자 임금 기초 통계'를 보면 초과급여는 시간외근로로 인하여 추가되는 급여 등을 의미함을 알 수 있다. 시간외근로수당이 증가함에 따라 초과급여도 증가하는 것이다. 또한, 월 임금총액에는 초과급여가 포함된다. 따라서 재직자 조건부 정기상여금이 통상임금에 산입될 경우 월 임금총액에서 초과급여가 차지하는 비중은 증가할 것이다. 따라서 적절하지 않은 선지이다.

③ (O) 재직자 조건부 정기상여금이 통상임금에 산입될 경우 통상임금 추가 지급액은 사업장 규모가 클수록 클 것이다.
분석결과 2.를 통해서도 전반적인 추이를 알 수 있으나 그 구체적인 근거는 분석결과 1.에서 찾을 수 있다. 기업규모가 클수록 월 임금총액에서 초과급여와 특별급여가 차지하는 비중이 높다.(선지 ①과 연결됨) 따라서 특별급여에 포함되는 정기상여금 등이 통상임금에 포함됨에 따라 초과급여의 상승폭도 늘

어날 것이고(선지 ②와 연계되는 내용) 이에 따라 근로자의 수가 많은 큰 규모의 기업일수록 부담해야 할 통상임금은 늘어날 것이라고 추론할 수 있다.

④ (O) **재직자 조건부 정기상여금이 통상임금에 산입될 경우 30~299인 사업장의 연간 통상임금 추가 지급액은 3조 원이 넘을 것이다.**
'분석 결과-2. 재직자 조건부 정기상여금의 통상임금 산입 시 사업장 규모별 추가 지급 임금 규모 추정'을 통해 확인할 수 있다. 재직자 조건부 정기상여금이 통상임금에 산입될 경우 30~299인 사업장의 연간 통상임금 추가 지급액은 3,164,328백만 원, 3조 이상이 될 것이다. 따라서 적절한 선지이다.

⑤ (O) **재직자 조건부 정기상여금의 통상임금 산입 시 경제적 비용이 커진 원인 중 하나는 2013년 대법원 전원합의체 판결에 근거해 해당 정기상여금은 통상임금에 포함하지 않았기 때문으로도 볼 수 있다.**
논의 배경을 통해 확인할 수 있다. 2013년 대법원 전원합의체 판결에 따라 재직자 조건부 정기 상여금은 통상임금에 포함되지 않았다. 해당 판결을 근거로 통상임금 구조가 고정되어 왔다. 따라서 근로자간 임금 격차 변화 등으로 인한 경제적 비용의 원인엔 해당 판결이 포함된다고 볼 수 있다.

합격자의 실전 풀이 순서

❶ 적절하지 않은 것을 찾아야 하므로 선지 옆에 X표시를 하여 적절한 것을 답으로 고르는 실수를 하지 않도록 한다.

❷ 자료를 먼저 살펴보고 각각의 선지를 판단한다.

합격자의 시간단축 Tip

Tip ❶ 단위에 유의하자.

해당 문제에서 직접적으로 활용되지는 않았지만, 분석 결과 1.과 2.에서 사용된 단위는 각각 천 원과 백만 원으로 상이하다는 점에 유의해야 한다. 또한 선지 ④에서는 백만 원을 조로 변환했어야 하는데, 숫자는 천-백만-십억-조 순으로 쉼표(,)가 찍힌다는 것을 알고 있었다면 도움이 됐을 것이다. 항상 단위가 함께 주어졌을 때 확인하는 습관을 들일 필요가 있다.

Tip ❷ * 표시에 유의하자.

큰 의미 없이 * 표시를 통해 설명을 해주는 경우도 있지만, *를 통해 표나 차트에 담기 어려운 내용들을 적어두기도 한다. 선지 ②를 풀 때에는 논의 배경에서 시간외 근로수당을 비롯한 각종 수당 등이 통상임금에 근거하여 산출된다는 점, *에서 초과급여에 시간외근로가 포함된다는 점을 활용하여 해결해야 하는데, 이와 같이 *를 눈여겨 볼 필요가 있다.

33 정답 ④ 난이도 ●●●

자원관리능력_수치 계산(비용, 계산)

문제에서 주어진 주요한 정보들은 다음과 같다.
첫 번째 조건을 통해 실린더와 베어링은 동시에 검사를 할 수 없다는 점, 두 번째 조건을 통해 자동 검사 시 실린더의 경우 기계 1개당 10개, 베어링의 경우 20개가 한 번에 투입될 수 있다는 점, 두 번째 조건을 통해 검사마다 검사 프로세스 설정에 2분이 소요된다는 점, 마지막 조건을 통해 수동 검사는 시작하면 중단할 수 없다는 것, 즉 실린더를 수동 검사하기 위해서는 3분을 연속적으로 써야 하는 것이지, 2분과 1분으로 나누어 작업을 멈췄다가 다시 하는 것은 불가하다는 것을 의미한다. 또 마지막 조건을 통해 수동 검사와 자동 검사 기계 검사 프로세스 설정은 동시에 진행할 수 없다는 것을 알 수 있다.

먼저 자동 검사와 수동 검사 중 어떤 것을 우선 수행할지 판단해야 한다. 이를 위해 둘의 효율을 비교하여 결정한다. 동일한 부품 수를 검사하기 위해 몇 분이 소요되는지를 기준으로 비교할 때, 실린더는 자동 검사 시 총 9분 만에 10개를, 수동 검사 시 30분 만에 10개를 검사할 수 있고, 베어링은 자동 검사 시 총 15분 만에 20개를, 수동 검사 시 80분 만에 20개를 검사할 수 있으므로 둘 다 자동검사를 우선으로 실시해야 한다. 부품별 최소시간을 구하면 다음과 같다.

i) 실린더
기계가 2대이므로 이 중 1대에 대한 검사 프로세스 설정을 한 후, 나머지 1대에 대한 검사 프로세스 설정을 할 수 있다. 자동 검사의 경우, 9분(2분+7분) 단위로 10개의 부품 검사를 마칠 수 있다. 두 번째 기계는 첫 번째 기계의 검사 프로세스 설정이 끝나는 2분 후부터 가동된다. 따라서 첫 번째 기계는 9분, 18분, 27분, 36분, 45분의 시간에 검사가 끝나고 두 번째 기계는 11분, 20분, 29분, 38분, 47분의 시간에 검사가 끝나 총 100개의 부품에 대한 검사를 마친 상태이다.
남은 5개의 부품에 대해서는 자동 검사가 진행되는 중간에 하거나, 47분 이후에 하는 방법이 있는데, 최소시간을 구해야 하므로 자동 검사 진행 중 가능하다면 이때 수동 검사를 수행하여 시간을 단축해야 한다. 최초 4분까지는 2개의 기계에 대한 검사 프로세스 설정이 진행되고, 이후 시간에 수동 검사를 할 수 있는데, 두 번째 기계 설정 이후 다시 첫 번째 기계 설정까지(4분에서 9분 사이) 5분의 시간이 있으므로 부품 1개에 대한 수동 검사를 수행할 수 있다. 4분, 13분, 22분, 31분, 40분을 기준으로 각각 3분씩 1개 부품에 대한 수동 검사가 진행된다. 따라서 105개의 실린더 부품 검사를 모두 마치는 최소시간은 47분이다.

시간	기계 1 상태	기계 2 상태	수동 검사 가능 시간
2분	검사 시작		기계 2 프로세스 설정
4분	검사 중	검사 시작	4분~9분
9분	검사 완료	검사 중	기계 1 프로세스 설정
13분	검사 중	검사 시작	13분~18분
18분	검사 완료	검사 중	기계 1 프로세스 설정
22분	검사 중	검사 시작	22분~27분
27분	검사 완료	검사 중	기계 1 프로세스 설정
31분	검사 중	검사 시작	31분~36분
36분	검사 완료	검사 중	기계 1 프로세스 설정
40분	검사 중	검사 시작	40분~45분
45분	검사 완료	검사 중	기계 1 프로세스 설정
47분		검사 완료	

ii) 베어링

기계가 1대이므로 검사 프로세스 설정을 포함하여 총 15분(2분+13분) 단위로 20개의 부품 검사를 마칠 수 있다. 따라서 15분, 30분, 45분, 60분, 75분, 90분에 검사가 끝나 총 120개의 검사를 마친 상태이다. 이때 남은 20개에 대하여 자동 검사를 수행해 105분을 소요할지, 자동 검사가 진행되는 중간에 수동 검사를 통해 마칠 수 있는지를 비교하여야 한다. 수동 검사는 자동 검사를 실시하는 13분 동안 3개 실시할 수 있다. 1회~5회의 자동 검사가 진행되는 동안에는 프로세스 설정 시간을 제외하고 수동 검사를 진행할 수 있다. 이때 3개×5번=15(개)의 수동 검사를 진행할 수 있다. 한편, 마지막 6회차의 자동 검사 완료 이후에는 새롭게 프로세스 설정을 할 필요가 없다. 따라서 마지막으로 프로세스 설정을 끝내고 자동 검사가 시작된 77분 이후로는 중간에 끊김이 없이 수동 검사 진행이 가능하다. 따라서 남은 5개의 부품 검사에 대해서는 연속으로 진행하여 4분×5개=20(분)이 소요된다. 따라서 최종적으로 검사가 끝나는 시간은 77분의 20분 이후인 97분으로, 최소시간은 97분이다.

시간	기계 1 상태	수동 검사 가능 시간
2분	검사 시작	2분~15분
15분	검사 완료	프로세스 설정
17분	검사 시작	17분~30분
30분	검사 완료	프로세스 설정
32분	검사 시작	32분~45분
45분	검사 완료	프로세스 설정
47분	검사 시작	47분~60분
60분	검사 완료	프로세스 설정
62분	검사 시작	62분~75분
75분	검사 완료	프로세스 설정
77분	검사 시작	77분~
90분	검사 완료	
97분		수동 검사 완료

따라서 주어진 부품 검사를 마치는데 소요되는 최소시간은 2시간 24분이므로 정답은 ④이다.

합격자의 시간단축 Tip

Tip ❶ 넘어갈 문제는 넘어가기

다른 문제와 비교하여 긴 시간이 요구되고, 시간 계산을 해야 하기에 중간에 실수가 있으면 답이 도출되지 않을 가능성이 높다. 따라서 풀이 방향이 바로 보이거나 해당 유형에 자신이 있지 않으면 일단 넘어간 후 다른 쉬운 유형, 본인이 강한 유형을 중심으로 풀이하고 이후에 시간이 남을 경우 다시 와서 도전하는 것도 전체 점수를 높이고 시간을 단축할 수 있는 방법이라 생각한다.

Tip ❷ 효율 확인하기

어떤 작업을 동시에 할 수 있을 때, 어떤 것을 할 것인지 판단해야 한다. 대부분 짧은 시간 혹은 기간에 끝내는 것으로 출제되므로 같은 작업을 보다 짧은 시간에 끝낼 수 있거나, 같은 시간에 보다 많은 작업을 하는 경우를 선택해야 한다. 해당 문제의 경우도 실린더의 경우 자동 검사에서 총 9분 동안 10개, 수동 검사는 10개를 하는데 30분이 걸리므로 자동검사를 우선해야 함을 알 수 있다.

* 효율은 분수로 측정되는 개념이다. $\frac{산출량}{투입량}$, $\frac{산출량}{시간}$ 등이 효율을 비교하는 지표가 된다. 실린더의 경우 자동 검사의 효율이 수동 검사의 효율보다 높다는 것을 쉽게 확인할 수 있다$\left(\frac{10}{7+2} > \frac{1}{3}\right)$.

Tip ❸ 조건을 임의대로 해석하지 않는다.

문제의 조건을 임의대로 해석해서는 안 된다. 특히 문제에 제시된 개념과 조건이 많고 개념 간 정의가 헷갈리는 경우 이런 현상이 많이 발생하는데, 개념 정의를 명확하게 하여 조건을 임의대로 해석하지 않는다.

해당 문제에 제시된 조건 3에서 '수동 검사는 자동 검사 기계 검사 프로세스 설정과 동시에 진행할 수 없다'고 제시되었다. 이를 오인해 '수동 검사와 자동 검사를 동시에 할 수 없다.'로 판단할 경우 문제를 풀 수 없다. 반드시 문제에 주어진 조건을 그대로 해석해야 한다.

Tip ❹ 최소시간을 묻는 문제는 큰 줄기를 먼저 파악한다.

최소시간을 묻는 문제의 경우 우선 해결의 큰 줄기를 설정한 다음에 함께 수행할 수 있는 작업으로 시간을 단축시킬 수 있는지 확인한다.

해당 문제의 경우 베어링의 시간을 구할 때 검사 수량이 140개고 단위 투입량이 20개다. 그렇다면 $20 \times 7 = 140$개를 모두 자동 검사할 가능성은 거의 없음을 인지하고 $20 \times 6 = 120$개를 먼저 자동으로 검사한다고 가정한 후에 자동 검사 사이사이에 수동 검사가 가능한지 판단한다.

Tip ❺ 주어진 수의 관계를 파악한다.

총 숫자가 주어지는 유형의 경우 주어진 숫자의 관계성을 파악하면 시간을 단축할 수 있다. 실린더의 총검사 수량 105개와 기계 2대로 검사할 수 있는 단위 투입량은 총 20개이다. 이때, 기계 2대를 가동하는 시간 동안 수동 검사로 부품 1개를 검사할 수 있다면 한 번의 반복에 21개의 부품을 검사할 수 있다. 즉, 5번의 반복이 필요하다는 것을 의미하고 한 번의 반복에 소요되는 시간만 파악한다면 풀이 시간을 단축할 수 있다. 만약 2대의 기계 자동 검사를 가동하는 동안 수동 검사가 2번 가능하다고 하더라도, ① 자동 검사와 수동 검사의 단위 시간당 검사 효율의 차이가 크다는 점, ② 주어진 선지의 시간 격차가 비교적 크다는 점을 고려하면 무시할 만한 오차라고 판단할 수 있다.

34 정답 ① 난이도 ●●●

정보능력_코드

① (O) 채번 규칙 {Value:code}{Serial:AAA}로 생성된 고유번호가 KESAABC인 제품은 KESA 제품군의 29번째 제품이다.

→ 채번 규칙이 {Value:code}{Serial:AAA}로 작성된 경우 제품의 고유번호에 포함되는 정보는 제품군과 알파벳으로 구성된 일련번호이다. 생성된 고유번호가 KESAABC인데, Serial 요소는 알파벳 세 글자이므로 앞부분 네 글자 KESA는 제품군 코드임을 알 수 있다. 즉, KESA 제품군 중 ABC번째 순서로 등록된 제품임을 알 수 있다. 알파벳은 A~Z의 26개이므로 AAA가 1번인 경우 AAZ는 26번이다. AAZ 다음의 코드는 ABA, ABB, ABC 순서이므로 일련번호 ABC는 29번째 제품임을 추론할 수 있다.

② (×) 'S-AR'은 제품군 분류 코드에는 사용할 수 없으나 프로젝트 코드 및 문자열 요소로는 사용할 수 있다.

→ S-AR은 알파벳과 특수문자로 구성되어 있다. 또한 제품군 분류 코드에는 최대 4개의 문자를 사용할 수 있으며 코드는 알파벳 또는 숫자로만 구성해야 한다. 따라서 특수문자가 포함된 'S-AR'의 경우 제품군 분류 코드에 사용할 수 없다. 프로젝트 코드는 알파벳, 숫자, 특수문자를 사용할 수 있고 최대 8개 문자를 사용할 수 있으므로 'S-AR'의 사용이 가능하다. 문자열 요소의 경우 최대 6개 문자까지 입력할 수 있지만 알파벳 또는 숫자만 입력할 수 있으므로 특수문자가 포함된 'S-AR'는 입력할 수 없다.

③ (×) 하나의 채번 규칙을 작성할 때 포함할 수 있는 요소의 개수는 최대 5개이다.

→ 제품 고유번호에는 4가지 요소의 조합이 포함된다. {Date}, {Value:code}, {Value:project}, {Value:itemN}(item은 최대 5개까지 추가할 수 있으므로 5개), {Serial}, 문자열 { }로 총 10개인 것처럼 보이지만 {Date} 요소, {Serial} 요소 및 문자열 { } 요소를 중복으로 사용할 수 없다는 내용은 없으므로 제시된 내용상 채번 규칙을 생성하는 데 있어 요소의 개수는 제한이 없다.

④ (×) Serial 요소를 {Serial:AA}로 작성한 경우 일련번호를 부여할 수 있는 해당 제품군의 최대 제품 수량은 650개이다.

→ Serial 요소를 {Serial:AA}로 작성한 경우 AA~ZZ까지 일련번호가 부여된다. 이 경우 앞자리

CHAPTER 3 실전모의고사 3회

경우의 수는 26가지, 뒷자리 경우의 수도 26가지이므로 26×26=676(가지)가 된다.

⑤ (×) Date 요소의 출력값이 201212071116인 경우 작성된 규칙은 {Date:yyMMddhhmmss}이다.

➜ Date 요소의 출력값이 201212071116라는 정보만 가지고는 작성된 규칙을 추론할 수 없다. {Date:yyMMddhhmmss}에 따라 20년 12월 12일 07시 11분 16초로 해석할 수도 있지만 2012년 12월 07일 11시 16분을 표현한 것일 경우 {Date:yyyyMMddhhmm}도 가능하기 때문이다.

합격자의 시간단축 Tip

Tip ❶ 답이 나오면 넘어간다.

이와 같은 문제의 경우 중간에 답이 나왔다면 넘어가는 것이 좋다. 좀 더 확실하게 하기 위해 남은 선지의 정오도 판단하려고 한다면 시간이 더 걸릴 수 있다. 일례로 이후 선지를 판단하는 과정에서 적절한 선지라 생각되는 것이 또 나온다면 어디에서 실수했는지 확인하는 과정을 또 거쳐야 한다. 이 경우 시간적으로도, 심리적으로도 좋지 않기 때문에 자신이 했던 판단을 믿고 정답 선지를 찾았다면 다음 문제로 넘어갈 수 있어야 한다.

Tip ❷ 상식이 도움이 될 수 있다.

지문의 내용에 한정하여 문제를 푸는 것이 당연하나, 상식이 도움이 될 수 있다.
선지 ①에서 알파벳의 개수가 26개라는 것을 알고 있었다면 더 빠르게 해결할 수 있었다.

선지 ④ 만약 일련번호 부여 시 앞자리, 뒷자리 중복(예 AA)이 허용되지 않는 경우에 26×25=650이 도출된다.

35 정답 ⑤ 난이도 ●●●

정보능력_코드

제품의 고유번호는 제품군 유형-출시년월-사용 면적-등급-일련번호(네 자리 숫자)로 나타내야 한다. 제품군 유형은 현재 '천장형 에어컨'에 신제품을 등록하여 고유번호를 생성하고자 하는 경우이므로 {Value:code}를 입력할 경우 자동으로 AC가 출력될 것이다. 그러나 문자열을 입력할 수 있는 {AC}를 입력하더라도 결과는 동일하다. 출시일은 출시년도, 월, 일이 모두 기입되어 있지만 출시년월 6자리로 표현하고자 하므로 {Date:yyyyMM}와 같이 표현되어야 한다. 사용 면적의 경우 item3에 사용자화되어 있으므로 {Value:item3}을 입력하면 해당 값이 출력된다. 등급의 경우 item2에 사용자화되어 있으므로 {Value:item2}을 입력하면 해당 값이 출력된다. 일련번호는 네 자리 숫자로 표현하므로 {Serial:NNNN}로 입력하여야 한다. 최종적으로 이를 모두 조합하고 구분기호를 넣어 채번 규칙을 작성하면
{Value:code}-{Date:yyyyMM}-{Value:item3}-{Value:item2}-{Serial:NNNN} 또는
{AC}-{Date:yyyyMM}-{Value:item3}-{Value:item2}-{Serial:NNNN}이다.

① (×)

➜ {Value:code}-{Date:yyMM}-{Value:item3}-{Value:item2}-{Serial:NNNN}
{Date:yyMM}로 출시년월이 4자리로 작성되어 있어 옳지 않다.

② (×)

➜ {Value:code}-{Date:yyyyMM}-{item3}-{item2}-{Serial:NNNN}
{item3}-{item2}는 N번째 item에 부여된 값을 출력하지 못한다. {Value:itemN}을 사용해야 하므로 옳지 않다.

③ (×)

➜ {Value:code}-{Date:yyyyMM}-{Value:item1}-{Value:item3}-{Serial:AAAA}
{Value:item1}는 제품의 바디색상인데, 고유번호에 포함하고자 하는 것이 아니어서 옳지 않다. {Serial:AAAA}로 일련번호가 네 자리 알파벳으로 부여되고 있어 옳지 않다.

④ (×)

➜ {AC}{Date:yyyyMM}{Value:item3}{Value:item2}{Serial:NNNN}
요소 사이에 구분할 수 있는 기호(-)가 없어 옳지 않다.

⑤ (○)

➜ {AC}-{Date:yyyyMM}-{Value:item3}-{Value:item2}-{Serial:NNNN}

따라서 채번 규칙을 바르게 작성한 것은 ⑤이다.

합격자의 시간단축 Tip

Tip ❶ 발문에 괄호로 제시된 단서를 놓치지 않도록 한다. 때로는 중요한 조건이 (단, ~)과 같은 형태로 발문에 붙어있다.

Tip ❷ 제품군 유형-출시년월-사용 면적-등급-일련번호 순으로 보면서 요소마다 채번 규칙을 잘못 작성한 선지를 소거한다.

선지 ④, ⑤ 결괏값이 같다면 어떠한 함수를 사용해도 무방하다. 심지어는 문자열로 결괏값을 직접 입력하더라도 말이다.

36 정답 ②

난이도 ●●●

정보능력_IT 개념 활용

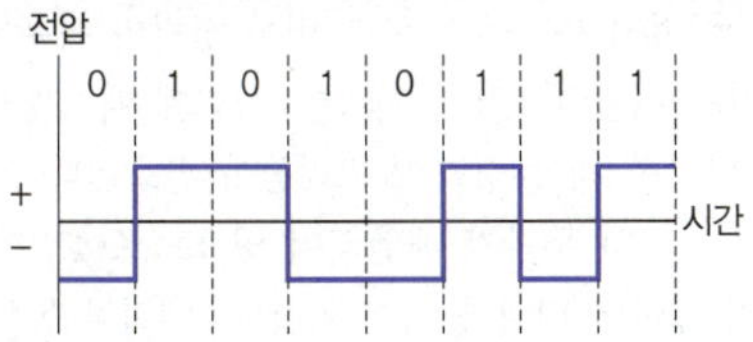

① (×) NRZ-L

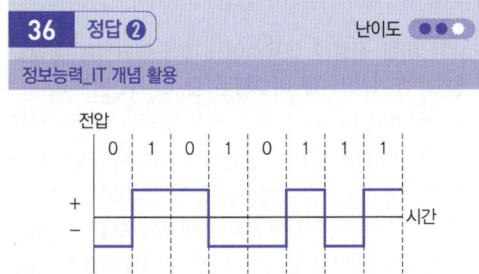

→ NRZ-L은 세 번째 문단을 통해 데이터가 1인 경우 양극을, 0인 경우 음극을 대응시켜 사용하는 방식이다. 그런데 위 데이터에서 1인 경우에도 양극과 음극인 경우가 모두 존재하고, 0인 경우에도 양극과 음극인 경우가 모두 존재하므로 NRZ-L의 부호화 방식은 아님을 알 수 있다.

② (○) NRZ-I

→ NRZ-I는 세 번째 문단을 통해 0인 경우 이전의 전압 레벨을 유지하고, 1인 경우 극성을 반전시키는 방식이다. 위 데이터에서 1인 경우에는 음극에서 양극 혹은 양극에서 음극으로 극성이 반전됐음을 확인할 수 있고, 0인 경우 이전의 전압 레벨을 유지하는 모습을 알 수 있다. 따라서 부호화 방식은 NRZ-I임을 알 수 있다.

③ (×) RZ

→ RZ는 세 번째 문단에 의할 때 각 비트의 중간점에서 항상 전압이 0으로 복귀하였다가 후에 데이터에 대응하는 전압 레벨의 상태로 변환되는 방식이다. 위 데이터에서는 데이터에 대응하는 것이 일정치 않고(0인 경우에도 음극과 양극이 모두 존재, 1인 경우에도 음극과 양극이 모두 존재) 각 비트의 중간점에서 항상 전압이 0으로 복귀하는 것도 아니므로 RZ 부호화 방식은 아님을 알 수 있다.

④ (×) Unipolar

→ Unipolar 방식은 두 번째 문단에 의할 때 하나의 전압 상태만을 사용하여 신호를 표현하는 방식이다. 위 데이터에서는 두 전압 상태 모두를 사용하여 신호를 표현하고 있으므로 Unipolar 방식이 아님을 알 수 있다.

⑤ (×) Bipolar

→ Biopolar 방식은 마지막 문단을 통해 데이터 0에서는 0V를 유지하고, 1의 경우 양전압과 음전압을 교대로 표현하는 방식이다. 위 데이터에서는 0의 경우에도 0V를 유지하지 않음을 알 수 있으므로 Bipolar 방식이 아님을 알 수 있다.

합격자의 시간단축 Tip

Tip ① 자료를 읽으며 확인하기

해당 문제는 자료를 다 읽고 풀기보다는 각각의 부호화 방식에 대한 설명이 등장했을 때 문제에 표현된 부호화가 이에 부합하는지 판단하는 방식으로 푸는 것이 가능하다. 자료의 각 방식이 서로 연결되는 유기성을 갖는 것이 아니라, 독자적으로 구분되기 때문이다.

Tip ② 다른 문제의 예시를 참고하기

본문의 글만 읽었을 때는 부호화의 이미지가 그려지지 않을 수 있다. 이때는 다른 문제의 예시를 활용한다. 2번 문제의 경우 다양한 부호화의 예시가 그려져 있으며 이는 본문의 부호화 방식을 표현한 것임을 알 수 있다. 정확하게 매칭할 필요는 없으며 이미지를 그리는 것에 도움을 받는 정도로 활용한다.

37 정답 ①

난이도 ●●●

정보능력_IT 개념 활용

Biphase 방식은 세 번째 문단에 의할 때 각 비트의 중간 지점에서 전압 레벨의 극성이 반전되는 방식이다. 문제에서 전압 변화 방향은 데이터 0의 경우 음전압에서 양전압으로, 1의 경우 양전압에서 음전압으로 한다고 했으므로, 0인 경우는 −에서 +로 가는 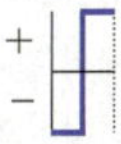 의 형태여야 하고, 1인 경우는 +에서 −로 가는 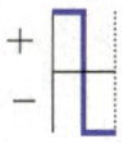 의 형태여야 한다. 이를 고려하면 ①이 '01101001'을 Biphase 방식으로 부호화한 결과이다.

합격자의 시간단축 Tip

Tip ① 단서에 유의하자.

자료에서는 데이터 1을 표현하기 위해 전압 레벨을 음전압에서 양전압으로, 0을 표현하기 위해 양전압에서 음전압으로 상태가 변화하는 것이라고 한 반면, 문제의 경우 단서에서 변화 방향을 데이터 0의 경우 음전압에서 양전압으로, 1의 경우 양전압에서 음전압으로 한다고 하여 반대된다는 점이다. 만약 이를 고려하지 않고 문제를 풀었다면 ④를 정답으로 체크하는 실수를 할 수 있으므로 유의해야 한다.

Tip ❷ 각 그림의 차이를 유심히 확인하자.

본문의 내용을 읽고 그에 맞는 답을 바로 고르는 것도 좋지만, 각 그림의 차이를 확인하고 아닌 것을 제거하는 것도 방법이다. 선지 ①과 ②는 실선이 점선 부분에서 꺾이는지, 칸의 중간에서 꺾이는지 차이가 있다. 또한 선지 ①과 ④는 방향이 반대라는 차이가 있다. 이런 세세한 차이들이 문제의 힌트가 될 수 있으므로, 답을 바로 고르기 어렵다면 그림의 차이에서 힌트를 얻는다는 방식으로 접근한다.

38 정답 ❸ 난이도 ●○○

정보능력_IT 개념 활용

마지막 문단에 의할 때 Biopolar 방식은 데이터 0에서는 0V를 유지하고, 1의 경우 양전압과 음전압을 교대로 표현하는 방식이다. 음전압은 데이터가 1인 경우 교대로 나타나며, 데이터상에 1이 8번 표현됐으므로 이 중 절반인 4번 나타났음을 알 수 있다. 음전압이 먼저인 경우, 양전압이 먼저인 경우 중 어느 하나를 가정하더라도 모두 4번 나타난다.

39 정답 ❸ 난이도 ●●○

정보능력_IT 개념 활용

① (×) 선택 정렬에서는 하나의 패스에서 한 번의 데이터 위치 교환이 일어난다.

→ 4문단에 따르면 선택 정렬은 n개의 문자가 배열되어 있을 때, 첫 번째 문자에서부터 n번째 문자까지 중에서 순서가 가장 빠른 문자와 첫 번째 문자의 자리를 서로 바꾸면 첫 번째 패스가 종료된다. 하지만 만약 순서가 가장 빠른 문자가 이미 첫 번째 문자의 자리에 위치한다면 데이터 위치 교환이 일어나지 않을 수도 있다. 지문의 선택 정렬의 예시에서도 두 번째 패스에서 순서가 가장 빠른 b가 이미 두 번째 자리에 있었으므로 데이터 위치 교환이 일어나지 않았다. 데이터 위치 교환이 일어나지 않는 반례가 존재하므로, 하나의 패스에서 한 번의 데이터 위치 교환이 일어난다는 것은 틀린 선지다.

② (×) 선택 정렬을 이용하면 데이터의 배열 상태에 따라 데이터 비교 횟수가 가변적일 수 있다.

→ 첫 문단에 따르면 '좋은 정렬 알고리즘을 판단하는 기준은 두 데이터를 비교하는 횟수로, 평균적인 비교 횟수가 적을수록 성능이 뛰어난 알고리즘으로 평가받는다.' 즉, 성능은 데이터 비교 횟수와 관련됨을 알 수 있다. 이때 마지막 문단에 따르면 선택 정렬은 데이터가 어떤 형태로 배열되어 있든지 간에 항상 일정한 성능을 담보한다는 특징이 있다. 즉, 데이터 배열 상태와 무관하게 성능이 일정하므로, 이에 대응되는 데이터 비교 횟수 역시 일정하다고 추론할 수 있다. 따라서 틀린 선지이다.

③ (○) 버블 정렬을 이용하여 5개의 데이터를 정렬할 경우, 두 데이터를 비교하는 횟수는 10번이다.

→ 두 번째 문단에 따르면 버블 정렬의 경우 n개의 문자가 배열되어 있을 때 (n−1)번째 패스까지 데이터 비교를 해야 정렬 알고리즘이 완료된다. 선지의 경우 5개의 문자가 배열되어 있으므로 4번째 패스까지 데이터 비교가 되어야 한다. 예시를 통해 버블 정렬을 이해하면, 두 데이터를 비교하여 후순위의 문자를 뒤로 보내는 방식으로 첫 번째 패스가 끝나면 n번째 자리의 문자가 정해지고, 두 번째 패스가 끝나면 (n−1)번째 자리의 문자가 정해진다. 이와 같은 과정을 첫 번째 자리가 정해질 때까지, 즉 (n−1)번째 패스까지 반복됨을 알 수 있다. 이때, 이미 정해진 자리의 문자는 다시 비교하지 않는다. 따라서 5개의 데이터를 정렬할 경우 첫 번째 패스에서 5개의 문자에 대해 4번의 비교로 5번째 자리의 문자를 정하고, 두 번째 패스에서 5번째 문자를 제외한 4개의 문자에 대해 3번 비교, 세 번째 패스에서 3개의 문자에 대해 2번, 네 번째 패스에서 2개의 문자에 대해 1번 비교하게 된다. 이렇게 5개의 문자에 대해 4번의 패스를 거치는 과정에서 4번+3번+2번+1번으로, 총 10번을 비교한다. 옳은 선지다.

④ (×) 버블 정렬과 선택 정렬 모두 최신 정렬 알고리즘에 비하면 평균적인 데이터 비교 횟수가 적은 편이다.

→ 마지막 문단에서 알 수 있듯이 버블 정렬과 선택 정렬 모두 최신 정렬 알고리즘에 비하면 성능이 떨어지는 편이다. 또한 첫 번째 문단에 따르면 평균적인 비교 횟수가 적을수록 성능이 뛰어난 알고리즘으로 평가받는다. 이를 통해 성능이 떨어지는 알고리즘이라면 뛰어난 것에 비해 평균적인 데이터 비교 횟수가 많다는 것을 알 수 있다. 두 정렬 알고리즘 모두 최신 정렬 알고리즘보다 성능이 떨어지는바, 평균적인 데이터 비교 횟수가 최신 정렬 알고리즘의 그것에 비해 많을 것이다. 틀린 선지다.

⑤ (×) 동일한 데이터 배열을 버블 정렬과 선택 정렬로 각각 정렬할 때, 정렬 알고리즘이 완료될 때까지 거치는 패스의 수는 서로 다를 수 있다.

→ 두 번째 문단과 마지막 문단에 따를 때 n개의 문자가 배열되어 있다면 버블 정렬과 선택 정렬 모두 (n−1)번째 패스까지 반복해야 정렬 알고리즘이 완

료된다. 따라서 두 정렬 알고리즘의 데이터 비교 횟수는 다를 수 있어도 정렬 알고리즘이 완료될 때까지 거치는 패스의 수는 동일하다. 틀린 선지다.

합격자의 시간단축 Tip

Tip ❶ 헷갈린다면 예시를 최대한 활용한다. 암호 문제의 경우 이해나 적용이 헷갈릴 때가 있다. 이때는 주어진 예시를 적극적으로 활용한다. 선지 ①에서도 위치 교환이 일어나는 것인지 헷갈릴 수 있는데 예시를 통해 명확히 할 수 있었다.

Tip ❷ 글의 내용이 유기적이지 않고 분리된 구조일 경우, 해당하는 내용과 관련된 선지를 먼저 해결한다. 본 문제처럼 버블 정렬, 선택 정렬이라는 두 개의 유형이 각각의 문단으로 설명된 경우, 버블 정렬까지만 읽고 버블 정렬과 관련한 선지를 먼저 해결한다. 이 방법은 많은 정보를 한꺼번에 전부 기억하지 않아도 끊어서 문제를 해결할 수 있게 하므로 선지 판단의 정확성을 높인다. 또한 답이 먼저 나올 경우, 나머지 선지를 읽지 않고 다음 문제로 넘어갈 수 있어 시간을 확연히 단축할 수 있다. 본 문제 역시 버블 정렬까지 읽고 선지 ③, ④를 먼저 확인하였는데 선지 ③에서 바로 답이 나와 나머지 선지를 확인하지 않고 넘어갈 수 있었다.

Tip ❸ 계산이 요구되는 문제는 나중에 푼다. **Tip ❷**와 배치되는 내용이지만, 간단한 계산이 아니라 복잡한 계산이 요구되는 선지의 경우 나중에 푸는 것이 오히려 시간 단축에 도움이 될 수 있다. 선지 ③에 비해 나머지 선지는 간단한 확인만 하면 해결되는 문제이기 때문이다. 한편, 지나치게 단순한 선지는 정답이 아닐 확률이 높다. 선지가 어떻게 구성되어 있는지에 따라 선지를 판단하는 순서를 달리하는 전략을 세울 수 있다. 예를 들어, 지나치게 단순한 확인 선지 3개, 복잡한 계산 선지 2개가 있다면 계산이 있는 선지가 답일 확률이 높으므로 이를 먼저 판단하는 것이 오히려 시간 단축의 전략이 된다. 따라서 기출 분석을 통해 선지의 구성을 확인하고, 답일 확률이 큰 선지를 판단하는 연습을 하여 본인만의 선지 플레이 전략을 구상하는 것이 고득점의 전략이다.

40 정답 ③ 난이도 ●●○

정보능력_IT 개념 활용

[버블 정렬]

버블 정렬의 경우 n개의 문자가 배열되어 있을 때 (n−1)번째 패스까지 데이터 비교를 해야 정렬 알고리즘이 완료되므로 다섯 번째 패스까지 데이터 비교가 완료되어야 정렬 알고리즘이 완료된다. 데이터 비교를 하는 문자에 밑줄 처리를, 정렬이 완료된 문자에 물결 처리를 하여 버블 정렬의 과정을 나타내면 다음과 같다.

- 첫 번째 패스: 641532 → 461532 → 416532 → 415632 → 415362 → 415326
- 두 번째 패스: 415326 → 145326 → 145326 → 143526 → 143256
- 세 번째 패스: 143256 → 143256 → 134256 → 132456
- 네 번째 패스: 132456 → 132456 → 123456
- 다섯 번째 패스: 123456 → 123456

본문 세 번째 문단에 따르면, 알고리즘은 정렬이 완성되었는지 인지하고 프로세스를 중단시키는 장치가 없다. 따라서 원칙적으로 6개의 문자에 대해서 5번의 패스가 진행된다. 그러나 네 번째 패스부터 더 이상 데이터 배열이 변화하지 않게 되었다. 따라서 버블 정렬은 네 번째 패스에서 〈보기〉에서 제시한 오름차순으로의 정렬(123456)이 완성된다.

[선택 정렬]

선택 정렬의 경우 버블 정렬과 마찬가지로 n개의 문자가 배열되어 있을 때 (n−1)번째 패스까지 데이터 비교를 해야 정렬 알고리즘이 완료되므로 다섯 번째 패스까지 데이터 비교가 완료되어야 정렬 알고리즘이 완료된다. 데이터 비교를 하는 문자에 밑줄 처리를 하여 버블 정렬의 과정을 나타내면 다음과 같다. 이때 선택 정렬의 원리에 따라 각 패스에서 밑줄 친 문자 간의 위치가 변경된다.

- 첫 번째 패스: 641532 → 146532
- 두 번째 패스: 146532 → 126534
- 세 번째 패스: 126534 → 123564
- 네 번째 패스: 123564 → 123465
- 다섯 번째 패스: 123465 → 123456

선택 정렬은 다섯 번째 패스에서 〈보기〉에서 제시한 오름차순으로의 정렬(123456)이 완성된다.

합격자의 시간단축 Tip

Tip 지문에서의 내용 및 39번 문제를 풀며 얻은 정보를 통해 두 정렬 알고리즘 모두 다섯 번째 패스까지 데이터 비교가 완료되어야 한다는 사실 및 버블 정렬의 경우 15회의 데이터 비교가 이루어져야 한다는 사실을 인지한다면 데이터 배열을 하며 할 수 있는 실수를 줄일 수 있다.

CHAPTER 3 실전모의고사 3회

독끝

CHAPTER 4

실전모의고사 4회

정답 | 실전모의고사 4회

오답표기	문제번호	영역	유형	난이도	정답
	01	의사소통능력	논리적 추론	★☆☆	④
	02		사례 선택	★☆☆	⑤
	03		논리적 추론	★☆☆	②
	04		개념의 이해 및 활용	★☆☆	④
	05		빈칸 삽입(어휘/개념어/접속사/문장)	★☆☆	②
	06		개념의 이해 및 활용	★★☆	③
	07		개념의 이해 및 활용	★☆☆	⑤
	08		개념의 이해 및 활용	★★☆	④
	09		논리적 추론	★★☆	②
	10	수리능력	응용수리_농도	★★☆	②
	11		응용수리_일률	★★★	②
	12		금융수리_원리합계	★★☆	②
	13		금융수리_환율 및 실용계산	★★☆	②
	14		자료해석_자료에 대한 진위 판단(계산 필요)	★☆☆	②
	15		자료해석_자료에 대한 진위 판단(계산 필요)	★☆☆	①
	16		자료해석_추가자료 활용	★☆☆	③
	17		자료해석_상황판단형	★★☆	④
	18		자료해석_자료변환	★★☆	④
	19	문제해결능력 / 자원관리능력	논리퍼즐	★☆☆	④
	20		조건추리(매칭, 배치)	★★☆	④
	21		논리퍼즐	★★☆	③
	22		진실게임(참/거짓)	★★☆	②
	23		공고문/규정 이해	★☆☆	②
	24		지문의 이해 및 활용	★☆☆	④
	25		상황제시 및 최적선택(평가)	★☆☆	①
	26		지문의 이해 및 활용	★☆☆	②
	27		상황제시 및 최적선택(평가)	★☆☆	②
	28		공고문/규정 이해	★☆☆	⑤
	29		적정 대상 선택	★☆☆	②
	30		공고문/규정 이해	★☆☆	②
	31		수치 계산(비용, 시간)	★☆☆	②
	32		공고문/규정 이해	★☆☆	④
	33		적정 대상 선택	★☆☆	①
	34		지문의 이해 및 활용	★★★	⑤
	35	정보능력	엑셀	★★☆	④
	36		암호	★★☆	④
	37		암호	★★★	⑤
	38		IT 개념 활용	★★☆	⑤
	39		IT 개념 활용	★★★	④
	40		IT 개념 활용	★★★	①

01 정답 ④ 난이도 ●●●

의사소통능력_논리적 추론

접근전략 지문의 내용을 이해한 뒤 선지의 옳고 그름을 판단하는 문제다. 미리 선지를 확인하여 키워드를 정하고 이를 중심으로 지문을 읽어내려 간다. 내용 일치와 비슷한 유형이므로 발췌독 또는 통독 중간에 선지를 바로 판단하는 전략을 취한다.

주어진 글을 읽고 추론한 내용으로 옳지 않은 것은?

(1)채권시장은 조용하지만, 거대한 자금이 흐르는 무대다. (2)흔히 주식시장을 자본주의의 꽃이라 부르지만, 실제로 거래되는 자금 규모를 따지면 채권시장이 훨씬 크다. (3)특히 국고채나 통안채(=통화안정채권 또는 통화안정증권) 같은 주요 채권은 최소 거래 단위가 100억 원으로, 일반 개인 투자자는 발을 들이기 어려운 영역이다. (4)이 시장은 소수의 기관 투자자들만 참여하며, 국내에서도 실질적인 시장 참여자는 매우 소규모로 알려져 있다. ▶ 1문단

(1)이들은 일반 투자자와는 완전히 다른 방식으로 거래한다. (2)거래는 주로 특정 메신저에서 이뤄지며, 텍스트 몇 줄로 수백억 원어치 거래가 성사된다. (3)그 안에는 오직 그들만 이해할 수 있는 언어가 있다. (4)예를 들어 "25－2 755＋ 200"이라는 문장을 보자. (5)이는 "국고채 30년물 '국고02750-5409'를 2.755% 금리에 200억 원어치 매수하고 싶다"는 의미다. (6)'25－2'는 2025년에 두 번째로 발행된 국고채를 가리키며, 이것이 국고채 30년물 '국고02750－5409'라는 것은 모든 시장 참여자들이 기본적으로 알고 있는 상식으로 간주되므로 '25－2'로 줄여 부르는 것이다. (7)'755＋'는 금리 2.755%에 채권을 매수하고 싶다는 뜻인데, 반대로 매도하고 싶다면 '＋' 대신 '－'를 붙인다. (8)'현재 국고채 금리는 2%대'라는 것은 시장 참여자가 모두 알고 있는 상식이므로 앞자리 '2.'는 생략된다. (9)마지막 숫자 '200'은 거래 금액, 즉 200억 원이다. (10)기본 거래 단위가 100억 원이므로 200억 원을 '2개'라고도 표현하며, 100억 원짜리 거래는 아예 숫자를 생략하기도 한다. ▶ 2문단

(1)통안채는 국고채와는 다른 별칭이 존재한다. (2)국고채는 '25－2'와 같이 숫자로 거래하고자 하는 채권을 특정하지만, 통안채는 '통당', '구통당'과 같은 단어를 사용한다. (3)이번 달에 발행된 통안채는 '통안채 당월 발행물'을 줄여 '통당', 그 전달에 발행된 통안채는 '구통당', 전전달에 발행된 것은 '구구통'이라 부른다. (4)입찰은 마쳤지만 아직 발행되지 않은 채권은 '통안채 딱지'를 줄여 '통딱'이라고 하는데, 말장난처럼 '통닭'이라 부르기도 한다. (5)이 명칭들은 거래 시점을 기준으로 바뀐다. (6)'통딱'이 발행되면 '통당'이 되고, 기존의 '통당'은 '구통당'으로, 기존의 '구통당'은 '구구통'으로 밀려난다. ▶ 3문단

(1)메신저에 거래를 원하는 참여자가 암호처럼 보이는 언어로 거래조건을 올리면, 상대방이 메신저로 1:1 대화를 걸어 바로 거래를 체결하거나 흥정을 하기 시작한다. (2)쌍방이 합의점에 도달하면 'ㅎㅈ'(확정), 'ㄱㅅ'(감사)와 같은 간단한 채팅으로 거래가 성사되었음을 알린다. (3)물론 메신저상의 대화만으로 거래가 완료되는 것은 아니고, 최종 거래는 전화 통화로 확인을 한 후 이를 녹취하고, 계산서를 팩스로 주고받는 등 정식 절차를 거쳐야 완료된다. (4)그러나 향후에 분쟁이 생겼을 경우, 채팅 기록도 중요한 참고 자료가 될 수 있다. ▶ 4문단

① **채권시장 기관 투자자들은 메신저를 통해 흥정을 한다.**
➜ (○) 이 선지를 해결하기 위해서는 흥정의 주체가 '기관 투자자'인지, 그리고 이들이 '메신저를 통해' 흥정하는지 파악해야 한다. 주어진 제시문 1문단 (4)에 따르면 '이 시장은 소수의 기관 투자자들만 참여'한다. 또한 4문단 (1)에 따르면 메신저에 거래를 원하는 참여자가 암호처럼 보이는 언어로 거래조건을 올리면, 상대방이 메신저로 1:1 대화를 걸어 바로 거래를 체결하거나 흥정하기 시작한다. 즉, 거래 참여자들이 메신저를 통해 흥정하는 것이다. 옳은 선지다.

② **채권시장에서 '24－8'은 2024년에 여덟 번째로 발행된 국고채를 의미한다.**
➜ (○) 제시문 2문단 (6)에 따르면 '25－2'는 2025년에 두 번째로 발행된 국고채를 가리킨다는 것을 알 수 있다. 이에 따라 유비추론하면 '24－8'은 2024년에 여덟 번째로 발행된 국고채를 의미할 것이라고 추론할 수 있다. 옳은 선지다.

③ **통안채 종류를 먼저 발행된 것부터 나열하면 '구구통', '구통당', '통당' 순이다.**
➜ (○) 제시문 3문단 (3)에 따르면 이번 달에 발행된 통안채는 '통안채 당월 발행물'을 줄여 '통당', 그 전달에 발행된 통안채는 '구통당', 전전달에 발행된 것은 '구구통'이라 부른다. 따라서 통안채 종류를 먼저 발행된 것부터 나열하면 '구구통', '구통당', '통당' 순이다. 옳은 선지다.

④ 채권시장에서는 정확한 거래를 위해 금리의 소수점 앞자리 숫자도 모두 표기해야 한다.

→ (×) 제시문 2문단 (8)에 따르면 "'현재 국고채 금리는 2%대'라는 것은 시장 참여자가 모두 알고 있는 상식이므로 앞자리 '2.'는 생략된다."는 것을 알 수 있다. 즉, 금리를 표시할 때 소수점 앞자리 숫자를 생략하는 것이다. 이는 2문단 (4)와 (5)에 제시된 예시에서 금리 2.755%를 755라고 표시하는 것을 통해서도 알 수 있다. 따라서 채권시장에서는 정확한 거래를 위해 금리의 소수점 앞자리 숫자도 모두 표기해야 한다는 말은 옳지 않다.

⑤ 채권시장에서 거래를 완료하려면 'ㅎㅈ', 'ㄱㅅ' 입력 뒤에 추가적으로 처리해야 할 일이 있다.

→ (○) 제시문 4문단 (2)와 (3)에 따르면 'ㅎㅈ', 'ㄱㅅ'와 같은 간단한 채팅으로 거래가 성사될 수 있지만, 메신저상의 대화만으로 거래가 완료되는 것은 아니다. 최종 거래는 전화 통화로 확인을 한 후 이를 녹취하고, 계산서를 팩스로 주고받는 등 정식 절차를 거쳐야 완료된다. 따라서 'ㅎㅈ', 'ㄱㅅ' 등과 같은 간단한 채팅 뒤에 추가적으로 처리해야 할 일이 있다고 볼 수 있다. 옳은 선지다.

합격자의 실전 풀이 순서

❶ 발문 확인하기

글을 읽고 추론한 내용으로 적절하지 않은 것을 찾는 문제다. 실수하지 않도록 '않은'에 크게 X 표시를 한다.

❷ 선지 확인하기

본 방법은 발췌독이 아닌 통독을 위한 방법이다. 문제가 일치부합형이라면 글의 일부만 발췌하여 읽는 방법이 시간 단축 측면에서 용이하지만, '추론한 내용'을 묻는 경우 발췌독은 위험 부담이 있다. 추론의 경우 문단 간 연계를 이용해야 하는 경우가 있어 단편적인 부분만 읽고 답을 고른다면 오답을 고를 수 있다. 따라서 글 전체를 훑는다는 느낌으로 통독한다. 그러나 무작정 지문을 처음부터 읽기 시작한다면 글을 읽는 것이 오래 걸리고, 강약 조절이 불가능하며, 많은 정보를 모두 기억하기에 어려움이 있으므로 미리 선지를 확인하여 글 읽기의 방향성과 목표를 설정한다. '메신저를 통해 흥정', '24-8', '통안채 발행 순서', '소수점 앞자리 표기', 'ㅎㅈ, ㄱㅅ' 와 같은 키워드를 중심으로 정보를 찾는다는 목표를 가진다. 이 때 키워드는 단어가 될 수도 있고 어절이 될 수도 있다. 다만 선지 확인은 3~4초 내로 너무 많은 시간을 투자하지 않도록 한다.

❸ 지문을 처음부터 읽되 해당 정보가 나오면 선지를 곧바로 해결하기

선지에서 주제를 파악하고 키워드를 뽑았지만 발췌독이 아닌 처음부터 읽는다. 읽으면서 키워드로 잡았던 선지의 내용이 나오면 곧바로 선지를 해결한다. 이는 선지판단의 정확성을 높일 수 있다. 물론 종종 뒤에까지 읽어야 해결되는 선지도 있고, 지금까지의 정보로는 답하기 애매한 선지도 있다. 그렇다면 쿨하게 넘어가고 지금 당장의 정보로 해결가능한 확실한 선지만을 제거해야 한다. 이 방법은 기억에 의존하지 않고 정확한 근거로 판단하여 시간을 단축하는 것이 목적이기 때문이다. 답이 ①, ②에서 나오더라도 확신을 가지고 다음 문제로 넘어갈 수 있다는 장점이 있다. 따라서 확실하지 않을 때는 성급하게 제거하지 않도록 하며, 확실한 답이 앞번호에서 나왔다면 반드시 나머지 선지를 확인하지 않고 바로 넘어가도록 한다. 너무 불안할 때는 문제에 체크해두고 혹시나 시간이 남았을 때 다시 확인하러 오는 것도 하나의 운영전략이다. 본 합격생의 경우 1문단은 큰 정보가 없어 2문단까지 읽고 선지에서 체크했던 키워드인 '24-8', '소수점 앞자리 표기'에 관한 정보가 나와 선지를 해결하러 갔다. 판단 가능한 선지인 ②, ④를 확인하고 바로 정답을 도출할 수 있었다. 본 문제와 같이 정답이 확실한 쉬운 문제의 경우 절대 나머지 선지를 확인해서는 안 된다. 여기서 시간을 벌어서 나머지 어려운 문제에 시간을 투자하는 것이 고득점의 전략이다.

합격자의 시간단축 Tip

Tip 답이 나오면 넘어간다.

실전 풀이 순서에 언급한 내용과 같은 내용이다. 본 문제와 같이 정답이 확실한 쉬운 문제의 경우 절대 나머지 선지를 확인해서는 안 된다. 여기서 시간을 벌어서 나머지 어려운 문제에 시간을 투자하는 것이 고득점의 전략이다. 너무 불안할 때는 문제에 체크해두고 혹시나 시간이 남았을 때 다시 확인하러 오는 것도 하나의 운영전략이다. 쉬운 문제에서 이렇게 시간을 저축한다면 어려운 문제에 투자는 물론 다시 검토할 시간도 남길 수 있을 것이다.

02 정답 ⑤ 난이도 ●○○

의사소통능력_사례 선택

접근전략 1지문 2문제 유형의 경우 통상적으로 지문에서 발췌하는 문제 하나와, 심화된 내용 이해가 필요한 문제 하나로 이뤄진다. 사례 적용은 단순 내용 일치 문제와 달리 내용의 이해가 필요하다. 필요한 부분을 발췌독하여 이해하고 적용하도록 한다.

다음 〈보기〉는 채권 거래 메신저에서 시장 참여자 A~E가 각각 띄운 메시지이다. 이번 달 또는 전달에 발행된 통안채를 2.69% 이상의 금리로 200억 원어치 이하만큼 매수하고 싶을 때, 1:1 대화를 걸 가장 적절한 상대는?

보기

- A: 구통당 695+ 500
- B: 구구통 695-
- C: 통닭 690+ 200
- D: 통당 685-
- E: 구통당 690- 2개

문제의 상황은 ⅰ)이번 달 또는 전달에 발행된 통안채를 ⅱ)2.69% 이상의 금리로 ⅲ)200억 원어치 이하만큼 ⅳ)매수하려는 상황이다. 따라서 이를 모두 만족하는 사람을 찾아 대화를 걸어야 한다.
제시문 3문단에 따라 ⅰ)을 만족하기 위해서는 이번 달에 발행됨을 의미하는 '통당' 혹은 전달에 발행됨을 의미하는 '구통당'이 표기될 수 있다. 제시문 2문단에 따르면 ⅱ)를 만족하기 위해서 690 이상의 숫자가 표기되어야 하며, ⅲ)을 만족하기 위해서는 마지막 숫자가 200 이하이거나 생략되어야 하며, 다른 방법으로는 기본 거래 단위가 100억 원임을 고려하여 '2개' 혹은 그 이하의 숫자를 사용할 수도 있다. ⅳ)를 만족하기 위해서는 '-'를 표기한 사람을 찾아야 한다. '매수하고 싶을 때 대화를 걸 사람'을 찾는 것이므로, 상대방이 매도 의사를 나타내고 있어야 하기 때문이다.

① A
→ (×) A는 '구통당 695+ 500'을 표시하였으므로, 전달에 발행된 통안채를 2.695%의 금리로 500억 원어치 매수하고자 한다. 따라서 ⅱ), ⅲ), ⅳ)를 충족하지 못하는 바, 적절한 상대가 아니다.

② B
→ (×) B는 '구구통 695-'를 표시하였으므로, 전전달에 발행된 통안채를 2.695%의 금리로 100억 원어치 매도하고자 한다. 따라서 ⅰ)을 만족하지 못하여 적절한 상대가 아니다.

③ C
→ (×) C는 '통닭 690+ 200'을 표시하였으므로, 아직 발행되지 않은 통안채를 2.69%의 금리로 200억 원 어치 매수하고자 한다. 따라서 ⅰ), ⅳ)를 만족하지 못하여 적절한 상대가 아니다.

④ D
→ (×) D는 '통당 685-'를 표시하였으므로, 이번 달에 발행된 통안채를 2.685%의 금리로 100억 원어치 매도하고자 한다. 따라서 ⅱ)를 만족하지 못하여 적절한 상대가 아니다.

⑤ E
→ (○) E는 '구통당 690- 2개'를 표시하였으므로, 전달에 발행된 통안채를 2.69%의 금리로 200억 원어치 매도하고자 한다. 따라서 모든 조건을 만족하므로 적절한 상대이다.

합격자의 실전 풀이 순서

❶ **발문 확인하기**
본 문제는 지문을 이해하고 사례에 적용하는 문제다. '적절한'에 ○ 표시를 하여 헷갈리지 않도록 한다.

❷ **선지 해결하기**
이미 지문을 읽은 상태이고, 어렵지 않은 문제이므로 바로 선지를 해결한다. 또는 필요한 정보가 있는 곳을 바로 찾아 올라가 근거를 정확히 확인하고 문제를 해결한다.

합격자의 시간단축 Tip

Tip 쉬운 정보로 여러 개의 선지를 제거한다.
본 문제와 같은 유형에서는 A, B, C, D, E를 순서대로 하나씩 정오를 판단해서는 안 된다. 쉬운 정보로 선지를 제거하는 방법을 통해 시간을 단축한다. 예를 들어, 개인적으로는 다른 정보들보다 '매수'라는 표현과 '+', '-'가 선지에 고르게 분포되어 있는 것이 먼저 눈에 띄었다. 이 정보로 절반의 선지를 제거할 수 있다고 확신하고 본문에서 정확한 근거를 다시 체크한 뒤, A와 C를 한번 에 제거하였다.

03 정답 ❷ 난이도 ●●●

의사소통능력_논리적 추론

접근전략 지니계수 및 로렌츠 곡선에 대한 내용임을 파악하고, 배경지식이 있다면 이를 활용하여, 없더라도 어떠한 것을 의미하고 어떻게 도출하는지에 초점을 맞춰 자료를 읽는다. 이후 선지를 판단하며, 정답이라고 판단되면 이후 선지는 확인하지 않고 넘어간다.

주어진 글의 내용을 통해 추론할 수 없는 내용은?

(1)지니계수란 소득의 불평등 정도를 나타내는 가장 대표적인 소득분배지표이다. (2)지니계수를 계산하기 위해서는 먼저 로렌츠곡선에 대해 이해해야 한다. (3)로렌츠 곡선은 소득 분배의 불평등 정도를 시각적으로 나타내는 곡선으로, X축에는 소득이 낮은 사람부터 높은 사람까지 인구의 누적비율을 표시하고, Y축에는 해당 인구가 차지하는 소득의 누적비율을 표시한다. (4)만약 모든 인구가 동일한 소득을 얻는다면 소득분배는 완전평등하므로 인구누적비율과 누적소득비율이 일치하여 소득분배곡선은 45° 대각선으로 나타날 것이다. (5)그러나 현실에서는 이와 같이 완전평등한 소득분배가 이루어지지 않는다. (6)로렌츠 곡선은 실제 소득 분배를 나타내는 곡선으로 완전평등선 아래에 위치하게 된다. (7)곡선의 휘어진 정도(완전평등선과 로렌츠 곡선 사이의 면적)는 불평등의 정도를 나타내며, 곡선이 완전평등선에서 멀어질수록 불평등 정도가 심하다고 볼 수 있다.

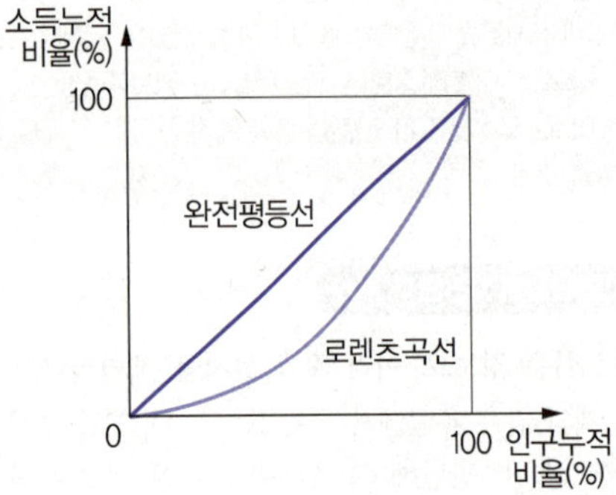

▶ 1문단

(1)지니계수는 로렌츠 곡선을 통해 계산되는 소득 불평등 정도를 나타내는 지표로, 완전평등선과 로렌츠 곡선 사이의 면적을 기준으로 계산된다. (2)계산 방법은 다음과 같다. (3)로렌츠곡선과 완전평등선 사이의 면적, 즉 불평등 면적을 A영역이라고 하고, B영역을 완전평등선을 모서리로 하는 완전평등선 아래의 큰 삼각형 전체 면적에서 A영역을 뺀 영역이라고 하면, 지니계수는 $\frac{A}{A+B}$로 계산될 수 있다. (4)지니계수는 0~1의 값을 갖는다. (5)지니계수가 0에 가까울수록 소득 분배가 평등하다는 것을 의미하고 1에 가까울수록 소득 분배가 불평등함을 의미한다.

▶ 2문단

① 지니계수는 1-2B로 나타낼 수도 있다.

→ (O) 본문의 내용을 통해 보면 A와 B는 각각 아래와 같이 나타낼 수 있다.

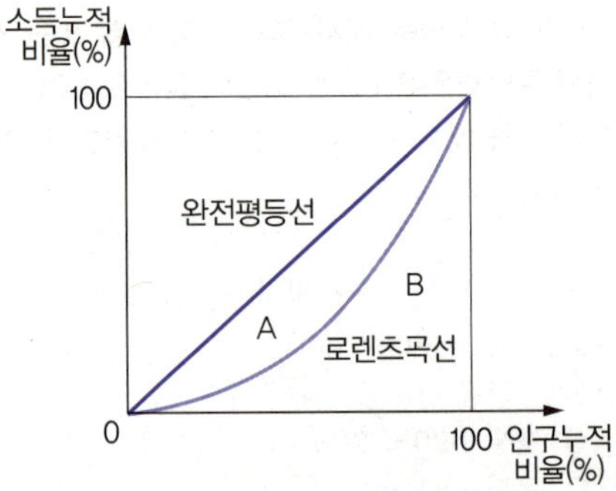

따라서 A+B는 완전평등선 아래 전체 삼각형 면적을 의미한다. 따라서 $A+B=1\times1\times\frac{1}{2}=0.5$에 해당한다. A를 B에 대한 식으로 표현하면 A=0.5−B이고, 이를 $\frac{A}{A+B}$에 대입하면 $\frac{0.5-B}{0.5}$이므로 이를 다시 표현하면 1-2B가 된다. 옳은 선지다.

② 로렌츠 곡선과 지니계수를 통해서 전체 경제규모를 계산할 수 있다.

→ (×) '로렌츠 곡선은 소득 분배의 불평등 정도를 시각적으로 나타내는 곡선으로, X축에는 소득이 낮은 사람부터 높은 사람까지 인구의 누적비율을 표시하고, Y축에는 해당 인구가 차지하는 소득의 누적비율을 표시한다.'고 서술된 [1문단 (3)]에 의할 때, 로렌츠 곡선의 각 축은 인구의 누적 '비율' 및 소득의 누적 '비율'을 나타낸다. 따라서 어떤 국가의 로렌츠 곡선을 보는 것만으로는 특정한 비율의 누적인구가 전체 소득에서 차지하는 누적소득에 대한 '비율'만을 알 수 있을 뿐, 해당 국가의 전체 경제 규모를 계산할 수는 없다. 틀린 선지다.

③ 로렌츠 곡선이 완전평등선에 가까울수록 지니계수는 0에 가까워진다.

→ (O) 로렌츠곡선이 완전평등선에 가까워질수록 A의 값이 작아진다. 따라서 $\frac{A}{A+B}$로 계산되는 지니계수의 값은 A가 작아질수록 0에 가까워진다. [2문

단 (5)]에서 '지니계수가 0에 가까울수록 소득 분배가 평등하다는 것을 의미하고 1에 가까울수록 소득 분배가 불평등함을 의미한다.'라고 했으므로 옳은 선지다.

④ **지니계수가 같더라도 로렌츠 곡선의 모양에 따라 실제 불평등 정도는 다를 수 있다.**

➜ (O) 지니계수는 본문의 $\frac{A}{A+B}$로 계산되는 값이다. 즉, 완전평등선 아래 큰 삼각형의 넓이 중 불평등의 정도가 차지하는 비중을 나타낸 값으로, A 영역의 넓이에 따라 지니계수는 달라질 것이나, 같은 값을 갖는 A영역의 경우의 수는 무수히 많다고 할 수 있다. A영역의 넓이가 0.5인 경우 그 넓이가 0.5가 되게 하는 로렌츠 곡선의 모양은 매우 다양할 수 있으나 지니계수는 같은 값으로 산출될 것이다. 따라서 지니계수가 같더라도 로렌츠 곡선의 모양에 따라 실제 불평등 정도는 다를 수 있다. 옳은 선지다.

⑤ **지니계수를 통해 특정 계층(예: 하위 10%)의 구체적인 소득 분배상태를 알 수는 없다.**

➜ (O) 지니계수는 전체 소득분배의 불평등 정도를 하나의 수치로 요약한 값이므로 특정 소득계층의 구체적인 소득 분배 상태에 대해서는 알 수 없다. 옳은 선지다.

합격자의 실전 풀이 순서

❶ 문제를 확인한다.
추론할 수 '없는' 내용을 찾아야 하므로 선지 옆에 X표시를 하여 추론할 수 있는 내용을 정답으로 고르는 실수를 하지 않도록 한다.

❷ 자료를 읽고 선지를 판단한다.
지니계수 및 로렌츠 곡선에 대한 내용임을 파악하고, 배경지식이 있다면 이를 활용하여, 없더라도 어떠한 것을 의미하고 어떻게 도출하는지에 초점을 맞춰 자료를 읽는다. 이후 선지를 판단하며, 정답이라고 판단되면 이후 선지는 확인하지 않고 넘어간다.

합격자의 시간단축 Tip

Tip ❶ 답이 나오면 넘어가기

이와 같은 문제의 경우 중간에 답이 나왔다면 넘어가는 것이 좋다. 좀 더 확실하게 하기 위해 남은 선지의 정오도 판단하려고 한다면 시간이 더 걸릴 수 있다. 일례로 이후 선지를 판단하는 과정에서 옳지 않은 선지라 생각되는 것이 추가로 나온다면 어디에서 실수했는지 확인하는 과정을 또 거쳐야 한다. 이 경우 시간적으로도, 심리적으로도 좋지 않기 때문에 자신이 했던 판단을 믿고 정답 선지를 찾았다면 다음 문제로 넘어갈 수 있어야 한다.

Tip ❷ 4개의 선지만을 판단하여 정답을 도출할 수 있다.

만약 본인이 판단하기 어려운 선지가 있거나 시간이 오래 걸릴 것 같은 선지가 있다면 넘어간 후 나머지 4개의 선지를 판단하면 된다. 넘어간 선지가 답이라면 4개의 정오를 판단하여 답을 도출할 수 있고, 넘어간 이후 답이 도출된다면 건너뛴 선지는 살펴보지 않고 답을 도출할 수 있다. 선지 ②에서 전체 경제규모를 계산할 수 있을까에 대한 의문이 있을 수 있는데, 그렇다면 일단 보류한 뒤 뒤의 선지를 판단하여 정답을 도출할 수 있다.

Tip ❸ 가진 상식을 활용하여 문제에 접근한다.

문제를 풀 때 기본은 주어진 자료의 내용에 근거하는 것이다. 다만 선지의 정오를 확실히 판단하기 전에 자신이 가진 상식을 활용하여 어떤 선지를 먼저 확인할 것인지, 어떤 정도로 확인할 것인지 결정할 수 있다. 지니계수와 로렌츠 곡선에 대해 알고 있다면 이를 활용해서 선지에 접근하되, 답을 고르기 전에는 본문 내용을 다시 확인하는 식으로 문제를 풀면 시간을 단축할 수 있다.

04 정답 ④ 난이도 ●●●

의사소통능력_개념의 이해 및 활용

접근전략 지문의 내용을 이해하고 적용하는 문제이다. 앞의 문제를 해결하면서 얻은 정보로 우선 풀 수 있는 보기를 해결한 뒤, 필요한 부분만 지문에서 발췌독한다.

다음은 A국의 로렌츠 곡선을 나타낸 그래프이다. 실선으로 표현된 곡선은 2023년의 로렌츠 곡선을, 점선으로 표현된 곡선은 2024년의 로렌츠 곡선을 나타낸 것이라고 할 때, 윗글의 내용을 참고하여 A국의 소득 불평등 정도에 대해 분석한 내용으로 적절하지 않은 것은? (단, '㉠ 면적<㉡ 면적'이다.)

〈A국의 로렌츠 곡선〉

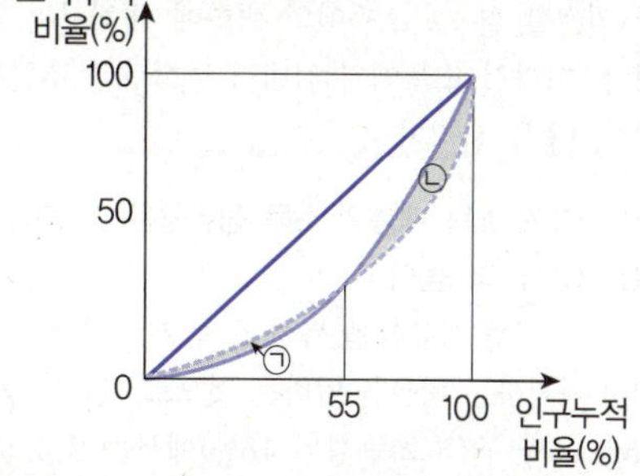

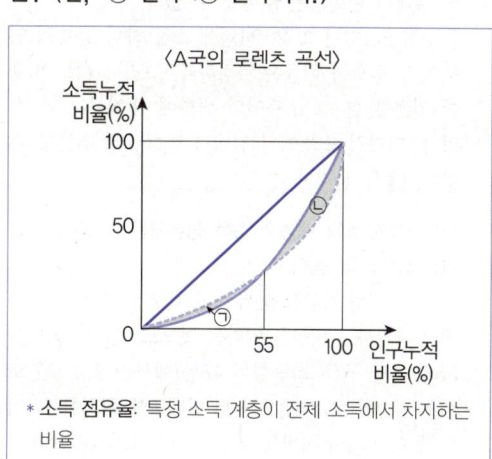

* 소득 점유율: 특정 소득 계층이 전체 소득에서 차지하는 비율

① 지니계수는 2023년보다 2024년에 더 높다.

→ (○)

[방법 1]

지니계수 $\frac{A}{A+B}$에서 A의 영역은 2023년보다 2024년에 더 커졌다. 추가된 ㉡면적이 빠진 ㉠면적보다 더 크기 때문이다. 따라서 지니계수는 2023년에 비해 2024년에 더 높다. 옳은 선지다.

[방법 2]

㉠과 ㉡을 제외한 윗 부분을 ㉢, 아랫 부분을 ㉣이라 할 때, 지니계수는 2023년의 경우 $\frac{㉠+㉢}{㉠+㉡+㉢+㉣}$, 2024년의 경우 $\frac{㉡+㉢}{㉠+㉡+㉢+㉣}$이다. 분모는 동일하고, 분자의 경우 ㉠보다 ㉡이 크다고 했으므로 2024년의 지니계수가 더 큼을 확인할 수 있다. 옳은 선지다.

② 소득 하위 50%의 인구가 차지하는 소득의 누적비율은 2023년보다 2024년에 더 높다.

→ (○) 로렌츠 곡선의 X축에는 소득이 낮은 사람부터 높은 사람까지 인구의 누적비율을 표시하고, Y축에는 해당 인구가 차지하는 소득의 누적비율을 표시한다. 따라서 소득 하위 50%의 인구가 차지하는 소득의 누적비율은 인구누적비율의 50%에 해당하는 값이 로렌츠 선과 만나는 점을 통해 확인할 수 있다. 인구누적비율 55%에서 점선(2024년)과 실선(2023년)이 만나고 있고 그보다 낮은 구간인 50%에서는 점선이 실선보다 위에 있다. 따라서 소득 하위 50%의 인구가 차지하는 소득의 누적비율은 2024년이 2023년보다 높다. 옳은 선지이다.

③ 2023년 대비 2024년에 소득 하위 55%의 소득액의 절대적 변화량은 추론할 수 없다.

→ (○) 2023년 및 2024년에 소득 하위 55%의 인구의 누적 소득 비율은 일정하다. 그러나 이는 비율이 일정할 뿐 그 소득액의 변화에 대해서는 알 수 없다. 따라서 소득액의 절대적 변화량은 추론할 수 없다. 옳은 선지다.

④ 상위 10% 소득 계층의 소득 점유율은 2024년보다 2023년에 더 높다.

→ (×) 소득 점유율은 특정 소득 계층이 전체 소득에서 차지하는 비율을 말하는 것으로, 인구누적비율 55% 초과 구간(소득 상위 45%)에서는 2024년 로렌츠 곡선이 2023년보다 더 아래쪽에 위치한다. 예를 들어 인구누적비율 90%일 때 소득누적비율이 70%였다면, 나머지 상위 10%가 나머지 소득 30%를 채운다는 뜻이다. 인구누적비율이 90%일 때 소득누적비율은 2023년이 2024년보다 높으므로, 반대로 상위 10% 소득 계층의 소득 점유율은 2024년이 2023년보다 높을 것이다. 틀린 선지다.

⑤ 2023년 대비 2024년에 소득 불평등 정도가 높아진 것은 주로 소득 상위 45%의 소득 불평등에 기인한 것으로 추론할 수 있다.

→ (○) 인구누적비율 55% 미만 구간에 비해 55% 초과 구간에서 두 해의 로렌츠 곡선의 곡률 차이가 더 크다. [1문단]에 의하면 곡선이 45° 선에서 멀어져 휘어질수록 불평등의 정도가 심함을 의미한다. 따라서 이 구간의 불평등 심화가 2024년 지니계수 증가(소득불평등 정도 증가)에 주요한 영향을 미친 것으로 추론할 수 있다. 옳은 선지다.

합격자의 실전 풀이 순서

❶ **문제를 확인한다.**
적절하지 않은 것을 골라야 하므로 선지 옆에 X표시를 하여 적절한 것을 정답으로 고르는 실수를 하지 않도록 한다.

❷ **자료를 읽고 선지를 판단한다.**
자료를 읽고 앞 문제를 푼 상태이므로 전반적인 내용은 파악된 상태이다. 문제에서 언급한 것들을 자료에 반영한다. (2023년 로렌츠 곡선은 실선, 2024년의 경우 점선이라는 것, ㉠과 ㉡ 중 ㉡이 더 크다는 것)

합격자의 시간단축 Tip

Tip ❶ 답이 나오면 넘어가기

이와 같은 문제의 경우 중간에 답이 나왔다면 넘어가는 것이 좋다. 좀 더 확실하게 하기 위해 남은 선지의 정오도 판단하려고 한다면 시간이 더 걸릴 수 있다. 일례로 이후 선지를 판단하는 과정에서 적절하지 않은 선지라 생각되는 것이 추가로 나온다면 어디에서 실수했는지 확인하는 과정을 또 거쳐야 한다. 이 경우 시간적으로도, 심리적으로도 좋지 않기 때문에 자신이 했던 판단을 믿고 정답 선지를 찾았다면 다음 문제로 넘어갈 수 있어야 한다. 불안한 마음이 들면 차라리 자신이 답이라고 판단한 선지의 근거를 다시 한번 확인하는 것이 시간 단축에 도움이 된다.

Tip ❷ 4개의 선지만을 판단하여 정답을 도출할 수 있다.

만약 본인이 판단하기 어려운 선지가 있거나 시간이 오래 걸릴 것 같은 선지가 있다면 넘어간 후 나머지 4개의 선지를 판단하면 된다. 넘어간 선지가 답이라면 4개의 정오를 판단하여 답을 도출할 수 있고, 넘어간 이후 답이 도출된다면 건너뛴 선지는 살펴보지 않고 답을 도출할 수 있다.

선지 ① 머리로 계산하려 하기보다, 영역을 직접 표시하여 각 면적을 표시한 후 비교하는 것이 더 명확하고 시간을 단축할 수 있을 것이다.

선지 ③ 비율 자료로는 추가적인 정보가 없는 한 절댓값을 도출할 수 없음을 유의하자.

05 정답 ② 난이도 ●●●

의사소통능력_빈칸 삽입(어휘/개념어/접속사/문장)

접근전략 빈칸에 들어갈 내용을 찾는 문제이므로, 빈칸 앞뒤 내용이 가장 중요하다. 글 전체에서 빈칸이 차지하는 맥락이 중요하므로 이를 잡아내야 한다. 특히 빈칸 앞뒤에 접속어가 있는 경우 더욱 유의한다. 선지 중 빈칸에 들어갈 내용을 찾기가 어렵다면, 빈칸의 내용을 역으로 넣어 답을 찾아보는 방법도 있다. 빈칸을 반대로 넣어 앞뒤 연결이 자연스러운지 확인해보고 답을 고르는 방법도 충분히 사용할 수 있으므로 참고하도록 한다.

주어진 자료의 내용을 참고할 때, 빈칸 ㉠에 들어갈 내용으로 가장 적절한 것은?

2024년 탄소중립 전환 선도프로젝트 융자지원사업 공고

「2024년 탄소중립 전환 선도프로젝트 융자지원」 사업 지원 대상 프로젝트 선정을 위하여 다음과 같이 공고하오니, 동 사업에 참여를 희망하는 기업은 관련 규정 및 절차에 따라 신청하여 주시기 바랍니다.

1. 사업 목적
   (㉠)
2. 지원 내용
   - 지원 대상: 온실가스 배출을 줄이기 위한 시설 또는 연구개발(R&D) 프로젝트를 계획하고 있는 기업(중소·중견기업, 대기업)

     ※ 탄소중립 전환 선도프로젝트: 온실가스 배출을 획기적으로 줄이고 미래 기술적·경제적 파급효과가 큰 장기·대규모 시설 및 R&D 프로젝트로 다음 분류에 따른 프로젝트

대분류	중분류
전환	차세대 태양광, 차세대 풍력, 연료전지, 수소·암모니아 발전, 바이오연료, 에너지저장, 에너지원 다양화, 에너지 효율향상, 원자력 등
산업	철강, 석유화학, 시멘트, 정유, 반도체, 디스플레이, 섬유, 제지, 비철금속, 전기전자, 이차전지, 유리, 자동차, 조선, 자원순환 등
건물	Zero 에너지 건물 등
수송	친환경 자동차, 친환경 선박, 친환경 항공, 유통물류 등
수소	수소생산, 수소저장, 운송·이송 등
CCUS	CO_2 포집, CO_2 저장, CO_2 활용 등

   - 지원 방식: 취급은행을 통한 간접 대출(사업 전담기관과 약정체결한 14개 시중 은행)
   - 자금 용도: 시설자금 또는 연구개발(R&D)자금으로 이용하는 경우

용도	주요 내용
시설 자금	시설 및 부대설비의 구입비, 설치·개수공사비, 보수비·설계·감리비 및 시운전비 등으로 다음의 하나에 해당하는 소요자금 • 설비와 장치의 제작, 설치, 구매비용 • 건축비 및 설계비 • 중고시설 또는 기존 건축물 매입 비용
연구 개발 (R&D) 자금	선도프로젝트 관련 기술·공정·제품 등의 개발에 소요되는 자금과 선도프로젝트를 통해 개발 완료 후 기술사업화에 소요되는 자금 ※ 주관연구개발기관이 연구개발프로젝트의 일부를 위탁할 때 위탁연구개발기관에 지급하는 비용 포함(위탁기관에 지급하는 비용은 전체 연구개발비용의 40% 이내이어야 함)

   - 융자 비율: 프로젝트 총 필요자금 기준 중소기업 100%, 중견기업 90%, 대기업 50%
   - 지원 한도: 프로젝트당 시설자금은 500억 원, 연구개발(R&D)자금은 100억 원 이내
   - 지원 기간: 최대 10년(3년 거치 7년 원금균등분할상환)
   - 금리: 매년 3분기 '공공자금관리기금 융자계정 대출금리'에서 중소·중견기업 2.0%p, 대기업 1.5%p를 차감하여 적용(1년 변동금리)

     ※ 단, 산정한 대출금리가 1.3% 미만일 경우 최저대출금리인 1.3%를 적용

① 탄소중립 실현을 위한 정책적 기반의 강화를 통해 온실가스 감축 목표 달성을 위한 탄소배출 모니터링 체계 구축

➜ (×) 본 사업의 목적을 정책적 기반을 강화하거나 모니터링 체계를 구축하기 위한 것으로 보긴 어렵다. 탄소배출 모니터링 체계 구축에 관한 내용도 전혀 제시되어 있지 않다.

② 탄소중립 실현에 선제 투자하는 기업에 대한 장기·저리 융자자금 지원을 통해 산업계의 탄소중립 실현 및 관련 생태계 조성 기여

➜ (○) 본 공고의 제목은 '2024년 탄소중립 전환 선도프로젝트 융자지업사원 공고'이다. '2. 지원내용-지원 대상'을 통해 '탄소중립 전환 선도프로젝트'는 온실가스 배출을 획기적으로 줄이고 미래 기술적·경제적 파급효과가 큰 장기·대규모 시설 및 R&D 프로젝트임을 알 수 있다. 또한 지원 대상은 이와 같은 온실가스 감축 프로젝트를 계획하고 있는 기업이다. 즉, 지원 대상이 '탄소중립 실현에 선제 투자하는 기업'이라는 것을 추론할 수 있다. 따라서 '산업계의 탄소중립 실현 및 관련 생태계 조성 기여'가 본 공고의 목적임을 파악할 수 있다. 또한, '2. 지원 내용-지원 방식·융자비율·금리' 및 공고 제목 등에 따르면 기업에 장기·저리 융자자금 지원이 그 수단임을 확인할 수 있다. '탄소중립 실현에 선제 투자하는 기업에 장기·저리 융자자금 지원을 통해 산업계의 탄소중립 실현 및 관련 생태계 조성 기여'는 사업 목적으로 적절하다.

③ 탄소배출저감을 목표로 한 중소기업의 인프라 전환 비용 보조 및 에너지 효율화 지원을 통한 장기적인 경제 성장 도모

➜ (×) '2. 지원 내용-지원 대상'을 통해 중소·중견기업, 대기업이 그 대상임을 확인할 수 있으며, 장기적인 경제 성장 도모보다는 탄소중립 전환 등이 목적으로 오는 것이 적절하다. 또한 자금 용도는 시설 자금(인프라 전환 비용) 뿐만 아니라 연구개발(R&D)자금이 포함되므로 단순히 인프라 전환 비용을 보조한다고 하기는 어렵다.

④ 탄소중립 기술 개발에 필요한 초기 자본 지원을 통해 온실가스 감축 효과가 큰 기술의 국제 경쟁력 강화 및 해외 시장 진출 독려

➜ (×) 온실가스 감축 효과가 큰 기술의 해외 시장 진출을 독려하는 내용은 포함되어 있지 않다.

⑤ 국내 기업의 탄소중립 기술개발과 상용화를 위해 고금리 대출 상품을 제공하여 기업의 단기적인 성과 창출을 독려함으로써 기술 투자 효율성 극대화

➜ (×) '2. 지원 내용-금리'에 따르면 본 사업에서는 공공자금관리기금 융자계정 대출금리에서 기업규모에 따라 일정 %p를 제하여 대출상품을 제공한다. 따라서 고금리 대출 상품을 제공한다는 내용은 잘못되었다. 기업의 단기적인 성과 창출을 독려하는 내용으로도 볼 수는 없다. 또한, 선제적으로 탄소저감에 대응하는 기업을 독려하기 위함이지 기술 투자의 효율성을 극대화하기 위한 사업으로 볼 수도 없다.

합격자의 실전 풀이 순서

⓪ 빈칸 유형 접근법

보통 빈칸 채우기 유형은 비문학 지문을 읽고, 이를 기반으로 제시되지 않은 내용 일부를 추론하도록 하는 문제이다. 하지만 본 문제는 일반 비문학 지문과 다르게 공고문으로 구성되어 있다. 상대적으로 소주제를 파악하는 것이 쉽기 때문에 본문에 등장하는 세세한 내용들에 집중할 필요가 없다. 공고문의 전체적인 구성이 어떻게 되는지 파악하면 된다.

❶ 빈칸 확인하기

빈칸에 들어갈 내용이 어떤 종류인지 파악하는 것이 이 유형의 핵심이다. 빈칸의 성격에 따라 문제 풀이의 방법도 달라진다. '1. 사업 목적' 부분에 빈칸이 뚫려 있으므로 중심 내용을 구하면 된다고 파악한다.

❷ 지문 파악하기

지문 전체의 주제를 파악하기 위해 공고문을 살핀다. 이때 중심 내용과 밀접하다고 판단되는 문장 또는 단어에 밑줄을 긋거나, 동그라미를 치는 등 시각적 표시를 하는 것도 유용하다. 혹은 시간을 최대한 아끼기 위해 아무 표시 없이 머릿속으로 이해만 하며 읽어 내려갈 수도 있다. 수험생 개개인에게 가장 잘 맞는 방식을 선택하면 된다.

먼저 지문의 주제를 파악하는 과정에서는 엄밀성보다 포괄성에 중점을 둔다. 지금까지 일반적인 비문학 문제들에서 숫자나 구체적인 용어가 등장하면 놓치지 않으려 집중했지만, 빈칸 채우기 문제에서는 '이런 개념이 제시되는구나.' 정도로 보고 넘어가면 족하다. 본 문제에 적용해 보면, 공고 제목을 통해서도 일차적으로 탄소중립 전환을 목표로 융자지원사업이 진행됨을 파악할 수 있다. 또한 '2. 지원 내용'에서 온실가스 배출을 줄이기 위해 노력을 하는 기업들이 그 대상임을 바로 확인할 수 있다.

❸ 선지 고르기

마지막 단계에서는 지문을 이해한 바를 바탕으로, 빈칸에 들어갈 내용을 추론한다. 해설에서 다룬 내용이 바로 이 단계에 해당한다. 보통 사업 목적에는 대상, 사업 목표가 들어가므로 위의 단계처럼 제목, 지원 대상만 확인하고 바로 선택지로 넘어가도 된다.

합격자의 시간단축 Tip

Tip ❶ 빈칸 문제를 해결할 때는 빈칸을 확인하고 빈칸 앞뒤를 확인하는 습관을 들인다.

빈칸 문제는 내용 일치/불일치 문제들과 다르게 빈칸의 위치와 빈칸의 앞뒤를 확인하는 것이 중요하다. 빈칸의 위치와 빈칸의 성격에 따라서 글을 읽는 전략이 달라지기 때문이다. 본 문제에서도 '사업 목적'에 빈칸이 구성되어 있음을 먼저 확인하면, 목표, 대상 정도만 구하면 된다는 걸 파악할 수 있다. 이처럼 구해야 할 부분을 파악하고 나면, 지문을 읽을 때 앞으로 어떻게 지문에 접근해야 할지 파악할 수 있어 시간을 더 단축할 수 있다.

Tip ❷ 최상위 제목은 하위 내용을 모두 포괄한다.

제목은 그 하위 내용을 모두 포괄할 수 있는 것으로 지어진다. 이를 역이용하면 최상위 제목을 통해 하위 내용을 유추할 수 있다. 빈칸의 앞과 뒤의 맥락을 파악하는 동시에 최상위 제목인 '2024년 탄소중립 전환 선도 프로젝트 융자지원사업 공고'를 토대로, 탄소중립 전환 경제적 지원이 그 정책 내용임을 파악할 수 있고 이하의 내용을 통해 중소기업, 중견기업, 대기업 등을 대상으로 하는 연구개발 및 시설사업 대한 융자지원임을 파악할 수 있다.

06 정답 ❸ 난이도 ●●○

의사소통능력_개념의 이해 및 활용

접근전략 본문을 바탕으로 제시된 사례에 적용하는 문제이다. 내용 일치 문제의 선택지에서도 사례 적용 유형이 많으므로 특별히 접근을 달리할 필요는 없다. 사례와 본문에서 겹치는 부분을 파악해 적용하면 된다.

다음은 위 공고에 따라 융자지원사업에 신청을 희망하는 A기업과 B기업의 사례이다. 이에 대한 분석으로 적절하지 않은 것은?

2024년 탄소중립 전환
선도프로젝트 융자지원사업 공고

「2024년 탄소중립 전환 선도프로젝트 융자지원」 사업 지원 대상 프로젝트 선정을 위하여 다음과 같이 공고하오니, 동 사업에 참여를 희망하는 기업은 관련 규정 및 절차에 따라 신청하여 주시기 바랍니다.

1. 사업 목적
(㉠)

2. 지원 내용

- 지원 대상: 온실가스 배출을 줄이기 위한 시설 또는 연구개발(R&D) 프로젝트를 계획하고 있는 기업(중소·중견기업, 대기업)

※ 탄소중립 전환 선도프로젝트: 온실가스 배출을 획기적으로 줄이고 미래 기술적·경제적 파급효과가 큰 장기·대규모 시설 및 R&D 프로젝트로 다음 분류에 따른 프로젝트

대분류	중분류
전환	차세대 태양광, 차세대 풍력, 연료전지, 수소·암모니아 발전, 바이오연료, 에너지저장, 에너지원 다양화, 에너지 효율향상, 원자력 등
산업	철강, 석유화학, 시멘트, 정유, 반도체, 디스플레이, 섬유, 제지, 비철금속, 전기전자, 이차전지, 유리, 자동차, 조선, 자원순환 등
건물	Zero 에너지 건물 등
수송	친환경 자동차, 친환경 선박, 친환경 항공, 유통물류 등
수소	수소생산, 수소저장, 운송·이송 등
CCUS	CO_2 포집, CO_2 저장, CO_2 활용 등

- 지원 방식: 취급은행을 통한 간접 대출(사업 전담기관과 약정체결한 14개 시중 은행)
- 자금 용도: 시설자금 또는 연구개발(R&D)자금으로 이용하는 경우

용도	주요 내용
시설자금	시설 및 부대설비의 구입비, 설치·개수공사비, 보수비·설계·감리비 및 시운전비 등으로 다음의 하나에 해당하는 소요자금 • 설비와 장치의 제작, 설치, 구매비용 • 건축비 및 설계비 • 중고시설 또는 기존 건축물 매입 비용
연구개발(R&D)자금	선도프로젝트 관련 기술·공정·제품 등의 개발에 소요되는 자금과 선도프로젝트를 통해 개발 완료 후 기술사업화에 소요되는 자금 ※ 주관연구개발기관이 연구개발프로젝트의 일부를 위탁할 때 위탁연구개발기관에 지급하는 비용 포함(위탁기관에 지급하는 비용은 전체 연구개발비용의 40% 이내이어야 함)

- 융자 비율: 프로젝트 총 필요자금 기준 중소기업 100%, 중견기업 90%, 대기업 50%

CHAPTER 4 실전모의고사 4회

- 지원 한도: 프로젝트당 시설자금은 500억 원, 연구개발(R&D)자금은 100억 원 이내
- 지원 기간: 최대 10년(3년 거치 7년 원금균등분할상환)
- 금리: 매년 3분기 '공공자금관리기금 융자계정 대출금리'에서 중소·중견기업 2.0%p, 대기업 1.5%p를 차감하여 적용(1년 변동금리)

※ 단, 산정한 대출금리가 1.3% 미만일 경우 최저대출금리인 1.3%를 적용

▶ 본문

(1)중견기업인 A기업에서는 12시간 이상 전력공급이 가능한 저장시스템(ESS)을 개발하고자 한다. (2)시스템이 개발되면 태양광이나 풍력 발전 등 불규칙적으로 생산되는 재생에너지의 저장·관리의 효율성을 보다 높임으로써 더 높은 탄소배출 저감효과를 얻을 수 있을 것으로 예상된다. (3)이 시스템의 개발을 위해서는 추가설비의 구입 및 추가설비의 운영을 위한 토지매매가 필요하며, 총 투자 비용의 추정치는 250억 원이다. ▶ 사례 1문단

(1)대기업인 B기업에서는 지능형 승강기 운용 시스템의 연구개발에 착수하고자 한다. (2)지능형 승강기 운용 시스템은 인공지능이 탑재된 승강기 운용 시스템으로, 전력효율을 최대화할 수 있는 방식으로 승강기를 운용하여 탄소중립에 기여할 것으로 기대된다. (3)B기업의 주력 사업은 승강기 개발 및 설치·운영이며, 승강기에 탑재할 인공지능의 연구개발은 협력업체인 C기업에 위탁하고자 한다. (4)연구개발비 산출 결과, B기업의 연구개발비는 60억 원, C사에 연구개발을 위탁하는 데 소요되는 비용은 50억 원으로 산출되었다. ▶ 사례 2문단

① **A기업과 B기업에서 추진하고자 하는 프로젝트의 성격상 두 기업 모두 지원 대상에 해당할 것이다.**

➜ (○) 중견기업인 A기업이 개발하고자 하는 '12시간 이상 전력공급이 가능한 저장시스템' 및 대기업인 B기업이 연구개발에 착수하고자 하는 '지능형 승강기 운용 시스템'은 모두 탄소배출의 저감효과를 기대효과로 명시하고 있다. 이에 더하여 A기업의 프로젝트는 지원 대상의 분류에 따라, 전환(대분류)의 에너지저장(중분류), B기업의 프로젝트는 건물(대분류)의 Zero 에너지 건물(중분류)에 해당할 것으로 보인다. 따라서 지원 대상의 '온실가스 배출을 줄이기 위한 시설 또는 연구개발 프로젝트를 계획하고 있는 기업'에 해당한다.

② **A기업의 경우 사업에서 정한 자금의 용도에 부합하지 않는 항목이 포함되어 있다.**

➜ (○) A기업의 총투자 비용의 추정치는 250억 원인데, 여기에는 설비 구입비뿐만 아니라 설비 운영을 위한 토지매매가 포함되어 있다. 그러나 '2. 지원 내용–자금 용도'를 보면, 사업에서 정하고 있는 자금의 용도는 '시설자금' 또는 연구개발자금이다. 시설자금의 경우 명칭에서도 '시설'임을 명시하고 있을 뿐더러 토지매매의 목적이 추가 설비의 운영을 위한 것으로 토지매매 그 자체는 시설자금에 해당하지 않음을 추론할 수 있고, 시설 자금의 주요 내용에 나열된 사용처의 성격을 고려한다면 '토지 매매 비용'은 시설자금에 해당하지 않을 것임을 추론할 수 있다.

③ **B기업이 지원 대상으로 선정되기 위해서는 B기업의 자체 연구개발비를 증액하는 방법으로만 가능하다.**

➜ (×) B기업은 연구개발프로젝트의 일부를 외부업체에 위탁하려고 한다. 연구개발자금의 경우 위탁기관에 지급하는 비용을 포함하여 대출을 받을 수는 있으나, 이러한 경우에도 위탁기관에 지급하는 비용은 전체 연구개발비용의 40% 이내이어야 한다. 그러나 현재 B기업이 산출한 연구개발비용은 B기업의 연구개발비용 60억 원, C기업에 위탁하는 비용이 50억 원으로 위탁 비용이 전체 연구개발비용의 40%를 초과하는 상황이다. 따라서 B기업은 자체 연구개발비를 증액하거나 C사에 연구개발을 위탁하는 데 소요되는 비용을 줄이는 방법으로 해당 비율을 맞출 수 있다. B기업의 연구개발비를 증액하는 방법으로만 가능한 것이 아니다.

④ **A기업이 사업 신청단계에서 모든 요건을 갖추어 지원 대상으로 선정되었고, 해당연도 3분기 '공공자금관리기금 융자계정 대출금리'가 3.27%라면 A기업에게 적용되는 위 사업의 대출금리는 1.3%일 것이다.**

➜ (○) '2. 지원 내용–금리'에 따르면 지원 대상 기업은 매년 3분기 '공공자금관리기금 융자계정 대출금리'에서 기업규모에 따라 일정 수준의 금리를 차감받을 수 있다. A기업은 중견기업이기 때문에 2%p를 차감한 금리로 대출을 받을 수 있다. 공공자금관리기금 융자계정 대출금리는 3.27%라고 하였으므로 -2%p를 하면 1.27%인데, 공고에 따르면 산정한 대출금리가 1.3% 미만일 경우 최저대출금리인 1.3%를 적용한다. 따라서 A기업에게 적용되는 대출금리는 1.3%이다.

⑤ **B기업이 사업 신청단계에서 모든 요건을 갖추어 지원 대상으로 선정되었고, 최종 연구개발(R&D)자금이 60억 원으로 산출되었다면 B기업에게 지원되는 대출금은 30억 원이다.**

➜ (○) 대기업인 B기업이 지원대상으로 선정되었다면, B기업은 '2. 지원 내용–융자 비율'에 따라 프로

젝트 총 필요자금 기준의 50%를 지원받을 수 있다. 최종적으로 산출된 연구개발비용은 60억 원이고, 그중 50%만 대출이 가능하므로 30억 원이다. 지원 한도인 100억 원도 충족한다.

합격자의 실전 풀이 순서

❶ 발문 확인 및 문제 유형 파악하기

자료를 참고하여 다음 사례에 대한 분석으로 적절하지 '않은' 것을 고르라는 발문을 봤을 때, 사례 적용 유형임을 알 수 있다. 해당 유형은 제시문 내용으로 추론할 수 없는 선지가 정답이 된다. 긴장되는 시험장에서 적절하지 않은 것을 고르는 문제에서 적절한 것을 고르는 문제로 잘못 볼 수 있다. 따라서 발문에 크게 X 표시 등을 해 혹시 모를 실수에 대비하도록 한다. 내용 일치 유형의 선택지에서도 본 문제처럼 사례를 적용하는 경우가 있다. 특별히 접근을 달리할 필요는 없고, 사례와 본문에서 겹치는 부분을 파악해 적용하면 된다.

본 문제와 같은 유형을 푸는 방법으로는 두 가지가 있다.

❷-1) 선지 먼저 읽기

(1) 선지 키워드 표시

지문보다 선지를 먼저 보고 정보를 추출한다. 1번은 '지원 대상', 2번은 '자금의 용도', 3번은 '지원 대상', 4번은 '대출금리', 5번은 '대출금' 등이 될 것이다. 단, 어디까지나 예시이므로 이와 같을 필요는 없다.

(2) 제시문 독해 및 선지 판단

키워드를 바탕으로 발췌독을 진행한다. 제시문을 읽는 것이 아니라, 선지 키워드를 바탕으로 해당 내용이 제시된 문장 및 문단을 찾아 해결하는 것이다. 제시문을 다 읽고 푸는 것보다 시간을 단축할 수 있다.

선지를 파악한 후 제시문 전체 독해를 진행하는 경우엔 문단별 구성을 파악하며 읽어가는 것이 좋다. 본문의 경우엔 공고문의 형식으로 구성이 비교적 명확하게 제시되어 있어 상대적으로 빠르게 파악할 수 있다. 소재가 무엇인지, 위치 등을 확인하는 것이 좋다. 이런 방법은 필요한 부분을 집중해서 읽을 수 있다는 점이 장점이다.

❷-2) 제시문 먼저 읽기

제시문 먼저 읽기도 크게 두 가지 방법이 존재한다. 제시문 먼저 읽기와 제시문 구조 파악 후 선지 먼저 읽기이다.

(1) 제시문 먼저 읽기

처음부터 제시문을 꼼꼼히 읽어 선지 확인을 위해 제시문을 다시 읽는 시간을 단축하는 방법이다. 이 방법의 경우 제시문을 읽는 과정에서 선지에 나올 만한 내용을 주의 깊게 읽고, 복잡한 제시문의 내용을 어느 정도 이해한 후 선지를 읽어야 한다. 이 방법을 사용하면서 시간을 단축하고 싶다면, 문단별로 나누어 한 문단을 꼼꼼히 읽고 그 문단에 상응하는 선지부터 판단하는 방법을 응용할 수 있다. 다만, 첫 번째 방법의 경우 제시문의 내용을 잊어버리면 다시 제시문을 읽게 되어 시간이 낭비되기 때문에 긴 제시문이 있는 문제에는 적합하지 않다. 또한, 문단별로 선지를 확인하는 방식은 문단 간의 정보를 결합해야 하는 선지에는 취약하다는 한계가 있다.

(2) 제시문 구조 파악 후 선지 먼저 읽기

두 번째로는 제시문의 구조와 키워드만 빠르게 파악한 후, 선지를 읽고 선지에서 필요한 내용을 다시 제시문에서 꼼꼼히 찾아가는 방법이 있다. 두 번째 방법은 제시문이 매우 긴 경우 또는 제시문의 구조가 깔끔할 때 효과적이다. 그러나 두 번째 방법은 능숙하지 않은 사람이 시험장에서 시도한다면 성공률이 낮다는 한계가 있다. 두 번째 방식을 익숙하게 하기 위해서는 다양한 제시문을 첫 번째 방법처럼 꼼꼼히 분석하는 과정이 필요하다. 다양한 제시문을 접하고 글의 구조를 이해하게 되면 두 번째 방식을 효과적으로 활용할 수 있다.

❸ 선지 판단

마지막 단계에서는 지문을 이해한 바를 바탕으로, 선택지별 정오답 여부를 판단한다.

합격자의 시간단축 Tip

Tip ❶ 제시문 내용을 암기하려고 하지 말자.

빠른 시간 안에 문제를 풀어야 하므로 지문을 한 번만 읽고 선택지를 해결하고 싶은 마음이 생길 수 있다. 압박감을 느끼고 읽게 되면 오히려 내용 파악이 어려울 수 있으며, 제한된 시간 안에 지문의 내용을 모두 숙지하는 것은 한계가 있다. 제시문을 먼저 빠르게 읽으며 전체적인 구조를 파악하고, 선택지로 넘어가는 방식을 추천한다. 구성을 확인했기 때문에 선택지의 내용이 본문의 어느 부분에 해당하는지 보다 짧은 시간 안에 파악할 수 있다. 합격자의 실전 풀이 순서에서 제시된 여러 방식을 참고하고, 문제를 풀 때 적용해 가며 본인만의 방법을 찾아보는 것도 좋다.

Tip ❷ 단서에 유의하자.

공고문 유형의 경우 특히 단서가 문제 풀이에 활용되는 경우가 많다. 본 문제에서도 대출금리 하한이 제시된 단서, 위탁기관 지급 비용의 비율 상한에 관한 단서가 사용되었다. 단서에 밑줄을 긋거나 별표 등 본인만의 방법으로 표시를 해 문제 풀이에 활용할 수 있도록 하는 것이 좋다.

Tip ❸ 지나치게 단정적인 선지를 의심한다.

지나치게 단정적인 선지는 단 하나의 반례만 존재해도 옳지 않은 선지가 된다. 이 점을 유념하고 지나치게 단정적이거나 확정적인 선지를 먼저 확인하면 시간 단축에 유리하다 이 문제의 경우 선지 ③이 이러한 선지에 해당한다.

Tip ❹ 선지별로 판단하지 말고 A기업 따로, B기업 따로 판단하자.

선지별로 A기업, B기업 모두 판단하는 것이 아니라 A기업의 사례를 읽고 난 후 모든 선지의 A기업에 해당하는 내용을 판단한 후, 적절하지 않은 경우가 나온다면 그것이 정답이므로 B기업을 검토하지 않고 시간을 단축할 수 있다.

만약 문항과 같이 B기업의 경우가 정답이라 하더라도, A기업 따로, B기업 따로 판단하는 것이 정오판단에 필요한 정보의 양을 줄일 수 있어 정확성을 높이고 시간을 단축할 수 있다.

07 정답 ⑤

난이도 ●○○

의사소통능력_개념의 이해 및 활용

접근전략 지문의 내용을 이해한 뒤 그것을 그래프에 적용하는 문제다. 일부 선지에서 사례가 적절한지를 묻고 있으므로 지문에 대한 이해가 선행되어야 함을 눈치채고 지문부터 읽는다.

주어진 글을 참고하여 아래의 그래프에 대해 이해한 내용으로 적절하지 않은 것은?

(1)다이내믹 프라이싱(dynamic pricing)이란 동일한 제품 및 서비스에 대한 가격을 시장 상황에 따라 유동적으로 바꾸는 판매 전략을 통칭한다. (2)이는 실시간 수요와 공급은 물론 경쟁 상황, 소비자 행동 등 다양한 가변 요인을 고려하여 가격을 탄력적으로 책정하는 동적 가격제로, 국내에서는 '탄력가격제', '가변가격제', '가격변동제' 등 다양한 용어로 사용되고 있다. ▶ 1문단

(1)다이내믹 프라이싱은 새로운 개념이 아니며, 휴가철 항공권이나 호텔 객실 등과 같이 공급은 고정되어 있지만 수요가 변동하는 분야에서 제한적으로 적용되었다. (2)그러나 코로나19 이후 비대면 문화 확산에 따른 플랫폼 경제 확대, 온·오프라인 연계 서비스 등장 등으로 식품 배달, 택시·대리운전, 주차장등 일상 서비스업계에서 다이내믹 프라이싱을 적용하였고, 이에 따라 많은 사람들이 친숙하게 여기기 시작하였다. (3)최근에는 인공지능 및 빅데이터 등을 접목하여 과거보다 정교한 가격 책정이 가능해지면서 골프장, 야구장, 콘서트장 등 전통적인 오프라인 업종으로도 적용 범위를 확장하고 있는 추세이다. ▶ 2문단

(1)다이내믹 프라이싱의 일상 속 확산 과정에서 이에 대한 소비자의 인식과 수용도 역시 변화를 거듭하였고, 여러 논란과 우려에도 불구하고 소비자와 기업 모두에게 '윈윈'이라는 반응이 나타나고 있다. (2)소비자 입장에서는 가격 변동 추이를 추적 관찰한 뒤 최적가에 원하는 제품 및 서비스를 구매하는 등 합리적 소비가 가능하며, 기업 역시 시장 상황에 보다 민첩하게 대응함으로써 효율적인 수요 관리 및 매출의 극대화가 가능하기 때문이다. ▶ 3문단

(1)그러나 소비자의 이해와 신뢰가 배제된 채 기업이 일방적으로 다이내믹 프라이싱을 도입하는 것은 거센 반발을 야기할 수 있다. (2)최근 미국의 햄버거 체인점 ○○에서는 다이내믹 프라이싱 도입 계획을 발표하였으나 점심시간 등 수요가 몰릴 때 더 높은 가격을 적용하는 서지 프라이싱(일시적 가격 인상 정책) 정책이 아니냐며 소비자들에게 거센 반발을 샀고, 가뜩이나 물가 상승으로 힘든 가운데 여론이 급격히 악화되자 다이내믹 프라이싱 도입 계획을 철회하기도 하였다. ▶ 4문단

(1)특히 소비자가 다이내믹 프라이싱에 도입에 따른 혜택을 인지하지 못할 경우에는 오히려 가격 인상을 위한 꼼수로 인식되며 불필요한 오해를 유발할 수 있다. (2)또 소비자 입장에서 가격 인상폭이 비합리적으로 과다하다고 여겨질 경우에는 다이내믹 프라이싱은 기업의 가격 조작에 의한 비윤리적 폭리행위로 간주되어 결국 소비자의 외면을 받게 될 수 있다. ▶ 5문단

(1)소비자의 인식 개선 및 IT 기술의 발달 등 다이내믹 프라이싱의 보급 여건이 조성되면서 전 세계 많은 국가의 다양한 기업들은 이를 도입할 것으로 전망된다. (2)다만, 다이내믹 프라이싱은 소비자에 대한 혜택이 동반될 때 지속가능하다. (3)따라서 기업은 가격을 탄력적으로 책정하고 소비자에게 어떤 혜택이 돌아가는지에 대해 충분하고 명확히 소통함으로써 소비자와의 신뢰관계를 구축할 필요가 있다. (4)또 가격 인상 정보는 물론 인하 시기·범위·기준 등 모든 옵션을 명확하게 알려 다이내믹 프라이싱이 단순히 기업의 이익 증대를 위한 도구가 아니라 가격 혜택과 고객 경험 개선 등 소비자의 선택의 폭을 넓혀주는 유용한 정책임을 이해시켜야 한다. (5)또 가격 변동이 무작위적이거나 불공평하다고 인식될 경우 소비자는 이를 기만행위로 간주할 수 있다. (6)투명성과 공정성 원칙에 기반한 가격 책정 및 운영 기준 마련이 소비자 신뢰와 충성도 확보를 위한 핵심 요소이다. ▶ 6문단

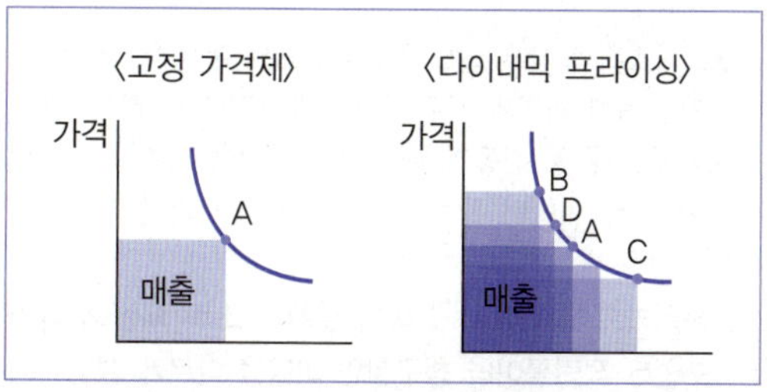

① A는 정가(fixed price)에 해당하고 B 및 C는 시가(market price)에 해당한다.
→ (O) 그래프를 보면 우하향하는 곡선은 기업이 선택가능한 가격과 x축의 조합을 나타냄을 알 수 있다. 그 중 A점은 매출을 극대화할 수 있는 단일한 가격점을 나타낸다고 볼 수 있다. 단일한 가격이란 고정된 가격 즉, 정가를 의미한다고 볼 수 있다. 반면 B, C, D는 x축에 따라 가격점이 변화하는 다이내믹 프라이싱에서 나타나는 복수 가격점을 나타낸다. 이는 실시간 수요와 공급은 물론 경쟁 상황, 소비자 행동 등 다양한 가변 요인에 따라 변화하는 것으로[1문단] 시가(market price)라고 볼 수 있다. 옳은 선지다.

② C의 사례로는 프로야구 입장권을 궂은 날씨를 고려해 지난 게임보다 2만 원 낮추어 판매한 경우가 있다.
→ (O) C는 어떠한 변수에 따라 가격이 낮아지는 경우를 말한다. 프로야구 입장권을 판매할 때, 날씨 등의 데이터를 고려해 가격을 책정하고, 비가 오는 등 날씨가 궂은 경우 야구장을 방문하는 사람의 수가 감소할 것이므로, 가격 할인을 통해 고객을 유인하려는 다이내믹 프라이싱의 전략의 하나로 볼 수 있다. 옳은 선지이다.

③ B의 사례로는 긴 연휴 기간 동안 항공권 가격이 평시에 비해 높아지는 경우가 있다.
→ (O) B는 어떠한 변수에 따라 가격이 매우 높아진 경우를 말한다. 긴 연휴에는 국내 및 해외여행을 가려는 사람들이 많고, 그 기간 동안에 항공사들은 일시적으로 항공권 가격을 높여 최대의 이익을 얻고자 하는데, 이 또한 다이내믹 프라이싱 전략의 하나이다. 옳은 선지다.

④ D와 같이 가격이 책정된 경우라도, 어떤 소비자에게는 그것이 가장 합리적인 선택이 될 수 있다.
→ (O) 소비자 입장에서는 가격 변동 추이를 추적 관찰한 뒤 최적가에 원하는 제품 및 서비스를 구매하는 등 합리적 소비가 가능하며, [3문단 (2)]에서 알 수 있는 내용이다. 옳은 선지다.

⑤ B와 C에서의 가격차이가 클수록 소비자들은 해당 기업의 정책을 폭리행위로 인식하고 납득하지 못하게 된다.
→ (X) 소비자 입장에서 가격 인상폭이 비합리적으로 과다하다고 여겨질 경우 비윤리적 폭리행위로 간주될 수 있으나[5문단(2)], 가격을 탄력적으로 책정함에 있어 소비자에게 어떤 혜택이 돌아가는지 충분하고 명확히 소통하고, 투명성과 공정성 원칙에 기반한 가격 책정 및 운영 기준이 마련된다면[6문단] 다이나믹 프라이싱은 지속될 수 있으므로 B와 C의 가격차이가 크다고 하여 소비자들이 항상 해당 기업의 정책을 폭리행위로 인식하고 납득하지 못하게 되는 것은 아니다. 무조건 가격의 차이가 크면 클수록 폭리행위로 인식하는 것이 아니라 소비자가 '비합리적'으로 인식하면 이를 폭리행위로 느끼는 것이다. 따라서 틀린 선지다.

합격자의 실전 풀이 순서

❶ 발문 확인하기
본 문제는 '윗글을 참고하여 아래의 그래프에 대해 이해한 내용으로 적절하지 않은 것은?' 형식이다. 글의 내용에 대한 이해를 바탕으로 지문에서 제시한 그래프를 이해할 수 있는지 묻고 있다.
이런 문제의 경우 지문에 대한 이해가 선행되어야 하기 때문에 지문부터 읽는 것이 타당하다. 또한 선지 옆에 X표를 하여 적절한 것을 정답으로 고르는 실수를 하지 않도록 한다.

❷ 지문부터 보기
일반적인 지문의 내용과 일치하는 것을 묻는 문제와 달리 지문에 대한 이해를 묻는 문제는 지문을 다 읽고 전반적인 내용을 이해한 후에 푸는 것이 효과적인 경우가 많다. 지문을 읽고 이해한 후에 그래프를 보고 이해를 적용해 푸는 것이 정도이며, 오히려 효율적인 방법이다.

합격자의 시간단축 Tip

Tip ❶ 선지 형태를 훑어본다.
지문의 일정 부분에 대한 이해를 묻는 문제는 지문에서 추론할 수 있는 것을 묻는 문제와 유사하거나, 지문 전체의 내용을 이해하고 있는지 묻는 문제인지 판단해야 한다.
전자인 경우 선지부터 읽으며 키워드를 찾아 발췌독하는 것이 효율적이고, 후자인 경우 지문 전체적인 내용을 읽고 밑줄 친 부분의 내용을 이해한 후에 선지를 판단하는 것이 효율적이기 때문이다.

해당 문제는 지문에 대한 이해를 바탕으로 그래프를 해석할 수 있는지 묻고 있기 때문에 지문에 대한 이해를 위해 지문 먼저 읽어야 함을 알 수 있다.

Tip ❷ 너무 많은 표시를 하지 않는다.

통독을 하되, 특징이나 비교 같은 주요 내용에 동그라미와 밑줄 등으로 표기를 하며 읽어 내려가는 것이 일반적이다. 하지만 너무 많은 표기를 한다면 오히려 정답 찾기에 방해가 될 수 있다. 그러므로 최대한 그 문단의 핵심 주요 소재나 단어에만 표시를 하도록 한다.

Tip ❸ 글을 구조화한다.

지문을 읽고 내려와서 선지를 본 후 바로 답을 구하면 좋으나, 선지를 본 후 다시 지문으로 올라가서 읽어야 하는 경우가 상당히 많다. 이를 대비해 처음에 지문을 읽을 때 글을 구조화하면서 읽는 것이 좋다. 구조화하면서 글을 읽었을 경우 선지의 정오를 어느 부분을 통해 확인할지 판단이 빨라지기 때문이다.

Tip ❹ 4개의 선지만을 판단하여 정답을 도출할 수 있다.

만약 본인이 판단하기 어려운 선지가 있거나 시간이 오래 걸릴 것 같은 선지가 있다면 넘어간 후 나머지 4개의 선지를 판단하면 된다. 넘어간 선지가 답이라면 4개의 정오를 판단하여 답을 도출할 수 있고, 넘어간 이후 답이 도출된다면 건너뛴 선지는 살펴보지 않고 답을 도출할 수 있다.

08 정답 ❹ 난이도 ●●○

의사소통능력_개념의 이해 및 활용

접근전략 1지문 2문제 유형의 경우 통상적으로 지문에서 발췌하는 문제 하나와, 심화된 내용 이해가 필요한 문제 하나로 이뤄진다. 특히 추가지문이 있는 경우 앞 지문에서 이해한 내용을 바탕으로 추가지문에 적용해야 하는 심화문제임을 인지한다.

다음은 '다이내믹 프라이싱'의 금융권 도입과 관련한 추가 자료이다. 이를 참고할 때 적절한 추론으로 볼 수 없는 것은?

> 다이내믹 프라이싱은 금융권, 특히 보험업에서 데이터 기반 리스크 측정을 통해 가입자별 맞춤 가격을 제시하는 방식이 적용되고 있다. 텔레매틱스를 이용하여 주행거리·운전 행태 등의 데이터를 가격에 반영하는 '자동차주행정보연동보험' 등이 대표적인 사례이다. 반면 은행·카드사 등은 가격 책정 시 고객의 신용도·소득과 같은 리스크를 기반으로 하는 '위험기반가격', 거래 이력과 같은 충성도를 기반으로 하는 '관계기반가격' 등 전통적 가격 책정 방식에 의존하고 있으며 동적 데이터 활용에는 상대적으로 소극적이다.

① 신용카드 회사에서 고객의 실시간 소비 패턴에 따라 포인트 적립률이나 청구할인 비율을 다르게 설정하는 것은 다이내믹 프라이싱을 적용한 전략이라고 볼 수 있다.

→ (O) 신용카드 회사에서는 같은 장소에서의 결제 또는 같은 상품의 결제라고 하더라도 고객의 실시간 소비 패턴(최근 2시간 내에 쇼핑 분야에서 소비가 증가함 등)에 따라 포인트 적립률이나 청구할인 비율을 다르게 설정할 수 있다. 이는 소비를 함에 있어 그 신용카드를 추가적으로 사용하게끔 하는 유인책이 될 수 있기 때문이다. 결국 할인율을 다르게 적용해주는 것과 같다. 옳은 선지다.

② 은행권에서는 앱 또는 웨어러블 기기와 연동하여 건강 노력 정도에 따라 적금의 금리를 변동시키는 '건강증진형 적금' 등을 통해 다이내믹 프라이싱을 활용할 수 있다.

→ (O) 이는 실시간 수요와 공급은 물론 경쟁 상황, 소비자 행동 등 다양한 가변 요인을 고려하여 가격을 탄력적으로 책정하는 동적 가격제로, 국내에서는 '탄력가격제', '가변가격제', '가격변동제' 등 다양한 용어로 사용되고 있다. [1문단 (2)]에서 소비자 행동에 따라 가격을 탄력적으로 책정하는 것을 다이내믹 프라이싱의 특징으로 설명한다. 건강 노력 정도에 따라 금리를 변동시키는 것 역시 다이내믹 프라이싱의 활용이라고 볼 수 있다. 옳은 선지다.

③ 다이내믹 프라이싱이 적용된 보험상품의 경우, 고객과의 신뢰관계 구축을 위해서는 보험료 산출의 기준을 공개하고 산출 근거를 명확하게 설명하여야 할 필요가 있다.

→ (O) 기업은 가격을 탄력적으로 책정하고 소비자에게 어떤 혜택이 돌아가는지에 대해 충분하고 명확히 소통함으로써 소비자와의 신뢰관계를 구축할 필요가 있다[6문단 (3)]. 또 가격 인상 정보는 물론 인하 시기·범위·기준 등 모든 옵션을 명확하게 알려 다이내믹 프라이싱이 단순히 기업의 이익 증대를 위한 도구가 아니라 가격 혜택과 고객 경험 개선 등 소비자의 선택의 폭을 넓혀주는 유용한 정책임을 이해시켜야 한다. [6문단 (4)]를 통해 알 수 있는 내용이다. 옳은 선지다.

④ 은행고객의 계좌 평균잔고나 신용등급에 따라 이체 수수료를 다르게 적용하는 것은 은행권에서 보다 혁신적인 방법으로 동적 데이터를 활용할 수 있는 방안이 될 것이다.

→ (×) 은행고객의 계좌 평균잔고나 신용등급에 따라 이체 수수료를 다르게 적용하는 것은 추가자료의 고객의 신용도와 같은 리스크를 기반으로 하는 '위험기반가격', 거래 이력과 같은 충성도를 기반으로 하는 '관계기반가격'에 해당한다. 자료에서는 이를 전통적 가격 책정 방식으로 규정하고 있다. 동적 데이터 활용에는 상대적으로 소극적이라고 제시하고 있으므로 동적 데이터를 활용할 수 있는 방안이 될 것이라 하는 내용은 틀린 선지다.

⑤ 금융권에서 동적 데이터를 이용한 다이내믹 프라이싱을 적용한 금융상품을 출시하는 경우, 숨겨진 수수료나 이율·금리 등의 급변동 등을 방지할 수 있는 시스템이 마련되어야 할 것이다.

→ (○) 가격 변동이 무작위적이거나 불공평하다고 인식될 경우 소비자는 이를 기만행위로 간주할 수 있다[6문단 (5)]. 투명성과 공정성 원칙에 기반한 가격 책정 및 운영 기준 마련이 소비자 신뢰와 충성도 확보를 위한 핵심 요소이다. [6문단 (6)]을 통해 알 수 있는 내용이다. 옳은 선지다.

합격자의 실전 풀이 순서

❶ 발문 확인하기

본 문제는 '다음은 '다이내믹 프라이싱'의 금융권 도입과 관련한 추가 자료이다. 자료들을 참고할 때 적절한 추론으로 볼 수 없는 것은?' 형식이다. 앞 문제와 연계되는 문제이므로 앞 지문의 내용과 해당 문제의 지문을 적절히 섞어 이해하는 문제임을 확인한다. 또한 적절한 것을 정답으로 고르는 실수를 하지 않도록 선지 옆에 X표를 한다.

❷ 지문부터 보기

해당 문제의 지문이 추가로 제시되어 있고, 앞 지문에서 이해한 내용을 바탕으로 추가 지문을 이해했는지 묻고 있다. 그렇다면 다이내믹 프라이싱에 대해 이해한 기본 정보를 바탕으로 추가지문을 이해해야 한다. 따라서 추가지문부터 본다.

합격자의 시간단축 Tip

Tip ❶ 답이 나오면 넘어가기

이와 같은 문제의 경우 중간에 답이 나왔다면 넘어가는 것이 좋다. 좀 더 확실하게 하기 위해 남은 선지의 정오도 판단하려고 한다면 시간이 더 걸릴 수 있다. 일례로 이후 선지를 판단하는 과정에서 옳지 않은 선지라 생각되는 것이 또 나온다면 어디에서 실수를 했는지 확인하는 과정을 또 거쳐야 한다. 이 경우 시간적으로도, 심리적으로도 좋지 않기 때문에 자신이 했던 판단을 믿고 정답 선지를 찾았다면 다음 문제로 넘어갈 수 있어야 한다.

Tip ❷ 4개의 선지만을 판단하여 정답을 도출할 수 있다.

만약 본인이 판단하기 어려운 선지가 있거나 시간이 오래 걸릴 것 같은 선지가 있다면 넘어간 후 나머지 4개의 선지를 판단하면 된다. 넘어간 선지가 답이라면 4개의 정오를 판단하여 답을 도출할 수 있고, 넘어간 이후 답이 도출된다면 건너뛴 선지는 살펴보지 않고 답을 도출할 수 있다.

09 정답 ②

난이도 ●●○

의사소통능력_논리적 추론

접근전략 지문의 일정 부분에 대한 이해를 묻는 문제는 지문에서 추론할 수 있는 것을 묻는 문제와 유사하거나, 지문 전체의 내용을 이해하고 있는지 묻는 문제와 유사하다. 둘 중 어떤 유형인지를 판단하고 전자인 경우 선지부터 읽으며 키워드를 찾아 발췌독하는 것이 효율적이고, 후자인 경우 지문 전체적인 내용을 읽고 밑줄 친 부분의 내용을 이해한 후에 선지를 판단하는 것이 효율적이다.

다음 글을 바탕으로 밑줄 친 ㉠~㉤에 대해 이해한 내용으로 적절하지 않은 것은?

(1)창업을 하려는 기업가가 유망한 사업계획이나 아이디어를 가지고 있더라도 이를 실제 사업화하는데 필요한 자금을 조달하는 것은 쉽지 않다. (2)정책적으로 혁신창업 생태계 조성 및 청년 일자리 창출을 위해 초기기업에 대한 투자 및 자금 지원 등 다각적인 대책을 강구하고 있으나, ㉠ <u>초기기업의 자금조달 수단은 제한적이다</u>. ▶ 1문단

(1)이때 크라우드펀딩은 주로 수익실현 이전 단계의 초기기업이 고려할 수 있는 자금조달 방안이다. (2)크라우드펀딩이란 군중 또는 다수를 뜻하는 영어 crowd와 자금 조달을 뜻하는 funding을 조합한 용어로, 창의적 기업가를 비롯한 자금 수요자가 인터넷 등의 온라인상에서 자금모집을 중개하는 자를 통하여 ㉡ <u>불특정 다수의 소액투자자로부터 자금을 조달하는 행위</u>를 의미한다. (3)금융 중개기관(은행 등)을 통하는 간접금융과 달리, 온라인을 통해 연결된 자금 수요자들이 직접 자금을 조달하는 직접금융의 한 형태로 볼 수 있다. ▶ 2문단

(1)IT 기술의 발전으로 인터넷·SNS가 보편화됨에 따라 온라인에서 자금수요자와 자금공급자 간 능동적인 양방향 의사소통이 가능한 환경이 조성되었고, 창업기업·신제품 등에 대해 집단지성을 바탕으로 성공 가능성을 평가하고, 일반 대중들이 십시일반으로 소액의 자금을 제공하는 크라우드펀딩은 세계적인 현상으로 자리 잡았다. (2)크라우드펀딩은 담보력 부족, 취약한 자본시장 접근성 등으로 인해 은행 대출 또는 직접금융시장에서 증권발행을 통한 자금조달이 어려운 금융소외계층에 대하여 대안적인 자금조달 인프라로 기능할 수 있으며, 자금수요자는 자금 조달 외 ㉢ 부수적인 효과도 기대할 수 있게 되었다.

▶ 3문단

(1)현대적 의미의 크라우드펀딩은 1997년 매릴리언이라는 영국 록밴드의 미국 순회공연을 돕기 위해 팬들이 인터넷을 통해 6만 달러 이상을 모금하여 후원한 것을 원조로 들고 있다. (2)인터넷의 등장 이전에도 예술가들이 후원금을 받고 악보나 연주회의 입장권을 제공하거나, 일반대중이 십시일반 모금한 금액으로 자유의 여신상을 세운 사실이 있으므로 이를 크라우드펀딩의 사례로 설명하기도 한다. (3)그러나 오늘날 ㉣ 현대적 의미의 크라우드펀딩은 온라인상에서 크라우드펀딩 중개업체가 운영하는 플랫폼을 통하여 이루어지는 것이 주요 특징이라는 점에서 과거의 개념보다는 다소 좁은 의미로 통용되고 있다.

▶ 4문단

(1)크라우드펀딩은 자금모집 및 보상방식에 따라 통상 기부·후원형, 대출형, 증권형(투자형)으로 구분된다. (2)기부형은 자금공급자가 경제적 보상 없이 무상으로 자금을 제공하는 경우로 주로 문화·예술·복지 분야에서 이루어진다. 후원형은 기부형과 유사하나 주로 ㉤ 자금모집 목적과 직접적인 연관성이 있는 비금전적 혜택을 자금공급자에게 보상으로 제공하는 경우이다. (3)대출형은 자금 공급에 대한 반대급부인 이자를 제공받는 경우로, 주로 은행과 같은 제도권 금융회사의 이용이 쉽지 않은 개인 또는 사업자 등이 자금을 조달하는 경우이다. (4)증권형(투자형)은 자금 공급에 대한 반대급부인 주식 등 증권을 수취하고 사업으로부터 발생하는 이익을 배분받는 경우로, 주로 창업 초기단계의 기업이 자금 수요자가 된다.

▶ 5문단

① ㉠: 담보자산이 부족하고 자본시장 접근이 어렵기 때문이다.

➜ (○) 크라우드펀딩은 담보력 부족, 취약한 자본시장 접근성 등으로 인해 은행 대출 또는 직접금융시장에서 증권발행을 통한 자금조달이 어려운 금융소외계층에 대하여 대안적인 자금조달 인프라로 기능할 수 있으며, 자금수요자는 자금 조달 외 부수적인 효과도 기대할 수 있게 되었다. [3문단 (2)]에서 초기기업은 담보자산이 부족하고 취약한 자본시장 접근성 등으로 자금조달 수단이 제한적임을 유추할 수 있다. 옳은 선지다.

② ㉡: 투자자들은 저위험·고수익 투자 시장에의 접근을 통해 투자 수요를 충족할 수 있다.

➜ (×) 투자자들이 저위험·고수익 투자 시장에 접근한다는 내용을 지문에서 찾을 수 없다. 크라우드펀딩 시장의 위험도와 수익성을 지문의 내용만으로는 알 수 없다. 틀린 선지다.

③ ㉢: 온라인 노출로 인한 인지도 제고, 제품·서비스 등에 대한 소비자와의 능동적 의사소통 기회 확보 등을 기대할 수 있을 것이다.

➜ (○) IT 기술의 발전으로 인터넷·SNS가 보편화됨에 따라 온라인에서 자금수요자와 자금공급자 간 능동적인 양방향 의사소통이 가능한 환경이 조성되었고, 창업기업·신제품 등에 대해 집단지성을 바탕으로 성공 가능성을 평가하고, 일반 대중들이 십시일반으로 소액의 자금을 제공하는 크라우드펀딩은 세계적인 현상으로 자리잡았다. [3문단 (3)]에서 알 수 있는 내용이다. 옳은 선지다.

④ ㉣: 과거와 그 기능에 있어 유사성이 높은 사례에 비해 온라인 플랫폼을 통한 자금조달이 강조된다.

➜ (○) 4문단 전반의 내용을 통해 알 수 있는 사실이다. 인터넷 등장 이전에도 예술가들이 후원금을 받은 사실이 있고, 이것은 크라우드펀딩의 사례로 설명되기도 한다. 그러나 오늘날 현대적 의미의 크라우드펀딩은 온라인 플랫폼을 이용하는 것이 주요 특징이고 과거의 개념보다 좁은 의미로 통용된다. 따라서 옳은 선지다.

⑤ ㉤: 자금수요기업에서 자금공급을 받아 개발한 시제품을 제공하는 등의 혜택이 이에 속할 것이다.

➜ (○) 자금수요기업에서 '자금공급을 받아 개발한 시제품을 제공'하는 것은 자금모집 목적과 직접적인 연관이 있을 뿐만 아니라 비금전적 혜택에 해당하므로 적절한 사례가 될 수 있다. 옳은 선지다.

합격자의 실전 풀이 순서

❶ 발문 확인하기

본 문제는 '밑줄 친 ㉠~㉤에 대해 이해한 내용으로 적절하지 않은 것은?' 형식이다. 밑줄 친 내용이 무엇인지 확인해야 하므로 밑줄 친 부분들을 읽고, 이것이 지문 전체의 이해를 요구하는 것이면 지문부터 읽는다. 각 부분들의 정오판단을 요구하는 것이면 선지부터 읽고 키워드를 찾아 지문에서 찾는다.
해당 문제의 경우 밑줄들이 지문 전체의 이해를 요구하는 내용이므로 지문부터 천천히 읽어가며 밑줄들을 이해하고 정오를 판단한다. 또한 적절하지 않은 것을 찾으라 했으므로 선지 옆에 X표를 하여 문제를 푸는 중 적절한 것을 정답으로 하는 실수를 하지 않도록 한다.

❷ 지문부터 보기
일반적인 지문의 내용과 일치하는 것을 묻는 문제와 달리 지문에 대한 이해를 묻는 문제는 지문을 다 읽고 전반적인 내용을 이해한 후에 푸는 것이 효과적인 경우가 많다. 밑줄 친 부분까지 읽은 후에 선지를 보고 해결이 어려운 경우 밑줄의 뒷 부분까지 읽고 푸는 것이 효과적이다.

합격자의 시간단축 Tip

Tip ❶ 선지 형태를 훑어본다.
지문의 일정 부분에 대한 이해를 묻는 문제는 지문에서 추론할 수 있는 것을 묻는 문제와 유사한 것인지, 또는 지문 전체의 내용을 이해하고 있는가를 묻는 문제인지 판단해야 한다.
전자인 경우 선지부터 읽으며 키워드를 찾아 발췌독하는 것이 효율적이고, 후자인 경우 지문 전체적인 내용을 읽고 밑줄 친 부분의 내용을 이해한 후에 선지를 판단하는 것이 효율적이기 때문이다.
이런 경우 선지를 훑어 보는 것이 판단에 도움을 줄 수 있다. 해당 문제의 경우 모든 선지가 밑줄친 부분에 대한 이해를 묻는 형태를 가진다. 그렇다면 지문에 흩어져 있는 단서의 정오를 판단하는 문제가 아니라 밑줄 친 부분의 내용을 이해하여 해결하는 문제임을 알 수 있다. 따라서 이를 인지했다면 빠르게 지문부터 읽을 수 있다.

Tip ❷ 너무 많은 표시를 하지 않는다.
통독을 하되, 특징이나 비교 같은 주요 내용에 동그라미와 밑줄 등으로 표기를 하며 읽어 내려가는 것이 일반적이다. 하지만 너무 많은 표기를 한다면 오히려 정답 찾기에 방해가 될 수 있다. 그러므로 최대한 그 문단의 핵심 주요 소재나 단어에만 표시를 하도록 한다.

Tip ❸ 답이 나오면 넘어가기
이와 같은 문제의 경우 중간에 답이 나왔다면 넘어가는 것이 좋다. 좀 더 확실하게 하기 위해 남은 선지의 정오도 판단하려고 한다면 시간이 더 걸릴 수 있다. 일례로 이후 선지를 판단하는 과정에서 적절하지 않은 선지라 생각되는 것이 또 나온다면 어디에서 실수를 했는지 확인하는 과정을 또 거쳐야 한다. 이 경우 시간적으로도, 심리적으로도 좋지 않기 때문에 자신이 했던 판단을 믿고 정답 선지를 찾았다면 다음 문제로 넘어갈 수 있어야 한다.

Tip ❹ 4개의 선지만을 판단하여 정답을 도출할 수 있다.
만약 본인이 판단하기 어려운 선지가 있거나 시간이 오래 걸릴 것 같은 선지가 있다면 넘어간 후 나머지 4개의 선지를 판단하면 된다. 넘어간 선지가 답이라면 4개의 정오를 판단하여 답을 도출할 수 있고, 넘어간 이후 답이 도출된다면 건너뛴 선지는 살펴보지 않고 답을 도출할 수 있다.

Tip ❺ 알 수 없는 것이 나올 가능성을 생각한다.
지문 내용을 바탕으로 밑줄 친 내용을 이해한 것으로 적절한 것인지 판단하는 문제이다. 그렇다면 밑줄 친 내용을 잘못 이해한 것은 오답임이 자명하다. 글에서 알 수 없는 것도 적절하지 않은 내용인가? 그렇다. 알 수 없는 것 역시 글의 내용을 올바르게 이해했다고 볼 수 없다. 나아가, 과도하게 지문 범위 밖의 사실을 유추하려는 태도도 지양해야 한다. 선지의 내용이 글에서 알 수 없는 내용임에도 불구하고 무조건 찾으려 들 생각을 버리자. 다른 선지들은 글에서 근거를 찾을 수 있는데, 도저히 글에서 근거를 찾을 수 없는 선지가 정답이 될 수 있다.

10 정답 ❷ 난이도 ●●○
수리능력_응용수리_농도

간단풀이

추가해야 하는 물의 양을 xg이라 하면
(농도 6% 소금물 200g에 녹아있는 소금의 양)+(농도 10% 소금물 400g에 녹아있는 소금의 양)=(농도 5% 소금물 $(600+x)$g에 녹아있는 소금의 양)이므로

$$200\times\frac{6}{100}+400\times\frac{10}{100}=(600+x)\times\frac{5}{100}$$

$$1,200+4,000=5(600+x)$$

$$600+x=\frac{5,200}{5}=1,040$$

$$\therefore x=1,400-600=440$$

따라서 추가해야 하는 물의 양은 440g이다.

상세풀이

이 문제는 추가하는 물의 양을 미지수로 놓고 각 소금물에 녹아있는 소금의 양을 기준으로 식을 세워서 해결할 수 있다.

(농도 6%인 소금물 200g에 녹아있는 소금의 양)

$=200\times\frac{6}{100}=12(\text{g})$

(농도 10%인 소금물 400g에 녹아있는 소금의 양)

$=400\times\frac{10}{100}=40(\text{g})$

추가하는 물의 양을 xg이라 하면 물 xg을 추가한 소금물의 양은

$200+400+x=600+x(\text{g})$이다.

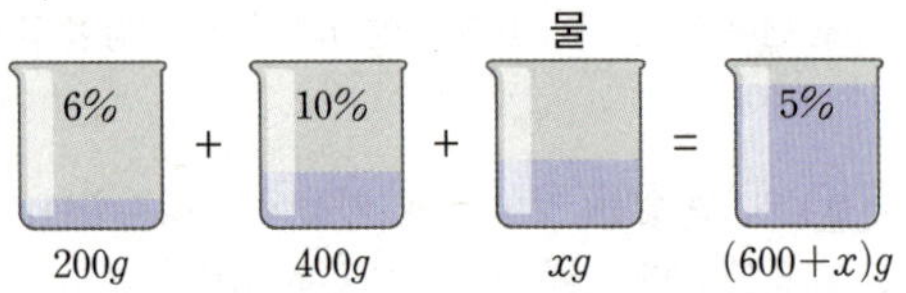

따라서 (농도 5%인 소금물 $(600+x)$g에 녹아있는 소금의 양)$=(600+x)\times\frac{5}{100}(\text{g})$이다.

(6%인 소금물 200g에 녹아있는 소금의 양)+(10%인 소금물 400g에 녹아있는 소금의 양)
=(5%인 소금물 $(600+x)$g에 녹아있는 소금의 양)이므로

$200\times\frac{6}{100}+400\times\frac{10}{100}=(600+x)\times\frac{5}{100}$

$12+40=(600+x)\times\frac{1}{20}$

$600+x=52\times20=1{,}040$

$\therefore x=1{,}040-600=440$

따라서 추가해야 하는 물의 양은 440g이다.

11 정답 ② 난이도 ●●●

수리능력_응용수리_일률

간단풀이

전체 업무의 양을 1이라 하고 (A의 일률)$=a$, (B의 일률)$=b$, (C의 일률)$=c$라 하면

A와 B가 함께 프로젝트를 진행하여 끝내는 데 8일 걸리므로

$8(a+b)=1$ …… ㉠

(A가 혼자 3일간 진행한 업무의 양)+(A와 C가 함께 3일간 진행한 업무의 양)=1이므로

$3a+3(a+c)=1$

$6a+3c=1$ …… ㉡

(A와 C가 함께 2일간 진행한 업무의 양)+(B 혼자 12일간 진행한 업무의 양)=1이므로

$2(a+c)+12b=1$

$2a+12b+2c=1$ …… ㉢

㉠ ~ ㉢을 연립하여 풀면

$$\begin{cases}8a+8b=1\\6a+3c=1\\2a+12b+2c=1\end{cases}$$

㉠에서 $8b=1-8a$, $b=\frac{1}{8}-a$

㉡에서 $3c=1-6a$, $c=\frac{1}{3}-2a$

이것을 ㉢에 대입하면

$2a+12\times\left(\frac{1}{8}-a\right)+2\times\left(\frac{1}{3}-2a\right)=1$

$2a+\frac{3}{2}-12a+\frac{2}{3}-4a=1$

$\frac{13}{6}-14a=1$

$14a=\frac{7}{6}$ $\quad\therefore a=\frac{1}{12}$

따라서 A 혼자 프로젝트를 끝마치는 데 걸리는 기간은 12일이다.

다른풀이

A, B, C가 하루에 하는 업무의 양을 각각 a, b, c라 두면 A와 B가 함께 업무를 끝내는 데 8일 걸렸으므로

(전체 업무량)$=8(a+b)$

(A가 혼자 3일간 진행한 업무의 양)+(A와 C가 함께 3일간 진행한 업무의 양)=(전체 업무량)이므로

$3a+3(a+c)=8(a+b)$

$2a+8b=3c$ …… ㉠

(A와 C가 함께 2일간 진행한 업무의 양)+(B 혼자 12일간 진행한 업무의 양)=(전체 업무량)이므로

$2(a+c)+12b=8(a+b)$

$3a-2b=c$ …… ㉡

㉠, ㉡을 연립하여 풀면

$$\begin{cases}2a+8b=3c\\3a-2b=c\end{cases}$$

$$\begin{cases}2a+8b=3c\\9a-6b=3c\end{cases}$$

$7a=14b$ $\quad\therefore a=2b$

따라서 전체 업무의 양은

$8(a+b)=8a+8b=8a+4a=12a$

따라서 전체 업무를 A 혼자 끝마치는 데 걸리는 기간은 12일이다.

상세풀이

이 문제는 전체 업무의 양을 1이라 하고 A, B, C 각각의 하루에 할 수 있는 업무량, 즉 일률을 미지수로 놓고 조건에 맞는 식을 구하여 풀 수 있다.

(A의 일률)$=a$, (B의 일률)$=b$, (C의 일률)$=c$라 하자.

A와 B가 함께 프로젝트를 진행하여 끝내는 데 8일 걸렸으므로

$8(a+b)=1$ …… ㉠

(A가 혼자 3일간 진행한 업무의 양)+(A와 C가 함께 3일간 진행한 업무의 양)=1이므로

$3a+3(a+c)=1$

$6a+3c=1$ …… ㉡

(A와 C가 함께 2일간 진행한 업무의 양)+(B 혼자 12일간 진행한 업무의 양)=1이므로

$2(a+c)+12b=1$

$2a+12b+2c=1$ …… ㉢

㉠~㉢을 연립하여 풀어보자.

$$\begin{cases} 8a+8b=1 \\ 6a+3c=1 \\ 2a+12b+2c=1 \end{cases}$$

㉠, ㉡에서 b, c를 각각 a에 관한 식으로 정리하여 ㉢에 대입하면 a를 구할 수 있다.

㉠에서 $8b=1-8a$, $b=\frac{1}{8}-a$

㉡에서 $3c=1-6a$, $c=\frac{1}{3}-2a$

이것을 ㉢에 대입하면

$$2a+12\times\left(\frac{1}{8}-a\right)+2\times\left(\frac{1}{3}-2a\right)=1$$

$$2a+\frac{3}{2}-12a+\frac{2}{3}-4a=1$$

$$\frac{13}{6}-14a=1$$

$$14a=\frac{7}{6} \quad \therefore a=\frac{1}{12}$$

따라서 A 혼자 프로젝트를 끝마치는 데 걸리는 기간은 12일이다.

12 정답 ②

난이도 ●●○

수리능력_금융수리_원리합계

간단풀이

연이율 10%의 복리 이자가 붙는 금융상품에 2025년 초부터 매년 초 2,000만 원씩 납입하여 23번째 납입 후 1년을 더 기다린 2047년 말에 찾을 수 있는 원리금은

$$\frac{2{,}000\times1.1\times(1.1^{23}-1)}{1.1-1}=\frac{2{,}000\times8.8}{0.1}$$

=176,000(만 원), 즉 17억 6,000만 원이다.

상세풀이

A사원이 2025년 초부터 매년 초에 2,000만 원씩 연이율 10%인 복리 금융상품에 투자하므로 23번째 납입 후 1년을 더 기다린 2047년 말의 원리금 합계를 그림으로 나타내면 아래와 같다.

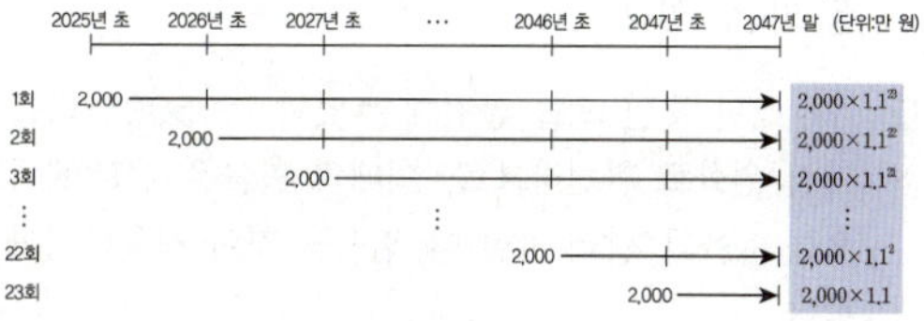

연이율 10%로 2025년 초부터 매년 초 2,000만 원씩 23년간 납입하여 2047년 말 찾을 수 있는 원리금은

$$\frac{2{,}000\times1.1\times(1.1^{23}-1)}{1.1-1}=\frac{2{,}000\times8.8}{0.1}$$

=176,000(만 원)=17억 6,000만 원이다.

13 정답 ②

난이도 ●●○

수리능력_금융수리_환율 및 실용계산

간단풀이

- 2년 전
  - '달러 사실 때' 환율: 1,120원/달러
  - 1,400만 원을 달러로 환전:
    $\frac{14{,}000{,}000}{1{,}120}$=12,500(달러)
- 오늘
  - '달러 파실 때' 환율: 1,360원/달러
  - 12,500달러를 원화로 환전:
    12,500×1,360=17,000,000(원)
    =1,700(만 원)
    (오늘 환전한 원화)>(2년 전 보유 한화) → 이익 발생

  ∴ 이익금 : 1,700만 원 − 1,400만 원=300(만 원)

CHAPTER 4 실전모의고사 4회

상세풀이

해당 문제는 원화 → 달러 환전 시 '달러 사실 때' 환율이 적용되고, 달러 → 원화 환전 시 '달러 파실 때' 환율이 적용된다는 사실에 유의하며 계산해야 한다.

A가 환전을 통해 얼마의 이익 또는 손해를 보았는지 구하는 것이 목적이므로, 2년 전 환전해 두었던 달러와, 2년 후인 오늘 그 달러를 다시 원화로 환전한 금액을 구하여 2년 전 보유금인 1,400만 원과의 차이를 계산하면 된다.

① A는 2년 전에 원화 1,400만 원을 달러로 환전했으므로, 이때의 환율은 〈표〉에서 2년 전 환전했던 환율의 '달러 사실 때' 환율을 찾아 적용하여야 한다.
이때의 환율은 1,120원/달러이므로 1,400만 원은
$\frac{14,000,000}{1,120}=12,500$(달러)로 환전된다.
따라서 A는 2년 전에 12,500달러를 환전해 두었음을 알 수 있다.

② A는 2년 후인 오늘 환전해 두었던 12,500달러를 다시 원화로 환전하므로, 이때의 환율은 〈표〉에서 오늘 환율의 '달러 파실 때' 환율을 찾아 적용하여야 한다.
오늘의 환율은 1,360원/달러이므로 12,500달러는 $12,500 \times 1,360=17,000,000$(원)으로 환전된다.
따라서 A는 오늘 보유했던 달러를 다시 17,000,000원(1,700만 원)으로 환전했음을 알 수 있다.

③ 2년 전 보유했던 원화보다 오늘 환전한 원화가 더 많으므로 이익이 발생했음을 확인할 수 있다. 이때 이익금은 1,700만 원−1,400만 원=300(만 원)이다.

합격자의 시간단축 Tip

2년 전 '달러 사실 때' 환율과 오늘 '달러 파실 때' 환율을 비교해 보면 오늘 '달러 파실 때' 환율이 더 높은 것을 확인할 수 있다. 따라서 이익이 발생할 것을 유추한 후 손해라고 적힌 선지 ①, ③을 소거할 수 있다.

구분	달러 사실 때	달러 파실 때
2년 전 환전했던 환율	1,120원/달러	1,090원/달러
오늘 환율	1,390원/달러	1,360원/달러

14 정답 ② 난이도 ●●●

수리능력_자료해석_자료에 대한 진위 판단(계산 필요)

ㄱ. (○) 2024년 12월 자금사정 BSI는 전월 대비 3p 하락했다.
➜ 제시된 기간평균을 고려하여 2024년 12월의 자금사정 BSI를 구할 수 있다. 2024년 8월부터 2024년 12월까지의 평균치가 기간평균이므로, 기간평균에 5를 곱한 값이 2024년 8월부터 2024년 12월까지 자금사정을 합한 값과 같아야 한다.
$80.6 \times 5=403$이고, $81+80+83+81=325$이므로 2024년 12월의 자금사정은 $403-325=78$임을 알 수 있다. 따라서 2024년 11월 자금사정인 81에 비해 3p 하락했으므로 옳은 선지이다.

ㄴ. (×) 2024년 9월에 채산성이 악화되었다고 응답한 업체의 수는 전월과 동일하다.
➜ 채산성의 BSI는 '호전' 응답업체 구성비(%)−'악화' 응답업체 구성비(%)+100이며, 2024년 8월 및 2024년 9월의 채산성의 BSI는 79p이다. 즉, '호전' 응답업체 구성비(%)−'악화' 응답업체 구성비(%)=−21이고, '호전' 응답업체 구성비(%)+'악화' 응답업체 구성비(%)=100이므로 '호전' 응답업체 구성비(%)와 '악화' 응답업체의 구성비(%)는 8월과 9월이 각각 같은 값을 가질 것이다. 다만, 이는 '구성비'가 같다는 의미이며, 전체값인 각 조사 기간의 조사대상업체 수를 알 수 없기 때문에 채산성이 악화되었다고 응답한 업체의 수는 알 수 없다. 따라서 틀린 선지이다.

ㄷ. (○) 제시된 기간 동안 원자재구입가격이 상승했다고 응답한 업체 수는 하락했다고 응답한 업체 수보다 항상 많다.
➜ 원자재구입가격의 BSI는 '상승' 응답업체 구성비(%)−'하락' 응답업체 구성비(%)+100이므로 '상승' 응답업체가 '하락' 응답업체보다 많으면 '상승' 응답업체 구성비(%)−'하락' 응답업체 구성비(%)가 양수가 되어 원자재구입가격의 BSI가 100보다 클 것이다. 제시된 자료에서 2024년 8월부터 2024년 12월까지 원자재구입가격의 BSI가 항상 100보다 크므로 해당 기간 동안 '상승' 응답업체가 '하락' 응답업체보다 항상 많았음을 알 수 있다.

ㄹ. (×) 2024년 10월에 제품판매가격이 하락했다고 응답한 업체의 구성비는 48%이다.
➜ 2024년 10월의 제품판매가격 BSI는 92이다. 이는 '상승' 응답업체 구성비(%)−'하락' 응답업체 구성비(%)+100=92임을 의미하고, '상승' 응답업

체 구성비(%)－'하락' 응답업체 구성비(%)＝－8임을 알 수 있다. 조사기간별 조사대상업체 중 무응답 업체는 없고, 제품판매가격에 대해 모든 업체는 상승 또는 하락으로 응답하였으므로, '상승'에 응답한 업체의 구성비(%)를 x라고 하고 '하락' 응답한 업체의 구성비(%)를 y라고 하면 $x+y=100$이 성립한다. 또한, 위에서 정리한 바와 같이 $x-y=-8$이 성립하므로 두 식을 연립하면, $x=46$, $y=54$임을 알 수 있다. 따라서 '상승' 응답업체 구성비(%)는 46, '하락' 응답업체 구성비(%)는 54이므로 틀린 선지이다.

합격자의 실전 풀이 순서

❶ 채산성, 원자재구입가격, 기간평균 등의 수치에 대한 계산방식을 파악한다.

❷ 계산이 필요 없는 보기인 ㄴ, ㄷ부터 해결한다.

합격자의 시간단축 Tip

Tip 보기별 시간단축 전략

보기 ㄱ.

[방법 1] 2024년 12월의 자금사정 BSI를 구하기 위해 기간평균×5－(2024년 8월부터 11월까지 자금사정 총합)을 하지 않아도 된다. 해당 기간 동안 평균과 해당 수치의 차이, 즉 편차의 합이 0이 되면 된다. 8월의 경우 자금사정이 평균보다 +0.4, 9월은 －0.6, 10월은 +2.4, 11월은 +0.4이고 이를 합하면 2.6이므로 12월의 자금사정은 평균보다 －2.6인 78임을 쉽게 구할 수 있다.

[방법 2] 소수점 계산이 복잡하다면 소수점을 따로 계산해도 된다. 가평균을 80으로 잡고, 편차를 구하면 +5다. 여기서 떼어놨던 0.6을 처리해준다. 0.6×5=3이다. 80을 가평균으로 잡고 계산해서 +5의 편차가 있는 것인데, 사실상 3만큼의 값이 추가로 있는 것이므로 실제 편차는 +2다. 따라서 편차의 합이 0이 되기 위해서는 －2만큼의 편차가 필요하므로 80－2=78이 2024년 12월의 값에 해당한다. 이 문제에서는 방법 1)처럼 소수점을 함께 계산해도 무방하지만, 소수점 계산이 복잡한 경우는 깔끔한 수를 가평균으로 활용한다면 시간을 훨씬 단축할 수 있으므로 연습해 두도록 하자.

보기 ㄴ. '호전' 응답업체 구성비(%)－'악화' 응답업체 구성비(%)＝－21임을 계산하지 않더라도 '구성비'를 통해 응답업체 수를 직접적으로 구할 수 없다는 것은 쉽게 알 수 있으므로 틀린 선지임을 바로 확인할 수 있다.

보기 ㄹ. $x+y=100$, $x-y=-8$의 연립방정식을 별도로 풀 필요 없이, 선지에서 주어진 수치를 대입해서 비교해볼 수 있다. 제품판매가격이 하락했다고 응답한 업체의 구성비가 48%라면, 상승했다고 응답한 업체의 구성비는 100－48=52(%)이다. '상승' 응답업체 구성비(%)－'하락' 응답업체 구성비(%)+100=104가 되어 2024년 10월의 제품판매가격 BSI인 92와 부합하지 않음을 알 수 있다.

또는 이러한 계산 없이도 제품판매가격이 하락했다고 응답한 업체의 구성비가 전체의 절반 미만인 48%라면, '상승' 응답업체 구성비(%)가 '하락' 응답업체 구성비(%)보다 크므로 BSI값이 100 이상이 되어야함을 알 수 있다. 2024년 10월의 제품판매가격 BSI는 92로 100 미만이므로 틀린 보기임을 알 수 있다.

15 정답 ❶ 난이도 ●●●

수리능력_자료해석_자료에 대한 진위 판단(계산 필요)

ㄱ. (○) 2024년 학생모집 정지인원은 7만 명 미만이다.

➜ 2024년에 학생모집 정지인원은 〈자료 2〉의 재학생 충원률을 통해 구할 수 있다.

〈자료 2〉의 각주에 따라 재학생충원률＝

$$\frac{\text{해당 연도 재학생 수}}{(\text{편제정원}-\text{학생모집 정지인원})}\times 100\text{이 성립한다.}$$

식을 학생모집 정지인원에 대해 다시 정리하면

학생모집 정지인원＝편제정원－

$$\left(\frac{\text{해당 연도 재학생 수}}{\text{재학생충원률}}\times 100\right)\text{이 성립한다.}$$

2024년에 재학생충원률은 110%, 재학생 수는 1,373,900명이다.

편제정원은 해당 연도를 포함하여 최근 4년 동안의 입학정원을 합한 인원이므로 2024년의 편제인원은 2021년, 2022년, 2023년, 2024년의 입학정원의 합이고, 그 값은 326,600+327,000+331,500+333,600=1,318,700이다.

그러므로 학생모집 정지인원=1,318,700－

$$\left(\frac{1,373,900}{110}\times 100\right)=1,318,700-1,249,000$$

=69,700(명)이다. 2024년 학생모집 정지인원은 7만 명 미만으로, 옳은 설명이다.

ㄴ. (○) 2021년 재학생 중 입학생이 차지하는 비중은 25% 미만이다.

➜ 2021년 재학생 수는 〈자료 2〉에서, 입학생은 〈자료 1〉에서 찾을 수 있다.

CHAPTER 4 실전모의고사 4회

신입생충원률$=\dfrac{\text{해당 연도 입학자 수}}{\text{해당 연도 입학정원}}\times 100$이므로 해당연도 입학자 수=신입생충원률×해당연도 입학정원$\times\dfrac{1}{100}$이다.

2021년 재학생 수는 1,420,800명이고, 해당 연도에 입학한 학생의 수는 '신입생충원률×해당연도 입학정원$\times\dfrac{1}{100}$'이므로 $95\times 333,600\times\dfrac{1}{100}=316,920$(명)이다.

한편, 2021년 재학생 중 입학생이 차지하는 비중이 25% 미만이려면 $\dfrac{\text{입학생 수}}{\text{재학생 수}}\times 100<25$가 성립해야 한다. $\dfrac{316,920}{1,420,800}\times 100\fallingdotseq 22.306<25$로 해당연도 입학자 수는 재학생 수의 25% 미만임을 알 수 있다.

ㄷ. (×) **제시된 기간 동안 신입생 입학정원에 미달한 인원은 2019년에 가장 많다.**

➜ 신입생 입학정원과 이에 미달한 인원은 〈자료 1〉을 통해 찾을 수 있다.

'해당연도 신입생 미달 인원=해당연도 입학정원−해당연도 입학자 수'이므로, 앞에서 구한 해당연도 입학자 수에 대한 식을 대입하여 식을 다시 쓰면 '해당연도 신입생 미달 인원=해당연도 입학정원−$\left(\text{신입생충원률}\times\text{해당연도 입학정원}\times\dfrac{1}{100}\right)$'이 된다. 이 식을 다시 정리하면 '해당연도 신입생 미달 인원=해당연도 입학정원$\times\left(1-\dfrac{\text{신입생 충원률}}{100}\right)$'이 성립한다.

따라서 2019~2024년 신입생 미달 인원을 구하면 다음과 같다.

- 2019년: $334,000\times\left(1-\dfrac{96}{100}\right)=334,000\times 0.04=13,360$
- 2020년: $332,700\times\left(1-\dfrac{99}{100}\right)=332,700\times 0.01=3,327$
- 2021년: $333,600\times\left(1-\dfrac{95}{100}\right)=333,600\times 0.05=16,680$
- 2022년: $331,500\times\left(1-\dfrac{96}{100}\right)=331,500\times 0.04=13,260$
- 2023년: $327,000\times\left(1-\dfrac{97}{100}\right)=327,000\times 0.03=9,810$
- 2024년: $326,600\times\left(1-\dfrac{98}{100}\right)=326,600\times 0.02=6,532$

따라서 2021년에 신입생 입학정원에 미달한 인원이 가장 많으므로 적절하지 않은 설명이다.

ㄹ. (×) **2021년에 학생모집 정지인원이 5만 명이었다면 2018년 입학정원은 33만 명 이상이다.**

➜ 2018년의 입학정원은 〈자료 2〉의 2021년도 편제정원을 통해 추론할 수 있다. 편제정원은 해당연도를 포함하여 최근 4년간의 입학정원의 합으로, 2021년도의 편제정원은 2018~2021년의 입학정원의 합이다. 2021년의 학생모집 정지인원이 5만 명으로 주어졌으므로 편제정원을 구하기 위해 2021년의 재학생충원률 공식을 활용하면,

$\dfrac{1,420,800}{(\text{편제정원}-50,000)}\times 100=111$이므로 편제정원 $=50,000+\left(1,420,800\times\dfrac{100}{111}\right)=1,330,000$(명)이다.

여기서 2021년의 편제정원은 2018년, 2019년, 2020년, 2021년의 입학정원의 합이고, 2018년을 제외한 나머지 연도의 입학정원의 합은 333,600+332,700+334,400=1,000,300(명)이므로 2018년의 입학정원은 1,330,000−1,000,300=329,700(명)이다. 따라서 2018년 입학정원은 33만 명 미만임을 알 수 있다. 옳지 않은 선지이다.

합격자의 실전 풀이 순서

❶ 자료를 보면서 구할 수 있는 정보의 범위와 수식을 체크한다.

❷ 수식을 의역하여 활용할 수 있게끔 정리한다.

❸ 비교적 정오판단이 쉬운 ㄴ, ㄷ을 판단한 후 정답을 도출한다.

합격자의 시간단축 Tip

Tip 보기별 시간단축 Tip

보기 ㄱ. 도출하기보다는 확인한다.

정지인원이 몇 명인지 구체적으로 확인하는 것보다는 7만 명 미만이 성립하는지 확인하는 방식이 훨씬 용이하다. 나아가, 어림산을 활용하는데 천의 자리 이하는 반올림 후 절삭할 것을 추천한다. 편제정원의 경우 327↓

+327+332↓+334↓≒330↓+4≒1,320↓ 정도로 어림할 수 있을 것이고, 선지의 7만 명은 70,000으로 70으로 나타낼 수 있다.

따라서 $\frac{1,374}{1,320\downarrow-70}=\frac{1,374}{1,250\downarrow}=\frac{1,250+124}{1,250\downarrow}$가 되는데, 어림산 오차를 고려한다면 1+0.1↑로 110% 이상일 것이다. 따라서 분모의 값이 더 커져야 재학생충원률이 110%가 될 것이므로 70보다 작은 수를 빼야한다. 즉, 정지인원은 7만 명 미만이어야 함을 알 수 있다.

보기 ㄴ. 25%와 100%의 관계를 활용한다.

25%는 100%의 $\frac{1}{4}$이다. 선지에서 물어보는 것이 $\frac{\text{입학생 수}}{\text{재학생 수}}\times100<25$임을 고려했을 때,

$\frac{\text{입학생 수}}{\text{재학생 수}}\times100<100\times\frac{1}{4}$로 '입학생 수×4<재학생 수' 관계가 성립해야 함을 알 수 있다. 2021년 신입생충원률이 100% 미만이기 때문에 입학생 수는 반드시 입학정원보다 적다. 따라서 입학생 수를 도출하기 전에 입학정원의 4배가 재학생 수보다 많은지를 먼저 확인한다. 입학정원의 4배가 재학생 수보다 적다면, 당연히 입학생 수의 4배도 재학생 수보다 절다. 2021년의 입학정원의 4배가 재학생 수보다 적기 때문에 신입생 수는 재학생 수의 25% 미만임을 알 수 있다.

보기 ㄷ. 곱셈 비교를 활용한다.

(1−신입생충원률)을 일종의 미달률로 해석한 후, 연도별 비교를 고려한다.

'입학정원에 미달한 인원=입학정원×미달률'이므로, 입학정원의 수가 작더라도 신입생 미달률이 더 높다면 비율 차이에 의해 신입생 입학정원에 미달한 인원의 수는 클 수 있다. 이에 가장 부합하는 연도는 2021년으로 입학정원은 2019년보다 400명 부족하지만 신입생 미달률은 2019년보다 1%p 크다. 입학정원이 부족한 비율보다 신입생 미달률이 큰 비율이 훨씬 크므로 구체적인 수치 비교를 하지 않더라도 2021년이 더 큼을 직관적으로 파악할 수 있다.

이러한 곱셈 비교를 위한 기준에 대해 보충설명하면 '작은 값이 큰 쪽이 결괏값이 더 크다.'라는 것을 기억하자. (a×A) 와 (b×B) 곱셈의 결괏값을 비교하는 경우를 예시로 든다. 이 때 a=1, b=2, A=1,000, B=900이라고 가정하자. 곱셈 비교를 하면, a에서 b로 커질 때 100% 커지지만, B에서 A로 커질 때는 약 11% 정도 밖에 커지지 않는다. 비록 절대적인 숫자의 증가는 a에서 b로는 1 차이, B에서 A로는 100 차이임에도 증가율은 a에서 b로 커질 때가 더 큰 것이다. 이는 모수가 클수록 증가율이 증가하기 위해서는 '증가분'도 상당히 커져야 하기 때문이다. B에서 A로 갈 때 100% 커지기 위해서는 900이 증가해야 한다는 점을 떠올리면 쉽게 이해할 수 있을 것이다. 이처럼 작은 값이 큰 쪽(a와 b 중 a값)이 결괏값(a×A)도 더 크다. 때문에, 입학정원×미달률의 관계에서 입학정원의 수가 압도적으로 크지 않은 이상, 미달률이 클 때 결괏값이 더 커질 확률이 높은 것이다. 실제로 미달률이 제일 큰 2021년에서 입학정원에 미달한 인원이 가장 많았다.

보기 ㄹ. 엄밀한 계산을 요구하므로 정확한 정오판단을 위해서는 직접 계산하는 편이 낫다. 그러나 다른 선지를 정확히 판단해서 ㄹ을 판단하지 않고 넘어가는 것이 그나마 시간을 단축하는 편이라 하겠다.

16 정답 ③ 난이도 ●●●

수리능력_자료해석_추가자료 활용

① (×) 2021년 제적학생 수는 9만 명을 초과한다.

➜ <자료 3>의 각주에 따라 학업중단률= $\frac{\text{제적학생 수}}{\text{재적학생 수}}\times100$이므로, 제적학생 수는 '$\frac{\text{학업중단률}}{100}\times$재적학생 수'임을 알 수 있다.

2021년 제적학생 수는
1,981,000×0.045=89,145(명)이다.
따라서 9만 명을 초과하지 않는다.

② (×) 제시된 기간 동안 제적학생 수는 매년 증가하고 있다.

➜ <자료 3>을 통해 재적학생 수를 구할 수 있으며, 제적학생 수는 학업중단률×재적학생 수임을 각주를 통해 알 수 있다.

2021~2024년 제적학생 수를 구하면 다음과 같다.
- 2021년: 1,981,000×0.045=89,145(명)
- 2022년: 1,938,000×0.048=93,024(명)
- 2023년: 1,889,000×0.04=75,560(명)
- 2024년: 1,885,400×0.055=102,047(명)

2022년에서 2023년에 제적학생 수는 감소하였으므로, 매년 증가하고 있다는 설명은 옳지 않은 설명이다.

③ (○) 2024년에 휴학생 및 학사학위 취득유예생의 수는 전년 대비 감소했다.

➜ <자료 3>의 각주를 통해 '전체 재적학생 수=휴학생+학사학위 취득유예생+재학생 수'임을 알 수 있다. 따라서 '휴학생과 학사학위취득유예생의 수=전체 재적학생 수−재학생의 수'임을 알 수 있다. 전

체 재적학생 수는 〈자료 3〉에서, 재학생 수는 〈자료 2〉에서 찾을 수 있다.

2024년의 경우 전체 재적학생 수는 1,855,400명이고, 해당 연도에 재학생 수는 1,373,900명이므로 휴학생 및 학사학위 취득유예생의 수는 1,855,400−1,373,900=481,500(명)이다.

2023년의 경우 전체 재적학생은 1,889,000명이고, 해당 연도에 재학생의 수는 1,381,600명이므로 휴학생 및 학사학위 취득유예생의 수는 1,889,000−1,381,600=507,400(명)이다.

즉, 2024년에 휴학생 및 학사학위 취득유예생의 수는 전년 대비 감소하였다.

④ (×) 제시된 기간 중 제적학생 수가 10만 명을 넘는 해는 없다.

→ 〈자료 3〉을 통해 재적학생 수를 구할 수 있으며, 제적학생 수는 학업중단률×재적학생 수 임을 각주를 통해 알 수 있다.

2021~2024년 제적학생 수를 구하면 다음과 같다.

- 2021년: 1,981,000×0.045=89,145(명)
- 2022년: 1,938,000×0.048=93,024(명)
- 2023년: 1,889,000×0.04=75,560(명)
- 2024년: 1,885,400×0.055=102,047(명)

2024년의 경우, 제적학생 수가 102,047명으로 10만 명이 넘는 해가 있음을 알 수 있다.

⑤ (×) 제시된 기간 중 휴학생 및 학사학위 취득유예생의 수가 가장 많은 해는 2023년이다.

→ '휴학생 및 학사학위 취득유예생의 수=전체 재적학생 수−재학생의 수'이다.

〈자료 2〉의 재학생 수, 〈자료 3〉의 재적학생 수를 이용해 2021~2024년 휴학생 및 학사학위 취득유예생의 수를 구하면 다음과 같다.

- 2021년: 1,981,000−1,420,800=560,200(명)
- 2022년: 1,938,000−1,378,850=559,150(명)
- 2023년: 1,889,000−1,381,600=507,400(명)
- 2024년: 1,855,400−1,373,900=481,500(명)

제시된 기간 중 휴학생 및 학사학위 취득유예생의 수가 가장 많은 해는 2021년이다.

합격자의 실전 풀이 순서

❶ 자료들의 항목 간의 관계를 고려해, 구할 수 있는 내용의 범위를 설정하고 문제 풀이에 접근한다.

❷ 복수의 자료가 사용된 선지 ③, ⑤의 정오를 먼저 판단한다. 선지 ③이 옳은 선지임을 확인하고 다음 문제로 넘어간다.

합격자의 시간단축 Tip

Tip ❶ 복수의 자료가 제시된 문항의 경우, 복수의 자료를 활용하여 정오를 판단해야 하는 선지부터 살펴본다. 출제자는 문제에 제시된 모든 장치를 활용하기를 원할 것이다. 복수의 자료가 제시된 문제의 경우, 하나의 자료만을 활용하는 선지가 정답이 될 확률은 낮다. 만약 하나의 자료만을 사용하는 선지의 경우는 후순위로 제시된 자료일 확률이 높다. 그러나 출제자의 의도를 고려하였을 때, 정답이 될 확률이 가장 높은 선지는 복수의 자료를 활용해야 하는 선지라고 추론할 수 있다.

이 문제의 경우, 선지 ③과 선지 ⑤가 복수의 자료를 이용해 해결해야 하는 선지이다. 따라서 다른 선지보다 해당 선지를 먼저 검토한다면, 확률적으로 문제 풀이 시간을 단축할 수 있다.

Tip ❷ 기준이 되는 수를 활용한다.

선지 ①의 경우, 1,981,000×0.045=89,145와 9만 명의 숫자를 비교하고 있다. 4.5라는 숫자를 보자마자 4.5×2=9가 됨을 알아차렸어야 한다. 4.5%라는 비중이 주어졌을 때, 선지의 9만 명은 2,000,000의 4.5%의 임을 곧바로 알았다면 쉽게 정오판단이 가능했을 것이다. 2,000,000보다 작은 숫자인 1,981,000가 주어졌으므로, 당연히 9만 명보다 작을 것이다.

선지 ④의 경우 앞서 언급했듯, '제적학생 수=학업중단률×재적학생 수'이다. 제적학생 수가 10만이 넘는 해가 있는지 확인하려면 얼추 '5%×200만'의 꼴로 이루어져 있어야 한다. 그러나 2021~2023년의 경우 모든 학업 중단률은 5% 미만이고, 재적학생 수 역시 200만 미만이므로 10만을 넘을 수 없다. 확인해야 하는 것은 2024년 단 하나이고, 절삭하여 185×55를 확인해보면 10175~로 이미 10만을 넘었음을 확인할 수 있다.

Tip ❸ 선지별 시간단축 전략

선지 ② 숫자의 경향성을 먼저 파악한다.

2022년과 2023년을 비교해보면, 2022년 대비 2023년에는 재적학생 수도 줄었을 뿐만 아니라 학업중단률 역시 감소하였다. 따라서 두 값의 곱으로 계산되는 제적학생의 수는 2022년에 비해 2023년에 반드시 더 적다.

한편 검토하는 순서에 있어, 유독 변동폭이 큰 연도를 먼저 검토한다. 다만, 변동폭이 큰 것을 판단할 때에는 시각적 요소가 아니라 수치를 통해 확인해야 한다. 2023년의 재적학생 수와 2024년의 재적학생 수는 시각적으로는 대폭 감소한 것으로 보인다. 그러나 2023년의 경우, 전년도 대비 약 2.5%, 2024년 경우 전년도 대비 약 1.8% 감소하였다. 비교적 적은 감소폭인 것처럼 보이는 전년 대비 2022년 학업중단률의 감소율은 약 16%나 됨을 알 수 있다.

선지 ③ 차이값을 이용한다.

△A=(A의 처음값)−(A의 나중값)이라 할 때, A=B+C이면 △A=△B+△C가 성립한다.

따라서 '휴학생 및 학사학위 취득 유예생 수=전체 재적학생 수−재학생 수'의 관계에서도

'△휴학생 및 학사학위 취득 유예생 수=△전체 재적학생 수−△재학생 수'가 성립한다.

해당 선지에서 처음 값을 2023년의 값, 나중 값을 2024년의 값이라 하자.

2024년에 전년 대비 감소했다면, 2023년 휴학생 및 학사학위 취득 유예생 수−2024년 휴학생 및 학사학위 취득 유예생 수=△휴학생 및 학사학위 취득 유예생 수>0이 성립해야 한다.

한편, △전체 재적학생 수=1,889,000−1,855,400=33,600,

△재학생 수=1,381,600−1,373,900=7,700으로 △전체 재적학생 수−△재학생 수>0이다.

즉, △휴학생 및 학사학위 취득 유예생 수>0이 성립하는 것이다.

위의 뺄셈 과정은 어림산으로 하도록 하자. 30,000 이상 차이나고, 10,000 미만으로 차이가 난다는 정도만 확인해도 전년 대비 감소 여부를 확인할 수 있기 때문이다. 이와 같은 방식으로 정오판단을 하면, 휴학생 및 학사학위 취득 유예생 수를 계산하지 않아도 된다는 점에서 시간을 단축할 수 있다.

선지 ⑤ 차이값을 이용한다.

재적학생 수−재학생 수를 하면 된다. 2022년의 경우 2023년보다 재적학생 수는 많고 재학생 수는 적으므로 쉽게 2023년의 휴학생 및 학사학위 취득유예생의 수가 가장 많은 것이 아님을 알 수 있다.

17 정답 ④ 난이도 ●●○

수리능력_자료해석_상황판단형

① (O) 1일차에 ○○시장의 생활소비재 업종은 과매도 상태이다.

→ TRIN 지수는

$\frac{\text{주가가 하락한 종목의 평균거래량}}{\text{주가가 상승한 종목의 평균거래량}}$과 같이 나타낼 수 있다.

주가가 하락한 종목의 평균거래량=

$\frac{\text{주가가 하락한 종목의 거래량}}{\text{주가가 하락한 종목의 수}}$이고

주가가 상승한 종목의 평균거래량=

$\frac{\text{주가가 상승한 종목의 거래량}}{\text{주가가 상승한 종목의 수}}$이다.

1일차의 수치를 대입해 주가가 상승 또는 하락한 종목의 평균거래량을 구해보자.

- 주가가 상승한 종목의 평균거래량=

$\frac{\text{주가가 상승한 종목의 거래량}}{\text{주가가 상승한 종목의 수}}$

$=\frac{\text{전체 거래량}\times\text{상승 종목 거래량 비율}}{\text{전체 종목 수}\times\text{상승 종목 비율}}$

$=\frac{3,465,000\times0.25}{600\times0.55}$

- 주가가 하락한 종목의 평균거래량=

$\frac{\text{주가가 하락한 종목의 거래량}}{\text{주가가 하락한 종목의 수}}$

$=\frac{\text{전체 거래량}\times\text{하락 종목 거래량 비율}}{\text{전체 종목 수}\times\text{하락 종목 비율}}$

$=\frac{3,465,000\times0.66}{600\times0.42}$

이때, 분모에 공통적으로 있는 전체 종목수(600)와 분자에 있는 전체 거래량(3,465,000)은 공통되어 약분되므로 고려하지 않아도 됨을 알 수 있다.

즉, TRIN 지수를 식으로 간략히 나타내면,

$\frac{\text{상승 종목 비율}\times\text{하락 종목 거래량 비율}}{\text{상승 종목 거래량 비율}\times\text{하락 종목 비율}}$이며,

1일차의 경우 $\frac{55\times66}{25\times42}=\frac{11\times11}{5\times7}=\frac{121}{35}>3$이므로 과매도 상태이다.

② (O) 3~5일차의 보합 종목 수는 동일하다.

→ 3~5일차 모두 상승 종목의 비율과 하락 종목 비율의 합은 90%이다. 즉, 나머지 10%는 상승도, 하락도 하지 않은 보합 종목임을 알 수 있다. 제시된 〈자료〉는 전체 600개의 주식 종목을 대상으로 한 자료이므로 10%에 해당하는 값은 동일하다. 따라서 3~5일차의 보합 종목의 수는 동일하다.

③ (O) 4일차에 ○○시장의 생활소비재 업종의 매도 및 매수는 완전균형상태에 있다.

→ 선지 ①에서 정리한 바와 같이

TRIN 지수=

$\frac{\text{상승 종목 비율}\times\text{하락 종목 거래량 비율}}{\text{상승 종목 거래량 비율}\times\text{하락 종목 비율}}$이고,

CHAPTER 4 실전모의고사 4회

4일차의 경우 TRIN 지수는 $\frac{30\times60}{30\times60}=1$이므로 매도, 매수가 완전균형상태임을 알 수 있다.

④ (×) 2일차와 3일차 중 ○○시장의 생활소비재 업종의 매매가 균형에 가까운 때는 3일차이다.

→ 2일차와 3일차의 TRIN 지수를 구하면 다음과 같다.

- 2일차: $\frac{35\times58}{35\times57}=\frac{58}{57}≒1$
- 3일차: $\frac{44\times55}{40\times46}=\frac{22\times11}{8\times23}=\frac{242}{184}≒1.3$

따라서 2일차가 더 균형에 가깝다.

⑤ (○) 5일차에 ○○시장의 생활소비재 업종은 과매수 상태이다.

→ 5일차 TRIN 지수는 $\frac{40\times30}{60\times50}=\frac{4}{10}<0.5$이므로 과매수 상태이다.

합격자의 실전 풀이 순서

[방법 1]

❶ TRIN 지수를 구하는 식을 $\frac{\text{상승 종목 비율}\times\text{하락 종목 거래량 비율}}{\text{상승 종목 거래량 비율}\times\text{하락 종목 비율}}$와 같이 간단하게 표현한다.

❷ '이하'와 '이상'에 화살표를 표시하여 범위 판단 실수를 방지한다. 초과나 미만이 아닌지 체크한다.

❸ 계산이 필요없는 선지 ②부터 해결한다.

[방법 2]

❶ TRIN 지수가 $\frac{\text{하락 종목 거래량 비율}}{\text{하락 종목 비율}}\div\frac{\text{상승 종목 거래량 비율}}{\text{상승 종목 비율}}$이라는 점을 이해한다.

❷ 표 오른쪽 여백에 1~5일차의 $\frac{\text{하락 종목 거래량 비율}}{\text{하락 종목 비율}}\div\frac{\text{상승 종목 거래량 비율}}{\text{상승 종목 비율}}$을 써놓는다.

구분	$\left(\frac{\text{하락 종목 거래량 비율}}{\text{하락 종목 비율}}\right)$	$\left(\frac{\text{상승 종목 거래량 비율}}{\text{상승 종목 비율}}\right)$
1일차	$\frac{66}{42}$	$\frac{25}{55}$
2일차	$\frac{58}{57}$	$\frac{35}{35}$
3일차	$\frac{55}{46}$	$\frac{40}{44}$
4일차	$\frac{60}{60}$	$\frac{30}{30}$
5일차	$\frac{30}{50}$	$\frac{60}{40}$

❸ 선지 ①부터 차례로 해결한다.

합격자의 시간단축 Tip

Tip ❶ TRIN 지수를 구하기 위해 필요없는 수치(전체 거래량, 전체 종목 수)를 파악하여 식을 간단하게 만든다. 표의 어느 영역이 분모에 해당하고 분자에 해당하는지를 파악해서 표 윗부분에 따로 메모한다. 식을 눈에 보이게 써두면 헷갈리지 않고 매번 머릿속으로 생각하는 것을 방지해 시간을 단축할 수 있다.

Tip ❷ 수치가 10의 배수이거나, 분자, 분모 간 서로 약분되어 계산이 편한 날짜의 TRIN 지수를 먼저 구한다.

Tip ❸ 정확한 값을 도출하기보다 정오판별에 필요한 정보만큼만 계산한다. 계산을 요구하는 문항의 경우, 관성적으로 결괏값을 도출하기 위해 끝까지 계산하는 경우가 있다. 그러나 정확한 값을 도출하는 것이 목적이 아니라 결괏값의 범위 판별과 같이 대략적인 값만 알면 되는 경우, 끝까지 계산하는 것은 시간 낭비가 될 수 있다. 본 설문에서는 과매수, 과매도 여부를 판단하기 위해 0.5보다 작은지 3보다 큰지만 판단하면 되는 것이지, 그 값이 몇인지는 구할 필요 없다.

Tip ❹ 본 문제의 '600개'처럼 발문에 나와 있는 정보는 놓치기 쉬우므로 반드시 표시해 둔다. 혹시 문제 풀이 중 정보가 부족하여 풀리지 않는 문제가 있다면, 내가 놓친 정보가 발문에 있는지 체크하는 습관도 좋다.

Tip ❺ **선지별 시간단축 전략**

선지 ① $\frac{55}{25}=2\uparrow$, $\frac{66}{42}=1.5\uparrow$이므로 $\frac{55}{25}\times\frac{66}{42}=2\uparrow\times1.5\uparrow=3\uparrow$임을 쉽게 구할 수 있다.

선지 ② '비율'이 서로 같다고 해서 '개수'까지 같다고 단정할 수는 없다. 다만 여기서는 '비율'에 곱해지는 '전체'가 항상 600개로 같았기 때문에 '개수'까지 일치하게 되었다.

선지 ③ 상승 종목 비율과 상승 종목 거래량 비율이 30으로 같고, 하락 종목 비율과 하락 종목 거래량 비율이

60으로 같으므로 TRIN 지수가 1임을 빠르게 구할 수 있다.

선지 ④ 2일차의 상승 종목 비율과 상승 종목 거래량 비율이 35로 같으므로 TRIN 지수가 $\frac{58}{57}$임을 쉽게 알 수 있다. 3일차의 경우 직접 계산하지 않더라도 46×40과 44×55의 비가 1에 많이 떨어져 있음을 알 수 있다. 즉, 계산을 다 하지 않더라도 2일차의 TRIN 지수가 더 균형에 가까우므로 오답임을 빠르게 확인할 수 있다.

선지 ⑤ 비율 값이 모두 10의 배수로 나와 있으므로 각 수치를 10으로 약분을 먼저 하여 TRIN 지수를 쉽게 구할 수 있다. TRIN 지수$=\frac{12}{30}<\frac{15}{30}$이므로 과매수 상태임을 쉽게 알 수 있다.

18 정답 ④ 난이도 ●●○

수리능력_자료해석_자료변환

ㄱ. (×)

→ 검거건수를 단순히 그래프로 나타낸 것이므로 〈자료 2〉의 내용과 일치하는지 확인하면 된다. 해당 그래프에는 별도로 값이 나타나 있지 않으므로 막대그래프의 증감을 표의 수치와 비교하여 판단한다. 2024년 2분기 교통범죄의 검거건수의 경우 1분기 및 3분기에 비해 더 많음에도 그래프상에는 더 낮게 나타나 있으므로 옳지 않다.

ㄴ. (○)

검거율은 $\frac{\text{범죄 검거건수}}{\text{범죄 발생건수}}\times100$으로 나타낼 수 있으므로 특별경제범죄의 검거건수 및 발생건수를 대입하여 2023년 4분기~2024년 4분기 검거율을 계산하면 다음과 같다.

- 2023년 4분기: $\frac{15,390}{17,100}\times100=90(\%)$
- 2024년 1분기: $\frac{17,920}{22,400}\times100=80(\%)$
- 2024년 2분기: $\frac{18,630}{23,000}\times100=81(\%)$
- 2024년 3분기: $\frac{20,088}{27,900}\times100=72(\%)$
- 2024년 4분기: $\frac{22,120}{31,600}\times100=70(\%)$

따라서 그래프는 바르게 작성되었다.

ㄷ. (×)

2024년 1분기 주요 죄종별 범죄 발생건수 구성비는 〈자료 1〉를 통해 구할 수 있다.

2024년 1분기 주요 죄종별 범죄 발생건수 구성비$=$

$\frac{\text{2024년 1분기 해당 범죄 발생건수}}{\text{2024년 1분기 전체 범죄 발생건수}}\times100$

2024년 1분기 전체 범죄 발생건수$=$

$5,680+44,200+53,000+128,600+22,400+56,100=309,980$

2024년 1분기 주요 죄종별 범죄 발생건수 구성비를 구하면 다음과 같다.

- 강력범죄: $\frac{5,680}{309,980}\times100≒1.83(\%)$
- 절도범죄: $\frac{44,200}{309,980}\times100≒14.3(\%)$
- 폭력범죄: $\frac{53,000}{309,980}\times100≒17.1(\%)$
- 지능범죄: $\frac{128,600}{309,980}\times100≒41.5(\%)$
- 특별경제범죄: $\frac{22,400}{309,980}\times100≒7.23(\%)$
- 교통범죄: $\frac{56,100}{309,980}\times100≒18.1(\%)$

따라서 ㄷ의 그래프에는 교통범죄 및 폭력범죄의 구성비가 잘못 표기되어 있어 옳지 않다.

ㄹ. (○)

〈자료 1〉을 이용해 주요 죄종별 2024년 4분기 범죄발생건수의 전년 동기 대비 증감을 구하면 다음과 같다.

- 강력범죄: $6,220-6,200=20$
- 절도범죄: $48,520-53,400=-4,880$
- 폭력범죄: $56,800-37,350=19,450$
- 지능범죄: $132,670-111,050=21,620$
- 특별경제범죄: $31,600-17,100=14,500$
- 교통범죄: $59,300-59,450=-150$이므로 그래프는 바르게 작성되었다.

합격자의 실전 풀이 순서

[방법 1]

❶ 자료-그래프 변환 유형은 계산하기 쉬운 그래프부터 확인한다. 별도의 계산 없이 검거건수만 확인하면 되는 ㄱ. 그래프 먼저 정오판단에 들어간다. 그래프와 〈자료 1〉이 매칭되지 않으므로 ㄱ. 이 들어가 있는 ①, ②를 소거한다.

❷ 원 차트는 정확한 계산보다 항목 간의 관계를 요구하는 경우가 많다. 따라서 비교적 계산이 쉬운 편이다. ㄷ을 확인하면 〈자료 1〉과 부합하지 않으므로 ㄷ이 들어가 있는 선지 ③, ⑤를 소거한다. 따라서 남은 ④가 정답이다.

[방법 2]

❶ 옳은 것을 고르라 했으므로 별도 표시 없이 자료 내용을 확인한다.

❷ ㄱ을 판단 후 선지 ①, ②를 소거하고 ㄴ을 판단한다.

❸ ㄷ과 ㄹ 중 ㄹ을 판단하는 것이 더 편하다고 생각하여 ㄹ을 판단 후 정답을 도출한다.

합격자의 시간단축 Tip

Tip ❶ 보기 문제의 특성을 잘 활용한다.

보기 문제는 절반의 선지만을 판단하여 정답이 나오는 경우가 존재한다. 해당 문제의 경우, 합격자의 풀이 순서 [방법 1]과 같이 했다면 두 개의 선지만을 판단하여 답을 도출할 수 있다. 또한, 선지를 소거하는 과정에서 본인이 판단하기 더 용이하다고 생각되는 것을 선택하여 판단하면 풀이 시간을 줄일 수 있을 것이다.

Tip ❷ '옳음'보다 '옳지 않음'에 가지는 확신

'옳음'에 대한 확신보다 '옳지 않음'에 대한 확신이 더 클 수밖에 없다. '옳음'은 그래프의 모든 부분이 표와 일치할 때 가능하므로 다 풀어놓고도 혹시나 내가 놓친 부분은 없는지 걱정된다. 반면 '옳지 않음'은 하나의 부분만 맞지 않아도 바로 확정적인 결론을 내릴 수 있다. 따라서 '옳음'인 것 같은 보기에서 확신을 갖지 못하겠다면 일단 넘어가서 '옳지 않음'이 나오는 보기에서 확신을 가지고 문제를 마무리하는 것을 추천한다.

Tip ❸ 보기별 시간단축 전략

보기 ㄱ. 시각자료를 통한 경향성을 활용한다. 〈자료 2〉에서 교통범죄의 검거건수의 경우 2023년 4분기 ~ 2024년 4분기까지 증감을 반복한다. 따라서 그래프에서 W 형태의 모양이 만들어져야 한다. 그러나 ㄱ의 그래프를 보면 2024년 2분기에서 2024년 3분기가 증가하는 형태로 W 형태가 나타나지 않는다.

보기 ㄴ.

[방법 1] 도출이 아닌 확인하는 태도가 필요하다. 81%, 72% 등의 계산이 까다로운 편이다. 직접 검거율을 계산하여 도출하는 것보다는 그래프에 나와 있는 값이 맞는지 확인하도록 한다.

특별경제범죄 검거율의 2024년 2분기의 81%를 예를 들어 설명해보면, 범죄 발생건수 23,000의 81%가 18,630이 맞는지 확인하는 것이다.

이를 쉽게 확인하기 위해서 81%=100%−20%+1%의 형태로 계산할 수 있다.

23,000−4,600+230=18,400+230=18,630은 모순이 없으므로 옳은 수치이다.

2024년 3분기의 경우, 범죄 발생건수 27,900의 72%가 20,088이 맞는지 확인하면 된다.

72%=100%−30%+2%이므로, 27,900−8,370+558=19,530+558=20,088로 옳다.

[방법 2] 2023년 4분기: 90%, 2024년 1분기, 2분기: 80%, 2024년 3분기, 4분기: 70%로 기준점을 잡아두고 이에 근접하는지만 확인한다. 81%, 72%까지 계산하는 경우에는 시간이 너무 오래 걸리기 때문이다. 근사치가 모두 맞다고 판단되면 일단 옳은 보기로 가정하고 넘어가자. 만약 다른 보기를 해결하고도 답이 도출되지 않는 경우 다시 ㄴ으로 돌아와 정밀한 계산을 해보면 된다.

보기 ㄷ. 원그래프의 경우 항목 간의 관계를 적극적으로 이용하면 좋다. 해당 문제에서는 계산을 하지 않아도 판단할 수 있었다. 2024년 1분기의 범죄 발생건수는 지능범죄>교통범죄>폭력범죄>절도범죄>특별경제범죄>강력범죄 순으로 많고, 차트 상에서는 지능범죄>폭력범죄>교통범죄>절도범죄>특별경제범죄>강력범죄 순으로 나타나있으므로 이는 〈자료 1〉의 데이터와 일치하지 않는 바, 잘못된 그래프이다.

한편 이 문제에서는 사용되지 않은 방식이나, 〈자료〉에서 A 항목이 B 항목의 3배라면 원그래프에서도 구성비가 A가 B의 3배가 맞는지 등으로 항목 간의 관계를 확인하는 것이 계산을 줄이는 방법이다. 구체적으로 예를 들자면, 만약 〈자료〉에서 A가 60 B가 20으로 실제값은 3배 차이 나지만 있지만, 원그래프에서는 A의 비중이 55%로, B는 20%로 구성비는 3배 차이가 아니라면 이는 잘못 나타내진 그래프일 것이다.

보기 ㄹ. 도출이 아닌 확인하는 태도가 필요하다. 전년 동기 대비 증감분=당해연도 수치−전년 수치이므로, 올바르게 그래프가 작성되었다면, 전년 수치에 전년 동기대비 증감분을 더하면 당해 연도 수치와 일치해야 한다. 폭력범죄를 예로 들면, 2023년 4분기 범죄 발생건수인 37,350에 그래프상 증감분인 19,450이 2024년 4분기의 발생건수인 56,800과 일치하는지를 확인하는 것이다.

37,350+19,450=56,800으로 일치하므로 옳게 나타낸 수치이다.

＊ 필자의 경험상, 증감분을 구하는 등 덧셈과 뺄셈을 시키는 그래프는 다소 세밀한 계산을 요구하는 경우가 많았다. 최대한 해당 그래프의 정오판단을 피하는 것도 요령이 될 수 있다.

19 정답 ④ 난이도 ●●●

문제해결능력_논리퍼즐

최종 리그전에서 A팀:B팀의 세트스코어는 2:3이므로, A팀의 전적은 7승 3패, B팀의 전적도 7승 3패가 된다. 이때 세트스코어 3:2로 승리하면 승점 2점, 패배하면 승점 1점을 획득하므로 A팀의 승점은 20점, B팀의 승점도 20점이 된다. 세트 득실은 A팀은 +4에서 -1이 되어 +3, B팀은 +4에서 +1이 되어 +5가 된다.

최종 리그전에서 C팀:F팀의 세트스코어는 3:1이므로, C팀의 전적은 5승 5패, F팀의 전적은 2승 8패가 된다. 세트스코어 3:1로 승리하였으므로 C팀은 승점 3점, F팀은 승점 0점을 획득하여 C팀의 승점은 17점, F팀의 승점은 7점이다. 세트 득실은 C팀은 -1에서 +2이 되어 +1, F팀은 -9에서 -2이 되어 -11이 된다.

마지막으로 최종 리그전에서 D팀:E팀의 세트스코어는 2:3이므로, D팀의 전적은 4승 6패, E팀의 전적은 5승 5패가 된다. 세트스코어 3:2로 승리하였으므로 E팀은 승점 2점, D팀은 승점 1점을 획득하여 E팀의 승점은 13점, D팀의 승점도 13점이다. 세트 득실은 D팀은 0에서 -1이 되어 -1, E팀은 +2에서 +1이 되어 +3이 된다.

〈조건〉의 최종 리그전 승패를 반영한 결과는 다음과 같다.

구분	전적	승점	세트 득실	순위
A팀	7승 3패	20점	+3	2
B팀	7승 3패	20점	+5	1
C팀	5승 5패	17점	+1	3
D팀	4승 6패	13점	-1	5
E팀	5승 5패	13점	+3	4
F팀	2승 8패	7점	-11	6

① (O) F팀의 세트 득실은 −11이다.
→ 최종 리그전을 마친 후, F팀의 세트 득실은 −9−2=−11이므로 옳은 선지이다.

② (O) 리그전 1위를 차지한 팀은 B팀이다.
→ 승점이 동점일 때는 세트 득실이 높은 팀을 상위 팀으로 본다. A, B팀이 승점 20점으로 동점이지만, 세트 득실은 B가 더 높으므로 1위는 B팀이다. 따라서 옳은 선지이다.

③ (O) A팀은 C팀과 토너먼트를 시작하게 된다.
→ 토너먼트는 2위 팀과 3위 팀이 맞붙는 것으로 시작하므로, 2위인 A팀과 3위인 C팀이 토너먼트를 시작한다. 따라서 옳은 선지이다.

④ (×) B팀은 D팀과 토너먼트를 시작하게 된다.
→ 1~4위 팀은 각각 B팀, A팀, C팀, E팀이므로 1위 B팀은 4위 E팀과 토너먼트를 시작한다. 따라서 틀린 선지이다.

⑤ (O) 리그전 1위 팀과 6위 팀의 승점 차이는 13점이다.
→ 1위인 B팀과 6위인 F팀의 승점 차이는 20−7=13(점)이다. 따라서 옳은 선지이다.

합격자의 시간단축 Tip

Tip ❶ 최종 리그전 결과를 표로 잘 정리한다.
9경기씩 리그 경기를 마친 결과가 제시되어 있고, 최종 리그전의 결과도 〈조건〉에 나와 있으므로, 해당 결과를 반영한 최종 결과만 잘 정리해 놓는다면 쉽게 정답을 찾을 수 있다. 이때, 풀세트로 승리할 경우 승점 획득 규칙이 다르다는 것만 잘 유념하면 된다.

Tip ❷ 필요 없는 정보는 굳이 신경 쓰지 않는다.
본 문제는 표의 승점과 세트 득실만으로 충분히 풀 수 있는 문제다. 따라서 전적을 신경 쓸 필요가 없다.

Tip ❸ 헷갈릴 수 있는 정보는 글자 위에 바로 표시한다.
〈조건〉을 보면 각 팀의 승점 변화를 추론할 수 있다. 이를 위의 표에 계산하여 반영하려면 표와 〈조건〉의 거리가 멀고 패배와 승리 역시 주어가 헷갈릴 수 있어 표로 가서 표시하는 동안 헷갈리기 쉽다. 따라서 본 합격생의 경우는 추론할 수 있는 정보를 〈조건〉의 정보 위에 바로 표시한다. A팀 위에 +1, B팀 위에 +2처럼 헷갈리지 않게 1차로 먼저 적어두고, 이를 표에 다시 A팀 승점 20점, B팀 20점이라고 반영하는 것이다. 이 과정에서는 문제 풀이에 필요한 정보만을 반영해서 적도록 한다. 또한 '1위 팀과 4위 팀이 맞붙고, 2위 팀과 3위 팀이 맞붙는 것'이라는 문장 위에도 '1위 팀'이라는 글자 위에 B를, '4위 팀'이라는 글자 위에 E를 적어 순위가 도출되는 대로 규칙의 정보들을 바로 치환해 둔다면 문제를 헷갈리지 않고 반복하여 확인할 필요 없이 빠르게 선지를 판단할 수 있다.

20 정답 ④ 난이도 ●●○

문제해결능력_조건추리(매칭, 배치)

주어진 조건을 순서대로 '조건 1'~'조건 6'으로 표기한다.

조건 1에 따르면 세 조는 (월, 화), (월, 수), (화, 수) 중 하나씩 담당한다. 따라서 근무요일을 기준으로 해당 요일에 운영할 조원들을 정리한다.

조건 2에 따라 차장인 A는 화요일이 속하지 않은 (월, 수)를 맡는다.

조건 5에 의해 사원 E는 수요일이 속하지 않은 (월, 화)에 참여한다.

해당 내용을 정리하면 다음과 같다.

월, 화	월, 수	화, 수
E(사원)	A(차장)	

조건 6에 따르면 대리 C, D는 (월, 화) 또는 (화, 수)에 참가한다.

조건 4에 의해 인턴 H, I는 대리와 함께 같은 조에 속한다. 따라서 (월, 화) 또는 (화, 수)에 참여해야 하는데, (월, 화)에는 사원인 E가 참여하고 있다. E가 참여하고 있는 (월, 화)에 인턴들이 들어갈 경우 4명이 된다. 그러나 발문에 따라 세 명씩 한 조가 되어야 하므로, 인턴 두 명은 (화, 수)에 참여해야 한다. 지금까지의 내용을 정리하면 다음과 같다.

월, 화	월, 수	화, 수
E(사원) 대리	A(차장)	H(인턴) I(인턴) 대리

어떤 대리가 어떤 요일에 근무하는지는 제시된 조건을 통해서 확정시킬 수 없다.

조건 3에 따라 B, G는 같은 조에 편성되지 않는다. 둘은 (월, 화) 또는 (월, 수) 중 하나씩 참여하며, 구체적으로 누가 어느 요일인지는 확정되지는 않는다. 마지막으로 남은 F는 (월, 수)에 참여하게 된다.

월, 화	월, 수	화, 수
E(사원) 대리 C/D B/G	A(차장) F(사원) G/B	H(인턴) I(인턴) 대리 D/C

가능한 경우를 조합하면 다음과 같다.

	월, 화	월, 수	화, 수
(1)	E(사원) C(대리) B(과장)	A(차장) F(사원) G(사원)	H(인턴) I(인턴) D(대리)
(2)	E(사원) C(대리) G(사원)	A(차장) F(사원) B(과장)	H(인턴) I(인턴) D(대리)
(3)	E(사원) D(대리) B(과장)	A(차장) F(사원) G(사원)	H(인턴) I(인턴) C(대리)
(4)	E(사원) D(대리) G(사원)	A(차장) F(사원) B(과장)	H(인턴) I(인턴) C(대리)

① (○) 사원이 두 명 이상 포함된 조가 있다.

→ 모든 경우에서 사원이 두 명 이상 포함된 조가 존재한다. (1)에선 (월, 수), (2)는 (월, 화), (3)은 (월, 수), (4)에선 (월, 화)에 사원이 두 명 이상 포함된다. 적절한 선택지이다.

② (○) F는 A와 반드시 같은 조에 편성된다.

→ 모든 경우에서 F는 A와 (월, 수) 조에 편성된다. 적절한 선택지이다.

③ (○) B는 월요일에는 팝업 스토어 운영에 반드시 참여한다.

→ B는 (월, 화) 또는 (월, 수) 조에 참가한다. 월요일이 모두 포함되는 것을 확인할 수 있다. B는 월요일에 팝업스토어 운영에 반드시 참여한다. 적절한 선택지이다.

④ (×) G는 화요일에는 팝업스토어 운영에 참여하지 않는다.

→ 경우 (2), (4)에서 G는 화요일에 팝업스토어 운영에 참여한다. 모든 경우에서 G가 화요일 운영에 참여하지 않는다고 볼 수 없으므로, 적절하지 않은 선택지이다.

⑤ (○) C와 D는 모두 화요일에 팝업스토어 운영에 참여한다.

→ C, D는 (월, 화) 또는 (화, 수)에 한 명씩 참가하며, 화요일이 모두 포함되어 있는 것을 확인할 수 있다. C와 D는 모두 화요일에 팝업스토어 운영에 참가한다. 적절한 선택지이다.

합격자의 실전 풀이 순서

❶ 적절하지 않은 것을 고르라 했으므로 선지 옆에 크게 X표를 하여 적절한 것을 고르는 실수를 하지 않도록 한다.

❷ (월, 화), (월, 수), (화, 수)로 구분하여 확정적인 조건들을 반영해 준다.
❸ 경우의 수가 나뉘므로 이를 구하여 정답을 도출한다.

합격자의 시간단축 Tip

Tip ❶ 여러 개의 경우가 나올 수 있다는 것을 기억하자.
인원 구성 유형의 경우엔 본 문제처럼 여러 개의 조합이 나올 수 있다. 당황하지 않고 넘어가는 것이 필요하다. 조건이 여러 개 제시되는 문제는 경우의 수가 여러 개 나올 수 있으므로 확정적인 조건부터 해결해 나가는 것이 도움이 된다.

Tip ❷ 경우의 수 활용한 선지 줄이기
여러 경우의 수 중 한 가지의 경우를 도출하여 이를 바탕으로 선지를 판단할 수 있다. 각 선지의 적절한 선지들은 모든 경우를 충족해야 하는데, 적절하지 않은 선지는 전체 경우의 수를 판단하지 않더라도 하나의 경우를 도출하여 판단하더라도 적절하지 않은 경우가 등장하지 않기 때문이다.

Tip ❸ 확정적인 조건부터 풀이하자.
조건이 많이 제시된 문제들의 경우, 확정적인 내용을 제시한 조건들이 존재한다. 전체 조건을 먼저 살펴본 후, 확실한 내용이 제시된 것들부터 해결해 가는 것을 추천한다. 조건을 순서대로 푸는 것보다 상대적으로 빠르게 풀 수 있다.

Tip ❹ 해결 완료한 조건은 / 또는 X로 표시하자.
완전히 사용한 조건은 확실하게 표시하여 헷갈릴 일이 없도록 한다. 이는 일차적으로 문제 풀이 과정에서 이미 사용한 조건을 다시 확인하는 시간 낭비를 없애기 위해서다. 또한 문제 풀이 이후에 경우의 수가 여러 개 남았더라도 결과에 확신을 갖기 위해서다. 만약 해결 완료한 조건들을 표시하지 않은 경우, 경우의 수를 좁힐 수 있는 조건을 미처 빠뜨린 것은 아닌지 걱정될 수 있기 때문이다.

Tip ❺ 경우의 수를 표시할 때 순서를 대응시키자.
(월, 화)에서 대리 C가 참여하는 경우에 (화, 수) 에는 D가 참여한다는 의미를 나타내기 위해 (월, 화)에서는 C/D (화, 수)에서는 D/C가 되는 것으로 표기하는 것이 좋다. 해설처럼 경우 (1)~(4)를 모두 나타내는 것보다는 순서쌍을 활용해 표기를 줄일 수 있기 때문이다. 본 설문의 경우에는 경우의 수가 나뉘는 것이 적어 순서쌍을 고려해서 표기하는 것의 효용이 크지는 않지만 진술 5개 정도가 주어지고, 참/거짓을 판단해야 하는 경우와 같이 경우의 수를 많이 나누어야 하는 문항은 순서쌍을 정확히 표시하여야 시간을 단축할 수 있고 실수하는 경우가 없다.

선지 ⑤ C와 D는 대리인데, 조건 6에 따르면 대리는 이틀 연속 참여해야 하므로 (월, 화), (화, 수) 조합만이 가능하다. 화요일에 무조건 팝업 스토어 운영에 참여하게 된다.

21 정답 ❸

난이도 ●●○

문제해결능력_논리퍼즐

(1) 주어진 조건을 ml 단위로 바꿔쓰면 다음과 같다. (1L=1,000ml)

- 냉각 수조의 최대용량=500,000ml
- 경고등이 울리는 조건: 70,000ml 미만(냉각수의 용량<70,000ml)
- 냉각 수조에서 1시간에 증발되는 냉각수의 용량: 15×200=3,000ml
- 하루에 증발되는 총 냉각수의 용량: 3,000×8=24,000ml(하루 총 작업 시간이 8시간이므로)
- 1회 냉각수 보충 범위: 100,000ml 이하의 범위에서 10,000ml 단위

〈냉각수 보충 현황〉

날짜	경고등 알람	냉각수 보충량	비고
3월 2일	○	30L→30,000ml	생산 도중 경고등이 1회 울림
3월 3일	×		
3월 4일	○	50L→50,000ml	생산 도중 경고등이 1회 울림
3월 5일	×		
3월 6일	○	20L→20,000ml	생산 도중 경고등이 1회 울림
3월 7일	○	30L→30,000ml	생산 도중 경고등이 1회 울림

(2) 3/2 수조에 처음 들어있던 물의 양을 A라고 하면, 3/2 작업이 끝날 때 남아 있는 물의 양은 A−24,000ml+30,000ml=A+6,000(ml)이다. 3/2에는 생산 도중 경고등이 1회 울렸으므로 생산 도중 냉각수 용량이 70,000ml 이하로 떨어졌음을 알 수 있다. 즉, 냉각 작업의 시작 전에는

70,000ml 이상이었으나 냉각 과정 도중에 24,000ml가 다 증발하기 전에 70,000ml 미만으로 떨어졌다. 따라서 수조에 처음 들어있던 물의 양은 70,000ml+24,000ml보다 적었음을, 즉 A<94,000ml의 범위에 있었음을 추론할 수 있다. 즉, 70,000ml<A<94,000ml
3/2 생산을 마치고 수조에 남아 있는 물의 양을 B (=A+6,000ml)라 하면
70,000ml<A<94,000ml이므로, 76,000ml <B<100,000ml

(3) 3/3 수조에 처음 들어있던 물의 양은 B이다. 3/3에는 생산 도중 경고등이 울리지 않았으므로 70,000ml+24,000ml 보다 물이 많았음을, 즉 B>94,000ml임을 추론할 수 있다. 즉 94,000ml <B<100,000ml
3/3 생산을 마치고 수조에 남아 있는 물의 양을 C (=B−24,000ml)라고 하면,
94,000ml<B<100,000ml이므로, 70,000ml <C<76,000ml이다.

(4) 3/4 수조에 처음 들어있던 물의 양은 C이다. 3/4에는 생산 도중 경고등이 울렸으므로 C<94,000ml임을 알 수 있다.
3/4 생산을 마치고 수조에 남아 있는 물의 양을 D(C−24,000ml+50,000ml=C+26,000ml)라고 하면 70,000ml<C<76,000ml이므로, 96,000ml<D <102,000ml임을 알 수 있다.

(5) 3/5 수조에 처음 들어있던 물의 양은 D이다. 3/5에는 생산 도중 경고등이 울리지 않았으므로 D> 94,000ml임을 추론할 수 있다. 3/5 생산을 마치고 수조에 남아 있는 물의 양을 E(D−24,000ml)라고 하면 96,000ml<D<102,000ml이므로, 72,000ml<E<78,000ml임을 알 수 있다.

(6) 3/6 수조에 처음 들어있던 물의 양은 E이다. 3/6에는 생산 도중 경고등이 울렸으므로 E<94,000ml임을 알 수 있다. 3/6 생산을 마치고 수조에 남아 있는 물의 양을 F(E−24,000ml+20,000ml=E−4,000ml)라고 하면 72,000ml<E<78,000ml이므로, 68,000ml<F<74,000ml가 된다. 다만 F가 70,000ml 미만이 된 경우 경고등이 한 번 더 울렸어야 한다. 현재는 3/6에는 생산 도중 경고등이 1회만 울렸으므로 70,000ml<F<74,000ml로 범위를 좁힐 수 있다.

(7) 3/7 수조에 처음 들어있던 물의 양은 F이다. 3/7에는 생산 도중 경고등이 울렸으므로 F<94,000ml임을 알 수 있다. 3/7 생산을 마치고 수조에 남아 있는 물의 양을 G(F−24,000ml+30,000ml=F+6,000ml)라 하면 70,000ml<F<74,000ml이므로, 76,000ml<G<80,000ml임을 알 수 있다.

(8) 3/7 수조에 남아 있는 물의 양은 G이고, 76L<G <80L이다. 선지 중 이 범위 조건을 충족하는 것은 ③ 78L이다.

합격자의 시간단축 Tip

Tip ❶ 계산이 쉽게 단위를 통일한다.
계산이 편한 단위로 주어진 숫자를 모두 바꾸고 문제 풀이를 시작한다. 이 문제의 경우 L와 ml가 혼용되어 있는데, 그대로 두면 계산 실수가 생기기 쉽다. 따라서 L 또는 ml로 단위를 통일한 후 문제를 풀면 좋은데 L 단위로 문제를 풀면 소수점 단위 계산이 생기므로 ml 단위로 변경하는 것을 추천한다.

Tip ❷ 차이를 활용한다.
냉각수가 증발하는 양과 보충한 양의 차이를 통해 계산을 간단히 할 수 있다. 예컨대, 3/2에는 24,000ml의 냉각수가 증발하고 30,000ml의 냉각수가 보충되었으므로 생산 시작 전보다 6,000ml의 냉각수가 더 많다는 것을 알 수 있다. 3/7의 경우도 마찬가지이다. 이런 차이를 표 옆에 적으면, 계산을 쉽고 빠르게 할 수 있다.

Tip ❸ 거꾸로 풀어가는 방법도 있다.
선지 ⑤를 기준으로 계산해 본다. 3/7에 82L가 남았다면, 보충 전에는 52L, 하루 생산에 24L(=8시간×15개×0.2L)가 사용가 사용되므로 처음에는 76L가 있었다. 3/6에는 보충 전에 56L, 생산 전에 80L가 있었던 것이 되므로, 생산 도중 경고등이 1회 울렸다는 비고 내용과도 부합한다. 3/5에는 보충량이 없고, 생산 전에 104L가 있었던 것이 된다. 3/4에는 보충 전에 54L가 있었고, 생산 전에 78L가 있었던 것이 되므로, 생산 도중 경고등이 1회 울렸다는 비고 내용과 부합한다. 3/3에는 생산 전에 102L가 있었던 것이 되므로 경고등이 울리지 않은 내용과 부합한다. 3/2에는 보충 전에 72L, 생산 전에 96L가 있던 것이 된다. 하지만 이 경우 생산 도중 경고등이 울렸다는 내용과 부합하지 않는다. 이와 부합하기 위해서는 70L 미만이 되기 위해 3/7의 냉각 작업 종료 후 남은 냉각수 용량이 4L 이상 작아져야 한다. 선지 ①, ②와 같이 74L, 76L가 될 경우 경고등이 2회 울리는 상황이 발생하므로 선지 ③이 답이 된다.

22 정답 ② 난이도 ●●○

문제해결능력_진실게임(참/거짓)

책 1페이지는 2m로 환산되므로 완주거리가 4,000m인 경우 읽은 책의 페이지는 2,000페이지가 된다. 완주거리별 페이지 수를 정리하면 아래와 같다.

코스	완주거리	페이지 수
걸음마 코스	4,000m	2,000페이지
걷기 코스	10,000m	5,000페이지
단축 코스	15,000m	7,500페이지
하프 코스	22,000m	11,000페이지
풀 코스	42,196m	21,098페이지

위의 페이지는 해당 코스를 완주하기 위한 최소 페이지를 의미하며, 다음 코스의 완주거리에 미치지 않는 경우에는 직전의 코스까지만 완주한 것이 된다.

A~E의 진술 중 한 명의 진술은 거짓이다. 거짓인 진술을 찾으려면, 진술들 간의 모순 관계를 파악해야 한다. 〈A~E의 독서마라톤 대회 참가 정보〉를 보면 C는 D가 걸음마 코스도 완주하지 못했다고 진술하는 한편, D는 A보다 3,000페이지 이상을 더 많이 읽었다고 진술하고 있다는 것이다. 3,000페이지를 읽었다는 것은 이미 걸음마 코스는 완주했다는 의미가 되므로, C와 D의 진술은 서로 모순된다. 따라서 C 또는 D의 진술 중 하나가 거짓일 경우를 상정하여 접근해볼 수 있다.

1) C의 진술이 거짓인 경우

C의 진술이 거짓이라면 거짓은 한 명뿐이므로 D의 진술 및 나머지 진술은 반드시 참이다. 따라서 D는 최소 걸음마 코스는 완주한 것이 된다. 발문에서는 A~E 중 걸음마 코스를 완주한 사람이 1명, 단축 코스를 완주한 사람이 2명, 하프 코스를 완주한 사람이 1명이라고 하였다. 즉, 이들 중에는 걸음마 코스도 완주하지 못한 사람이 있다. 구체적인 완주 코스 및 읽은 페이지 수는 알 수 없지만, 참인 진술에 따라 많은 분량을 읽은 사람부터 나열해보면, A의 진술을 통해 A>B, B의 진술을 통해 C>B, D의 진술을 통해 D>A, E의 진술을 통해 E>A가 확정된다. 즉, D>A>B이고, E>A>B이며, C>B이므로 결과적으로 B는 가장 적은 독서량으로 인해 걸음마 코스를 완주하지 못한 사람이 되어야 한다. 이때 B가 읽은 책의 페이지 범위는 0~1,999페이지(걸음마 코스를 완주하기 직전까지)가 될 것이다. 그리고 이때 C는 B보다 5,000페이지 더 읽었으므로 그 범위는 5,000~6,999페이지가 될 것인데, 이 경우 C는 걷기 코스만을 완주하게 된다. 그러나 발문에서 걷기 코스만을 완주한 사람은 없으므로 모순이 발생한다. 따라서 C의 진술은 거짓일 수 없고, D의 진술이 거짓임을 알 수 있다.

2) D의 진술이 거짓인 경우

앞서 D의 진술이 거짓임을 확정했으므로, C의 진술 및 나머지 진술은 반드시 참이다. 따라서 C의 진술에 따라 D는 제일 낮은 단계인 걸음마 코스도 를 완주하지 못했으므로 어떠한 코스도 완주하지 못한 사람에 해당함을 알 수 있다. 따라서 나머지 A, B, C, E가 걸음마 코스(1명), 단축 코스(2명), 하프 코스(1명)를 완주한 것이 된다. A의 진술을 통해 독서 분량은 A>B, E의 진술을 통해 E>A이므로 E>A>B가 성립한다. 또한 B의 진술을 통해 C>B이므로, B는 A, C, E보다 적은 페이지를 읽은 바, 가장 적은 페이지를 읽었음이 확정된다. 따라서 B는 걸음마 코스를 완주했다는 것을 알 수 있다. 이때 B의 독서 페이지는 걸음마 코스 이상 걷기 코스 미만일 것이므로, 2,000~4,999페이지가 될 것이다. 그리고 B의 진술에 따라 C는 B보다 5,000페이지를 더 읽었으므로 7,000~9,999페이지를 읽었을 것이다. 그런데 발문에 따르면 걷기 코스만 완주한 상태의 인원은 없으므로 C는 반드시 단축 코스를 완주한 사람이 되며, 독서 페이지의 범위는 7,500~9,999페이지가 된다. 마지막으로 남은 A와 E는 단축 코스 또는 하프 코스를 완주하였고, E의 진술에 따라 E>A이므로, E는 하프 코스, A는 단축 코스를 완주한 사람이 된다. 한편 A의 진술에 따라 A는 B의 독서량에 비해 두 배 더 많은 페이지를 읽었고, B의 독서량이 2,000~4,999페이지이므로, 이에 따라 A는 4,000~9,998페이지를 읽었다고 추론할 수 있다. 그런데 A는 단축 코스를 완주하였으므로 A의 독서 범위는 7,500~9,998페이지로 확정된다.

① (O) C의 진술은 참이다.
→ C의 진술은 참이고, D의 진술이 거짓이다.

② (×) 하프 코스를 완주한 사람은 D이다.
→ 하프 코스를 완주한 사람은 E이며, D는 걸음마 코스도 완주하지 못했다.

③ (O) C는 7,500페이지 이상의 독서를 했다.
→ C는 단축 코스를 완주하였으므로 7,500~9,999페이지의 독서를 하였다.

④ (O) A가 9,998페이지를 읽었다면 C는 9,999페이지를 읽었다.
→ A가 9,998페이지를 읽었다면 A의 진술에 따라 B는 이의 절반에 해당하는 4,999페이지를 읽었어

야 하고, B의 진술에 따라 C는 이보다 5,000페이지가 더 많은 9,999페이지를 읽었다.

⑤ (O) B와 E가 읽은 페이지는 6,000페이지 이상 차이가 날 것이다.

→ B는 최대 4,999페이지를 읽었을 것이고, 하프 코스를 완주한 E는 최소 11,000페이지 읽었을 것이다. 따라서 둘 사이에는 최소 6,000페이지 이상의 차이가 난다.

합격자의 시간단축 Tip

Tip ❶ 진술 간의 모순을 빠르게 찾는다.

참, 거짓 문제에서 시간 단축의 핵심은 A~E 중 거짓을 말한 자를 추리는 것이다. 위의 해설에서 보았듯이, C와 D의 진술은 서로 배치되는 진술임을 알 수 있다. 이를 빠르게 파악하여, 각각의 경우의 수를 분석하고 C, D 둘 중에 거짓을 진술한 사람을 찾아야 한다.

Tip ❷ 선지 간 모순되는 점을 찾는다.

구체적인 정답을 도출하기 전에 항상 선지를 적극적으로 활용하도록 하자. ① 선지는 C의 진술이 참이라고, 즉 D가 걸음마 코스를 완주하지 못했다고 설명하고 있다. 한편, ② 선지는 D가 하프 코스를 완주했다고 설명하고 있다. 다시 말해, ①과 ② 선지는 서로 모순이 되는 설명을 하고 있으므로, 둘 중 하나가 정답임을 알 수 있다. 따라서 해당 문제의 경우 ③, ④, ⑤의 선지는 사실상 옳고 그름의 여부를 판단할 필요가 없는 선지이다. C의 진술이 거짓임을 가정했을 때 모순이 발생하므로 C의 진술이 참임을 판단했다면, D는 걸음마 코스를 완주하지 못한 것이 되므로, 추가적인 분석을 할 필요 없이 ② 선지가 틀린 설명을 하고 있다는 것을 알 수 있다. 정답을 체크한 후, 빠르게 다음 문제로 넘어가자.

23 정답 ② 난이도 ●●●

문제해결능력_공고문/규정 이해

① (O) 탄소배출권 거래제는 2015년부터 시행 중이다.

→ '1. 시행 목적'에서 탄소배출권 거래제가 이미 시행 중임을 알 수 있고, '2. 탄소배출권 거래제 시행 배경 및 현황'의 나.목을 통해 탄소배출권 거래제가 2015년부터 시행되었음을 확인할 수 있다. 옳은 설명이다.

② (×) 탄소배출권 거래제는 탄소를 배출하는 모든 기업을 대상으로 한다.

→ '3. 탄소배출권 거래제 운영 방식'의 가.목을 통해 정부가 지정한 대규모 온실가스 배출사업장(이하 할당업체)을 대상으로 한다는 것을 확인할 수 있다. 즉, 탄소를 배출하는 모든 기업을 대상으로 하는 것은 아니다. 옳지 않은 설명이다.

③ (O) 탄소 발자국은 개인, 기업, 국가가 직·간접적으로 배출하는 온실가스의 총량을 의미한다.

→ '2. 탄소배출권 거래제 시행 배경 및 현황'의 가.목에서 '탄소 발자국(Carbon Footprint)은 개인, 기업, 국가가 직·간접적으로 배출하는 온실가스의 총량'임을 확인할 수 있다. 옳은 설명이다.

④ (O) 실제 배출량이 배출허용량을 초과한 할당업체는 초과분보다 적은 양의 배출권만 구매할 수는 없다.

→ '3. 탄소배출권 거래제 운영 방식'의 다.목에서 관련 내용을 확인할 수 있다. 실제 배출량이 배출허용량을 초과한 경우, 초과분을 0.1t 단위에서 올림한 양만큼 타 할당업체의 잉여허용량을 구매해야 한다. 따라서 초과분이 자연수일 경우 초과분만큼, 자연수가 아닌 양의 실수일 경우 초과분보다 더 많이 구매해야 하므로 초과분보다 적은 양의 배출권만 구매할 수는 없다. 옳은 설명이다.

⑤ (O) 올해 처음으로 배출허용량보다 적게 배출한 할당업체는 추가 인센티브 제도의 혜택을 받을 수 없다.

→ '4. 추가 인센티브 제도'의 가.목과 나.목을 통해 확인할 수 있다. 추가 인센티브 제도로는 '환경부 인증마크'와 '전기 요금 감면 혜택'이 있다. 전자의 경우 2년 연속 배출허용량보다 적게 배출한 경우, 후자는 3년 연속 배출허용량보다 적게 배출한 경우에 혜택을 받을 수 있다. 즉, 인센티브 제도의 혜택은 2년 이상 연속으로 배출허용량보다 적게 배출해야 받을 수 있으므로, 올해 처음으로 배출허용량보다 적게 배출한 할당업체는 인센티브 제도의 혜택을 받을 수 없다. 옳은 설명이다.

합격자의 시간단축 Tip

Tip 답을 확실하게 판단했으면, 남은 선지는 읽지 않고 넘어가도 좋다.

비교적 쉬운 난이도로 선지가 구성되어 있다. 선지 ②를 읽고 옳지 않은 설명임이 확실하게 판단이 된다면, 남은 선지를 읽지 않고 다음 문제로 넘어가는 것이 시간 단축에 도움이 될 것이다.

24 정답 ④ 난이도 ●○○

문제해결능력_지문의 이해 및 활용

'3. 탄소배출권 거래제 운영 방식'의 나.목에 따라 잉여 허용량은 1t 단위로만 판매 가능하고, 다.목에 따라 실제 배출량이 배출허용량을 초과한 경우 초과분을 0.1t 단위에서 올림한 양만큼 구매해야 한다. 이에 따른 각 할당업체의 잉여허용량 또는 초과분을 구해보면 다음과 같다. (단위: t)

업체	배출 허용량	실제 배출량	잉여 허용량 (초과분)	거래량
A	10	8.4	1.6	1t 판매
B	12	10.5	1.5	1t 판매
C	15	16.3	(1.3)	2t 구매
D	20	19.2	0.8	-

㉠ (×) 잉여허용량을 판매할 수 있는 업체는 3곳이다.
→ 잉여허용량을 판매할 수 있는 업체는 A, B 2곳이다. 틀린 보기이다.

㉡ (○) C업체는 200만 원을 사용하여 초과분을 구매해야 한다.
→ C업체는 2t을 구매해야 하고, 1t당 가격은 '3. 탄소배출권 거래제 운영 방식'의 나.목에 따라 100만 원이므로 200만 원을 사용한다. 따라서 옳은 보기이다.

㉢ (○) A, B, C, D 네 업체 사이의 잉여허용량 거래 결과, 판매되지 않고 남은 판매 가능한 잉여허용량이 존재하거나 잉여허용량이 추가로 필요한 상황은 발생하지 않는다.
→ A, B는 1t씩 팔고, 이를 C가 2t 구매한다. 판매되지 않고 남거나 추가적으로 필요한 잉여허용량은 없다. 따라서 옳은 보기이다.

합격자의 시간단축 Tip

Tip 선지의 구성을 보고 정오 판단이 필요한 보기만 풀이한다.

보기 ㉠이 틀린 보기임을 판단하였다면, 선지 ①, ④, ⑤는 정답에서 제외되고 ②, ③만 정답이 가능함을 알 수 있다. 이때, 선지 ②, ③에 보기 ㉢이 모두 포함되므로 ㉢의 정오 판단은 별도로 필요하지 않고, ㉡의 정오 판단만 하여 정답을 도출하면 된다. 한편, 이번 문제의 경우 난도가 매우 낮으므로 보기 ㉢을 빠르게 점검하는 것도 나쁘지 않다.

25 정답 ① 난이도 ●○○

문제해결능력_상황제시 및 최적선택(평가)

- **투자를 집행할 경우:** 투자한 해에 투자비용 χ가 발생하고(χ의 단위는 편의상 만 원이라 한다), 다음해부터 9년 동안 연간 실제 배출량이 24−5=19(t)으로 감소하여 9년 동안 매년 1t의 잉여허용량이 발생한다. 이를 판매하면 매년 100만 원, 9년 동안 총 900만 원의 이익을 얻는다. 그리고 투자한 해에는 초과분이 24−20=4(t)이므로 400만 원어치의 잉여허용량을 구매해야 한다. 결과적으로 발생하는 비용은 $\chi+400-900=\chi-500$(만 원)이다.
- **투자를 집행하지 않는 경우:** 10년 동안 매년 400만 원어치의 잉여허용량을 구매해야 하므로 발생하는 비용은 4,000만 원이다.
- 득실이 동일할 때는 탄소배출 저감 투자를 집행하므로, 탄소배출 저감 투자를 집행하기 위한 조건은 다음과 같다.

$\chi-500\leq4,000 \rightarrow \chi\leq4,500$

따라서 탄소배출 저감 투자를 집행하기 위한 최대 투자비용은 4,500만 원이다. 이를 초과하게 되면 투자하는 것이 오히려 더 손해이므로 투자를 집행하지 않는다.

26 정답 ② 난이도 ●○○

문제해결능력_지문의 이해 및 활용

A사의 강점은 탄탄한 재무구조와 낮은 제조 원가 기술력이다. 이러한 강점을 활용해 메모리 반도체 수요 위축과 메모리 반도체 가격 급락이라는 외부 위협이 발생했을 때, 생산 물량을 늘려 오히려 메모리 반도체 가격을 더욱 낮추는 전략을 취하여 외부 위협을 극복한 사례이므로 ST전략이다.

① (×) SO전략
→ 강점을 사용했으나, 시장의 기회가 발생한 상황이 아니므로 틀린 선지이다.

② (○) ST전략
→ 시장의 위협을 극복하기 위해 강점을 활용한 상황에 해당하므로 옳은 선지이다.

③ (×) WO전략
→ 약점을 극복하지 않았으며, 시장의 기회가 발생한 상황도 아니므로 틀린 선지이다.

④ (×) WT전략
→ 시장의 위협을 회피하지 않았으며, 약점을 최소화하지 않았으므로 틀린 선지이다.

⑤ (×) TOWS전략
→ 특정 상황에 대한 전략이 아닌, 외부환경을 강조하기 위한 SWOT 분석의 다른 표현이므로 틀린 선지이다.

합격자의 시간단축 Tip

Tip 문제 풀이에 필요한 부분만 발췌해서 읽는다.
선지의 구성을 통해 제시문에서 언급한 4가지 전략 중 어떠한 전략을 사용한 사례인지 판단하는 문제임을 알 수 있다. 이때, 제시문에서 SO, ST, WO, WT 각각의 전략에 대해 알아보기 쉽게 번호로 정리하여 소개하고 있으며, 제시문의 윗부분은 SWOT 분석에 대한 전반적인 설명이다. 4가지 전략에 대한 설명 부분만 읽어도 충분히 문제 풀이가 가능하므로, 이 부분만 읽고 문제를 풀면 시간 단축에 도움이 될 것이다.

27 정답 ② 난이도 ●○○
문제해결능력_상황제시 및 최적선택(평가)

㉠ (○) SO전략: 전자 상거래와 온라인 쇼핑에 익숙한 젊은 고객을 겨냥하여 젊은 고객의 감성에 맞춘 온라인숍 개설
→ SO전략은 시장의 기회를 활용하기 위해 강점을 사용하는 전략이다. 전자 상거래 및 온라인 쇼핑의 급성장이라는 기회를 활용하기 위해 젊은 고객 사이에서 긍정적인 인지도가 높다는 강점을 사용했으므로 적절하다.

㉡ (×) ST전략: 대형 유통업체와의 가격 경쟁에서 승리하기 위해 제품 가격을 대폭 할인
→ ST전략은 시장의 위협을 회피하거나 극복하기 위해 강점을 사용하는 전략이다. 제품 가격을 대폭 할인하면 제품 마진율이 낮다는 약점으로 인해 적자를 보게 될 우려가 있으므로 적절한 전략이 아니다. 또한 제품 가격은 B사의 강점이 아니므로 애초에 ST전략이 될 수가 없다. 따라서 적절하지 않다.

㉢ (×) WO전략: 경기 불황으로 위축된 소비를 극복하기 위하여 아직 자사 제품에 대한 인지도가 낮은 중·장년 고객을 대상으로 적극적인 마케팅을 펼쳐 고객층 저변 확대
→ WO전략은 약점을 극복함으로써 시장의 기회를 활용하는 전략이다. 경기 불황으로 인한 전반적인 소비 감소는 기회가 아니라 위협이고, 중·장년 고객의 인지도를 끌어올려 약점을 최소화하여 시장의 위협을 회피하고자 하므로 WT전략에 해당한다. 따라서 적절하지 않다.

㉣ (○) WT전략: 제품 마진율을 제고하여 경기 불황에 대응
→ WT전략은 시장의 위협을 회피하고 약점을 최소화하는 방어적인 전략이다. 경기 불황으로 인한 전반적인 소비 감소라는 위협을 이겨내기 위해 제품 마진율이 낮다는 약점을 극복하는 전략이므로 적절하다.

합격자의 시간단축 Tip

Tip 선지의 구성을 보고 정오 판단이 필요한 보기만 풀이한다.
보기 ㉠이 옳은 보기임을 파악했다면 선지 ①, ②만 정답이 될 수 있음을 알 수 있다. 따라서 나머지 보기를 모두 확인하지 않고 ㉡ 또는 ㉣ 둘 중에 하나만 확인하더라도 정답을 도출할 수 있다.

28 정답 ⑤ 난이도 ●○○
자원관리능력_공고문/규정 이해

① (○) 예상 소요 비용이 4천만 원인 품의서는 본부장 전결에서 처장 전결로 바뀐다.
→ 예상 소요 비용이 4천만 원인 경우는 전결 규정 개정 전에는 3천만 원 이상~1억 원 미만 범위에 포함되어 본부장 전결이었지만, 개정 후에는 3천만 원 이상~5천만 원 미만 범위에 포함되어 처장 전결이다. 따라서 옳은 선지이다.

② (○) 예상 소요 비용이 1억 원 이상인 품의서는 여전히 대표이사의 결재를 받아야 한다.
→ 개정 전과 후 모두 본부장 전결은 1억 원 미만까지이다. '■ 결재 라인'에 따라 본부장 전결 기준액을 넘기는 건에 대해서는 대표이사가 최종 결재하므로, 1억 원 이상일 경우에는 개정 전과 후 모두 대표이사 결재를 받아야 한다. 따라서 옳은 선지이다.

③ (○) 품의나 기안이 없는 실제 소요 비용 200만 원인 지출결의서는 경영지원처장의 합의에서 재무팀장의 합의로 바뀐다.
→ 지출결의서 내 실제 소요 비용이 200만 원인 경우는 개정 전에는 1백만 원 이상~3백만 원 미만 범위에 포함되어 처장 전결이었지만, 개정 후에는 3백만 원 미만 범위에 포함되어 팀장 전결이다. '■ 결

재 라인'에 따르면 처장 전결은 경영지원처장 합의가, 팀장 전결은 재무팀장 합의가 필요하므로 옳은 설명이다.

④ (O) 품의/기안이 있는 지출결의서의 경우 동일한 금액이 소요된 품의/기안이 없는 지출결의서보다 전결자의 직책이 낮거나 같다.
→ 품의/기안이 있으면 없을 때보다 전결자 별로 전결 기준액이 더 높게 설정된다. 따라서 동일한 금액일 경우 전결자의 직책은 품의/기안이 있을 때가 없을 때보다 낮다. 이는 개정 전과 후 모두 마찬가지이다. 팀장이 전결자인 경우에는 같을 수도 있다. 따라서 옳은 선지이다.

⑤ (×) 예상 소요 비용 2천만 원으로 기안서 결재가 완료된 건에 대하여 실제 소요 비용이 4천만 원인 지출결의서는 처장 전결에서 팀장 전결로 바뀐다.
→ 기안서 내 예상 소요 비용이 2천만 원인 경우 개정 전에는 1천만 원 이상~3천만 원 미만 범위에 포함되어 처장 전결이고, 개정 후에는 3천만 원 미만 범위에 포함되어 팀장 전결이다. '■ 품의/기안이 있는 지출결의서 전결자'의 단서에 따르면 품의서/기안서 내의 예상 소요 비용 초과 시 품의서/기안서 전결자의 한 단계 상위 전결자가 전결 처리한다. 실제 소요 비용이 기안서의 예산 소요 비용을 초과하였으므로 2천만 원짜리 기안서 전결자의 한 단계 상위 전결자가 전결 처리한다. 즉, 개정 전 처장의 한 단계 상위 전결자인 본부장 전결에서 개정 후 팀장의 한 단계 상위 전결자인 처장 전결로 바뀐다. 따라서 틀린 선지이다.

합격자의 실전 풀이 순서

본문의 내용을 전부 읽지 않고 표의 제목과 단서만 확인한다. 이는 선지를 보고 발췌독할 때의 위치를 파악하기 위함이다. 또한 단서는 반드시 활용되므로 미리 확인해 둔다. 다음으로 선지를 확인하며 본문에서 필요한 정보만 찾아 하나씩 해결한다. 단서를 활용한 선지는 항상 정답일 확률이 높으므로 단서가 활용된 선지를 파악했다면 이를 먼저 판단해도 좋다.

합격자의 시간단축 Tip

Tip 단서는 반드시 활용된다.

예상/실제 소요 비용의 범위와 전결자가 누구인지만 잘 매칭하면 되는 문제이다. 다른 선지의 경우 별다른 어려움 없이 풀 수 있으리라 생각되고, '■ 품의/기안이 있는 지출결의서 전결자' 하단에 있는 단서 조항만 잘 본다면 함정에 빠지지 않고 정답을 판단할 수 있다. 단서에서 품의서/기안서 내의 예상 소요 비용 초과 시 품의서/기안서 전결자의 한 단계 상위 전결자가 전결 처리한다고 되어 있으므로 선지 ⑤는 틀린 선지가 된다. 이처럼 제시문에 언급되는 단서 조항은 항상 활용되므로, 놓치는 일이 없도록 주의하자.

29 정답 ❷ 난이도 ●○○

자원관리능력_적정 대상 선택

전결 규정 개정안을 숙지하였으므로 개정 후의 기준을 따라야 한다. '관련문서' 항목을 통해 품의서가 있음을 알 수 있고, '결제금액 합계' 위의 단서 조항을 통해 지출결의서 내 실제 소요 비용이 품의서 내의 예상 소요 비용을 초과하지 않았음을 알 수 있다. 총 소요 비용은 35,588,000원으로 5천만 원 미만의 범위에 속한다. 따라서 팀장이 전결한다.

합격자의 시간단축 Tip

Tip 제시문의 여러 표 중 어떤 표를 확인하면 되는지만 파악하면 된다.

제시문에 있는 표 중에서 '■ 품의/기안이 있는 지출결의서 전결자' 항목에 있는 표를 확인하면 된다는 사실을 빠르게 찾아야 한다. 이후, 하단에 있는 단서 조항에 해당하는지를 판단하고 실제 소요 비용의 범위만 판단한다면 쉽게 정답을 찾을 수 있다.

30 정답 ❷ 난이도 ●○○

자원관리능력_공고문/규정 이해

① (O) 교습시간에 따른 수강료 공제 외에 별도의 공제금은 발생하지 않겠군.
→ 공제금은 환불 시 교습시간의 경과에 따라 환불받지 못하는 금액과 학원으로부터 특정한 혜택을 받고 결제한 경우에 적용되는 금액으로 나뉜다. A씨는 어떠한 혜택도 제공받지 않고 수강료를 납부한 경우에 해당하므로, 교습시간의 경과에 따른 공제금 외에 별도의 공제금은 없다. 따라서 옳은 선지이다.

② (×) 환불받을 수 있는 수강료는 16만 원이겠군.
→ A씨는 본인의 의사로 수강을 포기하였으며, 강의는 총 3주간 진행되므로 '1. 수강료 환불기준'의 학습자가 본인의 의사로 수강을 포기한 경우 중 수강 기간이 1개월 이내인 경우에 해당한다. 한편 A씨는 총 21일의 교습시간 중 8일째에 환불을 신청하고자 한다. 이때 8일째의 경우 총 교습시간의 1/3이 경과하였지만 1/2은 경과하기 전에 해당하므로 '총

교습시간의 1/2 경과 전'의 규정을 적용하여야 한다. 이 경우 환불금액은 이미 납부한 수강료의 1/2 해당액이다. 따라서 A씨는 12만 원을 환불받을 수 있으므로 옳지 않은 선지이다.

③ (O) **환불을 하려면 반드시 수강증을 지참해서 학원에 내방해야겠군.**
→ A씨는 수강료를 방문 결제하였으므로, '2. 환불절차' 중 방문 결제 후 수강증을 수령한 경우에 해당한다. 따라서 카드 결제를 했는지 현금 결제를 했는지 여부와 관계없이 수강증 지참 후 학원에 내방하여 환불요청을 해야한다. 옳은 선지이다.

④ (O) **강의 첫날 제공된 무료 교재는 반납하거나 유료로 구매해야겠어.**
→ '3. 기타사항' 중 두 번째 내용에 따라 수강생에 한하여 무료로 제공된 교재 등은 환불 시 반납해야 하며, 교재가 훼손된 경우에는 유료로 구입하여야 한다. 따라서 강의 첫날 무료 교재가 제공되었다면 A씨는 수강료 환불 시 교재를 반납해야 하며, 교재가 훼손된 경우 유료로 구매해야 한다. 옳은 선지이다.

⑤ (O) **합격통보를 받은 날 수강료 환불 신청을 했어도 전액 환불은 불가능했겠군.**
→ '1. 수강료 환불기준'을 보면 수강료 전액을 환불받기 위해서는 수강료 징수 기간이 1월 이내이며, 환불 사유 발생일이 교습개시 이전이어야 한다. 그런데 교습개시일은 4월 1일이고, A씨가 합격통보를 받은 날은 4월 5일이므로, 합격 통보를 받은 날 수강료 환불 신청을 했어도 전액 환불은 받을 수 없다. 따라서 옳은 선지이다.

합격자의 시간단축 Tip

Tip ❶ 선지를 보고 필요한 부분만 발췌하여 읽는다.
제시문의 수강료 환불기준의 경우 다양한 기준에 따라 환불금액을 분류해 놓은 것을 알 수 있다. 제시문을 읽기 전에 문제를 먼저 읽은 후 해당 사례가 표의 어느 부분에 해당하는지를 먼저 파악한다면 문제 풀이 시간을 단축할 수 있다. 수강증을 지참하여 환불해야 하는지 여부를 묻는 선지 ③의 경우에도 전체를 다 읽지 않고 2. 환불절차 중 방문 결제에 해당하는 부분임을 파악한 후, 문제를 푼다면 더 빠르게 해결할 수 있을 것이다.

Tip ❷ 먼저 볼 선지는 상식에 빗대어 판단하기
먼저 볼 선지는 상식에 빗대어 틀린 것 같은 선지부터 판단하는 것도 좋다. 주어진 〈자료〉 또는 〈제시문〉은 실제 존재하는 통계자료, 법령, 규정을 바탕으로 만들어지기 때문에 일반상식에 빗대어 판단하면 시간을 단축할 수 있다. 이 경우 선지 ③, ④의 경우, 환불할 때 영수증 및 증빙자료를 지참해야 한다는 점, 무료로 제공된 사은품은 반납 혹은 구매해야 한다는 점을 고려할 때 먼저 볼 필요 없다. 선지 ⑤ 역시, 이미 강의가 시작된 시점이므로 전액 환불은 어려울 것이라 예상할 수 있다. 따라서 선지 ①, ② 중에서 먼저 볼 선지를 선택하는 것이 좋다. 이때 중요한 것은 먼저 볼 선지를 추리는 과정에서 상식이 쓰이는 것이지, 상식에 기대어 답을 결정하는 것은 위험하다. 정답은 온전히 문제에 주어진 단서만을 토대로 결정해야 한다.

31 정답 ②

난이도 ●○○

자원관리능력_수치 계산(비용, 시간)

B씨는 강의 수강 중 수업에 불만족하여 자신의 의사로 수강을 포기하였다. 해당 수업은 7월과 8월 두 달에 걸쳐 진행되는 수업으로, 수강 기간이 1개월을 초과하는 경우에 해당한다. 이때 B씨는 7월 14일에 환불을 요청하였고 7월 1일부터 수업을 수강하였으므로, 교습개시 이후에 수강료 환불을 신청한 경우에 해당한다. 따라서 환불금액은 '환불사유가 발생한 달의 환불금액(수강 기간이 1개월 이내인 경우에 따라 산출된 환불금액을 말한다)과 나머지 달의 수강료 전액을 합산한 금액'이다. 즉, 환불금액은 '환불사유가 발생한 달(7월)의 환불금액과 '나머지 달(8월)의 수강료 전액'을 합산한 값이 된다.
한편 B씨는 수업 결제 시 얼리버드 할인을 적용받아 10%만큼의 할인된 가격으로 강의를 결제하였고, 이와 같이 할인 혜택을 받은 수강료에 대해 환불이 이루어지는 경우에 공제금의 계산은 정상 수강료를 기준으로 이루어진다. 따라서 정상 수강료를 계산해야 한다.
10%를 할인받아서 결제한 금액이 390,600원이므로, 이를 식으로 나타내면 다음과 같다.
정상수강료$\times 0.9 = 390,600$
위 수식을 변형하면, 정상 수강료를 구하기 위해서는 최종 결제금액을 0.9로 나누어야 한다.
정상수강료$= 390,600 \div 0.9 = 434,000$(원)
따라서 정상 수강료는 434,000원이며, 7월과 8월의 수강료는 각각 217,000원이다.
환불 규정에 따르면 당해 월의 환불금액은 수강 기간이 1개월 이내인 경우에 따라 산출된 환불금액을 기준으로 한다. 따라서 당해 월(7월)의 경우, B씨가 7월 14일에 환불요청을 하였으므로 총 교습시간의 1/2 경과 전에 해당한다. 따라서 7월의 환불금액은 7월 수강료의 1/2 해당액이며, 8월의 경우 수강료 전액을 환불받는다. 따라서 공제금은 7월 수강료인 217,000원의 1/2인 108,500원이므로, B씨가 환불받는 금액은 390,600원−108,500원=282,100(원)이다.

합격자의 시간단축 Tip

Tip 문제를 성급하게 풀어 함정에 빠지지 않도록 한다.
공제금의 개념을 잊고 문제를 성급히 풀지 않도록 한다. 공제금은 '정상 수강료'를 기준으로 계산되지만 실제로 환불받는 금액은 '최종 결제금−공제금'이다. 예컨대, 7월의 경우 전체 수강료의 절반, 8월의 경우 전체 수강료 전액을 환급받을 수 있으므로 정상 수강료에 해당하는 434,000원의 75%를 환급받을 수 있다고 생각하면 잘못된 판단이다. 이렇게 계산하면 434,000×0.75=325,500(원)을 환불받을 수 있다고 판단하여 선지 ⑤를 정답으로 체크할 수도 있다.

32 정답 ④ 난이도 ●●●

문제해결능력_공고문/규정 이해

① (×) △△투자증권에서 판매하는 골드바의 제조사와 품질보증사는 동일하다.
→ [판매형태]를 보면 △△투자증권에서 판매하는 골드바의 제조사는 ㅁㅁ기업임을 알 수 있다. 반면, [품질보증]을 보면 품질보증사는 (주)ㅇㅇ기업이다. △△투자증권에서 판매하는 골드바의 제조사와 품질보증사는 다르다. 옳지 않은 선지이다.

② (×) 미성년자의 경우 법정대리인이 미성년자의 명의로 골드바를 매수할 수 있다.
→ [거래대상]에 의하면 거래대상은 개인이며 대리인을 통한 거래는 불가능하고 미성년자는 원칙적으로 거래 대상에서 제외된다. 단, 미성년자의 경우라도 법정대리인의 동의를 받으면 거래가 가능하다. 즉 미성년자의 경우 법정대리인의 동의를 받아 미성년자 본인 명의로 골드바를 매수할 수 있을 뿐 법정대리인이 미성년자의 명의로 골드바를 매수할 수는 없다. 옳지 않은 선지이다.

③ (×) 골드바 10g의 매수 주문 시점에 기준가격이 10만 원인 경우 신청금액은 105만 원이다.
→ [거래방법]에 따라 신청금액은 골드바 주문 시점과 체결 시점의 가격차이이다. 이는 예상금액(주문 시점의 골드바 매매가격)의 105%로 계산된다. 그러므로 먼저 매수 주문 시점의 골드바 매매가격을 구해야 한다. [거래방법]과 [매매가격]을 보면, 골드바 매수 시 매매가격은 기준가격×골드바중량×(1+마진율)로 구할 수 있다. 즉 골드바 10g의 매수 주문 시 기준가격이 10만 원이라면 매매가격은 10만 원×10g×(1+마진율)=100만 원×(1+0.07)=107(만 원)이다. 따라서 골드바 신청 가격은 100만 원×(1+0.07)×(1+0.05)=112.35(만 원)이다. 따라서 옳지 않은 선지이다.

④ (○) 골드바를 영업점을 통해 수령하는 경우 골드바 매수 시 적용되는 마진율은 5% 이하이다.
→ [골드바 배송]을 통해 골드바를 영업점에서 수령하는 경우는 골드바를 100g 이상 매수한 경우임을 알 수 있다. [매매가격]을 통해 골드바 매수 시 적용되는 마진율을 알 수 있는데, 100g 이상의 골드바를 매수하는 경우 마진율은 4%(500g, 375g)~5%(100g)로 5% 이하이다.

⑤ (×) △△투자증권 모바일 앱을 통해 오전 10시 20분경 골드바 매도 주문을 하였다면 주문체결은 오전 11시에 실행된다.
→ [거래방법]을 보면 골드바 매도는 골드바 매수와 달리 △△투자증권 영업점을 통해서만 가능하다. 즉, 모바일 앱을 통한 골드바 거래는 매수 시에만 가능하다. 따라서 △△투자증권 모바일 앱을 통해서는 매도 주문을 할 수 없기 때문에 옳지 않은 선지이다.

합격자의 시간단축 Tip

Tip ❶ 복잡한 선지 먼저 해결한다.
발문이 '~에 대해 이해한 내용으로 적절한 것은?'으로 주어졌고 선지를 훑어보았을 때 비교적 간단한 내용을 묻는 선지가 많다. 이 경우 선지 ③이나 선지 ④처럼 비교적 복잡한 내용의 선지가 답으로 구성되었을 가능성이 높다. 따라서 다른 선지를 확인하기보다 이러한 선지를 먼저 해결하면 시간을 단축하는 데 도움이 된다.

Tip ❷ 선지를 두 부분으로 나누어 뒷부분부터 확인한다.
이 문제의 경우 주어진 내용의 여러 부분을 합쳐서 하나의 선지로 구성한 것을 알 수 있다. 예컨대, 선지 ④는 '(ⅰ)골드바를 영업점을 통해 수령하고자 하는 경우 골드바 매수 시 적용되는 (ⅱ)마진율은 5% 이하이다.'로 두 부분을 확인해야 한다. 이때 뒷부분인 마진율이 5% 이하인 경우를 먼저 확인하고, 영업점을 통해 수령하는 경우가 전부 여기에 해당하는지 확인하는 순으로 뒤에서부터 확인하는 것이 시간 단축에 유리하다.

선지 ③ 정확한 계산은 지양한다.
선지 ③에서 신청금액이 105만 원인지 여부를 묻고 있다. 신청금액이 105만 원이 아니기만 하면, 그 값이 무엇이든 간에 ③은 옳지 않은 선지일 것이다. 105만 원이라는 숫자는 구조상 100만 원의 105%임을 직관적으로 알 수 있다. 즉, 이는 매수 시 마진률인 107%를 고려하지 않고 계산된 가격임을 곧바로 알 수 있었을 것이다. 112.35만 원이라는 구체적인 결괏값을 계산하지 않고도 충분히 정오 판단이 가능함을 인지하길 바란다. 참고로, 선지 등에 정오 판단을 요구하는 숫자가 어떤 계산 과정을 거쳐서 유도된 숫자인지 예측을 하고 정오 판단을 시도한다면, 계산을 줄이는 데에 도움이 된다.

선지 ⑤ 매수·매도와 같이 의미는 상반되지만 유사한 단어는 내용을 섞어서 출제할 수 있다. 해당 선지도 매수 시 가능한 주문 방법을 매도 시 가능하다고 하여 함정을 판 문제이다. 이런 점들을 유의하고 자료를 읽고 문제를 푼다면 고민 없이 정오 판단을 할 수 있을 것이다.

33 정답 ①

난이도 ●●●

문제해결능력_적정 대상 선택

ㄱ. (×) △△은행에서 매수한 골드바를 매도하고자 하는 경우

→ [매매종류]에 따라 골드바 고객 매도는 △△투자증권에서 판매한 골드바에 한해서 가능하다. 따라서 △△은행에서 매수한 골드바는 △△투자증권에서 매도할 수 없다. 옳지 않은 보기이다.

ㄴ. (×) 계좌 잔고가 108만 원인 상태에서 골드바 주문 시 신청금액이 103만 원으로 계산되었고, 체결 시 106만 원으로 가격이 확정된 경우

→ [거래방법]을 보면, 골드바 주문 신청은 출금가능금액이 신청금액 이상이어야 한다. 계좌 잔고가 108만 원인 상태에서 골드바 주문 시 신청금액이 103만 원이라면 주문신청은 가능하다. 다만 신청금액을 초과하여 가격이 확정되면 주문은 자동으로 취소된다. 체결 시 106만 원으로 확정된 바, 이는 신청금액을 초과하여 가격이 확정된 경우에 해당한다. 따라서 이 경우 매수 주문은 체결되지 않고 자동으로 취소될 것이다. 옳지 않은 보기이다.

ㄷ. (×) 오후 1시에 골드바 주문 시 계좌 잔고가 신청금액의 100%였으나, 30분 뒤 잔고의 5%를 타행이체하고 오후 2시에 골드바 가격이 주문 시점 가격의 100%로 확정된 경우

→ [거래방법]에 따라, 신청금액은 주문 시점의 골드바 가격의 105%로 계산된다. 따라서 오후 1시에 계좌 잔액이 신청금액의 100%였다는 것은 주문 시점의 골드바 가격을 기준으로는 105%에 해당하는 금액만큼 계좌에 잔액이 있었다는 의미이다. 30분 뒤, 이 잔액의 5%를 이체하였다면 주문 시점의 골드바 가격을 기준으로 $1.05 \times 0.05 = 0.0525$를 이체한 것이 된다. 그 결과 잔액은 골드바 주문 시점 가격 기준 99.75%(105%−5.25%)가 남게 된다. 이에 따라 오후 2시에 골드바 가격이 주문 시점 가격의 100%로 확정된 경우, 출금 시 잔고가 부족하다. 따라서 이 경우에도 주문은 자동으로 취소된다. 옳지 않은 보기이다. 주문 시점 골드바 매매가격을 100만 원으로 가정하고 보기를 해결할 수도 있다. (주문 시점 골드바 매매가격이 100만 원이고 오후 1시에 골드바 주문 시 계좌 잔고가 신청금액의 100%였다는 것은 계좌 잔고가 105만 원이었다는 것이다. 30분 뒤 105만 원의 5%인 5.25만 원을 타행 이체한 경우, 통장 잔고는 99.75만 원이 된다. 오후 2시에 골드바 가격이 주문 시점의 100%로 확정되었다면 100만 원으로 확정된 것인데 그러면 출금 잔고가 부족하게 된다. 따라서 이 경우에 주문은 자동 취소된다.)

ㄹ. (○) 골드바 주문 시 계좌 잔고가 300만 원이었고, 신청금액 또한 300만 원으로 계산되었는데 체결 시점의 가격이 주문 시점의 골드바 매매가격의 104%로 확정된 경우

→ [거래방법]에 따라, 골드바 주문신청은 출금 가능 금액이 신청 금액 이상인 경우에 가능하므로 출금 가능 금액(주문 시 계좌 잔고)과 신청 금액이 일치하는 경우에도 주문신청은 가능하다. 즉 골드바 주문 시 계좌 잔고가 300만 원이었고, 신청 금액 또한 300만 원이라도 주문신청은 가능하다. 또한, 신청금액은 주문 시점의 골드바 매매가격의 105%로 계산된다. 신청금액=주문 시점의 골드바 매매가격× 1.05가 성립하므로, 신청금액이 300만 원이면 주문 시점의 골드바 매매가격$=\frac{300}{1.05} \fallingdotseq 285.714$(만 원)이다. 따라서 체결 시점의 가격이 주문 시점의 골드바 매매가격의 104%로 확정되었다면, 체결 시점의 가격$=\frac{300}{1.05} \times 1.04 \fallingdotseq 297.143$(만 원)이다. 신청 금액(300만 원)보다 낮은 가격(약 297만 원)으로 확정된 것이다. 따라서 거래가 가능하다.

합격자의 시간단축 Tip

Tip ① 선지의 보기 구성을 적극적으로 활용한다.

보기 ㄱ은 다른 보기에 비해 간단한데 선지 ②, ③, ⑤ 3가지에 들어있다. 선지 ㄱ을 먼저 확인한다.

보기 ㄱ이 옳은 경우 ② ㄱ, ㄴ 또는 ⑤ ㄱ, ㄴ, ㄹ이 답이 될 확률이 높으므로 보기 ㄹ을 확인한다. 반면, ㄱ

이 옳지 않은 보기인 경우에도 ㄷ을 확인함으로써 답을 도출할 수 있다. 따라서 선지의 구성을 적절히 활용하여 문제 풀이 순서를 결정하면 시간 단축에 용이하다,

Tip ❷ 계산이 쉬워지는 예를 활용한다.

보기 ㄷ의 경우 % 단위로 계산하다 보면 헷갈리고 복잡하게 느껴질 수 있다, 이때 10만 원, 100만 원 등 스스로 느끼기에 계산이 편한 예를 활용하여 보기에 주어진 대로 계산을 해본다. 옳은 보기라면 어떤 예시를 대입해도 성립해야 하므로 이런 방법을 통해서 보기의 정오를 쉽게 파악할 수 있다. 반대로, 보기 ㄹ의 경우 주어진 예시를 계산하기보다는 계산 시 활용되는 %를 그대로 적용해서 문제를 해결하는 것이 쉽다.

Tip ❸ 정확한 계산이 필요하지 않은 경우 어림잡아 계산한다.

문제에서 정확한 계산값을 요구하는 것이 아니라 단순 대소 비교 등을 요구하는 경우라면 정확한 값을 구할 필요가 없다. 예를 들어 보기 ㄷ이나 ㄹ의 경우 골드바 신청 금액이나 주문 시점 가격 등의 정확한 값을 구하지 않더라도 대소 비교만을 통해 보기의 정오 판단이 가능하다.

특히 보기 ㄹ의 경우 신청 금액이 주문 시점 골드바 매매가격의 105%인데 주문체결 시점의 가격이 골드바 매매가격의 104%라면, 식 구조상 신청 금액이 확정 금액보다 낮다는 것을 바로 알아차렸어야 한다.

34 정답 ⑤ 난이도 ●●●

문제해결능력_지문의 이해 및 활용

① (O) 2025.2.10. 14시의 골드바 기준가격은 1g당 126,000원이다.

➜ 골드바의 기준가격(₩/g)은 국제 금 시세($/ T.oz) ÷31(g/T.oz)×매매기준환율(₩/$)이다. 2025.2.10. 14시에 국제 금 시세는 2,790($/ T.oz), 매매기준환율은 1,400(₩/$)이므로, 골드바 기준가격은 1g당 2,790÷31×1,400=126,000(원)이다. 옳은 선지이다.

② (O) 2025.2.10. 12시 30분에 적용되는 골드바 100g의 매도가격은 11,837,000원이다.

➜ 골드바 매도 시 가격은 기준가격×골드바중량×(1−마진율)이다. 먼저, 2025.2.10. 12시 30분의 골드바 1g의 기준가격은 국제 금 시세($/T.oz)÷31(g/T.oz)×매매기준환율(₩/$)에 따라 2,759÷31×1,400=124,600(원)이다. 골드바 고객 매도 시 적용되는 마진율은 5%(0.05)이다. 따라서 2025.2.10. 12시 30분에 적용되는 골드바 100g의 매도가격은 124,600×100×(1−0.05)=11,837,000(원)이다. 옳은 선지이다.

③ (O) 2025.2.10. 11시 30분에 골드바를 500g 주문한 경우, 주문자의 잔고가 부족하지 않는 한 14시에 정상적으로 매수 체결된다.

➜ 본문에 따르면 신청 금액을 초과하여 가격이 확정되거나 확정가격 출금 시 잔고가 부족하여 주문이 자동으로 취소되는 경우를 제외하고는 정상적으로 주문이 체결될 것이다. 문제에 주어진 내용을 통해서 주문자의 잔고를 확인할 수는 없으므로 신청 금액을 초과하여 가격이 확정된 경우가 있는지 확인한다.

골드바 주문체결은 오전 11시, 오후 2시(14시)에 실행되므로 11시 30분에 골드바를 주문하였을 때 매수 체결이 되는 시점은 14시이다.

신청금액은 주문 시점의 골드바 매매가격의 105%인데, 이 금액보다 매수 체결 시점 골드바 매매가격이 더 크다면 주문은 자동 취소된다.

(i) 2025.2.10. 11시 30분 골드바 500g 신청금액
신청금액=주문 시점 골드바 매매가격×1.05
골드바 고객 매수 시 매매가격=기준가격×골드바중량×(1+마진율)
기준가격(₩/g)=국제 금 시세($/T.oz)÷31(g/T.oz)×매매기준환율(₩/$)
따라서, 신청금액=2,697÷31×1,400×500×1.04×1.05=66,502,800(원)이다.

(ii) 2025.2.10. 14시 골드바 500g 확정가격
골드바 주문체결 시 출금액은 체결 시점의 골드바 매매가격이다. 즉 2025.2.10. 14시 골드바 매매가격이 확정가격이다. 앞선 선지 ①에서 도출한 바와 같이 2025.2.10. 14시 골드바 1g 기준가격은 126,000원이다. 따라서 골드바 500g의 매매가격은 126,000×500×(1+0.04)=65,520,000(원)이다.

결과적으로, 2025.2.10. 11시 30분 골드바 500g의 신청금액(66,502,800원)보다 14시의 매매가격(65,520,000원)이 더 적다. 따라서 주문자의 잔고가 부족하지 않은 한 매수는 정상적으로 체결될 것이므로 옳은 선지이다.

④ (O) 2025.2.10. 11시에 체결된 골드바 주문 1g당 신청금액은 10시 30분에 주문한 경우에 가장 낮다.

➜ 2025.2.10. 11시에 체결된 골드바 주문은 10시 30분까지의 주문 건에 한한다. 따라서 09시~10시 30분의 금 가격 및 환율 고시를 살펴본다.

신청 금액은 매매가격의 105%이고, 매매가격은 기

준가격×골드바중량×(1+마진율), 기준가격은 국제 금 시세($/T.oz)÷31(g/T.oz)×매매기준환율(₩/$)이다.

∴ 신청 금액

=매매가격×1.05

={기준가격×골드바중량×(1+마진율)}×1.05

=[{국제 금 시세($/T.oz)÷31(g/T.oz)×매매기준환율(₩/$)×골드바중량×(1+마진율)}×1.05

가 성립한다.

31과 1.05는 불변하는 상수이며, 골드바중량과 그에 따른 마진율이 일정하게 유지되는 경우, 국제금시세×매매환율기준의 값이 낮을수록 신청 금액 또한 낮아진다.

09시~10시 30분 동안 국제금시세 및 원달러환율의 값이 모두 10시 30분에서 가장 낮으므로 국제금시세×매매환율기준의 값도 10시 30분에 가장 낮을 것이다. 따라서, 11시에 체결된 골드바 주문의 1g당 신청 금액은 10시 30분에 가장 낮다.

⑤ **(×) 2025.2.10. 12시에 골드바 10돈을 주문하고 13시에 20돈을 주문하였다면 각각에 적용된 매수가격은 2배 이상 차이난다.**

➜ 기준가격=국제 금 시세($/T.oz)÷31(g/T.oz)×매매기준환율(₩/$)이 성립한다.

따라서 2025.2.10. 12시와 13시의 금 시세는 2,745($/T.oz), 원달러환율은 1,397원으로 같으므로 골드바 1g당 기준가격은 동일하다.

매수가격=기준가격×골드바중량×(1+마진율)이므로, 기준가격이 동일하다면 12시와 13시의 매수가격은 골드바중량×(1+마진율)의 배율에 비례할 것이다. 2025.2.10. 12시의 골드바 10돈 매수가격은 기준가격×37.5×1.07=기준가격×40.125이고, 13시의 매수가격은 기준가격×75×1.05=기준가격×78.75이다.

$$\therefore \frac{13\text{시 매수가격}}{12\text{시 매수가격}} = \frac{\text{기준가격}\times 78.75}{\text{기준가격}\times 40.125} \fallingdotseq 1.963$$

이다. 따라서 12시와 13시의 매수 가격은 2배 이하로 차이난다. 옳지 않은 선지이다.

합격자의 시간단축 Tip

Tip ❶ 모든 계산을 일일이 하기보다는 수식으로 정리하고, 소거할 수 있는 항은 소거한다.

둘 이상의 결괏값을 비교해야 할 때, 계산이 복잡할수록 여백에 계산식을 깔끔하게 적고, 공통으로 존재해서 소거할 수 있는 항목은 소거하고 계산하는 것이 시간 단축에 유리하다. 예컨대, 선지 ③의 주문 시점의 신청 금액과 체결 시점의 확정가격을 비교할 때 다음과 같이 계산한다.

신청 금액=국제 금 시세(2,697)×1.05

→ 2,697×1.05

확정가격=국제 금 시세(2,790)

→ 2,790

즉, 구체적인 결괏값을 도출할 필요 없이, 2,697×1.05와 2,790의 대소를 비교하기만 하면 된다. 이때도 2,697의 5%가 2,697과 2,790의 차이인 93보다 큰지만 확인하면 간단하다.

Tip ❷ 값의 크기 차이가 n배 이상인지 비교할 때는 분수로 생각하면 편리하다.

어떤 두 값의 크기 차이가 n배 이상인지, 이하인지 비교할 때는 분수 형태로 바꾸어서 계산한다. 예컨대 선지 ⑤의 2025.2.10. 12시 골드바 10돈의 매수가격과 13시 골드바 20돈의 매수가격을 비교할 때 다음과 같이 계산한다.

$$\frac{\text{기준가격}\times 37.5\times 1.07}{\text{기준가격}\times 75\times 1.05} = \frac{1.07}{2\times 1.05} = \frac{107}{210}$$

107의 2배는 214이므로 두 시점의 매수가격이 2배보다 적게 차이 남을 확실히 알 수 있다.

기준가격이 같은 상황에서 골드바 중량이 정확히 2배 차이 나지만 마진율이 각각 1.07, 1.05이므로 적용되는 매수 가격은 2배보다 적게 차이 나므로 2배 이하일 수밖에 없는 것이다. 분수비교를 적극적으로 활용한다면 계산을 줄일 수 있다.

선지 ④ 신청금액은 예상시점(주문 시점의 골드바 매매가격)의 105%로 계산한다. 따라서 구체적인 수치를 계산하기보다 각각의 값들을 비교하여 판단할 수 있다면 하는 것이 좋다. 골드바중량과 마진율은 동일할 것이므로 기준가격에서 차이가 있는데, 10시 30분의 원달러환율과 국제 금 시세가 11시에 체결 가능한 적용 시간대(09:00, 09:30, 10:00, 10:30)의 값들 중 가장 낮으므로 신청금액도 가장 낮을 것임을 알 수 있다.

35 정답 ④

난이도 ●●○

정보능력_엑셀

〈고급필터 지정방법〉에 따르면, AND 조건의 경우 같은 행에 입력해야 하며, OR 조건의 경우 필요한 조건을 모두 다른 행에 입력한다. 해당 고급필터는 혼합조건을 활용하여 지정되었다. 1행과 2행, 3행의 다른 행에 조건을 입력함으로써 OR 조건을 사용하였다. 따라서 1행 또는 2행 또는 3행의 조건 중 한 가지라도 만족하는 경우 추출할 수 있다. 이때, 1행과 2행은 AND 조건으로 같은 행에 있는 조건을 모두 충족했을 때, 1행과 2행의 조건을 만족한다.

이를 반영하여 〈고급필터 조건〉을 해석하면, 다음의 세 가지 경우 중 어느 하나에 해당하면 고급 필터를 지정한 결과에 포함된다. 첫째, 1행에 따라 추출된 것으로, 고객 등급이 다이아몬드이면서 금월 구매 횟수가 15회 이상이고 연간 구매 금액이 4,000만 원 이상인 경우이다. 둘째, 2행에 따라 추출된 것으로 고객 등급이 플래티넘이면서 금월 구매 금액이 300만 원 이상인 경우이다. 셋째, 3행에 따라 추출된 것으로, 연간 구매 횟수가 140회를 초과하는 경우이다.

① 김하늘의 경우, 고객 등급이 플래티넘이므로 2행 또는 3행을 충족한 경우 추출될 수 있다. 2행 충족 여부를 검토하기 위해 AND 조건을 확인하면, 플래티넘 등급인 김하늘은 금월 구매 금액이 300만 원을 초과하므로 2행의 모든 조건을 충족한다. 따라서 옳은 선지이다.

② 이도윤의 경우, 고객 등급이 골드이므로 3행을 충족한 경우 추출될 수 있다. 이도윤은 연간 구매 횟수가 140회를 초과하므로 세 번째 조건을 충족한다. 따라서 옳은 선지이다.

③ 박서연의 경우, 고객 등급이 다이아몬드이므로 1행 또는 3행을 충족한 경우 추출될 수 있다. 1행 충족 여부를 검토하기 위해 AND 조건을 확인하면, 다이아몬드 등급인 박서연은 금월 구매 횟수가 15회이고, 연간 구매 금액이 4,000만 원을 초과하므로 1행의 모든 조건을 만족한다. 따라서 옳은 선지이다.

④ 정민호의 경우, 고객 등급이 플래티넘이므로 2행 또는 3행을 충족한 경우 추출될 수 있다. 2행 충족 여부를 검토하기 위해 AND 조건을 확인하면, 플래티넘 등급인 정민호는 금월 구매 금액이 289만 원으로, 300만 원 이상이 아니므로 2행의 두 번째 조건을 충족하지 못한다. OR 조건에 의해 3행 충족 여부를 검토하면, 연간 구매 횟수 또한 125회로 140회를 초과하지 않으므로 3행도 충족하지 못한다. 따라서 정민호는 고급필터를 지정한 결과에 포함될 수 없다. 틀린 선지이다.

⑤ 강서윤의 경우, 고객 등급이 다이아몬드이므로 1행 또는 3행을 충족한 경우 추출될 수 있다. 1행 충족 여부를 검토하기 위해 AND 조건을 확인하면, 다이아몬드 등급인 강서윤은 금월 구매 횟수가 13회로, 15회 이상이 아니므로 첫 번째 조건을 만족하지 않는다. 한편, OR 조건에 의해 3행 충족 여부를 검토하면, 연간 구매 횟수가 150회이므로 3행을 충족한다. 따라서 옳은 선지이다.

합격자의 시간단축 Tip

Tip ❶ 문제 풀이에 필요한 부분만 읽는다.

제시된 〈고급필터 지정방법〉을 읽고 AND 조건과 OR 조건에 대해 빠르게 파악한다. 이때 첫 문단은 훑어보는 정도로만 읽고 넘어간다. 그러나 첫 문단을 아예 읽지 않는 것은 위험하다. 간혹 첫 문단에 문제 풀이에 핵심적인 조건이 주어지는 경우도 있기 때문이다. 이후 문제로 가서 〈○○쇼핑몰 VIP 고객명단〉은 건너뛰고 〈고급필터 조건〉과 선지를 번갈아가며 비교하여 정답을 빠르게 찾아낸다. 〈○○쇼핑몰 VIP 고객명단〉은 문제 풀이에 필요 없는 부분이므로 과 〈고급필터 조건〉과 을 일일이 대조하는 시간 낭비를 하지 않도록 주의한다.

Tip ❷ 마지막 조건부터 판단한다.

조건을 하나씩 맞춰가며 제거하는 문제는 보통 마지막 조건부터 판단하면 더 많은 선지를 제거할 수 있는 경우가 많다. OR 조건에 따르면 하나라도 해당하면 고급필터에 추출된다. 따라서 >140에 해당한다면 무조건 포함되는 데이터이므로 선지 ②, ③, ⑤를 빠르게 제거할 수 있다.

36 정답 ④ 　난이도 ●●○

정보능력_암호

규칙에 따라 격자판의 각 셀을 채우는 숫자는 행과 열의 수의 곱으로 결정된다. (행×열)의 형태로 나타내면 다음과 같이 채워진다.

1×1	1×2	1×3	1×4	1×5
2×1	2×2	2×3	2×4	2×5
3×1	3×2	3×3	3×4	3×5
4×1	4×2	4×3	4×4	4×5
5×1	5×2	5×3	5×4	5×5

이를 숫자로 나타내면 다음과 같다.

1	2	3	4	5
2	4	6	8	10
3	6	9	12	15
4	8	12	16	20
5	10	15	20	25

1	2	3	4	5
2	4	6	8	10
3	6	9	12	15
4	8	12	16	20
5	10	15	20	25

암호를 구성하는 숫자는 격자판의 검정색 음영으로 표시된 셀이며, 이는 위쪽에서부터 아래쪽의 순서로 읽는다. 규칙에 따라 격자판에 나타난 수를 암호의 순서대로 나열하면 2 10 12 8 15이다. 이때 8번째 조건에 따라 암호를 구성하는 숫자가 10의 배수인 경우 해당 숫자는 0으로 보므로 10은 0으로 치환된다. 그리고 7번째 조건에 따라 암호를 구성하는 숫자가 10의 배수가 아닌 두 자리 숫자인 경우 해당 암호는 그 숫자를 일의 자리에서 올림한 값에서 그 숫자를 뺀 수로 보므로 12는 20−12=8로 치환되고, 15는 20−15=5로 치환된다. 따라서 최종적으로 생성된 암호는 20885이다.

합격자의 시간단축 Tip

Tip ❶ 선지를 먼저 확인하고, 필요한 암호만 해독한다.

암호를 해독하기 전, 선지를 먼저 확인한다. 맨 처음 숫자가 모두 2와 같으므로 1행의 암호는 해독할 필요가 없다. 선지를 보고 차이가 나는 부분을 먼저 확인하여 아닌 것을 제거한다. 두 번째 자리 숫자에서 선지 ①, ②, ③, ④와 ⑤가 0과 1로 차이가 나지만 이를 확인해도 선지 ⑤ 하나 정도만 제거될 가능성이 크므로 이는 가성비가 떨어진다고 할 수 있다. 이보다는 다섯 번째 자릿수가 0과 5로 두 개, 세 개가 나눠진다. 이를 판단하면 적어도 선지 2개는 제거할 수 있으므로 먼저 확인한다. 선지 ①과 ③이 제거된다. 선지 ②, ④, ⑤는 네 번째 자릿수가 8로 동일하다. 따라서 역시 확인할 필요가 없다. 두 번째, 세 번째 자리의 암호만 해독하여 답을 판단한다. 처음부터 모든 암호를 해독하고 답을 고르는 것보다 불필요한 시간을 단축할 수 있다.

Tip ❷ 때로는 손을 쓰는 것이 빠를 수도 있다.

암호를 해독하려면 음영 처리된 셀의 행 번호와 열 번호의 곱을 구해야 한다. 이때, 각 셀의 정확한 위치(몇 번째 행, 몇 번째 열인지)를 혼동할 수 있으므로, 표의 가로줄과 세로줄에 순서를 미리 표시해 두면 해당 셀에 대응하는 숫자를 빠르고 정확하게 구할 수 있다.

	1	2	3	4	5
1		2			
2					10
3				12	
4		8			
5			15		

37 정답 ⑤ 난이도 ●●●

정보능력_암호

① (×) 각 셀에 대응하는 숫자를 표기하면 아래와 같다.

			4	
				10
3				
	8			
	10			

2행 5열 및 5행 2열의 경우 각 행렬에 대응하는 숫자를 곱한 값이 10이므로 다섯 번째 조건에 따라 나머지 셀의 10 미만인 숫자 중 가장 작은 수에 1을 더해야 한다. 이 때 가장 작은 수는 3이므로 3+1=4가 된다. 이를 반영한 표는 다음과 같다.

			4	
				4
3				
	8			
	4			

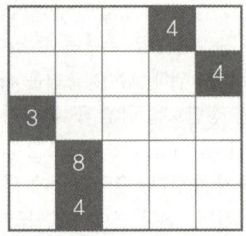

연구소 직원 A가 해독한 암호는 '87347'이므로, 해독 순서를 고려하지 않더라도 숫자가 일치하지 않는다. 따라서 답이 될 수 없다.

② (×) 각 셀에 대응하는 숫자를 표기하면 아래와 같다.

			4	
			8	
	6			
	8			
	10			

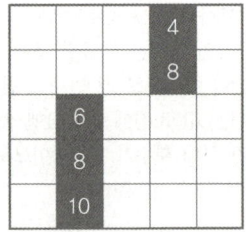

5행 2열의 경우 각 행렬에 대응하는 숫자를 곱한 값이 10이므로 나머지 숫자 중 가장 작은 수인 4에 1을 더한 5가 된다.

			4	
			8	
	6			
	8			
	5			

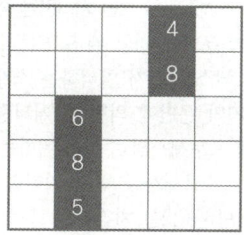

이 경우 역시 해독 순서를 고려하지 않더라도 해독한 암호와 숫자가 일치하지 않는다. 따라서 답이 될 수 없다.

③ (×) 각 셀에 대응하는 숫자를 표기하면 아래와 같다.

		3		
			8	
			12	
			16	
	10			

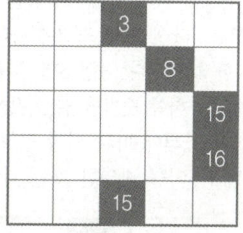

3행 4열 및 4행 4열의 경우 각 행렬에 대응하는 숫자를 곱한 값이 12, 16이므로, 네 번째 조건에 따라 나머지 셀의 10 미만인 숫자 중 가장 큰 수에서 1을 뺀 값으로 본다. 이때 10 미만의 숫자 중 가장 큰 숫자는 8이므로, 8−1=7로 치환된다. 한편, 5행 2열의 경우 각 행렬에 대응하는 숫자를 곱한 값이 10이므로, 다섯 번째 조건에 따라 10 미만인 숫자 중 가장 작은 수인 3에서 1을 더한 4가 된다. 이를 반영한 표는 다음과 같다.

		3		
			8	
		★	7	
			7	
	4			

이 경우 연구소 직원 A가 해독한 암호와 숫자 구성이 일치한다. 따라서 격자판의 정중앙 셀(★)로부터의 거리가 가장 가까운 위치에 있는 음영 셀부터 차례대로 읽는다. 가장 가까운 셀은 인접해 있는 3행 4열의 7이다. 그런데 암호는 8로 시작하므로 선지 ③은 답이 될 수 없다. 연습을 위해 암호를 계속해서 읽는다면 그다음으로 가까운 셀은 2행 4열의 8과 4행 4열의 7이다. 격자판의 중앙으로부터의 거리가 동일한 경우 해당 셀을 통해 추론한 암호가 큰 값을 먼저 읽으므로 순서는 8 → 7이다. 그다음으로 가까운 셀은 1행 3열의 3이고, 마지막으로 5행 2열의 4이다. 즉, 추론된 암호는 78734이다. 전체 암호를 추론하지 않더라도 가장 처음의 암호가 일치하지 않으므로 선지 ③은 답이 될 수 없다.

④ (×) 각 셀에 대응하는 숫자를 표기하면 아래와 같다.

		3		
			8	
				15
				16
		15		

3행 5열 및 5열 3행의 경우 각 행렬에 대응하는 숫자를 곱한 값이 15이므로, 네 번째 조건에 따라 나머지 셀의 10 미만인 숫자 중 가장 큰 수에서 1을 뺀다. 따라서 8−1=7이 된다. 4행 5열의 경우 각 행렬에 대응하는 숫자를 곱한 값이 20으로 다섯 번째 조건에 따라 나머지 10 미만의 숫자 중 가장 작은 수인 3에 1을 더한 4가 된다. 이를 반영한 표는 다음과 같다.

		3		
			8	
		★		7
				4
		7		

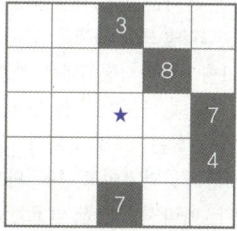

연구소 직원 A가 해독한 암호와 숫자 구성이 일치하므로 차례대로 암호를 읽는다. 정중앙 셀(★)에서 가장 가까운 셀은 대각선에 위치한 2행 4열의 8이며, 그다음으로 가까운 셀은 1행 3열, 3행 5열, 5행 3열로 모두 같은 거리에 있다. 이처럼 격자판의 중앙으로부터의 거리가 동일한 경우, 세 번째 조건에 따라 해당 셀을 통해 추론한 암호가 큰 값을 먼저 읽고, 셀을 통해 추론한 암호가 같은 경우에는 순서는 고려하지 않으므로 그 순서는 7-7-3이 된다. 마지막으로 가장 거리가 먼 4를 읽으므로 암호는 87734가 된다. 따라서 답이 될 수 없다.

⑤ (O) 각 셀에 대응하는 숫자를 표기하면 아래와 같다.

		3		
				10
				15
	8			
				25

2행 5열의 경우 각 행렬에 대응하는 숫자를 곱한 값이 10이므로, 다섯 번째 조건에 따라 가장 작은 수에 1을 더한 4가 된다. 3행 5열 및 5행 5열의 경우 각 행렬에 대응하는 숫자를 곱한 값이 15와 25이므로, 네 번째 조건에 따라 가장 큰 수인 8에서 1을 뺀 7이 된다. 이를 반영한 표는 다음과 같다.

		3		
				4
		★		7
	8			
				7

연구소 직원 A가 해독한 암호와 숫자 구성이 일치하므로 차례대로 암호를 읽으면, 격자판의 중앙(★)으로부터 가장 가까운 셀은 대각선에 위치한 4행 2열의 8이고, 그다음으로 가까운 셀은 1행 3열과 3행 5열이다. 1행 3열과 3행 5열은 정중앙 셀로부터 거리가 동일하므로 큰 수인 7을 먼저 읽는다. 따라서 지금까지의 암호는 '873'이 된다. 그다음으로 가까운 셀은 2행 5열의 4이고, 마지막으로 5행 5열의 7을 읽는다. 따라서 추론한 암호는 87347이 된다. 해독한 암호와 일치한다.

합격자의 시간단축 Tip

Tip 필요한 암호만 해독하고 답이 아니면 바로 넘어간다.

두 번째 문제 역시 선지의 모든 암호를 해독하려면 시간을 많이 써야 한다. 필요한 암호만을 해독하고 하나라도 틀린 숫자가 나온다면 나머지를 확인하지 않고 바로 넘어간다. 우선 처음 숫자가 8인지부터 확인한다. 그렇다면 바로 선지 ②, ③이 제거된다. 이처럼 한 자리씩 판단하고 해당하지 않는 선지를 바로 제거하면 확인해야 하는 암호의 수를 확연히 줄일 수 있다.

38 정답 ⑤

난이도 ●●○

정보능력_IT 개념 활용

① (O) SJF 스케줄링은 초반 처리량을 증가시킬 수 있다.

→ 세 번째 문단에 의할 때 SJF는 실행시간이 가장 짧은 프로세스를 먼저 처리하는 스케줄링 알고리즘이다. 마지막 문단에 의할 때 처리량이란 단위시간 당 완료된 프로세스의 수를 의미하는데, 실행시간이 가장 짧은 프로세스를 먼저 처리하게 되면 일정한 단위시간 당(예 1분) 처리하는 프로세스의 '수'는 더 많아지게 되므로 초반 처리량을 증가시킬 수 있다.

② (O) Round Robin 스케줄링은 선점형 스케줄링의 일종으로 볼 수 있다.

→ 세 번째 문단에 의할 때 Round Robin 스케줄링은 각 프로세스별로 시간 할당량만큼 실행하고, 할당된 시간이 지나면 그 프로세스는 대기 리스트의 가장 뒤로 배치하는 방식을 말한다. 한편 선점형 스케줄링은 운영체제가 실행 중인 어떤 프로세스를 강제로 중단하고 다른 프로세스에 CPU를 할당하는 것이 가능한 방식으로, Round Robin 스케줄링에서 각 프로세스가 할당된 시간이 지나면 중단되고, 다른 프로세스가 다시 시간 할당량만큼 실행되는 것은 선점형 스케줄링의 예시라고 할 수 있다. 따라서 옳다.

③ (O) FCFS 스케줄링에서는 실행시간이 긴 작업이 먼저 도착하는 경우 뒤에 도착한 작업의 대기시간이 길어질 수 있다.

→ 세 번째 문단에 의할 때 First-Served(FCFS) 스케줄링은 프로세스가 도착한 순서대로 처리하는 방식으로, 만일 실행시간이 30초인 작업이 먼저 도착하는 경우 실행시간이 3초인 작업, 실행시간이 10초인 작업 등은 가장 먼저 도착한 실행시간 30초를 기다린 후에야 작업이 실행될 수 있다. 따라서 대기시간이 길어진다.

④ (O) 비선점형 스케줄링에서는 한 프로세스가 종료될 때까지 다른 프로세스가 CPU를 사용할 수 없을 것이다.

→ 두 번째 문단에 의할 때 비선점형 스케줄링이란 어떤 프로세스가 한 번 CPU를 할당받으면 그 작업을 완료할 때까지 CPU를 계속 사용하도록 보장하는 방식을 말하므로, 이미 CPU를 할당받은 프로세스가 있는 경우, 그 프로세스가 종료될 때까지 기다려야 CPU를 할당받아 작업을 실행할 수 있을 것이다.

⑤ (×) 어떤 프로세스가 도착한지 20초 후 실행되어 10초간 실행되고, 10초간 대기 후 다시 20초간 실행 후 완료되었다면 반환시간은 50초이다.

➜ 마지막 문단에 의할 때 반환시간은 프로세스가 시스템에 도착한 순간부터 완료될 때까지 걸린 총시간을 의미하므로 도착한 순간부터 실행시간과 대기시간 모두를 포함하여 최종적으로 작업이 완료된 시간을 말한다. 따라서 도착한 지 20초 후 실행(대기시간 20초)+10초간 실행(실행시간 10초)+10초간 대기(대기시간 10초)+다시 20초간 실행(실행시간 20초)한 모든 시간을 합하면 60초이다.

합격자의 시간단축 Tip

Tip ❶ 자료에서 3개 이상 단순 나열되는 항목이 있는 경우, 이름만 확인하고 선지로 내려와서 필요할 때 읽는다. 3개 이상 단순 나열되는 정보를 기억하려 하는 것은 비효율적이므로 그때그때 찾아가서 해결하는 것이 좋다. 이 문제에서 필자는 1, 2문단을 읽은 뒤에 스케줄링 알고리즘 5가지는 이름만 동그라미 치고, 효율성 평가 기준도 "를 찾아 이름만 동그라미 친 뒤에 선지로 내려왔다.

Tip ❷ 선지 ①은 '증가시킬 수 있다', 선지 ②는 '일종으로 볼 수 있다', 선지 ③은 '길어질 수 있다'고 하여 유하게 진술하고 있다. 이러한 선지는 정선지일 가능성이 높겠다고 생각하며 풀이에 임하자.

39 정답 ④ 난이도 ●●●

정보능력_IT 개념 활용

i) HRN 스케줄링

HRN 스케줄링은 도착한 프로세스 중 응답비율 값이 높은 프로세스부터 실행한다. 따라서 먼저 프로세스가 '도착'해야 한다. 응답비율은 '(대기시간+실행시간)/실행시간'으로 나타낼 수 있다. 가장 먼저 도착한 프로세스는 A로 0초에 A 외에 다른 프로세스는 없으므로 A가 실행된다. A의 실행시간은 20초이며, A가 실행되는 동안 B와 C가 도착한다. HRN 스케줄링에서는 응답비율 값이 높은 프로세스부터 실행되므로 도착한 B와 C 프로세스 중 응답비율이 높은 프로세스가 먼저 실행된다. B는 10초에 도착하였고, A는 20초에 실행이 종료되었으므로 B의 대기시간은 10초이다. 따라서 B의 응답비율은 (10+10)/10=2이다. C의 경우 A의 실행이 종료된 20초에 도착하였으므로 대기시간은 0초이다. 따라서 C의 응답비율은 (0+30)/30=1이다. 응답비율은 B>C이므로 프로세스 B가 10초간 실행된다. (총 30초 경과) B의 실행 도중 25초에 D가 도착한다. 이제 B의 실행이 종료되고 도착한 프로세스 C와 D 중 응답비율이 높은 프로세스가 먼저 실행된다. 30초가 경과된 시점에서 C와 D의 응답비율을 구하면 C의 경우 20초에 도착하였으므로 대기시간은 10초이고, 이에 따라 응답비율은 (10초+30초)/30초=4/3이다. D의 경우 25초에 도착하였으므로 대기시간은 5초이고, 응답비율은 (5초+10초)/10초=1.5이다. 따라서 응답비율은 D>C이므로 D가 실행되고 마지막으로 C가 실행된다. 결과적으로 HRN 스케줄링에 따른 작업순서는 A−B−D−C이다.

ii) SJF 스케줄링

SJF 스케줄링은 도착한 프로세스 중 실행시간이 가장 짧은 프로세스를 먼저 처리하여 평균 대기시간을 최소화하는 방식이다. 이 스케줄링 역시 먼저 '도착'한 프로세스를 먼저 처리하므로 가장 먼저 처리할 프로세스는 0초에 도착하는 A이다. A가 실행되는 20초 동안 B와 C가 도착한다. B와 C 중 실행시간이 더 짧은 것은 B이므로 B가 실행된다. B는 10초간 실행 후 종료된다. (총 30초 경과) B의 실행 도중 D가 도착한다. 도착한 C와 D 중 실행시간이 더 짧은 것은 D이므로 D가 실행되고 마지막으로 C가 실행된다. 결과적으로 SJF 스케줄링에 따른 작업 순서 역시 A−B−D−C이다.

합격자의 시간단축 Tip

Tip ❶ 선지의 차이에 주목한다. 선지 ①~⑤를 보면 HRN 스케줄링에 적절한 것을 찾기 위해서 C−D인지, D−C인지가 문제된다. 앞에 A−B는 모든 선지가 공통이기 때문에 주어진 것으로 간주하면 된다. B까지 실행했을 때 30초가 경과했고, 이 시점에 C, D의 응답비율을 비교하면 된다. 이제 선지 ④, ⑤를 보면 A, B 중 무엇이 처음이 되는지가 문제 된다는 것을 알 수 있다.

Tip ❷ $\frac{A+B}{A}=1+\frac{B}{A}$이므로 $\frac{A+B}{A}\propto\frac{B}{A}$이다. 따라서 (대기시간+실행시간)/실행시간은 대기시간/실행시간의 대소로 비교할 수 있다.

40 정답 ① 난이도 ●●●

정보능력_IT 개념 활용

Round Robin 스케줄링에서는 프로세스들 간에 우선 순위를 두지 않고, 순서대로 각 프로세스에 주어진 시간 할당량만큼 번갈아 가며 순서대로 실행하고, 할당된 시간이 지나면 대기 리스트의 가장 뒤로 배치하는 방식이다. 따라서 간트차트에 나타난 순서에 따라 P1－P2－P3－P4－P5가 순서대로 반복된다. 이에 따라 간트차트를 완성하면 아래와 같다.

P1	P2	P3	P4	P5	P1	P2	P3 (㉠)	P5	P3 (㉡)	P5

0 5 10 15 19 24 29 <u>32</u> 37 42(㉢) 45 47

주의할 점은 P4의 실행시간은 4초로, 간트차트의 네 번째 순서에서 할당된 시간이 5초임에도 4초 이후 작업이 종료되었다는 것이다. 이를 바탕으로 할 때 5의 배수가 아닌 실행시간을 가진 프로세스의 경우 반드시 5초의 할당 시간을 모두 채우는 것은 아님을 추론할 수 있다.

간트차트의 6번째 순서에서 P1은 이전 할당된 시간 및 해당 순서에서 할당된 시간에 따라 실행시간 10초가 채워졌으므로 해당 순서에서 작업이 종료된다. P2의 실행시간은 8초이므로 간트차트의 7번째 순서에서 3초 실행한 후 종료할 것이다. 따라서 위 밑줄 친 바와 같이 32초에 P2의 실행은 종료된다. P3의 실행시간은 13초이므로 시간 할당량 5초를 모두 사용하고, P4는 앞서 할당된 시간 내에 종료되었으므로 간트차트의 9번째 순서에는 P4가 아닌 P5가 온다. P5의 실행시간은 12초이므로 시간 할당량 5초를 모두 사용한다. 이제 남은 프로세스는 P3과 P5이고, 남은 실행시간은 각각 3초와 2초이다. 이를 반영하면 위와 같은 간트차트가 완성된다. 이를 바탕으로 선지 정오를 판단하면 다음과 같다.

① (×) ㉢은 40이다.
→ ㉢은 42이다.

② (○) ㉠과 ㉡에 들어갈 프로세스는 같다.
→ ㉠과 ㉡에 들어갈 프로세스는 P3으로 같다.

③ (○) P3의 응답시간은 10초이다.
→ 응답시간은 프로세스의 요청(도착) 후 처음으로 CPU에 의해 실행되기까지 걸리는 시간을 말한다. 따라서 도착 후 첫 실행을 기준으로 판단한다. P3은 0초에 도착하였고, 첫 실행은 10초이므로 응답시간은 10초이다.

④ (○) P5의 대기시간은 35초이다.
→ 대기시간은 프로세스가 처음 도착한 시간부터 실행되기까지 기다린 시간과 실행 중단 후 다시 실행되기까지 기다린 총시간을 말하므로 P5 작업이 종료된 47초를 기준으로 보았을 때 P5 작업에 소요되는 시간을 제외한 나머지 시간은 모두 P5의 대기시간이라고 할 수 있다. 따라서 47－12＝35(초)이다. 실제로 구해보면 (처음 도착한 시간부터 실행되기까지 기다린 시간)＝19초, (첫 번째 실행 중단 후 다시 실행되기까지 기다린 시간)＝37－24＝13(초), (두 번째 실행 중단 후 다시 실행되기까지 기다린 시간)＝45－42＝3(초)로 19＋13＋3＝35(초)이다.

⑤ (○) 시간 할당량이 10초인 경우에도 모든 프로세스의 종료시간은 같다.
→ 시간 할당량이 10초인 경우에도 10초 이상인 프로세스의 경우 10초 할당량을 모두 채워서 실행을 할 것이고, 10초 미만인 경우에는 자기 자신의 실행시간만큼 실행한 후 작업을 종료할 것이다. 따라서 최종 소요되는 시간은 47초로 동일하다(모든 프로세스의 실행시간을 합한 값).

합격자의 시간단축 Tip

Tip ① 한 자료에 여러 문제가 있는 경우, 전체를 읽고 풀어야 하는 것인지, 자료를 다 읽지 않더라도 풀 수 있는 문제인지를 파악한다. 자료와 문제를 보았을 때 자료를 모두 읽고 풀어야 하는 문제의 형태는 아니므로, 문제를 먼저 보고 자료에서 해당 부분이 나온다면 해당 부분에 대한 기억이 사라지기 전에 문제를 바로 해결하는 식으로 전체 풀이 시간을 줄여갈 수 있다.

Tip ② 간트차트에서 처음 P1~P5가 실행된 시간을 보면 시간 할당량 5초가 5번 반복된 25초가 아니라 24초인 것을 볼 수 있다. 이를 보고 이상함을 느끼고 다시 간트차트를 보면, 실행시간이 시간 할당량인 5초보다 작은 프로세스는 시간 할당량을 모두 채우는 것이 아니라 실행시간만큼만 실행되고 종료된다는 것을 알 수 있다.

선지 ① ㉢은 47초에서 역산하는 것이 빠르다. 시간 할당량인 5초 나누면 P1은 2번, P2는 2번, P3는 3번, P4는 1번, P5는 3번을 실행해야 하므로 마지막 남은 두 순서는 P4, P5가 된다. P4, P5의 자투리 시간인 2초＋3초＝5(초)를 47초에서 빼면 42초가 도출된다.

선지 ⑤ 시간 할당량이 10초인 경우에 소요되는 시간을 직접 구하지 않도록 한다. Round Robin 스케줄링의 원리를 이해한다면 시간 할당량이 몇 초인지와는 무관하게 최종 소요 시간은 동일할 것이다.

MEMO

독끝 CHAPTER 5

실전모의고사 5회

정답 | 실전모의고사 5회

오답표기	문제번호	영역	유형	난이도	정답
	01	의사소통능력	논리적 추론	★★☆	⑤
	02		개념의 이해 및 활용	★★☆	①
	03		글의 내용 일치/불일치	★★☆	①
	04		맥락상 어울리지 않는 문장/문단 찾기	★★☆	④
	05		빈칸 삽입(어휘/개념어/접속사/문장)	★☆☆	④
	06		글의 내용 일치/불일치	★★☆	③
	07		논리적 추론	★★☆	⑤
	08		개념의 이해 및 활용	★☆☆	③
	09		사례 선택	★★☆	④
	10	수리능력	응용수리_거리/속력/시간	★★☆	③
	11		응용수리_경우의 수	★★☆	④
	12		금융수리_원리합계	★★★	③
	13		금융수리_환율 및 실용계산	★★☆	②
	14		자료해석_자료에 대한 진위 판단(계산 필요)	★☆☆	①
	15		자료해석_자료계산	★☆☆	③
	16		자료해석_자료에 대한 진위 판단(계산 필요)	★☆☆	④
	17		자료해석_자료에 대한 진위 판단(계산 불필요)	★☆☆	⑤
	18		자료해석_추가자료 활용	★☆☆	④
	19	문제해결능력 / 자원관리능력	공고문/규정 이해	★☆☆	④
	20		경로	★★★	③
	21		경로	★★☆	⑤
	22		조건추리(매칭, 배치)	★★☆	④
	23		논리퍼즐	★☆☆	⑤
	24		수치 계산(비용, 시간)	★☆☆	②
	25		지문의 이해 및 활용	★☆☆	④
	26		조건추리(일반)	★★☆	⑤
	27		진실게임(참/거짓)	★★★	②
	28		논리퍼즐	★★☆	②
	29		경로	★☆☆	⑤
	30		수치 계산(비용, 계산)	★☆☆	②
	31		지문의 이해 및 활용	★★☆	③
	32		공고문/규정 이해	★☆☆	④
	33		지문의 이해 및 활용	★☆☆	②
	34	정보능력	암호	★☆☆	④
	35		엑셀	★★☆	④
	36		엑셀	★★☆	③
	37		IT 개념 활용	★★☆	⑤
	38		IT 개념 활용	★★☆	①
	39		코드	★☆☆	③
	40		코드	★★☆	②

01 정답 ⑤ 난이도 ●●○

의사소통능력_논리적 추론

접근전략 지문을 이해한 내용으로 적절하지 않은 것을 물었다. 지문에 밑줄이 쳐져 있지 않은 일반적인 지문의 형태다. 따라서 선지의 키워드를 뽑아 발췌독한다. 발췌독해서 선지의 정오 판단이 어려운 경우, 선지가 해당하는 문단을 정독한 후에 선지에 대해 이해하여 정오를 판단한다.

다음 중 자료를 읽고 이해 및 추론한 내용으로 적절하지 않은 것은?

(1)전 세계적으로 경제, 교육, 디지털 등 다양한 분야에 걸쳐 불평등 문제가 대두되고 있는 상황이다. (2)이런 불평등 중 생활수준과 가장 밀접하게 연관된 소득불평등과 같은 경제적 불평등이 지속적인 관심을 받고 있다. (3)소득불평등이 경제성장률 등 타 경제 변수와 밀접한 관계를 가지고 있다는 다양한 연구가 존재하며 최근에는 고빈도 소득 자료 구축을 통해 소득불평등에 대한 시의성 있는 분석도 이루어지고 있다. ▶ 1문단

(1)소득불평등 산출에 필요한 소득 작성을 위해 통계청에서는 근로소득, 사업소득 등 소득을 세부적으로 분류한 후 OECD 지침에 따라 시장소득과 처분가능소득을 작성하고 있다. (2)그 외에 WIL(World Inequality Lab)은 국민계정 자료를 토대로 다양한 자료를 포괄적으로 이용하여 소득자료를 구축하고 있다. (3)이를 바탕으로 소득불평등을 측정하게 되는데, 이때 다양한 지표가 활용되며 대표적인 지표로는 지니계수, 5분위배율, 팔마비율 등이 있다. ▶ 2문단

(1)소득불평등 측정을 위해 소득을 파악할 때는 통계청의 가계동향조사 자료를 활용할 수 있다. (2)가구 설문을 통해 조사하는 소득은 크게 경상소득과 비경상소득으로 분류된다. (3)경상소득은 가구 구성원이 근로, 사업체 운영 등 경상적 활동을 통하여 정기적으로 얻는 소득을 의미하며 근로소득, 사업소득, 재산소득, 이전소득으로 구성된다. (4)비경상소득은 경조소득, 복권당첨금 등 비경상적 또는 일시적으로 얻게 되는 소득을 의미한다. ▶ 3문단

(1)불평등지표 작성을 위해서는 OECD의 소득작성 지침을 바탕으로 시장소득(Market Income)을 작성하고 이를 균등화하는 작업이 필요하다. (2)시장소득은 근로소득, 사업소득, 재산소득에 사적이전소득을 더한 후 사적이전지출을 차감한 소득으로 정부의 도움 없이 가구가 직접 벌어들인 소득을 의미한다. (3)처분가능소득은 시장소득에 공적이전소득에서 공적이전지출을 뺀 값을 더한 소득으로 소비, 저축 등 가구가 실제로 사용할 수 있는 소득을 의미한다. (4)불평등지표 작성시 적용되는 단위는 개인인 반면, 가계동향조사를 통해 수집된 소득 자료 단위는 가구이므로 가구소득에서 개인소득으로 균등화가 필요한데, 가구원의 수가 많아질수록 규모의 경제가 발생하는 점을 고려하여 가구균등화 지수를 이용해 가구소득을 개인소득으로 균등화하며 OECD 제곱근 방식, 수정된 OECD 균등화지수 방식 등을 주로 사용한다. (5)우리나라는 가구소득을 가구원 수의 제곱근($\sqrt{n}$, n은 가구원 수)으로 나누어 균등화시키는 방법을 적용한다. (6)이에 따라 균등화 시장소득, 균등화 처분가능소득 등을 산출할 수 있다.

(7)

소득명	산출방식
균등화 시장소득	시장소득/ $\sqrt{n}$
균등화 처분가능소득	처분가능소득/ $\sqrt{n}$

▶ 4문단

(1)한편 불평등지표 산출을 위해 주로 사용되는 가구 설문 자료는 특정 계층 과표집 등의 표본 선정 문제, 소득 과소보고 등으로 고소득층의 소득을 정확하게 파악할 수 없다는 문제점이 존재한다. (2)따라서 WIL은 국민계정 자료를 중심으로 가구 설문 자료, 조세 자료 등 다양한 자료를 포괄적으로 활용하여 국가 소득 데이터를 구축한다. (3)이때에는 해당 국가의 국민에게 귀속되는 소득만 고려하기 위해 GDP에 국외순소득(Net Foreign Income)을 더한 후 경제주체에게 귀속되지 않는 자본의 감가상각(Capital Depreciation)을 차감하여 순국민소득(Net National Income)을 산출한다. (4)산출한 순국민소득을 노동소득, 자본소득 등으로 분류한 뒤 조세, 각종 사회보험제도, 이전지출 등을 적용하여 세전 요소소득, 세전 국민소득, 세후 처분가능소득, 세후 국민소득의 4가지로 분류한다. ▶ 5문단

① 소득불평등의 확대가 경상수지 흑자를 축소시킨다는 연구결과가 있다면 이는 소득불평등이 타 경제변수와 밀접한 관계를 가지고 있다는 근거로 활용될 수 있다.
→ (O) 소득불평등이 경제성장률 등 타 경제변수와 밀접한 관계를 가지고 있다는 다양한 연구가 존재한다[1문단 (3)]. 경상수지 역시 하나의 경제변수에 해당하므로 소득불평등의 확대가 경상수지 흑자를 축

소시킨다는 연구 결과는 소득불평등이 타 경제변수와 밀접한 관계를 가지고 있다는 근거가 될 수 있다.

② 어떤 가구가 회사에 근로를 제공하고 그에 따른 대가로 급여를 받는 가구원과 치킨집을 운영하며 매월 고정적이지 않은 매출을 얻고 있는 가구원으로만 구성되어 있다면 이 가구의 소득은 모두 경상소득에 포함된다.

→ (○) 경상소득은 가구 구성원이 근로, 사업체 운영 등 경상적 활동을 통하여 정기적으로 얻는 소득을 의미하며 근로소득, 사업소득, 재산소득, 이전소득으로 구성된다[3문단 (3)]. 회사에 근로를 제공하고 그에 따른 대가로 받는 급여는 근로소득, 고정적이지 않지만 매월 치킨집을 운영하여 얻는 소득은 사업소득에 해당한다. 따라서 이 가구의 소득은 모두 근로, 사업체 운영 등 경상적 활동을 통해 정기적으로 얻는 소득에 해당하므로 이들 가구원으로만 구성된 가구의 소득은 모두 경상소득에 포함된다. 따라서 위 자료를 읽고 이해 및 추론한 내용으로 적절하다. 참고로 비경상소득은 경조소득, 복권당첨금 등 비경상적 또는 일시적으로 얻게 되는 소득을 의미하는데[3문단 (4)] 치킨집을 운영하며 매월 고정적이지 않게 얻고 있는 매출은 비록 그 소득이 매월 고정적이지는 않다고 하더라도 일시적으로 얻게 되는 소득은 아니므로 비경상소득에 해당되지 않음에 주의할 필요가 있다.

③ WIL에서 국민계정 자료 등을 이용하여 소득자료를 구축하는 것은 가구 소득 데이터들의 한계점을 보완하기 위함으로 볼 수 있다.

→ (○) 불평등지표 산출을 위해 주로 사용되는 가구 설문 자료는 특정 계층 과표집 등의 표본 선정 문제, 소득 과소보고 등으로 고소득층의 소득을 정확하게 파악할 수 없다는 문제점이 존재한다[5문단 (1)]. 이를 통해 가구 소득 데이터가 가진 한계점을 확인할 수 있다. 또한 이러한 문제점이 존재함에 따라 WIL은 국민계정 자료를 중심으로 가구 설문 자료, 조세 자료 등 다양한 자료를 포괄적으로 활용하여 국가 소득 데이터를 구축한다[5문단 (2)]. 이를 통해 WIL이 국민계정 자료를 중심으로 다양한 자료를 포괄적으로 활용하는 것은 앞서 살펴본 가구 소득 데이터의 한계점을 보완하기 위함으로 볼 수 있다. 따라서 위 자료를 읽고 이해 및 추론한 내용으로 적절하다.

④ 가구소득을 개인소득으로 변환하는 균등화를 실시하게 되면 개인소득의 합이 가구 전체 소득과 일치하지 않는다는 문제점이 발생할 수 있다.

→ (○) 불평등지표 작성 시 적용되는 단위는 개인인 반면 가계동향조사를 통해 수집된 소득 자료 단위는 가구이므로 가구소득에서 개인소득으로 균등화가 필요하고 OECD 제곱근 방식, 수정된 OECD 균등화지수 방식 등을 주로 사용한다[4문단 (4)]. 특히 우리나라의 경우 가구소득을 가구원 수의 제곱근($\sqrt{n}$, n은 가구원 수)으로 나누어 균등화시키는 방법을 적용하며[4문단 (5)] 이에 따라 균등화 시장소득, 균등화 처분가능소득 등을 산출할 수 있다[4문단 (6)]. 이러한 내용을 통해 가구소득을 개인소득으로 변화하는 균등화를 통해 산출하게 되는 개인소득은 '가구소득/$\sqrt{n}$'이고 이러한 개인소득의 합은 '가구소득/$\sqrt{n}\times n$'임을 알 수 있다. 이 때 n이 1인 경우를 제외하면 '가구소득/$\sqrt{n}\times n\neq$가구소득'이며 위 내용과 같이 균등화를 실시하게 되면 개인소득의 합이 가구 전체 소득과 일치하지 않는다는 문제점이 발생함을 확인할 수 있다. 따라서 위 자료를 읽고 이해 및 추론한 내용으로 적절하다.

⑤ 근로소득 1,310만 원, 재산소득 500만 원 외에는 소득이 없는 4인 가구의 사적이전지출이 100만 원, 공적이전지출이 210만 원이라면 이 가구의 균등화 처분가능소득은 375만 원이다.

→ (×) '균등화 처분가능소득=처분가능소득/$\sqrt{n}$'이다[4문단 (7)]. 이 때 처분가능소득은 시장소득에 공적이전소득에서 공적이전지출을 뺀 값을 더한 소득이며[4문단 (3)] 시장소득은 근로소득, 사업소득, 재산소득에 사전이전소득을 더한 후 사적이전지출을 차감한 소득이다[4문단 (2)]. 이러한 내용을 종합하여 선지 ⑤의 4인 가구의 균등화 처분가능소득을 구하면 다음과 같다.

처분가능소득
=시장소득+(공적이전소득−공적이전지출)
=(근로소득+사업소득+재산소득+사전이전소득
−사전이전지출)+(공적이전소득−공적이전지출)
=(1,310+0+500+0−100)+(0−210)
=1,500(만 원)

$$\text{균등화 처분가능소득}=\frac{\text{처분가능소득}}{\sqrt{n}}=\frac{1,500}{\sqrt{4}}$$

$$=\frac{1,500}{2}=750(\text{만 원})$$

선지 ⑤의 4인 가구의 균등화 처분가능소득은 375만 원이 아니라 750만 원이다.

따라서 위 자료를 읽고 이해 및 추론한 내용으로 적절하지 않다.

합격자의 실전 풀이 순서

[방법 1]

❶ **발문을 확인한다.**
지문을 이해 및 추론한 내용으로 적절하지 않은 것을 물었다. 지문 내용과 일치하지 않은 내용을 묻는 것이라면 선지의 키워드를 뽑아 발췌독하는 것이 효율적이다. 그러나 이해 및 추론한 내용으로 적절하지 않은 것을 물었으므로, 발췌독 이외에 지문에 대한 이해를 통한 선지 해결이 필요한 문제임을 인지한다. 또한 적절하지 않은 것을 물었으므로 발문 옆에 크게 × 표시를 한다.

❷ **지문을 훑어본다.**
일반적인 줄글 형식의 지문 형태다. 따라서 선지 내용에서 키워드를 뽑아 발췌독이 가능한지 살펴본다.

❸ **선지를 확인한다.**
이해 및 추론을 묻는 문제이나 지문의 내용과 그대로 일치하거나 불일치하는 것을 선지로 제시할 수 있으므로 우선 키워드를 뽑아 발췌독한다. 이후에 발췌독으로 선지가 풀리지 않는 경우 선지가 제시하는 지문의 문단을 정독하며 추론한 후 선지를 해결한다.

[방법 2]

❶ **발문을 확인한다.**
이해 및 추론 문제이므로 단순 내용일치보다는 내용을 이해해야 함을 인지한다. 적절하지 않은 것을 물었으므로 크게 × 표시한다.

❷ **선지를 훑어본다.**
본 방법은 발췌독이 아니라 지문을 처음부터 읽으면서 중간중간 선지로 내려가 정오를 판단하는 방법이다. 따라서 지문을 읽을 때 강약 조절을 하기 위해 선지를 미리 읽고 포인트를 확인한다. 이때 많은 시간을 투입하지 않도록 주의하도록 한다. 만약 선지가 본인이 가진 배경지식을 활용할 수 있는 내용이라면 선지가 무엇을 묻는지까지 캐치할 수 있겠지만, 낯선 내용이거나 시간이 부족한 상황이라면 간단히 자주 나오는 단어가 무엇인지, 주제가 무엇일지 정도만 체크한다. 본 합격생은 '경상소득', '소득불평등', 'WIL', '개인소득의 합', '균등화 처분가능소득'을 체크해 두었다. 지문 전체를 읽기 전에 빠르게 체크하는 것이므로 문장을 모두 꼼꼼히 읽지 않고 단어만 기계적으로 훑는 것이며, 정확한 키워드를 뽑아야 한다는 부담을 갖지 않아도 된다. 간단히 주제를 추측하고, 지문 읽기에 강약을 조절하며, 읽다가 체크했던 단어가 나오면 문제를 풀러가는 용도로 쓰기 위한 목적이다.

❸ **지문을 처음부터 읽되, 중간 중간 끊어서 선지의 정오를 판단한다.**
긴 지문을 처음부터 끝까지 한 번에 읽고 문제를 푼다면 내용이 완벽히 기억나지 않아 부정확한 근거로 답을 고를 수 있으며, 기억나지 않는 부분을 다시 읽느라 시간을 낭비할 확률이 크다. 이를 막기 위해 발췌독이 불안하거나 어려운 분들이라면 지문을 전부 읽되 중간중간 내려가서 문제를 해결하는 것을 추천한다. 물론 답이 빠르게 나온다면 남은 지문과 선지는 확인하지 않고 넘어가 시간을 획기적으로 줄일 수도 있다.
다만 언제 문제를 풀러 내려가야 하는지 어려울 수 있는데, 이는 본인에게 맞게, 문제에 맞게 자유롭게 해도 무방하다. 보통은 미리 선지에서 체크했던 포인트와 관련된 내용이 나온다면 그 부분을 읽고 바로 내려가거나, 지문에서 하나의 내용이 끝나고 다음 내용으로 넘어가기 전에 선지로 와서 풀 수 있는 게 있는지 확인할 수도 있다. 하나의 내용이 끝나면 크게 슬래시로 구분하는 것도 작은 tip이다.

합격자의 시간단축 Tip

Tip ❶ 계산을 묻는 복잡한 선지는 나중에 해결한다.

선지를 쭉 훑어보면 선지 ⑤는 계산을 묻고 있다. 계산을 요구하는 선지는 다른 선지에 비해 해결 과정이 복잡하므로, 타 선지를 해결한 후에 푸는 것이 바람직하다. 해당 문제의 경우 계산을 묻는 복잡한 선지 ⑤가 정답이다. 그렇다면 지문에서 근거를 바로 찾을 수 있는 선지 ①, ②, ③, ④의 정오를 모두 확인한 후에 고를 수 있다는 뜻이다. 이런 풀이 순서가 비효율적일까?

지문에서 근거를 찾을 수 있는 선지 ①, ②, ③, ④를 먼저 보는 경우에 만약 선지 ⑤가 정답이 아니었을 경우, 보다 쉬운 선지 ①, ②, ③, ④에서 정답이 나와 빠르게 문제를 해결할 수 있다. 그리고 선지 ①, ②, ③, ④가 빠르게 해결된다면 선지 ⑤의 복잡한 계산을 할 필요 없이 답을 구할 수 있다.

그런데 복잡한 계산이 있는 선지 ⑤를 먼저 해결한다면, 정답이 선지 ⑤인 경우에는 복잡한 계산이라는 과정을 거치지만 선지 ①, ②, ③, ④를 볼 필요가 없어 빠를 수 있다. 그러나 선지 ①, ②, ③, ④중에 답이 있었다면 어떨까? 남들은 볼 필요가 없는 선지 ⑤를 해결하느라 시간을 많이 소모했을 것이다.

정답 선지를 어떤 것으로 할지는 출제자의 재량이고 수험자 입장에서 알 수 없다. 그러나 쉬운 선지부터 해결하는 것이 선지 판단의 기회비용이 평균적으로 적다. 따라서 쉬운 선지를 먼저 해결하는 것이 효율적이다.

다만, 계산을 묻는 선지가 둘 이상인 경우 계산을 요구하는 선지가 정답으로 구성되었을 가능성이 크다. 따라서 이런 경우에는 차라리 계산선지를 먼저 푸는 것이 유리할 수도 있다.

Tip ❷ 헷갈리는 사례는 용어의 정의에 비추어 판단한다.
선지 ②의 '고정적이지 않은 매출을 얻는 치킨집'은 언뜻 상식으로 볼 때 경상수입이 아니라고 생각할 수 있다. 그러나 지문에서 사업소득을 경상소득의 일종으로 정의하고 있기 때문에 이를 임의로 혼동해서는 안 된다. '고정적이지 않은 매출을 얻는 치킨집'과 같이 혼동하기 쉬운 사례들은 자의적 판단을 배제하고, 지문에서 제시된 용어의 정의에 따라 판단하도록 하자.

02 정답 ①

난이도 ●●○

의사소통능력_개념의 이해 및 활용

접근전략 추가 지문이 공식이며, 문장 구분 점으로 가시성이 높게 제시되어 있다. 선지를 보니 각 공식별로 이해를 요구하는 문제임을 빠르게 인지할 수 있다. 따라서 선지를 보고 어떤 공식을 요구하는지 판단한 후에 추가 지문을 보며 선지의 정오를 판단한다.

다음은 위 자료의 보충 자료이다. 이를 참고할 때 소득 불평등지표에 대한 이해로 적절한 내용을 모두 고른 것은?

〈소득 불평등지표〉

(1)불평등지표는 주로 지수, 비율로 표현되고 있으며 경제 전반 또는 특정 계층간 비교 등 관심 요소에 따라 적합한 지표가 상이하다. (2)비율지표 중 일부를 소개하면 다음과 같다.

(3) • 소득 5분위배율: 소득 상위 20%의 인구와 하위 20% 인구의 격차를 측정하는 지표로, 소득 상위 20%의 소득점유율을 하위 20%의 소득점유율로 나눈 값

(4) • 소득 10분위분배율: 소득 하위 40%의 소득점유율을 상위 20%의 소득점유율로 나눈 값

(5) • 팔마비율: 소득 상위 10% 인구의 소득점유율을 하위 40% 인구의 소득점유율로 나눈 값으로 여러 국가에 걸쳐 중위계층 소득비율은 안정적인 반면 상하위 계층 소득비율은 변화가 크다는 점을 반영하여 만들어진 지표

(6) • 소득점유율: 전체 소득에서 특정 비율의 인구가 차지하는 소득이 어느 정도인지 나타내는 지표로 주로 소득 상위 10%, 1%, 0.1%와 같이 상위계층으로 소득이 얼마나 집중됐는지 확인하는 데 사용

〈A국가의 소득 정보〉

(7) A국가 전체 인구 소득의 합은 1,000조 원이다. A국가의 소득 상위 10%의 소득 합은 400조 원이다.

보기

ㄱ. 소득 5분위배율의 값이 작을수록 소득불평등이 심한 것으로 볼 수 있다.

➜ (×) 소득 5분위배율은 소득 상위 20%의 소득점유율을 하위 20%의 소득점유율로 나눈 것이므로[보충 자료(3)] 다음과 같이 정리할 수 있다.

소득 5분위 배율

$$=\frac{\text{소득 상위 20\% 인구의 소득점유율}}{\text{소득 하위 20\% 인구의 소득점유율}}$$

$$=\frac{\dfrac{\text{소득 상위 20\%가 차지하는 소득}}{\text{전체소득}}}{\dfrac{\text{소득 하위 20\%가 차지하는 소득}}{\text{전체소득}}}$$

$$=\frac{\text{소득 상위 20\%가 차지하는 소득}}{\text{소득 하위 20\%가 차지하는 소득}}$$

이때 분자인 소득 상위 20%가 차지하는 소득이 작을수록, 소득 하위 20%가 차지하는 소득이 클수록 소득 5분위배율의 값이 작아진다. 이는 오히려 소득 상위 20%가 차지하는 소득과 소득 하위 20%가 차지하는 소득의 격차가 크지 않음을 의미하므로 소득불평등이 심한 것으로 볼 수 없다. 따라서 보기 ㄱ은 적절하지 않다.

ㄴ. 소득 10분위분배율의 값이 클수록 소득불평등이 심한 것으로 볼 수 있다.

➜ (×) 소득 10분위분배율은 소득 하위 40%의 소득점유율을 상위 20%의 소득점유율로 나눈 값이므로[보충자료 (4)] 다음과 같이 정리할 수 있다.

소득 10분위 배율

$$=\frac{\text{소득 하위 40\% 인구의 소득점유율}}{\text{소득 상위 20\% 인구의 소득점유율}}$$

$$=\frac{\dfrac{\text{소득 하위 40\%가 차지하는 소득}}{\text{전체소득}}}{\dfrac{\text{소득 상위 20\%가 차지하는 소득}}{\text{전체소득}}}$$

$$=\frac{\text{소득 하위 40\%가 차지하는 소득}}{\text{소득 상위 20\%가 차지하는 소득}}$$

이때 분자인 소득 하위 40%가 차지하는 소득이 클수록, 소득 상위 20%가 차지하는 소득이 작을수록 소득 10분위분배율의 값이 커진다. 이는 오히려 소득 하위 40%가 차지하는 소득과 소득 상위 20%가 차지하는 소득의 격차가 크지 않음을 의미하므로 소득불평등이 심한 것으로 볼 수 없다. 따라서 보기 ㄴ은 적절하지 않다.

ㄷ. A국가의 소득 상위 10%의 소득점유율은 0.4이다.

→ (○) 소득점유율은 전체 소득에서 특정 비율의 인구가 차지하는 소득이 어느 정도인지 나타내는 지표이므로[보충자료 (6)] A국가의 상위 10%의 소득점유율은 다음과 같이 구할 수 있다.

A국가의 상위 10%의 소득점유율

$$=\frac{\text{소득 상위 10\%가 차지하는 소득}}{\text{전체소득}}$$

$$=\frac{\text{400조 원}}{\text{1,000조 원}}=0.4$$

따라서 보기 ㄷ은 적절하다.

ㄹ. A국가의 팔마비율은 0.66 이하일 것이다.

→ (×) 팔마비율은 소득 상위 10% 인구의 소득점유율을 하위 40% 인구의 소득점유율로 나눈 값이므로[보충자료 (5)] A국가의 팔마비율은 다음과 같이 구할 수 있다.

A국가의 팔마비율

$$=\frac{\text{소득 상위 10\%인 인구의 소득점유율}}{\text{소득 하위 40\%인 인구의 소득점유율}}$$

$$=\frac{\frac{\text{소득 상위 10\%가 차지하는 소득}}{\text{전체소득}}}{\frac{\text{소득 하위 40\%가 차지하는 소득}}{\text{전체소득}}}$$

$$=\frac{\text{소득 상위 10\%가 차지하는 소득}}{\text{소득 하위 40\%가 차지하는 소득}}$$

분자인 소득 상위 10%가 차지하는 소득, 즉 소득 상위 10%의 소득 합은 400조 원이며[보충자료 (7)], 소득 하위 40%가 차지하는 소득의 최솟값은 0원이다. 예를 들어 소득 상위 10% 초과 20% 이하가 차지하는 소득 또한 400조 원이고 소득 상위 20% 초과 30% 이하가 차지하는 소득이 200조 원인 경우 등에 소득 하위 40%의 소득 합이 최소가 되기 때문이다. 이 경우 분모는 0이 되므로 팔마비율은 ∞가 된다. 반면 소득 하위 40%가 차지하는 소득의 최댓값은 $\frac{800}{3}$조 원이다. 소득 상위 10%를 제외한 나머지 인구가 동일한 소득을 점유하는 경우가 이에 해당한다. 이 경우

'소득 상위 10% 초과 20% 이하의 소득 합
=소득 상위 20% 초과 30% 이하의 소득 합
=소득 상위 30% 초과 40% 이하의 소득 합
=소득 상위 40% 초과 50% 이하의 소득 합
=소득 상위 50% 초과 60% 이하의 소득 합
=소득 상위 60% 초과 70% 이하의 소득 합
=소득 상위 70% 초과 80% 이하의 소득 합
=소득 상위 80% 초과 90% 이하의 소득 합
=소득 상위 90% 초과 100% 이하의 소득 합'

이므로 소득 하위 40%가 차지하는 소득은 A국가 전체 인구 소득의 합인 1,000조 원에서 소득 상위 10%의 소득 합인 400조 원을 뺀 600조 원을 9로 나눈 후 4를 곱하여 구할 수 있다. 즉 소득 하위 40%가 차지하는 소득의 최댓값은 $\frac{2,400}{9}=\frac{800}{3}$(조 원)조 원이다. 이 경우 팔마비율은 $\frac{400}{800/3}=1.5$이다. 이러한 내용을 종합하면 어떤 경우에도 A국가의 팔마비율은 0.66을 초과함을 알 수 있다. 따라서 보기 ㄹ은 적절하지 않다.

① ㄷ → (○)
② ㄱ, ㄹ → (×)
③ ㄴ, ㄹ → (×)
④ ㄱ, ㄴ, ㄷ → (×)
⑤ ㄴ, ㄷ, ㄹ → (×)

합격자의 실전 풀이 순서

❶ 발문 제대로 읽기 및 문제 유형 파악

항상 발문을 먼저 제대로 읽자. 추가 자료에 대한 이해가 적절한지 묻고 있다. 따라서 추가 자료의 내용이 무엇인지 훑어본다.

❷ 선지 훑어보기

선지에 키워드로 삼을만한 용어들이 명확하다. 보기 ㄱ은 '소득 5분위배율', 보기 ㄴ은 '소득 10분위분배율', 보기 ㄷ은 '소득점유율', 보기 ㄹ은 '팔마비율'이다. 선지에서 각 비율지표들을 이용한 계산을 요구하고 있으므로, 선지 판단에 앞서 비율지표를 수식으로 정리한다.

합격자의 시간단축 Tip

Tip ❶ 굳이 식을 변형하지 않고 있는 그대로 수치를 대입해본다.

보기 ㄹ을 해결하기 위해 팔마비율 식에 사례를 대입하면 팔마비율=0.4/(소득 하위 40%의 소득점유율)로 나타낼 수 있다. 소득 하위 40%의 소득점유율은 전체

인 1에서 소득 상위 10%의 소득점유율인 0.4를 제한 0.6보다 작은 값이 될 것이다.(소득 상위 10%와 소득 하위 40%의 중간에 위치한 집단이 있으므로) 따라서 0.4를 0.6보다 작은 값으로 나누면 0.6666.. 보다 큰 값이 산출되어야 한다.

Tip ❷ 불필요한 계산은 하지 않는다.
해설은 보기 ㄹ에서 팔마비율의 최댓값과 최솟값을 모두 계산하였지만, 문제 해결을 위해서는 0.66을 넘는지, 즉 반례가 하나라도 존재하는지만 확인하면 된다. 또한 팔마비율의 최댓값을 구하는 게 반례일 가능성이 가장 크므로, 최댓값만 구하도록 하자.

Tip ❸ 식이 의미하는 바를 명확히 이해한다.
추가 자료를 보면 소득 10분위분배율과 소득 5분위분배율은 퍼센테이지의 차이는 있지만 분자와 분모의 위치가 반대로 되어 있음을 알 수 있다. 따라서 그 값도 소득5분위배율이 의미하는 바와 소득 10분위분배율이 의미하는 것이 반대이다. 소득 10분위분배율의 경우 그 값이 작을수록 소득불평등이 심하다.

Tip ❹ 줄글을 수식으로 바꾸고 문제풀이를 시작한다.
〈소득 불평등지표〉에서는 소득 5분위배율, 소득 10분위 배율, 팔마비율, 소득점유율 등을 수식으로 설명하고 있다. 이 경우 해당 비율 등에 대한 직관적인 이해가 어렵다. 따라서 /를 활용하거나 직접 분수로 바꿔 적는 등 수식으로 해당 비율을 알아보기 쉽게 정리하고 문제에 접근하면 실수를 줄이고 시간도 단축할 수 있다.

03 정답 ①

난이도 ●●○

의사소통능력_글의 내용 일치/불일치

접근전략 자료에 대해 이해하지 못한 것을 고르는 문제다. 자료가 조사목적, 모집단 및 조사대상, 조사대상 기간, 조사항목 등 세부 내용별로 목차가 나누어져 있어 발췌독하기 간편하다. 선지의 키워드를 뽑아 발췌독한다.

다음 자료에 대해 바르게 이해하지 못한 내용을 모두 고른 것은?

2023년 농가 및 어가경제조사 안내

□ 조사목적
(1)농·어가경제 동향과 농업경영 실태를 파악하여 농·어업 정책 수립 및 경영 개선 등을 위한 기초자료로 제공

□ 모집단 및 조사대상
(2) • 조사모집단: 농림어업총조사에서 파악된 농가* 및 어가**
(3) • 조사대상: 표본 농·어가
(4) –농가경제조사: 전국 3,300농가(가구원 2인 이상 2,900농가, 1인 400농가)
(5) –어가경제조사: 전국 1,000어가

□ 조사대상기간: 2023.01.01.~12.31.

□ 조사항목
(6)가구소득, 경상소득, 가구순소득, 농·어업소득, 농·어업외소득, 이전소득, 비경상소득, 가계지출, 농·어가자산, 농·어가부채 등

---

* 농가
(7)다음 중 하나에 해당하는 농업을 직접 경영하는 가구
(8) –1,000m²(10a) 이상의 경지를 직접 경작하는 가구
(9) – 연간 직접 생산한 농축산물의 판매액이 12만 원 이상으로 농업을 계속하고 있는 가구
(10) – 조사기준 시점 현재 120만 원 이상의 가축을 사육하는 가구

** 어가
(11) 다음 중 하나에 해당하는 어업을 직접 경영하는 가구
(12) – 연간 판매를 목적으로 1개월 이상 해수면에서 어선어업, 맨손어업, 나잠어업, 기타 어로어업, 양식어업을 경영한 가구
(13) – 연간 해수면에서 직접 어획하거나 양식한 수산물의 판매금액이 120만 원 이상인 가구
(14) – 조사대상기간 내 해수면에서 양식하는 수산물의 평가액이 120만 원 이상인 가구

보기

ㄱ. 농림어업총조사에서 어가로 파악된 A가구는 이번 경제조사의 대상이겠군.
→ (×) 자료에 따르면 조사모집단은 농림어업총조사에서 파악된 농가 및 어가인 반면[자료 (2)] 조사대상은 표본 농·어가이다[자료 (3)]. 농림어업총조사에서 파악된 농가 및 어가이더라도 표본으로 추출되지 않는다면 조사대상이 되지 않는다. 그러므로 주어진 정보만으로는 농림어업총조사에서 어가로 파악된 A가구가 표본으로 추출되어 조사대상이 되었는지는 알 수 없다. 따라서 보기 ㄱ은 옳지 않다.

ㄴ. **농가 및 어가경제조사에서의 농가 및 어가는 모두 영리 목적의 판매가 이루어지는 가구를 전제로 하고 있어.**

➜ (×) 자료에 따르면 농가란 다음 중 하나에 해당하는 농업을 직접 경영하는 가구로서[자료 (7)] 1,000m²(10a) 이상의 경지를 직접 경작하는 가구[자료 (8)] 또는 연간 직접 생산한 농축산물의 판매액의 12만 원 이상으로 농업을 계속하고 있는 가구[자료 (9)] 또는 조사기준 시점 현재 120만 원 이상의 가축을 사육하는 가구[자료 (10)]이다. 이때 1,000m²(10a) 이상의 경지를 직접 경작하는 가구 또는 조사기준 시점 현재 120만 원 이상의 가축을 사육하는 가구의 경우 영리 목적의 판매가 이루어지는 가구일 것을 전제로 하고 있는 것은 아니다.

또한, 자료에 따르면 어가란 다음 중 하나에 해당하는 어업을 직접 경영하는 가구로서[자료 (11)] 연간 판매를 목적으로 1개월 이상 해수면에서 어선어업, 맨손어업, 나잠어업, 기타 어로어업, 양식어업을 경영한 가구[자료 (12)] 또는 연간 해수면에서 직접 어획하거나 양식한 수산물의 판매금액이 120만 원 이상인 가구[자료 (13)] 또는 조사대상기간 내 해수면에서 양식하는 수산물의 평가액이 120만 원 이상인 가구[자료 (14)]이다. 이때 조사대상기간 내 해수면에서 양식하는 수산물의 평가액이 120만 원 이상인 가구의 경우 영리 목적의 판매가 이루어지는 가구일 것을 전제로 하고 있는 것은 아니다. 그러므로 영리 목적의 판매가 이루어지는 가구가 아니더라도 농가 및 어가경제조사에서의 농가 및 어가에 포함될 수 있다. 따라서 보기 ㄴ은 옳지 않다.

ㄷ. **농가 및 어가경제조사의 대상인 가구에 대해서는 농·어업으로 인한 소득 외의 수입에 대해서도 조사가 이루어지겠군.**

➜ (○) 농가 및 어가경제조사의 조사항목으로는 가구소득, 경상소득, 가구순소득, 농·어업소득, 농·어업외소득, 이전소득, 비경상소득, 가계지출, 농·어가자산, 농·어가부채 등이 있다[자료 (6)]. 농·어업소득 이외에 농·어업외소득 등이 조사항목으로 존재함을 확인할 수 있다. 따라서 보기 ㄷ은 다음의 자료에 대해 바르게 이해한 내용이다.

ㄹ. **2023년 11월 30일 기준 해수면에서 양식하는 수산물의 평가액이 130만 원인 B가구는 조사모집단에 포함되는 '어가'에 해당하겠네.**

➜ (○) 자료에 따르면 조사모집단은 농림어업총조사에서 파악된 농가 및 어가이고[자료 (2)] 이때 어가란 다음 중 하나에 해당하는 어업을 직접 경영하는 가구로서[자료 (11)] 연간 판매를 목적으로 1개월 이상 해수면에서 어선어업, 맨손어업, 나잠어업, 기타 어로어업, 양식어업을 경영한 가구[자료 (12)] 또는 연간 해수면에서 직접 어획하거나 양식한 수산물의 판매금액이 120만 원 이상인 가구[자료 (13)] 또는 조사대상기간 내 해수면에서 양식하는 수산물의 평가액이 120만 원 이상인 가구[자료 (14)]이다. 한편 조사대상기간은 '2023.01.01.~12.31.'이다. 2023년 11월 30일은 조사대상기간 내에 포함되고 B가구는 해수면에서 양식하는 수산물의 평가액이 130만 원이므로 '조사대상기간 내 해수면에서 양식하는 수산물의 평가액이 120만 원 이상 이상인 가구'에 해당한다. 이러한 내용을 종합해보면 B가구는 조사모집단에 포함되는 '어가'에 해당한다. 따라서 보기 ㄹ은 다음의 자료에 대해 바르게 이해한 내용이다.

① ㄱ, ㄴ ➜ (○)
② ㄱ, ㄹ ➜ (×)
③ ㄴ, ㄷ ➜ (×)
④ ㄴ, ㄹ ➜ (×)
⑤ ㄷ, ㄹ ➜ (×)

합격자의 실전 풀이 순서

[방법 1]

❶ **발문을 확인한다.**
지문을 이해 및 추론한 내용으로 적절하지 않은 것을 물었다. 지문 내용과 일치하지 않은 내용을 묻는 것이라면 선지의 키워드를 뽑아 발췌독하는 것이 효율적이다. 그러나 이해 및 추론한 내용으로 적절하지 않은 것을 물었으므로, 발췌독 이외에 지문에 대한 이해를 통한 선지 해결이 필요한 문제임을 인지한다.

❷ **지문을 훑어본다.**
일반적인 줄글 형식의 지문 형태다. 따라서 선지 내용에서 키워드를 뽑아 발췌독이 가능한지 살펴본다.

❸ **선지를 확인한다.**
이해 및 추론을 묻는 문제이나 지문의 내용과 그대로 일치하거나 불일치하는 것을 선지로 제시할 수 있으므로 우선 키워드를 뽑아 발췌독한다. 이후에 발췌독으로 선지가 풀리지 않는 경우 선지가 제시하는 지문의 문단을 정독하며 추론한 후 선지를 해결한다.

[방법 2]

❶ **선지를 확인한다.**
이 문제와 같이 자료, 안내문 등의 각 요건이나 항목을 확인하는 식으로 보기가 구성된 경우, 보기를 먼저 읽고 지문의 해당 부분을 확인하는 방식으로 접근하는 것이 효율적이다.

❷ 지문을 읽는다.
보기 ㄱ을 확인할 때는 ㅁ 모집단 및 조사대상, 보기 ㄴ을 확인할 때는 *농가, **어가 부분만 확인하는 등 보기 확인에 필요한 부분만 빠르게 찾아 읽는다.

합격자의 시간단축 Tip

Tip ❶ 키워드 뽑는 방법

발췌독하기 위해서는 생소한 키워드를 뽑아야 한다. 일반적인 단어를 키워드로 삼으면 지문에서 자주 등장하기 때문에 효율적인 발췌독을 하기 어렵다. 보통 키워드를 뽑을 때 맨 앞에 있는 주어를 선정하는 경우가 많다. 그러나 이는 상황에 따라 비효율적이다. 모든 선지의 주어가 같은 경우도 있고, 주어보다 서술어나 목적어가 더 생소한 경우가 많기 때문이다. 키워드를 뽑는 목적은 지문을 빠르게 발췌독하기 위함이고, 이를 위해 주어뿐만 아니라 모든 단어에 대해 가능성을 열어 두어야 함을 기억하자.
보기 ㄱ의 경우 '경제조사의 대상', 보기 ㄴ의 경우 '영리 목적의 판매', 보기 ㄷ의 경우 '소득 외의 수입'을 키워드로 삼을 수 있다.

Tip ❷ 단정적인 단서에 주목하자.

반드시, 언제나, 모든과 같은 단정적인 단서는 반례를 찾아내기 쉽다. 예외가 없기 때문이다. 따라서 단정적인 단서가 들어간 선지를 먼저 해결하는 것이 효율적이다. 보기 ㄴ은 '모두'라는 단정적인 단서가 들어간다. 그렇다면 영리 목적의 판매가 이루어지는 가구가 아닐 수도 있음을 인지하고 지문을 발췌독할 경우 보다 빠르게 정오 판단이 가능하다.

04 정답 ❹ 난이도 ●●○

의사소통능력_맥락상 어울리지 않는 문장/문단 찾기

접근전략 지문은 ㅇㅇ기업의 특징과 디지털금융의 현 상황에 대해 설명하고 있다. 이를 바탕으로 ㅇㅇ기업에 대한 SWOT분석을 실시한 내용의 적절성을 묻고 있다. 따라서 제시문의 내용을 바탕으로 한 추론이 필요하다.

다음은 ㅇㅇ기업에 대한 분석내용이다. 이 내용을 바탕으로 ㅇㅇ기업에 대해 SWOT 분석을 실시한 내용 중 적절하지 않은 것은?

〈SWOT 분석 결과〉

요소	내용
강점 (Strengths)	• AI 기반 신용평가 시스템의 도입으로 대출 승인 효율성 제고 • 블록체인 기술을 이용한 데이터 보안 및 거래 신뢰성 강화 • ㉠ 창구 미운영으로 전통 금융기관 대비 운영비용의 절감
약점 (Weaknesses)	• 브랜드 신뢰도 부족: 설립 초기 기업으로서 시장에서의 인지도와 신뢰도 낮음 • ㉡ 고령층과 모바일 앱 등 기술에 익숙하지 않은 고객층의 접근성 부족 • 기술 중심 모델의 적용으로 인해 시스템 장애 등 리스크 존재
기회 (Opportunities)	• ㉢ 디지털 금융에 대한 수요 증가와 기술 발전 • 고객이 유입될수록 AI 기술(머신러닝)의 정교화가 가능해져 로보어드바이저를 통한 더 정교한 투자 솔루션의 제공 가능성 • ㉣ 전통 금융기관에 비해 낮은 수준의 규제 요건 적용
위협 (Threats)	• ㉤ 기존 금융기관들의 신기술 도입 가속화 및 타 핀테크 기업의 등장으로 인한 경쟁 격화 • 외부 규제 강화로 인한 운영비용의 상승 • 금리 변동, 경기 침체 등의 경제적 환경 변화

(1)ㅇㅇ기업은 2018년에 설립된 모바일 핀테크 기업으로, 개인 및 중소기업을 대상으로 디지털 금융서비스를 제공하며 빠르게 성장하고 있는 디지털 금융시장에서 두각을 나타내고 있는 기업이다. (2)ㅇㅇ기업이 주요 경쟁력으로 삼고 있는 것은 AI 기반 신용평가 시스템, 블록체인 기술을 활용한 데이터 보안, 사용자 친화적인 모바일 앱 등이다. (3)이를 통해 ㅇㅇ기업은 기존 금융기관이 충족하지 못한 니치(niche)시장을 공략하며 고객층을 확대해 나가고 있다. ㅇㅇ기업의 핵심 서비스를 자세히 살펴보면 다음과 같다.

▶ 1문단

(1)1. AI 기반 신용평가 알고리즘을 통해 대출 심사 기간을 단축하고, 고객의 신용 리스크를 세밀히 분석해 개인화된 대출 조건을 제공한다. (2)AI 기반 신용평가 방식은 신용점수가 낮아 기존 금융기관을 통한 거래가 어려운 고객들에게 특히 유용하며 중소기업 대출 시장에서도 큰 호응을 얻고 있다.

(3)2. 고객의 투자 목표와 위험 선호도에 대한 AI 기반 분석을 바탕으로 포트폴리오를 자동으로 구성하고 관리하는 로보어드바이저 서비스를 제공한다. (4)이는 전문 금융 지식이 부족한 고객도 손쉽게 투자에 참여할 수 있도록 돕는다,

(5)3. 블록체인 기술을 활용하여 고객 정보의 보안을 강화하였다. (6)고객 데이터를 분산형 네트워크에 저장함으로써 보안성과 투명성을 강화하고 금융거래의 신뢰도를 높이는데 주력하고 있다.

(7)4. 모든 금융 서비스를 모바일 플랫폼을 통해 제공한다. (8)특히 젊은 세대와 기술 친화적 고객층을 타깃으로 한 직관적인 사용자 인터페이스는 실제로 타깃층에게도 호평을 받고 있다. (9)고객은 계좌 개설, 대출 신청, 투자 관리 등 모든 업무를 모바일 앱 하나로 처리할 수 있다. ▶ 2문단

(1)ㅇㅇ기업은 전 세계적으로 디지털 금융에 대한 수요가 급증하는 가운데 설립되었다. (2)특히 코로나 19 이후 비대면 금융 서비스의 필요성이 대두되며, 핀테크 산업은 전통 금융기관을 대체하거나 보완하는 중요한 역할을 담당하고 있다. (3)그러나 이와 동시에 글로벌 핀테크 기업 및 전통 금융기관 간의 경쟁이 심화되고 있으며, 고객 확보와 차별화된 서비스 제공이 기업 생존의 핵심 과제로 떠오르고 있다. ▶ 3문단

(1)핀테크 기업은 그간 상대적으로 느슨한 규제 환경에서 빠르게 성장했으나 최근 개인정보보호 및 금융시장에 대한 규제 확대로 인해 운영 비용이 증가하고 있다. (2)또 ㅇㅇ기업은 기술 중심의 비즈니스 모델을 채택하고 있어 시스템 장애나 기술적 복잡성으로 인한 기술적 리스크에 노출될 가능성을 배제할 수 없다. (3)특히 금융 데이터의 민감성을 고려할 때 사이버 공격의 위협은 기업의 신뢰도와 생존에 중대한 영향을 미칠 수 있다. ▶ 4문단

① ㉠ 창구 미운영으로 전통 금융기관 대비 운영비용의 절감

→ (O) 4. 모든 금융 서비스를 모바일 플랫폼을 통해 제공한다[2문단 (7)].에서 ㅇㅇ기업은 창구를 운영하지 않음을 유추할 수 있다. 따라서 창구를 운영하지 않음으로써 운영비용을 절감할 수 있음을 추론할 수 있고, 이는 ㅇㅇ기업의 강점이라고 할 수 있다. 옳은 선지다.

② ㉡ 고령층과 모바일 앱 등 기술에 익숙하지 않은 고객층의 접근성 부족

→ (O) 4. 모든 금융 서비스를 모바일 플랫폼을 통해 제공한다[2문단 (7)]. 특히 젊은 세대와 기술 친화적 고객층을 타깃으로 한 직관적인 사용자 인터페이스는 실제로 타깃층에게도 호평을 받고 있다. [2문단 (8)]에서 모든 금융 서비스를 모바일 플랫폼을 통해 제공하고 특히 젊은 세대를 타깃으로 한다는 점에서 고령층과 모바일 앱 등 기술에 익숙하지 않은 고객층에게 진입장벽이 될 수 있음을 알 수 있다. 이런 접근성 제한은 유입되는 고객의 범위를 한정하게 되므로 ㅇㅇ기업의 약점이라고 볼 수 있다. 옳은 선지다.

③ ㉢ 디지털 금융에 대한 수요 증가와 기술 발전

→ (O) ㅇㅇ기업은 전 세계적으로 디지털 금융에 대한 수요가 급증하는 가운데 설립되었다. [3문단 (1)]에서 알 수 있는 내용이고 이러한 디지털 금융에 대한 수요 증가와 기술의 발전은 ㅇㅇ기업에게 기회로 작용할 수 있다. 옳은 선지다.

④ ㉣ 전통 금융기관에 비해 낮은 수준의 규제 요건 적용

→ (×) 핀테크 기업은 그간 상대적으로 느슨한 규제 환경에서 빠르게 성장했으나 최근 개인정보보호 및 금융시장에 대한 규제 확대로 인해 운영 비용이 증가하고 있다. [4문단 (1)]에서 그간 상대적으로 느슨한 규제 환경 하에 있었으나 최근 여러 규제의 강화로 비용이 증가하고 있다고 한다. 기회인 상황에서 오히려 위협 상황으로 변화되었다고 봄이 타당하므로 틀린 선지다.

⑤ ㉤ 기존 금융기관들의 신기술 도입 가속화 및 타 핀테크 기업의 등장으로 인한 경쟁 격화

→ (O) 그러나 이와 동시에 글로벌 핀테크 기업 및 전통 금융기관 간의 경쟁이 심화되고 있으며, 고객 확보와 차별화된 서비스 제공이 기업 생존의 핵심 과제로 떠오르고 있다. [3문단 (3)]에서 알 수 있는 내용이고 이는 ㅇㅇ기업의 위협요인에 해당한다고 볼 수 있다. 옳은 선지다.

합격자의 실전 풀이 순서

❶ 발문 제대로 읽기 및 문제 유형 파악

항상 발문을 먼저 제대로 읽자. '분석을 실시한 내용 중 적절하지 않은 것'을 고르는 문제이므로 본문 내용과 상충하거나 그로부터 추론할 수 없는 선지가 정답이 된다. 또한, 옳지 않은 것을 고르는 것은 제시문과 반대되는 내용의 선지를 고르라는 것이기 때문에 발문에 × 표시를 의식적으로 치고 문제를 풀면, 부합하는 것을 고르는 실수를 방지할 수 있다.

❷ 선지를 훑으며 대략적 주제를 파악한다.

"부합하지 않는 것은?", "일치하지 않는 것은?" 문제에서 선지는 매우 중요한 힌트가 된다. 정답을 제외한

4개의 선지를 보는 것만으로도 어느 정도 지문의 주제나 내용을 확인할 수 있기 때문이다. 이는 지문에 대한 이해를 바탕으로 한 추론 문제에서도 적용되는 경우가 많다. 결국 선지의 정오판단 근거는 지문 내용에 근거하기 때문이다.

❸ **각 선지의 키워드를 설정 후 발췌독해서 1차적으로 답을 판단한다.**

선지의 단어 중 가장 생소하거나 특이한 단어를 키워드로 삼아 키워드가 있는 문단을 탐색한다. 특이한 단어의 경우 지문에서 그대로 나오거나 조금의 변형을 거쳐 나오므로 찾기 용이하기 때문이다. 선지 ①은 '창구 미운영', 선지 ②는 '모바일 앱', 선지 ③은 '디지털 금융에 대한 수요', 선지 ④는 '낮은 수준의 규제', 선지 ⑤는 '핀테크'를 키워드로 들 수 있다.

합격자의 시간단축 Tip

Tip ❶ 글의 내용과 부합하는 것, 부합하지 않는 것 외에 알 수 없는 것이 나올 가능성을 생각한다.

분석을 실시한 내용 중 적절하지 않은 것을 물었다. 그렇다면 글의 내용과 부합하는 것은 답이 아니고, 부합하지 않는 것이 답인 것은 자명하다. 글에서 알 수 없는 것은 답이 될 수 있는가? 그렇다. 알 수 없는 것 역시 글의 내용과 부합하지 않기 때문이다. 선지의 내용이 글에서 알 수 없는 내용임에도 불구하고 무조건 찾으려 들 생각을 버리자. 다른 선지들은 글에서 근거를 찾을 수 있는데, 도저히 글에서 근거를 찾을 수 없는 선지가 정답이 될 수 있다.

Tip ❷ 키워드 뽑는 방법

발췌독하기 위해서는 생소한 키워드를 뽑아야 한다. 일반적인 단어를 키워드로 삼으면 지문에서 자주 등장하기 때문에 효율적인 발췌독을 하기 어렵다. 일반적으로 키워드를 뽑을 때 맨 앞에 있는 주어를 선정하는 경우가 많다. 그러나 이는 상황에 따라 비효율적이다. 모든 선지의 주어가 같은 경우도 있고, 주어보다 서술어나 목적어가 더 생소한 경우가 많기 때문이다. 키워드를 뽑는 목적은 지문을 빠르게 발췌독하기 위함이고, 이를 위해 주어뿐만 아니라 모든 단어에 대해 가능성을 열어 두어야 함을 기억하자.

Tip ❸ 패러프레이징(표현 바꾸기)

글의 내용과 일치하는 것, 일치하지 않는 것을 묻는 문제이거나 글의 내용에서 추론할 수 있는 것, 없는 것을 묻는 문제는 글의 내용을 패러프레이징해서 선지를 만드는 경우가 많다. 따라서 선지를 읽고 발췌독할 때 문구 그대로를 찾는 것도 좋지만 보이지 않는다면 다른 표현을 생각해 본다.

실제로 해당 문제의 경우 선지 ①의 '창구 미운영'은 '모든 금융 서비스를 모바일로 제공한다'로, 선지 ②는 '고령층과 기술에 익숙하지 않은 고객의 접근성 부족'을 '젊은 세대와 기술 친화적 고객층을 타깃으로 한 직관적인 사용자 인터페이스'로 패러프레이징하고 있다.

Tip ❹ 선지와 지문을 읽으면서 글의 난이도를 판단하고 글읽기의 속도를 조절한다.

본 방법은 발췌독이 아닌 통독을 위한 방법이다. 통독 전 미리 선지를 확인하여 키워드를 뽑는다. 이는 지문을 읽을 때 강약 조절을 가능하게 하여 통독의 시간을 단축할 수 있게 한다. 한편, 선지를 미리 확인하면서 지문의 난이도를 예측해 볼 수 있다. 본 선지의 경우, 어려운 개념이 등장하거나 복잡한 이해가 요구되기보다는 비교적 당연한 말들을 하고 있다. 따라서 지문을 읽을 때 꼼꼼히 확인하기보다는 선지에서 확인한 당연한 말들이 당연하게 적용되고 있는지를 확인하며 빠르게 읽는 전략을 취한다. 선지의 정보가 내가 가진 배경지식과 관련된 경우에도 지문을 의식적으로 더 빠르게 읽는다. 또한 지문을 읽으면서도 글의 난이도를 판단해야 하며, 본 문제처럼 쉬운 지문의 경우 빠르게 읽고 다음 문제를 위한 시간을 벌어야 한다. 쉬운 문제임에도 다른 문제들과 똑같은 시간을 써서 푼다면 나중에 어려운 문제에 투자할 시간이 없기 때문에 쉬운 문제는 빠르게 해결하고 넘어가 시간을 적립한다는 마음으로 임한다.

05 정답 ④ 난이도 ●●●

의사소통능력_빈칸 삽입(어휘/개념어/접속사/문장)

접근전략 빈칸 채우기 유형은 빈칸에 들어갈 내용이 지문 전반의 내용을 정리하여 아우르는 내용이거나 지문의 전체적인 이해를 통해 적절한 예시를 맞추는 내용, 혹은 빈칸 주변을 발췌독해 빠르게 판단하는 것으로 구성된다. 빈칸 주변을 먼저 읽어보고 어떤 유형인지 판단한 후에 읽는 순서를 고려한다.

주어진 글의 맥락을 고려할 때, 빈칸 ㉠에 들어갈 내용으로 가장 적절한 것은?

(1)전형적인 은행 시스템에서는 민간은행이 예금자들로부터 예금을 받고 이를 기반으로 대출자들에게 대출을 공급한다. (2)그런데 이러한 시스템 하에서는 뱅크런 위험이 존재한다. ▶ 1문단

(1)뱅크런 위험은 민간은행이 초단기 결제성 예금을 수신하고 이를 장기 대출 공급에 활용하는 데서 발생한다. (2)예금에는 요구불예금, 수시입출식 저축예금 또는 기업자유예금 등 언제든지 원할 때 인출이 가능한 '결제성 예금'과 정기예금이나 정기적금 등 만기 이전에는 인출이 자유롭지 않은 '순수저축성 예금'이 있다. (3)그런데 특히 결제성 예금은 은행의 건전성이나 유동성에 대한 부정적인 정보가 확산되는 경우 쉽게 뱅크런으로 이어질 수 있다. (4)즉, 결제성 예금은 은행 건전성에 대한 패닉이 발생하면 갑자기 대량의 인출 요구로 이어지는데, 대출은 장기자산으로서 쉽사리 현금화할 수 없기 때문에 은행은 이러한 인출 요구에 응할 수 없다. (5)즉, (㉠) 뱅크런이 발생하는 것이다. ▶ 2문단

(1)실제로 1930년대 대공황 때 미국의 많은 은행이 뱅크런으로 무너졌다. (2)이에 당시 시카고 대학교의 경제학자들은 소위 시카고 플랜(Chicago Plan)이라는 이름으로 계획된 새로운 은행 시스템을 제시했다. (3)이러한 새로운 시스템은 내로우 뱅킹(Narrow Banking)이라고 불리기도 한다. (4)내로우 뱅킹 시스템에서는 은행을 예금은행과 대출은행이라는 두 개의 유형으로 분리한 후, 예금은행에 대해서는 예금만 허용하고 대출은행에 대해서는 대출만 허용한다. ▶ 3문단

(1)먼저 예금은행은 예금자로부터 모든 종류의 예금을 수취한 후 이를 대출에 쓰지 않고 안전하고 유동성이 높은 자산에만 투자한다. (2)예금 전액을 중앙은행에 지급준비금으로 예치하거나 국채 등 안전자산에만 투자하는 것이다. (3)예금자들은 패닉이 발생해도 언제든지 예금을 찾을 수 있다는 것을 알게 될 것이다. (4)한편 대출은행은 예금을 수신할 수 없고 자본시장에서 채권을 발행하거나 증자를 해서 일반 투자자로부터 조달한 자금만을 재원으로 활용하여 대출을 공급한다. (5)대출은행이 예금이 아닌 은행채나 주식 발행을 통해서만 자금을 일으켜 대출을 할 수 있기 때문에 공급할 수 있는 대출의 규모가 크게 줄어든다. ▶ 4문단

(1)최근에는 중앙은행이 전 국민을 대상으로 발행하는 전자화폐인 소매형 CBDC에 대한 논의와 연구가 활발하게 이루어지고 있다. (2)전형적인 은행시스템상에서 중앙은행이 CBDC를 도입할 경우 중앙은행과 민간은행은 예금시장에서 직접적으로 경쟁하게 된다. (3)예금자는 현금을 민간은행에 예금할 수도 있지만 중앙은행에 개설된 자신의 예금계좌에 입금할 수도 있다. (4)현금을 입금하고 같은 금액의 CBDC를 받아서 이를 대금결제나 자금이체에 쓸 수도 있고 CBDC 자체를 중앙은행 예금계좌에 입금할 수도 있다. ▶ 5문단

(1)CBDC가 도입되면 뱅크런 위험은 다소 줄어들지만 여전히 존재한다. (2)결제성 예금 중 일부는 중앙은행에 직접 예금되고 나머지는 민간은행에 예금될 것이다. (3)중앙은행에 예금된 부분에 대해서는 사실상 뱅크런 위험이 없다고 볼 수 있다. (4)중앙은행은 발권력을 동원해서 언제나 고객의 인출 요구에 응할 수 있기 때문이다. (5)반면 민간은행에 예금된 결제성 예금은 뱅크런 위험에 온전하게 노출된다. ▶ 6문단

뱅크런 위험은 민간은행이 초단기 결제성 예금을 수신하고 이를 장기 대출 공급에 활용하는 데서 발생한다. 즉, 은행은 예금의 상당 부분을 장기 대출 자산으로 운영하고 있고, 이러한 대출 자산은 갑작스러운 인출 요구에 따라 즉시 현금화하기 어렵다. 이러한 상황을 염두에 두고, 은행의 지급 능력에 대한 불신(은행의 건전성이나 유동성에 대한 부정적인 정보가 확산)이 퍼지게 되면 고객들은 중도 인출이 자유로운 결제성 예금을 대량으로 인출하려는 패닉상태가 발생한다. 그러나 앞서 보았던 즉시 현금화가 어려운 사정으로 인해 실제로 지급 실패로 이어질 수 있는 것이다. 정리해 보면, 전형적인 은행 시스템이 수행하는 예금 취급과 대출 공급이라는 기능하에서 은행의 지급 능력에 대한 패닉이 발생하면 결제성 예금을 대량 인출하려는 시도가 나타나며, 이는 곧 지급 실패로 이어질 수 있다는 것이다. 따라서 빈칸에 들어가기 가장 적절한 선지는 ④이다.

빈칸 이전의 내용에서 추론할 수 있는 부분 외에도 세 번째 문단 이후에서 뱅크런으로 많은 은행들이 무너진 뒤 내로우 뱅킹이라는 새로운 은행 시스템이 제시되었으며, 이는 예금취급 은행과 대출공급 은행이 분리되어 있기에 예금자들은 패닉이 발생해도 언제든지 예금을 찾을 수 있다는 것 알게 된다는 점, 뱅크런에 대비해 또 새롭게 제안된 소매형 CBDC에 대한 논의에서도 뱅크런 위험은 다소 줄어들지만 여전히 존재한다는 점에 대한 논거로 중앙은행에 예금된 부분에 대해서는 뱅크런 위험이 없다고 볼 수 있으나 민간은행은 여전히 뱅크런 위험이 존재한다는 것을 제시한 점 등을 통해 미루어볼 때, 은행의 지급능력에 대한 패닉에도 불구하고 실제 그 지급이 가능한지 여부에 따라 '뱅크런'은 성립될 수도, 그렇지 않을 수도 있다는 점을 추론할 수 있다.

① 결제성 예금이 순수저축성 예금으로 전환되는
→ (×) 뱅크런의 원인이 아니라 제도적 변화를 설명하는 것에 그치고 있다. 적절하지 않다.

② 대출 부실화가 예금자의 신뢰 상실로 이어지는

→ (×) '즉,' 이후의 문장(빈칸이 포함된)은 앞의 내용을 요약-정리하는 역할을 한다. 결제성예금에 대한 요구가 은행의 지급능력에 대한 패닉으로 연결되고 이것이 대출 부실화로 연결된다는 인과관계가 본문에 제시되고 있으나 본 선지는 인과를 뒤집어서 대출부실화가 예금자의 신뢰상실로 연결된다는 내용으로 구성되고 있다. 즉, 상관관계를 서술해서 매력적인 오답을 구성했다(인과를 정확하게 서술해야 한다).

③ 은행의 유동성 위기가 자산 매각과 차입을 통해 완화되는

→ (×) 뱅크런에 대한 대응방법일 뿐 뱅크런의 원인이라고 할 수 없다. 뱅크런은 유동성 위기로 발생하는 것이라는 점에서 자산 매각과 차입을 통해 유동성 위기가 완화된다는 내용은 적절하지 않다.

④ 은행의 지급능력에 대한 패닉이 실제로 은행의 지급 실패로 이어지는

→ (○) 뱅크런의 원인에 대해 설명하고 있으므로 위 설명에 따라 옳은 선지다. 앞선 설명을 통해서도 확인할 수 있다.

⑤ 은행의 단기 자금 부족이 중앙은행의 긴급 유동성 지원으로 해결되는

→ (×) 빈칸은 주변 맥락으로 볼 때 뱅크런의 원인이 들어가야 한다. 그러나 해당 선지는 뱅크런의 해결책에 대해 서술하고 있으므로 적절하지 않다.

합격자의 실전 풀이 순서

❶ 발문 읽기 및 문제 유형 파악

항상 먼저 발문을 반드시 제대로 읽고 시작하자. 해당 문제는 빈칸 채우기 유형이므로, 빈칸에 대응되는 내용을 찾아서 그를 근거로 빈칸을 채우는 문제이다. 빈칸 채우기 유형은 크게 두 가지 종류로 나뉜다.

첫 번째, 빈칸의 근거를 지엽적으로 찾아 푸는 유형이다. 이는 주로 글 전체의 결론과 관련이 적은 뒷받침 문장이 빈칸으로 제시되는 경우에 해당한다. 첫 번째 유형을 푸는 경우 수험생은 먼저 제시문의 핵심 내용을 확인한 뒤, 빈칸이 포함된 문장과 빈칸 앞뒤 문장들을 집중적으로 읽으며 문맥을 추론하는 접근을 취해야 한다.

두 번째, 전체적인 글의 흐름과 제시문의 주제문을 파악하여 빈칸에 들어갈 말을 찾는 유형이 있다. 이 경우 수험생은 제시문을 처음부터 끝까지 읽은 후, 제시문이 말하고자 하는 최종적인 결론을 찾아내야 한다. 구체적인 지표나 통계 자료에 매몰되지 않고, '그래서 이 지표가 어떠한 결론으로 이끄는가?', '이 모든 문장이 함축된 결론은 무엇인가?'를 끊임없이 질문하며 읽어야 한다. 또는, 제시문의 주제문이 글의 맨 앞이나 맨 뒤, '그러나' 등의 접속어 뒤에 제시되어 있어 이를 찾아 빈칸에 대입하여 푸는 경우도 존재한다. 본 문제의 경우 지엽적인 곳에서 근거를 찾을 수 있는 첫 번째 유형에 해당한다.

빈칸 채우기 유형은 발문과 제시문의 형태에서 바로 파악할 수 있다.

- 발문: 다음 글의 빈칸에 들어갈 말로 가장 적절한 것은?
- 제시문: 일부 문장 대신 빈칸이 뚫린 형태

❷ 빈칸 주변을 꼼꼼히 읽는다.

빈칸이 어디에 있는지 위치를 파악함과 동시에 빈칸 앞뒤 문장을 읽는다. 빈칸은 2문단 마지막에 있으며 '즉'으로 시작하고 그 뒷 문장은 '뱅크런이 발생하는 것이다.'이다. 이를 통해 빈칸의 문장이 앞의 내용을 종합하여 뱅크런의 원인을 설명하는 문장임을 추측할 수 있다.

❸ 빈칸 전 문장까지 글을 통독한다.

1문단부터 빈칸이 있는 부분까지 글을 통독한다. 정독할 필요는 없으며, 글을 읽으며 중심 소재와 주장하는 바가 무엇일지에 초점을 맞추어 글을 읽는다. 본 문제의 경우 빈칸이 가장 마지막에 위치하기 때문에 빈칸 전까지는 전반적인 글의 내용을 한 줄 요약하는 방식으로 글을 읽도록 한다.

❹ 빈칸 주변 문장을 다시 정독한다.

빈칸 주변까지 글의 내용을 통독하면서 내려왔다면, 글의 중심 내용이 요약된 상태일 것이다. 그러므로 대략적인 내용을 기억한 채 빈칸 주변을 다시 정독한다. 이때 정독은 처음의 통독과는 목적을 다르게 해서 글을 읽는 것이다.

처음 통독은 단순히 빈칸이 어느 위치에 있는지, 앞뒤 문장을 통해서 이 문장이 글 내에서 어떤 역할을 하는지를 파악하기 위해 진행되었다. 하지만 지금의 정독은, 통독을 통해 '뱅크런이 발생하는 원인'을 설명하는 빈칸임을 인지하고 뱅크런이 발생하는 원인에 가장 부합하는 단서를 찾는다.

❺ 선지를 살펴본다.

빈칸까지 다 살펴봤다면 선지를 살펴 답을 추린다. 사실 꼭 빈칸을 구체적으로 추론할 필요는 없다. 결국 정답을 고르기만 하면 되기 때문에 선지로 가서 소거법을 통해 글에서 이해한 뱅크런의 원인으로 적합하지 않은 선지를 소거한다.

합격자의 시간단축 Tip

Tip ❶ 빈칸의 근거 범위를 확정

빈칸의 들어갈 말을 찾는 문제는 빈칸에 대응되는 내용을 찾아 그로부터 정답을 고르면 된다. 보통 빈칸에 대응되는 내용을 찾는 근거는 빈칸이 포함된 문장, 앞뒤 문장, 빈칸이 포함된 문단의 주제문이 된다. 또는 '그러나', '따라서' 등의 접속어로 시작하는 문장에 주의하고, '반드시', '필수적'과 같이 중요한 내용이 주로 나오는 표현들에 주목한다. 이처럼 근거를 잡을 수 있는 범위를 확정시켜 훈련하면 선지 판단의 속도가 올라간다.

Tip ❷ 제시문 내 개념 정의는 꼭 알아두자.

제시문에서 개념의 정의를 서술한다는 것은 그 개념이 지문의 핵심 키워드 중 하나라는 것이다. 낯선 개념뿐 아니라 익숙한 개념이라도 수험생은 제시문에서 설명한 정의로 이해해야 한다. 문제 풀이의 근거는 배경지식이 아닌 지문의 내용이기 때문이다. 개념의 이해는 제시문 독해는 물론 문제를 푸는 데에도 유용하다.

'뱅크런'의 정의가 무엇인지 파악하고 빈칸을 읽는 과정에서 뱅크런의 원인을 파악해야겠다는 생각으로 지문을 읽으면 선지를 빠르게 판단할 수 있다.

Tip ❸ 빈칸의 성격과 위치에 따라 글을 다르기 읽기

위 문제의 경우 빈칸이 상단부에 위치하며 빈칸의 역할이 뱅크런의 원인을 설명하는 것임을 알 수 있다. 이런 경우 빈칸 주변을 자세히 보거나 빈칸에서 요구하는 정보를 중심으로 글을 읽어야 한다.

그러나 종종 빈칸이 하단부에 위치하고 글의 전체적인 내용을 요약하는 역할을 하는 경우가 있다. 이 경우 글의 전체적인 내용을 요약하는 것을 목표로 글을 빈칸 전까지 빠르게 읽어나가는 것이 중요하다. 체크 역시 특징들에 표기하기보다는 주요 주장이 되는 문장에 표기한다.

Tip ❹ 오지선다 활용하기

빈칸 문제의 경우 오지선다를 적극적으로 활용하는 것이 중요하다. 결과적으로는 정답을 맞히는 것이 중요하기 때문에 빈칸을 완벽하기 추론하기 어렵다 하더라도 걱정할 필요가 없다. 직관적으로 빈칸 추론을 하지 못했다면 더 이상 시간을 지체할 필요 없이 바로 선지를 보도록 한다. 오지선다의 내용을 하나씩 대입해 보며 맥락에 적절한지를 파악하는 것이 오히려 시간을 더 단축할 수 있다.

Tip ❺ 대비되는 항목을 명확히 나눠가며 읽자.

지문에서 개념을 소개한 후에 그 개념을 2~3가지 정도로 분류하여 제시하는 경우가 많다. 이때 대비되는 각 항목을 다른 항목과 헷갈리지 않도록 해야 한다. 항목마다 △, ▽ 등의 기호로 표기하고 머릿속에서 대비 구조를 그리면서 읽으면 도움이 될 것이다. 본문에서는 1문단에서 예금/대출로 나누고 2문단에서 예금을 다시 결제성 예금/순수저축성 예금으로 나눈 후에 결제성 예금과 뱅크런의 연관성에 대해 설명하고 있다.

06 정답 ❸ 난이도 ●●○

의사소통능력_글의 내용 일치/불일치

접근전략 글의 내용과 일치하지 않는 것을 묻는 문제는 선지를 먼저 보는 것을 추천한다. 정답을 제외한 나머지가 글의 내용과 일치하므로 선지의 키워드를 인지하며 지문을 읽는다면 빠른 독해가 가능하기 때문이다. 선지를 훑어 키워드를 뽑고 이를 생각하며 지문을 읽어 나간다.

다음 중 글의 내용과 일치하지 않는 것은?

(1)전형적인 은행 시스템에서는 민간은행이 예금자들로부터 예금을 받고 이를 기반으로 대출자들에게 대출을 공급한다. (2)그런데 이러한 시스템 하에서는 뱅크런 위험이 존재한다. ▶ 1문단

(1)뱅크런 위험은 민간은행이 초단기 결제성 예금을 수신하고 이를 장기 대출 공급에 활용하는 데서 발생한다. (2)예금에는 요구불예금, 수시입출식 저축예금 또는 기업자유예금 등 언제든지 원할 때 인출이 가능한 '결제성 예금'과 정기예금이나 정기적금 등 만기 이전에는 인출이 자유롭지 않은 '순수저축성 예금'이 있다. (3)그런데 특히 결제성 예금은 은행의 건전성이나 유동성에 대한 부정적인 정보가 확산되는 경우 쉽게 뱅크런으로 이어질 수 있다. (4)즉, 결제성 예금은 은행 건전성에 대한 패닉이 발생하면 갑자기 대량의 인출 요구로 이어지는데, 대출은 장기자산으로서 쉽사리 현금화할 수 없기 때문에 은행은 이러한 인출 요구에 응할 수 없다. (5)즉, (㉠) 뱅크런이 발생하는 것이다. ▶ 2문단

(1)실제로 1930년대 대공황 때 미국의 많은 은행이 뱅크런으로 무너졌다. (2)이에 당시 시카고 대학교의 경제학자들은 소위 시카고 플랜(Chicago Plan)이라는 이름으로 계획된 새로운 은행 시스템을 제시했다. (3)이러한 새로운 시스템은 내로우 뱅킹(Narrow Banking)이라고 불리기도 한다. (4)내로우 뱅킹 시스템에서는 은행을 예금은행과 대출은행이라는 두 개의 유형으로 분리한 후, 예금은행에 대해서는 예금만 허용하고 대출은행에 대해서는 대출만 허용한다. ▶ 3문단

(1)먼저 예금은행은 예금자로부터 모든 종류의 예금을 수취한 후 이를 대출에 쓰지 않고 안전하고 유동성이 높은 자산에만 투자한다. (2)예금 전액을 중앙은행에 지급준비금으로 예치하거나 국채 등 안전자산에만 투자하는 것이다. (3)예금자들은 패닉이 발생해도 언제든지 예금을 찾을 수 있다는 것을 알게 될 것이다. (4)한편 대출은행은 예금을 수신할 수 없고 자본시장에서 채권을 발행하거나 증자를 해서 일반 투자자로부터 조달한 자금만을 재원으로 활용하여 대출을 공급한다. (5)대출은행이 예금이 아닌 은행채나 주식 발행을 통해서만 자금을 일으켜 대출을 할 수 있기 때문에 공급할 수 있는 대출의 규모가 크게 줄어든다.

▶ 4문단

(1)최근에는 중앙은행이 전 국민을 대상으로 발행하는 전자화폐인 소매형 CBDC에 대한 논의와 연구가 활발하게 이루어지고 있다. (2)전형적인 은행시스템상에서 중앙은행이 CBDC를 도입할 경우 중앙은행과 민간은행은 예금시장에서 직접적으로 경쟁하게 된다. (3)예금자는 현금을 민간은행에 예금할 수도 있지만 중앙은행에 개설된 자신의 예금계좌에 입금할 수도 있다. (4)현금을 입금하고 같은 금액의 CBDC를 받아서 이를 대금결제나 자금이체에 쓸 수도 있고 CBDC 자체를 중앙은행 예금계좌에 입금할 수도 있다.

▶ 5문단

(1)CBDC가 도입되면 뱅크런 위험은 다소 줄어들지만 여전히 존재한다. (2)결제성 예금 중 일부는 중앙은행에 직접 예금되고 나머지는 민간은행에 예금될 것이다. (3)중앙은행에 예금된 부분에 대해서는 사실상 뱅크런 위험이 없다고 볼 수 있다. (4)중앙은행은 발권력을 동원해서 언제나 고객의 인출 요구에 응할 수 있기 때문이다. (5)반면 민간은행에 예금된 결제성 예금은 뱅크런 위험에 온전하게 노출된다.

▶ 6문단

① **시카고 플랜은 뱅크런 방지를 위해 결제성 예금을 대출에 활용하지 않도록 설계되었다.**

→ (○) 이러한 새로운 시스템은 내로우 뱅킹(Narrow Banking)이라고 불리기도 한다. [3문단 (3)]에서 시카고 플랜은 내로우 뱅킹이라고 불림을 알 수 있다. 내로우 뱅킹 시스템에서는 은행을 예금은행과 대출은행이라는 두 개의 유형으로 분리한 후, 예금은행에 대해서는 예금만 허용하고 대출은행에 대해서는 대출만 허용한다. [3문단 (4)]에서 내로우 뱅킹은 예금은행에 대해서는 예금만 허용하고, 대출은행에 대해서는 대출만 허용하므로 결제성 예금을 대출에 활용하지 않음을 알 수 있다. 옳은 선지다.

② **내로우 뱅킹 시스템에서 예금은행은 결제성 예금뿐만 아니라 순수저축성 예금도 수취할 수 있다.**

→ (○) 내로우 뱅킹 시스템의 핵심은 예금수취은행과 대출공급은행의 분리이기 때문에 예금은행은 전형적인 은행 시스템에서 수신하는 모든 예금이 포함된다. 즉 자유로운 인출이 가능한 결제성 예금뿐만 아니라 인출이 자유롭지 않은 순수저축성 예금이라도 예외는 아닐 것이다. 옳은 선지다.

③ **소매형 CBDC가 도입되면 중앙은행과 민간은행은 예금유치 경쟁에서 동일한 조건으로 경쟁하게 된다.**

→ (×) 소매형 CBDC가 도입되는 경우 중앙은행과 민간은행은 예금시장에서 직접적으로 경쟁하게 된다. 그러나 중앙은행은 발권력을 동원해서 언제나 고객의 인출 요구에 응할 수 있기 때문이다. [6문단 (4)]를 보면 중앙은행의 경우 발권력을 동원해서 언제나 고객의 인출 요구에 응할 수 있기 때문에 지급준비금 없이도 예금을 관리할 수 있다. 반면 민간은행에 예금된 결제성 예금은 뱅크런 위험에 온전하게 노출된다. [6문단 (5)]를 보면 민간은행은 발권력이 없어 위험이 존재하며, 따라서 민간은행과 '동일한 조건'이라고 볼 수는 없다. 틀린 선지다.

④ **내로우 뱅킹 시스템에서는 대출은행에서 공급할 수 있는 대출의 규모가 기존의 전형적인 은행 시스템에 비해 축소될 수 있다.**

→ (○) '대출은행이 예금이 아닌 은행채나 주식 발행을 통해서만 자금을 일으켜 대출을 할 수 있기 때문에 공급할 수 있는 대출의 규모가 크게 줄어든다.'고 서술한 [4문단 (5)]에서 알 수 있는 내용이다. 기존의 대출자금은 예금과 함께 자본시장에서 채권 발행 혹은 증자를 통해 가능했지만, 예금은 불가능해지므로 옳은 선지다.

⑤ **소매형 CBDC가 도입될 경우 은행 시스템 전체의 뱅크런 위험은 전체 결제성 예금 중 민간은행에 예치된 예금의 비중에 비례할 것이다.**

→ (○) 중앙은행에 예금된 부분에 대해서는 사실상 뱅크런 위험이 없다고 볼 수 있다[6문단 (3)]. 반면 민간은행에 예금된 결제성 예금은 뱅크런 위험에 온전하게 노출된다. [6문단 (5)]에 따르면 CBDC가 도입되는 경우 중앙은행에 예금된 부분에 대해서는 사실상 뱅크런 위험이 없다고 볼 수 있으나 민간은행에 예금된 결제성 예금은 여전히 뱅크런 위험을 갖는다는 점을 알 수 있다. 즉, CBDC의 도입에 따라 중앙은행 및 민간은행에 예금 예치가 가능한 상황에서 전체 결제성 예금 중 민간은행에 예치된 결제성 예금의 비중이 높을수록 뱅크런 위험은 더 높

아진다고 볼 수 있다. 중앙은행은 발권력 동원을 통해 고객 인출 요구에 대응할 수 있으나, 민간은행은 발권력이 없어 고객 인출 요구에 무한정 대응할 수는 없기 때문이다. 옳은 선지다.

합격자의 실전 풀이 순서

❶ **발문 제대로 읽기 및 문제 유형 파악**
항상 발문을 먼저 제대로 읽자. '글의 내용과 일치하지 않은 것'을 고르는 문제이므로 본문 내용과 상충하거나 그로부터 추론할 수 없는 선지가 정답이 된다. 또한, 일치하지 않는 것을 고르는 것은 제시문과 반대되는 내용의 선지를 고르라는 것이기 때문에 발문에 × 표시를 의식적으로 치고 문제를 풀면, 부합하는 것을 고르는 실수를 방지할 수 있다.

❷ **선지를 훑으며 대략적 주제를 파악한다.**
"부합하지 않는 것은?", "일치하지 않는 것은?" 문제에서 선지는 매우 중요한 힌트가 된다. 정답을 제외한 4개의 선지를 보는 것만으로도 어느 정도 지문의 주제나 내용을 확인할 수 있기 때문이다. 이는 지문에 대한 이해를 바탕으로 한 추론 문제에서도 적용되는 경우가 많다. 결국 선지의 정오판단 근거는 지문 내용에 근거하기 때문이다.
각 선지의 앞부분을 훑어보면 시카고 플랜, 내로우 뱅킹, 소매형 CBDC에 대한 내용이 제시되고 있어 빈칸 이후의 문단을 보면 된다.

❸ **끊어서 읽기**
글의 구조가 깔끔한 경우(글의 전개를 예측 가능한 경우) 끊어 읽기를 통해서 선지를 해결하는 것이 좋다. 관련 내용을 까먹기 전에 선지를 해결할 수 있는데, 남은 문단에서 관련 내용이 추가로 나올 가능성도 없기 때문이다. 3, 4문단을 읽고 내로우 뱅킹을 다루고 있는 선지 ①, ②, ④를 한꺼번에 해결한다. 5, 6문단을 읽고 소매형 CBDC를 다루고 있는 선지 ③, ⑤를 해결한다.

합격자의 시간단축 Tip

Tip ❶ 글의 내용과 부합하는 것, 부합하지 않는 것 외에 알 수 없는 것이 나올 가능성을 생각한다.
분석을 실시한 내용 중 적절하지 않은 것을 물었다. 그렇다면 글의 내용과 부합하는 것은 답이 아니고, 부합하지 않는 것이 답인 것은 자명하다. 글에서 알 수 없는 것은 답이 될 수 있는가? 그렇다. 알 수 없는 것 역시 글의 내용과 부합하지 않기 때문이다. 선지의 내용이 글에서 알 수 없는 내용임에도 불구하고 무조건 찾으려 들 생각을 버리자. 다른 선지들은 글에서 근거를 찾을 수 있는데, 도저히 글에서 근거를 찾을 수 없는 선지가 정답이 될 수 있다.

Tip ❷ 키워드 뽑는 방법
발췌독하기 위해서는 생소한 키워드를 뽑아야 한다. 일반적인 단어를 키워드로 삼으면 지문에서 자주 등장하기 때문에 효율적인 발췌독을 하기 어렵다. 일반적으로 키워드를 뽑을 때 맨 앞에 있는 주어를 선정하는 경우가 많다. 그러나 이는 상황에 따라 비효율적이다. 모든 선지의 주어가 같은 경우도 있고, 주어보다 서술어나 목적어가 더 생소한 경우가 많기 때문이다. 키워드를 뽑는 목적은 지문을 빠르게 발췌독하기 위함이고, 이를 위해 주어뿐만 아니라 모든 단어에 대해 가능성을 열어 두어야 함을 기억하자. 선지 ③에서는 '동일한 조건'이 핵심 키워드였다.

Tip ❸ 문제의 구조를 잡으며 읽어가기
주어진 자료를 아무 생각 없이 읽어가게 되면 읽는 과정 혹은 다 읽은 뒤 문제를 푸는 과정에서 머리에 남는 것이 상대적으로 적을 것이다. 해당 문제에서는 뱅크런과 관련된 소재임을 파악하고, 예금의 종류가 구분된다는 점, 뱅크런 대응을 위한 방안으로 내로우 뱅킹이 제시됐다는 점을 큰 줄기로 하여 내로우 뱅킹 내용을 파악해 본다. 글의 구조를 파악하며 읽는 연습을 하기 위해서 문단 별 요약을 해보는 것도 도움이 된다. 자료를 읽고 다시 자료를 보지 않은 채 머리에 남아 있는 것들을 적어가는 연습도 도움이 될 것이다.

07 정답 ⑤ 난이도 ●●○

의사소통능력_논리적 추론

접근전략 보고서에 대한 피드백으로 적절하지 않은 것을 묻고 있다. 선지를 훑어보니 보고서의 목차나 내용을 지적하며 해당 부분에 대한 피드백을 하고 있는 바, 선지에서 지적하는 목차나 내용을 발췌독하며 정오를 판단한다.

다음은 리스크 관리부 박○○ 대리가 해외 출장 후 작성한 보고서이다. 이에 대한 피드백 내용으로 적절하지 않은 것은?

출장 보고서

1. 출장 개요
   - 출장자: 리스크 관리부 이○○ 차장, 박○○ 대리
   - 출장지: 영국 런던의 주요 금융기관
   - 출장기간: 2024년 5월 13일~2024년 5월 20일

• 출장목적: 글로벌 금융 환경이 불확실해지면서 리스크 관리의 중요성이 더욱 부각되고 있고, 특히 금리 상승, 통화 변동성, 지정학적 리스크가 복합적으로 작용하면서 보다 정교한 리스크 관리 체제가 요구됨에 따라 글로벌 금융기관들의 최신 리스크 관리 전략을 조사하여 우리 □□은행의 리스크 관리 프로세스 개선 방안을 모색하기 위함

2. 출장 활동 및 주요 조사 내용
   (1) 런던 HSBC 본사 방문
      • 조사 내용: 통합 리스크 관리 플랫폼 구축 사례
         – 리스크 정보가 실시간으로 반영되는 통합 플랫폼을 사용하여 신속한 리스크 대응 가능
         – 시장 리스크, 신용 리스크, 운영 리스크를 통합 분석해 리스크 노출도를 효율적으로 관리하는 리스크 모니터링 대시보드 운영
   (2) 홍콩 스탠다드차타드 은행 방문
      • 조사 내용: 시장 변동성 대응을 위한 리스크 완충 시스템
         – 각종 자산의 시장 변동성에 대비한 리스크 완충 비율을 사전에 설정하고, 주요 지표가 변동할 때마다 자동으로 자산 조정
         – 리스크 대응 시나리오별 보고서를 자동으로 생성하여 리스크 요인을 빠르게 파악하고 의사결정에 활용
   (3) 글로벌 리스크 관리 포럼 참석(런던)
      • 조사 내용: 최신 리스크 관리 동향 및 기술 적용 사례
         – AI 기반 리스크 분석을 통해 특정 자산의 리스크 요소를 미리 예측하고, 머신러닝으로 고객 리스크 등급을 자동 조정
         – 통화 변동성이나 금리 변동에 대한 시뮬레이션을 활용해 예측 모델을 수립하여, 위험 자산의 비율을 최적화하는 시스템 운영

3. 향후 방향 제언
   (1) 리스크 완충 시스템을 도입하여 리스크 요인을 효과적으로 통제하고 자산 변동성을 관리하는 방안을 일부 자산군에서 시범 운영하여 도입 가능성을 확인할 필요가 있음
   (2) 리스크 관리에 있어 예측 모델과 자동화의 역할이 확대되고 있으며 AI 기반 예측 시스템을 통한 리스크 대응 방안이 점차 중요해지고 있음

4. 결론
   글로벌 금융기관들의 최신 리스크 관리 시스템과 혁신적인 대응 방안 파악을 통해 리스크 관리의 자동화 및 실시간 모니터링의 필요성을 확인하였으며 향후 도입 가능한 시스템에 대하여는 파일럿 운영 및 단계적 도입을 통해 국내 금융 환경에 맞는 리스크 관리시스템을 정립하여야 할 것임

보고서 작성하느라 수고하셨습니다. 다만 보고서의 형식 및 내용 측면에서 일부 수정이 필요할 것 같습니다. ㉠'출장 개요' 목차의 출장목적이 너무 장황합니다. 개요에는 해당 내용을 압축하여 비교적 간결하게 작성하는 것이 좋겠습니다. ㉡출장지도 올바르게 적혀있는지 확인해 주시구요. ㉢'향후 방향 제언' 목차에 대한 보고서 내용은 '출장 활동 및 주요 조사 내용'과 구조를 맞추어 주세요. ㉣또, 해당 목차의 내용 (2)는 일반적인 동향에 대해 서술한 내용으로, 해당 목차에 기재되어야 하는 내용과는 거리가 멀어보이니 수정해주세요. ㉤'결론' 목차에는 각 출장지에서 조사한 시스템의 □□은행 도입 가능성 및 도입 시 예산에 대한 분석 내용이 포함되는 것이 좋겠습니다.

① ㉠
→ (O) 보고서의 각 목차를 서론–본론–결론으로 구분해 본다면 '출장 개요' 목차는 서론에 해당한다. 서론에 해당하는 내용이 너무 장황해서는 안 된다. 현재 보고서는 '개요', 특히 '출장 목적'이 지나치게 길어 본론에 해당하는 '출장 활동 및 주요 조사 내용'의 각 항목과 유사한 정도의 분량으로 작성되어 있다. 따라서 피드백 내용으로 적절하다.

② ㉡
→ (O) '출장 활동 및 주요 조사 내용'을 보면 영국의 런던뿐만 아니라 홍콩에도 방문한 것을 알 수 있다. 그러나 출장지에 영국 런던만 기재되어 있으므로 수정해야 한다. 적절한 피드백이다.

③ ㉢
→ (O) '향후 방향 제언' 목차의 내용 (1)과 (2)는 각각 홍콩 스탠다드차타드 은행 방문과 관련된 내용, 글로벌 리스크 관리 포럼 참석과 관련된 내용이다. '출장 활동 및 주요 조사 내용'에서 출장지별로 내용을 구분하여 정리한 것과 마찬가지로 그에 대한 향후 방향을 제언하는 목차에서는 그 구조에 맞추어 내용을 작성하는 것이 바람직하다. 적절한 피드백이다.

④ ㉣
→ (O) '제언'이란 의견이나 생각을 내놓는 것을 말

한다. '향후 방향 제언'의 내용 (2)에는 리스크 관리에 있어서 현시점 중요하게 부각되고 있는 점들에 대한 기술일 뿐, 문제에 대한 구체적인 대응방안의 제시가 아니다. 따라서 해당 목차에 기재되어야 하는 내용이 아니므로 수정이 필요하다는 지적은 적절한 피드백이다.

⑤ ⓜ

→ (×) 출장 보고서의 '결론' 목차에는 출장 활동으로 인해 얻은 인사이트를 바탕으로 향후 방향에 대해 종합적으로 고찰하는 내용이 포함되어야 한다. 그러나 ⓜ의 피드백에서는 조사한 시스템의 도입 가능성과 도입 시 예산에 대한 분석 내용이 포함되어야 한다고 하여 출장의 목적을 벗어난 내용을 기재하도록 지시하고 있다. 게다가 도입 가능성 및 도입 시 예산에 대한 분석 내용은 추가 검토 보고서나 실행 계획서의 영역이므로 출장 보고서의 결론에 들어가는 것은 적절하다고 보기 어렵다. 따라서 타당한 피드백이라고 보기 어렵다.

합격자의 실전 풀이 순서

❶ 발문 제대로 읽기 및 문제 유형 파악

항상 발문을 먼저 제대로 읽자. '피드백 내용으로 적절하지 않은 것'을 고르는 문제이므로 보고서 내용과 상충하거나 그로부터 추론할 수 없는 선지가 정답이 된다. 발문에 × 표시를 의식적으로 치고 문제를 풀면, 부합하는 것을 고르는 실수를 방지할 수 있다.

❷ 각 선지의 키워드를 설정 후 발췌독해서 1차적으로 답을 판단한다.

선지의 단어 중 가장 생소하거나 특이한 단어를 키워드로 삼아 키워드가 있는 문단을 탐색한다. 특이한 단어의 경우 지문에서 그대로 나오거나 조금의 변형을 거쳐 나오므로 찾기 용이하기 때문이다.

특히 보고서가 나온 문제는 보고서의 목차마다 내용이 분리되어 있으므로 선지의 키워드를 뽑아 빠르게 보고서를 발췌독할 수 있다.

합격자의 시간단축 Tip

Tip ❶ 키워드 뽑는 방법

발췌독하기 위해서는 생소한 키워드를 뽑아야 한다. 일반적인 단어를 키워드로 삼으면 지문에서 자주 등장하기 때문에 효율적인 발췌독을 하기 어렵다. 일반적으로 키워드를 뽑을 때 맨 앞에 있는 주어를 선정하는 경우가 많다. 그러나 이는 상황에 따라 비효율적이다. 모든 선지의 주어가 같은 경우도 있고, 주어보다 서술어나 목적어가 더 생소한 경우가 많기 때문이다. 키워드를 뽑는 목적은 지문을 빠르게 발췌독하기 위함이고, 이를 위해 주어뿐만 아니라 모든 단어에 대해 가능성을 열어 두어야 함을 기억하자.

보고서 유형의 경우 각 선지에서 요구하는 보고서의 수정사항이 있기 때문에 지적하는 부분을 키워드로 삼아 발췌독하면 빠르다. 해당 문제의 경우 선지 ①은 '출장 개요', 선지 ②는 '출장지', 선지 ③은 '향후 방향 제언', 선지 ④도 '향후 방향 제언', 선지 ⑤는 '결론'을 키워드로 삼아 해당 부분을 보고서에서 발췌독하는 것이 좋다.

Tip ❷ 문제 유형에 따른 풀이 순서 설정

제시문을 다 읽고 선지를 확인하는 것이 유리한 유형, 선지를 먼저 보고 발췌독하는 것이 유리한 유형, 문단별로 끊어 읽고 선지를 확인하는 것이 유리한 유형 등 문제마다 시간 단축과 정확도 측면에서 유리한 접근법이 상이하다. 이 점을 염두에 두고 발문과 선지 구성을 통해 문제 유형을 파악하고 어떤 방식으로 접근하면 좋을지 결정하고 문제를 푼다. 이 문제의 경우 보고서를 다 읽고 선지를 파악하기에는 보고서 내용이 잘 기억나지 않아서 다시 한 번 보고서를 읽어야 할 가능성이 크다. 따라서 보고서에 대한 피드백을 읽고 그 피드백이 옳은가? 확인한다는 생각으로 보고서를 검토하는 것이 시간 단축에 유리하다.

08 정답 ③ 난이도 ●●●

의사소통능력_개념의 이해 및 활용

접근전략 규정이 나와 있고 그 규정에 대한 질의, 응답으로 문제가 제시되어 있다. 질의, 응답이라는 것은 결국 규정에 대한 이해를 묻는 것이다. 따라서 해당 질의, 응답이 어떤 규정에 대한 이해를 묻는지 판단하고 선지를 해결한다.

다음은 △△손해보험 고객문의처에 올라온 한 고객의 문의글이다. 일상생활배상책임보험 업무 담당자가 게시글의 내용에 대해 답변을 하고자 할 때, 적절하지 않은 것은?

△△손해보험 일상생활배상책임보험 안내

1. 개요

□ 일상생활배상책임보험이란?

일상생활배상책임보험은 일상생활 중 뜻하지 않게 타인의 신체, 재산에 피해를 입혀 발생한 피보험자의 법률상 배상책임에 따른 손해를 보상하는 보험상품입니다.

□ 가입방법

△△손해보험의 화재보험, 운전자보험, 자녀보험 등 일부 보험상품 가입시 특약의 형태로만 가입할 수 있습니다. △△손해보험에서 가입한 보험이 있는 경우에는 해당 보험에 일상생활배상책임 특약을 추가 가입할 수 있는지 문의하시기 바랍니다.

□ 보험료·자기부담금

갱신형 보험의 경우 보험가입 후 일정기간이 경과하면 보험료가 인상될 수 있으며, 일부 보험사고(대인·대물사고)의 경우 자기부담금이 발생할 수 있습니다.

2. 보상하는 손해

□ 주택 누수

주택의 누수로 인해 아래층에 발생한 피해의 복구 비용(도배, 장판 등) 및 손해방지비용 등을 보상합니다.

※ 2020년 4월 1일 이후 가입자부터는 다음과 같이 변경된 약관이 적용됩니다.

구분	개정 전	개정 후
보험금 지급 사유	피보험자가 주거하는 보험증권에 기재된 주택의 소유, 사용 또는 관리로 인한 우연한 사고	피보험자가 주거하고 있는 주택과 주택 소유자인 피보험자가 임대 등을 통해 주거를 허락한 자가 살고 있는 주택 중 보험증권에 기재된 하나의 주택의 소유, 사용 또는 관리에 기인한 우연한 사고

□ 가족·반려견

자녀가 놀다가 친구의 물건을 파손한 경우 친구에게 발생한 물건 수리비 등을 보상하며, 기르던 반려견이 타인 또는 타인의 반려견을 다치게 한 경우 치료비 등을 보상합니다.

3. 보험 가입 전·후 유의사항

□ 중복보상 불가

일상생활배상책임보험은 두 개 이상 가입하더라도 보상한도 내에서 실제 부담한 손해배상금을 비례보상*합니다.

* 비례보상: 다수의 상품에 중복가입 하더라도 피보험자가 실제 부담한 손해배상금 이상은 보상되지 않고 피보험자가 부담한 손해배상금을 보험사간 균등하게 비례분담하는 제도

□ 주소·소유권 변경 알림

보험증권에 기재된 주택의 소유·사용·관리 중에 발생한 배상책임을 보상하기 때문에 보험 가입 후 이사를 하거나, 소유권이 변경되는 경우에는 분쟁 방지를 위해 보험회사에 이를 즉시 알리어 보험증권을 재교부 받아야 합니다.

제목: 일상생활배상책임보험 관련 궁금한 점 있습니다.
작성자: 김○○

작성일: 2023.04.23.

안녕하세요. 최근 지인의 강아지가 다른 강아지를 공격한 일이 있었는데, 그때 이 보험사에서 손해배상을 보상해줬다는 소식을 듣고 저도 보험에 가입하고 싶어서 문의합니다.

㉠ △△손해보험에는 예전에 운전자보험 하나 들어둔 게 있는데, 일상생활배상책임보험만 따로 가입할 수 있나요? 저희 딸이 워낙 활발해서 밖에서 사고를 많이 치는데, ㉡ 다른 친구 물건을 파손한 경우에 수리비가 100% 보상되는 것도 맞는지 궁금합니다.

아, 그리고 ㅁㅁ보험사에 일상생활배상책임보험이 하나 가입되어 있기는 한데요, ㉢ 중복가입도 가능한 거죠? ㉣ 중복가입했을 때 저희 집 누수로 아랫집에 피해보상 100만 원을 했다면 양쪽 보험사를 통해서 100만 원씩 보상 받을 수 있는건가요?

궁금한게 많아서 질문이 길어졌네요. 그럼 답변 부탁드려요.

---

① ㉠에 대한 답변: 고객님, 저희 △△손해보험에서 일상생활배상책임보험은 판매 중인 일부 보험상품에 특약의 형식으로만 가입이 가능합니다.

→ (○) '가입방법'을 통해 알 수 있는 내용이다. △△손해보험의 가입 시 특약의 형태로만 가입할 수 있으므로 옳은 선지다.

② ㉠에 대한 답변: 운전자보험의 피보험자로 계약하신 건이 있다면 해당 보험계약의 담당자에게 연락하시어 일상생활배상책임보험 특약 추가가 가능한지 문의해 보심이 좋겠습니다.

→ (○) '가입방법'을 통해 알 수 있는 내용이다. △△손해보험에서 가입한 보험이 있는 경우에는 해당 보험에 일상생활배상책임 특약을 추가 가입할 수 있는지 문의할 수 있으므로 옳은 선지다.

③ ㉡에 대한 답변: 물론입니다, 고객님. 저희 △△손해보험에서 취급하는 일상생활배상책임보험은 피보험자가 타인에게 입힌 재산상의 피해에 대해 보상하는 상품입니다. 실손보상 상품이므로 실제 수리비만큼 보상이 지급됩니다.

→ (×) '보험료 · 자기부담금' 항목을 보면 일부 보험사고(대인 · 대물사고)의 경우 자기부담금이 발생할 수 있음을 알 수 있다. 질문자가 제시한 상황은 아이가 타인의 물건을 훼손한 경우에 해당하고 이는 대물사고이다. 사안에 따라 달라질 수는 있겠으나 자기 부담금이 발생할 수 있으므로 훼손된 물건의 수리비 100%를 보상한다고 단정할 수는 없다. 틀린 선지다.

④ ⓒ에 대한 답변: 타 보험사에 가입하신 일상생활배상책임보험이 있으시더라도 저희 △△손해보험에서 동일한 상품에 가입하실 수 있습니다.

→ (○) '중복보상 불가'를 보면 일상생활배상책임보험을 두 개 이상 가입하더라도 보상한도 내에서 비례보상 한다고 제시되어 있다. 하단에 비례보상은 피보험자가 부담한 손해배상금을 보험사 간 균등하게 비례분담하는 제도라고 제시되어 있다. 즉 타 보험사의 보험과 중복가입 자체는 가능하다는 것을 추론할 수 있다. 옳은 선지다.

⑤ ⓔ에 대한 답변: 고객님, 일상생활배상책임보험은 비례보상이 이루어지는 상품입니다. 말씀하신 상황에서 산정된 보상액이 100만 원이라면 저희 △△손해보험측에서 지급하는 보상액은 50만 원입니다.

→ (○) 질문자는 타 보험사에 일상생활배상책임보험이 하나 가입되어 있다고 한다. 비례보상 규정에 따라 해당 보험은 두 개 이상 가입하더라도 보상한도 내에서 실제 부담한 손해배상금을 보험 취급사에서 균등하게 비례하여 분담하게 된다. 만일 보상금이 100만 원으로 산정되었다면 2개 보험사에서 이를 절반씩 분담하게 되므로 △△손해보험에서 보상하게 되는 금액은 50만 원이다. 옳은 선지다.

합격자의 실전 풀이 순서

❶ 발문 확인하기

본 문제는 '적절하지 않은 것'을 고르는 문제이므로 본문 내용과 일치하지 않거나 그로부터 추론할 수 없는 선지가 정답이 된다. 발문에 × 표시를 의식적으로 치고 문제를 풀면, 부합하는 것을 고르는 실수를 방지할 수 있다.

❷ 어떤 것을 규정하는지 인지한다.

규정이 항목별로 구분되어 제시되고 있다. 선지의 질의, 응답이 어떤 규정을 문의하는 것인지를 확실하게 인지해야 한다. 이를 위해 지문을 훑어 규정의 내용을 가볍게 정리 해둔다.

❸ 각 선지의 키워드를 설정 후 발췌독해서 1차적으로 답을 판단한다.

키워드로 삼을만한 특이한 단어가 선지에 있는 경우 선지나 보기의 단어 중 키워드를 설정한 뒤 이를 발췌독하는 것이 효과적이다.

선지의 단어 중 가장 생소하거나 특이한 단어를 키워드로 삼아 키워드가 있는 문단을 탐색한다. 특이한 단어의 경우 지문에서 그대로 나오거나 조금의 변형을 거쳐 나오므로 찾기 용이하기 때문이다.

합격자의 시간단축 Tip

Tip ❶ 글의 내용과 부합하는 것, 부합하지 않는 것 외에 알 수 없는 것이 나올 가능성을 생각한다.

지문에 대한 이해로 적절하지 않은 것을 물었다. 그렇다면 글의 내용과 부합하는 것은 답이 아니고, 부합하지 않는 것이 답인 것은 자명하다. 글에서 알 수 없는 것은 답이 될 수 있는가? 그렇다. 알 수 없는 것 역시 글의 내용과 부합하지 않기 때문이다. 선지의 내용이 글에서 알 수 없는 내용임에도 불구하고 무조건 찾으려는 생각을 버리자. 다른 선지들은 글에서 근거를 찾을 수 있는데, 도저히 글에서 근거를 찾을 수 없는 선지가 정답이 될 수 있다.

Tip ❷ 키워드 뽑는 방법

발췌독하기 위해서는 생소한 키워드를 뽑아야 한다. 일반적인 단어를 키워드로 삼으면 지문에서 자주 등장하기 때문에 효율적인 발췌독을 하기 어렵다. 일반적으로 키워드를 뽑을 때 맨 앞에 있는 주어를 선정하는 경우가 많다. 그러나 이는 상황에 따라 비효율적이다. 모든 선지의 주어가 같은 경우도 있고, 주어보다 서술어나 목적어가 더 생소한 경우가 많기 때문이다. 키워드를 뽑는 목적은 지문을 빠르게 발췌독하기 위함이고, 이를 위해 주어뿐만 아니라 모든 단어에 대해 가능성을 열어 두어야 함을 기억하자.

선지 ①은 '특약의 형식으로만', 선지 ②는 '특약 추가', 선지 ③은 '수리비 100%', 선지 ④는 '중복 가입', 선지 ⑤는 '비례보상'을 키워드로 삼을 수 있다.

Tip ❸ 단정적인 단서에 주목하자.

반드시, 언제나, 모든과 같은 단정적인 단서는 반례를 찾아내기 쉽다. 예외가 없기 때문이다. 따라서 단정적인 단서가 들어간 선지를 먼저 해결하는 것이 효율적이다. 선지 ①은 '특약의 형식으로만'이라는 단정적인 단서가 들어간다. 특약의 형식이 아니어도 가입이 가능한지 지문을 추적하면 빠르게 정오 판단이 가능하다.

09 정답 ④ 난이도 ●●○

의사소통능력_사례 선택

접근전략 추가 지문이 있는 연결 문제다. 추가 지문을 보니 간단한 사례가 제시되어있다. 즉 앞 지문에 대한 이해를 바탕으로 추가 지문의 사례에 대한 적용을 묻는 문제임을 인지한다.

위 자료를 참고하여 다음의 사례를 이해한 것으로 적절한 것을 모두 고르면?

A는 과거 △△손해보험의 상해보험에 가입하며 특약으로 일상생활배상책임보험에 가입하였다. 보험가입 후 3년 경과 후, A는 타지역으로 이사를 하고 A가 소유·거주하던 주택은 B에게 임대를 내주었다. A는 거주지에 변동사항이 있음을 보험사에 알린 바 없다.

• 보기 •

ㄱ. A의 보험가입일이 2020년 3월이고, 현재 B가 거주하고 있는 주택의 누수로 A가 아래층에 피해복구를 해주었다면 보험사에서는 A가 진 배상책임에 대해 보상할 의무가 없다.

→ (○) △△손해보험사의 일상생활배상책임보험의 약관은 2020년 4월 1일을 기준으로 가입일에 따라 보험금 지급사유에 개정이 있었다. 따라서 위 사례에서는 보험상품가입일을 기준으로 같은 상황이더라도 보험금 지급 여부가 달라질 수 있다. A의 보험가입일이 2020년 3월이라면 제시된 내용 중 개정 전 약관이 적용되어야 한다. 개정 전 약관에서는 보험금 지급조건(사유)을 분설하여 살펴보면 1. 피보험자가 주거할 것, 2. 그 주거하는 주택이 보험증권에 기재되어야 할 것, 3. 그 주택의 소유, 사용 또는 관리로 인한 우연한 사고일 것으로 해석할 수 있다. 본문의 3. 보험 가입 전후 유의사항에서는 이사를 한 경우 분쟁 방지 및 보험처리의 편의를 위해 보험증권을 재교부 받을 것을 명시하고 있으나 A는 이사 이후 거주지에 변동사항이 있음을 보험사에 알린 바 없다. 따라서 보험 증권에는 여전히 보험 가입 당시의 거주지가 기재되어 있을 것이나, 보험금 지급의 첫 번째 조건인 '피보험자가 주거할 것'을 충족하지 못하므로 보험사에서는 A가 아래층에 대해 진 배상책임에 대해 보상할 의무가 없다. 옳은 선지다.

ㄴ. A의 보험가입일이 2020년 5월이고, 현재 B가 거주하고 있는 주택에서 B의 귀책사유로 누수가 발생했다면 보험사에서는 A가 질 배상책임에 대해 보상할 의무가 없다.

→ (○) A의 보험가입일이 2020년 5월이라면 제시된 내용 중 개정 후 약관이 적용되어야 한다. 개정 후 약관에서는 보험금 지급조건(사유)에 대해 1. 피보험자가 주거하고 있는 주택 또는 주택소유자인 피보험자가 임대 등을 통해 주거를 허락한 자가 살고 있는 주택일 것, 2. 두 주택 중 하나는 보험증권에 기재되어 있을 것, 3. 보험증권에 기재된 주택의 소유, 사용 또는 관리에 기인한 우연한 사고일 것으로 규정하고 있다. 한편 ㄴ 사례에서는 '우연한 사고'가 아닌 B의 귀책으로 인해 누수가 발생한 것이므로 위 조건 중 세 번째 조건을 충족하지 못하였으므로 보험사에서는 A(또는 B)가 질 배상책임에 대해 보상할 의무가 없다. 옳은 선지다.

ㄷ. A의 보험가입일이 2020년 5월이고, 현재 A가 거주하고 있는 주택의 누수로 A가 아래층에 피해복구를 해주었다면, 보험사에서는 A가 진 배상책임에 대해 보상해주어야 한다.

→ (×) A의 보험가입일이 2020년 5월이라면 제시된 내용 중 개정 후 약관이 적용되어야 하는데, A는 이사를 하며 보험사에 이사 관련 변동사항을 알리지 않고, 증권을 재교부받지 않았다. 즉, 배상책임을 진 것에 대해서 보상을 받기 위해서는 피보험자가 해당 주택에 주거하고 있을 뿐만 아니라 그 주택이 보험 증권에 기재되어 있어야 하는데, ㄷ의 사례에서는 보험증권에 기재된 주택과 현재 거주지가 다르다. 따라서 보험사에서는 A가 진 배상책임에 대해 보상해 줄 의무가 없다. 틀린 선지다.

① ㄱ → (×)
② ㄴ → (×)
③ ㄷ → (×)
④ ㄱ, ㄴ → (○)
⑤ ㄱ, ㄷ → (×)

합격자의 실전 풀이 순서

❶ **발문 제대로 읽기 및 문제 유형 파악**

항상 발문을 먼저 제대로 읽자. '사례를 이해한 것으로 적절한 것'을 고르는 문제이므로 본문 내용과 일치하거나 그로부터 추론할 수 있는 선지가 정답이 된다. 발문에 ○ 표시를 의식적으로 치고 문제를 풀면, 부합하지 않는 것을 고르는 실수를 방지할 수 있다.

❷ 선지를 훑어본다.
선지 형태가 A의 보험 가입일에 따라 나뉘고 이후에 상황에 대한 설명을 하고 있다. 이는 A의 보험 가입일에 일정 기준을 두어 차이가 있음을 알 수 있어, 2020년 3월과 5월을 차별할 수 있는 기준점을 지문에서 찾아야 함을 인지한다.

합격자의 시간단축 Tip

Tip ❶ ~해야 한다, ~할 수 있다를 구분하자.
선지의 형태가 '~해야 한다'의 형태로 나오는 경우가 있고, '~할 수 있다'의 형태로 나오는 경우가 있다. '~해야 한다'의 형태는 반드시 그렇게 해야 하는 것이지만 '~할 수 있다'의 형태는 그렇게 해도 되지만 안 해도 되는 것이다. 둘의 차이를 고려하며 상호 오인하지 않도록 하자.

Tip ❷ 상식을 많이 벗어난 조건이 제시되면 의심해 본다.
지문의 내용 안에서 문제를 푸는 것이 정석이나, 기본적인 상식선을 많이 벗어난 조건이 제시된다면 이를 의심해 볼 필요가 있다.
추가 지문에서 'A는 거주지에 변동 사항이 있음을 보험사에 알린 바 없다.'라고 제시되고 있다. 일반적으로 '거주지에 변동 사항이 있으면 보험사에 알려야 하지 않나?'라는 의구심이 들 수 있다. 확인해 보자. '주소·소유권 변경 알림'에서 보험 가입 후 이사를 할 경우 보험회사에 즉시 알려야 한다는 조건이 있다. 그런데 추가 지문에서 알리지 않았다는 사실이 제시된 후 보기를 보니 A가 다시 보험회사에 알렸다는 사실이 나오지 않는다. 그렇다면 애초에 보험회사는 다른 조건을 고려할 필요 없이 A에 대한 배상책임이 없는 것이다. 이처럼 문제에서 상식에서 벗어난 조건을 제시하는 경우, 이를 힌트로 써먹는다면 보다 간단히 문제를 해결할 수 있다.

Tip ❸ 보기가 3개면 첫 턴에서는 빠르게 넘기는 것도 고려한다.
시험장에서 보기가 3개 있고 그 보기를 조합해서 선지를 제시하는 문제를 만난다면, 그 문제는 바로 넘기는 것이 시험시간을 관리하는 전략이다.
보기가 4개 있고 그 보기를 조합해 선지를 만드는 경우 모든 선지의 정오를 판단해야 문제를 풀 수 있는 것은 아니다. 경우에 따라 보기를 2개만 보거나 3개만 봐도 문제를 풀 수 있다. 그러나 보기가 3개 있는 경우는 선지플레이가 힘들며 대부분의 선지가 모든 보기를 봐야 문제를 해결할 수 있는 문제이므로 시간이 오래 걸릴 가능성이 높다. 따라서 보기 3개인 문제를 풀 때 처음 본 보기의 난이도가 높다면 빠르게 넘기고 나머지 쉬운 문제들을 먼저 푼 후에 다시 돌아와서 해당 문제를 푸는 것이 점수를 높이는 운영전략이다.

Tip ❹ 요건을 분설하여 하나씩 확인한다.
보험사가 배상을 하는 상황에 대한 요건과 보기의 A가 처한 상황을 '/'를 활용하여 분설한다. 이렇게 요건을 직관적으로 확인할 수 있게 나눠놓으면 하나의 요건만 확인해도 보험회사의 배상 책임이 없다는 사실을 곧바로 도출할 수 있다. 또한 요건과 상황을 1:1로 곧장 매치하면 실수가 발생할 수도 있는데 미리 요건을 분설해 놓았다면 보다 정확하게 문제를 풀 수 있다.

10 정답 ③

난이도 ●●○

수리능력_응용수리_거리/속력/시간

간단풀이

- (A의 속력)
$=18\text{km/h}=18\times1{,}000\text{m}/3{,}600\text{s}$
$=5\text{m/s}$
- (B의 처음 속력)
$=30\text{km/h}=30\times1{,}000\text{m}/3{,}600\text{s}$
$=\frac{25}{3}\text{m/s}$
- (B의 나중 속력)
$=6\text{km/h}=6\times1{,}000\text{m}/3{,}600\text{s}$
$=\frac{5}{3}\text{m/s}$

A가 B를 따라잡는데 걸린 시간을 x초라 하면 A가 달린 거리는 $5x$m다.

B가 처음 10초 동안 $\frac{25}{3}$m/s로 달린 거리는 $\frac{250}{3}$m이고, A가 출발한 이후부터 x초 동안 $\frac{5}{3}$m/s로 달린 거리는 $\frac{5}{3}x$m다.

A와 B가 출발한 지점이 같으므로 A가 B를 따라잡을 때까지 달린 거리는 같다.

$$5x=\frac{250}{3}+\frac{5}{3}x$$

$$\frac{10}{3}x=\frac{250}{3} \quad \therefore x=25(\text{s})$$

상세풀이

이 문제는 동일한 방향으로 이동하는 서로 다른 속력을 가진 두 사람이 한 사람을 따라잡는 순간은 이동한 거리가 같은 시점이라는 사실을 이용해야 한다.

조건에서 시간이 초 단위로 제시되어 있고, A와 B의 속력은 시속으로 제시되어 있다. 단위를 통일하기 위하여 A와 B의 속도를 초속으로 변환해 보자.

- (A의 속력)
  $=18\text{km/h}=18\times1{,}000\text{km}/3{,}600\text{s}$
  $=5\text{m/s}$
- (B의 처음 속력)
  $=30\text{km/h}=30\times1{,}000\text{km}/3{,}600\text{s}$
  $=\frac{25}{3}\text{m/s}$
- (B의 나중 속력)
  $=6\text{km/h}=6\times1{,}000\text{km}/3{,}600\text{s}$
  $=\frac{5}{3}\text{m/s}$

A가 B를 따라잡는 데 걸린 시간을 x초라 하면 A가 달린 거리는 $5x$m다.

B가 처음 10초 동안 $\frac{25}{3}$m/s로 달린 거리는 $\frac{250}{3}$m다.

A가 출발한 시점과 B의 속력이 $\frac{5}{3}$m/s로 바뀐 시점이 같으므로, 이때부터 B가 A에게 따라잡힐 때까지 걸린 시간은 x초다. 따라서 B가 x초 동안 달린 거리는 $\frac{5}{3}x$m다.
A와 B가 출발한 지점이 같으므로 A가 B를 따라잡을 때까지 달린 거리는 같다.

$5x=\frac{250}{3}+\frac{5}{3}x$

$\frac{10}{3}x=\frac{250}{3}$ $\quad\therefore x=25(\text{s})$

따라서 A가 B를 따라잡는 데 걸린 시간은 25초다.

11 정답 ④ 난이도 ●●○

수리능력_응용수리_경우의 수

간단풀이

5명의 학생을 각각 A, B, C, D, E라고 하고 각자 본인의 이름이 적힌 의자를 순서대로 a, b, c, d, e라 하자.
A가 의자 b에 앉는 경우, B는 남은 의자 a, c, d, e에 앉을 수 있다.
만약 B가 의자 a에 앉으면 C, D, E는 각각 의자 c, d, e에 앉아야 하므로 이 경우의 수는 2가지다.
B가 의자 c 또는 d 또는 e에 앉으면 C, D, E는 각각 의자 a, d, e 또는 a, c, e 또는 a, c, d에 앉아야 하므로 각 경우의 수는 3가지다.
따라서 A가 의자 b에 앉는 경우 나머지 네 명도 자신의 이름이 적혀 있지 않은 의자에 앉는 경우의 수는 $2+3+3+3=11$가지다.
이때, A가 의자 c, d, e에 앉을 때도 같은 경우의 수가 나오므로 구하는 방법의 수는
$11\times4=44$(가지)다.

상세풀이

이 문제는 수형도를 그려 모든 경우의 수를 꼼꼼하게 세는 것이 중요하다.

① 5명의 학생을 각각 A, B, C, D, E라고 하고 각자 본인의 이름이 적힌 의자를 순서대로 a, b, c, d, e라 하자.

② A가 의자 b에 앉는 경우, 나머지 네 명도 자신의 이름이 적혀 있지 않은 의자에 앉는 경우를 수형도로 나타내면 아래 그림과 같다. 따라서 A가 의자 b에 앉는 경우 나머지 네 명도 자신의 이름이 적혀 있지 않은 의자에 앉는 경우의 수는 11가지다.

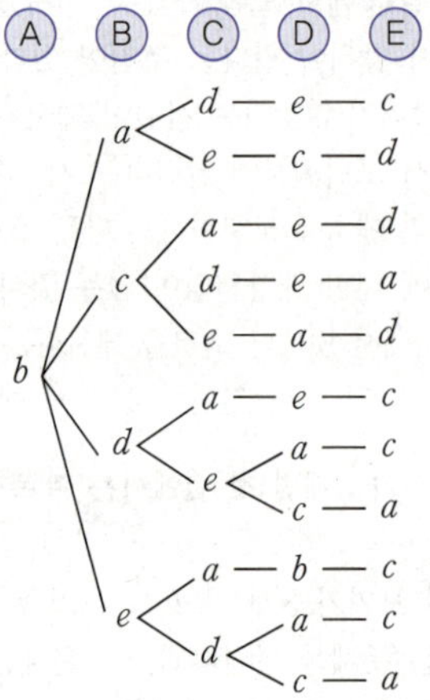

③ 이때, A가 의자 c, d, e에 앉을 때도 각각 같은 경우의 수가 나온다. 즉, A가 의자 b, c, d, e에 앉는 경우는 각각 11가지씩 있으므로 구하는 경우의 수는 총 $11\times4=44$가지다.

12 정답 ③ 　　　　　　　　　　　　　　　난이도 ●●●

수리능력_금융수리_원리합계

간단풀이

2025년 초부터 2047년 초까지 23년간 A대리가 매년 초에 납입하는 금액을 x만 원이라 하면

(23년 동안 넣어 둔 1억 1,800만 원의 원리합계)+(23년 동안 매년 x만 원씩 납입한 금액의 원리합계)=29억 9,800만 원이 되어야 한다.

2025년 초 처음 투입한 1억 1,800만 원은 복리로 연이율 10%의 복리 이자가 23년간 발생하므로 2047년 말의 원리합계는 (1억 1,800만 원)$\times 11^{23}$=(1억 1,800만 원)×9=10억 6,200만 원이다.

따라서 매년 x만 원씩 납입한 금액의 2047년 말의 원리합계는 29억 9,800만 원−10억 6,200만 원=19억 3,600만 원이 되어야 한다.

즉, 연이율 10%로 매년 초 x만 원씩 23년간 납입한 금액의 원리합계를 계산한

$\dfrac{x\times1.1\times(1.1^{23}-1)}{1.1-1}=\dfrac{x\times1.1\times8}{0.1}=88x$(만 원은

19억 3,600만 원과 일치해야 한다.

$88x=193,600$(만 원)을 풀면

$x=\dfrac{193,600}{88}=2,200$(만 원)

따라서 매년 초마다 납입해야 하는 금액은 2,200만 원이다.

상세풀이

2025년 초부터 2047년 초까지 23년간 A대리가 매년 초에 납입하는 금액을 x만 원이라 하면 (2025년 초에 납입한 금액)=1억 1,800만 원+x만 원이다.

따라서 2025년 초에는 1억 1,800만 원+x만 원을, 이후 매년 초에 x만 원씩 연이율 10%인 금융상품에 투자하므로 23번째 납입 후 1년을 더 기다린 2047년 말의 원리합계를 그림으로 나타내면 아래와 같다.

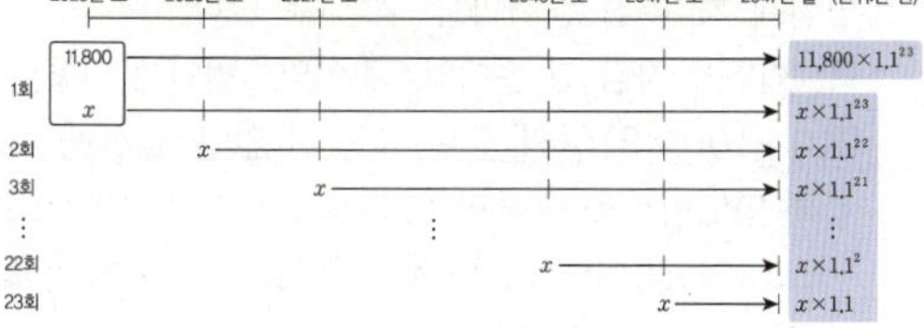

이때, 2025년 초 처음으로 납입한 금액 중 1억 1,800만 원은 연이율 10%의 복리 이자가 23년 동안 발생하므로 2047년 말에는 $11,800\times1.1^{23}=11,800\times9=106,200$(만 원), 즉 10억 6,200만 원이 된다.

따라서 2025년 초부터 매년 초 x만 원씩 납입한 금액의 원리합계는 총 목표 금액인 29억 9,800만 원에서 10억 6,200만 원을 뺀 29억 9,800만 원−10억 6,200만 원=19억 3,600만 원이 되어야 한다.

즉, 연이율 10%로 매년 초 x만 원씩 23년간 납입한 금액의 원리합계를 계산한

$\dfrac{x\times1.1\times(1.1^{23}-1)}{1.1-1}=\dfrac{x\times1.1\times8}{0.1}=88x$(만 원)은

19억 3,600만 원과 일치해야 한다.

$88x=193,600$을 풀어 x를 구하면

$x=\dfrac{193,600}{88}=2,200$(만 원)이다.

따라서 매년 초마다 납입해야 하는 금액은 2,200만 원이다.

Tip 원리합계

원리합계는 원금과 이자를 합한 금액을 의미한다. 이자를 계산하는 주요 방법으로는 단리법과 복리법이 있다.

1. 단리법

   원금에 대해서만 이자가 붙는 방식이다.

   예 원금 A, 이율 r, 기간이 n일 때 단리인 경우 원리합계 S는 $S=A(1+rn)$

2. 복리법

   원금 뿐 아니라 원금에 생기는 이자에도 원금과 동일한 이율의 이자를 붙이는 방식이다.

   예 원금 A, 이율 r, 기간이 n일 때 복리인 경우 원리합계 S는 $S=A(1+r)^n$

일정 기간에 정기적으로 고정액을 적립할 때, 고정액을 적립하는 시기에 따라 계산 방법이 달라진다. 고정액을 단위 기간의 초에 적립하는 것을 기수불, 고정액을 단위 기간의 말에 적립하는 것을 기말불이라고 한다.

은행에 1년마다 A원을 연이율 r인 복리 상품에 적립할 때, 기수불과 기말불에 따라 n년 후 연말에 받는 총액 S는 다음과 같다.

(1) 기수불:

$$S=\frac{A\times(1+r)\times\{(1+r)^n-1\}}{r}$$
$$=\frac{A\times(1+r)^n-1}{r}\times(1+r)$$

(2) 기말불: $S=\dfrac{A\times(1+r)^n-1}{r}$

13 정답 ②　　난이도 ●●○

수리능력_금융수리_환율 및 실용계산

간단풀이

- 9월 8일 원화 → 달러 환전
  - 9월 8일 '달러 사실 때' 환율: 1,400원/달러
  - 665만 원을 달러로 환전: $\frac{6,650,000}{1,400}=4,750$ 달러
- 9월 12일 달러 → 원화 환전
  - 9월 12일 '달러 파실 때' 환율: 1,420원/달러
  - 환전 후 받은 원화: 745,500원
  - 환전하기 전 보유 달러: $\frac{745,500}{1,420}=525$(달러)

∴ A차장이 미국에서 사용한 금액:
4,750−525=4,225(달러)

상세풀이

해당 문제는 원화→달러 환전 시 '달러 사실 때' 환율이 적용되고, 달러→원화 환전 시 '달러 파실 때' 환율이 적용된다는 사실에 유의하며 계산해야 한다.
A차장이 미국 여행에서 사용한 금액이 몇 달러인지 구하는 것이 목적이므로, 출국할 때 환전해 간 달러와 입국할 때 남은 달러를 각각 구하여 그 차이를 계산하면 된다.

① A차장은 9월 8일에 원화 665만 원을 달러로 환전하므로, 원/달러 환율 테이블에서 9월 8일의 '달러 사실 때' 환율을 찾아 적용하여야 한다.
이때의 환율은 1,400원/달러이므로 665만 원은 $\frac{6,650,000}{1,400}=4,750$(달러)로 환전된다.
따라서 A차장은 4,750달러를 환전하여 출국함을 알 수 있다.

② A차장은 9월 12일에 여행에서 사용하고 남은 달러를 다시 원화로 환전하므로, 원/달러 환율 테이블에서 9월 12일의 '달러 파실 때' 환율을 찾아 적용하여야 한다.
이때의 환율은 1,420원/달러이고, 환전 후 받은 원화는 745,500원이므로 A차장이 환전하기 전에 가지고 있던 달러는 $\frac{745,500}{1,420}=525$(달러)다.
즉, A차장은 미국 여행에서 525달러를 남기고 입국함을 알 수 있다.

따라서 A차장이 미국 여행에서 사용한 금액은 출국할 때 환전해 간 4,750달러에서 입국할 때 남겨온 525달러를 뺀 4,750−525=4,225(달러)다.

14 정답 ①　　난이도 ●○○

수리능력_자료해석_자료에 대한 진위 판단(계산 필요)

상세풀이

ㄱ. (○) K주식회사의 2024년 매출원가는 720억 원이다.
→ 각주에 의해 '매출총이익=매출액−매출원가'이므로 매출원가는 '매출액−매출총이익'으로 구할 수 있다. K주식회사의 2024년 매출원가를 구하면 1,200−480=720(억 원)이다. 따라서 옳은 설명이다.

ㄴ. (○) K주식회사의 2024년 판매관리비는 180억 원이다.
→ 각주에 의해 '영업이익=매출총이익−판매관리비'이므로 판매관리비=매출총이익−영업이익 … ㉠으로 구할 수 있다. 즉, 판매관리비를 구하려면 매출총이익과 영업이익이 필요하다.
손익계산서를 살펴보면 매출총이익(480억 원)은 확인할 수 있으나, 영업이익은 확인할 수 없으므로 각주 중 영업이익이 포함된 식을 변형해 도출해 보자.
'법인세 차감 전 순이익=영업이익+기타 수익−기타 비용'을 변형하면
영업이익=법인세 차감 전 순이익−기타 수익+기타 비용 … ㉡이다.
손익계산서를 살펴보면 기타 수익(30억 원)과 기타 비용(20억 원)은 확인할 수 있으나, 법인세 차감 전 순이익은 확인할 수 없으므로 각주 중 법인세 차감 전 순이익이 포함된 식을 변형해 도출해 보자.
'순이익=법인세 차감 전 순이익−법인세 비용'이고, 순이익(210억 원)과 법인세 비용(100억 원)은 손익계산서에서 확인할 수 있으므로 이를 이용하여 법인세 차감 전 순이익을 구할 수 있다.
즉, 법인세 차감 전 순이익=순이익+법인세 비용=210+100=310(억 원)이고 구한 값을 ㉡식에 대입해 영업이익을 구하면 영업이익=310−30+20=300(억 원)이다. 구한 영업이익을 ㉠식에 대입해 판매관리비를 구하면 판매관리비=480−300=180(억 원)이므로 옳은 설명이다.

ㄷ. (×) K주식회사의 2024년 재무상태표상 유동비율은 250% 미만이다.
→ 유동비율을 구하기 위해서는 유동자산 및 유동부

채의 크기를 알아야 하는데 자료에는 유동자산 값만 제시되어 있으므로 유동부채의 값을 먼저 구해야 한다.
각주에 따르면

$$\text{ROIC}=\frac{\text{NOPAT(영업이익}-\text{법인세)}}{\text{투하자본(총자산}-\text{유동부채)}}\times 100$$
$$=12.5(\%)$$

이다.
NOPAT를 구하기 위해서 영업이익과 법인세를 알아야 하는데, 영업이익은 보기 ㄴ을 통해 300억 원임을 확인했고, 법인세는 제시된 손익계산서를 살펴보면 100억 원임을 알 수 있다. 따라서
NOPAT=300−100=200(억 원)이다.
즉,

$$\text{ROIC}=\frac{200\text{(억 원)}}{\text{투하자본(총자산}-\text{유동부채)}}\times 100$$
$$=12.5(\%)$$

에서

$$\text{투하자본}=200\text{(억 원)}\times 100\times\frac{1}{12.5}$$
$$=1{,}600\text{(억 원)}$$

'투하자본=총자산−유동부채'이고
총자산은 1,820(억 원)이므로
1,600(억 원)=1,820(억 원)−유동부채
→ 유동부채=1,820−1,600=220(억 원)이다.
구한 유동부채를 이용해 K주식회사의 2024년 재무상태표상 유동비율을 구하면 다음과 같다.

$$\text{유동비율}=\frac{\text{유동자산}}{\text{유동부채}}\times 100=\frac{580}{220}\times 100$$
$$\fallingdotseq 263.64(\%)$$

K주식회사의 2024년 재무상태표상 유동비율은 250%를 초과한다. 따라서 옳지 않은 설명이다.

ㄹ. (×) **K주식회사의 2024년 재무상태표상 비유동부채는 420억 원이다.**
➜ '부채총계=유동부채+비유동부채'를 이용해 비유동부채를 구할 수 있다.
유동부채는 보기 ㄷ에서 구했고(220억 원), 부채총계는 제무상태표에서 확인할 수 없으나 부채비율(40%)과 자본총계(1,300억 원)는 확인할 수 있으므로 이를 이용해 구할 수 있다.

$$\text{부채비율}=\frac{\text{부채총계}}{\text{자본총계}}\times 100$$
$$=\frac{\text{부채총계}}{1{,}300\text{(억 원)}}\times 100=40(\%)$$
$$\rightarrow \text{부채총계}=\frac{40}{100}\times 1{,}300=520\text{(억 원)}$$

따라서 비유동부채=부채총계−유동부채=520−220=300(억 원)이므로 옳지 않은 설명이다.

합격자의 실전 풀이 순서

[방법 1]
❶ 손익계산서, 재무상태표 및 재무 비율 분석 아래에 여러 수식이 있는데, 이 식들을 사용해야 할 것을 인지한 채로 선지를 읽는다.
❷ 보기 ㄱ, ㄴ, ㄷ, ㄹ 모두 정밀한 계산이 요구되므로 순서대로 푼다.

[방법 2]
❶ 자료의 제목과 식을 보며 대충 구조만 훑는다. 선지에서 묻는 것들이 자료의 어느 부분에 있는지 빠르게 파악한다. 꼼꼼하게 확인하는 것이 아닌 대충의 위치만 파악한다.
❷ 선지에 ㄱ이 4개나 있으므로 맞는 보기일 확률이 높다. 따라서 ㄴ, ㄷ, ㄹ 중 더 쉬운 것을 푼다. 지금은 딱히 눈에 보이는 쉬운 보기가 없으므로 ㄴ부터 푼다.
❸ ㄴ이 맞는 보기이므로 선지 ②, ④가 제거된다. 선지 ①, ③, ⑤에 ㄱ과 ㄹ이 두 개씩 남았다. ㄱ이 맞을 확률이 높다고 가정했으니 ㄹ부터 확인한다.
❹ ㄹ이 틀렸으므로 남은 선지 ①이 정답이다.

합격자의 시간단축 Tip

보기 ㄱ. ㄴ. 절대 일반해설처럼 식을 일일이 변형하지 않는다. 최대한 식을 그대로 두고 숫자를 대입하여 해결한다. 보기에서 720, 180처럼 정확한 숫자를 물었을 때는 이 수치를 그대로 대입했을 때 식의 계산이 어긋나지 않는지 확인하는 방식으로 푼다. 정확한 값을 도출하는 것보다 시간을 단축할 수 있다.
예를 들어 선지 ㄴ의 경우, 판매관리비를 180(단위 생략)이라고 가정하고 판매관리비가 들어간 수식을 빠르게 찾는다. 영업이익=매출총이익−판매관리비=480−180=300임을 알 수 있다. 다음으로 영업이익이 들어간 식을 찾아 마찬가지로 대입한다. 법인세 차감 전 순이익=영업이익+기타 수익−기타 비용=300+30−20=310임을 알 수 있다. 마찬가지로 법인세 차감 전 순이익이 들어간 식을 찾은 후, 순이익=210=법인세 차감 전 순이익−법인세 비용=310−100이 맞는지 확인하면 된다. 모순이 없으므로 맞는 설명이다.

보기 ㄷ.
[방법 1] ROIC=12.5%로 나타난다고 자료에서 알려주고 있는데, $12.5\%=\frac{1}{8}\times 100$임을 알고 있다면 투하자본을 빠르게 계산하는 것이 가능하다.

[방법 2] 일반적으로 나눗셈보다는 곱셈에 익숙하므로 곱셈을 활용할 수 있다면 곱셈을 활용하도록 한다. K주식회사의 2024년 재무상태표상 유동비율이 250% 미만이라는 것은 유동자산이 유동부채의 2.5배 미만임을 의미한다. 따라서 유동부채인 220(억 원)의 2.5배와 유동자산인 580(억 원)을 비교함으로써 해당 선지의 정오를 판단할 수 있다. 220의 2.5배는 220의 2배와 220의 절반을 더함으로써 구할 수 있고 440+110=550(억 원)으로 유동자산인 580(억 원)보다 작다. 즉, 유동자산은 유동부채의 2.5배 이상이므로 옳지 않은 설명임을 알 수 있다.

보기 ㄹ. 부채총계를 구할 때, 식을 변형하지 않더라도 분모인 자본총계가 1,300임을 이용해 구할 수 있다. 부채총계가 얼마일 때 부채비율이 40%가 될까? 당연히 1,300×40%=520이 부채총계임을 바로 떠올릴 수 있도록 한다.

15 정답 ③ 난이도 ●○○

수리능력_자료해석_자료계산

상세풀이

초국적화지수를 산출하기 위한 각각의 값을 구하면 된다. $\frac{\text{해외자산(원화환산)}}{\text{총자산}}$은 총자산 중 해외자산(원화환산)이 차지하는 비중을 의미하며, 이는 $\frac{44,160}{552,000}=$ 0.08이다.

$\frac{\text{해외자산(원화환산)}}{\text{총자산}}$은 총수익 중 해외수익(원화환산)이 차지하는 비중을 의미하며, 이는 $\frac{1,572}{26,200}=0.06$이다. 마지막으로 $\frac{\text{해외인원}}{\text{총인원}}$은 $\frac{14,504}{29,600}=0.49$이다.

공식에 각 값을 대입하면

$\frac{(0.08+0.06+0.49)\times 100}{3}=\frac{63}{3}=21$이다.

합격자의 실전 풀이 순서

❶ 어림산이 어려워보이면, 우왕좌왕하지 말고 재빨리 정직하게 계산에 들어가도록 하자.

합격자의 시간단축 Tip

Tip ❶ 선지에 제시된 숫자가 비교적 깔끔한 수이므로, 각 비율을 계산하기보다는 어림산으로 대입하여 맞는지 확인한다.
선지에 제시된 숫자가 20, 20.5, 21, 21.5, 22이므로 비율이 깔끔하게 떨어지는 숫자임을 추론할 수 있다. 따라서 1,572가 26,200의 몇 퍼센트인지를 계산하는 것보다 250의 6배가 1,500이라는 점을 활용하여 6을 먼저 대입해 본다.

Tip ❷ 선지의 수들이 20, 20.5 등으로 크게 차이 나지 않으므로 괜히 어림산을 시도하기보다는 실전에서는 바로 계산하는 것이 오히려 시간을 단축하는 방법일 수 있다.

16 정답 ④ 난이도 ●○○

수리능력_자료해석_자료에 대한 진위 판단(계산 필요)

상세풀이

① (O) 2022년 12월 말 환율은 1달러당 1,200원이다.

→ 〈자료 2〉를 통해 환율을 추론할 수 있다. 자료에는 달러와 원이 나타나 있고, 그 단위가 억 원 : 십만 달러로 1,000 : 1의 비율이다. 해외자산과 해외자산(원화환산)의 비율을 통해 천 원당 달러의 환율을 추론할 수 있다. 2022년 12월 말 해외자산은 25,890십만 달러이고, 원화환산한 자산은 31,068억 원이므로, 원화환산한 해외자산을 달러로 표시된 해외자산으로 나누면 1달러당 비율을 알 수 있다.

즉, $\frac{31,068\text{억(원)}}{25,890\text{십만(달러)}}=\frac{31,068,000\text{십만(원)}}{25,890\text{십만 (달러)}}$ =1,200(원/달러)이다.

따라서 2022년 12월 말 환율은 1달러당 1,200원이다.

② (O) 2024년 6월 말 해외수익은 1,048십만 달러이다.

→ ①과 같은 방식으로 환율을 구하면, 2023년 12월 말 환율은 $\frac{44,160\text{억(원)}}{29,440\text{십만(달러)}}=1,500$(원/달러)이므로, 1달러당 1,500원임을 알 수 있다.

2024년 6월 말 원화환산한 해외수익은 1,572억 원이고, 이미 단위가 억 원으로 표기되었으므로, 이는 달러로 표시한 해외수익에 (원/달러) 환율을 곱한 값과 같다. 따라서 원화환산 해외수익을 다시 (원/달러) 환율 즉, 1,500(원/달러)로 나누면 달러로 표시한 해외수익을 산출할 수 있다.
따라서 2024년 6월 말 해외수익은
$\frac{1,572\text{억(원)}}{1,500\text{(원/달러)}}$=1,048십 만(달러)이다.

③ (○) **제시된 기간 동안 ○○은행의 총자산 중 국내자산의 비중은 항상 92% 이상이다.**
➜ 〈자료 2〉에서 ○○은행의 총자산과 해외자산을 알 수 있다. 각주에 따라 '총자산=해외자산+국내자산'이므로, '국내자산=총자산−해외자산'이 성립한다.
제시된 기간 동안 ○○은행의 총자산 중 국내자산의 비중을 구하면 다음과 같다.

구분	2022년 6월 말	2022년 12월 말	2023년 6월 말	2023년 12월 말	2024년 6월 말
총자산	506,800	517,800	524,500	530,000	552,000
해외자산 (원화환산)	35,476	31,068	31,470	37,100	44,160
국내자산	471,324	486,732	493,030	492,900	507,840
$\frac{\text{국내자산}}{\text{총자산}}\times100$	93%	94%	94%	93%	92%

따라서 제시된 기간 동안 ○○은행의 총자산 중 국내자산의 비중은 항상 92% 이상이다.

④ (×) **제시된 기간 중 ○○은행의 총인원 중 해외인원이 차지하는 비중이 가장 높을 때 은행의 원화환산 해외수익도 가장 높다.**
➜ ○○은행의 인원에 대한 정보는 〈자료 3〉에서, 수익에 대한 정보는 〈자료 1〉에서 확인할 수 있다.
제시된 기간 동안의 총인원 중 해외인원이 차지하는 비중을 계산하면 다음과 같다.

구분	2022년 6월 말	2022년 12월 말	2023년 6월 말	2023년 12월 말	2024년 6월 말
총인원	27,780	29,500	29,200	29,400	29,600
해외인원	12,501	11,800	12,264	12,054	14,504
$\frac{\text{해외인원}}{\text{총인원}}\times100$	45%	40%	42%	41%	49%

따라서 총인원 중 해외인원이 차지하는 비중이 가장 높은 해는 24년 6월 말이다. 한편, 〈자료 1〉에 따라 제시된 기간 중 ○○은행의 원화환산 해외수익이 가장 높은 때는 23년 12월 말이다. 총인원 중 해외인원이 차지하는 비중이 가장 높을 때와 은행의 원화환산 해외수익이 가장 높을 때가 일치하지 않는다. 옳지 않은 선지이다.

⑤ (○) **2022년 12월 말부터 2024년 6월 말까지의 기간 중 전반기 대비 원화환산 해외수익의 증가율이 가장 높은 시기는 2022년 12월 말이다.**
➜ 원화환산 해외수익에 대한 정보는 〈자료 1〉에서 찾을 수 있다.
전반기 대비 증가율은
$\frac{\text{(이번 반기 수익)}-\text{(전반기 수익)}}{\text{(전반기 수익)}}\times100$으로 구할 수 있다.
제시된 기간 동안의 전반기 대비 원화환산 해외수익의 증가율을 구하면 다음과 같다.

- 2022년 12월 말:
$\frac{2,475-1,000}{1,000}\times100=147.5(\%)$
- 2023년 6월 말:
$\frac{1,700-2,475}{2,475}\times100=-31.31(\%)$
- 2023년 12월 말:
$\frac{3,600-1,700}{1,700}\times100=111.75(\%)$
- 2024년 6월 말:
$\frac{1,572-3,600}{3,600}\times100=-56.33(\%)$

따라서 전반기 대비 원화환산 해외수익의 증가율이 가장 높은 시기는 2022년 12월 말이다.

합격자의 실전 풀이 순서

❶ 자료와 각주를 살펴보면서, 자료와 항목 간의 관계를 파악한다.
❷ 복수의 자료를 활용하는 선지 ④부터 정오판단을 한다.
❸ 정답이 도출되었으므로 다음 문제로 넘어간다.

합격자의 시간단축 Tip

Tip ❶ 복수의 자료가 제시된 경우, 복수의 자료를 활용하여야 하는 선지부터 살펴본다. 복수의 자료가 제시된 경우, 출제자는 문제를 해결함에 있어 해당 자료를 최대한 활용하기를 원할 것이다. 따라서 복수의 자료를 통해서 정오판별이 가능한 선지를 먼저 살펴보면 시간을 단축할 수 있다.
본 문항의 경우, 선지 ④가 〈자료 1〉과 〈자료 3〉을 모두 활용하는 선지로 복수의 자료를 활용하여야 하는 선지에 해당한다.

Tip ❷ 정확한 값을 도출하기보다는 선지의 값이 맞는지 확인한다.

선지 ①에서 (원/달러) 환율이 1,200원이 맞다면, 달러 표시 해외자산 25,890십만 달러에 1,200(원/달러)를 곱한 값이 원화 표시 해외자산인 31,068억 원이어야 한다.

선지 ②에서 해외수익이 1,048십만 달러가 맞다면,

$$1{,}048\text{십만(달러)} \times \frac{44{,}160\text{억(원)}}{29{,}440\text{십만(달러)}} = 26{,}200\text{억}$$

(원)이 성립해야 한다.

즉, 1,048십만(달러)×44,160억(원)=26,200억(원)×29,440십만(달러)가 성립해야 하는 것이다.

한편 선지 ①, ② 모두 비교적 정확한 계산을 요구하므로, 일의 자리 숫자 일치 여부만 확인하고 다른 선지를 먼저 정오판단한 후에 다른 선지에서 정답이 도출되지 않을 경우에 다시 돌아와 정확한 계산을 하는 것도 시간 활용에 도움이 되기도 한다.

Tip ❸ 선지별 시간단축 전략

선지 ③ 주어진 자료를 활용할 수 있도록 의역한다.

제시된 기간 동안 총자산 중 국내자산의 비중이 항상 92% 이상이라는 의미는 제시된 기간 동안 총자산 중 해외자산(원화환산)의 비중은 항상 8% 미만이었음을 의미한다. 국내자산과 해외자산의 합이 100%이기 때문이다. 즉, 제시된 자료 중 해외자산(원화환산)의 총자산에 대한 비중이 8%를 초과하는 기간이 있는지를 찾으면 된다.

한편, 500,000 근처의 수의 8%는 32,000이라는 점에서 32,000보다 작은 2022년 12월 말과 2023년 6월 말은 계산하지 않아도 8% 미만임을 알 수 있다.

선지 ④ 단순한 것을 기준으로 한다.

총인원 중 해외인원이 차지하는 비중이 가장 높을 때 은행의 원화환산 해외수익도 가장 높은지를 확인함에 있어서는, 선지를 순서대로 전건(총인원 대비 해외인원 비중)부터 판단하는 것보다 후건(원화환산 해외수익)을 먼저 검토한 후 전건도 참인지를 검토하는 것이 용이하다. 전건의 경우 계산을 요구하지만 후건은 계산을 요구하지 않기 때문이다.

전건을 먼저 검토하는 경우, 기간별 총인원 대비 해외인원 비중을 계산하여 비교하여야 하지만, 후건을 먼저 검토하는 경우에는 해외수익(원화환산)이 가장 높은 23년 12월 말의 총인원 대비 해외인원 비중이 가장 큰지만을 확인하면 된다. 이 경우에도 계산을 최소화하기 위해서 23년 12월 말의 총인원보다 작고, 해외인원은 더 많은 해가 있는지 먼저 살펴본다. 분모(총인원)가 작고, 분자(해외인원)가 더 크다면 반드시 그 비중은 더 크기 때문이다. 2022년 6월의 총인원이 2023년 12월 말의 총인원보다 작고, 해외인원은 더 많으므로 계산할 필요 없이 답이 도출됨을 알 수 있다.

17 정답 ⑤ 난이도 ●○○

수리능력_자료해석_자료에 대한 진위 판단(계산 불필요)

상세풀이

ㄱ. (○) 제시된 기간 동안 법인의 신용카드 이용 건당 이용금액은 매년 십만 원 이상이다.

➜ 법인의 신용카드 이용 건당 이용금액은 다음과 같이 구할 수 있다.

법인의 신용카드 이용 건당 이용금액=

$$\frac{\text{법인 신용카드 이용금액}}{\text{법인 신용카드 이용 건수}}$$

2018~2023년 법인의 신용카드 이용 건당 이용금액을 구하면 다음과 같다.

- 2018년: $\frac{9{,}561(\text{백억 원})}{9{,}216(\text{십만 건})} ≒ 1.037(\text{십만 원/건})$
- 2019년: $\frac{10{,}447(\text{백억 원})}{10{,}166(\text{십만 건})} ≒ 1.028(\text{십만 원/건})$
- 2020년: $\frac{10{,}100(\text{백억 원})}{9{,}883(\text{십만 건})} ≒ 1.022(\text{십만 원/건})$
- 2021년: $\frac{12{,}800(\text{백억 원})}{10{,}513(\text{십만 건})} ≒ 1.218(\text{십만 원/건})$
- 2022년: $\frac{13{,}520(\text{백억 원})}{11{,}310(\text{십만 건})} ≒ 1.195(\text{십만 원/건})$
- 2023년: $\frac{13{,}120(\text{백억 원})}{11{,}758(\text{십만 건})} ≒ 1.116(\text{십만 원/건})$

따라서 2018~2023년 법인의 신용카드 이용 건당 이용금액은 매년 십만 원 이상임을 확인할 수 있다.

ㄴ. (×) 제시된 기간 중 개인의 신용카드 현금서비스 이용 건수가 가장 적은 해에 개인 신용카드 할부구매 이용 건수도 가장 적었다.

➜ 개인의 신용카드 현금서비스 이용 건수가 가장 적은 해는 2022년이고 개인의 신용카드 할부구매 이용 건수가 가장 적은 해는 2018년이므로 적절하지 않은 설명이다.

ㄷ. (×) 제시된 기간 동안 개인의 신용카드 이용금액과 법인의 신용카드 이용금액의 차이는 매년 26,000백억 원 이상이다.

➜ 2018~2023년 개인의 신용카드 이용금액과 법인의 신용카드 이용금액의 차이를 구하면 다음과 같다.

• 2018년: 36,741−9,561=27,180(백억 원)
• 2019년: 38,901−10,447=28,454(백억 원)
• 2020년: 38,570−10,100=28,740(백억 원)
• 2021년: 38,400−12,800=25,600(백억 원)
• 2022년: 43,982−13,520=30,462(백억 원)
• 2023년: 47,304−13,120=34,184(백억 원)

2021년의 경우 개인의 신용카드 이용금액과 법인의 신용카드 이용금액의 차이는 25,600백억 원이므로 26,000백억 원 미만이다. 따라서 적절하지 않은 설명이다.

ㄹ. (×) **제시된 기간 동안 개인의 신용카드 이용 건수는 매년 전체 신용카드 이용 건수의 90% 이상이다.**

→ 전체 신용카드 이용 건수의 90%와 개인의 신용카드 이용 건수를 비교하면 다음과 같다.

구분	전체 신용카드 이용 건수×90%(십만 건)	개인 이용 건수(십만 건)
2018년	86,503×0.9=77,852.7	77,287
2019년	84,894×0.9=76,404.6	74,728
2020년	92,959×0.9=83,663.1	83,076
2021년	98,071×0.9=88,263.9	87,558
2022년	106,642×0.9=95,977.8	95,332
2023년	113,945×0.9=102,550.5	102,187

제시된 기간 동안 개인의 신용카드 이용 건수가 전체 신용카드 이용 건수 90% 이상인 해는 존재하지 않는다. 따라서 적절하지 않은 설명이다.

합격자의 실전 풀이 순서

❶ 〈자료 1〉은 신용카드 이용'건수'를, 〈자료 2〉는 신용카드 이용'금액'을 알려주고 있음을 먼저 파악한다.

❷ 계산이 필요 없는 보기 ㄴ을 먼저 푼다. 보기 ㄴ이 틀렸으므로 ㄴ이 포함되어 있지 않은 ①, ③을 답에서 제외하고, 계산이 비교적 간단한 보기 ㄷ을 해결하면 ④를 답에서 제외할 수 있다. 이때, 보기 ㄱ은 남은 ②, ⑤ 중 어디에도 없으므로 계산하지 않더라도 옳은 내용임을 알 수 있다.

합격자의 시간단축 Tip

보기 ㄱ. 시간 단축을 위해 구체적인 값을 계산하거나 도출하기보다는 확인을 통해 보기의 정오 판단을 하도록 한다. 다만, 단위가 각각 백억 원, 십만 건으로 크기 때문에 단위 계산이 힘들 수 있다. 이때, 100억=10×10×10,000×10,000=10만×10만으로 생각하면 100억÷10만=10만임을 확인할 수 있다.

따라서 법인의 신용카드 이용 건당 이용금액이 십만 원 이상이려면, 단위를 제외한 수치를 기준으로 법인 신용카드 이용금액이 이용 건수보다 크면 된다. 이를 식으로 나타내면 다음과 같다.

법인의 신용카드 이용 건당 이용금액

$$=\frac{\text{법인 신용카드 이용금액(백억 원)}}{\text{법인 신용카드 이용 건수(십만 건)}}$$

$$=\frac{\text{법인 신용카드 이용금액}}{\text{법인 신용카드 이용 건수}}(\text{십만 원/건})>1$$

예시로 2018년의 경우를 살펴보자. 단위를 제외한 수치를 기준으로 2018년 〈자료 1〉의 법인 이용 건수는 9,216이며 〈자료 2〉의 법인 이용금액은 9,561로 법인 이용금액의 수치가 더 크므로 법인의 신용카드 이용 건당 이용금액이 십만 원 이상임을 확인할 수 있다. 다른 연도에도 마찬가지 방법으로 〈자료 1〉과 〈자료 2〉에 제시된 법인 이용 건수 수치와 법인 이용금액 수치의 대소를 비교함으로써 선지의 정오를 판단할 수 있다. 이처럼 구체적인 값을 계산하거나 도출하지 않고 확인할 수 있도록 선지의 의미를 파악할 수 있다면 시간을 단축할 수 있다.

보기 ㄴ. 개인의 신용카드 현금서비스 이용 건수가 가장 적은 해와 개인 신용카드 할부구매 이용 건수가 가장 적은 해를 각각 구할 필요가 없다. 만약 개인의 신용카드 현금서비스 이용 건수가 가장 적은 해를 구했다면 해당 연도에 개인 신용카드 할부구매 이용 건수가 가장 적은지 여부만 확인하면 되고, 개인 신용카드 할부구매 이용 건수가 가장 적은 해를 구했다면 해당 연도에 개인의 신용카드 현금서비스 이용 건수가 가장 적은지 여부만 확인하면 된다. 전자의 경우를 예시로 살펴보자. 개인의 신용카드 현금서비스 이용 건수가 가장 적은 해는 2022년이다. 그렇다면 2022년을 기준으로 개인 신용카드 할부구매 이용 건수를 비교하면 된다. 2022년 개인 신용카드 할부구매 이용 건수는 2,537(십만 건)인데 2021년의 경우만으로 보더라도 개인 신용카드 할부구매 이용 건수는 2,343(십만 건)으로 2022년보다 적으므로 2022년이 개인 신용카드 할부구매 이용 건수가 가장 적은 해가 될 수 없음이 명확하다. 이처럼 선지 정오 판단을 위해 최소한으로 확인해야 하는 정보만을 확인한다면 시간을 단축할 수 있다.

보기 ㄷ. 제시된 기간 내 모든 연도의 개인의 신용카드 이용금액과 법인의 신용카드 이용금액의 차이를 구하는 대신 반례가 있는지를 확인한다면 시간을 단축할 수 있다. 개인 이용금액이 적고 법인 이용금액은 많을수록 그 차이가 작아지므로 반례가 될 가능성이 크다. 이때 〈자료 2〉에서 그래프가 제시되었으므로 시각적 효과를 활용한다. 두 꺾은선 그래프 사이의 간격이 작을수록 반례가 될 가능성이 크다. 〈자료 2〉를 살펴보면 2021년에 두 그래프 사이의 간격이 가장 작아 보이므로 2021년 개인의 신용카드 이용금액과 법인의 신용카드 이용금액의 차이가 26,000백억 원 이상인지 확인한다. 이때, 직접 그 차이를 계산하는 것보다 법인 신용카드 이용금액에 26,000백억 원을 더한 금액과 개인 신용카드 이용금액을 비교하는 것이 더욱 편리하다. 실제로 〈자료 2〉의 값을 대입해서 살펴보자. 2021년 법인 신용카드 이용금액은 12,800백억 원이고 이에 26,000백억 원을 더하면 38,800백억 원으로, 2021년 개인 신용카드 이용금액인 38,400백억 원보다 크다. 즉, 법인 이용금액과 개인 이용금액의 차이는 26,000백억 원 미만임을 확인할 수 있다.

보기 ㄹ. (전체 이용 건수)=(개인 이용 건수)+(법인 이용 건수)이므로 개인 이용 건수가 전체 이용 건수의 90% 이상이라면 법인 이용 건수는 전체 이용 건수의 10% 이하여야 한다. 이때 개인 이용 건수가 전체 이용 건수의 90% 이상인지를 확인하기보다는 법인 이용 건수가 전체 이용 건수의 10% 미만인지 확인해 보는 것이 계산하기 편하다. 만약 법인 이용 건수가 전체의 10%를 초과한다면 개인 이용 건수는 전체의 90% 미만일 것이다. 확인해 보면, 2018년부터 법인 이용 건수가 전체의 10% 이상이므로 보기의 내용이 옳지 않음을 바로 확인할 수 있다.

18 정답 ④ 난이도 ●○○

수리능력_자료해석_추가자료 활용

상세풀이

① (O) 빈칸 ㉠에 들어갈 값은 32,450이다.

→ 〈자료 3〉은 개인 신용카드 이용금액의 상세 내역에 관한 자료다. 따라서 개인 이용금액을 다음과 같이 계산할 수 있다.

개인 이용금액=개인 일반구매 이용금액+개인 할부구매 이용금액+개인 현금서비스 이용금액

그러므로 개인 일반구매 이용금액은 다음과 같이 구할 수 있다.

개인 일반구매 이용금액=개인 이용금액−개인 할부구매 이용금액−개인 현금서비스 이용금액

이를 이용해 2022년 개인 일반구매 이용금액을 구하면 43,982−7,560−3,972=32,450(백억 원)이다. 따라서 옳은 설명이다.

② (O) 2019년~2023년까지 개인의 신용카드 할부구매 이용 건수의 전년 대비 증감 변화와 개인의 신용카드 할부구매 이용금액의 증감 변화는 방향이 같다.

→ 개인 신용카드 할부구매 이용 건수는 〈자료 1〉을 통해, 개인 신용카드 할부구매 이용금액은 〈자료 3〉을 통해 확인할 수 있다. 개인의 신용카드 할부구매 이용 건수의 전년 대비 증감 변화를 2019년부터 나열하면 '증가, 감소, 증가, 증가, 증가'이고, 개인의 신용카드 할부구매 이용금액의 전년 대비 증감 변화를 2019년부터 나열하면 '증가, 감소, 증가, 증가, 증가'이다. 주어진 기간에서 모두 증감 방향이 일치하므로 옳은 설명이다.

③ (O) 2021년 법인의 신용카드 이용금액은 전체 신용카드 이용금액의 25%에 해당한다.

→ 개인, 법인, 전체 신용카드 이용금액은 〈자료 2〉를 통해 확인할 수 있다. 2021년 전체 신용카드 이용금액은 개인 신용카드 이용금액과 법인 신용카드 이용금액을 합하여 구할 수 있다. 2021년 전체 신용카드 이용금액은 38,400+12,800=51,200(백억 원)으로 전체 신용카드 이용금액의 25%는 51,200×0.25=12,800(백억 원)이다. 2021년 법인의 신용카드 이용금액은 12,800(백억 원)이므로 옳은 설명이다.

④ (×) 2021년 대비 2022년의 개인 신용카드 할부구매 이용금액의 증가율은 같은 기간 개인 신용카드 현금서비스 이용금액의 증가율보다 높다.

→ 개인 신용카드 할부구매와 현금서비스의 이용금액은 〈자료 3〉을 통해 확인할 수 있다.

해당연도 이용금액의 전년 대비 증가율은 다음과 같이 구할 수 있다.

해당연도 이용금액의 전년 대비 증가율=

$$\frac{\text{해당연도 이용금액}-\text{전년 이용금액}}{\text{전년 이용금액}}\times 100$$

2021년 대비 2022년 개인 신용카드 할부구매 이용금액의 증가율과 개인 신용카드 현금서비스 이용금액의 증가율을 각각 구하면 다음과 같다.

- 할부구매: $\frac{7,560-6,987}{6,987}\times 10 \fallingdotseq 8.2(\%)$

• 현금서비스: $\frac{3,972-3,310}{3,310}\times 10=20(\%)$

2021년 대비 2022년 개인 신용카드 할부구매 이용금액의 증가율이 같은 기간 개인 신용카드 현금서비스 이용금액의 증가율보다 낮으므로 옳지 않은 설명이다.

⑤ (O) 제시된 기간 중 전체 신용카드 이용 건수가 가장 많은 해에 전체 신용카드 이용금액도 가장 많다.

➜ 전체 신용카드 이용 건수는 〈자료 1〉, 전체 신용카드 이용금액은 〈자료 2〉를 통해 확인할 수 있다. 〈자료 1〉에서 알 수 있듯 제시된 기간 중 전체 신용카드 이용 건수가 가장 많은 해는 2023년이다. 제시된 기간 중 전체 신용카드 이용금액이 가장 많은 해는 〈자료 2〉에서 개인과 법인의 신용카드 이용금액을 더하여 확인할 수 있다. 2023년의 전체 신용카드 이용금액을 구하면 47,304+13,120=60,424(백억 원)이다. 2023년을 제외한 다른 연도의 전체 신용카드 이용금액을 구해보더라도 전부 60,000백억 원에도 미치지 못함을 알 수 있다.
따라서 옳은 설명이다.

합격자의 실전 풀이 순서

[방법 1]

❶ 〈자료 3〉이 〈자료 2〉의 개인 신용카드 이용금액을 구체화한 것임을, 즉 특정 연도에서 〈자료 3〉의 세로축의 세 항목을 모두 더한 금액이 〈자료 2〉에서 해당 연도의 개인 신용카드 이용금액과 같다는 것을 파악한다.

❷ 정밀한 계산이 요구되는 ①, ③ 선지는 넘어가고 ②, ④, ⑤ 선지를 먼저 푼다.

[방법 2]

❶ 적절하지 않은 것을 찾아야 하므로 선지 옆에 X표를 하여 적절한 것을 고르는 실수를 하지 않도록 한다.

❷ 어떤 자료를 통해 선지를 확인할 수 있는지 잘 체크한다.

❸ '증감 변화'는 계산 없이 풀 수 있으므로 선지 ②를 먼저 확인한 후, 나머지 선지도 확인한다. 이때, 한 자료 내에서 답을 구할 수 있는 선지를 먼저 해결하는 것도 시간 단축의 전략이다. 선지 ③은 〈자료 2〉를 통해, 선지 ④는 〈자료 3〉을 통해 확인할 수 있으므로 ③, ④번을 먼저 해결한다.

합격자의 시간단축 Tip

Tip 선지별 시간 단축 전략

선지① 뺄셈 계산보다 덧셈 계산이 더 쉽고 편하다. 그러므로 빈칸 ㉠에 들어갈 수치를 뺄셈을 이용해 직접 계산하는 것보다는 2022년 개인 할부금액 이용금액과 2022년 개인 현금서비스 이용금액을 더한 값에 32,450백억 원을 더한 결과가 2022년 개인 신용카드 이용금액인 43,982백억 원과 같은지 여부를 확인하는 것이 더욱 편리하다.
계산해 보면 7,560+3,972+32,450=43,982(백억 원)임을 확인할 수 있다.

선지③

[방법 1]
2021년 전체 신용카드 이용금액의 25%를 직접 계산하기보다 2021년 법인 신용카드 이용금액의 4배가 2021년 전체 신용카드 이용금액과 같은지 여부를 확인하면 시간을 단축할 수 있다. 25%×4=100(%)이므로 2021년 법인의 신용카드 이용금액이 전체 신용카드 이용금액의 25%가 맞다면, 즉 해당 선지가 옳은 내용이라면 위와 같은 결과가 도출되어야 하기 때문이다. 12,800×4=51,200임을 확인할 수 있다.

[방법 2]
굳이 전체 신용카드 이용금액을 따로 계산하여 구하지 않더라도 상호비를 활용하여 확인할 수 있다. 법인의 신용카드 이용금액이 전체의 25%라면, 나머지인 개인의 신용카드 이용금액은 전체의 75%일 것이므로 개인의 신용카드 이용금액이 법인의 3배인지만 확인한다. 12,800×3=38,400이므로 옳은 선지임을 확인할 수 있다.

선지④

[방법 1]
정확한 계산보다는 어림산을 이용한다. 단위는 생략하고 할부구매와 현금서비스 이용금액의 증가폭을 어림산을 해보자. 2021년 할부구매 이용금액을 7,000으로 어림하면, 2022년 할부구매 이용금액의 전년 대비 증가폭은 7,560−7,000=560이므로 600이 미만이다. 그리고 2021년 할부구매 이용금액인 6,987의 10%는 698.7이므로 증가율은 10%를 넘지 않는다.
2022년 현금서비스 이용금액을 3,970으로 어림하면, 2022년 현금서비스 이용금액의 전년 대비 증가폭은 3,970−3,310=660이므로 600 이상이다. 2021년 현금서비스 이용금액이 3,310이므로 증가율은 10%를 훌쩍 넘는다. 다만 지금처럼 차이가 상당히 많이 날 때는 어림산이 유용하지만, 차이가 미세할 때는 정확하게 계산해야 할 때를 판단할 수 있는 것도 중요하다. 많은 문제 풀이와 계산 연습을 통해 이에 대한 감을 키워야 한다. 어림산으로 했는데 이것이 답이라는 확신이 들지 않는다면 다음 스텝으로 넘어가 정확한 계산을 해야 할 것이다.

[방법 2]
[방법 1]과 마찬가지로 어림산을 활용한다. 개인 할부구매 이용금액과 개인 현금서비스 이용금액 모두 2022년에 전년 대비 약 600백억 원 정도 커진 것을 알 수 있다. 이때, 분모에 해당하는 2021년도의 이용금액 수치가 할부금액이 현금서비스보다 훨씬 더 크고 분자에 해당하는 이용금액 증가분은 600으로 비슷한 수치를 나타내므로, 계산하지 않더라도 현금서비스의 증가율이 더 큼을 알 수 있다.

선지 ⑤ 신용카드 이용 건수가 가장 많은 해는 〈자료 1〉에서 2023년임을 쉽게 알 수 있다. 다음으로 〈자료 2〉의 이용금액 그래프를 살펴보면, 개인 신용카드 이용금액은 2023년에 가장 많고 다른 연도와 3,000백억 원 이상의 차이를 보인다. 법인 신용카드 이용금액은 2022년에 가장 많았으나 2023년과 약 400백억 원의 차이밖에 나지 않으므로 전체 신용카드 이용금액은 2023년에 가장 많음을 쉽게 확인할 수 있다.

19 정답 ④

난이도 ●●●

문제해결능력_공고문/규정 이해

상세풀이

먼저 요청 대상에 해당하는지를 파악한 후, 채무조정 프로그램의 지원 대상, 지원 내용이 정확한지를 확인한다. 제시된 내용 외에 대출받은 경우는 없다고 가정했으므로 선지에 주어진 내용만을 기준으로 판단한다.

① (O) A는 S은행에서 1천만 원의 개인신용대출을 받았으나 질병으로 인해 퇴직하게 되어 대출원금과 이자를 연체하게 됨에 따라 채무조정을 요청하였고, 원금을 6개월 분할상환하기로 조정서를 작성하였다.

→ A의 대출원금은 1천만 원이며, 개인신용대출의 원금과 이자를 연체했으므로 개인금융채권을 연체 중인 자에 해당한다. 따라서 A는 채무조정 요청 대상자이며, 요청이 불가한 경우나 요청이 거절될 수 있는 경우에도 해당하지 않는다.

A는 원금을 6개월 분할상환하기로 하는 조정서를 작성했으므로, 이는 원금상환유예 프로그램에 해당한다. 또한, 질병으로 인한 퇴직이므로 원금상환유예 지원대상의 '질병, 상해를 입은 자'에도 해당한다. 채무조정 사례로 적절하다.

② (O) B는 올 여름 태풍으로 인해 거주 중인 주택에 큰 피해를 입어 S은행에서 받은 5천만 원의 주택담보대출에 대한 채무조정을 신청하였으나 채무조정 대상자가 아니라는 답변을 받았다.

→ S은행 채무조정 요청대상자는 계좌별 대출원금 3천만 원 미만의 개인금융채권을 연체 중인 사람이다. B가 채무조정을 신청한 주택담보대출은 5천만 원이므로 그 대상자가 될 수 없다. 채무조정 사례로 적절하다.

③ (O) C는 최근 C의 과실로 인한 교통사고로 막대한 손해배상액을 부담하고 있어 S은행에서 받은 개인신용대출 2천8백만 원에 대한 이자를 5개월째 연체하였고, 채무조정 요청을 통해 만기 연장 불가 대출상품임에도 불구하고 만기를 연장할 수 있었다.

→ C의 대출원금은 2천8백만 원이며, 개인신용대출의 이자를 연체했으므로 개인금융채권을 연체 중인 자에 해당한다. 또한 채무조정 요청이 불가한 경우나 요청이 거절될 수 있는 경우에도 해당하지 않는다.

만기 연장 불가 대출상품인데도 불구하고 만기를 연장한 것은 신용대출조정 프로그램의 지원 내용인 만기연장에 해당한다. 또한 C는 '최근 6개월 내 이자를 연체한 자'로, 해당 프로그램 지원 대상에 속한다. 채무조정 사례로 적절하다.

④ (×) 최근 사업장을 폐업하여 경제적으로 곤란한 D는 과거 S은행에서 신용대출 받은 2천5백만 원에 대해 전액상환을 하였다고 주장하나 S은행과의 입장차이로 채무부존재확인소송 중에 있는데, 매달 발생하는 연체이자가 부담되어 S은행에 채무조정을 요청했으나 심사 후 요청이 거절되었다.

→ D는 S은행과 신용대출에 관하여 채무부존재확인소송 중에 있다. 이는 채무조정 요청이 불가한 경우 중 '개인금융채권의 존재 여부나 범위에 대하여 소송, 조정 등의 소송 진행 중인 경우'에 해당한다. 채무조정 요청 자체가 불가한 것이다. 채무조정 요청을 한 후에 거절될 수 있는 경우와는 다르다. 채무조정 사례로 적절하지 않다.

⑤ (O) X국 제품의 판매사업을 하고 있는 E는 최근 X국 제품에 대한 불매운동으로 매출이 급감하여 신용회복위원회를 통해 채무조정 절차를 진행 중인데, S은행에서 받은 개인신용대출 2천만 원의 원금과 이자를 2개월째 연체하고 있어 S은행에도 채무조정 문의를 하였으나 채무조정이 불가하다는 답변을 받았다.

→ E는 신용회복위원회를 통해 채무조정 절차를 진행 중이다. 이는 채무조정 요청이 불가한 경우 중 '신용회복위원회 · 법원 채무조정 절차가 진행 중이거나 채무조정을 이행 중인 경우'에 해당하여 채무조정 요청이 불가하다. 채무조정 사례로 적절하다.

합격자의 실전 풀이 순서

❶ 적절하지 않은 것을 찾으라 했으므로 선지 옆에 X표를 하여 적절한 것을 답으로 하는 실수를 하지 않도록 한다.

❷ 요청 대상 내용을 중점적으로 살펴보며, 대상자는 3천만 원 미만이라는 점, 불가한 경우와 거절될 수 있는 경우가 나뉘어 있는 점을 파악한다.

❸ 다른 구체적인 내용은 선지를 보면서 그때그때 찾아가며 확인한다.

합격자의 시간단축 Tip

Tip ❶ 발췌독한다.

채무조정 요청권 대상자, 프로그램 등이 제시되었다는 정도만 파악하고 선택지로 간다. 선택지의 키워드를 바탕으로 본문으로 올라가 발췌독하는 것이다. 글의 전체적인 흐름을 이해해야 하는 문제가 아니므로, 선택지로가 필요한 정보만을 찾는다면 풀이 시간을 줄일 수 있다. 예를 들어, 1번 선택지의 경우 '1,000만 원', '원금분할상환'을 키워드로 삼을 수 있다.

Tip ❷ 명확하게 구분하기

채무조정 요청이 불가한 경우와 거절될 수 있는 경우 모두 결과적으로는 채무조정이 되지 않는다는 동일한 결과를 가져올 수 있지만 그 원인이 상이함을 알아두어야 한다. 다른 문제에서도 헷갈리는 경우나 결과가 동일하다고 생각되더라도 서로 구분할 수 있는 상황에 해당하지는 않는지 파악하며 문제를 풀 필요가 있다.

Tip ❸ 지문의 구조 파악하기

주어진 지문인 〈S은행 채무조정〉은 크게 채무조정 요청대상에 관한 부분과 채무조정 프로그램에 관한 부분으로 나뉘어져 있다. 지문의 구조를 잘 파악한다면, 이 문제는 보기의 등장인물들이 채무조정 요청대상에 해당하는지, 만약 요청대상이라면 두 가지 채무조정 프로그램 중 어떤 프로그램을 요청할 수 있는지를 판단하는 문제임을 예측할 수 있을 것이다.

Tip ❹ 선지별 시간 단축 전략

선지 ② 구체적인 판단을 하지 않더라도, B의 주택담보대출 규모는 5천만 원이므로 B는 채무조정 대상자가 아니라는 점만을 파악하면 된다.

20 정답 ③ 난이도 ●●●

자원관리능력_경로

상세풀이

주어진 조건을 순서대로 '조건 1'~'조건 7'로 표기한다.

정상까지 가는 코스와 소요 시간은 다음과 같다.
본 문제에선 캠프로 이어지는 경로를 이용한 사람은 해당 캠프에서 머무르다 간 것으로 가정하므로, 캠프에서 머무른 시간 5분도 체크해야 한다.
풀이의 편의를 위해 분 단위로 통일하였다.

1) 출발 → 정상
 70분+휴식 횟수×5분
2) 출발 → 캠프 1 → 정상
 40분+5분+40분+휴식 횟수×5분
 = 85분+휴식 횟수×5분
3) 출발 → 캠프 1 → 캠프 2 → 정상
 40분+5분+30분+5분+20분+휴식 횟수×5분=
 100분+휴식 횟수×5분
4) 출발 → 캠프 2 → 정상
 60분+5분+20분+휴식 횟수×5분
 =85분+휴식 횟수×5분

조건 3에 따르면, 정상에 가장 빨리 도착한 사람은 오전 11시 15분에 도착하였는데 모두 10시에 출발하였으므로 75분 소요된 것이다. 75분을 맞추기 위해선 경로 1에 휴식 1회의 루트만 가능하다. 조건 2에 따르면 B는 등산 도중 2회 휴식하였으므로, B는 가장 먼저 정상에 도착한 사람에서 제외된다.
또한, 가장 마지막에 도착한 사람은 11시 45분 도착으로, 105분 소요되었으므로 경로 3에 휴식 1회의 조합만 가능하다. 휴식 횟수는 최대 3회이기 때문에 다른 경로로는 해당 시간이 불가능하기 때문이다. 조건 2에 따라 2회 휴식한 B는 가장 마지막에 도착한 사람도 아니다. 또한, 조건 5에 의해 C도 가장 마지막에 도착한 사람이 아니다. 조건 7을 통해 D도 캠프 2가 포함된 경로 3을 이용하지 않았음을 알 수 있다. 남은 회원은 A, E인데, 조건 6에 따르면 둘은 동일한 경로를 이용하였다는 것을 확인할 수 있다. 따라서 둘이 경로 3을 이용했다. 둘의 정상 도착 시간은 5분 차이가 있었으므로 둘 중 한 명이 휴식 없이 이용했음을 추론할 수 있다.

경로 1을 이용할 수 있는 회원 후보로 C, D 둘만 남았다. D가 B와 관련된 조건이 함께 제시되었고, 경로 1, 2만 가능하므로 D를 기준으로 파악해 본다.

1) D가 경로 1을 이용했을 때

D의 소요 시간은 75분이고, 조건 7에 의해 B의 소요 시간은 80분이어야 한다. 또한, 조건 2에 따라 B는 D와 다른 경로를 이용해야 한다. 경로 1을 제외한 나머지 경로 중에서 80분이 가능한 조합은 없으므로 D는 경로 1을 이용하지 않으며, 따라서 C가 경로 1을 이용한다.

2) D가 경로 2를 이용했을 때

조건 4를 보면 캠프 1에만 들른 사람(경로 2)은 등산 도중 1회 휴식하였으므로, B는 해당 경로가 아닌 경로 4를 이용했음을 추론할 수 있다. B의 총 소요 시간은 85+2×5=95(분)이다. 조건 7에 따라 D는 90분 또는 100분이 걸렸다. 경로 2를 이용할 때만 가능한 시간이다. 경로 1에서는 최대 85분만 가능하기 때문이다. 또한 조건 4를 기준으로 보았을 때도 경로 2를 이용하는 사람은 90분이 걸린다. 이를 종합해 보면 최종적으로 A는 경로 3, B는 경로 4, C는 경로 1, D는 경로 2, E는 경로 3을 이용한다.

합격자의 실전 풀이 순서

❶ 만약 실전에서 해당 문제를 만났다면 시간, 경로, 사람이라는 세 가지 조건을 동시에 판단해야 하므로 일단 넘어갔을 것이다.

❷ 문제를 풀기로 마음먹었다면, 일단 가능한 경로를 구분하여 경우의 수를 나눈다.

❸ 주어진 조건을 바탕으로 각 회원들의 도착 순서로 불가능한 것들을 소거해 가며 판단한다.

합격자의 시간단축 Tip

Tip ❶ 문제에서 묻는 것에 집중하자.

본 문제의 경우 경로, 소요 시간, 휴식 시간 등까지 고려할 것이 많다. 그러나 본 문제에서 요구하는 것은 A~E의 경로와 소요시간을 철저하게 계산하는 것이 아니라, '가장 먼저 정상에 도착한 사람'을 찾는 것이다. 따라서 본 문제를 풀기 위해 A~E의 모든 일정을 정리하는 행위는 맨땅에 헤딩이나 다름이 없다. 복잡한 조건들에 현혹되지 않도록 노력하자. 문제를 낱낱이 분석할 필요는 없으며, 오지선다 중 단 하나의 답만 찾으면 된다.

Tip ❷ 확정되지 않은 것도 정보가 된다.

위 해설을 참고하면 B, C, D는 마지막에 도착한 사람이 될 수 없다. 따라서 A 혹은 E가 마지막에 도착한 사람이 되는데, 둘은 조건 6에 의해 도착 시간이 5분 차이가 나므로 각각 네 번째와 다섯 번째(마지막)로 도착한 사람임을 알 수 있다. 문제에서는 가장 먼저 정상에 도착한 사람을 찾는 것이므로, A와 E의 순서를 확정하려고 하기보다, 네 번째와 다섯 번째 도착한 사람이 A와 E라는 점만 파악하고 넘어가면 불필요한 시간을 줄일 수 있다.

Tip ❸ 소거법을 활용하자.

가장 먼저 정상에 도착한 사람을 찾기보다는, 절대 정상에 가장 먼저 도달할 수 없는 사람을 찾아 소거하는 방식으로 풀이한다면 실수를 줄일 수 있을 것이다. 조건 3을 보면 가장 먼저 정상에 도착한 사람은 총 75분이 소요된 것을 알 수 있다. 이는 등산경로를 봤을 때 경로 1 이용+휴식 1 이용한 경우다. 해설에서처럼 이에 부합하지 않는 후보들을 제거하면 된다.

21 정답 ⑤ 난이도 ●●○

자원관리능력_경로

상세풀이

캠프를 들리는 경로 및 캠프별 간식은 다음과 같다.

1) 출발 → 캠프 1 → 정상

40분+5분+40분+휴식 횟수×5분

=85분+휴식 횟수×5분

2) 출발 → 캠프 1 → 캠프 2 → 정상

40분+5분+30분+5분+20분+휴식 횟수×5분

=100분+휴식 횟수×5분

3) 출발 → 캠프 2 → 정상

60분+5분+20분+휴식 횟수×5분

=85분+휴식 횟수×5분

- 캠프 1의 간식: 물, 에너지바
- 캠프 2의 간식: 물, 이온음료, 초콜릿

X의 발언을 봤을 때는 Z 혼자 캠프 2에 들려서 가장 많은 간식을 받은 것인지, 캠프 1과 2를 다 들렸던 것인지 확정 지을 수 없다.

Y의 발언에 따르면, Y는 에너지바를 주는 캠프 1에 들리지 않았으므로 캠프 2만 들렸음을 확인할 수 있다. 이 점과 X의 발언을 고려하면, Z는 캠프 1과 캠프 2를 모두 들렸음을 추론할 수 있다. 따라서 Z는 경로 2를, Y는 경로 3을 이용했다.

Z의 발언을 보면, X도 캠프 한 곳만 들렸음을 파악할 수 있다. 하지만, 주어진 발언들만으로는 X가 경로 1을 이용했는지 경로 3을 이용했는지 확정 지을 수 없다.

문제에 제시된 조건에 따라 Y와 Z의 정상 도착 시간은 동일하다.

Z는 100분+a, Y는 85분+b가 소요되었다. 한편, 휴식은 최대 3회 가능하므로, Y의 최대 시간은 85+15=100(분)이다. 따라서 둘이 동일하기 위해선 Z는 휴식을 한 번도 하지 않았어야 한다.

최종적으로 가능한 조합은 다음과 같다.

구분	X	Y	Z
(1)	경로 1 / 85~100분	경로 3 / 85+3×5=100(분)	경로 2 / 100+0×5=100(분)
(2)	경로 3 / 85~100분	경로 3 / 85+3×5=100(분)	경로 2 / 100+0×5=100(분)

① (O) Z는 캠프1과 캠프2를 모두 들렀다.
→ 모든 경우에서 Z는 캠프 1, 2를 모두 들렀다. 옳은 선택지이다.

② (O) X와 Y가 들른 캠프가 동일한 캠프인지는 알 수 없다.
→ Y는 캠프 2를 들렸지만, X가 들린 캠프는 정해지지 않았다. 옳은 선택지이다.

③ (O) Y는 등산 도중 3회 휴식하였다.
→ Y는 휴식 3회로 총 100분 소요되었다, 옳은 선택지이다.

④ (O) Z는 등산 도중 별도의 휴식을 갖지 않았다.
→ Z는 휴식 0회로 총 100분 소요되었다. 옳은 선택지이다.

⑤ (×) X는 Y 또는 Z보다 늦게 도착했을 수 있다.
→ X는 경로 1 또는 3을 이용하고, 휴식은 3회까지 가능하므로 X의 소요 시간은 최대 100분이다. 따라서 Y 또는 Z와 동일하게 도착할 수는 있지만 늦게 도착할 수는 없음을 알 수 있다. 옳지 않은 선택지이다.

합격자의 실전 풀이 순서

❶ 적절하지 않은 것을 고르라 했으므로 선지 옆에 ×표시를 하여 적절한 것을 답으로 고르는 실수를 하지 않도록 한다.

❷ 문제에서 주요 포인트인 '적어도 한 곳 거친 뒤', 'Y와 Z가 정상에 도착한 시간이 같다'와 같은 사항들은 눈에 잘 보이게 체크한다.

❸ 대화와 선지를 읽으며 경우의 수가 나뉠 수 있는 문제임을 파악한다.

합격자의 시간단축 Tip

Tip ❶ 여러 가지 경우의 수가 존재한다는 사실을 유념하자.

경우의 수가 나뉠 수 있는 문제임을 파악하여(선지 ②와 같은 경우를 통해서도 예측할 수 있다.) 확정적인 하나의 경우를 구하려고 하기보다 여러 가지 경우의 수를 고려하면 시간을 단축할 수 있을 것이다. 해당 문제의 경우 캠프에 머무는 것을 제외하고 가능한 휴식이 0~3회이며, X의 경우 주어진 정보들을 모두 활용하더라도 경우가 확정되지 않기 때문이다. 따라서 X에 관한 선지인 ②와 ⑤를 제외하고 나머지 선지의 정오판단을 먼저 하도록 하자. ②를 판단하기 위해서는 X의 경로를 확정해야 한다. 반면 ⑤를 판단할 때에는 X의 경로를 확정할 필요가 없으므로 ⑤를 먼저 판단하여 시간을 단축할 수 있다.

Tip ❷ 문제를 유의해서 읽자.

문제에 별다른 정보가 없을 것이라 판단하여 마지막 부분에서 '옳은/적절한 것은' 혹은 '옳지 않은/적절하지 않은 것은'만 보고 가지 않도록 한다. 해당 문제에서는 적어도 한 곳을 거쳤다는 것과 Y와 Z가 정상에 도착한 시간이 같다는 정보를 확인할 수 있는데, 이를 잘 읽었다면 불필요한 시간을 줄일 수 있다.

Tip ❸ 확정적인 조건부터 시작하자.

가장 확정적인 조건부터 풀이를 시작하는 것이 좋다. 조건 1은 '총 개수가 제일 많다'는 식의 서술이고 조건 2는 '나는 받지 못한 "에너지바"를 받았다'는 서술, 조건 3은 '나는 받지 못한 무언가를 받았다'는 서술이다. 이중 가장 확정적인 조건은 조건 2이다. 조건 2를 문제풀이의 주춧돌로 사용하자. 조건 2로부터 Y는 캠프2, Z는 캠프1에 방문했다는 사실을 추론할 수 있다. 조건 2를 사용했으므로, 이제 나머지 조건들로 눈을 돌려보자. 조건 1이 조건 3보다 더욱 확정적이므로, 조건 1을 새로운 주춧돌로 삼도록 하자.

Tip ❹ 시각화해서 풀자.

박스 맨 오른쪽에 1, 2를 쓰고 ○, ×로 표시하는 식으로 하면 헷갈리지 않고 빠르게 풀 수 있다. 차례로 〈조건 2〉를 해결했을 때, 〈조건 1〉을 해결했을 때 필요한 시각화이다.

구분	1	2
X		
Y	×	○
Z	○	

구분	1	2
X		
Y	×	○
Z	○	○

Tip ⑤ 세트형 문제 중 하나만 풀어도 좋다.

하나의 제시문에 문제가 세트로 딸린 경우, 제시문을 읽는 시간이 있으니 일부 문제만 풀기는 아깝다고 생각하는 수험생들이 있다. 그래서 조금만 어려워 보이면 세트 전체를 넘기는 경우가 많다. 하지만 하나의 세트 안에 어려운 문제와 쉬운 문제가 동시에 배치된 경우가 제법 많으므로, 쉬운 문제가 있는지 잘 살펴보자. 본 세트형 문제를 살펴보면, 1번 문제는 경로 4개, 조건 7개로 상당한 난이도였지만 2번 문제는 경로 3개, 조건 3개로 금방 풀 수 있다.

22 정답 ④ 난이도 ●●○

문제해결능력_조건추리(매칭, 배치)

상세풀이

주어진 조건을 순서대로 '조건 1'~'조건 7'로 표기한다. 구해야 하는 내용은 팀별 층수, 근무 직원이다. 이때 신규직원의 근무 팀은 모두 다르다는 점을 주의해야 한다.

가장 확정적인 정보부터 해결해 나간다.
조건 2에 따르면 개인고객팀의 층수는 1층이므로, 조건 1에 의해 카드사업팀은 2층 또는 3층에 위치함을 파악할 수 있다.
조건 5에 의해 3층에는 D의 근무팀만 있으며, 조건 4에 의해 B는 카드사업팀에 근무함을 알 수 있다. 따라서 카드사업팀은 2층에 위치한다.

구분	개인 고객팀	글로벌 사업팀	기관 영업팀	여신 전략팀	카드 사업팀
층수	1층				2층
근무 직원					B

+3층 D

카드사업팀의 층을 확정 지었으므로, 카드사업팀 관련 조건들을 살펴본다. 조건 7에 의해 E의 근무처는 카드사업팀과 동일한 2층에 위치함을 파악할 수 있다.

구분	개인 고객팀	글로벌 사업팀	기관 영업팀	여신 전략팀	카드 사업팀
층수	1층				2층
근무 직원					B

+3층 D, 2층 E

조건 4와 조건 6에 따르면, 여신전략팀은 카드사업팀(2층), 개인고객팀(1층)과 다른 층에 위치한다. 따라서, 여신전략팀은 3층에 위치하고, 근무 직원은 D라는 것을 확정 짓는다.

구분	개인 고객팀	글로벌 사업팀	기관 영업팀	여신 전략팀	카드 사업팀
층수	1층			3층	2층
근무 직원				D	B

+2층 E

조건 7에 의해 E의 근무처는 글로벌사업팀이라는 것을 알 수 있다. 남은 팀은 개인고객팀, 글로벌사업팀, 기관영업팀인데, 기관영업팀은 아니고, 카드사업팀과 같은 층인 2층에서 근무하므로 1층에 위치한 개인고객팀도 아니기 때문이다. 글로벌사업팀의 층수는 2층, 근무 직원은 E이다.

구분	개인 고객팀	글로벌 사업팀	기관 영업팀	여신 전략팀	카드 사업팀
층수	1층	2층		3층	2층
근무 직원		E		D	B

남은 팀은 개인고객팀, 기관영업팀이다. 조건 3에 따르면 A와 C는 같은 층에 위치한 근무처에 발령받았다. 따라서 기관영업팀은 개인고객팀과 동일한 1층이다. 하지만, A와 C가 정확히 어느 팀에서 근무하는지는 주어진 조건을 통해 확인할 수 없다.
따라서 주어진 조건으로 추론할 수 있는 최종 조합은 다음 두 가지이다.

구분		개인 고객팀	글로벌 사업팀	기관 영업팀	여신 전략팀	카드 사업팀
(1)	층수	1층	2층	1층	3층	2층
	근무 직원	A	E	C	D	B
(2)	층수	1층	2층	1층	3층	2층
	근무 직원	C	E	A	D	B

① (O) D의 근무처는 여신전략팀이다.

→ 모든 경우에서 D의 근무처는 여신전략팀이다. 옳은 선택지이다.

② (O) E의 근무처는 글로벌사업팀이다.

→ 모든 경우에서 E의 근무처는 글로벌사업팀이다. 옳은 선택지이다.

③ (O) B의 근무처는 2층에 위치하고 있다.

→ B의 근무처는 카드사업팀이며, 카드사업팀은 2층에 위치하고 있다. 옳은 선택지이다.

④ (×) C의 근무처는 기관영업팀이다.

→ C의 근무처는 개인고객팀 또는 기관영업팀이다. 기관영업팀이라고 확정 지을 수 없다. 옳지 않은 선택지이다.

⑤ (O) A의 근무처는 1층에 위치하고 있다.

→ A의 근무처는 개인고객팀 또는 기관영업팀으로, 두 팀 모두 1층에 위치하고 있다. 옳은 선택지이다.

합격자의 실전 풀이 순서

❶ 적절하지 않은 것을 찾아야 하므로 선지 옆에 X표를 하여 적절한 것을 답으로 하는 실수를 하지 않도록 한다.

❷ 문제는 '주어진 정보로 추론할 수 없는 것'을 묻고 있으므로, 경우의 수가 나뉠 수 있음에 유의한다.

❸ 확정적인 조건들을 우선적으로 파악하고, 이를 실마리로 하여 문제를 풀어간다.

합격자의 시간단축 Tip

Tip ❶ 시각화를 활용하자.

배치가 필요한 문제는 시각화를 통해 해결하는 것이 도움이 된다. 글로만 하면 헷갈리기 쉽기 때문이다. 이때 '개인고객팀', '글로벌사업팀'이라는 명칭을 다 쓸 필요 없이, '개인', '글로벌' 등 본인이 빠르게 풀 수 있는 방법으로 적어 가는 것이 좋다. 층의 경우도 '1층', '2층' 모두 적기보다 숫자만 간단하게 표기하는 것이 좋다. 다음 예시와 같이, 시각화를 할 때 표를 활용한다면 정보들을 보다 쉽게 파악할 수 있을 것이다.

〈시각화 예시〉

3	여신(D)	
2	글로벌(E)	카드(B)
1	개인고객(A or C)	기관(A or C)

Tip ❷ 확정적인 조건부터 해결하자.

조건이 많이 제시된 문제들의 경우, 확정적인 내용을 제시한 조건들이 존재한다. 전체 조건을 먼저 살펴본 후, 확실한 내용이 제시된 것들부터 해결해 가는 것을 추천한다. 조건을 순서대로 푸는 것보다 상대적으로 빠르게 풀 수 있다. 해당 문제의 경우 조건 2, 조건 4, 조건 5와 같은 경우 팀이 위치한 층을 알 수 있다거나, 직원이 어느 팀에서 근무하는지 혹은 몇 층에서 근무하는지에 대한 정보를 확정적으로 알 수 있다.

Tip ❸ 볼펜과 연필을 나눠보자.

만약 여러 필기구를 지참할 수 있고, 스스로도 쓰는데 거부감이 없다면 확정적인 조건은 볼펜으로 표시하는 것도 한 방법이다. 경우의 수를 나눠보는 과정에서 지면이 부족할 수 있는데, 확정적인 조건을 볼펜으로 적어두고 경우의 수는 연필로 판단했다면 지우개로 지워 다시 판단해볼 수 있기 때문이다.

Tip ❹ 단서 문구에 유의하자.

문제 말미에 (단, 모든 신규직원은 서로 다른 팀에서 근무한다)와 같이 '단' 이후 나오는 내용에 집중할 필요가 있다. 앞선 내용들과 상반된 내용, 혹은 중요한 단서가 될 만한 내용들을 알려주기 때문이다.

Tip ❺ 해결 완료한 조건은 / 또는 ×로 표시하자.

완전히 사용한 조건은 확실하게 표시하여 헷갈릴 일이 없도록 한다. 이는 일차적으로 문제 풀이 과정에서 이미 사용한 조건을 다시 확인하는 시간 낭비를 없애기 위해서다. 또한 문제 풀이 이후에 경우의 수가 여러 개 남았더라도 결과에 확신을 갖기 위해서다. 만약 해결 완료한 조건들을 표시하지 않은 경우, 경우의 수를 좁힐 수 있는 조건을 미처 빠뜨린 것은 아닌지 걱정될 수 있기 때문이다.

23 정답 ⑤ 난이도 ●●●

문제해결능력_논리퍼즐

상세풀이

먼저 게임 규칙을 정리하면 다음과 같다.
플레이어가 호명한 숫자가 진행자가 정한 숫자보다

- **큰 경우:** 아래로 한 칸 이동
- **작은 경우:** 위로 한 칸 이동
- **같은 경우:** 오른쪽으로 세 칸 이동

X부터 시작이며, 까만색 표시는 호명한 후의 이동 결과임에 유의해야 한다.

진행 상황을 보면 아직 우측의 음영 표시된 곳에 까만색 표시가 없고, 우측으로 세 칸 이동한 것은 총 두 번 진행된 것을 확인할 수 있다. 진행자가 정한 숫자의 두 번째 숫자까지 맞춘 것이다.
B가 호명한 숫자의 순서는
5－7－4－7－6－5－2－6－5－4이다.
이를 바탕으로 정리하면 다음과 같다.
5 ● 7에서 5는 까만색 표시를 만든 원인(먼저 호명한 숫자), 7은 표시가 그려진 후 호명한 숫자를 의미한다.

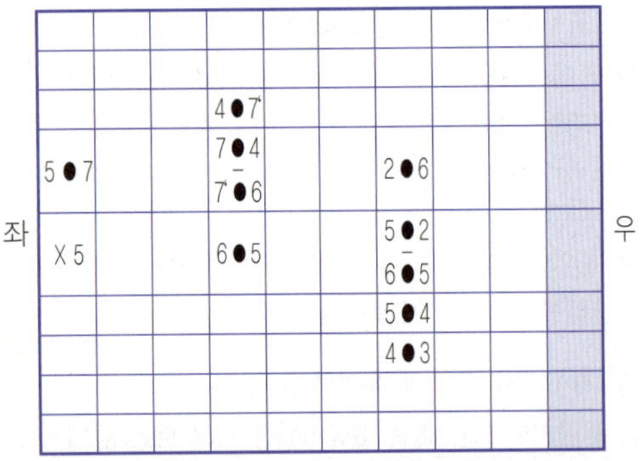

[방법 1]
먼저 X에서 5 ● 7로 이동한 후, 7 ● 4로 이동했음을 알 수 있다. 게임 말은 시작점일 때를 제외하고 X지점에 멈추지 않았기 때문이다. X에서 처음 주어진 숫자보다 작은 숫자를 호명해서 위로 한 칸 이동한 후에, 정확한 숫자를 호명해서 우측으로 세 칸 이동한 것이다. 따라서 첫 번째 자리 숫자는 '7'이다.

두 번째 자리 숫자 부분을 보면 7 ● 4 위아래로 하나씩 까만색 표시가 되어있음을 확인할 수 있다. 말은 위와 아래로만 이동할 수 있기 때문에, 7 ● 4에 중복으로 멈춰 섰음을 추론할 수 있다. 7 ● 4를 기준으로 위－아래－아래 또는 아래－위－위의 동선으로 이동한 것이다. 어떠한 동선이었을지 확인해 봐야 한다. 세 번째 자리 숫자의 까만색 표시를 보면 아래－위－위 동선의 우측에는 표시가 되어있지 않고, 위－아래－아래 동선의 우측에는 표시가 되어있다. 따라서 7 ● 4를 기준으로 위－아래－아래로 이동했음을 파악할 수 있다. 또는 B가 호명한 숫자 구조를 통해서도 위－아래－아래로 이동했음을 알 수 있다. 7 뒤로 '4－7－6' 구조이기 때문이다. 결과적으로 두 번째 자리 숫자는 '5'임을 알 수 있다. 7 다음에 4를 호명해 위로 이동한 후 7을 호명해 아래로 이동하고, 그 후 6을 호명해 아래로 이동하고, 그다음 5를 호명해 우측으로 세 칸 이동한 것이기 때문이다. 기호를 통해 살펴보면, 7 ● 4 → 4 ● 7' → 7' ● 6 → 6 ● 5의 구조이다. 참고로, 두 번째로 호명한 7은 편의상 7'로 표기하였다.

세 번째 자리 숫자 부분의 표시 시작은 5 ● 2이다. 호명한 숫자를 살펴보면 '5－2－6－5－4'이다. 2를 호명해 한 칸 올라간 후 계속 아래로 내려간 구조(위－아래－아래－아래)임을 파악할 수 있다. 실제로 까만색 표시도 해당 내용대로 구성되어 있다.
이를 통해 세 번째 숫자는 '3'임을 알 수 있다. 2일 때는 세 번째 자리 숫자보다 작아서 위로 이동했고, 4일 때는 커서 아래로 이동하였기 때문이다. B가 3을 호명하면, 우측으로 세 칸 이동해 우측 음영표시 된 곳으로 도달할 것이다.
따라서 최종적으로 A가 정한 세 자리 숫자는 753이다.

[방법 2]
B가 호명한 숫자가 총 10개이며, 기록판에 표시된 ●는 8개이므로 숫자를 맞춰서 2번 이동할 때만 중복으로 멈춰섰음을 알 수 있다. 기록판을 보면 ● 1개 / 오른쪽 3칸 이동 / ● 3개 / 오른쪽 3칸 이동 / ● 4개이므로 2번 호명에 첫 번째 숫자(7)를 맞추고 6번 호명에 두 번째 숫자(5)를 맞췄다. 음영에 표시된 ●가 없으므로 세 번째 숫자는 7~10번 호명에도 결국 맞추지 못한 숫자라 일단 2, 6, 5, 4는 아니다.
최종적으로 첫 번째 숫자는 7, 두 번째 숫자는 5, 세 번째 숫자는 2, 6, 5, 4는 아니므로 정답은 ⑤이다.

[방법 3]
보기에 제시된 숫자를 이용하여 풀 수 있다. ①과 ②는 첫 번째 숫자가 5이고 ③, ④, ⑤는 첫 번째 숫자가 7이다. 첫 번째 숫자가 5라면 B가 5를 호명했을 때 오른쪽으로 3칸 이동해야 하지만, 첫 번째 숫자가 7이라면 상방으로 1칸 이동해야 한다. X의 윗칸에 ●표시가 있으므로 ①과 ②는 제거한다. 두 번째 숫자를 보면 ③은 2이고 ④와 ⑤는 5이다. 만약에 두 번째 숫자가 2라면 B는 4－7－6－5－2를 호명해야 오른쪽으로 3칸 이동할 수 있다. ●표시의 위치와 개수로 미루어 보았을 때 두 번째 숫자는 2가 될 수 없음을 알 수 있다. 따라서 ③은 제거한다. 세 번째 숫자는 2 또는 3이 되어야 한다. 만약 세 번째 숫자가 2라면 2－6－5－4를 호명할 필요 없이 2만 호명했을 때 게임이 종료된다. 따라서 세 번째 숫자는 3이고, 답은 ⑤이다.

합격자의 실전 풀이 순서

❶ 게임 유형의 문제임을 파악하고, 규칙을 이해하는 것이 중요하겠다는 생각을 가지고 문제를 읽어가며 규칙들을 정리한다.

❷ 중복이 가능하다고 했는데, 실제 몇 번인지 파악해본다. 호명한 숫자는 10개, 기록판의 ●는 8개 이므로 중복되는 곳이 2회 있음을 알 수 있다.

❸ 각 선지의 차이를 파악한다. 첫 번째 숫자는 5 혹은 7임을 확인하고 이를 규칙에 따라 기록판에 적용해본다. 또한 판단이 끝난 경우 기록판에 순서를 표기하여 어떠한 순서로 말이 움직였는지를 파악할 수 있도록 한다.

❹ 두 번째와 세 번째 숫자를 판단함에 있어서도 규칙을 바탕으로 기록판을 활용한다.

합격자의 시간단축 Tip

Tip ❶ 시각화를 활용하자.

[해설]에 제시된 것처럼 5 ● 7 표시를 하거나, '→' 등을 활용해 구조를 시각화할 수 있도록 하는 것이 필요하다. 단계가 비교적 많아 실수하기 쉽기 때문이다. 또한, 첫 번째 자리 숫자로 결정된 것에는 동그라미, 해결 완료한 숫자에는 × 표시 등을 하는 것도 좋다.

Tip ❷ 조건을 정확하게 파악하자.

기록판의 우측 음영 표시된 부분에는 아직 까만색 표시가 없다는 점을 유의해야 한다. 우측의 음영 표시된 곳에 말이 도달하면 종료하는 게임이다. 이 점을 착각하면 마지막 숫자가 '4'라고 오해할 수 있다.

Tip ❸ 모든 문제를 다 풀 필요도, 순서대로 풀 필요도 없다.

문제가 객관적으로 어려운 경우도 있고, 자신이 특히 약한 유형의 문제도 있다. 연습하는 과정에서는 이들을 풀어보며 풀이를 익히고 실력을 키우기 위한 노력을 해야 하지만, 실제 시험장에서는 운영 능력도 중요하다. 만약 이와 같은 문제를 보았는데 풀이 방법이 바로 떠오르지 않거나, 시간이 오래 걸릴 것으로 판단된다면 일단 넘어가서 객관적으로 쉬운 문제 혹은 본인이 강한 유형의 문제를 먼저 풀고 어느 정도 점수를 확보한 후에 남는 시간에 넘어갔던 문제를 푸는 것도 고려해볼 수 있다. 만약 다시 돌아왔을 때도 풀지 못하겠다면 최대한 가능한 선에서 선지를 소거하고 남은 선지 중에서 찍는 것을 추천한다.

- **첫 번째 숫자**: 출발점으로부터 이동할 수 있는 곳은 상방, 하방 1칸 또는 오른쪽으로 3칸이다. 그런데 상방으로 한 번 이동한 기록밖에 없고 이는 중복될 수도 없는 곳이므로 두 번째로 호명한 숫자가 진행자가 정한 숫자임을 알 수 있다. 따라서 진행자가 정한 첫 번째 숫자는 7이 된다. → 선지 ①, 선지 ② 소거 가능
- **세 번째 숫자**: 규칙에 의할 때 세 숫자를 모두 맞췄다면 우측의 음영 표시된 곳에 ●가 있어야 한다. 문제의 경우 표시가 없으므로 10개의 숫자를 나열했음에도 맞추지 못했음을 알 수 있다. 따라서 마지막에 호명한 4는 마지막 자리 숫자가 아니다. → 선지 ①, 선지 ③ 소거 가능

24 정답 ❷ 난이도 ●●●

문제해결능력_수치 계산(비용, 시간)

상세풀이

㉠ '2. 수수료 등 비용부담-인지세'에 따르면 인지세는 인지세법에 의해 대출약정 체결 시 납부하는 세금으로 대출금액에 따라 세액이 차등 적용되며, 고객과 은행이 50%씩 부담한다.
A의 대출금액을 살펴보면 8,000만 원이므로, 7만 원의 인지세가 부과된다. 이때 A는 별표의 대출계약을 철회하는 경우에 해당하지 않으므로, 7만 원의 50%인 3만 5천 원을 고객인 A가 부담한다. ㉠은 35,000이다.

㉡ '2. 수수료 등 비용부담-중도상환해약금'에 따르면, 중도상환해약금은 '중도상환대출금액×8%×(대출잔여일수÷대출기간)'의 식을 통해 구한다.
A의 남은 상환 금액(중도상환대출금액)은 8,000−5,000=3,000(만 원)이며, 전체 대출기간은 3년(=1,096일), 남은 대출기간(대출잔여일수)은 137일이다.
위의 식에 따라 A가 부담해야 할 중도상환해약금을 구하면 다음과 같다.

$$3{,}000\times\frac{8}{100}\times\frac{137}{1{,}096}=3{,}000\times\frac{8}{100}\times\frac{1}{8}$$

$$=3{,}000\times\frac{1}{100}=30(\text{만 원})\text{이다.}$$

따라서 ㉡은 300,000이다.

㉠과 ㉡의 합을 구하면,
35,000+300,000=335,000이다.

합격자의 실전 풀이 순서

❶ 자료의 양이 많기 때문에 문제를 먼저 보고 어떤 부분을 중점적으로 봐야 할지 파악한다.

❷ ㉠과 ㉡에 들어갈 항목들을 계산한다.

합격자의 시간단축 Tip

Tip ❶ 단위를 활용하자.

단위가 큰 경우 5,000/8,000으로 푸는 것을 추천한다. 5천만 원을 그대로 50,000,000원으로 표기하면 실수할 확률도 높아지고, 상대적으로 시간도 오래 걸리

기 때문이다. 만 원 단위로 표기했다는 점을 인지하고 풀어가도록 하자.
참고로, 137과 1,096은 다소 생소한 숫자로 약분이 될 것을 짐작할 수 있다. 또한 137÷1,096을 계산할 때 일의 자리를 활용한다면 더 빠르게 계산할 수 있다. 7과 곱했을 때 일의 자리가 6이 되는 수는 8뿐이다. 이 점을 활용해 137×8을 해보면, 1,096이 도출됨을 확인할 수 있다.

Tip ❷ 자료와 문제 중 선택하기

자료를 먼저 보고 문제를 보는 것이 시간 단축에 유리한 경우가 있고, 반대의 경우가 유리한 경우도 있으며 개인차에 따라 풀어가는 스타일의 차이가 있을 것이다. 해당 문제는 자료의 양이 많고, 어떠한 부분이 문제에서 활용될지 파악하기 쉽지 않다는 점에서 문제를 먼저 보고 중요하게 봐야 할 부분을 추리는 것이 시간을 단축하는 데 보다 유리할 것이라 판단된다.

Tip ❸ 자료의 키워드만 파악하기

자료가 매우 길기 때문에 자료를 모두 다 읽을 필요는 없다. 1, 2, 3으로 되어 있는 큰 제목만 읽고 자료가 어떤 내용으로 구성되어 있는지만을 파악한 다음에 문제로 넘어가면 된다. 특히 문제 1에서는 '3. 금융소비자의 대출계약 철회권' 내용을 읽지 않고도 문제를 풀 수 있다.

25 정답 ④ 난이도 ●○○

문제해결능력_지문의 이해 및 활용

상세풀이

사례를 바탕으로 B의 대출 정보를 정리하면 다음과 같다.

- 계약체결일: 2024.11.14.(목)
- 대출금: 1억 2천만 원
- 금리: 6%
- 대출기간: 3년
- 대출심사 완료일: 2024.11.21.(목)
- 대출금 수령일: 2024.11.21.(목)
- 인지세 납부일: 2024.11.21.(목)
- 계약서류를 받은 날: 2024.11.22.(금)
- 증여일: 2024.11.30.(토) (1억 5천만 원)
- 오늘: 2024.11.30.(토)

해설의 편의상 '3. 금융소비자의 대출계약 철회권'의 각 항목을 순서대로 '조건 1'~'조건 6'으로 표기하였다.

① (○) B는 2024년 12월 6일까지 대출계약의 철회가 가능하다.
→ 조건 1에 따르면, 계약체결일, 계약서류를 받은 날, 대출금 수령일 중 나중에 발생한 날로부터 14일 내에 대출계약을 철회할 수 있다. 계약체결일은 11월 14일, 계약서류를 받은 날은 대출이 실행된 익일인 11월 22일, 대출금 수령일은 11월 21일로, 세 날 중 가장 나중에 발생한 날은 11월 22일 금요일, 계약서류를 받은 날이다. 따라서 계약철회가능 시점의 기산일은 11월 22일이다. 11월 22일 금요일로부터 14일은 12월 6일 금요일이다. 휴일이 아니므로 철회 가능일은 해당 날짜로 확정된다.

② (○) 대출계약을 철회하는 경우 B가 총 부담하는 인지세액은 15만 원이다.
→ 조건 2에 따르면 대출계약을 철회할 땐 대출과 관련해 은행이 제3자에게 부담한 인지세를 B가 반환하여야 한다.
B의 대출금은 1억 2천만 원이므로 '2. 수수료 등 비용부담－인지세'의 기준에 따르면 인지세액은 총 15만 원이다. 기존에는 B와 은행이 50%씩 부담하였지만, 대출계약을 철회하는 경우 ○○뱅크에서 납부했던 7만 5천 원도 B가 부담해야 한다. 따라서 B는 총 15만 원의 인지세액을 부담한다.

③ (○) 만일 B가 대출관련 기록이 남지 않기를 원한다면 대출계약 철회권을 행사 기간 내에 행사하여야 한다.
→ 조건 4와 조건 6을 보면 전액 중도상환은 대출기록이 삭제되지 않지만, 대출계약 철회권은 대출기록이 삭제됨을 알 수 있다. 따라서 B가 대출관련 기록이 남지 않기를 원한다면 대출계약 철회권을 행사 기간 내에 행사하여야 한다.

④ (×) B가 2024년 11월 30일에 대출계약을 철회하는 경우, ○○뱅크에 반환해야 하는 총 금액은 1억 2,007만 5천 원이다.
→ 조건 2에 따르면, 대출계약 철회 시 B가 반환해야 하는 것은 이미 수령한 대출금, 이에 대한 이자, 대출과 관련하여 은행이 제3자에게 부담한 인지세 총 세 가지이다. 만약 B가 11월 30일에 대출계약을 철회한다면 이미 대출금 수령을 완료한 후이다. 따라서 연 6%의 이자가 적용되었을 것임을 추론할 수 있다. 1억 2,007만 5천 원은 수령한 대출금과 대출과 관련하여 은행이 제3자에게 부담한 인지세 7만 5천 원만이 더해진 금액일 뿐이므로, 이자도 추가하여야 한다. 적절하지 않다.

⑤ (O) B가 2024년 12월 2일 대출원금 중 3,000만 원을 중도상환 하였더라도 여전히 대출계약 철회권을 주장하며 나머지 9,000만 원에 대해 대출계약 철회가 가능하다.

→ 조건 3을 보면 대출금 일부를 이미 상환한 경우에도 철회권 행사 가능 기간 이내라면 대출 잔액에 대해 대출계약 철회가 가능함을 확인할 수 있다. 따라서 2024년 12월 2일에 B가 대출금을 중도상환 하였더라도 대출계약 철회 가능일인 12월 6일까지 대출계약 철회권을 주장할 수 있으므로 나머지 9,000만 원에 대해서 철회할 수 있다.

합격자의 실전 풀이 순서

❶ 적절하지 않은 것을 고르라 했으므로 선지 옆에 X표를 하여 적절한 것을 고르는 실수를 하지 않도록 한다.

❷ 날짜 계산의 경우 하루 차이로 실수할 수 있기 때문에 계산을 요구하지 않는 다른 선지부터 해결한다.

합격자의 시간단축 Tip

Tip ❶ 단서를 활용하자.

사례를 보면 '일주일 뒤', '익일' 등으로 날짜를 표현한 것을 확인할 수 있다. 이런 경우 문제 풀이에 정확한 날짜를 활용할 확률이 높다. 사례를 읽으며 '대출 심사: 11.21', '서류 송달: 11.22' 등의 방식으로 날짜와 항목을 정리하는 것을 추천한다. 만약 요일까지 계산해야 하는 경우 미니 달력을 그리는 것도 좋은 방법이다.

〈시각화 예시〉

14
계약체결

21
대출금수령

22
계약서 송달

29

6
철회 가능

Tip ❷ 계산이 어려운 선지는 피해가자.

날짜나 돈 계산과 같이 본인이 약하거나 시간이 오래 걸릴 것이라 판단되는 경우에는 일단 넘어가고 나머지 선지의 판단을 통해 답을 도출할 수 있다.

Tip ❸ 키워드를 체크하면서 읽자.

줄글이 많기 때문에 자료를 다 읽고 문제를 풀면 오래 걸릴 수 있다. 키워드만 체크하면서 줄글은 빠르게 읽는 것이 좋다. '3. 금융소비자의 대출계약 철회권'을 예로 들면 조건 1에서는 14일, 조건 2에서는 반환, 조건 3에서는 이미 상환 등을 키워드로 체크할 수 있다. 그리고 이 키워드를 바탕으로 보기의 정오판단에 필요한 조건을 빠르게 찾을 수 있다.

26 정답 ⑤

난이도 ●●○

문제해결능력_조건추리(일반)

상세풀이

주어진 내용을 통해 음식을 받은 순서와 메뉴를 고려하여 판단해야 함을 알 수 있다. 조건을 고려하여 아래와 같은 〈표〉를 그리며 문제를 해결한다. 각 내용을 순서대로 조건 1~조건 4라 하자.

우선 확정적인 조건 1과 조건 4를 통해 다음과 같이 확정할 수 있다.

A				E

조건 3을 통해 D가 세 번째로 픽업했음을 알 수 있고, 다음과 같은 두 가지 경우로 표를 표현할 수 있게 된다.

구분	A		D		E
경우 1				두부 샐러드	샐러드 파스타
경우 2				샐러드 파스타	두부 샐러드

조건 1과 조건 3을 통해 A는 두부 샐러드와 샐러드 파스타를 픽업하지는 않았음을 알 수 있다. A는 가장 먼저 음식을 픽업했기 때문에 남아있는 음식은 A가 픽업한 것이 될 수 없기 때문이다. 그리고 발문의 단서(단, 음식은 A와 다른 한 명 사이에 바뀌었다.)를 통해 A는 닭가슴살 샐러드를 픽업하지 않았음을 알 수 있다. 만약 A가 닭가슴살 샐러드를 픽업했다면 D가 두부 샐러드를 픽업해야 하는데 조건 3에서 D가 음식을 픽업해서 나올 때 두부 샐러드가 남아 있었기 때문이다.

나아가, 단서 조건을 통해 E가 두부 샐러드를 픽업하지 않았음도 알 수 있다. 만약 E가 두부 샐러드를 픽업했다면, 단서 조건에 의해 A는 샐러드 파스타를 픽업할 수밖에 없는데, 그렇다면 이는 조건 3에 모순이 되는 상황이 된다. 즉, 경우 2는 불가능하다.

따라서 A가 픽업한 음식이 될 수 있는 것은 '연어 샐러드', '그린 샐러드'이다. A~E의 픽업 순서를 추론한 후, A가 픽업한 음식의 경우로 2가지 모두 가능한지 하나씩 살펴보도록 한다. D가 주문한 음식을 픽업해서 나올 때 두 개의 음식이 남아 있었으므로 D는 3번째로 음식을 픽업한 사람이 된다. 따라서 A_D_E로 순서는 정해지고, 두 번째와 네 번째는 확정할 수 없다.

이 경우 두 번째와 네 번째에 들어갈 B, C의 순서를 기준으로 경우를 나누어 볼 수 있고, 혹은 A가 픽업한 음식을 기준으로 경우를 나누어 볼 수도 있다.

A_D_E의 순서가 명확하게 결정된 바, 픽업 순서를 기준으로 경우를 나누어 살펴보도록 하겠다.

i) B가 두 번째, C가 네 번째로 픽업한 경우

구분	A	B	D	C	E
경우 1-1	그린 샐러드	연어 샐러드	닭가슴살 샐러드	두부 샐러드	샐러드 파스타

C가 두부 샐러드로 확정되는 바, A와 C 사이에 음식이 바뀌었음을 알 수 있다. 따라서 A는 그린 샐러드를 픽업하였다. B와 D는 자신이 주문한 음식을 가져갔으므로 B는 연어샐러드, D는 닭가슴살 샐러드를 가져갔다.

ii) C가 두 번째, B가 네 번째로 픽업한 경우

구분	A	C	D	B	E
경우 1-2	연어 샐러드	그린 샐러드	닭가슴살 샐러드	두부 샐러드	샐러드 파스타

B가 두부 샐러드로 확정되는 바, A와 B 사이에 음식이 바뀌었음을 알 수 있다. 따라서 A는 연어 샐러드를 픽업하였다. C와 D는 자신이 주문한 음식을 가져갔으므로 C는 그린 샐러드, D는 닭가슴살 샐러드를 가져갔다.

한편, 다음과 같이 A가 픽업한 음식을 기준으로 경우를 나누어 볼 수도 있다.

i) A가 픽업한 음식이 '그린 샐러드'인 경우
A와 C의 음식이 바뀌었으므로 B, D, E는 자신이 주문한 음식을 픽업하였다. C가 두부 샐러드를 픽업했고, 세 번째 순서인 D 이후 두부 샐러드와 샐러드 파스타가 남아 있어야 하므로 A(그린 샐러드) – B(연어 샐러드) – D(닭가슴살 샐러드) – C(두부 샐러드) – E(샐러드 파스타)가 됨을 알 수 있다.

ii) A가 픽업한 음식이 '연어 샐러드'인 경우
A와 B의 음식이 바뀌었으므로 C, D, E는 자신이 주문한 음식을 픽업하였다. B가 두부 샐러드를 픽업했고, 세 번째 순서인 D 이후 두부 샐러드와 샐러드 파스타가 남아 있어야 하므로 A(연어 샐러드) – C(그린 샐러드) – D(닭가슴살 샐러드) – B(두부 샐러드) – E(샐러드 파스타)가 됨을 알 수 있다.

위에서 논의한 내용들을 정리하면, 가능한 순서와 픽업한 메뉴는 다음과 같다.

순서	1	2	3	4	5
경우 1-1	A 그린 샐러드	B 연어 샐러드	D 닭가슴살 샐러드	C 두부 샐러드	E 샐러드 파스타
경우 1-2	A 연어 샐러드	C 그린 샐러드	D 닭가슴살 샐러드	B 두부 샐러드	E 샐러드 파스타

이에 따라 각 보기를 판단하면 다음과 같다.

ㄱ. (○) D는 자신이 주문한 음식을 받았다.
→ 경우 1-1과 경우 1-2 모두 D는 자신이 주문한 '닭가슴살 샐러드'를 픽업하였으므로 적절한 추론이다.

ㄴ. (○) E는 자신이 주문한 음식을 받았다.
→ 경우 1-1과 경우 1-2 모두 E는 자신이 주문한 '샐러드 파스타'를 픽업하였으므로 적절한 추론이다.

ㄷ. (○) C가 받은 음식은 연어 샐러드가 아니다.
→ 경우 1-1에서는 '그린 샐러드'를, 경우 1-2에서는 '두부 샐러드'를 픽업했으므로 적절한 추론이다.

ㄹ. (×) 음식을 네 번째로 픽업한 사람은 자신이 주문한 음식을 받았다.
→ 경우 1-1에서 C는 '그린 샐러드'가 아닌 '두부 샐러드'를, 경우 1-2에서 B는 '연어 샐러드'가 아닌 '두부 샐러드'를 픽업했으므로 자신이 주문한 음식을 받지 못했기에 적절한 추론이 아니다.

따라서 적절한 추론을 한 것은 ㄱ, ㄴ, ㄷ으로 정답은 ⑤가 된다.

합격자의 시간단축 Tip

Tip ❶ 확정적인 정보 및 확정할 수 있는 정보 확인하기
조건 3을 제외한 나머지 조건들은 모두 확정적인 정보들을 직접적으로 주고 있다. 또한 조건 3의 경우도 D가 픽업한 후 음식이 두 개 남았다는 것을 통해 세 번째 순서로 픽업했음을 추론할 수 있다. 이와 같은 정보들을 활용하면 고려해야 할 것들을 줄여주어 이후의 판단 과정에서 시간을 단축할 수 있다.

Tip ❷ 경우의 수 나누기
모든 정보가 확정되지는 않기에 애초에 경우의 수를 나눠서 접근한다면 실수를 방지하고 보다 확실하게 판단을 할 수 있을 것이다. 이때 경우의 수는 최대한 적게 검토하는 것이 편하다. 따라서 음식을 받는 순서와 메뉴 중에 확정적인 정보가 더 많은 것을 기준으로 하여 경우의 수를 나누는 것이 좋다. 조건 1~조건 4에 따라 가능한 순서는 2가지로, A가 시킬 수 있는 음식은 2가지로 따질 수 있기 때문에 순서를 기준으로 해보자.

Tip ❸ 해결 완료한 조건은 / 또는 ×로 표시하자.

완전히 사용한 조건은 확실하게 표시하여 헷갈릴 일이 없도록 한다. 이는 일차적으로 문제 풀이 과정에서 이미 사용한 조건을 다시 확인하는 시간 낭비를 없애기 위해서다. 또한 문제 풀이 이후에 경우의 수가 여러 개 남았더라도 결과에 확신을 갖기 위해서다. 만약 해결 완료한 조건들을 표시하지 않은 경우, 경우의 수를 좁힐 수 있는 조건을 미처 빠뜨린 것은 아닌지 걱정될 수 있기 때문이다.

이 문제의 경우 조건 1, 조건 3, 조건 4만으로 결론이 나오게 되는데, 마지막으로 아직 사용하지 않은 조건 2가 들어맞는지 확인할 필요가 있다.

Tip ❹ 보기 문제의 특성을 잘 활용한다.

보기 문제는 절반의 선지만을 판단하여 정답이 나오는 경우가 존재한다. 해당 문제의 경우는 3개의 선지를 판단해야 했지만, 보기 문제는 항상 보기를 적극적으로 활용할 수 있어야 한다는 점을 기억하면 문제를 풀 때 시간을 단축할 수 있다. 하나의 보기를 판단한 후 선지 중 소거가 가능한 것들을 소거하고, 판단하지 않아도 정오를 알 수 있는 것은 반영하고, 남은 선지 중 본인이 선택하여 판단할 수 있다면 보다 쉽게 판단할 수 있는 보기를 선택하여 판단한다.

Tip ❺ 조건을 임의대로 해석하지 않는다.

문제의 조건을 임의대로 해석해서는 안 된다. 특히 문제에 제시된 개념과 조건이 많고 개념 간 정의가 헷갈리는 경우 이런 현상이 많이 발생하는데, 개념 정의를 명확하게 하여 조건을 임의대로 해석하지 않는다.

해당 문제에 제시된 조건 3에서 'D가 주문한 음식을 픽업해서 나올 때, 두부 샐러드와 샐러드 파스타가 남아 있었다.'고 제시되었다. 이는 D가 음식을 픽업해서 '나올 때' 두부 샐러드와 샐러드 파스타가 남아 있었다는 것이지, D가 음식을 '고를 때' 두부 샐러드와 샐러드 파스타가 남아 있었다는 것이 아니다. 이를 오인할 경우 D의 순서를 4번째로 착각하게 되어 문제를 제대로 풀 수 없다. 반드시 문제에 주어진 조건을 그대로 해석해야 한다.

27 정답 ❷ 난이도 ●●●

문제해결능력_진실게임(참/거짓)

상세풀이

주어진 내용을 정리하면 다음과 같다.

각 참가자들은 두 가지 진술을 하는데, 하나는 참이며 하나는 거짓이다.

검정색 모자는 2개, 초록색 모자는 2개, 빨간색 모자는 1개가 있고, 등번호는 1~5이다.

발문의 단서에서 A의 두 번째 진술은 거짓이라고 했다. 모두 참과 거짓을 하나씩 말하므로 A의 첫 번째 진술은 참이 된다. A의 첫 번째 진술에 따라 B와 E는 검정 모자를 쓰고 D의 등번호는 5가 된다.

이런 경우 B의 첫 번째 진술은 거짓이 된다. 검정 모자는 B와 E가 쓰고 있는데 검정 모자의 개수는 2개이기 때문이다. 따라서 B의 두 번째 진술은 참이 된다. B의 두 번째 진술에 따라 A의 등번호는 3 또는 4가 된다. 이를 정리하면 아래와 같다.

구분	A	B	C	D	E
모자 색		검정			검정
등번호	3 or 4			5	
첫 번째 진술	참	거짓			
두 번째 진술	거짓	참			

다음으로, C, D, E의 진술로 확정되는 것이 없으므로 진술 간 모순이 있는지 확인한다. C의 첫 번째 진술과 E의 첫 번째 진술은 동시에 참일 수 없다. C의 진술이 참이라면 D는 빨간색 모자를 썼는데, E의 진술에 따르면 D는 누군가와 같은 모자를 썼고, 이는 검정색 혹은 초록색이어야하기 때문이다. 따라서 경우의 수를 C의 첫 번째 진술이 참인 경우와 E의 첫 번째 진술이 참인 경우 2개로 나눈다.

C의 첫 번째 진술이 참이라면, 두 번째 진술은 거짓이 된다. 따라서 E의 등번호는 1이 되는데, 이는 E의 두 번째 진술도 거짓이 되게 한다. E의 등번호가 1인데 C의 등번호가 1일 수 없기 때문이다. E는 두 진술 모두 거짓을 진술한 것이 되어, 하나는 참, 하나는 거짓을 말한다는 게임 규칙에 어긋나므로 C의 첫 번째 진술은 거짓임을 알 수 있다. 따라서 C의 첫 번째 진술은 거짓, 두 번째 진술은 참, E의 첫 번째 진술은 참, 두 번째 진술은 거짓임을 알 수 있다.

C의 첫 번째 진술이 거짓이므로 D는 초록색 모자를 썼음을 알 수 있다. C의 두 번째 진술이 참이므로 E는 2 or 3 or 4의 등번호를 가짐을 알 수 있다.
E의 첫 번째 진술이 참이므로 D는 초록색 모자를 썼음을 알 수 있다. E의 두 번째 진술이 거짓이므로 C의 등번호는 2 or 3 or 4임을 알 수 있다. 이를 정리하면 아래와 같다.

구분	A	B	C	D	E
모자 색		검정		초록	검정
등번호	3 or 4		2 or 3 or 4	5	2 or 3 or 4
첫 번째 진술	참	거짓	거짓		참
두 번째 진술	거짓	참	참		거짓

1의 등번호를 가질 수 있는 가능성을 가진 사람이 B뿐이므로 B의 등번호가 1이 된다. 그리고 이에 따라 D의 두 번째 진술이 거짓임을 알 수 있다. D의 첫 번째 진술이 참이므로 C는 초록색 모자를 썼고 A는 빨간색 모자를 썼음을 알 수 있다. 이를 정리하면 아래와 같고, 문제의 조건에 모두 부합하므로, 등번호 1번은 B로 최종적으로 확정된다.

구분	A	B	C	D	E
모자 색	빨강	검정	초록	초록	검정
등번호	3 or 4	1	2 or 3 or 4	5	2 or 3 or 4
첫 번째 진술	참	거짓	거짓	참	참
두 번째 진술	거짓	참	참	거짓	거짓

합격자의 시간단축 Tip

Tip ❶ 모순되는 진술 혹은 동시에 참일 수 없거나 거짓일 수 없는 진술 찾기

참/거짓 문제를 풀어감에 있어 서로 모순되는 진술 혹은 동시에 참일 수 없거나 거짓일 수 없는 진술을 활용하면 좋다. 이때, 모순되는 진술이라 함은 각 명제가 동시에 참일 수도 없으면서 거짓일 수도 없는 진술간의 관계를 의미한다. 해당 문제의 경우에도 C와 E의 첫 번째 진술,은 서로 모순관계에 있고, A와 B의 첫 번째 진술은 동시에 참일 수 없는 진술에 해당한다. 모순관계의 경우 각각 하나가 참이 되면 하나는 거짓이 되는 관계이므로 가정하여 경우의 수를 도출하고, 동시에 참일 수 없는 진술은 (참, 거짓), (거짓, 참), (거짓, 거짓)의 경우의 수를 도출하여 참/거짓 여부를 판별할 수 있다. 모순관계에 있는 진술이 동시에 참일 수 없거나 거짓일 수 없는 진술보다 경우의 수가 적기 때문에 모순관계에 있는 진술을 먼저 판단하는 것이 좋다.

Tip ❷ 넘어간 후 판단하기

참/거짓 문제 유형을 어려워하는 경우라면 일단 해당 문제의 판단을 보류하고 다른 문제를 우선적으로 푸는 것이 좋다. 문제마다 배점이 상이하지 않다면 결국 1문제를 맞춰서 얻는 점수는 같을 것이기 때문이다.

Tip ❸ 바뀐 표현 인지하기

문제에서 조건을 표현만 바꾼 채 제시하기도 한다. 이를 패러프레이징이라고 한다. 패러프레이징한 조건을 간파해 동일한 조건이라고 인지하면 빠르게 문제를 해결할 수 있다.
해당 문제의 경우 E의 첫 번째 진술에서 '누군가와 같은 색의 모자를 썼다'라고 한다. 게임 규칙에 모자의 개수가 색깔별로 1개 혹은 2개로 정해져 있다. 그렇다면 E의 첫 번째 진술에서 누군가와 같은 색의 모자를 썼다는 것은 1개 있는 빨간색 모자를 쓴 게 아니라는 것을 인지해야 한다.

Tip ❹ 가능성 판단

문제의 조건에 대한 가능성을 판단할 때 완전한 정보가 없어도 정보 간의 상대적인 비교만으로 완전한 정보를 얻을 수 있다.
A, B, C, D, E가 번호를 1부터 5까지 중에 하나를 배정받는다고 하자. 그리고 문제에서 주어진 조건으로 아래와 같은 가능성이 정해졌다고 하자.

구분	A	B	C	D	E
번호		3 or 4 or 5	3 or 4 or 5	3 or 4 or 5	

A와 E에 대한 정보는 아예 없다. 그렇지만 A와 E가 1, 2를 나눠 가진다고 확정시킬 수 있다, B, C, D가 3, 4, 5를 나누어 가졌기 때문이다.
그렇다면 아래와 같은 경우는 어떠한가?

구분	A	B	C	D	E
번호		3 or 5	4 or 5	3 or 4	

역시 마찬가지다. A와 E에 대한 정보는 아예 없다. 그렇지만 A와 E가 1, 2를 나눠 가진다고 확정시킬 수 있다, B, C, D가 3, 4, 5를 교차해서 나누어 가졌기 때문이다. 이를 확인해보기 위해 A가 3이라고 가정해 보자. 그렇다면 B는 5, D는 4가 된다. 그런데 C는 4 or 5이므로 C에 들어갈 숫자가 없다. 따라서 A는 3이 될

수 없다. 마찬가지로 4, 5도 될 수 없으므로 A는 1 or 2이다.

28 정답 ② 난이도 ●●○

문제해결능력_논리퍼즐

상세풀이

우선 주사위를 던진 횟수에 따라 합이 10이 되는 경우를 찾아야 한다. 이하에서는 주사위를 던져 나온 숫자를 순서대로 (○, ○)와 같이 표기하여 설명한다.

2회 던져 합이 10이 되기 위해 가능한 숫자 쌍은 (6, 4), (5, 5), (4, 6)이다. 이때 (6, 4)와 (4, 6)은 주사위를 던져 나온 숫자를 크기순으로 나열한 값이 동일한데, 문제에서 중복 없이 상품을 받아갔다고 했으므로 (6, 4) 혹은 (4, 6) 중 1개, (5, 5)가 2회 던져 숫자의 합이 10이 된 경우이다. (6, 4) 혹은 (4, 6)이 숫자를 크기순으로 나열한 값이 64로 (5, 5)의 55보다 크므로 1등은 (6, 4) 혹은 (4, 6), 2등은 (5, 5)임을 알 수 있다.

3회 던져 합이 10이 되기 위해 가능한 숫자 쌍은 (6, 3, 1), (6, 2, 2), (5, 4, 1), (5, 3, 2), (4, 4, 2), (4, 3, 3)으로 6가지이며, 각각 순서대로 3~8등이 됨을 알 수 있다.

4회 던져 합이 10이 되기 위해 가능한 숫자 쌍은 (6, 2, 1, 1), (5, 3, 1, 1), (5, 2, 2, 1), (4, 4, 1, 1), (4, 3, 2, 1), (4, 2, 2, 2), (3, 3, 3, 1), (3, 3, 2, 2) 8가지이다. 이 중 각 참가자가 어떤 경우에 해당하는지는 정확히 확정할 수 없다.

위 정보를 바탕으로 각 보기를 판단하면 다음과 같다.

ㄱ. (○) 게임에서 1등을 한 사람이 던진 주사위에는 반드시 4가 포함되어 있었을 것이다.
→ 1등을 한 사람은 주사위를 던져 (6, 4) 혹은 (4, 6)의 결과를 얻었으므로 반드시 4가 포함되어 적절한 내용임을 알 수 있다.

ㄴ. (×) 10등을 한 사람이 던진 주사위에는 동일한 숫자가 중복하여 나왔을 것이다.
→ 4회 던져 합이 10이 된 경우 중 (4, 3, 2, 1)의 경우는 동일한 숫자가 중복하여 나오지 않았다. 주사위를 던져 9등 참가자가 (4, 4, 1, 1) 10등 참가자가 (4, 3, 2, 1)의 결과를 얻었다면 10등을 한 사람이 던진 주사위에는 동일한 숫자가 중복하여 나오지 않았으므로 적절하지 않다.

ㄷ. (○) 히알루론산 세럼 본품을 받은 사람은 모두 주사위를 던져 6이 나왔을 것이다.
→ 히알루론산 세럼 본품을 받은 사람은 1등과 3등이다. 1등의 경우 주사위를 던져 (6, 4) 혹은 (4, 6)의 결과를 얻은 것으로 6이 포함되어 있고, 3등은 주사위를 던져 (6, 3, 1)의 결과를 얻은 것이므로 모두 주사위를 던져 6이 나왔음을 알 수 있다. 적절한 내용이다.

ㄹ. (×) 1등~8등 중 같은 숫자가 중복하여 나온 사람은 총 3명일 것이다.
→ 1등~8등 중 같은 숫자가 중복하여 나온 사람은 (5, 5)가 나온 2등, (6, 2, 2)가 나온 4등, (4, 4, 2)가 나온 7등, (4, 3, 3)이 나온 8등으로 총 4명이므로 적절하지 않다.

따라서 게임에 대한 추론으로 적절한 내용을 모두 고르면 ② ㄱ, ㄷ이다.

합격자의 시간단축 Tip

Tip ❶ 직접 적어가며 판단하기

합이 10이 되는 경우는 쉽게 경우의 수를 추릴 수 있다. 3회 던져 10이 나온 경우는 6가지, 4회에 걸쳐 나온 경우는 8가지이지만 어렵지 않은 계산이므로 빠르게 모든 경우를 적어서 판단한다면 실수를 줄이고 시간을 단축할 수 있을 것이다.
3회 던져 10이 나온 경우를 구해보자. 일단 주사위의 특성을 고려할 때 제일 높은 숫자는 6이다. i) 6이 포함된 경우(나머지 숫자는 6 이하)에 나머지의 합은 4가 되어야 한다. (6, 1, 3), (6, 2, 2)가 가능하다. ii) 5가 포함된 경우(나머지 숫자는 5 이하)에 나머지의 합은 5가 되어야 한다. (5, 1, 4), (5, 2, 3)이 될 수 있다. iii) 4가 포함된 경우(나머지 숫자는 4 이하)에 나머지의 합은 6이 되어야 한다. (4, 2, 4), (4, 3, 3)이 가능하다. 3과 그 이하의 숫자들로는 10을 만들 수 없으므로 총 6가지의 경우의 수가 나온다는 것을 알 수 있다. 이 문제의 경우 순서는 상관없되 중복이 가능하다는 점을 고려해서 경우의 수를 구하는 것이 핵심이었다.

Tip ❷ 보기 문제의 특성을 잘 활용한다.

보기 문제는 절반의 선지만을 판단하여 정답이 나오는 경우가 존재한다. 해당 문제의 경우도 ㄱ의 정오를 판단하면 선지 ④, ⑤가 소거되고, 선지 ①~③만 남게 되어 ㄴ~ㄹ 중 본인이 판단하기 더 용이하다고 생각되는 것을 선택하여 판단할 수 있다. 참고로 ㄷ은 선지 ①과도 연계되어 있으며 3회-3등의 경우만 따지면 되기 때문에 가장 용이한 선택지라 할 수 있다.

Tip ❸ 반례 찾기에 집중한다.

해설처럼 모든 케이스를 적어서 판단하지 말고, 선지마다 반례를 찾는 것에 집중한다. 예를 들어, ㄴ을 풀이할 때 10등을 한 사람이 중복하지 않고 숫자가 나올 수 있는지 확인해 본다. (4, 3, 2, 1) 등이 가능한지 확인해 보는 것이다. 9등이 (5, 3, 1, 1) 등이 가능하므로 10등은 (4, 3, 2, 1)이 가능한바, 중복되는 숫자 없이도 10등을 할 수 있다.

29 정답 ❺ 난이도 ●●●

문제해결능력_경로

상세풀이

지하철 노선도에 아래와 같이 임의로 번호를 붙인다.

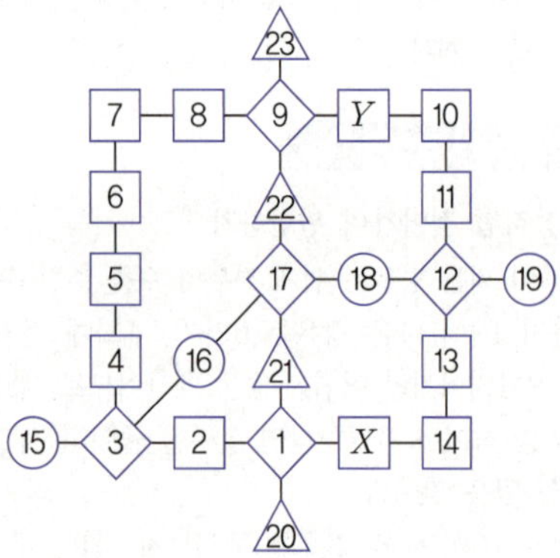

마름모로 표시된 지하철역은 2개의 지하철 노선이 중복되는 곳으로, 1번 역과 9번 역은 A라인과 C라인의 환승역, 3번 역과 12번은 A라인과 B라인의 환승역, 17번 역은 B라인과 C라인의 환승역임을 알 수 있다.

1) 1가지 라인만 이용하는 경우

X역과 Y역 모두 A라인에 있으므로 1가지 라인만 이용하는 경우 A노선을 통해 이동해야 한다. 네 번째 조건에 따라 A노선은 시계방향으로만 운행하므로, X~Y까지의 이동경로는 X−1−2−3−4−5−6−7−8−9−Y이다. 이와 같이 9개의 역을 지나 총 10구간을 이동하게 되는데, 이동시간이 총 20분이 소요된다고 했으므로 A라인의 역 간 이동시간은 2분임을 알 수 있다.

2) 2가지 라인을 이용하는 경우

2가지 라인을 이용할 때의 최단시간의 이동 방법은 기본적으로 X와 Y의 노선인 A라인과 C라인을 통해 이동하는 것이다. X에서 한 역만 이동하여 1번 역에서 C노선으로 환승할 수 있고, 양방향으로 운행하는 C노선의 특성상 1번 역에서 9번 역으로 갈 수 있기 때문이다. 즉, 1번 역에서 C라인으로 환승하여 9번 역까지 이동 후 해당 역에서 A라인으로 환승하여 Y역으로 갈 수 있다. 이 경우 이동 경로는 X−1−21−17−22−9−Y이다. 이때에도 총 20분이 소요되므로, C라인의 역 간 이동시간을 구할 수 있다. A라인을 이용하여 두 구간(X → 1, 9 → Y)을 이용하므로 총 4분, 1번역과 9번역에서 C라인으로 환승 2번하여 총 4분이 소요된다. 따라서 C라인으로 이동하는 시간은 20분−8분=12분임을 알 수 있다. 이때 C라인으로는 1−21−17−22−9를 이동하여 총 4구간을 이동하므로, C라인의 역 간 이동시간은 3분이다.

3) 3가지 라인을 이용하는 경우

X역에서 출발하여 A라인을 타고 3번 역까지 이동한 후, 3번 역에서 B라인으로 환승하여 17번 역까지 이동한 후, 17번 역에서 C라인으로 환승하고 다시 9번 역에서 A라인으로 환승하면 3가지 라인을 모두 이용할 수 있다. 이 경우 이동 경로는 X−1−2−3−16−17−22−9−Y이다. A라인으로 X−1−2−3, 9−Y를 이동하여 총 4구간을 이동하므로 8분이 소요되고, C라인으로 17−22−9를 이동하여 총 2구간을 이동하므로 6분이 소요된다. 또한 환승 3번에 총 6분이 소요되므로, B라인으로 3−16−17 총 2구간을 이동하는 데 22분−8분−6분−6분=2분이 소요됨을 알 수 있다. 즉, B라인의 역 간 이동시간은 1분이다.

① (O) B라인의 역 간 이동 시간은 1분이다.

➜ B라인의 역 간 이동에 소요되는 시간은 1분이므로 옳은 설명이다.

② (O) 김 사원이 회사에서 X역으로 퇴근 시 가장 빠른 지하철을 이용하면 이동시간은 12분이다.

➜ 퇴근 시에 김 사원은 Y역에서 A라인을 타야한다. 이때 A라인은 시계방향으로만 이동하므로 반드시 10번 역을 거쳐 아래로 내려오게 된다. 이때 중간에 B라인으로 환승하는 경우에는 X에 도착하기 위해 다시 17번 역에서 C라인으로 환승하고, 1번 역에서 A라인으로 환승해야 한다. 이 경우 환승에 많은 시간이 소모된다. 따라서 12번 역에서 B라인으로 환승하지 않고 A라인을 타고 13번 역으로 이동하는 것이 가장 효율적이다. 이 경우 Y−10−11−12−13−14−X를 이동하고, 총 6구간을 이동하는데 A라인의 역 간 이동시간은 2분이므로 12분이 소요된다. 따라서 옳은 설명이다.

③ (O) C라인을 이용하여 최단시간으로 출근하는 경우 환승 횟수는 2회이다.

→ C라인을 이용하는 경우 X－1－21－17－22－9－Y의 경로를 거치며, 1번 역, 9번 역에서 환승을 하므로 총 2회의 환승을 한다.

④ (O) 역 간 이동 시간이 가장 긴 라인은 C라인이다.

→ 역 간 이동 시간은 A라인이 2분, B라인이 1분, C라인이 3분으로 C라인이 가장 길다.

⑤ (×) 환승 소요시간이 1분으로 줄어들면 회사에 도착하는데 걸리는 시간은 3가지 라인을 모두 이용하는 경우가 가장 짧다.

→ 환승 소요시간이 1분으로 줄어들게 되면 위에서 검토한 1)의 경우 이동 시간에는 차이가 없고, 2)의 경우 이동 시간은 환승 횟수 2회에 따라 2분이 줄어들어 총 18분이 되며, 3)의 경우 환승 횟수 3회에 따라 3분이 줄어들어 총 19분이 된다. 2가지 라인을 이용하는 경우가 가장 짧다. 따라서 틀린 설명이다.

합격자의 시간단축 Tip

Tip ❶ 지하철 노선도 옆에 제시문의 조건을 기호화하여 표시한다.

조건이 줄글로 나와있기 때문에, 이를 지하철 노선도 옆에 기호로 표시해놓는다면 한눈에 알아보기 쉽다. 우선 사각형 옆에는 A, 원 옆에는 B, 삼각형 옆에는 C를 적어서 각 라인을 표시하고, 사각형 근처에는 → 표시를 통해 시계방향으로만 운행함을, 원과 삼각형 근처에는 ↔ 표시를 통해 양방향 운행이 가능함을 메모한다. 그 밖에도 마름모 옆에 '2'를 적어 환승에 2분이 소요된다는 점 등을 적어둔다면 보다 빠르게 문제에 접근할 수 있다.

Tip ❷ 지하철 노선도에 숫자를 표시할 때 나만의 규칙을 세운다.

본 문제와 같이 복잡한 그림이 그려져 있어 숫자를 표시해야 하는 경우에는 규칙을 세우고 숫자를 쓴다. 아무런 규칙 없이 적는 경우 나중에 문제를 풀 때 헷갈릴 수 있다. 필자의 경우, 출발하는 역인 X역을 기준으로 하여 A라인의 숫자를 시계방향으로 적고(1~14), 그 다음에는 B라인의 숫자를 시계방향으로 적은 후(15~19), 마지막으로 C라인의 숫자를 시계방향으로 적었다(20~23).

30 정답 ② 난이도 ●●●

자원관리능력_수치 계산(비용, 계산)

상세풀이

'육아휴직 급여' 규정에 따르면 시작일부터 2025년 4월까지의 기간을 첫 번째 기준으로 한다. 따라서 기간을 먼저 파악한 후에, 해당 내용과 관련된 규정을 확인한다.

- A: 2024년 9월부터 육아휴직을 시작하였으므로, 2025년 4월은 육아휴직 8개월째이다.

  → 육아휴직 급여 제1항 제3호에 따르면, 육아휴직 7개월째부터는 육아휴직 시작일을 기준으로 한 월 통상임금의 100분의 80에 해당하는 금액을 월별 지급액으로 한다. A의 육아휴직 시작일인 2024년의 통상임금은 월 80만 원이므로 이를 기준으로 계산하면, $80\times0.8=64$(만 원)이다. 다만, 제2항의 규정(제1항에 따른 월별 지급액이 70만 원보다 적은 경우엔 70만 원으로 한다.)에 따라 A의 2025년 4월 지급액은 70만 원이 된다.

- B: 2025년 4월 11일부터 육아휴직을 시작하였으므로, 2025년 4월은 육아휴직 1개월 미만이 되는 기간이다.

  → 육아휴직 급여 제1항 제1호에 따르면, 육아휴직 시작일을 기준으로 한 월 통상임금에 해당하는 금액을 250만 원을 한도로 월별 지급액으로 한다. 한편, 육아휴직 급여 제3항에 따르면, 1개월 미만일 경우엔 이에 따른 월별 지급액을 해당 월에 휴직한 일수에 비례하여 계산한 금액을 지급액으로 함을 알 수 있다. B의 2025년 통상임금은 월 240만 원이므로, 제1항 제1호에 따른 월별 지급액은 240만 원이다. 2025년 4월은 30일까지 있으므로 B가 4월에 휴직한 일수는 20일(4월 11일~30일)이다. 따라서 월 지급액은

  $240\times\frac{20}{30}=160$(만 원)이다.

- C: 2025년 1월 1일부터 육아휴직을 시작하였으므로, 2025년 4월은 육아휴직 4개월째이다.

  → 육아휴직 급여 제1항 제2호에 따르면, 육아휴직 4개월째부터 6개월째까지는 육아휴직 시작일을 기준으로 한 월 통상임금에 해당하는 금액이 200만 원 한도로 월 지급액이 된다. C의 2025년 통상임금은 월 260만 원이지만, 200만 원 한도가 정해져 있으므로 C의 월 지급액은 200만 원이다.

- **최종:** A의 월 지급액은 70만 원, B는 160만 원, C는 200만 원이다. 셋의 합은 $70+160+200=430$(만 원)이다.

합격자의 실전 풀이 순서

❶ 문제를 읽으며 공통적으로 24개월 자녀를 위한 육아휴직이라는 것, 2025년 4월분 육아휴직급여 금액을 계산해야 한다는 것을 파악한다.

❷ A~C가 각각 어디에 해당하는지 개월 수를 계산하고 자료에서 확인하여 정답을 도출한다.

합격자의 시간단축 Tip

Tip ❶ 단서에 주의하자.

법조문, 규정 등이 제시된 문제는 단서나 각주가 문제 풀이의 중요한 근거가 될 경우가 많다. 본 문제에서도 한도가 제시된 단서가 풀이에 활용되었다. 따라서 단서가 제시되면 의식적으로 확인하고 넘어가는 습관을 들이는 것이 좋다. 또한 사용되지 않는 단서나 조건이 있으면 놓친 부분은 없는지 꼭 한 번 확인하길 권한다.

Tip ❷ 발췌독을 하자.

규정 등이 제시된 문제의 경우엔 제시문의 구조만 파악하고 선택지로 바로 가는 것이 좋다. 보통 내용이 독립적으로 구성되어 있기 때문이다. 또한, 사례에 적용해야 하는데 구간별 적용 방식을 다 기억하기에도 한계가 있다.

본 문제도 육아휴직 급여의 구분 방식, 추가 조건이 제시되어 있다는 점만 파악하고 선택지로 내려간다. 이때 육아휴직 시작일로부터의 기준이 활용됨을 바로 확인할 수 있다. 선택지를 기준으로 기간을 구하고, 관련 규정을 확인해 풀이를 진행하면 된다.

Tip ❸ 날짜 계산

날짜 계산할 때 하루 차이로 적용 대상이 변하거나 계산 결과가 차이가 나기 때문에 유의해야 한다. B의 경우 상대적으로 날짜 계산이 쉬운 일수가 주어졌지만, 만약 그렇지 않은 상태에서 휴직한 일수를 계산하고자 한다면 '종료일−시작일+1'을 하면 된다. 문제에 적용해 보면, 종료일은 30일, 시작일은 11일이므로 30−11+1=20이 되어 이에 비례한 금액을 구할 수 있다.

또한 각 달이 30일까지인지, 31일까지인지 외우기 어렵다면 7월을 기준으로 7월 포함한 그 전의 홀수 달(1, 3, 5), 7월 이후의 짝수 달(8, 10, 12)은 31일까지 있고, 2월을 제외한 나머지 달은 30일까지 있음을 기억하면 된다.

31 정답 ③ 난이도 ●●○

자원관리능력_지문의 이해 및 활용

상세풀이

- 출산일: 2025.01.01.
- 특례 종료일: 2026.06.30.

- X 육아휴직일: 2025.03.01.~2026.02.28.
- 2025년 X 통상임금: 360만 원
- 2026년 X 통상임금: 360만 원

- Y 육아휴직일: 미정(2025년 4월 이후)
- 2025년 Y 통상임금: 430만 원
- 2026년 Y 통상임금: 480만 원

자녀 출생 후 18개월 이내에 부모 모두 육아휴직을 개시하게 되면 특례 적용을 받을 수 있고 동시에 개시할 필요는 없다. 나아가, 부모의 육아휴직 기간이 전부 또는 일부 겹치지 않아도 특례가 적용된다. 한편, 한 명만 육아휴직을 개시한 경우, 첫 번째 육아휴직자는 18개월 이내이더라도 특례를 적용받지 않는다. 두 번째 육아휴직자가 18개월 이내에 개시하게 되면, 부모 모두 특례를 적용받게 된다. 이때 특례는 소급 적용이 가능하므로, 첫 번째 육아휴직자가 두 번째 육아휴직자의 개시 전까지 받았던 육아휴직 급여에도 특례를 적용할 수 있다. 첫 번째 육아휴직자의 특례 적용 급여와 일반 적용 급여와의 차액은 두 번째 육아휴직자가 첫 회에 지급 받는다.

① (O) Y가 2025년 5월에 육아휴직을 개시하는 경우 X가 2025년 5월분까지 지급받을 육아휴직 급여액은 총 800만 원이다.

→ 2025년 5월부터 특례 적용이 확정되고, 특례 제2항에 따라 X의 차액분은 Y가 받는다. 따라서 X는 3월, 4월에는 일반 육아휴직급여, 5월에는 특례 육아휴직급여를 지급받는다.

구분	2025년 3월	2025년 4월	2025년 5월
적용 기준	일반	일반	특례
급여액	250만 원	250만 원	300만 원
규정	'육아휴직 급여' 제1항 제1호 – 통상임금: 360만 원 – 한도: 250만 원	'육아휴직 급여' 제1항 제1호 – 통상임금: 360만 원 – 한도: 250만 원	'특례' 제1항 제1호의 세 번째 달 – 통상임금: 360만 원 – 한도: 300만 원

X가 2025년 5월분까지 지급받을 육아휴직 급여액은 250+250+300=800(만 원)이다. 옳은 선택지이다.

② (O) Y가 2025년 6월에 육아휴직을 개시하는 경우 X-Y 부부가 2025년 8월분 육아휴직 급여로 지급받을 수 있는 급여액은 총 660만 원이다.

➜ Y가 2025년 6월에 육아휴직을 개시한 경우 2025년 8월에는 X, Y 모두 특례를 적용받는다. X의 차액분은 '특례' 제2항에 따라 두 번째 육아휴직자인 Y에게 육아휴직급여를 지급하는 첫 회인 6월에 지급된다.

X의 2025년 통상임금은 360만 원이며, 2025년 8월은 6개월째이다. 따라서 X는 '특례' 제1항 제1호에 의해 월 통상임금인 360만 원을 지급받으며, 이는 제시된 한도 450만 원 이내이다.

Y의 2025년 통상임금은 430만 원이며, 2025년 8월은 3개월째이다. '특례' 제1항 제1호에 따르면 한도는 300만 원이므로, Y는 300만 원을 지급받는다.

X, Y가 지급받는 금액은 360+300=660(만 원)이다. 옳은 선택지이다.

③ (×) Y가 2026년 1월에 육아휴직을 개시하는 경우 X-Y 부부가 2026년 6월분 육아휴직 급여로 지급받을 수 있는 급여액은 총 610만 원이다.

➜ X의 육아휴직은 2026년 2월에 끝난다. 따라서 2026년 6월에는 Y만 지급받는다.

Y의 2026년 통상임금은 480만 원이며, 2026년 6월은 6개월째이다. '특례' 제1항 제1호에 따르면 한도는 450만 원이다. 따라서 Y는 450만 원을 지급받는다. 옳지 않은 선택지이다.

④ (O) Y가 2026년 3월에 육아휴직을 개시하는 경우 지급받게 될 X의 육아휴직 급여 차액은 총 520만 원이다.

➜ 육아휴직 종류 및 기간별 월 한도액은 다음과 같다. X, Y의 통상임금은 80% 해도 70만 원 이상이기 때문에 하한은 고려하지 않는다.

구분	1개월	2개월	3개월	4개월	5개월	6개월
급여액	통상임금	통상임금	통상임금	통상임금	통상임금	통상임금
일반 한도	250만 원	250만 원	250만 원	200만 원	200만 원	200만 원
특례 한도	250만 원	250만 원	300만 원	350만 원	400만 원	450만 원

구분	7개월	8개월	9개월	10개월	11개월	12개월
급여액	통상임금 80%	통상임금 80%	통상임금 80%	통상임금 80%	통상임금 80%	통상임금 80%
일반 한도	160만 원	160만 원	160만 원	160만 원	160만 원	160만 원
특례 한도	160만 원	160만 원	160만 원	160만 원	160만 원	160만 원

일반한도보다 특례한도가 더 큰 기간은 3개월, 4개월, 5개월, 6개월이다. X의 통상임금은 360만 원으로 일반한도 이상이므로, 한도가 더 높아진다면 급여액이 더 많아졌을 것이다.

2026년 3월에 X는 육아휴직이 끝난 상황이다. 하지만 출생 18개월 이내이므로 특례를 적용받을 수 있다. 따라서 3~6개월에 대해서는 특례한도를 적용받아 증가한 급여액 만큼의 차액을 Y가 받게 된다.

X의 차액을 계산하면 다음과 같다.

- 3개월 차: 300−250=50(만 원)
- 4개월 차: 350−200=150(만 원)
- 5개월 차: 360−200=160(만 원) (특례의 경우 한도 이하의 금액이다.)
- 6개월 차: 360−200=160(만 원) (특례의 경우 한도 이하의 금액이다. 적용을 받지 않는다.)

합은 50+150+160+160=520(만 원)이다. 옳은 선택지이다.

⑤ (O) Y가 2026년 7월에 육아휴직을 개시하는 경우 지급받게 될 X의 육아휴직 급여 차액은 없다.

➜ 특례는 2026년 6월분으로 끝난다. Y가 2026년 7월에 육아휴직을 개시하더라도 특례를 적용받을 수 없다. 따라서 X의 육아휴직 급여 차액으로 받을 수 있는 금액은 없다.

합격자의 실전 풀이 순서

❶ 적절하지 않은 것을 고르라 했으므로 선지 옆에 X표를 하여 적절한 것을 고르는 실수를 하지 않도록 한다.

❷ 사례를 통해 출산일, X의 육아휴직 실시일을 확인한다.

❸ 선지를 보며 Y가 육아휴직을 언제 하는지에 따른 계산이 핵심임을 확인하고, 계산하여 정답을 도출한다.

합격자의 시간단축 Tip

Tip ❶ 고려할 사항이 많은 경우 넘어가자.

본 문제는 일반 육아휴직 급여, 특례 육아휴직 급여의 한도액, 특례 적용일, 육아휴직 시작 기간까지 고려할 사항이 많다. 다른 문제들에 비해 상대적으로 시간이 오래 걸린다. 문제 구조를 파악한 후에 풀어야 할 게 많다는 판단이 들면, 다른 문제로 넘어가는 것도 방법이다. 제한 시간 안에 많은 문제를 맞혀야 하는 시험이기 때문이다. 여러 문제를 풀어보며 문제 난이도를 파악하는 감을 기르는 것이 좋다.

Tip ❷ 답이 나오면 넘어가기

이와 같은 문제의 경우 중간에 답이 나왔다면 넘어가는 것이 좋다. 좀 더 확실하게 하기 위해 남은 선지의 정오도 판단하려고 한다면 시간이 더 걸릴 수 있다. 일례로 이후 선지를 판단하는 과정에서 적절하지 않은 선지라 생각되는 것이 또 나온다면 어디에서 실수했는지 확인하는 과정을 또 거쳐야 한다. 이 경우 시간적으로도, 심리적으로도 좋지 않기 때문에 자신이 했던 판단을 믿고 정답 선지를 찾았다면 다음 문제로 넘어갈 수 있어야 한다.

Tip ❸ 4개의 선지만을 판단하여 정답을 도출할 수 있다.

만약 본인이 판단하기 어려운 선지가 있거나 시간이 오래 걸릴 것 같은 선지가 있다면 넘어간 후 나머지 4개의 선지를 판단하면 된다. 넘어간 선지가 답이라면 4개의 정오를 판단하여 답을 도출할 수 있고, 넘어간 이후 답이 도출된다면 건너뛴 선지는 살펴보지 않고 답을 도출할 수 있다. 이 문제의 경우 일반 한도와 특례 한도를 비교해야 하는 선지 ④를 건너뛰는 것이 좋은 선택이다.

Tip ❹ 선지의 형태를 파악하자.

각 선지에 숫자도 많이 들어가 있고, 긴 내용이지만, 크게 보면 Y가 언제 육아휴직을 개시하는지, 그때 X-Y 혹은 한 명이 지급받게 될 육아휴직 급여액이 얼마가 되는지 판단하는 것이다. 전체 틀을 파악하고 읽기 시작하면 내용이 길거나 숫자가 있더라도 방향성이 잡힌 상태이기 때문에 상대적인 심리적 부담감도 덜하고 차근차근 판단하기 쉬울 것이다.

Tip ❺ 선지의 출제 원리를 파악해 보자.

선지 ③에서 왜 610만 원을 언급하고 있는지 생각해 보면 Y의 450만 원에 X가 육아휴직을 계속한다고 착각하면 고려할 160만 원이 더해진 값이라는 것을 알 수 있다. 따라서 이는 실수를 유도하는 함정으로, 출제 원리를 파악해서 함정으로부터 빠져나갈 수 있다.

선지 ④ 언뜻 보면 자료가 복잡해 보이지만 '통상임금', '상한액', '하한액' 등 비슷한 내용이 몇 번에 걸쳐 계속해서 반복되고 있다. 250, 160, 70 등 반복되는 숫자들도 있다. 따라서 자료를 잘 정리한다면 동일한 내용과 그렇지 않은 내용을 구분할 수 있을 것이다. 육아휴직 급여 등의 '특례'라고 하였으므로 기본 육아휴직 급여와는 다른 특별한 혜택이 존재할 것을 추론할 수 있고, 이는 '한도의 상향'임을 알 수 있다. 3~6개월에 해당하는 한도만 특례의 경우에 더 높고 나머지는 기본 육아휴직 급여와 내용이 동일하다. 따라서 3~6개월에 해당하는 차이만 계산하면 된다. 다음은 자료를 순차적으로 읽었을 때 가능한 정리의 예시다. 물론 실전에서 이렇게 정리하는 것은 무리지만 차이를 위주로 머릿속에서 도식화하고 있으면 된다.

기본	1~3	4~6	7~			
기준	통상임금	통상임금	0.8 통상임금			
상한	250	200	160			
하한	70	70	70			
특례	1,2	3	4	5	6	7~
기준	통상임금	통상임금	통상임금	통상임금	통상임금	0.8 통상임금
상한	250	300*	350*	400*	450*	160
하한	70	70	70	70	70	70

32 정답 ④ 난이도 ●●●

문제해결능력_공고문/규정 이해

상세풀이

① (×) 채용인원이 5명인 연구직 채용의 지원자가 10명인 경우, 10명 모두 서류전형을 통과한다.

→ 관련 규정은 다음과 같다.

제7조(시험의 방법) ① 직원의 채용은 서류전형, 필기시험, 면접시험을 거쳐 선발한다.
② 채용시험을 단계별로 실시하는 경우에는 전 단계 합격자에 한정하여 이후 전형단계를 진행하며, 전형단계별 합격자 선발 배수는 다음과 같다.

구분	서류전형	필기시험	면접시험
일반직	10배수	2배수	1배수
연구직	3배수	-	1배수
공무직	5배수	2배수	1배수

※ 전형단계별로 적격자가 없거나 부족한 경우 합격자를 선발하지 않거나, 선발배수보다 적게 선발할 수 있음

제7조의 ※를 보면 "전형단계별로 적격자가 없거나 부족한 경우 합격자를 선발하지 않거나, 선발배수보다 적게 선발할 수 있음"이라고 되어 있다. 따라서 서류전형의 적격자가 없는 경우 선발배수보다 적게 선발할 수 있으므로, 지원자 10명이 모두 통과한다고 단정할 수는 없다. 틀린 선지이다.

② (×) 채용인원이 미정인 3개월 단기계약직의 채용을 위해 2024.12.23.~2025.1.2.에 채용예정 인원을 제외한 채용공고를 게시한 경우 위 지침을 준수한 것으로 볼 수 있다.

➜ 관련 규정은 다음과 같다.

> 제6조(채용공고) 직원을 공개채용하고자 할 때 채용공고는 토요일 및 공휴일을 포함하여 14일 이상 다음 각호의 사항을 공고하여야 한다. 다만, 계약기간 1년 미만의 단기채용 및 긴급히 충원하여야 할 불가피한 사유가 있을 경우 공고일수를 단축할 수 있다.
> 1. 채용예정 인원 및 채용자격 기준
> 2. 응시원서 접수방법 및 기한을 포함한 채용 절차 및 근로조건
> 3. 직무내용 및 필요 직무능력

계약기간이 1년 미만인 3개월 단기계약직 채용공고의 공고일수는 제6조 단서에 따라 14일 미만의 기간으로 단축할 수 있다. 하지만 공고일수를 단축하더라도 채용공고에 제6조 각호의 내용이 포함되어야 한다. 따라서 채용예정 인원을 제외한 공고를 게시한 경우, 위 지침을 준수한 것으로 볼 수 없다. 틀린 선지이다.

③ (×) 전기직(일반직)의 채용의 서류전형에서 전기기사 자격증 보유자에 대해 가산점을 부여하고자 하는 경우 심사위원회의 의결을 거쳐야 한다.

➜ 관련 규정은 다음과 같다.

> 제8조(서류전형) ① 서류전형은 해당 직무수행에 관련되는 자격 및 경력 등을 채용하고자 하는 직종·직렬에 부합하는 서류에 따라 심사하며, 서류전형의 요소 및 배점은 채용계획 수립 시 반영하고 인사위원회에서 심의·의결한다.
> ② 서류전형의 심사는 심사위원회를 구성하여 심사하여야 하며, 이때 심사위원은 3명 이상(연구직의 경우 5인 이상)으로 구성하여야 하고 외부위원을 포함하여야 한다.

전기기사 자격증 보유자에 대한 가산점은 제8조 제1항의 '서류전형의 요소 및 배점'에 해당한다. 이 부분은 '심사위원회'가 아니라 '인사위원회'에서 심의, 의결하는 요소이다. 심사위원회는 제8조 제2항에 따라 서류전형의 심사를 담당하는 조직이다. 따라서 틀린 선지이다.

④ (○) 연구직 채용의 서류전형에서 구성된 심사위원회와 동일한 구성으로 면접시험의 심사위원을 구성할 경우 위 지침을 위반하는 경우가 있다.

➜ 관련 규정은 다음과 같다.

> 제8조(서류전형) ① 서류전형은 해당 직무수행에 관련되는 자격 및 경력 등을 채용하고자 하는 직종·직렬에 부합하는 서류에 따라 심사하며, 서류전형의 요소 및 배점은 채용계획 수립 시 반영하고 인사위원회에서 심의·의결한다.
> ② 서류전형의 심사는 심사위원회를 구성하여 심사하여야 하며, 이때 심사위원은 3명 이상(연구직의 경우 5인 이상)으로 구성하여야 하고 외부위원을 포함하여야 한다.
>
> 제10조(면접시험) ① 면접시험은 구조화된 면접(경험·상황·발표·토론면접 등) 다양한 방법으로 직무수행에 필요한 능력 및 적격성을 심사한다.
> ② 면접시험의 심사는 심사위원회를 구성하여 심사하여야 하며, 이때 면접시험 심사위원은 3인 이상(연구직의 경우 5인 이상)으로 구성하여야 하고 외부위원을 면접위원의 1/2 이상으로 구성하여야 한다.

제8조 제2항에 의하면 연구직 채용을 위한 서류전형의 심사는 5명 이상의 심사위원으로 구성된 심사위원회에서 이루어져야 하며, 외부 위원이 포함되어야 한다. 외부 위원의 수는 제한되어 있지 않으므로 외부 위원이 1명만 있어도 위 지침을 준수한 것으로 볼 수 있다.
반면 제10조 제2항에 의하면 연구직 면접시험의 심사위원은 5인 이상으로 구성하며, 외부 위원은 면접위원의 1/2 이상으로 구성해야 한다. 따라서 심사위원 중 외부위원이 1명 이상이지만 심사위원 총원의 1/2 미만인 경우, 이는 서류전형 지침을 준수했으나 면접시험 지침을 위반한 사례라고 볼 수 있다. 따라서 옳은 선지이다.

⑤ (×) 안전관리 직무를 수행할 공무직을 채용하는 경우 종합직무지식평가 필기시험에 해당 직무에 대한 기초적인 지식을 평가할 수 있는 문항들을 포함할 수 있다.

➜ 관련 규정은 다음과 같다.

> 제9조(필기시험) 필기시험은 해당 직무수행에 필요한 지원자의 역량을 검증하기 위하여 일반직은 국가직무능력표준(NCS)을 기반으로 한 직업기초능력평가와 종합직무지식평가로 구분하여 평가하며, 공무직은 해당 분야 사업을 위한 기초지식을 평가한다.

공무직의 경우 해당 분야 사업을 위한 기초지식을 평가하는 시험을 실시하며, 종합직무지식평가의 경우 제9조에 따라 일반직 채용자를 대상으로 한다. 따라서 틀린 선지이다.

합격자의 시간단축 Tip

Tip ❶ 법조문의 경우 정독보다는 발췌독을 활용해 문제를 푼다.

법조문 문제의 경우 처음부터 끝까지 모든 내용을 정독하면서 글을 읽을 필요가 없다. 처음 법조문 문제를 확인하면 가장 먼저 어떤 주제의 법조문인지와 각 조에 어떤 내용을 포함하고 있는지를 살핀다. 그다음 선지를 읽고 해당 내용의 조항을 바로 찾아가서 답을 구하면 된다. 해당 문제의 경우에도 'ㅇㅇ공단 직원 채용업무 처리 지침'의 모든 내용을 다 읽을 필요가 없다. 선지에 해당하는 내용의 문항만 찾아가서 정오 여부를 판단하면 된다. 선지 ①번의 경우에도 ㅇㅇ공단 직원 채용업무 처리 지침의 제7조만을 참고해도 해당 문항의 정오 여부를 판단할 수 있을 것이다.

Tip ❷ 법조문 문제는 비슷한 단어에 유의하자.

법조문의 유의어는 선지에서 자주 함정으로 출제된다. "심사위원회", "인사위원회" 등이 그예이다. 유의어는 선지에서 주로 다른 단어로 교체되어 틀리게 출제되므로 유의어는 항상 유념하며 정오 판단을 하는 습관이 필요하다.

33 정답 ❷ 난이도 ●●●

문제해결능력_지문의 이해 및 활용

상세풀이

① (×) 내부위원2는 공정한 심사를 위해 해당 면접시험에 대해 기피신청을 하였을 것이다.

→ 관련 규정은 다음과 같다.

> 제22조(심사위원의 제척·기피·회피) ① 서류 및 면접전형의 심사위원과 시험응시자가 다음 중 하나의 사적이해관계자에 해당하는 경우, 그 채용의 모든 절차에서 해당 심사위원은 제척된다.
> 1. 심사위원 자신 또는 그 가족(배우자, 직계혈족 및 형제자매, 직계혈족의 배우자, 배우자의 직계혈족 및 배우자의 형제자매를 말한다.)
> 2. 심사위원 자신 또는 그 가족이 대리하거나 고문·자문 등을 제공하는 개인
>
> ② 심사위원이 제1항에 해당하는 경우 공정한 심사를 위하여 심사에 대해 회피신청을 하여야 한다.
>
> ③ 시험응시자는 심사위원이 제1항에 해당하는 경우 공정한 평가를 받기 위하여 공단에 기피신청을 하여야 한다.

D는 내부위원2의 직계혈족의 배우자이다. 따라서 제22조 제1항 제1호에 의해 D는 내부위원2의 사적이해관계자에 해당하며, 〈2025년 상반기 일반직(면접 1조) 채용전형별 점수표〉의 단서(*)에 따르면 내부위원2는 이미 제척되었다. 내부위원2가 이미 제척되었다면, 제22조 제2항에 따라 D가 공단에 기피신청을 하였거나 제3항에 따라 심사위원인 내부위원2가 회피신청을 하였을 것이다. 기피신청은 시험응시자의 행위를 일컫는 용어이므로 옳지 않다.

② (○) 내부위원2에 대한 기피·회피 신청의 수용을 위한 가결은 내부위원2를 제외한 2인의 찬성으로 족하다.

→ 관련 규정은 다음과 같다.

> 제22조(심사위원의 제척·기피·회피)
> ④ 심사위원회는 의결에 참여한 심사위원 2분의 1 이상의 의결로 기피·회피 여부를 결정하되 기피·회피 신청의 대상인 심사위원은 그 의결에 참여하지 못한다.

〈2025년 상반기 일반직(면접 1조) 채용전형별 점수표〉에 따르면 면접 1조의 심사위원은 내부위원2를 포함하여 총 5명으로 구성되었다. 제22조 제4항에 따르면 심사위원회는 기피·회피 신청의 대상인 내부위원2를 제외하고 심사위원 4명 중 2분의 1 이상의 의결로 그 여부를 결정해야 한다. 따라서 내부위원2에 대한 기피·회피 신청의 수용을 위한 가결은 내부위원2를 제외한 2인의 찬성으로 족하다. 따라서 옳은 선지이다.

③ (×) B는 면접시험에서는 합격하였으나 최종합격자 선정과정에서 탈락할 것이다.

→ 관련 규정은 다음과 같다.

> 제13조(합격자 결정) ① 서류전형 합격자의 결정은 채용계획에서 정한 심사기준 및 인원(배수)에 따른다.
>
> ② 필기시험 합격자의 결정은 매과목 4할 이상의 득점자 중 전과목 평균 고득점자 순으로 채용계획에서 정한 심사기준 및 인원(배수)에 따른다.
>
> ③ 면접시험의 합격자는 제척위원을 제외한 심사위원의 평정점수의 평균이 100점 만점에 70점 이상인 사람으로 한다. 다만, 평정점수 평균이 70점 이상이라도 면접위원 과반수 이상이 60점 이하로 평정한 경우는 불합격 처리한다.

④ 최종합격자는 면접시험에 합격한 사람으로서 면접점수에 각 전형별 점수를 합산한 고득점자 순으로 결정한다. 다만, 필기시험을 실시한 경우에는 필기시험 점수(전과목 평균)와 면접시험 점수(제척위원을 제외한 심사위원의 평정점수 평균)를 5:5의 비율로 합산한다.

제13조 제3항에 의해 면접시험의 합격자는 제척위원의 평정점수를 제외한 평균점수가 70점 이상이어야 하며, 단서 조항에 의해 면접위원 과반수 이상이 60점 이하로 평정한 경우가 아니어야 한다. 제22조 제5항에 의해 제척위원인 내부위원2의 점수는 사위 D가 속한 면접 1조에서 제외되므로, B의 평균점수는 $\frac{60+60+60+100}{4}=70$(점)이다. 그러나 면접위원 5명 중 3명으로부터 60점 이하의 점수를 받았으므로, 단서 조항에 의거하여 B는 불합격 처리된다. 따라서 옳지 않은 선지이다.

④ (×) 최종합격자는 A와 D이다.

➜ 관련 규정은 다음과 같다.

제13조(합격자 결정)

③ 면접시험의 합격자는 제척위원을 제외한 심사위원의 평정점수의 평균이 100점 만점에 70점 이상인 사람으로 한다. 다만, 평정점수 평균이 70점 이상이라도 면접위원 과반수 이상이 60점 이하로 평정한 경우는 불합격 처리한다.

④ 최종합격자는 면접시험에 합격한 사람으로서 면접점수에 각 전형별 점수를 합산한 고득점자 순으로 결정한다. 다만, 필기시험을 실시한 경우에는 필기시험 점수(전과목 평균)와 면접시험 점수(제척위원을 제외한 심사위원의 평정점수 평균)를 5:5의 비율로 합산한다.

최종합격자는 면접시험 합격자 중에서 결정한다. 제13조 제3항에 의해 면접시험의 합격자는 제척위원의 평정점수를 제외한 평균점수가 70점 이상이어야 하며, 단서 조항에 따라 면접위원 과반수 이상이 60점 이하로 평정한 경우가 아니어야 한다. 〈2025년 상반기 일반직(면접 1조) 채용전형별 점수표〉를 보면, B는 면접위원 5명 중 3명으로부터 60점 이하의 점수를 받았으므로 B는 면접시험에서 불합격 처리된다. 나머지 응시자들의 평균점수를 구해보면,

A는 $\frac{70+75+80+75}{4}=75$(점),

C는 $\frac{65+80+65+70}{4}=70$(점),

D는 $\frac{70+65+70+75}{4}=70$(점)이다. 따라서 면접시험 합격자는 A, C, D이다. 면접시험 합격자 중 최종합격자를 선정하기에 앞서 최종합격 인원을 구해야 한다. 최종합격 인원은 제7조 제2항을 참고하여 구할 수 있다. 이에 따르면, 일반직 필기시험의 합격 인원은 최종합격자의 2배수이며 면접시험 합격 인원은 최종합격자의 1배수이다. 또한 〈2025년 상반기 일반직(면접 1조) 채용전형별 점수표〉에 의하면 면접 1조, 즉 필기시험 합격 인원은 총 4명이다. 최종합격 인원의 2배수가 4명이므로, 최종합격자는 총 2명일 것이다. 제13조 제4항에 의하면, 최종합격자는 면접시험에 합격한 사람으로서 면접점수에 각 전형별 점수를 합산한 고득점자순으로 결정하는데, 필기시험을 실시한 경우 필기시험 점수와 면접시험 평정점수 평균을 5:5의 비율로 합산해야 한다. 면접시험 합격자의 최종 점수를 구하면, A는 $\frac{60+75}{2}=67.5$(점), C는 $\frac{90+70}{2}=80$(점),

D는 $\frac{80+70}{2}=75$(점)이다. 이들 중 고득점자 2명을 뽑으면 C, D이다. 따라서 최종합격자는 C와 D이므로, 옳지 않은 선지이다.

⑤ (×) 최종합격자 중 최고득점자는 D이다.

➜ 최종합격자 선정과정은 위의 선지 ④ 해설에 상세히 쓰여 있다. 최종합격자는 C와 D이며 각각 80점, 75점의 점수를 받았다. 따라서 최종합격자 중 최고득점자는 C이므로 옳지 않은 선지이다.

합격자의 시간단축 Tip

Tip ❶ 법조문의 용어에 유의한다.

법조문은 일상생활에서보다 더 적확한 용어를 사용한다. 위 문제의 제22조를 살펴보면, 심사위원과 시험응시자가 사적이해관계자인 경우 심사위원은 "회피"신청을, 시험응시자는 "기피"신청을 해야한다. 지문을 빠르게 읽다 보면 "회피"와 "기피"를 구분하지 못할 가능성이 있는데, "회피"와 "기피"를 제대로 구분했다면 선지 ①을 쉽게 풀 수 있다. 법조문 문제에 익숙해진다면, 지문만 읽어도 출제자가 "회피"와 "기피"를 바꿔치기하여 함정을 팔 것이라고 예측할 수 있을 것이다.

Tip ❷ 쉬운 조건부터 확인한다.

선지 ③을 해결하기 위해서는 총 세 가지 조건을 확인해야 한다. 첫째, B가 면접시험의 점수 기준을 만족했는지, 둘째, 제13조 제3항 단서 조항에 해당하지는 않는

지, 셋째, 최종합격자 선정 과정을 통과했는지이다. 세 가지 조건 중 첫 번째와 세 번째 조건은 계산을 요구하여 다소 까다롭지만, 두 번째 조건은 굳이 계산하지 않아도 해결할 수 있다. 실제로 B의 경우 면접위원 과반수 이상이 60점 이하로 평정하였으므로 평정점수가 아무리 높더라도 불합격 처리된다. 이와 같이 쉬운 조건부터 해결한다면 문제풀이 시간을 줄일 수 있다.

Tip ❸ 쉬운 선지부터 확인한다.
NCS는 시간 싸움이므로, 줄일 수 있는 시간은 무조건 줄여야 한다. 본격적으로 문제 풀이에 들어가기 전에 선지마다 소요될 시간을 가늠해 보자. 위 문제의 경우 선지 ①, ②는 단순히 조문만 확인하면 되지만, 선지 ③, ④, ⑤는 직접 점수를 계산해야 하며 심지어 선지 ④와 ⑤는 시험응시자 전원의 점수를 계산해야 한다. 쉬운 선지부터, 그리고 **Tip ❷**에 쓰여진 바와 같이 쉬운 조건부터 해결한다면, 계산하지 않아도 쉽게 선지 ③을 정답으로 고를 수 있을 것이다.

34 정답 ④ 난이도 ●●●

정보능력_암호

상세풀이

① (×) Pb4#Z15J+
→ 알파벳 대문자(P, Z, J), 알파벳 소문자(b), 아라비아 숫자(4, 1, 5)는 각각 1자 이상에 해당하여 조건을 충족한다. 특수문자는 (#, +)로 2개이다. 비밀번호 용량은 알파벳 4개, 아라비아 숫자 3개, 특수문자 2개로 11byte이다. 한편, 첫 번째 조건과 세 번째 조건에서 지정된 특수문자 !, @, #, $, %, ^, &, *, ? 외의 문자는 포함할 수 없다고 되어 있다. 선지의 암호는 지정된 특수문자가 아닌 특수문자 +가 포함되어 있어 조건에 위배된다. 따라서 방침을 준수하지 않은 비밀번호이다. 틀린 선지이다.

② (×) 7$VpAS5T$
→ 알파벳 대문자(V, A, S, T), 알파벳 소문자(p), 아라비아 숫자(7, 5)는 각각 1자 이상에 해당하여 조건을 충족한다. 특수문자는 $로 2번 사용되었다. 비밀번호 용량은 알파벳 5개, 아라비아 숫자 2개, 특수문자 2개로 11byte이다. 한편, 세 번째 조건에서 지정된 특수문자 9종류 중 2종류 이상을 포함해야 한다고 되어 있다. 선지의 암호는 특수문자가 $ 1종류만 2번 포함되어 있어 조건에 위배된다. 따라서 방침을 준수하지 않은 비밀번호다. 틀린 선지이다.

③ (×) !%052@Qy6
→ 알파벳 대문자(Q), 알파벳 소문자(y), 아라비아 숫자(0, 5, 2, 6)는 각각 1자 이상에 해당하여 조건을 충족한다. 특수문자는 (!, %, @)로 세 종류가 사용되었으며 모두 지정된 특수문자에 해당한다. 한편, 네 번째 조건에서 비밀번호의 총용량은 12byte 미만이어야 한다고 되어 있다. 문제의 단서에 따르면 알파벳과 아라비아 숫자의 용량은 1자당 1byte, 특수문자의 용량은 1자당 2byte라고 되어 있다. 선지의 암호는 특수문자가 3자(총 6byte), 알파벳 및 아라비아 숫자가 6자(총 6byte)로 총 용량이 12byte가 되며, 이는 12byte 미만이 아니므로 조건에 위배된다. 따라서 방침을 준수하지 않은 비밀번호이다. 틀린 선지이다.

④ (○) 88We^1&nF
→ 선지의 암호는 알파벳 대문자(W, F), 알파벳 소문자(e, n), 아라비아 숫자(8, 8, 1)가 각각 1자 이상씩 포함되어 있고, 지정된 특수문자인 ^와 &만을 포함하고 있다. 이때 특수문자가 2자(총 4byte), 알파벳 및 아라비아 숫자가 7자(총 7byte)로 총용량이 11byte이므로 주어진 모든 조건을 만족한다. 따라서 방침을 준수한 비밀번호이다. 옳은 선지이다.

⑤ (×) AM2%9F7?H
→ 알파벳 대문자(A, M, F, H), 아라비아 숫자(2, 9, 7)로 각각 1개 이상씩 있다. 특수문자는 (%, ?)로 두 종류가 사용되었으며 모두 지정된 특수문자에 해당한다. 비밀번호 용량은 알파벳 4개, 아라비아 숫자 3개, 특수문자 2개로 11byte이다. 한편, 두 번째 조건에 따르면 알파벳 소문자를 1자 이상 포함해야 하나, 선지의 암호는 알파벳 소문자가 포함되어 있지 않아 주어진 조건에 위배된다. 따라서 방침을 준수하지 않은 비밀번호이다. 틀린 선지이다.

합격자의 시간단축 Tip

Tip ❶ 주어진 조건 중 간단한 조건부터 선지와 대조해 본다. 예를 들어, 필자는 세 번째 조건의 지정된 특수문자를 사용하였는지가 가장 간단하게 느껴졌는데, 해당 조건을 먼저 대조해 본다면 ①이 옳지 않다는 것을 바로 알 수 있다. 이후에 ②부터는 해당 조건을 만족하는데, 다음으로 또 다른 간단한 조건을 대조해 보면 빠르게 문제를 해결할 수 있다.

Tip ❷ 단서에 유의한다. 대부분의 문제에서 단서는 반드시 쓰인다. 현재 용량에 대한 제한이 있고, 특수문자의 용량은 다른 문자보다 큰 2byte라는 단서가 있다.

선지를 훑어보면 문자의 개수는 모두 동일함을 알 수 있다. 그렇다면 이 두 가지 조건만으로 모든 선지의 용량을 일일이 계산하지 않아도, 특수문자가 가장 많이 포함된 선지 ③이 제거될 것이라고 추론할 수 있다.

Tip ❸ byte 수를 계산할 때, 기본적인 값에 특수문자 하나당 1byte씩을 더해주는 식으로 용량을 계산하면 편리하다. ①~⑤번 선지가 모두 9자리의 문자로 이루어져 있다. 사용되는 문자는 전부 1byte 이상이다. 따라서 9자리의 문자로 이루어졌을 때, 기본적으로 9byte 이상의 용량을 차지하게 된다. 이때, 특수문자만 2byte이므로 특수문자 하나당 9byte에서 1byte씩 더해주면 된다. 예를 들면, ②에서는 특수문자가 2개로 9byte+2byte=11byte이고, ③에서는 특수문자가 3개로 9byte+3byte=12byte이다.

35 정답 ④ 난이도 ●●○

정보능력_엑셀

상세풀이

대출금에 대한 월상환액을 계산해야 하므로 PMT 함수를 이용한다. PMT 함수의 구문은 PMT(rate, nper, pv, [fv], [type])이고, 각 값에 위 셀을 입력하여 계산한다. 이때, 자료의 [1. PMT 함수]의 [(4) 주의사항]에 따르면 rate와 nper을 지정할 때는 동일한 단위를 사용하여야 함을 알 수 있다. 즉, rate(기간별 이자율)가 연 단위(연이율)일 경우에는 nper(총 납입 기간 수) 또한 연 단위(연에 1회)이어야 하고, 반대로 rate가 월 단위$\left(\frac{\text{연이율}}{12}\right)$일 경우에는 nper 또한 월 단위(월에 1회)이어야 한다는 의미이다. 이때, 문제의 경우 월 납입액의 함수를 구하도록 하고 있으므로 rate와 nper 모두 월 단위로 입력되어야 할 것이다. 따라서 B3~B8의 이자율은 연 단위로 되어 있으므로 rate는 $\frac{\text{연이율}}{12}$(월 단위)로 나타내어 입력해야 할 것이고, C3~C5의 경우 월 단위로 되어 있으므로 nper에 그대로 입력하면 될 것이고, C7~C8의 경우 연 단위로 되어 있으므로 nper에는 상환기간×12(월 단위)를 해서 입력해야 할 것이다.

① (×) [E3]셀: =PMT(B3,C3,D3)
→ [E3]셀: =PMT(B3/12,C3,D3)가 옳은 함수이다.

② (×) [E4]셀: =PMT(B4/12,C4/2,D4)
→ [E4]셀: =PMT(B4/12,C4,D4)가 옳은 함수이다.

③ (×) [E5]셀: =PMT(4%,C5,D5)
→ [E5]셀: =PMT(4%/12,C5,D5)가 옳은 함수이다.

④ (○) [E7]셀: =PMT(B7/12,C7*12,D7)

⑤ (×) [E8]셀: =PMT(B8/12,C8,D8)
→ [E8]셀: =PMT(B8/12,C8*12,D8)이 옳은 함수이다.

합격자의 시간단축 Tip

그룹별로 묶어서 푼다. 상환 기간이 월 단위로 나와 있는 [E3]셀~[E5]셀, 연 단위로 나와 있는 [E7]셀~[E8]셀로 나눠볼 수 있다. [E3]셀~[E5]셀은 rate에 월단위 이율인 1/12가 포함되어야 하고 상환 기간은 그대로 제시되어야 한다. 이에 부합하지 않는 것을 소거한다. 한편 [E7]셀~[E8]셀은 rate에 월단위 이율인 1/12가 포함되어야 하고 상환 기간은 *12가 되어야 한다. 이에 부합하지 않는 것을 소거한다.

36 정답 ③ 난이도 ●●○

정보능력_엑셀

상세풀이

㉠과 ㉡ 모두 미래가치를 계산하는 것이므로 FV 함수를 이용한다.
㉠의 경우 한 번에 2,000만 원을 예치하는 경우에 해당하므로 pmt 인수는 0이 된다. 한편, 예치 기간은 3년이므로 nper 인수는 3×12, 이자율도 월단위로 변환하여 /12를 포함한다(복리 적용). pv는 미래 지급액에 상응하는 현재가치이므로 20000000인데, 저축액을 계산하는 경우에는 인수를 음수로 입력해야 하므로 −를 포함한다. 이를 함수로 나타내면 =FV(5%/12, 3*12, 0, −20000000)이다. 따라서 ①과 ② 모두 틀렸다.
㉡의 경우 이미 100만 원은 저축이 된 상태이다. 따라서 pv에는 1000000이 입력되어야 한다. 나머지 nper은 58, rate도 월단위로 변환하여 함수로 나타내면 =FV(4%/12, 58, −500000, −1000000)이다. 따라서 옳은 것은 ③이다.

합격자의 시간단축 Tip

Tip ❶ 그룹별로 묶어서 푼다. ㉠, ㉡으로 나눠볼 수 있는데 ㉡을 다루는 선지가 3개이므로 ㉡을 먼저 푼다.

Tip ❷ 선지의 차이에 주목한다. 선지 ③~⑤를 두고 ⓒ에 적절한 것을 찾기 위해서 1) 4%를 12로 나눠야 하는지 2) 각 기간의 납입액은 50만 원인지, 100만 원인지 3) 현재 가치가 50만 원인지, 100만 원인지가 문제된다. 납부 기간이 58개월인지, 인수를 음수로 입력해야 하는지는 공통사항이므로 가볍게 확인하면 족하다.

37 정답 ⑤

난이도 ●●○

정보능력_IT 개념 활용

상세풀이

① (O) 방문할 노드의 수는 9개이다.

→ 노드는 두 번째 문단에 의할 때 트리를 구성하고 있는 기본 요소이다. 노드가 가지고 있는 데이터를 목적에 맞게 처리하기 위해 트리의 모든 노드를 체계적으로 방문하는 것을 순회라고 한다. 따라서 트리 순회를 할 경우에는 트리의 모든 노드를 방문하게 되며, 제시된 트리의 노드는 모두 9개(1~9)이므로 옳은 내용이다.

② (O) 가장 먼저 방문할 노드는 '1'이다.

→ 네 번째 문단에 의할 때 전위 순회 방식에서는 루트 노드를 먼저 방문한 후 왼쪽 서브 트리–오른쪽 서브 트리 순으로 방문한다. 따라서 가장 먼저 방문할 노드는 '1'이다.

③ (O) '5'에서는 더 이상 방문할 왼쪽 서브 트리가 없으므로 '7'을 방문한다.

→ 네 번째 문단에 의할 때 전위 순회는 루트 노드–왼쪽 서브 트리–오른쪽 서브 트리 순으로 탐색이 재귀적으로 진행된다. '5'의 경우 왼쪽 서브트리가 없으므로 오른쪽 서브트리로 이동한다. 즉, '7'로 이동한다.

④ (O) '7'은 루트 노드이므로 이후에는 '6'–'8'의 순서로 방문한다.

→ 순회는 재귀적인 탐색 과정이다. 따라서 '7'은 루트 노드이고, 전위 순회는 루트 노드–왼쪽 서브 트리–오른쪽 서브 트리 순으로 탐색하므로 7–6–8이 옳은 순서이다.

⑤ (×) 가장 마지막에 방문할 노드는 '3'이다.

→ '8'의 탐색을 마치면 이제 오른쪽 서브 트리로 이동해야 한다. 현재 루트 노드 1을 기준으로 왼쪽 서브 트리는 탐색을 모두 마쳤으므로, '1'의 오른쪽 서브 트리를 차례로 탐색하여야 한다. 오른쪽 서브 트리에는 자식 노드가 1개씩 밖에 없으므로 각각 '1'의 오른쪽 서브 트리 3 방문–3의 오른쪽 서브 트리 4 방문–4의 왼쪽 서브 트리 9 방문의 순서로 탐색이 이루어진다. 따라서 가장 마지막에 방문할 노드는 '9'이다.

합격자의 시간단축 Tip

Tip ❶ 자료의 예시를 적극적으로 활용한다. 이 문제의 1, 2, 5, 7은 자료의 A, B, E, C와 같은 구조이다. 따라서 전위 순회 순서도 1–2–5–7일 것이다. 또한 7, 6, 8은 B, E, C와 같은 구조로 전위 순회 순서는 7–6–8이 될 것이다.

Tip ❷ 필요한 조건만을 발췌독한다. 모든 조건을 한 번에 인지할 필요는 없다. 선지별로 묻는 순회방식이 다르므로 해당 문제에 따라 묻는 방식을 발췌독한다. 이 문제에서는 전위 순회방식이 아닌 다른 방식이 있는 지문을 읽을 필요가 없는 것이다.

38 정답 ❶

난이도 ●●○

정보능력_IT 개념 활용

상세풀이

i) 중위 순회

다섯 번째 문단에 따를 때, 중위 순회는 가장 왼쪽의 최하위 노드를 시작으로 왼쪽 서브 트리–그 트리의 부모(루트) 노드–오른쪽 서브 트리들에 대한 탐색이 재귀적으로 이루어진다. 가장 왼쪽의 최하위 노드는 18이다. 18에는 서브 트리가 없으므로 그 트리의 부모 노드인 20을 방문한다. 20을 기준으로 오른쪽 서브 트리 중 가장 왼쪽의 최하위 노드를 찾으면 29이다. 29에는 왼쪽 서브 트리가 없으므로 부모 노드인 22를 방문하고 오른쪽 서브 트리인 30을 방문한다. 루트 노드인 12를 기준으로 볼 때 왼쪽의 서브 트리는 모두 방문하였다. 따라서 왼쪽 서브 트리의 부모인 루트 노드 12를 방문한다. 마지막으로 루트 노드를 기준으로 오른쪽 서브 트리인 37을 방문하면 모든 노드의 탐색이 완료된다. (18–20–29–22–30–12–37)

ii) 후위 순회

여섯 번째 문단에 따를 때, 후위 순회는 가장 왼쪽의 최하위 노드를 시작으로 왼쪽 서브 트리를 먼저 순회하고, 오른쪽 서브 트리를 순회한 뒤 그 트리들의 부모(루트) 노드를 방문하는 방법이다. 가장 왼쪽의 최하위 노드는 18이다. 18의 부모 노드는 22인데, 부모 노드를 방문하기 전에 22를 기준으로 오른쪽 서브 트리를 순회하여야 한다. 이 경우에도 가장 왼쪽의 최하위 노드를 시작으로 왼쪽 서브 트리를 먼저 순회하고 오른쪽 서브 트리를 순회하여야 하므로 29−30의 순서로 방문하고, 이 서브 트리들의 부모 노드인 22를 방문한다. 22 이하는 모두 탐색했으므로 22의 부모 노드인 20을 방문한다. 20은 12를 기준으로 왼쪽의 서브 트리이고, 이제 오른쪽 서브 트리를 순회해야 하므로 37을 순회하고 가장 마지막으로 이들의 부모(루트) 노드인 12를 방문하면 모든 노드의 탐색이 완료된다. (18−29−30−22−20−37−12)

합격자의 시간단축 Tip

Tip ① 자료의 예시를 적극적으로 활용한다. 이 문제의 22, 29, 30은 자료의 B, E, C와 같은 구조이다. 따라서 중위 순회 순서도 E−B−C와 마찬가지로 29−22−30이 될 것이다.

Tip ② 선지의 차이에 주목한다. 눈에 띄는 ⑤를 제외하고 선지 ①~④를 두고 적절한 것을 찾기 위해서 1) 중위 순회 순서가 22−29인지, 29−22인지 2) 후위 순회 순서가 29−30−22인지, 22−29−30인지 혹은 12−37인지 37−12인지가 문제 된다. 나머지는 다른 선지와 공통된 사항이므로 확인할 필요 없다.

Tip ③ 후위 순회의 경우 각 트리에서 부모(루트) 노드가 가장 마지막 순서임을 알 수 있다고 하였으므로 루트 노드인 12가 가장 마지막에 와야 함을 알 수 있다.

39 정답 ③ 난이도 ●○○

정보능력_코드

상세풀이

① (O) **㉠은 해당 기업의 블루투스무선키보드 제품에도 적용될 수 있다.**
→ ㉠은 업체코드가 1647인 한국 업체(320)의 디지털/가전(07)−컴퓨터 및 주변기기(01)−키보드(08)−무선키보드(01) 제품에 적용되는 바코드이다. 따라서 블루투스무선키보드는 디지털 제품이자 컴퓨터 주변기기이면서 무선키보드에 포함되므로 ㉠의 바코드가 적용될 수 있다.

② (O) **㉡은 스토리지 외의 디지털 저장장치에 대해 발행한 바코드이다.**
→ ㉡은 업체코드가 1647인 한국 외 국가(156) 업체의 디지털/가전(07)−저장장치(15)의 제품에 적용되는 바코드이다. 위에 제시된 〈ABC 상품 분류코드〉는 일부만 나타나 있고, 발문에서 바코드는 유효하게 발행되었다고 하였으므로 위 〈ABC 상품 분류코드 일부〉에 나타나 있지 않은 소분류 02 코드를 가지는 스토리지 외 다른 저장장치에 대해 발행된 바코드임을 알 수 있다.

③ (×) **㉠과 ㉡은 같은 업체에서 발행한 바코드이다.**
→ ㉠과 ㉡은 업체코드가 1647로 동일하다. 그러나 업체코드는 '국가별로' '개별 제조업체 및 판매업체'에 부여하는 코드를 말한다. 따라서 업체코드가 동일한 경우라고 하더라도 이는 우연히 각 나라에서 두 업체의 코드가 일치했을 뿐 반드시 같은 업체라고 단정할 수 없다.

④ (O) **㉢에는 해당 기업의 노트북용 RAM 제품은 포함되지 않을 것이다.**
→ ㉢은 업체코드가 2680인 한국 업체(320)의 디지털/가전(07)−PC부품(12)−RAM(02)−데스크탑용 제품(01)에 적용되는 바코드이다. 중분류 컴퓨터 및 주변기기에서 소분류 컴퓨터의 제품의 종류가 데스크탑, 노트북으로 나뉘어지는 점, RAM에 대해서 '데스크탑용'을 따로 규정하여 컴퓨터의 구분을 두고 있는 점을 통해 노트북용 RAM이 별도로 존재한다는 것을 추론할 수 있다. 따라서 ㉢에는 노트북용 RAM 제품은 포함되지 않을 것이라고 추론할 수 있다.

⑤ (O) **㉠과 ㉢은 한국의 업체가 발행한 바코드이다.**
→ ㉠과 ㉢의 국가코드는 모두 320으로 같다. ABC 국제 표준 바코드는 제조업체에서 직접 발행한다고 했고, 국가코드 320은 한국에 부여된 코드이므로 옳다.

합격자의 시간단축 Tip

Tip ① 상품코드는 두 글자마다 끊어서 읽으면 된다. 예를 들어, 07010801은 07/01/08/01로 표시한 후에 〈ABC 상품 분류코드 일부〉에서 대분류−중분류−소분류−세분류 순으로 해당하는 항목을 찾아간다.

Tip ② 〈ABC 상품 분류코드 '일부'〉가 제시되었으므로 생략된 부분이 있다는 것을 눈치채야 한다. 표에 없다고 해서 무작정 알 수 없다고 판단하면 안 된다. 선지 ②, ④ 모두 표에서 제시되지 않은 항목에 대한 추론을 물었다.

40 정답 ② 난이도 ●●○

정보능력_코드

상세풀이

i) 체크디지트 코드가 부여되기 전의 바코드 도출

한국의 제조업체이고 업체코드는 6241이므로 국가코드는 320 업체코드는 6241이다. 〈ABC 상품 분류코드 일부〉를 참고하여 상품코드를 구하면, HDD메모리는 디지털/가전(07)－저장장치(15)－스토리지(01)－HDD메모리(02)에 포함될 수 있으므로 07150102가 된다. 따라서 체크디지트 외 바코드는 320 6241 07150102이다.

ii) 체크디지트 도출

체크디지트는 위 코드의 순서대로 홀수 번째 자리에 위치한 숫자들에는 모두 3을 곱하여 더하고, 이 값에 짝수 번째 자리에 위치한 숫자들을 그대로 더한 값을 토대로 산출한다. 홀수 번째 자리에 위치한 숫자들에 모두 3을 곱하여 더하는 것은 홀수 번째 자리의 숫자들을 다 합한 뒤 그 값에 3을 곱해주는 것과 같으므로 이를 수행하면 3̲2 0̲ 6 2̲ 4 1̲ 0 7̲ 1 5̲ 0 1̲ 0 2̲의 밑줄 친 숫자를 다 더한 후 3을 곱해주면 된다. 이는 3+0+2+1+7+5+1+2=21이고, 이 값에 3을 곱하면 63이다. 이 값에 짝수 번째 자리에 위치한 숫자들을 모두 더하면(0은 생략) 63+2+6+4+1=76이다. 체크디지트는 이 값에서 10의 배수를 만들기 위해 더해야 하는 최소 양수인데, 이때 76보다 큰 10의 배수 중 가장 76과 가장 가까운 값은 80이므로 최소 양수값은 80이다. 따라서 체크디지트는 76에 더해서 80을 만들기 위해 필요한 4이다.

합격자의 시간단축 Tip

산출된 값에서 10의 배수를 만들기 위해 더해야 하는 최소 양수값이 바로 체크디지트이다. 즉, (계산값의 10에 대한 나머지)+체크디지트=10이 되어야 한다. 따라서 계산값에서 중요하게 알아야 하는 것은 일의 자릿수다. 3+0+2+1+7+5+1+2=21을 전부 더할 필요 없이 이 값의 일의 자리가 1이라는 것을 파악하면 충분하다. 1×3=3이고 3+2+6+4+1의 일의 자리는 6이다. 6을 10의 배수로 만들기 위해서는 4가 필요하다.

MEMO

독끝

CHAPTER 6

실전모의고사 6회(고난도)

정답 | 실전모의고사 6회

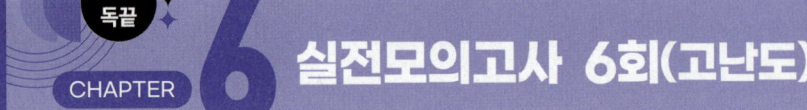

오답표기	문제번호	영역	유형	난이도	정답
	01	의사소통능력	글의 내용 일치/불일치	★☆☆	①
	02		사례 선택	★☆☆	④
	03		빈칸 삽입(어휘/개념어/접속사/문장)	★☆☆	③
	04		개념의 이해 및 활용	★☆☆	④
	05		논지 강화/약화(근거 제시/반박/비판 유형도 포함)	★☆☆	③
	06		개념의 이해 및 활용	★★☆	④
	07		논리적 추론	★★☆	⑤
	08		논리적 추론	★★☆	④
	09		사례 선택	★★☆	⑤
	10	수리능력	응용수리_수 · 과부족	★★☆	⑤
	11		응용수리_비와 비율	★★☆	④
	12		금융수리_환율 및 실용계산	★★☆	①
	13		금융수리_원리합계	★★★	③
	14		자료해석_자료에 대한 진위 판단(계산 필요)	★★☆	③
	15		자료해석_자료에 대한 진위 판단(계산 필요)	★★☆	⑤
	16		자료해석_자료계산	★☆☆	③
	17		자료해석_자료에 대한 진위 판단(계산 필요)	★★☆	③
	18		자료해석_추가자료 활용	★★☆	③
	19		자료해석_자료에 대한 진위 판단(계산 필요)	★★★	⑤
	20	문제해결능력 / 자원관리능력	조건추리(일반)	★☆☆	③
	21		논리퍼즐	★★☆	⑤
	22		논리퍼즐	★★☆	④
	23		공고문/규정 이해	★☆☆	②
	24		수치 계산(비용, 계산)	★★☆	④
	25		지문의 이해 및 활용	★★☆	⑤
	26		지문의 이해 및 활용	★★☆	④
	27		공고문/규정 이해	★☆☆	①
	28		수치 계산(비용, 시간)	★★☆	③
	29		적정 대상 선택	★☆☆	④
	30		공고문/규정 이해	★☆☆	③
	31		적정 대상 선택	★☆☆	③
	32		지문의 이해 및 활용	★☆☆	⑤
	33		수치 계산(비용, 시간)	★☆☆	②
	34		상황제시 및 최적선택(평가)	★★☆	④
	35		공고문/규정 이해	★★★	③
	36	정보능력	IT 개념 활용	★★☆	②
	37		IT 개념 활용	★☆☆	③
	38		IT 개념 활용	★★★	④
	39		IT 개념 활용	★★★	①
	40		IT 개념 활용	★★★	③

01 정답 ①　　난이도 ●○○

의사소통능력_글의 내용 일치/불일치

접근전략 본 문제의 선지는 아주 짧고, 내용이 어렵지 않다. 따라서 이 문제에서는 시간을 벌어가겠다는 마음으로 접근한다. 빠르게 해당 내용이 본문에 있는지 확인한다.

주어진 글을 이해한 내용으로 적절하지 않은 것은?

(1)기업이 경쟁 우위를 확보하기 위해서는 경영의 스피드 제고가 중요하며, 이를 달성하기 위해서는 협력을 통한 시너지 창출이 필수적이다. (2)이때 협력의 유형은 사업부 간, 조직 기능 간 내부 협력과 경쟁사, 정부기관 등 외부 조직과의 협력으로 구분할 수 있다. (3)최근 외부 조직과의 협력이 부각되고는 있지만 이는 내부 협력보다 성공 확률이 낮은 반면, 내부 협력은 접근성, 업무 추진 속도, 커뮤니케이션 등의 측면에서 최소한의 시간과 비용으로 성공 가능성을 높이는 효과적인 방법이 될 수 있다. ▶ 1문단

(1)내부 협력을 활성화하기 위해서는 유망한 협력 기회를 발굴하는 것이 우선이다. (2)이를 위해서는 과업 선정 단계에서부터 철저하게 고객에게 차별적인 가치를 줄 수 있는지를 기준으로 협력 가치를 평가하는 것이 좋다. (3)또한 과업 프로세스를 단순화하여 협력의 기반을 구축하는 것도 협력 기회를 발굴하는 데 있어 중요하다. (4)사업부별 경쟁과 책임경영을 추구하는 대기업의 분권화된 조직 운영방식은 사업별 성과 극대화에는 도움이 되지만, 사업부문 간 혹은 전사 차원의 협력 활동이 제대로 이루어지기 어렵게 만들기도 한다. ▶ 2문단

(1)한편 내부 협력을 활성화하여 조직을 더 높은 단계로 끌어올리기 위해서는 리더의 역할이 중요하다. (2)리더는 개인 및 담당 부문의 목표보다 조직 전체의 공동 목표를 우선하고, 구성원들이 공동 목표 달성에 집중할 수 있도록 명확히 방향을 제시해야 한다. (3)또한 타 부문이나 구성원을 비난하지 않고 스스로 책임지는 자세를 보여야 하며, 참여 구성원에게도 명확히 책임을 부여해야 한다. ▶ 3문단

(1)제대로 된 협력은 큰 시너지를 창출하지만, 잘못된 협력은 성과 없이 시간과 비용 등의 자원만 낭비하는 결과를 초래할 수 있다. (2)경영층을 비롯한 모든 구성원은 내부 협력의 목적이 혁신적인 신제품 개발, 높은 매출 성장, 대폭적인 원가 절감 등 탁월한 성과를 창출하는 것이며, 탁월한 성과를 창출하기 위한 수단이 협력이라는 점을 명확히 인식하고 실행으로 옮겨야 할 것이다. ▶ 4문단

① 내부 협력은 항상 긍정적인 결과를 낳는다.

→ (×) 4문단 (1)에 따르면 '제대로 된 협력은 큰 시너지를 창출하지만, 잘못된 협력은 성과 없이 시간과 비용 등의 자원만 낭비하는 결과를 초래할 수 있다. 이를 통해 잘못된 협력은 부정적인 결과를 초래할 수도 있다는 것을 알 수 있다. 따라서 틀린 선지다.

② 외부 협력은 내부 협력보다 성공 가능성이 낮다.

→ (○) 1문단 (3)에 따르면 '최근 외부 조직과의 협력이 부각되고는 있지만 이는 내부 협력보다 성공 확률이 낮다.' 따라서 옳은 선지다.

③ 사업부별로 경쟁이 치열할 경우 내부 협력이 성사되기 어려울 수 있다.

→ (○) 2문단 (4)에 따르면 '사업부별 경쟁과 책임 경영을 추구하는 대기업의 분권화된 조직 운영방식은 사업별 성과 극대화에는 도움이 되지만, 사업부문 간 혹은 전사 차원의 협력 활동이 제대로 이루어지기 어렵게 만들기도 한다.' 따라서 옳은 선지다.

④ 내부 협력에 참여하는 리더는 조직 전체의 공동 목표를 우선해야 한다.

→ (○) 3문단 (2)에 따르면 '리더는 개인 및 담당 부문의 목표보다 조직 전체의 공동 목표를 우선하고, 구성원들이 공동 목표 달성에 집중할 수 있도록 명확히 방향을 제시해야 한다.' 따라서 옳은 선지다.

⑤ 내부 협력을 활성화하기 전에 이를 통해 고객에게 차별화된 가치를 제공할 수 있는지를 따져 봐야 한다.

→ (○) 2문단 (1)과 (2)에 따르면 '내부 협력을 활성화하기 위해서는 유망한 협력 기회를 발굴하는 것이 우선이다. 이를 위해서는 과업 선정 단계에서부터 철저하게 고객에게 차별적인 가치를 줄 수 있는지를 기준으로 협력 가치를 평가하는 것이 좋다.' 즉, 내부 협력을 활성화하기 위해서는 그에 앞서 유망한 협력 기회를 발굴해야 하고, 유망한 협력 기회를 발굴하기 위해서는 협력 가치를 평가하는 기준으로써, 고객에게 차별화된 가치를 줄 수 있는지를 따져봐야 한다. 따라서 옳은 선지다.

합격자의 실전 풀이 순서

❶ 발문 확인하기
주어진 글을 이해한 내용으로 적절하지 않은 것을 고르는 문제다. '않은' 것을 물었으므로 X표시를 하여 실수를 방지한다.

❷ 선지 확인하기
본 방법은 발췌독이 아닌 통독을 위한 방법이다. 문제가 일치부합형이라면 글의 일부만 발췌하여 읽는 방법이 시간 단축 측면에서 용이하지만, '추론한 내용'을 묻는 경우 발췌독은 위험 부담이 있다. 추론의 경우 문단 간 연계를 이용해야 하는 경우가 있어 단편적인 부분만 읽고 답을 고른다면 오답을 고를 수 있다. 따라서 글 전체를 훑는다는 느낌으로 통독한다. 그러나 무작정 지문을 처음부터 읽기 시작한다면 글을 읽는 것이 오래 걸리고, 강약 조절이 불가능하며, 많은 정보를 모두 기억하기에 어려움이 있으므로 미리 선지를 확인하여 글읽기의 방향성과 목표를 설정한다. 예를 들어 '항상 긍정적', '성공 가능성', '경쟁', '공동목표', '활성화하기 전에 차별화된 가치'를 키워드로 잡고 이에 대한 정보를 집중적으로 읽겠다고 목표를 설정하는 것이다. 선정하는 키워드는 사람마다 다를 수 있다. 다만 주어나 서술어만을 키워드로 선정하는 것보단 선지에서 묻는 핵심이 무엇인지 파악할 수 있는 것이 좋으며, 일반적이지 않아 본문을 읽을 때 바로 캐치할 수 있는 단어도 좋다. 본 문제는 문장이 짧고, 어렵지 않은 내용이므로 2~3초 내에 선지 확인을 마친다.

❸ 연계된 문제 유형 확인하기
연계 문제의 경우, 1번 문제를 해결하기 위해 지문을 읽는 과정에서 2번 문제가 해결될 수도 있다. 따라서 지문을 읽기 전에 미리 2번 문제의 유형을 확인하는 것이 좋다. 예를 들어 문단 삽입과 같이 풀이 전략이 필요한 유형일 경우, 2번 문제를 먼저 확인하고 적절한 전략을 세우는 것이 시간 단축에 도움이 된다. 본 문항의 경우, 연계된 2번 문제는 주어진 제시문을 바탕으로 사례를 적용하여 판단하는 문제이다. 이는 지문 전체의 내용을 충분히 이해한 후에야 정확하게 접근할 수 있으므로, 굳이 2번 선지를 먼저 읽을 필요는 없다. 이에 따라, 1번 문제를 중심으로 지문을 읽고, 이후 2번 문제로 자연스럽게 넘어가는 전략이 효율적이다.

❹ 지문을 처음부터 읽되 해당 정보가 나오면 선지를 곧바로 해결한다.
선지에서 주제를 파악하고 키워드를 뽑았어도, 지문은 처음부터 정독한다. 지문을 읽으면서 키워드와 일치하거나 관련된 내용이 등장하면 곧바로 선지를 해결한다. 이는 선지판단의 정확성을 높일 수 있다. 물론 모든 선지가 초반 정보만으로 해결되지는 않는다. 일부 선지는 지문 전체를 읽어야 하거나, 현재까지의 정보만으로는 판단이 모호한 경우가 생길 수 있다. 그렇다면 쿨하게 넘어가고 확실하게 판단 가능한 선지부터 제거해 나간다. 이 방법은 기억에 의존하지 않고 정확한 근거로 판단하여 시간을 단축하기 위한 전략이다. 실제로 답이 선지 ①이나 ②에서 나오더라도 확신을 가지고 다음 문제로 넘어갈 수 있다는 장점이 있다. 다만 확신이 서지 않을 때는 성급하게 제거하지 않도록 하며, 문제에 표시를 해두었다가 시간이 남았을 때 다시 확인하러 오는 것도 하나의 운영전략이다.

합격자의 시간단축 Tip

Tip '항상'과 같은 단정적인 표현은 오답일 가능성이 높다.

선지 ①의 '내부 협력은 항상 긍정적인 결과를 낳는다.'와 같은 단정적인 표현은 오답일 가능성이 아주 크다. 따라서 시험 시간이 너무 부족할 때는 ①로 답을 간주하고, 글을 이해하는 것이 아니라 '긍정적이지 않은 반례를 찾겠다.'라는 마음을 갖고 빠르게 글자를 확인하는 방법으로 문제를 해결할 수 있다. 핵심은 글을 읽고 이해하는 것이 아니라, 글자를 찾는다는 느낌으로 빠르게 읽는 것이다. 선지만 보고도 정답이 보이는 경우 활용할 수 있는 방법이다.

02 정답 ❹ 난이도 ●●●

의사소통능력_사례 선택

접근전략 사례에 적용하는 문제는 발췌독보다는 본문을 다 읽은 후 이해한 내용을 바탕으로 적용하는 것이 적절하다. 풀이 중 필요하다면 추가적으로 발췌독하여 정확한 근거를 찾는다.

주어진 글을 참고했을 때, 내부 협력을 활성화한 사례로 적절하지 않은 것은?

① ○○가전은 소비자의 니즈를 조사하고 해당 니즈를 충족할 수 있는 솔루션을 생각해냈다. 그리고 사업부별 보유기술 목록을 검토하여 해당 솔루션을 구현할 수 있는 최적의 기술을 활용하였다.
→ (O) 1문단 (2)에 따르면 협력의 유형은 사업부 간, 조직 기능 간 내부 협력과 경쟁사, 정부기관 등 외부 조직과의 협력으로 구분할 수 있다. 선지 ①의 경우 ○○가전은 기업 내 사업부별 보유 기술을 검토하여 이를 활용하는 전략을 실행했으므로, 이는 사업부 간 내부 협력에 해당한다. 다음으로 2문단 (1)과 (2)에 따르면 '내부 협력을 활성화하기 위해서는 유망한 협력 기회를 발굴하는 것이 우선이다. 이

를 위해서는 과업 선정 단계에서부터 철저하게 고객에게 차별적인 가치를 줄 수 있는지를 기준으로 협력 가치를 평가하는 것이 좋다.'고 설명한다. 이를 고려했을 때 선지 ①의 경우 ○○가전은 소비자의 니즈를 조사하여 과업 선정 단계에서부터 해당 과업이 고객에게 차별적인 가치를 줄 수 있는지를 기준으로 협력 가치를 평가하였다고 볼 수 있다. 이는 내부 협력을 활성화한 사례로 적합하다.

② 20××년에 ▽▽도 △△군에서 시작한 해역 감시 프로젝트는 실행 초기에 광범위한 과업 선정으로 인하여 △△도청에 속한 공무원들 사이에 혼란이 야기됐다. 하지만 이후 과업 범위를 좁히고 프로세스를 단순화하여 문제를 다시 정의해 이웃 기초자치단체 담당 공무원들과의 원활한 협력을 이끌어내었다.

→ (○) △△군은 해역 감시 프로젝트 수행을 위해 같은 지방자치단체의 도청 내 다른 기초지방자치단체 공무원과 협력하였으므로 이는 지방자치단체의 내부 협력에 해당한다. 2문단 (3)에 따르면 내부 협력을 활성화하기 위해서는 '또한 과업 프로세스를 단순화하여 협력의 기반을 구축하는 것도 협력 기회를 발굴하는 데 있어 중요하다.' △△군은 과업 프로세스를 단순화하여 협력의 기반을 구축하는 것에 해당하므로 내부 협력을 활성화한 사례에 해당한다. 옳은 선지다.

③ □□항공은 20××년 도산하였다가 2년 8개월 만에 부활에 성공했다. □□항공의 CEO가 2년 동안 3,000여 명의 임원 및 관리자들에게 리더십 교육과 경영철학 교육을 실시하여 "고객에게 최고의 서비스를 제공한다"는 공동 목표하에 각 부문 구성원들이 일체감을 갖게 된 덕분이었다.

→ (○) □□항공의 사례는 각 부문 구성원들의 협력에 해당하므로 이는 사업부 간 내부 협력 사례다. 제시문 3문단의 (1)과 (2)에 따르면 내부 협력을 활성화하여 조직을 더 높은 단계로 끌어올리기 위해서는 리더의 역할이 중요하다. 리더는 개인 및 담당 부문의 목표보다 조직 전체의 공동 목표를 우선하고, 구성원들이 공동 목표 달성에 집중할 수 있도록 명확히 방향을 제시해야 한다는 것을 알 수 있다. 이 점을 고려했을 때, □□항공의 CEO는 리더로서 '고객에게 최고의 서비스를 제공한다.'는 조직 전체의 공동 목표를 우선하고, 구성원들에게 명확한 방향을 제시하여 내부 협력을 활성화하였다고 볼 수 있다. 옳은 선지다.

④ 글로벌 대기업을 대상으로 자원통합관리 서비스를 제공하는 컨설팅 업체 ◇◇은 컨설팅 계약을 성사시키기 위해 경쟁기업과 치열한 수주 경쟁을 벌여야만 한다. ◇◇은 전문가의 도움을 많이 받을수록 수주 성공 확률이 높을 것이라 생각하여 생산관리 시스템 분야에서 저명한 교수 2명에게 자문을 요청하였다.

→ (×) '해당 분야에서 저명한 교수 2명에게 자문을 구한 것'은 기업 외부의 전문가와 협력한 것이므로 이는 외부 협력에 해당한다. 이는 내부 협력을 활성화한 사례에 해당하지 않으므로 틀린 선지다.

⑤ 금융 서비스 기업 ◎◎의 CEO는 조직 전체 차원의 성장을 위해 구성원들의 협력 의지 강화가 필요하다고 판단하여 고객 및 내부 역량 분석 결과를 바탕으로 "고객을 위한 ◎◎인으로서 일하자"라는 최상위의 공동 목표를 제시하였다. 그리고 사업부 간 경계를 허물어 효율성을 높이는 것이 가장 중요한 과제임을 공표하고 실행하였다.

→ (○) ◎◎기업은 기업 내 사업부 간 경계를 허물어 협력을 끌어냈으므로 이는 내부 협력에 해당한다. 또한 제시문 3문단의 (1)과 (2)에 따르면 내부 협력을 활성화하여 조직을 더 높은 단계로 끌어올리기 위해서는 리더의 역할이 중요하다. 리더는 개인 및 담당 부문의 목표보다 조직 전체의 공동 목표를 우선하고, 구성원들이 공동 목표 달성에 집중할 수 있도록 명확히 방향을 제시해야 한다고 설명되어 있다. 선지 ⑤의 경우, 기업의 리더인 CEO는 부문별 목표가 아닌 조직 전체의 공동 목표를 제시하였고, 사업부 간 경계를 허물어 효율성을 높여야 된다는 과제를 설정함으로써 명확한 방향을 제시하였으므로 내부 협력을 활성화한 사례에 해당한다. 옳은 선지다.

합격자의 실전 풀이 순서

❶ 발문 확인하기

주어진 글을 이해하고 사례에 적용하는 문제다. 적절하지 '않은' 것을 물었으므로 X표시를 하여 실수를 방지한다.

❷ 문제 해결하기

사례에 적용하는 문제는 발췌독보다는 본문을 다 읽은 후 이해한 내용을 바탕으로 적용하는 것이 적절하다. 풀이 중 필요하다면 추가적으로 발췌독하여 정확한 근거를 찾는다.

합격자의 시간단축 Tip

Tip 지금까지 이해한 정보를 바탕으로 시도해본다.
사례에 적용하는 문제는 글의 이해를 바탕으로 푸는 문제다. 따라서 무작정 발췌독을 시도하거나 다시 읽기보단, 우선 이해한 내용을 바탕으로 제거할 수 있는 선지부터 제거한다. 본 문제는 정확하게는 각 사례가 내부 협력 '활성화'에 해당하는지까지 판단해야 하는 문제였지만, 우선 이해한 정보로 내부 협력 자체에 해당하는지만을 먼저 판단해도 답이 쉽게 나왔다.

03 정답 ③ 난이도 ●○○

의사소통능력_빈칸 삽입(어휘/개념어/접속사/문장)

접근전략 빈칸 추론 유형은 다른 문제들과 달리, 빈칸을 먼저 읽고 나서 글 전체에 접근하는 방식으로 지문을 읽어야 한다. 빈칸의 위치를 먼저 파악한 후에, 빈칸 앞뒤 문장을 읽어 빈칸의 특성을 파악하는 것이다. 그 뒤에는 특성에 맞게 글을 전체적으로 통독하기도 하고, 일부분을 정독하기도 한다. 이처럼 빈칸 추론 유형은 지문과 빈칸의 특성에 맞게 유동적으로 글을 읽어야 함을 염두에 두고 문제를 풀도록 하자.

주어진 글의 빈칸 ㉠에 들어갈 내용을 추론한 것으로 적절하지 않은 것은?

(1)외부효과(Externality)란 어떤 경제 주체의 활동이 다른 경제 주체에게 의도하지 않은 이익이나 손해를 발생시키지만, 그에 대한 대가를 주거나 받지 않는 경우를 말한다. (2)즉, 경제활동의 효과가 시장 거래의 범위를 벗어나 제3자에게 영향을 미치게 되는 것이다. (3)이러한 외부효과는 긍정적 외부효과와 부정적 외부효과로 구분할 수 있다. ▶ 1문단

(1)긍정적 외부효과는 어떤 경제활동이 제3자에게 이익을 주지만, 이에 대한 보상은 이루어지지 않는 경우를 말한다. (2)한 사람이 예방접종을 한 경우 그 사람뿐만 아니라 주변 사람들에게도 감염병이 전파될 가능성이 줄어드는 것, 개인이 교육을 받은 결과 그 지식을 활용해 사회 전체에 기여를 할 수 있게 되는 것 등이 대표적인 사례이다. ▶ 2문단

(1)부정적 외부효과는 어떤 경제활동이 제3자에게 피해를 주지만, 그에 대한 비용은 부담하지 않는 경우를 말한다. (2)예시로 (㉠) 등을 들 수 있다.

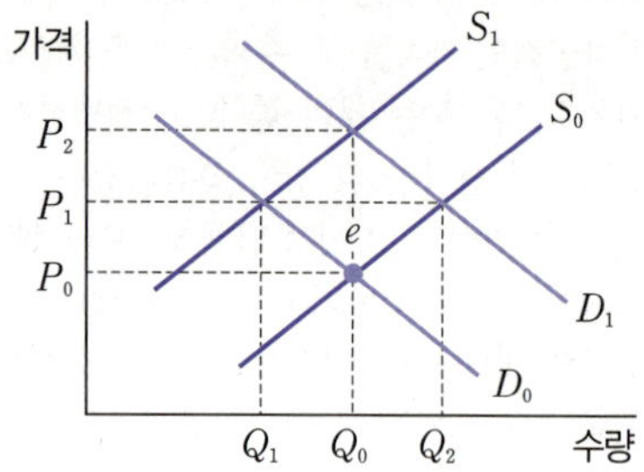

▶ 3문단

(1)위 그림은 가격-수량 평면에서 X기업이 판매하는 제품에 대한 시장의 수요곡선(D_0)과 X기업의 공급곡선(S_0)을 나타내고 있다. (2)가격이 하락할수록 수요자들은 더 많은 수량의 제품을 구매하고자 하므로 수요곡선은 우하향한다. (3)반면 가격이 상승할수록 X기업은 제품 공급을 늘리고자 하므로 공급곡선은 우상향한다. (4)두 곡선이 만나는 e점에서 수요와 공급이 일치하고, 이 점에서의 가격은 P_0, 수량은 Q_0으로 결정된다. ▶ 4문단

(1)X기업은 물건을 생산하면서 생산 비용(원자재, 인건비 등)을 부담한다. 이 비용만을 고려할 때 기업이 인식하는 공급곡선은 S_0이고, 이때의 균형점은 e이다. (2)그런데 X기업 공장에서 나오는 오염물질로 인한 피해는 X기업의 입장에서는 비용이 아니지만 사회적 관점에서는 사회 전체가 부담해야 하는 비용이다. (3)즉, 공장이 인식하지 않은 추가 비용(외부 비용)이 존재하는 것이다. (4)이 외부 비용을 반영하면 '사회적 비용'이 증가한다. 이를 그래프로 나타내면 공급곡선은 S_0에서 S_1으로 상향 이동한다. (5)사회적 비용이 추가되면서 생산 비용이 더 커져 이것이 가격에 반영되었기 때문이다. ▶ 5문단

(1)부정적 외부효과를 반영한 새로운 균형점은 S_1과 D_0의 교점이다. (2)이 지점에서 가격은 P_1로, 생산량은 Q_1로 바뀌었다. (3)X기업의 관점에서는 Q_0이 시장 균형을 이루는 생산량이지만 사회의 관점에서는 Q_1이 외부효과를 반영한 최적 생산량이 되는 것이다. (4)즉, 부정적 외부효과가 있는 경우 X기업은 사회의 최적 수준보다 과잉생산하고 있다는 것을 알 수 있다. ▶ 6문단

부정적 외부효과는 어떤 경제활동이 제3자에게 피해를 주지만, 그에 대한 비용은 부담하지 않는 경우를 말한다 [3문단 (1)].

① 흡연자가 공공장소인 길거리에서 담배를 피우는 것
→ (○) 흡연자가 흡연하는 것은 개인의 선택이지만, 그 연기가 주변 사람들의 건강에 악영향을 끼치므로 부정적 외부효과의 예시가 될 수 있다. 옳은 선지다.

② 화석연료를 사용함에 따라 온실가스가 배출되는 것
→ (○) 산업 활동 등에 따라 화석 연료를 사용하여 온실가스가 배출되면 온실효과로 인해 지구의 기온이 높아지는 등 기후 변화에 영향을 미치게 된다. 즉, 지구 온난화로 인한 기후 변화는 생태계 및 기후에 많은 영향을 미치고 장기적인 비용을 초래하므로 부정적 외부효과의 예시가 될 수 있다. 옳은 선지다.

③ 음식물 쓰레기를 배출할 때 무게에 따라 과금하는 것
→ (×) 음식물 쓰레기를 배출할 때 무게에 따라 과금하는 것은 음식물 쓰레기를 많이 배출하는 사람에게는 더 많은 비용을 부담하도록 하고, 적게 배출하는 사람에게는 더 적은 비용을 부담하도록 하는 것이다. 이는 결과적으로 '음식물 쓰레기의 처리'를 하는데 소요되는 비용을 배출하는 자가 직접 부담하게끔 하는 것이므로 어떤 경제활동이 제3자에게 피해를 주지만 '그에 대한 비용은 부담하지 않는 경우'에 해당한다고 볼 수 없다. 틀린 선지다.

④ 명절 등 교통량이 많을 때 개인 자가용을 이용하는 것
→ (○) 개인이 자가용을 이용하면 이동에 있어 매우 편리하지만, 명절 등 교통량이 많을 때에 자가용을 이용하는 것은 공공의 관점에서 교통정체로 인해 많은 사람들이 이동에 더 많은 시간을 소요하게끔 만드는 원인이 될 수 있다. 따라서 이는 부정적 외부효과의 예시가 될 수 있다. 옳은 선지다.

⑤ 주거지역에 인접한 공항이나 건설현장에서 소음이 발생하는 것
→ (○) 주거지역에 인접한 공항이나 건설현장의 소음으로 인해 인근 주민들은 불쾌한 소음으로 수면이나 집중력의 문제 등 여러 스트레스 상황에 놓일 수 있다. 이는 생활의 질을 저하시킬 수 있고 궁극적으로는 건강에 대한 비용이 증가한다고 볼 수 있으므로 부정적 외부효과의 예시가 될 수 있다. 옳은 선지다.

합격자의 실전 풀이 순서

❶ 발문을 확인하고 빈칸이 들어간 문장을 먼저 읽는다.

> 윗글의 빈칸 ㉠에 들어갈 내용을 추론한 것으로 적절하지 않은 것은?

지문을 읽고 ㉠에 들어갈 말을 찾는 문제다. 이런 경우 ㉠이 들어있는 문장을 먼저 읽어보는 것이 좋다.

> 부정적 외부효과는 어떤 경제활동이 제3자에게 피해를 주지만, 그에 대한 비용은 부담하지 않는 경우를 말한다. 예시로 (　　㉠　　) 등을 들 수 있다.

이 문장의 '예시'라는 단어를 통해 ㉠에 들어갈 내용이 부정적 외부효과의 예시라는 것을 알 수 있다.

❷ 일단 선지를 훑어본다.

예시를 물었다면 예시인지 판단하기 위해 지문 전체의 독해가 필요한지, 아니면 빈칸 전후 문장만으로 예시의 판단이 가능한지 확인해 볼 필요가 있다. 빈칸 전후 문장만으로 답을 고를 수 있다면 지문을 읽는 시간 자체가 낭비이기 때문이다. 그리고 빈칸 전후 문장만으로도 답을 구할 수 있는 경우가 종종 있기 때문에 일단 선지를 훑어본다.

[방법 1]
해당 문제의 경우 선지의 내용이 굉장히 구체적이어서 모든 선지의 내용이 지문에 있을 확률은 적다. 따라서 빈칸 전후의 부정적 외부효과의 예시에 선지가 해당하는지 판단한다.

[방법 2]
부정적 외부효과 개념을 사전에 알고 있으므로, 그것과 내용이 일치하는지만 파악한 후 바로 선지를 판단한다.

합격자의 시간단축 Tip

Tip ❶ 빈칸과 빈칸의 앞뒤를 먼저 읽도록 한다.

빈칸 추론 유형의 문제는 일반 문제와 다른 접근 방식을 사용해야 한다. 일반 문제의 경우에는 첫 문단을 먼저 정독한 후, 중심 소재와 흐름을 파악하며 나머지 내용을 읽어 내려가는 방식으로 푼다. 그러나 빈칸 추론 유형의 지문을 읽을 때는 빈칸이 있는 곳으로 먼저 시선을 돌리는 것이 중요하다. 결국 수험생이 찾아야 하는 것은 '빈칸에 어떤 내용이 들어가야 하는가?'이기 때문이다.
빈칸의 위치는 해당 문제와 같이 글의 마지막에 있을 수도 있지만, 글의 처음이나 중간 등에도 다양하게 배치될 수 있다. 따라서 발문을 확인한 후 가장 먼저 해야 할 일은, 빈칸의 위치를 찾고 빈칸의 앞뒤 문장을 정독하는 것이다. 그 이유는 빈칸의 위치와 특성에 따라 글을 읽는 방법이 달라지기 때문이다.

Tip ❷ 빈칸이 무엇을 요구하는지 판단한다.

빈칸에 들어갈 내용은 글 전체의 주제를 담고 있거나, 글의 특정 부분에 대한 이해를 묻는 경우가 대부분이다. 어떤 유형인지를 파악하는 것이 글을 읽는 순서를 정하는 데 도움이 된다.
글 전체의 주제를 담는 경우 대부분 빈칸은 글의 마지막에 배치된다. 이 경우는 선지를 먼저 읽는 것보다는 지

문을 천천히 통독한 후에 선지를 보는 것이 효율적이다. 선지의 내용 중 글 전체의 주제를 담는 것이 한 개뿐이므로 다른 선지는 글의 내용과 전혀 무관하기 때문이다. 글의 특정 부분에 대한 이해를 묻는 경우 빈칸 주변을 먼저 읽고 이것만으로 선지의 정오 판단이 가능한지 확인한다. 가능하다면 문제를 빠르게 풀 수 있어 좋고, 불가능하다 해도 빈칸 주변에 대해 읽었기 때문에 돌아와서 빈칸을 채우기 용이하다.

Tip ③ 본인이 가진 배경지식을 활용한다.

만약 경제학을 공부했다면 외부효과의 내용을 이미 알고 있었을 것이다. 빈칸을 확인하고 부정적 외부효과의 예시를 묻는 것임을 확인했다면 지문을 읽지 않고도 바로 답을 고를 수 있다. 다만 본인의 배경지식을 과하게 신뢰하거나 지문에 근거가 없는데도 배경지식에 의해서만 답을 고르는 습관은 절대 지양하도록 한다. 배경지식의 활용은 지문을 읽고 선지를 판단하는 것을 더 빠르게 할 수 있도록 도움을 주는 정도가 적당하다. 본 문제처럼 너무 쉽고 정답이 확실한 경우는 바로 고르고 넘어가야겠지만 이런 경우는 아주 드물다. 따라서 배경지식을 활용하되 본인이 가진 지식과 일치하는지 정도는 빠르게 확인하는 것이 좋다. 배경지식을 최대한 활용하되 답을 고를 때는 확실한 근거를 갖고 고른다는 마음으로 임한다.

04 정답 ④ 난이도 ●●●

의사소통능력_개념의 이해 및 활용

접근전략 추가 지문과 지문의 그래프 독해로 풀 수 있는 문제다. 지문의 긍정적 외부효과의 내용과 추가 지문의 긍정적 외부효과에 따른 그래프의 움직임을 이해하며 추가 지문을 읽는다.

주어진 글의 〈그래프 1〉을 이용하여 긍정적 외부효과의 원리를 설명하고자 한다. 다음 설명 중 옳지 않은 것은?

> (1)긍정적 외부효과는 소비나 생산이 사회 전체에 추가적인 혜택을 줄 때 발생합니다. (2)기존의 시장 상황에서 S_0은 사적 비용, 즉 기업이 생산에 드는 비용만 고려했을 때의 공급곡선이며, D_0은 소비자들이 그 상품에 대해 느끼는 편익을 바탕으로 결정된 수요곡선입니다. (3)두 곡선의 교점인 e에서 시장균형이 형성되어 가격은 P_0, 수량은 Q_0으로 결정되었습니다. (4)㉠ 이 균형점은 개인적인 비용과 혜택만 고려한 결과입니다. ▶ 1문단
>
> (1)긍정적 외부효과가 발생하면 개인이 소비할 때 제3자에게도 추가적인 혜택이 돌아갑니다. (2)백신 접종의 경우 한 사람이 백신을 맞으면 주변 사람들도 감염 위험이 줄어드는 혜택을 받습니다. (3)㉡ 하지만 소비자는 그 혜택을 고려하지 않기 때문에 수요가 실제보다 낮게 나타납니다. (4)이런 사회적 혜택이 반영된 새로운 수요곡선은 D_1입니다. (5)이 곡선은 기존의 수요곡선인 D_0보다 우측으로 이동했습니다. (6)㉢ 이는 한 단위의 상품이 가져다주는 총 혜택이 더 크다는 것을 의미합니다. (7)㉣ 새로운 균형점에서는 가격이 P_2로 상승하고, 수량은 Q_2까지 늘어납니다. (8)㉤ 즉, 개인의 관점에서는 Q_0이 건강을 고려한 시장의 수요량이지만 사회의 관점에서는 Q_2가 외부효과까지 반영한 최적의 수요량이 되는 것입니다. ▶ 2문단

① ㉠

→ (○) ㉠의 앞부분의 내용을 통해 추론할 수 있다. S_0은 사적 비용만을 고려한 공급곡선이며, D_0은 소비자들이 그 상품에 대해 느끼는 사적 편익을 바탕으로 결정된 수요곡선이다. 여기에는 사회적인 관점에 따른 비용이 포함되어 있지 않은, 개인적인 비용과 혜택만 고려한 것이므로 옳은 선지다.

② ㉡

→ (○) 앞뒤 문맥을 통해 파악할 수 있다. 백신 접종은 긍정적 외부효과를 발생시키는데, 보통의 소비자(백신 접종자)는 자신의 건강만을 생각하고 주변의 이익은 고려하지 않는다. 즉, 백신의 효과에 대해 과소평가(자신에게만 이익으로 평가)한다고 볼 수 있고, 그렇기 때문에 수요는 실제보다 더 낮게 나타남을 추론할 수 있다. 만약 백신 접종의 사회적 효과를 고려한다면 수요는 더 높아질 것이다. 옳은 선지다.

③ ㉢

→ (○) D_1은 사회적 혜택이 반영된 수요곡선이다. 즉, 개인의 사적편익에 제3자가 누리는 혜택이 포함된 것이므로 상품의 총 혜택이 더 크다는 것을 의미한다. D_1은 동일 수량에 대하여 더 높은 가치를 지니고 있음을 나타내는 것이므로 옳은 선지다.

④ ㉣

→ (×) 새로운 균형은 D_1과 S_0이 교차하는 지점에서 결정된다. 따라서 새로운 균형점에서는 가격이 P_1로 상승하고 수량은 Q_2로 변화한다. 틀린 선지다.

⑤ ㉤

→ (○) 개인의 관점에서는 S_0과 D_0의 교점인 e점에서 자신만의 건강을 고려하여 시장 균형이 이루어

지지만 사회적인 편익을 고려하여 개인의 편익에 이를 더하여 반영하면 D_1과 S_0이 교차하는 지점에서 결정된 새로운 균형점에서의 수요량(Q_2)이 최적 수요량이 된다. 주어진 자료의 6문단을 통해서도 그래프 이동 시 균형이 어떻게 변화하는지를 파악할 수 있다. 옳은 선지다.

합격자의 실전 풀이 순서

❶ **발문 제대로 읽기 및 문제 유형 파악**
항상 발문을 먼저 제대로 읽자. '옳지 않은 것'을 고르는 문제이므로 선지의 내용 중 추론할 수 없는 것이거나 옳지 않은 것이 정답이 된다. 따라서 발문에 X 표시를 의식적으로 치고 문제를 풀면 옳은 것을 고르는 실수를 방지할 수 있다.

❷ **연계문제의 특징을 파악한다.**
앞 문제와 연계되는 문제이므로 앞 지문의 내용과 해당 문제의 지문을 적절히 섞어 이해하는 문제임을 확인한다.

합격자의 시간단축 Tip

Tip 연결문제의 경우 사용되지 않은 정보 확인하기
연결문제인 경우 앞 지문의 내용 중에 사용되지 않은 정보가 있는지 확인한다. 앞 문제를 풀면서 사용되지 않은 정보는 뒷 문제를 푸는데 유용한 힌트가 될 수 있기 때문이다.
앞선 문제의 경우 그래프 포함 이하의 정보들은 문제풀이에 사용되지 않았다. 따라서 해당 정보는 이 문제 풀이에 사용될 수 있음을 짐작할 수 있다.
실제로 그래프 이하의 내용은 부정적 외부효과인 경우 그래프의 움직임에 대한 내용을 담고 있다. 이 문제의 추가지문은 긍정적 외부효과인 경우의 그래프의 움직임에 대해 물어보고 있으나 시각적으로 그래프를 이용하는 것이 문제풀이에 큰 도움이 된다.

05 정답 ❸ 난이도 ●●●
의사소통능력_논지 강화/약화(근거 제시/반박/비판 유형도 포함)

접근전략 밑줄 친 내용에 대해서 묻는 문제는 밑줄 친 부분부터 읽고 무엇에 대해서 묻는 것인지 먼저 파악해야 한다. 이것이 전체 내용을 이해한 뒤 적용해야 하는 문제라면 지문 전체를 먼저 읽고, 내용 일치와 비슷한 문제라면 내용 일치의 접근방식으로 풀어 나간다. 이처럼 밑줄 친 부분과 문제를 먼저 읽고 그에 맞는 풀이 전략을 세운다.

윗글의 밑줄 친 내용의 원인으로 적절하지 않은 것은?

(1)카르텔(Cartel)은 동일 산업 내의 기업들이 시장에서의 경쟁을 제한하고 가격이나 생산량을 공동으로 조정하기 위해 이루어지는 협정을 의미한다. (2)카르텔은 일반적으로 독과점 시장에서 발생하는데, 이는 소수의 기업이 시장을 지배하거나 통제할 수 있는 환경에서 이루어지기 쉽기 때문이다. (3)카르텔은 법적 및 경영적으로 독립적인 기업 간의 협력이므로 각 기업은 주체적인 의사결정권과 법적 지위를 갖는다. ▶ 1문단

(1)고전 경제학에서는 자유 경쟁 시장에서 수요와 공급의 균형이 사회적 후생 및 시장의 자원 배분 효율성을 극대화한다고 주장하는데, 경제학적으로 볼 때 카르텔은 자원의 최적 배분을 왜곡한다. (2)카르텔을 형성하는 주된 목적은 시장에서 자신들의 이익을 극대화하기 위함이므로 카르텔은 <u>소비자 후생과 시장 효율성을 저해할 수 있다는 것이다</u>. ▶ 2문단

(1)카르텔은 기본적으로 시장에서 특정 상품이나 서비스의 가격을 미리 합의하여 결정한다. (2)또 생산량을 제한하여 인위적으로 공급 부족을 초래함으로써 가격을 상승시킨다. (3)기업 간에 시장을 분할하거나 주요 고객층을 나누어 경쟁을 피하기도 하고, 특정 기술의 사용을 제한하거나 연구개발 속도를 조정하기도 한다. ▶ 3문단

(1)대표적인 사례로는 OPEC(석유수출국기구)의 사례를 들 수 있다. (2)OPEC은 석유를 주요 수출품으로 하는 국가들의 협의체로, 석유의 생산량과 가격을 조정한다. (3)이들은 생산량을 제한하여 석유 가격을 상승시키고, 회원국들의 수익을 극대화하려 한다. (4)2020년 초, OPEC과 러시아를 포함한 OPEC+ 국가들은 코로나19 팬데믹으로 석유 수요가 급감하자 석유 생산량을 대폭 줄이기로 합의했다. ▶ 4문단

(1)카르텔은 자유 시장 질서를 위협하는 동시에 경쟁의 기본 원칙을 훼손하기 때문에 전 세계적으로 이를 규제하려는 다양한 법적 조치와 정책들이 시행되고 있다. (2)대부분의 국가에서는 반독점법 또는 공정거래법을 통해 카르텔의 형성과 활동을 엄격히 금지하고 있고, 이러한 법률은 소비자 보호와 시장의 공정한 경쟁 환경 조성에 그 목적이 있다. (3)국내에서는 공정거래위원회가 「독점규제 및 공정거래에 관한 법률」을 근거로 카르텔을 규제하고 있다. (4)공정거래위원회는 기업 간의 담합 행위를 감시하고 적발 시 기업에게는 시정명령과 함께 과징금을 부과 및 고발 조치가 이루어질 수 있다. (5)2010년 한국의 주요 시멘트 제조업체들이 가격을 담합한 사실이 적발되어 총 5,300억 원의 과징금이 부과된 사례가 있다. ▶ 5문단

(1)그러나 카르텔 규제가 항상 간단한 것은 아니다. (2)국제적인 카르텔의 경우, 각국의 법적·제도적 차이로 인해 규제가 복잡해질 수 있다. (3)또 일부 국가에서는 특정 산업의 전략적 중요성을 이유로 카르텔을 묵인하거나 심지어 지원하기도 한다. ▶6문단

(1)카르텔은 단기적으로는 참여 기업들에게 이익을 가져다줄 수 있지만, 장기적으로는 소비자와 시장 전체에 심각한 부작용을 초래한다. (2)또 시장에서의 공정성을 훼손함으로써 경제 시스템 전반에 대한 신뢰를 떨어트린다. (3)따라서 각국 정부와 국제기구는 시장의 투명성과 공정성을 유지하기 위해 지속적으로 카르텔 규제를 강화하고, 이를 감시하는 시스템을 발전시켜야 할 필요가 있다. ▶7문단

① **카르텔은 생산량을 제한하여 인위적으로 상품의 희소성을 만들기 때문이다.**

→ (○) 또 생산량을 제한하여 인위적으로 공급 부족을 초래함으로써 가격을 상승시킨다[3문단 (2)]. 이를 통해 카르텔은 생산량을 제한해 인위적으로 공급 부족을 초래하므로 상품의 희소성을 만듦을 알 수 있다. 옳은 선지다.

② **카르텔에 참여한 기업들은 경쟁이 없으므로 가격을 인위적으로 높일 수 있기 때문이다.**

→ (○) 카르텔(Cartel)은 동일 산업 내의 기업들이 시장에서의 경쟁을 제한하고 가격이나 생산량을 공동으로 조정하기 위해 이루어지는 협정을 의미한다[1문단 (1)]. 카르텔은 기본적으로 시장에서 특정 상품이나 서비스의 가격을 미리 합의하여 결정한다[3문단 (1)]. 이를 통해 카르텔에 참여한 기업들은 경쟁을 제한하고 가격을 공동으로 조정함을 알 수 있다. 옳은 선지다.

③ **카르텔은 새로운 경쟁자의 시장 진입을 부추김으로써 독과점 체제를 공고화하기 때문이다.**

→ (×) 카르텔이 새로운 경쟁자의 시장 진입을 부추긴다는 내용은 지문에서 찾을 수 없다. 또한 카르텔은 일반적으로 독과점 시장에서 발생하는데, 이는 소수의 기업이 시장을 지배하거나 통제할 수 있는 환경에서 이루어지기 쉽기 때문이다. [1문단 (2)]에서 미루어 볼 때 카르텔은 소수의 기업이 시장을 지배하거나 통제하는 환경에서 이루어지므로 새로운 경쟁자의 시장 진입을 오히려 막는다는 것을 추론할 수 있다. 틀린 선지다.

④ **카르텔 소속 기업들이 시장을 나누어 경쟁을 회피하기 때문이다.**

→ (○) 기업들 간에 시장을 분할하거나 주요 고객층을 나누어 경쟁을 피하기도 하고, 특정 기술의 사용을 제한하거나 연구개발 속도를 조정하기도 한다. [3문단 (3)]에서 카르텔 소속 기업들이 시장을 나누어 경쟁을 피한다는 것을 알 수 있다. 옳은 선지다.

⑤ **카르텔은 연구개발 속도를 조절해 품질 개선을 늦추기 때문이다.**

→ (○) 기업들 간에 시장을 분할하거나 주요 고객층을 나누어 경쟁을 피하기도 하고, 특정 기술의 사용을 제한하거나 연구개발 속도를 조정하기도 한다. [3문단 (3)]에서 카르텔은 연구개발 속도를 조절하거나 특정 기술 사용을 제한한다는 것을 알 수 있고 이를 통해 품질 개선을 늦춘다는 것을 추론할 수 있다. 옳은 선지다.

합격자의 실전 풀이 순서

[방법 1]

❶ 발문 확인하기

본 문제는 '윗글의 밑줄 친 내용의 원인으로 적절하지 않은 것은?' 형식이다. 밑줄 친 내용이 무엇인지 확인해야 하므로 밑줄 친 부분까지 읽고, 이것이 지문 전체의 이해를 요구하는 것이면 지문부터 읽는다. 각 부분의 정오판단을 요구하는 것이면 선지부터 읽고 키워드를 찾아 지문에서 찾는다.

해당 문제의 경우 밑줄은 '소비자 후생과 시장 효율성을 저해할 수 있다는 것이다.'이다. 과학지문처럼 과학 원리를 이해하고 적용할 수 있는지를 묻는 것이 아니라 나열된 정보가 맞는지 선지에서 묻는 형식이므로 선지부터 읽는다. 이는 "옳지 않은 것은?", "추론할 수 없는 것은?" 형식 문제 풀이와 유사하다.

❷ 선지부터 보기

옳지 않은 것 / 부합하지 않은 것을 물어보는 문제는 선지부터 본다. 정답이 되는 선지 이외의 4개 선지는 모두 옳은 선지이므로 선지를 보는 것만으로도 지문을 읽는 효과가 있기 때문이다.

또한 답이 되는 선지의 경우 본문에 있는 내용과 다른 경우 / 혹은 본문에 없는 내용이 제시된 경우로 출제될 수 있다. 본문에 있는 내용과 다른 경우로 출제되는 경우에는 정답 선지 역시 발췌독으로 답을 빠르게 구할 수 있다. 본문에 없는 내용으로 출제된다면 발췌독 과정에서 발견되지 않아 유력한 정답 선지로 인식할 수 있고, 나머지 선지를 빠르게 확인한 후 답을 고를 수 있어, 역시 선지부터 본다.

[방법 2]

❶ 발문을 확인한다.

발문을 먼저 확인한다. 이 문제는 밑줄 친 내용의 원인과 관련하여 옳지 않은 선지를 찾는 문제이다. 문제나 선지 옆에 X표시를 해서 적절한 것을 고르는 실수를 방지할 수 있다.

❷ 자료를 보며 내용을 파악한다.

선지를 먼저 읽고 자료에서 선지 키워드를 찾아서 문제를 해결할 수도 있으나, 문제 유형이나 개인의 선호에 따라 자료를 전체적으로 읽고 선지를 해결하는 것이 쉬울 수도 있다. 자료를 전혀 읽지 않고 바로 선지를 보면 선지 키워드를 추리기 힘들기 때문이다. 이 문제에서는 밑줄 친 내용의 원인으로 적절하지 않은 것을 묻고 있으므로 읽다가 밑줄 친 내용이 나오면 이를 확인하고 이후에 자료를 읽을 때 고려해서 읽는다.

❸ 선지를 판단한다.

선지를 판단하는 중간에 정답이 도출되었다면 이후 남은 선지를 더 보지 않고 다음 문제로 넘어간다.

[방법 3]

❶ 발문을 확인한다.

밑줄 친 내용의 '원인'을 찾아야 함을 인지하고 적절하지 '않은'에 X표시한다.

❷ 밑줄 친 내용이 무엇인지 확인한다.

지문을 처음부터 보는 것이 아니라 바로 밑줄 친 부분으로 간다. 소비자 후생과 시장 효율성을 저해하는 것의 원인을 찾아야 함을 인지한다.

❸ 선지를 확인한다.

선지를 보면서 소비자 후생과 시장 효율성을 저해하는 원인으로 선지 ①~⑤의 내용이 나올 것을 인지한다. 이때 많은 시간을 쓰지 않도록 주의하며 3~4초 내로 끊는다.

1.~3.의 과정은 지문을 전략적으로 한번에 읽어내려가기 위한 목표를 세우는 과정이다. 지문이 눈앞에 먼저 보인다고 해서 무작정 지문부터 읽어서는 곤란하다. 결국 문제가 묻는 것을 찾기 위해 다시 읽는 일이 발생하기 때문이다.

❹ 전체적인 문제의 구조를 확인한다.

첫 번째 문제를 확인한 뒤, 지문으로 들어가기 전에 가능하다면 두 번째 문제까지 간단히 체크한다. 첫 번째 문제를 해결하기 위해 지문을 읽으면서 두 번째 문제의 선지도 몇 개는 같이 해결될 수 있기 때문이다. 이때는 문제를 꼼꼼히 확인하는 것이 아니라 발문과 문제가 요구하는 것 정도만 3초 내로 체크한다. 발문에서는 '적발'에 관해 묻고 있으며 상자에서 크게 보이는 괄호 역시 '적발 후'와 '제언' 등을 묻고 있다. 이를 통해 두 번째 문제는 지문의 뒷부분에 해당할 것임을 추론할 수 있다. 덧붙여 여기까지 추론하지 않더라도 일반적으로 한 지문에 문제가 두 개가 있는 경우, 지문의 앞부분과 뒷부분을 나누어 낼 것이라고 예상할 수 있다. 물론 항상 적용되는 것은 아니지만 많은 문제를 풀면서 이러한 예측과 감을 가지고 문제를 접한다면 지문을 읽을 때에도 더 전략적으로 읽을 수 있다.

❺ 지문을 처음부터 읽되, 첫 번째 문제가 해결되는 부분까지만 읽고 선지를 판단한다.

앞의 추론을 통해 첫 번째 문제는 전반부에서 해결될 가능성이 크다. 위 지문은 크게 카르텔에 대해 설명하는 1~4문단, 이에 대한 해결을 설명하는 5~7문단으로 구성될 것이다. 이는 사후적 해설이 아닌, 두 번째 문제의 정보와 문단의 구성을 통해 지문을 읽는 중간에 예측할 수 있는 정보이다. 따라서 4문단까지만 읽고 첫 번째 문제를 해결하러 내려가거나, 중간이라도 읽다가 처음에 확인했던 선지의 키워드나 정보가 나온다면 내려가서 바로 선지를 제거한다. 이처럼 중간중간 바로 해결하는 방식은 끝까지 읽은 뒤 내용을 잊고 다시 읽는 일을 방지함으로써 시간을 절약할 수 있을 뿐만 아니라, 기억에 의해서만 선지를 고르는 불확실한 상황을 줄이고 정확한 근거에 따라 선지를 제거할 수 있다는 장점이 있다. 또한 지문에서의 정확한 근거로 답을 골랐으므로 선지 ⑤까지 모두 확인하지 않더라도 확신을 갖고 곧바로 다음 문제로 넘어갈 수 있게 한다. 본 합격생은 위의 방법을 통해 시간을 많이 단축할 수 있었다.

위의 방법은 발췌독이 아닌 지문 전체를 읽는 방법이다. 따라서 발췌독이 오히려 정답률을 떨어뜨리거나 불안한 사람, 문단 구조 파악과 글을 읽는 속도가 비교적 빠른 사람들에게 추천한다. 위의 방법은 지문 전체를 읽는 것이므로 미리 문제에서 정보와 키워드를 뽑아서 목표 의식을 갖지 않는다면 오히려 시간을 더 많이 잡아먹는 방법이 될 수 있다. 다양한 방법을 시도하며 자기에게 맞는 방법을 찾고 연습해보길 추천한다.

합격자의 시간단축 Tip

Tip ❶ 부합하는 것, 부합하지 않는 것 외에 알 수 없는 것이 나올 가능성을 생각한다.

이 문제는 사실 글의 내용과 부합하지 않는 것을 묻는 문제와 동일한 문제이다. 따라서 자료와 부합하는 것은 답이 아니고, 부합하지 않는 것이 답인 것은 자명하다. 그렇다면 글에서 알 수 없는 것은 답이 될 수 있는가? 그렇다. 알 수 없는 것 역시 글의 내용과 부합하지 않기 때문이다. 선지의 내용이 글에서 알 수 없는 내용임에도 불구하고 억지로 근거를 찾으려 들 생각을 버리자. 다른 선지들은 글에서 근거를 찾을 수 있다면 도저히 글에서 근거를 찾을 수 없는 선지가 정답이 될 수 있다. 따라서 자료와 부합하는지 부합하지 않는지 판단하기 어려운 선지가 나오면 일단 넘어가고 다른 선지의 정오를 판단하는 것이 시간 단축에 유리하다.

Tip ❷ 열린 선지에 주목한다.

열린 선지란 '~한다', '~가 아니다'와 같이 단정적인 내용이 아닌 '~할 수 있다', '~중 하나이다'처럼 명제 자체가 옳을 가능성이 높은 선지를 말한다. 이런 선지는 단정적인 선지에 비해 비교적 옳은 선지일 가능성이 높다.

따라서 옳은 선지일 수 있다는 가능성에 초점을 맞추고 발췌독하면 효율적인 경우가 많다.

Tip ❸ 키워드 뽑는 방법

발췌독하기 위해서는 생소한 키워드를 뽑아야 한다. 일반적인 단어를 키워드로 삼으면 지문에서 자주 등장하기 때문에 효율적인 발췌독을 하기 어렵다. 보통 키워드를 뽑을 때 맨 앞에 있는 주어를 선정하는 경우가 많다. 그러나 이는 상황에 따라 비효율적이다. 모든 선지의 주어가 같은 경우도 있고, 주어보다 서술어나 목적어가 더 생소한 경우가 많기 때문이다. 키워드를 뽑는 목적은 지문을 빠르게 발췌독하기 위함이고, 이를 위해 주어뿐만 아니라 모든 단어에 대해 가능성을 열어 두어야 함을 기억하자.

해당 문제의 경우 선지 ①은 '생산량 제한', 선지 ②는 '경쟁이 없다', 선지 ③은 '시장 진입', 선지 ④는 '시장을 나눈다', 선지 ⑤는 '연구개발 속도'를 키워드로 삼을 수 있다.

Tip ❹ 답이 나오면 넘어간다.

이와 같은 문제의 경우 중간에 답이 나왔다면 넘어가는 것이 좋다. 좀 더 확실하게 하기 위해 남은 선지의 정오도 판단하려고 한다면 시간이 더 걸릴 수 있다. 일례로 이후 선지를 판단하는 과정에서 적절하지 않은 선지라 생각되는 것이 또 나온다면 어디에서 실수했는지 확인하는 과정을 또 거쳐야 한다. 이 경우 시간적으로도, 심리적으로도 좋지 않기 때문에 자신이 했던 판단을 믿고 정답 선지를 찾았다면 다음 문제로 넘어갈 수 있어야 한다. 다만, 본인이 확신을 가지고 선택한 선지여야 하며, 답을 찾을 때 되도록 정확한 근거를 바탕으로 도출해야 한다.

Tip ❺ 4개의 선지만을 판단하여 정답을 도출할 수 있다.

만약 본인이 판단하기 어려운 선지가 있거나 시간이 오래 걸릴 것 같은 선지가 있다면 넘어간 후 나머지 4개의 선지를 판단하면 된다. 넘어간 선지가 답이라면 4개의 정오를 판단하여 답을 도출할 수 있고, 넘어간 이후 답이 도출된다면 건너뛴 선지는 살펴보지 않고 답을 도출할 수 있다. 해당 문제 선지 ②를 판단할 때, 경쟁이 없다기보다 제한되는 거 아닐까 하는 생각에 확신하지 못하고 일단 다음 선지로 넘어갔는데, 이후에 답을 확인할 수 있었다.

Tip ❻ 가진 상식을 활용하여 문제에 접근한다.

문제를 풀 때 기본은 주어진 자료의 내용에 근거하는 것이다. 다만 선지의 정오를 확실히 판단하기 전에 자신이 가진 상식을 활용하여 어떤 선지를 먼저 확인할 것인지, 어떤 정도로 확인할 것인지 결정할 수 있다. 이 문제의 경우 카르텔이 기업 간 독과점이라는 사실을 미리 알고 있다면 선지 ③이 어딘가 이상하다는 것을 알 수 있다. 그렇다면 선지 ③의 근거를 확인하는 식으로 문제를 풀면 빠르게 해결할 수 있다.

Tip ❼ 유하게 판단하기

항상 글에 있는 표현으로만 선지가 구성되는 것은 아니다. 따라서 글에 없는 표현이더라도 글에 있는 표현과 유사한 표현이거나 글의 의도에 부합한다고 볼 수 있다면 유하게 정오를 판단해야 한다. 선지 ①에서 글에 '생산량 제한'은 있는데 '희소성'에 대한 언급이 없어서 과연 맞는 선지인지 의문이 들 수 있다. '공급 부족'은 '희소성'과 같은 맥락이라 볼 수 있으므로 옳다.

06 정답 ④ 난이도 ●●○

의사소통능력_개념의 이해 및 활용

접근전략 첫 번째 문제를 해결하며 전체 지문을 읽고 이해한 뒤, 구체적 사례에 적용하며 밑줄 친 내용의 결과나 빈칸을 추론하는 문제다. 단순한 내용일치 문제보다는 지문에 대한 이해가 필요하며 사례에서 선지에 해당하는 부분이 나오면 바로 선지를 판단한다.

다음은 국내에서 카르텔로 적발된 기업 A, 기업 B, 기업 C에 대해 조사한 뒤 작성한 보고서 내용의 일부이다. 밑줄 및 빈칸 ㉠~㉤에 대해 바르게 이해하지 못한 것은?

1. 사례 적발 배경
   공정거래위원회는 시장 내 의약품 가격의 급격한 상승과 특정 지역에서의 공급 부족 문제를 조사하면서 국내 제약시장 점유율의 80%를 차지하고 있는 A, B, C 세 개 제약회사의 담합에 대한 단서를 포착하였고 세 기업의 내부 문서와 이메일 기록을 통해 담합 사실을 확인하였다.
2. 담합의 주요 내용
   (1) 가격 담합: 세 기업은 주요 치료제와 백신의 가격을 인상하기로 합의하고, 최저 가격을 설정함으로써 서로 가격 경쟁을 하지 않기로 결정했다.
   (2) 시장 분할: 세 기업은 ○○국 내 ㉠ <u>지역별로 시장을 나누어 특정 지역에서는 특정 기업만이 주요 병원 및 약국에 독점적으로 제품을 공급하기로</u> 하였다.
   (3) 공급 제한: 세 기업은 생산량을 제한하여 의약품의 공급을 인위적으로 축소하였다.

3. 적발 후 조치: (㉡)

4. 제언

(1) 단기적 제언

－가격 투명성 강화: ㉢ 의약품 가격 결정 과정을 투명하게 공개하도록 의무화해야 한다.

－감시 시스템 강화: 시장 내 기업 간의 비공식적인 협의나 담합을 감시할 수 있는 모니터링 시스템을 구축하여야 한다.

－소비자 보호 정책 도입: (㉣)

(2) 장기적 제언

－R&D 투자 유도: ㉤ 연구개발에 대한 지원 및 세제 혜택을 늘려야 한다.

① ㉠으로 인해 일부 지역에서는 치료제의 부족으로 환자가 적시에 치료받지 못하는 상황이 발생할 수 있다.

→ (○) 생산량을 제한하여 인위적으로 공급 부족을 초래함으로써 가격을 상승시킨다[3문단(2)]. 카르텔로 특정 기업이 독점적으로 제품을 공급하는 경우 생산량이 제한되므로 일부 지역에서는 치료제가 부족해 환자가 적시에 치료받지 못하는 상황이 발생할 수 있음을 추론할 수 있다. 옳은 선지다.

② ㉡에는 A, B, C 세 기업에 대한 과징금 부과 및 각 기업의 최고경영자(CEO)에 대한 고발이 포함될 수 있다.

→ (○) 공정거래위원회는 기업 간의 담합 행위를 감시하고 적발 시 기업에게는 시정명령과 함께 과징금을 부과 및 고발 조치가 이루어질 수 있다. [5문단(4)]에서 적발 후 조치로 과징금 부과 및 고발 조치를 언급하고 있다. 고발 조치 대상이 특정 직위 혹은 주체로 정해진 것은 아니므로 옳은 선지다.

③ ㉢은 소비자와 의약품 시장에의 참여자들이 가격 형성에 대해 잃은 신뢰를 회복할 수 있는 방안이 될 것이다.

→ (○) 시장에서의 공정성을 훼손함으로써 경제 시스템 전반에 대한 신뢰를 떨어트린다. [7문단 (2)]에서 카르텔은 소비자의 경제 시스템에 대한 신뢰를 떨어트림을 알 수 있다. 카르텔은 일반적으로 독과점 시장에서 발생하는데, 이는 소수의 기업이 시장을 지배하거나 통제할 수 있는 환경에서 이루어지기 쉽기 때문이다. [1문단 (2)]를 보면 카르텔에 의해 시장이 통제되는 상황에서 의약품 가격 결정 과정을 투명하게 공개하는 것은 소비자와 의약품 시장의 참여자들이 가격 형성에 대해 잃은 신뢰를 회복할 수 있는 방안이 될 수 있다. 옳은 선지다.

④ ㉣에는 필수 의약품에 대한 제약회사의 가격 인상을 금지하여 카르텔의 형성을 원천적으로 봉쇄하는 방안이 포함될 수 있다.

→ (×) [2문단]에 따르면 필자는 자유 경쟁 시장에서의 수요와 공급의 균형이 사회적 후생 및 시장의 자원 배분 효율성을 극대화한다는 고전 경제학을 근거로 가격을 인위적으로 조절하는 카르텔을 비판하고 있다. 또, 카르텔은 자유 시장 질서를 위협하는 동시에 경쟁의 기본 원칙을 훼손하기 때문에 전 세계적으로 이를 규제하려는 다양한 법적 조치와 정책들이 시행되고 있다. [5문단 (1)]에 따르면 다양한 법적 조치와 정책들은 자유 시장 질서와 경쟁의 기본 원칙을 지키기 위하여 세계적으로 이루어지고 있다. 그런데 ㉣과 같이 국가가 개입하여 가격의 인상을 금지하는 정책은 카르텔과 마찬가지로 가격을 인위적으로 조절하는 것이므로 사회적 후생 및 자원 배분 효율성을 저해하는 방안이다. 이는 자유 시장 경쟁을 지키는 정책이라 할 수 없으며 필자의 입장과도 배치되므로 옳은 방안이라 보기 어렵다. 틀린 선지다.

⑤ ㉤은 경쟁력 있는 제품 개발을 위한 자금을 정부에서 지원함으로써 궁극적으로 건전한 경쟁을 촉진하고자 함에 그 목적이 있다.

→ (○) 기업들 간에 시장을 분할하거나 주요 고객층을 나누어 경쟁을 피하기도 하고, 특정 기술의 사용을 제한하거나 연구개발 속도를 조정하기도 한다. [3문단 (3)]을 보면 카르텔은 연구개발 속도를 제한할 수 있다. 즉, 의약품 시장에서의 카르텔은 연구개발보다는 가격 협상에 집중하게 만들 수 있다. 이때, 정부에서 의약품 개발에 필요한 R&D 자금에 대한 저리대출이나 세금 공제, 초기 자금 지원 등의 정책을 도입하는 것은 궁극적으로는 연구개발을 장려함으로써 경쟁력 있는 제품을 바탕으로 건전한 경쟁을 유도하기 위함이라고 볼 수 있다. 옳은 선지다.

합격자의 실전 풀이 순서

[방법 1]

❶ 문제를 확인한다.

바르게 이해하지 '못한 것'을 고르는 문제이므로 선지 옆에 X 표시를 하여 바른 것을 고르는 실수를 하지 않도록 한다.

❷ 선지 하나하나 확인하며 자료를 읽는다.

전체적인 자료의 내용을 파악한 후 선지를 판단해야 하는 문제가 아닌, 각각의 밑줄 혹은 빈칸에 대한 내용을 개별 선지에서 다루고 있으므로 ㉠~㉤이 나올 때 이에 해당하는 선지를 판단한다.

❸ **고민되는 선지 중 판단하기**

선지 ②와 선지 ④가 고민되었는데, 선지 ②는 최고경영자에 대한 형사고발로 단정할 수 있을까 하는 생각이었고, 선지 ④는 가격 인상 금지가 소비자 보호 정책으로 적합한가 싶었기 때문이다. 이 중 선지 ②는 CEO에 대해서만 형사고발을 하는 것이 아니라 형사고발을 할 수 있는 사람 중 한 경우로 나온 것일 뿐이므로 선지 ④를 답으로 판단한다.

[방법 2]

❶ **발문을 확인한다.**

문제에서 묻는 것이 무엇인지 확인한다. 밑줄과 빈칸을 확인한다. 바르게 이해하지 '못한 것'을 묻고 있으므로 문제 또는 선지 옆에 X표시를 하여 실수를 막을 수 있다.

❷ **선지를 판단한다.**

특히 빈칸의 경우 어떤 내용이 들어가는 자리인지 먼저 확인하고 정오를 판단한다. 선지의 내용이 자료와 부합하는지는 물론이고 해당 빈칸이 보고서에서 어떤 내용을 담고 있어야 하는지 이중으로 확인해야 하기 때문이다.

❸ **의심스러운 선지 먼저 확인한다.**

이 문제는 앞 문제를 풀고 나서 풀 가능성이 높다. 따라서 앞 문제를 풀면서 자료를 읽고 카르텔, 규제 등에 대해서 어느 정도 알게 된다. 선지를 전체적으로 읽고 의심이 가는 선지만 골라서 확인한다. 이 문제의 경우 선지 ②, ④가 자료를 통해 도출할 수 있는지 다시 한번 확인한다.

[방법 3]

❶ **발문과 문제를 다시 간단히 확인한다.**

바르게 이해하지 '못한' 이므로 선지 옆에 X 표시를 필수로 한다. 우리는 첫 번째 문제를 풀 때 두 번째 문제를 미리 확인했었다. 따라서 목표를 상기하기 위하여 다시 문제를 보지만 빠르게 확인한다. 아까 본 바와 같이 적발 후 조치와 제언을 위주로 지문을 읽어야 함을 인지한다.

❷ **5문단부터 이어서 지문을 읽되, 중간중간 선지를 바로 판단한다.**

지문을 읽으며 문제에서 목표했던 조치나 제언이 나온다면 바로 내려가서 문제를 푼다. 필자는 5문단에서 적발 조치가 나온 것을 확인하여 5문단까지 읽고 선지 ①, ②를 판단했다. 개인적으로 ①은 한눈에 판단하기는 어려워 보류하였지만 ②는 빠르게 제외할 수 있었다. 참고로 본 문제는 내용일치 문제보다는 한 단계 더 나아가 내용을 이해하여 추론해야 하는 문제이다. 지문을 읽으며 중간에 내려가서 선지를 판단하는 방식은 주로 내용일치 문제를 빠르게 해결하는 것에 최적화된 방법이다. 지문을 읽는 중간에 계속 선지를 판단하는 것은 아무래도 지문의 내용 이해에 방해가 될 수 있기 때문에 빨리 해결할 수 있는 간단한 것만 해결하고 오는 것이 중요하다. 따라서 좀 더 생각한다면 ①도 해결할 수 있었겠지만 한눈에 판단되지 않았다면 생각이 더 필요한 선지일 것이므로 우선 보류하고 빠르게 다음으로 넘어가는 방식으로 운영한다. 6, 7 문단은 상대적으로 짧고 내용이 간단하므로 끝까지 읽고 나머지 선지를 판단하였다. 어디까지 읽고 선지를 확인하러 갈지, 선지 판단에 어느 정도의 시간을 투입할지는 정답이 없으므로 많은 문제를 풀어보며 자신에게 최적인 방법을 찾는 것을 추천한다.

합격자의 시간단축 Tip

Tip ❶ 답이 나오면 넘어가기

이와 같은 문제의 경우 중간에 답이 나왔다면 넘어가는 것이 좋다. 좀 더 확실하게 하기 위해 남은 선지의 정오도 판단하려고 한다면 시간이 더 걸릴 수 있다. 일례로 이후 선지를 판단하는 과정에서 적절하지 않은 선지라 생각되는 것이 또 나온다면 어디에서 실수했는지 확인하는 과정을 또 거쳐야 한다. 이 경우 시간적으로도, 심리적으로도 좋지 않기 때문에 자신이 했던 판단을 믿고 정답 선지를 찾았다면 다음 문제로 넘어갈 수 있어야 한다. 다만, 본인이 확신을 가지고 선택한 선지여야 하며, 답을 찾을 때 되도록 정확한 근거를 바탕으로 도출해야 한다. 만약 확신이 안 든다면 일단 보류하고 넘어간 후 다른 선지를 판단해도 괜찮다.

Tip ❷ 4개의 선지만을 판단하여 정답을 도출할 수 있다.

만약 본인이 판단하기 어려운 선지가 있거나 시간이 오래 걸릴 것 같은 선지가 있다면 넘어간 후 나머지 4개의 선지를 판단하면 된다. 넘어간 선지가 답이라면 4개의 정오를 판단하여 답을 도출할 수 있고, 넘어간 이후 답이 도출된다면 건너뛴 선지는 살펴보지 않고 답을 도출할 수 있다.

Tip ❸ 가진 상식을 활용하여 문제에 접근한다.

문제를 풀 때 기본은 주어진 자료의 내용에 근거하는 것이다. 다만 선지의 정오를 확실히 판단하기 전에 자신이 가진 상식을 활용하여 어떤 선지를 먼저 확인할 것인지, 어떤 정도로 확인할 것인지 결정할 수 있다.

07 정답 ⑤ 난이도 ●●○

의사소통능력_논리적 추론

접근전략 이 문제처럼 숫자와 함께 각 파트의 제목이 있는 경우, 지문을 처음부터 다 읽고 문제를 풀기보단 각 파트의 제목부터 읽고 내용과 위치를 파악한 후 선지로 내려가 필요한 부분을 발췌독한다.

다음 상품설명서를 읽고 이해한 내용으로 적절한 것은?

ㅁㅁ은행 그룹통장 상품설명서

1. 가입대상: 17세 이상 실명의 개인
2. 기본금리: 연 0.1%
3. 이자계산방법: 매일의 최종잔액에 약정된 기본금리를 적용하여 계산한 매일의 이자를 합산하여 이자지급일(매월 1일)에 지급합니다.
4. 용어의 정의
   - "그룹장"이란 ㅁㅁ은행 그룹통장을 최초로 개설한 자로, 그룹장의 변경은 불가합니다.
   - "그룹원"이란 ㅁㅁ은행 모바일앱을 설치하고 회원가입을 한 고객으로, 기존 이용자로부터 그룹초대를 받고 ㅁㅁ은행 그룹통장 서비스 참여에 동의한 자를 말합니다. 그룹원은 그룹통장의 거래내역, 잔액 등의 정보 조회가 가능하며 그룹통장에서 이체 및 출금거래와 그룹통장을 결제계좌로 한 ㅁㅁ은행 그룹카드 발급이 불가합니다.
   - "공동명의자"라 함은 다음의 사람을 말합니다.
     - 그룹장
     - 그룹원 중 실명확인절차를 거쳐 그룹통장에서 이체 및 출금거래가 가능하며 그룹카드를 발급할 권한을 부여받은 자(그룹원이 공동명의자가 되기 위해서는 공동명의자 전원의 동의를 얻어야 합니다. 그룹원이 공동명의자가 되기 위해서는 본인 명의의 ㅁㅁ은행 계좌를 보유해야 합니다.)
5. 거래절차
   - 그룹통장은 공동명의자 각자 청구에 의해 전액 또는 일부를 지급합니다.
   - 그룹통장의 공동명의자는 각자 명의의 그룹카드를 발급받을 수 있습니다.
   - 공동명의자는 본인이 원하는 경우 공동명의자에서 탈퇴가 가능합니다. 공동명의자에서 탈퇴한 자는 그룹원으로 그룹통장에 계속해서 참여할 수 있습니다.
   - 그룹통장의 계좌해지는 그룹장이 할 수 있으며, 공동명의자 및 그룹원의 자발적인 그룹통장 나가기 또는 그룹원 내보내기 등으로 그룹원이 없는 상태에서만 가능합니다.
6. 압류
   - 공동명의자의 일부 또는 전부에 대하여 (가)압류명령이 송달된 때에는 그룹통장의 공동명의자 일부 또는 전부에 대해 들어온 (가)압류에 해당하는 금액을 (가)압류하며, ㅁㅁ은행은 공동명의자가 있는 상태에서 그룹통장에 관한 채권이 일부라도 (가)압류될 경우, 피공탁자를 공동명의자 전원으로 하여 그룹통장 예치금 전액을 공탁할 수 있습니다.
   - 이 통장에 압류 등 거래제한 사유가 발생하였을 때에는 그 사유가 해소될 때까지 공동명의자를 추가할 수 없습니다.
   - 그룹통장의 서비스에서 탈퇴하고자 하는 공동명의자가 본인으로부터 발생한 압류, 금융사고 등으로 인해 그룹통장의 거래가 제한된 경우 또는 본인이 발급한 그룹카드가 연체 상태인 경우 해당 공동명의자는 공동명의자에서 탈퇴할 수 없습니다.
7. 이자소득의 귀속
   모임통장에서 발생한 이자소득 및 원천징수는 그룹장에게 귀속합니다.

① **2025년 4월 그룹통장의 잔액이 매일 1,000만 원이었다면 5월 1일 이자지급액은 10만 원이다.**

→ (×) 상품설명서에 따르면 ㅁㅁ은행 그룹통장의 이자는 매일의 최종잔액에 연 0.1%의 기본금리를 적용하여 매일 이자를 계산하고, 이를 합산하여 매월 1일에 지급한다. 이자 계산식을 세우면,

- 일일 이자율=연이율 0.1%÷365
  ≒0.00000274
- 일일 이자=10,000,000원×0.00000274
  =27.4원
- 4월 한 달(30일)의 이자는 27.4원×30
  = 822(원)

따라서 5월 1일 지급될 이자는 10만 원이 아니라 약 822원이다. 틀린 선지다.

② **그룹장은 그룹통장의 개설, 그룹원 초대, 그룹원 내보내기, 그룹장 위임, 계좌해지 등의 권한을 지닌다.**

→ (×) 그룹장은 ㅁㅁ은행 그룹통장의 최초 개설자로, 그룹통장의 개설, 그룹원 초대, 그룹원 내보내기, 계좌해지 등의 권한을 가진다. 다만, 상품설명서에 따르면 그룹장의 변경은 불가능하다. 그룹통장의 계좌해지는 그룹장이 할 수 있으며, 이때 그룹원

이 모두 나가야만 해지할 수 있다. '그룹장 위임'에 대한 권한은 상품설명서에 언급되어 있지 않으므로 그룹장에게 이 권한이 있는지 알 수 없다. 틀린 선지다.

③ **공동명의자가 되기 위해서는 타인의 동의가 반드시 필요하지만 탈퇴를 원할 경우 본인의 의사에 따라 언제든 탈퇴할 수 있다.**
➜ (×) 공동명의자가 되기 위해서는 기존 공동명의자 전원의 동의를 얻어야 한다. 공동명의자는 본인의 의사에 따라 탈퇴할 수 있지만, 압류, 금융사고, 연체 상태인 경우 탈퇴가 제한된다. 따라서 "본인의 의사에 따라 언제든지 탈퇴 가능하다"는 설명은 조건부로 잘못된 설명이다. 틀린 선지다.

④ **그룹원은 그룹통장의 거래내역 및 잔액 정보 등의 조회가 가능하며 실명확인절차를 거친 자는 해당 그룹통장에 대하여 자신의 명의로 된 그룹카드를 발급받을 수 있다.**
➜ (×) 그룹통장의 거래내역 및 잔액 조회는 그룹원도 가능하다. 하지만 그룹카드를 발급받기 위해서는 공동명의자가 되어야 한다. 공동명의자가 되기 위해서는 실명확인절차 외에도 본인 명의의 □□은행 계좌를 보유하고, 기존 공동명의자 전원의 동의를 얻어야 한다. 따라서 단순히 실명확인절차를 거쳤다는 이유로 그룹카드 발급 권한이 주어지는 것은 잘못된 설명이다. 틀린 선지다.

⑤ **그룹장에 대하여 그룹장 외 그룹통장의 이체 및 출금거래가 불가능한 그룹원으로 구성된 그룹통장에 관한 채권이 전액 압류된 경우 □□은행은 그룹장을 피공탁자로 하여 그룹통장의 예치금 전액을 공탁할 수 있다.**
➜ (○) 공동명의자에는 그룹장과 그룹장을 제외한 공동명의자가 포함된다. 그룹장 외 그룹통장의 이체 및 출금거래가 불가능한 그룹원은 공동명의자가 아닌 일반 그룹원을 말한다. 따라서 그룹장 외 그룹통장의 이체 및 출금거래가 불가능한 그룹원으로 구성된 그룹통장에는 그룹장 외 공동명의자는 없다는 것을 의미한다. □□은행은 공동명의자가 있는 상태에서 그룹통장에 관한 채권이 일부라도 (가)압류될 경우, 피공탁자를 공동명의자 전원으로 하여 그룹통장 예치금 전액을 공탁할 수 있다. 따라서 그룹장에 대하여 해당 그룹통장에 관한 채권이 전액 압류된 경우 □□은행에서는 공동명의자 전원에 해당하는 그룹장을 피공탁자로 하여 그룹통장의 예치금 전액을 공탁할 수 있다. 옳은 선지다.

합격자의 실전 풀이 순서

[방법 1]

❶ **문제를 확인한다.**
'적절한 것'을 고르라고 했으므로 별도의 표시 없이 넘어간다.

❷ **상품설명서를 읽고 각 선지를 판단한다.**
모든 내용을 세세하게 파악하려 하기보단 큰 틀에서 각각의 항목이 어디 있는지를 확인하며, 선지의 정오를 판단한다.

[방법 2]

❶ **문제를 확인한다.**
상품설명서에 대한 이해를 묻는 문제다.

❷ **선지를 읽으면서 자료에서 해당 내용이 있는지 확인한다.**
각각의 선지에서 키워드를 뽑은 뒤에 자료에서 관련된 내용을 찾아 선지의 정오를 판단한다.

합격자의 시간단축 Tip

Tip ❶ 4개의 선지만을 판단하여 정답을 도출할 수 있다.
만약 본인이 판단하기 어려운 선지가 있거나 시간이 오래 걸릴 것 같은 선지가 있다면 넘어간 후 나머지 4개의 선지를 판단하면 된다. 넘어간 선지가 답이라면 4개의 정오를 판단하여 답을 도출할 수 있고, 넘어간 이후 답이 도출된다면 건너뛴 선지는 살펴보지 않고 답을 도출할 수 있다.
또한 해당 문제와 같이 선지 ⑤가 정답일 경우, 선지 ①~④를 확신을 가지고 판단했다는 가정하에 선지 ⑤에 대한 정오를 판단할 필요 없이 답으로 체크하고 넘어갈 수 있다.

Tip ❷ 계산이 지나치게 단순한 선지는 의심한다.
선지 ①의 경우 1,000만 원에 연이자 0.1%를 단순히 곱하여 도출된 1만 원이 제시되어 있다. 월 이자를 구체적으로 계산하지 않더라도 연이자를 단순히 곱해서 계산한 값이 답으로 도출된 경우 함정이 있을 수 있음을 생각하고 정오를 판단한다.

선지 ② 그룹장의 권한이 5가지나 제시되고 있고, 권한이 명시적으로 서술되어 있지 않아 시간이 오래 걸릴 수 있다. 판단이 애매한 것은 일단 넘기고 '그룹장 위임'과 같이 분명하게 적절하지 않은 것이 있는지 찾자.

선지 ③ '언제든'이라는 표현에 주의할 필요가 있다. 이는 매우 강한 표현으로, 예외가 하나도 없어야 하는데, 대부분의 경우 예외가 있는 경우가 많기 때문이다. 해당 문제의 경우에도 압류, 금융사고, 연체 상태인 경우 등과 같이 탈퇴가 제한되는 경우가 있다. 마찬가지 맥락에서 ~할 가능성이 있다는 정도로 제시된 선지는 답이 될 가능성도 높다. 선지 ⑤가 그렇다.

08 정답 ④ 난이도 ●●●

의사소통능력_논리적 추론

접근전략 지문의 내용을 이해하고 사례에 적용하는 문제이다. 개선안 마련을 위한 간담회 내용이 제대로 된 것인지 판단해야 하므로 글을 읽을 때 부족한 부분, 미흡한 부분이 어떤 것들이 있는지에 초점을 맞춰 읽은 뒤, 정답을 도출한다.

다음 글의 내용을 바탕으로 하여 포인트 운영제도의 개선안 마련을 위해 관련자들이 모여 진행한 간담회의 내용이 아래와 같을 때, 그 대화 내용으로 적절하지 않은 것은?

(1)적립식 포인트는 소비자와 사업자 간 물품 등의 매매계약과는 별도로, 그로 인해 적립되는 포인트의 이용에 관한 계약이 체결됨으로써 인정되는 채권, 즉 소비자의 재산권이라고 할 수 있다. (2)하지만 그동안 소비자들이 애써 모은 포인트가 사용되지도 못한 채 사라지는 문제가 지적되어 왔고, 이렇게 소멸되는 포인트가 유통업(대형마트, 편의점 등) 분야에서만 매년 132억 원으로 추산되는 등 국민 생활경제 측면에서의 손실이 매우 컸었다. ▶ 1문단

(1)대형마트·편의점·외식 등 국민 일상생활에서 이용 빈도가 높은 8개 업종의 적립식 포인트 정책에 대한 실태조사 결과에 따르면 최근 약 4년간 포인트 관련 소비자 피해 사례는 매년 꾸준히 증가하는 추세에 있었다. (2)포인트 관련 피해 유형 중 약 40%를 차지하는 것은 '포인트 소멸'이었고, 포인트 소멸 사유를 확인한 결과 약 74%가 소멸 고지 미흡으로 나타났다. ▶ 2문단

(1)조사 대상 포인트 운영정책의 62%는 소멸시효를 1~3년 정도로 규정하고 있었는데, 유효기간이 5년인 상법상 상사채권의 소멸시효와 비교해 보면 상대적으로 짧은 편이다. (2)또 조사 대상 포인트 운영정책의 92%는 포인트 소멸 전 포인트의 소멸 사실을 사전에 고지하는 절차 등이 미흡한 것으로 드러났다. (3)특히 소멸 사전고지와 관련하여 조사 대상 중 22%의 정책은 포인트 약관에 포인트 소멸 전 소비자에 대한 사업자의 사전 고지의무 규정 자체가 없었다. (4)한편 포인트 소멸에 대한 사전고지 규정이 있더라도 고지 방식이 불명확하거나 '이메일 고지'와 같이 고지 수단을 한 가지의 방법으로만 규정한 것이 약 72%에 달하여 소비자가 포인트 소멸 예정 사실을 제대로 인지하지 못할 우려가 높았다. ▶ 3문단

(1)포인트 소멸 사전고지가 포인트 소멸 직전에 임박하여 이루어진다는 문제점도 드러났다. (2)사전고지 규정이 있는 포인트 운영정책 중 약 27%는 포인트 소멸 전 30일 미만의 기간에 소비자에게 소멸 고지를 하도록 규정하고 있었고, 약 5%는 명확한 기준 시점을 규정하지 않았다. (3)41%의 정책은 소멸일로부터 1개월 전부터 고지하도록 하였고, 매월 정기적으로 잔여포인트를 고지하는 정책도 약 21% 존재하였다. ▶ 4문단

〈간담회 발언 내용 일부〉

- ○○마트 대표자: 저희 유통업계는 다른 업종보다도 특히 소비자들의 일상생활과 밀접한 관련이 있습니다. ㉠ <u>포인트를 사용하는 고객층이 광범위한 만큼 유효기간의 연장을 통해 소비자 혜택을 실질적으로 높이는 방안을 제안합니다</u>.
- △△편의점 대표자: 저도 동의합니다. ㉡ <u>고객이 적립한 포인트 또한 소비자의 재산권으로 인정될 수 있는 만큼, 상법상 상사채권의 소멸시효에 준하여 유효기간을 설정하면 적립식 포인트의 법적 성질에 대한 소비자-사업자 간 분쟁도 줄일 수 있을 것입니다</u>.
- □□카페 대표자: 유효기간 연장은 저희와 같은 가맹사업자들에게는 가맹점주들과의 이해관계 조율이 필요한 문제입니다. 저는 포인트의 소멸에 대한 사전고지 정책이 더 시급하다고 생각합니다. ㉢ <u>포인트 소멸에 대한 사전고지를 고객들이 쉽게 알 수 있는 방법으로 명확하게 하여 잊고 있던 자신의 권리를 행사할 수 있도록 조치해야 합니다</u>.
- ◇◇쇼핑 대표자: 맞습니다. ㉣ <u>저희도 그 의견을 반영하여 약관에 포인트 소멸 전 사전고지의무 규정을 추가하고 앱 푸시 단일 채널을 이용해 고객들에게 포인트 소멸에 대해 사전고지를 실시할 계획을 마련하고 있습니다</u>.
- ☆☆시네마 대표자: 사전고지 시기 역시 고려해야 합니다. ㉤ <u>소비자의 권리를 실질적으로 보호하기 위해서는 포인트 소멸 사전고지 이후에도 충분한 사용기간이 보장되어야 하므로 포인트 소멸일 기준 수개월에 걸쳐 여러 차례 고지하는 방안도 생각해볼 수 있겠습니다</u>.

① ㉠

→ (O) 조사 대상 포인트 운영정책의 62%는 소멸시효를 1~3년 정도로 규정하고 있었는데, 유효기간이 5년인 상법상 상사채권의 소멸시효와 비교해보

CHAPTER 6 실전모의고사 6회

면 상대적으로 짧은 편이다. [3문단 (1)]에서 유효기간이 짧은 것이 문제로 지적되고 있다. 옳은 선지다.

② ㉡

→ (○) 적립식 포인트는 소비자와 사업자 간 물품 등의 매매계약과는 별도로, 그로 인해 적립되는 포인트의 이용에 관한 계약이 체결됨으로써 인정되는 채권, 즉 소비자의 재산권이라고 할 수 있다[1문단 (1)]. 그럼에도 다수의 적립식 포인트는 그 운영정책에 따라 소멸시효가 상법상 상사채권의 소멸시효인 5년에 미달한 기간으로 규정되어 있다[3문단 (1)]. 만일 상법상 상사채권의 소멸시효에 준하여 포인트 유효기간을 규정하게 된다면 추후 적립식 포인트의 법적 성질(적립식 포인트가 실질적으로 상법상 상사채권에 해당할 수 있는지 등, 적립식 포인트가 상사채권에 해당한다면 소멸시효 5년이 적용되어야 하나 그에 미달하는 유효기간을 정한 경우 추가 조치가 필요함)에 대한 분쟁을 줄일 수 있을 것이다. 실제 소비자 피해 유형 중 40%를 차지한 것이 포인트 소멸이었던 만큼, 상법상 상사채권에 준하여 유효기간을 5년으로 설정할 경우 법적 분쟁 여지가 줄어들 수 있을 것으로 추론할 수 있다. 옳은 선지다.

③ ㉢

→ (○) '포인트 관련 피해 유형 중 약 40%를 차지하는 것은 '포인트 소멸'이었고, 포인트 소멸 사유를 확인한 결과 약 74%가 소멸 고지 미흡으로 나타났다.' 고 서술한 [2문단 (2)]에서 고지 미흡이 문제점으로 제기되고 있다. 또한 [3문단 (4)]에서 '포인트 소멸에 대한 사전고지 규정이 있더라도 고지 방식이 불명확하거나 '이메일 고지'와 같이 고지 수단을 한 가지의 방법으로만 규정한 것이 약 72%에 달하여 소비자가 포인트 소멸 예정 사실을 제대로 인지하지 못할 우려가 높았다.'고 한 바 고지 방법을 개선하면 소비자 권리를 행사하기 용이할 것이다. 옳은 선지다.

④ ㉣

→ (×) '한편 포인트 소멸에 대한 사전고지 규정이 있더라도 고지 방식이 불명확하거나 '이메일 고지'와 같이 고지 수단을 한 가지의 방법으로만 규정한 것이 약 72%에 달하여 소비자가 포인트 소멸 예정 사실을 제대로 인지하지 못할 우려가 높았다.' [3문단 (4)]에서 한 가지 방법으로 고지 수단을 규정한 것이 문제라고 지적하는데 해당 선지는 앱 푸시 "단일" 채널을 이용하므로 적절한 방법이라고 보기 어렵다. 틀린 선지다.

⑤ ㉤

→ (○) 포인트 소멸 사전고지가 포인트 소멸 직전에 임박하여 이루어진다는 문제점도 드러났다. [4문단 (1)]에서 짧은 기간으로 고지하는 것이 문제된 바 있다. 실제로 사전고지 규정이 있는 포인트 운영정책 중 약 27%는 포인트 소멸 전 30일 미만의 기간에 소비자에게 소멸 고지를 하도록 규정하고 있었고, 약 5%는 명확한 기준 시점을 규정하지 않았다[4문단 (2)]. 따라서 충분한 사용 기간을 보장하는 해당 선지는 옳은 선지다.

합격자의 실전 풀이 순서

[방법 1]

❶ 문제를 확인한다.
적절하지 않은 것을 골라야 하므로 선지 옆에 X표시를 하여 적절한 것을 답으로 체크하는 실수를 하지 않도록 한다.

❷ 글의 내용을 확인한 후 정답을 도출한다.
개선안 마련을 위한 간담회 내용이 제대로 된 것인지 판단해야 하므로 글을 읽을 때 부족한 부분, 미흡한 부분이 어떤 것들이 있는지에 초점을 맞춰 읽은 뒤, 정답을 도출한다.

[방법 2]

❶ 문제 구성을 파악한다.
발문과 간담회 구성을 보고, 간담회 발언이 자료와 잘 연결되는지 확인하는 문제임을 파악한다.

❷ 간담회 내용을 읽고 자료에서 해당 내용이 있는지 확인한다.
간담회 발언을 먼저 읽은 후 자료를 통해 정오를 판단한다. 특히 간담회 내용 중 소비자 권리 보호에 도움이 되지 않을 것 같은 선지 ㉣을 먼저 확인한다.

합격자의 시간단축 Tip

Tip ❶ 상반되는 표현이 있는 단어에 집중한다.

선지화 하기 좋은 상반되는 표현들은 알아두면 좋다. 문제에 등장할 때마다 정리해두고 반복해서 보다 보면 글을 읽을 때 좀 더 눈에 들어올 것이다. 선지 ④의 경우 '단일-다양'으로 생각할 수 있는데, 글의 내용에서는 한 가지의 방법으로만 규정한 것이 문제라 했으므로 단일한 채널이 아닌 다양한 채널을 통해 사전고지를 해야 함을 알 수 있다.

Tip ❷ 상식을 활용하여 문제에 접근한다.

적립식 포인트와 관련된 전문 상식을 의미하는 것이 아니라, 도덕적인 기준을 먼저 세우고 문제에 접근할 수도 있음을 의미한다. 간담회 발언을 먼저 보고, 적립식 포인트에 대한 소비자 권리가 적절히 행사될 수 있도록 하는 방안인지 생각한 다음 자료를 확인하는 식으로 문제에 접근하면 좋다. 선지 ㉠~㉤을 먼저 훑어본 후 ㉣의 '단일'에서 이상함을 느낀 후 그 부분만 자료를 통해 구체적으로 확인하고 답을 고르면 빠르게 문제를 해결할 수 있다.

Tip ❸ 밑줄 친 부분만 읽는다.

문제에서 중요하게 묻는 것은 밑줄 친 부분이다. 밑줄이 없는 문장은 대부분 단순히 내용을 연결하기 위한 상투적 표현인 경우가 많으므로 과감하게 밑줄만 읽는 것도 시간을 단축하는 방법이다. 본 문제도 밑줄 외 문장은 문제풀이에 전혀 필요하지 않았다.

09 정답 ❺

난이도 ●●○

의사소통능력_사례 선택

접근전략 내용을 읽고 선지의 각 사례에 적용하는 문제이다. 유사한 단어가 많으므로 상세한 단어의 차이를 유의하며 문제를 해결한다.

다음 자료를 바탕으로 할 때, 정상적인 거래의 일부로 볼 수 없는 것은?

마이트립 카드 해외 이용 수수료 면제 혜택 안내

1. 국제브랜드 수수료(1%) 및 해외 서비스 수수료(0.18%) 면제
   해외 이용 전표가 매입되면 국제브랜드 수수료, 해외 서비스 수수료가 면제된 금액으로 청구됩니다.
   - 국제브랜드 및 해외 서비스 수수료 면제 금액 한도는 없습니다.
2. 환율 100% 우대
   해외 이용 거래를 청구할 때 매매기준율(환율 100% 우대)을 적용합니다.
   - 환율 100% 우대 금액의 한도는 없습니다.
   - 전월 실적 미달인 경우 매매기준율이 아닌 전신환매도율*로 적용하여 청구됩니다.
   - 환율 100% 우대는 달러(USD) 기준으로 적용되며, 달러(USD) 이외 통화로 결제할 경우, 국제브랜드사가 정한 환율에 의해 달러(USD)로 환산 후 환산된 달러(USD) 금액에 해당 통화의 매매기준율이 적용됩니다.

   * 전신환매도율: 매매기준율에 환전수수료가 더해진 은행 고시 환율
3. 해외 ATM 이용 인출 수수료 및 국제브랜드 수수료 면제
   해외 ATM 인출을 이용할 경우, 해외 ATM 인출 이용 수수료(건당 3USD) 및 국제브랜드 수수료(1%) 면제 서비스가 제공됩니다.
   - 해외 ATM 이용 인출 수수료 면제 횟수 제한은 없습니다.
   - ATM 운용사가 부과하는 ATM의 이용 수수료가 부과될 수 있습니다.
   - 해외 ATM 인출 시 마이트립 카드에 연결된 외화인출계좌에 대상 통화 잔액이 있어야만 실시간 인출 거래가 가능합니다.
   - 해외 ATM 인출 한도는 월 최대 10,000USD입니다.
   - 해외 ATM 인출 시에도 국내와 동일하게 4자리 카드 비밀번호를 입력합니다.(단, 일부 해외 ATM에서 6자리 비밀번호를 요구할 경우에는 '4자리 비밀번호+00'을 입력합니다.)

※ 위 1~3의 혜택은 마이트립 카드의 전월 국내 이용금액 40만 원 이상인 경우 적용됩니다.

① 전월 마이트립 카드의 국내 이용금액이 40만 원인 고객 A: 최근 엔화 환전 결과 원화를 엔화로 직접 환전한 것과 비교할 때 금액에 차이가 있었습니다.

→ (O) 마이트립 카드의 전월 국내 이용금액이 40만 원 이상인 경우 환율 100% 우대 혜택이 주어진다. 이때 환율 100% 우대는 달러를 기준으로 적용되며, 달러 이외의 통화로 결제할 경우 국제 브랜드사가 정한 환율에 의해 달러로 환산 후 그 환산된 달러 금액에 해당 통화의 매매기준율이 적용된다. 따라서 이중 환전을 거치게 되므로 원화를 엔화로 직접 환전한 경우와 차이가 발생할 수 있다. 옳은 선지다.

② 전월 마이트립 카드의 해외 이용금액만 50만 원인 고객 B: 이번 달 해외에서 사용한 금액에 대해 해외 서비스 수수료가 청구되었습니다.

→ (O) 해외 서비스 수수료(0.18%) 면제 혜택을 적용받기 위해서 충족해야 할 조건은 마이트립 카드의 전월 국내 이용금액 40만 원 이상인 경우이다. 고객 B의 경우 전월 마이트립 카드의 '해외' 이용금액만 50만 원이므로 혜택을 적용받을 수 없다. 옳은 선지다.

③ 전월 마이트립 카드의 국내 이용금액이 30만 원인 고객 C: 이번 달 미국에서 ATM 인출을 3회 하였는데, 9USD를 초과하는 해외 ATM 이용 수수료가 부과되었습니다.

→ (O) 고객 C는 전월 이용 실적이 30만 원이므로

해외 ATM 인출 수수료 면제 혜택의 적용대상이 아니다. 따라서 해외 ATM 인출 시 수수료가 발생하는데, 이때 발생하는 수수료는 해외 ATM 인출 이용 수수료(건당 3USD), 국제브랜드 수수료(1%), ATM 운용사에서 부과하는 ATM 이용 수수료의 3종이다. 고객 C는 이 세 종류의 수수료 중 면제받을 수 있는 수수료가 없고, 미국에서 ATM 인출을 3회 하였으므로 건당 3USD가 부과되는 해외 ATM 인출 이용 수수료로만 9USD가 청구되며, 이 외 다른 수수료를 포함하면 9USD를 초과하는 수수료가 발생하는 것이 정상이다. 옳은 선지다.

④ 외화인출계좌에 1,000USD만 보유한 고객 D: 독일 ATM에서 유로화를 인출하려고 시도했고 비밀번호를 6자리를 요구하여 설정한 비밀번호+00을 입력했음에도 인출되지 않아 매우 불편했습니다.

➜ (○) 해외 ATM 인출 시 마이트립 카드에 연결된 외화인출계좌에 '대상 통화' 잔액이 있어야만 실시간 인출 거래가 가능하다. 고객 D의 경우 외화인출계좌에 보유한 통화는 달러인 반면, 인출을 원하는 통화는 유로화이므로 비밀번호 입력 규칙을 지켰더라도 현금을 인출할 수 없다. 옳은 선지다.

⑤ 전월 마이트립 카드의 국내 이용금액이 70만 원이고 외화인출계좌에 300,000USD를 보유한 고객 E: 미국의 ATM에서 이번 주에 3,000USD씩 인출을 4회 하였을 때 해외 ATM 이용 인출 수수료가 부과되었습니다.

➜ (×) 고객 E의 경우 전월 실적이 70만 원이므로 혜택의 적용 대상이다. 그러나 해외 ATM의 인출 한도는 월 최대 10,000USD이다. 고객 E는 3,000USD씩 인출을 4회 하였을 때 해외 ATM 이용 인출 수수료가 부과되었다고 하였으나, 1~3회째의 인출 금액은 해외 ATM 이용 인출 수수료가 면제되었을 것이고 4회째의 인출 금액은 12,000USD로 해외 인출 한도를 초과하므로 인출할 수 없다. 틀린 선지다.

합격자의 실전 풀이 순서

[방법 1]

❶ 문제를 확인한다.
정상적인 거래의 일부로 볼 수 없는 것을 골라야 하므로 선지 옆에 X표시를 하여 정상적인 거래를 답으로 하는 실수를 하지 않도록 한다.

❷ 크게 1, 2, 3의 혜택으로 나누어지므로 확실한 구분을 위해 1, 2, 3을 나누는 보조선을 긋는다.

❸ 자료를 파악한 후, 정답을 도출한다.
면제 및 한도, 예외 사항 등에 초점을 맞춰 자료를 파악하고, 선지를 판단한다.

[방법 2]

❶ 문제를 확인한다.
자료와 선지를 빠르게 훑어보면서 자료와 선지 구성을 파악한다. 특히 이 과정에서 각주(※)가 잘 보이게 체크한다.

❷ 각주가 적용된 선지 ②를 먼저 해결한다.

❸ 선지 중 ATM 이용과 관련된 선지가 3개이므로 이들의 정오를 먼저 판단한다.

합격자의 시간단축 Tip

Tip ❶ 4개의 선지만을 판단하여 정답을 도출할 수 있다.

만약 본인이 판단하기 어려운 선지가 있거나 시간이 오래 걸릴 것 같은 선지가 있다면 넘어간 후 나머지 4개의 선지를 판단하면 된다. 넘어간 선지가 답이라면 4개의 정오를 판단하여 답을 도출할 수 있고, 넘어간 이후 답이 도출된다면 건너뛴 선지는 살펴보지 않고 답을 도출할 수 있다.

Tip ❷ ※, 단서(예 다만, ~만) 표현에 유의한다.

기호 ※의 경우 유의해야 할 사항을 적어두는 경우가 많다. 해당 선지의 경우도 언급된 혜택이 '전월 국내 이용금액 40만 원 이상'인 경우에 한하여 적용됨을 보여주고 있으므로, 이를 유의해서 봤다면 선지 ②의 함정에 빠지지 않을 수 있다. 해당 표시와 유사하게, '다만', '~만'과 같은 표현도 유의해야 한다.

Tip ❸ ATM 이용과 관련된 선지를 먼저 본다.

마이트립 카드 해외 이용 수수료 면제 혜택이 크게 3가지로 이루어져 있는데, 선지를 훑어보면 ATM 이용과 관련된 선지만 3개이다. 따라서 이 부분에 관한 내용을 먼저 읽고 선지 ③, ④, ⑤의 정오를 먼저 판단함으로써 시간을 단축할 수 있다.

Tip ❹ 비슷한 개념을 확실히 구분한다.

비슷한 개념을 제시하여 혼란을 일으키는 경우가 많다. 선지 ③에서는 '해외 ATM 이용 수수료'와 자료의 '해외 ATM 인출 이용 수수료'를 구분하게 하고 있다. 처음에 '해외 ATM 인출 이용 수수료'로 착각했던 응시생이라면 선지에서 왜 9USD를 초과한다고 했을지 고민해 본다면 실수를 알아차릴 수 있을 것이다.

Tip ❺ 선지에서 자주 언급한 표현을 통해 주의 깊게 봐야 할 부분을 뽑아낸다.

현재 선지는 ①, ②, ③, ⑤ 에서 모두 전월 이용금액에 대해 언급하고 있다. 이를 통해 전월 이용 금액이 중요한 판단 조건임을 뽑아낸다. 지문을 빠르게 눈으로 찍었을 때 마지막 각주에서 전월 국내 이용 금액 조건에 관해 설명하고 있으므로 해당하지 않는 선지를 먼저 제거할 수 있다.

선지 ② 실수하기 좋은 선지이다. '해외' 이용금액임을 확인하지 않고 50만 원만 본 후 혜택 적용 금액을 충족했다고 판단하여 정답으로 고를 수 있기 때문이다. '국내-해외'의 경우도 선지화 되기 좋은 포인트이므로, 8번 문제의 '단일-다양'과 같은 맥락에서 기억해 두고 문제에서 등장할 때 좀 더 유의하여 읽을 수 있도록 민감하게 반응할 필요가 있다.

10 정답 ⑤ 난이도 ●●○

수리능력_응용수리_수 · 과부족

간단풀이

바이킹 줄의 수를 x라 하면
(바이킹을 타려는 사람의 수)$=5x+18$명
또한, 한 줄에 8명씩 앉았더니 3줄이 비었으므로
$8(x-4)+1\leq 5x+18\leq 8(x-3)$
(i) $8(x-4)+1\leq 5x+18$
$8x-31\leq 5x+18$
$3x\leq 49 \quad \therefore x\leq \frac{49}{3}\fallingdotseq 16.3$
(ii) $5x+18\leq 8(x-3)$
$42\leq 3x \quad \therefore x\geq 14$
(i), (ii)에서 x의 공통범위는
$14\leq x\leq 16.3$
x는 자연수이므로 위의 범위를 만족하는 x는 14, 15, 16이다.
(바이킹을 타려는 사람 수의 최댓값)$=5\times 16+18=98$(명)

상세풀이

구하는 값인 바이킹을 타려는 사람의 수를 구하기 위해서는 전체 사람 수와 사람이 바이킹 줄의 수의 관계식을 먼저 구해야 한다. 바이킹 줄의 수를 x라 하면 두 번째 조건에 의해 바이킹을 타려는 사람의 수는 $5x+18$명이다.

또한, 한 줄에 8명씩 앉았더니 3줄에는 아무도 앉지 않는다고 하였으므로 다음 그림과 같이 $x-4$줄엔 8명씩 채워서 앉고, $x-3$번째 줄에는 최소 1명, 최대 8명이 앉아야 한다.

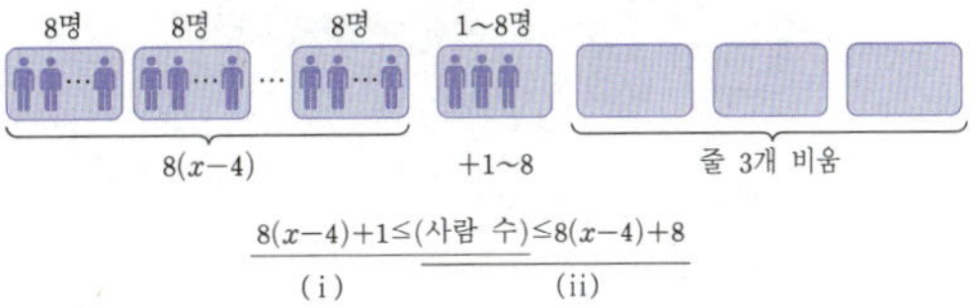

따라서 $8(x-4)+1\leq 5x+18\leq 8(x-3)$이므로 각각의 부등식을 풀어보자.
(i) $8(x-4)+1\leq 5x+18$
$8x-31\leq 5x+18$
$3x\leq 49 \quad \therefore x\leq \frac{49}{3}\fallingdotseq 16.3$
(ii) $5x+18\leq 8(x-3)$
$42\leq 3x \quad \therefore x\geq 14$
(i), (ii)에서 두 부등식을 모두 만족하는 x의 범위는 $14\leq x\leq 16.3$
x는 자연수이므로 위의 범위를 만족하는 x는 14, 15, 16이다.
이때, 구하는 것은 바이킹을 타려는 사람 수의 최댓값이므로 $5x+18$에 x의 최댓값인 $x=16$을 대입한 값과 같다.
따라서 바이킹을 타려는 사람 수의 최댓값은 $5\times 16+18=98$(명)이다.

11 정답 ④ 난이도 ●●○

수리능력_응용수리_비와 비율

간단풀이

A트럭과 B트럭에 처음 실렸던 짐의 무게를 각각 $5t$ kg, $2t$kg이라 하면
(i) A에서 B로 500kg을 옮긴 후
- (A트럭에 실린 짐의 무게)$=5t-500$(kg)
- (B트럭에 실린 짐의 무게)$=2t+500$(kg)

(ii) 다시 B트럭에 실린 짐의 $\frac{1}{3}$을 A트럭으로 다시 옮기면
- (A트럭에 실린 짐의 무게)
$=5t-500+\frac{1}{3}(2t+500)$(kg)
- (B트럭에 실린 짐의 무게)
$=\frac{2}{3}(2t+500)$(kg)

(A트럭에 실린 짐의 무게)$=3\times$(B트럭에 실린 짐의 무게)이므로
$5t-500+\frac{1}{3}(2t+500)=3\times\frac{2}{3}(2t+500)$

$$\frac{17}{3}t-\frac{1,000}{3}=4t+1,000$$

$$\frac{5}{3}t=\frac{4,000}{3}$$

$$\therefore t=\frac{4,000}{5}=800$$

따라서 A트럭에 처음 실렸던 짐의 무게는 $5t=5\times800=4,000(\text{kg})$

상세풀이

이 문제는 주어진 비율을 이용해 짐의 무게를 미지수로 두고 식을 세워 해결할 수 있다.

A트럭과 B트럭에 처음 실렸던 짐의 무게 비율은 5 : 2다. 무게 비율을 이용해 A트럭과 B트럭에 처음 실렸던 짐의 무게를 각각 $5t$kg, $2t$kg이라고 두자.

(ⅰ) A트럭에서 B트럭으로 500kg의 짐을 옮겼을 때 A트럭에 있는 짐의 무게는 500kg 줄고, B트럭에 있는 짐의 무게는 500kg 늘어난다.
즉, A트럭에 있는 짐의 무게는 $5t-500$(kg), B트럭에 있는 짐의 무게는 $2t+500$(kg)이다.

(ⅱ) B트럭에 실린 짐의 $\frac{1}{3}$을 A트럭으로 다시 옮겼을 때 B트럭에 실린 짐 중 $\frac{1}{3}$에 해당하는 무게는 $\frac{1}{3}\times(2t+500)=\frac{1}{3}(2t+500)$(kg)이다.

B트럭에 실린 짐 중 $\frac{1}{3}$을 A트럭에 옮겼을 때, A트럭에 실린 짐의 무게는

$$5t-500+\frac{1}{3}(2t+500)=\frac{17t-1,000}{3}(\text{kg})$$

이다.
이때 B트럭에 남아있는 짐의 무게는 $\left(1-\frac{1}{3}\right)\times(2t+500)=\frac{2}{3}(2t+500)=\frac{4t+1,000}{3}$(kg)이다.

세 번째 조건에서 최종적으로 A트럭에 실린 짐의 무게가 B트럭에 실린 짐의 무게의 3배가 되었다고 했으므로 (A트럭에 실린 짐의 최종 무게) = 3×(B트럭에 실린 짐의 최종 무게)

$$\frac{17t-1,000}{3}=3\times\frac{4t+1,000}{3}$$

$$\rightarrow 17t-1,000=3(4t+1,000)$$

$$\rightarrow 5t=4,000 \quad \therefore t=\frac{4,000}{5}=800$$

따라서 A트럭에 처음 실렸던 짐의 무게는 $5t=5\times800=4,000$(kg)이다.

12 정답 ①

난이도 ●●○

수리능력_금융수리_환율 및 실용계산

간단풀이

37,000달러를 제외한 각 외환을 달러 가치로 변환하면

1,680,000엔 → $\frac{1,680,000}{140}=12,000$(달러)

4,500유로 → $\frac{4,500}{0.9}=5,000$(달러)다.

즉, 권 과장이 보유한 외환들의 가치 총합을 달러로 나타내면 37,000+12,000+5,000=54,000(달러)이고, 이를 원화로 변환하면 54,000×1,350=72,900,000(원)=7,290(만 원)이다.

상세풀이 1

해당 문제는 권 과장이 보유한 각국 통화의 원화 가치를 구해야 하는데, 〈표〉에는 국가별 미국 달러 대비 통화 가치가 제시된 사실에 주목해야 한다. 〈표〉를 이용하면 권 과장이 보유한 외환들의 달러 가치를 간단하게 계산할 수 있으므로 먼저 각국 통화 가치를 달러 가치로 환산해 합한 다음, 이를 원화 가치로 바꿔 주면 된다.

권 과장이 보유한 외환은 37,000달러, 1,680,000엔, 4,500유로다. 달러화로 보유하고 있는 37,000달러를 제외한 엔화와 유로화를 달러 가치로 환산해 보자.

① 일본 엔화의 미국 달러 대비 통화 가치는 140엔/달러이므로 1엔은 $\frac{1}{140}$달러다. 따라서 1,680,000엔을 달러 가치로 환산하면 $1,680,000\times\frac{1}{140}=\frac{1,680,000}{140}=12,000$(달러)다.

② 유럽 유로화의 미국 달러 대비 통화 가치는 0.9유로/달러이므로 1유로는 $\frac{1}{0.9}$달러다. 따라서 4,500유로를 달러 가치로 환산하면 $4,500\times\frac{1}{0.9}=\frac{4,500}{0.9}=5,000$(달러)다.

즉, 권 과장이 보유한 외환들의 가치 총합을 달러로 나타내면 $37,000+12,000+5,000=54,000$(달러)다. 이제 54,000달러를 다시 원화 가치로 환산해 보자.

③ 한국 원화의 미국 달러 대비 통화 가치는 1,350원/달러이므로 1달러는 1,350원이다. 따라서 54,000달러의 원화 가치를 구하면 $54,000\times1,350=72,900,000$(원), 즉 7,290만 원이다.

상세풀이 2

처음부터 권 과장이 보유한 외환들의 원화 가치를 각각 구해 이를 합하는 방법도 있다. 권 과장이 보유한 외환인 37,000달러, 1,680,000엔, 4,500유로의 원화 가치를 계산해 보자.

① 한국 원화의 미국 달러 대비 통화 가치는 1,350원/달러이므로 1달러는 1,350원이다. 따라서 37,000달러의 원화 가치는 $37,000\times1,350=49,950,000$(원)이다.

② 일본 엔화의 미국 달러 대비 통화 가치는 140엔/달러이므로 1엔은 $\frac{1}{140}$달러다. 즉, 1달러는 1,350원에, 1엔은 $\frac{1}{140}$달러에 해당하므로 1엔은 한국 원화로 $\frac{1,350}{140}$원이다. 따라서 1,680,000엔은 한국 원화로 $1,680,000\times\frac{1,350}{140}=16,200,000$(원)이다.

③ 유럽 유로화의 미국 달러 대비 통화 가치는 0.9유로/달러이므로 1유로는 $\frac{1}{0.9}$달러다. 즉, 1달러는 1,350원에, 1유로는 $\frac{1}{0.9}$달러에 해당하므로 1유로는 한국 원화로 $\frac{1,350}{0.9}$원이다. 따라서 4,500유로는 한국 원화로 $4,500\times\frac{1,350}{0.9}=6,750,000$(원)이다.
즉, 권 과장이 보유한 외환들의 가치 총합을 원화로 나타내면
$49,950,000+16,200,000+6,750,000=72,900,000$(원)$=7,290$(만 원)이다.

13 정답 ③ 난이도 ●●●

수리능력_금융수리_원리합계

간단풀이

(21년 동안 넣어 둔 x만 원의 원리합계)+(21년 동안 매년 3,000만 원씩 납입한 금액의 원리합계)=99억 4,000만 원이 되어야 한다.
2025년 초 처음 투입한 x만 원은 복리로 연이율 20%의 이자가 붙으므로 21번째 납입 후 1년을 더 기다린 2045년 말의 원리합계는 $x\times1.2^{21}=46x$(만 원)이다.
따라서 매년 3,000만 원씩 납입한 금액의 원리합계는 $994,000-46x$(만 원)이 되어야 한다.
즉, 연이율 20%로 매년 초 3,000만 원씩 21년간 납입한 금액의 원리합계를 계산한
$\frac{3,000\times1.2\times(1.2^{21}-1)}{1.2-1}=\frac{3,000\times1.2\times45}{0.2}=$
$3,000\times270=810,000$(만 원)은
$994,000-46x$(만 원)과 일치해야 한다.
$994,000-46x=810,000$을 풀면
$x=\frac{184,000}{46}=4,000$(만 원)이다.
따라서 A대리가 2025년 초 현재 보유하고 있는 금액은 4,000만 원이다.

상세풀이

A대리는 2025년 초 보유하고 있던 x만 원을 예금하고 매년 초에 3,000만 원씩 연이율이 20%인 금융상품에 투자하므로 21번째 납입 후 1년을 더 기다린 2045년 말의 원리합계를 그림으로 나타내면 아래와 같다.

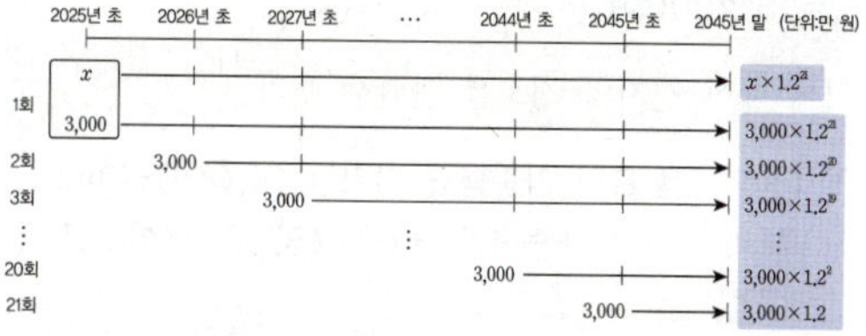

이때, 2025년 초 처음으로 납입한 금액 중 x만 원은 연이율 20%의 복리 이자가 21년 동안 붙으므로 2045년 말에는 $x\times1.2^{21}=46x$(만 원)이 된다.
한편, 연이율 20%로 매년 초 3,000만 원씩 21년간 납입한 금액의 원리합계를 계산하면
$\frac{3,000\times1.2\times(1.2^{21}-1)}{1.2-1}=\frac{3,000\times1.2\times45}{0.2}=$
$3,000\times270=810,000$(만 원)이다.

2045년 말에 되찾으려는 목표 원리금 합계는 99억 4,000만 원이므로 (21년 동안 넣어 둔 x만 원의 원리합계)+(21년 동안 매년 3,000만 원씩 납입한 금액의 원리합계)=99억 4,000만 원이다.

즉, $46x+810,000=994,00$(만 원)이 성립해야 한다.

$46x=994,000-810,000=184,000$을 풀어 x를 구하면 $x=\frac{184,000}{46}=4,000$(만 원)이다.

따라서 A대리가 2025년 초 현재 보유하고 있는 금액은 4,000만 원이다.

14 정답 ③ 난이도 ●●○

수리능력_자료해석_자료에 대한 진위 판단(계산 필요)

주어진 공식에 따라 제품별 가중평균 단가를 계산하면 아래와 같다.

- 제품 A:

$$\frac{1,000\times12,000+1,500\times11,000+700\times13,000}{1,000+1,500+700}$$
$=11,750$(원)

- 제품 B:

$$\frac{800\times15,000+1,200\times14,000+1,200\times16,000}{800+1,200+1,200}$$
$=15,000$(원)

- 제품 C:

$$\frac{1,200\times10,000+800\times9,000+1,500\times11,000}{1,200+800+1,500}$$
$=10,200$(원)

이에 따라 선지의 정오를 판단해 보자.

① (×) 제품 B의 가중평균 단가는 14,000원이다.
→ 제품 B의 가중평균 단가는 15,000원이므로 옳지 않다.

② (×) 제품 C의 가중평균 단가는 10,000원 이하이다.
→ 제품 C의 가중평균 단가는 10,200원이므로 옳지 않다.

③ (○) Z기업의 제품 A 규격지수는 1 이상이다.
→ 규격지수는 해당 제품의 판매 단가를 가중평균 단가로 나눈 값을 말한다.
Z기업은 제품 A를 13,000원에 판매하고 있고, 제품 A의 가중평균 단가는 11,750원이므로 규격지수는 $\frac{13,000}{11,750}\fallingdotseq1.106$이다. 따라서 규격지수는 1 이상이므로 옳은 설명이다.

④ (×) 제품 B의 규격지수가 1인 기업은 없다.
→ '규격지수=판매 단가÷가중평균 단가'로 계산한다. 제품 B의 가중평균 단가는 위에서 구한 바와 같이 15,000이다. 이를 이용해 기업별 제품 B의 규격지수를 구하면 다음과 같다.
- X기업: 15,000÷15,000=1
- Y기업: 14,000÷15,000≒0.933
- Z기업: 16,000÷15,000≒1.067

X기업에서 판매하는 제품 B의 규격지수는 1이므로 옳지 않은 설명이다.

⑤ (×) 제품 A의 가중평균 단가와 판매 단가 차이가 가장 작은 기업은 Y기업이다.
→ 제품 A의 가중평균 단가는 11,750원이다. 각 기업에서 판매하는 제품 A의 판매 단가에서 가중평균 단가를 빼주면 X기업은 250, Y기업은 750, Z기업은 1,250이다. 따라서, 판매 단가 차이가 가장 작은 기업은 제품 A를 12,000원에 판매하고 있는 X기업이다.

합격자의 실전 풀이 순서

❶ 가중평균이 나올 때는 가중치가 무엇인지부터 확인한다. 해당 문제에서는 기업별 판매량이 가중치가 될 것이다. 따라서 판매량이 큰 기업의 판매 단가가 가중평균 단가에 큰 영향을 줄 것을 예측하고 문제 풀이를 시작한다.

❷ 한편, 구체적인 값을 모두 구하기보다는 직관적으로 해결할 수 있는 문제가 있는지 먼저 살펴본다. 특히 ①은 14,000원이라는 명확한 값을 기준으로 정오를 판단하면 되는 선지고, ③은 판매 가격과 가중평균 단가가 일치하는 특수한 경우를 묻는 보기이기 때문에 먼저 해결할 수 있다. 반면 ④, ⑤는 X, Y, Z기업의 규격지수를 전부 구해야 하기 때문에 시간이 오래 걸리는 선지라고 할 수 있다.

합격자의 시간단축 Tip

Tip ❶ 가중평균 단가를 구하기 위해서는 각 기업의 제품별 판매량과 판매 단가를 계속 비교하는 과정이 필요하다. 이때, 〈자료 1〉과 〈자료 2〉를 계속 번갈아가면서 보고 비교하는 것보다 하나의 자료에 메모를 하여 헷갈리지 않도록 하면 시간 단축에 도움이 될 수 있다. 예를 들어, 〈자료 1〉의 막대그래프 아래에 판매 단가를 각각 적어둔다면 계산 과정이 더욱 편리해질 것이다.

Tip ❷ 선지별 시간 단축 전략

선지 ① 직관적으로 보았을 때, 14,000원보다 비싼 가격에 판매된 제품 B의 개수가 14,000원에 판매된 제품 B의 개수보다 많다. 따라서 제품 B의 가중평균 단가는 14,000원보다 크다. 가중평균 역시 '평균'임을 생각한다면 이해하기 편할 것이다.
이해를 돕기 위하여 좀 더 직관적으로 값을 도출해 보자. 현재 Y기업과 Z기업은 14,000원, 16,000원으로 1,200개씩 팔고 있다. 두 기업의 판매량이 같으므로 둘의 가중평균 값은 단순평균과 같다. 즉 두 기업이 합하여 15,000원으로 2,400개를 팔고 있는 것이다. 여기서 다시 X기업과 Y+Z기업을 가중평균 해보자. 15,000원으로 800개와 2,400개를 판매한다. 판매단가가 같으므로 이번에도 가중평균 값은 단순평균 값과 같다. 즉 세 기업은 합하여 15,000원으로 3,200개를 팔고 있다. 이처럼 가중평균에서는 하나의 값이 같으면 나머지 값은 단순평균하여 구할 수 있다. 이를 활용하여 3개 이상의 항목이 있을 경우 Y+Z처럼 그룹으로 묶어서 쉽게 계산할 수 있다.
한편, 해당 문제에서는 제품 B의 판매 단가가 X, Y, Z기업 모두 14,000원 이상이고 판매 단가가 14,000원보다 높은 X, Z기업의 판매량이 0이 아니므로 가중평균 단가는 당연히 14,000원보다 높을 것을 계산을 하지 않더라도 알 수 있다.

선지② 선지 ①과 같은 방법으로 생각해보자. 가중평균 역시 '평균'임을 인지한다. 제품 C는 10,000원, 9,000원, 11,000원의 가격으로 판매되고 있으며 이들의 평균은 10,000원이다. 만약 9,000원으로 판매하는 Y기업의 판매량이 11,000원으로 판매하는 Z기업보다 많다면 평균단가는 9,000원에 가까워질 것이고 Z기업의 판매량이 Y기업보다 많다면 평균단가는 11,000원에 가까워질 것이다. 판매량은 Z기업이 훨씬 많으므로 가중평균 단가는 10,000원 이상이다.

선지③ Z기업의 제품 A 판매 가격은 13,000원이다. 따라서 Z기업에서 판매하는 제품 A의 규격지수가 1 이상이 되려면 가중평균 단가는 13,000원 이하가 되어야 한다. ①과 마찬가지로 13,000원에 판매된 제품 A의 개수보다 13,000원보다 낮은 가격에 판매된 제품 A의 개수가 훨씬 많으므로 가중평균 단가는 13,000원 이하임을 알 수 있다. 따라서 옳은 설명이다.
조금 더 생각해보면, 가중평균 역시 평균이므로 가중평균 값은 11,000~13,000원에서 형성될 것이다. 그런데 13,000원이 최곳값이므로 그보다 낮은 가격으로 판매하는 수량이 있는 한 반드시 가중평균 단가는 13,000원 이하에서 형성될 수밖에 없다. 따라서 X기업과 Y기업의 제품 A 판매량이 0이 아닌지만 빠르게 확인하고 넘어가면 되는 문제이다.

선지④ 식을 이해하는 것이 중요하다. 규격지수가 1이라면, 규격지수$=\frac{\text{판매단가}}{\text{가중평균단가}}=1$이 성립하므로 '판매 단가=가중평균단가'이어야 함을 의미한다. 식을 이해하면 계산하지 않고도 항목 간의 관계를 활용해 정오판단을 할 수 있음을 명심하자.

선지⑤ 가중평균은 최대한 계산하지 않는 방법을 찾아가는 것이 시간단축의 핵심이다. 제품 A의 판매 단가는 12,000원, 11,000원, 13,000원이고 이들의 단순평균은 12,000원이다. 12,000원을 기준으로 두고 판매량을 가중하면 11,000원의 판매량이 13,000원의 판매량보다 훨씬 많으므로 가중평균 단가는 11,000과 12,000 사이에서 형성될 것이다. 이번에는 둘 중 어디에 더 가까운지 확인하기 위해 11,500을 기준으로 살펴보자. 11,500을 기준으로 왼쪽에선 Y기업의 11,000원이, 오른쪽에선 X+Z 기업의 12,000원과 13,000원이 힘을 모아 줄다리기를 한다고 상상해보자. Y기업의 힘은 판매량 1,500만큼인데 X+Z기업의 힘은 1,000+700만큼이므로 중심은 오른쪽으로 좀 더 치우칠 것이다. 즉 가중평균 단가는 기준으로 둔 11,500보다 크고 12,000보다는 작은 값이 될 것이다. 따라서 가장 가까운 기업은 X기업이다.

15 정답 ⑤ 난이도 ●●○

수리능력_자료해석_자료에 대한 진위 판단(계산 필요)

① (O) 2022년 3분기를 기점으로 총 대출채권액은 2,500억 원을 초과하였다.
→ 총 대출채권액=원화대출금(A)+외화대출금, 매입외환 등(B)−대손충당금(C)이다.
이를 이용해 2022년 1분기~2023년 1분기 총 대출채권액을 구하면 다음과 같다.
• 2022년 1분기: 2,080+282−16=2,346(억 원)
• 2022년 2분기: 2,150+290−20=2,420(억 원)
• 2022년 3분기: 2,222+317−20=2,519(억 원)
• 2022년 4분기: 2,235+296−21=2,510(억 원)
• 2023년 1분기: 2,300+285−23=2,562(억 원)
2022년 3분기를 기점으로 총 대출채권액은 2,500(억 원)을 초과하였으므로 옳은 설명이다.

② (O) 제시된 기간 동안 기타 원화대출액은 매분기 증가하였다.
→ 기타 원화대출액은 분기별 원화대출금에 기타 원화대출의 구성비를 곱하여 구할 수 있다.
2022년 1분기~2023년 1분기 기타 원화대출액을

구하면 다음과 같다.

- 2022년 1분기: 2,080×0.025=52(억 원)
- 2022년 2분기: 2,150×0.026=55.9(억 원)
- 2022년 3분기: 2,222×0.026=57.772(억 원)
- 2022년 4분기: 2,235×0.028=62.58(억 원)
- 2023년 1분기: 2,300×0.03=69(억 원)

따라서 기타 원화대출액은 매분기 증가하였으므로 옳은 설명이다.

③ (○) 2023년 1분기와 2022년 4분기 가계대출액의 차이는 26억 원이다.

➜ 가계대출액은 원화대출금에서 가계대출액이 차지하는 비율을 곱하여 얻을 수 있다. 2023년 1분기와 2022년 4분기의 경우 가계대출액의 구성비가 40%로 같다.

2023년 1분기와 2022년 4분기 가계대출액의 차이를 구하면 2,300×0.4−2,235×0.4=(2,300−2,235)×0.4=26(억 원)이다. 따라서 옳은 설명이다.

④ (○) 2022년 1분기 기업대출액은 기타 원화대출액의 22배이다.

➜ 기업대출액은 원화대출금에서 기업대출 구성비를 곱함으로써, 기타 원화대출액은 원화대출금에서 기타 원화대출액 구성비를 곱함으로써 구할 수 있다. 2022년 1분기 기업대출액은 2,080×0.55=1,144(억 원)이고, 2022년 1분기 기타 원화대출액은 2,080×0.025=52(억 원)이다. 기타 원화대출액의 22배는 52×22=1,144(억 원)이므로 옳은 설명이다.

⑤ (×) 2022년 2분기 총 대출채권액 중 외화대출금, 매입외환 등이 차지하는 비중은 12% 이상이다.

➜ 2022년 2분기 총 대출채권액 중 외화대출금, 매입외환 등이 차지하는 비중은

$\frac{(B)}{(A)+(B)-(C)}\times 100$으로 구할 수 있다.

따라서 $\frac{(B)}{(A)+(B)-(C)}\times 100=\frac{290\times 100}{2,150+290-20}$

$=\frac{29,000}{2,420}\fallingdotseq 11.983$이므로, 12% 이상이라는 설명은 옳지 않다.

합격자의 실전 풀이 순서

[방법 1]

②와 같은 선지는 매분기 원화대출금과 기타 원화대출의 구성비를 곱하여 비교해야 하므로 시간이 오래 걸린다. 따라서 이를 제외한 선지를 먼저 해결하는 것이 시간 단축에 용이하다.

[방법 2]

❶ 〈자료 1〉의 경우 왼쪽에서 오른쪽으로 자료가 기재되어 있지만, 〈자료 2〉는 아래에서 위로 기재되어 있음을 먼저 파악해야 한다. 〈자료 1〉과 〈자료 2〉의 수치를 비교하여 계산해야 하는 선지 ②와 같은 문제를 풀 때, 22년 1분기의 값과 23년 1분기의 값을 곱하는 식의 실수를 하지 않도록 주의한다. 실제 시험장에서는 시간의 압박으로 시계열 방향과 관련된 실수가 종종 나타나곤 하니 유의하자. 표를 해석할 때 시계열 방향을 화살표로 표시하는 것도 좋은 방법이다.

❷ 특정 기간의 값만 계산하면 되는 선지를 먼저 해결한다. 선지 ③, ④, ⑤의 경우 제시된 모든 기간의 값이 아닌 선지에서 제시한 기간만 계산하면 되므로 이를 먼저 해결한다.

합격자의 시간단축 Tip

Tip 선지별 시간단축 전략

선지 ① 계산할 때 큰 것부터 계산한다. 백 단위 숫자까지만 계산해도 2022년 3분기 이후로 2,500억 원 이상임을 알 수 있으며, 십의 자리 이하의 숫자는 큰 영향을 미치지 못하고 있다. 구체적으로는 2022년 1분기와 2분기의 경우, 구체적인 값을 구할 필요 없이 원화대출금(A)+외화대출금, 매입외환 등(B)만으로도 2,500억 원이 되지 않음을 알 수 있다. 3분기부터는 두 액수의 합이 2,500억을 넘으며, 대손충당금(C)의 값이 매우 작기 때문에 이를 빼더라도 총 대출채권액이 2,500억 원 이하로 내려가지 않음을 눈으로 쉽게 계산할 수 있다.

선지 ② 선지 ①에서 매분기 대출금이 증가하는 추세임을 확인하였다. 이를 활용하여, 〈자료 2〉에서 원화대출금은 증가하고 있다는 점, 〈자료 3〉에서 기타 원화대출의 구성비는 증가하는 추세에 있다는 점을 파악해야한다. 따라서 구체적인 값을 구할 필요 없이 기타 원화대출은 계속해서 증가하고 있음을 알 수 있다.

선지 ④ 식 구조상 원화대출금은 동일하고 구성비만 차이난다. 따라서 원화대출금의 2,080의 숫자는 무시한 채, 55%와 2.5%의 구성비만으로도 배율을 구할 수 있다. 한편, 나눗셈보다는 곱셈이 시간 단축에 용이하다. 따라서 2.5×22=5×11=55를 이용하여 시간을 단축할 수 있다.

선지 ⑤ 무조건 복잡한 곱셈을 하기보단 식 자체를 떠올리면 계산을 줄일 수 있다. 2,420×0.12=290이 맞

는지 확인할 때 0.12=1.2×0.1을 활용한다. 어떤 수에 1.2를 곱한다는 것은 20%가 증가했다는 뜻과 같다. 242×1.2는 242의 20%를 증가시킨 값과 같으므로 242+48.4=290.4이다.

16 정답 ③ 난이도 ●●●

수리능력_자료해석_자료계산

〈자료 1〉의 한국의 총수출액 비중과 〈자료 2〉의 한국의 APEC 회원국 합계 수출액 항목을 이용하여 기타지역에 대한 수출액과 EU에 대한 수출액을 구할 수 있다.

한국의 APEC 회원국에 대한 총수출액 비중= $\frac{\text{APEC 회원국 합계 수출액}}{\text{총수출액}}$×100이므로

총수출액= $\frac{\text{APEC 회원국 합계 수출액}}{\text{한국의 APEC 회원국에 대한 총수출액 비중}}$ ×100이 성립한다.

총수출액과 해당지역에 대한 총수출액 비중을 곱해 ㄱ~ㄷ의 값을 도출해보자.

ㄱ. 2020년 한국의 기타지역에 대한 수출액

- 2020년 총수출액: $\frac{384,375}{75}$×100(백만 달러)
- 2020년 한국의 기타지역에 대한 총수출액 비중: 15%

∴ 2020년 한국의 기타지역에 대한 수출액:

$\frac{384,375}{75}$×100×0.15=76,875(백만 달러)

ㄴ. 2021년 한국의 기타지역에 대한 수출액

- 2021년 총수출액 : $\frac{502,632}{78}$×100
- 2021년 한국의 기타지역에 대한 총수출액 비중: 13%

∴ 2021년 한국의 기타지역에 대한 수출액:

$\frac{502,632}{78}$×100×0.13=83,772(백만 달러)

ㄷ. 2023년 한국의 EU에 대한 수출액

- 2023년 총수출액 : $\frac{474,150}{75}$×100
- 2023년 한국의 EU에 대한 총수출액 비중 : 11%

∴ 2023년 한국의 EU에 대한 수출액:

$\frac{474,150}{75}$×100×0.11=69,542(백만 달러)

따라서 그 결괏값이 큰 것부터 순서대로 나열하면 ㄴ-ㄱ-ㄷ이다.

합격자의 실전 풀이 순서

❶ 문제를 읽고 대소 비교를 해야 함을 인지하며, 사용할 수 있는 〈자료〉들의 내용과 구성을 살핀다.

❷ 선지의 구성을 살펴 먼저 접근해야 할 선지를 설정한다. 문제의 경우 선지 구성상 ㄱ과 ㄴ을 먼저 구하여 비교한다.

❸ ㄱ과 ㄴ은 총수출액을 구하기보다 〈자료 1〉에서의 비중 간 관계를 활용한다.

❹ ㄷ은 비중 간 관계 활용이 어려우므로 전체 값을 구하여 비교한다.

합격자의 시간단축 Tip

Tip ❶ 순서를 나열하는 문제의 경우 각 선지에 첫 번째 순서에 있는 항목에 주목하자. 예를 들어 이 문제의 경우, 선지 ⑤만 'ㄷ'이 처음 순서로 배치되어 있다. 이 경우, 선지 ⑤번이 정답이 될 가능성은 적을 것이다. 따라서 ㄱ과 ㄴ을 먼저 비교하여 대소를 확정한 후 문제 풀이의 방향을 설정하는 것이 시간을 줄일 수 있다.

(1) ㄱ과 ㄴ: 구체적인 계산을 거치는 것이 아닌, 숫자와 숫자 간의 비율을 활용한다.

ㄱ에서는 기타지역의 비중과 APEC 회원국의 비중은 15%와 75%로 그 비율은 1:5이므로, APEC 회원국 수출액을 5로 나누어주면 기타지역의 수출액을 쉽게 구할 수 있다. 따라서 기타 지역의 수출액은 $\frac{384,375}{5}$=76,875(백만 달러)이다.

한편 2021년 한국의 기타지역에 대한 수출액 비중은 13%고 APEC 회원국의 비중은 78%이므로 그 비율은 1 : 6이다. 따라서 2021년 한국의 기타지역에 대한 수출액은 APEC 회원국 합계 수출액인 502,632를 6으로 나누어주면 된다. 즉, $\frac{502,632}{6}$=83,772(백만 달러)이다.

(2) ㄷ: ㄱ과 ㄴ을 판단한 후, 대소비교를 통해 ㄷ을 판단할 수 있다.

ㄷ의 비중(11%)은 한국의 APEC 회원국 총수출액 비중(75%)을 6으로 나눈 것(12.5%)보다 작다. 한국의 APEC 회원국 총수출액인 474,150을 6으로 나눈 것은 8만보다 작다(474,150÷6=79,025). 따라서 ㄷ은 8만보다 작으므로 8만보다 큰 ㄴ보다 작음을 알 수 있다.

ㄱ과 ㄷ은 $\frac{384,375}{0.75}$×0.15와 $\frac{474,150}{0.75}$×0.11

이 각각의 실제 값이므로 이를 비교하여 판단하면 0.15는 0.11보다 30% 이상 크지만 474,150은 384,375보다 30% 미만으로 크므로 ㄱ이 더 큼을 알 수 있다.

Tip ② 항목 간 대소를 비교하는 문제는 정확한 값을 도출할 필요가 없다는 것을 명심하자.

예를 들어 ㄱ에서 $\frac{384,375}{5}$를 계산할 때 약 76,000 정도로만 어림산하면 충분하다.

ㄴ의 경우도 $\frac{502,632}{6}$는 약 83,000으로 계산한다.

ㄷ의 경우에는 비중 간 관계 활용이 정수로 떨어지지 않지만 11 : 75를 약 1 : 7↓로 환산하여 계산하면 편리하다. 즉, $\frac{474,150}{7\downarrow}$로 계산하면 약 67,000↑이 된다.

어림산으로 도출한 결과가 76,000, 83,000, 67,000으로 차이가 크기 때문에 정확히 계산하더라도 대소관계가 유지될 것임을 추론할 수 있다. 만약 어림한 결괏값이 엇비슷한 경우 어림산에 의한 오차로 대소관계가 바뀔 수 있으므로 추가로 정밀한 계산이 필요할 수 있다.

17 정답 ③ 난이도 ●●○

수리능력_자료해석_자료에 대한 진위 판단(계산 필요)

① **(O) 2024년 1~7월 한국의 EU 및 기타지역에 대한 수출액은 114,000백만 달러 이하이다.**

→ 한국의 APEC 회원국에 대한 총수출액 비중= $\frac{\text{APEC 회원국 합계 수출액}}{\text{총수출액}}\times100$이므로

총수출액= $\frac{\text{APEC 회원국 합계 수출액}}{\text{한국의 APEC 회원국에 대한 총수출액 비중}}\times100$ 이 성립한다.

2024년 1~7월 한국의 총수출액은 $\frac{342,000}{76}\times 100$(백만 달러)이고 한국의 EU 및 기타지역에 대한 총수출액 비중은 각각 11%, 13%이므로 한국의 EU 및 기타지역에 대한 수출액은 $\frac{342,000}{76}\times100\times(0.11+0.13)=108,000$(백만 달러)이다. 즉, 114,000백만 달러 이하이므로 옳은 설명이다.

② **(O) 2020~2023년 중 APEC 회원국의 대한국 투자액이 가장 많았던 해에 한국의 APEC 회원국에 대한 수출액도 가장 많았다.**

→ APEC 회원국의 대(對)한국 투자액은 〈자료 3〉의 외국의 대한국 투자액과 APEC 회원국 비중의 곱으로 구할 수 있다.

2020~2023년 APEC 회원국의 대한국 투자액을 구하면 다음과 같다.

- 2020년: $20,640\times65\%=13,416$(백만 달러)
- 2021년: $29,510\times50\%=14,755$(백만 달러)
- 2022년: $30,450\times52\%=15,834$(백만 달러)
- 2023년: $32,720\times46\%=15,051.2$(백만 달러)

따라서 APEC 회원국의 대한국 투자액이 가장 많았던 해는 2022년이다.

한편, 한국의 APEC 회원국에 대한 수출액은 〈자료 2〉에서 찾을 수 있다.

2022년이 526,632 백만 달러로 수출액이 가장 많으므로 옳은 설명이다.

③ **(×) 2020~2023년 중 한국의 총수출액이 가장 많았던 해에 외국의 대한국 투자액도 가장 많았다.**

총수출액= $\frac{\text{APEC 회원국 합계 수출액}}{\text{한국의 APEC 회원국에 대한 총수출액 비중}}\times100$ 을 이용해 2020~2023년 한국의 총수출액을 구하면 다음과 같다.

- 2020년: $\frac{384,375}{75}\times100=512,500$(백만 달러)
- 2021년: $\frac{502,632}{78}\times100=644,440$(백만 달러)
- 2022년: $\frac{526,372}{77}\times100=683,600$(백만 달러)
- 2023년: $\frac{474,150}{75}\times100=632,200$(백만 달러)

따라서 한국의 총수출액이 가장 많았던 해는 2022년이다.

그러나 외국의 대한국 투자액이 가장 많았던 해는 〈자료 3〉에 따라 2023년이므로 옳지 않은 설명이다.

④ **(O) 2024년 7월 APEC 회원국에 대한 총 수출액이 42,000백만 달러였다면, APEC 회원국에 대한 2024년 상반기 월평균 수출액은 2021년 월평균 수출액보다 많다.**

→ 〈자료 2〉에서 2024년 1월~7월 APEC 회원에 대한 수출액 합계가 342,000백만 달러로 제시되어 있다. 2024년 7월 APEC 회원국에 대한 총 수출액이 42,000백만 달러라면 2024년 상반기(1~6월) 수출액 합계는 $342,000-42,000=300,000$(백만 달러)이다.

2024년 상반기 월평균 수출액은

$\frac{300,000}{6}=50,000$(백만 달러)이다.

한편 〈자료 2〉에서 2021년 총수출액은 502,632 백만 달러이므로 2021년 월평균 수출액은

$\frac{502,632}{12}\fallingdotseq 42,720$(백만 달러)이다.

따라서 2024년 상반기 월평균 수출액은 2021년 월평균 수출액보다 많으므로 옳은 설명이다.

⑤ **(O) 2020~2023년 동안 한국의 수출액이 전년 대비 100% 이상 증가한 APEC 지역이 있다.**

수출액 증가율은

$\frac{\text{해당연도 수출액}-\text{직전연도 수출액}}{\text{직전연도 수출액}}\times 100$

으로 구하는데,

전년 대비 100% 이상 증가했다는 것은

$100\leq\frac{\text{해당연도 수출액}-\text{직전연도 수출액}}{\text{직전연도 수출액}}\times 100$

$\rightarrow 100\leq\left(\frac{\text{해당연도 수출액}}{\text{직전연도 수출액}}-1\right)\times 100$

$\rightarrow 2\leq\frac{\text{해당연도 수출액}}{\text{직전연도 수출액}}$

→ 2×직전연도 수출액≦해당연도 수출액

즉, 해당연도 수출액이 직전연도 수출액의 2배 이상 커졌다는 것을 의미한다.

〈자료 2〉에서 대양주 수출액을 살펴보자.

2021년 수출액은 10,950백만 달러이므로 2배를 해보면 10,950×2=21,900(백만 달러)이다.

2022년의 수출액은 22,450백만 달러이므로 2021년 수출액의 2배보다 크다.

따라서 한국의 수출액이 전년 대비 100% 이상 증가한 APEC 지역이 있으므로 옳은 설명이다.

합격자의 실전 풀이 순서

❶ 적절하지 않은 것을 찾는 문제이므로 선지 옆에 X표시를 하여 실수를 방지한다.

❷ 자신이 정오 판단을 하기 편한 선지부터 차례대로 풀어가되, 선지 내에서 직접적이고 구체적인 계산은 불가피한 경우에만 한다. 나머지는 비교 혹은 어림산을 이용해 최대한 해결한다.

합격자의 시간단축 Tip

Tip ❶ 증가율과 배율의 관계를 활용해 선지 정오를 확인한다.

예를 들어 선지 ⑤에서 100% 이상 증가했다는 것은 2배 이상 증가했다는 것과 같은 의미이다. 배율$=1+\frac{\text{증가율}}{100}$이라는 둘의 관계를 잘 활용하면 좋다.

Tip ❷ 선지별 시간단축 전략

선지 ① 직접 정확한 값을 도출하지 않더라도, 주어진 값인 76%와 해당 값의 $\frac{1}{3}$인 25.33%를 한국의 EU 및 기타지역이 총수출액에서 차지하는 비중인 24%와 비교하는 방식을 활용해 볼 수 있다. 342,000백만 달러의 $\frac{1}{3}$은 114,000백만 달러이다. 따라서 24%인 2024년 1~7월 한국의 EU 및 기타지역에 대한 수출액은 114,000백만 달러 이하임을 알 수 있다.

선지 ② APEC 회원국의 대한국 투자액과 한국의 APEC 회원국에 대한 수출액 중 계산하지 않고 바로 확인할 수 있는 것은 후자이다. 따라서 한국의 APEC 회원국에 대한 수출액이 가장 많은 해를 먼저 찾은 후, 그 해에 APEC 회원국의 대한국 투자액이 가장 많은지 판단한다. 한국의 APEC 회원국에 대한 수출액은 〈자료 2〉에 의하면 526,372백만 달러인 2022년이 가장 많다.

'APEC 회원국의 대한국 투자액=외국의 대한국 투자액×APEC 회원국 비중'이다. 이때, 〈자료 3〉을 살펴보면 2021년은 2022년에 비해 외국의 대한국 투자액과 APEC 회원국 비중 모두 작으므로 2021년의 값이 더 작다.

〈자료 3〉을 이용해 2020년과 2022년을 비교하면, 2022년의 투자액 30,450백만 달러는 2020년의 투자액 20,640백만 달러 대비 약 50% 증가했다. 2022년 APEC 회원국 비중은 52%로 2020년 65% 대비 20% 감소했으므로 2022년 APEC 투자액이 2020년 APEC 투자액보다 크다고 판단할 수 있다.

마찬가지 방법으로 2022년과 2023년을 비교하면, 2023년의 투자액 32,700백만 달러는 2022년 투자액 30,450백만 달러 대비 약 7% 증가했지만, 2023년 APEC 회원국 비중은 46%로 2022년 52% 대비 약 11% 감소했으므로 2022년 APEC 투자액이 2023년 APEC 투자액보다 크다고 판단할 수 있다.

따라서 APEC 회원국의 대한국 투자액은 2022년에 가장 많았음을 판단할 수 있다.

선지 ③ 한국의 총수출액과 외국의 대한국 투자액 중 계산 없이 비교할 수 있는 것은 대한국 투자액이므로 이를 먼저 판단한다. 〈자료 3〉을 통해 2023년에 외국의 대한국 투자액이 가장 많음을 확인할 수 있다. 한국의 총수출액도 2023년에 가장 많았는지 살펴보기 위해 〈자료 1〉과 〈자료 2〉를 보면 한국의 총수출액에서 가장 많은 비중을 차지하는 APEC 회원국의 수출액 합계가 유독 큰 2022년, 2023년 정도가 후보가 됨을 알 수 있다. 2022년과 2023년은 $\frac{526,372}{77}\times100$, $\frac{474,150}{75}\times100$의 비교를 통해 판단할 수 있는데, 분모의 증가율보다 분자의 증가율이 더 크다는 점에서 2022년 한국의 총수출액이 가장 많았음을 알 수 있다.

* 한국의 총수출액이 가장 많은 해를 구할 때 어림산을 공격적으로 한다면 더욱 빠르게 문제를 해결할 수 있다. 한국의 총수출액은 (한국의 APEC 회원국 합계 수출액)/(한국의 총수출액에서 APEC이 차지하는 비중)으로 구할 수 있다. 분자의 경우, 숫자의 앞머리만 따서 보면 384, 502, 526, 474로 최소 약 5%의 차이(502→526)를 보인다. 분모의 경우 75, 78, 77, 75로 최대 약 4%의 차이(75→78)를 보인다. 쉽게 말하자면 (한국의 APEC 회원국 합계 수출액)은 값마다 차이가 큰 데 비해 (한국의 총수출액에서 APEC이 차지하는 비중)은 다들 비슷하다는 것이다. 따라서 분모인 (한국의 APEC 회원국 합계 수출액)만 고려하여 이 값이 가장 큰 해에 분수값도 가장 크다고 추론할 수 있다.

선지 ④ 편의에 따라 평균을 총액으로 바꾸거나, 총액을 평균으로 바꿔서 비교할 수 있어야 한다. 예를 들어 선지 ④에서 2024년 상반기 월평균 수출액을 계산하여 50,000백만 달러를 구했다면, 2021년의 월평균 수출액을 구하기 위해 12로 나누는 방법도 있지만 50,000에 12를 곱하여 600,000과 502,632를 비교하는 방법도 있다. 더 나아가, 2024년 상반기 월평균 수출액도 구할 필요 없이 상반기 수출액 총액이 300,000백만 달러라는 것을 구했다면 여기에 2를 곱하여 바로 2024년 수출액 총액인 600,000백만 달러를 도출할 수 있을 것이다. 나눗셈보다 곱셈이 훨씬 쉽기 때문에 해당 방법을 통해 시간을 단축할 수 있을 것이다.

18 정답 ③ 난이도 ●●○

수리능력_자료해석_추가자료 활용

① (○) 제시된 기간 동안 한국의 APEC 회원국에 대한 무역수지는 매년 흑자이다.

→ 무역수지가 매년 흑자라는 것은 매년 수출액이 수입액보다 많은 것을 의미한다. 이때 무역수지의 부호는 양수이다. 〈자료 4〉를 보면 제시된 기간 동안 매년 APEC 회원국에 대한 무역수지는 양수이다. 따라서 제시된 기간 동안 한국의 APEC 회원국에 대한 무역수지는 매년 흑자임을 알 수 있다.

② (○) 2023년 한국의 APEC 회원국에 대한 수입액은 433,740백만 달러이다.

→ '무역수지=수출액−수입액'이므로 '수입액=수출액−무역수지'이다.
〈자료 4〉를 보면 2023년 한국의 APEC 무역수지는 40,410백만 달러이고, 〈자료 2〉를 보면 2023년 한국의 APEC 회원국에 대한 수출액은 474,150백만 달러이다.
이를 이용해 2023년 한국의 APEC 회원국에 대한 수입액을 구하면
474,150−40,410=433,740(백만 달러)이므로 옳은 설명이다.

③ (×) 2020~2023년 중 전체 무역수지가 적자인 해는 1개년도이다.

→ 무역수지가 적자라면 무역수지를 계산한 결괏값의 부호가 음수일 것이다.
'전체 무역수지=APEC 무역수지+EU 무역수지+기타지역 무역수지'를 이용해 2020~2023년 전체 무역수지를 구하면 다음과 같다.

- 2020년: 50,475+(−3,890)+(−1,715)
  =44,870>0
- 2021년: 68,472+(−7,934)+(−31,228)
  =29,310>0
- 2022년: 33,682+170+(−81,632)
  =−47,780<0
- 2023년: 40,410+1,682+(−52,472)
  =−10,380<0

무역수지가 적자인 해는 2022년, 2023년이므로 2개년도이다.
따라서 옳지 않은 설명이다.

④ (○) 2020년 한국의 EU에 대한 수입액은 50,000백만 달러 이상이다.

→ '무역수지=수출액−수입액'이므로 '수입액=수출액−무역수지'이다.
〈자료 1〉과 〈자료 3〉을 이용해 한국의 EU에 대한 수출액을 구해보자.
'한국의 EU에 대한 수출액=총수출액×한국의 EU에 대한 총수출액 비중'을 계산하기 위해 먼저 2020년 총수출액을 구해보자.

총수출액 = $\frac{\text{APEC 회원국 합계 수출액}}{\text{한국의 APEC 회원국에 대한 총수출액 비중}} \times 100$

이므로

2020년 총수출액은 $\frac{384,375}{75} \times 100 = 512,500$ (백만 달러)이다.

그리고 2020년 한국의 EU에 대한 총수출액 비중은 10%이므로 2020년 한국의 EU에 대한 수출액은 512,500×0.1=51,250(백만 달러)이다.

<자료 4>에서 2020년 한국의 EU에 대한 무역수지는 −3,890백만 달러이므로 2020년 한국의 EU에 대한 수입액은 51,250−(−3,890)=55,140(백만 달러)이다.

따라서 2020년의 한국의 EU에 대한 수입액은 50,000백만 달러 이상이므로 옳은 설명이다.

⑤ **(O) 만일 2024년 8월~12월에 기타지역에 대한 수출액이 수입액보다 3,000백만 달러가 더 많다면 2024년 기타지역에 대한 무역수지는 흑자로 전환된다.**

→ • 2024년 8월~12월의 기타지역에 대한 무역수지
= (2024년 8월~12월의 수출액) − (2024년 8월~12월의 수입액)
= (2024년 8월~12월의 수입액+3,000) − (2024년 8월~12월의 수입액) = 3,000(백만 달러)

• 2024년 기타지역에 대한 무역수지
= 2024년 1월~7월의 무역수지+2024년 8월~12월의 무역수지
= (−2,900)+3,000=100(백만 달러)>0

따라서 무역수지가 흑자로 전환되므로 옳은 설명이다.

합격자의 실전 풀이 순서

❶ 옳지 않은 내용을 고르는 문제이므로 선지 옆에 X표를 하여 풀이 중에 옳은 것을 답으로 하는 실수를 하지 않도록 한다.

❷ 선지 ①은 빠르게 판단하고, 선지 ②의 경우 뺄셈보다는 덧셈을 활용한다.

❸ 선지 ③도 직접 계산하지 않고 큰 자릿수를 통해 판단할 수 있으며, 선지 ④의 경우 빠르게 계산하고, 선지 ⑤의 경우 무역수지의 의미를 고려하여 판단한다.

합격자의 시간단축 Tip

Tip ❶ A에서 B를 뺀 결괏값이 양수라면 A가 B보다 더 크다는 것을 뜻하는데, 무역수지와 같이 뺄셈이 활용된 식에서 유용하게 활용할 수 있다. 선지 ①을 풀 때 활용할 수 있다.

Tip ❷ 뺄셈이나 나눗셈보다는 덧셈이나 곱셈이 우리에게 더 익숙하기에 덧셈이나 곱셈으로 쉽게 바꿔서 생각할 수 있다면 그렇게 하는 것이 좀 더 시간을 단축할 수 있다. 선지 ②의 경우를 예로 들 수 있다.

Tip ❸ 선지별 시간단축 전략

선지 ①, ③ 계산은 큰 것부터 하는 습관을 들인다. 특히, 양수인지 음수인지만 판별하면 되는 선지 ③의 경우에는 세밀한 계산을 하지 않아도 됨을 명심하자. 선지 ①에서도 백의 자리 이하를 크게 고려하지 않고 계산해도 쉽게 판별할 수 있다.

선지 ② 뺄셈으로 계산하는 것보다 덧셈으로 계산해 시간을 단축한다.
'무역수지=수출액−수입액'이므로 '수출액=무역수지+수입액'이다.
선지에서 제시한 수입액 433,740백만 달러를 대입했을 때 식이 성립하는지 확인하면 정오를 판단할 수 있다. 즉, 433,740+404,410=474,150이므로 옳은 설명임을 확인할 수 있다.

선지 ④ '무역수지=수출액−수입액'에서 무역수지가 적자라면 수입액은 수출액보다 많음을 의미한다. 즉, 무역수지가 적자이고 총수출액이 50,000백만 달러보다 많음을 확인했다면, 수입액이 수출액보다 많으므로 수입액 역시 50,000백만 달러보다 많은 것을 판단하고 시간을 단축할 수 있다.

19 정답 ⑤ 난이도 ●●●

수리능력_자료해석_자료에 대한 진위 판단(계산 필요)

ㄱ. **(×) 2022년의 총대손충당금 잔액은 2조 3천억 원이다.**

→ 제시된 자료의 각주에 의하면 대손충당금 적립률 $= \frac{\text{총대손충당금 잔액}}{\text{고정이하여신}} \times 100$이므로 '총대손충당금 잔액=대손충당금 적립률×고정이하여신×$\frac{1}{100}$'이 성립한다.

<자료 2>에 제시된 2022년 대손충당금 적립률은 230%이다.

고정이하여신비율은 각주에 제시된 고정이하여신비율 $= \frac{\text{고정이하여신}}{\text{총여신}} \times 100$을 변형해 '고정이하여신

$=$고정이하여신비율×총여신×$\frac{1}{100}$'로 구할 수 있다.

이를 이용해 2022년 고정이하여신을 구하면 $0.4\times 2{,}500$조 원$\times\frac{1}{100}=10$(조 원)이다.

따라서 2022년 총대손충당금 잔액은 230×10조 원$\times\frac{1}{100}=23$(조 원)이므로 옳지 않은 설명이다.

ㄴ. (○) 2018년과 2023년 총여신 중 총대손충당금 잔액이 차지하는 비율은 같다.

➜ 총여신 중 총대손충당금 잔액이 차지하는 비율=

$\frac{\text{총대손충당금 잔액}}{\text{총여신}}\times 100$

$=\frac{\text{총대손충당금 잔액}}{\text{총여신}}\times 100$

$=\left(\frac{\text{고정이하여신}}{\text{총여신}}\times 100\right)\times\left(\frac{\text{총대손충당금 잔액}}{\text{고정이하여신}}\times 100\right)\times\frac{1}{100}$

$=$고정이하여신비율× 대손충당금 적립률$\times\frac{1}{100}$

〈자료 1〉의 고정이하여신비율과 〈자료 2〉의 대손충당금 적립률을 이용해 2018년과 2023년의 총여신 중 총대손충당금 잔액이 차지하는 비율을 구하면 다음과 같다.

- 2018년: $1\times 105\times\frac{1}{100}=1.05(\%)$
- 2023년: $0.5\times 210\times\frac{1}{100}=1.05(\%)$

따라서 2018년과 2023년 총여신 중 총대손충당금 잔액이 차지하는 비율은 1.05%로 같다.

ㄷ. (×) 2020년 고정이하여신은 전년 대비 10% 이상 감소하였다.

➜ '고정이하여신=고정이하여신비율×총여신×$\frac{1}{100}$'을 이용해 2019년과 2020년의 고정이하여신을 구하면 다음과 같다.

- 2019년: $1{,}980$조 원$\times 0.8\times\frac{1}{100}$
  $=15.84$(조 원)
- 2020년: $2{,}160$조 원$\times 0.7\times\frac{1}{100}$
  $=15.12$(조 원)

2020년 고정이하여신의 전년 대비 감소율을 구하면 $\frac{|15.12-15.84|}{15.84}\times 100\fallingdotseq 4.546(\%)$이다.

즉, 2020년 고정이하여신은 전년 대비 10% 미만 감소하였으므로 옳지 않은 설명이다.

ㄹ. (×) 제시된 기간 동안 총대손충당금 잔액은 매년 증가하였다.

총대손충당금 잔액=대손충당금 적립률×고정이하여신$\times\frac{1}{100}$=대손충당금 적립률×(총여신×고정이하여신비율$\times\frac{1}{100}$)$\times\frac{1}{100}$

대손충당금 적립률, 총여신, 고정이하여신비율을 이용해 2018~2023년 총대손충당금 잔액을 구하면 다음과 같다.

- 2018년:
  $105\times\left(1{,}870\times 1\times\frac{1}{100}\right)\times\frac{1}{100}=19.635$
- 2019년:
  $110\times\left(1{,}980\times 0.8\times\frac{1}{100}\right)\times\frac{1}{100}=17.424$
- 2020년:
  $140\times\left(2{,}160\times 0.7\times\frac{1}{100}\right)\times\frac{1}{100}=21.168$
- 2021년:
  $165\times\left(2{,}400\times 0.5\times\frac{1}{100}\right)\times\frac{1}{100}=19.8$
- 2022년:
  $230\times\left(2{,}500\times 0.4\times\frac{1}{100}\right)\times\frac{1}{100}=23$
- 2023년:
  $210\times\left(2{,}640\times 0.5\times\frac{1}{100}\right)\times\frac{1}{100}=27.72$

2019년과 2021년은 총대손충당금 잔액이 전년 대비 감소하였으므로 매년 증가했다는 설명은 옳지 않다.

합격자의 실전 풀이 순서

1. 옳지 않은 것을 고르는 문제이므로 선지 옆에 X표를 하여 옳은 보기를 고르는 실수를 하지 않도록 한다.
2. 보기 ㄱ은 옳지 않은 설명이므로 선지 ①, ③, ④를 소거한다.
3. ㄷ은 판단하지 않아도 되므로 바로 ㄹ을 판단하여 정답을 고른다.

합격자의 시간단축 Tip

Tip ❶ 자료에서 식이 주어지면 해당 식들을 어떻게 조합할 수 있을지 생각해보는 것이 좋다. 해당 문제의 경우 고정이하여신비율의 분자 값과 대손충당금 적립률의 분모 값이 고정이하여신으로 같다. 따라서 이를 활용하여 계산을 편리하게 하거나 다양하게 접근함으로써 시간을 단축할 수 있다.

Tip ❷ 정확한 값을 구하기 위해서는 1%=0.01임을 고려하여 계산해야 하지만, 비교를 통해서 대소를 판단할 때는 같은 단위를 생략하고 계산해도 좋다. 예를 들어 고정이하여신비율과 대손충당금 적립률을 곱할 때 고정이하여신비율은 %를 없앤 값으로 계산해도 비교를 하는 데 문제가 없고 복잡한 숫자가 도출될 가능성을 낮춰준다는 점에서 시간을 단축하고 실수를 방지할 수 있을 것이다.

Tip ❸ 보기가 주어진 문제는 모든 보기를 다 판단할 필요가 없다. 해당 문제의 경우, ㄱ부터 판단했다면 ㄴ과 ㄷ은 판단하지 않아도 선지 구성상 정오가 판별되며, ㄹ만 판단한다면 정답을 도출할 수 있다.

Tip ❹ 보기별 시간단축 전략

보기 ㄱ. 고정이하여신을 구하지 않고 판단하는 방법은 식을 활용하는 방법이다. 고정이하여신비율과 대손충당금 적립률을 곱하면 $\frac{\text{총대손충당금 잔액}}{\text{총여신}}$이고, 2022년의 값을 대입하면 0.4%×230%=0.0092 $=\frac{\text{총대손충당금 잔액}}{2,500}$이다. 총대손충당금 잔액은 2,500×0.0092로 23조 원이 되므로 2022년의 총대손충당금 잔액이 2조 3천억 원이라는 것은 옳지 않은 설명이다.

보기 ㄴ. 보기 ㄱ에서와 마찬가지로 고정이하여신비율과 대손충당금 적립률을 곱하면 $\frac{\text{총대손충당금 잔액}}{\text{총여신}}$이므로 1.0%×105%와 0.5%×210%가 같은지 확인하면 된다.

보기 ㄷ. (실전에서 차례대로 풀었다면 판단하지 않아도 정답이 도출되기는 하지만 적용 차원에서) **Tip ❷**의 방식대로 계산을 한다면, 1,980×0.8%, 2,160×0.7%를 각각 1,980×8, 2,160×7로 치환하여 값을 도출한 후 10% 이상 감소했는지를 판단하는 방식으로 계산의 부담을 줄일 수 있다.

보기 ㄹ.

[방법 1] 비교적 계산을 간단하게 할 수 있는 5%와 10%를 활용한다.
2018년 및 2019년부터 확인해본다. 2018년의 고정이하여신은 총여신의 1%로 18.7조 원이다. 한편, 2019년 고정이하여신은 총여신의 0.8%로 1,980×0.008=15.84(조 원)이다. 대손충당금은 2018년에는 고정이하여신의 1.05배, 2019년에는 1.1배이다. 따라서 총대손충당금 잔액은 2018년의 경우 18.7에 이 금액의 5%인 0.935(=1.87÷2=18.7×5%)를 더하여 19.635조 원이고, 2019년의 경우 15.84에 이 금액의 10%인 1.584를 더하여 17.424조 원이다. 2019년 총대손충당금 잔액은 2018년보다 감소하였으므로 매년 증가하였다는 내용은 틀렸다.

[방법 2] 곱셈 비교를 활용한다.
총대손충당금 잔액은 고정이하여신비율과 대손충당금 적립률을 곱한 뒤 총여신을 곱하여 구할 수 있다. 2018년과 2019년 총대손충당금 잔액을 곱셈식으로 나타내면 2018년은 105%×1.0%×1,870, 2019년은 110%×0.8%×1,980이다. 두 식을 비교해보면, 1.0% → 0.8%로 20%가 감소한 데 비해 105% → 110%, 1,870 → 1,980은 각각 약 5% 증가하는 데 그치므로 2019년에 총대손충당금 잔액이 감소할 것임을 알 수 있다.

[방법 3] 반례 찾기에 집중한다.
매년 증가하는지 확인하기보다 감소가 가능해 보이는 반례를 찾으려 노력하자. 총대손충당금 잔액은 고정이하여신비율× 대손충당금 적립률×총여신에 비례한다. 〈자료 1〉과 〈자료 2〉를 보면 총여신과 대손충당금 적립률은 증가하는 추세이며 고정이하여신비율은 감소하는 추세이다. 이 중에서 총여신과 대손충당금 적립률의 증가율이 비교적 작고, 고정이하여신비율의 감소율은 큰 2018 → 2019년이 반례 후보가 된다는 것을 알 수 있다.

20 정답 ③ 난이도 ●●●

문제해결능력_조건추리(일반)

주어진 조건을 순서대로 '조건 1'~'조건 5'로 표기한다. 문제에서 제시된 조건(총 26명 이내)은 추가 조건으로 표기하였다.
HR 전문가 수는 a, 금융공학은 b, 보험설계는 c, 통계는 d, 파생상품은 e로 표기한다.

이에 따라 조건을 다시 표기하면 다음과 같다.

• 조건 1: $a \geq 1$, $b \geq 1$, $c \geq 1$, $d \geq 1$, $e \geq 1$
• 조건 2: $a \geq b+c+d+e+2$
• 조건 3: $b>e$, $b>c$
• 조건 4: $e \geq 2c$
• 조건 5: $e>d>c$
• 추가 조건: $26 \geq a+b+c+d+e$

해당 내용을 정리하면 $a>b>e>d>c \geq 1$(조건 1+조건3+조건 5), $e \geq 2c$, $a \geq b+c+d+e+2$의 관계가 성립한다.
또한 인원수이므로, a, b, c, d, e 각각은 자연수임에 유의해야 한다.
경우의 수를 확정 지을 수 없으므로 선택지를 기준으로 파악한다.

① (O) **보험설계 전문가를 1명 위촉하는 경우 통계 전문가는 2명을 위촉할 수 있다.**
→ 사례찾기 선지이다. $c=1$, $d=2$일 때 모든 조건을 만족하는 사례가 존재하는지 확인한다. 사례를 만들기 위해, 조건을 만족하는 숫자 중 가장 최소의 숫자부터 시작한다.
$e=3$, $b=4$로 둔다. 이때, $b+c+d+e=4+1+2+3=10$이다. 이때 a가 $12 \leq a \leq 16$ 이라면 조건 2와 추가 조건 또한 성립한다. 따라서 $c=1$, $d=2$일 때 모든 조건을 충족시키는 경우를 만들 수 있다. 올바른 추론이다.

② (O) **파생상품 전문가를 3명 위촉하는 경우 위촉 가능한 HR 전문가의 최대 인원 수는 16명이다.**
→ 사례찾기 선지이다. $e=3$일 때, 모든 조건을 만족하는 사례가 존재하는지 확인한다. 조건 5에 따라 $c=1$, $d=2$의 조합만이 가능하다. 추가조건을 고려했을 때, $b+c+d+e$ 값이 최소가 될 때 a의 값은 최댓값이 된다. a의 최댓값을 구하는 것이 목적이므로, b의 값도 조건 3을 충족하는 최솟값인 4로 한다. 이때 $b+c+d+e=4+1+2+3=10$이고, 조건 2와 추가조건에 따라 $12 \leq a \leq 16$이다. 따라서 $e=3$일 때, 모든 조건을 충족하는 사례가 존재한다. 적절한 선택지이다.

③ (×) **금융공학 전문가를 5명 위촉하는 경우 HR 전문가는 13명 위촉하여야 한다.**
→ 반례찾기 선지이다. $b=5$일 때, $a=13$이 아닌 경우가 발생할 수 있는지 확인한다. 반례를 만들기 위해, 조건을 만족하는 숫자 중 가장 최소의 숫자부터 시작한다. $c=1$이라면 조건 4와 조건 5에 의해 $d=2$, $e=3$가 가능하다. 따라서 $b+c+d+e$의 최솟값은 11이다. 이 경우, 조건 2와 추가조건에 의해 $13 \leq a \leq 15$가 가능하다. 따라서 $b=5$일 때 $a=14$ 또는 $a=15$인 경우도 가능하므로 $a=13$에 대한 반례가 존재한다. 적절하지 않은 선택지이다.

④ (O) **위촉 가능한 파생상품 전문가 수는 최대 4명이다.**
→ e의 최댓값이 다른 값을 가질 수 있는지 살펴본다. 추가조건에 따라 $a+b+c+d$의 값이 가장 작을 때 e는 최댓값을 갖는다. e의 최댓값을 구하기 위해 $c=1$, $d=2$를 가정하면 $e \geq 3$이어야 한다. 조건 2에 의해 $b=e+1$로 가정하면, $b+c+d+e=2e+3$이다. 따라서 조건 2와 추가조건에 의해 $2e+5 \leq a \leq 23-2e$이다. e의 최댓값을 구해야 하므로 a는 최솟값인 $a=2e+5$로 가정한다.
(i) $e=3$일 때, $a+b+c+d+e=2e+5+2e+3$
$=4e+8=20$
(ii) $e=4$일 때, $a+b+c+d+e=4e+8=24$
(iii) $e=5$일 때, $a+b+c+d+e=4e+8=28$
즉, $e \geq 5$부터 추가조건을 만족하지 못하는바, 파생상품 전문가 수는 최대 4명이다. 적절한 선택지이다.

⑤ (O) **위촉 가능한 금융공학 전문가 수는 최대 6명이다.**
→ b의 최댓값이 다른 값을 가질 수 있는지 살펴본다. 추가조건에 따라 $a+c+d+e$의 값이 가장 작을 때 b는 최댓값을 갖는다. b의 최댓값을 구하기 위해 조건 5에 따라 $c=1$, $d=2$, $e=3$이라고 가정한다. $b+c+d+e=b+6$이고 조건 2에 따라 a의 최솟값은 $b+8$이다. 추가조건에 따라 $a+b+c+d+e=b+8+b+6=2b+14 \leq 26$, 따라서 $b \leq 6$으로 b의 최댓값은 6으로 금융공학 전문가의 수는 최대 6명이다. 적절한 선택지이다.

합격자의 실전 풀이 순서

❶ 문제에서 추론 중 적절하지 않은 것을 고르라 했으므로 선지 옆에 X표를 하여 적절한 것을 정답으로 하는 실수를 하지 않도록 한다.
❷ 각 조건을 확인하며 분야를 인원이 많은 순서대로 나열해 본다.
❸ 각 선지들이 가정하는 경우를 반영하여 정답을 도출한다.

합격자의 시간단축 Tip

Tip ❶ 본인만의 표기를 활용하자.
[해설]에선 'a, b, c, d, e'를 활용했지만, 'H, 금, 보, 통, 파', 'HR, 금융, 보험, 통계, 파생' 등의 표기를 사용할 수도 있다. 필요한 계산이 많은데, 명칭 그대로를

사용하게 될 경우 시간 소요가 큰 문제점이 있다, 따라서 본인이 잘 사용할 수 있는 스타일을 찾아 활용하는 것을 추천한다. 이는 연습을 통해 감을 잡아가면 된다. 만약 'a, b, c, d, e'를 사용할 경우엔, 문제의 'HR, 금융공학, 보험설계, 통계, 파생상품'의 각각 아래에 'a, b, c, d, e' 표시를 해두는 것을 추천한다. 확인이 용이해 실수를 줄일 수 있기 때문이다.

Tip ❷ 이해하기 쉽게 문제 조건 적기

HR~파생상품까지 문제에 주어진 순서대로 적어서 정리를 하기보다는, 조건들을 통해 각 분야의 전문가 대소를 표시할 수 있으므로 큰 순서대로 나열한다면 이후 선지를 판단하는 과정에서 풀어가기 좋다. 이때도 각 분야의 표기는 **Tip ❶**을 활용해 간략하게 적어서 시간을 단축할 수 있다.

Tip ❸ 문제 정확히 확인하기

총 26명의 인원 내에서 위촉하려 한다는 점에 유의해야 한다. 해당 문제의 경우 관련된 함정이 있었다고 생각하진 않지만, 26명을 다 위촉해야 하는 경우와, 26명의 인원 내에서 위촉하는 경우는 도출되는 결론에 차이가 있을 수 있기 때문이다.

Tip ❹ 대표 케이스에서 변형시키기

경우의 수가 너무 많다면 성립하는 대표 케이스 하나를 구해두고 변형해서 활용하는 것도 좋다. $a>b>e>d>c\geq1$, $e\geq2c$, $a\geq b+c+d+e+2$까지 조건을 정리했다면 선지 ①부터 풀이에 나설 것이다. 선지 ①에서는 $c=1$, $d=2$인 경우를 물었기 때문에 해설처럼 $a=12\sim16$, $b=4$, $c=1$, $d=2$, $e=3$인 대표 케이스를 구했다고 하자. 선지 ②는 $e=3$인 경우로 대표 케이스와 아예 같다. 선지 ③은 $b=5$인 경우를 묻고 있는데 이는 대표 케이스와 비교할 때 $a\geq b+c+d+e+2$ 한 가지 조건에만 영향을 준다(나머지 조건은 b만 5로 바뀐다고 해도 충족되기 때문). $a\geq b+c+d+e+2=13$으로 대표 케이스에서 a의 범위만 바뀌게 된다는 것을 알 수 있다. $a=13\sim15$(총 인원 고려), $b=5$, $c=1$, $d=2$, $e=3$이다.

Tip ❺ 단정적인 어조의 선지 먼저 검토하기

가능성을 제시하거나 범위를 제시하는 선지의 경우, 사례가 존재할 경우의 수가 단정적인 어조의 선지보다 많다. 따라서 단정적인 어조의 선지는 그 경우를 제외한 다른 경우가 성립될 수 있다면 반드시 거짓이 되기 때문에 먼저 검토하는 경우 시간을 단축할 여지가 있다.
설문의 경우 선지 ①의 경우 가능성을 이야기하고 있으며, 선지 ②, ④, ⑤ 의 경우에는 범위를 제시하고 있다. 선지 ③의 경우 유일하게 13명이 위촉되는 경우만을 단정적으로 제시하고 있기에 먼저 검토할 선지에 해당한다.

Tip ❻ 사례 찾기인지 반례 찾기인지 파악하기

해당 선지의 참/거짓을 판단하기 위해 요구되는 것이 사례 찾기인지 반례 찾기인지를 명확히 파악하여야 한다. 선지 ①의 경우 거짓이 되기 위해서는 보험설계 전문가 1명을 위촉하는 경우, 통계 전문가를 2명을 위촉할 수 있는지 없는지 판단하여야 하는 것이지, 3명, 4명을 위촉할 수 있는지와는 관계가 없다. 반면 선지 ③의 경우, 금융공학 전문가를 5명 위촉하는 경우 HR 전문가를 13명이 아닌 수준에서 위촉할 수 있는지를 판단하는 반례찾기에 해당한다.

Tip ❼ 적절한 숫자를 대입해서 정오판단하기

선지 ④, ⑤처럼 부등식의 관계를 이용하여 최댓값을 구할 수도 있지만, 적절한 숫자를 대입해서 선지의 추론이 옳은지 확인 할 수도 있다.
예를 들어 선지 ④의 경우, $e=4$를 대입해서 4에서 성립하는지 우선 확인하고(혹시라도 최댓값이 3일 가능성을 생각해 확인 필요), $e=5$를 대입해 최댓값이 4보다 더 큰 숫자에서 나오는지 확인한다. 해당 문제에서는 아니었지만, 5를 대입했을 때 성립이 되었다면 더 이상 검토할 필요 없이 최댓값이 4가 아님만을 확인한 채 넘어간다. 다시 말해, 정확한 최댓값은 구할 필요가 없다는 것이다. 선지 ⑤의 경우에도 같은 방식으로 정오 판단이 가능하다.

21 정답 ⑤ 난이도 ●●○

문제해결능력_논리퍼즐

추가사항을 순서대로 '조건 1'~'조건 4'로 표기하고, 확실한 정보부터 정리한다.
조건 2에 따르면 4번 문제의 정답자는 모두 3점을 얻었으며, 오답자는 2점의 감점이 있다. 또한, 오답은 −2점임이 확실하므로 해당 내용을 표시한다.

구분	A	B	C	D	E
1번 문제	○	○	× −2	○	× −2
2번 문제	○	× −2	○	○	○
3번 문제	× −2	○	× −2	× −2	○
4번 문제	○ 3	○ 3	× −2	○ 3	× −2
5번 문제	× −2	○	○	× −2	× −2
점수	−1	1	−6	−1	−6

조건 4를 보면, 가장 높은 점수를 얻은 사람의 점수는 14점이다. 한 문제의 정답으로 얻을 수 있는 최대 점수는 5점인데, 모두 최고 점수를 받았다고 가정하더라도 B만이 14점이 가능하다.
A의 최고 점수는 9(=5+5−2+3−2)점, B는 16(=5−2+5+3+5)점, C는 4(=−2+5−2−2+5)점, D

는 9(=5+5-2+3-2)점, E는 4(=-2+5+5-2-2)점이기 때문이다.
따라서 B가 14점을 받은 사람이며, 조건2에 따라 4번 문제는 2회 시도에서 정답을 맞혔을 것이므로 1, 3, 5번 문제에서 5점을 2번, 3점을 1번 획득했음을 추론할 수 있다.

조건 1에 의해 1회 시도 만에 정답을 맞힌 횟수는 총 5회이며, 그중 2회는 B가 했음을 알 수 있다.
조건 3에 따르면, 1번 문제의 5점 획득자(1회 시도 만에 정답을 맞힌 사람)는 1명(3명의 반수 이하), 2번은 1명 또는 2명(4명의 반수 이하), 3번은 1명(2명의 반수 이하), 4번은 0명, 5번은 1명(2명의 반수 이하)이다.
조건 1에서 5점 획득자가 총 5명이다. 따라서, 2번의 5점 획득자는 2명이 된다.

해당 내용까지만 주어진 조건을 통해 확인할 수 있다. 구체적으로 누가 5점 획득자이고, B가 어떤 문제를 1회 시도 만에 맞추었는지는 확정 지을 수 없다. 지금까지의 내용을 정리하면 다음과 같다.

구분	A	B	C	D	E	5점 획득자
1번 문제	○	○	× -2	○	× -2	1
2번 문제	○	× -2	○	○	○	2
3번 문제	× -2	○	× -2	× -2	○	1
4번 문제	○ 3	○ 3	× -2	○ 3	× -2	0
5번 문제	× -2	○	○	× -2	× -2	1
점수	-1	14	-6	-1	-6	-

① (○) B가 1회 시도만에 정답을 맞힌 문제는 총 2문제이다.
→ B가 1회 시도 만에 정답을 맞힌 문제는 총 2문제이다. 적절한 선택지이다.

② (○) 2번 문제에서 1회 시도만에 정답을 맞힌 사람은 총 2명이다.
→ 2번 문제의 5점 획득자는 총 2명이다. 적절한 선택지이다.

③ (○) C가 5번 문제를 1회 시도만에 맞힌 경우 D의 최종점수는 3점 이상이다.
→ C가 5번 문제를 1회 시도 만에 맞힌 경우에 정해지는 점수 구성은 다음과 같다.

구분	A	B	C	D	E	5점 획득자
1번 문제	○ 3	○ 5	× -2	○ 3	× -2	1
2번 문제	○	× -2	○	○	○	2
3번 문제	× -2	○ 5	× -2	× -2	○ 3	1
4번 문제	○ 3	○ 3	× -2	○ 3	× -2	0
5번 문제	× -2	○ 3	○ 5	× -2	× -2	1
점수	2	14	-1	2	-3	-

C가 5번 문제의 5점 획득자이므로 B는 3점을 획득하고, B는 나머지 1번, 3번 문제에서 5점을 획득한다. 이에 따라 E는 3번 문제에서 3점, A와 D는 1번 문제에서 3점을 얻는다.
2번 문제의 점수 분포는 주어진 내용만으로는 확정할 수 없다. A, C, D, E 중 2명이 5점, 2명이 3점이라는 것만 알 수 있을 뿐이다. 따라서 D의 총점은 3점을 획득했을 때 5점, 5점을 획득했을 때는 7점이 된다. 어떤 경우든지 D는 3점 이상을 획득하는 바, C가 5번 문제를 1회 시도만에 맞힌 경우 D의 최종 점수는 3점 이상이다. 적절한 선택지이다.

④ (○) 최소 1명 이상은 자신이 정답을 맞힌 모든 문제에서 2회 시도만에 정답을 맞혔다.
→ A~E가 1회 시도 만에 정답을 맞힌 횟수는 총 5회이며, 그중 2회는 B가 했다. 따라서 최소 1명은 1회 시도 만에 정답을 맞히지 못하였다. 최소 1명 이상은 자신이 정답을 맞힌 모든 문제에서 2회 시도만에 정답을 맞힌 것이다. 적절한 선택지이다.

⑤ (×) E가 3번 문제를 1회 시도만에 맞힌 경우 A는 2번 문제를 1회 시도 만에 맞힌 사람이 된다.
→ E가 3번 문제를 1회 시도만에 맞힌 경우에 정해지는 점수 구성은 다음과 같다.

구분	A	B	C	D	E	5점 획득자
1번 문제	○ 3	○ 5	× -2	○ 3	× -2	1
2번 문제	○	× -2	○	○	○	2
3번 문제	× -2	○ 3	× -2	× -2	○ 5	1
4번 문제	○ 3	○ 3	× -2	○ 3	× -2	0
5번 문제	× -2	○ 5	○ 3	× -2	× -2	1
점수	2	14	-3	2	-1	-

E가 3번 문제의 5점 획득자이므로 B는 3점을 획득한다. 따라서 B는 1번, 5번에서 5점을 획득한다. 이에 따라 1번 문제의 A, D가 3점 획득자, 5번의 C가 3점 획득자가 된다.

2번 문제의 경우엔 A, C, D, E 중 2명이 5점 획득자인데 누구인지는 주어진 조건을 통해 정할 수 없다. 따라서 A가 2번 문제를 1회 시도 만에 맞힌 사람이라고 확정지을 수 없는 것이다. 적절하지 않은 선택지이다.

합격자의 실전 풀이 순서

1. 실전이었다면 풀지 않고 일단 넘긴다.
2. 추론한 내용이 적절하지 않은 것을 골라야 하므로 선지 옆에 X표를 하여 추론한 내용이 적절한 것을 정답으로 고르는 실수를 하지 않도록 한다.
3. 조건을 통해 확정적인 사항들을 표에 추가한다. 두 번째 조건을 통해 4번 문제의 O 옆에 3을, 첫 번째부터 세 번째 조건을 통해 문제별로 1회 시도 만에 정답을 맞힌 사람의 수는 1, 2, 1, 0, 1임을, 마지막 조건을 통해 B가 14점임을 확인하고 표시해둔다.
4. 판단이 가능한 선지는 바로 판단하고, 가정이 필요한 것들은 가정하여 정답을 도출한다.

합격자의 시간단축 Tip

Tip ❶ 확정적인 조건부터 풀이하자.

조건이 많이 제시된 문제들의 경우, 확정적인 내용을 제시한 조건들이 존재한다. 전체 조건을 먼저 살펴본 후, 확실한 내용이 제시된 것들부터 해결해 가는 것을 추천한다. 조건을 순서대로 푸는 것보다 상대적으로 빠르게 풀 수 있다.

Tip ❷ 4개의 선지만을 판단하여 정답을 도출할 수 있다.

만약 본인이 판단하기 어려운 선지가 있거나 시간이 오래 걸릴 것 같은 선지가 있다면 넘어간 후 나머지 4개의 선지를 판단하면 된다. 넘어간 선지가 답이라면 4개의 정오를 판단하여 답을 도출할 수 있고, 넘어간 이후 답이 도출된다면 건너뛴 선지는 살펴보지 않고 답을 도출할 수 있다. 해당 문제의 경우 가정적인 선지인 선지 ⑤가 가장 까다로우므로 나머지를 풀 것을 추천한다.

Tip ❸ 풀이 중간에 답 도출할 수 있는지 확인하기

운 좋게 풀이를 완벽하게 하지 않아도 답을 도출할 수 있는 경우가 있다. 따라서 풀이 중간중간에 지금까지의 풀이로 확인할 수 있는 선지가 있는지 검토하면 좋다. 해당 문제의 경우 조건들만 종합하여 선지 ①, 선지 ②, 선지 ④를 해결할 수 있고, 이에 더하여 아래에 서술한 방식으로 선지 ③을 빠르게 해결할 수 있다.

Tip ❹ 최고/최저 득점자는 후보를 추려서 파악한다.

A~E가 모두 14점을 얻을 수 있는지 계산할 필요 없다. 정답 여부를 대충 살펴보면 B는 O가 4개고 A, D는 O가 3개, C, E는 O가 2개이다. 따라서 B, A, D 정도만 14점이 가능한지 확인하면 된다. A, D가 점수상 불가능하다는 걸 파악하면 바로 B를 최고 득점자로 확정할 수 있다.

Tip ❺ 조건을 모두 충족하는 경우의 수가 유일하지 않을 수도 있다.

2번 문제의 1회 시도 정답자들이 확정되지 않고, 여러 경우의 수가 발생한 것처럼 모든 조건을 만족한다고 하더라도, 유일한 경우가 도출되지 않을 수도 있다. 이런 경우 당황하지 말고, 확정 지을 수 있는 내용부터 적어놓은 뒤 선지를 활용하길 권한다. 설문의 경우 ③, ⑤ 선지에서 확인할 수 있듯이 '~ 경우'라는 가정법을 활용하고 있다. 즉, 관련된 상황이 여러가지 발생할 수 있다는 의미다. 이럴 때에는 선지에서 시키는 경우부터 차근차근 확인하도록 한다.

Tip ❻ 총점의 최댓값에서부터 감점하는 방식으로 경우를 추려나갈 수 있다.

설문의 경우 5점이 문제당 최고로 받을 수 있는 점수이며, 3점은 최고점으로부터 −2점만큼, −2점은 최고점으로부터 −7점이 빠진 값이다. 따라서 퀴즈대회에서 가능한 총점의 최댓값은 5점×5문제=25(점)일 때, 2회 시도 한 번당 −2점씩, 오답 문제당 −7점씩 최댓값에서 감소하게 된다.

조건4에서 가장 높은 점수가 14점이라고 했는데, 이는 총점의 최댓값에서 −11점인 값이다. −2와 −7를 활용해서 −11이 가능한 조합은 (−7, −2, −2)뿐으로 오답 하나에 2회 시도가 2번 있는 사람임을 알 수 있다. 이에 따라 오답이 하나인 B가 가장 높은 점수를 얻은 사람임을 알 수 있다.

③번 선지에서도 D의 최종점수가 3점 이상이기 위해서는 총점의 최댓값에서 -22보다 작게 점수가 감점되어야 한다. 가사 D가 1회 시도 정답(5점 정답)이 없다고 할지라도, −2−2−7−2−7=−20으로, −22점보다 작게 감점됨을 알 수 있다. 따라서 당연히 최종점수는 3점 이상이다.

선지 ③ 구체적인 계산을 하지 않더라도 3번 문제부터 5번 문제까지의 점수 합이 -1임을, 1번 문제와 2번 문제는 정답을 맞혔으므로 최소 6점이 더해져 적어도 5점임을 알 수 있다. 경우의 수를 나눠보는 것도 좋지만 최솟값을 추론하여 판단할 수 있다.

22 정답 ④ 난이도 ●●○

문제해결능력_논리퍼즐

각 전형의 가중치를 알아내기 위해서는 먼저 가능한 가중치의 범위와 조합을 알아내야 한다. 〈부서 배치 기준〉에 따르면 가중치는 0.1 단위로 부여되며, 가중치의 합은 1이다. 이때 가중치의 조합을 구하는 방법은 다음과 같다. 먼저 가중치의 합이 1이고, 채용시험 항목은 3개이므로 1을 균등하게 배분하면 0.3, 0.3, 0.4이다. 이때 가중치가 동일한 전형이 존재하지 않으므로, 양 극단의 값을 0.1씩 조정하면 0.2, 0.3, 0.5가 된다. 이러한 방법으로 숫자를 미세조정을 해나가며 가중치의 조합을 찾는다.

면접시험	인적성검사	필기시험	조건 충족 여부
0.4	0.3	0.3	×
0.5	0.4	0.1	○
	0.3	0.2	○
	0.2	0.3	○
	0.1	0.4	○
0.6	0.3	0.1	○
	0.2	0.2	×
	0.1	0.3	○
0.7	0.2	0.1	○
	0.1	0.2	○
0.8	0.1	0.1	×

〈A~D의 채용시험 및 배치결과〉를 보면 A, C, D는 모두 1지망으로 인사부서를 원하였고, 그 중 A가 인사부서에 배치되었으므로, 총점은 A>C, A≥D임을 알 수 있다. 이때 C에는 등호가 붙지 않고 D에만 등호가 붙은 이유는, 마지막 조건에 따라 총점이 동일한 경우 면접 점수로 당락이 결정되는 경우를 포함하기 때문이다. A의 면접 점수는 80점, C의 면접 점수는 100점이므로 A와 C의 총점이 같으면 C가 인사부로 배치되어 모순이다. 한편 D의 면접 점수는 70점으로 A보다 낮으므로, A와 D의 총점이 같은 경우 A가 인사부에 배치된다. 한편 B는 재무부서를 1지망으로, D는 재무부서를 2지망으로 희망하였음에도 불구하고 D가 재무부서로 배치되었으므로, 총점은 D≥B임을 알 수 있다.

결과적으로 A>C, A≥D, D≥B로 정리되며, 등호가 포함되지 않아 총점의 크기를 확정적으로 비교할 수 있는 A와 C를 기준으로 각 경우에 따라 가중치를 비교한다.

1) 면접 가중치가 0.7인 경우

		가중치	A 점수	C 점수
경우 1	면접시험	0.7	56	70
	인적성시험	0.2	16	18
	필기시험	0.1	8	6
	합	1	80	94
경우 2	면접시험	0.7	56	70
	인적성시험	0.1	8	9
	필기시험	0.2	18	12
	합	1	82	91

면접의 가중치가 0.7인 경우, A>C인 경우가 존재하지 않는다. 따라서 면접의 가중치는 0.7일 수 없다.

2) 면접 가중치가 0.6인 경우

		가중치	A 점수	C 점수
경우 1	면접시험	0.6	48	60
	인적성시험	0.1	8	9
	필기시험	0.3	27	18
	합	1	83	87
경우 2	면접시험	0.6	56	70
	인적성시험	0.3	24	27
	필기시험	0.1	9	6
	합	1	89	103

면접의 가중치가 0.6인 경우, A>C인 경우가 존재하지 않는다. 따라서 면접의 가중치는 0.6일 수 없다.

3) 면접 가중치가 0.5인 경우

		가중치	A 점수	C 점수
경우 1	면접시험	0.5	40	50
	인적성시험	0.1	8	9
	필기시험	0.4	36	24
	합	1	84	83
경우 2	면접시험	0.5	40	50
	인적성시험	0.2	16	18
	필기시험	0.3	27	18
	합	1	83	86
경우 3	면접시험	0.5	40	50
	인적성시험	0.3	24	27
	필기시험	0.2	18	12
	합	1	82	89
경우 4	면접시험	0.5	40	50
	인적성시험	0.4	32	36
	필기시험	0.1	9	6
	합	1	81	92

경우 1에서 A>C이다. 따라서 조건을 만족하는 각 전형별 가중치는 인적성검사:필기시험:면접시험=0.1:0.4:0.5가 된다. 이에 따라 B와 D의 점수를 산정하면 다음과 같다.

	가중치	B 점수	D 점수
면접시험	0.5	30	35
인적성시험	0.1	7	10
필기시험	0.4	40	32
합	1	77	77

B와 D의 총점은 동점이고, 총점이 동점일 경우 면접시험 점수가 더 높은 신입사원의 희망을 우선시하므로 D의 희망부서가 먼저 반영되어 재무부서에 배치되었음을 알 수 있고, D≥B 역시 성립한다. 마지막으로, 앞서 정리했던 A≥D도 A의 총점 84점, D의 총점 77점으로 충족하는 것을 확인할 수 있다.

① (O) 면접시험의 가중치는 0.5이다.
→ 각 전형별 가중치는 면접시험 0.5, 필기시험 0.4, 인적성검사 0.1이므로 옳은 설명이다.

② (O) B와 D의 총점은 동점이다.
→ 신입사원의 총점을 정리하면 A=84, B=77, C=83, D=77이다. 따라서 옳은 설명이다.

③ (O) 총점의 최고득점자는 84점을 받았다.
→ 총점의 최고득점자는 A이며, 84점을 받았다. 따라서 옳은 설명이다.

④ (×) B와 C의 총점 차이는 7점이다.
→ B의 총점은 77점이고, C의 총점은 83점으로, 총점의 차이는 6점이다. 옳지 않은 설명이다.

⑤ (O) A와 D의 가중치가 반영된 필기시험 점수 차이는 4점이다.
→ 0.4의 가중치가 반영된 필기점수는 A의 경우 36점, D의 경우 32점으로 4점 차이이므로 옳은 설명이다.

합격자의 시간단축 Tip

Tip ❶ 계산을 일일이 하지 않는다.
해설에서 풀이한 바와 같이 경우의 수를 나누어서 각 전형의 가중치를 알아내야 한다. 이를 위해, 가능한 가중치를 대입하여 A>C를 만족하는 가중치를 빠르게 찾는 것이 핵심이다. 해설에서는 면접의 가중치가 0.7인 경우 A의 면접점수=56, C의 면접점수=70으로 14점의 차이가 난다는 것을 각 경우마다 계산하였다. 이를 보다 빠르게 하기 위해 A와 C의 면접점수는 20점의 차이가 난다는 점을 이용하면 된다. A, C의 면접점수를 각각 계산하는 것이 아니라 20×0.7=14를 통해 가중치를 적용한 A, C 면접점수의 차가 14점이라는 것만 계산하면 된다. 다른 경우도 마찬가지이며, 이를 적용하면 비교적 빠르게 계산 가능하다.

Tip ❷ 가능한 경우의 수가 많으면, 선지를 대입해본다.
면접시험의 가중치가 0.7~0.5까지 비교적 범위가 넓고, 가능한 경우의 수가 여러 개임을 알 수 있다. 적절하지 않은 것을 고르는 문제이므로, 선지 5개 중에 4개는 옳은 선지임을 알 수 있다. 이때, 선지 ①, ⑤는 각각 면접시험의 가중치가 0.5, 필기시험의 가중치가 0.4인지 묻는 문제이다. 시간이 부족하다면 이를 옳다고 가정한 후, A>C, A≥D, D≥B가 성립하는지 확인해도 된다. 만약 성립하지 않는다고 하더라도, 선지 ①, ⑤ 둘 중 하나는 반드시 옳은 설명이라는 점을 유의한다면, 보다 빠른 접근이 가능하다.

Tip ❸ '적절하지 않은 것'을 고르는 문제는 4개의 선지가 옳은 선지임을 활용하자.
객관식 선지들을 적절히 이용하는 것도 풀이에 도움이 된다. 선지 중 대부분이 옳은 선지인 바, 이 경우에는 몇 개의 선지를 옳다고 가정하고 문제 풀이에 들어가는 것도 좋은 방법이다. ②번 선지에서 B, D의 총점이 동점이어도 조건을 만족하는 배치결과가 나온다는 것을 확인하고, ①번 선지에서 면접 시험이 가중치가 0.5임을, 그리고 이때 B, D의 총점이 동점이 나오게 하는 인적성검사와 필기시험의 가중치를 구하였다. 면접점수에서 D의 점수가 B보다 5점(=(70−60)×0.5) 더 크다. 따라서 B와 D가 동점이 나오기 위해서는 (B의 필기시험 점수)=(D의 인적성검사 점수+5)의 관계가 성립해야 한다. 이를 식으로 나타내면, x가 필기시험 점수의 가중치라 할 때 $20\times x=30\times(0.5-x)+5$가 성립해야 한다. 이때, 위와 같은 연립방정식을 풀어도 괜찮지만, 어차피 x가 0.1 단위로 커지고, 둘이 동점이 되어야 하는 상황에서 B의 점수가 상당히 부족한 점을 고려할 때, B가 점수를 높게 받은 과목에 대해 가중치가 크게 부여되어야 한다는 것을 알 수 있는 바, $x=0.4$부터 대입하는 방법도 빠른 풀이에 도움이 될 것이다.
이렇게 ①, ② 선지가 옳은 선지임을 가정하고, 인적성검사:필기시험:면접시험=0.1 : 0.4 : 0.5의 가중치로 놓고 나머지 선지를 판단하였다. ③, ⑤는 위 가정에 부합하는 결과가 나오지만, ④만이 위 가정에 반하는 결과가 나온다는 것을 알 수 있다. '적절하지 않은' 선지는 하나뿐이므로, ④ 선지가 잘못된 선지임을 알 수 있다. 물론 이와 같은 풀이 방식은 만약 처음부터 '적절하지 않은' 선지를 옳다고 가정하고 풀이하게 될 경우, 혼란이 발생할 위험은 있다. 그럼에도 시간의 압박에서 급박하게 풀어야 할 상황이 올 때에는 이렇게 선지를 대입해서 푸는 방법이 큰 도움이 될 것이니 참고하자.

23 정답 ② 난이도 ●○○

문제해결능력_공고문/규정 이해

① (○) OIL사랑 카드를 발급받으면 카드를 사용하지 않았더라도 최소 5,000원이 청구된다.

→ □발급 기준 및 연회비 안내에 의할 때, OIL사랑 카드의 연회비는 카드 발급시점부터 청구된다. 그리고 연회비는 국내전용과 국내외겸용이 구분되는데, 더 저렴한 국내전용의 연회비는 5,000원이다. 따라서 카드를 발급받고 사용하지 않았다고 하더라도 연회비에 해당하는 금액은 청구되므로 최소 5,000원은 청구된다.

② (×) 전월 OIL사랑 카드 이용실적 70만 원을 달성한 고객은 전국의 모든 주유소에서 월 4회까지 주유 할인을 받을 수 있다.

→ □카드혜택 안내의 · △△주유소/충전소 할인 서비스에 의할 때, 전월 OIL사랑 카드의 이용실적이 70만 원이더라도 OIL사랑 카드가 제공하는 주유소/충전소 할인혜택은 전국의 △△주유소/충전소에서 주유/충전하는 경우에 해당한다. 따라서 전국의 모든 주유소라는 표현은 적절하지 않다.

③ (○) 전월 OIL사랑 카드 이용실적 30만 원을 달성한 고객이 이번 달 유료주차장 2회 이용 외 사용 내역이 없고 그 금액이 총 6만 원이었다면, 이번 달에 할인받는 금액은 5,000원이다.

→ □카드혜택 안내의 *생활 할인 서비스 월간 통합 할인 한도에 의할 때, 전월 OIL사랑 카드의 이용실적 30만 원을 달성한 고객의 월간 통합 할인 한도는 5,000원이다. 유료주차장 2회 중 각 이용 건의 개별 금액을 알 수는 없으나 유료주차장 이용 외 별다른 이용 금액이 없으므로, 유료주차장 할인으로 생활 할인 한도에 따른 혜택을 전부 받았음을 알 수 있다. 이용건별로 10% 할인을 받은 경우 6,000원의 할인을 받을 수 있을 것이나 생활 할인 서비스의 할인 한도는 5,000원이므로 이 금액만큼의 할인을 받을 수 있다.

④ (○) 2024년 5월 20일 OIL사랑 카드를 신규 발급 및 수령하고, 5월 말까지 카드를 전혀 이용하지 않은 고객의 6월 주유 할인 서비스 월간 할인 횟수는 3회이다.

→ 카드를 5월 20일 수령한 경우, □서비스 제공 조건의 첫 번째 내용에 의할 때 6월 말일까지는 주유 할인 서비스 할인 횟수는 실적조건 없이 3회 또는 전월 이용 실적에 따른 통합 할인 횟수 중 고객에게 유리한 횟수가 적용된다. 5월 카드 발급 이후 카드 이용내역이 없는 경우에 해당하므로 전월 이용 실적에 따른 통합 할인 횟수를 적용할 수는 없다. 따라서 6월 주유 할인 횟수는 3회가 옳다.

⑤ (○) 2024년 9월 29일 OIL사랑 카드로 4만 원을 결제한 건을 2024년 10월 2일 취소한 경우, 2024년 11월에 카드 혜택을 받기 위해 사용해야 하는 최소 금액은 34만 원이다.

→ □서비스 제공 조건의 네 번째 내용에 의할 때, 매출이 취소된 경우 취소 매출표가 접수된 월의 이용실적에서 차감된다. 즉, 카드의 이용은 9월 29일에 했더라도 취소 매출표가 접수된 10월 2일, 즉 10월의 이용실적에서 해당 금액만큼의 이용실적이 차감된다. 만일 4만 원의 이용 건을 취소한 때에 10월 이용금액이 전혀 없다면 그 당시의 이용실적은 −40,000원이 되는 것이다. 즉, OIL사랑 카드의 실적에 따른 혜택을 받기 위해서는 최소 30만 원을 써야 하는데, 이 경우에는 최소 34만 원은 사용해야 한다.

합격자의 시간단축 Tip

Tip ① 답이 나오면 넘어가기

이와 같은 문제의 경우 중간에 답이 나왔다면 넘어가는 것이 좋다. 좀 더 확실하게 하기 위해 남은 선지의 정오도 판단하려고 한다면 시간이 더 걸릴 수 있다. 일례로 정답을 고른 이후 선지를 판단하는 과정에서 적절하지 않은 선지라 생각되는 것이 또 나온다면 어디에서 실수했는지 확인하는 과정을 또 거쳐야 한다. 이 경우 시간적으로도, 심리적으로도 좋지 않기 때문에 자신이 했던 판단을 믿고 정답 선지를 찾았다면 다음 문제로 넘어갈 수 있어야 한다.

Tip ② 4개의 선지만을 판단하여 정답을 도출할 수 있다.

만약 본인이 판단하기 어려운 선지가 있거나 시간이 오래 걸릴 것 같은 선지가 있다면 넘어간 후 나머지 4개의 선지를 판단하면 된다. 넘어간 선지가 답이라면 4개의 정오를 판단하여 답을 도출할 수 있고, 넘어간 이후 답이 도출된다면 건너뛴 선지는 살펴보지 않고 답을 도출할 수 있다.

Tip ③ 단정적/극단적인 표현은 답이 아닐 가능성이 높다.

'모든', '반드시 해야 한다', '항상' 등은 다른 예외를 허용하지 않는 단정적/극단적인 표현이다. 이러한 표현들이 선지에 있으면 오선지일 가능성이 높다고 생각하며 반례를 떠올리는 식으로 접근하자. 하나의 반례만 존재하더라도 해당 선지는 오선지가 된다.

Tip ④ '최소 비용', '최대 비용'을 묻는 선지를 나중에 보자.

'최소 비용', '최대 비용'을 묻는 선지는 다른 선지를 본 이후에 마지막에 보는 것이 좋다. 일반적으로 최소나 최대 비용을 묻는 것은 복잡한 조건을 적용시켜야 하는 경우가 많기 때문이다. 선지는 5개고 그중에 반드시 답이 있다. 즉 선지 4개만 완벽하게 풀어낸다면 선지 한 개를 안 봐도 답을 고를 수 있다. 복잡한 선지를 안 풀어도 답이 나오는 경우가 있으므로 복잡한 선지를 먼저 피하는 것이 효율적이다.

24 정답 ④ 난이도 ●●○

문제해결능력_수치 계산(비용, 계산)

12월의 할인액을 구하기 위해서는 먼저 11월의 실적을 구해야 한다. 11월의 실적에 따라 할인액의 범위가 달라지기 때문이다. 본문에서는 전월 실적에서 제외되는 업종을 규정하고 있으므로, 이를 제외하고 실적액을 계산해야 한다. 11월 이용내역 중에서는 주유비(No.2, 5), 아파트관리비(No.4)가 제외되므로, 이 항목들을 제외하고 11월에 실적으로 인정되는 금액을 구하면 85,000+95,000+52,000+70,000=302,000(원)이다. 따라서 A는 30만 원 이상~60만 원 미만 구간에 해당하는 혜택을 받을 수 있다.

먼저 주유 할인 혜택을 보면 월 3회까지 할인이 가능한데, 12월에는 주유소를 3회 이용했으므로 3회 모두 할인을 받을 수 있다. OIL사랑 카드는 전국의 모든 △△주유소에 대해 리터당 50원 할인 서비스를 제공하며, 특히 서울 지역에서는 리터당 70원을 추가 할인하여 리터당 120원의 할인 서비스를 제공한다.

12월 1번 이용내역은 △△주유소 서울본점이고, 이용금액이 90,000원인데 12월의 전국 △△주유소의 휘발유와 △△에너지 고시 휘발유가는 12월 내내 리터당 2,000원이라고 하였으므로 $\frac{90,000}{2,000}=45$(리터)를 주유하였음을 알 수 있다. 서울 지역에 대해서는 리터당 120원의 할인이 적용되고, 45×120=5,400(원) 할인이 적용된다. 7번 내역을 보면 사용처와 이용금액이 같으므로 1번과 7번 내역에서 5,400×2=10,800(원) 할인을 받았다.

2번 이용내역은 △△주유소 부산해운대점이다. 따라서 주유 기본할인인 리터당 50원 할인이 적용되어야 한다. 또, 주유 할인은 1회 주유 이용금액 최대 10만 원까지만 서비스를 제공하므로 결제금액이 120,000원이더라도 10만 원까지만 계산하여 할인을 적용하여야 한다. 주유량을 계산해보면 $\frac{100,000}{2,000}=50$(리터)이고, 리터당 50원 할인을 적용하면 2,500원의 할인을 받을 수 있다. 따라서 주유 할인으로 받은 혜택은 총 13,300원이다.

생활 할인 서비스의 경우 A는 12월에 최대 5,000원의 할인을 받을 수 있다. 생활 할인 서비스 대상에 해당하는 항목들의 합계는 ○○영화관 32,000원, ○○카페 9,000원, □□카페 9,000원으로 총 5만 원에 해당하나 카페업종의 경우 결제금액 1만 원 이상 시 서비스를 제공한다. 따라서 할인이 적용되는 것은 영화관 업종 이용금액의 10%인 3,200원이다.

최종적으로 A가 12월에 할인 혜택을 받을 수 있는 금액은 13,300+3,200=16,500(원)이다.

합격자의 시간단축 Tip

Tip ① 넘어갈 문제는 넘어가기

이런 유형의 문제는 다른 문제와 비교하여 긴 시간이 요구되고, 세세한 계산을 해야 하기에 중간에 실수가 유발될 가능성이 크다. 풀이 방향은 쉽게 보이지만 자신이 계산에 약하다면 일단 넘어간 후 다른 쉬운 유형, 본인이 강한 유형을 중심으로 풀이하고 이후에 시간이 남을 경우 다시 와서 도전하는 것도 전체 점수를 높이고 시간을 단축할 수 있는 방법이라 생각한다.

Tip ② 묶어서 계산하기

12월 카드 이용내역 중 No.1과 7은 동일한 항목으로 묶어서 계산할 수 있다. 하나를 구한 뒤 2를 곱하는 방법도 있으며, 계산 시 리터를 먼저 합한 후 리터당 할인금액과 곱하는 방법도 있다.

Tip ③ 정확한 계산을 할 필요는 없다.

선지에서 제시된 금액 간 격차가 크기 때문에 시간을 할애하여 정확한 계산을 할 필요는 없다. 계산하여야 할 요소를 정확하게 뽑아냈다면, 계산이 100원 단위에서 어떻게 나타나는지만 파악하여도 빠르게 답을 고를 수 있다. 이 문제의 경우 정답이 4번이기에 100원 단위가 500원으로 떨어진다는 것을 파악하였다면 정답을 빠르게 고르고 넘어갈 수 있다. 만약 정답이 3번이어서 800원이 나오더라도 계산하여야 하는 금액에 비해 13,000원과 18,000원의 격차가 매우 크므로 구체적인 값을 도출하는 계산을 하지 않아도 정답을 고를 수 있다.

25 정답 ⑤ 난이도 ●●○

문제해결능력_지문의 이해 및 활용

ㄱ. (O) 2차 중간기준가격 결정일에 각 기초자산의 중간기준가격이 최초기준가격의 95%에 해당하는 경우 자동조기상환되며, 원금 외에도 세전 수익금으로 1,140만 원을 지급받는다.

→ Ⅱ. 상환조건 및 손익구조-□ 자동조기상환을 통해 자동조기상환 조건을 알 수 있으며, Ⅲ. 기준일 및 주요내용-□ 중간기준가격 결정일을 통해 2차 중간기준가격 결정일을 알 수 있다. Ⅱ. 상환조건 및 손익구조-□ 자동조기상환의 단서의 내용을 참고하면 2차 중간기준가격 결정일은 2026년 2월 27일로, 자동조기상환 시점의 '12개월'에 해당한다. 이때 각 기초자산의 중간기준가격이 모두 최초기준가격의 95%라면 자동조기상환 행사가격(90%) 이상에 해당하므로 연 11.4%의 세전 수익을 지급받게 된다. 1억 원을 투자하였으므로 세전 수익은 1억 원×11.4%=1,140(만 원)임을 알 수 있다. 옳은 선지이다.

ㄴ. (O) KOSPI 200지수의 종가가 하락한계가격 미만인 적이 있지만, 4차 중간가격 결정일에 각 기초자산의 중간기준가격이 모두 최초기준가격의 85% 이상인 경우 원금과 세전 22.8%의 수익금을 지급받는다.

→ Ⅱ. 상환조건 및 손익구조를 통해 확인한다. 만기상환은 자동조기상환이 발생하지 않은 경우에 발생하므로, 먼저 자동조기상환 조건을 충족하는지 확인한다. 4차 중간가격 결정일은 Ⅲ. 기준일 및 주요내용-□ 중간기준가격 결정일을 통해 2027년 2월 26일임을 알 수 있고, Ⅱ. 상환조건 및 손익구조-□ 자동조기상환의 단서를 고려할 때 이는 자동조기상환 시점의 '24개월'에 해당한다. 24개월의 경우 각 기초자산의 중간기준가격이 모두 최초기준가격의 85% 이상이면 자동조기상환의 조건을 충족하므로 원금과 22.8%의 세전 수익을 지급받는다. 즉, '중간기준가격 결정일'을 기준으로 자동조기상환 조건을 충족하면 어느 한 시점에 어느 한 기초자산의 하락한계가격 미만 여부와 관계없이 자동조기상환이 결정된다. 따라서 옳은 선지이다.

ㄷ. (O) 만기까지 자동조기상환이 발생하지 않고, S&P500 지수 및 KOSPI 200지수의 종가가 하락한계가격 미만인 적이 있지만, 각 기초자산의 최종기준가격이 모두 최초기준가격의 75% 이상인 경우 세전 수익금은 3,000만 원 이상이다.

→ 자동조기상환이 발생하지 않았으므로, Ⅱ. 상환조건 및 손익구조-□ 만기상환을 통해 확인한다. 만기상환-(2)의 경우, 만기상환-(1)의 경우가 발생하지 않은 경우에 해당하므로 먼저 (1)의 조건에 해당하는지 확인한다. 각 기초자산의 최종기준가격이 모두 최초기준가격의 75% 이상인 경우 (1)의 조건을 충족하므로 세전 34.2%의 수익금을 받게 되는 것을 알 수 있다. 즉, 만기일 이전 일정 시점의 일부 기초자산의 가격이 하락한계가격 미만이었던 적이 있었는지와 상관없이, 만기일에서의 최종기준가격을 기준으로 (1)의 조건 충족 여부가 결정된다. 이때 각 기초자산의 최종기준가격이 모두 최초기준가격의 75% 이상인 경우 만기상환-(1)의 조건을 충족하므로 1억 원×34.2%=3,420(만 원)의 세전 수익금을 받게 된다. 따라서 옳은 선지이다.

ㄹ. (×) 만기까지 자동조기상환이 발생하지 않고, 하나의 기초자산도 종가가 하락한계가격 미만인 적이 없으나 각 기초자산의 최종기준가격이 모두 최초기준가격의 70%인 경우 손실이 발생한다.

→ 자동조기상환이 발생하지 않았으므로, Ⅱ. 상환조건 및 손익구조-□ 만기상환을 통해 확인한다. 각 기초자산의 최종기준가격이 모두 최초기준가격의 70%이므로 먼저, 만기상환-(1)의 조건을 충족하지 않음을 알 수 있다. 따라서 만기상환-(2)를 확인한다. 하나의 기초자산도 종가가 하락한계가격 미만인 적이 없으므로 만기상환-(2)-첫 번째 조건에 해당함을 알 수 있다. 따라서 세전 34.2%의 수익을 지급받게 되므로 손실이 발생하지 않는다. 옳지 않은 선지이다.

합격자의 시간단축 Tip

Tip ❶ 제시문의 구조를 잘 파악하여 함정에 빠지지 않도록 한다.

보기를 읽다보면, 제시문의 Ⅱ. 상환조건 및 손익구조 부분에 대한 구조 확인 문제임을 확인할 수 있다. 이때, 필요없는 보기의 조건을 잘 구분하는 것이 필요하다. 예를 들어, 보기 ㄴ의 경우 일부 종목이 하락한계가격 미만인지 여부와 관계없이 자동조기상환 조건을 충족하게 된다. 선지의 함정에 빠져서 '자동조기상환'의 조건 충족여부를 판단하지 않고 '하락한계가격' 문구 확인 후 바로 '만기상환'을 확인하는 일이 없도록 해야 한다.

Tip ❷ 보기를 먼저 본 후, 목차 제목을 활용하여 정보를 찾아가는 시간을 단축한다.

제시문이 포함하고 있는 정보의 양이 워낙 많기 때문에 한번에 읽고 모든 경우를 판단하는 것은 매우 어렵다. 따라서 보기를 먼저 본 후, 해당 상황에 필요한 정보를 제시문에서 발췌독하는 것이 상대적으로 용이하다. 이때, 목차 제목은 반드시 하위 목차 혹은 구성 내용을 포괄할 수 있는 형태로 제시된다는 점을 활용하여, 필요한 정보를 보다 빠르게 찾아갈 수 있다.

26 정답 ④ 난이도 ●●○

문제해결능력_지문의 이해 및 활용

① **(O) 2026년 2월 27일의 S&P500 지수와 관계없이 위 상품은 해당 일에 자동조기상환되지 않는다.**

➜ 2026년 2월 27일을 기준으로 자동조기상환되는지 확인한다. 2026년 2월 27일은 기준일로부터 '12개월'에 해당하므로 각 기초자산이 모두 최초기준가격의 90% 이상이면 자동조기상환된다. EUROSTOXX50의 경우, 5,000×90%=4,500이므로 90% 이상에 해당하나, KOSPI200의 경우 300×90%=270 이상이어야 하는데, 표의 경우 220으로 제시되어 있으므로 90% 미만이다. 따라서 S&P500 지수와 관계없이 KOSPI200지수가 자동조기상환 조건을 충족하지 못하므로 자동조기상환되지 않는 것을 알 수 있다. 옳은 선지이다.

② **(O) 2027년 8월 27일 EUROSTOXX50 지수가 4,250 이상인 경우 위 상품은 자동조기상환된다.**

➜ 2027년 8월 27일은 중간기준가격 결정일이자 기준일로부터 30개월 이후인 5차 자동조기상환평가일이다. 해당일에 자동조기상환이 되는 경우는 각 기초자산의 중간기준가격이 최초기준가격 대비 85% 이상인 경우이다. 2027년 8월 27일 S&P500 지수는 5,850으로, 최초기준가격(6,000)의 85%인 5,100을 초과하므로 해당 시점의 행사가격 이상이다. KOSPI200 지수 역시 260으로, 최초기준가격(300)의 85%인 255를 초과하므로 해당 시점의 행사가격 이상이다. 이때 EUROSTOXX50 지수가 4,250인 경우 최초기준가격인 5,000의 85%이다. 따라서 EUROSTOXX50 지수가 4,250인 경우에는 각 기초자산이 모두 해당 시점의 자동조기상환 행사가격 이상(최초기준가격 대비 85% 이상)이 되므로 자동조기상환된다. 옳은 선지이다.

③ **(O) 자동조기상환되지 않은 경우 위 상품의 투자자는 반드시 손실이 발생한다.**

➜ 5차 자동조기상환까지 되지 않은 경우 만기상환된다. 만기상환시의 손(수)익률을 따져보기 위해서는 최종기준가격을 구하여야 한다. 최종기준가격은 2028년 2월 23일, 2028년 2월 25일, 2028년 2월 28일 S&P500 지수, EUROSTOXX50 지수, KOSPI200 지수 종가 평균이다. 이에 따라 기초자산별로 최종기준가격을 구해보면

- S&P500 지수:

$$\frac{5,000+4,800+4,600}{3}=4,800$$

- EUROSTOXX50 지수:

$$\frac{3,700+3,500+3,300}{3}=3,500$$

- KOSPI200 지수: $\frac{130+126+122}{3}=126$이다.

이때, 각 기초자산의 최종기준가격이 모두 최초기준가격의 75% 이상이면 Ⅱ. 상환조건 및 손익구조 □ 만기상환–(1)에 따라 세전 34.2%의 수익이 발생한다.

- S&P500 지수:
  $6,000\times0.75=4,500<4,800$
- EUROSTOXX50 지수:
  $5,000\times0.75=3,750>3,500$
- KOSPI200 지수: $300\times0.75=225>126$

EUROSTOXX50 지수와 KOSPI200 지수의 경우 □ 만기상환–(1)의 조건을 충족하지 않음을 알 수 있다. 따라서 □ 만기상환–(2)의 조건 충족 여부를 판단한다.

만기상환–(2)에 의하면 투자기간동안 하나의 기초자산이라도 종가가 하락한계가격 미만인 적이 있었는지에 따라 수익 구조가 달라지므로 먼저 하락한계가격을 구한다. 하락한계가격은 최초기준가격의 45%이므로, S&P500의 경우 6,000×0.45=2,700, EUROSTOXX50의 경우 5,000×0.45=2,250, KOSPI200 지수의 경우 300×0.45=135이다. 그런데 KOSPI200 지수의 경우 2028년 2월 23일에 종가가 130이므로 하락한계가격 미만의 종가를 기록하였다. 따라서 만기상환–(2)의 첫 번째 조건에는 해당하지 않으므로 두 번째 조건에 해당하는지 판단한다. 이를 위해서는 하나의 기초자산이라도 최종기준가격이 최초기준가격의 75% 미만인지를 판단해야 하는데, 위에서 계산한 바와 같이 EUROSTOXX50 지수와 KOSPI200 지수의 경우 최종기준가격이 최초기준가격의 75% 미만이므로 만기상환–(2)의 두 번째 조건을 충족한다. 따라서 원금×[하락률이 가장 큰 기초자산의 최종기준가격/최초기준가격]을 지급받게 된다.

이때 기초자산별 하락률을 계산하면 다음과 같다.

- S&P500 지수의 하락률:

$$\frac{6,000-4,800}{6,000}\times100=20(\%)$$

- EUROSTOXX50 지수의 하락률:

$\frac{5,000-3,500}{5,000} \times 100=30(\%)$

- KOSPI200 지수의 하락률:

$\frac{300-126}{300} \times 100=58(\%)$

하락률이 가장 큰 기초자산은 KOSPI200 지수이다. KOSPI200 지수의 최종기준가격/최초기준가격을 계산하면 $\frac{126}{300}$이므로, 원금$\times\frac{126}{300}$을 지급받게 되면 원금(원금×1)보다 적은 금액을 지급받게 된다($\because \frac{126}{300}<1$). 따라서 반드시 손실이 발생하므로 옳은 선지이다.

④ (×) 위 상품에서 손실이 발생하는 경우 손실률은 42%이다.

➜ 자동조기상환되지 않고, 투자기간 동안 하나의 기초자산이라도 종가가 하락한계가격 미만인 적이 있으며, 하나의 기초자산이라도 최종기준가격이 최초기준가격의 75% 미만인 경우에는 원금×[하락률이 가장 큰 기초자산의 최종기준가격/최초기준가격]만을 지급한다. 앞서 도출한 각 기초자산별 최초기준가격 대비 최종기준가격의 하락률은 다음과 같다.

- S&P500 지수의 하락률:

$\frac{6,000-4,800}{6,000} \times 100=20(\%)$

- EUROSTOXX50 지수의 하락률:

$\frac{5,000-3,500}{5,000} \times 100=30(\%)$

- KOSPI200 지수의 하락률:

$\frac{300-126}{300} \times 100=58(\%)$

즉, 하락률이 가장 큰 기초자산은 KOSPI200 지수이므로 KOSPI200의 원금×(최종기준가격/최초기준가격)을 지급하게 된다. 즉, 원금$\times\frac{126}{300}$을 지급하게 되므로, 지급률은 42%이며, 이에 따라 손실률은 58%가 된다. 따라서 옳지 않다.

⑤ (O) EUROSTOXX50 지수의 최종기준가격은 3,500이다.

➜ 선지 ③에서 계산한 바와 같이,
EUROSTOXX50 지수의 최종기준가격=

$\frac{3,700+3,500+3,300}{3}=3,500$이다. 옳은 선지이다.

합격자의 시간단축 Tip

선지 ③ 계산을 간단히 할 수 있는 방법을 최대한 활용하자.

우선 최종기준가격을 계산하기 위해 2028년 2월 23일, 2월 25일, 2월 28일의 각 기초자산의 종가를 보면, 세 지수 모두 등차수열을 이루고 있음을 알 수 있다. 즉 2028년 2월 25일의 종가를 기준으로 2월 23일과 2월 28일의 종가가 동일한 차이를 보이고 있다. 따라서 최종기준가격을 구하기 위해 세 날짜의 종가를 모두 더한 후 3으로 나눌 필요 없이, 2028년 2월 25일의 종가가 최종기준가격이 된다는 것을 쉽게 알 수 있다.
이후, 최초기준가격의 75%를 계산할 때도 0.75를 곱하는 대신 $\frac{3}{4}$을 곱하면 약분을 통해 보다 간단히 계산 가능하다. 또한, 어림산을 해보더라도 KOSPI200 지수의 경우 최초기준가격 300에 비해 최종기준가격이 126으로 절반 이상 감소하였음을 쉽게 알 수 있고, 세 지수 중 가장 크게 감소하였으므로 KOSPI200 지수를 기준으로 하락한계가격 미만으로 가격이 떨어졌는지 여부 등을 파악해보면 된다. 이는 하락률을 계산해야 하는 선지 ④를 풀이할 때도 동일하다.

선지 ④ 하락률 계산 방법

하락률은 $\frac{최초가격-최종가격}{최초가격} \times 100$ 혹은 $\left(1-\frac{최종가격}{최초가격}\right) \times 100$으로 구할 수 있다.
문제에서 제시한 숫자를 대입하면 다음과 같다.

- S&P500 지수의 하락률: $\frac{6,000-4,800}{6,000} \times 100=20(\%)$ 혹은 $\left(1-\frac{4,800}{6,000}\right) \times 100=20(\%)$
- EUROSTOXX50 지수의 하락률:

$\frac{5,000-3,500}{5,000} \times 100=30(\%)$ 혹은

$\left(1-\frac{3,500}{5,000}\right) \times 100=30(\%)$

- KOSPI200 지수의 하락률:

$\frac{300-126}{300} \times 100=58(\%)$ 혹은

$\left(1-\frac{126}{300}\right) \times 100=58(\%)$

27 정답 ① 난이도 ●●●

자원관리능력_공고문/규정 이해

ㄱ. (○) 임금피크 대상자라고 하더라도 매년 직급 변동에 따른 임금 인상이 반영된다.

→ 규정 제11조 제2항에 따르면 피크임금은 호봉 승급, 승진 등에 따른 임금 변동 시 재산정한다. 즉, 승급 및 승진(직급 변동)에 따른 임금상승분이 반영될 수 있음을 의미한다. 따라서 옳은 설명이다.

ㄴ. (×) 임금피크 대상자는 직종과 직급에 상관없이 임금피크 대상자가 된 때로부터 최대 1년 6개월 동안 고용이 보장된다.

→ 제5조에 따르면 임금피크제는 직종과 직급에 상관없이 직원의 생년월일을 기준으로 만 58세에 도달하는 날이 속한 반기의 다음 반기 첫째 날부터 적용된다. 또한, 인사규정 제71조에 따라 만 60세에 달한 때에는 당연퇴직하며, 그 당연퇴직일은 만 60세가 된 날의 반기 가장 마지막 날이므로 고용이 보장되는 기간은 임금피크 대상자가 된 때로부터 최대 2년이다. 예를 들어 1967년 3월 1일생의 직원은 2025년 상반기에 만 58세가 되어 하반기부터 임금피크 대상자가 되고, 2027년 3월 1일에 만 60세가 되므로 인사규정 제71조에 따라 2027년 6월 30일에 당연퇴직한다. 즉, 2025년 하반기부터 2027년 상반기까지는 고용이 보장되므로, 최대 보장되는 고용 기간은 2년이다. 따라서 옳지 않은 설명이다.

ㄷ. (○) 1966년 3월 1일생인 부연구위원의 경우 2024년 하반기부터 임금피크 대상자가 된다.

→ 1966년 3월 1일생의 직원은 2024년 3월 1일을 기점으로 만 58세가 되며, 임금피크제는 만 58세에 도달하는 날이 속한 반기의 다음 반기 첫째 날부터 적용하므로 만 58세에 도달하는 날이 속한 반기인 2024년 상반기의 다음 반기인 2024년 하반기부터 임금피크 대상자가 된다. 직급이 부연구위원인 것은 임금피크 대상자의 적용시기와 관련이 없다. 따라서 옳은 설명이다.

ㄹ. (×) 2025년 상반기부터 임금피크 대상자가 된 운영직 직원의 2024년 연간 임금총액이 6,000만 원이었다면 2025년의 조정된 임금은 4,200만 원일 것이다.

→ 제3조 제4호에 따라 피크임금은 임금피크제 적용 당시를 기준으로 하여 산정된 임금총액을 의미하며, 제11조 제1항에 따라 임금피크 대상자의 임금은 피크임금에 임금지급률을 곱하여 산정한다. 따라서 2025년 상반기부터 임금피크 대상자가 된 경우 2025년을 기준으로 산정된 임금총액(피크임금)에 임금지급률을 곱하여 조정된 임금을 지급할 것이다. 운영직의 경우 첫 1년간 임금지급률은 70%이다. 따라서 2024년 임금총액인 6,000만 원을 기준으로 70%를 적용한 4,200만 원을 지급받지는 않을 것이다. 옳지 않은 설명이다.

합격자의 시간단축 Tip

Tip ① 보기 옆에 활용되는 제시문 조항을 적어두자.

제시문이 복잡하게 구성된 것에 비해, 보기는 비교적 간단하고 쉬운 사례들로 구성되어 있다. 각 보기 옆에 문제 풀이에 활용되는 제시문의 조항을 간략하게 적어두는 것도 문제 해결에 도움이 될 수 있다. 가령 보기 ㄷ의 경우 직급이 부연구위원에 해당함은 문제 풀이에 관련이 없는 정보인데, 보기 ㄷ 옆에 제시문의 제5조와 관련되어 있음을 메모하면 필요없는 정보를 찾는데 드는 시간을 줄일 수 있다.

Tip ② '최대'라는 표현이 들어간 선지는 나중에 푸는 것을 추천한다.

보기 ㄴ과 같이 '최대'라는 표현이 들어간 보기는 비교적 나중에 푸는 것을 추천한다. 여러 가지 경우의 수가 발생할 수 있기 때문에 이러한 경우의 수를 다 고려하는 것보다 보기 ㄱ, ㄷ, ㄹ과 같이 단정적인 어조의 보기를 먼저 푸는 것이 효율적이다. 특히 이번 문제의 경우 보기 ㄱ은 여러 조항을 확인할 필요없이 제11조 제2항을 통해 확인 가능하고, 보기 ㄷ도 제5조만 확인하여 풀 수 있다. 이렇듯 비교적 간단한 보기를 먼저 확인해서 시간을 단축하도록 하자.

28 정답 ③ 난이도 ●●●

자원관리능력_수치 계산(비용, 시간)

① (×) 2026년 상반기에 임금피크 대상자가 되는 사람은 2명이다.

→ 1967년생은 2025년 각 생일을 기준으로 만 58세가 되며 1968년생은 2026년 각 생일을 기준으로 만 58세가 된다. 직원의 생년월일을 기준으로 만 58세에 도달하는 날이 속한 반기의 다음 반기 첫째 날부터 임금피크제를 적용하므로 2025년 하반기에 만 58세가 되는 A, B, C는 모두 2026년 상반기에 임금피크 대상자가 된다. 따라서 3명이므로 옳지 않은 선지이다.

② (×) A가 2026년에 받게 될 조정임금 총액은 5,670만 원이다.

→ A는 2026년 상반기부터 임금피크 대상이 되는 자로, 2026년의 조정임금은 임금피크제 적용 당시인 2026년의 피크임금에 임금지급률을 곱하여 산정한다. A는 연구직이므로 제3조 제4호 가목에 따라 기본연봉과 성과상여금을 합산한 금액이 피크임금인데, A의 경우 성과성여금이 없고 기본연봉만 있으므로 기본연봉만 고려하면 된다. 한편, 연구직의 경우 승진자가 아닌 자의 기본연봉은 동일 직급 내에서 매년 6% 인상되므로, 2026년 A의 기본연봉=6,500만 원×1.06=6,890(만 원)이다. 제11조 제1항 제1호 가목에 따라 운영직을 제외한 직원의 임금피크제 전환 첫 1년간의 임금지급률은 80%이므로 A의 조정임금=6,890만 원×80%=5,512(만 원)이다. 한편, 이는 연구위원의 기본연봉 하한액보다 적지만 추가 자료의 두 번째 별표(*)에 따를 때 임금피크제로 인해 임금이 감액되는 경우, 하한액의 적용을 받지 않으므로 5,512만 원이 조정임금의 총액이다. 따라서 옳지 않은 선지이다.

③ (○) B가 2026년 우수한 연구실적으로 2027년에 성과상여금 1,400만 원을 지급받게 된다면, 2027년 B의 조정임금 총액은 4,500만 원이다.

→ B는 2026년 상반기부터 임금피크제 대상자이므로 2027년은 임금피크제 전환 1년이 지난 시점이다. 이 경우 운영규정 제11조 제1항 제1호에 따라 연구직인 B는 2027년부터 1년 동안은 60%의 임금지급률이 적용된다. 한편 B의 2025년 기본연봉은 6,100만 원으로, 주임연구원급의 연봉상한액에 해당하므로 2026년 및 2027년의 기본연봉은 더 늘어나지 않는다. 또한 운영규정 제3조 제4호 가목에 따라 연구직인 B의 피크임금은 기본연봉과 성과상여금을 합산한 금액이 된다. 따라서 2027년 기준 피크임금에 산입되는 임금은 기본연봉 6,100만 원과 성과연봉 1,400만 원을 합한 7,500만 원이고, 이 금액의 60%가 조정임금에 해당한다. 따라서 2027년 B의 조정임금 총액은 7,500만 원×60%=4,500(만 원)이므로 옳은 선지이다.

④ (×) C가 2026년에 받게 될 조정임금 총액의 1/12은 6,513,000원이다.

→ C는 행정직 2급이므로, 제3조 제4항 가목에 따라 기본연봉과 성과상여금의 합산 금액이 피크임금이 된다. 이때 피크임금은 임금피크제 적용 당시를 기준으로 산정하므로, 2026년에 해당하는 26호봉 기본급과 2026년에 지급되는 성과상여금 600만 원을 합한 금액이 피크임금에 포함된다.

피크임금=6,013,000(2급 26호봉 월 기본급)×12+6,000,000(성과상여금)이므로,

피크임금×$\frac{1}{12}$=6,013,000(2급 26호봉 월 기본급)+500,000(성과상여금)=6,513,000이다.

한편, C는 2026년 상반기에 임금피크 대상자가 되므로, 제11조 제1항 제1호 가목에 따라 피크임금에 80%의 임금지급률을 곱한 금액을 조정임금으로 지급받는다.

따라서 조정임금×$\frac{1}{12}$=6,513,000×0.8=5,210,400(원)이므로, 옳지 않은 선지이다.

⑤ (×) 2026년에 받게 될 조정임금 총액은 D가 E보다 높다.

→ D와 E는 각각 행정직과 전산직이므로 제11조 제1항 제1호의 대상에 해당한다. 따라서 이들의 2026년 조정임금은 산출된 피크임금에 임금피크제 전환 첫 1년간의 임금지급률 80%를 곱한 값이다. 그런데 이때 D와 E 모두에게 동일하게 80%를 곱해야 하므로, 조정임금의 대소 판단은 피크임금의 산정만으로도 가능하다. 또 D와 E의 임금피크제 적용 시점이 2026년 하반기부터이고, 조정임금의 총액은 월 지급액의 6배이므로, 월 지급액의 대소판단을 통해 해당 선지의 정오 여부를 판단할 수 있다. 2026년 D와 E의 피크임금은 2026년의 호봉에 따른 기본급과 성과상여금의 합이다.

- 2026년 D의 피크임금=5,051,500(4급 24호봉)+350,000(성과상여금 월할액)=5,401,500(원)
- 2026년 E의 피크임금=4,994,100(5급 27호봉)+410,000(성과상여금 월할액)=5,404,100(원)

따라서 2026년에 받게 될 조정임금의 총액은 D<E이므로 옳지 않은 선지이다.

합격자의 시간단축 Tip

Tip ❶ 정답을 확인하면 넘어가자.

선지를 보면 A~E의 조정임금 총액을 전부 계산해야 하는 복잡한 문제임을 알 수 있다. 이러한 경우에는 정답이 ③으로 확인되었다면, 나머지 선지는 별도로 계산하지 않고 넘어가는 것이 시간 단축에 도움이 될 수 있다. 또한, A~E의 조정임금을 계산하지 않아도 되는 선지 ①을 먼저 확인하도록 한다.

Tip ❷ 정확한 계산이 필요하지 않다면 어림산으로 충분하다.

선지 ④의 경우 피크임금을 구하는 과정에서 선지에서 언급한 숫자가 나오는 것을 확인할 수 있다. 다시 말해, 임금지급률 80%를 곱하지 않은 피크임금의 1/12가 선지에서 언급한 6,513,000원임을 알 수 있다. 이러한 경우 조정임금의 1/12을 구체적으로 계산할 필요 없이 틀린 선지임을 바로 확인하고 넘어가도록 한다.

29 정답 ④ 난이도 ●●●

문제해결능력_적정 대상 선택

선택적 복지제도 운영지침 [7. 복지 포인트 사용제한]을 보면 특정 항목에 대한 이용 내역 적발 시 복지 포인트를 환수 조치할 수 있다.

① (O) 복지카드로 PC방에서 게임을 구매한 경우
→ 포인트 사용 제한 항목 중 '단순 게임 또는 오락을 위한 서비스 이용'에 해당하여 복지 포인트 환수 대상이 된다.

② (O) 복지카드로 상품권을 구매한 경우
→ 포인트 사용 제한 항목 중 '현금 또는 현금과 유사한 유가증권 구매'에 해당하여 복지 포인트 환수 대상이 된다.

③ (O) 복지카드로 경마장에서 마권을 구매한 경우
→ 포인트 사용 제한 항목 중 '사행성이 있거나 건전하지 못한 서비스'를 구매한 경우에 해당하여 복지 포인트 환수 대상이 된다.

④ (×) 복지카드로 스키장 입장권을 구매한 경우
→ 복지 포인트는 [6. 자율항목]에서 규정된 4개의 테마에서 사용할 수 있는데, 스키장의 경우 '레저/문화생활'에 해당하는 것으로 볼 수 있다. [7. 복지 포인트 사용제한]에 규정된 '단순 게임 또는 오락을 위한 서비스 이용'에 해당한다고 보기 어려운 이유는 운영지침에서 레저와 단순 게임·오락을 분명히 구분해서 규정하고 있기 때문이다. 스키는 스포츠로서 단순 게임·오락보다는 건전한 레저·문화생활에 해당한다고 보는 것이 타당하다.

⑤ (O) 복지카드로 게임오락을 위한 잡지를 구매한 경우
→ 포인트 사용 제한 항목 중 '단순게임 또는 오락을 위한 서비스 이용'에 해당하여 복지 포인트 환수 대상이 된다.

따라서 복지카드로 스키장 입장권을 구매한 경우는 복지 포인트 환수 대상이 되지 않으므로 정답은 ④이다.

합격자의 시간단축 Tip

Tip 상식을 활용해서 문제에 접근한다.

NCS 문제 중 제도, 정책과 관련된 문제는 현실에서 시행 중인 정책을 바탕으로 구성되는 경우가 많다. 따라서 우리의 상식에 기반해서 문제에 접근하는 것이 어느 정도는 가능하다. 복지 포인트 환수와 관련해서는 복지 포인트 제도의 취지에 비추어 보아 사용해서는 안 될 것 같은 항목을 짐작해 볼 수 있다. 이 문제의 경우 선지 ③, ⑤의 경우는 본문을 확인하지 않더라도 복지 포인트 환수 대상이 될 수 있음을 짐작할 수 있다. (다른 선지를 통해 문제 해결이 어려운 경우 그때 확인해도 된다.) 선지를 전체적으로 훑어본 다음 비교적 건전하게 느껴지는 선지 ④의 '스키장 입장권'이 사용 제한 항목에 해당하는지, 사용 가능 항목에 해당하는지만 확실히 확인하고 넘어가면 시간 단축에 도움이 된다.

30 정답 ③ 난이도 ●●●

문제해결능력_공고문/규정 이해

① (O) 근속연수 25년 이상의 직원은 모두 동일한 근속 포인트를 배분받는다.
→ [3. 복지 포인트 배정기준]에 따라, 근속 포인트는 매년 1월 1일을 기준으로 1년 근속 시마다 30포인트씩 추가 부여되며, 750포인트를 초과할 수 없다. 근속연수가 25년인 직원은 25×30=750포인트를 근속 포인트로 배분받는다. 근속 포인트는 750포인트를 초과할 수 없으므로 25년 이상 근속한 직원이라면 모두 동일하게 750 근속 포인트를 배분받는다. 옳은 선지이다.

② (O) 2025년 6월 19일에 입사한 직원이 배분받는 복지 포인트는 7월분부터이다.
→ [4. 복지 포인트 계산 원칙 (1)]을 보면 중도 입사자의 경우 포인트는 월할 계산하며 월의 16일 이후 입사자는 익월부터 산정한다. 따라서 2025년 6월 19일에 입사한 직원은 월의 16일 이후 입사한 경우에 해당하여 익월(다음 달), 즉, 7월분부터 복지 포인트를 배분받는다. 옳은 선지이다.

③ (×) 부양가족이 없고 근속연수가 1년인 직원이 자율항목에 사용할 수 있는 복지 포인트는 630포인트이다.
→ 부양가족이 없고 근속연수가 1년인 직원은 기본 포인트 600과 근속 포인트 30, 총 630포인트를 배분받는다. 선택적 복지제도 기본지침 [1. 용어 정의 (2) 기본항목]을 보면 '기본항목이란 선택적 복지제도에 의한 복지혜택 중에서 정책적 필요에 의하여

직원이 의무적으로 선택하도록 설계·운영되는 복지 항목'이다. 즉 의무적으로 기본 항목에 일부 포인트를 사용하고 나머지를 자율항목에 사용할 수 있다. 따라서 부양가족이 없고 근속연수가 1년인 직원이 자율항목에 사용할 수 있는 복지 포인트는 630포인트 미만이다. 옳지 않은 선지이다.

④ (O) **2025년 4월 1일에 3개월간의 수습기간을 거치기로 하고 입사한 직원의 수습기간이 종료되고 정식 직원이 된 경우 2025년에 배분받을 수 있는 기본 포인트는 450포인트이다.**

→ [4. 복지 포인트 계산 원칙 (2)]를 보면 수습 기간은 포인트가 부여되지 않는다. 그러나 수습 기간이 종료된 후에도 재직하는 경우 입사 시점부터 소급하여 포인트를 월할 계산하여 부여한다. 연간 기본 포인트가 600포인트이므로 1개월분 포인트는 600포인트÷12=50포인트이다. [4. 복지 포인트 계산 원칙 (1)]에 의해 포인트를 월할 배분하는 경우 월의 입사일을 고려하여 계산한다. 2025년 4월 1일부터 3개월간의 수습 기간을 거치고 정식 직원이 된 경우, 4월부터 소급하여 4월~12월, 총 9개월분의 기본포인트를 배분받는다. 따라서 9개월×50포인트=450포인트를 기본포인트로 배분받게 된다.

⑤ (O) **잔여 복지 포인트가 20포인트이고 온라인 복지 시스템에서 어학 학습지 월간 구독료 39,000원을 결제한 경우 개인 결제금액은 최소 19,000원이다.**

→ [8. 포인트 사용 방법]을 보면 지급된 복지카드로 온/오프라인 결제 시 개인별 지급 포인트에서 결제 금액에 해당하는 포인트가 자동 차감되며, 포인트 잔여량이 소량이면 연계된 온라인 복지 시스템에서 잔여 포인트와 개인 결제 수단을 혼합하여 이용할 수 있다. 그리고 [3. 복지 포인트 배정기준]에 따르면 1포인트는 1,000원이다. 즉, 잔여 복지 포인트가 20포인트인 경우 20,000원을 결제할 수 있는데 온라인 복지 시스템에서 39,000원을 결제한 경우 19,000원이 부족하다. 이 경우에는 개인 결제 수단을 혼합하여 이용할 수 있으므로 개인의 선택에 따라 복지 포인트를 조금만 사용하고 개인 결제 수단을 통해 더 많이 결제할 수도 있다. 따라서 잔여 복지 포인트가 20포인트이고 온라인 복지 시스템에서 39,000원을 결제한 경우 개인 결제금액은 최소 19,000원이다. 옳은 선지이다.

합격자의 시간단축 Tip

Tip ❶ 2개 이상의 장치가 사용된 선지를 먼저 해결한다.

출제자가 선지를 구성할 때 2개 이상의 장치를 사용하여 만든 선지는 정성을 들여 만든 선지로 답이 될 가능성이 높다. 만일 계산이 지나치게 어렵고 복잡한 경우라면 다른 쉬운 선지를 먼저 보는 것이 나을 수도 있지만, 이 문제처럼 계산이 복잡하지 않은 경우라면 여러 장치가 동시에 들어간 선지 ③이나 선지 ⑤를 먼저 보는 것이 시간 단축에 용이하다.

Tip ❷ 선지를 먼저 보고 필요한 부분만 발췌해서 읽는다.

해당 문제의 경우 [5. 기본항목], [6. 자율항목] 등의 부분은 문제 풀이에 활용되지 않는다. 자료를 참고하여 적절하지 않게 이해한 것을 고르면 되므로, 전체 지문을 다 읽지 않고 필요한 부분을 찾아내어 읽는 것이 시간 단축에 도움이 될 수 있다.

31 정답 ③ 난이도 ●●●

문제해결능력_적정 대상 선택

직원 A~E의 근속연수에 따른 포인트 및 부양가족 포인트를 정리하면 아래와 같다.

직원	근속연수	부양가족 포인트
A	5년(150포인트)	직계존속 1명(20포인트)
B	8년(240포인트)	배우자 1명(40포인트)
C	3년(90포인트)	자녀 3명 (20+60+100=180포인트)
D	10년(300포인트)	배우자 1명+자녀 2명 (40+20+60=120포인트)
E	3년(90포인트)	배우자 1명+자녀 1명 (40+20=60포인트)

이 중 B는 2021.4.1.~2022.3.31.(1년) 동안 징계로 정직 처분을 받아 1년간 근무하지 않았으므로 이 기간은 근속기간에서 제외한다. 즉, B의 근속기간은 7년이다. D의 경우 2020.6.5.~2022.6.4.(2년) 동안 육아휴직으로 근무하지 않았지만, 육아휴직의 경우는 근속기간에 포함되므로 D의 근속기간은 10년이다.
기본 포인트는 모든 직원이 동일하게 600포인트를 지급 받을 것이므로 이를 제외한 총 포인트를 도출하면 아래와 같다.

직원	근속 포인트	부양가족 포인트	종합
A	150포인트	20포인트	170포인트
B	210포인트	40포인트	250포인트
C	90포인트	180포인트	270포인트
D	300포인트	120포인트	420포인트
E	90포인트	60포인트	150포인트

따라서 배분받을 포인트가 가장 높은 순서대로 바르게 나열하면 D>C>B>A>E이다.

합격자의 시간단축 Tip

Tip ❶ 선지를 보고 필요한 계산만 한다.

선지 구성을 보면 D가 복지 포인트가 가장 많다는 사실은 분명하다. D가 받을 복지 포인트는 계산을 할 필요가 없다. 다음으로 B와 C/A와 E를 각각 비교하는 식으로 문제를 해결한다. 특히 A와 E를 비교할 때는 근속 포인트와 부양가족 포인트를 소거하는 식으로 계산하면 쉽다. A가 E에 비해 입사일이 2년 정도 빠르므로 근속 포인트가 60 높고, 부양가족 포인트에 있어서는 E가 A보다 부양가족이 많다. 정확한 계산을 할 필요 없이 그 차이가 근속 포인트 차이를 넘어서는지만 확인한다.

Tip ❷ 계산할 때는 여백과 표를 활용한다.

A~E 5명의 복지 포인트 크기를 비교하기 위해서는 근속 포인트/부양가족 포인트를 각각 도출해야 한다. 잘 정리하면서 계산하지 않으면 나중에 헷갈릴 가능성이 있다. 따라서 여백에 간략한 표를 활용해서 계산하고 정리하면 실수를 방지할 수 있다. 또한 부양가족 포인트를 계산할 때 A~C의 부양가족 포인트만 본문을 보고 깔끔하게 표시해 놓으면 D~E의 부양가족 포인트는 본문을 보지 않고 해결할 수 있다. A~C의 부양가족 구성을 통해 배우자, 자녀, 직계존속(조모, 부친)에 할당되는 복지 포인트를 이미 계산해야 했기 때문이다.

32 정답 ⑤ 난이도 ●●●

자원관리능력_지문의 이해 및 활용

금융소득세 산출 방법에 관한 제시문을 정리하면 다음과 같다. 금융소득이 연간 2,000만 원 이하인 경우에는 원천징수로 납세의 의무를 다한다. 한편, 2,000만 원을 초과하는 경우, 원천징수 외에 다음 해 5월에 종합소득세를 추가적으로 납부할 수도 있다. 종합소득세는 (과세표준)×(과세표준에 해당하는 세율)−(과세표준에 해당하는 누진공제)로 구할 수 있다.

① (○) 과세표준이 1억 원이라면 종합소득세는 2,151만 6,000원이다.

➜ 과세표준이 1억 원이라면, 8,800만 원~1억 5,000만 원 과세표준 구간에 속하므로, 과세표준에 해당하는 세율은 38.5%, 누진공제액은 1,698만 4,000원이다. 따라서 종합소득세는 10,000만 원×0.385−1,698.4만 원=2,151.6(만 원)으로, 2,151만 6,000원이다. 올바른 설명이다.

② (○) 종합소득세로 과세표준의 50% 이상을 납부하는 일은 발생하지 않는다.

➜ 종합소득세 최고세율은 지방소득세를 포함하여 49.5%이며, 종합소득세는 과세표준에 해당 세율을 곱한 후, 누진공제를 뺀 값이므로, 과세표준의 50% 이상을 종합소득세로 납부하는 일은 없다. 올바른 설명이다.

③ (○) 한 해 동안 얻은 금융소득이 3,000만 원이라면, 그 해 수령하는 세후 금융소득은 2,538만 원이다.

➜ 연간 금융소득이 3,000만 원이라면, 금융소득이 발생하자마자 금융소득세 15.4%를 원천징수하고, 2,000만 원 초과분에 대해서는 다른 소득과 합산하여 종합소득을 구한 후, 다음 해 5월에 종합소득세를 신고·납부해야 한다. 즉, 종합소득세는 납부하더라도 다음 연도 5월에 납부하는 것이고, 당해 연도에는 원천징수하고 남은 금액을 수령하게 된다. 따라서 그 해에 수령하는 세후 금융소득은 3,000만 원×(1−0.154)=2,538(만 원)이다. 올바른 설명이다.

④ (○) 연간 금융소득이 2,000만 원을 초과할 경우, 다음 해에 추가적인 세금을 낼 수도 있다.

➜ 연간 금융소득이 2,000만 원을 초과할 경우, 금융소득이 발생한 시점에 자동적으로 납부하는 원천징수 외에 다음 해 5월에 종합소득세를 추가적으로 납부할 수도 있다.

⑤ (×) 연간 근로소득 6,000만 원, 연간 금융소득 5,000만 원, 소득공제 1,000만 원이라면 세율 38.5%의 과세표준 구간에 해당한다.

➜ 연간 금융소득 중 2,000만 원 초과분, 근로소득, 사업소득 등이 종합소득에 포함된다. 따라서 연간 금융소득이 5,000만 원이라면, 그 중 2,000만 원을 초과한 부분인 3,000만 원이 종합소득에 포함된다. 이에 더하여, 근로소득은 6,000만 원이므로 총 종합소득은 3,000만 원+6,000만 원=9,000(만 원)이다. 한편, 소득공제는 1,000만 원이므로 과세표준은 6,000+3,000−1,000=8,000(만

원)이다. 이는 세율 26.4% 과세표준 구간에 해당한다. 따라서 38.5%의 과세표준 구간에 해당한다는 설명은 옳지 않다.

합격자의 실전 풀이 순서

❶ 표, 각주들을 고려 시 제시문의 핵심 소재는 종합소득세이다. 종합소득에 어떤 것이 들어가는 지 등의 세세한 내용은 문제 풀 때 다시 확인한다고 하더라도, 어떤 경우에 종합소득세가 부과되는지는 확실하게 이해하고 넘어가야 한다.

❷ 정확한 계산을 요구하는 선지 ①, ③보다는 비교적 정오 판단이 쉽게 이루어지는 선지 ② 등을 먼저 확인해도 좋다.

합격자의 시간단축 Tip

Tip ❶ 빼기보다는 더하기가 더 쉽다.

선지 ①은 과세표준이 1억 원이라면 1억×0.385−1,698만 4,000원=2,151만 6,000원인가를 확인하는 문제다. 1억×0.385는 굳이 계산하지 않아도 알 수 있다. 그렇다면 확인해야 하는 것은 3,850만−1,698만 4,000원이 아니라, 1,698만 4,000원+2,151만 6,000원이 3,850만인가이다. 4천+6천은 1만임을 쉽게 알 수 있으므로 따로 떼어 계산한다. 1,698+2,151+1이 3,850인지만 확인한다면 보다 쉽고 빠르게, 숫자를 손으로 쓰지 않고도 선지를 해결할 수 있다. 답을 끝까지 계산하고 그 값이 2,151만 6,000원과 일치하는지를 보는 것이 아니라 계산에 주어진 숫자들이 어그러짐 없이 맞는지만을 확인한다는 마음으로 선지를 판단한다.

Tip ❷ 계산을 단순화 시켜줄 기준이 되는 단위를 활용한다.

선지 ③은 3,000만 원의 15.4%를 구해서 뺄 수도 있다. 그러나 이보다는 1,000의 15.4%는 154임은 직관적으로 구할 수 있는 만큼 1,000의 15.4%를 구한 후, 3배를 곱하는 것이 계산에 더 용이할 것이다.

Tip ❸ 가능성을 열어두는 표현은 올바른 설명일 확률이 높다.

선지 ④의 특징은 다른 선지와는 다르게 단정적인 어조가 아니라는 것이다. 즉, '~일 수도 있다'는 표현을 사용함으로써 아닐 가능성 또한 열어놓고 있어 올바른 설명일 확률이 높다. 결국 '옳지 않은 것'을 고르는 문제에서는 정답일 확률이 낮은 바, 정오 판단을 후순위로 미루어도 좋다.

33 정답 ②

난이도 ●●●

자원관리능력_수치 계산(비용, 시간)

〈보기〉에 B씨의 상황을 대입하면 다음과 같다.

(ⅰ) B씨의 연간 근로소득은 10,000만 원, 연간 금융소득은 5,000만 원이다. 우선 금융소득 5,000만 원이 발생하였을 때, 5,000×0.154=770(만 원)을 원천징수로 납부한다. 이 770만 원은 2,000만 원에 대한 308만 원과 초과분 3,000만 원에 대한 462만 원으로 구성되어 있다.

(ⅱ) 그런데 초과분 3,000만 원에 대한 원천징수액 462만 원은 이미 원천징수로 납부된 금액이므로, 다음 해 5월에 납부할 금융소득에 대한 종합소득세에서 해당 금액을 차감해야 한다.

(ⅲ) 한편 과세표준은 근로소득 10,000만 원, 금융소득 5,000만 원 중 2,000만 원을 제외한 초과분 3,000만 원, 소득공제 0원을 고려하면 10,000+(5,000−2,000)−0=13,000(만 원)이다. 따라서 8,800만 원 초과 1억 5,000만 원 이하의 과세표준 구간에 속하며, 종합소득세는 13,000만 원×0.385−1,698.4만 원=3,306.6(만 원)이다.

(ⅳ) 근로소득을 하위 구간에 적용한다고 하더라도 과세표준 구간 상 근로소득 10,000만 원과 금융소득 초과분 3,000만 원은 모두 세율 38.5%를 적용받는다. 따라서 근로소득에 대한 세금은 10,000만 원×0.385−1,698.4=2,151.6(만 원)이다.

(ⅴ) 따라서 종합소득세 3,306.6만 원 중 2,151만 원을 제외한 3,306.6−2,151.6=1,155(만 원)이 금융소득에 대한 세금이다. 그런데 금융소득 5,000만 원 중 초과분 3,000만원에 대한 세금 462만 원을 이미 원천징수로 납부한 상태이므로, 1,155−462=693(만 원)만 다음 해 5월에 금융소득에 대한 종합소득세로 납부하면 된다.

따라서 정답은 693만 원으로 ②이다.

합격자의 실전 풀이 순서

❶ 결국 글의 핵심은 다음 해 금융소득 종합소득세에서 직전 해 원천징수액을 공제해준다는 것을 이해해야 한다. 즉, 문제에서 묻고 있는 것은 '추가로 납부해야 하는 금융소득에 대한 종합소득세=금융소득에 대한 종합소득세−초과분에 대한 원천징수액'의 관계이다.

❷ B씨의 경우, 근로소득의 과세표준 구간과 금융소득 초과분 과세표준 구간이 동일하게 38.5%임을 인지한다.

❸ 〈보기〉의 사례를 적극적으로 활용하여 계산을 줄인다.

합격자의 시간단축 Tip

Tip 〈보기〉와 선지를 활용하여 계산을 줄이자.

문제에서 묻고 있는 근로소득의 과세표준 구간과 금융소득 초과분의 과세표준 구간이 동일하므로, 별도로 1억 원에 대한 근로소득의 종합소득세를 구해야 할 필요가 없다는 것을 알아차렸어야 한다. 즉, 금융소득 초과분에 대한 종합소득세 3,000×0.385=1,155(만 원)을 구한 후, 초과분에 대한 원천징수액을 공제하기만 하면 되는 문제이다.

이때, 5,000만 원의 2,000만 원 초과분에 대한 3,000만 원의 원천징수액은 〈보기〉의 A와 동일하다. 따라서 초과분에 대한 원천징수액을 계산하지 않아도 〈보기〉에서 462만 원임을 찾을 수 있다. 나아가, 선지 간 숫자 간격이 꽤 크다. 정확한 값인 693만 원을 구하기보다는 대략 1,150에서 450을 뺀 값으로 어림산하여 700 근처인 수인 ②가 답임을 유추할 수 있다.

34 정답 ④ 난이도 ●●○

자원관리능력_상황제시 및 최적선택(평가)

금융소득에서 2,000만 원을 초과한 금액을 χ라 하자. χ에 대한 15.4%의 원천징수액과 과세표준에 입각한 종합소득세가 동일하다면 다음 해 5월에 종합소득세를 추가로 납부하지 않을 것이다.

우선 χ에 대한 15.4%의 원천징수액은 0.154χ이다. 과세표준에 입각한 종합소득세가 원천징수액과 동일해지는 과세표준 구간을 추론하면 다음과 같다.

- **1,400만 원 이하:** 오히려 원천징수보다 세율이 낮은 구간이다. 따라서 금액이 높아질수록 원천징수액과의 차이가 벌어지므로 이 구간은 해당하지 않는다.
- **1,400~5,000만 원:** 원천징수보다 세율이 살짝 높은 구간이다. 따라서 이 구간에서는 1,400만 원 이하 구간에서 벌어졌던 차이를 서서히 좁힐 수 있다. 5,000만 원까지 채웠을 때의 종합소득세는 5,000×0.165−138.6=686.4(만 원)이다. 5,000만 원에 대한 원천징수액은 5,000×0.154=770(만 원)이므로 아직 간극이 메워지지 않았다.
- **5,000~8,800만 원:** 정황상 이 구간에서 간극이 메워져 원천징수액과 종합소득세가 일치할 가능성이 높다. 2,000만 원을 제외한 금융소득 χ원에 대한 종합소득세는 $0.264\chi-633.6$이고, 원천징수액은 0.154χ이므로 다음이 성립한다.

  $0.264\chi-633.6=0.154\chi$

  $\rightarrow 0.11\chi=633.6$

  $\therefore \chi=5{,}760$(만 원)

그런데 이는 연간 금융소득에서 2,000만 원을 제외한 수치이므로, 궁극적으로 구하고자 하는 액수는 5,760+2,000=7,760(만 원)이다.

이해를 돕기 위해 위 해설의 구조를 그래프로 나타내면 다음과 같다.

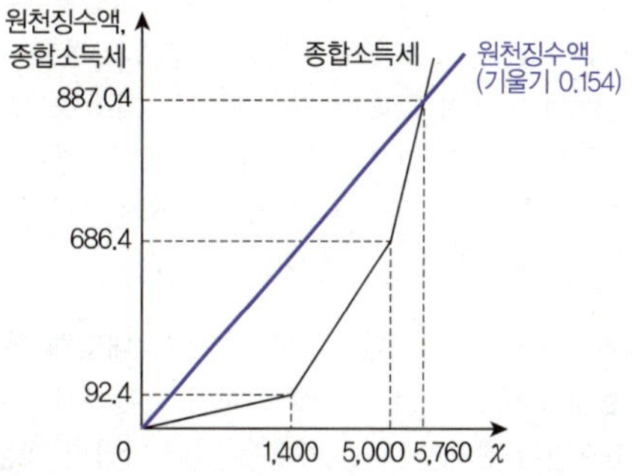

그런데 이 문제를 풀다 보면 χ=5,760만 원 미만 구간에선 종합소득세보다 이미 원천징수로 납부한 금액이 더 크므로 오히려 그 차액만큼을 환급해주어야 하는 것이 아닌가 하는 의문이 들 수 있다. 그러나 현재 세법상으로는 종합소득세와 원천징수액 중 더 많은 것을 세금으로 납부하게 되어 있어 해당 구간에서 세금을 환급해주지는 않는다.

합격자의 실전 풀이 순서

선지와 두 번째 문제에서 활용한 사고방식을 적극적으로 이용하여 풀이한다. 선지의 금융소득은 모두 26.4%의 세율이 적용되는 과세표준 구간에 존재한다. 또한 두 번째 문제를 풀면서, '추가로 납부해야 하는 금융소득에 대한 종합소득세=금융소득에 대한 종합소득세−초과분에 대한 원천징수액'임을 알 수 있었다. 따라서 종합소득세를 추가로 납부하지 않고, 원천징수액만으로 충당이 가능한 경우의 관계를 다음과 같은 식으로 나타낼 수 있다.

0= 금융소득에 대한 종합소득세−초과분에 대한 원천징수액

0=(금융소득−2,000)×0.264−663.6−(금융소득−2,000)×0.154

⇔ (금융소득−2,000)×0.11=633.6

⇔ 금융소득=2,000×$\frac{633.6}{0.11}$≒2,000+6,000↓

따라서 8,000 이하의 ③, ④ 정도가 정답이 될 수 있을 것이다.

이때 633.6을 0.11로 나누면 당연히 끝자리가 6일 것이므로, 정확하게 계산하지 않아도 정답은 ④임을 유추할 수 있다.

우리가 푸는 문제가 객관식임을 기억하고, 선지의 숫자 구성을 적극적으로 활용하여 계산을 줄일 수 있길 바란다.

합격자의 시간단축 Tip

Tip ❶ 구하는 것을 미지수로 둔다.

해설에서는 2,000만 원을 초과한 금액을 미지수로 두었다. 하지만 실전에서 시간의 압박 속에서 풀다 보면, 미지수만 구하고 뒤에 더 이뤄져야 할 과정들을 실수로 생략해버리는 경우가 종종 있다. 이 문제의 경우, 초과한 금액에 다시 2,000만 원을 더하는 과정을 실수로 생략해버리고 5,760만 원으로 답을 고르는 경우 등이 그 예시이다. 이 때문에 처음부터 정확하게 구하는 것을 설정하고 풀이할 것을 권한다.

Tip ❷ 감이 잡히지 않을 때는 ③부터 대입해 본다.

Tip ❶처럼 바로 미지수에 대한 식이 떠올라서 적용할 수 있으면 좋겠지만, 식을 세우는 것이 막막할 때는 선지의 숫자를 대입해 보며 감을 잡는 것도 하나의 방법이다. ③처럼 중간값을 먼저 확인하면 확인해야 할 선지의 숫자를 줄일 수 있다.

선지 ③을 대입하면 (7,200−2,000)×0.154=(7,200−2,000)×0.264−633.6이 성립하는지 확인하는 문제로 바뀌고, 이를 정리하면 633.6=5,200×0.11이다. 이는 성립하지 않는 식이므로 선지 ③은 답이 아니다. 선지의 금융소득은 모두 26.4%의 세율이 적용되는 과세표준 구간에 존재한다. 그렇다면 추론할 수 있는 것은 633.6=ㅁ×0.11에서 ㅁ를 제외한 값들은 변하지 않는다는 것이다. 7,200을 대입했을 때 우변의 값이 633.6에 미치지 못하였으므로 7,200보다 더 큰 값이 필요함을 알 수 있다. 이에 따라 ④의 7,760을 대입하면 633.6=5,760×0.11으로 성립함을 알 수 있다. 또한 굳이 계산하지 않더라도 선지 ④, ⑤ 중 11을 곱해서 마지막 자리가 6이 되기 위해서는 ④의 7,760만 가능할 것이다. 본 시험을 정확한 값을 도출하는 시험이 아니라 객관식 시험임을 인지하고 주어진 선지를 확인하는 전략을 최대한 활용한다.

35 정답 ③ 난이도 ●●●

문제해결능력_공고문/규정 이해

먼저, 〈ㅇㅇ기업 조직운영회 의결 규정〉을 간략하게 정리하면 다음과 같다.

조직운영위원회는 가중 투표제를 위원회의 기본 의결 방식으로 하되, 특정 조건에 해당하면 특별 결의 요건을 적용하여 재의결한다.

가중 투표 시 전체 가중치의 합을 먼저 구해보면, 의장 2점+부의장 2점(기본 1.5점+전문위원 가산점 0.5점=2점)+일반위원 11점((전문위원 아닌 일반위원 8명×1점=8점)+(전문위원인 일반위원 2명×1.5점=3점))=15(점)이다.

특별 결의 요건이 적용되는 경우는 (1) 가중 투표를 통해 안건이 가결되었고 찬성 점수 합계가 전체 가중치 총합의 60%에 미달할 경우, (2) 재적 위원의 1/3 이상이 특별 결의를 요청한 경우이다. 즉, (1) 가중 투표를 통해 안건이 가결되었더라도 찬성 점수 합계가 가중치 총합인 15점의 60%인 9점에 미달하는 경우, (2) 전체 재적 위원 12명의 1/3인 4명 이상이 특별 결의를 요청한 경우 특별 결의가 시행된다.

특별 결의가 시행되면 재적 위원의 3/4 이상인 9명 이상이 찬성하면 가결되고, 그렇지 않으면 부결된다.

ㄱ. (×) 일반위원 중 A~D만 안건에 반대하는 경우 반드시 가결된다.

→ 일반위원 중 A~D만 안건에 반대하는 경우라도 운영 규정 개정안이 부결되는 경우가 있는지 확인한다. 우선, ㅇㅇ기업 조직운영위원회 의결이 가결되는 경우는 크게 두 가지이다. 첫 번째는 가중 투표제 의결에 따라 찬성 점수가 반대 점수를 초과한 경우이고 두 번째는 특별 결의가 시행되어 재적 위원 12명 중 9명이 찬성한 경우이다. 따라서 일반위원 중 A~D만 안건에 반대하는 상황이라도 위 두 경우가 불가능할 수가 있는지 확인한다.

(ⅰ) 가중 투표제 의결에 따라 찬성 점수가 반대 점수를 초과하여 가결되는 경우

극단적인 경우를 가정하여 반례를 확인한다. 일반위원 중 A~D만 안건에 반대하였고, 이들 중 2명(A, B)이 전문위원이라고 가정하자. 의장은 일반위원 과반수가 찬성하였으므로 찬성에 투표한다. 이때 부의장이 반대에 투표해도 가결되는지 확인한다.

반대		찬성	
일반 위원 중 전문위원(A, B)	3점	일반 위원 (A~D 제외 6명)	6점
일반 위원 (C, D)	2점		
부의장	2점	의장	2점
합계	7점	합계	8점

반대 점수 총합은 7점, 찬성 점수 총합은 8점으로 찬성 점수가 반대 점수를 초과하였다. 하지만 [3. 특별 결의요건 적용 조건]에 따라 찬성 점수 합계가 전체 가중치 총합(15점)의 60%인 9점에 미달하여 특별 결의가 시행된다. 즉, 이 경우는 안건이 가결되는 경우라고 할 수 없다.

(ii) 특별 결의가 시행되어 재적 위원 12명 중 9명이 찬성한 경우
특별 결의가 실행되면 재적 위원의 3/4 이상인 9명이 찬성해야 안건이 가결된다. 일반위원 중 A~D 4명이 안건에 반대하면 특별 결의는 무조건 부결된다.
따라서 일반위원 중 A~D만 안건에 반대하는 경우라도 안건이 부결될 수 있다. 옳지 않은 보기이다.

ㄴ. (○) **전문위원으로 선정된 일반위원 E가 안건에 반대하는 경우 반드시 부결된다.**
➜ 전문위원으로 선정된 일반위원 E가 안건에 반대하는 경우라도 안건이 가결될 수 있는지 확인한다. 일반위원 A~D에 더해 전문위원인 일반위원 E가 추가로 반대하는 상황에서 나머지 일반위원 5명이 찬성하는 경우: 의장은 부의장이 투표한 내용과 반대로 투표한다. (의장과 부의장의 가중치는 2점으로 같으므로 누가 어떤 입장인지는 결과에 영향을 미치지 않는다.) 이때 일반위원 중 전문위원의 구성에 따라 찬성 점수와 반대 점수의 합계가 달라진다.

일반위원 중 전문위원의 구성	반대		찬성	
A~D 중 전문위원이 있는 경우	A~D	4.5점	A~E를 제외한 일반위원 5명	5점
	E	1.5점		
	의장(또는 부의장)	2점	부의장(또는 의장)	2점
	합계	8점	합계	7점
나머지 일반위원 5명 중 1명이 전문위원인 경우	A~D	4점	A~E를 제외한 일반위원 5명	5.5점
	E	1.5점		
	의장(또는 부의장)	2점	부의장(또는 의장)	2점
	합계	7.5점	합계	7.5점

일반위원 중 전문위원이 반대에 2명 있는 경우 반대 점수가 찬성 점수보다 높으므로 안건은 부결되고, 찬성/반대에 각각 1명씩 있는 경우에도 찬성 점수와 반대 점수는 동점으로 부결된다. 따라서 E가 반대하는 경우 안건은 반드시 부결된다.

이에 더해, 만약 재적 위원의 1/3 이상이 특별 결의를 요청하여 특별 결의 요건을 적용하여 재의결 절차를 진행하더라도 E가 반대한다면 재적 위원 중 최소 5명이 반대하는 것이므로 재적 위원의 3/4 이상 찬성 요건을 만족하지 못해 특별 결의 또한 부결된다.

ㄷ. (○) **투표 결과 반대가 6표였다면 6표 중 5표는 반드시 일반위원의 투표이다.**
➜ 투표 결과 반대가 6표였다면 이는 4표/2표로 나누어 보아야 한다. 반대 4표는 반드시 일반 위원 A~D의 표이기 때문이다.
(i) 일반위원 두 명이 반대에 투표한 경우: 이 경우 일반위원 과반수가 반대 입장이므로 의장 또한 반대에 투표한다. 따라서 투표 결과 반대는 적어도 7표 이상이므로 성립할 수 없는 경우이다.
(ii) 일반위원 1명과 의장이 반대에 투표한 경우: 이 경우는 일반위원 투표에서 어느 한 입장도 과반수 성립이 되지 않은 경우로, 의장이 부의장은 서로 반대로 투표한다. 따라서 투표 결과 반대가 6명일 수 있고 그중 5표는 일반위원의 투표이다. 성립할 수 있다.
(iii) 일반위원 1명과 부의장이 반대에 투표한 경우: 위와 같다.
(iv) 의장과 부의장이 반대에 투표한 경우: 이 경우 일반위원의 반대표는 A~D 4명의 표 뿐인데, 이는 곧 찬성표가 6개라는 것을 의미한다. 이때 의장은 반드시 일반위원 과반수와 일치하는 투표를 하므로 의장은 반대에 투표할 수 없기 때문이다. 따라서 성립할 수 없는 경우이다.
결국, 반대가 6표인 경우 (ii) 또는 (iii)만 성립할 수 있고, 이에 따라 5표는 반드시 일반위원의 투표이다. 옳은 보기이다.

ㄹ. (×) **4명의 일반위원이 특별 결의를 요청한 경우 A~D를 제외한 모든 일반위원이 찬성에 투표했다면 안건은 가결된다.**
➜ 특별 결의는 재적 위원의 1/3 이상이 특별 결의를 요청하면 시행된다. 또한, 가중 투표를 거쳤다 하더라도 특별 결의가 시행되면 가중 투표 의결 결과는 무효화하고 특별 결의 요건을 적용하여 재의결한다. 재적 위원이 총 12명이므로 그중 1/3에 해당하는 4명의 일반위원이 특별 결의를 요청했다면 특별 결의가 시행된다. 특별 결의가 시행되면 재적 위원의 3/4인 9명 이상의 찬성이 있어야 안건이 가결된다. A~D 4명은 운영 규정 개정에 언제나 반대하므로 이들을 제외한 모두가 찬성한다고 하더라도 안건은 부결될 것이다. 따라서 옳지 않은 보기이다.

합격자의 시간단축 Tip

Tip ❶ 알파벳 순서로 이름을 부여할 때 10번째는 J이다.
발문을 보면 의장 1명, 부의장 1명, 일반위원 10명이 있다. 또한 〈의결 관련 정보〉를 보면 일반위원 A~D는 언제나 운영규정 개정에 반대한다. 여기에서 전체 일반위원 10명 중 4명이 언제나 운영규정 개정에 반대한다고 생각하고 넘기기보다는, 전체 일반위원을 A~J라고 각각 명명하고 그중 4명인 A~D가 반대한다고 생각하고 문제에 접근하는 것이 좋다. 이렇게 하면 보기 ㄴ, ㄷ 등을 해결할 때도 시간 단축에 용이하다.

Tip ❷ 극단을 가정해서 반례를 찾는다.
선지 또는 보기에 '반드시', '오직' 등 단 하나의 경우만 가능한 상황을 나타내는 단어가 사용된 경우, 문제를 풀 때 극단을 가정해서 그 상황의 반례를 찾는다. 이 문제도 보기 대부분이 '반드시' 어떤 상황이 발생한다고 서술하고 있는데, 이 보기가 옳은 보기인지 확인하기 위해서는 주어진 가장 극단을 대입해서 반례가 있는지 확인하는 것이 가장 빠르다. 만약 반례가 있다면 옳지 않은 보기이고, 반례가 없다면 옳은 보기이다.

Tip ❸ 보기 문제의 특성을 잘 활용한다.
보기 문제는 절반의 선지만을 판단하여 정답이 나오는 경우가 존재한다. 해당 문제의 경우 ㄱ의 정오를 판단하면 선지 ①, ②가 소거되고, 선지 ③, ④, ⑤가 남게 되며, 나머지 보기들 중 본인이 판단하기에 더 용이하다고 생각되는 것을 선택하여 판단하면 풀이 시간을 줄일 수 있다.

Tip ❹ 구조를 먼저 파악하고, 기준이 되는 숫자를 미리 구해놓는다.
전체 합의 값에서 과반, 얼마 이상 등이 결과에 영향을 미치는 경우에는 그 기준이 되는 수들을 구해놓으면 풀이 시 편리하다. 해당 문제의 경우 가중치 점수의 합의 15점을 미리 구해놓고 과반의 기준이 되는 8점이나, 특별결의요건에서 12명의 1/4인 3명을 초과하는 수의 반대가 있으면 무조건 부결이므로 A~D의 반대가 있는 한 특별결의는 무조건 부결될 수밖에 없다는 것을 미리 파악하고 풀이로 넘어갔다면 정오판단이 더욱 쉬웠을 것이다.
또한 가중치 구조 상 의장의 2점과 부의장의 1.5+0.5점이 동일한 값이므로, 일반위원 과반수의 찬성 또는 반대가 성립되지 않았을 경우에는 의장과 부의장의 선택이 무의미하다는 것을 미리 알고, 전문위원인 일반위원의 의사결정이 중요했다는 것을 파악했어야 한다.
무작정 계산하고 경우를 나누기보다는, 문제 풀이에 들어가기 전에 구조 파악을 했다면 불필요한 계산을 생략하고 시간을 단축할 수 있다는 것을 명심하길 바란다.

36 정답 ❷ 난이도 ●●○

정보능력_IT 개념 활용

명령문 작성 순서에 따라 SQL 문장을 작성한다. 문제에서 최종적으로 얻고자 하는 데이터는 직원들의 이름과 부서이므로 데이터를 가져올 열은 '이름', '부서'이다. 따라서 SELECT 명령문은 [SELECT 이름, 부서]로 작성된다. 데이터를 가져올 테이블은 '직원' 테이블이다. 따라서 FROM 명령문은 [FROM 직원]으로 작성된다. 조건은 나이가 30세 이상인 경우이다. 따라서 WHERE 명령문은 [WHERE 나이 >=30]으로 작성된다. 이 외에 데이터에 대해 더 이상의 요청사항은 없으므로 SQL 문장은 여기에서 종료된다. SQL 문장은 끝에 세미콜론으로 문장의 종료를 나타내므로 마지막 명령문인 WHERE 나이 >=30에 세미콜론이 붙는다.
최종적으로 작성된 SQL 문장은 다음과 같다.

```
SELECT 이름, 부서
FROM 직원
WHERE 나이 >= 30;
```

합격자의 시간단축 Tip

Tip ❶ SQL 문장 작성에 대한 설명을 처음에 접하면 이해가 어려울 수 있다. 이럴 때는 다시 해당 설명을 읽기보다 예시를 읽으면서 해당 설명이 어떻게 적용되는 것인지 파악하면 이해가 빠르다.
Tip ❷ 요구하는 SQL 문장을 완전하게 만들려는 것이 아니라, 선지에서 답이 아닌 것을 소거해 가는 방식으로 풀어가야 한다. 가져올 열을 기준으로 보면 선지 ①, ④, ⑤가 소거될 수 있고, 필터링하기 위한 조건을 기준으로 보면 선지 ③, ⑤가 소거될 수 있다. 이와 같이 선지들을 소거하는 방식으로 답을 찾아간다.

37 정답 ❸ 난이도 ●○○

정보능력_IT 개념 활용

SELECT 명령문을 통해 최종 얻고자 하는 데이터가 사번, 이름, 나이, 부서임을 알 수 있고, 전체를 해석하면 직원 테이블 중 '개발팀'에 해당하면서 [급여가 4,000,000 이상이거나 입사일이 '2020-01-01' 이전인 직원]이면서 나이가 30 이상인 직원들을 나이에 따라 오름차순(기본값이 오름차순이므로)으로 정렬한 결과 중 2명까지만 데이터를 출력하고자 하는 명령문이다. 따라서 이에 해당하는 직원들을 살펴보면 개발팀 소속 직원 4명(이민지, 김건형, 정윤희, 최현성) 중 [급여가 4,000,000 이상이거나 입사일이 '2020-01-01' 이전인 직원]이면서 나이가 30 이상인 직원은 김건형, 정윤희, 최현성이다. 이들을 나이 오름차순으로 나열하면 정윤희(30), 최현성(31), 김건형(34)이고 이 중 앞의 두 명의 데이터만 추출되므로, 정윤희와 최현성의 사번, 이름, 나이, 부서가 결괏값으로 나타난다. 출력된 데이터는 다음과 같다.

사번	이름	나이	부서
005	정윤희	30	개발팀
006	최현성	31	개발팀

선지 중 ③의 34는 김건형의 나이에 해당하므로 이 데이터는 추출되지 않는다.

합격자의 시간단축 Tip

명령문을 순차적으로 적용하면서 각 명령문에 부합하지 않는 직원은 가로선을 그어 확실하게 소거한다.

38 정답 ④ 난이도 ●●●

정보능력_IT 개념 활용

① **(O) 패리티 비트를 이용한 오류 검출 방식은 오류 발생 여부 판단에는 유용할 것이다.**
➜ 패리티 비트는 전송 데이터 비트들에 포함된 1의 개수를 기준으로 설정된다. 따라서 송신자가 정해진 방식(짝수 패리티/홀수 패리티)에 따라 설정한 패리티 비트와 수신자가 검사한 패리티 비트가 다른 경우에 오류가 발생했다는 사실을 알 수 있다. 두 번째 문단을 통해서도 패리티 비트가 데이터 오류 발생 여부를 확인할 수 있음을 알 수 있다.

② **(O) 만일 데이터의 2개 비트에 오류가 발생하면 패리티 비트를 통해서는 오류 검출이 불가능할 것이다.**
➜ 데이터의 2개 비트에 오류가 발생할 수 있는 경우의 수는 3가지이다. 첫 번째는 데이터가 0이었던 것 2개가 모두 1로 되는 것, 두 번째는 데이터가 0이었던 것 1개는 1이 되고 1이었던 것 1개는 0이 되는 것, 세 번째는 데이터가 1이었던 것 두 개가 모두 0이 되는 것이다. 각 경우 모두 데이터 중 1의 개수가 홀수인지, 짝수인지에는 영향을 주지 못하므로 실제 전송 데이터 비트들에 포함된 1의 개수를 기준으로 짝수와 홀수 여부를 판단해 설정되는 패리티 비트를 통해서는 오류 검출이 불가능하다.

③ **(O) 홀수 패리티에서 데이터 '1111011'에 패리티 비트를 추가한다면 추가되는 비트는 1이다.**
➜ 두 번째 문단에 따르면 홀수 패리티에서는 실제 전송하고자 하는 데이터의 각 비트와 패리티 비트를 포함한 1의 개수가 홀수가 되도록 패리티 비트를 설정한다. 데이터 1111011의 경우 1이 데이터에 6개 포함되어 있어 짝수 개이므로 패리티 비트는 1이 되어야 전체 1의 개수가 홀수가 된다.

④ **(×) 해밍코드에서 패리티 비트가 4개라면 최대 12비트까지 오류 검출이 가능하다.**
➜ 해밍코드에서는 데이터의 비트 수에 따라 필요한 패리티 비트의 수가 달라진다. 공식에 따라 패리티 비트가 4개인 경우를 대입하면, $2^4 \geq 4+D+1$이고, 이항하면 $11 \geq D$이므로 패리티 비트가 4개인 경우 데이터는 최대 11비트까지 오류 검출이 가능함을 알 수 있다. 따라서 적절하지 않다.

⑤ **(O) 위의 데이터 '1001'의 해밍코드에서 세 번째 패리티 비트(P4)의 검사범위는 P4, D5, D6, D7이다.**
➜ 네 번째 문단에 따르면 각 n번째 패리티 비트는 2^{n-1}번째에서 시작하여 2^{n-1}비트만큼을 검사하고, 2^{n-1}비트 건너뛴 후의 2^{n-1}비트만큼을 검사, 즉 2^{n-1}비트 간격으로 2^{n-1}비트의 세트를 검사하게 된다. 세 번째 패리티 비트(P4)의 경우 해밍코드의 2^2번째 비트에서 시작하여 2^2만큼 검사하므로 검사 범위는 네 번째 비트인 P4에서 시작하여 4개의 비트를 검사하고, 이후에는 건너뛸 비트가 없으므로 P4, D5, D6, D7이다.

합격자의 시간단축 Tip

Tip ❶ 각 패리티 비트의 검사 범위에 대한 설명을 처음에 접하면 이해가 어려울 수 있다. 이럴 때는 다시 해당 설명을 읽기보다 예시를 읽으면서 해당 설명이 어떻게 적용되는 것인지 파악하면 이해가 빠르다.

Tip ❷
선지 ①에서 '유용할 것이다'라고 하며 매우 유하게 서술되고 있다. 이러한 선지는 정선지일 가능성이 높다.

39 정답 ① 난이도 ●●●

정보능력_IT 개념 활용

데이터 1011001은 7비트이므로, $2^P \geq P+D+1$을 만족하는 패리티 비트는 개수는 4개이다. 따라서 패리티 비트는 4개가 삽입될 것임을 알 수 있다. 패리티 비트의 위치는 해밍코드의 2^{n-1}번째 자리이므로, $2^0(=1)$,

$2^1(=2)$, $2^2(=4)$, $2^3(=8)$번째 자리는 패리티 비트가 삽입된다. 이에 따라 해밍코드를 표로 나타내면 다음과 같다.

비트 위치	1	2	3	4	5	6	7	8	9	10	11
기호	P1	P2	D3	P4	D5	D6	D7	P8	D9	D10	D11
데이터			1		0	1	1		0	0	1

첫 번째 해밍코드는 $2^0(=1)$번째 자리부터 시작하여 1비트, 1비트 건너뜀, 1비트 …를 검사한다. 두 번째 해밍코드는 $2^1(=2)$번째 자리부터 시작하여 2비트, 2비트 건너뜀, 2비트 …를 검사한다.
세 번째, 네 번째 해밍코드도 이와 같은 방식으로 검사한다.

- **P1의 검사 범위:** P1+D3+D5+D7+D9+D11=P1+1+0+1+0+1이므로, 1의 개수가 홀수이고 짝수 패리티이므로 P1=1이다.
- **P2의 검사 범위:** P2+D3+D6+D7+D10+D11=P2+1+1+1+0+1이므로, 1의 개수가 짝수이고 짝수 패리티이므로 P2=0이다.
- **P4의 검사 범위:** P4+D5+D6+D7=P4+0+1+1이므로, 1의 개수가 짝수이고 짝수 패리티이므로 P4=0이다.
- **P8의 검사 범위:** P8+D9+D10+D11=P8+0+0+1이므로, 1의 개수가 홀수이고 짝수 패리티이므로 P8=1이다.

비트 위치	1	2	3	4	5	6	7	8	9	10	11
기호	P1	P2	D3	P4	D5	D6	D7	P8	D9	D10	D11
데이터			1		0	1	1		0	0	1
해밍 코드	1	0	1	0	0	1	1	1	0	0	1

따라서 해밍코드는 10100111001이다.

합격자의 시간단축 Tip

Tip ❶ 이 문제는 선지가 1, 0으로만 구성되어 있고 가로로 나열되고 있어서 몇 번째 자리에 어떤 숫자가 있는 것인지 파악하기 어렵다. 따라서 하나의 패리티 숫자를 구할 때마다 부합하지 않는 선지를 소거하기보다 해밍코드를 완전히 도출한 후에 정확하게 일치하는 것을 고르자.

Tip ❷ 주어진 데이터가 들어가야 할 자리에 데이터가 들어가 있지 않은 선지는 3번이다. 만약 시간 부족으로 이와 같은 문제를 찍게 되더라도 바로 확인하여 답이 아님을 알 수 있는 것들을 선택하지 않아야 한다.

40 정답 ③ 난이도 ●●●

정보능력_IT 개념 활용

해밍코드에서 각 패리티 비트는 2^{n-1}번째 자리에 삽입된다. 따라서 우리는 해밍코드에서 패리티 비트의 위치를 알고 있다. 수신된 데이터는 9비트이고, 2^{n-1}번째 자리에 패리티 비트가 삽입되므로 해밍코드의 1, 2, 4, 8번째는 패리티 비트의 위치이다. 이를 정리하면 아래와 같다.

비트 위치	1	2	3	4	5	6	7	8	9
기호	P1	P2	D3	P4	D5	D6	D7	P8	D9
데이터									
해밍코드	1	0	1	0	1	0	1	0	1

이를 바탕으로 수신된 데이터도 알 수 있다. 원본 데이터는 D3, D5, D6, D7, D9이므로 11011이 수신되었음을 알 수 있다.(ㄱ) 그런데, 수신자는 해밍코드를 통해 수신된 데이터에 오류가 있음을 발견했다. 오류를 검출하기 위해 패리티 비트를 다시 계산한다. 각 패리티 비트가 포함하고 있는 검사 범위는 아래와 같다.

비트 위치	1	2	3	4	5	6	7	8	9
기호	P1	P2	D3	P4	D5	D6	D7	P8	D9
해밍코드	1	0	1	0	1	0	1	0	1
P1	O		O		O		O		O
P2		O	O			O	O		
P4				O	O	O	O		
P8								O	O

- **P1:** P1+D3+D5+D7+D9=1+1+1+1+1이므로, 짝수 패리티를 이용할 때 P1은 0이 되었어야 함에도 불구하고 1로 설정되었다.
  따라서 D3, D5, D7, D9 중 오류가 발생했음을 알 수 있다.
- **P2:** P2+D3+D6+D7=0+1+0+1이므로, P2는 0이 옳다. 따라서 D3, D6, D7에서는 오류가 발생하지 않았음을 알 수 있다.
- **P4:** P4+D5+D6+D7=0+1+0+1이므로, P4는 0이 옳다. 따라서 D5+D6+D7에서는 오류가 발생하지 않았음을 알 수 있다. 결국 남는 원데이터의 비트는 D9이다.
- **P8:** P8+D9=0+1이므로, P8은 1이 되었어야 함에도 불구하고 0으로 설정되었다. 따라서 D9의 원데이터에 오류가 발생하였음을 알 수 있다. 오류가 발생한 D9의 비트는 1이므로, 원데이터의 비트는 0이었을 것이다.

ㄱ. (O) 오류가 발생한 채 수신된 데이터는 11011이다.

→ 위 표를 통해 확인할 수 있다.

ㄴ. (×) 두 번째 패리티 비트 검사를 통해 데이터 중 2개 비트의 무결성을 검증할 수 있다.

→ 각 패리티 비트가 제대로 부여되었는지 확인하는 위 과정 중 D3, D6, D7의 3개 비트에 대한 무결성 검증을 하였으므로 2개가 아닌 3개의 비트이다.

ㄷ. (×) 오류 발생 전 원본 데이터는 11110이었다.

→ 위 해설을 통해 오류가 발생한 비트를 수정한 원본 데이터는 11110임을 알 수 있다.

ㄹ. (O) 네 번째 패리티 비트 검사를 통해 오류가 발생한 데이터의 위치를 파악할 수 있다.

→ 위 해설을 통해 확인할 수 있다.

합격자의 시간단축 Tip

Tip ❶ '적절하지 않은' 것을 고르는 문제이므로 ×표시 등을 통해 '적절한' 것을 고르지 않도록 유의하자. 또한 '적절하지 않은' 것을 고르는 문제는 수험생의 실수를 유발하기 위해 선지에 '적절한' 것을 골랐을 때의 조합을 넣어놓는 경우가 대다수다. 따라서 문제를 푼 뒤에 선지에 반대되는 조합이 있는지 확인하면 본인의 답에 확신을 갖기 용이하다. 예를 들어, ㄴ, ㄷ이 적절하지 않으므로 ③을 답으로 체크하되, 반대되는 조합인 ㄱ, ㄹ로 구성된 선지가 있는지 확인하는 것이다.

Tip ❷ $2^P \geq P+D+1$로 패리티 비트의 수를 일일이 구할 필요 없이 ㄱ, ㄷ에 따르면 데이터 비트가 5개이므로 패리티 비트는 $9-5=4$(개)임을 알 수 있다.

Tip ❸ 보기 ㄹ의 경우 네 번째 패리티 비트 검사에 관해 묻고 있다. 만약 해밍코드에서 패리티 코드와 데이터 코드를 옳게 배치하였다면 네 번째 패리티 비트 검사의 경우 P8, D9의 2개의 비트만 가지고 할 수 있다는 것을 알 수 있을 것이다. 따라서 보기 ㄹ이 옳다는 것을 빠르게 파악할 수 있을 것이고, 이를 통해 ②, ④, ⑤를 소거할 수 있다.

독끝

CHAPTER 7

실전모의고사 7회

정답 | 실전모의고사 7회

오답표기	문제번호	영역	유형	난이도	정답
	01	의사소통능력	글의 내용 일치/불일치	★☆☆	④
	02		개념의 이해 및 활용	★★☆	③
	03		맥락상 어울리지 않는 문장/문단 찾기	★☆☆	⑤
	04		논리적 추론	★★☆	⑤
	05		논리적 추론	★☆☆	①
	06		개념의 이해 및 활용	★★☆	④
	07		빈칸 삽입(어휘/개념어/접속사/문장)	★★☆	①
	08		논리적 추론	★★☆	③
	09		논리적 추론	★★☆	②
	10		글의 내용 일치/불일치	★★☆	④
	11		개념의 이해 및 활용	★★☆	③
	12		글의 내용 일치/불일치	★★☆	⑤
	13	수리능력	응용수리_부등식	★★★	③
	14		응용수리_거리/속력/시간	★★★	④
	15		금융수리_환율 및 실용계산	★★☆	④
	16		금융수리_원리합계	★★★	⑤
	17		자료해석_상황판단형	★☆☆	③
	18		자료해석_자료에 대한 진위 판단(계산 필요)	★☆☆	③
	19		자료해석_추가자료 활용	★☆☆	④
	20		자료해석_자료에 대한 진위 판단(계산 필요)	★☆☆	④
	21		자료해석_추가자료 활용	★★☆	⑤
	22		자료해석_자료에 대한 진위 판단(계산 필요)	★★☆	⑤
	23		자료해석_자료에 대한 진위 판단(계산 필요)	★☆☆	④
	24		자료해석_자료에 대한 진위 판단(계산 필요)	★★☆	④
	25		자료해석_자료계산	★★☆	⑤
	26		자료해석_추가자료 활용	★☆☆	③
	27		자료해석_자료에 대한 진위 판단(계산 필요)	★★★	④
	28	문제해결능력	적정 대상 선택	★☆☆	①
	29		수치 계산(비용, 시간)	★★☆	④
	30		공고문/규정 이해	★☆☆	②
	31		수치 계산(비용, 시간)	★☆☆	④
	32		지문의 이해 및 활용	★☆☆	③
	33		논리퍼즐	★★☆	②
	34		수치 계산(비용, 시간)	★★☆	②
	35		적정 대상 선택	★★☆	③
	36		지문의 이해 및 활용	★★☆	②
	37		지문의 이해 및 활용	★★☆	③
	38		공고문/규정 이해	★☆☆	④
	39		수치 계산(비용, 시간)	★★☆	③
	40		수치 계산(비용, 시간)	★★☆	③

01 정답 ④ 난이도 ●○○

의사소통능력_글의 내용 일치/불일치

접근전략 지문의 일정 부분에 대한 이해를 묻는 문제는 지문에서 추론할 수 있는 것을 묻는 문제와 유사하거나, 지문 전체의 내용을 이해하고 있는지 묻는 문제와 유사하다. 둘 중 어떤 유형인지를 판단하고 전자인 경우 선지부터 읽으며 키워드를 찾아 발췌독하는 것이 효율적이고, 후자인 경우 지문 전체적인 내용을 읽고 밑줄 친 부분의 내용을 이해한 후에 선지를 판단하는 것이 효율적이다.

주어진 안내문의 내용과 일치하지 않는 것은?

장기 저성장에 따른 개인연체채권 매입펀드 안내

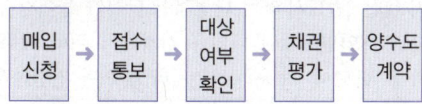

1. 매입대상
   - □ (채권자) 전금융권(은행·저축은행·여신전문금융회사·상호금융·보험)
   - □ (채권) 개인 무담보대출*로서 '24.2~12월 중 연체발생 채권
     - * 신용대출의 경우 대출잔액 전체, 담보·보증대출의 경우 회수조치 후 미환수잔액
     - – 다만, 법원·신용회복위원회 채무조정절차 진행 중 채권(신청~정상이행), 채권존부 분쟁채권 등은 매입대상에서 제외함
2. 신청방법
   - □ (신청기간) '24.6.3.~'25.6.6.
   - □ (접수처) ○○공사 홈페이지를 통한 온라인 신청 또는 ○○공사 전국 15개 지역본부 방문신청 중 택1
   - □ (신청자) 상기 매입대상 채권 관련 채무자
     - – 채무자가 신용회복위원회에 채무조정을 신청하였으나 조정에 실패한 경우 본인 채권 매입 신청 가능
3. 매입절차
   - □ 채무자 신청분: 월별매입

   매입 신청 → 접수 통보 → 대상 여부 확인 → 채권 평가 → 양수도 계약

     - – 채무자의 매입 신청*이 있으면 ○○공사는 해당 채권을 보유한 금융회사에 접수사실을 통보함
     - * 채무자의 매입 신청 후 금융회사가 신용회복위원회의 채무조정안에 동의하는 경우에는 신청 철회 가능
     - – 금융회사는 채무자 소유의 회수·상계 가능 재산 보유 여부 등을 확인하여 ○○공사로 매각 대상 여부를 회신함(채무자 재산 없음 확인 시 ○○공사에 매각)
     - – 회계법인(○○공사 선정)이 채무자 연령, 연체기간, 연체금액 등을 고려하여 해당 채권에 대한 평가 실시
     - – 금융회사와 ○○공사간 채권 양수도 계약을 체결
4. 채무자 재기지원
   - □ ○○공사가 매입 신청 접수 시 해당 채권금융회사는 지체없이(접수일로부터 5영업일내) 추심을 중지하는 등 채무자 보호조치를 이행하여야 함
   - □ ○○공사는 채권매입(액면가 최대 2조 원) 후 장기 저성장 국면에서 탈피했다고 인정되는 시점까지 연체가산이자를 면제하고 상환요구 등 적극적 추심을 유보함
     - – 채무자 소득회복 정도에 따라 상환유예(최장 2년), 장기분할상환(최장 10년), 채무감면(최대 60%) 등을 통해 재기 지원

① **매입절차 중 접수 통보의 주체와 채권 평가의 주체는 서로 다르다.**

→ (O) 3. 매입절차에 따르면 접수 통보의 주체는 ○○공사이나 채권 평가의 주체는 ○○공사가 선정한 회계법인이다. 양자는 다르다.

② **개인연체채권 매입을 신청하기 위해서는 반드시 채무조정 절차를 먼저 거쳐야 한다.**

→ (O) 개인연체채권 매입의 신청은 채무자가 신용회복위원회에 채무조정을 신청하였으나 조정에 실패한 경우에 가능하다. 따라서 매입 신청 이전에 반드시 채무조정 절차를 먼저 거쳐야만 한다.

③ **○○공사와 금융회사 사이에 채권 양수도 계약이 체결되기 전이라도 채권금융회사는 해당 채권에 대한 추심을 중지하여야 한다.**

→ (O) 4. 채무자의 재기지원을 통해 알 수 있다. ○○공사가 매입 신청 접수 시 해당 채권금융회사는 지체없이(접수일로부터 5영업일내) 추심을 중지하는 등 채무자 보호조치를 이행하여야 한다. 즉, 채권금융회사가 추심을 중지할 때에는 ○○공사로부터 매입 신청을 접수한 때이다. (○○공사는 채무자의 매입 신청이 있으면 해당 채권을 보유한 금융회사에 접수사실을 통보하므로 채권금융회사가 채권의 매입 신청이 있었다는 사실을 알 수 있음) 매입 신청 이후에는 몇 가지 절차를 거치게 되는데, 이 중 채권

양수도 계약은 모든 채권 매입을 위한 절차를 마친 후 가장 마지막에 진행되는 절차이다. 따라서 채권 양수도 계약이 체결되기 이전이라도 채권금융회사는 해당 채권에 대한 추심을 중지하여야 한다.

④ ○○공사가 채권을 매입하고, 해당 채무자에 대해 10년간 분할상환하도록 결정한 경우, 해당 기간 동안에 채무자는 연체가산이자를 면제받는다.

→ (×) 4. 채무자의 재기지원을 통해 알 수 있다. 연체가산이자가 면제되는 기한은 ○○공사가 채권을 매입한 후 장기 저성장 국면에서 탈피했다고 인정되는 시점까지이다. 개인 채무자에 대해 10년간의 장기분할상환의 결정이 있었다는 것은 해당 채무자의 소득회복 정도에 따라 차등적으로 결정된 결과일 뿐이다. 따라서 10년간 분할상환하도록 결정된 경우에 이 기간 전부 동안에 채무자가 연체가산이자를 면제받는다고 볼 수 없다.

⑤ 개인 채무자와 해당 채권의 채권자인 은행 사이에 채권존재 여부에 관한 법적 다툼이 있는 경우 해당 채권은 ○○공사의 매입 대상에서 제외된다.

→ (○) 1. 매입대상에서 채권존부에 대해 분쟁이 있는 채권 등은 매입 대상에서 제외된다. 따라서 채무자와 채권자인 은행 사이에 채권의 존재 여부에 관한 법적 다툼이 있는 경우에는 해당 채권은 매입 대상이 될 수 없다.

합격자의 실전 풀이 순서

❶ 발문 확인하기

본 문제는 '다음 글의 내용과 일치하지 않는 것'을 고르는 문제이므로 본문 내용과 일치하지 않거나 그로부터 추론할 수 없는 선지가 정답이 된다. 또한, 적절하지 않은 것을 고르는 것은 제시문과 일치하지 않는 내용의 선지를 고르라는 것이기 때문에 발문에 X 표시를 의식적으로 치고 문제를 풀면, 부합하는 것을 고르는 실수를 방지할 수 있다.

❷ 지문 가볍게 훑기

지문의 성격에 따라 지문을 먼저 볼지, 선지를 먼저 볼지 정하고 또 지문을 읽는 밀도를 세심하게 조정한다. 이 문제의 경우 개인연체채권 매입펀드에 대한 안내가 매입대상/신청방법/매입절차/채무자 재기지원 순으로 보기 좋게 분류되어 있다. 따라서 각 소제목만 읽고 내려와서 선지를 먼저 보기로 결정한다.

❸ 각 선지의 키워드를 설정 후 발췌독해서 1차적으로 답을 판단한다.

키워드로 삼을만한 특이한 단어가 선지에 있는 경우 선지나 보기의 단어 중 키워드를 설정한 뒤 이를 발췌독하는 것이 효과적이다.

선지의 단어 중 가장 생소하거나 특이한 단어를 키워드로 삼아 키워드가 있는 문단을 탐색한다. 특이한 단어의 경우 지문에서 그대로 나오거나 조금의 변형을 거쳐 나오므로 찾기 용이하기 때문이다.

합격자의 시간단축 Tip

Tip ❶ 글의 내용과 부합하는 것, 부합하지 않는 것 외에 알 수 없는 것이 나올 가능성을 생각한다.

글의 내용과 일치하지 않는 것을 물었다. 그렇다면 글의 내용과 부합하는 것은 답이 아니고, 부합하지 않는 것이 답인 것은 자명하다. 글에서 알 수 없는 것은 답이 될 수 있는가? 그렇다. 알 수 없는 것 역시 글의 내용과 부합하지 않기 때문이다. 선지의 내용이 글에서 알 수 없는 내용임에도 불구하고 무조건 찾으려 들 생각을 버리자. 다른 선지들은 글에서 근거를 찾을 수 있는데, 도저히 글에서 근거를 찾을 수 없는 선지가 정답이 될 수 있다.

Tip ❷ 키워드 뽑는 방법

발췌독하기 위해서는 생소한 키워드를 뽑아야 한다. 일반적인 단어를 키워드로 삼으면 지문에서 자주 등장하기 때문에 효율적인 발췌독을 하기 어렵다. 일반적으로 키워드를 뽑을 때 맨 앞에 있는 주어를 선정하는 경우가 많다. 그러나 이는 상황에 따라 비효율적이다. 모든 선지의 주어가 같은 경우도 있고, 주어보다 서술어나 목적어가 더 생소한 경우가 많기 때문이다. 키워드를 뽑는 목적은 지문을 빠르게 발췌독하기 위함이고, 이를 위해 주어뿐만 아니라 모든 단어에 대한 가능성을 열어 두어야 함을 기억하자. 선지 ④에서는 '연체가산이자'를 키워드로 지문에서 해당하는 내용을 찾는다.

Tip ❸ 단정적인 단서에 주목하자.

'반드시, 언제나, 모든'과 같은 단정적인 단서는 반례를 찾아내기 쉽다. 예외가 없기 때문이다. 따라서 단정적인 단서가 들어간 선지를 먼저 해결하는 것이 효율적이다. 선지 ②는 '반드시'라는 단정적인 단서가 들어간다. 그렇다면 개인연체채권 매입을 신청하기 위해 채무조정 절차를 '반드시' 거쳐야 하는지만 찾으면 간단하다.

Tip ❹ 정오만 판단하면 된다.

대상에 대한 정확한 이해를 요구하는 문제도 출제되지만, 대부분의 선지는 정오 확인만으로도 충분한 경우가 많다.

가령 선지 ①의 경우 주체가 구체적으로 누구로 바뀌었는지, 누가 해당하는지는 판단할 필요가 없다. 본문을 읽으면서 '여러 주체가 상이한 업무를 담당하네?'와 같은 느낌을 받을 수 있었다면 정오를 판단하기에 충분하다. 주체가 둘 이상임을 확인하기만 하면 판단이 충분히 가능하다.

선지 ②의 경우 신청 대상 조건에 단지, '채무 조정 실패한 사람'을 대상자로 하고 있다. 이 경우 본문 내에서 추가 단서나 조건 등이 제시되어 있는지 없다는 것만 추가적으로 확인한 후 맞는 선지로 확정이 가능하다.

위와 같이 정오만 판단하는 것은 사고 과정에서 불필요한 연상이나 확인과정을 단축하고 시간을 절약하기 위함이다. 발췌독과 가미한다면 더 효과가 좋다.

Tip ⑤ 추론의 한계 설정: 스스로 이의제기 해보기

추론 문제는 어디까지가 추론 가능한 범위인지 스스로 판단하는 것이 중요하다. 지나치게 지레짐작해서 본문의 내용과는 반대로, 혹은 본문에서 멀리 나아가 선지를 판단해서는 안 된다. 이때 판단 기준으로 유용하게 쓰일 수 있는 방법은 '스스로 이의제기를 하는 것'이다. '이게 반대로 정선지/오선지라고 할 때 이의제기가 가능하지는 않을까?'라고 생각해보자. 예를 들어, 선지 ④번을 판단할 때 '장기 저성장 국면에서 탈피했다고 인정되는 시점'과 '장기분할상환 기간 10년'이 같은지 문제된다. 두 개념이 일치한다고 할 경우 이의제기가 가능할 것이다. 따라서 옳지 않은 선지로 판단한다.

02 정답 ③ 　난이도 ●●○

의사소통능력_개념의 이해 및 활용

접근전략 지문의 일정 부분에 대한 이해를 묻는 문제는 지문에서 추론할 수 있는 것을 묻는 문제와 유사하거나, 지문 전체의 내용을 이해하고 있는지 묻는 문제와 유사하다. 둘 중 어떤 유형인지를 판단하고 전자인 경우 선지부터 읽으며 키워드를 찾아 발췌독하는 것이 효율적이고, 후자인 경우 지문 전체적인 내용을 읽고 밑줄 친 부분의 내용을 이해한 후에 선지를 판단하는 것이 효율적이다.

다음 채무자 정보를 바탕으로 할 때, 위 개인연체채권 매입과정에 대한 설명으로 옳은 것을 모두 고르면?

〈채무자 정보〉

- 이름: A
- 채무 기관: ㅁㅁ은행
- 채무 유형: 개인 신용대출(무담보)
- 채무총액: 1억 4천만 원
- 채무잔액: 1억 200만 원
- 연체 발생일: 2024.12.6.
- 채무조정 상태: 채권자 부동의로 인한 채무조정안 기각(채무조정 실패)

보기

ㄱ. ㅁㅁ은행이 위 연체채권에 대해 ㅇㅇ공사에 매입을 신청하고자 하는 경우 연체 발생일로부터 6개월 안에 온라인 또는 ㅇㅇ공사 방문을 통해 신청하여야 한다.

➜ (×) 채권매입의 신청자는 ㅁㅁ은행이 아닌 채무자이고, 채무자는 A이다. 따라서 신청자는 A이다. 2. 신청방법에서 (신청기간)이 24.6.3.~25.6.6.이었으므로 연체 발생일인 2024.12.6.으로부터 6개월 안에 신청하면 된다.

ㄴ. 만일 ㅁㅁ은행이 A에 대해 갖는 채권이 ㅇㅇ공사에 의해 매입될 경우 매입 대상이 되는 채권액은 1억 4천만 원이다.

➜ (×) 1. 매입대상에서 매입의 대상이 되는 채권은 개인 무담보대출로서, 신용대출의 경우 대출잔액 전체이다. 위 사례에서 A의 채무총액은 1억 4천만 원이지만, 매입 대상이 되는 채권은 '대출잔액'이므로 채무잔액인 1억 200만 원이 매입 대상 채권이 된다.

ㄷ. 위 채권의 매입이 신청 접수되었더라도 위 채무조정안에 대해 ㅁㅁ은행이 의사를 변경하여 다시 동의하는 경우 채권 매입 신청은 철회될 수 있다.

➜ (○) 위 사례에서 A는 채무조정을 신청하였으나 채권자인 ㅁㅁ은행의 부동의로 인해 채무조정안이 기각되어 채무조정 실패에 이르게 되었다. 그러나 3. 매입절차에 따르면 채무자의 매입 신청 후라도 금융회사(ㅁㅁ은행)가 신용회복위원회의 채무조정안에 동의하는 경우에는 신청 철회가 가능하므로 ㅁㅁ은행이 채무조정안에 대해 부동의하였던 의사를 동의하는 것으로 변경하는 경우에는 채권 매입 신청은 철회될 수 있다.

ㄹ. 만일 A가 ㅁㅁ은행에 보유하고 있는 정기예금에 채무액에 미치지 못하는 금액이 예치되어 있는 것으로 확인될 경우 ㅁㅁ은행은 위 채권을 매각하지 않을 것이다.

➜ (○) 3. 매입절차에서 채무자의 매입 신청이 있으면 ㅇㅇ공사는 해당 채권을 보유한 금융회사에 접수사실을 통보하고 이에 대해 금융회사는 채무자 소유의 회수·상계 가능 재산 보유 여부 등을 확인하여 ㅇㅇ공사로 매각 대상 여부를 회신하게 된다. 이때 만일 A가 ㅁㅁ은행에 보유하고 있는 정기예금에 채무액에 미치지 못하는 금액이 예치된 것으로 확인된다면, 이 정기예금에

예치된 현금은 A의 채무와 상계가 가능한 재산이 된다. ㅁㅁ은행은 채무자에게 재산 없음이 확인될 때 해당 채권을 ㅇㅇ공사에 매각하는 것이므로, 본 선지와 같이 채무자에게 재산이 존재하여 상계가 가능한 경우에는 ㅁㅁ은행은 해당 채권을 매각하지 않을 것이다.

① ㄱ → (×)
② ㄱ, ㄴ → (×)
③ ㄷ, ㄹ → (○)
④ ㄴ, ㄷ, ㄹ → (×)
⑤ ㄱ, ㄴ, ㄷ, ㄹ → (×)

합격자의 실전 풀이 순서

❶ **발문 제대로 읽기 및 문제 유형 파악**
항상 발문을 먼저 제대로 읽자. '설명으로 옳은 것'을 고르는 문제이므로 본문 내용과 일치하거나 그로부터 추론할 수 있는 선지가 정답이 된다. 또한, 적절한 것을 고르는 것은 제시문과 일치하는 내용의 선지를 고르라는 것이기 때문에 발문에 ○ 표시를 의식적으로 치고 문제를 풀면 좋다.

❷ **각 선지의 키워드를 설정 후 발췌독해서 1차적으로 답을 판단한다.**
키워드로 삼을만한 특이한 단어가 선지에 있는 경우 선지나 보기의 단어 중 키워드를 설정한 뒤 이를 발췌독하는 것이 효과적이다.
선지의 단어 중 가장 생소하거나 특이한 단어를 키워드로 삼아 키워드가 있는 문단을 탐색한다. 특이한 단어의 경우 지문에서 그대로 나오거나 조금의 변형을 거쳐 나오므로 찾기 용이하기 때문이다.

합격자의 시간단축 Tip

Tip ❶ 열린 선지에 주목한다.
열린 선지란 '~한다', '~가 아니다'와 같이 단정적인 내용이 아닌 '~할 수 있다', '~중 하나이다'처럼 명제 자체가 옳을 가능성이 높은 선지를 말한다. 이런 선지는 비교적 옳은 가능성이 높기 때문에 옳을 수 있다는 가능성에 초점을 맞추고 발췌독하면 효율적인 경우가 많다. 해당 문제의 경우 보기 ㄷ.이 열린 선지고, 옳은 선지였다.

Tip ❷ 임의대로 조건을 해석하지 않는다.
배경지식을 넣어서 지문의 조건을 임의대로 해석해 풀지 않는다. 지문 내용 그대로를 판단해서 선지를 해결해야 한다.
3. 매입절차에서 채무자의 매입 신청 후 금융회사가 신용회복위원회의 채무조정안에 동의하는 경우에는 신청철회 가능이라고 제시되어 있다. 이를 임의대로 해석해 '최초의 동의'로 제한하면 보기 ㄷ.을 틀리게 된다. 조건을 그대로 해석해서 이런 실수를 없애야 한다.

Tip ❸ 주체/대상 바꿔치기에 유의한다.
주체/대상 바꿔치기는 일치부합 문제에서 빈번하게 나오는 함정이다. 따라서 선지를 확인할 때 다른 미사여구보다 주체와 대상이 맞는지 유심히 살핀다. 보기 ㄱ.에서는 주체(채무자 → 채권자) 바꿔치기, 보기 ㄴ.에서는 대상 바꿔치기(채무잔액 → 채무총액) 바꿔치기 함정이 있었다.

Tip ❹ 보기 문제의 특성을 활용한다.
해당 문제는 보기 ㄱ을 판단하면 선지 ①, ④, ⑤가 소거된다. 일반적으로는 보다 쉬운 보기를 판단하지만, 남은 선지 중 ㄷ, ㄹ은 공통으로 들어있어 판단하지 않더라도 옳은 설명이므로 ㄴ만을 판단하여 빠르게 정답을 도출한다.

Tip ❺ 모든 내용을 자세하게 읽지는 않는다.
위 자료와 같이 특정 제도 혹은 과정이 어떻게 진행되는지 설명하는 내용은 큰 틀을 파악한 후 보기 혹은 선지로 만들기 용이한 내용들에 좀 더 초점을 맞추어 강약을 주는 것이 좋다. 기간이라거나 단서, 예외 사항과 같은 것들이 장치로 활용되기에 좋다.

03 정답 ⑤ 난이도 ●●●

의사소통능력_맥락상 어울리지 않는 문장/문단 찾기

접근전략 본 문제는 지문의 작성방법을 읽고 사례에 적용하는 문제다. 문제를 해결할 때 전체적이고 유기적인 이해가 필요하기보다는 각 파트에 해당하는 부분을 분절적으로 해결할 수 있는 문제이므로 작성방법과 사례를 번갈아 확인하며 해당 파트의 선지를 해결한다.

다음은 '청년 대상 맞춤형 재무상담 용역 제안요청서'의 작성 방법에 대한 설명이다. 다음의 안내자료를 참고하여 제안서의 초안을 구성한 것으로 가장 적절하지 않은 것은?

〈2025년 청년 대상 맞춤형 재무상담 용역 제안요청서 항목별 작성방법〉

Ⅰ. 업체 일반
1. 일반현황: 제안사의 일반현황 및 연혁을 〈서식 1〉의 양식을 이용하여 정확히 기재

2. 주요 사업 내용: 최근 3년 이내(입찰등록일 기준) 주요 사업 수행 실적 및 수상 내역을 작성하되, 본 사업과 관련성이 높은 순으로 작성
3. 재무상황: 제안사의 자본금, 최근 3년간 부문별 매출액 및 신용평가등급을 기재하되, 제안사의 신용평가등급이 없는 경우 재무상황을 확인할 수 있는 최근 년도 회계감사 자료를 제출(국세청 신고 자료도 가능)

※ 외부감사대상 법인은 당해 공인회계사, 일반법인은 관할 세무서장이 확인한 재무제표 사본을 함께 제출

4. 관련용역 수행실적(최근 3개년도): 최근 3년 이내(입찰등록일 기준) 정부, 지방자치단체, 특별법에 따라 설립된 법인, 공공기관으로부터 200명 이상 인원에 대한 재무상담 서비스 용역을 주도적으로 수행한 실적에 대해 작성

Ⅱ. 제안 부문
1. 용역 주제에 대한 이해: 제안의 목적 및 용역 수행 범위, 전제조건, 특징, 용역 주제에 대한 이해 등에 대해 작성
2. 추진일정 및 계획: 용역 수행에 필요한 활동 도출, 활동 기간 산정 등 전반적인 일정계획 기술

Ⅲ. 관리·지원 부문
1. 수행조직 및 인원: 사업 수행조직 구성, 주계약자 및 담당 업무, 지원조직의 사업 지원활동 등에 대해 기술하고 사업 참여인력의 소속, 사업에 대한 경험, 본 사업에서의 임무 및 참여율 등을 구체적으로 기술
2. 제안사 특징·장점 및 기대효과: 제안사만의 차별화된 특징 및 장점과 그러한 특징 및 장점이 사업수행에 미칠 수 있는 영향 및 기대효과

〈청년 대상 맞춤형 재무상담 제안서((주)○○컨설팅)〉

Ⅰ. 업체 일반
1. 일반현황
(주)○○컨설팅은 10년 이상 업력의 금융컨설팅 전문 회사로, 청년층 대상 프로그램의 기획 및 실행 경험이 풍부합니다. 자세한 사항은 첨부된 〈서식 1〉에서 확인하실 수 있습니다.
2. 주요 사업 내용
(주)○○컨설팅에서는 최근 3년간 대학생 및 청년 창업자를 위한 재무관리 교육, 사회초년생 대상 금융상품 분석 및 자산형성전략 상담, 정부와 협력하여 수행한 "청년 재무건강 진단 프로젝트" 등이 있습니다.
3. ㉠ 재무상황
• 자본금: 5억 원
• 최근 3년간 컨설팅부 매출액: 평균 12억 원
• 신용평가등급: A+
공인회계사가 작성한 최근 3개년 회계감사 보고서를 첨부하며, 요청하실 경우 국세청 신고 자료를 제공할 수 있습니다.
4. ㉡ 관련용역 수행실적
– 2024년: △△시 청년 자산형성 지원사업(참여 인원: 300명)
– 2023년: □□구청 신규취업자 금융 컨설팅 프로그램 (참여 인원: 250명)
– 2022년: ◇◇국립대학교 대학생 재무설계 멘토링 사업(참여 인원: 500명)

Ⅱ. 제안 부문
1. ㉢ 용역 주제에 대한 이해
자산형성 초기 단계의 청년들은 기초 자산이 적은 편이며, 재무관리에 대한 정보 및 노하우가 부족하여 적절한 재무관리를 하지 못하는 경우가 많습니다. 본 용역에서 ㈜○○컨설팅은 청년들의 눈높이에서 개인별 맞춤형 재무상담을 통해 청년들의 안정적인 자산형성 전략을 수립하는데 중점을 둡니다.
2. ㉣ 추진일정 및 계획
– 사전진단(1개월): 사전 준비 및 재무 설문조사를 통해 대상자의 재무 상태를 분석합니다.
– 맞춤형 상담(2개월): 1:1 또는 소그룹을 구성하여 상담을 통해 개인별 목표를 설정하고 목표 달성에 효과적인 재무 계획을 수립합니다.
– 지속적 관리(2개월): 온라인 플랫폼을 활용하여 지속적인 상담과 재무관리를 지원합니다.

Ⅲ. 관리·지원 부문
1. 수행조직 및 인원
– 프로젝트 매니저(PM): 전체 용역 일정 및 품질 관리
– 전문 상담사: 1:1 맞춤형 상담 제공 및 사례 관리
– 행정 지원팀: 참여자 데이터 관리 및 지원 활동 수행
팀원들의 관련 경력을 비롯한 구체적인 사항은 첨부자료를 통해 상세히 기술하였습니다.
2. ㉤ 제안사 특징·장점 및 기대효과
본 상담을 통해 청년들이 체계적인 재무 계획을 세우고 실행하는 데 도움을 줄 수 있을 것으로 기대합니다. ㈜○○컨설팅을 통해 청년들은 궁극적으로 장기적인 재정적 안정성을 확보할 수 있을 것입니다.

① ㉠

→ (○) 재무상황에는 제안사의 자본금, 최근 3년간 부문별 매출액 및 신용평가등급을 기재하여야 하며, 외부감사대상 법인은 당해 공인회계사, 일반법인은 관할 세무서장이 확인한 재무제표 사본을 함께 제출하여야 한다. (주)○○컨설팅에서는 자본금, 최근 3년간 컨설팅부 매출액, 신용평가등급 및 공인회계사가 작성한 최근 3개년 회계감사보고서를 첨부하였으므로 요구되는 내용을 알맞게 작성하였다.

② ㉡

→ (○) 관련용역 수행실적에는 최근 3개년도 내에서 정부, 지자체, 특별법에 따라 설립된 법인, 공공기관으로부터 200명 이상 인원에 대한 재무상담 서비스 용역을 수행한 실적에 대해 작성하여야 한다. 제안요청서의 연도가 2025년이므로 해당 연도 기준 작성된 관련용역 수행실적은 기간을 충족한 것으로 보인다. 또 발주기관 역시 △△시, ㅁㅁ구청, ◇◇국립대학교로 발주자 요건 역시 충족하였다. 또 참여인원 모두 200명 이상임을 기재하여 작성 요령에 따라 올바르게 작성한 것으로 볼 수 있다.

③ ㉢

→ (○) 용역 주제에 대한 이해에는 제안의 목적 및 용역수행 범위, 전제조건, 특징, 용역 주제에 대한 이해 등에 대해 작성하여야 한다. 작성된 내용에는 청년들이 기초자산이 적다는 점, 자산관리에 대한 정보와 노하우가 부족하다는 점을 전제조건 및 특징으로 제시하고 있다. 이후 개인별 맞춤형 재무상담(용역수행 범위)을 수행하여 궁극적으로 청년들의 안정적인 자산형성 전략을 수립하는 것을 그 목적으로 함을 밝혀 전반적으로 용역 주제에 대한 이해도를 간략하면서도 정확하게 드러냈다.

④ ㉣

→ (○) 추진일정 및 계획에는 용역 수행에 필요한 활동 도출, 활동 기간 산정 등 전반적인 일정계획을 기술하여야 한다. (주)○○컨설팅에서는 용역 수행에 필요한 활동을 사전 진단과 맞춤형 상담, 지속적 관리 세 활동으로 구분하고 해당 활동에 소요되는 기간과 해당 일정에 대한 간략한 서술을 적절하게 하였다.

⑤ ㉤

→ (×) 제안사 특징·장점 및 기대효과에서는 제안사만의 차별화된 특징 및 장점과 '그러한 특징 및 장점이' 사업수행에 미칠 수 있는 영향 및 기대효과에 대해 작성하여야 한다. 그러나 (주)○○컨설팅에서 작성한 해당 내용은 (주)○○컨설팅만이 지닌 특징이나 장점으로 인하여 (주)○○컨설팅에서 용역을 수행했을 때 얻을 수 있는 기대효과라기보다는 위 사업을 통해 청년들이 얻을 수 있는 일반적인 기대효과를 서술한 것에 그치고 있으며 제안사만의 차별화된 특징 및 장점 역시 제시하고 있지 않다. 따라서 작성 요령에 따라 바르게 작성되었다고 보기 어렵다.

합격자의 실전 풀이 순서

❶ **문제를 확인한다.**
가장 적절하지 않은 것을 골라야 하므로 선지 옆에 X표시를 하여 적절한 것을 고르는 실수를 하지 않도록 한다.

❷ **작성방법과 선지를 1대1로 확인한다.**
작성방법을 모두 읽고 작성된 자료를 확인할 경우, 앞서 읽었던 내용을 잊어버릴 수 있기 때문에 문제의 ㉠~㉤에 해당하는 부분을 해결할 때마다 차례로 작성방법의 해당 부분을 읽고 판단한다.

합격자의 시간단축 Tip

Tip ❶ 작성방법과 문제를 번갈아 가며 판단한다.
작성방법을 한 번에 다 읽고 문제를 풀려고 하면 내용이 기억나지 않아 시간을 더 써야 할 것이다. 따라서 밑줄 그어진 파트 부분의 작성방법을 확인하고 해당 파트가 제대로 작성되었는지를 본다면 바로바로 확인할 수 있기 때문에 시간도 단축되고, 정확성도 올라간다.

Tip ❷ 시각화를 활용한다.
작성 방법에서 제시하고 있는 사항들이 실제로 작성되었는지를 동그라미나 본인이 판단하기 좋은 기호로 표시한다면 좀 더 확실하게 판단을 할 수 있다.

Tip ❸ 애매한 경우 일단 넘긴다.
㉠~㉤을 차례로 읽으면서 애매한 경우 일단 보류하고 다음 보기를 읽는다. 실제로 ㉢에서 제안의 목적 및 용역수행 범위, 전제조건, 특징, 용역 주제에 대한 이해 등이 전부 잘 작성되었는지 판단하기 애매할 수 있는데 일단 넘어가면 ㉤이 확실한 오답임을 알 수 있다.

Tip ❹ 지문을 읽을 때는 강약을 조절하며 읽는다.
언어 지문을 읽을 때는 문제에 나올 것 같은 부분은 더 꼼꼼히, 상대적으로 중요하지 않은 부분은 물 흐르듯 가볍게 읽는다. 이는 독해와 문제풀이의 속도를 올릴 뿐만 아니라 선지 판단의 정확성도 높인다. 예를 들어 제안서의 밑줄은 3. ㉠재무상황부터 시작되고 있다. 그런데 작성방법과 제안서의 1, 2번을 꼼꼼히 읽고 있는다면 상당한 시간낭비일 것이다. 다른 문제에서도 마찬가지로 첫문단의 내용이 단순 소개와 관련한 상투적 내용이라면 혹시 놓칠 만한 것이 있는지 눈으로 찍는 수준으로 빨리 지나가는 것이 좋다. 3. 재무상황부터는 문제와 직접 관련된 부분이므로 꼼꼼히 읽는다. 이때 선지로 나올 법한 표현은 표시하며 더 꼼꼼히 읽는다. 예를 들어 '최근 3년간', '신용평가등급이 없는 경우', 괄호, 각주(*)와 같은 부분은 문제로 나올 가능성이 크다. 본 합격생은 '최근 3년간'에 동그라미, 신용평가등급이 '없는'에 X, '국세청'에 밑줄 등과 같이 중요 키워드에 표시하였다. 이는 읽으면서 자료를 시각화하는 것이므로 기억에 더 남을 뿐만 아니라 선지를 보고 다시 찾아올 때도 빠르게 찾아올 수 있게 한다. 아직 시험에 익숙하지 않은 학생이라면 어디가 선지로 나올 법한 표현인지 잘 와닿지 않을 수 있다. 이러한 감을 익히기 위해서는 많은 문제풀이도 중요하지만, 꼼꼼한 문제의 분석이 필수적이다. 가장 좋은 방법은 기출문제의 선지를 하나하나 분석하며 왜 이런 선지를 낸 것인지, 어떤 표현이 가장 선지스러운 표현인지, 어디에서 주로 문제가 나오는지, 함정은 어떤 식으로 나오는지, 이 선지가 정답인 정확한 근거가 무엇인지를 파악하는 것이다. 이러한 분석의 경험이 쌓여서 출제자의 시각이 생겨 더욱 빠른 독해와 문제풀이로 이끌어줄 것이다.

04 정답 ⑤ 난이도 ●●○

의사소통능력_논리적 추론

접근전략 글을 읽고 추론한 내용으로 적절하지 않는 것을 묻는 문제는 선지를 먼저 보는 것을 추천한다. 정답을 제외한 나머지가 글의 내용과 일치하므로 선지의 키워드를 인지하며 지문을 읽는다면 빠른 독해가 가능하기 때문이다. 선지를 훑어 키워드를 뽑고 이를 생각하며 지문을 읽어나간다.

주어진 글을 참고하여 이해 또는 추론한 내용으로 적절하지 않은 것은?

(1)주민참여예산제도는 지방자치단체의 예산과정에 주민을 참여시킴으로써 지방재정 운영의 투명성과 공정성을 높이고 예산 사용에 대한 책임성을 확보하며, 나아가 국민 중심의 민주주의를 실현하기 위한 취지에서 마련된 제도이다. (2)주민참여예산제도는 1989년 브라질 리우그란데두술(Rio Grande do Dul)주의 주도인 포르투알레그레(Porto Alegre)에서 최초로 실시되었다. (3)주민들이 직접 참여한 예산편성 과정이 성공적으로 운영되어 1996년 국제연합에서 '세계 40대 훌륭한 시민 제도'로 선정될 만큼 모범적이라는 평가를 받았고, 이후 브라질 전역 및 세계적으로 확산되었다. (4)우리나라에서는 2000년대 초반부터 시민참여 예산 조례 제정 운동이 시작되었고, 2011년 3월에 「지방재정법」에 모든 지방자치단체에서 주민참여예산제도를 의무적으로 운영하도록 규정하였으며 2018년 3월 「지방재정법」 개정을 통해 주민참여예산제도에서 주민이 참여할 수 있는 범위를 '예산편성과정'에서 '예산편성 등 예산과정'으로 개편하였다. (5)주민참여예산제도의 핵심은 전통적으로 지방자치단체가 독점해왔던 예산편성 활동에 주민이 직접 관여해서 영향력을 행사하는데 있다.

▶ 1문단

(1)주민참여예산제도의 구체적인 운영 방법과 주민참여예산기구의 구성 및 운영, 주민참여방법 등은 각 지방자치단체의 조례를 통해 자율적으로 정한다. (2)주민참여예산제도 조례 모델은 세 가지 유형으로 구분되며, 각 지방자치단체가 지닌 특성과 여건에 따라 모델을 선택하도록 하고 있다. (3)제1유형은 주민참여예산위원회 설치에 관한 강제규정 없이 '설치할 수 있다'라는 임의규정으로 구성되며, 제2유형은 '주민참여예산위원회를 둔다'라는 강제규정은 있으나 주민참여예산위원회 운영을 위한 세부사항에 대한 상세한 규정은 제시하지 않는 모델, 제3유형은 '주민참여예산위원회를 둔다'라는 강제규정과 함께 주민참여예산위원회 운영을 위한 세부규정과 분과위원회의 인적 구성 및 재정 지원에 대한 상세한 규정을 제시하는 모델이다.

▶ 2문단

(1)주민참여예산제도에서 주민은 누구나 각 자치단체가 제정·운영하는 조례에서 규정한 범위 내에서 예산편성과 관련된 의견을 제출할 수 있는 권리를 가지고 있다. (2)지자체별 조례에서는 통상 주민을 당해 자치단체에 주소를 두고 있는 사람, 당해 자치단체에 영업소의 본점 또는 지점 및 생산시설을 둔 사업체의 대표자 및 임직원, 자치단체의 관할구역에 소재한 기관, 단체, 학교 등에 근무하거나 소속된 사람, 그 밖에 예산편성 등 예산과정에 이해관계가 있는 사람 등으로 규정하고 있다. (3)주민참여의 방법은 예산안 제출 시 주민의견서 첨부와 사업공모, 설문조사, 참여예산 투표, 사업간담회, 사업공청회 등이 있다.

▶ 3문단

(1)주민참여예산위원회는 공모제안사업 또는 주민제안사업의 우선순위 결정, 해당 지자체의 예산안 전체에 대한 주민의견서 작성 등의 역할을 주로 수행한다. (2)특히 「지방재정법」에는 주민제안사업(공모제안사업)에 대해서는 주민참여예산위원회가 주민의견서를 작성하여 지방의회에 예산안 제출 시 첨부하도

록 규정되어 있다. (3)지방의회 제출 예산안에 첨부되는 주민의견서의 항목은 공모 금액, 주민제안 방법, 우선순위 선정방법, 주민제안 건수, 주민제안 선정·반영건수, 주민의견 수렴방법, 주민의견수렴 사업 내역, 사업에 대한 주민의견, 자치단체 검토결과 등이다. ▶ 4문단

① 인천광역시에 식품 생산공장이 위치한 기업의 대표이사는 인천광역시의 주민참여예산제도를 통해 의견을 표명할 권리를 갖는다.

→ (○) 주민참여예산제도에서 주민은 누구나 각 자치단체가 제정·운영하는 조례에서 규정한 범위 내에서 예산편성과 관련된 의견을 제출할 수 있는 권리를 가지고 있다[3문단 (1)]. 지자체별 조례에서는 통상 주민을 당해 자치단체에 주소를 두고 있는 사람, 당해 자치단체에 영업소의 본점 또는 지점 및 생산시설을 둔 사업체의 대표자 및 임직원, 자치단체의 관할구역에 소재한 기관, 단체, 학교 등에 근무하거나 소속된 사람, 그 밖에 예산편성 등 예산과정에 이해관계가 있는 사람 등으로 규정하고 있다. [3문단 (2)]에서 인천광역시에 식품 생산공장이 위치한 기업의 대표이사는 인천광역시의 주민임을 알 수 있다. 따라서 옳은 선지다.

② 국내의 주민참여예산제도는 2000년대 초반 제도화되어 예산편성을 중심으로 예산집행과 결산 및 평가 등에 이르기까지 예산과정 전체로 점차 확대되었다.

→ (○) 우리나라에서는 2000년대 초반부터 시민참여 예산 조례 제정 운동이 시작되었고, 2011년 3월에 「지방재정법」에 모든 지방자치단체에서 주민참여예산제도를 의무적으로 운영하도록 규정하였으며 2018년 3월 「지방재정법」 개정을 통해 주민참여예산제도에서 주민이 참여할 수 있는 범위를 '예산편성 과정'에서 '예산편성 등 예산과정'으로 개편하였다. [1문단 (4)]에서 알 수 있는 내용이다. 옳은 선지다.

③ 지자체 예산편성에 있어 지방의회의 의사결정에 반영되는 선호와 실제 주민들 선호와의 괴리에서 오는 대의제도의 불완전성은 주민참여예산제도의 필요성을 강화할 것이다.

→ (○) 주민참여예산제도의 핵심은 전통적으로 지방자치단체가 독점해왔던 예산편성 활동에 주민이 직접 관여해서 영향력을 행사하는 데 있다. [1문단 (5)]와 주민참여예산제도는 지방자치단체의 예산과정에 주민을 참여시킴으로써 지방재정 운영의 투명성과 공정성을 높이고 예산 사용에 대한 책임성을 확보하며, 나아가 국민 중심의 민주주의를 실현하기 위한 취지에서 마련된 제도이다. [1문단 (1)]을 통해 알 수 있는 내용이다.

지방의회에서 독점적으로 예산편성을 할 경우 주민들의 이익과는 무관하게 지방의회의원들의 이익에 따라 예산을 편성할 우려가 존재한다. 이때 주민들과 지방의회 사이에는 선호의 괴리가 발생하고, 이러한 괴리는 주민(국민)의 뜻을 의회에서 대표하지 못하는 대의제의 한계 및 불완전성으로 볼 수 있다. 주민참여예산제도가 지방재정의 공정성과 투명성을 높이고 예산 사용에 대한 책임성을 확보하며 국민 중심의 민주주의를 실현하기 위한 수단으로서 기능한다는 점을 고려할 때, 이러한 대의제의 한계 및 불완전성은 주민참여예산제도의 필요성을 강조하게 된다. 옳은 선지다.

④ 어떤 지자체의 조례에 주민참여예산위원회의 설치에 대한 강제규정과 위원회의 심사방법 및 회의 운영 방식, 분과위원회 및 총회 운영에 대한 규정 등이 포함된 경우 주민참여예산제도 조례 제3유형을 채택한 것으로 볼 수 있다.

→ (○) 제3유형은 '주민참여예산위원회를 둔다'라는 강제규정과 함께 주민참여예산위원회 운영을 위한 세부규정과 분과위원회의 인적구성 및 재정 지원에 대한 상세한 규정을 제시하는 모델이다. [2문단 (3)]에서 조례 모델 중 제3유형은 주민참여예산위원회 설치에 대한 강제규정과 함께 주민참여예산위원회 운영을 위한 세부규정과 분과위원회의 인적구성 및 재정 지원에 대한 상세한 규정을 제시하는 모델인데, 주민참여예산위원회의 설치에 대한 강제규정에 더하여 위원회의 심사방법 및 회의 운영 방식, 분과위원회 및 총회 운영에 대한 규정 등이 포함되었다면 이는 주민참여예산위원회 운영을 위한 세부규정과 분과위원회 관련 규정을 제시한 것으로서 제3유형에 해당한다고 볼 수 있다. 옳은 선지다.

⑤ 주민참여예산제도는 예산과정에 있어 주민을 참여시킴으로써 다자간 의사소통을 활성화시킬 수 있으나 참여 범위에 제한이 없는 제도의 특성상 주민들의 의사결정에 대한 견제를 통해 행정의 합리성을 도모할 수 있는 장치 또한 필요할 것이다.

→ (×) 주민참여예산제도에서 주민은 누구나 각 자치단체가 제정·운영하는 조례에서 규정한 범위 내에서 예산편성과 관련된 의견을 제출할 수 있는 권리를 가지고 있다. [3문단 (1)]에서 주민의 참여 범위는 '조례에서 규정한 범위 내'라는 것을 알 수 있다. 따라서 틀린 선지다.

합격자의 실전 풀이 순서

[방법 1]

❶ 발문 제대로 읽기 및 문제 유형 파악

항상 발문을 먼저 제대로 읽자. '이해 또는 추론한 내용으로 적절하지 않은 것'을 고르는 문제이므로 본문 내용과 상충하거나 그로부터 추론할 수 없는 선지가 정답이 된다. 또한, 옳지 않은 것을 고르는 것은 제시문과 반대되는 내용의 선지를 고르라는 것이기 때문에 발문에 ×표시를 의식적으로 치고 문제를 풀면, 부합하는 것을 고르는 실수를 방지할 수 있다.

❷ 선지를 훑으며 대략적 주제를 파악한다.

"부합하지 않는 것은?", "일치하지 않는 것은?" 문제에서 선지는 매우 중요한 힌트가 된다. 정답을 제외한 4개의 선지를 보는 것만으로도 어느 정도 지문의 주제나 내용을 확인할 수 있기 때문이다. 이는 지문에 대한 이해를 바탕으로 한 추론 문제에서도 적용되는 경우가 많다. 결국 선지의 정오판단 근거는 지문 내용에 근거하기 때문이다.

❸ 각 선지의 키워드를 설정 후 발췌독해서 1차적으로 답을 판단한다.

선지의 단어 중 가장 생소하거나 특이한 단어를 키워드로 삼아 키워드가 있는 문단을 탐색한다. 특이한 단어의 경우 지문에서 그대로 나오거나 조금의 변형을 거쳐 나오므로 찾기 용이하기 때문이다. 선지 ①은 '대표이사', 선지 ②는 '2000년대 초반', 선지 ③은 '선호의 괴리', 선지 ④는 '3유형', 선지 ⑤는 '참여 범위의 제한'을 키워드로 들 수 있다.

[방법 2]

❶ 문제 읽기

적절하지 않은 것을 고르라 했으므로 선지 옆에 X표를 하여 적절한 것을 정답으로 고르는 실수를 하지 않도록 한다.

❷ 자료를 읽은 후 선지를 판단한다.

선지를 먼저 읽거나 가볍게 훑어보고 자료를 읽는 것과 자료를 먼저 읽고 선지를 판단하는 것은 수험생의 선택사항이라 생각한다. 선지를 먼저 읽고 자료를 읽게 되면 선지에 일치하는 방향으로 내용을 받아들이는 경향이 있고, 선지를 먼저 읽더라도 키워드 파악에 큰 도움이 되지 않는다고 판단하여 자료를 먼저 읽은 후에 선지를 판단하는 편이다.

합격자의 시간단축 Tip

Tip ❶ 너무 많은 표시를 하지 않는다.

통독을 하되, 특징이나 비교 같은 주요 내용에 동그라미와 밑줄 등으로 표기를 하며 읽어 내려가는 것이 일반적이다. 하지만 너무 많은 표기를 한다면 오히려 정답 찾기에 방해가 될 수 있다. 그러므로 최대한 그 문단의 핵심 주요 소재나 단어에만 표시를 하도록 한다.

Tip ❷ 글을 구조화한다.

지문을 읽고 내려와서 선지를 본 후 바로 답을 구하면 좋으나, 선지를 본 후 다시 지문으로 올라가서 읽어야 하는 경우가 상당히 많다. 이를 대비해 처음에 지문을 읽을 때 글을 구조화하면서 읽는 것이 좋다. 구조화하면서 글을 읽었을 경우 선지의 정오를 어느 부분을 통해 확인할지 판단이 빨라지기 때문이다.

해당 문제 역시 처음에 지문을 읽을 때 1문단은 주민참여예산제도의 개념, 2문단은 주민참여예산제도의 운영 방법, 3문단은 주민의 범위, 4문단은 주민참여예산위원회의 역할로 글을 구조화하면 선지를 해결할 때 더 빠를 수 있다.

Tip ❸ 키워드 뽑는 방법

발췌독하기 위해서는 생소한 키워드를 뽑아야 한다. 일반적인 단어를 키워드로 삼으면 지문에서 자주 등장하기 때문에 효율적인 발췌독을 하기 어렵다. 보통 키워드를 뽑을 때 맨 앞에 있는 주어를 선정하는 경우가 많다. 그러나 이는 상황에 따라 비효율적이다. 모든 선지의 주어가 같은 경우도 있고, 주어보다 서술어나 목적어가 더 생소한 경우가 많기 때문이다. 키워드를 뽑는 목적은 지문을 빠르게 발췌독하기 위함이고, 이를 위해 주어뿐만 아니라 모든 단어에 대해 가능성을 열어 두어야 함을 기억하자.

Tip ❹ 패러프레이징(표현 바꾸기)

글의 내용과 일치하는 것, 일치하지 않는 것을 묻는 문제이거나 글의 내용에서 추론할 수 있는 것, 없는 것을 묻는 문제는 글의 내용을 패러프레이징해서 선지를 만드는 경우가 많다. 따라서 선지를 읽고 발췌독할 때 문구 그대로를 찾는 것도 좋지만 보이지 않는다면 다른 표현을 생각해 본다.

실제로 해당 문제의 경우 선지 ①의 '대표이사'는 '사업체의 대표자'로 패러프레이징하고 있다.

Tip ❺ 4개의 선지만을 판단하여 정답을 도출할 수 있다.

만약 본인이 판단하기 어려운 선지가 있거나 시간이 오래 걸릴 것 같은 선지가 있다면 넘어간 후 나머지 4개의 선지를 판단하면 된다. 넘어간 선지가 답이라면 4개의 정오를 판단하여 답을 도출할 수 있고, 넘어간 이후 답이 도출된다면 건너뛴 선지는 살펴보지 않고 답을 도출할 수 있다. 또한 해당 문제는 선지 ⑤가 답이었는데, 선지 ①~④까지 확실하게 판단이 됐다면, 선지 ⑤는 보지 않고 정답으로 체크한 후 넘어갈 수 있다.

Tip ❻ 강약을 조절하며 읽는다.

지문을 읽을 때는 문제로 나올 것 같은 부분과 흘려 읽어도 될 것 같은 부분을 구분하여 강약을 조절하며 읽는다. 예를 들어 [1문단 (2)]와 같은 문장은 문제와 직접적 관련은 없는데 문장은 길다. 이런 정보는 빠르게 흘려 읽는 것이다. 이를 구분하는 방법은 첫째, 지문을 읽기 전 미리 선지를 보고 선지에서 묻는 바를 인지해 둔다. 선지에서 주민참여예산제도의 기원이나 브라질을 언급한 선지가 없었으므로 지문을 읽을 때 이 문장을 빠르게 넘길 수 있었다. 둘째, 기출 분석을 통해 출제자의 감을 익힌다. 기출분석은 아주 중요하다. 단순히 문제만 푸는 것이 아니라 지문의 어느 포인트에서 문제가 출제되고, 각 선지의 정오판단의 근거는 무엇인지를 세세하게 분석하는 과정을 통해 출제자의 감을 익힐 수 있다. 예를 들어 [2문단]처럼 각 유형을 구분하는 경우, 유형의 차이로 선지를 출제할 것임을 예측할 수 있으며, 상반되는 단어가 있는 표현, 비교급 표현, 상하한과 같은 제약 등이 있는 경우 선지로 출제될 가능성이 높다. 마지막으로 [4문단(3)]처럼 정보가 나열되어 있는 경우, 이를 세세하게 읽지 않는다. 나열되는 정보의 큰 카테고리 정도만 인지해두고, 문제에서 이를 요구하는 경우에 다시 찾아와 필요한 정보를 가져가는 것이 효율적인 방법이다.

05 정답 ❶ 난이도 ●●●

의사소통능력_논리적 추론

접근전략 단순히 추가지문의 독해만으로 풀 수 있는 문제다. 선지가 키워드를 뽑기 어려운 대신 단순한 형태로 제시되고 있으므로 선지의 내용이 어떻게 패러프레이징 되는지 생각하며 추가지문을 읽는다.

주어진 글을 바탕으로 할 때, 다음 지방의회 제출 주민의견서에 포함되지 않은 항목은?

> **지방의회 제출 주민의견서**
>
> ○○시 주민참여예산위원회는 「지방재정법」 및 「○○시 주민참여예산제도 운영 조례」에 따라 2026년 예산편성을 위한 공모제안을 통해 최종 1,560백만 원(56건)의 사업을 2026년도 주민참여예산사업 예산안으로 작성하였습니다. ▶1문단
>
> 지난 3~4월 주민참여예산사업 설문조사를 거쳐 주민들로부터 공모제안을 받았고, 5~7월 ○○시 주민참여예산위원회의 공익성 및 수익성 평가와 델파이 심사를 통해 우선사업을 선정한 뒤 8월 주민참여예산사업에 대한 주민들의 온라인 투표 결과를 바탕으로 주민의견을 종합하여 53건의 사업(1,500백만 원)을 확정하고 예산안으로 작성하였습니다. ▶2문단
>
> 청소년 참여를 유도하기 위해 청소년 참여예산제를 운영하였으며, 청소년 참여예산 제안대회에서 입상한 5개의 사업 중 자치단체의 검토를 거쳐 선정된 3건의 사업(60백만 원)에 대해서도 예산안을 작성하였습니다. ▶3문단
>
> 이 주민의견서가 의회의 예산 심사과정에서 심도 있게 검토되어, ○○시 재정 운영의 투명성과 책임성을 제고하고 진정한 재정민주주의가 꽃피게 되기를 바랍니다.
>
> **○○시 주민참여예산위원회 위원장 정△△**
> ▶4문단

① 주민제안 건수

→ (×) 주민제안 건수는 3~4월 주민참여예산사업 설문조사를 거쳐 주민들로부터 공모제안을 받은 총 건수를 의미하며, 그에 대해서는 정보를 찾아볼 수 없다. 상기 주민의견서에 나타난 56건의 사업[1문단]은 우선순위 평가 및 주민들의 투표를 거쳐 최종 확정된 건수를 의미하므로 주민제안 선정·반영건수에 해당한다. 틀린 선지다.

② 주민제안 방법

→ (○) 2문단에서 3~4월 주민참여예산사업 설문조사를 거쳐 주민들로부터 공모제안을 받았다고 하였고 앞선 자료의 [3문단 (3)]에서 설문조사는 주민참여 방법 중 하나임을 알 수 있으므로 주민제안 방법은 나타나 있다. 옳은 선지다.

③ 주민의견 수렴방법

→ (○) 2문단에서 8월 주민참여예산사업에 대한 주민들의 온라인 투표 결과를 바탕으로 주민의견을 종합하였으므로 주민의견 수렴방법 또한 나타나 있다. 옳은 선지다.

④ 자치단체 검토결과

→ (○) 3문단에서 청소년 참여예산 제안대회에서 입상한 5개의 사업 중 자치단체의 검토를 거쳐 선정된 3건의 사업(60백만 원)은 자치단체의 검토를 거친 결과라고 할 수 있다. 옳은 선지다.

⑤ 주민제안사업 우선순위 선정방법

→ (○) 2문단에서 5~7월 ○○시 주민참여예산위원회의 공익성 및 수익성 평가와 델파이 심사를 통해 우선사업을 선정하였으므로 주민제안사업의 우

선순위 선정방법도 공익성 및 수익성 평가, 델파이 심사로 나타나 있다. 옳은 선지다.

합격자의 실전 풀이 순서

❶ 발문 제대로 읽기 및 문제 유형 파악
항상 발문을 먼저 제대로 읽자. '포함되지 않은 항목'을 고르는 문제이므로 선지의 내용이 추가 지문에 포함되지 않거나 추론할 수 없는 것이 정답이 된다. 따라서 발문에 X표시를 의식적으로 치고 문제를 풀면, 포함되는 것을 고르는 실수를 방지할 수 있다.

❷ 선지의 형태를 파악한다.
선지가 키워드를 뽑는 형태가 아닌 단순한 형태로 제시되고 있다. 그렇다면 문장 그대로를 찾는 것은 비효율적이다. 선지의 단어가 어떠한 형태로 표현을 바꾸어 추가지문에 등장할지 예상하며 지문을 읽는 것이 효과적이다.

합격자의 시간단축 Tip

Tip 패러프레이징(표현 바꾸기)
글의 내용과 일치하는 것, 일치하지 않는 것을 묻는 문제이거나 글의 내용에서 추론할 수 있는 것, 없는 것을 묻는 문제는 글의 내용을 패러프레이징해서 선지를 만드는 경우가 많다. 따라서 선지를 읽고 발췌독할 때 문구 그대로를 찾는 것도 좋지만 보이지 않는다면 다른 표현을 생각해 본다.
실제로 해당 문제의 경우 선지 ②의 '주민제안 방법'은 '공모제안'으로, 선지 ③의 '주민의견 수렴방법'은 '주민의견을 종합'으로 패러프레이징하고 있다.

06 정답 ④ 난이도 ●●○

의사소통능력_개념의 이해 및 활용

접근전략 이 문제처럼 표의 내용마다 제목이 있는 경우, 지문을 처음부터 다 읽고 문제를 풀기보단 각 행의 제목부터 읽고 내용과 위치를 파악한 후, 보기로 내려가 필요한 부분을 발췌독하는 것이 일반적인 접근 전략이다. 이렇게 해결되는 선지부터 해결한 후, 풀리지 않는다면 전체를 읽고 푸는 것으로 전략을 수정한다.

다음 공시에 대한 이해로 적절한 내용을 모두 고른 것은?

보기

ㄱ. ○○투자증권(주)과 (주)△△위탁관리부동산투자회사는 동일법인에 의해 설립된 기업이다.
→ (○) 9. 기타의 내용을 보면 자본시장법 제112조 제3항 제1호에서는 '신탁업자는 동일법인이 발행한 주식 총수의 100분의 15를 초과하여 주식을 취득한 경우 그 초과하는 주식에 대해 의결권을 행사할 수 없다.'라고 규정하고 있다. 8. 보유주식수를 보면 ○○투자증권(주)이 (주)△△위탁관리부동산투자회사 주식 720,000주를 보유하고 있음에도 4. 의결권 보유 주식 수는 총발행 주식 수의 15%에 해당하는 300,000주만을 행사하였다. 따라서 두 기업은 동일법인에 의해 설립된 기업이다.

ㄴ. ○○투자증권(주)에서 (주)△△위탁관리부동산투자회사의 보유 부동산 매각 조건이 시장 가치를 현저히 하회한다고 판단한 경우 위와 같이 의결권을 행사할 수 있다.
→ (○) 7. 의결권 행사관련 지침을 통해 안건별 의결 지침을 확인할 수 있다. 위 주주총회에서 보유 부동산 매각 계획 승인의 건에 대해 ○○투자증권(주)은 반대했다. 해당 안건에 대한 의결권 행사 시에는 보유 부동산 매각이 (주)△△위탁관리부동산투자회사의 재무적 안정성과 주주 가치를 극대화하는 방향으로 진행되어야 하며, 매각 절차와 조건이 투명하고 공정하며, 매각 대금의 활용 방안이 명확히 제시되었는지를 검토하여야 하므로 만일 매각 조건이 시장 가치를 현저히 하회한다고 판단한 경우 매각 조건이 공정하다고 볼 수 없으므로 반대에 의결권 행사를 할 수 있다.

ㄷ. ○○투자증권(주)에서 (주)△△위탁관리부동산투자회사가 변경하고자 하는 자산관리위탁업체의 관리 능력과 재무 건전성에 대해 부정적인 자료를 수집한 경우 위와 달리 의결권을 행사할 수 없다.
→ (×) 위 주주총회에서 자산관리위탁업체 변경계약 체결 승인의 건에 대해 ○○투자증권(주)은 중립으로 의결하였는데, 해당 안건에 대한 의결권 행사 시에는 자산관리위탁업체 변경계약이 (주)△△위탁관리부동산투자회사의 장기적 안정성과 수익성을 향상시키고 주주의 가치를 극대화하는 방향으로 진행되어야 하며, 변경업체의 계약조건 및 비용 효율성 등을 종합적으로 검토하여야 하므로 만일 ○○투자증권(주)에서 (주)△△위탁관리부동산투자회사가 변경하고자 하는 자산관리위탁업체의 관리 능력과 재무 건전성에 대해 부정적인 자료를 수집한 경우 중립이 아닌 '반대'를 할 수 있다. 중립은 안건에 대해 찬성 또는 반대를 명확히 결정하기 어려운 상황에서 균형을 유지하고 추가적인 검토나 판단이 필요한 경우에 행사한다.

ㄹ. ○○투자증권(주)에서 (주)△△위탁관리부동산투자회사의 보유 부동산 매각 시점에 부동산 시장 상황이 안정적이지 않고 금리 등 외부 경제적 요인의 변동성이 크지만, 주주 가치를 증대시킬 가능성도 높은 경우 위와 달리 의결권을 행사할 수 있다.

→ (○) 7. 의결권 행사관련 지침을 보면 안건에 대해 찬성 또는 반대를 명확히 결정하기 어려운 상황에서 균형을 유지하고 추가적인 검토나 판단이 필요한 경우에는 중립으로 의결할 수 있다. 보유 부동산 매각 시점에 부동산 시장 상황이 안정적이지 않고 금리 등 외부 경제적 요인의 변동성이 크다는 점에서는 매각의 보류를 위해 반대를 할 수 있으나 주주 가치를 증대시킬 가능성도 있으므로 찬성할 수도 있다. 이와 같이 찬성 또는 반대를 명확하게 결정하기 어렵다면 '중립'의 의결을 할 수도 있다.

① ㄷ → (×)
② ㄱ, ㄴ → (×)
③ ㄱ, ㄹ → (×)
④ ㄱ, ㄴ, ㄹ → (○)
⑤ ㄴ, ㄷ, ㄹ → (×)

합격자의 실전 풀이 순서

[방법 1]

❶ **문제를 확인한다.**
문제에서 '적절한' 내용을 고르라고 했으므로 별도의 표시를 하지 않고 문제를 풀어간다.

❷ **공시 글을 읽고 보기를 판단한다.**
공시 글을 읽되, 5, 7, 9의 내용에 특히 집중하여 읽어간다. 보기 문제의 특성을 활용하여 선지를 소거한 후 답을 도출한다.

[방법 2]

❶ **문제를 확인한다.**
문제에서 묻는 것이 무엇인지 확인한다. 공시에 대한 이해로 적절한 것을 묻고 있으므로 공시가 무엇에 대한 내용인지, 각주나 참조가 있는지 등을 확인하고 체크한다.

❷ **보기를 보고 해당 내용이 있는 공시 내용을 확인한다.**
문제를 읽으면서 간단하게 공시 구조를 판단하였으므로 곧바로 보기를 확인한다. 보기를 읽고 공시에서 해당 내용을 찾아 읽는 순서로 문제를 해결한다. 보기 ㄱ은 비교적 간단하고, 전반적으로 가벼운 내용을 담은 경우가 많으므로 먼저 해결한 후, 선지 구성을 보고 다음으로 판단할 선지를 고른다.

합격자의 시간단축 Tip

Tip ❶ 보기 유형의 문제 특성을 잘 활용한다.
보기 문제는 절반의 선지만을 판단하여 정답이 나오는 경우가 존재한다. 해당 문제는 3개를 판단하여 답을 도출했지만, 선지를 적극적으로 활용하자는 점, 본인이 더 잘 판단할 수 있는 보기를 중심으로 풀어간다는 점들을 기억하면 기 문제를 풀며 시간을 단축할 수 있을 것이다.

Tip ❷ 같은 내용을 담은 보기는 한꺼번에 해결한다.
보기 ㄴ, ㄷ, ㄹ은 사실 같은 내용을 묻고 있다. 따라서 처음에 문제를 훑은 후에 이런 점을 발견했다면 보기 ㄱ을 확인하기 전에 보기 ㄴ, ㄷ, ㄹ의 정오를 판단하는 것이 시간 단축에 용이하다.

Tip ❸ 열린 선지에 주목한다.
열린 선지란 '~한다', '~가 아니다'와 같이 단정적인 내용이 아닌 '~할 수 있다', '~중 하나이다'처럼 명제 자체가 옳을 가능성이 높은 선지를 말한다. 이런 선지는 단정적인 선지에 비해 비교적 옳은 선지일 가능성이 높다. 따라서 옳은 선지일 수 있다는 가능성에 초점을 맞추고 발췌독하면 효율적인 경우가 많다. 해당 문제에서 보기 ㄴ, ㄹ은 열린 선지이며 ㄷ은 자세히 보면 닫힌 선지다. '위와 달리 ~할 수 없다'는 '위와 같이 ~해야 한다'와 같은 표현이기 때문이다. 헷갈리지 않도록 유의하자.

07 정답 ❶ 난이도 ●●○

의사소통능력_빈칸 삽입(어휘/개념어/접속사/문장)

접근전략 분자와 분모에 대한 파악이 필요한 제시문이 등장하는 빈칸 채우기 유형이다. 개념별로 분자와 분모의 움직임에 주목하면 제시문과 선지의 파악이 조금 더 쉽다. 제시문을 읽으며 각 개념의 분자와 분모의 형태를 정리해 두면 더욱 문제를 빠르게 해결할 수 있다.

다음 글을 읽은 후 빈칸에 들어갈 내용을 추론한 것으로 가장 적절한 것은?

(1)한 국가의 노동시장은 경제의 전반적인 상태와 사회적 역동성을 반영하는 중요한 거울이다. (2)이를 평가하기 위해 사용하는 대표적인 지표로는 경제활동참가율, 취업률, 실업률 등이 있다. (3)각각의 지표는 노동시장의 서로 다른 측면을 조명하며, 이를 종합적

으로 이해하면 국가의 노동력 활용도와 경제적 안정성을 평가할 수 있다. ▶1문단

(1)경제활동참가율이란 만 15세 이상의 인구 중 경제활동인구(취업자와 실업자를 포함)가 차지하는 비율로, 한 나라의 생산가능인구가 얼마나 노동시장에 적극적으로 참여하고 있는지를 나타낸다. (2)경제활동인구는 취업자와 실업자를 포함한 노동시장에 참여하는 모든 사람들을 의미한다. (3)여기에는 고용상태에 있거나, 실직 상태에서 적극적으로 구직 활동을 하고 있는 사람들이 포함된다. (4)경제활동인구에 포함되지 않는 사람들은 비경제활동인구로, 학생, 가정주부, 은퇴자, 구직 의사가 없는 사람들이 이에 해당한다. ▶2문단

(1)취업률은 이러한 경제활동인구 중 취업자의 비율을, 실업률은 경제활동인구 중 실업자의 비율을 백분율로 나타낸 것이다. (2)실업률은 경제활동에 참여하고 있는 사람들 중 구직활동을 하고 있지만 일자리를 찾지 못한 사람들의 비율을 의미하며, 실업자는 일을 할 의사가 있고 구직 활동을 하고 있지만 일자리를 얻지 못한 상태인 사람들로 정의된다. (3)실업률은 노동시장의 경제적 상황을 평가하는 중요한 지표가 되지만 노동시장에는 구직 의사를 가진 비경제활동인구와 같은 특수 집단이 존재하기 때문에 노동시장의 상태를 설명하는데 한계가 있다. (4)이들은 통계상 경제활동인구로 분류되지 않아 실업률에 반영되지는 않지만, 경제활동참가율이나 노동시장 여건의 변화에 따라 중요한 역할을 한다. (5)이러한 집단의 대표적인 예가 바로 부가근로자와 실망근로자이다. ▶3문단

(1)부가근로자는 평소에는 비경제활동인구에 속해 있다가 특정한 요인으로 인해 경제활동에 새롭게 참여하는 사람들이다. (2)예를 들어, 한 가정의 구성원이 실직하거나 소득이 감소할 경우 또는 경제 위기의 경우에 비경제활동인구이던 구성원이 경제활동에 참여하는 것이다. (3)한편 실망근로자는 구직 의사가 있었으나 지속적인 실패로 인해 구직 활동을 중단한 사람들을 말하며 이들은 비경제활동인구로 분류된다. ▶4문단

(1)이 두 집단의 변화는 경제활동참가율과 실업률의 해석에 중요한 영향을 미친다. (2)부가근로자는 경제적 필요성에 따라 노동시장에 진입하지만 고용상황이 매우 악화된 경우라면 이들이 반드시 고용되지 않을 수 있다. (3)반면 실망근로자는 노동시장에서 이탈하고, 노동력 잠재량은 줄어든다. (4)즉, 다른 요인은 배제하고 이들 각각이 노동시장 지표에 미치는 영향을 살펴보면 (㉠) ▶5문단

본문에 따라 각종 노동경제지표들을 정리하면 다음과 같다.

- 경제활동참가율:

$$\frac{\text{경제활동인구}(=\text{취업자}+\text{실업자})}{\text{만 15세 이상 인구}}\times 100$$

- 취업률:

$$\frac{\text{취업자}}{\text{경제활동인구}(=\text{취업자}+\text{실업자})}\times 100$$

- 실업률:

$$\frac{\text{실업자}}{\text{경제활동인구}(=\text{취업자}+\text{실업자})}\times 100$$

부가근로자는 원래는 비경제활동인구에 속해 있다가 어떤 요인으로 인해 경제활동인구가 되는 경우이다. 그러나 항상 취업자가 되는 것은 아니고, 만일 고용상황이 매우 악화된 경우여서 구직 활동을 하고 있지만 일자리를 얻지 못하게 되면 실업자가 될 것이다[4문단 (1)]. 즉, 부가근로자는 비경제활동인구에서 취업자 또는 실업자가 된다. 따라서 이들은 경제활동참가율에 있어서는 분자의 크기를 키우게 되므로 경제활동참가율은 반드시 증가시킨다. 취업률과 실업률에 있어서는 경제활동인구가 되었으므로 분모의 크기는 키우지만 동일한 크기만큼 분자의 크기도 키우게 되므로 취업자와 실업자의 합인 분모에 비해 분자의 증가율이 더 크고, 실업자가 되었는지, 취업자가 되었는지에 따라 실업률 또는 취업률을 높일 수 있다.

한편 실망근로자는 원래 구직 의사가 있던 사람이므로 경제활동인구로 분류되었다가 지속적인 실패로 비경제활동인구가 된 사람이다[4문단 (3)]. 따라서 경제활동참가율에 있어서는 분자를 줄이게 되므로 경제활동참가율은 반드시 줄이게 된다. 취업률에 있어서는 본래 취업자가 아니었으므로 분자에는 영향이 없고, 분모는 줄게 되며, 이에 따라 취업률은 높이게 된다. 실업률에 있어서는 본래 실업자였는데 실업자가 아니게 되었으므로 분자도 줄어들고 같은 크기만큼 분모도 줄어든다. 분모에는 취업자까지 포함되었으므로 그 감소율은 분자에서 더 크다. 따라서 실업률은 낮추게 된다. 이를 정리하면 다음과 같다.

구분	경제활동 참가율	취업률	실업률
부가근로자 증가	증가	증가 (취업자인 경우)	증가 (실업자인 경우)
실망근로자 증가	감소	증가	감소

① 부가근로자의 증가는 실업률을 높일 수도 있지만, 실망근로자의 증가는 반드시 실업률을 낮춘다.
→ (○) 위의 설명에 따라 판단하면 옳은 선지다.

② 부가근로자의 증가는 반드시 실업률을 낮추지만, 실망근로자의 증가는 실업률을 높일 수도 있고 낮출 수도 있다.
→ (×) 부가근로자가 모두 취업자가 된다면 실업률을 낮출 수도 있으나 반드시 낮춘다고 단언할 수 없고, 실망근로자의 증가는 반드시 실업률을 낮춘다. 틀린 선지다.

③ 부가근로자의 증가는 반드시 경제활동참가율을 낮추지만, 실망근로자의 증가는 반드시 경제활동참가율을 높인다.
→ (×) 부가근로자는 비경제활동인구에서 경제활동인구가 된 사람이므로 반드시 경제활동참가율을 높이고, 실망근로자는 경제활동인구에서 비경제활동인구가 된 사람이므로 반드시 경제활동참가율을 낮춘다. 틀린 선지다.

④ 부가근로자의 증가는 취업률을 높이고 실업률을 낮추지만, 실망근로자의 증가는 취업률을 낮추고 실업률을 높인다.
→ (×) 부가근로자의 증가는 취업률 또는 실업률을 높일 수 있다. 그러나 취업률이 높아지면 실업률은 낮아질 것이고, 만일 실업자가 된다면 실업률은 높이고 취업률은 낮출 것이다. 따라서 단언할 수 없다. 실망근로자의 증가는 취업률은 높이고 실업률은 낮춘다. 틀린 선지다.

⑤ 부가근로자의 증가는 경제활동참가율을 높일 수도 있고 낮출 수도 있지만, 실망근로자의 증가는 반드시 경제활동참가율을 낮춘다.
→ (×) 부가근로자의 증가는 반드시 경제활동참가율을 높이고, 실망근로자의 증가는 반드시 경제활동참가율을 낮춘다. 틀린 선지다.

합격자의 실전 풀이 순서

[방법 1]

❶ 발문 읽기 및 문제 유형 파악

항상 먼저 발문을 반드시 제대로 읽고 시작하자. 해당 문제는 빈칸 채우기 유형이므로, 빈칸에 대응되는 내용을 찾아서 그를 근거로 빈칸을 채우는 문제이다. 빈칸 채우기 유형은 크게 두 가지 종류로 나뉜다.
첫 번째, 빈칸의 근거를 지엽적으로 찾아 푸는 유형이다. 이는 주로 글 전체의 결론과 관련이 적은 뒷받침 문장이 빈칸으로 제시되는 경우에 해당한다. 첫 번째 유형을 푸는 경우 수험생은 먼저 제시문의 핵심 내용을 확인한 뒤, 빈칸이 포함된 문장과 빈칸 앞뒤 문장들을 집중적으로 읽으며 문맥을 추론하는 접근을 취해야 한다.
두 번째, 전체적인 글의 흐름과 제시문의 주제문을 파악하여 빈칸에 들어갈 말을 찾는 유형이 있다. 이 경우 수험생은 제시문을 처음부터 끝까지 읽은 후, 제시문이 말하고자 하는 최종적인 결론을 찾아내야 한다. 구체적인 지표나 통계 자료에 매몰되지 않고, '그래서 이 지표가 어떠한 결론으로 이끄는가?', '이 모든 문장이 함축된 결론은 무엇인가?'를 끊임없이 질문하며 읽어야 한다. 또는, 제시문의 주제문이 글의 맨 앞이나 맨 뒤, '그러나' 등의 접속어 뒤에 제시되어 있어 이를 찾아 빈칸에 대입하여 푸는 경우도 존재한다.
본 문제의 경우 지엽적인 곳에서 근거를 찾을 수 있는 첫 번째 유형에 해당한다.
빈칸 채우기 유형은 발문과 제시문의 형태에서 바로 파악할 수 있다.
[발 문] 다음 글의 빈칸에 들어갈 말로 가장 적절한 것은?
[제시문] 일부 문장 대신 빈칸이 뚫린 형태

❷ 빈칸 주변을 꼼꼼히 읽는다.

빈칸이 어디에 있는지 위치를 파악함과 동시에 빈칸 앞뒤를 문장을 읽는다. 빈칸은 가장 마지막에 있으며 그 앞 문장은 '즉, 다른 요인은 배제하고 이들 각각이 노동시장 지표에 미치는 영향을 살펴보면'이다. 이를 통해 빈칸의 문장이 글의 내용을 이해했는지 묻는 마무리 문장임을 추측할 수 있다. 그리고 '이들 각각'이 무엇인지, '노동시장 지표'가 무엇인지 추적할 준비를 한다.

❸ 빈칸 전 문장까지 글을 통독한다.

1문단부터 빈칸이 있는 부분까지 글을 통독한다. 정독할 필요는 없으며, 글을 읽으며 중심 소재와 주장하는 바가 무엇일지에 초점을 맞추어 글을 읽는다. 본 문제의 경우 빈칸이 가장 마지막에 위치하기 때문에 빈칸 전까지는 전반적인 글의 내용을 한줄 요약하는 방식으로 글을 읽도록 한다.

❹ 빈칸 주변 문장을 다시 정독한다.

빈칸 주변까지 글의 내용을 통독하면서 내려왔다면, 글의 중심 내용이 요약된 상태일 것이다. 그러므로 대략적인 내용을 기억한 채 빈칸 주변을 다시 정독한다. 이때 정독은 처음의 통독과는 목적을 다르게 해서 글을 읽는 것이다.
처음 통독은 단순히 빈칸이 어느 위치에 있는지, 앞뒤 문장을 통해서 이 문장이 글 내에서 어떤 역할을 하는지를 파악하기 위해 진행되었다. 하지만 지금의 정독은, 통독을 통해 '이들 각각'은 부가근로자와 실망근로자이며 이들의 특성을 파악하고, '노동시장 지표'는 실업률, 취업률, 경제활동참가율임을 인지한다.

⑤ 선지를 살펴본다.
빈칸까지 다 살펴봤다면 선지를 살펴 답을 추린다. 사실 꼭 빈칸을 구체적으로 추론할 필요는 없다. 결국 정답을 고르기만 하면 되기 때문에 선지로 가서 소거법을 통해 글에서 이해한 부가근로자와 실망근로자의 특성과 이에 관련된 실업률, 취업률, 경제활동참가율의 특성에 가장 적합하지 않은 것들을 소거해 나간다.

[방법 2]

❶ 발문을 확인한다.
빈칸 추론형임을 확인한다.

❷ 빈칸의 앞뒤 문장을 읽는다.
빈칸 유형의 경우 내가 추론해야 하는 빈칸의 내용이 무엇인지 정보를 얻기 위해 빈칸 주변의 문장을 먼저 읽는다. '이들 각각'이 '노동시장 지표에 미치는 영향'을 살펴야 함을 인지한다.

❸ 선지를 훑으며 정보를 얻는다.
지문을 읽기 전 선지를 짧게라도 확인하는 것은 독해의 강약조절을 가능하게 하기 때문에 어떤 문제든 필수적으로 선행하는 편이다. 이번에는 많은 정보 없이 모든 선지가 '부가근로자는~, 실망근로자는~' 형식으로 되어있어 1~2초 내에 선지 훑기를 마무리한다. 부가근로자와 실망근로자가 실업률, 취업률, 경제활동참가율에 미치는 영향을 살펴야 함을 알 수 있다. 이렇게 구체적인 목표를 세우지 않아도 '부가근로자', '실망근로자', '취업률', '실업률' 등이 핵심 키워드겠다. 이를 중심으로 읽어야겠다. 정도의 목표의식만 가져도 충분하다.

❹ 얻은 정보를 바탕으로 강약조절을 하며 지문을 읽는다.
선지에서 얻은 키워드를 중심으로 개념과 관계를 파악하며 읽는다.

❺ 선지를 해결한다.

합격자의 시간단축 Tip

Tip ❶ 빈칸의 근거 범위를 확정

빈칸의 들어갈 말을 찾는 문제는 빈칸에 대응되는 내용을 찾아 그로부터 정답을 고르면 된다. 보통 빈칸에 대응되는 내용을 찾는 근거는 빈칸이 포함된 문장, 앞뒤 문장, 빈칸이 포함된 문단의 주제문이 된다. 또는 '그러나', '따라서' 등의 접속어로 시작하는 문장에 주의하고, '반드시', '필수적'과 같이 중요한 내용이 주로 나오는 표현들에 주목한다. 이처럼 근거를 잡을 수 있는 범위를 확정시켜 훈련하면 선지 판단의 속도가 올라간다.

Tip ❷ 제시문 내 개념 정의는 꼭 알아두자.

제시문에서 개념의 정의를 서술한다는 것은 그 개념이 지문의 핵심 키워드 중 하나라는 것이다. 낯선 개념뿐 아니라 익숙한 개념이라도 수험생은 제시문에서 설명한 정의로 이해해야 한다. 문제 풀이의 근거는 배경지식이 아닌 지문의 내용이기 때문이다. 개념의 이해는 제시문 독해는 물론 문제를 푸는 데에도 유용하다.
'이들 각각'이 누구인지 추적하는 과정에서 부가근로자와 실망근로자의 개념에 대해 정리해두고, '노동시장 지표'를 추적하는 과정에서 실업률, 취업률, 경제활동참가율등의 개념의 분모와 분자를 정리해두면 선지를 빠르게 판단할 수 있다.

Tip ❸ 써야 할 때는 쓰기

경제활동참가율, 취업률, 실업률은 어떻게 식이 구성되는지 아는 경우가 있을 수 있다. 이 경우 원래 알던 식 구성과 동일한지를 확인하는 식으로 빠르게 읽으면 된다. 만약 정확히 알지 못하거나, 식을 알고 있더라도 분자, 분모 값이 변함에 따라 각 값들이 어떻게 변하는지 바로바로 판단이 어렵다면 식을 간략하게 적어서 변화를 파악하는 것도 좋다.

Tip ❹ 지문 첫 문단에서 독해의 방향성을 설정한다.

지문의 첫 문단은 글의 소재, 주제 등을 나타내주는 경우가 많다. 지문 내의 모든 정보를 기억할 수 없으므로, 첫 문단에서 제시해주는 글의 방향성만큼이라도 정확하게 이해하면서 독해하는 것을 목표로 하는 것이 좋다. 해당 지문 역시 첫 문단에서 '경제활동참가율', '취업률', '실업률' 등의 각각의 지표에는 서로 다른 측면이 있으며, 종합적으로 이해하는 것이 중요하다고 제시해주고 있다. 독해 시, 각각의 지표가 어떤 측면을 조명하는지, 어떤 관계에 놓여있는지에 초점을 맞추어 독해를 해 나갔어야 한다.

08 정답 ③ 난이도 ●●○

의사소통능력_논리적 추론

접근전략 새로 시행되는 스트레스 DSR제도에 대해 이해하고 이에 대한 이해를 묻는 문제이다. 새로 시행되는 제도가 갖는 기존 제도와의 차이점이 무엇인지에 대해 집중하며 지문을 읽으며 문단별 핵심 내용을 정리한다.

주어진 글의 '스트레스 DSR 제도' 시행에 따라 예상되는 내용으로 적절하지 않은 것은?

(1)DSR(Debt Service Ratio, 총부채원리금상환비율)이란 차주의 상환능력 대비 원리금상환부담을 나타내는 지표로서 차주가 보유한 모든 대출의 연간 원리금상환액을 연간소득으로 나누어 산출된다.

(2)DSR은 금융기관이 대출 심사를 할 때 개인의 상환능력을 평가하기 위해 사용되는 중요한 지표이다. (3)현행 DSR 제도는 대출 취급시점의 금리를 기준으로 하여 차주의 연간 원리금 상환부담을 산정·반영하고 있으나 대출기간 중 금리가 상승한 경우, 변동금리 대출을 이용한 차주는 DSR 규제수준 등을 넘어서는 높은 상환부담을 지게 된다. ▶1문단

(1)이에 시행된 스트레스 DSR 제도는 차주의 대출 기간 중 금리 상승으로 인해 원리금 상환 부담이 상승할 가능성을 감안하여 DSR 산정 시 일정수준의 가산금리(스트레스 금리)를 부과하는 제도이다. (2)스트레스 금리는 과거 5년 내 가장 높았던 수준의 가계대출 금리(예금은행 가계대출 신규취급 가중평균금리 기준)와 매년 5월 및 11월의 금리를 비교하여 연 2회(6월·12월) 산정하되, 산정치에 대해 일정한 수준의 하한(1.5%)과 상한(3%)을 부여한다. ▶2문단

(1)변동금리 대출에 대해서는 '과거 5년간 최고금리－현재금리' 수준의 가산금리를 그대로 적용하되, 변동금리에 비해 차주가 겪는 금리 변동 위험 수준이 낮은 혼합형 대출(일정기간(예: 5년) 고정금리가 적용되고 이후 변동금리로 전환되는 상품)과 주기형 대출(일정주기로(예: 5년) 금리가 변경되고, 그 기간 내에는 고정금리가 적용되는 상품)에 대해서는 이보다 완화된 수준으로 가산금리가 적용된다.

〈변동형/혼합형/주기형 대출 스트레스 금리 적용방식〉

구분	변동형	$\frac{\text{고정금리기간 또는 금리변동주기}}{\text{만기}}\times 100$				
		5년 미만	30% 미만	30~50%	50~70%	70% 이상
혼합형	(A−B)×100%	(A−B)×100%	(A−B)×60%	(A−B)×40%	(A−B)×20%	미적용
주기형			(A−B)×30%	(A−B)×20%	(A−B)×10%	

※ A: 최고금리(과거 5년 중 가장 높은 월별 금리)
※ B: 현재금리(매년 5월, 11월 기준 금리)
※ A−B: 스트레스 금리

▶3문단

(1)신용대출의 경우 만기 5년 이상 고정금리는 스트레스 금리를 적용하지 않으며, 만기 3~5년 고정금리는 스트레스 금리×60% 적용, 그 외는 변동형에 준하여 스트레스 금리×100%를 적용한다. ▶4문단

(1)이에 따라 DSR 산정 시 연간 대출원리금은 '실제 대출금리+스트레스 금리'를 기준으로 산정한 값을 연간 소득액으로 나누어 산정하게 된다. (2)DSR은 차주별로 한도가 설정되어 있으므로 스트레스 금리를 반영한 연간 대출원리금이 연간 소득액 중 차지하는 비중이 DSR 한도를 초과하는 경우 대출 승인이 되지 않는다. ▶5문단

① 차주들이 체감하는 대출한도가 축소될 수 있다.
→ (○) 1문단에 따르면 DSR이란 차주의 상환능력 대비 원리금상환 부담을 나타내는 지표로서

$$\frac{\text{차주가 보유한 모든 대출의 연간 원리금상환액}}{\text{연간소득}}$$

이다. 'DSR은 차주별로 한도가 설정되어 있으므로 스트레스 금리를 반영한 연간 대출원리금이 연간 소득액 중 차지하는 비중이 DSR 한도를 초과하는 경우 대출 승인이 되지 않는다.' [5문단 (2)]에서는 DSR에 한도가 설정되어 있으며 이에 따른 대출한도가 존재함을 알 수 있다.
스트레스 DSR 제도가 시행되면서 기존 DSR 산정 방식(대출원리금을 실제 대출금리에 따라 계산)과 달리 대출원리금을 실제 대출금리에 스트레스 금리를 가산하여 산정하므로 대출원리금이 커지게 되고, 이를 연간 소득액으로 나누어 산정한 DSR은 더 큰 값이 산출될 것이다. 기존 DSR 산정 방식이었다면 대출이 승인될 수 있었던 금액이 스트레스 금리를 가산함에 따라 해당 금액으로는 대출 승인이 이루어지지 않을 가능성이 있으므로 차주들이 체감하는 대출한도는 축소된다고 볼 수 있다. 옳은 선지다.

② 변동금리 대출보다 고정금리 대출에 대한 선호가 높아질 수 있다.
→ (○) 자료의 표에 의할 때 변동금리 대출의 경우 일률적으로 스트레스 금리가 100% 적용되지만 4문단에서 알 수 있듯이 고정금리대출의 경우 만기 5년 이상인 경우에는 스트레스 금리 미적용, 만기 3~5년의 경우에는 스트레스 금리가 60% 적용되는 등 비교적 완화된 방식으로 적용된다. 스트레스 금리가 가산될 경우 대출한도가 상대적으로 낮게 느껴질 수 있으므로 비교적 완화된 방식으로 스트레스 금리가 적용되는 고정금리대출에 대한 선호는 높아질 수 있다. 옳은 선지다.

③ DSR 규제 한도가 스트레스 금리에 따라 유동적으로 변화할 것이다.
→ (×) DSR 규제 한도와 스트레스 금리의 관계를 지문에서 알 수 없다. 스트레스 DSR 제도가 시행된다 하더라도 이것이 DSR 규제 한도에 어떤 영향을 미치는지에 대해서는 지문에 나온 바 없다. 따라서 적절하지 않은 선지다.

④ 상환능력을 넘어서는 과도한 가계대출의 확대를 방지할 수 있을 것이다.

→ (O) DSR은 대출원리금을 연간 소득액으로 나누어 산정하는 값으로, 상환능력을 연간 소득액을 기준으로 판단하는 것이다. 여기에 스트레스 DSR은 금리 상승으로 인한 원리금 상환 부담 상승 가능성까지 반영하여 차주들의 상환능력에 따른 대출 한도를 설정하는 것이다. 이는 금리 상승 가능성까지 반영하여 보다 보수적으로 상환능력을 판단하는 것으로 차주들의 대출한도를 축소할 수 있다. 따라서 스트레스 DSR 제도의 시행은 기존 DSR에 비해 상환능력을 넘어서는 가계대출을 보다 효과적으로 제한하는 수단이 될 수 있다. 옳은 선지다.

⑤ 미래 금리변동위험이 반영되므로 향후 금리상승 시에 차주들이 과도한 채무부담을 지는 것을 방지할 수 있다.

→ (O) 이에 시행된 스트레스 DSR 제도는 차주의 대출 기간 중 금리 상승으로 인해 원리금 상환 부담이 상승할 가능성을 감안하여 DSR 산정 시 일정수준의 가산금리(스트레스 금리)를 부과하는 제도이다. [2문단 (1)]에서 알 수 있듯이 기존 DSR과 달리 스트레스 DSR 제도에서는 미래 금리변동위험을 사전에 DSR 산정 시 반영한다. 따라서 향후 금리가 상승하더라도 대출계약 시 예상했던 것에 비해 많은 원리금 지출을 방지함으로써 과도한 채무부담을 지는 것을 미리 예방할 수 있다. 옳은 선지다.

합격자의 실전 풀이 순서

[방법 1]

❶ 발문 제대로 읽기 및 문제 유형 파악

항상 발문을 먼저 제대로 읽자. '적절하지 않은 것은?'을 고르는 문제이므로 본문 내용과 상충하거나 그로부터 추론할 수 없는 선지가 정답이 된다. 또한, 옳지 않은 것을 고르는 것은 제시문과 반대되는 내용의 선지를 고르라는 것이기 때문에 발문에 X 표시를 의식적으로 치고 문제를 풀면, 부합하는 것을 고르는 실수를 방지할 수 있다.

❷ 선지를 훑으며 대략적 주제를 파악한다.

"적절하지 않은 것은?", "일치하지 않는 것은?" 문제에서 선지는 매우 중요한 힌트가 된다. 정답을 제외한 4개의 선지를 보는 것만으로도 어느 정도 지문의 주제나 내용을 확인할 수 있기 때문이다. 이는 지문에 대한 이해를 바탕으로 한 판단 문제에서도 적용되는 경우가 많다. 결국 선지의 정오판단 근거는 지문 내용에 근거하기 때문이다.

[방법 2]

❶ 문제 읽기

적절하지 않은 것을 고르라 했으므로 선지 옆에 X표를 하여 적절한 것을 정답으로 고르는 실수를 하지 않도록 한다.

❷ 자료를 읽은 후 선지를 판단한다.

선지를 먼저 읽거나 가볍게 훑어보고 자료를 읽는 것과 자료를 먼저 읽고 선지를 판단하는 것은 수험생의 선택사항이라 생각한다. 선지를 먼저 읽고 자료를 읽게 되면 선지에 일치하는 방향으로 내용을 받아들이는 경향이 있고, 선지를 먼저 읽더라도 키워드 파악에 큰 도움이 되지 않는다고 판단하여 자료를 먼저 읽은 후에 선지를 판단하는 편이다.

합격자의 시간단축 Tip

Tip ❶ 글의 내용과 부합하는 것, 부합하지 않는 것 외에 알 수 없는 것이 나올 가능성을 생각한다.

적절하지 않은 것을 물었다. 그렇다면 글의 내용과 부합하는 것은 답이 아니고, 부합하지 않는 것이 답인 것은 자명하다. 글에서 알 수 없는 것은 답이 될 수 있는가? 그렇다. 알 수 없는 것 역시 글의 내용과 부합하지 않기 때문이다. 선지의 내용이 글에서 알 수 없는 내용임에도 불구하고 무조건 찾으려 들 생각을 버리자. 다른 선지들은 글에서 근거를 찾을 수 있는데, 도저히 글에서 근거를 찾을 수 없는 선지가 정답이 될 수 있다.
해당 문제 역시 선지 ③의 '규제 한도'라는 개념은 지문에서 찾을 수 없는 내용이다. 지문을 훑어봤을 때 찾을 수 없었던 경우 적절하지 않은 것임을 염두에 두고 문제를 해결한다.

Tip ❷ 키워드를 요구하는 것이 아닌 글의 전반적인 내용을 묻는 문제일 가능성을 생각한다.

글의 내용을 패러프레이징해서 선지를 출제하거나 단순히 글에서 알 수 있는 것, 없는 것을 판단하는 문제가 아니라 글의 전반적인 흐름과 구조를 이해하고 이해한 것을 바탕으로 묻는 심화된 문제가 출제될 수 있다.
선지에 마땅히 키워드로 뽑을 소재가 없거나 선지들끼리 형태가 비슷한 경우에 이러한 유형이 많으며 이를 인지했다면 빠르게 지문을 통독하여 이해한 후에 선지의 정오를 판단한다.

Tip ❸ 답이 나오면 넘어가기

이와 같은 문제의 경우 중간에 답이 나왔다면 넘어가는 것이 좋다. 좀 더 확실하게 하기 위해 남은 선지의 정오도 판단하려고 한다면 시간이 더 걸릴 수 있다. 일례로 이후 선지를 판단하는 과정에서 적절하지 않은 선지라 생각되는 것이 또 나온다면 어디에서 실수를 했는지 확인하는 과정을 또 거쳐야 한다. 이 경우 시간적으로도, 심리적으로도 좋지 않기 때문에 자신이 했던 판단을 믿고 정답 선지를 찾았다면 다음 문제로 넘어갈 수 있어야 한다.

Tip ❹ 4개의 선지만을 판단하여 정답을 도출할 수 있다. 만약 본인이 판단하기 어려운 선지가 있거나 시간이 오래 걸릴 것 같은 선지가 있다면 넘어간 후 나머지 4개의 선지를 판단하면 된다. 넘어간 선지가 답이라면 4개의 정오를 판단하여 답을 도출할 수 있고, 넘어간 이후 답이 도출된다면 건너뛴 선지는 살펴보지 않고 답을 도출할 수 있다.

09 정답 ②

난이도 ●●○

의사소통능력_논리적 추론

접근전략 지문을 이해한 내용에 대해 추가지문에서 적용할 수 있는지 묻는 문제다. 앞 지문에서 사용되지 않은 표를 이제 사용해야 한다는 짐작을 하고 풀면 보다 더 빠르게 문제풀이에 돌입할 수 있다.

주어진 글을 참고할 때, 다음 두 사람의 대화 중 적절한 내용은?

> 갑: 이번에 이사를 하면서 금리변동형으로 주택담보대출을 받으려고 알아보니 아무래도 대출금액을 줄여야 할 것 같아요.
> 을: DSR 규제 한도를 초과했나보네요.
> 갑: 맞아요. 제가 계산해봤더니 ㉠ 이번 스트레스 금리는 3.2%로 보이더군요. 아무래도 이 스트레스 금리가 반영돼서 대출 승인이 거절된 것 같아요.
> 을: ㉡ 지난 번에 신용대출 받은 건도 아마 영향을 미쳤을 거예요.
> 갑: 그런 것 같아요. ㉢ 지난 번 신용대출을 받을 때는 변동금리상품인데도 스트레스 금리가 20%만 적용되어서 이번에도 비슷할 줄 알았는데…. 금리가 주기마다 변동되는 주택담보대출상품도 있다고 해서 그 상품을 알아보려고 해요.
> 을: 주기형 대출상품은 스트레스 금리 적용 비율이 달라진다고 들었어요.
> 갑: 네. ㉣ 5년마다 금리가 변동하는 상품은 20년 만기 대출 시 스트레스 금리가 20%만 적용된다고 하더라구요.
> 을: 혼합형 대출상품도 한 번 알아보세요. ㉤ 알아보신 상품의 금리변동주기와 혼합형 상품의 고정금리기간이 같다면 혼합형 상품이 대출 승인에 더 유리할 수도 있어요.
> 갑: 그렇게요. 고마워요.

① ㉠ 이번 스트레스 금리는 3.2%로 보이더군요.

➜ (×) 스트레스 금리는 과거 5년 내 가장 높았던 수준의 가계대출 금리(예금은행 가계대출 신규취급 가중평균금리 기준)와 매년 5월 및 11월의 금리를 비교하여 연2회(6월·12월) 산정하되, 산정치에 대해 일정한 수준의 하한(1.5%)과 상한(3%)을 부여한다. [2문단 (2)]에 따르면 스트레스 금리의 상한은 3%이다. 3.2%로 상한을 초과했으므로 틀린 선지다.

② ㉡ 지난 번에 신용대출 받은 건도 아마 영향을 미쳤을 거예요.

➜ (○) DSR이란 차주의 상환능력 대비 원리금 상환부담을 나타내는 지표로, 차주가 보유한 모든 대출의 연간 원리금상환액을 연간소득으로 나누어 산출되는 값이다. 따라서 차주가 이미 다른 대출을 보유하고 있다면 새로운 대출에 대한 심사과정에서는 연간 원리금상환액에 기존 보유하고 있던 다른 대출의 연간 원리금상환액이 함께 더해져 DSR에 대한 산정이 이루어진다. 'DSR은 차주별로 한도가 설정되어 있으므로 스트레스 금리를 반영한 연간 대출원리금이 연간 소득액 중 차지하는 비중이 DSR 한도를 초과하는 경우 대출 승인이 되지 않는다. [5문단 (2)]에 따르면 DSR 한도를 초과하는 경우 대출 승인이 되지 않는다. 이에 따라 다른 대출을 보유하고 있는 경우 새로운 대출에 대해서는 대출 승인이 가능한 금액이 줄어들게 되므로 다른 대출은 새로운 대출에 영향을 미치게 된다. 옳은 선지다.

③ ㉢ 지난 번 신용대출을 받을 때는 변동금리상품인데도 스트레스 금리가 20%만 적용되어서 이번에도 비슷할 줄 알았는데…

➜ (×) [4문단]에 따르면 신용대출의 경우 만기 5년 이상 고정금리는 스트레스 금리를 적용하지 않으며, 만기 3~5년 고정금리는 스트레스 금리×60% 적용, 그 외는 변동형에 준하여 스트레스 금리×100%를 적용한다. 갑은 변동금리 신용대출임에도 스트레스 금리가 20%만 적용되었다고 주장하나, 변동금리 신용대출의 경우 스트레스 금리가 100% 적용된다. 틀린 선지다.

④ ㉣ 5년마다 금리가 변동하는 상품은 20년 만기 대출 시 스트레스 금리가 20%만 적용된다고 하더라구요.

→ (×) 3문단에 따르면 주기형 대출은 변동금리보다 완화된 수준으로 가산금리가 적용된다. 표에서 만기가 20년이며 5년마다 금리가 변동하는 상품의 경우를 계산하면 $\frac{\text{금리변동주기}}{\text{만기}}\times100=\frac{5}{20}\times100=25(\%)$이다. 따라서 표의 '주기형' 중 30% 미만에 해당하는 스트레스 금리×30%가 적용되어야 한다. 틀린 선지다.

⑤ ㉤ 알아보신 상품의 금리변동주기와 혼합형 상품의 고정금리기간이 같다면 혼합형 상품이 대출 승인에 더 유리할 수도 있어요.

→ (×) 본문 내 표를 참고하면 상품의 주기형 대출의 금리변동주기와 혼합형 대출의 고정금리기간은 만기에서 차지하는 비중에 따라 스트레스 금리의 적용 비율이 결정된다. 주기형 대출의 금리변동주기와 혼합형 대출의 고정금리기간이 같다고 하더라도 30% 미만, 30~50%, 50~70% 구간에서 모두 주기형 대출이 혼합형 대출에 비해 스트레스 금리의 적용비율이 더 낮게 나타나고 있다. 스트레스 금리의 적용비율이 더 낮다는 것은 가산되는 금리가 더 낮다는 것을 의미하며, 이 경우 연간 대출원리금의 산정값은 더 작아지게 되므로 대출 승인에 더 유리해진다. 따라서 같은 기간의 금리변동주기와 고정금리기간이라고 하더라도 스트레스 금리의 적용비율이 더 낮은 주기형 대출이 대출 승인에 더 유리하다. 틀린 선지다.

합격자의 실전 풀이 순서

❶ **발문 제대로 읽기 및 문제 유형 파악**

항상 발문을 먼저 제대로 읽자. '적절한 것'을 고르는 문제이므로 선지의 내용 중 추론할 수 있는 것이거나 옳은 것이 정답이 된다. 따라서 발문에 O 표시를 의식적으로 치고 문제를 풀면 적절하지 않은 것을 고르는 실수를 방지할 수 있다.

❷ **연계문제의 특징을 파악한다.**

앞 문제와 연계되는 문제이므로 앞 지문의 내용과 해당 문제의 지문을 적절히 섞어 이해하는 문제임을 확인한다.

합격자의 시간단축 Tip

Tip ❶ 연결문제인 경우 앞 지문의 내용 중에 사용되지 않은 정보가 있는지 확인한다. 앞 문제를 풀면서 사용되지 않은 정보는 뒷 문제를 푸는데 유용한 힌트가 될 수 있기 때문이다.

첫 번째 문제의 경우 〈변동형/혼합형/주기형 대출 스트레스 금리 적용방식〉의 정보들은 문제풀이에 사용되지 않았다. 따라서 해당 정보는 두 번째 문제 풀이에 사용될 수 있음을 짐작할 수 있다.

이를 통해 해당 문제를 풀 경우 〈변동형/혼합형/주기형 대출 스트레스 금리 적용방식〉 표에 시선이 보다 빨리 갈 수 있어 빠른 문제 풀이에 도움이 된다.

Tip ❷ **상하한과 같은 제약은 문제로 나올 가능성이 크다.**

㉠ : 상하한이 있는 경우 이를 활용하여 문제를 출제하기도 한다. 이를 기억하고 있다면 자료를 읽으며 상하한이 등장했을 때 좀 더 눈여겨 보고 선지를 판단할 때 위치도 쉽게 찾아 시간을 단축할 수 있을 것이다. 독해 중 상하한과 같은 제약이 나왔을 때 표시해두는 습관을 가지는 것도 좋다.

10 정답 ④ 난이도 ●●○

의사소통능력_글의 내용 일치/불일치

접근전략 내용 일치는 선지부터 확인하여 키워드를 체크한다. 선지를 먼저 확인하고 지문을 읽다 보면 글의 난이도를 파악할 수 있다. 지금처럼 어려운 단어나 정보가 많은 지문은 문단별로 끊어서 선지를 바로 확인해주는 것이 선지 판단의 정확성을 높이고 어려운 지문의 부담을 줄일 수 있다.

주어진 글의 내용과 일치하지 않는 것은?

(1)퇴직연금 실물이전 서비스란 퇴직연금계좌를 다른 퇴직연금사업자로 이전할 때 가입자 요청에 따라 기존에 운용 중인 상품을 매도하지 않고 이전받을 계좌로 실물 그대로 이전하는 제도를 말한다. (2)지금까지 퇴직연금계좌를 타 사업자로 이전하려면 기존 상품을 해지해야만 했는데 보유 상품을 그대로 다른 금융사로 옮길 수 있는 서비스가 도입된 것이다.

▶ 1문단

(1)실물이전 형태로 퇴직연금계좌를 이전하려는 퇴직연금 가입자는 새롭게 계좌를 옮기고자 하는 퇴직연금 사업자(수관회사)에서 퇴직연금계좌를 개설한 후 이전신청서를 접수하면 된다. (2)단, 수관회사에 이미 개설된 퇴직연금계좌가 있는 경우 이관회사에서도 신청이 가능하다. (3)가입자의 계약이전 신청을 받은 퇴직연금사업자는 실물이전 가능 상품 목록 등 유의사항을 가입자에게 안내하고 가입자의 이전 여부에 대한 최종 의사 확인을 거친 후 실물이전을 실행하

CHAPTER 7 실전모의고사 7회

고 이전 결과를 SMS, 휴대폰 앱 등을 통해 가입자에게 통보하게 된다. ▶ 2문단

(1)실물이전의 대상은 신탁계약 형태의 원리금보장상품(예금, GIC, ELB · DLB), 공모펀드, ETF 등 주요 퇴직연금 상품으로, 대부분 실물이전이 가능하다. (2)다만, 실물이전은 동일한 유형의 퇴직연금제도 내(DB ↔ DB, DC ↔ DC, IRP ↔ IRP)에서 퇴직연금사업자를 변경하는 경우에만 이전이 가능하다. (3)IRP간 이전은 가입자가 퇴직연금 사업자를 선택하여 이전할 수 있으나 DB간 또는 DC간 이전은 근로자가 소속된 회사가 계약을 체결하고 있는 퇴직연금 사업자 간에만 이전이 가능하므로 이 유형의 퇴직연금계좌를 보유한 근로자는 소속 회사가 해당 유형의 퇴직연금계약을 체결하고 있는 금융회사들 내에서의 이전만 가능하다. ▶ 3문단

(1)한편, 본인이 운용 중인 상품이 실물이전 대상에 해당하더라도 이전을 희망하는 사업자(수관회사)가 동일한 상품을 취급하고 있어야 실물이전이 가능하다. (2)즉, 가입자가 운용하는 다양한 상품 중 수관회사가 취급하는 실물이전 대상 상품은 해지 없이 이전이 가능하지만, 실물이전 제외 상품과 수관회사 미취급 상품은 기존과 같이 상품 매도 후 현금화하여 이전하여야 한다. (3)이 경우, 상품 매도로 인해 약정금리보다 낮은 중도해지금리가 적용되는 등 중도해지에 따른 불이익이 발생할 수 있다. ▶ 4문단

(1)또 개인이 투자하는 DC형과 개인형 IRP는 적립금의 전부 이전만 가능하므로 계약 내 실물이전이 불가능한 상품이 있는 경우 현금화하여 이전할 필요가 있다. (2)상품 편입 없이 현금성 자산만을 보유하고 있는 계좌의 경우에는 퇴직연금 사업자 변경 시 실물이전이 아닌 현금이전을 신청해야 한다는 점도 유의하여야 한다. ▶ 5문단

(1)가입자가 실물이전을 신청하면 수관회사는 해당 실물이전 관련 전문을 이관회사에 송신하게 되며, 이때 실물이전 절차가 시작된다. (2)이 전문 송신을 기준으로 최소 3영업일이 소요되며, 실물이전 과정에서 환매 등 현금화가 필요한 상품이 존재하는 경우에는 해당 기간만큼 실물이전에 소요되는 기간이 늘어나게 된다. ▶ 6문단

① 퇴직연금 실물이전 서비스 도입 이전에는 기존 상품의 해지에 따른 비용 및 환매 후 재매수 과정에서의 기회비용 등이 발생하였을 것이다.

→ (○) 지금까지 퇴직연금계좌를 타 사업자로 이전하려면 기존 상품을 해지해야만 했는데 보유 상품을 그대로 다른 금융사로 옮길 수 있는 서비스가 도입된 것이다. [1문단 (2)]에서 알 수 있듯이, 실물이전 서비스 도입 이전에는 기존 상품 해지 시 해지 비용과 환매 후 재매수 과정에서 기회비용이 발생했을 가능성이 있다. 또한, 이 경우, 상품 매도로 인해 약정금리보다 낮은 중도해지금리가 적용되는 등 중도해지에 따른 불이익이 발생할 수 있다. [4문단 (3)]에서도 실물이전이 불가할 때, 기존 상품 해지에 따른 비용을 확인할 수 있다. 따라서 옳은 선지다.

② 이관기관에서 판매하는 A펀드를 수관기관에서 취급하지 않는 경우 실물이전이 불가하다.

→ (○) '한편 본인이 운용 중인 상품이 실물이전 대상에 해당하더라도 이전을 희망하는 사업자(수관회사)가 동일한 상품을 취급하고 있어야 실물이전이 가능하다.' [4문단 (1)]에서 추론할 수 있는 내용이다. 옳은 선지다.

③ ㅇㅇ기업이 퇴직연금사업자인 B은행 및 C증권과 DB형 퇴직연금계약을 체결하고 있는 경우 소속 근로자들은 두 금융회사간에 DB형 퇴직연금을 이전할 수 있다.

→ (○) 다만, 실물이전은 동일한 유형의 퇴직연금제도 내(DB ↔ DB, DC ↔ DC, IRP ↔ IRP)에서 퇴직연금사업자를 변경하는 경우에만 이전이 가능하다. [3문단 (2)]와 DB간 또는 DC간 이전은 근로자가 소속된 회사가 계약을 체결하고 있는 퇴직연금 사업자 간에만 이전이 가능하므로 이 유형의 퇴직연금계좌를 보유한 근로자는 소속 회사가 해당 유형의 퇴직연금계약을 체결하고 있는 금융회사들 내에서의 이전만 가능하다. [3문단 (3)]에서 알 수 있는 내용이다. 즉, ㅇㅇ기업 소속 근로자들은 소속 회사가 퇴직연금계약을 체결하고 있는 B은행과 C증권간에 DB형 퇴직연금을 이전할 수 있다. 옳은 선지다.

④ 개인형 IRP 계좌의 현금에 대한 실물이전 시 중도해지금리의 적용으로 불이익이 발생할 수 있다.

→ (×) 상품 편입 없이 현금성 자산만을 보유하고 있는 계좌의 경우에는 퇴직연금 사업자 변경 시 실물이전이 아닌 현금이전을 신청해야 한다는 점도 유의하여야 한다. [5문단 (2)]에서 알 수 있듯이, 현금성 자산은 실물이전 대상이 아니므로 실물이전 과정에서 중도해지금리가 적용될 일이 없다. 또한, 이 경우, 상품 매도로 인해 약정금리보다 낮은 중도해지금리가 적용되는 등 중도해지에 따른 불이익이 발생할 수 있다.[4문단 (3)]는 부분은 실물이전이 불가능한 상품이나 수관회사가 해당 상품을 취급하지 않는 경우 매도 후 현금화해야 한다는 설명의 연장선이다. 즉, 실물이전 대상 상품이라 하더라도 수관회사가 해당 상품을 취급하지 않으면 매도 후 현금화해야 하고, 이때 중도해지금리가 적용되는 불이익이

발생할 수 있다는 것이다. 결론적으로, 현금성 자산 자체는 실물이전 대상이 아니므로 중도해지금리가 적용될 일이 없다. 틀린 선지다.

⑤ **D보험에서 개인이 투자하는 DC형 퇴직연금계좌를 B은행으로 이전하고자 하는 경우 B은행에 이미 개설된 퇴직연금 계좌가 있다면 D보험을 통해 이전 신청이 가능하다.**

→ (○) 단, 수관회사에 이미 개설된 퇴직연금계좌가 있는 경우 이관회사에서도 신청이 가능하다[2문단 (2)]. 이 문장에서 알 수 있듯이, D보험에서 개인이 투자하는 DC형 퇴직연금계좌를 B은행(수관회사)으로 이전하고자 하는 경우 B은행에 이미 퇴직연금계좌가 개설되어 있다면 D보험(이관회사)을 통해 이전 신청이 가능하다. 따라서 옳은 선지다.

합격자의 실전 풀이 순서

❶ **발문을 먼저 확인한다.**
이 문제는 밑줄 친 내용의 원인과 관련하여 옳지 않은 선지를 찾는 문제이다. 문제나 선지 옆에 X표시를 해서 적절한 것을 고르는 실수를 방지할 수 있다.

❷ **자료를 읽고 각 선지를 판단한다.**
선지를 먼저 읽고 자료에서 선지 키워드를 찾아서 문제를 해결할 수도 있으나, 문제 유형이나 개인의 선호에 따라 자료를 전체적으로 읽고 선지를 해결하는 것이 쉬울 수도 있다. 자료를 전혀 읽지 않고 바로 선지를 보면 선지 키워드를 추리기 힘들기 때문이다. 선지를 판단하는 중간에 정답이 도출되었다면 이후 남은 선지를 더 보지 않고 다음 문제로 넘어간다.

합격자의 시간단축 Tip

Tip ❶ 답이 나오면 넘어간다.
이와 같은 문제의 경우 중간에 답이 나왔다면 넘어가는 것이 좋다. 좀 더 확실하게 하기 위해 남은 선지의 정오도 판단하려고 한다면 시간이 더 걸릴 수 있다. 일례로 이후 선지를 판단하는 과정에서 일치하지 않은 선지라 생각되는 것이 추가로 나온다면 어디에서 실수했는지 확인하는 과정을 또 거쳐야 한다. 이 경우 시간적으로도, 심리적으로도 좋지 않기 때문에 자신이 했던 판단을 믿고 정답 선지를 찾았다면 다음 문제로 넘어갈 수 있어야 한다.

Tip ❷ 4개의 선지만을 판단하여 정답을 도출할 수 있다.
만약 본인이 판단하기 어려운 선지가 있거나 시간이 오래 걸릴 것 같은 선지가 있다면 넘어간 후 나머지 4개의 선지를 판단하면 된다. 넘어간 선지가 답이라면 4개의 정오를 판단하여 답을 도출할 수 있고, 넘어간 이후 답이 도출된다면 건너뛴 선지는 살펴보지 않고 답을 도출할 수 있다. 해당 문제의 경우 선지 ④가 제일 까다로웠다고 생각한다.

Tip ❸ 문단별로 선지를 해결한다.
1문단부터 차례로 읽으면서 해당 문단에서 출제된 선지의 정오를 바로바로 판단한다. 애매한 경우 일단 보류하고 다음 문단을 읽고 다시 판단하면 된다. 이 문제의 경우 1문단을 읽고 선지 ①을, 2문단을 읽고 선지 ⑤를 바로바로 판단할 수 있다.

Tip ❹ 지문에 사용된 단어로 선지를 수정한다.
선지에서 사례가 제시되는 경우, 지문의 어떤 부분에 대응되는 것인지 표시하면 이해가 빨라진다. 예를 들어 선지 ⑤를 읽을 때 D보험 위에는 이(이관회사)로, B은행 위에는 수(수관회사)로 표시해두고 읽으면 훨씬 정오판단이 쉽다.

Tip ❺ 지문의 단서에 주목한다.
[2문단 (2)]와 [3문단 (2)]와 같이 '단', '다만'과 같은 단서 문장이 나온다면 반드시 체크해 둔다. 이는 문제로 나올 가능성이 높기 때문이다. 개인적으로는 세모 표시를 해두는데 실제로도 선지의 정오 판단에 필요한 문장들이었다.

11 정답 ③ 난이도 ●●○

의사소통능력_개념의 이해 및 활용

접근전략 지문의 절차와 내용을 파악하는 문제이다. 위와 같은 절차에 대한 그림이 제시될 경우 지문을 읽기 전에 먼저 도식을 보고 필요한 절차와 빈칸을 파악해두는 것이 좋다. 그 다음 지문을 읽으며 해당 절차가 나오면 표시를 해두고 해당 절차의 문제를 바로 푼다.

다음은 퇴직연금 실물이전 서비스 제공의 흐름을 나타낸 도식이다. 아래 도식과 관련된 내용으로 적절하지 않은 것은?

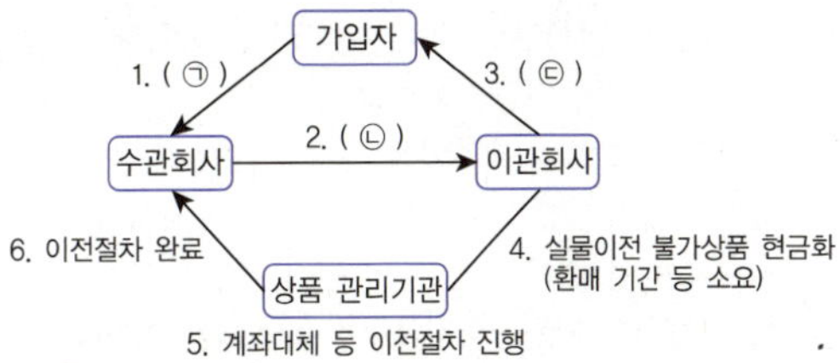

① 빈칸 ㉠에 들어갈 말은 실물이전 신청이다.

→ (○) 실물이전 형태로 퇴직연금계좌를 이전하려는 퇴직연금 가입자는 새롭게 계좌를 옮기고자 하는 퇴직연금 사업자(수관회사)에서 퇴직연금계좌를 개설한 후 이전신청서를 접수하면 된다. [2문단 (1)]에서 알 수 있는 내용이다. 단, 도식을 보았을 때 수관회사에 이미 개설된 퇴직연금계좌가 있는 경우 이관회사에서도 신청이 가능하다. [2문단 (2)]는 이 문제에서 해당되지 않는다. 옳은 선지다.

② 빈칸 ㉡에 들어갈 말은 전문 송신이다.

→ (○) 가입자가 실물이전을 신청하면 수관회사는 해당 실물이전 관련 전문을 이관회사에 송신하게 되며, 이때 실물이전 절차가 시작된다. [6문단 (2)]에서 알 수 있는 내용이다. 옳은 선지다.

③ 빈칸 ㉢에 들어갈 말은 실물이전 가능상품 목록 안내이다.

→ (×) '퇴직연금 실물이전 서비스란 퇴직연금계좌를 다른 퇴직연금사업자로 이전할 때~'[1문단 (1)]과 [2문단]을 보면 퇴직연금사업자는 수관회사, 이관회사 두 종류임을 알 수 있다. [2문단 (3)]에 따르면 실물이전 가능상품 목록 안내를 하는 회사는 '가입자의 계약이전 신청을 받은' 퇴직연금사업자이다. [2문단 (2)]의 단서에 따르면 가입자는 수관회사와 이관회사 모두에게 계약이전 신청이 가능한데, 문제의 도식을 보면 가입자는 현재 수관회사에 이전 신청을 했으므로 실물이전 가능상품 목록 안내의 의무가 있는 회사는 수관회사임을 알 수 있다. 따라서 틀린 선지다.

④ 2.~6.까지 소요되는 최소 시간은 3영업일이다.

→ (○) 이 전문 송신을 기준으로 최소 3영업일이 소요되며, 실물이전 과정에서 환매 등 현금화가 필요한 상품이 존재하는 경우에는 해당 기간만큼 실물이전에 소요되는 기간이 늘어나게 된다. [6문단 (3)]에서 전문 송신을 기준으로 3영업일이 소요된다고 했으므로 2.~6.까지 소요되는 최소 시간이 3영업일이다. 옳은 선지이다.

⑤ 5.~6.의 과정에서 가입자는 이전 결과를 SMS 및 휴대폰 앱 등을 통해 확인할 수 있다.

→ (○) 가입자의 계약이전 신청을 받은 퇴직연금사업자는 실물이전 가능 상품 목록 등 유의사항을 가입자에게 안내하고 가입자의 이전 여부에 대한 최종 의사 확인을 거친 후 실물이전을 실행하고 이전 결과를 SMS, 휴대폰 앱 등을 통해 가입자에게 통보하게 된다. [2문단 (3)]에서 알 수 있는 내용이다. 옳은 선지다.

합격자의 실전 풀이 순서

[방법 1]

❶ 문제를 확인한다.

적절하지 '않은 것'을 찾아야 하므로 선지 옆에 X표시를 하여 적절한 것을 정답으로 하는 실수를 하지 않도록 한다. 또한 문제에서의 도식을 보고 자료에서 이를 고려하여 읽어야겠다는 생각을 한다.

❷ 자료를 읽으며 선지를 판단한다.

자료를 읽으며 문제에서의 도식과 관련된 부분이 등장하면 좀 더 주의를 기울이고, 바로 풀 수 있는 것들은 바로 판단하여 정답을 도출한다.

[방법 2]

❶ 문제를 확인한다.

실물이전 서비스 제공 과정에 대한 단계별 설명임을 알 수 있다. 서비스 제공 과정이 서술된 문단을 찾는다.

❷ 자료를 읽으면서 선지를 판단한다.

자료 구성을 빠르게 읽어보면, 2문단에서 실물이전 서비스 신청 및 처리과정이 서술됨을 알 수 있다. 2문단만 읽고 선지를 해결하되, 선지 ④는 마지막에 해결한다.

합격자의 시간단축 Tip

Tip ❶ 4개의 선지만을 판단하여 정답을 도출할 수 있다.

만약 본인이 판단하기 어려운 선지가 있거나 시간이 오래 걸릴 것 같은 선지가 있다면 넘어간 후 나머지 4개의 선지를 판단하면 된다. 넘어간 선지가 답이라면 4개의 정오를 판단하여 답을 도출할 수 있고, 넘어간 이후 답이 도출된다면 건너뛴 선지는 살펴보지 않고 답을 도출할 수 있다.

Tip ❷ 시각 자료 활용하기

문제를 읽을 때 해당 문제와 같은 시각 자료(도식)가 있다면 눈에 들어올 것이다. 해당 자료가 어떤 것을 나타내는 것인지 먼저 파악하고 자료를 읽는다면 글을 읽고 어떻게 구조화할 수 있을지 방향을 설정할 수 있고, 글의 전반적인 흐름도 예측하며 읽을 수 있을 것이다.

Tip ❸ 문제에 사용된 단어로 지문을 수정한다.

수관회사, 이관회사는 지문에 등장하긴 하지만 다른 단어로 나타난 경우가 많다. 헷갈리기 쉬우므로 해당 단어가 등장했을 때 바로 '수', '이' 등으로 고쳐놓는다. 예컨대 2문단의 계약이전 신청을 받은 퇴직연금사업자 → 수관회사로 고친다. 이렇게 하면 수관회사, 이관회사를 헷갈리게 해서 만든 함정에 빠지지 않을 수 있다. 지문을 읽으면서 이러한 함정으로 만들어진 선지가 있을 것이라는 생각을 해 내면 더욱 좋다.

12 정답 ⑤ 난이도 ●●○

의사소통능력_글의 내용 일치/불일치

접근전략 이 문제처럼 본문이 크게 두 가지 유형에 대해 설명하는 경우, 각 유형에 해당하는 문단만 읽고 그 유형에 대한 선지만 먼저 해결하면 보다 정확하고 빠르게 문제를 해결할 수 있다. 또한 내용일치 문제이므로 먼저 선지를 확인하여 지문의 내용에 대한 정보를 얻고 지문 읽기로 들어간다.

다음 글의 내용과 일치하지 않는 것은?

(1)교육은 때때로 개인의 능력을 나타내는 주요 척도로 간주되기도 한다. (2)오랜 시간 교육을 받은 사람에게 더 높은 임금을 지급하는 기업이 있다면 그 기업은 왜 그러한 개인에게 더 높은 임금을 지급하는 것일까? (3)이에 대해 교육이 실제로 개인의 생산성을 증가시키기 때문이라는 견해와 교육은 단지 고용주에게 능력을 신호하는 도구로 작용할 뿐이라는 견해가 오래도록 대립해왔다. ▶ 1문단

(1)인적자본이론(Human Capital Theory)은 개인의 지식, 기술, 경험, 교육 등은 경제적 가치를 가진 자본으로 간주된다는 이론이다. (2)이 이론에서는 교육과 훈련이 근로자의 생산성을 높이고 결과적으로 개인과 사회의 경제적 성과를 증대시킨다고 주장한다. (3)따라서 교육과 훈련을 개인의 인적자본을 증가시키는 투자로 간주하며, 더 많은 인적자본을 가진 근로자는 더 높은 생산성과 임금을 기대할 수 있다고 주장한다. (4)대학교를 졸업한 근로자는 고등학교만을 졸업한 근로자보다 평균적으로 더 높은 임금을 받는데, 인적자본이론에 따르면 이는 대학 교육이 개인의 기술과 지식을 증대시키고 생산성을 높였기 때문이다. ▶ 2문단

(1)그러나 단순히 교육 기간이 길다고 해서 항상 생산성이 증가한다고 볼 수 없는 경우가 존재하며, 소득 격차를 교육 차이에만 귀속시켜 구조적 문제에 대한 고찰이 부족하다는 점은 인적자본이론의 한계이다. ▶ 3문단

(1)신호발송모형(Signaling Model)은 노동시장에서 학력이나 자격증과 같은 신호가 개인의 능력을 나타내는 지표로 작용한다는 이론이다. (2)노동시장에서는 고용주가 근로자의 실제 능력을 완전히 알기 어렵다. (3)따라서 학력과 같은 객관적인 자료를 바탕으로 근로자를 평가하게 되는데, 이때 학력, 자격증, 경력 등이 고용주에게 개인의 잠재적 생산성을 암시하는 역할을 한다는 것이다. (4)즉, 교육은 근로자의 생산성을 직접적으로 증가시키는 것이 아니라, 고용주가 근로자의 능력을 판단하는 기준으로 사용된다고 주장한다. (5)특정 직종에서 학사 학위가 필수 요건으로 요구되는 경우, 신호발송모형에 따르면 이는 해당 학위가 생산성을 증가시켜서라기보다는 개인이 일정 수준의 능력을 보유하고 있음을 고용주에게 신호할 수 있기 때문이라고 본다. ▶ 4문단

(1)그러나 신호로 사용되는 학력이 실제 능력을 충분히 나타내지 못할 경우 신호발송모형의 설득력은 떨어질 수 있다. (2)또 학력이 과도하게 요구되면 개인이 불필요한 학력이나 자격 취득에 과도한 시간과 비용을 투자하게 되어 사회적으로도 비효율성이 발생할 수 있다. ▶ 5문단

① 인적자본이론에서는 교육의 기간보다 교육의 내용과 질이 더 중요한 변수로 작용할 수 있다는 점을 간과하였다.

→ (O) '그러나 단순히 교육 기간이 길다고 해서 항상 생산성이 증가한다고 볼 수 없는 경우가 존재하며, 소득 격차를 교육 차이에만 귀속시켜 구조적 문제에 대한 고찰이 부족하다는 점은 인적자본이론의 한계이다.' [3문단 (1)]에서 교육 기간에 따라 생산성을 판단하는 인적자본이론의 한계를 지적하고 있다. 따라서 옳은 선지다.

② 기업이 직원들에게 직업훈련을 제공하는 것은 인적자본이론의 기본가정에 따른 것이다.

→ (O) '이 이론에서는 교육과 훈련이 근로자의 생산성을 높이고 결과적으로 개인과 사회의 경제적 성과를 높인다고 주장한다.' [2문단 (2)]에서 인적자본이론은 교육과 훈련을 통해 개인의 생산성을 증가시킬 수 있다고 본다. 반면, '교육은 근로자의 생산성을 직접적으로 증가시키는 것이 아니라, 고용주가 근로자의 능력을 판단하는 기준으로 사용된다고 주장한다.'[4문단 (4)], '특정 직종에서 학사 학위가 필수 요건으로 요구되는 경우, 신호발송모형에 따르면 이는 해당 학위가 생산성을 증가시켜서라기보다는 개인이 일정 수준의 능력을 보유하고 있음을 고용주에게 신호할 수 있기 때문이라고 본다.' [4문단 (5)]에 따르면 신호발송이론은 교육이 개인의 생산성을 증가시키는 것이 아닌, 이미 개인이 보유하고 있는 능력을 판단할 수 있게 하는 신호로서의 역할만 한다고 본다. 따라서 이미 채용된 직원들에게 직업훈련을 제공하는 것은 생산성 증가를 위한 투자에 해당하므로 교육이 근로자의 생산성을 높일 수 있다

CHAPTER 7 실전모의고사 7회

는 인적자본이론의 기본가정에 따른 것이다. 옳은 선지다.

③ **신호발송모형에는 고용주와 근로자 간 정보 비대칭이 존재한다고 본다.**
→ (○) '노동시장에서는 고용주가 근로자의 실제 능력을 완전히 알기 어렵다.' [4문단 (2)]에서 신호발송모형에는 고용주와 근로자 간 정보 비대칭이 있음을 알 수 있다. 옳은 선지다.

④ **교육 수준이 전반적으로 상승하여 고학력이 흔해진다면 고용주는 이를 신호로 삼기 어려울 것이다.**
→ (○) '따라서 학력과 같은 객관적인 자료를 바탕으로 근로자를 평가하게 되는데, 이때 학력, 자격증, 경력 등이 고용주에게 개인의 잠재적 생산성을 암시하는 역할을 한다는 것이다.' [4문단 (3)]에서 학력을 개인의 생산성을 판단하는 신호로 삼음을 알 수 있다. '그러나 신호로 사용되는 학력이 실제 능력을 충분히 나타내지 못할 경우 신호발송모형의 설득력은 떨어질 수 있다.' [5문단 (1)]에서 설명하는 바와 같이 개인의 능력 차이와 상관없이 고학력이 흔해진다면 이는 실제 능력을 충분히 나타내지 못할 것이며, 능력에 대한 적절한 판단기준이 될 수 없을 것이므로 고용주는 이를 신호로 삼기 어려울 것이다. 옳은 선지다.

⑤ **인적자본이론과 신호발송모형은 교육을 근로자의 생산성에 대한 판단의 간접적 지표로 활용한다는 점에서 공통점을 지닌다.**
→ (×) '따라서 학력과 같은 객관적인 자료를 바탕으로 근로자를 평가하게 되는데, 이때 학력, 자격증, 경력 등이 고용주에게 개인의 잠재적 생산성을 암시하는 역할을 한다는 것이다.' [4문단 (3)]에서 신호발송모형의 경우 교육이 근로자의 생산성에 대한 잠재적, 간접적 지표로 활용됨을 알 수 있다. 하지만, '이 이론에서는 교육과 훈련이 근로자의 생산성을 높이고 결과적으로 개인과 사회의 경제적 성과를 증대시킨다고 주장한다.' [2문단 (2)]에서 인적자본이론은 교육을 근로자의 생산성에 대한 판단의 간접적 지표로 활용하는 것이 아니라 직접적으로 교육이 근로자의 생산성을 높인다고 여김을 알 수 있다. 따라서 틀린 선지다.

합격자의 실전 풀이 순서

[방법 1]

❶ **선지를 훑으며 대략적인 주제를 파악한다.**
접근 전략에서 설명했듯이 "부합하지 않는 것은?", "일치하지 않는 것은?" 문제에서 선지는 매우 중요한 힌트가 된다. 정답을 제외한 4개의 선지를 보는 것만으로 어느 정도 지문의 주제나 내용을 확인할 수 있기 때문이다. 먼저 선지를 훑어 '교육', '인적자본이론', '신호발송이론' 등이 주요 주제로 나올 것을 예상한다.

❷ **각 선지의 키워드를 설정 후 발췌독해서 1차적으로 답을 판단한다.**
옳지 않은 것 / 부합하지 않은 것을 물어보는 문제는 선지부터 본다. 정답이 되는 선지 이외의 4개 선지는 모두 옳은 선지이므로 선지를 보는 것만으로 지문을 읽는 효과가 있기 때문이다.
또한 답이 되는 선지의 경우 본문에 있는 내용과 다른 경우 / 혹은 본문에 없는 내용이 제시된 경우로 출제될 수 있다. 본문에 있는 내용과 다른 경우로 출제되는 경우에는 정답 선지 역시 발췌독으로 답을 빠르게 구할 수 있다. 본문에 없는 내용으로 출제된다면 발췌독 과정에서 발견되지 않아 유력한 정답 선지로 인식할 수 있고, 나머지 선지를 빠르게 확인한 후 답을 고를 수 있어, 역시 선지부터 본다.

[방법 2]

❶ **문제의 발문을 확인한다.**
일치하지 않는 것을 고르라 했으므로 선지 옆에 X표를 하여 일치하는 것을 고르는 실수를 하지 않도록 한다.

❷ **주어진 글을 읽으며 내용을 파악 후 답을 판단한다.**
글을 먼저 보는 것과 선지를 먼저 보는 것 중 개인이 선호하는 방법을 선택하면 된다. 다만, 선지를 먼저 보면 글을 읽을 때 끼워 맞춰 읽으려는 경향이 생기기도 하고, 선지를 먼저 봐도 크게 실익이 없는 경우가 많기 때문에 글을 먼저 읽는 것을 추천한다. 이때, 반복되거나 강조 표시된 키워드를 눈여겨 보고, '다만', '그러나' 등 역접의 표현이 등장하면 눈여겨 본다.

[방법 3]

❶ **1문단과 선지를 훑으면서 문제의 구조를 파악한다.**
1문단만 읽은 후에 선지로 내려가 키워드를 뽑아낸다. 교육과 생산성에 관한 인적자본이론, 신호발송이론 등이 주요 주제로 나올 것이 예상된다.

❷ **지문을 읽으면서 선지를 바로 처리한다.**
2문단부터는 인적자본이론에 대한 설명이 나와 있고 4문단에서는 신호발송모형에 대한 설명이 나와 있다. 2문단을 보고 선지 ①, ②, ⑤의 정오를 판단한다. 선지 ⑤의 경우에는 인적자본이론에 대한 부분만 따로 떼어내서 정오를 판단하면 된다. 이렇게 하면 긴 글을 다 읽지 않고도 빠르게 정답이 ⑤임을 도출할 수 있다.

합격자의 시간단축 Tip

Tip ❶ 일치하는 것, 일치하지 않는 것 외에 알 수 없는 것이 나올 가능성을 생각한다.
글의 내용과 일치하지 않는 것을 묻는 문제이다. 그렇다면 자료와 일치하는 것은 답이 아니고, 일치하지 않는 것이 답인 것은 자명하다. 그렇다면 글에서 알 수 없는 것은 답이 될 수 있는가? 그렇다. 알 수 없는 것 역시 글의 내용과 일치하지 않기 때문이다. 선지의 내용이 글에서 알 수 없는 내용임에도 불구하고 무조건 찾으려 들지 말자. 다른 선지들은 글에서 근거를 찾을 수 있는데, 도저히 글에서 근거를 찾을 수 없는 선지가 정답이 될 수 있다.

Tip ❷ 열린 선지에 주목한다.

열린 선지란 '~한다', '~가 아니다'와 같이 단정적인 내용이 아닌 '~할 수 있다', '~중 하나이다'처럼 명제 자체가 옳을 가능성이 높은 선지를 말한다. 이런 선지는 단정적인 선지에 비해 비교적 옳은 선지일 가능성이 높기 때문에 옳을 수 있다는 가능성에 초점을 맞추고 발췌독하면 효율적인 경우가 많다.

Tip ❸ 키워드 뽑는 방법

발췌독하기 위해서는 생소한 키워드를 뽑아야 한다. 일반적인 단어를 키워드로 삼으면 지문에서 자주 등장하기 때문에 효율적인 발췌독을 하기 어렵다. 보통 키워드를 뽑을 때 맨 앞에 있는 주어를 선정하는 경우가 많다. 그러나 이는 상황에 따라 비효율적이다. 모든 선지의 주어가 같은 경우도 있고, 주어보다 서술어나 목적어가 더 생소한 경우가 많기 때문이다. 키워드를 뽑는 목적은 지문을 빠르게 발췌독하기 위함이고, 이를 위해 주어 뿐만 아니라 모든 단어에 대해 가능성을 열어 두어야 함을 기억하자.

Tip ❹ 괄호에 주목한다.

괄호는 생소한 단어 중 처음 등장하는 단어를 부연 설명하거나 영어명을 표기할 때 많이 사용된다. 생소한 단어를 키워드로 삼아 발췌독할때 괄호를 찾고 이후의 내용을 읽는 것이 효과적이다. 괄호 처리된 경우 해당 단어가 처음 등장하므로 이전 지문에는 괄호 처리된 단어에 대한 내용이 없는 경우가 많기 때문이다.

해당 문제에서는 2문단에서의 인적자본이론, 4문단에서의 신호발송모형에 괄호가 있다. 즉 2문단에서는 인적자본이론에 대한 설명의 시작이, 4문단에서는 신호발송모형에 대한 설명의 시작이 있다.

Tip ❺ 깔끔한 구조의 글

지문을 문단 앞머리 위주로 훑어보면 해당 글은 매우 깔끔한 구조로 쓰여있음을 알 수 있다. 1문단(서론)－2문단(인적자본이론)－3문단(인적자본이론의 한계)－4문단(신호발송모형)－5문단(신호발송모형의 한계)와 같은 구성이다. 따라서 선지에서 해당되는 내용을 찾아갈 때 구조를 떠올리며 해당되는 문단을 찾아가면 빠르게 선지를 해결할 수 있다.

Tip ❻ 4개의 선지만을 판단하여 정답을 도출할 수 있다.

해당 문제의 경우 선지 ⑤가 답이었는데, 선지 ①~④를 잘 판단했다면, 선지 ⑤를 보지 않고 답으로 체크한 후 넘어갈 수 있다. 이뿐만 아니라 만약 본인이 판단하기 어려운 선지가 있거나 시간이 오래 걸릴 것 같은 선지가 있다면 넘어간 후 나머지 4개의 선지를 판단하면 된다. 넘어간 선지가 답이라면 4개의 정오를 판단하여 답을 도출할 수 있고, 넘어간 이후 답이 도출된다면 건너뛴 선지는 살펴보지 않고 답을 도출할 수 있다.

Tip ❼ 지문이 두 대상의 비교로 전개되는 경우 한 가지에 대한 설명만 읽고 문제를 해결할 수 있다.

지문이 두 대상(혹은 그 이상)을 비교하는 식으로 전개되고 문제가 그 둘에 대한 설명으로 구성된 경우, 대상 하나에 대한 설명을 읽고 곧장 그와 관련된 선지를 전부 해결한다. 이렇게 하면 경우에 따라 다른 대상에 대한 설명은 전혀 읽지 않고 문제가 풀리기도 한다.

Tip ❽ 공통점/차이점에 주목하자.

두 대상(혹은 그 이상)이 나오는 경우 대상 간 공통점 혹은 차이점이 주요 출제 포인트가 된다. 보통 공통점은 두 대상 각각에 대한 설명을 시작하기 전에 제시되며 차이점은 두 대상 각각에 대한 설명을 통해 두드러진다. 해당 문제에서는 첫 번째 문단에 핵심 공통점과 차이점이 모두 잘 설명되어 있었다.

- **공통점**: 교육은 개인의 능력을 나타내는 주요 척도
- **차이점**: 실제로 교육과 생산성이 비례, 고용주에게 능력을 신호하는 도구일 뿐으로 정리할 수 있다.

Tip ❾ 첫 문단에서 지문의 주제를 유추한다.

대부분의 글은 첫 문단에서 주제를 뽑아낼 수 있다. 글의 주제를 먼저 인지하고 본문을 읽으면 글을 훨씬 구조적이고 전략적으로 읽을 수 있게 된다. 특히 첫 문단의 마지막 문장이나 물음표가 있는 문장은 글의 주제가 될 가능성이 크다. 예를 들어 첫 문단의 '오랜 시간 교육을 받은 사람에게 더 높은 임금을 지급하는 기업이 있다면 그 기업은 왜 그러한 개인에게 더 높은 임금을 지급하는 것일까?'라는 문장이 핵심 주제이며 앞으로 이에 대해 설명할 것임을 알 수 있다. 다음 문장에서는 이에 대한 두 견해에 대해 소개하고 있으니 글 전체가 대조를 중심으로 이루어질 것을 예측할 수 있다. 첫 문단을 통해 글 전체의 구조와 선지 구성이 앞선 질문에 대한 답과 공통점/차이점을 중심으로 이루어질 것임을 예측한다. 이처

럼 주제를 확실히 인지하고 본문을 읽는 것과, 무작정 글자를 읽어 내려가는 것은 글을 읽는 속도, 이해, 순간 기억, 문제해결, 빠른 발췌독에 이르기까지 상당히 많은 차이를 가져올 수 있다. 이후 문단들을 읽으면서도 주제와 관련된 핵심 문장과 두 견해의 차이점이 두드러지는 부분에는 표시한다면 빠르게 문제를 해결할 수 있다.

13 정답 ③ 난이도 ●●●

수리능력_응용수리_부등식

간단풀이

마파두부덮밥의 판매개수를 x, 덤섬의 판매개수를 y라 하면

(ⅰ) (재료비) $=4,000x+1,000y$(원)

사용할 수 있는 재료비는 100,000원이므로

$4,000x+1,000y\leq 100,000$

$4x+y\leq 100$ …… ㉠

(ⅱ) (걸린 시간) $=3x+2y$(분)

제한 시간은 1시간 30분이므로

$3x+2y\leq 90$ …… ㉡

㉠, ㉡에 해당하는 영역을 좌표평면에 나타내면 다음과 같다.

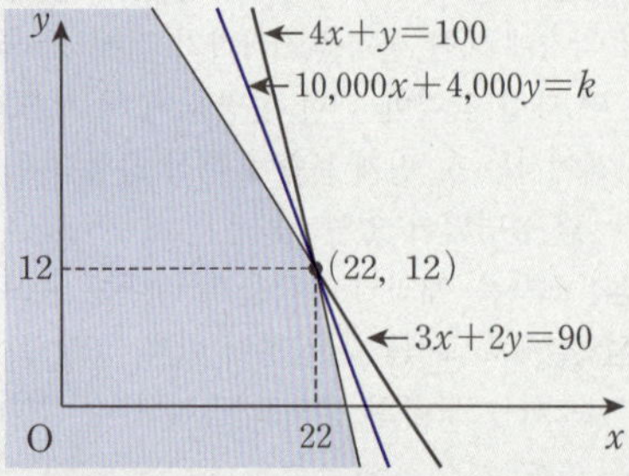

㉠, ㉡을 모두 만족하는 공통영역은 색으로 칠해진 영역이다.

매출액에 해당하는 $10,000x+4,000y$원을 k원이라고 하면, $10,000x+4,000y=k$가 최대가 되는 경우는 그림과 같이 ㉠, ㉡의 교점을 지날 때이다.

교점의 좌표를 구하기 위해 연립방정식을 풀면

$\begin{cases} 4x+y=100 \\ 3x+2y=90 \end{cases}$, 즉 $\begin{cases} 8x+2y=200 \\ 3x+2y=90 \end{cases}$ 이므로

$5x=110 \quad \therefore x=22$

$4\times 22+y=100 \quad \therefore y=12$

따라서 구하는 최대 매출액은

$10,000\times 22+4,000\times 12=268,000$(원)이다.

상세풀이

이 문제는 한정적인 재료비 예산과 제한시간이라는 두 조건을 만족하면서 최대 매출액을 끌어낼 수 있어야 한다. 가능한 최대매출액을 달성할 수 있는 각 메뉴의 판매 개수를 미지수로 두고 부등식을 세우고, 이를 연립하여 구한다.

마파두부덮밥의 판매개수를 x, 덤섬의 판매개수를 y라 하면

(ⅰ) (재료비) $=4,000x+1,000y$(원)

사용할 수 있는 재료비는 100,000원이므로

$4,000x+1,000y\leq 100,000$

$4x+y\leq 100$ …… ㉠

(ⅱ) (걸린 시간) $=3x+2y$(분)

제한 시간은 1시간 30분이므로

$3x+2y\leq 90$ …… ㉡

㉠, ㉡의 영역을 좌표평면에 나타내면 다음과 같다.

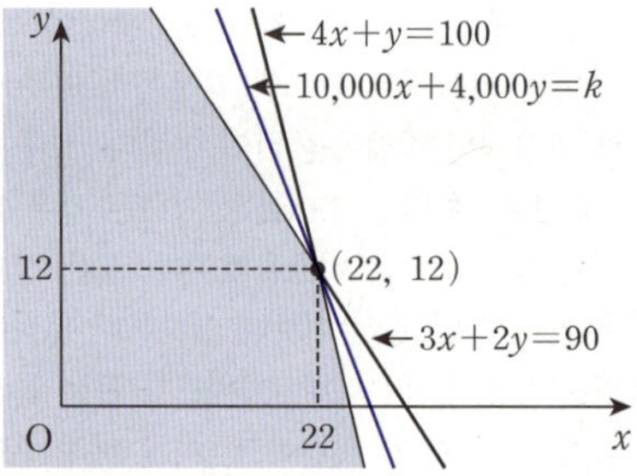

㉠, ㉡을 모두 만족하는 공통영역은 색으로 칠해진 영역이다.

매출액은 $10,000x+4,000y$(원)이므로 공통영역 안에서 $10,000x+4,000y$의 최댓값을 구해야 한다. $10,000x+4,000y$의 값을 k라고 하면 직선 $10,000x+4,000y=k$가 최대가 되는 경우는 이 직선이 그림과 같이 두 직선 ㉠, ㉡의 교점을 지날 때이다.

교점의 좌표를 구하기 위해 연립방정식을 풀면

$\begin{cases} 4x+y=100 \\ 3x+2y=90 \end{cases}$, 즉 $\begin{cases} 8x+2y=200 \\ 3x+2y=90 \end{cases}$ 이므로

$5x=110 \quad \therefore x=22$

$4\times 22+y=100 \quad \therefore y=12$

따라서 구하는 최대 매출액은 $x=22$, $y=12$일 때이므로 이때의 매출액을 계산하면

$10,000\times 22+4,000\times 12=268,000$(원)이다.

14 정답 ④ 난이도 ●●●

수리능력_응용수리_거리/속력/시간

간단풀이

(기차 A의 속력)
=108km/h=108×1,000m/3,600s=30m/s
(기차 B의 속력)
=90km/h=90×1,000m/3,600s=25m/s
기차 A의 길이를 xm, 기차 B의 길이를 ym라 하면 기차 A와 B가 서로 마주치기 시작하여 완전히 지나친 시점까지의 이동 거리는 각각 기차 A와 기차 B의 길이와 같으므로
(기차 A가 이동한 거리)=(기차 B의 길이)=y(m)
(기차 B가 이동한 거리)=(기차 A의 길이)=x(m)
즉, 기차 A가 30m/s로 ym만큼 이동하고 동시에 기차 B가 25m/s로 xm만큼 이동하는데 8초가 걸리므로

$$\frac{y}{30}=\frac{x}{25}=8$$

$x=25\times8=200$, $y=30\times8=240$
따라서 구하는 두 기차의 길이의 합은
$x+y=200+240=440$(m)

상세풀이

이 문제는 한 기차가 다른 기차와 서로 마주치기 시작하여 완전히 지나친 시점까지의 이동 거리가 다른 기차의 길이와 같다는 사실을 이용해 해결해야 한다.

두 번째 조건에서 두 기차의 속력의 단위가 km/h로 제시된 반면, 보기의 단위와 주어진 시간은 각각 'm', 's'이므로 속력의 단위를 m/s로 바꾸어야 한다.
(기차 A의 속력)
=108km/h=108×1,000m/3,600s=30m/s
(기차 B의 속력)
=90km/h=90×1,000m/3,600s=25m/s

한편, 기차 A의 길이를 xm, 기차 B의 길이를 ym라 하면 기차 A와 B가 서로 마주치기 시작하여 완전히 지나친 시점까지의 이동 거리는 각각 기차 A와 기차 B의 길이와 같다.

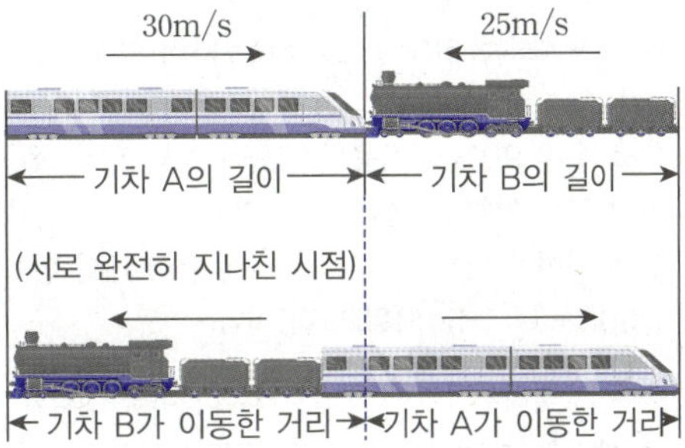

(기차 A가 이동한 거리)=(기차 B의 길이)=y(m)
(기차 B가 이동한 거리)=(기차 A의 길이)=x(m)
즉, 기차 A가 30m/s로 ym만큼 이동하고 동시에 기차 B가 25m/s로 xm만큼 이동하는 데 8초가 걸리므로

$$\frac{y}{30}=\frac{x}{25}=8$$

$x=25\times8=200$, $y=30\times8=240$
따라서 구하는 두 기차의 길이의 합은
$x+y=200+240=440$(m)이다.

15 정답 ④ 난이도 ●●○

수리능력_금융수리_환율 및 실용계산

간단풀이

- 미국 주식 10주 가격: 200×10=2,000(달러)
- 현재 매입 원/달러 환율 스프레드: (매입 환율)−(매매기준율)=1,550−1,500=50(원/달러)
- 90% 환율 우대 시 환율 스프레드: 50×(1−0.9)=5(원/달러)
- 90% 환율 우대 시 달러 매입 환율: 1,500+5=1,505(원/달러)

∴ 필요한 최소 원화 :
1,505×2,000=3,010,000(원)=301(만 원)

상세풀이

해당 문제는 '환율 스프레드'의 의미를 잘 이해하고, 이를 바탕으로 환율 우대 90%가 적용된 실제 달러 매입 환율을 계산하는 것이 핵심이다.

① 현재 달러 매입 환율은 1,550원/달러, 매매기준율은 1,500원/달러이므로 매매기준율과 실제 적용환율의 차이에 해당하는 환율 스프레드는 1,550−1,500=50(원/달러)이다. 그런데 A대리가 이용하는 통합증거금 서비스는 환율 우대 90%가 적용되므로 환율 스프레드의 90%가 삭감되고 기존 환율

스프레드의 10%가 된다. 따라서 환율 우대를 받은 환율 스프레드는 $50\times\frac{5}{100}=5$(원/달러)이다.

② 환율 우대 90%가 적용된 환율 스프레드는 5원/달러이므로 매매기준율과 실제 적용환율의 차이가 5원/달러여야 합니다. 따라서 실제 달러 매입 환율은 $1,500+5=1,505$(원/달러)이다.

③ 한편, A대리는 1주당 200달러짜리 미국 주식을 10주 매수할 예정이므로, 2,000달러가 필요합니다. 달러 매입 환율은 1,505원/달러이므로 2,000달러를 매입하기 위해 종합계좌에 필요한 원화 잔액은 최소 $2,000\times1,505=3,010,000$(원)$=301$(만 원)이다.

16 정답 ⑤ 난이도 ●●●

수리능력_금융수리_원리합계

간단풀이

2025년 초부터 2034년 초까지 10년간 A대리가 매년 초에 납입하는 금액을 x만 원이라 하면
(10년 동안 넣어 둔 1억 50만 원의 원리합계)+(10년 동안 매년 x만 원씩 납입한 금액의 원리합계)=10(억 원)이 되어야 한다.
먼저 2025년 초 처음 투입한 1억 50만 원은 복리로 연이율 15%의 이자가 10년간 붙으므로 2034년 말의 원리합계는 (1억 50만 원)$\times1.15^{10}$=(1억 50만 원)$\times4$=4억 200(만 원)
따라서 매년 x만 원씩 납입한 금액의 원리합계는 10억 원−4억 200만 원=5억 9,800(만 원)이 되어야 한다.
즉, 연이율 15%로 매년 초 x만 원씩 10년간 납입한 금액의 원리합계를 계산한

$\frac{x\times1.15\times(1.15^{10}-1)}{1.15-1}=\frac{3.45x}{0.15}=23x$(만 원)은 5억 9,800만 원과 일치해야 한다.

$23x=59,800$을 풀면 $x=\frac{59,800}{23}=2,600$(만 원)이다.
따라서 매년 초마다 납입해야 하는 금액은 2,600만 원이다.

상세풀이

2025년 초부터 2034년 초까지 10년간 A대리가 매년 초에 납입하는 금액을 x만 원이라 하면, (2025년 초에 납입한 금액)=1억 50만 원+x만 원이다.

따라서 2025년 초에는 1억 50만 원+x만 원을, 이후 매년 초에 x만 원씩 연이율 15%인 금융상품에 투자하므로 10번째 납입 후 1년을 더 기다린 2034년 말의 원리합계를 그림으로 나타내면 아래와 같다.

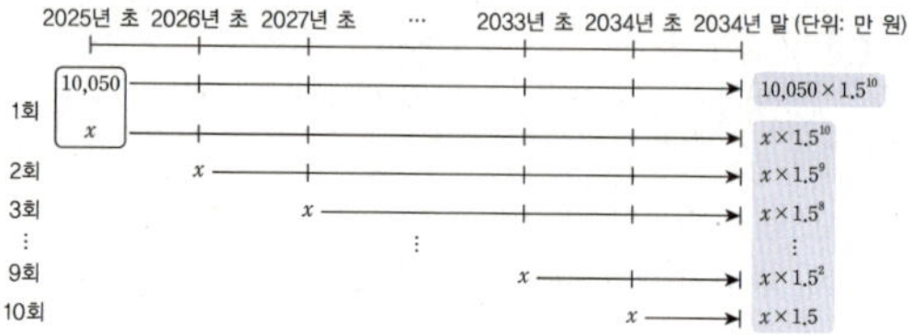

이때, 2025년 초 처음으로 납입한 금액 중 1억 50만 원은 연이율 15%의 복리 이자가 10년 동안 붙으므로 2034년 말에는 $10,050\times1.15^{10}=10,050\times4=40,200$(만 원), 즉 4억 200만 원이 된다.
따라서 2025년 초부터 매년 초 x만 원씩 납입한 금액의 원리합계는 총 목표 금액인 10억 원에서 4억 200만 원을 뺀 $100,000-40,200=59,800$(만 원), 즉 5억 9,800만 원이 되어야 한다.
즉, 연이율 15%로 매년 초 x만 원씩 10년간 납입한 금액의 원리합계를 계산한

$\frac{x\times1.15\times(1.15^{10}-1)}{1.15-1}=\frac{x\times1.15\times3}{0.15}=\frac{345x}{15}$

$=23$(만 원)은 5억 9,800만 원과 일치해야 한다.
$23x=59,800$를 풀어 x를 구하면

$x=\frac{59,800}{23}=2,600$이다.

따라서 매년 초마다 납입해야 하는 금액은 2,600만 원이다.

17 정답 ③ 난이도 ●○○

수리능력_자료해석_상황판단형

① (O) 연간 감가상각비가 가장 높은 설비는 S1이다.
→ 제시된 각주에서 연간 감가상각비는 $\frac{\text{초기 투자금액}-\text{잔존가치}}{\text{감가상각 기간}}$로 계산한다.

S1~S4의 잔존가치를 구하면 다음과 같다.

설비코드	초기 투자금액	잔존가치
S1	15,000	1,500
S2	12,000	2,400
S3	20,000	3,000
S4	25,000	5,000

S1~S4의 연간 감가상각비를 구하면 다음과 같다.

- S1: $\frac{15,000-1,500}{5}=2,700$
- S2: $\frac{12,000-2,400}{6}=1,600$
- S3: $\frac{20,000-3,000}{8}=2,125$
- S4: $\frac{25,000-5,000}{10}=2,000$

따라서 연간 감가상각비가 가장 높은 설비는 S1이다.

② (○) 설비의 투자효율성은 S2보다 S3이 더 높다.
→ 투자효율성 공식에 따라 S2와 S3의 투자 효율성을 계산하면 다음과 같다.

- S2: $\frac{2,800-1,600}{12,000}\times100=10(\%)$
- S3: $\frac{4,500-2,125}{20,000}\times100$

$=\frac{2,325}{20,000}\times100=11.625(\%)$

따라서 투자효율성은 S2보다 S3이 더 높으므로 옳은 설명이다.

③ (×) S1의 투자효율성이 5%가 되기 위한 연간 순수익 증가분은 750백만 원이다.
→ S1의 투자효율성이 5%일 때 연간 순수익을 x백만 원이라고 하자.
각주에 제시된 투자효율성 식을 이용해 S1의 투자효율성을 구하면

$\frac{x-2,700}{15,000}\times100=5(\%)$

$x-2,700=15,000\times\frac{5}{100}$ → $x=3,540$

즉, S1의 투자효율성이 5%가 되려면 연간 3,450백만 원의 순수익을 달성해야 하는데 현재 순수익은 3,000백만 원이므로 450백만 원의 수익을 더 올려야 한다. 따라서 연간 순수익 증가분이 750백만 원이라는 설명은 옳지 않다.

④ (○) S4의 자본 회수기간은 11년 이상이다.
→ S4의 연가 감가상각비는 $\frac{25,000-5,000}{10}=$ 2,000이고, 잔존가치는 $25,000\times0.2=5,000$이다.
따라서 S4의 자본 회수기간은

$\frac{25,000-5,000}{3,800-2,000}=\frac{20,000}{1,800}=11.11\cdots$으로 11년 이상이다.

⑤ (○) S2의 잔존가치가 초기 투자금액 대비 10%로 하락한 경우 자본 회수기간은 더 길어진다.
→ S2의 기존 자본회수기간=

$\frac{12,000-2,400}{2,800-\frac{12,000-2,400}{6}}=\frac{9,600}{2,800-1,600}$

$=8$(년)

S2 잔존가치가 초기 투자금액 대비 10%로 하락한 경우 자본회수 기간=

$\frac{12,000-1,200}{2,800-\frac{12,000-1,200}{6}}=\frac{10,800}{2,800-1,800}$

$=10.8$(년)

따라서 자본 회수기간은 더 길어진다.

합격자의 실전 풀이 순서

❶ 적절하지 않은 것을 고르는 문제이므로 선지 옆에 X 표를 하여 실수하지 않도록 한다.

❷ 문제 형태를 보았을 때 계산을 피하기 어려워 보이므로 실수하지 않도록 순차적으로 계산한다. 다른 선지를 판단할 때 기존에 계산한 값을 사용하는 경우가 발생할 수 있으므로 헷갈리지 않도록 잘 정리하여 계산한다.

❸ 감가상각비를 구할 때 뺄셈보다는 곱셈을 활용하여 구한다.

❹ 선지 ③까지 판단한 후 이후 선지는 확인하지 않고 넘어간다. 선지 ③을 판단할 때는 750백만 원을 연간 순수익에 더하여 판단해본다.

합격자의 시간단축 Tip

Tip ❶ 피할 수 없을 땐 바로 시작하는 것이 좋다. 해당 문제와 같은 유형은 계산이 어느 정도 불가피하므로 제대로 정리하여 계산하는 것이 결과적으로 시간을 단축하는 길이 될 것이다. 특히 감가상각비는 투자효율성, 자본 회수기간 식에서 모두 쓰이므로 처음에 구해서 표의 오른쪽에 메모해두고 문제를 해결하는 것이 좋다.

Tip ❷ 감가상각비 및 자본회수기간에서 분자 값은 뺄셈보다는 곱셈을 활용하여 계산하면 더 편리할 수 있다.

Tip ❸ 최선의 방법은 최대한 주어진 식을 이해하고 활용하는 것이다. 해당 설문의 모든 공식에서는 '초기 투자금액'이 들어가 있다는 것을 파악해야 한다. 후술하는 사고방식이 다소 길고, 복잡해 보일 수 있는데 이러한 사고과정이 익숙해지면 전혀 어렵지 않고 풀이 시간을

상당히 단축하는 Tip이 되니 꼭 한 번 시도해보길 권한다. 이하는 "어떻게 다른 용어들을 '초기 투자금액'을 활용해 나타낼까?"에 목표를 두고 이루어진 사고과정이다.

(ⅰ) 잔존가치 = 초기 투자금액 × n% 이다.
따라서 초기 투자금액 − 잔존가치 = 초기 투자금액 (100% − n%)로 나타낼 수 있다.
(100% − n%) = □%라고 하자.
S1~S4 각각의 □% 값은 다음과 같다.

설비코드	□ 값
S1	90
S2	80
S3	85
S4	80

(ⅱ) 위에서 구한 값을 활용하면,
연간 감가상각비

$$= \text{초기 투자금액} \times \square\% \times \frac{1}{\text{감가상각 기간}}$$

이다.

(ⅲ) 투자효율성을 구하기 앞서, 연간 순수익을 초기 투자금액의 비중으로 나타내고자 한다.
이 비중을 △%라고 하면, 연간순수익은 초기 투자금액 × △%으로 나타낼 수 있다. 다만, 정확한 수치가 아닌 어림산을 활용하도록 한다.

설비코드	연간 순수익	초기 투자금액×△%	△
S1	3,000	15,000×20%	20
S2	2,800	12,000×약 23%	23↑
S3	4,500	20,000×약 22%	22↑
S4	3,800	25,000×약 15%	15↑

∴ 투자효율성

$$= \frac{\text{초기투자금액} \times \triangle\% - \text{초기투자금액} \times \square\% \times \frac{1}{\text{기간}}}{\text{초기투자금액}} \times 100$$

$$= \frac{\text{초기투자금액}\left(\triangle\% - \square\% \times \frac{1}{\text{기간}}\right)}{\text{초기투자금액}} \times 100$$

$$= \left(\triangle\% - \square\% \times \frac{1}{\text{기간}}\right)$$

(ⅳ) 자본회수기간도 위의 초기투자금액, □%, △%를 활용하여 단순화할 수 있다.

자본회수기간

$$= \frac{\text{초기투자금액} \times \square\%}{(\text{초기투자금액} \times \triangle\%) - \left(\text{초기투자기간} \times \square\% \times \frac{1}{\text{기간}}\right)}$$

$$= \frac{\text{초기투자금액} \times \square\%}{\text{초기투자금액}\left(\triangle\% - \square\% \times \frac{1}{\text{기간}}\right)}$$

$$= \frac{\square\%}{\left(\triangle\% - \square\% \times \frac{1}{\text{기간}}\right)}$$

$$= \frac{\square\%}{\text{투자효율성}}$$

이상의 내용을 활용하여 한 눈에 정리하면 다음과 같다.

설비 코드	초기투자 금액 (A)	감가 상각 기간	연간 감가상각비	투자효율성 (B)	자본 회수 기간
S1	15,000	5	$A1 \times 90\% \times \frac{1}{5}$	$20\% - 90\% \times \frac{1}{5}$	$\frac{90\%}{B1}$
S2	12,000	6	$A2 \times 80\% \times \frac{1}{6}$	$23\% - 80\% \times \frac{1}{6}$	$\frac{80\%}{B2}$
S3	20,000	8	$A3 \times 85\% \times \frac{1}{8}$	$22\% - 85\% \times \frac{1}{8}$	$\frac{85\%}{B3}$
S4	25,000	10	$A4 \times 80\% \times \frac{1}{10}$	$15\% - 90\% \times \frac{1}{10}$	$\frac{80\%}{B4}$

위와 같은 표는 이해를 돕기 위해 작성되었을 뿐이지, 실전 풀이 시에서는 그려서는 절대 안 된다. 이미 주어진 〈표〉에 □ 값과 △ 값 정도만 적어두고 바로 문제 풀이에 들어가야 한다. 실제로 필자는 풀이 시, □의 값은 각각의 설비코드의 '잔존가치'와 '감가상각기간' 칸 사이에, △의 값은 연간 순수익 칸에 적어놓고 시작하였다. 이를 활용하여 정오를 판단하면 다음과 같다. 곱셈 비교를 활용하는 것이다.

선지 ① S1~S4의 □ 값은 큰 차이가 없다. 따라서 □ 값은 일단 무시하고 대소비교를 진행한다. 이때, 대소에 영향을 크게 주는 것은 A와 감가상각기간 정도이다. A가 큰 S4 또는 감가상각 기간이 짧은 S1 정도가 가장 클 것으로 예상할 수 있다. 이때 감가상각기간은 S4가 S1에 비해 두 배나 길지만, 초기 투자금액은 S1의 두 배가 되지 못하므로 당연히 S1이 가장 크다.

선지 ② S2와 S3의 △ 값은 매우 비슷하다. 그러나 빼는 숫자는 대충 계산해도 S3는 10% 아주 조금 넘게 빠지는데 S2는 10%를 훌쩍 넘게 빠진다. 따라서 S3가 더 크다.

선지 ③

[방법 1] 증가분이 750백 만원인 경우에 투자효율성이 5%가 되는지 확인한다. 연간 순수익이 750백만 원 증가한다는 것은 15,000(백만 원)×5%만큼, 즉 △의 값이 5%p 증가한다는 의미와 같다. 따라서 연간 순수익이 750백만 원 더 증가했을 때 □=25%이다.

이 경우 $25\%-90\%\times\frac{1}{5}=7(\%)$이므로 투자효율성이 5%가 되지 않는다.

[방법 2] 투자효율성이 5%가 되기 위해 필요한 연간 순수익 증가분을 구한다. 현재의 투자 효율성은 $20\%-90\%\times\frac{1}{5}=2(\%)$로 3%p 작다. 따라서 15,000(백만 원)×3%=450(백만 원) 만큼의 연간 순수익 증가분이 필요하다.

선지 ④ $\frac{80\%}{B4}\geq11$을 만족해야 한다. 즉, $80\geq B4\times11$이다.

$B4=15\%-90\%\times\frac{1}{10}\fallingdotseq6$(∵ 이상에서 구한 것과 같이 약 15%이므로 오차를 고려해야 한다.) 이므로 위 식이 성립한다.

선지 ⑤ 식 구조 상 당연하다. 자본회수기간= $\frac{\square\%}{\left(\triangle\%-\square\%\times\frac{1}{\text{기간}}\right)}$ 인데, 잔존가치가 투자금액대비 10%로 하락한 경우, □의 값이 80%에서 90%로 커진다. 분모의 □값은 기간의 역수가 곱해져서 변화가 미미하나, 분자의 값이 크게 상승했으므로 당연히 자본회수기간의 값은 커진다.

Tip ④ 선지별 시간단축 전략

선지 ① 초기 투자금액−잔존가치는 다르게 생각하면 초기 투자금액에서 잔존가치에 적힌 %만큼을 빼서 곱해준 값과 같다. S1을 예로 들면 15,000에 90%(=100%−10%)이다. 이를 바탕으로 계산하면 잔존가치를 별도로 구하지 않더라도 위와 같이 감가상각비를 구할 수 있다.

- S1: $\frac{15,000\times0.9}{5}=2,700$
- S2: $\frac{12,000\times0.8}{6}=1,600$
- S3: $\frac{20,000\times0.85}{8}=2,125$
- S4: $\frac{25,000\times0.8}{10}=2,000$

선지 ② 10%는 계산하지 않고도 분모의 숫자에서 제일 마지막 자리 숫자를 생략해서 구할 수 있다. 예를 들어 $\frac{2,325}{20,000}$에서 분모인 20,000의 10%는 2,000이고, 분자인 2,325는 분모의 10%보다 크다.

따라서 $\frac{2,325}{20,000}$은 10%보다 크다.

선지 ③ 연간 순수익이 750백만 원 증가한 3,750백만 원이라 가정할 때 투자효율성이 5%가 되는지를 통해 판단할 수 있다. 연간 순수익이 3,750백만 원인 경우, 투자효율성은 $\frac{3,750-2,700}{15,000}\times100$으로 7%가 됨을 알 수 있다. 또한, 구체적으로 7%인지 계산하지 않더라도 10%의 절반인 5%는 아님을 확인할 수 있다. 따라서 S1의 투자효율성이 5%가 되기 위한 연간 순수익 증가분은 750백만 원이 아니다.

선지 ④ 나눗셈보다 곱셈이 시간을 단축하기에 용이하다. 즉, $\frac{20,000}{1,800}$이 11 이상인지를 판단하기 위해 $\frac{20,000}{1,800}$을 직접 나누기보다는 1,800에 11을 곱한 것이 20,000 이상인지 판단하는 것이 시간을 단축하는데 좋다. 11=10+1임을 이용하여
$1,800\times11=1,800\times(10+1)=18,000+1,800=19,800$으로 간단하게 계산할 수 있다.

선지 ⑤ 직접 계산하지 않더라도 분수 형태만을 통해 판단할 수 있는데, 자본 회수기간은 분자가 커지거나 분모가 작아지는 경우 더 길어진다. 이때 잔존가치가 하락하면 분자 값은 커지고 분모 값은 감가상각비에 영향을 미쳐 작아지므로 자본 회수기간이 더 길어짐을 알 수 있다.

> * 초기 투자금액과 연간 순수익은 숫자로 주어지지만, 연간 감가상각비는 잔존가치가 포함된 식으로 구해진다는 것을 놓쳐서는 안 된다. 그리하여 (1) 잔존가치 하락 → 자본 회수기간 분자 증가뿐 아니라 (2) 잔존가치 하락 → 연간 감가상각비 증가 → 자본 회수기간 분모 감소 경로 역시 작용한다.

18 정답 ③ 난이도 ●●●

수리능력_자료해석_자료에 대한 진위 판단(계산 필요)

① (○) 제시된 기간 동안 매년 손해보험의 보험사기 적발금액은 생명보험 보험사기 적발금액의 10배 이상이다.

→ 〈자료 1〉의 생명보험과 손해보험 보험사기 적발금액을 이용해 2019~2023년 손해보험 보험사기 적발금액이 생명보험 보험사기 적발금액의 몇 배인지 구하면 다음과 같다.

- 2019년: $\frac{802,500}{77,500} \fallingdotseq 10.355 \geq 10$
- 2020년: $\frac{822,000}{78,000} \fallingdotseq 10.538 \geq 10$
- 2021년: $\frac{888,950}{55,050} \fallingdotseq 16.148 \geq 10$
- 2022년: $\frac{1,022,000}{58,000} \fallingdotseq 17.621 \geq 10$
- 2023년: $\frac{1,070,980}{44,020} \fallingdotseq 24.329 \geq 10$

따라서 2019~2023년 손해보험 보험사기 적발금액은 매년 생명보험 보험사기 적발금액의 10배 이상이므로 옳은 설명이다.

② (○) 제시된 기간 중 손해보험 보험사기 적발인원당 적발금액이 1,000만 원 이상인 해는 2개년도이다.

→ 〈자료 1〉의 손해보험 보험사기 적발금액과 〈자료 2〉의 손해보험 보험사기 적발인원을 이용해 2019~2023년 손해보험 보험사기 적발인원당 적발금액을 구하면 다음과 같다.

- 2019년: $\frac{802,500}{82,650} \fallingdotseq 9.71$(백만 원)
- 2020년: $\frac{822,000}{87,100} \fallingdotseq 9.44$(백만 원)
- 2021년: $\frac{888,950}{89,800} \fallingdotseq 9.90$(백만 원)
- 2022년: $\frac{1,022,000}{96,400} \fallingdotseq 10.60$(백만 원)
- 2023년: $\frac{1,070,980}{103,450} \fallingdotseq 10.35$(백만 원)

1,000만 원은 10백만 원이므로, 2019~2023년 중 손해보험 보험사기 적발인원당 적발금액이 1,000만 원 이상인 해는 2022년, 2023년으로 2개년도이므로 옳다.

③ (×) 제시된 기간 중 보험사기 적발인원이 두 번째로 적은 해의 보험사기 적발금액은 총 9,000억 원 이하이다.

→ 보험사기 적발인원은 〈자료 2〉를 통해 확인할 수 있으며, 생명보험과 손해보험을 합하여 도출한다. 연도별 보험사기 적발인원은 다음과 같다.

- 2019년: 9,890+82,650=92,540(명)
- 2020년: 11,740+87,100=98,840(명)
- 2021년: 7,800+89,800=97,600(명)
- 2022년: 6,300+96,400=102,700(명)
- 2023년: 6,050+103,450=109,500(명)

해당 기간 중 보험사기 적발인원이 두 번째로 적은 해는 2021년이며, 2021년의 적발금액은 888,950+55,050=943,100(백만 원)=9,431(억 원)이므로 9,000억 원 이하라는 것은 옳지 않다.

④ (○) 2019년 사고내용조작 유형의 보험사기 적발인원이 모두 손해보험 보험사기로 적발된 경우 손해보험에서 허위 사고 유형의 보험사기 적발인원은 최소 8,618명이다.

→ 먼저 자료의 합계가 제시되지 않으므로 〈자료 3〉에서 2019년 자료의 합계와 〈자료 2〉의 합계가 일치하는지 확인한다. 〈자료 3〉의 경우 62,000+7,830+18,508+4,202=92,540(명)이고, 〈자료 2〉의 경우 82,650+9,890=92,540이므로 일치한다.

손해보험에서 허위 사고 유형의 보험사기 적발인원은 다음과 같이 구할 수 있다.

[방법 1]

n(손해보험 보험사기 적발인원 ∩ 허위사고 보험사기 적발인원)

= n(손해보험 보험사기 적발인원)

− n(손해보험 보험사기 적발인원 ∩ 사고내용조작 보험사기 적발인원)

− n(손해보험 보험사기 적발인원 ∩ 고의사고 보험사기 적발인원)

− n(손해보험 보험사기 적발인원 ∩ 기타 보험사기 적발인원)

으로 구할 수 있다.

n(손해보험 보험사기 적발인원 ∩ 허위사고 보험사기 적발인원)의 최솟값을 구하는 것이 목적이므로, n(손해보험 보험사기 적발인원)에서 최대한 많은 수를 빼야한다. 따라서 사고내용조작, 고의사고, 기타의 보험사기 적발인원을 전부 손해보험 보험사기 적발인원으로 가정한다.

이 경우,

n(손해보험 보험사기 적발인원∩허위사고 보험사기 적발인원)

=82,650−62,000−7,830−4,202=8,618이다.

따라서 n(손해보험 보험사기 적발인원∩허위사고 보험사기 적발인원)≥8,618이므로 옳은 설명이다.

[방법 2]

n(손해보험 보험사기 적발인원∩허위사고 보험사기 적발인원)

= n(허위사고 보험사기 적발인원)

− n(생명보험 보험사기 적발인원∩허위사고 보험사기 적발인원)

n(손해보험 보험사기 적발인원∩허위사고 보험사기 적발인원)의 최솟값을 구하는 것이 목적이므로, n(허위사고 보험사기 적발인원)에서 최대한 많은 수를 빼야한다. 따라서 생명보험 보험사기 적발인원 전부가 허위 사고 보험사기 적발인원이라고 가정한다.

이 경우,

n(손해보험 보험사기 적발인원∩허위사고 보험사기 적발인원)

=18,508−9,890=8,618이다.

따라서 n(손해보험 보험사기 적발인원∩허위사고 보험사기 적발인원)≥8,618이므로 옳은 설명이다.

⑤ (O) **2022년 보험사기 적발인원 중 고의 사고 유형의 인원과 허위 사고 유형의 인원 차이는 같은 해 전체 보험사기 적발인원의 8%에 해당한다.**

→ 2022년 보험사기 적발인원 중 고의 사고 유형의 인원과 허위 사고 유형의 인원 차이는 18,486−10,270=8,216(명)이다.

따라서 고의 사고 유형의 인원과 허위 사고 유형의 인원이 같은 해 전체 보험사기 적발 인원에서 차지하는 비중은 $\frac{8,216}{102,700}\times100=8(\%)$로, 옳은 설명이다.

합격자의 실전 풀이 순서

❶ 자료를 확인하며 눈에 들어오는 것들(〈자료 1〉의 단위 및 그래프 경향, 〈자료 2〉의 그래프 추이)을 확인한다.

❷ 적절하지 않은 것을 고르는 문제이므로 선지 옆에 X 표를 하여 적절한 것을 정답으로 하는 실수를 하지 않도록 한다.

❸ '생명보험'에는 동그라미, '손해보험'에는 세모 표시를 표와 선지에 표시하면서 읽으면 실수를 줄일 수 있다.

❹ '두 번째'와 같은 표현이 나올 때는 글자 위에 크게 2라고 써둔다.

❺ 답이 나온 후에는 이후 선지를 확인하지 않고 넘어간다.

합격자의 시간단축 Tip

Tip ❶ 단위에 유의하자.

〈자료 1〉은 백만 원을 단위로 하지만, 문제에서는 백만 원을 기준으로 표기하고 있지 않다. 판단의 편의를 위해 선지의 내용을 백만 원 단위의 숫자로 표기하여 판단하면 실수를 줄일 수 있을 것이다.

Tip ❷ 10배, 1000만 원 등 10의 배수로 숫자를 비교하라고 한 선지부터 해결한다. 10의 배수로 숫자 비교 시 숫자 배열만 확인하면 되므로 빠르게 옳고 그름을 판단할 수 있다.

Tip ❸ 선지별 시간단축 전략

선지 ① 정확한 배율을 구하는 것보다 10배 이상인지 확인하도록 하자. 구체적인 배율의 값은 몰라도 10배 이상인지만 확인하면 정오 판단을 할 수 있기 때문이다. 다시 말해, 생명보험 보험사기 적발금액에 10배를 곱한 값보다 손해보험 보험사기 적발금액이 많은지 확인하기만 하면 된다. 2019년을 예로 들면, 802,500≥77,500×10의 성립여부를 판별하는 것이다. 금액의 단위가 같고 10배보다 많은지만 확인하면 되므로 숫자 배열 비교만으로 아주 쉽게 풀 수 있는 선지이다.

선지 ② 분수가 1 또는 10의 제곱수 이상인지 물을 때는 자릿수를 무시하고 숫자 배열만 확인한다. 첫 자리부터 시작해서 분자의 숫자 배열이 분모의 숫자 배열보다 크다면 1 또는 10의 제곱수보다 크다고 볼 수 있다. 단순히 무엇이 더 큰 수인지 5초 만에 확인하고 넘어갈 선지다.

선지 ③ 생명보험과 손해보험의 적발인원을 매년 모두 더하는 불필요한 계산을 하지 않도록 한다. 2022년과 2023년의 경우, 손해보험 적발인원이 다른 연도에 비해 훨씬 크고, 2019년의 경우 손해보험 적발인원이 다른 연도에 비해 4,000명 이상 적기 때문에 적발인원이 가장 적은 해임을 쉽게 알 수 있다. 따라서 2020년과 2021년의 비교를 통해 두 번째로 적은 해의 보험사를 구할 수 있으며, 모든 연도를 계산하려 마음먹었더라도 구체적인 수치를 도출하기보다는 앞자리 기준으로 계산하되, 동일하거나 유사한 경우에만 구체적으로 도출하는 방식으로 비교할 수 있다.

선지 ⑤ 8%인지 도출하기 보다는, 8%가 맞는지 확인하도록 한다. 102,700×0.08=8,216이 성립하는지 확인하는 것이다. 한편, 0.08을 곱하기보다는 10%에서 2%를 빼주는 방식이 더 빠를 수 있다. 본인에게 더 빠른 방법을 찾아가면서 다양하게 연습해두는 것이 중요하다.

19 정답 ④ 난이도 ●●●

수리능력_자료해석_추가자료 활용

ㄱ. (×) 제시된 기간 중 전체 보험사기 적발금액이 가장 많은 연도는 사고내용조작 보험사기 적발금액이 가장 많은 연도와 동일하다.

➜ 전체 보험사기 적발금액은 〈자료 1〉에서 확인할 수 있으며, 생명보험과 손해보험의 금액을 합하여 구할 수 있다. 2019~2023년 전체 보험사기 적발금액을 구하면 다음과 같다.

- 2019년:
  802,500+77,500=880,000(백만 원)
- 2020년:
  822,000+78,000=900,000(백만 원)
- 2021년:
  888,950+55,050=944,000(백만 원)
- 2022년:
  1,022,000+58,000=1,080,000(백만 원)
- 2023년:
  1,070,980+44,020=1,115,000(백만 원)

적발금액이 가장 많은 해는 2023년이다.

위에서 구한 금액과 〈자료 4〉의 비중을 이용해 2019 ~ 2023년 사고내용조작 보험사기 적발금액을 구하면 다음과 같다.

- 2019년: 880,000×58%=510,400(백만 원)
- 2020년: 900,000×59%=531,000(백만 원)
- 2021년: 944,000×60%=566,400(백만 원)
- 2022년: 1,080,000×62%=669,600(백만 원)
- 2023년: 1,115,000×60%=669,000(백만 원)

사고내용조작 보험사기 적발금액이 가장 많은 해는 2022년이다.

따라서 제시된 기간 동안 보험사기 적발금액이 가장 많은 해에 사고내용조작 유형의 보험사기 적발금액이 가장 많다는 것은 옳지 않다.

ㄴ. (○) 2020년 허위 사고 및 기타 유형의 보험사기 적발인원당 적발금액은 모두 1,000만 원을 초과한다.

➜ ㄱ에서 도출한 2020년의 보험사기 적발금액을 참고하여 허위 사고 및 기타 유형의 보험사기 적발인원 당 적발금액을 구하면 다음과 같다.

- 허위 사고:

$$\frac{900{,}000\text{백만 원}\times 17\%}{14{,}826} = \frac{153{,}000\text{백만 원}}{14{,}826} \fallingdotseq 10.32(\text{백만 원})$$

- 기타:

$$\frac{900{,}000\text{백만 원}\times 9\%}{7{,}444} = \frac{81{,}000\text{백만 원}}{7{,}444} \fallingdotseq 10.88(\text{백만 원})$$

1,000만 원은 10백만 원이므로 허위 사고와 기타 모두 2020년 적발인원당 적발금액은 1,000만 원을 초과함을 알 수 있다.

ㄷ. (×) 2019년 고의 사고 및 기타 유형의 보험사기 적발금액은 총 2,000억 원 이상이다.

➜ ㄱ에서 도출한 2019년 보험사기 적발금액에 고의 사고 및 기타 유형의 비중을 곱하면 된다.
880,000(백만 원)×20%(=12.5%+7.5%)=176,000(백만 원)으로 200,000백만 원인 2,000억 원에 미치지 못하므로 옳지 않다.

ㄹ. (○) 2021년 생명보험 보험사기 적발금액이 모두 사고내용조작 유형인 경우, 손해보험에서 동일한 유형의 보험사기 적발금액은 5,000억 원 이상이다.

➜ 2021년 사고내용조작 유형의 보험사기 적발금액은 전체 보험사기 적발금액의 60%이다. 2021년의 전체 보험사기 적발금액은 888,950+55,050=944,000(백만 원)이므로 사고내용조작 유형의 보험사기 적발금액은 944,000×0.6=566,400(백만 원)이다.

한편,

n(사고내용조작 보험사기 적발금액)
$=n$(사고내용조작 보험사기 적발금액 ∩ 손해보험 보험사기 적발금액)$+n$(사고내용조작 보험사기 적발금액 ∩ 생명보험 보험사기 적발금액)이다.

2021년 생명보험 보험사기 적발금액이 모두 사고내용조작 유형인 경우,

n(사고내용조작 보험사기 적발금액 ∩ 생명보험 보험사기 적발금액)
$=n$(생명보험 보험사기 적발금액) 임을 의미하므로

n(사고내용조작 보험사기 적발금액 ∩ 생명보험 보험사기 적발금액)=55,050이다.
n(사고내용조작 보험사기 적발금액 ∩ 손해보험 보험사기 적발금액)
=n(사고내용조작 보험사기 적발금액)
−n(사고내용조작 보험사기 적발금액 ∩ 생명보험 보험사기 적발금액) 이 성립하므로
n(사고내용조작 보험사기 적발금액 ∩ 손해보험 보험사기 적발금액)
=566,400−55,050=511,350(백만 원) ≥ 500,000(백만 원)이 성립한다.
따라서 손해보험에서 사고내용조작 보험사기 적발금액은 5,000억 원 이상이다.

합격자의 실전 풀이 순서

[방법 1]

❶ 〈자료 4〉의 제목을 보고 표의 내용을 파악한다.

❷ 선지를 확인하고 두 개뿐인 보기 ㄱ보다는 세 개인 보기 ㄷ을 먼저 푼다. 보기 ㄴ부터 풀지 않는 이유는 보기 ㄱ이 2개이고 보기 ㄴ이 3개일 경우 보기 ㄱ이 틀리고 보기 ㄴ이 맞을 확률이 높기 때문이다. 따라서 ㄷ부터 푼다면 선지를 빠르게 줄일 확률이 높다.

❸ 보기 ㄷ을 확인하면 선지 ①과 ④만 남게 되므로 ㄱ, ㄹ 중 더 쉬운 보기를 푼다.

[방법 2]

❶ 옳은 설명을 고르는 문제이므로 별도 표시 없이 자료 및 보기를 확인한다.

❷ 보기 ㄱ을 확인 후 선지 ①과 ②를 소거한다.

❸ 보기 ㄴ은 계산이 다른 보기에 비해 번거로울 것 같다고 판단하여 보기 ㄷ을 판단해 정답을 도출한다.

합격자의 시간단축 Tip

Tip ❶ 보기 문제의 특성을 잘 활용한다.
보기 문제는 절반의 선지만을 판단하여 정답이 나오는 경우가 존재한다. 해당 문제의 경우도 ㄱ의 정오를 판단하면 선지 ①, ②가 소거되고, 보기 ㄴ을 풀지 않고 보기 ㄷ을 판단했을 때 정답이 도출되었다. 이와 같이, 보기를 순서대로 판단하는 것보다 본인이 판단하기 쉬운 것 위주로 판단한다면 시간을 단축할 수 있다.

Tip ❷ 보기별 시간단축 전략
보기 ㄱ. 보험사기 적발금액이 가장 많은 연도를 찾기 위해 생명보험과 손해보험의 값을 연도마다 더하지 않도록 한다. 생명보험은 감소추세, 손해보험은 증가추세에 있음을 확인하고 각각의 좌우편차를 비교하여 증가분이 더 큰지, 감소분이 더 큰지만 확인한다. 또는, 손해보험이 생명보험에 비해 적발금액 자체와 연도별 차이가 훨씬 크기 때문에 따로 비교할 필요 없이 2023년의 적발금액이 가장 많음을 쉽게 알 수 있다.
사고내용조작 유형의 보험사기 적발금액이 가장 많은 연도를 찾기 위해 2019~2021년은 2023년보다 보험사기 적발금액, 사고내용조작 적발금액의 비중이 모두 적으므로 확인할 필요가 없다. 2022년 1,080,000×0.62와 2023년 1,115,000×0.60을 비교할 때는 절대 전부 곱해서 도출하지 않는다. 왼쪽은 1,080에서 35만큼 증가한 반면, 오른쪽은 60에서 2만큼 증가했다. $\frac{35}{1,080}$와 $\frac{2}{60}$을 비교했을 때 60에서 2만큼 커진 것이 더 많이 증가한 것이므로 2022년의 값이 더 크다는 것을 알 수 있다. 일일이 약분하고 곱하는 것보다 눈으로 보는 비교가 더 빠를 수 있도록 평소에 곱셈 비교와 분수 비교를 충분히 연습해 두는 것이 필수다. 두 분수를 비교할 때, 60의 18배를 해야 1,080이 되지만 분자는 2의 17.5배를 해야 35가 된다. 분모의 증가율이 더 크므로 $\frac{2}{60}$가 더 큼을 알 수 있다.

보기 ㄴ. 분수 꼴이 1 또는 10의 제곱수를 넘는지를 확인할 때는 자릿수는 신경쓰지 않고 분자의 숫자가 분모의 숫자보다 큰지만 확인한다. 즉 적발금액이 적발인원보다 큰지만 확인하고 바로 넘어간다.

보기 ㄹ. 확인해야 할 자료가 멀리 떨어져 있는 경우에는 반드시 하나의 자료에 단권화하여 왔다 갔다 하며 헷갈리거나 누락하는 일이 없도록 한다. 반복하여 확인하는 것보다 시간을 단축할 수 있다.

20 정답 ④ 난이도 ●●●

수리능력_자료해석_자료에 대한 진위 판단(계산 필요)

① (O) **제시된 기간 동안 매년 크라우드펀딩 발행건당 평균발행금액은 2억 원 이하이다.**
➜ 크라우드펀딩 발행건당 평균발행금액= $\frac{\text{연간 발행금액}}{\text{연간 발행건수}}$을 통해 구할 수 있다.
〈자료 1〉의 크라우드펀딩 발행건수와 발행금액을 이용해 2020~2024년 크라우드펀딩 발행건당 평균발행금액을 구하면 다음과 같다.

- 2020년: $\frac{2,800}{154}$≒18.182(천만 원)
- 2021년: $\frac{1,650}{100}$=16.5(천만 원)

- 2022년: $\frac{1,800}{90}$=20(천만 원)
- 2023년: $\frac{1,700}{102}$≒16.667(천만 원)
- 2024년: $\frac{2,200}{154}$≒14.286(천만 원)

따라서 매년 크라우드펀딩 발행건당 평균발행금행은 2억 원, 즉 20천만 원 이하이므로 옳은 설명이다.

② (O) 제시된 기간 동안 2건 이상의 크라우드펀딩을 발행한 회사가 매년 존재한다.

→ 〈자료 2〉에서 발행금액 상위 7개 업종의 발행현황을 확인할 수 있다. 매년 모든 발행회사가 크라우드펀딩을 한 건씩 발행한다면 발행건수와 발행회사 수는 일치할 것이다. 하지만 제시된 기간 동안 매년 발행건수는 발행회사 수보다 많다. 이는 발행회사 중 2건 이상의 크라우드펀딩을 발행한 회사가 있다는 것을 의미한다.

③ (O) 2022년 크라우드펀딩 발행회사당 평균발행금액은 2억 5천만 원이다.

→ 〈자료 1〉에서 2022년 크라우드펀딩 발행회사는 모두 72개사이고, 발행금액은 1,800천만 원(180억 원)임을 확인할 수 있다.

크라우드펀딩 발행회사당 평균발행금액=

$\frac{\text{발행금액}}{\text{발행회사 수}}$을 이용해 2022년 크라우드펀딩 발행회사당 평균발행금액을 구하면 $\frac{1,800}{72}$=25(천만 원)=2억 5천만 원이므로 옳은 설명이다.

④ (×) 제시된 기간 동안 크라우드펀딩 발행금액 상위 8위 이하 업종의 발행건수는 45건이다.

→ '상위 8위 이하 업종의 발행건수=전체 발행건수−상위 7개 업종 발행건수'이다.

〈자료 1〉을 이용해 2020~2024년 전체 발행건수를 구하면 154+100+90+102+154=600(건)이고, 〈자료 2〉에서 2020~2024년 상위 7개 업종 발행건수는 545건임을 확인할 수 있다.

따라서 상위 8위 이하 업종의 발행건수는 600−545=55(건)이므로 옳지 않은 설명이다.

⑤ (O) 제시된 기간 동안 크라우드펀딩 발행금액 상위 7개 업종의 발행금액은 전체 발행금액의 90% 이상을 차지한다.

→ 〈자료 1〉을 이용해 2020~2024년 전체 발행금액을 구하면 2,800+1,650+1,800+1,700+2,200=10,150(천만 원)이다. 그리고 〈자료 2〉에서 상위 7개 업종의 발행금액은 9,490천만 원임을 확인할 수 있다.

전체 발행금액에서 상위 7개 업종의 발행금액이 차지하는 비중을 구하면

$\frac{\text{상위 7개 업종의 발행금액}}{\text{전체 발행금액}}\times 100=$

$\frac{9,490}{10,150}\times 100$≒93.5(%)

따라서 2020~2024년 크라우드펀딩 발행금액 상위 7개 업종의 발행금액은 전체 발행금액의 90% 이상을 차지한다.

합격자의 실전 풀이 순서

❶ 적절하지 않은 것을 고르는 문제이므로 선지 옆에 X 표를 하여 옳은 선지를 정답으로 체크하는 실수를 방지한다.

❷ 〈자료〉의 단위인 천만 원과 선지에서 묻는 단위가 다르므로 실수하지 않도록 단위변환에 유의한다.

❸ 선지 해결을 위해 덧셈 및 여타 계산이 불가피한 부분도 있으므로 빠르게 계산하여 판단한다.

합격자의 시간단축 Tip

Tip ❶ 자료에 제시된 단위와 선택지에 제시된 단위가 다를 때에는 이를 통일시켜주는 것이 좋다. 이 문제의 경우 10천만 원이 1억 원임을 인지해 단위를 통일하면 선지 ①이나 선지 ③을 풀어감에 있어 시간을 단축할 수 있을 것이다.

Tip ❷ 〈자료 2〉와 같이 순위가 반영된 자료는 이를 활용한 문제가 출제될 가능성이 크다. 이를 예상하는 것만으로도 관련 선지를 발견했을 때 심리적 안정감과 함께 문제 풀이의 방향을 빠르게 설정할 수 있으므로 순위 문제가 나오면 주로 등장하는 유형들을 공부해두면 좋다. 해당 문제의 선지 ④도 전체 수, 특정 순위까지의 수를 주고 그 이하 순위를 추론할 수 있는지를 판단하는 것으로, 자주 등장하는 형태이다.

Tip ❸ 나눗셈보다는 곱셈을 활용하도록 한다.

선지 ①의 경우, $\frac{\text{연간 발행금액}}{\text{연간 발행건수}}\leq 20$을 연간발행금액 ≤ 연간발행건수×20으로 변환하여 곱셈을 이용해 정오를 판단하면 시간을 단축할 수 있다.

또한 선지 ③은 $\frac{\text{발행금액}}{\text{발행회사 수}}$=25(천만 원)인지 확인하는 문제이므로 이를 '25(천만 원)×발행회사 수=발

행금액'으로 변형해 정오를 판단하면 시간을 단축할 수 있다.

Tip ④ 선지별 시간단축 전략

선지 ④ 정확한 값을 도출하기보다는 선지에 있는 값이 맞는지 확인하도록 한다. ④의 경우, 상위 8위 이하 업종의 발행건수가 45건이 맞다면 상위 7개 업종의 발행건수 합계에 45를 더한 값은 2020~2024년 전체 발행건수랑 같아야 한다.

〈자료 2〉에 제시된 상위 7개 업종의 발행건수 합계는 545건이므로 여기에 45를 더한 값은 545+45=590이다. 그리고 〈자료 1〉을 이용해 2020~2024년 전체 발행건수를 구하면 154+100+90+102+154=600이다.

즉 두 값은 같지 않으므로 옳지 않은 설명임을 확인할 수 있다.

선지 ⑤

(1) 발행금액을 모두 더해야 할 때, 더해서 자리 올림이 발생하는 숫자가 있다면 이를 활용하는 것이 좋다. 예를 들어 1,800과 2,200을 더하면 4,000으로 편하고 빠르게 계산할 수 있으므로 시간을 단축할 수 있다.

(2) 발행금액을 모두 더하면 10,150천만 원이고 상위 7개 업종의 발행금액이 전체 발행금액의 90% 이상을 차지하는지 판단할 때 직접 계산하지 말고 비교할 대상의 수를 선택해 분자와 분모의 증가를 비교하면 시간을 단축할 수 있다.

10,000천만 원의 90%는 9,000천만 원이므로, $\frac{9,000}{10,000}$과 $\frac{9,490}{10,150}$을 비교해보자.

$$\frac{9,000}{10,000} \xrightarrow[+150]{+490} \frac{9,490}{10,150}$$

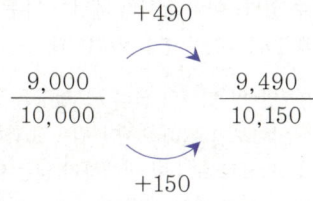

분모인 전체 발행금액은 150천만 원이 더 큰 반면, 상위 7개 업종의 발행금액은 490천만 원이 더 크다. 분모의 증가가 분자의 증가가 더 크므로 직접 계산하지 않아도 90%를 초과할 것임을 빠르게 판단할 수 있다.

21 정답 ⑤ 난이도 ●●○

수리능력_자료해석_추가자료 활용

① (O) 2020~2023년에 정보통신업에서 크라우드펀딩을 발행한 회사는 71개사이다.

→ 〈자료 2〉에 따르면 2020~2024년에 정보통신업에서 크라우드펀딩을 발행한 회사는 110개사이다. 〈자료 4〉에 따르면 2024년 정보통신업에서 크라우드펀딩을 발행한 회사는 39개사이므로 2020~2023년에 정보통신업에서 크라우드펀딩을 발행한 회사는 110−39=71(개사)이다.

② (O) 2024년 건설업에서 발행한 크라우드펀딩의 발행금액은 3억 원 미만이다.

→ 2024년 건설업은 크라우드펀딩 발행금액을 기준으로 상위 7개 업종에 포함되지 않았다. 이는 건설업의 크라우드펀딩 발행금액이 7위 업종인 기타금융업의 발행금액보다 작다는 것을 의미한다. 따라서 2024년 건설업에서 발행한 크라우드펀딩 발행금액은 기타금융업의 30천만 원(=3억 원)보다 작음을 알 수 있다.

③ (O) 2020~2023년 중 제조업에서 크라우드펀딩을 발행한 해는 2개년도 이상이다.

→ 〈자료 2〉와 〈자료 4〉에 따르면 제조업의 2020~2024년 크라우드펀딩 발행건수는 189건이고 그 중 2024년의 발행건수는 34건이다. 따라서 2020~2023년의 발행건수는 189−34=155(건)이다. 〈자료 1〉에 따르면 발행건수가 가장 많은 해는 154건이 발행된 2020년인데, 만일 제조업의 크라우드펀딩이 2020년에 모두 발행되었다고 하더라도 1건이 남는다. 즉, 제조업에서의 크라우드펀딩 발행은 2개년도 이상에 걸쳐 이루어졌음을 알 수 있다.

④ (O) 2024년에 2천만 원 이하의 크라우드펀딩을 발행한 회사가 있다.

→ 2024년에 크라우드펀딩을 발행한 143개사의 총 발행금액은 2,200천만 원이고, 그중 발행금액 상위 7개 업종회사 121개사의 발행금액은 2,160천만 원이다. 즉, 나머지 143−121=22(개사)의 발행금액은 2,200−2,160=40(천만 원)임을 알 수 있다. 이때 나머지 모든 22개의 회사가 2천 만 원 초과하는 금액으로 크라우드펀딩을 발행했다고 가정하자. 이 경우, 2천만 원↑×22개사=44↑천만 원>40천만 원으로 실제 발행금액을 초과하게 된다. 따라서 2천만 원 이하로 크라우드펀딩을 발행한 회사가 존재할 수밖에 없다.

⑤ (×) 2020~2023년 전문, 과학 및 기술 서비스업의 연평균 크라우드펀딩 발행금액과 동기간 교육 서비스업의 연평균 크라우드펀딩 발행금액의 차이는 150억 원 이상이다.

→ 2020~2023년 업종별 연평균 크라우드펀딩 발행금액은 2020~2023년 업종별 크라우드 펀딩 발행금액의 합을 4로 나누어 구한다. 전문, 과학 및 기술 서비스업의 2020~2023년 연평균 크라우드펀딩 발행금액을 구하면 다음과 같다.

- 전문, 과학 및 기술 서비스업의 2020년~2023년 크라우드펀딩 발행금액
  =2020년~2024년 크라우드펀딩 발행금액−2024년 크라우드펀딩 발행금액
  =900천만 원−180천만 원=720(천만 원)
  ∴ 전문, 과학 및 기술 서비스업의 2020년~2023년 연평균 크라우드펀딩 발행금액
  =720천만 원÷4=180(천만 원)

한편, 교육 서비스업의 경우 2024년에는 발행금액 기준 상위 7개 업종에 포함되었지만, 2020~2024년 발행금액 기준 상위 7개 업종에 포함되지 않았다.

즉, 2020~2024년 교육서비스업 발행금액은 상위 7위인 발행금액인 200천만 원보다 작음을 유추할 수 있다.

이를 참고해 교육서비스업의 2020~2023년 연평균 크라우드펀딩 발행금액을 구하면 다음과 같다.

- 교육 서비스업의 2020~2023년 크라우드펀딩의 발행금액
  =2020년~2024년 크라우드펀딩 발행금액−2024년 크라우드펀딩 발행금액
  =200천만 원↓−40천만 원=160(천만 원)↓
  ∴ 교육 서비스업의 2020~2023년 연평균 크라우드펀딩의 발행금액=160천만 원↓÷4=40(천만 원)↓

전문, 과학 및 기술 서비스업과 교육서비스업의 2020년~2023년 연평균 크라우드펀딩 발행금액 차이는 180천만 원−40천만 원↓=140(천만 원)↑이다.

따라서 150억 원 이상이라는 설명은 옳지 않다.

합격자의 실전 풀이 순서

❶ 적절하지 않은 설명을 찾는 문제이므로 선지 옆에 X 표를 하여 적절한 분석을 답으로 고르는 실수를 하지 않도록 한다.

❷ 〈자료 1〉~〈자료 3〉은 2020~2024년, 〈자료 4〉는 2024년 값이므로 헷갈리지 않도록 주의한다.

❸ 계산이 필요한 경우 순차적으로 계산해나가되, 최대 혹은 최소치를 설정하여 선지의 정오를 판단해야 하는 부분에서는 적절한 수치를 활용하여 판단한다.

합격자의 시간단축 Tip

Tip 선지별 시간단축 전략

선지① 〈자료 2〉에서 정보통신업의 발행회사 수를 찾고 〈자료 4〉의 발행회사 수를 빼서 확인하는 방법도 있지만, 주어진 선지 값에 〈자료 4〉의 값을 더하여 〈자료 2〉의 값이 도출되는지 확인하는 방법도 있다. 선지를 바로 활용할 수 있고, 뺄셈보다 덧셈을 통해 풀어가기에 상대적으로 시간 단축을 할 수 있다. 즉, 2020~2023년에 정보통신업에서 크라우드펀딩을 발행한 회사가 71개사라면 〈자료 4〉의 2024년 정보통신업 크라우드펀딩 발행회사 수 39와 더한 결과는 〈자료 2〉의 정보통신업 발행회사 수인 110이어야 한다. 71+39=110이므로 적절한 분석임을 알 수 있다.

선지② 순위를 포함한 자료가 있는 문제에서 자주 등장하는 유형이므로 잘 익혀두면 시간을 단축할 수 있다. 전체 값과 특정 순위에 드는 값들만 있을 때 순위에 들지 못한 항목 및 값들을 추정하는 문제들이 자주 등장함을 기억해두자.

선지③ 해당 유형도 자주 등장하는데, 극단까지 몰아넣어 판단하면 된다. 즉, 2개년도 이상이 되지 않으려면 1개년도에 모두 발행해야 하기에 주어진 연도 중 발행건수가 가장 많은 해에 다 포함시켜 보는 것이다. 그럼에도 모두 발행할 수 없다면 다른 연도에도 발행한 것임을 알 수 있다. 이와 유사한 패턴이 자주 등장하므로 어떻게 해결하는 것이 좋을지 기억해 두자.

선지④ 2천만 원 이하의 크라우드펀딩을 발행한 회사가 없는지 알아보기 위해 2천만 원을 초과하는 크라우드펀딩 회사만으로 모순이 발생하지 않는지를 통해 판단할 수 있다. 위와 같이 2024년 상위 7개 업종이 아닌 회사 중 크라우드펀딩을 발행한 회사 수는 22개사, 발행금액은 40천만 원임을 파악할 수 있다. 만약 모든 회사가 2천만 원을 초과하는 크라우드펀딩 발행을 했다면 40천만 원을 초과하여 모순이 발생하므로 2천만 원 이하의 크라우드펀딩을 발행한 회사가 있음을 알 수 있다.

선지⑤ 자료를 파악할 때 가장 먼저 확인해야 할 것은 단위이다. 단위가 제대로 표기되어 있는지 확인해야 한다. 선지 ⑤의 경우에도 단위가 잘못되어 있다는 것을

파악했다면, 계산하지 않아도 곧바로 잘못된 선지임을 깨달았을 것이다.

한편, 단위가 천만 원으로 올바르게 표기되어 있다면 정오판단은 극단값을 가정한 후 문제를 해결한다. 구체적으로 설명하면 다음과 같다. 교육 서비스업의 값이 제시되지 않았으므로 최대로 가정해본다. 최대로 가정했을 때 차이가 150천만 원 이상이어야 교육 서비스업이 어떤 값을 갖더라도 선지의 내용을 충족할 것이기 때문이다. 교육 서비스업은 〈자료 2〉에서 상위 7개 업종에 들지 못했으므로 최대로 7위와 동일한 200천만 원의 값을 가질 수 있고, 2024년의 값을 제외하면 2020~2023년은 160천만 원이 최댓값임을 알 수 있다. 연평균 값을 구하기 위해 4로 나누면 40천만 원이 되는데, 180천만 원에서 40천만 원을 빼주면 140천만 원이다. 150천만 원 이상 차이가 나야 하는데 이보다 작게 차이가 나는 경우가 존재함을 파악할 수 있다.

22 정답 ⑤ 난이도 ●●○

수리능력_자료해석_자료에 대한 진위 판단(계산 필요)

ㄱ. **(O) 전문투자자 등의 2020~2024년 크라우드펀딩 투자금액은 308억 원이다.**

➜ 〈자료 3〉을 살펴보면 일반투자자와 적격투자자의 투자금액대별 누적투자금액을 확인할 수 있고, 각주에서 투자자는 일반투자자, 적격투자자, 전문투자자 등으로 구분되는 점을 파악할 수 있다.

이때, 일반투자자와 적격투자자의 누적투자금액 항목 중 가장 하단에 있는 값은 일반투자자와 적격투자자의 총투자금액 의미한다. 즉, 2020~2024년 일반투자자와 적격투자자의 총투자금액은 각각 6,430천만 원, 640천만 원이다.

한편, 〈자료 1〉의 연도별 발행금액을 합하여 2020~2024년 총투자금액을 구하면

2,800+1,650+1,800+1,700+2,200
=10,150(천만 원)이다.

'2020~2024년 총투자금액=2020~2024년 일반투자자 총투자금액+2020~2024년 적격투자자 총투자금액+2020~2024년 전문투자자 등 총투자금액'이므로

2020~2024년 전문투자자 등 총투자금액
=2020~2024년 총투자금액−(2020~2024년 일반투자자 총투자금액+2020~2024년 적격투자자 총투자금액)
=10,150−(6,430+640)=3,080(천만 원)
=308(억 원)

따라서 전문투자자 등의 2020~2024년 크라우드펀딩 투자금액은 308억 원이므로 옳은 설명이다.

ㄴ. **(O) 2020~2024년 크라우드펀딩 투자자 한 명의 기업 1개사당 평균 투자금액은 적격투자자가 일반투자자보다 더 많다.**

투자자 한 명의 기업 1개사당 평균 투자금액=

$$\frac{\text{총투자금액}}{\text{총투자인원}}$$

〈자료 3〉에서 일반투자자와 적격투자자의 누적투자금액 항목 중 가장 하단에 있는 값은 일반투자자와 적격투자자의 총투자금액 의미하고, 누적 인원수 항목 중 가장 하단에 있는 값은 일반투자자와 적격투자자의 총투자인원을 의미한다.

이를 이용해 일반투자자와 적격투자자의 2020~2024년 크라우드펀딩 투자자 한 명의 기업 1개사당 평균 투자금액을 구하면 다음과 같다.

- 일반투자자: $\frac{6,430}{34,510}$≒0.186(천만 원)
- 적격투자자: $\frac{640}{2,150}$≒0.298(천만 원)

따라서 2020~2024년 크라우드펀딩 투자자 한 명의 기업 1개사당 평균 투자금액은 적격투자자가 일반투자자보다 더 많으므로 옳은 설명이다.

ㄷ. **(×) 2020~2024년 투자금액대가 200만 원 초과인 일반투자자 한 명의 기업 1개사당 평균 투자금액은 500만 원 미만이다.**

➜ 〈자료 3〉은 누적현황에 대한 자료이므로, 투자금액대별 인원수 및 투자금액은 해당 구간에서 이전 구간의 값을 빼서 구할 수 있다.

2020~2024년 투자금액대가 200만 원 초과인 일반투자자의 수와 투자금액을 각각 구하면 다음과 같다.

- 일반투자자의 수
  =(200만 원 초과 투자 누적 인원수)−(~200만 원 투자 누적 인원수)
  =34,510−25,510=9,000(명)
- 투자금액
  =(200만 원 초과 투자 누적 투자금액)−(~200만 원 투자 누적 투자금액)
  =6,430−1,930=4,500(천만 원)

따라서 일반투자자 한 명의 기업 1개사당 평균투자금액은 $\frac{4,500}{9,000}$=0.5(천만 원/명)=500(만 원/명)이므로 500만 원 미만이라는 설명은 옳지 않다.

ㄹ. (×) 2020~2024년 기업 1개사당 800만 원을 투자한 적격투자자의 최대 인원은 10명이다.

→ 2020~2024년 600만 원 초과~800만 원을 투자한 적격투자자의 인원수는 1,950−1,920=30(명), 투자금액은 440−420=20(천만 원)=2(억 원)이다.

만일 800만 원을 투자한 적격투자자의 인원수가 10명이라면, 이들의 투자금액은 800만 원×10명=8,000(만 원)이므로 나머지 12,000만 원의 투자금액은 20명이 투자한 것이 된다. 그러나 이 경우 평균 투자액은 12,000÷20=600(만 원)이 된다. 이때, 600만 원 초과~800만 원을 투자한 적격투자자의 인원수를 구하고 있음을 고려할 때, 평균 투자액이 600만 원인 상태에서 600만 원 초과 투자자가 한 명이라도 발생하면, 600만 원 이하의 투자자도 발생할 수 있으므로, 구간 내 존재하지 않는 투자자가 생길 수밖에 없다. 즉, 모순이 발생한다(합격자의 **Tip ❸** 참고). 따라서 범위를 만족하는 600만 원 초과의 투자자가 존재하기 위해서는 나머지 투자자들의 투자금액이 12,000만 원을 초과해야 하므로, 800만 원을 투자한 적격투자자의 최대 인원이 10명 미만이어야 한다.

합격자의 실전 풀이 순서

❶ 적절하지 않은 보기를 고르는 문제이므로 보기 옆에 X표를 하여 옳은 보기를 선택하는 실수를 하지 않도록 한다.

❷ 각 보기를 판단할 때마다 선지에 제시된 보기의 기호를 적극적으로 활용하여 모든 보기를 판단하지는 않도록 한다.

합격자의 시간단축 Tip

Tip ❶ 단위가 헷갈리지 않도록 유의한다. 천만 원에 0 하나를 더 붙이면 억 원이 됨을 기억하자. 익숙하지 않다면 주어진 자료나 문제 한쪽에 써두어도 좋다.

Tip ❷ 자료에서 누적도표가 등장하면 해당 데이터가 누적 데이터가 아닌 고유 데이터라고 착각하지 않도록 주의해야 한다. 또한, 누적도표에서 가장 마지막으로 제시된 누적 데이터가 곧 총계임을 파악해야 한다. 그리고 누적 데이터의 차이를 통해 해당 구간의 값을 구할 수 있다는 사실을 기억하자.

Tip ❸ **평균의 성질을 잘 활용하도록 한다.**

쉬운 설명을 위해 5개 항목, 평균 10을 예시로 들어보겠다.

구분	항목 1	항목 2	항목 3	항목 4	항목 5	합계	평균
CASE 1	10	10	10	10	10	50	10
CASE 2	9	11	10	10	10	50	10

CASE 2와 같이 10을 초과하는 항목(11)이 발생하는 경우, 합 50을 유지하기 위해 10 미만인 항목(9)이 존재해야만 한다.

보기 ㄹ에서 20개 항목 평균이 600에서 600 초과~800 이하의 구간을 만족시키기 위해서 600만 원 초과 투자자가 발생하면, 필연적으로 600만 원 미만 투자자가 발생할 수밖에 없다. 다시 말해, 구간을 충족시키지 못하는 투자자가 필연적으로 존재할 수밖에 없게 되며 이는 모순이다.

Tip ❹ **보기별 시간단축 전략**

보기 ㄴ. 해당 값들을 다른 곳에 적어서 판단하기보다는 〈자료 3〉의 주어진 표에 ╲표시를 하여 누적 인원수와 누적 투자금액을 바로 비교할 수 있도록 한다. 6,430과 640이 비슷한 숫자이므로 일반투자자 값에서 0을 소거하거나 적격투자자 값에 0을 추가하는 방식으로 빠르게 비교할 수 있다. 구체적으로 설명하면, 일반투자자의 경우 분자와 분모를 10으로 나눈 값 $\left(=\frac{643}{3,451}\right)$으로 볼 수 있으므로 적격투자자 값 $\left(=\frac{640}{2,150}\right)$과 비교해보면, 분자의 값은 비슷한데 분모의 값이 일반투자자의 경우가 훨씬 크므로 일반투자자 < 적격투자자임을 알 수 있다.

23 정답 ❹ 난이도 ●●●

수리능력_자료해석_자료에 대한 진위 판단(계산 필요)

① (O) 2024년 6월 말 기준 국내에서 유통되는 가상자산은 전년 말 대비 126개 감소하였다.

→ 2024년 6월 말 국내에서 거래되는 가상자산 수는 1,207개이고, 2023년 말 국내 거래 가상자산 수는 1,333개이다. 1,333−1,207=126이므로 126개 감소하였다.

② (O) 2023년 말 원화마켓의 가상자산 1개당 평균 시가총액은 466억 원이다.

→ 2023년 말 원화마켓의 유통 가상자산 수는 925개이고, 해당 기간의 시가총액은 431,050억 원이므로 가상자산 수로 시가총액을 나누어주면 평균 시

가총액을 구할 수 있다.

따라서 그 값은 $\frac{431,050}{925}=466$(억 원)이다.

③ **(O) 2024년 6월 말 기준 단독상장 가상자산 중 시가총액이 1억 원 이하 규모인 가상자산은 30% 이상이다.**

→ 2024년 6월 말 기준 단독상장 가상자산은 285개이며, 285개의 30%는 85.5개이다.

시가총액이 '1억 원 미만'인 단독상장 가상자산이 85.5보다 큰 87개이므로 시가총액이 '1억 원 이상 10억 원 미만'인 단독상장 가산자산 중 1억 원에 해당하는 가상자산의 개수와 상관없이 옳은 설명임을 알 수 있다.

④ **(×) 코인마켓의 경우 2023년 말 대비 2024년 6월 말 시가총액의 감소율이 같은 기간 단독상장 가상자산의 감소율보다 낮다.**

→ • 2023년 말 대비 2024년 6월 말 시가총액 감소율 $=\frac{4,600-1,500}{4,600}\times100≒67.4(\%)$

• 2023년 말 대비 2024년 6월 말 단독상장 가상자산 감소율 $=\frac{156-86}{156}\times100≒44.9(\%)$

따라서 같은 기간 시가총액의 감소율이 더 높으므로 적절하지 않은 설명이다.

⑤ **(O) 2024년 6월 말 기준 코인마켓의 시가총액 중 단독상장이 차지하는 비중이 50%라면, 코인마켓 단독상장 가상자산에서 시가총액이 10억 원 이상인 가상자산이 차지하는 비중은 60% 이상이다.**

→ [방법 1] 2024년 6월 말 기준 코인마켓의 시가총액 중 단독상장 가상자산의 비중이 50%라면 시가총액은 1,500×0.5=750(억 원)이다. 코인마켓의 단독상장 가상자산 중 시가총액이 10억 원 이상인 가상자산을 각 범위의 최솟값으로 구해보면 10억 원×10개의 가상자산, 50억 원×5개의 가상자산, 100억 원×1개의 가상자산으로 그 합은 100억 원+250억 원+100억 원=450(억 원)이 된다. 이는 시가총액이 10억 원 이상인 단독상장 가상자산 비중의 최솟값에 해당하며, 전체에서 차지하는 비중은 $\frac{450}{750}\times100=60(\%)$이므로 60% 이상이다.

[방법 2]

2024년 6월 말 기준 코인마켓의 시가총액 중 단독상장 가상자산의 비중이 50%라는 것은 750억 원임을 뜻한다. 10억 원 이상인 가상자산 비중이 60% 이상인지를 확인하기 위해 10억 원 미만인 자산을 최대로 가정하여 판단해볼 수 있다. '1억 원 미만'인 단독상장 가상자산의 시가총액 합은 최대로 하더라도 50억 원을 초과할 수 없으며, '1억 원 이상 10억 원 미만'인 단독상장 가상자산의 시가총액 합은 최대로 하더라도 200억을 초과할 수 없다. 두 범위의 시가총액 총합이 250억을 초과할 수 없는데, 이는 시가총액 비중 중 33.3%$\left(=\frac{250}{750}\times100\right)$를 초과할 수 없음을 뜻한다. 따라서 10억 원 이상인 가상자산의 비중이 60% 이상임을 알 수 있다.

합격자의 실전 풀이 순서

❶ 적절하지 않은 것을 고르는 문제이므로 선지 옆에 X 표를 하여 적절한 것을 정답으로 고르는 실수를 하지 않도록 한다.

❷ 자료의 제목을 보고 내용을 간단히 확인한다. 이때 〈자료 1〉과 〈자료 2〉의 차이점이 무엇인지 주의하며 동그라미 표시한다. 이 문제의 경우 〈자료 2〉는 위의 자료와 달리 '2024년 6월 말' 기준으로 '단독상장'한 가상자산의 개수라는 것이 체크해야 하는 포인트다.

❸ 자료를 확인 후 선지 정오를 판단한다. 선지 ②의 경우 2023년 말 원화마켓 가상자산 1개당 평균 시가총액이 466억 원이라 가정하고 모순이 없는지를 판단하여 정오를 확인한다.

❹ 선지 ④까지 정오판단 후 정답이 도출됐으므로 이후 선지는 판단하지 않고 넘어간다.

합격자의 시간단축 Tip

Tip 선지별 시간단축 전략

선지② 일반적으로 나누기보다는 곱하기로 바꾸는 것이 속도와 실수를 줄일 수 있는 방법이다. 925×466=431,050인지 확인한다.

선지③ 표를 구조적으로 이해하여 〈자료 1〉과 〈자료 2〉를 골고루 잘 활용할 수 있어야 한다. 〈자료 1〉에 이미 2024년 6월 말 단독상장 가상자산의 개수를 제시하였는데 〈자료 2〉만 보고 합계를 일일이 더하는 실수를 하지 않도록 한다.

선지④

[방법 1] 감소율이 헷갈린다면 증가율로 반대해석하는 것이 일관된 사고구조를 유지하여 시간 단축에 도움이 될 수 있다. 반대해석하면 24년 6월 말에서 23년 말로의 증가율이 클수록 23년 말 대비 24년 6월 말 감소율이 크다. 1,500에서 4,600은 세 배 이상 증가하였지

만 86에서 156은 두 배도 증가하지 않았으므로 시가총액의 감소율이 더 크다.

[방법 2] 코인마켓의 2023년 말 대비 2024년 6월 말 시가총액은 절반 이상 감소(4,600→1,500)하였다. 그러나 같은 기간 단독상장 가상자산의 경우 절반 이하로 감소(156→86)하였다. 따라서 직접 감소율을 계산해보지 않더라도 시가총액의 감소율이 더 높다는 것을 추론할 수 있다.

24 정답 ④ 난이도 ●●○

수리능력_자료해석_자료에 대한 진위 판단(계산 필요)

① **(×) 2019년 말 국민연금 적립금은 개인연금과 퇴직연금 적립금 합의 150% 이상이다.**

→ 〈자료 1〉에 따르면 2019년 말 국립연금 적립금은 765조 원이고 개인연금과 퇴직연금 적립금의 합은 330+225=555(조 원)이다.

765<555×150%=555×1.5=832.5이므로 2019년 말 국민연금 적립금은 개인연금과 퇴직연금 적립금 합의 150% 미만이므로 옳지 않은 설명이다.

② **(×) 2018년 말 전체 공적연금 적립금은 726조 원이다.**

→ 〈자료 1〉을 통해 국민연금 적립금을, 〈자료 2〉를 통해 공적연금 합계 대비 국민연금 비중을 확인할 수 있다.

$\text{국민연금 비중}=\frac{\text{국민연금 적립금}}{\text{전체 공적연금 적립금}}\times100$이므로,

$\text{전체 공적연금 적립금}=\frac{\text{국민연금 적립금}}{\text{국민연금 비중}}\times100$이다.

$\therefore \text{전체 공적연금 적립금}=\frac{638}{88}\times100=725(\text{조 원})$

따라서 2018년 말 전체 공적연금 적립금은 726조 원이 아니다.

③ **(×) 2020년 말 개인연금, 퇴직연금, 국민연금 적립금의 총합에서 개인연금이 차지하는 비중은 25% 미만이다.**

→ 〈자료 1〉에서 개인연금, 퇴직연금, 국민연금 적립금의 총합과 개인연금의 금액을 알 수 있다. 2020년 말 개인연금 적립금은 362.5조 원, 퇴직연금 적립금은 261조 원, 국민연금 적립금은 826.5조 원이고, 이들의 총합은 362.5+261+826.5=1,450(조 원)이다.

2020년 말 개인연금, 퇴직연금, 국민연금 적립금의 총합에서 개인연금이 차지하는 비중은

$\frac{362.5}{1,450}\times100=25(\%)$이므로 25% 미만이라는 설명은 옳지 않다.

④ **(○) 2022년 말 전체 공적연금에서 주택연금 적립금이 차지하는 비중은 10%이다.**

→ 〈자료 1〉을 통해 주택연금 적립금을 확인할 수 있고, 〈자료 2〉를 활용하여 전체 공적연금 적립금을 구할 수 있다.

$$\frac{\text{주택연금 적립금}}{\text{전체 공적연금 적립금}}\times100=\frac{\text{주택연금 적립금}}{\frac{\text{국민연금 적립금}}{\text{국민연금 비중}}\times100}\times100$$

$$\therefore \frac{\text{주택연금 적립금}}{\text{전체 공적연금 적립금}}\times100=\frac{105}{\frac{903}{86}\times100}\times100=\frac{105}{1,050}\times100=10(\%)$$

따라서 2022년 말 전체 공적연금에서 주택연금 적립금이 차지하는 비중은 10%이다.

⑤ **(×) 전년 말 대비 주택연금 적립금의 증가율은 2023년 말이 2022년 말보다 더 높다.**

→ 전년 말 대비 증가율은

$\frac{\text{당해연도 말 적립금}-\text{전년 말 적립금}}{\text{전년 말 적립금}}\times100$

으로 구한다.

2022년과 2023년의 전년 말 대비 주택연금 적립금의 증가율을 구하면 다음과 같다.

- 2023년의 전년 말 대비 주택연금 적립금의 증가율: $\frac{123.5-105}{105}\times100≒17.619(\%)$
- 2022년의 전년 말 대비 주택연금 적립금의 증가율: $\frac{105-83}{83}\times100≒26.506(\%)$

따라서 2022년의 전년 말 대비 증가율이 더 높으므로 옳지 않은 설명이다.

합격자의 실전 풀이 순서

❶ 문제의 자료들을 간단하게 살펴보며 전체적인 자료를 파악한다. (연금 적립금에 관한 연도별 자료이고, 몇몇 카테고리로 구성되어 있다는 점, 21년까지 증가 추세라는 점, 〈자료 2〉는 주택연금도 있고 전체에서의 비중을 나타내는 자료들이 있다는 점 등) 다만, 너무 오랜 시간을 쓸 필요는 없다.

❷ 선지별 정오 판단을 하되, 정답을 찾은 경우 그 뒤의 선지는 판단하지 않는다.

합격자의 시간단축 Tip

Tip ❶ 복수의 자료가 제시된 경우 양자를 모두 활용하는 선지가 정답일 확률이 높다.

출제자는 자신이 출제한 문제의 모든 장치가 문제 풀이에 최대한 활용되기를 원할 것이다. 복수의 자료가 제시되는 경우, 첫 번째 자료만 활용하여 해결할 수 있는 선지가 정답이 될 확률은 낮다. 그렇게 되면 문제 풀이 시간이 지나치게 짧아지고, 해당 문항의 변별력 역시 낮아지기 때문이다. 따라서 본 문항과 같이 2개의 자료가 제시된 경우, 〈자료 2〉만을 활용한 선지 혹은 〈자료 1〉과 〈자료 2〉 모두를 활용하는 선지를 먼저 해결한다면 시간을 단축할 수 있다.

Tip ❷ 선지별 시간단축 전략

선지① 150%가 나오는 경우 100%+50%로 나누어 생각한다. 765가 555의 150% 이상임을 확인하기 위해서 555×100%+555×50%로 생각한다. 즉, 555에다가 555의 절반을 더한 것보다 765가 더 큰지 판단하면 되므로 옳지 않은 선지임을 빠르게 알 수 있다.

선지② 전체 공적연금 적립금을 구하기 위한 과정을 거치기보다, 전체 공적연금 적립금이 726조 원이 맞을지를 판단하는 방식으로 접근하면 좀 더 수월하게 해결할 수 있다. 즉, 726조 원의 88%가 638조 원인지를 계산하는 것이다. 또한, 직접 계산하지 않더라도 결괏값이 정수가 아니라는 사실을 통해 일단 726조 원은 아니겠다는 것을 알 수 있다.

선지③ 개인연금을 3배 한 값과 퇴직연금과 국민연금을 더한 값의 크기 비교로 판단할 수 있다. 만약 개인연금이 세 연금 합에서 25%를 차지한다면 나머지는 75%라는 것인데, 이는 3배 관계이고, 개인연금을 3배 한 값이 퇴직연금과 국민연금을 더한 것보다 작다면 25% 미만임을 뜻한다. 구체적으로 살펴보면, 〈자료 1〉에서 해당연도 말 퇴직연금+국민연금 적립금은 1,087.5(=826.5+261)조 원이고, 개인연금 적립금은 362.5조 원인데, 1,087.5는 362.5의 3배이므로 개인연금 적립금은 정확하게 25%에 해당함을 알 수 있다.

선지⑤ 2021년 말 대비 2022년 말 국민연금은 83조 원에서 105조 원으로 22조 원 증가했고, 2022년 말 대비 2023년 말 국민연금은 105조 원에서 123.5조 원으로 18.5조 원 증가했다. 증가량이 비슷하더라도 더 작은 수에서 증가한 경우 증가율이 더 큰데, 해당 선지의 경우 105보다 작은 83에서 18.5보다 큰 22만큼 증가했으므로 당연히 2022년의 전년 말 대비 주택연금 적립금 증가율이 더 높음을 알 수 있다. 이에 더하여 2022년의 전년 말 대비 증가율에 비해 2023년의 전년 말 대비 증가율은 분모는 커진 반면, 분자는 작아졌으므로 계산해보지 않아도 2022년의 전년 말 대비 증가율이 더 크다는 것을 알 수 있다.

25 정답 ⑤ 난이도 ●●○

수리능력_자료해석_자료계산

㉠ '개인연금 적립금=세액공제 가능상품+세액공제 불가능상품'이다. 〈자료 3〉은 개인연금 중 세액공제 가능상품의 적립금이므로 세액공제가 불가능한 개인연금의 적립금을 구하기 위해서는 〈자료 1〉의 개인연금 적립금에서 〈자료 3〉의 연도별 세액공제 가능상품 적립금을 빼서 구해야 한다. ㉠은 2020년의 전년 말 대비 증가액을 구해야 하므로 2019년 및 2020년 말 세액공제가 불가능한 개인연금 적립금을 먼저 구한다.

- 2019년:
  330−(105+18+14.4+6)=186.6(조 원)
- 2020년:
  362.5−(110+18+17.5+7)=210(조 원)

따라서 2019년 대비 2020년에 세액공제 불가능한 개인연금은 210−186.6=23.4(조 원) 증가하였다.
∴ ㉠: 23.4

㉡ 전체 개인연금 적립금에서 보험상품 적립금이 차지하는 비중은

$$\frac{\text{보험상품 적립금}}{\text{전체 개인연금 적립금}}\times 100\text{로 구한다.}$$

〈자료 1〉의 전체 개인연금 적립금과 〈자료 2〉의 보험상품 적립금을 이용해 2018년 말~2022년 말 전체 개인연금 적립금 중 보험상품 적립금이 차지하는 비중을 구하면 다음과 같다.

- 2018년 말: $\frac{105}{348}\times 100 ≒ 30.2(\%)$
- 2019년 말: $\frac{105}{330}\times 100 ≒ 31.8(\%)$
- 2020년 말: $\frac{110}{362.5}\times 100 ≒ 30.3(\%)$
- 2021년 말: $\frac{112}{370.3}\times 100 ≒ 30.2(\%)$

• 2022년 말: $\frac{120}{345.2}\times100 ≒ 34.8(\%)$

이때, ㉡에 들어갈 수 있는 값은 2022년 말 처음 기록한 수치여야 한다.

즉, 2022년 말 이전의 최고 수치인 31.8%(2019년 말) 보다 크고, 2022년 말의 34.8% 보다 작아야 한다. ㉡에 들어갈 값을 부등식으로 나타내면

31.8<㉡<34.8

㉠+㉡의 범위를 구하면

23.4+31.8<㉠+㉡<23.4+34.8

55.2<㉠+㉡< 58.2

따라서 ㉠과 ㉡의 합으로 가능한 것은 ⑤이다.

합격자의 실전 풀이 순서

❶ 소수점 아래에서 반올림하는 경우가 생길 수 있으므로 어느 자리에서 반올림해야 하는지 확인한다.

❷ ㉠을 구하기 위해 〈자료 3〉의 항목별 증감폭을 파악하고 〈자료 1〉의 개인연금 적립금 증가와 비교한다.

❸ ㉡을 확인하기 위해 각 선지에 제시된 값에서 ㉠을 뺀 값을 확인한다.

합격자의 시간단축 Tip

Tip 빈칸별 시간단축 전략

㉠: (A−C)−(B−D)=(A−B)−(C−D)임을 기억하자. 이를 적용하면 (20년 개인연금−20년 세액공제 가능 개인연금)−(19년 개인연금−19년 세액공제 가능 개인연금)=(20년 개인연금−19년 개인연금)−(20년 세액공제 가능 개인연금−19년 세액공제 가능 개인연금)과 같다. 일일이 세액공제 가능상품을 더하여 얼마가 늘었는지를 파악하기보다, 항목별로 얼마나 늘거나 줄었는지 그 변화분을 파악하는 것이 빠르다. 해당 값을 개인연금 전체 적립금 변화분에서 빼주면 된다. (362.5−330)−(5+0+3.1+1)=23.4가 된다.

㉡: 선지를 적극적으로 활용한다. 주관식이 아닌 객관식임을 항상 기억하자. 앞에서 구한 ㉠ 값과 선지의 값을 활용하면 구체적인 값을 계산하지 않아도 쉽게 ㉡을 유추할 수 있다. ㉠이 23.4이므로 각 선지에서 23.4를 뺀 값은 차례대로 15.7, 19, 25.1, 30, 33.3이다. 2020년 말 개인연금 362.5조 원에서 보험 110조 원이 차지하는 비중은 30%를 넘어서는 것을 알 수 있다. 따라서 이미 30%를 넘어선 해가 존재하므로 33.3%가 답이 된다.

이때, 값이 가장 큰 선지부터 확인하는 것을 추천한다. 다른 연도와 비교하여 전체 비중에서 보험상품 적립금이 차지하는 비중을 처음으로 넘길 가능성이 크기 때문이다. 예를 들어 선지 ①에서 ㉠ 값을 뺀 15.7%는 2022년 말 보험상품 적립금이 전체 개인연금 적립금에서 차지하는 비중보다 훨씬 낮아 해당 비중을 넘어서는 것은 맞다. 하지만 다른 연도도 넘어설 가능성이 크고, 실제로도 넘어서기 때문에 가장 큰 값부터 확인하는 것이 좋다.

26 정답 ❸ 난이도 ●○○

수리능력_자료해석_추가자료 활용

ㄱ. (×) 개인연금과 퇴직연금의 전년 말 대비 계약건수 증가폭이 가장 컸던 해는 동일하다.

→ 개인연금의 경우 2021년 말이 전년 대비 계약건수의 증가폭이 148.4만 건(=873.4−725)으로 가장 크지만, 퇴직연금의 경우 2019년 말이 68.2만 건(=450−381.8)으로 전년 대비 증가폭이 가장 크다.

ㄴ. (○) 2019년 말 퇴직연금 계약 1건당 퇴직연금 적립금은 평균 5천만 원이다.

→ 2019년 말 퇴직연금 적립금은 225조 원이고, 같은 해 퇴직연금 계약건수는 450만 건이다.

계약 1건당 퇴직연금 평균금액을 구하려면 적립금을 계약건수로 나누어주면 된다.

2019년 말 퇴직연금 계약 1건당 평균 퇴직연금 적립금은 $\frac{225조\ 원}{450만\ 건}$=0.5(억 원)으로, 5천만 원임을 알 수 있다.

ㄷ. (○) 제시된 기간 동안 매년 퇴직연금의 신규 계약건수는 해지건수보다 많았다.

→ '당해연도 계약건수=전년도 계약건수+(신규 계약건수−해지건수)'이다.

이때, 신규 계약건수가 해지건수보다 많다면, '신규 계약건수>해지건수'이므로,

'신규 계약건수−해지건수>0'이다.

당해연도 계약건수−전년도 계약건수=신규 계약건수−해지건수>0

→당해연도 계약건수−전년도 계약건수>0

→당해연도 계약건수>전년도 계약건수

2018년 말~2023년 말 모두 '당해연도 계약건수>전년도 계약건수'를 만족하므로, 매년 퇴직연금의 신규 계약건수는 해지건수보다 많았다.

ㄹ. (×) 2020년 말~2023년 말 동안 개인연금 계약 1건당 평균 개인연금 적립금은 매년 증가했다.

→ 개인연금 계약 1건당 평균 개인연금 적립금은 개인연금 적립금을 개인연금 계약건수로 나누어 구한다. 〈자료 1〉의 개인연금 적립금과 〈자료 4〉의 개인연금 계약건수를 이용해 020년 말~2023년 말 개인연금 계약 1건당 평균 개인연금 적립금을 구하면 다음과 같다.

- 2020년 말: $\frac{362.5\text{조 원}}{725\text{만 건}}=0.5$(억 원/건)
- 2021년 말: $\frac{370.3\text{조 원}}{873.4\text{만 건}}\fallingdotseq 0.42$(억 원/건)
- 2022년 말: $\frac{345.2\text{조 원}}{895.1\text{만 건}}\fallingdotseq 0.39$(억 원/건)
- 2023년 말: $\frac{393.8\text{조 원}}{895\text{만 건}}=0.44$(억 원/건)

2021년 말과 2022년 말은 전년 대비 계약 1건당 평균 개인연금 적립금이 감소했다. 따라서 매년 증가했다는 설명은 옳지 않다.

합격자의 실전 풀이 순서

❶ 문제 파악을 통해 어떤 항목들이 있는지를 인지한다.

❷ 보기 ㄱ의 경우 개인연금에서 증가폭이 클 것 같은 해인 2021년을 계산하고, 퇴직연금에서 2021년 계산 후 이보다 더 큰 해가 있는지 확인한다.

❸ 보기 ㄱ이 틀렸으므로 ①, ② 선지를 소거하고, 보기 ㄴ을 파악한다.

❹ 보기 ㄷ과 ㄹ 중 좀 더 정오 판단이 쉬워 보이는 보기 ㄷ을 확인하여 정답을 도출한다.

합격자의 시간단축 Tip

Tip ❶ 모든 보기를 판단하려 하기보다 선지를 활용하여 판단해야 하는 보기의 개수를 줄이자. 해당 문제의 경우, 4개의 선지 중 3개를 풀어 정답을 도출할 수 있었지만, 4개 중 2개만 해결해도 답을 구할 수 있는 경우도 있다. 또한, 모든 보기를 순서대로 풀기보다는 해결이 쉬워 보이는 것부터 접근하는 것이 좋다.

Tip ❷ 〈자료 1〉의 단위는 조 원이며, 〈자료 4〉의 단위는 만 건이라 계산할 때 단위에 신경을 써야 한다. 숫자는 숫자끼리 단위는 단위끼리 계산해주면 된다. 이때, 만×만=억, 만×만×만=조임을 암기해놓고 활용하자.

예를 들어, 보기 ㄴ에서 $\frac{225\text{조 원}}{450\text{만 건}}=\frac{225\text{만}\times\text{억 원}}{450\text{만 건}}$이 되어 '만'이 약분되고 0.5억 원을 도출할 수 있다.

Tip ❸ **보기별 시간단축 전략**

보기 ㄱ. 개인연금과 퇴직연금 중 한 가지만 골라 전년 말 대비 계약건수 증가폭이 가장 컸던 해를 찾는다. 예를 들어, 개인연금의 전년 말 대비 계약건수 증가폭이 가장 큰 해는 2021년 말임을 알 수 있다. 이후 2021년 말 퇴직연금의 전년 말 대비 계약건수 증가폭이 제시된 기간 중 가장 큰지 확인한다.

보기 ㄷ. 제시된 계약건수는 각주를 통해 순계약건수임을 알 수 있다. 따라서 매년 계약건수가 증가하는지 판단하면 된다.

보기 ㄹ. 개인연금 계약 1건당 평균 개인연금 적립금을 분수로 나타내면 $\frac{\text{개인연금 적립금}}{\text{개인연금 계약건수}}$이다. 모든 기간을 계산할 필요 없이 2021년 말 개인연금 적립금은 증가한 반면, 2022년 말 개인연금 적립금은 감소하였다. 〈자료 4〉에서 2022년 말 개인연금 계약건수는 증가하였다. 따라서 2022년 말만 보아도 개인연금 계약 1건당 평균 개인연금 적립금은 매년 증가하지 않았음을 알 수 있다. 한편, 직접 계산한다면 다음과 같이 0.5를 기준으로 계산하길 권한다. 비교적 수치가 단순한 2020년 말의 경우, $\frac{362.5\text{조 원}}{725\text{만 건}}=0.5$(억 원)이다. 따라서 2021년~2023년 중 개인연금 계약 1건당 개인연금 적립금이 0.5억 원 이하인 경우가 있다면 해당 선지는 틀리게 된다. 개인연금 계약 1건당 개인연금 적립금이 0.5억 원 이하인 경우란 위 계산 값에서도 알 수 있듯 단위를 일단 무시하고 주어진 수치로 보았을 때 $\frac{\text{분자}}{\text{분모}}\leq\frac{1}{2}$이 되는 경우이다. 즉, 분모의 위치에 오는 개인연금 계약건수가 개인연금 적립금의 2배가 넘는다면 개인연금 계약 1건당 개인연금 적립금은 5천만 원 이하가 되는 것이다. 2021년만 보더라도 개인연금 적립금은 370.3, 개인연금 계약건수는 873.4로 단순 수치 비교를 했을 때 개인연금 계약건수가 적립금의 2배를 넘으므로 개인연금 계약 1건당 개인연금 적립금은 5천만 원 이하임을 알 수 있다. 따라서 매년 개인연금 1건당 개인연금 적립금이 증가했다는 설명은 틀렸다.

27 정답 ④ 난이도 ●●●

수리능력_자료해석_자료에 대한 진위 판단(계산 필요)

① (○) 재정자립도가 가장 높은 곳은 서울이다.

→ 제시된 자료의 각주에 의하면 재정자립도는 $\frac{\text{지방세}+\text{세외수입}}{\text{자치단체 예산규모}} \times 100$으로 구한다.

〈자료 1〉의 지방세와 세외수입의 합, 〈자료 2〉의 자치단체별 일반회계예산을 참고해 지방자치단체별 재정자립도를 구해보자.

이때, 〈자료 1〉에서 서울의 세외수입은 제시되지 않았으므로 서울의 세외수입을 a십억 원이라고 가정하자. 그리고 〈자료 2〉에서 대전의 일반회계예산은 제시되지 않았으나 그래프가 y축 5,000 눈금보다 위에 있으므로 5,000↑로 나타내 계산해보자.

- 서울: $\frac{25,000+x}{37,300} \times 100 = \frac{25,000}{37,300} \times 100 + \frac{a}{37,300} \times 100 ≒ 67.024\% + \frac{a}{37,300} \times 100$
- 부산: $\frac{6,543}{14,540} \times 100 = 45(\%)$
- 대구: $\frac{4,356}{9,900} \times 100 = 44(\%)$
- 인천: $\frac{6,310}{12,620} \times 100 = 50(\%)$
- 광주: $\frac{2,496}{6,240} \times 100 = 40(\%)$
- 대전: $\frac{2,501}{5,000\uparrow} \times 100 = 50.002(\%)\downarrow$
- 울산: $\frac{2,323}{5,050} \times 100 = 46(\%)$

$x=0$이라고 가정해도 서울의 재정자립도는 67% 이상이므로 가장 높다. 따라서 옳은 설명이다.

② (○) 부산과 대구의 재정자립도는 1%p 차이가 난다.

→ 부산의 재정자립도는 $\frac{6,543}{14,540} \times 100 = 45(\%)$이고, 대구의 재정자립도는 $\frac{4,356}{9,900} \times 100 = 44(\%)$이다. 따라서 1%p 차이가 난다.

③ (○) 서울을 제외하고 지방세가 세외수입의 9배 이상인 자치단체는 5곳이다.

→ 서울을 제외한 지역의 세외수입에 9를 곱하여 지방세와 비교하면 다음과 같다.

- 부산: $5,913 \geq 630 \times 9 = 5,670$
- 대구: $4,016 \geq 340 \times 9 = 3,060$
- 인천: $5,522 \leq 788 \times 9 = 7,092$
- 광주: $2,280 \geq 216 \times 9 = 1,944$
- 대전: $2,260 \geq 241 \times 9 = 2,169$
- 울산: $2,130 \geq 193 \times 9 = 1,737$

따라서 지방세가 세외수입의 9배 이상을 만족하는 자치단체는 서울을 제외하고 부산, 대구, 광주, 대전, 울산으로 총 5곳이다.

④ (×) 대전의 재정자립도가 광주보다 높다면 대전의 일반회계예산은 6,252.5십억 원을 초과한다.

→ 대전의 일반회계예산을 a십억 원이라고 하자.

광주의 재정자립도는 $\frac{2,496}{6,240} \times 100 = 40(\%)$이므로 대전의 재정자립도가 광주보다 높다면 $\frac{2,501}{a} \times 100 > 40$을 만족해야 한다.

$2,501 \times 100 \times \frac{1}{40} > a$

$\therefore a < 6,252.5$(십억 원)

따라서 대전의 재정자립도가 광주보다 높다면 대전의 일반회계예산은 6,252.5십억 원 미만이므로 옳지 않은 설명이다.

⑤ (○) 전국 평균 재정자립도가 50%라고 할 때, 재정자립도가 전국 평균 이상인 자치단체는 2곳이다.

→ 선지 ①에서 구한 재정자립도를 확인하면, 서울은 67.024% 이상, 인천은 50%이다. 나머지 자치단체의 경우 모두 50% 미만이다. 참고로 대전의 경우 〈자료 2〉의 그래프를 통해 일반회계예산이 5,000십억 원 이상이며 광주와 비슷한 수준임을 유추할 수 있다.

합격자의 실전 풀이 순서

1. 옳지 않은 것을 고르는 문제이므로 선지 옆에 X표를 하여 옳은 것을 고르는 실수를 하지 않도록 한다.
2. 선지 ②의 경우 계산하는데 숫자가 복잡한 것 같으므로 일단 넘어가고 다른 선지를 판단하여 정답을 도출한다.
3. 선지 ③의 경우 지방세와 세외수입이 9배인지보다 세외수입과 소계가 10배인지로 판단해 본다.
4. 선지 ④는 주어진 값을 활용하여 계산한 후 판단하고, 선지 ⑤는 소계를 2배했을 때 〈자료 2〉의 일반회계예산을 초과하는지를 통해 판단한다.

합격자의 시간단축 Tip

Tip ❶ 계산이 어렵다고 판단되거나 해결 방향이 떠오르지 않을 때는 넘어가고 다른 선지를 먼저 판단하는 방법도 있다.

Tip ❷ 배수 판별법을 익혀두면 도움이 될 수 있다.
- 2의 배수: 끝자리가 0, 2, 4, 6, 8인 경우
- 3의 배수: 각 자릿수의 합이 3의 배수인 경우
- 4의 배수: 끝 두 자릿수가 00이거나 4의 배수인 경우
- 5의 배수: 끝자리가 0 또는 5인 경우
- 6의 배수: 2의 배수이면서 동시에 3의 배수인 경우
- 8의 배수: 끝 세 자릿수가 8의 배수인 경우
- 9의 배수: 각 자릿수 합이 9의 배수인 경우

이를 통해 선지 ②를 판단할 때 14,540이 4의 배수, 5의 배수, 6,543이 3의 배수, 9의 배수, 4,356이 2·3·4·6·9의 배수임을 알 수 있다.

Tip ❸ **선지별 시간단축 전략**

선지 ① 구체적인 값을 도출하지 말고 어림산을 적극 활용하자. 서울은 지방세만 해도 일반회계예산의 절반을 넘는데, 나머지 자치단체는 지방세+세외수입이 일반회계예산의 절반도 안 된다. 즉, 서울은 대충 계산해도 50% 초과, 나머지 지자체는 50% 이하인 것이다. 나아가, 서울의 세외수입이 없다고 해서 재정자립도를 구할 수 없는 것이 아니라 지방세 값만으로도 대략 예상할 수 있음을 기억하자. 또한, 대전의 일반회계예산 값을 알 수 없더라도 막대그래프의 높이로 대충 그 값을 추론할 수 있다. 이처럼 수치가 제시되지 않았더라도 판단할 수 있는지 아닌지 여러 문제를 풀어보며 파악할 필요가 있다.

선지 ③ 지방세가 세외수입의 9배 이상이라는 의미는 지방세 : 세외수입=9 : 1의 관계에서 지방세가 9 이상인 경우를 의미한다. 이는 곧 지방세+세외수입 중 세외수입이 차지하는 비중이 $\frac{1}{10}$ 이하임을 뜻한다. $\frac{1}{10}$을 기준으로 계산하거나 세외수입을 10배 했을 때 소계를 넘는지 아닌지를 통해 판단하는 것이 더욱 빠르다. 10배를 해 비교하는 경우 0 하나만 더 붙여서 비교하면 되는데, 인천의 경우만 세외수입을 10배 한 값이 소계를 초과하고 나머지는 소계보다 작으므로 서울을 제외하고 지방세가 세외수입의 9배 이상인 자치단체는 5곳임을 알 수 있다. 이는 9배뿐만 아니라 다른 경우에도 적용할 수 있는데, 만약 지방세가 세외수입의 3배 이상인지를 판단할 때, 직접 세외수입의 3배를 했을 때 지방세보다 큰지를 판단하는 방법도 있지만, 세외수입의 4배를 했을 때 소계보다 작은지로 판단할 수 있다.

선지 ④ 선지에 제시된 순서와는 반대로 대전의 일반회계예산이 6,252.5백만 원을 초과할 시에 대전의 재정자립도가 광주보다 높은지 확인하는 식으로 정오를 판단한다. 이 경우 대전의 재정자립도는 $\frac{2,501}{6,252.5\uparrow}\times100=40(\%)\downarrow$이며 광주는 $\frac{2,496}{6,240}\times100=40(\%)$이므로 대전의 재정자립도는 광주보다 낮게 된다. 따라서 모순이 발생하여 틀린 선지가 된다. 이렇게 문제를 해결하게 되면 자치단체 예산규모, 지방세+세외수입에 해당하는 수치를 모두 넣을 수 있어 재정자립도 식을 변형하지 않고도 손쉽게 문제를 해결할 수 있다는 장점이 있다.

28 정답 ❶ 난이도 ●●●

문제해결능력_적정 대상 선택

ㄱ. (×) 이번 달 결제금액에 대하여 결제일 전날 리볼빙을 신청한 경우

➜ □ 안내사항의 두 번째 내용을 통해 리볼빙 신청은 결제일 2영업일 전까지 신청한 건만 이번 달 결제금액에 반영됨을 알 수 있다. 즉, 이번 달 결제금액에 대해 리볼빙을 신청하고자 하는 경우 늦어도 결제일 2영업일 전에는 신청하여야 한다. 결제일 전날 리볼빙을 신청한 경우 해당 월의 결제금액에 대해서는 리볼빙이 적용될 수 없다.

ㄴ. (○) 해외 일시불 이용금액 100만 원에 대해 리볼빙을 이용하고자 하는 경우

➜ 리볼빙의 이용대상은 국내외 일시불 이용금액이다. 따라서 국내뿐만 아니라 해외 사용의 경우도 이용대상이 된다. 또한, 리볼빙 이용에 대한 이용금액의 범위가 정해져 있지 않고, □ 안내사항에도 할부, 장기카드대출, 단기카드대출, 기타 수수료납부금액은 리볼빙이 적용되지 않는다는 내용만 있으므로 해외 일시불 이용금액 100만 원에 대한 리볼빙은 이용 가능하다.

ㄷ. (○) 이미 리볼빙을 이용하고 있는 자가 리볼빙 이용금액 및 수수료를 연체한 경우

➜ □ 안내사항의 마지막 내용을 통해 리볼빙 이용 및 연체 시 신용도에 영향이 있을 수 있음을 알 수 있다. 또한, □ 결제비율의 두 번째 내용을 통해 회원 신용도에 따라 최소결제비율을 차등 적용함을 알 수 있다. 안내문에는 이와 같은 사항만 기재되어 있을 뿐, 리볼빙 이용금액 및 수수료를 연체하였다는 사정만으로 리볼빙 이용을 할 수 없다는 내용은 기재되어 있지 않으므로, 이용 가능하다.

ㄹ. (×) 통장잔고 부족으로 최소결제금액이 결제되지 않은 상태에서 리볼빙을 신청한 경우

→ □ 일부결제금액이월약정(리볼빙)이란?에 따라, 리볼빙은 회원이 카드이용대금 중 약정(최소)결제비율 이상을 결제한 경우에 이용할 수 있는 서비스이다. 따라서 통장잔고 부족으로 최소결제금액이 결제되지 않았다면 리볼빙을 신청할 수 없다.

ㅁ. (×) 3개월 전에 6개월 무이자 할부결제한 할부원금에 대해 리볼빙을 이용하고자 하는 경우

→ □ 안내사항의 다섯 번째 내용에 따라, 리볼빙은 할부에 대해서는 적용되지 않는다. 따라서 3개월 전에 6개월 무이자 할부결제를 하여 여전히 상환 중인 할부원금에 대해서는 리볼빙이 적용될 여지가 없다.

합격자의 시간단축 Tip

Tip ❶ 반드시 확인해야 하는 보기가 무엇인지, 확인하지 않을 보기는 무엇인지 판단하고 문제를 푼다.

선지를 확인한 다음 확인할 보기를 판단한 후 선택적으로 확인한다. 보기 ㄱ의 경우 선지 ③에만 포함되어 있으므로 정답이 될 가능성이 현저히 낮다. 따라서 보기 ㄱ은 넘어가고 보기에 다수 포함되어 있는 보기 ㄴ, ㄷ부터 확인한다. 보기 ㄴ을 확인하고 나면 정답은 선지 ①, ③, ④ 중에 하나임을 알 수 있고 이 중 정답의 가능성이 낮은 선지 ③을 제외하고 선지 ①, ④ 중에 정답이 있음을 유추한 다음 보기 ㅁ을 확인한다. 보기 ㅁ이 옳지 않은 보기임을 확인했다면, 마지막으로 보기 ㄱ, ㄷ, ㄹ 중에 하나를 선택하여 정답이 선지 ①이 맞는지 확인만 하면 된다.

Tip ❷ 문제를 읽고 리볼빙 이용 제한 규정이 있는지 먼저 확인한다.

본 문항의 경우 리볼빙을 이용할 수 '있는' 경우를 물어보기 때문에, 리볼빙을 이용할 수 '없는' 제한 규정에 해당하는 보기가 존재한다면 먼저 소거할 수 있다. 즉, 리볼빙이 가능한 경우에는 다른 조건을 모두 검토하여야 판단 결과를 단정지을 수 있지만, 리볼빙을 이용할 수 없는 경우에는 어느 하나의 요건만 불충족하더라도 이용할 수 없는 경우라고 단정지을 수 있기 때문에 문제 푸는 속도가 상당히 빨라진다.

□ 안내사항 5번째에 '할부, 장기카드대출, 단기카드대출, 기타 수수료납부금액은 일부결제금액이월약정(리볼빙)이 적용되지 않습니다.'라고 제시하고 있으므로, 이에 해당하는 사항의 보기부터 찾는다. 보기 ㅁ의 경우가 할부와 관련된 사항으로 리볼빙이 적용되지 않음을 알 수 있다. 그러면 보기 ㅁ에 대한 판단만으로 선지 3개를 소거할 수 있다. 선지 ①과 ③만 판단하면 되므로 보기 ㄱ이나 보기 ㄹ 중 쉬워보이는 보기의 정오 판별을 통해 빠르게 답을 도출할 수 있다. 이 순서로 풀이한다면 보기 2개만을 판단하고 문제를 해결할 수 있다.

29 정답 ④ 난이도 ●●○

문제해결능력_수치 계산(비용, 시간)

① (○) ㉠은 643,600원이다.

→ A는 3월부터 리볼빙을 신청하여 이용 중이며, 약정결제비율은 40%, 수수료율은 7.3%이다. 3월의 카드 사용액은 100만 원이므로, 약정결제비율에 따라 40만 원은 결제되고 나머지 대금인 60만 원은 4월로 이월되었다. 4월의 경우도 마찬가지로 이용대금 100만 원 중 40만 원은 약정비율에 따라 결제되고 나머지 금액은 이월될 것이다. 표의 구조를 살펴보면 매달 청구금액은 이월된 잔여결제금액과 일부결제금액이월약정(리볼빙) 수수료의 합산액이다. ㉠의 경우 4월의 청구 금액이므로 4월의 약정청구 원금과 수수료를 각각 구하면 다음과 같다. 이때 4월의 약정청구 원금의 경우 3월의 이월금액과 4월의 약정결제금액이 합산됨을 유의한다.

- 약정청구 원금(결제 비율에 따른 해당 월 결제금액): [전월이월잔액(600,000)+이번달 사용액(1,000,000)]×약정결제비율(40%)
  =1,600,000×0.4=640,000
- 수수료:

$$\text{이월잔액} \times \text{리볼빙 수수료율} \times \frac{\text{이용일수}}{365\text{일}}$$

$$=600{,}000 \times 0.073 \times \frac{30}{365}$$

$$=600{,}000 \times \frac{73}{1{,}000} \times \frac{30}{365} = 3{,}600$$

따라서 ㉠은 640,000원(약정청구 원금)+3,600원(수수료)=643,600(원)으로, 옳은 설명이다.

② (○) ㉡은 960,000원이다.

→ ㉡(이월되는 금액)=이번달 카드 사용액+전월 이월잔액−이번달 약정청구 원금이다. 이때 이월되는 금액에 수수료까지 포함하지 않도록 유의한다. 수수료는 리볼빙한 금액에 대한 대가로 지급하는 것이므로, 다음 달로 이월되는 성격의 것이 아니다. ㉠의 계산과정에서 본 바와 같이 4월의 약정청구 원금은 640,000원이므로 ㉡=1,000,000(4월 카드 사용액)+600,000(전월 이월잔액)−640,000(약정청구 원금)=960,000(원)이다. 따라서 옳은 선지이다.

③ (○) ⓒ은 429,760원이다.

➜ ⓒ을 구하는 방법 역시 ㉠의 계산과정과 같다.

– 약정청구 원금: [전월이월잔액(960,000)+이번달 사용액(100,000)]×약정결제비율(40%)
=1,060,000×0.4=424,000

– 수수료:

$$\text{이월잔액} \times \text{리볼빙 수수료율} \times \frac{\text{이용일수}}{365\text{일}}$$

$$=960,000 \times 0.073 \times \frac{30}{365}$$

$$=960,000 \times \frac{73}{1,000} \times \frac{30}{365} = 5,760$$

따라서 ⓒ=약정청구 원금+수수료=424,000+5,760=429,760(원)으로 옳은 설명이다.

④ (×) ⓓ은 8,760원이다.

➜ ⓒ의 계산과정에서 계산한 바와 같이 수수료는 5,760원이다.

⑤ (○) ⓔ은 636,000원이다.

➜ ⓑ의 계산과정과 동일하다. 5월 카드 사용액과 4월 이월잔액의 합에서 5월 약정청구 원금을 제한 값이다. 따라서 100,000(5월 카드 사용액)+960,000(4월 이월잔액)−424,000(5월 약정청구 원금)=636,000(원)으로 옳은 설명이다.

합격자의 시간단축 Tip

Tip ❶ 숫자 조합을 최대한 활용한다.

본 문제의 경우 수수료율은 연 7.3%이다. 얼핏 보면 7.3이라는 숫자가 계산하기 어려운 숫자로 보이지만, 지문에 힌트가 주어져 있다. □ 안내사항을 보면 수수료는 '일 단위'로 계산되어 부과된다. 따라서 365라는 숫자를 생각한다. 만약 월 단위로 계산되는 경우 12를 떠올린다. 이때 730이 365×2이므로 하루 이자율은 0.02%이다. 따라서 이용일수 30일에 대한 총 수수료는 0.02%×30일, 즉, 이월된 금액의 0.6%에 해당하는 금액이다. 숫자 조합을 생각한다면 수수료를 비교적 쉽게 구할 수 있다.

Tip ❷ 본 문항을 풀이하지 않고 넘어가는 것도 좋은 방법일 수 있다.

문제의 구조상, 운이 좋게 정답인 선지를 먼저 검토하는 것이 아닌 이상 계산을 모두 하여야 하고, 시간을 단축하기 어렵다. 따라서 다른 문제를 먼저 해결한 다음 시간이 남는다면 다시 돌아와 해결하는 것이 우월전략일 수 있다.

30 정답 ② 난이도 ●●●

문제해결능력_공고문/규정 이해

① (○) 근로시간 면제자는 소정근로를 제공하면서 노동조합 업무를 병행할 수도 있다.

➜ 1. 근로시간 면제제도에 따르면 근로시간 면제제도는 단체협약으로 정하거나 사용자의 동의가 있는 경우에 사용자 또는 노동조합으로부터 급여를 지급받으면서 근로계약 소정의 근로를 제공하지 아니하고 노동조합의 업무에 종사할 수 있다고 하였지, 종사하여야 한다고 하지 않았으므로 노동조합의 업무에 종사하더라도 근로계약 소정의 근로를 제공하는 것은 병행될 수 있다. 또한 2. 근로시간 면제 시간한도를 보면 근로시간 면제자의 1일 단위의 면제 근로시간은 법정 근로시간의 범위 내에서 당해 사업장의 근로자와 사용자 사이에 정한 1일 소정근로시간 이내에서 정해진다. 즉, 1일 소정근로시간 이내라면 일부 근로시간에 대해서는 근로시간의 면제 방식으로 노동조합 업무에 종사할 수 있고, 해당 시간 외의 시간에는 소정근로를 제공하는 방식으로 운영될 수 있다.

② (×) 사용자의 동의를 받아 노동조합으로부터 급여를 지급받으며 노동조합의 업무에만 종사하는 근로자는 근로시간 면제자이다.

➜ 1. 근로시간 면제제도에 따르면, 근로자는 단체협약으로 정하거나 사용자의 동의가 있는 경우에는 사용자 또는 노동조합으로부터 급여를 지급받으면서 근로계약 소정의 근로를 제공하지 아니하고 노동조합의 업무에 종사할 수 있는데, 여기서 사용자로부터 급여를 지급받는 근로자를 근로시간면제자라고 한다. 즉, 단체협약에서 정하거나 사용자의 동의를 받은 경우에 근로자는 소정근로를 면하고 노동조합 업무에 종사할 수 있는데, 이러한 근로자 중 특히 '사용자'로부터 급여를 지급받는 자를 근로시간 면제자라고 하는 것이므로, 노동조합으로부터 급여를 지급받으며 노동조합의 업무에만 종사하는 근로자는 근로시간면제자로 볼 수 없다.

③ (○) 연간 근로시간 면제 한도가 동일할 때, 사업장의 연간 소정근로시간이 짧을수록 풀타임 근로시간 면제자의 수로 가능한 인원은 증가한다.

➜ 2. 근로시간 ~ – 인원 한도에 따르면, 근로시간 면제자의 최대 인원수는 연간 근로시간 면제 한도를 당해 사업장의 연간 소정근로시간으로 나눈 만큼에 해당한다. 따라서 연간 소정근로시간이 짧아질수록 근로시간 면제자의 수는 증가할 것이다.

④ (O) 법정 근로시간을 초과하는 근로시간 면제자의 업무시간을 무급으로 운영할 경우, 해당 시간은 연간 시간 한도에 포함되지 않는다.

→ 2. 근로시간 ~-시간 한도에 따르면, 근로시간 면제자의 1일 단위의 면제 근로시간은 '법정 근로시간의 범위 내에서' 정해진 '1일 소정 근로시간' 이내에 해당하고, 이를 초과하는 근로시간은 원칙적으로 무급이다. 초과 근로시간을 유급으로 처리할 경우에는 이러한 시간을 면제 한도 내에 산입하여 계산하여야 하나, 무급으로 처리한 경우에는 연간 시간 한도에 영향을 미치지 않는다.

⑤ (O) 2년을 효력기간으로 한 단체협약의 체결 당시 사업장의 조합원 수가 310명이었는데, 1개월 후 조합원 30명이 조합을 탈퇴한 경우 근로시간 면제의 연간 한도는 최대 5,000시간이다.

→ 2. 근로시간 ~-조합원 규모별 근로시간 면제 한도에 따르면, 조합원 규모는 사업 또는 사업장의 전체 조합원 수를 의미한다. 이때 조합원 수는 단체협약을 체결한 날 또는 사용자가 동의한 날을 기준으로 산정한다. 따라서 단체협약 체결 이후에 사정 변경이 생겨 조합원의 수가 줄었다고 하더라도 그 산정의 기준은 2년간의 효력을 갖는 해당 단체협약의 체결 당시로 보아야 한다. 따라서 단체협약 체결 당시 조합원 수인 310명이 기준이 된다. 이는 '300명~499명'에 해당하며, 이때의 연간 시간 한도는 최대 5,000시간이다.

합격자의 실전 풀이 순서

❶ 문제를 확인했을 때 자료를 먼저 읽는 것이 더 좋다고 판단하여 핵심적인 내용 중심으로 자료를 파악한다.

❷ 옳지 않은 것을 고르라 했으므로 선지 옆에 X표를 하여 옳은 것을 고르는 실수를 하지 않도록 한다.

❸ 선지 ②가 정답임을 확인한 후 남은 선지를 판단하지 않고 넘어간다.

합격자의 시간단축 Tip

Tip ❶ 답이 나오면 넘어가기

이와 같은 문제의 경우 중간에 답이 나왔다면 넘어가는 것이 좋다. 좀 더 확실하게 하기 위해 남은 선지의 정오도 판단하려고 한다면 시간이 더 걸릴 수 있다. 일례로 이후 선지를 판단하는 과정에서 옳지 않은 선지라 생각되는 것이 또 나온다면 어디에서 실수를 했는지 확인하는 과정을 또 거쳐야 한다. 이 경우 시간적으로도, 심리적으로도 좋지 않기 때문에 자신이 했던 판단을 믿고 정답 선지를 찾았다면 다음 문제로 넘어갈 수 있어야 한다.

Tip ❷ 비슷한 개념을 확실히 구분한다.

비슷한 개념을 제시하여 혼란을 일으키는 경우가 많다. 해당 문제의 경우 1. 근로시간 면제제도에서 근로자는 "사용자 또는 노동조합"으로부터 급여를 지급받을 수 있는데 그중에서 "사용자"로부터 급여를 지급받는 근로자를 "근로시간 면제자"라고 한다고 하고 있다. 따라서 사용자로부터 급여를 지급받는 경우와 노동조합으로부터 급여를 지급받는 경우를 명확하게 구분해서 이해해야 한다.

Tip ❸ 각주를 꼭 확인하자.

법조문 유형 같은 경우엔 발췌독하는 경우가 많다. 이때 각주, 단서 등은 놓치고 지나가기 쉽다. 하지만, 해당 부분에서 문제가 구성될 확률이 매우 높으므로 발췌독을 할 때 파트에 단서, 괄호, 각주 등이 있는지 확인하고 넘어가는 것을 추천한다. 실제로 선지 ⑤는 각주에 있는 내용을 활용하도록 문제가 구성되었다. 처음 본문 구조를 파악하며 읽을 때, 단서, 괄호, 각주 등을 확인했다면 표시를 해두거나 주의 깊게 봐두는 방법도 좋다.

Tip ❹ 발췌독을 활용하자.

해당 유형의 경우 발췌독을 통해 풀 수도 있다. 선택지를 먼저 읽고 선택지의 키워드를 바탕으로 본문에서 해당 부분을 찾아 푸는 방식이다. 특히, 옳지 않은 것을 고르는 문제는 선택지 1개를 제외한 나머지 선지들이 정답이므로 발췌독하기에 더욱 용이하다. 선택지별 키워드 예시는 다음과 같으며, 꼭 이와 동일할 필요는 없다. ① '소정근로', '병행' ② '급여 지급', '근로시간 면제자' ③ '연간 소정근로시간' ④ '무급', '연간 시간 한도' ⑤ '조합원 수', '근로시간 면제'

Tip ❺ 단정적인 선지의 경우 정답이 될 가능성이 높다.

가능성을 제시하는 선지는 어느 한가지에 해당할 것을 요구하는 선지보다 옳을 가능성이 높다. '~인 경우, ~이다'와 같은 선지를 먼저 검토하는 것이 시간 단축에 용이할 수 있다. 본 문항의 경우 선지 ②, 선지 ④, 선지 ⑤가 단정적인 선지에 해당한다.

31 정답 ④ 난이도 ●○○

문제해결능력_수치 계산(비용, 시간)

'2. 근로시간 면제 인원 한도'를 보면 풀타임 근로시간 면제자의 수는 조합원의 규모에 따른 연간 근로시간 면제 한도를 당해 사업장의 연간 소정근로시간으로 나눈 숫자에 해당하는 인원 내에서 결정되어야 한다. 연간 소정근로시간으로 나눈 숫자는 곧 연간근로시간 전부를 근로시간 면제자로서 근무하는 자(풀타임 근로시간 면제자)의 숫자를 의미하는 것이므로, 풀타임 근로시간 면제자의 최대 인원수를 말한다. 한편, 사업장에서는 파트타임으로도 근로시간 면제자를 둘 수 있다. 이러한 파트타임 근로자의 수는 조합원 수 300명을 기준으로 나뉘는데, 조합원 수 300명 미만의 경우 파트타임 인원은 풀타임 인원의 3배를 초과할 수 없고, 조합원 수 300명 이상의 경우 파트타임 인원은 풀타임 인원의 2배를 초과할 수 없다.

A기업에는 ○○노동조합만이 유일하게 조직되어 있고, 해당 조합의 조합원 수는 287명이므로 조합원 규모 200명~299명에 해당하여 연간 근로시간 면제 한도는 최대 4,000시간이 된다. A기업의 연간 소정근로시간은 2,000시간이므로, 사용가능한 풀타임 근로시간 면제자의 수는 2명이 된다.$\left(\frac{4,000}{2,000}\right)$ A기업은 조합원 수 300명 미만인 구간에 해당하므로 파트타임으로 사용할 수 있는 근로시간 면제자의 수는 풀타임 근로시간 면제자 수의 3배를 초과할 수 없다. 즉 2×3=6이므로 6명을 초과해서는 안 되고, 이는 곧 6명까지는 파트타임으로 근로시간 면제자를 사용할 수 있다는 의미가 된다. 따라서 A기업에서 최대로 둘 수 있는 파트타임 근로시간면제자의 수는 6명이다.

B기업에는 □□노동조합(1,842명) 및 △△노동조합(3,516명)이 조직되어 있고, 조합원의 규모는 해당 사업장의 전체 조합원 수를 의미하므로, 두 노동조합의 조합원을 합한 수인 5,358명을 기준으로 조합원 규모의 구간을 판단한다. 이는 조합원 규모 5,000명~9,999명에 해당하므로 B기업의 연간 근로시간 면제 한도는 최대 22,000시간이 된다. B기업의 연간 소정근로시간은 2,200시간이므로, 사용가능한 풀타임 근로시간 면제자의 수는 10명이 된다.$\left(\frac{22,000}{2,200}\right)$ B기업은 조합원 수 300명 이상의 구간에 해당하므로 파트타임으로 사용할 수 있는 근로시간 면제자의 수는 풀타임 근로시간 면제자 수의 2배를 초과할 수 없다. 즉 20명을 초과할 수는 없고, 20명까지는 사용이 가능하다. 따라서 B기업에서 최대로 둘 수 있는 파트타임 근로시간면제자의 수는 20명이다.
따라서 A기업과 B기업에 각각 둘 수 있는 파트타임 근로시간 면제자의 최대 인원을 합한 값은 6+20=26이다.

합격자의 실전 풀이 순서

❶ 풀타임 근로시간 면제자 수를 구하는 식을 확인하여 대입한다.

❷ 풀타임 근로시간 면제자 수를 이용해 파트타임 근로시간 면제자 수를 계산한다.

합격자의 시간단축 Tip

Tip ❶ '이상', '이하', '초과', '미만'의 부정

당연한 이야기지만 '이상/이하'는 해당 값을 포함하고 '초과/미만'은 해당 값을 포함하지 않는 개념이다. 그런데 부정 표현이 함께 제시되는 경우 조금은 헷갈릴 수 있다. '이상이 아니다=미만, 이하가 아니다=초과, 초과가 아니다=이하, 미만이 아니다=이상'이라는 점을 유의하자. 해당 문제의 경우 '파트타임 인원은 풀타임 인원의 3배를 초과할 수 없다'고 제시되었는데, 이는 '파트타임 인원이 풀타임 인원의 3배 이하여야 한다'는 뜻으로 딱 3배에 해당하는 값을 포함했다.

Tip ❷ 계산을 간소화하자.

B기업의 경우 두 개의 노동조합의 조합원 수를 더해야 한다. 이때 우리가 구해야 하는 것은 정확한 수가 아니라 어느 범위에 속하는 지이다. '18+35'만 해도 '5,000명~9,999명' 사이임을 파악할 수 있다. 또한, 파트타임 인원수의 합을 구할 때도 6+20의 일의자리만 더해도 된다. 선지에 제시된 숫자들의 일의 자리가 모두 다르기 때문이다. 본 문제는 숫자 조합이 쉬워 바로 계산을 할 수 있었지만, 세 자리 이상, 숫자 세 개 이상을 더할 때는 일의 자리만 먼저 구하는 것이 도움이 될 때가 많다.

32 정답 ③ 난이도 ●○○

문제해결능력_지문의 이해 및 활용

ㄱ. (×) 갑 사업(장)의 전체 조합원은 6,000명이고, 조합원이 경기도의 수원공장에서 1,300명, 평택공장에서 4,500명이 근무하고, 충청북도의 음성공장에서 75명, 청주공장에서 125명이 근무하고 있다면 갑 사업(장)의 연간 근로시간 면제 한도는 최대 24,200시간이다.

→ 광역자치단체의 개수를 산정할 때 해당 사업 또는 사업장의 전체 조합원 5% 이상이 근무하는 광역자치단체의 개수를 기준으로 산정하여야 한다. 광역자치단체에 해당하는 '경기도'의 경우 수원공장 및 평택공장에서 근무하는 조합원 수는 모두 5,800명

에 해당하므로 전체 조합원 수 6,000명의 5%(300명) 이상을 차지하지만, 광역자치단체에 해당하는 '충청북도'의 경우 음성공장 및 청주공장에서 근무하는 조합원 수는 모두 200명에 그쳐 전체 조합원 수 6,000명의 5%에 미달한다. 따라서 추가 부여되는 근로시간 면제 한도가 없다. 갑 사업(장)의 전체 조합원은 6,000명이므로 '5,000명~9,999명' 범위에 속한다. 따라서 연간 근로시간 면제 한도는 최대 22,000시간이다.

ㄴ. (×) **을 사업(장)의 전체 조합원은 930명이고, 조합원이 광주광역시, 대구광역시, 울산광역시, 부산광역시, 대전광역시, 제주특별자치도 사업소에서 각 155명씩 근무하고 있다면 을 사업(장)의 연간 근로시간 면제 한도는 최대 7,200시간이다.**

➜ 을 사업(장)의 경우 전체 조합원의 수가 930명이다. 지역별 분포에 따라 근로시간 면제 한도를 추가로 부여받으려면 기본적으로 전체 조합원이 1,000명 이상인 사업 또는 사업장이어야 하므로 대상을 충족하지 못한다. 따라서 을의 전체 조합원 수는 '500~999명' 범위에 속하므로, 연간 근로시간 면제 한도는 최대 6,000시간이다.

ㄷ. (○) **병 사업(장)에 X노동조합(조합원 800명) 및 Y노동조합(조합원 600명)이 조직되어 있고, 조합원이 강원도 지부에서 100명, 서울 본부에서 1,300명 근무하고 있으며 연간 소정근로시간이 2,200시간이라면, 병 사업(장)의 풀타임 근로시간면제자는 최대 5명이다.**

➜ 병 사업(장)에는 두 개의 노동조합이 조직되어 있고 전체 조합원의 수는 1,400명이다. 이 중 강원도 지부에서 근무하는 조합원은 100명, 서울 본부에서 근무하는 조합원은 1,300명이므로 각각의 광역자치단체 전체 조합원의 5% 이상(70명 이상)이 근무하고 있다. 광역자치단체의 수 2개, 전체 조합원 1,000명 이상까지 모든 조건을 충족하므로 '지역분포에 따른 근로시간 면제 한도'의 대상이 된다. 따라서 병 사업(장)은 광역자치단체 개수 2~5개 구간의 적용을 받아 해당 조합원 수에 따른 연간 근로시간 면제 한도에 10%만큼의 추가 한도가 부여된다. 전체 조합원 수 1,400명에 따라 기본적으로 부여되는 근로시간 면제 한도는 '1,000명~2,999명' 범위의 최대 10,000시간이고, 여기에 10%의 추가 한도가 부여되므로 병 사업(장)에는 최대 11,000시간의 근로시간 면제 한도가 부여된다. 병 사업(장)의 연간 소정근로시간은 2,200시간이다. 풀타임 근로시간 면제자의 수는 조합원의 규모에 따른 연간 근로시간 면제 한도를 당해 사업장의 연간 소정근로시간으로 나눈 숫자에 해당하는 인원 내에서 가능하다. 따라서 풀타임 근로시간 면제자는 $\frac{11,000}{2,200}=5$, 최대 5명을 둘 수 있게 된다.

ㄹ. (○) **정 사업(장)의 전체 조합원은 18,000명이고, 전체 조합원의 5% 이상이 근무하는 광역자치단체의 개수는 13개이며, 연간 소정근로시간이 2,340시간이라고 할 때, 정 사업(장)에서 파트타임 근로시간면제자로 지정될 수 있는 인원 수는 최대 40명이다.**

➜ 정 사업(장)의 경우 전체 조합원은 18,000명, 전체 조합원의 5% 이상이 근무하는 광역자치단체의 개수는 13개이므로 '지역분포에 따른 근로시간 면제 한도'의 대상이 된다, 이때 광역자치단체 개수 10개 이상의 구간이 적용되어 연간 근로시간 면제 한도의 30%가 추가로 한도 부여된다. 전체 조합원 수는 18,000명이므로 '15,000명 이상'에 해당해 기본적으로 부여되는 근로시간 면제 한도는 최대 36,000시간이다. 여기에 30%의 추가 한도가 부여되므로 정 사업(장)에 부여되는 근로시간 면제 최대한도는 $36,000+36,000\times0.3=36,000+10,800=46,800$(시간)이다. 이때 풀타임 근로시간 면제자의 수는 조합원의 규모에 따른 법정 면제 한도 시간을 당해 사업장의 연간 소정근로시간으로 나눈 숫자에 해당하는 인원 내에서 가능하다. 정 사업(장)의 연간 소정근로시간은 2,340시간이므로 정 사업(장)에서 풀타임 근로시간 면제자로 지정될 수 있는 최대인원은 $\frac{46,800}{2,340}=20$(명)이다. 조합원 수 300명 이상의 구간에서는 근로시간 면제자를 파트타임으로 사용할 경우 그 인원은 풀타임으로 사용할 수 있는 인원의 2배를 초과할 수 없으므로 $20\times2=40$(명)을 초과해서는 안 된다. 따라서, 정 사업(장)에서 최대로 사용할 수 있는 파트타임 근로시간 면제자의 수는 40명이다.

합격자의 실전 풀이 순서

❶ 옳은 것을 고르라 했으므로 별도의 표시 없이 차례대로 판단한다.

❷ 보기 ㄱ을 판단 후 선지 구성에 따라 ㄹ은 판단하지 않고도 옳은 것임을 알 수 있으므로 ㄴ과 ㄷ 중 한 보기만을 판단하여 정답으로 도출한다.

합격자의 시간단축 Tip

Tip ❶ 큰 소수에 주목한다.

큰 소수가 나온 경우 계산을 간소화할 수 있다. 이는 큰 소수가 2, 3, 5와 같은 작은 수로 나누어지지 않으므로 눈에 띄기 때문이다.

해당 문제의 경우 보기 ㄹ에서 36,000/2,340×1.3을 계산해야 한다. 36,000에 1.3을 곱한 46,800을 2,340으로 나누기보다 1.3을 13이라는 소수로 생각하고 234를 13으로 나눌 수 있는지 확인한다. 234=13×18이므로 36,000/1,800을 힘들이지 않고 계산할 수 있다.

Tip ❷ 보기 문제의 특성을 잘 활용한다.

보기 문제는 절반의 선지만을 판단하여 정답이 나오는 경우가 존재한다. 해당 문제의 경우에도 ㄱ의 정오를 판단하면 선지 ①, ④, ⑤가 소거되고, 선지 ②와 ③만 남게 되어 ㄹ은 옳은 사례임을 알 수 있다. ㄴ과 ㄷ 중 본인이 판단하기에 더 용이하다고 생각되는 것을 선택하여 판단하면 풀이 시간을 줄일 수 있다.

Tip ❸ 계산하지 않고 판단할 수 있는지 확인한다.

보기 ㄴ의 경우 전체 조합원이 930명으로 근로시간 면제 한도에 있어 추가 부여되는 근로시간이 없음을 알 수 있다. 따라서 930명의 5% 이상이 얼마인지 계산하여 해당 광역자치단체 개수를 파악하는 것이 아니라, 930명인 경우 최대 6,000시간이 한도이므로 이것만을 보고 바로 옳지 않은 선지임을 파악한다면 시간을 단축할 수 있다.

Tip ❹ 조건의 순서를 현명하게 정해서 검토하자.

주어진 조건들을 어떤 순서로 검토할 것인지 잘 생각해야 한다. 앞의 조건에서 탈락하면 후의 조건들은 검토할 필요가 없기 때문이다. 보통은 조건이 나열되어 있다면 왼쪽에서 오른쪽으로 또는 위쪽에서 아래쪽으로 차례대로 검토해 나가면 된다. 뒤로 갈수록 기본적인 조건보다는 세세한 조건에 해당하기 때문이다. 해당 문제의 경우 '조건1－대상: 전체 조합원 1,000명 이상인가?' '조건2－5% 이상이 근무하는 광역자치단체 개수가 몇 개인가?' '조건3－추가 부여되는 근로 시간이 몇 %에 해당하는가?' 순으로 검토하면 된다. ㄱ의 경우 조건2, ㄴ의 경우 조건1에서 탈락하여 추가 면제 한도가 부과되지 않는다.

Tip ❺ 다양한 계산 방법을 활용하자.

5%는 10%의 절반이다. 5%를 구할 때, 18,000×0.05를 하는 것보다, 10%를 먼저 구한 후에 그 절반을 구하는 방법이 더 빠른 경우가 있다. 18,000의 10%는 0이 하나 빠진 1,800이고, 그 절반은 900임을 암산으로 확인할 수 있기 때문이다. 숫자가 복잡해지면 이 방법이 유용할 때가 더 많다. 여러 계산 방법을 확인하고 숙지해 두면 문제 풀이에 다양하게 활용할 수 있어 좋다.

33 정답 ②

난이도 ●●○

문제해결능력_논리퍼즐

[해설 1]

먼저, 번호를 2개씩 맞히어 당첨금 5,000원을 수령한 세 명(C대리, D대리, F인턴)의 기재 번호를 보면 중복되는 숫자가 하나도 없음을 알 수 있다. 총 당첨번호의 개수는 6개인데 2개의 번호를 맞힌 사람은 총 세 명이다. 그리고 이 세 명이 기재한 숫자 중에 겹치는 숫자가 하나도 존재하지 않는다면, 당첨번호는 반드시 이들이 기재한 숫자 중 6개일 것이다. 그 수를 정리하면 아래와 같고, 이 외의 숫자는 당첨번호가 될 수 없음을 의미한다.

1~10	1	4	5	7	9	10
11~20	11	12	15	17	18	19
21~30	21	22	24	26	28	30

따라서 위 표에 기재되지 않은 숫자들을 모두 X 표시하면 아래와 같다.

사원	기재 번호						당첨금
A차장	~~3~~	~~6~~	11	~~16~~	~~23~~	~~27~~	0원
B과장	7	9	11	~~14~~	~~20~~	22	10,000원
C대리	1	7	12	19	22	28	5,000원
D대리	4	10	15	17	21	26	5,000원
E주임	~~2~~	7	~~13~~	~~20~~	22	~~25~~	0원
F인턴	5	9	11	18	24	30	5,000원

B과장이 맞힌 3개의 숫자는 7, 9, 11, 22 중에 있음을 알 수 있다. 이때, A차장의 경우 당첨금이 0원이므로, 1개의 숫자를 맞혔거나 하나도 맞추지 못했을 것이다. 따라서 으로, 11은 당첨번호에 포함될 수도 있고 안 될 수도 있다. 한편, E주임도 당첨금이 0원이므로 7과 22 중 하나만 당첨번호에 포함되거나 둘 다 포함되지 않음을 알 수 있다. 따라서 당첨번호에 7만 포함되는 경우, 22만 포함되는 경우, 둘 다 포함되지 않는 경우로 나눌 수 있다. 그런데 7과 22가 모두 포함되지 않는 경우, B과장에서 숫자가 두 개만 남게 되어 10,000원을 받을 수 있는 가능성이 사라진다. 따라서 7과 22 모두 포함되지 않는 경우는 고려하지 않는다.

i) 당첨번호에 7만 포함되는 경우

7은 포함되고 22는 포함되지 않는 경우를 나타내면 다음과 같다.

사원	기재 번호						당첨금
A차장	3	6	11	16	23	27	0원
B과장	7	9	11	14	20	22	10,000원
C대리	1	7	12	19	22	28	5,000원
D대리	4	10	15	17	21	26	5,000원
E주임	2	7	13	20	22	25	0원
F인턴	5	9	11	18	24	30	5,000원

이때 B과장은 3개의 숫자를 맞혀 10,000원을 지급받았으므로, 당첨숫자가 (7, 9, 11)로 확정된다. 그리고 두 번째 조건에 따라 연속하는 숫자인 (6, 8, 10, 12)를 제거한다. 이를 반영한 표는 다음과 같다.

사원	기재 번호						당첨금
A차장	3	6	11	16	23	27	0원
B과장	7	9	11	14	20	22	10,000원
C대리	1	7	12	19	22	28	5,000원
D대리	4	10	15	17	21	26	5,000원
E주임	2	7	13	20	22	25	0원
F인턴	5	9	11	18	24	30	5,000원

이때 F인턴은 2개의 숫자를 맞혀 5,000원을 지급받았는데, (9, 11)이 확정됨으로써 나머지 숫자 5, 18, 24, 30은 당첨번호에 포함되지 않는다. 이를 반영한 표는 다음과 같다.

사원	기재 번호						당첨금
A차장	3	6	11	16	23	27	0원
B과장	7	9	11	14	20	22	10,000원
C대리	1	7	12	19	22	28	5,000원
D대리	4	10	15	17	21	26	5,000원
E주임	2	7	13	20	22	25	0원
F인턴	5	9	11	18	24	30	5,000원

세 번째 조건에 따라 당첨번호에 포함된 숫자 중 홀수의 개수와 짝수의 개수가 동일해야 한다. 현재 확정된 당첨번호는 (7, 9, 11)로 모두 홀수이므로 나머지 당첨번호는 모두 짝수여야 한다. 그런데 현재 제거되지 않은 숫자 중 당첨번호가 될 수 있는 것은 D대리에서의 4와 26밖에 없다. 즉, 세 번째 조건이 달성될 수 없다. 따라서 7은 당첨번호에 포함될 수 없다.

ii) 당첨번호에 22만 포함되는 경우

당첨번호에 22는 포함되고 7은 포함되지 않는 경우를 나타내면 다음과 같다.

사원	기재 번호						당첨금
A차장	3	6	11	16	23	27	0원
B과장	7	9	11	14	20	22	10,000원
C대리	1	7	12	19	22	28	5,000원
D대리	4	10	15	17	21	26	5,000원
E주임	2	7	13	20	22	25	0원
F인턴	5	9	11	18	24	30	5,000원

이때 B과장의 경우 3개의 숫자를 맞혔으므로, (9, 11, 22)가 당첨번호로 확정된다. 이를 반영하고, 연속되는 숫자인 (8, 10, 12, 21, 23)을 제외한 표는 다음과 같다.

사원	기재 번호						당첨금
A차장	3	6	11	16	23	27	0원
B과장	7	9	11	14	20	22	10,000원
C대리	1	7	12	19	22	28	5,000원
D대리	4	10	15	17	21	26	5,000원
E주임	2	7	13	20	22	25	0원
F인턴	5	9	11	18	24	30	5,000원

이때 F인턴의 경우 2개의 숫자를 맞혔으므로, (5, 18, 24, 30)은 당첨번호에 포함되지 않음을 알 수 있다. 이 숫자들을 제거한 표는 다음과 같다.

사원	기재 번호						당첨금
A차장	3	6	11	16	23	27	0원
B과장	7	9	11	14	20	22	10,000원
C대리	1	7	12	19	22	28	5,000원
D대리	4	10	15	17	21	26	5,000원
E주임	2	7	13	20	22	25	0원
F인턴	5	9	11	18	24	30	5,000원

세 번째 조건에 따라 홀수의 개수와 짝수의 개수가 동일해야 한다. 현재 당첨번호 중 홀수는 (9, 11)이고 짝수는 22이므로, 홀수 한 개와 짝수 두 개가 필요하다. 또한 네 번째 조건에 따라 1~10 중 1개, 11~20 중 1개, 21~30 중 1개의 숫자가 필요하다. 만약 C대리에서의 28이 당첨번호가 된다면 더 이상 20번대에서 당첨번호가 나올 수 없으므로 D대리에서의 26이 제거된다. 이 때 4와 17이 당첨번호로 확정된다. 따라서 당첨번호는 (4, 9, 11, 17, 22, 28)이며, 이는 모든 조건을 만족하므로 최종적으로 확정된다.

사원	기재 번호						당첨금
A차장	3	6	11	16	23	27	0원
B과장	7	9	11	14	20	22	10,000원
C대리	1	7	12	19	22	28	5,000원
D대리	4	10	15	17	21	26	5,000원
E주임	2	7	13	20	22	25	0원
F인턴	5	9	11	18	24	30	5,000원

[해설 2]

(7, 9, 11, 22)에서 3개가 당첨번호라면, 당첨번호에 9, 11은 반드시 포함되고 7, 22는 둘 중 하나만 포함되어 있다는 것을 알 수 있다. 또한, 당첨번호에 9, 11이 반드시 포함되므로 F인턴이 맞힌 2개의 숫자는 9, 11이고 나머지 5, 18, 24, 30은 당첨번호가 아니며, 연속하는 숫자는 포함되지 않으므로 9, 11과 연속한 8, 10, 12는 당첨번호가 될 수 없다. 이를 정리하면 아래와 같다.

사원	기재 번호						당첨금
A차장	3	6	11	16	23	27	0원
B과장	7	9	11	14	20	22	10,000원
C대리	1	7	12	19	22	28	5,000원
D대리	4	10	15	17	21	26	5,000원
E주임	2	7	13	20	22	25	0원
F인턴	5	9	11	18	24	30	5,000원

이제 당첨번호가 (7, 9, 11)인 경우와 (9, 11, 22)인 경우로 각각 나누어 본다.

1) 당첨번호에 (7, 9, 11)이 포함된 경우 (22 제외)

당첨번호 생성 규칙에 따라 1~10의 당첨번호는 7과 9로 확정된다. 확정 당첨번호 및 당첨번호가 될 수 없는 번호를 정리하면 아래와 같다.

1~10	1	4	5	7	9	10
11~20	11	12	15	17	18	19
21~30	21	22	24	26	28	30

확정된 당첨번호 모두가 홀수이므로, 나머지 당첨번호는 반드시 짝수여야만 한다. 11~20번대 숫자 중에서 당첨번호가 하나 더 나와야 하는데, 11~20번대의 숫자 중 남은 짝수는 없다. 따라서 조건을 만족시킬 방법이 없으므로 당첨번호에는 (7, 9, 11)이 포함될 수 없다.

2) 당첨번호에 (9, 11, 22)가 포함된 경우 (7 제외)

22와 연속한 숫자 21도 당첨번호가 될 수 없다. 현재까지의 확정 당첨번호 및 당첨번호가 될 수 없는 번호를 정리하면 아래와 같다.

1~10	1	4	5	7	9	10
11~20	11	12	15	17	18	19
21~30	21	22	24	26	28	30

현재까지 확정된 당첨번호 중 홀수는 2개, 짝수는 1개이므로 남은 번호 중 홀수는 1개, 짝수는 2개여야 한다. 그런데 11~20번대의 경우 가능한 숫자가 홀수밖에 남지 않았으므로 1~10번대에서 남은 숫자와 21~30번대에서 남은 숫자는 모두 짝수여야 한다. 따라서 1~10번대 남은 숫자 1, 4 중 당첨번호는 반드시 4가 되어야 한다. 이를 정리하면 다음과 같다.

사원	기재 번호						당첨금
A차장	3	6	11	16	23	27	0원
B과장	7	9	11	14	20	22	10,000원
C대리	1	7	12	19	22	28	5,000원
D대리	4	10	15	17	21	26	5,000원
E주임	2	7	13	20	22	25	0원
F인턴	5	9	11	18	24	30	5,000원

C대리가 19를 맞히고 28을 틀린 경우, 20~30번대 당첨번호는 26이 되므로, 당첨번호는 (4, 9, 11, 19, 22, 26)이다. 이 경우, D대리는 4, 26을 맞히어 당첨금 5,000원을 수령하므로 조건을 충족한다. 또한, C대리가 19를 틀리고 28을 맞힌 경우 11~20번대 당첨번호는 15 또는 17 둘 다 가능하므로 당첨번호는 (4, 9, 11, 15, 22, 28) 또는 (4, 9, 11, 17, 22, 28)이다. 각각의 경우 D대리는 (4, 15), (4, 17) 두 숫자를 맞히어 당첨금 5,000원을 수령하므로 조건을 충족한다. 따라서 어떠한 경우에도 7은 당첨번호에 포함될 수 없다.

합격자의 시간단축 Tip

Tip ❶ 조건을 통해 알 수 있는 정보를 최대한 빠르게 구조화하여 경우의 수를 줄인다.

C대리, D대리, F인턴이 각각 2개씩 숫자를 맞혔고 이들이 기재한 숫자에 중복이 없다는 점을 통해 이들이 기재한 숫자 중에 당첨번호가 있음을 알아내는 것이 가장 우선적으로 이뤄져야 한다. 이를 통해 당첨번호로 가능한 숫자의 목록을 대폭 줄일 수 있으며, 가능하지 않은 숫자는 X표시를 통해 지워서 각 사원이 맞힌 숫자의 목록을 일부 확보할 수 있게 된다. 이후, 각 조건을 통해 가능하지 않은 숫자를 추가로 제거함으로써 경우의 수를 줄여야 한다.

Tip ❷ 두 가지 경우 중 하나가 가능하지 않다면 나머지 경우가 가능한 조합이다.

당첨번호에 (7, 9, 11)이 포함된다면 나머지 당첨번호가 모두 짝수여야 하는데, 이는 가능하지 않은 경우임을 위의 해설에서 볼 수 있었다. (7, 9, 11)이 당첨번호에 포함되지 않는다면 나머지 경우인 (9, 11, 22)이 당첨번호에 포함될 수밖에 없다. 이는 다시 말해 당첨번호에 22가 포함되고 7은 포함되지 않음을 의미하므로, 구체적인 당첨번호를 추가적으로 확인하지 않더라도 정답은 ②가 됨을 알 수 있다. 만약 추가로 확인을 하고 싶다면, 당첨번호로 가능한 모든 조합을 찾지 않고 하나의 조합만을 찾아 (9, 11, 22)가 포함됨을 확인만 하면 된다. 이를 통해 구체적인 당첨번호 조합을 찾는 시간을 단축할 수 있다.

Tip ❸ 설문에 따른 구체적인 경우가 아닌 '구하기 쉬운 것'을 찾고, 선지를 활용한다.

우선 '당첨번호에 포함된 숫자'를 찾는 것이 '당첨번호에 포함되지 않은 숫자'를 찾는 것보다 쉬울 것이다. 왜냐하면, B, C, D, F가 고른 숫자 중에서 최소한 3개 이상이 '당첨번호에 포함된 숫자'일 것이기 때문이다. 따라서 당첨금이 제일 높은 B를 기준으로 B와 겹치는 숫자들을 모두 표시해 '당첨번호에 포함된 숫자'일 확률이 높은 숫자를 찾고자 하였다.

사원	기재 번호						당첨금
A차장	3	6	11	16	23	27	0원
B과장	7	9	11	14	20	22	10,000원
C대리	1	7	12	19	22	28	5,000원
D대리	4	10	15	17	21	26	5,000원
E주임	2	7	13	20	22	25	0원
F인턴	5	9	11	18	24	30	5,000원

이를 확인하면, E 주임은 당첨금이 0원 임에도 B와 3개가 겹치는 것을 알 수 있다. 따라서 B와 겹치는 7, 20, 22가 '당첨번호에 포함되지 않은 숫자'일 확률이 높다. 선지에는 위 세 숫자 중 7만 존재하는 바, B가 옳게 고른 당첨번호를 (9, 11, 22)라 가정하고 검토를 진행하여 모순이 없음을 확인하고 곧바로 ②를 정답으로 택하였다.

34 정답 ② 난이도 ●●○

문제해결능력_수치 계산(비용, 시간)

A씨의 임대 중개보수에 대한 문제이다.
현재 조건은 보증금 4억 원, 월세 150만 원이다.
○○시 부동산 중개보수 요율표에서 A씨는 '주택(주택의 부속토지, 주택분양권 포함)'에 해당하며, 거래 내용은 '임대차 등'이다.
거래금액을 파악해야 한다.
'부동산 중개보수 적용기준'의 세 번째 조건을 통해 보증금 외 차임이 있는 경우의 거래금액은 '보증금+(월차임×100)'임을 알 수 있다.
현 조건의 거래금액은 4억 원+150만 원×100=4억+1억 5천만 원=5억 5천만 원이다.
문제에서 중개보수는 상한요율을 적용한다고 하였으므로, 해당 거래금액의 요율은 1천분의 3이며, 한도액은 없다.
현 조건의 중개보수는 5억 5천만 원×1천분의 3=165(만 원)이다.

보기별 중개보수를 구하면 다음과 같다.

㉠ 보증금을 3억 원으로 낮추고 월세를 200만 원으로 높인다.
- 거래금액: 3억 원+200만 원×100=3억 원+2억 원=5(억 원)
- 중개보수: 5억 원×1천분의 3=150(만 원)

㉡ 보증금을 5억 원으로 높이고 월세를 100만 원으로 낮춘다.
- 거래금액: 5억 원+100만 원×100=5억 원+1억 원=6(억 원)
- 중개보수: 6억 원×1천분의 4=240(만 원)

6억 원부터는 '6억 원 이상 ~ 12억 원 미만' 구간이 되어 상한요율이 1천분의 4이다.

㉢ 보증금을 2억 원으로 낮추고 월세를 250만 원으로 높인다.
- 거래금액: 2억 원+250만 원×100=2억 원+2억 5천만 원=4억 5천만 원
- 중개보수: 4억 5천만 원×1천분의 3=135(만 원)

㉣ 보증금을 없애고 월세 400만 원으로 계약한다.
보증금이 없고 월세만 있는 경우도 '보증금 외 차임이 있는 경우'에 해당한다.
- 거래금액: 400만 원×100=4(억 원)
- 중개보수: 4억 원×1천분의 3=120(만 원)

① (○) ㉠을 선택하는 경우 A씨는 당초 계획보다 더 적은 중개보수액을 부담할 수 있다.
→ 당초의 중개보수는 165만 원이고, ㉠의 중개보수는 150만 원이다. 적절한 선택지이다.

② (×) ㉡은 당초 계획과 중개보수의 산정에 적용되는 요율에서 차이가 없다.
→ ㉡의 거래 금액은 6억 원이다. 거래금액이 6억 원일 때의 중개보수 요율 구간은 '6억 원 이상~12억 원 미만'으로 상한요율은 1천분의 4이다. 기존의

5억 5천만 원의 요율 구간은 '1억 원 이상~6억 원 미만'으로 상한요율은 1천분의 3이다. 당초 계획과 ㉡이 중개보수의 산정에 적용되는 요율은 다르다. 적절하지 않은 선택지이다.

③ (O) **㉢은 ㉡을 선택하는 경우보다 부담할 중개보수액이 더 적다.**

→ ㉡의 중개보수는 240만 원, ㉢의 중개보수는 135만원이다. 따라서 ㉢을 선택하는 경우에 부담할 중개보수액이 더 적다. 적절한 선택지이다.

④ (O) **㉢을 선택할 경우 당초 계획과의 총 중개보수액의 차이는 30만 원이다.**

→ 당초의 중개보수는 165만 원이고, ㉢의 중개보수는 135만 원이다. 따라서 당초 계획과 ㉢ 사이의 총 중개보수액의 차이는 165만 원−135만 원=30(만 원)이다. 적절한 선택지이다.

⑤ (O) **㉣을 선택할 경우 제시된 대안 중 가장 낮은 중개보수액을 부담하게 된다.**

→ 앞에서 검토한 바와 같이, 각각의 중개보수액을 구하면 ㉠은 150만 원, ㉡은 240만 원, ㉢은 135만 원, ㉣은 120만 원이다. 따라서 ㉣을 선택할 경우 제시된 대안 중 가장 낮은 중개보수액을 부담하게 된다. 적절한 선택지이다.

합격자의 실전 풀이 순서

❶ 적절하지 않은 것을 고르라 했으므로 선지 옆에 X표를 하여 적절한 것을 정답으로 고르는 실수를 하지 않도록 한다. 또한 중개보수는 상한요율을 적용한다는 것을 확인한다.

❷ 상황을 먼저 읽은 후 자료의 큰 틀 및 중개보수 적용 기준을 확인한다.

❸ 각 사례의 거래금액 확인 후 상한요율을 파악하여 선지를 판단한다. 이때 ㉡, ㉢만 선지에서 2번씩 언급하고 있으므로 두 사례를 먼저 확인해본다.

합격자의 시간단축 Tip

Tip ❶ 필요한 계산만 하자.

선택지를 살펴보면 정확한 중개보수액을 물어보는 내용은 존재하지 않는다는 것을 확인할 수 있다. 따라서 구체적인 값을 구하지 않고 곱셈 비교만으로 해결할 수 있다. 대부분 상한요율이 동일하기 때문에 거래금액의 비교만으로도 많은 선택지를 해결할 수 있다.
구체적으로 살펴보자면 ㉠의 중개보수는 5억 원×1천분의 3, 당초 계획의 중개보수는 5억 5천만 원×1천분의 3이다. 상한요율은 동일하므로 거래금액이 더 작은 ㉠의 중개보수액이 더 적다.

Tip ❷ 답이 나오면 넘어가기

이와 같은 문제의 경우 중간에 답이 나왔다면 넘어가는 것이 좋다. 좀 더 확실하게 하기 위해 남은 선지의 정오도 판단하려고 한다면 시간이 더 걸릴 수 있다. 일례로 이후 선지를 판단하는 과정에서 적절하지 않다고 생각하는 게 또 나온다면 어디에서 실수했는지 확인하는 과정을 또 거쳐야 한다. 이 경우 시간적으로도, 심리적으로도 좋지 않기 때문에 자신이 했던 판단을 믿고 정답 선지를 찾았다면 다음 문제로 넘어갈 수 있어야 한다.

Tip ❸ 4개의 선지만을 판단하여 정답을 도출할 수 있다.

만약 본인이 판단하기 어려운 선지가 있거나 시간이 오래 걸릴 것 같은 선지가 있다면 넘어간 후 나머지 4개의 선지를 판단하면 된다. 넘어간 선지가 답이라면 4개의 정오를 판단하여 답을 도출할 수 있고, 넘어간 이후 답이 도출된다면 건너뛴 선지는 살펴보지 않고 답을 도출할 수 있다.

Tip ❹ 단위에 유의하자.

억 원, 만 원 그리고 천분율이 제시되고 있어 단위에 신경을 써야 한다. 이때 만×만=억임을 활용하면 편리하다. 예를 들어 6억 원×1천분의 4=60,000만 원×$\frac{4}{1,000}$=240(만 원)이다.

Tip ❺ ㉡이나 ㉢을 먼저 검토한다.

선지 구성에 따르면, 보기 ㉡과 보기 ㉢를 판단하는 경우 총 3개의 선지를 판단할 수 있게 되므로 보기 ㉡이나 보기 ㉢을 먼저 검토한다. 보기 ㉡을 먼저 검토한 후, 선지 ②의 정오판별을 한 후 정선지라면 보기 ㉢을 검토한 후 선지 ③과 선지 ④를 검토하면 시간을 단축할 수 있다. 보기가 4개이고 선지는 5개이므로 반드시 특정 선지에는 특정 보기가 2번 이상 활용되어야 한다. 이를 활용해 시간을 단축할 수 있다.

35 정답 ③ 난이도 ●●○

문제해결능력_적정 대상 선택

거래내용(+부동산 중개보수 적용기준)−거래금액−상한요율−한도액 순으로 확인한다.

① (×) **월차임 없이 보증금 9천만 원에 원룸(주택)을 임대한 임대인에게 거래금액의 1천분의 4에 해당하는 금액이 중개보수로 적용된 경우**

→ 원룸(주택) 임대의 경우엔 '주택(주택의 부속토지, 주택분양권 포함)'의 '임대차 등'에 해당한다. 거

래금액은 보증금인 9천만 원이며, '5천만 원 이상~1억 원 미만' 구간에 속한다. 상한요율은 1천분의 4, 한도액은 30만 원이다. 상한요율을 기준으로 보증금을 구하면 9천만 원×1천 분의 4=36(만 원)이지만, 한도액에 따라 30만 원이 된다. 따라서 월차임 없이 보증금 9천만 원에 원룸(주택)을 임대한 임대인에게는 거래금액의 1천분의 4에 해당하는 금액이 중개보수로 적용될 수 없다. 적절하지 않은 사례이다.

② (×) 전용면적 89m²의 주거용 오피스텔을 보증금 400만 원, 월차임 36만 원에 임대한 임대인에게 중개보수로 36만 원이 적용된 경우

→ 전용면적 89m²의 주거용 오피스텔은 [오피스텔]의 '위 적용대상 외의 경우'에 해당한다. 거래금액은 '보증금+(월차임×100)'으로 먼저 구한다. 400만 원+36만 원×100=400만 원+3,600만 원=4,000(만 원)이다. 5천만 원 미만이므로 거래금액은 '보증금+(월차임×70)'으로 계산해야 한다. 400만 원+36만 원×70=400만 원+2,520만 원=2,920(만 원)이다.

이때의 상한요율은 1천분의 9이며, 상한요율로 중개보수를 계산하면 2,920만 원×1천분의 9=262,800(원)이 도출된다. 중개보수는 262,800원 이내로 구성되어야 한다. 따라서 36만 원의 중개보수는 상한을 초과한 것이다. 적절하지 않은 선택지이다.

③ (○) 총 면적 116m² 중 주택 면적이 56m²인 건축물을 10억 원에 매수한 매수자에게 거래금액의 1천분의 5에 해당하는 금액이 중개보수로 적용된 경우

→ 주택 면적이 구체적으로 제시되었으므로 '부동산 중개보수 적용기준'의 네 번째 기준을 확인한다. 건축물 중 주택 면적이 $\frac{1}{2}$ 이상인지 여부를 먼저 확인해야 한다. 56×2=112이므로, $\frac{56}{116}<\frac{1}{2}$이다. 주택 면적이 $\frac{1}{2}$ 미만인 경우이므로 주택 외의 중개보수를 적용한다. '주택·오피스텔 외(토지, 상가 등)'의 상한요율은 일괄적으로 1천분의 9이다. 1천분의 9는 상한요율일 뿐이므로, 그보다 작은 1천분의 5의 요율도 가능하다. 적절한 선택지이다.

④ (×) 중개보수 지급일에 대한 특약 없이 5억 원에 상가를 매도하는 매도자가 매수자로부터 계약금 5,000만 원을 납입 받은 직후 공인중개사가 해당 매도자에게 중개보수의 지급을 요청하는 경우

→ '부동산 중개보수 적용기준'의 두 번째 기준에 따르면, 중개보수의 지급시기는 공인중개사와 중개의뢰인간의 약정에 따르되, 약정이 없을 때에는 중개대상물의 거래대금 지급이 완료된 날로 한다. 선택지의 경우엔 중개보수 지급일에 대한 특약이 없다. 따라서 중개대상물의 거래대금 지급이 완료된 날에 중개보수를 지급해야 한다. 공인중개사는 계약금을 받은 직후에 중개보수의 지급을 요청할 수 없다. 적절하지 않은 선택지이다.

⑤ (×) 분양가 9억 원의 주택분양권을 매도하는 매도자가 불입한 계약금이 9천만 원, 중도금이 4억 원이고, 2억 원의 프리미엄이 붙은 경우에 거래금액의 1천분의 5에 해당하는 금액이 중개보수로 적용된 경우

→ 주택분양권 매매이므로 [주택(주택의 부속토지, 주택분양권 포함)]의 '매매·교환'에 해당한다. 이때 거래금액은 [부동산 중개보수 적용기준]의 다섯 번째 기준에 따라 '거래 당시까지 불입한 금액(계약금+중도금)+프리미엄'이다. 본 사례에서 거래 당시까지 불입한 금액은 계약금 9천 만원+중도금 4억 원=4억 9천만 원이며, 프리미엄은 2억 원이다. 이에 따라 거래금액은 6억 9천만 원이다. 이는 '2억 원 이상~9억 원 미만' 구간에 속하며, 상한요율은 1천분의 4이다. 따라서 상한요율을 초과하는 거래금액의 1천분의 5에 해당하는 금액을 중개보수로 적용할 수 없다. 적절하지 않은 선택지이다.

합격자의 실전 풀이 순서

❶ 올바르게 적용된 사례를 찾는 것이므로 별도의 표시 없이 넘어간다.

❷ 각 선지를 보고 이에 해당하는 요율표 항목을 찾아가 판단한다.

합격자의 시간단축 Tip

Tip ❶ 키워드를 활용하자.

본 문제처럼 확인해야 할 부분이 여러 개인 경우, 키워드를 활용해 빠르게 원하는 내용을 찾는 것이 필요하다. 5번 선택지를 예로 들면 '분양권', '프리미엄' 등을 키워드로 삼을 수 있다. 〈OO시 부동산 중개보수 요율표〉의 '주택(주택의 부속토지, 주택분양권 포함)'에서 분양권을, '부동산 중개보수 적용기준'의 다섯 번째 기준에서 프리미엄을 찾을 수 있다. 이때, 키워드는 흔히 쓰이는 거래금액, 매도자, 중개보수가 아닌 다른 선택지에서 사용하지 않는 단어를 활용하는 것이 좋다.

Tip ❷ 답이 나오면 넘어가기

이와 같은 문제의 경우 중간에 답이 나왔다면 넘어가는 것이 좋다. 좀 더 확실하게 하기 위해 남은 선지의 정오도 판단하려고 한다면 시간이 더 걸릴 수 있다. 일례로 이후 선지를 판단하는 과정에서 올바르게 적용됐다고 생각하는 게 또 나온다면 어디에서 실수했는지 확인하는 과정을 또 거쳐야 한다. 이 경우 시간적으로도, 심리적으로도 좋지 않기 때문에 자신이 했던 판단을 믿고 정답 선지를 찾았다면 다음 문제로 넘어갈 수 있어야 한다.

Tip ❸ 4개의 선지만을 판단하여 정답을 도출할 수 있다.

만약 본인이 판단하기 어려운 선지가 있거나 시간이 오래 걸릴 것 같은 선지가 있다면 넘어간 후 나머지 4개의 선지를 판단하면 된다. 넘어간 선지가 답이라면 4개의 정오를 판단하여 답을 도출할 수 있고, 넘어간 이후 답이 도출된다면 건너뛴 선지는 살펴보지 않고 답을 도출할 수 있다.

Tip ❹ 답이 나오지 않아도 넘어가기

이 문제는 선지 ③에서 상한요율 이내의 요율도 가능하다고 판단하는 것이 핵심이었다. 그러나 실전에서는 이런 함정에 빠지지 않을 거라 단언하기 어렵다. 만약 선지 ①~선지 ⑤가 모두 정선지/오선지로 나온다면 침착하게 별표를 치고 다음 문제로 넘기자. 나중에 다시 왔을 때 새로운 관점으로 문제를 풀 수도 있으며, 처음 풀었을 때는 보이지 않던 실수, 중요한 조건들이 보일 수 있다. 선지 ①~선지 ⑤가 모두 정선지/오선지로 나왔을 때 바로 다시 문제를 풀게 된다면 똑같은 실수를 반복하고 여기서 시간을 많이 허비했다는 생각에 멘탈이 흔들릴 수 있다.

Tip ❺ 거꾸로 계산하여 해당 범위에 해당하는지 판단하는 것이 빠를 수 있다.

거래금액의 산정식은 상대적으로 간단하기 때문에 거꾸로 계산하는 것이 빠를 수 있다. 상한요율을 도출한 다음 중개보수에 해당하는 금액을 상한요율로 나누고 곱하기 1,000을 하는 방법으로 역으로 거래금액을 파악하는 것이다.

이를 이용하면, 선지 ②를 기준으로 적용되는 산정요율이 1,000분의 9이므로 중개보수 36만 원을 9로 나눈 후 1,000을 곱하면 최소 거래금액이 4,000만 원 이상이어야 한다. 하지만 보증금이 400만 원이고 월차임이 36만 원의 100배의 합이 5,000만 원보다 작은 4,000만 원이므로 월차임의 계수가 100이 아닌 70이 되어야 하므로 정답이 아님을 알 수 있다.

선지 ② 선지의 숫자가 어떻게 도출된 것일지 생각해본다. 36만 원은 기본 거래 금액 식으로 구한 4천만 원에 상한요율 1천분의 9를 적용한 값이다. 기본 거래 금액을 '400만 원+(36×100만 원)'=4,000만 원인 것이다. 한편, '합산한 금액이 5천만 원 미만일 경우 '보증금+(월차임×70)'으로 한다'는 내용을 파악했으면, 기본 거래 금액이 4,000만 원이 될 수 없는 바, 해당 거래금액에 상한요율 1천분의 9를 적용한 값이 36만 원이 나올 수 없음을 알 수 있었을 것이다. 즉, 정확한 중개보수를 계산해보지 않더라도 36만 원은 아님은 알 수 있었다. 평소 선지의 숫자가 어떤 조건이나 식을 활용하여 도출되었는지 대강 파악하고 선지의 정오판단을 시작하는 습관을 들이면 시간 단축에 도움이 된다. 정확한 값을 계산해보지 않더라도, 위와 같이 '적용범위' 자체가 잘못된 선지가 종종 존재하기 때문이다.

36 정답 ② 난이도 ●●○

문제해결능력_지문의 이해 및 활용

① (O) 위 피보험자는 이륜자동차의 시동을 끈 채로 이륜자동차 운전석에 탑승하여 사고를 당한 경우에도 보험금을 지급받을 수 있다.

→ 특별약관 1-②에서 '이륜자동차 운전중'이란 도로여부, 주정차여부, 엔진의 시동여부를 불문하고 피보험자가 이륜자동차 운전석에 탑승하여 핸들을 조작하거나 조작 가능한 상태에 있는 것을 말한다. 따라서 엔진의 시동 여부와 무관하게 피보험자가 운전석에 탑승하여 핸들을 조작하거나 조작 가능한 상태에 있다면 보험 적용의 대상이 된다.

② (×) 2024.9.1.로부터 180일 이내에 장해지급률이 확정되지 않는 경우에 장해지급률은 의사 진단에 기초하여 고정될 것으로 인정되는 상태를 기준으로 결정한다.

→ 장해지급률이 180일 이내에 확정되지 않은 경우의 기산일은 이륜자동차 운전중 '교통상해 발생일'이다. 교통상해의 발생일은 사고와 직접 원인으로 보이는 엄지손가락의 마비증세가 시작된 2024.9.3.이므로 180일의 기산일은 2024.9.3.이 되어야 한다.

③ (O) 위 피보험자의 장해지급률이 15%로 결정된 경우 지급받을 수 있는 보험금은 150만 원이다.

→ 위 피보험자는 이륜자동차 운전중 교통상해후유장해 특약에 가입금액 1천만 원으로 가입되어 있다. 보험금은 1-①에 따라 장해분류표에서 정한 지급률을 특별약관의 보험가입금액에 곱하여 산출한 금액으로 산정한다. 따라서 1,000만 원×0.15=150

(만 원)을 보험금으로 지급받을 수 있다.

④ (O) **해당 사고에 대한 위 피보험자의 장해지급률이 최초 15%로 결정되었으나 사고 발생일로부터 8개월 되는 날 오른쪽 엄지손가락의 상태가 악화되어 장해지급률이 다시 결정되었다면 보험금의 차액을 지급받을 수 있다.**

→ '2. 보험금 지급에 관한 세부규정' 2항에 따르면, 계약의 효력이 없어진 경우에도 보험기간이 10년 이상인 계약은 이륜자동차 운전중 교통상해 발생일로부터 2년 이내는 '보장받을 수 있는 기간'에 해당한다. 또한, 피보험자의 장해지급률이 최초로 결정된 후에도 장해상태가 악화되었다면, 피보험자는 그 악화된 장해상태를 기준으로 장해지급률을 결정해 차액에 해당하는 보험금을 지급받을 수 있다.
본 사례의 피보험자의 상품은 10년 만기보장상품이다. 따라서 사고 발생일로부터 8개월 되는 날은 보험계약일은 종료되었지만, 보장받을 수 있는 기간에 해당한다. 동일한 사고로, 동일한 부위에 대한 상태가 악화된 것이므로 장해지급률이 다시 결정된다면, 그 차액에 대한 보험금을 지급받을 수 있다.

⑤ (O) **위 피보험자의 장해지급률이 15%로 결정되어 지급률에 따른 보험금을 지급받은 경우에도 보험계약은 만기일까지 계속 유지된다.**

→ 이륜자동차 운전중 교통상해 80% 이상 후유장해 보험금을 지급한 경우에 그 손해보장의 원인이 생긴 때로부터 이 보험계약은 소멸된다. 하지만, 장해지급률이 15%로 결정되어 지급률에 따른 보험금을 지급받은 경우엔 보험계약은 만기일까지 유지된다.

합격자의 실전 풀이 순서

❶ 발문을 보고 자료를 먼저 볼 것인지, 선지를 먼저 보고 자료를 발췌독할 것인지 판단한다. 단 자료를 먼저 보는 경우 자세히 읽기보다 주요 포인트를 중심으로 읽어간다.

❷ 바르게 판단하지 못한 것을 고르라 했으므로 선지 옆에 X표를 하여 바르게 판단한 것을 정답으로 고르는 실수를 하지 않도록 한다.

합격자의 시간단축 Tip

Tip ❶ 중요도를 고려한 자료 읽기

자료의 양이 매우 많으므로 하나하나 세심하게 읽는 경우 많은 시간이 소요된다. 따라서 중요하다고 판단되는 것에 더 집중하고 표시를 하면서 읽을 필요가 있다. 예를 들어 1. 보험금의 지급사유에 대하여는 운전중 교통상해 및 운전중의 의미를 어떻게 보고 있는지, 2. 보험금 지급에 관한 세부규정에서는 각 케이스 별로 어디에 해당하는지를 파악하여 문제에서 묻는 내용이 나왔을 때 다시 찾아가서 확인할 수 있도록 한다.
특히, 본 문제의 경우 일반 법조문 유형과 다르게 그 구성을 한눈에 파악하기 어렵다. 따라서 선지를 먼저 읽고 해당하는 규정으로 찾아가는 발췌독보다는 본문을 먼저 읽으며 전체적인 구조를 파악하는 것을 추천한다.

Tip ❷ 답이 나오면 넘어가기

이와 같은 문제의 경우 중간에 답이 나왔다면 넘어가는 것이 좋다. 좀 더 확실하게 하기 위해 남은 선지의 정오도 판단하려고 한다면 시간이 더 걸릴 수 있다. 일례로 이후 선지를 판단하는 과정에서 바르게 판단하지 못한 선지라 생각되는 것이 또 나온다면 어디에서 실수를 했는지 확인하는 과정을 또 거쳐야 한다. 이 경우 시간적으로도, 심리적으로도 좋지 않기 때문에 자신이 했던 판단을 믿고 정답 선지를 찾았다면 다음 문제로 넘어갈 수 있어야 한다.

Tip ❸ 4개의 선지만을 판단하여 정답을 도출할 수 있다.

만약 본인이 판단하기 어려운 선지가 있거나 시간이 오래 걸릴 것 같은 선지가 있다면 넘어간 후 나머지 4개의 선지를 판단하면 된다. 넘어간 선지가 답이라면 4개의 정오를 판단하여 답을 도출할 수 있고, 넘어간 이후 답이 도출된다면 건너뛴 선지는 살펴보지 않고 답을 도출할 수 있다.

Tip ❹ 비슷한 개념을 확실히 구분한다.

비슷한 개념을 제시하여 혼란을 일으키는 경우가 많다. 해당 문제의 경우 선지 ②에서 '교통사고 발생일'과 '교통상해 발생일'을 구분할 수 있는지 묻고 있다. 사고경위를 살펴보면 마비증세가 '최초로' 나타났다고 강조하고 있는데 이를 통해 '교통사고 발생일'과 '교통상해 발생일'을 명확하게 구분하도록 유도하고 있음을 알 수 있다.

Tip ❺ 선지별 시간단축 전략

선지 ① 자료를 읽으면서 관련 선지가 출제되지 않을까 하는 예측을 할 수 있다. '~를 불문하고'라는 표현이 자료에 있었는데, 선지화 하기 좋은 표현이므로 앞으로 자료를 읽을 때 유사한 표현이 등장한다면 좀 더 주의 깊게 읽을 필요가 있다.

선지 ④ 괄호, 단서 등에 유의할 필요가 있다. 이런 유형의 경우엔 해당 부분에서 문제로 만들어질 확률이 높기 때문이다. 실제로 4번 선택지는 괄호에 있는 내용을 활용하도록 문제가 구성되었다. 처음 본문 구조를 파악하며 읽을 때, 단서, 괄호, 각주 등을 확인했다면 표시를 해두거나 주의 깊게 봐두는 것을 추천한다.

Tip ❻ 선지를 먼저 본 후, 자료를 발췌독한다.

선지를 먼저 보는 것의 장점은 판단에 필요한 자료의 정보만을 발췌독함으로 시간을 단축할 수 있다. 선지를 본 후 자료를 발췌독할 때에는 비일상적 언어, 주어진 상황에서 주로 사용하는 전문적인 용어 등 대체가 어려운 용어를 위주로 찾아간다. 자료의 소제목을 활용하는 것도 좋은 방법이다. 소제목 혹은 소목차는 반드시 하위 내용을 포괄할 수 있도록 지어지기 때문이다.

37 정답 ③ 난이도 ●●○

문제해결능력_지문의 이해 및 활용

① (O) A씨의 최종 장해상태에 해당하는 장해지급률은 35%이다.

→ A씨는 최종적으로 왼쪽 눈의 교정시력이 0.01이 되었으므로 눈의 장해 중 한 눈의 교정시력이 0.02 이하로 된 때에 해당하므로 최종 장해상태에 해당하는 장해지급률은 35%이다.

② (O) 2022.3.18.의 교통상해에 대해 A씨에게 지급되는 보험금은 400만 원이다.

→ A씨에게 최종적으로 지급되는 보험금을 계산하면 된다. A씨는 2019년 5월경 질병으로 왼쪽 눈의 교정시력이 0.09가 되었는데, 이는 특약가입 이전에 발생한 일이므로 보험금 지급 대상이 아니다. 그러나 약관 2. ⑤에 따라 2019년의 장해상태는 마치 보험금이 지급된 것처럼 간주한다. 한 눈의 교정시력이 0.1 이하로 된 때의 지급률은 15%이다. 따라서 2022년 3월 18일 사고의 최종 지급률 35%에서 15%를 차감하여 20%를 적용한다. 이에 따라 보험금은 2,000×20%=2,000×0.2=400(만 원)이 된다.

③ (×) 2024.12.26.의 교통상해에 대해 B씨에게 지급되는 보험금은 1,300만 원이다.

→ B씨는 특약 가입 이후 2022.5.30. 이륜자동차 운전 중 교통상해로 인해 평형기능에 후유장해가 남았고, 이때의 장해 지급률은 10%였다. 이후 2024.12.26. 이륜자동차 운전 중 교통상해로 귀와 눈에 후유장해가 발생했다. 약관 2. ④항에 따르면, '다른 이륜자동차 운전 중 교통상해'로 인해 발생한 후유장해는 각 사고 시점마다 후유장해 지급률을 별도로 결정해야 한다. 따라서 2024.12.26. 사고로 인해 발생한 후유장해에 대해서도 독립적으로 지급률을 산정해야 하며, 이때 귀(왼쪽 귀의 청력에 심한 장해)의 장해 지급률은 15%, 눈(오른쪽 눈이 멀게 됨)의 장해 지급률은 50%이다. 또한, 약관 2. ③항에 따르면 '같은 이륜자동차 운전 중 교통상해'로 인해 두 가지 이상의 후유장해가 생긴 경우에는 지급률을 합산하여 계산해야 한다. 이에 따라 2024.12.26. 사고로 인해 발생한 귀의 장해(15%)와 눈의 장해(50%)를 합산하면 총 65%가 된다. 그러나 약관 2. ④항 후단에 따르면 '다른 이륜자동차 운전 중 교통상해로 인해 동일한 부위에 후유장해가 2회 이상 발생한 경우, 이미 지급받은 후유장해 보험금에 적용된 지급률을 차감해야 한다'고 규정하고 있다. B씨는 2022.5.30. 사고로 인해 이미 평형기능 장해(10%)에 대한 보험금을 지급받았다. 따라서 2024.12.26. 사고로 인해 발생한 귀의 장해(15%)에서 기존 지급률(10%)을 차감한 5%만 반영해야 한다. 결과적으로, 귀의 장해 지급률(5%)과 눈의 장해 지급률(50%)을 합산하여 최종 지급률은 55%가 된다. 이에 따라 보험금은 2,000×55%=2,000×0.55=1,100(만 원)이 된다.

④ (O) B씨에게는 귀의 장해에 대한 보험금뿐만 아니라 눈의 장해에 대한 보험금도 지급된다.

→ B씨의 최종 지급률은 귀의 장해 지급률(5%)과 눈의 장해 지급률(50%)을 합산한 55%가 된다. 따라서 B씨에게는 귀뿐만 아니라 눈의 장해에 대한 보험금도 지급된다.

⑤ (O) A씨의 2019년 왼쪽 눈의 장해상태에 대해서는 후유장해보험금이 지급된 것으로 간주된다.

→ A씨는 2019년 5월경 질병으로 왼쪽 눈의 교정시력이 0.09가 되었는데, 이는 특약가입 이전에 발생한 일이므로 보험금 지급 대상이 아니다. 그러나 약관 2. ⑤에 따라 2019년의 장해상태는 마치 보험금이 지급된 것처럼 간주한다.

합격자의 실전 풀이 순서

❶ 적절하지 않은 것을 고르라 했으므로 선지 옆에 X표를 하여 적절한 것을 정답으로 고르는 실수를 하지 않도록 한다. 문제 말미의 단서에서 두 사람의 보험금액도 체크한다.

❷ 교정시력이 0.09인 것은 운전중 교통상해가 아닌 질병 때문임을 체크한다.

❸ 주어진 자료를 바탕으로 각 선지가 적절한지 확인한다.

합격자의 시간단축 Tip

Tip ❶ 답이 나오면 넘어가자.

이와 같은 문제의 경우 중간에 답이 나왔다면 넘어가는 것이 좋다. 좀 더 확실하게 하기 위해 남은 선지의 정오도 판단하려고 한다면 시간이 더 걸릴 수 있다. 일례로 이후 선지를 판단하는 과정에서 적절하지 않은 선지라 생각되는 것이 또 나온다면 어디에서 실수를 했는지 확인하는 과정을 또 거쳐야 한다. 이 경우 시간적으로도, 심리적으로도 좋지 않기 때문에 자신이 했던 판단을 믿고 정답 선지를 찾았다면 다음 문제로 넘어갈 수 있어야 한다.

Tip ❷ 4개의 선지만을 판단하여 정답을 도출할 수 있다.

만약 본인이 판단하기 어려운 선지가 있거나 시간이 오래 걸릴 것 같은 선지가 있다면 넘어간 후 나머지 4개의 선지를 판단하면 된다. 넘어간 선지가 답이라면 4개의 정오를 판단하여 답을 도출할 수 있고, 넘어간 이후 답이 도출된다면 건너뛴 선지는 살펴보지 않고 답을 도출할 수 있다. 해당 문제의 경우 교통사고가 2번, 장해 부위도 2곳인 B씨의 보험금을 계산하는 일이 복잡할 것이므로 선지 ③을 빼고 풀어서 답을 도출할 수 있다.

Tip ❸ 문제를 꼼꼼히 읽자.

두 사람의 보험가입금액에 대한 내용은 아래 표가 아니라 문제에 제시되어 있다. 집중하지 않으면 해당 부분은 놓치고 보험가입금액이 얼마인지 찾느라 시간을 허비할 수 있다. 본문뿐만 아니라 문제에서도 힌트가 주어진 경우가 많으므로 끝까지 꼼꼼히 읽는 습관을 들이는 것이 좋다. 또한, '왼쪽 눈의 교정시력이 0.01'이 된 것을 '한 눈의 교정시력이 0.1 이하로 된 때'로 착각하기 쉽다. 이처럼 문제에는 실수를 할 만한 장치들이 숨어있으므로 주의하는 것이 필요하다.

Tip ❹ 나중에 제시된 경우부터 판단하자.

NCS 특성상 시간낭비를 유도하는 장치를 둔다. 문제해결에 전혀 필요 없는 정보를 제시하거나 여러 경우를 제시하여 각 경우에 대해 판단하도록 하는 것이 그에 해당한다. 이를 역이용하여, A와 B, 2가지 사례가 주어진 경우 B부터 판단하는 것도 좋은 방법이다.

다만, 문제의 구조가 복잡하고 발문 및 주어진 상황을 읽었을 때 문제의 구조가 이해되지 않는다면 문제가 제시한 순서대로 문제를 풀이하는 것이 좋다. 비교적 간단한 앞 선지를 해결하면서 문제의 구조를 파악할 수 있기 때문이다.

38 정답 ④ 난이도 ●●●

문제해결능력_공고문/규정 이해

① (O) 해외근무직원이라고 하더라도 국내근무직원과 동일한 규정을 적용받는 부가수당이 있다.

→ 해당 문항과 관련된 조항은 다음과 같다.

> 제2조(보수의 체계) 해외근무직원의 보수 체계는 다음과 같다.
> 1. 기본연봉
> 2. 부가수당(기술수당, 해외근무수당, 특수지근무수당, 환율변동차 보전수당, 조정수당)
> 3. 성과연봉
>
> 제3조(보수의 적용) ① 기본연봉, 기술수당, 성과연봉은 국내근무직원 보수규정을 적용한다.

제2조에서 해외근무직원의 보수 체계는 기본연봉, 부가수당, 성과연봉으로 구성된다고 하였다. 이 중 부가수당에는 기술수당, 해외근무수당, 특수지근무수당, 환율변동차 보전수당, 조정수당이 존재한다. 그 중 제3조 제1항에 따라 기본연봉, 기술수당, 성과연봉은 국내근무직원의 보수규정을 적용한다고 규정되어 있는 바, '기술수당'이 부가수당에 해당하므로 해외근무직원이라고 하더라도 국내근무직원과 동일한 규정을 적용받는 부가수당이 있다.

② (O) 해외근무수당을 지급받는 해외근무직원은 해외근무 중 야간 및 주말근무를 한 경우라 하더라도 추가근로에 대한 수당을 청구할 수 없다.

→ 해당 문항과 관련된 조항은 다음과 같다.

> 제4조(해외근무수당)
> ③ 해외근무수당에는 이 규정에서 정한 보수 이외에 소정근로시간을 초과한 시간외근로, 휴일근로 및 야간근로, 연차수당 등 법정 수당과 국내직원 보수규정에 따른 보수 및 급여성 복리후생비가 모두 포함된 것으로 본다.

제4조 제3항에 소정근로시간을 초과한 시간외근로, 휴일근로 및 야간근로는 해외근무수당에 모두 포함된다고 규정되어 있다. 그러므로 해외근무직원이 야간 및 주말근무를 하더라도 추가근로에 대한 수당을 청구할 수 없다. 이미 해외근무수당에 포함되어 있기 때문이다.

③ (O) 같은 직급의 직원이 같은 국가로 해외근무를 발령받은 경우라고 하더라도 근무지에 따라 특수지근무수당 지급액이 달라질 수 있다.

→ 해당 문항과 관련된 조항은 다음과 같다.

제5조(특수지근무수당) ① 근무여건이 불리한 지역에 근무하는 해외근무직원에 대하여는 [별표 3]에 따른 특수지근무수당을 지급한다.
② 동일국가 내에서 도시와 멀리 떨어져 있어 교통이 불편하거나 문화·교육시설이 거의 없는 지역 등 근무여건이 현저히 불리한 지역에 대해서는 [별표 3]의 특수지근무수당에 해당하는 금액에 50%의 범위 내에서 가산하여 지급할 수 있다.

제5조 제1항에 따르면 근무 여건이 불리한 지역 내에 근무하는 해외 근무 직원에 대하여는 [별표 3]에 따른 특수지근무수당을 지급한다. 이에 더해 제5조 제2항은 동일국가 내에서도 도시와 멀리 떨어져 있어 교통이 불편하거나 문화, 교육시설이 거의 없는 지역 등 근무여건이 현저히 불리한 지역에 대해서는 특수지근무수당 금액에 50%의 범위 내에서 가산하여 지급할 수 있다고 규정하고 있다. 그러므로 동일국가 내에서도 근무여건 상태에 따라 특수지근무수당 지급액이 달라질 수 있다.

④ (×) 1년간 해외근무를 발령받은 2급 직원 A씨의 해외근무 발령 당시 기초급은 5,325만 원이었다. 이후 A씨가 해외근무를 시작한 이래로 기본연봉은 5,531만 원으로 계속 적용되었다.
→ 해당 문항과 관련된 조항은 다음과 같다.

제3조(보수의 적용) ① 기본연봉, 기술수당, 성과연봉은 국내근무직원 보수규정을 적용한다.
② 해외근무직원의 기본연봉은 해외근무 발령 당시 본인의 기초급으로 하되, 동 기초급이 직급별 기본연봉 기준액을 하회할 경우 해외근무기간에 한하여 아래의 기준액을 적용한다.

〈직급별 기본연봉 기준액(단위: 천 원/년)〉

구분	1급	2급	3급	4급 이하
금액	66,710	55,310	51,460	41,490

선지에 따르면, 2급 직원 A씨의 해외근무 발령 당시 기초급은 5,325만 원이었다. 보수규정 제3조 제2항에 따르면 해외근무직원의 기본연봉은 해외근무 발령 당시 본인의 기초급으로 하는데, 만약 해당 기초급이 직급별 기본연봉 기준액을 하회할 경우에는 '해외근무기간'에 한하여 직급별 기본연봉 기준액을 기초급으로 하게 된다. A씨의 경우 2급 직원인데, 2급 직원의 기본연봉 기준액은 5,531만 원으로 A씨의 해외근무 발령 당시 기초급은 2급 직원의 기본연봉 기준액을 하회한다. 따라서 A씨의 기초급은 해외근무기간 1년에 한하여 2급 직원의 기본연봉 기준액인 5,531만 원이 된다. 그런데 선지에서는 기본연봉이 5,531만 원으로 '계속' 적용되었다고 하고 있으므로 이는 틀린 선지이다. 기본연봉 5,531만 원은 A씨의 해외근무기간인 1년에 한해 적용된다.

⑤ (○) 해외근무에 따라 발령국가에 납부하는 근로소득세가 국내에서 납부하는 근로소득세보다 더 많은 경우 근로자가 불이익을 감수해야 하는 경우가 있다.
→ 해당 문항과 관련된 조항은 다음과 같다.

제7조(조정수당) 해외근무직원의 근로소득에 대하여 주재국에서 납부하는 세액(근로소득세액 및 이에 부가되는 제세액을 말함)이 국내에서 적용되는 근로소득관련 총세액의 20% 이상 초과하여 보수가 감소되는 경우 그 차액을 조정수당으로 지급한다.

제7조에 따라 해외근무직원의 근로소득에 대하여 주재국에서 납부하는 세액이 국내에서 적용되는 근로소득관련 총 세액의 20% 이상 초과하여 보수가 감소되는 경우에는 그 차액에 해당하는 조정수당을 지급받을 수 있다. 다만, 0% 초과, 20% 미만인 경우에는 '조정수당'을 받지 못하므로 근로자가 불이익을 감수하는 경우가 존재한다.

합격자의 시간단축 Tip

Tip ❶ 법조문 문제의 경우 선지를 먼저 읽은 뒤 발췌독을 진행하자.

법조문 문제는 지문을 정독할 필요가 없다. 선지를 먼저 읽은 뒤 선지에서 요구하는 내용을 지문에서 발췌독하도록 한다.
예를 들어 선지 ①의 경우, '부가수당'의 키워드를 추출해 지문에서 '부가수당'이 나온 조항을 찾는다. 관련 조항은 제2조와 제3조에 있으므로 타 조항을 검토할 필요 없이 해당 조항만을 검토한다. 이러한 방법으로 문제 풀이 시간을 단축할 수 있다.

Tip ❷ 특수하거나 예외 상황을 가정한 조항에 좀 더 집중한다.

법조문 문제의 경우, 해당 조항 안에 일반적인 내용과 예외 혹은 특수한 사항이 같이 규정되어 경우가 많다. 이때 예외 혹은 특수한 상황의 경우 정오판단 선지로 이용될 가능성이 높다.
예를 들어 제5조 규정을 확인하면 다음과 같다.

> 제5조(특수지근무수당) ① 근무여건이 불리한 지역에 근무하는 해외근무직원에 대하여는 [별표 3]에 따른 특수지근무수당을 지급한다.
> ② 동일국가 내에서 도시와 멀리 떨어져 있어 교통이 불편하거나 문화·교육시설이 거의 없는 지역 등 근무여건이 현저히 불리한 지역에 대해서는 [별표 3]의 특수지근무수당에 해당하는 금액에 50%의 범위 내에서 가산하여 지급할 수 있다.

이 중 제5조 제1항은 특수지근무수당 지급이라는 일반적인 내용을 규정하고 있다. 하지만 제5조 제2항에서는 동일국가 내에서도 특수지근무수당이 달라질 수 있다는 특수 상황을 규정하고 있다. 그리고 선지 ③을 통해 위와 같은 특수 상황을 활용해 지문을 구성했다는 것을 확인할 수 있다.
마찬가지로 제7조도 예외 상황을 가정하고 있다. 제7조의 예외 상황 또한 선지 ⑤로 출제되었다.

> 제7조(조정수당) 해외근무직원의 근로소득에 대하여 주재국에서 납부하는 세액(근로소득세액 및 이에 부가되는 제세액을 말함)이 국내에서 적용되는 근로소득관련 총세액의 20%이상 초과하여 보수가 감소되는 경우 그 차액을 조정수당으로 지급한다.

39 정답 ③ 난이도 ●●○

문제해결능력_수치 계산(비용, 시간)

해외근무수당, 특수지근무수당, 가산수당을 나눠서 계산한다. 지역에 따라 해외근무수당을 먼저 계산하고, 그 다음 특수지근무수당 지급 가능 여부를 검토하고 그에 따른 가산수당을 계산한다.

① (O)

B	3급	러시아	라 지역	18점	2,414$/월

→ B는 라 지역에 발령받은 3급 이하 직원이므로 해외근무수당은 2,414$/월이다. B는 [별표 3]에 따른 특수근무수당 지급 대상 국가에 해당하지 않는 러시아에서 근무하고 있으므로 특수지근무수당을 지급받지 않는다. 특수지근무수당을 지급받지 않기 때문에 가산수당을 계산할 필요도 없다. 그러므로 합계수당은 2,414$/월이다. 옳은 선지이다.

② (O)

C	4급	방글라데시	가 지역	15점	4,743$/월

→ C는 가 지역에 발령받은 3급 이하 직원이므로 해외근무수당은 2,143$/월이다. C는 특수지근무수당 대상 지역인 방글라데시에 근무하기 때문에 2급 이하 직원의 방글라데시 특수지근무수당인 2,000$/월이 추가된다. 가산수당의 경우 근무여건기준표 점수가 15점으로, 특수지근무수당의 30%가 가산되기 때문에 2,000$/월×30%=600($/월)이다.
따라서 합계수당은 2,143$/월+2,000$/월+600$/월=4,743($/월)이다. 옳은 선지이다.

③ (×)

D	1급	콜롬비아	다 지역	12점	4,515$/월

→ D는 다 지역에 발령받은 1급 직원이므로 해외근무수당은 2,875$/월이다. 또한, 특수지근무수당 대상 지역인 콜롬비아에 근무하므로 1급 직원의 콜롬비아 특수지근무수당 1,500$/월이 추가된다. 가산수당의 경우 근무여건기준표 점수가 12점으로, 특수지근무수당의 10%가 가산되기 때문에
1,500$/월×10%=150($/월)이다.
따라서 합계수당은 2,875$/월+1,500$/월+150$/월=4,525($/월)이다. 틀린 선지이다.

④ (O)

E	2급	타지키스탄	나 지역	10점	3,239$/월

→ E는 나 지역에 발령받은 2급 직원이므로 해외근무수당은 2,447$/월이다. 또한, 특수지근무수당 대상 지역인 타지키스탄에 근무하기 때문에 2급 이하 직원의 타지키스탄 특수지근무수당인 720$/월이 추가된다. 가산수당의 경우 근무여건기준표 점수가 10점으로, 특수지근무수당의 10%가 가산되므로 720$/월×10%=72($/월)이다.
따라서 합계수당은 2,447$/월+720$/월+72$월=3,239($/월)이다. 옳은 선지이다.

⑤ (O)

F	2급	카타르	마 지역	7점	2,738$/월

→ F는 마 지역에 발령받은 2급 직원이므로 해외근무수당은 2,738$/월이다. F는 [별표 3]에 따른 특수근무수당 지급 대상 국가에 해당하지 않는 카타르에서 근무하고 있으므로 특수지근무수당을 지급받지 않는다. 특수지근무수당을 지급받지 않기 때문에 가산수당을 계산할 필요도 없다. 그러므로 합계수당은 2,738$/월이다. 옳은 선지이다.

합격자의 시간단축 Tip

Tip ❶ 용어의 구별을 명확히 하도록 한다.

법조문 문제의 경우 문제마다 용어의 정의가 다르므로 각 용어가 무엇을 의미하는지 명확하게 파악한 후에 문제 풀이를 시작해야 한다.

예를 들어 본 문제에서는 해외근무수당, 특수지근무수당, 가산수당이라는 고유의 용어가 존재한다. 상황에 따라 수당 계산법이 다르기 때문에 용어를 혼동하지 않도록 주의한다.

Tip ❷ 시간이 부족하다면 문제를 과감히 넘기도록 한다.

NCS 시험의 경우, 정해진 시간 안에 모든 문제를 푸는 시험이 아닌 최대한 많은 문제를 푸는 시험이다. 그러므로 특정 문제의 풀이나 계산이 길어질 것 같다면 과감하게 해당 문제를 넘겨야 한다.

예를 들어 해당 문제도 A~F까지의 합계수당을 일일이 구해야 문제를 해결할 수 있다. 만약 계산이 잘되거나 운이 좋다면 몇 번 계산하지 않고도 답을 구할 수 있을 것이다. 하지만 용어나 계산법을 이해하는 데 오랜 시간이 걸렸다면 해당 문제를 끝까지 풀기보다는 넘기고 다른 문제로 넘어가는 것이 좋다. 해당 문제를 푸느라 오랜 시간을 사용하게 된다면, 시간의 심적 압박으로 인해 다른 문제도 제대로 풀지 못할 확률이 높다. 그러므로 실전에서 계산이 복잡하게 느껴지거나 너무 오래 걸릴 것 같다는 판단이 든다면 해당 문제는 과감히 넘기도록 한다.

40 정답 ③ 난이도 ●●○

문제해결능력_수치 계산(비용, 시간)

문제의 표를 보면 다음과 같다.

[별표 4] 〈환율변동차 보전률〉

2% 이상 4% 미만 증감 시	2% 가감
4% 이상 6% 미만 증감 시	4% 가감
6% 이상 8% 미만 증감 시	6% 가감
8% 이상 10% 미만 증감 시	8% 가감

〈2024년 Y국 분기별 화폐단위/$ 평균값〉

1분기	1,500
2분기	1,520
3분기	1,540
4분기	1,440

환율변동차 보전수당에 대한 내용이므로 제6조를 참고한다. 제6조의 내용은 다음과 같다.

> **제6조(환율변동차 보전수당)** ① 달러화로 지급하는 국가에 근무하는 경우, 주재국 화폐에 대한 미화의 가치가 절하(절상)되어 해외근무로 지급받는 보수가 사실상 감액(증액)된 경우에는 감액(증액)률을 산정하여 [별표 4]의 환율변동차 보전률을 곱한 금액을 환율변동차 보전수당으로 가산(감액)하여 지급하여야 한다.
>
> ② 제1항의 가감률은 1월 1일, 4월 1일, 7월 1일과 10월 1일 현재로 다음의 공식에 따라 주재국별로 산출하여 당해 월별부터 3개월간 적용한다.
>
> $$\text{감액(증액)률(\%)} = \frac{\text{나} - \text{가}}{\text{가}} \times 100$$
>
> 1. "가": 가감률 산출일 직전 분기의 주재국 화폐단위로 표시된 달러화 1$의 분기평균가치
> 2. "나": 산출일이 속한 년도의 직전년도의 주재국 화폐단위로 표시된 달러화 1$의 평균가치

2025년 1분기 X가 받게 될 보수를 구하기 위해서는 먼저 감액(증액)률을 구해야 한다.

'가'는 가감률 산출일 직전 분기의 주재국 화폐단위로 표시된 달러화 1$의 분기평균가치이다.

문제에서 2025년 1분기의 보수를 산출하고 있으므로, 이는 2024년 4분기의 달러 평균값을 말한다. 〈2024년 Y국 분기별 화폐단위/$ 평균값〉에 따르면 이 값은 1,440$이다.

'나'는 산출일이 속한 연도의 직전연도의 주재국 화폐단위로 표시된 달러화 1$의 평균 가치이다. 2025년 1분기 환율변동차 보전수당 산출을 하기 위해서는 2024년도의 달러 평균 가치를 구해야 한다. 2024년도의 달러 평균 가치는

$$\frac{(1,500+1,520+1,540+1,440)}{4} = 1,500(\$)\text{이다.}$$

따라서 '가'는 1,440$, '나'는 1,500$이다.

이제 보수규정 제6조에 주어진 감액(증액)률 공식에 구한 값을 넣어 계산하면,

$\text{감액률(\%)} = \frac{1,500-1,440}{1,440} \times 100 \fallingdotseq 4.17(\%)$로 4% 이상 6% 미만 감소하였다. 따라서 감액된 보수를 보전하기 위해서는 보수규정 제6조 및 [별표 4] 〈환율변동차 보전률〉에 따라 원래의 보수에 환율변동차 보전률인 4%를 곱한 금액을 지급하여야 할 것이다. 따라서 X는 $4,000\$ \times 1.04 = 4,160(\$)$를 2025년 1분기에 지급받게 될 것이다.

단축 Tip

의 내용 그대로 식에 대입하여 문제를

5 문제의 경우 배경지식이 없더라도 법조문 그대로 따라간다면 쉽게 문제를 풀 수 있다. 어 본 문제에서도 제6조의 수식 내용을 그대로 간다면 쉽게 값을 구할 수 있다. 해당 문제의 주 대해 잘 아는 경우더라도 자신의 배경지식을 적용 문제 푸는 것은 지양하도록 한다.

Tip ❷ 구해야 하는 항목을 빠르게 파악한다.

세 번째 문제의 경우, 환율변동차 보전률을 구하기 위해 보수의 감액(증액)률을 구해야 하며, 이를 구하기 위해 '가'와 '나'를 구해야 한다. 즉, '가'와 '나'를 빠르고 정확하게 구하는 것이 문제의 핵심이다. 이와 같은 사고방식을 통해 다른 데에 시간을 낭비하는 것이 아니라 바로 '가'와 '나'를 구하도록 한다.

MEMO

독끝 CHAPTER 8

실전모의고사 8회(고난도)

정답 | 실전모의고사 8회

오답표기	문제번호	영역	유형	난이도	정답
	01	의사소통능력	논리적 추론	★☆☆	②
	02		빈칸 삽입(어휘/개념어/접속사/문장)	★☆☆	③
	03		개념의 이해 및 활용	★☆☆	①
	04		사례 선택	★☆☆	④
	05		개념의 이해 및 활용	★★☆	⑤
	06		개념의 이해 및 활용	★★☆	④
	07		논리적 추론	★★☆	⑤
	08		논리적 추론	★★☆	⑤
	09		개념의 이해 및 활용	★★★	④
	10		개념의 이해 및 활용	★★★	④
	11		글의 내용 일치/불일치	★★★	⑤
	12		개념의 이해 및 활용	★★★	⑤
	13	수리능력	응용수리_거리/속력/시간	★★★	①
	14		금융수리_환율 및 실용계산	★★★	①
	15		응용수리_집합	★★★	⑤
	16		자료해석_상황판단형	★☆☆	③
	17		자료해석_자료계산	★☆☆	①
	18		자료해석_추가자료 활용	★★☆	④
	19		자료해석_추가자료 활용	★☆☆	④
	20		자료해석_상황판단형	★★☆	③
	21		자료해석_자료에 대한 진위 판단(계산 필요)	★★☆	④
	22		자료해석_자료에 대한 진위 판단(계산 필요)	★★☆	②
	23		자료해석_자료에 대한 진위 판단(계산 필요)	★★☆	②
	24		자료해석_추가자료 활용	★★☆	⑤
	25		자료해석_자료에 대한 진위 판단(계산 필요)	★★☆	④
	26		자료해석_추가자료 활용	★★☆	⑤
	27	문제해결능력	조건추리(매칭, 배치)	★★☆	④
	28		조건추리(일반)	★★★	⑤
	29		논리퍼즐	★★★	③
	30		진실게임(참/거짓)	★★★	③
	31		조건추리(매칭, 배치)	★★★	③
	32		공고문/규정 이해	★☆☆	①
	33		지문의 이해 및 활용	★★☆	③
	34		지문의 이해 및 활용	★★☆	⑤
	35		적정 대상 선택	★★☆	②
	36		경로	★★★	②
	37		적정 대상 선택	★★★	④
	38		지문의 이해 및 활용	★★★	⑤
	39		지문의 이해 및 활용	★★★	①
	40		공고문/규정 이해	★★☆	⑤

01 정답 ②　　　　　　　　　　　　난이도 ●●●

의사소통능력_논리적 추론

접근전략 지문의 일정 부분에 대한 이해를 묻는 문제는 지문에서 추론할 수 있는 것을 묻는 문제와 유사하거나, 지문 전체의 내용을 이해하고 있는지 묻는 문제와 유사하다. 둘 중 어떤 유형인지를 판단하고 전자인 경우 선지부터 읽으며 키워드를 찾아 발췌독하는 것이 효율적이고, 후자인 경우 지문 전체적인 내용을 읽고 밑줄 친 부분의 내용을 이해한 후에 선지를 판단하는 것이 효율적이다.

다음 글에 대한 이해로 적절하지 않은 것은?

(1)금융결제시스템은 '지급(payment)－청산(clearing)－결제(settlement)'로 구성된다. (2)어떤 사람(지급인)이 식당에서 음식을 먹고 식당 주인(수취인)에게 대금을 지급하는 경우를 가정해보자. (3)지급인이 현금을 수취인에게 주면 지급과 동시에 결제가 이루어진다. (4)그러나 엄밀히 말하면 지급인은 자신의 은행(K은행) 계좌와 연결되어 있는 체크카드를 긁은 때에 K은행에 '지급지시'를 하는 것이다. (5)이에 따라 K은행이 수취인의 은행(Y은행)에 현금을 이체하면 비로소 결제가 이루어지게 된다.

▶ 1문단

(1)현대 은행시스템에서 지급거래를 최종적으로 종결하는 프로세스인 결제는 오직 중앙은행이 발행한 법정화폐를 통해서만 이루어질 수 있다. (2)즉, 은행이 창조한 예금은 법정화폐가 아니기 때문에 예금을 타은행으로 이체한다고 하여 그것만으로는 결제가 완료되지 않는다. (3)타은행 이체 시에는 송금인 은행이 수취인 은행에 현금이나 이와 동일한 법적 성격이 있는 중앙은행에 예치된 지급준비금을 보내야 결제가 완료되는 것이다.

▶ 2문단

(1)한편 K은행은 하루에도 수많은 고객들로부터 수많은 계좌에 관하여 지급지시를 받는다. (2)이에 따라 K은행은 수많은 자금이체를 하지만 또한 수많은 자금이체를 받기도 한다. (3)Y은행 또한 하루에도 수억 건 이상 자금이체를 해야 하고 또 받기도 한다. (4)경우에 따라 K은행은 어떤 지급인의 요청으로 Y은행에 얼마를 주어야 하지만 다른 지급인의 요청으로 얼마를 받기도 해야 한다. (5)모든 은행들이 이와 같이 서로에게 자금을 보내기도 하고 받기도 하므로 금융결제원이 운영하는 소액결제시스템은 이러한 모든 지급지시들을 한데 모아 계산하고 정산한 후 최종적으로 A은행이 B은행에 주어야 하는 잔액만 이체시킨다. (6)이러한 계산 및 정산을 청산이라고 한다.

▶ 3문단

(1)요컨대 수많은 고객들이 은행에 지급을 지시하고, 이러한 수많은 지급지시 건들을 청산하여 각 은행이 다른 은행에 순이체해야 하는 금액만 결정한 후 이 금액에 대해서만 법정화폐로 송금하면 최종적이고 완전한 의미에서의 결제가 이루어지는 것이다.

▶ 4문단

① **청산의 역할은 여러 은행 간 지급지시를 모아 순이체 금액만 계산하는 것이다.**

→ (O) 모든 은행들이 이와 같이 서로에게 자금을 보내기도 하고 받기도 하므로 금융결제원이 운영하는 소액결제시스템은 이러한 모든 지급지시들을 한데 모아 계산하고 정산한 후 최종적으로 A은행이 B은행에 주어야 하는 잔액만 이체시킨다. [3문단 (5)], 이러한 계산 및 정산을 청산이라고 한다. [3문단 (6)]에서 알 수 있는 내용이다. 옳은 선지다.

② **금융결제원이 지급지시를 모두 청산한 경우 비로소 결제가 완료되었다고 볼 수 있다.**

→ (×) 요컨대 수많은 고객들이 은행에 지급을 지시하고, 이러한 수많은 지급지시 건들을 청산하여 각 은행이 다른 은행에 순이체해야 하는 금액만 결정한 후 이 금액에 대해서만 법정화폐로 송금하면 최종적이고 완전한 의미에서의 결제가 이루어지는 것이다. [4문단 (1)]에서 청산한 후 법정화폐로 송금해야 결제가 완료됨을 알 수 있다. 따라서 청산 이후 결제가 완료되었다고 보는 선지의 내용이 틀림을 알 수 있다.

③ **지급－청산－결제 시스템은 법정화폐 이동을 최소화하여 효율성을 높일 수 있을 것이다.**

→ (O) 모든 은행들이 이와 같이 서로에게 자금을 보내기도 하고 받기도 하므로 금융결제원이 운영하는 소액결제시스템은 이러한 모든 지급지시들을 한데 모아 계산하고 정산한 후 최종적으로 A은행이 B은행에 주어야 하는 잔액만 이체시킨다. [3문단 (5)]에서 청산 과정에서 각 은행 간 지급지시를 상계하여 순이체 금액만 결제하기 때문에 법정화폐의 이동이 최소화된다. 이는 실시간으로 지급지시 및 결제가 이루어지는 것과 비교할 때 이동 횟수가 적다는 점에서 상대적으로 결제 시스템의 효율성을 크게 증가시킬 수 있을 것이다. 옳은 선지다.

④ 지급지시와 결제의 시간차는 금융기관의 일시적인 자금 부족을 예방하는 기능을 할 수 있다.
또는 청산은 지급지시와 결제의 중간 과정에서 금융기관의 일시적인 자금 부족을 극복하는 기능을 수행할 수 있다

→ (O) 청산의 기능이 순이체금액만 계산하여 정산하는 것이기 때문에 지급지시된 총액보다 적은 금액을 송금하는 것만으로도 충분히 결제가 이루어질 수 있다. 따라서 금융기관에 일시적인 자금 부족이 있더라도 창조한 장부상의 예금이 이동할 뿐 금융기관 내의 지급준비금이 이동하는 것은 아니므로(지급준비금은 지급지시 때가 아닌 청산 시에 이동함) 금융기관의 일시적인 자금 부족을 극복할 수 있다. 옳은 선지다.

⑤ A은행이 B은행에 지급해야 할 금액이 100만 원, B은행이 A은행에 지급해야 할 금액이 80만 원이라면, B은행은 청산 후 지급할 금액이 없다.

→ (O) A은행은 B은행에 100만 원을, B은행은 A은행에 80만 원을 지급해야 하므로 결과적으로 A은행은 B은행에 20만 원만 지급하면 된다. 따라서 청산 후 지급은 A은행에서만 이루어지고, B은행에서는 지급할 잔액이 없다. 옳은 선지다.

합격자의 실전 풀이 순서

❶ 발문 제대로 읽기 및 문제 유형 파악

항상 발문을 먼저 제대로 읽자. '다음 글에 대한 이해로 적절하지 않은 것'을 고르는 문제이므로 본문 내용과 상충하거나 그로부터 추론할 수 없는 선지가 정답이 된다. 또한, 적절하지 않은 것을 고르는 것은 제시문과 반대되는 내용의 선지를 고르라는 것이기 때문에 발문에 X 표시를 의식적으로 치고 문제를 풀면, 부합하는 것을 고르는 실수를 방지할 수 있다.

❷ 본문 읽기: 통독

통독은 기본적으로 빠르게 글의 구조와 대상 간의 관계, 필자의 태도와 글의 맥락이나 대상의 성격, 메커니즘 등을 파악하면서 넘어간다. 이 문제의 경우 생소한 대상과 그 대상의 성격, 메커니즘에 대한 이해를 요구하는 것이 핵심이다. 위와 같은 성격의 글(생소한 대상을 제시하면서 메커니즘과 기능을 설명하는 글)은 대상/개념 이해, 관계 숙지, 높은 이해도를 요구하는 구간 등으로 분류해서 강약을 조절하면서 읽는다. (순서대로 높은 강도)

대상에 대한 인지와 정보처리는 짧게 축약해서 인지하거나(예 지급 → 청산 → 결제를 a → b → c로 치환) 익숙한 말로 치환해서(이해한 개념을 활용하면 인지 소모를 줄일 수 있다) – 가령 '은행한테 지급시키기'–'모아놨다가 나중에 한꺼번에 계산하기'–'실제로 돈 주기'와 같이 위 본문의 지급–청산–결제 과정을 이해할 수 있다. 자신의 말/인지소모가 적은 쉬운 단어로 구성해야 낭비가 적다.

관계 파악의 경우, 대조, 비교, 일반–구체, 나열하기, 역접, 강조(필자의 고유견해) 등으로 개념 간의 정보를 정리하는 것이다. 단어와 단어, 문장과 문장, 문단과 문단 간의 관계 파악은 글의 구조파악을 용이하게 하며 빈출되는 소재이기도 하다.

높은 이해도를 요구하는 구간은 개별 소재의 특성에 따라 양태가 다양하게 나타나는데, 이 부분이 이해가 잘 되었는지 추론문제를 출제하거나, 이해도를 묻기도 한다(대표적으로 과학지문). 위 본문의 경우 지급지시와 청산 그리고 결제 과정에서 시간차가 발생하고 순이체정도만을 정산하여 지급준비금을 타은행으로 보내게 되는 것이 특징적인 부분이라고 할 수 있고 선지 ④에서 이 부분을 추론할 수 있는지, 이러한 시간차가 나타나는 부분에서 은행의 부족한 자금상황의 극복가능성을 판단할 수 있는지 묻고 있다.

❸ 선지에서 묻고자 하는 핵심 소재를 뽑는다.

선지 내에서 특징적인 어구를 뽑는 것을 기본으로 한다. 두 개 혹은 세 개 선지에 반복되는 어구가 존재한다면 출제자의 관심도가 높은 소재이기 때문에 유의해서 볼 것이며, 고유 명사 등이 발췌독의 주 대상이 될 수 있다.

본문의 키워드를 그대로 가져오지 않고 상위 카테고리의 어구로 치환하거나, 본문에 제시된 집단군의 하위 요소에 대한 범주로 축소하여 판단을 묻는 경우가 있고, 때로는 같은 말을 다른 방식으로 서술하는 경우가 있기 때문에(패러프레이징) 유의해야 한다. 본 문제의 경우 선지 ④에서 '시간차'라는 개념을 뽑고 있는데 이는 본문에서 제시된 '지급'–'청산'–'결제'의 과정에서 시간 개념이 들어간다는 것을 본문을 통해 파악해야 한다.

키워드를 선정했다면 본문의 어느 구간에서 선지의 정오 판단을 확인할 것인지 구간을 설정해야 하며, 구간을 설정했다면 선지 전체의 취지가 본문과 부합하는지, 선지의 일부라도 본문과 배치되는 내용이 섞여 있지 않은지 정확히 판단해야 한다(사후적 정답 확인 기제로 연결). 키워드를 잘 타겟팅했다면 본문에 해당 내용이 패러프레이징을 가미하여 그대로 적시되어 있는 경우도 많으며, 다소 난이도가 있는 경우 판단의 근거가 본문에서 둘 이상이 존재하는 경우도 있고, 추론을 가미하여 여러 문장 간에서 내용을 도출하도록 만들어 보다 난이도 있는 선지를 구성하는 경우도 있다.

❹ 사후적 정답 확인 기제

선지의 내용이 본문에 명확히 기제 되어 있는지(출제자는 정답 시비를 좋아하지 않기 때문에 어떤 식으로든지 본문에서 선지 정답 근거를 남긴다), 키워드 범주 판단(상위 카테고리를 패러프레이징 했는지, 본문

에 언급된 내용이 일반화되어서 선지로 연결되었는지, 본문에서 설명된 대상과 다른 범주의 대상을 선지에서 설명하고 있지 않은지), 기출문제의 추론 방식이 사용되었는지 등을 확인한다. 때로는 문단 간에 선지 내용이 분산되어 존재하는 경우도 있다. 반드시 정답의 근거를 본문에서 찾는 습관을 들인다.
본문을 충분히 이해했다면 선지 판단 과정은 본문의 적시 내용과 암묵적으로 숨겨져 있는 내용을 선지가 그대로 서술했다는 느낌을 받게 된다.(그림 맞추기와 같은 기분을 느끼게 됨)

합격자의 시간단축 Tip

Tip ❶ 글의 내용과 부합하는 것, 부합하지 않는 것 외에 알 수 없는 것이 나올 가능성을 생각한다.

분석을 실시한 내용 중 '적절하지 않은 것'을 물었다. 그렇다면 글의 내용과 부합하는 것은 답이 아니고, 부합하지 않는 것이 답인 것은 자명하다. 글에서 알 수 없는 것은 답이 될 수 있는가? 그렇다. 알 수 없는 것 역시 글의 내용과 부합하지 않기 때문이다. 선지의 내용이 글에서 알 수 없는 내용임에도 불구하고 무조건 찾으려 들 생각을 버리자. 다른 선지들은 글에서 근거를 찾을 수 있는데, 도저히 글에서 근거를 찾을 수 없는 선지가 정답이 될 수 있다.

Tip ❷ 키워드 뽑는 방법

발췌독하기 위해서는 생소한 키워드를 뽑아야 한다. 일반적인 단어를 키워드로 삼으면 지문에서 자주 등장하기 때문에 효율적인 발췌독을 하기 어렵다. 일반적으로 키워드를 뽑을 때 맨 앞에 있는 주어를 선정하는 경우가 많다. 그러나 이는 상황에 따라 비효율적이다. 모든 선지의 주어가 같은 경우도 있고, 주어보다 서술어나 목적어가 더 생소한 경우가 많기 때문이다. 키워드를 뽑는 목적은 지문을 빠르게 발췌독하기 위함이고, 이를 위해 주어뿐만 아니라 모든 단어에 대해 가능성을 열어 두어야 함을 기억하자.

Tip ❸ 기대효과에 대한 추론

정보 확인/추론 문제에서는 지문에서 제시된 사실과 그로 인한 기대효과가 결부된 선지가 제시되기도 한다. 이때 기대효과는 지문에 직접적으로 명시되지 않아서 정오 판단에 어려움을 겪을 수 있다. 그러나 자세히 읽어보면 A로 인해 파생될 수 있는 당연한 효과인 A'를 제시하는 경우가 많다. 따라서 당황하지 말고 '그렇다고 봐줄 수 있는지' 생각하며 가볍게 판단하면 족하다. 예를 들어, 선지 ③에서는 지문에서 확인할 수 있는 '법정화폐 이동의 최소화'를 '효율성을 높일 수 있다'는 당연한 효과로 서술하고 있다.

02 정답 ③

난이도 ●●●

의사소통능력_빈칸 삽입(어휘/개념어/접속사/문장)

접근전략 빈칸이 하나만 있을 때는 주로 글의 핵심 주제와 관련된 경우가 많으나, 빈칸이 여러 개인 경우는 빈칸의 앞뒤 맥락을 파악해야 한다. 이때는 전체를 한 번에 읽고 문제를 풀기보단 빈칸의 앞뒤 정보를 활용하여 선지를 바로 제거한다.

다음 글의 맥락상 빈칸 ㉠~㉤에 들어갈 내용으로 적절하지 않은 것은?

(1)금본위제(Gold Standard)는 통화의 가치를 일정량의 금에 연동하는 화폐 제도를 말한다. (2)금화본위제 및 금지금본위제는 모두 금본위제의 일종으로서, 화폐를 금화로 발행하여 시장에 유통시키는 것을 금화본위제라고 하며, 금화의 가치와 같은 가치의 지폐와 보조화폐를 발행하여 시장에 유통시키는 것을 금지금본위제라 한다. ▶ 1문단

(1)금본위제는 금지금본위제의 형태로 19세기부터 20세기 초반까지 주요 경제 대국들이 채택한 제도였다. (2)산업혁명 이후 무역이 활발해지면서 각국은 신뢰할 수 있는 국제 통화 체계를 필요로 했기 때문이다. (3)영국이 1816년 세계 최초로 공식적인 금본위제를 도입한 이후 유럽과 미국을 비롯한 주요 국가들이 이를 채택하면서 국제적으로 확산되었다. (4)금본위제는 19세기 후반과 20세기 초반 세계 경제의 안정에 기여했지만, 1929년 대공황 이후 많은 국가가 금본위제를 포기하기 시작했다. ▶ 2문단

(1)금지금본위제의 핵심은 정부가 발행하는 화폐가 일정한 양의 금과 교환될 수 있다는 점이다. (2)이를 위해 중앙은행이나 정부는 보유한 금의 양만큼 화폐를 발행해야 하며, 따라서 (　　㉠　　) (3)이러한 특징은 금본위제가 물가 안정에 기여하는 중요한 요인으로 작용한다. (4)정부가 무분별하게 화폐를 발행할 수 없으므로 인플레이션이 억제되고, 그 결과 (　　㉡　　) ▶ 3문단

(1)한편 금본위제는 데이비드 흄의 가격-정화 흐름 메커니즘에 의해 국제수지 조정 기능을 수행한다. (2)이를테면, 한 국가가 무역수지 흑자를 기록하면 금이 유입되고, 이에 따라 (　　㉢　　) (3)이는 곧 수출 경쟁력의 약화와 인플레이션으로 이어진다. (4)무역수지 적자가 발생한 국가는 이와 반대의 현상이 나타나고, 수출 경쟁력의 회복과 디플레이션으로 이어진다. (5)이 과정이 반복되면서 각국의

CHAPTER 8 실전모의고사 8회

국제수지는 자동적으로 균형을 이루게 된다. (6)이러한 자동 조정 메커니즘은 무역 불균형이 장기적으로 지속되는 것을 방지하며, (㉣)

▶ 4문단

(1)그러나 금본위제는 (㉤) (2)경기 불황이 발생하면 중앙은행은 일반적으로 통화량을 확대하여 경기를 부양하려 한다. (3)그러나 금본위제하에서는 금 보유량 이상의 통화 공급이 불가능하기 때문에 확장적인 재정 정책이 제한된다. (4)결국, 총수요 부족으로 인해 디플레이션이 발생하고 실업률이 상승하는 상황이 장기화될 수 있다.

▶ 5문단

(1)현대 경제학에서는 금본위제가 인플레이션을 억제하는 데는 효과적이지만, 유연한 통화정책이 필요할 때 많은 경기 조정 비용을 유발할 것이라고 평가한다. (2)또한, 세계 경제 규모가 커지고 금융 시스템이 복잡해지면서 금의 공급이 세계의 경제 성장 속도를 따라가지 못할 가능성이 크다는 점도 금본위제의 비효율성으로 지적된다.

▶ 6문단

① ㉠ **화폐 공급량이 금 보유량에 의해 제한된다.**

→ (○) [3문단 (1)과 (2)]에 따르면 '금지금본위제의 핵심은 정부가 발행하는 화폐가 일정한 양의 금과 교환될 수 있다는 점이며, 이를 위해 중앙은행이나 정부는 보유한 금의 양만큼만 화폐를 발행해야 한다. 따라서 화폐를 발행하기 위해서는 금을 보유해야 하는 바, 화폐의 발행량, 즉 공급량은 보유한 금의 양에 의해 제한된다고 할 수 있다. 옳은 선지다.

② ㉡ **장기적으로 화폐의 가치를 유지하는 역할을 하게 된다.**

→ (○) [1문단 (2)]에 따르면 금지금본위제는 금화의 가치와 같은 가치의 지폐와 보조화폐를 발행하여 시장에 유통시키는 것이다. [3문단 (2)]에서는 '그 중 한 형태인 금본위제하에서는 화폐의 양이 금에 연동되어 있기 때문에 정부는 보유한 금의 양만큼만 화폐를 발행해야 한다'고 설명한다. 따라서 화폐의 무분별한 대량 공급이 불가능하고, 이는 인플레이션을 억제하여 물가 안정에 기여한다. 즉, 금화의 가치와 연동됨으로써 통화의 과도한 유동성이 억제되고, 화폐 가치의 급격한 변동이 초래되지 않아 장기적으로 화폐의 가치를 유지하는 역할을 하게 된다. 옳은 선지다.

③ ㉢ **통화량이 증가하며 물가가 하락하게 된다.**

→ (×) [4문단 (2)]를 통해 어떤 국가가 무역 흑자 기록 시 해당 국가에는 금이 유입된다는 것을 알 수 있다. 한편, [3문단 (2)]에 따르면, 금본위제하에서는 보유한 금의 양만큼 화폐 발행이 가능하므로 이는 곧 금의 유입으로 금의 보유량이 증가함에 따라, 발행하는 화폐 또한 증가하여 통화량이 증가될 수 있음을 의미한다. 한편, 나아가 [2문단 (4)]를 고려하면, 정부가 무분별하게 화폐를 발행할 수 없으므로 인플레이션이 억제된다는 점에서, 화폐 발행이 인플레이션을 부추길 수 있음을 유추할 수 있다. 이를 통해 통화량이 증가하면 인플레이션으로 이어지게 됨을, 즉 물가가 상승함을 알 수 있다. 덧붙여, 이어지는 [4문단 (3)]의 내용인 '이는 곧 수출 경쟁력의 약화와 인플레이션으로 이어진다.'를 통해서도 물가가 상승할 것임을 유추할 수 있다. 틀린 선지다.

④ ㉣ **개별 국가의 통화정책 개입 없이도 국제 경제의 균형을 유지할 수 있도록 한다.**

→ (○) 4문단에 따르면 금본위제하에서 무역 흑자를 기록하는 국가는 금 유입과 통화량 증가로 인해 수출 경쟁력이 약화되고, 무역 적자국은 금 유출과 통화량 감소로 인해 수출 경쟁력이 회복된다. [4문단 (5)]는 이 과정의 반복은 국제수지가 자동적으로 균형을 이루게 한다고 설명한다. 즉 이는 [4문단 (1)]이 명시하는 것처럼 '금본위제는 데이비드 흄의 가격-정화 흐름 메커니즘에 의해 국제수지 조정 기능을 수행한다.'는 것이다. 이는 개별 국가가 통화정책에 개입하지 않아도 금본위제라는 경제 시스템 내에서 불균형이 자동적으로 해소되고 있음을 의미한다고 볼 수 있다.

⑤ ㉤ **불황기에 통화정책의 유연성이 떨어져 경제 회복이 지연될 수 있다.**

→ (○) 빈칸 뒤에 제시된 내용을 통해 추론할 수 있다. [5문단 (2)]에 따르면, 경기 불황이 발생하면 중앙은행은 일반적으로 통화량을 확대하여 경기를 부양하려 한다. 그러나 금본위제하에서는 금 보유량 이상의 통화 공급이 불가능하므로 국가가 자의적으로 통화량을 확대할 수 없다. 즉, [5문단 (3)]에서 설명하는 것과 같이, 확장적인 통화 정책이 제한되는 것이다. 이는 국가의 정책 자율성을 제한하는 것이므로 통화정책의 유연성이 떨어진다고 할 수 있다. 옳은 선지다.

합격자의 실전 풀이 순서

❶ 발문 확인 및 문제 유형 파악하기
빈칸에 들어갈 내용으로 적절하지 않은 것을 찾는 문제다. 실수하지 않도록 '않은'에 크게 X 표시를 한다. 빈칸이 하나만 있을 때는 주로 글의 핵심 주제와 관련된 경우가 많다. 하지만 지금과 같이 빈칸이 여러 개인 경우는 빈칸의 앞뒤 맥락과 정보를 파악해야 한다.

❷ 선지 확인하기
선지를 빠르게 훑으며 얻을 수 있는 정보를 찾는다. 보통은 선지를 미리 확인하며 발췌독이나 글 읽기의 강약 조절을 위한 키워드를 뽑을 수 있지만 본 문제는 빈칸의 앞뒤 맥락을 이해해야 하는 문제이기 때문에 키워드 뽑기는 부적절할 수 있다. 따라서 빠르게 훑으며 글의 주제가 무엇인지 추측하는 정도로 선지를 확인한다. 시간은 2초 내가 적절하다.

❸ 글을 읽으며 선지 제거하기
맥락을 파악하여야 하므로 글의 처음부터 읽으며 빈칸 부분이 나오면 바로 선지를 제거한다.

합격자의 시간단축 Tip

Tip ❶ 헷갈리지 않도록 적절한 표시를 하며 읽는다.
의사소통 과목에서 지문을 읽으며 많은 정보를 모두 기억하고 문제를 푸는 것은 쉽지 않다. 따라서 필요할 때 찾아올 수 있도록 적절한 표시를 하는 것은 중요하다. 예를 들어 새로운 개념의 정의가 나온다면 그 단어에 네모 표시를 한다. 새로운 개념과 관련된 문제는 나올 가능성이 높기 때문이다. 또한 '흑자', '적자', '수출 경쟁력 회복', '수출 경쟁력 약화', '인플레이션', '디플레이션'처럼 반대되는 단어가 있는 경우 문제로 출제될 가능성이 높은데 헷갈릴 확률도 크다. 이때 화살표를 활용하면 표시도 되고 헷갈리지 않을 수 있다.

Tip ❷ 낯설거나 어려운 개념이 등장해도 당황하지 않는다.
경제 메커니즘과 같이 인과 관계를 파악해야 하는 글이 나오면 순간 당황할 수 있다. 통화량이 많아지면 물가가 하락했는지, 상승했는지 바로 떠오르지 않는다면 빈칸의 주변을 보거나 다음 문장을 먼저 살펴본다. 문제 해결에 관한 힌트가 나와 있을 것이다.

03 정답 ❶ 　　난이도 ●○○

의사소통능력_개념의 이해 및 활용

접근전략 지문의 일정 부분에 대한 이해를 묻는 문제는 지문에서 추론할 수 있는 것을 묻는 문제와 유사하거나, 지문 전체의 내용을 이해하고 있는지 묻는 문제와 유사하다. 둘 중 어떤 유형인지를 판단하고 전자인 경우 선지부터 읽으며 키워드를 찾아 발췌독하는 것이 효율적이고, 후자인 경우 지문 전체적인 내용을 읽고 밑줄 친 부분의 내용을 이해한 후에 선지를 판단하는 것이 효율적이다.

다음 글을 바탕으로 이해한 내용이 적절한 것을 모두 고르면?

고객확인제도(Customer Due Diligence, CDD)란 금융회사 등이 고객과 거래 시 고객의 신원을 확인·검증하고, 실제 소유자, 거래의 목적, 자금의 원천을 확인하도록 하는 등 금융거래 또는 금융서비스가 자금세탁 등 불법행위에 이용되지 않도록 고객에 대해 합당한 주의를 기울이도록 하는 제도를 말한다. 관련 법률에서는 다음의 내용을 규정하고 있다.

「특정 금융거래정보의 보고 및 이용 등에 관한 법률」
제5조의2(금융회사 등의 고객확인의무) ① 금융회사 등은 금융거래 등을 이용한 자금세탁행위 및 공중협박 자금조달 행위를 방지하기 위하여 다음 각 호의 조치를 하여야 한다.
1. 고객이 계좌를 신규로 개설하거나 1천만 원 이상의 일회성 금융거래를 하는 경우 다음 각 목의 사항을 확인
가. 고객의 신원에 관한 사항
나. 고객을 최종적으로 지배하거나 통제하는 자연인(실제 소유자)에 관한 사항

「특정 금융거래정보의 보고 및 이용 등에 관한 법률 시행령」
제10조의6(고객확인의 절차 등) ① 금융회사 등은 금융거래 등이 이루어지기 전에 고객확인을 해야 한다. 다만, 금융거래 등의 성질 등으로 인하여 불가피한 경우에는 금융거래 등이 이루어진 후에 고객확인을 할 수 있다.
② 금융회사 등은 제1항에 따른 고객확인 후 해당 고객과 거래가 유지되는 동안 주기적으로 고객확인을 해야 한다. 이 경우 금융회사 등은 고객의 거래행위 등을 고려한 자금세탁행위와 공중협박자금조달행위의 위험도에 따라 고객확인의 주기를 설정·운용해야 한다.

③ 금융회사 등은 법 제5조의2제1항제1호에 따른 확인을 한 후에 같은 고객과 다시 금융거래 등을 하는 때(제2항에 따른 주기가 도래하지 않은 경우만 해당한다)에는 고객 확인을 생략할 수 있다.

「자금세탁방지 및 공중협박자금조달금지에 관한 업무규정」

제25조(기존고객) ① 금융기관 등은 법령 등의 개정에 따른 효력이 발생(2008.12.22.)하기 이전에 이미 거래를 하고 있었거나 거래를 한 고객에 대하여 적절한 시기에 고객확인을 하여야 한다. 고객확인을 하여야 할 적절한 시기는 다음 각 호의 어느 하나를 말한다.

1. 중요도가 높은 거래가 발생하는 경우
2. 고객확인자료 기준이 실질적으로 변한 경우
3. 계좌운영방식에 중요한 변화가 있는 경우
4. 고객에 대한 정보가 충분히 확보되지 않았음을 알게 된 경우

보기

ㄱ. 고객확인의 주기는 특정 금융기관 내 모든 고객에서 반드시 동일하다고 볼 수는 없다.

➜ (○) 「특정 금융거래정보의 보고 및 이용 등에 관한 법률 시행령」 제10조의6 제2항에 따르면 금융회사 등은 고객의 거래행위 등을 고려한 자금세탁행위와 공중협박자금조달행위의 위험도에 따라 고객확인의 주기를 설정·운용해야 하므로 고객별로 해당 금융회사가 설정한 주기에 따라 고객확인의 주기가 달라질 수 있다.

ㄴ. 금융회사 등은 계좌를 신규개설하는 고객에 대해서는 거래금액에 관계없이 고객확인의무를 수행해야 한다.

➜ (○) 「특정 금융거래정보의 보고 및 이용 등에 관한 법률」 제5조의2에 따라 고객이 계좌를 신규로 개설하는 경우 고객확인 의무가 있음을 알 수 있다. 일회성 금융거래에 대해 1천만 원이라고 구체적인 금액을 규정하는 것에 반해 신규개설의 경우에는 별도의 금액에 대한 제한을 두지 않았으므로 거래금액에 상관없이 '신규 개설'이라는 요건이 발생하면 그에 따라 고객확인의무를 수행해야 함을 추론할 수 있다.

ㄷ. 이미 고객확인을 이행한 고객과 다시 1천만 원 이상의 일회성 금융거래를 할 때에는 반드시 고객확인을 재이행해야 한다.

➜ (×) 이미 고객확인을 이행한 고객의 경우(법 제5조의2제1항제1호) 다시 1천만 원 이상의 일회성 금융거래를 하는 경우라도 고객확인의 주기가 도래하지 않았다면 「특정 금융거래정보의 보고 및 이용 등에 관한 법률 시행령」 제10조의6 제3항에서 정한 바와 같이 고객 확인을 생략할 수 있다. 따라서 반드시 고객확인을 재이행해야 한다는 서술은 틀렸다.

ㄹ. 2007.2.6.자로 특정 금융기관에서 계좌를 신규개설한 후 거래하던 고객이 고객확인자료 기준이 실질적으로 변화하여 고객확인을 실시했다면 해당 고객에 대해서는 더 이상 고객확인을 실시하지 않아도 된다.

➜ (×) 2007.2.6.자로 특정 금융기관에서 계좌를 신규개설한 후 거래하던 고객은 「자금세탁방지 및 공중협박자금조달금지에 관한 업무규정」 제25조제1항의 고객을 의미한다. 이러한 고객에 대해서는 동조 각호의 사유가 발생한 경우에 고객확인을 하여야 하는데, 제2호의 고객확인자료 기준이 실질적으로 변한 경우에 고객확인을 한 상태다.

그러나 고객확인을 실시한 기존고객이라고 하더라도 「특정 금융거래정보의 보고 및 이용 등에 관한 법률 시행령」 제10조의6제2항에 따라 금융회사 등은 고객확인 후 해당 고객과 거래가 유지되는 동안 주기적으로 고객확인을 해야 할 의무가 있으므로 기존고객이라고 하더라도 고객확인이 일회성에 그치는 것으로 볼 수는 없다.

① ㄱ, ㄴ ➜ (○)
② ㄴ, ㄷ ➜ (×)
③ ㄷ, ㄹ ➜ (×)
④ ㄱ, ㄴ, ㄹ ➜ (×)
⑤ ㄴ, ㄷ, ㄹ ➜ (×)

합격자의 실전 풀이 순서

❶ 발문 제대로 읽기 및 문제 유형 파악
항상 발문을 먼저 제대로 읽자. '글을 바탕으로 이해한 내용이 적절한 것'을 고르는 문제이므로 본문 내용과 일치하거나 그로부터 추론할 수 있는 선지가 정답이 된다. 또한, 적절한 것을 고르는 것은 제시문과 일치하는 내용의 선지를 고르라는 것이기 때문에 발문에 ○ 표시를 의식적으로 치고 문제를 풀면 좋다.

❷ 지문 통독
지문의 성격에 따라 지문을 먼저 볼지, 선지를 먼저 볼지 정하고 또 지문을 읽는 밀도를 세심하게 조정한다. 법조문의 경우, 제시된 법조문 간의 관계를 파악하여 큰 틀을 잡는 것이 중요하다. 따라서 항 위주로 읽고 구체적인 사항(특히, 항목의 단순 나열)은 넘겨가며 읽되 해당하는 선지를 해결할 때 자세히 읽는다.

❸ 각 선지의 키워드를 설정 후 발췌독해서 1차적으로 답을 판단한다.
키워드로 삼을만한 특이한 단어가 선지에 있는 경우

선지나 보기의 단어 중 키워드를 설정한 뒤 이를 발췌독하는 것이 효과적이다.

선지의 단어 중 가장 생소하거나 특이한 단어를 키워드로 삼아 키워드가 있는 문단을 탐색한다. 특이한 단어의 경우 지문에서 그대로 나오거나 조금의 변형을 거쳐 나오므로 찾기 용이하기 때문이다.

❹ 보기 문제의 특성을 활용한다.

ㄱ부터 풀면 선지 ②, ③, ⑤가 소거되는데, 이때 선지 ①과 선지 ④는 ㄱ, ㄴ을 공통으로 포함하고 있으므로 ㄴ이 아닌 ㄹ 보기 판단을 통해 정답을 도출한다.

합격자의 시간단축 Tip

Tip ❶ 단정적인 단서에 주목하자.

반드시, 언제나, 모든과 같은 단정적인 단서는 반례를 찾아내기 쉽다. 예외가 없기 때문이다. 따라서 단정적인 단서가 들어간 선지를 먼저 해결하는 것이 효율적이다. 보기 ㄱ은 '모든'이라는 단정적인 단서가, 보기 ㄷ은 '반드시'라는 단정적인 단서가 들어간다. 그렇다면 보기 ㄱ의 경우 고객확인의 주기가 고객별로 동일하지 않을 수 있는 단서만 지문에서 찾으면 빠르게 선지의 정오판단이 가능하다.

Tip ❷ 키워드 뽑는 방법

발췌독하기 위해서는 생소한 키워드를 뽑아야 한다. 일반적인 단어를 키워드로 삼으면 지문에서 자주 등장하기 때문에 효율적인 발췌독을 하기 어렵다. 보통 키워드를 뽑을 때 맨 앞에 있는 주어를 선정하는 경우가 많다. 그러나 이는 상황에 따라 비효율적이다. 모든 선지의 주어가 같은 경우도 있고, 주어보다 서술어나 목적어가 더 생소한 경우가 많기 때문이다. 키워드를 뽑는 목적은 지문을 빠르게 발췌독하기 위함이고, 이를 위해 주어뿐만 아니라 모든 단어에 대한 가능성을 열어 두어야 함을 기억하자.

보기 ㄱ의 경우 '모든 고객에게 반드시 동일', 보기 ㄴ의 경우 '신규개설', 보기 ㄷ의 경우 '반드시 재이행', 보기 ㄹ의 경우 '기준의 실질적 변화'를 키워드로 삼을 수 있다.

Tip ❸ 법조문 유형 풀이

법조문 유형의 문제는 모든 내용을 다 읽기보다는 어떻게 구분되는지 큰 틀을 잡는 것이 좋다. 각 조의 뒤에 ( )로 어떤 내용을 담고 있는지 보여주는 경우도 많다. 또한 각 호나 목의 경우 내용을 하나하나 확인하기보다는 문제를 풀어가며 해당 내용을 묻는 것 같을 때 가서 확인하는 것이 좋고, '다만, 단'과 같이 원칙의 예외가 되는 내용을 서술하는 부분도 미리 체크를 해놓는다면 내용을 확인하러 갈 때 좀 더 유용하고 실수를 방지할 수 있을 것이다.

04 정답 ④

난이도 ●●●

의사소통능력_사례 선택

접근전략 첫 문제임에도 사례에 적용하는 문제가 나왔다. 이 경우 선지에서 얻을 수 있는 정보가 많지 않으므로 바로 본문으로 들어가 불필요한 시간을 줄인다. 본문을 먼저 읽고 이해한 뒤 선지를 판단한다.

주어진 글을 참고할 때, 다음 〈보기〉 중 옳은 것만을 모두 고르면?

(1)경제학은 '한계효용'이라는 개념이 도입되면서부터 학문의 기틀이 세워졌다고 봐도 과언이 아니다. (2)한계효용은 재화나 서비스를 하나 더 이용할 때 추가되는 효용(만족감)을 말한다. (3)그리고 모든 경제주체의 선택 원리는 이 한계효용을 통해 설명되기에 이른다. ▶ 1문단

(1)한계효용과 관련된 가장 유명한 법칙은 '한계효용 체감의 법칙'이다. (2)재화나 서비스를 처음 소비하게 되면 그 만족감이 높은 편이지만, 한 번 더 소비하면 각자가 느끼는 만족감은 점점 줄어드는 경향이 있다. (3)이를 가리켜 '한계효용 체감의 법칙'이라고 한다. (4)예를 들어 배고플 때 비빔 라면을 먹는다고 생각해 보자. (5)처음 비빔 라면 한 개를 먹을 때는 상당히 맛있다. (6)비빔 라면의 양은 1인분보다 조금 작으니 두 개째도 맛있게 먹을 수 있지만, 처음 한 개를 먹을 때만은 못하다. (7)하지만 세 개째라면 어떨까? (8)배가 불러 더 이상 먹을 수가 없으니, 억지로 먹게 돼 맛을 거의 느끼지 못할 것이다. (9)만족감이 거의 없게 되는 것이다. (10)즉, 비빔 라면을 한 개씩 더 먹을 때마다 만족감의 누적량(총효용)은 조금씩 늘어나지만, 추가되는 만족감은 줄어드는 것이다. (11)이처럼 재화나 서비스를 하나 더 소비할수록 한계효용은 점점 줄어드는 현상이 바로 '한계효용 체감의 법칙'이다. (12)그러나 이 법칙은 절대적으로 성립하지는 않으며, 예외가 존재하기도 한다. ▶ 2문단

(1)한편 두 가지 이상의 재화나 서비스가 존재할 때, 어떤 것을 선택하여 소비할 것인가를 설명할 때에도 한계효용 개념이 활용된다. (2)설명의 편의를 위해 A, B 두 가지 재화만 있다고 해보자. (3)두 재화 중 어떤 것을 먼저 소비할 것인지는 '단위가격당 한계효용'으로 결정된다. (4)재화를 소비하기 위해 구매할 때 가격에 해당하는 돈을 지불해야 하기 때문에 이에 대한 고려도 함께 하는 것이다. (5)소비자는 각 재화의 단위가격당 한계효용을 비교하여 더 높은 것을 먼저 소비하게 된다. ▶ 3문단

(1)이제 A, B 두 재화 중 A를 선택하여 1개를 소비했다고 가정해 보자. (2)만약 한계효용 체감의 법칙이 성립한다면 1개를 소비한 후 A의 단위가격당 한계효용은 줄어들 것이다. (3)이때 A, B의 가격은 계속 일정하다고 가정한다. (4)만약 이로 인해 B의 단위가격당 한계효용이 더 높아지게 되면, 그다음에는 B를 선택하게 된다. (5)반대로 A의 단위가격당 한계효용이 줄어들었음에도 여전히 A가 B보다 더 높다면, A를 한 번 더 선택하게 된다. (6)그렇게 한정된 자금 내에서 단위가격당 한계효용이 높은 것을 추가로 소비해 나가다가, 결과적으로는 각 재화의 단위가격당 한계효용이 서로 동등해지는 지점에서 소비하는 것이 가장 합리적인 선택이 된다. (7)이를 '한계효용 균등의 법칙'이라고 한다. ▶ 4문단

㉠ **담배를 계속해서 소비해도 한계효용이 일정하게 유지되는 사람이 담배와 목캔디 중 담배를 구매하였다면 그 사람은 자금이 더 많아져도 목캔디를 구매하지는 않을 것이다.**

→ (O) ㉠은 담배와 목캔디라는 두 가지 재화 중 하나를 소비하는 상황이므로, 두 가지 이상의 재화를 소비하는 경우를 나타내는 3문단의 정보에 따라 해결한다. 3문단 (3)과 (5)에 따르면 "두 재화 중 어떤 것을 먼저 소비할 것인지는 '단위가격당 한계효용'으로 결정"되며, "소비자는 각 재화의 단위가격당 한계효용을 비교하여 더 높은 것을 먼저 소비하게 된다." 즉, 두 재화 중 어떤 것을 먼저 소비할지에 대한 기준은 '단위 가격당 한계효용'이다. ㉠의 경우, 담배를 구매한 것으로 보아 최초 구매 시점에서 담배의 단위가격당 한계효용이 목캔디보다 높았음을 알 수 있다. MU를 한계효용, P를 가격이라 할 때, $\frac{MU_{담배}}{P_{담배}} > \frac{MU_{목캔디}}{P_{목캔디}}$가 성립하고 있는 것이다. 그런데 ㉠에서는 담배를 계속 소비해도 한계효용이 일정하게 유지된다는 조건이 주어졌으므로, 담배의 단위가격당 한계효용 역시 일정하게 유지될 것이다. 따라서 자금이 늘어나 추가적인 소비가 가능하더라도, 담배나 목캔디의 가격이 일정하게 유지되는 이상, $\frac{MU_{담배}}{P_{담배}} > \frac{MU_{목캔디}}{P_{목캔디}}$의 관계는 유지될 것이다. 따라서 여전히 단위가격당 한계효용이 높은 담배만을 계속 소비하는 것이 합리적 선택이 된다. 여기서 주의할 점은, 위의 부등호 수식 관계를 고려했을 때, '단위가격당 한계효용'에는 자금의 크기가 영향을 미치지 않는다는 사실이다. 이는 재화의 단위가격과 한계효용은 각각 재화의 가격 및 특성에 의해 고정되어 있기 때문이다. 즉, 자금은 소비의 범위에는 영향을 주지만, 선택의 기준에는 영향을 주지 않는다. 따라서 ㉠은 옳은 선지이다.

㉡ **접시당 가격이 동일한 회전초밥집에서 평소에 선호하는 초밥만 계속해서 먹지 않고 최대한 여러 초밥을 골고루 맛보는 이유는 초밥이 한계효용 체감의 법칙을 따르기 때문이다.**

→ (O) ㉡의 경우 역시 두 가지 이상의 재화를 소비하는 상황이다. 따라서 3문단에 따라 소비자는 각 초밥의 단위가격당 한계효용을 비교하여 더 높은 것을 소비할 것이다. 이때 접시당 가격이 동일하다는 것은 모든 초밥의 단위가격이 동일하다는 것을 의미하므로, 소비자는 오로지 각 초밥에 대한 한계효용에 따라 초밥을 선택하게 된다. 다시 말해, $MU_1 > MU_2$의 경우에는 초밥 1을 선택한다고 볼 수 있다. 그러나 합리적인 선택을 따르는 소비자가 초밥 1만을 계속해서 먹지 않고, 다른 초밥을 맛보는 경우에는 $MU_1 < MU_2$의 관계가 성립되었음을 의미한다. 즉, MU_1이 낮아져 MU_2와의 크기가 역전된 것이다. 이는 초밥을 소비함에 따라 해당 종류의 초밥에 대한 한계효용이 점차 감소한다는 '한계효용 체감의 법칙'이 작용했기 때문이다. 즉, 한 재화를 계속 소비할수록 만족감이 줄어들고, 새로운 재화에서 더 큰 효용을 얻을 수 있기 때문에 여러 종류를 섞어 소비하는 것이 합리적인 선택이 되는 것이다. 따라서 ㉡은 옳은 선지이다.

㉢ **1만 원을 가졌을 때 1만 원을 추가로 갖는 만족감과 1억 원을 가졌을 때 1만 원을 추가로 갖는 만족감 중 전자가 더 만족감이 크다면 돈은 한계효용 체감의 법칙을 따른다고 볼 수 없다.**

→ (×) 같은 돈인 1만 원을 추가로 얻게 되었을 때의 만족감이, 1억 원을 가진 경우보다 1만 원을 가진 경우에 더 크다면, 이는 한계효용 체감의 법칙을 따른 것이라고 볼 수 있다. 왜냐하면 같은 재화를 더 많이 소비하거나 보유할수록, 추가로 얻는 단위당 만족감이 줄어드는 것이 한계효용 체감의 법칙이기 때문이다. 따라서 틀린 선지다.

합격자의 실전 풀이 순서

❶ 발문 확인하기
주어진 글을 읽고 옳은 것을 고르는 문제다. '옳은' 것을 고르는 것이므로 O 표시를 하여 실수를 방지한다.

❷ 선지를 확인하여 문제 유형 파악하기
선지의 키워드를 뽑고 주제에 대한 정보를 얻기 위해 선지를 확인한다. 내용 일치 문제의 경우, 선지를 읽는 것이 미리 본문에 대한 정보를 얻고 주제를 추측할 수 있게 하여 빠른 독해에 도움을 준다. 하지만 본 문제의 경우 내용일치 문제가 아닌 사례에 적용하는 문제임을 확인할 수 있다. 이 경우는 선지에서 얻을 수 있는 내용이 많지 않으므로 선지를 읽지 않는다. 사례 적용 문제는 본문을 이해해야 풀 수 있으므로 바로 본문으로 들어간다.

❸ 두 번째 문제의 유형 확인하기
첫 번째 문제에서 큰 정보를 얻지 못했으므로 추가로 얻을 정보가 있는지와 문제 유형을 체크하기 위해 두 번째 문제를 빠르게 확인한다. 역시 내용을 이해해야 풀 수 있는 사례 적용 문제이므로 선지를 읽지 않고 바로 본문으로 들어간다.

❹ 본문을 읽고 보기를 순서대로 해결하기
보기의 조합으로 구성된 선지의 경우, 보기 판단의 순서를 잘 정하면 보다 빠르게 문제를 해결할 수 있다. 하지만 ㄱ, ㄴ, ㄷ 보기 3개만으로 구성되어 있을 때는 세 개를 전부 판단해야 하는 경우가 많으므로 특별한 경우가 아니면 순서대로 푼다. 본 문제의 경우 ㉠을 판단하니 선지 ②, ③, ⑤가 제거되었다. ㉡만 추가로 확인하여 문제를 해결한다.

합격자의 시간단축 Tip

Tip 지문을 읽으면서 글의 난이도를 파악하고 글읽기의 속도를 조절한다.

본 지문은 경제학의 기본 개념을 설명하고 있어 경제학 배경지식을 가진 사람에겐 익숙하고 쉬운 소재일 것이다. 이처럼 글의 내용이 본인의 배경지식과 관련된 경우, 글을 의도적으로 더 빠르게 읽어 시간을 단축한다. 다만 본인의 배경지식만으로 본문에 없는 근거를 만들어서 선지를 판단하는 실수는 절대 하지 않아야 한다. 배경지식은 글 읽기의 속도를 빠르게 하는 것에 도움을 주는 정도로 활용한다. 자신의 배경지식과 지문의 정보가 일치하는지 확인하는 느낌으로 빠르게 읽고, 이 문제에서는 시간을 벌어가겠다는 마음으로 임한다.

05 정답 ⑤

난이도 ●●○

의사소통능력_개념의 이해 및 활용

접근전략 앞 문제와 마찬가지로 사례에 적용하는 문제다. 본문을 이해해야 풀 수 있는 문제이므로 이해한 내용을 바탕으로 문제에 접근한다. 부족한 정보가 있다면 추가로 발췌독한다.

주어진 글을 바탕으로 다음 〈표〉의 내용을 바르게 분석한 것은?

〈표〉 빵, 우유의 소비 개수에 따른 한계효용의 크기

구분	소비 개수							
	1개째	2개째	3개째	4개째	5개째	6개째	7개째	8개째
빵	800	750	700	650	600	550	500	450
우유	2,000	1,800	1,600	1,400	1,200	1,000	800	600

※ 이후로도 빵은 한계효용이 50씩, 우유는 200씩 줄어듦

① 같은 개수를 소비했을 때 한계효용은 우유가 항상 더 높다.

→ (×) 문제의 단서에서 '이후로도 빵은 한계효용이 50씩, 우유는 200씩 줄어든다.'라고 하였으므로 이를 표로 표현하면 다음과 같다.

구분	9개째	10개째
빵	400	350
우유	400	200

즉, 9개째에서는 한계효용이 400으로 같아지고, 10개부터는 빵의 한계효용이 더 높아진다. 틀린 선지다.

② 우유가 빵보다 세 배 더 비싸더라도 첫 번째로 소비하게 되는 것은 우유다.

→ (×) [3문단 (3)과 (5)]에 따르면 '두 재화 중 어떤 것을 먼저 소비할 것인지는 '단위가격당 한계효용'으로 결정된다. 즉, 두 재화의 소비 순서를 결정하는 기준은 $\frac{\text{한계효용}}{\text{단위가격}}$이며 소비자는 이를 비교하여 더 높은 것을 먼저 소비하게 된다. 선지 ②에서 우유가 빵보다 세 배 더 비싸다고 하였으므로, 빵의 가격을 a라고 하면 우유의 가격은 3a가 된다. 따라서 최초 시점에 빵의 단위가격당 한계효용은 $\frac{800}{a}$, 우유는 $\frac{2,000}{3a}$다. 이때 $\frac{800}{a} > \frac{2,000}{3a}$이므로, 빵의 단위

CHAPTER 8 실전모의고사 8회

가격당 한계효용이 더 높다. 따라서 첫 번째로 소비하게 되는 것은 빵이다. 틀린 선지다.

③ **빵과 우유의 가격이 동일하다면 우유를 8개 소비할 동안 빵은 전혀 소비하지 않을 것이다.**

→ (×) 두 재화의 소비 순서를 결정하는 기준은 $\frac{\text{한계효용}}{\text{단위가격}}$인데, 빵과 우유의 가격이 같다면 한계효용만 비교하여 더 큰 재화를 먼저 소비한다. 첫 번째 재화를 소비할 때의 한계효용은 빵이 800, 우유가 2,000이므로 우유를 먼저 소비한다. 우유 하나를 소비하였으므로 우유의 한계효용은 1,800으로 감소하고, 빵은 소비하지 않았으므로 여전히 800의 한계효용을 가진다. 하지만 여전히 우유의 한계효용이 더 높으므로 두 번째 재화도 우유를 소비한다. 같은 방식으로 7번째 재화까지 우유를 소비한다. 8번째로 소비할 재화를 선택하는 단계에서 하나도 소비하지 않은 빵의 한계효용은 800이고 이미 7개를 소비한 우유의 한계효용은 600으로 드디어 단위가격당 한계효용의 역전이 발생하였다. 따라서 8번째로 소비할 재화는 빵이다. 우유를 8개 소비하기 전에 반드시 빵을 소비하므로 틀린 선지다.

④ **빵 2개를 소비하거나 우유 1개를 소비하는 두 가지 선택만 가능할 경우, 빵 2개를 소비할 때의 총효용이 더 높다.**

→ (×) 한계효용은 재화나 서비스를 하나 더 이용할 때 추가되는 효용(만족감)을 말한다[1문단(2)]. 즉 한계효용은 한 단위당 추가되는 효용을 의미하므로, 총효용은 소비당 한계효용을 모두 더한 값을 의미한다. 빵 2개를 소비할 때의 총효용은 800+750=1,550이고, 우유 1개를 소비할 때의 총효용은 2,000이므로 우유 1개의 총효용이 더 높다. 틀린 선지다.

⑤ **우유가 빵보다 두 배 더 비쌀 때, 가진 자금을 모두 사용하여 빵 5개 우유 5개를 소비하였다면 이것이 가장 합리적인 선택이다.**

→ (○) [4문단 (6)과 (7)]에 따르면 한정된 자금 내에서 단위가격당 한계효용이 높은 것을 추가로 소비해 나가다가, 결과적으로는 각 재화의 단위가격당 한계효용이 서로 동등해지는 지점에서 소비하는 것이 가장 합리적인 선택이 된다. 이를 '한계효용 균등의 법칙'이라고 한다. 즉, 가장 합리적인 선택을 하기 위해서는 각 재화의 단위가격당 한계효용이 같은 지점에서 소비해야 한다. 우유가 빵보다 두 배 더 비싸다고 하였으므로, 빵의 가격을 단순화하여 1로 가정하고, 우유의 가격을 2라고 가정한다. 주어진 〈표〉에 따라 단위가격당 한계효용을 계산하면 빵과 우유를 5개째 소비할 때 단위가격당 한계효용이 $\frac{1,200}{2}$=600으로 동일하다. 한정된 자금 내에서 가진 자금을 모두 사용하여 두 재화의 단위가격당 한계효용이 동일한 지점에서 소비하였으므로 가장 합리적인 선택이라 할 수 있다. 옳은 선지다.

합격자의 실전 풀이 순서

❶ 발문 확인하기
주어진 글을 바탕으로 사례에 적용하는 문제다. 올바른 것을 고르는 것이므로 O 표시를 하여 실수를 방지한다.

❷ 이해한 내용을 바탕으로 사례에 적용하기
앞 문제와 마찬가지로 사례에 적용하는 문제다. 본문을 이해해야 풀 수 있는 문제이므로 이해한 내용을 바탕으로 문제에 접근한다. 부족한 정보가 있을 경우 추가로 발췌독한다.

합격자의 시간단축 Tip

Tip 가치판단은 발췌독으로 본문의 근거를 반드시 확인한다.

선지 ⑤의 '가장 합리적'이라는 판단의 기준은 개인마다 다르다. 이러한 가치판단을 문제로 내기 위해서는 본문에 반드시 그 근거가 존재해야 한다. 이를 활용하여 '가장 합리적'이라는 단어를 키워드로 삼아 발췌독을 할 수 있다. 본인이 개인적으로 판단하기에 합리적이라 생각되어 선지를 고르는 실수는 하지 않아야 하며, 선지를 고르기 전 반드시 본문의 근거를 확인하도록 한다.

06 정답 ④ 　난이도 ●●○

의사소통능력_개념의 이해 및 활용

접근전략 긴 지문과 짧은 지문이 나오는 경우 긴 지문에 대한 이해를 바탕으로 짧은 지문을 해석하는 문제가 자주 등장한다. 긴 지문은 개념에 대한 설명을 하고 짧은 지문은 그에 대한 사례를 제시하는 경우가 많다. 먼저 선지를 발췌독해서 읽히는지 확인한 후에 지문의 난이도가 높아 발췌독이 어렵다면 긴 지문–짧은 지문–선지 순으로 확인한다.

다음 글을 바탕으로 아래의 사례를 이해한 내용으로 옳은 것은?

> (1)많은 사람들은 사회생활을 하며 필요한 경우 타인에게 돈을 빌리고 이를 갚는 등 금전거래를 하는 것이 보통이다. (2)그러나 타인과 금전거래를 한 이후 채권자의 행방불명, 수령거절 등으로 약속한 때에 채무를 변제하지 못하는 경우가 발생할 수 있는데, 이 경우 채무자는 채무자의 지위에서 지연이자를 부담해야 하는 점, 근저당권을 소멸시키지 못하는 점 등 여러 가지 부담을 지게 된다. (3)이때 이용할 수 있는 제도가 바로 공탁이다. ▶1문단
>
> (1)공탁이란 공탁자가 법령에 규정된 원인에 따라 금전·유가증권·그 밖의 물품을 국가기관인 공탁소에 맡기고 피공탁자 등 일정한 자가 공탁물을 수령함으로써 법령에서 정한 일정한 목적을 달성하게 하는 제도이다. (2)즉, 공탁은 채권자의 협조 없이도 채무자가 채무를 청산하고 채무자의 지위에서 가지게 되는 여러 가지 부담에서 벗어나도록 함으로써 채무자를 보호하고자 하는 제도이다. (3)공탁의 종류에는 변제공탁, 형사변제공탁, 보증(담보)공탁, 집행공탁, 보관공탁 등이 있으며 개인이 비교적 흔히 접하게 되는 유형은 변제공탁이다. ▶2문단
>
> (1)변제공탁은 채권자가 수령을 거절한 경우, 채권자가 수령불능인 경우 또는 채권자 불확지에 채무자가 채무이행에 갈음하여 채무의 목적물을 공탁소에 맡김으로써 그 채무를 면할 수 있도록 하는 공탁이다. (2)채권자가 수령을 거절한 경우란 채무자가 채무의 내용에 따른 변제의 제공을 하였음에도 불구하고 채권자가 받기를 거절한 경우를 말한다. (3)채권자의 수령거절을 원인으로 한 공탁을 하기 위해서는 우선 채무의 내용에 따른 변제의 제공이 있어야 한다. (4)이때 변제의 제공은 계약에서 정한 기일에 하여야 하고, 약정한 장소에서, 채무의 전부에 대하여 현실로 하여야 한다. (5)채권자가 수령불능인 경우란 채무자가 채무의 이행을 하려고 하여도 채권자 측의 사정으로 채권자가 수령할 수 없는 경우를 말한다. (6)마지막으로 채권자 불확지란 변제자가 상당한 주의를 다하여도 채권자가 누구인지 알 수 없는 경우를 말한다. ▶3문단
>
> (1)변제공탁의 경우 공탁서는 원칙적으로 채권자의 주소지를 관할하는 공탁소에 제출하여야 한다. (2)만일 채권자의 현재 주소지를 모르는 경우에는 채권자의 최후 주소지를 관할하는 공탁소에 제출할 수 있다. (3)공탁 신청은 전자공탁 홈페이지를 통한 온라인 방식과 공탁소를 방문하여 하는 오프라인 방식이 있으며, 공탁 신청 후에는 납입기일까지 공탁소 보관은행에 공탁금을 납입하여야 한다. ▶4문단

> 서울 서초동에 살고 있는 갑이 인천에 살고 있는 을로부터 현금 500만 원을 빌리고, 1년 뒤에 이자를 포함하여 전액을 갚기로 약속했다. 약속한 날짜가 다가오자 갑은 미리 채무 전액을 준비하여 을에게 연락하였으나 을은 아무런 이유 없이 전화도 받지 않았고, 몇 차례 시도 후 연락이 닿았을 때에 을은 "지금 돈 받을 생각이 없다"며 완강한 태도를 보였다.
>
> 한편 갑은 대전에 살고 있는 친구 병으로부터도 현금 300만 원을 빌리고, 1년 뒤 원금과 이자를 포함해 330만 원을 갚기로 약속했다. 약속한 날이 됐으나, 병은 교통사고로 의식불명 상태에 빠졌고, 가족들은 병이 의식을 되찾기 전까지는 돈을 받을 수 없다고 했다.

① 병에 대한 채무에 있어서 갑은 채권자 불확지에 의한 변제공탁 요건을 충족한다.

➜ (×) [3문단 (6)]에서 채권자 불확지란 변제자가 상당한 주의를 다하여도 채권자가 누구인지 알 수 없는 경우를 말한다. 갑과 병의 채권-채무관계는 명확하며, 병이 비록 교통사고로 의식불명 상태에 빠졌다고 하더라도 채권자는 병으로 명확하다. 따라서 채권자 불확지에 의한 변제공탁 요건은 충족하지 못한다. 틀린 선지다.

② 을에 대한 채무에 있어서 갑은 수령불능에 의한 변제공탁 요건을 충족한다.

➜ (×) [3문단 (5)]에 따르면 수령불능이란 채무자가 채무이행을 하려 해도 채권자 측의 사정으로 채권자가 수령할 수 없는 경우를 말한다. 갑은 을에게 연락했으나 채권자 을은 변제기에 아무런 이유 없이 전화를 받지 않고 "지금 돈 받을 생각이 없다"며 수령을 거절하고 있다. 이는 채권자의 수령거절에 의한 변제공탁 요건을 충족하는 것이다. 틀린 선지다.

③ 병에 대한 채무의 공탁을 위해서는 서울지역을 관할하는 공탁소에 공탁서를 제출해야 한다.

➜ (×) [4문단 (1)]에서 변제공탁을 하는 경우 공탁서는 원칙적으로 채권자의 주소지를 관할하는 공탁소에 제출하여야 한다. 병에 대한 채무에 있어서 채권자는 병이고, 병의 주소지는 대전이므로 대전지역을 관할하는 공탁소에 제출하여야 한다. 틀린 선지다.

④ 갑이 병에 대한 채무액 전액을 공탁한 경우 병은 해당 공탁소에서 그 금액을 수령할 수 있다.

➜ (○) 공탁이란 공탁자가 법령에 규정된 원인에 따라 금전·유가증권·그 밖의 물품을 국가기관인 공탁소에 맡기고 피공탁자 등 일정한 자가 공탁물을 수령함으로써 법령에서 정한 일정한 목적을 달성하게 하는 제도이다. [2문단 (1)]에서 공탁은 공탁자가 공탁소에 금전을 공탁한 경우 피공탁자 등 일정

한 자가 공탁물을 수령하는 제도임을 알 수 있다. 따라서 갑이 병에 대한 채무액 전액을 공탁한 경우 병은 해당 공탁소에서 공탁된 금액을 수령할 수 있다. 옳은 선지다.

⑤ **갑이 공탁을 통해 을에 대한 채무의 청산을 하려면 납입기일까지 500만 원을 납입하여야 한다.**

→ (×) 지문에서는 채무자가 변제공탁을 하기 위해서는 '채무의 내용에 따른 변제의 제공'이 있어야 하고, 이는 '채무의 전부에 대해 현실로 제공'되어야 한다고 명시하고 있다. 즉, 채권자가 받기를 거절한 경우에도 채무자는 계약상 약정된 금액 전부를 변제하려고 해야 하며, 일부 금액만으로는 변제공탁 요건을 충족하지 못한다는 것이다. 이 사례에서 갑은 을에게 500만 원을 빌리고 1년 뒤 이자를 포함하여 전액을 갚기로 약속했다. 따라서 갑의 채무는 단순히 500만 원의 원금이 아니라, 여기에 약정된 이자를 포함한 금액 전부이다. 그러므로 갑이 공탁을 통해 을에 대한 채무를 청산하려면 500만 원만 공탁하는 것이 아니라, 500만 원+이자를 공탁해야 한다. 따라서 틀린 선지다.

합격자의 실전 풀이 순서

❶ **발문 제대로 읽기 및 문제 유형 파악**

항상 발문을 먼저 제대로 읽자. '다음 글을 바탕으로 아래의 사례를 이해한 내용으로 옳은 것'을 고르는 문제이므로 긴 지문에 대한 이해를 바탕으로 짧은 지문을 해석해야 한다. 이때 먼저 선지를 발췌독해서 읽는 시도를 먼저 해보자. 지문의 난이도가 낮은 경우 선지의 키워드를 발췌독하는 것만으로 사례와 지문을 동시에 이해할 수 있기 때문이다.

❷ **키워드를 뽑아본다.**

선지의 키워드를 뽑아 발췌독하는 것이 가능하다면 상당히 효율적이므로 키워드를 뽑으려는 시도를 해본다.

선지 ①은 '불확지', 선지 ②는 '수령불능', 선지 ③은 '서울지역 관할', 선지 ④는 '공탁소에서 수령', 선지 ⑤는 '채무 청산'으로 발췌독하기 적합한 특색있는 키워드가 존재한다.

❸ **긴 지문을 발췌독한 후 이를 짧은 지문에 적용한다.**

결국 긴 지문의 내용을 이해한 것을 바탕으로 짧은 지문의 사례에 적용해야 한다. 따라서 키워드를 긴 지문에서 찾고 해당 부분이 선지의 내용으로 적합한지 짧은 지문의 사례를 보며 확인한다. 1~2문단을 훑어보면 선지의 키워드와 관련된 내용이 없다. 키워드가 등장하는 3문단부터 자세히 읽는다.

❹ **끊어서 읽기**

글의 구조가 깔끔한 경우(글의 전개를 예측 가능한 경우) 끊어 읽기를 통해서 선지를 해결하는 것이 좋다. 관련 내용을 까먹기 전에 선지를 해결할 수 있는데, 남은 문단에서 관련 내용이 추가로 나올 가능성도 없기 때문이다. 긴 지문의 3문단만 읽고 ①, ②, ④, ⑤ 선지를 해결하여 답을 도출한다.

합격자의 시간단축 Tip

Tip ❶ 키워드를 요구하는 것이 아닌 글의 전반적인 내용을 묻는 문제일 가능성을 생각한다.

글의 내용을 패러프레이징해서 선지를 출제하거나 단순히 글에서 알 수 있는 것, 없는 것을 판단하는 문제가 아니라 글의 전반적인 흐름과 구조를 이해하고 이해한 것을 바탕으로 묻는 심화된 문제가 출제될 수 있다. 선지에 마땅히 키워드로 뽑을 소재가 없거나 선지들끼리 형태가 비슷한 경우에 이러한 유형이 많으며 이를 인지했다면 빠르게 지문을 통독하여 이해한 후에 선지의 정오를 판단한다.

Tip ❷ 키워드 뽑는 방법

발췌독하기 위해서는 생소한 키워드를 뽑아야 한다. 일반적인 단어를 키워드로 삼으면 지문에서 자주 등장하기 때문에 효율적인 발췌독을 하기 어렵다. 일반적으로 키워드를 뽑을 때 맨 앞에 있는 주어를 선정하는 경우가 많다. 그러나 이는 상황에 따라 비효율적이다. 모든 선지의 주어가 같은 경우도 있고, 주어보다 서술어나 목적어가 더 생소한 경우가 많기 때문이다. 키워드를 뽑는 목적은 지문을 빠르게 발췌독하기 위함이고, 이를 위해 주어뿐만 아니라 모든 단어에 대해 가능성을 열어 두어야 함을 기억하자.

Tip ❸ 너무 많은 표시를 하지 않는다.

통독을 하되, 특징이나 비교 같은 주요 내용에 동그라미와 밑줄 등으로 표기를 하며 읽어 내려가는 것이 일반적이다. 하지만 너무 많은 표기를 한다면 오히려 정답 찾기에 방해가 될 수 있다. 그러므로 최대한 그 문단의 핵심 주요 소재나 단어에만 표시를 하도록 한다.

Tip ❹ 대비되는 항목을 명확히 나눠가며 읽는다.

지문에서 개념을 소개한 후에 그 개념을 2~3가지 정도로 분류하여 제시하는 경우가 많다. 이때 대비되는 각 항목을 다른 항목과 헷갈리지 않도록 해야 한다. 항목마다 △, ▽ 등의 기호로 표기하고 머릿속에서 대비 구조를 그리면서 읽으면 도움이 될 것이다. 본문의 3문단에서는 채권자가 수령을 거절한 경우/채권자가 수령불능인 경우/채권자 불확지 3가지 경우로 나눠서 각각이 차례로 제시되고 있다. 각 항목이 소개될 때마다 동그라미로 표기하여 구분하자.

07 정답 ⑤ 난이도 ●●○

의사소통능력_논리적 추론

접근전략 '현물출자'로 유도하는 방식에 대해 추론한 내용의 적절함을 묻고 있다. '현물출자'가 무엇인지 개념을 인지하고 그 특징에 따라 현물출자를 적용할 경우의 변화점에 대해 고려하며 키워드를 뽑아 발췌독한다.

다음 글의 밑줄 친 ㉠에 대해 추론한 내용으로 적절하지 않은 것은?

(1)부동산 PF(Project Financing)는 부동산개발 프로젝트에서 발생하는 미래 현금흐름(수익성)을 기반으로 자금을 조달하는 금융기법을 말한다. (2)선진국은 디벨로퍼(부동산 개발 사업을 기획하고 실행하는 주체)가 금융사·연기금 등 지분투자자를 유치하여 30~40%의 자기자본으로 토지를 매입한 후 건설단계에서 PF 대출을 받기 때문에 단순 분양수익뿐만 아니라 임대수익도 갖춰 수익구조가 안정적이다. (3)그러나 우리나라는 단기수익 추구 경향과 디벨로퍼의 영세성으로 인해 5% 내의 자기자본으로 토지 매입 시부터 고금리 대출(브릿지 대출)을 받아 진행하는 경우가 대다수이다. (4)대출기관은 저자본 리스크를 보완하기 위해 사업성을 평가하기보다는 건설사·신탁사 보증에 사실상 100% 의존하는 경향이 있다. (5)이러한 저자본·고보증 구조는 부동산 경기 위축, 사업여건 악화 등 환경변화에 취약하고 시행사에서 건설사로, 건설사에서 금융사로 리스크가 확산될 가능성 또한 내포하고 있다. ▶ 1문단

(1)PF사업에서 토지비 비중은 통상 20~40% 정도인데, 영세 디벨로퍼는 본PF 대출 이전에 브릿지 대출로 토지를 매입함에 따라 금리 인상 등 대외변수에 취약하다. (2)이를 개선하기 위해 ㉠ <u>토지주가 토지나 건물을 현물출자(주주로 참여)하도록 유도하는 방식</u>을 고려해볼 수 있다. (3)현물출자란 소유권을 넘기지 않고 자산을 사업에 투자하는 것을 말한다. (4)미국의 경우 토지주가 현물출자를 할 경우 과세를 이연시켜주는 리츠(다수의 투자자로부터 자금을 모아 부동산에 투자하고 발생한 수익을 배당하는 부동산투자회사) 방식을 도입하여 5년간 리츠 시가총액이 11배 증가하는 등 질적·양적 성장을 유도한 바 있다. (5)그러나 국내에서는 현행법상 토지를 현물출자하게 되면 양도차익에 대해 법인세·양도세가 부과되어 출자가 곤란한 측면이 있다. (6)특히 지가 상승이 높은 수도권에서는 양도차익이 크므로 막대한 법인세·양도세가 예상된다. (7)이를 위해서는 PF사업에 현물출자 시 출자자의 이익 실현 시점을 고려하여 양도차익의 과세·납부를 일정 기간 유예하고 분할납부를 허용하도록 제도의 개선이 필요할 것이다. (8)한편 토지주의 의사결정을 지원할 수 있는 대안 또한 마련되어야 할 것이다. (9)민간의 투명한 사업운영을 유도하기 위해 사업성평가를 의무화하고, 평가결과를 대출기관뿐 아니라 토지주에게도 제공하며, 공공에서 리츠의 설립을 지원하거나 사업성 분석 등 컨설팅을 진행하는 방안도 고려해볼 수 있겠다. ▶ 2문단

① 자기자본비율이 상향될 것이다.

→ (O) 그러나 우리나라는 단기수익 추구 경향과 디벨로퍼의 영세성으로 인해 5% 내의 자기자본으로 토지 매입 시부터 고금리 대출(브릿지 대출)을 받아 진행하는 경우가 대다수이다. [1문단 (3)]에서 현황으로 자기자본비율이 낮음을 알 수 있다. 그러나 토지주가 현물출자 방식으로 사업에 참여하면 디벨로퍼는 토지 매입에 필요한 자금을 직접 조달하지 않아도 되어, 자기자본비율이 상승할 가능성이 있다. 옳은 선지다.

② 브릿지 대출을 받지 않아도 되므로 사업비 절감 효과가 있을 것이다.

→ (O) 그러나 우리나라는 단기수익 추구 경향과 디벨로퍼의 영세성으로 인해 5% 내의 자기자본으로 토지 매입 시부터 고금리 대출(브릿지 대출)을 받아 진행하는 경우가 대다수이다. [1문단 (3)]과 PF사업에서 토지비 비중은 통상 20~40% 정도인데, 영세 디벨로퍼는 본PF 대출 이전에 브릿지 대출로 토지를 매입함에 따라 금리 인상 등 대외변수에 취약하다. [2문단 (1)]에서 기존 방식은 브릿지 대출을 받는 경우가 대다수임을 알 수 있다. 이를 개선하기 위해 ㉠ <u>토지주가 토지나 건물을 현물출자(주주로 참여)하도록 유도하는 방식</u>을 고려해볼 수 있다. [2문단 (2)]에서 이를 개선하기 위해 현물출자 방식을 고려할 수 있다고 했다. 토지주가 현물출자로 참여하면 브릿지 대출을 받을 필요가 줄어들어 사업비 절감 효과가 있을 것이다. 옳은 선지다.

③ 토지주는 추후 발생한 수익에 대해 배당이익을 받게 될 것이다.

→ (O) 현물출자란 소유권을 넘기지 않고 자산을 사업에 투자하는 것을 말한다. [2문단 (3)]에 따라 주주로 참여하게 되면 사업의 수익이 발생했을 때 지

CHAPTER 8 실전모의고사 8회

분 비율에 따라 배당을 받을 수 있는 구조가 성립하므로, 토지주는 추후 배당이익을 받을 가능성이 있다. 지문에서 미국의 사례로 리츠(REITs) 구조가 소개되면서 배당이익이 언급되긴 했지만, 리츠 여부에 관계없이 주주 참여=수익 발생 시 배당 가능이라는 일반적 구조로도 충분히 타당성이 뒷받침된다. 옳은 선지다.

④ 현행 제도상 토지주는 양도차익에 대한 양도세를 납부해야 한다.

→ (○) 그러나 국내에서는 현행법상 토지를 현물출자하게 되면 양도차익에 대해 법인세·양도세가 부과되어 출자가 곤란한 측면이 있다. [2문단 (5)]에서 양도차익에 대한 법인세, 양도세가 부과됨을 알 수 있다. 또 특히 지가 상승이 높은 수도권에서는 양도차익이 크므로 막대한 법인세·양도세가 예상된다. [2문단 (6)]에서 현행 제도상 토지주는 양도차익에 대해 양도세를 납부해야 할 의무가 있는 것으로 해석할 수 있다. 옳은 선지다.

⑤ 디벨로퍼는 분양수익과 임대수익을 통한 수익구조를 갖출 수 있을 것이다.

→ (×) 선진국은 디벨로퍼가 자기자본으로 토지를 보유하여 분양수익과 임대수익 모두 확보하는 구조이나([1문단 (2)]), 지문에서 제시하는 현물출자는 토지의 소유권을 넘기지 않는 방식으로([2문단 (3)]), 디벨로퍼가 토지를 직접 소유하거나 임대수익을 확보할 수 있다는 근거는 없다. 따라서 디벨로퍼가 분양수익과 임대수익 모두를 갖출 수 있다는 선지 ⑤는 지문의 정보를 과도하게 일반화한 것이다. 틀린 선지다.

08 정답 ⑤ 난이도 ●●○

의사소통능력_논리적 추론

접근전략 지문의 제도를 이해하고 적용하는 문제다. 선지의 키워드를 중심으로 제도를 이해하고 사례에 적용한다.

다음 자료를 읽고 추론한 내용으로 적절하지 않은 것은?

(1)자동차보험은 매년 갱신되는 전국민 의무보험으로, 가입자가 2,500만 명을 넘어서는 대표적인 국민보험상품이다. (2)자동차보험료는 소비자물가지수에 포함되어 있는 등 국민 실생활에 미치는 영향이 매우 크므로 피보험자인 운전자의 사고경력과 운전경력 등에 비추어 합당하게 부과되는 것이 매우 중요하다. (3)이를 위해 자동차보험은 피보험자의 사고위험에 합당한 보험료를 부과하기 위해 운전자별 사고경력을 고려하여 사고자의 보험료는 할증하고, 무사고자는 할인하는 ㉠'우량할인·불량할증등급 제도'와 운전경력에 따라 보험료를 할인해주는 ㉡'보험가입경력요율 제도'를 운영하고 있다. ▶ 1문단

〈자동차보험 할인·할증등급 제도〉

구분	우량할인·불량할증등급	
주요 내용	피보험자의 할인·할증등급을 1~29등급으로 구분하고, 등급별로 보험료를 차등화	
등급 평가	사고내용에 따라 0.5점~4점을 부과하고, 1점당 1등급을 차년도에 할증하며, 무사고 시 매년 1등급씩 할인함(단, 사고를 기록한 경우 향후 3년간 무사고를 기록해야 그 다음해부터 할인)	
보험료 부과 체계	불량등급(고위험군)	1~10등급(200~87.8%)
	기본등급(최초가입)	11등급(82.8%)
	우량등급(저위험군)	12~29등급(71.2~30%)

〈자동차보험 보험가입경력요율 제도〉

구분	보험가입경력요율			
주요 내용	자동차보험 가입기간이나 군운전병, 법인 운전직 근무기간 등 운전경력에 따라 보험료를 차등 적용			
보험료 부과 체계	최초~1년 미만	1년 이상~2년 미만	2년 이상~3년 미만	3년 이상
	138.1%	115.3%	110.3%	100%

▶ 2문단

(1)과거에는 사고경력에 따라 평가받은 할인·할증등급이 있더라도 본인 명의 자동차보험계약 종료일로부터 3년을 경과하여 보험에 재가입하는 경우(경력단절자)에는 장기 무사고자의 과거 안전운전 노력이나 재가입시의 사고위험도 등에 대한 고려 없이 할인·할증등급을 일률적으로 최초 가입자와 같은 11등급을 적용해 왔었다. ▶ 3문단

(1)이에 따른 불합리한 측면을 개선하기 위해 개선된 자동차보험 경력인정기준에서는 경력단절 저위험 우량등급 피보험자에 대해서는 재가입시 전 계약 등급에서 3등급을 할증한 등급을 적용하였다. (2)다만, 상대적으로 무사고 기간이 짧은 12~14등급은 기존 그대로 11등급이 적용된다. 반면 경력단절 고위험 불량등급 피보험자에 대해서는 재가입시 8등급으로 재가입 등급을 조정하되, 상대적으로 사고가 적은 9~

10등급은 기존의 11등급 대신 직전 등급인 9, 10등급을 그대로 적용한다. ▶ 4문단

(1)한편 개선된 자동차보험 경력인정기준에서는 최근 차량 구매 대신 장기렌터카를 이용하여 본인 명의로 자동차 보험에 가입하지 않는 경우가 증가하고 있는 점을 고려하여, 종전의 일부 운전경력에 대해서만 보험가입경력으로 인정했던 것과는 달리 장기렌터카 운전경력을 보험가입경력으로 인정하기로 하였다. ▶ 5문단

① **자동차보험에 가입한 이후 11년간 사고를 낸 적 없는 A씨의 2020년 ㉠에 따른 등급이 22등급이었고, 당해에 자동차보험계약이 종료된 후 재가입하지 않았다. 이후, A씨가 2025년에 자동차보험에 재가입하였다면 개선된 기준에 따라 적용될 ㉠에 따른 등급은 19등급이다.**

➜ (○) A씨는 2020년 계약이 종료된 이후 4년이 경과한 2025년에 보험에 재가입하였다. 이는 본문 [3문단 (1)]에 따르면, 본인 명의 자동차보험계약 종료일로부터 3년을 경과하여 보험에 재가입하는 경우인 경력단절자에 해당한다. 한편, [4문단 (1)]의 개선된 경력인정기준에 따르면 경력 단절 저위험 우량등급 피보험자의 경우 재가입 시 전 계약 등급에서 3등급을 할증한 등급이 적용된다. A씨는 2020년에 22등급이었으므로 '경력 단절 저위험 우량등급 피보험자'에 해당한다. 따라서 22등급에서 3등급을 할증한 19등급이 적용되므로 옳은 선지다.

② **자동차보험 경력인정기준 개선 전 ㉠에 따르면 과거에 장기 무사고자라 하더라도 경력단절자가 되면 사고 위험 대비 과도한 보험료를 부담해야 했을 것이다.**

➜ (○) [3문단 (1)]에 따르면, 과거에는 사고경력에 따라 평가받은 할인·할증등급이 있더라도 경력단절자는 장기 무사고자의 과거 안전운전 노력이나 재가입시의 사고위험도 등에 대한 고려 없이 할인·할증등급을 일률적으로 최초 가입자와 같은 11등급을 적용해 왔었다. 경력이 단절되지 않은 장기 무사고자라면 우량등급(저위험군)에 해당하여 71.2~30%의 보험료를 부과받았을 것이다. 하지만 경력이 단절되는 경우, 이전의 등급과는 상관없이 일률적으로 11등급이 적용되며 82.8%의 보험료를 부과받는다. 즉, 경력이 단절됨에 따라 할인율이 낮아져 보다 비싼 보험료를 내야 한다. 이는 원래 우량등급(저위험군)이 부담해야 하는 보험료보다 더 높은 보험료를 부담하는 것이므로, 사고 위험 대비 과도한 보험료 부담이라 할 수 있다. 옳은 선지다.

③ **자동차보험 경력인정기준 개선 전 ㉡에 따르면 실질적으로 운전경력이 있었더라도 보험료 할인을 적용받지 못한 경우가 있었을 것이다.**

➜ (○) 마지막 문단에 제시된 문장 '종전의 일부 운전경력에 대해서만 보험가입경력으로 인정했던 것과는 달리 장기렌터카 운전경력을 보험가입경력으로 인정하기로 하였다[5문단(1)].'에 따르면 종전에는 일부 운전경력에 대해서만 보험가입경력으로 인정했음을 알 수 있다. 즉, 본인 명의의 자동차로 운전하지 않고 장기렌트카를 운전하는 등 실질적인 운전 경력이 있었더라도 보험가입경력으로 인정하지 않아 보험료 할인을 적용받지 못한 경우가 있었을 것이다. 옳은 선지다.

④ **2018년 자동차보험에 가입한 B씨가 해당 연도에 사고점수 3점을 부여받았다면, 이후에 사고 없이 보험가입을 계속 유지한 경우 2024년도에 적용되는 ㉠상 등급은 11등급이다.**

➜ (○) 2문단의 〈자동차 보험 할인·할증등급 제도〉의 등급평가에 따르면 사고내용에 따라 사고내용에 따라 사고점수 1점당 1등급을 차년도에 할증한다. 최초 보험 가입 시에는 11등급을 부여받으므로, B씨가 2018년에 보험에 가입할 당시 11등급을 부여받았을 것이다. 그리고 해당 연도에 사고점수 3점을 부여받았다면, 차년도인 2019년에는 3등급이 할증된 14등급일 것이다. 그런데 사고를 기록한 경우 향후 3년간 무사고여야 그 다음해부터 할인이 적용된다. 따라서 사고가 발생한 2018년 이후 2019년, 2020년, 2021년 동안 무사고를 기록해야 2022년부터 1등급씩 할인등급이 적용된다. B씨의 경우 2018년 사고 기록 이후 사고 없이 보험 가입을 계속 유지했으므로, 2022년부터는 14등급에서 1등급씩 할인되어 2024년도에는 총 3등급이 할인된 11등급이 적용될 것이다. 옳은 선지다.

⑤ **군운전병으로 2023년 1월 1일부터 2025년 1월 1일까지 사고 없이 복무를 마친 C씨가 2025년에 자차 자동차보험에 가입했다면 ㉡에 따라 적용되는 보험료율은 115.3%이다.**

➜ (×) 2문단의 〈자동차보험 보험가입경력요율 제도〉의 주요내용을 보면 운전경력 포함 사항에 군운전병 기간이 포함된다. C씨의 경우 군운전병으로 2년간 복무했으므로, C씨의 경력은 2년 이상~3년 미만에 해당한다. 따라서 부과되는 보험료는 110.3%다. 틀린 선지다.

CHAPTER 8 실전모의고사 8회

합격자의 실전 풀이 순서

❶ 발문 확인하기
다음 자료를 읽고 추론한 내용으로 적절하지 않은 것을 찾는 문제다. 실수하지 않도록 '않은'에 크게 X 표시를 한다.

❷ 선지 확인하기
본 방법은 발췌독이 아닌 통독을 위한 방법이다. 문제가 일치부합형이라면 글의 일부만 발췌하여 읽는 방법이 시간 단축 측면에서 용이하지만, '추론한 내용'을 묻는 경우 발췌독은 위험 부담이 있다. 추론의 경우 문단 간 연계를 이용해야 하는 경우가 있어 단편적인 부분만 읽고 답을 고른다면 오답을 고를 수 있다. 따라서 글 전체를 훑는다는 느낌으로 통독한다. 그러나 무작정 지문을 처음부터 읽기 시작한다면 글을 읽는 것이 오래 걸리고, 강약 조절이 불가능하며, 많은 정보를 모두 기억하기에 어려움이 있으므로 미리 선지를 확인하여 글 읽기의 방향성과 목표를 설정한다. 선지를 보면 '㉠에 따르면', '㉡에 따르면' 등과 같은 표현이 반복되는 것으로 보아 먼저 ㉠과 ㉡에 대한 이해가 필요함을 알 수 있다. 다음으로는 각 선지마다 중심 내용이 되는 키워드를 뽑는다. 이때 키워드는 단어가 될 수도 있고 어절이 될 수도 있다. '재가입', '개선 전', '보험료 할인', '11등급', '군운전병' 등의 키워드를 체크하고 이를 중심으로 글을 읽는다. 즉, 전체 글을 훑되 키워드가 나오는 곳은 집중하여 읽는 것이다. 다만 선지 확인은 3~4초 내로 너무 많은 시간을 투자하지 않도록 한다.

❸ 밑줄부터 확인하고 지문 읽기
앞선 선지 확인에서 ㉠, ㉡에 대한 이해가 필요함을 확인했다. 따라서 ㉠, ㉡이 무엇인지 빠르게 눈으로 확인한다. 어떠한 제도임을 체크하고 이를 이해한다는 목표를 가진다. 앞에서 정한 키워드를 중심으로 강약을 조절하며 읽는다. 예를 들어 1문단의 내용은 키워드와 관련 없는 서설에 해당하므로 빠르게 읽는다.

합격자의 시간단축 Tip

Tip ❶ '이상'과 '미만'의 표현에 주의한다.
'이상'과 '미만'은 어떤 과목에서든 자주 문제로 출제되는 장치다. 특히 본문에서 이러한 제약이 나온다면 반드시 체크하도록 한다. 다시 찾아오기도 쉽고 의식적으로 실수를 방지할 수 있기 때문이다.

Tip ❷ 제도의 개선 전과 후는 가시적으로 구분 표시한다.
제도의 개선 전과 후의 차이 역시 문제로 자주 출제되는 부분이다. 헷갈리지 않고 다시 찾아올 수 있도록 개선 전과 후의 이야기는 반드시 표시하도록 한다. 그리고 시점이 같은 선지끼리 함께 해결한다. 예를 들어 제도 개선 전 선지를 먼저 해결하고자 한다면 개선 전을 나타낸 선지를 모두 해결한 후 개선 후 선지를 해결하는 것이다. 이처럼 어디가 문제의 출제 포인트인지를 알고 있다면 빠르고 정확한 문제풀이가 가능하다.

Tip ❸ 세세한 내용에 매몰되지 않는다.
본문의 내용을 모두 기억하고, 정오판단에 들어가는 것은 불가능하다. 따라서 거시적으로 자동차보험 경력인정기준이 개선되었다는 점만 파악하고, 구체적으로 몇 등급으로 변경되었는지 등은 아주 가볍게 훑고 지나가도 된다. 나아가, 두 제도를 설명하고 있는 〈표〉의 경우, 제목만 보고 넘어간 후 정오 판단 시에 구체적인 내용을 확인해도 좋다.

09 정답 ④ 난이도 ●●●

의사소통능력_개념의 이해 및 활용

접근전략 지문이 3개 나와 있다. 지문이 2개 있는 문제와 마찬가지로 한 지문을 이해한 정보를 바탕으로 타 지문에 적용하는 문제다. 주제가 증권, 주식, 투자인데 해당 주제에 익숙하지 않은 경우 혼란에 빠질 가능성이 높고, 지문 역시 3개이므로 난이도가 높음을 예상할 수 있다. 일단 패스한 후 다시 돌아와서 푸는 것이 방법일 수 있다.

다음 설명서를 바탕으로 할 때, 최선집행기준에 따른 주문체결과정에 대해 바르게 이해하지 못한 것은?

〈투자자 A의 주문〉

A는 ○○투자증권의 주식매매시스템을 이용하여 10시 30분에 □□기업 주식을 50,000원에 120주 지정가 매수 주문하였다. 주문은 SOR 시스템을 통해 이루어졌다.

〈□□기업 통합호가창〉

매도 주문(수량)		호가(원)	매수 주문(수량)	
NXT	KRX		KRX	NXT
400	300	50,200		
200	400	50,100		
50	30	50,000		
		49,900	300	100
		49,800	500	200
		49,700	100	250

※ NXT와 KRX 모두 09:00~15:20에 정상적인 거래가 이루어진다.
※ 수수료는 NXT가 KRX보다 더 저렴하며, 그 밖의 비용에 대해서는 고려하지 않는다.
※ Taker Order가 이루어지는 경우에는 주문 물량의 분할 체결이 가능하다.
※ 위 통합호가창 외에 호가창의 변동에 대해서는 고려하지 않는다.

〈○○투자증권 최선집행기준 설명서〉

1. 대체거래소(ATS)와 최선집행의무
대체거래소(ATS: Alternative Trading System, 다자간매매체결회사)란 자본시장법에 따라 설립된 한국거래소(KRX) 이외의 거래소입니다. 한국거래소는 정규거래소로서 금융상품의 매매, 결제·청산 외에도 시장관리·감독 기능을 하지만, 대체거래소는 금융상품(상장주식과 상장주식과 관련한 예탁증서)의 매매·중개만 가능합니다. 2025년 3월 대체거래소 인가를 받은 넥스트레이드(NXT)가 출범하며 복수거래소 체제가 시행됨에 따라 회사는 최선집행기준(최선의 거래조건으로 집행하기 위한 기준)을 마련하고 최선집행의무를 이행합니다.

2. 최선집행의무 관련 주요 용어
1) 통합호가와 주문유형
가. 통합호가란 고려대상시장(KRX, NXT)에 한하여 실시간으로 통합한 호가입니다.
나. 주문유형
- 기존 물량 체결 주문(Taker Order)이란, 대상 상품에 대하여 통합호가창(Order Book) 내 시장에 이미 나와 있는 주문인 기존 물량(호가 잔량)을 이용하여 즉시 체결되는 주문입니다.
(예시) 시장가 주문(Market Order)은 기존 물량 체결 주문에 해당
- 신규 물량 조성 주문(Maker Order)이란, 대상 상품에 대하여 통합호가창에 지정한 가격에 맞는 상대 주문이 없는 경우 호가창에 신규 대기 물량을 추가하는 주문입니다.
(예시) 지정가 주문(Limit Order: 투자자가 대상 증권의 가격과 수량 등을 지정하는 주문) 중 즉시 체결되지 않은 주문은 신규 물량 조성 주문으로 남게 됨

3. 최선집행기준
당사는 집행시장을 KRX, NXT를 모두 선택하였으며, 당사는 투자자의 주문을 집행할 때마다 최선집행기준에 따라 주문을 배분할 시장을 판단하여야 합니다.

4. 최선집행기준 운영 방침
1) 최선집행기준의 세부 고려사항
가. 상품의 가격(투자자의 상품매매를 위한 통합호가창에서의 주당 가격)
나. 투자자가 매매체결 관련 부담하는 수수료 및 그 밖의 비용
다. 체결가능성(주문이 집행되어 실제로 매매체결될 가능성으로, 호가 잔량이 적은 시장의 체결가능성이 더 높은 것으로 간주)
2) 최선집행기준
투자자 주문 시 특정 거래소를 지정하지 않고 통합시세기준 주문 시 SOR(Smart Order Routing, 자동주문배분) 시스템을 활용합니다. SOR 시스템은 당사 최선집행기준을 적용하여 양 거래소 비교 후 최선주문결과를 도출합니다.

구분	최선집행기준	비고
Taker Order	총금액 → 가격 → 수수료	총금액 우선 기준 수립 원칙
Maker Order	체결가능성 → 수수료	체결가능성 우선 기준 수립 원칙

※ 총금액: 가격, 수수료 및 그 밖의 비용에 대해 투자자가 지불하게 되는 총비용
※ Maker Order 시 호가와 가장 근접한 가격 중 체결가능성이 높은 특정 거래소로 주문 집행함

최선집행기준에 따르면 ㉠ A의 주문 중 최우선으로 체결되는 주문건은 50,000원에 체결되는 NXT 50주이다. ㉡ 남은 잔량 중 30주는 50,000원에 KRX에서 체결된다. 총 80주의 체결이 완료되면 50,000원에 매수할 수 있는 물량이 없으므로 ㉢ 잔량인 40주의 주문은 Maker Order가 된다. 그리고 ㉣ 이때의 주문은 KRX로 전송되어 신규 물량 조성 주문으로 대기한다. ㉤ 이후 주문이 체결되는 경우의 매수가는 50,100원이다.

① ㉠
→ (○) A는 NXT와 KRX 모두 정상적인 거래가 이루어지는 시간에 ㅁㅁ기업 주식을 50,000원에 120주 지정가 매수 주문하였다. 만약 통합호가창 내에 이미 매도하고자 나와 있는 기존 물량(호가 잔량)이 있는 경우에는 Taker Order가 되어 즉시 체결될 것이다. 한편, 문제에 제시된 바와 같이

Taker Order가 이루어지는 경우에는 주문 물량의 분할 체결이 가능하다. 이에 따라 살펴보면, 지정가인 50,000원에 매도 주문된 물량은 NXT 50주, KRX 30주이다. SOR 시스템을 활용하는 경우 Taker Order 시의 최선집행기준의 최우선순위는 총금액이다. 총금액은 가격, 수수료 및 그 밖의 비용에 대해 투자자가 지불하게 되는 총비용으로, 문제에서 제시된 바에 따르면 수수료는 NXT가 KRX보다 더 저렴하다. 그리고 그 밖의 비용은 고려하지 않는다. 따라서 최우선적으로 주문체결이 되는 수량은 지정가로 매수 가능한 NXT 50주가 된다. 옳은 선지다.

② ㉡

→ (O) 통합호가창 내에 여전히 지정가로 매수가능한 물량이 남아있다. 최우선기준에 따라 이미 주문은 완료되었고 차선으로 수수료가 NXT보다 비싼 KRX에서 남은 매도물량인 30주가 Taker Order로 체결된다. 옳은 선지다.

③ ㉢

→ (O) Taker Order로 체결한 총 주문량은 80주로, 미체결잔량 40주가 남았다. 통합호가창 외에 별도의 호가창의 변동은 고려하지 않으므로 지정가로 주문할 수 있는 수량은 더 이상 남지 않았다. 즉, 대상 상품에 대하여 통합호가창에 지정한 가격에 맞는 상대 주문이 없는 경우로, 미체결 잔량에 대해서는 Maker Order가 이루어진다. 본문에 제시된 예시를 통해서도 이를 알 수 있다. 즉시 체결되지 않은 주문은 신규 물량 조성 주문으로 남게 된다. 옳은 선지다.

④ ㉣

→ (×) Maker Order 시에는 호가와 가장 근접한 가격 중 최우선집행기준에 따라 체결가능성이 높은 특정 거래소로 주문 집행하는데, 호가 잔량이 100으로 더 적은 NXT의 체결가능성이 높은 것으로 간주하므로 주문이 전송되는 거래소는 NXT이다. 틀린 선지다.

⑤ ㉤

→ (O) 남은 40주가 매수 대기 상태로 있다가, 매도자가 나타나면 가장 가까운 호가인 50,100원에서 체결된다. 옳은 선지다.

합격자의 실전 풀이 순서

❶ 발문을 잘 읽자.

항상 발문을 먼저 제대로 읽자. '최선집행기준에 따른 주문체결과정에 대해 바르게 이해하지 못한 것은?'을 고르는 문제이므로 어떠한 '과정'을 이해해야 하는 문제임을 알 수 있다. 그렇다면 일정한 과정에 대한 이해를 염두에 두고 가장 긴 지문을 순서대로 이해해야 한다고 생각해야 한다. 특히 '최선집행기준'이 나오는 부분을 심도 있게 읽는다. 바르게 이해한 것을 정답으로 고르는 실수를 하지 않도록 선지 옆에 X표시를 하여 실수를 방지한다.

❷ 삼중 지문의 구조

발문에서 '과정'에 대해 바르게 이해하지 못한 것을 물었다. 그리고 지문이 총 3개로 구성되어 있다. 첫 번째 지문은 어떠한 정책에 대한 설명이나 규정이 있고, 두 번째 지문은 특정한 상황의 예시가 있다. 세 번째 지문은 선지가 적혀있다.

세 번째 지문은 "지문이 아니라 그냥 선지를 나열한 것이 아닌가?"라고 생각할 수 있다. 그러나 이는 단순히 선지를 나열한 것과 다르다. 지문 박스의 글에 선지를 만든 것이므로 어떠한 과정과 흐름이 있는 글을 선지로 만든 것이다. 즉 첫 번째 지문의 흐름을 이해하고 두 번째 지문의 예시를 바탕으로 세 번째 지문의 흐름을 따라가서 푸는 문제인 것이다.

합격자의 시간단축 Tip

Tip ❶ 키워드를 요구하는 것이 아닌 글의 전반적인 내용을 묻는 문제일 가능성을 생각한다.

글의 내용을 패러프레이징해서 선지를 출제하거나 단순히 글에서 알 수 있는 것, 없는 것을 판단하는 문제가 아니라 글의 전반적인 흐름과 구조를 이해하고 이해한 것을 바탕으로 묻는 심화된 문제가 출제될 수 있다. 선지에 마땅히 키워드로 뽑을 소재가 없거나 선지들끼리 형태가 비슷한 경우, 글의 흐름과 절차에 따라 선지가 구성된 경우에 이러한 유형이 많으며 이를 인지했다면 빠르게 지문을 통독하여 이해한 후에 선지의 정오를 판단한다.

Tip ❷ 너무 많은 표시를 하지 않는다.

통독을 하되, 특징이나 비교 같은 주요 내용에 동그라미와 밑줄 등으로 표기를 하며 읽어 내려가는 것이 일반적이다. 하지만 너무 많은 표기를 한다면 오히려 정답 찾기에 방해가 될 수 있다. 그러므로 최대한 그 문단의 핵심 주요 소재나 단어에만 표시하도록 한다.

Tip ❸ 글을 구조화한다.

지문을 읽고 내려와서 선지를 본 후 바로 답을 구하면 좋으나, 선지를 본 후 다시 지문으로 올라가서 읽어야 하는 경우가 상당히 많다. 이를 대비해 처음에 지문을 읽을 때 글을 구조화하면서 읽는 것이 좋다. 구조화하면서 글을 읽었을 경우 선지의 정오를 어느 부분을 통해 확인할지 판단이 빨라지기 때문이다.

해당 문제 역시 첫 지문을 읽을 때 Take Order와 Make Order를 구분하고 이들의 순서가 있다는 점, Take Order와 Make Order의 절차와 기준을 구조화하고 선지로 내려간다.

Tip ❹ 밑줄이 없는 부분은 사실로 받아들인다.

해당 문제처럼 밑줄 친 부분이 정오를 묻는 경우, 반대로 밑줄이 없는 부분은 무조건 사실이라는 뜻이다. 따라서 이러한 부분을 전제로 삼아 나머지 선지에 힌트를 얻을 수도 있다. '총 80주의 체결이 완료되면 50,000원에 매수할 수 있는 물량이 없으므로' 부분이 사실이므로 앞에서 총 80주가 50,000원에 매수되는 내용이 제시되어야 함을 추측할 수 있다.

10 정답 ④ 　　　난이도 ●●●

의사소통능력_개념의 이해 및 활용

접근전략 복잡하고 꼼꼼한 정보의 적용이 필요한 문제다. 지문의 모든 정보가 필요한 것이 아니므로 선지마다 필요한 정보를 찾아 적용할 수 있도록 한다.

다음 자료를 읽고 판단한 내용으로 적절한 것은?

〈연말정산 시 신용카드 등 사용금액 소득공제〉

(1)근로소득이 있는 거주자(일용근로자 제외)가 법인(외국법인 국내사업장 포함) 또는 사업자로부터 재화나 용역을 제공받고 지급한 신용카드 등 사용금액의 연간 합계액이 해당 과세연도의 총급여액의 100분의 25를 초과하는 경우 그 초과금액의 100분의 15~40에 해당하는 금액을 근로소득금액에서 공제한다.

(2) ※ 신용카드 등 사용금액: 신용카드, 직불카드, 선불카드, 현금영수증 사용액의 합계액

(3) ※ 공제한도는 총급여액 7천만 원 이하는 300만 원, 총급여 7천만 원 초과는 250만 원

〈신용카드 등 소득공제 금액 계산〉

신용카드 등 소득공제 금액:
(①+②+③+④+⑤-⑥+⑦)에 해당하는 금액

① 신용카드 사용분(신용카드 등 사용금액 합계액－대중교통 이용분－전통시장 사용분－총급여액 7천만 원 이하자의 도서·공연 등 사용분－현금영수증, 직불·선불카드 사용분)×15%

② 현금영수증, 직불·선불카드 사용분(대중교통 이용분, 전통시장 사용분, 총급여액 7천만 원 이하자의 도서·공연 등 사용분에 포함된 금액 제외)×30%

③ 총급여액 7천만 원 이하자의 도서·공연 등 사용분(현금영수증, 신용·직불·선불카드)×30%

④ 전통시장 사용분(현금영수증, 신용·직불·선불카드)×40%

⑤ 대중교통 이용분(현금영수증, 신용·직불·선불카드)×40%

⑥ 다음의 어느 하나에 해당하는 금액

(4) • 최저사용금액(총급여액의 25%)≤신용카드 사용분인 경우: 최저사용금액×15%

(5) • 신용카드 사용분<최저사용금액(총급여액의 25%)≤현금영수증+신용카드+직불·선불카드+총급여액 7천만 원 이하자의 도서·공연 등 사용분인 경우: 신용카드 사용분×15%+(최저사용금액－신용카드 사용분)×30%

(6) • 현금영수증+신용카드+직불·선불카드+총급여액 7천만 원 이하자의 도서·공연 등 사용분<최저사용금액(총급여액의 25%)≤신용카드+현금영수증+신용카드+직불·선불카드+총급여액 7천만 원 이하자의 도서·공연 등 사용분+전통시장 사용분+대중교통 사용분인 경우: 신용카드 사용분×15%+(현금영수증+직불·선불카드+총급여액 7천만 원 이하자의 도서·공연 등 사용분)×30%+(최저사용금액－신용카드 사용분－현금영수증－직불·선불카드－총급여액 7천만 원 이하자의 도서·공연 등 사용분)×40%

⑦ 공제가능금액 중 한도초과금액과 아래 금액 중 작거나 같은 금액을 각각 추가공제

(7) • 전통시장 사용분에 해당하는 공제율, 대중교통 이용분에 해당하는 공제율, 도서·공연 등 사용분에 해당하는 공제율을 각각 곱한 금액의 합계액 중 작거나 같은 금액(연간 300만 원 한도, 총급여액 7천만 원 초과자는 200만 원)

(8) • 2024년 신용카드 등 사용금액 중 2023년 신용카드 등 사용금액 대비 5%를 초과하여 증가한 금액×10%(연간 100만 원 한도)

① **신용카드 등 사용금액에 대해 최대로 공제를 받는 경우의 공제액은 600만 원이다.**

→ (×) 신용카드 등 사용금액에 대한 소득공제의 공제한도는 총급여액 7천만 원 이하의 경우에는 300만 원, 총급여 7천만 원 초과의 경우에는 250만 원이다(3). 따라서 총급여액을 기준으로 소득공제를 최대로 받는 경우 300만 원이다. 여기서 ⑦에 따라 추가공제가 가능하다. ⑦에 따라 '전통시장사용분에 해당하는 공제율, 대중교통이용분에 해당하는 공제율, 도서·공연 등 사용분에 해당하는 공제율을 곱한 금액의 합계액 중 작거나 같은 금액'에 대한 최대 공제금액 300만 원(7)과, '2024년 신용카드 등 사용금액 중 2023년 신용카드 등 사용금액 대비 5%를 초과하여 증가한 금액'에 대한 최대 공제금액 100만 원(8)을 각각에 대해 추가공제를 받을 수 있다. 따라서 최대로 공제를 받을 수 있는 경우는 300만 원+300만 원+100만 원=700(만 원)이다. 틀린 선지다.

② **신용카드 등 사용금액 중 신용카드 지출에 대해 적용되는 공제율은 항상 15%이다.**

→ (×) 본문의 ①~⑤에서는 신용카드 지출이라고 하더라도 각 항목에 따라 공제율을 달리하고 있다. ①에 따르면 신용카드 등 사용금액 합계액에서 ②~⑤를 제외한 순수 '신용카드 사용액'에 대해서는 공제율을 15%로 적용하고 있다. 그런데 ③~⑤에 따르면 신용카드 사용분이라고 하더라도 총급여 7천만 원 이하자의 도서·공연 등 사용분에 대해서는 30%, 전통시장, 대중교통 사용분에 대해서는 40%의 공제율이 적용된다. 즉, 항목에 따라 공제율이 상이하게 적용되므로 공제율이 항상 15%라는 내용은 옳지 않다. 따라서 틀린 선지이다.

③ **연봉이 6,000만 원인 A의 2024년 지출이 신용카드 사용분 1,000만 원 외에는 없는 경우 해당 연도 근로소득금액에서 공제되는 금액은 1,050만 원이다.**

→ (×) (1)의 소득공제 제도 기본설명에 따르면, 신용카드 등 사용금액에 대한 소득공제는 신용카드 등 사용금액의 연간 합계액이 해당 과세 연도 총급여액의 25%를 초과하는 경우에 이루어진다. 따라서 A씨의 총급여액은 연봉 6,000만 원으로, 해당 연도의 총지출이 1,000만 원이라면 신용카드 등 사용금액의 연간 합계액이 총급여액의 약 16.6%$\left(=\frac{1,000\text{만 원}}{6,000\text{만 원}}\right)$에 해당한다. 이는 총급여액의 25%에 미치지 못하므로, 해당 연도는 신용카드 사용분에 대해 소득공제를 받을 수 없다. 틀린 선지다.

④ **연봉이 7,200만 원인 B가 2024년에 신용카드 등으로 4,500만 원(전통시장 3백만 원, 대중교통 2백만 원, 도서·공연 등 2백만 원)을 사용하였고, 공제한도를 생각하지 않고 계산한 결과 소득공제 금액이 600만 원으로 산출되었다면 추가공제 금액은 최소 200만 원이다.**

→ (○) (1)에 따르면, B의 연봉은 7,200만 원으로 총급여 7,000만 원을 초과하므로 공제한도는 250만 원이다. 이때 한도를 초과한 금액은 600−250=350(만 원)이다. 여기에 ⑦에 의해, '전통시장 사용분', '대중교통 이용분', '도서·공연 등 사용분'에 대해서는 추가공제가 가능하다. B는 신용카드 등으로 전통시장 3백만 원, 대중교통 2백만 원, 도서·공연 등 2백만 원을 사용하였다. 그러나, ①의 괄호에 따르면 도서·공연에 대한 소득공제는 총급여액 7천만 원 이하자에 대해서만 적용되는 바, A씨는 도서·공연 등의 이용분 200만 원에 대해서는 별도로 소득공제를 받을 수 없다. 따라서 전통시장과 대중교통에 대한 추가공제 금액을 계산하면, 40%이므로(④,⑤), 그 합계 금액은 300만 원×0.4+500만 원×0.4=200(만 원)이다. ⑦에 따르면 추가공제 금액은 한도초과금액과 이 합계 금액을 비교하여 둘 중 작거나 같은 금액으로 결정되므로, 한도초과 금액 350만 원과 합계 금액 200만 원 중 더 작은 금액인 200만 원으로 결정될 것이다. 따라서 추가 공제 금액의 최소액은 200만 원이다. 옳은 선지다.

⑤ **2024년 연봉이 5,000만 원인 C의 신용카드 등 사용금액이 2023년 2,800만 원, 2024년 3,400만 원이었고, 공제한도를 생각하지 않고 계산한 결과 소득공제 금액이 500만 원으로 산출되었다면 추가공제 금액은 최소 60만 원이다.**

→ (×) (1)에 따르면, 연봉 5,000만 원인 C는 총급여액 7천만 원 이하이므로 최대 300만 원까지 공제받을 수 있다. 그런데 2024년 소득공제 금액은 500만 원으로 산출되었으므로 한도초과금액은 500만 원−300만 원=200(만 원)이다. 한편 ⑦에 따르면 2024년 신용카드 등 사용금액 중 2023년 신용카드 등 사용금액 대비 5%를 초과하여 증가한 금액의 10%(연간 100만 원 한도)와 한도초과금액을 비교하여 작거나 같은 금액이 추가 공제된다. 2023년 신용카드 등 사용금액은 2,800만 원이다. 2023년보다 신용카드 사용금액이 5% 증가한 금액은 2,800만 원×(1+0.05)=2,940(만 원)이다. 이때, 2024년 신용카드 사용 금액은 3,400만 원이므로 2023년에 비해 5%를 초과하여 증가하였으며, 그 초과분은 3,400만 원−2,940만 원=460

(만 원)이다. 따라서 460만 원의 10%인 46만 원과 한도초과금액인 200만 원을 비교했을 때 더 적은 금액은 46만 원이므로, 추가공제가 가능한 최소 금액은 46만 원이다. 틀린 선지다.

합격자의 실전 풀이 순서

❶ 발문 확인하기
다음 자료를 보고 판단한 내용으로 적절한 것을 찾는 문제다. 실수하지 않도록 '적절한'에 크게 ○ 표시를 한다.

❷ 선지 확인하기
본 방법은 발췌독이 아닌 통독을 위한 방법이다. 문제가 일치부합형이라면 글의 일부만 발췌하여 읽는 방법이 시간 단축 측면에서 용이하지만, '추론한 내용'을 묻는 경우 발췌독은 위험 부담이 있다. 추론의 경우 문단 간 연계를 이용해야 하는 경우가 있어 단편적인 부분만 읽고 답을 고른다면 오답을 고를 수 있다. 따라서 글 전체를 훑는다는 느낌으로 통독한다. 그러나 무작정 지문을 처음부터 읽기 시작한다면 글을 읽는 것이 오래 걸리고, 강약 조절이 불가능하며, 많은 정보를 모두 기억하기에 어려움이 있으므로 미리 선지를 확인하여 글읽기의 방향성과 목표를 설정한다. 즉, 각 선지마다 중심 내용이 되는 키워드를 뽑는 것이다. 이때 키워드는 단어가 될 수도 있고 어절이 될 수도 있다. 예를 들어 '최대로 공제를 받는 경우의 공제액', '공제율', 연봉에 따라 다르게 적용되는 것 등을 키워드로 체크하고 이를 '찾는다'는 목표로 글을 읽는다. 다만 선지 확인은 3~4초 내로 너무 많은 시간을 투자하지 않도록 한다.

❸ 필요한 부분을 중심으로 지문을 읽고 선지를 판단하기
글을 처음부터 읽되, 모든 정보를 꼼꼼히 읽고 이해하지 않도록 한다. 선지에서 확인했던 키워드를 중심으로 강약을 조절하며 읽는다. 선호에 따라 발췌독을 할 수도 있겠지만 발췌독이 불안한 사람들은 통독도 괜찮다. 다만 빠른 문제풀이를 위해서 미리 선지 확인을 통한 키워드 체크, 강약을 조절하며 읽기, 필요 없는 정보는 넘기기, 다시 찾아올 수 있도록 적절한 표시 활용하기, 출제자의 감 활용하기, 중간중간 내려가서 선지 제거하기, 답이 나오면 바로 넘어가기와 같은 적절한 스킬을 같이 활용해야 한다. 무작정 통독만 한다면 절대적으로 시간이 부족하기 때문이다. 앞서 언급한 스킬들이 연습을 통해 익숙해진다면 발췌독보다 빠르고 정확하게 문제를 풀 수 있다.

합격자의 시간단축 Tip

Tip 어렵고 복잡한 정보는 일단 넘긴다.

어렵고 복잡한 정보는 처음부터 굳이 이해하려고 노력하지 않아도 된다. 우선 넘기고 그 정보가 없어도 해결 가능한 선지부터 해결한 뒤, 필요하다면 다시 돌아오는 것이 시간 단축 측면에서 우월한 전략이다. 본 문제의 ⑥의 경우 굉장히 복잡한 글이 길게 이어져 있는데 이를 처음부터 다 이해하고 넘어갈 필요는 없다는 것이다. 빠르게 눈으로 훑으며 대충 무슨 내용을 언급하고 있는지만 확인하고 이후 선지에서 해당 내용을 언급하거나 필요하다면 다시 돌아와서 읽도록 한다. 이 문제의 경우 ⑥을 읽지 않고도 답을 고를 수 있었다.

11 정답 ⑤ 난이도 ●●●

의사소통능력_글의 내용 일치/불일치

접근전략 글의 내용을 바르게 이해하지 못한 것을 찾는 문제는 기본적으로 내용 일치 문제를 해결하는 접근 방법과 같다. 지문을 읽기 전 선지를 먼저 확인하여 주제를 파악하고 키워드를 뽑는다. 선지와 지문을 읽다 보면 글의 난이도를 파악할 수 있는데 지금처럼 낯선 용어와 정보가 많은 경우 문단별로 끊어서 선지를 판단하면 보다 정확하고 빠르게 문제를 해결할 수 있다.

주어진 글의 내용을 바르게 이해하지 못한 것은?

(1)현대 금융시장에서 국가나 기업의 신용위험을 평가하고 관리하는 것은 매우 중요하다. (2)글로벌화된 경제환경에서는 한 기업 또는 국가의 재정 상태나 경제적 불안정이 다른 국가와 금융시장 전반에 큰 영향을 미칠 수 있기 때문이다. (3)투자자들은 이러한 위험에 대비하기 위해 다양한 금융 지표를 활용하게 되는데, 그 중 CDS(Credit Default Swap, 신용부도 스왑) 프리미엄은 채권 발행자의 신용위험을 실시간으로 반영하는 중요한 지표가 된다. ▶1문단

(1)CDS(신용부도스왑)란 채권 발행자의 부도(채무불이행) 위험에 대비해 손실의 일부 또는 전부를 보전받을 수 있는 보험성격의 금융파생상품이다. (2)여기서 스왑(Swap)이란 두 당사자가 서로 다른 금융약정을 교환하는 계약을 의미하는데, 신용부도스왑의 '스왑'도 여기에서 비롯된 개념이다. (3)CDS 거래는 채권자(신용보장매입자)와 제3의 금융회사(신용보장매도자) 사이에서 이루어진다. (4)예를 들어 한 국가가 발행한 채권을 보유한 투자자가 제3의 금융회사를 통해 CDS를 구매하면, 해당 국가가 부도를 맞게 될 경우 제3의 금융회사가 채권발행국을 대신하여 채권자에게 채무를 상환하는 것이다. (5)이와 같은 CDS 거래에서 보증에 대한 대가로 투자자는 보험료 성격의 일정한 수수료를 지불하게 되는데, 이를 CDS 프리미엄이라고 한다. ▶2문단

(1)CDS 프리미엄은 CDS 계약에서 수수료의 크기를 말하며, bp(basis point)라는 단위를 통해 나타낸다. (2)1bp는 0.01%와 같다. (3)CDS 프리미엄은 채권 발행자의 부도 위험을 금전적으로 측정한 값이라고 볼 수도 있는데, 일반적으로 CDS 프리미엄은 채권의 신용위험이 커질수록 상승한다. (4)즉, 투자자들이 해당 채권을 위험하다고 판단하면 더 많은 CDS 거래를 하게 되고 이러한 수요의 증가는 CDS 프리미엄을 상승시킨다. (5)반면 채권의 신용위험이 낮아지면 CDS 프리미엄은 하락한다. ▶ 3문단

(1)CDS 프리미엄은 채권의 채무불이행 가능성이 높아질수록 함께 높아지므로 투자자들이 채권 발행주체의 신용도를 어떻게 평가하는지를 나타내는 지표로 해석할 수 있다. (2)CDS 프리미엄의 상승은 곧 투자자들 사이에서 해당 발행주체에 대한 신뢰가 약화되었음을 나타내므로 자본의 유출로 이어질 수도 있다. (3)이러한 경우 채권 발행주체는 더 높은 금리로 신규 채권을 발행해야만 한다. ▶ 4문단

(1)CDS 프리미엄의 주요 가격결정 방법으로는 부도율 모형과 차익거래모형이 있다. (2)부도율 모형은 채권 발행자가 CDS 계약 기간 동안 부도날 확률인 부도율과 채권 발행자의 부도 시 투자자가 회수 가능한 금액인 회수율에 대한 추정을 바탕으로 CDS 프리미엄을 산정한다. (3)회수율은 대개 국제신용평가기관이 제시하는 역사적 회수율을 사용한다. (4)차익거래모형은 CDS와 채권 시장 간의 가격 차이를 기반으로 가격을 산출한다. (5)예를 들어 CDS 프리미엄이 채권 스프레드*보다 낮으면, 투자자는 CDS를 매수하고 채권을 매도함으로써 차익거래를 할 수 있고, 이러한 과정에서 자산의 위험과 수익이 균형을 이루며 CDS 프리미엄은 채권 시장의 움직임에 따라 결정되는 것이다. ▶ 5문단

* 채권 스프레드: 채권 금리와 국채 금리의 차이를 의미하며, 투자자들이 해당 기업의 신용위험을 감수하는 대가로 요구하는 추가 금리를 나타냄

① CDS 계약은 신용위험과 보험료를 교환하는 계약이라고 볼 수 있다.
→ (O) CDS(신용부도스왑)란 채권 발행자의 부도(채무불이행) 위험에 대비해 손실의 일부 또는 전부를 보전받을 수 있는 보험성격의 금융파생상품이다. [2문단 (1)]에서 CDS의 본질을 설명하고 있다. 이 문장에서 알 수 있듯이, CDS 계약은 신용위험에 대비한 보험 성격의 계약으로, 신용위험과 보험료를 교환하는 계약이라 할 수 있다. 따라서 옳은 선지다.

② 어떤 국가의 정치적 불안정은 CDS 프리미엄에 영향을 미칠 수 있다.
→ (O) 투자자들은 이러한 위험에 대비하기 위해 다양한 금융 지표를 활용하게 되는데, 그 중 CDS (Credit Default Swap, 신용부도 스왑) 프리미엄은 채권 발행자의 신용위험을 실시간으로 반영하는 중요한 지표가 된다. [1문단 (3)]에서 채권 발행자의 신용위험을 CDS프리미엄이 실시간으로 반영하는 것을 알 수 있다. 또한 CDS 프리미엄은 채권 발행자의 부도 위험을 금전적으로 측정한 값이라고 볼 수도 있는데, 일반적으로 CDS 프리미엄은 채권의 신용위험이 커질수록 상승한다. 즉, 투자자들이 해당 채권을 위험하다고 판단하면 더 많은 CDS 거래를 하게 되고 이러한 수요의 증가는 CDS 프리미엄을 상승시킨다. [3문단 (3), (4)]를 통해 어떤 국가의 정치적 불안정이 해당 국가의 채권을 위험하다고 판단하도록 하여 CDS 프리미엄에 영향(상승)을 미칠 수 있다. 따라서 옳은 선지다.

③ CDS 프리미엄의 비교를 통해 기업별 신용 리스크를 간접적으로 분석할 수 있다.
→ (O) CDS 프리미엄은 채권 발행자의 부도 위험을 금전적으로 측정한 값이라고 볼 수도 있는데, 일반적으로 CDS 프리미엄은 채권의 신용위험이 커질수록 상승한다. [3문단 (3)]에서 추론할 수 있는 내용이다. 옳은 선지다.

④ 부도율 모형에서는 부도날 확률을 어느 정도로 추정하느냐에 따라 CDS 프리미엄이 달라질 수 있다.
→ (O) 부도율 모형은 채권 발행자가 CDS 계약 기간 동안 부도날 확률인 부도율과 채권 발행자의 부도 시 투자자가 회수 가능한 금액인 회수율에 대한 추정을 바탕으로 CDS 프리미엄을 산정한다. [5문단 (2)]에서 알 수 있다. 부도율 모형에서는 부도날 확률인 부도율에 대한 추정을 바탕으로 CDS프리미엄을 산정한다고 하는 바 옳은 선지다.

⑤ CDS 프리미엄이 채권 스프레드보다 높다는 것은 CDS 프리미엄이 과소평가되었음을 의미할 수 있다.
→ (×) CDS 프리미엄의 가격 결정 방법 중 하나인 차익거래모형을 통해 추론할 수 있다. 어떤 기업의 신용위험을 감수하는 대가로 투자자들이 요구하는 추가금리가 높다면 채권 스프레드는 클 것이다. 이는 곧 해당 기업의 신용위험이 높다는 것을 의미한다. 한편 CDS는 채권 발행자인 기업의 부도 위험이 높은 경우, 신용위험이 높은 경우, 채무불이행 위험이 높은 경우에 높게 산정된다. 따라서 채권 스프레드보다 CDS 프리미엄이 더 높다는 것은 해당 기업의 신용위험이 이미 그 가격에 반영되었고, 채권 발행 기업이 투자자들에게 제시하는 금리보다도 더 위험을 크게 평가하였음을 의미한다. 따라서 CDS 프리미엄이 채권 스프레드보다 높다는 것은 CDS 프

리미엄이 과대평가되었음을 의미할 수 있다. 틀린 선지이다.

합격자의 실전 풀이 순서

[방법 1]

❶ **문제를 읽는다.**
바르게 이해하지 '못한' 것을 찾아야 하므로 선지 옆에 X표시를 하여 바르게 이해한 선지를 정답으로 체크하는 실수를 하지 않도록 한다.

❷ **자료를 읽으며 선지 내용을 판단한다.**
CDS에 대해 다루고 있는 글임을 인지하고, CDS가 무엇이고 어떠한 의미를 가지는지, 관련 개념이나 도출하는 방법은 어떻게 되는지 등을 중점적으로 확인한다. 선지 ④까지 판단했는데도 모두 적절한 내용이라 판단되면 선지 ⑤를 답으로 체크한 후 넘어간다.

[방법 2]

❶ **문제를 읽고 주제와 난이도를 파악한다.**
문제와 1문단을 읽고 주제와 난이도를 파악한다. CDS에 대해 다루고 있는 글인데 다소 낯선 용어가 많이 등장한다. 그리고 '발문이 옳지 않은 것은?'이므로 선지 5개 중 4개가 옳은 내용임을 기억하고 접근한다.

❷ **문단별로 선지를 해결한다.**
낯선 용어가 많이 등장하고 있고, 선지 5개 중 4개가 옳은 내용일 것이므로 문단을 하나씩 읽고 바로바로 선지의 정오를 판단한다. 1문단과 2문단을 읽고 선지 ①, ②를 해결할 수 있다. 3문단을 읽고 선지 ③을 해결할 수 있다. 선지 ④, ⑤는 5문단을 통해서 정오를 판단할 수 있는데 상대적으로 선지 ④가 더 쉽다. 따라서 선지 ④가 옳은 선지임을 확인하고 정답을 ⑤로 고른다.

합격자의 시간단축 Tip

Tip ❶ 4개의 선지만을 판단하여 정답을 도출할 수 있다.
만약 본인이 판단하기 어려운 선지가 있거나 시간이 오래 걸릴 것 같은 선지가 있다면 넘어간 후 나머지 4개의 선지를 판단하면 된다. 넘어간 선지가 답이라면 4개의 정오를 판단하여 답을 도출할 수 있고, 넘어간 이후 답이 도출된다면 건너뛴 선지는 살펴보지 않고 답을 도출할 수 있다. 또한 해당 문제의 경우 선지 ⑤가 상대적으로 어려운 선지라 생각되는데, 선지 ①~④를 제대로 판단했다면, 선지 ⑤는 별도로 판단하지 않고도 정답으로 체크하여 시간을 단축할 수 있다.

Tip ❷ 관계 및 구성요소에 집중한다.
어떤 요소 간 관계가 등장했을 때는 선지화 될 가능성이 높다. 예를 들어 CDS 프리미엄은 채권의 신용위험이 커질수록 상승한다는 것, CDS 프리미엄이 채권 스프레드보다 낮으면 어떻게 되는지 등이다. 시각화를 위해 '커진다'와 '상승'에 ↑표시를 하면 헷갈리지 않을 수 있다. 또한 CDS 프리미엄의 주요 가격 결정방법으로 부도율 모형과 차익거래모형이 등장하는데, 해당 모형들이 어떤 요소들에 의해 결정되는지도 파악한다면 내용을 체계적으로 이해할 수 있을 것이다.

Tip ❸ 관련성만 물어보면 정선지일 가능성이 높다.
'영향을 미칠 수 있다', '관련이 있다', '~에 따라 달라질 수 있다' 등과 같은 진술은 관련성을 보여주는 매우 약한 진술이다. 인과관계가 어떻게 되는지, 방향이 상승/하락인지 구체적인 관계를 파악할 필요 없이 두 대상이 관련이 있는지만 살피면 충분하다. 따라서 이런 선지는 옳은 선지일 가능성이 높다.

Tip ❹ 가진 상식을 활용하여 문제에 접근한다.
문제를 풀 때 기본은 주어진 자료의 내용에 근거하는 것이다. 다만 선지의 정오를 확실히 판단하기 전에 자신이 가진 상식을 활용하여 어떤 선지를 먼저 확인할 것인지, 어떤 정도로 확인할 것인지 결정할 수 있다. 선지 ⑤에서 CDS 프리미엄과 채권 스프레드를 각각 A, B로 치환해보면 'A가 B보다 높다는 것은 A가 과소평가 되었음을 의미한다'는 진술이 된다. 하지만 상식적으로 생각해보면 더 높은 것은 과대평가가 의심되지, 과소평가가 의심된다고 할 수 없을 것이다.

12 정답 ⑤ 난이도 ●●●

의사소통능력_개념의 이해 및 활용

접근전략 지문의 내용을 이해하고 사례에 적용하는 문제이다. 앞의 문제를 해결하면서 얻은 정보로 우선 풀 수 있는 보기를 해결한 뒤, 필요한 부분만 지문에서 발췌독한다.

주어진 자료를 참고하여 아래와 같은 상황에서 ○○국에 대한 분석으로 적절한 내용을 모두 고른 것은?

> ○○국에서는 지난 수 년간의 꾸준한 경제 성장으로 투자자들의 두터운 신뢰를 얻고 있었다. 그러나 최근 전 세계적인 경기침체로 인해 ○○국의 주요 수출품 가격이 급락하였고, 경상수지*도 적자로 전환되었다. ○○국에서는 추진 중이던 복지 사업과 대규모 인프라 구축 사업의 진행을 위해 국채 발행을 늘렸고, 국가 부채가 GDP 대비 90%를 초과하기에 이르렀다. 이러한 상황에서 국제 신용평가사는 ○○국의 신용등급을 A에서 BBB로 하향 조정하였고, ○○국 국

채의 CDS 프리미엄은 50bp에서 180bp로 급등하였다.

* **경상수지**: 국가가 재화와 서비스를 외국과 거래한 결과로 나타나는 수입과 지출의 차액

보기

ㄱ. ○○국 정부의 차입 비용은 감소할 것이다.
→ (×) 이러한 경우 채권 발행주체는 더 높은 금리로 신규 채권을 발행해야만 한다. [4문단 (3)]에서 알 수 있듯이 CDS 프리미엄이 상승하면 그 국가는 채권 발행 시 더 높은 금리로 발행해야 하며, 이는 재정 차입에 있어 비용을 증가시킨다. 틀린 보기이다.

ㄴ. ○○국의 외환 유출이 심화될 가능성이 있다.
→ (○) CDS 프리미엄의 상승은 곧 투자자들 사이에서 해당 발행주체에 대한 신뢰가 약화되었음을 나타내므로 자본의 유출로 이어질 수도 있다. [4문단 (2)]에서 알 수 있는 내용이다. 옳은 보기이다.

ㄷ. ○○국에서 국채 발행을 늘린 것과 CDS 프리미엄의 급등은 관련이 있다.
→ (○) 국채 발행이 늘어나면 국가의 부채 부담은 커지게 된다. 이는 곧 국가의 부도 위험을 증가시키는 것이며 CDS 프리미엄 상승으로 이어질 수 있다. 옳은 보기이다.

ㄹ. ○○국의 자국 통화 가치가 하락할 수 있다.
→ (○) ○○국 국채의 CDS 프리미엄은 50bp에서 180bp로 급등하였고, 이는 해당 국가의 부도 위험이 커졌다는 신호로서 기능할 수 있다. 'CDS 프리미엄의 상승은 곧 투자자들 사이에서 해당 발행주체에 대한 신뢰가 약화되었음을 나타내므로 자본의 유출로 이어질 수도 있다.'고 서술된 [4문단 (2)]에서 알 수 있다. 외환 유출이 심화되면 자국 통화의 가치 하락이 초래될 수 있다. 옳은 보기이다.

① ㄱ, ㄷ → (×)
② ㄱ, ㄹ → (×)
③ ㄴ, ㄹ → (×)
④ ㄱ, ㄴ, ㄷ → (×)
⑤ ㄴ, ㄷ, ㄹ → (○)

합격자의 실전 풀이 순서

❶ **문제를 확인한다.**
적절한 내용을 모두 고르라 했으므로 별도의 표시 없이 넘어간다.

❷ **상황을 읽고, 보기를 판단한다.**
수출품 가격 급락, 경상수지 적자 전환, 국채 발행 늘림, 국가 부채 GDP 대비 90% 초과, 신용등급 하향 조정, CDS 프리미엄 상승과 같은 요소에 집중하여 상황을 파악한다. 보기 ㄱ 판단 후 선지 ③과 선지 ⑤만 남게 되므로 ㄷ만 판단하여 정답을 도출한다.

합격자의 시간단축 Tip

Tip ❶ 보기 문제의 특성을 잘 활용한다.
보기 문제는 절반의 보기만 판단하여 정답이 나오는 경우가 존재한다. 해당 문제의 경우, 보기 ㄱ의 정오를 판단하면, 선지 ①, ②, ④가 소거된다. 이를 통해 보기 ㄴ, ㄹ은 옳은 보기임을 알 수 있다. 이제 보기 ㄷ의 정오만 판단하면 정답을 도출할 수 있다.

Tip ❷ 보기 ㄴ, ㄹ은 한 번에 해결한다.
[외환이 유출된다. → 자국 통화 가치가 하락할 수 있다.]는 연결해서 생각할 수 있다. 따라서 두 보기의 정오를 한 번에 처리하면 보기 ㄷ만 보고 정답을 고를 수 있다.

Tip ❸ 분석의 기본적인 방향을 세우자.
자료를 읽고 전반적으로 긍정적 현상인지 혹은 부정적 현상인지 파악하자. 자료를 보면 수출품 가격 급락, 경상수지 적자 전환, 국채 발행 늘림, 국가 부채 GDP 대비 90% 초과, 신용등급 하향 조정, CDS 프리미엄 상승 등 온통 부정적인 일들밖에 없다. 따라서 ○○국에 대한 분석으로는 일단 부정적인 내용이 제시되어야 할 것이다. 선지 ①은 긍정적인 내용으로 답이 될 수 없다.

Tip ❹ 관련성만 물어보면 정선지일 가능성이 높다.
'영향을 미칠 수 있다', '관련이 있다', '~에 따라 달라질 수 있다' 등과 같은 진술은 관련성을 보여주는 매우 약한 진술이다. 인과관계가 어떻게 되는지, 방향이 상승/하락인지 구체적인 관계를 파악할 필요 없이 두 대상이 관련이 있는지만 살피면 충분하다. 따라서 이런 선지는 옳은 선지일 가능성이 높다.

13 정답 ① 난이도 ●●●

수리능력_응용수리_거리/속력/시간

간단풀이 1

30km/h로 주행하면서 사용한 연료의 양을 xL라 하면 90km/h로 주행하면서 사용한 연료의 양은 $(34-x)$L이다.

(속력이 30km/h일 때 연료 1L로 5km만큼 이동하는데 걸리는 시간) $=\frac{5}{30}=\frac{1}{6}$(h)

(속력이 90km/h일 때 연료 1L로 10km만큼 이동하는데 걸리는 시간) $=\frac{10}{90}=\frac{1}{9}$(h)

총 5시간 동안 달렸으므로

$\frac{1}{6}x+\frac{1}{9}(34-x)=5$

$\frac{1}{6}x-\frac{1}{9}x=\frac{11}{9}$

$\frac{1}{18}x=\frac{11}{9}$ $\quad\therefore x=22$

따라서 5시간 동안 주행한 거리는

(30km/h로 이동한 거리)+(90km/h로 이동한 거리)

$=5\times x+10\times(34-x)$

$=5\times22+10\times12=110+120=230$(km)이다.

간단풀이 2

시속 30km로 주행한 거리를 $a$km, 시속 90km로 주행한 거리를 $b$km라 하면

(30km/h로 $a$km를 이동하는 데 걸린 시간)

$=\frac{a}{30}$(h)

(90km/h로 $b$km를 이동하는 데 걸린 시간)

$=\frac{b}{90}$(h)

총 5시간 동안 달렸으므로

$\frac{a}{30}+\frac{b}{90}=5$

$3a+b=450$ $\quad\cdots\cdots$ ㉠

(5km/L로 $a$km를 이동했을 때 사용한 연료의 양)

$=\frac{a}{5}$(L)

(10km/L로 $b$km를 이동했을 때 사용한 연료의 양)

$=\frac{b}{10}$(h)

사용한 연료는 총 34L이므로

$\frac{a}{5}+\frac{b}{10}=34$

$2a+b=340$ $\quad\cdots\cdots$ ㉡

㉠, ㉡을 연립하여 풀면

$\begin{cases}3a+b=450\\2a+b=340\end{cases}$

$\therefore a=110$

$2\times110+b=340$

$\therefore b=120$

따라서 구하는 총 이동 거리는

$a+b=110+120=230$(km)이다.

상세풀이 1

이 문제는 서로 다른 속력으로 이동했을 때 사용하는 연료의 양(연비)이 다르므로, 사용한 연료의 양과 주행 시간을 이용하여 식을 세우면 각각의 속도로 달리는 동안 몇 L의 연료를 사용했는지 계산할 수 있다.

30km/h로 주행하면서 사용한 연료의 양을 xL라 하면 90km/h로 주행하면서 사용한 연료의 양은 $(34-x)$L이다.

시속 30km/h와 시속 90km/h인 경우 연료 1L를 사용할 때의 이동시간을 각각 t(시간), u(시간)라고 두고, 연료를 소비하는 데 걸리는 시간을 구해보자.

- 시속 30km/h

  연료 1L를 사용할 때 5km를 이동하고, 1시간에 30km를 이동한다. 따라서 5km를 이동할 때 걸리는 시간은 곧 연료 1L를 사용하는 데 걸리는 시간이 되며, 이를 계산하면

  $t:5=1:30\rightarrow30t=5,\ \therefore\ t=\frac{1}{6}$(h)

  연료 xL를 사용할 때 걸리는 시간은

  $\frac{1}{6}\times x=\frac{x}{6}$(h) $\quad\cdots\cdots$ ㉠

- 시속 90km/h

  연료 1L를 사용할 때 10km를 이동하고, 1시간에 90km를 이동한다. 마찬가지로 10km를 이동할 때 걸리는 시간은 곧 연료 1L를 사용하는 데 걸리는 시간이 되며, 이를 계산하면

  $u:10=1:90\rightarrow90u=10,\ \therefore u=\frac{1}{9}$

  연료 $(34-x)$L를 사용할 때 걸리는 시간은

  $\frac{1}{9}\times(34-x)=\frac{34}{9}-\frac{x}{9}$(h) $\cdots\cdots$ ㉡

자동차가 총 5시간 주행했으므로 ㉠과 ㉡의 합은 5시간이다.

$\frac{x}{6}+\frac{34}{9}-\frac{x}{9}=5$

$\frac{1}{6}x-\frac{1}{9}x=\frac{11}{9}$

$\frac{1}{18}x=\frac{11}{9}$ $\quad\therefore x=22$

즉, 30km/h로 주행하면서 사용한 연료는 22L이고, 90km/h로 주행하면서 사용한 연료는 34−22=12(L)이다.

따라서 5시간 동안 주행한 거리는
(1L당 5km의 연비로 달린 거리)+(1L당 10km의 연비로 달린 거리)
=5×22+10×12=110+120=230(km)이다.

상세풀이 2

처음부터 각각의 속도로 이동한 거리를 미지수로 두고, 사용한 연료의 양과 주행 시간으로 식을 세울 수도 있다. 시속 30km로 주행한 거리를 $a$km, 시속 90km로 주행한 거리를 $b$km라고 하자.

(시간)$=\frac{(거리)}{(속력)}$이므로 30km/h로 $a$km를 이동하는 데 걸린 시간은 $\frac{a}{30}$h이고 90km/h로 $b$km를 이동하는 데 걸린 시간은 $\frac{b}{90}$h이다.

총 5시간 동안 달렸으므로

$\frac{a}{30}+\frac{b}{90}=5$

$3a+b=450$ …… ㉢

30km/h로 주행할 때 연비는 5km/L이므로 $a$km를 이동했을 때 사용한 연료의 양은 $\frac{a}{5}$L이다. 그리고 90km/h로 주행할 때 연비는 10km/L이므로 $b$km를 이동했을 때 사용한 연료의 양은 $\frac{b}{10}$L이다.

사용한 연료는 총 34L이므로

$\frac{a}{5}+\frac{b}{10}=34$

$2a+b=340$ …… ㉣

㉢, ㉣을 연립하여 풀면

$\begin{cases}3a+b=450\\2a+b=340\end{cases}$

$\therefore a=110$

$2\times110+b=340$

$\therefore b=120$

$\therefore b=120$

따라서 전체 주행 거리는
$a+b=110+120=230$(km)이다.

14 정답 ①

난이도 ●●●

수리능력_금융수리_환율 및 실용계산

간단풀이

투자안 A, B에 각각 1,000만 원을 투자했을 때 1년 후 기대할 수 있는 원금과 수익금의 합을 계산해 보자.

- 투자안 A: 기대 수익률이 8%이므로 1년 후에는 1,000만 원×1.08=1,080(만 원)이 된다.
- 투자안 B: 현재 원/달러 환율이 1,250원/달러이므로 1,000만 원을 달러로 환전하면 $\frac{10,000,000}{1,250}=$ 8,000(달러)이다. 기대 수익률은 10%이므로 1년 후에는 8,000×1.1=8,800(달러)가 되고, 이때의 원/달러 환율은 1,200원/달러이므로 다시 원화로 환전하면 8,800×1,200=10,560,000(원) 즉, 1,056만 원이 된다.

㉠ (○) 투자안 B에 1,000만 원을 투자하면 1,056만 원이 되므로, 원화 기준 실질적인 수익률은 5.6%이다.
㉡ (×) 투자안 B는 달러화의 가치가 상대적으로 높을 때(원/달러 환율이 1,250원/달러) 달러로 환전하고, 원화의 가치가 상대적으로 높을 때(원/달러 환율이 1,200원/달러) 원화로 환전하는 것이므로 환율 변동으로 인한 손해를 본다. 이로 인해 달러화 기준 수익률 10%가 원화 기준으로는 수익률 5.6%로 줄어든다.
㉢ (×) 투자안 B를 선택하는 것이 투자안 A를 선택하는 것보다 1,080−1,056=24(만 원) 손해이다.

상세풀이

해당 문제는 투자안 B에 달러화를 투자할 경우 투자금을 넣는 시점인 현재와, 원금과 수익금을 찾는 시점인 1년 후의 원/달러 환율이 다름에 주의하며 해결해야 한다. 투자안 A, B에 각각 1,000만 원을 투자했을 때, 1년 후 기대할 수 있는 원금과 수익금의 합을 계산해 보자.

① 투자안 A에 1,000만 원을 투자하면 기대 수익률이 8%이므로 1년 후에는
1,000만 원×1.08=1,080(만 원)이 된다.

② 투자안 B에 투자하기 위해 1,000만 원을 달러로 환전하면 현재 원/달러 환율이 1,250원/달러이므로

$\frac{10,000,000}{1,250}=8,000$(달러)이다. 투자안 B에 8,000달러를 투자하면 기대 수익률은 10%이므로 1년 후에는 8,000×1.1=8,800(달러)가 된다. 이를 다시 원화로 환전하면 1년 후 원/달러 환율이 1,200원/달러이므로
8,800×1,200=10,560,000(원)=1,056(만 원)이다.

㉠ (O) 투자안 B에 1,000만 원을 투자하면 1,056만 원이 되므로, 원화 기준 실질적인 수익률은

$\frac{1,056-1,000}{1,000}\times100=5.6$(%)이다.

㉡ (×) 투자안 B는 처음에 원화를 달러화로 환전할 때의 환율(1,250원/달러)보다 1년 후 달러화를 원화로 환전할 때의 환율(1,200원/달러)가 더 낮다. 즉, 달러화의 가치가 상대적으로 높을 때 달러로 환전하고, 원화의 가치가 상대적으로 높을 때 원화로 환전하는 것이다. 따라서 처음 환전할 때보다 1년 후에 비싸진 화폐로 교환하는 셈이므로 환율 변동으로 인한 손해를 보게 된다. 이러한 환차손으로 달러화 기준 수익률 10%가 원화 기준으로는 수익률 5.6%로 줄어든다.

㉢ (×) 투자안 A에 1,000만 원을 투자하면 1,080만 원이 되고, 투자안 B에 1,000만 원을 투자하면 1,056만 원이 된다. 따라서 투자안 B를 선택하는 것이 투자안 A를 선택하는 것보다 1,080−1,056=24(만 원) 손해다.

즉, 〈보기〉에서 옳은 것은 ㉠뿐이다.

15 정답 ⑤ 난이도 ●●●

수리능력_응용수리_집합

간단풀이

AI 자동화 프로그램을 이수한 직원들의 집합을 A, Brand Management 프로그램을 이수한 직원들의 집합을 B, Creative content 프로그램을 이수한 직원들의 집합을 C라 하면 전 직원은 적어도 1가지 프로그램을 이수하였으므로

$n(A\cup B\cup C)=n(U)=40$

$n(A)=25,\ n(B)=22,\ n(C)=28$

$n(A\cap B\cap C)=8$

이때, $n(B\cap C)$, $n(C\cap A)$, $n(A\cap B)$ 영역에 해당하는 집합의 원소 개수를 각각 $a,\ b,\ c$라 하고 벤다이어그램에 나타내면 다음과 같다.

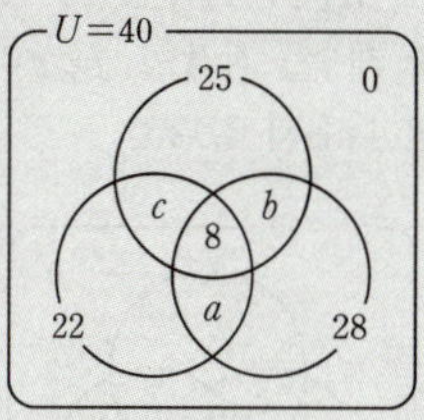

$n(A\cup B\cup C)=40$이므로

$n(A)+n(B)+n(C)-n(A\cap B)-n(B\cap C)$
$-n(C\cap A)+n(A\cap B\cap C)$
$=40$

$25+22+28-(8+c)-(8+a)-(8+b)+8=40$

$59-(a+b+c)=40$

$\therefore a+b+c=19$

오직 1가지만 이수한 직원들의 집합은 아래의 벤다이어그램의 색칠한 부분에 해당하므로

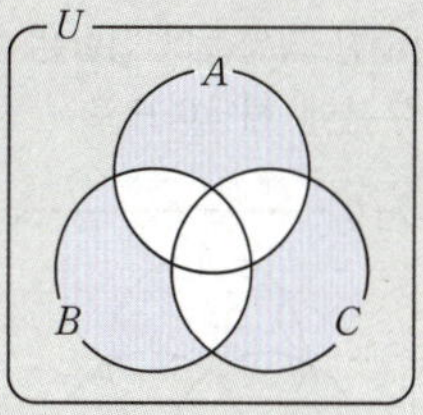

구하는 직원 수는

$n(A\cup B\cup C)-n((A\cap B)\cup(B\cap C)\cup(C\cap A))$

$=40-(a+b+c+8)$

$=40-27=13$

따라서 구하는 직원 수는 13명이다.

상세풀이

이 문제는 벤다이어그램을 그려 각각의 영역에 해당하는 원소의 개수(직원의 수)를 계산해야 한다.

AI 자동화 프로그램을 이수한 직원들의 집합을 A, Brand Management 프로그램을 이수한 직원들의 집합을 B, Creative content 프로그램을 이수한 직원들의 집합을 C라고 하자.

첫 번째 조건에서 전 직원은 세 가지 프로그램 중 적어도 1가지 프로그램을 이수하였으므로

$n(A\cup B\cup C)=n(U)=40$

두 번째 조건에서 AI 자동화 프로그램을 이수한 직원은 25명, Brand Management 프로그램을 이수한 직

원은 22명, Creative content 프로그램을 이수한 직원은 28명이므로

$n(A)=25$, $n(B)=22$, $n(C)=28$

세 번째 조건에서 3가지 프로그램을 모두 이수한 직원이 8명이므로

$n(A\cap B\cap C)=8$

이때, $n(B\cap C)$, $n(C\cap A)$, $n(A\cap B)$ 영역에 해당하는 집합의 원소 개수를 각각 a, b, c라 하고 벤다이어그램에 나타내면 다음과 같다.

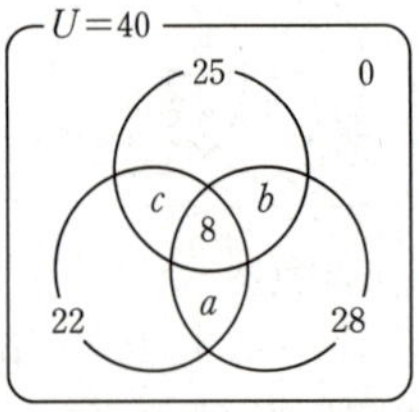

$n(A\cup B\cup C)=40$이므로

$n(A)+n(B)+n(C)-n(A\cap B)-n(B\cap C)$
$-n(C\cap A)+n(A\cap B\cap C)=40$

$25+22+28-(8+c)-(8+a)-(8+b)+8=40$

$59-(a+b+c)=40$

$\therefore a+b+c=19$

오직 1가지만 이수한 직원들의 집합은 아래의 벤다이어그램의 색칠한 부분에 해당하므로

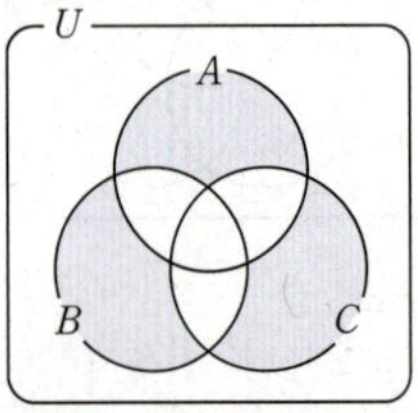

구하는 직원 수는

$n(A\cup B\cup C)-n((A\cap B)\cup(B\cap C)\cup(C\cap A))$
$=40-(a+b+c+8)$
$=40-(19+8)=40-27=13$

따라서 구하는 직원 수는 13명이다.

16 정답 ③ 난이도 ●○○

수리능력_자료해석_상황판단형

(1) 첫 번째 〈보기〉에서 양수를 통한 발전량은 2021년부터 전년 대비 매년 증가하였다고 하였으므로 이에 해당하는 에너지원은 ㉢, ㉣로 좁혀진다.

(2) 두 번째 〈보기〉에 따라 2019년 대비 2023년에 발전량의 증가율이 가장 높은 에너지원을 찾아야 한다. 2019년 대비 2023년 발전량의 증가율

$=\frac{\text{2023년 발전량}-\text{2019년 발전량}}{\text{2019년 발전량}}\times100$을 이용해

㉠~㉣의 2019년 대비 2023년 발전량의 증가율을 구하면 다음과 같다.

- ㉠: $\frac{182,500-146,000}{146,000}\times100=25(\%)$
- ㉡: $\frac{344,160-375,030}{375,030}\times100\fallingdotseq-8.23(\%)$
- ㉢: $\frac{3,795-3,450}{3,450}\times100=10(\%)$
- ㉣: $\frac{60,190-46,300}{46,300}\times100=30(\%)$

이므로 가장 증가율이 가장 높은 ㉣이 신재생 및 기타이다. 이에 따라 (1)에서 ㉢이 양수로 확정된다.

(3) 세 번째 〈보기〉를 통해 ㉠, ㉡이 원자력과 화력 중 하나임을 알 수 있고, 둘의 2020~2023년 발전량의 전년 대비 증감변화는 반대로 나타나고 있음을 확인할 수 있다.

(4) 네 번째 〈보기〉에 따라 2021년 대비 2022년의 발전량 변화량을 구해야 한다. 변화량은 절댓값의 개념이므로, 이는 | 2022년 발전량−2021년 발전량 | 이다.

㉠~㉣의 | 2022년 발전량−2021년 발전량 | 을 구하면 다음과 같다.

- ㉠: $|176,050-158,020|=18,030$
- ㉡: $|358,770-368,700|$
  $=|-9,930|=9,930$
- ㉢: $|3,720-3,680|=40$
- ㉣: $|55,860-46,410|=9,450$

변화량이 두 번째로 큰 에너지원은 ㉡이므로 ㉡은 화력, ㉠은 원자력이다.

정리하면, ㉠ 원자력, ㉡ 화력, ㉢ 양수, ㉣ 신재생 및 기타이므로 정답은 ③이다.

합격자의 실전 풀이 순서

[방법 1]

❶ ㉠, ㉡, ㉢, ㉣이 각각 무슨 에너지원에 해당하는지 도출하기보다는 〈보기〉에 부합하지 않는 선지들을 소거해 나가는 방식으로 접근하는 것을 추천한다.

❷ 첫 번째 보기에서 2021년부터 전년 대비 매년 증가하지 않은 ㉠과 ㉡은 양수가 될 수 없다. 따라서 선지 ①, ②를 소거한다.

❸ 남은 선지는 ③, ④, ⑤ 뿐이므로, 신재생 및 기타는 ㉢ 또는 ㉣이다. ㉢과 ㉣ 중 2019년 대비 2023년 발전량의 증가율 더 큰 값을 갖는 것이 신재생 및 기타

에 대응될 것이다. 두 개를 비교해 보면, ㉣의 증가율이 더 크므로 ㉣이 신재생 및 기타에 해당한다. 따라서 ⑤을 소거한다.

❹ 남은 ③, ④의 선지는 네 번째 〈보기〉를 통해 처리한다. 대충 계산해도 ㉠, ㉡, ㉢, ㉣ 중 2021년 대비 2022년의 발전량의 변화량이 10,000이 넘어가는 것은 ㉠뿐이므로, ㉠의 변화량이 가장 크다. 즉, ㉠은 변화량에 두 번째로 큰 에너지원인 화력에 해당하지 않는다. 이에 따라 ④를 소거하면 남은 것은 ③으로 답을 도출할 수 있다.

[방법 2]

❶ 가장 확정적인 〈보기〉부터 골라서 풀기를 권한다. 첫 번째 보기의 경우 2021년부터 전년 대비 매년 증가한 항목이 여러 개가 나올 수 있어 확정적이지 않다. 두 번째 보기의 경우 증가율이 가장 높은 것은 하나뿐이므로 확정적이다. 세 번째 보기의 경우 증감 방향이 다른 조합이 여러 개 나올 수 있으며, 하물며 조합이 하나만 나온다고 해서 그중에서 무엇이 화력이고 무엇이 원자력인지 알 수 없으므로 확정적이지 않다. 네 번째 보기의 경우 변화량이 두 번째로 큰 것은 하나뿐이므로 확정적이다.

❷ 두 번째 보기를 먼저 본다. 신재생 및 기타는 선지에서 ㉢, ㉣에 2개씩 4개가 분포하고 있기 때문에 이 중에 있을 가능성이 크다고 생각하며 이들을 먼저 본다. 두 개를 비교해 보면, ㉣의 증가율이 더 높고, 혹시나 하는 가능성에 ㉡을 검토하면 아예 감소하였으므로 ㉣이 신재생 및 기타에 해당한다. 따라서 ①, ②, ⑤를 소거한다.

❸ 네 번째 보기를 본다. [방법 1]의 ④과 같은 논리로 해결한다.

합격자의 시간단축 Tip

Tip ❶ 의역을 하면 위와 같은 매칭형 문제에서 소거하기 쉬워진다. 〈보기〉에 다음과 같은 조건들이 적혀있다면 아래와 같이 의역하여 부합하지 않는 선지들을 모두 소거하면 된다.

보기

(1) 가장 큰 값은 A이다.
(2) 가장 작은 값은 B이다.
(3) 두 번째로 큰 값은 C이다.
(4) 두 번째로 작은 값은 D이다

(1) 의역: A는 가장 작은 값이 아니다.
(2) 의역: B는 가장 큰 값이 아니다.
(3) 의역: C는 가장 큰 값도 아니고, 가장 작은 값도 아니다. C보다 더 큰 것은 하나뿐이다.
(4) 의역: D는 가장 큰 값도 아니고, 가장 작은 값도 아니다. D보다 작은 것은 하나뿐이다.

앞서, 선지 ④를 소거할 때 '(3) 의역'을 활용하여, 화력이 가장 큰 값인 ㉠이 될 수 없음을 보였다.
이와 같은 소거법이 익숙해지면 모든 조건을 활용하지 않고도 매칭형 문제가 해결되거나, 계산량이 줄어드는 등 시간단축에 도움이 되므로 적극적으로 활용하기를 권한다.

Tip ❷ 주어진 내용과 선지를 적극적으로 활용한다.
첫 번째 보기를 통해 선지 ①, ②를 소거하면 두 번째 보기를 판단할 때, '신재생 및 기타'가 ㉢ 혹은 ㉣임을 알 수 있으므로 판단해야 하는 내용이 줄어든다. 이를 통해 선지 ⑤를 소거할 수 있고, 세 번째 보기는 선지를 소거하는 데 도움이 되지 않는 내용이므로 판단하지 않고 넘어가고, 네 번째 보기를 통해 정답을 도출할 수 있다.

Tip ❸ 증가율/감소율/변화율의 개념을 명확하게 구분할 수 있어야 한다.

구분	대상	비교기준
증가율	(+), (−)	대소관계
감소율	(−)	절댓값
변화율	(+), (−)	절댓값

A(1%), B(−2%), C(3%), D(−4%)라고 하자.
- 대상의 차이: A의 증가율/변화율은 1%라고 표기하며, 감소율은 이야기할 수 없다. B의 증가율/변화율은 −2%로 표기하며, 감소율은 2%라고 한다.
- 비교기준의 차이: 증가율은 전체 대상 중에서 수의 대소를 따져 C>A>B>D 순이다. 감소율은 감소한 것들 중에서 절댓값으로 따져 D>B이다. 변화율은 전체 대상 중에서 절댓값으로 따져 D>C>B>A 순이다.

앞서 두 번째 보기에서는 ㉡은 감소한 경우로 증가율의 대상은 되지만, 증가한 경우보다 무조건 증가율이 낮다는 것을 알고 후보에서 제외했었다. 네 번째 보기에서는 변화량 역시 변화율과 마찬가지로 절댓값으로 비교한 것을 확인할 수 있다.

17 정답 ①

난이도 ●○○

수리능력_자료해석_자료계산

〈자료 1〉과 〈자료 2〉는 모두 연말을 기준으로 임직원 현원을 제시하고 있다. 신규채용과 퇴직 외에 현원에 변동을 주는 요인은 없으므로, 해당연도 임직원 수=전년도 임직원 수+해당연도 신규채용 수−해당연도 퇴직자 수이다.
∴ 해당연도 퇴직자 수=해당연도 신규채용 수−(해당연도 임직원 수−전년도 임직원 수)

이하에서는 편의상 (해당연도 임직원 수−전년도 임직원 수)를 △임직원 수로 표기한다.

• 빈칸 ㉠: 2018~2023년 공기업 퇴직자 수를 구하면 다음과 같다.

구분	2018년	2019년	2020년	2021년	2022년	2023년
공기업 현원	136,570	140,800	143,960	144,200	145,070	143,940
Δ임직원 수		4,230	3,160	240	870	-1,130
신규채용 인원		11,220	7,630	5,950	5,320	4,660
퇴직자 수		6,990	4,470	5,710	4,450	5,790

따라서 제시된 기간 중 공기업의 퇴직자가 가장 많았던 해는 2019년이다.

• 빈칸 ㉡: 2018~2023년 기타공공기관 퇴직자 수를 ㉠과 같은 방식으로 구하면 다음과 같다.

구분	2018년	2019년	2020년	2021년	2022년	2023년
기타공공기관 현원	113,860	127,730	137,920	140,950	143,200	143,580
Δ임직원 수		13,870	10,190	3,030	2,250	380
신규채용 인원		20,580	15,780	12,800	12,450	10,350
퇴직자 수		6,710	5,590	9,770	10,200	9,970

따라서 제시된 기간 중 기타공공기관의 퇴직자가 가장 적었던 해는 2020년이다.

• 빈칸 ㉢: 2021년 준정부기관의 퇴직자 수=2021년 신규채용인원-(2021년 임직원 수-2020년 임직원 수)이므로 퇴직자 수는
7,630-(111,330-108,000)=4,300(명)이다.

따라서 ㉠: 2019, ㉡: 2020, ㉢: 4,300이다.

합격자의 실전 풀이 순서

❶ 표의 제목을 보고 표의 구조와 두 자료의 차이를 파악한다. 〈자료 1〉은 '현원', 〈자료 2〉는 '신규채용'이 포인트임을 체크한다.

❷ 〈자료 1〉과 같은 표는 수를 찾아갈 때 헷갈리기 쉬우므로 반드시 전체, 공기업, 준정부기관, 기타공공기관을 나누는 구분선을 긋는다.

❸ 객관식 시험에서는 선지를 최대한 활용한다. 절대 전부를 도출하려 하지 않고 주어진 선지를 바탕으로 확인한다. ㉠에서는 2019년, 2021년, 2023년만 확인한다. 이때 〈자료 1〉은 2018년부터 시작하지만 〈자료 2〉는 2019년부터 시작하므로 헷갈리지 않도록 한다.

❹ ㉠을 해결하고 나면 정답은 선지 ①, ② 중에 있음을 확인할 수 있으므로 ㉡, ㉢ 중 더 쉬운 ㉢을 푼다.

합격자의 시간단축 Tip

Tip ❶ 이 문제와 같은 유형은 순서대로 풀기보다는 거꾸로 풀었을 때 더 많은 선지가 제거되는 경우가 많다. 예를 들어 ㉠에는 2019 3개, 2021 2개로 구성되어 있고, ㉢에는 4,300 2개, 4,130 2개, 4,260 1개로 구성되어 있다. 따라서 선지 3개를 확실히 제거할 수 있는 ㉢을 먼저 푸는 것이 시간을 단축할 수 있는 방법이다.

Tip ❷ 각주에 식이 주어지지 않더라도 당황하지 않고 스스로 계산식을 떠올릴 수 있어야 한다. 처음부터 (퇴직자)=~와 같은 계산식을 떠올리려면 어려울 수도 있으니 (임직원 현원의 변화분)=(신규채용)-(퇴직자)를 먼저 떠올리고 식을 차근차근 변형시키면 된다.

Tip ❸ 꺾은선 그래프가 교차하는 경우 특히나 항목을 헷갈리지 않도록 주의해야 한다. 무의식적으로 비슷한 위치에 있는 수치를 읽을 가능성이 크기 때문이다. 범례를 그래프가 시작하고, 끝나는 지점에 한 번씩 써둔다면 실수를 방지할 수 있다. 〈자료 2〉의 경우 그래프가 시작되는 지점에는 세로로 기, 공, 준이 쓰일 것이며, 끝나는 지점에는 기, 준, 공 순으로 쓰일 것이다.

Tip ❹ 빈칸별 시간단축 전략

빈칸 ㉠: 숫자를 직접 다 계산하지 않더라도 어림산을 통해서 쉽게 답을 구할 수 있다. 선지에 있는 2019년, 2021년, 2023년만 비교한다면, 먼저 2019년의 경우 전년도에 비해 임직원이 약 4천 명 정도 증가했음을 알 수 있다(140,000-136,000=4,000). 신규채용은 약 11,000명이므로 퇴직자는 11,000-4,000=7,000(명)임을 알 수 있다. 마찬가지로 2021년의 경우, 전년도에 비해 임직원이 약 300명 증가하였고 신규채용은 약 6,000명이므로 퇴직자는 약 5,700명이다. 2023년의 경우 전년도에 비해 임직원이 약 1,000명 감소하였고 신규채용은 약 4,500명이므로 퇴직자는 약 5,500명임을 알 수 있다.

18 정답 ④ 난이도 ●●○

수리능력_자료해석_추가자료 활용

ㄱ. (○) 2019년 대비 2023년 임직원 평균보수의 증가율이 가장 높은 공공기관 유형은 기타공공기관이다.

→ 임직원 평균보수의 증가율은

$$\frac{\text{2023년 평균보수}-\text{2019년 평균보수}}{\text{2019년 평균보수}}\times 100$$
로 구할 수 있다. 이를 이용해 2019년 대비 2023년 공공기

관 유형별 임직원 평균보수의 증가율을 구하면 다음과 같다.

구분		평균보수 증가율(%)
공기업	시장형	$\frac{4}{86}\times100≒4.7$
	준시장형	$\frac{5}{75}\times100≒6.7$
준정부기관	기금관리형	$\frac{5}{77}\times100≒6.5$
	위탁집행형	$\frac{4}{67}\times100≒6.0$
기타공공기관		$\frac{5}{63}\times100≒7.9$

따라서 2019년 대비 2023년 임직원 평균보수의 증가율이 가장 높은 공공기관 유형은 기타공공기관이다.

ㄴ. (×) 2020년 준정부기관 임직원 전체의 평균보수는 72백만 원 이상이다.

→ 2020년 준정부기관 임직원 '전체'의 평균보수는 기금관리형 현원과 위탁집행형 현원의 수를 반영한 가중평균값이다. 따라서 기금관리형 준정부기관 임직원 개별 보수의 합(x)과 위탁집행형 준정부기관 임직원 개별 보수의 합(y)에 대해 각각의 임직원 현원을 가중치로 하여 평균을 구할 수 있다.

먼저 기금관리형 준정부기관의 평균보수는 80백만 원으로, 이는

$$\frac{\text{기금관리형 준정부기관 임직원 개별 보수의 합}(x)}{\text{기금관리형 준정부기관 임직원 수}}$$

=80(백만 원)을 의미한다.

식을 정리하면 x=80백만 원×28,000이다.

위탁집행형 준정부기관의 평균보수는 68백만 원으로 이는

$$\frac{\text{위탁집행형 준정부기관 임직원 개별 보수의 합}(y)}{\text{위탁집행형 준정부기관 임직원수}}$$

=68(백만 원)을 의미한다.

식을 정리하면 y=68백만 원×80,000이다.

준정부기관 임직원 전체의 평균보수는

$$\frac{(x+y)}{\text{준 정부기관 전체 임직원 수}}$$이므로

$$\frac{80\text{백만 원}\times28,000+68\text{백만 원}\times80,000}{28,000+80,000}$$

≒71.1(백만 원)이다.

따라서 2020년 준정부기관 임직원 전체의 평균보수는 72백만 원 미만이다.

ㄷ. (○) 2023년 공기업 임직원 전체의 평균보수는 85백만 원 이상이다.

→ 2023년 시장형 공기업과 준시장형 공기업의 평균보수는 각각 90백만 원, 80백만 원이다. 둘의 평균은 주어진 시장형 공기업 및 준시장형 공기업 평균보수를 가중평균한 값이다.

먼저 시장형 공기업의 평균보수는 90백만 원이므로

$$\frac{\text{시장형 공기업 임직원 개별 보수의 합}(x)}{\text{시장형 공기업 임직원 수}}$$

=90(백만 원)을 의미한다.

식을 정리하면 x=90백만 원×73,190이다.

준시장형 공기업의 평균보수는 80백만 원이므로 이는

$$\frac{\text{시장형 공기업 임직원 개별 보수의 합}(y)}{\text{시장형 공기업 임직원 수}}$$

=80(백만 원)을 의미한다.

식을 정리하면 y=80백만 원×70,750이다.

따라서 2023년 공기업 임직원 전체의 평균보수는

$$\frac{73,190\times90\text{백만 원}+70,750\times80\text{백만 원}}{73,190+70,750}$$

≒85.08(백만 원)으로, 85백만 원 이상이다.

ㄹ. (○) 2020~2023년 시장형 공기업의 임직원 보수총액은 매년 증가하였다.

→ 임직원 평균보수=$\frac{\text{임직원 보수총액}}{\text{임직원 수}}$이므로

'임직원 보수총액=임직원 평균보수×임직원 수'가 성립한다.

〈자료 1〉의 임직원 수와 〈자료 3〉의 임직원 평균보수를 이용해 시장형 공기업의 연도별 임직원 보수총액을 구하면 다음과 같다.

- 2019년: 70,300×86=6,045,800(백만 원)
- 2020년: 72,690×87=6,324,030(백만 원)
- 2021년: 73,200×87=6,368,400(백만 원)
- 2022년: 73,860×89=6,573,540(백만 원)
- 2023년: 73,190×90=6,587,100(백만 원)

따라서 2020~2023년 시장형 공기업의 임직원 보수총액은 매년 증가하였다.

합격자의 실전 풀이 순서

❶ 자료의 제목을 보고 대충 어떤 자료인지 확인한다.

❷ 이러한 표 자료는 수치를 찾아올라갈 때 헷갈리기 쉬우므로 공기업/준정부기관/기타공공기관을 구분하는 보조선을 그어둔다.

❸ 선지를 먼저 확인한다. 선지 중 ㄱ이 4개나 있으므로 ㄱ보단 ㄴ, ㄷ, ㄹ 중 쉬운 것을 먼저 푼다.

❹ ㄴ을 확인하면 ①, ③, ⑤가 제외되므로 ㄷ만 확인하여 문제를 끝낸다.

합격자의 시간단축 Tip

Tip ❶ 보기형 문제의 특성을 잘 활용한다.

보기형 문제는 절반의 선지만을 판단하여 정답이 나오는 경우가 존재한다. 해당 문제도 보기 ㄴ의 정오판단 후 보기 ㄷ만 판단하더라도 정답을 도출할 수 있다.

Tip ❷ 계산 항목 간 거리가 먼 경우 메모를 활용하자.

가중평균을 구하기 위해서 〈자료 1〉, 〈자료 3〉이 모두 필요하지만, 자료 간 물리적 거리가 멀다. 따라서 〈자료 1〉에서 필요한 값을 가져와 〈자료 3〉에 메모해 놓고 풀이하는 것이 좋다. 매번 〈자료 1〉, 〈자료 3〉을 왔다 갔다 하면서 풀면 헷갈리고 실수할 가능성이 크다. 다만 〈자료 1〉의 수치가 복잡하므로 근사치 정도로만 메모하자.

Tip ❸ 보기별 시간단축 전략

보기 ㄱ. 절대 정석 해설처럼 증가율을 전부 도출하지 않도록 한다. 항상 '비교'의 관점으로 접근한다. 또한, 비교할 때는 가장 가능성 있는 선택지를 기준으로 두고 비교한다. 2019년 대비 2023년 임직원의 평균보수 증가율은 $\frac{\text{2023년 평균보수} - \text{2019년 평균보수}}{\text{2019년 평균보수}}$이다. 결국 분수형이기 때문에 분모가 작을수록, 분자가 클수록 증가율이 높을 것이다. 가장 가능성이 큰 선택지는 분모가 다른 기관 유형보다 현저히 작은 기타공공기관(63)이다. 분자 역시 눈대중으로 비교해도 기타공공기관이 68−63=5로 가장 큰 수이므로 증가율은 기타공공기관이 가장 높다. 나눗셈을 계산하지 않고 분수형 그대로 비교하는 것이 시간 단축의 핵심이다.

보기 ㄴ. 가중평균은 항목마다 일일이 평균값과 인원수를 곱하여 전체를 구하지 않도록 한다. 가중평균 문제에서 시간을 단축하는 방법은 전체 평균값과 개별 항목의 평균값이 얼마나 멀리 떨어져 있는지를 나타내는 '거리비'를 활용하여 '비교'하는 것이다.

개념상 준정부기관 임직원 전체의 평균보수는 가중평균되더라도 실질은 '평균값'이므로 68~80 사이에서 형성될 것이며 기금관리형과 위탁집행형 중에서 인원수가 더 많은 위탁집행형 쪽으로 가중되어 68에 가까운 값으로 나타날 것이다. 얼마나 가까운지(거리)는 각 항목의 인원수 비율에 따라 결정된다. 이를 직접 도출할 수도 있겠지만 선지에서 묻는 수인 72백만 원을 기준으로 반드시 확인만 한다.

[방법 1] 만약 2020년 준정부기관 임직원 전체 평균보수가 72백만 원이라면, 기금관리형의 평균보수인 80과의 거리는 8, 위탁집행형의 평균보수인 68과의 거리는 4이므로 거리비는 2 : 1이다. 이에 따라 기금관리형과 위탁집행형의 인원수 비는 1 : 2가 되어야 한다(거리가 가까울수록 그쪽으로 가중되는 것이라 가까운 쪽의 인원이 더 많다). 하지만 2020년 준정부기관 기금관리형과 위탁집행형 인원수의 비는 28,000 : 80,000으로 1 : 2보다 위탁집행형의 인원수가 훨씬 크다. 따라서 거리비 역시 2 : 1보다 훨씬 크게 차이나야 하므로 위탁집행형의 평균보수인 68에 더 가까워져야 함을 알 수 있다. 따라서 전체의 평균보수는 72보다 작다.

[방법 2] 만약 2020년 준정부기관 임직원 전체 평균보수가 72(백만 원)↑라면, 기금관리형의 평균보수인 80과의 거리는 8↓, 위탁집행형의 평균보수인 68과의 거리는 4↑이므로 거리비는 2↓:1이다. 이에 따라 기금관리형과 위탁집행형의 인원수 비는 1 : 2↓가 되어야 한다(거리가 가까울수록 그쪽으로 가중되는 것이라 가까운 쪽의 인원이 더 많다). 하지만 2020년 준정부기관 기금관리형과 위탁집행형 인원수의 비는 28,000 : 80,000으로 1 : 2↑로 나타낼 수 있다. 모순이 발생하므로 전체 평균보수는 72보다 작다.

보기 ㄷ. 가중평균을 활용한다. 선지에서 묻는 수가 90과 80의 산술평균인 85이므로 시장형과 준시장형 중 현원이 더 많은 쪽이 어디인지만 확인하고 넘어간다. 인원이 많은 쪽에 더 가까운 평균보수 값을 가질 것이기 때문이다. 즉, 2023년 시장형 공기업의 임직원 수는 73,190명, 준시장형 공기업의 임직원 수는 70,750명으로, 임직원 수가 더 많은 시장형 공기업의 평균보수인 90백만 원에 더 가까운 값인 것만 확인하면 된다.

보기 ㄹ. 곱셈 비교형이다. 매년 증가 추이를 확인할 때는 일일이 계산하지 않고 스피드있게 넘어가며 가장 틀릴 것 같은 부분을 위주로 확인하는 것이 중요하다. 전년보다 평균보수도 늘고 인원수도 늘거나, 둘 중 하나는 일정하고 하나는 늘어난 경우, 당연히 보수총액도 증가할 것이므로 빠르게 넘어간다. 유일하게 현원이 감소한 2023년만 확인한다. 이때 증가율과 감소율을 비교하는 것보단 방향을 바꾸어 증가율과 증가율을 비교하는 것이 뇌가 일관된 계산을 처리하게 하여 시간을 단축할 수 있는 방법이다. 89×73,860과 90×73,190을 비교할 때 왼쪽은 89에서 1만큼 커졌고, 오른쪽은 73,190에서 670만큼 커졌다. 89에서 1은 1%보다 크고 73,190에서 670은 1%보다 작으므로 왼쪽이 더 많이 증가했다. 따라서 2023년이 2022년 값보다 더 크므로 임직원 보수총액은 전년 대비 매년 증가하였다.

19 정답 ④ 난이도 ●●●

수리능력_자료해석_추가자료 활용

① (O) 2019~2022년 공기업과 준정부기관의 연간 복리후생비 지원액의 합은 기타공공기관의 연간 복리후생비 지원액의 매년 2배 이상이다.

➜ 2019~2022년 공기업과 준정부기관의 연간 복리후생비 지원액의 합과 기타공공기관의 연간 복리후생비 지원액에 2배를 한 값을 비교하면 다음과 같다.

구분	공기업	준정부기관	합	기타 공공기관	기타 공공기관×2
2019년	8,050 ×0.48 =3,864	8,050 ×0.22 =1,771	5,635	8,050 ×0.3 =2,415	4,830
2020년	8,100 ×0.47 =3,807	8,100 ×0.22 =1,782	5,589	8,100 ×0.31 =2,511	5,022
2021년	8,150 ×0.44 =3,586	8,150 ×0.23 = 1,874.5	5,460.5	8,150 ×0.33 =2,689.5	5,379
2022년	8,400 ×0.44 =3,696	8,400 ×0.23 =1,932	5,628	8,400 ×0.33 =2,772	5,544

따라서 2019~2022년 공기업과 준정부기관의 연간 복리후생비 지원액의 합은 기타공공기관의 연간 복리후생비 지원액의 매년 2배 이상이다.

② (O) 2019~2023년 기타 공공기관의 복리후생비 지원액은 매년 2,850억 원을 넘지 않는다.

➜ 〈자료 4〉의 연도별 지원액과 기타공공기관의 지원비율을 참고해 2019~2023년 기타공공기관의 복리후생비 지원액을 구하면 다음과 같다.

- 2019년: 8,050억 원×0.3=2,415(억 원)
- 2020년: 8,100억 원×0.31=2,511(억 원)
- 2021년: 8,150억 원×0.33=2,689.5(억 원)
- 2022년: 8,400억 원×0.33=2,772(억 원)
- 2023년: 8,360억 원×0.34=2,842.4(억 원)

따라서 2019~2023년 기타 공공기관의 복리후생비 지원액은 매년 2,850억 원을 넘지 않는다.

③ (O) 2020년 준정부기관의 1인당 연간 복리후생비 지원액은 1,650,000원이다.

➜ 2020년 준정부기관의 연간 복리후생비 지원액은 전체 공공기관 복리후생비 지원액의 22%를 차지하므로 8,100×0.22=1,782(억 원)이다.

2020년 준정부기관의 임직원은 총 108,000명이므로, 2020년 준정부기관의 1인당 연간 복리후생비 지원액을 구하면 $\frac{1,782\text{억 원}}{108,000}$=1,650,000(원)이다.

④ (×) 2019~2023년 중 공기업 임직원 수가 가장 많은 해에 공기업의 복리후생비 지원액도 가장 많다.

➜ 〈자료 1〉에 따르면 공기업 임직원 수가 가장 많은 해는 2022년이다(145,070명).

〈자료 4〉의 연도별 지원액과 공기업의 지원비율을 참고해 2019~2023년 공기업의 복리후생비 지원액을 구하면 다음과 같다.

- 2019년: 8,050×0.48=3,864(억 원)
- 2020년: 8,100×0.47=3,807(억 원)
- 2021년: 8,150×0.44=3,586(억 원)
- 2022년: 8,400×0.44=3,696(억 원)
- 2023년: 8,360×0.43=3,594.8(억 원)

따라서 공기업 복리후생비 지원액이 가장 많은 해는 2019년이므로 적절하지 않은 설명이다.

⑤ (O) 2019~2023년 공공기관 전체 연간 복리후생비 지원액에서 공기업의 복리후생비 지원액이 차지하는 비중은 공공기관 전체 임직원 중 공기업 임직원이 차지하는 비중보다 항상 크다.

➜ 2019~2023년 공공기관 복리후생비 지원액에서 공기업의 복리후생비 지원액이 차지하는 비중과 공공기관 전체 임직원 수 중 공기업 임직원 수가 차지하는 비중을 비교하면 다음과 같다.

구분	공기업 복리후생비 지원액 차지 비중	공기업 인원수 차지 비중
2019년	48%	37.6% $\left(\fallingdotseq\frac{140,800}{374,000}\times100\right)$
2020년	47%	36.9% $\left(\fallingdotseq\frac{143,960}{389,880}\times100\right)$
2021년	44%	36.4% $\left(\fallingdotseq\frac{144,200}{396,480}\times100\right)$
2022년	44%	36.2% $\left(\fallingdotseq\frac{145,070}{400,670}\times100\right)$
2023년	43%	36.0% $\left(\fallingdotseq\frac{143,940}{399,720}\times100\right)$

따라서 2019~2023년 공기업 복리후생비 지원액 차지하는 비중이 공기업 임직원이 차지하는 비중보다 크므로 옳다.

합격자의 실전 풀이 순서

❶ 적절하지 않은 것을 고르는 문제이므로 선지 옆에 확실하게 X표시를 해둔다.

❷ 자료의 제목을 통해 내용을 간단히 확인한다.

❸ 확인해야 할 기간에 주의하며 선지를 해결한다.

합격자의 시간단축 Tip

Tip 선지별 시간단축 전략

선지 ① 정확한 배율을 구하는 것보다는 2배 이상인지 확인하도록 하자. 구체적인 배율의 값은 몰라도 2배 이상인지만 확인하면 정오판단을 할 수 있기 때문이다. 다시 말해, 기타공공기관의 연간 복리후생비 지원액에 2배를 곱한 값보다 공기업과 준정부기관의 연간 복리후생비 지원액이 큰지 확인하기만 하면 된다.

2019년을 예시로 들면, $8,050\times0.48+8,050\times0.22 \geq 8,050\times0.30\times2$의 성립 여부를 판별하는 것이다.

한편, 지원액을 비교하는 것이 아닌 연도별 공공기관 지원비중을 비교하여 판단할 수 있다. '공공기관 간 복리후생비=지원액×기관별 비중'이므로, 식 구조상 동일 연도 내에서는 지원액은 동일하며, 곱해지는 기관별 비중만 차이가 발생한다.

2019년을 예시로 들면, 공기업과 준정부기관의 복리후생비 지원액의 합은 $8,050\times0.48+8,050\times0.22=8,050\times0.70$이고, 기타공공기관은 $8,050\times0.30$이다. $70\%>30\%\times2$이므로, 두 배 이상임을 알 수 있다. 한편, 매번 2를 곱하지 않고도 두 배 이상인지 판별할 수 있다. 100 내에서 1 : 2의 비율로 나눠지려면 $\frac{1}{3}:\frac{2}{3}$이 유일하다. 만약 한 항목이 33.33%보다 작아지면 나머지가 66.66%보다 커질 수밖에 없고, 이는 나머지가 한 항목의 2배보다 크게 됨을 의미한다. 따라서 선지에서 제시된 기간 내에 기타공공기관의 복리후생비 비중이 33.33% 이하인지만 확인함으로써 두 배 관계를 확인할 수 있는 것이다.

선지 ② 일일이 도출하지 않는다. 가장 틀릴 가능성이 있는 연도부터 확인한다. 2022년 이전 연도들은 2022년과 비교할 때 지원액과 지원 비중이 모두 작거나 한 항목은 동일하더라도 나머지 항목은 작으므로 2022년보다 복리후생비 지원액이 무조건 적다. 따라서 2022년과 2023년만 확인한다.

- 2022년: $33.3\%=\frac{1}{3}$인 점을 이용한다.
  $8,400\times33\%<8,400\times33.3\%=2,800$으로 2,850을 넘지 않는다.
- 2023년: $8,360\times34\%$로 비교적 계산이 까다롭다. 먼저 $8,360\times33.3\%=8,360\div3=2,786$을 도출한다. 그리고 $8,360\times0.7\%=8,360\times7<9\times7=63$이라는 점을 결합하여서 최종적으로 $8,360\times34\%=8,360\times33.3\%+8,360\times0.7\%<2,786+63<2,850$와 같이 계산한다. 이 과정이 어렵게 느껴지는 경우 직접적으로 계산을 하는 것도 좋다.

선지 ③

[방법 1] $\frac{8,100\text{억 원}\times22\%}{108,000}=\frac{1,782\text{억}}{108,000}$으로 단위가 큰 계산이 요구된다. 이때 한글 단위를 적절히 사용하여 단위를 쪼개서 약분하는 것이 중요하다. 만×만=억이라는 것을 기억해 두자.

$$\frac{1,782\text{억}}{108,000}=\frac{1,782\text{만}\times\text{만}}{108,000}=\frac{17,820\text{만}}{108}=165(\text{만})$$

[방법 2] 숫자가 복잡하고 단위가 큰 계산이 요구되므로 식을 분수 형태로 쓴 다음에 미리 약분하면 다음과 같이 비교적 간단하게 계산할 수 있다.

$$\frac{8,100\text{억 원}\times22\%}{108,000}=\frac{81\text{억}\times0.22}{1,080}=\frac{3\text{억}\times0.22}{40}$$

$$=\frac{3\text{만}\times2,200}{40}=3\text{만}\times55=165(\text{만})$$

선지 ④ 기준이 되는 연도를 바탕으로 항목 간의 대소를 비교한다. 해당 선지에서는 '공기업 임직원 수가 가장 많은 해', 즉 2022년과 복리후생비 지원액이 가장 많은 해가 일치하는지가 핵심이다. 따라서 2022년을 기준으로 복리후생비 지원액이 더 큰 해가 있는지 확인하면 되는 것이다. 중요한 것은, '어느 해의 복리후생비 지원액이 가장 큰가'를 구하는 것이 아니라 '2022년보다 더 큰 해가 있는지'를 확인하는 것이다. 2022년보다 지원액이 더 큰 해가 하나라도 있다면, 이는 곧 2022년이 가장 큰 해는 아닐 것이기 때문이다.

곱셈비교로 대소를 비교한다. 이때 2022년의 비교군으로는 비중이 2022년도에 비해 큰 2019년이나 2020년 정도가 있을 것이다. 구체적으로, 2019년의 $8,050\times48\%$와 2022년의 $8,400\times44\%$를 비교한다. 왼쪽은 8,050에서 350 커졌고, 오른쪽은 44에서 4만큼 커졌다. 쉬운 44를 먼저 기준으로 잡으면 44에서 4는 약 10%다. 반면 8,050에서 350은 5% 미만이므로 44에서 더 많이 커졌다. 따라서 2019년의 값이 더 크다.

참고로, 비교군을 위와 같이 정한 이유는 다음과 같다. 기존 수가 크다면 증가율이 크기 힘들고, 기존 수가 적다면 아주 조금만 증가해도 증가율이 꽤 크므로, 비중이 2022년보다 큰 2019년이나 2020년의 값이 더 클 가능성이 있는 것이다. 실제로 8,050에서 8,400은 증가폭이 350임에도 증가율이 5%도 안 되지만, 44에서 48의 증가율은 10% 정도 됨을 확인할 수 있다. 100에서 5 증가하면 증가율이 5%인데 10에서 5 증가하면 증가율이 50%인 것을 생각하면 더 쉽게 이해할 수 있을 것이다. 즉, 기존 수가 작은 값이 더 커진 경우에 증가율이 크다는 점을 기억하면 비교군을 추리기 쉬울 것이다.

선지⑤ 그룹으로 묶어 한 번에 비교하자. 공기업의 복리후생비가 차지하는 비중은 43~48%이다. 따라서 공공기관 전체 임직원 현원 중 공기업의 현원이 차지하는 비중이 항상 40%보다 낮으면 연도를 막론하고 해당 선지는 옳게 된다. 2019년은 전체 임직원이 약 35만 명이고 공기업의 임직원이 14만 명 이하이므로($35 \times 4 = 140$) 40% 미만임을 쉽게 알 수 있다. 마찬가지로 2020~2023년은 전체 임직원이 400,000명과 비슷하고 매년 공기업 임직원이 160,000명 이하이므로 40% 미만임을 한 번에 확인하고 풀이를 끝내면 된다.

20 정답 ③ 난이도 ●●○

수리능력_자료해석_상황판단형

ㄱ. (○) **여성과 남성은 경력이 전혀 없는 경우에도 임금에서 차별이 존재한다.**

➜ 이는 집단 A와 B의 평균 임금 차이

$\Delta = \overline{Y}_A - \overline{Y}_B = (\alpha_A - \alpha_B) + \overline{X}_B(\beta_A - \beta_B)$

$+ (\overline{X}_A - \overline{X}_B)\beta_A$ 중 차별에 기인한 부분인 $(\alpha_A - \alpha_B) + \overline{X}_B(\beta_A - \beta_B)$의 값을 계산하여 확인할 수 있다. 남성 집단을 A, 여성 집단을 B로 가정하자. 무경력 신입 초임을 의미하는 α값은 각각 $\alpha_A = 280$, $\alpha_B = 250$이며, 경력이 전혀 없는 경우이므로 $\overline{X}_B = 0$이다.

이를 식에 대입하면 $\alpha_A - \alpha_B = 280 - 230 = 30 > 0$이므로 경력이 전혀 없는 경우에도 성별에 따라 임금에서 차별이 존재함을 알 수 있다.

ㄴ. (○) **여성의 경우 경력 변수의 계수 $\beta = 12$이다.**

➜ 경력 변수의 계수 β는 〈자료 2〉의 임금 방정식에 〈자료 1〉에 제시된 수치를 대입하여 구할 수 있다. 여성 집단을 B라고 하면, 여성 집단에서 개인의 임금은 $Y_B = \alpha_B + \beta_B X_B$와 같이 나타낼 수 있고, 평균 임금은 $\overline{Y}_B = \alpha_B + \beta_B \overline{X}_B$로 나타낼 수 있다. 〈자료 1〉에 의하면 여성 평균 임금 $\overline{Y}_B = 394$, 여성 무경력 신입 초임 $\alpha_B = 250$, 여성 평균 경력 $\overline{X}_B = 12$이므로, 이를 임금 방정식에 대입하면 $394 = 250 + \beta_B \times 12$이다. 이를 정리하면 여성의 경력 변수의 계수 $\beta_B = 12$를 도출할 수 있다.

ㄷ. (×) **차이에 기인한 임금 차이는 48만 원이다.**

➜ 집단 A와 B의 평균 임금의 차이를 나타내는 분해식에서 차이에 기인한 부분은 $(\overline{X}_A - \overline{X}_B)\beta_A$이다. 남성 집단을 A라고 하면, β_A를 알지 못하므로 보기 ㄴ을 해결했던 방식으로 β_A를 구한다. 남성의 평균 임금은 $\overline{Y}_A = \alpha_A + \beta_A \overline{X}_A$이고, 〈자료 1〉에 의하면 남성 평균 임금 $\overline{Y}_A = 520$, 남성 무경력 신입 초임 $\alpha_A = 280$, 남성 평균 경력 $\overline{X}_A = 16$이다. 이를 임금 방정식에 대입하면 $520 = 280 + \beta_A \times 16$이고, 이를 정리하면 $\beta_A = 15$이다. 따라서 차이에 기인한 부분에 구한 값을 대입하면 $(16 - 12) \times 15 = 60$(만 원)이므로 차이에 기인한 임금 차이가 48만 원이라는 것은 적절하지 않다.

ㄹ. (○) **차별에 기인한 임금 차이는 66만 원이다.**

➜ 집단 A와 B의 평균 임금의 차이를 나타내는 분해식에서 차별에 기인한 부분은 $(\alpha_A - \alpha_B) + \overline{X}_B(\beta_A - \beta_B)$이다. 차별에 기인한 부분은 경력이 전혀 없더라도 근로에 대한 대가로 지급받는 기본임금을 의미하는 절편의 차이$(\alpha_A - \alpha_B)$와 경력이 한 단위 증가하였을 때의 임금 증가분을 의미하는 계수 β의 차이에 기인하여 발생하는 임금 증가분 $\overline{X}_B(\beta_A - \beta_B)$을 합한 값이다. $\alpha_A = 280$, $\alpha_B = 250$이므로 기본임금의 차이인 $(\alpha_A - \alpha_B) = 30$이며, $\overline{X}_B = 16$, 선지 ㄴ과 ㄷ에서 구한 $\beta_A = 15$, $\beta_B = 12$이므로 계수 β의 차이에 기인하여 발생하는 임금의 차이인 $\overline{X}_B(\beta_A - \beta_B) = 36$이다. 따라서 차별에 기인한 임금 차이는 총 $30 + 36 = 66$(만 원)이 된다.

합격자의 실전 풀이 순서

[방법 1]

❶ 〈자료 2〉의 임금 방정식의 각 문자가 〈자료 1〉의 어느 항목에 해당하는지 빠르게 파악한다. 즉, 무경력 신입 초임은 α임을, 평균 경력은 $\overline{X}$임을, 평균 임금은 $\overline{Y}$임을 파악한다.

❷ ❶에서 파악한 바를 바탕으로 〈자료 1〉의 남성과 여성의 값을 대입하여 각각의 계수 β값을 구하고, 이를 통해 문제를 해결한다.

[방법 2]

❶ 적절한 내용을 모두 고르는 문제이므로 별도의 표시 없이 문제 및 자료를 확인한다.

❷ 주어진 식이 무엇을 의미하는지 파악하고, 보기 ㄱ과 보기 ㄴ, ㄷ 판단한 후 정답을 도출한다.

합격자의 시간단축 Tip

Tip ❶ 문제 외형만 보고 난이도를 판단하지 말자. 해당 문제는 처음 보기에는 식도 많고, 미지수도 많은 것처럼 보이지만, 막상 문제를 풀어보면 생각보다 어렵지 않고 단순히 대입만 하면 정오 판단이 가능하다. 따라서 겁먹고 바로 넘어가기보다는 묻는 것이 무엇이고 어떻게 도출할 수 있을지 판단 후 지나갈지, 문제를 풀지 결정하는 것이 좋다. 이러한 감각은 다양한 문제를 풀고 접하며 기를 수 있을 것이다.

Tip ❷ 보기 ㄴ의 경우, β값을 직접 도출하지 않아도 문제를 풀 수 있다. 문제에서는 β값을 도출하라고 하지 않았다. 해당 문제가 묻는 것은 선지 ㄴ이 옳은지, 즉 $\beta=12$라는 값이 옳은지 아닌지이다. 여성 평균 임금 방정식 $\overline{Y}_B=\alpha_B+\beta_B\overline{X}_B$에서 β값을 도출하기 위한 $\overline{Y}_B$, α_B, $\overline{X}_B$값을 자료에서 찾았다면, $\beta=12$을 대입했을 때 방정식의 양변이 같은지만 판단하면 된다. 굳이 $394=250+\beta_B\times 12$를 정리하지 않아도 된다. 자료를 계산하는 과목이 아니라 해석하는 과목임을 명심하자.

Tip ❸ **보기 간 관계성 파악해보기**

$\Delta=\overline{Y}_A-\overline{Y}_B=(\alpha_A-\alpha_B)+\overline{X}_B(\beta_A-\beta_B)+(\overline{X}_A-\overline{X}_B)\beta_A$에 의해 남성과 여성의 평균임금 차이는 126만 원이다. 보기 ㄷ에 의하면, 차이에 기인한 임금 차이는 48만 원, 보기 ㄹ에 의하면 차별에 기인한 임금 차이는 66만 원이다. 양자의 합이 114만 원으로 남성과 여성의 평균임금 차이보다 작은 금액이다. 따라서 두 보기 중 하나는 반드시 옳지 않은 보기임을 파악할 수 있다. 선지 구성상 모두 틀렸을 가능성은 없기에 보기 ㄷ과 ㄹ간의 관계성이 보였다면 둘 중 하나만 먼저 판단하여 선지를 소거할 수 있다.

21 정답 ④ 난이도 ●●○

수리능력_자료해석_자료에 대한 진위 판단(계산 필요)

ㄱ. (×) 창업률이 높은 해일수록 기업소멸률도 높다.

→ 창업률이 높은 해부터 순서대로 나열하면 2020년−2019년−2018년−2021년−2022년이고, 기업소멸률이 높은 해부터 순서대로 나열하면 2019년−2020년−2018년−2022년−2021년이다. 두 순서가 일치하지 않으므로 옳지 않은 설명이다.

ㄴ. (×) 2018년 대비 2020년 총활동기업 수는 50,000개 증가하였다.

→ 〈자료 2〉 아래의 첫 번째 각주의 식을 변형함으로써 총활동기업 수의 식을 도출할 수 있다. 이에 따르면 총활동기업 수=신생기업 수$\times\dfrac{100}{\text{창업률}}$이다.

〈자료 1〉의 수치를 참고해 2018년과 2020년의 총활동기업 수를 구하면 다음과 같다.

- 2018년: $919,800\times\dfrac{100}{14.6}=6,300,000$(개)
- 2020년: $1,060,800\times\dfrac{100}{15.6}=6,800,000$(개)

따라서 2018년 대비 2020년에 총활동기업은 500,000개 증가하였으므로 틀린 선지이다.

ㄷ. (○) 2022년 소멸기업 수는 880,000개이다.

→ 〈자료 2〉 아래의 두 번째 각주에 제시된 식을 변형하여 소멸기업 수의 식을 도출할 수 있다. 이에 따르면 소멸기업 수$=\dfrac{\text{총활동기업 수}\times\text{기업소멸률}}{100}$이다.

이때 소멸기업 수를 알기 위해서는 총활동기업 수를 알아야 하므로 보기 ㄴ에서와 같은 방법으로 2022년의 총활동기업 수를 먼저 구해야 한다. 이를 구해보면 2022년의 총활동기업 수

$=1,000,000\times\dfrac{100}{12.5}=8,000,000$(개)이다.

이 값과 〈자료 2〉를 종합하면, 2022년의 소멸기업 수

$=\dfrac{8,000,000\times 11}{100}=880,000$(개)이다.

따라서 옳은 설명이다.

ㄹ. (×) 2021년 소멸기업 수는 2022년 소멸기업 수의 90%이다.

→ 보기 ㄷ에서와 같이 소멸기업 수를 구하기 위해서는 총활동기업 수를 먼저 구해야 한다.

보기 ㄴ에서 구한 총활동기업 수의 식을 활용하면 2021년 총활동기업 수=

$1,044,000\times\frac{100}{14.5}=7,200,000$이다.

이 값과 〈자료 2〉를 종합하면, 2021년의 소멸기업 수$=\frac{7,200,000\times10}{100}=720,000$이다.

이때 보기 ㄷ에서 구했듯이 2022년 소멸기업 수는 880,000개인데, 880,000의 90%는

$880,000\times\frac{90}{100}=792,000$이다.

즉, 720,000≠792,000이므로 틀린 선지이다.

합격자의 실전 풀이 순서

[방법 1]

❶ 다른 선지는 구체적인 수치를 물어보고 있는 데에 반해 보기 ㄱ은 비교적 간단한 대소 비교를 물어보고 있다. 따라서 보기 ㄱ 먼저 해결하면, ㄱ이 포함되지 않은 ①, ③, ⑤를 정답에서 제외할 수 있게 되고, 남은 ②, ④에 보기 ㄴ은 모두 포함되어 있으므로 실전에서는 보기 ㄴ을 해결하지 않고 넘어갈 수 있게 된다.

❷ 주어진 자료와 각주의 식을 보면, 알 수 없는 정보가 총활동기업 수와 소멸기업 수임을 확인할 수 있다. 그런데 보기 ㄴ, ㄷ, ㄹ에서 이 정보를 요구하고 있으므로 총활동기업 수와 소멸기업 수를 구하는 식을 정확히 구한 뒤 문제를 푼다.

[방법 2]

❶ 적절하지 않은 것을 고르는 문제이므로 보기 옆에 X 표시를 하여 적절한 것을 선지로 고르는 실수를 하지 않도록 한다.

❷ 자료를 확인한 후 순서대로 보기를 판단한다. 보기 ㄱ을 판단 후 선지 ①, ③, ⑤가 소거되므로 ㄹ의 정오를 판단하여 정답을 도출한다.

합격자의 시간단축 Tip

Tip ❶ 선지 간 관계를 살펴본다.

문제에 복잡하고 특이한 개념이 있으면 최대한 피해야 한다. 그러나 그런 개념이 두 개 이상의 선지에 있다면, 이는 피할 수 없다. 반드시 해당 개념을 구해야 함을 인지하고 풀어나간다.

보기 ㄷ과 ㄹ은 '소멸기업 수'라는 개념에 대해 묻고 있다. 소멸기업 수는 각주에 나와 있는 개념이고, 눈으로 바로 구할 수 있는 숫자의 개념은 아니다. 따라서 쉬운 선지 하나를 풀어서 답이 나오는 것이 아닌 이상 '소멸기업 수'를 구할 생각을 하고 문제를 접근하는 것이 심적 부담을 덜을 수 있다.

Tip ❷ 문제가 묻는 바를 정확히 파악함으로써 계산을 최소화한다.

숫자의 크기가 클수록 계산에서 실수할 가능성이 커지는데, 이 문제에서는 백만이 넘어가는 숫자를 다루어야 한다. 따라서 문제가 묻는 바를 정확히 파악함으로써 불필요한 계산을 줄일 필요가 있다. 보기 ㄴ과 ㄷ의 정오 판단을 위해서는 정확한 값을 도출할 필요가 있지만, 보기 ㄹ은 2021년과 2022년의 소멸기업 수 간 관계만을 물어보고 있다. 2021년의 소멸기업 수는 880,000이고, 880,000의 90%는 792,000이다. 따라서 2021년의 소멸기업 수를 정확히 계산하여 2022년과 비교하는 대신, 2021년의 소멸기업 수가 792,000인지만 확인하도록 한다.

Tip ❸ 보기별 시간단축 전략

보기 ㄱ. 가장 먼저 창업률이 먼저 높은 해를 찾는다. 〈자료 1〉에서 이는 2020년임을 알 수 있다. 다음으로 〈자료 2〉에서 2020년의 기업소멸률이 가장 높은지를 확인하면 되는데, 2020년의 기업소멸률은 2019년보다 낮으므로 틀린 선지임을 바로 파악할 수 있다.

보기 ㄹ.

[방법 1]

2022년의 소멸기업 수는 880,000개이며 880,000의 90%는 792,000이다. 이를 구할 때 880,000×0.9로 접근하는 것이 아니라 880,000−880,000×0.1로 접근한다면 더 빠른 계산이 가능하다.

[방법 2]

총활동기업 수를 구하지 않고 주어진 값들로도 소멸기업 수를 도출할 수 있다.

$\frac{\text{창업률}}{\text{기업소멸률}}=\frac{\text{신생기업 수}}{\text{소멸기업 수}}$이고, 신생기업 수는 〈자료 1〉에서 확인할 수 있다.

22 정답 ② 난이도 ●●○

수리능력_자료해석_자료에 대한 진위 판단(계산 필요)

① (O) 2023년 상속인조회건수는 총 283,140건이다.

→ '상속인조회건수=(금융민원+금융상담+상속인조회)×상속인조회 비중'으로 구한다.

이때, '금융민원 상담건수=(금융민원+금융상담+상속인조회)×금융민원 비중'이므로

'(금융민원+금융상담+상속인조회)=$\frac{\text{금융민원건수}}{\text{금융민원비중}}$'가 성립한다.

〈자료 1〉을 살펴보면 2023년 금융민원 비중은

13%=0.13, 〈자료 2〉를 살펴보면 2023년 금융민원 상담건수는 94,830건이므로 이를 이용해 2023년 '금융민원+금융상담+상속인조회'를 구하면

$\frac{94,380}{0.13}=726,000$(건)이다.

2023년 상속인조회 비중은 39%=0.39이므로, 2023년 상속인조회건수를 구하면 $726,000 \times 0.39=283,140$(건)이다.

② (×) **금융민원, 금융상담, 상속인조회건수의 합은 2020년 대비 2021년에 13,104건 감소하였다.**

→ '(금융민원+금융상담+상속인조회) = $\frac{\text{금융민원건수}}{\text{금융민원비중}}$'가 성립하므로

〈자료 1〉의 금융민원 비중과 〈자료 2〉의 금융민원건수를 이용해 2020년과 2021년 금융민원, 금융상담, 상속인조회건수의 합을 구하면 다음과 같다.

- 2020년: $\frac{89,440}{0.13}=688,000$(건)
- 2021년: $\frac{85,368}{0.12}=711,400$(건)

따라서 2020년 대비 2021년 금융민원, 금융상담, 상속인조회건수의 합은 $711,400-688,000=13,104$(건) 증가하였다.

③ (○) **2019년의 금융민원건수가 2020년보다 10% 적다면, 2019년 금융상담건수는 40만 건을 초과한다.**

→ 2019년 금융민원건수가 2020년보다 10% 적다고 가정하면, 2019년 금융민원건수=2020년 금융민원건수$\times(1-0.1)=89,440\times0.9$ $=80,496$(건)

(금융민원+금융상담+상속인조회) = $\frac{\text{금융민원건수}}{\text{금융민원비중}}$

이므로 2019년 금융민원, 금융상담, 상속인조회건수의 합을 구하면 $\frac{80,496}{0.12}=670,800$(건)이다.

2019년 금융상담건수의 비중은 63%=0.63이므로 2019년 금융상담건수는 $670,800\times0.63=422,604$(건)이다.

따라서 2019년 금융민원건수가 2020년보다 10% 적다면, 2019년 금융상담건수는 40만 건을 초과한다.

④ (○) **2020년 이후 보험사의 금융민원건수는 항상 전체 금융민원건수의 50% 이상이다.**

→ 제시된 자료의 각주에 의하여 보험사는 생명보험과 손해보험만을 취급한다.

즉, 보험사의 금융민원건수는 생명보험민원건수와 손해보험 민원건수의 합이다.

전체 금융민원건수에서 보험사의 금융민원건수가 차지하는 비중은

$\frac{\text{보험사의 금융민원건수}}{\text{전체 금융민원건수}}\times100=$

$\frac{\text{생명보험민원}+\text{손해보험민원}}{\text{전체 금융민원건수}}\times100$로 구한다.

2020~2023년 전체 금융민원건수에서 보험사의 금융민원건수가 차지하는 비중을 구하면 다음과 같다.

- 2020년: $\frac{22,170+30,250}{89,440}\times100 ≒ 58.609$(%)
- 2021년: $\frac{14,655+33,815}{85,368}\times100 ≒ 56.778$(%)
- 2022년: $\frac{16,704+35,119}{90,075}\times100 ≒ 57.565$(%)
- 2023년: $\frac{14,029+36,238}{94,380}\times100 ≒ 53.260$(%)

따라서 2020년 이후 매년 보험사의 금융민원건수는 전체 금융민원 건수의 50% 이상이다.

⑤ (○) **2022년 금융민원, 금융상담, 상속인조회건수의 합은 720,600건이다.**

→ (금융민원+금융상담+상속인조회) = $\frac{\text{금융민원건수}}{\text{금융민원비중}}$이므로,

2022년 금융민원, 금융상담, 상속인조회건수의 합은 $\frac{90,075}{0.125}=720,600$(건)으로 옳은 설명이다.

합격자의 실전 풀이 순서

❶ 옳지 않은 것을 고르는 문제이므로 선지 옆에 X를 표시해 실수하지 않도록 한다.
❷ 선지 ①의 경우 금융민원과 상속인조회의 비중이 정확히 3배 차이임을 활용한다.
❸ 선지 ②의 경우 계산과정이 다소 많으므로 다음 선지 먼저 해결한다.
❹ 선지 ③의 경우 2019년 금융민원건수를 구하고 이에 5를 곱하여 60%가 어느 정도 인지를 확인해본다.
❺ 선지 ④의 경우 생명보험과 손해보험 값을 더하여 2를 곱했을 때 합계를 초과하는지 확인한다.
❻ 선지 ⑤의 경우 금융민원건수에 8을 곱하여 판단한다. 최종적으로 선지 ②를 판단하지 않고도 정답을 구할 수 있다.

합격자의 시간단축 Tip

Tip ❶ 선지를 순서대로 풀 필요 없다. 본인이 잘 모르겠는 경우나 시간이 오래 걸릴 것으로 판단되면 일단 넘어가고 나중에 확인하거나 다른 선지들을 통해 정답을 도출할 수 있다.

Tip ❷ 정오판별의 기준점을 파악한다.
정오판별의 분기점을 파악하여, 각 분기점의 반례를 파악한다면 시간을 단축할 수 있다. 선지 ②의 경우, 2020년 대비 2021년 금융민원, 금융상담, 상속인조회의 합이 13,104건 감소했는지와 관련하여 정오판별의 기준점은 '변화량이 13,104건', '감소'이다. 변화량과 무관하게 수치가 증가했다면 오선지가 되므로, 증감방향이 부합하는지 먼저 판단하는 것이 좋다. 정확한 값을 도출하는 것보다 증감방향 파악이 더 쉽기 때문이다.

Tip ❸ 선택지별 시간단축 전략
선지 ① 항목 간의 관계를 활용한다. 2023년 상속인조회는 (금융민원+금융상담+상속인조회)의 39%이다. 이는 금융민원(13%)의 3배에 해당하는데, 〈자료 2〉를 통해 2023년 금융민원 건수가 94,380건임을 알 수 있으므로 이 값에 3을 곱하면 된다. 94,380×3=83,140이므로 옳다.

선지 ③ 수치를 정확히 계산하지 않더라도 대략적으로 파악해서 해결할 수도 있다. 89,440건보다 10% 작은 경우 80,000보다는 클 것이지만 계산의 편의를 위해 80,000일 때도 성립하는지를 확인해 본다. 2019년 금융민원이 12%이고 금융상담은 63%인데, 12%를 80,000으로 가정했을 때도 60%가 40만 건이 된다. 실제로는 12%에 해당하는 건수가 80,000보다 크고, 60%보다 큰 63%가 실제 수치이므로 40만 건은 당연히 초과한다. 이를 정리하면 다음과 같다.
(2019년 금융민원건수×(금융상담비중÷금융민원비중)=(89,440×0.9)×(63÷12)
=80,000↑×5↑>400,000

선지 ④ 50% 이상일 경우, 그 값을 2배 해준 값은 전체 값 이상이라는 것을 활용한다. 수식으로 설명하자면 $\frac{A}{B}\times100\geq50\%$라면, $A\geq B\times0.5$이므로 $2\times A\geq B$가 성립한다. 생명보험과 손해보험의 각각의 값을 2배하는 경우 당해연도의 금융민원 합계를 초과하므로 모두 전체 금융민원 건수인 합계의 50%를 초과함을 알 수 있다.
한편 계산을 할 때, 다음과 같이 간단하게 계산하길 바란다. 큰 수의 경우 유효숫자 2~3자리(앞머리)만 확인하여 빠르게 풀이할 수 있다. 2020년에 22,170+30,250=52,420에 2를 곱하면 89,440을 넘는지 확인하는 것이 아니라 22+30=52에 2를 곱하면 89를 넘는지 빠르게 확인하고 넘어간다. 2021년의 경우 (14+33)×2>85가 된다. 만약 2배를 넘는지 애매한 경우 정밀한 계산이 필요하겠지만 해당 문제에서는 넉넉히 2배를 넘기므로 유효숫자 계산으로 충분하다.

선지 ⑤ 12.5%와 같이 활용이 용이한 수치들은 미리 알아두는 것이 좋다. 대표적인 수치는 다음과 같다.

분수	$\frac{1}{2}$	$\frac{1}{3}$	$\frac{1}{4}$	$\frac{1}{5}$	$\frac{1}{6}$	$\frac{1}{7}$	$\frac{1}{8}$	$\frac{1}{9}$
백분율	50%	33.3%	25%	20%	16.7%	14.3%	12.5%	11.1%

23 정답 ❷ 난이도 ●●○

수리능력_자료해석_자료에 대한 진위 판단(계산 필요)

① (O) 2021년 완제의약품 국내자급도는 65%이다.

→ 국내자급도$=\frac{(\text{생산액}-\text{수출액})}{(\text{생산액}-\text{수출액}+\text{수입액})}\times100$

2021년 완제의약품 국내자급도=

$$\frac{(224,460-79,510)}{(224,460-79,510+78,050)}\times100$$

$$=\frac{144,950}{223,000}\times100=65(\%)$$

이므로 옳다.

② (×) 2020년 완제의약품 국내자급도는 전년 대비 증가했다.

→ 2019년과 2020년 완제의약품의 국내자급도를 구하면 다음과 같다.

• 2019년:

$$\frac{(198,430-35,740)}{(198,430-35,740+50,310)}\times100$$

$$=\frac{162,690}{213,000}\times100\fallingdotseq76.4(\%)$$

• 2020년:

$$\frac{(210,240-67,050)}{(210,240-67,050+50,310)}\times100$$

$$=\frac{143,190}{193,500}\times100=74(\%)$$

2020년의 국내자급도는 전년 대비 하락하였다. 따라서 옳지 않은 설명이다.

③ (O) 2021년 싱가포르의 수출액은 전년 대비 1,210 억 원 이상 증가하였다.

→ 2021년에 싱가포르의 수출액은 30,540천만 원이었고, 2020년의 경우에는 싱가포르의 수출액이 상위 10위 내에 들지 못하였으므로 수출액은 18,440천만 원 미만이었을 것이다. 즉, 2021년에는 전년 대비 수출액이 적어도 (30,540−18,440)천만 원 이상 증가하였다고 보아야 한다. 30,540−18,440=12,100(천만 원)이고, 이는 1,210억 원이므로 옳은 해석이다.

④ (O) 제시된 기간 동안 2022년 완제의약품 수출액 상위 10개국으로 새로이 편입된 국가가 있다.

→ 2022년에 수출액 4위를 기록한 호주, 6위를 기록한 이탈리아, 7위를 기록한 대만, 9위를 기록한 브라질의 경우 2019~2021년에는 수출액 상위 10위 내에 들지 못했으나 2022년이 되어 새롭게 편입되었다.

⑤ (O) 2022년 완제의약품 수출액 상위 10개국을 제외한 수출국으로의 수출액은 1조 7천억 원 이상이다.

→ 2022년 우리나라의 완제의약품 수출액 상위 10개국에 대한 수출액은 403,400천만 원이다. 한편 〈자료 2〉를 통해 알 수 있는 완제의약품 전체 수출액은 57,360억 원(=573,600천만 원)이다.

완제의약품 수출액 상위 10개국 외 국가들로의 수출액
=전체 수출액−상위 10개국으로의 수출액
=573,600−403,400=170,200(천만 원)
=1조 7,020억 원

따라서 수출액 상위 10개국을 제외한 수출국으로의 수출액은 1조 7천억 원 이상이다.

합격자의 실전 풀이 순서

❶ 적절하지 않은 것을 고르는 문제이므로 선지 옆에 X 표를 하여 실수를 방지한다. 65%라는 정확한 계산을 요구하는 선지 ①은 보류한다.

❷ 한편 선지 ②는 구체적인 값을 구하지 않고도 간단한 분수 비교를 통해서 전년 대비 증가 여부를 판별할 수 있다. 분수 비교 후, 전년 대비 하락했으므로 옳지 않다고 표시 후 넘어간다.

합격자의 시간단축 Tip

Tip ❶ 단위를 유의해서 확인한다. 〈자료 1〉은 천만 원, 〈자료 2〉는 억 원으로 표기되어 있으므로 선지 판단 과정에서 계산할 때 유의하여 확인한다.

Tip ❷ 선지별 시간단축 전략

선지 ① 정직하게 계산할 수도 있으나, 다음과 같이 수 구조를 이용한다면 보다 직관적인 계산이 가능하다.

$0.65=\frac{65}{100}=\frac{130}{200}=\frac{195}{300}$임을 이용한다.

생산액−수출액=144,950=130,000+14,950
=130,000+13,000+1,950

생산액−수출액+수입액=(130,000+<u>70,000</u>)
+(13,000+<u>7,000</u>)+(1,950+<u>1,050</u>)

이때, (생산액−수출액) 계산 결과에 수입액 78,050을 밑줄 친 값씩 쪼개어서 더해주어 200,000+20,000+3,000이 나오도록 만들었다.

이를 통해 $\frac{(\text{생산액}-\text{수출액})}{(\text{생산액}-\text{수출액}+\text{수입액})}$

$=\frac{130,000+13,000+1,950}{200,000+20,000+3,000}$=0.65임을 직관적으로 알 수 있다.

선지 ② 구체적인 값을 구하기보다는 분수비교를 활용한다. $\frac{B}{A+B}=\frac{\frac{B}{B}}{\frac{A}{B}+\frac{B}{B}}=\frac{1}{\frac{A}{B}+1}$ 이므로

$\frac{B}{A+B}$는 $\frac{A}{B}$와 반비례, $\frac{B}{A}$와 비례한다. 정리하면, $\frac{B}{A+B}\propto\frac{B}{A}$이다.

이러한 특징을 활용하면,

$\frac{(\text{생산액}-\text{수출액})}{(\text{생산액}-\text{수출액}+\text{수입액})}\propto\frac{(\text{생산액}-\text{수출액})}{(\text{수입액})}$

이므로 국내자급도의 전년 대비 증감 여부는 $\frac{(\text{생산액}-\text{수출액})}{(\text{수입액})}$으로 판단할 수 있다.

2019년과 2020년 모두 수입액은 50,310으로 동일하다. 즉, 분모가 동일하다.

한편, 생산액은 2019년 대비 2020년에 12,000보다 적게 증가했는데, 수출액은 같은 기간 동안 31,000 이상 증가했다. 생산액이 증가한 크기보다 수출액이 더 크게 증가했으므로 (생산액−수출액)은 2019년 대비 2020년에 감소할 수밖에 없다. 즉, 분자는 2019년에 비해 2020년에 작아진다.

따라서 분모가 동일한데 분자는 더 작아졌으므로 2019년 대비 2020년의 $\frac{(\text{생산액}-\text{수출액})}{(\text{수입액})}$은 작아진다. 이에 따라 국내자급도도 전년 대비 감소한다는 것을 알 수 있다.

선지③ 상위 n개 표에 등재되지 못한 경우, n번째의 값보다 작은 값을 가진다는 것을 추론할 수 있어야 한다.

선지④ 경향성을 이용한다. 상위권보다는 하위권(5위~10위)의 순위 변동이 심한바, 2022년에서 하위권에 있는 국가부터 새로 편입된 국가가 있는지 확인하는 것을 추천한다.

선지⑤ 상위 10개국 외의 국가들로의 수출액을 도출하기보다는, 선지를 이용하기를 추천한다. 즉, 상위 10개국을 제외한 수출국으로의 수출액이 1조 7천억 원 이상이 맞다고 가정하면, 모순이 발생하는지를 확인하는 것이다. 해당 선지가 맞다면 다음과 같은 부등식이 성립해야 한다. 상위 10개국에 대한 수출액+1조 7천억 원≤전체 수출액

403,400(천만 원)+170,000(천만 원)=573,400(천만 원)≤573,600(천만 원)으로 부등식이 성립하므로, 모순이 발생하지 않는다. 따라서 해당 선지는 옳다고 판단할 수 있다.

24 정답 ⑤ 난이도 ●●○

수리능력_자료해석_추가자료 활용

① **(O) 아일랜드에서 수입하는 완제의약품의 경우 2021년 업체 1개소당 평균 수입액은 2020년의 2배이다.**

→ 아일랜드에서 수입하는 완제의약품의 2020년과 2021년 업체 1개소당 평균 수입액을 구하면 다음과 같다.

- 2020년: $\frac{18,700}{17}=1,100$(천만 원)
- 2021년: $\frac{39,600}{18}=2,200$(천만 원)

1,100×2=2,200이므로 2021년 업체 1개소당 평균 수입액은 2020년의 2배이다.

② **(O) 전체 완제의약품 수입액 중 일본으로부터의 수입액의 비중은 2022년에 전년 대비 1%p 증가하였다.**

→ 2021년과 2022년의 전체 완제의약품 수입액중 일본으로부터의 수입액의 비중을 구하면 다음과 같다.

- 2021년: $\frac{23,415\text{천만 원}}{78,050\text{억 원}}\times100$
  $=\frac{23,415\text{천만 원}}{780,500\text{천만 원}}\times100=3(\%)$
- 2022년: $\frac{25,200\text{천만 원}}{63,000\text{억 원}}\times100$
  $=\frac{25,200\text{천만 원}}{630,000\text{천만 원}}\times100=4(\%)$

따라서 2022년 전체 완제의약품 수입액 중 일본으로부터의 수입액의 비중은 2021년 대비 1%p 증가했다.

③ **(O) 2019년 우리나라의 완제의약품 수출액과 수입액 모두 상위 10개국에 포함되는 국가는 5개국이다.**

→ 〈자료 1〉의 2019년 수출액 상위 10개국 및 〈자료 3〉의 2019년 수입액 상위 10개국 중 중복되는 국가를 찾으면 된다. 중복되는 국가는 독일, 미국, 일본, 스위스, 네덜란드로 총 5개국이다.

④ **(O) 2020년 전체 완제의약품 수입액 중 덴마크로부터 수입하는 완제의약품의 수입액 비중은 3% 미만일 것이다.**

→ 〈자료 3〉에서 알 수 있듯 덴마크는 2020년 완제의약품 수입액 상위 10개국에 속하지 못하였다. 따라서 덴마크는 11위 이하에 위치할 것이므로 덴마크로부터의 수입액은 해당 연도 10위 국가인 스웨덴보다 작을 것이다.

이때, 2020년 전체 완제의약품 수입액 중 스웨덴이 차지하는 비중은 $\frac{15,093\text{천만 원}}{50,310\text{억 원}}\times100=3(\%)$이다.

덴마크로부터의 수입액은 15,093천만 원보다 작을 것이다. 즉, 분자의 값이 작아지므로 덴마크가 차지하는 비중은 3% 미만이다.

⑤ **(×) 제시된 기간 동안 스위스에서 수입하는 완제의약품의 경우 업체 1개소당 평균 수입액이 가장 많은 해는 2022년이다.**

→ 2019~2022년 스위스 업체 1개소당 평균 수입액을 구하면 다음과 같다.

- 2019년: $\frac{53,310}{39}\fallingdotseq1,366.9$(천만 원)
- 2020년: $\frac{54,600}{39}=1,400$(천만 원)
- 2021년: $\frac{53,420}{39}\fallingdotseq1,369.7$(천만 원)
- 2022년: $\frac{45,270}{39}\fallingdotseq1,160.8$(천만 원)

따라서 2020년의 평균 수입액이 가장 많다.

합격자의 실전 풀이 순서

[방법 1]

❶ 선지 ①, ②는 다소 정확한 계산을 요구하고 있다. 두 선지 모두 수 구조가 곧바로 눈에 들어올 때는(후술) 정오 판단을 하고 넘어가도 좋으나, 계산이 까다로워 보였다면 보류하고 넘어가는 것도 나쁘지 않다.

❷ 선지 ③은 차분하게 확인할 수밖에 없는 선지인데, 생각보다 시간을 소모하게 되기도 하고, 실수가 발생하기 쉬운 유형이라 보류하고 넘어간다.

❸ 비교적 단순하게 확인되는 선지 ④, ⑤의 정오를 판단한 후, 선지 ⑤가 옳지 않다고 표시한 후 넘어간다.

[방법 2]

❶ 적절하지 않은 것을 찾는 문제이므로 선지 옆에 X표시를 하여 적절한 것을 정답으로 하는 실수를 하지 않도록 한다.

❷ 자료의 단위 및 내용을 파악한 후 각 선지를 순서대로 판단한다. 선지 ④까지 판단했을 때 모두 적절했으므로 선지 ⑤는 별도 풀이 없이 답으로 체크하고 넘어간다.

합격자의 시간단축 Tip

Tip ❶ 자료에 순위가 등장할 경우 보이지 않는 정보들이 선지에 제시될 수 있으므로 이를 염두에 두면 좋다. 순위권 바깥에 있어 구체적 수치를 모르더라도 해당 문제와 같이 10위의 수치를 활용하며 판단할 수 있는 선지 ④와 같은 경우가 그렇다.

Tip ❷ 선지별 시간단축 전략

선지 ①, ② 이상/이하가 아니라 '2배', '1%p'와 같이 딱 떨어지는 값이 제시된 경우 계산하기 쉽게 수 구조를 만들어놓은 경우가 많다. 따라서 수 구조를 적극적으로 활용한다. 평소에 숫자에 대한 감각을 익혀두면 도움이 될 것이다.

선지 ①의 경우 $\frac{17,000+1,700}{17}=1,000+100=1,100$, $\frac{36,000+3,600}{18}=2,000+200=2,200$임이 눈에 들어왔다면 2배 관계임을 쉽게 확인할 수 있었을 것이다.

선지 ②의 경우, 비교적 분모가 단순하여 정리하기 쉬웠던 2022년을 기준으로 $\frac{25,200}{630,000}=\frac{7\times3,600}{7\times90,000}=0.04$임을 구한 후, 2021년이 이보다 1%p 작은 0.03인지 확인하는 방식으로 접근한다. 분자를 3의 배수 형태로 정리하고자 했으며, $\frac{23,415}{780,500}=\frac{3\times7,805}{100\times7,805}=0.03$이 도출되어 모순이 없음을 확인하였다.

처음에는 위와 같은 계산 방식이 어색할 수 있으나, 수의 배수들을 떠올리다 보면 나중에는 구조가 보이기 시작할 것이다.

선지 ③ 〈자료 1〉과 〈자료 3〉의 항목을 비교해야 하는데 자료 간 거리가 멀다. 따라서 국가 하나하나마다 일일이 대조하기보다는 여러 국가를 묶어서 한번에 대조하는 것이 빠르다. 예를 들어 〈자료 1〉에서 1위~5위의 두문자를 따서 '독미튀일중'을 외우고 〈자료 3〉에 와서 있는지 체크하는 것이다. 다음은 나머지 6위~10위인 '헝베스크네'를 외워서 확인하면 된다.

선지 ④ 발문이 '~일 것이다.'로 끝나는 것에 주목한다. 만약 수입액 상위 10개국에 덴마크가 포함되어 있었다면 발문이 '~일 것이다.'가 아니라 '~이다.'로 끝났을 것이다. 이러한 발문의 확인을 통해 덴마크가 2020년 상위 10개국에 포함되어 있지 않더라도 당황하지 않고 문제를 해결해 나갈 수 있다.

선지 ⑤ 정확한 값을 계산하기보다는 분수 구조를 먼저 확인하는 습관이 필요하다. 2019년~2022년 $\frac{\text{스위스 수입액}}{\text{스위스 수입업체 수}}$을 살펴보면, 분모는 매년 동일하게 유지되고 있음을 알 수 있다. 따라서 분자의 값이 가장 큰, 즉, 스위스로부터의 수입액이 가장 큰 해인 2020년이 업체 1개소당 평균수입액이 가장 클 것이다. 계산하지 않고 구할 수 있는 선지임을 확인하기 바란다.

25 정답 ④ 난이도 ●●○

수리능력_자료해석_자료에 대한 진위 판단(계산 필요)

① (O) 제시된 기간 동안 재해자 수가 가장 적은 해는 2020년이다.

→ '재해율$=\frac{\text{재해자 수}}{\text{산재보험 적용 근로자 수}}\times100$'이므로 '재해자 수$=\frac{\text{재해율}}{100}\times$산재보험 적용 근로자 수'이다.

이를 이용해 2019~2023년 재해자 수를 구하면 다음과 같다.

- 2019년: 0.006×1,875만 명=11.25(만 명)
- 2020년: 0.0058×1,898만 명=11.0084(만 명)
- 2021년: 0.0063×1,940만 명=12.222(만 명)
- 2022년: 0.0065×2,020만 명=13.13(만 명)
- 2023년: 0.0066×2,065만 명=13.629(만 명)

따라서 2020년의 재해자 수가 가장 적다.

② (O) 2021년 업무상 질병 재해자 수의 전년 대비 증가율은 2020년보다 높다.

→ 업무상 질병 재해자 수의 전년 대비 증가율은 $\frac{\text{해당연도 질병 재해자 수}-\text{전년도 질병 재해자 수}}{\text{전년도 질병 재해자 수}}\times100$으로 구한다.

〈자료 2〉를 참고해 2020년, 2021년 업무상 질병 재해자 수의 전년 대비 증가율을 구하면 다음과 같다.

• 2020년: $\frac{17,265-16,875}{16,875}\times100 ≒ 2.311(\%)$

• 2021년: $\frac{20,435-17,265}{17,265}\times100 ≒ 18.361(\%)$

따라서 업무상 질병 재해자 수의 전년 대비 증가율은 2021년이 더 높다.

③ (○) 2022년 업무상 사고 재해자 수는 108,166명이다.

→ 업무상 사고 재해자 수=재해자 수−업무상 질병 재해자 수

$=\left(근로자\ 수\times\frac{재해율}{100}\right)-업무상\ 질병\ 재해자\ 수$

2022년의 업무상 사고 재해자 수
=(2,020만 명× 0.0065)−23,134명
=(20,200,000명×0.0065)−23,134명
=108,166(명)

따라서 2022년의 업무상 사고 재해자 수는 108,166명으로 옳다.

④ (×) 2023년 업무상 사고 재해자 수는 업무상 질병 재해자 수의 5배를 초과한다.

→ '2023년 업무상 사고 재해자 수>2023년 업무상 질병 재해자 수×5'가 성립해야 한다.
〈자료 2〉를 통해 2023년 업무상 질병 재해자 수는 23,290명임을 확인할 수 있다.
업무상 사고 재해자 수
=재해자 수−업무상 질병 재해자 수

$=\left(근로자\ 수\times\frac{재해율}{100}\right)-업무상\ 질병\ 재해자\ 수$

2023년 업무상 사고 재해자 수=(2,065만 명×0.0066)−23,290명
=(20,650,000명×0.0066)−23,290명
=113,000(명)
113,000≯23,290×5=116,450이므로, 2023년 업무상 사고 재해자 수는 2023년 업무상 질병 재해자 수의 5배를 초과하지 않는다.

⑤ (○) 2019년 재해자 중 업무상 질병 재해자의 비중은 15%이다.

→ 2019년 재해자 중 업무상 질병 재해자의 비중

$=\frac{2019년\ 업무상\ 질병\ 재해자\ 수}{2019년\ 재해자\ 수}\times100$

$=\frac{2019년\ 업무상\ 질병\ 재해자\ 수}{\frac{2019년\ 재해율}{100}\times 2019년\ 산재보험\ 적용\ 근로자\ 수}\times100$

∴ 2019년 재해자 중 업무상 질병 재해자의 비중:

$\frac{16,875}{0.0060\times18,750,000}\times100=15(\%)$

따라서 2019년 재해자 중 업무상 질병 재해자의 비중은 15%로 옳다.

합격자의 실전 풀이 순서

❶ 적절하지 않은 것을 고르는 문제이므로 선지 옆에 X 표시를 하여 적절한 것을 답으로 고르는 실수를 하지 않도록 한다. 이후 〈자료〉와 선지를 먼저 살핀 후, 비슷한 용어들에 헷갈리지 않도록 유의한다. 또한, 〈자료 1〉의 단위가 만 명임에 유의한다. 선지 ①에서 재해자 수는 근로자 수와 재해율이 모두 큰 2021년, 2022년, 2023년을 제외하고 2019년과 2020년만 비교하면 된다. 곱셈 비교하면 2020년이 더 작다.

❷ 선지 ②에서는 〈자료 2〉 그래프의 시각적 특징을 적극적으로 활용한다. 2019년에서 2020년의 증가폭보다 2020년에서 2021년의 증가폭이 확연히 크다. 기울기가 후자가 훨씬 가파른 것이다. 대충 계산해도 2021년의 전년 대비 증가율이 높다.

❸ 일의 자리 수까지 정확히 구해야 하는 선지 ③은 보류하고, 선지 ④ 먼저 정오 판단을 한다. 2023년의 업무상 질병 재해자 수가 $\frac{1}{6}$ 이하인지 확인한다. $\frac{1}{6}$을 넘어가므로, 옳지 않다고 표시한 후 다음 문제로 넘어간다.

합격자의 시간단축 Tip

Tip 선지별 시간단축 전략

선지 ① 2021~2023년은 산재보험 적용 근로자 수와 재해율이 2020년보다 높다. 따라서 계산하지 않아도 2020년의 재해자 수가 더 적을 것임을 알 수 있다. 한편, 2019년과 2020년을 비교할 때에는 정확한 값을 도출할 필요 없이 대소 비교만 하면 되므로, 단위를 고려하지 않은 채로 곱셈 비교를 진행한다.
2020년의 1,898은 2019년의 1,875년보다 +23으로 2%도 안 되게 크지만, 2019년의 60은 2020년의 58보다 +2로 3% 이상 크다. 따라서 2019년의 값이 더 크므로 가장 작은 해는 2020년이다.

선지 ② 〈자료 2〉 그래프의 시각적 특징을 적극적으로 활용한다. 막대그래프 증가폭을 고려했을 때, 2019년

CHAPTER 8 실전모의고사 8회

에서 2020년의 증가하는 기울기보다, 2020년에서 2021년으로 증가하는 기울기가 더 가파르다. 따라서, 2021년의 전년 대비 증가율이 더 높을 것임을 염두에 두고, 전년 대비 증가율을 계산해 본다. 구체적인 값은 도출하지 않고, 크게 어림산을 한다. 2021년의 전년 대비 증가율은 10%도 훌쩍 넘는데, 2020년의 전년 대비 증가율은 10%보다 한참 아래다. 따라서 2021년의 전년 대비 증가율이 더 높다.

선지 ③ 도출이 아닌 확인하는 방식으로 정오 판단을 진행한다. 2022년의 업무상 사고 재해자 수가 108,166명이 옳다고 가정한 후에, 선지에 모순이 있는지 확인하는 것이다. 업무상 사고 재해자 수가 108,166명이라면, 〈자료 2〉에서 업무상 질병 재해자 수는 23,134이므로 둘을 더한 값인 재해자 수는 131,300일 것이다.

한편, 〈자료 1〉에서 재해자 수를 구하면, 0.65%×2,020만 명$\left(=0.65\times\frac{1}{100}\times2{,}020\times10{,}000\text{명}\right)=$ 65×2,020명=131,300(명)이다(이때, 단위 변환 과정은 괄호 친 가운데 과정을 고민하지 않고도 쉽게 이루어질 수 있도록 해야 한다). 모순이 없으므로 선지 ③의 108,166은 옳은 수치이다.

선지 ④ 항목 간의 관계를 이용한다. 편의상 업무상 질병 재해자 수를 1이라 한다면, 업무상 사고 재해자 수가 5 이상이 되어야 한다. 결국 전체가 6일 때, 6=1↓(질병 재해자)+5↑(사고 재해자)의 관계가 성립할 것이다. 즉, 업무상 질병 재해자 수는 재해자 수의 $\frac{1}{6}$ 이하가 되어야 해당 선지가 옳은 설명이 된다. $\frac{1}{6}$ 이하가 옳다면, 업무상 질병 재해자 수에 6배를 곱해도 그 값은 전체 재해자 수보다 작을 것이다. 즉, 23,290×6 <2,065만 명×0.66%가 성립해야 한다. 그러나 23,280×6≮2,065만 명×66이므로 모순이 발생한다. 따라서 옳지 않은 설명이다.

선지 ⑤ 수 구조를 활용한다. 선지에서 15%인지 물었으므로, 15%가 나올 수 있도록 숫자를 조합해 보자.

$$\frac{16{,}875}{1{,}875\times60}\times100$$

$$=\frac{15{,}000+1{,}500+300+75}{100{,}000+10{,}000+2{,}000+500}\times100=15(\%)$$

이므로 직관적으로 15%임을 알 수 있다.

(참고 300=150×2, 75=15×5)

26 정답 ⑤ 난이도 ●●○

수리능력_자료해석_추가자료 활용

ㄱ. (○) 업무상 사고로 인한 사망자는 2021년에 비해 2022년에 더 많다.

➜ 업무상 사고 사망자 수

$=\frac{\text{사고성 사망만인률}}{10{,}000}\times$산재보험 적용 근로자 수

〈자료 1〉의 산재보험 적용 근로자 수와 〈자료 3〉의 사고성 사망만인률을 참고해 2021년과 2022년의 업무상 사고 사망자 수를 구하면 다음과 같다.

- 2021년: $\frac{0.45}{10{,}000}\times1{,}940$만 명
  =0.45×1,940=873(명)
- 2022년: $\frac{0.45}{10{,}000}\times2{,}020$만 명
  =0.45×2,020=909(명)

따라서 2022년에 업무상 사고 사망자 수가 더 많다.

ㄴ. (×) 제시된 기간 동안 업무상 사고로 인한 사망자 수가 1,000명이 넘는 기간은 1개년도이다.

➜ 업무상 사고 사망자 수

$=\frac{\text{사고성 사망만인률}}{10{,}000}\times$산재보험 적용 근로자 수

〈자료 1〉의 산재보험 적용 근로자 수와 〈자료 3〉의 사고성 사망만인률을 참고해 2019~2023년 업무상 사고 사망자 수를 구하면 다음과 같다.

- 2019년:
  $\frac{0.48}{10{,}000}\times1{,}875$만 명
  =0.48×1,875명=900(명)
- 2020년: $\frac{0.50}{10{,}000}\times1{,}898$만 명
  =0.50×1,898명=949(명)
- 2021년: $\frac{0.45}{10{,}000}\times1{,}940$만 명
  =0.45×1,940명=873(명)
- 2022년: $\frac{0.45}{10{,}000}\times2{,}020$만 명
  =0.45×2,020명=909(명)
- 2023년:
  $\frac{0.40}{10{,}000}\times2{,}065$만 명
  =0.40×2,065명=826(명)

따라서 업무상 사고 사망자 수가 1,000명 이상이 되는 해는 없다.

ㄷ. (○) 2020년 업무상 질병으로 인한 사망자 수는 1,120명 미만이다.

→ 업무상 재해 사망자 수=업무상 질병 사망자 수+업무상 사고 사망자 수

업무상 질병 사망자 수=업무상 재해 사망자 수−업무상 사고 사망자 수

$=$업무상 재해 사망자 수$-\left(\frac{\text{사고성 사망만인률}}{10,000}\times\right.$ 산재보험 적용 근로자 수$\left.\right)$

2020년 업무상 질병 사망자 수

$=2,068\text{명}-\left(\frac{0.50}{10,000}\times1,898\text{만 명}\right)=1,119(\text{명})$

따라서 2020년 업무상 질병 사망자 수는 1,120명 미만이다.

ㄹ. (○) 2023년 업무상 질병 사망자 수는 전년 대비 감소하였다.

→ 업무상 질병 사망자 수=업무상 재해 사망자 수−업무상 사고 사망자 수

$=$업무상 재해 사망자 수$-\frac{\text{사고성 사망만인률}}{10,000}$

2022년과 2023년 업무상 질병 사망자 수를 구하면 다음과 같다.

• 2022년:

$2,222\text{명}-\left(\frac{0.45}{10,000}\times2,020\text{만 명}\right)=1,313(\text{명})$

• 2023년:

$2,065\text{명}-\left(\frac{0.40}{10,000}\times2,065\text{만 명}\right)=1,239(\text{명})$

따라서 2023년 업무상 질병 사망자 수는 전년 대비 감소하였다.

합격자의 실전 풀이 순서

❶ 〈자료〉와 〈보기〉를 먼저 살핀 후, 비슷한 용어들에 헷갈리지 않도록 유의한다. 또한, 사망만인율은 만분율 $\left(\frac{1}{10,000}\right)$임에 유의한다. 산재보험 적용 근로자 수는 2022년이 더 크므로, 업무상 사고 사망자 수는 2022년이 더 크다는 것을 확인한다. 보기 ㄱ은 올바른 설명이므로 선지 ②, ③을 소거한다.

❷ 1,000명=0.50‱×2,000만 명임을 고려할 때, 보기 ㄴ의 정오 판단은 어렵지 않게 할 수 있다. ㄴ은 옳지 않은 설명이므로 선지 ①, ④를 소거한다. 따라서 정답은 ⑤이다.

합격자의 시간단축 Tip

Tip ❶ 만분율을 단위인 만 명과 약분하여 깔끔하게 처리한다. 예를 들어 0.45‱×2,020만 명=0.45×2,020(명)이 된다.

Tip ❷ 보기별 시간단축 전략

보기 ㄱ. 정확한 값을 도출하는 대신 곱셈 비교를 활용한다. 2021년과 2022년의 사고성 사망만인률은 0.45‱로 동일하다. 따라서, 산재보험 적용근로자 수가 더 큰 2022년이 업무상 사고 사망자 수도 더 클 것이다.

보기 ㄴ. 기준이 되는 수를 활용하도록 한다. 1,000명=2,000명×0.50으로 나타낼 수 있다. 따라서 사고성 사망만인률은 0.50‱보다 작고 산재보험 적용 근로자 수도 2,000만 명보다 작은 2019년, 2020년, 2021년은 계산하지 않아도 1,000명보다 작을 것임을 알 수 있다. 한편, 2022년의 근로자 수는 기준치인 2,000만 명보다 1%가량 크지만, 사고 사망만인률은 0.45‱는 기준치인 0.50‱보다 10% 작다. 따라서 둘을 곱한 값인 사고 사망자 수는 1,000명보다 작을 것이다. 마찬가지로, 2023년의 사고 사망만인율은 기준치보다 20% 작지만, 근로자 수는 기준치에 비해 3%도 안 되게 크다. 따라서 둘을 곱한 값은 1,000보다 작을 것임을 알 수 있다.

보기 ㄷ. 도출하는 대신 확인한다. 업무상 질병 사망자 수의 정확한 값을 계산하기보다는 보기 ㄷ의 숫자 1,120 미만이 옳다고 가정한 뒤, 모순이 발생하는지 확인하는 것이다. 〈자료 3〉에서 2020년 재해자 수는 2,068명이므로, 질병 사망자 수가 1,120명 미만이라면 사고 사망자 수는 948명 이상일 것이다. 사고 사망자 수는 0.50‱×1,898만 명=949(명)으로 모순이 발생하지 않는다. 따라서 올바른 설명이다.

보기 ㄹ. 정확한 값을 도출할 필요 없이, 증감 여부만 판별하면 된다. △A를 A의 변화분이라 할 때, △A=△B+△C가 성립한다.

'△업무상 질병 사망자 수=△업무상 재해 사망자 수−△업무상 사고 사망자 수'가 성립할 때, △업무상 질병 사망자 수=2022년 업무상 질병 사망자 수−2023년 업무상 질병 사망자 수>0이어야 2023년의 업무상 질병 사망자 수가 감소하였다고 볼 수 있다(혹은 △업무상 질병 사망자 수=2023년 업무상 질병 사망자 수−2022년 업무상 질병 사망자 수<0).

△업무상 사고 사망자 수

$=0.45\times2,020-0.40\times2,065$

$=0.40(2,020-2,065)+0.05\times2,020$

$=(-18)+101=83$

CHAPTER 8 실전모의고사 8회

∴ △업무상 질병 사망자 수=157－83=74>0이므로, 2023년 업무상 질병 사망자 수는 전년 대비 감소하였다.

27 정답 ④ 난이도 ●●○

문제해결능력_조건추리(매칭, 배치)

[방법 1]

먼저 교육시간에 대해 판단한다. 조직문화교육은 3시간이 소요되므로, 수요일에 진행되는 교육은 아니며, 월, 화요일 중에 진행되는 교육 중 어떤 교육은 5시간이 소요된다는 점을 추론할 수 있다. 즉, 월, 화요일 중 하루는 3시간(조직문화교육), 5시간 교육이 실시된다. 교육시간은 3시간, 5시간, 4시간, x, y이고 이때 $x+y=8$이어야 한다. (1, 7), (2, 6)인 경우 동일한 교육시간이 없어 조건 3에 위배된다. (3, 5)인 경우 조건 1에 위배되므로 가능한 경우의 수는 (4, 4)뿐이다. 따라서 앞서 검토한 3시간(조직문화교육), 5시간 교육을 제외한 나머지 3개 교육은 모두 4시간이 소요되는 교육이다. 이에 따라 조건 1에서 E과장은 5시간 교육을 담당하게 됨을 알 수 있다. 현재까지 도출된 내용을 정리하면 다음과 같다. 조건 4도 반영한다.

구분	조직문화교육	고객응대교육	기업금융교육	금융윤리교육	세일즈교육
교육시간	3시간		4시간	4시간	
담당자	A대리				C과장
실시일					

E과장은 5시간이 소요되는 교육을 담당하는데 현재까지의 내용을 통해 E과장이 담당하는 교육이 기업금융교육과, 금융윤리교육이 아님을 알 수 있다. 세일즈교육 또한 C과장의 담당임이 확실하므로 E과장의 담당은 고객응대교육이다. 자연히 세일즈교육의 교육시간은 4시간으로 확정된다.

구분	조직문화교육	고객응대교육	기업금융교육	금융윤리교육	세일즈교육
교육시간	3시간	5시간	4시간	4시간	4시간
담당자	A대리	E과장			C과장
실시일					

조건 2에서 D차장은 수요일에 진행하는 교육을 담당한다고 하였는데, 수요일에 진행되는 교육은 4시간이 소요되는 교육이므로 기업금융교육, 금융윤리교육 중 하나일 것이다.

그런데 조건 6에서 기업금융교육은 수요일에 진행하지 않는다고 하였으므로 D차장의 담당교육은 금융윤리교육이 되고, 이 교육이 수요일에 실시되는 교육이 된다. 마지막 조건에서 고객응대교육은 화요일에 진행하지 않는다고 하였으므로 고객응대교육 및 조직문화교육은 월요일에 실시되고, 기업금융교육과 세일즈교육은 화요일에 실시됨을 알 수 있다.

구분	조직문화교육	고객응대교육	기업금융교육	금융윤리교육	세일즈교육
교육시간	3시간	5시간	4시간	4시간	4시간
담당자	A대리	E과장	B과장	D차장	C과장
실시일	월요일		화요일	수요일	화요일

위 표에 따라 적절하게 판단하지 못한 것은 선지 ④임을 알 수 있다.

[방법 2]

우선 확정적인 조건을 확인한다.

조건 2에서 D차장은 수요일에 교육한다. 따라서 교육시간은 4시간이다. 조건 4에서 C과장은 세일을 담당한다. 조건 5에서 조직은 A대리가 담당하고 3시간이 소요된다.

	요일/시간	/3			수/4	
요일/시간		A	B	C	D	E
/3	조직	○	×	×	×	×
	고객	×		×		
	기업	×		×		
	금융	×		×		
	세일	×	×	○	×	×

조건 1에 따라 E과장이 담당하는 교육은 어떤 교육시간보다 길고, 조건 5에 따라 A대리의 교육시간은 3시간이다. E과장의 교육시간은 A대리와 합쳐서 8시간이 되는 5시간이거나 그 이상인 6시간, 7시간일 수 있다. 그런데 E과장의 교육시간이 5시간을 초과하면 조건 3과 모순이 발생한다. E과장의 교육시간이 6시간이라면 E과장과 합쳐서 총 교육시간이 8시간이 되는 2시간의 교육시간을 가지는 직원이 있어야 하는데 기업과 금융의 교육시간이 같기 때문이다. 기업과 금융의 교육시간이 2시간이라면 A대리의 교육시간 3시간과 합쳐서 8시간이 될 수 없기 때문에 모순이다. 따라서 E과장의 교육시간은 5시간이다. 이를 근거로 B과장과 C과장의 교육시간이 4시간임을 알 수 있다. B과장, C과장, D차장의 교육 내용을 어떻게 조합하더라도 모두 교육시간이 4시

간이 되어야 하기 때문이다.

	요일/시간	/3	/4	/4	수/4	/5
요일/시간		A	B	C	D	E
/3	조직	○	×	×	×	×
	고객	×		×		
/4	기업	×		×		
/4	금융	×		×		
/4	세일	×	×	○	×	×

교육 내용 중 5시간의 교육이 가능한 것은 고객뿐이므로 E의 교육 내용은 고객이 된다.

정리해 보면 A대리와 E과장은 월요일 또는 화요일 중 같은 요일에 교육하고, B과장과 C과장은 화 또는 월요일 중 같은 요일에 교육함을 알 수 있다.

조건 7에 따라 고객은 화요일에 진행하지 않으므로 E과장은 월요일에 교육함을 알 수 있다. 따라서 A대리도 월요일에 교육하며, B과장과 C과장은 화요일에 교육한다. 조건 6에 따라 기업은 수요일에 진행하지 않으므로 B과장의 교육 내용은 기업이다. 따라서 D차장의 교육 내용은 금융이다.

	요일/시간	월/3	화/4	화/4	수/4	월/5
요일/시간		A	B	C	D	E
월/3	조직	○	×	×	×	×
월/5	고객	×	×	×	×	○
화/4	기업	×	○	×	×	×
수/4	금융	×	×	×	○	×
화/4	세일	×	×	○	×	×

합격자의 시간단축 Tip

Tip ❶ 조건을 고려하여 간단하게 정리한다.

이상의 해설은 풀이 과정에 대한 이해를 돕기 위해 표로 정리하여 제시하였다. 하지만 실제 시험에서 표를 그리기에는 시간이 다소 부족하다. 2×2표처럼 단순한 경우에는 표를 그리는 것이 도움이 될 수도 있으나, 해당 문제처럼 항목의 기준을 고르는 것부터가 까다로운 경우에는 표 활용을 추천하지 않는다. 대신에 필자는 발문 위에 정리를 하였다.

> 18. (중략) … 대한은행 직원 A대리, B과장, C과장, D차장, E과장은 조직문화교육[A, 월, 3], 고객응대교육[E, 월, 5], 기업금융교육[B, 화, 4], 금융윤리교육[D, 수, 4], 세일즈교육[C, 화, 4] 중 하나를 담당하여 교육하고자 한다. …

교육의 이름이 길어 여백에다 따로 정리하는 시간을 아끼기 위해, 발문을 활용한 것이다. 조건을 읽어가며 확정되는 정보부터 발문에 있는 교육 이름 위에 대응하는 담당자, 요일, 시간을 작게 적으면서 정리하였다.

표는 시간을 단축하기 위한 도구임을 기억하자. 오히려 표를 그리는 것이 시간 소모가 심할 때는 과감하게 다른 방법으로 접근하는 것을 추천한다.

Tip ❷ 해결 완료한 조건은 / 또는 ×로 표시하자.

완전히 사용한 조건은 확실하게 표시하여 헷갈릴 일이 없도록 한다. 이는 일차적으로 문제 풀이 과정에서 이미 사용한 조건을 다시 확인하는 시간 낭비를 없애기 위해서다. 또한 문제 풀이 이후에 경우의 수가 여러 개 남았더라도 결과에 확신을 갖기 위해서다. 만약 해결 완료한 조건들을 표시하지 않은 경우, 경우의 수를 좁힐 수 있는 조건을 미처 빠뜨린 것은 아닌지 걱정될 수 있기 때문이다.

Tip ❸ 두문자 따기

조건의 모든 명칭을 그대로 쓸 필요는 없다. 각 조건의 앞 글자가 모두 다르다면 한 글자씩만 따서 사용하고, 앞 글자끼리 비슷하다면 두 번째 글자까지 두문자로 따서 사용하자.

해당 문제의 경우 조직문화교육, 고객응대교육, 기업금융교육, 금융윤리교육, 세일즈교육을 조, 고, 기, 금, 세로 두문자를 딸 수 있다. 헷갈린다면 조직, 고객, 기업, 금융, 세일까지만 두문자를 따도 빠르게 조건을 확인할 수 있을 것이다.

Tip ❹ 모든 정보를 파악할 필요는 없다.

설령 표를 그려 정보를 정리한다고 하더라도, 표의 빈칸을 모두 채워야 할 필요는 없음을 기억하자. 제시된 조건을 통해 표를 만들면 다음과 같이 나타낼 수 있다. 여기서 확정되지 않은 정보들을 확정할 필요 없이 문제를 해결할 수 있다. 문제마다, 상황마다 다르겠지만 확정되지 않은 정보를 시간을 할애하여 굳이 채울 필요는 없다. 일차적으로 표에 모든 조건을 반영하였으면 선지를 확인하여 소거할 수 있는 선지는 소거한 이후에도 정답이 도출되지 않으면 확정되지 않는 정보를 추론하는 것이 시간을 절약할 수 있다.

구분	요일	시간	이름
A		3	조직
B		4	기업
C			세일즈
D	수	4	~기업/금융
E			고객

28 정답 ⑤ 난이도 ●●●

문제해결능력_조건추리(일반)

위 내용을 통해 추론이 필요한 내용은 i) A~D의 입사 순서, ii) 4개 부서의 교육 기간, iii) 4개 부서의 교육 순서이다. 먼저 A~D의 입사 순서를 추론해 보면 각 부서별 교육의 순서도 유추할 수 있다. A~D는 1월부터 4월까지 매월 한 명씩 입사하였다. 따라서 가장 먼저 입사한 사람은 1월에 입사하였을 것이고, 교육은 총 6개월간 진행되므로 가장 먼저 입사한 사람은 6월에는 교육이 종료되었을 것이다. A의 진술 및 D의 진술을 참고하면 A, C, D는 모두 7월에도 근무하였다. 따라서 B가 가장 먼저 입사하여 6월에 교육이 종료되었을 것이다.

다음으로, 교육의 최대 기간은 2개월이다. 따라서 앞서 입사한 사람이 2개월이 소요되는 교육의 첫 한 달을 근무하고, 그다음 한 달을 근무하는 경우 바로 다음 달에 입사한 사람은 해당 교육의 첫 한 달을 근무하게 된다. 이 경우 두 사람은 같은 근무 장소에서 함께 근무하게 된다. 따라서 함께 근무하였다는 것은 두 사람 사이에 입사 기간이 한 달 차이가 난다는 의미이다. B의 진술을 통해 보면 B는 재무부에서 근무하는 동안 A와 함께 근무한 적이 있다고 하였다. 따라서 1월에 가장 먼저 입사한 사람인 B에 이어 연속적으로 입사한 사람은 A임을 알 수 있다. 또 A의 진술을 통해 보면 A는 C와 같은 부서에서 근무하였으므로 A 다음의 입사자는 C이고, 마지막으로 입사한 사람이 D임을 알 수 있다. 따라서 입사 순서는 B－A－C－D이다. 이에 따라 교육 기간 6개월을 나타내면 아래와 같다.

B: 1월~6월, A: 2월~7월, C: 3월~8월, D: 4월~9월

진술을 통해 추가적으로 알 수 있는 점은 누군가와 함께 근무한 적이 있다고 진술한 부서의 경우 교육 기간이 2개월인 부서일 수밖에 없다는 점이다. 교육 기간이 1개월인 부서는 A~D의 입사가 한 달씩 차이나며, 모든 교육은 순차적으로 진행되므로 같은 부서에서 근무할 수 없기 때문이다. 따라서 교육 기간이 2개월인 부서는 B의 진술 및 C의 진술을 통해 재무부와 관리부임을 알 수 있다. 이에 따라 기획부와 구매부는 각각 교육 기간이 1개월이다.

A가 C는 7월에 같은 부서에서 근무하였고, 그 부서를 부서X라고 하자. 7월은 A의 마지막 수습 교육이 실시되는 달에 해당한다. 따라서 A는 부서X에서 6월－7월에 교육을 받았을 것이고, C는 이보다 한 달 늦은 7월－8월에 부서X에서 교육받았을 것이다. 그런데 C는 5월에 D와 교육 기간이 2개월인 관리부에서 근무하였고, 교육 기간이 2개월인 부서는 재무부와 관리부이므로 부서X는 재무부이다. C와 D 역시 같은 방식으로, C가 더 일찍 입사하였으므로 관리부 2개월 교육 중 마지막 한 달의 교육이 실시되는 달에 D의 처음 한 달의 교육이 실시될 것이므로 관리부 교육의 경우 C는 4－5월에, D는 5－6월에 실시됨을 알 수 있다. A, C, D의 진술을 아래의 표와 같이 나타낼 수 있다.

	1월	2월	3월	4월	5월	6월	7월	8월	9월
B									
A						재무부	재무부		
C				관리부	관리부		재무부	재무부	
D					관리부	관리부	구매부		

B는 A와 재무부에서 근무한 적이 있고, B의 마지막 교육 월은 6월이므로 B는 5월－6월에 재무부에서 교육받았다. 즉, 재무부 교육은 교육 순서 중 가장 마지막 순서임을 알 수 있다. 또 위 표의 D의 교육 현황을 보면 관리부－구매부의 순서가 도출되고, C의 교육 현황을 통해 관리부－구매부－재무부(가장 마지막)의 순서를 도출할 수 있으므로, 기획부는 가장 처음에 실시하는 교육임을 추론할 수 있다. 결론적으로 교육 순서는 기획부(1개월)－관리부(2개월)－구매부(1개월)－재무부(2개월)이다.

이제 입사 순서와 교육 시간 및 교육 순서를 모두 알아냈으므로 위 표를 완성시킬 수 있다.

	1월	2월	3월	4월	5월	6월	7월	8월	9월
B	기획부	관리부	관리부	구매부	재무부	재무부			
A		기획부	관리부	관리부	구매부	재무부	재무부		
C			기획부	관리부	관리부	구매부	재무부	재무부	
D				기획부	관리부	관리부	구매부	재무부	재무부

① (O) A는 5월에 구매부에서 근무하였다.
→ A는 5월에 구매부에서 근무하였다.

② (O) A~D 중 가장 먼저 입사한 사람은 B이다.
→ B가 가장 먼저 입사하였다.

③ (O) A와 C는 4월에도 같은 부서에서 근무하였다.
→ A와 C는 4월에 관리부에서 함께 근무하였다.

④ (O) C와 D는 8월에도 같은 부서에서 근무하였다.
→ C와 D는 8월에 재무부에서 함께 근무하였다.

⑤ (×) 수습교육 중 가장 먼저 교육을 실시하는 부서는 관리부이다.
→ 수습교육 중 가장 먼저 교육을 실시하는 부서는 기획부이다.

합격자의 시간단축 Tip

Tip ❶ 아이디어가 떠오르지 않을 경우 돌아와서 다시 푼다.

아이디어를 요구하고 아이디어가 떠오르지 않을 경우 풀 수 없게 출제되는 문제가 있다.

이런 문제의 경우 아이디어를 떠올리려고 노력하기보다 다른 문제를 풀고 돌아왔을 때 아이디어가 떠오르는 경우가 많다.

해당 문제는 “함께 근무한다.”라는 단서로 ‘연속으로 입사를 해야지만 2개월로 진행되는 교육 기간 때 겹칠 수 있다.’는 단서를 유추해야 한다. 이 아이디어를 떠올리지 못했다면 절대 문제를 풀 수 없다. 1분 이내로 아이디어를 떠올리지 못했다면 다른 문제를 풀고 돌아와서 보는 것이 낫다. 아이디어를 떠올리지 못한 상태에서 문제를 읽어도 단서를 찾을 수 없기 때문이다.

Tip ❷ 선지를 적극적으로 활용한다.

운 좋게 풀이를 완벽하게 하지 않아도 답을 도출할 수 있는 경우가 있다. 따라서 풀이 중간중간에 지금까지의 풀이로 확인할 수 있는 선지가 있는지 검토하면 좋다. 해당 문제의 경우 관리부는 C의 4－5월에, D의 5－6월에 실시된 것을 알게 된 순간 더 풀지 않고도 선지 ⑤를 답으로 고를 수 있다. 또한, 확정적인 내용들을 활용하여 정보를 채운 후 특정 선지가 맞다고 판단하여 경우가 확정된다면, 그에 반하는 선지가 있는지를 확인하여 정답을 찾는 방법도 있다.

Tip ❸ 모든 조건과 선지를 한 번에 대입해서 판단하자.

본 문항과 같이 참인 조건들을 제시하고 그 추론으로 옳지 않은 것을 도출할 것을 요구하는 경우에, 모든 선지와 참인 조건들을 대입한 후 모순 혹은 동시에 성립할 수 없는 경우를 찾아 옳지 않은 선지를 판단하는 방법이 있다.

구분	구매부	관리부	기획부	재무부 AB	입사 순서
1월		B			B
2월					
3월					
4월 A C					
5월	A	C D			
6월					
7월 A C	D				
8월 C D					
9월					

모든 조건과 선지를 대입한 후, 4개 부서 교육에 할애되는 시간은 총 6개월이라는 점을 활용하면 쉽게 답을 도출할 수 있다. 7월에 교육이 있는 A와 C, 8월에 교육이 있는 C와 D를 통해서 B가 첫 번째로 입사한 것을 알 수 있다. 또한 8월에 C와 D의 교육 일정이 있기 때문에 2월에 입사한 사람은 A가 된다. 이뿐만 아니라 2개의 부서는 교육기간이 1개이고 나머지 부서의 교육기간이 2개월이라는 점을 통해 1개월 차이로 입사한 A, B, C, D가 동시에 같은 교육을 받기 위해서는 교육기간이 2개월인 부서에서만 가능하다. 이를 통해 관리부와 재무부가 2개월의 교육기간에 해당하는 부서임을 알 수 있다. 위 추론 내용을 표로 나타내면 다음과 같다. 이해의 편의를 위해 확정된 정보는 [ ]를 표시한다.

구분	구매부	관리부 [2]	기획부	재무부 [AB] [2]	입사 순서
1월		B			[B]
2월		B A			[A]
3월		A C			[C]
4월 A C		C D			[D]
5월	A	[C D]			
6월					
7월 [A C]	[D]				
8월 C D					
9월					

이를 토대로 정리한 결과, 모든 조건을 동시에 충족하기 위해서는 관리부가 첫 번째 OJT 실시 부서가 아니어야 한다. B가 첫 번째로 입사한 사람이라는 점, 관리부가 2개월의 교육기간을 가진다는 점, 교육순서는 모두에게 동일하게 적용된다는 점은 확정된 사실이기 때문이다. 따라서 옳지 않은 선지는 ⑤임을 알 수 있다. 설명 분량이 많아 매우 복잡한 사고과정을 거쳐야할 것 같지만 실제로 대입하는 것을 훈련하여 익숙해진다면 금방 정답을 도출할 수 있을 것이다.

29 정답 ③ 난이도 ●●●

문제해결능력_논리퍼즐

A의 질문과 답변을 한 세트로 해 순서대로 ‘조건 1’~‘조건 4’로 표기한다.

조건 2에 따라 가장 큰 숫자와 작은 숫자의 구성으로는 (1, 9), (2, 8), (3, 7), (4, 6)이 있다. 카드에 중복된 번호는 없으므로 (5, 5)는 불가하다. 또한, 조건 1에 의하면 다섯 자리 숫자 중 짝수가 한 개뿐이므로, (1, 9), (3, 7)의 조합만 가능하다. 이때 (3, 7)의 경우 조건

2에 의해 3이 가장 작은 숫자, 7이 가장 큰 숫자임을 고려할 때 구성 숫자가 3, 4, 5, 6, 7이 되어야 하는데 이는 조건 1에서 짝수가 1개 포함되어있다는 것에 배치되므로 (1, 9)만이 가능함을 알 수 있다.

조건 4에 따르면, 서로 인접한 두 숫자의 최소 차이는 3이다. 따라서 5의 양옆에는 1, 2, 8, 9만 올 수 있다. 하지만 조건 3을 고려하면, 8은 올 수 없다. 짝수는 제시된 숫자 중 네 번째로 커야 하는데, 8보다 큰 수는 9 한 개만 존재하기 때문에 어떤 경우에도 포함될 수 없기 때문이다. 결과적으로 5의 양옆에는 1, 2, 9만 가능하다. 따라서 1, 2, 9 중 두 개는 무조건 5의 양옆에 있어야 한다. 5의 양옆으로 1, 9 / 2, 9 / 1, 2가 있을 때의 경우를 각각 살펴본다. 좌우 대칭 구조이므로 해당 구조만 먼저 파악한다.

1) -, 1, 5, 9, -

사용 가능한 짝수부터 구한다. 조건 1에 의해 짝수는 1개만 포함되어 있으며, 또한 조건 3에 따라 짝수는 5보다는 작고 1보다는 커야 한다. 따라서 가능한 짝수는 2 또는 4로, 배타적으로 사용할 수 있을 뿐이다.

한편, 조건 3에 나머지 하나의 숫자는 사용된 짝수보다 크면서, 사용되지 않은 (즉, 1, 5, 9를 제외한) 홀수가 들어가야 한다.

1-1) 사용한 짝수가 2일 때

나머지 하나의 수는 2보다 크면서 사용되지 않는 홀수이어야 하므로 3, 7이 가능하다.

한편, 조건 4에 의해 2는 1 옆에 위치할 수 없다.

- 31592: 서로 인접한 두 숫자의 최소 차이가 2이므로 불가능하다.
- 71592: 서로 인접한 두 숫자의 최소 차이가 4이므로 불가능하다.

1-2) 사용한 짝수가 4일 때

나머지 하나의 수는 4보다 크면서 사용되지 않는 홀수이어야 하므로 7만이 가능하다.

한편, 조건 4에 의해 7은 9 옆에 위치할 수 없다.

- 71594: 서로 인접한 두 숫자의 최소 차이가 4이므로 불가능하다.

2) -. 2, 5, 9, -

짝수가 이미 제시되었고, 그 수가 2이다. 2가 네 번째로 큰 수가 되기 위해서는 1이 반드시 필요하다. 이때 조건 4에 의해 1은 2 옆에 위치할 수 없고 반드시 9 옆에 위치해야 한다.

한편, 나머지 하나의 수는 2보다 크면서 사용되지 않은 (즉, 1, 5, 9를 제외한) 홀수이므로 3, 7이 가능하다.

- 32591: 서로 인접한 두 숫자의 최소 차이가 1이므로 불가능하다.
- 72591: 서로 인접한 두 숫자의 최소 차이가 3이므로 가능하다.

3) -, 1, 5, 2, -

짝수 2와 1이 포함되었으므로 짝수는 더 이상 불가능하다.

한편, 나머지 하나의 수는 2보다 크면서 사용되지 않은 (즉, 1, 5를 제외한) 홀수이므로 3, 7, 9이 가능하다.

이때 조건 4에 의해 3은 1과 2 어느 쪽에도 위치할 수 없으므로 가능한 숫자는 7, 9뿐이다.

따라서 71529, 91527의 조합이 가능하다. 인접한 두 숫자의 최소 차이도 3이다.

4) 최종

1)~3)을 통해 가능한 조합은 72591, 71529, 91527임을 확인했다.

대칭구조도 가능하기 때문에 19527, 92517, 72519도 가능함을 알 수 있다.

하지만 모든 경우에서 6은 포함되지 않는다.

합격자의 실전 풀이 순서

❶ 문제를 읽으며 중복된 번호 없다는 점을 확인한다.

❷ 첫 번째와 두 번째 질문 및 답변을 통해 (1, 9), (3, 7)이 포함될 수 있다고 생각한다.

❸ 이후 질문과 답변을 봤을 때 (3, 7)은 불가하므로 (1, 9)가 들어감을 확인 후 경우를 나눠 구해본다.

합격자의 시간단축 Tip

Tip ❶ 출발점 잡기

조건 2로 고려될 수 있는 숫자 조합은 (1, 9), (2, 8), (3, 7), (4, 6), (5, 5)이다. 이를 추리면 중복된 번호가 없기에 (5, 5)를 소거할 수 있고, 짝수는 1개라 했으므로 (2, 8)과 (4, 6)도 소거된다. (3, 7)의 경우 가장 큰 숫자와 작은 숫자의 조합이 되어 구성 숫자가 3, 4, 5, 6, 7이 되어야 하는데 이 경우 질문과 답변에 배치되는 경우가 나타난다. 따라서 (1, 9)로 추릴 수 있고, 이를 출발점으로 하여 문제를 풀어가면 시간을 단축할 수 있을 것이다.

Tip ❷ 문제가 묻고 있는 것을 잘 파악하기

문제는 숫자의 '배치'가 아닌 숫자의 '구성'을 물어보고 있다는 것에 주목하여 구성을 중점적으로 따져보자. 조건 1과 조건 2로 1, 5, 9, 짝수, 홀수가 총 숫자 구성임을 알 수 있다. 가능한 짝수를 먼저 구해보자. 이때 조건 3을 고려한다면 짝수 중에 6, 8은 불가하다. 8은 네 번째로 클 수 없으며 6은 네 번째로 큰 경우 또 다른 짝수인 8을 필요로 하기 때문이다. 따라서 가능한 짝수는 2, 4이다. 다음은 가능한 홀수인데, 중복 여부를 따지면 3, 7이 가능하다. 결국 짝수로는 2, 4, 홀수로는 3, 7이므로 4가지 조합을 따져볼 수 있다. 사실 여기까지만 풀어도 6이 절대로 포함될 수 없기에 답을 고를 수 있지만 끝까지 푸는 경우를 가정한다.

1) 1, 2, 3, 5, 9
1, 2, 3은 숫자의 차이가 3이 되지 않아 어떻게 배치하든 조건 4를 위배할 것이다.

2) 1, 3, 4, 5, 9
조건 3에 위배된다.

3) 1, 2, 5, 7, 9
해설에서와 같이 72591, 71529, 91527, 19527, 92517, 72519의 조합이 가능하다.

4) 1, 4, 5, 7, 9
조건 4를 고려할 때 5 열에 배치될 수 있는 것은 1, 9뿐이다. 그리고 9 열에는 7이 올 수 없으므로 7, 1, 5, 9, 4과 같은 배치가 완성된다. 이때는 최소 차이가 3이 되는 것이 없어 조건 4를 위배하게 된다.

Tip ❸ 경우의 수를 도출하는 것이 아니라 선지의 숫자가 포함되는 경우의 수가 있는지를 살펴본다.
경우의 수를 모두 도출하여 포함되지 않는 숫자를 찾는 것이 아니라 선지 ①에서 묻는 숫자인 2를 넣고 성립하는 경우의 수가 있는지 살펴본다. 경우의 수를 모두 도출하는 것이 목적이 아니라 포함될 수 없는 숫자가 있는지를 살펴보는 것은 사례 찾기에 해당한다.

30 정답 ③ 난이도 ●●●

문제해결능력_진실게임(참/거짓)

주어진 조건을 정리하면, 표창을 받은 사원은 2개 진술 모두 거짓, 진행자는 2개 진술 모두 참, 표창을 받지 못한 사원은 1개 참, 1개 거짓을 말한다. 이를 염두에 두고 각 진술을 확인해 본다.
먼저 첫 번째 진술들의 관계를 검토한다. 각 사원의 첫 번째 진술 중 직접적으로 대치되는 진술은 B의 진술과 D의 진술이다. B는 C가 표창을 받지 못했다고 하였으나 D는 표창을 받은 사람 중 한 명은 C라고 진술하고 있기 때문이다. 따라서 이 둘의 진술 중 하나는 참, 하나는 거짓이 된다.

1) B의 첫 번째 진술이 참인 경우
B의 첫 번째 진술이 참인 경우, C는 표창을 받지 못했다. 그리고 D의 첫 번째 진술은 거짓이 된다. 이러한 진술의 진위에 따라 추가로 추론할 수 있는 것은 진술자의 지위이다. B의 진술이 참이라고 가정했으므로 B는 모든 진술이 거짓인 '표창을 받은 사원'은 아니게 된다. 즉, 진행자 또는 표창을 받지 못한 사원 중 하나가 된다. 또 D는 하나 이상의 거짓 진술을 한 셈이므로 진행자가 될 수 없다. 또 B의 첫 번째 진술이 참임에 따라 C는 표창을 받지 못한 사람이 되므로 C는 반드시 거짓 진술과 참인 진술을 각각 하나씩 해야 한다. 현재까지의 추론을 표로 나타내면 다음과 같다.

구분	A	B	C	D	E
지위		~표창○	표창×	~진행자	
진술1		○		×	
진술2					

앞서 검토한 바와 같이 B는 표창을 받은 사원은 아니다. 그런데 A는 첫 번째 진술에서 표창을 받은 사원 중 한 명은 B라고 하였으므로 이 진술은 틀렸다. A의 진술 중 반드시 하나는 틀렸으므로 A는 진행자가 아니고, E는 첫 번째 진술에서 A는 진행자가 아니라고 하였으므로 E의 첫 번째 진술은 옳다. 이에 따라 E는 하나 이상의 참을 말하였으므로 표창을 받은 사원이 아니다. 현재까지의 내용을 정리하면 아래와 같다.

구분	A	B	C	D	E
지위	~진행자	~표창○	표창×	~진행자	~표창○
진술1	×	○		×	○
진술2					

위 표에 따라 B, C, E는 표창을 받은 사람이 아니고, A~E 중 표창을 받은 사람은 2명이며, A, D는 진행자가 아닐 뿐이므로 표창을 받은 사람은 A와 D로 확정된다. 따라서 A와 D의 두 번째 진술은 모두 거짓이 된다. 그리고 C의 첫 번째 진술(E: 표창○) 역시 거짓이 된다. C는 표창을 받지 못한 사원이고, 하나의 참인 진술, 하나의 거짓인 진술을 하므로 첫 번째 진술이 거짓이라면 두 번째 진술은 참이 되어야 한다.

구분	A	B	C	D	E
지위	표창○	~표창○	표창×	표창○	~표창○
진술1	×	○	×	×	○
진술2	×		○	×	

A의 두 번째 진술이 거짓이므로 송년회에서 경품 추첨은 만찬보다 늦게 진행되지 않았다. 즉, 경품 추첨은 만찬보다 일찍 진행되었다. (경품 추첨 → 만찬) 이에 따라 경품 추첨은 가장 마지막 순서가 될 수 없음에도 B는 두 번째 진술에서 경품 추첨은 마지막 순서로 진행되었다고 하였으므로 B의 두 번째 진술은 틀린 진술임을 알 수 있고, 이 경우 B는 표창을 받지 않은 사원이 된다. 이에 따라 E는 반드시 진행자가 되어야 하므로, E의 두 번째 진술(송년회에서 만찬은 두 번째 순서로 진행되었다.) 또한 옳아야 한다. 그런데 D의 두 번째 진술이 거짓이므로 송년회에서 개회사는 만찬보다 늦게 진행되지 않았다. 즉, 송년회에서 개회사는 만찬보다 일찍 진행되었고(개회사 → 만찬), A와 D의 두 번째 진술을 종합할 때, 만찬에 앞서 경품 추첨과 개회사를 먼저 진행하므로 만찬은 반드시 세 번째 순서 이후가 될 것이고, 이 경우 E의 두 번째 진술은 참이 될 수 없다.
결과적으로 B의 첫 번째 진술이 참일 수 없다.

2) D의 첫 번째 진술이 참인 경우

D의 진술이 참인 경우, B의 첫 번째 진술은 거짓이고, C는 표창을 받은 사람이다. 이에 따라 C의 진술은 모두 거짓이 되고, D는 하나 이상의 참을 진술했으므로 표창을 받은 사람은 아니다. B는 하나 이상의 거짓을 진술했으므로 진행자는 될 수 없다. C의 진술 모두가 거짓이므로 표창을 받은 사원 중 한 명은 E가 아니고, 송년회에서 만찬은 우수 사원 표창 및 경품 추첨보다 일찍 진행되었다. (만찬 → 우수 사원 표창 및 경품 추첨) 이에 따라 A의 두 번째 진술은 참이 되고, A는 표창을 받은 사원이 아니게 된다. E 역시 표창을 받은 사원이 아니므로 반드시 하나 이상의 진술은 참이다. 현재까지의 내용을 표로 정리하면 아래와 같다.

구분	A	B	C	D	E
지위	~표창○	~진행자	표창○	~표창○	~표창○
진술1		×	×	○	
진술2	○		×		

따라서 표창을 받은 나머지 한 사람은 B가 된다. B가 표창을 받은 경우 A의 첫 번째 진술(B: 표창○)은 참이 되고, B의 두 번째 진술(경품 추천은 마지막 순서)은 거짓이 된다. 이에 따라 A는 모든 진술이 참으로, 진행자가 될 것이다. 그리고 남은 D와 E가 표창을 받지 않은 사원이 된다. D의 첫 번째 진술(C: 표창○)이 참이므로 두 번째 진술은 거짓이 될 것이고, E의 첫 번째 진술(A: 진행자×)은 거짓이므로 두 번째 진술(만찬 두 번째 순서)은 참이 된다.

구분	A	B	C	D	E
지위	진행자	표창○	표창○	표창×	표창×
진술1	○	×	×	○	×
진술2	○	×	×	×	○

이에 따라 최종적으로 식순을 정리하면, A 및 C의 두 번째 진술에 따라 (만찬 → 우수 사원 표창 및 경품 추첨)의 관계가 도출되고, D의 두 번째 진술(거짓)에 따라 (개회사 → 만찬)의 순서가, E의 두 번째 진술에 따라 만찬은 두 번째 순서로 확정되었으므로, B의 두 번째 진술(거짓)에 따라 경품 추첨은 마지막 순서가 아님을 고려하면 식순은 '개회사 → 만찬 → 경품 추첨 → 우수 사원 표창'으로 정리되며 각 사원의 지위 및 송년회 식순이 최종 확정된다.

① (○) 진행자는 A이다.
→ 진행자는 A가 맞다.

② (○) B의 진술 중 적어도 하나는 거짓이다.
→ B는 표창을 받은 사원이고, 두 진술 모두 거짓이므로 적어도 하나는 거짓이라는 추론은 옳다.

③ (×) C는 표창을 받지 못했다.
→ C는 표창을 받은 사원이다.

④ (○) 식순의 가장 처음은 '개회사'이다.
→ 식순의 가장 처음 순서는 '개회사'이다.

⑤ (○) E는 표창을 받지 못했다.
→ E는 표창을 받지 못한 사원이다.

합격자의 실전 풀이 순서

[방법 1]

❶ 적절한 추론으로 볼 수 없는 것을 고르라 했으므로 선지 옆에 X표시를 하여 적절한 추론을 한 것을 고르는 실수를 하지 않도록 한다.
❷ 진행자가 A라 가정하여 판단을 해본다. 진행자는 오직 1명이며 반드시 참을 말하기 때문에 확실한 단서에 해당하기 때문이다. 이 경우 B와 C가 표창을 받은 사원, D와 E가 표창을 받지 않은 사원으로 주어진 조건에 모순 없이 확정된 결과가 도출된다.
❸ 이를 바탕으로 선지를 판단했을 때 선지 ③만 도출된 결과와 다르므로 답이 된다.

[방법 2]

❶ 적절한 추론으로 볼 수 없는 것을 고르라 했으므로 선지 옆에 X표시를 하여 적절한 추론을 한 것을 고르는 실수를 하지 않도록 한다.
❷ A~E의 진술 중 동시에 참일 수 없는 경우를 파악한다.
❸ 동시에 참일 수 없는 진술이 각각 참, 거짓인 경우로 나누어 판단한다.

합격자의 시간단축 Tip

Tip ❶ 확실한 단서를 가정하고 풀어나간다.

조건이 복잡한 경우 확실한 단서를 하나 가정하고 푸는 것이 도움이 되는 경우가 많다.

해당 문제에서 확실한 단서는 "진행자"다. 오직 1명이며 반드시 참을 말한다. 이는 반드시 거짓을 말하나 표창을 받은 사원과 다르고 참과 거짓을 1개씩 말해 혼동을 주는 표창을 받지 못한 사원과 다르다.

1) A가 진행자라고 가정한 경우

B는 표창을 받았으므로 반드시 거짓을 말한다. B의 진술이 거짓이므로 C는 표창을 받았다.

D와 E가 표창을 받지 못한 사원임이 확정된다. 따라서 이들의 진술이 참 1개, 거짓 1개로 구성되어 있는지 확인한다.

C가 표창을 받았으므로 D의 첫 진술은 참이다. A가 진행자이므로 E의 첫 진술은 거짓이다. 따라서 D의 두 번째 진술은 거짓이고 E의 두 번째 진술은 참이 된다. 송년회의 식순이 옳은지 확인한다.

A의 진술(참)에 따라 만찬>경품 추첨이다.

B의 진술(거짓)에 따라 경품 추천은 마지막 순서가 아니다.

C의 진술(거짓)에 따라 만찬>우수 사원 표창, 경품 추첨

D의 진술(거짓)에 따라 개회사>만찬

E의 진술(참)에 따라 만찬은 2번째 순서다.

이를 종합하면 개회사>만찬>우수 사원 표창, 경품 추첨인데 경품 추첨은 마지막이 아니므로 개회사>만찬>경품 추첨>우수 사원 표창이 된다.

조건에 위배되는 사항이 없으므로 A는 진행자일 수 있다.

구분	A	B	C	D	E
지위	진행자	표창○	표창○	표창×	표창×
진술1	○	×	×	○	×
진술2	○	×	×	×	○

2) B가 진행자라고 가정한 경우

C는 표창을 받지 못했고, 송년회에서 경품 추첨은 마지막으로 진행되었다.

그렇다면 C의 두 번째 진술은 거짓이고 첫 번째 진술이 참이 된다.

C의 첫 번째 진술에 따라 E는 표창을 받은 사원이다.

그런데 C의 첫 번째 진술이 거짓이려면 A는 진행자여야 하는데 B도 진행자이므로 모순이다.

구분	A	B	C	D	E
지위	진행자	진행자	표창×		표창○
진술1	○	○	○		×
진술2	○	○	×		×

3) C가 진행자라고 가정한 경우

E는 표창을 받았다. 그런데 E의 첫 번째 진술이 거짓이려면 A는 진행자여야 하는데 C도 진행자이므로 모순이다.

구분	A	B	C	D	E
지위	진행자		진행자		표창○
진술1	○		○		×
진술2	○		○		×

4) D가 진행자라고 가정한 경우

C는 표창을 받았다. 그렇다면 C의 모든 진술은 거짓이 되어, E는 표창을 받지 못한 사원이다.

E의 첫 번째 진술은 참이 되고 두 번째 진술이 거짓이 된다.

이때 A와 B의 지위는 모르나 B의 첫 번째 진술은 거짓이다.

이때 A의 두 번째 진술은 참일 수 없다. A의 두 번째 진술이 참이라면 A의 첫 번째 진술은 거짓이고 A는 표창을 받지 못한 사원, B는 표창을 받은 사원이 된다. 그러나 이는 모순이다. A의 첫 번째 진술이 거짓이어야 하기 때문이다.

이제 남은 경우의 수를 보자. A의 첫 번째 진술과 B의 두 번째 진술 중 어느 것이 참인지와는 관계없이 A의 두 번째 진술에 따라 경품 추첨>만찬이다. 그런데 C의 두 번째 진술에 따라 만찬>경품 추첨, 우수 사원 표창이다.

즉, D가 진행자인 경우는 모순이다.

구분	A	B	C	D	E
지위			표창○	진행자	표창×
진술1		×	×	○	○
진술2	×		×	○	×

5) E가 진행자라고 가정한 경우

E의 두 번째 진술에 따르면 만찬은 두 번째 순서이므로 C의 두 번째 진술이 거짓이다.

또한 C의 첫 번째 진술 역시 거짓이므로 C는 표창을 받은 사원이다.

따라서 B의 첫 번째 진술은 거짓이다. 또한 D의 첫 번째 진술은 참이다.

C의 두 번째 진술에 따라 만찬>우수 사원 표창, 경품 추첨이므로 A의 두 번째 진술은 참이다. 따라서

A, B, D 중에 아직까지 참인 진술이 없는 B가 표창을 받은 사원, A와 D가 표창을 받지 못한 사원으로 확정된다. 그렇게 되면 A의 첫 번째 진술은 거짓, D의 두 번째 진술은 거짓일 것이다. 그런데 B는 표창을 받은 사원이므로 A의 첫 번째 진술과 모순이 발생한다.

구분	A	B	C	D	E
지위	표창×	표창○	표창○	표창×	진행자
진술1		×	×	○	○
진술2	○		×		○

위의 모든 과정을 거칠 필요는 없다.
①에서 A가 진행자냐고 묻고 있기 때문에 A를 진행자로 가정해 보는 것이 좋다. A를 진행자로 가정했는데 풀이 도중 모순이 발생한다면 ①이 오선지로 확정된다. 반대로 A를 진행자로 한 그 가정이 맞는 경우 우선 선지를 확인한다. 물론 ABCDE의 경우의 수가 여러 가지가 있어 A가 진행자인 경우로 선지를 확인했을 때 모든 오선지를 제거할 수 없고, 다른 경우의 수를 찾아야 할 수도 있다.
그러나 해당 문제처럼 경우의 수가 한 가지인 경우 그 한 개의 경우의 수만으로 모든 선지가 해결되기 때문에 다른 경우의 수를 찾거나 문제의 모든 조건을 확인할 필요 없이 빠르게 답을 찾아낼 수 있다.

Tip ② 모순되는 조건을 찾아본다.

앞선 해설에서와 같이 서로 모순되는 조건이 있다면 하나는 반드시 참, 하나는 반드시 거짓이 되므로 경우의 수를 나눠 판단할 수 있다.

Tip ③ 선지를 활용한다.

선지가 참임을 가정하여 어떠한 결과를 하나 도출하게 되면, 이에 따른 선지 판단을 할 수 있다. 경우의 수가 여러 가지 나오는 문제라 하더라도, 도출된 결과에 부합하지 않는 선지는 답이 될 수 없기 때문이다.
또는 선지와 모순되는 내용을 바탕으로 결과를 도출하여 판단할 수도 있다. 예를 들어 “C가 표창을 받았음”을 가정하여 어떠한 결과를 도출했는데, 조건들과 모순되는 것이 없다면 원래 선지인 ‘C가 표창을 받지 못했다’는 틀렸음을 알 수 있다.

Tip ④ 참말/거짓말은 T/F로 표기하자.

표창을 받은 사원과 받지 않은 사원은 각각 ○, ×로 A~E 옆에 표기하고 참, 거짓은 문제 오른쪽 여백에 T, F로 표기하길 바란다. 만약 참, 거짓을 ○, ×로 표시한다면 표창을 받은 사원과 받지 않은 사원을 표시하는 것과 헷갈릴 수 있다. T, F는 다른 기호와 잘 겹치지 않으므로 참말/거짓말은 T, F로 표기하는 것을 습관화하자.

31 정답 ③ 난이도 ●●●

문제해결능력_조건추리(매칭, 배치)

갑~정은 모두 다른 열에 앉았다고 하였으므로 뱃머리를 기준으로 가장 앞 열에 앉은 사람부터 뒷 열에 앉은 사람까지의 순서를 배치할 필요가 있다. 을은 E열에 앉았다고 하였으므로 을이 가장 뒷 열에 앉았고, 갑이 앉은 자리에서 병과 정을 모두 볼 수 있었다고 하였으므로 갑은 병과 정을 볼 수 있는 위치, 즉 병, 정보다 뒷 열에 앉아 있음을 알 수 있다. ‘( )( ) 갑-을’ 순서가 도출된다. 갑~정과 함께 탑승한 4인 가족은 모두 특정 열에 일렬로 착석하였으므로 B~D열 중 한 곳에 일렬로 착석하였을 것이다(E열에는 을이 앉았으므로 제외). 따라서 A~D 중 가장 앞 열에 앉은 사람은 반드시 A열에 앉아야만 한다. 병은 1행에 앉았다고 하였으므로 병은 1행이 없는 A열에 앉았을 수 없다. 결과적으로 앉은 순서는 앞 열부터 ‘정-병-갑-을’이 성립하며, 정은 반드시 A2 또는 A3 좌석에 앉는다는 것을 알 수 있다.
한편, 병은 함께 탑승한 4인 가족과 인접한 열에 앉지 않았다고 하였다. 4인 가족은 같은 열에 일렬로 앉았으므로 B열, C열, D열 중 어떤 위치에 들어가야만 한다. 그런데 병과는 인접하여 앉지 않았으므로 ‘정-병’ 위치 또는 ‘병-갑’ 위치에는 올 수 없다. 따라서 4인 가족이 일렬로 앉은 열은 ‘갑-을’ 사이여야 하고, 갑~정 모두 서로 다른 열에 앉았기 때문에 이 경우 4인 가족이 일렬로 앉은 열로 가능한 경우는 D열 뿐이다. 이에 따라 병은 B1, 갑은 C열에 앉았음이 확정된다. 현재까지 확정된 좌석은 다음과 같이 나타낼 수 있다(검은 음영은 4인 가족의 착석을 표시한 것이다).

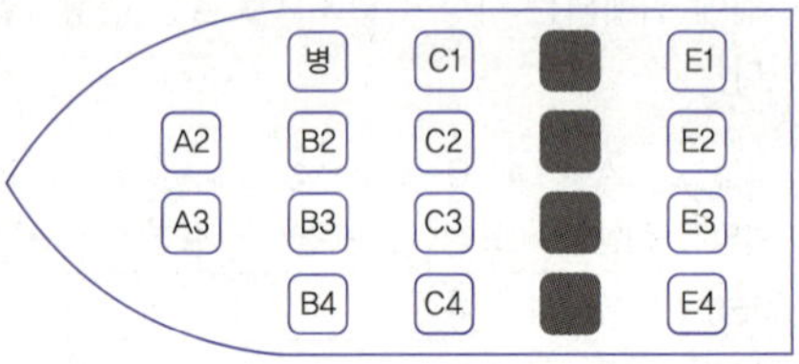

갑은 자신이 앉은 자리에서 병과 정을 모두 볼 수 있었다. 뱃머리를 기준으로 뒷 열에 앉은 갑은 같은 행의 앞 열에 앉은 어떤 사람도 볼 수 없으므로 C1좌석에 앉지 않았을 것이다. C1좌석에 앉는 경우 병을 볼 수 없기 때문이다. 뱃머리를 기준으로 뒷 열에 앉은 사람은 자신의 좌석과 45° 대각선 방향의 직선으로 연결되는 앞 열에 앉은 어떤 사람도 볼 수 없으므로 C2에도 앉지 않았을 것이다. C2에 앉은 경우 역시 45° 대각선 방향의 직선으로 연결되어 병을 볼 수 없다. 따라서 갑이 앉을 수 있는 좌석은 C3, C4 중 하나이다.

i) **갑이 C3에 앉은 경우**

을의 좌석을 판단해 보면, 을은 E열에 앉아서 갑과 병을 볼 수 없었으므로 C3과 45° 대각선 방향의 직선으로 연결되면서 병과는 같은 행으로 이어지는 E1에 앉았을 것이다.

갑은 정을 볼 수 있으므로 A2에 앉아야 한다. A3에 앉는 경우 갑은 정을 볼 수 없다. 그리고 갑이 C3에 앉은 경우 을의 자리는 E1으로 고정되므로 정이 앉은 행은 갑~병이 앉은 행과 중복되지 않는다는 조건도 충족하게 된다. 이 경우를 그림으로 나타내면 아래와 같다.

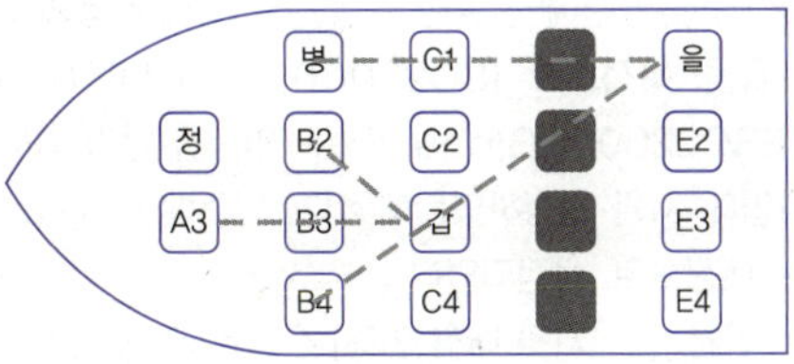

ii) **갑이 C4에 앉은 경우**

C4와는 같은 행으로 이어지면서 병과는 45° 대각선 방향의 직선으로 연결되는 E4에 앉았을 것이다. 이 경우 정은 반드시 A3에 앉아야 한다. A2에 앉는 경우 45° 대각선 방향의 직선으로 연결되므로 갑은 정을 볼 수 없다. 갑이 C4에 앉은 경우 을의 자리는 E4로 고정되므로 정이 앉은 행은 갑~병이 앉은 행과 중복되지 않는다는 조건도 충족하게 된다. 이 경우를 그림으로 나타내면 아래와 같다.

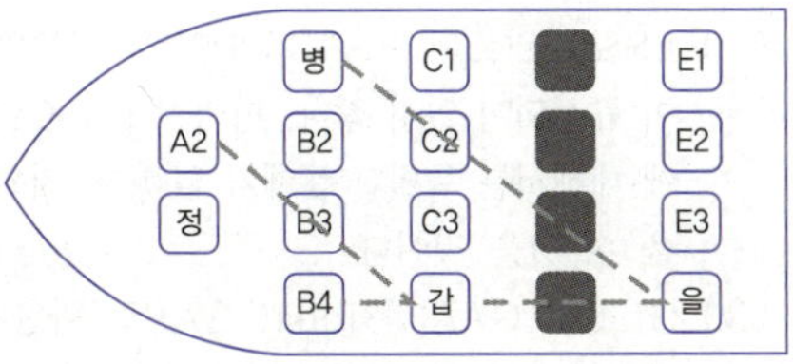

따라서 각각의 좌석은 위 두 가지 경우에 의해 결정된다.

① (O) 병이 앉은 좌석은 B1이다.
→ 병은 B1에 확정적으로 앉는다.

② (O) D행에는 갑~정 중 아무도 앉지 않았다.
→ D행에는 갑~정과 함께 탑승한 4인 가족이 앉았다.

③ (×) 을이 E4에 앉은 경우 정은 A2에 앉는다.
→ 을이 E4에 앉은 경우 정은 A3에 앉는다.

④ (O) 갑이 C4에 앉은 경우 정은 A3에 앉는다.
→ 갑이 C4에 앉은 경우 정은 A3에 앉는다.

⑤ (O) 을이 E2에 앉는 경우는 없다.
→ 을은 E1 또는 E4에만 앉는다.

합격자의 실전 풀이 순서

❶ 소요되는 예상시간을 고려하여 문제를 풀 것인지, 넘어갈 것인지를 판단한다.

❷ 풀어야 한다면, 적절하지 않은 것을 찾으라 했으므로 선지 옆에 X표시로 적절한 것을 정답으로 찾는 실수를 하지 않도록 한다.

❸ 주어진 정보들을 바탕으로 갑~정이 각각 어느 열에 위치하는지, 가족들은 어디에 위치하는지를 파악한다.

❹ 경우의 수가 나뉘는 것을 알고 각각의 선지들을 판단한다.

합격자의 시간단축 Tip

Tip ❶ 행, 열 개념이 익숙하지 않은 경우 문제의 개념으로 치환한다.

행, 열 개념이 종, 횡과 헷갈리거나 익숙하지 않은 경우 문제의 조건을 자주 들여다봐야 하는 문제가 발생한다. 이런 경우 문제의 개념대로 열은 알파벳, 행은 숫자로 치환해서 생각하면 보다 빠르게 조건을 확인할 수 있다.

Tip ❷ 조건의 적용 시마다 선지의 정오를 판단한다.

반드시 모든 조건을 적용해야 문제가 풀리는 것은 아니다. 일부 조건들의 적용만으로 선지에서 답을 고를 수 있는 경우가 있다.

해당 문제의 경우 일부 조건만으로 답을 구할 수 있는 것은 아니다. 그러나 B1의 위치를 구하는 과정에서, 그리고 4인 가족의 위치를 구하는 과정에서 선지 ①, ②의 정오를 판단할 수 있다. 이후 다른 조건들의 적용이 어렵더라도 선지 5개 중 1개를 찍는 것과 3개 중 1개를 찍는 것은 매우 다른 이야기다.

Tip ❸ 적절하지 않은 것을 물어본 경우 모든 선지를 옳다고 가정한 후 대입해 본다.

적절하지 않은 것을 물어본 문제는 반대로 4개의 선지는 적절하다는 말이 된다. 모든 선지가 옳다고 가정한 후에 모순이 생기면 그 원인이 어떤 선지였는지 추적하는 것이 빠른 경우가 있다.

해당 문제의 경우 선지 ①, ②, ⑤는 확정적인 경우이고 나머지는 경우의 수를 묻는다. 그렇다면 선지 ①, ②, ⑤가 옳다고 가정하고 나머지 선지를 하나씩 분석해 본다. 세 선지가 모두 옳다면, 병은 B1에 앉았고, 4인 가족은 D행에 앉았다. 또한, 을이 E2에 앉는 경우는 존재하지 않는다.

선지 ③을 분석하면, 병이 B1에 앉았고 4인 가족이 D행에 앉았다. 을이 E4에 앉았고 정이 A2에 앉았다. 이때 갑의 위치를 분석해 보면 갑이 앉을 수 있는 자리가 없다.

갑은 C열에 앉아야 하고 각 행을 분석하면 1행인 경우 병을 볼 수 없고, 2행인 경우 정을 볼 수 없다. 3행인 경우 E가 갑을 볼 수 있게 된다. 4행인 경우 갑이 정을 볼 수 없다. 따라서 선지 ①, ②, ③, ⑤가 동시에 정답인 경우의 수는 없는 것이다.

이제 선지 ④를 분석한다. 병이 B1에 앉았고 4인 가족이 D행에 앉았다. 갑이 C4에 앉았고 정은 A3에 앉았다. 이때 을은 E4에 앉을 수 있다. 갑이 병, 정을 모두 볼 수 있고, 을이 갑, 병을 볼 수 없으며, 정이 앉은 행이 갑~병과 중복되지 않기 때문이다. 옳은 경우의 수가 성립하므로 선지 ③이 틀렸음을 알 수 있다.

Tip ❹ 경우의 수가 나뉨을(확정되지 않음을) 인지하고 문제를 풀자.

선지 ③~④의 표현을 보면 가정형 선지(~라면 ~이다.)임을 알 수 있다. 이 경우 주어진 정보를 바탕으로 추론하여 도출된 결론이 확정되지 않음을 알 수 있다. 따라서 주어진 확정적 정보 혹은 추론을 통해 알 수 있는 내용들을 바탕으로 위치를 파악했다면, 그 이후에는 선지의 가정을 활용하여 문제를 풀어나가야 함을 알고 있어야 한다.

Tip ❺ 해결 완료한 조건은 / 또는 ×로 표시하자.

완전히 사용한 조건은 확실하게 표시하여 헷갈릴 일이 없도록 한다. 이는 일차적으로 문제 풀이 과정에서 이미 사용한 조건을 다시 확인하는 시간 낭비를 없애기 위해서다. 또한 문제 풀이 이후에 경우의 수가 여러 개 남았더라도 결과에 확신을 갖기 위해서다. 만약 해결 완료한 조건들을 표시하지 않은 경우, 경우의 수를 좁힐 수 있는 조건을 미처 빠뜨린 것은 아닌지 걱정될 수 있기 때문이다.

Tip ❻ 시각화를 활용하자.

정확히 45° 대각선 방향의 직선으로 연결되는 좌석은 모두 볼 수 없다. 또한 앞, 뒷 열의 위치도 확인해야 한다. 시험장에서 모든 조건을 고려하다 보면 실수할 확률이 높다. 따라서 을이 E1일 때 D2, C3, B4좌석을 모두 선으로 그어두면 직관적으로 확인하기에 용이하다.

또는 아래와 같이 간결한 표현을 사용하고, 위치를 맞춰 풀이해도 좋다. 다른 경우는 'E4'처럼 아래 밑줄을 그어 표시했다.

정	병	갑	4	을
A	B	C	D	E
	B1			E1
A2				
A3 (밑줄)		C3		
		C4 (밑줄)		E4 (밑줄)

32 정답 ❶ 난이도 ●○○

문제해결능력_공고문/규정 이해

ㄱ. (×) 2025년에 신설한 A법인은 자사 식품의 해외 수출을 목적으로 ISO22000, 유기가공식품인증, FSSC22000, Global GAP 인증을 받기 위해 위 사업에 지원 신청하였는데, 3개 인증에 대해서만 지원 대상으로 선정되었다.

→ 먼저, [2. 지원 대상 인증]에 따르면 ISO22000, 유기가공식품인증, FSSC22000, Global GAP 인증은 모두 위 사업 지원 대상 인증에 해당한다.

(ⅰ) ISO22000: ISO22000에 대한 지원은 전년도 수출실적이 있는 업체에 한한다. A법인은 2025년에 신설한 법인으로 전년도 수출실적이 없어 지원 대상이 되지 않는다.

(ⅱ) 유기가공식품인증: 유기가공식품인증 또한 ISO22000과 마찬가지로 전년도 수출실적이 있는 업체에 한한다. 따라서 지원 대상이 되지 않는다.

(ⅲ) FSSC22000: FSSC22000은 별도의 요건이 규정되어 있지 않다. 따라서 FSSC22000에 대해서는 특별한 문제가 없는 한 지원을 받을 수 있을 것이다.

(ⅳ) Global GAP: Global GAP도 마찬가지로 별도의 요건이 규정되어 있지 않다. 따라서 특별한 문제가 없는 한 지원을 받을 수 있을 것이다.

따라서 A법인은 신청한 4개의 인증 중 ISO22000과 유기가공식품인증에 대해서는 지원 대상 요건을 충족하지 못한다. 따라서 지원받을 수 있는 최대 개수는 2개 항목뿐이므로, 3개 인증에 대해서 선정되었다는 설명은 불가능하다. 옳지 않은 보기이다.

ㄴ. (○) 위 사업의 지원 대상인 B법인은 자사의 김을 말레이시아로 수출하기 위한 Halal 인증을 취득하는 과정에서 말레이시아에서 방문한 실사단 2인의 검사부대비용(항공료 및 숙박료)을 지불하고 이후 항공료에 대해서만 지원금을 지급받았다.

→ 먼저, Halal 인증은 이 사업 지원 대상 인증에

해당한다. 또한 인증을 취득하는 과정에서 지원금을 지급받은 바, 지원 범위 중 '인증 취득 비용'에 해당한다. 세부항목 중에서는 말레이시아(해외)에 위치한 인증기관 실사단이 방문한 경우이므로 실사단 2인의 검사 부대비용은 실사비에 해당한다. 실사비는 실사단의 국제선 왕복 항공료에 대한 지원으로만 이루어져 있고 숙박료에 대한 지원은 없다. 따라서 제출서류를 올바르게 구비했다면, B법인은 항공료에 대해서만 지원금을 지급받을 것이다. 옳은 보기이다.

ㄷ. (×) **위 사업의 지원 대상인 C법인은 프랑스에 수출 중인 자사의 두유에 대한 Vegan 인증을 연장하기 위해 갱신심사를 청구하여 2,700유로를 지불하였고, 인증기관으로부터 재교부받은 인증서를 첨부하여 심사비 지불 당시의 환율에 따른 지원금을 지급받았다.**

→ [1. 사업 개요]에 따르면 농식품 수출에 요구되는 인증의 취득뿐만 아니라 연장에 소요되는 비용도 지원 대상이 된다. 또한 **[4. 기타 정산 관련 사항]**에 따르면 현지 화폐로 집행한 비용에 대한 지원금 지급 시 집행 당시 환율이 적용된다. C법인은 자사 두유에 대한 Vegan 인증에 대한 갱신심사를 청구하여 2,700유로를 지불했으므로, 지불 당시 환율에 대한 지원금을 지급받을 수 있다. 그러나 이때 [3. 지원 범위]에 따르면, 인증 취득 비용 중 심사비를 지원받기 위해서는 인증기관에서 발행한 영수증을 제출해야 한다. 따라서 인증기관으로부터 재교부받은 인증서를 첨부하여 지원금을 지원받았다는 내용은 옳지 않은 설명이다.

ㄹ. (×) **위 사업의 지원 대상인 D법인은 중국으로 자사 식품 수출을 위해 China HACCP 인증을 취득하는 과정에서 인증기관으로부터 필수서류 외 수은 검사성적서 및 살모넬라균 검사성적서를 추가로 요청받아 시험기관에 제품시험을 의뢰하였고, 제품분석비에 대해 추후 지원금을 지급받았다.**

→ China HACCP 또한 지원 대상에 해당한다. 한편, 제품분석비(=제품시험분석비)는 **[4. 기타 정산 관련 사항]**에 규정되어 있다. 제품분석비는 인증·등록에 필수요건일 때에만 지원한다. 그러나 D법인의 경우 China HACCP 인증을 취득하는 과정에서 필수서류 외 서류를 추가로 요청받아 제품시험을 의뢰한 경우에 해당하는데, 이러한 검사성적서는 해당 인증·등록의 필수요건은 아니다. 따라서 해당 제품분석비에 대해서는 지원금을 받을 수 없다. 옳지 않은 보기이다.

따라서 옳은 보기는 ㄴ뿐이므로 정답은 ①이다.

합격자의 시간단축 Tip

Tip ❶ 각주는 반드시 활용된다.

각주(*)는 반드시 사용된다는 점을 명심하고 문제의 어떤 부분에 적용되었는지 생각한다. 보기 ㄱ의 A법인은 다른 보기와 달리 '신설한'이라는 수식어가 붙어있는데 이를 각주와 연결하여 빠르고 정확하게 해결할 수 있다.

Tip ❷ 지원을 받기 위해 필요한 요건을 구분해서 문제를 해결한다.

지원 세부 항목별로 기준, 제출서류가 모두 다르다. 또한 기타 정산 관련 사항도 고려해야 한다. 먼저 각주(*)와 기타 정산 관련 사항을 고려해야 할 경우가 있는지 확인하고, 기준과 제출서류 순서로 각각 나누어서 보기를 해결한다. 각주(*)와 기타 정산 관련 사항과 같은 추가 고려 사항에서 함정이 있는 경우가 많으므로 이런 내용을 먼저 확인하면 빠르게 문제를 해결할 수 있다.

33 정답 ③ 난이도 ●●○

문제해결능력_지문의 이해 및 활용

① (○) **X법인이 지원받을 수 있는 대행비용의 최대한도는 240만 원이다.**

→ X법인이 지출한 항목 중 대행비용에 해당하는 것은 통역 및 서류번역비, 컨설팅비, 교육비 세 항목이다. 이때 통역 및 서류번역비는 컨설팅비와 중복신청이 불가하다. X법인이 통역 및 서류번역비로 지출한 비용은 70만 원이고 컨설팅비로 지출한 비용은 500만 원이므로 X법인이 최대로 지원받기 위해서는 컨설팅 비용을 신청해야 한다. 컨설팅비는 인증별 400만 원 한도로 진행되는데 X법인은 유기가공식품인증 취득 과정에서 컨설팅비를 지출했으므로 최대한도는 400만 원이다. 교육비의 경우 최대 2인까지만 지원이 된다. X법인의 경우 농산물우수관리인증 교육에 3인이 참가하여 총 120만 원을 지출하였으므로 1인당 40만 원의 교육비가 발생했고 이 중 2인에 대한 교육비인 80만 원까지 지원된다. 따라서 대행비용으로 인정되는 총소요비용은 480만 원인데 대행비용의 지원한도는 인정된 총소요비용의 50%에 해당하는 금액이므로 X법인이 지원받을 수 있는 대행비용의 최대한도는 240만 원이다. 옳은 선지이다.

② (○) **제품시험비 중 인정되는 금액은 56만 원이다.**

→ 제품시험비에는 인증 요구사항에 따른 제품분석비와 시료운송비가 포함된다. 이 중 시료운송비는 16만 원 한도로 지원된다. X법인의 경우 제품시험

CHAPTER 8 실전모의고사 8회

비로 60만 원을 지출하였는데 여기에는 시료운송비가 20만 원 포함되어 있다. 시료운송비는 최대 16만 원 한도로 지원되므로 지원한도를 초과하는 4만 원에 대해서는 인정되지 않는다. 따라서 제품시험비 중 인정되는 금액은 60만 원−4만 원=56(만 원)이다. 옳은 선지이다.

③ **(×) X법인이 지원금을 최대로 지급받기 위해 제출해야 할 서류는 최소 11종이다.**

→ 먼저 선지 ①을 통해 확인할 수 있듯 X법인이 최대로 지원받기 위해서는 통역비 및 서류번역비는 신청하지 않아야 한다. 따라서 서류를 제출해야 하는 항목은 심사비 및 등록비, 실사비, 제품시험비, 컨설팅비, 교육비 총 5개이다. 각 항목별 제출서류의 수는 심사비 및 등록비 1종, 실사비 3종, 제품시험비 3종, 컨설팅비 2종, 교육비 2종으로 총 11종이다. 여기에 더해 X법인이 받으려고 하는 유기가공식품인증은 전년도 수출실적이 있는 업체에 한하여, 수출실적 증빙서류를 첨부해야 한다. 따라서 X법인이 지원금을 지급받기 위해서는 최소 12종의 서류를 제출해야 한다. 따라서 옳지 않은 선지이다.

④ **(○) 예비심사비 20만 원이 추가되는 경우 지원금의 추가액은 최대 10만 원이다.**

→ 예비심사비는 대행비용에 해당한다. 대행비용의 지원한도는 인정된 총소요비용의 50%에 해당하는 금액이다. 예비심사비가 20만 원이 추가되는 경우, 인정된 예비심사비 총소요비용인 20만 원에서 50%에 해당하는 금액인 10만 원이 지원한도로 인정된다. 따라서 지원금의 추가액은 최대 10만 원이다. 옳은 선지이다.

⑤ **(○) X법인이 지급받게 될 총지원금은 최대 632만 원이다.**

→ 인증취득비용: (i) 심사비 및 등록비로 300만 원이 인정된다. (ii) 실사비는 해외에 위치한 인증기관 실사단의 국제선 왕복비용으로 영국의 인증기관 실사단 내방에 따른 왕복 항공료는 여기에 해당한다. 따라서 204만 원이 인정된다. (iii) 제품 시험비는 56만 원(선지 ② 참고)이 인정된다. 따라서 인증취득비용으로 총 560만 원이 인정된다.

대행비용: (i) 컨설팅비로 소요비용 500만 원 중 최대한도인 400만 원이 인정된다. (ii) 교육비로 최대 2인의 지원금액인 80만 원이 인정된다. 따라서 인정되는 총소요비용은 480만 원이다(선지 ① 해설 참고).

이때 **[1. 사업개요]**의 지원 내용항목에 '농식품 수출에 요구되는 인증 취득 및 연장에 소요되는 총비용의 70%'가, **[4. 기타 정산 관련 사항]**에는 '대행비용의 지원한도는 인정된 총소요비용의 50%'가 지원된다고 명시하고 있다. 따라서 인정된 인증취득비용의 총소요비용 중 70%와 인정된 대행비용의 총소요비용의 50%가 지원금으로 책정될 것이다. 이를 계산하면, (560만 원×0.7)+(480만 원×0.5)=632(만 원)이 총지원금이다.

합격자의 시간단축 Tip

Tip ❶ 발문을 잘 읽고 문제 풀이를 시작한다.

발문에 함정이 있거나 힌트가 있는 경우도 많다. 이런 부분은 문제를 처음 읽을 때 발견하지 못하면 추후에 알아채기 어렵다. 이 문제의 경우 발문을 통해 X법인이 유기가공식품인증을 받으려는 상황임을 확인하고 전년도 수출실적이 필요하다는 것을 떠올려야 한다. 특히 이런 함정은 앞 문제를 해결하면서 확인한 내용이므로 어렵지 않다. 이를 통해 선지 ③을 어렵지 않게 답으로 도출할 수 있다.

Tip ❷ 이전 선지의 이점을 활용하자.

이전 선지에서 도출된 결괏값을 충분히 활용한다. 별도로 계산을 다시 할 필요 없이, 앞선 선지를 해결하면서 어떤 값을 도출했다면 지저분하지 않게 표 옆에 깔끔하게 적어 놓고 다른 선지를 해결하면서 활용할 수 있다. 이 문제의 경우 선지 ①, ②에서 도출된 내용을 선지 ⑤를 해결하면서 그대로 활용하여 시간을 줄일 수 있다.

Tip ❸ *에 유의할 필요가 있다. 2. 지원대상 인증이나 3. 지원 범위에서 각주 처리된 내용들은 선지의 정오를 가를 수 있는 주요 내용으로 활용되었다. 따라서 이를 유의해서 본다면 선지 판단의 정확성을 높이고, 불필요한 시간이 사용되는 것을 막을 수 있다.

34 정답 ⑤ 난이도 ●●○

문제해결능력_지문의 이해 및 활용

① **(×) 〈자료 1〉은 인재소통부장이 작성한다.**

→ 승진임용 관리규칙 제3조 3항에 따르면 승진후보자명부는 인사위원회에서 작성한다.

② **(×) 정책연구실 권○○ 연구원의 근속기간은 4년이다.**

→ 정책연구실 권○○ 연구원의 경력점수는 5점이므로 근속경력으로 5년을 인정받았음을 알 수 있다. 휴직과 정직 및 직위해제 기간은 근속기간에는 해당하지만 근속경력에는 산입하지 않는다. 다만, 육아휴직의 경우 자녀당 최초 1년은 근속경력에 산입한다. 정책연구실 권○○ 연구원의 경우 '22~'23년

2년간 육아휴직하였고 이 중 1년만 근속경력에 산입되었으므로 전체 경력점수 5년 중 1년은 육아휴직 최초 1년의 근속경력, 나머지 4점은 정상적으로 근속한 기간에 대한 점수이다. 근속경력과 근속기간은 구분되므로 육아휴직 2년 중 마지막 1년의 기간은 근속기간에는 포함되나 경력점수에 산입되지는 않으므로 이 1년까지 더하면 총 6년을 근무하였음을 알 수 있다. 따라서 근속기간은 6년이다.

③ (×) **2025년 정원과 현원의 차이는 7명이므로 승진후보자명부의 모든 인원이 승진 가능하다.**

→ 승진후보자명부의 인원은 7명이고 2025년 정원과 현원의 차이도 7명이어서 승진 가능자는 모두 7명이지만, 직급별로 보면 수석급의 경우 정원은 35명인 반면 현원은 34명이므로 수석급으로의 승진은 1명만 가능하다. 승진후보자명부의 김○○과 박○○ 중 한 명은 승진할 수 없다. 또한 책임급의 경우 정원은 73명인 반면 현원은 71명이므로 책임급으로의 승진은 2명만 가능하다. 승진후보자명부의 정○○, 유○○, 최○○ 중 한 명은 승진할 수 없다.

④ (×) **2026년에 정원이 10명 늘어나는 경우 수석급 정원은 3명 더 늘릴 수 있다.**

→ 직급별 승진자의 수는 매년 초 원장이 정하는데, 책임급 이상의 정원이 전체 정원의 20% 이내가 되어야 한다. 만일 2026년에 정원이 10명 늘어나게 되면 총 정원은 550명이 되고, 이의 20%는 110명이 된다. 따라서 수석급 및 책임급의 정원은 110명을 초과해서는 안 된다. 2025년 기준 수석급 및 책임급의 정원이 108명이므로 2026년에 수석급 정원은 2명까지 늘릴 수 있다.

⑤ (○) **기획조정실 박○○ 책임과 구매조달부 최○○ 선임 모두 원급으로 입사하였다면 선임급으로 근속한 기간은 동일하다.**

→ 승진임용 관리규칙에 따르면 인재소통부장은 인사규정의 자격기준 및 승진소요최저연수를 충족하는 승진가능자를 선정하여 인사위원회에 보고한다. 따라서 〈자료 1〉의 승진후보자명부의 인원들은 모두 현직급에서의 승진소요최저연수를 모두 충족한 사람들이다. 그리고 두 사람 모두 원급으로 입사하였으므로 현재 직급에 이르기까지 이전 직급에서의 승진소요최저연수도 모두 충족한 사람들이다. 이들의 근속기간은 경력 점수를 통해 알 수 있다. 규칙 제5조 3항에 따르면 경력점수는 근속경력 1년당 1점을 부여한다. 한편, 휴직, 정직 등의 경우엔 육아휴직 1년을 제외하고는 경력점수에 포함되지 않으나 근속기간에는 해당한다. 박○○ 책임, 최○○ 선임 모두 휴직 기간은 없으므로 이 점은 고려하지 않아도 된다. 기획조정실 박○○ 책임의 경우 현재 다음 직급인 수석급으로의 승진후보자명단에 올라있으므로 책임으로는 4년을 근무하였을 것이고, 경력점수가 10점이므로 나머지 6년은 원급으로 3년 근무(원급 3년 근무 후 선임급으로 승진), 선임급으로 3년 근무(선임급으로 3년 근무 후 책임으로 승진)하였을 것이다. 구매조달부 최○○ 선임 역시 원급으로 입사하여 총 6년 근무하였고 현재 선임으로 승진소요최저연수를 모두 채웠으므로 선임으로 3년 근무 및 원급으로 3년 근무하였음을 알 수 있다. 기획조정실 박○○ 책임과 구매조달부 최○○ 선임 모두 원급으로 입사하였다면 선임급으로 근속한 기간은 3년으로 같다.

합격자의 실전 풀이 순서

❶ 문제를 먼저 볼만한 이유가 없다고 판단하여 주요 포인트를 중심으로 자료를 파악한다. (예 각 행동의 주체, 최저연수, 평가 기준 등)

❷ 문제에서 적절한 것을 고르라고 했으므로 별도의 표시 없이 선지를 차례대로 검토한다.

❸ 차례차례 풀어나간 후 앞선 선지들이 모두 틀렸으므로 ⑤는 별도 판단 없이 답으로 체크하고 넘어간다.

합격자의 시간단축 Tip

Tip ❶ 주체를 확인하자.

해당 문제와 같이 관련 법조문이나 특정 기업의 규칙들이 자료로 주어질 때, 각 행동을 하는 주체들을 잘 구분해야 한다. 자료를 읽을 때도 해당 부분이 선지화될 수 있다는 판단을 하고 본다면 눈에도 더 잘 들어오고 읽는 과정 중에 체크를 해 두어, 추후 선지를 판단하면서 다시 자료를 볼 때 시간을 줄여줄 수 있을 것이다. 해당 문제의 경우도 마찬가지로 ①에서 '주체 바꾸기'로 오선지를 유도했다.

Tip ❷ 비슷한 개념을 확실히 구분한다.

비슷한 개념을 제시하여 혼란을 일으키는 경우가 많다. 해당 문제의 경우 제5조에서 근속경력과 근속기간을 구분하고 있고, 이것이 ②에 등장했다. 비슷한 개념이 나온 경우 이를 이용한 선지가 나올 수 있음을 예상하고 명확하게 개념을 구분해서 이해한다.

Tip ❸ 단정적/극단적인 표현은 답이 아닐 가능성이 높다.

'모든', '반드시 해야 한다', '항상' 등은 다른 예외를 허용하지 않는 단정적/극단적인 표현이다. 이러한 표현들이 선지에 있으면 오선지일 가능성이 높겠다고 생각하며 반례를 떠올리는 식으로 접근하자. 하나의 반례만 존재하더라도 해당 선지는 오선지가 된다. ③에서는 '수석급'이나 '책임급'의 정원-현원을 비교함으로써 모든 승진후보자가 승진할 수는 없다는 것을 알 수 있었다.

Tip ❹ 정답이 ⑤일 때(정답이 ①일 때도 유사)

이와 같이 5개의 선지 중 적절한 것/적절하지 않은 것을 고르는 문제에서 ①이나 ⑤가 답이라고 판단될 때 시간을 줄이는 방법이 있다. ⑤가 답이라면, 순서대로 판단했을 때 ⑤는 별도로 판단하지 않고, ①~④까지 자신이 한 판단을 믿고 넘어가야 한다. 또한 ①이 답일 경우 내가 잘못 판단한 건 아닐까 하는 걱정에 모든 선지를 검토하고 넘어가려 할 수 있다. 바로 넘어가는 것이 가장 좋겠지만, 실수할 가능성도 있기에 다른 선지가 아닌 ①을 한 번 더 검토하고 넘어가는 것이 좋다.

35 정답 ❷

난이도 ●●○

문제해결능력_적정 대상 선택

최근 3년간 가중치를 반영한 성과평가 점수는 '24년에는 등급별 환산점수의 50%, '23년에는 30%, '22년에는 20% 반영된다. 이에 따라 연도별 성과평가 점수의 환산점수는 아래와 같이 나타낼 수 있다.

성과평가 등급	환산점수	'22년 (20%)	'23년 (30%)	'24년 (50%)
S	70점	14	21	35
A	60점	12	18	30
B	50점	10	15	25
C	40점	8	12	20
D	30점	6	9	15

위 내용을 바탕으로 성과평가 결과 및 합산점수를 구하면 아래와 같다.

소속	성명	현직급	성과평가 결과			소계	경력 점수	인사 위원회 평가 점수	총합산 점수
			'22년	'23년	'24년				
인재 소통부	김○○	책임	14(S)	21(S)	30(A)	65	13	8	86
기획 조정실	박○○	책임	12(A)	18(A)	35(S)	65	10	9	84
구매 조달부	정○○	선임	10(B)	18(A)	25(B)	53	9	8	70
디지털 전략부	유○○	선임	10(B)	15(B)	30(A)	55	8	7	70
구매 조달부	최○○	선임	14(S)	18(A)	35(S)	67	6	9	82
정책 연구실	권○○	연구원	10(B)	15(B)	15(D)	40	5	6	51
인재 소통부	서○○	사원	12(A)	12(C)	30(A)	54	4	7	65

① (○) 2025년 선임급으로 승진 임용될 직원은 없다.

→ 승진임용이 되기 위해서는 총합산점수가 70점 이상이어야 한다. 그러나 선임급으로 승진 임용될 수 있는 직원 2명(정책연구실 권○○ 및 인재소통부 서○○) 모두 총합산점수가 70점 미만이므로 2025년에 선임급으로 승진 임용될 직원은 없다.

② (×) 디지털전략부 유○○ 선임은 2025년에 책임급으로 승진 임용될 수 있다.

→ 책임급으로 승진할 수 있는 선임 직원 3명의 점수는 모두 70점 이상이다. 그러나 정원을 고려할 때 책임급으로의 승진 인원은 2명으로 제한된다. 따라서 고득점자순으로 승진자를 선정할 경우 구매조달부 최○○이 가장 먼저 승진할 수 있다. 남은 둘의 총합산점수는 동점이므로 경력점수가 높은 자를 우대한다. 따라서 경력점수가 9점인 구매조달부의 정○○이 승진하게 된다. 이에 따라 디지털전략부 유○○선임은 승진할 수 없다.

③ (○) 2025년 수석급으로 승진 임용될 직원은 인재소통부 김○○ 책임이다.

→ 수석급으로 승진할 수 있는 책임 직원 2명의 점수는 모두 70점 이상이고, 정원을 고려할 때 수석급으로의 승진자는 1명이므로 점수가 더 높은 인재소통부 김○○이 승진하게 된다.

④ (○) 현직급이 선임인 직원 중 총합산점수 최고득점자와 최저득점자의 점수 차이는 12점이다.

→ 현직급이 선임인 직원 중 총합산점수 최고득점자와 최저득점자의 점수는 각각 82점과 70점으로 12점 차이이다.

⑤ (○) 승진후보자 명부의 직원 중 성과평가 점수가 가장 높은 사람은 구매조달부 최○○ 선임이다.

→ 승진후보자명부의 직원 중 성과평가 점수가 가장 높은 사람은 67점을 얻은 구매조달부 최○○ 선임이다.

합격자의 실전 풀이 순서

❶ 적절하지 않은 것을 고르라 했으므로 선지 옆에 X표시를 하여 적절한 것을 정답으로 고르는 실수를 방지한다.

❷ 문제를 읽으며 총합산점수 70점 이상인 자, 동점자 규칙에 대하여 체크한다.

❸ 정답을 찾았다면 이후 선지는 판단하지 않고 넘어간다.

합격자의 시간단축 Tip

Tip ❶ 묶어서 계산하기

3년의 성과평가 결과를 바탕으로 성과평가 점수를 산출함에 있어 같은 등급을 받은 경우 반영 %를 합쳐서 계산해 주면 좋다. 예를 들어 인재소통부의 김○○은 '22년과 '23년에 동일한 S등급을 받았는데, 이를 70×20%+70×30%로 하여 계산하기보다는 70×50%로 묶어서 계산하는 것이다. 이 경우 계산을 좀 더 빨리할 수 있다.

Tip ❷ 조건 사용 여부

동점자를 판별하는 기준이 나왔다면 높은 확률로 2인의 점수가 동일한 경우가 발생한다. 따라서 동점자 판별 기준이 있음에도 계산 후 동점자가 나오지 않았다면 한 번 더 검토해 보는 것이 좋다.

Tip ❸ 선지별 팁

선지② 선임급 정○○, 유○○, 최○○의 승진임용 가능성을 검토할 때, 모두가 70점 이상으로 승진임용 대상이 되는지를 먼저 확인하지 않는 것이 유리하다. 책임급으로 승진할 수 있는 인원은 3명 중 2명뿐이라는 것을 파악하여 유○○가 3명 중 2등 안에 있는지를 먼저 판단한다. 만약 3명 중 3등이라면 70점을 넘는지와 상관없이 유○○는 승진할 수 없기 때문이다. 유○○이 2명 이내에 든 경우에 70점 이상인지를 확인하면 되기 때문이다. 이때, 최○○의 경우 경력 점수와 인사위원회의 평가점수가 유○○와 동일하면서도 성과평가 결과가 모두 유○○보다 높기 때문에 반드시 유○○보다 총합산점수가 높음을 알 수 있다. 이와 같이 최대한 계산을 줄이는 방식으로 사고하여야 시간을 단축할 수 있다.

선지③ 김○○와 박○○을 비교할 때, 성과평가 점수를 구체적으로 계산하지 않고 비교할 수 있다. 김○○은 '22년과 '23년에 S등급을 받아 성과평가 점수의 20%+30%=50(%)는 S에 대한 환산점수를, '24년에는 A등급을 받아 50(%)는 이에 대한 환산점수를 계산한다. 박○○의 경우 연도별로 김○○와 받은 등급은 차이가 있지만, 반영되는 비중은 동일하다. '24년에 S등급을 받아 50%는 이에 대하여, '22년과 '23년에는 A등급을 받아 20%+30%=50(%)는 이에 대하여 환산점수를 계산하기 때문이다. 따라서 성과평가 점수는 동일할 것이고, 경력점수와 인사평가 점수만을 비교하여 판단할 수 있다.

선지④ 성과평가 점수를 구체적으로 계산하지 않고도 비교할 수 있다. 우선 최고점자와 최저점자를 추려야 할 것이다. 경력점수+인사위원회 평가점수를 보면 각각 17점, 15점, 15점이다. 성과평가 점수는 한 등급당 10점이 벌어지고 가중치를 고려했을 때 최소 2점('22년)~최대 5점('24년)의 차이를 보인다. 따라서 경력점수+인사위원회 평가점수의 차이보다 성과평가 결과의 영향력이 더 클 것을 추론할 수 있다. 구매조달부 최○○은 S, A, S로 선임급에서 압도적인 성과평가 결과를 자랑하므로 최고점자가 될 것이다. 최저점자는 정○○과 유○○중에 최근 성과가 좋지 않은 정○○으로 추론한다. 최○○과 정○○의 총합산점수 차이는 20%×20+30%×0+50%×20−(17−15)=12(점)이 된다.

선지⑤ 성과평가 점수가 높기 위해서는 S등급과 A등급이 많아야 할 것이다. 이를 바탕으로 후보를 추리면 김○○, 박○○, 최○○이 됨을 알 수 있는데, 이때에도 직접 계산하는 방법 외에 동일한 것들을 소거하여 판단하는 방법이 있다. 김○○이 '22년과 '23년에 받은 S등급, 박○○과 최○○이 '24년에 받은 S등급의 환산점수는 동일하다. 따라서 이를 소거하면 남는 등급은 김○○과 박○○은 A등급, 최○○은 A등급과 함께 S등급도 있으므로 최○○이 가장 높은 성과평가 점수임을 구체적으로 계산하지 않고도 판단할 수 있다.

Tip ❹ 시각화를 활용하자.

본 문제의 경우 대상자가 너무 많아서 따로 값을 구해 정리하면 복잡해진다. 구한 값을 표의 '비고' 옆이나 '소속' 옆에 적어서 빠르게 확인할 수 있도록 하는 것이 좋다. 또한 김○○을 예로 들면 '22년 S 옆에 14, '23년 S 옆에 21, '24년 A 옆에 30을 적는 방식을 활용해도 좋다.

36 정답 ❷ 난이도 ●●●

문제해결능력_경로

본사에서 출발할 수 있는 생산공장은 A, B, D 세 곳 중 하나이다. A로 출발하는 경우 이동시간만 고려한다면 교육의 실시는 반드시 A−C−B−E−D 또는 A−C−B−(본사)−D−E의 순서를 거치게 된다. 한편, D로 출발하는 경우 교육의 실시는 반드시 D−E−B−C−A 또는 D−E−(D)−(본사)−A−C−B 또는 D−E−(D)−본사−B−C−A의 순서를 거치게 된다. 마지막으로 B로 출발하는 경우가 있는데, B는 오전 11시 이후부터 교육을 받을 수 있으므로 이 경우는 제외할 수 있다.

1) A로 출발하는 경우

앞서 본 바와 같이 교육의 실시 순서는 A−C−B−E−D 또는 A−C−B−(본사)−D−E 중 하나이고, 이때 시간이 지연될 변수로 고려해야 할 점은 교대시간과 점심시간이다. A의 교육을 가장 먼저 실

CHAPTER 8 실전모의고사 8회

시하는 경우를 상정하므로 A의 교대시간(15시)은 고려하지 않아도 된다.

A의 교육시간은 60분, C의 교육시간은 30분이므로 B까지 모두 이동하는데 걸리는 시간은 30분(본사~A이동)+60분(A교육)+10분(A~C이동)+30분(C교육)+10분(C~B이동)=30+60+10+30+10=140(분)으로, B에 도착하는 시간은 11시 20분이다.

본사 $\xrightarrow{30분}$ A(60분) $\xrightarrow{10분}$ C(30분) $\xrightarrow{10분}$ B

=총 140분, 11시 20분에 B 도착

B에서의 교육 시간은 1시간이므로, 11시 20분에 교육을 시작하면 12시 20분에 교육이 종료된다. 그러나 마지막 조건에 따르면, 교육을 실시할 수 없는 시간이 도래할 것으로 예상되는 경우에는 해당 사정이 종료한 이후에 교육을 시작하여야 한다. 점심시간이 12시부터 시작되므로, 이 시간에는 교육을 실시할 수 없다. 따라서 B에서의 교육은 점심시간이 끝난 13시부터 시작되어야 한다. 이때 B에서 교육이 종료되는 시각은 14시이다. B에서의 교육이 종료된 후 E-D의 경로를 거치는 경우와(1-1) 본사-D-E의 경로를 거치는 경우(1-2)를 비교해본다.

1-1) A-C-B-E-D의 경우

B $\xrightarrow{30분}$ E(60분) $\xrightarrow{10분}$ D

=총 100분, 15시 40분에 D 도착

D에 도착하는 시각은 30분(B~E이동)+60분(E교육)+10분(E~D이동)=30+60+10=100(분)으로, 15시 40분에 D에 도착하게 된다. 그러나 D는 16시에 교대가 이루어지고, 교대시간 전후 30분 동안은 교육이 이루어질 수 없으므로 15시 30분부터 16시 30분까지 교육이 이루어질 수 없다. 따라서 16시 30분부터 교육이 시작되며, D의 교육시간 30분+본사 이동시간 15분=45분이 소요되어 본사에 17시 15분에 도착한다.

D(30분) $\xrightarrow{15분}$ 본사=45분, 17시 15분에 본사 도착

1-2) A-C-B-(본사)-D-E의 경우

B의 교육 종료 후 본사를 거쳐 D로 이동하는 경우 14시 30분에 D에 도착한다.

B $\xrightarrow{15분}$ 본사 $\xrightarrow{15분}$ D(30분) $\xrightarrow{10분}$ E(60분) $\xrightarrow{10분}$ D $\xrightarrow{15분}$ 본사=총 155분, 16시 35분에 본사 도착

교육에 소요되는 시간 및 이동시간을 전부 합하면 30분(B~본사~D이동)+30분(D교육)+10분(D~E이동)+60분(E교육)+25분(E~D~본사이동)=30+30+10+60+25=155(분)으로, 14시에 B에서 출발한 이후로 155분이 소요된 것이며 16시 35분에 본사에 도착한다.

2) D로 출발하는 경우

본사에서 D로 출발하는 경우 교육의 실시 순서는 D-E-B-C-A 또는 D-E-(D)-(본사)-A-C-B인데, D의 교육을 가장 먼저 실시하는 경우를 상정하므로 D의 교대시간(16시)은 고려하지 않는다.

2-1) D-E-B-C-A의 경우

점심시간에는 이동 및 교육이 불가하므로, 12시 이전에 교육을 끝낼 수 있는 경우를 생각한다.

본사 $\xrightarrow{15분}$ D(30분) $\xrightarrow{10분}$ E(60분) $\xrightarrow{30분}$ B

=총 145분, 11시 25분에 B 도착

B에 도착하는데 걸리는 시간은 15분(본사~D이동)+30분(D교육)+10분(D~E이동)+60분(E교육)+30분(E~B이동)=15+30+10+60+30=145(분)으로 2시간 25분이 소요되어 11시 25분에 B에 도착하게 된다. 11시 25분에 B에서 교육을 시작하는 경우, 12시 25분에 교육이 종료된다. 그러나 마지막 조건에 따르면, 교육을 실시할 수 없는 시간이 도래할 것으로 예상되는 경우에는 해당 사정이 종료한 이후에 교육을 시작하여야 한다. 점심시간이 12시부터 시작되므로, 이 시간에는 교육을 실시할 수 없다. 따라서 B에서의 교육은 점심시간이 끝난 13시부터 시작되어야 하며, 교육 종료 시간은 14시이다.

B $\xrightarrow{10분}$ C(30분) $\xrightarrow{10분}$ A=총 50분, 14시 50분에 A 도착

B에서 교육을 마친 후 A에 도착하는 시각은 10분(B~C이동)+30분(C교육)+10분(C~A이동)=10+30+10=50(분)이므로 14시 50분이 된다. 그런데 A의 경우 오후 3시에 교대가 이루어지고, 교대시간 전후 30분 동안은 교육을 실시할 수 없으므로, 15시 30분부터 교육이 가능하다. A에서의 교육시간은 60분이므로 16시 30분에 교육이 끝나고, 본사까지 30분 걸리므로 17시에 본사에 도착한다. 이는 A-C-B-D-E 경로에 비해 본사에 더 늦게 도착하므로 최단시간이라고 할 수 없다.

2-2) D-E-(D)-(본사)-A-C-B의 경우

본사 $\xrightarrow{15분}$ D(30분) $\xrightarrow{10분}$ E(60분) $\xrightarrow{10분}$ D $\xrightarrow{15분}$ 본사 $\xrightarrow{30분}$ A=총 170분, 11시 50분에 A 도착

한편 D-E-(D)-(본사)-A-C-B의 경로에서 A에 도착하는데 걸리는 시간은 15분(본사~D이동)+30분(D교육)+10분(D~E이동)+60분(E교육)+55분(E~D~본사~A이동)=15+30+10+60+55=170(분)으로 2시간 50분이 소요되어 11시

50분에 A에 도착하게 되고, 이 경우 역시 A에서의 교육은 점심시간이 종료된 13시부터 시작할 수 있으므로 교육 종료시각은 반드시 14시이다. 이후에는 고려할 교대시간과 점심시간이 없으므로 교육에 소요되는 시간 및 이동시간을 전부 합하면 10분(A~C 이동)+30분(C교육)+10분(C~B이동)+60분(B교육)+15분(B~본사이동)=10+30+10+60+15=125(분)으로, 14시에 A에서 출발한 이후로 125분이 소요된 것이며 16시 5분에 본사에 도착한다.

A $\xrightarrow{10분}$ C(30분) $\xrightarrow{10분}$ B(60분) $\xrightarrow{15분}$ 본사
=총 125분, 16시 5분에 본사 도착

2-3) D-E-(D)-본사-B-C-A의 경우

본사 $\xrightarrow{15분}$ D(30분) $\xrightarrow{10분}$ E(60분) $\xrightarrow{10분}$ D $\xrightarrow{15분}$ 본사 $\xrightarrow{15분}$ B=총 155분, 11시 35분에 B 도착

D-E-(D)-본사-B-C-A의 경우 B에 도착하는데 걸리는 시간은 총 155분으로, 11시 35분에 B에 도착하게 된다. 이때 점심시간으로 인해 B에서의 교육은 13시에 시작하여 14시에 끝난다. 이후의 이동경로는 다음과 같다.

B $\xrightarrow{10분}$ C(30분) $\xrightarrow{10분}$ A=50(분), 14시 50분에 A 도착

14시 50분에 A에 도착하는 경우, 교대 시간으로 인해 15시 30분부터 교육이 가능하다. 따라서 A에서의 교육은 16시 30분에 끝나고, 본사까지 30분이 걸리므로 17시에 본사에 도착한다.

결과적으로 최단시간으로 교육을 종료할 수 있는 교육의 순서는 D-E-(D)-(본사)-A-C-B이고, 가장 마지막으로 교육을 실시하는 곳은 B이다.

합격자의 시간단축 Tip

Tip ❶ 조건이 많고 복잡한 문제는 과감하게 넘어가는 것을 추천한다.

여러 가지 경우의 수를 고려해야 하기 때문에 문제 푸는데 많은 시간이 소요될 것으로 예상되는 문제는 과감하게 넘어가는 것도 시간 단축의 전략이다. 더군다나 해당 문제의 경우 선지가 A, B, C, D, E로 각각 구성되어 있어 확인하기 쉬운 선지만 먼저 확인하는 전략도 불가능하다. 과감하게 넘어가고 다른 문제에 집중하는 것도 좋은 전략이다.

Tip ❷ 각 조건을 그림 옆에 간단히 표시한다.

A~E생산공장의 교육 소요 시간이 30분 또는 60분이므로 이를 각 공장의 옆에 표시한다. 60분을 1, 30분을 0.5로 표시하는 방법도 있다. 그리고 A, D의 경우 교대시간 전후 30분 동안 교육을 실시할 수 없다는 조건에 따라 각각 오후 2시 30분~3시 30분, 오후 3시 30분~4시 30분에는 교육이 불가함을 간단하게 표시한다(예 2.5~3.5(×)). 그 외에도 B생산공장의 교육시간이나 점심시간 등을 메모하여 조건을 한눈에 볼 수 있도록 정리하면 보다 쉽게 계산이 가능할 것이다.

Tip ❸ 시간 낭비가 발생하는 경우는 계산하지 않고 과감히 버린다.

우선 B부터 시작하는 경우는 앞의 해설에서 언급하였듯이, 11시부터 교육을 받을 수 있으므로 최단시간에 해당하지 않음을 바로 알 수 있다. 따라서 B부터 시작하는 경로는 고려하지 않는다. 마찬가지로 교대시간과 중복되어 시간 낭비가 발생한다면 최단시간이 되지 않으므로 계산하지 않고 바로 다음 경우의 수로 넘어가는 것을 추천한다. 예를 들어 D-E-B-C-A의 경우 A에서의 교대시간 때문에 30분의 시간낭비가 발생하였고, 이 때문에 본사에 도착하는 시간이 지연되었다. 주어진 시간을 효율적으로 쓰기 위해서는 낭비되는 시간이 존재해서는 안 되므로, 답이 되지 않을 것이라고 확신하고 과감히 넘어간다.

37 정답 ④

난이도 ●●●

문제해결능력_적정 대상 선택

[방법 1]

협상적격자는 기술능력평가 점수가 기술능력평가 배점의 85% 이상인 자여야 한다. 따라서 기술능력평가 점수를 산출하여 그 점수가 배점의 85%인 80점×0.85=68(점)을 넘지 않는 기업을 찾는다. 먼저 제시된 평가결과에 평가등급별 환산점수를 대응시키면 아래와 같다.

구분	평가항목별 평가결과																입찰가격
	전문성(20)				보안성(20)				조사원 구성과 선정 및 교육(30)				업체신용도(10)				
	W	X	Y	Z	W	X	Y	Z	W	X	Y	Z	W	X	Y	Z	
○○기업	0.9	1	0.9	1	0.8	0.7	0.7	0.8	0.9	0.7	0.8	1	0.8	0.8	0.9	0.9	60,000,000
△△기업	0.7	0.6	0.8	0.7	0.9	0.9	0.9	0.9	0.9	1	0.8	0.9	0.9	1	0.8	0.9	84,000,000
□□기업	1	0.9	0.9	1	0.9	0.8	0.7	0.8	1	0.9	1	0.9	0.8	0.8	0.9	0.9	90,000,000
☆☆기업	0.8	0.8	0.8	0.8	0.7	0.7	0.8	0.8	0.9	1	1	0.9	0.7	0.8	0.8	0.9	78,750,000
◇◇기업	0.8	0.7	0.8	0.9	1	0.9	0.9	1	0.8	0.9	0.8	0.9	0.8	0.8	0.9	0.9	67,500,000

기술능력평가의 종합점수는 전문성, 보안성, 조사원 구성과 선정 및 교육, 업체신용도 평가항목별 배점에 항목별 심사위원들의 평균점수를 곱한 값이다. 이는 곧 항목별로 평가항목 배점 $\times \frac{\text{항목별 합산점수}}{4}$로 표현될 수 있고 이에 따라 기업별로 항목별 점수를 구하면 다음과 같다.

기업	전문성	보안성	조사원 구성과 선정 및 교육	업체신용도
○○기업	3.8/4=0.95	3.0/4=0.75	3.4/4=0.85	3.4/4=0.85
△△기업	2.8/4=0.7	3.6/4=0.9	3.6/4=0.9	3.6/4=0.9
□□기업	3.8/4=0.95	3.2/4=0.8	3.8/4=0.95	3.4/4=0.85
☆☆기업	3.2/4=0.8	3.0/4=0.75	3.8/4=0.95	3.2/4=0.8
◇◇기업	3.2/4=0.8	3.8/4=0.95	3.4/4=0.85	3.4/4=0.85

위의 값에 이제 항목별 배점을 곱해준다.

구분	전문성	보안성	조사원 구성과 선정 및 교육	업체 신용도	종합점수
○○기업	19	15	25.5	8.5	68
△△기업	14	18	27	9	68
□□기업	19	16	28.5	8.5	72
☆☆기업	16	15	28.5	8	67.5
◇◇기업	16	19	25.5	8.5	69

최종적으로, 기술능력평가 배점의 85%인 68점을 넘기지 못한 기업은 ☆☆기업으로, ☆☆기업은 협상적격자가 되지 못한다.

[방법 2]
협상적격자가 될 수 없는 기업은 '68점을 넘지 못하는 기업'이기도 하지만 결국에는 점수가 가장 낮은 기업일 것이다. 따라서 각 기업의 절대적인 점수를 구하기보다 상대적으로 기업 간 평가등급을 비교함으로써 답을 도출할 수 있다. 알파벳으로 평가항목별 평균을 나타내보면 다음과 같다. 평균이 (A+B)/2인 경우 A. B로 표시하였다.
등급별로 0.1씩 차이나기 때문에 해당 방법이 가능하다. A와 C의 평균은 B, B와 D의 평균은 C가 되는 방식이다.

구분	전문성 (20)	보안성 (20)	조사원 구성과 선정 및 교육 (30)	업체신용도 (10)	종합점수
○○기업	A.B	C.D	B.C	B.C	
△△기업	D	B	B	B	
□□기업	A.B	C	A.B	B.C	
☆☆기업	C	C.D	A.B	C	
◇◇기업	C	A.B	B.C	B.C	

(1) ☆☆기업과 □□기업을 보면 ☆☆기업이 모든 항목에서 같거나 열위에 있는 것을 알 수 있다. 따라서 □□기업은 후보에서 제외된다.

(2) ☆☆기업과 ◇◇기업을 보면 전문성은 같으며, ◇◇기업이 보안성(20)에서는 2단계 우위(A.B vs C.D), 업체신용도(10)에서는 0.5단계 우위(B.C vs C)이며 ☆☆기업은 조사원 구성과 선정 및 교육(30)에서 1단계 우위(A.B vs B.C)를 보인다. 따라서 항목별 배점을 고려할 때 20×2+10×0.5>30×1이므로 ◇◇기업이 전반적인 우위에 있게 된다. ◇◇기업은 후보에서 제외된다.

(3) ☆☆기업과 △△기업을 보면 ☆☆기업은 전문성에서 1단계 우위, 보안성에서 1.5단계 열위, 조사원 구성과 선정 및 교육에서 0.5단계 우위, 업체신용도에서 1단계 열위이다. 항목별 배점을 고려하면 20×1−20×1.5+30×0.5−10×1<0이므로 ☆☆기업은 열위에 있다. △△기업은 후보에서 제외된다.

(4) ☆☆기업과 ○○기업을 보면 ☆☆기업은 전문성에서 1.5단계 열위, 조사원 구성과 선정 및 교육에서 1단계 우위, 업체신용도에서 0.5단계 열위이다. 항목별 배점을 고려하면 −20×1.5+30×1−10×0.5<0이므로 ☆☆기업은 열위에 있다. ○○기업은 후보에서 제외된다.

☆☆기업의 평가등급이 다른 기업들에 비해 전반적인 열위에 있으므로 ☆☆기업의 기술능력평가 점수가 최하일 것이다. ☆☆기업이 협상적격자가 되지 못한다.

[방법 3]
[방법 1]과 [방법 2]의 결합이다.

구분	전문성 (20)	보안성 (20)	조사원 구성과 선정 및 교육 (30)	업체 신용도 (10)	종합점수
○○기업	A.B	C.D	B.C	B.C	
△△기업	D	B	B	B	
□□기업	A.B	C	A.B	B.C	
☆☆기업	C	C.D	A.B	C	
◇◇기업	C	A.B	B.C	B.C	

우선, 이렇게 정리한 후에 항목별로 각 평균 등급에 해당하는 점수를 적는다. 계산을 편하게 하기 위해 먼저 모든 항목의 점수에 10을 곱하고, 추후에 기술능력평가 배점 계산 시 10으로 나눠주자. 이때 가로나 세로 방향으로 순서대로 숫자를 기재하기보다, A를 모조리 찾아 9.5를 적고 B를 모조리 찾아 9를 적는 식으로 하는 게 빠르다.

구분	전문성 (2)	보안성 (2)	조사원 구성과 선정 및 교육 (3)	업체 신용도 (1)	종합점수
○○기업	9.5	7.5	8.5	8.5	68
△△기업	7	9	9	9	68
□□기업	9.5	8	9.5	8.5	72
☆☆기업	8	7.5	9.5	8	67.5
◇◇기업	8	9.5	8.5	8.5	69

이제 여기에 기술능력평가 배점을 곱해서 더하면 종합점수가 도출된다. 예를 들어 ○○기업은 9.5×2+7.5×2+8.5×3+8.5×1=68(점)이 된다.

최종적으로, 기술능력평가 배점의 85%인 68점을 넘기지 못한 기업은 ☆☆기업으로, ☆☆기업은 협상적격자가 되지 못한다.

합격자의 실전 풀이 순서

1. 실전이었다면 계산량이 상당히 많고 복잡해 보이므로 풀지 않고 넘어갔을 것이다.
2. 만약 풀기로 결정했다면 적격자가 될 수 없는 기업을 찾으라 했으므로 선지 옆에 X표시를 하여 될 수 있는 기업을 선택하는 실수를 하지 않도록 한다.
3. 문제를 먼저 읽고 협상적격자가 무엇인지 주어진 자료에서 찾아본다.
4. 기술능력평가 배점의 85% 미만인 경우 적격자가 될 수 없음을 파악하고, 기업들 중 등급이 낮아보이는 곳을 찾아 먼저 계산하여 판단한다.

합격자의 시간단축 Tip

Tip ❶ 필요한 정보와 필요 없는 정보를 빠르게 구분한다.

지문의 사업목적, 사업내용, 입찰가격평가 등의 내용은 문제를 푸는데 전혀 도움이 되지 않는 정보다.

발문의 "협상적격자"를 확인한 후에 지문에서 "협상적격자"와 관련된 내용을 빠르게 찾으며 문제의 구조를 파악해야 한다.

Tip ❷ 계산의 편의를 위해 단위 조정이 가능한지 살펴본다.

계산의 과정 중에 계산의 편의를 위해 단위 조정이 가능한지 단계별로 살펴보자.

아래 표처럼 0.x 단위보다는 10을 곱하면 아래처럼 계산이 더 편리하다. 이후 중간에 10을 나누면 된다.

구분	평가항목별 평가결과																입찰가격
	전문성				보안성				조사원 구성과 선정 및 교육				업체신용도				
	W	X	Y	Z	W	X	Y	Z	W	X	Y	Z	W	X	Y	Z	
○○기업	9	10	9	10	8	7	7	8	9	7	8	10	8	8	9	9	60,000,000
△△기업	7	6	8	7	9	9	9	9	9	10	8	9	9	10	8	9	84,000,000
□□기업	10	9	9	10	9	8	7	8	10	9	10	9	8	8	9	9	90,000,000
☆☆기업	8	8	8	8	7	7	8	8	9	10	10	9	7	8	8	9	78,750,000
◇◇기업	8	7	8	9	10	9	9	10	8	9	8	9	8	8	9	9	67,500,000

마찬가지로 아래 표의 4로 나눈 것을 항목별로 하는 것이 아니라

구분	전문성	보안성	조사원 구성과 선정 및 교육	업체신용도
○○기업	3.8/4=0.95	3.0/4=0.75	3.4/4=0.85	3.4/4=0.85
△△기업	2.8/4=0.7	3.6/4=0.9	3.6/4=0.9	3.6/4=0.9
□□기업	3.8/4=0.95	3.2/4=0.8	3.8/4=0.95	3.4/4=0.85
☆☆기업	3.2/4=0.8	3.0/4=0.75	3.8/4=0.95	3.2/4=0.8
◇◇기업	3.2/4=0.8	3.8/4=0.95	3.4/4=0.85	3.4/4=0.85

아래 표처럼 항목별로 합을 구한 후 마지막에 종합점수를 구할 때 나누면 편리하다.

구분	전문성	보안성	조사원 구성과 선정 및 교육	업체신용도
○○기업	38	30	34	34
△△기업	28	36	36	36
□□기업	38	32	38	34
☆☆기업	32	30	38	32
◇◇기업	32	38	34	34

위의 값에 이제 항목별 배점을 곱해준다. 앞서 평가등급별 환산점수에 ×10을 해주었으므로 배점에는 10을 나눈 값을 곱한다. 따라서 전문성 2, 보안성 2, 조사원 3, 신용도 1을 곱하면 된다. 그리고 이 값들을 모두 더하여 4로 나누면 최종적으로 종합점수가 산출된다.

구분	전문성	보안성	조사원 구성과 선정 및 교육	업체 신용도	종합점수
○○기업	76	60	102	34	272/4=68
△△기업	56	72	108	36	272/4=68
□□기업	76	64	114	34	288/4=72
☆☆기업	64	60	114	32	270/4=67.5
◇◇기업	64	76	102	34	276/4=69

Tip ❸ 보는 눈을 키워보자.

기술능력평가에서 업무수행능력과 관련된 항목들의 배점이 큰 것을 확인할 수 있다. ☆☆기업의 경우 '전문성'과 '보안성' 항목에서 C와 D등급만을 받았음을 알 수 있다. 이는 '조사원 구성과 선정 및 교육' 항목에서 A와 B등급을 받았다 하더라도 전체적인 점수가 높지 않음을 예측할 수 있다. 이뿐만 아니라 '전문성'과 '보안성'의 배점이 동일함을 이용하여 40점 만점의 새로운 항목으로 생각한다면, 가장 높은 가중치를 가진 항목에서 가장 낮은 점수를 받은 기업임을 알 수 있다. 이를 통해 정답이 될 것 같은 해당 기업부터 계산할 경우 기술능력평가 배점의 85%인 68점보다 낮아 협상적격자가 되지 못함을 확인할 수 있다.

Tip ❹ 자료를 먼저 볼지, 문제를 먼저 볼지 판단한다.

꼭 자료를 먼저 봐야 한다거나, 문제를 먼저 봐야 한다고 정해진 것은 없다. 상황에 따라 적절하게 판단하면 되는데, 이 경우 자료를 봤을 때 양이 상당히 많아 보인다. 이를 다 읽을 경우 시간이 오래 걸릴 수 있고, 문제를 풀려고 할 때 내용이 기억나지 않을 수 있다는 판단하에 문제를 먼저 확인해 본다. 문제를 먼저 보더라도 풀어가는 데 지장이 없을 것으로 판단하여 문제를 먼저 보고, 이에 필요한 정보를 자료에서 확인하였는데, 이런 식으로 할 경우 시간 단축을 할 수 있을 것이다.

Tip ❺ 표를 따로 그려 실수를 방지하자.

계산량이 상당히 많은 문제이므로 실수하기가 쉽다. 표 안에 글자가 빼곡한데 이 안에 적었다가는 숫자들이 겹치거나 안 보여서 더 헷갈릴 수 있다. 문제지 왼쪽 여백에 간단한 표를 다시 그려 풀이를 시작하도록 하자.

〈시각화 예시〉

전 20	보 20	조 30	신 10	
				○○기업
				△△기업
				□□기업
				☆☆기업
				◇◇기업

Tip ❻ 필요한 계산만 하자.

협상 적격의 기준이 기술능력평가 배점의 85% 이상인 자라고 제시되어 있지만, 꼭 이를 계산할 필요는 없다. 문제에서 협상적격자가 될 수 없는 기업을 묻고 있으므로, 최저점인 한 기업만 협상적격자가 될 수 없는 것이기 때문이다. 평가항목별 배점도 모든 기업에게 동일하므로 평가등급 환산점수만 구하고, 기업별 수치를 비교해 최하위 후보를 추리는 방식으로 풀이해도 된다. 또한, 평가위원이 4명으로 모두 동일하므로 나누기 4를 할 필요가 없고, 배점만 표시해도 된다. 아래 식의 구조를 살펴보면 더 쉽게 이해할 수 있다.

○○기업: $a\times\frac{20}{4}+b\times\frac{20}{4}+c\times\frac{30}{4}+d\times\frac{10}{4}$

$$=\frac{a\times20+b\times20+c\times30+d\times10}{4}$$

△△기업: $a\times\frac{20}{4}+b\times\frac{20}{4}+c\times\frac{30}{4}+d\times\frac{10}{4}$

$$=\frac{e\times20+f\times20+g\times30+h\times10}{4}$$

식 구성을 통한 수치 비교의 예를 들어보자면 다음과 같다.

구분	전	보	조	업
○○기업	3.8×20	3.0×20	3.4×30	3.4×10
△△기업	2.8×20	3.6×20	3.6×30	3.6×10
□□기업	3.8×20	3.2×20	3.8×30	3.4×10

1) ○○기업과 △△기업

'전'의 값이 △△기업이 압도적으로 작지만, 다른 값들은 다 크다. 따라서 차이값 계산을 진행해 본다.

$-1\times20+0.6\times20+0.2\times30+0.2\times10$

$=-0.4\times20+0.2\times40$

$=-0.2\times40+0.2\times40=0$

동일함을 알 수 있다. 이때도 위처럼 식 조합을 통해 자잘한 계산 없이 값을 구할 수 있다.

또한, 둘은 동점이므로 정답 후보에서 제외된다.

2) ○○기업과 □□기업

첫 번째, 네 번째 환산점수는 동일하고, 두 번째와 세 번째의 환산점수는 □□기업이 모두 큰 것을 확인할 수 있다. □□기업은 협상적격자가 될 수 있다.

환산점수를 구할 때, 일일이 구하는 것보단 각 기업의 값을 확인하는 것이 좋다. 동일한 평가항목 내에서 기업들끼리 같은 평가등급 조합을 받은 경우가 있기 때문이다. '보안성'을 예로 들면, ○○기업과 ☆☆기업이 D 2개, C 2개로 같은 환산점수를 받는다. 평가항목 순서대로 값을 구하고 있었다면, '전문성'에서의 □□기업의 점수(A 2개, B 2개)를 '보안성'의 ◇◇기업(A 2개, B 2개)에도 활용할 수 있었을 것이다.

38 정답 ⑤ 난이도 ●●●

문제해결능력_지문의 이해 및 활용

입찰가격 평점산식에서는 입찰가격의 범위에 따라 평점 산식을 달리하고 있다. 입찰가격이 추정가격의 80% 이상인 경우 1번 조건에 따라 평점을 산출하며, 입찰가격이 추정가격의 80% 미만인 경우 2번 조건에 따라 평점을 산출한다.

추정가격은 90,000,000원이므로 이의 80%는 72,000,000원이 된다. 앞 문제에서 살펴보았듯, ☆☆기업은 협상적격자가 될 수 없으므로 제외한다. 추정가격의 80% 미만으로 입찰한 자는 ○○기업과 ◇◇기업이다. 따라서 두 기업에 대해서는 2번 조건을 적용하고 △△기업과 □□기업에 대해서는 1번 조건을 적용하여 풀이한다.

1번 조건부터 살펴보면, 평점산식은

평점 = 입찰가격평가 배점한도 $\times \dfrac{\text{최저입찰가격}}{\text{해당 입찰가격}}$

이다. 입찰가격평가 배점한도의 경우 20점이다. 최저입찰가격은 입찰자 중 최저입찰가격은 60,000,000원이지만 이 가격은 추정가격의 70%인 63,000,000보다 낮은 가격이므로 추정가격의 70%를 대입하여야 한다.

따라서 평점산식은 $20 \times \dfrac{63,000,000}{\text{해당 입찰가격}}$이 될 것이다.

이에 대입하면 △△기업의 경우 $20 \times \dfrac{63,000,000}{84,000,000} = 15$(점), □□기업의 경우 $20 \times \dfrac{63,000,000}{90,000,000} = 14$(점)임을 알 수 있다.

2번 조건을 살펴보면, 평점산식은

평점 =

$$\text{입찰가격평가 배점한도} \times \left(\frac{\text{최저입찰가격}}{\text{추정가격의 80\% 상당가격}}\right) + \left\{2 \times \left(\frac{\text{추정가격의 80\% 상당가격} - \text{해당 입찰가격}}{\text{추정가격의 80\% 상당가격} - \text{추정가격의 70\% 상당가격}}\right)\right\}$$

이며, 최저입찰가격은 1번과 동일하므로 63,000,000원이다.

이에 따라 공식에 각 값을 대입하면 $20 \times \dfrac{63,000,000}{72,000,000} + \left\{2 \times \dfrac{72,000,000 - \text{해당 입찰가격}}{72,000,000 - 63,000,000}\right\}$이며,

이를 보다 간략하게 나타내면

$20 \times \dfrac{7}{8} + \left\{2 \times \dfrac{72,000,000 - \text{해당 입찰가격}}{9,000,000}\right\}$으로 나타낼 수 있다.

이때, 해당 입찰가격에 들어갈 값이 추정가격의 100분의 70 미만일 경우 위 산식을 적용하지 않고 배점 한도의 30%에 해당하는 평점을 부여하므로 추정가격의 70%인 63,000,000원에 미치지 못하는 ○○기업의 경우 위 산식과 무관하게 배점 한도의 30%인 6점을 부여받게 된다. ◇◇기업의 평점을 계산하면

$20 \times \dfrac{7}{8} + \left\{2 \times \dfrac{72,000,000 - 67,500,000}{9,000,000}\right\}$

$= 17.5 + 1 = 18.5$(점)이다.

협상 순위는 기술능력평가의 종합점수와 입찰가격평가 점수를 합산한 점수의 고득점자순으로 한다. 따라서 기술능력평가의 종합점수와 입찰가격평가 점수 및 합산점수를 정리하면 아래와 같다.

구분	종합점수	입찰가격평가 점수	합산점수
○○기업	68	6	74
△△기업	68	15	83
□□기업	72	14	86
◇◇기업	69	18.5	87.5

① (O) 최우선협상대상자는 ◇◇기업이다.

➜ 기술능력평가의 종합점수와 입찰가격평가 점수를 합산한 점수의 최고득점자에게 최우선협상의 기회가 주어진다. 따라서 최우선협상대상자는 ◇◇기업이다.

② (O) 입찰가격평가 점수의 최고점은 18.5점이다.

➜ ◇◇기업의 입찰가격평가 점수인 18.5점이 가장 높다.

③ (O) 입찰가격평가 점수가 10점 미만인 기업이 있다.

➜ ○○기업의 입찰가격평가 점수는 6점으로 10점 미만이다.

④ (O) 만일 ○○기업과의 협상이 결렬된다면 재입찰 공고가 게시될 것이다.

➜ 협상대상자의 우선순위를 나타내면, 합산점수의 고득점순으로 ◇◇기업－□□기업－△△기업－○○기업 순이다. 이 협상대상자 중 우선협상대상자부터 협상을 진행하는데, 만일 협상이 성립되는 경우 해당 업체가 낙찰자가 되므로 협상대상자라고 하더라도 더 이상의 협상은 이루어지지 않지만, 협상이 결렬된 경우 차순위 협상대상자와 순차적으로 협상이 이루어진다. ○○기업과의 협상이 결렬된 경우라면 위의 우선순위에 따라 협상을 우선 진행한 기업들과의 협상이 모두 결렬되고 ○○기업과의 협상하게 된 것으로 보아야 한다. 이때 모든 협상대상자와 협상

이 결렬되거나 입찰자가 없는 경우에는 협상 조건의 변경 없이 재입찰 공고를 실시한다. 협상대상자 중 가장 마지막 순위인 ○○기업과의 협상까지 결렬된 경우에는 모든 협상대상자와 협상이 결렬된 경우이므로 재입찰 공고를 실시하게 될 것이다.

⑤ (×) **만일 △△기업과의 협상이 결렬된 경우 차순위 협상대상자로는 2개 기업이 남는다.**

→ 협상대상자의 우선순위는 ◇◇기업－□□기업－△△기업－○○기업 순이다. 따라서 △△기업과의 협상이 결렬된 경우 차순위 협상대상자로는 ○○기업 1개 기업이 남는다.

합격자의 실전 풀이 순서

❶ 실전이었다면 풀지 않고 일단 넘어갔을 것이다.

❷ 적절하지 않은 것을 고르라 했으므로 선지 옆에 X표시를 하여 적절한 것을 정답으로 체크하는 실수를 하지 않도록 한다.

❸ 100분의 80을 기준으로 각 기업이 어디에 해당하는지 헷갈리지 않도록 자료 위에 표시하여 둔다.

❹ 각각의 식에서 값이 이미 정해진 것들은 위에 표기하여 식을 간단하게 만들어본다.

합격자의 시간단축 Tip

Tip ❶ 빠르게 도망간다 1

첫 번째 문제가 쉽지 않았을 것이다. 설령 쉬웠다 하더라도 시간이 꽤 걸린다. 두 번째 문제의 선지를 보면 "최우선협상대상자"가 나온다. 첫 번째 문제를 풀다보면 "협상적격자"라는 단어를 인지했을 것이다. 그런데 또 다른 단어인 "최우선협상대상자"가 나온다면 첫 번째 문제에서 구했던 기술능력평가 점수를 포함하여 결정하는 문제라는 것을 인지해야 하고, 그렇다면 두 번째 문제를 풀지 못했을 경우 빠르게 두 번째 문제 또한 넘어가고 나중에 풀어야 한다.

Tip ❷ 빠르게 도망간다 2

[별표 1]을 보면 입찰가격의 정도에 따라 입찰가격 평점 산식이 2가지로 나뉜다. 입찰가격을 추정가격의 100분의 80 이상으로 입찰한 자에 대한 평가는 식이 복잡하지 않으나, 100분의 80 미만으로 입찰한 자에 대한 평가식은 상당히 복잡하다.

이런 식의 경우 조건이 많아 실수할 우려가 있고 조건을 모두 충족해 푼다고 해도 시간이 많이 걸린다. 따라서 이런 문제는 식의 복잡함을 인지하고 빠르게 넘어간 후 다시 돌아와서 푸는 것이 합리적이다.

Tip ❸ 식을 간단히 만들어본다.

일단 다음 문제로 넘어가고 시간이 남을 때 푸는 것이 제일 좋다고 생각하지만, 풀게 되면 식을 간단히 해볼 수 있다. 100분의 80 미만으로 입찰한 자에 대한 평가의 식은 복잡해 보이지만, 주어진 값들을 대입하면 다음과 같이 간소화할 수 있다.

$$\text{평점}=20\times\frac{0.7\text{추정가격}}{0.8\text{추정가격}}+2\times\left(\frac{0.8\text{추정가격}}{0.1\text{추정가격}}-\frac{\text{해당 입찰가격}}{0.1\text{추정가격}}\right)$$

$$=17.5+16-2\times\frac{\text{해당 입찰가격}}{9{,}000{,}000}$$ 으로 간단히 표현될 수 있다.

Tip ❹ 계산을 간소화하자.

만약 풀게 되었다면, 최대한 계산을 간소화하는 것이 필요하다.

이 문제는 입찰가격이 60,000,000~90,000,000으로 단위가 매우 크다. 입찰가격 평점산식을 보면 분모, 분자에 입찰가격이 들어가기 때문에 백만 단위를 함께 생략(약분)해도 무방하다. 예를 들어, 입찰가격을 추정가격의 80% 미만으로 입찰한 자에 대한 평가는

$$20\times\frac{63}{72}+2\times\frac{72-\text{해당 입찰가격(백만 원)}}{72-63}$$ 으로 정리될 수 있다.

또한, 약분을 활용하면 상대적으로 덜 복잡하게 계산할 수 있다.

예를 들어,

$$20\times\frac{63}{84}=20\times\frac{7\times9}{7\times12}=20\times\frac{3\times3}{3\times4}=20\times\frac{3}{4}$$
$$=5\times3=15$$

의 방식이다. 최대공약수를 찾으려고 하는 것보다 본 방식처럼 빠르게 확인되는 것부터 하는 편이 오히려 실수를 줄일 수 있다.

Tip ❺ 선지가 5개라면 최대 4개만 판단하면 된다.

만약 해당 문제를 풀기로 마음먹었고 선지 ④까지 판단했는데 모두 적절함을 확인했다면, 선지 ⑤가 적절한지 아닌지를 판단하지 않고 ⑤를 답으로 체크하고 넘어가는 것이 좋다. 만약 ⑤를 확인해야 하지 않을까 하는 생각에 정오 판단을 했는데 ⑤도 적절하다는 결론이 난다면 문제를 푸는 과정에서 실수가 있었다는 것이다. 어떤 선지를 판단할 때 실수를 했는지 하나하나 확인해야 하는데, 이 경우 시간적으로도 심리적으로도 타격이 크다. 따라서 나의 앞선 판단을 믿고 넘어가서 시간을 단축할 필요가 있다.

39 정답 ① 난이도 ●●●

문제해결능력_지문의 이해 및 활용

ㄱ. (○) A씨가 2025년 7월 17일 적금을 중도해지하는 경우 적용되는 이율은 1%이다.

➜ A씨의 기본금리는 1.00%이고, 중도해지 시에도 중도해지일을 계약상 만기일로 보기 때문에 우대금리 적용이 가능하다. 따라서 우대금리 적용 여부를 살펴본다. 조건 1의 실적 인정 기간은 계약상 만기일 전일까지이다. 중도해지일은 7월 17일이고, 그 전날인 7월 16일까지 A씨는 120만 보 걸었다. 이는 '1백만 보 이상'에 해당해 1.00%p의 우대금리가 적용된다. 조건 2는 자동이체를 6회 이상 해야 하는데 7월 현재로는 3월부터 7월까지 총 5번 납입했으므로 적용이 불가하다. 따라서 총약정금리는 1.00%+1.00%=2.00(%)가 된다. 중도해지 시점은 가입 후 약 5.5개월이 경과한 상태이며, 경과비율은 $\frac{5.5\text{개월}}{12\text{개월}}$≒46(%)로 40~60% 구간에 해당한다. 이 구간의 중도해지금리는 약정금리의 50%이므로 2.00%×50%=2.00%×0.5=1.00(%)가 적용된다.

ㄴ. (×) A씨가 최고 금리를 적용받기 위해서는 현재 납입 방법의 변경 없이 2026년 1월 30일까지 280만 보 이상 걸어야 한다.

➜ A씨가 최고 금리를 적용받기 위해서는 우대금리 조건 1)과 조건 2)를 모두 충족해야 한다. 조건 2)는 자동이체를 6회 이상 해야 하는데, 현재 자동이체 횟수가 5회이므로 납입 방법을 변경하지 않고 남은 1회를 자동이체로 해야 한다. 조건 1)은 걸음 수에 따라 우대금리를 적용하는데, 최고 우대금리(8.00%p)를 받기 위해서는 400만 보 이상을 걸어야 한다. 현재 120만 보를 걸었으므로 400만 보−120만 보=280(만 보)를 추가로 걸어야 한다. 걸음 수의 실적 인정 기간은 계약상 만기일이 주말 및 공휴일일 경우 "직전 영업일까지"로 본다. A씨의 계약상 만기일(2026년 2월 1일)은 일요일이므로, 직전 영업일인 1월 30일(금요일)에 해지할 수 있다. 그리고 조건 1)의 실적 인정 기간이 "해지 전일까지"이므로 1월 29일까지의 걸음 수가 반영된다. 따라서 최고 금리를 적용받으려면 2026년 1월 29일까지 280만 보 이상을 추가로 걸어야 한다.

ㄷ. (×) A씨가 만기까지 매월 20만 원씩 입금하였고, 최고 금리를 적용받은 경우 만기에 지급받게 될 이자는 24만 원이다.

➜ A씨가 만기까지 매월 20만 원씩 입금하였고, 최고 금리를 적용받은 경우 만기에 지급받게 될 이자는 24만 원이다. 그러나 만기이자는 모든 납입액에 대해 동일하게 적용되는 것이 아니라 입금액마다 예치된 기간에 대해 이자를 계산한 후 합산해야 한다. 모든 납입액이 1년 동안 유지된다고 가정하면 240만 원×10%×$\frac{365}{365}$=24(만 원)이 되지만, 실제로는 3월 이후 납입한 금액들의 예치 기간이 점점 짧아지므로 이자가 줄어든다. 예를 들어 2월 1일에 납입한 20만 원은 1년 동안 이자가 발생하므로 20만 원×10%×$\frac{365}{365}$=2(만 원)이 되지만, 3월 15일에 납입한 20만 원은 약 10.5개월 동안만 이자가 발생하므로 20만 원×10%×$\frac{320}{365}$=$\frac{323}{365}$이 된다. 이후 납입한 금액들은 예치 기간이 점점 줄어들어 이자가 더욱 감소한다. 따라서 만기에 지급받는 총이자는 24만 원보다 적다.

ㄹ. (○) A씨가 매월 20만 원씩 입금하였고, 최고 금리를 적용받는 경우 만기 5일 전 만기앞당김 해지를 신청한다면 지급받게 될 이자와 만기지급이자의 차액은 3,000원 이상이다.

➜ 만기앞당김 해지의 경우 '모든 회차의 납입금을 입금한 경우', 만기일 1개월 이내에서 만기를 앞당겨 지급하는 것을 의미한다. 사례에서 A씨는 5일을 앞당겨 지급받았고, 이 경우 모든 회차의 납입금을 입금하였으므로 총납입금은 20만 원×12=240(만 원)이다. 최고 금리를 적용받은 경우엔 기본 금리 1.00%p+우대금리 8.00%p+1.00%p=10.00(%p)이다. 그리고 이자는 입금금액×만기 시 적용금리×$\frac{\text{예치일수}}{365}$에 따라 계산되므로, 이에 대입하면 240만 원×0.1(최고 금리)×$\frac{5}{365}$만큼은 지급받을 수 없게 된다. 이를 계산하면 24만 원×$\frac{1}{73}$으로, 약 3,287원이다. 이 이자는 만기해지시에는 지급받을 수 있었던 이자에 해당하므로 만기앞당김 해지 시 만기해지와 이자의 차이는 3,000원 이상이다.

합격자의 실전 풀이 순서

❶ 사례가 주어졌으므로 사례를 먼저 읽고 자료를 확인한다.

❷ 자료도 하나하나 읽기보다는 큰 틀을 파악하며 특별히 기억해야 할 포인트나 각각의 위치를 기억하는 것을 중점으로 한다.

❸ 보기 ㄱ 판단 후 선지가 추려지고 선지 ①과 선지 ④, ⑤를 가를 수 있는 보기 ㄷ을 풀어서 판단한다.

합격자의 시간단축 Tip

Tip ❶ 빠른 계산 방법을 활용하자.

보기 ㄹ의 24만 원×$\frac{1}{73}$은 어려운 계산이기에 3,000원이 넘는지만 빠르게 확인한다.

[방법 1] 곱셈으로 전환

24만 원×$\frac{1}{73}$>3,000원 ⇔ 24만 원>3,000원×73 ⇔ 240천 원>3천 원×73 ⇔ 240>3×73

[방법 2] 익숙한 숫자로 치환

24만 원×$\frac{1}{72}$=$\frac{1}{3}$(만 원)≒3,333원이다. 72와 73은 큰 차이가 나지 않은 숫자이므로 24만 원×$\frac{1}{73}$은 3,333원보다 아주 조금 낮은 값이 될 것임을 추론할 수 있다. 24만 원×$\frac{1}{73}$=$\frac{1}{3.3\downarrow}$(만 원)>3,000원이 된다.

Tip ❷ 제시문을 근거로 판단하자.

문제에서 고려해야 할 부분이 많아서 만기 이자를 산출할 때 총납입금을 기준으로 계산하는 오류를 범할 수 있다. 하지만 문제에선 입금 금액마다 '입금일'부터 만기일 전일까지의 기간에 대해 적용한다고 명시되어 있다. 또한, 조건 1의 실적 인정기간도 만기일 '전일'이라고 표시되어 있다. 만기일까지라고 오인해 실수할 확률이 높다. 항상 제시문을 근거로 판단하는 습관을 갖는 것이 좋다.

40 정답 ⑤ 난이도 ●●○

문제해결능력_공고문/규정 이해

① (O) 월저축금의 지연입금일수가 연간 총 15일인 경우, 마지막 달 저축금을 15일 선납한다면 만기일에는 변함이 없을 것이다.

→ 월평균지연일수는 $\frac{\text{총지연일수}-\text{총선납일수}}{\text{계약월수}}$로 계산되므로, 지연입금일수가 15일이고, 마지막 달 입금 시 15일을 선납한다면 총지연일수와 총선납일수는 같게 되어, 월평균지연일수는 0일이 된다. 따라서 만기일에는 변함이 없다.

② (O) 건강 적금 만기시점에 해당 상품의 판매가 종료된 경우, 만기 후 1개월 이내까지 납입금액에 적용되는 이자율은 1%이다.

→ 만기 후 금리는 만기 후 경과기간이 1개월 이내인 경우 가입 당시 기본금리나 만기시점 동일한 계약기간의 동일상품(없을 시 가입 당시 기본금리) 신규 기본금리 중 낮은 금리가 적용된다. 따라서 본 상품의 판매가 종료된 경우라면 가입 당시 기본금리가 적용되며, 기본금리는 1%이므로 납입금액에 적용되는 이자율은 1%이다.

③ (O) 건강 적금 만기시점에 신규 기본금리가 0.5%인 6개월 만기 건강 적금 상품만 존재하는 경우, 만기 후 2개월에 납입금액에 적용되는 이자율은 0.5%이다.

→ 만기 후 경과기간이 1개월 초과 6개월 이내인 경우, 가입 당시 기본금리나 만기시점 동일한 계약기간의 동일상품(없을 시 가입 당시 기본금리) 신규 기본금리 중 낮은 금리×50%의 이자율이 적용된다. 주어진 사례에서는 6개월 만기 건강 적금 상품이 제시되어 있고, 이는 '동일한 계약기간의 동일상품'에 해당하지 않으므로, 해당 상품의 신규 기본금리가 더 낮은 경우에도 해당 상품의 금리의 50%를 적용할 수는 없다. 따라서 해당 상품의 가입 당시 기본금리가 적용되어야 하고, 이는 1%이므로, 이의 50%가 반영된 0.5%가 옳다.

④ (O) 총지연일수 10일, 총선납일수 0일인 경우, 입금지연이자는 적금 만기 10일 전에 만기앞당김 해지를 한 경우에 공제되는 이자액보다 적다.

→ 입금지연이자는 '$\frac{\text{총지연일수}-\text{총선납일수}}{365}$×입금지연이율(=약정이율)×월납입금액'으로 계산된다. 한편, 만기앞당김이자에서 공제되는 이자액은 만기를 앞당긴 날만큼의 이자로, '입금금액×만기 시 적

용금리 $\times \frac{\text{앞당김일수}}{365}$'으로 계산된다. 따라서 입금 지연이자는 월 납입금액에 일정한 비율을 곱하는 것인 반면, 만기앞당김이자에서 공제되는 이자액은 입금된 전체 금액에 앞당김일수를 곱한 일정 비율로 계산되므로, 곱해지는 일수가 같다고 하더라도 그 이자액은 입금지연이자가 만기앞당김이자보다 더 적다.

⑤ (×) **총지연일수 16일, 총선납일수 4일로, 월평균지연일수만큼 만기일이 늦춰지는 경우에 조건 1의 실적 인정기간은 최초 계약상 만기일까지이다.**

→ 조건 1의 실적 인정기간(만기해지 기준)은 계약상 만기일 또는 만기일 경과 후 해지하는 경우 계약상 만기일 전일까지 인정된다. 즉, 제시된 사례에서 월평균지연일수가 1일로 산정되어 1일만큼 만기일이 늦춰진다고 하더라도 조건 1의 실적 인정기간은 "계약상 만기일 전일까지"이다. 지연납입으로 인해 만기가 늦춰진 것은 가입자의 귀책 사유일 뿐, 계약상 만기일 자체가 지연된 것으로 볼 수는 없으므로, 조건 1의 실적 인정기간도 지연된 만기일까지 인정되지 않고 원래 계약상 만기일 전일까지 인정된다.

합격자의 시간단축 Tip

Tip ❶ 답이 나오면 넘어가기

이와 같은 문제의 경우 중간에 답이 나왔다면 넘어가는 것이 좋다. 좀 더 확실하게 하기 위해 남은 선지의 정오도 판단하려고 한다면 시간이 더 걸릴 수 있다. 일례로 이후 선지를 판단하는 과정에서 적절하지 않은 선지라 생각되는 것이 또 나온다면 어디에서 실수를 했는지 확인하는 과정을 또 거쳐야 한다. 이 경우 시간적으로도, 심리적으로도 좋지 않기 때문에 자신이 했던 판단을 믿고 정답 선지를 찾았다면 다음 문제로 넘어갈 수 있어야 한다.

Tip ❷ 4개의 선지만을 판단하여 정답을 도출할 수 있다.

만약 본인이 판단하기 어려운 선지가 있거나 시간이 오래 걸릴 것 같은 선지가 있다면 넘어간 후 나머지 4개의 선지를 판단하면 된다. 넘어간 선지가 답이라면 4개의 정오를 판단하여 답을 도출할 수 있고, 넘어간 이후 답이 도출된다면 건너뛴 선지는 살펴보지 않고 답을 도출할 수 있다.

Tip ❸ 출제자의 의도를 파악한다.

선지 구성을 통해 출제자의 의도를 파악해 해당 선지를 우선 파악하여 풀이시간을 단축할 수 있다. 선지 구성을 보면, 선지 ②와 ③, 선지 ④와 ⑤가 동일한 구조임을 알 수 있다. 따라서 ①보다는 그 외 선지를 우선으로 판단한다.

MEMO